Frankfurter Hefte

Zeitschrift für Kultur und Politik

Faksimile-Ausgabe der Jahrgänge 1–7 (1946–1952)

1.–2. Jahrgang
herausgegeben von Eugen Kogon
unter Mitwirkung von Walter Dirks

3.–4. Jahrgang
herausgegeben von Eugen Kogon
unter Mitwirkung von Walter Dirks und Clemens Münster

5. Jahrgang
herausgegeben von Eugen Kogon und Walter Dirks
unter Mitwirkung von Clemens Münster

6.–7. Jahrgang
herausgegeben von Eugen Kogon und Walter Dirks

Frankfurter Hefte

Zeitschrift für Kultur und Politik

Herausgegeben von
Eugen Kogon und Walter Dirks

6. Jahrgang 1951

Fischer Taschenbuch Verlag

Fischer Taschenbuch Verlag
Februar 1978
Faksimile-Ausgabe
Umschlagentwurf: Jan Buchholz/Reni Hinsch
Fischer Taschenbuch Verlag GmbH, Frankfurt am Main
Lizenzausgabe mit freundlicher Genehmigung der
Neuen Verlagsgesellschaft der Frankfurter Hefte mbH, Frankfurt am Main

Gesamtherstellung: Clausen & Bosse, Leck (Schleswig)
Printed in Germany
ISBN 3-596-18106-2

FRANKFURTER HEFTE

Zeitschrift für Kultur und Politik

HERAUSGEGEBEN VON EUGEN KOGON UND WALTER DIRKS

AUS DEM INHALT

6. JAHRGANG HEFT 1 JANUAR 1951

FH

INHALT

Januar 1951. Die Frankfurter Hefte sind durch jede Buchhandlung, durch die Post und direkt vom Verlag zu beziehen. Einzelheft: DM 1,—, zuzüglich Zustellgebühr, Inland DM 0,10, Ausland DM 0,20 pro Heft. Postscheckkonto Frankfurt a. M. 82491. Schriftleitung und Verlag: Frankfurt a. M., Schaumainkai 54, Tel. 64905 und 65110. / Druck: Fränkische Gesellschafts-Druckerei GmbH., Würzburg.

FRANKFURTER HEFTE

Zeitschrift für Kultur und Politik

Herausgegeben von Eugen Kogon und Walter Dirks

6. Jahrgang | Januar 1951 | Heft 1

Nach Straßburg

Frankfurt, 12. Dezember 1950.

EK „Nach Straßburg", das war, mit einem Ausrufzeichen, im Oktober eine Losung für alle, die ihre Hoffnung auf den „Europäischen Aktionsrat" setzten, — war noch im November eine Losung für Tausende von Studenten, die am letzten Tag der Beratenden Versammlung ankamen, um den europäischen Willen der Völker und vor allem der jüngeren Menschen dieses Kontinents den Politikern ins Bewußtsein zu hämmern. „Nach Straßburg", das ist, ohne Ausrufzeichen, heute eine zeitliche Feststellung als Beginn des Versuchs, zu sehen und zu sagen, was ist, um die Frage anzuschließen: „Was nun?"

Das Ergebnis der Untersuchung kann gleich vorweggenommen werden: wir haben eine schwere Niederlage erlitten. Wir — aus vielen Ländern die Männer und Frauen, die mehr wollten als abermals bloß Reden und die mit der Arbeit, der Art und dem Tempo der Beratenden Versammlung nicht zufrieden sind.

Was war geplant gewesen? Die drei stärksten Verbände der Europäischen Bewegung — die Europäische Union der Föderalisten, die Neuen Internationalen Gruppen der Christlichen Demokraten und die Sozialistische Bewegung für ein Vereinigtes Europa — haben am 1. Oktober 1950 in Paris ein Aktionskartell zu dem Zweck gegründet, aus anerkannten Europäern ebensovieler Länder, wie der Europa-Rat Mitgliedstaaten zählt, den „Conseil de Vigilance" zu schaffen — dem straßburger Europahaus gegenüber in der „Orangerie". Er sollte drei entscheidende Tage lang die Beratende Versammlung in allem Positiven, Weiterführenden lebhaft unterstützen, in allem Negativen oder Schwächlichen in Grund und Boden kritisieren und am vierten Tag einen „Rat der Dreißig" ins Leben rufen, bestehend aus zehn Teilnehmern des Aktionsrates, zehn sympathisierenden Abgeordneten der Beratenden Versammlung, zehn Mitgliedern der drei genannten Verbände, die zusammen sofort die Vorarbeit für eine Verfassunggebende Versammlung Europas zu beginnen hatten. Was ist statt dessen geschehen? Das Internationale Organisationskomitee der drei Verbände hat die Aktion innerhalb der wenigen Wochen, die zur Verfügung waren, äußerlich, aber in nichts inhaltlich vorbereitet; man hat auf besondere Arbeitskommissionen verzichtet; die zwei Tage, während derer die Beratende Versammlung im Europahaus keine Vollsitzung hatte, wurden mit mehr oder minder wirkungsvollen, aber jedenfalls ausgiebigen Beteuerungsreden vertan, sodaß die ursprünglich doch etwas unangenehm berührten Herren Delegierten des Europa-Rates, die das Unternehmen der Orangerie ungern kommen sahen, hämisch von „Orangeade" sprechen konnten; und die Verbände stritten hinter den Kulissen um die Zusammensetzung der nicht mehr „Rat der Dreißig" genannten Aktionskörperschaft, wie nur souveräne Nationalstaaten um ihre angeblichen Hoheitsrechte streiten können. Die Sprecher von 21 Millionen gewerkschaftlich organisierten Arbeitern, mit allen Sympathien, Wünschen und Unterstützungen von Seiten des „Conseil de Vigilance", reisten enttäuscht ab, das demonstrative Erscheinen von 35 Delegierten der Beratenden Versammlung, darunter Reynaud, Philip, Jacquet, Giacchiero, De Felice, Heinrich von Brentano — verpuffte, konkrete Arbeit wurde nicht geleistet. Was nun entstand, ist ein kleines Aktionskomitee, in dessen Reihen sich einige befinden, auf die unsere letzte Hoffnung gesetzt werden darf.

Die Beratende Versammlung hätte vielleicht noch weniger geleistet, als sie zustandegebracht hat, wenn der Conseil de Vigilance nicht geplant worden wäre. Sie hat Vorschläge erörtert. Auf drei Linien wird sie weiterarbeiten: aus sich eine gemeinsame politische Tribüne zu machen, von der aus rechtzeitig die wichtigen, alle europäischen Völker berührenden Fragen beleuchtet, geklärt und bis zu Empfehlungen reifgemacht werden sollen (einschließlich des britischen Konservativen Boothby) — das Europarat-Statut in der Richtung zu ändern, daß aus dem Ministerkomitee ein Oberhaus, aus der Beratenden Versammlung ein Unterhaus und aus beiden zusammen zur Ausführung jedes Beschlusses, der einstimmig vom Ministerkomitee gebilligt wird, eine Exekutive gebildet wird (Vorschlag des britischen Labour-Außenseiters McKay); entsprechend dem Schuman-Plan Sachgebiet für Sachgebiet europäische Autoritäten mit spezifischer parlamentarischer Kontrolle zu entwikkeln (Vorschlag der Allgemeinen Kommission). Das ist die Linie Spaaks. Er ist der Meinung, daß wir Zeit genug haben, auf diesem Weg allmählicher Erfahrung „Rom im Laufe der Zeit zu erbauen". Den Enthusiasmus der Volkswünsche, Europa rasch zustandegebracht zu sehen, dürfe man nicht zu sehr fördern, damit der entfachten Begeisterung nicht Enttäuschung folge. Die Propaganda der Europäischen Bewegung solle über die einfachen Grundtatsachen aufklären: den meisten fehle noch das Einmaleins und das ABC Europas. Ein allgemeiner „Sturm und Drang" habe wenig Wert.

Man wird sich hüten müssen, wieder einmal — wie so oft — falschen Alternativen zum Opfer zu fallen. Zwischen den sogenannten Funktionalisten (Schritt für Schritt und je nach konkreter Erfahrung mit gegebenen Kräften) und den sogenannten Konstitutionalisten (so rasch wie möglich in Richtung auf eine europäische Verfassung mit Parlament und Regierung) ist in Wahrheit, soweit sie das Ziel gemeinsam haben, kein wesentlicher Unterschied. Es ist ein Streit um die wirksamsten erfolgverheißenden Methoden. Der eigentliche Unterschied besteht zwischen den planlosen Pragmatikern einerseits, die sich nur allzu gern erfahrene Praktiker nennen, die aber Opportunisten ohne Kraft der Bewegung, wohl mit der enormen Kraft der Beharrung sind — freundliche Zwillingsbrüder der jeder schrittweisen Verwirklichung abholden Doktrinäre —, und den sowohl konstitutionalistischen wie funktionalistischen Föderalisten anderseits; sie arbeiten erstens innerhalb wie außerhalb der Beratenden Versammlung, und sie verbinden zweitens die unmittelbare, auf das Ziel gerichtete, planvolle, wenn auch gelegentlich umwegige Praxis mit verständiger Analyse und aus der Wirklichkeit selbst abgeleiteter politisch heilsamer Theorie; das heißt, mit der an geschichtlicher Erfahrung geläuterten Vernunft, nicht bloß mit einem technischen, auf das unmittelbar Nächstliegende beschränkten Verstand. Es ist daher klar, daß die drei konkreten Bemühungen der Beratenden Versammlung überhaupt nicht im Gegensatz zur konkreten und raschen Arbeit für eine europäische Verfassung zu stehen brauchen. Diese Arbeit reicht nur weiter als jene Bemühungen, sie entspricht der Notwendigkeit der Entwicklung, sie schafft die Grundlage und den Rahmen für die Dauer und die Richtigkeit des Einzelwerkes, indem sie vor allem die Gefahren der Spezialisierung überwindet. Die Beratende Versammlung als politische Tribüne Europas kann offensichtlich nicht genügen, wenn der ganze Kontinent in Gefahr ist. Die Annahme der von McKay vorgeschlagenen Reform des Statuts hängt vom guten, das heißt vom erwiesen schlechten Willen der Minderheit im Ministerkomitee ab, der auch später Fall für Fall das Vetorecht zustünde; sie zu überzeugen und auf den Weg zu bringen, ist aber stets des Schweißes der Edlen wert. Die besonderen europäischen Autoritäten mögen zu Einzelministerien führen, sie können jedoch nicht eine Gesamtregierung und eine Gesamtpolitik ersetzen, sie werden sogar, für sich allein, stets dazu neigen, übernationale Bürokratien hervorzubringen; und ständige Sonderparlamente zur Kontrolle würden auf Dauer eher ein Hindernis für ein gemeinsames Parlament sein als ein Weg zu diesem Ziel. Man braucht daher die Verfassung.

Gegen eine Konstituante wird eingewendet, daß es zu lange dauern würde, sie zustande zu bringen, und daß nicht alle Staaten dafür seien, insbesondere derzeit nicht einmal die Benelux-Länder, diese wegen ihrer noch immer vorweg britischen Orientierung. Das Argument der Zeit verfängt jedoch nicht, sieht man nur näher zu: außer einigen wenigen Doktrinären behauptet niemand, alle Einzelbemühung auf Sondergebieten müsse eingestellt werden, bis eine Verfassunggebende Versammlung und die

Europäische Verfassung selbst Wirklichkeit geworden seien; es ist vielmehr ein Problem der Gleichzeitigkeit. Die mangelnde Bereitschaft dieses oder jenes kontinentaleuropäischen Landes ist eine Frage konkret ausgearbeiteter Vorschläge; solange man nur prinzipiell herumdiskutiert, wird eine Einigung in der Tat nicht zu erzielen sein. Sogar Großbritannien ist ja bereit, sich sachlichen oder territorialen Teilunionen in geeigneter Form „so eng wie möglich zu assoziieren", wenn es nur einmal erfährt, wie die Verpflichtungen aussehen sollen, wie weit oder wie eng sie gedacht sind und welche Vorteile, welche Lasten damit verbunden sein sollen. Man muß also die Vorarbeiten leisten und einen vernünftigen Entwurf durch den oder jenen durchaus bereiten Staatsmann vorlegen; gar nicht wenige Abgeordnete in der Beratenden Versammlung — zum Beispiel Männer wie Bidault, um nur einen einzigen zu nennen, und von anderen, deren Meinung bekannter ist, zu schweigen — sind entschlossen, in einem solchen Fall mitzutun. Die übrigen erhalten dann endlich Gelegenheit, ihre Einwände aus einer unverbindlichen, immer so überaus verantwortlich aussehenden Prinzipienhaftigkeit ins Konkrete zu verwandeln und sie so für das gemeinsame notwendige Werk entweder fruchtbar zu machen oder die von ihnen verschleiert vertretenen schlechten Sonderinteressen zu demaskieren.

Damit ist der Weg „nach Straßburg" im Sinne der Zeit — und merkwürdigerweise in scheinbarer Entfernung sogar wieder im Sinne der Richtung — bezeichnet: Arbeit dort, die bescheiden sein wird und allein unmöglich uns retten kann, Arbeit darüber hinaus für eine Verfassunggebende Europäische Versammlung. Eine kleine Gruppe von Europäern wird vorerst, in diesen Monaten, versuchen, die Voraussetzungen für einen verwirklichbaren Vorschlag zu klären. Es wird ein erster Bundesvertrag von Regierungen und Parlamenten notwendig sein. Es wird der Urwahlen bedürfen, mit denen ein Dutzend schwieriger Probleme verbunden ist. Der Rahmen einer möglichen Verfassung ist abzustecken — samt der Besprechung jener Artikel, für deren Annahme besondere Mehrheiten erforderlich sein werden (da sich ja Frankreich und die Benelux-Länder kaum vom bevölkerungsstarken Italien und Deutschland in entscheidenden Vorfragen der rechtlichen Grundlegung Europas einfach überstimmen lassen können). Die Regierung oder die Regierungen müssen in Aussicht genommen werden, die bereit sein können, sich eines ausgearbeiteten Vorschlags anzunehmen, damit er offiziell erörtert wird. Die persönlichen Verbindungen der Fähigen und Willigen sind zu knüpfen und unter Berücksichtigung der Last ihrer Verpflichtungen zureichend zu organisieren. Noch zehn oder zwanzig andere Voraussetzungen müssen geschaffen werden. Und dabei eilt es, — nicht weil wir keine Zeit hätten, einen Verfassungsplan auszuführen, sondern weil jetzt bereits überall entschieden wird, besonders auf dem ausschlaggebenden Gebiete der militärischen Verteidigung, ob das Ergebnis am Ende von zwei, drei Jahren gut oder schlecht sein wird. Die Qualität der Suppe, die die Völker morgen auszulöffeln vorgesetzt erhalten werden, kommt heute zustande, noch während gekocht wird; es gibt Leute, einflußreiche Leute, die allerhand Pfeffer in ihren Büchsen bereithalten.

Die straßburger Niederlage derer, die auf den Conseil de Vigilance und den „Rat der Dreißig" gesetzt haben, kann in den Folgen höchst heilsam sein, wenn daraus die richtigen Schlußfolgerungen gezogen werden. Eine geringfügige Minderheit wird sie ziehen. Ihre Aussichten sind nicht groß. Die überwältigende Mehrheit derer, die Rang, Namen und Ämter haben, der „Offiziellen", ist in selbstmörderischer Einbildung und verblendeter Verachtung gegen sie. Aber noch wird gerungen, und noch hat die Minderheit nicht aufgegeben. Die Wünsche und die Sehnsucht der innerhalb kurzer, freilich entscheidungsvoller Zeiträume demokratisch ohnmächtigen Völker sind auf ihrer Seite. (Was werden zum Beispiel die neun sozialdemokratischen Landtagsabgeordneten tun, die in München bei den bayerischen Wahlen alle Sitze erhielten, — von einer Bevölkerung, die sich, wenig in Einklang mit der straßburger Politik der SPD, zu 83% gleichzeitig für ein vereintes Europa ausgesprochen hat?) Im Laufe des Jahres 1951 wird es sich entschieden haben, wer siegt: über die Rettung oder die Tragödie der westlichen Demokratien wird entschieden sein. Der Rest ist Arbeit auf zureichenden Fundamenten oder unaufhaltsamer Ablauf.

Wenn Erhard geht . . .

Vor einer neuen Politik der Gewerkschaften?

Wahlergebnisse sind schwer völlig eindeutig zu interpretieren. Immerhin ist man sich — mit Ausnahme Dr. Adenauers — im allgemeinen darüber einig, daß in den Überlegungen der süddeutschen Landtagswähler (und der Nichtwähler) die Bundespolitik eine große Rolle gespielt hat: der Erfolg der Sozialdemokratie gilt als ein *Erfolg der Opposition gegen „Bonn"*.

Gegen welchen Bestandteil der Bonner Politik? Zweifellos auch gegen die unklare und irritierende Haltung des Bundeskanzlers in der Frage der *Remilitarisierung*. Daß hier Siege gegen ihn errungen werden konnten, spricht für das propagandistische Geschick Dr. Schumachers, der es fertiggebracht hat, die antimilitaristischen Empfindungen der Massen anzusprechen, obwohl er selber bei Licht besehen für eine viel wirksamere Remilitarisierung eintritt.

Es ging aber keineswegs nur um diese Frage. Es ging um die Bonner Gesamtpolitik, und in ihr vor allem um die *Wirtschafts- und Sozialpolitik*. Die Kohlenknappheit, die steigenden Preise und andere Krisenzeichen hatten den offiziellen Optimismus gründlich widerlegt, der Lastenausgleich und der soziale Wohnungsbau stockten. „Die soziale Schlacht" — so hieß eine der sozialdemokratischen Wahlparolen — „ist die erste und die entscheidende Schlacht!", — auch danach haben sich viele Wähler entschieden.

Die *„Neuwahlen"* im Bund, das erklärte Ziel der heftigen Wahlkämpfe, hat der Chef der Sozialdemokratie nicht erreichen können. Die Erfolge waren groß, aber sie reichten nicht aus, Bundeswahlen zu erzwingen. Nach dem sozialdemokratischen Rückschlag in Berlin wurde es stiller um diese Parole. Sie kann freilich wieder akut werden, wenn sich die Risse im Gebälk der Bonner Koalition vergrößern sollten.

Neuwahlen wären von geringer Bedeutung für den Weg des deutschen Volks, wenn sie nur Machtverschiebungen im restaurativen Gefüge herbeiführen sollten.

Neuwahlen sollten den Sinn haben, die restaurative Epoche abzuschließen und den Weg zu einer progressiven Politik zu öffnen. Würden sie uns diesen Dienst leisten können? In der Außenpolitik bestehen wenig Aussichten, daß ein Sieg der Sozialdemokratie dazu beitragen könnte, den Angstkrampf des restaurativen Kontinents zu lockern. Würde es in der Wirtschafts- und Sozialpolitik anders sein? Würde in dem Augenblick, da Professor Erhard durch einen klaren Mißerfolg widerlegt wäre, eine politische Kraft zur Verfügung stehen, deren Entwurf und deren Praxis das restaurative Schema Liberalismus — Staatssozialismus zu sprengen vermöchte?

*

Daß die *deutsche Arbeiterschaft* (zumindest in ihrem politisch aktiven Teil) auf eine solche grundsätzliche Änderung hindrängt, beweist unter anderem das Ergebnis einer Urabstimmung der Industriegewerkschaft Metall. Es ging dabei um die Frage, ob die gewerkschaftlichen Kampfmittel angewandt werden sollten, um bestimmte gewerkschaftspolitische Ziele zu erreichen, vor allem das Mitbestimmungsrecht. Beinahe 97 vom Hundert bejahten die Frage. Die Entscheidung der Industriegewerkschaft Bergbau in der gleichen Frage wird kaum anders ausfallen. Das Schicksal der Demokratie wird nicht nur durch die mehr oder weniger passiven Mehrheiten bestimmt, welche an den Wahlsonntagen zur Urne gehen, sondern auch durch die Aktivität außerparlamentarischer und überparteilicher Kräfte. Daß das Kapital seine politische Chance zu nutzen weiß, ist bekannt. Es sieht so aus, als ob nun allmählich auch die deutschen Gewerkschaften entschlossen wären, unmittelbarer als bisher und mit den ihnen gemäßen Mitteln in das politische Leben einzugreifen.

Die Gewerkschaften haben in den Jahren 1945 bis 1948 die handgreiflichen Interessen ihrer Mitglieder den Interessen der Allgemeinheit untergeordnet. Daß diese maßvolle Politik viel zur politischen Stabilisierung nach dem Kriege beigetragen hat, ist nicht nur von den Regierungen, sondern auch von den Vertretern des Besitzbürgertums ausdrücklich anerkannt worden. Inzwischen sind die Interessengegensätze der Klassen, deren Ernst und Gewicht vielfach auch von sozialgesinnten Freunden des „Wirtschaftsfriedens" verkannt werden, schärfer und vor allem sichtbarer geworden. Dabei hat sich ergeben, daß sich die gewerkschaftsgegnerischen Mächte im Laufe der letzten Jahre sehr günstige Ausgangsstellungen verschafft haben. Den Gewerkschaften sind allmählich Zweifel gekommen, ob jene Politik des Wirtschaftsfriedens und der nationalen Solidarität überhaupt richtig gewesen ist: ob sie in Wahrheit und auf weite Sicht im wohlverstandenen Interesse des Allgemeinwohls gelegen hat oder ob sie vielmehr die Politik unnötiger Opfer und eines falschen Friedens gewesen ist. Jedenfalls hat sich in der gleichen Zeit vor und nach dem Tage X das Besitzbürgertum durchweg weniger geniert, seinen Vorteil wahrzunehmen: durch Hortung, Übergewinne, laxe Steuermoral (die in unvernünftig hohen Steuersätzen eine Entschuldigung hatte), Ausnützung der Marktlage zu ungunsten der sozial schwachen Glieder des Volkskörpers, egoistische Import- und Export-Geschäfte, Verschleppung des Lastenausgleichs und manches andere. Die akademische Verschleierung der wirklichen Vorgänge und ihres wahren Charakters durch die neoliberale Publizistik hat die Atmosphäre nicht verbessert, ebenso wenig die Verschleppungstaktik in den Verhandlungen mit dem Sozialpartner und die scharfen aber schiefen Angriffe gegen den „Monopolismus der Gewerkschaften".

Heute wissen die Gewerkschaften: die Lebensinteressen und die Grundrechte der deutschen Arbeitnehmer sind verletzt worden, und sie bleiben bedroht. Daher sind sie entschlossen, gegenüber dem deutschen Besitzbürgertum eine *neue Politik* einzuschlagen. Der Deutsche Gewerkschaftsbund, der fünf Milionen Arbeitnehmer vertritt, hat erklärt, daß er *„die Neugestaltung der deutschen Wirtschaft" „mit allen gewerkschaftlichen Kampfmitteln" durchsetzen werde.* Die neuen Preis-Lohnverhältnisse haben zur Kündigung von Tarifverträgen und zu Streiks geführt. Wer jedoch aus alledem nur herausliest, daß sich die deutschen Gewerkschaften „radikalisiert" haben, hat den Vorgang nicht verstanden.

Warum kommen uns die Gewerkschaften in diesem Augenblick so grundsätzlich? Manchem konservativen und erst recht manchem reaktionären Politiker muß das neue Verhalten der deutschen Gewerkschaften geradezu als „ungewerkschaftlich" erscheinen, als eine Überschreitung der Grenze, innerhalb derer seit dem Ersten Weltkrieg der Staat und die Unternehmerverbände die Organisationen der Arbeitnehmer als gleichberechtigte Partner anerkannt haben. Und manchem alten Gewerkschafter wird die neue Politik vielleicht als eine Verletzung der parteipolitischen Neutralität vorkommen. Neu ist zunächst, daß der Deutsche Gewerkschaftsbund heute grundsätzlicher und umfassender handeln *kann* als früher, weil er sich in der besten Form organisiert hat, die im bestehenden Gesellschaftssystem möglich ist: in der Form des zentralistischen Bundes der Industriegewerkschaften. Er ist dadurch in der Lage, Fragen der Gesamtpolitik vom gesamten Bundesgebiet her zu sehen und anzugehen, und er ist damit besser gegen die natürlichen Irrtümer des Provinzialismus gefeit, denen die einzelnen Landesverbände vor ihrer Vereinigung oft verfallen sind. Von noch größerer Bedeutung ist es, daß der Grundsatz der vertikalen Organisation gesiegt hat: der Bund ist nach Industrien organisiert und nicht mehr nach Berufverbänden. Damit haben sich die Gewerkschaften realistisch auf den Boden der Klassengesellschaft gestellt und die ständische Gesellschaft überwunden. Und zwar taten sie das ohne langwierige theoretische Überlegungen; sie taten es einfach, weil sie aus der Niederlage der Arbeiterbewegung die notwendigen Schlüsse ziehen mußten. Eine ständische wie auch eine föderalistisch organisierte Wirtschaftsgesellschaft könnte die Fragen der Gesamtpolitik gar nicht grundsätzlich stellen. Beide wären viel zu sehr davon bestimmt, ihre Teilinteressen zu verfolgen, als daß sie den Blick aufs Ganze richten und umfassende Lösungen anstreben könnten.

Die deutschen Gewerkschaften müssen sich darüber klar sein, daß die angekündigte Politik unmittelbar den Interessen des deutschen Besitzbürgertums und seiner Funktionäre widersprechen wird, und dieser Widerspruch kann nur dadurch gelöst werden, daß die Klassenprivilegien und damit die bestehende Klassengesellschaft selbst fortschreitend aufgehoben werden. Wenn die Gewerkschaften diesen Weg beschreiten, müssen sie ferner damit rechnen, daß das Besitzbürgertum alle Mittel des Klassenkampfes von oben anwenden wird, um sie zu zwingen, sich „auf die ihnen gemäßen Gebiete zu beschränken" und „ihr Monopolstreben" aufzugeben. Die Gewerkschaften sind sich darüber im klaren, daß sie in diesem Prozeß nicht für zusätzliche partikuläre Interessen kämpfen, sondern für Forderungen, die unbedingt erfüllt werden müssen, wenn die Republik lebensfähig sein soll. Wenn man die Gewerkschaften auffordert, sich den demokratischen Spielregeln zu unterwerfen und auf Aktionen außerhalb der Parlamente zu verzichten, so geht man an dem Grundproblem der modernen Demokratie vorbei. Wer den arbeitenden Menschen in der heutigen Gesellschaft die demokratischen Selbstbestimmungsrechte vorenthält, verletzt offensichtlich demokratische Grundrechte. Ein Besitzbürgertum, das an seinem Privileg des unkontrollierten Eigentums und damit der vollkommenen Kommandogewalt über die Produktionsmittel festzuhalten gewillt ist, stellt seine Privilegien über diese demokratischen Grundrechte. Es gefährdet damit die Rechtsgrundlage der Demokratie. Wer seine Privilegien über die demokratischen Grundsätze stellt, stellt sich selbst als Privilegierten außerhalb der demokratischen Spielregeln. Die demokratischen Grundrechte sind aber auch dann verletzt, wenn die Politik oder Wirtschaftspraxis einer Klasse innerhalb einer Gesellschaft die Existenzgrundlagen der Arbeiterklasse ständig gefährdet und damit die gesellschaftliche Ordnung bedroht, und wenn ihre Politik und ihre wirtschaftliche Praxis der Mehrheit der Gesellschaft das Existenzminimum nicht zu sichern vermag. Diese Erkenntnisse rechtfertigen den neuen Kampfwillen der Gewerkschaften.

Es hat im übrigen nichts mit wildem Aktivismus zu tun. Die zentralistische Organisationsform erlaubt es dem Deutschen Gewerkschaftsbund, Einrichtungen zu schaffen, die ihm das Material und die Ergebnisse der Sozialwissenschaften, vor allem ihrer fruchtbaren neuen Methoden, in Fülle zur Verfügung stellen. Sein *„Wirtschafts-Wissenschaftliches Institut“* wird weiterhin ausgebaut werden müssen, damit die Gewerkschaftspolitik fortschreitend „wissenschaftlicher“, das heißt: realistischer, präziser und wirksamer werden kann. Niemand wird ja verantworten wollen, Kommandoaufgaben der deutschen Wirtschaft, welche privilegierten Schichten aus der Hand genommen werden müssen, Dilettanten anzuvertrauen. Sowohl in der Lohn-Preisfrage, wie besonders auch in der Frage der „Neuordnung der deutschen Wirtschaft“ hat dieses Wirtschafts-Wissenschaftliche Institut hervorragende Vorarbeit geleistet. Es hat den Deutschen Gewerkschaftsbund in die Lage versetzt, nicht nur allgemeine Grundsätze zu proklamieren, sondern in dem Gesetzesvorschlag zur „Neuordnung der deutschen Wirtschaft“ eine präzise und erfüllbare Forderung zu stellen. Wie es kurzsichtig wäre, wollte man in den politischen Kampfansagen des Deutschen Gewerkschaftsbundes nur die Tendenz zur Radikalisierung sehen, genau so kurzsichtig wäre es, wollte man es für einen Zufall halten, daß hier ein so gründlich ausgearbeiteter und sozialwissenschaftlich unterbauter Gesetzentwurf vorgelegt werden konnte. Er demonstriert, daß die Gewerkschaften mit sachlicheren Vorschlägen, besseren Argumenten und konstruktiveren Plänen in die kommenden Auseinandersetzungen eintreten als die Vertreter des deutschen Besitzbürgertums.

Der Gesetzesvorschlag zeigt darüber hinaus an, daß die deutsche Arbeiterbewegung in eine Entwicklung einmündet, welche die internationale Arbeiterbewegung in verchiedenen Ländern bereits seit Jahren eingeleitet hat: die Entwicklung von der „pressure group“, welche dazu da ist, alle guten Gelegenheiten zur Verbesserung der eigenen Position nachdrücklich auszunützen, zum „konstruktiven Faktor“ in der gesellschaftlichen Gesamtpolitik. Schon ihre Stellungnahme zur Lohn- und Preisfrage zeigt, daß die Gewerkschaften nicht mehr gewillt sind, diese Frage im klassischen Sinne anzufassen, nämlich die berühmte Preis-Lohnspirale anzukurbeln und damit den Marktbewegungen nachzuhinken, sondern daß sie auf einer dauerhafteren Lösung bestehen. Es ist offensichtlich, daß diese neue Politik auf eine planvolle, umfassende und grundsätzliche Veränderung der Struktur der deutschen Gesellschaftsordnung hinausläuft.

Ansätze dieser Politik hat es auch vor 1932 gegeben. Nach der großen Niederlage der deutschen Arbeiterbewegung ist man sich erst recht der Notwendigkeit bewußt geworden, der bestehenden Politik und Gesellschaftsordnung eine bestimmte und greifbare Alternative entgegenzusetzen, die von den arbeitenden Menschen verstanden werden kann und die geeignet ist, ihre Lage rasch und fortschreitend zu verbessern und dabei Fortschritt und Sicherheit zu vereinigen. Noch im Jahre 1931 trug die Resolution des IV. Kongresses der Arbeiter- und Sozialisteninternationale der Internationale der Gewerkschaften in Wien zur Lösung der Weltwirtschaftskrise nicht mehr bei, als daß sie allgemeine Forderungen erhob, die entweder ökonomisch oder politisch im Augenblick undurchführbar waren. Ähnlich ging das Krisenprogramm des Allgemeinen Deutschen Gewerkschaftsbundes und des Allgemeinen Freien Angestelltenbundes im Juni 1932 an den Fragen einer planvollen Wirtschaftspolitik vorbei. In dieser Weltwirtschaftskrise hat die dilettantische Ansicht, daß man Krisenbewegungen, welche die gesamte Gesellschaftstruktur erschüttern, allein mit der Forderung nach Sozialisierung,

Verminderung der Arbeitszeit, Erhöhung der Löhne und starker Besteuerung der hohen Einkommen entgegentreten könne, ihren stärksten Schlag erlitten. Aber erst heute vermögen die Gewerkschaften die positiven Folgerungen zu ziehen.

Die deutschen Gewerkschaften stehen heute vor der Aufgabe, der deutschen Öffentlichkeit innerhalb eines Jahres einen umfassenden *Nationalplan* vorzulegen, der zu allen wichtigen Fragen der Neuordnungen der deutschen Gesellschaft Stellung nimmt, die Ziele weist und die Etappen zu diesen Zielen genau darstellt. Nur die Organisation des Deutschen Gewerkschaftsbundes ist heute in der Lage, diese Aufgabe solide zu lösen. Die Alternative zur restaurativen Politik Adenauer—Erhard kann nicht primär aus der SPD, sondern sie muß aus dem Deutschen Gewerkschaftsbund entwickelt werden. Die SPD ist zurzeit parlamentarische Opposition; die politische Opposition ist sie deshalb nicht, weil sie als Parteiorganisation den Charakter einer Wahlmaschine angenommen hat und als parlamentarische Partei unserer Zeit weder in der Lage noch auch gewillt sein wird, ernsthafte außerparlamentarische Aktionen vorzubereiten; auch hat die Führung der SPD den falschen Ehrgeiz, sich ihre Lorbeeren gerade dort zu holen, wo keine zu holen sind, wohl aber neue Verhängnisse drohen: in einer nationalistischen Außenpolitik. Sie wird kaum ihre ganze Kraft an jener wirtschaftsstrukturellen Aufgabe einsetzen; wir können froh sein, wenn sie heil aus dem Abenteuer der gleichberechtigten Atlantisierung herauskommt.

Als einige wichtige Punkte jenes Planes sind die Mitbestimmung, eine Politik der Vollbeschäftigung, die Neuordnung des deutschen Sozialversicherungswesen, sowie grundlegende Veränderungen im deutschen Bildungswesen zu nennen, — wobei Arbeiterbildung und Mitbestimmung eng miteinander verbunden werden müssen. Ein National-Plan des Deutschen Gewerkschaftsbundes könnte *die erstarrte innenpolitische Situation zum Fließen bringen.* Schon um seiner erzieherischen Wirkung willen wäre er wert, zur Diskussion gestellt zu werden. Er könnte als eine große Leistung der deutschen Arbeiterbewegung zu einer Sache der arbeitenden Menschen der Bundesrepublik werden: er könnte die Republik der wahlberechtigten Individuen zur Republik der arbeitenden Menschen machen.

Es ist nicht sicher, ob den deutschen Gewerkschaftern dieses Ziel völlig klar vor Augen steht. Es muß ihnen klargemacht werden. Den neuen Aufgaben der deutschen Gewerkschaften muß eine neue Praxis entsprechen. Die unscheinbaren Veränderungen in der Politik der deutschen Gewerkschaften müssen sich als Anfänge entscheidender Veränderungen erweisen. Das ist auf weite Sicht gesehen. Aber es kann sein, daß eine Verschärfung der wirtschaftspolitischen Krise der Bundesrepublik dem Deutschen Gewerkschaftsbund schon bald neue Chancen geben wird. Sie können verpaßt, sie können ergriffen werden.

Theo Pirker, Frankfurt.

Das Leben ist kurz und die Wahrheit wirkt fern und lebt lange — sagen wir die Wahrheit!
Schopenhauer

Eugen Rosenstock-Huessy

DIE JÜDISCHEN ANTISEMITEN

oder

DIE AKADEMISCHE FORM DER JUDENFRAGE

Antisemitismus ist ein akademischer Ausdruck. Er stammt aus der Sprache des Humanismus. Der Ausdruck versucht die existentielle Tatsache, daß es Juden, Völker und Christen gibt, durch eine Naturbeschreibung zu ersetzen. Danach gibt es von Natur Semiten, Japhetiden und Hamiten. Der Antisemitismus darf also die akademische Form der Judenfrage heißen, weil es im akademischen Bereich nur „natürliche" Menschen geben soll.

Die akademisch gebildeten Juden seit der Judenemanzipation sind in großer Zahl heftige Antisemiten gewesen. Marx und Freud sind zwei der furchterregendsten Antisemiten. Diese emanzipierten Juden — Marx nannte Lassalle einen Judenjungen — wollten Ultragriechen, reine Akademiker werden. Und das ist ihnen in erstaunlichem Maße gelungen. Als Antisemiten und Akademiker oder Humanisten zugleich brauchten diese gebürtigen Juden sich um die dritte Macht, das Christentum, nicht zu kümmern. Vielmehr wurden diese angeblichen Juden direkt und kühn die besten Griechen. Freud und Einstein sind die hervorragendsten Griechen der vorigen Generation. Freud hatte eine Aphrodite auf seinem Schreibtisch, und mit Fug ziert sich sein Tun mit dem griechischen Namen: Psychoanalyse. Einstein, Mathematiker und Physiker, setzt die Griechen Demokritus und Archimedes fort, so wie sich Lassalle in Herakleitos gespiegelt hatte.

Der Antisemitismus ersetzte diesen „Griechen aus der Beschneidung" geradezu das Christentum. Er erlaubte den emanzipierten Juden eine „rein akademische" Existenz. Ja, im emanzipierten Juden war der Antisemitismus von religiöser Kraft. Denn er schloß ja einen Kampf gegen den eigenen Urgrund und damit Selbsthaß ein. Und alle Religion gebietet ein Stückchen Selbsthaß. Dem „Liebe deinen Nächsten wie dich selbst" wird stets ein „Hasse dich wie ein Stück tote Welt" entsprechen müssen. Der jüdische Antisemit rang mit sich selber; Karl Marx schaffte „den Juden" ab!

Im Munde der gebildeten nicht-jüdischen Europäer aber fehlte dem Antisemitismus diese echte Kraft des Selbsthasses. Da war er bloß eine Verschleierung der nationalen Notwehr gegen Israels messianische Ungeduld. Alle Nationen des 19. Jahrhunderts, von Portugal bis Rußland und von Rumänien bis Irland, wiegten sich selber in Messiasträumen. Ihre eigene Nation war der Geschichtsprofessoren auserwähltes Volk. Als 1931 in Heidelberg die europäischen Historiker ihre Geschichtsbilder gaben, da waren Rumänen und Polen bereit, an ihrem Wesen die Welt genesen zu lassen.

Wenn aber Israel das auserwählte Volk war, das Christus geboren hatte, dann drohte jeder Nation das Weltgericht einer universalen Geschichte für alle Nationen. So konkurrierten im 19. Jahrhundert schließlich alle Nationen mit Israel. Die akademische Muse, blind gegen die wirkliche Zeit, konnte in ihren hohen Schulen der

Ideale das Walhalla der eigenen Nation widerspruchslos mit Nationalhelden austapezieren und die Männer Gottes, Moses, Abraham, David, Jesaias, mittels des Antisemitismus aus den Augen verlieren. Dieser Antisemitismus als Schatten des messianischen Deutschtums oder Polentums ist ungangbar geworden.

Es gibt die deutsche Nation nicht mehr, wie sie von 1795 bis 1933 bestanden hat. Denn diese bestand aus Christen und Juden, die sich zu einer nationalen Ordnung zusammenlebten.

Diese Nation war also ein Prozeß. Aber 1933 endete der Prozeß. Nun wurde die Nation eine bloße Sache. Man wollte sie „haben". Judenstämmlinge und Deutschstämmige fielen lieblos auseinander: „Diesem Reiche droht ein jäher Umsturz. Die zum großen Leben gefügten Elemente wollen sich nicht wechselseitig mehr mit Liebeskraft zu stets erneuter Einigkeit umfangen. Sie fliehen sich und einzeln tritt nun jedes kalt in sich selbst zurück." (Goethe)

Der jähe Umsturz ist eingetreten. Die Auseinandersetzung der beiden Träger des Nationalgedankens hat wortwörtlich stattgefunden. Die 1945 Übriggebliebenen leben nun getrennt. 1933/34 wurde die Nation als heidnisch proklamiert. Die Juden flohen oder wurden umgebracht. Als Joseph Wittig sein „Leben Jesu in Schlesien, Palästina und anderswo" 1926 schrieb, ahnte er nicht, wie er bald aus Schlesien in den Westen des ehemaligen Reiches werde abgetrieben werden, sein jüdischer Freund Martin Buber in Palästina auftauchen würde, und ich „anderswo", nämlich in den Vereinigten Staaten, diese Zeilen schreiben würde. Wir hatten es vergessen, aber „Das Leben Jesu in Schlesien, Palästina und anderswo" ist noch in jedem Jahrhundert ein Vorgang. Was aber geht vor? Nur das, was hervorgeht, und nichts, was die lebende Generation überdauert und damit in den Frieden anerkannter Existenz eingeht, kann „hervorgehen", es sei denn aus einem Schoß und einer Vermählung. Damit wir Menschen mit unserem Zeitgeist uns nicht am Heiligen Geist vergreifen, muß der Geist aus mindestens zwei Generationen hervorgehen, und nicht umsonst wird vom Heiligen Geist gesagt, daß er aus dem Vater und dem Sohn hervorgeht. Das kleindeutsche liberale Reich der Paulskirche und Bismarcks ist die Frucht der Liebe, die Folge der Judenemanzipation und des Eintritts der Juden in die christliche Welt gewesen. 1910 rief ich es aus („Die Hochzeit des Kriegs und der Revolution"), daß fortan Deutschland aus einem Reich ein Geisterstamm werde, ein Großstamm in der werdenden Völkerfamilie; denn es habe seinen Staat verloren. Kirchennation im Mittealter, Staatsnation in der Neuzeit, werde es zur Erziehungs- und Arbeitsnation. Damit müsse sich notgedrungen die Lage der Juden in Deutschland ändern. Weshalb? Für sie sei kein Raum mehr. Von 1800 bis 1933 habe der unaufhörliche Zutritt des jüdischen Elements die Magna Charta jeder europäischen Nation gebildet. Dieser Zutritt verbriefte nämlich jeder Nation ihren zukunftshaltigen, messianischen Charakter. Weil jedermann auf Reichsboden zum Bürger werden konnte, auch der geborene Israelit, deshalb konnte im Weltalter der Nationen jede werdende Nation ihren Bürgern das wahre Heil, und das heißt immer, das noch erst kommende, verheißen. Die Nationen des neunzehnten Jahrhunderts trugen messianischen Charakter. Sie hofften, alle bisherigen Formen des Heils auf Erden zu übertreffen. Nämlich der Glaube jeder Nation, daß sie neu berufen und neu erwählt sei, war das

Evangelium von 1789 an alle Nationen. Im Zutritt des jüdischen Gottesvolkes zu den natürlichen Völkern sprach sich dieser Glaube aus. Denn aller Glaube muß die Zäune, die der Verstand der Verständigen gezogen hat, überspringen; kein Reich, keine Nation kann wachsen ohne urspringendes Leben. Frischer Ursprung aber muß immer die bestehenden Definitionen überspringen. Sonst kommt nie etwas Ursprüngliches zustande. Aus den Bewohnern Pommerns, Sachsens, Badens ließ sich nur dann eine begeisterte Nation schweißen, wenn ein neuer Zusatz amalgamiert wurde, welcher diese Provinzialen über sich hinausriß. Und dieser Zusatz wurden die emanzipierten Juden. Sie wurden bedingungslos deutsch.

Nun sind sie nicht mehr da. Der Wilderer aus Braunau hat sie abgeschossen. Und damit ist der Geist der deutschen Nation, der von Friedrich Schiller bis zu Ricarda Huch reichte, ausgehaucht.

Die Frage, die vor den auf ehemaligem Reichsboden hausenden oder hüttenden Menschen steht, ist die Umkehrung der Frage, die vor den Israeli-Bürgern aufsteigt. Aber beide stehen vor einer Frage, die aus dem Siege des Antisemitismus herrührt. Der Judenstaat in Palästina und die Ausrottung der Juden in Deutschland sind ja beide Folgen des Antisemitismus.

Die Bewohner Israelis müssen einen staatlichen Zustand suchen, der für Abkömmlinge des einzigen Glaubensvolkes passen soll. Die Bewohner von Quadrizonia müssen in einen geistlichen Zustand eintreten, der den Verlust des Staatsvolkes aufwiegen kann. Bisheriges Glaubensvolk (Israeliten) muß Staatsvolk werden; bisheriges Staatsvolk kann nur als Glaubensvolk weiterleben. Nur Religion schafft Rassen. Von Israeli prophezeit Arthur Koestler, es werde in dreißig Jahren das unjüdischste Volk sein.

Es hat also keinen Zweck, über die Juden akademisch zu diskutieren. Zwar kenne ich einen Mann, der vierzig Jahre mit einer Jüdin verheiratet ist, und trotzdem gerade diesen akademischen Versuch gemacht und über Deutsche und Juden philosophiert hat. Akademisch kann aber niemand die Wahrheit über die Juden sagen. Denn akademisch läßt sich nur Natürliches behandeln. Als Akademiker müßten wir die Juden wie die Deutschen für Naturen nehmen. Völker, und zumal die Juden, sind aber nie Natur. Die Nation war nach 1789 ein Vorgang, und sie überwand „Naturen"; so ging aus der geistigen Liebe Felix Mendelssohns für Bach, Stahls für Preußen, Gierkes für Edith Loewenthal, Lassalles für die Gräfin Hatzfeldt, Friedrich Schlegels für Dorothea Veit, Marxens für Jenny Westphalen, Hermann Cohens für Kant jenes Lied „Hoch weht die Fahne, schwarz-weiß-rot" hervor, das von einem Mann jüdischer Abkunft gedichtet worden ist. Richard Wagner war wahrscheinlich der Sohn der Liebe zwischen seiner Mutter und dem jüdischen Schauspieler Geyer. Und wie könnte es eigentlich anders gewesen sein? Deshalb gerade haßte Richard Wagner das bloße Judentum in der Musik. Er haßte zum Beispiel Meyerbeer, dem, in Paris lebend, diese nationaldeutsche Verschweißung Wagner-Geyers ganz unbegreiflich blieb, aber er erzeugte in Siegfried Wagner eines der jüdischsten Spezimen der deutschen Bevölkerung. Das ist gerade kein Widerspruch, wo nicht die Natur, sondern die Liebe befiehlt. Nietzsche schrie einmal: „Ich bin nun einmal weder Körper noch Geist, sondern etwas Drittes." Wir alle sind etwas Drittes!

Vom Antisemitismus kann man erst dann nutzbringend reden, wenn man dabei seine eigene Existenz aufs Spiel setzt. Auf heute angewandt lautet die erste Frage: Wie kann heute, nach der Ausrottung der Juden, der Deutsche geistgebunden leben? Wie kann er Christ sein? Das ist die existentielle Frage. Vielleicht kann es künftig keine lebendige Kirche in Deutschland mehr geben, weil es dort keine Juden mehr gibt. Will niemand die Wucht der Frage begreifen, wie es denn ohne Juden Christen geben kann? Kirchgänger mag es freilich geben, Landeskirchen- und Konsistorialräte. Aber können diese Herrschaften das Christentum fortpflanzen? Das Christentum ist doch Mission. Christianus fit non nascitur. Die Landeskirchlichkeit muß zur Höllenfratze erstarren ohne Mission. Wer harrt denn auf die Kirche, nachdem die Juden aus dem Reich verschwunden sind? Pfarrer, die diese Frage aller Fragen nicht begreifen, geschweige denn stellen, haben weder Jesus noch Paulus begriffen und leben in einer Kirche, in der es praktisch keine Mission mehr gibt, sondern in der es Fleisch und Blut erben sollen. Es gibt aber zu Pfingsten weder Griechen noch Juden noch Skythen. Ein Christ ist also nicht dadurch Christ, daß er sich so nennt, sondern dadurch, daß er mit einem Andersgläubigen eines Sinnes wird. Die Existenzfragen lauten: Wer waren die Deutschen des 19. Jahrhunderts, als Christen und Juden im Reich lebten? Was wird aus den Deutschen einfach dadurch anders, daß die Juden fort sind? Wird diese Frage gestellt, dann wird nicht mehr ein Lufthieb geführt.

Dann enthüllt sich der Antisemitismus als das, was er gewesen ist: das akademische Feigenblatt vor einer Existenzfrage. Der Antisemitismus war die harmlose Wendung, mittels welcher der Humanismus die Existenzfrage von Juden und Christen abschwächte in eine akademische Frage.

Der Humanist stellte sich ja einen „Menschen" im Naturzustande vor. Dieser Naturzustand „des" Menschen beraubte ihn seiner Angehörigkeiten. Die Menschen sind aber alle entweder Völker, oder Juden, oder Christen. Etwas Viertes gibt es nicht. Der humane Mensch sollte trotzdem ein Viertes sein, eben das Akademische, das Griechische. Er sprach: „Ich bin weder Heide noch Jude noch Christ. Die gibt es eigentlich alle nicht. Wir sind alle natürliche Menschen."

Nach diesem „humanen" Vorurteile gibt es uns also als unbenannte Menschen ohne unsere Götterzeichen und Geistertitel und Gottesnamen. „Natürlich" gibt es solche unerkannten, unbenannten Menschen nicht. Es gibt freilich in die Natur Verstoßene, Findelkinder, Waisen, Verbannte, Gefangene, Sklaven. Aber fortpflanzungsfähig weil sprachfähig ist nur der Mensch, der auf Anerkennung hoffen darf. Anerkannt zu werden, ist das erste menschliche Bedürfnis. Und wo in einer Sprache ein Mensch von anderen benannt wird, da geistern auch die Namen der Götter, die über den Benannten und den Benennenden walten, weil nur dann die im Namen ersehnte Anerkennung durchbricht. Völker, Juden, Christen sind die einzigen wirklichen drei Menschenwege in der Folge ihrer Benennungen. Denn sie alle leisten etwas in Sachen der Anerkennung. Im „Heil Hitler" oder in „Hurrah! Hurrah! Hurrah!" erkannten sich die Heiden; im „Gelobt sei Jesus Christus" die Christen, im „Schmaj Israel! Der Herr, dein Gott, ist der ewige einzige Gott" erkannten sich die Israeliten selber als Geistesträger, als Begeisterte.

Der Humanist der Schule aber hat sich seinen vierten Menschen begrifflich zurechtgestutzt. Er nennt ihn „den" Menschen.

Ist so in den Schulen ein Begriff des natürlichen Menschen einmal fixiert, dann müssen sowohl Juden wie Christen für unnatürlich gelten. Genau das denkt der Humanist. Von ihm werden Israel und die Kirche als unnatürlich weggelassen. Den Menschen solche Etiketten aufzukleben, betrachtet er als obszön.

Da nun aber Kirchen und Juden und Heiden doch unleugbare Tatsachen sind, so hat der Humanist sie umbegriffen. Es gibt beim Naturphilosophen statt der Juden die Semiten, statt der Kirche die Japhetiden, statt der Heiden die Hamiten. Der Humanismus hat also die Welt in Semiten, Japhetiden, Hamiten eingeteilt und ganz vergessen, daß sie in der Bibel bloß drei Söhne desselben Vaters Noah sind, Israel aber allen drei dienen sollte; daß ein Araber vor einem Juden ausspuckt, und daß er selber seine Namen aus — dem Alten Testament stiehlt.

Das Wort Antisemitismus ist also die Projektion des akademischen Denkens über die Natur des Menschen auf die behauptete Unnatur Israels. Daher waren so viele Juden des 19. Jahrhunderts Antisemiten. Denn aus der Judenemanzipation kam ein machtvoller Einstrom der Judenstämmlinge in die akademische Welt. Und weil diese Juden glänzende Akademiker wurden, wollten sie Griechen werden und nicht Juden bleiben. So wurden sie Antisemiten wie Marx und Freud, dessen Altersbuch über Moses zwar nicht so großartig ist wie der antisemitische Ausbruch von Marx, aber doch Freuds Besessenheit zeigt, Grieche zu sein. Der akademisierte Jude wollte eben als Grieche statt als Jude wirken. Die modernen entisraelisierten Juden haben in ihrer Mehrzahl Griechen zu sein getrachtet, Humanisten.

Dieser Antisemitismus ehemaliger Juden ist nun die größte Entlarvung des Antisemitismus. Der Antisemitismus ist die akademische *Bemäntelung* des Judenhasses. Und an seinen jüdischen Trägern erweist sich der Judenhaß als Glaubenshaß. Die jüdischen Antisemiten glaubten an den Humanismus und sehnten sich nach der akademischen Welt. So verwarfen sie die wirkliche Geschichte von Stamm zum Reich zu Israel zu Kirche. Für die Welt der Akademiker gibt es ja nur natürliche Menschen, und die Geschichte von der Weiterschaffung des vollen Menschen bis zum ersten wirklichen Menschen, Jesus, bleibt in ihr unbeweisbar.

Aber die humanisierten Juden in jeder europäischen Nation lebten in ihrem Stück Antisemitismus ein Stück echter Begeisterung. Denn ich wiederhole etwas schon Berührtes mit Nachdruck: Geist weht nur, wo wir uns selber zu einem Stück hassen. Die Nächstenliebe ist nur da möglich, wo auch der Selbsthaß wirkt. Nächstenliebe und Selbsthaß bedingen einander. Die jüdischen Antisemiten haben daher begeisternd gewirkt, und das bißchen Nächstenliebe, das es im Bismarckschen Reich gab, war mit einem Tropfen jüdischen Selbsthasses gesalbt.

Daß dem so war, zeigte der heidnische Antisemit. Ihm war es kein Verdienst, Antisemit zu sein, da er dabei ja nichts gegen sich selber unternahm. Im Munde des nichtjüdischen Europäers fehlte dem Antisemitismus die schöpferische Kraft des Selbsthasses. Das Verschwinden der jüdischen Antisemiten muß also den nur noch antisemitischen Nationalgeist mit Unfruchtbarkeit schlagen. Und deshalb ist die Schicksalsfrage Mitteleuropas das Verschwinden der begeisterten jüdischen Antisemiten. Denn nur deren Selbstüberwindung verhieß etwas Gutes.

Abstrakte Diskussionen über den Antisemitismus sind wertlos. Aber was bedeutet die Abtrennung der Deutschen von den begeisternden Juden für die Zukunft des Geistes in Deutschland?

Die Frage bedürfte eines eigenen Buches. Ich bin ihr auch nie ausgewichen, seit sich 1919 die Ausstoßung der Juden aus dem Reich als Folge des Reichsuntergangs enthüllte. Aber hier kann die Frage nicht behandelt werden. Denn sie ist keine akademische Frage. Die akademische Welt hat sich an der Judenfrage die Finger verbrannt. Alles Akademische bricht immer angesichts der Frage nach Israels Sinn zusammen. Denn die akademische Welt kann nicht zugeben, daß Israel das Gottesvolk ist. Dann wäre sie nicht mehr die akademische Welt. Als solche lebt sie nämlich von der Mehrzahl und der Gleichgültigkeit ihrer Themen und ihrer Objekte. Israel aber ist der ewige Störenfried, weil es im Singular steht, weil es niemanden gleichgültig lassen darf, weil es daher niemals objektiv behandelt werden kann. Es gibt nur Einen Gott. Und er ist ein eifersüchtiger Gott. Trotz alledem ist das, was die akademische Welt durch ihren Antisemitismus geleistet hat, nichts Geringes. Das freilich gehört in unser Kapitel über den akademischen Firnis der Judenfrage.

Der Humanismus hat nämlich eine echte Entdeckung über „den" Menschen gemacht. Der Humanismus hat den Völkern, den Kirchen und den Juden etwas mitgeteilt, was sie vergessen hatten. Der Humanismus hat allerdings nicht das erwiesen, worauf er ausging, daß wir natürliche Menschen ohne göttliche Namen sein können. Der Mensch ist nicht Mensch, bevor er bei seinem Namen gerufen ist. Von Mensch und Gott redet ein und derselbe Atemzug. Der Versuch, nur von den Menschen ohne die Geister zu reden, ist den Humanisten mißlungen. In der Schöpfungsgeschichte der Bibel ist genau das, was ihren Wert ausmacht, von den Humanisten wegkritisiert worden. In den ersten fünf Kapiteln des ersten Buches Mosis kommt der Mensch in drei Akten zustande: er wird durch Gottes Wort erschaffen; der eine Mensch wird zweitens in Mann und Weib gegliedert. Und er empfängt drittens den Namen, den er selber anerkennt: Adam. Und erst als Adam ist er Mensch: Das also ist unsere Dreifalt. Dies alles hat der Humanismus in seiner Bibelkritik über Bord geworfen. Er hat bekanntlich die Einheit dieser Kapitel geleugnet und die Quellen geschieden. Er hat die Schaffung des unbenannten Menschen von seiner Ernennung abgetrennt gelesen. Er hat die namentliche Anerkennung des Menschen bagatellisiert. Er hat da also ebenso gehandelt wie dadurch, daß er die Kinder Israel als „Semiten" abfertigte. Der unbenannte Mensch ist noch nicht Mensch. Der Humanismus läßt den Menschen unterhalb seiner Menschlichkeit.

Trotzdem ist es der akademischen Muse gelungen, die Frage unserer Begeisterung vorwärts zu treiben. Nicht umsonst hat sie von Bibel und Christen und Heiden — das heißt von Juden, Kirchen, Völkern — zu schweigen unternommen. Indem sie durch Jahrhunderte geflissentlich bloß vom „Menschen" sprach, ist allen Völkern, Kirchen, Juden etwas widerfahren. Seit dem Staat Israeli gibt es Heiden und Christen in Juda; seit den Konzentrationslagern gibt es fromme Israeliten in den deutschen Kirchen.

Ach, 1800 war alles so herrlich einfach: Die Christen reservierten sich die Heiligkeit, den Juden maßen sie als Höchstes Gesetzesgerechtigkeit bei, und alles Heidnische wurde durch den Begriff „die Sünder" zugedeckt.

Seit Goethe auf den Geruch der Heiligkeit und den Stolz der Gerechtigkeit dankend verzichtete, ist den Sündern der Kamm geschwollen, und den Christen und Juden ist nicht mehr ganz wohl zumute. Die Weltrevolution von 1905—1945 hat eine noch heiklere Verflechtung von Juden, Christen, Sündern gebracht.

Friedrich Nietzsche hat die Pfaffen aller drei -tümer, die Heiligen, die Gerechten und die Teufel, dazu gezwungen, sich zu ihrer Menschlichkeit herabzulassen. Wer sind denn diese heiligen Kardinäle und Diakonissinnen, diese gerechten Israeliten, an denen kein Falsch ist, diese Dichter und Denker, an denen alles „Natur" ist? Bestenfalls Abstrahlungen des Menschen, wie Gott auf ihn harrt. Nietzsche schrie es heraus, daß eine Menschheit der Juden, Heiden, Christen werde Herr werden müssen. Das Ghetto, die Altäre, die Hörsäle hatten so lange ihre Sondersprachen geredet: Mit Nietzsche wird diese Spaltung haltlos. Sogar Philologen müssen gerecht, sogar Juden begeistert, sogar Christen wissenschaftlich werden. Wir alle müssen den Gezeiten, durch welche die Zeit pulst, Augenblick, Ewigkeit, Mittag, offenstehen. Der griechische Augenblick, die Ewigkeit Israels, der Mittag des Kreuzes zusammen enthüllen, wie wir „gezeitigt" werden.

Das spezifische Erbe jeder der drei muß so verallgemeinert werden, daß wir der Frage Augustins gehorsamen können: Was ist die Zeit? Die trinitarische Antwort: Augenblick, Ewigkeit, Stunde, steht seit Jahrtausenden fest. Aber drei getrennte Gruppen trugen die Verantwortung für jeden Teil. Du, lieber Leser, bist ein Glied der ersten Generation, die sich mit allen drei Antworten herumschlagen muß.

Der wirkliche Vorgang aus hundertfünfzig Jahren Judenfrage scheint der zu werden, daß jeder von uns in seiner Existenz die drei Elemente der Juden, Heiden, Christen wird anerkennen müssen, um mit dem vierten Menschen, der Bestie in uns, je nach dem, fertigzuwerden. Denn die Bestie, nicht Goethes Humanus, ist der „natürliche", namenlose Mensch.

Es ist schwerlich Zufall, daß es heute bereits jüdische, christliche, heidnische Existentialphilosophen gibt. Den Humanisten scheint es damit gelungen zu sein, die dreifache Eigenart, die eigenartige Dreifaltigkeit von Jude, Christ und Heide in jeden von uns hineinzuverfolgen. Was unterscheidet denn Juden, Heiden und Christen? „Menschen sind wir doch alle." Der Humanismus hat uns das eingebläut. Bleibt uns noch irgendein Unterschied übrig? Vor der Judenemanzipation und solange alle Völker sich christlich nannten, konnten sich die drei Weltkinder, Jude, Christ und Heide einfach gegenseitig verachten. Alle Christen waren Gojim, „Heiden" für die Synagoge. Alle Juden waren verstockt für die Kirche. Alle Heiden waren gefallen für Juden und Christen. Unter dem Anprall des Humanismus aber ist eine neue Feuerprobe nötig geworden. Man ist einander nun so lange „Unter den Linden" begegnet und in den Hallen der Akademie, daß man sich nicht mehr den Spaß erlauben kann, von den anderen beiden „-tümern" einfach wegzusehen oder abzusehen. Sollte etwas an dem Unterschied von Heiden, Juden, Christen sein, das sie alle drei unaufhörlich wieder entstehen läßt?

Ja, es ist in der Tat der Heide nicht schlecht, der Jude nicht verstockt, der Christ nicht mystisch. Sondern solange die Welt steht, werden Menschen ihrem Anprall entweder existentiell heidnisch oder existentiell jüdisch oder existentiell christlich antworten müssen.

Um das zu erkennen, braucht der gebildete Leser sich nur klar zu machen, daß es heute diese Existentialismen ohne akademische oder kirchliche oder zionistische Verbrämung gibt. Sartre, Kierkegaard, Rosenzweig verkörpern Heidentum, Christentum, Judentum ohne Humanismus, ohne organisierte Kirche und ohne Zion, sondern so, daß sie in ihrer Einsamkeit wie die Eichel die Eiche, das kleine Samenkorn der drei großen Menschen der Geschichte sind.

Diese drei Namen weisen also darauf hin, daß die Toleranz der akademischen Muse, die Gemeinschaft der sichtbaren Kirche und die politische Wiedergeburt Israels dahinfallen könnten, und es blieben immer noch Sartre, Kierkegaard, Rosenzweig als drei unvereinbare Gegner übrig. Es ist also ein Irrtum, zu glauben, daß uns nur die „Bekenntnisse“ trennen. Es gibt den Menschen selber nur trinitarisch.

Was unterscheidet diese Gegner? Ihr Verhältnis zur Zeit!

Der Augenblick ist Gott für den Genius. Alle ursprüngliche Begeisterung verehrt den Rausch des spontanen Zeugungsakts als den Beginn einer neuen Welt. Der Mensch ist schöpferisch, wenn er sein Leben heute neu anfängt. Jedes Werk des Genius macht Epoche.

Die Ewigkeit ist Gott für den Frommen. Hinter allen unseren Anfängen folgt ihr Scheitern, dem Rausch folgt der Jammer. Aber während alle dionysischen „Ekstasen“ vergehn, bleibt das Ewige, zu dem diese Momente den Auftakt bilden. Im Ewigen sind wir am Ziel, am Ende. Indes eine dritte Haltung wird uns aufgenötigt. Neben dem Rausch des ursprünglichen Lebens und dem Frieden des ewigen Lebens gibt es auch noch die entscheidende Stunde, wo das Wort Fleisch wird und das Ewige Gestalt annehmen muß. Der Mensch, das Maß aller Dinge, ist der Genius der Heiden. Der Mensch, gemessen an der Ewigkeit, ist der Beter Israels. Aber die Einführung neuer ewiger Maßstäbe ist auch ein Teil unserer Erfahrung. Wir erfahren einmalige Geniestreiche, gewiß. Und wir erfahren das ewige Leben, das „allmalige“, in Kirche oder Synagoge. Aber drittens erfahren wir auch die entscheidende Stunde, in der alles totaliter aliter ist, ganz anders als unsere Morgenträume und unsere Abendgebete. Die Mittagsstunde heischt das Opfer der eigenen Vorstellungen und des ewigen Friedens, um aus Abend und Morgen einen neuen Schöpfungstag zu wölben, den nächsten Tag, von dem an wir etwas „ein für allemal“ gelten lassen müssen.

Kein Mensch kann leugnen, daß Morgen, Mittag und Abend verschiedenen Zeitgeistes sind. Prometheus spricht: „Denn aller Fleiß des Mannes ist morgendlich.“ Der Beter spricht: „In Deine Hände befehle ich meinen Geist“ und entschläft. Der Mittler spricht: „Um Mittag wars. Aus Eins da wurden zwei ...“ Denn Vater und Sohn, Zeus Vater und Dionysos der kleine, Demeter und Persephone, Braut und Mutter müssen am Kreuzesmittag der Entscheidung beide verkörpert werden. Dies ist die dreifaltige Wahrheit aller menschlichen Verwirklichung. Der Genius kann Werke, Kunstwerke, schaffen. Das Volk der Ewigkeit, Israel, kann als Sauerteig unter den Heiden wirksam bleiben. Aber der Mensch verwirklicht das Geschöpf Mensch in seinem Mittagsopfer. Hier erst enthüllt sich die Wahrheit, daß wir Menschen keine „Natur“ haben, sondern aus des Schöpfers Hand als seine künftigen Geschöpfe erst noch hervorgehen. Die Lebensgeschichte der Menschen, die auf dieser Mittagshöhe verwandelt werden, ist Schöpfungsgeschichte. Der Heide verklärt die Schöpfung, Israel harrt ihrer, der Christ erfährt sie.

Insoweit wird also jeder Mensch künftig Heide, Jude und Christ sein müssen, sein Christentum wird Heidentum und Judentum einschließen müssen. Die Ursache ist, daß Zukunft, Vergangenheit und Gegenwart alle geisthaltig sein können. Gott hat ihrer keine verlassen. Den humanistischen vierten Menschen aber, den „natürlichen“, gibt es nicht. Aber der Humanist hatte es mit Recht auf den Menschen *aus* Eins, Zwei und Drei abgesehen. Der wirkliche Mensch ist nie und zu keiner Zeit entweder Jude oder Heide oder Christ allein gewesen. Auch in Israel gab es zwölf Stämme und den Tempel Salomos. Auch in Ägypten gab es Psalmen und Familien. Auch im Stamm der Skythen oder Indianer oder Ionier gab es Propheten und die Ordnung der vier Himmelsrichtungen. Der Mensch ist trinitarisch. Er ist dreifaltig im Ebenbilde Gottes. Wie wäre es denn anders möglich, da er doch Gottes Ebenbild ist? Wie sollten wir die herrliche Vollkommenheit des Menschen aufgeben, der schon die vorchristliche Zeit sich annäherte? Wie können wir vorgeben, an Gott zu glauben, und sein Ebenbild dualistisch sprengen?

Dem Humanismus ist denn auch im Falle von Jude und Christ gelungen, was ihm bei Achill und Priamos gelang, bei Odysseus und Penelope, bei Darius und Alexander; die akademische Muse schafft nicht neue Menschen, aber sie öffnet die Menschen zueinander. Sie macht die Menschen einander teilhaftig. Mitteilung ist der großartige Beitrag der Muse. Und so haben sich im Zeitalter des Humanismus von Moses Mendelssohn bis zu Franz Rosenzweig schließlich auch Jude, Christ und Heide einander mitgeteilt; trotz der Ahnungslosigkeit der Antisemiten und Philosemiten wird fortan kein Geist in den gelichteten Reihen des Menschenvolks geistern, er sei denn frei, aus den Horizonten entweder der Zukunft oder des Ursprungs oder der Gegenwart über dich und mich hereinzubrechen. Damit der Geist frei bleibe, sind die Ghettomauern gefallen und werden aus Wällen Straßen.

Das dritte Jahrtausend verdankt es den mitteilsamen Musen, daß die Einteilungen der Menschen bereits zu Mitteilungen geworden sind, wenn es beginnt. In New York lud eine Negerfamilie Weiße und Schwarze zu einer Feier ein. Eine Deutsche geriet mit einem schwarzen Doktor ins Gespräch. Er hatte in Oxford studiert und sagte beiläufig: „Mein Lieblingsdichter ist Friedrich Schiller.“ Der Atem der deutschen Frau setzte hörbar aus. „Weshalb wundert Sie das?“, sagte der Doktor. „Schiller ist doch der Dichter der Freiheit.“ So sieht es in uns Menschen von heute innen aus.

Anteile der Wahrheit hat der Glaube der Heroen, der Propheten und der Märtyrer erschaffen. Alle Werte haben Vorfahren. Kein Wert wird durch Werte geschaffen. Immer muß ein gelebtes Menschenleben den Wert verkörpern, bevor er existiert. Und so hat es prometheische, messianische, christliche „Werte“ seit Prometheus, seit Moses, seit Paulus und Petrus gegeben. Aber erst seit 1800 haben sich Heide, Jude, Christ einander geöffnet. Das hat die Muse getan. Der akademische Geist ist komisch, wenn er sich für schöpferisch hält; er ist tiefsinnig, wenn er sich an sein göttliches Teil, an die Mitteilung, hält. In deren Dienst hat sich die deutsche Nation gestellt, als sie sich in den Dienst der „Bildung“ stellte.

Fassen wir zusammen: Antisemitismus ist ein akademischer Ausdruck. Er erwuchs aus der Schulsprache des Humanismus. Der Ausdruck versuchte die existentielle Tatsache, daß Heiden, Juden, Christen glauben, durch die Naturbeschreibung zu ersetzen, daß es Semiten, Japhetiden und Hamiten „gebe". Das ist ihm nicht gelungen. Aber er hat stattdessen den Heiden, den Juden, den Christen in alle Menschen eingesetzt. Der Heide, der Israelit und der Kreuzesträger sind in uns allen lebendig, denn wir alle müssen ursprünglich schaffen (heidnisch), erwartungsvoll hoffen (jüdisch), entscheidend lieben (christlich), also an Anfang, Ende und Mitte des Lebens teilnehmen. Die akademische Muse hat diese drei Zeiten einander mitgeteilt. Franz Rosenzweig hat diese umwälzende Tatsache des Offenwerdens der drei „-tümer" zueinander als erster ausgesprochen und begründet. Ein Neuabdruck seines Aufsatzes „Das Neue Denken", welcher seinen „Stern der Erlösung" erläutert, ist ein dringendes Gebot der Stunde. Denn hier ist die neue Epoche der Anteilnahme aller ausgerufen. Es gibt ja nun keine „Konfessionen" mehr, die einem Menschen erlauben, naiv zu rufen: Ich „bin" das und das. Um diesen Punkt zu beweisen, zitierte mich Rosenzweig 1920 im „Stern der Erlösung" (Einleitung zum III. Teil, Seite 32). Er hatte mich nach meinem Glauben gefragt, und ich hatte brieflich geantwortet, ich hoffte zu glauben. Mit voller Wucht ergriff er diesen existentiellen Satz und prägte ihn zum Dogma: „Die Liebe war sehr weiblich, der Glaube sehr männlich, erst die Hoffnung ist immer kindlich; erst in ihr beginnt sich das ‚Werdet wie die Kinder' in der Christenheit zu erfüllen. Und so ist Goethe immer kindlich. Er traut seinem Schicksal. Er hofft auf seine eigene Zukunft. Er hofft, wie Augustinus, liebt, wie Luther glaubt. Und so tritt die ganze Welt unter dies neue Zeichen. In die Hoffnung fügen sich die alten Kräfte, fügen sich Glaube und Liebe ein ... Der Mensch spricht: Ich hoffe zu glauben."

Die Abwesenheit des Judentums in Deutschland bedroht das Christentum und den Nationalismus (oder Humanismus) gleichermaßen. Ohne das Judentum wird das Christentum zu einer Fichteschen Philosophie vom seligen Leben, einer Umnebelung mit Begriffen, einer geistigen Selbstbefriedigung. Und ohne das Judentum wird das Heidentum zum orgiastischen Augenblick, zu einer sinnlosen Folge von dionysischen Räuschen und prometheischen Blitzen. In anderen Ecken der Erde drohen andere Lücken im vollen Haushalt der Seele. Aber in Deutschland droht eben diese, welcher viele katholische und protestantische und akademische Betrachter wohlweislich ausweichen und welche zurzeit nur die Reste des echten, prophetischen Sozialismus füllen. Die Sozialdemokratie ist deshalb noch unzerstört in Deutschland, weil sie in aller Hinfälligkeit zwischen den Kirchen und den Gebildeten die dritte Haltung zur Zeit, die messianische, als ihr israelitisches Erbe repräsentiert. Offenbar ist der Prozeß gefordert, aber noch nicht in Lauf gesetzt, der auch auf deutschem Boden den Kindern der Zeit erlauben wird, die Zeit abwechselnd entweder im Augenblick neu anzufangen, oder das Ende der Zeit vorwegzunehmen im Ewigen oder das Ewige im Augenblick zu verwirklichen in seiner Verkörperung. Wie ersetzt ihr die Juden, die Hitler umgebracht hat? ist die Schicksalsfrage an die Deutschen, weil die Gewalt der falschen, einseitigen Zeit sie um ihre Gewalt über die Gezeiten zu prellen droht.

Walter Dirks

WAS DIE EHE BEDROHT

EINE LISTE IHRER KRITISCHEN PUNKTE

Einleitung

Man spricht sehr verschieden von der Ehe. Sie gilt als heilig, vielen ist sie ein Ideal, den Christen ein Sakrament. Vandervelde wollte sie durch die vollendete Technik des Liebesspiels „vollkommen" machen. Respektlose Junggesellen und idealistische Reformer dagegen sind sich darin einig, in dem „reglementierten Geschlechtsleben" eine spießige Angelegenheit zu sehen. (Doch ist es aus der Mode gekommen, so anstößig zu reden, — offenbar lohnt das Objekt die Mühe nicht mehr.) Andere halten die Ehe für nützlich, heiraten und lassen sich wieder scheiden, wenn sie sich nicht mehr als nützlich erweist. Für viele ist sie eine Fessel, eine Hölle, für andere eine gute oder eine schlechte Angewohnheit. Wieder andere sehen in ihr und noch mehr in der Familie „ein Bollwerk", — ein Bollwerk, hinter dem sich irgendetwas besonders wirksam verteidigen läßt: die staatliche Ordnung, die wirtschaftliche Unordnung, die katholische Kirche, die abendländische Kultur. Schlichte Menschen nehmen sie als eine würdige und notwendige Selbstverständlichkeit, — sie sind nicht weit von der Lehre der Kirche entfernt, die eben diese würdige und notwendige, nicht ganz selbstverständliche, aber sehr menschliche Beziehung in das Geheimnis des Sakraments hineinnimmt. Wir reden sehr verschieden von der Ehe, wir reden seit Jahrzehnten immer mehr von ihrer Krise, aber verheiratet sind wir halt doch fast alle. Freilich recht verschieden, — in Villen, Häusern, Wohnungen, Zimmern, Lagern und Kellern, — im Glück, in Eintracht, in Resignation, in Wut und Verzweiflung.

*

Die Ehe hat starke Fundamente. Sie ist die dauernde, gesicherte und sanktionierte Gestalt einer Urtatsache des höheren Lebens; sie ist die menschliche Form der geschlechtlichen Polarität.

Manichäer, Frömmler, Spiritualisten und Rationalisten haben diese Urtatsache auf mancherlei Weise unterschätzt, Naturalisten und Romantiker haben sie auf mancherlei Weise überschätzt. Die Ehe, die durch ihr bloßes Dasein und Gewicht jene Unterschätzung der Geschlechtlichkeit widerlegt, ist zugleich die wirksame Korrektur ihrer naturalistischen und romantischen Überschätzung. Weder ist das geregelte und von der Gesellschaft sanktionierte Liebesleben die naturhafte Vollendung des Menschen, noch ist die Ergänzung der beiden Hälften zu einem Ganzen, von der Platons Mythos vom Kugelmenschen spricht, die Vollendung des Menschen schlechthin. Was immer an Wahrheit und Möglichkeit in diesen beiden Visionen des Glücks und der Vollendung enthalten sein mag, soll die Ehe in sich aufnehmen und verwirklichen; aber die vollkommene Ehe, von der wir im Ernst und redlich sprechen dürfen, ist nicht eine „vollkommene Ehe" in diesem Sinne, sondern die *menschlich bewältigte unvollkommene Ehe.* Daß die Unvollkommenheit zu ihrem Wesen gehört, muß man sich von vornherein klarmachen, wenn man von Krisen der Ehe spricht: sie ist ein Gebilde, zu deren *Wesen* „die Krise" gehört. Nicht in ihrer Krisenlosigkeit, sondern in der Bewältigung der Krise zu zweien liegt ihre Größe. Vollkommene Ehen sind die Ehen der Tiere, von den Ehen der kosenden Tauben oder der monogamen Löwen bis zu denen der Spinnen, in denen das Weibchen das Männchen nach der Begattung auffrißt; hier geht trotz allem die Rechnung auf. Die menschliche Ehe dagegen kann ihrem Wesen nach nicht das vollendete Glück sein, ihr Sinnbild ist nicht die fehlerlose Kugel. Sie ist weit mehr: sie ist *der Weg zu zweien, bis der Tod sie scheidet.*

Die Ehe ist die schwerste, realste und folgenreichste Weise, wie Menschen miteinander leben können. In ihr ist ein gewaltiges Bedürfnis der tierischen und menschlichen Natur, ein starkes gesellschaftliches Band und ein ungeheures Erbe an bindender Pflicht und Konvention in den Dienst einer sehr einfachen Tatsache gestellt: daß der Mensch nicht allein lebt, sondern „mit" dem Mitmenschen. In allen anderen mitmenschlichen Beziehungen (Freundschaft, „Verhältnis", Kameradschaft, Partnerschaft, um nur einige besonders enge und intime zu nennen) kann man dem „Kontakt" und dem, was er fordert und fördert, entweder ausweichen oder aber ihn begrenzen, unter Bedingungen stellen, auf Abruf verwirklichen. Nirgendwo wird die Bereitschaft zur Begegnung so ernstlich auf die Probe gestellt, wie in der Ehe, vor allem in ihrer eigentlichen Form, der unkündbaren und unauflösbaren Ehe; nirgendwo wird sie unter so verschiedenen Umständen beansprucht und geübt. Diese Fähigkeit und Bereitschaft zum „Kontakt" aber ist die Grundbedingung eines menschlichen Lebens, und zwar nicht nur einer funktionierenden Gesellschaft oder einer fruchtbaren Gemeinschaft, sondern auch des Einzelnen. In der Schrumpfung der Kontaktbereitschaft und Kontaktfähigkeit sehen die Ärzte, die Psychologen und die Sozialpsychologen die gemeinsame Grunderscheinung der meisten schweren und leichten Störungen, die uns zu schaffen machen. Gerade deshalb ist die durchaus unglückliche Ehe eine Hölle, — aber ihr Gegenstück ist nicht die ohne weiteres glückliche Ehe (die ein Glücksfall, eine große Leistung und — in beidem — eine Gnade ist), sondern die gute Ehe: der gemeinsame Weg eines Mannes und einer Frau, die getreu und beständig mit einander leben, obwohl nicht nur ihre positiven Möglichkeiten, sondern auch ihre Unvollkommenheiten in dem langen und intimen Zusammenleben und nur in ihm geradezu herauspräpariert werden. Diese gute Ehe birgt freilich als solche soviel hohes menschliches Glück, daß wir sie getrost die glückliche Ehe nennen dürfen.

Die menschliche Ehe ist nicht genug zu preisen. Es ist ein Erweis der Weisheit und der Liebe Christi, daß er dieses großartige Bruchstück heil gemacht, zum „Sakrament" gemacht hat, das heißt: zum Zeichen und zur Gewähr seiner Gegenwart. An diesem Sakrament partizipiert auch die Ehe der Ungläubigen und Ungetauften, wo immer die beiden Eheleute einander nicht nur selbstsüchtig genießen, sondern in Liebe speisen, tränken, bekleiden, heilen, trösten und befreien. Denn auch in der Ehe tut einer dem Menschensohn an, was er dem Partner antut, der seiner so sehr bedarf.

Diese Ehe ist der legitime Ort, an dem die Kinder entstehen, heranwachsen und für ihre Selbstbestimmung vorbereitet werden. Sie sind nicht der Zweck der Ehe, sondern ihre Frucht. Man kann aus einem Bedürfnis nach Kindern heiraten, man kann einander „zu diesem Zweck" umarmen. Aber wie das Geschlechtsleben nicht zu seiner ganzen Tiefe gelangt, wenn so oder so seine Fruchtbarkeit hinausgewiesen wird, so erreicht es diese Tiefe auch dann nicht, wenn dieser Zweck für sich allein genommen und nicht in die Liebesbegegnung mit dem Partner eingeschmolzen wird; und diese Liebesbegegnung wiederum ist nicht in vollem Sinne menschlich, wenn sie nicht ein Teil jenes größeren Ganzen ist, das wir Ehe nennen: Weg zu zweien, bis der Tod sie scheidet.

Darum ist nicht nur die Kirche, der Staat, die Kultur, die Menschheit in Gefahr, wenn die Ehe in Gefahr ist, sondern der Mensch selbst.

*

Ist die Ehe in Gefahr? Die Scheidungen nehmen ständig zu. Die Sozialpsychologie und die Tiefenpsychologie entdecken immer neue Tatbestände über gestörte Ehen und immer neue Zusammenhänge zwischen ihnen und den verschiedensten Störungen des Einzelnen (Neurosen, Psychosen, psychosomatischen Störungen) und des sozialen Lebens. Die Romanliteratur registriert seit langem die Spannungen und Schwierigkeiten der Ehe, von Goethe über Strindberg bis zu James Joice; jeder von uns kennt Menschen, die an ihrer Ehe schwer zu tragen haben; die Zeitungen und Zeitschriften sind voll von Eheproblematik, echter und unechter, — denn das Thema ist nicht nur wichtig, sondern auch interessant und pikant. Die Zeit hat offenbar ein entwickeltes Bewußtsein einer erotischen, einer personalen und einer sozialen Krise der Ehe.

Wir werden uns dadurch nicht in eine Panik treiben lassen. Wenn man sehr nüchtern davon ausgeht, daß Schwierigkeiten zum Wesen der Ehe gehören, gibt es auch heute noch sehr viel mehr „normale" als gescheiterte Ehen. Unser hochgezüchtetes Bewußtsein und eine Reihe von äußeren Umständen vergrößern die Schwierigkeiten der Ehe und machen sie sichtbarer. Zudem sind offenbar die bürgerliche, die bäuerliche und die proletarische Ehe — und sie sind ja die vorherrschenden Formen — als solche in der überlieferten Weise nicht zu halten; wir können ihre Zersetzung und Schwächung bis zum Beweis des Gegenteils zu einem großen Teil als Umwandlungskrise verstehen. Auch sind mancherlei Ansätze der Überwindung der Ehekrise festzustellen. Deshalb besteht kein Grund zur Verzweiflung.

Wohl aber Grund, der Frage viel Aufmerksamkeit zuzuwenden, sich umzutun, die Tatbestände festzustellen, den Ursachen nachzugehen, Diagnosen zu stellen, Ansätze einer Therapie zu entwickeln*.

*

Der folgende Beitrag hat sich eine begrenzte Aufgabe gesetzt. Er will *Ursachen der Krisenerscheinungen* zusammenstellen, ganz knapp, in einer Übersicht, die

* Wir haben die Absicht, eben dies in mehreren Beiträgen verschiedener Verfasser im Verlauf dieses sechsten Jahrgangs der „Frankfurter Hefte" zu versuchen.

Die Schriftleitung.

fast nur eine „Liste“ dieser Ursachen ist. Vielleicht gewinnt der Leser dadurch ein besseres Bild von dem Umfang der Frage. Eine solche Liste kann nicht vollständig sein; sie kann auf die einzelnen Ursachen nicht näher eingehen; sie kann nur andeuten.

Der Leser sollte sich bemühen, die Feststellungen, die hier gemacht werden, nicht moralisch zu verstehen. Selbstverständlich kommt es wie immer, so auch in den Jahrhunderten und Jahrzehnten der europäischen Ehekrise auf die moralische Entscheidung und den moralischen Rang der Ehepartner an. Ob einer liebt oder ob er kalt seinen Vorteil sucht, ob einer treu oder untreu, wahr oder verlogen ist, entscheidet oft über das Gelingen einer Ehe (obwohl viele gelingen, in denen die beiden mit viel Kälte, Untreue und Lüge im Partner und in sich selbst fertigwerden müssen). Dieses Geheimnis des Guten und Bösen ist in der Übersicht, die hier versucht wird, ausgeklammert; hier ist nur von Strukturen, Umständen, Gewohnheiten, von der Öffentlichen Meinung die Rede: von dem gegebenen allgemeinen Zustand, innerhalb dessen dann erst die moralische Bewährung oder das moralische Versagen ihren Platz haben.

Eine zweite Warnung vor einem weiteren Mißverständnis: man fasse nicht jede Feststellung eines Umstandes, der die Ehe geschwächt hat, als eine Verurteilung dieses Umstandes auf. Sehr oft ist die Ehe mit Umständen noch nicht fertiggeworden, die völlig unvermeidlich oder gar als ein Gewinn anzusehen sind: es können also auch durchaus tadelsfreie, ja sehr positive Tatsachen in der Liste der Ursachen der Ehekrise auftauchen. Es ist oft so, daß positive Tatsachen die Ehe vor neue Forderungen stellen, die sie zunächst noch nicht erkennt oder noch nicht bewältigt. Ein offenbares Versagen kann in Wahrheit eine verschleierte neue Tugend sein, hinter einem Zusammenbruch kann sich der Beginn einer neuen Struktur verbergen.

Die Reihenfolge, in der die Übersicht der Ursachen entwickelt wird, ist nicht zwingend; im allgemeinen gehen wir jeweils von den beschränkteren Ursachen aus und steuern auf immer allgemeinere zu.

Kriegs- und Nachkriegszustände

Soldaten-Ehen waren und sind oft *übereilt.* Wie alle Ehen, in denen die Partner nicht miteinander leben (im selben Ort, im selben Haus, im gemeinsamen Schlafzimmer) waren sie gefährdet durch Nicht-Vollzug, durch die bequeme Seite der Trennung: sie waren *„unterbelastet“*. Anderseits waren sie oft *überbelastet:* durch äußere Schwierigkeiten, durch die Trennung selbst, durch den hohen seelischen Anspruch, den der Einsame an den abwesenden Partner stellt, durch den Mangel an ständiger unmittelbarer Erfüllung *und* Korrektur dieses Anspruchs. Die Trennung entfremdet: das tägliche Brot der täglichen Gemeinsamkeit wird durch das ideale Wunschbild ersetzt. Die Wiedervereinigung entdeckt die Übereilung, die Entfremdung und den Trug des Wunschbildes: Enttäuschung.

Auch andere Ehen der *Benachteiligten dieser Jahre,* vor allem die der Bombengeschädigten, der Evakuierten, der Flüchtlinge und derer, die von der

Denazifizierung schwer getroffen wurden, waren und sind „überbelastet". Not lehrt nicht nur beten, sondern auch fluchen und hassen. Zwei Arbeitende, Duldende, Kämpfende vermögen eine gute Ehe abzugeben, zwei Vergewaltigte, Opfer oder Sklaven haben es viel schwerer.

Überbelastet sind solche Ehen oft auch dann, wenn die Partner von ihr und von einander einen *Ausgleich zu der Sinnlosigkeit und dem Grauen der geschichtlichen Katastrophen* und des eigenen Elends erwarten. Entweder genügt die Ehe von vornherein dieser Anforderung nicht oder aber sie wird zuerst und immer wieder zum Rausch gesteigert und in ihrem Sinn überhöht, — bis sich im Katzenjammer zeigt, daß die Ehe das nicht leisten kann, daß sie hier überfordert wurde.

Die *Wohnungsenge* erzwingt eine zu große Nähe; es ist ein Unterschied, ob man in einer Krise in ein anderes Zimmer ausweichen oder schlimmstenfalls die Tür zu diesem Zimmer hinter sich zuschlagen kann oder ob man ins Wirtshaus ausweichen muß (und die Wohnungstür hinter sich zuschlägt). Fremde Elemente (Untermieter, Vermieter oder Verwandte) belasten die Nerven, verhindern die Intimität und Stille und verschärfen die Konflikte.

Die Flüchtlinge haben sich mit allen diesen Schwierigkeiten herumzuschlagen: oft mit der Trennung, fast immer mit der Wohnungsenge, immer mit der geschichtlichen Katastrophe, oft mit einem persönlichen gesellschaftlichen Absturz, oft also auch mit den Folgen der Unterbelastung oder Überbelastung.

Die *„Tugenden der Geschlechter"* sind von diesen Vorgängen bedroht. Die überbelastete Frau kann versorgt und vergrämt, scharf und schartig werden; die Trennung hat viele vulgär gemacht (das Lager, das Abenteuer, der Schwarzmarkt, die Straße, der „Freund"). Der überbelastete Mann kann seine Ritterlichkeit aufgeben, wenn er sich daran gewöhnt oder dazu bekennt, daß „jeder für sich selbst sorgen muß"; auch er kann durch die Trennung vulgär werden (die Kaserne und das Lager; das Abenteuer, der Schwarzmarkt, die Straße, das Bordell).

Die *Kenntnis der Verhütungstechniken* erreichte in diesen Jahren auch die bisher noch „unaufgeklärten" Reste der Bevölkerung.

Der *Frauenüberschuß* läßt nach dem Gesetz von Angebot und Nachfrage die Frau als Liebes- und als Ehepartner „billiger" werden; eine Versuchung zur schlechteren Wahl auf beiden Seiten.

Soziale Ursachen

Was bisher von den Opfern des Krieges und seinen Folgen gesagt worden ist, gilt zum Teil ganz allgemein von den *schwer benachteiligten Schichten der modernen Gesellschaft* überhaupt: von den Armen, vom ländlichen Proletariat, von den unteren Schichten des städtischen Proletariats, den kleinen Angestellten, von den Deklassierten der Krisen und der Inflationen.

Auch die noch und anscheinend Gesicherten und Besitzenden haben in zunehmendem Maße ein Gefühl für die *Unstabilität dieser Gesellschaft* bekommen.

Wer die Katastrophe noch „vor sich hat“, ist manchmal von der Lebensangst gefährlicher bedroht als die Kämpfenden oder die Opfer. Wo die Lebensangst über die Zuversicht Herr geworden ist, versiegt die Quelle der Liebe, welche auch die Quelle der Ehe ist: Angst macht unerotisch und kontaktunfähig — aber zugleich genußsüchtig und kontaktsüchtig. Die Angst gefährdet die Liebeskraft im erotischen und im personalen Sinn, sie erstickt die Liebes-Sicherheit, den Willen zu einer wirklichen Ehe, den Willen zur Familie, zum zukünftigen Geschlecht, zum Erben. Die Angst treibt den Menschen in den Rausch jeder Art (auch in den Erotismus und in den sexuellen Rausch und also auch in den Katzenjammer) und verführt ihn zu falschen Bindungen (Flucht in die Sicherheit und Enge der Ehe, — also in eine falsche Ehe).

Die *Arbeiterbewegung* hat an diesen Bedrohungen ihren Anteil, verdient aber noch eine besondere Andeutung. Kleinbürgerliche und kleinbäuerliche Überlieferungen, das Gefühl der Solidarität und des moralischen Wertes der kämpfenden und aufsteigenden Schicht haben in der Arbeiterschaft oft zu einer sehr konservativen, ja vorbildlichen Ehepraxis geführt. Die Ideologie der Arbeiterbewegung dagegen hat anti-familiäre und damit auch anti-eheliche Züge. Das ist zu einem Teil der Einfluß der bürgerlichen Linken (der Geist der Emanzipation, der Aufklärung, des Biologismus, des Rationalismus). Das ist des weiteren zum Teil die Folge einer tatsächlichen Zerstörung der Familie durch die frühkapitalistische Ausbeutung (Armut, Frauenarbeit, Kinderarbeit, „Entwurzelung“, Slums). Die Arbeiterbewegung sah vielfach in der Ehe eine feudale, bürgerliche und bäuerliche Form der Geschlechtsgemeinschaft, die überwunden werden müsse; sie sprach ihr höchstens eine biologische Zweckmäßigkeit zu, aber keinen menschlichen oder geschichtlichen Rang. Die Anarchisten griffen in ihr die Fesselung des Individuums an, die Kollektivisten leugnen die Person (als Leib, als Seele, als Selbstbestimmung) und damit die Ehe, die ein Bund von Personen ist, die sich als Leiber und als Seelen selbst für sie bestimmen. Die Klassen-Solidarität, die allein absoluten Rang hat, droht alle anderen Solidaritäten aufzuzehren; für die Avantgarde gilt die Ehe als eine Fessel. Die marxistische Theorie, welche die Geschichte der Gesellschaft „realdialektisch“ zu verstehen und zu entscheiden versucht, hat das Verhältnis der Geschlechter und der Generation rein kausativ-biologisch verstanden; sie hat es als ein Stück geschichtsloser Natur außerhalb des marxistischen Ernstes gelassen. Dieselbe Theorie, welche die Geschichte als die dialektische Auseinandersetzung der wirklichen Menschen zu verstehen sucht, hat auf eine Realdialektik der Generation verzichtet. Selbst Lenin, der die Natur in die Dialektik einzubeziehen suchte und von daher eigentlich zu einer Verbindung zwischen Generation und Revolution hätte kommen müssen, hat das Problem nicht gesehen: die Revolutionäre vergessen ihre Väter und ihre Söhne, die Revolution geht nicht in den Söhnen, sondern in den Jüngern weiter, worin sich erweist, daß sie weitgehend auf eine Realdialektik des Geistes, nicht des Menschen begründet ist: hier zeigt sich ihr idealistischer und zugleich (im Biologismus) ihr bürgerlicher Rest.

Ehe-Krise als Folge der Familien-Krise

Die Ehe ist in eine Krise mithineingerissen worden, die in Wahrheit eine Krise der bürgerlichen und der bäuerlichen Familie ist.

Die einzelne Familie ist *isoliert* und *privatisiert.* Der Zusammenhang der Generationen (nicht zwischen Vater und Kind, sondern zwischen Großväter-Generation und Vater-Generation) ist zerrissen: es besteht kein institutioneller Zusammenhang mehr (Ende der Groß-Familie, der „Sippe“), der moralische und sentimentale Zusammenhang ist geschwächt. Der Einzelne als Staatsbürger und als „Seele“, nicht mehr die Familie ist ursprüngliches Glied der Stadt- und Kirchengemeinde. Das bedeutet den Verlust vieler menschlicher Bindungen und Kontakte, welche die Ehe genährt, gestützt, entlastet, ja, wenn ihr personaler Kern aus irgendeinem Grunde geschwächt oder gar zerstört war, auf Zeit und manchmal auf die Dauer „ersetzt“ haben. Heute ist die Familie stärker auf sich selbst zurückgeworfen; sie erfährt daher alle Krisen, die früher in jenem größeren Netz von sozialen Beziehungen aufgefangen wurden, mit viel größerer Schärfe. Dieselbe Folge hat der Verlust von wertgebenden und stützenden Sitten, Konventionen, Tabu- und echten Glaubenskräften, welche die Familie trugen. Dazu gehört auch die Familien-Ehre, die eine besondere und ausgezeichnete Form der gesellschaftlichen Ehre war; auch diese Kollektiv-Ehre war eine mächtige innere Kraft und äußere Stütze der Familie und in ihr der Ehe.

Wir sprechen vom Schwund des „Hauses“, von der Schwächung der Kraft, die vom Gutshof und Bauernhaus, vom Handwerkerhaus, vom Kaufmannshaus, vom Lehrer- und Pfarrhaus auf seine Bewohner und Träger ausstrahlt. Das bürgerliche und das bäuerliche Haus waren durch *die Einheit von Familie und Produktionsgemeinschaft* bezeichnet. (Das feudale Haus durch seine Stellung im militärischen Verband und Lehensgefüge.) Dieses Haus, und zwar das bürgerliche weit mehr als das bäuerliche, verlor allmählich den Reichtum der Arbeit, ihrer vielfältigen Leiblichkeit, ihrer lebendigen Geistigkeit, der mit ihr verknüpften Verantwortungen, Sorgen, Risiken und Erfolge. Dieser Reichtum war ein objektiver Reichtum und als angeeigneter Reichtum zugleich ein Reichtum der Seele, dessen Spuren wir in den Standesliedern, Sprichworten, Gebräuchen, Bildern der bürgerlichen Jahrhunderte bewundern; von ihm wurde auch die Ehe befruchtet, erfüllt und gefestigt. Dieser Reichtum ist aus dem Hause hinausgewandert, als die Produktion aus dem Hause hinauswanderte. „Das Haus“ verarmte zum „Wohnhaus“, dann zur Wohnung, zunächst zur „Hauswirtschaft“, dann zur Konsumgemeinschaft, und auch sie hat sehr an Bedeutung verloren.

Die solchermaßen privatisierte Familie könnte an sich intimer und innerlicher werden. In unserem Zusammenhang geht uns mehr die negative Möglichkeit an: daß sie *leerer und ärmer* wird. Dann wird ein Ersatz draußen gesucht, sei es gemeinsam (im „gesellschaftlichen Leben“), sei es getrennt, sei es im öffentlichen Leben (Politik, Bewegungen, Organisationen, Vereine), sei es in der Sphäre der unverbindlichen Öffentlichkeit (im „Betrieb“ jeder Art, im Sport, im Klub oder Stammtisch), sei es im Wirtschaftsleben. Für die privatisierte Familie und Ehe ist ihr eigener Kollektivegoismus gefährlicher, er wird enger und persönlicher als der natürliche Kollektivegoismus des vielfältig gebundenen, eingeordneten und ausbalancierten Hauses. Vielfach wird die erotische Sphäre zum wichtigsten Inhalt des im übrigen entleerten „Hauses"; das Ergebnis ist oft: Überhitzung, und ihr wiederum folgen Ernüchterung, Empfängnisverhütung und Kinderscheu: denn die zum Ersatz des Lebensinhalts überhitzte Erotik weist das Kind ab.

Durch diese Vorgänge (und manche andere) hat sich *das Verhältnis Ehe—Familie umgekehrt:* früher war die Ehe eine Funktion und ein Element der Familie, in ihrer Gründung und ihren Anfängen die Sache der beiden Eltern-Familien, vor allem der väterlichen, sodann im Maße ihrer wirtschaftlichen Entwicklung der eigenen Familie, — vollzog sich doch das eheliche Leben, und zwar nicht nur das geschlechtliche, in einem Raum der Verborgenheit, während das Leben der Familie das Haus erfüllte. Heute ist im allgemeinen die Familie eine Funktion und ein Element der Ehe, nämlich ihre Entfaltung. (Die Feudalzeit war durch den Vorrang der Großfamilie, die bürgerliche durch den Vorrang der Familie bestimmt, die Gegenwart durch das Vordringen der Ehe.) Das bedeutet eine Belastung und eine Verselbständigung der Ehe, mit der sie noch nicht immer fertiggeworden ist.

Mit dieser Entwicklung hängt auf das engste *eine Krise der väterlichen Autorität* und also einer auf der männlichen Autorität beruhenden Form der Ehe zusammen. Der Mann ist selten mehr der Chef des Hauses, wie er es in verschiedenen Formen sowohl in der feudalen als auch in der bürgerlichen Ordnung gewesen ist (und heute noch meistens in der bäuerlichen ist).

In allen Formen der eigentlichen Proletarität (also auch in den unteren Schichten der Angestelltenschaft), vor allem aber bei den Arbeitslosen verschärft sich diese Entmachtung des Mannes, wenn er die Frau und die Familie nicht mehr oder nicht mehr mit genügender Sicherheit ernähren kann, vor allem wenn er sich von der Frau oder von seinen Kindern ernähren lassen muß. Wenn der Mann in der bloß erlittenen Proletarität oder Arbeitslosigkeit seine Freiheit und Selbstbestimmung, seine Subjekt-Stellung, das damit verbundene Selbstgefühl und die damit verbundene gesellschaftliche Geltung verliert, so sind auch seine familiäre und eheliche Autorität, Geltung und Ehre gefährdet. Wo er und seine Familienpartner mit diesem Verlust nicht fertigwerden, wird er die Ehe durch Auswegsversuche gefährden: durch forcierte Autorität („Auftrumpfen"), durch forcierte Männlichkeit, die als sexuelle Männlichkeit ehelich nicht durchzuhalten ist, als gesellschaftliche Männlichkeit („Sportsheld", „Vereinsheld") ehelich nicht genügt oder, wo sie sich in ihr durchsetzt, die Ehe selbst verflachen läßt.

Der Krise der männlichen Geltung durch gesellschaftliche Entmachtung entspricht vielfach *ein Verlust an Weiblichkeit:* die Entleerung des Hauses gefährdet die Frau, deren Liebessorge das Haus anvertraut war: auch hier entstehen Verluste an Verantwortung, Lebensfülle, Subjektivität, Selbstgefühl, Geltung und Ehre. Auch hier bietet sich der Ausweg der forcierten Weiblichkeit („Weibchen"), zugleich aber als (falscher oder echter) Ausweg der Weg in die männliche Welt an, sei es als Ersatz-Männlichkeit, sei es in der Übernahme von Verantwortungen, die bisher den Männern vorbehalten waren.

Aus alledem ergeben sich für die Ehe sowohl Spannungsverluste als auch neuartige Spannungen, die beide die überlieferte Form der Ehe gefährden können.

Die „Säkularisierung"

Die ersten Phasen der Säkularisierung (des hohen Mittelalters und der jungen Neuzeit) waren der Familie und der Ehe sehr *zugutegekommen:* dieser Vorgang bedeutete eine Emanzipation der Familie (des Hauses, des Hofes) von der Macht der öffentlichen Ordnung (des Feudalgefüges, des „Reiches"): das Leben der Familie wurde selbständiger und reicher. Auch die mit der Säkularisierung der Gesellschaft verbundene Spiritualisierung der Kirche kam der Familie zunächst zugute: als Innerlichkeit. Von beiden Seiten strömte der Familie Kraft und Inhalt zu; das Reich Gottes wird in der mittelalterlichen und nachreformatorischen Stadtgemeinde und in der reformatorischen Dorfgemeinde als Brüderschaft der christlichen Häuser verstanden, so wie der Stadtstaat und in manchen Gegenden das Dorf als die politische Genossenschaft der Häuser. An diesem Zustand als an dem Hochstand der Familienkultur pflegen wir den heutigen Zustand der Familie zu messen (Schillers „Glocke" . . .), seit damals gilt die Familie als die „Zelle" von Kirche und Staat.

In ihren weiteren Stufen setzte die Säkularisierung jedoch immer wirksamer den Einzelnen frei; seine *„Autonomie"* kann als anti-eheliche Kraft auftreten und Familie und Ehe gefährden.

Insbesondere hat das Ideal der Autonomie für das öffentliche Bewußtsein *die absolute Geltung des ehelichen Bandes zerstört.* Die Ehe war absolut und unscheidbar als Konvention (ja als Tabu) und als Sakrament. Daß die Scheidung weder bei der Gründung der Ehe, noch im Falle von Schwierigkeiten und Krisen, noch bei ihrem Scheitern überhaupt in den Gesichtskreis trat, stützte die Ehe nicht nur äußerlich, sondern viel wirksamer in ihrem subjektiven Gehalt. Die natürlichen Spannungen und Schwierigkeiten wurden nicht etwa nur äußerlich ertragen (da es keinen Ausweg gab), sondern von vornherein ganz anders erfahren und verarbeitet. Als die Autonomie den Blick auf die Scheidung freigab, konnte das zur Entfesselung des Egoismus, zur Überschätzung akuter Schwierigkeiten (— jede Krise hat die Möglichkeit, „zu Ende gedacht" und gefühlt zu werden —) und sogar zur Scheidung im Augenblick der Ehegründung führen: „Sollte es absolut nicht gehen, so werden wir wieder auseinandergehen". Das führt manchmal zur Annullierung „irrtümlicher" Ehen, oft aber auch zu irrtümlichen Scheidungen.

Die Autonomie hat das Tabu der unlöslichen Ehe zerstört und ihre Konvention sehr geschwächt; für die sakramentale Ehe bedeutet sie eine Versuchung. *Vor* dieser Zerstörung, dieser Schwächung und dieser Versuchung blieb ein unverschuldetes oder verschuldetes Versagen in der Ehe individuell (die Ordnungen galten) und weniger folgenreich (die Ehe blieb erhalten). Heute steht die Dauer der Ehe auf der individuellen Bewährung, und zwar sowohl auf der Leistung (man muß die Ehe „können"), als auch auf der Moral der Partner (man muß die Ehe wollen und diesem Willen und einander treu bleiben). Versagen die Partner, sei es unverschuldet, sei es verschuldet, so bricht die Ehe auseinander. Versagen viele, so bricht die Ehe-Ordnung auseinander. Zugespitzt gesagt: früher war die Ehe eine Leistung der Gesellschaft, das Ausbrechen aus der Ehe dagegen eine individuelle (oft schwierige) „Leistung", heute ist die Ehe selbst eine individuelle Leistung, der Ehebruch aber sozial und institutionell geworden — als eine Folgerung aus dem geltenden Ideal der Autonomie.

Einige Nebenfolgen der Säkularisierung verdienen eine besondere Erwähnung:

Die „ewige Seligkeit" wird von der Welt *(„Eudämonismus")* und im romantischen Zeitalter oft von der Erotik erwartet: das führt zu einer Überbeanspruchung der geschlechtlichen Polarität *(„Tristan")* und in den niedrigeren Formen zu einer Verpöbelung der Ehe. Auf allen Rangstufen geht das christliche Paradox verloren, das in einem besonderen Maße ein eheliches Paradox ist: seine Seele zu retten, indem man sie preisgibt, — das Glück durch Opfer.

Durch die *„Rationalisierung"* verkennt man wesentliche Elemente der Ehe, wenn man sie Zwecken unterordnet, sei es wirtschaftlichen, sei es biologischen. Die „Vernunftehe", die sich in der vorrationalistischen Welt sehr oft bewährt hat, da genügend Kräfte und Inhalte vorgegeben waren, welche die intime Anziehung zunächst ersetzen konnten, ist im Zeitalter des Rationalismus schwach und bedroht. Die rationalistische Beherrschung der Zeugung und der Geburt verdrängt aus der Ehe das Geheimnis, Gottes Willen („das Schicksal"), den Ernst des Todes und den Ernst der Verantwortung.

Seelische *Über-Differenzierung* („dünne Haut", „Nerven") stellt die eheliche Nähe und die eheliche Nüchternheit auf schwere Proben.

Es besteht in der modernen Welt eine Tendenz, die bis zum *Verlust der personalen Integration* zu führen vermag: zum Leben in Fragmenten und aufgespaltenen Bereichen (zur „Diskontinuität" Picards), zu einer Existenz in der Zerstreuung, im Un-Ernst, in der Uneigentlichkeit (im „man" Heideggers, „Vermassung"), zur Unverantwortlichkeit, zum Leben in den Determinationen, deren Mechanismen die Psychoanalyse einerseits, die Sozialpsychologie anderseits beschreibt; zu einer Schwächung oder Zerstörung der Kontaktfähigkeit; zu Neurosen, zu Psychosen und zu funktionellen und organischen Störungen des leibseelischen Menschen. Alle diese Erscheinungen erschweren die Ehe oder machen geradezu eheunfähig. Sie können zum Untergang der Ehe in Haß oder Gleichgültigkeit führen, zu einer Verkümmerung des gemeinschaftlichen Lebens; sie können zur Isolierung des Erotischen als einer Sphäre, des Sexuellen als einer Sphäre oder gar des Geschlechtsaktes führen und damit sowohl zum Überwuchern wie zu einer Verkümmerung des Erotischen und Sexuellen, das sich ja von der Fülle des gelebten Lebens nährt, bis zur Perversität und Frigidität. (Perversität und Frigidität können nicht nur individuell als Krankheit oder Sünde verstanden werden: sie haben im Zustand und im Bewußtsein der Gesellschaft, in der die Ehen gelebt werden oder eben nicht gelebt werden, ihre Voraussetzungen, ja geradezu ihre Funktion: als Symptome tieferliegender Störungen.)

In Zeiten der Krise treten auch solche Gefährdungen sichtbarer und wirksamer auf, die an sich mit dem dauernden Zustand des Menschen gegeben, also überzeitlich sind. Man muß in diesem Zusammenhang kurz an einige von ihnen erinnern.

Wahrscheinlich gibt es eine dem Manne eigentümliche Neigung zum „Schweifen", die ehefeindlich wirken kann: eine Neigung zum „Abenteuer" und zur Polygamie. Diese „Natur" des Mannes — wenn sie tatsächlich zu seiner Natur gehört und nicht etwa nur ein Erbe unserer europäischen Geschichte ist — hat es mit einer „Natur" der Frau zu tun, in der die Gegensätze viel schärfer als beim Manne auseinandertreten: die Frau ist in der Regel „häuslicher" und monogamer, verfällt aber dem Abenteuer und der Polygamie viel tiefer als der Mann, wenn sie aus diesen Bindungen herausspringt (Hetäre, Dirne).

Die Rechnung zwischen Geist und Sinnlichkeit scheint nicht völlig aufzugehen. Als Adam und Eva zur Erkenntnis ihrer selbst und des Guten und Bösen kamen, sahen sie, daß sie nackt waren, und schämten sich. Es ist sehr schwer für uns, das einzugestehen. Die Scham deckt einen tiefen Widerspruch zu (und dadurch auf), welcher der Anlaß zu mancherlei manichäischen Häresien, tartüffischen Heucheleien, Prüderien, Komplexen und Neurosen geworden ist, aber offenbar doch auch auf keine Weise völlig aus der Welt geschafft werden kann. Diese überzeitliche Problematik zwischen dem Fleisch und dem Geist, dem Tier und der Person, der Generation und der Selbstbestimmung, und wie immer man sie sonst fassen mag, ist heute gesteigert durch das schärfere und reflektiertere Selbst-Bewußtsein unserer Zeit.

Daß die „eheliche Integration" überhaupt nicht wie eine Rechnung glatt aufgeht, ist bereits in der Einleitung erwähnt worden.

Eine elementare Bedrohung der Ehe ist schließlich jederzeit „das Böse" in seinen tausend Gestalten, als Tat und Unterlassung, als Herzenshärte und Herzensträgheit, als Entartung und als Hochmut, als Gewalt, Lüge und Verrat. Aber wir können das Böse, das als ein Geheimnis zwischen Gott und dem Menschen von unserer Seite aus scharf und bestimmt nur in der Reue zu fassen ist, nicht in bestimmten anderen Menschen und ihren bestimmten Taten eindeutig lokalisieren und insofern nicht zum Gegenstand einer soziologischen Untersuchung machen. Soweit das Böse als eine fundamentale Bedrohung der Ehe infragekommt, hat die hier vorgelegte Liste von kritischen Veränderungen den Sinn, die bezeichnenden Chancen, Bahnen, Gelegenheiten des möglichen Bösen für bestimmte Zeiten, Schichten und Strukturen ganz allgemein anzugeben. Das Böse in der Ehe geschieht als Ausnützung der aufgezählten (und der hier vergessenen) neuen Schwächen der Ehe, aber auch als Ausnützung fixierter Formen, die überlebt sind: es geschieht durch Auflösung und durch Erhaltung. Es wird in der Ehe (wie überall) auf revolutionäre, fortschrittliche, konservative und reaktionäre Manier gesündigt.

Im Grunde freilich nur durch *eine* Sünde: durch die Verweigerung der ehelichen Liebe.

Rüdiger Proske

PLÄDOYER FÜR EINEN FINANZMINISTER

„Minister?" antwortete mir der Mann auf der Straße. „Na, das sind doch diese Leute, die viel Geld verdienen und immer mit dem Wagen umherfahren. Und außerdem haben wir viel zu viele davon. Nein, also wissen Sie, diese Bürokratie ..." Er schien nichts von ihr zu halten, von Ministern auch nicht. Speziell nach dem Finanzminister zu fragen, wagte ich schon kaum mehr. Man kennt das ja: Finanzminister, Finanzamt, Steuern, Gerichtsvollzieher ..., den Rest kann man den Witzblättern entnehmen. „Finanzminister? Also hören Sie, da habe ich doch neulich ..."

„Man ist ja kaum mehr ein Mensch," antwortete mir der Finanzminister eines mittelgroßen Bundeslandes, den ich gefragt hatte, wann er denn täglich in sein Ministerium fahre, und was er dort zunächst tue. „Wenn ich nur jeden Tag in das Ministerium fahren könnte!" Er kann es nicht. Da sind die Sitzungen des Kabinetts, da sind die Landtagssitzungen, da soll er den verschiedenen Ausschüssen in seinem Land persönlich zur Verfügung stehen. Und da ist der Bundesrat, dem er angehört, und der Finanzausschuß des Bundesrats, in dem die Finanzminister der Länder versammelt sind. „Mindestens zwei Tage in der Woche muß ich in Bonn sein. Die Art, wie die gesetzgeberischen Kompetenzen und die Steuerquellen aufgeteilt sind, bringt es mit sich, daß es kaum ein Bundesgesetz mehr gibt, das nicht in das finanzwirtschaftliche Gefüge der Länder eingreift. Und die Bundesregierung genauso wie der Bundestag neigen dazu, auf Kosten der Länder die Gönner zu spielen. Da ist schon gut, wenn man zur Stelle ist, bevor ein Unglück geschieht", meint mein Gegenüber und lächelt dabei.

„Jede Zentrale neigt dazu, zu zentralisieren. Und Bonn ist eben eine Zentrale." Der Finanzminister erzählt von den schwierigen Verhandlungen über den Finanzausgleich zwischen dem Bund und den Ländern, von der Festsetzung der Interessenquoten, die die Länder dem Bund etwa für die Deckung der Besatzungskosten oder der Kriegsfolgekosten zur Verfügung stellen, von der zu einseitigen Verteilung der Steuerquellen. Nach der augenblicklichen Regelung fließen den Ländern als wichtigste Einnahmen die Einkommen- und Körperschaftssteuern, dem Bund die Umsatz- und, mit Ausnahme der Biersteuer, alle Verbrauchssteuern zu. Die Verbrauchsteuern sind kaum konjunkturempfindlich, hingegen können die Einnahmen aus der Einkommen- und Körperschaftssteuer nicht unerheblich schwanken. „Zudem steht dem Bund auf diesen Gebieten die konkurrierende Gesetzgebung zu, und die Bonner Steuersenkungsmaßnahmen haben mir natürlich viel Freude gemacht. Sie hatten nämlich den unschätzbaren Vorteil, vornehmlich uns zu treffen!"

Mit den Gerichtsvollziehern oder den Finanzämtern hat ein Finanzminister übrigens nicht sehr viel zu tun. Die Steuerverwaltung ist nur eine von den acht Abteilungen, die ihm unterstehen (die übrigen sind: das Staatshochbauamt, die Katasterverwaltung, die Personalverwaltung, die Vermögensverwaltung, die Haushaltsabteilung, die Abteilung für Besatzungskosten und die Bankaufsichtsbehörde), und man bemüht sich, die Verantwortung für alle Steuerfragen, soweit sie nicht gesetzgeberischer Natur sind, weiter nach unten zu verlagern. Jede Woche werden zwei bis drei Finanzämter einer Geschäftsprüfung unterworfen. Vorläufig werden die Berichte noch dem Minister vorgelegt. „Aber wenn wir erst unser Oberfinanzpräsidium eingerichtet haben, kann ich diese Aufgabe abgeben."

Jeden zweiten Tag erhält der Finanzminister eine genaue Zusammenstellung der Steuereingänge. „Zugleich eine meiner Kontrollmöglichkeiten. Aus strukturell ähnlichen Gebieten müssen mir im Durchschnitt etwa die gleichen Einnahmen zufließen. — Ja, und um 13 Uhr jedes Tages, an dem ich im Ministerium bin, kommt dann die große Stunde, da mir die Kasse des Landes vorgelegt wird. Ich erfahre, über welche Barmittel das Land zur Stunde verfügt. Und nun müssen eine Fülle von Entscheidungen getroffen werden. Welche Zahlungen können geleistet werden? Welche Verpflichtungen kann man im Augenblick noch übergehen? Ist die Zahlung der Gehälter gesichert? Bleibt das Land noch innerhalb der ihm gesetzten Kreditgrenze? Können die Gelder für den Wohnungsbau sichergestellt werden?"

Der Finanzminister eines Landes ist eigentlich garnicht das, für was man ihn normalerweise hält: ein Steuererheber und ein Etatist, ein Mann also, der unpersönliche Steuergesetze „durchführt" und die Etats bestimmt. Sicher fällt es in seinen Aufgabenbereich, den Landeshaushalt aufzustellen und dann in Ordnung zu halten, sicher muß er sich auf der Landes- und Bundesebene um die Steuergesetzgebung kümmern, seine Hauptaufgabe liegt aber dann doch darin, Schatzkanzler seines Landes zu sein, die Wirtschaft seines Landes in Gang zu setzen und in Gang zu halten. Zusammen mit dem Wirtschaftsminister hat er Initiativen zu unterstützen, Entwicklungen einzuleiten, Ausgleiche zu schaffen, Not zu lindern. Und mit jeder Entscheidung wird über das Wohl und Wehe vieler Menschen ein Urteil gefällt.

Da muß beim Finanzausgleich zwischen dem Land und den Gemeinden berücksichtigt werden, wie groß die Zerstörungen des Krieges waren, wieviele Flüchtlinge in einem Dorf leben, ob dieses Dorf überhaupt noch ein Dorf ist, oder ob es, eben durch den Zuzug der Flüchtlinge, nicht schon den Charakter einer Stadt trägt, welche Hilfsquellen die Gemeinde hat (vielleicht besitzt sie einen großen Stadtwald), wie es um die Arbeitlosigkeit steht. Aus allen diesen Überlegungen entstehen schließlich die sogenannten Finanzkraft-Meßzahlen, die den Schlüssel für die Höhe der zu leistenden Unterstützungen bieten.

Unterdessen ist der Strom der neuen Anträge, der neuen Vorschläge, der neuen Projekte keineswegs abgerissen. Ein Bürgermeister erscheint zusammen mit seinem Landrat und bittet um Mittel für die Trümmerbeseitigung auf dem alten Flughafengelände. Der Kreis, in dem sich das Flugfeld befindet, hat schon eine größere Unterstützung bekommen, aber die Arbeitslosenziffer ist noch immer hoch. und der Kreis liegt nahe der Ostzonengrenze. Noch während sich der Minister den Fall überlegt, betritt, von dem Referenten begleitet, der für die Erteilung der Staatsbürgschaften und Staatskredite verantwortlich ist, ein Unternehmer das Zimmer, der auf dem geräumten Flugplatz eine industrielle Anlage errichten will. Der Minister des Innern schaltet sich in die Verhandlungen ein und wirft die Frage auf, ob im Rahmen des gesamten Projektes nicht auch gleich für die dringend notwendige Erweiterung des Krankenhauses Sorge getragen werden kann. Der

Referent des Kultusministers kommt und weist auf die große Schulraumnot in dem Kreis hin. Eine Gemeinnützige Wohnungsbaugesellschaft meldet sich, die Baugenehmigungen und Kredite erbittet, damit für die in das Gebiet einströmenden Arbeiter Wohnraum geschaffen werde. Und der Finanzminister denkt immer noch daran, wo er das Geld für die Trümmerbeseitigung hernehmen soll. Kaum ist er allein, meldet sich bei ihm der Referent der Bankenaufsichtsbehörde: man hat festgestellt, daß die Bank A nicht mehr die Liquiditätsvorschriften einhalten könne. Es müsse schnell gehandelt werden. Die Bank könne andernfalls genötigt sein, die Flüchtlingskredite zu kündigen. Zudem habe sich bei mehrfachen Überprüfungen erwiesen, daß der Direktor der Sparkasse B seiner Aufgabe nicht gewachsen sei. Eine personelle Veränderung sei dringend zu empfehlen ...

Da ist die Frage, wo man die Heimatvertriebenen aus Schleswig-Holstein unterbringen soll, die der Bund dem Land zugewiesen hat. Da ist das Problem, ob man, um die Anforderung der Alliierten zu befriedigen, die in Kasernen untergebrachten Flüchtlinge wieder (wohin?) ausweisen oder ob man neue Kasernen bauen soll. Da müssen die Ausarbeitungen des Staatshochbauamtes durchgesehen werden, das jedes vom Land mitfinanzierte Bauvorhaben genau prüft „und die Frage aufwirft, ob in einem Amtsvorsteherzimmer nicht doch auf die Tapete verzichtet werden kann".

Der Minister hat den letzten Satz durchaus ernst gemeint. Die Ausstattung seines Arbeitsraumes wie die seines ganzen Ministeriums zeugen für seine Sparsamkeit. Vor kurzem erbat ein Bürgermeister vom Land gewisse Baukredite. Als der Minister kurz darauf die in diesem Ort gelegene Burgruine am hellen Tage mit Scheinwerfern angestrahlt fand, stieg er aus seinem Wagen und läutete den Bürgermeister an: „Herr, wenn Sie so viel Geld haben, daß Sie Ihre Trümmer noch am Tage beleuchten können, dann bauen Sie sich Ihre Häuser gefälligst alleine."

Selbst der amerikanische Landeskommissar hat sich unterdessen daran gewöhnt, daß der Finanzminister, bevor die Verhandlungen beginnen, zunächst einmal die überflüssigen Lampen im landeskommissarlichen Sitzungszimmer ausknipst. „Ich habe mit der Frage der Besatzungskosten ja nichts mehr zu tun. Sie sind heute reine Bundesangelegenheiten. Aber ein bißchen aufpassen muß man ja trotzdem. Übrigens bemühen sich die amerikanischen Dienststellen, besonders die zivilen, sehr darum, eine Verschwendung der Besatzungsgelder zu vermeiden, aber Strom und Wasser werden immer noch zu viel verbraucht, und der Wohnraum wird auch noch nicht genügend ausgenutzt. Übrigens Wohnraum, ich hätte es fast vergessen: Die ganze Verwaltung der Staatsbäder hängt natürlich auch noch an mir."

Der Minister erzählt von den Verhandlungen über die Freigabe beschlagnahmter Hotels, über die Kreditforderungen der Hoteliers, die ihre Häuser wiederherrichten wollen (und die zuvor von den Besatzungsbehörden oft schon sehr anständige Abfindungen erhalten haben). Dann wechselt er das Thema: Finanzierung von Messen und Ausstellungen. Themawechsel: Straßen- und Brückenbau. Themawechsel: Problem der Bürgschaften und der Kreditbeschaffung. Themawechsel: „Und dann die Kette der Besucher."

Jeder, der den Minister sprechen will, erhält zunächst einen schriftlichen Zwischenbescheid und wird dann, sobald als möglich, ins Ministerium bestellt: der politisch Verfolgte, der um die Auszahlung seiner Haftentschädigung bittet, weil er mit dem Bau seines Häuschens steckengeblieben ist; der General, der nicht verstehen kann, wieso es für die Gewährung der Überbrückungshilfe etwas ausmachen könne, daß er an dem bestimmten Stichtag nicht in dem betreffenden Lande wohnte; der kleine Bauer, der die Soforthilfe nicht zahlen kann, da Wildschweine seine Felder verwüstet haben, und der es nicht zu fassen vermag, daß der Finanzminister seines Landes für diese Angelegenheit garnicht zuständig ist; der Pole, der seine Haftentschädigung dringlich braucht, um für die Auswanderung die notwendigen Anschaffungen machen zu können; die Menschen, die um Steuernachlaß gebeten haben und von den Finanzämtern abgewiesen wurden; Vertreter von Organisationen und Verbänden, die um eine Unterstützung bitten; „und dann natürlich noch die Journalisten", meinte der Minister mit dem Blick schräg von unten über die Brille weg, für den er bekannt ist.

Ich versuche den Ball aufzufangen: „... die sich überdies noch für die parteipolitische Tätigkeit eines Ministers interessieren." „Ja, das auch noch! Zwei oder drei Abende in der Woche Parteipolitik. Und so zwischendurch. Vom Wahlkampf natürlich nicht zu reden."

Was hat es noch für einen Zweck, danach zu fragen, wie lang der Arbeitstag eines Ministers dauert. Ich habe schon zuvor erfahren, daß mein Gegenüber seine Post nur nachts oder im Auto erledigt, handschriftlich; er kommt in den drei Tagen der Woche, die ihm durchschnittlich für die Arbeit im Ministerium bleiben, von Besuchern und Referenten ewig umlagert, nicht zum Diktieren. Ich habe erfahren, daß er lange Landtagsdebatten dazu benutzt, seine Akten aufzuarbeiten. „Man kann dabei trotzdem ganz gut zuhören." Und ich habe erfahren, daß er trotz seiner Arbeitsüberlastung die Hunderte von Menschen, denen er in seinem Amtsbereich vorsteht, nicht vergißt. Soweit als irgend möglich, versucht er bei jeder Personalveränderung die Familienverhältnisse, die Wohnungsfrage und alle jene „Kleinigkeiten" zu berücksichtigen, die für den einzelnen Menschen oft so große Bedeutung haben. Diese Sorge um den Einzelnen füllt schließlich noch den Teil des Sonntagvormittags aus, der nach dem Kirchgang übrig bleibt. Um diese Zeit hat der Minister sozusagen Privatsprechstunde: für die Frau des Inspektors, die darum bittet, ihren Mann nicht zu versetzen, weil er, lebte er auch nur zeitweilig getrennt von ihr, es vielleicht mit einem gewissen Gebot nicht mehr so ernst nehmen könnte; und für die vielen anderen, die auf der Suche nach Hilfe sind.

Vielleicht kommt auch seine Frau, kommen auch seine Kinder manchmal in diese Sprechstunde. Sie haben sonst wenig Gelegenheit, den Gatten, den Vater zu sehen. Diese Seite des „ministeriellen Daseins" pflegt man so leicht zu übersehen. Fehlentscheidungen eines Ministers oder seine persönlichen Schwächen zu kritisieren, ist verhältnismäßig leicht. Die Verantwortung für die vielfältigen Entscheidungen zu tragen, wenn man das Amt eines Ministers ernst nimmt, die Arbeitslast zu bewältigen und sich als Mensch in der Familie wie vor den Bürgern zu bewähren, ist weniger leicht. — Was vielleicht gelegentlich zu bedenken wäre.

Alfred Andersch

CADENZA FINALE

„Man kann von dieser Suite nicht naschen.“ (Cocteau über die „Serenade in A“ von Strawinskij.)

Äpfel, gelb, gelb, gelb, rot: ‚Goldreinetten‘ — frisch und etwas langweilig im Geschmack. Gelb, frisch, rund. Gelbes Kreisendes. Ging durch die Sperre: „Wo sind die Telephonzellen?“ — „Drüben — dort!“ — „Danke!“ Trübe Bahnhofshalle in Köln. Triste Lichtbrühe von draußen.

Immer dasselbe, wenn ich nach Köln kam. Ich warf das Zehnpfennigstück in den Apparat. Weil ich den Hörer nicht gleich abhob, fiel die Münze durch. Bin zu aufgeregt, dachte ich. Blöde sonnenhaft Kreisendes — wegwischen, weg, weg, weg! Realität! So. Nahm dann den Hörer auf, ehe ich das Geld in den Schlitz steckte. Wählte langsam und sorgfältig die Nummer: Sieben, drei, vier, sieben, sechs, null.

Schade, daß sie nun die Hände vom Flügel nimmt und an den Apparat geht. Hände auf Tasten und Hände auf Hörer zugleich, musizierende und haltend verharrende Hände zugleich: Illusion, — in der Materie gibt es keine Aufhebung von Raum und Zeit, Kunst allein macht das. Aber wenigstens der verklingende Ton und das Klicken der sich hebenden Telephon-Gabel sind eins, können eins sein, falls die Passage Pedal hatte. (Falsch beobachtet: wenn man den Fuß vom Pedal nahm, war der Ton gleich weg.)

Hörte also das Läuten bei ihr in der Wohnung. Der Apparat steht im Flur, auf einer kleinen Kommode, über der ein Spiegel hängt. Summ-Ton in Abständen: in der Wohnung ein schrilles Läuten. Mitten hinein in die Etüde. Schubert vielleicht, oder Beethoven. Nein, zuhause spielt sie andere Sachen. Nur in den Konzerten das offizielle Zeug. Zuhause das Verbotene, Hindemith, Milhaud, Bártok, und das Unerwünschte, Debussy, Chopin, Franck. Natürlich auch Czerny.

Ich sah an meiner Uniform runter. Hatte den Wäschebeutel mit meinen Sachen auf den Boden der Telephonzelle gestellt. Nun hatte das Summen sich schon dreimal wiederholt. Dachte: Sie ist nicht da. Sonst wäre sie schon längst am Apparat. Merkwürdig: Telephon läutet in leerer Wohnung. Vielleicht habe ich falsch gewählt? Ich drückte auf die Gabel, vernahm das Freizeichen, die Münze rollte durch, ich nahm sie wieder auf und warf sie ein drittes Mal ein: Sieben, drei, vier, sieben, sechs, null. Wieder in Abständen der Summ-Ton.

Als ich die Türe der Zelle hinter mir schloß, fror ich. Übernächtig. Nina ist auf Tournee, dachte ich. Vor dem Bahnhof stand, wie immer, der Dom. Gebirgig und dumm. Nichts von der faltigen, zottigen Lieblichkeit der Elefanten. Sollten lieber den Dom zusammenschmeißen anstatt Sankt Gereon, Sankt Maria im Kapitol, Sankt Aposteln, Sankt Pantaleon, Sankt, Sankt, Sankt ... Kam von Berlin. Hatte Ecke Kurfürstendamm und Joachimsthalerstraße ein Haus brennen sehen. Da es kein Wasser gab, ließ man es ruhig und knisternd herunterbrennen. In den Häusern ringsum schliefen sie. Der Angriff hatte von

Mitternacht bis vier Uhr früh gedauert. Dienstreise. Jagte nach einem Zug heraus aus Berlin. Mittags endlich einer, nach Köln. Nina. Natürlich keine Zeit zum Anmelden gehabt. Zwecklos. Entweder war sie da, oder sie war auf Tournee.

Na, vielleicht ist sie doch nur was einkaufen gegangen? Aber der Junge mußte dann doch zuhause sein. Ist vielleicht mit? Dezembermorgen 1943. Ich ging die Straßen zum Heumarkt entlang. Das Wetter war kalt, grau. Neblige Luft, Watte-Luft, zärtliche Luft, zärtliche westliche Nina-Luft. Tombeau de Couperin. „Sommer — Sommer!“ hatte Dohle wärmend zu Nina gesagt, wenn sie in der Winter-Luft durch Köln gingen. Nette Galsworthy-Parodie. Sie hatte ihn immer an der Kunstschule abgeholt.

Von Groß Sankt Martin fehlte die Turmspitze. Erinnerte: war einmal mit Nina dagewesen. Sie hat mir die Kirche gezeigt. Sie geht aber auch in Kirchen, weil es Kirchen sind. Hat dort ein paar Minuten gebetet. Ganz kleiner, dunkler Kirchenraum unter einem riesigen Turm. Mystische Wabe unter romanischen Gesteinsmassen. (Alte Lieblingsidee von mir: gelegentlich etwas über den Wald im Mittelalter zu schreiben.) Wäre jetzt am liebsten rübergegangen und hätte darum gebetet, daß ich Nina treffe. Komisch: kann beten, obwohl ich an nichts glaube. Wirkt sogar meistens. Aber jetzt keine Zeit. Muß jetzt einfach nichts als hinfahren. Linie 16 ab Heumarkt.

(Stelle übrigens die Wirksamkeit des Gebets nicht gerne auf die Probe, falls die Unsicherheitsfaktoren zu groß sind. Bei dieser Überlegung ertappt, merkte ich, daß ich an Ninas Anwesenheit nicht glaubte. Korrigierte mich rasch: Sie ist da. Sie ist da. Sie ist da. Wunsch ins Bewußtsein übertragen, heißt ihn der Erfüllbarkeit näherbringen, vor allem aber: Katastrophenstimmung auflösen ist wichtig. Wendet das Geschick. Solche Vorgänge in der Gehirnrinde sind säkularisierte Formen des Gebets. Grenzen an Aberglauben. Andere machen es anders. Dohle, der nie über Religion sprach, hatte stets einen Rosenkranz in der Hosentasche.)

Sah den Unteroffizier zwanzig Schritte vor mir und nahm rasch die Hand aus der Manteltasche. Quatschte mich gottseidank nicht blöd an. Mußte ihn aber grüßen, den Idioten. Vorbei, erledigt. Bekam rasch die Straßenbahn. Stellte mich in eine Ecke der hinteren Plattform des ersten Wagens, guter Blick aus dem Fenster, konnte so alles sehen, den ganzen Weg.

Damals, als ich das erste Mal kam, hatte Dohle gerade Sonntagsurlaub. War von seiner Flakbatterie bei Düsseldorf rübergekommen. Die Straßenbahn fuhr aus der Stadt raus. Es kam der Gutshof, den Dohle gemalt hatte. Intensiv hingeschmiertes Aquarell. Hing bei ihr im Studio, wo der Flügel stand. Sie war im Badezimmer und schrubbte die Wanne. Dohle hatte sich auf die Kante der Wanne gesetzt und erzählte ihr einen Graf-Bobby-Witz, den, der gar kein Ende nehmen will, bis schließlich der Graf den Bericht über das Verhalten seiner Freundin Mizzy mit den Worten beendet: „Schrecklich, schrecklich — diese Ungewißheit!“ Stefan, cirka sieben Jahre alt, führte mich rein. „Das ist mein Sohn,“ erklärte sie. Ich sah es gleich. Das gleiche kleine, braune Gesicht, fest, mit den Winkeln der Heimlichkeit da und dort. Aber bei ihr die Masse dieses tönenden Haares darüber und dahinter. Störte ich Dohle? Ich hatte mich telephonisch angemeldet. Er hatte sich in der Hand und beschnupperte mich bloß so.

„Nächste Station Rodenberg," rief der Schaffner aus. Würde also alles wiedersehen, dachte ich. Nur Nina nicht. Tournee. Sitzt vielleicht gerade in München und probt mit den Philharmonikern Beethoven. Behauptet deutsche Kultur gegen Bombenangriffe. Nachher Tafelrunde bei General M. mit Abhören ausländischer Sender. Beraten feierlich, ob und wann, und wenn ja, wie, wenn nein, warum nicht. Kommt alles vom Beethoven-Hören. Sollten sich mehr Strawinskij zu Gemüte führen und das Schwein Hitler kaltblütig krepieren lassen. Strawinskij ist die direkte Aktion. Immerhin schützte Beethoven Nina ein wenig. Die ersten Takte im Andante des G-Dur-Konzerts neutralisierten für ein paar Stunden die Wirkung ihres Lippenstifts. Alles kleine Landser-Überlegungen, mußte ja abends in meine Kaserne weiterfahren.

Oder erst morgen früh, falls Nina da war? Stieg aus. Die Station mit dem Wartehäuschen und den schimmernden Gleisen war unverändert. Auch ich. Hatte noch immer die Uniform an. Der Krieg dauerte ewig. Ich ging den Bach entlang, der aus einem Betonrohr hervorschoß. Sein Wasser war milchig trüb, mit Schaum bedeckt. Der Weg war feucht. Die Häuser des Villenvororts standen im nebligen Dunst zwischen den verhängten Bäumen. Die Häuser mit den toten Dezember-Vorgärten, ins Schweigen versenkt. Auf der anderen Seite ging ein Mädchen mit einer Einkaufstasche. Nina hatte mich diesen Weg zur Straßenbahn begleitet, am Ende meines ersten Besuchs. War aber März damals, sonniger Tag. Hatte sie noch eine zeitlang beobachten können, wie sie zwischen den Bäumen verschwand und wieder zum Vorschein kam. Sie trug damals ihren Schafspelz-Mantel, stumpfe Farbe, ein schlankes Vogel-Tier, das weg ging. Sie hatte sich nicht mehr umgesehen. Dohle saß indessen auf der Terrasse im Liegestuhl und schlief sicher noch, betrunken wie er war.

Gelb Kreisendes. Else, das Dienstmädchen, war gerade dabei, draußen im Garten Wäsche aufzuhängen. Unvermutet warmer Märztag. Hatte Nina eine Flasche Grappa zu übergeben von einem in meiner Kompanie, der sie kannte. Bekamen damals in Nordfrankreich komischerweise das italienische Zeug in der Kantine. Du mußt sie besuchen, hatte er gesagt, so eine Frau triffst du selten. Wenn zwei im Kommiß allein waren, sagten sie sich solche Sachen. Ich kannte den Namen nur von Plakaten und war neugierig. Dohle stürzte sich mit Geheul auf den Grappa. Er selbst hatte Whisky mit, natürlich nur deutschen, aber nicht so ohne. Nina zog die Schürze aus und wir setzten uns auf die Terrasse. Sie trank wenig. Stefan holte Mineralwasser für sie. Dohle und ich tranken den Whisky pur. Ich hielt mich zurück, aber Dohle fing gleich furchtbar zu saufen an. Stefan legte sich bäuchlings auf eine Matratze am Boden und las in einem Karl-May-Band. „Ich will auch Schnaps!" sagte er. Nina gab ihm ein Likörglas voll Mineralwasser. Dohle hatte dicke, schwarze, glatte Haare und ein festes, dunkles, römisches Gesicht. Brille aus dickem schwarzen Horn. Ich kam aus der Pikardie, dem großen, schweigenden Land mit den endlosen Chausseen und den derben, zweirädrigen Bauernkarren darauf, mit den leeren, weiten, arkadenumstarrten Plätzen von Arras, den Kneipen von Bapaume. Else brachte einen neuen Korb Wäsche. Sie hat eine Art österreichischer morbidezza um den Mund, obwohl sie kölnisch Platt spricht. Dohle hatte den Schallplatten-Apparat neben sich und legte immer wieder eine Platte auf, mit der er Nina an irgendetwas erinnerte, was sie und er gemeinsam hatten. Das Stück hieß: „Where the lazy river goes by". (Foxtrott, Ray Noble und sein Orchester. E. G. 3879, O. A. 02162, Electrola GmbH., Berlin.) Der faule Fluß floß also vorbei, indes wir tranken und die Sonne schien. Ich rauchte meine Pfeife und fand Dohle sehr sympathisch. Er gefiel mir. Sah auf Ninas Hände, die Musik machen konnten. Drinnen, in ihrem Studio, stand der Flügel offen. Redeten über Literatur. Politisch war alles klar unter uns. Zitierte ihnen George:

„Und alle jugend sollt ihr sklaven nennen,
die heut an weichen klängen sich berauscht,
mit rosenketten überm abgrund tändelt.
ihr sollt den dolch im lorbeerstrauße tragen,
gemäß in schnitt und klang der nahen wal."

Dohle lachte, und Nina sagte: „Jetzt weiß ich auch, warum ich George nicht mag." Na, ich mag ihn ja auch nicht, aber ich lasse mich doch manchmal beeinflussen und denke mir, daß was an ihm dran sein könnte. Aber das „gemäß in schritt und klang" ist einfach fürchterlich.

(Man sollte nie völlig in den Kategorien der Gesellschaft aufgehen, in der man sich befindet. Auch wenn sie einem noch so sympathisch ist. Widerspruch ist alles. George-Zitat war Einbruch aus einer fremden Welt. Wollte das. Wollte Ärgernis erregen. Nichts langweiliger als Übereinstimmung. Gegensatz forcieren, wenn nötig. Übrigens eine Art intellektueller Verführung. Wohltönend Fremdes in kleinen Dosen für Nina. Andere Horizonte zeigen schadete nie.)

Dohle war dann einen Moment banal, als er fragte: „Kennen Sie Thomas Wolfe?" Ich: „Ja". Pause. „Schätzen Sie ihn?" Na so was! Aber ich mochte Dohle fast noch mehr danach.

Stand auf, um mir ein wenig die Beine zu vertreten. Sah das offene Notenheft auf dem Flügel liegen. Ging hinein und sah es mir an. „Serenade in A" von Strawinskij. Fand Bleistiftkorrekturen darin.

„Sie korrigieren Strawinskij?" rief ich auf die Terrasse hinaus.

„Nicht Strawinskij," sagte sie und kam zu mir herein. Sie zeigte mir den Druckvermerk. „Das ist die erste Ausgabe. Schlampig gedruckt. Sehen Sie hier," sie deutete auf ein paar Notenköpfe, „da ist ein Taktwechsel von 6/8 zu 7/8 nicht notiert, so etwas ist bei Strawinskij ausgeschlossen. Es hat mir einige Mühe gemacht, das herauszufinden."

So. Das also war Nina. Kniete sich in Partituren rein. Sie spielte mir die Stelle in den beiden Fassungen vor. Es war ganz klar, sie hatte recht.

„Darauf kommt es natürlich an," sagte sie.

„Für euch Interpreten," sagte Dohle von draußen.

„Wie meinst du das?" fragte Nina.

„Überschätzung des Handwerks, der Finessen. Dem Strawinskij war das ganz wurscht, als er's schrieb. Schrieb's einfach. Nachher stimmte es."

„Ist dir aber doch nicht gleich, ob du eine Farbe so setzt oder so, oder?" fragte Nina gespannt.

„Natürlich nicht," antwortete er. Ich hörte, wie der Korken ‚pflopp' machte, als er die Grappa-Flasche öffnete. „Ist aber nicht *gearbeitet,* wie du meinst."

„Sondern?"

„Ah!" stöhnte er. „Scheußlich schönes Zeug!" Die Flasche klirrte leise, als er sie absetzte. Dann: *„Ausgeatmet, hingeatmet* muß es werden. Du spielst ja auch am besten, wenn du *spielst."*

Sie: „Aber *genau* spielen muß man!" Doch das geschah schon am Rande. Sie warf die Haare zurück und sah mich an. Das dauerte eine Zeit. Sehe mich noch am Flügel stehen.

„Hören Sie!" sagte sie und begann etwas aus der Serenade zu spielen, zuerst das Klirren der Grappa-Flasche, in A variiert, dann ein absteigendes Glockenspielmotiv, spröde und präzis erinnert, wie es einer anschlug, der in einem Hause Le Corbusiers die Türme von Kasan nicht vergessen konnte. Und endlich das Klavier wieder Schlaginstrument, akzentuiert und rein. Reine, süße, fern dröhnende Phantasie in der wilden Schönheit von Ninas Spiel. „Cadenza finale," sagte sie zwischendurch. Kannte die Serenade nicht. Dachte an das Zauberglockenspiel im „Feuervogel". „Ganz anders als im Feuervogel," sagte ich. Sie nickte. Ich sah ihr zu. Sah, wie Stefan draußen unhörbar aufstand und fortging. Else war wohl auch gegangen. Wäsche hing in der Sonne. Dohle rührte sich nicht. März.

Nina löste alles in einer A-Tonika auf und ging wieder auf die Terrasse hinaus. Ich nahm einen Apfel aus der Schale, die auf dem kleinen Tisch stand. Biß hinein. Hellgelber und rötlicher Apfel. Goldreinette. Biß zuerst ins Rötliche. Frisch. Frisch, aber eine Spur zu wenig süß und sauer, der Geschmack war nicht voll genug, nicht alles erfüllend. Trat kauend unter die Türe. „Oh, geben Sie mir auch einen!" sagte Nina. Ich nahm zwei Äpfel und warf sie den beiden zu, erst Nina, dann dem Maler. Sie fingen sie gut. Dohle hielt die auffangende Handfläche über das Grammophon. Der Apfel traf genau in sie hinein, er hatte ihn, aber die Hand schlug dabei ein wenig nach unten. Da zerbrach die Platte „Where the lazy river goes by."

Wirbelndes Gelb, durch den März gezielt. Dohle wandte sich gequält ab. Nina stand jäh auf, kniete vor ihm nieder und küßte ihn. Kuß, von ihrem Haar versteckt. Ich kaute noch an dem Apfelstück, das ich im Mund hatte, und schluckte es schnell runter. Blöd, wie zerbrechlich Schallplatten sind. Mir tat's sehr leid. Als Nina sich erhob, sah ich, daß sie lächelte. Sie ging hinein und dann hörten wir, wie sie den „Lazy River" spielte. Sie machte einen netten kleinen Trauermarsch daraus.

Dohle, erinnerte ich mich, als ich in die Straße einbog, an deren Ende Ninas Haus stand, Dohle, armes Schwein! Waren ja in der gleichen Lage: sie spielte Klavier, und wir fuhren in die Kasernen. Ihr Trauermarsch nutzte ihm nichts; das einzige, was er damals brauchen konnte, war meine Grappa-Flasche.

Plötzlich war dann Stefan ins Zimmer gekommen und hatte gerufen: „Es brennt!" Lief wieder hinaus und Nina und ich ihm nach. Rannten zu dritt die

Villenstraße entlang und sahen das Feuer, das, von leichtem Wind getragen, sich gierig durch ein winterdürres Gehölz fraß. Aber die Büsche waren schon so vom Saft des Frühlings durchzogen, daß nur das dürre Gras zu ihren Füßen brannte, wenn auch die Flammen manchmal hoch hinauf züngelten. Stefan drängte sich erregt an Nina. „Hast du das Feuer angelegt?" fragte sie. (Nina hatte ein Art zweites Gesicht.) „Ja," sagte Stefan, „nur ein ganz kleines, und auf einmal brannte alles."

Endlich das Haus! Großes Zweifamilienhaus. Sie wohnt im Parterre. Die Jalousien waren nicht heruntergelassen. Besagte aber nichts. Wußte, daß sie auch in ihrer Abwesenheit die Jalousien nicht herunterließ. Fenster, hinter deren toter Spiegelung sich nichts bewegte. Sah von der Straße aus ein Bild an der Wand hängen. Es hatte immer dort gehangen. Öffnete die Haustüre.

Die Klingel an ihrer Wohnung war ein schwarzer Knopf in einer runden weißen Scheibe. Meine Hand, die zu ihm tastete, steckte in einem fadenscheinig gewordenen, graugrünen Wehrmachthandschuh. Hörte das kurze Läuten. Tönte aus der Wohnung zu mir nach draußen wie aus einer hallenden Gruft. Nichts. Lautlosigkeit als Antwort. Vernahm in der tiefen Stille aus dem ersten Stock das surrende Geräusch eines Staubsaugers. Läutete noch einmal. Nichts. Natürlich. Wartete noch eine Weile. Ging dann die paar Stufen zum Hauseingang hinab und stand wieder auf der Straße.

Hatte einen Moment Mitleid mit mir selbst. Stand da, irgendein Soldat in einem weiten, schlecht sitzenden Soldatenmantel. Sentimentalität. Ging ums Haus herum. Die Terrasse. Dachte, Dohle säße noch da. Wußte dabei, daß er gefallen war. Hatte einen Bombensplitter in die Brust bekommen. Konnte mir ihn gut vorstellen, wie er da lag, mit dem dunklen, römischen Männer- und Künstlergesicht, etwas gequält, wie seinerzeit im Liegestuhl. War ihm wohl vorbestimmt. Durfte er dort, wo er jetzt war, malen und Grappa trinken? Floß der faule Fluß an ihm vorbei? Es war unwahrscheinlich.

Schob Totenklage und Selbstbedauern von mir weg. Sollte Nina nicht mehr Klavier spielen, nur weil es mich gab? Kleinkarierte Überlegung. Ging den Weg zurück. Konnte abends in der Garnison sein, in den Kasernen, Bau drei, zweiter Stock, Stube zwölf, belegt mit zehn Mann. Wartete dort auf Frontabstellung. Dieser Krieg dauerte ewig. Ich hatte mich schön in meinen Krieg eingebuddelt und wartete auf nichts mehr. Bekam Briefe von Nina. Manchmal sah ich sie sogar. So ging es doch den meisten. Ich sah sie ja, wie sie in den Luftschutzkellern hockten und in den Kasernenstuben. Lauter Räume ohne Ausgang. Ein Krieg ohne Tür. Die Länge eines Krieges, die Länge eines Lebens war ganz nebensächlich. Man lebte für die paar Minuten, in denen man ein absteigendes Glocken-Motiv hörte. Cadenza finale. Ein Glockenspiel von Igor Strawinskij. Der Feuervogel kauerte sich in eine Ecke und hörte zu. Lebe wohl! Ich sagte es und sah in den Himmel, der graue Luft ohne Ende war: Leb wohl!

Helmuth Faust

STRAWINSKIJS GANG IN DIE VERGANGENHEIT

Ort der Handlung: Paris, — und wo immer sich die Ereignisse in Zukunft abspielen mögen, in diesem Fall bleibt der Ort der Handlung Paris. Zeit: Zwanzigstes Jahrhundert, Beginn des zweiten Jahrzehnts. Die Woge Wagner ist lange über die Stadt hingebraust, hier und da verheerend, an anderer Stelle seltsame Harmonien weckend, ein Orchester von fleischlichem Klang. Als die Wagnerianer den Todesstoß empfingen, hatten sie in ihren Orgien längst die gesättigte Unschuld verloren. Auch — oder eben gerade — der „Parsifal" hatte ihnen nicht geholfen, das letzte Wegdrittel zu überwinden. Die Katharsis war unerreichbar, und die dissonanten Urwälder hatten begonnen zu versteinern, — Kohle, die einst hier und da einen veralteten Frachter auf den Meeren der Musik nähren wird. 1891 treffen sich Erik Satie und Claude Debussy in der „Auberge du Clou". Cocteau gibt die Worte wieder, die Satie an Debussy richtete: „Das Orchester darf nicht Grimassen schneiden, wenn eine Person die Bühne betritt. Grimassieren denn die Bäume des Bühnenbildes? Man muß ein ‚musikalisches Bühnenbild' schaffen, ein ‚musikalisches Klima', darin die Gestalten sich bewegen und plaudern. Keine Arien, keine Leitmotive, — sich einer gewissen Atmosphäre bedienen wie bei Puvis de Chavannes." „Damit", so sagt Cocteau, „entschied er die Ästhetik des ‚Pelléas'." Kurze Zeit darauf begann Debussy an dieser Oper zu arbeiten, und im Jahre 1902, nach ihrer Uraufführung, waren die Tuben und Grimassen des Wagnerschen Orchesters endlich gestorben. Dennoch bezeichnet dieses Datum noch nicht die Geburtsstunde der neuen Musik. Wissender und mit feineren Nerven begabt als seine Zeitgenossen, oft überraschend hellseherisch, machte sich Debussy daran, das kunstvolle Gebäude zu vollenden, das er um 1890 herum zu errichten begonnen hatte. Er war der Überwinder sinnloser Pose und Stagnation, aber steht sein Name auch an der Spitze der geliebtesten Meister, deren sich die Jungen der neuen Musik entsinnen können, so steht er doch nicht an der Spitze dieser Jungen selbst.

Warum steht am Eingang einer Studie über Igor Strawinskij eine Würdigung Debussys? Nicht nur, weil eins der lebendigsten Werke Strawinskijs, die Bläsersymphonie von 1920, dem Andenken dieses Meisters gewidmet wurde, — Beweis für die liebevolle Anhänglichkeit, die der Russe dem großen Franzosen bewahrte. Nein, Claude Debussy, klar, hartnäckig auf Neuerung bedacht, aber nicht kopflos, schuf die reine Atmosphäre, in der sich der junge Slawe auf die Eroberung der Welt vorbereitete. Vergessen wir bei einer kritischen Betrachtung des späteren Strawinskij nicht, von welchem Punkt diese Eroberung ihren Ausgang nahm. 1910 sehen wir um Debussy die Männer geschart, die ihrer Stunde harren — oder das Ihre getan haben, diese Stunde schlagen zu lassen, Florent Schmitt, Fauré, Roussel, Satie und, alert und verbissen zugleich, Strawinskij, dieser junge Russe, der sich mit einem erfahren instrumentierten Ballett von ungewohnter Ursprünglichkeit der Rhythmen einführte. Distanziert, von natürlicher Eleganz, ein aufgeschlossenes, in die beherrschende Nase zusammengerafftes Gesicht, — in der Tat ein Mann mit

Spürsinn, immer auf der Fährte einer Gegenwart, die für andere noch Zukunft war. Ein Musiker und ein Intellekt. Man traute diesem Strawinskij allerhand zu. Der „Feuervogel", eine Delikatesse, war zwar nicht etwas Nochniedagewesenes, keine mächtige Sensation, aber er gab einen Vorgeschmack auf unverdaulichere Brocken. Strawinskij kam aus Rußland, von daher, so erwartete man, werde wohl der Wind wehen. Um so besser, ein solcher musikantischer Steppenwind hatte auch Debussy gehörig aufgerüttelt. Aber es schien mehr dahinterzustecken als bloße folkloristische Ungebärdigkeit. Der Schüler Rimskij-Korsakows war trotz dieser Lehre kein ganz getreuer Gefolgsmann und Nachfolger der großen „Fünf". Seine Väter hießen nicht Borodin oder Moussorgskij. Er hatte Tschaikowskij „entdeckt", den abseits der nationalrussischen Gruppe der „Fünf" schaffenden Einzelgänger, der als „Westler" verschrien war. Französische Musik, die er in Petersburg hörte, hatte ihn nach Paris gelockt. Dieser Stadt ist er treu geblieben, naturalisierter Franzose später, europäischster unter den Europäern: in seinem Werdegang wie in einem Manifest hat er die Europa-Sehnsucht der russischen aristokratischen und hochbürgerlichen Intelligenz der Vorkriegszeit erfüllt. Mit dem letzten und unvergeßlichen Zauber, den das Rußland der Zaren in den Westen sandte, dem Ballett Russe des Serge Diaghilew, wird sein Name auf immer verbunden sein, mit diesem Ballett, das Auftakt und, wie später das Ballett Suédois, Kristallisationspunkt der genießerischen Hoffnung auf ein modernes Jahrhundert, ja, das getanzte Gesicht dieses Jahrhunderts ist, mit Fokine, Karsawina und vor allen anderen mit Nijinskij, dem „génie saltatoire", dem Toren mit den göttlichen Gelenken. Diese alle haben den Namen Strawinskij auf den Gipfel getragen, in unnachahmlicher Bewegung. Kein zweiter moderner Meister hat sich mit so eindeutiger Hingabe dem Ballett gewidmet. „Petruschka", „Sacre du Printemps", „Renard", „Geschichte vom Soldaten", „Apollon Musagetes", -- in diesen Werken erreicht die Ballettkunst unseres Jahrhunderts eine ungeahnte Höhe. Da mag das russische Blut Strawinskijs am Werk sein; diese Liebe zum Tanz ist aber auch die entscheidende Eigenschaft des europäischen Musikers Strawinskij. Er verliert sie nicht, selbst nachdem sich später die letzten Reminiszenzen an das Land seines Ursprungs aus seiner Musik verloren haben. Das Tänzerische ist Grundelement dieser Musik, die an die beweglichen Füße der Tanzenden gebundene, notgedrungene Beherrschung. Wenn wir das nicht vergessen, wird es uns möglicher sein, seine spätere Entwicklung gerechter zu beurteilen.

Dem „Feuervogel" folgte zunächst „Petruschka". Viel bedeutete jener Zeit die traurig-liebenswerte Symbolik der Puppen, und allen voran steht der quixotische Narr Petruschka. Die Musik zum „Petruschka" hat gegen den „Feuervogel" an wollüstiger Harmonie verloren; sie ist freier, eindeutiger in melodischer Linie und im Rhythmus, erregend im abrupten Wechsel zwischen süßer Homophonie und beinahe mechanischem Hämmern. Es war übrigens die „absolute" Musik, aus welcher dieses Ballett erwuchs, eine Art von Konzertstück für Klavier und Orchester, entstanden aus dem Gedanken an das hoffnungslose Aufbegehren der närrischen Puppe gegen die unbarmherzige Übermacht des Orchesters. Dieses Konzertstück wurde später das Zweite Bild des „Petruschka".

Zurückgekehrt von der Europatournee, die „Petruschka" bekannt machte, begab sich Strawinskij daran, die Bombe zu schärfen, auf deren Schleudern er sich seit langem vorbereitet hatte. Am 28. Mai 1913 wurde im Théâtre des Champs-Elysées vor einer erwartungsvollen Menge das „Sacre du Printemps" zum ersten Male aufgeführt. Man fühlte sich nicht ganz sicher. Bei diesem jungen Russen wußte man nie genau, woran man war. Und die Herren Avantgardisten steckten die Köpfe zusammen. On verra ... Eine halbe Stunde später durchtobte den Saal ein Lärm sondergleichen. Die brave Menge war aufgebracht, als hätte man ihr ins Gesicht gespien. Schreie und Pfiffe gingen unter in dem apokalyptischen Lärm dieser nun wahrhaft noch nie dagewesenen Musik. Musik? Das ist Chaos, entfesseltes Gebrüll tausendköpfiger stampfender Büffelherden. Die Instrumente sammeln sich zum Sprung auf die schrille Höhe einer unglaublichen Dissonanz, auf, dann nieder in weite Savannen voll hetzenden Trampelns. Das Publikum war außer sich, noch besessener die Avantgarde.

„Nijinskij steht aufrecht auf einem Stuhl hinter der Kulisse und brüllt wie wahnsinnig auf die Tanzenden ein: sechzehn!! siebzehn!! achtzehn!! ... (sie haben ihre Art für sich, den Takt zu schlagen) ... Ich mußte Nijinskij an seiner Jacke festhalten, denn er raste, jeden Moment bereit, auf die Szene zu stürzen und Skandal zu machen ..."

Soweit Strawinskijs eigener Bericht. Und diese wilde, atemlose Stunde, gloriosere Wiederholung der Geburtsstunde der französischen Romantik, jener „Ernani"-Premiere des Jahres 1830, — war sie wirklich das Kreißen, daraus die Moderne in der Musik entsprang? Mögen die Anfänge Schönbergs, Bártoks, Hindemiths an ihren Stellen entscheidend gewesen sein, für Westeuropa und namentlich für Frankreich steht dieser 28. Mai 1913 am Beginn des großen Durchbruchs. Jetzt ist sie da, die robuste Frucht der Auflehnung, das große Ärgernis. Und uralt wie die Züge aller Neugeborenen ist auch das Gesicht dieses ungebärdigen Kindes, uralt, aber nicht abstoßend, von einer düsteren Schönheit, wie sie die chaotische Nacht besessen haben muß, die herrschte, ehe Ordnung und Licht das All bewohnbar machten. Das „Frühlingsopfer", gespeist aus allen primitiven Riten von Mykene bis zum dunkelsten Kongo, losgelöst von rhythmischer Überlieferung, wild skandiert ($^3/_8$, $^2/_8$, $^5/_8$, $^3/_4$, $^7/_8$, $^6/_4$), lebt aus der ursprünglichen Spannung zwischen Raserei und Anrufung, Rhythmus und sakraler Gebundenheit. Die Dynamik der Auseinandersetzung zwischen den Dämonen und ihren Beschwörern ist ohne Umweg übersetzt in die Dynamik absoluter Musik. Strawinskij berichtet nicht von einem Opfer, das blutige Opfer scheint Musik geworden zu sein. Die Erde ist noch jung und kraftvoll in Barbarei. Über ihren riesigen Leib erheben sich die sanften, wilden Marsyasgesänge urzeitlicher Hirten.

Was hatte dieser Intellekt da urbar gemacht, in welches Erdreich hatte er seinen Pflug gesenkt? Welch ein Sprung aus der befriedigenden Vollendung Debussys in diese beängstigenden Anfänge! Die junge Generation der französischen Komponisten hat diese erbarmungslosen Klänge nie vergessen. Aber nicht der Lärm als Stilmittel ist es, was diese Söhne einer maßvollen Nation als Bleibendes mit sich trugen, sondern die Kraft, keine Angst mehr vor dem Lärm zu haben, falls es nötig sein sollte, ihn zu entfesseln. Die Ehrfurcht vor der Strenge der Tradition ist aufgelockert, aber nur um dieser Tradition auf einem natürlicheren, angemesseneren

Wege neu zu nahen. Denn selbst das „Sacre“ ist nicht ein regelloses Stück Musik; es ist gebunden an die Gliedmaßen der Tänzer, die selbstverständlichste Bindung, die einer Komposition überhaupt zuteil werden kann. Die neue Welt, in die Strawinskij mit dem Beginn der Zwanziger Jahre einzutreten scheint, ist in Wahrheit keine so sehr neue Welt für ihn. Wer Ohren hat, den „Petruschka“ zu hören, wird in einigen Abschnitten dieses Balletts bereits die neue reflektierte Rhythmik, die fleischlose, halb spöttische, halb offen sentimentale melodische Linie des späteren „Neo-Klassikers“ vorgezeichnet finden. Nicht umsonst wurde das „Sacre“ von einem Russen geschrieben, für den Frankreich zum entscheidenden Erlebnis geworden war. Revolutionen finden in Frankreich immer mit einem sehnsüchtigen Seitenblick auf eine idealisierte Vergangenheit statt, sie mögen noch so rigoros sein, und das nur obenhin verlorene Paradies wird immer nach ehrwürdigen Regeln gelenkt. Der Ausgangspunkt für das Werk der „Six“ liegt im Bereich einer jugendlichen Barbarei, die tänzerisch befreit ist, doch in archaischer Gebundenheit. Der Weg wird immer stärker auf Europa zuführen, ein Weg ohne ängstliches Zögern, kraftvoll und geradezu, ein Weg von Männern, die durch das Fegefeuer legitimer Dissonanzen gegangen sind.

Strawinskij ist einer der ersten unter den modernen Komponisten, der viel abhängig macht vom „team work“. Seine Neigung zum Ballett, die Jahre mit Diaghilew haben sicher das Ihre dazu beigetragen. Musik, Choreographie und Bühnenbild entstehen in enger Zusammenarbeit. Wochenlang quälte sich Strawinskij mit dem Choreographen Nijinskij, der, als Tänzer eine der unglaublichsten Begabungen, große Not hatte, seinem beschränkten Schädel einen schlüssigen Gedanken zu entreißen. Die Erinnerungen Strawinskijs legen Zeugnis ab für die fast besessene Sorgfalt, die er der Aufführung seiner Werke widmete. Bakst war ein genialer Bühnenbildner und, ebenso wie die Tänzer des Balletts, in ständiger freundschaftlicher Fühlung mit dem Komponisten. Vor allem aber war Strawinskij auf der Suche nach „seinem“ Dirigenten. Pierre Monteux, der den „Petruschka“ aus der Taufe hob, kam ihm weit entgegen. Aber erst in dem Schweizer Ernest Ansermet fand er den Mann, der bereit war, seine eigene Persönlichkeit so ausschließlich in den Dienst dieses Werkes zu stellen, daß alle Gefahr einer persönlichen Ausdeutung gebannt war. Diese persönliche Ausdeutung ist das rote Tuch für Strawinskij. Der Dirigent soll seine technischen Fähigkeiten voll ausnutzen, er soll sich strikt und methodisch an die Partitur halten, seine Persönlichkeit hat in der Wiedergabe nichts zu suchen. Was über das Hörbarmachen des Werkes hinausgeht, ist vom Übel. Ansermet ist sicher kein vollkommener Schumann-Dirigent, ja nicht einmal Bach oder Mozart würden ihm ungeschoren entkommen, seine reservierte klare Präzision aber ist Strawinskijs Musik einzigartig angemessen. Nur der Komponist selber hat seine Werke mit gleicher Meisterschaft hörbar gemacht. Ansermets Name ist für immer mit dem Aufstieg Strawinskijs verbunden.

Der Krieg hatte Strawinskijs Schaffen nur vorübergehend überschattet. Erst die Russische Revolution vom Jahre 1917 schnitt tiefer ein. Strawinskij war nicht länger ein junger Künstler aus gutem Hause, den keine finanziellen Sorgen in seiner Arbeit hinderten. Die Revolution hatte ihn ruiniert. Da verfiel er darauf, mit einer kleinen umherziehenden Theatertruppe Geld zu verdienen. Für eine Gruppe von wenigen Tänzern, ein paar Instrumenten und einem Sprecher, mit Rücksicht auf die Möglichkeiten einer improvisierten Bühne, schrieb er eins der bezauberndsten Werke, die je aus materieller Not entstanden sind, die „Geschichte vom Soldaten", nach einem Märchen von Afanassiew. Als diese Geschichte, halb Moritat, halb Ballett, zum ersten Male aufgeführt wurde, schrieb man das Jahr 1918. Hier ist nichts mehr vom raffinierten oder barbarischen Klang des vollen Orchesters, so charakteristisch für die ersten Ballette. Der Rhythmus ist allen losen Fleisches entkleidet; der Hörer vermag gleichsam jedem Instrument in seinen kunstvollen rhythmischen Verschlingungen zu folgen. Eine heitere, kalligraphische Musik, von sehr geläuterter Primitivität, stark auf das Schlagzeug konzentriert. Der Krieg hatte Europa nicht nur Opfer und Zerstörung gebracht, sondern auch ein Geschenk von jenseits des Ozeans, dessen Bedeutung kaum zu schätzen ist. 1917 erklang in Paris die erste Jazzband. Der wachsame Strawinskij horchte auf. Er ermaß sofort die herrlichen Möglichkeiten. Der resolute, lebensfrohe Rhythmus dieser Tanzmusik sprach ihn mächtig an. Die nächsten zwei Jahre versuchte er, die symphonischen Konsequenzen daraus zu ziehen. Es entstand der Rag-time für elf Soloinstrumente, ein Jahr später die Piano-ragmusic. Gelöst aus der Anarchie des überreichen Orchesterklangs, gerettet aus allem Lärm, bieten sich die sinnreichen Synkopen willig unserem Ohr und unserem Geist. Der Jazz hat entscheidend zur Klärung beigetragen. Wie gelöst von aller überflüssigen Gefühlsseligkeit Strawinskij war, beweisen die Vier Russischen Volkslieder von 1919, in denen er überlegen alle sentimentalen Klippen umschiffte, an denen die folkloristische Musik namentlich für einen Emigranten so reich sein kann. *Der Weg in die europäische Vergangenheit ist nun frei,* und der erste Schritt auf diesem Wege heißt „Pulcinella". Strawinskij tat ihn Ende des Jahres 1919. Melodien des Italieners Pergolesi wurden zu einem Ballett von wunderbarer Grazie zusammengefaßt. Gewiß, dieser Schritt ist ein wenig allzu direkt für einen Strawinskij. Mit „Pulcinella" und „Apollon Musagetes" berührt er die Grenzen des Eklektizismus stärker als mit irgendeinem anderen Werk, — zugegeben, er überschreitet sie sogar. Aber dennoch sind diese Werke bedeutsam, nämlich symptomatisch. Sie atmen den gleichen Geist, der die klassischen Figuren Picassos erfüllt, zu denen der Maler nach der erbarmungslosen Bemühung seiner Experimente immer wieder zu flüchten bestrebt war. Strawinskij, der Slawe, der nicht nur den Ehrgeiz hatte, Europäer zu sein, sondern auch die Begabung, die dazu gehört, mußte sich anfangs die westeuropäische Kultur immer wieder neu erobern. Darum sind seine Streifzüge in die europäische Vergangenheit so offen sichtbar. Es ist etwas von der unmißverständlichen Glut des Konvertiten in ihm. Dazu fügt sich die eigenartige Fähigkeit dieses Mannes, einer glänzenden Oberfläche Tiefe und Gewicht zu geben, eine Fähigkeit, die er mit den großen Franzosen gemeinsam hat, und die er im Laufe der Zeit immer mehr entwickelt hat. Nicht Bach, der für Hindemith oft verhängnisvoll Befruchtende, war es, es waren Couperin, Rameau und die Italiener des Barock, die in den Kadenzen Strawinskijs auferstanden, Kadenzen, oft — doch nie ganz ernsthaft — feierlich wie Pavanen (die beiden Arien des Violinkonzerts), oft wie Vogelzwitschern spröde und grazil (im zweiten Satz der späten Symphonie in drei Sätzen), Orgelpunkte, die ein strenges architektonisches Gleichgewicht begründen.

Es war Strawinskijs Temperament, das ihn in den heftigen Gegensatz zu Richard Wagner brachte, und Strawinskijs Temperament war weitgehend das Temperament seiner Zeit. Der komplexe superman von Bayreuth aber ist nur durch einfache Klarheit zu überwinden. Das hatte Erik Satie schon 1885 und 1887 begriffen, als er „Gymnopédies“ und „Gnossiennes“ schrieb, äußerst verkürzte, harmonisch reizvoll simple Stücke für Klavier, an sich fast nichts, und doch Ausgangspunkt aller Opposition gegen Wagner und Franck. Strawinskij war allerdings nicht Satie, und bei dieser rührenden Einfachheit konnte es für ihn nicht bleiben. Sein Waffenarsenal war umfassender. Zur melodischen Linie von klarer Kühle oder munterem Spott gesellte sich ein unerschütterlicher Rhythmus, die nüchterne Manifestation der Maschine in der Welt der Klänge, ursprünglicher allerdings als die mechanischen Sonaten des Georges Antheil. In einem Interview, das er Paul Landormy Mitte der Dreißiger Jahre gewährte, sagt er: „Das Phänomen der Musik ist uns gegeben zu dem einzigen Ziel, eine Ordnung in die Dinge zu bringen. Die Verwirklichung dieser Ordnung verlangt notwendigerweise und ausschließlich eine Konstruktion. Ist diese Konstruktion vollendet, die Ordnung erreicht, so ist alles gesagt. Es wäre vergebliche Mühe, nach etwas anderem zu suchen oder etwas anderes zu erwarten. Gerade diese Konstruktion, diese erreichte Ordnung sind es, die in uns ein Gefühl von ganz und gar besonderem Charakter hervorrufen, das nichts gemeinsam hat mit unseren gewöhnlichen Empfindungen und unseren Reaktionen auf die Eindrücke des täglichen Lebens. Man könnte diese durch die Musik hervorgerufene Empfindung nicht besser klarmachen als durch einen Vergleich mit der, die uns ergreift bei der Betrachtung architektonischer Formspiele. Goethe hat das wohl begriffen, als er sagte, die Architektur sei versteinerte Musik.“ Und ein anderes Bekenntnis: „Für mich als schöpferischen Musiker ist die Komposition eine tägliche Funktion, die zu erfüllen ich mich berufen fühle. Ich komponiere, weil ich dazu geschaffen bin, und weil ich dem nicht zu entgehen weiß. Wie jedes Organ abstirbt, wenn es nicht im Zustand dauernder Tätigkeit erhalten wird, genau so nehmen die Fähigkeiten des Komponisten ab, wenn sie nicht unterstützt werden durch Bemühung und Übung. Der Uneingeweihte bildet sich ein, man müsse die Inspiration erwarten, um schaffen zu können. Das ist ein Irrtum. Ich bin weit davon entfernt, die Inspiration zu leugnen, im Gegenteil. Das ist eine Triebkraft, die man in jeder menschlichen Tätigkeit findet, keinesfalls ein Monopol der Künstler. Aber diese Kraft ist nur nutzbar, wenn sie in Gang gesetzt wird durch eine Bemühung, und diese Bemühung ist die Arbeit. Wie es wahr ist, daß der Appetit beim Essen kommt, ist es wahr, daß die Arbeit die Inspiration herbeiruft, sofern diese nicht im Augenblick des Beginns sich eingestellt hat. Aber es ist nicht allein die Inspiration, die zählt, sondern das Ergebnis, mit anderen Worten: das Werk.“

Diese Aussagen sind verbindlich. Man kann sie nicht achselzuckend als kunstfeindliche Sachlichkeit abtun. Es ist nicht zu leugnen, daß hier der wahre Gegenpol zur subjektivistischen Hochromantik Wagners liegt. Ist Kunst weniger wert, wenn sie Ergebnis unermüdlicher Arbeit ist und nicht das Produkt einer genialischen

Inspiration? Es ist ein recht wesentliches Verdienst unseres vielgeschmähten Zeitalters, erkannt zu haben, daß Begabung ohne Arbeit nicht mehr gilt als auf flüchtiger Wolke ein flüchtigerer Regenbogen.

In dem geordneten, von reiner Luft erfüllten Universum dieser Kunst entfaltet sich in den Zwanziger und Dreißiger Jahren ein unübersehbarer Reichtum: die Ballettschöpfungen „Apollon Musagetes", „Der Kuß der Fee" und „Jeu de Cartes", das Oktett für Blasinstrumente, voller halsbrecherischer Kapriolen, ironische Artistik allzu sehr zum Selbstzweck erhebend, die Serenade in A und die Sonate für Klavier, das Capriccio für Klavier und Orchester, ein sehniges Perpetuum mobile — „wie eine Nähmaschine muß es klingen" (Strawinskij). Eines der glücklichsten „Ergebnisse" dieser Zeit ist ohne Frage das Violinkonzert aus dem Jahre 1931, geschrieben für Samuel Dushkin, ein unbeschwertes Stück Musik von reizvollem Glanz der — hart erkauften — Oberfläche. Besonders deutlich wird uns die Wandlung, wenn wir neben das „Sacre" ein anderes Werk sakralen Gehalts stellen, die Psalmen-Symphonie (1930). An Kraft gebricht es dieser Symphonie für Chor und Orchester sicher nicht — geschrieben „zur Ehre Gottes und für das Bostoner Sinfonieorchester" —, aber die primitive Wildheit ist verschwunden. Nicht mehr Beschwörung von Dämonen klingt aus den Seiten dieser Partitur, sondern Lob des Schöpfers aller Dinge.

1940 verließ Strawinskij Frankreich. Er ging nach den Vereinigten Staaten. Dort konservierten sie jenes Europa, dem die Usurpatoren mehr als nur den Namen gestohlen hatten. Dorthin war auch Béla Bártok gewandert. Und Schönberg, Hindemith, Krenek, — wer nicht, dem es gelungen war, zu entkommen? In den Augen der Welt war Strawinskij ein Fürst, der größte unter den Komponisten. Eine Generation war in seinem Schatten zu stattlicher Bedeutung herangewachsen. Dies war der zweite Krieg, den er erlebte. Der erste hatte ihn auf die Bahn seiner unverwechselbaren Eigenart geworfen. Die „Geschichte vom Soldaten" war ein kräftiges, lebensfähiges Kriegskind. Und der Zweite, der schrecklichere Weltkrieg? Strawinskij hat diesen zweiten Krieg sehr wohl zur Kenntnis genommen, und nicht nur den Krieg. Die letzten zehn Jahre haben ihn uns in menschlicherem Lichte gezeigt. Dumbarton Oaks Concerto, das Streichquartett von 1946, die beiden großen Symphonien, die Messe, — eine neue, nun zweifellos klassische Geschlossenheit, nicht zu Konzessionen bereit, noch immer unentwegt europäisch, überlegene Rechtfertigung des eingeschlagenen Weges. Er hat immer einen Hang zur „grandeur solennelle" gehabt. Wie viele seiner Sätze überschrieb er „Hymne"! Wieviel Atem besitzen seine schnellen Sätze oft, etwa der Eingangssatz des Orchesterkonzerts in D! Die kompakte, doch niemals lastende Architektur der Symphonie in C aber zeigt ihn auf der Höhe seines Könnens. Immer noch hat er das musikalische Handwerk in den Fingerspitzen, doch Rhythmus und melodische Linie sind neue Bindungen eingegangen, nahtloser, selbstverständlicher. Ein unerklärliches Wissen von den Zusammenhängen zeichnet diese Werke aus, erinnernd an Debussys späte und endgültige Absage an den Impressionismus, das eindeutige Bekenntnis des Franzosen zur Reinheit der architektonischen Linie. Die Instrumente sind zu einem ganzen, unteilbaren Körper zusammengefaßt, die Themen rinnen unaufhaltsam durch das Notensystem, weitergereicht von

Instrument an Instrument. Durchdringender Ausdruck erfüllt die „Messe". Die Dissonanzen der Bläser und Singstimmen berühren uns zum erstenmal schmerzlich. Es ist, als gestehe sich Strawinskij endlich das Recht zu, Gefühl zu zeigen. Ein wärmerer Wind weht über den weit gewölbten, vollendeten Werken. Er macht uns froh und dankbar.

Die letzten Jahre haben einen leichten Schatten über die sonnige Fläche geworfen. Während Strawinskij in der Sicherheit seines Anspruchs Stufe um Stufe zum ungetrübten Ruhm erklomm, starb Béla Bártok im Elend an Heimweh und Trauer. Er war unter allen Musikern der einzige, der Strawinskij das Königtum streitig machen konnte. Der lebende Bártok hat diesen Kampf nie siegreich bestanden. Er hat ihn nicht einmal aufgenommen. Die Welt äußeren Glanzes war nicht die seine. Seit einiger Zeit jedoch beginnt die Jugend der Welt häufiger in seinem Zeichen zu siegen als in dem Strawinskijs. Wohin ich gekommen bin, es war fast immer Bártok, bei dessen Namen die Augen aufleuchteten. Bezeichnend? Vielleicht, — doch vergessen wir nicht: es ist einfacher — Bártoks Größe wahrhaftig unangetastet! —, aus Lebendigem zu schaffen, als einer verschütteten Vergangenheit neues, legitimes Leben einzuhauchen. Die Zukunft, aus angemessenerer Perspektive, wird beider Platz und Rang erkennen. Wir aber wissen, daß dank der Leistung dieser Meister unser Jahrhundert vor den Ohren einer musikalischen Nachwelt ehrenvoll bestehen wird.

Wie ein Erbe, und wenn sein Erbe die ganze Welt wäre, doch nichts zu eigen hat, solange er nicht mündig ist, so ist auch die reichste Persönlichkeit nichts, bevor sie sich selbst gewählt hat — während anderseits die ärmste Persönlichkeit alles ist, wenn sie sich selbst gewählt hat. Denn das Große ist nicht, daß einer dies oder jenes ist, sondern daß er selbst es ist; und das kann jeder Mensch sein, wenn er will. *Sören Kierkegaard.*

Das Porträt:

FRIEDRICH WILHELM FOERSTER

„Macht was Ihr wollt, — Ihr werdet mich nicht los.“

Am 2. Juni des vergangenen Jahres wurde Friedrich Wilhelm Foerster achtzig Jahre alt.

Wer seinen Namen auszusprechen wagt, ruft eine Armee von Feinden und ein kleines Häuflein von Freunden auf den Kampfplatz. Vor dem Ersten Weltkrieg gehörte es zum guten Ton, ihn zu nennen, nach 1918 war es unschicklich, nach 1933 lebensgefährlich. Und heute? Man ignoriert ihn; das schafft sein Riesenwerk nicht aus der Welt. Allein die pädagogischen Hauptwerke „Jugendlehre“, „Autorität und Freiheit“, „Sexualethik und Sexualpädagogik“, „Lebensführung“ hatten bis zum Jahre 1930 eine Auflage von insgesamt mehr als 400 000 (Übersetzungen in alle Kultursprachen), sieben Doktorarbeiten wurden über ihn geschrieben; sein Anliegen ist ausgesprochen, sein eigentliches Anliegen: daß die Grundsätze einer Ethik und christlichen Moral auch im politischen Leben angewandt werden müßten, und zwar kompromißlos angewandt werden müßten. Foersters Schriften zur Politik und Weltlage lesen, heißt notwendig: ihm widersprechen, ihn leidenschaftlich ablehnen oder — sich bekehren, umdenken.

Wer ist Friedrich Wilhelm Foerster?

In dem Berliner Elternhaus (der Vater war Direktor der Sternwarte) atmete der 1870 geborene Junge die Luft des Neuhumanismus, der Klassik und des deutschen Idealismus. Goethe und Humboldt hießen die Heiligen dieses Edelmenschentums, kantische Pflichtauffassung bildete das Rückgrat. Das sittliche Ideal stand an der Stelle der Religion, ethisches Bewußtsein durchformte das ganze Leben. Man gab einem Überschwang egoistisch-nationalistischer Gefühle keinen Raum, man nahm das Menschheitsideal Beethovens und Schillers ernst und suchte es in der Hilfe für Notleidende und Unterdrückte zu verwirklichen. Der Gymnasiast des Friedrich-Wilhelm-Gymnasiums, in dem ein strenger Korporalgeist herrschte, weigerte sich, „Deutschland über alles“ mitzusingen, weil er „in dieser Überordnung etwas Krankes, Barbarisches, Überspanntes“ liegen sah, „das gar nicht zum deutschen Weltherzen paßt“.

Die Doktorarbeit schrieb der junge Foerster über Kants Ethik. In der Gefolgschaft des Vaters wurde er mit erst 24 Jahren Mitarbeiter in der von Felix Adler (USA) angeregten „Ethischen Bewegung“. Als Herausgeber der Zeitschrift „Ethische Kultur“ kritisierte er 1895 scharf die Sedan-Rede des Kaisers gegen die deutsche Sozialdemokratie („Vaterlandslose Gesellen“) und wurde dafür zu drei Monaten Festungshaft verurteilt. Dadurch war seine akademische Laufbahn in Deutschland unmöglich geworden.

Er war längst im Herzen Europäer, nun wurde er es auch nach außen hin. Bis auf wenige Münchener Jahre lebte er fortan im Ausland. Er ging 1896 als Generalsekretär des Internationalen Ethischen Bundes nach Zürich. Seine eigentliche Aufgabe sah er in der Erziehung der Jugend und der Erwachsenen. Seine moralpädagogischen Kurse und Vorträge waren überlaufen. 1899 hielt er an der Universität Zürich seine Antrittsvorlesung über das Thema: „Machiavelli und die politische Moral“. Unter dem Einfluß von Comte und Spencer vertrat er eine evolutionistische Ethik, betonte aber die Unzulänglichkeit aller religionslosen Erziehung.

Im Jahre 1900 bezeichnete er sich als „Bekenner der Lehre Jesu“. Mehr und mehr wurde er zu einem gläubigen Christen. Die Weltoffenheit der katholischen Kirche zog ihn mächtig an. Sein Buch „Christus und das menschliche Leben“ zeigte ihn als den Bekenner eines lebendigen und tätigen Christentums. Als in der „Menschheit“ ein Artikel erschien, der sich in beleidigender Form gegen den katholischen Klerus richtete, löste er sein Verhältnis zu dieser Zeitschrift, deren Mitarbeiter er lange Jahre gewesen war. Sein Anliegen wurde immer klarer christlich-politisch, ohne daß er sich selbst kirchlich band. Er lehnte jede Machtpolitik ab und betonte die Ehrfurcht vor dem Recht des Schwächeren. In einem Krieg sah er statt des Heldentums nur einen „Rausch der Aufopferung“. Er glaubte an die „Weltmacht des Gekreuzigten“. „Auch für die Staaten ist Christus gestorben“, zitierte er nach Adam Müller. Schon vor dem ersten Weltkrieg rief er den Wiener Studenten zu (1914): „Ihr habt nicht ‚Deutschland, Deutschland über alles‘ zu singen; ihr habt an die anderen, fremden Völker in euerem Staatsverband zu denken und sie nicht zu provozieren.“

Heftige Gegner erwuchsen ihm von protestantischer und katholischer Seite. Die Protestanten (H. Büchsel) warfen ihm Idealismus und Katholizismus vor, die Katholiken (R. Stölzle und besonders Domdekan F. X. Kiefl) einen Mangel an deutschem Idealismus und fanden in ihm „Pragmatismus“ und „Symbolismus“ statt christlichen Glaubens. „Wir Katholiken haben kein Interesse daran, unsere deutschen christlichen Schulen nach Foersters Bildungsideal in ‚Kathedralen der Demokratie‘ umzubauen ... Wir wissen ja, daß die Zeiten vollendeter Demokratie die Zeiten tiefsten kirchlichen und kulturellen Niedergangs gewesen sind, und daß Deutschlands Sieg in diesem Weltkrieg ohne das monarchische Prinzip undenkbar wäre.“ (Kiefl, 1918.)

1912 wurde Foerster als ordentlicher Professor nach Wien berufen, 1914 ging er in gleicher Eigenschaft nach München. Während des Ersten Weltkrieges stieß er auf die Werke von Constantin Frantz. Es sei ihm wie Schuppen von den Augen gefallen, bekannte er später. Der Realpolitiker Bismarck, über dessen Politik von Blut und Eisen ihm schon die Eltern die Augen geöffnet hatten, wurde nun als die eigentliche Ursache des deutschen Unglücks bezeichnet. In Bismarcks „politischem Schwertglauben“ sah er die Wurzel des kleindeutschen Imperialismus. Die Schuld an der „verblendeten teutonischen Selbstsucht“ schrieb er auf das Konto Preußens. Er glaubte an Deutschlands übernationale Sendung für ein christliches Europa. Mitten im Krieg wagte er gegen den Krieg zu sprechen, brandmarkte er die falsche Ideologie einer Machtstaat-Politik, trat er ein für eine Föderation der europäischen Staaten, die zu organisieren die wahre Mission Deutschlands sei. Die Studenten jubelten ihm zu, die Professoren wurden seine erbittertsten Gegner. Er fand einen gleichgesinnten Freund in dem Obersten Falkner von Sonnenburg, dem die militärische Zensur in Bayern unterstellt war. Foersters Widerstand gegen den Militarismus als Deutschlands Verhängnis wurde immer heftiger, ebenso aber auch seine Isolierung an der Universität. „Ein alter Freund nach dem anderen bricht mit mir ... Nur eine Handvoll überzeugter Christen war beschämt über die Behandlung, die mir widerfuhr.“ Im Bayerischen Landtag nahmen fast alle Abgeordneten gegen ihn Stellung. Der Kultusminister nannte ihn eine öffentliche Gefahr. Eine Pressekampagne gegen ihn begann.

Sein Name hatte immerhin ein solches Gewicht, vor allem im Ausland, daß ihn Kaiser Karl im Juli 1917 zu sich kommen ließ, um seinen Rat zu hören. Foerster schlug dem Kaiser (den er als den weitsichtigsten Habsburger bezeichnet) vor, die kaiserlichen Pläne über die freie Föderation Südosteuropas zu veröffentlichen, um eine Entspannung der außenpolitischen Lage herbeizuführen. Graf Czernin verhinderte diesen Schritt, — angesichts des erwarteten Sieges der Mittelmächte.

Unmittelbar nach der Revolution bot ihm Eisner den Posten eines bayerischen Gesandten in der Schweiz an. Er stimmte zu, weil er „seine Vertrauensbeziehungen zu den Westmächten in den Dienst der Völkerversöhnung und der Wiederaufrichtung Deutschlands“ stellen wollte. Die Feindschaft aller religiös-konservativen Kreise gegen ihn war nun endgültig. Dabei war er trotz diesem Zusammengehen mit Eisner kein Sozialist, aber er glaubte an die Aufgabe des Arbeiters.

Am 2. Juni 1919 schrieb er in der Neuen Züricher Zeitung einen Artikel, worin er die moralischen Prinzipien des Versailler Vertrages verurteilte; gewissen Rechtskreisen in Deutschland aber rief er bald darauf zu: „Für euch war der Versailler Vertrag noch viel zu milde". Er sah in einer bestimmten einflußreichen Schicht des Ostjunkertums, der Generalität, der Schwerindustrie hinter der „Fassade der Demokratie" das Deutschland von 1914, „die furchtbare Menschenfeindlichkeit und Verachtung, die in seiner Staatsauffassung, seinem weltpolitischen und sozialen Denken, seiner Tonart, ja selbst in seinem Pflichtbegriff liegt". Er nannte Deutschland nicht den Alleinschuldigen des Krieges; aber das „wilhelminische Deutschland" und seine „Draufgängerei" bezeichnete er als hauptschuldig. Darum müsse Deutschland zur Buße, zu Reparationen bereit sein. Er erwartete eine spontane Bereitschaft des Volkes, aus der Erkenntnis seiner Schuld heraus zur Wiedergutmachung beizutragen, so die Sammlung von Schmuck und Kunstgegenständen, Errichtung von Bauhütten in Belgien und Frankreich, um die Schäden, die der „Länderverwüster Ludendorff" angerichtet habe, zu beseitigen und die „deutschen Kriegsgreuel" zu sühnen: Entlassung aller Soldaten „bis auf eine Polizeitruppe gegen Gesindel, damit der Welt ein Beispiel waffenloser Kultur gegeben werde". Sein Kampf galt dem „Bismarckismus" und dem preußischen Militärgeist. „Wenn Deutschland sterben sollte, so ist es die Musik und Pädagogik des Parademarsches, an der alle Rettungsversuche abprallen: Es geht mit Hurra und Musik in den Abgrund, und drunten singt man: ‚O Deutschland hoch in Ehren'."

Bei einer Vortragsreise 1923 wurde er in der Münchener Universität niedergeschrien; die Berliner Studentenschaft schrieb ihm einen Drohbrief; v. Sonnenburg warnte ihn und gab ihm den Rat, schleunigst in die Schweiz zurückzukehren. Er galt als Landesverräter, als „der Vogel, der sein eigenes Nest beschmutzt". Man nannte ihn das „übelste Stinkgewächs am Giftbaum des deutschen Pazifismus". Nur in Kreisen der Jugendbewegung, vor allem der katholischen, fand er Widerhall.

Den Hitler-Putsch nahm er nicht ernst. Aber schon anläßlich des Prozesses gegen Hitler und Genossen schrieb er: „Wieder sehen wir heute ein ideenarmes und unbeseeltes, aber hochdiszipliniertes, befehlsgewohntes, willenskräftiges Geschlecht sich zur Führung der deutschen Geschicke herandrängen ... Man beobachte die groteske Aufführung des Großpreußentums in Bayern, man sehe die jämmerlichen Leisetreter des alten rheinischen Kulturelementes gegenüber dem preußischen Terror!"

Er fühlt sich ganz als Deutscher und liebt Deutschland mit einem starken romantischen Empfinden: „Mit ganzer Seele liebe ich Deutschland, nirgends bin ich daheim als in Deutschland, nirgends geht mir das Herz auf als auf deutscher Flur, bei deutschen Menschen, im deutschen Liede, in deutscher Sage; von Deutschland erhoffe ich die Rettung der Welt, — eben darum kämpfe ich wie ein Verzweifelter gegen das verlogene, verstockte, in unbußfertigem Hochmut erstarrte Deutschland ...". Sein ethisch-christlicher Impuls kommt ihm aus der Idee eines überstaatlichen Reiches, in dem Deutschland eine wichtige Aufgabe als Kulturträger haben soll. Konkrete, konstruktive Pläne fehlen, Kurzschlüsse zwischen Religion und Politik sind nicht selten.

Das Preußische ist ihm „höchste Organisation im Dienste der Desorganisation, solideste Moralität im Dienste der moralischen Anarchie, festeste innere Ordnung, um draußen Unordnung zu schaffen, der Staat als Letztes und darüber das Chaos". Freilich ist er selbst noch Preuße genug, um auch Preußens Verdienste zu sehen: „Es wäre Preußen niemals gelungen, sich so durchgreifend der deutschen Seele zu bemächtigen, wenn es nicht gewisse höchst wertvolle Eigenschaften entfaltet hätte, die der formlosen germanischen Seele

Disziplin, Form, Halt, Rhythmus und Ordnung gebracht und gerade dadurch viele der allerbesten Deutschen unwiderstehlich angezogen hätten." Foerster zitiert Moeller van den Bruck, unterscheidet aber sein „Altpreußentum" von dem Preußentum Bismarcks, Wilhelms II., seiner „Trabanten" und erst recht vom „Großpreußentum" Hitlers, das kriegerisch sei und eine Weltgefahr bedeute.

1926 siedelte er nach Paris über, um sich ganz der Aufgabe zu widmen, für den Frieden zu arbeiten. Von 1930 an gab er in einem Berliner Verlag eine eigene Zeitschrift heraus: „Die Zeit, Organ für grundsätzliche Orientierung". Er konferierte mit Londoner Bankierkreisen und warnte sie, ohne eiserne Garantien der deutschen Regierung irgendwelche Konzessionen zu machen. Den französischen Pazifisten rief er zu: „Ihr müßt nicht abrüsten, sondern aufrüsten!" Er besuchte Botschafter von Hoesch, um ihm seine Sorge vorzutragen. Sein Eindruck: Stilles Einvernehmen bei formeller Abfuhr. In einer Unterredung mit Austin Chamberlain fragte ihn dieser, wie man Hitler von seinen wahnsinnigen Ambitionen abbringen könne. Er antwortete mit einem indischen Sprichwort: „Wer einen Tiger reitet, kann nicht mehr abspringen". In Genf wurde er von Stresemann scharf angegriffen. Diesen selbst hielt er für einen Januskopf der deutschen Außenpolitik. Wie er Marx angriff, so trat er auch Brüning entgegen, den er einen „typischen verpreußten Katholiken" nannte, dessen Liebäugeln nach rechts er tadelte (Panzerkreuzer-Programm). Die deutschen Pazifisten, bis auf wenige, begannen, sich von ihm zurückzuziehen. Ein Jahr vor Hitlers Regierungsantritt erschien ein Doppelheft seiner Zeitschrift unter dem Motto: „Quo vadis Germania?" Den neuen Weltkrieg sah er vor der Tür stehen: „Darum kommt statt des goldenen Zeitalters, das der Mensch erhoffte, das eherne Zeitalter des Bomben- und Sprengkrieges Aller gegen Alle. Man sieht weit und breit kein menschlich-irdisches Mittel, die Selbstvernichtung der technisch-vertierten Menschheit zu verhindern, — dieser Selbstmord scheint das unabwendbare Ergebnis dessen, was wir sind und was wir werden, wenn die irdische Versuchung im Gefolge der Eroberung der Natur unsere geistigen Kräfte übersteigt". Natürlich wurde seine Zeitschrift 1933 sofort verboten.

In seinem 1940 in New York erschienenen Buch „Europe and the German Question" spricht er von dem „deutschen Nationalbolschewismus", der „weit gefährlicher ist als die russische Variierung, barbarischer und viel tiefer im Volk verwurzelt". Er glaubt, daß neun Zehntel des deutschen Volkes die Nazi-Tyrannen ansähen als die Verfechter deutscher Interessen in der Welt und als die gewählten Vollstrecker des deutschen Willens. Über den Rundfunk wandte er sich während des Krieges von Amerika aus an das deutsche Volk. Deutsche Emigranten, die aus Holland zurückkehrten, Naziverfolgte, die ihn am Radio hörten, nannten ihn einen Hetzredner gegen Deutschland.

Hat etwa das Bombardement an Spott, Verachtung und Verfolgung, das ihn immer, besonders aber nach 1933 traf (sofern man überhaupt noch von ihm Notiz nahm), seinen Glauben an Deutschland und seine Vaterlandsidee nun doch erschüttert? Wie wird er das heutige politische Geschehen bei uns beurteilen? Wird er, der in vielem, der in fast allem recht hatte, auch sein Unrecht einsehen, die oft lieblose Schärfe seiner Kritik, sein oft kategorisches Fordern, wo ein Rat am Platze gewesen wäre? Wie es auch sei: — er ist ein Idealist, ein konsequenter, ja fanatischer Moralist, ein in die Tiefe zielender und die Aktualität daher häufig verfehlender Politiker, ein Weltbürger edelster Humanität, — ein Deutscher.

Erich Lampey.

Die Glosse:

Unsere Generation

Unser Herbst ist lang.
Und in dem langen Herbst ist
noch ein Dorn des Frühlings
und halbgereifte Ähre trauert drin
des Sommers.

Die roten Beeren hängen schwer
und bitter schmeckt der Rauch
über den Feldern.
Aber unser ist der lange Herbst.
Sonne verlorener Jahre reift
unser Haupt
und das gebrochene Brot ist süß.

Lotte Betke, Stuttgart.

Das Wort und die Wahrheit

„Sie müssen heim", sagte mir der Gutsbesitzer, der sie nicht nur auf dem Gut, sondern sogar im Herrenhaus sitzen hat. „Der Mensch hängt nun einmal an seiner Heimat, die Frage ist nicht eher gelöst, als bis sie wieder in Schlesien auf ihren Katen sitzen." Und entwickelte das entsprechende politische Programm. (In diesem Punkte sympathisierte er mit Kurt Schumacher, dem er im übrigen Konrad Adenauer vorzog.)

Wir wollen heim, sagten auch die Schlesier, — aber in ihrem Munde klang das Wort „heim" auf einmal ganz anders. Aber hatte es nicht auch der Gutsbesitzer warmherzig und überzeugend ausgesprochen? Wenn ich nicht zufällig kurz vorher über das vom Interesse gesteuerte Denken nachgedacht hätte, das der Mensch zwischen der Wahrheit und zwischen der Lüge als eine breite Zone anzulegen und reichlich zu nähren pflegt, so hätte ich wahrscheinlich die wahre Wahrheit jenes erbaulichen Satzes garnicht gemerkt, jene nackte Wahrheit: „Sie müssen *weg!*" Wenn der Mensch ein unschuldiges Bewußtsein seines schuldigen Bewußtseins haben könnte, so hätte der Gutsbesitzer wahrscheinlich gedacht: „Das ist zwar meine Wahrheit, dieses ‚weg', aber es ist eine abscheuliche Wahrheit, darum will ich lieber die Wahrheit der Schlesier nehmen und statt ‚weg' einfach ‚heim' denken. Dann kann ich bei meiner Wahrheit und trotzdem ein anständiger Mensch bleiben."

Und so entstand eine Ideologie. *WD*

Der Schweif

Auch Nationalstaaten werden wie Hunde dann und wann von einem Raptus befallen. Auch ihnen ergeht es wie etwa dem Boxer Pluto, der, sowie nur seinesgleichen im Straßenbild auftaucht, kehlige Haßlaute ausstößt, wild darauf losstürzt und überhaupt alle Miene macht, den andern, der sich nun ebenso gebärdet, in Fetzen zu reißen. Aber Wunder über Wunder: im letzten Moment machen er und der andere plötzlich Halt, sie stehen Brust an Brust wie in Erz gegossen, die Rückenhaare sind nach der Art von Raupenhelmen gesträubt, das von Leidenschaft vorgetriebene Auge ist starr am Gegner vorbei ins Ferne gerichtet und versucht zugleich, diesen anzuschielen, und so spielen sie nun eine ganze Weile Kalten Krieg. Zum Unterschied aber von den Nationalstaaten dauert bei ihnen der Kalte Krieg nicht gar so lange. Hunde haben ein angeschaffenes Gemütsbarometer, das objektiv ihren Seelenzustand mißt, und siehe da: der Schweif, der bisher berserkerhaft nach halbunten gereckt war, beginnt zu wedeln. Erst ganz wenig, eher andeutungsweise. Doch dann, wenn der Widerschweif sich mitzumachen entschließt, was ja garnicht ausbleiben kann, immer lebhafter und lebhafter, und schließlich löst sich langsam auch die Starre der beiden Körper, und jetzt wedeln sie einhellig und beinahe schon vergnügt hinter sich her, wobei sie nun auch einander abzuschnuppern beginnen, was im Staatsleben ungefähr einem Kulturellen Austausch gleichkommt. Am Ende gibt es zwei Möglichkeiten: entweder sie schließen jetzt auf der Stelle eine Spiel-Allianz auf Leben und Tod, was vor allem jugendliche Hunde-Individuen vorziehen, oder aber sie trennen sich nach intensiver Beschnupperung wieder in betonter Gleichgültigkeit, wenn auch mit durchaus freundlicher Grundtendenz, so als wäre damit dem Prestige genuggetan und die Gleichberechtigung wechselseitig garantiert. Sehen sie sich dann das nächste Mal wieder, so werden sie schon nicht mehr sofort die Allgemeine Mobilmachung verfügen, sondern klug Abstand halten und sich nur kühl gemessen anbellen.

Warum, so frage ich jetzt, haben Großmächte keinen Schweif? Warum hat der Schöpfer sie gegenüber den Hunden benachteiligt? Die Reizbarkeit und innere Unsicherheit ist ja dieselbe wie bei Hunden, und auch der aggressiv sich entladende Angstkrampf ist da. Aber, wie gesagt, der Schweif, der das alles im rechten Moment entschärfen könnte, der fehlt. Oder sollten Hunde moralisch so hoch über den Staaten mit ihren Regierungen und Öffentlichen Meinungen stehen, daß sie eben aus purer Klugheit, wenn schon nicht aus edleren Motiven, das Äußerste vermeiden?

F. M. Reifferscheidt, München.

„Radikale Mitte"

Vor längerer Zeit schon habe ich Werner Finck versprochen, in den „Frankfurter Heften" über seinen Versuch zu schreiben, Humor in die deutsche Politik zu bringen. Ein Freund hat einmal von mir gesagt, ich sei ein Mann, der alles halte, was er verspreche, man wisse nur nie, wann. Wie das jetzt paßt! Ich halte das Versprechen, das ich Werner Finck gab, und es ist fast zu spät. Denn mittlerweile könnte uns die Lust vergangen sein, im Zusammenhang mit der deutschen Politik (oder der Politik in Deutschland, ja in der Welt) Humor zu haben.

Trotzdem.

Humor ist ein Stiefkind des deutschen Charakters. Man verwechselt ihn hierzulande ziemlich allgemein mit Bierwitz (oder sogenannter Faschingsfröhlichkeit, die dann immer das Attribut „ausgelassen" am Brustlatz trägt, — vom 11. November an, beineschlenkernd durch die Adventszeit bis weit hinter den Aschermittwoch, von ihm an „in geschlossenem Kreis"). Wer da nicht mittut, hat selbstverständlich keinen Humor, und sie verstehen ganz und gar nicht, daß gerade die Humorvollen es ernst meinen; die Einsichtigen wissen das.

Und so meinte es Werner Finck ernst. Er sieht, woran der ganze Zirkus des hochoffiziellen Ernstes bei uns leidet — während der offiziellen, der amtlichen Stunden, hinter denen erst regelmäßig „der Humor zu seinem Recht kommt", oh Brechreiz!, der Zirkus der Akteure und der Zuschauer. Und Rudolf Pechel sah es, als er sich, der Publizist von Ansehen, sichtbar an Werner Fincks Seite stellte. Wie gern erkläre ich für meinen Teil, daß sie beide recht haben. Man denke nur an die gewählten Symbole der Radikalen Mitte; als Abzeichen dieser Verschwörung eine Sicherheitsnadel, unter dem Rockaufschlag, jeder kann sie tragen, jeder kann sie zeigen, nicht zeigen, wie es ihm paßt, und ein Spiegel, der das Führerbildnis liefert, sobald du nur hineinblickst, jedermann sein eigener Führer! Die Doppeldeutigkeiten, die Möglichkeiten unserer Demokratie können kaum besser ausgedrückt werden.

Aus der Radikalen Mitte eine Partei zu machen, davon hielte ich nichts. Endlich einmal ein Programm ohne Partei. Und noch dazu ein Programm, das von denen, die es bereits in sich haben, mühelos eingehalten werden kann — unter dem Rockaufschlag und vor dem Spiegel. Wer das ernstnimmt, wird sehr nachdenklich und bessert sich. Parteien mit Programmen, die sie weder kennen noch erfüllen, sondern von Zeit zu Zeit bloß plakatieren, haben wir genug. Was wir brauchen, ist genau die Art von Humor, der die Radikale Mitte ernstnimmt, menschlich ernstnimmt, nicht teutsch und bundeshäuslich. Es ist dann ganz gleich, wo du auftrittst, Werner Finck, ob im Kabarett, in der Paulskirche oder vor dem Mikrophon. Du ergänzst immer glorios, was Rudolf Pechel und wir alle tun: wir kämpfen aussichtslos um Erneuerung aus der Besinnung auf die Radikale Mitte, auf das Zentrum, das Wesentliche also, um frische Luft, um Freude und Sympathie unter den sogenannten Erwachsenen. Aussichtslos, sage ich! Und trotzdem: ein bißchen sorgen wir halt doch für Gleichgewicht. Es wäre sonst inmitten der unentwegt restaurierten Häuser- und Charakterruinen für viele nicht mehr auszuhalten.

EK

„Dieses Geheimnis ist groß . . ."

Der Mann sei Mann, und das Weib sei Weib: dann gerade kann das Weib dem Mann alles werden. Denn als Weib versteht sie sich auf die Endlichkeit, und darum kann sie dem Mann die Endlichkeit schenken. Ohne das Weib ist der Mann ein unsteter Geist, der keine Ruhe findet, weil er nirgends zu Hause ist. Warum sagt die Schrift nicht, daß das Weib Vater und Mutter verlassen und an seinem Manne hangen soll? Sie ist doch die Schwächere, die bei dem Manne Zuflucht sucht! Aber nein, es heißt: der Mann soll Vater und Mutter verlassen und an seinem Weibe hangen. Und die Schrift hat recht: sofern das Weib dem Manne die Endlichkeit gibt, ist sie stärker als er, ist sie seine Zuflucht. Mir ist es eine Freude, die Bedeutung des Weibes so zu verstehen; sie wird mir dann zum Symbol der Gemeinde. Der Geist ist in großer Verlegenheit, wenn er nicht einer Gemeinde einwohnen, wenn er nicht dadurch zum Geist der Gemeinde werden kann. Für die Gemeinde, deren der Geist bedarf, um in der Endlichkeit heimisch zu werden, gibt es in der Tat kein schöneres Symbol als ein Weib.

Sören Kierkegaard.

Berichte:

DIE ITALIENISCHE BODENREFORM

Als die Christlich-Demokratische Partei im Frühjahr 1948 vor den siegreichen Wahlen ihr Parteiprogramm verkündete, versprach sie auch eine durchgreifende Agrarreform. Mit der Latifundienwirtschaft des Südens sollte aufgeräumt und Tausenden arbeitslosen Bauern und Landarbeitern Besitz und Arbeit gegeben werden. Der politische Zweck der Bodenreform war unverkennbar. De Gasperi mußte der kommunistischen Propaganda ein großzügiges soziales Programm entgegensetzen, sollte er nicht einen großen Teil seiner Anhängerschaft verlieren.

Inzwischen sind fast drei Jahre vergangen. In dieser Zeit wurde die Bodenreform eingehend im Parlament und in der Presse erörtert. Die Debatten, die mit südlichem Temperament geführt wurden, zeigten bald, daß die Widerstände gegen die Bodenreform aus weiteren Kreisen kamen, als man anfangs gedacht hatte. Die Gründe, die gegen die Bodenreform ins Feld geführt wurden, waren nicht ohne weiteres von der Hand zu weisen. Die Opposition kam — nur zu begreiflich — von den Großgrundbesitzern, die zwar zahlenmäßig schwach, politisch aber höchst einflußreich sind; aber sie kam auch von den liberalen Industriellen und Volkswirtschaftern der alten Schule und natürlich von den Linkssozialisten und Kommunisten. Die Liberalen waren der Ansicht, daß eine Aufteilung des Landes jegliche Privatinitiative ersticke und dadurch die landwirtschaftliche Produktion zurückgehen müsse. Die Kommunisten ihrerseits traten für eine staatlich gelenkte Bewirtschaftung ein, wobei den augenblicklichen Besitzern jegliches Land, das 100 Hektar überschreitet, ohne Entschädigung wegzunehmen und unter Bauern, Tagelöhner und fähige Saisonarbeiter zu verteilen sei.

Angesichts dieser gegensätzlichen Auffassungen war es für Landwirtschaftsminister Segni nicht leicht, dem Parlament einen Gesetzentwurf vorzulegen, der den teilweise berechtigten Einwänden der Opposition gerecht wurde, ohne anderseits allzu sehr von der ursprünglichen Absicht abzuweichen. De Gasperi erkannte von vornherein richtig, daß eine derartig entscheidende Maßnahme die gesamte Wirtschaft des Landes beeinflußt — ist doch Italien ein Land, das mit seiner Landwirtschaft steht und fällt. Deshalb durfte nach seiner Ansicht die Bodenreform nur schrittweise und ohne jede Übereilung und Hast durchgeführt werden.

Für Italien erhob sich von vornherein die Frage, ob eine Agrarreform überhaupt notwendig und erfolgversprechend sei und wie sie durchgeführt werden müsse, um die ohnehin noch labile landwirtschaftliche Produktion nicht unnötig zu hemmen. Ein Blick auf die derzeitige Lage der italienischen Landwirtschaft kann uns die Antwort geben. Nach den vorliegenden zuverlässigen Statistiken erlitt die italienische Landwirtschaft im Zweiten Weltkrieg Schäden in Höhe von rund 1000 Milliarden Lire. Innerhalb von fünf Jahren gelang es, diese Schäden einigermaßen zu beheben, sodaß die Produktion im Jahre 1949 schon wieder auf 90 Prozent des Jahres 1937/38 anstieg. Im Jahre 1952/53 soll ein Stand von 108 Prozent erreicht werden. Besonders deutlich ist die Zunahme beim Weizen, dessen Anbaufläche von 4,66 Millionen Hektar im Jahre 1947 auf 4,72 im Jahre 1949 erweitert und dessen Ernteerträge im gleichen Zeitraum um 13.1 v. H. gesteigert werden konnte. Trotzdem steht im Verteilerplan der letzten Weltweizenkonferenz unter den Ländern, die Weizen einführen müssen, Italien mit 40,4 Millionen Bushels immer noch an erster Stelle. Dieser hohe Einfuhrbedarf Italiens, der nur noch von Großbritannien mit 177 Millionen

Bushels übertroffen wird, erklärt sich dadurch, daß die Bevölkerung trotz den schweren Kriegsverlusten weiterhin zunimmt. Erfreulich waren die Produktionszunahmen bei Roggen (um 11.81 v. H. gegenüber 1937/38), Mais (4.71 v. H.), Tomaten (19.82 v. H.), Zuckerrüben (3.2 v. H.) und nicht zuletzt beim Obst (10.2 v. H.). Auch der Viehbestand hat eine ansehnliche Zunahme zu verzeichnen und bis Juli 1950 um etwa 7 v. H. den Vorkriegsstand übertroffen. Im allgemeinen kann also die Entwicklung der italienischen landwirtschaftlichen Erzeugung als zufriedenstellend angesehen werden.

Anders verhält es sich dagegen mit den Preisen und Löhnen. Die Produktionskosten der italienischen Landwirtschaft steigen immer weiter, sodaß im vorigen Jahr ein Großteil der Betriebe mit Verlust arbeitete. Seit der Vorkriegszeit sind die Arbeitslöhne um das 80-fache, die Preise der landwirtschaftlichen Geräte und Maschinen um das 78fache, die Kraftstoffe um das 68fache und der Kunstdünger um das 65fache gestiegen. Die Agrarpreise dagegen betragen erst das 49fache der Vorkriegszeit. Als die Rationierung der Lebensmittel aufgehoben wurde, trat ein Preissturz ein, der die Bauern in eine äußerst kritische Lage brachte. Besonders schlecht sind die Obst- und Weinbauern gestellt, denen es trotz den niedrigsten Grundpreisen nicht gelingt, ihre Ware abzusetzen. Die Kluft zwischen den Betriebskosten und den Agrarpreisen gefährdet immer mehr die Existenz der intensiv bewirtschafteten Klein- und Pachtbetriebe.

Wenn die Bodenreform gelingen soll, dann müssen die unterschiedlichen Bodenverhältnisse und die verschiedenartigen Anbaumethoden, die sich daraus ergeben, berücksichtigt werden. Man kann eben an die Landwirtschaft in Sizilien oder Sardinien nicht dieselben Maßstäbe anlegen wie an die in Piemont, der Toskana oder des Friaul. Im Süden gehen Getreidefelder in Olivenhaine über, Obstplantagen in unwegsames, trockenes Gelände und Wald in Weideland, sodaß es fast unmöglich ist, das Land wirtschaftlich aufzuteilen. Außerdem läßt die extensive Bestellung der Felder sehr zu wünschen übrig, wohingegen in Oberitalien eine rationelle und intensive Bodenwirtschaft vorherrscht. Dazu kommt das unterschiedliche Pachtsystem. In Oberitalien wird im allgemeinen das Land vom Besitzer an mehrere Pächter abgegeben, die einen festgesetzten Pachtzins zu zahlen haben. In Mittelitalien besteht dagegen die „mezzadria“: ganze Bauernfamilien werden angesiedelt und von dem Besitzer mit 60 v. H. an der Ernte in Naturalien und an sonstigen Einnahmen beteiligt. Im Süden, besonders in Sizilien, ist die Halbpacht sowie der Einsatz von Gelegenheits- und Saisonarbeitern sehr verbreitet.

Das Nationale Institut für Landwirtschaft untersuchte die Verteilung des Grundbesitzes in Italien und kam dabei zu folgendem Ergebnis. Von den 27,8 Millionen Hektar Kultur- und Waldland gehören 21,6 Millionen Hektar Privatleuten und 6,2 Millionen dem Staat, den Gemeinden oder anderen öffentlichen Körperschaften. Es gibt insgesamt 9 512 000 Grundbesitzer, von denen mengenmäßig die kleinen Besitzer mit höchstens 5 Hektar Land mit Abstand an der Spitze liegen. Sie zählen 8,8 Millionen Eigentümer mit einem Gesamtbesitz von 6,7 Millionen Hektar. Es folgen 612 803 Grundbesitzer (5 bis 100 Hektar), die über einen Gesamtbesitz von 9,2 Millionen Hektar verfügen, und 19 454 Eigentümer (100 bis 500 Hektar) mit insgesamt 3,7 Millionen Hektar. An eigentlichen Großgrundbesitzern (500 Hektar und mehr) gibt es nur 1942, deren Besitz 1,8 Millionen Hektar beträgt. Daraus ist zu erkennen, daß es in Italien keine geschlossene Klasse von Großgrundbesitzern wie früher in Polen, Ungarn und Deutschland gibt, und daß eine Aufteilung in kleine Parzellen nur in den Latifundien Süditaliens und Siziliens Erfolg verspricht..

Alle diese entscheidenden Punkte wurden in dem Gesetzentwurf berücksichtigt, der im Mai 1950 dem Parlament vorgelegt wurde; nach monatelangen Vorarbeiten wurde er zuerst vom Unterhaus, dann im Oktober vom Senat mit verhältnismäßig großer Mehrheit gebilligt. Das in wenigen Punkten nur unwesentlich geänderte Gesetz ist ein Kompromiß zwischen fortschrittlich sozialem Gedankengut und liberalen Grundsätzen. Durch dieses Gesetz wird die Regierung ermächtigt, ländlichen — auch intensiv bewirtschafteten — Grundbesitz zu enteignen. Bis zum 30. Juni 1951 müssen alle Ländereien angegeben sein, die für eine Enteignung in Frage kommen. Als Maßstab der Enteignung wurde nicht die Bodenfläche des privaten Grundbesitzes — und das ist wohl der interessanteste Punkt des Gesetzes — gewählt, sondern der für die Sondervermögenssteuer maßgebliche Ertragswert am 1. Januar 1943. Damit soll erreicht werden, daß schlecht bewirtschaftete Betriebe in größerem Maße Land abgeben sollen als gut bewirtschaftete. Eine obere Grenze, bis zu welcher der Eigentümer das Land behalten darf, gibt es daher nicht! Wald und Ödland fallen im allgemeinen nicht unter die Enteignungsbestimmungen. Dem Gesetz ist eine Tabelle beigefügt, in der die Abgabeprozente in Abstufungen angegeben sind, die je nach der durchschnittlichen Steuerbelastung pro Hektar bewirtschafteten Bodens und den der Vermögenssteuer unterliegenden Gruppen der Ertragswerte zwischen 10 und 95 Prozent schwanken. Ohne Zweifel ist das Verfahren sehr verwickelt und nur mit einer gut eingespielten Bürokratie zu bewältigen, hat aber anderseits den Vorteil, daß willkürliche Maßnahmen und Einstufungen von Ländereien ausgeschaltet werden.

Das italienische Staatsgebiet wird in drei Zonen eingeteilt. Zone A umfaßt die bewässerungsfähigen Gebiete der Po-Ebene, Zone B alle Ländereien mit vornehmlich extensiver Bearbeitung, also in der Hauptsache Mittel- und Süditalien, und Zone C diejenigen, die weder unter A noch unter B fallen. Eine besondere Klausel sieht vor, daß ein Drittel — höchstens aber 300 Hektar — des zur Enteignung vorgesehenen Landes dem Eigentümer verbleibt, wenn dieser im Laufe von zwei Jahren bestimmte Bodenverbesserungen vornimmt. Die Hälfte dieses verbesserten Landes muß er dann einem Siedlungsverband übergeben, die andere Hälfte darf er behalten. Nützt er die festgesetzte Frist nicht aus, fällt dieses Drittel dem Siedlungsverband entschädigungslos zu.

Die Entschädigung für den enteigneten Boden erfolgt zu 75 v. H. in Staatspapieren mit einer 25jährigen Laufzeit, die übrigen 25 v. H. werden in bar bezahlt. Das bedeutet für die privaten Eigentümer natürlich eine außerordentlich starke Belastung und einen großen finanziellen Verlust. Mit diesem Gesetz hofft der italienische Staat rund 800 000 neuen Kleinbauern etwa 1,4 Millionen Hektar Land zuteilen zu können. Das würde eine Vergrößerung der landbesitzenden Agrarbevölkerung um 9 v. H. ausmachen.

Einen praktischen „Vorversuch" dieser Bodenreform unternahm die italienische Regierung im Frühjahr 1950, als sie sich, dem ständig wachsenden Druck der Opposition ausgesetzt, entschloß, in Kalabrien sofort 45 000 Hektar Land aufzuteilen und an 5000 Bauern zu übergeben. In diesem Gebiet — dem Sila-Hochplateau — besitzen drei Familien allein 24 000 Hektar meist mangelhaft bebauten Landes, die übrigen Landstrecken werden durch 262 weitere größere Besitzer und 2500 Kleinbauern bearbeitet. Der Staat verpflichtet sich, die geplante Umwandlung und Urbarmachung des Bodens mit einem Beitrag von 20 Milliarden Lire zu finanzieren, die in einer Zeitspanne von sechs Jahren 20 000 Arbeitern und Bauern Arbeit geben wird.

So sehr die Bodenreform sozialpolitisch notwendig war — die arbeitslosen Bauern, besonders in Süditalien, bilden mit ihren willkürlichen Landbesetzungen einen Unruheherd und sind ein leichtes Opfer der geschickten kommunistischen Propaganda —, so kann man rein wirtschaftlich gesehen Zweifel hegen, ob man mit ihr die gewünschten Ziele erreichen wird. Die Neuansiedlung Hunderttausender von Bauernfamilien, denen von der Schaufel bis zum Trecker alles geliefert werden muß, die im Süden unerläßliche Bewässerung und Bodenplanierungen, der Bau von Elektrizitätswerken — dies alles verschlingt Milliarden, die der Staat von sich aus nur in beschränktem Umfang aufbringen kann. Eine Hilfe, die aber auch nur einen Tropfen auf den heißen Stein darstellt, ist der Marshall-Plan, in dessen Rahmen für die italienische Landwirtschaft rund 70 Milliarden Lire aus dem ERP-Lire-Fond vorgesehen sind. Von diesen 70 Milliarden Lire wurden allein 49 Milliarden für die süditalienische Landwirtschaft bestimmt, während die restlichen 21 Milliarden Lire auf Mittel- und Oberitalien entfallen. Die ausgesprochene Bevorzugung des Südens ist ein weiteres Zeichen dafür, daß die Regierung mit allen Mitteln darangehen will, das Jahrhunderte alte Problem des rückständigen „mezzogiorno" zu lösen.

Willwerner von Bergen, Rom.

DER HART, EINE ARBEITERSTADTRANDSIEDLUNG

Der Hart ist eine Arbeitersiedlung am Rande einer süddeutschen Großstadt. Die Entfernung von der Siedlung bis zur Stadtmitte beträgt ungefähr 10 Kilometer oder rund eine Stunde Fahrzeit. Zwischen Stadtmitte und Stadtrand sind im Laufe der letzten Jahre neue Stadtteile mit Geschäften und Vergnügungsstätten entstanden. Diese neuen Stadtviertel haben deshalb an Bedeutung gewonnen, weil durch die Kriegsereignisse ein großer Teil der Bevölkerung von der Stadtmitte nach dem Stadtrand abgewandert ist. Gegenüber 1939 hat die Innenstadt ungefähr die Hälfte ihrer Einwohner verloren; der um die Innenstadt liegende Wohngürtel blieb trotz großen Zerstörungen beinahe unverändert; dagegen hat die Bevölkerung des Stadtrandes um ungefähr 10 v. H. zugenommen. Die Stadtrandsiedlung, von der wir hier sprechen, liegt ungefähr gleich weit von zweien der neuen Stadtviertel entfernt. Die Entfernung zu jedem dieser Stadtviertel ist nur halb so groß wie die zur Stadtmitte, die Fahrzeit beträgt jedoch weit weniger als die Hälfte. Die Siedlung selbst ist ein völlig abgeschlossenes Gebilde und mit den benachbarten Stadtrandsiedlungen nur durch schlechte Wege verbunden. Zwischen ihr und dem ersten Wohngürtel der Stadt liegt ein breiter Streifen toten Industrielandes, der die typischen Kennzeichen der Stadtrandversteppung aufweist. Im übrigen liegen in der Nachbarschaft nur Lagerhäuser, ehemalige Kasernen und kleine Industriebauten. Dies alles wirkt zusammen, diese Siedlung von den übrigen Wohngebieten weitgehend zu isolieren.

In der Siedlung findet sich alles vor, was nun einmal zu einem Stadtrand gehört: Kiesgruben, Schuttabladeplätze und Baugelände in den verschiedensten Stadien, Reihensiedlungen, Industriegelände, Bestandteile eines alten Dorfes und des früheren Stadtrandes wechseln miteinander ab. Der Kern der Siedlung besteht aus drei Siedlungsgruppen mit Häusern im Reihenbau. Die Häuser selbst sind durchweg Einfamilienhäuser mit Wohnküche, einem Zimmer und drei Kammern sowie einem Garten von 800 Quadratmeter. Reste der Stadtrandsteppe finden sich unmittelbar neben hochintensiver Gartenkultur. Am Rande der Siedlung erheben sich ohne Zusammenhang mit dem Wohngebiet der Stadt eine Anzahl von Wohnblöcken und Kasernen. Das mehrstöckige Gebäude der Schule, der Kasernenturm sowie der Damm einer Industriebahn beherrschen das Bild. Nach dem offenen Land zu schließen sich Weideland, minderwertiges Gartenland und schließlich Föhrenwald an. Alles in allem: bei der Siedlung handelt es sich um ein typisches Stadtrandgebilde.

In dieser Siedlung leben ungefähr 9000 Menschen, darunter 2500 Kinder unter vierzehn Jahren. Da diese Siedlung erst 1932 als Arbeitslosensiedlung begonnen wurde, sind Personen über 60 Jahre selten. Ungefähr 85 v. H. der Bewohner sind Arbeiter, 14 v. H.

kleinere Angestellte, die oftmals ein geringeres Einkommen als die Spitzengruppen der Arbeiter haben, 1 v. H. sind Beamte. Die wichtigsten vorkommenden Berufe sind Bauarbeiter, Schlosser, Monteure, Mechaniker, Dreher und Hilfsarbeiter. In der Statistik der betreffenden Großstadt steht die Siedlung mit der Anzahl der „Pendler" (Berufstätige, deren Arbeitsplatz und Wohnsitz in verschiedenen Stadtteilen liegen, und die deshalb täglich größere Entfernungen zurücklegen müssen) an erster Stelle. Von 100 Erwerbstätigen der Siedlung sind ungefähr 87 Pendler. Sie legen dabei Wege von 3 bis 35 Kilometer täglich zurück.

Die Durchschnittsfamilie in der Siedlung hat 3 Kinder. Ungefähr 20 v. H. der Mütter sind erwerbstätig. Von 100 befragten Kindern der ersten Volksschulklasse hatten 34 kein eigenes Bett. Es gibt Fälle, in denen 6 Personen in einer Kammer zusammenwohnen, in einem anderen Fall leben in einem Zimmer und einer Küche 8 Personen zusammen, davon 6 Kinder. Durch die Rüstungskonjunktur der Vorkriegs- und Kriegszeit sind die Familien wirtschaftlich gefestigt worden. In der Nachkriegszeit wurde ein großer Teil der Siedlungsbewohner in eine neue Unsicherheit gestürzt, die oft durch Sondermöglichkeiten örtlicher Natur (Arbeit bei der Besatzungsmacht, Schwarzhandel, Prostitution und Kuppelei) überbrückt wurde. Die Zeit nach der Währungsreform brachte eine kurze Erholung, aber dann machten sich neue Krisenerscheinungen wie Kurzarbeit, Arbeitslosigkeit und Schulden bemerkbar. Das durchschnittliche Einkommen eines Arbeiters beträgt ungefähr DM 35,— in der Woche. In der Fürsorgestatistik der Stadt steht die Siedlung an erster Stelle. Aber auch in der Kriminalstatistik hat sie einen besonderen Platz. Im zuständigen Polizeirevier wurden beispielsweise im Jahre 1947 insgesamt 342 Personen festgenommen. 42 davon waren Jugendliche zwischen 14 und 18 Jahren und 77 Minderjährige zwischen 18 und 21 Jahren. Unter ihnen waren 19 jugendliche und 50 minderjährige Mädchen geschlechtskrank. Das Familienleben ist selbstverständlich großen Belastungen ausgesetzt. Dabei spielt die Arbeitsüberlastung des Siedlers und der Siedlerfrau eine große Rolle, weil sie zu Spannungen innerhalb der Familien führt. Im allgemeinen aber ist die Siedlerfamilie stabiler als die Wohnblockfamilie. Bezeichnend ist, daß sich der Jugendliche sehr frühzeitig, nämlich vom 13. Lebensjahr ab, von der Familie ablöst. Dabei ist die Nähe der Großstadt von Bedeutung, ebenso die Tatsache, daß die Siedlung kein eigenes kommunales oder kulturelles Leben entwickelt hat.

Dies alles zeigt, daß die Siedlung als eine typische Arbeitersiedlung bezeichnet werden kann. Zugleich ist sie aber auch eine geschlossene katholische Gemeinde. Die Pfarrei, deren Grenzen mit geringen Abweichungen mit denen der Siedlung zusammenfallen, umfaßt 7500 Katholiken, die von zwei Seelsorgern betreut werden. Als die Siedlung begründet wurde, waren 72 v. H. der Siedler beiderseitig katholisch (10 v. H. lebten in Mischehen und 8 v. H. waren evangelisch). Die Kirchenzählung ergab zwischen 1200 und 1600 Kirchenbesucher, das sind 15—18 v. H. (Zum Vergleich dazu sei angeführt, daß die Zahl der Kirchenbesucher in der Stadtmitte um 30 v. H. und am Stadtrand zwischen 25—30 v. H. beträgt.) Über 80 v. H. der Erwachsenen und nicht mehr schulpflichtigen Jugendlichen haben ihre Osterpflicht im Jahre 1948 nicht erfüllt. (Vergleichszahlen: Stadtmitte 74 v. H., Stadtrand 78 v. H.) Während des Jahres 1948 trafen auf einen Katholiken in der Stadtmitte und am Stadtrand 6 Kommunionen, in der Siedlung nur 2. Die Zahl der Kirchenaustritte nimmt von Jahr zu Jahr zu: 1945 betrug sie 2, 1949 17.

Natürlich besteht auch eine Reihe religiöser Verbände, so die Männerkongregation, das katholische Werkvolk, der Elisabethenverein und das Frauen- und Mütterbündnis. Die meisten Mitglieder sind zwischen 40 und 55 Jahre alt, eine kleinere Gruppe wird aus Achtzehn- bis Zwanzigjährigen gebildet, während die Zwischengeneration fast vollständig fehlt. Die Pfarrjugend wird im wesentlichen aus der Schuljugend gebildet und ist in acht

Mädchengruppen und sechs Jungengruppen zusammengefaßt. Insgesamt sind etwa 10 v. H. aller Katholiken in katholischen Vereinen organisiert. (Vergleichszahlen: Stadtmitte 5 v. H., Stadtrand 15 v. H.)

Gemessen an den Zerfallserscheinungen anderer Gruppen der Siedlung kann die katholische Gemeinde als verhältnismäßig stabil bezeichnet werden. Aber der Seelsorgebericht für das Jahr 1946 führt aus: „Um das Familienleben ist es schlecht bestellt. Nicht wenig Ehescheidungen sind im Gange. Ein großer Prozentsatz kennt kein gemeinsames Familiengebet, keinen gemeinsamen sakramentalen Empfang. Die Kinder kommen wohl zur Sonntagsmesse, die Eltern jedoch nicht."

Im vorigen Jahr haben 67 katholische Paare vor dem Standesamt die Ehe geschlossen; davon haben sich jedoch nur 39 Paare kirchlich trauen lassen. Von 126 Kindern aus rein katholischen Ehen blieben 8 ungetauft. Anderseits wird von den meisten Eltern die Religion als ein gutes Erziehungsmittel betrachtet, und es ist ihnen daher nicht unlieb, daß die Kinder religiös erzogen werden. Gemeinsame Familiengebete gibt es schon deshalb nicht, weil die Familien unter der Woche fast überhaupt nicht zusammenkommen. Der religiöse Wandschmuck jedoch fehlt in keinem Hause, wobei der religiöse Kitsch vorherrscht. Einzelne Festtage, wie Erstkommunion und Firmung, werden feierlich begangen, allerdings besteht der Höhepunkt meist in gutem Essen und Trinken. In der Schule erhalten die Kinder ihren Religionsunterricht, vier Stunden in der Woche, ihr religiöses Wissen ist aber äußerst mangelhaft. Die meisten Eltern sind damit einverstanden, daß die Kinder den Religionsunterricht besuchen. In einer befragten 6. Klasse gab ein Drittel der Kinder an, daß sie dem Religionsunterricht fernbleiben würden, wenn die Teilnahme daran freiwillig wäre.

Bild einer Arbeiter-Stadtrandsiedlung — nicht mehr und nicht weniger. Welche Aufgaben sich hier stellen, mag der Leser selbst ermessen; wie schwer diese Aufgaben zu lösen sind, wird ihm ebenfalls nicht verborgen bleiben; was wir tun können, ist mehr als das, was wir tun. Doch da es sich nicht um einen Einzelfall handelt, sondern um einen Typ, so ist das Ganze letzten Endes eine politische Aufgabe. Und das ist ein weites Feld ...

Theo Pirker, Frankfurt.

Wohltätigkeit ist das Ersaufen des Rechts im Mistloch der Gnade. *Pestalozzi.*

Kritik:

Glanz und Ruhm der Skepsis

Viktor von Weizsäcker: „Begegnungen und Entscheidungen". K. F. Koehler Verlag, Stuttgart 1949, 222 Seiten, Halbleinen DM 7.60.

Der Titel dieses Buches scheint eine Autobiographie zu versprechen, in Wirklichkeit enthält es aber viel mehr als Autobiographisches. Wie in den glänzenden Vorlesungen Weizsäckers in Heidelberg, zu denen sich neben den Medizinern auch Theologen und Philosophen einfinden und in denen an Hand einer Krankendemonstration der Mensch in seinem ganzen Dasein und seiner Zwiespältigkeit aufgezeigt wird, nimmt hier Weizsäcker sein eigenes Leben und seine Erfahrungen zum Ausgangspunkt, um daran seine anthropologischen Erkenntnisse zu entwickeln. Wenn man beim Lesen sich über den ersten Eindruck Rechenschaft zu geben versucht, wird man unwillkürlich an eine musikalische Phantasie erinnert: Motive tauchen auf, werden ein Stück verfolgt und verschwinden wieder, bis sie unter einem anderen Blickpunkt von neuem aufgenommen werden; so bekommt am Ende das, was anfänglich Zufall oder Abschweifung schien, doch seinen bestimmten Sinn an der ihm eigenen Stelle. Das Buch läßt sich aber gerade wegen dieses lockeren Baues und wegen der Vielfalt der Motive und Gesichtspunkte nur schwer in einem kurzen Überblick zusammenfassen.

Ausgangspunkt und Endpunkt dieser Lebenserinnerungen entsprechen sich in merkwürdiger Weise. Sie umfassen den Lebensabschnitt des Verfassers, der durch zwei Kriege begrenzt wird: 1919 wurde er aus amerikanischer Gefangenschaft entlassen und nahm seine Dozententätigkeit mit einer Vorlesung über Naturphilosophie an der Universität Heidelberg auf, 1945 schreibt er in amerikanischer Gefangenschaft den vorliegenden Bericht über die vergangenen 25 Jahre. Es kommt Weizsäcker dabei auf das Allgemeine an; überall ist er bemüht, sich selber im Hintergrund zu halten, und wir erfahren nur wenig über Erlebnisse, nichts über Stimmungen oder Gefühle. Und doch gehört es gerade zu dem Zauber des Buches, daß es bei aller Zurückhaltung im Persönlichen Wesentliches auch über den Verfasser sagt, das gerade in der sparsamen Aussage besonders eindrucksvoll wirkt.

Seine besondere Forscherleistung und das seltsam Erregende seiner Gedanken wird verständlich, wenn er von sich sagt: „... der gedankliche Widerstreit ist die Selbstverständlichkeit meines Denkens. Dazu gehört freilich, daß sich dem so Veranlagten ein jeder Gedanke, kaum gedacht, auch schon wieder spaltet. Ich kann keinen Gedanken fassen, ohne ihn im nächsten Augenblick zu verwerfen und auch das ganz Andere oder ganz Entgegengesetzte zu denken." Wir verstehen nun den Reichtum der Blickpunkte, der in diesem wie in jedem Werk Weizsäckers erstaunt; von einem so Veranlagten, der sich nicht mit einer einzigen Seite der Dinge zufriedengeben kann, dessen historische Analysen die Ambivalenz von Vergangenheit und Gegenwart scharf beleuchten, können wir erwarten, daß er die Anthropologie zu grundlegenden neuen Erkenntnissen führt. Weizsäckers bisher bedeutendstes Werk „Der Gestaltkreis" erschien 1940 und erweiterte die Kategorien bisheriger neurophysiologischer Forschung in noch nicht abzusehender Weise. In diesem Buch sind auch die scheinbar so einfachen, der Welt des Tätigen entnommenen Begriffe „Begegnung" und „Entscheidungen" des Titels erklärt. „Begegnung" bedeutet dort die von Ich und Umwelt, aus der die biologischen Ordnungen entstehen, „Entscheidung" das an eine Gegenwart geknüpfte Entstehen einer neuen Ordnung, welche mit dem Untergang der alten Ordnung einhergeht. So ist dieses Buch gleichsam die Anwendung der Kategorien des „Gestaltkreises" auf das Leben, und wie im Gestaltkreis wird auch hier der Rahmen bisheriger anthropologischer Erkenntnisse gesprengt.

Im „Gestaltkreis" umreißt Weizsäcker auch erstmalig das Wesen des pathischen Menschen und stellt es dem ontischen gegenüber: „Pathische Kategorien sind das Will, das Kann, das Soll, das Darf, das Muß; vor sie setzt man, will man sie brauchen, das Wort ‚ich'. Das Ontische ist, das Pathische leidet ... Auch das Pathische ist ein Treffpunkt der großen Negativität in unserem Lebensgefühl."

Die Erkenntnis des Pathischen hat Weizsäcker ermöglicht, die Vergangenheit aus einer tieferen Sicht zu sehen, als es die meisten vermögen. Die „leidende Haltung", die eine starke Bindung an die Feder bewirkte, sei der geschichtliche Auftrag der Deutschen, gegen die sich der Nationalsozialismus mit seiner Parole „Triumph des Willens" erhoben habe. Auch der Intellekt sei dem Pathischen verpflichtet, und dem Intellekt verdanken wir die Durchdringung der Scheinwelt, das, was Weizsäcker „Glanz und Ruhm der Skepsis" nennt. Mit Intellekt meint Weizsäcker aber nicht die „frei schwebende Geistigkeit", die er und seine Freunde in den ersten Heidelberger Jahren bekämpften — ein Kampf, dessen Beschreibung in seiner Vergeblichkeit zu den historisch bewegendsten Abschnittes des Buches gehört. Dort stellt Weizsäcker die Genossen dieser Jahre dar: Barth, Wittig, Guardini, dort steht auch das unvergleichliche Porträt Franz Rosenzweigs. Schon das Kriegserlebnis 1914 stand für Weizsäcker in einem besonderen Zeichen: nicht dem des Sieges, sondern der Solidarität; den Begriff des Nationalismus und der Ehre analysiert er scharf und zeigt deren Zugehörigkeit zur Scheinreligion, die die letzten Jahre regierte, aber eben doch als ein religiöses Phänomen verstanden werden muß. Weizsäcker sieht damit Christentum und Liebe in einem unauflöslichen Gegensatz zur nationalen Ehre, und daraus erklärt er einen Teil des tiefen Konfliktes, in den jeder Deutsche geraten mußte und den der Nationalsozialismus klar erkannte und verbrecherisch zum Attentat auf die Sittlichkeit ausnutzte. So kommt er schließlich von mehreren Seiten zu dem Verbrecherischen in unserer Zeit und zu der Teilnahme jedes Einzelnen an diesem Verbrecherischen, das einen Ersatz der Religion darstellt und ein Phänomen der Krankheit unserer Zeit ist. Der Einzelne ist darin wie eine Umkehrung des Soldaten von Ilja Ehrenburg: er vermag nur ohne Haß zu töten und ohne Liebe zu vergewaltigen — und solch ein Soldat-Verbrecher ist potentiell jeder in der heutigen Zeit. Weizsäcker hat recht, daß nur eine subtile Psychologie diesen Erscheinungen gerecht werden kann; die naive Psychologie der Vergangenheit reicht nicht in die Sphären des Nihilismus oder versteht die Darlegung der Zusammenhänge falsch — als Entschuldigung des Einzelnen. Gerade zur Psychologie verhält sich Weizsäcker aber besonders zwiespältig. Er stellt ihre Notwendigkeit fest und zeigt ihr Erscheinen an jenem Punkt, an dem unsere Seelenlage sich zur Skepsis, zur Verzweiflung, zur Negativität wendet: „Die Psychologie stellt sich überall da ein, wo festgegründete Wissenschaften zerbröckeln ... sie ist die Mangelkrankheit des wissenschaftlichen Systems, sie soll das Vitamin für eine Blutarmut in der geistigen Existenz abgeben" — und ist doch eine unabweisbare Notwendigkeit zum Verständnis unserer Zeit!

Drei Grundthemen werden in dem Buche immer wieder von verschiedener Warte beleuchtet: die medizinisch-psychologische, die soziale und die philosophisch-religiöse Richtung, zusammengefaßt und zueinander in Beziehung gesetzt durch die philosophische Anthropologie. Diese wiederum ist aber nur eine Umschreibung für das zentrale Anliegen des Buches: nämlich die Religiosität des Menschen aufzuzeigen, den wahren Anteil des Religiösen in der Krise und die tiefe Zwiespältigkeit des Menschen, der weder im Religiösen noch in der Welt ganz beheimatet ist. Wesentlich ist aber die Art der Betrachtung: Weizsäcker sieht sie in polarer Zuordnung zueinander, niemals isoliert. Schon in der 1919 gehaltenen Vorlesung über Naturphilosophie taucht das Wort „sozial", in Weizsäckers besonderem Sinne gebraucht, an bezeichnender Stelle auf: nachdem er erklärt, wie die Erkenntnistheorie der Philosophie an die Stelle der Offenbarung der Religion getreten sei, nun aber die mechanistische Naturerklärung der Idee der Schöpfung wieder weichen müsse, fährt er fort, daß die Wahrheit nicht auf Objektivität, sondern auf der Gemeinschaftlichkeit im Erkennen beruhe, und beruft sich auf das Wort „denn wo zwei oder drei versammelt sind in meinem Namen, da bin ich mitten unter ihnen". Diese Entdeckung des „sozialen Elementes im logischen Begriff" habe ihn dann lebenslang beschäftigt.

Das Soziale hat Weizsäcker in der Praxis dazu geführt, eine Reform der Sozialversicherung anzustreben und neue Wege in der Behandlung von Kranken einzuschlagen, die den Schäden der üblichen Rentengewährung entgegenwirken sollten. (Nicht zuletzt entspringt aus dieser Einsicht Weizsäckers seine Auffassung von Krankheit, die nicht nur das kranke Individuum, sondern den erkrankten Volkskörper, das Kollektiv miteinbezieht.) Vielversprechende Anfänge in der Behandlung durch Arbeitstherapie, die zu Beginn des Nationalsozialismus gemacht wurden, erstickten bald in der Versklavung des Arbeitenden. Einmalig aber ist Weizsäckers Sicht des Sozialen als Funktion des Menschen zum Teilen, die der Funktion des Einens im Sexualen gegenübersteht, womit beide dem Menschen wesenseigen zugeordnet sind. Diese Erkenntnis rückt auch das Sexuale an einen anderen Platz als bei Freud; seine Universalität und seine Bedeutung im Leben des Menschen wird verständlich, und die umwälzenden praktischen Erkenntnisse Freuds werden dadurch besser erklärt als durch dessen mechanische Trieblehre. Von Bedeutung scheint uns, daß in diesem Zusammenhang der Begriff des Opfers zuerst auftaucht, leider aber nicht wieder aufgenommen wird.

Jeder wird in dem Buche Anderes sehen und für das Wesentlichste halten, keiner wird aber die Bedeutung verkennen können, die Weizsäckers Gedanken über die Krise der Religion und ihre Wirkung auf die Katastrophe in unserer Welt haben; es sind wohl die gedanklich reichsten Abschnitte des ganzen Buches. Die religiöse Problematik durchzieht das ganze Werk, als Krise der bürgerlichen Welt, in Verbindung mit dem Problem des Sozialen, und als Ausdruck der Krise der Wissenschaft. Die Auseinandersetzung des Menschen mit seinem Mitmenschen führt öfter zum Nächstenhaß als zu der Nächstenliebe, wie Schuldgefühle des Menschen zum Selbsthaß. Aber das Christentum selber trägt die Elemente der Auflösung in sich, und dieser nicht zu lösende Widerspruch in der christlichen Weltauffassung verbietet zu behaupten, daß eine Wiederkehr zum Christentum die Katastrophe unserer augenblicklichen Situation lösen könnte. Wie alle großen Religionen verleugnet in einem bestimmten Sinne auch das Christentum das Leben und muß das tun. Religion und Glück — im philosophischen Sinne — sind nicht vereinbar. Weizsäcker zeigt die Notwendigkeit des Leidens zur Überwindung des Menschen, „es ist die weise Erfahrung, daß wir nur die rechte Richtung auf das Ewige behalten, wenn wir leiden. Unauflösbar bleibt aber der Widerstreit zwischen dieser Weisheit und unserem Glücksstreben.“ Weizsäcker sieht religiöse Kräfte dort, wo sie sich bei dem Zusammenbruch der bürgerlich-christlichen Ordnungen stärker als in der Kirche gezeigt haben, in der Wissenschaft, in der Politik, in der Verneinung gerade der Religion — und in diesem Sinne handeln die Aufzeichnungen letzten Endes von nichts anderem als dem Religiösen, dem Transzendenten im Menschen, das sich nicht verwirklichen kann. Dazu gehört die Auseinandersetzung mit dem Negativen, dem Bösen: „Es ist vergeblich, alle diese Varianten des Nihilismus (Illusionslosigkeit, Sieg des Materialismus, moralische Anaesthesie) zu erklären, anstatt sie als die einzig zutreffende und wahrhaftige Konsequenz der nun einmal eingetretenen Situation zu begreifen.“ Dazu gehören die Gedanken über den Tod als der gemeinsamen Wurzel des Verbrechens, der Selbstvernichtung und des Selbstopfers. Aber aus dieser „Solidarität des Todes“, aus dem äußersten Nihilismus erhebt sich der Umriß einer anderen Kategorie, des „Wir“, dem andere Wertordnungen zukommen und das es zu erforschen gilt. Weizsäcker nennt das „Wir-Gewissen“, das sich anzubahnen scheint, das „Gewissen des ganzen Menschen“ und stellt es dem „Gewissen der Tat“ und dem „Gewissen der Seele“ (oder dem Dekalog-Gewissen und dem Christlichen) gegenüber — ohne die vorigen durch die neue Kategorie aufheben zu wollen. Das Wir, das in uns allen ist, ist gleichzeitig die Instanz, die die kollektiven Verbrechen unserer Epoche ermöglicht, ja erklärt, das uns solidarisch macht mit dem, was außer uns geschieht. Ob sich bei diesen Gedanken, wie Weizsäcker meint, in der Zerrissenheit und Diskontinuität unseres Lebens eine Spur der Beruhigung und Erleichterung einfindet, wird sich erweisen müssen; sie werfen jedenfalls ganz neues Licht auf die Kräfte, die uns bewegen, und haben den Mut, den Tatsachen und Voraussetzungen unseres Lebens zu begegnen. Und dieses Begegnen, das im Geistigen geschieht und die Entscheidung zu einer neuen Ordnung ermöglicht, muß als religiöses Anliegen verstanden werden.

Weizsäcker besticht uns in seinen Büchern dadurch, daß er an die Grenzen der Erkenntnis klopft; der Leser fühlt sich wie auf abenteuerlicher Fahrt jenseits der Säulen des Herkules, auf unbefahrenen Meeren. So kann ein Referat nur einige Wegzeichen aufweisen. Erst Spätere werden die reiche Ernte einbringen können, die ein Studium der Gedankengänge Weizsäckers verspricht. *Alice Platen, London.*

Magus gegen Antichrist

Josef Nadler: „Johann Georg Hamann, Der Zeuge des Corpus Mysticum“. Otto Mueller Verlag, Salzburg 1949, 518 Seiten, Ganzleinen DM 15.80.

Johann Georg Hamann, Sämtliche Werke in sechs Bänden, Historisch-kritische Ausgabe von Josef Nadler. Band I: „Das Tagebuch eines Christen“. Verlag Herder, Wien 1949, Ganzleinen DM 20.—.

Von einer „Nova“ sprechen die Astronomen, wenn am Himmel plötzlich ein Stern deutlich sichtbar wird, der vorher zu wenig Licht ausstrahlte, als daß er gesehen werden konnte. Als ein solcher „neuer“ Stern ist am Himmel der deutschen Literaturgeschichte Johann Georg Hamann (1730 bis 1788) aufgeleuchtet, und zwar dank Josef Nadlers Biographie mit dem vielverheißenden Untertitel: „Der Zeuge des Corpus Mysticum".

Mehr wohl als irgendein anderer, dessen Namen man schon in der Schule hörte, war Hamann bisher „der große Unbekannte": vom Geheimnis umwittert, wie Goethe ihn in „Dichtung und Wahrheit" vorgeführt hatte, der „Magus in Norden", der in sybillinischen Büchlein gegen die Vertreter einseitiger Verstandeskultur die Forderung vertrat, aus der Fülle *aller* Seelenkräfte zu leben und insbesondere die höhere Vernunft der Sprache gegenüber jeder abstrakten „reinen" Vernunft anzuerkennen.

Das alles ist richtig, auch Nadler bestätigt es; noch aber ist mit alledem nichts darüber ausgesagt, woher dieser Hamann kam, wohin er zielte, worum es ihm letztlich ging. Und so wird uns hier zunächst einmal ebenso genau wie fesselnd sein Werdegang erzählt, wird jedes seiner ebenso winzigen wie wichtigen Werke dargestellt und gedeutet, wird schließlich seine Wirkung auf Zeitgenossen und Nachlebende gekennzeichnet.

Dies alles geschieht so sorgfältig und in so breiter Anlage, daß man ohne weiteres das Gebotene als Tatsachenbericht, als „Botschaft" ganz im Sinne Nadlers lesen kann. Daneben unternimmt es Nadler, Hamann zu deuten, wobei er mit Hilfe der Kategorien akademischer Geistesgeschichte zwar gerade noch richtig erkennt, daß es diesem Autor nicht um Gedichtetes, sondern um Gedachtes ging, dann aber in der Bestimmung des Denkinteresses bei Hamann den rechten Weg verfehlt. Nadler findet nämlich Hegels Einwand gegen Hamann unverständlich, „daß er aus der Coincidentia oppositorum kein ‚System' herausgesponnen hätte" (Seite 484). Dabei ist doch eben diesem Vorwurf, der aus dem Munde des berufensten Gegners kommt, Hamanns Ehrentitel zu entnehmen, der erste *Existenz*denker im deutschen Bereich zu sein. Hätte Nadler dies erfaßt, dann hätte er ihn nicht in die fragwürdige Reihe der Böhme, Baader und Schelling gestellt, der Theosophen, denen Hamann selbst mit so viel Vorbehalten gegenüberstand und unter denen er immer ein im Aphoristischen steckenbleibender, ein stammelnder, ein „verhinderter Spekulierer" bleiben müßte. Dennoch hat Nadler (und das stellt der objektiven Treue seiner Botschaft ein um so besseres Zeugnis aus, als das hier Entdeckte in seiner Deutung völlig ungenutzt bleibt) den Feind herausgefunden, gegen den dieser Denker zeitlebens im Felde stand, ähnlich wie Sören Kierkegaard gegen Hegel, Karl Kraus gegen die Wiener Presse, Charles Péguy gegen die Sorbonne. Und dieser Feind ist kein Geringerer als Friedrich II., König in Preußen, Hamanns Landesherr, Arbeitgeber — und persongewordener ‚Antichrist' (Seite 384 f.).

In diesem einen Punkte nämlich ist Nadler von der neudeutschen akademischen Tradition unabhängig: in ihrer Borussomanie. Dieser Historiker weiß, daß sich das wirkliche Preußen wie einst die Ordens-, so später die Zollerntyrannei nur höchst widerwillig aufzwingen ließ; und er weiß auch, daß trotz und nicht wegen dieser Tyrannei der Geist dieser Landschaft Blüte und Frucht trug (vgl. dazu Seite 375!). Und so zeigt er uns gleich den jungen Hamann nicht als nach ‚Preußisch'-Berlin, sondern gut hansisch nach Riga orientiert. Von dort wird er beim Ausbruch des Siebenjährigen Krieges in einer geheimnisvollen Mission nach London gesandt, von der Nadler wahrscheinlich macht, daß sie um nichts Geringeres als um die Befreiung der eigenen Heimat ging (Seite 72 f.).

Viel wichtiger aber als diese einmalige politische ist die lebenslängliche geistige Widerstandsaktion Hamanns gegen den abtrünnigen ‚Salomon de Prusse', dessen blutsaugerische Politik gegenüber den eigenen Untertanen Hamann als studierter Volkswirtschafter und langjähriger ‚Secrétaire-traducteur' der Königsberger Acciseverwaltung am besten beurteilen konnte. Mit einer Zivilcourage, um welche ihn der persönlich befreundete, philosophisch allerdings im andern Lager stehende Professor Kant zu beneiden Grund gehabt hätte, und die ihn beruflich wiederholt in größte Gefahr brachte, ließ er etwa 1772 in Königsberg selbst drucken, die sicherste Bürgschaft gegen die Rückkehr des Paradieses sei die französisch-friderizianische Steuermaschine, die den Staat sehr bald in den allgemeinen Zustand bringen werde, wo die Not das Beten lehrt, das man freiwillig nicht lernen will; selbst die neun Seligkeiten der Bergpredigt versiegle dieser Wucher; „aber es wird der Controlleur-General kommen, um die Herzen der Landesväter zu ihren Landeskindern zu bekehren" (Seite 201, Anspielung auf Malachias 3, 23 f.).

Bei alledem ist — wie eh und je — das Politisch-Wirtschaftliche nur die Außenansicht des Geistigen und Religiösen. „Ihr Zeitalter, Sire, ist nichts als ein Tag der Angst, des Tadels, der Gotteslästerung. Das erstaunlichste Ungeheuer in der Gesellschaft ist ein Sklave, der ‚frei denkt'", heißt es in der nächsten Schrift, die schon niemand mehr zu drucken wagte. „Sie haben den Ausdruck ‚Höchstes Wesen, das die Seele verderben kann', nicht ‚als Raub betrachtet', und Sie haben sich bis zur Ähnlichkeit mit jenem ‚König der Juden' erniedrigt, der der ‚König der Könige' ist ..." (also bis zur Gott-Ähnlichkeit des Anti-Christus). Und das unter den Mottos: „Die Preußen sind in Epikuräer verwandelt; der Hunger wird sie vielleicht zu Menschenfressern machen. Es konnte keinen wörtlicheren Hohn geben. Denn beide Stellen stammen aus des Königs Ode an seinen Leibkoch" (Seite 212).

Diese Technik des Zitierens hat Hamann so virtuos gehandhabt, wie erst anderthalb Jahrhunderte nach ihm wieder Karl Kraus. Nur daß für Kraus Jener in die völlige Verborgenheit zurückgetreten war, der wahrlich auch von Hamann als ‚verborgener', aber nun eben doch als in Jesus Christus offenbar gewordener Gott geglaubt und bezeugt wurde. Diesen Gott bekennen und alle Götzendiener bekämpfen, ihre jeweils neuen Masken herunterreißen, das und nicht der Versuch, ein theosophisches ‚System' zu errichten, wie es nach Nadlers Deutung scheinen könnte, ist laut Nadlers Botschaft Hamanns Lebenswerk gewesen. Dabei ist ein denkender Christenmensch im Kampf mit den Dämonen draußen und drinnen, rings in der Welt und mitten in der eigenen Brust, herangereift zu jener ‚Entkleidung und Verklärung' der letzten Werke, mit denen er von Leiblichkeit und Geschlechtlichkeit eines unverkürzt irdischen Daseins Abschied nimmt und so mit der ‚kleinen Parusie' des persönlichen Sterbens für die eigne Person die große und allgemeine Wiederkunft Christi vorwegnimmt. Wie sie dem unbeirrten, aber auch unverkrampften ‚Lutheraner' Hamann als seliges Ende gewährt wurde, inmitten der Katholiken von Münster, die sich dankbar von seiner Demut belehren ließen, das berichtet sehr sauber der Schlußteil von Nadlers Botschaft. (Daneben bleibt aber nach wie vor der besonders verständnisvolle Aufsatz von *Isabella Rüttenauer* „Hamann und die Fürstin Gallitzin" im „Hochland" XXXVI, Seite 203 ff., Dezember 1938, lesens- und erwähnenswert.)

Vollendet aber wird Nadlers Verdienst dadurch, daß er zugleich mit der ersten, endlich vollständigen Ausgabe von Hamanns Werken begonnen hat, wovon das *„Tagebuch eines Christen"* als Band I bereits vorliegt. (Fünf weitere Bände sind angekündigt, wobei der sechste mit einem unentbehrlichen Register die unzähligen biblischen, autobiographischen und zeitkritischen Anspielungen Hamanns enträtseln helfen wird.) Der vorliegende Band bietet die zutiefst von eigener Existenz-Erfahrung gesättigten tagebuchartigen Betrachtungen Hamanns zur Bibel und Verwandtes. Sie sind aber nicht so sehr Auslegung als vielmehr Anwendung, und eben darum sind sie unvergänglich und aktuell wie etwa dieses Wort zum Jakobusbrief, dem unbekannten Kleinod unter den Episteln: „Was tut euch der Reiche Gutes, was findet ihr Ehrwürdiges an ihm, daß ihr ihm mit Achtung, Ehrerbietung begegnet? Was tut euch der Arme Leids, daß ihr ihn verachtet, ja hasset, beleidiget, weil ihr es ungestraft tun könnt? Er geht euch aus dem Wege und segnet euch, wenn der Erste in seinen Beleidigungen, die er euch erzeigt, groß tut; anstatt euer Wohltäter zu sein, euer Unterdrücker ist." (Zu Jac. 2, 4)

Wir sind uns in aller Nüchternheit bewußt, daß der Erfolg, den Nadlers Botschaft und seine Hamann-Ausgabe gewiß erringen werden, gerade nicht auf solchen Worten Hamanns und auf seinem „Haß gegen Babel" (-Berlin), „der wahre Schlüssel meiner Autorschaft", beruhen wird. Es wird genau umgekehrt sein: die unersättliche Gier verwirrter Geister nach der Gnosis, die Nadlers Deutung bei Hamann zu verheißen scheint, wird diese Werke erfolgreich machen. Dennoch wagen wir zu hoffen, daß manche dieser verwirrten Geister durch eben diesen Hamann vom Irrtum hinweg auf den rechten Weg geführt werden, und daß der unmagische Magus vielleicht doch auch im 20. Jahrhundert, wie damals im 18., manche arme Seele aus dem Banne des Antichrist wird erlösen können.

Karl Thieme, Lörrach.

Klippen der Utopie

Walter Jens: „Nein — Die Welt der Angeklagten," Rowohlt-Verlag, Stuttgart 1950, 278 Seiten, Ganzleinen DM 8.50.

Mit welchen Greueln er auch aufwarten möge, der utopische Roman erfreut sich heute — durchaus verständlicherweise — doch einer bemerkenswerten Beliebtheit. Der Inhalt der Utopie hat allerdings gewechselt: an die Stelle des optimistischen Zukunftsbildes, des politisch-gesellschaftlichen Wunschtraumes, trat eine schrekkensvoll realistische Konstruktion, ein aus allen Errungenschaften der Technik und der Massenpsychologie sorgsam geschichteter Albtraum. Die geistige Energie, die von Thomas Morus bis zu dem Amerikaner Bellamy der Herbeirufung einer schöneren und besseren Welt diente, scheint sich nunmehr auf die Ausmalung immer neuer Schreckenskammern gerichtet zu haben. Jedoch stellt sich die neue Form der Utopie leichter her als die bisherige. Um ein sehr überzeugendes, um ein komplettes Porträt der Hölle zu erhalten, genügt es wohl durchaus, die in unserer heutigen Welt, in Ost und West, deutlich angelegten Linien weiterzuführen, sie ein wenig zu verlängern, sie durchzuzeichnen. Dazu bedarf es nur geringer Einbildungskraft. Sie wäre vielleicht sogar fehl am Platz, wenn es gilt, genauer die Züge der Welt von morgen zu treffen.

Für die Gegenwart ist die Gegenutopie charakteristisch geworden. Wir bedürfen ihrer dringend, als Warnung gleichsam, die sich an unseren Weg stellt, seitdem uns Blicke hinter die Kulissen des Fortschritts vergönnt sind und wir zu erkennen vermögen, aus welch fragwürdigem Material, aus wieviel Angst, Blut und Schweiß viele der fortschrittlichen Utopien aufgeführt sind. Die Gegenutopie hat — als literarische Kunstform — ihr eigenes Gesetz. Es ist das einer klaren und präzisen, aus der Wirklichkeit des Menschen und den Gegebenheiten seiner politischen und gesellschaftlichen Lage abgeleiteten, durchaus rationalen und übersichtlichen Konstruktion, deren unterscheidende Qualität, deren Maßstab, von ihrer künstlerischen Geschlossenheit und Überzeugungskraft abgesehen, in der Genauigkeit, im Konturenreichtum und in der Konsequenz der Durchzeichnung liegt.

Überraschenderweise hat sich an einem der ersten Beispiele das Gesetz dieser diabolischen Kunstform sofort rein und überzeugend ausgeprägt. Es ist seltsam, daß trotzdem Aldous *Huxleys* anfangs der dreißiger Jahre auch in deutscher Übersetzung erschienenes Werk „Brave New World", soweit ich sehe, in Deutschland fast ohne Echo und Wirkung geblieben ist. Vielleicht geriet der Roman allzu rasch unter jene Bücherstapel, die nach der Machtergreifung in den Scheiterhaufen aufloderten. (Übrigens ist er kürzlich im Verlag Steinberg in Zürich neu aufgelegt worden.) Vielleicht waren die Konturen dieses Buches aber auch zu scharf und feingliedrig, um in unserem nebligen Klima richtig wahrgenommen zu werden.

In „Brave New World" zog Huxley mit voltairianischem Scharfblick die Konsequenzen aus dem technisch-hygienisch-zivilisatorischen Fortschrittsglauben der Vereinigten Staaten der beginnenden dreißiger Jahre. Hier war das „American Century" schon ad absurdum geführt, bevor noch das berühmte Buch von Henry Luce erschien. Diese „Tapfere neue Welt" ist eine sorgfältig aller Konflikte entkleidete, durchrationalisierte und durchorganisierte Ordnung, die in Funktion, Produktion und steriler Sexualität völlig aufgeht. In ihr ist alles, was im Dasein nach Antwort ruft, mit Ausnahme des Todes, der jedoch in säuberlich isolierten, hellen und klimatisierten Hospitalräumen, in weichen, bequemen Betten, unter heulenden und winselnden Jazzbandklängen, vor dem Televisionschirm mit seinen herzbrechend komischen Klamaukszenen und in den wohltätigen Nebeln des „Soma"-Rausches statthat. Das Ganze ein scheußlicher Albtraum in rosa Schminkfarben, ein „Candide" des amerikanischen Jahrhunderts, aber in sich eine Konstruktion von vollendeter Schlüssigkeit.

Dem erzgescheiten Huxley läßt sich allerdings ein Tadel — wenn es einer ist — nicht ersparen: daß er nämlich ein wichtiges Konstruktionsdetail übersah: die Lebenskraft des menschlichen Machttriebs. So scheußlich die Verwirklichung einer solchen, allein auf das diesseitige „Glück", auf Tätigkeit, Schmerzlosigkeit und Genuß abzielenden Utopie wäre, wie Huxley sie darstellt — sie wird sich kaum ereignen. Zu einer solchen nahtlosen Ordnung wird es der Urtrieb nach Macht kaum kommen lassen. Die Ausgeburt des Machtwillens, die Fratze der sich vollendenden Staatsallmacht hat George *Orwell* in „1984" mit zwar geringerer Virtuosität, aber kaum geringerer halluzinatorischer Wirkung festgehalten. Um die zuverlässige Exaktheit aus dieser Konstruktion nachzuweisen, bedürfte es einer besonderen Untersuchung, aber es genügt vielleicht, sich auf die Erfahrung des Lesers zu beziehen, der dieses Urteil selbst jederzeit nachzuprüfen vermag. Auch mit der Vision Orwells hat es — die eigentlich ästhetische Kategorie bleibe hier wiederum außer Betracht — ihre teuflische Richtigkeit.

Um auf dem Felde der Gegenutopie literarisch antreten zu können, bedarf es, mit einem Wort, des Schreiben- und Gestaltenkönnens sowohl wie des analytischen Blicks. Die wirren und unübersichtlichen Chiffren der politisch-gesellschaftlichen Wichtigkeit müssen vor dem Auge des Autors zu wenigen, aber richtigen und typischen Linien zusammenschrumpfen. Von den Heutigen besitzt, wie man auch sonst zu ihm stehen möge, etwa Arthur Koestler diesen Blick.

Er scheint zum Kunstwerk der Utopie oder der Gegenutopie ähnlich prädestiniert, wie es Stendhal für den psychologischen Roman gewesen ist — wir wissen jedoch nichts über seine Absichten, über sein Schaffensprogramm. Der Mehrzahl zeitgenössischer Autoren wäre von diesem gefahrvollen Ehrgeiz eher abzuraten.

Es ehrt den jungen Hamburger Walter *Jens*, mit seinem Roman „Nein — Die Welt der Angeklagten" auf diesem Felde angetreten zu sein. Das Buch hat in der französischen Übersetzung als Zeugnis der jungen deutschen Literatur freundliche Aufnahme gefunden — verdienterweise, denn Jens hat es sich um die Beschwörung und Bannung der totalitären Gefahr immerhin sauer werden lassen; zudem war den Franzosen zu jenem Zeitpunkt das Werk Orwells noch nicht bekannt.

Es ehrt den jungen Autor kaum minder, nicht die Eiseskälte, nicht jenes Maß von Zynismus aufgebracht zu haben, das notwendig gewesen wäre, wollte er seinen nicht ohne Kühnheit und Geist ausgedachten Rahmen skrupulös durchzeichnen, — daß sein Blick analytisch unscharf blieb. Der Rahmen selbst aber ist bereits ein Torso: eigenwillige Erweiterung einer an sich plastischen Vision von der bis ins letzte vervollkommneten, pedantisch umständlich verfahrenden Gestapo zu einem Weltganzen, das aus Angeklagten, Zeugen und Richtern besteht und ausschließlich von der lähmenden Angst vor der alles kontrollierenden Behörde, von dem so besonders deutschen Autoritätskomplexen bewegt wird. Was hier jedoch über jene plastische Vision hinausführt, was jene „Welt" recht eigentlich konstituieren sollte, bleibt im Schatten, grau in grau, und die Figuren sind schemenhaft. Die Vollendung der Traumvision zu jener Gegenutopie, die der Verfasser sich vorgesetzt hat, ist mißglückt.

Offenbar kam Jens von seinem Vorbild Kafka, und zwar einem mißverstandenen Kafka, nicht frei, und das verursachte den Stilbruch. An die Stelle genau durchdachter Details tritt im breiten Fortgang eine sonderbar enthemmt dahinplätschernde Geschwätzigkeit, zu der Kafka, oberflächlich gelesen, in der Tat die Ursache gewesen sein könnte, denn auch im „Schloß", im „Prozeß", im „Bau", in den „Forschungen eines Hundes" ist des scheinbar uferlosen Monologisierens kein Ende. Man übersehe jedoch nicht bei allem Wachtraumartigen, das die Oberfläche des Kafkaschen Werks ausmacht, die innere, zartgenaue, syntaktisch-melodische Disziplin dieser kleinen, leisen, selten absetzenden Perioden, die den Hochflug der Exploration, das Erreichen neuer seelischer Dimensionen überhaupt erst ermöglicht — wie denn ja die technischen Apparaturen und Manöver, die eine ballistische Höchstleistung zustandebringen, nicht leicht genau und kompliziert genug berechnet sein können, wie einfach auch der Vorgang selbst erscheinen mag. Die Prosa von Jens jedoch hat noch sehr wenig von künstlerischer Zweckbewußtheit, von Präzision und Berechnung. Ein verquollen sich ausbreitender, sentimentaler Lyrismus, der, wie der Wolfgang Borcherts, oft innerer Ergriffenheit, öfter noch zudringlicher Redseligkeit entstammt, sucht hier vorerst stammelnd nach seiner Form.

Eine Utopie? Ein großer politischer Roman? Nein. Eine gemeisterte Traumvision? Doch wohl ebensowenig. Allerdings ein vielfach hoffnungsvoller, aber mit noch unzureichenden und eilfertigen Mitteln unternommener Versuch; Meilenstein auf der Marschroute eines jungen Autors, der unterwegs ist, sich selbst zu finden.

Friedrich Minssen, Frankfurt.

Die Wahrheit und mehr als die Wahrheit

Irma Loos: „Kleiner Zirkus". Roman. Nest-Verlag, Nürnberg 1950, 264 Seiten, Leinen DM 8.80.

Auf dem Schild einer internationalen Werbegesellschaft ist folgende Devise zu lesen: „Truth well told". Irma Loos, eine Erzählerin, der nichts Alltägliches fremd ist, wird Verständnis für die Anmerkung haben, daß man dieses Sprüchlein auch als Signum für ihren neuen phrasenlosen Roman verwenden könnte. „Kleiner Zirkus" spielt im westlichen Deutschland des Nachkrieges. Es ist die Geschichte eines Flüchtlingsmädchens, das sich allein gegen die bekannten Zustände dieser Zeit und gegen ihren Phrasenreichtum zu behaupten hat.

Ruinen, Heimkehrer, wohlgenährte Besatzer, unbelehrbare Nationalisten und als etwas „ganz besonderes" die Geschichte vom „einfachen Leben" des Dichters Johannes, welcher hier Einhardt heißt ... also etwa die gleiche Besetzung wie in den bedrückend unzureichenden Buchreportagen eines Kolbenhoff. Aber Irma Loos beweist von neuem die alte These, daß der Autor und nicht der Stoff darüber entscheidet, wie ein Buch ausfällt. Sie vermeidet alle düsteren Mätzchen des sogenannten Zeitromans, sie erzählt in nüchterner, aber unverwechselbarer Sprache von den materiellen und menschlichen

Schwierigkeiten der Zeit, sie legt die gesellschaftliche Problematik unserer Tage bloß, ohne sie zu einer Kabarettnummer zu machen. Ihre Gestalten sind Menschen, nicht Produkte der Situation: nur ihre innere Substanz ist für die Darstellung entscheidend.

Dieser Roman hat seinen Wert nicht allein als Dokument, sondern auch als künstlerisches Zeugnis. Seine Bedeutung wird auch dadurch nicht gemindert, daß die Autorin offenbar über ihre einmal geschaffene Ebene der Betrachtung nicht hinauszudringen vermag. Innerhalb der engen Grenzen von Skepsis und leidenschaftsloser Genügsamkeit, die sie selbst sich gesetzt hat, nutzt sie alle Möglichkeiten der Darstellung und ebenso der Reflexion. Eros und zuweilen auch Pan greifen nach der Seelenruhe ihrer Heldin, und die Verwirrungen der Halbgötter und Satyrn zerreißen zuweilen die Vorhänge, welche von der Erzählerin in (weiser?) Selbstbescheidung vor den Horizonten ungebändigten Abenteuers zugezogen wurden. Einmal taucht zwischen den Zeilen das gewaltige Antlitz der Käthe Kollwitz auf, und sicherlich wird die Substanz im Werk dieser Frau für Irma Loos noch ein Ziel sein, dem nachzustreben der Mühe wert ist.

Leider ist der Geliebte des Flüchtlingsmädchens, der zurückkehrende Kriegsgefangene Julian, der Wahrheitsucher und auch in der Abwesenheit noch wirksame Freund, ein wenig mißglückt. Man glaubt ihm wohl die handfeste Skepsis, nicht aber die produktive Energie, mit der er am Schluß des Buches ausgestattet wird. Es wäre daher auch verfehlt, die beiden als Schlüsselfiguren unserer Zeit zu bezeichnen. Die Welt dieser Nachkriegszeit mit ihren tausend verschiedenen Ebenen ist dafür denn doch zu vielfältig. Aber bekannt machen muß man sich mit dem „Kleinen Zirkus", denn er gehört zu den wenigen künstlerischen Darstellungen der Jahre nach Fünfundvierzig, die in ihrem Bereich überzeugen.

Christian Ferber, München.

Keine Angst vor Canetti

Elias Canetti: „Die Blendung". Roman. Willi Weismann Verlag, München 1948. 504 Seiten, Halbleinen DM 9.80.

Einen Hinweis auf Canettis seit anderthalb Jahrzehnten mit abschreckender Berühmtheit ausgezeichneten Roman muß man eigentlich mit einem kleinen traurigen Exkurs über den Verlag einleiten, der nicht nur dieses, sondern auch andere mehr oder minder revolutionäre Bücher mit anerkennenswertem Mut herausbrachte; der sich aber inzwischen mehr auf die Herstellung gewisser Bilderbüchlein für Erwachsene und Halbwüchsige konzentriert hat. Wie dem auch sei — Canettis Werk gehört zu seinen aufregendsten Veröffentlichungen, und die Esoteriker aller Bereiche haben es eifrig diskutiert. Mit Recht auch, denn die „Blendung" ist wahrlich ein Buch, das die Spannungen des Daseins zusammenrafft wie kaum ein anderes, es ist die Tragödie des absoluten Geistes und zugleich das Drama des nur-tierischen Daseins, ein Menschheitsbild, aus dem die Verzweiflung der verschieden gearteten Geschöpfe schreit, die einander nicht mehr verstehen können. Ein durchaus gottfernes Bild übrigens, und hier liegt der ernsteste Einwand, den man gegen dieses meisterhaft gebaute und aus sich selbst lebende Werk erheben könnte. Denn die Transzendenz fehlt, und von einer Beziehung zwischen Schöpfer und Geschöpf ist nirgends die Rede.

Bei allem Lob und Tadel und bei aller philosophischen Diskussion ist aber fast völlig in Vergessenheit geraten, daß dieser Roman vorzüglich und spannend ist, daß er eine Fülle grotesker Einfälle besitzt, und daß die Erfindungsgabe des Autors kaum zu überbieten ist. Der sogenannte Durchschnittsleser traut sich fast niemals an die „Blendung" heran. Dabei könnte er sich sehr wohl mit dem sympathischen, wenn auch, von der Ganzheit des Lebens her gesehen, fürchterlichen Peter Kien anfreunden, dem so schreckliche Dinge begegnen, als er ahnungslos seine Haushälterin heiratet und damit den Bannkreis seines asketischen Hirn-Lebens zerbricht. Wenige Geschichten unserer Zeit sind so amüsant und skurril wie diese. Wenige auch so menschlich und aufregend plastisch, wenn es um die Gestalten geht, die in Kiens Existenz eindringen.

Die eintönige Ankündigung „Literarisches Ereignis" hat nicht nur dem literarischen Ereignis selbst, sondern dem Roman sehr geschadet. Buchhandlungen und Leihbüchereien sollten ihn als gut und spannend empfehlen. Habt keine Angst vor Canetti!

Christian Ferber, München.

Mehr als 1000 Seiten Dichtkunst

„Lyrik der Welt", ausgewählt von Reinhard Jaspert, Zeichnungen von Fritz Jaspert. Safari-Verlag, Berlin 1947, 2 Halbleinenbände, 784 und 360 Seiten, Papier der Zeit vor der Wäh-

rungsreform; immerhin; aber sehr hübscher Einband; muß in DM heute billig zu erstehen sein.

Manchmal hat man von der Politik einfach genug, oder es packt einen ein anderer Jammer an (genug Jammer auf der Welt), dann kramt man in diesen und jenen Büchern, solchen, die gar nicht mehr aktuell sind, ob sie noch immer aktuell sind, kurzum: mehr als 1000 Seiten Lyrik müssen doch einigen Trost enthalten. A ... Ägypten, B ... Babylon, Z ..., gibt es nicht, D... Deutschland, ein eigener Band, nehmen wir gesondert vor, na..., wie viele Namen stehen denn im Inhaltsverzeichnis? 12 Seiten, hier gibt es Z: Zech Paul, 1881 bis 1946, „Die Wälder in den Herbstnachmittagszeiten", „Im Schein der letzten Lichter", so weit sind wir wieder noch nicht, Zerkaulen Heinrich, geboren 1892, „Ich hab ein dunkles seidnes Band", Zuckmayer Carl, geboren 1896, „Von der Unsterblichkeit", Zweig Stefan, 1881—1942, „Landschaft" ... „und die Donner grollen mit schweren / Rufen in das harrende Land. / Über die reifen rauschenden Ähren / streift es wie eine schweigende Hand." In Brasilien empfand er es so wie in Böhmen. Ach ja. 12 Seiten Inhaltsverzeichnis also: 150 Namen, und immer noch fehlen einige wichtige, aber wie man sich doch erinnert, Freunde; man muß ja nicht gleich bis Wernher von Tegernsee zurückgehen (um 1200), „Du bist min, ich bin din: / das solt du gewiß sin. / Du bist beslozzen / in minen Herzen: / Verloren ist das sluezzelin: / du muost immer drinnen sin." Rührend gut, nicht wahr? In der Schule damals nahmen wir's ja nicht ernst, aber jetzt, nach all diesen 35 Jahren, ist „in deinem Herzen" oft das einzige Plätzchen, wo sich's noch ausruhen läßt. Wie man sich doch erinnert: Jakob Haringer, „Tröstliche alte Geschichte", wißt ihr noch, Freunde, und jenes „Wiegenlied": „Schlaf, mein Kind, deine Mammi wacht, / dein Vater hat sich davongemacht, / Er hat sich gedrückt und so sind wir allein — / schlaf, mein Kindlein, schlaf ein!", Arno Holz, und unsere gute Lasker-Schüler, Klabund, soviele andere..., sieh' da: Johannes R. Becher, auch er, geboren 1891, heute Dichter von Hymnen auf Väterchen Stalin und Verfasser von Chören an die Partei, auf die Partei, von, aus und alletwegen mit der Partei, schon damals schrieb er: „... Wenn du aber nichts bist / Der, von dem ich wähne, daß du es / Seist: so schreibe es hin mit Feuer- / Lettern, unfaßbarer Dämon du, auf daß / Auch dies ich noch sage: Von / Schlamm bin ich. Zu / Schlamm werde ich. Und Staub, / Den wir schlucken: das ist das / Köstliche, was uns beschieden ist. —" Kann man wohl sagen. Sehr wohl kann man das heute von ihm sagen.

Aber ich wollte doch weg von der Politik. H... Hellas, L... Lateinamerika (nicht eines von den beiden, die Hermann Bahr übersetzt hat, kannte ich auch nur dem Namen nach: Gertrudis de Avellanada, 1814—1873, und Rafael Maria Mendive — von gestern, vorgestern oder noch lebend?), das Namensverzeichnis, nach Ländern geordnet, innerhalb der Länder chronologisch, umfaßt allein wieder 15 Seiten, die Alten, die Neuen, die Engländer, die Amerikaner, die Franzosen, die Russen, die Balkanvölker hervorragend vertreten, bei den Italienern reicht es nicht weit genug zu uns Heutigen her, aber immerhin 20 klangvolle Namen. Wählen wir China ... C, das gequälte China, wenn wir Trost haben wollen, Li Tai-pe, wie man weiß, von Klabund, als er schon fühlte, daß es mit ihm dahinging, nachgedichtet:

„Die junge Frau steht auf dem Warteturm.
Von Jen-Tschis Hügeln fliegt das Laub im
Sturm.
Wie braune Vögel. Wolken drohen dicht.
In Herbst und Regen, Blitz und Donner bricht
Bald der Barbar aus seiner Wüste vor.
Der Han-Gesandte zieht durchs rote Tor.
In tausend Schädeln kriecht der Totenwurm.
Die junge Frau steht auf dem Warteturm."

Überall und zu allen Zeiten kann Korea sein...

„So sei verflucht der Krieg! Verflucht das
Werk der Waffen!
Es hat der Weise nichts mit ihrem Wahn zu
schaffen."

699—762 nach Christus. Wie lange noch nach Christus?

Aber die Federzeichnungen von Fritz Jaspert sind eine Augenweide.

Ob es diese zwei Bände „Lyrik der Welt" noch gibt? Ich habe sie drei Jahre zu spät besprochen — wegen der Politik. Längst hätten sie hundert andere wie ich in ihren Bücherregalen.

(Unsinn. Vor der Währungsreform gab es in jeder Buchhandlung meterweise Lyrik, Millionen Seiten Lyrik, wie hätte ich 1000 Seiten gute Auswahl davon mit Aussicht auf Erfolg anpreisen können? Wer sie als Trostkompendium vom Theater dieser großen, wilden reichen, aber niemals unpolitischen Welt besitzen möchte, wird sie schon ausfindig machen. Und findet er sie nicht, dann im Suchen sicherlich was anderes.) *EK*

Das müssen Sie gesehen haben

Man nimmt das schwer verständliche Werk eines Autors, von dem die Leute, die es wissen müssen, behaupten, er drücke das eigentümliche Lebensgefühl des modernen Menschen aus; garniert es für die Bühne mit einigen Edgar-Wallace-Tricks; läßt es von einem bekannten Regisseur und Schauspieler darstellen; und staffiert es mit einem raffinierten, supertechnischen Bühnenbild aus. Dann hat man, von Kafka über Gide und Barrault bis zu Gründgens, den „Prozeß" und einen geschäftlichen und kritischen Theatererfolg.

Was man nicht hat, ist gutes und sauberes Theater. In Amerika wird das eigentliche Theater von Kino, Varieté und Kabarett häufig mit dem bezeichnenden Namen „legitimate theatre" unterschieden. Gegen eben diese Forderung nach einer legitimen Anstrengung im Dramatischen — die zwar mit der Meisterung der formalen Gesetzlichkeiten beginnt, aber selbstverständlich noch weiter führt, — verstößt die Firma Gide, Barrault & Gründgens. Was sie uns bietet, ist unverfälschtes Varieté für das, was sie wahrscheinlich die Intelligenz nennt — eine im Grunde unzusammenhängende Anhäufung von Sensatiönchen sowohl für die einen, die sich bestätigen lassen wollen, wie tapfer sie sind, auf dem Vulkan zu tanzen und trotzdem weiterzuleben, wie auch für die anderen, die sich nicht oft genug den ganz besonderen Jammer der ganz besonderen heutigen Menschheit anhören können. Auf solche Pseudo-Intellektuellen hin scheint dieser Weltuntergangsschlager angelegt zu sein.

Dazu muß der Roman, den Kafka sicher nicht zufällig als Fragment hinterlassen hat, wohl abgerundet werden mit einer Szene, in der widersinnigerweise ein Nachfolger des Josef K. auftritt, von dem mit dem Holzhammer angedeutet wird, daß er auch kein gutes Ende nimmt (es sollte doch schon aus dem eigentlichen Stück klar werden, daß Josef K. einer von vielen, ja von allen ist). Dafür bleiben alle krassen Szenen Kafkas gewahrt, ganz gleich, ob sie nun auf der Bühne wirken oder nicht. (Es ist zum Beispiel etwas anderes, ob uns das Buch in einen Speicher führt und eindringlich die Hitze beschreibt, die dort den Menschen die Lebenskraft wegsaugt, oder ob wir auf der Bühne so etwas wie einen Eisenbahntunnel zu sehen bekommen, der Held sagt: Hier ist's aber heiß, und die unglücklichen Statisten daraufhin prompt losbrüllen wie die neugeborenen Kinder.) Um in die schäbig-bürgerliche und gerade dadurch so bedrückende Atmosphäre Kafkas eine pikante moderne Note zu bringen, zieht man ein paar Gerichtsbeamten Halbuniformen an, die man sich von Anouilhs-Antigone ausgeliehen hat. Ihr politisches Bewußtsein beweisen die Autoren, indem sie den Helden, der im Roman ganz logisch an nichts anderes denkt, als, koste es was es wolle, seine Haut zu retten, in seiner großen Szene zum menschheitsverbessernden Protestler machen. Und in der Aufführung werden Angst und „Geworfensein" durch orientalische Gestenfreudigkeit, unnatürliche Sprechweise und Darstellung im D-Zug-Tempo ausgedrückt. Das Ganze ist sehr, sehr bedeutungsvoll, und um unerklärliche Einzelheiten kann man sich also nicht kümmern — warum müssen sich alle Schauspieler außer dem Helden ihre Gesichter mit soviel Mehl vollschmieren, daß sie aussehen wie eine verkaterte Faschingsgesellschaft; warum muß die Einrichtung so übertechnisiert werden, daß sie bald nicht mehr Hintergrund der Handlung ist, sondern verbergender Vordergrund der noch raffinierteren Szenerie des nächsten Bildes? Die Welt liegt im Argen, die Menschheit ist selbst schuld und „Der Prozeß" will ihr wieder mal richtig heimleuchten. Man merkt die Absicht und ist verstimmt.

Nur hört man von der Verstimmung nicht allzu viel. Denn anscheinend fängt das Publikum auch schon an, daran zu glauben, daß ins Theater zu gehen eine der Pflichten des guten Staatsbürgers von heute ist und nicht ein Vergnügen. Das Theater seit 1945 vergißt über den endlosen gelehrten Diskussionen so oft, daß es sich nicht mit eindringlichen Predigten und verwirrtem Symbolismus an das (angeblich von den Leiden der Zeit erfüllte) Unterbewußtsein des Zuschauers wenden, sondern dessen gesunden Verstand und echtes Gemüt unterhalten und berühren soll. An diesem Zustand aber ist das Publikum mit schuld, weil es sich alles gefallen läßt. Und im Publikum sind es wiederum die Kritiker, die diesen Zustand verewigen, indem sie es als ihre wichtigste Aufgabe ansehen, über die Hintergründe eines Stückes zu philosophieren.

Engelbert Kirchner, München.

Mitteilungen

Mitteilungen zu den Beiträgen dieses Heftes

Der Bericht „Der Hart, eine Arbeiterstadtrandsiedlung“ ist eine Gemeinschaftsarbeit der Soziologischen Arbeitsgruppe des Instituts für Sozialpädagogik, München. Über die Frage der Stellung der katholischen Kirche am Hart liegt überdies eine Sonderuntersuchung der dort tätigen Junglehrerin Anni Maurer vor.

Wir haben überlegt, ob wir die Darstellungen Strawinskijs („Strawinskijs Gang in die Vergangenheit“) und Foersters in diesem Heft nebeneinander veröffentlichen sollten, — feinnervige Leser werden es als hart empfinden, diesen Musiker und diesen Ethiker so nahe bei einander zu sehen. Wir haben es gewagt, weil in diesen beiden nach Amerika vertriebenen Europäern eine Spannweite unseres Daseins erkennbar wird, die wir auszuhalten haben. Die kleine „Lesefrucht“ zwischen den beiden Arbeiten ist zugleich ein Hinweis auf Kierkegaards Buch „Entweder — Oder“, das ja die ästhetische Existenz und die ethische Existenz und ihre Beziehung durcherörtert. — Der Aufsatz über Strawinskij ist zugleich eine Voraussetzung für die demnächst erscheinende Arbeit eines anderen Verfassers über die Situation der gegenwärtigen Musik und ihren Ort im geschichtlichen Bewußtsein.

Erich Lampey, der Verfasser des Porträts, ist 1912 in Oberhausen (Rheinland) geboren. Er studierte zuerst an den Universitäten Bonn, Freiburg und Berlin Philosophie, Theologie, Geschichte und Kunstwissenschaften, dann an den Technischen Hochschulen in Berlin und München Architektur. Nach bestandener Diplomprüfung im Jahre 1940 arbeitete er in München als Architekt. 1947 nahm er seine philosophischen Studien wieder auf. Er beendet zur Zeit seine Doktorarbeit, mit der er zum Dr. phil. promovieren will.

Um den konfessionellen Frieden

Auf der ersten Umschlagseite der Dezember-Ausgabe der Frankfurter Hefte war hinter dem Titel von Walter Dirks' Aufsatz „Vor dem Ende des konfessionellen Friedens?“ das Fragezeichen vergessen worden. Wir bitten unsere Leser, das Versehen zu entschuldigen.

Nachtrag zu einer Buchbesprechung

Den Buchbesprechungen „Über die Bedeutung der modernen Kunst“ (V/12, 1341) waren versehentlich die nachfolgenden bibliographischen Mitteilungen nicht beigefügt worden: Wilhelm Hausenstein: „Was bedeutet die moderne Kunst?“, Ein Wort der Besinnung. Verlag die Werkstatt, Söcking bei Starnberg 1949, 106 Seiten, DM 3,80; Hans Sedlmayr: „Verlust der Mitte“, (Die bildende Kunst des 19. und 20. Jahrhunderts als Symbol der Zeit). Verlag Otto Müller, Salzburg 1948, 255 Seiten, Leinen DM 16,50. Die Kritik, die der Autor an Wilhelm Hausensteins Auseinandersetzung mit der modernen Malerei übt, sollte ursprünglich zugleich mit einer Erwiderung des Angegriffenen erscheinen. Nicht nur das neue Amt Dr. Hausensteins, sondern auch seine Absicht, auf mehrere kritische Stimmen, die sich gegen seine Schrift erhoben haben, in einer eigenen Schrift zu antworten, haben ihn und uns veranlaßt, auf die sofortige Erwiderung zu verzichten.

Mitglieder der Schriftleitung
Heinrich Bauer (HB), Karl Wilhelm Böttcher (KB), Walter M. Guggenheimer (WG), Rüdiger Proke (RP). Frankfurt/Main

FRANKFURTER HEFTE

Zeitschrift für Kultur und Politik

HERAUSGEGEBEN VON EUGEN KOGON UND WALTER DIRKS

AUS DEM INHALT

6. JAHRGANG HEFT 2 FEBRUAR 1951

FH

INHALT

Februar 1951. Die Frankfurter Hefte sind durch jede Buchhandlung, durch die Post und direkt vom Verlag zu beziehen. Einzelheft: DM 1,—, zuzüglich Zustellgebühr, Inland DM 0,10, Ausland DM 0,20 pro Heft. Postscheckkonto Frankfurt a. M. 8 24 91. Schriftleitung und Verlag: Frankfurt a. M., Schaumainkai 53, Tel. 6 49 05 und 6 51 10. / Druck: Fränkische Gesellschafts-Druckerei GmbH., Würzburg.

FRANKFURTER HEFTE

Zeitschrift für Kultur und Politik

Herausgegeben von Eugen Kogon und Walter Dirks

6. Jahrgang | Februar 1951 | Heft 2

Eugen Kogon und Walter Dirks

Europa und die Amerikaner

„Genug geschwätzt. Ich will die Dinge klarlegen: denn ich bin mit euch, ich bin aber nicht für euch. Und so erscheint mir denn eure Methode falsch."

Albert Camus, „Caligula"
(Cheréa zu den Verschwörern).

K: Der Yankee — kulturell noch ziemlich ungebildet, mit seinem neuerworbenen Reichtum gerne protzend, aus Minderwertigkeit alles Altgewachsene doch bewundernd, in Übertreibungen jeder Art schwelgend, so sah der Europäer bis 1914 den „Prärie-Onkel aus Amerika". Das Bild wandelte sich zwischen den zwei Kriegen; es fing an, dollarrespektvoll zu werden. Seit 1945 hat die Wirklichkeit seine Züge abermals verändert, und zwar gründlich: ein gewaltiger Herr sieht uns an, „der Herr im Haus der westlichen Welt", der Hausherr, von dem wir abhängig geworden sind, abhängig von seinen Ansichten, seinen Wünschen, seinen Taten und seinen Methoden, vor allem auch von seiner Hilfe. Wann wären Völker jemals dankbar gewesen? Zu rasch haben sich der Verhältnisse umgedreht. Der Europäer ist nun voll von Ressentiments gegenüber Amerika. Und niemals seit dem Ende des Zweiten Weltkrieges scheinen sie — nicht bloß in Deutschland — größer gewesen zu sein als jetzt, da die USA von uns verlangen, im Zuge des Fernost-Konfliktes, den sie positiv und negativ so entscheidend beeinflußt haben, einen außerordentlichen Wehrbeitrag zu leisten, damit die Freiheit verteidigt werde.

D: Der Gegensatz sitzt noch tiefer. Die Befreiung und die Marshall-Hilfe haben sich die Europäer sehr gern gefallen lassen, sie hatten in diesem Abschnitt nicht viel Grund, zu sagen und zu zeigen, was sie denken und fühlen. Jetzt, wo es zunächst um erhebliche eigene Leistungen und Opfer gehen soll und sodann vielleicht um Kopf und Kragen, macht sich in Frankreich und Deutschland ein sehr elementares Gefühl Luft: Daß wir „anders" sind als die Amerikaner, daß wir in einer anderen Haut stecken. Siehe da, — die andere „Haut", das Stichwort Malapartes, dessen fragwürdiges Buch reichlich übertreibend genau das herausarbeitet: daß wir anders sind, älter, schwieriger, auch — um Malapartes besonderen Akzent nicht zu verfehlen — lasterhafter, garnicht besser, vielleicht sehr viel schlechter, auf jeden Fall aber anders. Wahrscheinlich haben das die Amerikaner inzwischen gemerkt, vielleicht sogar nicht ohne Befriedigung. Schlimmer, in ihren Augen, ist schon, daß wir anders sein *wollen.* Nicht lasterhafter und schlechter, aber anders, auf *unsere* Art anständig, in unseren Denkformen denkend, mit unseren Werten wertend. Und daß wir unseren eigenen Weg gehen wollen.

K: Was reizt uns also an den Amerikanern? Man kann die Frage sicherlich nicht beantworten, ohne den bereits angedeuteten Wandel der Verhältnisse auf beiden Seiten mit ins Auge zu fassen. Unter den jetzt gegebenen Umständen ist es vielleicht die amerikanische Überlegenheit, ihre rasche, oft wenig unterscheidende Art, großzügig, kühn und sogar derb an Dinge von weittragender Bedeutung heranzugehen, ihre immer noch vorhandene optimistische Grundstimmung, die uns auf die Nerven gehen. Wir empfinden sie als naiv, teilweise unerfahren und uns unangenehm verpflichtend. In der großen West-Ost-Auseinandersetzung könnte uns alles dies, so fürchten wir, gerade jene Freiheit kosten, um die es geht, und vielleicht sogar das Leben.

D: Bei uns Europäern knistert es seit hundertfünfzig Jahren im Gebälk (Kleist, Hölderlin; Marx, Kierkegaard; Donoso Cortes, Nietzsche), seit 35 Jahren brennt es im Hause, und seit 20 Jahren wanken die Fundamente. Die Amerikaner spürten bis unlängst nichts dergleichen, sie lebten in Sicherheit und fühlten sich in Sicherheit. Walt Whitman, — welch eine großartige Sicherheit! Ihre Roman-Literatur zeigt die Krise freilich schon seit einigen Jahrzehnten an, eine antiamerikanistische Literatur der USA selbst ist entstanden, und jetzt, seit 1947 etwa, hat der erste Stoß ihr Haus erzittern lassen. Sie sind gerade eben erst aufgeschreckt worden, das erklärt viele ihrer ungeduldigen und nervösen Reaktionen. Es ist die erste Nervosität des jungen Menschen. Wir sind dagegen ein altes Nervenbündel — aber zugleich merkwürdig stetig und zäh: denn wir wollen trotz allen Stürmen und Erschütterungen bleiben, was wir sind, Franzosen, Deutsche, Italiener, sogar Bayern und Luxemburger, und die Engländer legen Wert auf ihren König und ihren Labour-Sozialismus. Wir wollen das Mosaik Europa bleiben, oder wir wollen es vielmehr erst recht werden, wir wollen nicht nur weder russisch noch amerikanisch werden, sondern wir wollen auch weder auf sowjetische noch auf amerikanische Art europäisch werden, wir wollen weder ein europäischer Block noch ein europäischer Schmelztiegel werden, sondern wir wollen auf europäische Weise europäisch werden. Wir sind ein Mosaik mit verstellten und verworfenen Steinen, und wir beharren auf dem verzwickten Plan, uns *so* zu ändern, daß wir ein richtiges Mosaik werden, in dem jedes Steinchen seinen Ort und seine Farbe hat.

K: Historisches Mosaik, — wie sich die Zeiten verändert haben! Dynamik war einmal das besondere Merkmal gerade der Europäer. Heute, zurückgeworfen von den Grenzen ihrer Ausbreitung über die Erde, wollen sie am liebsten nach dem Grundsatz leben: „quieta non movere", was besteht, möge unverändert bleiben. Auf diese Neigung stößt, in einer Weltlage, die alles andere als fest und ruhig ist, der Schwung der Amerikaner. Ihr Reichtum veranlaßt sie auch noch, sehr häufig und nachhaltig die Methoden zu wechseln, mit denen sie arbeiten und denen wir uns dauernd anpassen müssen. Dabei kann man wirklich nicht sagen, daß sie keine Rücksicht auf uns nähmen. Sie sind splendid in ihrer Hilfe, bereit, immer und immer wieder einzugreifen, wenn Not am Mann ist. Aber sie erscheinen uns nicht fest genug, sie neigen dazu, morgen zum alten Eisen zu werfen, was sie heute für das Patent aller Patente halten, als solches ausgeben und überall anerkannt wissen wollen. Das mag in ihrer eigenen Wirtschafts- und Innenpolitik noch eine ganze Zeitlang angehen; in der Außenpolitik, die es mit Partnern auf längere Sicht zu tun hat und mit sehr schwer regulierbaren, sich keineswegs von vier Jahren zu vier Jahren wieder „einpendelnden" Verhältnissen, ist jeder plötzliche Methodenwechsel heikel und folgenreich. Kann man sich auf die USA wirklich verlassen, sind sie in jeder Hinsicht zuverlässig, fragen die Europäer, die selbst so zweifelhafte Bundesgenossen geworden sind. Die Amerikaner nehmen den Verdacht äußerst übel, weil ja wohl niemand bezweifeln kann, daß sie es mit uns und mit der Welt „in der Tat gut meinen".

D: Das ist es gerade, was uns so auf die Nerven geht. Sie meinen es gut, sie meinen es wirklich und ernstlich gut, wenigstens sehr viele von ihnen, — und machen allerlei Fehler, gegen die man so schwer polemisieren kann, weil sie es so gut meinen. Und weil sie es so gut meinen, verlangen sie von uns obendrein noch Begeisterung für ihre Fehler. Vielleicht wiegen ihre Fehler lange nicht so viel wie ihre Verdienste (— von ihren „Erfolgen" wollen wir noch nicht reden, darüber entscheidet erst der Ausgang der Affäre —), aber sind nicht die armen Verwandten, denen der reiche Vetter unter die Arme greift, geradezu überempfindlich gegen jede wohlgemeinte Taktlosigkeit und jede falsch angesetzte Hilfsmaßnahme? Wir beginnen es zu zeigen, daß wir nicht restlos begeistert von unserem reichen Gönner sind, und nun stehen wir drüben in dem Geruch, sehr undankbare Verwandte zu sein.

K: In der Tat haben die Amerikaner das Gefühl — an der Wirklichkeit gemessen nicht zu unrecht —, daß die Europäer kaum mehr zu wissen scheinen, was sich eigentlich gebührt. Es ist ein richtiger circulus vitiosus. Aufeinander und auf die nationalen Denkweisen, Verhaltensweisen nicht abgestimmte Methoden bringen falsche Meinungen hervor, die falschen Meinungen eine fehlerhafte Wirklichkeit, und so fort im verderblichen Kreislauf.

D: „*Die* Amerikaner, *die* Europäer": wir müssen natürlich erheblich differenzieren. Um nur erst einmal einen ganz primitiven Anfang im Unterscheiden zu machen: es gibt mindestens drei Sorten von Europäern. Da sind zunächst die Nationalisten. Soweit sie die Geschäfte, die sie gegeneinander haben, nicht gerade mit Hilfe der mächtigen USA betreiben wollen, sind sie voller Gift und Galle gegen die neue Weltmacht, die in ihren Ländern so mächtig eingreift; die Deutschen pflegen diese Gefühle als Ressentiment gegen die Besatzungsmacht, die Franzosen teils als die Mitsieger, denen es nicht gelungen ist, Weltmacht zu bleiben, teils als die Revolutionäre, die daran gehindert worden sind, aus dem Widerstand ein neues Frankreich zu bauen. Dann sind da zweitens die „Kontinentalisten"; eben die alten, weisen, kritischen, reflektierenden, hochmütigen, abgebrühten, kulturbewußten Europäer, denen die Macht „der Parvenüs" nicht gefällt. Und da sind drittens die Partner und Freunde Amerikas, die voller Sorge sind, daß die gemeinsame Sache schiefgeht, durch die falsche Aktivität der Amerikaner, durch die gefährlichen Unterlassungen der Europäer, durch eine zu schwache oder durch eine zu feste Zusammenarbeit. Diese Sorte Leute, europabewußte, auf Selbständigkeit bedachte und kritische Partner Amerikas, sehr besorgt und sehr kritisch, aber ehrlich als Partner, gibt es überall in Europa, am meisten vielleicht in Großbritannien, das bald im Namen seiner selbst, bald im Namen des Commonwealth, zuweilen aber auch im Namen Europas genau das erstrebt, was hier gemeint ist: nicht den Atlantischen Block, sondern die atlantische Partnerschaft. Und die es sich sehr viel kosten lassen, um diesen Zustand zu erreichen: Unabhängigkeit *und* aus ihr freiwillige Bindung.

K: Man übertreibt wohl kaum, wenn man feststellt, daß es die Briten sind, die traditionell noch immer kühn und überlegend zugleich in die weltpolitischen Ereignisse eingreifen, — soweit ihre Möglichkeiten als Partner reichen. Sie waren es, die das China Mao-tse-tungs rechtzeitig anerkannt und in den Sicherheitsrat der Vereinten Nationen aufgenommen sehen wollten; sie haben davor gewarnt, in Korea den 38. Breitengrad militärisch zu überschreiten; sie schlugen dann vor, eine Hundert Kilometer-Zone an der nordkoreanisch-mandschurischen Grenze freizulassen. Ihre Ratschläge blieben unerfüllt. Trotzdem sind sie praktisch die Einzigen, die unablässig innerhalb der gemeinsamen Bemühungen einen ernsthaften Beitrag leisten. Die Kontinental-Europäer hingegen lassen sich sogar politisch und ökonomisch Zeit, sie strengen sich bei weitem nicht genügend an, ihrer eigenen Freiheit eine solide Grundlage zu geben. Wir haben keine Lust, zu sterben, sagen sie und vergessen, daß man arbeiten muß, um leben zu können, — es sei denn, man werde als Unterstützungsempfänger von anderen beständig ausgehalten, was wieder dem Rest ihres Selbstbewußtseins zuwiderläuft. Den meisten kontinentaleuropäischen Völkern fehlt heutzutage die notwendige Energie. Allzu gern klagen sie nur, schimpfen und kritisieren — klug, gescheit oder kurzsichtig und dumm —, statt das, was sie selbst als erforderlich erkennen, geduldig und ausdauernd zu tun.

D: Es ist freilich festzuhalten, daß es in Europa sehr viel schwieriger ist, zu leben, und richtig zu leben .

K: Da wir in Deutschland, unserer konkreten Lage nach, die Koreaner Europas sind, sollte man erwarten können, daß gesehen wird, *wie* schwierig es ist, hier richtig zu leben. Der Anschauungsunterricht des Krieges in Fernost ist wahrlich nicht dazu angetan, uns die richtigen politischen Wege und Methoden leichter erscheinen zu lassen. Unsere Jugend hat keine Lust — kann man es denn nicht begreifen? —, wechselweise von *zwei* Seiten füsiliert zu werden, wenn es jeweils schiefgeht. Nun, vor dargebotene Waffen gestellt, widersteht sie einmal schon den Anfängen. Die Amerikaner, in *ihrer* Sicht der so gründlich veränderten Weltverhältnisse, halten es für nichts als Defaitismus.

D: Und sie wollen offenbar nicht zur Kenntnis nehmen, daß für die Russen gerade der neue deutsche Beitrag zur Verteidigung geradezu der casus belli sein kann. Sie würdigen die recht beachtlichen Gründe nicht, welche die Russen für ihren Widerstand gegen die deutsche Remilitarisierung haben, und es sieht so aus, als ob sie die Warnungen Stalins (und den Grotewohl-Schritt, als einen diplomatischen Versuch, der die Drohungen kontrapunktiert) überhaupt nicht recht hörten. Sie nehmen diese Warnungen offenbar deshalb nicht ernst, weil sie ohnehin fest davon überzeugt sind, daß die Russen in jedem Falle irgendwann angreifen werden. Wenn der russische Angriff als Axiom gilt, so verliert das einzelne russische Argument gegen irgendeine bestimmte Maßnahme des Westens allerdings an Gewicht; wenn der Krieg ohnehin bestimmt kommt, verliert der Begriff des *casus* belli an Wichtigkeit. So schlägt man die russische Drohung in den Wind und dreht das Argument um: nicht die Aufrüstung Westdeutschlands werde den Krieg herbeiführen, sondern das unbewaffnete Westdeutschland werde die Russen zum Krieg verlocken.

K: Deutschland ist ganz gewiß ein Sonderfall. Von Europa insgesamt läßt sich kaum das Gleiche sagen. Weder betrachten die Russen die Aufrüstung am Kontinent als Kriegsfall — zu sicher wissen sie, wie problematisch ihre Verwirklichung ist, und ernst könnte sie eben nur mit dem deutschen Potential werden —, noch wäre ein praktisch unbewaffnetes Europa ein Anreiz für sie, es zu überfallen, weil dahinter der Weltkrieg stünde, den sie, mindestens bis auf weiteres, noch scheuen. Gerade darum könnte ein vernünftiger militärischer Selbstschutz des Kontinents, nämlich als zusätzliches Instrument einer Politik, den Frieden als Ganzes zu erhalten, also im System westlicher Überlegenheit oder wenigstens Gleichstärke, organisiert werden. Alles spricht dafür: die wirtschaftliche Unterlage, die sozialen Verhältnisse, die schwierige Politik, die mangelnde seelische und geistige Bereitschaft der Europäer, das gefährliche Sonderproblem Deutschland, es spricht alles dafür, die Aufrüstung Europas realistisch zu betreiben, mit Maß und Ziel, nicht illusorisch, dadurch lebensgefährlich und geradezu selbstmörderisch. Aber die Amerikaner vereinfachen das Problem, ihrer Art entsprechend; sie verkennen die Voraussetzungen und sie lehnen es ab, andere Seiten des Gegners zur Kenntnis zu nehmen als die einzige, die sie fürchten: die behauptete unbedingte Entschlossenheit zum militärischen Angriff. Wer auf die Vielfalt der Wirklichkeit hinweist, die mehr Möglichkeiten offenläßt als bloß die eine, unzuverlässig vereinfachte, alles unter Umständen gefährdende, ist in ihren Augen ein Gefolgsmann und ein Wegbereiter der Sowjetrussen. In solcher Betrachtung ist natürlich auch kein Platz mehr für eine Politik der Selbständigkeit Europas, einer Selbständigkeit im Interesse des Friedens, die allein vielleicht noch imstande ist, den aktiven Willen der europäischen Völker zu wekken. Nur mit diesem Willen aber können sie Partner werden, selbst in der militärischen Abwehrfront. Satelliten haben auf Seiten der Freiheit und der Demokratie überhaupt keinen Wert, nicht den geringsten.

D: Wir sind also glücklich so weit, daß die Amerikaner ihre eigene Idee zu vergessen beginnen: die Idee des Marshall-Plans, der ja doch ausdrücklich dazu bestimmt war, Europa auf seine eigenen Füße zu stellen, — nicht die beschädigten Nationalwirtschaften wieder fit und konkurrenzfähig zu machen, sondern Europa als solches, als Wirtschaftseinheit, auf die eigenen Füße zu stellen. Einige Jahre lang haben sie uns gemahnt und angefleht und uns — vielleicht zu wenig — gedroht: Werdet europäisch! Jetzt aber werden sie schon nervös, wenn von der „Dritten Kraft“ die Rede ist oder von „Vermittlung“. Sie wittern dann sofort einen grandiosen Verrat. Ihr Ohr reagiert nur noch auf „atlantisch“. Und die Europäer, die sich *nicht* geeinigt haben, obschon es sowohl ihren eigenen Interessen als den dringenden Wünschen der Amerikaner entsprach, antworten aus schlechtem Gewissen mit Ressentiments. Schade um die Menschen, schlimm für die Sache ...

*

K: Trotz allem gibt es keinen anderen Weg, man muß ihn wider alle scheinbar übermächtigen Hindernisse gehen: den Weg, Europa zu einigen, das heißt, es politisch und wirtschaftlich als einen geeinten Kontinent selbständig und stark zu machen. Was die Amerikaner anlangt, so haben wir es im Moment mit einem wahren Knäuel von Komplikation zu tun. Sie zogen sich nach 1945 nicht zurück wie 1919, sie blieben da und sie halfen mit. Sie wollten, daß Europa sich einige, sie erzwangen es nur nicht (was sie leicht gekonnt hätten). Sie versuchten es „marxistisch“ — mit Wirtschaft allein, aus der die entsprechende Politik folgen sollte. Sie wurden allmählich ungeduldig, unsere Fehler wohl erkennend, keineswegs ihren eigenen, der durch Generosität überdeckt wurde. Sie zogen aus ihrer Ungeduld keine positive Schlußfolgerung. Seit Korea erwarten und fordern sie plötzlich von Europa stärkste militärische Kraftentfaltung, — von einem nicht geeinten Europa. Also soll die Verteidigungsidee es einigen, damit es zum Schutz der westlichen Freiheit gegen den sicher erwarteten sowjetischen Angriff beiträgt. An eine rasche politische Einigung glauben sie nicht (wegen ihrer Erfahrungen mit Europa, welche fehlerhafte Voraussetzungen hatten). Ohne tatsächlich Subjekt zu sein, nämlich selbständig, sollen wir doch Soldaten sein, und zwar Bundesgenossen, also Partner. Partner ohne eigenen Willen? Durchaus nicht, nur soll unser politischer Wille mit dem der Amerikaner — mit dem jeweiligen — übereinstimmen, von kleineren Differenzen, die verzeihbar sind, abgesehen. Mit ihm nicht übereinstimmen, heißt, unzuverlässig, gefährlich, defaitistisch, abtrünnig sein, womöglich gar: zu den Russen hin schwankend. Wäre es da nicht besser, sich vielleicht doch von diesem fragwürdigen Kontinent zurückzuziehen? Man kann es sich leider nicht leisten, inmitten der Weltlage, wie sie ist. Außerdem ist ja vielleicht noch nicht jede Aussicht verloren, die Europäer zur „Selbstbesinnung", will sagen: zur freiwilligen und totalen Übereinstimmung mit den amerikanischen Anschauungen und Methoden — mit den jeweiligen — zu bringen und zu einer willigen Gefolgschaft, die sich, nach allen Hilfen, die sie erhalten haben und fortwährend erhalten, eigentlich von selbst verstehen sollte. Ist es denn überhaupt möglich, daß die Europäer nicht sehen, *wie* gefährdet sie sind? Wenn irgendjemand von Panik erfaßt werden müßte, dann sie. Gerade um ihre Rettung handelt es sich in allererster Linie.

Die Antwort ist: kein Zweifel, daß wir gefährdet sind. Aber, solange durch die Solidarität der USA und ihre Stärke ein Angriff auf Europa Weltkrieg bedeuten würde, ist die Gefahr nicht unmittelbar gegeben. Die sowjetrussische Führung denkt und rechnet zuerst ökonomisch, sozial und politisch. Ihre militärischen Absichten sind nicht absolut und irrational, sondern abhängig von jenem Gesamtkonzept. Genau diesen Zustand wollen auch wir erreichen, — wir wahrlich nicht mehr imperialistisch, sondern ganz und gar auf den Frieden bedacht, der unsere einzige Aussicht ist, zu überleben. Folglich können wir vernünftigerweise nicht dazu beitragen, uns durch eine einseitige, illusionistische Politik des „wishful thinking", noch dazu eines fehlerhaften, nämlich rein militärische Sicherheit zu erlangen, vollends zugrundezurichten, indem wir, etwa durch die Aufrüstung der Deutschen Bundesrepublik im gegenwärtigen Abschnitt der Entwicklung, die Gefahr unberechenbarer Entscheidungen herbeiführen. Wir müssen, was ohnehin das Richtige ist, gerade in dieser Situation beschleunigt selbständig werden, freilich nicht als Einzelne und getrennt voneinander, sondern vereint und gemeinsam. Erst dann sind wir in einer atlantisch-kontinentalen Koalition gefestigten Friedens und der Friedenserhaltung überhaupt von Wert. Nur die Arbeit an unserer wirtschaftlichen, sozialen und politischen Selbständigkeit ist auch das Ideal, das der Freiheit in Europa ihren Inhalt geben und die jetzt mehr und mehr verlorengehende, zum Teil schon verlorene Energie wieder zum Leben zu erwecken vermag. Genau in dem Maße, wie eine solche Ordnung des Friedens spürbar verwirklicht wird, werden die 280 Millionen Europäer des freien Westens auch bereit sein, notwendige Opfer zum Schutze gegen die Gefahren zu bringen, die uns vom Totalitarismus des Ostens in der Tat drohen. Die Gefahren werden im übrigen im gleichen Maße geringer. Und abermals im selben Maße können die Mißverständnisse abnehmen, die unser Verhältnis zu Amerika bedenklich stören, solange wir in der Stellung von Objekten (die man irritierenderweise Subjekte nennt — und was für Subjekte! —) schwach, skeptisch, zerrissen, ängstlich und schließlich in der Tat defaitistisch sind. Wir *müssen*, auf der Seite des Westens, als Dritte dazu: mit Großbritannien und dem Commonwealth, von Skandinavien bis Indien ein konsolidiertes Glied im Ring des Friedens.

D: Der eigentliche Sinn dieser Selbständigkeit ist nicht negativ. Es geht nicht um eine Selbständigkeit *gegen* irgendetwas, nicht einmal gegen Sowjetrußland, so sehr sie sich gegen eine totalitäre Versuchung oder Vergewaltigung wehren würde. Erst recht nicht gegen die nichttotalitäre Welt. Und schon garnicht gegen USA, mit dem Europa so eng verbunden ist. Der Sinn dieser Selbständigkeit ist Kooperation.

Die Entkrampfung des Weltgegensatzes durch die Existenz selbständiger Mächte liegt im wohlverstandenen Interesse Amerikas selbst, — nicht freilich im Blickfeld derer, die den Ausbruch des Krieges für absolut gewiß halten und also nur noch in kriegerischen und strategischen Begriffen denken. Daß ein selbständiges starkes Europa eigene Gesichtspunkte hätte (wie schon ein halb einiges und schwächeres Indien bereits eigene Gesichtspunkte zu haben beginnt), ist kein Nachteil für die gemeinsame Sache der nicht-totalitären Welt, sondern ein Vorteil. Wir kennen Dinge, welche die Amerikaner nicht kennen. Wir kennen zum Beispiel den Marxismus besser als sie, — wir verstehen ihn nicht sehr gut, sie aber haben keine blasse Ahnung davon. Und Indien kennt die Asiaten besser. Diese Kenntnisse kann man nicht kaufen, man kann sie nicht durch bezahlte Spezialisten oder tüchtige Investigators beschaffen, — diese Kenntnisse kommen nur dadurch ins Spiel, daß die Völker und Mächte, die in vielen Dingen anders und in manchen richtiger sehen, als selbständige Spieler mitspielen. Ja, ihre Existenz macht überhaupt erst wieder so etwas wie Politik und Diplomatie möglich. Es wäre schön, wenn der Kalte Krieg durch einen mannhaften Händedruck zwischen Truman und Stalin beendet werden könnte, — realistischer aber ist die Erwartung, er könne durch mehrere verschiedenartige Faktoren allmählich zu normaler Politik werden, nämlich zuerst zu einem Kalten Nicht-Krieg, dann zum normalen Nicht-Krieg und schließlich zum Frieden. Die Weltspannung läßt sich nicht von einem Punkt aus entspannen, sie kann nur „pluralistisch" entspannt werden, mit vielen Methoden, an vielen Stellen, durch Druck-Verteilungen, lokale Entspannungen. So, wie man heutzutage einen verkrampften Menschen sowohl durch Massagen hier und dort, als auch durch Atemübungen, als auch durch Medikamente, von denen einige hier, einige dort angreifen, als auch durch seelische Behandlung zu entkrampfen sucht. Damit man aber pluralistisch heilen kann, müssen mehrere wirksame Subjekte da sein. Amerika braucht für seine Sache nicht Dienstverpflichtete, ja nicht einmal so sehr Verbündete, sondern Freunde. Die Freundschaft beruht aber nun einmal auf dem Willen von Selbständigen.

Dem Freund — dem potentiellen: denn Europa *ist* ja nicht, es will und soll ja erst Subjekt und also Freund werden —, dem Freund wird man nicht gleich „Verrat!" zuschreien, wenn er an „Vermittlung" denkt. Vermittlung heißt nicht einmal in erster Linie eine vermittelnde Aktion und schon garnicht eine verräterische, sondern es heißt zunächst nur eine Existenz außerhalb der gefährlichsten Brennpunkte der Feindschaft. Indien „vermittelt" schon durch seine Existenz: weil es asiatisch ist wie China, und freiheitlich wie Amerika. Auch Europa würde durch seine Existenz vermitteln, — weil es Amerikas Freund, aber des Anspruchs auf die Weltbeherrschung unverdächtig wäre, und aus vielen anderen Gründen. Manche verständige und entspannende Einzel-Regelung, die Stalin mit dem Erzfeind nicht zu treffen bereit wäre, noch von seinem Standpunkt aus wagen dürfte, könnte er mit den Freunden (nicht mit den „Helfershelfern"!) Amerikas treffen. Sollte es gar gelingen, die Kolonialfrage — die Wunde der nichtweißen Welt, die Sünde der weißen — in Frieden zu lösen, so wäre nicht nur mit einem Male viel Konfliktstoff zwischen „West" und „Ost" beseitigt, sondern es stünde von Westafrika bis Indien ein breites Feld von Völkern und Staaten zur Verfügung, die weder bolschewistisch noch amerikanisch werden wollen. Es gibt keine stärkere Hoffnung für ein kluges Amerika *und* ein kluges Sowjetrußland als dieses Feld. Eine dritte Kraft auf diesem Feld würde den Krieg verhindern; sie würde Rußland retten für seine unbekannte Zukunft, und sie würde Amerika retten für die seine. Der Krieg würde den Erdball zerstören. Er würde den Bankrott unserer Generation bedeuten. Jene Dritte Kraft würde bloß durch ihre Existenz erreichen, daß die Geschichte dieser Menschheit weitergeht, daß wir unsere Aufgabe der kommenden Generation weitergeben.

Der Sinn der Selbständigkeit ist der Friede.

*

K: Angenommen, diese Analyse ist richtig, — man kann dagegen einwenden, daß es nur eine Analyse ist, höchst wünschenswerte Ziele in ihr eingebaut, großartige Ziele, aber wie steht es um die Aussichten, dahin zu gelangen? Die gegebene, die vorwaltende Wirklichkeit ist so verworren, die Kräfte laufen einander so quer, die Übermacht der beiden Führungsstaaten ist so groß, daß die Ansatzpunkte nicht sichtbar sind, von denen aus den Bemühungen um einen friedlichen, nicht einen kriegerischen Frieden auch nur Anfangserfolge beschieden sein könnten. In dem chaotischen Durcheinander unterhalb der auffahrenden Superstreitwagen Gogs und Magogs, im vorausgeworfenen Schatten der Atombomben und des Bakterienkrieges verlieren die Menschen wenn nicht schon den Verstand, so die Hoffnung. Die wenigsten erkennen noch die schmalen Pfade des Friedens.

D: Manche sprechen von „Vermittlung" oder „Neutralität", die nichts anderes im Auge haben, als „sich herauszuhalten", aus der Geschichte zu eskapieren. Diese Ohne-Mich-Leute, so verständlich ihre Haltung manchmal aus bereits erlebten schrecklichen Schicksalen erscheinen mag, treiben es manchmal bis zum Zynismus oder kompletten Nihilismus. Sie interessieren sich einfach nicht mehr für die ganze Angelegenheit. Es tanzen sehr viele Menschen in Deutschland über dem Abgrund, nicht nur die jüngeren Ohne-Mich-Leute, sondern auch die wackeren Geldverdiener, und es ist nicht neu, daß sich mit hoffnungslosem Nihilismus die tollsten Illusionen verbinden. „Sich überrollen lassen" .. Da findet sich ein nihilistischer und illusionärer Defaitismus oft in merkwürdigen Mischungen neben sehr guten politischen und moralischen Motiven, — verbunden sogar mit dem großen Impuls der christlichen Gewaltlosigkeit, — Scheinargumente und Realargumente dicht nebeneinander.

K: Der Zustand ist so schlimm, daß die Realargumente den Scheinargumenten angekettet werden: Teilwirklichkeiten müssen dazu herhalten, ein Illusionsgebäude zu stützen. Ein wahres Feuerfroschwerk von Kurzschlüssen funkt allerorten in der Gegend herum. Was sich zum Beispiel in Deutschland unter der Losung „Neutralität" nicht alles verbirgt!

D: In Frankreich ist es offenbar ähnlich. Im „Neutralismus" gärt vielerlei. Partisanen Sowjetrußlands, welche die atlantische Verteidigung stören wollen, Nationalisten, die Frankreich heraushalten wollen, und Europäer, die Europa selbständig, handlungsfähig und vermittlungsfähig machen wollen, werden mit dem gleichen Namen „Neutralisten" bezeichnet.

K: Und ähnlich ist es mit den „Isolationisten" in Amerika. Das sind nicht mehr die Leute von einst, Anhänger der Monroe-Doktrin. Innenpolitisch sind es manche Kreise der Republikaner, die sich rücksichtslos nur gewisse — dort recht begründbare — antieuropäische Gefühle zunutze machen, und weitere, unter den zunehmenden Steuerlasten mißmutig werdende Bevölkerungsteile auf ihre Seite bringen — gegen die Truman-Acheson-Verwaltung. Außenpolitisch verlangen sie die wildesten Militäreingriffe in Asien; McArthur ist ihr Mann. Wenn es nach einigen von ihnen ginge, wären die USA schon im Krieg mit Rotchina und Atombomben die Waffen, „Ruhe herzustellen", eine Ruhe, einen Frieden und eine Freiheit, die Amerika dann wieder „isolationistisch" sich selbst überlassen könnte.

D: Anderseits gibt es in Amerika Anzeichen einer Änderung, einer Erschütterung der allzu starren Haltungen. Eugen Rosenstock schrieb mir dieser Tage von drüben: „Dies Land hier, USA, erwacht ja erst heut zu der Tatsache, daß man in der Auswärtigen Politik nicht experimentieren kann. Sehen Sie, bislang war hier außenpolitisch nichts letzter Ernst. Man versuchte es halt einmal so, einmal anders, immer mit ganz gutem Willen, aber nie mit der existentiellen Totalität. Daher jetzt hier eine ganz unberechtigte Panik; in Wirklichkeit ist es das Majorennwerden, welches trotz Jugendbewegung stets ein schmerzhaftes Ereignis ist."

K: Das stimmt ganz überein mit dem, was ein anderer unserer Freunde, der ebenfalls aus Europa kam und in Amerika heimisch geworden ist, sodaß auch er beide Teile zu verstehen vermag, mir unlängst schrieb: „Die Ereignisse wirken wie ein Schock. Er kann sehr heilsame Folgen haben. Man fängt hier an, das Verhältnis zu Gott, zur Welt und zur eigenen Regierung in einem ganz neuen Sinn zu überprüfen. Noch ist es erst ein Anfang, möglicherweise aber ein Anfang wirklich zum Bessern." Die Schwierigkeit liegt wohl, wie so oft in der Geschichte, darin, daß das Gute seine normale Zeit braucht, um auszureifen und Frucht hervorzubringen. Das Falsche ist immer frühreif, hat den Anschein des unbedingt Notwendigen und verlockt zum raschen Zugriff; erst an den Übeln, die es erzeugt, wird es in der Regel, vielleicht, erkannt. Was kann getan werden, dem Richtigen und Heilsamen beschleunigt zum Sieg zu verhelfen?

D: Die Zeit, dieses „geheimnisvolle Ding", erweist sich als ein merkwürdig eigenwilliger Hauptfaktor: Was man heute tut und unterläßt, hat morgen Folgen, im Guten und im Bösen. Man kann im Richtigen garnicht rasch genug handeln, man kann garnicht ungeduldig genug sein, den Samen der Vernunft auszustreuen, die Fruchtkörner der Einsicht überall von neuem zu pflanzen. Dauernd ergeben sich aus einmaligen Konstellationen geradezu Termine des richtigen Handelns. Anderseits kann man vieles nicht erzwingen; die harte und beständige Wirklichkeit entgleitet einem aus den Händen, wenn man irgendetwas überspringen will. Nichts läßt sich überspringen, kein Schritt läßt sich ersparen. Es gehört viel Mannhaftigkeit dazu, entschlossen die Welt zu ändern — und auszuhalten, was sich nicht sofort ändern läßt.

K: Was bleibt uns also anderes übrig, als den Amerikanern geduldig, von Einzelheit zu Einzelheit und immer wieder zu sagen, besonders wenn sie uns drängen, sofort zu tun, was sie für richtig und wir für nicht genügend richtig, für gefährlich ungenügend richtig, ja sogar für falsch halten: Laßt uns die Dinge noch einmal miteinander prüfen, ihr wißt doch bereits aus Erfahrung, daß bei uns und in der zusammenhängenden Welt nicht alles so ist, wie ihr allein es seht. Vor allem die unterscheidende Psychologie spielt eine große, manchmal entscheidende Rolle. Seid bei aller eurer Energie nicht vorschnell, auch nicht in euren mit Nachdruck versehenen Ratschlägen. Einen Bären in Abstand hinter sich und einen Abgrund in gemessener Entfernung vor sich, gibt es sicher einen Ausweg seitlich oder am Hang entlang bis zu dem Platz, wo sich ein Standort bietet, sich zu stellen und seinen Mann zu stehen, statt Hals über Kopf in das Verderben zu rennen, sei es vorne, sei es hinten. Noch fünf Minuten vor vierundzwanzig Uhr hat man Zeit, das Werk so weit wieder aufzuziehen, daß der Zeiger Null-Uhr überschreitet in einen neuen Tag hinein; die Uhr gegen das Schicksal werfen zu wollen, ist keine Lösung. (Der Vergleich gilt uns, nicht euch.)

D: Wir Europäer aber sollten uns zu rascherem, energischerem Handeln zwingen. Wir sind viel zu langsam in dem Versuch, die Voraussetzungen zum Handeln zu schaffen, die Voraussetzungen dafür, daß *wir* als Europa selbständig handeln können. *Unsere* Gefahr ist es, nichts zu tun. Unser Bestes ist unsere Unruhe, sie muß zu einer Ungeduld werden, die zum produktiven Handeln führt. Und wir müssen so mannhaft sein, *in* dieser Ungeduld eine realistische Geduld mit einem Europa zu haben, das alt und zäh ist und sich nur langsam ändern läßt.

K: Obgleich wir anders sind, gibt es doch eine Gemeinsamkeit: die der Lebensideale. Wenn sie verwirklicht werden und, soweit sie verwirklicht sind, erhalten bleiben sollen, müssen die Methoden des amerikanischen und des europäischen Handelns einander angeglichen werden. Beide Seiten haben viel in die Partnerschaft einzubringen. Europa seine reichen Kenntnisse und Erfahrungen. Die Soldaten in Korea sagen heute: „You can't fight Karl Marx with Coca-Cola". Und genauso wenig, wie die Amerikaner imstande sind, fremde, uns feindliche Ideale auf Dauer bloß technisch zu überwinden, genauso wenig wird der Europäer imstande sein, auf Dauer nur für unerfüllte begriffliche Schlagworte zu leben oder gar zu sterben. You can't fight for nothing. Wir müssen tatsächlich Partner werden, selbständige Partner der einen Welt, die einander ergänzen — in ihren Lebensanschauungen, ihren Ideen, Erfahrungen, Methoden, in ihrer Geduld und Ungeduld, in ihrer Entschlossenheit und ihrer ausdauernden Energie zum Positiven.

Geduld, Völker, faßt euch in Geduld! Wenn ihr die ersten Folgen der Atomzertrümmerung an euch verspüren werdet, habt ihr noch immer Zeit, euch auf dem Polizeirevier eures Viertels zu beschweren.

Georges Bernanos.

Hans J. Iwand

DIE LIEBE ALS GRUND UND GRENZE DER FREIHEIT

I

Die geistige Situation im heutigen Deutschland*), vielleicht auch in Europa, unterscheidet sich in einer bemerkenswerten, man könnte sagen beängstigenden Weise von der nach dem Ersten Weltkriege.

Der Erste Weltkrieg zeitigte eine geistige Erweckung, wie sie uns seit langem nicht widerfahren war. Lag es daran, daß er eine des langen Friedens gewöhnte, ungeheuer problemreiche und aufnahmefähige junge Generation zwang, sehr nahe am Tode zu leben, oder daß er zum ersten Mal die ganze Welt bewegte und alle zivilisierten Nationen in den Krieg einbezog und so unter dem Paradox des Krieges zugleich die Frage eines Gemeinsamen in allen Völkern zum Thema erhob; oder war es dies, daß die Wirklichkeit des Reiches Gottes und der Sinn des christlichen Liebesgebotes sich im Angesicht dieses Völkerringens neu als etwas Jenseitiges und doch Verbindliches erwies, — es ist jedenfalls Tatsache: als die Waffen ruhten, war eine Revision der Grundlagen unseres sittlichen, religiösen, pädagogischen und sozialen Lebens inganggekommen, der wir höchst fruchtbare und menschlich ergreifende Leistungen verdanken.

In einer kurzen, kaum zehn Jahre währenden Epoche der Erneuerung entstanden Werke von bleibendem Werte. Diese Generation hungerte nicht so sehr nach Fachwissen, sie war vielmehr in einem gleichsam griechischen Eifer begierig nach dem Wissen vom Wissen, sie fragte nach dem Sinn des Ganzen, nach dem Sinn der Universität und nach dem Sinn eines geistigen Lebens überhaupt. Wir erleben nach 1918 auf allen Gebieten einen Aufstand gegen das reine Stoffwissen; wie ein tiefgreifender Pflug geht die *Frage* durch die sorgfältig gegeneinander abgegrenzten Felder und erregt den Unwillen derer, die nur ihre Parzelle bestellen. Es geht nicht anders. Die Ratlosigkeit ist zu groß, das Entsetzen zu gewaltig, das Empfinden, daß die vorangegangene Generation versagt hat, zu elementar, als daß sich irgendein Denkender dieser radikalen Frage entziehen könnte. Und wo Gefahr ist, wächst das Rettende auch. Vielleicht nicht immer, aber nach 1918 war es so. Wie ein Frühling brach es auf in Theologie und Philosophie; eine neue Konzeption von Geschichte meldete sich zu Wort, das Geschichtsbild (Rankes) der objektiven, fast könnte man sagen zuschauerhaften Reproduktion weicht dem Versuch einer echten Vergegenwärtigung; in revolutionären Angriffen auf die klassische Pädagogik entsteht ein Bildungsideal, das die Gemeinschaft und den Eros als wirkende Mächte einbezieht. Bis dann der Tag kommt, der in seiner geschichtlichen Notwendigkeit (wenn es eine solche gibt) noch nicht begriffen ist, da die Gegenrevolution aus einem verhängnisvollen Zusammenspiel machtpolitischer Umstände ans Ruder kommt, diese Widerständigkeit des Trägen und Dumpfen, des Vitalen und Brutalen, die ihre ziellose Triebhaftigkeit aus der Feindschaft gegen den Geist schöpft. Konter-

*) Vergleiche den ausgezeichneten Aufsatz von Alain Clément „Aufstieg oder Niedergang Deutschlands", FH V/10, 1034.

revolutionen leben nicht aus einer in ihnen selbst mächtig oder tragend gewordenen Idee, sondern aus der Verachtung der Ideen; seltsam genug, daß man immer wieder auch Christen in ihren Reihen marschieren sah, die an dieser ideen-feindlichen Haltung teilhatten. Hoffen wir, daß sie nicht wußten, was sie taten.

Wenn man die europäische Geschichte der letzten zweihundert Jahre als ein Wechselspiel von Revolution und Konterrevolution versteht, dann ist jedenfalls Hitler mitsamt den hinter ihm stehenden gesellschaftlichen Faktoren der geschickteste und verheerendste Meister seines Faches gewesen, und das erklärt die Öde, die bis heute im Unterschied zu der Epoche nach 1918 in unserem geistigen Leben herrscht. Die Entdeckung des Freundes und des Feindes als relativer politischer Möglichkeiten hat die politische Theorie bereichert und wahrer gemacht, *sie* aber haben das absolute „Freund-Feind-Denken", also die Generalisierung des Mißtrauens und des Hasses, in das gesamte öffentliche und rechtliche Leben, in das innere Leben der Nation wie eine schwer ausrottbare Krankheit des Geistes eingeimpft. Seither hängen die Schwaden dieser konterrevolutionären Nebel über der Landschaft, und wir alle drohen darin zu ersticken. Menschengruppen werden unter Berufung auf die von ihnen verkörperte oder vertretene Ideologie zusammengefaßt und innerhalb der Gesellschaft rechtlos gemacht, und man meint, durch Vernichtung oder wenigstens praktische Ausschaltung dieser Gruppen die von ihnen vertretene Idee vernichten zu können: man wendet das antisemitische Schema auf unbequeme Gruppen aller Art an.

Wir stehen heute vor der Frage, wie wir dieser Lähmung, ja, diesem mitten unter uns wachsenden geistigen Tode entgehen. Diese Frage enthält die begrenztere, ob es noch einen Weg gibt, den Anschluß an die fruchtbaren Ansätze nach 1918 zu finden. Um ein paar Namen zu nennen: wer setzt fort, was Max Scheler und Edmund Husserl, was Ernst Cassirer und — der große Anreger hinter ihnen allen — Wilhelm Dilthey begonnen haben? Wo ist die Bewegung, die einmal von Barths Römerbrief und Thurneysens Dostojewskij ausging? Wer kennt noch Ferdinand Ebner? Wer Eugen Rosenstock? Was haben die Schüler Karl Holls aus seinem vielleicht unter viel Asche dennoch glühenden Feuer gemacht? Und was ist mit Grisebach und Hecker, und was ist — auch — mit Stefan George und seiner Schule? Diese Namen deuten etwas Neues an, das auf einmal da war, in ein paar Jahren, ohne daß irgendetwas daran „gemacht" worden wäre. Wie aus dem Boden gestampft, so war es da, Verwandtes auf allen Gebieten. Und in ebenso kurzer Zeit war es zertreten von den Stiefeln marschierender, sich das Denken gründlich und methodisch abgewöhnender Lebewesen. Es gibt nicht oft Zeiten, die so wie die unsrige handgreiflich und sichtbar durch Entscheidungen geformt sind, die, den sichtbaren vorausgehend, sich im Geistigen ereigneten. Was hernach kam, war alles nur Folge. Man hatte gewählt: was daraus folgte, geschah unter der Devise: „Da habt ihr, was ihr wolltet."

Wenn ein Stück Geschichte, das als Vergangenheit wie eine unverarbeitete, unbegriffene Last vor unseren Augen liegt, in diesem Maße durch unsere Taten und Unterlassungen geprägt ist, dann gewinnt die Wahrheit eine aktuelle Bedeutung, die uns Max Scheler eingeschärft hat: die Lehre, daß die Vergangenheit mit ihrem spezifischen Gehalt in unlösbarer Beziehung zur Gegenwart stehe. Max Scheler wollte in seinem berühmten Aufsatz „Reue und Wiedergeburt" sagen, daß nur da die

Vergangenheit einer Generation den Weg in die Zukunft versperrt, wo diese sie nicht in der Kraft der Reue „aufzuheben", in ihrem „es ist nun einmal so" zu vernichten vermag. Wir können die Vergangenheit zwingen, uns den Weg in die Zukunft freizugeben, aber diesen Weg wird nur der finden, der das Vergangene nicht nur zu erkennen, sondern auch zu richten vermag, der also den *Schuldcharakter* in den Geschehnissen zu bejahen vermag. Gerade hier liegen die verborgenen Ansätze eines neuen Lebens, das Gott dem Umkehrenden, dem aufrichtig und bitter Bereuenden hier (am Orte seiner Tat) als Gabe des reichen Erbarmens aufbewahrt. Findet eine Generation den Weg an diese Stelle ihres eigenen Versagens, dann ist sie gerettet; dann ist die echte geistige Kontinuität in der Kraft der Umkehr wiedergefunden. Denn geistiges Leben ereignet sich nach anderen Gesetzen als das der natürlichen Fortpflanzung, das unter dem der Entwicklung steht. Geistiges und von daher bewirktes geschichtliches Dasein steht unter dem Gesetz der Umkehr.

Meine Vergangenheit begleitet mich, solange ich lebe, in einer besonderen, nur mir zugänglichen, freilich dann auch durch mich im Bekenntnis kund werdenden Bewußtheit. Die Art und Weise, zu wissen und zu sagen, wie es um mich steht, wie ich mich zu meinem vollbrachten Leben verhalte, kann mir niemand abnehmen. Nur im Umgange mit meiner Vergangenheit gewinne ich meine Zukunft. Wo wir versuchen, unsere Vergangenheit auszulöschen, löschen wir uns selbst aus und werden wir zur Maske. Es gibt Türen der Vergangenheit, die durch so schwere Schuld geschlossen sind, daß wir bei dem Versuch, sie aufzutun, verzagen möchten. Und doch sind da gerade solche Momente des Ich eingeschlossen, die — wenn sie nicht aus diesem Kerker erlöst werden — unser Leben für immer zerreißen und unser Dasein zur Lüge machen können. So kann keine geschichtliche Einheit des Lebens gewonnen werden ohne Vergebung vor Gott und den Menschen. Vergebung heißt, daß alle Stationen unseres Weges aufgenommen sind ins Bewußtsein, daß wir nun mit einem freien, ihnen zugewandten Angesicht leben, und daß jene Feigheit von uns genommen wird, in der wir versuchen, Zukunft unter Umgehung des Vergangenen zu gewinnen. Die Vergangenheit werden wir nicht dadurch los, daß wir ihr den Rücken kehren. Das ist es, was Augustin „memoria" nannte und worin er den platonischen Begriff von „Erinnerung" (anamnesis) christlich umprägte. Denn seine memoria fiel zusammen mit der confessio seines Lebens. Sie ist nur auf diesem Wege des „Bekennens" zu gewinnen, eines Bekennens vor den Augen dessen, der Herz und Nieren prüft. Es ist kein Zufall, daß Augustin mit seinen „Bekenntnissen" jene Einheit von Innerlichkeit und geschichtlicher Existenz der Menschen und Völker einleitet, ohne die unser abendländisches Bewußtsein nicht wäre, was es ist. Nur wenn es uns gelingt, unsere Vergangenheit auf uns zu nehmen, ihr unser Gesicht zuzukehren, vor ihren verschlossenen Türen so lange zu warten, bis sie sich uns auftun, auftun im großen, erlösenden Ja der Wahrhaftigkeit und Vergebung, werden wir heimfinden zu geschichtlicher Existenz, in Deutschland, in Europa, in der ganzen, vom bloßen Gesetz der Technik und der natürlichen Lebensvorgänge bedrohten Welt. Denn das Gesetz der Natur lautet auf Vergänglichkeit, und der Mensch als Naturwesen ist ihm unterworfen. Es ist griechischer Mythos, den Geist als solchen, als Substanz, für unsterblich zu erklären. Die christliche Erkenntnis sagt uns, daß nur in der Wiedergeburt das Leben erhalten wird, und auch die Geschichte der Völker ist ohne diese Wiedergeburt, ohne Umkehr und Erneuerung gerade in ihrem geschichtlichen Fortgange nicht zu fassen. Wir dürfen die Analogie zum Einzelnen ruhig wagen; denn ein Volk ist nicht eine biologische Ganzheit, sondern ein Verband von Menschen, der sich als solcher in ihrer Erneuerung erneuern kann.

II

Es geht um den Zusammenhang von Liebe und Freiheit.

Das Achtzehnte Jahrhundert hat die Freiheit mit der Autonomie des denkenden Individuums begründet, das sich gegenüber der Überlieferung, dem Dogma, den positiven Gegebenheiten in Staat und Kirche zu entfalten und zu behaupten sucht. Geht es um *diese* Freiheit, wenn wir heute von ihrer Bedrohung sprechen? Haben wir das Individuum zu verteidigen gegenüber orthodoxen oder absolutistischen Größen, die wieder ihr Haupt erheben? Wir finden oftmals unsere Lage so gezeichnet. Freiheit des Individuums gegen den totalen Staat! Dieser Gegensatz enthält kaum eine Erinnerung an das, was wir verfehlt haben. Haben wir uns etwa gegen diese Freiheit des Individuums vergangen? Könnte nicht das, was man so leichthin den „totalen Staat" nennt, eine weit kompliziertere Erscheinung sein, könnte sich in ihm nicht geradezu das *Gericht* ankündigen über einen Liberalismus, der eben nur jene Freiheit ohne Liebe zum Nächsten, also nicht als Beitrag und Opfer, sondern als ein abbauendes Element der Gemeinschaft genießt und bekennt? Beschwört nicht gerade diese bis ins Innerste des Denkens reichende „Freiheit", dieses monadenhafte „An-und-für-sich" jenen Staat als unvermeidliche Folge herauf? Man hört in den Gefilden der „Freiheit" das Brüllen der Wogen, die von Osten heranrollen und alle Dämme zu zerreißen drohen. Darum das Zittern allenthalben. Aber wer kann den Nexus aufheben, der zwischen Schuld und Sühne von höherer Hand gesetzt ist?

Wir kennen das Gleichnis Jesu vom barmherzigen Samariter. Es wird wenig Menschen geben, die nicht davon getroffen sind. Man muß nur einmal einen solchen armen Menschen sehen, der unter die Räuber fiel, seine Not muß nur genügend Zeit und Kraft haben, unser Herz zu erfüllen, und wir werden helfen. Können wir nicht morgen selbst an dieser Stelle liegen? Gewiß, es mag Leute geben, die so herzlos sind, an so etwas vorüberzugehen, aber sie sind zum Glück nicht so häufig gesät. Es zieht nicht jeder Priester und jeder Levit seine Straße. Aber da ist ein Moment hinzugekommen, das die Sache außerordentlich kompliziert. Etwas Neues, das wir bisher nicht sahen. Auch in den Predigten über unseren Text war davon kaum die Rede. Das Neunzehnte Jahrhundert hat sich die Sache zu einfach gemacht. Unsere Väter haben uns von der hier zu erwartenden Möglichkeit nichts gesagt, sie haben uns ungewarnt und ungefestigt in diese Schlacht hineinziehen lassen. Sie haben uns den Hintergrund des Ganzen, den Abgrund und das Grauen, das sich hinter dieser so leicht und lieblich klingenden Pflicht verbirgt, nicht gezeigt. Da ist nämlich auf einmal über diesem Armen, der unter die Räuber gefallen ist, eine Hand, die bedeutet: dieser Mann gehört mir! Es braucht nicht immer nur ein Einzelner zu sein, es können Hunderte, Tausende solcher Unglücklichen sein. Um sie herum läuft ein sichtbarer oder auch unsichtbarer Zaun. Ein geladener Draht. Er bedeutet: Hier ist das Mitleid verboten, hier ist jedenfalls tätiges Mitleid, Ereignis werdende Tat der

Liebe verboten. Hier wird von „oben“ her — und diese Stimme wird sich daher anmaßen, die Stimme der „Obrigkeit“ zu sein — proklamiert, daß hier Liebe Verbrechen sei, und daß, wer hier Liebe übt, ein Kind des gleichen Todes sei, der diesem Elenden bereits im Gesicht geschrieben steht. „Wer sein Leben lieb hat, der gehe vorüber“, das ist die unsichtbare, aber allen bekannte Inschrift, die über diesen Menschen und Orten steht, wo Liebe verboten ist. So entstehen heute mitten in unserer modernen Gesellschaft jene *rechtlosen Räume,* die das Thema der Freiheit in einem ganz neuen, völlig unsentimentalen Sinne aufbrechen lassen.

Es kommt hinzu, daß in der so gearteten Gesellschaft (und was uns hier beschäftigt, ist nicht zunächst ein Problem des Staates, sondern der Gesellschaft und der in ihr geltenden Gerechtigkeit) diese Unfreiheit des Erbarmens zum Gesetz, zur Parole wird, nach der sich alles stillschweigend richtet: die Kirche, die Mission, die innere wie die äußere, die Ethik und die Pädagogen, die Lehrer auf den Schulen und sogar die Moral innerhalb der Familie. Diese unheimliche Hand, die die Furcht, die Unbarmherzigkeit und damit das Verbrechen mitten hineinträgt in unser Tun und Lassen, in unser Kaufen und Verkaufen, Freien und Sich-Freien-Lassen, diese Hand, die will, daß wir alle vor dem von ihr gezogenen Kordon kapitulieren, reicht bis ins Innerste unseres Wesens. Sie versteinert das Herz der Menschen, die in dieser von so viel Todesdrähten durchzogenen Gesellschaft leben müssen. Denn es ist ja nicht so, als ob es für uns selbst nichts bedeutete, wenn wir an den Armen und Geschändeten so vorübergehen. *Daß* es nichts bedeutet, will man uns zwar von dieser öffentlichen Stimme her einreden, aber in Wahrheit ist das Vorübergehen ein Stück Lebensgeschichte für mich. Vielleicht wartet sie in der Erinnerung auf mich, an einem mir jetzt noch unbekannten Ort. „Ich bin gefangen gewesen, und du hast mich nicht besucht!“ Ich habe, indem ich vorüberging, meine *Freiheit* verloren. Dort und da! So werden wir alle durch den Verzicht auf die *Tat* der Liebe zu Unfreien.

Je mehr Zonen des Schweigens mitten in unserer Gesellschaft entstehen, und je gefährlicher es wird, in ihr zu leben, weil die unsichtbaren Todesdrähte das Ganze durchziehen, desto mehr wird diese Haltung zu einer allgemeinen Stimmung. Sie droht zum „Lebensgesetz“ zu werden, zum Grabe der Freiheit. Dieser Feigheit unten kann dann nur noch die Tyrannis oben entsprechen. So wird, was in den dunklen Verliesen der Gewalt und in den abgesperrten Zonen der Rechtlosen geschieht, zur Geschichte eines ganzen Volkes oder sogar einer Epoche. Es wird noch Freiheit geben, aber die Freiheit wird es nicht mehr geben, das zu tun, was der barmherzige Samariter tat: „Da er ihn sah, jammerte ihn sein, und er ging zu ihm, verband ihm seine Wunden und goß darein Öl und Wein und hob ihn auf sein Tier und führte ihn in die Herberge und pflegte sein“. Als ob es für ihn jene Hand nicht gäbe, die sagt: Das kostet das Leben! Und jene Inschrift nicht, die sagt: „Wem sein Leben lieb ist, der gehe vorüber“. Und alle die Todesdrähte nicht, die zwischen uns und jenen Armen gezogen sind. Alles ist frei. Es jammerte ihn sein und er ging zu ihm! Das ist die Liebe als Grund und Begründung der Freiheit. Nichts, keine Grenze, keine Macht von oben, kein Abgrund, der sich hinter dem Elenden auftut. Er ist gerettet, weil einer es wagte, zu gehen. Ihn aufzuheben und so zu handeln, als gäbe es nur eins, — das Gebot der Liebe. Aber weil von uns niemand das tut, nicht weil es ihn nicht jammerte, oder weil er sich von seinem Besitz nicht trennen könnte, sondern weil der

Schritt hinüber zu dem Armen das *Leben* kostet, weil Furcht in seiner Liebe ist, darum hören wir nun auf, einander Nächste zu sein. Es kommt jene Ferne zwischen uns, die alle Nähe nur noch unerträglicher macht. Wir wissen voneinander: wenn es hart auf hart kommt, und ich sollte dich einmal liegen sehen unter dieser Hand, dann müßte ich, wenn auch mit schlechtem Gewissen, an dir vorübergehen, — und ich bitte dich jetzt schon, mich zu verstehen. Diese fürchterliche Zukunft als Möglichkeit, als die Möglichkeit jetzt schon verlorener Freiheit der Liebe, wohnt inmitten unserer Gesellschaft, und das ist ihre tiefste Brüchigkeit.

Offenbar ist in den Predigten über unser Gleichnis etwas vergessen worden, die eigentliche Gefahr und Schwierigkeit der Tat hat man uns verheimlicht. Die Gesellschaft bestimmt, die jeweils Mächtigen bestimmen, wo du lieben und wo du Barmherzigkeit üben darfst. Sollte dich einer „jammern", der nicht zu den von der Gesellschaft freigegebenen Objekten der Liebestätigkeit gehört, dann hüte dich, laß es wenigstens niemanden merken. Die Ordnung steht über der Liebe. Halte dich an diese Ordnungen. Sonst wird dein Tun zur Unterstützung der Feinde der Gesellschaft.

Hier erhebt sich jene Frage, die so neu für unsere ganze Generation aufbricht und die doch so einfach ist: ob wir bereit sind, für die Liebe im äußersten Falle das Leben zu lassen. Ob wir bereit sind, mit der Tat wider diese Babylonische Gefangenschaft, die uns verwehrt, einander Nächste zu sein in der Not, zu zerbrechen und so die Freiheit wieder zu gewinnen, die wir alle — die einen äußerlich, die anderen innerlich — zu verlieren drohen. Wohlgemerkt, es geht um die Freiheit in der menschlichen Gesellschaft, um die Heilung ihrer tödlichen Krankheit. Diese Freiheit ist nicht, wie unsere letzten beiden Jahrhunderte meinten, aus eben dieser Gesellschaft und ihrer vernünftigen Gesetzmäßigkeit geboren, sie ist geboren aus der Tat der Liebe, und zwar einer solchen Liebe, die keinerlei Grenzen kennt, die gegen kein Gesetz verstoßen kann, weil sie des Gesetzes Erfüllung ist. Ihr allein verdanken wir innerhalb der Gesellschaft, was wir Freiheit nennen.

III

In jedem Akt einer solchen Liebe, die den andern liebt wie sich selbst und also mehr als das eigene *Leben,* und die darum die starke Hand des Tyrannen nicht achtet, vollzieht sich ein Doppeltes: er ist als Tat angesichts des öffentlichen Lebens eine Demonstration für die Universalität der Liebe, und er ist zugleich schlechthin *begrenzt* auf einen Menschen und seine Not.

Hier wird also eine Beziehung gesetzt (nicht vorausgesetzt!), die alles umspannt, was Menschenantlitz trägt. Hier werden alle Grenzen und Schranken durchbrochen, und nur da, wo solche zu durchbrechen sind, ereignet sich die Liebe in diesem Sinne als ein Akt der Freiheit. Aber obschon diese Tat ihrer Intention nach universal ist, sodaß keine Grenze, auch keine sittliche, denkbar wäre, die sie unberechtigt, falsch, verwerflich erscheinen lassen könnte, so ist sie doch in ihrem Vollzuge auf einen bestimmten Menschen in einer bestimmten Lage gerichtet. Sie geht sozusagen ganz darin auf, daß sie *diese Tat* ist. Sie erschöpft sich darin. Es hat in diesen durch Krieg und Revolution erschütterten und zerrissenen Zeiten immer wieder solches Durchbrechen von Grenzen gegeben, einzelne Akte von einer solchen weithin strahlenden Reinheit und Erhabenheit, daß sie aufflammten wie ein Licht in der Finsternis. Angesichts des Todesernstes echter Nächstenliebe, wo immer es also darum geht, den um diesen Armen gezogenen Kordon aufzuheben, aktiv zu durchbrechen, ist ja dies gerade die Voraussetzung, daß mir aufgeht: in diesem andern liegt mein Leben. Gottes Liebe ist stärker als der Haß der Tyrannen. So ist uns der Bruder an den Weg gelegt, damit an ihm das Lob Gottes offenbar werde. In der befreienden Tat der Liebe an ihm wird offenbar, daß Gott größer ist als unser Herz.

So wird uns hier der einzelne Mensch, eben dieser, der „unter die Räuber gefallen" ist, zum Aufruf, die Freiheit der Kinder Gottes zu bezeugen. Wir finden nicht ein Prinzip, das wir aufstellen, sondern einen Menschen, den wir lieb haben können! Das bedeutet eine Korrektur unseres bisher üblichen ethischen Ansatzes. Danach sind die ethischen Grundsätze das erste, zu denen natürlich „auch" die Nächstenliebe gehört; der Grundsatz scheint einsichtig, vernünftig und in sich selbst klar. Schwierig ist nur der „Fall" der Anwendung. Jeder Mensch, der zum Gegenstand der Liebe wird, ist damit von vornherein ein „Fall". Das Besondere, Unvorhergesehene der Begegnung mit ihm, daß er mir gerade durch seine Not, seine mein Herz bewegende, mich beanspruchende Not und Verlassenheit zur *Freiheit* verhilft, daß eben *in* der Tat die Freiheit gewonnen wird, — alles das ist da übersehen. Man setzt vielmehr eine gesellschaftliche Freiheit *voraus,* die das Tun der Liebe gefahrlos ermöglicht. Nur innerhalb dieser im Voraus gewährten Freiheiten kommen uns jetzt die „Fälle" zu Gesicht. Die anderen sehen wir so wenig wie der Priester und Levit den Bruder am Wege. Darum befassen wir uns nun auch vor allem mit den „Fällen", in denen Liebe, Mitleid, Selbstaufopferung „erlaubt" ist, nicht geboten, — „erlaubt" durch einen aus einem ganz anderen Bereich stammenden Spruch der „Gesellschaft". Darum verlieren nun diese Taten auch alles Besondere, Unerhörte, Ärgerliche und Beispielhafte. Es ist nichts mehr davon zu spüren, daß hier Gottes Reich einbricht, daß hier unsere Enge gesprengt und unsere Selbstgerechtigkeit verurteilt wird; sondern Gott und die jeweilige Gesellschaft mit ihren Konventionen fallen in eins zusammen. Gott ist zum Garanten der Sittlichkeit und Sitte einer bestimmten gesellschaftlichen Konstellation geworden. Er hat das Recht seiner freien, unbegrenzten Gnade an uns Menschen abgetreten, und wir setzen ihr nun Grenzen, politischer, konfessioneller oder auch ethischer Art. Der Name Gottes wird dazu mißbraucht, um das Unrecht zu decken, daß eine Menschengruppe — gleich welcher Art — der Liebe Schranken setzt, weil sie die freie Sprache und Tat der Liebe als Umsturz ihrer Ordnungen empfindet.

Wo in diesem Sinne die Gewaltmaßnahmen der Menschen — sozusagen die Lenkung der Nächstenliebe — in „Ordnungen" umgelogen werden, bedeuten auch die „regulären" Taten der Liebe nichts mehr, die wir unter Beachtung der von uns gesetzten Grenzen ausführen. Die Tatsache, daß in ihnen nichts „Verbotenes" mehr Ereignis wird, macht alles schal und leer. Sie bedeuten jetzt nur noch *Quantitatives,* auch hier beginnt die *Zahl* die innere Hohlheit zu verdecken. Daß es eine Tat der Liebe gibt, an einem Einzelnen, daß an einer einzigen Stelle das ganze Gefüge der Unbarmherzigkeit gesprengt werden kann, das wird weder geglaubt noch gesehen. Denn Glauben und Sehen ist hier eins. Diese uns „freigestellten" Taten der Liebe verändern auch nicht mehr das Gesicht der Welt. Denn dieses Gesicht verändert sich nicht durch Anhäufung von „Fällen" und durch eine immer noch ansteigende Statistik der „Liebestätigkeit", sondern es verändert sich da, wo die Taten der Liebe die „Ferne" beseitigen zwischen Menschen, Völkern und Klassen. Unsere Gesellschaft lebt immer noch von solchen nicht zu registrierenden, durch sich selbst wirkenden, revolutionären Taten der Liebe; an ihnen wird der Gesellschaft vor Augen gerückt, daß ihre vermeintliche Freiheit eine Täuschung ist. Sie wird zu ihrem Heil erinnert an die Nähe eines anderen Reiches, das im Unterschied zu ihrem „Dasein" immer „im Kommen" ist. Die Gesellschaft wird daran erinnert, daß es Freiheit nur gibt in der ständigen Aufhebung ihrer Grenzen durch die Tat der Liebe, die über sie hinauslangt. Indem so die Liebe den Bereich des gleichen Rechtes in der Gesellschaft der Menschen immer weiter ausdehnt, ist ihr Reden und Tun die expansive Kraft innerhalb der Gesellschaft, die nicht aufhören wird, mit der begrenzenden des Staates und seiner Organisation in Konflikte zu geraten. Aus diesen Konflikten sind alle „bürgerlichen" Freiheiten geboren. Darum haben sie auch hier und da noch den Duft einer Blume, die nicht aus unserem Garten stammt.

IV

Wir beenden unsere Überlegung, indem wir die Konsequenz dieser Einsicht noch nach einer anderen Richtung hin verfolgen. Was war, so fragen wir, der Irrtum der vorangegangenen Generation? Wie liegt der Wechsel im Denken, der uns aufgenötigt wird? Warum heißt Umkehr hier zugleich Umdenken, also Revision einer doktrinären Position, die wir eingenommen haben? Es ist schwer, hier zu formulieren. Denn indem wir nach der *Formel* fragen, fragen wir nach dem einen Punkt, von dem aus die Umkehr des Ganzen einsichtig zu machen wäre. Wenn freilich durch die Entstehung jener „rechtlosen" Räume, in denen Nächstenliebe zum Verbrechen gestempelt wird, eine ganze Epoche ethisch machtlos zu werden droht, dann muß es auch möglich sein, theoretisch den Punkt zu fassen, an dem die Krankheit sitzt. So wie jene dunklen Mächte ihre „Methode" haben, um die Freiheit der Liebe und damit die Liebe selbst zu vernichten — eben indem sie uns verwehren, die Opfer ihrer Gesetzlosigkeit zu lieben —, so müßte es auch eine Einsicht geben in die Wendung, die geistig von unserer ganzen Epoche gefordert ist. Deutlich ist, daß Liebe nur da noch in Freiheit möglich ist — Liebe von Mensch zu Mensch und von Bruder zu Bruder —, wo der Tod seine Macht verloren hat. Nur in dieser in der Kraft der Auferstehung des Herrn befreiten Welt ist Liebe möglich. Nur da ist alles so klar und einfach und schlicht, wie es uns im Gleichnis erzählt wird. Da ist keine Hand zu sehen, die sagt: „Der Elende gehört mir". Da sind alle Gespenster der Nacht gewichen. Da geht der Weg der Liebe ungehindert an den Ort der Qual und des Verbrechens. Aber setzen wir erst wieder den Tod in seine gottwidrigen Rechte ein, dann wird er die Liebe zum Gespött machen.

Was heißt das aber? Das heißt, daß vielleicht der tiefste Irrtum unserer Epoche darin liegt, zu meinen, die *Ethik* könnte *aus sich selbst* leben. Daß wir heute einzusehen beginnen, was unsere Väter taten, als sie im Zuge eines optimistischen Vernunftglaubens die Dogmatik zu einem theologischen Fachwissen degradierten und vergaßen, daß sie ursprünglich das *Erste* war, die *Confessio*, mit der die Christenheit die Welt zu Umkehr und Tat aufrief. Aber dann kam die Zeit, da man meinte, die Dogmatik gehöre mehr oder weniger der mythischen Epoche der Menschheit an. Diese sei nun zu Ende. Es falle mit dem mythischen Weltbilde auch das Dogma. Ernst, real, für immer verbindlich hingegen sei die Christliche Ethik. Je mehr sie von der Dogmatik gelöst werde, desto allgemeingültiger könne sie werden. Daß Gott die Liebe ist, und daß er uns die Liebe gebietet, das will sich auch das Zwanzigste Jahrhundert noch nicht nehmen lassen. Aber es träumt damit nur den Traum früherer Generationen zu Ende, während es Zeit ist, aufzustehen vom Schlaf und zu begreifen, daß *Glaube und Liebe ein Ganzes sind,* und daß wir uns vergeblich mühen werden, die Liebe lebendig zu erhalten, wo der Glaube abstirbt. Die Liebe — und mit ihr die *Freiheit* — wird nicht bei uns bleiben, wenn wir diese Todeswelt als letzte Wirklichkeit ansehen, sondern nur dann, wenn wir aus der Neuen Wirklichkeit des Gottesreiches leben, das mit Christus in die Gesellschaft und in die Geschichte eingetreten und „im Kommen" ist.

Von hier aus würde auch verständlich werden, was uns unsere Väter bei der Ausdeutung des Gleichnisses vom barmherzigen Samariter verschwiegen haben. Sie haben uns verschwiegen, daß es *nur* ein Gleichnis ist. Daß seine *Bedeutung,* sein Bezug auf die *Wirklichkeit* nicht lediglich die Frage der Anwendung, der „Praxis" ist. Gleichnis ist diese Erzählung, weil der, der sie erzählt, in praxi der barmherzige Samariter ist, und weil man schon etwas wissen muß von der Geschichte seines Lebens und Sterbens, um das Gleichnis zu begreifen: „Da er ihn sah, jammerte ihn sein und er ging zu ihm . . ." Das ist die Geschichte dieses Lebens, das zu uns kam, indem es die Grenze aufhob zwischen Himmel und Erde, zwischen Gott und Mensch, — die Grenze, das heißt hier das *Gesetz.* Denn das Gesetz ist gegeben, damit wir die Grenze respektieren. Diesseits des Gesetzes stehen wir alle, wir alle sind — durch das Gesetz — rechtlos geworden vor Gott. Was wir innerhalb unserer eigenen Reihen wachsen sehen, ist nur der Fortgang dieser Krankheit. Aber das ist nicht alles. Aus der Geschichte dessen, der das Gleichnis vom barmherzigen Samariter erzählt und damit seine eigene Geschichte erzählt, kennen wir auch den *Preis,* den der Durchbruch durch den so streng bewachten Kordon des Gesetzes ihn kostet. (Und es waren gerade die frommen Menschen, die hier Wache hielten!) Wir wissen, daß nur um den Preis des *Todes* der Weg des Samariters zu dem „unter die Räuber Gefallenen" gelang. Aber er gelang. Die Fessel sprang. An Ostern wurde der Sieg der Liebe offenbar in der Kraft der Auferstehung. Hier triumphierte *Gottes* Gerechtigkeit. Und seit Ostern ist die Hand über dem Elenden entmachtet, sodaß wir sie nicht mehr zu fürchten haben. Seit Ostern ist die Tür der Freiheit offen für die Tat der Liebe. Seit der Auferstehung Jesu Christi von den Toten ist eine andere Hand ausgereckt über allen Entrechteten und Verlorenen, — die Hand dessen, der zur Rechten Gottes ist. Der Auferstandene verbürgt jene Einheit von Liebe und Freiheit, die allen Menschen gilt und doch immer den Einzelnen sucht.

Wir werden uns daran gewöhnen müssen, die Auferstehung Jesu Christi von den Toten wieder als eine der ganzen Welt zugedachte Botschaft gelten zu lassen, wenn anders die Riegel des Gefängnisses aufgehen sollen, das zum Grab der Liebe und der Freiheit in einem geworden ist.

Friedrich M. Reifferscheidt

1945 bis 1950: TRIUMPH DES HINDENBURG-DEUTSCHEN

Sucht man nach einer Formel, die gegenständlich und überschaubar zu machen verstünde, was in den letzten fünf Jahren in Deutschland geschehen ist, so wird man — Nüchternheit und Wahrhaftigkeit einmal vorausgesetzt — manches, was sich vordrängen möchte, nach kurzem Bedenken gleich wieder zu verwerfen haben. Ein radikaler Neubeginn, dem die furchtbaren Lektionen der Geschichte irgend zustatten gekommen wären, ist es nicht; das steht fest. Ein bewußter und gelungener Rückgriff auf die Weimarer Demokratie, die man sich zu diesem Behuf wohl stark idealisiert denken müßte, ist es auch nicht. Begriffe wie USA-Kapitalismus, liberale Marktwirtschaft oder christliche Demokratie tun uns hier erst recht nicht den Dienst, — abgebraucht, fragmentarisch und vieldeutig, wie sie sind. Aber wie wäre es etwa mit der Vorstellung, daß sich das deutsche Besitz- und Bildungsbürgertum, das gewiß keine unwandelbare Größe ist, aber doch immerhin eine gesellschaftliche Tatsache und darüber hinaus sogar der Kern der Nation und die in ihr vorherrschende Klasse, daß sich also diese deutsche Bourgeoisie in diesem entscheidenden Lustrum mit allen ihren Lebensäußerungen *von Hitler auf Hindenburg zurückgezogen hat?*

Dabei ist der Name des „greisen Marschalls" natürlich nur ein Symbol, und als solches ist er sogar in der deutschen politischen Geschichte nichts Originales, sondern mehr eine Modernisierung des voraufgegangenen, weil eben einer früheren Entwicklungsstufe gemäßen Bismarck-Symbols. Doch wie dem auch sei, jedenfalls war Hindenburgs Name von einem gewissen Zeitpunkt an Inbegriff und Bannerwort des deutschbürgerlichen Geistes, und zwar schon vor 1918. Er wurde es dann wieder, kaum daß der Wille zur Restauration die erste deutsche Republik auszuhöhlen begonnen hatte; er blieb es noch eine gute Weile unter Hitler, dem der Klang dieses Namens sozusagen Schmiere gestanden hat, und genau genommen hörte er sogar während der Diktatur niemals völlig auf, es zu sein. Und jetzt also, zu Beginn des Jahres 1951, bietet sich der Eindruck, wenn nicht gar die Gewißheit, daß wir Westdeutschen und wir Deutschen überhaupt, soweit wir nicht sowjetgläubig wurden, nach dem weltgeschichtlichen Exzeß im Namen des Hakenkreuzes doch wahrhaftig nichts anderes und Besseres vermochten, als uns von der unhaltbar gewordenen Hitler-Position auf die wohlvorbereitete Auffangstellung einer Wesens- und Sinnesart abzusetzen, die wir wohl Hindenburg-Deutschtum nennen dürfen, auch wenn der Begriffspender selbst seit sechzehn Jahren nicht mehr an unseren Geschäften teilnimmt.

Was ist Hindenburg-Deutschtum?

Der Hindenburg-Deutsche ist zunächst Repräsentant der preußisch-deutschen Reichsidee, wie sie sich zwischen 1871 und 1918 und zwischen 1933 und 1945 besonders kraß auszuformen verstanden hat. Die Weimarer Demokratie gedachte diese Idee abzuwandeln und zu entschärfen, ohne ihr freilich viel am Zeug zu flicken; sie hat sie dann praktisch nur über das Interregnum hinweggerettet. Bezeichnend ist übrigens, daß mit dem Neuerstarken des Hindenburg-Deutschtums in den letzten Jahren der Gedanke eines deutschen Föderalismus, der gleich nach 1945 allerorts propagiert wurde, wieder in den Hintergrund getreten ist.

Der Hindenburg-Deutsche ist sodann davon erfüllt, daß dieses deutsche Volk unmöglich anders als in einem „starken" Reich leben könne. Er ist also imperialistisch, auf Machtzuwachs und auch auf Ausbreitung bedacht, sowie es nur die Umstände und internationalen Konstellationen wieder erlauben.

Weiterhin ist der Hindenburg-Deutsche voreingenommen gegen Parlamentarismus und Machtkontrolle durch das Wahlvolk. Er liebt weder die Pressefreiheit, die er nur jeweils mißbraucht, solange er nicht wieder oben ist, noch das alte und hart erkämpfte Recht der wirtschaftlich schwachen Bevölkerungsschichten, sich zusammenzuschließen und politisch Einfluß zu nehmen. Gewiß, er kann jetzt die Aufnahme solcher Forderungen in die Verfassungen, die er ja nicht liebt, kaum verhindern; aber er sorgt dann wenigstens nach Kräften dafür, daß die betreffenden Paragraphen bloßes Ornament bleiben. Der Hindenburg-Deutsche ist gegen die „Schwatzbuden", wie er die Parlamente nennt; er ist für starke Regierungen und für starke Männer darin. (Konrad Adenauer hat, als er Bundeskanzler wurde, schon den richtigen Weg ins Vertrauen des Hindenburg-Deutschen eingeschlagen.)

Danach ist unser Hindenburg-Deutscher wohl auch grundsätzlich antisozial, soweit die Zeitströmung das nur zuläßt. Wenn es schon unbedingt sein muß, neigt er dazu, einer Fälschung den Vorzug zu geben, dem Obrigkeitssozialismus, wie man ihn nennen möchte, der durchaus Hand in Hand gehen kann mit starker Ausbeutung der gesellschaftlichen Unterschichten und überdies auch noch gute Möglichkeiten bietet zur Militarisierung der Nation. Das Hitler-Regime hat das alles, unterm Beifall des Hindenburg-Deutschen, vorexerziert. Der Arbeiter war ein „Soldat der Arbeit", und der Produktionsprozeß hieß, wenn es darauf ankam, „Arbeitsschlacht". Aber die Konzeption selbst ist natürlich älter. Man denke nur etwa an Oswald Spengler und seine Gleichsetzung von „Preußentum und Sozialismus."

Unnötig zu sagen, daß der „Hindenburg-Deutsche" von den Künsten und vor allem von der demagogischen Tendenz, die ihnen von Natur aus innewohnt, wenig wissen will, so kultursüchtig er sich auch gelegentlich gibt. Er steckt voll Angst und Mißtrauen gegen das Analytische, das Zersetzende also und Neuordnende, das alle geistigen und musischen Beschäftigungen kennzeichnet. Er haßt, wie in der Politik so auch auf diesem Gebiet, jede klare und scharfe Kritik, und das Diktum jenes Hitlerschen Kulturbonzen, der den Revolver entsichern zu müssen behauptete, sowie nur von Kultur die Rede wäre, war ihm wohl nur deshalb anstößig, weil er von Kultur seit jeher schon einen falschen Begriff hatte.

Zur Kirchenreligion unterhält der Hindenburg-Deutsche zweierlei Beziehung. Sie gilt ihm einerseits als Attribut wohlgesicherter Bürgerlichkeit, so wie etwa das „von" den Adel ankündigt, und er weiß anderseits bewußt oder unbewußt zu schätzen, daß sie die Unterschichten der Gesellschaft davor bewahrt, rebellisch zu werden. Außerdem respektiert er an den Kirchen den Sinn für Macht. Der Ernst der Religion ist ihm dabei ziemlich fremd geblieben oder aber in dem Maße wieder abhanden gekommen, wie Nationalismus und Klassenbewußtsein sich in ihm breitmachten.

Schließlich kennzeichnet diesen Typus das Bedürfnis, heftig abzustoßen, was nicht so ist wie er. Also ist er fast durchwegs antisemitisch gesinnt, und zwar einigermaßen anders, als zum Beispiel Engländer oder Italiener antisemitisch sein könnten. Er ärgert sich nicht wie diese am Einzelfall, sondern er verfolgt und verabscheut im Juden seinen Gegnertypus.

Die Hindenburg-Deutschen und die Hitler-Deutschen

Eine beispielhafte Selbstentlarvung des Hindenburg-Deutschtums brachte die Zeit um 1933. In diesem sonst indiskutablen Adolf Hitler, gegen den sich eine gute Zeit lang der Hochmut des Besitz- und Bildungsbürgers gesträubt hatte, sah man da mit einmal den legitimen Nachfolger und Willensvollstrecker des zum Reichspräsidenten umgemodelten alten Militärs, so viel auch für nichtverblendete bürgerliche Augen dagegensprechen mochte. Aber es gab eben solcher nichtverblendeten Augen nur wenige. So erkannte man mit rasch wachsender Einhelligkeit in dem Führer der Hakenkreuzpartei den „Mann der Vorsehung", der nun also Deutschland vor dem Bolschewismus zu bewahren berufen sei. Und aus diesem offenbar sehr triftigen, aus diesem schlechthin überwältigenden Grund entschloß man sich jetzt, nicht etwa fernzubleiben und abzuwarten, wie es bei Hitlers Art und anstoßerregendem Aufstieg ja eigentlich ratsam gewesen wäre, sondern — mitzulaufen. Er dürfte schwerfallen, ein zweites Beispiel für diese besondere Mischung von Instinktlosigkeit und Berechnung in der politischen Geschichte europäischer Nationen aufzutreiben. Und, nicht wahr, wir verstehen uns doch: „man" ist in besagtem Fall keineswegs jedweder Deutsche, von der Maas bis an die Memel und vom ungelernten Hilfsarbeiter bis zu Krupp von Bohlen und Halbach. Ein sogenannter Proletarier, ein Mensch also, der von seiner eigenen Hände Arbeit lebt, falls andere ihm die Gelegenheit dazu schaffen, folgt ja auch wesentlich schlichteren Impulsen, wenn er sich einer plötzlich entstehenden, erdrückenden Übermacht im Staate unterwirft. Ihn überwältigen da weniger Spekulationen auf seinen Vorteil, wie unseren „man", als vielmehr reale Lebensnöte, die keinen Aufschub dulden. So dürfte denn „man" hier vor allem der bürgerliche Deutsche sein, der Mensch mit allerlei materiellem und geistigem Spielraum, der für den Kampf ums Dasein mehr oder minder wohlausgestattete Typus, der sich zum Beispiel auch darauf versteht, proletarische Arbeit in den heute gegebenen großwirtschaftlichen Formen mit Hilfe von Kapital zu realisieren oder doch aktiv dabei mitzuwirken. „Man" ist der Unternehmer und der Händler, der Gutsbesitzer und der Offizier, der Verwaltungsbeamte, der Akademiker, der Politiker, der Kleriker, der Dichter und der Forscher, — und alles dies in sämtlichen gängigen Ausführungen, von der kostbarsten bis zu jener wohlfeilen, die gerade noch so heißen mag. Wieder anders: „Man" ist der Mensch, der sich außer dem Entschluß, Ideale vorzutäuschen, weil das Bedürfnis nach Selbstachtung und die Geschäfte dies erfordern, eigentlich auch noch den Luxus leisten könnte, Ideale und Ideen wirklich zu *haben*. Er leistet sich jedoch nur die Freude an Besitz und Macht, an Macht und Besitz. Es gibt Ausnahmen, viele sogar; aber was besagt das gegen die Tatsache, daß der andere Luxus, der des Intellekts und der Seele, richtig nur im Klima der politischen Freiheit gedeiht, und daß politische Freiheit in vollem Ausmaß uns Deutschen niemals zuteil geworden ist?

Zusammengefaßt: „Man" sind von zehn Erwachsenen dieses Landes zwei oder drei, aber diese Minderheit stellt eine gesellschaftliche Elite dar, wie sie sich nach der besonderen Beschaffenheit dieser Gesellschaft versteht, nach ihrer Art zu produzieren und das Produkt zu verteilen, nach ihrem politischen Mechanismus, nach ihren Überlieferungen und Ideologien und überhaupt nach allem, was das Ganze seit jeher bewegt und zusammenhält. Doch tragen solche Eliten Verantwortung für das, was mit dem Organismus, in dem sie sich bilden und ermächtigen, geschieht oder nicht geschieht. So trägt nun eben auch der Hindenburg-Deutsche einen sehr wesentlichen Teil der Verantwortung für alles das, was mit dem deutschen Volk in der ersten Hälfte dieses Jahrhunderts geschehen ist, und vieles davon ist ja nie wiedergutzumachen. Wohlbemerkt: er trägt diese Verantwortung nicht lediglich vor der Geschichte, wie sich so bequem und leichthin sagen läßt, sondern er trägt sie durchaus einzeln und persönlich vor seinem Gewissen, das er hat oder doch jedenfalls haben sollte.

„Deutschland vor dem Bolschewismus zu bewahren ...", — wieso eigentlich? War denn dieses Deutschland damals, anno 1933, vom Bolschewismus ernstlich bedroht? Keineswegs war es das, heute sieht man hier klar, und wie sehr keineswegs, das merken wir eben auch erst heute, da der Bolschewismus es wirklich zu bedrohen beginnt, nachdem Hitler ihn als Weltgefahr angegriffen und dadurch entscheidend gefestigt hat. Denn: Ohne die braune Diktatur in Deutschland, die der Hindenburg-Deutsche zu verantworten hat, wäre es wahrscheinlich nicht dahin gekommen, daß heute das bolschewistische Rußland und die Vereinigten Staaten von Nordamerika in ihrem kaum überbrückbaren Antagonismus die Welt mit neuem Elend und neuen Katastrophen bedrohen. Die Entscheidung darüber, daß es so kommen sollte, ist aber bereits um 1933 herum in Deutschland gefallen.

Was waren nun im einzelnen die Köder, die der Hindenburg-Deutsche damals so arglos schluckte? Hitler verstand es, diesem von Verlustpanik geradezu gelähmten Typus einzutrichtern, daß es „fünf Minuten vor zwölf" sei. Es gab ja immer noch eine frei organisierte und leidlich selbstbewußte Arbeiterschaft, der man die Schneid noch nicht völlig abgekauft hatte, und diese Arbeiterschaft, die zwar vom Bolschewismus nichts wissen wollte, konnte sich ja jederzeit wieder einfallen lassen, gegen Senkungen des Reallohnes und Mehrarbeitsforderungen aufzumucken, gegen „Notwendigkeiten" also, die unbedingt durchgesetzt werden mußten, wenn Deutschland leben, oder richtiger: wenn Deutschlands privilegierte Schichten gut leben wollten. Und das wollten sie selbstverständlich, wie denn nicht? Hitler würde nun also diese Drohung „mit Stumpf und Stiel", wie es hieß, „auszurotten" haben; er würde schon dafür sorgen, daß in nächster Zukunft kein deutscher Prolet mehr anders wollte als die Regierung — und bald auch als sein zum Rang eines Neo-Feudalherrn erhobener Betriebsführer, dem doch nach wie vor der Mehrwert gebührte. Und schließlich fiel es in Hitlers Ressort, das Vaterland von jener dünnen Schicht zu befreien, die sich nicht gleichschalten lassen wollte, von jenem intellektuellen Aussatz der Nation, wie man sie oft genug nannte, und vor allem natürlich von den Juden, die nun seit Lessing und Mendelssohns Tagen die guten Deutschen immer wieder mit der Neigung infizierten, nachzudenken und sich gegen Gewalttat im Innern zu wehren. Es war nützlich, wenn auch nicht immer angenehm, daß diese alle verschwanden, auf daß nun auch das Fernere in Angriff genommen werden konnte, das noch mehr Glanz und Glorie verhieß: der Eroberungskrieg, die Revision der Niederlage von 1918. Auch damit war der Hindenburg-Deutsche im Innersten einverstanden. So ist es also zu erklären, daß man damals dem folgenschweren Irrtum erlag, es für „drohenden Bolschewismus“ zu halten, wenn Hampelmänner des Kreml hierzulande Arbeitslose dazu bewogen, in Abwesenheit der Polizei einmal rasch etwas proletarische Revolution zu mimen.

Als dann, etwa zehn Jahre danach, der ungern und unscharf denkende deutsche Besitz- und Bildungsbürger unmöglich länger umhin konnte, wahrzunehmen, daß er von Hitler hinters Licht geführt worden war, kam Umkehr schon nicht mehr in Frage. Nun blieb nur noch die Chance einer schwächlichen und ungeschickt ausgeführten Offiziersrevolte, die zwar nicht in Abwesenheit der Polizei, wohl aber in Abwesenheit des Gros' der Hindenburg-Deutschen vor sich ging, denn die liefen lieber mit bis zum bitteren Ende.

Die Mitläufer und die Mitgenommenen

Jetzt ist eine Unterscheidung fällig: Es gibt bei einem Geschehen wie diesem „Mitläufer“, und es gibt „Mitgenommene“. Diese erwiesen sich, als alles vorbei war, sogar als „schwer“ oder „reichlich“ mitgenommen, — eine Redensart, die unsere Unterscheidung bestens verdeutlicht. Zum Begriff des Mitläufers, nicht im juristischen oder verwaltungstechnischen, sondern im philosophischen Sinn, gehört eben die Möglichkeit, daß man es unter Umständen auch unterlassen hätte. Man muß aus eigenem Antrieb mitlaufen, und genau das tat der deutsche Besitz- und Bildungsbürger um das Jahr 1933 herum. Wer hingegen einfach vom Zwang der Ereignisse rekrutiert und dann nolens volens mitgenommen wurde, wie damals alles niedere Volk in diesem Lande, dem es sowohl an Einsicht als auch an Möglichkeiten der Weigerung gebrach, der sollte jetzt auch nicht Mitläufer heißen.

Die Unterscheidung, von der hier die Rede ist, käme, wo immer sie angenommen würde, aus dem Gewissen. Auch eine Ehrensache könnte man sie nennen. Die Art, wie sich nämlich nach 1945 der wahre Mitläufer (mit oder ohne Parteiabzeichen) hinter dem Mitgenommenen, diesem ohnedies schon fürchterlich Mitgenommenen, verschanzte und ihn dann stellvertretend für sich büßen ließ, dieser ganz erbärmliche und höchst skandalöse Dreh geht, je nach dem, gegen das Gewissen oder gegen die Ehre. Aber der Hindenburg-Deutsche hat mit den erwähnten geistigen Substanzen in den Zeiten seiner Üppigkeit so viel Aufwand getrieben, daß er heute wahrscheinlich nicht mehr allzuviel davon übrig hat. Dessen ungeachtet trug er nun nach einem gewissen Zögern im Sommer 45 nicht das geringste Bedenken, die Führungsrolle auch im neuen demokratisch gedachten Weststaat zu beansprudien, und er unterläßt auch keine Finte, die ihm diese Rolle für immer sichern könnte.

Die erste Phase: überleben!

Vergegenwärtigen wir uns nun die einzelnen Phasen des bürgerlichen Revirements seit 1945. Der Krieg ist vorbei, die Katastrophe voll angerichtet und die politische Zäsur gesetzt. Die Sieger, selbst Bürgernationen, wenn auch solche mit anders gearteter Geschichte, hatten und konnten garnicht die Absicht haben, die deutsche Bourgeoisie zu entmachten. Das verbot neben allem anderen schon die Existenz des Sowjetstaates. Indes ergab sich jetzt sogleich eine peinliche Überraschung. Das deutsche Bürgertum als Klasse wäre den Anforderungen der Stunde schwerlich gewachsen gewesen, hätte man operativ daraus entfernt, was immer davon nazistisch angefault war. Entfernt also nicht nur die ausgesprochenen Galgenkandidaten und ihre nächste Umgebung, sondern entfernt auch den Hindenburg-Deutschen, den darin dominierenden Typus. Je nun, die Sieger schwankten erst eine Weile, ob sie die Operation ausführen sollten, und unterließen sie dann.

Doch man war auch selbst auf dem Posten, was diese Verhinderung anlangt. Denn schon war „man“ aus seiner Betäubung erwacht und wieder rüstig am Werk. Kein Zweifel, dem Proletarier, diesem so schwer Mitgenommenen, gebührte bei der Entgegennahme der Strafe eine Art Präferenz; er konnte ja nicht warten, dieser „kleine Mann“ in Bayern oder in Hessen; er hatte nicht so viel materiellen und geistigen Spielraum. Die anderen aber, die vom eifrigen Mitlaufen ohnedies erhitzten Hindenburg-Deutschen, konnten gar wohl warten; ja, sie hatten jetzt erst einmal Erholung nötig und warteten also gelassen im Dickicht und Hintergrund einer durch den Zusammenbruch unverändert gebliebenen Gesellschaft, die nur die Zwingherren gewechselt hatte. Die Parole, die damals umging, lautete: Je später wir an die Reihe kommen, desto besser ist es. Und als sie dann endlich dran glauben mußten, war das Gesetz „zur Befreiung von Nationalsozialismus und Militarismus“ bereits zu einer bloßen Formalität geworden.

Die Anwendung dieses Gesetzes, wie sie sich unter Duldung der Militärregierung in Westdeutschland entwickelte, hatte jedenfalls auch zur Folge, daß die neuerdings „mitgenommenen“ unteren Schichten unseres Volkes dieses Verfahren (und die ganze Idee, die ihm zugrunde lag,) hassen und verabscheuen lernten. Wer es eben vermochte, saß jetzt friedlich zuhause und zehrte von stillen Reserven, die kein Sperrkonten-System je erfassen sollte, während der Briefträger oder Weichensteller, der als Besitzer eines Motorrades Mitglied des NSKK gewesen war, seinen Arbeitsplatz räumen und sich krumm legen mußte. Und wer's nicht auf einmal schaffte, hatte die Zähigkeit und die Geldmittel, um es immer mal wieder zu versuchen, bis er eben genügend hinabgestuft war. Wer aber von diesen Hindenburg-Deutschen sich wirklich Repressalien ausgesetzt sah, war auch nicht verloren. Man richtete es sich in jeder Beziehung und bot in unverbrüchlicher Solidarität Gott und den Teufel auf, um auch die geringste Schädigung von sich fernzuhalten oder doch abzuschwächen, wohingegen die Mitgenommenen und eben nur Zwangsrekrutierten in den Gefangenenlagern dahinsiechten oder ohne Einnahmen auf der Straße lagen, nachdem sie ihre bisherigen Wochenlöhne von 25 bis 40 Mark eingebüßt hatten, von den Sühnegebühren ganz zu schweigen.

Dieses widerwärtige Schauspiel hat also nicht nur jenes zweckgebundene und befristete Gesetz, sondern auch die ganze auf Dauer angelegte Idee einer staatlichen und gesellschaftlichen Erneuerung Deutschlands diskreditiert. Demokratie, eben noch eine allgemeine Hoffnung, wurde so, nicht ohne agitatorische Nachhilfe ihrer auf Warte-Etat gesetzten alten Feinde, zu einem Spott der Gassenjugend.

Die Voreingenommenheit der Sieger, die ihre handliche und bequeme Kollektivschuld-These jedem Versuch einer tiefer schürfenden Analyse vorzogen, trug ebenfalls zu dieser Entwicklung bei. Kein Zweifel, man wäre bei einem solchen Versuch, etwas tiefer zu schürfen, auf allerlei Peinlichkeiten gestoßen; man hätte zum Beispiel entdecken müssen, daß es im Innern der europäischen Nationen Klassen gab, die nicht immer so idealisch gut miteinander standen wie etwa die Millionäre und die Bergarbeiter in USA. Man hätte ferner Beweise dafür gefunden, daß es eine generelle deutsche Schuld garnicht geben konnte, weil diese Schuld sich bei näherem Zusehen als die spezielle der Nazi-Führer und ihrer sozialen Peripherie, des Hindenburg-Deutschtums, erwies. Solche Eröffnungen scheute man. Überdies brauchte man diesen Typus, der seine Wendigkeit garnicht erst lange nachweisen mußte, im neuen Staat. Die Sieger hätten ja doch andernfalls die besiegte Zivilbevölkerung persönlich und absolut regieren müssen, eine Aufgabe, der sie sich begreiflicherweise nicht gewachsen fühlten.

Die Wiedereroberung der Macht

Nach der erfolgreichen Abwehr der Reinigungsversuche und schon während derselben unternahm der Hindenburg-Deutsche seinen konzentrischen Generalangriff auf die Machtpositionen und Kommandohöhen erst der westdeutschen Länder und dann des Bonner Bundes. Kaum stand fest, daß alles gut gehen würde, da brach zunächst der formal unbelastete Mitläufer, wovon es ja auch nicht wenige gab, auf zur Bildung von Stützpunkten in Ministerien, Behörden und Organisationen. Er setzte sich dort als aufbauwilliger Fachmann fest und zog dann seine Leute mehr oder weniger systematisch hinter sich her. Das Ganze ähnelte als Vorgang der Eroberung Trojas mit Hilfe des hölzernen Pferdes und zeugte wie diese von odysseischer Verschlagenheit. Und wie dort und damals wurden auch nun alle diejenigen, die Waffengetös vernommen zu haben glaubten, als Narren verlacht und beiseite geschoben. Der neue Staatsapparat wimmelte schon nach Jahr und Tag in allen seinen Etagen von solchen Ehemaligen, denen niemand mehr etwas anhaben konnte, und die sich auch solidarisch zu sichern wußten gegen alle Anfechtungen, die etwa doch noch kommen mochten.

Parallel dazu lief eine vorsichtig beginnende und sinnvoll gesteigerte Verketzerung der entschiedenen und deshalb auch wenig kompromißlustigen Antifaschisten, die es ja auch noch gab, und die nun ihrerseits undemokratischer Praktiken verdächtigt wurden. Vor allem die sogenannten „Politisch Verfolgten" boten dieser Agitation ein Angriffsziel: sie verlangten Entschädigungen und Vorrechte, der allgemein unbeliebte Typ des östlichen DP ließ sich mit ihnen bequem in einen Topf werfen, und tatsächlich verfiel auch ein Teil dieser ehedem politisch Verfolgten und Naziopfer sowjetischem oder deutschkommunistischem Parteieinfluß.

Überdies war jetzt das Land von Millionen von Flüchtlingen und Heimkehrern überschwemmt, in deren Revisionismus sich nationalistische und sozialrevolutionäre Elemente so mengten, daß es leicht war, diese unwirksam zu machen, indem man jene voll anerkannte. Hinzu kam auch, daß sich allmählich überall wieder Sehnsucht nach Ruhe und Ordnung geltend machte, nach Sicherheit und Normalität, wie man sie eben verstand. Ein weiterer entscheidender Schritt war die von den Besatzungsmächten eingeleitete Wiederherstellung der alten Weimarer Parteien, die vor allem dem Zweck dienen sollte, die Militärregenten möglichst zu entlasten. Sie brachte wieder jene Politiker-Garnituren ans Ruder, die vor 1933 bereits ein vollgültiges Zeugnis ihrer politischen Unfähigkeit gegeben hatten.

Den Schlußpunkt dieser ganzen unheilvollen Entwicklung setzte schließlich die Währungsreform und der mit ihr verbundene Verzicht auf Enthortung und sofortigen Lastenausgleich. So wurden denn also die nur Mitgenommenen, die eben schon des Vorrangs im Büßen gewürdigt worden waren, auch noch dazu verurteilt, den Krieg, den die deutsch-bürgerlichen Mitläufer verschuldet hatten, aus ihren Löhnen und Gehältern zu bezahlen. Diese Währungsreform bestätigte vor allem den Kriegsgewinnler in seinen kriminell erworbenen Rechten. Außerdem verschaffte sie dem ewigen Hindenburg-Deutschtum den Rückhalt der neuen DM-Wirtschaft, nebst einer Bluterneuerung aus den Adern des inzwischen entstandenen Spekulantentums. Auf diese Weise wurde die Nachkriegsgesellschaft im deutschen Westen auf allen Gebieten, in Wirtschaft, Verwaltung, Kultur und Politik, zu einer Triumphstraße für das wohlkonservierte Gestrige, das sich angesichts solcher unerwarteten Aussichten leicht der letzten Skrupel entschlug. Auf der Strecke geblieben waren die Gehenkten der obersten nazistischen Führung, ihre unmittelbare Suite, die man fürs erste isolierte und in Quarantäne hielt, die eigentlich antifaschistischen und naturdemokratischen Personenkreise unseres Volkes, die sich gegen eine solche Strömung nicht durchsetzen konnten, und schließlich eben auch alle diejenigen, die vom Verschleiß ihrer Arbeitskraft leben müssen und dabei keinen nennenswerten materiellen und geistigen Spielraum haben. Diese alle sind die wahren Besiegten des Zweiten Weltkrieges in unserem Lande. Der Hindenburg-Deutsche, der diesen Weltkrieg durch seine Vorteilsspekulationen erst ermöglicht hat, steht aber heute praktisch auf der Seite der Sieger.

Der Anspruch auf die ungeteilte Macht

Dem Gang der Dinge, wie wir ihn jetzt im einzelnen dargestellt haben, wohnt nun allerdings eine Konsequenz inne, die noch darüber hinausführt. Die Restauration der westdeutschen bürgerlichen Gesellschaft ist ihrem Wesen nach exklusiv. Der Hindenburg-Deutsche begnügt sich nicht mit dem rasch Erreichten, sondern er will auch allen widrigen Zukunftsmöglichkeiten vorbauen. Er muß, folgt er seinem Selbsterhaltungstrieb, den ganzen Staat in die Hand bekommen, nicht nur einzelne wichtige Teile. Er will ihn wieder für sich allein haben, diesen Staat, denn er ist unfähig, sich zu bescheiden, und er ist den Spielregeln der Demokratie mit ihrer Gewaltenteilung und ständigen inneren Balance aus innerstem Herzen abgeneigt. Deshalb wird er die Gunst der Stunde zu nützen suchen und alle, die nicht mit ihm die gleiche Vergangenheit haben, rechtzeitig zu verdrängen trachten.

Dieser Prozeß, dieser allen ursprünglichen Absichten widersprechende Prozeß einer *Reinigung der Öffentlichkeit von Gegnern des Nationalsozialismus und Militarismus,* läuft bereits seit geraumer Zeit. Daß die Diskussion über den Föderalismus als die wünschenswerteste Form der staatlichen Organisation im Laufe der Entwicklung verstummt ist, wurde bereits vermerkt. Ein weiteres Zeichen dieser Art ist der neuerliche Schwund der Meinungspublizistik. An die Stelle jener nur einseitig, nämlich von der Besatzungsmacht, eingeschränkten Gesinnungspresse der ersten Jahre nach 1945 ist jetzt wieder in der Hauptsache eine Unterhaltungs- und Geschäftspresse getreten, die es im übrigen höchstens noch als ihre Pflicht ansieht, zu informieren. Daneben etablieren sich in stattlicher Zahl ausgesprochen reaktionäre und kryptofaschistische Druckerzeugnisse, die beim Publikum reißenden Absatz finden. Kontrollversuche einzelner Blätter scheitern an der Spießgesellentreue und Dickfelligkeit der Regenten, die kaum eine Gelegenheit vorübergehen lassen, um ihre grundsätzliche Abneigung gegen eine freie Presse zu verraten. Anderseits hat sich an den Rändern eine Enthüllungspublizistik angesiedelt, die wie ein Warenhaus neben politischen Skandalen und Darstellungen einzelner Mißbräuche auch Erotik, Mode, Sport und Schauspielersensationen führt. Die wenigen ernsthaften und moralisch unanfechtbaren Organe, die sich immer noch mit Politik und öffentlichen Interessen befassen und dabei in kein Beziehungs- und Rücksichtensystem eingespannt sind, stehen wirtschaftlich nicht zum Besten; manche werden möglicherweise erliegen. Diesem äußeren Sachverhalt entspricht eine allgemeine Remigration der Goebbels-Journalisten in die Zeitungsbüros, Rundfunkstationen, Nachrichtendienste und Verlagshäuser.

Das Ganze ist weniger ein bewußtes Komplott oder eine überraschende Wendung, die bei größerer Wachsamkeit auch hätte verhindert werden können, als vielmehr der Erweis des innersten Wesens dieser westdeutschen Gesellschaft. Auch leistet hier die internationale Lage energisch Vorschub. Es ist der Weltkonflikt zwischen USA und Sowjetstaat, der die Stabilisierung der neuen westdeutschen Republik auf der Hindenburg-Linie leicht und geradezu selbstverständlich gemacht hat. Wie Hitler den Stalinismus durch seinen Überfall zu politischem Weltrang erhoben hat, so rettet heute der Stalinismus die deutsche Bourgeoisie durch seine Feindseligkeit gegen den bürgerlichen Westen vor Entmachtung und Untergang. Unter der Drohung Rußlands mußten und müssen sich die westlichen Sieger dieser Klasse gegenüber so nachsichtig zeigen, wie sie es andernfalls schon mit Rücksicht auf Frankreich nie gekonnt hätten. Übrigens beschränkt sich die bürgerlich-restaurative Tendenz keineswegs auf unser Land; sie macht sich vielmehr überall geltend, in Europa wie in Amerika, und von Norwegen bis nach Korea.

Was wird den Westen retten?

Erörterungen wie diese verstehen und rechtfertigen sich aus nagender Sorge um den Weiterbestand unserer Welt, die gewiß *auch* eine bürgerliche Welt ist. Durch materielle Machtentfaltung allein kann dieses Ziel kaum erreicht werden. Nicht daß die besondere sieghafte Geistigkeit oder eine unwiderstehliche moralische Anziehung des Bolschewismus so sehr zu fürchten wäre! Wohl aber ist die im Bolschewismus auch durch die schlimmsten Entartungserscheinungen nicht entscheidend geschwächte revolutionäre Dynamik der gesellschaftlichen Unterklassen zu fürchten. Das große Thema und Leitmotiv dieses Zeitalters ist nun eben nichts anderes als die gesellschaftliche Emanzipation dieser Unterklassen, welche die ihr gemäßen politischen Ausdrucksformen sucht. So wenig der russische Sowjetismus dem Ideal einer solchen Ausdrucksform nahekommen mag, so ersetzt er diesen und andere Mängel doch bereits dadurch, daß er durch die Fügung der Umstände zur Weltmacht aufgerückt ist. Reine Macht übt aber auch auf der Linken ihre unheimliche Suggestion.

Von allen staatlichen Organismen dieser westlichen Welt ist die deutsche Bundesrepublik in einer besonders kritischen Lage. Die nordamerikanische Union ist ein Riese an Kraft und Reserven und überdies das Kernstück aller bürgerlichen Selbstbehauptung; doch sie ist, trotz der Atombombe, weit vom ersten Schuß. Frankreich ist feinnerviger und erfreut sich des Panzers seiner besonderen Spiritualität; doch es ist auch anfälliger und rückt dadurch in die zweite Linie. Deutschland hingegen teilt mit dem Osten sein nationales Territorium, und die westliche Hälfte davon erfüllt den Sachverhalt eines weit gegen den Feind vorgeschobenen und also stark exponierten Verteidigungspostens. Es ist also nicht ganz gleichgültig, ob die Bundesrepublik ein im Innern wirklich freier und in Freiheit und Gerechtigkeit standfester Staat ist oder ob sie nur in den Sonntagsreden politischer Werbefachleute so heißt. Es ist auch nicht gleichgültig, ob sie sich in heikler Lage geradenwegs zu einem Paradies der Geschäftemacher und Spekulanten entwickelt, oder ob sie einen Weg einzuschlagen versucht, der schließlich doch zu besseren Zielen führt. So wenig wie vor etwa hundert Jahren „gegen Demokraten nur Soldaten" geholfen haben, so wenig helfen auch heute gegen die Drohung aus Osten lediglich Ausnahmegesetze, Prunkphrasen von Rednertribünen herab und motorisierte Polizei. Sich so *und nur so* dagegen sichern zu wollen, ist aber zum Beispiel eine eingefleischte Tendenz des klassischen Hindenburg-Deutschtums. Machtgläubig, wie der Hindenburg-Deutsche ist, kann er sich Wirksameres als Repression garnicht vorstellen. Ihm kommt es darauf an, daß er selbst an der Macht bleibt, und eine Gesellschaft, die von anderen Kräften gelenkt würde als von denen, die ihm jeweils zu Gebote stehen, erschiene ihm deshalb sofort als uninteressant: er würde sie dem Sowjetismus praktisch gleichsetzen. Wie bezeichnend dafür ist die neueste Parole aus diesem Lager, die den Sozialismus, genauer: den Sozialdemokratismus als „Vorstufe des Bolschewismus" verketzert!

Ob aber das Welt-Bürgertum genügend Erneuerungskraft in sich hat, um sich über den Tag hinaus zu behaupten, ist nicht ganz so ausgemacht, daß nicht noch darüber zu debattieren wäre. Das deutsche Bürgertum hat jedenfalls durch die Art, wie es auch heute wieder regiert und wirtschaftet, bewiesen, daß ihm mehr eine materielle als eine politische Regenerationsfähigkeit innewohnt. Doch sollte eine Analyse wie diese auch nicht unterlassen, auf Möglichkeiten hinzuweisen, die unter solchen Umständen noch etwas Hoffnung geben.

Den Hindenburg-Deutschen rückgängig machen ...

Den Hindenburg-Deutschen kann man, wie die Dinge jetzt liegen, weder vertuschen oder ableugnen, noch wäre man etwa imstande, ihn wieder aus dem sozialen Gefüge dieses Weststaates zu entfernen. Er ist 1950 genau so ein deutsches

Faktum und Fatum, wie er es 1935 oder 1920 war. Überdies ist er im einzelnen schon deshalb nicht leicht zu fixieren, weil er eine allgemeine Wesensart ist, die von den Spitzen der Gesellschaft bis tief hinab in das Proletariat reicht. Es wird also wohl darauf ankommen, ihn, wie man sagen könnte, in sich selbst zu zersetzen. Er ist wie ein Gift, das in den Blutbahnen dieses Volkes zirkuliert, und das es nun eben auf geeignete Weise daraus zu entfernen gilt. Um es gleich auszusprechen: Die günstigste Perspektive böte eine Integration Deutschlands in eine überstaatliche europäische oder globale Ordnung. In diesem Fall weitete sich das Bürgertum des einzelnen Volkes zu einem internationalen Bürgertum aus, und diesem könnte es dann leichter gelingen, den Krankheitsstoff in absehbarer Zeit zu resorbieren. Vor allem die Berührung mit Frankreich und England zeitigte hier vielleicht schon sehr bald Veränderungen, wie wir sie im Auge haben. Die christliche Substanz der genannten Völker ist, wenn auch in verschiedener Weise, stärker und wirksamer als die unserer deutschen Bourgeoisie. Und wenn auch die Kirchen in Deutschland dem Hindenburg-Deutschtum gegenüber anfällig genug waren, als es darauf ankam, sich ihm zu verschließen, so ist das Christentum doch geradezu entscheidend, wenn es sich darum handelt, die westliche Welt nicht nur weiter zu fristen, sondern neu zu begründen.

Es fehlt nicht an Ansätzen zu solchen Entwicklungen. So zeigen etwa die christlichen Konfessionen in Deutschland Erscheinungen, die sich so deuten lassen. Auch der im ganzen wohl wenig aussichtsreiche Versuch, den liberalen Geist vergangener Epochen neu zu beschwören, kann hier genannt werden. Außerdem ist der Sozialismus in diesem Lande nach wie vor das große Reservoir regenerativer Kräfte, so wenig man sich auch von seiner derzeitigen parteipolitischen Ausformung versprechen mag. Möglichkeiten, ein Wachstum dieser Art in die Wege zu leiten, böte unter anderem die Erziehung. Es ist leider wahr, daß die staatliche Schulbildung wieder vom Hindenburg-Deutschtum ernstlich bedroht ist; doch gibt es auch Lehrer, die davon unberührt sind, und außerdem gibt es so etwas wie eine Selbsterziehung abseits vom Staat, deren wichtigste Hilfsmittel freie bürgerliche Vereinigung und freie Publizistik wären. Das alles trüge dann vielleicht dazu bei, daß die bürgerliche Elite dieser Nation durch einen Prozeß der Selbstbesinnung allmählich befähigt würde, den Hindenburg-Deutschen in sich zu vernichten. Man müßte ihn wortwörtlich „rückgängig" machen, diesen Typus; man müßte mit allen Mitteln und von allen Seiten her dafür sorgen, daß er sich Schritt für Schritt rückbildete und solange schrumpfte, bis er verschwindet.

Mit ihm schwände dann ja wohl auch die „deutsche Misere", von der man schon vor hundert Jahren gesprochen hat. Dieses Volk, das von Natur kaum spärlicher ausgestattet sein dürfte als andere, könnte nach einem solchen Akt der Selbstbefreiung vielleicht gar noch dahin gelangen, daß es die neue Form gesellschaftlicher Organisation in sich entdeckte und auszubilden versuchte, die entstehen muß, wenn wir alle — Osten wie Westen — weiterleben wollen.

Werner Hilpert und Max Stahlberg

WIRTSCHAFTSFREIHEIT UND BANKPOLITIK

„Über den Niederlassungsbereich von Kreditinstituten", — so der einfache und harmlose Titel eines Gesetzentwurfes, der dem Bundeskabinett zur Beratung vorliegt. Es lohnt sich, darüber Bescheid zu wissen, auch und gerade für jene, die noch immer nicht sehen, welche segensreichen oder verheerenden Wirkungen von der Wirtschaftspolitik — im besondern von der Kreditpolitik — umwegig, aber nachhaltig auf die höchsten Bereiche der Kultur ausgehen können. Wir haben zwei erste Fachleute gebeten, zu dem Gesetzentwurf Stellung zu nehmen. Die Schriftleitung.

In einer Zeit, in der die Gefahr eines neuen Weltkrieges droht und demzufolge die Außenpolitik im Vordergrund des Interesses steht, scheint es nicht sehr aktuell zu sein, die Frage zu erörtern, wie die Freiheit wirtschaftlich und sozial gesichert werden kann, und in welchem Zusammenhang damit die Bankpolitik steht. Dennoch ist *diese* Sicherung ebenso lebenswichtig wie die Sicherung der äußeren Freiheit; die eine ohne die andere ist auf die Dauer unmöglich. Die Vorkämpfer der politischen Demokratie haben dies schon frühzeitig erkannt; sie versuchten, eine „Wirtschaftsdemokratie" als Voraussetzung der politischen Freiheit und sozialen Sicherheit in der Weimarer Republik zu schaffen. Der „Reichswirtschaftsrat", ihr praktischer Ausdruck, blieb aber letzten Endes wirkungslos, weil auch sie eine *rein formale* Demokratie war.

Wenn solche Bestrebungen heute wieder aufgenommen werden, dann ist es notwendig, ihre Grundlagen neu zu durchdenken.

Die politische Demokratie und die persönliche Freiheit können nur gesichert werden, wenn ausgeschlossen ist, daß *Mächtegruppen* auf die Staatsbürger und die von ihnen gewählten Institutionen Einfluß nehmen, die einen Staat im Staate bilden, nur sich selbst verantwortlich sind und die Wirksamkeit des Staatsapparates dadurch aufheben oder stark beeinträchtigen können, daß die Existenz einer großen Zahl von Staatsbürgern von ihnen abhängig wird.

Diese Mächte sind in erster Linie — wenn auch nicht ausschließlich — *Wirtschaftsmächte*. Ihre Wirksamkeit ist umso größer, je mehr sie einen wesentlichen Teil oder sogar das Ganze der Volkswirtschaft beherrschen. Ihre Formen sind bekannt. Es handelt sich um Konzerne, Kartelle, Trusts, Syndikate und besonders große Unternehmen. Sie sind nicht in jedem Falle schädlich; volks- und betriebswirtschaftlich können sie sogar nützlich sein, wenn sie den Betriebsablauf so organisieren, daß Kosten und Preise gesenkt werden. Schädlich werden sie erst in dem Maße, in dem der *freie Wettbewerb* zwischen Unternehmen der gleichen Art ausgeschaltet wird; anstatt den Verbrauchern (im weitesten Sinne verstanden) zu dienen, diktieren sie ihnen dann die Bedingungen, machen sich weitgehend von Kontrollen im Interesse der Gesamtheit unabhängig und beeinflussen unter Umständen sogar den Staat ihrerseits.

Derartige monopolistische „Machtzusammenballungen" bestanden nicht nur in den Wirtschaftszweigen, die auf natürlichen Grundlagen aufgebaut waren, wie Eisen,

Kohle, Kali und anderen, sondern auch in ähnlicher Weise im *Kreditwesen*. Da das gesamte Wirtschaftsleben in irgendeiner Weise mit der Verwaltung des Geldes eng verbunden ist — dem „Blutkreislauf der Wirtschaft" —, bringt eine übermäßige Konzentration gerade hier eine Anzahl von Gefahren und Nachteilen für die Gesamtwirtschaft mit sich: bevorzugte Verfügung über die Geldmittel, überragende Machtstellung einzelner Kreditinstitute gleich welcher Gesellschaftsform, einseitige Förderung großer Industrieunternehmen, die von den großen Kreditinstituten beherrscht werden, Benachteiligung der mittelständischen Wirtschaft, ungesunde, den gesamtwirtschaftlichen Interessen zuwiderlaufende regionale Verteilung der Industrie, sowie erhöhte Krisenanfälligkeit des gesamten Kreditsystems.

Die Möglichkeiten, die sich aus einer solchen, damals „Konzentration" genannten Entwicklung immer stärker abzeichneten, wurden bereits in den zwanziger Jahren in Deutschland von Einsichtigen aller Kreise erkannt. Einer von ihnen, der angesehene Bankfachmann *Alfred Lansburgh*, schrieb 1929, als sich mehrere Großbanken zu noch größeren Gebilden zusammenschlossen, in seiner Zeitschrift „Die Bank": „Es gibt hier nur das Generalmotiv, das jeden Zusammenschluß von Banken, auch den der wesensfremdesten rechtfertigt: das Bestreben, aus mehreren Banken mittelgroßer Kapitalstärke eine imposante Einheit zu machen, die dann ohne weiteres über die werbende Kraft der großen Ziffer verfügt, im In- und Ausland doppelt kreditwürdig ist und bei den internationalen Konsortialgeschäften einen gern gesehenen Partner abgibt. Wenn sich daneben noch die Möglichkeit ergeben sollte, vereint rationeller zu wirtschaften als getrennt, etwa mittels Zusammenlegung von Filialen, deren Geschäftskreise sich überschneiden, nun, dann umso besser. *Das Hauptmotiv bildet aber nicht der Spargedanke, sondern das Machtstreben*[1]."

Anläßlich der Verschmelzung der Deutschen Bank und der Diskonto-Gesellschaft stellte er fest, daß der Vorgang an Bedeutsamkeit für das Bankprinzip und für den kapitalistischen Wirtschaftsgedanken schlechthin alle Beispiele der Vergangenheit weit in den Schatten stelle. Wenn die noch verbleibenden drei privaten Berliner Aktienbanken die naheliegende Konsequenz ziehen und sich zu zwei oder gar zu einer einzigen Mammut-Bank vereinigen würden, stünde der Staat „unbeschadet seiner sonstigen sozialpolitischen Einstellung vor der bedeutsamen Frage, *ob er die Wirtschaft in Abhängigkeit von zwei oder drei privaten Herrschgewalten geraten lassen darf, die auf dem Kapitalmarkt schalten und walten können, wie sie wollen*[2]. Die Waage würde dann zwischen zwei Prinzipien pendeln, die im Grunde beide gleich unmöglich sind: privates Kreditmonopol auf der einen, staatliche Kreditwirtschaft auf der anderen Seite[3]."

Damit sind die grundsätzlichen Erwägungen, die auch heute noch gelten, eindeutig klargestellt.

Der damals erfolgte Zusammenschluß mehrerer Großbanken zu noch größeren führte in der weiteren Entwicklung zur Bankenkrise von 1931. Der Zusammen-

---

[1] „Die Bank 1929, Seite 189.
[2] Im Original nicht hervorgehoben.
[3] „Die Bank" 1929, Seite 624.

bruch einer einzigen Großbank, der Darmstädter und Nationalbank, gefährdete das Kreditsystem und damit das gesamte Wirtschaftsleben ernstlich. Die Krise gab den Warnern vor einer zu großen Konzentration im Bankwesen recht. Es wurde eine umfangreiche „Bankenquête" eingeleitet, deren Ergebnis zu dem Reichsgesetz über das Kreditwesen führte: die geregelte und einheitliche Bankenaufsicht, die damals geschaffen wurde, hat noch heute jenes Gesetz zur Grundlage.

Nach 1933 machte die Konzentration der Finanzmacht in den großen Kreditinstituten, nicht zuletzt unter dem Einfluß der Erfordernisse der Kriegsfinanzierung, weitere Fortschritte. Der politische Zusammenbruch 1945 zerschlug nicht nur die Wirtschaft, sondern auch das gesamte Kreditwesen. Ganz allmählich und unter unsäglichen Mühen, die von vielen Staatsbürgern nicht anerkannt wurden, mußten die neuen Regierungen als Konkursverwalter des zusammengebrochenen Reiches den Wiederaufbau leisten, das heißt beginnen und fortführen; sie waren dabei in ihrer Entschlußfreiheit durch die Militärregierungen zum Teil wesentlich gehemmt.

Auf dem Gebiete des Wirtschaftslebens griffen die Besatzungsmächte ein, indem sie zum Beispiel in der amerikanischen Besatzungszone das Gesetz Nr. 56 — „Verbot der übermäßigen Konzentration deutscher Wirtschaftskraft" — erließen. Dieses Gesetz beruhte auf dem Potsdamer Abkommen. Es sagt in seiner Präambel unter anderem, daß es erlassen sei, um zu verhindern, daß Deutschland die Sicherheit seiner Nachbarn gefährde, den internationalen Frieden erneut bedrohe, und um Deutschlands Fähigkeit, Krieg zu führen, zu zerstören. Gleichzeitig sollte mit diesen Maßnahmen die „Grundlage für den Aufbau einer gesunden und demokratischen deutschen Wirtschaft geschaffen werden". Damit das Ziel erreicht würde, sollte die deutsche Wirtschaft reorganisiert werden; Konzentrationen von Wirtschaftskraft, insbesondere „Kartelle, Syndikate, Trusts, Interessengemeinschaften und sonstige Typen monopolistischer oder beschränkender Abkommen, die von Deutschland als politische oder wirtschaftliche Angriffswerkzeuge" benutzt werden könnten, waren so bald wie möglich zu beseitigen. Als übermäßige Konzentration der Wirtschaftskraft bezeichnete das Gesetz zum Beispiel Unternehmen, die „unmittelbar oder mittelbar" mehr als 10 000 Personen beschäftigen.

Das in der amerikanischen Zone erlassene Gesetz Nr. 57 bezog sich auf das Kreditwesen; es dezentralisierte die Banken. Ihm entsprachen ähnliche Verordnungen in den anderen Zonen. Es bestimmte, daß Banken, deren Hauptniederlassungen in einem Lande der amerikanischen Besatzungszone liegen, keine Niederlassungen außerhalb dieses Landes haben durften, und daß sie völlig unabhängig sein müßten von jeder direkten oder indirekten Kontrolle durch Bankinstitute (einschließlich Dach- oder Treuhandgesellschaften), durch Regierungsbehörden, gewerbliche oder ähnliche Organisationen, die außerhalb des Landes ihren Sitz haben. Einige Ausnahmen wurden nur für Filialen von Banken zugelassen, die mittel- und langfristige Kredite gewähren. Für die Deutsche Bank, die Dresdner Bank und die Commerzbank, die Großbanken mit Niederlassungen[4], sollte die Regierung jedes Landes Verwalter einsetzen, die das Eigentum jeder dieser Banken innerhalb des betreffen-

[4] Die beiden anderen Großbanken, die zu den „Großen Fünf" gerechnet werden, Reichskreditgesellschaft und Berliner Handels-Gesellschaft, hatten keine Niederlassungen.

den Landes zu beaufsichtigen oder zu verwalten hatten. Außerdem sollten sie den Namen jeder dieser Banken ändern; der neue Name durfte den früheren nicht enthalten, auch nicht darauf Bezug nehmen, nicht einmal auf den neuen Namen eines anderen Nachfolge-Instituts außerhalb des jeweiligen Landes.

Damit wurde *äußerlich* eine Trennung der früheren Filialgroßbanken, deren Nachfolgebanken auch nicht mehr in Kontokorrentverkehr miteinander stehen durften, herbeigeführt. Die Trennung wurde aber nicht völlig vollzogen, denn rechtlich und wirtschaftlich besteht noch heute ein Schwebezustand insofern, als die alten Institute nicht aufgelöst wurden. Sie bilden nach wie vor eine rechtliche Einheit, und die sogenannten Nachfolge-Institute haften für die gegenseitigen Verbindlichkeiten; sie besitzen ein gemeinsames Zentralvermögen.

Ähnlich wie auf dem Gebiete der Privatbanken verfuhren die Besatzungsmächte im *Notenbankwesen.* Die Reichsbank, die als Zentralinstitut mit Sitz in Berlin und unselbständigen Filialen in den einzelnen Reichsteilen arbeitete, wurde allmählich liquidiert. An ihre Stelle traten durch das Gesetz Nr. 66[5] der Amerikanischen Militärregierung die *Landeszentralbanken.* Sie entsprachen dem damaligen staatlichen Aufbau, der noch keinen Bund als Spitze der Länder hatte. Der Wirkungsbereich jeder Landeszentralbank beschränkte sich auf das Land, in dem sie ihren Sitz hatte. Ihr Kapital gehört dem Land; allerdings ist vorgesehen, daß es später auf Gruppen von Kreditinstituten übertragen wird, die jetzt bereits im Verwaltungsrat vertreten sind. Den Präsidenten jeder Landeszentralbank ernennt der Ministerpräsident des Landes auf Vorschlag des Finanzministers.

Die Hauptaufgaben der Landeszentralbanken sind:

1. den Geldumlauf und die Kreditversorgung zu regeln,
2. die Zahlungsfähigkeit und Liquidität der Kreditinstitute zu pflegen,
3. als jeweils einziges Institut Finanzgeschäfte mit dem Land und für das Land zu machen,
4. sich den Überweisungs- und Scheckverkehr innerhalb des Landes angelegen sein zu lassen, den Zahlungsverkehr nach anderen deutschen Ländern und mit dem Ausland nach den Richtlinien der Bank Deutscher Länder zu erleichtern, sowie das Wertpapiergeschäft zu pflegen.

Da sich zeigte, daß das Wirtschaftsleben ohne eine Zentralbank nicht auskommen kann, wurde durch das Gesetz Nr. 60[6] der Amerikanischen Militärregierung die *Bank Deutscher Länder* errichtet. Sie trat an die Stelle der Reichsbank, um, wie es im Gesetz heißt, „im allgemeinen Interesse die bestmögliche Verwendung der Geldmittel im Tätigkeitsgebiet der angeschlossenen Landeszentralbanken herbeizuführen, die Währung sowie das Geld- und Kreditsystem zu festigen und die Geschäftstätigkeit der angeschlossenen Landeszentralbanken in Übereinstimmung zu bringen". Die Geschäfte der Bank beschränken sich auf Geschäfte mit den angeschlossenen Landeszentralbanken, mit Zentralbanken anderer deutscher Länder und des Auslandes sowie mit dem Bund.

Es ist im Gesetz ausdrücklich festgelegt, daß die Bank nicht den „Anweisungen irgendwelcher politischer Körperschaften oder öffentlicher Stellen mit Ausnahme

---

[5] und [6] In den anderen Besatzungszonen entsprechende Gesetze.

der Gerichte" unterworfen ist, dagegen unterliegt sie „bei Festsetzung der Politik der Bank" den von der Alliierten Bankkommission gegebenenfalls erlassenen Anordnungen.

Die hauptsächlichsten von zahlreichen Aufgaben der Bank sind: die gemeinsame Bankpolitik zu bestimmen und ihre größtmögliche Einheitlichkeit in den verschiedenen Ländern zu sichern, das übliche Bankgeschäft mit Zentralbanken zu betreiben und Devisengeschäfte auszuführen; sie hat das alleinige Recht der Notenausgabe, last not least „übernimmt und bewirkt sie den gesamten bankmäßigen Überweisungsverkehr, der aus Aufträgen Dritter herrührt und über die Landesgrenzen hinausgeht". Dieser Überweisungsverkehr ist von den Kreditinstituten über ihr Konto bei den Landeszentralbanken abzuwickeln, wovon die Bank Deutscher Länder allerdings Ausnahmen zulassen kann, was sie bisher auch getan hat. Gerade diese letzte Bestimmung ist sehr umstritten, worauf noch einzugehen sein wird.

Daß ein föderativer Charakter der Leitung der Bank Deutscher Länder angestrebt wurde, kommt im *„Zentralbankrat"* zum Ausdruck. Er besteht aus einem Präsidenten, der von den Mitgliedern des Zentralbankrats gewählt wird, dem Präsidenten des Direktoriums der Bank Deutscher Länder als seinem Vertreter, sowie den Präsidenten der elf derzeitigen Landeszentralbanken. Der Zentralbankrat bestimmt die allgemeine Geschäftspolitik der Bank. Das Direktorium führt sie aus; im Gegensatz zur früheren Reichsbank spielt es nur eine sekundäre Rolle.

Nach dieser Konstruktion, die im Zusammenhang mit der Diskussion über die Schaffung einer Bundesbank gemäß Artikel 88 des Grundgesetzes zur Zeit in der Öffentlichkeit und im Bundeskabinett lebhaft erörtert wird, besteht also eine Wechselwirkung zwischen der Bank Deutscher Länder einerseits — die die Geschäftstätigkeit der Landeszentralbanken entscheidend beeinflußt und regelt — und den Landeszentralbanken anderseits, deren Präsidenten wiederum die allgemeine Geschäftspolitik der Bank Deutscher Länder bestimmen. Sie sind im übrigen nach den Satzungen an Weisungen nicht gebunden.

Dieser Kreislauf ist in sich geschlossen. Er läßt dem Bund keinen Raum, darauf einzuwirken; dies ist sogar ausdrücklich ausgeschlossen. Die Länder, welche Kapitaleigner der Landeszentralbanken sind, haben einen recht geringen und indirekten Einfluß nur insofern, als der Präsident einer Landeszentralbank, der seinerseits Mitglied des Zentralbankrates ist, alle fünf Jahre vom Ministerpräsidenten des jeweiligen Landes neu ernannt wird und der Leiter der Bankaufsichtsbehörde des Landes eines der neun Mitglieder des Verwaltungsrates ist. Der einzige, allerdings zur Zeit noch entscheidende Einfluß von Kräften, die außerhalb dieses Kreises stehen, ist der der *Alliierten Bankkommission;* seine vorübergehende Bedeutung dürfte außer Zweifel stehen.

Die Organisation des Zentralbanksystems entspricht damit nur recht unvollkommen dem föderativen Prinzip. Sie wird, sobald die deutsche Selbstbestimmung wiederhergestellt sein wird, so zu ändern sein, daß sie dem Bund ebenso wie den Ländern den ihnen gebührenden Einfluß sichert[7]. Die Notwendigkeit wird dabei

---

[7] Die Frage, ob die jetzigen Länder die genügende Größe und Wirtschaftskraft dafür haben, bleibt noch zu erörtern.

zu berücksichtigen sein, daß das Bundesgebiet ein einheitliches Wirschaftsgebiet sein muß, um seiner europäischen und weltwirtschaftlichen Bedeutung voll gerecht zu werden.

Immerhin zeigt die jetzige Regelung des Zentralbanksystems, die dem Willen der Besatzungsmacht entsprungen ist, gewisse Ansätze einer föderativen Gestaltung; sie nimmt angesichts gemeinsamer Aufgaben auch auf die Notwendigkeiten Bedacht, die nur zentral geregelt werden können. Bei den Privatbanken, insbesondere den *Großbanken*, ist dies bisher nicht der Fall. Ihre Geschäftstätigkeit blieb auf das Land ihres Sitzes beschränkt, obwohl dezentralisierte Altbanken rechtlich noch vorhanden sind. Erst im abgelaufenen Jahr setzte sich die Kenntnis stärker durch, daß größere Arbeitsbezirke, als das Gesetz Nr. 57 sie zuließ, erforderlich sind, um den Bedürfnissen der deutschen Wirtschaft und den veränderten wirtschaftspolitischen Verhältnissen zu entsprechen. Die Besatzungsmächte verschlossen sich nicht länger dieser Notwendigkeit[8].

Die Verhandlungen haben zunächst zu verschiedenen *Denkschriften* geführt. Von ihnen ist die der alten Großbankleitungen, herausgegeben von Abs, Goetz und Marx, am bekanntesten. Diese Denkschriften haben sich zu einem *Gesetzentwurf* verdichtet, der zur Zeit im Bundeskabinett vorliegt.

Es zeigt sich, daß der vorherigen extremen Tendenz, zu *de*zentralisieren, nun zum Teil eine ebenso ausgesprochene Tendenz, zu *re*zentralisieren, gegenübersteht. Abgesehen von den unmittelbar Interessierten, denen die früheren Großbanken als das Maximum an Qualität erschienen, vertreten auch andere Kreise diese Auffassung schon deshalb, weil die durch das Gesetz Nr. 57 verfügte Dezentralisation der Großbanken auf dem Gesetz Nr. 56 der Amerikanischen Militärregierung beruht, das in so prägnanter Weise die politische Absicht des „Verbots der übermäßigen Konzentration deutscher Wirtschaftskraft“ in den Vordergrund stellte. Infolgedessen konnten viele nicht näher Unterrichtete der Auffassung sein, es genüge, den alten Stand wiederherzustellen, um den deutschen Interessen voll gerecht zu werden. Insofern verdunkelt die Regelung durch die Gesetze der Militärregierung die Tatsache, daß die Forderung nach „Dezentralisierung“ im Bankwesen — früher „Dekonzentration“ genannt — eine alte *deutsche* Forderung ist. Es bedarf nun des eindeutigen Hinweises darauf, daß dem so ist! Das Pendel darf, nachdem es in der Kriegszeit zur totalen „Machtzusammenballung“, in der Nachkriegszeit zur „Zersplitterung“ ausgeschlagen war, nun nicht wieder in das falsche Extrem ausschlagen. Es muß die rechte Mitte getroffen werden: *durch Anpassung an die Wirtschaftsräume die Förderung der volkswirtschaftlichen Entwicklung, ohne daß die Wirtschaftsfreiheit als Grundlage der sozialen Sicherheit beeinträchtigt wird.* Mit anderen Worten, es muß so viel an freiem Wettbewerb auf dem Gebiete des Kreditwesens erhalten bleiben, daß die politische und persönliche Freiheit durch einzelne Mächtegruppen nicht mehr gefährdet werden kann.

Von diesem Gesichtspunkt aus seien die Pläne zur *Reorganisation der Großbanken* betrachtet.

Der Plan der früheren Großbankleitungen gibt für den Wunsch, die Nachfolge-

[8] Dies wirkt besonders bedeutsam, wenn man berücksichtigt, daß im sogenannten Colm-Goldschmidt-Plan noch Banken auf *Kreisebene* vorgesehen waren.

Institute der früheren drei Filialgroßbanken wieder zusammenzufassen, folgende Hauptgründe an:

1. Die sogenannten Nachfolgebanken, die unter Leitung eines „Verwalters" und einer „Geschäftsleitung" stehen, unterlägen keiner Kontrolle durch die Aktionäre und einen Aufsichtsrat der alten Banken, obwohl sie rechtlich nur Zweigniederlassungen dieser Altbanken seien. Sie seien auch nicht verpflichtet, Bilanzen zu veröffentlichen und sich in öffentlichen Generalversammlungen zu verantworten, hafteten aber anderseits für die gegenseitigen Verpflichtungen, ohne sich jedoch gegenseitig zu kontrollieren.
2. Im internationalen Geschäftsverkehr seien die Nachfolgebanken aus den vorgenannten Gründen stark benachteiligt.
3. Die Denzentralisierung durch das Gesetz 57 sei von vornherein als vorübergehend „bis zu einer endgültigen Regelung des künftigen finanzwirtschaftlichen Aufbaues Deutschlands" gedacht gewesen; diese Voraussetzung liege nunmehr durch das Grundgesetz der Bundesrepublik Deutschland vor.
4. Die Ertragsfähigkeit der Banken sei besser gesichert, wenn ihr Umfang größer sei, weil die Unkosten vermindert, die Leistungsfähigkeit erhöht würden.
5. Das Risiko würde aus dem gleichen Grunde vermindert.
6. Es würde ein besserer Geld- und Kapitalausgleich möglich sein.

Diese Gründe wurden in der Diskussion der Frage anerkannt. Allerdings wurde eingewendet, daß die Lebensfähigkeit der Nachfolge-Institute, obwohl die Mängel ihrer derzeitigen Rechtsform nicht zu bezweifeln sind, erstaunlich groß ist, auch im Auslandsgeschäft und trotz dem Wettbewerb mit eingesessenen Regionalbanken. Die Nachfolgebanken hätten ihr Kreditgeschäft beachtlich ausgedehnt. Im übrigen verminderten sich die Unkosten nicht in dem gleichen Verhältnis, in dem der Umfang der Bank zunehme. Eine Erhöhung des Kapitals der Nachfolgebanken lasse sich auch auf anderem Wege ermöglichen. Alfred Lansburgh hat schon bei der Beurteilung der Großbankzusammenschlüsse 1929 mit Recht auf die oft verkannte Tatsache hingewiesen, daß bei einer zu starken Steigerung der Betriebsgröße die im *Arbeits*apparat des Instituts ersparten Kosten durch entsprechend erhöhte Kosten im *Kontroll*apparat wieder ausgeglichen würden.

Die hauptsächlichsten Meinungsverschiedenheiten ergaben sich hinsichtlich der einzuschlagenden *Methode*, wie die früheren Großbanken neu zu ordnen und ihre Größe festzulegen seien. Die sie vertretende Gruppe sah es grundsätzlich als zur Zeit nicht zu verwirklichendes Ideal an, je eine Bank als Nachfolge-Institut der früheren Deutschen Bank, Dresdner Bank und Commerzbank wiederherzustellen. Sie forderte aber wenigstens drei für jedes Institut, also zusammen neun Nachfolgebanken. Diese sollten einzelne Ländergruppen mit dem Hauptsitz an den anerkannten Geld- und Kapitalmarktzentralen *Hamburg, Düsseldorf* und *Frankfurt* zusammenfassen. Die andere Gruppe, die vorwiegend die Interessen der Länder vertrat, verlangte eine andere Regelung: sie gab zu, daß die Zahl der jetzigen Bankbezirke von elf (entsprechend der Zahl der Länder) zwar als zu hoch erscheine, weil manche Länder, wirtschaftlich gesehen, zu klein seien; sechs Bezirke mit Hauptsitzen in Hamburg, Hannover, Düsseldorf, Frankfurt, Stuttgart und München seien aber zweckmäßiger. Außerdem wollte sie, daß *zusammen* mit einer Neufestlegung der Arbeitsbezirke für die Großbanken auch die der Landeszentralbanken geändert werden müßten, mit dem Ziel, daß die Bezirke beider übereinstimmten[9]. Seien die Großbankbezirke größer als die der Landeszentralbanken, so hätten diese keinen vollen Einblick in die Geschäfte der Nachfolge-Institute, denn sie könnten mit ihren Maßnahmen der Geld- und Kreditlenkung nur einen Teil des Geschäfts dieser Institute beeinflussen. Die Großbanken kämen auch in die Lage, durch den Überweisungsverkehr, der über die Ländergrenzen hinausgeht, und den sie dann intern auszuführen imstande seien, anstatt ihn über die Landeszentralbanken zu leiten, sich weitgehend dem Einfluß der Zentralbank zu entziehen. Dadurch würde die betreffende Großbank das Geldmonopol[10], das vom Staat dem Zentralbanksystem verliehen ist, unwirksam machen und selbt ein *Teilmonopol* erhalten. Um dies zu verhindern und die Wirksamkeit des Zentralbanksystems zu erhöhen, müsse der unbare Zahlungsverkehr noch mehr als bisher über das Zentralbanksystem geleitet werden. Die letztgenannte Frage ist seit langer Zeit in den Bankkreisen umumstritten, insbesondere auch wegen ihrer erheblichen Bedeutung für die Girozentralen der Sparkassen.

Zur Methode der Rezentralisierung wünschen die Vertreter der Großbanken, daß zunächst die Gesellschaftsorgane der alten Banken wieder wirksam gemacht werden. Dann sollen unter entsprechender Änderung auch der Währungsgesetze sogenannte „Ausgründungen" erfolgen, in deren Verlauf die „alten" Aktionäre Aktien der „neuen" Banken erhalten. Die Gegenseite wünscht stattdessen zunächst eine Liquidation der früheren Großbanken und danach die rechtliche Verselbständigung der Nachfolge-Institute. Sie sollen durch Gesetz ermächtigt oder im Falle der Nichtlebensfähigkeit verpflichtet werden, sich mit anderen Nachfolge-Instituten der gleichen Großbank zu neuen Banken zusammenzuschließen, jedoch nicht in mehr als sechs Ländern des früheren Bereichs jeder Großbank. Das Vermögen der Nachfolgebanken würde dann in die neuen Banken auf Grund einer Schlußbilanz eingebracht und so lange treuhänderisch zu Gunsten der Eigentümer der alten Großbanken verwaltet, bis eine Übertragung auf diese möglich ist.

Auch dies wäre ein Weg, das Problem zu lösen. Es ist, wie schon aus diesen wenigen Andeutungen zu ersehen, sachlich außerordentlich verwickelt. Hinzu kommen noch die Schwierigkeiten, die sich aus den einander überschneidenden Interessen aller Art ergeben.

Die Frage wurde schließlich durch das Bundesfinanzministerium behandelt. Dem Bundeskabinett liegt nun der erwähnte Gesetzentwurf „über den Niederlassungsbereich von Kreditinstituten" vor. Ihn haben auch Teile der Presse bereits besprochen. Er wird noch Bundestag, Bundesrat und die Hohe Kommission beschäftigen. Der Entwurf will die Frage dadurch lösen, daß allen Kreditinstituten, die als Aktiengesellschaften oder Kommanditgesellschaften auf Aktien das Depositengeschäft und das sogenannte kurzfristige Kreditgeschäft im Bundesgebiet betreiben[11], das Recht gegeben wird, Niederlassungen in nicht mehr als sechs Ländern zu unterhalten, die sich die Institute selbst aussuchen können. Auf Grund

[9] So besonders der Präsident der Landeszentralbank von Hessen, Professor Dr. Veit.
[10] Das heißt das alleinige Recht, Noten auszugeben.
[11] Kreditinstitute mit anderer Rechtsform haben nur einen bescheidenen Geschäftsbereich.

des Gesetzes Nr. 57 durften sie Niederlassungen bisher, wie gesagt, nur in einem Lande haben. Die früheren Filialgroßbanken — Deutsche Bank, Dresdner Bank und Commerzbank — sind von dem Recht, in höchstens sechs Ländern Niederlassungen zu haben, nicht ausgeschlossen. Der Entwurf soll ermöglichen, daß der jetzige Schwebezustand bei den genannten Banken beseitigt wird. Ihre Nachfolge-Institute sollen zu lebensfähigen neuen Banken zusammengefaßt werden; einige von ihnen, in den kleineren Ländern, haben diese Lebensfähigkeit nicht. Anderseits soll durch die Beschränkung des Niederlassungsbereichs auf höchstens sechs Länder verhindert werden, daß wieder Machtzusammenballungen entstehen. Wegen des schon bestehenden wirtschaftlichen Übergewichts von Nordrhein-Westfalen dürfen Institute, die dort ansässig sind, keine Niederlassungen in anderen Ländern haben.

Um den früheren Großbanken die Reaktivierung zu ermöglichen, können sie das Vermögen, das zur Fortführung des Geschäftsbetriebes wesentlich ist, und die Verbindlichkeiten auf neuzuerrichtende Banken (Nachfolge-Institute) übertragen und sich dafür Gesellschaftsanteile geben lassen. Sie können also eine Ausgründung vornehmen. Um zu vermeiden, daß die so gebildeten neuen Banken sich zusammenschließen, wodurch der frühere Zustand einheitlicher Großbanken wiederhergestellt und der Sinn der Neuordnung ins Gegenteil verkehrt werden könnte, soll kein Nachfolge-Institut berechtigt sein, Gesellschaftsanteile eines anderen Nachfolge-Instituts *der gleichen alten Bank* zu erwerben. Eine Nachfolgebank der früheren Deutschen Bank in Hessen kann also nicht Aktien einer Nachfolgebank der Deutschen Bank in Niedersachsen übernehmen.

Sobald die Nachfolgebank gegründet ist und sie durch Vertrag mit der alten Bank Vermögen und Schulden übernommen hat, muß sie ihre Aktien an die Bank Deutscher Länder übertragen, die sie treuhänderisch verwaltet und später den Aktionären der früheren Großbanken zuteilt. Diesen stehen dann so viele Anteile an allen neugegründeten Banken zu, wie ihrem Anteil an den alten Banken entspricht. Die alten Banken müssen ihren Geschäftsbetrieb im Bundesgebiet abwickeln, womit die Überleitungsaktion beendet wäre.

Der Entwurf hat sich in den Grundzügen den Vorschlägen angepaßt, die von den Leitern der früheren Großbanken in ihrer erwähnten Denkschrift gemacht worden sind. Es wurde die sogenannte „Dreierlösung" (drei Nachfolgebanken für jedes frühere Institut) statt der sogenannten „Sechserlösung" gewählt.

Allerdings wird die *Frage des Sitzes* dieser neuen Banken im Gesetz nicht entschieden, obwohl die Großbankvertreter selbst hierfür Hamburg, Düsseldorf und Frankfurt empfohlen hatten. Diese Festlegung ist aber wesentlich, besonders wegen der Verhältnisse in Süddeutschland. Hier war Frankfurt stets der Hauptbankplatz und ist es auch heute noch. Neuere Bestrebungen, besonders in Bayern und Württemberg-Baden, versuchen zu erreichen, daß in Abweichung von den Bankplätzen Hamburg und Düsseldorf nicht alle drei Nachfolgebanken ihren Hauptsitz in Frankfurt haben, sondern je eine in Frankfurt, in Stuttgart und München. Abgesehen davon, daß das geschäftliche Schwergewicht der früheren drei Filialgroßbanken auch heute noch im hessischen Wirtschaftsraum liegt und in Bayern die alteingesessenen Regionalbanken stets das Übergewicht hatten, würde der Erfolg solcher Bestrebungen eine *kreditwirtschaftliche Schwächung Süddeutschlands* gegenüber

Norddeutschland sein, das mit seiner natürlichen, in Nordrhein-Westfalen massierten Wirtschaftskraft ohnehin bereits ein wirtschaftliches Übergewicht hat. Die Schwächung würde sich natürlich ebenso nachteilig auf die Gesamtwirtschaft dieses Gebietes auswirken. Enge „föderalistische“ und steuerliche Gesichtspunkte sollten daher im wohlverstandenen Selbstinteresse der beteiligten Länder in den Hintergrund treten.

Ferner fällt in dem Gesetzentwurf auf, daß die Länder, in denen die Nachfolgebanken künftig Niederlassungen haben können, in Abweichung von dem Vorschlag der Großbanken nicht namentlich festgelegt sind. Es bleibt ihnen überlassen, in sechs, von ihnen selbst gewählten Ländern tätig zu sein. Abgesehen davon, daß kleinere und wirtschaftlich weniger entwickelte Länder dadurch benachteiligt werden können, weil sie für die Errichtung von Niederlassungen nicht genügend reizvoll sind, könnte eine etwa selbstgewählte Beschränkung der Niederlassungen der drei Nachfolge-Institute jeder früheren Großbank auf stets die gleichen Länder nicht nur dazu führen, daß der Bankapparat in diesen Ländern übersetzt wird, sondern auch zu einer erneuten Ansammlung wirtschaftlicher Macht, — übrigens nicht nur bei den früheren Großbanken, sondern auch bei anderen bereits bestehenden Banken.

Eine Festlegung der Bankbezirke ist aber noch aus anderen Gründen wesentlich, und damit kommen wir auf die schon dargestellte Organisation des Zentralbanksystems zurück. Entgegen der Auffassung, es sei möglich, die früheren Großbanken völlig unabhängig von einer Reform des Zentralbanksystems zu reaktivieren, und zwischen beiden Fragen bestünde überhaupt kein innerer Zusammenhang, sind wir der Meinung, *daß die Reform des Zentralbanksystems entweder gleichzeitig mit der der Großbanken oder unmittelbar danach erfolgen muß.* Die Landeszentralbanken müssen, um ihren Aufgaben des Geldausgleichs und der Kreditversorgung entsprechen zu können, entscheidenden Einfluß auf die Geschäftsbanken haben. Wenn diese, in der Art eines Konzerns in mehreren Ländern arbeitend, den Ausgleich in sich vornehmen, ist es zum mindesten sehr schwer, sie zu kontrollieren und zu beeinflussen. Man kann höchstens fragen, wie weit bei freier Entwicklungsmöglichkeit für die Geschäftsbanken die Kontrolle durch die Landeszentralbanken gehen soll. Die Bezirke der Landeszentralbanken könnten zwar größer sein als die der Geschäftsbanken, nicht aber kleiner. Die Reform der Großbanken allein wäre also eine halbe Sache.

Man hat in der Diskussion über das Bundesbankgesetz eingewendet, es stehe ja noch garnicht fest, ob die Landeszentralbanken in ihrer jetzigen Form sich bewährt hätten, zumal sie auf der Zufälligkeit der nach Besatzungsgesichtspunkten gebildeten Länder beruhten. Teilweise wird einfach die Rückkehr zum alten Reichsbanksystem mit Filialen anstelle der Landeszentralbanken vorgeschlagen. Die aufgeworfene Frage ist zu wichtig, als daß man sie einfach übersehen könnte. Grundsätzlich ist dazu zu sagen:

In einem Staat, der auf wirtschaftlicher und politischer Freiheit aufgebaut ist, muß, damit diese gesichert sei, dafür gesorgt werden, daß keinerlei Mächtegruppen im Staat stärker sind als dieser Staat selbst, anderseits aber auch, daß dieser Staat nicht so mächtig wird, die Freiheit seiner Bürger aufheben zu können. Auf die

Wirtschaft angewendet, heißt das: Es darf keine privaten Monopole oder Teilmonopole geben, die imstande wären, die politische und die wirtschaftliche Freiheit zu beeinträchtigen oder zu beseitigen, indes die politischen Rechte des Staatsbürgers formal weiterbestehen könnten. Die Sicherung der Freiheit muß aber im Einklang mit dem heutigen Stand der Volks- und Weltwirtschaft stehen, es dürfen also nicht nur aus Furcht, die politische Freiheit sei in Gefahr, die Wirtschaftsunternehmen oder ihre Zusammenschlüsse so weit zersplittert werden, daß sie entweder garnicht oder großenteils nicht mehr wirtschaftlich-vernünftig arbeiten und der Befriedigung des volkswirtschaftlichen Bedarfes dienen können. Einen absoluten Maßstab für das Verhältnis zwischen politischer Freiheit und notwendiger Wirtschaftsfreiheit gibt es nicht; das Verhältnis muß ständig neu festgestellt werden, weil die wirtschaftlichen und die politischen Verhältnisse sich dauernd verändern. Ebenso wenig gibt es einen absoluten Maßstab für das Maß an Wirtschaftsfreiheit, das erforderlich ist, um die politische Freiheit zu sichern. Kein Anhänger des Föderalismus wird so wirklichkeitsfremd sein, ausschließlich um des Grundsatzes willen die Erfordernisse der modernen Volkswirtschaft zu übersehen, die unbeschadet aller auf Geschichte und Stammesgefühl beruhenden, im Bund zusammengeschlossenen Teilgebiete doch zu der Erkenntnis zwingen, daß in sich *lebensfähige Wirtschaftsräume* diesen Bund bilden müssen, der wiederum ein Teil in der europäischen und weltwirtschaftlichen Ordnung sein muß.

Auf das *Kreditwesen* bezogen heißt dies, daß den Banken aller Art jeweils so weit Raum für freie Entwicklung gelassen werden muß, wie dies nach dem Stand des Wirtschaftslebens und des Staatslebens möglich ist, ohne die Freiheit selbst zu gefährden.

Daher ist auch die Frage der Bankenorganisation und der Bankpolitik *kein statisches, sondern ein dynamisches Problem,* das immer erneut zu stellen und zu beantworten ist. Es kann sein, daß eine bestimmte Größe von Banken heute noch monopolistisch und freiheitsgefährdend ist, morgen unter veränderten Verhältnissen bereits eine andere Größe. Für die jetzige Großbankenreform ist jedenfalls die sogenannte „Dreierlösung" die optimale Möglichkeit.

Außerdem ist aber die feste Begrenzung der Bankbezirke zu fordern, um sicherzustellen, daß sie mit denen der jetzigen oder der noch zu schaffenden Bezirke der Landeszentralbanken übereinstimmen. Das Zentralbanksystem muß die Möglichkeit haben, ohne Schwierigkeit jene öffentlichen Aufgaben zu erfüllen, die ihm aus der Übertragung des Geldmonopols — des einzigen in einem freien Staatswesen erforderlichen und tragbaren Monopols — obliegen.

Es ist weitgehend anerkannt, daß die heutigen Bundesländer in Größe und Wirtschaftskraft vielfach unorganisch aufgebaut und nicht lebensfähig sind. Es sei nur an die Länder Rheinland-Pfalz, Niedersachsen und Schleswig-Holstein erinnert, die im Rahmen des Bundes-Finanzausgleichs starke Zuschüsse der anderen Länder erfordern. Es liegt nahe, hier eine sinnvolle politische Neugliederung zu fordern. Angesichts der zu erwartenden Schwierigkeiten, wie sie sich zum Beispiel beim Südweststaat gezeigt haben, kann aber die Neugliederung der Bezirke der Landeszentralbanken nicht so lange aufgeschoben werden. Es sollten vielmehr, falls der Gesetzentwurf über die Niederlassungen von Kreditinstituten angenommen wird, für die gleichen Wirtschaftsräume *Bezirkszentralbanken* geschaffen werden, in denen die bisherigen elf Landeszentralbanken zu vereinigen wären. Dies hätte natürlich Folgen für die Zusammensetzung des Zentralbankrates, und hier ist es *grundsätzlich* wichtig, daß unter vernünftiger Anpassung an die wirtschaftlichen Erfordernisse der föderative Charakter der Bank Deutscher Länder, beziehungsweise der Bundesbank aufrechterhalten wird.

Kehren wir an den Ausgangspunkt unserer Betrachtung zurück. Um die politische und gesellschaftliche Freiheit zu erhalten, muß die wirtschaftliche Freiheit hergestellt und gesichert werden. Wie dies im Kreditwesen zu geschehen hat, ist am jetzigen Zustand dargestellt worden, dem der wünschenswerte Zustand, soweit er heute erkennbar ist, in großen Zügen gegenübergestellt wurde. Daß klar erkannt wird, was auf einem so wichtigen Gebiet wie dem des Kredites und der Banken im Interesse der Gesamtheit liegt, sollte das Bestreben nicht nur der „Fachleute", sondern aller Staatsbürger sein. Richtige Bankpolitik ist mitentscheidend für richtige Wirtschaftspolitik; diese wiederum ist von entscheidender Bedeutung für die Sicherung der Staats- und Sozialordnung.

Wir sind alle Blätter an einem Baum, keins dem anderen ähnlich, das eine symmetrisch, das andere nicht, und doch gleich wichtig dem Ganzen. — *Lichtenberg.*

Ilse Aichinger

DIE GEÖFFNETE ORDER

Diese Geschichte meint den Menschen. Daß sie seine Situation an einem kriegerischen Beispiel erweist, ist zufällig, das Beispiel ist einer Kulisse gleich auswechselbar. Was bleibt, ist immer der Einzelne, der an den Grenzen seines Wissens liegt, der sich selbst wie eine verschlossene Meldung mit sich trägt, und von dem doch verlangt wird, daß er sich bewahre.

Vom Kommando war lange keine Weisung gekommen, und es hatte den Anschein, als ob man überwintern würde. In den Schlägen ringsum fielen die letzten Beeren von den Sträuchern und verfaulten im Moos. Die ausgesetzten Posten klebten verloren in den Baumwipfeln und beobachteten das Fallen der Schatten. Der Feind lag jenseits des Flusses und griff nicht an. Stattdessen wurden die Schatten Abend für Abend länger, und die Nebel hoben sich von Morgen zu Morgen schwerer aus den Niederungen. Es gab unter den jüngeren Freiwilligen der Verteidigungsarmee einige, die Sonne und Mond satt hatten und sich dieser Art Kriegführung nicht gewachsen fühlten. Sie waren entschlossen, wenn es nötig sein sollte, auch ohne Befehl anzugreifen, bevor Schnee fiel.

Derjenige von ihnen, der an einem der nächsten Tage von den Befehlshabern der Abteilung mit einer Meldung an das Kommando geschickt worden war, ahnte deshalb nichts Gutes. Er wußte, daß sie keinen Scherz verstanden, wenn es um Meuterei ging, so nachlässig sie auch sonst zu sein schienen. Einige Fragen, die ihm auf dem Kommando gestellt wurden, ließen ihn fast an ein Verhör denken und erhöhten seine Unsicherheit.

Umso mehr überraschte es ihn, als ihm nach längerer Wartezeit eine Order mit dem Befehl übergeben wurde, sie noch vor Einbruch der Nacht an die Abteilung zurückzubringen. Sie teilten ihm mit, daß ihm ein Wagen zu Verfügung stehe, und bezeichneten ihm auf einer Karte die eingesehenen Stellen des Weges. Zu seinem Unwillen gaben sie ihm einen Begleiter mit. Obwohl es üblich war, empfand er es als ein Zeichen von Mißtrauen. Durch das offene Fenster sah er den Beginn des Weges, den er zu nehmen hatte, vor sich. Der Weg lief quer über die Lichtung und verlor sich spielerisch zwischen den Haselsträuchern. Man schärfte dem Mann noch einmal Vorsicht ein. Gleich darauf fuhren sie los.

Es war kurz nach Mittag. Wolkenschatten zogen äsenden Tieren gleich über den Rasen und verschwanden gelassen im Dickicht. Der Weg war schlecht und stellenweise fast unbefahrbar. Niedrige Sträucher drängten dicht heran; sobald der Fahrer eine größere Geschwindigkeit nahm, schlugen ihre Zweige den Männern in die Augen. Der Wald schien auf Holzsammler zu warten, und auch der Fluß, der da und dort über ausgerodete Stellen hinweg in der Tiefe sichtbar wurde, stellte sich unwissend. Auf den Kämmen glänzte geschlagenes Holz in der Mittagssonne. Nichts in der Natur nahm die Grenzhaftigkeit zur Kenntnis.

Sie hatten Eile, durch die Schläge zu kommen, die sich immer wieder zwischen den Stämmen auftaten und mit dem Blick in die Tiefe zugleich auch sie selbst den Blicken der Tiefe freigaben. Der Fahrer ließ den Wagen über Wurzeln springen und wandte sich von Zeit zu Zeit nach dem Mann mit der Order zurück, wie um sich einer Fracht zu versichern. Das erbitterte den andern und machte ihn des Mißtrauens seiner Auftraggeber gewiß.

Was hatte die Meldung enthalten? Wohl hieß es, daß am frühen Morgen einer der entfernteren Posten Bewegungen jenseits des Flusses beobachtet hatte, doch solche Gerüchte gab es immer wieder, und es war möglich, daß sie vom Stab zur Beruhigung der Leute erfunden wurden. Ebenso konnte es sein, daß die Aussendung der Meldung ein Manöver gewesen war und das Vertrauen, das man ihm erwies, fingiert. Sollte er aber Unerwartetes gemeldet haben, so mußte es aus dem Inhalt der Order hervorgehen. Er sagte sich, daß es besser sei, den Inhalt zu wissen, solange man auf eingesehenen Straßen fuhr. Eine Erklärung dieser Art würde er auch geben, wenn man ihn zur Verantwortung zog. Er tastete nach dem Couvert und berührte das Siegel. Seine Sucht, die Order zu öffnen, wuchs wie Fieber mit dem sinkenden Licht.

Um eine Frist zu gewinnen, bat er den anderen, ihm seinen Platz zu überlassen. Während er fuhr, überkam den Mann Beruhigung. Sie hatten jetzt schon stundenlang die Wälder nicht mehr verlassen. Der Weg war stellenweise von Geröll überschüttet, das von künstlichen Sperren herrührte und auf die Nähe des Zieles schließen ließ. Diese Nähe flößte dem Mann Gleichmut ein, vielleicht würde sie ihn hindern, das Siegel zu öffnen. Er fuhr ruhig und sicher, aber während sie da, wo der Weg, wie in einer plötzlichen Sinnesverwirrung, selbstmörderisch hinabstürzte, ohne Schaden wegkamen, blieb der Wagen unmittelbar darauf an einer sumpfigen Stelle stecken. Der Motor hatte ausgesetzt, Schreie von Vögeln ließen die darauffolgende Stille noch größer erscheinen. Farnkräuter wucherten im Umkreis. Sie schoben den Wagen heraus. Der Junge erbot sich, einen Defekt, der ihrer Weiterfahrt im Weg war, zu beheben. Während er unter dem Wagen lag, erbrach der Mann ohne jede weitere Überlegung die Order. Er mühte sich kaum, das Siegel zu wahren. Er stand über dem Wagen gebeugt und las. Die Order lautete auf seine Erschießung.

Es gelang ihm, sie in die Brusttasche zurückzuschieben, ehe der andere seinen Kopf unter dem Wagen hervorzog. „Alles in Ordnung!" sagte er fröhlich. Dann fragte er, ob er nun wieder fahren sollte. Ja, er sollte fahren. Während er ankurbelte, überlegte jener, ob es besser wäre, den Mann jetzt oder im Fahren niederzuschießen; es gab für ihn keinen Zweifel mehr darüber, daß sein Begleiter Eskorte war.

Der Weg verbreiterte sich an seinem tiefsten Punkt, als reute ihn sein plötzlicher Absturz, und führte sachte hinauf. „Die Seele eines Selbstmörders, von Engeln getragen", dachte der Mann. Aber sie trugen ihn dem Gericht entgegen, und es würde sich als Schuld enthüllen, was als gutes Recht gegolten hatte. Es war die Aktion ohne Befehl. Was ihn verwunderte, war die Mühe, die man sich mit ihm nahm.

Im fallenden Dunkel sah er die Umrisse des anderen vor sich, seinen Schädel und seine Schultern, die Bewegung seiner Arme, — eine Fraglosigkeit der Kontur, die ihm selbst versagt blieb. Die Kontur des Bewußten verfließt in der Finsternis.

Der Fahrer wandte sich nach ihm um und sagte: „Wir werden eine ruhige Nacht haben!" Das klang wie reiner Hohn. Aber die Nähe des Zieles schien ihn gesprächig zu machen, und er fuhr fort, ohne eine Antwort abzuwarten: „Wenn wir gut hinkommen!" Der Mann nahm den Revolver von dem Koppel. Es war im Wald so finster, daß man denken konnte, die Nacht wäre schon hereingebrochen. „Als Kind", sagte der Fahrer, „mußte ich immer von der Schule durch den Wald nach Hause gehen, wenn es abends war, da habe ich laut gesungen, damals —"

Sie waren über Erwarten schnell an die letzte Rodung gekommen. Wenn wir darüber sind —, dachte der Mann, denn von da ab wurde der Wald noch einmal sehr dicht, ehe er sich gegen den abgebrannten Weiler öffnete, in dem die Abteilung lag. Aber diese letzte Rodung war breiter als alle bisherigen, der Fluß glänzte aus einer größeren Nähe herüber. Ein Spinnennetz von Mondlicht lag über dem Schlag, der sich bis zum Kamm hinaufzog. Der Weg war von den Rädern der Ochsenkarren zerfurcht, die vor langer Zeit hier gefahren waren. Die eingetrockneten Furchen glichen im Mondlicht dem Innern einer Totenmaske. Auch dem, der die Rodung gegen den Fluß zu hinuntersah, wurde deutlich, daß die Erde den Abdruck eines fremden Gesichtes trug.

Der Mann hielt den Revolver vor sich auf den Knien. Als der erste Schuß fiel, hatte er deshalb die Empfindung, ihn gegen seinen Willen vorzeitig ausgelöst zu haben. Aber wenn der vor ihm getroffen war, so mußte sein Gespenst von großer Geistesgegenwart sein, denn es fuhr mit größerer Geschwindigkeit weiter. Er brauchte im Verhältnis lange, ehe er erkannte, daß er selbst der Getroffene war. Der Revolver entfiel seiner Hand, sein Arm sackte herab. Ehe sie den Wald wieder erreichten, fielen noch mehrere Schüsse, ohne zu treffen.

Das Gespenst vor ihm wandte dem Mann sein fröhliches Gesicht zu und sagte: „Hier wären wir glücklich darüber, der Schlag war eingesehen!" „Halten Sie!" sagte der Mann. „Nicht hier", erwiderte der Junge, „tiefer drinnen!" „Ich bin getroffen", sagte der Mann verzweifelt. Der andere fuhr noch ein Stück weiter, ohne sich umzusehen und hielt dann plötzlich an. Es gelang ihm, die Wunde abzubinden und das Blut zum Stillen zu bringen. Dann sagte er das einzig Tröstliche, das er wußte: „Wir sind jetzt bald am Ziel!" Dem Verwundeten wird der Tod versprochen, — dachte der Mann. „Warten Sie!" sagte er. „Noch etwas?" fragte der Junge ungeduldig. „Die Order!" erwiderte der Mann und griff mit der linken Hand in die Brusttasche. Im Augenblick seiner tiefsten Verzweiflung war ihm ihr Wortlaut auf eine neue Weise bewußt geworden. Die Order lautete auf die Erschießung des Überbringers, sie nannte keinen Namen. „Mein Rock ist durchblutet", sagte der Mann, „übernehmen Sie die Order!" Wenn der andere eingeweiht war, wollte er ihn hier niederschießen. Nach einem Augenblick des Schweigens fühlte er, wie ihm der Brief aus der Hand genommen wurde. „In Ordnung!" sagte der andere.

Die letzte halbe Stunde verging in Schweigen, Zeit und Weg waren zu Wölfen geworden, die einander rissen. Mit dem erreichten Ziel erschienen sie aufgehoben, zwei blutige, zerfetzte Häute auf einem verlassenen Feld. Auf den himmlischen Weiden sind die Schafe geschützt, aber die himmlischen Weiden enthüllen sich als Richtplatz.

Der Ort, an dem die Abteilung lag, war ein Weiler von fünf Häusern gewesen, von denen im Lauf der bisherigen Scharmützel drei abgebrannt waren. Die Helle der heilen Höfe machte deutlich, daß die Jungfräulichkeit des Abends der Nacht noch nicht gewichen war. Der Ort war ringsum von Wald umschlossen, der Rasen war niedergetreten und von Fahrzeugen und Geschützen bestanden. Ein Drahtverhau grenzte den Platz gegen die Wälder ab.

Auf die Frage des Postens, was er brächte, erwiderte der Fahrer: „Einen Verwundeten und eine Order!" Sie fuhren rund um den Platz. Während der Mann im Wagen sich aufzurichten versuchte, dachte er, daß dieser Ort einem Ziel nicht ähnlicher war als alle anderen Orte der Welt. Alle waren eher als Ausgangspunkte begreiflich. Er hörte eine Stimme fragen: „Ist er bei sich?" und hielt die Augen geschlossen. Es ging darum, Zeit zu gewinnen. Vielleicht würden sie dem Fahrer nicht glauben, wenn er leugnete, der Überbringer der Order zu sein. Und ehe irgendetwas bekannt wurde, hatte er neue Kräfte gewonnen, und Waffen, die seine Flucht erleichterten. Als sie ihn aus dem Wagen hoben, hing er schlaff in ihren Armen.

Sie trugen ihn in eines der Häuser über den Hof, in dem ein Ziehbrunnen stand. Zwei Hunde schnüffelten um ihn her. Die Wunde schmerzte. In einem Raum im Erdgeschoß legten sie ihn auf eine Bank. Es brannte keine Lampe hier, die Fenster standen offen. „Kümmert euch weiter um ihn!" sagte der Fahrer. „Ich möchte keine Zeit verlieren."

Der Mann erwartete, daß man ihn jetzt verbinden würde, aber als er vorsichtig die Lider hob, fand er sich allein. Vielleicht waren sie weggegangen, um Verbandszeug zu holen. Im Haus war ein lebhaftes Kommen und Gehen, Türen wurden geschlagen, Stimmen klangen auf, aber all das trug sein eigenes Verstummen schon in sich und erhöhte, den Schreien der Vögel ähnlich, die Stille, aus der es sich erhob. „Wozu das alles?" dachte der Mann und begann, als nach einigen Minuten noch immer niemand gekommen war, die Möglichkeit einer sofortigen Flucht zu erwägen. Im Flur lehnten abgestellte Gewehre. Dem Posten würde er sagen, er sei mit einer neuen Meldung an das Kommando bestellt. Ausweise hatte er bei sich. Wenn er es bald tat, konnte noch niemand Bescheid wissen.

Er richtete sich auf, wunderte sich aber, wie groß die Schwäche war, die er vorzugeben gedacht hatte. Ungeduldig setzte er die Füße auf den Boden, erhob sich, konnte aber nicht stehen. Er setzte sich zurück und versuchte es entschlossen ein zweites Mal. Bei diesem Versuch riß der Notverband, den der andere angelegt hatte, und die Wunde brach auf. Sie öffnete sich mit der Vehemenz eines verborgenen Wunsches. Er fühlte, wie das Blut sein Hemd durchtränkte und das Holz der Bank näßte, auf die er zurückgefallen war. Durch das Fenster sah er über die getünchte Mauer des Hofes den Himmel. Er hörte das Aufschlagen von Hufen, Pferde wurden in die Stallungen gebracht. Die Bewegungen im Haus hatten sich so verstärkt, die Geräusche nahmen zu, es schien Unerwartetes geschehen zu sein. Er zog sich an dem Fenstersims hoch und glitt wieder herab. Er rief, aber es hörte ihn niemand. Man hatte ihn vergessen.

Während er da lag, wich seine Auflehnung einer verzweifelten Heiterkeit. Das Verbluten schien ihm dem Entweichen durch verschlossene Türen ähnlich, einem Übergehen aller Posten. Der Baum, der nur durch die Helle der gegenüberliegenden Mauer wie von Schneelicht ein wenig erleuchtet wurde, enthüllte sich als Zustand. Und war nicht der reinste aller Zustände Verlassenheit, und das Strömen des Blutes Aktion? Da er sie an sich und nicht um der Verteidigung willen gewünscht hatte, war das Urteil, das sich an ihm erfüllte, richtig. Da er das Liegen an den Grenzen satt hatte, bedeutete es Erlösung.

In der Ferne fielen Schüsse. Der Mann öffnete die Augen und erinnerte sich. Es war sinnlos gewesen, die Order weiterzugeben. Sie schossen den andern nieder, während er hier lag und verblutete. Sie zerrten ihn hinaus zwischen die Sparren der abgebrannten Höfe, vielleicht hatten sie ihm schon die Augen verbunden, nur sein Mund stand noch halb offen vor Überraschung, sie legten an, sie zielten, Achtung — — —.

Als er zu sich kam, fühlte er, daß seine Wunden verbunden waren. Er hielt es für einen unnötigen Dienst, den die Engel an dem Verbluteten taten, für Barmherzigkeit, die zu spät kam. „Hier sehen wir uns wieder!" sagte er zu dem Fahrer, der sich über ihn beugte. Erst als er einen Offizier vom Stab am Fußende des Bettes bemerkte, erkannte er mit Schrecken, daß er nicht gestorben war.

„Die Order", sagte er, „was ist mit der Order geschehen?"

„Durch den Schuß lädiert", erwiderte der Offizier, „aber noch lesbar."

„Ich hatte sie zu überbringen", sagte der Mann.

„Wir sind zurecht gekommen!" unterbrach ihn der Fahrer. „Die am andern Ufer haben überall den Angriff begonnen!"

„Es war die letzte Nachricht, die wir zu erwarten hatten." Der vom Stab wandte sich zum Gehen. In der Tür drehte er sich noch einmal zurück und sagte, nur um noch irgendetwas zu sagen: „Ihr Glück, daß Sie den Wortlaut der Order nicht kannten. Wir hatten eine merkwürdige Chiffre für den Beginn der Aktion."

Johann Schuh

ÜBER DIE WOHLTAT DES SCHRECKENS

Der Postamtmann öffnete einen Knopf an seinem Dienstanzug und setzte sich bequemer. Er warf einen Blick zum Fenster, hinter dessen beschlagenen Scheiben der Schnee in wattigen Flocken trieb.

„Skilaufen können Sie?" fragte er den Mann, der ihm gegenüber saß. Es war schön warm in der Stube.

„Ob ich skilaufen kann?" gab ihm der Bewerber um die Briefträgerstelle in Oberau zur Antwort. „Ich war im Krieg bei einer Sonderformation, Herr Amtmann. Skijäger. An der Ostfront. Ich war Melder beim Bataillon." Auf dem Ofen summte der Wasserkessel. Der Amtmann verlor sich sekundenlang an einen Zustand schläfriger Mattigkeit. „Und gesund sind Sie auch?" fragte er schwach.

„Ich war im ganzen Leben nicht krank. Das heißt, einmal war ich's schon. Im Mittelabschnitt. Bei Welikije Luki."

„Welikije Luki", wiederholte der Amtmann hindämmernd. Dabei hatte Welikije Luki mit dem Gegenstand der Unterredung nicht das geringste zu tun. Es sprach sich nur so komisch aus. Der Bewerber um die Briefträgerstelle indessen hielt es für eine Erkundigung.

„Richtig krank", sagte er, „kann man's noch nicht einmal nennen. Es war eher der Schrecken. Wir hatten nämlich einen Major, der war kugelfest . . ."

Dem Postamtmann rieselte ein köstliches Gefühl der Erschlaffung den Rücken hinunter. Er lehnte sich noch ein wenig weiter zurück und streckte die Beine aus. Die Zigarre im Aschenbecher war kalt, es machte nichts, er hatte sowieso keine Lust zum Rauchen. Gestern abend beim Skat hatte er gerade genug geraucht.

„. . . wenn der Iwan mit Granatwerfern kam, hielt ich mich immer in seiner Nähe. Granatwerfer — das war vielleicht 'ne Bescherung. Weil man die Dinger nicht hörte, wenn sie antrudelten. Da hilft nur Massel. Oder eben kugelfest . . ."

Der Kessel summte und brodelte. Draußen trieben die Flocken. Der Amtmann gab sich Mühe, gesammelt auszusehen, seine Augäpfel quollen ein wenig vor.

„. . . ging sich der Alte die Landschaft ansehen, wie er's nannte. Ich war mit ihm, als Melder. Und noch ein Unteroffizier. Wissen Sie, der Major hatte so ein Fernglas, wie man's bei der Marine hat. Auf einer Anhöhe rammte er die Stöcke in den Schnee, nahm das Glas und sah sich die Landschaft an. Schon macht's ‚peng!' und das Glas ist futsch. Wir im Hui auf der Nase, der Unteroffizier und ich. Der Alte bleibt stehen. Er dreht sich ein bißchen nach der Richtung, wo der Schuß hergekommen ist, und droht mit dem Finger: ‚Warte, warte!' Und brüllt uns an, wir sollten gefälligst aufstehen, oder ob wir Wurzeln schlagen wollten. Und wendet und fährt langsam im Bogen nach Hause. Kunststück, Herr Amtmann, — kugelfest! Wie wir in die Stellung kommen, ist mir's schwindlig und ich hab' neunundreißigacht. Es saßen ja nichts wie Scharfschützen in der Ecke da oben, und ich war doch nicht kugelfest." Der Postamtmann stieß träumerisch einen sanften Seufzer aus. „Das Revier war hinten beim Regiment. Es war so 'ne Art Krankensammelstelle. Jeden Tag kam ein LKW vor, mit dem sollte ich zurückfahren. Wie ich mich so hinschleppe, seh' ich den Bauernfeind im Führerstand sitzen. Der Bauernfeind war der dickste Feldwebel von der ganzen Ostfront, — wenn der mitfuhr, hatte neben dem Fahrer keiner mehr Platz. Ich mach' Männchen und sag': ‚Verzeihung, Herr Feldwebel, ich hab' neununddreißigacht. Dürfte ich vielleicht —', aber er schnauzt mich zusammen, ob ich 'nen Pieps habe, und ich soll mich oben auf den Wagen scheren. Naja, ich kannte die Rollbahn und die Fahrgestelle kannte ich auch, und es war mir speiübel. Doch, was sollte ich machen, — ich kletter' halt hinauf und find 'ne Sitzgelegenheit hinter der Kabine. Es war saukalt, wir hatten nichts Gescheites zum Anziehen, ich wickel' mich in meinen Mantel.

Kaum sitz' ich ein paar Minuten, knallt die hintere Klappe runter, und ich hör' den Bauernfeind schreien: ‚Achtung, du kriegst Gesellschaft!' Schwapp — fliegt der erste rauf. Da — schwapp — der zweite. Und da der dritte und — schwapp — noch einer, und dann der fünfte. Schwapp — sechs — schwapp — sieben. Im ganzen waren's achtzehn Leichen, lauter Kameraden vom Bataillon, die zurück ins Massengrab sollten. Alle miteinander steifgefroren, knochenhart und in den verrücktesten Stellungen. Einem fehlte der Unterkiefer, die mit Bauchschüssen waren ganz zusammengeschnurrt, und einem mit 'nem weitausgestreckten Arm, dem hatte so'n Spaßvogel das Soldbuch zwischen die Finger geklemmt. Was sagen Sie dazu, Herr Amtmann? —

Dann fuhr die Karre los, und sie fielen alle achtzehn über mich her. Sowie's einen Ruck gab, kamen sie auf mich los, mit Armen, Beinen, mit den Köpfen, — es war zum Auswachsen. Ich hab die Arme vors Gesicht getan und mit den Füßen hab' ich nach ihnen getreten. Anders konnt' ich mir nicht helfen. — Die ganzen vierzig Kilometer ging es so, es war ein Tag wie heute", — der Bewerber um die Stelle des Briefträgers in Oberau schaute nach dem Fenster, — „und ich dachte, ich erleb's nicht. Nichts als Schnee — und die Toten. Ich bin Skifahrer, Herr Amtmann, aber es kann einem auch der Schnee über werden. — Der mit dem Soldbuch hatte mal den Arm 'raushängen, und wie der LKW an einem Baum vorbeiflutscht, — ratsch, ist der Arm weg. Dankeschön, dacht' ich, Beisetzung bruchstückweise.

Beim Regiment war der Laden dicht; sie hockten auf der Straße herum mit ihren Verbänden und ihrem Dünnpfiff. Ich verdrück mich nebenan in die Bude von 'nem Fourier, den ich kannte, um mich mal aufzuwärmen. Mein Bekannter war nicht da, und wie ich so am Ofen hocke, kommt ein Oberleutnant reingefegt und haucht mich an, ob ich's nicht nötig hätte, Ehrenbezeigung zu machen. Dabei hab' ich den Kerl garnicht gesehen in meinem Tran. Schön, ich reiß die Knochen zusammen und denk mir was Erfreuliches. Und da kommt der Fourier und sieht mich an und sagt zu dem Offizier: „Entschuldigung, Herr Oberleutnant, der Mann kommt von vorn, ich glaube, der Mann ist krank.' Und, hastenichtgesehen, wird der Affe auf einmal leutselig wie der Alte Fritz im Film und quasselt vom Durchhalten und will wissen, wie's draußen ist. Ich sag garnichts mehr, ich lehn' an der Wand und seh' rot, und alles dreht sich. Später bringt mich mein Bekannter hintenrum in die Sammelstelle, wo er 'nen Sanitäter kannte, der mich außer der Reihe drannimmt. Ich werd' noch mal gemessen, er läßt sich die Zunge zeigen und sagt: ‚Mensch, du hast nicht alle im Schrank, mach', daß du weiterkommst.' Ich sag: ‚Wieso, ich hab' doch neununddreißigacht.' Er deutete aufs Thermometer, es sind sechsunddreißigfünf. Ich bin sofort wieder zurück in die Stellung und war seither nie mehr krank. — Wissen Sie, Herr Amtmann, die Aufregung mit dem Oberleutnant, glaub ich . . ., sagten Sie etwas?"

Der Postamtmann stöhnte leise. Dann riß er die Augen auf, tastete nach der Zigarre, suchte ein Streichholz. „So", murmelte er, „gesund sind Sie auch. Dann können wir's ja mal mit Ihnen probieren."

Der Mensch hat ein hartes Herz und gefühlvolle Eingeweide. *Georges Bernanos.*

Das Porträt:

FRANZ WERFEL

Franz Werfel hätte dieses Jahr seinen sechzigsten Geburtstag gefeiert. Er starb im August 1945 an Herzschlag. Lebte er noch, wäre er gewiß längst zu uns gekommen aus seinem kalifornischen Exil, und wenn ihn etwas abgehalten hätte, an dieser Feier teilzunehmen, so wäre es jene Bescheidenheit gewesen, die ihn einige Jahre vor seinem Tode dichten ließ:

„Und kann doch nie den Rang genießen,
Denn würd ich nur die Augen schließen,
Gleich stünd ich buß- und grußbereit
Vor ewiger Unerreichbarkeit."

Keinesfalls hätte ihm Haß Rückkehr und Teilnahme verwehrt, obgleich er Grund genug gehabt hätte zur Abkehr von dem Volk, das ihm nach dem Leben trachtete.

Er konnte nicht hassen. Er scheint allen Haß, dessen er fähig war, in einer kurzen aggressiven und polemischen Epoche seiner Jugend so verbraucht zu haben, daß nichts verblieb fürs weitere Leben. Seine Begabung war nicht das strenge, saubere Hassen, sondern das alles verstehende Lieben. Er war ein weicher Mensch, dem es leicht fiel, mit den Leidenden zu leiden, so wie vieles — alles — ihm leicht fiel: das Dichten, der Erfolg, die Erkenntnis und selbst, soweit das Menschen möglich ist, das Leben. Denn er war reich begabt, und das Leben liebte ihn. Sogar die Spannung zwischen jüdischer Herkunft und starker Neigung zum Katholizismus, eine Spannung, die wie keine geeignet ist, furchtbare Konflikte zu erzeugen, selbst sie löste sich ihm auf sanfte und glückliche Weise; und noch das Exil, vielen anderen ein harter böser Rückschlag, erwies sich ihm mehr als gnädig: es brachte ihm nicht nur seine großen Erfolge, sondern die wirkliche geistige Vollendung seines Werks. So war er stets, er sagt es selbst, ein „Deserteur des Sorgenvollen".

So viel breiter und lebenslang treuer Publikumserfolg, so viel musische Leichtigkeit und privates Lebensglück ist ganz und gar geeignet, uns mißtrauisch zu machen, zumal da auch das Werk die Spuren dieser Leichtigkeit und Lebenslässigkeit trägt, und nicht zum Heil der Dichtung. Zweifel über Zweifel an der Lauterkeit seiner künstlerischen Persönlichkeit quälen den genauen und wachsamen Leser bei der Lektüre, angefangen beim allerersten Gedichtband des Zwanzigjährigen bis zu den späten Romanen, der „Bernadette" und dem „Veruntreuten Himmel". Sie verstummen erst beim allerletzten Werk seines Lebens, dem „Stern der Ungeborenen", diesem tiefen und übermütigen, diesem spirituell spielerischen und philosophischen Buch, das er zwei Tage vor seinem Tod vollendet hat und uns als ein bezauberndes und überwältigendes Testament hinterließ.

Überwältigung und Zweifel, das sind die Reaktionen, die Werfels Werk im Leser hervorruft, beide fast gleichzeitig oder doch rasch aufeinander, von Kapitel zu Kapitel wechselnd, oft von Passage zu Passage. Hier und dort und hundertmal ärgert uns die Nachlässigkeit, mit der er die Sprache behandelt, und wer sprachliches Entzücken sucht, wird es bei Werfel nur in der Lyrik, fast nirgendwo in der Prosa finden. Einer strengen handwerklichen Kritik hält keiner seiner Romane stand. So müssen wir in dem wichtigen und politisch erregenden Roman „Die vierzig Tage des Musa Dagh" eine Anzahl ganz farbloser Personen und zudem eine zentrale Frauengestalt in Kauf nehmen, die garnicht wahr ist, sondern banalstes Klischee; und so passiert uns das Unglück, miterleben zu müssen, wie der so groß gedachte Familienroman „Die Geschwister von Neapel" von starrer, düsterer und poetischer Großartigkeit unaufhaltsam abgleitet in den — sagen wir es ruhig — sentimentalen Kitsch. Ebenso finden wir in den Gedichten oft atemraubend schöne Anfänge gekoppelt mit nachfolgenden Strophen, die nackter Gedanke oder leeres Pathos blieben. Selbst das ergreifende „Lied der Bernadette" bewegt sich stellenweise scharf an der Grenze des billigen Effekts.

Die Waage, auf der ganze und halbe Kunst unbarmherzig gewogen wird, sie schwankt beängstigend. Am frühesten bemerkte das der unbestechlichste aller Kritiker, Karl Kraus. Er hat als einer der ersten das unbezweifelbare Genie des jungen Werfel erkannt, er hat seine Gedichte in der exklusiven „Fackel" abgedruckt, und er hat sich bald tief enttäuscht von ihm abgewandt. „Und die Gefühle gehen wie geschmiert", so schrieb er. Ein böses Wort, doch nicht von der Hand zu weisen, wenn ein Karl Kraus es schrieb.

Werfel selbst war früh und immer wieder gewarnt von seinem Mißtrauen ins eigne Wort. Selbstquälerische Unzufriedenheit mit seiner literarischen Tätigkeit ließ ihn Gedichte und Verszeilen voller Selbstvorwurf schreiben:

„Du hast die Welt entweltet,
Du hast sie verwortet."

Oder an anderer Stelle:

„Ach, es ist nicht gut zu sagen,
Denn wer sagt, versagt."

Seine Klage richtet sich sogar gegen den, der ihm die zu hemmungslose Begabung zugeteilt hatte:

„Was schufst du mich, mein Herr und Gott,
Zur Eitelkeit des Worts?"

Nicht, als ob Werfel allein solcherlei empfunden hätte. Ein jeder, der dichtet, kennt diesen Zweifel, der mitunter zur Verzweiflung wird. Es ist das Schicksal der Dichter, das, und genau das zu tun, vor dem Goethe warnte: „Sagt es niemand, nur dem Weisen ..." Der Dichter sagt es allen. Aber es gibt vieles, das sagbar ist, und anderes, das schon dem Schweigen angehört oder nur in härtester Verdichtung, nur getarnt, zu sagen ist. Mystische Gefühle und Erkenntnisse, wie Werfel sie hatte, sind nicht zu sagen. Aber er sagt sie, — und im Sagen spürt er, daß er nur die halbe Wahrheit oder garnichts sagt. Der ganze junge Werfel rührte frühreif an diese seine Besonderheit:

„Reine Empfängnis! Weh mir! Der heilige Geist wird geboren,
Doch ihn bringt eine Hur, eure Sprache, zur Welt."

Dies machte ihn leiden. Später hat er es — zu unserer Trauer — vergessen und sich vergnügt getummelt auf dem breiten Boulevard des nicht sehr besonderen Romans.

So wäre also Werfel ein höchst begabter Lyriker, Begründer des literarischen Expressionismus, und ein ebenso begabter Romancier, der das künstlerische Versprechen seiner Frühzeit nur schlecht gehalten hat und dennoch berühmt geworden ist?

Ja. Und doch — und doch — und trotz allem: Was für ein Zauber wohnt in seinen Büchern, daß sie unsern kritischen Geschmack kurzerhand entwaffnen und überrennen, als wäre er nicht wichtig? Wie kommt es, daß wir ergriffen sind und plötzlich jenen Anruf des echten Kunstwerkes hören, der da heißt: „Du mußt dein Leben ändern"?

Daß der durchschnittliche Leser Gefallen findet an einer so unselig glücklichen Mischung von Verstand und Gefühl, von Kunst und Kitsch, von Politik, Liebe und Religion, von musikantischer Simplizität und artistischer Raffinesse, das nimmt nicht wunder. Daß aber viele unter den lebhaft kritischen Zeitgenossen Werfels Zauber widerstrebend verfallen, das reizt zur Untersuchung.

Wenn ein Dichter einen breiten Publikumserfolg und zugleich die verschämt gestandene Begeisterung der Kritiker erringt, dann bleibt nur anzunehmen, daß sein Werk scharf und sicher auf einen höchst empfindlichen Nerv der Gesellschaft stößt, der eine Krankheit, die Krankheit einer ganzen Epoche anzeigt.

Nehmen wir Werfels populärstes Buch, das „Lied der Bernadette", das zuerst in Amerika und dann in Europa seinen ganz großen Erfolg hatte. Was ist es, das uns darin auf eine so besondere Weise ergreift? Auf den ersten Blick zu sehen: es ist die sehr liebliche Gestalt der Bernadette, der kleinen Hirtin, der die Madonna erscheint.

Diese zarte kleine tapfere Gestalt stellt Werfel der ganzen modernen Welt gegenüber, dem Unglauben, dem Materialismus, dem Nihilismus, — und Bernadette siegt. Und womit siegt sie? Womit hat sie wirklich gesiegt? Welche Art von Mensch ist sie, daß sie sich behaupten kann, ganz allein und unwissend, wie sie ist, gegen ein Übermaß an gebildeter Skepsis und menschlicher Mißachtung?

Sie ist nichts weiter als ein gläubiger Mensch. Nichts weiter als ein Mädchen, das blind an die andere Welt glaubt und sie als Realität betrachtet so gut wie den Fluß, an dem es Schafe weidet, und so gut wie die Felsengrotte, vor deren Eingang es strümpfestrickend kauert. Das Mädchen träumte nicht, es phantasierte nicht, es tat nicht, „als ob". Es sah, es hörte, es spürte Wirklichkeit.

Hier treffen wir auf Werfels brennendstes Anliegen. In dem großen Essay über „Realismus und Innerlichkeit" schreibt er, unsere Zeit leide an ihrer „Realgesinnung", das heißt an der Denk- und Lebensgewohnheit des modernen Menschen, der, wenn er sagt: „das Wirkliche", nur das wissenschaftlich Beweisbare meint und diese Beschränkung „fortschrittliche Gesinnung" nennt. Die Wirklichkeit aber besteht nicht einzig aus dem Erforschbaren. Die weit größere Hälfte ist das Unerforschbare, das wir ahnen, und das darum nicht minder wirklich ist, weil es nicht der Wissenschaft, sondern nur der Intuition und dem Glauben zugänglich ist. Wer diese Hälfte der Realität leugnet, ist füglich kein Realist, sondern ein Ignorant, der sich um den wesentlichen Teil der Wirklichkeits-Erkenntnis betrügt. Das wissenschaftliche Zeitalter ist vorüber, auch wenn die Wissenschaft noch ungeheure Fortschritte machen sollte. Das wissenschaftliche Denken als solches hat seine äußerste Grenze erreicht. Wohin sollte es noch gehen, da es heute genau dort angelangt ist, wo die Erkenntnis vor mehr als tausend Jahren stand, in einer so wichtigen Frage, wie die nach der „Entstehung der Materie", also nach dem Ursprung der Welt. Es war ein großer Augenblick triumphaler Bestätigung für Werfel, als er, der sich so viel mit der Lehre der Gnostiker beschäftigte, dort fand, daß wir seit tausend Jahren mit unserer Wissenschaft um nichts weiter gekommen sind als um eine mathematisch-physikalische Formel, die heißt: $1{,}3 \cdot 10^{-13}$ cm, und die besagt, daß durch das Einströmen jeder Wellenlänge, die geringer ist als die in der Formel angegebene, im leeren Weltraum Materie erzeugt wird, — genau das also, was die Gnostiker auf ihre Weise und ohne Formel sagten: dem logos entströme pneuma und verdichte sich beim Sturz durch den Weltraum zu immer höhern Festigkeitsgraden, bis es zu jener Materie werde, die wir als die unsere betrachten. So wäre die Wissenschaft also nichts als ein großer Umweg der Menschheit zur eingeborenen Erkenntnis, kein Irrweg, obgleich sie oft als solcher erscheint, da sie die Menschen von Gott, der großen Wahrheit, wegzuführen scheint. Das aber macht nichts, sagt Werfel, es macht garnichts, denn die Geschichte der Menschheit ist keine Gerade, die irgendwohin ins Unendliche führt; sie ist ein Kreis, der seinen Ausgang von Gott nimmt und wieder zu ihm zurückkehrt, denn Weltgeschichte ist nichts als Heilsgeschichte. Und wie jeder Wanderer auf einem Kreis sich vom gedachten Ausgangspunkt zwar entfernt, indem er geht, doch mit jedem Schritt der Entfernung zugleich sich wieder dem Ausgangspunkt nähert, so führt das moderne Denken zwar von Gott weg, doch ebenso zu Gott hin. Ein frappierender Gedanke, einer jener genialen Einfälle, die er seiner besonderen Art zu denken verdankt: der mystischen Spekulation, der auch sein letztes, schönstes und wichtigstes Buch entstammt.

Verlassen wir für kurze Zeit den Essay über den Realismus sowie das fromme Lied der Bernadette und folgen wir Werfel auf den Stern der Ungeborenen und ins Jahr 100 000; hören wir dort Werfels ebenso tiefen und todernsten wie mozartisch heitern und ironischen Kurs in Weltgeschichte. Wir finden auf jenem Stern eine Welt unüberbietbarer Zivilisation und säkularisierter Autonomie des Menschen. Es gibt — konsequente Steigerung der Technik — dort kein Telephon und keine Television und keine Raketenflugzeuge mehr. Das ist längst überholt. Die Menschen, spirituell geworden, bewegen sich nicht mehr, sondern ziehen ihr Ziel mit der Kraft konzentrierten Wunsches an sich. Die Technik bedarf keiner andern Energie mehr als jener des menschlichen Gedankens. Die Bedürfnisse der Menschen sind auf ein Mindestmaß geschrumpft. Die wenigen allgemeinen Bedürfnisse werden von einer Zentrale aus erfüllt, und die Erfüllung privater Wünsche ist allen gleicherweise durch eigene geistige Kraft möglich. Es gibt darum kein soziales Problem mehr, es gibt keinen Klassenkampf, es gibt keine Klassen mehr. Die Menschheit hat erreicht, worum sie kämpfte.

Nun gut: so gibt also Werfel zu, daß wissenschaftliches Denken und Technik das goldene Weltzeitalter bringen? Ach nein. Denn jene Menschen sind nicht glücklich. Sie haben Angst. Sie haben Angst wie alle Menschen seit dem Sündenfall, seit jenem Augenblick, in dem sie vor Gericht gestellt wurden und so sehr versagten, daß sie heute noch und immer sich im „verzweifelten Zustande der Rechtfertigung“ befinden, — auch dies einer der wesentlichen Glaubenssätze Werfels. Und wovor haben jene mentalen Menschen Angst? Jenseits der Mauer ihres zivilisierten Reiches liegt der Dschungel, die Barbarei, das Blutvergießen, der Krieg; und dieser Dschungel widerstrebt hartnäckig und mit Erfolg der Zivilisation; er wächst, und eines Tages überflutet er zerstörend die ganze mentale Welt.

Nun, hier möchten wir Werfel sagen, daß er die Weltgeschichte nicht als Kreis, sondern als Spirale sieht, und daß er dialektisch denkt, und er wäre nicht allein mit dieser Vorstellung. Doch das ist nicht wichtig. Wichtig ist, daß die Zerstörung der mentalen Welt kein Ende, sondern ein neuer Anfang ist, eine neue Chance für die Menschheit. In dem Augenblick, in dem es ihr gelang, die Machtbefugnisse Gottes so zu beschneiden, daß selbst der Tod, Gottes geheimnisvollste Domäne, unter ihre Kontrolle geriet, in diesem Augenblick der Hybris bekommt sie eine große Lehre, eine große Strafe und eine große neue Gelegenheit zur demütigen Wandlung. So hat sie sich — wir kehren zu Werfels Lieblingsgedanken zurück — in eben dem Maß Gott genähert, in dem sie sich von ihm entfernte. Niemand fürchte sich also vor dem Ende des wissenschaftlichen Zeitalters, denn es ist ein neuer Beginn. Ein tiefer und überaus tröstlicher Gedanke: Wir gehen, wohin immer wir gehen, zu Gott, „immer nachhause“, wie Novalis sagte.

Und damit sind wir wieder dort angekommen, wo wir Werfels liebliche kleine Bernadette ließen: vor der Felsengrotte, in der ihr „Die Dame“ erschien, wie sie in rührender theologischer Unkenntnis die Madonna nannte. Dieses kleine Mädchen ist durch nichts und niemand in ihrer Glaubens-Sicherheit zu beirren, nicht durch naturwissenschaftliche und nicht durch theologische Skepsis. Sie weiß, was sie weiß, doch sie kann es nicht beweisen. Sie hat nichts zu antworten in den strengen polizeilichen und den geistigen Verhören als: „Ich habe die Dame gesehen“. Sie sagte es nicht trotzig, nicht rebellisch, nicht anmaßend, sondern einfach und so ruhig wie man sagt: Ich sehe, daß es regnet.

Der Lohn für diese Unbeirrbarkeit ist große innere Geborgenheit, der Leichtsinn einer Lilie und eines Engels, jene reinste Glückseligkeit, der Werfel einen ganzen Essay widmet, und von der er sagt, daß wir sie alle in uns entdecken würden, wagten wir es nur, den Hochmut des Intellekts abzuwerfen und zu glauben. Nicht: irgendetwas zu glauben, nicht an eine der hybriden modernen Ersatzreligionen Nationalismus oder Kommunismus, nicht an irgendeine esoterische Weisheit, sondern schlechtweg an die Offenbarung, deren jede einzelne ihrer ewigen Wahrheiten ihr Spiegelbild im Irdischen hat, — jene geheimnisvolle

Beschwörungsformel, mit der von altersher die große Einheit der Welt auf zugleich magischem und legal philosophischem Wege hergestellt wurde: „Alles Irdische ist nur ein Gleichnis". Das ist die Zauberformel der Erlösung vor der Angst, denn unsere moderne Angst ist eine metaphysische, keine politische, wie wir zu glauben geneigt sind, Ignoranten, die wir sind. Es ist die große Kinderangst, allein gelassen zu werden in der Nacht, wenn alles, was tagsüber als ein freundliches Bild zusammengehörig sich zeigte, plötzlich in feindlich beziehungslose Teile zerfällt. Wir haben Angst vor dem Atomzerfall der Werte. Werfel hatte keine Angst, denn er besaß gleich seiner kleinen Bernadette die heilende, zusammenfügende Zauberformel der Frömmigkeit; und das ist Werfels Botschaft an uns: Es gibt kein anderes Mittel, uns zu retten, als Frömmigkeit, gerichtet auf die Offenbarung.

Dies mag den säkularisierten, den liberalen, den aufgeklärten Zeitgenossen ein wenig befremden, zumal wenn er weiß, daß Werfel, von Geburt Jude, aus Neigung Katholik, sich doch für keine der beiden Religionen rein entschied. Er ist in Prag geboren, dieser geheimnisvollen Stadt. In ihrem Ghetto war die Kabbala zuhause, jüdische Mystik, und im barock-katholischen Teil die christliche, dicht bei dicht. Werfel gefiel beides: seinem Verstand mehr das Jüdische, seinem musischen, musikalischen Temperament mehr das Katholische, und nie hat ihn dieses Widerspiel verwirrt. Er hat es verstanden, seine doppelte Neigung mit einer Art Theologie zu erklären.

Machen wir wieder einen Sprung von Lourdes auf den Stern der Ungeborenen: Wir können es Bernadette ruhig zumuten, ein wenig auf uns zu warten; sie hat nicht zu versäumen, denn ihr gehört die Ewigkeit.

Am Ende der Zeit, das heißt: am Ende jener Zivilisationsepoche der Menschheit, trifft der Sternenwanderer auf zwei übriggebliebene Geistliche. Der eine ist der katholische Großbischof, der andere der große Rabbiner. Dies ist keiner von den spirituellen Scherzen, die Werfel sich in diesem Buch häufig erlaubt, noch ist es Ironie; es ist ein Credo, ebenso jüdisch wie katholisch: am Ende aller Zeiten werden Juden und Katholiken einander gegenüberstehen, und nicht in Feindschaft, sondern in Gemeinschaft und füreinander zeugend, beide gleichwertige Akteure beim Finale des Heilsdramas. Gott hat dem Stamme Israel in Urzeiten versprochen, den Messias, das ist: Erlösung, Glück und Frieden zu senden. Doch als er sich anschickte, sein Versprechen einzulösen, da schrien sie, von Blindheit geschlagen, nein, wir wollen es nicht. Darum und dafür müssen sie leiden, und nichts wird ihr Leiden aufheben: nicht die Assimilation an andere, liberale Völker und nicht die Gründung eines eigenen Staats. Doch das Versprechen der Rettung bleibt unvergessen. Zwischen Gott und Israel ist offene Rechnung, und Gott wird sie bezahlen. Dies ist die große, klare Hoffnung der orthodoxen Juden und die geheime, verschwommene der andern. Und warum sollten sie nicht warten, da wir doch alle das Gefühl einer unbeglichenen Rechnung haben und uns betrogen fühlen um etwas, das man uns in den Kindertagen der Menschheit versprach?

Die Rechnung der Juden, sagt Werfel, wird beglichen werden, „zugunsten Israels, wenn die Gnade dereinst die Summe gezogen hat".

Die Gnade, — hier haben wir wieder eins von Werfels Lieblingsworten. Er führt uns direkten Wegs zurück zu Bernadette. Sie ist auserwählt, das Wunder zu sehen. Nicht das klügste und reifste Kind jenes Pyrenäenorts, sondern irgendeines, das unwissendste sogar. Womit hat sie die Auszeichnung verdient? Ach, — mit nichts, garnichts. Es geht nicht nach Verdienst, so unfaßbar ungerecht dies auch erscheint; es geht allein nach Gnade. Nichts wird erworben, alles ist Geschenk. Das ist eine ganz und gar katholische Ansicht, schwer begreiflich dem Ungläubigen und unerträglich dem Stolzen. Die kleine Bernadette und ihr Dichter und alle Heiligen und Weisen der Welt fühlen sich recht wohl in der Rolle der Empfänger, und sie fahren nicht schlecht dabei. Man sieht es demonstriert an Werfel: zu ihm kamen Erfolg und Freundschaft ohne große Anstrengung, freundliche Gnade, und recht sichtbar sogar kam sie damals, als er, vor Hitlers Soldaten fliehend, in Südfrankreich schwer bedrängt, nicht mehr auf Rettung hoffen durfte. Da gelobte er, die Geschichte der Bernadette zu schreiben, wenn —, wenn er gerettet würde. Er wurde gerettet. Und ein zweitesmal im Jahre 1943, als er so krank war, daß man ihn aufgab. Ach, und er hatte doch noch einen Roman zu schreiben, einen großen Roman, frei von den Schwächen der früheren, endlich frei, die Einlösung jenes Versprechens, das er mit seinen frühen Arbeiten gegeben hatte, die Einlösung auf Heller und Pfennig und um einiges mehr. Er wurde noch einmal gesund. Der Tod gab ihm Urlaub, genau so lang und nicht um drei Tage länger, als er bedurfte, um den Roman zu schreiben. Der, der sich der Gnade und dem Wunder hinneigt, wird Gnade und Wunder erfahren; doch das ist nur zu erleben und durch nichts zu beweisen, so wenig wie Bernadette beweisen konnte in ihrer engelhaften Einfalt.

Die Gestalt der Bernadette ist historisch. Sie war ein armes Mädchen, ein Proletarierkind. Wäre sie nicht so gewesen, und wäre die Erfindung Werfel freigestanden, er hätte sie nicht anders sehen können als arm. Seine Lieblingsgestalten, die schönen, unvergeßlichen, sind alle arm: in „Barbara und die Frömmigkeit" ist es Barbara, die alte Kinderfrau, und im „Veruntreuten Himmel" die Köchin Teta Linek, im „Musa Dagh" die arme kleine wilde Sato. Werfels stärkste Liebe gehört denen, die geringen Standes sind. Karl Kraus nannte diese seine Liebe „literarisch". Mag sein, sie war es damals, als Werfel in den ersten Gedichtbänden sich mit dem Ruf „oh Mensch" schluchzend der ganzen Menschheit an die Brust warf, an die der Unterdrückten mit besonderer Vehemenz. Er litt mit den Leidenden. Was aber tat er für sie?

Es gab damals wie heute sozialistische Parteien, und sie waren noch jung und revolutionär. Wir finden Werfel für kurze Zeit sympathisierend, lebhaft, ja heftig, und dann nie wieder, sein ganzes Leben lang nicht. So war er also ein Bürgerlicher, ein Reaktionär? Man hat es ihm vorgeworfen, man tut es von linker Seite her noch heute, sofern man seinen Namen überhaupt erwähnt. Ist es möglich, daß ihn eine so große und so brennende Frage wie die der Arbeiter nicht berührte?

Gehen wir wieder zu Bernadette. Sie war arm und lebte unter armem Volk. Von der „Dame" hat sie keinen Heller bekommen und kein Paar Schuhe, und es hätte der Dame ein Leichtes sein müssen, etwa ein Winterkleidchen an den Rosenstrauch vor der Grotte zu hängen. Warum tat sie dieses kleine freundliche Wunder nicht, da sie soviel größere konnte? Sie hatte Besseres zu vergeben: die innere Glückseligkeit der Engel. Und Bernadette, solcher Seligkeit voll, machte das arme Volk ihres Dorfes glücklich, und dies ohne sozialistisches Programm. Es war ja alles nicht mehr so schlimm, wenn da jemand war, jemand von „drüben", der einen hörte und auf geheimnisvolle Weise trösten konnte, tiefer und nachhaltiger trösten, als ein Sack voll Weizen es vermochte.

Das nun ist Werfels politisches Credo, — anfechtbar und unbegreiflich für viele: Die Geschichte der Menschheit ist nicht eine Geschichte der Ernährung der Menschen, sondern die Geschichte ihrer geistigen Entwicklung, und geistige Entwicklung ist nicht gleich praktischer Entwicklung, nicht gleich Höher- und Höherführung der Technik zum Zwecke größerer Bequemlichkeit der Menschen, kurzum: nicht gleich Fortschritt, sondern: die Geschichte des Konflikts zwischen Glauben und Unglauben. Ein Wort, das übrigens von Goethe stammt, ein sehr erstaunliches Wort, ein wenig plausibel zu machen mit Hilfe der Einsicht und Erfahrung, daß wirklich nur ein flacher Kopf meinen kann, das Ziel seiner eigenen Entwicklung sei das höchstmögliche Maß an Bequemlichkeit und äußerem Glück. Denn was ist schon „äußeres Glück"? Das Gedächtnis der Menschheit könnte die von Gott geduldig wiederholten Lektionen über den Grundsatz: „Alles ist eitel" allmählich behalten haben. Wie Spreu verweht im Winde, — unsere Häuser, unsere Söhne, unser Geld. Und was wäre, gesetzt den Fall, wir brächten es so weit, daß wir alle Arbeit und Brot und zivilisatorischen Komfort hätten? Wären wir glücklich? Wir wären's nicht, und Gott sei

Dank wären wir's nicht, denn dies bedeutete den Verzicht auf jene Unruhe, die unsere höhere Würde verrät: den Geist. Wie auch könnte ein sozialistisches Programm die ungeheure metaphysische Not der Menschheit lindern? Dergleichen kann das so wenig, wie ein braves Aspirin gegen den Flecktyphus helfen kann, — wie Werfel am Schluß der schönen Geschichte vom „Veruntreuten Himmel" sagt.

Werfel ist konsequent: er schrieb einen langen Essay über den marxistischen Kommunismus, eine Kampfschrift gegen die zur Religion erhobene Häresie des Marxismus, die das Wort Menschenwürde unaufhörlich im Munde führe, während sie in der Tat unaufhörlich den Menschen entwürdige. „Wer nicht arbeitet, der soll auch nicht essen", das ist, sagt Werfel, ein böser und inhumaner Grundsatz. Er mache die metaphysische Wichtigkeit des einzelnen menschlichen Lebens zu einer nur ökonomischen. Nicht, als ob Werfel dem Kapitalismus das Wort redete! Welcher geistige Mensch könnte das heute! Doch ziehe er, meint Werfel, die offene Unmoral des Kapitalismus der verlogenen Scheinmoral kollektivistischer Prinzipien vor.

Nun: Werfel war kein politischer Mensch trotz seinem politischen Roman vom „Musa Dagh". Er war es nicht, und doch war Werfel den radikalsten Sozialisten unserer Tage noch um ein Jahrtausend voraus. Wie das? Er hatte das lebhafteste Gefühl dafür, daß Eigentum Diebstahl sei, ja daß es überhaupt kein Eigentum gebe. Alles gehört allen. Nicht einmal unser Leib gehört uns. Seine physikalischen und chemischen Elemente sind nur für eine kurze Frist entliehen aus dem großen Fonds des Universums; der Akt der Individuation ist eine vorübergehende private Aneignung ohne Rechtsanspruch. Es steht alles dafür anzunehmen, daß ein solcher Glaube die bessere Fundierung eines humanen Sozialismus der klassenlosen Gesellschaft der Zukunft wäre als der schneidend kalte Schlachtruf: Enteigne den Enteigner. Denn Haß sät Haß, und jede politische Frage ist zunächst eine moralische. Auch dies einer der klaren Glaubenssätze Werfels.

Immer ging es Werfel ums Moralische, also um das Menschliche, und immer begab er sich in Kampfstellung, wenn irgendwo Verrat an der Humanität begangen wurde. Seine Geschichte vom Kampf der Armenier im großtürkischen Reich zu Beginn unseres Jahrhunderts war ein wahrhaft brennender, ein aktueller Protest gegen die Unterdrückung politischer Minderheiten, ein prophetischer Protest auch gegen das unheimlich vorgewußte Schicksal der modernen Juden. Und in dem neueren Stück „Jakobowsky und der Oberst" läßt er jemanden sagen: „Hitler? Kenn ich nicht. Den gibt es nicht. Hitler, das ist nur ein Name für die andere Welt." Die andere Welt, das ist die der Unmenschlichkeit.

Kehren wir wieder, zum letztenmal, zurück zu Bernadette. Sie ist längst kein kleines Mädchen mehr, und während sich vor ihrer Felsengrotte in Lourdes Wunder um Wunder begibt, physisches und metaphysisches, dient sie unter fremdem Namen als Nonne im Kloster. Ein langes Leiden und ein früher Tod sind ihr bestimmt. Sie hat die Dame nicht mehr gesehen. Aber im Augenblick des Todes — man sieht's an ihren selig verzückten Augen — erscheint sie ihr noch einmal, und Bernadette ruft, es ist ihr letztes Wort: „J'aime!" Ihr Leben lang war ihre Rede gewesen „Ja ja, nein nein". So war auch dieses letzte Wort keine Phrase: Ich liebe. Nicht: Je t'aime, wie zu erwarten wäre, da sie zur Dame spricht. Nein: J'aime. Ich liebe.

Wie mußte Werfel sie darin verstanden haben. Denn dieses war sein eigenes Gefühl, Grundgefühl seines Lebens: Ich liebe. Und Liebe, das ist, so sagt er im „Veruntreuten Himmel", „der große Fehlbetrag unsrer Zeit".

Mag Werfel unseren literarischen Geschmack ärgern, — mag er es immerhin tun. Mögen seine Bücher garnichts mit hoher Literatur zu tun haben; mag er sein, was man von ihm sagte: ein Genie der Frömmigkeit, das sich in die Literatur verirrt hat: er rührt uns an da, wo wir am empfindlichsten sind, in unserer Angst, in unserem Bedürfnis nach Geist und Liebe.

Luise Rinser.

Die Glosse:

Die Ferien sind zu Ende

Wir haben den besonders von den Amerikanern erhobenen Vorwurf, wir hätten Mitleid mit uns selbst, nie ganz verstanden. Selbst wenn wir ihn gutwillig angehört haben und bereit waren, vor unserer Tür zu kehren, es ist immer ein Rest von Selbstentschuldigung neben der Selbstbemitleidung geblieben, vielleicht sogar ein versteckt aggressives: Ihr Glücklichen habt gut reden! Plötzlich sind aber Umstände eingetreten, die uns die Augen dafür öffnen, was eigentlich mit diesem Vorwurf gemeint war. Unser nationaler Lebenslauf ist auf seinem Zick-Zack-Kurs wieder an einer Wendemarke angelangt, und von hier aus erkennen wir, daß unser Verhalten in der jüngsten Vergangenheit reich an Versäumnissen war. Es ist leicht mit einem Wort zu sagen, was wir versäumt haben: wir haben uns nicht genug über unsere Ferien von der Weltgeschichte gefreut. Und das ist wohl nur die Kehrseite der Selbstbemitleidung?

Es ist nicht an dem, daß wir die Ferien nicht genossen hätten. Im Gegenteil, wir haben sie so genossen, daß sogar unserem Genießen etwas von unserer Tüchtigkeit anhaftet. Man kann sagen, wir haben fleißig genossen und waren erstaunlich emsig, den Tag auszuschöpfen nach seinen materiellen Möglichkeiten, — die Tage dieser knappen zweieinhalb Jahre zwischen der Reform der Währung, deren wir uns erinnern, als hätte sie gestern stattgefunden, und dieser Halbjahrhundertwende. Aber gefreut haben wir uns nicht darüber, daß wir Pause hatten und bei uns selbst einkehren durften, — und deshalb haben wir auch nicht Einkehr gehalten. Wir haben uns nicht gefreut, so wie es etwa die Italiener getan haben, über den Verlust ihres Duce, über den Verlust des Krieges und über ihre Entlassung in die Verantwortungslosigkeit, — diese glücklichen Kinder. Vom Charakter her sind sie fit für ihr nationales Achterbahn-Schicksal in diesem Jahrhundert. Wir sind es nicht und haben doch das gleiche Schicksal mit noch größeren Steigungen und Gefällen. Bis wir zum Bewußtsein der jeweils gegenwärtigen Wirklichkeit kommen, ist sie schon vorbei; verstört und vor ihrem Anspruch versagend, stehen wir vor der nächsten. Wir sind verstrickt in die Vergangenheit und grübeln über die Zukunft, — aber wann leben wir aus dem und mit dem, was da ist?

Wenn die Verhältnisse sehr beständig sind, so wie sie es zwischen 1870 und 1914 waren, dann kann wohl einmal der Augenblick eintreten, da wir durch und durch mit der Wirklichkeit übereinstimmen. Aber dann fallen wir ins andere Extrem. Dann macht uns unsere Unbeweglichkeit und Schwerfälligkeit starr und vertrauensselig. Auch sind wir in solchem Zustand ohne Wachsamkeit, während wir, einem raschen Wechsel von Glück und Unglück, Zerstörung und Aufbau ausgesetzt, überwach nach rückwärts und nach vorwärts lauschen wie ein Schlafloser, der die Geräusche der Maus für die Schritte des eindringenden Diebes hält.

Das bißchen Glück und Frieden, das in diesen mageren Zeiten enthalten war, haben wir versäumt. Nach 1945 trauerten wir der verlorenen Größe nach, statt sie in die Hölle zu verwünschen, seit 1949 benehmen wir uns, als gälte es, die verlorenen Jahre des Krieges und der verfallenden Reichsmark so rasch als möglich aufzuholen mit dem einzigen Erfolg, daß wir uns in so kurzer Zeit wieder mit dem Ballast des ganzen bürgerlichen Tandes behängt haben, den wir vor unseren Augen in den Bomben haben verbrennen sehen, und von dem wir genau wissen, daß er uns bei einem nächsten Schicksalsumschlag nichts nützen wird und irgendwo wieder zurückgelassen oder mit Anstrengungen, die uns das Leben vollends berauben, erhalten werden muß. Wir sind dick geworden in diesen zweieinhalb Jahren, aber kein bißchen glücklicher.

Jetzt werden wir wieder mager werden. Die Ferien sind vorbei. Die Weltgeschichte hat uns wieder. Wir werden auf die Bretter gezerrt und müssen mitspielen. In der Zeitung steht, die Regisseure erwarteten, daß wir es freudig tun werden. Sie werden wieder eine Enttäuschung erleben. Wir werden nun nicht der verlorenen Größe, sondern der versäumten Freude nachweinen, und wie gebannt auf das Schreckgespenst der Zukunft starren. Und vielleicht werden wir gerade wieder bis zur nächsten Wendemarke brauchen, um zu begreifen, was nach den Ferien begonnen hat. In diesen Tagen hörten wir da und dort die Leute sagen: die zwei Jahre haben wir jedenfalls gehabt. Es sollte profitlich klingen. In Wahrheit hörten wir eine erschütternde Hilflosigkeit aus diesen Worten. Denn wir haben sie ja nicht „gehabt", diese zwei Jahre Ferien.

Erich Kuby, Weilheim.

Auf in die Gegenwart

1940 verschlug es mich nach Ostpreußen. Schon blinkten Sterne über Allenstein, als ich auf dem Marktplatz den Wagen stoppte und in die fremde Stille lauschte. Von weither ließ sich eine Mädchenstimme breit vernehmen: „Wann der Kriech vorbäi ist, will ich mir nemlich äinen neien Rock kaufen!" Frei schwebte der Satz in der Verdunklung, und so viel war darin und daran, daß er mir nicht mehr aus dem Ohr gekommen ist.

„Morgen wird alles besser", heißt ein moderner Roman, ich glaube von Irmgard Keun. Das leidige Heute muß man schlecht und recht hinter sich bringen, als ein notwendiges Übel, eine tote Strecke, ein Interregnum des Individuums. Morgen kommt das Glück. Vielleicht auch übermorgen. Heute leider nicht. Der Grundstein für bessere Zeiten ist noch nicht gelegt. Das Glück kommt: Wenn die Könige Philosophen sind; wenn die starke Hand regiert; wenn alle in die Kirche gehen; wenn die Kirche abgeschafft wird; wenn alle lesen und schreiben können; wenn man die Bücher verbrennt; wenn wir Kolonien haben; wenn alle Menschen befreit sind; wenn die Wissenschaft Frieden und Gedeihen garantiert; wenn die Technik sich selbst ad absurdum geführt hat; wenn wir das Wetter selbst machen; wenn die Wettermacher der Teufel holt; wenn die Versicherung zahlt; wenn das Versicherungsunwesen aufhört; wenn die Jungen einsehen werden, daß ...; wenn die Alten endlich begreifen, daß ...; wenn man auswandern kann; wenn man heimkommt; wenn der Winter zu Ende geht; wenn das Los gewinnt; wenn der Ultimo kommt; wenn die Lateinstunde rum ist; wenn überhaupt die Welt von aller Furcht und Not befreit sein wird und nichts dazwischen kommt: dann, ja dann kann das Leben beginnen.

„Unser Werk war das schwierigste und undankbarste: der Übergang", schrieb Flaubert 1850 an seinen Freund Bouilhet. „Die Zukunft quält, und die Vergangenheit hält uns zurück. Deshalb entschlüpft uns die Gegenwart." Das tut sie, denn wie man sieht, beschäftigen sich auch unsere besten Geister seit mindestens einem Jahrhundert mit der leidigen Reflexion. Unterwegs geht das Abendland unter, während die Generationen aufeinander folgen, Schornsteine gefegt und Kartoffeln geschält werden. Wir besorgen unsere Geschäfte, aber wie in einem bösen Traum befangen, dem Traum des Kindes Heinrich Heine nach dem Einzug Napoleons in Düsseldorf: „Die schönen Blumengärten und Wiesen wurden wie Teppiche zusammengerollt, der Gassenvogt stieg auf eine hohe Leiter und nahm die Sonne vom Himmel herab, spärlich schimmerten oben einige Sterne und auch diese fielen herab wie gelbe Blätter im Herbste, ein häßlich hämisches Weib hielt etwas wie einen abgeschnittenen Menschenkopf in der Schürze, und das war der Mond, und sie legte ihn ängstlich sorgsam in eine offene Grube." Hundertfünfzig Jahre später läßt Silone in „Brot und Wein" den Landarzt Dr. Nunzio sagen: „Man lebt in Erwartung des Tages, an dem das Leben beginnen soll. So vergeht die Zeit. Niemand lebt in der Gegenwart. Niemand ist in der Lage zu sagen: von da ab, von dieser Gelegenheit an hat mein Leben begonnen." Im ganzen Neunzehnten Jahrhundert blickten die Gebildeten sehnsüchtig nach rückwärts, auf Rom, auf Athen, wo sie es ohne elektrisches Licht, fließendes warmes Wasser und Zentralheizung nicht lange ausgehalten hätten. Was wir als Geschichte kompilieren, drucken und auswendig lernen, ist ein mixtum compositum aus optischen Täuschungen und rückwärts projizierten Wunschträumen. Jacob Burckhardt, den seine Zeit so sehr verdroß, daß er die Renaissance in den prangendsten Farben schilderte, hätte es noch mehr verdrossen, sich wie Cellini tagtäglich mit dem Dolche seiner Haut zu wehren; und niemand hat die Relativität von Glück und Unglück in der Weltgeschichte deutlicher gesehen als Burckhardt selbst.

Sein oder Nichtsein wird jeweils in der Gegenwart entschieden, und die Zeit unserer Bewährung ist hier und heute, wie sie für die Römer hic et nunc war. Unser Rhodus heißt Berlin, Zwickau oder Tuttlingen. Jede Gegenwart ist gleichwertig als die einzige uns gebotene Gelegenheit; es liegt bei jedem Einzelnen, sie naiv, spontan, dem Leben zugewendet zu gestalten, oder sie als ein Abstraktum hinzunehmen und lediglich zu reflektieren. Aber jedes Erlahmen bedroht die Kontinuität, die keinen Augenblick unterbrochen werden darf, ohne alles in Frage zu stellen, woran Jahrtausende bauten. Das Morgen erwartet unsre Taten. Wir warten auf morgen. Wir sind Fatalisten geworden, und während wir immer noch mit kalvinistischer Rastlosigkeit nach materiellem Gewinn streben, huldigen wir innerlich dem mohammedanischen Kismet, der Lehre vom unabwendbar zugeteilten Schicksal. Denn das Abendland geht unter.

Ganz gewiß ist es freilich nicht, ein bißchen neugierig sind wir auch, und darum ist es gut, Horoskope zu stellen. Vielleicht kommt doch das Glück zu dir. Von außen natürlich, gratis und franko. Vom andern Geschlecht etwa könnte es plötzlich präsentiert werden, von einem Regierungswechsel hier oder sonstwo, von einer Nachricht in der nächsten Ausgabe unseres Blattes (falls sie nicht wegen Feiertags ausfällt), oder ganz einfach per Post. Bis dahin darf man es nicht „berufen". Einer der lacht, ist unseriös, wer gar noch singt, macht sich offenbar kein Bild „von der Lage", und wer die lauernde Frage nach dem Befinden harmlos mit „Danke, gut" beantwortet, muß entweder ein Irrer oder ein Satiriker sein. Die Kassandra-Attitüde ist groß in Mode, und sonst ganz vernünftige Leute können den Ruf „Licht aus!" kaum noch zurückdämmen. Aber während Tizian die Pesaro-Familie malte, lagen die Türken vor Wien, und als Europa aus den Fugen ging, schuf Goethe eine neue, gültige Welt. Denn alle unsterblichen Werke sind die Ergebnisse gemeisterter Gegenwart, entspringen dem mit aller Hingabe des Geistes und der Sinne bejahten Augenblick. Unser gelebtes, zu Erscheinung und Existenz gebrachtes Heute ist die Voraussetzung für ein Morgen. Was einer seiner Stunde gibt, statt etwas von ihr zu erwarten, erhält die Welt in ihrem gottgewollten Wandel: „Gestaltung, Umgestaltung, des ewigen Sinnes ewige Unterhaltung."

Statt auf die Paketpost zu warten, sollte jeder versuchen, sich selbst ‚äinen neien Rock' zu schneidern und so wenig man von Schneiderei verstehen mag, so leicht ist das italienische Sprichwort zu begreifen: Wo ein Kindlein kommt, findet sich auch ein Hemdchen. Jeder neue Tag ist so ein Kindlein, und es wäre hübsch, tapfer und real, ihm jeweils ein lustig sauber Hemdlein anzuziehen, einfältig mitzustrampeln, dumme Witze zu machen und an der Wiege der Zukunft ein Liedchen nicht ungepfiffen sein zu lassen. Socrates, Caesar, Michelangelo und Goethe, die ex improviso so haltbare Röcke und Hemdchen zauberten, konnten herrlich albern sein und durften es; sie leisteten ihr Leben.

Harold Theile, Salerno.

Zum gleichen Thema

Wir halten uns niemals an die Gegenwart. Wir nehmen die Zukunft vorweg, als ob sie zu lange verweilte und wir ihr Kommen beschleunigen könnten. Wir erinnern uns der Vergangenheit, die allzu eilige festzuhalten. Wir Toren, wir schweifen in die Zeiten, die nicht die unsern sind, und denken nur nicht an die, die allein uns gehört; und so nichtig sind wir, daß wir nur von denen träumen, die doch ein Nichts sind, und entgleiten so gedankenlos der einzigen, die wahrhaft ist. Doch dies hat seinen Grund darin, daß die Gegenwart im allgemeinen uns wehtut. Wir verbergen sie unserm Blick, weil sie uns schmerzt. Doch, ist sie uns angenehm, schmerzt es uns, sie enteilen zu sehen. Wir versuchen, ihr durch die Zukunft nachzuhelfen, und meinen, die Dinge, obwohl sie nicht in unserer Gewalt sind, für eine künftige Zeit ordnen zu können, ohne die Gewähr zu haben, daß wir sie erleben. —

Ein jeder prüfe seine Gedanken, und er wird feststellen, daß sie stets mit dem Vergangenen und mit dem Künftigen beschäftigt sind. An die Gegenwart denken wir fast garnicht. Und denken wir daran, so nur, um hier Aufklärung darüber zu finden, wie wir die Zukunft besser einrichten können. Die Gegenwart ist nie unser Ziel; Vergangenheit und Gegenwart sind uns Mittel; allein die Zukunft ist unser Ziel. Daher leben wir niemals, sondern hoffen nur auf Leben, und immer darauf bedacht, glücklich zu sein, sind wir es nie.

Blaise Pascal.

Nehmt es nur auf euch, das Leben in diesem grauen, eintönigen Alltag, dieses Wirken, für das euch niemand lobt, dessen Heldentum niemand bemerkt, das in niemandem Interesse für euch erweckt; wer diesen grauen Alltag erträgt und dennoch dabei Mensch bleibt, der ist wirklich ein Held.

Dostojewskij

Berichte:

ZUR ENZYKLIKA „HUMANI GENERIS"

„Was ist Wahrheit?" fragt der römische Prokurator Pontius Pilatus den „König der Juden". Bis heute streitet man, ob sich in dieser Frage die Verachtung des Machthabers für den „Recht-haber" ausdrückt oder aber die scheue Ehrfurcht gegenüber einem Bereiche, für dessen Beurteilung die Staatsgewalt nicht zuständig ist.

Jesus Christus jedenfalls hat für sich beansprucht und durch seine Auferstehung erwiesen, daß er sehr wohl entscheiden kann, was die Wahrheit ist; nämlich als der, der die Wahrheit ist, in eigener Person der einzige in jedem Augenblick absolut wirklichkeitsgemäß Existierende („wie mir's der Vater gesagt hat", Jo. 12, 50), ja die fleischgewordene Offenbarung der innersten Wirklichkeit, des alleinigen Gottes, und „Bewährung", Bewahrheitung alles dessen, was von ihm schon im Alten Bunde verheißen und im Christus nun bis ins Letzte erfüllt ward.

Da dieser Christus zu seinen Aposteln gesagt hat: „Wer auf euch hört, hört auf mich, und wer euch abtut, tut mich ab" (Luk. 10, 16.), und da er unter ihnen insbesondere den Simon Bar Jona als den Felsenmann, Petrus, bevollmächtigt hat, fühlt sich die katholische Christenheit verpflichtet, auf die *Lehrverkündung* der Amtsnachfolger jenes Petrus, der römischen Päpste, ehrfurchtsvoll und lernbereit zu hören.

In welchen Grenzen nun Äußerungen der Päpste autoritativ verbindlich seien, das war durch Jahrhunderte umstritten. *Vor* dem Vatikan-Konzil von 1870 neigten die „Zelanti", die kurialistischen Eiferer, dazu, für einigermaßen alle päpstlichen Entscheidungen irgendwelcher Art schlechthin unfehlbaren Charakter anzunehmen; dies wurde als Irrtum gerade durch die sehr strenge Abgrenzung der verhältnismäßig wenigen Fälle erwiesen, in denen päpstliche Definition einer Glaubens- oder Sittenlehre unfehlbar sein muß, wenn Christi Worte nicht leerer Schall gewesen sein sollen[1]. Der entgegengesetzte Irrtum hat seither mancherorts die Auffassung gezeitigt, *nur* das unfehlbar definierte Dogma verpflichte den Katholiken zum Glauben; was anderweit, etwa „was in Enzykliken dargelegt werde, das erfordere an sich keine Zustimmung, weil ja darin die Päpste nicht die höchste Vollmacht ihres Lehramtes ausüben".

Gerade dies ist nun einer der Irrtümer, gegen den sich die vom 12. August 1950 datierte neue Enzyklika Papst Pius' XII. wendet[2]. Sie heißt nach ihren Anfangsworten „Humani generis" und ist dazu bestimmt, „einige falsche Ansichten" richtigzustellen, „welche die Grundlagen der katholischen Lehre zu untergraben drohen". Sie behandelt also nicht wie frühere Rundschreiben des Papstes ein abgegrenztes Gegenstandsgebiet systematisch; sondern sie zählt in verhältnismäßig loser Folge ganz verschiedenartige Haltungen oder Meinungen auf und kennzeichnet dann jeweils ihre Herkunft, ihre Gefährlichkeit und ihre Unhaltbarkeit mit von Fall zu Fall verschiedener Ausführlichkeit.

Alles dies so eingehend wiederzugeben, wie es für ein vollständiges Verständnis der dabei gestreiften Probleme nötig wäre, ist hier um so unmöglicher, als die Namen der — offenbar großenteils französischen — Autoren, denen die päpstlichen Zensuren gelten, schonenderweise verschwiegen bleiben und als ausdrücklich nicht nur auf formell ver-

[1] Vergleiche *Butler-Lang*, Das Vatikanische Konzil, München 1933, besonders S. 412 f.

[2] Es wird darauf aufmerksam gemacht, daß die Enzykliken im allgemeinen nichts anderes enthalten, als was längst durch das *„ordentliche* Lehramt" von Verkündigung, Gebet und Brauch der Gesamtkirche verbindliche Glaubenswahrheit für die katholische Christenheit geworden (das heißt als zum Gotteswort des Neuen Bundes gehörig anerkannt) ist, auch wenn es nie vom *„außerordentlichen* Lehramt (Papst und Konzil) gegen Irrtümer definiert werden mußte.

öffentlichte, sondern auch auf Meinungen Bezug genommen wird, die „in privat verteilten Schriften, in Vorträgen und Zusammenkünften" geäußert worden sind.

*

Gerade damit aber legt der Papst den Finger auf einen besonders wichtigen empfindlichen Punkt. In einer Broschüre, die sich fast wie eine vorweggeschriebene Einleitung zur neuen Enzyklika liest, „Gefahren im heutigen Katholizismus" (Johannes-Verlag, Einsiedeln, 1950), hat *Karl Rahner* — im wesentlichen wohl durchaus treffend — herausgearbeitet, daß seit der ausdrücklichen Einbeziehung des Glaubens-*Lehramtes selbst* in den Bereich der Glaubens*gegenstände* („zum Inhalt meines Glaubens gehört, daß dieser Glaube vom Papst in letzter Instanz gegen Irrtum abgegrenzt wird") innerkirchliche Glaubensirrung sozusagen nur noch verhüllt, oft auch vor sich selbst verhüllt auftreten könne. Denn wer als katholischer Christ anerkennt, daß sein Glaube zunächst einmal von Gottes Wort normiert ist, das nun eben gerade durch sein Werkzeug „Papst" gegen wesentliche Mißverständnisse bewahrt wird, wenn er in irgendeiner sonstigen Hinsicht an kirchlich vorgetragener Lehre irre wird, wird seine Abweichung davon in Formen vorzubringen genötigt sein, welche ihm mit dem schuldigen Respekt vor diesem von ihm selbst anerkannten Lehramt vereinbar erscheinen. Das *kann* durchaus legitim geschehen und mit erfreulichen Selbstkorrekturen lehramtlicher Instanzen in Fragen zweiter Ordnung enden, wie es etwa seitens der Päpstlichen Bibelkommission in den letzten Jahrzehnten wiederholt der Fall war[3]. Es kann aber dabei auch zu dem kommen, was Rahner „kryptogame Häresie" nennt, zu einer halb verborgenen Form der Irrlehre; sie tritt nicht — wie früher oft innerhalb und heutzutage nur noch außerhalb der Kirche — als offene Behauptung von Sätzen auf, die dem Offenbarten ausdrücklich oder mittelbar widersprechen, sondern etwa „nur" als deren Umdeutung, als Auslassen und Verschweigen oder wenigstens Verkürzen wichtiger Wahrheiten, als Weigerung, ihre Konsequenzen zu ziehen. („Ist so etwas nicht doch gegeben, wo man zum Beispiel das Wort von der Hölle geflissentlich meidet ...? Wo die ‚innere Freiheit' empfohlen wird, ‚positiv in der Kirche weiterzuleben und den Beichtstuhl solange als faktisch unzuständig zu behandeln, als er das Sakrament der Vergebung im Dienst eines Gesetzesmolochismus verwaltet', hat die Praxis einer solchen kryptogamen Häresie schon wieder ihre formale Theorie gefunden, nämlich die ausdrückliche Empfehlung, die Häresie latent zu leben.")

Gerade einer solchen Gefährdung der katholischen Christenheit durch ihr selber verborgene Häresie tritt die neue Enzyklika vor allem entgegen, — nicht, um Denunzianten auf eine neue Spur zu helfen, sondern um Gutwilligen zu erleichtern, auf dem richtigen Wege zu bleiben oder ihn wiederzufinden.

*

Formal geschieht dies zunächst durch die überaus eindringliche Schlußmahnung an

---

[3] Auch Papst Pius' XII. „Bibel-Enzyklika" vom 30. September 1943 („Divino afflante Spiritu") billigte ausdrücklich den — durch das Abflauen der bibelkritischen Maßlosigkeiten des Neunzehnten Jahrhunderts erleichterten — Einbau neuer wissenschaftlicher Ergebnisse in das hergebrachte Verständnis der Heiligen Schrift. Die neue Enzyklika hat nun wieder vor übertreibender „Entmythologisierung" (besonders der ersten elf Kapitel des Buches Genesis) und vor einem erneuerten „Schrift-Prinzip" zu warnen, das die rein philologisch interpretierte Bibel zum Maßstab für das Dogma macht, statt das in der Kirche mündlich überlieferte Gotteswort als Richtschnur der Auslegung des bis zur Apostelzeit schriftlich niedergelegten anzuerkennen. — Zur Sache sei erwähnt, daß der in Frankreich von einigen Theologen angenommene „Polygenismus" verworfen wird, die Vermutung mancher Gelehrter, an verschiedenen Stellen des Erdballs seien unabhängig voneinander „Prähominiden", das heißt menschenähnliche höhere Säugetiere, Menschen geworden. Dagegen wird als diskutabel die Hypothese erklärt, daß Gott durch Erweckung der ihm ähnlichen Geist-Seele in *einem* jener „Prähominiden" unser aller Stammvater geschaffen haben könnte. (Vergleiche *Kalin*, „Evolutionsprinzip und Menschwerdung" in „Hochland", April 1950.)

Bischöfe, Ordensobere und theologische Lehrer aller Art, sich vor falschem „Irenismus" zu hüten, vor dem Wahne, „Andersdenkende und Irrende glücklich in den Schoß der Kirche heimholen zu können, ohne daß allen redlich die unverkürzte in der Kirche gedeihende Wahrheit, unberührt von irgendwelchem Verderb und Abstrich, überliefert würde". Zur neuartigen Form, in der die neue Art des Irrtums bekämpft wird, scheint uns aber auch der in gewisser Hinsicht neuartige Ton zu gehören, in dem hier von den Irrenden gesprochen wird. Man muß nur die Eingangsabsätze in Pius' X. „Anti-Modernisten-Enzyklika" von 1907 („Pascendi Dominici gregis") lesen, um aufs stärkste zu empfinden, wie viel mehr väterliches Verständnis für das Anliegen der katholischen irrenden Söhne aus den heutigen Worten Pius' XII. spricht. Wohlwollend erklärt er ihr Verhalten aus dem erwähnten „Irenismus", aus ihrer Hoffnung, „das katholische Dogma und die Lehrmeinungen der Andersgläubigen einander anzugleichen". Ja, selbst über diese stellt der römische Papst, von dessen Vorgängern noch keiner, so viel wir wissen, ein gutes Wort für „Protestanten" finden konnte, ausdrücklich fest, daß es ihm „zu einigem Trost" gereiche, „zu sehen, wie solche, die einst im Rationalismus aufgezogen waren, heute nicht selten von dessen Auffassungen hinweg zu den Quellen der von Gott offenbarten Wahrheit heimzukehren streben und zu Erkenntnis und Bekenntnis des in der Heiligen Schrift verwahrten Gotteswortes als Fundament der Theologie". Und auch sonst verspürt man überall in der Enzyklika ein Bestreben, das hoffentlich auf alle, die nach ihrer Weisung Lehrzucht zu üben haben, als Vorbild wirken wird: das Bestreben, mit klarer Ablehnung des Irrtums größtmögliches Verständnis für die Irrenden zu verbinden. (Nicht nur jene Liebe, die als Zorn über anscheinende Ungelehrigkeit zutage tritt, sondern auch jene, die Geduld hat mit Anliegen, die noch unvollkommen ausgedrückt, aber an sich nicht ganz unberechtigt sind.) Das schließt freilich nicht aus, daß der Papst auch die Gefahr, die mit jenem gutgemeinten Irenismus verbunden ist, als um so größer kennzeichnet, „je mehr sie durch den Anschein der Tugend verdeckt wird".

Statt sich nämlich, wie es Pius XII. schon wiederholt empfohlen hat, mit den Andersgläubigen und allen Menschen guten Willens zusammenzutun zu der gemeinsamen Arbeit, die durch jedes nicht ganz verbildete Gewissen und durch den Offenbarungsglauben in allen seinen Ausprägungen gefordert wird, zu der praktischen brüderlichen Zusammenarbeit an der Erweckung sozialer Gerechtigkeit, der Beseitigung unnötig trennender Vorurteile und gegen das neue Heidentum in allen seinen Formen (Atheismus, Nihilismus, Materialismus, Okkultismus undsoweiter), erstreben diese übereifrigen Befürworter interkonfessionellen Friedens geradezu „die Versöhnung der Gegensätze in Sachen des Dogmas selbst"[4]. Und zwar in der Theologie, indem sie versuchen, „die Bedeutung der Dogmatik so sehr als nur möglich abzuschwächen" und die Lehre entweder nur noch biblisch (sowie allenfalls „patristisch", mit dem Begriffsschatz der altchristlichen „Väter") oder dann nur noch „zeitgemäß" (mit den Wortprägungen der jeweiligen Modephilosophie) auszudrücken. In der Philosophie entsprechend durch Erweckung des Eindrucks, jedes beliebige philosophische oder sonstige System von Lehrmeinungen könne, notfalls unter Bei-

[4] In der Enzyklika-Übersetzung der Herder-Korrespondenz (Oktober 1950, Seite 25) ist leider ein sehr störender Fehler festzustellen. Der Papst beanstandet, daß die übereifrigen Ireniker „non modo respiciant ad irruentem atheismum communibus viribus propulsandum sed etiam ad opposita in rebus quoque dogmaticis reconcilianda". Der päpstliche Tadel will jene treffen, „die nicht nur auf die mit vereinten Kräften zu leistende Abwehr des Atheismus ausgehen, sondern auch auf die Versöhnung der Gegensätze in Sachen des Dogmas selbst". Er befürwortet nach wie vor, daß alle Offenbarungsgläubigen mit vereinten Kräften den vom neuen Heidentum drohenden Gefahren entgegentreten; er tadelt nur jede Religionsmengerei. Wie soll man das aus der Übersetzung (Seite 26, Spalte 2, Mitte) herauslesen: „Sie geben sich einem solchen Irenismus hin, daß sie ... nicht nur auf den Atheismus schauen, den sie mit vereinten Kräften bekämpfen, sondern auch auf die Beseitigung der Gegensätze in den Glaubenslehren."?

fügung gewisser Korrekturen oder Ergänzungen, mit dem katholischen Dogma in Einklang gebracht werden".

*

Solche Begriffsvermengungen als völlig verkehrt zu erweisen, ist die inhaltliche Hauptaufgabe der Enzyklika, „besonders soweit es sich um jene Gedankengebilde handelt, die man Immanentismus nennt oder Idealismus, historischen beziehungsweise dialektischen Materialismus oder auch Existentialismus, soweit derselbe den Atheismus proklamiert oder doch den Wert von Vernunftschlüssen für die Metaphysik bestreitet".

Was hiermit gesagt sein soll und was nicht, das kann man sich vielleicht am besten mit Hilfe des folgenden Beispiels klarmachen: Ein französischer Dominikaner bekannte sich kürzlich zu der Auffassung, unsere Theologen müßten „dénaturer Marx, comme St. Thomas a dénaturé Aristote". Derselbe gab aber im Gespräch sofort zu, daß zwischen Marx und Aristoteles der entscheidende Unterschied besteht, daß dieser ein vorchristlicher Heide „im Advent" war, jener — wie auch immer man seine Motive würdige! — ein „postchristlicher", das heißt antichristlicher Abtrünniger von der jüdisch-christlichen Offenbarungsreligion. Den Aristotelismus brauchten Albert und Thomas nicht zu „denaturieren", sondern sie müssen ihn im Lichte der Offenbarung zu Ende denken, um ihn durchaus seinem in ihm angelegten Wesen, seiner „Natur" gemäß „unter Beifügung gewisser Korrekturen" zum begrifflichen Verständnis mancher Offenbarungswahrheiten und zur philosophischen Klärung des von der Offenbarung sachlich vorausgesetzten richtigen Bildes der letzten erkennbaren Wirklichkeiten gebrauchen zu können. Der Marxismus hingegen müßte allerdings „denaturiert", das heißt nicht nur in Nebensächlichkeiten korrigiert und ergänzt werden, wenn sein „Anliegen" und seine „Errungenschaften" von christlichen Denkern wirklichkeitsgemäß verarbeitet werden sollten. Weit entfernt, solchen Versuch etwa zu verbieten, fordert der Papst sogar von Theologen und Philosophen gründliche Kenntnis der Zeitmeinungen, „sowohl, weil Krankheiten nicht richtig geheilt werden können, wenn sie nicht zuerst recht erkannt sind, als auch, weil bisweilen selbst in trügerischen Gedankengebilden etwas Wahres sich verbirgt, und schließlich, weil diese den Geist anregen, gewisse Wahrheiten eifriger zu durchforschen".

Nur das wird abgelehnt, daß man vor lauter Faszination durch das jeweils Neue (oder neuentdecktes Älteres) sich zu völligem Umsturz aller überlieferten und mit der Zeit verfeinerten bisherigen Erkenntnis verführen lasse. „Denn die Wahrheit und ihre gesamte philosophische Darlegung kann sich nicht täglich ändern, soweit vor allem es sich um Prinzipien handelt, die dem Menschengeist an sich bekannt sind, oder um jene Lehrmeinungen, welche sowohl durch die Weisheit der Jahrhunderte als auch durch Beifall und Stützung seitens der göttlichen Offenbarung gesichert sind." (Etwa die Erweislichkeit des Schöpfers aus dem Geschaffenen durch Röm. 1, 20.) „Was immer redlich suchender Menschengeist an Wahrem finden mag, das kann schon erworbener Wahrheit sicherlich nicht widersprechen; hat doch Gott, die höchste Wahrheit, des Menschen Vernunft erschaffen, und zwar nicht, damit sie sachgerecht Errungenem täglich Neues entgegenstelle, sondern um — unter Beseitigung etwa eingeschlichener Irrtümer — Wahrheit auf Wahrheit aufzubauen in derselben Ordnung und Fügung, die sich im Wesen der Wirklichkeit selbst angelegt findet, woraus die Wahrheit geschöpft wird."

*

Dies gilt für die von Griechen entdeckte Philosophie (nach ihrer allein tradierbaren „Tagansicht") und muß auch für sie vom kirchlichen Lehramt festgehalten werden, weil sie die nun einmal zur Abgrenzung gegen Irrtum unentbehrliche Begriffssprache als Lautleib für das Dogma vom fleischgewordenen WORT vorzubereiten gewürdigt worden ist. Sie mag sich zur Sprache der Bibel selbst ähnlich verhalten, wie sich der beschirmende Nährvater Joseph zu Maria verhält: Ganz aus ihrem Leibe stammt Christi Leib, aber als

Josephs Sohn im Rechtssinne (und dadurch Davids Sohn!) sollte er heranwachsen[5].

Vollends gilt eben darum für die Theologie, daß die Wahrheiten, die sie gemäß ihrer Berufung als sinnvollen Zusammenklang begreifen und gegen Mißverständnis sichern will, nicht in jede beliebige noch so fehlkonzipierte Begrifflichkeit gleich gut „übersetzt" werden können. Der Papst verurteilt diese Auffassung als „dogmatischen Relativismus" und „Aushöhlung der spekulativen Theologie"; sie führe letztlich leicht zur Vernachlässigung oder gar Geringschätzung des kirchlichen Lehramts, das ja nun einmal nicht müde wird, die mit jenen „scholastischen" Begriffen arbeitende Theologie als unentbehrliches Werkzeug zur Reinhaltung der christlichen Lehre zu empfehlen.

Es wird dabei mit keinem Worte angedeutet, daß etwa auch die christliche Unterweisung der Jugend und die Verkündigung an die Erwachsenen bloß ein vergröbertes theologisches Begriffsnetz weitergeben solle. Dieses gehört vielmehr beim Religionslehrer und Prediger, wie kürzlich ein Katechetiker treffend sagte, „in den Hinterkopf", als Kontrollapparat, während das lebendige Wort die Verkündigung von Gottes Großtaten an Seinem Volke zu bieten hat, das neutestamentliche Evangelium als Erfüllung von Gesetz und Propheten, Geheiß und Verheißung des göttlichen Herrn im Alten Bunde.

Bei allen subtilsten theologischen Unterscheidungen, die wie „Haarspalterei" aussehen können, geht es doch immer wieder darum, dieses Evangelium vor unseren menschlich-allzumenschlichen Irrtümern zu behüten. Das wird besonders deutlich, wo die Enzyklika zu einer Diskussion Stellung nimmt, die seit einigen Jahren die Dogmatiker stark beschäftigt: Es war der Satz vertreten worden, das ungetrübte, beseligte Gegenüber auf Gottes Du hin im ewigen Du (die „visio beatifica" der Fachsprache) sei „das einzig mögliche Ziel jedes geschaffenen Geistes", sodaß des Menschen *über*natürliche Begnadung als *notwendige* Folge seiner *natürlichen* Geist-Beschaffenheit erschien. Man mochte meinen — und vom Protestantismus oder der Ostkirche her gesehen mochte zunächst scheinen —, daß damit gut biblisch herausgearbeitet werde, wie schon die Schöpfung auf die Erlösung angelegt ist, und daß damit das „bloß philosophische" Idol einer relativ selbstgenügsamen „reinen Natur" aus dem Tempel der Theologie entfernt werde. Papst Pius XII. aber bemerkt von den Vertretern jener These, daß sie „den echten *Gnaden*-Charakter (die „Gratuität") der übernatürlichen Bestimmung des Menschen verfälschen, indem sie meinen, Gott könne nicht vernunftbegabte Wesen schaffen, ohne sie zur visio beatifica zu bestimmen und zu berufen". Wenn Gnade wirklich Gnade, das heißt völlig ungeschuldet bleiben soll, woran doch gerade Luther und seinen Gesinnungsverwandten so viel lag und liegt, dann darf ihre Gewährung nicht zum notwendigen Postulat jedes geschaffenen Geistes werden, sodaß Gott jedem unrecht täte, dem er sie nicht gewährte. Und es kann trotzdem auch das Anliegen jener Berücksichtigung finden, die betonen, daß der faktisch innerhalb der Geschichte vorfindbare Mensch immer schon (auch wenn er selbst es nicht weiß) ein von Gottes Gnadenangebot Beunruhigter (und Befriedeter) ist, und daß die „reine Natur" nur den (freilich denknotwendigen) „Restbegriff" dessen umfaßt, was nach Abzug des ungeschuldeten, übernatürlichen Bezugs zur Gnade vom Wesen des wirklichen Menschen aussagbar bleibt; wie es wiederum *Karl Rahner* in einem Aufsatze höchst lichtvoll entwickelt hat, den das Septemberheft der Herder-Korrespondenz unter dem Titel „Natur und Übernatur" sehr eingehend referiert.

---

[5] Für die Philosophie habe ich die Unbestreitbarkeit dieses Sachverhalts, aber auch die Behutsamkeit, mit der davon Gebrauch gemacht werden sollte, in meiner Studie „Thomas und kein Ende" entwickelt; für die Theologie in „‚Gnosis' oder ‚Wissenschaft'?", woselbst überdies versucht wird, jene „Nachtansicht" paradoxaler Dialektik einzuordnen, die durchaus auch in den Haushalt des Menschengeistes hineingehört, aber nun eben bloß als ein Korrektiv, das dessen Begrenzung markiert, nicht als Bau-Element systematisch geordneter Erkenntnis. (Beides in „Gott und die Geschichte", Herder, Freiburg 1948.)

Ebenderselbe hat im I. Kapitel seiner hier eingangs erwähnten Broschüre „Der Einzelne in der Kirche" einiges ausgeführt, was uns angesichts der neuen Enzyklika ganz besonders beherzigenswert erscheint. Nichts wäre nämlich verkehrter, nichts wäre ein gründlicheres Mißverständnis der Absichten Pius' XII., als wenn man meinte, diese Enzyklika müsse sich wie „ein Reif in der Frühlingsnacht" über alles hoffnungsvolle Wachstum legen, vor dessen Wucherungen der Papst, „um nicht in unserem Heiligen Amte zu versagen", gewarnt hat. Daß dessen Gedeihen ihm vielmehr aufs innigste am Herzen liegt, beweisen neben der hier früher (FH V/4, 353—354) erörterten Instruktion zur ökumenischen Bewegung mehrere Bemerkungen auch eben dieser Enzyklika selbst; einige von ihnen sind bereits zitiert worden. Es wird darauf ankommen, diese Warnungen nicht in den Wind zu schlagen, sondern ernst und redlich auf sie zu hören; es wird aber auch darauf ankommen, daß jene Einzelnen sich nicht lähmen noch entmutigen lassen, auf deren Unterscheidungsfähigkeit *und* Initiative heute mehr denn je die objektiv gewußte Wahrheit angewiesen ist, wenn sie in der Nachfolge dessen, der die subjektiv gelebte Wahrheit verkörpert, anteilhaft verwirklicht werden und jedem Gutwilligen glaubwürdige Wahrheit werden soll. Das ist es, was Rahner in der genannten Studie mit geradezu beschwörenden Worten ausführt, wobei er mit demselben Nachdruck den pseudokatholischen „Kollektivismus von innen her" ablehnt, „die Müdigkeit und Feigheit der Herzen, die sich die Entscheidung gerne abnehmen lassen", wie anderseits auch einen „kirchlichen Etatismus", von welchem dem — beamteten oder nichtbeamteten — „Charismatiker überflüssige Hindernisse bereitet werden", „aus unerleuchtetem Eifer oder aus Eifersucht oder aus dem Bürokratentrieb, der es nicht aushält, wenn etwas nicht amtlich organisiert ist[6]."

Mancher wache Katholik wird in der Enzyklika „Humani Generis" eigenste Anliegen bestätigt finden und feststellen, daß hier vor Gefahren gewarnt wird, die auch ihm längst Sorge machten; derselbe Katholik mag die jetzt schon wieder aktuellere restaurative Gefahr, wie sie hier kürzlich gekennzeichnet wurde, in ihrer ganzen Größe sehen. So wird er nur aufs Innigste hoffen können, daß dieses bis heute letzte Wort des Papstes nun nicht als einzig gültiges mißverstanden (und vergröbert) wird, sondern daß auch nicht vergessen werde, was Robert Grosche in Altötting, als er vor eben jener selben Gefahr warnte, zitiert hat: der zweite Teil des Appells an die deutschen Bischöfe vom 1. März 1948, wonach „der Weg zu finden ist zwischen dem langen und gefährlichen Gewährenlassen zersetzender Einflüsse und vorzeitiger Drosselung von geistigen Auseinandersetzungen, welche — in rechten Grenzen und würdiger Form gehalten — die Gutdenkenden zur rechten Erkenntnis und zur Klärung der gemeinsamen Ziele führen können". — Was Gott seiner Kirche gnädig gewähren möge. *Karl Thieme.*

---

[6] Das Gnaden-Geschenk (also „Charisma"), dessen hier jeweils beide Teile bedürfen, um nicht nur bekannte Prinzipien ohne wesentlichen Irrtum „anzuwenden", sondern zu entscheiden, was sie hier und jetzt an wirklich Neuem tun — oder mitverantwortend geschehen lassen — sollen, kennzeichnet Rahner treffend als die Gabe der discretio, der „Unterscheidung der Geister". Er hat damit eine Formulierung angeboten, die es uns erlaubt, eine in der Aprilnummer und in der Julinummer 1947 der FH ausgetragene Differenz wesentlich verringert zu sehen. Walter Dirks sah unser Handeln über das „Anwenden" allgemeiner Wahrheiten auf besondere Situationen hinaus noch durch „echte Entscheidungen" bestimmt, etwa, wo es sich darum handle, „mit diesem bestimmten Mädchen die Ehe zu wagen". Allerdings, wenn ich über dergleichen entscheide, *wem* ich als bedürftigem Nächsten helfen soll, dann genügt es nicht, die „ewige Wahrheit" zu wissen: Du sollst deinen Nächsten lieben wie dich selbst; dann muß ich auch unterscheiden können, wer jetzt und hier mein Nächster ist, in dessen Person mich Gott selbst sich lieben heißt. Und vollends die Entscheidung, ob eine an sich richtige Aussage jetzt und hier verstanden werden kann, ob eine jetzt und hier der Situation entwachsene These, wenn auch noch so ungewöhnlich, so doch mit dem an sich Richtigen vereinbar ist, — solche Entscheidung wird nie ohne „Unterscheidung der Geister" recht getroffen werden können.

Kritik:

Petter Moens Tagebuch

Im Oktober 1949 erschien in Oslo (J. W. Cappelens Forlag) ein seltsames Buch, das in kurzer Zeit eine Reihe von Neuauflagen erlebte. Der Verfasser, der Norweger Petter Moen, war während der Niederschrift — vom Februar bis September 1944 — ein Mann von etwas über vierzig Jahren, der wegen illegaler Arbeit gegen die deutsche Besatzungsmacht verhaftet und in das berüchtigte Gefängnis Möllergaten 19 gebracht worden war. Er hatte bis 1944 das englische Propagandablatt „London Nytt" geleitet.

Zunächst kam Moen in eine Einzelzelle, und hier, mit einem Schlag der Freiheit und jeden Umgangs beraubt und Verhören ausgesetzt, von deren Brutalität er sich vorher keine Vorstellung gemacht hatte, erfand er ein System, um sich die täglichen Qualen von der Seele zu schreiben. Mit einem Stift, der sonst unter der Gardine saß, hat er Buchstaben in Klosettpapier eingestochen: im Dämmerlicht oder bei völliger Dunkelheit wie ein Blinder und nur auf sein Tastgefühl angewiesen. Diese elenden Blätter wurden dann eingerollt und in eine Öffnung des Fußbodens geschoben. Keine der ständigen Hausdurchsuchungen hat das Versteck entdeckt. Niemand wäre auch jemals darauf gekommen, wenn Petter Moen nicht bei seinem Transport nach Deutschland einem Kameraden dieses Geheimnis anvertraut hätte. Das Schiff geriet auf eine Mine und ging unter, und mit ihm die vielen unglücklichen Häftlinge, auch Petter Moen. Aber zu den fünf Überlebenden gehörte auch der Mann, dem er sein Geheimnis mitgeteilt hatte. Nach dem Kriege meldete dieser es der Polizei, der Boden der Zelle wurde aufgebrochen, — und da lagen wirklich, dicht zusammengedrängt, die Rollen des ärmsten und seltsamsten aller Tagebücher.

Diese Blätter berichten mit einem furchtbar grellen Realismus von der mehr als zweihundert Tage langen Haft. In aller Unmittelbarkeit und Echtheit erstehen die Verhältnisse von Möllergaten 19 wieder, und mit ihnen die Schwermut, die Sehnsucht, die Angst, das verzweifelte Bangen, das sie ausgelöst haben. Aber das vielleicht Erschütterndste ist etwas anderes: das scheinbar vergeblich bleibende Ringen um den christlichen Glauben.

Petter Moen war nicht gläubig. Er teilte die Auffassung vieler Gebildeter, daß Glaube eine Einbildung oder ein Wunschdenken sei, und daß er seiner intellektuellen Moral zu folgen habe. Wenn er freilich nicht weiterkonnte, flüchtete er im Geist zu den Eltern, die offenbar einer christlichen Sekte angehörten. „Ich bat zu Mutters und Vaters Gott, aber ohne Erfolg ... Ist Glaube also seelischer Wunschmechanismus?" (11. Tag). Oder: „Unruhe und Angst erfüllen meinen Sinn an diesem frühen Sonntagmorgen ... Aus der Tiefe des Gefängnisses und Herzens rufe ich zu Mutters und Vaters Gott. Aber der Gedanke — das heißt: die Erfahrung — quält mich: ‚Jeder Glaube ist subjektiv und willkürlich. Es gibt keinen Gott außerhalb des menschlichen Sinnes. Gibt es ihn da im menschlichen Sinn? Ich weiß es nicht'" (31. Tag).

Einmal geschieht es, daß der sadistische Wärter ihm, der Rauchverbot hat, Rauch ins Gesicht bläst. Da überlegt er, wie niedrig ein System sein müsse, das Unschuldige oder Patrioten außer der gebotenen Pein noch einer privaten Peinigung aussetzt. Er beschließt jedoch, nicht einmal in Gedanken, Böses mit Bösem zu vergelten. An diesem Tag sehnt er sich verzweifelt nach Gott. „Ich kenne bald keinen anderen Trost für das Leid als das Gebet zu Gott: Hilf mir! Hilf mir! Das mag gegen die ‚Vernunft' streiten, soviel es will" (18. Tag). Er gäbe viel darum, wenn er jetzt eine Bibel hätte. „Ich weiß nur," fährt er fort, „daß Leiden und Angst furchtbare Realitäten sind, und daß ich in der Stunde der Leiden und der Angst ausrufe: Gott, hilf mir! Dieser Ruf hilft mir auch. Er dämpft und entfernt zuweilen die Angst. Hat also Gott geholfen? Ich versuche, Selbstbetrug zu vermeiden, aber ich kann das Erlebnis nicht verneinen ... Wenn ich nur eine Bibel hätte! Oder Pascals ‚Pensées'. Hier im Nazigefängnis gibt es keine Bibel oder Pascal, — nur Unfrieden!"

Was Petter Moen am meisten fürchtet — er bezichtigt sich dabei selbst der Feigheit —, ist die Mißhandlung. Er hat bei einer der viele Stunden andauernden Torturen zwei Namen von Kameraden verraten, und diese Tat quält ihn unbeschreiblich. Er kommt von der Schreckvorstellung der Methoden nicht los, die man auf „VT" — Viktoria Terrasse — anwendet. Am 19. Tag schreibt er: „Man verliert den Glauben an — nein, ich will nicht darüber schreiben. Martinsen — 58 Jahre alt — sagt: ‚Die sollen mich nur niederschlagen, — ich sage nichts mehr.' ‚Wir werden dich zu Tode peinigen', antworten sie. Es ist klar, daß es bei meiner Stellung auch zur Krise kommen muß. Alle menschlichen Kräfte sammeln sich um die eine Aufgabe: auszuhalten. In meiner Not bete ich zum Gott meiner Eltern ..."

Einmal ist ihm die Sehnsucht, Christus erleben zu dürfen, erfüllt worden. Am 32. Tag seiner Haft hat er eine Vision in der Zelle: er sieht das dorngekrönte Haupt schwebend und nahe der Wand. Die Erscheinung bewegte ihn zu einem ergreifenden Gedicht in vier Strophen, dessen Diktion keinen Zweifel über die Echtheit zuläßt. Es hat den Titel: „Das ist ein wirkliches Erlebnis" und schließt mit einer Anrufung. Petter Moen bittet Christus, ihn Bruder nennen zu dürfen in seiner Not. Es folgen Unterschrift und Adresse: Gefangener Nr. 5842. Petter Moen. Möllergaten 19. Den 6. März 1944.

Nach den ersten Wochen völliger Isolierung kommt er in eine Gemeinschaftszelle, die er mit zwei anderen Häftlingen, einem Gärtner und einem Seemann, zu teilen hat. Von da an zerfällt das Tagebuch in zwei deutlich voneinander geschiedene Teile.

Der Seemann Erichsen ist ein schwer erträglicher Kamerad. Er wird nicht müde, seine sexuellen Erfahrungen den beiden anderen mitzuteilen, oft in der abstoßenden Art des Besessenen. Erichsen ist überhaupt ein übler Typ, der sich als einer der Patrioten ausgibt, in Wirklichkeit aber diese verraten hat und wegen persönlicher Delikte seine Strafe verbüßt. Dazu kommen die täglichen Gewohnheiten der Zelle. Das Nichts von einem Essen — halb verschimmelte Kartoffeln — wird oft Gegenstand von Argwohn und Zwist.

Einmal ereignet sich innerhalb dieser vier Wände etwas wahrhaft Rührendes. Petter Moen hat mit dem Gardinenstift folgendes in das graue Klosettpapier eingestochen: „Ich habe gelernt, wie klein und unbedeutend ich bin." Tags darauf kommt es zu einer Szene zwischen ihm und Erichsen. Dieser beschuldigte ihn, daß er höher hinaus wolle als alle anderen. Er sei ein Snob. Da führt ihn Petter Moen unter das trübe Zellenfenster und zeigt ihm, was er gerade als Letztes in seinem wunderlichen Tagebuch notiert hat. „Ich weinte ziemlich unbeherrscht, aber ... erklärte ihm, daß er hier sehen könne, wie falsch er über mich geurteilt hätte."

Die Gemeinschaftszelle macht doch das Leben geregelter und durch den Umgang, auch den schwer erträglichen, leichter. Das Essen wird besser, ja manchmal schmackhaft. Langsam bildet sich eine Art Alltag heraus, der die Sicherheit stärkt und die frühere Sehnsucht der Einzelzelle vergessen macht. Da kommen ihm die alten Bedenken wieder, daß alle Religion nur Wunschtraum sei. Nicht Gott sei der Schöpfer der Menschen, sondern umgekehrt: der Mensch mache sich seinen Gott.

Am 175. Tag finden wir doch eine Rückkehr zu früheren Einsichten. „Da kannst du sehen!" spricht er sich selber an. „Im Leiden und in der Angst, — da hast du den Weg zu Gottes Erlösung gefunden. Jetzt aber, wo du glaubst, daß die Gefahr vorüber ist, jetzt machst du das Ganze zu Menschenwerk, Psychologie und ‚Zufall' und verneinst den Gott, vor dem du die Knie gebeugt mit flehentlichem Weinen."

Aber vierzehn Tage später widerruft Petter Moen alles. „Er (Gott) gehört der magischen Welt an. Noch einmal: Gott ist ein Produkt des menschlichen Wunschdenkens. Das ist die ultima ratio der Diskussion über Gottes Existenz und Wesen ... Auf jeden Fall gehen viele bange Ahnungen durch meinen Sinn, wenn ich an die Unbarmherzigkeit des Feindes denke und an seine Willkür, wenn die letzte Phase des Krieges herankommt. Da möge auch ich ‚mein Haus bestellen'. Wenn mich aber auch die Exekutionstruppe erwarten sollte, so kann ich mir doch kein ‚Credo' abringen. Ich prüfte es in der äußersten Not der Einzelzelle."

Ist dies Petter Moens letztes Wort über die religiöse Wirklichkeit? Wenn aus diesem ergreifenden Dokument *etwas* mit voller Klarheit hervorgeht, so ist es die Tragik des Versuches, aus dem bloß *subjektiven Erlebnis heraus Glaubenswahrheiten erreichen zu wollen.* Der Intellekt als vermeintlich letzte Instanz und die völlige Absperrung von geistiger Hilfe haben diesen Versuch gebrochen. Trotzdem gibt uns das Tagebuch kein Recht, diesen wahrhaft heroischen Kampf als abgeschlossen anzusehen. Es enthält nur einen Ausschnitt. Und wir wissen nicht, welches Petter Moens letzte Gedanken waren. *Robert Braun, Upsala.*

Freiheit im Gehorsam

Peter Lippert: „Briefe in ein Kloster". Kösel Verlag, München 1950, dritte Auflage, 13.—16. Tausend, 247 Seiten, DM 7.50.

Die erste Auflage dieser Briefe wurde 1932 da und dort wegen ihrer Offenheit mit einiger Verwunderung gelesen. Besonders die „Gehorsamstheorie" des Jesuiten Lippert fiel auf. Wie paßt sie zum „Verstandesgehorsam" des heiligen Ignatius? Es spricht für die geistige Weite des

Ordens, dem Lippert angehörte, daß seine Zensur „diesen Vogel losließ, ohne ihm zuvor einige Federn ausgerupft zu haben". Lippert sagte damals seinen Kritikern: „Ich habe nur geschrieben, vielleicht allzu aufrichtig, wie die Wirklichkeit aussieht." Fromme Idealisierung des Ordenslebens und rasche Vereinfachung seiner Probleme schaden verhängnisvoll seinem Verständnis. Die echte Entscheidung für diesen Beruf fordert eine nüchterne Begeisterung. Sonst fehlt die Kraft zur Treue, oder es verschrumpft der Mut des Herzens zur Ängstlichkeit des „Allergehorsamsten". „Und doch kann nur *der* Mensch wirklich voranschreiten, der auf eine Ferne zugeht, der in eine Weite, in einen Horizont hineingeht. Auch um einen Ordensmann, und gerade um ihn, muß ein weiter, großer Raum sein, voll von unerfüllten Möglichkeiten, auch in ihm muß eine Sehnsucht und ein Streben auf lange Sicht sein und ein Warten ..." (Seite 119).

Georg Waldmann S. J., München.

Geschichte und Freiheit des Menschen

Müller-Graaf: „Irrweg und Umkehr". Reclam-Verlag, Stuttgart 1948, 262 Seiten, Halbleinen DM 8.50.

Otto Veit: „Die Flucht vor der Freiheit" / Versuch zur Geschichtsphilosophischen Erhellung der Kulturkrise. Verlag Vittorio Klostermann, Frankfurt a. M. 1948, 366 Seiten, DM 15.—.

Karl Jaspers: „Vom Ursprung und Ziel der Geschichte". Verlag Piper u. Co., München 1949, 349 Seiten, DM 13.50.

Wie ist es möglich, noch Mensch zu bleiben in unserer Zeit, die den einen zum „bedingungslosen Gehorsam", den anderen zum hemmungslosen Haß gegen einen anonymen Machtapparat aufruft? Wie behält man die Fähigkeit, zu unterscheiden zwischen Gutem, weniger Gutem und dem sogenannten Bösen im politischen Leben, wie die Kraft, sich zu bewahren, Widerstand gegen Unmenschlichkeit zu leisten? Ist es unser Schicksal, in einem Jahrhundert der Kämpfe von Machtsystemen und Gewaltideologien gegeneinander leben zu müssen?

Die Frage, ob und wie wir selbst noch das mörderische Rad der Geschichte aus eigener Kraft aufhalten können, ist ein Hauptanliegen wesentlicher Literatur der letzten fünfzig Jahre. Rathenau, Schweitzer, Ortéga y Gasset, Berdjajew — sie alle quälte der fast aussichtslose Kampf des Menschen gegen die Mechanik des Ablaufs in der Geschichte.

Aus der Fülle der nach 1945 erschienenen Bücher, die die Haltung des Menschen im Wirbel von Mächten und Ideen einer Revision unterziehen, greifen wir drei heraus. Selbsterkenntnis der Deutschen, Verantwortung des Menschen vor der Geschichte, Menschsein in der Geschichte überhaupt: so könnten ihre Themen lauten, Themen, die zugleich Postulate darstellen.

Das Buch Müller-Graafs hat mit Recht, ohne daß es eine besondere schriftstellerische Leistung darstellte, Aufsehen erregt und einflußreiche Kreise des Auslandes (es war 1946 zunächst in der Schweiz erschienen) günstig gestimmt. Es verdient diese erfreuliche Wirkung auch in Deutschland. Diese „Betrachtungen über das Schicksal Deutschlands" sind die Ansichten eines anständigen und klugen Deutschen aus der einstmals tragenden deutschen Bürgerschicht. Selbständiges Urteil und feste Haltung verbinden sich bei ihm zu einer konservativen Gesinnung auf der Grundlage des Christentums.

Das Buch gliedert sich in einen historischen Teil „Irrweg" und einen politischen „Umkehr". Die deutsche Geschichte seit Luther wird in einem kurzen Streifzug auf ihre großen verhängnisvollen Irrtümer untersucht. Der Autor ist kein Historiker oder gar Geschichtsphilosoph. Das aber gibt seinen Betrachtungen, die ja vor allem Beurteilungen sind, Unmittelbarkeit und Frische.

Auch die beiden Kapitel über den Weg Deutschlands von 1918 bis 1945 sind gut geraten, und die Urteile treffen fast immer ins Schwarze. Nur zu einer Behauptung muß Widerspruch laut werden: den Glauben der „kleinen Hitler" auch noch bis ans schlimmste Ende für eine „menschlich achtbare Treue" zu erklären (Seite 131), geht wohl zu weit in dem menschlich achtbaren Bemühen des Verfassers, das meiste zu verstehen und damit zu verzeihen.

Der „Umkehr" betitelte zweite Teil enthält Vorschläge zur Neuordnung Deutschlands und Europas. Allerdings ist manches seit der Niederschrift im Jahre 1946 schon überholt, besonders was die Europafrage anlangt. Und die Hoffnung auf ein „föderalistisches, demokratisches, soziales Deutschland auf christlicher Grundlage" bezeichnet der Verfasser, realistisch genug, selbst als „fast utopisch" (Seite 237).

Müller-Graaf versucht den Irrweg, der in der Höllenfahrt endete, aus den politischen

Voraussetzungen zu erklären. Ist aber dieser Irrweg nicht vielleicht das augenfälligste Symptom einer Krise des Menschen schlechthin, deren Ursachen über Jahrhunderte abendländischer Geistesgeschichte hinweg nachzuspüren ist? Hier gibt das hervorragende Buch von Otto Veit eine Antwort. Wer eine umfassende Gegenwartsanalyse unter den Begriff der „Freiheit" stellt, vor welcher die Zeitgenossen auf der Flucht sind, in dessen Werteskala nimmt den obersten Platz die Freiheit selbst ein.

Freiheit liegt im Wollen begründet; wer vor der Freiheit flieht, hat sich nicht bloß seines Wollens, hat sich auch seines Sollens begeben. Die Forderung des Kulturkritikers Veit an den M nschen der Gegenwart lautet daher: ein neues Bewußtsein der Verantwortung vor der Geschichte auf dem Wege ethischer Besinnung (Seite 327).

Zweierlei zeichnet das Werk von Veit aus. Die universelle Untersuchungsmethode, die dem Strom unserer Zeit in seinem fast unübersehbaren Lauf, seinen Zuflüssen und seinem Gefälle nachgeht, bildet mit ihrer wissenschaftlichen Gründlichkeit den Hauptreiz des Buches. Sodann ist es die völlig objektivierte Betrachtungsweise, die es wohltuend von den zahlreichen hypersubjektiven Deutungen, von Nietzsche bis Zehrer, unterscheidet. Zwar fehlt die großartig-persönliche Gebärde, aber dafür ermöglicht das Werk einen unmittelbaren Schluß auf die Zeit, weil dem Verfasser in seltener Weise gelungen ist, eine Zeitkritik zu geben.

Die apokalyptische Stimmung in der Geschichtsphilosophie unserer Zeit ist der Ausgangspunkt der Untersuchung. Aus ihr erhebt sich notwendigerweise die Frage, welchen Rang die Freiheit in der Geschichte einnimmt. Die Auseinandersetzung mit der Geschichts-Metaphysik Hegels, dem Historismus, Nietzsche und Spengler ist für Veit notwendig, um seinen eigenen Freiheitsbegriff zu entwickeln. Dabei führt er den Begriff der „geschichtlichen Ambivalenz" ein (Seite 26): ambivalent sind etwa in der Renaissance das Erwachen weltlichen Diesseitsbewußtseins und die Welt tiefer Gläubigkeit, wie denn überhaupt die Geschichte in ihrer Grundstruktur ambivalent ist (und damit der durchaus ambivalenten Veranlagung jedes Menschen entspricht).

Im Zusammenhang mit der Behandlung des 19. Jahrhunderts (dessen Wurzeln übrigens schon im Universalienstreit gesehen werden) ist die Darstellung des Maschinenproblems ein kleines Meisterstück geworden. Dabei taucht auch die Frage der Willensfreiheit auf. Hier gelangt Veit zu der Erkenntnis, daß die bisherigen Theorien heute nicht mehr genügen. Grundsätzlich mit Unfreiheit behaftet, in seinem Willen determiniert, hat der Mensch die Chance, frei zu sein. Es kommt auf sein Wollen zum Freisein an. Willensfreiheit ist dann vorhanden, wenn der „Wille zur Willensfreiheit" (Seite 170) da ist.

Aber der Massenmensch des technischen Zeitalters ergreift die „Freiheitschance" nicht mehr, sondern er flieht sie auf immer neuen Wegen. Lebensphilosophie, Existenzphilosophie, dialektische Theologie, Relativismus, Parapsychologie, Expressionismus, Tiefenpsychologie, Anpassung (Amerika), Mythenbildung, dogmatisches Geschichtsbild —: in allen diesen Strömungen sind bei näheren Betrachtungen Symptome der Flucht vor der Freiheit zu entdecken. Dieser „Weg der Flucht" führt geradewegs in eine „welthistorische Massenneurose" (Seite 302), die die Katastrophe unserer Tage ist. Diese Katastrophe kann aber nur durch „ein neues Bewußtsein der Verantwortung vor der Geschichte" (Seite 327) gebannt werden. Dabei ist der Verfasser sicher genau so skeptisch wie der Besprecher, denn die Lösung, die er gibt, läßt sich kurz dahingehend zusammenfassen: jeder fange bei sich an, fühle sich für alles verantwortlich und weiche keiner Entscheidung aus. Einen solchen ethischen Imperativ aufzustellen, der in der Pflicht zum Wollen der Freiheit besteht, dürfte Veits Absicht gewesen sein. Daß seine Lösung nie realisiert werden wird, ist wohl klar, denn alle Appelle an die Vernunft w rden immer nur für die hörbar sein, die ohnehin aufnahmefähig und bereit sind. So wird es auch dem Buch von Veit gehen. Und doch ist keinem anderen Werk der letzten zwanzig Jahre, so meinen wir, eine derart vollkommene Überschau über unsere Zeit gelungen.

Das neueste Werk von Jaspers könnte, im Gegensatz zu den beiden erstgenannten, auch ohne den zeitbedingten Anlaß geschrieben worden sein. Es ist vielleicht eins seiner bedeutendsten Bücher, stellt es doch eine reizvolle Verbindung von systematischer Geschichtsdeutung, Kulturkritik und Existenzphilosophie dar. Er unterscheidet darin fünf Zeitalter der Weltgeschichte, von denen er die „Achsenzeit" für die wichtigste hält. Darunter versteht er die Zeit von etwa 800 bis 200 v. Chr. Zu dieser

Zeit treten in China Konfuzius und Lao-tse auf, in Indien Buddha und die Upanishaden, im vorderasiatisch-ägäischen Raum Zarathustra, die jüdischen Propheten, die griechischen Philosophen von Parmenides und Heraklit bis Platon und Aristoteles, entstehen die homerischen Epen, die griechische Tragödie, blüht die Kunst, wird die griechische Polis als höchste Möglichkeit menschlicher Freiheit gegründet. Die „Achsenzeit" ist gekennzeichnet durch das Streben des Menschen, sich aus der alten, zum Teil noch magischen Metaphysik loszulösen und ein Dasein in Freiheit und Selbstverantwortung zu verwirklichen, weshalb auch in dieser Zeit erst die Tragödie entstehen konnte. Innerhalb eines halben Jahrtausends werden alle großen Ideen geboren, die seither die Kulturwelt tragen. Mit Ausnahme der angewandten Technik, welche seit 1800 das Bild der Welt verändert und beherrscht, ist irgendetwas Neues vom Abendland nicht hervorgebracht worden.

Diese Zeiten-Theorie gibt die Grundlage für den Abschnitt „Gegenwart und Zukunft". Dabei fällt Jaspers ein scharfes Urteil über die Gegenwart, die für ihn „ein katastrophales Geschehen zur Armut hin an Geist, Menschlichkeit, Liebe und Schöpferkraft" ist, „wobei nur eines, die Produktion von Wissenschaft und Technik, allerdings auch im Vergleich zu allem Früheren einzig groß ist" (Seite 127). Wieder folgen wir seinem Kampf gegen alle sich verabsolutierenden Weltanschauungen und gegen jedes „kosmisch" bestimmte Weltbild. Jaspers ist einer der Hauptstreiter für eine Vernunft, die ihrer Natur nach nicht ohne Skepsis ist, tolerant selbst in gewissem Umfange gegenüber der Intoleranz, sich offen haltend für die ungeheuere Wirklichkeit als Offenbarung des Göttlichen, dem mit Dogmen und totalen Weltbildern nicht beizukommen ist. Man fühlt sich an den Kampf Lessings, des freien Geistes, gegen die Orthodoxie erinnert. Jaspers lehnt allen dogmatischen Glauben ab, sieht aber die größte Gefahr für wahres Menschsein im Nihilismus. Denn dieser begreift Marxismus, Rassismus, Totalitarismus in sich, die alle die Freiheit einebnen zugunsten von menschenunwürdigen geistentleerten Massenanstalten und -ideologien. Seine, des sonst so besonnenen, Sprache ist hier deutlich. Für sein philosophisches Glaubensbekenntnis möchte man halten, was am Ende des Hauptteils steht: „Es ist, als ob ein jeder beauftragt sei von der Gottheit, für grenzenlose Offenheit, eigentliche Vernunft, Wahrheit und Liebe und Treue zu wirken und zu leben, ohne die Gewaltsamkeit, wie sie Staaten und Kirchen eigen ist, in denen wir leben müssen, und deren Ungenügen wir Widerpart halten möchten" (Seite 284).

Im dritten Teil „Vom Sinn der Geschichte" wird die Jaspersche Philosophie umgeschmolzen zu einer existentiellen Geschichtsphilosophie. Nicht immer, so wird auch der Jaspers geneigte Leser meinen, ist dies völlig überzeugend gelungen. Was ist nun eigentlich, fragt man sich, das „Geschichtliche" für Jaspers, das er schließlich zu ergründen unternommen hat? Eine Reihe echt Jasperscher Formulierungen antwortet: „Das Geschichtliche ist das Scheiternde, aber das Ewige in der Zeit" (Seite 290) — erscheint das nicht als eine sehr farblose Übernahme seines existentiellen Menschenbildes? Ist mit einer anderen Definition viel anzufangen: „Das Geschichtliche ist das Selbstseiende, das verbunden ist mit dem Ursprung alles Seienden, in seinem Selbstbewußtsein sich seiner in diesem Grunde gewiß" (Seite 300)? So geht auch die Geschichte schließlich im „Umgreifenden" auf, als ständig scheiternde Möglichkeiten der Verwirklichung des Menschseins laut Bestimmung der Gottheit. Am Ende des Bewußtseinsprozesses, der ja auch Geschichte ist, steht die „Überwindung der Geschichte" (Seite 335 ff); auch sie führt hin zu dem Einen, in dem Ursprung und Ziel geborgen sind.

Es ist hier nicht die Stelle, eine eingehende Kritik der Jasperschen Theorien und seines Buches zu geben, auch einige Widersprüche aufzudecken, die ihm unterlaufen sind. Dennoch: eine der bedeutendsten Stimmen der Gegenwart verwirklicht in ihrem Werk das, was sie lehrt: Kommunikation. Und das will, bei allen Vorbehalten, in unserer Zeit der „Desintegration" viel bedeuten. *Ulrich Helmke, Kassel.*

Rückschau auf zehn Jahre Arbeit

Dr. Hans-Werner Bartsch: „Handbuch der evangelisch-theologischen Arbeit 1938 bis 1948." Evangelisches Verlagswerk GmbH, Stuttgart 1949, 140 Seiten, Halbleinen DM 6.20.

Ein Pfarrer schreibt hier für überlastete Pfarrer und für Studenten, die um Klarheit in der Forschung ringen, zumal für Heimkehrer aus langer Gefangenschaft. Trotz diesem Ziel kennt er keine Zweckhaftigkeit, die der Wahrheit abträglich wäre; aus jeder Seite spricht ein leidenschaftliches Mühen um die Wahrheit, wobei er nicht nur über die geleistete Arbeit berichtet, sondern auch wertet.

Der Verfasser ist kurz vorher mit dem Sammelwerk „Kerygma und Mythos, ein theologisches Gespräch“ (Hamburg 1948) hervorgetreten. Das Gespräch geht um Rudolf Bultmanns Schrift „Neues Testament und Mythologie“, worin dieser von der Entmythologisierung des Neuen Testamentes spricht. Bartsch wird nun nicht müde zu betonen, es handle sich nicht darum, die mythologischen Aussagen auszumerzen, sondern sie richtig auszulegen. Ein Beispiel: Der Bericht von der Himmelfahrt Jesu bei Lukas und in der Apostelgeschichte setzt ein astronomisches Weltbild voraus, das nicht mehr das unsere ist. Hier stellt sich uns die Aufgabe, unabhängig von jenem zeitlich bedingten Weltbild zu erkennen und auszusagen, was die Verkündigung (das Kerygma) mit der Himmelfahrt eigentlich und letztlich meint. (Auf katholischer Seite sagte vor Jahren Bedeutendes dazu Johannes Pinsk.) Bartsch steht Bultmann kritisch gegenüber, rechnet es ihm aber hoch an, daß durch ihn das „Rätsel des Neuen Testamentes“ einmal so radikal sichtbar geworden sei. Weit schärfer fällt die Kritik aus, wenn etwa Paul Schütz in seinem Markuskommentar („Das Evangelium, dem Menschen unserer Zeit dargestellt“) den Anschein erweckt, als setze er sich mit der wissenschaftlichen Exegese auseinander, in Wirklichkeit aber den Text des Evangeliums nur als Anlaß nimmt, um die ihm so wichtig gewordenen eigenen Gedanken darzulegen.

Genau so viel Raum wie die neutestamentliche nimmt in dem Werk die systematische Theologie ein. Ihren Schwerpunkt in den zehn Jahren seiner Berichterstattung sieht der Verfasser in den Erörterungen um die natürliche, der Offenbarung Gottes in Christus vorangehende Theologie. Hier hört man hauptsächlich Karl Barth, nicht nur aus seinen eigenen Schriften, sondern auch aus dem Urteil Bartschs selbst. Zwar heißt es, es gehe in der Erörterung über eine natürliche Offenbarung Gottes nicht darum, ob eine solche Offenbarung bestehe, sondern was sie für den Glauben und die Theologie der Kirche bedeute. Diese Offenbarung scheint aber zu einem Nichts zusammenzuschrumpfen, wenn man Bartsch (mit Barth) nachdrücklich vor der „Wertschätzung der Vernunft“ warnen hört. Gewiß ist ihm dabei zugute zu halten, daß eine Überschätzung der Vernunft (wie wenn die Erlösungsordnung gleichsam nur die verlängerte Schöpfungsordnung wäre und es im Grunde kein Geheimnis gäbe) im christlichen Bereich tatsächlich vorkommt, und daß ihr gegenüber der Protest berechtigt ist. Aber den Theologen gegenüber, die er bekämpft, gilt das wohl kaum. Hier fällt es schwer, nicht an Befangenheit zu denken. Schließlich war der heilige Paulus nicht so vernunftfeindlich wie viele seiner Jünger, und schließlich kann man ja auch nicht Theologie treiben, ohne von seiner Vernunft Gebrauch zu machen, ja ohne dabei — Ärgernis der Ärgernisse für eine gewisse Theologie! — den Gesetzen zu folgen, die Aristoteles für unser Denken herausgestellt hat.

Schon im Bericht über die systematische Theologie behandelt Bartsch das Verhältnis der Verkündigung des Wortes Gottes zur Geschichte und Politik. Mit Edmund Schlink („Die Frage der Erkennbarkeit des göttlichen Handelns in der Geschichte“) hält er, entsprechend seiner Ablehnung einer natürlichen Theologie, dafür, daß aus besonderen geschichtlichen Stunden niemals besondere Forderungen Gottes erwachsen. Das bedeute freilich nicht, daß der konkrete Augenblick der Geschichte zu irgendeiner Zeit sich selbst überlassen sei; die Gottbezogenheit bestehe aber nicht darin, daß in bestimmten Augenblicken etwa Gottes Gnade oder Gottes Zorn sich offenbare, sondern darin, daß Gott von uns in jeder geschichtlichen Stunde Gehorsam verlange und uns für jede Tat zur Rechenschaft ziehe.

Die Frage, wie Christentum und Politik sich zueinander verhalten, ist nach Bartsch eine wesentlich theologische Frage, näherhin die Frage, wie die Herrschaft Jesu Christi in dieser Welt verwirklicht wird. Der Christ muß fragen nach dem Weg der Kirche in der Vergangenheit und nach der Gegenwart als Aufgabe für die Politik. In beiden Fällen sei entscheidend, daß die Frage weder durch Ressentiment noch durch Resignation, die beide sehr nahe liegen, verfälscht werde. Bekannt sind die Versuche Karl Barths, dem deutschen Volke zu einer Besinnung zu verhelfen. („Zur Genesung des deutschen Wesens“ und „Ein Wort an die Deutschen“) Bartsch stimmt dem Schweizer Theologen zu, meint allerdings, es wäre vorteilhafter gewesen, wenn Barth zuerst die grundsätzliche Stellung geklärt und dann die praktischen Folgen gezeigt hätte. Danach gehört der Staat ursprünglich und endlich zu Christus. Er kann sich wohl dämonisieren, aber er muß endlich doch Ihm dienen. Er sollte es tun, indem er das Recht wahrt und dadurch den

Boden schafft für das ruhige und stille Leben, sodaß die Botschaft von der Rechtfertigung ungehindert verkündet werden kann. Damit ist der Staat auf Christus bezogen, während die Gemeinde durch die Hoffnung auf den neuen Äon vom Staat getrennt ist. Aber die Gemeinde hat die Pflicht, den Staat auf seine Eigentlichkeit hinzuweisen da, wo er diese aufgibt. Auf jeden Fall ist der Christ zu einer verantwortlichen Haltung dem Staat gegenüber verpflichtet und nicht nur, wie es beim Obrigkeitsstaat der Fall ist, zu einem stummen Gehorsam. Bartsch folgt dem Schweizer Theologen mutig auch in der Beantwortung der Frage nach Schuld und Schuldbekenntnis des deutschen Volkes, wohingegen Helmut Thielicke, um sich vor der Anpreisung der Gerechtigkeit der andern zu schützen, das eigene Schuldbekenntnis abhängig machen will von einem gleichen der Gegenseite, und habe dieses Bekenntnis der Gegenseite auch nur die Ausmaße eines Tropfens.

Die Frage Christentum und Geschichte kehrt im Abschnitt „Kirchengeschichte“ unseres Handbuchs wieder. Da wird über Luthers Lehre vom geistlichen und weltlichen Regiment ausgeführt (C. Törnvall), die Polemik Luthers gegen die Vermischung der Regimente sei aus seinem Bemühen zu verstehen, beide Regimente unter das Reich Christi zu stellen; die Folgerungen des Luthertums, aus der Lehre Luthers eine Autonomie des weltlichen Regimentes zu schließen, erweisen sich diesem Verständnis gegenüber gerade als irrig. Wertvoll und von allgemeiner Bedeutung ist wohl auch Bartschs Bemerkung zu einer 1947 erschienenen Schrift G. Buchwalds „Martin Luther sozial“: „Wenn man die Verbindung von Glauben und Liebe als Wesen des Sozialen (Sozialismus?) versteht, so lassen sich wohl genügend Äußerungen zusammenstellen, es ist aber mehr als zweifelhaft, ob sie wirklich unter das Schlagwort sozial passen, ebenso zweifelhaft, wie wenn man einst Luther als national hinstellte. In beiden Fällen wird übersehen, daß das Problem, das hinter den heutigen Schlagworten steht und als Frage unbedingt ernst zu nehmen ist, damals durchaus nicht akut war. Wie es keine Nationalstaaten im heutigen Sinne gab, so auch keine soziale Frage, wie sie in der Gegenwart uns bedrängt. Soweit diese in Erscheinung trat, etwa in den Bauernkriegen, wären Luthers Aussagen zu dieser Erscheinung kritisch zu prüfen. Man sollte es aber gelernt haben, daß es gefährlich und irreführend ist, eine Person der Vergangenheit ohne kritische Prüfung mit Schlagworten der Gegenwart in Verbindung zu bringen.“

Im Abschnitt „Praktische Theologie“ ist Beachtliches zur Kriegspredigt zu lesen. Es wird die erstaunliche Tatsache vermerkt, daß es offenbar einer grundsätzlichen Besinnung über die Kriegspredigt in diesem Kriege weit weniger bedurfte als im Ersten Weltkriege. Hans Asmussen meint, die Notwendigkeit eines politischen Wortes um der Herrschaft Christi willen sollte nicht in Abrede gestellt werden; wenn die Predigt aber in die Politik wirke, sollte man diese Wirkung nicht dem Zufall überlassen, sondern sich über die *rechte* politische Predigt Rechenschaft ablegen, damit sie nicht *falsche* politische Predigt werde, vielleicht gerade in dem Bemühen, unpolitische Predigt zu sein.

Die Leser dieser Zeitschrift werden schließlich erfahren wollen, welches der Ertrag jener zehn Jahre für das Gespräch zwischen den Konfessionen ist. Wir vernehmen darüber nicht allzu viel; das Jahr 1948 hat ja auch mehr als einen Rückschlag gebracht. Aber der Berichterstatter stellt fest, daß das Gespräch im evangelischen Raum zum ökumenischen Gespräch und auch zum Gespräch mit der katholischen Kirche heranwächst. Die Haltung der katholischen Kirche gegenüber ist in den besprochenen Werken und im Bericht selbst durchweg, wenn auch nicht frei von Befangenheit, so doch vornehm. (Ein bedeutsamer Beitrag zur Annäherung an die katholische Kirche erschien noch 1948, aber wohl nach Abschluß des Handbuches: Band I der „Kirchenagende“, herausgegeben im Auftrage der liturgischen Ausschüsse von Rheinland und Westfalen, dazu das wissenschaftliche Handbuch „Der Gottesdienst an Sonn- und Feiertagen, Untersuchungen zur Kirchenagende I, 1“. Diese Agende bietet im Wesentlichen römische Liturgie in deutscher Sprache.) In einem kurzen Abschnitt über das Gespräch zwischen den Konfessionen warnt Bartsch vor einer Verwischung der Unterschiede. Diese Unterschiede sind allerdings beträchtlich, schon in der Beantwortung einzelner Fragen, noch mehr aber in der Grundhaltung. Trotzdem wagt Bartsch zu hoffen: „Daß man aber gerade auf dem Wege einer Besinnung auf die eigene Position — die allerdings kritisch zu erfolgen hat und niemals der Absolutsetzung des eigenen Bekenntnisses verfallen darf — zu einer Einheit kommen kann, ist der verheißungsvolle Ausblick, den die Diskussion trotz aller Schärfen nicht versagt.“ *Alfons Beil, Heidelberg.*

Hoffnung der Autoren

Sir Stanley Unwin, Das wahre Gesicht des Verlagsbuchhandels, C. E. Poeschel-Verlag, Stuttgart 1950, 324 Seiten, Leinen DM 18.—

Es begann ... Womit begann es eigentlich? Mit mythisch-dunklen Worten, den Dämonen in die Ohren geraunt. Es endete — vorläufig, und für unsere begrenzten Regionen — etwa mit der Frankfurter Buchmesse 1950, wo vor mehr als vierhundert Ständen ein unglaubliches Gedränge herrschte. Wieviele Stadien hat es allein durchlaufen bis zu jenem düsteren Tage, da Johann Gutenberg die Buchdruckerkunst erfand, — Meißel, Pinsel, Feder, Stift, herrlich unzureichende Mittel unerwünschter Vervielfältigung. Heute ist aus dem heiligen Hain ein Urwald geworden, darin erbarmungslose Verleger die verschüchterten Autoren jagen. Möge sich niemand in diese Dschungel verirren ohne Kompaß, ohne schützenden Panzer!

Ein solcher Kompaß und zugleich schützender Panzer ist Sir Stanley Unwins Werk „Das wahre Gesicht des Verlagsbuchhandels". In viele Sprachen übersetzt, erwies es sich seit dem Tage seines Erscheinens im November 1926 als unentbehrlicher Helfer für Verleger und Autoren. Vom Eintreffen der Manuskripte, über Vertrags- und Herstellungsfragen bis zu den reizvollen und wesentlichen Problemen der Werbung gibt der „Unwin", wie das Buch kurz genannt wird, erschöpfende Auskunft. Sir Stanley ist ein weitgereister Mann. Nichts Menschliches ist ihm fremd. Er kennt die verlegerischen Sitten und Gebräuche in Kanada ebensogut wie in Hinterindien. Im übrigen und nicht zuletzt ist er einer der erfolgreichsten und angesehensten Verleger Englands. Es ist selbst — oder gerade — für den Fachmann erstaunlich, mit welch selbstverständlicher Grazie er für die kompliziertesten Verwicklungen die einfachste Lösung findet. Sir Stanley ist eben ein wahrer Demokrat. Sein Steckenpferd ist die Zusammenarbeit. Gewisse Verleger sollten sich das hinter den Spiegel stecken. Englische Fairneß, guter, solider Kaufmannsgeist, umfassendes Wissen und überlegener Humor, das ist schon etwas, worauf wir Autoren auf dem Wildpfade uns nur zu gern verlassen. Man sollte das Buch uns allen zu lesen geben, — bei den Verlegern gehört die Lektüre, glaube ich, sowieso zum guten Ton.

Schlagen wir also die Schlacht in Sir Stanleys Zeichen und in der Hoffnung, es möge der Tag der Verbrüderung anbrechen, da wir die Verleger an unsere Busen drücken können — oder vice versa —, der Tag, an dem ein Verlagsvertrag ein gentleman's agreement sein wird, nicht mehr, nicht weniger.

Helmuth Faust, Frankfurt.

Vergangene Zeiten

Börries Freiherr v. Münchhausen: „Das Balladenbuch". Ausgabe letzter Hand. Deutsche Verlagsanstalt, Stuttgart 1950, 415 Seiten, DM 8.50.

Da liegt nun der Sammelband aller Balladen, die der Freiherr v. Münchhausen verfaßte. Und schon ehe man ihn aufschlägt, fallen einem Überschriften und Versfetzen ein, die, tief verborgen, kein Sartre, kein Rilke, kein Norman Mailer ins Vergessen zu stoßen vermochte: „Der Page von Hochburgund" — „Der Todspieler" — „Birkenlegendchen" — „Jenseits des Tales standen ihre Zelte ..." — „Liebe fragte Liebe: Was ist noch nicht mein?" ...

Es gibt Leute — sehr moderne Leute —, vor denen man das nicht sagen darf, ohne in den Geruch eines Mannes zu geraten, der noch eine Kitschecke in seinem inneren Haushalt bewahrt. Aber denen ist nicht zu helfen.

Wenn man dann blättert in dem bezaubernd ausgestatteten und gedruckten dunkelblauen Leinenband, dann wird das alles noch stärker, Erinnerungen und Einwände, aber unversehens hat man sich festgelesen, begleitet die Landsknechte oder den Sänger Bayard, ist mitten in einer Welt, die Vergangenheit heißt. Eigene Vergangenheit, in der Kinderzeiten lebendig werden, und Vergangenheit der Völker wird da zum Wort, zur Sage. Was hilft es da, wenn der Verstand und das Wissen rebellieren, wenn alle Kunstbegriffe sich sträuben: die einfachen, manchmal holprigen Verse sind stärker.

Münchhausen war ein Dichter in unserer Zeit (also ein Moderner), seine scharf geschliffenen Kritiken bewiesen das oft genug. Es sei nur an jene böse Glosse erinnert, die er einmal einem Gedichtband widmete: „Hölderlin mit Duineser Spitzen, bei alten Damen immer noch sehr beliebt ..." Und doch, über den besten seiner Balladen vergißt man es; sie sind so zeitlos wie die Lieder aus des Knaben Wunderhorn, einfach, deutlich, eingängig. Liebe, Treue, Verlassenheit, Humor und bitterer Ernst, Weisheit und Klage, all das lebt in ihnen.

Und solange diese Gehalte in Vergangenheit und Miterleben verdichtet werden, ist es gut; solange muß jedes Bedenken verstummen, das von „unzeitgemäß“ redet. Nur wenn es darüber hinausgehen soll, wenn Darwin oder Goethe, Kant oder Rembrandt beschworen, anspruchsvolle philosophische oder künstlerische Vorwürfe gewählt werden, dann versagt Münchhausens Kunst. Es bedarf eben des vorgeformten Inhalts, des Stoffs, der die Vereinfachung erträgt, ja vielleicht sogar fordert, damit eine Ballade gelingen kann. Philosophische Theorien, gesellschaftliche Zustände, naturwissenschaftliche Probleme lassen sich nicht ungestraft simplifizieren. Aber die anderen Stoffkreise, in denen der Freiherr zu Hause ist: ritterlicher Dienst und Minnetreue, Geraun der Alten am Ofen und Jünglingstraum, — die lassen es zu. Und dann entstehen große Balladen, ebenso fern von Simpelei wie von Blubo-Abziehbildern, und wenn das nicht ganz erreicht wird, dann doch wenigstens (und hierher gehört der Page von Hochburgund und Verwandtes) jene schaurig-schönen Gebilde, die man in der Jugend liebt, dann zu vergessen sucht und denen man schließlich doch einen Platz einräumt, wenn auch lächelnd. Aber ist das verwerflich? Ist es nicht vielmehr Grund genug zur Dankbarkeit gegenüber dem dichtenden Baron, mehr Grund jedenfalls als zur Kritik? Und — ich gestehe, daß ich die Ballade vom Brennesselbusch für eines der vollendeten Liebesgedichte der deutschen Sprache halte, die ja deren nicht allzuviele hat.

Roland H. Wiegenstein, Frankfurt.

Die Neue Wirklichkeit

Alberto Moravia: „Adriana“. Verlag Kurt Desch, München 1950, 608 Seiten, Leinen DM 13.50.

Wer die künstlerische Entwicklung seit dem Zweiten Weltkrieg verfolgt hat, kommt nicht darum herum: in Italien ist etwas Besonderes los. Gewiß, auch andere Länder können auf Namen hinweisen, die Neues und Großes bedeuten: Mailer und Miller; Camus und Merle; Reed und Waugh; Borchert und Langgässer. Doch das sind Einzelne, — Vereinzelte sogar. Welch anderes Bild bietet sich in Italien: von Rosselini über de Sicca, Zampa bis de Santis; von Levi über Berto, Pratolini, Vittorini bis Moravia — liegt hier nicht der Keim einer echten geistigen Gemeinschaft verborgen, die aus einem klar erkannten und unbeirrbar erfüllten Anruf erwachsen könnte? Könnte es nicht sein, daß diese Italiener mit ihrem Neo-Realismus als erste den gültigen künstlerischen Ausdruck der neuen Wirklichkeit unserer Tage gefunden haben?

Es sieht so aus, als ob viele Voraussetzungen hierzu den Italienern gegeben wären, als ob sie mehr und deutlichere Wirklichkeit erfahren hätten als wir anderen. Sie waren Faschisten und Antifaschisten, sie kämpften mit den Deutschen und gegen die Deutschen, sie betrogen als Schwarzhändler ihre Regierung und unterstützten sie als Wähler, — und sie sahen, wie wenig das bedeutete, denn es waren immer große Mächte da, die um ihr Land warben, einfach weil es existierte und ohne Rücksicht auf seine Überzeugungen; denn die Lösung der entscheidenden Probleme, die Italien den inneren Frieden geben könnte, wurde durch alle diese Pseudobekenntnisse kein Jota erleichtert. Der Krieg hinterließ Italien ein sinnlos zerbombtes Kloster in Cassino, sinnlos erschossene Geiseln in Rom, sinnlos gesprengte Brücken in Florenz. Auf die Ereignisse in Italien lassen sich weder Ruhmesgesänge noch Klagelieder anstimmen, — hier zeigt sich der Krieg in seiner wahren Gestalt: als entfesselte Zerstörungswut, die mit rein menschlichen Maßstäben nicht mehr zu fassen ist. Und die Italiener erlebten als erste die neue Wirklichkeit der Einen Welt, die nicht deshalb eins ist, weil sich die Menschen in ihr verstünden oder vertrügen, sondern weil sie sich nicht mehr ausweichen können, weil sie ein für allemal von einander abhängig sind. Diese Eine Welt begann nicht an den Konferenztischen von Teheran oder Yalta, nicht mit dem Händedruck bei Torgau, sie begann im Neapel des Jahres 1943, diesem Augiasstall unseres Jahrhunderts, als zum ersten Mal zwei verschiedene Lebensauffassungen aufeinanderprallten und nackter Lebenshunger auf der einen und guter Wille auf der anderen Seite die seltsamsten und erschreckendsten Sumpfblüten trieben.

Diese Wirklichkeit haben die italienischen Regisseure und Schriftsteller gespürt und in sich aufgenommen. Und weil sie diese Wirklichkeit mit Sicherheit wissen, können sie auf all die Apparatur, die uns jetzt schon jahrelang vorgeführt wird, verzichten: auf das symbolische Kanonengrollen im Hintergrund, den ewigen Soldatenjargon, all das Krasse und Blutrünstige, das nur schockieren, nur beweisen soll, daß der Autor „dabei“gewesen ist. Rosselinis „Paisa“ zeigt uns das zutiefst tragische Mißverstehen zwischen Italienern und Amerikanern am eindringlichsten in drei Szenen, die alle in der Etappe spielen, — eine davon in einem weltabgeschiedenen Franziskanerkloster. Wenn de Sicca uns im Film die heillose moralische Verwirrung unserer Tage demonstrieren will, genügen ihm dafür ein Plakatankleber, dessen kleiner Sohn und ein Fahrrad. Wenn in Bertos „Der Himmel ist rot" der Krieg und die Menschen des Krieges ein paar Halbwüchsige so lange in Einsamkeit und Verzweiflung treiben, bis sie wie Tiere krepieren, dann genügt dazu als äußerer Anlaß ein Luftangriff von 20 Minuten, der zu Anfang des Buches in zwei, drei Seiten lapidar erwähnt wird. Damit sind die Würfel gefallen, mehr Aufhebens braucht es nicht. Und Moravia kann mit „Adriana" die Geschichte eines römischen Mädchens in die Blütezeit des Faschismus verlegen, ohne ihn mehr als ganz flüchtig zu erwähnen, ja ohne sogar die Politik auftreten zu lassen. Für Adriana, die einfache, natürliche Gestalt des Romans, den Menschen guten Willens, bleibt die Politik ein Buch mit sieben Siegeln, eine Störung des Alltagslebens, der man ängstlich auszuweichen sucht. Und so war es doch.

Moravia geht in diesem Abbau der Apparatur sogar so weit, daß er selbst auf jene Atrappe verzichtet, mit der die Autoren unserer Tage immer wieder die Wirklichkeit zu erzwingen versuchen: auf jenen Stil, der — von Hemingways raffinierter und disziplinierter Unterbetonung und Auslassung bis zu Wolfes hemmungsloser und doch gequälter Überschwenglichkeit und Kraftstrotzerei — von vornherein, ohne Rücksicht auf Figuren und Handlung, eine realistische Atmosphäre schaffen soll. Moravias Stil dagegen folgt dem Geschehen des Romans und paßt sich ihm an. In diesem Stil kann nacheinander und manchmal auch nebeneinander gefühlt und gedacht, gehandelt und geredet werden.

Ohne diesen Stil gelänge es Moravia auch nicht, seinen Roman vor dem Abgleiten ins Pikante oder ins Sensationelle zu bewahren. Denn die Hauptfigur des Buches ist die römische Prostituierte Adriana, die in der ersten Person ihre Geschichte erzählt. Doch das ist weder der prickelnde Roman eines Lasterlebens noch eine schockierende Anklage wider übermächtige wirtschaftliche und gesellschaftliche Zustände, es ist die Geschichte einer Frau in Rom und der Menschen um sie, eine Geschichte, wie sie immer wieder geschieht. Adriana erzählt von der Armut ihrer Jugend, von ihrer Mutter, die der Tochter „etwas Besseres" wünscht und es mit deren Schönheit einzuhandeln hofft, von ihrer ersten Liebe und der Enttäuschung durch den verlogenen Geliebten, dessen Betrug ihr für immer die Hoffnung auf Ehe und Heim raubt und sie auf die Straße treibt. Alles das wird geschildert in der Art, wie ein Mensch sich nach gründlicher Überlegung sein Leben zurechtlegt. Die treffende Beobachtung der Mitmenschen — von der Mutter, mit ihrer fixen Idee von den großen Aussichten ihrer schönen Tochter, die einmal ihr kümmerliches Dasein verwandeln sollen, bis zum falschen Verlobten, der sich doch in allem so zu benehmen schien, wie es ein junges Ding eben von einem zukünftigen soliden Ehemann erwartet — wird von unbedenklich nachgesprochenen Klischees zusammengehalten: daß die Männer die „Güte und Unschuld" des jungen Mädchens nicht zu würdigen wüßten, oder daß eine herbe Enttäuschung genüge, um die Aussicht auf ein anständiges Leben völlig zergehen zu lassen. Dabei ist aber diese Beschreibung kein Rechtfertigungsversuch, — Adriana weiß durchaus, wieviel Schuld an der schließlichen Entwicklung sie selbst und ihre blinde Verliebtheit trifft —; sie will nur den Eindruck der Unvermeidlichkeit geben (nachdem das und das einmal passiert war, mußte es zu einem schlechten Ende kommen), der einem so oft, offen oder verborgen, aus den Erzählungen einfacher Menschen entgegenschlägt.

Dieser Bericht, der uns fast bis zur Hälfte des Buches führt, scheint dem Leser aber doch — mag er auch noch so verständnisvoll und treffsicher gegeben werden — nicht viel mehr zu sein als eine Antwort auf die angeblich unvermeidliche Frage: „Wie ist es mit Dir denn so weit gekommen?" Man überlegt sich, ob es nicht wichtigere Probleme gäbe, — bis Moravia drei Männer auftreten läßt, die in ihrer Begegnung mit Adriana dem Roman echte und gültige Bedeutung gewinnen. Es sind dies: Astarita, der hohe Beamte der faschistischen Geheimpolizei, der eigentliche Verführer Adrianas, — denn er, der sie wie verhext mit seiner unersättlichen Liebe verfolgt, die sie nicht erwidern kann, ist es, der sie durch nackte Erpressung dazu zwingt, ihren Körper zum ersten Mal völlig unbeteiligt hinzugeben, er ist es, der ihr dann Geld dafür gibt und ihr ein neues, reizvolles „Gefühl der Mitschuld und des sinnlichen Einverständnisses" offenbart; Sonzogno, der Mörder, der eigentliche Geliebte Adrianas, — denn er ist es, der als einziger ihren Körper so sehr bis ins kleinste Teilchen besitzt, daß sie ihm mit einer Mischung von „Abscheu und Lust" fast rettungslos verfällt; und Giacomo, der Student und Revoluzzer, die eigentliche Liebe Adrianas, — denn er ist es, um dessentwillen sie sich aus eigenem Entschluß zu allem bereit findet, den sie nehmen will, so wie er ist. Diese drei kreisen eine Zeitlang um Adriana wie um einen ruhenden Pol, dann werden sie abgestoßen oder reißen sich selbst los — und zerschellen. Sonzogno erschlägt Astarita und wird auf der Flucht erschossen, Giacomo begeht Selbstmord. Die Dirne Adriana lebt weiter.

Die drei Männer scheitern dort, wo Adriana die Quellen ihrer Kraft weiß: in der Wirklichkeit. Astarita glaubt, er könne sich unter den Gegebenheiten seines Lebens heraussuchen, was ihm paßt und was nicht; er schickt seine Familie weg aufs Land, er kapselt sich von den schwerwiegenden Konsequenzen seines Berufes ab, bis er zur vornehmen Beamtenmaschine in einem pompös ausgestatteten Büro wird. Aber sein Verlangen nach dem Mitmenschen, nach Liebe bricht doch durch: er sieht Adriana und will sie, muß sie besitzen, nur für sich, um sich zu beweisen, daß er nicht ganz allein ist. Doch er hat diesen Wunsch zu lange zurückgedrängt. Jetzt birst er mit solcher hemmungsloser Begierde hervor, daß Adriana nur mit der in ihrem verwunderten Mitleid ausgedrückten Weigerung antworten kann. Gerade das aber vermag Astarita nicht zu ertragen. Sonzogno wiederum meint, die Kraft seiner brutalen Fäuste, mit der er sich jeden Menschen, dem er begegnet, für den Augenblick unterwerfen kann, genüge, um die Welt für immer an ihn zu binden. Doch der masochistische Rausch des Gezwungenwerdens hält bei seinen Opfern nicht vor — auch nicht bei Adriana, die er sich als höchsten Preis gesetzt hat. Sie flieht vor ihm, völlig verstört. Und in seiner hilflosen Wut weiß er keine andere Erwiderung darauf, als blind um sich schlagend drauflos zulaufen — geradewegs in die Pistolen der Polizei. Giacomo endlich sieht wohl die Wirklichkeit, doch nur um sich selbst in ihr zu spiegeln. Er ist der ewige Spötter, der Zweifler aus Überzeugung (oder mangels Überzeugung). Seine Familie, die Politik, die Liebe, alles wird ihm zum Gesellschaftsspiel, zum intellektuellen Karussell der Pleonasmen und Paradoxe. Er erkennt seine menschliche Schwäche, folglich gibt er ihr nach und beschimpft dann die anderen, die ihm die Gelegenheit dazu gaben; er war von Kind auf mit seiner Umgebung unzufrieden, folglich verschwört er sich gegen die Regierung und beklagt sich dann über den einfältigen Idealismus der revolutionären Ideologien. Er ist ganz von dem Spiel mit seinem eigenen Schatten fasziniert, sodaß er sogar die Liebe Adrianas, die ihm zur Rettung werden kann, immer wieder mit nachsichtigem Lächeln übersieht. Bis dann aus dem Spiel blutiger Ernst wird: er verrät seine Freunde an die Polizei. Diesen ersten unwiderruflichen Schritt aber kann er nicht verwinden. „Und der Mangel an Liebe erzeugte am Ende Unfähigkeit und Impotenz."

Adriana allein bleibt am Leben. Sie hat also die ganze Wirklichkeit erfaßt? Nein; denn Adriana ist keine Heldin, sie ist ein Straßenmädchen. Auch sie versucht sich mit der stets wiederkehrenden Erklärung von der „Unvermeidlichkeit" über die Wirklichkeit wegzutäuschen. Aber es ist doch bezeichnend, daß sie diesen naiven Schwindel schließlich in der Kirche anstellt, wenn sie vor dem Muttergottesbild kniet und sich sagt, ihr Leben müsse so gut sein, wie es ist, denn Gott habe es zugelassen. Das ist eine Milchmädchenrechnung, aber es ist wenigstens eine Rechnung mit Gott. Die drei Männer reden nicht einmal von Ihm. Und dann, wenn auch Adriana diese Zauberformel immer wiederholt, — sie handelt nicht danach. Versuchte sie sonst, dem „unvermeidlich "verlorenen Giacomo trotz dessen verletzender Gleichgültigkeit nacheinander mit ihrer Leidenschaft und ihrer Freundschaft, mit ihrem Verlangen und ihrem Verzicht zu helfen? Versuchte sie sonst, den ihr lästigen Astarita vor seinem „unvermeidlichen" Ende zu warnen, obwohl sie dies doch „unvermeidlich" dazu verdammte, von dem erbosten Sonzogno ohne weiteres Federlesens erschlagen zu werden? Adriana mag nicht die Einsicht besitzen, die Wirklichkeit ohne weiteres zu formulieren, es mag ihr die Kraft fehlen, sie in jedem Augenblick ertragen zu können. Deshalb spürt sie sie doch zutiefst, deshalb ist sie doch ständig in Kontakt mit ihr. Sie weiß, daß man mit ihr etwas tun, etwas anfangen kann; sie weiß, daß der Mensch sie in der Liebe, — in der Liebe für alle Menschen, in der Liebe, die auch verzichten kann, — zu vervollkommnen vermag. Sie weiß, daß die Wirklichkeit mehr ist als Astaritas Servierteller, der beim Festessen herumgereicht wird, und den man zurückweisen kann, wenn er einem nicht gefällt; daß sie mehr ist als Sonzognos rücksichtslose animalische Kraft; daß sie mehr ist als Giacomos sinnloses Neben- und Durcheinander. Sie weiß, daß in dieser Welt die Wirklichkeit dem Menschen die einzige Möglichkeit bietet, sich festzuhalten und zu orientieren. „Meine Kraft war meine Armut, mein Handwerk, meine Mutter, unser häßliches Haus, meine bescheidenen Kleider, meine niedere Herkunft, mein Unglück und im innersten Kern jenes Gefühl, das mich alle diese Dinge annehmen ließ, und das tief in meiner Seele ruhte wie ein kostbarer Stein in der Erde."

Engelbert Kirchner, München.

Genie contra „Wissenschaft"

André Malraux: „Psychologie der Kunst." Woldemar Klein Verlag, Baden-Baden 1949 und 1950. *Band 1: „Das imaginäre Museum".* 154 Seiten mit 66 Abbildungen in Kupfertiefdruck und 21 Farbtafeln. Halbfrz. DM 36.—. / *Band 2: „Die künstlerische Gestaltung".* 220 Seiten mit 120 Abbildungen in Kupfertiefdruck und 15 Farbtafeln. Halbfrz. DM 36.—.

Kurt Leonhard: „Die heilige Fläche". Deutsche Verlagsanstalt, Stuttgart, 2. Auflage 1948, 83 Seiten mit 3 Textabbildungen und 4 Tafeln, Pappband, DM 3.80.

Wilhelm Uhde: „Fünf primitive Meister". Atlantis-Verlag, Zürich 1947, 135 Seiten und 33 Abbildungen. Leinen. DM 16.50.

Walter Winkler: „Psychologie der modernen Kunst". Alma Mater Verlag, Tübingen 1949, 304 Seiten mit 95 Textabbildungen und 4 Farbtafeln, Leinen DM 26.80.

Kann Genie erklärt werden? Ist es möglich, die Beziehungen zwischen dem Kunstwerk und seinem Hervorbringer aufzudecken, aus dem Erscheinungsbild des Kunswerkes den menschlichen, psychologischen „Fall" zu rekonstruieren und daraus zu erhellen, daß es aus diesen und jenen Gründen konzipiert und zu eben diesem Ergebnis geführt worden ist?

Gewiß kann man unter der Voraussetzung, daß die Biographie sehr genau bekannt ist, Persönlichkeit und Werk einander zuordnen. Man wird etwa sagen können, daß Tizian, um der zu werden, als den wir ihn kennen, der farbigen Atmosphäre und der sozialen Struktur Venedigs, der Geschichtslage des sechzehnten Jahrhunderts und vor allem natürlich seiner persönlichen Veranlagung mit allen Qualitäten und Schwächen bedurfte. Dies alles zu wissen, ist aufschlußreich bei einer Auseinandersetzung mit Tiziano Vercellio, der vermutlich 1477 in Pieve di Cadore geboren wurde und 1576 in Venedig starb. Dieses Wissen gibt einen mehr oder weniger reichen Hintergrund für das Denkmal, das er sich gesetzt hat — für sein Werk. Aber es bleibt eben doch nur Hintergrund hinter der Realität seines Genies. Was er in den fast hundert Jahren seines Lebens hervorgebracht hat, entzieht sich der psychologischen Analyse: sie reicht nicht in alle Schichten dieser Erscheinung.

„Unserer Zeit verdanken wir die Lust am entschleierten Geheimnis, weil menschliches Wesen nach einer Kompensation für seine Bewunderung sucht und vielleicht die Hoffnung hegt, mit diesem Geheimnis das des Genies selbst aufzudecken. Zwar glaubt keiner, die Taktik von Napoleons Italienfeldzug sei durch Josephines Ehebruch bedingt oder die Änderung der Maxwellschen Gleichung gehe auf irgendein Abenteuer Einsteins zurück; trotzdem ist jeder bereit, dem Verhältnis Goyas mit der Herzogin von Alba einen direkten Einfluß auf Goyas Malerei zuzugestehen. Wie armselig sind doch die Geheimnisse, die man mit boshaftem Lächeln dem Gedenken an jene Wenigen entreißt, auf denen die Ehre des Menschseins beruht!"

Ein Dichter sagt das, nicht in eigener, aber in einer der eigenen verwandten Sache. *„Psychologie der Kunst"* überschreibt *André Malraux* sein dreibändiges Werk, von dem bis jetzt zwei Bände in ausgezeichneter deutscher Übertragung vorliegen. Indes, Malraux ist kein Methodiker der Psychologie, er psychologisiert überhaupt nicht, — er philosophiert. Er deutet durch dichterische Paraphrase von philosophischem Niveau, und er bedient sich dabei solcher Mittel, die der Kunst angemessen sind.

Die Begegnung, die sich im Kunstwerk vollzieht, steht unter dem Zeichen der Demut, ohne die der wahrhaft schöpferische Mensch nicht zu denken ist. Schon damit ist ein grundsätzlicher Vorbehalt der Kunst gegen jene Heuristik gegeben, die sich nicht zur künstlerischen Gestaltung aufschwingt. Es erhebt sich also die Frage, ob die Heuristik selbst gestaltet oder ob sie synthetisch verfährt, ob also die Wissenschaft wesentlich über Methodik und Erlernbarkeit hinausreicht. Diese Forderung der Kunst an die Heuristik ist — allein? — erfüllt bei der Geisteswissenschaft der Kunstgeschichte — der *Geschichte,* in die jedes Kunstwerk durch seine Konzeption mit tausend Fäden verflochten ist.

Die Erkenntnis von der Geschichtlichkeit des Kunstwerks, der dieses seine Vielschichtigkeit und seinen Reichtum verdankt, seine Dunkelheit und seine Transparenz, seine Offenheit und seine Unzugänglichkeit, liegt Malraux' Gedankengängen über die *künstlerische Gestaltung* genialer Menschen zugrunde. Niemals, schreibt Malraux, erfahre der Geniale seine Berufung zur Kunst durch das Erlebnis der Natur, vielmehr stets durch das Erlebnis des schon gestalteten Bereiches der Imago, die nicht Abbild, sondern Rivalin der Natur ist. Der Hirte Giotto wurde nicht zum Maler, weil er — wie in der Anekdote berichtet — das Bedürfnis hatte, seine Hämmel zu zeichnen und anders zu zeichnen als seine Vorgänger, sondern weil ihn die Gemälde Cimabues beeindruckten. Am Anfang jeder künstlerischen Tat steht also die schöpferische Rezeption, die Bindung an die Geschichte, ohne die große Kunst vermutlich überhaupt nicht möglich wäre: „Das Genie geht ebenso von der Konvention aus wie von der Formlosigkeit", nämlich dem Teil des Überlieferten, der noch nicht gestaltet ist. Wenn die Kontinuität des Geschichtsbewußtseins eines Tages unterbrochen würde, müßte die Kunst wahrscheinlich für lange Zeit verstummen.

Darin liegt ein wichtiger (nicht ausgeführter) Hinweis auf einen der neuralgischen Punkte der Kunst unserer Zeit, die ja die Tendenz hat, sich von der Geschichte zu lösen und damit ihre Vielschichtigkeit einzubüßen. Ist vielleicht hier, als einem Akt der Selbstbefreiung, die positive Bedeutung der viel berufenen Rezeptionen Picassos oder etwa der mythologischen Vorwürfe zu sehen, die wie ein roter Faden die Thematik der modernen Malerei durchziehen? Wie dem auch sei — Malraux spricht davon nicht; für ihn als geschichtsbewußten Denker scheint diese Frage belanglos zu sein.

Ob er das Problem der Ablösung von der Geschichte zu Recht oder zu Unrecht vernachlässigen darf, vermögen wir heute und wohl auch in den nächsten Jahrzehnten noch nicht zu sagen. Tatsache ist, daß das *imaginäre Museum,* unsere geistige Mitgift kultureller Werte, das Museum *in uns* als ein Ergebnis der historischen Bewußtwerdung seit zweihundert Jahren unsere Anschauungen von der Kunst revolutioniert hat, und daß es sein Feld heute noch (mit mehr „Abteilungen" denn je, und inzwischen freilich auch viel Depotware) beherrscht. Was Malraux neben großartiger Erkenntnis und schöner Formulierung mit der Geste des Dichters verschenkt, was er über die Rolle der Reproduktion beim Zustandekommen des imaginären Museums, über die Wechselbeziehung zwischen Format und Farbe bei Original und (verkleinerter) Druckwiedergabe, über Skizze und Porträt sagt, ist wichtig im Zusammenhang wie auch für sich selbst. Der moderne Künstler sieht sich heute einem ungeheuren Bestand an Wissen von kulturellen Werten gegenüber, wie es seit dem Mittelalter aufgespeichert wurde. In der Moderne ist die Selbstverwirklichung bis zum Extrem getrieben worden: man unterwirft alles dem persönlichen Stil „mit dem Ziel, einen Abbildungsband von Zervos zu schaffen". So konnte es zu dem Konflikt zwischen Maler und Objekt, der Quelle des Unbehagens und aller Mißverständnisse zwischen Kunstproduzenten und -konsumenten kommen. —

Dieser Zwiespalt ist, seitdem er entstand, Anlaß zu verschiedenen Erklärungsversuchen und Ursache einer grundlegenden Veränderung der Kunstbetrachtung gewesen. Ja wahrscheinlich gab er schon ursprünglich den Anstoß zur theoretischen Auseinandersetzung mit der Kunst überhaupt, denn bezeichnenderweise tauchen die ersten Schreibtischarbeiten zu eben dem Zeitpunkt auf, zu dem der Entfremdungsprozeß zwischen Künstler und Publikum einsetzte. Gleich zu Beginn übrigens, bei Vasari um 1560, mit dem deutlichen Wertakzent: Wir sind Epigonen, das goldene Zeitalter ist vorüber. Als die Entwicklung sich um 1780 dem Krisenpunkt näherte, mußten Geschichtssystem und -betrachtung verfeinert werden, wovon Herder und Goethe samt ihren englischen Vorgängern, vor allem aber d'Agincourt mit dem ersten kunstgeschichtlichen Abbildungswerk, Zeugnis ablegen. Die Psychologisierung begann und wuchs mit der Begründung der geisteswissenschaftlichen Geschichtsforschung, bis schließlich neuerdings die ehedem gültigen philosophischen und historischen Kategorien nicht mehr auszureichen schienen, um die Widersprüchlichkeit in der zeitgenössischen Kunst zu löschen, und die experimentelle Psychologie ihren Einzug in die Kunstbetrachtung hielt.

Warum eigentlich?, fragt man sich bei der Lektüre Malraux', denn es ist nicht einzusehen, wie die Psychologie mit ihren kunstfremden Klassifizierungen (die vielleicht für die Persönlichkeit des Künstlers, aber niemals für die gestaltete Aussage erhellend sein können) aus diesem Dilemma herausleiten sollte. Bis heute ist noch keine abschließende philosophische Deutung oder gar Grundlage für die Einigung der Parteien gegeben worden; das liegt aber daran, daß die Kunst als lebendiger Prozeß (wie alle gegenwärtigen Daseinsbereiche) stets neue Konstellationen schafft, die neue Antworten erfordern.

Manches Grundsätzliche und Entscheidende, das man in die Hand möglichst vieler Leser wünschen möchte, ist jedoch in den letzten Jahren gesagt worden. Dazu gehört etwa Malraux' Ansicht, daß die moderne Kunst keine Ausnahmestellung früheren Stilen gegenüber einnehme, sondern sich von ihnen nur durch Wertverschiebungen unterscheide, daß alle künstlerischen Hervorbringungen in ewiger Gleichheit miteinander verbunden sind durch das Urphänomen, und daß Stil das ist, „was eine Zeit im Tiefsten sucht und wofür die lebende Form nur als Rohstoff Bedeutung besitzt. So gibt es auf die Frage ‚was ist Kunst?' nur die Antwort: Das, wodurch Formen Stil werden".

Einer ähnlichen philosophischen Umschreibung bedient sich auch *Kurt Leonhard* in seinen gemeinverständlichen Gesprächen über *„Die heilige Fläche"*, die zwischen Personen verschiedener Kreise — einem Maler, Dichter, Kunsthistoriker, einem Studenten, einer jungen Dame — stattfinden. In vorbildlicher Formulierung werden auch jene (dem Fachmann freilich geläufigen) Gesichtspunkte nahegebracht, die die moderne Kunst rechtfertigen. Seinen tieferen Wert erhält dieses Buch durch seine unaufdringliche Didaktik und durch gelegentliche Steigerung zu reifem Bekennen in einigen Sätzen, die mehr überzeugen als die meisten wissenschaftlichen Darlegungen.

Dies Bekenntnishafte scheint überhaupt ein Grundzug der guten (also nicht pseudo-psychologischen) Kunstliteratur unserer Zeit zu sein. Entsprechend sind die hervorragendsten Monographien nicht systematisch, sondern auf induktiver Erfahrung aufgebaut. So etwa bei dem ergreifenden letzten Werk von *Wilhelm Uhde*, dem Entdecker der *fünf primitiven Meister* Rousseau, Vivin, Bombois, Bauchant und Séraphine de Senlis. Das Menschliche steht im Vordergrund, ohne das Erlebnis der *Form* dieser Genies zu verdecken, die, mangels Intellekt und Schulung, eine ganz eigene Klasse bilden: Sie sind Volkskünstler von hohen Graden, aber sie haben, weil sie zutiefst von *geschichtlichen Bindungen* durchdrungen sind und deshalb selbst in die geschichtliche Entwicklung eingreifen können, mit der Volkskunst (die ja ahistorisch ist) nur gemeinsam, daß die formale Virtuosität fehlt. Warum der Douanier Rousseau einer der größten Maler aller Zeiten und nicht etwa ein pathologischer „Fall" ist, das klarzumachen gelingt Uhde so überzeugend, wie es dem Psychoanalytiker unmöglich wäre.

Mit anderen Worten: Man kann Geist nicht experimentell erfahren oder heuristisch analysieren. Er ist erfahrbar wie eh und je ausschließlich als künstlerisches oder menschliches Erlebnis. Wer diese Erfahrung mitteilen will, kann dies nur aus eigener geistiger Substanz tun. Ein anderer Weg ist aussichtslos.

Walter Winkler kann den Ruhm für sich in Anspruch nehmen, mit seiner *Psychologie der modernen Kunst* medizinische, genauer gesagt konstitutionspsychologische Gesichtspunkte und Klassifikationen in die Kunstbetrachtung eingeführt zu haben. Der Versuch, die zeitgenössische Kunst aus diesem Winkel zu erklären, mußte freilich von vornherein an der unzureichenden kunstgeschichtlichen Sachkenntnis und der Ahnungslosigkeit künstlerischen Qualitäten gegenüber scheitern; denn es ist selbstverständlich widersinnig, völlig verschiedenwertige Aussagen einander gleichzusetzen.

Winkler sieht richtig die „Spaltungserscheinungen" in der Moderne, das Übergewicht bestimmter Formprobleme und den starken Anteil schizothymer Konstitutionstypen unter den Künstlern der Gegenwart. Aber sind das nicht alles Phänomene, die zum Künstlerischen par excellence gehören, immer schon, die wir aber nur aus der zeitlichen Entfernung nicht unterscheiden können? Es wäre also zumindest nötig, den Nachweis zu führen, daß zu anderen Zeiten andere Konstitutionstypen den Ton angaben. Aber auch dann wäre nicht ersichtlich, wozu das nutzen sollte; denn wenn man Winkler bei seiner kategorischen Ausweitung der Konstitutionslehre von der Person des Künstlers auf sein *Werk* folgt, gibt es mit einem Mal keine geschichtlich gewachsenen Stile mehr, sondern nur noch eine unergründliche Vorherrschaft gewisser Menschentypen und der ihnen eigentümlichen Äußerungsformen. Wie absurd der Gedanke an eine schizothyme oder zyklothyme Kunstepoche ist, erweist sich an folgendem Beispiel. Die hauptsächlich von Schizothymen (Schmalwüchsigen) hervorgebrachte moderne Kunst soll deshalb so häufig auf Unverständnis stoßen, weil die Menschheit ja nicht nur aus Angehörigen dieses Konstitutionstyps, sondern auch anderen besteht, deren Gefühlsleben und damit künstlerisches Reagieren dem Typus entsprechend anders ist. Nun stellt Winkler bei der Gotik ähnliche schizothyme Merkmale wie bei der Moderne fest. Folgerung, die konsequent zu ziehen wäre: Auch die Gotik war eine „unverstandene" Kunst.

So trefflich einzelne Persönlichkeitsanalysen sein mögen, — über die Art, den Wert oder Unwert der künstlerischen Hervorbringung und vor allem über Kunst insgemein sagen sie nichts aus. Es ist sehr bedenklich, wie hier der menschliche Geist, der sich als sublimster Teil der Schöpfung in der Geschichte immer wieder verwirklicht, isoliert als eine biologische Gegebenheit betrachtet wird: Eine Enthumanisierung, die fürchterlicher ist als irgendeine Verirrung in der modernen Kunst.

Hans Maria Wingler, Frankfurt.

Mitteilungen

Zu den Beiträgen dieses Heftes

Professor Dr. Hans Joachim Iwand, der Verfasser des Aufsatzes *„Die Liebe als Grund und Grenze der Freiheit"*, hat den Lehrstuhl für Dogmatik an der Evangelischen Fakultät der Universität Göttingen inne. Vor dem Zweiten Weltkrieg lehrte er in Königsberg/Preußen und war dort einer der führenden Männer der Bekennenden Kirche.

Beide Autoren des Beitrages *„Wirtschaftsfreiheit und Bankpolitik"* sind, wie im Vorwort schon erwähnt, Fachleute. Dr. Werner Hilpert gehörte von 1946 bis 1950 dem Hessischen Kabinett als Finanzminister und Stellvertretender Ministerpräsident an. Dr. Max Stahlberg ist Leiter der Bankaufsicht für das Land Hessen.

Die Autorin der Erzählung *„Die geöffnete Order"*, Ilse Aichinger, lebt zur Zeit in Wien. Ihr erster Roman, „Die größere Hoffnung", erschien 1948 im Bermann Fischer Verlag, Frankfurt.

Johann Schuh, Autor der Erzählung *„Über die Wohltat des Schreckens"*, ist 1910 in Mannheim geboren; er studierte Rechtswissenschaft und war von 1936 bis zum Ende des Zweiten Weltkrieges bei Banken und in der Industrie tätig. Seit 1945 lebt er als freier Schriftsteller in Heidelberg. Neben einer Reihe von Erzählungen veröffentlichte er 1948 im Walter Rau Verlag, Heidelberg, einen Roman: „Das Wasser war viel zu tief".

„Roman in Amerika"

Wir versäumten im Dezemberheft des vergangenen Jahrgangs zu erwähnen, daß der Beitrag Anne Freemantles „Roman in Amerika" (V/12, 1328) von Maria v. Schweinitz aus dem Englischen ins Deutsche übersetzt wurde.

Mitglieder der Schriftleitung
Heinrich Bauer (HB), Karl Wilhelm Böttcher (KB), Walter M. Guggenheimer (WG), Rüdiger Proske (RP), Frankfurt/Main.

FRANKFURTER HEFTE

Zeitschrift für Kultur und Politik

HERAUSGEGEBEN VON EUGEN KOGON UND WALTER DIRKS

AUS DEM INHALT

6. JAHRGANG HEFT 3 MÄRZ 1951

INHALT

März 1951. Die Frankfurter Hefte sind durch jede Buchhandlung, durch die Post und direkt vom Verlag zu beziehen. Einzelheft DM 1,- zuzügl. Zustellgebühr, Inland DM 0,10, Ausland DM 0,20 je Heft. Postscheckkto. Frankfurt a. M. 824 91. Schriftleitung u. Verlag: Frankfurt a. M., Schaumainkai 53, Tel. 649 05 u. 651 10. Alleinige Anteilsinhaber der „Verlag der Frankfurter Hefte GmbH": Dr. Eugen Kogon, Walter Dirks, Dr. Knut Erichson, sämtl. Frankfurt a. M. Druck: Fränk. Gesellschafts-Druckerei GmbH, Würzburg

FRANKFURTER HEFTE

Zeitschrift für Kultur und Politik

Herausgegeben von Eugen Kogon und Walter Dirks

6. Jahrgang | März 1951 | Heft 3

Sorgen vor der Vierer-Konferenz

EK Frankfurt, 20. Februar 1951.

Liebe Freundin,

Sie möchten gern wissen, wie es in der Frage der gesamtdeutschen Einheit um die Aussichten steht. Sie meinen natürlich: unsere Aussichten, die der Demokratie, der Sicherheit, unserer Art zu leben. Unter „unsere Art zu leben" verstehen *Sie* nicht das Gehaben der rücksichtslosen Wiederhersteller schamloser Vorteile in Wirtschaft und Gesellschaft, mit scheinchristlichen „abendländischen" Redensarten überblendet, mit gutgemeinten und in sich richtigen christlichen Wahrheiten abgestützt, sodaß die Interessen der immer zu viel Habenden gefeit sind gegen die Interessen der zum Leben immer zu wenig Habenden. Sie wollen, wenn ich Sie recht begreife, weder kapitalistisch-restaurativ, noch sowjetisch existieren. Sie wissen nicht, wie es dahin kommen soll. Sie fühlen sich wie zwischen Scylla und Charybdis. Selbstverständlich wäre das geeinte Europa die Lösung, aber —. Heißt das praktisch, im gegenwärtigen Augenblick und in der Lage, in der wir uns konkret befinden, nicht doch bloß Westeuropa und damit Atlantikpakt, Frontbildung, Vorbereitung auf den Krieg, Einbeziehung Westdeutschlands in einen Block, Verzicht auf die Wiedervereinigung mit den Deutschen in der Sowjetzone?

Sie machen sich Sorgen um die Zukunft Ihres achtzehnjährigen Sohnes; Ihre alte Mutter ist in Halle, Ihr Bruder mit Frau und Kindern in Thüringen. Sie erhalten Briefe, in denen steht, warum die Politiker der Bundesrepublik die Initiative zur deutschen Einigung bloß den Herren Grotewohl und Dertinger überlassen. Natürlich müsse man aufpassen, von den SEDisten nicht hineingelegt zu werden. Aber garnichts unternehmen, immer nur Nein sagen, das geht doch auch nicht. Man müsse allmählich den Eindruck gewinnen, daß die Politiker des deutschen Westens zu schwach seien, auf Verhandlungen einzugehen, vielleicht, in ihrer Weise, genauso abhängig wie die Kommunisten von den moskauer Weisungen. Oder ganz einfach nicht wollten, weil der Osten bereits abgeschrieben sei?

Wie stehe es denn eigentlich? „Lieber Freund, nehmen Sie sich die Mühe zu einer genügend ausführlichen Darlegung der Dinge. Genau ein Jahr ist es jetzt her, daß Sie in dem Leitartikel ‚Das Ende der Flitterwochen in Bonn' (FH V/3, 225—228), der Ihnen damals mehr als eintausend Abbestellungen eintrug, weil die Leute bei uns es hassen, durch warnende Kritik in unseren Illusionen gestört zu werden, ein Jahr, daß Sie über Bundeskanzler Adenauer und seine Politik schrieben: ‚Er ist ein großer Taktiker, der Bundeskanzler, wenngleich die Hälfte seiner Schlauheit aus den Unklugheiten seiner Gegner stammt und den Fehlern, Schwächen, Müdigkeiten, Unterlassungen, Rücksichtnahmen und der Arbeitsüberlastung seiner Nicht-Freunde. Er wird das ratlose, das bedrängte Volk, das anfängt, jede Hoffnung zu verlieren, nicht gewinnen, aber doch genügend viele, die keinen Ausweg mehr sehen. Er wird daher an der Macht bleiben. Ein wirklicher Politiker, kein Zweifel, trotz seinen Mißgriffen ... Wohin wird sich die junge westdeutsche Republik unter seiner — wie schwer fällt mir hier das Wort! — christlichen, autoritären Restaurationsregierung entwickeln? Noch gibt es einige Möglichkeiten, daß es anders kommt. Sie sind nicht reif genug, schon dargestellt zu werden. Wenn die Wendung nach ganz anderer Seite nicht sehr bald eintritt, wird es zu spät sein. Wir selbst, wir alle müßten mit dem Mann, der sich in diesen Monaten erst wirklich an unsere Spitze arbeiten will, eines Tages sagen, was Kleist gesagt hat („Penthesilea"): Mein alles hab ich an den Wurf gesetzt; / Der Würfel, der entscheidet, liegt, er liegt: / Begreifen muß ich's und daß ich verlor!' Der adenauersche Plan, den Sie damals aufzeigten: die Länderkabinette mit Bonn gleichzuschalten, ist durch den Wahlausgang in Schleswig-Holstein, in Nordrhein-Westfalen, in Hessen, in Württemberg-Baden und in Bayern gründlich danebengegangen. Die Gefahr, daß wir alle zusammen verlieren, ist jedoch, wie mir scheint, nicht geringer geworden, sondern eher noch größer. Denn laufen jetzt nicht der Bundeskanzler und der Oppositionsführer zwar in verschiedener Richtung doch um die Wette im gleichen Kreise herum, der ein circulus vitiosus ist? Sie wollen partout national souverän sein, der eine mit Wehrmacht, von der er nicht weiß, wie er das widerstrebende Volk dazu bekommen soll, und von der er nicht wüßte, wie sie aus einer widerspruchsvollen, ungefestigten Wirtschaft, es sei denn durch Inflation, zum Übrigen hinzufinanziert werden könnte; der andere neuerdings mit der Neigung, die „Ohne-mich"-Gefühle im Land auf die politische Formel der „Neutralität" zu ziehen, allerdings einer Neutralität unter starkem westlichem Schutz, der gratis gewährt werden soll. Anscheinend sind das unsere Anregungen für die bevorstehende Vierer-Konferenz, auf der die Russen ihre Vorschläge machen werden. Lehnt man sie ab, dann ist es so ziemlich vorbei mit jeder vernünftigen Hoffnung auf Frieden und deutsche Wiedervereinigung; nimmt man sie in einem umfassenden Kompromiß an, was soll dann aus uns werden? Ehrlich gestanden, lieber Freund, ich kenne mich nicht mehr aus."

*

Lassen Sie mich eine kleine Probe schildern, die sich unlängst in einem amerikanisch-deutschen Kreise zutrug, liebe Freundin. Teilnehmer des privaten Abends, von unserer Seite, wurden gefragt, was sie täten, wenn sie Bundeskanzler wären. Um die politischen Linien der Diskussion zu klären, war das eine ganz nützliche Frage.

Da ich als Erster an der Reihe war, sagte ich: Mit größter Energie, unbehinderbarer Loyalität und zähester Geduld würde ich jede, aber auch jede Gelegenheit wahrnehmen, die Bundesrepublik in Westeuropa einzugliedern. Mit Ausnahme eines direkten Beitrages zur gemeinsamen Verteidigung, der mir gefährlich verfrüht erscheint, würde ich nichts, aber auch nichts unversucht lassen, Partner in einem Bunde und auf dem Weg zu einem Bund zu werden. Nur keine falsche Souveränität mehr — bloß für ein staatliches Provisorium, ein in so vieler Hinsicht mangelhaftes und ungefestigtes Gebilde, wie es die derzeitige Bundesrepublik Deutschland ist! In dem Maße, wie diese Politik Teilerfolge hätte, brächten wir in das werdende Ganze Westeuropas nicht nur unsere Vorteile, sondern auch unsere Probleme ein, darunter die fortwährende Notwendigkeit, zur Frage der deutschen Einheit mit konkreten Vorschlägen Stellung zu nehmen. Was wir auf sie hin unternähmen, wäre nicht allein und ohnmächtig unternommen, sondern in offenem Einverständnis und in einer gesamteuropäischen Vorstellung gegenüber dem gesamten Osten Europas. Denn es handelt sich nicht bloß um die deutsche Frage. Vernünftigerweise ist sie nicht einmal isolierbar. Die Bundesrepublik könnte so, indem sie ihrer eigenen Festigung dient, unmißverständlich dazu beitragen, die Politik Westeuropas innerhalb der verbündeten westlichen Welt dem Osten gegenüber zu entkrampfen und ihr endlich einen starken, mutigen Charakter unablässiger Initiative zu geben.

Der Zweite, der „für den Moment als Bundeskanzler" zu sprechen hatte, meinte (und er war von der gemäßigten Rechten): Sehr schön, Herr Kogon, nur gehören zu Ihrer Politik zwei, die bereit sind, sie auszuführen, — außer Deutschland auch der Westen. Man ist aber uns gegenüber voll von Mißtrauen, widerstrebend, allzu vorsichtig. So kommen wir nicht weiter. Wir müssen unbedingt zuerst die Gleichberechtigung erlangen, damit wir in die Lage kommen, das Gewicht unserer Stimme auch wirklich geltend zu machen. Man braucht uns bereits wieder. Nun gut, warum die Gelegenheit ungenützt vorübergehen lassen, die notwendige Voraussetzung auf solche Weise zu erringen? Ich wüßte mich dabei mit Herrn Dr. Schumacher eins. Wieder souverän geworden, hätten wir ganz andere Möglichkeiten, die deutsche Einheit zustande zu bringen: wir könnten mit den Russen unmittelbar in Fühlung treten. Schließlich kommt es auf sie und nicht auf die SED an. Warum soll es nur Deutschland verwehrt bleiben, in bestimmten Situationen seinen Vorteil zu suchen, der im vorliegenden Fall ein Beitrag zum Frieden wäre, weil er die Gefahr des Krieges vermindern würde? Ein selbständiges und allenfalls neutralisiertes — übrigens auch neutralisierend wirkendes — Deutschland wäre für alle Teile von hohem Wert.

Der Dritte vertrat die Ansicht, daß er als Bundeskanzler eine Außenpolitik nicht betreiben könne. Es sei die reine Illusion, so etwas vorerst überhaupt zu versuchen. Deutschland ist zweigeteilt, es besteht politisch nicht in einem zureichenden internationalen Sinn, kein Teil soll daher so tun, als ob es anders wäre. Der Zustand ist höchst betrüblich, wir können ihn nur beklagen, müssen es aber den Besatzungsmächten überlassen, zuzusehen, wie sie da für uns und für sich zurechtkommen. Wenn ein deutscher Bundeskanzler es ablehnt, eine Politik des Als-ob zu versuchen, kann ihm das nur Respekt verschaffen. Wir sind aus eigenem einfach nicht imstande, die deutsche Einheit wiederherzustellen, das ist ganz und gar eine Sache der Mächte, die Deutschland geteilt haben. Selbstverständlich würde ich nicht davon ablassen, die Forderung vorzubringen, daß darüber verhandelt wird; aber ehe nicht ein Ergebnis vorläge, gäbe es für mich als Bundeskanzler eben keine Außenpolitik. Ich würde mich ausschließlich den ohnehin schwierigen Fragen der inneren Festigung der Republik zuwenden und keinen Zweifel darüber lassen, daß wir demokratisch leben wollen und nicht unter einer Diktatur.

Der Vierte brachte zum Ausdruck, daß es nicht möglich sei, den Zwiespalt zwischen Ost und West in der Weise zu überwinden, daß der eine vom andern fortwährend fordere, er solle über seinen eigenen Schatten springen. Wir haben es mit zwei Totalideologien und den dahinterstehenden Interessen zu tun, die vorerst günstigstenfalls nur einen modus vivendi herstellen können. Ich würde daher, so seine These, die Deutsche Demokratische Republik schleunigst anerkennen, die Verhältnisse dadurch eindeutig machen, Ruhe eintreten lassen und in dem Maße, wie es mir die sich bessernde Lage im eigenen Bereich und die Gesamtkonstellation erlauben würden, mit der Regierung von Pankow verhandeln, sei es, daß die Anregungen hierzu von ihr, sei es, daß sie von uns ausgingen. Meine eigenen Vorschläge wären immer nur sehr begrenzt und konkret, niemals allgemein und umfassend, solange es unserem Kabinett nicht gelungen wäre, durch eine andere Politik, als sie derzeit betrieben wird, nämlich eine keineswegs restaurative — ich bin im übrigen, wie Sie wissen, für den Liberalismus —, Westdeutschland im Rahmen Gesamteuropas zu konsolidieren.

*

Nachdem ich Ihnen so vier verschiedene Ansichten vorgetragen habe, wie sie tatsächlich weit über jenen privaten Kreis hinaus vertreten werden, möchte ich Ihre Verwirrung, meine Teuerste, noch vermehren, und zwar durch die Darlegung der Absichten, die meines Erachtens die Russen haben, wenn sie ein einheitliches, freies, demokratisches Deutschland fordern. Sie werden wahrscheinlich arg überrascht sein, zu hören, daß ich der sowjetischen Politik diesmal glaube: sie wollen in der Tat ein einheitliches, freies, demokratisches, das heißt nichtkommunistisches Deutschland.

Ich höre Sie förmlich rufen: Ja um Himmelswillen, was ist denn in Sie gefahren? Sie wissen doch, daß alle Weisungen und Parolen aus Moskau Taktik sind, die unter sämtlichen Umständen auf das gleiche Ziel gerichtet ist: das Sowjetsystem einzuführen und den Machtkreis der UdSSR zu erweitern!

Erlauben Sie mir, in völliger Ruhe darauf hinzuweisen, daß meine und Ihre Behauptung einander nur scheinbar widersprechen. Taktik kann kurz- und kann langfristig sein. Läßt nicht die Katze die Maus zuweilen ein Stück frei herumlaufen? Gibt es nicht tadellose Umwege zur Sklaverei? Steht für die Russen bloß Deutschland auf dem Spiel oder vielleicht mehr — in Europa; warum nicht die westliche Demokratie in ihrem gegenwärtigen Zustand, einmal als so echten wie guten Köder auslegen? Bietet die Freiheit den Sowjets denn keine Möglichkeiten — dort, wo sie noch nicht eingefangen ist? Man muß sich nur stark fühlen, um eine solche Politik zu betreiben.

Die Vorteile, die der Kreml durch ein geeintes demokratisches Deutschland heute erlangen würde, sind viel größer als die eines ostzonalen Sowjetstaates. Herr Ulbricht dort ist, im Vergleich, nicht mehr wert als bloß fünfzig kommunistische Abgeordnete in einem gesamtdeutschen Bundestag — als Minderheit wohlgemerkt! Warum sie nicht vorübergehend in Kauf nehmen? Darf ich Ihnen die Vorteile kurz aufzählen?

Unser Deutschland würde eine breite, normale Verbindung zu West- und Südeuropa herstellen. Welch ein Großfeld des freien Eindringens! Der Eiserne Vorhang hat auch seine Nachteile; er zwingt in vielem zur Illegalität. Die Spionage jeder Art würde ganz anders funktionieren. Was meinen Sie wohl, welch erstklassige Spezialisten der Ausspähung und des individuellen Von-Zeit-zu-Zeit-Terrors harmlos in der gesamtdeutschen Polizei untertauchen würden, nachdem sich die „Volkspolizei" wacker selbst aufgelöst hätte! Gar mancher von uns würde sie zu spüren bekommen, — dort mal einer, der verschwand, dann wieder einer, der verunglückte, und wenn gar bei Nacht und Nebel einer mal gekillt würde, weil es anders herum garnicht ginge, was geschähe schon viel: drei Tage lang Aufregung in den Zeitungen, ein bißchen Untersuchung, die Spuren verlören sich im Anonymen oder in der Welt der gedungenen Berufsverbrecher, eine nachhinkende Anfrage im Parlament, dann verliefe alles im Sand, und das große Werk der deutschen Einigung würde deshalb nicht gefährdet. Nur die Lähmung in bestimmten Kreisen griffe um sich, auf die es ankommt.

Das sind schon vier höchst beachtliche Vorteile: freieste Agitation; wesentlich verbesserte Spionage (zum Teil mit offiziellem Charakter); schleichender Terror; der breiteste Brückenschlag zum Westen und Süden. Der viel größere Nutzen aber wäre der: Der Einfluß der USA und Großbritanniens würde entscheidend zurückgedrängt, der russische stiege. Vorzüglich würde man es im Kreml verstehen, der Gesamtdeutschen Demokratischen Bundesrepublik — mit, wie die Dinge sich seit 1945 nun einmal entwickelt haben, zunehmender Bedeutung der deutschnationalen und nationalistischen Verbindungen — verlockende Angebote zu machen. Da der Hindenburg-Deutsche lebt, brauchte es bis zur unzeitgemäßen Anwendung des bismarckschen Rückversicherungs-Rates nicht weit zu sein. (Welch ein Potential!, sagen die militärischen, die „geopolitischen" und die sonstigen Narren.) Man darf beinahe sicher sein, daß es der russischen Diplomatie gelänge, die nach alter nationaler Selbständigkeit lechzenden Schichten in Deutschland und ihre Politiker (wann die Mehrheit?) aus dem westlichen Bündnis herauszumanövrieren, was ihr umso leichter fallen dürfte, als sich ihr Widerpart bisher keineswegs durch besondere Überlegenheit und durch Reichtum an Einfällen ausgezeichnet hat. Den beinahe auf McArthurs Weise in Angriff genommene Blitzaufbau einer europäischen Abwehrfront vollends ins Wanken zu bringen, ist schon eine demokratische Kurzmesse wert.

Schließlich die sozusagen moralische Wirkung auf zwei, drei entscheidende Jahre: Sieh' da, eine neue Richtung hat sich im Kreml durchgesetzt; der „gute alte Joe", wie ihn Präsident Truman vor der Feindschaft nannte, ist doch kein in der Wolle gefärbter Nordkoreaner. Dank dem Himmel, daß die Einsicht endlich auch im Kreml sich durchgesetzt hat und der Friede gerettet ist!

*

Sie werden noch überraschter sein als vorhin, liebe Freundin, wenn ich Ihnen nun sage, daß wir auf das lebensgefährliche Wagnis dieser tatsächlich freien, demokratischen Einigung Deutschlands, wenn sie angeboten werden sollte — und aller Voraussicht nach wird sie bald angeboten werden: ohne Parität für die Kommunisten, mit echter Kontrolle für Wahlen —, eigentlich eingehen müßten. Herr Dr. Schumacher, gestern noch mit fünfzig westlichen, nicht deutschen Wunschdivisionen an der Elbe, fängt schon an, wenn auch äußerst verklausuliert und in der fehlwegigen Form der „Neutralität", einzuschwenken. Er ist dem Bundeskanzler in der Fähigkeit, entscheidende Veränderungen im Lande zu wittern und rasch politische Folgerungen daraus zu ziehen, freilich auf Grund seines besseren Parteiapparates, weit überlegen. Herrn Dr. Adenauer, dem Taktiker, drohen ernsteste Schwierigkeiten — uns allen immer mit ihm! —, da er sich eine Zeitlang vom Führer der Opposition Wind ins Souveränitäts- und Gleichberechtigungssegel blasen ließ; er kam dabei ein wenig ab von der Fahrtrichtung Europa. (Der Militärkompaß tat es nicht; und auch er pendelt im übrigen auf Souveränität.) Was soll er denn allmählich antworten, wenn ihm der Osten nachweislich, überprüfbar demokratisch kommt? Noch größere Pausen zum Nachdenken einlegen und dann doch nur wiederholen, daß es sich um die Oder-Neisse-Linie handle, was sichtbarlich nicht der Fall ist, weil keine gesamtdeutsche Regierung an irgendwelche Erklärungen von Pankow —

und von Bonn! — gebunden wäre, es sei denn, sie übernähme sie? Daß gesamtdeutsche Wahlen der vereinigten CDU und FDP/LDP/DVP kaum eine Mehrheit brächten, die SPD aber wohl die stärkste Partei würde, und daß dieses geeinte Deutschland unter Übernahme des SED-Erbes in Wirtschaft und Gesellschaft schlechterdings unmöglich restaurativ sein könnte, alles dies läßt sich ja keinesfalls als Grund dafür angeben, daß man mit der angebotenen Befreiung der Sowjetzone und so vieler Millionen Deutscher dort, die sehnlich auf eine gemeinsame Demokratie warten, nicht einmal gesprächsweise beginnen dürfe. Für Ihren Bruder in Thüringen und Ihre Mutter in Halle wäre es sicher schon eine große Erleichterung, statt in einer blutroten Zone der Unterdrückung wenigstens in einem rosaroten Deutschland der gefährdeten Demokratie auf Hoffnung hin leben zu können.

Ganz tragisch würde die Lage für den Herrn Bundeskanzler und den Herrn Oppositionsführer — immer wieder muß es gesagt werden: mit ihnen für uns! —, wenn mittlerweile die Taft-Hoover-Richtung in den USA sich durchsetzen sollte. Dann gibt es wegen mangelnder amerikanischer Unterstützung aus vollendeter Schwäche kein Vorwärts mehr und aus vollendeter (souveräner!) Isolierung keinen Rückhalt. Den demokratischen Umweg können sich die Russen dann sparen. Herr Grotewohl würde überaus rasch die ihm eigentlich gemäße Sprache wiederfinden, und es wäre vorbei mit unserer Politik, den Kopf in den Sand zu stecken, um den Problemen zu entgehen. Das Schweigen *dann* bekundete nur mehr die bare Ratlosigkeit.

*

Sie sehen, liebe Freundin, wie recht Walter Dirks hatte, als er in der ersten Nummer von „hier und heute", der neuen Wochenausgabe der FH, einen Leitartikel schrieb, der den Titel trug „In den Sturm". Ich habe Ihnen und Ihrem achtzehnjährigen Sohn wenig gute Aussichten anzubieten. Denn die Wahrscheinlichkeit, daß die Viererkonferenz torpediert wird, indem man auf noch so großzügige Angebote der Russen einfach nicht eingehen wird (was sich über einige Monate hinziehen läßt), ist ebenfalls nicht so erfreulich, wie der und jener interessierte, aber kurzsichtige Wiederhersteller lebensgefährlicher Privilegien meinen könnte; Sie haben es in Ihrem Brief an mich selbst schon angedeutet. Vor allem erleichtert es Ihr persönliches Schicksal nicht, welches Sie mit Recht mindestens genauso interessiert wie das berühmte „allgemeine" Schicksal. In einer Demokratie lassen wir uns ungern Tag für Tag von der Bedeutung des Einzelnen predigen, um dann, wenn es darauf ankommt, hören zu müssen, daß er gegenüber dem Ganzen nicht so wichtig sei. Vor allem, wenn „das Ganze" seit geraumer Zeit entgegen allen ausgesprochenen Warnungen eine falsche Richtung nimmt. Für Sie sind eben Sohn, Mutter und Bruder zunächst einmal Ihre Nächsten. Den einen wollen Sie nicht an das Militär eines für uns in jedem Fall aussichtslosen Krieges verlieren —, im Moment haben wir da wieder eine Atempause errungen, immerhin —, die anderen Angehörigen wollen Sie aber gern frei und mit sich vereinigt sehen.

Die Hauptursache, daß wir jetzt mit Sturmeseile zwischen Scylla und Charybdis getrieben werden, ohne uns, wie in der Fabel, die Ohren verstopfen zu können (und ganz gewiß ohne die odysseeische Klugheit, obgleich dies nach unseren Erfahrungen merkwürdig erscheinen muß), die Hauptursache sind unsere politischen Unterlassungssünden. Die Versäumnisse von jetzt schon zwei Jahren machen uns schwer zu schaffen. Kostbare Jahre, die uns zusätzlich Kraft hätten geben können. Leider ist es kein Trost, daß es anderswo in Europa — außer vielleicht in Großbritannien und Skandinavien — nur wenig besser zugeht. Hätten wir statt der Gesellschaft bald kecker und leichtsinniger, bald jammernder Nationalkantone ein auch politisch und sozial bereits einigermaßen gefestigtes Europa, dann könnten wir es uns leisten, das politische Abenteuer, das nun bestanden werden muß, nicht bloß auf uns zu nehmen, sondern es selbst anzugehen, — worauf die Unterdrückten im Osten ja warten. Restaurierung über einem gesellschaftlichen Sumpf, mit einsinkenden Tanks dazu, ist freilich ein schlechter Startboden für eigene Initiativen.

Jede Abwehr neuer Fehler aber und jedes Stück Konsolidierung in kleinerem oder größerem Bereich ist ein positiver Beitrag. Man kann nicht sagen, daß die deutsche Öffentlichkeit da nicht einige Erfolge bereits erzielt hätte, besonders durch Presse und Rundfunk. Trotz der Solo-Politik unserer zwei deutschen Großverantwortungsträger sind wir alle zusammen nicht ganz und gar einflußlos. Ich sage wahrlich nicht, daß wir es der Gefahr *und* diesen Politikern gegenüber leicht hätten; davon kann wirklich keine Rede sein. Zuweilen, vorübergehend, wenn so alles zusammenkommt und so vieles zum Richtigen fehlt, erscheint es manchem beinahe schwerer, die Freiheit hochzuschätzen, als die Sklaverei zu ertragen. Aber auch nur Stück um Stück der Freiheit verwirklicht, und es kehrt jenes gesunde Selbstbewußtsein zurück, das Standfestigkeit verleiht. Das Gewissen, der Demokratie in einem sozialen Sinn zu dienen, würde uns Herrn Grotewohl heute nicht unterschätzen und morgen nicht fürchten lassen; denn stark, wie wir sein könnten, fiele uns weitaus mehr ein als ihm und seinesgleichen. Jeder, der sich rührt, kann dazu einiges beitragen. Und manchmal hilft Gott sogar sichtbar selbst den Opfern einer demokratischen Politik, die nicht weiß, was sie wollen könnte, die nur Wünsche hat und immer maßlos verstimmt ist, wenn es dann anders kommt. (Als ob wir Zeit genug hätten, uns auch noch Ressentiments zu leisten!)

Ein amerikanischer Teilnehmer jenes Abends fragte uns, warum unsere Regierung und unsere Opposition nicht wenigstens in den elementarsten außenpolitischen Fragen eins seien. Sie sind es schon, antworteten wir, sie meinen nur, es dem Volke nicht zeigen zu dürfen; auch in den Unterlassungen sind sie einigermaßen eins. Für beides tragen wir aber trotzdem alle zusammen die Verantwortung.

Es könnte durchaus anders sein. Und so meine ich, liebe Freundin: Genügend viele Steine in den Sumpf geworfen, gibt vielleicht doch noch rechtzeitig soliden Boden.

Das Beste gehört nicht uns zu, und wir wissen nicht, von wem wir's haben. Was sind wir anderes als Boten, die versiegelte Gaben zu unbekannten Leuten tragen? Die größte Schlacht und das höchste Gedicht, von wem kommen und zu wem gehen sie? Kein redlicher Sieger auf irgendeinem Felde wird je rufen: dies ist allein mein Werk und das soll wirken. *Wilhelm Raabe.*

Curt Bley

FALKENHAUSEN VOR DEN RICHTERN

„Ich hatte schon aus der Ferne die Kuppel des Brüsseler Justizpalastes gen Himmel ragen sehen. Ein Wahrzeichen! Recht, Gerechtigkeit und Humanität mögen über allem stehen!" Mit diesen Empfindungen übernahm der General Alexander v. Falkenhausen sein Amt eines deutschen Militärbefehlshabers in Belgien und Nordfrankreich. Heute sitzt v. Falkenhausen in dem großen Saal dieses Justizpalastes und wartet auf die Gerechtigkeit. Sie ist in einem goldenen Mosaik zu Häupten des Richtertisches abgebildet.

General v. Falkenhausen? Mit dem Dienstgrad hat es seine Richtigkeit. Der ehemalige Militärbefehlshaber ist weder General a. D. noch Exgeneral, oder was die deutsche Sprache sonst dafür bereithält; er und seine Mitangeklagten sind heute noch Kriegsgefangene.

Diese Tatsache hat bei Prozeßbeginn zu einer Beschwerde der Verteidigung gegen die Zuständigkeit des Gerichtes geführt. Die Anwälte machten geltend, daß der General als Kriegsgefangener nur von einem Militärgerichtshof abgeurteilt werden dürfe, der sich aus Offizieren seines Ranges zusammensetzte. Das erkennende Gericht leitet dagegen seine Zuständigkeit aus dem belgischen Gesetz über Kriegsverbrecher vom 20. Juni 1947 ab. Es ist ein Militärgericht erster Instanz, der Rangordnung nach vergleichbar einem deutschen Amtsgericht. Es ist mit zwei Richtern und drei Offizieren im Hauptmannsrang besetzt. Die Beschwerde der Verteidigung war nicht Ausdruck eines überholten Standesdünkels, und v. Falkenhausen wäre der letzte, der ihn in Anspruch nähme. Es ist aber der Sache nach fragwürdig, ob Hauptleute, die mit Aufgaben der Truppenführung befaßt sind, den Befehlskreis eines Generals beurteilen können, und ob militärische Amtsrichter der Aufgabe gewachsen sind, über ein Material zu entscheiden, das aus 22 000 Blatt Nürnberger Akten und aus der Gesamtheit der belgischen Anklagen im engeren Sinne besteht, sowie schwierigste Fragen des internationalen Rechtes berührt.

Bei allem Respekt vor dem Willen der belgischen Justiz zur Objektivität und Unabhängigkeit muß gesagt werden: Auch der frühere deutsche Militärbefehlshaber ist vor einem nationalen, nicht vor einem internationalen Gerichtshof angeklagt. Nicht, als ob damit das Recht Belgiens bestritten werden sollte, den früheren Militärbefehlshaber zur Rechenschaft zu ziehen. Aber es geschieht durch ein Gericht des Siegers über den Besiegten. Die moralischen Grundlagen eines solchen Verfahrens werden immer anfechtbar bleiben. Noch ist kein Europäischer Gerichtshof vorhanden, der über Verletzungen des Völkerrechtes entscheiden könnte. Erst ein solcher internationaler Gerichtshof wird die Autorität zu einem alle Völker und alle Menschen bindenden Spruch besitzen.

Diese notwendige Einschränkung berührt nicht die Achtung vor der belgischen Justiz. Die Regierung hat deutsche und belgische Verteidiger zugelassen. Die Prozeßordnung läßt gegen das Urteil eine Berufung und eine Revision beim Kassationshof zu, — Rechtsmittel, die in Nürnberg schmerzlich vermißt wurden. Der schwarzbärtige, in eine rote Robe gehüllte Präsident des Gerichtshofes, Maréchal, hat nach einigen Zusammenstößen mit der Verteidigung eine klare Linie bezogen. Gegenüber den vielfachen Versuchen der Nebenkläger, noch einmal das System des Nationalsozialismus anzuklagen, hat Präsident Maréchal immer wieder darauf hingewiesen, daß nur die Verantwortlichkeit des Militärbefehlshabers zu beurteilen ist. Wie das Urteil am 9. März 1951 auch lauten mag — nicht am Mangel subjektiven Willens der belgischen Richter zur Objektivität wird es liegen, wenn es uns unbefriedigend erscheinen sollte, sondern an den natürlichen nationalen Grenzen, die uns und ihnen gesetzt sind, ihnen als Belgiern, die nur schwer die Situation eines Deutschen innerhalb seines eigenen totalitären Staates begreifen können; sie verstehen nicht die Rolle des tatsächlichen Widerstandes in Deutschland, seine Lebensbedingungen, seine Methoden und seine Ziele.

Während es in Nürnberg kaum möglich war, einen namhaften ausländischen Verteidiger zu gewinnen, hat sich in Belgien die Elite der Anwaltschaft für den Militärbefehlshaber und seine drei Mitangeklagten Reeder, Bertram und v. Claer zur Verfügung gestellt. Da ist der frühere Präsident der Anwaltschaft in Lüttich und ehemalige Justizminister Tschoffen, einer der angesehensten Völkerrechtslehrer, der nach dem Ersten Weltkrieg ein von der Regierung gefördertes Gutachten gegen die Geiselerschießungen erstattete, die 1917 in Dinant erfolgt waren. Da ist der ehemalige Präsident der Anwaltsvereinigung von Brüssel, Botson; da ist der 45jährige Advokat Sadi-Kirschen, belgischer Widerstandskämpfer, der sechs Mal mit dem Fallschirm über Belgien absprang, um Sabotageaufträge auszuführen; da verteidigt der Rechtsanwalt Schueler, der nach einem Verfahren vor dem Volksgerichtshof von der Gestapo in das Konzentrationslager Buchenwald verbracht wurde. Sie alle treten für den Freispruch der Angeklagten ein. Nicht aus Berufsroutine. Das wäre zu spüren. Trotz den Drohbriefen, die sie erhalten haben, sprechen sie aus einer ethischen Haltung, einer Überzeugung, die ihre Wirkung nicht verfehlt.

Neben ihnen stehen die deutschen Anwälte Behling, Achenbach, Grimm, Lietzmann, Breymeier, Meyer-Labastille und Walters. Sie haben die Rolle auf sich genommen, die belgischen Verteidiger mit Material, Gutachten und Ratschlägen zu versorgen; ihren Kollegen überlassen sie die große forensische Aktion. Das ist vernünftig. Nur Belgier können gegenüber Belgiern die letzten Trümpfe der Psychologie, des Gefühls, der moralischen Appells ausspielen.

Die belgischen Verteidiger haben zwar den Freispruch beantragt. Er enthält aber ein hohes Risiko für die innenpolitische Lage Belgiens. Er würde die zumindest moralische Revision einer großen Zahl von Urteilen gegen die belgischen Kollaborateure auf die Tagesordnung setzen. Belgien hat nach seiner Befreiung die Kollaboration schärfer bestraft als irgendein anderes Land. Man rechnet damit, daß gegen jeden zehnten Belgier ein Dossier angelegt worden ist. Die Zahl der Betroffenen beliefe sich damit auf 600 000 ohne Familienangehörige. Nachdem die belgische Regierung in den vergangenen Jahren eine Beruhigung der Lage erfolgreich angestrebt hat, sähe sie sich mit einem Freispruch des deutschen Generals einer Gefährdung dieses Befriedungswerkes gegenüber. Es ist weiter kein Zweifel, daß die Rolle des Königs, der im Lande verblieben war, und die Rolle der belgischen

Emigrationsregierung in London im neuen Licht erscheinen würden. Die innenpolitische Verflechtung des Prozesses ist eine tragische Tatsache, die nicht übersehen werden kann.

Wegen dieser Gefahren haben daher in stillschweigendem Übereinkommen Staatsanwaltschaft und Verteidigung darauf verzichtet, eine Reihe explosiver Themen zur Erörterung zu stellen: die Königsfrage, die Rolle der Londoner Exilregierung, die flämisch-wallonischen Volkstumsprobleme und die wirtschaftliche Kollaboration. Eine Anklage wegen Wirtschaftsverschleppung hätte nahegelegen, aber man hat auf diesen Vorwurf verzichtet, weil der belgischen Wirtschaft während des Krieges nichts anderes übrigblieb, als mit Deutschland zusammenzuarbeiten. Der Militärbefehlshaber hat für den Weiterbestand der belgischen Wirtschaft getan, was in seinen Kräften stand. Schon in seinem ersten Auftreten in Brüssel lag ein Programm. Er empfing den belgischen Rexistenführer Léon Degrelle nicht und ließ stattdessen den Präsidenten der „Société Générale", Gallopin, zu sich kommen. Falkenhausen schreibt in seinen Aufzeichnungen über diesen Mann: „Auch er vertrat den Standpunkt, daß es darauf ankäme, so schnell wie möglich wieder alle Betriebe in Gang zu bringen, um der Bevölkerung Arbeit und damit Brot zu sichern. M. Gallopin, den ich besonders hoch schätzte, und den ich fast vier Jahre vor dem Zugriff der Gestapo schützte, wurde Anfang 1944 ermordet."

Der deutsche General, auch auf der Anklagebank noch seiner Verantwortung sich bewußt, hält sich an die innenpolitischen Tabus. Er hat sogar darauf verzichtet, belgische Zeugen zu benennen. Es kam zu jenem Zwischenfall, bei dem der Präsident Maréchal zusicherte, daß die von Falkenhausen benannten Persönlichkeiten auf Grund ihrer Aussagen nicht zur Verantwortung gezogen würden. Falkenhausen solle daher die Namen im Interesse seiner eigenen Verteidigung nennen. Der Angeklagte erklärte: „Ich werde die Namen dieser Personen nicht nennen. Sie werden sich noch daran erinnern, was ich ihnen damals gesagt habe. Wenn sie wollen, dann können sie herkommen und aus freien Stücken aussagen." Maréchal fragte: „So wollen Sie die Namen also auch dann nicht nennen, wenn Sie dadurch Ihre eigene Lage verschlechtern? Was sollen Ihre Richter denken? Entweder sind Sie von außerordentlicher Korrektheit oder Sie wollen uns Sand in die Augen streuen." Falkenhausen errötete, als er entgegnete: „Ein Soldat wird meine Haltung verstehen."

Die Klage des Militärauditors Closon beschränkt sich auf drei Punkte: Erschießung von 240 Geiseln, Deportation von 300 000 Arbeitern, Verschickung von 25 000 Juden. Nach dem belgischen Gesetz über die Bestrafung von Kriegsverbrechern verlangt eine strafbare Handlung die Verletzung von zwei Rechtsnormen: erstens des internationalen Rechtes, insbesondere der Haager Konvention, zweitens des belgischen Rechtes. Durch die Forderung nach einer Verletzung auch des belgischen Rechtes hat sich der Gesetzgeber dem Vorwurf entziehen wollen, strafbare Tatbestände mit rückwirkender Kraft einzuführen. Nun kennt aber das belgische Strafgesetzbuch weder den Tatbestand der „Arbeiterdeportation" noch den der „Judenverschleppung". Der Ankläger muß daher seinen Strafantrag auf eine weit abliegende Vorschrift stützen, auf den Tatbestand der Freiheitsberaubung. Daraus ergeben sich höchst delikate Rechtsfragen.

Die Zwangsverpflichtung eines belgischen Arbeiters ging so vor sich, daß er die schriftliche Aufforderung erhielt, sich am nächsten Tag bei der Werbestelle zu melden. Sein Fernbleiben war mit Strafe bedroht. In den meisten Fällen ging der Arbeiter am nächsten Tag zur Werbestelle, unterzeichnete einen Verpflichtungsschein, erhielt 700 Franken Handgeld, ging nach Haus und fuhr am nächsten Tag mit der Bahn nach Deutschland. Hier war er, wie jeder andere Betriebsangehörige, nach getaner Arbeit frei, er konnte tun, was er wollte. Rein juristisch bestreitet die Verteidigung, daß damit der Tatbestand der „Freiheitsberaubung" gegeben sei. Die Anklage verweist demgegenüber auf eine sinngemäße Auslegung des Gesetzes und auf viele tausend Fälle, in denen belgische Arbeiter aus einem Lager unter Bewachung zur Arbeit geführt und auf gleiche Weise in ihre Baracken zurückgebracht wurden.

Die 240 Erschießungen von Geiseln werden vom früheren Militärbefehlshaber nicht bestritten. Die Verhandlung dreht sich daher vor allem um die rechtliche Gültigkeit der Repressalien und um die Maßnahmen, die v. Falkenhausen zu ihrer Abwendung getroffen hat. Die Anklage vertritt den Standpunkt, daß die Artikel 46 und 50 der Haager Landkriegsordnung die Geiselnahme verbieten, weil sie „Leben und Eigentum der Bürger schützen". Die Verteidigung bestreitet dies. Auf der Brüsseler Konferenz von 1874 war tatsächlich der Antrag des belgischen Delegierten, Baron Lambremont, einstimmig angenommen worden, „den Artikel auf dem Altar der Menschlichkeit zu opfern und die Materie im Bereich des ungeschriebenen Rechtes zu lassen". Die Entscheidung über das Recht der Geiselnahme blieb seit dieser Zeit den nationalen Regierungen überlassen. Auch die späteren Konferenzen im Haag 1899 und 1907 sowie die des internationalen Roten Kreuzes im Jahr 1934 haben nach der überwiegenden Meinung hieran nichts geändert. England, Frankreich, Deutschland und die Vereinigten Staaten haben in ihrer Theorie und Praxis das Recht der Exekution von Geiseln anerkannt. Der französische General Leclercq gab im November 1944 als Gouverneur von Straßburg den Befehl, für jeden von deutschen Freischärlern erschossenen französischen Soldaten fünf Geiseln hinzurichten. Die amerikanischen Heeresdienstvorschriften enthalten die ausdrückliche Erlaubnis einer Geiselnahme.

In Deutschland hatte das OKW durch Gutachten seiner Rechtsabteilung die Festnahme von Geiseln für zulässig erachtet. Die entsprechende Dienstvorschrift ist im Januar 1940 nochmals durch eine Verfügung des Reichsminister der Luftfahrt bestätigt worden.

General v. Falkenhausen erhielt überdies als „Geheime Kommandosache" am 6. 11. 1939 vom OKH die „Sonderbestimmungen für die Verwaltung und Befriedigung der besetzten Gebiete Hollands, Belgiens und Luxemburgs", die die Festnahme von Geiseln vorsah.

Falkenhausen war Offizier. Er mußte sich auf die Gutachten der Sachverständigen des Völkerrechtes, die in diesem Fall seinen Dienstvorschriften zugrundelagen, verlassen können. Da er aber die Erschießung Unschuldiger verabscheute, beruhigte er sich nicht mit den eindeutigen Vorschriften. Er holte von dem damaligen Chefrichter des Heeres, Dr. Nagl, ein besonderes Rechtsgutachten ein. (Dr. Nagl bekleidete nach 1945 den Posten eines österreichischen Staatssekretärs für Justiz.) Er bestätigte dem Militärbefehlshaber die Rechtmäßigkeit von Geiselerschießungen. Noch einmal schickte v. Falkenhausen den Generalrichter Dr. Schikarski nach Berlin, um dort persönlich Auskunft einzuholen. Dr. Schikarski informierte nach seiner Rückkehr den General, daß die deutsche Praxis dem Völkerrecht entspreche. Schließlich holte v. Falkenhausen noch ein Gutachten des Völkerrechtsspezialisten bei der Abwehr, des Grafen Moltke, ein, der ihm bei einem Besuch in Brüssel die gleiche Antwort erteilte.

Auch nach wiederholter Klärung der Rechtsgrundlagen hat v. Falkenhausen gezögert, die Exekutionen auszuführen. Er wollte auch ein Anwachsen der Résistance verhindern. Wegen der Sabotageakte, die mit Beginn des Rußlandfeldzuges erheblich anstiegen, verwarnte er die Bevölkerung mehrfach öffentlich, er verhängte Sperrstunden, Ausgehverbote und Kontributionen. Er besaß den Mut, gegen den Befehl Hitlers an die Militärbefehlshaber zu protestieren, daß „50 bis 100 Kommunisten" für einen deutschen Soldaten zu erschießen seien. Falkenhausen wurde wegen seiner „zu weichen Praxis" im Führerhauptquartier immer unbeliebter. Schließlich befahl er am 22. 11. 1942 die ersten Erschießungen von Geiseln.

In der „Brüsseler Zeitung" erschien an diesem Tage folgende Bekanntmachung: „Die Militärregierung teilt mit: Am 19. November 1942 ist der Bürgermeister von Groß-Charleroi, Jean Teughels, beim Verlassen des Rathauses in der Dunkelheit von bisher unbekannten Tätern in hinterlistiger Weise erschossen worden. Diese Mordtat ist ein Glied in der langen Kette heimtückischer Überfälle und Anschläge auf Angehörige flämischer und wallonischer politischer Bewegungen, die in der letzten Zeit in steigendem Maße erfolgt sind. Die Täter, die auf Grund kommunistischer Mordparolen handeln, treffen mit ihren Verbrechen ihr eigenes Land und seine Bevölkerung und stürzen sie unter dem Vorwand, ihnen zu dienen, bewußt in Unglück und Leid. Die Besatzungsmacht kann es nicht dulden, daß durch verbrecherische Elemente die Ruhe und Ordnung im Lande gestört und die Bevölkerung gefährdet wird. Zur Sühne der gemeinen Mordüberfälle, denen zuletzt Bürgermeister Teughels zum Opfer gefallen ist, ist angeordnet worden, daß zehn mit dem Täterkreis im Zusammenhang stehende Kommunisten erschossen werden, wenn die Täter nicht bis Mittwoch, den 25. November 1942, bis 24 Uhr ermittelt werden." Die Täter wurden nicht ermittelt. Am 27. 11. 1942 wurden acht Komunisten erschossen. Zu diesem Zeitpunkt hatte der belgische Widerstand folgende Aktionen gegen die deutsche Besatzung durchgeführt: 64 Überfälle auf Angehörige der deutschen Wehrmacht, darunter 25 mit tödlichem Ausgang, 638 Kabelsabotagen, 246 Eisenbahnanschläge, 40 Brandstiftungen, 41 Anschläge auf Hochspannungsleitungen, 51 Sabotagen in privatwirtschaftlichen Betrieben, 2 Sprengstoffattentate auf Schleusen und 565 sonstige Sabotageakte. Diese Aktionen bedrohten den Einsatz der deutschen Luftwaffe und das Vorwarnsystem für den passiven Luftschutz in Deutschland.

Selbst in dieser äußersten Lage versuchte Falkenhausen, die Gesetze der Humanität walten zu lassen. Er ordnete an, daß grundsätzlich nicht Unschuldige erschossen werden sollten, sondern Personen, die aus anderen Gründen zum Tode verurteilt waren oder einem sicheren Todesurteil entgegensahen. Das Gericht hat diese Behauptung nachgeprüft. Präsident Maréchal gab folgendes Ergebnis bekannt: Unter den 240 Todesurteilen hätten 8 auf „flagranten Irrtümern" beruht, bei 7 weiteren habe wahrscheinlich ein Irrtum vorgelegen. In 31 Fällen seien die Geiseln fälschlicherweise als Kommunisten verdächtigt worden. In den übrigen Fällen sei die Todesstrafe wahrscheinlich gerechtfertigt gewesen.

Auch nach dem Übergang zur Praxis der Geiselnahme ist Falkenhausen mit äußerster Zurückhaltung vorgegangen. Im Januar 1944 befahl Hitler ihm persönlich, 25 Geiseln in Lüttich zu erschießen. Falkenhausen ließ Hitler mitteilen, daß 25 Personen hingerichtet worden seien; es waren in Wirklichkeit zehn.

Die belgische Anklage billigt dem Militärbefehlshaber zu, daß er, um Ruhe und Ordnung aufrechtzuerhalten, berechtigt gewesen sei, überführte Saboteure zu verurteilen. Nach belgischem Recht und nach dem Völkerrecht sei aber die Hinrichtung Unschuldiger unstatthaft gewesen. Das Urteil wird von der Würdigung des internationalen Rechtes zur Frage der Repressalien abhängen.

Der zweite Anklagepunkt, Arbeiterdeportationen, stützt sich auf die Tatsache, daß General von Falkenhausen am 6. März 1942 die Dienstpflicht für Belgien und am 6. Oktober 1942 die Dienstpflicht für Deutschland unterzeichnet hat. Diese Tatsachen sind unbestritten. Die deutsche Verteidigung hat aber die Frage aufgeworfen, welche Verantwortlichkeit den Militärbefehlshaber für diese Maßnahme trifft.

Die Anklage der Deportationen darf nicht leicht genommen werden. Belgien steht der Zwangsarbeit nach den bitteren Erfahrungen des Ersten Weltkrieges mit größter Empfindlichkeit gegenüber. Falkenhausen hatte weder die Wirtschafts- und die Finanz-, noch die Währungspolitik in der Hand. Sie wurden von Berlin bestimmt. Er sah die Gefahren, versuchte immer wieder, die Produktion in Belgien selbst in Gang zu halten. Als deutscher General stellte er die belgische Produktion dem Reich zur Verfügung und erhielt im Austausch Lebensmittel für die belgische Bevölkerung, die sich aus eigener Scholle nicht ernähren konnte.

Der Militärbefehlshaber unterstützte auch die freiwillige Meldung belgischer Arbeiter nach Deutschland. Falkenhausen hat es durch seine ruhige Politik erreicht, daß sich bis zum März 1942 eine Viertelmillion belgischer Arbeiter nach Deutschland freiwillig meldeten, die hier qualifizierte Arbeit geleistet haben.

In Deutschland war man mit dieser Entwicklung nicht einverstanden, weil der Arbeiterbedarf den gesteigerten Rüstungsaufgaben nicht nachkam. Am 29. Januar 1942 sandte der Beauftragte für den Vierjahresplan einen Schnellbrief an sämtliche Militärbefehlshaber, in dem die Vorbereitung eines zwangsweisen Einsatzes von Arbeitskräften in Deutschland gefordert wurde. In den Lageberichten, in Briefen und Besprechungen warnten v. Falkenhausen und sein Zivilverwaltungschef Reeder davor, die Dienstpflicht in Belgien einzuführen. Aber die Entwicklung war nicht mehr aufzuhalten. Am 21. März 1942 ernannte Hitler Sauckel zum „Generalbevollmächtigten für den Arbeitseinsatz". Sauckel erhielt Befehlsgewalt auch über die besetzten Gebiete. Göring verkündete im Reichsgesetzblatt ausdrücklich, daß dem Generalbevollmächtigten für den Arbeitseinsatz alle ihm von Hitler übertragenen Weisungsrechte an die Militärbefehlshaber und Chefs der Zivilverwaltung zustünden.

Bis zu diesem Zeitpunkt trug v. Falkenhausen die Verantwortung für die Abteilung „Arbeitseinsatz“ in seinem Stabe. Sie wurde nunmehr Sauckel unmittelbar unterstellt. In dieser Lage versuchte der General zu retten, was zu retten war. Er verkündete am 6. März 1942 die Dienstpflicht, — aber nur für Belgien. Damit wollte er der Einsetzung Sauckels und eines Sonderbevollmächtigten für Belgien zuvorkommen.

Am 20. April 1942 legte Sauckel Hitler einen Arbeitsplan vor, nach dem „aus den im Westen von Deutschland besetzten Gebieten Europas ein Viertel des Gesamtbedarfs an fremdländischen Arbeitskräften hereingenommen werden“ könne. Am 8. September 1942 ordnet Hitler für den Westen die Arbeitsverpflichtung an, und am 30. September 1942 erhält Sauckel das Recht, persönliche Beauftragte in den besetzten Gebieten zu ernennen. Damit hatte der Militärbefehlshaber jeden Einfluß verloren. Aber selbst jetzt bedurfte es noch einer Reise Sauckels nach Brüssel und eines direkten Befehls an v. Falkenhausen, um die Unterschrift für den zwangsweisen Arbeitseinsatz in Deutschland zu erlangen, die zu verweigern der General seit langem kein Recht mehr hatte. Seit dieser Zeit führte allein der Sonderbeauftragte in Belgien die entsprechenden Maßnahmen durch.

Zum dritten Punkt der Anklage wird v. Falkenhausen vorgeworfen, daß er eine Reihe antijüdischer Verordnungen erlassen und damit den Beginn einer Kausalkette gesetzt habe, deren Ende in den Gaskammern von Auschwitz lag. Der deutsche Militärbefehlshaber sei sich auch über das furchtbare Schicksal der Juden im klaren gewesen.

Die Verteidigung hat erwidert, daß zwei Entwicklungsabschnitte zu unterscheiden seien. Der erste reiche bis zum Jahre 1942. Der General habe auf Weisungen von Berlin Verwaltungsmaßnahmen wie die Registrierung der Juden, die Erfassung ihres Vermögens, Beschränkungen im öffentlichen Verkehr und das Tragen des Judensterns angeordnet. An den späteren Festnahmen und Deportationen habe er nicht nur keinen Anteil, sondern er habe das Menschenmögliche unternommen, um in einem hartnäckigen Kampf gegen Himmler, Heydrich und Eichmann Verschleppungen zu verhindern.

Die Zivilkläger erkennen an, daß Himmler zum „Judenkommissar für Europa“ ernannt worden sei, und daß ihn die Verantwortung für die Greuel der Konzentrationslager treffe. Der deutsche Militärbefehlshaber hätte aber zumindest gerüchtweise von dem Vernichtungsprogramm wissen müssen. Die deutsche Verteidigung hat entgegnet, daß das Vernichtungsprogramm der denkwürdigen Konferenz von Wannsee weder dem Militärbefehlshaber noch einem anderen deutschen General bekannt gewesen sei. Die Besprechung über die „Endlösung der Judenfrage“ war eine „Geheime Reichssache“.

Im Februar 1942 wurden vom Reichssicherheitshauptamt die ersten Deportationen vorbereitet. Der Militärbefehlshaber wurde nicht einmal verständigt; er erfuhr von den bevorstehenden Deportationen vertraulich durch die Deutsche Gesandtschaft. Daraufhin intervenierte der Zivilverwaltungschef Reeder beim OKH. Er verlangte die Freistellung aller Juden in Belgien. Am 22. Juni 1942 teilte jedoch Eichmann, Abteilungsleiter im Reichssicherheitshauptamt, dem Auswärtigen Amt mit, daß die Deportation von zehntausend Juden beabsichtigt sei.

Später wurde Reeder von der Sicherheitspolizei in Brüssel verständigt, daß der Befehl eingetroffen sei, zehntausend Juden nach Schlesien zur Zwangsarbeit zu überführen. Reeder verlangte eine schriftliche Bestätigung des Befehls. Sie traf durch ein von Eichmann unterzeichnetes Telegramm ein, in dem er sich auf einen Befehl Himmlers bezog. Nunmehr fuhr Reeder persönlich nach Berlin und traf mit den Chefs des OKW, des OKH und des Reichssicherheitshauptamtes zusammen. Es gelang ihm, Himmler zu sprechen und noch einmal die Deportation der Juden zu verhindern.

Im September 1942 beschloß das Reichssicherheitshauptamt die „totale Evakuierung aller Juden in Europa". Ohne Rücksicht auf seine mangelnde Zuständigkeit unternahm Reeder mit Einverständnis Falkenhausens eine neue Intervention zugunsten der belgischen Juden. Er beschwerte sich bei der Sicherheitspolizei in Brüssel über die antisemitischen Maßnahmen, welche „die furchtbarsten Folgen" nach sich ziehen würden, und wandte sich mit einer neuen Eingabe an das OKH. Himmler reagierte auf diese neue Intervention Reeders sehr scharf. Im Juli 1943 schickte er ihm einen persönlichen Brief, in dem er seine negative Haltung zur Judenfrage und die Politik v. Falkenhausens kritisierte. Gleichzeitig teilte Himmler Reeder mit, daß er selbst der Sicherheitspolizei in Brüssel den Befehl erteilt habe, nunmehr gegen die Juden in Belgien die Maßnahmen durchzuführen, die in anderen Ländern längst abgeschlossen seien.

Das Unheil war nicht mehr aufzuhalten. In der Nacht vom 3. zum 4. September 1943 wurden in einer großen Aktion in Brüssel und Antwerpen tausend Juden verhaftet. Durch ihren Widerstand haben v. Falkenhausen und Reeder erreicht, daß im Gegensatz zu allen anderen besetzten Gebieten Europas bis dahin Juden nicht deportiert worden waren.

Auch später haben die Angeklagten in Brüssel auf jede mögliche Weise versucht, die Deportationen zu verhindern. Falkenhausen hat jüdische Kinderheime und Altersheime eingerichtet, ausländische Pässe ausgestellt und schließlich Herrn v. Hahn in seinem Stab damit beauftragt, die Juden vor der Gestapo zu schützen. Falkenhausen und Reeder nutzten ihre persönlich guten Beziehungen zum Chef der Sicherheitspolizei aus, um zahlreiche persönliche Ausnahmen von den Deportationen zu erwirken. Sie haben durch ihre Politik Tausenden von Juden das Leben gerettet.

Angesichts dieses umfangreichen Materials der Verteidigung mag es wundernehmen, daß es überhaupt zu einem Prozeß in Brüssel gekommen ist. Es ist ein offenes Geheimnis, daß sich eine Reihe belgischer Persönlichkeiten gegen die Eröffnung des Prozesses gewandt hat. Es war offensichtlich dem Druck des belgischen Senators Fontayne auf das Justizministerium und die öffentliche Meinung zuzuschreiben, daß dennoch Anklage erhoben wurde. Die Sozialisten und Teile der bürgerlichen Parteien mußten befürchten, daß den Kommunisten, wenn der Prozeß nicht durchgeführt wurde, eine nationale Trumpfkarte ersten Ranges in die Hand gespielt wurde. Es darf auch nicht übersehen werden, daß große Teile der Resistance den Militärbefehlshaber als den Repräsentanten des Dritten Reiches ansehen. Die Verordnungen über Geiselerschießungen, Arbeiterdeportationen und die ersten antijüdischen Maßnahmen tragen die Unterschrift v. Falkenhausens.

Die Voraussetzungen, unter denen die Unterschriften zustandegekommen waren, der Widerstand des Generals gegen Himmler, Heydrich, Eichmann, Sauckel, mußten den Belgiern unbekannt bleiben. Der Militärgouverneur trägt in ihren Augen verständlicherweise die gesamte Verantwortung.

Die Chefs der Militärverwaltungen in den besetzten Gebieten sind aber nicht Gouverneure im alten Sinn mehr gewesen. Herr v. Bissing, der deutsche Militärgouverneur des Ersten Weltkrieges in Brüssel, unterstand unmittelbar dem Kaiser und verfügte über umfassende Vollmachten. Hitler dagegen hat nur noch „Militärbefehlshaber" eingesetzt, deren Zuständigkeit sich von Anfang an in engen Grenzen hielt. Im Nürnberger Verfahren sagte ein Verteidiger: „Der Zuständigkeitsmantel der Militärbefehlshaber wurde derart durchlöchert, daß nur der Strick blieb, sie daran aufzuhängen." Wegen des vom belgischen Ankläger anerkannten Mangels an Vollkommenheit ist auch der Nachfolger v. Falkenhausens, der Gauleiter Grohé, nicht mehr unter Anklage gestellt worden.

*

Vor dem Großen Verhandlungssaal im Brüsseler Justizpalast sizt, in Stein gehauen, Pontius Pilatus. Seine ewige Frage „Was ist Wahrheit?" ist hier nicht skeptisch, sondern ernstgenommen. Inmitten der leidvollen Hinterlassenschaft einer Vergangenheit, die nun auch durch das Recht überwunden werden muß, hat ein nationales Gericht es nicht leicht. Wo liegt die Wahrheit da wirklich? Ein Oberster Europäischer Gerichtshof hätte sicherlich bessere Voraussetzungen, die alte Frage des römischen Statthalters von Palästina in international gewordenen Rechtsfällen zu beantworten. Die Zeit ist überreif, einen solchen Gerichtshof zu schaffen — nicht für Sieger, nicht für Besiegte, sondern für alle, zu Verurteilung und Freispruch, wie geschriebenes und ungeschriebenes *gemeinsames* Recht es verlangt.

Die Strafe der Vergeltung ist nicht immer billig, wenn sie ausgleicht; sie ist aber entsetzlich, wenn sie kein Maß hat. Sie ist die „Gerechtigkeit der Ungerechten", sagt der heilige Augustinus. Es gibt Akte der Gerechtigkeit, die die verderben, die sie vollziehen.

Laurent Joubert (1529—1583).

Walter Weymann-Weyhe

DIE FREIHEIT UND DER INTELLEKTUELLE

Die Geschichte der letzten vier Jahrhunderte ist die Geschichte der Freiheit. Das überlieferte geistige Erbe aus der griechischen Antike wurde von einem gesteigerten Bewußtsein aufgenommen und leidenschaftlich ergriffen. Freiheit wurde in der ganzen Breite menschlicher Existenz gefordert, erkämpft, über alles verherrlicht, idealisiert — und zugleich mißverstanden, verkauft, verraten, vertan. Wir dürfen im Superlativ sagen: Zu keiner Zeit unserer Geschichte sind Name und Begriff der Freiheit so sehr und durch so viele Geschlechterreihen hin in aller Munde gewesen wie in diesen vergangenen Jahrhunderten; niemals ist so viel und so gläubig für sie geopfert, aber niemals auch ein so diabolisches Spiel mit ihr getrieben worden; niemals vorher ist Freiheit wie hier zum Gesetz erhoben worden. Dennoch müssen wir die wenigen Menschen, die in diesen Jahrhunderten das Wort Freiheit wirklich frei aussprechen konnten, bei hellem Tage mit der Laterne suchen.

Die überwiegende Mehrzahl der gegenwärtig lebenden Menschen kann das dumpfe Gefühl nicht loswerden, daß die Freiheit endgültig verraten ist. Wir beziehen uns zwar ständig auf sie und versuchen, unser Denken und Tun in diesem Bezug zu rechtfertigen, zum Beispiel in der Wissenschaft, in der Wirtschaft, in der Politik; aber dieser Bezug auf die Freiheit rechtfertigt unsere Existenz nicht. In den beiden großen weltpolitischen Lagern werden im Namen der Freiheit Resolutionen gefaßt, werden im Namen der Freiheit Waffen geschmiedet und zurechtgelegt. Niemand glaubt an diese Freiheit. Kaum sind wir in der Lage, die eine politische Resolution einfach als verlogen, die andere als wahr zu bezeichnen. Die Kategorien stimmen nicht mehr. Jede Partei spricht in absoluten Begriffen; aber wenn wir genau hinsehen, erweisen sich alle unsere Begriffe als unendlich relativiert. Sie taugen kaum noch für logische Begründungen. Wer vermag noch zu unterscheiden zwischen echter und unechter Freiheit, nicht bloß logisch zu unterscheiden, sondern zu unterscheiden in der Wirklichkeit des politischen und geschichtlichen Lebens? Es ist verhältnismäßig leicht, die nackte politische Sklaverei von der demokratischen Freiheit zu unterscheiden. Aber wer die politische Freiheit wählt, kann nicht sagen, daß er es reinen Gewissens tut. Diese Wahl bedeutet keine Rechtfertigung. Sie ist nicht mehr — allerdings auch nicht weniger — als die Wahl einer echten Möglichkeit zur Freiheit, die von uns kritische Wachsamkeit fordert. Denn wo ist die Garantie gegeben, daß diese politische Freiheit nicht eines Tages auf dem Wege einer nüchternen Konsequenz in politische Unfreiheit umschlägt? Der Unterschied zwischen der politischen Sklaverei und der politischen Freiheit ist durchaus dialektisch, das heißt relativ; er gilt nur in bezug auf ein mehr oder weniger Zufälliges unserer menschlichen Existenz: auf das Recht der freien Meinungsäußerung, der freien Wirtschaft, des freien Kultes, — man könnte vergröbert sagen: auf das Recht der Willkür. Dieses Recht ist sehr fragwürdig, sehr brüchig. Die politische Sklaverei ist durchaus nur die dialektische Kehrseite, also nicht etwas radikal, das heißt von der Wurzel her anderes. Wir sind mit unserer politischen Freiheit nicht absolut im Recht gegenüber der Unfreiheit der Diktatur. Wir haben lediglich die bessere Möglichkeit zur echten Freiheit (und das ist freilich ein positiver Wert). Nichts als diese Möglichkeit verteidigen wir, wenn wir unsere politische Freiheit verteidigen. Das ist sehr viel für unsere faktische politische und geschichtliche Existenz, — es ist sehr wenig für die Rechtfertigung eines Kampfes für die Freiheit, zumal eines Kampfes mit kriegerischen Mitteln.

Wir sprechen von der Freiheit als einer abstrakten Größe. Daß wir es so selbstverständlich tun, ist symptomatisch. Freiheit ist uns zu einer Idealität geworden, sie ist nicht mehr reales Sein. Wir haben sie sorgsam und mit den subtilsten Mitteln eines geschulten Denkens vom realen Menschsein abgezogen. Wie auch der einzelne Mensch, der wirkliche geschichtliche Mensch, ein ideales Humanum geworden ist. Also kann der Mensch nur noch auf zweierlei Weise an der Idealität der Freiheit teilhaben, entweder in der reinen Innerlichkeit der deutschen Klassik, — oder aufgrund verbriefter politischer Rechte. Das heißt, Freiheit ist eine Frage entweder der Dichtung — oder der Verfassung. So ist der Mensch in die paradoxe Situation geraten, daß er Freiheit denkt oder fordert, — ohne sie selbst zu sein, sie in jedem Akt seiner Existenz zu leben, zu verwirklichen. Freiheit ist ein Ideal der reinen Vernunft, ein sittliches Postulat, ein metaphysischer Begriff, ein ästhetischer Grundsatz, — aber kein reales Sein. Nun ist ein Ideal schlechterdings nicht realisierbar. Da wir aber die Verwirklichung von Freiheit beständig auf dieser Ebene versuchen, ist sie uns nicht nur paradox, sondern absurd geworden.

*

Das ist in summa die Geschichte unserer Freiheit. Sie ist zugleich und genauestens die Geschichte des Intellektuellen. Der Intellektuelle ist jener Mensch, der von sich sagt, daß er sich durch nichts als durch reine Vernunft bestimmen lasse. Wir müssen das sehr genau nehmen: nicht also durch *seine* Vernunft, sondern durch *reine* Vernunft. Die bloß subjektive Vernunft könnte keine hinreichende Autorität für sich fordern. Vielmehr wäre sie unvernünftig und unsittlich, weil sie das allgemeine Vernunftgesetz mißachtet. Dieses allgemeine Gesetz der Vernunft hat Autorität und ist der neue metaphysische Ort der Rechtfertigung. Das bedeutet aber: die Geschichte des Intellektuellen ist die Geschichte der Menschheit als die Geschichte ihrer Rechtfertigung durch die reine Vernunft. Niemand hat das so klar gesehen wie Hegel, der die Summe der modernen Philosophie gezogen hat: im Gesetz der Freiheit; — und wie Sören Kierkegaard, der an diese Summe den Maßstab der christlichen Existenz anlegte: Wohl dem, der sich nicht an mir ärgert.

Die Geschichte des Intellektuellen ist also von Anfang an — dialektisch — die Geschichte der Unfreiheit gewesen, die Geschichte der Entdeckung und Proklamation des Gesetzes, des Dienens unter dem Gesetz und der Herrschaft mit dem Gesetz oder die Geschichte des Intellektuellen, des Bürgers und des Machthabers in vielen Schattierungen. Aber seit der französischen Revolution haben der Intellektuelle, der Bürger und der Machthaber Zug um Zug ihre Freiheit verloren; gemäß dem Gesetz, nach dem sie angetreten.

Heute hat das Wort „intellektuell" keinen guten Klang mehr. Ortega hat zwar den Intellektuellen noch gegen den Andern, den Banausen, positiv abzugrenzen versucht; aber er gibt nicht mehr als eine Analyse seiner Situation, seine Unterscheidung ist lediglich dialektisch und geschieht in dem Bewußtsein, daß die Geschichte des Intellektuellen zu Ende ist (wobei diese Prognose — en detail — zutreffend ist, aber nicht den Anspruch machen kann, eine Prophetie unserer Geschichte zu sein): „Wenige Jahre, nachdem ich meine literarische Arbeit begonnen hatte, hatte ich eines Tages die Intuition, daß der Intellektuelle, der während zweier Jahrhunderte die beherrschende Gestalt der abendländischen Geschichte gewesen war, sehr bald aus der öffentlichen Achtung geschleudert sein würde und nach der radikalen Dialektik, die der Weg der Geschichte ist, nichts sein würde, nachdem er alles war."

Die radikale Dialektik also soll der Weg der Geschichte sein. Genau so ist es uns in der Geschichte des Intellektuellen überliefert. Aber war denn der Intellektuelle wirklich „alles", war er wirklich für zwei Jahrhunderte der Herr der Geschichte? Oder war es nicht vielmehr das Ideal der Freiheit, das Gesetz der reinen Vernunft? Der Intellektuelle hat dieses Gesetz gefunden und verkündigt. Aber nur in seinem Namen ist er der Herr der Geschichte gewesen. Und dieser Name bedeutete vom ersten Tag der neuen Geschichte an die Entselbstung des Menschen, das wirkliche Ende seiner Freiheit. Es ist also in der Tat eine Frage der radikalen Dialektik, wann dieses Ende der Freiheit konkret sichtbar und fühlbar werden sollte. Die Dialektische Philosophie hat hundertmal recht — was die zeitgenössische christliche Philosophie nicht erkannt hat —, wenn sie von einem geschichtlichen Prozeß der Freiheit spricht, vom Gesetz der Freiheit. Aber sie hat recht in einem sehr ironischen und vernichtenden Sinne; vernichtend indessen auch für jene, die das Gesetz niemals erkannt und gesehen haben. Denn es gehört zur Realität unserer Geschichte; es ist durchaus nicht eine Konstruktion des Intellektuellen, sondern eine echte Entdeckung.

*

Anfang und Ende dieser Epoche bieten ein sehr verschiedenartiges Bild. Der Intellektuelle tritt zuerst in der italienischen Renaissance deutlich in die Geschichte. Dazu sagt Villari: „Wir sind auf der Erde, mitten in der Wirklichkeit, unter Menschen, die die Welt mit eigenen Augen und eigener Vernunft anschauen, ohne jegliche Unterwürfigkeit gegen Autoritäten." „Niemand fühlte sich durch Herkommen und Überlieferung irgendwie gebunden. Alles hing ab von den persönlichen Eigenschaften derer, die ihr Glück wagten." Und Jacob Burckhardt: „Mit Ausgang des dreizehnten Jahrhunderts beginnt Italien von Persönlichkeiten zu wimmeln; der Bann, welcher auf dem Individualismus gelegen, ist völlig gebrochen; schrankenlos spezialisieren sich tausend einzelne Gesichter." Wir können nur beschreiben, was sichtbar ist: diese Freiheit ist in ihrem Ursprung dialektisch als Freiheit von etwas und Freiheit für etwas. Es wäre sicher töricht zu sagen, irgendwo sei in dieser Zeit ein echter Anfang in Freiheit gewesen; aber er ist geschichtlich unwirksam geblieben. Die schrankenlose Individualität erweist sich als Illusion; sie bindet sich in das Vernunftgesetz. Das ist der Weg der Freiheit. Damit beginnt ein langer geschichtlicher Prozeß, der wie ein Siegeszug erscheint: Lionardo, Michelangelo, Dürer, Rembrandt, Cézanne, van Gogh; Machiavélli, Columbus, Karl XII. von Schweden, Peter der Große, Ludwig XIV., Rousseau, Robespierre; Shakespeare, Cervantes, Racine, Lessing, Goethe, Gogol, Dostojewskij, Descartes, Leibniz, Kant, Hegel, Kierkegaard, Marx, Nietzsche. Das war Europa zwischen Moskau und

Madrid, ein Triumphzug des freien Geistes, wie ihn die Geschichte bis dahin nicht gekannt hatte. Nietzsche hat Anfang und Ende dieses Zuges am klarsten beschrieben. Er beginnt mit der Gottesleugnung. Die ersten Folgen dieser Leugnung „sind umgekehrt, als vielleicht erwartet werden könnte, durchaus nicht traurig und verdüsternd, vielmehr wie eine neue, schwer zu beschreibende Art von Licht, Glück, Erleichterung, Erheiterung, Ermutigung, Morgenröte". Aber das Ende sieht anders aus: „Du wirst niemals mehr beten, niemals mehr anbeten, niemals mehr im endlosen Vertrauen ausruhen, — du versagst es dir, vor einer letzten Weisheit, letzten Güte, letzten Macht stehen zu bleiben und deine Gedanken abzuschirren, . . . es gibt keinen Vergelter, keinen Verbesserer letzter Hand mehr, es gibt keine Vernunft mehr in dem, was geschieht, keine Liebe in dem, was dir geschehn wird, — deinem Herzen steht keine Ruhestatt mehr offen, — du wehrst dich gegen irgendeinen letzten Frieden, du willst die ewige Wiederkehr von Krieg und Frieden: Mensch der Entsagung, in allem willst du entsagen? Wer wird dir die Kraft dazu geben? Noch hatte niemand diese Kräfte."

Dieses vielzitierte Wort beleuchtet die Situation grell. Es ist genau gesehen und redlich gesagt: mit der Leugnung Gottes begann es. Was soll die ganze moralische Verbrämung dieser Tatsache? Über die Folgen soll man sich nüchtern klar sein. Manches an diesem Wort reizt zum Widerspruch, den Christen wenigstens. So zum Beispiel das Abschirren der Gedanken vor einer letzten Weisheit. Das ist nicht christliche Lehre und christliche Tugend. Dennoch trifft dieses Wort, das Abschirren ist ein gut christlicher Brauch geworden — und eine christliche Kategorie für den Intellektuellen.

Die Situation des Intellektuellen ist nicht in einem Aufsatz zu beschreiben. Wir müssen uns mit Bildern helfen. Das Mißverhältnis des Intellektuellen zur Welt und zu sich selber hat Ortega y Gasset an einem historischen Beispiel gut charakterisiert: Er schreibt über Victor Hugo: „Wie eine Elementarmacht . . . erschütterte und überflutete er das ganze französische Leben. Seine Dichtung ist ungeglättet, ohne Qualität . . ., aber sie ist zyklopisch, großartig, herkulisch, michelanglesk. In kühnen Reimen besang er die Liebe, das Weib, das Kind, die herbstlichen Blätter, die alte Legende, die große Schlacht, er vergötterte Napoleon I., warf mit Steinen nach Napoleon III., machte viele Worte über die Menschheit . . . Man versteht, daß die Franzosen in ihm etwas sahen, was es seit Vergil, Homer und Dante nicht mehr gegeben hatte: den Dichter eines Volkes, die Lyrik als Einrichtung. Aber seither beharrte Frankreich immer darauf, einen Dichter zu haben, wie es einen Präsidenten der Republik hatte . . . Daher die tragikomische Lage des armen Paul Valéry . . ., das heißt, eines wirklichen Intellektuellen, aber eines kurzatmigen, manieristischen, keineswegs volkstümlichen, der nur wenig zu sagen hatte und so wie jeder arme Geist sich im Kreise drehen mußte, um zu sein. Aus diesem Manne, der ein ausgezeichneter Mitarbeiter einer mehr oder minder regionalen Zeitschrift gewesen wäre, wurde blitzartig der Dichter Frankreichs. Und seither mußte dieser vortreffliche bonhomme keuchend hinter seiner eigenen Rechtfertigung hergaloppieren."

Es wäre eine durchaus nützliche Beschäftigung, die Geschichte des europäischen Geistes in der Neuzeit auf die Frage hin zu untersuchen, wieviel und was getan und geschaffen wurde aus dem geheimen Verlangen nach der Rechtfertigung; nicht nach der Rechtfertigung durch Christus, wie Martin Luther sie noch verstand (wenn auch mit einem bemerkenswerten Zug zur Selbstgewißheit), sondern nach der Selbstrechtfertigung als Selbstbestätigung. Die schrankenlose Spezialisierung der tausend individuellen Gesichter verlangt diese Selbstbestätigung gebieterisch. Das Aufblühen von Kunst und Wissenschaft steht mit diesem sich immer tiefer in sich selbst hineinsteigernden Verlangen im innigsten Zusammenhang; in der Musik von Bach bis Wagner, in der Malerei von Dürer bis Caspar David Friedrich; in der Philosophie von Descartes bis Hegel. Hier liegen die Wurzeln der Hysterie, die in den letzten Jahrzehnten offen oder verborgen zu einer geschichtlichen Realität werden konnte: in der kapitalistischen Selbstverklammerung, in der sozialistischen Klassenkampftheorie, in der Tatsache, daß die Wirtschaft zum Tummelplatz für Ideologien wurde, im übersteigerten und verkrampften Nationalismus, in der Frage der Souveränitätsrechte, in der Parteipolitik, im Bildungsbetrieb. Das Verlangen nach Selbstbestätigung ist die geheime Triebfeder des unruhigen Bewußtseins, das sein reales Fundament verloren hat, und das seine Konturen, seine Grenzen und seine Maßstäbe sucht. Um dieser Selbstbestätigung willen kann der Mensch im Namen der Freiheit eine ganze Welt und eine ganze Menschheit fordern und zerstören.

Welcher Mensch, konkret? Der Intellektuelle am wenigsten. Nicht als ob er durch sein eigenes Lebensgesetz einfach ausgelöscht wäre; aber er ist zu einem wesenlosen Schatten geworden. Der „Akademiker" zum Beispiel hat lange als gesellschaftliche Figur mit Rang und Namen gelten können, aber der Glanz dieser sozialen Position, gesichert durch besonders verbriefte Rechte um den Preis der Freiheit und der schöpferischen Möglichkeit, war im Grunde schon eine Karikatur der großen, freien Persönlichkeit. Der „Geheime Rat" war der erste Verrat am Geiste. Der Akademiker ist in der Folge, politisch und soziologisch gesehen, völlig bedeutungslos geworden. Es gibt hervorragende Wissenschafter, Künstler und Schriftsteller; aber sie sind große Einzelne, ihre gesellschaftliche Bedeutung ist gering. Sie sind politisch in der Minderheit und bestimmen nicht einmal das Bild der intellektuellen Gesellschaft, wenn man von einer solchen überhaupt noch sprechen darf. Die intellektuelle Gesellschaft wird vielmehr bestimmt vom Studienrat, vom Richter, vom Arzt, vom Hochschullehrer, vom Staatsbeamten; also vom Verwalter eines überkommenen Kulturgutes. Aber die Verwalter haben nicht darüber zu befinden, was als echtes Kulturgut gelten kann und was nicht. Sie sind absolute Diener; sie sind immer mehr in soziale Abhängigkeit geraten, in die Nähe der Proletarität (aber damit nicht auch in die Nähe des *Menschen* im Proletariat); sie leben von der Macht, der sie dienen; sie haben neben ihrer Verwaltungs- und Vermittlungsarbeit keine Zeit für eigene Produktion, und sie sind heute kaum noch in der Lage, sich „standesgemäß" zu kleiden. Und gerade diese verzweifelte Situation läßt keinen Raum dafür, daß der Intellektuelle sie als seine spezifisch eigene begreift, als das Fazit seines Lebensgesetzes.

Der Intellektuelle läßt sich indessen auf diesen engen soziologischen Raum nicht eingrenzen; er ist überhaupt typologisch und soziologisch nicht fixierbar. Da ist die große Gruppe von Journalisten, Publizisten, Schriftstellern, Schauspielern,

Film- und Funkleuten. Diese Gruppe läßt sich nicht einheitlich charakterisieren. In ihr gibt es wieder hervorragende Einzelne. Sie haben es leichter, ein realistisches Verhältnis zur Geschichte zu gewinnen, als die „Akademiker". Weil ihre Existenz von Anfang an nicht zuletzt aus dem Widerstand gegen die „offizielle" Geschichte bestimmt wurde. Diese Tatsache verlangt indessen ein Höchstmaß sowohl an intellektueller Reflexion als auch an intellektueller Verantwortung. Das Gesetz der Freiheit wird elementarer erfahren. Das Ergebnis ist auf der einen Seite ein sittliches und intellektuelles Chaos, — auf der andern Seite wenige Einzelne, die das Gesetz der Stunde begreifen und es in übermenschlicher Anstrengung auf sich nehmen. Beispiel: Emmanuel Mounier.

Nehmen wir das ganze Bild, so scheint Nietzsche recht zu haben, wenn er von einer „äußerst intelligenten Herdenmasse" spricht und in ihr das geeignete Feld für eine schrankenlose Machtpolitik erkennt. Der Intellektuelle hat sich selbst in dieses Feld hineinmanövriert. Etwa in der Französischen Revolution, deren wichtigste Keimzelle ein Kreis liberaler Intellektueller um Mirabeau und Danton war. In allen großen Revolutionen sind die Intellektuellen die entscheidenden Fahnenträger gewesen, wobei sie sich am eigenen Schopf — nicht aus dem Sumpf — sondern unter die Guillotine und vor die Bajonette gezogen haben. Von Robespierre zu Lenin haben sie einem idealen Gesetz gedient und die Realität der Geschichte mißverstanden; sie haben sich immer wieder mit Pathos als Realisten bezeichnet und sind als Idealisten gescheitert. Sie haben den entrechteten Menschen im Proletariat entdeckt, sich seiner leidenschaftlich angenommen, — aber dann haben sie im dialektischen Prozeß der Freiheit das Proletariat zu einem politischen Faktor gemacht, das heißt zu einer politischen Idee; und darunter ist der Mensch begraben worden. Niemand ist durch diese Ereignisse härter getroffen worden als jener Mensch, der von sich behauptet, daß er sich nur der reinen Vernunft unterwerfe.

Offenbar fehlt jede Kraft für eine geistige Regeneration. Wir würden zu Tode erschrecken, wenn wir in einen Augenblick und auf einen Lichtpunkt zusammengedrängt sehen könnten, wieviel menschliche und geistige Kraft im jährlichen Turnus durch die in unendlicher Langeweile rotierende Bildungsmaschine verschlissen wird. Wissenschaftliche Untersuchungen haben zu zeigen versucht — auch darin der Pferdefuß der Rechtfertigung —, daß der allgemeine Rückgang der Bildung in einem Rückgang der Lebenskräfte gegründet ist. In Wahrheit sieht es anders aus: Gefangene in Rußland, die auf Jahre hin radikal aus dem Geschichtsprozeß herausgerissen wurden, haben schöpferische Fähigkeiten entwickelt, die sie nie in sich vermuteten. Es gibt kein biologisches Gesetz der Geschichte — nicht in dieser Form. Aber der Geist der Selbstspiegelung und die Sucht der Selbstrechtfertigung erstikken die Kräfte des Leibes und der Seele; weil dieser Geist ewig um sich selber kreist

*

Darin wird das Paradox unserer Freiheit sichtbar. Als der Mensch am Ende des Mittelalters sich selber besann und die Erde in Besitz nahm, da war ein neuer Anfang; Himmel und Erde waren neu. Daher der Rausch der Begeisterung und die neuen schöpferischen Kräfte. Aber seitdem war kein neuer Anfang mehr. Das heißt: seitdem ist Freiheit nicht mehr verwirklicht worden, seitdem haben wir uns im Kreise gedreht wie Paul Valéry. Wir haben die Welt, den Kosmos, stürmisch durchmessen, erobert, beherrscht; wir haben uns selbst ausgespiegelt,— eine doppelte Unendlichkeit also, die noch Kant Anlaß zur Bewunderung war: der bestirnte Himmel über uns und das moralische Gesetz in uns.

Aber alles, was uns seit diesem geschichtlichen Aufbruch in dieser Unendlichkeit begegnete, war nicht qualitativ neu; es forderte keinen neuen Anfang, keine Freiheit; sondern es war nur quantitativ neu, zufällig noch nicht gesehen, es mußte bewältigt werden wie ein weißer Fleck auf der Landkarte; es forderte lediglich die Erfüllung eines Gesetzes. Die Wissenschaft hat bezeichnenderweise in diesen Jahrhunderten kaum ein strengeres Gesetz des Handelns gekannt als das der Vollständigkeit des wissenschaftlichen Beweises und Nachweises. Der Kreis, in den der freie Geist getreten war, mußte ausgefüllt werden.

Dieser Kreis ist auch heute nicht quantitativ ausgefüllt, und er wird es niemals sein. Aber er langweilt uns qualitativ, wir beginnen seine grauenvolle Leere zu spüren. Was wir auch dem bisherigen Inhalt unserer Geschichte noch hinzufügen werden, es wird im Grunde nichts Neues sein, es wird uns nicht überraschen. Uns wundert im Grunde nichts mehr (gleichwohl — oder gerade deswegen warten wir beständig auf ein Wunder), wir wissen alles im voraus, nichts Unvermutetes kann sich ereignen. Die Schubfächer stehen bereit, das Kommende aufzunehmen; die Kategorien sind geprägt und auf Millionen von Etiketten gedruckt. Ein nicht geringer Prozentsatz unserer geistigen Arbeit besteht darin, zu sortieren und die Etiketten anzubringen.

Wie unendlich zäh das Gesetz des Irrtums und der Fehlentscheidung in der Geschichte ist! Weil es das einzige Gesetz der Geschichte ist. Weil die Geschichte im übrigen Freiheit ist und nicht Gesetz. Aber immer wieder verfällt der Mensch dem Gesetz der Sünde. Gibt es reine Freiheit in der Wirklichkeit der Geschichte? Wie irrsinnig übermächtig oft das Gesetz ist! Und doch gibt es jeden Tag tausend Möglichkeiten zur echten Freiheit, tausend Möglichkeiten, aus dem magischen Kreis herauszutreten. Aber da ist die Verblendung durch das Wissen. Dennoch dürfen wir den Himmel preisen, daß er die Welt nicht vollkommen gemacht hat, daß er den Menschen nicht die Kraft gegeben hat, sie vollkommen zu machen. Wer würde dann den magischen Kreis, einmal gezogen, noch sprengen können? Aber dieser Kreis kann — in dieser unserer Geschichte — niemals absolut geschlossen sein.

Die Menschen haben den Kreis gezogen um der Freiheit willen. Aber sie haben die Freiheit zum Gesetz gemacht, und nun wollen sie — dialektisch —, daß der Kreis absolut geschlossen sei, auch um den Preis der Freiheit. Wir klammern uns an die Ordnung, an die quantitative Vollständigkeit des magischen Kreises. Wir verlassen uns zum Beispiel auf die städtische Wasserversorgung; was bliebe uns auch anderes übrig? Aber wir finden nichts Wunderliches daran, daß wir unsern täglichen Bedarf an Wasser aus der Wand unserer Wohnung laufen lassen können. Auch wenn im Kriege eine Bombe ins Wasserwerk fällt und hunderttausend Menschen plötzlich ohne Wasser sind, dann wundert uns das keineswegs. Das kann selbstverständlich passieren, das gehört zu dieser Ordnung und ist mit einkalkuliert. Und da es als Möglichkeit dazu gehört, ist es rational in der Ordnung. Auch das Sterben vieler Millionen von Menschen gehört rational durchaus zu dieser unserer Ordnung, ist rational in der Ordnung. Deshalb geht es uns im Grunde so wenig an. Man möchte fast sagen: es ist planmäßig, um der Freiheit willen. Die Bombe hat ihren genauen geometrischen Ort in diesem Geflecht der rationalen Ordnung. Das ist keine billige Ironie. Erinnern wir uns nur ein wenig, und sehen wir nicht weg von dieser Wirklichkeit, indem wir uns durch unserer Hände Arbeit zu betäuben versuchen und doch nichts gewinnen als mühselige Langeweile.

Wir sind unter eine lähmende Automatik des Denkens und Handelns geraten. Es denkt für uns, es geschieht mit uns. Das ist die Realität unserer Geschichte. Der Mensch begreift bei aller Geordnetheit nichts mehr, nicht das politische Geschehen, das über uns hinwegrollt wie das Rad des Schicksals; nicht die Wirtschaft, die sich um Ideologien streitet und dabei Lebensmittel vernichtet; nicht die Wissenschaft; und am wenigstens sich selber.

In dieser Situation schreit der Mensch nach der Freiheit. Auch dieses Schreien gehört rational dazu, ist durchaus in der Ordnung, bleibt im magischen Kreise: Freiheit von der Maschine, von der Poltik, von der Lohnwirtschaft, vom Kapitalismus, vom Sozialismus, vom Kommunismus, von den Kirchen, von den Gesetzen der Ethik und Moral; absolute Freiheit von . . . Aber Freiheit wozu?

Zum Selbstsein, sagt Sartre. Das ist rational genau in der Ordnung, so zu fragen und so zu antworten. Zu nichts anderem als zum Selbstsein! Sartres Schrei ist echt. Aber Selbstsein in dieser Situation! Wie soll es verwirklicht werden? Wir müßten dazu am Ende alles auslöschen: die überlieferten Formen des Denkens und Vorstellens, die religiöse Überlieferung, die Technik, die Geschichte der letzten zweitausend Jahre. Das ist die genaue Konsequenz — innerhalb des magischen Kreises. Deshalb beruft sich Sartre auf Descartes' „Ich denke, also bin ich". So radikal hat Sartre die kritische Frage Heideggers an die abendländische Geschichte verstanden — und mißverstanden.

Freiheit sagt auch Jaspers. Freiheit dadurch, daß wir alles verstehen, alles noch einmal durchdenken, ordnen; nicht verdammen, sondern hereinnehmen in unser menschliches Sein und Dasein, es verwandeln: die Maschine, die Wirtschaft, die Wissenschaft, — auch die Religion, auch die Wahrheit. Aber wer glaubt noch an diese akademische Freiheit, an diese verlorene Freiheit des Humanismus? Ist Sartres Schrei nicht echter? Wir wundern uns indessen weder über die Verzweiflung noch über die Humanität. Das sind Konsequenzen, die nichts ändern, sondern nur bestätigen.

*

Der Widerspruch ist das Gesetz unserer Freiheit. Wir können das zunächst ganz wörtlich nehmen: Das logische Gesetz des Widerspruchs ist erstes Gesetz unseres Denkens gewesen seit den Tagen des Aristoteles. A ist nicht gleich Nicht-A. Dieses Gesetz kann besagen: nichts ist dem andern gleich, nichts gibt es noch einmal als dasselbe, kein Blatt am Baum gibt es als dasselbe noch einmal wieder. Es bedeutet weiter logisch: von zwei möglichen, einander entgegengesetzten Prädikaten kann nur das eine zu einer bestimmten Zeit einem bestimmten Gegenstande zukommen. So weit ist formal alles richtig.

Nun gibt es aber faktisch für den Menschen kein pures Gesetz der Logik, nicht nur, weil er in der Regel nur schwer von sich abstrahieren kann, sondern weil er in seinem vernünftigen Denken jederzeit mehr ist als Vernunft, weil in allem

Denken etwas mitschwingt, das logisch nicht erfaßbar ist. Die logischen Formeln sind ideale Gebilde und als solche Abbreviaturen der Realität; sie sind von hohem Wert als Mittel zum rechten Denken, aber der Mensch neigt dazu, sie als Zweck zu setzen. Auf doppelte Weise ist das geschehen. Direkt im deutschen Idealismus: das Denken ist befähigt, die letzte Vollendung und Rechtfertigung der Welt und Geschichte zu geben. — Indirekt: die reinen Denkformen sind bloß Mittel, aber ohne realen und absoluten Zweck. Dann dienen sie dazu, die Welt zu zerstückeln, — um sie zu beherrschen, für neue gesetzte Zwecke. Dieses dialektische Spiel ist so alt wie die abendländische Geschichte.

In der realen Geschichte ist das Gesetz des Widerspruchs nicht bloß ein formales Gesetz. Zum Ausgang des Mittelalters, vorbereitet durch den mittelalterlichen Streit zwischen Nominalismus und Universalismus, erneuert sich dieses Gesetz in der Weise des wirklichen Widerspruchs, zum Zweck der Selbstbehauptung, der individuellen Freiheit, der Freiheit des Geistes. So lautet das Gesetz nunmehr: Niemand ist wie ich, kein Mensch vor und nach mir, kein Ding der Natur, kein Gott. Was ich bin, verdanke ich absolut mir selbst; ich bin absolut ich, mit meinen besonderen Eigenschaften. Darin liegt meine Würde, meine Ehre. Die erste These der Wissenschaftslehre Fichtes heißt: „Das Ich setzt sich selbst!" Und Schopenhauer beginnt sein Hauptwerk mit dem Satz: „Die Welt ist meine Vorstellung." Was nicht ich selbst bin, ist mein Widerspruch: also der andere Mensch, die Natur, Gott. Die „logische" Weise dieses Widerspruchs lautet dann: Was ich über etwas sage, ist wahr; was der andere sagt, ist unwahr. Um der Rechtfertigung willen muß dieser Anspruch absolut gesetzt werden. Darin liegt der Ursprung der Ideologie als eines politischen Faktors.

Auf diesem Gesetz baut die neuere Wissenschaft und Philosophie auf: der neuplatonische Dualismus Ficinos, der Pantheismus Giordano Brunos, die Staatslehre Machiavellis und Hobbes', der methodische Zweifel Descartes', die Naturwissenschaft seit der Erklärung Galileis, daß die Natur in Fragen der Wahrheit vor der Bibel die größere Autorität beanspruchen könne. Das Gesetz des Widerspruchs ist das reale Gesetz der Selbstbehauptung und Selbstrechtfertigung: in der Spezialisierung der Wissenschaften, im Streit der politischen Mächte und Parteien, im Nationalismus (von dem Villari sagt, daß er ebenso wie der Protestantismus auf der Voraussetzung beruhe, die menschliche Natur sei verderbt). Das Stigma der Freiheit des Geistes ist das Nein-sagen zu allem, was nicht Ich-Selbst ist; Ich-Selbst als These und Gesetz.

Unter diesem Gesetz ist die reine Wissenschaft unwahr geworden, als Ganzes, obschon ihre Ergebnisse im einzelnen richtig sein mögen. Nicht zufällig ist die Natur der fast ausschließliche Gegenstand wissenschaftlichen Fragens geworden, aus einem Akt des Protestes, wobei der erhabene Gegenstand zur Rechtfertigung dienen muß, gestützt auf die Lehre der protestantischen Theologie, daß die Natur (das heißt der Kosmos, also der genaue Gegenstand des wissenschaftlichen Fragens) von der Erbsünde nicht berührt wurde: — ein Fundament für das spätere „Jenseits von Gut und Böse".

Zweifellos sind die Gesetze der Physik nicht einfachhin falsch, und wir besitzen eine Fülle von echten Wissensfakten aus allen Gebieten der Wissenschaft. Aber die Wissenschaft als Ganzes, als objektive Ordnung und als Geist des Wissens, ist unwahr geworden. Unser faktischer Wahrheitsbesitz ist also unwahr geworden, so wie jene Ordnung, in der auch das Sterben von Millionen von Menschen noch seinen Ort hat. Die Welt ist uns falsch geworden. Denn sie ist nicht ein unverwüstlicher materialer Gegenstand, sondern sie ist vom Ursprung her auf uns hingeordnet, uns zugehörig, ein Teil unserer geschichtlichen Existenz. Sie kann uns also durchaus falsch und absurd werden, und sie wird es gerade in der Weise des Objektiven, aus dem wir keinen Ausweg finden. Auch die Natur ist mit uns unter das paradoxe Gesetz der Freiheit geraten.

Es sind nicht die partiellen Irrtümer, die die Welt verderben, und es sind nicht die partiellen Wahrheiten, die den Sinn der Geschichte retten. Der Mensch kann voll in der Wahrheit sein und existieren, auch wenn er täglich irrt. Und er kann ebenso mit vielen Einzelerkenntnissen voll in der Unwahrheit sein. In eben diesem Zustand befinden wir uns.

*

Auf zweierlei Art und Weise kann der Mensch die Realität der Geschichte erfahren: als Freiheit — und als Gesetz, als Widerspruch. Die Kultur ist das historische Dokument dieses dialektischen Spiels zwischen Freiheit und Gesetz.

Es ist in den letzten Jahren vielfach behauptet worden, Geschichte sei nur real in der sittlich freien Entscheidung. Aber diese freie Entscheidung ist nur möglich auf dem Grunde des einfachen Freiseins. Der Mensch *ist* Freiheit, — das ist eine Aussage über das Sein; der Mensch *hat* Freiheit, — das ist eine Aussage über seine dialektische Position in der Geschichte.

Auf welche Weise wird Freiheit geschichtlich real? Der einfache Mensch findet die Natur als gegeben vor. Er lebt in und mit ihr auf eine unreflektierte Weise, sie ist sein Lebens- und Wirklichkeitsraum. In ihr schafft er sich Welt, dadurch, daß er sich Geräte und eine Wohnung macht, das Feuer entdeckt, Schiffe baut. Er verwandelt denkend und handelnd die Natur in ein Menschliches, und zwar so, daß die Natur zum Medium seiner Existenz wird. So wird Welt. Menschliches verdichtet sich in jedem geringsten Werk, das Werk wird Teil der Geschichte, es bindet Gruppen und Geschlechter. Nicht anders können wir nach Jahrhunderten noch aus den Werken der Kultur auf die Menschen und ihre Geschichte schließen.

Das alles wäre ohne Freiheit nicht möglich. Denn wenn die Natur vorgegeben ist, und zwar nicht als Materie zu beliebigen Zwecken, sondern als geordneter Kosmos, und wenn in der menschlichen Verwandlung dieses Kosmos Welt entstehen kann, als ein Anderes, Neues, nicht Vorgegebenes, ohne daß damit eine Verdoppelung von Welten stattfindet: dann, weil Freiheit ist, weil der Mensch Freiheit ist. Nicht, weil er die Freiheit der Wahl, der sittlichen Entscheidung hat; er hat alles lediglich als Folge. Ursprünglich ist das Sein des Menschen in der Welt Freiheit. Die Verwandlung der Natur, des Kosmos in Welt, in Kultur, in menschliche Geschichte, das alles wäre nicht, wenn nicht ein absoluter Anfang wäre. Freiheit ist dieser absolute Anfang; nicht irgendwann einmal am Beginn der Geschichte oder am Anfang eines individuellen Lebens, sondern in jedem Augenblick der Geschichte, in jedem Augenblick unseres Lebens. Ein Beispiel: Wenn heute, mitten aus der millionenfach verflochtenen Objektivität unseres Daseins, ein Mensch, gerührt von der

Not des Bruders, hingeht und ihm ein Brot, einen Mantel, eine Wohnung gibt, dann ist das ein absoluter Anfang, absolute Freiheit. Und in diesem Anfang ist das ganze Geflecht der geschichtlichen Dialektik durchbrochen, aufgehoben. Und ein einziges, wirkliches Gebet irgendeines Menschen in diesem geschichtlichen Augenblick bedeutet absolute Freiheit, — nicht von der Geschichte, sondern einfach Freisein. Dieses „Freiheit von" ist so verräterisch. Die Freiheit von — und Freiheit wofür ist relativ, Freiheit in Bezug auf etwas. Aber im Ursprung ist das einfache Menschsein absolutes Freisein.

Das bedeutet keineswegs, daß diese absolute Freiheit nicht bedroht wäre. Sie ist von allem Anfang an bedroht. Absolut heißt nicht so viel wie volkommen, sondern unzweifelhaft, unbedingt. Sobald Freiheit in die Zeitlichkeit eintritt, und das tut sie vom Ursprung her, wird sie dialektisch. Etwa wenn der erste Schritt als Selbstbestimmung erfahren wird. Dann ist ein neuer Anfang nur noch schwer möglich. Die idealistische Philosophie spricht deshalb sehr genau von einer Notwendigkeit aus Freiheit. Sie folgt aus dem Fichteschen „Das Ich setzt sich selbst".

Echte Freiheit ist absolute Freiheit in jedem Augenblick. Darin liegt die tiefe Wahrheit der Reue im Christentum: sie ist absoluter Neuanfang in jedem Augenblick, und damit immer auch absolute Verwandlung — selbst der Sünde; nicht also bloß ein Zudecken, Verhängen, Ausstoßen. Das sind irreale Bestimmungen, die mit dem Sein verfahren, als ob es Nichtsein wäre.

Weil nun Freiheit von allem Anfang an dialektisch ist, ist sie auf eine doppelte Weise geschichtlich real: als Freiheit — und als Gesetz. Niemand begreift die Realität des Gesetzes, der nicht die Realität der Freiheit erkennt. Der Intellektuelle hat die Freiheit als Gesetz verkündet, ein Paradoxon. Weil Freiheit ihm zur Idee geworden ist, weil er ihre Realität nicht mehr begreift. Und so versteht er auch die Realität des Gesetzes nicht mehr. Seine Macht ist zur Ohnmacht geworden, gefangen in eigenen Stricken.

Ein Beispiel soll diese Situation beleuchten: Über Hiroshima wurde die erste Atombombe abgeworfen. Wir finden es kaum noch erwähnungswert. Aber wir haben hier einen zur höchsten Intensität verdichteten Augenblick unserer Geschichte. Da ist der militärische Befehl; ein Fazit aus wieviel Überlegungen, Protesten, Begründungen? Das Flugzeug steigt auf, der Flug in großer, eisiger Höhe, nach genauen Gesetzen der Wetterkunde, der Aerodynamik, mit den modernsten Präzisionsinstrumenten; an Bord die furchtbare Waffe, das Ergebnis einer langen Geschichte menschlichen Forschens, das Ergebnis ganzer Ketten von Experimenten durch viel Geschlechter, das Ergebnis vieler menschlicher Entscheidungen; das Ziel ist eine Stadt; das heißt nicht eigentlich diese Stadt, nicht die Menschen unmittelbar, sondern ein rationales, militärisches, strategisches Ziel; die Menschen sind Mittel, — die an Bord und die in der Stadt; ein filigranhaft feines Gewebe von rationalen Ordnungen und Zwecken hüllt sie ein. Das Flugzeug ist über der Stadt, die wenigen Menschen an Bord in gespannter Aufmerksamkeit, der Pilot, der Funker, der Bombenschütze; mit einem Grauen im Rücken, das ist unvermeidlich, ändert aber nichts. Die Bombe wird über dem Ziel ausgelöst, auf den Bruchteil einer Sekunde genau, vorausberechnet, mathematisch sauber und exakt. Die automatische Uhr in der Bombe ist genau konstruiert, genau eingestellt: Die Bombe explodiert zweihundert Meter über dem Zentrum der Stadt. Das gibt die beste Wirkung. Diese Wirkung ist berechnet, bekannt, die Vernichtung einkalkuliert, auch in ihrer weiteren Wirkung, auf die Betroffenen, die Zuschauer, die Politiker, die Militärs. Die Besatzung des Flugzeuges steckt in dieser grausamen objektiven Ordnung, die so haarscharf genau, so exakt, so sauber ist. Aber nun die hunderttausend Menschen, Kinder, Frauen, Greise, Mütter, Knaben, Mädchen; nicht Idealitäten, sondern wirkliche Menschen, zerrissen, verbrannt, verschüttet, verkrüppelt, dem langsamen, qualvollen Siechtum überantwortet. Und nicht unvermutet, durchaus nicht, sondern genau berechnet, gewollt, zugelassen, einem Zweck dienstbar gemacht; einem Zweck, der auch erreicht wird und vielleicht viele Menschenleben spart: die Kapitulation Japans. Und der Pilot, der Bombenschütze, der Funker mitten in all dem darin, als Menschen, als Funktion; und viele, viele mit ihnen; auch wir. Und wieder die hunderttausend Menschen in Hiroshima. Das alles in einem einzigen Augenblick bewußt erlebt, — als wirklichen Augenblick in unserer Geschichte; das alles um der Freiheit willen . . .

Was bleibt da übrig: ein irres Lachen des Wahnsinns — oder absoluter Neuanfang; der Irrsinn unter dem Gesetz der Freiheit — oder der absolute Neuanfang in der Freiheit. Das ist die Realität unserer Geschichte, der Geschichte des Intellektuellen.

Zur Krise der modernen Ehe (II)

Rüdiger Proske

DIE FAMILIE 1951

EINE BESCHREIBUNG IHRER WICHTIGSTEN MERKMALE

Erster Teil

Wer jahrhundertelang gehegte Ideen gegen den Strom der Geschichte nur starr zu halten sucht, statt sie durch Weiterentwicklung und Neuformung zu bewahren, entleert sie schließlich der Wahrheit und erniedrigt sie zu leeren Ideologien.

Max Horkheimer.

Die Diskussion über die Quantentheorie, über die Krebsforschung oder über den internationalen Zahlungsausgleich überlassen wir gern den Fachleuten. An der Diskussion über die Familie oder genauer: über die Krise, in der sich die Familie heute sicher befindet, beteiligen wir uns alle. Jeder fühlt sich in bestimmter Weise für dieses Thema zuständig. Jeder hat in der Tat „auf diesem Gebiet" Erfahrungen. Leider reden die meisten Menschen, wenn es um die Familie geht, nicht von dem, was ist, sondern von dem, was ihrer Meinung nach sei. Und es gibt wohl kaum einen Diskussionsgegenstand, der sich mehr hinter wogenden Nebeln vorgefaßter Meinungen, althergebrachter Auffassungen, uralter Tabus, falschverstandener Moralvorschriften und in den Stand von Doktrinen erhobener Unkenntnisse dem Zugriff unserer Erkenntnis entzöge als der Diskussionsgegenstand: Familie. Urteile ersetzen in der Regel die Darstellung der Wirklichkeit, Vorschläge für die Therapie die Diagnose, entrüstete Ausrufe das Verständnis.

In der Tat kann man „die Familie“ auch nicht untersuchen wie einen chemischen Prozeß oder eine physikalische Erscheinung. „Familie“ gründet sich auf „Ehe“. Und wir werden weder den seelisch-erotischen Bereich des Phänomens Ehe rational je ganz erfassen können, noch kann Forschung die Tatsache aus der Welt schaffen, daß eine gute Ehe von der Gnade Gottes lebt. Daraus allerdings zu schließen, daß es uns verwehrt sei, jene Bereiche der wichtigsten menschlichen Gemeinschaft zu erhellen, die sich unseren Erkenntnismöglichkeiten nicht entziehen, ist falsch. Gerade weil wir als Christen dieser Gemeinschaft eine so hohe Bedeutung zumessen, ist es unsere Aufgabe, das Unsere zu tun, sie zu bewahren.

Dazu gehört, daß wir zunächst, soweit es uns als Menschen gegeben ist, feststellen, was ist, daß wir gegebenenfalls Krankheitsherde bezeichnen, und daß wir schließlich nach Heilungsmöglichkeiten suchen. Walter Dirks hat in seinem Aufsatz „Was die Ehe bedroht“ (FH VI/1, 18) die kritischen Punkte der modernen Ehe beschrieben. Aufgabe dieses Aufsatzes ist es, unbefangen und ohne Wertung so genau wie möglich das Bild der modernen Familie herauszuarbeiten.

So genau wie möglich. Das soll hier heißen: mit Hilfe der positivistischen-statistischen Methode, deren sich die Soziologie heute bedient. Allerdings sind derartige soziologische Untersuchungen der Familie noch nicht sehr weit gediehen. Kaum eine der bedeutenderen Schriften über das eine oder andere Einzelproblem ist älter als dreißig Jahre. Erst 1946 legte der Schweizer René König ein geschlossenes System vor, innerhalb dessen die soziologische Erforschung der Familie vorangetrieben werden könne. Auch die amerikanischen oder die schwedischen Soziologen, die bisher wohl die umfangreichsten Arbeiten über die Familie geliefert haben, sind erst seit dem Ersten Weltkrieg am Werk. Zahlreiche Fragen sind bisher überhaupt noch nicht aufgegriffen worden. Der sexuelle Bereich schließlich ist erst innerhalb der letzten zehn Jahre sorgfältiger durchforscht worden. (Freuds Veröffentlichungen, die zeitlich wesentlich früher lagen, gaben der Natur seines Ansatzes nach den Blick nur in einer bestimmten Richtung frei.)

Es ist daher noch recht wenig, was in diesem Aufsatz, dessen zweiter Teil im nächsten Heft erscheinen wird, zusammengetragen werden konnte. Die Arbeit kann noch nicht ein exaktes Bild der Familie geben; sie soll eher den Eindruck vermitteln, wie dieses Bild beschaffen sein mag.

Auf was sich die Familie gründet

Die Familie steht heute neben der Gesellschaft. Die so häufig geäußerte Behauptung, die Familie sei die Keimzelle des Staates, hat nur noch eine sehr eingeschränkte Bedeutung. Die Formen des Aufbaues und des Funktionierens der Gesellschaft sind in der Familie nicht mehr wie früher vorgebildet. Die Beziehungen zwischen der Familie einerseits, dem Staat und der Gesellschaft anderseits werden fast nur noch auf dem Umweg über das Individuum verwirklicht. Die Familie bildet die Gemeinschaft, in der Kinder geboren und aufgezogen werden. Ihre Entwicklung zu Einzelmenschen, die fähig sind, die tausendfältigen Funktionen zu übernehmen, die eine Gesellschaft heute ausmachen, liegt nur noch zu einem Teil — und wahrscheinlich nicht einmal mehr zu einem großen Teil — in der Hand der Familie. Immerhin ist der Teil an der Erziehung, der ihr obliegt, entscheidend und — wie noch zu zeigen sein wird — durch keine anders geartete Einrichtung zu ersetzen.

Unsere moderne Gesellschaft zielt in allen Bereichen auf möglichst große Beweglichkeit und möglichst reibungslose Auswechselbarkeit des Einzelnen hin. Die Emanzipierung des Individuums, die diese Entwicklung einleitete, und die wechselseitig von ihr wiederum beschleunigt wurde, ist abgeschlossen. Beweglichkeit und Auswechselbarkeit sind aber Prinzipien, die dem inneren Wesen der Familie zuwiderlaufen. Die Familie ist heute in ein völlig neuartiges Spannungsfeld hineingestellt. Die Spannungen machen sich umso stärker bemerkbar, als man darauf verzichtet, wenigstens die Formen der Familienorganisation so weit wie möglich den neuen Verhältnissen anzupassen.

Zu der gleichen Zeit, da die Funktionszusammenhänge, in die die Ehe eingebettet ist, immer schwächer werden, währt sie immer länger. Die Lebenserwartung des Mannes betrug im Jahre 1800 35 Jahre, im Jahre 1871 37 Jahre, 1932 61 Jahre, heute an die 65 Jahre. Die Ehefrauen starben früher häufig im Kindbett. Es kam ziemlich häufig vor, daß ein Mann ein- oder zweimal verwitwete und entsprechend zwei- oder dreimal heiratete.

Als Kraft, die Familie in unserer Zeit zu bewahren, gibt es praktisch nur noch die personalen Beziehungen zwischen Mann und Frau: ihre Liebe zueinander und ihr Wille, das Leben gemeinsam zu bewältigen. Das bedeutet aber, daß sie, wenn die Ehe eine ausreichende Festigkeit haben soll, besser als früher zueinander „passen" müssen. Dieser Gesichtspunkt ist neu. Jahrhundertelang hatte in Europa keiner der Brautleute irgendeinen Einfluß auf die Wahl des Menschen, mit dem er das Leben teilen sollte. Später gab es einen solchen Einfluß, aber er blieb bis in die neueste Zeit hin beschränkt. Er war auch nicht wichtig. Ob eine Frau zu einem Mann paßte, wurde an anderen Kriterien gemessen, — danach, ob ihr Familienverband (später ihre Familie) zu der eigenen Gruppe paßte, dem Stand nach, dem Besitz, den Einflußmöglichkeiten, der Macht, den Aufstiegsmöglichkeiten nach, und ob sie eine „tüchtige Hausfrau" abgeben würde, das heißt, ob sie im Rahmen des Produktionssystems der Familie ihren Arbeitsplatz würde voll ausfüllen können. Wenn sie sich mit ihrem Mann nicht verstand, war das schade, aber nicht tragisch.

Es gibt gute Gründe, anzunehmen, daß die Anzahl der ohne weiteres „glücklichen" Ehen früher geringer war als heute. Wenn die moderne Ehe labiler ist, so liegt das daran, daß das „Glück" zu ihrer Voraussetzung wurde[1].

Die Gefahr der Romantik

Die personalen Beziehungen zwischen dem modernen emanzipierten Mann und der modernen emanzipierten Frau sind heute stärker als alle jene Formen der Familienorganisation, die früher ausgesprochen stabilisierende Einflüsse ausübten.

Auch heute gibt es noch Familien, die zugleich Produktionsgemeinschaften sind: Handwerkerfamilien, Familien von Kleinhändlern. In den ersten Jahren nach dem Zweiten Weltkrieg sind in Deutschland viele „Versorgungsehen" in diesen Schichten geschlossen worden: der Mann heiratete ein. Er sah dabei häufig mehr auf seine wirtschaftliche Sicherheit als darauf, ob er auch zu der Frau und sie zu ihm paßte. Gerade diese Ehen erweisen sich heute als besonders gefährdet, und zwar auch dann — fast kann man sagen: gerade dann —, wenn die wirtschaftlichen Verhältnisse befriedigend sind, die früher so wichtige hauswirtschaftliche Funktion der Familie also als erfüllt angesehen werden kann.

Die „Versorgung" in der Ehe genügt heute nicht mehr, auch die „Standes"-Ehe nicht[2], aber auch nicht die Romantik. Sie wird in unserer Zeit häufig mit der Liebe verwechselt. Wahrscheinlich hängt das unter anderem damit zusammen, daß „die Liebe" heute in einem Maße popularisiert wird wie nie zuvor: in jeder Zeitung finden wir etwas über sie, in jeder Illustrierten, in fast jedem Buch („Forever Amber" ist als ein Welterfolg heute typisch, vor noch nicht allzulanger Zeit war es eher „Robinson Crusoe"), in zahllosen Radiosendungen, in jedem Film, in jedem Schlager. Die Popularisierung der Liebe geht Hand in Hand mit ihrer Romantisierung. Dieser Zug macht sich in den USA heute noch stärker bemerkbar als in Europa. Aber auch in Europa findet der Bazillus der „Romantik" immer mehr Opfer. Die meisten Kriegsehen in Deutschland und in manchen anderen Ländern sind ausgesprochen „romantische" Ehen gewesen. Man findet die „Romantik" in den Wünschen wieder, die man auf den Karteikarten eines Ehevermittlungsinstituts lesen kann. Man entdeckt sie als Ursache hinter den bitteren Worten enttäuschter Eheleute.

Ehen, die aufgrund einer Verwechslung von Liebe und Romantik geschlossen wurden, sind, wie später noch gezeigt werden wird, außerordentlich labil. Als weitaus am stabilsten erweisen sich Ehen, die nach reiflicher Überlegung, ohne überspannte Erwartungen im mittleren Alter eingegangen werden („Liebe wägt"). Einige Züge in der Entwicklung unserer Gesellschaft begünstigen diese eher nüchterne Wahl des Ehepartners, einige erschweren sie.

Erschweren tut sie vor allem eine in der letzten Zeit sichtbar gewordene Veränderung in der Physis des Menschen: die Vorverlegung der Pubertät. Die wichtigsten Merkmale der Pubertät lassen sich in dem europäisch-amerikanischen Bereich heute bei Jungen und Mädchen gleicherweise durchschnittlich bereits im Alter von 13 Jahren und 10 Monaten feststellen. Jungen aus den oberen Schichten pubertieren früher (13 Jahre 7 Monate), Jungen aus der Arbeiterschicht später (14 Jahre 4 Monate), doch zeigt sich hier eine Tendenz, das Pubertätsalter vor-

---

[1] In Spanien, in manchen osteuropäischen Ländern, auf dem Lande wirken bei der Eheschließung oft noch starke Familieneinflüsse mit; diese Verhältnisse sind für unsere Zivilisation aber nicht mehr typisch.

[2] Noch immer wird zumeist innerhalb der eigenen Schicht geheiratet; man glaubt, dort eher jemanden zu finden, der zu einem „paßt". Der Austausch zwischen den Schichten vollzieht sich meist so, daß die Männer niederer Schichten Frauen aus höheren Schichten heiraten. (Bei Eheschließungen zwischen Flüchtlingen und Einheimischen überwiegen die, in denen die Braut Einheimische ist.) Der häufigste Heiratswunsch von Mädchen aus dem Mittelstand dagegen ist: „ein Akademiker".

zuverlegen, die in den Oberschichten nicht mehr festzustellen ist. Insgesamt ist nach Ansicht deutscher Ärzte das durchschnittliche Pubertätsalter seit 1905 um zwei Jahre zurückgegangen. Nun bestehen zwischen dem Pubertätsalter und der sexuellen Vitalität eines Menschen ganz bestimmte feste Beziehungen: die Vitalität ist umso größer und hält umso länger an, je früher die Pubertät einsetzt. Die Summe der männlichen Vitalität ist in unserer Gesellschaft also im Verlaufe der letzten eineinhalb Generationen dauernd gestiegen und steigt noch. Der Lebensdrang, der sich so entwickelt, begünstigt überstürzte, unüberlegte, „romantische" Heiraten.

Dieser Entwicklung stellen sich vornehmlich die modernen Wirtschaftsverhältnisse entgegen. Vor allem in Europa übt die Tatsache, daß der junge Mann erst relativ spät genug Geld verdient, um eine Familie gründen zu können, auf die allzu Heiratsfreudigen heilsam verzögernde Wirkungen aus. (Derartige Verzögerungen können allerdings ein Maß annehmen, daß sie eher Unheil wirken; es ist kein gesunder Zustand, daß die Akademiker in Deutschland im Durchschnitt erst zehn Jahre später zu einer Eheschließung kommen als die Männer der anderen Schichten.) In den USA, wo man schon in jungen Jahren gut verdient, heiratet man entsprechend auch jünger — oder eben zu jung. (Man versucht dort, wenigstens den schlimmsten Folgen „romantischer" Ehen durch eine besondere Art der Probeehe zu begegnen: man heiratet, übt aber Geburtenkontrolle; entweder „the marriage works out", die Ehe bewährt sich, dann bleibt man zusammen und bekommt Kinder, oder die Ehe bewährt sich nicht, dann läßt man sich wieder scheiden.)

Dazu kommt, daß die wachsende Selbständigkeit der Frau, ihr Wunsch, als Persönlichkeit gewertet zu werden, „romantische" Neigungen des Mannes erschwert. „Romantiker" suchen „das Weibchen" oder „das Weib", — das idealisierte Geschlechtswesen.

Einige Beobachter unserer Zeitverhältnisse meinen schließlich, daß gerade die Leichtigkeit, mit der der Mann schon vor der Ehe an das Ziel seiner Wünsche gelangen kann, seiner „Romantik" Abbruch tue. Die Verhältnisse, wie sie heute bestünden, wirkten als Kraft gegen die Gefahr, den Trieb für Liebe zu halten.

Treue vor der Ehe . . .

Über das sexuelle Verhalten der Menschen haben erst in jüngster Zeit eine Reihe von Untersuchungen gewisse Aufschlüsse gebracht. Das wichtigste Werk zu diesem Thema ist wohl der Bericht des Amerikaners Kinsey: „Sexual Behaviour of the Human Male". Die Zahlen, die in dem Bericht veröffentlicht wurden, sind unterdessen von europäischen Forschern bestätigt worden. Allerdings bedienten sie sich der gleichen Methode wie Kinsey. In ihr mögen sich Fehlerquellen verbergen, die wir heute noch nicht kennen.

Die Forschungsergebnisse Kinseys zeigen uns, daß die Jünglinge nach Erscheinen des wichtigsten Pubertätsmerkmals durchweg regelmäßig ihrem sexuellen Drang in irgendeiner Form nachgeben. Die Vitalität des Jünglings ist zu dieser Zeit auf dem Höhepunkt und nimmt dann bis zu seinem Lebensende allmählich ab. Mit 15 Jahren hatten 48 Prozent der Jungen mit Volksschulbildung, 43 Prozent der mit höherer Schulbildung und 10 Prozent derjenigen, die später einmal auf eine Universität gehen werden, Erfahrungen mit Frauen gesammelt. Für das Alter von 20 Jahren lauten die entsprechenden Zahlen 85, 75 und 42 Prozent. Von jeweils 100 Männern aus jeder der drei Schichten sind zur Zeit ihrer Heirat 98 beziehungsweise 84 und 67 erfahren.

Die Jungen aus den unteren und mittleren Schichten, die mit dem anderen Geschlecht in Berührung kamen, sammeln sehr viel häufiger und mit sehr viel mehr verschiedenen „Partnern" Erfahrungen als Jungen der Oberschicht. Mit 20 Jahren geben junge Männer aus der unteren Schicht etwa 50 Prozent ihrer Vitalität in Verhältnissen mit Frauen aus, junge Männer aus den mittleren Schichten etwa 40 Prozent, solche aus den oberen Schichten 10 Prozent. Es ist nicht selten, daß ein junger Mann der unteren Schicht vor der Ehe mehrere hundert „Freundinnen" gehabt hat, der Mann aus der oberen Schicht hat meist nicht mehr als zwei oder drei kennengelernt.

Aktive Christen beider Konfessionen verhalten sich in allen Schichten etwas zurückhaltender, bedeutend sind die Unterschiede jedoch nicht. Die Angehörigkeit zu einer bestimmten Schicht erweist sich in diesem Falle als bedeutsamer. Die verschiedenen Verhaltensweisen der Schichten sind anderseits sicher auf den jahrhundertelangen Einfluß der Kirchen zurückzuführen.

Die heute vorherrschenden Verhältnisse scheinen denen in früheren Zeiten durchaus zu entsprechen. Untersuchungen haben gezeigt, daß in den noch lebenden älteren Generationen die Anzahl der Männer, die vor der Ehe mit dem anderen Geschlecht Bekanntschaft machten, genau so groß war wie heute. (Die Intensität der „Bekanntschaft" war allerdings geringer, auch spielte die Prostitution früher eine ziemlich genau doppelt so große Rolle wie heute; insgesamt waren Kontakte mit Prostitutierten aber auch damals um vieles seltener als „anderweitige" Kontakte.)

Der Mensch unserer Zeit pflegt über die Frage der vorehelichen Keuschheit ganz offen zu sprechen. Die Zeitschrift „Wochenend" befragte vor kurzem eintausend Personen aller Altersklassen und Stände über ihre Ansichten zu diesem Problem. 10 Prozent enthielten sich der Antwort, von dem Rest bezeichneten 97,8 Prozent voreheliche Kontakte als notwendig oder als zulässig. Professor von Eickstedt von der Universität Mainz stellte 1949 dieselbe Frage an seine männlichen Studenten. 73 Prozent von ihnen gaben zustimmende Antworten ab. (Die Frage ist, inwieweit bei diesen Antworten Renommierlust eine Rolle gespielt hat.)

Über die Verhaltensweisen der Mädchen sind wir nicht in gleicher Weise gut unterrichtet. Immerhin dürften auch hier die Zahlen weit höher liegen, als man allgemein annimmt. Aller Wahrscheinlichkeit nach ist der Unterschied zwischen den Schichten hier mindestens so groß wie bei den Männern. In den unteren Schichten dürften nach einigermaßen zuverlässigen Schätzungen etwa 75 Prozent der Mädchen vor der Eheschließung Kontakt mit Männern gehabt haben. Diese Zahl wird durch schwedische Untersuchungen aus dem Jahre 1943 und 1944 bestätigt. Nach einer russischen Befragung aus dem Jahre 1925 hatten 60 Prozent der Studentinnen in Kasan vor ihrem 20. Lebensjahr bereits mit Männern Erfahrungen gesammelt. Der Zweite Weltkrieg und die Nachkriegszeit dürften in Deutschland zu eher noch ungünstigeren Verhältnissen geführt haben.

So überraschend die hier genannten Zahlen auch sein mögen, müssen, nach allem, was wir heute wissen, die Verhältnisse, die sie bezeichnen, eher als typisch, nicht als außergewöhnlich angesehen werden.

Die Eheschließung

Es bestehen offenbar gewisse Beziehungen zwischen dem „zivilisatorischen Alter" einer Gesellschaft und der Heiratshäufigkeit. Sie spielt sich in den Gesellschaften, die durch hohe Geburten- und Sterblichkeitsziffern gekennzeichnet sind, über Jahrhunderte jeweils auf einen bestimmten Wert ein. Dieser Wert bleibt während des Zeitabschnittes, da die Bevölkerung, zunächst progressiv, dann stetig wächst, wahrscheinlich ziemlich unverändert, und gehen dann, sobald das Wachstum nachläßt, zurück. Je mehr sich der Geburtenüberschuß der Nullgrenze nähert, desto mehr nimmt die Heiratshäufigkeit wieder zu. Diese Zusammenhänge sind bisher noch nicht genügend erforscht. Sicher ist jedenfalls, daß seit 1913 die Heiratshäufigkeit in allen osteuropäischen Staaten zurückgegangen, in allen westeuropäischen Staaten (mit Ausnahme von Holland und Irland) gestiegen ist. Da in Westeuropa das Heiratsalter nicht gleichzeitig zurückging, sondern vielmehr zunahm, bedeutet das, daß sich gerade in den in ihrem Bestand gefährdetsten Gesellschaften die Anzahl der Junggesellen vermindert.

1871 kamen in Deutschland auf tausend Einwohner 9,4 Eheschließungen, 1913 7,7 (diese beiden Zahlen umschreiben wohl die Phase, die heute Osteuropa durchläuft), 1938 9,5, 1949 10,3. In Württemberg-Baden hat sich die Heiratshäufigkeit der Männer seit 1924 sogar verdoppelt. Im allgemeinen erreicht sie nach wirtschaftlichen Depressionen und im Zusammenhang mit Kriegen ihre Höhepunkte. Allerdings reagierten die Menschen auf die beiden Weltkriege ganz verschieden. 1914 schob man Heiraten auf, 1920 wurden sie nachgeholt. 1939/40 heiratete, wer nur irgend konnte, dafür wurden 1945/46 nur relativ sehr wenige Ehen geschlossen.

Die Heiratsmöglichkeiten der Frauen sind zunächst von dem zahlenmäßigen Verhältnis der Geschlechter abhängig. Nach dem Zweiten Weltkrieg war dieses Verhältnis in Deutschland ganz besonders ungünstig: 123 Frauen zu 100 Männern. 1950 hatten sich mit der Rückkehr der Kriegsgefangenen, dem Zustrom von Flüchtlingen aus der Sowjetzone und dadurch, daß, wie nach allen Kriegen, der Prozentsatz der Geburten von Knaben bedeutend zunahm[3], die Verhältnisse bereits erheblich gebessert. Die Kennziffern lauteten 100 zu 113. Der Frauenüberschuß ist in Südbaden und Württemberg-Hohenzollern heute noch besonders hoch. Am günstigsten liegen die Verhältnisse in Bremen. In normalen Zeiten kommen in Deutschland auf 100 Männer etwa 103 Frauen.

Einen genaueren Überblick über die Heiratsaussichten der Mädchen in den verschiedenen Altersklassen erhält man durch eine geeignete Analyse des „Lebensbaumes" eines Volkes. In Deutschland haben heute die Mädchen im Alter von 28

[3] Eine Erklärung für dieses Phänomen konnte bisher noch nicht gegeben werden.

bis 34 Jahren erheblich verminderte Aussichten, eine Ehe zu schließen. Vor dem Kriege konnten von 100 Mädchen 84 damit rechnen, bis zum 40. Lebensjahr verheiratet zu sein.

Das Heiratsalter hat sich in Deutschland wie überall in der westlichen Welt in den letzten Jahrzehnten stetig erhöht. Es liegt heute für den Mann über 31 Jahre, für die Frau über 27 Jahre. Rund je ein Drittel der Frauen heiraten zwischen dem 20. und 25., dem 25. und 30. Lebensjahr; früher überwogen die Heiraten in der niedrigeren Altersgruppe. Die Heiraten der Männer verteilen sich heute mehr als früher über die verschiedenen Altersklassen. Die meisten Heiraten werden noch immer im Alter zwischen 25 und 30 Jahren eingegangen (knapp ein Drittel, früher knapp die Hälfte). Der Altersunterschied zwischen den Eheleuten scheint mit steigendem Heiratsalter zu wachsen. Er schwankte im Gesamtdurchschnitt früher um 3, er schwankt heute um 3,8 Jahre.

Besonders auffällig ist in letzter Zeit das Anwachsen der Spät- und der Frühehen. Es werden heute etwa doppelt so viel Ehen in den Altersklassen von 40 bis 50 Jahren geschlossen wie früher. Die Zahl der Eheschließungen von Männern unter 20 Jahren hat sich etwa Verzehntfacht (die absolute Zahl ist aber klein; sie beträgt nur rund 1 Prozent aller Eheschließungen), die von Männern unter 22 Jahren etwa verdreifacht. Es wurde bisher noch nicht untersucht, ob es sich bei diesen Frühehen um eine reine Nachkriegserscheinung handelt (möglicherweise „Zwangsehen", also Ehen, in denen vor der Heirat ein Kind erwartet wurde), oder ob sich bei ihnen andere Einflüsse feststellen ließen (Romantik?), die auf den Beginn einer neuen Entwicklung hinweisen.

Formen und Größe der Familie

Bis in das Mittelalter bildeten Familien aus mindestens zwei, oft drei, in Ausnahmefällen gar vier Generationen, eine Lebens- und Produktionsgemeinschaft. Diese streng hierarchisch geordnete, patriarchalisch organisierte „Großfamilie" entwickelte sich in späteren Zeiten allmählich zu der „größeren Familie" weiter, einer Familienform, der die Funktionszusammenhänge der Großfamilie bereits verloren gegangen waren, die sich aber noch immer durch einen engen verwandtschaftlichen Zusammenhalt mehrerer Familien aus verschiedenen Generationen auszeichnete.

Großfamilien im eigentlichen Sinne gibt es heute praktisch nicht mehr. Immerhin leben auf dem Lande und, wo die Nachkriegsverhältnisse es erzwungen haben, auch in der Stadt, eine Anzahl von Familien in einer Art Großfamilie zusammen. In fast allen dieser Familienverbände treten heute erhebliche Spannungen auf. Sie sind in der Stadt groß, aber offenbar nicht bedeutend größer als auf dem Lande. Sie sind zudem nicht allein von der Wohnungsenge abhängig. Auch in den Fällen, in denen Eltern- und Kinderfamilien in verschiedenen Stockwerken des gleichen (eigenen) Hauses wohnen, werden sehr häufig schwere Zerwürfnisse beobachtet. Nicht wenige Ehescheidungen gehen auf den Zwang zurück, mit der älteren Generation heute zusammenleben zu müssen. Man erklärt die Spannungen in der Regel damit, daß die jüngere Generation so selbständig geworden ist, daß selbst geringfügige Einsprüche von Seiten der Eltern als schwere Belastung empfunden werden. Dazu kommt sicher, daß eine Reihe von Faktoren, die früher auf den Zusammenhalt der Großfamilie einwirkten, heute nicht mehr wirksam sind (außerhalb der Großfamilie fand man früher keinen Arbeitsplatz, keine soziale Sicherheit, gab es keine Aufstiegsmöglichkeiten).

Weniger Schwierigkeiten bereitet es der modernen Familie offenbar, einen Elternteil, die Mutter oder den Vater des Mannes oder der Frau, in ihre Lebensgemeinschaft aufzunehmen. Immerhin werden auch in diesen Fällen oft Spannungen sichtbar. Das Ideal unserer Zeit scheint die „konjugale Familie" zu sein, die Familie, die aus Mann, Frau und den Kindern besteht. Typisch für sie ist, daß ihre Größe abnimmt.

Dieser Schrumpfungsprozeß kann sicher zum Teil auf die Auswirkungen der gleichen geschichtlichen Entwicklungsvorgänge zurückgeführt werden, die zu der Auflösung der Großfamilie und der weitgehenden Auslöschung des Sinnes für den Familienzusammenhang führten, wie es ihn noch in der „größeren Familie" gab. Immerhin sind auch noch andere Gesichtspunkte zu beachten. Die Tatsache, daß die Bevölkerung Europas bis zum Beginn des 19. Jahrhunderts nicht wuchs, beweist, daß die Größe der Familie früher beschränkt gewesen sein muß. Wir vergessen heute zu leicht, daß bis um das Jahr 1800 von fünf Kindern vier nicht das heiratsfähige Alter erreichten. Nur um den Bestand der Familie zu wahren, mußte die Ehefrau zehn bis fünfzehn Kinder zur Welt bringen. Viele Kinder starben als Säuglinge. Selten lebten mehr als fünf oder sechs Kinder zur gleichen Zeit. Seuchen raubten den Eltern oft ihren gesamten Nachwuchs auf einmal, sodaß im Laufe der Ehen früher kinderreiche mit kinderlosen oder doch zumindest kinderarmen Zeiten abwechselten. Die große Familie ist eine Errungenschaft der Neuzeit. Sie entstand, als mit der Entwicklung der Hygiene die Kindersterblichkeit entschieden zurückgedrängt werden konnte. Es gibt Forscher, die den Standpunkt vertreten, der Rückgang der Familiengröße entspreche durchaus einem Anpassungsprozeß der Familie an die modernen Verhältnisse, der beendet sein werde, wenn erneut ein Ausgleich zwischen den Geburten und den Sterbefällen erreicht sei. Gewisse Erscheinungen in dem Auf und Ab des Bevölkerungswachstums und des Bevölkerungsrückgangs sprechen für diese Theorie.

Im Durchschnitt dürfte die Kennzahl für die Größe der deutschen Familie heute bei 4,5 liegen. Etwa 3 Prozent aller Familien umfassen 6 oder mehr Personen. Insgesamt machen die Familien nur etwas mehr als 60 Prozent der Gesamtbevölkerung aus. Der Rest besteht aus Halbfamilien (meist Witwen oder geschiedene Frauen mit Kindern), Junggesellen, unverheirateten Frauen, einzeln lebenden alten Leuten. Die Zahl der Halbfamilien hat sich in Deutschland im Verlaufe des Zweiten Weltkrieges erheblich erhöht. In den USA leben 66 Prozent der Bevölkerung in Familien.

Die Zahl der Kinder

Seit 1871 ist die Zahl der Geburten in Deutschland um mehr als die Hälfte zurückgegangen. Auf tausend Einwohner kamen damals 38,8 Geburten, 1949 16,6. Allerdings hat sich auch die Sterblichkeit erheblich verringert. Der Geburtenüberschuß betrug 1871 10,6, 1949 6,5. Die Abnahme der Geburten und die Abnahme des Geburtenüberschusses ist für ganz Westeuropa mit Ausnahme von Holland und Irland typisch. Westeuropa hat einen Stand erreicht, da die Bevölkerungen zu schrumpfen beginnen oder sich günstigstenfalls gerade noch auf dem erreichten Stand halten. Die USA, Australien und Neu-Seeland nähern sich allmählich diesem Zustand. In Südamerika, Afrika und dem größten Teil Asiens einschließlich Chinas entsprechen die Geburtenzahlen den Sterblichkeitsziffern. Die indische Bevölkerung beginnt, seit die Kenntnisse über die moderne Hygiene in dem Lande Einlaß fanden, zu wachsen. In der UdSSR sinken die Geburten- und die Sterblichkeitsziffer; der Geburtenüberschuß, der zwischen 1932 und 1938 auf Grund staatlicher Eingriffe ganz erheblich nachgelassen hatte[4], hat heute wieder seine alte Höhe erreicht. Bei den osteuropäischen Völkern nimmt der Geburtenüberschuß durch das Sinken der Geburtenhäufigkeit stark ab; die Verhältnisse in Osteuropa gleichen sich denen in Westeuropa allmählich an. Wie sich aus dieser Übersicht ergibt, scheint der „Normalfall" in der Welt die hohe Geburtenzahl bei entsprechend hoher Sterblichkeit zu sein. Sobald die Sterblichkeitsziffern sinken, wachsen die Bevölkerungen schnell. Nach einer gewissen Zeit wird dann Geburtenkontrolle geübt, die Geburtenzahlen gehen zurück und nähern sich denen der Sterblichkeit.

An diesem Ablauf scheinen weder religiöse Einflüsse noch der Staat wesentlich etwas ändern zu können. Die gleiche Entwicklung vollzieht sich in katholischen wie in protestantischen Ländern, in Demokratien wie in Diktaturen. Eingriffe des Staates, die zu einer Geburtenbeschränkung führen, sind, wie das Beispiel in der UdSSR zeigt, offenbar eher möglich, als Bemühungen um eine Erhöhung der Geburtenzahlen erfolgreich. Eine geeignete Familienpolitik kann zwar zu einer gewissen Steigerung der Geburtenhäufigkeit führen, ist aber immer erst dann mit sichtbaren Erfolgen verknüpft, wenn zugleich die Vollbeschäftigung gesichert werden kann und die Zahl der auf den Markt kommenden Gebrauchsgüter beschränkt ist. (In den USA kann die Verknappung von Automobilen, Waschmaschinen undsoweiter an der Geburtenstatistik abgelesen werden. Auch die Nationalsozialisten profitierten in ihrer Bevölkerungspolitik an den Kanonen, die sie dem Volk anstelle der Butter boten.)

Von einer besonderen Bedeutung für die Kinderzahl einer Familie ist der Besitz von Grund und Boden. Aus einer Übersicht, die 1939 für das Land Bayern zusammengestellt wurde, ergibt sich, daß in allen Berufen die Zahl der Kinder um 0,6 bis 1 höher lag, wenn die Familien ein Stück Land ihr eigen nennen konnten, und war es noch so klein. (Arbeiterfamilien mit Schrebergärten haben in der Regel ein Kind mehr als solche ohne Schrebergärten.) Ferner ist in fast allen Berufen die Kinderzahl höher, wenn die Familien auf dem Lande oder in Gemeinden unter 2000 Einwohnern leben. Ausnahmen bilden hier vor allen Intellektuelle wie Apotheker, Tierärzte, Rechtsanwälte, die in der Stadt höhere Einkünfte haben, und Vollbauern, deren Höfe besonders transport- und marktgünstig in dem Gebiet einer Großstadt liegen.

Durchschnittlich die meisten Kinder finden sich in Familien der Vollbauern. Es folgen der Kinderzahl nach die der Handwerker, Gewerbetreibenden und bestimm-

[4] In den dreißiger Jahren führte die Kollektivierung der Landwirtschaft, die beschleunigte Industrialisierung und die Legalisierung der Schwangerschaftsunterbrechung zu einem Rückgang des Geburtenüberschusses von 12 auf 4.

ter Arbeitergruppen. Kinderarm sind die Familien von Beamten und Angestellten. Am wenigsten Kinder haben Familien von Schriftstellern, Redakteuren, Privatgelehrten, Zahnärzten und Dentisten.

In der Arbeiterschicht gibt es vor allem zwei Gruppen, in denen sich kinderreiche Familien finden; einmal die Gruppe der Hilfsarbeiter, dann die Gruppe von Arbeitern, deren Arbeit noch Zusammenhänge mit dem Handwerk erkennen läßt, oder die noch immer in einer zunftähnlichen Gemeinschaft leben: Bauarbeiter etwa, Arbeiter in der Glas- und in der Keramikindustrie, Bergleute. Die Kinderzahl der für unsere Zeit besonders typischen Arbeitergruppen der Eisen- und Metallarbeiter, Mechaniker, Buchdrucker ist klein und entspricht etwa der der Intelligenzschicht. In dieser zeigt sich in letzter Zeit eine Tendenz, mehr Kinder zu haben.

Diese Verhältnisse scheinen erneut die oben angeführte Theorie zu stützen, nach der es sich bei dem Rückgang der Familiengröße um einen Anpassungsprozeß handelt. Ausgesprochene Kinderüberschüsse sind nur in den Schichten zu finden, die für unsere moderne Zivilisation weniger typisch sind. Anderseits nimmt die Zahl der Kinder in den bisher besonders kinderarmen Gruppen wieder zu. (Interessant ist in diesem Zusammenhang auch die Tatsache, daß in Frankreich, einem seit Jahrzehnten kinderarmen Land, nach dem Zweiten Weltkrieg wieder ein Geburtenüberschuß festgestellt werden konnte; er hat in den letzten fünf Jahren stetig zugenommen.)

Obwohl die Kinderzahl in Arbeiterfamilien relativ hoch ist, scheint sie, zumindest in Großstädten, doch nicht auszureichen, auch nur den Bestand der Gruppe zu wahren. Da die Lebenserwartung des Arbeiters offenbar geringer und die Kindersterblichkeit in seiner Schicht größer ist, zeigen die Bevölkerung von großstädtischen Arbeitervierteln die Tendenz zu schrumpfen. Ein möglicher Geburtenüberschuß in Großstädten geht fast immer auf den relativen Kinderreichtum des Kleinbürgertums zurück.

Die Ansicht, daß der Rückgang der Geburtenzahl wesentlich von äußeren Gegebenheiten, von dem steigenden Heiratsalter oder etwa von der zunehmenden Verbreitung empfängnisverhütender Mittel beeinflußt werde, ist sicher irrig, — mögen auch für den zweiten Fall noch so eindrucksvolle Zahlen genannt werden[5]. In den Familien, in denen es nur wenige Kinder gibt, fehlt der Wille, mehr Kinder zu haben. Bei einer Befragung im vorigen Jahr sprachen sich in Deutschland 54 Prozent der Befragten für eine Ehe mit 2 Kindern, 10 Prozent für eine Ehe mit 4 Kindern, 2 Prozent für eine Ehe mit 5 und mehr Kindern aus. Die Vergleichszahlen waren für England 42, 21, 4, für Frankreich 32, 18, 5 (der „Wille zum Kinde" ist dort also heute stärker als bei uns), für USA 27, 31, 13, für Australien 14, 46, 16, für Kanada 21, 29, 27. Diese Zahlen, in geeigneter Weise miteinander verglichen, entsprechen ziemlich genau den Geburtenüberschüssen der betreffenden Länder.

Die Regelung der Kinderzahl erfolgt im gesamten westeuropäischen und amerikanischen Bereich praktisch fast ohne Ausnahme durch die Geburtenkontrolle, nicht durch die Abstinenz. Auf die Frage der Geburtenkontrolle wird in einem besonderen Beitrag im Rahmen dieser Aufsatzreihe eingegangen werden.

[5] Im Jahre 1938 wurden von einer einzigen Art von Verhütungsmitteln 144 Millionen Stück verkauft.

Die Zahl der unehelichen Kinder schwankt in den verschiedenen Gesellschaften, solange die politischen und wirtschaftlichen Verhältnisse einigermaßen normal sind, nur sehr wenig. In der Zeit vor dem Ersten Weltkrieg kamen in Deutschland auf 100 ehelich geborene Kinder 10 bis 11 unehelich geborene. Nach dem Ersten Weltkrieg stieg die Zahl kurze Zeit auf 12 an und hielt sich dann, wenn man eine geringe Steigerung während der Wirtschaftsdepression ausnimmt, konstant knapp unter 8. Nach dem Zweiten Weltkrieg kamen zeitweilig und mit örtlichen Unterschieden auf je 100 ehelich geborene Kinder bis zu 20 uneheliche. Die Zahl sinkt jetzt wieder schnell ab. In den USA kommen auf 100 eheliche Kinder durchschnittlich 3 bis 4 uneheliche. Insgesamt kann man in der westlichen Welt einen langsamen Rückgang der unehelichen Geburten beobachten.

Auch die Zahl der Schwangerschaftsunterbrechungen erweist sich, normale Verhältnisse vorausgesetzt, als wenig veränderlich. Man schätzt sie in Deutschland auf 5 je 100 Geburten. Etwa die Hälfte dürfte auf verbotene Eingriffe zurückzuführen sein. Der Rest der Unterbrechungen erfolgt aus medizinischer Indikation oder — dieser Teil scheint bei weitem zu überwiegen — spontan, also ohne Eingriff. Nach dem Ersten Weltkrieg stieg die Zahl der Schwangerschaftsunterbrechungen auf 20 je 100 Geburten (jedes 6. Kind), in der großen Mehrzahl durch verbotene Eingriffe herbeigeführt. Nach dem Zweiten Weltkrieg dürfte die Zahl noch weit größer gewesen sein, da bei einer großen Gruppe von Frauen, deren Schwangerschaft zweifelsfrei auf Notzüchtigungen oder Vergewaltigungen zurückzuführen war, die zwar nicht erlaubte, aber geduldete Schwangerschaftsunterbrechung „aus ethischer Indikation" vorgenommen wurde. In den USA schätzt man die Zahl der Schwangerschaftsunterbrechungen in „normalen" Zeiten auf 20 je 100 Geburten. Sie scheint in der letzten Zeit zurückzugehen.

Was bereits aus diesem ersten Teil der Beschreibung gewisser Züge der modernen Familie immer wieder deutlich sichtbar wird, ist ihre bemerkenswerte Kraft, als besondere Einrichtung der Gesellschaft zu überleben. Mögen die modernen Entwicklungen, denen die Gesellschaft unterworfen war und ist, noch so tiefgehende Veränderungen in den Grundlagen bewirkt haben, auf denen die Familie ruht, mögen sie gegen ihren Zusammenhalt noch so starke Kräfte zum Ansatz bringen, — immer wieder, wie es scheint, tauchen zusammen mit den zerstörerischen Elementen zugleich auch andere auf, die ihrer Wirkung entgegenwirken. Die Geschichte der Familie ist vielleicht in erster Linie die Geschichte ihrer Anpassung an die bestehenden gesellschaftlichen Verhältnisse.

Diese Anpassung erfolgt nur langsam, denn das höchst komplizierte Gefüge der Familie und der Ehe setzt jedem schnellen Wandel starke innere Reibungswiderstände entgegen. Immer dann, wenn die gesellschaftliche Entwicklung ein bestimmtes Maß an Geschwindigkeit annimmt, entsteht eine ausgeprägte Disharmonie zwischen dem Rhythmus der Gesellschaft und dem der Familie. Diese Zeiten nennen wir Zeiten der Krise. In dem zweiten Teil des vorliegenden Aufsatzes wird vielleicht mehr noch als in diesem ersten sichtbar gemacht werden können, daß die Familienkrise unserer Tage durchaus nicht in die Katastrophe ihrer Auflösung einzumünden braucht.

Heinrich Böll

DAS ABENTEUER

Fink ging auf den Seiteneingang der Kirche zu. Rechts und links von der defekten Asphaltierung waren winzige Vorgartendreiecke, von schwarzen Eisengittern umzäunt: schwärzliche saure Erde und zwei Buchsbaumsträucher, deren Blätter zäh und welk wie Leder erschienen. Er drückte mit der Schulter eine braungepolsterte Tür auf und fand sich in einem muffigen Windfang, in dem er wieder eine gepolsterte Tür aufstoßen mußte: diesmal puffte er die Faust dagegen und las, bevor er in die Kirche trat, auf einem Sperrholzbrett flüchtig einen Anschlag: „Dritter Orden des Heiligen Franziskus, Ankündigungen . . ."

In der Kirche herrschte grünlicher Dämmer, und Fink entdeckte an einer ölgestrichenen Wand, deren Farbe nicht zu erkennen war, ein leuchtend weißes Pappeschild mit einer schwarz gemalten Hand, die senkrecht nach unten wies. Oberhalb des sehr steifen und viel zu langen Zeigefingers stand: Beichtklingeln. In braunen Haltern darunter waren Klingelknöpfe von dunklem Elfenbein und Schilder mit Namen. Er nahm sich nicht die Mühe, die Namen zu entziffern, sondern drückte blindlings auf einen der Knöpfe, und er hatte das Gefühl, etwas Unwiderrufliches, Endgültiges zu tun; dann lauschte er: nichts zu hören . . .

Er tauchte die Finger in ein muschelförmiges, rosig bemaltes Weihwasserbecken aus Gips, das im Dämmer wie ein großer künstlicher Gaumen erschien, dem ein paar Ecken ausgeschlagen waren; langsam bekreuzigte er sich und ging ins Mittelschiff. Auf jeder Seite sah er zwei dunkle Beichtstühle mit zugezogenen rötlichen Vorhängen, und er entdeckte jetzt, daß die Stuckgewölbe zwischen den gotischen Pilastern eingestürzt waren: das häßliche Mauerwerk aus gelben Backsteinen war nackt, es erinnerte ihn irgendwie an eine altmodische Badeanstalt. Der ehemalige Haupteingang vorne war mit rohen Steinen zugemauert, mitten ins Mauerwerk gequetscht ein schiefer alter Fensterrahmen, von dem die weiße Farbe abgebröckelt war.

Fink kniete im Mittelschiff nieder und versuchte zu beten, aber über die gefalteten Hände hinweg mußte er die vier Beichtstühle beobachten, immer wieder rechts und links ins Halbdunkel starren, um den Priester, der irgendwo auftauchen konnte, nicht zu verfehlen. Wahrscheinlich würde er durch die Sakristei kommen, von vorn, wo Fink im Dämmer eine Messingglocke mit rotem Samtseil neben dem ewigen Licht erkannte . . .

Zur Mitte hin wurde die Kirche heller, und er sah jetzt, daß das ganze Dach über dem Mittelschiff erneuert war: das zerstörte ausgezackte Mauerwerk trug einen provisorischen, sehr flachen Dachstuhl, der mit schmutzigen alten Brettern zugenagelt war: manche Bretter waren dunkelbraun von Fußbodenfarbe, — und die Heiligen an den Säulen waren alle kopflos: ein hilfloses erschütterndes Doppelspalier merkwürdiger Gipsgestalten, denen die Köpfe abgeschlagen und die Symbole aus den Händen gerissen waren, stumpfe, dunkelgetönte Torsi, die mit verstümmelten Händen auf ihn herabzuflehen schienen.

Fink wollte Reue und Vorsatz erwecken, es gelang ihm nicht, er war zu unruhig, und es entstand in seinem Inneren ein Durcheinander abgehackter flehender Stoßgebete, unterbrochen von Erinnerungen und dem immer wieder auftauchenden Wunsch, die Sache schnell hinter sich zu bringen und abzufahren, schnell wieder weg aus dieser Stadt . . .

Er spürt es: das, was er beichten wollte, fing schon an, Erinnerung zu werden und Glanz zu bekommen, es erhob sich unmerklich aus der Ebene seines mühseligen und dreckigen Alltags, und es schien, als würde es eines Tages — bald schon — irgendwie über ihm schweben: ein schönes sündhaftes Abenteuer, während in Wirklichkeit — auch das wußte er — er nur aus einer Art Höflichkeit jene Spielregeln befolgt hatte, deren erdrückende Selbstverständlichkeit und tödlicher Ernst ihn mit Schrecken erfüllte. Schon vorher hatte ihn Widerwillen gepackt, aber er hatte mitgespielt, indem er sich einredete, es sei ja nur ein mechanischer Akt, ein naturnotwendiger Vorgang, während er insgeheim wußte, daß der Pfeil auf dem Bogen schon zitterte, der Schuß losgehen und ihn unfehlbar in jenes Unsichtbare treffen würde, für das ihm kein anderes Wort als Seele einfiel ...

Er seufzte und fing an, ungeduldiger zu werden: in seinem Inneren schwebten diese Bilder — das sich langsam vergoldende und das wirkliche — nebeneinander, untereinander, sie verschmolzen für Augenblicke miteinander, und seine Augen gingen in qualvoller Erwartung an den kopflosen Säulenheiligen vorbei bis zu jenem Samtseil neben der Glocke.

Er dachte daran, daß die Klingel vielleicht gar nicht funktionierte oder der Pater, dessen Namen zu lesen ihm belanglos erschienen war, abwesend war. Er kannte diese Art von Beichten nicht, früher hatten sie darüber gespottet, sie hatten sie immer Automatenbeichten genannt: man drückte auf einen Knopf, und eine unsichtbare Hand reichte einen Blankozettel heraus, ein weißes glänzendes Stück Papier, auf dem als Wasserzeichen zu lesen war: Zustand der heiligmachenden Gnade.

Als er aufstehen wollte um noch einmal zu den Klingelknöpfen zu gehen, sah er im starren Bild der leeren Kirche eine dunkle Gestalt, die aus der Sakristei trat, vor dem Altar niederkniete und auf die Beichtstühle der rechten Seite zuging. Er beobachtete den Mönch gespannt: er schien jung zu sein, seine Gestalt war groß und schlank, und der Kranz von Haaren, den die Tonsur ihm gelassen hatte, dicht und schwarz.

Fink versuchte schnell noch einmal, Reue und Vorsatz zu erwecken, er leierte im Inneren jene Formel herunter, die er schon zwanzig Jahre auswendig wußte, und stand auf. Er stolperte, als er auf den Gang trat: irgendwo in dem rot-weißen lilienförmigen Fliesenmuster mußte eine schadhafte Stelle sein; er fing sich an einer Kniebank und hörte, wie der Pater das winzige Lämpchen ausknipste und den Vorhang beiseite zog.

Als er niederkniete in diesem muffigen, dunklen, sehr unbequemen Winkel, und das weiße Ohr hinter dem Gitter erkannte, spürte er, daß sein Herz bis zum Halse klopfte, er konnte vor Erregung nicht sprechen...

„Gelobt sei Jesus Christus", sagte eine Stimme, die sehr gleichgültig klang.

Er preßte sich heraus: „'n Ewigkeit, Amen" und schwieg.

Der Schweiß rann ihm über den Rücken und heftete sein Hemd an die Haut, dicht und unbarmherzig, als sei er in Wasser getaucht; es schien kein Raum zum Atmen zu bleiben.

Der Priester räusperte sich.

„Ich habe die Ehe gebrochen", stammelte Fink, und er wußte, daß er damit fast alles getan hatte, was er tun konnte: eine Transparenz, die er nicht erkannte, projizierte das Geschehene und schmolz es zusammen auf seinen Gehalt an Wahrheit.

„Sind Sie verheiratet?"

„Nein."

„Aber die Frau, mit der ... "

„Ja."

„Wie oft?"

Diese Frage ernüchterte ihn mit einem Schlag. Alles, was vor seinen Augen verschwommen war, dieses weißliche große Ohr, das ihm riesig erschien, und das Gitter — von einem seltsamen knusprigen Braun, wie die Gitter über den Apfelkuchen —, alles sah er nun deutlich, ganz wirklich, und er blickte in den herabfallenden Ärmel des aufgestützten Priesterarmes hinein: eine dunkle Höhlung zwischen der Kutte und der weißlichen, hell behaarten Haut.

„Einmal“, sagte er, und ein tiefer Seufzer, den er nicht unterdrücken konnte, kam aus seiner Brust.

„Wann?“ Diese Fragen kamen kurz, knapp, ohne jede persönliche Note, wie die eines Arztes bei der Musterung.

„Heute“, sagte er. Tatsächlich war es ihm schon unendlich weit entfernt geschienen, aber sein Wort holte es heran wie eine Kamera, die nach ihrem Ziel schießt, um es festzulegen: man war gezwungen, etwas nah zu sehen, was man nicht nah sehen wollte.

„Meiden Sie den Umgang mit dieser Frau.“

Jetzt erst fiel Fink ein, daß er sie wiedersehen würde: eine hübsche kleine Bürgerin mit feistem Hals und in einem roten Morgenrock, Augen, die zugleich langweilig und traurig waren; und er stellte sie sich so intensiv vor, daß er die Frage des Priesters fast überhörte.

„Lieben Sie sie?“

Er konnte nicht nein sagen, ja zu sagen erschien ihm noch ungeheuerlicher. Er dachte nach, während er spürte, daß sich der Schweiß heiß und brennend über seinen Brauen sammelte.

„Nein“, sagte er schnell, und er fügte hinzu: „Ich kann schlecht den Umgang mit ihr meiden.“ Der Priester schwieg, und Fink sah für einen Augenblick, als die niedergeschlagenen Lider hochzuckten — weißlich und fett —, ein paar sehr ruhige, graue Augen.

„Ich bin Vertreter einer Firma für Fertighäuser“, sagte er heiser, „und die — die Dame hat ein Haus bei uns bestellt.“

„Und Sie haben diesen Bezirk?“

„Ja.“ Er dachte daran, daß er Verhandlungen mit ihr würde führen müssen, Pläne vorlegen, Kalkulationen besprechen, Einzelheiten beraten, unzählige Einzelheiten, die man, wenn man wollte, über Monate hinauszögern konnte.

„Sie müssen sich versetzen lassen.“

Fink schwieg. Die Stimme wurde eindringlicher. „Sie müssen alles versuchen, sie nicht mehr wiederzusehen. Die Gewohnheit ist stark, sehr stark. Sie haben den aufrichtigen Wunsch und Vorsatz, die Frau nicht mehr wiederzusehen?“

„Ja“, sagte Fink sofort, und er wußte, daß er zum ersten Male wirklich die Wahrheit sagte.

„Versuchen Sie es. Tun Sie alles. Denken Sie an das Schriftwort: wenn deine linke Hand dich ärgert, hau sie ab. Nehmen Sie materielle Nachteile in Kauf“, er schwieg einen Augenblick, „es ist nicht leicht — ich weiß — aber die Hölle macht es uns nicht leicht . . .“

Seine Stimme verlor wieder den persönlichen Klang, als er fragte: „Sonst noch was?“

Fink zuckte zusammen: er kannte diese Art von Beichte nicht, obwohl er inzwischen gemerkt hatte, daß sie ernst war, ungeheuer ernst, ernster als jene gewohnheitsmäßige Hygiene, die er dreimonatlich zu Hause beim Kaplan vornahm.

„Sonst noch was?“, fragte die Stimme ungeduldig.

„Nein.“

„Wann haben Sie zuletzt gebeichtet?“

„Vor acht Wochen.“

„Und kommuniziert?“

„Vor vier.“

Der Pater fing an, mit monotoner Stimme die Gebote herzusagen wie bei den Beichtkindern, die er gewohnt war: Leuten, die kaum das Glaubensbekenntnis auswendig wußten, deren religiöser Wortschatz aus Vaterunser und Ave bestand. Fink wurde es ungemütlich, er wollte weg.

„Nein", sagte er jedesmal leise, — bis zum fünften Gebot. Der Pater überging das sechste.

„Stehlen", sagte der Priester kaltblütig, „und lügen — das siebte und achte Gebot."

Fink wurde rot, es stieg ihm heiß in die Ohren: Um Gottes willen, er stahl doch nicht.

„Haben Sie gelogen?"

Fink schwieg. Noch nie hatte ihn jemand gefragt, ob er gelogen habe. Überhaupt schien es ihm, als habe er noch nie gebeichtet. Diese rohen Formulierungen trafen ihn wie Schläge, und während ihm einfiel, daß er das noch nie gebeichtet hatte, murmelte er: „Nun ja, die Häuser, unsere Häuser sind nicht ganz so wie sie im Katalog stehen, — ich meine, sie — die Leute sind oft enttäuscht, wenn sie sie wirklich sehen ...

Der Priester konnte ein „aha" nicht unterdrücken, er sagte: „Auch darin müssen wir ehrlich sein, obwohl —", er suchte nach Worten —, „obwohl es unmöglich scheint, aber es ist eine Lüge, etwas zu verkaufen, von dessen Wert man nicht überzeugt ist." Er räusperte sich wieder, und Fink beobachtete, daß der aufgestützte Arm verschwand, als der Pater zu flüstern anfing: „Nun wollen wir alles mit einschließen und inständig unseren Herrn Jesus Christus bitten, für uns Verzeihung zu erlangen. Er ist am Kreuze gestorben, um uns von unseren Sünden zu befreien, und jede unserer Sünden heftet ihn wieder ans Kreuz. Erwecken Sie noch einmal Reue und Vorsatz und beten Sie zur Buße ein Gesetz des schmerzhaften Rosenkranzes ..."

Der Priester setzte sich in der Mitte des Beichtstuhls aufrecht, mit geschlossenen Augen murmelnd, bis er plötzlich sein Gesicht wieder Fink zuwandte, das „Absolve te" deutlicher betonte und das Kreuzzeichen über ihn schlug.

„Gelobt sei Jesus Christus!"

„In Ewigkeit, Amen!", sagte Fink.

Er war ganz steif, und ihm schien, als müßten Stunden vergangen sein. Er setzte sich in eine Bank und zog sein Taschentuch heraus, und als er anfing, sich den Schweiß abzutrocknen, sah er, daß der Pater wieder in der Sakristei verschwand.

Fink war müde; er versuchte zu beten, aber die Worte fielen in ihn zurück wie stumpfes Geröll, und während er gegen den Schlaf ankämpfte, sah er durch die halbgeschlossenen Lider, daß in der dunklen Ecke neben dem Seiteneingang nun Kerzen brannten vor dem Muttergottesaltar: unruhig flackerten die billigen Stearinstengel, sie verzehrten sich rastlos, und ihr Schein schaukelte die Silhouette einer alten kleinen Frau an die Wand des Mittelschiffs, riesengroß und mit einer phantastischen Genauigkeit: einzelne vorstehende Haare über der Stirn standen hart und schwarz wie Drähte an der Wand, eine kindliche Nase und die müde Schlappheit ihrer Lippen, die sich stumm bewegten: ein flüchtiges Denkmal, das die stumpfen Gipsfiguren überdeckte und über den Rand des Daches hinauszuwachsen schien.

Brüder, fürchtet euch nicht vor der Sünde der Menschen, — liebt die Menschen auch in ihrer Sünde, denn das ist der göttlichen Liebe ähnlich und die höchste Liebe auf Erden.

Dostojewskij.

MARTIN BUBER

„... kein richtiger Jude ...“?
(Viktor von Weizsäcker.)

I

Anruf von Walter (Dirks): „Martin Buber ist in Frankfurt! Hast du morgen Abend frei?“

Vom Savoy-Hotel gehen wir in Gruppen, etwa zwanzig Personen, in ein nahegelegenes Haus. Ein Raum, der gerade ausreicht, nimmt uns auf. Eine lange Tafel. Dort, an der Spitze, wo der tiefe Sessel steht, wird der kleine Mann mit dem Patriarchenbart sitzen.

Ich habe in meinem Leben viel von Martin Buber gelesen. Aber ich habe ihn, außer auf Bildern noch nie gesehen. Welch ein freudige Ehrfurcht einflößender Bekannter. Nunmehr gewohnt, Menschen, denen ich erstmals begegne, ganz wie von selbst auf die Probe äußerster Bewährung hin zu betrachten: kahlgeschoren, drillichbekleidet, im Dreck des Konzentrationslagers, weiß ich sofort: er hätte uns ein unvergeßliches Beispiel gegeben. Ihm hätte ich mich, als der eine Generation Jüngere, auf dem harten Wege anvertraut. Am Appellplatz stehend, hätte ich meine Tränen hinuntergewürgt, wenn die Nachricht kam, daß sie ihn umgebracht hätten. Ein Weiser wäre dahingegangen, eine richterliche Gestalt, ein fröhlicher Mensch: diese Augen!

Im Verlauf des theologisch-politischen Gesprächs — er wandte sich plötzlich zur Seite, einem Teilnehmer zu, der anscheinend mißverstanden hatte: „Verzeihen Sie, wenn ich unterbreche. Es muß volle Klarheit darüber bestehen, was ich als eine mögliche Antwort und was ich als meine Antwort gegeben habe. Ich habe gesagt: ...“. Das Gespräch konnte nicht entgleisen. In seinem Verlauf, er sprach garnicht so viel, gingen an einer bedeutsamen Stelle, als er die Verzweiflung des Menschen, die beklagt wurde, *das* heilsgeschichtlich notwendige Ereignis nannte, seine Worte in eine altjüdische Geschichte über: an einem einzigen Tage geschah die Erschaffung des Adam, der Eva, die Versuchung, der Sündenfall und die Austreibung aus dem Paradies; in diesem Augenblick ging die Sonne unter — erstmals für die Menschen, und sie waren entsetzt, sie brachten das Ereignis in Zusammenhang mit ihrer Tat. Verzweifelt wanderten sie in die Finsternis hinein. Als sie kein Ende nahm, wollten sie zurück. Sie kehrten um und wanderten abermals, fast schon erschöpft. Da ging vor ihnen die Sonne auf! — „Sie sehen,“ sagte Buber, abermals individuell zu einem Teilnehmer gewendet, „das griechische Wort ‘metanoeite’ stimmt nicht ganz: man kehrt mit seiner ganzen Existenz um.“

Daß so viele anständige Leute müde sind, weil das Gute keinen Erfolg hat, meinte einer. „Der Erfolg ist keiner der Namen Gottes,“ sagte Buber.

Er hält den Zustand, in dem wir uns befinden, für objektive Gottesferne, wie eine Sonnenfinsternis, die ja nicht nur im Bewußtsein der Menschen stattfindet. Was sich daraus für den Gläubigen dem Nächsten gegenüber ergibt! (Ein Evangelischer erzählte, Pastor Niemöller habe neulich, in einem Vortrag vor jungen Theologen, das Lutherwort „Wie kriege ich einen gnädigen Gott“ abgewandelt in die grausige Zeitnähe „Wie kriege ich einen gnädigen Nächsten“.)

Endzeitliche Perspektiven hält Buber für sehr gefährlich. Es sind Fluchten. Der an Gott Glaubende schweigt, spricht und ist. Er überzeugt durch sein Dasein. „Man kann nicht drei Tage voraussagen, ob man sprechen oder schweigen wird, es hängt ganz von der Situation ab.“ Es handelte sich um einen Plan, gemeinsam Zeugnis abzulegen, Katholiken, Evangelische und Juden. Es gehört in den Zusammenhang, zu erwähnen, daß er abschließend auch sagte: „Es gibt Dinge, die man rechtens nur weiß, indem man sie tut.“ (Es war ein wenig gegen die Prediger gesprochen.)

Vielleicht darf ich es wiederholen: er hat ein fröhliches Blitzen in den Augen, obgleich es doch Nacht um uns ist. Es *kann* nur aus Weisheit stammen.

Die Universität Jerusalem ist zu beglückwünschen, daß sie Martin Buber als Lehrer hat; die Universität Frankfurt, wo er von 1930 an bis zu seinem Weggang unterrichtete, ist zu beklagen. Er fuhr schon zwei Tage später nach London weiter. Er kannte noch alles von Deutschland, was hier leichtsinnig und geflissentlich vergessen wird, — das Gute und das Schlechte. Es gibt nur mehr wenige von seiner Bedeutung. Die Betriebsamen wissen nicht, wie arm sie geworden sind.

Eugen Kogon.

II

Vor fünfundzwanzig Jahren, Frühjahr 1926, erschien im Verlag Lambert Schneider, damals Berlin, das erste Heft einer Vierteljahrsschrift *„Die Kreatur“*, gemeinsam herausgegeben von dem Juden Martin Buber, dem Katholiken Josef Wittig und dem Protestanten Viktor von Weizsäcker. Dieser schreibt in seinen „Begegnungen und Entscheidungen“[1], er habe bald einsehen müssen: „der Katholik war kein richtiger Katholik, der Protestant kein richtiger Protestant und der Jude kein richtiger Jude.“

Diese Sätze stimmen dann — aber auch nur dann —, wenn richtig so viel heißt wie „korrekt“ im Sinne dessen, was landläufig konfessionelle Norm ist. Daß er selbst es nicht ist, bekundet Weizsäcker in seinem Buche allenthalben; und doch kreist auch sein ganzes Dasein um das christliche Erbgut. Daß Wittig nicht „korrekt“ war, dokumentierte am krassesten seine Exkommunikation; und doch wurde sie zuletzt von Papst Pius XII. persönlich aufgehoben. Und Buber? „Die jüdische Jugend, nicht bloß die zionistische . . ., sondern bald auch die liberale und, bei seiner ehrfürchtigen, doch entschiedenen Ablehnung des Gesetzes noch erstaunlicher, auch die orthodoxe, hat entscheidende Einflüsse von ihm empfangen“, konnte schon Ende der zwanziger Jahre Franz Rosenberg von ihm schreiben. Heute zählt er unter den Zeitgenossen zu den Männern, von deren Dasein und Denken die das Wesen treffenden Anstöße ausgehen, zuerst auf jüdische Menschen, dann aber weit über deren Reihen hinaus auf Christen und Nichtchristen, die noch zuhören, Echt von Unecht, Ernst von Unernst zu unterscheiden vermögen.

Sein Werk, eines der weitestgespannten Lebenswerke, die heute in deutscher Sprache vorliegen, mag aus Gründen der Einteilung in ein mehr theologisches: Vorlage und Deutung von Glaubenszeugnissen, und ein mehr philosophisches: mit pädagogischer und politischer Spitze, unterschieden werden. Sofort muß allerdings dazu gesagt werden, daß gerade die innerste Einheit der Bereiche eins seiner Hauptanliegen ist: „Ich ahnte ja früh, wie ich mich auch dagegen wehrte, daß mir unausweichlich bestimmt sei, die Welt zu lieben.“ Von dieser Bestimmung aus fand er in der Botschaft der Chassidim, der ostjüdischen Frommen vor eineinhalb bis zwei Jahrhunderten, „die Trennung von Leben in Gott und Leben in der Welt, das Urübel aller Religion, in echter konkreter Einheit überwunden. Aber auch der falschen Überwindung durch die abstrakte Aufhebung des Unterschieds zwischen Gott und der Welt ist hier die Erwiderung gegeben“.

Und so erschloß Martin Buber in immer neuer Vertiefung durch einen Zeitraum von 45 Jahren hindurch der deutschen Leserschaft Leben und Lehre des Chassidismus. Aus dem

[1] Vergleiche FH VI/1, 59—61.

Legendengut, das um die Heiligengestalten, die großen Lehrer und Wundertäter jener Bewegung, gehäuft war, entstanden über verschiedene Vorstufen zuletzt „Die Erzählungen der Chassidim“[2], Hunderte von Einzelanekdoten und -aussprüchen, sowie „Gog und Magog“[3], der zusammenfassende Bericht von einer dramatischen Handlung: wie der „Seher“ — Rabbi Jakob Josef von Lublin, gestorben 1815 — versucht, den 1798/99 plötzlich an den Grenzen des Heiligen Landes aufgetauchten Eroberer Bonaparte mit magisch-„theurgischen“ Mitteln in die Rolle des endzeitlichen Gottesfeindese zu drängen — „Gog von Magog“[4] — und so den erlösenden Jüngsten Tag heraufzubeschwören; und wie im Gegenspiel sein eigener Schüler, der „heilige Jude“ — Rabbi Jakob Isaak von Pzysha, gestorben 1814 —, echt biblisch das Kommen des Endes abhängig erklärt von der Umkehr des Volkes und sich betend und leidend darum verzehrt. Was in den beiden Büchern gerade nur mit dem unerläßlichen Mindestmaß von Erläuterung einfach vorgelegt ist, das hat ihr Verfasser in seinem neuen Werke „Die chassidische Botschaft“ angedeutet[5].

Durch diese Gruppe von Werken in erster Linie ist Buber einem breiteren Publikum bekannt geworden, hat er „modernen Menschen“ in großer Zahl den verschütteten Zugang zu einer Religiosität freigelegt, die wenigstens teilweise aus den Quellen der biblischen Offenbarung gespeist ist. Weit wichtiger an und für sich, aber weit weniger leicht zugänglich und verbreitet sind jene seiner Arbeiten, die der Aufgabe gelten, das Gotteswort unmittelbar zu erschließen. An erster Stelle zu nennen ist hier „Die Schrift“, Bubers gemeinsam mit seinem Freunde Franz Rosenzweig geschaffene neuartige deutsche Übertragung des Alten Testaments. Von ihr sind 1925 bis 1938 fünfzehn Teilbändchen erschienen; eine revidierte Neuausgabe steht unmittelbar bevor[6]. Das Außerordentliche, das hier geleistet, aber bis in Fachkreise hinein noch nicht entfernt genügend gewürdigt wurde, haben Buber und Rosenzweig selbst in zahlreichen Einzelstudien begründet und erläutert; sie sind unter dem Titel „Die Schrift und ihre Verdeutschung“ zusammengefaßt[7]. Es besteht darin, daß hier zum erstenmal eine deutsche Fassung des Buchs der Bücher vorgelegt wird, in der für gleiche hebräische regelmäßig gleiche deutsche Wortstämme verwendet sind. Plötzlich wird so die Überfülle der „Wortspiele“ des Urtextes auch im Deutschen wahrnehmbar; bestätigend (erläuternd und „erfüllend“) oder auch gegensätzlich (entlarvend und „richtend“) wirkt die Wiederaufnahme von früher gebrauchten Worten und Wortgruppen. Für die Erkenntnis des Gefüges oder der „Komposition“ der biblischen Texte, damit aber auch der jeweiligen Verkündigungsabsicht, ist es von ausschlaggebender Bedeutung, auf solchen Wortgebrauch zu achten. Wir sind fest davon überzeugt, daß mit Bubers Arbeiten (und mit den ähnlich sich bemühenden etwa Cladders, Condamins, G. Hartmanns) ein neuer Abschnitt wesentlich vertieften Verständnisses der Bibel begonnen hat — oder begonnen haben könnte, wenn genügend Menschen, gerade die „Fachleute“ nicht ausgeschlossen, hören wollten. Denn: „die Bibel will als Ein Buch gelesen werden, sodaß keiner ihrer Teile in sich beschlossen bleibt, vielmehr jeder auf jeden zu offengehalten wird“, daß der Leser beim Lesen „*einer* gewichtigen Stelle die auf sie beziehbaren, sprachnahen oder sprachverwandten erinnert und sie alle für ihn einander erläutern“, sagt Buber. Die Fruchtbarkeit dieses Prinzips hat er in seinen eigenen grundlegenden Bibelarbeiten aufs schönste erwiesen: „Königtum Gottes“[8], „Moses“[9], „Der Glaube der Propheten“[10]. Vor allem das letztgenannte Werk bietet eine auch dem gebildeten Laien ohne weiteres zugängliche knappe und klare Einführung in Werden und Wesen der Reli-

---

[2] Zürich 1949, Manesse Verlag. - [3] Heidelberg 1949, Lambert Schneider. - [4] Vergleiche Ezechiel 38 und 39, Apokalypse 20, 8. - [5] Voraussichtlich 1951, Jakob Hegner Verlag. - [6] Zunächst die fünf Gesetzbücher in einem Bande, bei Jakob Hegner, Köln. - [7] Berlin 1936, Schocken Verlag. - [8] Berlin 1932, Schocken Verlag. - [9] Zürich 1948, Gregor Müller Verlag. - [10] Zürich 1950, Manesse Verlag.

gion des Alten Bundesvolkes, wie wir eine bessere nicht kennen, — unbeschadet der Unterschiede, die von Auffassung und Standort bedingt sind. Auch Bubers Auseinandersetzung mit dem Evangelium gehört in diesen Zusammenhang: „Zwei Glaubensweisen“[11], worüber wir in der soeben erschienenen Nr. 10/11 des Freiburger „Rundbriefs zur Förderung der Freundschaft zwischen dem Alten und dem Neuen Gottesvolk“ eingehend — und nicht unkritisch — berichtet haben.

Es wäre eine gänzlich verfehlte Vorstellung von Martin Bubers Werk, wenn man meinte, die eben aufgezählten Bücher würden ihren Leser nur religionswissenschaftlich bereichern. So nachdrücklich das geschieht, so streng sich anderseits Buber von jeder Absicht, gefühlsmäßig, zu erbauen, fernhält, so unüberhörbar sind doch in allem, was er schreibt, die Untertöne, die verraten, daß hier ein Mann des Glaubens spricht, und zwar des werktätigen Glaubens. Er war nicht immer ein Gläubiger; auch er hat eine Zeit lang zu den „Wissenden“ zu gehören vermeint, den „Gnostikern“, deren Lehren in mannigfacher Abwandlung so viele Zeitgenossen in ihren Bann ziehen. Einer, der selbst in seinem letzten Lebensabschnitt solchem Gnostizismus anheimgefallen war, Max Scheler, hat sich hier sozusagen in der entgegengesetzten Richtung dicht an Martin Buber vorbeibewegt. Dieser hat den Augenblick der scheinbaren Begegnung, die doch nur Trennung vollzog, erinnernd festgehalten:

„Ich habe, seit meine eigenen Gedanken über die höchsten Dinge im vorigen Weltkrieg eine entscheidende Wendung nahmen, Freunden gegenüber meinen Standort zuweilen als den ‚schmalen Grat‘ bezeichnet. Damit wollte ich zum Ausdruck bringen, daß ich nicht auf der breiten Hochebene eines Systems weile, das eine Reihe sicherer Aussagen über das Absolute umfaßt, sondern auf einem engen Felskamm zwischen den Abgründen, wo es keinerlei Sicherheit eines aussagbaren Wissens gibt, aber die Gewißheit der Begegnung mit dem verhüllt Bleibenden. Als ich mit Scheler ein paar Jahre nach dem Krieg zusammenkam, nachdem wir uns einige Zeit nicht gesehen hatten — er hatte damals gerade jenen Bruch mit dem kirchlichen Denken vollzogen, ohne daß ich es wußte —, überraschte er mich durch die Anrede: ‚Ich bin Ihrem schmalen Grat sehr nahegekommen‘. Im ersten Augenblick war ich betroffen, denn wenn ich etwas nicht von Scheler erwarten konnte, war es das Aufgeben des vermeintlichen Wissens um den Grund des Seins. Im nächsten Augenblick aber antwortete ich: ‚Er ist anderswo, als Sie annehmen‘. Ich hatte nämlich inzwischen verstanden: Scheler meinte garnicht wirklich jenen damaligen — und seitherigen — Standort, sondern er verwechselte ihn mit einer Anschauung, die ich lange Zeit gehegt und vertreten hatte und der seine neue Philosophie vom werdenden Gott in der Tat nicht fernstand. Ich hatte seit 1900 zuerst unter dem Einfluß der deutschen Mystik von Meister Eckhart bis Angelus Silesius gestanden, für die der Urgrund des Seins, die namenlose, personlose Gottheit, erst in der Menschenseele zur ‚Geburt‘ kommt, dann unter dem Einfluß der späteren Kabbala, nach deren Lehre der Mensch die Macht erlangen kann, den der Welt überlegenen Gott mit seiner der Welt einwohnenden Schechina[12] zu vereinigen. So entstand in mir der Gedanke einer Verwirklichung Gottes durch den Menschen; der Mensch erschien mir als das Wesen, durch dessen Dasein das in seiner Wahrheit ruhende Absolute den Charakter der Wirklichkeit gewinnen kann. Diese meine Anschauung meinte Scheler mit seinem Wort, er sah mich noch als ihren Träger; aber sie war mir längst vernichtet worden.“

Hier wird es unverkennbar, was den Juden Buber als Offenbarungsgläubigen mit dem Christen gemeinsam ist: die Gewißheit, daß nicht der Mensch Gott wird oder gar Gott macht, sondern daß ewig ein Gegenüber zwischen Schöpfer und Geschöpf bleibt; daß wir nicht allein sind. Aus der Tiefe dieser Glaubensgewißheit heraus ist Buber nun auch zu einem der bedeutendsten Denker dieser Zeit geworden, zum Vertreter einer gegen den

---

[11] Zürich 1950, Manesse Verlag. - [12] In die Welt niedergestiegene Gegenwartsform Gottes.

Glauben grundsätzlich geöffneten und nicht verschlossenen „Existenzphilosophie“. Schon 1933 — kurz nach Ebners ähnlich gerichtetem „Wort und die geistigen Realitäten“, wahrscheinlich unabhängig davon — erschien Bubers philosophisch grundlegendes Werk „Ich und Du“, 1926 die nach einer wesentlichen Richtung ergänzende „Rede über das Erzieherische“, eine der wertvollsten Grundlegungen aller Pädagogik wegen ihres entscheidenden guten Rates: „Der Mensch, dessen Beruf es ist, auf das Sein bestimmbarer Wesen einzuwirken, muß immer wieder eben dieses sein Tun ... von der Gegenseite erfahren. Er muß, ohne daß die Handlung seiner Seele irgend geschwächt würde, zugleich drüben sein, an der Fläche jener anderen Seele, die sie empfängt; ... erst wenn er von drüben sich selber auffängt und verspürt, ‚wie das tut‘, wie das diesem andern Menschen tut, erkennt er die reale Grenze, tauft er in der Wirklichkeit seine Willkür zum Willen, erneuert er seine paradoxe Rechtmäßigkeit.“

Seither folgten weitere philosophische Studien, unter denen besonders auf „Das Problem des Menschen“[13] hingewiesen sei, Bubers Auseinandersetzung vor allem mit (Kierkegaard), Heidegger und Scheler[14]. Über „Ich und Du“ hinaus weist er darin auch das „Wir“ personaler Gruppenbildung auf. Es ist jene Grundwirklichkeit, die sich in den privaten und öffentlichen Gemeinschaftsformen entfaltet, wo immer es sich nicht um unterpersönliche „Kollektive“ handelt, sondern um die Verbundenheit von „Menschen, die fähig sind, zueinander wahrhaft Du zu sagen“, bis hinauf zu denen, die miteinander „Volk“ bilden, nicht (nur) weil sie (vielleicht) einander bluts- und etwa sprachverwandt sind, sondern weil sie sich zu einem Inbegriff von „Gesetzen“ und Ordnungen bekennen, die ihnen im Kern gemeinsam sind, wie alle bewußten Angehörigen des Alten oder des Neuen Gottesvolkes, aber auch solche antiker und mittelalterlicher Stadtbürgerschaften sowie profaner Staatsnationen der Neuzeit.

Von hier aus greift Bubers Denken in den politischen Bereich, worin er zugleich universal einen freien, nichtmarxistischen Sozialismus im Sinne seines ermordeten Freundes Gustav Landauer verficht — „Wege nach Utopia“[15] — und national einen für Nachbarschaft aufgeschlossenen, nichtnationalistischen Zionismus, zuletzt bezeugt in „Israel und Palästina. Zur Geschichte einer Idee“[16]. Von der Auslegung des biblischen Zeugnisses — wie denn nun gemeint gewesen sein mag, daß diesem Volke gerade dieses Land als ihm von Gott Gelobtes aufgegeben sei, — führt dieses Werk bis hin zur keineswegs unkritischen Untersuchung der Rolle eines Theodor Herzl oder jenes — weiter blickenden — Frühsozialisten Moses Heß, der als erster in den religiös-nationalen Heimkehrdrang seines Volkes den sozialistischen Auftrag einbezogen sah, das heißt jenes ursprüngliche Gebot, nicht zu sein wie die anderen Völker auch, sondern unter ihnen in zeitangepaßter Form die Gerechtigkeitsforderung des ewigen Gottes zu bezeugen, über alles Straucheln und Scheitern hinweg zuletzt sich und allen zum Segen.

Dies ist — in großen Zügen — Bubers Werk. Daß seine Person es nicht Lügen straft, ist das Erstaunliche, das man von diesem Manne sagen darf. Dabei erscheint er selbst bis ins Alter als Reifender; und reifen fühlt sich, wer ihm auf den Wegen seines Denkens zu folgen sucht. „Kein richtiger Jude“? Im Sinne der normalen Schriftgelehrten war das, wie so mancher von den Wartenden vor zweitausend Jahren, vielleicht auch jener Nathanael nicht, der, unter dem Feigenbaum sitzend, seine Bibel studierte und auf des Philippus Mitteilung, der Nazarener sei der kommende König, zunächst nur redlich antworten konnte, von Nazareth komme der nicht. Jesus aber empfing ihn bekanntlich mit den Worten: „Siehe, ein rechter Israelit, in dem kein Falsch ist!“ *Karl Thieme.*

---

[13] Heidelberg 1948, Lambert Schneider Verlag. - [14] Dort Seite 131 und folgende das obige — vorletzte — Zitat (Begegnung mit Scheler). - [15] Heidelberg 1950, Lambert Schneider Verlag. - [16] Zürich 1950, Artemis Verlag.

Die Glosse:

Zum Auswendiglernen

Es gibt sechs Zeilen von Matthias Claudius, die man alle zwei oder drei Jahre wieder nachdrucken muß. Bis alle Deutschen sie auswendig kennen. Sie stammen aus dem Jahr 1780, als Maria Theresia starb:

Auf den Tod der Kaiserin

Sie machte Frieden! Das ist mein Gedicht.
War ihres Volkes Lust und ihres Volkes Segen,
Und ging getrost und voller Zuversicht
Dem Tod als ihrem Freund entgegen.
Ein Welt-Erobrer kann das nicht.
Sie machte Frieden! Das ist mein Gedicht.

*

Wird man diese sechs Zeilen irgendwann einmal Stalin oder Truman oder Mao Tse-tung oder irgendeinem Unbekannten aufs Grab schreiben können? ***

Die Notwehr, der Kreuzzug und der Krieg

Notwehr, sprach D. M. Luther, ist durchaus nötig. Da fragte man ihn: ob er sich auch wehren wolle, wenn er von Räubern angegriffen würde? Ja, sprach der Doktor, freilich, denn da wollte ich Richter und Fürst sein und das Schwert getrost führen, weil sonst niemand um mich wäre, der mich schützen könnte, wollte darauf das heilige Sakrament nehmen und ein gut Werk getan haben.

Wenn man mich aber angriffe als einen Prediger, um des Evangeliums willen, so wollte ich mit gefalteten Händen meine Augen gen Himmel heben und sagen: Mein Herr Christus, hier bin ich, ich habe dich bekannt, gepredigt etc.; ist's nun Zeit, so befehl ich meinen Geist in deine Hände; und wollt also sterben.

*

Doktor Martin Luther sagte: Wenn sich's begibt, daß zwei Ziegen einander begegnen auf einem schmalen Stege, der über ein Wasser geht, wie verhalten sie sich? Sie können nicht wieder hinter sich gehen, so mögen sie auch nicht nebeneinander hingehen, der Steg ist zu eng. Sollten sie denn einander stoßen, so möchten sie beide ins Wasser fallen und ertrinken. Wie tun sie denn? Die Natur hat ihnen gegeben, daß sich eine niederlegt und läßt die andere über sich hingehen; also bleiben sie beide unbeschädigt. Also sollte ein Mensch gegen den andern auch tun und auf sich lassen mit Füßen gehen, ehe denn er mit einem andern sich zanken, hadern und bekriegen sollte!

Aus Martin Luthers „Tischreden".

Zweifellos
oder
Das Zugeständnis

„Goethes Faust oder die Fünfte Symphonie Beethovens sind zweifellos von größerem Wert als irgendeine Schöpfung eingeborener Stämme oder gar als das Resultat einer tierischen Aktivität." *Julian Huxley.*

Es lebe der Skandal

Sehr aufschlußreich für den Studenten der Staatswissenschaften ist die Art und Weise, wie die verschiedenen Nationen mit ihren politischen Skandalen fertig werden.

Natürlich kann man von „Skandal" nur reden, wenn eine gewisse Tatsache bekannt geworden ist und nun an der Großen Glocke hängt. Despotien brauchen also politische Skandale nicht zu kennen: es wimmelt in ihnen von derartigen skandalösen Tatsachen, aber nur wenige wissen genau Bescheid. Das ist es gerade, was den autoritären Stil auch unter demokratischen Politikern so hoch beliebt macht. Auf diese Weise besteht dann eines Tages der ganze Staat aus lauter verblendetem und verkleistertem Unrecht und das ganze Volk aus verbitterten Zynikern, die zwar keine Einzelheiten kennen, aber haargenau wissen, daß sie nach Strich und Faden betrogen werden.

Nein, Skandale sind schon gewissermaßen ein Teil des Stoffwechsels gesunder politischer Organismen. Sie müssen sein, und sie müssen sogar ihren regelrechten Ablauf haben. Deshalb eben ist die Freiheit der Meinungsäußerung ein so hohes Gut und jene Große Glocke ein so notwendiges Requisit.

Die Erfahrung der letzten fünfzig Jahre lehrt, daß sich in unseren Breiten und Zonen die Obrigkeiten weitgehend skandalfest zu machen wußten. Sie können bei Beachtung der Spielregeln freier Staaten den Skandal nicht verhindern; aber ist er einmal ausgebrochen, dann tun sie doch alles, um ihn, medizinisch gesprochen, sich verkapseln zu lassen. Sie beginnen mit beschwichtigenden Verlautbarungen, die auch unpräzise Versprechungen enthalten, daß nun also energisch nach dem Rechten gesehen werde. Dann bestellen sie nach längerem Hin und Her einen Untersuchungsausschuß. Am liebsten untersucht jede Behörde selbst den in ihrem Bereich geschehenen Skandal, einem Hausvater gleich, der das Recht, seinem Sprößling den Hosenboden stramm zu ziehen, gern für sich reklamiert und nicht so leicht einem Außenstehenden gönnt. So reduziert sich alle Treue in politischen Dingen schließlich auf die Spießgesellentreue, die gewissermaßen ihr Ur- und Erzfall ist. Spießgeselle bedeutet ja nicht, daß man hier gerade Mittäter oder Hehler war, sondern Spießgeselle bedeutet, daß man allgemein weiß, wo man hingehört. Zum Beispiel, wann es dem bösen Feinde der staatlichen Autorität zu trotzen gilt, der sich in allen jenen Persönlichkeiten und Gruppen verkörpert, die den Skandal gern aufgedeckt sähen.

Zurzeit „laufen" hierzulande (wie Filmstreifen) garnicht wenige Skandale, die alle dieselbe Tendenz zeigen. Die Ausschußarbeiten und die Mitwirkung ganzer behördlicher Apparate kosten natürlich ein Heidengeld. Es muß aus Steuermitteln bezahlt werden, damit der Untertan für seine Neugier entsprechend büße. Aber ob diese Skandale wirklich zu Ende geklärt werden, sodaß individuelle Schuld festgestellt und bestraft werden kann, steht dahin. Denn schon legt sich mächtig viel Kalk auf die Skandalherde, genau so wie der Körper des Tuberkelbefallenen die Kavernen sorglich mit Kalk umhüllt, um sie unschädlich zu machen. Und an Kalk fehlt es in dieser Republik wahrhaftig nicht.

Friedrich M. Reifferscheidt, München.

Ein weiterer Grund

So wie ich im Großdeutschen Reich niemals verstanden habe, daß meine älteren österreichischen Freunde nun auf einmal Landsleute waren, so werde ich jetzt niemals begreifen, daß sie nun Ausländer sind. Um aus diesem Dilemma herauszukommen, werden wir halt schon Europa gründen müssen. *W D*

Zur Nacheiferung empfohlen

Zu Diessen am Ammersee, in einer der schönsten und ehrwürdigsten Kirchen des 18. Jahrhunderts, die der große Johann Michael Fischer errichtet hat, liest der Besucher auf einer der beiden Marmortafeln, auf denen, links und rechts von der Taufkapelle, die Namen der Gefallenen des Ersten Weltkrieges verzeichnet sind, die Worte: „Den Gefallenen zum Gedächtnis, den Lebenden zur Anerkennung, den kommenden Geschlechtern zur Nacheiferung!" Man liest es wieder und wieder, zumal da der Sinn des Mittelstücks infolge Mißbrauchs der deutschen Sprache den meisten überhaupt unverständlich bleiben muß. Um so unmißverständlicher ist das Schlußstück: Den kommenden Geschlechtern zur Nacheiferung. Verwirrt blickt der Wanderer um sich. Nein, er steht nicht auf dem „Plattensee" im München des Jahres 1940, er steht in der Kirche zu Diessen, und wir schreiben 1950. Was mag wohl der Mann, der gerade über ihm auf der Orgel präludiert, von dieser Inschrift denken? Das ganze dritte Jahrzehnt seines Künstlerlebens hat er mit Strammstehen und Griffeklopfen, mit Mord und Totschlag und Gefangenschaft verbracht, und er bekommt heute als Organist einen Lohn, von dem er kaum das Vesperbrot für seine Familie kaufen kann. Den kommenden Geschlechtern zur Nacheiferung! Was soll aus einer Jugend werden, der solche Worte mit der Autorität der Kirche verkündet werden?

Als wäre es damit noch nicht genug, trägt die andere Tafel die Inschrift „Denn es ist uns besser, daß wir fallen im Kampfe, als daß wir sehen unseres Volkes Unglück!", — Nibelungenmoral im Gotteshaus? Nach diesem Rezept hat Hitler nach Stalingrad zwei Jahre lang den verlorenen Krieg weitergeführt und Hunderttausende von Deutschen in den Tod geschickt. Fürwahr, süß und ehrenvoll ist es, fürs Vaterland zu sterben. Wäre es nicht wichtiger, daß unsere Kinder lernen, für Europa zu leben? Welch falscher Trost wird hier gespendet, welch falsches Mahnmal aufgerichtet!

Freilich hängen diese Tafeln schon dreißig Jahre; aber was zwingt uns, den Irrtum unserer Eltern zu verewigen? Gewiß nicht die Toten; denn ihr Opfer verliert seinen Sinn, wenn es in dieser Weise mißbraucht wird.

Helmut Lindemann, Nonnenhorn.

Berichte:

„ECONOMIE ET HUMANISME"

Der Deutsche, der, ermüdet von der zermürbenden Auseinandersetzung mit dem konservativen und selbst antidemokratischen Erbe im deutschen Katholizismus, zum ersten Male nach Frankreich kommt, verfällt nur allzu leicht der Gefahr, den französischen „Renouveau Catholique" zu überschätzen. Die kritiklose Bewunderung dessen, was die Avantgarde des französischen Katholizismus denkt und schafft, erzeugt zugleich eine schweigende oder protestierende Resignation angesichts der deutschen Verhältnisse. Eine solche Haltung ist aber nur gefährlich, weil sie uns abhält, das in Deutschland Notwendige zu tun: sie verfälscht auch die Wirklichkeit. Denn auch Frankreichs Katholizismus trägt ein schweres Erbe falscher, konservierender Verschließung (wenngleich das Bewußtsein, für *diese* Welt verantwortlich zu sein, schon früh im neunzehnten Jahrhundert wach wurde); seine Demokratie ist wie kaum eine andere von privaten Intrigen und Kleinlichkeiten zerfressen, sein soziales Leben in erbitterte und verhärtete Fronten aufgespalten. Auch in Frankreich verlangt das Wort mühseligste Arbeit, um wiederum Fleisch werden zu können, wie kürzlich der große Protestant Pierre Emmanuel schrieb.

Am 24. September 1941 wurden im Vereinsregister der Stadt Marseille die Statuten einer Vereinigung „Economie et Humanisme" hinterlegt, die sich selbst als „Studienzentrum für soziale Fragen" bezeichnete. Als Gründer waren fünf Laien und drei Dominikanerpatres aufgeführt. Zu Beginn des Jahres 1942 wurde das erste Heft einer Zeitschrift veröffentlicht, die den Namen der Vereinigung trug. Anfang 1949 wurde sie von drei verschiedenen Zeitschriften abgelöst: „Idées et Forces" für Fragen der Theorie; „Le diagnostic économique et social", monatlich erscheinend, für aktuelle Wirtschafts- und Sozialuntersuchungen; „Efficacité" als Monatsheftchen für Probleme der Aktion und des persönlichen religiösen Lebens. „Idées et Forces" wurde im Herbst 1950 in zwei Publikationsreihen geteilt: „Genèses", Vierteljahresschrift für historische soziale und religiöse Untersuchungen, und „Cahiers d'Economie Humaine". „Genèses" wird herausgegeben von Pater Desroches, der inzwischen aus „Economie et Humanisme" ausgeschieden ist.

Schon dieser kurze Überblick spiegelt etwas von der reichen und bewegten inneren Geschichte der Vereinigung wider. Dasselbe tun auch die elf Thesen, die vor einigen Monaten von den Mitgliedern der Vereinigung formuliert wurden, und die wir hier im Wortlaut veröffentlichen wollen:

Elemente der Doktrin

1. Der Mensch macht, zusammen mit Gott, die Geschichte; daraus ergibt sich für ihn und insbesondere für den Christen die Pflicht, die Geschichte zu begreifen und zur Entwicklung der Gesellschaft beizutragen.

2. Der Christ hat die Verpflichtung, den Kampf gegen die Unmenschlichkeit der Welt unter allen ihren Formen aufzunehmen und wirksam zu führen.

3. Der Christ ist bereit, in diesem Kampf mit dem Nichtchristen zusammenzuarbeiten.

4. Die Basis des Gemeinwohls erlaubt eine weitgehende Zusammenarbeit der verschiedenen Weltanschauungen unter der Voraussetzung, daß die Techniken zur Feststellung und die Methoden zur Verwirklichung des Gemeinwohls ausgearbeitet sind.

5. Eine dauerhafte Verwirklichung des Gemeinwohls ist unmöglich ohne die bewußte Mitarbeit der Massen.

6. Die Offenbarung gibt uns keine Möglichkeit, für irgendeine bestimmte Epoche der Geschichte auf ein bestimmtes Wirtschafts- oder Sozialsystem zu schließen.

7. Die Gesellschaftswissenschaft hat zunächst induktiven Charakter, ausgehend von Beobachtung und Erfahrung.

8. Die augenblickliche Vereinzelung der ökonomischen, demographischen und soziologischen Wissenschaftsdisziplinen verhindert, eine umfassende Wissenschaft von der Gesellschaft auszuarbeiten. Ihre Zusammenfassung in einer weitgespannten Wissenschaft der Erkenntnis und der Aktion ist notwendig.

Grundsätze der Aktion

9. Die zunehmende Unterwerfung der Natur unter den Geist des Menschen muß sich in unbedingter Achtung vor dem Einzelmenschen vollziehen.

10. Das kapitalistische System in seiner historischen Gestalt ist unfähig, das Gemeinwohl zu verwirklichen, ohne damit seine eigenen Grundlagen zu verneinen. Eine Revolution im Sinne einer totalen und zusammenhängenden Umwandlung aller gesellschaftlichen Strukturelemente ist notwendig. Sie erfordert eine Aktion zugleich von unten nach oben und von oben nach unten.

11. Die Techniken des Übergangs vom gegenwärtigen Zustand zu einem menschlichen Stadium der Gesellschaft schwanken von einem Land oder von einer Gruppe von Ländern zum anderen, gemäß den geographischen und historischen Gegebenheiten und gemäß dem Grade ihrer Entwicklung.

Diesen Thesen liegt ein Dreifaches zugrunde: eine Mystik des „Engagements" und der Aktion; die Grundsätze einer neuen Wissenschaft von der Gesellschaft; die Möglichkeiten, aktiv in die gegenwärtigen Gesellschaftsstrukturen einzugreifen. Diese drei Elemente sind untereinander nicht nur logisch, sondern dialektisch verbunden. Aus der Leninschen Bipolarität von Theorie und Aktion wird eine Tripolarität: Spiritualität, Doktrin und Engagement.

Eine Mystik des Engagements und der Aktion

Gott gab den ersten Menschen im Schöpfungsauftrag die Natur zu eigen. Im Kreuzesopfer und in seiner alltäglichen und allstündlichen Wiederholung eröffnet sich für die Schöpfung der Weg zurück zum Vater; für die Menschheit und durch sie für die Natur, die von ihr beherrscht und durch die Arbeit vermenschlicht und vergeistigt wird. So ergibt sich für den Christen der Auftrag, einmal sich die Güter dieser Erde untertan zu machen und zum anderen sie sich so untertan zu machen, daß sie in ihrer Fülle in das Geheimnis der Transsubstantiation eingehen können. „In der Messe biete ich Brot und Wein dar, die Arbeit der Menschen, das Wirken Gottes und das Werk der Natur aufs innigste vermischt," schreibt Pater Lebret in einem frühen Schriftchen „Prinzipien für die Aktion". „Ich hänge ab von den Menschenmassen meiner Zeit. Ich vollziehe die Wiederaufrichtung der Natur, ich beginne die Rückkehr aller Dinge zu Gott. Ich bringe Brot und Wein dar. Ich begebe mich ihrer; ich anerkenne, daß sie zuerst Gott gehören, und daß Gott sie mir und allen Menschen, mir im Angesicht aller Menschen gegeben hat. Ich verliere sie an Gott. Natur und Gesellschaft vollenden so in mir ihren äußersten Aufschwung."

Damit aber wird jeder Christ verantwortlich für den Zustand der Welt, den Zustand des Opfers; verantwortlich dafür, daß es so reich, so vollkommen, so vollendet wie möglich sei: so wenig beeinträchtigt und vermindert durch die Sünden der Menschen: durch die Sünden der vielen Einzelnen; durch die „Sünde der Welt", die sich in jenen unmenschlichen Systemen der Unterdrückung und Ungerechtigkeit offenbart, von denen kein Teil unserer Welt ausgenommen ist. Und so wird der Christ verantwortlich für die Gerechtigkeit auf dieser Welt; nicht nur dafür, sie zu fordern, sondern auch sie zu verwirklichen.

Aufstieg der Menschheit zu Gott: das heißt nicht nur Aufstieg der Christen, das heißt Aufstieg aller Menschen zu Gott. „Wird sich der Christ jedesmal, wenn er mit anderen Menschen zusammen an einem Werk arbeitet, ihrer Leistung widersetzen, weil sie noch nicht wissen, wer Gott ist? — Nein, soweit die anderen wirklich das Wohl des Menschen wollen, sind sie schon auf dem Wege zu Gott. Es liegt an den Christen, denen, die alles auf den Menschen ausgerichtet haben, zu der Erkenntnis zu helfen, daß der Mensch sich erst im Aufschwung zu Gott völlig vollendet." Eine Gesellschaftsordnung, die keine Möglichkeit zum Selbstbewußtsein und zur Selbstbestimmung der Massen gibt, ist ein Hindernis auf dem Wege der Menschheit zu ihrer Bestimmung, selbst wenn sie sich nach außen auf christliche Prinzipien beruft.

Eine Wissenschaft von der Gesellschaft

Eine Gesellschaft, die auf der freiwilligen und bewußten Zusammenarbeit der Menschen aufgebaut sein soll, verlangt eine wissenschaftliche Grundlage, die — um allen Menschen zugänglich zu sein — aus den Gegebenheiten des Diesseits und der menschlichen Vernunft bestehen muß. Diese wissenschaftliche Grundlage muß die Gesamtheit der einzelnen soziologischen Gebiete umfassen und ihre bisherige Vereinzelung überwinden. Nur diese allgemeine Integration und ihre Anwendung in der gesellschaftlichen Praxis ermöglicht ein dynamisches Gleichgewicht aller Teile der Gesellschaft. Nicht nur die einzelnen Zweige der Produktion müssen aufeinander abgestimmt werden; gleiches gilt auch für alle anderen Bereiche, in denen der Mensch als „ens sociale" in Frage steht: Bevölkerungsbewegungen in Raum und Zeit, Bildung und Erziehung, Gesundheitswesen und Landschaftsplanung, Recht und politische Organisation. Eine ungeheure Arbeit ist hier noch zu bewältigen, um eine stetige Entwicklung zu ermöglichen, ohne daß Krisen die Anstrengungen vieler Jahre wieder vernichten.

Eine solche Wissenschaft kann aber nicht ohne Postulate, ohne außer- oder besser vorwissenschaftliche Axiome die geistige Grundlage einer Gesellschaft ergeben. Die Axiome dieser neuen Wissenschaft, der „Economie Humaine", sind doppelter Art:

Die Gesellschaft beruht auf der Achtung vor dem Einzelmenschen und vor den Bedingungen seines geistigen und körperlichen Lebens. Mit dem abstrakten Respekt von einem abstrakten Menschenbild ist noch garnichts getan. Der Fehler sovieler „Christlich-Sozialer" besteht darin, daß sie sich damit begnügen, theoretische Forderungen zu proklamieren, und dabei der Anziehungskraft von Theorien und Ideologien verfallen.

Das oberste Ziel der neuen Gesellschaft ist nicht mehr der Profit einzelner weniger, es ist die optimale Befriedigung der Bedürfnisse aller. Daraus ergibt sich eine tiefgreifende Änderung der gesamten Wirtschaftsstruktur, auch in ihrer technischen Zusammensetzung. Mit der „Wirtschaft der drei Sektoren" versucht die „Economie Humaine" die Grundlinien aufzuzeigen. Die Bedürfnisse des Menschen lassen sich in drei große Gruppen mit verschiedener Wertigkeit gliedern. Die primären, zu einem menschlichen Leben unabdingbaren Güter umfassen die Nahrungsmittel, ein Minimum an Kleidung, das vom jeweiweiligen Lebensstandard bedingt wird, sowie ausreichende Wohnverhältnisse; darüber hinaus noch Zugang zu den Gütern der menschlichen Kultur und entsprechende Bildungsmöglichkeiten. In diesem Sektor muß so rasch wie möglich absoluter Überfluß geschaffen werden. Anders ist es im zweiten Sektor, der die Produktion der Komfort- und Luxusgüter umfaßt. Dieser Sektor wird in erheblichem Maße freier Konkurrenz und individueller Initiative Spielraum lassen. Im dritten Sektor der geistigen Güter herrscht eine Freiheit, die nur durch ein Mindestmaß an kollektiver Kontrolle eingeschränkt sein darf. Es scheint auf den ersten Blick befremdlich, so viel Wesens von einer derart künstlichen Aufspaltung der Wirtschaft zu machen. Vergegenwärtigt man sich hingegen, in wie hohem Maße heute die Produktion des ersten und dritten Sektors hinter der des zweiten zurücktreten muß, weil in diesem ein größerer Gewinn möglich ist, dann wird die innere Logik dieser Wirtschaft deutlich, auch wenn man an konkreten Vorstellungen scharf kritisieren kann.

Die neue Gesellschaft wird aus dem bewußten Zusammenschluß der Arbeitenden entstehen, sie wird gemeinwirtschaftlich arbeiten und ihrer Struktur „communautaire" sein. Die wirtschaftlichen Entscheidungen liegen dann nicht mehr in den Händen unabhängiger Unternehmer, sie liegen bei den demokratischen Körperschaften der Gesellschaft. Dies erfordert auch, daß die Organe des öffentlichen Lebens umgestaltet werden. Der Staat hat die oberste Leitung, die Einzelaufgaben aber werden so weit unten wie möglich bearbeitet und gebietlichen oder beruflichen Einheiten übertragen. Nur so wird es möglich sein, die Wirtschaft in solche Gebilde zu gliedern, die der einzelne Mensch überschauen kann.

Prinzipien der Aktion

Die neue Gesellschaft kann nur geschaffen werden, wenn der Kapitalismus und sein gesellschaftlicher Überbau überwunden wird. „Wir sind keine Reformisten," schreibt Pater Lebret einmal, „wir können uns nicht damit begnügen, nur die schlimmsten Schäden des Kapitalismus zu heilen und im übrigen seine Substanz unangetastet zu lassen."

Aber die neue Gesellschaft muß bereits im Schoße der alten vorbereitet und vorgeformt sein. Die Kräfte, die die „Economie Humaine" führen sollen, müssen auf ihre Aufgabe geschult sein und die notwendigen Erfahrungen besitzen. Die Zusammenarbeit zwischen den gleichgeordneten und zwischen den über- und untergeordneten Stellen muß erprobt sein. Die Bedürfnisse jeder wirtschaftlichen Grundeinheit müssen einwandfrei festgestellt werden können. Das ist die Revolution von unten nach oben, die sich in den verschiedensten Formen vollziehen kann: durch bäuerliche Genossenschaften, durch das Mitbestimmungsrecht der Arbeiter, durch die Gründung von Kollektivbetrieben nach dem Muster von Boimondau; aber auch durch die Verwaltungsreform eines Dorfes oder eines Kreises oder durch ein Institut für Konjunkturforschung für ein bestimmtes begrenztes Gebiet und mit entschieden „menschlicher" Orientierung.

Diese Revolution von unten findet ihre notwendige Ergänzung in der Revolution von oben nach unten, die unabdingbar ist, um den Panzer von Dummheit und Egoismus zu durchbrechen, der heute auf unserer westlichen Zivilisation lastet. Umgekehrt ist die „aufsteigende Aktion" die notwendige Grundlage für den Kampf um die Macht im Staate. Sie liefert die erfahrenen, geschulten und menschlich vorbereiteten Männer, sie schafft die Positionen, von denen aus der sorgfältig vorbereitete Angriff geführt werden kann.

Die Probleme der Revolution von oben, des Kampfes um die Macht in der Gesellschaft sind bei „Economie et Humanisme" noch längst nicht mit genügender Schärfe gesehen. Zu lange hat man sich in dem Gedanken gewiegt, von unten her, wie ein Sauerteig langsam die Gesellschaft durchsetzen zu können. Erst die jüngste Erfahrung der französischen Geschichte, die laufende Verschärfung des Klassenkampfes von oben in den letzten zwei Jahren haben hier eine Wandlung gebracht. Sie zwang die Gruppe auch zur Auseinandersetzung mit der KP, die ja in Frankreich eine viel größere innenpolitische Bedeutung hat als in Deutschland. Diese Auseinandersetzung hat die Gruppe in eine Krise geführt, die noch nicht völlig überwunden ist.

Die Gründer von „Economie et Humanisme“ hatten einen zweifachen gemeinsamen Ausgangspunkt. Sie standen aktiv im wirtschaftlichen und sozialen Leben der Zeit vor dem Zweiten Weltkrieg. Die große Krise des letzten Vorkriegsjahrzehnts hatte ihnen deutlich gemacht, wie bitter die Folgen des Kapitalismus für die Menschen bestimmter sozialer Gruppen, für die Angehörigen bestimmter Berufszweige sein können, ja sein müssen; und die wirtschaftlichen Begleitumstände des Zusammenbruchs von 1940 bewiesen, daß unsere moderne Wirtschaft in Notfällen nicht in der Lage ist, das Existenzminimum der Massen zu garantieren. Daraus ergab sich für sie die Absage an die Vernachlässigung des Menschen im modernen Kapitalismus, die Absage an den Liberalismus.

Dazu kommt der zweite Ausgangspunkt: Die Gründer waren Katholiken. Sie hatten sich lange Zeit dem „sozialen Katholizismus“ verpflichtet gefühlt. Aber weil sie mit offenen Augen die Wirklichkeit anschauten, wurden sie mehr und mehr in Widerspruch zu den abstrakten Thesen des „Sozial-Katholizismus“ getrieben. Daraus ergab sich die zweite Absage an die Vernachlässigung der wirtschaftlichen Realitäten im „sozialen Katholizismus“.

Diesen beiden Verneinungen entsprachen die beiden im Titel gesetzten Bejahungen: „Economie et Humanisme“ — Wirtschaft *und* Menschentum, beide gleich ernst, gleich gewichtig und in ihren unübersehbaren Wechselbeziehungen genommen. In induktiven Untersuchungen sollen die sozialen und wirtschaftlichen Gegebenheiten einer Region oder eines Produktionszweiges objektiv dargestellt und gemessen werden; davon ausgehend, können die Forderungen des Gemeinwohls in der Region oder dem Berufszweig ermittelt und somit die Wege zu menschlicheren Zuständen gezeigt werden, — ein Schritt zur Verwirklichung der „Economie Humaine“, der Gesellschaft von morgen.

Der Ansatz war von vielversprechender Fruchtbarkeit. Aber noch blieben die allgemeinen Vorstellungen über diese Gesellschaft von morgen in romantischer Utopie befangen. Man sprach viel von „regionaler Autarkie“, von „Reagrarisierung“, von „gemeinschaftlicher Ordnung“; aber der Einfluß der deutschen romantischen Soziologie führte zu einer ganz unfranzösischen Vermengung von natürlich, biologisch und sozial gesetztem und freiwillig und bewußt gewähltem Zusammenleben; die Ziele der Pétainschen „nationalen Revolution“ mit Ständestaat und Appell an die nationale Gemeinschaft blieben gleichfalls nicht ohne verhängnisvolle Auswirkungen, gerade weil alle diese ganz- oder halbfaschistischen Zielvorstellungen scheinbar so eng mit dem echten Anliegen verwandt sind.

Die Gründer von „Economie et Humanisme“ hatten ihre Erfahrungen mit der modernen Wirtschaft fast ausschließlich in vorindustriellen Wirtschaftsbereichen gemacht; Pater Lebret bei den noch handwerklich arbeitenden Hochseefischern der Atlantikküste, andere bei den von einer Dauerkrise heimgesuchten Kleinbauernwirtschaften Mittel- und Südwestfrankreichs. Nur zu leicht erlagen sie der Versuchung, Kapitalismus und moderne Großindustrie gleichzusetzen, die Kinderkrankheiten der einen mit den Fehlern des anderen zugleich zu verdammen. Ihre Erfahrungen waren zudem gleichzeitig von Bevölkerungsgruppen bestimmt, in denen die Familie noch die eigentliche soziale Zelle darstellte; nicht nur als die menschliche Einheit, sondern wesentlich als unterste Produktionseinheit. So sahen sie ursprünglich in der Familie nicht nur eine, sondern die tragende Grundzelle der „gemeinschaftlichen Ordnung“. Die Ausschaltung der Familie aus der Produktion, die „Entfamiliarisierung“ der Wirtschaft schien ihnen eines der großen Übel unserer Zeit, ohne daß die gleichzeitige positive und fruchtbare Perspektive der „Entgesellschaftung“ der Familie auch nur in Andeutungen begriffen werden konnte.

Ein Anstoß von außen, die Erfahrung einer bisher unbekannten lebendigen Wirklichkeit war notwendig, um diese nach rückwärts weisenden Elemente endgültig zu überwinden.

Die Begegnung mit der Arbeiterbewegung war es, die die neuen Perspektiven schuf: die Maschine nicht nur als Zerstörer, sondern als möglichen Befreier der menschlichen Arbeit zu sehen und den bewußten und freiwilligen Zusammenschluß der arbeitenden Menschen als den Eckstein der neuen Gesellschaft zu begreifen.

Das erste Stück lebendiger Arbeiterbewegung, auf das „Economie et Humanisme" stieß, war die "Communauté de travail" von Marcel Barbu. In der großen Analyse von Boimondau, die Pater Lebret und Pater Desroches gemeinsam im Sommer 1944 veröffentlichten, war erstmalig von der Wechselbedingung von Produktionstechnik und Gesellschaftsstruktur die Rede, damit von der historischen Bedingtheit der Strukturen und der Unmöglichkeit, Strukturen wieder zu beleben, die einer frühen Technik entsprochen haben. Wenig später wurde der schon bestehende lose Kontakt zu den jungen Gruppen in der christlichen Gewerkschaftsbewegung enger gestaltet. Hier waren Kräfte, die entschlossen waren, mit der alten Ghettotradition des religiösen Syndikalismus zu brechen und einen Weg noch vorne zu suchen, der nicht spezifisch christlich, sondern nur menschlich richtig und einsichtig und damit allgemein gangbar ist, ohne daß darauf verzichtet würde, die Postulate des christlichen Menschenbildes in die erstrebte neue Gesellschaft zu integrieren.

Ein solches Bemühen ist undenkbar, ohne auch in enge Berührung mit dem marxistischen Sozialismus und dem Anarchismus zu kommen; eine ernsthafte Auseinandersetzung erwies sich als notwendig. Eine eigene Arbeitsgruppe für das Studium des Marxismus wurde gebildet, und Pater Desroches spezialisierte sich auf diese Arbeit. Sein Werk (besonders das Buch „Signification du Marxisme") ist heute eine der wichtigsten Grundlagen für die Auseinandersetzung zwischen Katholizismus und Marxismus in Frankreich.

Von einem marxistischen Freund wurde der „Economie et Humanisme" kürzlich vorgeworfen, ihre Arbeit sei zwar sehr schön und gut und könne in der nachrevolutionären Periode vielleicht von großem Nutzen sein; so aber, wie es sich heute darstellt, sei es nichts als eine wissenschaftlich perfektionierte Utopie. Dieser Vorwurf enthält einen Kern Wahrheit. Vieles ist freilich getan worden, aber vor allem in der „aufsteigenden Aktion". Die Aufgabe der „Revolution von oben" blieb im Schatten. Auch in der sehr vorsichtigen Form, in der sie seit zwei Jahren etwa bei dieser Gruppe begriffen wird, ist sie der Kampf um die Macht in der Gesellschaft, weil nur der Besitz der Macht es gestattet, die teilweisen Strukturreformen der „Revolution von unten", die bereits vollzogen sind, zu einer Umwandlung der Gesamtstruktur zusammenwachsen zu lassen und die Einzelmaßnahmen miteinander zu verzahnen. Ein solcher Kampf um die Macht erfordert Bundesgenossen; sie können vielleicht nur zum Teil den Plan der neuen Ordnung billigen, Kompromisse werden unumgänglich. Auch dies müßte schärfer als bisher erfaßt werden. Bislang ist in der Vorstellung über Strategie und Taktik ein wesentlich bürgerlicher oder selbst feudaler Zug nicht verkennbar: Schafft die neuen Männer und das weitere wird sich geben; die Massen warten schon auf die, die ihnen den Weg zeigen werden! Eine solche Haltung war verständlich in der Zeit der deutschen Besatzung, als die nationale Solidarität die eigentlichen Frontstellungen verdeckte. Sie ist heute nicht mehr möglich, wo alles davon abhängt, daß eine Idee die Massen ergreift (und nicht mehr nur ihre Führer).

„Economie et Humanisme" ist in der Frage der politischen Aktion, wie gesagt, in einer Krise. Es versteht sich von selbst, daß die Anpassung der reichen und breit durchdachten Arbeit an die neue politische Frage ihre Zeit braucht. Aber die Prinzipien von „Economie et Humanisme" haben sich als so wahr und so fruchtbar erwiesen, daß sie die Krise lösen und damit zugleich einen höheren Grad von Wirksamkeit gewinnen wird. *Burkart Lutz.*

Kritik:

Marxisten in der Igelstellung

Sinn und Form / Beiträge zur Literatur. Begründet von Johannes R. Becher und Paul Wiegler. Chefredakteur: Peter Huchel. Verlag: Potsdamer Verlagsgesellschaft, Produktionsgruppe Rütten & Loening, Potsdam.

Die hier zu besprechende Zeitschrift ist, neben der „Neuen Rundschau" des S. Fischer-Verlages, das einzige deutsche Periodicum, in dem die Poesie- und die Prosa-Dichtung in den Mittelpunkt gestellt und der geisteswissenschaftliche Essay an die zweite Stelle gerückt wird. „Sinn und Form" teilt mit der „Neuen Rundschau" noch einige weitere Ähnlichkeiten: die Erscheinungsweise (sechs starke Hefte im Jahr), die klassisch-edle Typographie (Eduard Stichnote) erreicht, ähnlich wie Anna Simons seinerzeit in der „Corona", im Bodoni-Satz von „Sinn und Form" einen Höhepunkt des statischen Klassizismus, das fast vollständige Fehlen junger Autoren und die hohe Qualität der Beiträge. Nicht nur der Vergleich mit der „Neuen Rundschau" sagt schon genug aus; „Sinn und Form" gehört tatsächlich zu den hervorragendsten Literatur-Periodica, die je in Deutschland erschienen sind. Gleich einer Insel steht es in der Flut ostzonaler „Kultur"-Veröffentlichungen vom Schlage des „Aufbau", der „Neuen Welt" oder des „Sonntag".

*

Die Zeitschrift beweist wieder einmal, daß es nicht möglich ist, den Kommunismus in seinen Ausprägungen bis über den Tod Lenins hinaus mit Erscheinungsformen des reinen politischen Machttriebs, wie der Nationalsozialismus eine war, gleichzusetzen. Während der Nazismus über keinerlei Ideen, ja nicht einmal über eine Ideologie verfügte, die vom politisch-„praktischen" Nihilismus unabhängig gewesen wäre, besitzt der Kommunismus, von Karl Marx' „Lohnarbeit und Kapital" an bis zu Lenins „Staat und Revolution" und Bucharins „Dialektischer Materialismus" hin, eine legitime Theorie. Die gewaltigen Ausstrahlungen eines so orthodox wie möglich gefaßten Marxismus sind heute innerhalb des Westens bei Merleau-Ponty oder Adorno und Horkheimer ablesbar. Erst seit der endgültigen Machtübernahme durch Stalin begibt sich der Kommunismus dieser Wirkungsmöglichkeit; in den Verfahren gegen Trotzkij und Bucharin unterstellt er endgültig die Theorie der Praxis, verliert damit seinen marxistischen Sinn und erlischt als geistige Bewegung. Allerdings erlischt damit nicht gleichzeitig das geistige Niveau einer großen Menschengruppe, die sich in Jahrzehnten unter seiner Fahne gesammelt hatte. Vor allem sind es die kommunistischen Intellektuellen Mittel- und Westeuropas, die zunächst strafprozessual nicht erreichbar sind und deshalb von der moskauer Schule toleriert werden müssen, — denen aber schon die Tatsache, so geduldet zu sein, noch als die alte, vorstalinistische Freiheit innerhalb der Parteidisziplin erscheint. Ihr Rückzug auf den Kern der Theorie gelingt stellenweise; wie im Falle von „Sinn und Form" ist es ihnen möglich, an der „Entwicklung des Sozialismus von der Utopie zur Wissenschaft" und an der Bildung von Kunst innerhalb dieses geistigen Raumes weiterzuarbeiten.

*

Die Menschengruppe, welche „Sinn und Form" trägt, setzt sich aus einer Reihe von Einzelnen und von Institutionsträgern zusammen. Zu ihr gehören: 1. der Chefredakteur Peter Huchel, eigentlich kein Marxist, sondern ein „bürgerlicher" Lyriker hohen Ranges, dem wohl am ehesten Absichten zuzutrauen sind, wie sie innerhalb des Nazi-Staates die sogenannte „innere Emigration" beherrscht haben. 2. Der Brecht-Kreis, also Bertolt Brecht selbst und die Leute, die mit ihm zusammen das wohl gegenwärtig beste Theater in Deutschland machen. 3. Die Leipziger Universität, deren eindrucksvoll beschickter Lehrkörper (Ernst Bloch, Werner Krauss, Walter Markow, Karl Polak, Hans Mayer und andere) den größten Teil der essayistisch-wissenschaftlichen Beiträge liefert. 4. Georg Lukacs. 5. Verstreut lebende Künstler wie Anna Seghers oder, als einziger Junger, Stefan Hermlin.

Die Isoliertheit dieser untereinander wahrscheinlich ohne deutliche Absprache sich verständigenden Gruppe ist vorläufig daran festzustellen, daß weder das Brecht-Theater, noch die Leipziger Universität, noch die Zeitschrift „Sinn und Form" selbst in der „Kultur"-Propaganda der SED herausgestellt werden, obwohl gerade diese drei Unternehmungen als einzige in der Ostzone die Bezeichnung Kultur ohne Anführungsstriche verdienen, wenn man von einigen großen bürgerlichen Relikten, wie etwa Ramins Bachpflege, absieht. Die einzige

Rezension, die „Sinn und Form" bisher von der sowjetamtlichen „Täglichen Rundschau" erhielt, enthielt einen deutlichen Verweis. Dennoch halten die Kräfte einander anscheinend noch die Waage. So darf „Sinn und Form" einen Werbeprospekt drucken, der sowohl zustimmende wie kritische Urteile abdruckt, darunter die Meinungen vieler Westblätter, sogar der „Neuen Zeitung". (Der negative Passus aus der „Kritik" der „Täglichen Rundschau" wird freilich nicht zitiert.) Offensichtlich hat man den sowjetischen und sedistischen Zensurstellen eingeredet, dies sei ein besonders zügiges Werbemittel für den Westen; in der Ostzone gelesen, wirkt das objektive Urteil der NZ aber als Bumerang. Bezeichnend für die wachsende Gefährdung der Zeitschrift ist auch die vorsichtige Haltung Johannes R. Bechers zu ihr; in den ersten Heften, mit Paul Wiegler zusammen, als „Herausgeber" zeichnend, hat er sich seit dem Tode dieses Co-Editors auf die Rolle des „Gründers" zurückgezogen.

*

Entsprechend der Stellung als des Organs einer westlichen marxistischen Intellektuellengruppe zeichnen sich in „Sinn und Form" folgende Grundlinien ab: 1. Der Kontakt mit den humanistisch-liberalen bürgerlichen Schriftstellern, repräsentiert durch Beiträge von Heinrich Mann, Hermann Broch, Herbert Ihering, Hermann Kasack, Hans Henny Jahnn, Georg Kaiser, Oskar Loerke, Gerhart Hauptmann und andere. 2. Die Bevorzugung westeuropäischer Kommunisten und „Sympathisierender" mit ihrer nicht leninistischen, sondern rationalistisch-revolutionären Tradition, Autoren wie Romain Rolland, André Chamson, Vercors, Gaston Baissette, Louis Aragon, Langston Hughes, Howard Fast, Elio Vittorini und andere. 3. Die Repräsentation der seinerzeit in den Westen emigrierten deutschen Kommunisten: Anna Seghers, Stefan Hermlin, Walter Benjamin, der obengenannten Leipziger Professoren, Wieland Herzfelde, Bertolt Brecht, Oskar Maria Graf. Von den nach Moskau emigrierten deutschen, kommunistischen Schriftstellern ist keiner in „Sinn und Form" zu Wort gekommen, wenn man von dem „Gründer" Johannes R. Becher absieht. 4. Die Zurückdrängung der Russen. Von den russischen Autoren der Stalin-Ära sind nur Nikolai Tichonow und Ewgenij Dolmatowskij mit je einem kurzen Beitrag vertreten.

Diese Tendenzen sind die unmittelbare Folge der kompromißlosen Suche nach einer Qualität, die im eigentlichen Bezirk des Stalinismus offenbar nicht mehr gefunden werden kann. Sozialistische Dichtung und marxistische Analyse kristallisieren sich nur noch an seinen Rändern an oder ruhen als abgeschlossene erratische Blöcke wie Erinnerungen an die große kommunistische Vorzeit in einer Landschaft totalitärer Ödnis. Höhepunkte einer so geübten Redaktionstätigkeit finden sich in beinahe jedem Heft. Genannt seien hier nur: die Abschnitte aus Heinrich Manns „Henri Quatre"-Roman, in ihrer grandseigneuralen Sprach-Souveränität etwas völlig Neues, unerwartet den Ring zu den frühen Werken Heinrich Manns schließend, zu den Romanen um die „Herzogin von Assy"; Gaston Baissettes traumhaft stille „Große Verbindungsstraße"; der in Deutschland leider noch so gut wie unbekannten Amerikanerin Katherine Anne Porters dunkel-melodiöse Erzählung „Herrn Heltons Lied"; Ernst Blochs faszinierend hegelsch geschriebene Untersuchungen zum Utopie-Problem; die Briefe Rollands an Louis Gillet; zwei Gedichte Aragons in einer kongenialen Übersetzung Hermlins; die Bekanntschaft mit Günter Eich als Übersetzer aus chinesischen Urtexten; Hermann Brochs abseitig schöne Novelle „Die Heimkehr"; des mutigen Elio Vittorini ganz bestimmt „formalistisches" und geformtes Experiment „Die Knechtschaft des Menschen"; und — last not least — das große Brecht-Sonderheft, mit dem „Kleinen Organon für das Theater", mit dem „Kaukasischen Kreidekreis", dieser Krone Brechtscher Theatralik, Epik und Poesie, mit den „Geschäften des Herrn Julius Cäsar" und einer fast vollständigen Brecht-Bibliographie. Genug! Es wird gelungen sein, den Leser zur Lektüre solcher Spannweite zu reizen.

*

Die Grenzen, welche die Isolation der Zeitschrift und der hinter ihr stehenden Gruppe stecken, lassen sich leicht ablesen. Wenn etwa Georg Lukacs zu Heideggers Humanismus-Brief Stellung nimmt, so ist das zwar immer noch ein Ereignis und ein denkerisch-stilistischer Genuß, aber eben doch kein so großes Ereignis, wie es ein Lukacs-Aufsatz im Jahre 1930 war. Denn die Kritik, die er vollzieht, ist zwar erregend wie eh und je, aber seine Trümpfe stechen nicht mehr, weil sie von einer Hand ausgespielt werden, die sie, wie man deutlich spürt, nicht halten sollte; ein Gefühl von Ungehörigkeit stellt sich ein. Mit anderen Worten: Lukacs' marxistische Ethik findet in der Praxis des Lagers, das er vertritt, keine reale Entsprechung. Oder wenn Walter Markow die „Krise der deutschen Geschichtsschreibung" untersucht, so ist man geneigt, siebzig Prozent dieser fesselnden Analyse anzunehmen, aber der Rest leidet darunter, daß Markow seine Forderungen bei einer politischen Gruppe ansiedelt, deren Soziologie sich inzwischen von der Befreiung des Menschen zur Konstitution eines undemokratischen Management hin „entwickelt" hat. Die realen Voraussetzungen sind falsch, daher diese Argumentationen sich — bei anhaltender Brillianz — merkwürdig künstlich in einem luftleeren Raum vollziehen. Marxistische Analyse, auf Flaschen gezogen und im Keller abgelagert. (Das hindert nicht, daß wir aus diesen Untersuchungen einiges unserer Restauration ins Stammbuch schreiben werden.) Auch die Kunst kommt so in Gefahr. Die großen immer noch bewunderswerten Erzählungen der Anna Seghers („Susann Schüchlin" — „Das Argonautenschiff") haben etwas seltsam Hergeholtes bekommen, sie wirken nicht wie Erzählungen, sondern wie Modelle von solchen; die „Kunst" ist in ihnen da, aber das Leben bewegt sich darin nur noch in Überbleibseln: das Gewissen einer hochempfindlichen, untadeligen Künstlerin flüchtet sich in eine Kunstausübung. Die Literatur wird zur Kalligraphie, wie das schon mit der Kunst bürgerlicher Schriftsteller unter den Nationalsozialisten geschah.

Am stärksten erweist sich der isolierte Charakter der Richtung an dem schon erwähnten völligen Ausfall der jungen Generation, aus der einzig der in Frankreich geschulte Hermlin in den Kreis der Auguren eingelassen wurde. Ja, was hier tradiert wird, ist Kunst und Wissenschaft von Auguren, versteinerndes Niveau, Kultur alter, stachliger, marxistischer Igel, die sich einrollen, um ganze Organisationen und Generationen von Volkskorrespondenten zu überleben. Es erhebt sich die Frage, ob sie die dialektische Auferstehung erleben werden, die sie sich in ihren zugleich klarsten und träumerischsten Stunden vorstellen mögen.

*

An einigen Stellen freilich weiß man nicht mehr, ob das noch fraktionelle Absplitterung von einem Ganzen ist oder mehr: versteckte, aber zielbewußte Opposition, Tätigkeit zur Aufrechterhaltung selbständigen Denkens in der Ostzone. Warum sonst holt man sich denn in Deutschland noch nicht veröffentlichte Tagebuch-Aufzeichnungen Montesquieus heran (wahre Köstlichkeiten, nebenbei!)? Einiger Soziologismen wegen, die man bei jedem anderen Autor auch finden kann? Oder um eines Satzes wie des folgenden willen: „Außer den Lehrsätzen des Euklid vertrete ich keine fremden Meinungen." Aber, aber! Nicht wenigstens die Meinungen des Josef Stalin noch?

Mit weit hergeholten Zitaten französischer Aufklärer haben auch die russischen Revolutionäre unter den Zaren begonnen. Wir fürchten, daß „Sinn und Form" in dieser Gestalt kein langes Leben mehr hat. Sollen wir es der Zeitschrift trotzdem wünschen, bei allem, was uns von ihr trennt?

Alfred Andersch, Frankfurt.

Spiegel der Versäumnisse

Ida Friederike Görres: „Von der Last Gottes". Verlag Josef Knecht, Carolus-Druckerei, Frankfurt a. M. 1950, elfte Auflage, 104 Seiten, kartoniert DM 3,80, Leinen DM 4,80.

Peter Lippert S. J.: „Der Mensch Job redet mit Gott". Verlag Ars Sacra Josef Müller, München 1950, 29.—34. Tausend, 304 Seiten, broschiert DM 8,—, Leinen DM 10,80.

Carl Sonnenschein: „Die Frohe Botschaft heute / Erklärungen der Sonntagsevangelien". Neu herausgegeben von *Maria Grote. Verlag Josef Knecht, Carolus-Druckerei,* Frankfurt a. M. 1950, 117 Seiten, Leinen DM 3,80.

Dem Leser, der diese drei Bücher heute liest, geht es sehr eigen mit ihnen. Er weiß ja, in welchem Maße sie damals, als sie zum ersten Mal erschienen, das religiöse Bewußtsein jener Generation formen halfen, der die Feuerprobe des Nazismus bevorstand; und er erkennt wieder, wie bedeutsam sie auch heute noch sind für die religiöse Bildung unserer Zeit. Gleichzeitig aber machen sie ihm das Herz schwer, denn sie rufen in Erinnerung zurück, was war und was hätte werden können und was versäumt worden ist, aus Fügung, aus Schicksal, aus Schuld, — wer wird es entscheiden wollen? Fünfzehn, auch zwanzig Jahre sind eine kurze Zeit — und sind doch eine Ewigkeit, wenn es die Jahre von 1930 oder 1935 bis 1950 sind. Denn es ist viel geschehen in diesen Jahren, vieles, das offen zutage liegt, aber viel mehr noch, das verborgen ist und sich erst in der Zukunft enthüllen wird. Diese drei Bücher tun es zu einem kleinen Teil schon, ohne es allerdings zu wollen. Sie meinen, gegenwärtig zu sein, und sie sind es auch, aber doch nur als Maßstab, an dem die Gegenwart abzulesen vermag, wie weit schon sie sich von der Vergangenheit entfernt hat.

Carl Sonnenscheins Tun war ein großes Versprechen auf die Zukunft hin, aber dieses Versprechen konnten seine Nachfolger nicht einlösen. Von seinem Werk ist nur wenig mehr übrig geblieben, vieles davon ist in den Strudeln der Zeit untergegangen, ohne *seine* Schuld. Die Freunde suchen das, was über seine Zeit hinaus Gültigkeit behält, mit Recht zu retten, und so legt seine langjährige Mitarbeiterin seine Erklärungen zu den Sonntagsevangelien in einem kleinen ansprechenden Band vor. Wo hören wir heute noch so predigen, so unpathetisch, so lebensecht, so in der wirklichkeitsgesättigten Sprache des Alltags, die das Volk versteht, weil es *seine* Sprache ist? Sonnenschein hat seine Zeitgenossen aufgerüttelt durch sein Tun und durch sein Wort; aber er starb zu früh, als daß sie ganz wach geworden wären, — und schließlich haben auch die zwölf Jahre von 1933 bis 1945 sie nicht ganz wachrütteln können. Jedenfalls schlafen sie heute noch, die Zuhörer und die Prediger, und man fragt sich resigniert, ob diese (sehr verdienstvolle) Neuherausgabe heute das erreichen kann, was das originale Wort seinerzeit nicht zu erreichen vermochte.

„Das Christentum, gerade das katholische Christentum, gerade die Kirche Europas steht heute an der Schwelle der Wiedergeburt. Der ungeheure Zusammenbruch der Welt des neunzehnten Jahrhunderts, der sich in unserer Lebenszeit vollzieht, begräbt die tödlichen Schalen und Krusten, in denen sie anders erstarren *mußte*, — wir, wir stehen mitten in den Flammen, in denen der Phönix stirbt und aufersteht." Diese Worte stehen in dem Band „Von der Last Gottes", den Ida Friederike Görres 1935 zum ersten Male erscheinen ließ. Sie fanden damals begeisterte Zustimmung, vor allem in der jungen Generation, die sich angesprochen fühlte, und die mitten in den Bedrohungen der Zeit an die Zukunft der erneuerten Kirche glaubte. Und diese Sätze waren berechtigt, sprachen sie doch aus, was jeder damals unausgesprochen empfand. Und heute? Wieder tut sich der Zwiespalt auf zwischen dem, was als Möglichkeit da war, bis 1945, ja bis 1948 noch, und was dann verwirklicht wurde. Der zitierte Satz hat (wie alle übrigen Sätze dieses klaren, sauberen, begeisternden Buches) seine zeitlose Gültigkeit; stellen wir ihn aber in diese unsere Zeit, dann wird uns das Herz schwer. Doch lieben wir darum das Buch heute nicht minder als damals, weil es den menschenmöglichen Zugang zum christlichen Glauben in heutiger Zeit so gut öffnet wie vor fünfzehn Jahren auch.

Peter Lippert hat von seinen Ordensoberen viel Freiheit gehabt. Auch in seinem „Job" stehen manche Dinge, die einem schultheologischen Denken schwer eingehen werden. Aber muß es nicht so sein, daß, je tiefer menschliches Denken in die Geheimnisse des Glaubens eindringt, es desto gefährdeter ist? Immer wird eben der, der Jagd auf den Menschen und auf Gott macht, der Häresie nahe sein, und es wird ganz auf die Kraft seines Glaubens und auf seine Demut ankommen, ob er bei diesem Wagnis verlorengeht oder gerettet wird. Dies alles also geschieht in diesem Buch, das der ewigen, verzweifelten Frage Jobs an Gott bis in die kleinsten Verästelungen nachgeht; aber Lippert geht nicht verloren, und er führt uns sicher über die Abgründe (dunkle und schreckliche Abgründe!) des Glaubens. Und doch kann auch dieses Buch nicht das halbe Menschenalter überbrücken, das zwischen seinem ersten Erscheinen und heute liegt. Liegt es an uns, die wir durch unsere Erlebnisse abgestumpft sind gegen Jubel und Schrecken? Liegt es am Buch, das die mystisch verzückte Sprache einer vergangenen Zeit spricht? Auch hier: wer will es entscheiden? Auch hier: zeitlose Wahrheiten und tiefe Einsichten, und doch zugleich ein Unbehagen, das uns nicht verlassen will. Jedes der drei Bücher läßt es uns deutlich spüren: wir sind anders geworden. Nicht stolz und selbstbewußt stellen wir das fest, eher bedrückt und unsicher. Es scheint, daß wir viel verloren haben.

H B

Utopische Begriffsverwirrungen

Julian Huxley: „Der Mensch in der modernen Welt". Nest-Verlag, Nürnberg 1950, 428 Seiten, DM 12,80.

Aldous Huxley: „Affe und Wesen". Roman. Steinberg-Verlag, Zürich 1951, 159 Seiten.

Huxley ist ein berühmter Name in der heutigen Welt. Daß er gleich zweimal vorkommt, macht ihn doppelt berühmt. Aber man soll sich nicht bei berühmten Namen beruhigen, sondern nach den Gründen ihrer Berühmtheit fragen, im vorliegenden Fall also nach ihren Werken.

Julian Huxley, der ältere der beiden Brüder, ist sicher mit Recht ein berühmter Mann, sonst wäre er kaum Präsident der Unesco geworden. Nachdem man seinen Sammelband „Der Mensch in der modernen Welt“ gelesen hat, kann man sich aber nicht des Eindrucks erwehren, daß es seinem Ruhm besser bekommen wäre, wäre er bei seiner Biologie geblieben. In der Abhandlung „Der Krieg als ein biologisches Phänomen“ schreibt er: „Der Biologe hat den größten Abstand von den Dingen, da für ihn der Mensch eine Tierart unter Hunderttausenden anderer Arten ist und nichts weiter als das Erzeugnis einer nach Jahrmillionen zählenden Entwicklung“ (Seite 302). Man könnte diesen Satz immerhin gelten lassen als die Aussage eines Spezialisten, der in seinem Fach bleibt (wenngleich einem das Herz weh tut, wenn man einem solchen Spezialisten begegnet). Aber Huxley bleibt keineswegs in seinem Fach, sondern erlaubt sich auf fast jeder Seite Grenzüberschritte in Gebiete, die er eben doch nur „als Biologe“ durchstreift. Die Ergebnisse dieser Streifzüge sind verblüffend: „Die Ethik ist ein Teil der Anpassung des Menschen an seine Umwelt“ (Seite 424); „Der Fortschritt der Naturwissenschaft, der Logik und der Psychologie hat uns dahin gebracht, daß Gott nicht länger eine nützliche Annahme darstellt“ (Seite 226); „Theoretisch steht der Abschaffung des Krieges nichts im Wege“ (Seite 314): „Dunkle Andeutungen von Kunst finden sich ... bei den Laubenvögeln“ (Seite 40).

Was soll man darauf antworten? Soll man dem Biologen Huxley entgegenhalten, was Künstler von der Kunst, Ethiker von der Ethik, Theologen von Gott und sie allesamt von der Biologie halten? Es wäre reichlich unfruchtbar. Unfruchtbar deshalb, weil es am Kern der Sache vorbeiginge. Huxleys „endgültiger Glaube ist das Leben“ (Seite 247), der reformierte Evolutionismus Darwins; er ist der Ansicht, daß „Armut, Sklaverei, Krankheit, soziales Elend ... Erscheinungen sind, welche verstanden und im Einvernehmen mit unseren Wünschen gemeistert werden können, gerade so wie die Phänomene der Chemie oder Elektrizität“ (Seite 229); er ist überzeugt davon, daß „wir eines Tages die Welt dadurch heller machen können, daß wir die irrationalen Gefahren und Grausamkeiten (der Religion) ausschließen“ (Seite 242). Uns kommt all das sehr bekannt vor. Wir hören nur zu deutlich das jetzt etwas kultiviertere Jubelgeschrei des neunzehnten Jahrhunderts, das alle Welträtsel gelöst und das Paradies vor der Tür sah. Inzwischen sind wir, wenn wir je daran geglaubt haben, skeptischer geworden. Vielleicht verführte unsere Skepsis uns allzu schnell dazu, daß wir dieses Jahrhundert schon überwunden glaubten. Nun sehen wir uns eines schlechteren belehrt: es lebt noch immer, es wirkt in den führenden Männern unserer Zeit, es dringt mit solchen populär-wissenschaftlichen Schriften wie dieser sogar immer noch tiefer ins Volk. Und das Ende dieser „Entwicklung“?

Nun, man kann, wenn man will, den Roman „Affe und Wesen“ des jüngeren Bruders Aldous Huxley als Antwort auffassen. In der Form eines Filmmanuskriptes zeigt er, wie die Welt nach dem Dritten Weltkrieg beschaffen ist: primitiv, roh, brutal. Der Lebensraum der Menschen ist zerstört, sie selbst sind durch die Gamma-Strahlen biologisch entartet; aber das alles wird gesehen als ein Werk des Teufels, in dessen Gewalt die Menschheit ist, und den sie anstelle Gottes anbetet. Es ist erschreckend, wie folgerichtig jeder Begriff der abendländischen Kultur ins Diabolische transponiert ist. Immerhin wäre es ein heilsames Erschrecken, wenn man spürte, daß diese Utopie als reale Möglichkeit ernstgenommen würde. Aber es steht alles in der Atmosphäre einer geistreichen (sehr geistreichen!) Satire, und selbst solche Sätze wie diese: „Fortschritt und Nationalismus — das waren die beiden großen Ideen, die Belial den Menschen in die Köpfe setzte“ und: „Ein irreligiöser Historiker ist einfach wahnsinnig“ (Seite 101), selbst sie schillern, weil sie aus dem Munde des Erzvikars des Teufels kommen, im Zwielicht. So kann es nicht ausbleiben, daß man nicht erschrickt; denn nirgendwo ist verpflichteter und verpflichtender Ernst (der wird ja durch eine Satire nicht ausgeschlossen!), weder da, wo über die Ursachen der Katastrophe (also über unsere Zeit) geredet wird, noch dort, wo ihre Überwindung angedeutet wird: in der Liebe zweier Menschen und ihrer Flucht aus dem Reich Belials (Flucht wohin?). Alles bleibt ein geistreiches Spiel, und der Kulturpöbel der westlichen Welt klatscht Beifall.

Haben beide Bücher, außer den Verfassernamen, etwas miteinander gemein? Das eine erklärt den Fortschritt als ein Werk des Teufels, indes das andere ihn als den Sinn des menschlichen Daseins preist. Das scheint weit auseinanderzuliegen und gehört doch enger zusammen als die Brüder Huxley meinen: könnte es nicht sein, daß der Fortschritt, insofern er als der Sinn des Daseins schlechthin aufgefaßt wird, wirklich eine Eingebung des Teufels ist? Dann gäbe Aldous die Antwort auf Julian; aber indem er dessen als Realität gemeinte Utopie tatsächlich als Realität nimmt und darauf seine eigene Utopie aufbaut, übersieht er, daß seine Utopie jederzeit eine blutige Realität werden kann. Davon aber scheint er nichts zu ahnen, und drum vermag er sie auch weder zu bannen noch zu heilen. Das Unheil, das aus diesen utopischen Begriffsverwirrungen erwachsen kann, wird mindestens ebenso groß sein wie jenes, das der pseudo-wissenschaftlichen Utopie seines Bruders entspringt. *HB*

Die Wissenschaft in der Entscheidung

Ewald Wasmuth: „Die Philosophie Pascals, unter besonderer Berücksichtigung seiner Lehren von dem Unendlichen und dem Nichts und den Ordnungen." Verlag Lambert Schneider, Heidelberg 1949, Pappband, 288 Seiten, DM 7.50.

Es gibt Denker, über die man kein Buch schreiben kann, ohne gleichzeitig zu ihnen Stellung zu nehmen; nicht nur in der Weise, daß man hier und da einen Gedanken von ihnen verwirft, sondern indem man wirklich gezwungen wird, einen eigenen Standpunkt zu beziehen. Um nur zwei zu nennen, deren Wirkung in der Gegenwart eigentlich erst begonnen hat, möchte ich Sören Kierkegaard anführen und den großen Franzosen Blaise Pascal. Der durch seine Pascal-Übersetzungen und -Interpretationen bekannte Ewald Wasmuth hat uns ein neues Pascalbuch geschenkt, dessen Hauptergebnis in dieser Erkenntnis und in der daraus vollzogenen Entscheidung besteht. Der Vorzug dieses Buches besteht darin, daß Wasmuth einmal die mathematischen Voraussetzungen des Pascal'schen Denkens ernst nimmt und von diesen ausgehend zu staunenswerten Ergebnissen kommt. Denn „Pascal ist ohne die Beziehung zu seinen mathematischen Einsichten nicht gerecht zu werden, der leidenschaftliche Atem der Pascal'schen Rede läßt zu leicht vergessen, daß hinter der Glut seiner Worte die kristallene Klarheit der Einsichten steht, die die Mathematik ihn gelehrt." Demgegenüber hat man Pascal vielfach für einen geistreichen Psychologen und tiefsinnigen Theologen genommen, der „die Natur auch einmal über die Theologie reden ließ" (Fragment 29), und den man wissenschaftlich nicht eigentlich ernst zu nehmen brauchte.

Ein Mann wie Pascal läßt sich nicht einfach in irgendein wissenschaftliches Gebäude einordnen; erst recht nicht in jenes, das Descartes errichtet hatte, den Pascal „inutile et incertain" nannte. Hat er doch im Hinblick auf Descartes gesagt, daß die ganze Philosophie nicht einer Stunde Mühe wert sei, wenn dies, was Descartes darunter verstand, Philosophie sei (Fragment 79). Darin hat man nicht das Aufbegehren verletzter Eitelkeit zu sehen, sondern den tiefen Gegensatz einer grundverschiedenen Sicht der Welt und der Dinge. Zwischen Descartes und Pascal liegt der Abgrund einer regelrechten Metanoia. Pascal stört die Kreise einer selbstherrlich in eigener Betrachtung versunkenen Wissenschaft. Entweder läßt man sich von ihm einen neuen Mittelpunkt anweisen, oder aber er bleibt schließlich doch ein geistreicher und im letzten wissenschaftlich unverbindlicher Schwätzer. Diese letzte Möglichkeit will man heute wohl nicht mehr wahrhaben, wie es etwa noch Voltaire in seiner Pascalauffassung unbefangen ausdrückte. Und für diese erste Möglichkeit scheut man die Entscheidung. Man läßt ihn gelten, bewundert ihn — aber nicht zu sehr!

Demgegenüber zeigt Wasmuth, ausgehend von dem großen Fragment 72, wie sich aus dem Denken Pascals ein neues Weltbild aufbauen läßt, in welchem der Mensch im Mittelpunkt steht, den die moderne Wissenschaft weitgehend aus ihren Betrachtungen ausließ. Gewiß gibt es genug wissenschaftliche Disziplinen, in denen der Mensch zum Gegenstand der Betrachtung gemacht wird. Aber wenn es um den Menschen geht als den verantwortlichen Träger alles dessen, was in der Welt zusammengewußt und zusammengeschrieben wird, so wird man auch heute noch mit Pascal erstaunt sein können, wie wenige sich damit eigentlich abgeben. Und in der Mathematik und Physik ist der Mensch genau so verantwortlich für das, was er schreibt, denkt und erfindet, wie in den Geisteswissenschaften, und vor allem deren höchsten Gebieten, in Philosophie und Theologie. Denn wie die Welt sich in verschiedenen Seinsstufen auseinanderfaltet, wobei die niedere Stufe immer das Abbild der höheren Stufe ist — und nicht umgekehrt, wie es heute auch noch oft gelehrt wird —, was Pascal wohl gewußt hat, so verhält es sich auch mit den Wissenschaften von diesen Seinsgebieten: sie stehen in einer Analogie zueinander und so in Beziehung zum personalen Geist des Menschen, der nun einmal keine Erkenntnismaschine, sondern ein Abgrund zum Unendlichen, zu Gott hin, ist. — Das Problem des Unendlichen und des Nichts, so, wie es Pascal aufgeworfen hat, wobei er sich weder von einem Unendlichkeitsdrang noch von einem unendlichen Gefühl der Geworfenheit ins Nichts leiten ließ, sondern von der klaren Begrifflichkeit mathematischer Anschauungen, führt uns so über den Kosmos zu uns selbst zurück. In uns selbst ist der Abgrund, von dem Pascal spricht, indessen der Mensch ihn draußen vergeblich sucht. Aber es ist nichts schwerer, als den Menschen zu sich selbst zurückzuführen und ihm beizubringen, daß er selbst die Verantwortung zu übernehmen hat.

Vielleicht mag es gewagt erscheinen, dies alles aus Pascal ableiten zu wollen. Hier scheint uns allerdings der Punkt zu sein, wo sich ein tiefes Eindringen in liebender Bemühung als fruchtbar erwiesen hat. „Deutende Mitteilung, Interpretation eines Textes gehören zu der lebendigen Wirkung der uns überkommenen Lehraussagen von Menschen, zu der weiterzeugenden Kraft des Geistes, die in den Pollen der Worte eingeschlossen liegt; deshalb gehören sie niemals allein dem Autor, den wir interpretieren, sondern sie stehen in Bezug zu dem Menschen, in dem diese Lehren den günstigsten Boden fand." So beantwortete der Verfasser die Frage nach Recht und Unrecht einer Auslegung. Es geht ihm um die „Pensées de derrière la tête", um den unausgesprochenen Hintergedanken, der allen Ausführungen der Pensées zugrunde liegt. Daß Wasmuth hier Pascal richtig verstanden hat, beweist die Tragfähigkeit seiner Interpretation, die es ermöglicht, viele Dinge in einem neuen Zusammenhang zu sehen, für die man zuvor keine rechte Erklärung fand, so vor allem die verwickelte Frage nach den Grundlagen des Rechtes.

Wenn noch etwas besondere Erwähnung verdient, dann ist es das 5. Kapitel des Buches, das überschrieben ist: „Zwischenbetrachtung über die Wahrheit der Philosophie und das Problem der Ähnlichkeit innerhalb der Lehre von den Ordnungen." Hier stellt Wasmuth die Frage, worin die Wahrheit der Philosophie bestehe, und er versucht aus dem Ganzen der Pensées heraus die ihnen zugrundeliegende Antwort zu entwikkeln. Er weist darauf hin, daß der Wahrheit der Philosophie eine besondere Beziehung zur Person eignet. In ihr wird die Person in Verpflichtung genommen, ja, verpflichtet sie sich selbst. Was wir als Wahrheit der Philosophie bezeichnen, ist also die eigene Verpflichtung der Person und der unendliche Einsatz für das Behauptete. Wenn einer von hier aus nach der Wahrheit der modernen Philosophie fragen wollte, dann mag es ihm vielleicht gehen wie Sokrates oder Kierkegaard: daß sie die Antwort sich selber suchen müssen. Wir haben es also mit einem Buch zu tun, dem es nicht in erster Linie um „neue Ergebnisse" geht (die bringt es wohl, aber das ist nicht das Entscheidende), sondern das den Menschen von heute in allen Bereichen des Daseins, sei es in der Wissenschaft oder wo immer, das augustinische „Redi ad te ipsum" zuruft, weil man nur über sich selber in den ordo caritatis gelangt. „Es liegt in Pascal der Beginn einer Folge unabsehbarer Folgerungen, nicht jener des Existenzialismus, sondern ihm eigenen Schau der Stellung des Menschen in der Schöpfung, zwischen dem unendlichen Sein, zwischen Fülle und Nichts, zwischen Gott und der Welt. Und nur von hier aus kann die Wendung und Umkehr geschehen, die die Menschen eigentlich ersehnen." Dies ist das Anliegen, das den Verfasser, ganz im Sinne des großen Autors, den zu interpretieren er unternahm, durch alle Ausführungen hindurch leitete, auch dann noch, wenn dies kaum noch durchscheinen will. Wir können nur wünschen, daß er Leser findet, die aus der Hochgemutheit des Herzens heraus das Wagnis der Entscheidung auf sich nehmen. *Josef Blank, München.*

Philosophenspiegel

Arthur Hübscher: „Philosophen der Gegenwart. Fünfzig Bildnisse". Verlag R. Piper & Co., München 1949, 175 Seiten, Ganzleinen DM 8.50.

Die ganze Mannigfaltigkeit der „proteusartigen Kulturerscheinung" Philosophie tritt besonders eindrucksvoll vor Augen, wenn uns gelegentlich die Summe des Lebenswerkes bedeutender zeitgenössischer Repräsentanten des philosophischen Gedankens in zusammenfassender Überschau dargeboten wird. Arthur Hübscher unternahm das Wagnis, auf knappem Raum fünfzig literarische Porträts führender Denker der Gegenwart und der jüngsten Vergangenheit zu vereinigen. Der schwierige Versuch, einige wesentliche Züge von Persönlichkeit und Werk in starker perspektivischer Verkürzung als Umrißzeichnung zu geben, erfordert eine ebenso genaue wie behutsame Scheidung des Wesentlichen vom Unwesentlichen, wenn die lebendige Mitte der jeweiligen Philosophie nicht verfehlt werden soll. Auf sie leitet der Gedankengang immer unmittelbar hin, auch wenn die betreffende Skizze, wie häufig, mit einer biographischen Einzelheit oder einer konzentrierten Charakteristik der persönlichen Erscheinung eingeleitet wird. So beginnt beispielsweise die Studie über Karl Jaspers: „Die Heidelberger Studenten werden sein Bild im Gedächtnis bewahren: die überlange Gestalt mit den schmalen Schultern, die Stimme, die immer deutlich ist und akzentuiert und doch manchmal zögert und zu stocken scheint — es ist, als spräche sie für sich selbst. Die Augen blicken in den Raum, über die dichtgedrängte Hörerschaft hinweg, als sähen sie nicht. Aber jeder einzelne fühlt sich angesprochen. Seine Art zu reden verrät den ganzen Menschen. Einen Menschen, dem es nie und nirgends um das Gewordene und in sich Abgeschlossene zu tun ist, um ein philosophisches System, sondern immer um das Werden und Sichwandeln des philosophischen Gedankens, um eine offene Methode des Denkens, die den Mitmenschen zur Existenzerhellung, zum Begreifen seines eigentlichen Wesens und zur Einsicht in das Rätselhafte und Fragwürdige seines Daseins führen soll."

Besonders zu begrüßen ist der weitgehende, etwa die Hälfte aller Skizzen umfassende Anteil ausländischer Philosophen am Gesamtbild, womit gerade dem deutschen Leser, der zu seinem Schaden allzu lange vom Kreislauf internationalen Geisteslebens abgeschnitten war, wertvolle Hinweise und Anregungen zu weiteren Studien vermittelt werden. Wir denken dabei nicht nur an die Träger besonders bekannter und durch vielfache publizistische Erörterung weit verbreiteter Namen wie Sartre, Ortega und Toynbee, sondern auch an Denker, deren Wirkung bis jetzt noch nicht allzu weit über die engeren Fachkreise hinausgedrungen ist. Werke wie etwa die der Amerikaner Brightman und Hocking dürften, wenn sie noch mehr als bisher bei uns bekannt werden, mit ihrem weltoffenen Personalismus sehr wesentlich dazu beitragen, die Legende endgültig zu zerstören, die amerikanische Philosophie sei nur als unselbständiges Anhängsel europäischer Denküberlieferungen zu werten, und man könne ihr bestenfalls den Pragmatismus als etwas halbwegs Eigenwüchsiges zugestehen. Das gilt nicht minder von dem „Philosophen der amerikanischen Demokratie", Ralph Barton Perry, von dessen Buch über Puritanismus und Demokratie der Verfasser zum Schluß sagt: „Aus puritanischer Überlieferung wird das demokratische Ideal der Toleranz entwickelt, eines freien Neben- und Miteinanders verschiedener Anschauungen, verschiedener Lebensformen im Rahmen einer gemeinsamen Staatsordnung. Geschichte und Gegenwart werden in einem großen Appell an die Universalmacht der Vernunft und des Gewissens verdichtet, an den Glauben, daß gesunde Einrichtungen sich immer auf die Wahrheit gründen, daß die Wahrheit allen Menschen zugänglich ist, und daß sie eher einigen als entzweien könne. Mit diesem Buche ist Perry ganz eigentlich der Philosoph der amerikanischen Demokratie geworden. Seine Gedanken haben heute in ungeahntem Ausmaß den Zugang in das politische und soziale Leben gefunden. Er trägt, nach Dewey, den Ehrentitel des bedeutendsten amerikanischen Philosophen der Gegenwart."

Die aufgelockerte, mit fachsprachlichen Ausdrücken nicht belastete Schreibweise des Verfassers, sowie sein undoktrinärer Sinn für Gerechtigkeit auch Philosophemen gegenüber, die nicht auf seinem eigenen Denkweg liegen, erleichtern besonders dem „Laien" den Zugang, — den es auf philosophischem Gebiet strenggenommen allerdings garnicht gibt, da wir alle an der geistigen Lebensmacht „Philosophie", ob wir es wissen wollen oder nicht, in irgendeinem Grade beteiligt sind. Denn noch diesseits aller wissenschaftlichen Spezialarbeit an verzwickten logischen oder metaphysischen Feinheiten liegt doch der lebendige Ursprung aller Philosophie darin, betroffen zu staunen vor den großen Urrätseln des Daseins. Dieses Staunen erst setzt sich um in existentielle Reflexion und wissenschaftliche Besinnung, in zwei Weisen des Philosophierens, die immer in dialektischer Spannung zueinander standen und stehen werden, wie uns gerade der Zustand gegenwärtigen Philosophierens mit aller nur wünschenswerten Deutlichkeit beweist.

Auf dieses Thema führt uns auch die Einleitung des Buches, die Wege und Tendenzen der Gegenwartsphilosophie aufzuzeigen sucht, unter starker, etwas überbetonter Herausstellung schopenhauerscher Wirkungen auf Vitalismus und Existenzphilosophie. Ein Anhang unterrichtet mit dankenswerter Vollständigkeit über wichtigste Lebendaten und Hauptwerke der behandelten Philosophen, von denen uns fünfzehn durch seitengroße, zumeist recht geglückte Bildtafeln auch in ihrer physiognomischen Erscheinung nahegebracht werden.

Wolfgang Mauer, Berlin.

Amerika, gesehen durch ein gallisches Temperament

Simone de Beauvoir: „Amerika — Tag und Nacht." Rowohlt-Verlag, Hamburg. 1950, 432 Seiten, Leinen DM 14.50.

Reisebriefe, Reise(tage)bücher gehören zum festen Bestand der mehr oder weniger gehobenen Unterhaltungsliteratur. Sie sind Säulen der Leihbüchereien, ein sicherer Faktor im Buchhandel und wohl selten ein Risiko für den Verleger. Gefällig servierte Information und der Reiz sehr persönlichen Erlebens verbinden sich zu einer Literaturform, die immer ihre Leser hat.

Simone de Beauvoir, eine gescheite und eigenwillige Frau, ist durch einen amüsanten existentialistischen Roman in Deutschland bekannt geworden. Deutsche Zeitschriften brachten auch einige ihrer Aufsätze. Die übliche Visitenkarte war dann immer: Gefährtin und Schülerin Jean-Paul Sartres. Das stempelt sie wohl eindringlicher ab, als wäre sie Madame Sartre. Eine Bumerangwirkung der Emanzipation.

Simone de Beauvoir hat ein Tagebuch ihrer viermonatigen Reise durch die USA geschrieben. Gewiß hat sie mit der Veröffentlichung nicht gezögert. Charmant dahinerzählt, Gelegenheitsarbeit, broschiert, nicht sehr anspruchsvoll. So läßt noch die Übersetzung des Vorworts vermuten, und auch der Originaltitel „L'Amerique au jour le jour". Die — manchmal etwas zähe — Übertragung durch Heinrich Wallfisch, den Sartre-Übersetzer, heißt „Amerika — Tag und Nacht" und ist ein beinahe dicker Leinenband mit einem Umschlag, der Schwarz-Weiß-Effekte mit Licht- und Schatten-Assoziationen benützt. Das ergibt eine recht anspruchsvolle Wirkung. Auch in solchen „Kleinigkeiten" sollte man auf die Gefahren des Übersetzens achten. Ein vielleicht unverschuldeter Nachteil der deutschen Ausgabe ist der späte Erscheinungstermin. Die Beauvoir reiste von Januar bis Mai 1947 durch Amerika. Unsere schnellebige Zeit kann einen aktuellen Erlebnisbericht in drei oder vier Jahren zum historischen Aktenbündel und oft sogar zu Makulatur verwandeln. Das Buch enthält, beispielsweise, noch nichts über das Fernsehen.

Der „anmaßende Versuch einer ‚Studie'" wird schon im Vorwort verneint. Den lose aneinandergefügten Aufzeichnungen über Freunde und Bekannte, von Ereignissen und Beobachtungen sind hie und da dichterische Glanzlichter aufgesetzt, gern gewährte Tribute an das rauschhafte Hochgefühl des Reise-Abenteuers. Gelegentlich verdichtet sich die berichtende Darstellung zur ausführlichen Betrachtung, bemüht sich leidenschaftliche Wißbegierde um die Analyse erregender Beobachtungen. Anlässe zu solch interessierter Auseinandersezung sind das Negerproblem, die amerikanische Demokratie, das Verhältnis zwischen den Geschlechtern in einem puritanisch beeinflußten Land, die Situation des Intellektuellen.

Das Negerproblem bewegt die Französin natürlich besonders stark. Immer wieder ist sie unangenehm überrascht. Und über ihre eigenen Eindrücke, Erfahrungen und Erkundigungen hinaus sucht sie Antwort in Gunnar Myrdals „American Dilemma", dieser ausführlichen Arbeit über das Negerproblem in Amerika, die im Auftrag der Carnegie-Stiftung entstand. Im allgemeinen bekräftigt Simone de Beauvoir ihre Beobachtungen anhand der modernen Romanliteratur. Und in Kleinigkeiten unterlaufen ihr Ungenauigkeiten. Sie verwechselt etwa die Sierra Nevada mit den Rocky Mountains. (Zwischen diesen beiden Gebirgen hätte ganz Frankreich Platz.) Auch Unglaube kann also Berge versetzen.

Ihr politisches Interesse wurzelt in ihrer Resistance-Vergangenheit. Mißbilligend verfolgt sie die gerade sich vollziehende Schwenkung Amerikas gegen die „Roten". Auf dieser Ebene fühlt sie sich offenbar kompetent. Sie argumentiert mit Schlagworten aus der unmittelbaren Vergangenheit. Schon bei Alexis de Tocqueville hätte sie manche Antwort auf ihre Fragen zur amerikanischen Demokratie finden können. Der deutsche Leser, der interessiert der Beobachtung eines fremden Objekts durch ein anderes europäisches Okular folgt, wundert sich, nichts von einer so wesentlichen und so typischen Farbe im französischen Linsenspektrum zu entdecken. Heftig beklagt die Vortragsreisende die politische Passivität ihrer jungen Zuhörer in Universitäten und girls-colleges. Und immer wieder versucht sie die amerikanische Abart des Optimismus zu ergründen, die sie damit erklärt, daß man sich weigere, das Böse ins Auge zu fassen. Daher komme auch das Unverständnis für die Nuance, der Mangel an Phantasie, das Fehlen der — europäischen — Skepsis. Sie drückt das aphoristisch aus: der Amerikaner ziehe die Geometrie der Weisheit vor.

Diese Einsichten überraschen sie deshalb so sehr, weil gerade die moderne amerikanische Literatur, mit der sie vertraut und mit deren Trägern sie zum Teil befreundet ist, einen skeptischen, ja pessimistischen Zug aufweist. Die Isoliertheit des amerikanischen Schriftstellers, seine Standortlosigkeit in der Gesellschaft erscheinen der Pariserin so ungewöhnlich, daß sie nicht einmal den Gedanken andeutet, der den Londoner Stephen Spender zwei Jahre später zu seiner gründlichen Untersuchung der Situation des amerikanischen Schriftstellers veranlaßt haben muß, daß nämlich in Europa sich eine ähnliche Entwicklung anbahnen könne.

Die Behauptung des Umschlagklappentextes, die Autorin sei „gerade mit *der* Schicht des amerikanischen Volkes, von der wir so wenig hören, nämlich mit der amerikanischen Intelligenz" in Berührung gekommen, muß gerechterweise dahin eingeengt werden, daß auch der gebotene Querschnitt durch die amerikanische Intelligenz sehr subjektiv und eigenwillig erfolgt. Ihre Interessen gelten offensichtlich in erster Linie der Literatur, der Presse, den höheren Bildungsanstalten sowie dem Jazz und dem Film. Ausführliche Erwähnung finden Hotels, Bars, Dancings und Burlesken. Das Thema der Bestattungsinstitute hat vor Evelyn Waughs beißender Satire noch nicht die Anziehungskraft wie das Rauschgift Marihuana oder die Schlachthäuser von Chicago, bei deren nüchterner Schilderung der Weg „vom Tier zum Nahrungsmittel" urplötzlich mit der Ehe, die „das sinnliche Weib zur braven Gattin verwandelt", verglichen wird. Doch zur „sentimental journey" einer Existentialistin gehören ebenso das Erlebnis der großartigen Landschaften und die Begegnung mit der Kunst der Primitiven.

Simone de Beauvoir sucht am Schlusse ihres Buches selbst angestrengt nach einer resümierenden Formel. Sie ist zu klug, mehr als ein geschickt-sympathisches Resignieren dabei zu finden. Fasziniert und abgestoßen, interessiert und ablehnend will sie letzten Endes weder ihr Herz noch ihren Verstand an Amerika verlieren. Für den deutschen Leser bleibt die immerhin nachdenklich stimmende Tatsache, daß nach einem ähnlich amüsanten und modernen Amerikabuch eines Deutschen offenbar vergeblich zu suchen wäre. *Peter Stadelmayer, München.*

Leider wahr

Michael Gold: „Juden ohne Geld". Dietz-Verlag, Berlin 1950, 242 Seiten, DM 4.50 (Ost).

Nun trifft auch heute schon in der Literatur und im Verlagswesen der Satz zu, daß, wenn zwei das gleiche tun, es noch lange nicht das gleiche ist. Wenn ein in der Sowjetzone in deutscher Übersetzung erschienenes amerikanisches Buch, das sich mit dem Leben jüdischer Menschen befaßt, zu uns kommt, dann müssen wir fragen, ob die Machthaber der Ostzone mit dieser Veröffentlichung nicht eine bestimmte Absicht verfolgen. Beim vorliegenden Buch ist dies von Anfang an ziemlich offenkundig, weil das Dasein der jüdischen Proletarier, die auf der Ostseite von Manhattan leben, in einer Weise beschrieben wird, welche die politischen Absichten klar erkennen läßt. Man erkennt sie auch dann, wenn man nicht bis zum letzten Absatz des Buches durchdringt, der unvermittelt in eine Hymne auf die „Arbeiterrevolution" ausklingt. Der Verleger will anscheinend ein für allemal das Bild jenes Amerika zerstören, das jedem vorbehaltlos den Weg nach oben freigibt. Der Autor schildert eindringlich und nicht ohne dichterischen Schwung das unsagbar schwere Leben osteuropäischer Einwanderer in New York zu Beginn dieses Jahrhunderts. Es steht uns kaum zu, mit ihm darüber zu rechten, ob er in dieser autobiographischen Darstellung wirklich „objektiv" ist; denn wer ist das wirklich, besonders in seinen Jugenderinnerungen? Daß das Leben nicht nur seiner eigenen Familie, sondern der ganzen Gruppe, für die er spricht, außerordentlich hart war, scheint festzustehen. Deshalb ist es auch nicht weiter wichtig, daß er zuweilen übertreibt und aufgrund individueller Erfahrungen beim Leser manchmal den Eindruck hinterläßt, als ob es sich um allgemeingültige Erscheinungen handle.

Der deutsche Leser steht hier vor einer vollkommen fremden Welt. Die meisten glauben ja, daß so gut wie alle amerikanischen Juden reich oder wenigstens wohlhabend seien, und nur allzuviele vermuten auch heute noch, daß fast jeder amerikanische Jude irgendwie in Hollywood Geld scheffele oder eine Art Bernard Baruch sei. Darum ist die Lektüre von Michael Gold „Juden ohne Geld" zu empfehlen, denn hier erfährt der Leser von den beispiellos ärmlichen und bedrückenden Lebensverhältnissen, unter denen Hunderttausende von New Yorker Juden noch vor wenigen Jahrzehnten ihr Leben fristen mußten. Selbst heute gibt es in New York noch ein hart ums Dasein ringendes jüdisches Proletariat, das sich zwar aus der schmutzig-dumpfen Trostlosigkeit, in welcher sich das Leben von Golds Generation noch abspielte, zäh und heldenhaft herausgearbeitet hat, aber durch Welten getrennt ist von jener Gruppe märchenhaft reicher jüdischer Kapitalisten, die in der Propaganda mit dem amerikanischen Judentum gleichgesetzt werden.

So aufklärend Golds Erinnerungen sind, so bedauerlich ist es, daß sie mit einer eindeutigen politischen Absicht gerade jetzt in der Ostzone erscheinen. Man merkt den Zweck und kann nicht umhin, verstimmt zu sein. Obwohl es sich bei dem vorliegenden Buch um ein Werk von unleugbarem literarischem Wert handelt. H. L.

Conditio Humana

André Malraux: „Condition humaine". Abendländische Verlagsanstalt, Innsbruck-Freiburg 1949, 350 Seiten, Leinen DM 12.50.

Es gibt Bücher, die bei allem zeitgebundenen Geschehen von großer Überzeitlichkeit sind. Und es gibt — allerdings nur wenige — Bücher, deren Inhalt zum zweiten Male aktuell wird. Die „Condition humaine" von André Malraux gehört zu beiden Arbeiten.

André Malraux, 1901 in Paris geboren, geht als Zweiundzwanzigjähriger mit einem archäologischen Studienauftrag nach Indochina. Es ist die Zeit, in der die jungen europäischen Intellektuellen vom Kommunismus die geistige Befreiung und die asiatischen Intellektuellen die nationale Befreiung erwarten. Indochina wird für den jungen Malraux zu einem entscheidenden Erlebnis. Er spielt eine führende Rolle im Freiheitskampf der Annamiten, kommt in Verbindung mit den chinesischen Kommunisten und der ihnen noch verbündeten Kuomintang Tschiang Kai-Schecks. In rascher Folge ist er Kuomintang-Kommissar der russisch inspirierten südchinesischen Regierung und aktiver Teilnehmer des kommunistischen Generalstreiks in Kanton. Nachdem Tschiang Kai-Scheck sich von den Kommunisten getrennt hatte und der chinesische Kommunismus durch die Kuomintang blutig niedergeworfen worden war, kehrte Malraux nach Frankreich zurück.

1933 erscheint sein Roman „Condition humaine", der die Geschichte des kommunistischen Aufstandes von Schanghai 1927 behandelt. In Frankreich wird das Buch mit dem Prix Goncourt ausgezeichnet, in Rußland erhält es eine offizielle Rüge der kommunistischen Partei: Malraux sah in der Revolution den Kampf des Menschen um eine „conditio humana", die der Menschenwürde angemessen ist; Moskau sah in der Revolution nur ein Teilstück der sowjetischen Politik. Das Hohelied des roten China, das Malraux geschaffen hatte, leitete seine Trennung von Moskau ein: in Zukunft galt er als Trotzkist.

Um die heutige Aktualität der „Condition humaine" zu beleuchten, ist damit eigentlich schon genug gesagt. Am Ende seines Romans läßt Malraux einen besorgten Vertreter der französischen Hochfinanz sagen: „Die Kommunisten sind zweifellos vernichtet, aber der Kommunismus keineswegs. Gerade wegen Tschiang Kai-Schecks Triumph sind neue kommunistische Wellen zu befürchten." Damit wird schon auf das zweite Kapitel eines kontinentalen Kampfes hingewiesen, dessen Zeitgenossen wir jetzt nach fast fünfundzwanzig Jahren geworden sind. Wer die „Condition humaine" gelesen hat, versteht die letzten Endes noch erfolgte Niederlage des chinesischen Diktators. Er erkennt aber auch mit wachsender Beklemmung den Sieg Moskaus über Malraux: nicht der revolutionäre Idealist, dem der individuelle Terror eine Waffe im Kampf um die Menschenwürde ist, sondern die kalte, berechnende Taktik, die Massen zu opfern weiß und die zu warten versteht, hat am Ende den Sieg davongetragen. Vielleicht empfindet Malraux das selbst am stärksten, vielleicht gehört er darum heute zu den engsten und aktivsten Mitarbeitern de Gaulles. Diese Fragen liegen zwar außerhalb des Werkes, aber sie werden durch das Werk deutlich.

Neben all diesem kann man nicht nachdrücklich genug auf die bleibende Bedeutung hinweisen, die das Buch über das Zeitgebundene hinaus besitzt. Der Kampf um die Menschenwürde beschränkt sich nicht auf Zeiten, Kontinente und Rassen. Diese bestimmen vielmehr nur die Formen der Auseinandersetzung zwischen dem Menschen und seiner „conditio". Malraux hat den Beweggründen nachgespürt, die hinter den äußeren Handlungen seiner Figuren wirksam sind, und seine realistische Darstellung macht diese seelischen Antriebe in ihrer Unaufdringlichkeit nur noch fühlbarer. Gisors, der Gelehrte, dem der Marxismus eine historische Fatalität ist und der nur noch durch die

Liebe zu seinem Sohn lebt; Kyo, der Sohn, der sich für die Menschenwürde opfert; Tschen, der Terrorist, der in der Isolation des Mordes seine Freiheit entdeckt; Katow, der Russe, der das Gift, seine letzte Zuflucht, an zwei schwächere verschenkt und sich verbrühen läßt. Clappique, der französische Abenteurer, der sich in der Aventure selbst entfliehen will; Ferral, der Finanzgewaltige, dem die Macht ein Mittel der Selbstbehauptung gegen das Anonyme ist: Sie alle sind von ihrer „conditio" getrieben und streben einer verbesserten, erhöhten zu. Noch im Handeln der Masse offenbaren sich die individuellen menschlichen Triebkräfte. Jeder Mensch ist auf der Suche nach einer Hoffnung. Und vielleicht ist auch die Revolution nur eine dieser Hoffnungen.

In Deutschland liegt Malraux' Buch, das man trotz seiner Romanform zögert einen Roman zu nennen, in der guten Übersetzung von Ferdinand Hardekopf vor. Die Abendländische Verlagsanstalt Innsbruck-Freiburg hat einen guten Griff getan, sich diese Lizenzausgabe der Büchergilde Gutenberg, Zürich, zu sichern. Denn das über ein Jahrzehnt in Deutschland nicht geduldete Buch kam im rechten Augenblick, um hier einen guten gewichtigen Beitrag zur Klärung der Begriffe zu leisten.

Carl August Weber, Oberpframmern.

Europa auf dem Öchslein

Ilse Leutz: „Avalun". Roman. Verlag Moritz Schauenburg, Lahr 1949, 351 Seiten, Leinen DM 7.80.

Je länger die Geschichte des christlichen Abendlandes wird, desto wehrloser sind unsere bürgerlichen und kaiserlichen Vorfahren dagegen, daß sie einer durch den Wolf historisierender Kolportage dreht und den so entstandenen Brei zu poetischen Frikadellen verarbeitet, deren Genuß auch dem gesündesten Zeitgenossen furchtbares Bauchgrimmen verursacht. Wer es nicht auswendig weiß, dem wird das Lexikon mitteilen, daß Avalun eine Zauberinsel ist, auf die der Begnadete entrückt werden kann. Man wird dem Betrachter die Anmerkung verzeihen, daß er sich keineswegs begnadet fühlte, als man ihn in den Roman „Avalun" entrückte, allwo er Gelegenheit hatte, sich nicht nur mit Karl dem Großen und seinen Nachfolgern bekannt zu machen, sondern auch mit einer Reihe von nicht-historischen Personen, für die ebenfalls eine Stammtafel beigegeben ist.

Leider reicht auch diese Stammtafel nicht aus, um genügend Licht in die Geschichte zu bringen. Immerhin ... was sich damals so alles in Europa getan hat! Und wie die Leute geredet haben! „Verwundet, sagt Ihr? Doch nicht arg ... Ach! Gott sei gelobt und des bedankt. Auch Herr Turpin trug eine Verletzung davon?" Es muß eine sehr anstrengende Zeit gewesen sein. Und es passierte dauernd soviel Historisches auf einmal, daß man die kleinen Knaben dieses Romans nur bewundern kann, welche niemals den Überblick über den gesamten Plötz verloren.

Des weiteren ist dem Werk zu entnehmen, daß anscheinend in jener Zeit überall schlecht geheizt wurde, die Leute frösteln, es fröstelt sie nicht etwa, sondern sie frösteln selbst. Daß sie es auch sonst nicht leicht hatten, weil ihr Lebensstil doch sicherlich ebenso aufreibend war wie der Stil des Buchs, das kann den Leser nur mit fanatischem Fortschrittsglauben erfüllen.

Nein. Die Autorin hat sicherlich einen schönen Packen historischer Werke durchstudiert, und an ihrer hohen ethischen Substanz kann selbstverständlich kein Zweifel walten. Aber diese Kreuzung von Courths-Mahler und Geschichtstabelle geht denn doch etwas weit. Auch das Gelächter, welches den Leser schon auf den ersten Seiten ankommt, kann ihn nicht ganz dafür entschädigen, daß hier eine historische Limonade gebraut wird, die schließlich auch ihre Giftstoffe enthält. Europa auf dem unfruchtbarsten Öchslein, — denn „Avalun" hat den Nebentitel: „Der Roman Europas", und der Verlag bedroht den Leser mit der Ankündigung, Band II „Wie sich die Fäden knüpfen ..." (hach, wie beziehungsvoll!) und Band III „Montsalvage" seien bereits in Vorbereitung. „Der Schauplatz jedes Einzelbandes ist ganz Europa, soweit es sich jeweils in dem Begriff des christlichen Abendlandes darstellt." Das begreift natürlich jeder sofort. Und der zweite Teil des III. Bandes trägt den Titel: „Gott will es!" — Ist das sicher? *Christian Ferber, München.*

Die Bedrückten

Heinrich Böll: „Wanderer, kommst du nach Spa ...". Verlag Friedrich Middelhauve, Opladen 1950, 228 Seiten, Halbleinen DM 6,80.

Die einfachste und zugleich erregendste der Erzählungen in dem vorliegenden Bändchen heißt: „Über die Brücke". „Ich weiß nicht, ob es überhaupt eine Geschichte ist ...", schreibt

Böll. Er wußte es sehr wohl, sonst hätte er sie nicht geschrieben. Aber sicherlich ist er sich des ersten Eindrucks auf den Leser durchaus bewußt. Erst langsam wird alles klar. Diese Geschichte ist wie eine Puppe. Eine Zeitlang liegt sie eingesponnen in unser Denken; dann aber „entpuppt" sie sich und offenbart ihre Bedeutung: sie ist die Geschichte eines Teiles der Menschheit, des Lebens der Verurteilten. Sie sind ohne Schuld und doch verurteilt. Das Urteil lautet: lebenslänglich. Sie selbst haben es sich gesprochen.

Auf wenigen Seiten schildert Böll den Lebensablauf einer Familie. Ein Mann, der immer zu bestimmter Zeit, an einem bestimmten Haus vorbeifährt, sieht in den Sekunden, in denen der Zug vorbeibraust, wie eine Frau putzt, immer zu einer bestimmten Zeit an einem bestimmten Tag bestimmte Fenster putzt. Am nächsten Tag zu bestimmter Zeit andere Fenster; ja, und die Küche und die Stuben und den Flur und die Treppe. Und auf der Treppe sitzt immer ein Kind, ein blasses Mädchen, eine saubere Puppe im Arm. Der Vater bestellt den kümmerlichen Garten, zu bestimmter Zeit, vom Blick des Kindes verfolgt „wie von einer Wächterin".

Das ist alles. Knapp und trostlos, trostlos wie der Ablauf des Lebens der Familie. Es ist nicht die Rede von tragischen Verwicklungen, von schrecklichen und gefährlichen Begebenheiten. Nein, tragisch ist allein das Da-Sein dieser Menschen, ihre Schuld ist, daß sie geboren wurden. Wir kennen dieses Leben in allen hoffnungslosen Einzelheiten. Wir wissen, daß diese Frau sich zu Tode putzt, sich, ihre Familie, ihr Leben. Das Schreckliche ist, daß sie es ohne jeden zwingenden Grund tut.

Nach vielen Jahren, nach dem Kriege, fährt der Mann wieder an dem Hause vorbei. Noch immer wird geputzt. Bedrückt erfahren wir, was wir wußten: nun putzt die Tochter. Das Urteil ist grenzenlos erweitert, es gilt für Generationen. Hemingway wird allgemein der Meister der „bewußten raffinierten" Auslassung genannt. In dieser Erzählung wird diese Kunst vollkommen gehandhabt.

Völlig anders ist die Titelerzählung. (Sie erschien in FH V/11, 1176.) Hier wird nichts ausgelassen, nein, gleich schreckliches Gegenteil: hier wird alles ausgebreitet. Nichts bleibt unserem eigenen Denken überlassen, keine Einzelheit bleibt uns erspart. Mit dem schrecklich verstümmelten Jungen kehren wir in die Schule zurück, aus der er vor ein paar Monaten in den Krieg hinausgestoßen wurde. Diese grausame Rückkehr, mit zermürbender Langsamkeit geschildert, geht von Stufe zu Stufe, von Raum zu Raum. Immer stärker wird die Ahnung, immer fester die Gewißheit, daß es ja seine Schule war, in die man ihn trägt. Und mit tragischer Folgerichtigkeit kehrt er in sein Klassenzimmer zurück. Hier erst wird ihm sein Schicksal verkündet, hier wird sein Verband gelöst: beide Arme und ein Bein sind amputiert. Der ihm die Binden löst, ist sein Pedell.

So absurd es klingt, hier bleibt Hoffnung. Für das Mädchen mit der Puppe gab es keine. Was mit dem Jungen werden wird, bleibt offen. Wie das Schicksal des Mädchen ablaufen würde, stand fest, als es noch auf der Treppe saß, als es noch ungeboren war.

Bölls Erzählungen beeindrucken tief. Er selbst ist in allen seinen Gestalten, er selbst lebt ihr Leben, immer er selbst. Alle Bitterkeit der Heimatlosen, der vom Kriege Kranken, der Zuspätgekommenen spricht aus seinen Worten, doch immer ohne Haß. Sie klagen nicht an. Sie klagen nicht einmal die an, „die aus dem Kriege ausstiegen wie aus einer Straßenbahn, die ihre Frau vorfanden, ihre Wohnung, ihre Stellung, das Eingemachte im Keller". Sie klagen nicht, sie stellen fest. Und doch sind alle Erzählungen Bölls in diesem Band eine einzige Anklage; eine Anklage gegen den Krieg, gegen die bestehende soziale Ordnung, gegen alle Not und alles Elend dieser Welt.

Böll setzt fort, was Borchert begann. Da er lebt, können wir viel von ihm erhoffen.

Hubert Habicht, Flörsheim.

Kunst, monumental und lebendig

Ulrich Christoffel: „Hans Holbein der Jüngere". Verlag des Druckhauses Tempelhof, Berlin 1950, 116 Seiten Text mit 27 Abbildungen, 156 Tafeln mit 174 Autotypien, 12 Farbtafeln, Leinen DM 28,—.

„Art documents". Monatsschrift für Kunst, herausgegeben von *Pierre Cailler, Genf*. Deutscher Vertrieb bei *Galerie Buchheim-Militon*, Frankfurt-Paris, sfr. 0,50.

„Kobra". Zeitschrift der Internationalen Gemeinschaft für experimentelle Kunst. Deutsche Redaktion: Karl Otto Götz, Frankfurt a. M.

Wenn „Monumentalität" das Ziel der Kunstpublikation ist, dann ist Christoffels Holbein-Werk ohne jeden Zweifel eine hervorragende

Leistung. Das möge als Anerkennung und Vorbehalt zugleich verstanden werden. Es gibt einen Kampf um die Kunst, der mit unerbittlicher Schärfe geführt wird; der persönliche Opfer fordert; der sich nicht im Bereich der schön ausgestatteten Verlagswerke, sondern im Leben — mit Hilfe des Wortes und äußerlich schäbiger Broschüren — vollzieht. Die Broschüre, das Pamphlet, die Kunst-Zeitung mit einigen Aufsätzen und Abbildungen kann oftmals besser neue Ideen verbreiten (und neu ist die Kunst immer, so lange sie etwas mitzuteilen hat) als ein Bücherschrank mit „monumentalen" Ausgaben. Kokoschka hat, ein Vierundzwanzigjähriger, im Jahre 1910 zusammen mit der Lasker-Schüler und Herwarth Walden im Ruhrgebiet Exemplare seiner Zeitschrift „Der Sturm" verteilt, bis die Polizei den ob solchen Unfugs Verdächtigen sistierte. Mit Recht kann man fragen, ob er und einige andere seiner Mitstreiter ohne das „Sturm"-Experiment die großen Meister geworden wären.

Auch heute ist von diesem Geist noch etwas lebendig, zum Glück. Aus Genf flatterten die ersten Nummern der „Art documents" heran, einer monatlich erscheinenden zehnseitigen Zeitschrift in Zeitungsformat, worin Jacometti, Cailler und ihre Gefährten in kurzen Abrissen ihre Kunstanschauungen entwickeln und Lebensbilder der Jungen und Begeisterten geben. Von manchen (zum Beispiel französischen) Malern, deren Bilder und deren Ruhm uns in letzter Zeit erreichten, erfährt man hier zum ersten Mal biographische Daten.

Nachdem die Surrealisten-Gruppe ihren Bankrott erklären mußte, hat sich in Frankreich, Italien, Deutschland, in den Skandinavischen Ländern, der Schweiz und in Amerika eine „Internationale Gemeinschaft für experimentelle Kunst" formiert. Man arbeitet ohne geistiges Kapital, hat nichts Sicheres vorzuweisen, also sucht man, manifestiert, postuliert das noch nicht Vorhandene. Man verzweifelt nicht, obwohl der Pleitegeier eifrig mit den Flügeln schlägt, aber man rühmt sich auch nicht der ruinösen Fassade und des leergebrannten Hauses.

Den Kontakt zwischen den Experimentierern vermitteln alljährliche Zusammenkünfte und eine von den verschiedenen Ländern paritätisch belieferte, „Kobra" betitelte Zeitschrift. Man hofft auf Erfolge, ähnlich wie sie dem „Sturm" nach seinem Eingehen beschieden waren. Denn wenn auch nur wenige Exemplare den Leser erreichen und vier Fünftel des Inhalts vergängliche Ware sein sollten, hier geschieht etwas; einige Elemente in dem großen Reservoir von unausgeschöpfter künstlerischer Substanz geraten in Bewegung. Und das ist aufregend, das ist wichtig, wenn auch, wie gesagt, vier Fünftel des Inhalts absurd sein mögen. In den meisten „monumentalen" Publikationen geschieht gar nichts, und wenn sie Zeitgenössisches verherrlichen, kommt zu dem Nichts meist noch das Odium der Lächerlichkeit hinzu.

Nun ist Holbein der Jüngere kein Zeitgenosse und wohl wert, in großem Stile gewürdigt zu werden. Verschiedene (hauptsächlich Schweizer) Verleger und Autoren haben sich seiner im letzten Jahrzehnt angenommen, viel mehr als etwa Dürers, ja, mehr sogar als des gewaltigen Grünewald. Das hat seinen guten Sinn.

In Reaktion auf den Surrealismus, der nicht müde wurde (besser gesagt: dessen Nachläufer sich nicht genug tun können), uns von unserer existentiellen Unsicherheit zu überzeugen, wird hier ein Bereich klarer Dinglichkeit außerhalb der Tageskontroverse gesucht. Das kann notwendig und gut sein; es kann aber auch gefährlich sein, insofern hier der Wirklichkeit unseres Lebens ausgewichen wird.

Nehmen wir den günstigen Fall an: Holbein als fester Punkt in der Verwirrung unserer Tage. Der Verlag dachte wohl an Ähnliches, denn in dem Waschzettel heißt es: „Holbein ist der wache, augensinnliche Beobachter von unübertreffbarer Blickschärfe und Sachlichkeit. Aber seine Klarheit und Ausgewogenheit ist nur scheinbare Gefühlsarmut, die innere Spannung und Unergründlichkeit seiner Kunst sind nur mit Worten schwerer zu fassen und auszudeuten. Auch durch seine Verhaltenheit weht ein fernes magisches Rauschen". — Das ist recht modern.

Christoffel ist in der Tat „ein guter Führer zu diesem Holbein. Sein Text geht nicht in die Breite und sagt doch das Notwendige, behutsam sucht er zu den Werken hinzuleiten und meidet damit das allzu tönende Wort. Dem Buch sind in seiner schönen Aufmachung bei wohlfeilem Preis zahlreiche Leser und Käufer zu wünschen."

Der Rezensent schließt sich diesem begreiflichen Wunsch des Verlags aufrichtig an. Schon die Abbildungen sind es wert. Ein historischer „Holbein", dessen Darstellung jedermann erlaubt, sich ihm zu nähern; hätte sich Christoffel (der hier ja nicht wissenschaftliche Streitfragen austrägt, sondern zum Publikum spricht) mit Holbein mehr aus dem Gesichtswinkel des modernen Menschen auseinandergesetzt, so könnte ein geradezu ideales Kunstbuch vorliegen. Bei aller Liebe zur alten Kunst, — wir kommen nicht umhin, sie stets von neuem zu befragen, was sie uns heute bedeutet. Alle sachliche Gründlichkeit, die den Text Christoffels auszeichnet, wird irgendwann (in wahrscheinlich nicht zu ferner Zeit) überholt sein; Bekenntnisse, die ein Autor in seiner Zeit und, wenn er selbst groß ist, für seine Zeit ablegt, bleiben als Dokumente bestehen.

Hans Maria Wingler, Frankfurt.

Mitteilung

In dem in unserem Verlag erschienenen Buche von Walter Görlitz *„Der Deutsche Generalstab"* heißt es auf Seite 663, Generaloberst Beck habe am 20. Juli 1944 Verbindung mit Generaloberst Lindemann von der Heeresgruppe Nord aufgenommen und ihm Befehl gegeben, die Kurlandstellung zu räumen, und Generaloberst Lindemann, der längst auf solchen Befehl gewartet habe, habe bedingungslos gehorcht. Auf Seite 671 heißt es dann weiter, daß Generaloberst Lindemann als Oberbefehlshaber der Heeresgruppe Nord während des dann folgenden Vorgehens gegen das Offizierkorps zu den Russen übergelaufen und seitdem verschollen sei.

Diese Angaben entsprechen nicht den Tatsachen. Wie sich inzwischen herausgestellt hat, war Generaloberst Lindemann bereits am 3. Juli 1944 von Hitler seines Kommandos als Oberbefehlshaber der Heeresgruppe Nord enthoben worden und befand sich zu jener Zeit in Urlaub.

Damit sind die gesamten oben erwähnten Angaben über Generaloberst Lindemann hinfällig. Verfasser und Verlag bedauern aufrichtig, einem von ihnen nicht beabsichtigten Irrtum zum Opfer gefallen zu sein.

Mitglieder der Schriftleitung
Heinrich Bauer (HB), Karl Wilhelm Böttcher (KB), Walter M. Guggenheimer (WG), Rüdiger Proske (RP), Frankfurt/Main.

FRANKFURTER HEFTE

Zeitschrift für Kultur und Politik

HERAUSGEGEBEN VON EUGEN KOGON UND WALTER DIRKS

AUS DEM INHALT

6. JAHRGANG HEFT 4 APRIL 1951

FH

INHALT

April 1951. Die Frankfurter Hefte sind durch jede Buchhandlung, durch die Post und direkt vom Verlag zu beziehen. Einzelheft: DM 1,— zuzüglich Zustellgebühr, Inland DM 0,10, Ausland DM 0,20 pro Heft. Postscheckkonto Frankfurt a. M. 824 91. Schriftleitung und Verlag: Frankfurt a. M., Schaumainkai 53, Tel. 649 05 und 651 10. / Druck: Fränkische Gesellschafts-Druckerei GmbH., Würzburg.

FRANKFURTER HEFTE

Zeitschrift für Kultur und Politik

Herausgegeben von Eugen Kogon und Walter Dirks

6. Jahrgang | April 1951 | Heft 4

Wendungen, aber keine Wendung

Die Meinungsverschiedenheiten in der Bonner Koalition

Frankfurt, 21. März 1951.

WD Die wachsende Kritik an Wirtschaftsminister Erhard und die Krisenerscheinungen in der westdeutschen Wirtschaft selbst sind offenbar nicht ohne Wirkung auf den Bundeskanzler geblieben. Unbekümmert um den Vorwurf, es bahne sich eine wirtschaftspolitische Nebenregierung an, hat er seinen Vertrauensmann zum Geschäftsführer im Wirtschaftspolitischen Koordinierungsausschuß des Kabinetts ernannt. Als Sprecher der CDU-Fraktion hat sich auch der Abgeordnete Semler zum Anwalt einer kritischen Stimmung gemacht, indem er in sichtlicher Ungeduld „wohldurchdachte Maßnahmen" forderte, — vielleicht hält er den Sparmarken-Plan für eine schlecht durchdachte Maßnahme. Der sozialdemokratische Gegenspieler Erhards, der andere Professor der Nationalökonomie, Nölting, hat es gewiß nicht sehr ernstgemeint, als er beantragte, das Gehalt für den Wirtschaftsminister zu streichen; aber diese Geste bezeichnet sehr gut das Klima der Opposition gegen Erhard: jene Mischung von Erbitterung und Nicht-ganz-ernstnehmen, die der ungebrochene Optimismus des Ministers in denen hervorruft, die in einer anderen Stimmung leben und ihre Gründe dafür haben. Der Minister selbst hat in Aussicht gestellt, „in raschem Fluß eine Reihe von Vorschlägen" vorzulegen, aber die Aussicht auf schärfere Preiskontrolle wirkt wenig überzeugend in einem Augenblick, da die Regierung erst illegal, dann mit Zustimmung der Bundestagsmehrheit die „davongelaufenen" Getreide- und Brotpreise erhöhen mußte.

Die Opposition ist der Meinung, der Minister der Wirtschaftsfreiheit spreche sich selbst das Urteil, wenn er sich nun zur „straffen Lenkung" bekenne. Erhard selbst dagegen betrachtet seine Politik keineswegs als widerlegt; er sieht die Ursachen der Krise im Koreakrieg und in seinen Wirkungen auf den Weltmarkt. Aber was soll man vom Prinzip der Selbst-Regulierung halten, wenn es nur in normalen Zeiten funktioniert? Gibt es denn normale Zeiten?

In die Krise hinein stößt das wirtschaftspolitische Programm der Gewerkschaften: es ist als die Alternative zur Erhardschen Politik gedacht und sieht eine befristete Lenkung der Investitionen und der Rohstoffe, Preisbindungen, Lohnerhöhungen und andere soziale Maßnahmen vor. Es bestätigt abermals, was der nüchterne Beobachter schon lange erkannt hat: die Wirtschaftspolitik der restaurativen Epoche ist durch so viele Faktoren festgelegt, die nicht in ihrer Macht liegen, durch die Politik der Weltmächte, durch das Besatzungsstatut, durch die politische und psychologische Lage in Deutschland selbst, daß in ihrem Bereich alle scharfen grundsätzlichen Alternativen wie die von „Freiheit" und „Bindung" nur propagandistischen, also gar keinen Wert haben. Wenn sich nicht *mehr* ändert als nur die Wirtschaftspolitik, so wird sich auch die Wirtschaftspolitik nicht gründlich ändern lassen. Was die Gewerkschaften vorschlagen, ist zunächst einmal genau wie das, was Erhard tut, eine Mischung von freier Marktwirtschaft und regelnden und kontrollierten Eingriffen. Die Wirtschaftspolitik Erhards steht in dem Rufe, nicht genügend klug, weil mit Vorurteilen belastet, und nicht genügend sozial zu sein. Das Gewerkschaftsprogramm beansprucht, klüger und sozialer zu sein, keineswegs aber revolutionär zu sein und eine neue Wirtschaftsstruktur zu bringen. Es wäre nicht undenkbar, daß Dr. Adenauer eines Tages mit einem anderen Wirtschaftsminister seiner Koalition den Versuch machen könnte, den Vorschlägen der Gewerkschaften entgegenzukommen. Es wäre nicht das erste Mal, daß er sich von der Gewerkschaftsfeindschaft eines Teiles seiner Koalitionsfreunde distanzierte.

In der *Mitbestimmungsfrage* hat er es geradezu zu einem stillen, aber zähen Konflikt mit der eigenen Koalition kommen lassen. Er will zu dem Wort stehen, das er dem Gewerkschaftsführer Hans Böckler gegeben hat. Dieser Grund ist glaubwürdig: die beiden gleichaltrigen Kölner Ehrenbürger haben sich immer respektiert, und Böcklers Tod mag auf Adenauer wie eine Versiegelung ihrer Abmachungen gewirkt haben. Aber man kann dem Bundeskanzler auch zutrauen, daß er politische Gründe hat: daß er besser als industrielle und doktrinäre Kreise seiner Koalition den Streitpunkt würdigt, um den es geht. Die Gegner des ursprünglichen Regierungsentwurfes, die das Schwergewicht von der Gewerkschaft auf die Betriebsvertretung verlegen wollen, sehen in den Gewerkschaften die große zentralistische Macht, in den Arbeitern im Betrieb dagegen einerseits die geringere Gefahr — das Motiv der Unternehmer —, anderseits die demokratischere, „organischere" Lösung — das Motiv weiter Kreise der christlichen Arbeiterbewegung, die in den Gewerkschaften ein „betriebsfremdes" Element sehen. Vielleicht sieht Dr. Adenauer dagegen in den Gewerkschaften eine zwar mächtige, aber auch recht zuverlässige Kraft, die den Aufsichtsrat am Ende viel sicherer gegen mancherlei Beunruhigungen, gegen Dilettantismus, vor allem aber gegen kommunistische Einflüsse schützen würde, als man das von Betriebsvertretern erwarten könnte, vor allem in Betrieben mit kommunistischer Mehrheit. Und die *gibt* es im Ruhrgebiet. Sollte er es so ansehen, so würde ihm das Vorprogramm sehr rechtgeben, das der Vorstand der westdeutschen KP dem inzwischen in aller Heimlichkeit in Weimar absolvierten Parteitag überreicht hat. Darin kommt mehr als einmal zum Ausdruck, daß die westdeutschen Kommunisten ihren gefährlichsten Feind in den Gewerkschaften sehen, auf deren Führung sie keinen Einfluß mehr haben, und daß sie alle Hoffnungen auf die Betriebe setzen, in denen sie ihre Kaders ansetzen können. Eine denkwürdige Konstellation: die Regierungskoalition (ohne ihr Haupt), die Unternehmer und die Kommunisten wollen die Betriebsvertretungen stärken, die Opposition und Bundeskanzler Adenauer dagegen die Gewerkschaften. Es wird ihm nicht verborgen geblieben sein, daß auch manche nichtkommunistischen Arbeiterführer sich ernstliche Sorgen darüber machen, ihr eigener Sieg könne der Arbeiterschaft das Kampfmittel des Streiks entwenden und die Gewerkschaft zu einer unternehmerischen und „wirtschaftsfriedlichen" Haltung verführen. Vielleicht ist diese Aussicht genau das, was dem Bundeskanzler die Gewerkschaftslösung sympathisch oder doch erträglich macht.

Eine Änderung in Dr. Adenauers Haltung ist unverkennbar. Seine Distanzierung von Erhard und sein Konflikt mit der Koalition in der Mitbestimmungsfrage sind nicht die einzigen Anzeichen dafür. Seine Annäherung an Schumacher in der Außenpolitik hat schon Bewährungsproben bestanden, und man hat bemerken können, daß der pflichtmäßige Protest der SPD gegen seine Ernennung zum Außenminister viel weniger energisch war als der seines Koalitionspartners FDP. Vielleicht ist auch Dr. Adenauers Vorschlag, vierzehn obere Bundesbehörden in Frankfurt unterzubringen, eine freundliche Geste. Dergleichen weist auf eine Politik hin, die vielleicht noch unabhängiger und persönlicher ist als bisher, aber auf einen Ausgleich mit der Opposition gerichtet ist.

*

Bereitet alles dies eine Wendung der deutschen Politik vor? Kaum. Die Persönlichkeit Schumachers, der nicht zum zweiten Mann in einer Koalition geeignet ist, schließt eine Umbildung der Koalition aus: eine Regierung CDU—SPD kommt so lange nicht in Frage, wie diese beiden Männer mächtig sind. Weil es so ist, wird sich Adenauer auch nicht zu Neuwahlen zwingen lassen. Das Grundgesetz gibt ihm eine Macht, wie sie nicht einmal Bismarck gehabt hat. Er wird Bundeskanzler bleiben, und er wird ohne die Sozialdemokratie regieren, weil er nicht mit Schumacher regieren kann. Aber er wird vielleicht mehr als bisher mit wechselnden Mehrheiten regieren. Er wird sich vielleicht eines Tages einen anderen Wirtschaftsminister holen; und er wird vielleicht den Versuch machen, die Regierungspolitik in diesem Punkt dem Programm der Gewerkschaften anzupassen. Eine solche Verschiebung der Gewichte würde freilich den alten Gegensatz zur FDP und den neu entstandenen zur bürgerlichen Hälfte seiner eigenen Partei verschärfen. Aber der Bundeskanzler würde es sich zutrauen, damit fertigzuwerden, und versuchen, sein System in mehr oder minder labilem Gleichgewicht bis 1953 zu halten. Die Parteien seiner Koalition werden ihm Gefolgschaft leisten müssen, selbst wenn sich herausstellen sollte, daß er nicht nur in der Mitbestimmungsfrage, sondern auch in der Wirtschafspolitik zur Zeit links von ihnen stünde. Es ist die Angst vor der Sozialdemokratie, die sie fest an den gegenwärtigen Inhaber der Macht bindet. Denn Dr. Adenauer kann bis zum Jahre 1953 nicht gestürzt werden, ohne daß die Sozialdemokratie dadurch an die Macht käme. Höchstens die laut geforderten, aber sicherlich von vielen insgeheim gefürchteten „allgemeinen freien deutschen Wahlen" könnten das labile System vorzeitig zum Einsturz bringen. Aber es ist offenbar ein weiter Weg zu diesen Wahlen.

*

Gibt es keine Alternative? Ist eine wirkliche Wendung denkbar, statt aller möglichen Wendungen?

Von einer Aufrüstungskonjunktur dürfen wir sie nicht erwarten. Sie wird die Abhängigkeit der deutschen Wirtschaft von der westlichen Weltwirtschaft vergrößern, in ihr den Einfluß der führenden Manager-Schicht stärken, die Realeinkommen der Schichten vermindern, die von gebundenen Löhnen und Gehältern leben. Falls man diese Wirtschaftspolitik nicht gegen die Gewerkschaften, sondern mit ihnen machen sollte, würden die sozialen Teil-Vorteile, die allenfalls durchzusetzen wären, einen schweren Schaden nicht aufwiegen: die Organisation der Arbeitnehmer würde sich in dieser Konjunktur wohl ziemlich korrumpieren. Wir haben nicht die Voraussetzungen Großbritanniens, wo eine erfolgreiche nationale Arbeiterpartei es sich erlauben kann, der Arbeiterschaft und der Nation Entbehrungen aufzuerlegen.

Können wir diese Voraussetzungen schaffen? Ein Nationalplan, der die eine Aufgabe haben müßte, die deutsche Wirtschaft energisch als Friedenswirtschaft zu entwickeln, sie ihren eigenen Gegebenheiten anzupassen, sie zu „rationalisieren", sie auf die Höhe und in Schwung zu bringen, und der zugleich die andere Aufgabe hätte, in ihr und durch sie die Massen des Volkes, die Arbeitnehmer, Bauern und Flüchtlinge, allmählich einigermaßen zufrieden zu machen, — ein solcher Plan setzt voraus, daß die Arbeiterschaft führend beteiligt ist, den Plan als ihre eigene Sache betrachtet und sich die fälligen Entbehrungen der Aufbauzeit selbst auferlegt. Ein solcher Nationalplan lebt nicht vom Schreibtisch der Experten aus. Er setzt eine Verschiebung der Macht und *in* der neuen Macht ein neues Selbstbewußtsein und eine neue Moral voraus. Natürlich gibt es keinerlei Garantie dafür, daß die Führung dieser neuen Macht der Aufgabe gewachsen wäre; es muß offen bleiben, ob sie klug, realistisch und einig genug wäre. Aber auch die mit ihr rivalisierenden Schichten können jene Garantie nicht geben.

Eine solche Macht, aus der allein eine echte Alternative zur restaurativen Politik entwickelt werden könnte, steht in Deutschland nicht bereit. Es ist sehr schwer abzuschätzen, ob und in welchem Maße sie wenigstens latent vorhanden ist. Die Gewerkschaften? Ihr Zusammenhalt, ihr Kampfwille und die Intelligenz ihrer Führung sind bisher noch nicht auf wirklich schwere Proben gestellt worden; immerhin sind Beweise ihrer Disziplin erbracht, und die Arbeiten ihres Wirtschaftswissenschaftlichen Instituts weisen in die Richtung, die gewonnen werden müßte. Die Sozialdemokratie? Man sieht in ihr nicht viel von einer erneuernden Kraft und einer realistischen Theorie, und ihr Vorsitzender richtet seine erstaunliche Energie fast ganz auf die Außenpolitik. Die CDU lähmt sich selbst durch den Gegensatz der Interessen und Ziele; der Primat der Kulturpolitik, das Ideal der christlichen Einheit und die diesem Ideal angemessene Disziplin erschweren es ihren beunruhigten und sozialen Kräften, sich klar in eine antirestaurative Front einzugliedern. Die Heimatvertriebenen und andere Gruppen von Deklassierten sind ein Ferment der Unruhe, und zwar nicht nur nihilistischer, sondern auch fruchtbarer Unruhe; sie würden wertvolle Kräfte stellen, wenn jene Macht sichtbar würde; die Führung selbst kann man von diesen Schichten nicht erwarten, — dafür ist ihre Lage in der Wirtschaftsgesellschaft nicht zentral genug. Auch ein guter Teil der Jugend und der Intelligenz wartet auf einen besseren Beginn. Aber diese Hoffnungen und die vieler anderer zielen ins Leere: noch ist die Spitze des Keils nicht sichtbar geworden.

Deutschland existiert nicht allein. Es hängt von seinen Nachbarn ab. Macht das jenen Beginn schwieriger oder leichter? Ein deutscher Nationalplan kann nur der Torso eines europäischen Planes sein, er kann sich nur in dem größeren vollenden. Wie eine deutsche Rüstungswirtschaft in den ungeheuren Sog der atlantischen Rüstung geraten würde, so setzt ein auf Frieden, Wohlstand und sozialen Ausgleich abgestellter Nationalplan die Teilhabe an einer ähnlich strukturierten Wirtschaft höherer Dimension mit einer ähnlichen Kräfteverteilung voraus. Das ist vielleicht eine Erschwerung: wir haben ja die Entscheidungen in Paris, London und Rom noch weniger in der Hand als unsere eigenen, und in Frankreich, dem wichtigsten Partnerland, droht der Antagonismus zwischen einem starken Kommunismus und dem erneuten Vordringen der Reaktion jeden stabilen sozialen Plan zu blockieren. Anderseits: Wenn der Ansatz eines europäischen Planes gelänge, dann würde es leichter sein, die deutsche Sackgassen-Welt aufzusprengen und die gebundenen und gebannten sozialen Kräfte in Fluß zu bringen.

In der Einheit des europäischen und des sozialistischen Willens ist die Lösung zu suchen. Aber es gibt diese Einheit kaum, zum mindesten nicht als handlungsfähige Kraft. Wir brauchen dazu jeden guten Kopf, den es in Europa gibt; die politische Stoßkraft, die Spitze des Keils, kann nur die Arbeiterschaft stellen. Es ist bitter, sie in einem so schlechten Zustand und so uneuropäisch zu sehen, und es ist zum Verzweifeln, sie so gespalten zu sehen, nicht nur in nationale und nationalistische Parteien, sondern auch in den französischen und italienischen Stalinismus hier und den deutschen und englischen Sozialdemokratismus dort, — in Deutschland zudem in Christen in einer zögernden und unsicheren Haltung.

Aber wir haben es uns aus mehr als einem Grunde in den Kopf gesetzt, solche Knoten nicht durchhauen, sondern auflösen zu wollen. Wer weder den „Schmelztiegel" noch den „Block" als Formen der Einheit anerkennt, die für Europäer und für Sozialisten in Frage kommen, darf sich über die Schwierigkeit seiner Aufgabe nicht wundern. Es geht langsam, und oft werden wir von der Furcht befallen, es werde ein entscheidender Termin verpaßt. In der richtigen Weise geduldig und in der richtigen Weise ungeduldig zu sein, gehört zu den schwersten Künsten. Eine Wendung in der deutschen Politik ist von den Kräften, die jetzt ihren Vordergrund bestimmen, nicht zu erwarten. Die Gegenkraft ist nicht mobilisiert. So bleibt nichts übrig, als sie zu mobilisieren, sie bilden zu helfen, sie einzuüben, ihr Bewußtsein zu entwickeln, Vorstöße zu machen, Erfolge und Mißerfolge zu verarbeiten. Das gibt dem Kampf um das Mitbestimmungsrecht, dem mühsamen Ringen um die europäischen Integrationen, der Arbeit für einen Nationalplan ihr Recht. Wer da mitkämpft und mitarbeitet, wird nur wissen müssen, daß seine Unternehmungen sich bis dato auf der provisorischen Bühne abspielen, welche die Restauratoren für die ganze wirkliche Welt halten; er ist also immer wieder in der Gefahr, daß seine Arbeit verfälscht wird. Dagegen gibt es kein anderes Mittel als die Wahrheit und den Mut zur Wahrheit.

Lasset uns, meine Brüder, mit mutigem, fröhlichem Herzen auch mitten unter der Wolke arbeiten; denn wir arbeiten zu einer großen Zukunft. *Johann Gottfried Herder.*

Walter Dirks

WIE ERKENNE ICH, WAS GOTT VON MIR WILL?

Zur Berechtigung einer „Situationsethik"

„Ethik“ ist ein Fremdwort und ein fremdes Wort. „Die Lehre von der Sittlichkeit des Handelns“. Das klingt sehr weit weg, aber es ist nicht weiter von uns weg, als „die Pädagogik“ von den Freuden und Plagen der Mutter in der Kinderstube entfernt ist. Dauernd haben wir mit „ethischen Problemen“ zu tun, — zum Glück meist ohne das Bedürfnis, so geschwollen darüber zu reden. Unser Glück und unser Verhängnis stecken darin, alle unsere täglichen Reibungen und viele unserer kleinen Freuden, unserer bittersten Stunden und unser tiefster Friede. Es geht darin um uns selbst, und um noch etwas mehr. Es wäre gut, das festzuhalten, wenn uns die Not des Allgemeinbegriffs ins Abstrakte treibt.

*

„Ich habe Dich bei Deinem Namen gerufen.“ Wer so spricht, will etwas sehr Bestimmtes von mir. Sonst riefe er nur „Komm' mal einer her!“ oder höchstens „He, Du da!“. Aber das, was mein Herr da von mir will, wird zugleich etwas sehr Allgemeines sein, denn Gott widerspricht sich nicht, und der mich schuf, hat alles geschaffen. Der erste, den er ins Leben rief, indem er ihn mit seinem Namen rief, *heißt* Adam und *ist* Adam, nämlich Mensch; seitdem bezeichnet jeder menschliche Name zugleich das unvertauschbare Antlitz *und* das allgemeine Menschenwesen: Gott will meine Antwort auf seinen Ruf an mich, aber diese Antwort ist zugleich sittliche Teilhabe am Gesetz des Menschenwesens und am Gesetz der menschlichen Gemeinschaft.

Nimmt man die Frage als „Problem“, so tut sich ein ungeheurer Horizont auf: „das Allgemeine und das Besondere“ ist von den Vorsokratikern bis Sartre ein zentrales Thema der Philosophen. Es ist unter anderem ein Berufsproblem der Erzieher und der Juristen, es ist unser politisches Dilemma. Und es war und ist die Not und die Seligkeit der Mystiker. Auch die „Situationsethik“ gehört in diesen Zusammenhang. Wenn sie an dieser Stelle behandelt wird, dann freilich nur deshalb, weil sie wie jede echte philosophische Bemühung etwas zu tun hat mit uns selbst, die wir keine Philosophen sind. Hinter den Versuchen, eine „Situationsethik“ auszudenken und durchzudenken, stecken offenbar Schwierigkeiten und kritische Vorgänge im Bewußtsein des gegenwärtigen Menschen. Sie spielen sich nicht nur unter Fachleuten ab. Sie hängen sicherlich mit dem zusammen, was Guardini in seinem gleichnamigen Buch „das Ende der Neuzeit“ nennt. Wenn er mit dieser kühnen Formel recht hat, und er *hat* recht damit, wenn die Neuzeit als die dritte nachchristliche Epoche zuende geht, in *uns* zuende geht, so wird auch in Ethik und Moraltheologie manches neu gedacht und gefühlt werden müssen, was zwischen dem 13. und dem 19. Jahrhundert gedacht und gefühlt worden ist.

(Viele Katholiken werden nervös, wenn sie so etwas hören. Sie lassen eine wahre Geschichte des christlichen Bewußtseins zwar in alten Zeiten gelten, sie spielen sie sogar gegen den geschichtslosen Biblizismus gewisser Protestanten aus; sie haben ein Organ dafür, daß Ignatius von Loyola anders betete und auf andere Weise moralisch war als Ignatius von Antiochien, daß in einer iroschottischen Benediktinerabtei ein anderes sittliches Klima herrschte als in einem Dominikanerkloster in Fiesole, — aber für unsere Zeiten möchten sie entsprechende Schübe, Krisen, Wendungen, Neuanfänge nicht gern gelten lassen; sie nehmen dergleichen allerhöchstens post festum zur Kenntnis. Aber war nicht für den heiligen Franziskus und seine Brüder, für den heiligen Ignatius und seine Gefährten gerade das Neue, das ihnen vorschwebte, Gottes besonderer Auftrag an sie? Es sollte auch für uns nicht ohne Interesse sein, es sei denn, wir begnügten uns damit, hinter uns selber herzulaufen.)

*

Die Religionslehrer und Beichtväter hatten es nicht immer leicht in den letzten fünfundzwanzig Jahren. Nicht nur mit denen, die Einwände vorbrachten gegen das, was man ihnen als die Lehre von Gottes Willen und dem rechten Handeln der Menschen vortrug, sondern auch mit denen, die genauer wissen wollten, was Gott von ihnen verlangte: mit solchen, denen die überlieferte Moraltheologie und die mit ihr verschwisterte Ethik nicht zu viel zuzumuten schienen, sondern zu wenig oder doch nicht das Eigentliche. Zum Beispiel mit Leuten, welche das Leben der Kleinen Therese vom Kinde Jesu als einen Ruf an sie selbst empfanden. Mit Leuten, die in heimlichen Nachtstunden davon zu sprechen wagten, daß sie doch offenbar zur Heiligkeit berufen seien, wie jeder Christ. Mit Menschen, die aufs tiefste beunruhigt waren. Gewiß ging es ihnen dabei meist „nur" um ihr Besonderes selbst, um die Frage: „Was will Gott jetzt und hier von mir?", aber manchmal doch auch um den schwierigen Versuch, dieses Besondere als allgemeine Kategorie zu fassen, um „die Ethik" ihrer Schwierigkeit, also um die Frage: „Wie kann einer wissen, was Gott jeweils von ihm will?"

Mancher von ihnen ist betroffen gewesen, als er im Februarheft 1950 der „Stimmen der Zeit" den Aufsatz *„Situationsethik und Sündenmystik"* las. *P. Karl Rahner SJ*, sein Verfasser, ist alles andere als ein „Reaktionär"; er ist vielmehr ein wacher und mutiger Theologe. Jene Christen waren betroffen, weil er ihnen zeigen wollte, Situationsethik sei alles in allem die modernste und modische Form des Laxismus, nämlich ein Versuch von halben Christen, sich in unserer schwierigen und entfesselten Zeit durch Berufung auf „die Situation" vor der Anstrengung des sittlichen Begriffs und vor der Härte des Gesetzes zu drücken, — ein neuartiger Versuch, das Gewissen den eigenen Wünschen anzupassen.

Nun gibt es freilich zweifellos das, was P. Rahner so als „extreme Situationsethik" anprangert, und insofern wird man seinen Darlegungen nicht widersprechen. Es gibt sogar oft dergleichen: weil die Umstände dazu verführen; weil manche Christen in der Grenzzone zwischen Glaube und Welt vagabundieren; weil die Krise der kasuistischen Ethik manche Vorwände liefert; weil Diabolus, der erste Dialektiker, heute alles dies ausnützt, um uns zu verwirren. Befremdend ist also nicht diese Ablehnung der Nutznießer einer mißverstandenen Situationsethik und die wohlbegründete Warnung an uns alle, sondern nur, daß die Gelegenheit nicht benutzt wurde, diesen Mißbrauch am guten Gebrauch zu messen: an den Denkansätzen derer, für welche die Situationsethik gerade das Gegenteil von alledem bedeutet, nämlich einen Versuch, dem Gewissen für seinen täglichen Dienst schärfere geistige Werkzeuge in die Hand zu geben. Von ihrem Versuch, von ihrer Sorge um den richtigen Weg, um das Gute und die Wahrheit, von ihrer Sorge um ihr Heil war zu wenig die Rede in dem Aufsatz dieses Theologen, dem wir doch den großartigen Aufsatz „Der Einzelne in der Kirche" verdanken. Indem er von vornherein die Fragestellung auf einen ganz bestimmten Konflikt verengte, auf den Konflikt des Ungehorsams, der die Norm nicht brechen, sondern umgehen will, kam ihm nicht in den Sinn, was Theodor Steinbüchel unter Situationsethik verstand, oder was Martin Buber oder Ferdinand Ebner darunter verstehen könnten. Darum hallte sein Wort gleichsam ins Leere.

Er erhielt denn auch keine Antwort. Darf es dabei bleiben? Nachdem ein Jahr lang kein Fachmann widersprochen hat, meldet sich ein Laie zu Wort. Nicht mit einer Auseinandersetzung mit jenem Beitrag in den „Stimmen", sondern mit Fragmenten zu einer möglichen Situationsethik; sie entstammen nicht systematischer wissenschaftlicher Arbeit, sondern Überlegungen und Gesprächen, wie sie heute naheliegen, wo immer versucht wird, ein christliches Bewußtsein in der Auseinandersetzung mit dem Bewußtsein der Zeit wach und lebendig zu halten.

Was „eine Situation" ist, weiß in einem schlichten Sinne jedermann: sie bezeichnet den „Ort", den einer im Raum-Zeit-Gefüge der Welt einnimmt. Und etwas mehr: man nennt nicht *jeden* solchen Ort Situation, sondern zeichnet damit bestimmte Lagen und Augenblicke aus, die nämlich, die einen Anspruch an den Menschen stellen, sei es daß sie einen Konflikt enthalten, einen Widerspruch, sei es wenigstens eine Aufgabe. Je mehr an Spannung, Widerspruch, Herausforderung in einer Gruppe von Umständen steckt, umso „situativer" ist sie. Eine Situation erfordert eine Lösung: das Handeln des Menschen zielt auf diese Lösung ab. Dieses Handeln kann auch die Form des Nichthandelns annehmen: Warten, Aushalten, Leiden kann die angemessene Antwort sein, die einer in einer Situation findet.

„Antwort": in diesem Ausdruck stecken zwei wichtige Elemente des situativen Denkens: das Dialogische und das Geschichtliche. Eine Situationsethik wurde erst möglich, als der dialogische und der geschichtliche Charakter des Menschen in den Vordergrund des Bewußtseins trat: er kann garnicht von sich allein aus verstanden werden, sondern nur aus dem Dialog Ich-Du, und er ist ein Wesen, das sich entscheidet; er geht nicht in der Entwicklung auf, die er mit den Tieren gemeinsam hat, sondern hat eine Geschichte, als Einzelner, im Dialog und in der Gemeinschaft und Gesellschaft. Der Mensch lebt in Wort und Antwort. Der Mensch hört die Situation wie ein Wort; sie ist beredt für ihn, da sie ja etwas von ihm will, ihn anfordert. Und das, was er tut, ist seine Antwort.

Er *gibt* diese Antwort, er setzt sie aus sich heraus. Aber er *ist* zugleich diese Antwort, er selber steckt in ihr drin, und indem er handelnd-antwortend die

Welt verändert, verändert er auch sich selbst: ein Mensch, der einen Mord begeht, wird zugleich „ein Mörder". Hier wird das geschichtliche Element sichtbar: in der Bewältigung oder Nichtbewältigung einer Situation erfährt der Mensch seine eigene Geschichte: er entscheidet darin über einen Schritt seines Lebensweges, der er selber ist.

(Die Weisheit der deutschen Sprache in dieser Sache ist zu auffallend, als daß sie nicht oft bemerkt worden wäre: Wenn ich mich mit der Antwort, dem Gegen-Wort eins-setze, „verantworte" ich mein Handeln: die Sprache selbst denkt situationsethisch...)

Das Moment der Herausforderung, das in der Situation steckt, macht verständlich, daß das situative Denken gerade in den letzten Jahrzehnten entwickelt worden ist. Die Situationsethik hängt in der Tat (nur anders, als P. Rahner meint,) mit dem Zustand der modernen Gesellschaft zusammen. Situatives Denken wurde in einem guten Sinn notwendig, als die objektivierten Ordnungen und Sitten, welche dem Menschen viele Bahnen des Verhaltens vorbereitet hatten, immer weniger glaubwürdig und immer schwächer wurden und zugleich der Mensch immer bewußter. Wenn Ordnung, Sitte und Brauch mehr oder weniger zwingend bestimmen oder doch wenigstens eindeutig erkennen lassen, was zu geschehen hat, dann entwickelt sich kein situatives Denken. Ein Bauernsohn, den das ständische Recht zwang, Bauer zu werden, und der in eine durchgeformte Welt von Standespflichten hineinwuchs, kam seltener als sein heutiger Berufsgenosse in die Lage, nicht zu wissen, was Gott von ihm wollte. Gott wollte von ihm, daß er ein guter Bauer werde, und das bedeutete, an seinem Platz und in seiner Zeit alles zu tun, was ein rechter Bauer immer getan hatte; er brauchte nur die Alten zu fragen und zu tun, was alle taten. Je einfacher und je fester die gesellschaftlichen Ordnungen sind, in denen Möglichkeiten des menschlichen Wesens entschieden und verständlich durchartikuliert sind, umso mehr verwirklicht sich das Gute im Annehmen, im Folgen; sodann in einer schlichten oder allmählich verwickelteren Kasuistik: ich kann nachschlagen, was ich zu tun habe. Wenn wir den Willen Gottes heute „situativ" zu ermitteln suchen, dann liegt darin nicht eine Erweichung der Grundnormen, sondern die Antwort auf eine von uns unabhängige und von uns nicht reparierbare Erweichung der objektiven gesellschaftlichen Ordnungen, die dem einzelnen eine freiere, bewußtere, „verantwortlichere" Stellung zumutet. Nicht Gottes Wille ist anders geworden, aber die breite Schicht der vermittelnden Codices, der Standes-Ordnungen, der Tabus, der Konventionen, der Sitten und Gebräuche ist schwächer geworden, ja sie ist oft geradezu ein Irrgarten geworden. Ein situatives Denken, das sich darin entwickelt, entdeckt dann auch einen neuen Zugang zu den Geboten Gottes und zum Sittengesetz.

Damit hängt eine weitere Verschiebung unseres sittlichen und religiösen Bewußtseins zusammen. Früher gab es einen breit entwickelten Bereich, in dem sich das Handeln gleichsam von selbst verstand, in dem es sich aus Trieb, Neigung, Umständen ergab: es war „das Leben", das sich behaglich oder emsig darzuleben schien. Die ausdrückliche und problematische Frage nach Gottes Willen ergab sich einerseits erst dann, wenn dieses „normale" menschliche Verhalten auf die Hecke der Verbote stieß, und anderseits, insofern bestimmte Gebote oder sittliche Gesetze ein Handeln gleichsam *oberhalb* des normalen Lebens erforderten. Diese mittlere Sphäre, weitgehend die des Berufs, der Unterhaltung, der durchschnittlichen Sozialität, war nicht böse, im Gegenteil, sie wurde in einem allgemeinen Sinn als Gottes Schöpfungswelt verstanden, in der man sich tummelte, sie war auch mit mancherlei religiösem Brauch durchsetzt, aber sie wurde auch nicht als ausdrücklich sittlich verstanden. Man sprach von den „Adiaphora", von dem, was zwischen dem ausdrücklichen Guten und dem Bösen stand, man sah hier ein sehr breites Feld der völlig freien Wahl, des Beliebens, und wenn das gläubige Empfinden gegen diesen heidnischen Begriff protestierte — denn wie kann etwas „gleichgültig" sein, wenn Gott zugegen ist! —, so empfahl man, eine „gute Meinung" zu machen: diese Sphäre in Akten des Gebetes Gott „aufzuopfern". Das war nicht falsch, es war sogar sehr richtig und sehr fromm, und wir sollten diese Übung beibehalten oder übernehmen. Echte „Adiaphora" ergeben sich ja sowohl aus unserem Anteil am organischen, tierischen Leben, in dem wir nicht „entscheiden", sondern „leben" (und dazu gehört auch viel „Seelisches"), als auch aus dem Bereich der Spiel-Freiheit, den Gott uns geschenkt hat; auch problemlos gewordene Sitte kann den Anschein des Selbstverständlichen annehmen. Aber eine ganze Fülle von Verhaltungsweisen, die in einem früheren Gesellschaftszustand und in dem mit ihm verschwisterten Bewußtsein als gleichgültig gelten, sind heute kritisch geworden, — vor allem das gesamte wirtschaftliche, soziale und politische Verhalten, also ein breiter und wichtiger Teil des Lebens. So etwa die Berufswahl. Der junge gläubige Mensch wird heute oft scharf beunruhigt von der Frage: welchen Beruf soll ich nach Gottes Willen ergreifen? („Begabung" und „Neigung", die alten Kennzeichen, reichen oft nicht aus: könnte es nicht sein, daß der Zustand der Welt etwas von mir verlangt, was *gegen* meine Neigung und — in Grenzen — gegen meine Begabung geht?) Die Geschäftspraxis kann heute nicht mehr nur vom „standesgemäßen" oder „brancheüblichen" Verhalten her verantwortet werden. Und so fort.

Im Hintergrund steht das Schicksal der Welt, mit dem alle diese kleinen Einzelentscheidungen mit einem Male viel enger verbunden sind als früher. Ebenso die politische Tätigkeit. Wer einmal erlebt hat, unter welchen Gesichtspunkten etwa ein politisch wacher junger Arbeiter sich zu der Entscheidung durchringt, ein bestimmtes junges Mädchen zu heiraten oder nicht zu heiraten, hat einen tiefen Eindruck von diesem neuen Zustand. Und je mehr Menschen sich in derselben Stunde der Geschichte für die „Vermassung" entscheiden (genauer: sich durch Nicht-Entscheidung von den Umständen bestimmen und treiben lassen und sich zur Vermassung verdammen), ein umso schwereres Gewicht fällt auf die Schultern derer, die sich für die Verantwortung entscheiden. Sie sind es, deren Fragen die kasuistische Ethik nicht mehr genügt. Sie spüren, daß die überlieferte Kasuistik einmal vielfach neue Elemente des Seins und Bewußtseins noch nicht berücksichtigt, daß sie zweitens viel zu wenig differenziert, viel zu grob ist, um als Schlüssel wirklich zu „schließen", und drittens dennoch viel zu kompliziert und vieldeutig, um für den Gebrauch „in der Hand zu liegen". Sie ist unentbehrlich als Hilfsmittel der Erkenntnis — sehr nützlich, ein Buch zu haben, in dem man nachschlagen kann! —, aber wenn ich nachgeschlagen, verstanden und beherzigt habe, ergibt sich das, was ich zu tun habe, am Ende doch aus einer unmittelbareren Konfrontierung „der Umstände“, also durchweg der beteiligten Nebenmenschen, des gegenwärtigen lebendigen Gottes, den mein Gebet in dieser Gewissensnot zu erreichen versucht, und meines eigenen Ich. Nicht als ob hier etwas überstürzend Neues geschähe! „Situationsethik“ ist nicht eine neue Wissenschaft, sondern ein neuer Aspekt. Sie ist der Versuch eines neuen Verständnisses des Gewissens, als eines Dialoges zwischen dem gegenwärtigen Gott und dem „wissenden“ und sich entscheidenden Menschen.

*

Zurück zur „Situation“. Man hat dem situativen Denken „Punktualismus“ vorgeworfen; punktartiges Denken, den Verrat am allgemeinen Gesetz und am Ganzen überhaupt. „Punktuell“ aber ist an der Situation weder ihr Subjekt, das infragegestellte und antwortend sich entscheidende Ich, noch das Moment der Zeit, der „Augenblick“, noch das Gefüge der Umstände, welche für jenes Ich und mit ihm die Situation ausmachen.

Dieses Gefüge — um mit dem dritten Punkt anzufangen — ist der Möglichkeit nach nicht begrenzt, es ist nach allen Seiten hin offen. Eine Situation wird umso wahrer und umso tiefer erkannt, je mehr bedeutsame Wirklichkeit in sie eintritt. Immer bleibt die „verstandene“ Situation — und erst die verstandene ist als Situation gleichsam „fertig“ — ein fragmentarischer Entwurf, gleich dem Stück Welt, das der Lichtkegel des Scheinwerfers aus der größeren Wirklichkeit herausschneidet. Und immer bleibt der Mensch, der situativ gut handeln will, beunruhigt von der Vorstellung, daß noch mehr Wirklichkeit darauf warte, hier und jetzt als bedeutsam „verstanden“ und in die Situation hineingenommen zu werden. Es ist bereits eine sittliche Aufgabe und eine sittliche Leistung, die ganze Breite und Tiefe dessen, was als Situation mich anfordert, zu erkennen, „situative Phantasie“ zu entwickeln. Offen zu sein für „Situationen“, das heißt für Ansprüche, die aus der Wirklichkeit auf mich zukommen, ist einer der Maßstäbe des sittlichen Ranges.

Diese bedeutsame „Wirklichkeit“ ist fast immer personale Wirklichkeit. Gewiß treten auch unterpersonale Wirklichkeiten in die Situation ein, Sachen und Lebewesen, so die uns nahestehenden Tiere, deren Dasein von mir geachtet werden will, aber das hat verhältnismäßig wenig Bedeutung neben der menschlichen Sozialität. Der Mensch ist Mensch unter Menschen. Situationen werden durch Personen gebildet. Dagegen wäre es falsch, sie auf den Bereich einzuengen, der freilich ihr wichtigster ist: auf die eigentliche personale Begegnung, auf Wort und Antwort Aug’ in Auge. Auch Leben, Ehre, Recht und Anspruch unbekannter Menschen können für mich im höchsten Grade situativ werden. Der Entschluß des Lokomotivführers, sich für die Reisenden seines Zuges zu opfern, kann eine echte situative Entscheidung sein, auch wenn er die Partner weder dem Namen nach noch sogar der Zahl nach kennt. Ich muß es mir leider versagen, hier eine Typologie der Situationen auszubreiten. Ich weise nur auf zwei Grenzfälle hin. Zunächst auf jene Situation Aug’ in Auge, wie sie sich zwischen zwei Menschen immer wieder ergibt, in jeder ernsten Begegnung zweier Menschen, sei diese Begegnung spontan oder gar „zufällig“, oder sei sie zu einer dauernden Partnerschaft verfestigt, in der Kameradschaft, in der Freundschaft, in der Liebe, in der Ehe. Sodann auf den Grenzfall nach der anderen Seite hin: wenn die ganze Menschheit nicht als Idee, sondern als lebende Menschheit eine Situation mitbestimmt; das gilt in unserem Bewußtsein heute für jede wichtige politische Entscheidung.

Für das Denken, von dem hier die Rede ist, kann von Punktualismus vor allem deshalb keine Rede sein, weil als wichtigster, ja eigentlicher Partner Gott zugegen gedacht, gewollt, gebetet wird. Situationsethik ist gläubige Ethik. Die Abscheidung einer „philosophischen" Ethik verliert hier ihren Sinn, da sich der situativ Denkende schon im Grundansatz seiner Denkbemühung als der im Dialog Angeforderte versteht; ohne den Partner Gott ist kaum eine Situationsethik möglich. Da es das primäre Ziel seines Denkens ist, zu erfahren, was Gott von ihm will, können für den situativ Denkenden alle Überlegungen allgemeiner Art, wie sie philosophische Ethiken anstellen, nur den Charakter von Hilfsmitteln annehmen; sie bilden kein in sich geschlossenes System philosophischer Ethik.

Natürlich besteht trotzdem eine Nachbarschaft zu den sehr heiklen und schwierigen Versuchen Ungläubiger, von der „Situation" aus philosophisch zu denken und von ihr aus zum ethischen Handeln zu kommen. Diese Versuche müssen freilich scheitern. Auch das, was man „Weltanschauung" nennt, kann hier wenig helfen. Eigentliche Situationsethik, die nicht nur einen ersten Ansatz des Handelns möglich machen soll, sondern ein fruchtbares Handeln, setzt den Glauben voraus, den jüdischen oder den christlichen; sie setzt Gott voraus, der sich geoffenbart hat, der gesprochen hat und der spricht. Er ist es, der auch in der Situation und durch sie spricht. Nicht als ob das situative Verständnis eine Privatoffenbarung voraussetzte! Gott bleibt der verhüllte Gott. Der Mensch verfügt in der Situation nicht über ihn. Er steht in Furcht und Vertrauen vor ihm und sucht redlich zu fragen, was jetzt er, der verborgene Gegenwärtige, von ihm wolle.

Schon deshalb wendet sich die Situationsethik weder gegen das formulierte Gebot Gottes noch auch gegen andere Normen, in denen wir die Richtung von Gottes Willen zu erkennen glauben. Im Gegenteil: der situativ Denkende ist dankbar für jeden Hinweis, erst recht für die Gebote, in denen Gott seinen Willen für alle und für immer, also auch für ihn und diese Stunde ausgesprochen hat. Seine Kritik wendet sich nicht gegen eine normative Ethik — als die er seine eigene Bemühung auch versteht —, sondern gegen eine kasuistische Methode, welche aus der Situation einen „Fall" machen will (statt aus dem „Fall" einen Hinweis auf ein mögliches Situationsverständnis) *und* gegen den Versuch, die Norm zu verselbständigen. Auch der Situationsethiker hält sich an die Norm als an den erklärten oder ermittelten Willen Gottes, aber er meint, sie müsse *in* der Situation ihres absoluten Scheins wieder entkleidet und zum bloßen Instrument gemacht werden, damit wir, indem wir dem Gesetz gehorchen, sagen können: „Ja, Herr."

Eine jüdische Situationsethik ist nicht nur denkbar, sie liegt sogar sehr nahe, und wir verdanken Martin Buber seit Jahrzehnten die wertvollsten Hilfen. Doch ist kein gemeinsamer Bestand als jüdisch-christliche Situationsethik denkbar: der Glaube an den hörenden und redenden Gott ist entweder der jüdische oder der christliche Glaube. Wer als Christ Gott in der Situation sucht, sucht den Gott, der sich in Christus geoffenbart hat; für ihn ist ein situativ-gutes Handeln nur in seiner Wirklichkeit und Wahrheit möglich, im Heiligen Geiste. Es kann also nur in der Kirche geschehen. Auch sie, die unsichtbare *und* die sichtbare, ist also in der Situation gegenwärtig, ist gegenwärtige Wirklichkeit, welche die Situation mitkonstituiert, als konkrete Gemeinschaft der Gläubigen, als Autorität, als „Leib Christi". Sie ist sakramentale Wirklichkeit, und vielseitig genug entdeckt der Gläubige immer wieder alle sieben Sakramente in seinen Situationen als konstituierende Wirklichkeiten. (Leider fehlt der Platz, das im einzelnen auszuführen; es wäre sowohl ein situatives Verständnis der sieben Sakramente als auch ein sakramentales Verständnis von Situationen zu entwickeln.)

Wenn es so ist, dann bedarf es nicht vieler Sätze, den Einwand zu widerlegen, die Situationsethik punktualisiere die Zeit, sie setze den Augenblick absolut und leugne dadurch die Vergangenheit und die Zukunft. Natürlich ist „der Augenblick", die Gegenwart, für den situativ Denkenden das punctum saliens —, nur daß das Springen an ihm selber ist, am Menschen in der Situation nämlich. Aber die Verantwortung schließt die Vergangenheit ein. Die ausgebreitete Gegenwart, das endliche Sein des gefragten und antwortenden Menschen und das endliche Sein der beteiligten Partner, ist nichts anderes als vergegenwärtigte Vergangenheit. Es *ist* das, was es geworden ist; in seinem Sein und in seiner „Erinnerung" ist genau die Vergangenheit gegenwärtig, auf die es ankommt. Die Verantwortung schließt ferner die Zukunft in einem ausgezeichneten Sinne ein, denn das Handeln zielt ja auf Zukunft ab, auf die veränderte Welt, die „bessere" Welt, die vom Handeln erwartet wird (— daß die Wunde des unter die Räuber gefallenen Nächsten sich morgen schließe ... —), ja auf das Reich Gottes hin als auf den Zustand, in dem Gottes Wille, der hier in einem Punkt verwirklicht werden soll, ganz und überall und immer geschehen wird. Wenn situationsethisches Denken ein gläubiges Pathos hat, dann ein eschatologisches: es denkt den Menschen als einen, der einen Weg geht auf sein Ziel zu; es denkt ihn gläubig und liebend, aber unmittelbar vor allem in der Hoffnung. Die gute Tat geschieht geradezu *als* Hoffnung.

*

Wo Gott gesucht wird, sollte es in heiliger Nüchternheit geschehen. Wo außer Gott auch Menschen beteiligt sind, und das ist ja außerhalb der Sphäre des eigentlichen Gebetslebens und der mystischen Erfahrungen durchweg so, hat die Situationsethik unbeschadet der Eschatologie, die sie trägt, erst recht einen nüchternen Zug. Sie erscheint vielen, die im „sittlichen Leben" eine Vervollkommnung ihrer selbst erstreben und sie in der Innerlichkeit suchen, als allzusehr „nach außen gewandt". In der Tat wendet sie sich nach außen. Sie will die Welt verändern. Sie ist ja eine „soziale" Ethik; sie nimmt das dialogische Verhältnis zum Partner ernst und warnt uns davor, ihn zum Mittel des eigenen Heils zu degradieren. „Der andere" reißt den situativ Denkenden kräftig von sich selbst los. Der barmherzige Samariter hatte nicht einen frommen Blick, sondern einen ärztlichen, als er die Wunden verband. Die Situationen verstricken den Menschen in vielerlei Weltlichkeit und geben ihm mancherlei Blickarten. Darum wirken situationsethische

Überlegungen oft so profan. Da sie auf den anwesenden Menschen gehen und ihn in seiner leiblichen, seelischen und geistigen Ganzheit ernstnehmen, drängen sich oft die materiellen Bedürfnisse vor, und die situative Phantasie entdeckt zuweilen auch Bedürfnisse, die weit von den sozusagen klassischen und anerkannten entfernt liegen. Die geistliche Wirklichkeit, die ein Christ auch in der scheinbar profanen Wirklichkeit erkennt, ist die Bruderschaft: Bruderschaft nicht primär als Empfindung — gehen nicht auch leibliche Brüder meist viel unsentimentaler mit einander um als etwa Freunde oder Liebespaare? —, sondern als elementare Wirklichkeit, als von Christus nicht nur verkündete sondern realisierte und in und mit ihm realisierbare Wirklichkeit. Sie und gerade sie läßt aber die Profanität stehen, in ihr verzaubert man den Hungernden nicht, sondern gibt ihm zu essen. Oder man gibt dem Kind den Klaps, der fällig ist.

Man gibt wirklich zu essen. Und wirklich den Klaps... Situationsethisches Verhalten will im Rahmen des fragmentarischen Entwurfs „den Erfolg" des Handelns. Es will, soviel es am handelnden Menschen liegt, die Rechnung *lösen*. Es will Ordnung, Harmonie, Friede. Der situativ denkende Christ weiß genau, daß er das nicht in einem definitiven und nicht in einem umfassenden Sinne erreichen kann. Seine äußere und innere Macht ist äußerst begrenzt; in einer „Situation" kann er nur äußerst begrenzt „Ordnung schaffen", Gottes Willen tun. Freilich hat seine Tat, wenn sie richtig geschieht (also im heiligen Geiste und *vom* heiligen Geiste) etwas mit dem vollkommenen Frieden des Reiches Gottes zu tun, und wenn er betet „Zu uns komme Dein Reich", darf er auch an die kommenden Situationen denken, in deren rechter Erfüllung das Reich zu ihm kommt. Aber in diesem Weltalter ist das Reich Gottes nicht festzuhalten: es ist im Kommen und ist immer da, wo einer im Geiste den Willen des Vaters tut, es ist im Geheimnis „Ewigkeit und Augenblick" da, aber nicht als gesichertes und gar umfassendes Gelände. Trotzdem eignet dem situativen Wollen insofern ein optimistischer Zug, als es darauf ausgeht, zu einem kleinen Teil die Welt „in Ordnung zu bringen", und als es darauf ausgeht, einen kleinen Schritt dem eigenen Heil entgegenzugehen.

*

Im Großen, sozusagen geschichtsphilosophisch, ist seine Voraussetzung freilich eher pessimistisch. Die Kasuistik hat durchweg eine stillschweigende optimistische Voraussetzung; für sie sind die wirkliche gesellschaftliche Welt und das Gefüge der Normen zwei gleichsam übereinanderliegende Schichten: sie fallen durch die punktuelle Bosheit und Nachlässigkeit der Einzelnen nicht zusammen (und werden in diesem Weltalter wegen der Sünde nie zusammenfallen), sie könnten aber in der richtigen und eindeutigen kasuistischen Erkenntnis und in dem klaren sittlichen Willen ohne weiteres jeweils zur Deckung gebracht werden. Ein ausgeprägtes Empfinden für die Tiefe des Geheimnisses des Bösen ist mit dieser Vorstellung durchaus vereinbar. Aber es ist eben *nur* das Böse im Einzelnen und in den Zusammenrottungen böser Energien, was den sonst erkennbaren und realisierbaren sittlichen *Sinn* verdeckt oder verkennt. Die Entstehung des situativen Denkens ist an eine pessimistische Wendung des Bewußtseins geknüpft. Gewiß ist das Ganze der Gesellschaft und der Geschichte „sinnvoll", sogar einschließlich des geheimnisvollen schrecklichen Übels, — doch nur von Gott aus. Wir stehen aber nicht am Platze Gottes. Uns ist vieles verborgen. Wir verstehen den Weltverlauf nicht, und wenn wir heute in den entwickelten historischen, soziologischen und psychologischen Wissenschaften viel mehr vom Weltverlauf wissen und auch „verstehen", so ist uns der Sinn der ganzen Unternehmung dadurch nur noch rätselhafter geworden. Früher sah man mehr wirklich Einleuchtendes, ergänzte das Fehlende, erklärte oder entschuldigte die häßlichen Lücken und Provokationen, früher hielt sich der Einzelne an die leichter verstehbare Nähe, die ja oft einigermaßen in Ordnung schien, wir aber kennen zu viel von den Geschehnissen und Zuständen der Ferne und der Vergangenheit und finden es leichtfertig, darin einen durchgängigen Sinn feststellen zu wollen. Daß das Ganze einen solchen Sinn habe, glauben wir sehr fest und vertrauend in unserem Gottesglauben, aber wir sehen es nicht mehr: wir finden uns in einem Weltganzen, das uns als ein *chaotisches Feld* erscheint, in dem wir zum *Handeln auf Sinn hin* aufgerufen sind. Freilich ergibt und bewährt sich in ihr vieles ohne weiteres und manches vor dem tiefer dringenden Blick als sinnvoll: als nützlich, angenehm, fördernd, einleuchtend, tragend, bergend, heilend. Wenn es nicht immer wieder kleine und große Inseln des Sinnes gäbe, so könnten wir kaum leben; jeder hat eine Menge von Platten und Balken, auf denen er schlecht und recht steht, und mancher hat sich sogar sehr angenehm angesiedelt oder kräftig verschanzt. Aber auf das Ganze hat seit den großen Ernüchterungen der letzten anderthalb Jahrhunderte noch keiner einen Reim gewußt. Es sei denn: im Glauben.

Situatives Handeln ist in diesem Zusammenhang „Sinngebung des Sinnlosen". In einer „Situation" verstehe ich etwas; ich entwerfe einen Zusammenhang auf Sinn hin, auf einen Sinn hin, der von mir verwirklicht werden will. Vor dem Hintergrund des sinnlosen Ganzen artikulieren sich mir einige verstehbare Elemente zu einer Frage, die an mich gerichtet ist, zu einer „Aufgabe", von der ich ahne, sie könne mir gestellt sein und sie sei lösbar. Indem ich sie löse, schaffe ich Sinn (= tue ich den Willen dessen, von dem alle Vernunft kommt). Indem ich das tue, bin ich sinnvolle Geschichte. Ein situatives Verhalten ist auch insofern als gläubiges Verhalten möglich, als diese „Sinngebung des Sinnlosen" auf ein Ganzes abzielt, das zwar der Erkenntnis sinnlos erscheint, dem Glauben aber als sinnvoll gesichert ist. Das ist vor allem für den politisch handelnden Menschen wichtig.

(Vielleicht ist es gut, nebenbei zu bemerken, daß der „Situationsethiker", das heißt der Mann, der diese Strukturen durchdenkt, keineswegs in irgendeinem Grade ein besonders situationserfüllender, also im Sinne der Situationsethik sittlicher Mensch sein müsse. Er muß es ebensowenig sein wie der Kasuist. Sicherlich öffnet oft gerade das eigene Versagen den Blick auf die Struktur. Gerade der hellsichtig Situationen erkennende, verstehende und lösende Mensch wird am wenigsten das Bedürfnis haben, die Strukturen, die er da lebt, reflektierend oder gar wissenschaftlich zu durchdenken. Situationen verstehen können, ist nicht dasselbe wie das Situative als solches durchreflektieren können. Es gibt sehr kindliche und ununterrichtete Menschen, die sich situativ großartig zu verhalten vermögen. Der esprit du coeur und der esprit de finesse spielen hier eine größere Rolle als der esprit de géométrie. Anderseits gehört es zu dem Schicksal unserer Epoche, sehr bewußt leben zu müssen.)

Der nach außen gewandten Seite des situativen Verhaltens entspricht eine andere: es geht in ihr um das eigene Schicksal und Heil. (Wer einen anderen tötet, wird „ein Mörder"; wer einen anderen liebt, wird ein Liebender.) Immer konnte das Sittlich so von zwei Seiten aus verstanden werden: „Tue, was Du tun sollst", und: „Werde, der Du werden sollst". Diese beiden Seiten sind nicht von einander zu trennen. Zuweilen hat man die „innere" Seite stark isoliert, als eine Aufgabe vornehmlich der Reflexion („Betrachtung"), methodischer Arbeit („Aszese") und eines religiösen Lebens im engeren Sinn des Wortes; dann erschien oft das „gute Werk" gleichfalls mehr oder weniger isoliert, als „Gabe", „Leistung" oder — tiefer — „Frucht". Das ist natürlich nicht falsch, im Gegenteil: es steckt die tiefe Weisheit dahinter, die Goethe in seinem Spruch von den „zweierlei Gnaden" gefaßt hat, vom „Einatmen" und „Ausatmen". Besinnung und Tat sind zweierlei. Die gläubige Situationsethik versucht jedoch, diese beiden Seiten näher aneinander zu bringen, ja im „entscheidenden Augenblick" möglichst ineinszusetzen. Gewiß war das „Ja" Marias eine „Frucht" nicht nur ihres Seins, sondern auch vorheriger Arbeit an sich selbst, aber man kommt dem eigentlichen Geschehen besser auf den Grund, wenn man festhält, wie sehr hier Tun und Sein zusammenfällt: wie Marias Entscheidung eine Entscheidung ihres ganzen Seins ist, ein Tun, das Sein ist, und wie durch diese Entscheidung sie selbst eine andere wird. Wenn man den Weg der Vervollkommnung und das sittliche Leben allzusehr von einander trennt, dann besteht die Gefahr, daß dieses säkularisiert oder doch zu einem Sonderbereich isoliert wird, jenes aber spiritualisiert und gleichfalls vom Leben der Bruderschaft der Menschen isoliert wird. Das situative Denken rät den Versuch an, gut zu werden, indem man Gutes tut, und das Gute nicht als „Werk" zu tun, sondern als Liebesbegegnung mit dem Nächsten.

*

Es wäre eine gefährliche Überspitzung, das Leben der Menschen völlig situativ sehen und machen zu wollen. Wir atmen nicht situativ, ein großer Teil unseres Gefühlslebens ist nicht situativ, und auch in den Beziehungen zwischen den Menschen läuft vieles ab, ohne sich zu einer „Situation" zuzuspitzen. Wir haben sogar alles darauf abgestellt, die Nötigung zum Situativen zu vermeiden, alles glatt zu machen, zu regeln. Das ist zum Teil legitim und sogar von großer praktischer Bedeutung: jede gute Ordnung nimmt uns die Last situativer Entscheidungen ab, — eigentlich: um uns für neue und andere freizumachen! Zum Teil steckt darin auch Bequemlichkeit, Herzenshärte, Kontaktscheu, die Angst vor dem Dialog. Es gibt Stufen des Situativen; sie können hier nicht demonstriert werden. In der „Tugend" fällt, wenn man so will, dreierlei zusammen: eine Selbstverständlichkeit im Guten, in der das Gute nicht mehr als Entscheidung geschieht, sondern als sichere Reaktion, eine gut entwickelte situative Phantasie und schließlich Kraft und Mut zur situativen Entscheidung.

Von den äußersten Stufen des Situativen könnte man sagen, daß in ihnen Gott von mir „mein Unmögliches" fordert. Aber alle Situationen haben ein wenig von diesem Paradox. Dieses Ich, das sich da in einer Situation erkennt, ist nicht nur angefordert, sondern überfordert. Es kann das nicht tun, was Gott ihm da zumutet, — es sei denn, der Mensch wage es, im Anspringen dieses Unmöglichen ein anderer zu werden. „Der Sprung ins Dunkle“ hat immer wieder als Bild des situativen Handelns gedient. Dieses „Dunkel“, dunkel für mein Auge, für das Auge dieses faktischen Ichs, ist für den Blick des Glaubens Gottes Licht, und es ist ja Gottes Geist selbst, der durch das Auge unseres Glaubens das Licht sieht. Wir springen, aber wir haben uns nur aufgetan für eine Kraft, die springt, — das Geheimnis der Gnade.

Die große Schwierigkeit, sicherlich größer als die kasuistische Ermittlung dessen, was Gott von mir will, ist die Ermittlung „meiner Unmöglichkeit“. Nimmt man die Unmöglichkeit abstrakt, so verstrickt man sich in Rigorismus, übernimmt sich, forciert das sittliche Leben, springt nur zum Schein. Wagt man zu wenig, so bleibt man stehen. Und leider ist für einen, den Gott einmal gerufen hat, jedes Stehenbleiben Rückschritt.

Situatives Sehen ist perspektivisches Sehen. Es geht auf möglichst weite Übersicht, aber auch die weiteste Sicht ist perspektivisch geordnet. Ich sehe ja von mir aus, ich suche zu verstehen, was Gott gerade *mir* und gerade *jetzt* in den Weg schickt. Dabei ist es schon ein Schritt in der richtigen Richtung, wenn ich einen Zusammenhang als eine Situation und als meine Situation verstehe; vielleicht ist das zuweilen der wichtigste Schritt. Wenn ans Licht kommen wird, daß wir Christus im Nackten nicht bekleidet haben, so wird er uns sicherlich oft die Herzenshärte verweisen, in der wir „Nein, wir wollen nicht“ gesagt haben, aber vielleicht noch öfter die Herzensträgheit, in der wir den Nackten garnicht gesehen haben: wir versagten, als es galt, eine Situation zu *entwerfen*, als es galt, einen „Fremden“ als den Partner in einer Situation zu *sehen*.

Wenn der Sprung, die Entscheidung, das Ja, der Liebesgehorsam, das Tun „meines Unmöglichen“ uns ändert, so wird auch unser Auge anders und also unsere Perspektive weiter werden. Wir werden bald oder sogleich eine neue Situation erkennen, die wir vorher nicht erkannt hatten, ja die wir vielleicht nicht hatten erkennen können. Vielleicht liegt hier das Geheimnis des stürmischen Voranschreitens der großen Heiligen: daß sie immer wieder Ja sagten, sofort, unverzüglich, und daß sie auf der rasch gewonnenen neuen Stufe von neuem rasch „ihr Unmögliches“ sahen und sofort Ja sagten. (Wir sprechen hier nicht vom Geheimnis der Gnade, sondern sehen diese Männer und Frauen nur von der einen Seite her, von ihrem sittlichen Handeln her.) So wird verständlich, daß sich gerade die großen Heiligen am Ende ihres Lebens als große Sünder sahen: Gott hatte sie auf der Bahn ihres Unmöglichen in Perspektiven gelockt, denen wir nicht mehr folgen können, vor denen sie selbst verzagen mochten.

Das ist der große Weg. Er ist derselbe wie „der kleine Weg“. Beide Theresien sind recht geeignet, als Patroninnen des situativen Denkens verehrt zu werden. Die große Reformerin, sehr nach außen und sehr nach innen gewendet (welche die Zeit für „die Buße“ und die Zeit für „das Rebhuhn“ gut zu unterscheiden wußte), und die andere, die in der beharrlichen Liebe der kleinen Schritte groß geworden ist.

*

Das situative Denken arbeitet die merkwürdige Einheit von Bindung und Freiheit kräftig heraus, die für das christliche Leben kennzeichnend ist. Situationsethik ist Ethik des Gehorsams. Sie hält ja nicht viel von dem Guten, das man sich in „freier Wahl" aussuchen könnte, heute diese Tugend, morgen eine andere. Sie will ja, daß der Mensch auf den Anruf warte und ihm entgegengehe. Sie will, daß der Mensch sich führen lasse. Er soll nicht eine ideale sittliche Welt schöpferisch aufbauen, sondern er soll antworten auf das Wort, das Gott ihm sagt. Gewiß setzt dabei der situativ Denkende die Eigenart des eigenen Seins ins Spiel, — die eigenen Fähigkeiten und „Neigungen" sind auch Elemente von Situationen; sie kommen von Gott, und Gott wird sie benutzen wollen, ja er erfährt im gehorsamen Handeln auch eine Entfaltung und Erfüllung seines eigenen Seins. Er wartet nicht nur in einer bestimmten Richtung, sondern gleichsam nach allen Seiten hin, wie sie das „Tugendspektrum" festzuhalten sucht. Aber er rechnet doch auch immer damit, daß Gott alle diese vorweg angestellten Überlegungen durchkreuze. Er fürchtet, er könne in „seinem Möglichen" steckenbleiben und „sein Unmögliches" verpassen. (Christus hält nicht viel von dem Priester und dem Leviten, die nur „ihr Mögliches" taten, wozu Neigung, Amt und vielleicht sogar eine wertethische Überlegung über den höheren Rang des Tempeldienstes sie trieben: Christus tadelt sie, weil sie sich keinen Strich durch die Rechnung machen ließen.) Wer der Situationsethik folgt, ist zwar selbst ganz im Spiel, er denkt von sich aus, aber er denkt so, um genauer gehorsam sein zu können.

Eben dadurch aber wird er frei. Etwas in ihm wird frei, er *selbst* wird frei. Wenn das gerät, was da im Dialog zwischen Gott und ihm geschehen soll, dann ist der, der er durch den Sprung (— durch „sein Unmögliches" —) erst werden soll, zugleich der, als den Gott ihn ansah, als er ihn schuf: als er ihn beim Namen rief. Indem er Gottes Willen als sittliche Tat verwirklicht, und indem er dadurch Gottes Willen in einem Augenblick an sich selbst verwirklicht, wird er nicht nur der, der er werden soll, sondern auch der, der er im Schöpfungsgrund seines Herzens werden *will*. Er verwirklicht sich selbst, er läßt sich zu sich selbst erlösen, er wird frei.

Wenn er Nein sagt und in dem Maße als er unausdrücklich oder ausdrücklich Nein sagt, handelt er scheinbar sehr frei (der Ungehorsam hat ja geradezu demonstrativ den Anschein der Freiheit), aber in Wirklichkeit bleibt er gebunden: in seinem Ich, und er verstrickt sich in die Determinationen, — welche der Gegenstand der positivistischen Psychologie und Soziologie sind und deshalb von manchen für das Wesen des Menschen gehalten werden. Und er gerät im äußersten Falle in die Gefahr, sich selbst völlig zu verlieren: im schrecklichen Geheimnis des Unheils.

*

Situation und Norm ...

Im eigentlichen „Gebot" ist der Gebietende mit seiner Autorität unmittelbar Element der Situation; das gilt vor allem für Gottes Gebot, für Christi Wort, für das Gebot der Kirche; aber auch für menschliche Autorität. Dasselbe gilt für viele „Gesetze", die in Wahrheit Gebote sind. (Wenn ein Familienvater das „Gesetz" erlassen hat: „Falls in Abwesenheit von Vater und Mutter ein Gewitter losbricht, hat das älteste anwesende Kind alle Fenster zu schließen", so gehorcht das Kind dem abwesenden Vater durch die kasuistische Ermittlung der Pflicht hindurch.

Diesem Gesetz als solchem zu gehorchen, wäre besser, als nicht zu gehorchen, die Fenster wären dann doch wenigstens zu, aber es wäre unvollkommen, wäre sklavisch; im Vollzug dessen, was das Gesetz gebietet, dem Vater zu gehorchen, wäre vollkommener, wäre situativer, wäre kindlich.)

Viele Gesetze („Naturrecht") sprechen Folgerungen aus, die sich aus der durchgängigen Beschaffenheit eines Seins ergeben. Mord und Totschlag, die schon durch das Fünfte Gebot verboten sind, wären auch unsittlich, wenn dieses Gebot in den Dekalog nicht aufgenommen wäre: das Leben jedes Menschen ist so geartet, daß es, wo es Element einer gegebenen Situation wird, als erhaltenswert respektiert werden muß. Im Sinn der dialogischen Situationsethik ist der je Betreffende, ist „Hans" (den ich zu töten oder zu bestehlen versucht bin) die maßgebliche Wirklichkeit: sie ist in den positiven Gesetzen oder Naturrechten anvisiert, die das Leben und das Eigentum schützen.

Ein pädagogischer Sinn des Gesetzes — ein anderer als der, von dem Paulus so eindringlich spricht, — hängt hiermit zusammen: das Gesetz macht es mir leichter, Hans' Sein zu erkennen: es vermittelt zugleich ein vorweggenommenes allgemeines Verständnis von Wirklichkeiten, die in Situationen auftreten können.

Schließlich wäre noch an jene Gesetze zu erinnern, welche den Charakter von Vereinbarungen haben, wie viele Staatsgesetze: dann sind die Partner in ihrer Vertragstreue in der Situation gegenwärtig.

Eine andersartige Freiheit des Menschen vom Gesetz kann sich in Konflikten zwischen Gesetzen zu bewähren haben. In mannigfaltiger Weise können Konflikte entstehen, die nicht immer kasuistisch, etwa durch Zurückgreifen auf Gesetzlichkeiten höherer Art, eindeutig entschieden werden können: manchmal müssen die Gesichtspunkte der Entscheidung außerhalb der Gesetzlichkeit gesucht werden, — niemals freilich kann die Entscheidung außerhalb der Verantwortung fallen! Der Mensch ist nicht allein und nicht „frei", wenn das Gesetz versagt: Gott ist gegenwärtig.

Der Kanon der Gesetze deckt die Wirklichkeit nicht. Nur ein Teil der möglichen Wirklichkeit ist gesetzlich fixiert und fixierbar. Im Negativen reicht das Gesetz sehr weit, und es ist verhältnismäßig leicht, es durch Fortbildung und Anpassung den Veränderungen in Gesellschaft und Geschichte anzugleichen (— das berühmte Beispiel des Stromdiebstahls! —), im Positiven kommt das Gesetz einerseits über verhältnismäßig wenige genaue Fixierungen und anderseits über die tiefen und wesentlichen Grundweisungen nicht hinaus, die aber eben nur Grundweisungen bleiben. Vor der Frage „Was will Gott, daß *ich heute* tue?" versagt der Kodex der Gesetze. (Und die Pyramide der Werte ...) Eine christliche Ethik wird das Gesetz ernstnehmen, als Gebot, als formulierte Folgerung aus seiender Wirklichkeit, als Erfahrung der Geschichte. Was aber *ich tun* soll, den Gott bei seinem Namen gerufen hat, ergibt sich aus der lebensgeschichtlichen Artikulation des Liebes-Dialogs zwischen mir und den Brüdern und zwischen mir und Gott und zwischen uns und Gott. (Thomas weist der Klugheit den höchsten Rang unter den Tugenden zu, weil er ihr die Aufgabe dieser situativen Artikulation zuweist, wie Josef Pieper einleuchtend gezeigt hat.)

Es war von der Situation als von einem verstehbaren Zusammenhang die Rede und von einem menschlichen Handeln, das auf die Erfüllung der Situation ausgeht. Deshalb ist in diesen Fragmenten zu einer christlichen Situationsethik mehr vom „Guten“ geredet worden als vom Bösen. Eher schon vom Fragmentarischen der Situation, vielleicht nicht genug. Darum ist noch eine Warnung vor einer allzu optimistischen Auffassung angebracht. Es handelt sich wahrhaftig nicht um eine via triumphalis. Zunächst schon nicht im äußeren Sinn: denn oft kommt das Handeln *nicht* zum „Erfolg“, es geht schief, aus vielerlei Gründen, und oft wird der Erfolg (also christlich: die wirksame Hilfe) oder auch nur der Versuch dazu bezahlt mit dem Opfer der eigenen Existenz, mit Not und Untergang, Schande und Tod. Nun ist freilich dieser Weg des Kreuzes in der eigentlichen Wirklichkeit des Reiches Gottes doch eine via triumphalis; das wird sich enthüllen, wenn dieser Christ mit dem Gekreuzigten auferstehen wird. Doch ist *unser* Weg meist gerade im Licht dieser eigentlichen Wirklichkeit ein jämmerliches Stolpern. Unsere Entwürfe sind schief und schwächlich, und wir springen zu kurz. Die Situationsethik weiß das; sie entwickelt eine Witterung vor allem für das Zurückbleiben, für das Versagen, für die Sünde der Unterlassung. Die energischen *Täter*, die guten und die bösen, machen sich selten Gedanken über das, was „die Situation“ von ihnen erfordert. Auf situationsethische Spur werden vor allem Menschen kommen, die sich als Unterlassende erfahren. Die einen Weg suchen, einen wirklich gangbaren Weg, nachdem der ungeheuerliche Ruf ergangen ist, den sie vernommen haben: „Seid vollkommen wie Euer Vater im Himmel vollkommen ist.“

Das ist ein Rat? Nein, es ist ein *Ruf*, und als Ruf ist er an alle ergangen, — wie die anderen sogenannten „Räte“ auch. Sie verpflichten als Rufe, als Lockungen des lieben Gottes, als die „Gesetze“ des Reiches Gottes, in das wir hineingerufen werden, alle, Tag für Tag. Wir sind nicht verpflichtet, bestimmte Auslegungen und Folgerungen dieser „Räte“ zu einer Lebensordnung zu verdichten und in eine Regel zu fassen, an die wir uns im Gelübde freiwillig binden. Aber man soll den großen und sichtbaren Unterschied, der zwischen der freiwillig beschworenen monastischen Ordnung und dem Leben der „Weltchristen“ besteht, nicht so verstehen, als gälten „die Räte“ nur in jener Lebensordnung! Sie gelten in beiden. Die Situationsethik ist auch insofern eine christliche Ethik, als sie vor dem Ernst des möglichen Dialoges zwischen Gott und dem Menschen im forum internum keinen wesentlichen Unterschied zwischen dem fixierten Gesetz und Christi Ruf zur Vollkommenheit mehr sieht: auf beide haben wir zu hören, in verschiedener Weise, aber in beiden geht es um dieselbe Frage: Was willst Du, Gott, daß ich heute für Dich und für den Bruder tue?

*

Wenn in diesen Fragmenten das Geheimnis der Heiligkeit nur gelegentlich berührt worden ist, so ist noch weniger deutlich das schreckliche Geheimnis des Bösen benannt worden, das uns noch tiefer und undurchdringlicher erscheint als jenes, — wenn sich auch wohl herausstellen wird, daß in Wahrheit das des Lichtes unerschöpflich ist. Wir ahnen das Böse, wenn es uns streift, wenn es in uns ist, wir spüren es sündigend im Verlust der Freiheit, des Friedens, der Heiterkeit, und wir spüren seine Last aufatmend in dem Glück, wenn es in der Versöhnung von uns genommen wird. Wie tief es ist, ahnen wir am Karfreitag. Es durchkreuzt jeden Versuch, aus der begrenzten und endlichen Dialektik der Situation eine totale Dialektik des sittlichen Fortschritts oder gar der Geschichte zu machen.

*

Die Situation wird umso reicher und wahrer, je mehr Wirklichkeit in sie eingeht und als Frage und Anspruch verstanden wird. Diese Wirklichkeit aber bindet den Menschen. Der Mensch wird umso freier, je unbedingter er durch diese fordernden und wartenden Wirklichkeiten hindurch dem Herrn in Liebe gehorcht, je weniger falsche Freiheit, Freiheit der Beliebigkeit, Freiheit der Wahl, ihm die Erfüllung der Situation übrigläßt. Deshalb ist die freieste Tat, die in der wahrsten Situation dem Menschen möglich ist, der Tod des Heiligen.

*

Gerade darum noch einmal in aller Nüchternheit: wir verfügen nicht über Situationen, wir geraten hinein und sie kommen auf uns zu, und wir sind nicht alle und nicht immer Heilige, und wir stehen nicht immer in der Situation des Todes. Eine rein situative Existenz *vor* dem Tode als der äußersten menschlichen Tat, die dem Menschen möglich ist, wäre un-menschlich. Es gibt eine ganze Reihe wesentlicher menschlicher Möglichkeiten zum Teil sehr hohen Ranges, die nicht in der hier analysierten Weise „sittliche Tat“ sind: die Kontemplation als die Versenkung in das Sein Gottes und seiner Welt, das Lob Gottes und das sakramentale opus Dei, die Muße als Inbegriff des nicht-situativen menschlichen Seins, die Kunst als Spiel der Vollkommenheit in der Endlichkeit, der Humor, der Genuß vor allem auch „an einander“, in der entfalteten Sozialität, der Schlaf, die animalische und vegetative Existenz. Aus alledem hebt sich der Ernst des Rufes ab, von dem hier die Rede war. Indem wir freilich im Vollzug unseres ganzen Lebens einen Integrationsversuch aller dieser Möglichkeiten und Notwendigkeiten halb erleiden und halb tun, erhält doch unser ganzes Leben ein situatives Grundelement und darin seinen Ernst. Wir würden ihn nicht aushalten können, wenn wir ihn und unser Versagen vor ihm nicht einbetten dürften in ein Vertrauen auf die Barmherzigkeit des Vaters. Die Situations-Dialektik unseres Lebens sollte enden in dem Doppelruf: „Ja, Vater“ und „Komm, Herr“.

Immer die gegenwärtige Stunde, das ist Gottes Stunde! Das ist das Stück Ewigkeit und das Stück Chaos, das um Gestaltung ringt — in dir — durch dich. *Gottfried Keller.*

Bruno Frank

DIE GEGENWART IST EWIG

In diesen gewaltigen Kuppelraum, den Lesesaal des Britischen Museums, mündet, unweigerlich fast, der Weg der Heimatlosen, Verbannten. Gleich als Ludwig zum ersten Mal niedersaß an einem der lederbezogenen Arbeitstische, wurde ihm wohl und feierlich. Tiefe, verschlossene Stille. Kein Laut vom rasselndem Atem der Millionen draußen. Ein Grab des Lebens, aus dem der Geist sich aufschwingt, empor zur immensen Wölbung dort oben, die an die schönste Kuppel der Welt gemahnt, an die im Pantheon.

Rom und Antike, der Begriff stellt sich ungesucht ein. Dieser Lesedom war nicht unwert der Wunder aus Ephesus und Athen, die von den gleichen Mauern umfaßt werden. Mit einer Art Andacht schweift der Blick um den Ringwall von Büchern, die Galerien entlang, auf denen die Figuren der nachschlagenden Leser klein wie Puppen erscheinen. Denn was hier im Saal aufgestellt ist, das sind Nachschlagwerke, Lexika, bloße Wegweiser hinein in die Unerschöpflichkeit der eigentlichen Schatzkammer. Jeder, der hier hereintritt, besitzt eine Bibliothek von vier Millionen Bänden. Er hat nur nötig, einige Zettel auszufüllen, die auf dem schwarzen Leder bereitliegen, und ein stiller Diener legt, was er begehrt hat, vor ihn aufs Pult.

Hier konnte man Jahre zubringen. Einer, den Zeitlauf und Schicksal vom lebendigen Wirken ausschloß, konnte sich wohl ein Dasein vorstellen, in dem er draußen für seinen Unterhalt notdürftig sorgte, die eigentliche Existenz aber hier vergehen ließ, in den hundertsprachigen Schächten des Geistes. Hier konnte man vergessen, daß man jung war, Sonnenlicht vergessen, lockenden Zufall und das Glück der Menschenbewegung. Morgen um Morgen kam man hierher, schon war der Tisch gerichtet für einen, die Bücher lagen bereit, die Bücher wechselten, die Beamten am Mitteltisch wurden versetzt, wurden zu alt oder starben, man selber hatte schon graues Haar. So hatten Menschen gelebt.

In dieser stillen Luft hatten Philosophen und religiöse Denker geatmet, die Staatsmänner, die in drei Generationen das Imperium ausgebaut hatten, die Dichter, die seine Zunge und sein verläßlichster Ruhm waren. Hier hatten sie mit dem Ärmel ihre künftigen Feinde gestreift, jene, die an den Stützpfeilern ihrer Gesellschaft zu rütteln bestimmt waren. In diesem Saal hatte Marx „Das Kapital“ geschrieben. An diesen Tischen, kleinbürgerlich angetan, hatte der kuppelstirnige Lenin gesessen. Hier sogen sich stille Asiaten voll mit den Wissenssäften einer Welt, als deren Erben sie sich betrachteten: großmütig und selbstsicher verschenkte der Westen seinen teuer erarbeiteten Besitz. Hier war Roms Herz, wenn England Rom war. Es gab keine Menschenfarbe, die hier noch nicht gesehen worden, keine Menschensprache, in der hier nicht gedacht worden war. Diese totenstille Halle war bunter als der farbigste Hafenplatz. Hier kann es dir geschehen, daß du zur Rechten eine Hindu hast, über frühchristlichen Manuskripten beschäftigt, und zur Linken einen ebenholzhäutigen Herrn mit weißem Kraushaar und scharfer Brille, der Pringsheimsche Mathematik studiert. Hier vermischt sich in einer stummen, dauernden Hochzeit jederlei Blut mit jederlei Geist.

Ludwig war mehrmals hergekommen, um sprachliche Nachschlagewerke zu konsultieren. Er tat es mehr aus Neigung als aus Notwendigkeit, weniger für seine Schüler als für sich. Das große Oxforder Lexikon besonders hatte es ihm angetan, dies vollkommenste Wörterbuch der Erde, das unerschöpfliche Bergwerk menschlichen Ausdrucksvermögens, erleuchtet bis in die untersten Adern.

Er hatte sich auch heute einige von den 30 Bänden auf seinen Lesetisch getragen, zwei deutsche Grammatiken außerdem. Er schlug auf, blätterte, ging zurück, machte sich seine Notizen, hielt sich länger auf als nötig gewesen wäre, bezaubert von so viel profunder Genauigkeit und solidem Reichtum.

Dann träumte er über die Bücher hinweg in die Lautlosigkeit der Wissenshalle. Es war fast jeder Studierplatz besetzt, dreihundert Leser mochten anwesend sein, einer nahe dem andern an den langen Tischen, aber durch Mauern des Schweigens voneinander abgeschieden, jeder in seiner gesonderten Welt. Wie jedesmal, wenn sein Blick über die vielen geneigten, braunen und weißen Häupter ging, tauchte Rotteck vor ihm auf, Rotteck verhundertfacht, schreibend an seinem Prager Fenster. Und wie jedesmal, so spürte er auch jetzt in seinem Herzen den scharfen Biß der Reue.

Er hatte gefehlt gegen ihn, nicht menschlich nur — davon dachte er mit hastiger Anstrengung weg. Er hatte auch gefehlt als sein Schüler. Rotteck hatte ihn einen Weg geführt, und er war ihm nur ein kleines Stück weit gefolgt. Er dachte an seine Arbeit zurück, an das Goya-Manuskript, die vielen engbeschriebenen Foliobogen. Es schien Jahrhunderte her zu sein, seit er den letzten Federstrich daran getan hatte. Aber es waren noch nicht zwei Jahre. Er erinnerte sich genau an den Tag. Es war der Tag vor jener Nacht, da er von seinem Hinterfenster hinuntergeblickt hatte auf die violetten Mordpüppchen im Hof. Sie waren noch kleiner gewesen als dort auf der oberen Galerie die Figürchen vor den Nachschlagewerken. Wo mochte das Manuskript jetzt sein? Verstreut wie sein übriger Hausrat, in einem Winkel verstaut, wahrscheinlich als wertlos verheizt.

Wertlos, das war es gewiß. Es verschlug wenig, ob man von Karl dem Vierten sechzehn Bildnisse kannte statt dreizehn. Immerhin, er hatte tausend emsige Stunden und auf Reisen viel Forschungsmühe an diese Arbeit gesetzt. Und schließlich war sie auch mehr und war Besseres geworden als nur ein Katalog. Die Portraitierten lebten in seiner Beschreibung, ja auch der Maler begann schon zu leben. Rotteck hatte angefangen, zufrieden zu sein... Es war doch schön gewesen, an etwas zu bauen, und war es auch nur am dunkelsten Seitenkapellchen im Dom einer Wissenschaft.

Ein Verlangen kam ihm, durchs Domfenster einen Blick zu tun auf die verlassene Arbeitsstätte. Es war leicht zu befriedigen, nirgends leichter als hier. Er füllte ein paar Verlangzettel aus, aufs Geratewohl und aus dem Gedächtnis. Er verlangte Reproduktionen und zwei, drei Werke über den Meister. Wie geläufig sich alles noch einstellte, Name Erscheinungsort, Datum! Yriarte, Paris 1867, schrieb er hin, Vinaza, Madrid 1887.

Dann wartete er. Die große Uhr dort oben zeigte vier. In Prag war es fünf. Da ging Rottecks Arbeitstag noch längst nicht zu Ende. An seinem Fensterplatz saß er und schrieb.

Als die Bücher kamen, schlug Ludwig das auf, das zu oberst lag. Es geschah mit Herzklopfen wie bei einem schicksalbedeutenden Wiedersehen. Das Buch klappte an einer Stelle auseinander, an der eine farbige Tafel eingeheftet war. Es war eine sehr gute Reproduktion. Und es war ein furchtbares Bild.

Einsam der Ort, zwischen kahlen Hügeln, nah einer Stadt. Vor dem Nachthimmel, geisterhaft, ihre Mauern und Türme. Soldaten vollstreckten ein Todesurteil. Am Boden, als Lichtquell, eine riesenhafte Laterne, sie sieht aus wie ein leuchtender Koffer. Scharf fällt ihr Strahl auf die Opfer und auf die nackte Sandwand dahinter. Schon Gemordete liegen in Blutlachen, die Münder noch offen vom letzten Schrei. Der jetzt an der Reihe ist, einer in grellweißem Hemd und grellgelber Hose, breitet die Arme weit aus, sein afrikanisch braunes Gesicht in entsetzter Entschlossenheit dem Tod zugewendet. Um ihn jene, die folgen werden, ohnmächtiges Schlachtvieh, die Hände vors Gesicht gechlagen, die Fäuste schüttelnd, hineinbeißend in ihre Fäuste, Verzweifelte, Rasende, heilig Ergebene. Ein ganzes, betrogenes, geschändetes Volk in *einer* Gruppe des Jammers. Vor ihnen, zur Rechten, im halben Dunkel, das Mordpeloton, sieben, acht Mann, — aber nicht Einzelne sind das, nicht Mensch und Menschengesicht, es ist die Maschine, das präzis funktionierende Mordinstrument der Gewalt.

Ein Schrei gegen Unrecht und Missetat das ganze Bild, ein Hilfeschrei aller Zertretenen, die waren und sein werden.

Ist dies Napoleons Zeit, Spanien, das Gemäuer vor dem schwarzen Himmel Madrid? Nichts braucht man zu wissen. Denn es ist ewig das Selbe.

Dies ein Werk aus der Zeit des kalten und leeren Empire? Unglaublich. Aller Mut, jeder Ausdruckswille spätester Kunst war hier schon vorweggenommen. Was war das für ein ungeheurer Mensch, der da durch die Zeiten schrie!

Ludwig schlug einen Band auf, der nichts als Bilder enthielt.

Es waren die „Desastres de la Guerra". Er kannte sie gut, kannte jedes einzelne radierte Blatt in der Sammlung. Aber er wußte schon, daß er diese „Kriegsgreuel" heute anders anschauen würde als ehemals. Was ihm selber die Brust zersprengen wollte, Nacht um Nacht, hier hatte einer die unbegreifliche Seelenkraft besessen, es Kunst werden zu lassen. Hier war mit unersättlicher Trauer, achtzigmal gestaltet, was der *Mensch* fühlte vor dem stumpfen Hohn der gemeinen Gewalt. Vor Verwüstung und schnöder Untat, die der Bestialismus wollte und organisierte und anpries, — damals und heute und immer.

Achtzigmal Elend. Leichen, Leichen, Leichenberge am Boden. Kinder und Weiber vorm Flintenlauf. Da hockt ein Gepfählter mit abgeschnittenen Armen. Eltern suchen unter den Hingestreckten ihren Sohn. Im Spittel flehen taumelnde Skelette die Siechen um Hilfe an. Aufgereiht am Strick ziehen Opfer über die Heide. Männer in Ketten, knirschend im Mauerloch. Da baumelt einer am Baumstrunk, im letzten Hemd, vor ihm lagert sein Henker, in behaglicher Pose, genießend. „Den wären wir los", steht darunter.

Hingekritzelte Aufschreie überall: „Barbaren!" — „Wilde Tiere sind das!" — „Seid ihr dazu geboren!" — „Da hilft kein Weinen." — „Ich hab's gesehen!"

Unter einem Blatt aber, fast am Ende der Reihe, standen diese Worte: „Die Wahrheit starb." Da liegt sie hingesunken, zur Strecke gebracht, eine weiße Frauenfigur, eher ein sanftes Bürgermädchen als eine Göttin, aber lorbeerumwunden das Haupt. Hinter ihr, schattenhaft, ein Gewühl von Fratzen, die Meute der Hetzer und Meuchler, der Feigen und Heuchler, ihnen allen ist sie erlegen. Ihre Stimme schweigt, aber schweigt sie wirklich auf immer... Im Bande folgt ein letztes Blatt, ein allerletztes. Da taucht sie empor aus dem Grab, umleuchtet von überwirklichem Licht. Die sie gemordet haben, Purpurschänder, falsche Propheten und feile Richter, alles was von der Lüge leben will, sucht sie zurückzustoßen ins Finstre. „Wird sie auferstehen" — und ein Fragezeichen.

Nein, dies hieß nicht mehr Spanischer Aufstand, 1809, Marschall Soult. Es war eine ewige Gegenwart. Das Grauen dieser Radierungen, ihre brennende Pein, — sie waren in jedem fühlenden Menschen, wenn er heute am Morgen seine Zeitung aufschlug. Genau dies stand der Welt aufs neue bevor, im nächsten Jahr oder am nächsten Tag.

(Mit freundlicher Genehmigung
des S. Fischer Verlages)

Wilhelm Jacobs

DAS WORT SCHEUSAL IST NUR EIN BEGRIFF

Es war abends zehn Uhr, als er davon anfing. Wieder zehn Uhr. Jeden Abend um zehn Uhr fing er davon an.

Aber das Wort Scheusal hatte er seit acht Tagen nicht mehr gebraucht. Sonst hatte er es sogar im Beisein der Kinder gebraucht. Er hatte dabei mit der Faust auf den Tisch geschlagen. Aber seit acht Tagen hatte er es nicht mehr gebraucht.

Er sprach überhaupt nicht mehr viel darüber.

Nur eben um zehn. Jeden Abend um zehn. Und wenn er den ganzen Tag kein Wort davon gesprochen hatte, um zehn Uhr fing er wieder davon an.

Und jetzt war es zehn.

Er war aufgestanden. Erst war er eine ganze Zeit auf dem Stuhl hin- und hergerückt, und dann hatte die Uhr geschlagen, und dann war er aufgestanden.

Aber das Wort Scheusal sagte er auch heute abend nicht.

„Der Kerl — er sagte jetzt einfach immer nur der Kerl — der Kerl saß mir den ganzen Tag im Nacken. Jeden Tag. Und immer jagte er mich in den Dreck wieder hinein. Immer wieder. Und dann pfiff er von oben, und dann wußte ich, daß ich unten im Graben gemeint war."

„Ja, ja," sagte seine Frau, „ja, ja." Was sollte sie anders sagen. Sie kannte die Geschichte. All die Geschichten. „Ja, ja," sagte sie nur, „und darum sei froh, daß Du jetzt hier bist."

„Er wußte genau,“ fing er wieder an, „daß mir schon die Haut von den Händen hing. Die anderen waren es gewohnt. Aber ich. Und dann klebte der Lehm an der Schaufel, und ich mußte aufpassen, daß dem Vordermann nicht der ganze Dreck auf die Schultern klatschte“.

„Ja, ja. Aber Du bist doch jetzt hier. Dir kann er doch jetzt nichts mehr sagen.“

„Nein.“

„Und pfeifen kann er Dir auch nicht mehr.“

„Nein, pfeifen — — wie kommst Du gerade auf das Pfeifen?“ Er hatte im Gehen innegehalten und sich kerzengerade aufgerichtet. „Wie kommst Du gerade auf das Pfeifen?“

„Du sagtest doch immer — —“

„So, sagte ich das immer? Immer, was? Nicht nur jetzt um zehn. Immer.“ Er war wieder weitergegangen. Auf und ab. Immer auf und ab. Und dann blieb er vor der Tür des Kinderzimmers noch einmal stehen und machte die Tür auf: „Er hatte auch drei Kinder.“

„Wer?“

„Er, der immer gepfiffen hat.“

„So, das weißt Du.“

„Ja.“

„Woher weißt Du denn das?“

„Weil er es mir gesagt hat.“

„Du verstandest doch garnicht seine Sprache. Und er verstand doch garnicht Deine Sprache.“

„Und doch hat er es mir einmal gesagt. Einmal. Zwar nur Brocken, was er so aufgeschnappt hatte. Das Wort Frau zum Beispiel und das Wort Kind. Und bei dem Wort Kind hat er die Finger zu Hilfe genommen, eins, zwei, drei. Und bei drei hat er gelacht.“

„So.“

„Ja, der Mann, der pfiff, hat bei drei gelacht. Und am nächsten Tag pfiff er wieder. Er pfiff gerade, als ich die Schaufel in die Höhe hielt. Ich wollte den Dreck gerade in den Wagen werfen, da fiel mir die Schaufel zurück, weil er gepfiffen hatte. Und der Dreck kam nicht in den Wagen. Der Schlamm, weißt Du, der ganze Schlamm, den wir aus dem Graben herausschaufeln mußten, klatschte meinem Vordermann auf die Schultern. Und da lachte er auch.“

Seine Frau schwieg. Er hatte die Tür zum Kinderzimmer wieder zugemacht. Die Uhr war halb elf.

Und dann sagte er an diesem Abend nichts mehr. —

Am nächsten Abend um zehn war es wieder so. Er fing wieder davon an. Vom Graben und vom Schaufeln und vom Vordermann, dem er den Schlamm auf die Schultern geworfen hatte, und von dem, der oben am Grabenrand stand und pfiff.

„Aber es pfeift doch jetzt keiner,“ fing seine Frau wieder an, „Du bist doch jetzt hier, bei uns. Und nebenan schlafen Ute und Peter und Marlen. Die anderen sind schlimm dran, bestimmt, aber Du bist doch jetzt hier.“

„Ja, ich bin hier.“

„Und Du mußt Dir das doch einmal klar machen. Er pfeift oben am Grabenrand, und Du bist hier."

„Er pfeift oben am Grabenrand, und Du bist hier. Hast du das eben gesagt? So etwas ähnliches? Ich habe garnicht so genau hingehört. Kannst Du Dir das denn denken, daß er noch pfeift? Wenn er nun nicht mehr pfeift?"

„Ich versteh' Dich nicht."

„Sieh mich mal an. Kannst Du Dir vorstellen, ich stünde am Grabenrand. Ich. Nicht er, sondern ich. Ich stünde oben am Grabenrand und pfiffe. Einer ganzen Horde, weißt Du. Kannst Du Dir das vorstellen? Und nachher setzt man der Horde eine Suppe vor, die nicht reicht, und Brot, das nicht reicht. Und ich pfiffe trotzdem. Am nächsten Tag wieder. Und am übernächsten auch. Und ich wüßte das mit dem Brot und der Suppe und pfiffe trotzdem. Kannst Du Dir das vorstellen?"

„Warum fragst Du?"

„Ob Du Dir das vorstellen kannst?"

„Was soll ich Dir denn darauf antworten?"

„Ob Du Dir das vorstellen kannst?"

„Das kann ich mir eben nicht vorstellen. So etwas kann man sich nicht vorstellen."

„So. Dann kannst Du Dir das also nicht vorstellen." Er ging wieder im Zimmer auf und ab und machte wieder die Tür des Kinderzimmers auf wie gestern abend.

„Wecke doch die Kinder nicht auf, bitte. Peter — —"

„So, Peter ist davon aufgewacht, gestern abend. Vier Wochen ist sein Vater hier, und in der vierten Woche ist er aufgewacht. Als sein Vater die Tür aufgemacht hat, ist er aufgewacht. In der vierten Woche. Und sonst ist er nie aufgewacht, was? Zum Beispiel um zehn?"

„Ich weiß nicht, was Du meinst."

„Hast Du denn um zehn Uhr schon meistens geschlafen?"

„Ja. Nur manchmal, wenn ich noch einen Brief geschrieben habe oder — —"

„So. Um zehn Uhr hast Du also meistens geschlafen, wenn Du nicht eben einen Brief geschrieben hast oder — — ich meine, es war nie etwas Besonderes um zehn?"

„Wieso Besonderes? — Ach mach' doch bitte die Tür zum Kinderzimmer wieder zu."

„Ich will Peter oder Ute oder Marlen mal fragen — —"

„Das kannst Du doch morgen fragen."

Und dann wurde er wieder still, weil die Uhr halb elf schlug. Und er machte die Tür zum Kinderzimmer wieder zu. —

Am nächsten Abend wurde es wieder zehn.

Und am übernächsten Abend auch.

Es wurde jeden Abend zehn.

Da sagte seine Frau schließlich zu ihm: „Du fängst jeden Abend um zehn wieder davon an. Das ist doch jetzt alles vorbei. Du mußt doch davon aufhören."

„Ja. Eigentlich müßte man das. Du hast recht. Das Leben geht sozusagen weiter. Sozusagen, nicht wahr? Für Dich, für mich, für die, die schaufeln — —"

„Ganz einfach für alle."

„Nicht für alle. Wie ist es zum Beispiel mit denen, die tot sind?"

„Für die nicht." —

Am nächsten Abend um zehn stand er wieder auf und ging im Zimmer umher. Und dann blieb er plötzlich mitten im Zimmer stehen und fragte: „Könntest Du Dir vorstellen, daß ich jemanden erschossen habe? Ich."

„Nein, das könnte ich mir nicht vorstellen. Du hast ja auch keinen erschossen, den ganzen Krieg über nicht."

„Weißt Du denn das so genau, daß ich keinen erschossen habe?"

„Ja, das weiß ich genau. Du hast es geschrieben und hast es gesagt, daß Du den ganzen Krieg über keinen erschossen hast."

„So. Und wenn es nun nicht stimmt, was ich geschrieben und gesagt habe?"

„Es stimmt. Ich weiß, daß es stimmt."

„Und wenn es nun stimmt, und ich hätte doch jemanden erschossen?"

„Aber laß' doch das alles bitte. Und geh' doch auch bitte von der Tür des Kinderzimmers fort. Du weckst sie alle noch auf."

„Soll ich mal pfeifen? Wie er gepfiffen hat, oben vom Graben, gerade als ich die Schaufel — — ich wußte genau, daß ich gemeint war. Nur ich war gemeint. Und so auf zwei Fingern hat er gepfiffen, auf zwei Fingern, so — —"

„Bitte!" Er hatte die Finger schon in den Mund gelegt. Sie war aufgesprungen. Und jetzt riß sie ihm die Finger einfach aus dem Mund heraus.

Und jetzt saß sie wieder und zitterte noch. Aber nur wenig. Und schließlich sagte sie, da hatte sie aber ihr Nähzeug schon wieder aufgenommen, und das Nähen ging auch schon wieder: „Du kannst doch froh sein, daß Du hier bist. Du bist hier und alles ist gut."

„Und keiner pfeift mehr, was?"

„Nein, keiner pfeift mehr."

„Er pfeift nie mehr."

Sie hatte die Näharbeit unwillkürlich fallen lassen. Sie wußte selbst nicht, wie das kam. Aber als er das sagte, war ihr die Näharbeit einfach so hingefallen.

Und jetzt schlug es halb elf, und es war nichts mehr.

Dieser Abend war um. —

Sie dachte jetzt nach, was sie gegen die Abende tun konnte, gegen die Abende von zehn bis halb elf. Da dachte sie jetzt die ganze nächste Zeit über nach.

Denn am Tage war er ruhig. Am Tage war nichts. Vielleicht war er in den letzten Tagen zu ruhig. Aber im Grunde war nichts.

Und das Wort Scheusal hatte er auch nicht wieder gebraucht. Auch nicht zwischen zehn und halb elf. —

Und dann kam wieder ein Abend, und sie wußte immer noch nicht, was sie tun sollte.

Die Uhr schlug zehn, und er stand auf und hielt den Perpendikel an. Er ging auf die Uhr zu und hielt den Perpendikel an und war ganz ruhig dabei. Und dann kam er an den Tisch zurück und setzte sich und war immer noch ganz ruhig. Und dann sagte er: „Der geht jetzt nicht mehr," und sagte das auch ganz ruhig, „der geht jetzt nicht mehr. Und wenn ich ihn nie wieder anstoße, dann geht er nie mehr. Dann bleibt es immer zehn."

„Ja."

„Und wenn ich jetzt einen erschieße, dann erschieße ich ihn um zehn."

„Ja."

„Das kann ich dann einfach sagen, weil meine Uhr dann zehn ist. Ich sage das dann einfach."

„Ja."

„Zehn ist nur ein Begriff."

„Ja. — Aber stell' doch bitte die Uhr wieder an."

Er stellte die Uhr nicht wieder an. Er blieb am Tisch sitzen und stellte die Uhr nicht wieder an. Und dann sagte er: „Das mit dem Wort Scheusal verhält sich nämlich so: Als ich hier ankam, war er noch ein Scheusal. Er mußte ja ein Scheusal sein, sonst wäre ich hier nicht angekommen. Und jetzt bin ich acht Wochen hier und jetzt sieht alles anders aus. Und das Wort Scheusal ist nur ein Begriff. So wie man sagt, es sei zehn. Nach acht Wochen ist das Wort Scheusal nur noch ein Begriff."

„Nein!" rief seine Frau und sprang auf. „Er ist ein Scheusal! Er war ein wirkliches Scheusal!" Und dann setzte sie sich wieder hin. Sie konnte ihr Nähzeug aber noch nicht wieder in die Hand nehmen, so zitterten ihr die Finger.

„Ich hätte es Dir nicht sagen sollen. Aber in den ersten Tagen sagt man das so."

„Was hättest Du mir nicht sagen sollen?"

„Die ganze Geschichte im Graben war nämlich anders. Ich war der schwächste. Ich hielt die ganze Kolonne auf. Und er mußte sein Pensum nachweisen. Und dann kamen eines Tages zwei, denen er das Pensum vorweisen mußte. Wir konnten natürlich unten im Graben nichts verstehen. Aber die zwei standen oben am Graben und deuteten auf uns. Und er deutete auf mich. Das sah ich, obgleich ich arbeitete. Aber das sieht man. Und auch, daß der eine der beiden auf seine Pistole klopfte, das sah ich auch. Ich war der schwächste."

„Und?"

„Ich bin hier. Wunderst Du Dich nicht?"

Für die Frau war es unmöglich, das Nähzeug wieder aufzunehmen. Es fiel sogar jetzt noch vom Tisch herunter.

„Wunderst Du Dich nicht, daß ich noch hier bin?" Er wiederholte es, genau so. Und dann rückte er noch ein paarmal auf seinem Stuhl hin und her. Und dann zog er die Pistole aus seiner Tasche.

Die Uhr stand.

„Du kennst natürlich nichts von Pistolen," sagte er, „das ist eine gute Pistole. Das ist seine Pistole. Er pfeift nicht mehr." Und dann steckte er die Pistole wieder ein. Er hatte sie garnicht weiter auf den Tisch gelegt, sondern sie seiner Frau nur einmal so hingehalten.

Und jetzt hatte er die Pistole wieder eingesteckt.

Und jetzt saß er noch eine Weile so da. Die Frau saß auch so da. Und das Nähzeug lag noch so am Boden. Ganz leise konnte man manchmal das Knacken einer Kinderbettstelle von nebenan hören. Aber sonst nichts. Nicht einmal das Ticken einer Uhr. Die Uhr stand ja.

Es verging keine Zeit.

Hier im Zimmer verging keine Zeit.

Und dann stand der Mann auf und ging aus dem Zimmer heraus. Und dann verging wieder keine Zeit.

Und dann fiel draußen ein Schuß.

Und dann saß die Frau immer noch da. Und vor ihr am Boden lag das Nähzeug. Und hinter ihr tickte keine Uhr.

Und dann öffnete sich leise die Tür vom Kinderzimmer. Das hörte die Frau garnicht. Ein kleiner Junge trat herein, ganz klein, ganz verschlafen, sein Jäckchen und Höschen waren noch ganz zusammengeknüllt. Er trat ein und ging von hinten leise auf die Mutter zu. Und dann fiel er um sie herum und vergrub den Kopf in ihrem Schoß. Und dabei sagte er: „Mutti, Mutti, nicht bös sein bitte, ich hab' so geträumt."

Die Frau und der Junge waren jetzt eins, und keine Uhr ging.

Und dann ging plötzlich die Tür des Zimmers wieder auf, und der Mann stand da. Lachte und stand vor beiden. Und der Kleine lachte auch.

Und die Frau lachte auch etwas.

Aber nach einer Weile lachte keiner mehr. —

Die Frau hatte den Jungen wieder ins Bett gebracht und war wieder ins Zimmer zurückgekehrt. Das Nähzeug lag immer noch am Boden. Aber sie ging erst einmal auf die Uhr zu und wollte den Perpendikel anstoßen.

„Kannst Du denn die Uhr wieder anstellen? Ich habe doch nur in die Luft geschossen."

„Ja," antwortete die Frau, „ich kann die Uhr wieder anstellen."

„Ich habe noch eine Patrone."

„Das Wort Scheusal ist nur ein Begriff." Und sie stellte die Uhr wieder an. Dann ging sie an den Tisch und nahm das Nähzeug vom Boden.

Und die Uhr tickte jetzt wieder, und die Zeit ging weiter.

Sie erinnern sich der Geschichte von dem kleinen Jungen, der lärmend im Zimmer herumspielte, während sein Vater versuchte, eine Zeitschrift zu lesen. Schließlich machte der Vater einen verzweifelten Versuch, riß eine Seite mit der Weltkarte heraus und zerfetzte sie in kleine Stücke: „Hier kannst Du spielen", sagte er, „versuche es einmal und setze das wieder zusammen." Zu seiner Überraschung sah der Vater nach wenigen Augenblicken die Karte tadellos wiederhergestellt. „Wie hast Du denn das so rasch fertiggebracht?" „Ach, das war einfach", sagte der Junge: „Siehst Du, auf der anderen Seite ist das Bild eines Menschen. Ich setzte den Menschen zusammen, und damit war die Welt auch in Ordnung." *Sigmund Neumann: „The Future in Perspektive."*

Gert H. Theunissen

MODERNE KUNST ZWISCHEN SCHÖPFUNG UND MASCHINENWELT

Kann es wundernehmen, daß sich angesichts der modernen Bilder und Skulpturen die meisten Besucher der Ausstellungen und Ateliers auf das Deck eines sturmgepeitschten Schiffes versetzt fühlen? Um nicht zu sehen, wie es sich aufbäumt und im nächsten Augenblick wieder in die Tiefe wühlt, richten sie, soweit es ihnen noch nicht allzu übel geworden ist, den glasigen Blick auf die Horizontlinie, hinter der das Festland versank, an das sie möglichst bald wieder gelangen möchten. Unsere braven Passagiere hatten sich, als sie mit ihrem Gepäck an Bord gingen, darunter sich gewiß auch viele Kunstgeschichten, manche Bände Ästhetik und vor allem eine sehr massive Vorstellung von dem Sinn des Gegenstandes in der Kunst befinden mögen, von ihrer Seereise eine Erholung versprochen; mit Giotto, Dürer, Rembrandt und schließlich auch mit Goya glauben sie einverstanden zu sein; vielleicht sind sie auch nicht einmal schlecht auf van Gogh und Cézanne zu sprechen, an deren Reproduktionen sie sich im Sprechzimmer des Zahnarztes gewöhnt haben, — aber auf einen solchen Sturm wie Paul Klee oder Picasso oder Rouault sind sie nicht gefaßt, und so wünschen sie die ganze christliche Seefahrt zum Teufel.

So oder nicht viel anders ist es weit und breit in der Öffentlichkeit um das „Erlebnis" der bildenden Kunst bestellt. Die Klarheit, nach der man sich im unglücklichen Umgang mit den Künstlern und der Kunst sehnt, erwartet man vergeblich von den leidigen Definitionen, was denn nun eigentlich Kunst sei und bedeute. Die Mißgriffe rufen flammende Erregung hervor. Sie stammt aus den Erfahrungen, die man mit „den Idealen" gemacht hat. Sie sind im Blick auf diese oder jene Epoche der Kunstgeschichte so bedenkenlos verkündet worden, daß die Meinung entstehen sollte und mußte, sie seien für alle Zeiten gültig. Aus der Vermutung dann, daß es sich doch nur um billige Schnittmuster handeln könne, von denen das auf die Gotik berechnete schon nicht mehr auf die Renaissance passe, erwuchs die erste Unsicherheit; endlich erkannte man, daß alle diese Ideale nichts anderes als Idole seien, und daß die sogenannte Kunstgeschichte manches mit Idolatrie, das heißt mit Abgötterei, gemein habe. In diesen Erlebnissen darf man getrost eine aufweckende Erschütterung erblicken.

Daß das Wesen der Kunst von Zeit zu Zeit wechseln soll, kann rechtens nicht eingesehen werden und widerspricht, bei aller Romantisierung des Künstlerischen, der echten Ahnung von der aller Zeitlichkeit enthobenen Dauer, die man dem Kunstwerk zusprechen möchte. Wie aber kann von ihr die Rede sein, wenn beispielsweise schon zwischen der Nike von Samothrake und einer gotischen Madonna, geschweige denn zwischen Runge und Beckmann, jedes als allgemeingültig ausgegebene Kunstideal zerbricht? Und der törichten Ansicht, über Jahrhunderte hinweg falle die Kunst einfach aus, will man auch nicht sein. Doch was geschieht nun?

Um endlich die Dauer oder, wie der noch gutwillige Irrfahrer der Kunst sich auszudrücken beliebt, „das Ewige“ in den Griff zu bekommen, nimmt er an, der Künstler konserviere den von ihm erblickten Gegenstand. Was man als „Wirklichkeit“ bezeichnen zu können vermeint, beschränkt sich auf die Gegenstände, die sich optisch registrieren lassen. Hat man also die Enttäuschungen mit den Idealen der Kunstgeschichte glücklich hinter sich gebracht, so stellt man sich nun vor, die Maler, die Graphiker und Bildhauer schüfen sozusagen von dem Auge in die Hand, so wie arme Leute von der Hand in den Mund leben. In dem halb unbekümmerten, halb verzweifelten Bemühen, dem Wesen und dem Sinn der bildenden Kunst auf die Spur zu kommen, läßt der Betrachter es zwischen der sichtbaren Realität und dem Kunstwerk zu einem Kurzschluß kommen; er besteht in der unversehens zu Spruch und Urteil erhobenen Meinung, das Kunstwerk müsse seinem Inhalt und seiner Form nach — was er beides fälschlich trennt — den Zustand darstellen, in dem das Auge des Künstlers die Gegenstände angetroffen habe. Die künstlerische Dauer wird in der optischen Beschaffenheit gesucht. Von den Gegenständen meint unser umhergetriebener Betrachter, daß der Künstler sie einwecken müsse. Kunst als optisch Eingemachtes, wenn man es so heißen will. Aber der Künstler ist kein Konservator, wozu ihn alle machen, die für die Kunst nicht die einzige, die allein mögliche Definition gelten lassen wollen: daß sie ein Zeichen sei — und nichts anderes außerdem.

Darin, daß das Kunstwerk nur dann als solches gelten kann, wenn in ihm das Dargestellte zum Zeichen geworden ist, trifft die Kunst den realen wie zugleich metaphysischen Kern des Menschen, denn Mensch ist er im Grunde aller seiner Gründe nur als das einzige Geschöpf, das fragt. Als ein Fragender umgreift er die ganze Schöpfung und ist als solcher pars pro toto. Diesem universalen Charakter entspricht das Werk der Kunst. Nur als ein Fragender lebt der Mensch aus dem Ur-Sprung seines Wesens. Auf diesen Ur-Sprung allein ist Kunst gestellt. Ihr wird alles zum Zeichen. Sie will und kann die Welt nicht ändern; sie verfolgt kein anderes Ziel als dieses: aufmerksam darauf zu machen, daß alles Geschöpfliche ein Zeichen auf den Schöpfer ist. (Danach handelt auch *der* Künstler, der nicht an den Schöpfer zu glauben meint.) Nicht mehr und nicht weniger. Nicht mehr: sie will und kann zum Beispiel nicht das Gebet ersetzen, das ja den Schöpfer selbst erreicht. Auch erläßt sie keine Gesetze, denn diese sollen befolgt werden, während das Zeichen alles allen überläßt. Deshalb predigt das echte Kunstwerk ebensowenig, wie es in die Geschäfte der Welt eingreifen könnte. Nicht weniger: weniger wäre die bloße Widergabe dessen, was das Auge erblickt; der photographische Apparat kann das besser leisten und muß sich damit begnügen.

Die Kunst ist also ein Zeichen: es kommt aus der Richtung des fragenden Menschen und bleibt in der Frage. So kann denn, indem die Gegenstände in den Rang von Zeichen erhoben werden, der Mensch im Bilde einer Straße, eines Interieurs, eines Musikinstrumentes zum Gleichnis werden: durch das Zeichen als die „innere Figur“, von der Dürer sagt, daß man sie der Natur entreißen müsse. Oder anders ausgedrückt: vergleicht man die Gegenstände mit Substantiven, so wären aus ihnen die Verben herauszuholen. Das wären dann die Zeichen. Sie öffnen und bringen in Fluß, — vom Geschöpf auf den Schöpfer hin. In der gleichsam polarmagnetischen Richtung des fragenden Menschen. Hat es die Wissenschaft damit zu tun, das Gesetz zu finden, so die Kunst mit dem Aufspüren der Botschaft. Aber die Erfüllung der Botschaft im Ernst der Existenz ist nicht die Sache und die Aufgabe der Kunst. Ihre Größe und ihre Fülle gründen allein in der Zeichenhaftigkeit. Und die Grenzen der Kunst sind ihr durch das Unvermögen gezogen, das zu erfüllen, wozu sie den Menschen in Heiterkeit oder Trauer, in Reichtum oder Kargheit, in Anmut oder Strenge signalisiert.

Die offenbar große Schwierigkeit, die an sich so einfache Wahrheit zu begreifen, daß die Welt der Kunst aus Zeichen bestehe, machen sich die Führer totalitärer Staaten zunutze. Blickt man genau auf ihre Praktiken, sich die bildende Kunst gefügig zu machen und durch solche Diktatur die Massen des Volkes zu gewinnen, so erkennt man leicht, warum die Kunst nicht mehr ohne weiteres als Zeichen verstanden werden kann. Die Maschine, mit der sich die totalitären Machthaber gegen die Künstler und die Kunst verbünden, hat uns an das fertige Produkt gewöhnt, genauer: an die Fertigkeit des Produktes. Etwas restlos fertigzustellen, dazu ist die Maschine konstruiert worden. Ein solches Produkt wird verbraucht, denn zum Verbrauch hat es die Maschine hergestellt. Das beste Maschinenprodukt ist völlig in sich selbst abgeschlossen; es ist derart vollendet, daß es nur noch zum Verschleiß taugt. Kann ein solches Produkt noch nicht als das beste bezeichnet werden, dann wird es so lange verbessert, bis nichts mehr an ihm auszusetzen ist. Immer arbeitet die Maschine auf das Ende hin. Und nur ein einziges Mal kann sie eine perfekte Sache hervorbringen; danach muß sie sich unaufhörlich wiederholen. Wir alle insgesamt, die Künstler wie auch ihre Freunde und ihre Verächter, werden pausenlos mit perfekten Produkten überschüttet; sie regnen in Strömen so dicht auf uns herab, daß wir kaum noch die Hand vor unseren Augen sehen. Kein Wunder, daß sich ihnen die Welt als Schöpfung mehr und mehr entfremdet und immer tiefer die Reproduktion einprägt. Schöpfung aber kennt keine Perfektion; sie vollendet sich erst im Unendlichen, auf den Schöpfer hin. Das bedeutet nicht, daß wir keine Maschinen machen sollten; wir brauchen sie. Aber es bedeutet, daß wir uns von ihnen nicht den Blick verstellen lassen dürfen. Sie mögen notwendig sein: sie sind zugleich eine Gefahr, — wie viele Notwendigkeiten.

Wer der Maschine und ihren Reproduktionen verfallen ist, fordert vom Künstler nicht ein Werk, sondern eine Ware. Die Maschine fragt nicht: sie gibt in Form der Ware lauter Antworten. Sie schließt ab. Wer sich völlig der Maschine verschrieben hat, fordert von der Kunst nicht das öffnende, fragende, hinweisende Werk, sondern ein Produkt, das perfekt ist. Es verschafft ihm die Illusion von der Dauer. Die so mißverstandene Kunst, jederzeit durch die reproduzierende Kamera ersetzbar, wirkt wie ein einschläferndes Narkotikum: sie läßt kein Fragen mehr zu. Da aber Dauer allein in der Frage ist, doch diese angstvoll gemieden, jene besinnungslos gefordert wird, so entsteht jene Verkrampfung. Sie löst sich nur scheinbar in den wilden Ausbrüchen, darin sich die kunstdiktierenden Usurpatoren gefallen. Sie haben es klar erkannt, welches Kapital sich aus den Nöten schlagen läßt, unter denen die Künstler ihre Zeit und das Verhängnis der Industrialisierung erleiden. Die Ausnutzung zielt darauf, das Individuum, das ja nur deshalb und so lange Individuum ist, als es sich nicht das Recht aufs Fragen nehmen läßt, in die Massen einzustampfen. Und diese leben nur noch von Waren und Antworten; Werke und Fragen sind ihnen verhaßt.

Doch das vornehmste Signum der Kunst ist ihr Verzicht, die natürliche Schöpfung zu domestizieren; vielmehr sagt sie gelassen ein Ja zu ihr und vergißt auch nicht das Amen, obwohl sie sich dabei stets darüber im klaren ist, daß die Schöpfung, die in unser Auge fällt, allzeit von Fäule und Verfall, von Verderben, Krankheit und Tod gezeichnet ist. Auf diese Zeichnung gehen die Zeichen der Kunst ein, so es sich um echte Zeichen handelt und nicht um solche, die nur bluffen und dem Bürger einen Schrecken einjagen wollen. Wer von der Kunst Schönheit fordert, muß immer bedenken, was sie selbst im Blick auf das Geheimnis der Schöpfung bedenkt: daß sie durch das leibliche Auge auf gefallene Schöpfung angewiesen ist und an ihr um der Wahrheit willen das Übel in dem Sinne auszusetzen hat, wie es — nur umgekehrt — an einer bestens funktionierenden Maschine eben nichts auszusetzen gibt. Die Kunst verwandelt schuttübersätes Brachland nicht in fette Äcker; sie dient weder der Landwirtschaft noch dem Reiseverkehr und Gütertransport, auch nicht der Hygiene, nicht der Politik und der weltanschaulichen Kosmetik. In allen diesen und tausend anderen Diensten wird die natürliche Schöpfung nutzbar gemacht und organisiert; man erstrebt, ihre Gefallenheit vergessen zu lassen — bis sie uns gefällig ist und uns jene Gefallen erweist, über die wir uns in der Technik freuen, so lange sich nicht in Katastrophen doch die gefallene Schöpfung machtvoll zum Worte meldet.

Die Unendlichkeit, die das fragende Geschöpf vom Schöpfer trennt, räumt Platz genug dem frommen Fra Angelico und auch dem Kommunisten Picasso ein; dieser wäre dann der höchsten Majestät treueste Opposition. In solcher künstlerischen Spanne, hinweg über den Wechsel der Zeiten und den Streit der politischen Überzeugungen, hinweg über die Völker und Rassen, ermißt sich die Schöpfungsordnung der Kunst. Und daß die Kunst nichts gemein hat mit den Geschäften der Technik, des Fortschritts, des Patent-Sozialismus und der perfekten Organisation, kann man nur aus engstirniger Nähe als „L'art pour l'art" bezeichnen. Aus der Nähe, die vom Staub und Dunst der geschichtlichen Auseinandersetzungen noch immer dicht verhängt ist. Auf sie, die im neunzehnten Jahrhundert begannen, müssen wir zuerst einen Blick werfen, damit wir dann desto besser den Prozeß der Abstraktion verstehen können, der in der modernen Kunst eine so große Rolle spielt.

Im Wettbewerb mit der Photographie verliert die bildende Kunst am schnellsten ihr Gesicht. Das vorige Jahrhundert liefert dafür Beweise in erdrückender Häufung. Immer tiefer geriet sie in die Maschinerie der Perfektion; in Farben und Linien reproduzierte sie die Umwelt, aber Welt zu produzieren, ward sie immer unfähiger, weil sie ständig darauf bedacht war, dem Bürger durch eine möglichst getreue Nachbildung das Gefühl der Sicherheit zu erhöhen. Doch selbst die „getreuen" Nachbildungen stellen Fälschungen dar; trachten sie doch danach, das Übel mit allen Mitteln auszuklammern. Eine solche Scheinkunst, von den Akademien eifrig unterstützt, nährte die Illusion von der Dauer. Gegen diesen Frevel setzten sich Künstler, die sich nicht von der Magie der Reproduktion verführen ließen, mit der Waffe der von ihnen wiederentdeckten Abstraktion zur Wehr. Es war eine Notwehr, und sie dauert bis heute noch an. Allzeit ist der Künstler der Unbewaffnete, der sich und die Erde auf den Schöpfer hin Einschränkende. Er schränkt sich ein und ist doch seit je und auf immerdar der Empfangende, der Hinweisende und Aufschließende. Woher nun sollte er anders die Waffe nehmen, um sich und die Kunst zu verteidigen, um ihr den Rang der Schöpfung zurückzuerobern, als aus seinem Atelier? In seiner Bedrängnis ergriff er das schärfste seiner geistigen Werkzeuge: die Abstraktion. Sie dringt in das Herz der Dinge vor, sie wirft die Draperien beiseite.

Zwei Künstler vor allem sind es, die im Europa des Neunzehnten Jahrhunderts am tiefsten den Sinn und die Grenze des Gegenstandes erkannten: Cézanne und Hans von Mareés. Sie sind die beiden Herde des großen Erdbebens, das sich über die gesamte Kulturwelt ausgebreitet hat und erst abklingen wird, wenn überall ein rechtes Verhältnis zwischen Abstraktion und Gegenstand wiederhergestellt sein wird. Seit den Tagen dieser beiden Maler, die, so verschieden sie auch sind, doch beide von ihrem Problem bis aufs Blut gequält wurden, brennt sich tiefer und tiefer die Frage in die Hirne und Herzen: Wie realisiert sich das Kunstwerk? Ihre Wucht ist so groß, daß sie zeitweilig die ganze moderne Kunst aus den Angeln der Schöpfung zu werfen droht. Cézanne seufzte und rief: Réalisez! Und Marées wurde nicht müde, darüber nachzusinnen, wie denn wirklich und wahrhaftig das, was der Maler male und der Plastiker forme, in die Erscheinung trete. Was schon vorhanden ist, braucht ja nicht erst noch in die Erscheinung zu treten. Und der Künstler, der bloß nachbildet, was sich ihm auf der Netzhaut spiegelt, nimmt vorweg, was er ja erst zu schaffen hat.

Die Wiederentdeckung der Abstraktion rief unter denen, die sich von der Kunst nur ihr eigenes materielles Wohlbehagen bestätigen lassen wollten und immer noch wollen, eine Panik sondergleichen hervor. Unter den Künstlern aber, die sich nicht zu Sklaven einer fast nur noch in Genüssen und Zwecken schwelgenden Öffentlichkeit machen lassen wollten, brach eine Revolution aus. Der bedingungslos vor ihrer Aufgabe kapitulierenden Kunst blieb schließlich nur noch das Grab des Naturalismus übrig; in dieses Grab sank die verratene und verfälschte Wirklichkeit, die entgottete Welt. Aus diesem Grab mußte sie aber nun wieder auferstehen. Die Künstler hofften auf diese Auferstehung. Blitze und Donner des von ihnen entfachten Sturms versprachen sie ihnen. Aber eine Revolution, die zu keiner Ordnung kommen kann, weil ihre Anhänger sich immerfort berauschen, geht in Anarchie oder Diktatur über. Die Erregung über die Wiederentdeckung der Abstraktion wuchs an dem Widerstand, den die unter die Räder der Technik geratenen Massen leisteten. Die Sache selbst, um die Cézanne, Marées und alle Künstler ihresgleichen gerungen hatten, verflüchtigte sich ins Polemische.

Aus der Polemik zur Sache und ihrer Gerechtigkeit zurückzufinden, heißt: nicht länger mehr die Abstraktion verabsolutieren. Sonst gelangt man unweigerlich zur Leugnung der Schöpfung und zu einem verhängnisvollen Verlust an Weltsubstanz. Geistige Dünnblütigkeit der Künstler entspricht solchem Schwund. Das in die Irre und Dürre führende Wort von der „gegenstandslosen Kunst“ bringt uns am Ende ins Heillose, das will besagen: ins Bodenlose, dorthin, wo die augenfällige Welt sinnlos wird. Metaphysischen Gegen-Stand suchen wir vergeblich, wo wir den optischen Gegenstand verachteten und schließlich verbrannten. Wovon soll denn noch abstrahiert werden, wenn der Gegenstand als nicht vorhanden gilt? Seiner materialistischen Verherrlichung entspricht aufs Haar seine „idealistische“ Verneinung. Jeglicher Realisierung ist der mütterliche Grund entzogen. Das Zeichen wird zum Dekor und zum Tapetenmuster, wozu es nicht erst der revolutionären Wiederentdeckung der Abstraktion bedurft hätte.

Den Anspruch, mit dem Gegenstand anders als der Photograph verfahren zu dürfen, das heißt: ihn aus seiner optisch erfaßbaren materiellen Realität in ein Zeichen zu verwandeln, ihn aus den Zweckzusammenhängen zu lösen, ihn also zu abstrahieren, — diesen unbedingten Anspruch kann der Künstler nur erheben, wenn er zuvor gelernt hat, von sich selbst, von seiner persönlichen Bedeutung und seinen persönlichen Umständen abzusehen. Abstraktion ist Ab-Sicht. Im wissenden oder ahnenden Blick auf den Schöpfer sieht er von allem andern ab. Dann erst hat er das Maß und Ur-Verhältnis aller Maße gefunden.

Nun aber handelt es sich darum, daß er das innere Maß von innen nach außen treten lasse, daß er es sichtbar mache; wendet er sich doch an das Auge. Auf den Gegenstand, dem er sich geistig einverleibt, ist er angewiesen; auf ihn, den sein Auge erblickt und jedes anderen Menschen Auge auch erblicken kann, muß er sichtbar einwirken, derart, daß alle an dem Vergleich zwischen dem optisch feststellbaren Gegenstand und dem ihm entrissenen Zeichen den aufrüttelnden Unterschied erkennen können: als den unendlich qualitativen Unterschied, um mit Kierkegaard zu sprechen. Es ist ein unendlicher Unterschied, denn der künstlerisch dargestellte Gegenstand weist über sich hinaus.

So kann man sich — beispielsweise — an den gemalten Tisch nicht setzen; aus der Hand des aus dem Stein gehauenen Diskuswerfer fliegt der Diskus nicht hinaus. Der gemalte Tisch ist zum Zeichen geworden: sei es zum Zeichen einer großen Armut oder auch der Fülle, der Einsamkeit oder auch der Geselligkeit. Praktisch ist er zu nichts nutze. Warum sollte er es dann noch vortäuschen, wie es ein gemalter Tisch täte, der genau so gut auch hätte photographiert werden können? Und der steinerne Diskuswerfer kann an keinem Sportfest teilnehmen. Er wurde zu einem Zeichen, das über den Mann, der dazu Modell gestanden haben mag, hinausweist; wenn er aber so gebildet ist, daß ebensogut das Modell die Skulptur ersetzen könnte, dann kommt etwas so Groteskes heraus wie die naturalistischen Figuren im Vigeland-Park zu Oslo.

Durch die Abstraktion, die wohlverstandene, wird der Gegenstand nicht vernichtet, sondern überwunden. Ist aber der Künstler ein Opfer des Industrialismus geworden, ist er nur noch Funktion der Perfektion fordernden Zwecke, dann tötet sein Auge alles, was es sieht. Dann holt er es nicht in die Ordnung heim, sondern liefert es aus, — so zum Beispiel als Beute an die Führer totalitärer Staaten.

Fände ein Maler nur Genüge an der Landschaft, wie sie auch der Photograph bewältigen könnte, so brächte er kein Gleichnis hervor, wie es Poussin oder Kokoschka erblüht ist. Wie Goethe die Ur-Pflanze schaute, so deutet jede Landschaft, und sei es nur ein kahler Bahndurchstich inmitten sandiger Felder, die absolute Landschaft an. Das Paradies ist immer gegenwärtig. Und immer tobt die Hölle. Doch das Paradies und die Hölle lassen sich nicht perfektionieren. Wo es unternommen wird, droht der Kitsch. Er ist Fabrikat; er schließt ab und stürzt den Menschen in die Aussichtslosigkeit. Es ist nicht des Künstlers Aufgabe, das Zeitgeschehen herrlich oder häßlich zu illustrieren. Er soll nur alles, was sich seinem Auge bietet, zum Menschen als der leibgewordenen Frage aller Fragen, von denen die erste der letzten in der Allmacht und Allgegenwart des Schöpfers begegnet, in ein buchstäblich unendlich besorgtes, kurzum: in ein höchst frag-würdiges Verhältnis rücken. Und alles wird wohlgeschehen. Die Gegenstände bilden nur sein Medium, und die ihm zugewiesene optische Wirklichkeit nimmt er nicht für voll. Er weiß, daß sie immer unerfüllt ist und doch der Erfüllung harrt. Seit je und auf immerdar steht die Kunst im Advent: als Botschaft. Immer ist sie unterwegs, niemals geht sie im dargestellten Gegenstand auf, wie anders sie ihn sonst zu einer Ware machen müßte.

Zu der Meinung, es komme nur auf den Gegenstand an, und in seiner naturgetreuen Nachbildung erschöpfe sich der Künstler — was in der Tat auch eine Erschöpfung wäre —, hat seit dem Ausgang des Mittelalters schon die Überschätzung der perspektivischen Darstellung geführt. Nehmen wir einmal an, besagte Tasse sei blau. Um ein Kunstwerk, ein Stilleben zum Beispiel, zu realisieren, kann der Maler nur zur Farbe greifen. Aus dem Blau muß er also die Tasse erscheinen lassen; es geschieht nicht durch ein Nachzeichnen der Konturen, die er dann mit blauer Farbe ausfüllte, sondern dadurch, daß er die Konturen aus dem seelischen Eindruck gewinnt, den das Blau auf ihn macht; die Farbe bedeutet ihm keinen Anstrich auf dem Gegenstand, sondern: der Gegenstand ist ihm Farbe. Sie besteht in dem Blau und durch das Blau, das seinerseits durch das Rot einer Tischdecke, das Grün einer Flasche, durch das Braun einer Geige beeinflußt wird. Was also tut der Maler? Zuerst sieht er von dem Zweck ab, indem er auf die Vortäuschung verzichtet, man könne aus der Tasse, die er malt, trinken. Dann reduziert er das Material, aus dem die Tasse verfertigt wurde, sei es aus schlichtem Ton, sei es aus feinstem Porzellan, auf das Blau. So wird ihm die Tasse zu einem Zeichen. In ihm steckt ein schöpferischer Akt der Überwindung.

Die Abstraktion schlüsselt den Gegenstand auf und öffnet die Spielräume, die sich hinter ihm verbergen; in sie tritt der Liebhaber der Kunst ein, und er erblickt die von keinem Zweck getrübte, von keiner Ausbeutung bedrohte Freiheit. Zu welchen Zeichen die Kunst seit Jahrtausenden und an allen Orten auch immer gekommen sein mag: sie bezeichnet die vollkommene Freiheit. Auf sie zu weisen, gibt es Kunst auf Erden. Und die vollkommene Freiheit auf dieser Erde wenigstens von ferneher zu kosten, heißt: spielen. Was aber nützte ein Schlüssel ohne Schloß? Und umgekehrt: was nützte ein Schloß ohne Schlüssel? Jeder Gegenstand ist dem Künstler ein Schloß. Um zu jedem Gegenstand den passenden Schlüssel zu finden, muß er ihn je und je erst in einem jeden einzelnen Gegenstand suchen. Der auf den einen Gegenstand passende Schlüssel paßt nicht auf jeden beliebigen anderen. Aber die Verfechter einer sinnlos-unmöglichen „abstrakten Kunst“ wollen diese Logik der Kunst nicht wahrhaben: sie bedienen sich nicht der Schlüssel, sondern eines Dietrichs. Mit ihm billig zu hantieren, scheint ihnen ein solches Vergnügen zu bereiten, daß sie keinen Unterschied zwischen den Gegenständen mehr gelten lassen. Welch eine falsche und kurzsichtige Bescheidenheit! Mit einem Kopfschütteln pflegen auch solche, die sich durchaus belehren lassen möchten, zu lesen, die „abstrakte Kunst" habe es mit Chiffren zu tun. Kaum eine andere Kennzeichnung könnte verräterischer als diese sein, gibt sie doch verblüffend genau über die Verabsolutierung der Abstraktion Auskunft, denn eben dieses widerspricht der Kunst aufs tiefste, daß sie — statt zu öffnen — zu verschließen habe. Und da es einer falschverstandenen Moderne nicht mehr auf das ankommt, was überhaupt aufzuschließen ist, nämlich das Auge des Geschöpfes auf den Schöpfer hin, spricht sie nur noch von den Schlüsseln, die überdies nicht zum Öffnen, sondern nur zum Verschließen da sein sollen. Sie kerkern die Schöpfung ein, diese Gegenfüßler der Naturalisten.

Wir kommen zu der Frage nach den Kriterien, an denen sich die moderne Kunst ermessen läßt. Sie lassen sich, nach dem bisher Gesagten, aus dem Werk Picassos gewinnen. Seine Souveränität hebt jede Problematik von Gegenstand und Abstraktion im Sinne der Überwindung völlig auf. Stiftet sie gerade deshalb unter den Suchenden eine oft an Panik erinnernde Verwirrung an? Wer in seinen Werken jene „Schönheit" sucht, zu deren Vorstellung man gelangt, wenn man vom Künstler bloße Abbilder fordert, wird enttäuscht, weil Picasso in dem abgrundtiefen Riß haust, der durch die Schöpfung geht, und weil er sie dennoch als Wunder preist. Sein lange geübter Verzicht auf die perspektivische Darstellung, die seit der Renaissance bei zunehmender Selbstverherrlichung des Menschen die Gefahr immer näher rücken ließ, daß sich die bildende Kunst von einer Scheinordnung einfangen lasse, hat Picasso zugunsten der inneren Perspektive geleistet: nach dem Maß zwischen Schöpfung und Schöpfer. Der Gegenstand wurde zum Zeichen. Seine Epigonen aber meinen, man brauche nur auf die linearperspektivische Darstellung zu verzichten und alles andere falle einem zu. Was aber meint Picassos zeitweiliger Verzicht? Daß der größte Feind der Kunst die Gewohnheit ist. Woran gewöhnt die Perspektive? An die Antwort, die sie auf die Frage bereitzuhalten glaubt, was denn Gegenstand künstlerisch bedeute. Picassos Souveränität bedeutet die Möglichkeit, in einem freien Entschluß jederzeit zur Perspektive zurückkehren zu können. Er blieb in seiner eigenen Revolution nicht stecken. Deshalb tut sich ihm die Geschichte der Kunst als ein riesiges Rund der Allgegenwärtigkeit auf, deshalb darf er aus den Händen der Klassizisten und der Kubisten, der Künstler aus archaischer Zeit und ebensogut aus dem Quattrocento anregende Gaben empfangen. Er selbst wurde zu einem Zeichen, in dem der Historismus überwunden und der bildenden Kunst der Glanz und die Kühnheit des Wagnisses wieder verliehen worden ist. Er zerstört die falsche Sicherheit, welche die Maschinenwelt uns vortäuschen will, und stellt die Fragen wieder, durch welche die Schöpfung jeden Tag neu ist. Ihrer Verwunderung soll im Menschen kein Ende sein; darum sorgt sich die wahrhaft moderne Kunst.

PSALM 138

Herr, Du prüfest und kennest mich;
wo ich sitze und stehe, weißt Du um mich.

Meine Gedanken erkennst Du von fern;
mag ich gehn oder liegen, es ist Dir vor Augen,
all meine Wege sind Dir kund.

Und ist mir ein Wort noch nicht auf die Zunge gelangt:
sieh, o Herr, schon kennst Du es ganz.

Vom Rücken, von vorn umschließest Du mich,
und Deine Hand hast Du auf mich gelegt.

Allzu wunderbar ist für mich dies Wissen,
allzu hoch, ich fasse es nicht.

Wohin könnte ich gehn, von Deinem Geiste fort?
Wohin fliehn vor Deinem Angesicht?

Steig ich zum Himmel hinauf, so bist Du dort;
bette ich mich in die Unterwelt: siehe, auch da bist Du.

Nehm ich die Flügel der Morgenröte,
laß ich mich nieder am Ende des Meers,

wird auch dort Deine Hand mich führen,
Deine Rechte mich halten.

Spreche ich aber: „So soll die Finsternis mich überdecken,
Nacht mich umgeben an Stelle des Lichts" —
noch die Finsternis wird Dir nicht dunkel sein;

wie der Tag wird die Nacht Dir erstrahlen,
und die Finsternis ist Dir wie Licht.

Denn Du hast mein Innres gebildet,
mich gewoben in meiner Mutter Schoß.

Ich preise Dich, daß ich so wunderbar bin gestaltet worden,
daß Deine Werke so würdig des Staunens sind!

Du kennst meine Seele bis auf den Grund;
mein Wesen war nicht verborgen vor Dir,

als ich im Dunklen gebildet ward,
gewoben ward in der Erde Schoß.

Deine Augen haben schon damals meine Tage geschaut;
alle sind sie in Deinem Buche verzeichnet,
alle Tage bestimmt, ehe noch einer war.

Wie sind mir, o Gott, Deine Pläne so hoch,
wie ungeheuer ist ihre Menge!

Wollt ich sie zählen, sie wären mehr als der Sand;
noch wenn ich einst erwache,
bin ich mit Dir an kein Ende gekommen.

Wenn Du den Gottlosen, Herr, doch vernichten,
vom Menschen des Bluts mich befreien wolltest!

Denn tückisch erregen Deine Feinde Empörung,
lehnen sich treulos gegen Dich auf.

Sollte ich Deine Hasser, o Herr, nicht hassen?
Die nicht verabscheun, welche sich wider Dich erheben?

Mit vollem Hasse hasse ich sie,
zu meinen eigenen Feinden sind sie geworden.

Durchforsche mich, Gott, durchschaue mein Herz,
prüfe mich und erkenne, wie ich es meine.

Sieh, ob ich gehe auf unrechtem Weg,
und auf dem alten Wege geleite mich.

Deutsche Übersetzung von Romano Guardini.

Zur Krise der modernen Ehe (III)

Rüdiger Proske

DIE FAMILIE 1951

EINE BESCHREIBUNG IHRER WICHTIGSTEN MERKMALE

Zweiter Teil

Ein guter Teil des Pessimismus, der die Diskussion über die Familie heute beherrscht, rührt daher, daß wir allzuleicht jede Veränderung in ihrer Struktur für eine Verfallserscheinung halten. In der Tat ist das Bild der modernen Familie nicht sehr hell und farbenfroh, aber es ist auch nicht so düster, wie viele es haben wollen. Es ist das Bild einer ganz besonderen Gemeinschaft, die unter schwierigen Umständen und mancherlei Erschütterungen nach neuen Formen sucht oder alte Formen mit neuem Sinn erfüllen möchte.

Die Autorität des Vaters

Die Autorität des Vaters in der Familie hängt wesentlich mit der Fähigkeit des Mannes zusammen, der Familie Schutz zu gewähren. Seine überlegenen physischen und geistigen Kräfte waren die Voraussetzung für die Entwicklung patriarchalischer Familienformen, die dann bald dem gesamten Gesellschaftsgefüge ihr Gepräge geben.

Die Autorität des Vaters gründet sich auch heute noch auf seine Fähigkeit, die Familie zu schützen. Er kann diese Aufgabe nur erfüllen, wenn es ihm gelingt, sich an die Gesellschaft anzupassen; er ist weit mehr als früher von der Gesellschaft abhängig geworden. Der Erfolg seiner Bemühung ist am Einkommen, am Gehalt oder am Lohn meßbar, daran nämlich, ob das Geld, das er verdient, ausreicht, der Familie einen genügenden Schutz zu gewähren. Das „Geldverdienen" ist aber ein anonymer Prozeß. Er vollzieht sich in unüberschaubaren wirtschaftlichen Funktionszusammenhängen, nicht mehr zuhause, in einem geschlossenen Produktionsgang, vor den Augen der Familie. Zudem ist der Gelderwerb schon längst nicht mehr alleiniges Privileg des Mannes. Die Zahl der Familien mit mehr als einem erwerbstätigen Familienmitglied nimmt fortwährend schnell zu. Da die wirtschaftlichen Verhältnisse in den letzten Jahrzehnten besonders in Europa immer schwieriger geworden sind, ist der Vater hier objektiv oft gar nicht mehr in der Lage, allein den Schutz der Familie zu übernehmen.

Sicher ist die Stellung, die der Vater in der Familie einnimmt, nicht allein von seinen Einkünften abhängig. Seine geistigen Fähigkeiten, seine Stetigkeit, seine Gerechtigkeit und mancherlei andere Charakterzüge tragen seine Autorität mit. Im Bewußtsein vieler Familien ruht sie sogar ausschließlich auf ihnen. Aber dieses Bewußtsein nährt sich eher aus der Tradition; es stimmt mit der Wirklichkeit nicht mehr überein. Gerade weil der unter den gegebenen Verhältnissen unvermeidliche Autoritätsverlust des Vaters vielfach nicht zur Kenntnis genommen wird, treten oft Schwierigkeiten ein.

So werden in der Regel immer dann Störungen in den Familien beobachtet, wenn der Vater gegenüber der Familie oder den Kindern auf eine Autorität pocht, die sich aus seiner Stellung in der Familie nicht mehr rechtfertigen läßt. Besonders in Arbeiterfamilien sind oft Spannungen zwischen dem Vater und den Kindern zu beobachten, die auf einen überspannten Autoritätsanspruch des Vaters zurückgehen. Im Bürgertum unterstützen die Frauen aus einer überholten Vorstellung heraus nicht selten das Autoritätsbewußtsein des Vaters, fühlen sich dann aber umso eher unglücklich.

Daß die moderne Entwicklung nicht ohne weiteres auf die Vorherrschaft der Frau abzielt, mag aus der Tatsache entnommen werden, daß sich gerade die Ehen als besonders gefährdet erweisen, in denen der Vater auf längere Zeit nicht in der Lage ist, für den Unterhalt der Familie aufzukommen, oder in denen er auf Dauer wesentlich weniger verdient als die Frau. Ein bestimmtes Maß an väterlicher Autorität scheint für das Gedeihen der modernen Familie notwendig zu sein.

Der Verminderung der Autorität des Vaters entspricht heute eine deutliche Zunahme der Autorität der Mutter. Verschiedene Untersuchungen haben gezeigt, daß in vielen Familien bereits von einem Autoritätsausgleich gesprochen werden kann. Schwierigkeiten ergeben sich aus dieser neuartigen Autoritätsverteilung insofern, als die meisten Frauen im intimeren Bereich einen starken, überlegenen Mann fordern und ihre Abhängigkeit wünschen. Der Mann, dessen Autorität in der Familie schwächer geworden ist, ist dann gezwungen, eine Doppelrolle zu spielen. Läßt er sich im täglichen Familienleben in eine ausgesprochen untergeordnete Stellung verweisen, leiden in der Regel die reinen Liebesbeziehungen der Eheleute. Fälle dieser Art können in den USA beobachtet werden. Offenbar hängt es zum guten Teil von der Frau ab, ob der Mann unter den gegebenen Verhältnissen eine richtige Art des Verhaltens findet. Es scheint, als erleichterten die Frauen den Männern die Anpassung umso eher, je weiter der Prozeß ihrer Emanzipierung fortgeschritten ist.

Die berufstätige Mutter

Die beiden Weltkriege haben entscheidend dazu beigetragen, Mädchen und Frauen den Weg in den Beruf zu ebnen. Die Kriege haben allerdings keine neue Entwicklung eingeleitet; sie haben vielmehr lediglich eine schon in Gang befindliche Entwicklung beschleunigt. In zehn Wirtschaftszweigen werden heute in Deutschland über 50 Prozent weibliche Arbeitskräfte beschäftigt.

Auch bei den selbständigen Wirtschaftsunternehmen steigt der Einfluß der Frauen. Etwa ein Fünftel aller Einzelhandelsgeschäfte, etwa ein Viertel aller Handwerksbetriebe werden von Frauen geleitet.

Die Mehrzahl der weiblichen Arbeitnehmer sind unverheiratete Mädchen und Frauen im Alter von 15 bis 40 Jahren. (In allen Industrieländern des europäisch-amerikanischen Bereichs üben heute 90 Prozent aller Mädchen vor ihrer Heirat einen Beruf aus.) Der Anteil der verheirateten Frauen an der weiblichen Arbeitnehmerschaft ist jedoch recht groß. Er betrug 1939 in Deutschland 21 Prozent, er beträgt heute in England über 26 Prozent. In den USA liegt der Prozentsatz dazwischen. Diese Zahlen bedeuten, daß etwa 10 Prozent aller unverheirateten Frauen im Angestelltenverhältnis stehen. Berücksichtigt man dazu diejenigen, die als „mithelfende Familienangehörige" (in der Landwirtschaft und in bestimmten Industriezweigen, in denen Heimarbeit vergeben wird) oder als „Selbständige" tätig sind, so erhöht sich der Anteil der berufstätigen verheirateten Frauen an der Gesamtheit der verheirateten Frauen auf über 30 Prozent: etwa jede dritte verheiratete Frau übt in der modernen Gesellschaft einen Beruf aus.

In Deutschland dürfte dieser Stand zur Zeit allerdings noch nicht ganz erreicht sein. Hier ist der Anteil der weiblichen Arbeitskräfte an der Gesamtzahl der Arbeitnehmer nach dem Kriege zurückgegangen (von 35,2 Prozent im Jahre 1939 auf 28,6 Prozent im Jahre 1949). Dieser Rückgang ist darauf zurückzuführen, daß viele heimatvertriebene Mädchen und Frauen, die zuvor in einem unselbständigen Berufsverhältnis standen, in ihren neuen Wohnorten keine Stellungen finden konnten. Auch ist die Zahl der „mithelfenden Familienangehörigen" zurückgegangen: die heimatvertriebenen Familien haben ihre eigenen Betriebe verloren. Mit zunehmender Normalisierung der Wirtschaft dürfte die Zahl der erwerbstätigen Frauen in Deutschland aber schnell wieder ansteigen.

In allen modernen Industriegesellschaften lassen sich heute zwei Tendenzen erkennen: die Zahl der weiblichen Arbeitskräfte, die in einem ausgesprochenen Lohn- oder Gehaltsverhältnis stehen (die also nicht „mithelfende Familienangehörige" sind), nimmt zu (in Europa scheint im Gegensatz zu den USA auch die Zahl der Selbständigen zuzunehmen); ferner wächst der Anteil der verheirateten Frauen an der Gesamtzahl der weiblichen Arbeitnehmer. Dieser zweite Zug macht sich vor allem in den Gesellschaften bemerkbar, die die Vollbeschäftigung verwirklicht haben oder anstreben. So hat zum Beispiel die englische Regierung erst vor kurzem in der Denkschrift „Planning No 285" eingehend die Möglichkeiten untersucht, wie ein größerer Teil der verheirateten Frauen in den Produktionsprozeß eingegliedert werden könnte. Man hat dabei immer wieder auf Maßnahmen Bezug genommen, die in Schweden bereits ergriffen wurden. Falls der Beschluß, der in der Beratenden Versammlung des Europa-Rates gefaßt wurde: nämlich die Vollbeschäftigung zum Ziele der europäischen Wirtschaftspolitik zu machen, von den europäischen Regierungen eines Tages gebilligt werden würde, wird die Zahl der berufstätigen verheirateten Frauen schnell zunehmen.

In den verschiedenen Schichten trifft man den Typ der „berufstätigen Familie" verschieden häufig an. Schon immer half die Frau in Arbeiterfamilien mit, den Lebensunterhalt sicherzustellen; bei Bauern, Handwerkern, Kleinhändlern ergibt sich die Mitarbeit der Frau aus dem Wirtschaftssystem. In der Schicht der kleinen und mittleren Angestellten, der Beamten, aber auch der qualifizierten Facharbeiter, der Werkmeister und so weiter galt die Mitarbeit der Frau lange als verpönt. Noch heute machen sich in diesen Schichten die Nachwirkungen bürgerlicher Ideale bemerkbar. Auch wenn die Frauen dieser Familien in den Nachkriegsverhältnissen oft mitarbeiten müssen, legen sie doch nicht selten Wert darauf, diesen Zustand als eine vorübergehende Erscheinung aufzufassen. Im Gegensatz dazu wird die Form der „berufstätigen Familie" in der Intellektuellenschicht offenbar bewußt akzeptiert. Zumindest steigt in dieser Schicht die Zahl der Familien, in denen beide Ehepartner, ohne daß unbedingt zwingende wirtschaftliche Notwendigkeiten vorliegen, einen eigenen, oft sogar selbständigen Beruf ausüben. Es scheint, als ob diese Menschen die Berufstätigkeit beider Ehegatten als eine Anpassungsform der Familie (unter mehreren möglichen Anpassungsformen) an unsere modernen Verhältnisse auffaßten.

In der Tat läßt sich diese Auffassung durch die Erfahrung stützen, daß „berufstätige Familien" im Durchschnitt fester zu sein scheinen als andere. Offenbar wird in ihnen, zumindest da, wo der Versuch gemacht wird, die neue Funktionsverteilung mit einem Sinn zu erfüllen, ein neuartiges Gemeinschaftsbewußtsein, ein Teamgefühl entwickelt, das an die Stelle gewisser stabilisierender Einflüsse tritt, die heute nicht mehr wirksam werden können. Das Verständnis für die Schwierigkeiten und Probleme des einen oder andern scheint zuzunehmen; der Bereich der gemeinsamen Interessen ist in der Regel größer; man zieht Nutzen aus den Anregungen, die der Beruf bietet; der Mann neigt selten zu ungerechtfertigten Autoritätsansprüchen, die Frau verhält sich geschickter angesichts der Doppelrolle, die der Mann in der Familie heute spielen muß.

Bevor eindeutige Aussagen gemacht werden können, muß die „berufstätige Familie" aber noch genauer untersucht werden.

Die Erziehung der Kinder

Je bedeutsamer die Rolle wird, die der Einzelne in der modernen Gesellschaft spielt, desto wichtiger wird für die Gesamtheit seine Erziehung zu einer vollen Persönlichkeit. Die demokratische Gesellschaft setzt einigermaßen ausgeglichene Einzelpersönlichkeiten stillschweigend geradezu voraus; ohne sie wäre an das Funktionieren des demokratischen Apparates auf die Dauer nicht zu denken. Eine Fülle von Erfahrungen weist daraufhin, daß eine entsprechende Erziehung offenbar nur in einem ganz bestimmten Klima vollzogen werden kann: in dem Klima der Familie. Das bedeutet, daß die Familie zu der Zeit, da sie neben der Gesellschaft zu stehen beginnt, doch zugleich in neuer Weise zu ihrer Voraussetzung wird.

Die Bedeutung des Familienklimas für die Erziehung läßt sich am deutlichsten an den Verhältnissen nachweisen, die regelmäßig dann auftreten, wenn es fehlt. Das beginnt etwa damit, daß selbst in den besten, hygienischsten Säuglingsheimen die Ziffern der Kindersterblichkeit viel höher liegen als die entsprechenden Zahlen bei Kindern, die oft unter weit ungünstigeren Bedingungen die ersten Wochen ihres Lebens „in der Familie" verbringen. Die ärztliche Technik vermag das körperlich-seelische Klima, wie es zwischen Mutter und Kind herrscht, offenbar nicht zu ersetzen. Genauso läßt sich nachweisen, daß zahlreiche geistige und seelische Störungen bei Erwachsenen darauf zurückgehen, daß diesen Menschen in der Jugend das Erlebnis eines echten familiären Klimas versagt blieb.

Bedeutsamer für die Gesellschaft sind die Fälle von mangelnder gesellschaftlicher Anpassung, die sich aus gestörten Familienverhältnissen ergeben. Untersuchungen bei Jugendgerichten haben gezeigt, daß etwa 95 Prozent aller straffälligen Jugendlichen aus gestörten Familien kommen: sie haben kein Zuhause oder keinen Vater, sind unehelich geboren oder stammen aus geschiedenen Ehen. Mangelnde gesellschaftliche Anpassung braucht sich im übrigen nicht sofort in der Jugend zu zeigen; sie mag sich erst beim Erwachsenen voll auswirken: ebenfalls als Hang zur Kriminalität (weniger aus Haltlosigkeit als aus Haß gegen die Gesellschaft), als Eigenbrödlertum, Querulantentum oder auch als Radikalismus. Auf das politische Gebiet übertragen, kann dieser Radikalismus verheerende Folgen haben. Hitler ist in diesem Zusammenhang ein typisches Beispiel. Der amerikanische Professor Elton Mayo konnte nachweisen, daß in den dreißiger Jahren die führenden australischen Kommunisten ausnahmslos in zerrütteten Familien aufgewachsen waren. Aus der leicht störbaren „konjugalen Familie", die die Gesellschaft erzwungen hat, erwachsen dieser also neue Gefahren.

Die Erziehung der Kinder leidet aber nicht nur an den Störungen, denen die Familien heute leichter anheimfallen; sie wird auch dadurch beeinträchtigt, daß viele Familien selbst den gesellschaftlichen Verhältnissen schlecht angepaßt sind oder zumindest das Familienbewußtsein nicht in der Tat vorherrschenden Verhältnissen entspricht. Nicht selten ergeben sich erhebliche Konflikte zwischen Eltern und Kindern, weil die Eltern der neuartigen Autoritätsverteilung in der Familie nicht Rechnung tragen. Die Kinder sind heute in der Regel selbständiger und skeptischer als früher; sie sind weniger gut Befehlen als begründeten Forderungen zugänglich; sie empfinden offenbar den Autoritätsschwund des Vaters. Sie lassen sich leichter als „junior partners" erziehen.

Einer solchen Erziehung stehen in Europa die noch stark patriarchalisch bestimmten Familienüberlieferungen entgegen. Dazu erwachsen Schwierigkeiten aus der Stellung, die die Kinder heute nicht selten in den Familien einnehmen. Sie stehen in der Regel mehr, als es gut wäre, im Mittelpunkt. Sie gelten oft als das alleinige Bindeglied zwischen den Ehegatten (was sie weder sein dürfen noch, wie die Scheidungsstatistik beweist, durchweg sind); sie werden als der ausschließliche Sinn der Ehegemeinschaft angesehen (obwohl dieser Sinn die Ehegemeinschaft selbst sein sollte); mit den Kindern verknüpft sich mehr als früher die Sehnsucht der Eltern nach sozialem Aufstieg. Das Ergebnis dieser Einseitigkeit ist, daß häufig zu viel erzogen wird. Die schwersten Konflikte treten zumeist in Familien auf, in denen die Eltern den Kindern dadurch ein notwendiges Maß an Freiheit rauben, indem sie ihnen „alles von den Augen abzulesen" suchen.

Dagegen erweisen sich Kinder aus Familien, in denen beide Ehegatten arbeiten, sehr häufig als — im weitesten Sinne verstanden — „gut erzogen". Mehr auf sich allein gestellt, scheinen sie leichter einen Weg zu finden, sich gleichzeitig an die Familie und an die vielfältigen Formen der sie umgebenden Gesellschaft anzupassen. Voraussetzung für den Erfolg ihrer Erziehung ist aber auch hier, daß sie das Klima der Familie kennenlernen, daß die Familie die Heimstatt bleibt, in der sie sich geborgen fühlen können. Die Zeit, die die Eltern täglich erübrigen, um sich mit ihren Kindern zu beschäftigen, scheint innerhalb bestimmter Grenzen nur eine untergeordnete Rolle zu spielen.

So wie die Verhältnisse heute in Deutschland liegen, wird es der „berufstätigen Familie" außerordentlich schwer gemacht, den Tag über für ihre Kinder eine geeignete Form der Beaufsichtigung zu finden. In Schweden, neuerdings auch in England, versucht der Staat den Eltern zu helfen: durch zahlreiche Kinderheime, Klubs für Jugendliche, neue Formen der Schulbetreuung und ähnliche Maßnahmen. Sollte die „berufstätige Familie“ tatsächlich eine moderne Anpassungsform der Familie sein, so würde sich die Frage der Schulreform völlig neu stellen. Die Schule hätte bestimmte Funktionen der Familie zu übernehmen. Diese Aufgabe könnte nur von einem neuen Pädagogentyp und mittels neuer Schulformen bewältigt werden. Die Frage, wie ein solcher Typ entwickelt werden könnte und wie solche neue Formen auszusehen hätten, ist in den meisten europäischen Ländern bisher kaum angeschnitten worden.

Die Rolle des Heims

Ein „Klima der Familie“ kann am ehesten in einem geeigneten Heim entstehen. Unter einem geeigneten Heim muß eine Wohneinheit verstanden werden, die von der Familie allein bewohnt wird, die ausreichend groß ist, die in einer annehmbaren Umgebung liegt und zweckmäßig eingerichtet ist.

Der Zweite Weltkrieg hat im gesamten europäisch-amerikanischen Bereich zu einer Wohnungsknappheit geführt. Am ungünstigsten ist die Lage in Deutschland. Hier kann in weitem Umfange nicht einmal jeder Familie eine eigene Wohnung zur Verfügung gestellt werden. Genaue Angaben über Doppelbelegung von Wohnungen werden erst gemacht werden können, wenn die Ergebnisse der Volkszählung von 1950 bekannt werden. Als Stichprobe mögen die Zahlen von Frankfurt dienen. 1939 wohnten in der Stadt 16 Prozent aller Familien in Untermiete, 1947 54 Prozent. In besonders schwer zerstörten Städten und in ländlichen Gegenden, in denen viele Heimatvertriebene untergebracht wurden, mögen die Verhältnisse noch ungünstiger sein. Insgesamt wird man annehmen dürfen, daß heute noch knapp die Hälfte aller Familien keine eigene Wohnung haben.

Dazu kommt in Deutschland die Überbelegung der Wohnungen. Nach der Untersuchung, die der Amerikaner Lynd in dem Buch „Middletown in Transition“ veröffentlicht hat, waren in den USA 1935 knapp 1 Prozent aller Wohnungseinheiten mit mehr als zwei Personen je Raum „überbelegt“. Unterdessen dürften sich in den USA die Verhältnisse verschlechtert haben. Dennoch werden kaum mehr als einige wenige Prozent aller Wohnungen die Bezeichnung „überbelegt“ verdienen. In Deutschland entspricht die Belegung jedes Wohnraumes mit zwei Personen dem Bundesdurchschnitt.

Die Belastungen, die sich aus der Wohnungsenge für das Familienleben ergeben, sind bereits oft dargelegt worden. Es besteht kein Zweifel, daß eine große Anzahl von Scheidungen in Deutschland wesentlich von der Wohnungsnot mitverursacht wurde. Amerikanische Untersuchungen haben zudem gezeigt, daß zwischen ungenügenden Wohnverhältnissen und — unter anderem — sexuellen Vergehen, der Jugendkriminalität oder etwa den Sterblichkeitsziffern gewisse direkte Beziehungen bestehen. Zugleich schwindet das Interesse an der Gesellschaft und der Wunsch, sich ihr anzupassen. Schließlich beeinflussen die Wohnverhältnisse unmittelbar die Arbeitsleistung (was nach dem Kriege im Ruhrbergbau eindeutig nachgewiesen werden konnte). Da von der Arbeitsleistung der Verdienst abhängt und dieser wiederum das Autoritätsgefüge in der Familie beeinflußt, wirken die Wohnverhältnisse auch mittelbar in die Familien hinein.

Der mit den modernen Wirtschaftsverhältnissen verknüpfte häufige Wohnungswechsel löst in den Familien Störungen aus. Das „Heim" wird immer im Zusammenhang mit der Umgebung erlebt. Wenn gewisse Mindestansprüche an diese Umgebung erfüllt sind, pflegen sich die Menschen an sie zu gewöhnen. Die Gewöhnung an die „Umwelt" hat auf die Familie einen stabilisierenden Einfluß. Jeder Wohnungswechsel führt in den Familien, ob bewußt empfunden oder nicht, zu einer Krise.

Bei dem Neubau von Wohnungen wird heute fast nirgendwo in der westlichen Welt in genügendem Maße auf die neuen Lebensformen der Familie Rücksicht genommen, wie sie sich in den letzten Jahrzehnten entwickelt haben oder sich zur Zeit entwickeln. Gewisse vorwärtsweisende Lösungen sind bisher nur in Schweden gefunden worden. Es gibt dort Wohnungsblocks, in denen „berufstätige Familien" ihr Essen, wenn und wann sie wollen, aus einer gemeinsamen Küche beziehen können; in denen die Erledigung der Hausarbeit gemeinsam einer Gruppe von Angestellten übergeben wird, für deren Unterkommen zugleich gesorgt ist; in denen für die Betreuung der Kinder die notwendigen Räume vorgesehen und Wohnungen für das entsprechende Personal bereitgestellt sind.

Derartige neue Wohnformen lassen sich erfahrungsgemäß, so praktisch sie für die einzelne Familie auch sein mögen, nur schwer durchsetzen. Es wird ihnen ein starker gefühlsmäßiger Widerstand entgegengesetzt (weshalb die Baumeister diesen neuen Formen auch weniger Beachtung schenken). Allgemein darf man sagen, daß die moderne Familie zum Teil sicher der ungünstigen Umstände wegen, zum Teil jedoch auch wegen ihrer unangemessenen Achtung vor alten bürgerlichen Idealen, noch nicht die ihr gemäße Wohnform entwickelt hat.

Körperliche und seelische Störungen

Es ist verschiedentlich behauptet worden, daß die Unstetigkeit, die Hast, die Nervosität des modernen Lebens Veränderungen in der körperlichen und seelischen Struktur der Menschen bewirke, die sie in einem zunehmenden Prozentsatz zur Ehe unfähig machten oder doch für ihre Ehen schwere Belastungen darstellten. Diese Behauptung läßt sich durch die Ergebnisse eingehender Untersuchungen kaum stützen.

Soweit unsere Erfahrungen reichen, haben sich die Fälle von Perversität in allen westlichen Gesellschaften während der letzten Jahrzehnte nicht vermehrt. Eindeutige Homosexualität findet sich bei etwa 3 bis 4 Prozent der Männer. Eindeutige Frigidität bei Frauen ist noch seltener. Von Gesellschaft zu Gesellschaft wechselnd, aber innerhalb des eigenen gesellschaftlichen Bereichs ohne Schwankungen sind 10 bis 16 Prozent der verheirateten Frauen unfruchtbar. Etwa 3 Prozent aller Kinder werden tot geboren. Professor Hans Naujoks konnte während des Zweiten Weltkrieges in Köln statistisch nachweisen, daß selbst die schwersten körperlichen und seelischen Erschütterungen, wie sie durch die laufenden Bombardierungen der Stadt ausgelöst wurden, über lange Zeiträume keine nennenswerte Vermehrung von Fehl- oder Frühgeburten oder andersartige Schwangerschaftsstörungen im Gefolge hatten.

Fälle von männlicher Impotenz sind in unserer Gesellschaft sehr selten. Allerdings haben viele Kriegsgefangene nach ihrer Rückkehr aus dem letzten Kriege gewisse Störungen überwinden müssen. Diese Störungen haben manche Ehen belastet; immerhin handelte es sich um ausgesprochen vorübergehende und leicht heilbare Erscheinungen.

Inwieweit die modernen Verhältnisse zur Vermehrung seelischer Störungen beitragen, ist schwer festzustellen. Die Amerikanerin Therese Benedek hat darauf hingewiesen, daß im angelsächsischen Bereich bis nach dem Ersten Weltkrieg bei Frauen häufig Hysterie, bei Männern Zwangsneurosen festgestellt werden konnten. Sie führt die Hysterie auf den gesellschaftlich moralischen Druck zurück, unter dem sich das sexuelle Verlangen der Frauen entwickelte; die Zwangsneurosen werden mit einer frühen Unterdrückung jeglichen Aufbegehrens gegen die väterliche Autorität erklärt. Hysterien und Zwangsneurosen seien heute seltener zu finden, dafür machten sich gewisse charakterliche Störungen und Depressionen mehr bemerkbar. Beide mögen mit dem Klima der Unsicherheit und der Konfliktfülle in Zusammenhang gebracht werden, das in den Familien heute nicht selten vorherrscht, ein Klima, das bei den Kindern, sofern sie nicht die Kraft besitzen, selbständig Urteile zu fällen, zur Ausbildung bedeutender Störungsquellen führen kann.

Wahrscheinlich wird man insgesamt nicht so sehr von einer Vermehrung der seelischen Störungen sprechen können als davon, daß ein neues Muster von Störungen unter den heutigen Verhältnissen an die Stelle eines anderen tritt. Im seelischen wie im körperlichen Bereich setzt der Mensch ungünstigen Bedingungen und hohen Belastungen offenbar eine bemerkenswerte Zähigkeit entgegen.

Die eheliche Treue

Auch die Behauptung, daß unsere Zeit durch eine allgemeine Verwilderung der Sitten gekennzeichnet sei, wird mit einiger Vorsicht aufgenommen werden müssen. Zumindest legen die Untersuchungen des Amerikaners Kinsey (in dessen Methode sich allerdings, wie bereits erwähnt wurde, gewisse Fehler verbergen können) eine solche Vorsicht nahe. Er kommt immer wieder zu dem Ergebnis, daß das sexuelle Verhalten der Menschen allgemein, und damit auch das in der Ehe, über mehrere Generationen hin bemerkenswert geringen Schwankungen unterworfen ist.

Nach Kinsey ist das Maß an Befriedigung, das die Männer außerhalb der Ehe im Verkehr mit Frauen finden, recht gering. Das besagt allerdings nicht, daß nicht doch eine relativ große Anzahl von Männern sich gelegentlich zu einer Abirrung verführen lassen; im Durchschnitt brechen etwa ein Drittel aller Männer dann oder wann einmal die eheliche Treue. Jüngere Ehemänner zeigen sich weniger treu als ältere.

Das Bild verschiebt sich etwas, wenn man die einzelnen Schichten untersucht. In den Altersklassen zwischen 16 bis 35 Jahren haben zwischen 36 bis 46 Prozent außereheliche Kontakte mit anderen Frauen. Der Prozentsatz sinkt in den höheren Altersklassen nur langsam. In der Schicht mit Volksschulbildung pflegen in der natürlich sehr kleinen Altersklasse von 16 bis 20 Jahren über 44 Prozent außereheliche Verbindungen; die Zahl nimmt dann aber relativ schnell ab. Mit steigendem Alter werden Männer aus dieser Schicht zu ausgesprochen treuen Ehegatten. Umgekehrt liegen die Verhältnisse bei den Akademikern. In den jüngeren Jahrgängen begehen nur 14 bis 19 Prozent Eheverfehlungen, in der Altersklasse von 46 bis 50 Jahren aber über 27 Prozent. In allen Schichten halten religiös gebundene Männer eher die Treue als solche ohne Glauben.

Diese Verhältnisse dürften im großen und ganzen auch für Deutschland zutreffen. Allerdings sind viele Pfarrer, Ärzte, Sozialpfleger der Ansicht, daß die Zahlen bei uns allgemein höher liegen. Man meint, daß in etwa der Hälfte aller Ehen die Männer nicht die eheliche Treue halten. Bedeutende Veränderungen in der Haltung der Männer über längere Zeitabschnitte sollen sich nach der Aussage dieser Beobachter, wenn man einmal von den besonders demoralisierenden Kriegsverhältnissen absieht, nicht ergeben haben.

Dagegen meint man, daß heute mehr Fälle von ehelicher Untreue bei Frauen zu beobachten seien als früher. Es wäre denkbar, daß sich tatsächlich eine Wandlung in dem Verhalten der Frau anbahnt. Aber auch hier wird man, wie immer und überall in dem Beweis dieser Fragen, vorsichtig urteilen müssen. Es könnte sein, daß sich heute manche Dinge nur sichtbarer abspielen. Die Beobachter mögen auch von den Verhältnissen übermäßig beeindruckt sein, wie sie sich im Kriege ergaben.

Frauen wird in allen Schichten eine Verfehlung weniger leicht nachgesehen als Männern. In der Arbeiterschicht und im Kleinbürgertum überwiegen bei Männern wie Frauen die flüchtigen sexuellen Begegnungen, die den ehelichen Zusammenhalt nicht allzutief zu erschüttern brauchen. In den gehobenen Schichten handelt es sich häufiger um Liebesbeziehungen, die nur allzuoft die Existenz der Ehe infragestellen. Außereheliche Liebesbeziehungen von Frauen führen meist zur Scheidung. Bei außerehelichen Liebesbeziehungen von Männern liegt es nicht selten noch in der Hand der Frau, die Ehe zu retten. Wenn sie genügend Kraft, Stetigkeit und Großmut aufbringt, kann sie sich ihren Mann oft in neuer Weise verpflichten. Vielfach vermag eine Frau durch rechtzeitiges Eingreifen noch vieles zum Guten zu wenden. Frauen aus mittleren Schichten scheinen eher dazu zu neigen, sich unter dem Druck einer Krise falsch zu verhalten.

Die Scheidung

In allen westlichen Gesellschaften hat die Anzahl der Ehescheidungen in den letzten Jahrzehnten erheblich zugenommen. In Großbritannien werden heute fünf Mal so viel Ehen geschieden wie vor dem Kriege, in Schweden und in Deutschland über zwei Mal so viel, in Frankreich und in den USA um eineinhalb Mal mehr. Im Vergleich mit der Zeit vor dem Ersten Weltkrieg hat sich die Zahl der Ehescheidungen in Deutschland verzehnfacht: von rund 16 Ehescheidungen je 100 000 Einwohner auf über 166 (im Jahre 1949). In den USA und in der UdSSR dürfte die Ziffer heute bei 250 liegen. In den europäischen Ländern schwanken sie um den deutschen Durchschnitt.

Die Zahl der Scheidungen geht in Deutschland zur Zeit allerdings wieder zurück. Der Höhepunkt der Scheidungshäufigkeit war 1948 erreicht (186 je 100 000 Einwohner). Die Entwicklung scheint also anders zu verlaufen als nach dem Ersten Weltkrieg. 1920 wurden auf je 100 000 Einwohner etwa 45 Ehen geschieden; die Zahl nahm bis 1933, von geringen Schwankungen abgesehen, fortwährend zu und betrug 1939 schließlich rund 77.

Nach dem Gesetz spielen vor allem drei Scheidungsgründe eine Rolle: Ehebruch, andere Eheverfehlungen (vor allem ehrloses und unsittliches Verhalten eines Ehepartners) und Aufhebung der ehelichen Gemeinschaft. Vor dem Kriege wurden über die Hälfte der Ehen aufgrund „anderer Eheverfehlungen“ geschieden, etwa ein Viertel aufgrund „Aufhebung der häuslichen Gemeinschaft“, knapp 14 Prozent aufgrund „Ehebruchs“. Heute treten als Scheidungsgrund zu über 70 Prozent „andere Eheverfehlungen“ auf. Die Aufhebung der häuslichen Gemeinschaft spielt eine geringere Rolle (was sich aus den Kriegs- und Nachkriegsverhältnissen erklären läßt); der Prozentsatz der Ehebrüche ist gleich geblieben. Die angegebenen Gründe entsprechen nur zu einem Teil den wirklichen. Es werden sicher mehr Ehen aufgrund Ehebruchs geschieden, als sich aus der Statistik entnehmen läßt.

In Städten sind Ehen eher gefährdet als auf dem Lande, in Notstandsgebieten eher als in wirtschaftlich gesunden Bezirken. Die beiden Stadtstaaten Hamburg und Bremen haben in der Bundesrepublik die höchsten Scheidungsziffern: 344 und 249 (Bundesdurchschnitt 166). Von den Ländern liegt Schleswig-Holstein mit 210 Ehescheidungen auf je 100 000 Einwohner an der Spitze. Am günstigsten liegen die Verhältnisse in Ländern mit vornehmlich landwirtschaftlicher Struktur. In katholischen Gegenden sind die Scheidungsziffern niedriger als in protestantischen*, Ehen praktizierender Christen sind stabiler als die nur „registrierter“ Christen. Ehen von „Gottgläubigen“ erweisen sich als besonders labil.

Untersucht man geschiedene Ehen nach der Dauer ihres Bestehens, zeigt sich eine besondere Ehescheidungshäufigkeit bei den Kriegsehen, vor allem bei denen, die zwischen 1942 und 1944 geschlossen wurden. Diese Ehen stellen zumeist den Typ der „romantischen“ Ehen dar. Ihre besondere Brüchigkeit läßt sich also statistisch nachweisen. Im übrigen gehen im Durchschnitt über die Hälfte aller schließlich geschiedenen Ehen innerhalb der ersten zehn Jahre ihres Bestehens auseinander. Ausgesprochene Krisenjahre der Ehe lassen sich aus der Scheidungsstatistik nicht ohne weiteres nachweisen. In jeweils einem Viertel aller Scheidungsfälle waren die Männer 36 bis 40, die Frauen 25 bis 30 Jahre alt. Bestimmte Krisenalter der Ehepartner lassen sich statistisch gleichfalls nicht nachweisen.

Der stabilisierende Einfluß, den Kinder in einer Ehe haben, nimmt offenbar ab. 1939 waren noch 43 Prozent der geschiedenen Ehen kinderlos, 1949 nur noch 38 Prozent. Vor allem werden heute häufiger Ehen mit zwei Kindern geschieden, aber auch Ehen mit 3 Kindern sind nicht mehr so krisenfest wie früher. Insgesamt verloren allein im Jahre 1949 80 000 Kinder durch Scheidung ihr Elternhaus; jedes zweihundertste Kind in der Bundesrepublik wurde „Halbwaise“.

---

* In dem katholischen Agrarland Bayern nimmt die Scheidungsziffer in den letzten Jahren stetig zu; der Grund für diese Entwicklung wird in der Überbelegung des Landes mit Heimatvertriebenen gesehen.

Amerikanische Soziologen sind der Ansicht, die überall in der westlichen Welt zu verzeichnende Zunahme der Scheidungen entspreche der Tatsache, daß unter den modernen Verhältnissen die Ehepartner besser zueinander passen müssen. Ein Optimum an glücklichen Ehen könne nur dadurch erreicht werden, daß weniger gut zueinander passende Ehepartner wieder auseinandergehen. Die große Scheidungsquote sei daher bis zu einem gewissen Grade eine Voraussetzung für das Funktionieren der Gesellschaft. Selbst wenn man alle religiösen Überlegungen außer Betracht läßt, scheint diese Auffassung doch nur sehr bedingt richtig zu sein. Zwar wird sich in der modernen Gesellschaft ein gewisses Maß an Scheidungen vermutlich kaum mehr vermeiden lassen. Die vielfältigen Störungen, die jede Scheidung in das Gesellschaftsgefüge hineinträgt, können aber, wird das Maß einmal überschritten, jeder Ordnung zu einer schwerwiegenden Gefahr werden.

Die Zukunft der modernen Familie

Die in letzter Zeit anwachsende Flut der Publikationen über die Brüchigkeit der modernen Familie ist geeignet, das wahre Bild der Lage zu verwischen. Es scheint, als lebe die Familie heute unter weit ungünstigeren Bedingungen als früher. Zumindest sind sich alle Forscher darüber einig, daß die Kluft zwischen der gesellschaftlichen Ordnung und der Ordnung der Familie größer ist als zu bestimmten früheren Zeiten (was nicht ausschließt, daß es auch früher schon Krisenperioden gegeben haben kann). Gerade deshalb ist es aber nur umso bemerkenswerter, wie viele Ehen heute dennoch „gut gehen", wie viele Familien „halten". In Deutschland stehen 22 Millionen verheirateten Menschen 450 000 geschiedene Männer und Frauen gegenüber, und von diesen 22 Millionen sind wohl garnicht so wenige in ihren Familien „glücklich". Sicher dürfen diese Zahlen nicht zu einem falschen Optimismus verleiten. Wenn in Deutschland heute jede sechste Ehe zerbricht, so zeigt sich daran deutlich, daß mit der Familie etwas nicht „in Ordnung" ist. Aber wir stehen eben auch inmitten einer tiefgehenden Umwandlung. Sie kann zu einer weiteren Auflösung führen, muß es aber nicht.

René Koenig hat in einer Abhandlung untersucht, wie sich die russische Familie angesichts der radikalen Eingriffe in ihre Struktur verhalten hat, die der Sowjetstaat vornahm. Koenig kommt zu dem Ergebnis, daß die Familie auch unter diesen besonders ungünstigen Bedingungen die Fähigkeit bewiesen hat, zu überleben. Die Sowjets haben in dem ihnen eigenen Realismus ihre Gesetzgebung schließlich den neuen Formen der Familie, die sich herausgebildet hatten, angepaßt. Gerade diese Erfahrungen erlaubten uns, der Krise der modernen Familie gegenüber die Haltung eines „gemäßigten Optimismus" einzunehmen.

Untersuchungen über die Festigkeit der modernen Familie, wie sie etwa Ende vergangenen Jahres die „Akademie für Gemeinwirtschaft" in Hamburg vorgenommen hat, stützen die Ansicht Koenigs. Sie führten zu dem überraschenden Ergebnis, daß sich in Deutschland die Stabilität der Familie erhöht hat. Der Krieg und die Nachkriegszeit haben das Bewußtsein der Familienmitglieder für ihre Abhängigkeit voneinander wachsen lassen. Auch zeigt sich an mancherlei Erscheinungen, daß das Gefühl der Einsamkeit im modernen Menschen zunimmt. Möglicherweise entwickeln sich aus diesem Gefühl neue gemeinschaftserhaltende Kräfte.

Das Porträt:

GUNNAR MYRDAL

Flüchtige Besucher aus Deutschland nehmen von Schweden sehr oft den Eindruck einer glücklichen, spannungslosen Harmonie und vollkommenen Toleranz mit nach Hause. Ganz falsch ist dieser Eindruck nicht. Die relativ ruhige Entwicklung der schwedischen Verhältnisse wäre ohne die lang geübte Kompromißbereitschaft und sachliche Toleranz der verschiedenen, miteinander ringenden Gruppen und Parteien nicht denkbar. Dennoch ist dieser Eindruck unzureichend. Er läßt vor allem zu leicht die Kämpfe und die manchmal sehr harten Auseinandersetzungen vergessen, in denen der jetzige Zustand errungen wurde und in denen eine junge Generation sozialer Praktiker und wissenschaftlich gebildeter Fachleute eine ausschlaggebende Rolle gespielt hat.

Gunnar Myrdal ist eine der interessantesten und wirkungsvollsten Gestalten aus dieser Generation. Sein Name hat in Schweden einen manchmal umstrittenen, aber immer streitbaren und immer bedeutungsvollen Klang. Für die einen bedeutet er ein Programm, für die anderen eine Gefahr. Die einen halten ihn für genial, die anderen für übereilt in seinem Urteil, und gelegentlich sind noch härtere Worte gefallen. Wenn er das Wort in der Politik oder in der wissenschaftlichen Debatte ergriff, dann gab es Polemik und Auseinandersetzung. Wie aber auch immer das Wort beurteilt worden ist, so wurde es doch jedenfalls immer gehört, und was man auch von seiner Person gesagt hat, so ist doch jeder fern davon, sie für belanglos zu halten.

Sicherlich liebt Myrdal die Kritik, das gedankliche Gefecht, die sachliche Polemik, den vorurteilslosen, manchmal kalten Griff nach alten lieb gewordenen Traditionen und die Attacke auf den Schlendrian. Aber wenn man sich unter ihm einen etwas hohlwangigen, leicht schizoiden Polemiker oder den eckigen Mann des Scharfsinns vorstellen wollte, so irrte man sich. Er hatte in seinem Leben mehrere Professuren in Schweden, in Amerika und in der Schweiz. Aber er ist der unprofessoralste Mensch, den man sich denken kann. Er wirkt immer jünger als er ist. Sein Gesicht ist eher rund, seine Gestalt schlank und groß, seine Kleidung und Haltung sind weltmännisch, seine Umgangsformen gewinnend. Er ist in seiner ganzen Art zu denken und zu leben nach außen, auf die Wirklichkeit und ihre Verwandlung gerichtet. In Stockholm bewohnte er eine der modernsten Villen, streng funktionalistisch, mit klaren Linien, die Wände immer sparsam und sorgfältig mit moderner Kunst geschmückt. Man merkt es ihm an, daß er von früh an sich daran gewöhnt hat, in den vorderen Reihen zu stehen und öffentliche Posten zu bekleiden, daß er die Welt und vor allem Amerika gesehen und studiert hat und daß er sich also nicht nur in Schweden, sondern auf vielen Plätzen der Erde auskennt.

Er wurde 1898 in einem der schönsten Teile Schwedens, in Dalarna, in bäuerlicher Umgebung geboren. 1927 machte er auf der juristischen Fakultät der Stockholmer Hochschule seinen Doktor und war von 1927 bis 1930 an der gleichen Hochschule Dozent für Nationalökonomie. 1930, als Zweiunddreißigjähriger also, wurde er Professor an der internationalen Universität in Genf und 1933 Professor der Nationalökonomie in Stockholm. Zwischen 1935 und 38 und in den vierziger Jahren saß er als sozialdemokratischer Abgeordneter im schwedischen Reichstag. Von 1938 bis 1941 war er mit kurzen Unterbrechungen hauptsächlich in Amerika, teils an der Harvarduniversität, teils zur Durchführung eines besonderen Forschungsauftrags. Nach vorübergehendem Aufenthalt in Schweden weilte er dann 1943/44 noch einmal als Finanzsachverständiger bei der schwedischen Gesandtschaft in Washington. Von 1945 bis 1947 war er schwedischer Handelsminister, und seit 1947 ist er in Genf Chef der ökonomischen Europakommission bei den Vereinten Nationen.

Schon dieser kurze Abriß seines Lebens gibt etwas von der Vielfalt der Einflüsse und Interessen zu erkennen, die in seinem Leben eine Rolle gespielt haben. Das spiegelt sich auch in seiner wissenschaftlichen und schriftstellerischen Tätigkeit wider. Er hat über die Finanzpolitik und Geldtheorie, über den Wissenschaftsbegriff in der Nationalökonomie, die Agrarpolitik, das Bevölkerungsproblem, über Amerika und das Negerproblem und über die Probleme der Nachkriegszeit geschrieben. Die meisten seiner Publikationen haben Aufsehen erregt und Diskussionen hervorgerufen, viele haben eine große sozial- und wirtschaftspolitische Auswirkung gehabt und eines ist zum internationalen Standardwerk in einer der wichtigsten Fragen der modernen Soziologie geworden.

Wir greifen aus der Vielzahl seiner Werke nur diejenigen vier heraus, an denen man die Grundzüge seiner Einstellung zu Gesellschaft und Politik und seine schwedische wie außerschwedische Bedeutung am klarsten erkennen kann. Das erste heißt „Wissenschaft und Politik in der Nationalökonomie“, erschien 1930 in Schweden, 1932 auf deutsch und faßt eine Reihe von Vorlesungen an der Stockholmer Hochschule zusammen. Es kommt hier nicht darauf an, die Stellung des Buches in der Wissenschaftsgeschichte zu kennzeichnen. Dann müßte man zum Beispiel von der Entwicklung der schwedischen Nationalökonomie reden, die einige weltberühmte Gelehrte wie Wicksell, Cassel und Heckscher hervorgebracht hat. Man müßte den Einflüssen der schwedischen positivistischen Philosophie Hägerströms und den Einflüssen Max Webers und seiner Schule nachgehen, die Myrdal zu einem Anhänger des Neopositivismus gemacht haben. Wir nehmen dieses Buch, eines seiner frühesten, hier vielmehr als Schlüssel für das Verständnis Myrdals als Wissenschafter, sozialer Praktiker und Sozialist. Er ist in erster Linie und alles in allem ein Anti-Dogmatiker. Dogmatik in der Betrachtung der Gesellschaft entsteht für ihn durch eine ungeklärte oder teilweise unbewußte Vermischung von moralischen und politischen Wertungen mit Behauptungen über die Wirklichkeit und aus dem unzulässigen Gebrauch bestimmter Allgemeinbegriffe. Wissenschafter und Politiker haben sich daran gewöhnt, die menschliche Welt mit Systembegriffen zu betrachten und so zu handeln, als sei das wirkliche Leben der Menschen tatsächlich in den Rahmen solcher Systeme gepreßt. So spricht man vom System des Privateigentums oder des Freihandels und vergißt darüber, daß diese Systeme in der Wirklichkeit niemals „rein“ vorhanden waren und eigentlich nur als Ordnungsmittel und Hilfsbegriffe der Wissenschaft Bürgerrecht haben. Wie wenig, so meint Myrdal, sagt zum Beispiel das Wort System des Freihandels über die tatsächlichen einzelnen Zustände des Handels und die ökonomischen und sozialen Bedingungen aus, unter denen die Menschen in verschiedenen Ländern und zu verschiedenen Zeiten gelebt haben. Wie tief haben sich die tatsächlichen ökonomischen und sozialen Beziehungen der Menschen geändert, ohne daß das „System des Privateigentums“ aufgehoben zu werden brauchte. Wie gut kann man sich denken, daß das System des Privateigentums prinzipiell aufgehoben würde, ohne daß sich die tatsächlichen sozialen Bedingungen und der Lebensstandard der Menschen verändert hätten.

Man erkennt sofort, wohin dieser Myrdalsche Angriff zielt. Myrdal spricht hier nicht nur als Wissenschafter, sondern auch als sozialer Praktiker und Sozialist. Wenn man will, hat man in diesen Gedanken den Kern der sozialen Reformpolitik vor sich, die die schwedische Sozialdemokratie seit Jahrzehnten betrieben hat. Sie ist genau so undogmatisch wie Myrdal. Sie hat sich, je einflußreicher sie wurde, ebensowenig wie er darum gekümmert, irgendwelche Systeme „prinzipiell“ aufzuheben oder beizubehalten, sondern darum, die soziale Lage in Schweden tatsächlich zu verändern. In dieser auf wissenschaftlichem Felde geführten Auseinandersetzung drückt sich also gleichzeitig eine praktische Haltung aus, die für Myrdal ebenso kennzeichnend ist, wie für die soziale Bewegung, der er angehört, und deren Leitlinien er in seiner wissenschaftlichen Sprache formulierte.

Er hat später vielfach Gelegenheit gehabt, diese undogmatische realistische Art bei praktischen Problemen anzuwenden, am deutlichsten und eindrucksvollsten, als er 1934 das Wort zur Bevölkerungsfrage ergriff, zusammen mit seiner Frau Alva, die auf dem Gebiet der Sozialpolitik und Sozialpädagogik eine ebenso große Rolle in Schweden gespielt hat wie er.

Das Buch „Krise in der Bevölkerungsfrage" (1934) kann ohne Übertreibung als ein epochemachendes Werk in der schwedischen Sozialpolitik betrachtet werden. Seine große praktische Bedeutung mag zum Teil auch auf der schockartigen Wirkung beruhen, die es gehabt hat. Das Schock- und Überraschungsmoment ist überhaupt ein Kennzeichen in der Wirksamkeit der beiden Myrdals. Die Verfasser machten das schwedische Volk auf die Gefahren einer stetigen Bevölkerungsabnahme und der wachsenden Überalterung Schwedens aufmerksam. Ihr Buch war also ein Warnungsruf, und darin liegt die erste Überraschung. Denn in diesem Falle wurde der Warnungsruf nicht wie sonst von konservativen oder nationalistischen Kreisen ausgestoßen, die um die Machtstellung der Nation besorgt zu sein pflegen, sondern von sozialreformerischen Sozialisten. Die Verfasser des Buches wenden sich ausdrücklich gegen gewisse konservative Ideale und erklären ausdrücklich, alle nationalen Schranken zu „hassen". Ihre Hauptsorge gilt nicht der Machtstellung der Nation oder der militärischen Verteidigung, sondern dem Lebensstandard des schwedischen Volkes und der Zukunft einer progressiven Sozialpolitik, die durch die Bevölkerungsabnahme und die Zunahme der nicht mehr arbeitsfähigen älteren Generation in Gefahr gebracht wird. Für sie ist also die bevölkerungspolitische Frage das „schlagkräftigste Argument für eine tiefgehende und radikale sozialistische Umgestaltung der Gesellschaft".

Tatsächlich haben sie von der Bevölkerungsfrage ausgehend in ihrem Buche die wichtigsten Impulse dafür gegeben, das schwedische sozialpolitische Programm zu formulieren und zu verwirklichen. Die zweite Überraschung liegt in ihren Vorschlägen, wie das Bevölkerungsproblem zu lösen sei. Sie lehnen nämlich gerade die Mittel zur Überwindung des Bevölkerungsrückganges ab, die von konservativer Seite vorgeschlagen werden und die bei einer oberflächlichen Betrachtung so einleuchtend erscheinen. Sie sind also nicht dafür, das Abtreibungsverbot zu verschärfen. Sie sind nicht dafür, den freien Verkauf der Präventivmittel zu verhindern. Sie sind nicht gegen eine rationelle Geburtenkontrolle durch eine frühzeitige sexuelle Aufklärung der Jugend. Sie befürworten nicht, die Frauen aus dem Beruf ins Haus zurückzuführen oder die Ehescheidung zu erschweren. Alle diese Mittel vermehren nach ihrer Ansicht nur die soziale Bedrängnis der Bevölkerung und die moralische Heuchelei, und sie halten sie deswegen für unmoralisch. Sie halten sie aber auch für wirkungslos, weil sie nur die Symptome, nicht die Ursachen des Bevölkerungsrückganges treffen. Dieser ist für sie an erster Stelle kein moralisches, medizinisches oder biologisches, sondern ein soziales Problem. Der Bevölkerungsrückgang ist dem schmalen Lebensstandard und der Furcht zuzuschreiben, diesen Lebensstandard durch Familienzuwachs noch weiter zu verengen. Deswegen ist er nur dann zu überwinden, wenn die Produktion gesteigert und das Sozialprodukt anders verteilt wird. Infolgedessen treten sie dafür ein, die Berufsausbildung zu verbessern, die Mutterhilfe zu erhöhen, öffentliche Kinderbeiträge, freie Schulspeisung und Lehrmittelfreiheit zu gewähren, den Wohnungsstandard zu heben und Kindergärten großzügig auszubauen. Damit entwerfen sie die Grundlinien, auf denen sich die schwedische Sozialpolitik in den letzten zwei Jahrzehnten tatsächlich bewegt hat.

Menschen vom Schlage Myrdals geraten leicht in den Ruf, keinen Sinn für Ideale zu haben und beinahe zynische Realisten zu sein, nur weil sie bestimmte lang überkommene Ideale bekämpfen. Aber wenn diese Gegenüberstellung von „Idealismus" und „Realismus" überhaupt schon zweifelhaft genannt werden kann, so ist sie besonders bei Myrdal ganz falsch. Das sollte er sehr bald beweisen, als er sich zu großen weltpolitischen Fragen äußern mußte. Er hatte während seines Aufenthaltes in Amerika nach Beginn des Krieges die Möglichkeit, die Entwicklung der Dinge als Neutraler im Zentrum der westlichen alliierten Welt zu beobachten. Die Frucht dieser Beobachtung war das 1944 erschienene Buch: „Warnung vor Friedensoptimismus". Das Buch liest sich, heute noch einmal hergenommen, wie eine düs ere, aber in vielem richtige Prophetie.

Es gehörte 1944 einiger Mut und jedenfalls kühler Scharfsinn dazu, offen und mit eindringender Schärfe auszusprechen, daß zwar nicht der Krieg gegen das Dritte Reich, aber der kommende Friede in Gefahr stehe, verloren zu werden, wie Myrdal es in diesem Buche getan hat. Sein Pessimismus hat recht bekommen. Die Allianz zwischen den drei Großmächten beruht, sagte er, auf einem rein negativen Element, auf der gemeinsamen Feindschaft gegen Deutschland und Japan, und nicht auf einer gemeinsamen positiven Friedensidee; sie muß aber in die Brüche gehen, wenn der Anlaß zu ihrer Entstehung verschwunden sein wird. Der Anlaß ist verschwunden, und die Allianz ist tatsächlich in die Brüche gegangen, wie wir nun alle wissen. Aber der illusionslose Realist Myrdal sieht den Fehler der den Frieden gefährdenden Politik während des Krieges nicht im Mangel an Realismus, sondern an konstruktiven und verbindenden Idealen. Ja er geht so weit anzunehmen, daß ein zukünftiger Historiker das Versagen der Friedensorganisation auf die zunehmende „Idealmüdigkeit" der leitenden politischen Schichten wird zurückführen können. Deswegen ermahnt er das schwedische Volk, sich in seiner zukünftigen Außenpolitik nicht auf die Haltbarkeit der Allianz zu verlassen, sondern auf eigenen Füßen zu stehen und eine eigene allianzfreie Neutralitätspolitik zu betreiben, um nicht zwischen die Mühlsteine der sich verfeindenden Großmächte zu geraten. Aber gleichzeitig fordert er es auf, gegen die „Idealmüdigkeit" Front zu machen und die allianzfreie Neutralität als ein wenn auch bescheidenes, so doch nicht ganz unwirksames Mittel zu benutzen, um die Humanitätsideale zu verwirklichen.

In einem Punkte freilich hat sich Myrdal damals geirrt, und dieser Irrtum ist ihm in gewissem Umfange bei seiner Tätigkeit als Handelsminister zum Verhängnis geworden. Er hielt eine tiefe wirtschaftliche Nachkriegsdepression in Amerika für wahrscheinlich und stellte seine Handelspolitik darauf ab, als er 1945 in der sozialdemokratischen Mehrheitsregierung Handelsminister wurde. Um dem schwedischen Außenhandel im Hinblick auf die zu erwartende Depression in der westlichen Welt einen krisensicheren Exportmarkt zu sichern, befürwortete er das schwedisch-russische Handels- und Kreditabkommen, das 1946 ratifiziert wurde. Ein solches Handelsabkommen war zwar schon von seinem nichtsozialdemokratischen Vorgänger ins Auge gefaßt worden. Seine endgültige Abfassung aber hatte doch Myrdal zu verantworten, und diese Abfassung und die dem Handelsvertrag zugrundeliegende Prognose ist von nichtsozialdemokratischer Seite einer scharfen Kritik unterzogen worden. Als sich Myrdal außerdem noch genötigt sah, einige besonders lästige Importbeschränkungen wieder einzuführen, nahmen die Angriffe gegen ihn eine sehr heftige und manchmal unbillig persönliche Form an. Vielleicht hat er durch manche undiplomatische Äußerung oder Handlung zu diesen Angriffen Anlaß gegeben. Vielleicht galten die Angriffe mehr der sozialdemokratischen Regierung als seiner Person,

— das soll hier nicht entschieden werden. Seine Tätigkeit als schwedischer Handelsminister blieb jedenfalls kurz: sie endete 1947 mit seinem Übergang in die ökonomische Europakommission und gehörte sicherlich nicht zu den erfolgreichsten Abschnitten seines Lebens, das doch mehr der wissenschaftlichen und sozialreformerischen Arbeit gewidmet ist.

Auf diesen Gebieten hat Myrdal eine auch international außerordentliche Bedeutung erlangt, wenn man nun an seine wichtigste sozialwissenschaftliche Leistung denkt, von der wir noch gar nicht gesprochen haben. Ich meine seine Untersuchungen über das amerikanische Negerproblem, die er seit 1938 im Auftrag der Carnegiestiftung mit einem riesigen Mitarbeiterstab in Amerika durchgeführt hat. Das Ergebnis dieser Untersuchungen erschien in seinem zweibändigen Buche auf 1400 Seiten: „An American Dilemma" (1944). Schon der Titel ist bezeichnend. Gunnar Myrdal hat sich vor allem in seinem gemeinsam mit seiner Frau geschriebenen Buche „Kontakt mit Amerika" (deutsch 1944) als Kenner der amerikanischen Situation und Mentalität erwiesen. Diese Kenntnis schützte ihn auch vor jeder einseitigen Behandlung des heiklen Negerproblems. Sie veranlaßte ihn, die gesamte Frage als ein Dilemma nicht nur der politischen Situation, sondern vor allem des amerikanischen Gewissens darzustellen. Die Stellung der Neger ist ein ständig beunruhigendes Element für den amerikanischen Idealismus, wie er durch die Traditionen der Unabhängigkeitserklärung geprägt wurde. Im scharfen Gegensatz zu vielen populären Anschauungen zeigt Myrdal, daß dieser Idealismus keine Heuchelei, sondern ein echtes Element der amerikanischen Realität ist. Deswegen wird das Negerproblem vom öffentlichen Bewußtsein als eine Gewissensfrage und als eine Aufgabe empfunden, deren Lösung gefordert ist.

Der objektive Wissenschafter und neutrale Beobachter Myrdal bringt natürlich keinen unmittelbar in die Tat umzusetzenden Vorschlag zu dieser Lösung. Aber er legt mit seinen Forderungen doch ein Fundament zu einer solchen Lösung. Das Buch bringt eine überwältigende Fülle von Zahlen und Daten, aus denen man die vielgestaltige und tatsächliche Stellung der Neger in der amerikanischen Gesellschaft ablesen kann. Aber darin erschöpft sich seine Bedeutung nicht. Es beweist vielmehr, wenn auch nur mittelbar, daß die Stellung der Neger, ihre Mentalität und ihr Verhältnis zu den Weißen nicht auf relativ unveränderliche rassenbiologische, sondern auf veränderliche sozialökonomische und sozialpsychologische Faktoren zurückzuführen sind. Die Mehrzahl der sogenannten rassenbiologischen Behauptungen von weißer Seite werden im Lichte dieser Daten als Vorurteile, als Rechtfertigungen für Privilegien oder als Überbleibsel aus der Zeit der Negersklaverei entlarvt. Oder aber sie enthüllen sich als getarnte Entladungen von Haßgefühlen: diese entstammen gar nicht den Erfahrungen mit den Negern, sondern den Ressentiments von bestimmten weißen Gruppen, die ihrer Unzufriedenheit mit der Umwelt Luft machen, indem sie einen schwächeren Sündenbock suchen. Das Problem muß also dadurch gelöst werden, daß die soziale Situation dieser weißen Gruppen und der Neger verändert wird. Die Bedeutung dieser Einsicht reicht weit über die amerikanischen Grenzen und über den Rahmen einer speziellen Negerfrage hinaus. Sie berührt überhaupt das Verhältnis zwischen den weißen und nichtweißen Völkern, das ja durch die Ereignisse in Asien mehr als je zu einem der wichtigsten Probleme unserer zukünftigen Geschichte geworden ist.

Mit diesem Buch hat der Wissenschafter und der Mann der praktischen sozialen Reform, Myrdal, den Menschen sein bisher wichtigstes Geschenk gemacht. Er ist heute 52, und man kann hoffen, daß es nicht das letzte gewesen ist.

Willy Strzelewicz, Stockholm.

Die Glosse:

Licht in der Nacht

Rom hat den Bischöfen freigestellt, die bisher für den Morgen des Karsamstags bestimmte Liturgie in der Nacht vom Samstag auf den Ostersonntag zu begehen. Eine interne Angelegenheit, welche die Welt nichts angeht? Nun, der Erlaß hat in vielen bewußt lebenden Katholiken eine tiefe Freude ausgelöst. Und es ist heutzutage selten, daß Erlasse irgendeiner Instanz tiefe Freude auslösen.

Aber wie soll man das denen klarmachen, die es nicht ohnehin schon wissen? Man müßte zunächst zu erklären versuchen, welche Bedeutung die Liturgie für die Leute hat, von denen oben die Rede war; wie für sie in der Liturgie mancherlei von höchster Bedeutung gleichsam an einem Ort und in einer Zeit verdichtet wird: die Wahrheit selbst, ihr Ernst und ihre Schönheit, der Ernst ihrer eigenen Existenz. Man erfährt sehr wenig von diesen Geschehnissen, denn wir leben leider meist in zwei Welten, und in den für „die Welt" bestimmten Äußerungen pflegen wir über diese Dinge aus schlechten oder guten Gründen zu schweigen.

Sodann müßte man versuchen, die Kar- und Osterliturgie zu schildern, — ein unmögliches Unterfangen. Unzählige fahren jedes Jahr eigens an einen Ort, an dem sie es in tiefer Konzentration begehen können: das ungeheure Spiel vom Sterben und von der Auferstehung des Menschensohnes, ein Spiel, das heilige Wahrheit ist. Und man müßte zeigen, wie dieses siebentägige Ereignis in drei Stunden gipfelt, in denen auf eine unsagbar schöne und adelige Weise in uralten Riten, die nicht eine Spur von Archivarischem oder Antiquiertem an sich haben, sondern voller Keuschheit und Anmut sind, die befreiende Wahrheit erinnert wird: daß Christus auferstand. Dieser Gipfel ist die Karsamstagsliturgie: die Entzündung der Flamme vor dem Gotteshaus, der dreimalige Ruf „Lumen Christi", die Weihe der Osterkerze, die der Osterherold mit dem Siegeslied des „Exsultet" begleitet, die Lesung der zwölf Prophetien, die Weihe des Taufwassers, der feierliche Anruf aller Heiligen, das Gloria der Messe, zu dem die verstummte Orgel einsetzt, der große Lobgesang der Präfation und nach dem Opfer die schönste und rührendste Vesper des Jahres mit der Ostersequenz „Vespere autem sabbati", deren Melodie so unfaßbar schön ist, daß sie bisher den Musikern entging, die doch das Tedeum, das Dies irae und vieles andere für ihre Zwecke reichlich ausgebeutet haben.

Mit einem Wort: die Karsamstagsliturgie ist die große Osterliturgie. Lange haben wir es als eine Trübung ihres Glanzes empfunden, daß sie an falscher Stelle stand. Sie ist die Liturgie der Osternacht, aber sie ist schon im 14. Jahrhundert aus praktischen Gründen zurückgerutscht, bis sie zur Liturgie des Samstags wurde. Ihre Lichtsymbolik entsprach nicht mehr dem hellen Tag; der Feiernde kehrte nach dem Osterjubel wieder in den Werktag, ja in die Fastenzeit zurück; auch nahmen in den Städten nur wenige (gleichsam „die Eingeweihten") an diesem „Werktagsgottesdienst" teil. Wo die Bischöfe und mit ihrer Erlaubnis die Pfarrer von der neuen Genehmigung Gebrauch machen (die auch Kürzungen, Umstellungen und kleine Zusätze vorsieht), wird der Karsamstag als Tag der Grabesruhe der einzige liturgiefreie Tag des Kirchenjahres, und die Auferstehungsliturgie rückt an ihre richtige Stelle: in die Osternacht.

Damit ist ein alter Wunsch der „Liturgischen Bewegung" erfüllt, der ihr von vielen als „Neuerungssucht" und „Besserwisserei" angekreidet worden war. Das obsequium rationale hat über eine Störung gesiegt, die durch ein sehr hohes Alter scheinbar geheiligt war. Ein Grund zur Freude und zur Dankbarkeit. Wir wollen aus diesem Anlaß den Namen eines Mannes nennen, der uns wie kein anderer zuerst für die Schönheit und Menschlichkeit der Liturgie und dann immer mehr für ihre Wahrheit und ihren Ernst die Augen geöffnet hat: Romano Guardini. Er hat auf dem letzten Liturgischen Kongreß mit glühenden Worten für „die Wahrhaftigkeit" im Vollzug jener Liturgie geworben. Was er, gewiß nicht allein, aber gewiß am großzügigsten und ohne den geringsten Einschlag von Ästhetentum und Historismus, seit einem Menschenalter in dieser Sache getan hat, hat in der Osterzeit 1951 diese gute Frucht getragen.

WD

Zwei Wege – und doch kein Unterschied

Der Rabbi Melech war ein großer Asket. Der Rabbi Schalom aber hatte ein Weib und viele Kinder. Sie wohnten beide am Berge Gorem, der eine am Osthang, der andere am Westhang. Sie hatten beide viele Schüler.

Aber die Schüler beider Rabbi waren voller Feindschaft gegeneinander. Die des Rabbi Schalom verhöhnten Rabbi Melech und seine Schar wegen ihrer Askese. Die des Rabbi Melech verachteten Rabbi Schalom und seinen Kreis und haßten sie um ihrer Sünde willen.

Am Tage, der dem Sabbat vor dem Versöhnungsfeste folgt, ging Rabbi Melech auf den Berg Gorem. Er setzte sich oben unter eine Buche und rief in seinem Herzen nach Rabbi Schalom. Bald kam Rabbi Schalom auf den Berg Gorem und setzte sich neben ihn. „Ich will Euch meine Schüler geben, Rabbi Schalom," sagte Rabbi Melech.

„Ein Rabbi ohne Schüler ist ein leerer Raum. Warum kommt Ihr nicht selbst?"

„Ich kann nicht Euer Schüler sein."

„Die Welt ist im Guten und im Bösen. Ihr müßt Euch unter beide tauchen, bis Ihr gerufen werdet, Rabbi Melech. Aber Ihr stellt Euch gegen sie."

„Ihr seid untergetaucht und daraus emporgehoben worden, Rabbi Schalom. Darum dürft Ihr das Gute und das Böse in einer Hand halten."

„Und Ihr?"

Rabbi Melech schwieg eine Weile. Dann sagte er: „So muß ich Euch eine Geschichte erzählen."

„Erzählt nur", sagte Rabbi Schalom.

„Ich war noch ein Jüngling. Da entbrannte ich in Liebe zu einem Weibe. Das Verlangen nach ihr riß derart in meinem Herzen, daß ich das Rufen des Herrn darüber nicht mehr fühlte. An jedem Morgen, bevor ich in das Tauchbad stieg, flehte ich ihn an, er möge seinen Ruf wieder in mein Herz senken. In jener Zeit kam große Not über das Land. Eines Nachts träumte ich. Ich sah das Weib, das in mich den Brand geworfen hatte, inmitten eines verwüsteten, brennenden Landes stehen. Da begann dieses Land mit seinen rauchenden, in Flammen aufgegangenen Häusern um das Weib zu kreisen. Ein immer schneller wirbelndes Feuermeer zog sich auf ihre Gestalt zusammen, bis es sie wie ein loderndes Tuch umhüllte. In diesem Augenblick erkannte ich, daß dieses Weib die Schechina war, die darauf wartete, zum Herrn geführt zu werden. (Man muß wissen, daß die Schechina jener Teil Gottes ist, der sich bei der Zerstörung des Tempels von ihm löste und in der Welt irrt, bis er am Ende der Tage wieder mit Gott vereint wird.) Und ich wußte nun, daß sie nicht mir gehörte, sondern dem Herrn, wie auch ich nicht mir gehörte, sondern dem Herrn. Am nächsten Morgen legte ich, bevor ich in das Tauchbad stieg, alles nieder, was ich war, und breitete es vor dem Herrn hin; ich betete lange, damit der Herr nehme, was ihm gehört. Noch unter dem Wasser betete ich weiter. Als ich das Tauchbad verließ, fühlte ich nichts mehr als seine heiße Flamme. Und so ist es geblieben. Er hat alles genommen. Wie kann ich es da wieder zurückholen?"

Rabbi Melech schwieg. Dann sagte Rabbi Schalom: „Ihr könnt daran nichts ändern. Aber ist die Not davon geringer geworden?"

„Nein. Nicht der da", und er zeigte mit dem Finger auf sich, „führt dem Herrn die Schechina zu, sondern das Volk, wenn die Zeit um ist."

„Wann ist die Zeit um?"

„Wenn der Herr sie alle genommen haben wird, durch ihre Umkehr. Doch der Herr nimmt sie nicht, wenn sie ihm nicht alles geben."

„Und Eure Schüler?" fragte Rabbi Schalom.

Der Rabbi Melech sah ihn an. „Sie verstehen es nicht," sagte er; „Meïr meint, er müsse sich bezwingen. Aber das ist es nicht. Chaim meint, er müsse so lange arbeiten, bis er bewußtlos zu Boden sinke. Auch dies ist es nicht. Simon meint, er müsse immerfort beten, bis er sich aushauche; doch gerät er in Zuckungen und verwirrt sich. Ich kann es ihnen nicht sagen, wie es ist. Jeder muß seinen Weg selbst suchen. Aber darüber werden sie mißgünstig. Sie hassen Euch und Eure Schüler, die sich der Lust freuen dürfen. Daran sehe ich, daß ich keine Schüler haben kann. Der Herr will, daß ich alles hergebe. Auch meine Schüler. Nehmt Ihr sie auf."

„Rabbi Melech," sagte darauf Rabbi Schalom, „ich möchte Euer Schüler sein."

„Das geht nicht," erwiderte Rabbi Melech. „Denn wer soll unsere Schüler hüten?"

Die beiden Rabbi schieden voneinander wie liebe Freunde. Als Rabbi Schalom in seinem Hause anlangte, fand er die Schüler von Rabbi Melech schon vor. Der aber blieb seither verschwunden. Niemand hat ihn je wieder gesehen.

Guntram Prüfer.

ENTWICKLUNG UND GESTALT DER SOWJETINTELLIGENZ

„Hundert Jahre große russische Literatur, das ist die russische Revolution vor der Revolution!" Diese Bemerkung Heinrich Manns charakterisiert das Wesen der russischen Intelligenz des neunzehnten Jahrhunderts. Von Radischtschew, dem Zeitgenossen der Französischen Revolution, bis zu Gorkij, dem Freunde Lenins, zieht sich eine gerade Linie über den Rebellen Puschkin, den in die Emigration getriebenen Alexander Herzen, den in Petersburg an den Schandpfahl gestellten Tschernyschewskij, den bitteren Sarkasten Saltykow und den größten Anklägern einer morsch gewordenen Gesellschaft und parasitären Herrschaft Dostojewskij und Leo Tolstoi. Je größer ihr Schmerz über die Lage ihres Volkes war, desto tiefer waren sie durchdrungen von dem Willen zu bessern, desto fester waren sie überzeugt von den großen Kräften der Reinigung im russischen Volk, desto stärker glaubten sie gerade an die Sendung ihres leidgeprüften Volkes.

Dieses Sendungsbewußtsein ist durch die bolschewistische Revolution nicht überwunden, sondern nur auf eine neue Ebene gehoben worden. Wer einmal im Lenin-Mausoleum vor dem Glassarg gestanden hat, der die gelblich-wächsern schimmernde sterbliche Hülle des Schöpfers des Sowjetstaates birgt, der hat gespürt, daß das revolutionäre Geschehen hier zum Mythos verklärt worden ist. Das andächtig scheue Verhalten der Besucher, seien es einfache Bürger, Schulklassen, Studenten oder Offiziersgruppen, offenbart die geistige Gewalt, die von diesem Ort auf jeden Russen heute ausstrahlt.

Romain Rolland hat in den zwanziger Jahren bereits von der neuen Religion des Ostens gesprochen. Der Westen steht fast ratlos dieser Erscheinung gegenüber und sieht heute nur die terroristisch-inquisitorische Seite dieser Welterlösungsideologie. Die Millionen sowjetischer und „erbeuteter" Zwangsarbeiter hinter dem Stacheldraht und in den Verbannungsgebieten sind eine unbestreitbare Realität. Auch in meinem Gedächtnis haften drohend und unvergeßlich die Stationen des Leidens und der Unbarmherzigkeit. Der Russe ist grausam und reuig-warmherzig zugleich, so wie ihn Nowikow-Priboi in „Zwei Seelen" schildert. Aber es ist kurzsichtig und verhängnisvoll, von der Basis des Straflagers oder der Lubjanka, von der Perspektive des verbitterten Gefangenen oder des haßerfüllten Emigranten den russischen Menschen der Gegenwart, im besonderen die sowjetische Intelligenz, beurteilen zu wollen. Wer Stalingrad erlitten und durchdacht, wer die Sowjetunion mit erkenntnisbegierigen Augen gesehen, wer den russischen Menschen achten und den bolschewistischen Kommissar verachten gelernt hat, der muß wissen, daß mit Atombomben die Gefahr aus dem Osten nicht zu bannen sein wird.

*

Rund 40 000 illegale Bolschewiki unter Lenin bildeten den Sauerteig, der die breiten Massen des russischen Volkes in Gärung brachte. Wenige Hunderttausende vollzogen als Aktivisten den Umsturz der gesamten staatlichen, gesellschaftlichen und wirtschaftlichen Ordnung des alten Zarenreiches. Bereits 1918 hatten sie eine Armee geformt, die die Millionengrenze überschritt und alles niedertrat, was sich dem Willen der revolutionären Machthaber nicht beugen wollte. Ende der zwanziger Jahre brauste die zweite große revolutionäre Welle durch Rußland, durch die der Mittelstand als Klasse „liquidiert" wurde. Die „Säuberungsaktionen" unter den Resten der „gebildeten Schichten", die wirtschaftliche Unterhöhlung des freien Handels und Gewerbes und vor allem die Vertreibung von mehr als sechs Millionen besitzender Bauern von Heim und Hof zeigen die Bedeutung dieser zweiten bolschewistischen Revolution.

Lenin stürzte die Herrschaft des Adels und der Kirche und baute einen Staat auf völlig neuen Grundlagen auf. Stalin hat die Massen des russischen Volkes durcheinandergeknetet, er beseitigte alle ständischen und klassenmäßigen Unterschiede und bereitete mit der Industrialisierung des Landes eine neue gesellschaftliche Ordnung vor. Dieser Prozeß der Zwangsnivellierung hat seinen juristischen Ausdruck gefunden in der Verfassung von 1936, in der die sowjetische Gesellschaftsordnung gekennzeichnet wird als Bündnis zwischen den befreundeten Klassen der Arbeiter und Bauern. Der Begriff Proletariat wurde als eine angeblich nicht mehr zutreffende Bezeichnung aus der offiziellen Terminologie gestrichen.

Ende der dreißiger Jahre zog Stalin, nicht ohne eine gewisse Ironie und Selbstgefälligkeit, die offizielle Bilanz über das Schicksal der bürgerlichen russischen Intelligenz. Soweit ihre Vertreter die Mitarbeit nicht gesucht und gefunden hätten, brauche man sie heute nicht mehr. Eine neue, sozialistische Intelligenz sei herangebildet worden, die zur vorbehaltlosen Lösung aller Aufgaben bereit und fähig sei. Aber das in der Verfassung von 1936 gegebene einfache Schema des Arbeiter- und Bauernstaates reichte nicht aus, um die deutlich sich abzeichnende neue Differenzierung der Gesellschaft widerzuspiegeln. Anfänglich hatte man erklärt, daß diese Verfassung des ersten sozialistischen Landes der Welt die tatsächlichen Verhältnisse wiedergebe, im Gegensatz zu den Verfassungen der bürgerlich-kapitalistischen Länder. Angesichts der steigenden Millionenzahlen der nicht als Arbeiter und Bauern tätigen — oft auch nur sehr untätigen — Genossen in den unzähligen Verwaltungen und Dienststellen, in den Schulen aller Art und in den Forschungsstätten geriet man in eine unangenehme Zwangslage. Aus dieser Notlage befreite man sich durch die Entwicklung des Begriffes der „frei zwischen den Klassen schwebenden Intelligenz", der heute von der sowjetischen Gesellschaftswissenschaft dem Klassenschema der Verfassung ergänzend zugesellt wird. Die Bezeichnung der Intelligenz als soziale Zwischenschicht ist in der Sowjetliteratur weit verbreitet, wobei immer schamhaft darauf hingewiesen wird, daß sie sich aus den Klassen der Arbeiter und Bauern rekrutiere und daher aufs engste mit ihnen verbunden sei und nur ihnen diene.

Ein Blick auf die Entwicklung der sowjetischen Intelligenz wird bestätigen, daß die letzte Behauptung zwar für die Anfangszeit weitgehend zutrifft, aber in der Nachkriegszeit ihre Berechtigung eingebüßt hat. Seit Mitte der zwanziger Jahre wurden überstürzt und mit allen Zeichen der Hast und Unreife Bildungseinrichtungen aus dem Boden gestampft, um eine neue, den Bolschewiki bedingungslos ergebene Intelligenz aus dem breiten Mutterboden eines bildungshungrigen Volkes heranzuziehen. „Lernen, lernen und nochmals lernen!", hatte Lenin bereits 1920 den Führern seines Jugendverbandes zugerufen. Die gleiche Forderung wiederholte Stalin in der zweiten Hälfte der zwanziger Jahre vor den Studenten. 1930 wurde die allgemeine Schulpflicht eingeführt. Im Verlauf der sogenannten „Kulturrevolution" wurden über dreißig Millionen Kinder und Jugendliche Schüler in den Bildungsanstalten des Staates, weitere Millionen Hörer nahmen teil an den Fortbildungskursen der Partei und der Gewerkschaften.

Es ist selbstverständlich, daß die Demokratisierung der Bildung zunächst weniger in die Tiefe als in die Breite wirken mußte. Wenn um die Jahrhundertwende in Rußland bei den Männern zwischen zehn und fünfzig Jahren knapp 40 v. H., bei den gleichaltrigen Frauen nur 15 v. H. des Lesens und Schreibens kundig waren, dann gab es vor dem letzten Kriege in diesen Altersgruppen kaum noch einen Analphabeten. Zur gleichen Zeit besaßen rund 14 Millionen eine abgeschlossene mittlere Bildung und über eine Million das Diplom einer Hochschule. Heute sind diese Zahlen weit überholt, wenn man berücksichtigt, daß zu Anfang 1950 über 1,1 Millionen Studenten gezählt wurden, davon über hunderttausend allein in Moskau.

Bei dem überstürzten Aufbau des Schul- und Hochschulwesens beging man zahlreiche Einseitigkeiten. Im Zusammenhang mit dem beschleunigten Aufbau der Schwerindustrie legte man das Hauptgewicht darauf, Ingenieure heranzubilden, und übersah dabei die Bedeutung der Techniker und vor allem der Facharbeiter. Ende der dreißiger Jahre stand man vor der Tatsache, daß man zuviel Ingenieure hatte und mit ihnen die Technikerstellen besetzen mußte, für die der Nachwuchs weitgehend fehlte. Noch heute krankt die Industrie daran. Erst 1940 wurden großzügige Maßnahmen eingeleitet, um qualifizierte Facharbeiter auszubilden. Über vier Millionen Jugendliche sind in den Nachkriegsjahren in Lehrwerkstätten und Werkschulen, die als Internate geführt werden und an Fabriken angeschlossen sind, auf Kosten des Staates ausgebildet worden. In den letzten Jahren zeigte sich weiter der Mangel einer fachlich zu eng begrenzten Berufsausbildung. In einer 1947 durch die Presse gegangenen Diskussion über das „Profil des Ingenieurs" wurde abschließend die Notwendigkeit einer breiteren Fachbildung anerkannt. Durch ministerielle Anordnungen wurde ein Wandel eingeleitet, in dem das Studium eines Faches verbreitert und seine Dauer verlängert wurde. Die durchschnittliche Studiendauer an den sowjetischen Hochschulen beträgt heute fünf Jahre, denen ein zehnjähriger Besuch der Mittelschule (7. bis 17. Lebensjahr) voraufgeht.

Höhere Bildung und fachliche Qualifizierung gelten in der Sowjetunion heute als die wichtigsten Vorbedingungen für eine gehobene Stellung und damit für ein besseres Einkommen. Der Aufbau der sozialistischen Wirtschaft führte sehr schnell dazu, den Grundsatz der Gleichheit aufzugeben und sich wieder auf die Bedeutung der schöpferischen geistigen Leistung zu besinnen. Vor etwa fünfzehn Jahren schon wurde der gestaffelte Leistungslohn wieder eingeführt. Die 1944 eingeleitete Schul- und Erziehungsreform ist dadurch gekennzeichnet, daß wieder die Begabten besonders gefördert werden, während vorher der Durchschnitt herangezüchtet wurde. Die oberen Klassen der Zehnjahresschule sind seit 1940 wieder schulgeldpflichtig, ebenso auch die Hochschulen; die Stipendien wurden gestaffelt nach der Leistung und schwanken zwischen 120 und 500 Rubeln im Monat, wobei Wohnung und Verpflegung im Gemeinschaftswohnheim nur wenig kosten. Der Weg zum Technikum und zur Hochschule ist grundsätzlich für jeden Begabten offen, in Wirklichkeit aber nur gangbar für den im Jugendverband aktiv tätigen Jugendlichen und für den Angehörigen der unteren Schichten bei überdurchschnittlicher Begabung, bei entsprechendem Opfersinn seiner Eltern und bei wohlwollender Fürsprache. Schon 1932 wurde die Bestimmung aufgehoben, daß zwei Drittel der Studenten aus der Arbeiterschaft stammen müßten. Vor dem Krieg betrug der Anteil dieser Gruppe nur ein gutes Drittel, der aus der Bauernschaft kommende Teil der Studenten keine 10 v. H. Fast 70 v. H. der Hörer an der Moskauer Universität stammten 1947 aus der neuen Intelligenz.

Die sowjetische Gesellschaft von 1950 ist mit der von 1930 nicht mehr zu vergleichen. Über den breiten Schichten der Arbeiter und Bauern erhebt sich der hierarchisch gegliederte Turmbau der neuen Führungsschicht, die in der Sowjetterminologie als „Intelligenz" definiert wird. Die sowjetische Gesellschaftstheorie rechnet diesem Begriff drei Untergruppen zu: die führenden Kader, die theoretische und die praktische Intelligenz. Zur Gruppe der „führenden Kader" gehört die Führungshierarchie in Partei, Staat, Wirtschaft, Wehrmacht und gesellschaftlichen Organisationen; zu ihr zählen alle leitenden Personen vom Funktionär im Zentralkomitee bis zu den Vorsitzenden der Vollzugsausschüsse in den Städten und Gemeinden, vom Fachminister bis zum Fabrikdirektor und Kolchosvorsitzenden, vom Marschall bis zum unteren Kommandeur. Die zweite Gruppe, die „theoretische Intelligenz", deckt sich im wesentlichen mit dem Bereich, den wir der Intelligenz zumessen. Hierher gehören alle Wissenschafter in den zahlreichen Akademien und Forschungsstätten, die Künstler und Literaten, die Lehrer aller Grade, die Ärzte, Juristen, Ökonomen und Agronomen. Diese Schicht wächst ungestüm an und ist prozentual erheblich stärker als etwa im deutschen Volk. Die dritte und letzte Gruppe ist die „praktische Intelligenz". Stalin prägte diesen Begriff anläßlich eines Empfanges von Wissenschaftern im Kreml kurz vor dem Krieg und stellte als Vertreter dieses Zweiges der „Wissenschaft" Stachanow und Papanin vor, die in der Feierstunde mit unter den Gästen waren. Zu dieser zahlenmäßig sich ständig verbreiternden Gruppe gehören die Neuerer und Wegbereiter der Produktion, wie sie in der Literatur genannt werden, die Arbeitererfinder, Normenbrecher, die „Helden des sozialistischen Wettbewerbes", die ordengeschmückten und progressiv überbezahlten Stachanowzi. Aufschlußreich für die von der Parteizentrale gelenkte Bewertung der verschiedenen Gruppen in der Öffentlichkeit ist die jährliche Verleihung des Stalinpreises, die Verleihung des Titels „Laureat der Stalinprämie" in Verbindung mit einer Geldzuwendung in Höhe von 25 000 bis 100 000 Rubel für hervorragende Leistungen auf dem Gebiet der Wissenschaft, Kunst und Literatur. Die Mehrzahl der Prämien dieser seit 1940 bestehenden Einrichtung wurde in den letzten Jahren an Vertreter der praktischen Intelligenz ausgegeben für bahnbrechende Neuerungen auf dem Gebiet der Arbeitsorganisation und Arbeitsproduktivität. Nebenbei sei bemerkt, daß der Stalinpreis 1949 auch an drei in der Sowjetunion arbeitende deutsche Ingenieure verliehen wurde.

Die Bedeutung der Intelligenz nach sowjetischer Auffassung kommt zum Ausdruck nicht nur in ihrer zahlenmäßigen Stärke — für 1939 mit rund 10 Millionen angegeben, für heute mit 16 bis 18 Millionen anzunehmen —, sondern auch in der Bemerkung Molotows, daß die Intelligenz zur führenden Schicht in der Sowjetgesellschaft geworden sei. Sie ist heute die allein bestimmende und damit die herrschende Schicht in der sowjetischen Ordnung. Rund die Hälfte des dem Verbrauch zugeführten Volkseinkommens fließt in die Taschen dieser relativ kleinen Schicht. Der Wille, diese Einkommenschancen zu verbessern, der Wille, die errungene Stellung in der Hierarchie zu halten und möglichst zu erhöhen, läßt sie zusammenhalten. Dadurch, daß sie alle echten Begabungen aus der Arbeiter- und Bauernschaft in sich aufnimmt, ist sie zum konservativen Element der sowjetischen Gesellschaft geworden. Drei Jahrzehnte haben genügt, um nach der Revolution gegen die überkommene Ungleichheit ein neues System der stärksten Schichtung und Ungleichheit entstehen zu lassen.

Das hervorstechendste Merkmal der sowjetischen Intelligenz ist ihre ideologische Einheit, ihre „Ausrichtung" auf die von Stalin interpretierten Grundlehren des Marxismus-Leninismus. Jeder Student muß neben seinem Fachstudium die folgenden Fächer studieren: Dialektischer Materialismus, Polit-Ökonomie und Gesellschaftswissenschaft. Jeder Gebildete soll Fachmann in seinem Gebiet und kommunistischer Propagandist sein, also jederzeit gläubig die Stalinsche Doktrin vertreten und überzeugend auf jeden Einzelfall anwenden. So hervorragend die Leistungen der Sowjetwissenschaft auf mathematisch-naturwissenschaftlichem Gebiet und in den angewandten Wissenschaften waren und vielfach sind, so starr und unfruchtbar ist die Situation in den Geistes- und Gesellschaftswissenschaften geworden. Deutlich spiegelt sich diese Lage wider in dem ständigen Rückgang von Stalinprämien für Arbeiten aus diesen Gebieten und in gelegentlichen Zornausbrüchen des Zentralkomitees gegen die unfruchtbaren Theoretiker.

Lenin hat in der ganzen Zeit seines politischen Wirkens um die unbedingte ideologische Einheit in der bolschewistischen Partei gerungen, jede Form einer Fraktionsbildung lehnte er auf das entschiedenste ab, jede Gefahr einer Abweichung geißelte er aus besorgtem Herzen, aber außerhalb der Partei räumte er Spielraum ein, besonders auf kulturellem Gebiet. Stalin hat das Leninsche Parteiprinzip verallgemeinert und selbst die Malerei und Musik seinem Machtstreben als Dienerinnen eingeordnet. Damit ist die den Sowjetstaat tragende Intelligenz ideologisch gefesselt. Das bedeutet aber auch, daß die breiten Massen an die in der Person Stalins verkörperte machtpolitische Idee gebunden sind, und daß die „moralische Einheit“ der Sowjetvölker gesichert ist. In dieser Einheit des Denkens, Wollens und Glaubens, über die man sich hier im Westen keinen Täuschungen hingeben sollte, wird die Unbesiegbarkeit des Kommunismus unter der Führung Stalins gesehen.

Der Zweite Weltkrieg bedeutet einen entscheidenden und folgenschweren Einschnitt. Im Kriege wurde der Patriotismus zu einer elementaren Gewalt und zur wichtigsten Voraussetzung für den Sieg. Damit traten zwei neue Tendenzen in der Nachkriegsentwicklung klar hervor. Ausgehend von einer Bemerkung Stalins, daß das russische Volk die größten Leiden getragen habe, wurde immer stärker die führende Rolle des russischen Volkes betont. Der großrussische Nationalismus tritt hier wieder auf den Plan, innerpolitisch gegenüber den anderen Unionsvölkern, die aller offiziellen Propaganda zum Trotz bereits bittere Erfahrungen in dieser Hinsicht machen mußten. Geistig gekoppelt mit diesem großrussischen Nationalismus großfürstlicher Provenienz ist der expansive Panslavismus zaristischer Prägung. Die internationale Solidarität der nationalen kommunistischen Bewegungen wird allmählich aufgegeben zugunsten einer bedingungslosen Vorherrschaft der Sowjetunion. Der Krieg hat den Sowjetpatriotismus als große Kraft reifen lassen, der Sieg aber hat den vaterländischen Elan pervertiert ins expansiv Imperialistische.

Es wäre trotz allem ein bedenklicher Trugschluß, die offiziellen Proklamationen als unmittelbares Spiegelbild der Geisteshaltung des Sowjetvolkes oder gar der Intelligenz schlechthin anzusehen. Die Sowjetintelligenz ist trotz der starr wirkenden Einheit im Denken und Handeln ein dynamischer, von Strömungen und verschiedenartigen Tendenzen durchpulster Organismus. Wir dürfen nicht übersehen, daß hier gewaltige Energien physischer und psychischer Natur wirksam sind, die durch die Revolution freigesetzt wurden und im Verlauf der letzten Jahrzehnte an Form und Richtung gewonnen haben. Und wir dürfen nicht vorbeigehen an dem Willen der Sowjetmenschen, ihr Land umzugestalten, die große und kleine Welt wissenschaftlich zu durchdringen und ihr Leben kulturell zu bereichern. Trotz aller verordneten geistigen „Eingleisigkeit“ ist das Pathos des Aufbaus und der Umgestaltung des riesigen Landes mit seinen schier unerschöpflichen Möglichkeiten eine lebendige, nicht zu übersehende Kraft.

Fast viereinhalb Millionen Kinder traten in der Nachkriegszeit jährlich neu in die Anfangsschulen ein, 330 000 Jugendliche wurden 1950 bei den Hochschulen und Universitäten neu immatrikuliert, 6000 Hochschulabsolventen wurden im gleichen Jahr in die Aspirantur übernommen, das heißt in die vierjährige kostenfreie Ausbildung des wissenschaftlichen Nachwuchses. Berücksichtigt man neben diesen wahrlich des Nachdenkens werten Zahlen die Tatsache, daß der gebildete Sowjetbürger im allgemeinen die für den Westeuropäer typische Hetze und berufliche Überbelastung nicht kennt, daß er also viel mehr Zeit und Muße für die Teilnahme am kulturellen Leben besitzt, dann versteht man, welch eine große geistige Kraft in der Sowjetunion lebendig ist, in welch ungestümem Wachstum sie sich befindet und welche Bedeutung ihr für die Zukunft beizumessen ist. Dieser Wirklichkeit vor allem gilt es nüchtern ins Auge zu sehen, ihr gegenüber prüfe man die eigene Kraft und das eigene Wollen, um die gestellten Aufgaben klarer zu sehen und meistern zu können. Nur dem wird die Zukunft gehören, der sie besser und reicher zu gestalten versteht! *Heinrich Richter.*

Kritik:

Die Vollendung des Protestantismus

Hans Urs von Balthasar: „Karl Barth, Darstellung und Deutung seiner Theologie". Jakob Hegner-Verlag, Köln 1951, etwa 500 Seiten, DM 26.—.

Karl Barth: „Die kirchliche Dogmatik" III, 3 (7. Band: „Der Schöpfer und sein Geschöpf"). Evangelischer Verlag, Zollikon - Zürich 1950, 637 Seiten.

„Barths Theologie ist schön. Nicht bloß in dem äußerlichen Sinn, daß Barth gut schreibt. Er schreibt gut, weil er zwei Dinge vereint: Leidenschaft und Sachlichkeit. Und zwar Leidenschaft für die theologische Sache, und Sachlichkeit, wie sie einer so aufregenden Sache, der Theologie, gebührt."

Es will schon etwas heißen, wenn mit solchen Worten als Ruhmestitel eines zeitgenössischen theologischen Lebenswerkes dessen Schönheit angemeldet werden kann; denn wie viele sind sich noch bewußt, daß man „Theologie" als Gotteslobpreis verdeutschen darf, sodaß die Frage nach ihrer Formvollendung durchaus nicht eine wesensfremde zu sein braucht! Es bedeutet aber noch weit mehr, wenn Balthasar nun gar zu erwägen gibt, ob in Barths zentralen Gedanken über Gott und Mensch nicht vielleicht das Anliegen Luthers und Calvins geläutert, mindestens in Läuterung begriffen, wiederkehre und so nun im Begriffe sei, für das theologische Denken der katholischen Kirche annehmbare Gestalt zu gewinnen, ja tatsächlich bereits von katholischen Theologen im Kern berücksichtigt zu werden.

Daß eine so gründliche und ernsthafte Erörterung dieser Frage überhaupt vorgelegt werden kann, wie Balthasars Buch sie darstellt, ist ein geistesgeschichtliches, ja vielleicht heilsgeschichtliches Ereignis und erfordert vor allem einmal aufgeschlossenes, demütiges und geduldiges Hinhören auf das, was hier gesagt wird. Denn was immer dadurch an Bedenken da oder dort wachgerufen werden möge, wer dürfte verantworten, durch leichtfertiges Aburteilen aufgrund oberflächlicher Mißverständnisse vielleicht einzigartige Möglichkeiten echter gegenseitiger Einigung über die letzte Wahrheit vorschnell zunichtezumachen? Gerade wer jedes unwahrhaftige Übertünchen wirklicher Gegensätze in den Grundfragen des Daseins ablehnt, wer echte Liebe nur als Ausfluß der Wahrheit kennt und nicht als Gleichgültigkeit ihr gegenüber, gerade der wird größte Behutsamkeit walten lassen, wenn er einem so redlichen Bemühen um wirkliches Verstehen über die Konfessionsgrenzen hinweg begegnet wie hier bei Balthasar.

Er hat in den ersten beiden Dritteln seines großen Werkes zunächst den Problemkreis abgesteckt, dann Barths Theologie in ihrem dramatischen Werden dargestellt und sie dann noch in ihren Kernanliegen kritisch beleuchtet; im letzten Drittel hat er herausgearbeitet, in welcher Form jene „Christozentrik", um die es Barth geht, für katholische Theologie grundsätzlich auch gewinnbar ist und von nicht wenigen tatsächlich schon gewonnen ist. (Etwa Grosche, Guardini, Schmaus, um nur ein paar bekannteste Namen zu nennen.)

Aufs ganze gesehen, scheinen uns drei Bereiche unterscheidbar zu sein, in deren erstem wahrhaft voneinander zu lernen ist (und gelernt worden ist), in deren zweitem das ernsteste Bedenken gegenüber Barth anzumelden ist (und durch Balthasar angemeldet worden ist), in deren drittem nachdrücklich an ihn zu appellieren ist (und appelliert worden ist).

Im ersten Bereich geht es um die Wahrheit, daß der tatsächlich vorhandene Mensch immer und überall ein manchmal klar bewußt, manchmal in elementarer Dumpfheit verzweifelt sich verschließender *oder* ein gläubig aufgeschlossener Mensch ist, daß also eine sozusagen „religiös neutrale", offenbarungsunbezogene „reine Natur" nie und nirgends vorkommt; daß aber trotzdem der Begriff einer solchen Natur notwendig gedacht werden muß, wenn die echte Geschöpflichkeit des Menschen gegenüber Gott nicht verkannt werden soll und zugleich dessen absolute Freiheit gegenüber der Kreatur, die nichts von ihm zu fordern hat. (Ich verweise für diesen wichtigen Punkt auf meine Ausführungen zu Bubers Denken in FH VI, 3/198 und zu „Humani generis" in FH VI, 2/134.) Balthasar zeigt, daß Barth seit seinem ersten aufsehenerregenden Werk über den Römerbrief eine entscheidend wichtige Wendung vollzogen hat, indem er das echte Gegenüber der Schöpfung in ihrem Verhältnis zum Schöpfer gelten läßt, ja geradezu den Lobpreis der guten (erlösbaren) Gotteskreatur anstimmt. (Und ihn aus Mozarts „totaler Musik" vollendet heraushört: in den bei Balthasar teilweise zitierten schwungvollen Ausführungen des letzten Dogmatikbandes 7, 337-339.) Balthasar zeigt aber auch, daß die klare katholische Unterscheidung (besonders des Vatican-Dogmas von 1870) zwischen grundsätzlich möglicher „natürlicher" und faktisch uns unentbehrlicher „übernatürlicher" Gotteserkenntnis eine hörende Hinordnung jener auf diese, des abstrakt Gedachten auf das konkret (in Israel und Christus) Geschehende, keineswegs ausschließt — wie so viele getrennten Brüder wähnen —, sondern für eine wachsende Anzahl bedeutender Theologen, vor allem im deutschen und im französischen Sprachgebiet, immer unzweideutiger zu fordern scheint. Aufhorchen lassen wird den theologiegeschichtlich Bewanderten der Satz: „Die Richtung, in welche hier zu blicken wäre, liegt nicht im mittelalterlichen Gegensatz zwischen einer mehr rationalen (Thomas) und einer mehr affektiven Theologie (Bernhard, Franziskaner, Bonaventura, erneuert etwa in Bestrebungen von Soiron u. a.), sie liegt auch nicht im Gegensatz von philosophischem Realismus und Nominalismus ... ; vielmehr ... genau jenseits des Gegensatzes von bloßer geschichtlicher ‚Tatsache' und bloßer übergeschichtlicher ‚Lehre': dort, wo in der einmaligen Person und Tat Jesu Christi der Inbegriff sowohl des Ereignisses wie der Lehre liegt"; im geschichtlichen „Urphänomen" oder „événement élu", um mit Charles Péguy zu sprechen. (Näher ausgeführt in meiner Studienreihe „Gott und die Geschichte", Seite 273 ff.)

Konnte Balthasar bei allen verbleibenden, keineswegs gewichtlosen Einzeldivergenzen in diesem Bereich, dem seine Untersuchung vorwiegend gilt, weitgehende Zustimmung zu Barth äußern, so stellt er seine radikalste kritische Frage mit vollem Recht zu Barths Prädestinationslehre von *„aller* Menschen Nicht-Verwerfung". Barth gibt ihr die seltsame Begründung, daß die Symmetrie heidnisch sei, „wo am Ende der beiden Wege hier ewige Seligkeit, dort das ewige Feuer sichtbar wird". Wahrlich: „Ist solches in christlicher Theologie tragbar? Ist die Kühnheit, mit der hier die ‚Symmetrie' des Gerichts als aufgehoben bezeichnet wird, noch eine solche des Glaubens, oder ist sie schon ... Gnosis, Theosophie?"

Barth würde hier erwidern, er nehme bloß die Verkündigung vom absolut uneingeschränkten Endsieg des erlösenden Herrn gebührend ernst, die nun einmal das Evangelium zahlreicher Paulusbriefe sei, das neben dem natürlich auch berechtigten Entscheidungsappell Johannes' und der Synoptiker nicht überhört werden dürfe. Ihm scheint der Anruf, der dort an den Menschen ergangen ist, etwa zu lauten: Glaube, daß du *auf jeden Fall* durch Christus gerettet bist und lieben kannst!

Wir finden im ganzen Neuen Testament, auch in den selbst in ihren umfassendsten Aussagen durchaus nicht notwendig nur in Barths Sinne verstehbaren Paulusbriefen, die wesentlich verschiedene Aussage: Glaube, daß dich Christus gerettet hat und du dich darum liebend retten kannst! (Näheres in „Gott und die Geschichte", Seite 136 ff.) Und es scheint uns bedeutsam genug zu sein, daß derselbe Péguy, der als Jüngling in edler Solidarität das Schicksal der mit glühenden Empörern verwechselten ‚Verdammten' teilen wollte (wie Paulus Römer 9, 3 für sein Volk im Banne sein wollte), als reifer Mann begriffen hat, daß die wirklichen Verworfenen viel eher ausgekälteten Besitzbürgern gleichen (es sind ja ‚die Reichen' der Bibel!) Darum konnte er schließlich schreiben: „Wenn man von endgültiger Verstockung und von endgültiger Unbußfertigkeit spricht, so muß man darunter wohl ein wirkliches Phänomen der Verhärtung verstehn, welche die Seele wie zu einem Stück abgestorbenen Holzes werden läßt." (Ähnlich Bernanos' Satan: „Ich bin die Kälte selbst. Das Wesen meines Lichts ist unerträgliche Kälte.")

Vollends, wenn man nun hier zum letzterschienenen 7. Bande von Barths Dogmatik greift, sieht man erst richtig, wie weit er, in seiner fortbestehenden Angst vor jeder Ontologie und vor jeder Anerkennung echten Seins von den gemeinsamen Überzeugungen der ganzen Christenheit (durchaus auch der evangelischen) abweicht. Indem er völlig folgerichtig in seiner Allerlösungslehre ist, kennt er auch den Bösen und die Dämonen — „Satan und seine Engel" (Apk. 12, 9) — nur als das „Nichtige", als die Seite der innergeschichtlichen Wirklichkeit, welche, durch Christus schlechterdings beseitigt, jenseits des Geschehenden keinerlei kreatürliches Sein besitzt. (Wie auch von einem „Sein der Engel als solchem", abgesehn von ihrem Boten-Tun, zu reden „ins Leere greifen" heiße!) Man kann das Anliegen, das hier Ausdruck sucht, wahrlich teilen: „zu zeigen und zu sagen, daß es die Gottesfurcht ist, welche die Teufelsfurcht überwindet und ausschließt"; man kann, man soll all den widrigen Okkultismus verabscheuen, der sich heute wieder mindestens so breit macht wie zu der Zeit, als ihn die Apostelbriefe verurteilten; man kann und soll vor der vorwitzigen Spekulierrerei warnen, die über Hierarchien des Himmels und der Hölle grübelt, wo es doch gilt, dem versinkenden Bruder die Hand hinzustrecken. Aber, daß zu dem festen Boden, auf den man ihm herüberhilft, etwa auch einmal ein Glaubens-Wissen um den Teufel gehören kann — respektierend im Sinne von Judas 9 die gottgeschaffene Majestät des Seins, das sich hier verfangen hat, und zugleich verachtend im Sinne des 15. Psalms die selbstverschuldete Nichtigkeit des Willens, der hier knirschend der ewigen Unzerstörbarkeit jenes und allen Seins sich beugen muß, — dies leugnen heißt nun wahrlich das Kind mit dem Bade ausschütten. Darum muß man Balthasars Mahnung dreifach unterstreichen: „Im echten Durchhalten des Gerichtsgedankens wird sich — der immer neuen origenistischen Gefahr und Versuchung gegenüber — die Authentizität der christlichen Theologie zu bewähren haben" (Origenes lehrte und die Kirche verurteilte die Auffassung, „der Dämonen und Gottlosen Züchtigung sei nur befristet"); — auch ist Balthasars besorgter Eindruck durchaus berechtigt, „daß in dieser Theologie des Geschehens und der Geschichte vielleicht doch nichts geschieht, weil alles in der Ewigkeit schon immer geschehen ist." Diesen Eindruck verstärkt auch der übrige Inhalt des 7. Bandes, dessen Vorsehungslehre vor der Aufgabe einer christlichen — also biblisch-apokalyptischen — Theologie der konkreten Geschichte völlig versagt. Man lese den durch seine nivellierende Blässe besonders enttäuschenden Abschnitt über ‚Die Geschichte der Juden' (Seite 238 bis 256), — von demselben Barth geschrieben, der ein solch verdienter Vorkämpfer gegen den deutsch-christlichen Antisemitismus ist; oder die hilflose Bemerkung (Seite 126): „Wir erleben in unsern Tagen den Tempelbau des erwachten Slaventums. Seine Fassade ist der radikale Marxismus. Auf eine christliche Kapelle" — nach Art der ‚deutsch-christlichen' des „nationalsozialistischen Tempelbaus" — „scheint man hier vorläufig verzichten zu wollen. Es würde dem Evangelium Ehre machen, wenn es dabei bleiben würde." Als ob „man" auf die russisch-orthodoxe Kapelle, soweit sie opportunitätshalber toleriert wurde, verzichtete, und als ob es in irgendeinem konfessionellen Lager jemals an den Gleichschaltungsbeflissenen gefehlt hätte, die durch solchen „christlichen" Kapellenbau im Schatten eines Baaltempels Gott Ehre zu machen sich und andern vortäuschten!

Geht es beim wohlerwogenen Nein zu Barths Allerlösungslehre um ein Anliegen jedes im biblischen Sinne Offenbarungsgläubigen, keineswegs bloß um ein Anliegen des Katholiken, so spricht Balthasar eben als Katholik im dritten strittigen Bereich seinen Appell aus: „Barth müßte nun konsequent eine Kirchenlehre entwerfen, die die Ergebnisse seiner auf Christus aufgebauten theologischen Anthropologie in sich enthält und widerspiegelt." Das heißt: nachdem bewiesen sei, daß nicht schon eine grundsätzlich unvereinbare Gottes- und Menschenauffassung Barth als Schrift-Theologen von der katholischen Christenheit trenne, möge er deren Kirchen- und Sakramentenlehre unvoreingenommen prüfen. Wozu dann angesichts seiner Tendenz, am Anspruch, „*wahre* Kirche zu sein", gerade die *falsche* zu erkennen, etwa noch gefragt wird: „Hat denn die Kirche, die sich von Christus eingesetzt weiß, das Recht, sich nicht als die wahre zu betrachten? Kann sie, ohne ihrem Herrn den Gehorsam zu kündigen, sich selbst relativieren?"

Balthasar meint natürlich nicht, daß er durch solchen Appell und solche Frage Barth von seiner Bahn ablenken werde. Hat dieser doch gerade erst neuerlich die Kindertaufe angefochten und damit eben jenes Sakrament entleert, das allein — als Ur-Sakrament — im ‚Credo' steht und ganz eigentlich uns katholische und evangelische Christen allesamt unter dem Zeichen des göttlichen Zuvorkommens vereint, dem unser menschliches Bekennen und Tun erst allmählich entgegenreift. Sondern Balthasar appelliert hier im Grunde gar nicht mehr an Barths Person, vielmehr weit eher an das, was man seine ‚Schule' nennen könnte, wenn man diesen Ausdruck weit genug faßt. In dieser Schule nämlich, in dem nachgerade doch recht weiten Kreise derer, die zu Barths Füßen gesessen sind oder sein Werk ernsthaft aufgeschlossen verfolgt haben, steht heute der katholischen Theologie eine Gesprächspartnerschaft gegenüber, derengleichen sie seit Jahrhunderten keine gehabt hat. Nicht mehr wird hier epigonenhafte „lutherische" oder „calvinistische" (Pseudo-)„Orthodoxie" vertreten; nicht mehr sentimental pietistische oder platt aufklärerische Entdogmatisierung; auch nicht mehr die grandiose, aber der gefährlichen Überhebung des geschaffenen Geistes entstammende Synthese des ‚deutschen Idealismus'. (Was Barth ihr — besonders aber Schleiermacher — formal verdankt, wie weit er sie inhaltlich überwand, wo er ihr verhaftet zu bleiben droht, zeigt Balthasar besonders eindringlich und lichtvoll.) Sondern hier wird nun noch einmal versucht, von der biblischen Offenbarung, von Gottes Wort im Alten und im Neuen Bunde aus, unter achtungsvollem Hinhören auch auf die gesamte christliche Überlieferung einschließlich der katholischen, die unverkürzte und ungetrübte Heilsbotschaft zu vernehmen. Und soweit das geschieht, wird eben endlich wieder ein echtes Gespräch möglich, bei dem die Partner einander nicht wechselweise als ‚rückständig' oder ‚zersetzend' titulieren und an Maßstäben messen, die von außen herangetragen werden, bei dem sie vielmehr nur von der Sache her und auf die Sache hin urteilen, um die es geht.

Ist also nun Barth selbst (unbeschadet einiger ‚häretischer' Eierschalen, die von Balthasar beschönigt werden) am Ende zuletzt wirklich, indem er das katholische Offenbarungsverständnis noch durch seine Einwände zur letzten Läuterung nötigt, der Vollender des Protestantismus? Eines Protestantismus, der durch seine Person hindurch und über sie hinaus sich anschickt, sich zum bloßen ‚Korrektiv' zu bescheiden, das heißt also: zum gehorsam prophetischen Wächter-Dienst an der ganzen Wahrheit heimzukehren? Oder ist er eben doch — trotz seiner überzeugend durch Balthasar nachgewiesenen Reifung auf echtes Schöpfungsverständnis hin — zuletzt ein genialer Schwarmgeist und gerade durch seine „reiche Schriftgelehrsamkeit" (Apg. 26, 24) ein Verführer, der sich und andere täuscht?

Wie auch immer die Antwort ausfallen mag — und nicht einmal ein zwiefaches Ja kann man von vornherein für ausgeschlossen erklären! —, keinesfalls wird sie angesichts des Niveaus dieser Lehre und dieser Schule einfach fertig aus Denzingers Dogmen-Lexikon oder irgendeinem andern Handbuch herausgelesen werden können. Sie erfordert vielmehr eine echte und umfassende Anstrengung, weil Barths Werk jedenfalls eine unüberhörbare Aufforderung darstellt, ihm aus ähnlicher Tiefe heraus die ganze Wahrheit gegenüberzustellen, soweit dies überhaupt auf Grund der Offenbarung menschenmöglich ist.

Wie Balthasar diesen Sachverhalt herausgearbeitet hat und auf eine gute Strecke schon jener Aufforderung nachgekommen ist, das macht sein besonderes Verdienst aus. Das hat aber auch zugleich seinem eigenen Werk selbst etwas von jener Schönheit mitgeteilt, die er dem Werke Barths nachrühmt. Man kann nur hoffen, daß darauf nun auch weiterhin der Kirche Gottes durch das Gespräch mit Barth und seiner Schule immer noch vollendeter schöne und immer noch unanfechtbarer wahre Theologie geschenkt werden möge.

Karl Thieme, Lörrach.

Existenz

Viktor E. Frankl: „Der unbewußte Gott", Amandus-Verlag, Wien-München 1948, 119 Seiten, Leinen ö. S. 24.—.

Die Existenzanalyse Frankls stellt der Konzeption der Psychoanalyse von der energetischen und mechanistischen Automatie eines seelischen Apparates die Konzeption von der Automatie der geistigen, entscheidenden und verantwortlichen Existenz gegenüber. Es geht in ihr um menschliches Sein, aber nicht als Getriebensein, sondern als Entscheidend- und Verantwortlichsein. Dieses eigentliche menschliche Sein ist in seinem Grunde aufzuhellen.

Die Tiefenpsychologie war bisher immer nur der menschlichen Triebhaftigkeit in ihre unbewußte Tiefe gefolgt, nicht aber der Geistigkeit des Menschen. Sie hatte auf diese Weise nur die psychophysischen Fakten am Menschen zum Gegenstand ihrer Forschung gemacht, die eigentliche Person jedoch als Zentrum geistiger Existenz hatte sie vernachlässigt. Wenn man aber die großen existentiell echten Entscheidungen auffinden will, dann muß man in die wahre geistige Tiefenperson eindringen.

Dies geschieht in der Abhandlung Frankls am Beispiel des Gewissens. Denn das Gewissen wurzelt im unbewußten Grund menschlichen Daseins. In seiner Wirksamkeit als „moralischer Instinkt" macht es fähig, „das Eine, was not tut" zu sehen. Ein Leben aus dem Gewissen ist ein Leben absoluter Persönlichkeit auf eine absolut konkrete Situation hin. Die Gewissensentscheidung hat einen doppelten Aspekt: Freisein „von" Getriebensein „zum" Verantwortlichsein. Ich habe das Gewissen als ein Phänomen zu verstehen, das über mein bloßes Menschsein hinausreicht. Der Mensch hört die

Stimme des Gewissens, aber sie stammt nicht von ihm, sondern von einer außermenschlichen Instanz.

Daraus folgt: Zur Erklärung des menschlichen Freiseins genügt die Existentialität, — zur Erklärung des menschlichen Verantwortlichseins muß ich zurückgreifen auf die Jenseitigkeit des Gewissenhabens. (Das Gewissen ist der immanente Aspekt eines transzendenten Phänomens: — des Du Gottes.)

Die Existenzanalyse entdeckt damit in der unbewußten Geistigkeit des Menschen eine unbewußte Religiosität im Sinne einer unbewußten Gottbezogenheit, die immer da ist. Sie in besonderer Weise zu erkennen und auszudeuten, ist nicht nur von theoretischem philosophischem Interesse, sondern von bedeutendem praktischem Nutzen für die Psychotherapie.

Josef Weis, Frankfurt.

Odysseus an der Südfront

Gerhard Nebel: „Auf ausonischer Erde. Italienisches Tagebuch 1943/44.“ Marées-Verlag, Wuppertal 1949, 432 Seiten, Halbleinen DM 9,—.

Gerhard Nebel: „Unter Partisanen und Kreuzfahrern.“ Ernst Klett-Verlag, Stuttgart 1950, 381 Seiten, Leinen DM 11,50.

Als gegen Ende des Jahre 1945 die ersten Verlage wieder zu arbeiten begannen, warteten wir mit Spannung auf die Manuskripte, die sich während der vergangenen zwölf Jahre in den Schubladen der Autoren angesammelt hatten. Aber unsere Erwartungen wurden gewaltig enttäuscht. Die Frage war also durchaus berechtigt, wo denn die vielberufenen Schubladen-Manuskripte jener Zeit geblieben seien. Nun, man wußte einige Antworten, die mir auch ausreichend zu sein schienen, — bis vor nicht allzu langer Zeit. Da las ich in dem Vorwort des Buches „Auf ausonischer Erde“ von Gerhard Nebel eine Erklärung, die mir mehr einleuchtete als alle übrigen Gründe zusammengenommen. „Das Journal ist die Literaturform des Kerkers, und in einem Kerker haben wir ja alle einmal gesessen, ob er nun in der Form der Despotie oder Nachdespotie, des Heeres oder der Kriegsgefangenschaft, des Konzentrations- oder des Interniertenlagers, des Zuchthauses oder des Gefängnisses auftritt.“ Das Zeitalter der Tagebücher also, — und nur in ihnen kann man vielleicht Sinn und Deutung unserer Zeit erwarten.

Gerhard Nebel, Jahrgang 1903, „unternehmungslustigster aller Studienräte“, „konservativer Anarchist“, „Kriegsknecht wider Willen“, wurde im vorigen Jahr mit dem Kunstpreis der Stadt Wuppertal au gezeichnet, weil „seine Tagebücher mit stilistischer Meisterschaft im individuellen Erlebnis die allgemeine Situation des Menschen der Gegenwart und die Struktur unsrer Zeit zusammenfassen“. — Ich für meinen Teil füge noch hinzu, daß die temperamentvollen Formulierungen und die in seinen Büchern immer wieder sichtbar werdende Liebe zur Wahrheit — auch sich selbst gegenüber — mir den größten Eindruck hinterließen.

Mitte 1943 wurde Nebel als Dolmetscher nach Rom versetzt, nachdem er 1941 dank einiger Nachhilfe in einem Pariser Luftwaffenstab untergekommen war, wo sich auch Ernst Jünger befand, und nachdem er eine „Strafversetzung“ auf den Kanalinseln verbüßt hatte (sie war über ihn verhängt worden, weil er in der „Neuen Rundschau“ sogar für die Intelligenz der Nazisoldateska zu deutlich geworden war). Seine Eindrücke, Gedanken und Erinnerungen faßte er in den vorliegenden zwei Bänden zusammen, die zum Lesenswertesten unserer Zeit gehören. Nicht nur, weil er die damalige Situation in einem Maße festhält und wieder lebendig macht, wie es kein anderes „Kriegsbuch“ bisher vermochte, sondern auch, weil Sprache und Schilderung allein schon die beiden Bände als Kunstwerk legitimieren. Nebels Ausdeutungen der von ihm gelesenen Dichter — ein kleiner Teilbereich seiner Bücher, der immerhin von Stendhal bis Moravia, von Goethe rückwärts zu den antiken Klassikern geht, — sind ästhetischer Genuß, ob man zustimmt oder widerspricht. Man liest wenig vom äußeren — politischen wie militärischen — Geschehen; aber die Ereignisse spiegeln sich in allen Aufzeichnungen und Situationen. Nicht mit der fotografischen Schärfe eines Tatsachenberichts, aber in der höheren, symbolhaften Wirklichkeit des Kunstwerks: Der Mensch bleibt Mittelpunkt aller Betrachtungen. Und dank einer einmaligen Gabe runden sich die subjektiven Gedanken des Autors immer wieder zu einem Gesamtbild jener Jahre. Wie der Leviathan Krieg den Humanisten und Menschenfreund durch pausenlose Bedrängung zu Handlungen zwingt, die ihm so wesensfremd sind wie „der Tölpel Ares“ dem Studienrat, — und wie trotzdem daraus noch Erkenntnisse über die Natur der menschlichen Seele wachsen, das ist von einzigartiger Offenheit. Wie die Weltklugheit, zu Anfang noch den ethischen Begriffen und Maximen gleichgesetzt, ja ihnen nachgeordnet, immer mehr alle Einwände überwuchert und gegen Kriegsende fast zur einzigen Richtschnur alles Handelns und Denkens wird — werden könnte, handelte es sich nicht um eine gereifte Persönlichkeit, diese ganz un-exhibitionistische Darstellung machte diese Tagebücher zu einem menschlichen Dokument ersten Ranges.

Die nackte Existenz, der Wunsch zu überleben, ließ eben einen jeden Praktiken anwenden, die auf Kosten andrer gehen mußten; moralische Bindungen werden nahezu bedeutungslos, wenn Atavismen im Spiele sind und nahezu sechs Jahre lang Tag für Tag, Stunde für Stunde, die Seele gezwungen wird, an Notwehr und Selbstschutz zu denken. Als Beispiel: Nebel preist in Abständen sein früheres herrliches Leben im Stab einer Luftflotte zu Paris, und er kommentiert schadenfroh die Ankunft von Luftwaffen-Felddivisionen in Italien 1944, deren Angehörige der Bodenorganisation der Luftwaffe in Frankreich angehörten, und „deren Drohnendasein nun auch zu Ende ist."

Etwa parallel damit, zeitlich und seelisch, scheint mir die Entwicklung von Nebels Ansichten über das Preußentum zu sein. Während er in seinem Tagebuch von 1942 („Bei den nördlichen Hesperiden") noch durchaus dazu neigt, den preußischen Militarismus auf die gleiche Stufe mit der nationalsozialistischen Despotie zu stellen, und die von vielen damals erhoffte Diktatur der Wehrmachtsführung genau so ablehnt wie Hitlers Tyrannis (nicht nur weil er an eine solche Lösung nicht glaubt, sondern auch weil er nicht den geringsten Gewinn dabei sieht: „Leute, die die Grundstellung kultivieren, werden nicht imstande sein, den Menschen und das Recht wiederherzustellen), während er sich also damals noch durchaus klar ist über die Identität der zwei einander durchdringenden Systeme, wird er, je länger der Krieg dauert und je mehr das „Partisanen"-Wesen der ausgesprochenen Nazisoldateska zutage tritt, desto eher geneigt, „gute Seiten" bei den Soldaten altpreußischer Observanz zu entdecken; was damit endet, daß er preußische „Zucht und Ordnung" wieder schätzen lernt in der Anarchie und absoluten, dummen Rechtlosigkeit des amerikanischen Kriegsgefangenenlagers. Nebel scheint hier jedoch zweierlei zu übersehen: Daß nämlich Vergangenes in der Erinnerung ungefährlicher wird, und zweitens, daß die Auflösungserscheinungen der deutschen Wehrmacht in den letzten eineinhalb Kriegsjahren viele Härten milderten.

Wenn ich den Autor recht verstehe, so will er unter „Partisanen" jenen Soldatentyp verstanden wissen, der vom „chevaleresken Krieger" zum skrupellosen Kämpfer und Parteigänger für eine Weltanschauung entartete. Nebel spricht mehrere Male vom „Weltbürgerkrieg", und der Ton liegt auf „Bürger". Wir wissen ja längst, daß die Fronten nicht nur horizontal, sondern auch vertikal verliefen (und verlaufen), und daß der Begriff des Vaterlandes von Hitler mißbraucht wurde. Das veranlaßte aber Nebel keineswegs, nun an die bessere (Nachkriegs-) Welt zu glauben, die uns die Alliierten schenken würden. In einer Art heiterer Verzweiflung und Distanzierung („die Verhältnisse sind allermeist nicht wert, daß man ihnen widerspricht") versucht er vielmehr, die Stunde zu genießen. Und seine Aufzeichnungen sollten ihn ursprünglich nur hindern, in den Stumpfsinn abzugleiten. Er weiß aus Vorkriegsexerzitien dieser Art, wie sehr es zum klaren Denken zwingt, wie Unbewußtes ans Tageslicht der Form und Erkenntnis gebracht wird, und wie Erlebnisse und Begegnungen unverlierbar gemacht werden, wenn man gezwungen ist, Eindrücke schriftlich niederzulegen. Anliegen dieser Aufzeichnungen war es wohl auch ein klein wenig, den italienischen Kriegsschauplatz zu rehabilitieren; war es doch der einzige, auf dem Ausschreitungen größeren Ausmaßes von beiden Seiten soweit wie möglich vermieden wurden.

Vielleicht war es für mein Verständnis bei der Lektüre nicht ganz unwesentlich, daß ich kurze Zeit nach Nebel ebenfalls nach Rom versetzt wurde. Dazu kam noch eine gewisse zeitliche wie örtliche Parallele: Die beiden letzten Kriegsjahre sowohl wie das halbe Jahr der Gefangenschaft, die Begegnungen mit der Bevölkerung wie mit den typischen Vertretern der Wehrmacht, Höhepunkte und Hoffnungen, Enttäuschungen und Erniedrigungen, — das alles war von unwahrscheinlicher Ähnlichkeit.

Die Erinnerung lebt mit plastischer Deutlichkeit auf. Wir hören mit Nebel wieder die Geschwader der „Sturen" am blauen Himmel dröhnen und lauschen mit Unbehagen dem Kreisen des allabendlichen „Pippo“ — des „UvD“ mit seinen überraschenden, zufälligen Abwürfen von „Schmetterlings“-Bomben oder Flugblättern. Der Wein spielt eine große Rolle und die Möglichkeit, sich von der Feldküche unabhängig zu verpflegen. Und wieder erinnern wir uns in Dankbarkeit der antiken Gastfreundschaft eines Volkes, das in seinem Wesen „individuell“ geblieben ist. Und wir erleben nochmals das Gefühl des Unwirklichen, wenn wir an die überraschenden Rückzüge denken, die die Städte und Kunstdenkmäler schonten: daß es so etwas noch gab; daß eine Heeresführung noch Rücksicht auf Zivilbevölkerung oder Nachkriegszeit übte; daß man noch Ausschreitungen bestrafte. Und an wen wäre nicht in jener Zeit die Versuchung herangetragen worden, „andar dai partigiani“, — alle Brücken hinter sich zu verbrennen, alles liegen und stehen zu lassen und als Zivilist unterzutauchen, „auszuscheren“? Und wen haben die Zweifel der Entscheidung verschont?

So ist wohl jede Seite dieser beiden Bücher geradezu „typisch“, und keine der zahlreich auftauchenden Gestalten und Schauplätze, der Begegnungen und Geschehnisse wird dem ehemaligen deutschen Soldaten in Italien fremd sein. Die bildhafte atmosphärische Treue, die einzigartige Deutung alles Geschehens, die Reflexionen und Erkenntnisse regen den Leser an und bewegen ihn zum Vergleich. Vielleicht kann nur die offensichtliche Tatsache, daß das Buch nachträglich überarbeitet wurde, die reine Freude an ihm ein wenig beeinträchtigen.

Walter Noé, München.

Guderian spielt sich nach vorne

Heinz Guderian: „Erinnerungen eines Soldaten“. Kurt Vowinckel Verlag, Heidelberg 1951, 462 Seiten, 37 Kartenskizzen und 23 Abbildungen, DM 18.—.

Im Dritten Reich wurde auch die Popularität der Feldherren gesteuert. Sie mußte genügend groß sein, um Heer und Volk von der allzu genauen Betrachtung der Wirklichkeit abzulenken, sie durfte aber auch nicht zu groß sein, damit Hitler nicht in seiner Stellung als das konkurrenzlose Idol des Volkes beschränkt und verdunkelt wurde. Von den insgesamt fünfzehn Truppen-Oberbefehlshabern des Hitlerschen Heeres, die wir hier aufzählen wollen, weil ihre Namen eine Epoche beschwören: Blumentritt, Bock, Guderian, Heinrici, Kleist, Kluge, Leeb, Manstein, Manteuffel, Model, Reichenau, Rommel, Rundstedt, Thoma, Tippelskirch, brachten nur zwei, Rommel und Guderian, die zum Kriegs- und Volkshelden notwendigen Charaktereigenschaften mit. Beide waren allgemeinverständliche Draufgänger. Der bedeutendere von beiden ist Guderian.

In derselben Preislage wie diese beiden Oberbefehlshaber hatte Hitler dem Volke sonst nichts zu bieten, insbesondere nicht seine einzige wirkliche militärische Kapazität, Manstein, aus dem Hitler auch dann keinen Wochenschau-Heiligen hätte machen können, wenn er es gewollt hätte. Dazu war Manstein zu gescheit. Aber der „Führer“ war auch weit davon entfernt, es zu wollen, denn er witterte in ihm eine unabhängige Persönlichkeit und entließ ihn 1944 auf Nimmerwiedersehen. Was Hitler sonst den Massen zum Opfer hinwarf, um ihre Zuversicht zu steigern, waren Stars aus der U-Boot- und Fliegerbranche, die Prien und Moelders. Nur noch einen General, den braven Dietl, stellte er ins volle Scheinwerferlicht, als Gegenstück zu Rommel, um so die germanische Phantasie mit der Vorstellung zu sättigen, daß deutsche Soldaten nicht nur in der Wüste, sondern auch im ewigen Eis siegen. Es war geographische Psychologie.

Man täte Guderian unrecht, würde man ihn deshalb für unbedeutend halten, weil man ihn populär machen konnte. Er hat höchstwahrscheinlich nicht den Rang, den ihm der englische Militärschriftsteller Liddell Hart deshalb einräumt, weil Guderian dessen Bücher schon vor dem Kriege gelesen und sich lobend über sie ausgesprochen hat, aber er löst sich auch nicht in leeren Schall und Propagandarauch auf, nun, da er selber zur Feder gegriffen und uns einen dicken, großformatigen Wälzer vorgelegt hat: Erinnerungen eines Soldaten. Schon der Augenblick, in dem er sie erscheinen läßt, spricht dafür, daß der erfolgreiche Panzergeneral ein schlauer Kopf ist. Es ist wohl Schlauheit nächst Mut die wichtigste Eigenschaft eines Mannes, der seinen Beruf darin sieht, mit Panzern Krieg zu führen.

Es ist noch nicht so sehr lange her, da wäre das Buch eines deutschen NS-Generals, der Hitler bis zum 28. März 1945 treu gedient hat, der am 20. Juli nicht beteiligt war und sich große Mühe gibt, auch den Schatten eines Verdachtes zu zerstreuen, er hätte beteiligt sein können, der von „meinen alten Soldaten“ spricht, von dem

„hochgespannten National und Pflichtgefühl", das er sich zu erhalten wissen wird, und der das:elbe zum Schluß mit Fibelgedichten untermauert, — ein solches Buch hätte wenig Aussicht gehabt, den n'cht-militärischen Organen der Besatzungsmächte so zu gefallen, wie es ihnen heute gefällt. Hätte er es aber erst in einem Jahr herausgebracht, so wäre der angeschlagene Ton nicht mehr so taufri ch neunational, nicht offensiv und also nicht Guderians würdig gewesen. Seine Sache war immer der Angriff.

Nun erwarte man aber beileibe keinen Kriegsroman im Stil der illustrierten Presse. Soweit Guderian selber an den Operationen beteiligt gewesen war und sie geführt hat, soweit ihm Kriegsakten zur Verfügung standen, liefert er einen minutiösen Bericht der Feldzüge und Rückzüge, ihrer Grundgedanken, ihrer taktischen Ziele, ihrer Vorbereitungen, ihres Ablaufes und ihrer Folgen, samt den damit verbundenen Intrigen und Differenzen zwischen Hitler, OKW, OKH und Truppenführer. Diese Hauptteile des Buches wären ohne die beigefügten, sehr übersichtlichen Skizzen und Karten für den Laien unverständlich, und sogar trotz ihnen tut er gut, das Buch mit einem erstklassigen Atlas neben sich zu lesen. Nimmt er diese Mühe auf sich, so wird er alsbald bemerken, daß Guderians selbst für einen General und Generalstäbler ungewöhnliche Begabung, militärische Operationen plastisch vor sich zu sehen, die trockene Aufzählung von Verbänden, ihrer Bereitstellung und Bewegungen lebendig und spannungsvoll zu machen vermag. Überall dort, wo Guderian von seinem Handwerk, vom Krieg selber spricht, gehorcht ihm auch das Wort. Man liest ein durchaus erträgliches Deutsch, und wenn der Verfasser zuweilen Erinnerungsbilder einstreut, so gelingen ihm Stellen wie diese, deren einfache Aussage stark und überzeugend ist: „Mittags traf ich nach Rücksprache mit dem Kommandeur der 1. Panzer-Division in Sankt Dizier ein und fand als ersten meinen Freund Balck auf dem Markt, auf einem Stuhl sitzend. Er rechnete mit einer ruhigen Nacht nach all den Mühen der letzten Tage und Nächte. Aber ich mußte ihm eine schwere Enttäuschung bereiten. Je schneller wir unsere Bewegungen fortsetzen konnten, desto größer mußte der Erfolg werden." Es ist eine Momentaufnahme aus dem Frankreich-Feldzug 1940, und für wen, der dabei war, wäre in diesen vier Zeilen nicht das spielend gemeisterte Presto dieses Siegeszuges angeschlagen?

Zu den Gedächtnisbildern treten ausgezeichnete PK-Aufnahmen, an denen schon beim ersten Durchblättern zu ermessen ist, was Guderian selbst von sich hält. Nichts anderes als Ehrgeiz wird es gewesen sein, was Guderian, besserer Einsicht in das Notwendige, bester Einsicht in das Verbrecherische und Kranke der Hitlerschen Führung von 1943 an zum Trotz bewogen hat, alles mitzumachen, und unerachtet des ersten Hinauswurfes vom Dezember 1941 für den nächsten Pfiff wieder bereit zu stehen. Er ertönte erst fünfzehn Monate später. Von da an wird der Stil des Buches so schlecht, wie er in persönlichen Erinnerungen zu sein pflegt, welche der Einnebelung des Geländes dienen. Es ist ziemlich unverfroren, das Kapitel, welches das Ende der militärischen Laufbahn Guderians unter Hitler schildert, zu über chreiben: „Der endgültige Bruch", denn dieser fand in Gestalt einer Aufforderung durch Hitler, Guderian möge für seine Gesundheit sorgen, am 28. März 1945 statt, — viel Spielraum für eine dritte Rückkehr wäre da wohl nicht mehr gewesen. Fatal ist auch, was Guderian dann über die führenden Persönlichkeiten des Dritten Reiches und über den Generalstab zu sagen weiß, wobei er betont, er gebe die subjektiven Eindrücke eines Soldaten wieder, Eindrücke, „die sich streng an die Linie soldatischer Haltung und Ehrauffassung, die im deutschen Heere traditionell waren, halten". Von hier aus gewinnt man den Eindruck, daß sich viele Eindrücke des Verfassers, mehr, als man zunächst glaubte, an irgendeine Linie halten, und es fällt auch nicht schwer, diese Linie zu erkennen.

Man wird sicher sein dürfen, daß der Rest von Guderians Leben nicht Schweigen ist (mit dem Zitat: Der Rest ist Schweigen, schließt er ein letztes Kapitel), sondern Handeln. Nicht nur, daß dieses Buch, vermutlich bevor es gedruckt wurde, amerikanischen Militärs eine wichtige Lektüre gewesen sein wird, der ganze Mann mit seinen Rußlanderfahrungen und seiner Begabung kann für sie, wie man so sagt, ein gefundenes Fressen sein. Daß er sich jetzt rar macht, besagt garnichts. Je nationaler er sich gebärdet, umso sicherer können sie seiner sein, wenn es ernst werden sollte. Er gehorcht, dieses Buch beweist es, jedem, der ihm Panzer und einen niedlichen kleinen Weltkrieg in die Hand drückt. Vom Marshall-Stab ganz zu schweigen.

NB. Wenn es Brauch wäre, die Texte auf den Umschlagklappen zu kritisieren, so wäre hier eine gute, schlechte Gelegenheit. Der Verleger Vowinckel sagt darin, eine gehäs ige Abstempelung seines durch und durch anständigen, geraden, sauberen Autors Guderian, etwa als Nazi-General, entspräche nicht dem wirklichen Volksempfinden. Was für ein Glück für Herrn Vowinckel, daß das Volk weder ein gesundes, noch ein wirkliches, sondern überhaupt kein Empfinden hat, sonst würde es vielleicht über eine so unverschämte Unterstellung doch zornig.

Erich Kuby, Weilheim.

Dichtung und Deutung

Georg Trakl: Nachlaß und Biographie, Geschichte, Bilder, Briefe, Essays. 3. Band der Trakl-Ausgabe. Otto Müller Verlag, Salzburg 1949, 215 Seiten, DM 6.50.

Einiges aus Trakls Nachlaß (von dem sich Viele wichtige Aufschlüsse über den Dichter versprechen) wird nun im dritten Band der vorläufigen Gesamtausgabe dargeboten. Aber eben nur einiges: Ganze neun Gedichte (zum Teil schon in Zeitschriften veröffentlicht), zwei literarische Kritiken und ein halbes Hundert Briefe.

Gewiß darf das Werk eines Dichters nicht nach dem Umfang gemessen werden, jenes von Trakl schon gar nicht. Und das Veröffentlichte ist kostbar. Da sind zwei Gedichte aus den Jahren 1907/08, schon mit dem Grundton fragender Schwermut, der die eine Komponente seines Werkes bildet, Gedichte von liedhafter Fügung und romantischer Rundheit. Daneben stehen Fragmente aus der Spätzeit, worin die andere Seite seines Wesens, die äußerst genaue und doch so schwer deutbare Bildwelt des Traums (der Prophetie vielleicht) wirkt. Das sind erwünschte Ergänzungen, Abrundungen von des Dichters Werk. Ebenso verhält es sich mit den Kritiken als Zeugnissen einer besonnenen und nachspürenden Art. In den Briefen wird die ganze Tragödie des Auftrags klar, unter dem Trakl stand und litt: fast Unsagbarem Stimme geben zu müssen. Die Qual des Verbesserns, das nimmer aussetzende Bemühen, für die Erfordernisse einer realen und doch unerklärbaren Traumwelt Worte, Bilder und Rhythmen finden zu müssen, liegt wie ein Albdruck auf der angespannten Seele. Zugleich enthüllen diese Briefe, kurze Mitteilungen an die Freunde zumeist, die ganz persönliche und zugleich stellvertretende Situation des Dichters, der sich mit seinen Gedichten an einer heillosen Welt wund und endlich zu Tode stößt.

Aber — was nun in dem Band folgt, ist tief enttäuschend, die zwei Essays nämlich, die dem schmalen Teil Traklschen Guts nachgestellt sind, und die über zwei Drittel der Seiten füllen. Wolfgang Schneditz erzählt im ersten die Lebensgeschichte des Dichters. Das geht an, zumal dabei einige wichtige biographische Züge geklärt werden. Das war nötig, und man nimmt darüber sprachliche Ungepflegtheiten, Sätze wie den, Trakl sei auf der Schule „immer knapp am Durchfallen" gewesen, und strapazierte Theorien, wie die von der vermutlichen sexuellen Beziehung zur Schwester, in Kauf. Doch dann folgt Schneditz' Deutungsversuch. Und bei aller Vertrautheit des Essayisten mit seinem Stoff verstärkt sich von Seite zu Seite der Eindruck des Unerheblichen beim Lesen. Der geistige Schiffbruch des Deuters wird offenbar und (sympathischer- oder unfreiwilligerweise) eingestanden in den folgenden Sätzen: „... Trakls eigenste Dichtung, jene großen Verse der Reife, wollen und sollen nicht verstanden, sondern nur geahnt sein, als etwas Außerordentliches empfunden und aufgenommen, etwa wie man ein Bild von Grünewald, von Hieronymus Bosch, von van Gogh ... oft nur erahnen kann ..." (Seite 99). Abgesehen von der Bedenklichkeit des Vergleichs mit den drei Malern, wird das Verstehen hier auf eine Art des logischen Verständnisses eingeengt, die jeden Weg zum wirklichen Begreifen versperrt und dafür Oberflächenzeichnung oder mystifizierende Fehlinterpretationen setzt. Daß es sich hier um sehr präzise Darstellungen jener Traumwelt handelt, von der es einmal bei Pieper heißt, daß in ihr der Mensch, der sein Heil verloren hat, seiner selbst ansichtig wird, das wird nur am Rande berührt.

Und doch hat die Arbeit von Schneditz ihre Verdienste, besonders in der Erhellung von Einzelzügen und Metaphern. Das Ganze aber bleibt unklar. Der nächste Aufsatz versucht diese Ganzheit aufzuzeigen durch einen Vergleich Trakls mit — Hölderlin. Und da hört es vollends auf, richtig zu sein. Schon der Ansatz Eduard Lachmanns ist so fragwürdig, daß das Ergebnis einfach schief werden muß. Das frühe Ende beider Dichter und gewisse Ähnlichkeiten in der Stimmungslage geben noch keinen Boden ab für solch ein Unternehmen, das auch noch den unangemessenen Versuch enthält, beide Dichter für das Christentum zu beschlagnahmen. Gewiß wurde Hölderlin sein ganzes Leben hindurch von der Gestalt Christi begleitet, aber er scheiterte an dem Unterfangen, jenen Christus zu versöhnen mit der Gewalt des Mythos, dem er sich in entgötterter und dennoch unter der Heilsgeschichte stehender Zeit stellte.

Trakls Auftrag aber ist, von der Welt des Traums zu sprechen, in dem sich die Verlorenheit Ausweg verschafft in einer Zeit, die eben diese Verlorenheit aus ihrem Bewußtsein zu verbannen sucht. Und dieser Auftrag ist geradezu konträr: das Versäumte, Weggeschobene zu sagen. Seine Idee von Versöhnung bleibt ohne die Festpunkte von Mythos und Offenbarung. Beides klingt als Form manchmal an, um wieder unterzugehen in einer Vernichtung, der nur der Tod ein Ende setzen kann.

Hier zeigt sich die ganze Gefährlichkeit wilder Ausdeutung, der das dichterische Wort nicht Anlaß, sondern Bestätigung vorgängiger Theorie ist. Daß beide Dichter unter dem Kreuz stehen, ist schon durch ihre Berufung und ihren Ort in einem Europa christlicher Überlieferung gegeben; daraus das Experiment abzuleiten, sie „heimzuholen" im Sinne „christlicher Dichtung", ist verfehlt. Gegenüber solcher Philologie auf Stelzen wirken die paar bibliographischen Notizen von Karl Röck (dem Herausgeber der ersten beiden Bände der vorliegenden Ausgabe) durch ihre Nüchternheit erfrischend. Die Bildbeigaben, eine Mischung von klarer Darstellung (in den Bildern Trakls aus jeder Lebensstufe) und privater Atmosphäre (in Aufnahmen von des Dichters Lebenswelt) werden sicher von vielen Lesern begrüßt werden.

Unser Vorschlag: Man sollte den Nachlaß, auch die erwähnten Vorstufen der Gedichte, soweit sie überhaupt noch greifbar sind, veröffentlichen (denn jede Zeile ist wichtig), dazu alle Briefe, deren man noch habhaft werden kann. Damit könnte der dritte Band der Ausgabe bestritten werden. Als Zugabe wären allenfalls noch die Bilder und eine kurze, redliche Biographie (die ja von Schneditz teilweise schon geleistet ist) am Platze. Bei dieser Gelegenheit ließen sich vielleicht auch die vielen Druckfehler und Zeilenvertauschungen beseitigen. Das gäbe dann einen schmalen, aber gehaltvollen Band. So hat man fast den Eindruck, die paar Brocken Trakl (so wertvoll sie in sich sind) dienten nur dazu die anschließenden Deutungen zu rechtfertigen. Weniger wäre hier wirklich mehr gewesen.

Roland H. Wiegenstein, Frankfurt.

Deutsche Erzähler

Alexander von Bernus: „Die Blumen des Magiers". Verlag Hans Carl, Nürnberg 1950, 104 Seiten, Pappband DM 2.80.

Gertrud Fussenegger: „... wie gleichst du dem Wasser". Erzählungen. Carl Hanser Verlag, München 1950, 138 Seiten, Leinen DM 4.80.

Karl Heinrich Waggerl: „Drei Erzählungen". Tschudy-Verlag, St. Gallen 1950, 69 Seiten, Pappband DM 4.50.

Wilhelm Dieß: „Der singende Apfelbaum". Heimeran Verlag, München 1950, 92 Seiten, Leinen DM 4.80.

Die Erzählung und die kleine Geschichte, von der Novelle ganz zu schweigen, sind auf dem, was man den Büchermarkt nennt, in der Defensive. Man sagt ihnen nach, sie wären schlecht zu verkaufen, — und obwohl das nicht ganz stimmt, ist es doch nicht eben leicht, den Durchschnittsleser zur andauernden Bekanntschaft mit der kleinen epischen Form zu überreden: die dicken Bücher beherrschen das Bild, und kein Mensch wird wohl völlig erklären können, warum gerade in unserer hastigen Zeit große Töpfe den kleinen Dosen vorgezogen werden. Freilich, auch die Meister der kleineren Form sind selten geworden. Und wer E. T. A. Hoffmann oder Theodor Storm liebt, wird sich nicht unbedingt für Nachfahren erwärmen, die sich zum eigenen Gewand doch eine beträchtliche Anzahl von Bändern und Schleifen dieser Ahnen geborgt haben. Womit nicht gesagt sein soll, daß die Kontinuität der Literatur nicht mancherlei Ähnlichkeiten erzeugt, die von den Autoren gar nicht beabsichtigt waren.

Alexander von Bernus legt eine kleine Erzählung alchimistischer Prägung vor, in der sich lyrische Elemente auf sonderbare und reizvolle Weise ebenso mit dem dunklen Raunen alter Magie wie mit den Requisiten moderner Technik durcheinander mengen. Die Gestalt der Urpflanze wird in der Retorte erzeugt, aber sie verschwindet wieder, als die Famula sich nicht würdig erweist. Diese Fabel ist in den flimmernden Rahmen des Paris zwischen den beiden Kriegen gespannt, und graziöse Schilderungen einer gepflegten Bohème erfreuen dort, wo der Autor den Vorhang magischer Geheimnisse sacht wieder zugleiten läßt. Ein kleines Alterswerk von angenehmer, schöner Substanz.

Die Österreicherin *Gertrud Fussenegger,* die fünf Erzählungen mit einem Goethewort überschreibt, verleugnet nicht, daß ihr umfangreichere epische Gestaltungen näher liegen als die kleine Form. Ihr Vorwurf ist der Konflikt, der aus menschlichen Bindungen entsteht: Zwischen Vater und Sohn, zwischen Mann und Frau oder zwischen Mutter und Kind. Die Urmächte der Natur greifen in diese Auseinandersetzungen ein, und am Ende steht der Mensch aller Äußerlichkeiten entkleidet vor dem Gericht seines Schöpfers. Kompliziert psychologische Fragen werden auf ihre Grundlinien zurückgeführt; und es ist wohl nicht zu viel gesagt, daß diese Erzählungen die treffliche Einheitlichkeit eines guten Holzschnitts besitzen.

Karl Heinrich Waggerls Romane und Erzählungen sind wohlbekannt. Seine neuen Arbeiten, eine Geschichte von der Begegnung mit der unbekannten Leserin, eine andere von dem Schicksal eines gezähmten Rehs, schließlich eine dritte von einer Art self-made „Gemeindekind", haben jene lächelnde Anmut, die aus der Freundlichkeit dem Dasein gegenüber und der innigen Verbundenheit mit der heimatlichen Landschaft entsteht. Waggerl reflektiert nicht. Er ist ein Hexenmeister, der eine scheinbar breite Schilderung überraschend auf einen Punkt zusammenraffen kann.

Ein Erzähler eigenster Prägung aber ist der Münchner *Wilhelm Dieß.* Seine ersten Geschichten entstanden, als vor Jahren sein Verleger Heimeran, ohne es ihm zu sagen, seine Stegreiferzählungen stenographisch aufnehmen ließ. Seither schreibt er aber schon lange selbst, — und wie er schreibt! Bedächtig ausgewogene Erzählungen von kleinen Leuten und gewöhnlichen Dingen, Bavarica, die sich irgendwo in den letzten hundert Jahren ereigneten, — aber immer wichtig und spannend, obwohl kaum etwas geschieht. Dieß kennt nicht nur seine Landsleute, er kennt den Menschen schlechthin. Ein Stilist von hohen Gnaden, ein Klassiker der kleinen Form, ohne erkennbare Vorgänger und vielleicht auch ohne Nachfolger. Diese einfachen und doch so beziehungsreich raffinierten Arbeiten gehören zu den wertvollsten Stücken deutscher Prosa in unserer Zeit.

Christian Ferber, München.

Beinahe große Epik

Fred v. Hoerschelmann: „Die Stadt Tondi". Paul List Verlag, München 1950, 233 Seiten, DM 7.80.

Nicht, weil keine Charaktere mehr aufzutreiben wären, steckt der moderne Roman in einer Krise. Man wird auch schlecht von einem Mangel an nacherzählenswerten Begebenheiten sprechen können in einer Zeit, deren exzentrischen Abenteuer jede literarische Utopie zu einem harmlosen Märchen von gestern degradiert. Nein, nicht Menschen oder Fabeln gingen verloren, sondern der Raum. Der Raum, in welchem als festem, geschlossenem Gefüge sich erzähltes Leben überhaupt erst entfalten kann; der Raum, welcher als gegebener Zusammenhang der Ordnungen und Beziehungen einzig wirkliche Epik gewährt.

Die Mühen, diesen Raum zu schaffen, bezeichnen die Geschichte der modernen, erzählenden Literatur. Gelang es noch in den „Buddenbrooks", so muß der „Zauberberg" eine bereits dissoziierende Welt in die Retorte des Sanatoriums hineinzwingen. Tolstoi konnte die ganze Welt noch in ihrer Größe beschwören, Camus ist gezwungen, sie nach Oran zu pressen, um ihrer einigermaßen sicher zu sein. Der bedeutendste Roman des Zweiten Weltkrieges spielt bezeichnenderweise nicht da, wo dieser Krieg am heftigsten tobte, in der Weite Rußlands, Frankreichs oder der Ozeane, sondern Mailers Brennglas zieht den Krieg und die Einzelschicksale, die er auslöst, zusammen auf die kleine Insel Anapopei, weil anders, scheint es, Wirklichkeit nicht mehr zu greifen ist.

Mit dem Problem des Raumes fertig zu werden müht sich auch Fred v. Hoerschelmann, der hochbegabte Verfasser des Bandes Erzählungen „Die Stadt Tondi", indem er die 13 Einzelerzählungen seines Buches — voneinander unabhängige, manchmal nicht präzise lokalisierte Geschichten, — im kleinen, nördlichen Tondi sich abspielen läßt, alle zumindest dort, wo man Hamsunsche Namen (manchmal auch Gedanken) und dazu schweres Blut hat. Wir durften, obwohl es doch „nur" um die Anzeige eines Erstlings geht, die großen Kollegen erwähnen, denn die ordnende, epische Kraft Hoerschelmanns, das Gewicht seiner Fabeln und die ruhige Lebendigkeit seiner Figuren erlauben sehr hohe Maßstäbe und sichern ihm Rang und Beachtung.

Allein — Raum vermag auch er nicht zu schaffen, höchstens Atmosphäre; keine Ordnungsbezüge werden lebendig, nur Stimmungen. Die Stadt Tondi selbst ist nämlich nur vermeintlicher Mittelpunkt, letzthin bleibt sie doch blaß, schemenhaft, unwirklich und unlebendig. Denn bewohnt wird sie nur von Einsamen, von Menschen, die mit Taten oder Worten diesem

Banne des Alleinseins zu entgehen suchen, was sie in Wahrheit doch nie vermögen. So sind denn die besten Stücke des Buches bezeichnenderweise Selbstgespräche, etwa „Tondi" und — in mancherlei Hinsicht, auch qualitativ, Hemingways „Schnee auf dem Kilimandscharo" vergleichbar — „Die schweigsame Insel" (erschienen in FH V/6, 625). Oder es sind Scheindialoge, das heißt Monologe zu einem Gegenüber hin, welches nur als Anlaß, kaum als Partner existiert („Aale sind zart", „Salme"). Das Auseinanderfallen der Gesellschaft bedingt grenzenlose Einsamkeit aller ihrer Teile; wie sehr sich auch der Kaufmann Avamaa (in „Schnee") der Erkenntnis sperrt, daß sein Freund ihn verriet, daß er allein und betrogen ist, er muß ihr doch ins Auge sehn ... Mord ist dann das Ende, welcher allerdings für Avamaa, den Mörder, keine anderen Folgen hat als erleichternde.

Es wird oft und ohne Skrupel gemordet in diesem Buch; bei den waltenden Umständen ist das auch gar kein Wunder. Der Mensch ohne Raum, ohne Beziehung, ohne Gefüge, ein so dissoziierter Mensch muß ja gewissenlos sein, weil objektiv ethische Maße und Werte, an denen Gewissen sich orientieren könnte, dahin sind. Nur die Wünsche und Leidenschaften des Subjektes selbst sind noch übrig, archaisch-primitiv balladeske: Liebe, Besitz, zuweilen auch Treue zu irgend etwas. Und so holzschnitthaft undifferenziert wie ihre Ziele und Handlungen sind denn auch die Menschen selbst in Tondi; ausgeprägte Individualitäten werden sich da nicht bilden, wo gleichmachendes, lähmendes Alleinsein als nivellierendes Fatum über allen lastet.

Das balladeske Geschehen dieser Novellen ist denn auch wesentlicher als die Figuren, an und mit denen es sich vollzieht. Ihm entspricht ein ruhiger, überlegen disponierender Tonfall des Erzählens, der den Leser nicht losläßt. Dieser technisch und geistig kühnen, wissenden Anlage entspricht dagegen leider garnicht ein ungenauer, schablonenhafter, oft genug einfach ungekonnter Stil des Schreibens, der Wortwahl, der Qualität des Bildes. Was erzene Saga sein könnte (und an den besten Stellen auch ist), schlägt um in peinliche Heimatkunst, schlichtes Kunstgewerbe. Man schreibt eben nicht: „Sie wuchsen heran, aber vorher entsprang ihren Lenden der nächste Jüri"; ein Erzähler von Rang jedenfalls sollte sich hüten, solche und ähnliche Schablonen zu verwenden.

Es ist jammerschade, daß der hochbegabte Autor sich Bestes so leichtfertig verdirbt. Wer ohne psychologischen Leim so mächtig und sicher zu erzählen vermag, wer aus dem Stoff so Funken zu schlagen versteht, daß kaum eine Novelle in dem Buch steht, die den Leser nicht berührt, der sollte sich stilistische Provinzialismen nicht leisten, die gerade anfangs den Spaß am Lesen recht gründlich nehmen.

Mit der Zeit glauben wir es beinahe selber, daß aus Deutschland keine künstlerischen Begabungen kommen. Herr X spricht für Amerika, Herr Y für England, wer für uns? Niemand. Es ist anstößig, an diesem pessimistischen Credo zu rütteln, wir haben eben nichts. Gesetzt, jemand will sich der communis opinio nicht fügen und machte ungehörigerweise doch gute Literatur, was dann? Dagegen gibt es ein patentes Mittel. Man negiert diesen jemand. Man nimmt weder von Benns „Drei alten Männern" (dem besten und bedeutendsten, was Nachkriegsdeutschland hervorgebracht hat, absolutes Weltformat) noch etwa von Krolows interessanter Lyrik die leiseste Kenntnis. Dann klagt man weiter.

Unter solchen Umständen mag sich der Aberglaube, in Deutschland würde nichts Diskutables mehr produziert, gewiß noch einige Zeit halten. Schade, daß ihn der talentvolle Hoerschelmann im Augenblick gewiß nicht endgültig zu widerlegen vermag. Er gehört zu den allzu wenigen, die das Zeug dazu hätten.

Joachim Kaiser, Göttingen.

Sorgenkind Hörspiel

Süddeutscher Rundfunk: „Hörspielbuch I". Europäische Verlagsanstalt, Hamburg 1950, 217 Seiten, Leinen DM 6.80.

Das Hörspiel als eine selbständige Kunstform, die mit dem Bühnenspiel eigentlich nur den Dialog gemeinsam hat, existiert kaum weniger lang als der Rundfunk selbst. Die Diskussion darüber, worin nun sein spezieller Charakter bestehe und was denn das sogenannte „Funkische" sei, ist ebenso alt und vielfältig wie die Versuche, die man bis auf den heutigen Tag mit dem Hörspiel angestellt hat. Es befindet sich noch immer im Stadium des Experiments, — allerdings sei zur Ehre der Rundfunkleute gesagt: vielfach auch im Stadium des geglückten Experiments.

Das Hörspiel hat das Unglück, daß seine Worte, oft zu Unrecht, nach einer oder zwei Sendungen ein für allemal gesprochen und verweht sind. Manches aber wäre wert, bewahrt zu werden. Man muß es darum sehr verdienstvoll nennen, daß der Dramaturg des Süddeutschen Rundfunks, Gerhard Prager, jetzt den ersten Band einer Reihe namens „Hörspielbuch" vorlegt. Er hat die Absicht, jedes Jahr einen solchen Band mit den bemerkenswertesten Hörspielen einer Spielzeit zu veröffentlichen. Damit wäre die Möglichkeit gegeben, manche Arbeit, die durchaus als Kunstwerk anzusprechen ist, vor dem Vergessen zu bewahren.

Der erste Band enthält Hörspiele von Walter Erich Schäfer, Walter Bauer, Wolfgang Lohmeyer, Erwin Wickert, Helene Schmoll und Christian Bock. Ob sich unter diesen Arbeiten ein Idealhörspiel befindet, das läßt sich bei der Lektüre kaum feststellen. Sicher aber scheint, daß einige von ihnen es durchaus wert waren, auch gedruckt zu werden. So vor allem Schäfers hymnische Dichtung um den Tod von Mahatma Ghandi, Wickerts graziöses Spiel mit psychoanalytischen Motiven und Lohmeyers problembeladenes Werk um die jugendlichen Mörder unserer Zeit. Man spürt, daß hier eine Auseinandersetzung im Gange ist, in der mancherlei tatsächlich besser in der Form des akustischen Dialogs sich bewältigen läßt als auf irgendeine andere Weise. Und wenn dieses Gefühl sich mit weiteren „Hörspielbüchern" noch festigt, dann wäre schon damit ihr Erscheinen gerechtfertigt, — von der interessanten Lektüre, die diese Tonbandmanuskripte bieten, ganz abgesehen. *Christian Ferber, München.*

Mitteilungen

Der 138. Psalm ist dem „Deutschen Psalter" entnommen, der neuen deutschen Übersetzung der Psalmen, die Romano Guardini im Auftrag der Deutschen Bischöfe im Kösel-Verlag zu München herausgegeben hat. Romano Guardini hatte im Auftrag der „Liturgischen Kommission" schon seit 1941 an der Übersetzung gearbeitet; sie geht aber auf den neuen lateinischen Text zurück, den Pius XII. am 24. März 1945 (— während der Kämpfe um Frankfurt ... —) in seinem Motuproprio „In cotidianis" der ehrwürdigen, aber durch längst erkannte Mängel veralteten Vulgata als zweite amtliche Fassung des Psalters an die Seite gestellt hat. Der Übersetzer hat in Zusammenarbeit mit Kollegen und Freunden einen Text erarbeitet, der „philosophisch wie theologisch richtig und sprachlich so gut wie nur möglich sein mußte"; darüber hinaus war er darum bemüht, den Text so zu fassen, daß er gebetet, und zwar gemeinsam gebetet und sogar gesungen werden kann: der Laie wird kaum ermessen, wie schwer diese Bedingung zu erfüllen war. — Wir drucken den 138. Psalm (mit freundlicher Erlaubnis des Liturgischen Instituts in Trier und des Kösel-Verlages. München) nicht nur als eine „Probe" des neuen Psalters ab und nicht nur als das, was er in sich selbst ist, als eine großartige Dichtung und als ein menschliches Gebet, sondern auch um des Aufsatzes über die Situationsethik willen, mit dessen Grundgedanken dieser Psalm viel zu tun hat.

Eine Stimme von draußen

Professor Dr. Eugen Rosenstock-Huessy, dessen Buch „Der Atem des Geistes" in Kürze im Verlag der Frankfurter Hefte erscheint, schrieb uns dieser Tage aus Amerika:

„Dem Fatum bloßer Ursachen aus der Vergangenheit entrinnt und entspringt der einzelne Körper und jeder politische Körper meistens nur um Haaresbreite, nämlich um die paar Zellen, die aus der Zukunft her sich umformieren ließen oder lassen. In der politischen Welt sind diese Zellen ein paar Individuen. Ohne die schlösse sich der Ring des Schicksals zum Kreis. In Deutschland ist die Ausrottung der freien Elemente fast total. So blicke ich auf die Frankfurter Hefte mit großem Vertrauen und Zagen zugleich. Und bete für Ihre Kraft."

Wir glaubten, unseren Lesern diese Stimme von draußen nicht vorenthalten zu dürfen, besonders angesichts der Mitteilung, die wir ihr folgen lassen müssen.

„Frankfurter Hefte" und „hier und heute"

Wir haben in Nummer 10 unserer Wochenausgabe folgende Worte an deren Leser gerichtet: „,Wir machen uns über unseren realen Einfluß in dieser westdeutschen Bundesrepublik keine Illusionen.' So schrieben wir in der Dezemberausgabe 1950 der ,Frankfurter Hefte', als wir unseren Plan ankündigten, eine aktuelle Wochenschrift herauszugeben. Wenige Zeilen später hieß es: ,Die Republik hat gegen die restaurativen Interessen manche Schlacht verloren, und wir mit ihr.'

Wir waren uns im klaren, daß wir mit ,hier und heute' ein Wagnis eingingen. Wir dachten, einige Monate würden erweisen, daß für eine Zeitschrift wie diese eine genügend breite Basis in der Öffentlichkeit zu finden sei: 15 000 Abonnenten — oder mehr.

Wir haben sofort überraschend viele Freunde (und neue Mitarbeiter) gewonnen. Die Gründung wurde von ihnen geradezu als Befreiung empfunden. Aber eine Zeitschrift lebt wirtschaftlich nicht von dem kleinen Ring ihrer Mitarbeiter und dem größeren ihrer erklärten Freunde, sondern eben von 15 000 Abonnenten und mehr. Die ersten zehn Wochen haben gezeigt, daß es für unsere frei verfügbaren Reserven doch zu lange dauern würde, sie zu sammeln. Das kann entweder daran liegen, daß es sie nicht gibt, oder es konnte daran liegen, daß wir sie nicht erreicht haben. Vielleicht sind unsere noch nicht ausreichend entwickelten Werbemethoden daran schuld, vielleicht auch die Belieferer der Kioske, von denen uns die allermeisten, aus welchen Gründen auch immer, nicht haben wollten.

Wir ziehen die Konsequenzen früh genug und brechen die ,Schlacht' vorzeitig ab, — um sie an anderer Stelle und mit anderen Mitteln fortzusetzen. Ab hier und heute erscheint diese Zeitschrift nicht mehr.

Wir können es unseren Lesern nicht übelnehmen, daß sie nicht zahlreicher erschienen sind. Verlieren *Sie* nicht den Mut, wir verlieren ihn auch nicht."

Leider notwendig

Das Europäische Kulturzentrum in Genf bittet uns, die folgende Mitteilung zu veröffentlichen. Wir bringen sie umso lieber, weil es heute leider notwendiger denn je ist, in unserer verwirrten Welt wenigstens die Tatsachen wieder an ihren rechten Ort zu rücken.

„Der Leiter des Europäischen Kulturzentrums in Genf, Denis de Rougemont, wurde darauf aufmerksam gemacht, daß ein Artikel von ihm ohne seine Erlaubnis in der ersten Nummer des ersten Jahrgangs einer sich ,Nation Europa' nennenden Zeitschrift zum Abdruck gelangt ist.

Denis de Rougemont beabsichtigt nicht dazu beizutragen, daß die öffentliche Meinung unter dem Deckmantel europäischer Einigung einer nur allzu bekannten Propaganda ausgesetzt wird, die keinem anderen Ziel dient, als einen törichten und aggressiven Nationalismus neu anzufachen.

Es ist ein trauriger Spaß, alte Nazikämpfer, unter dem Zuspruch Sven Hedins, sich bis in die Lyrik des XVII. Jahrhunderts zurückgraben zu sehen, um hier noch Ermunterungen zu finden, ,*alles unbereut zu lassen*'. Dazu auch noch den toten Emmanuel Mounier mit einem aus seinem Zusammenhang gezwungenen Zitat als Zeugen zu bemühen, zeigt einen erstaunlichen Mangel nicht nur an literarischer Ehrlichkeit."

Mitglieder der Schriftleitung
Heinrich Bauer (HB), Karl Wilhelm Böttcher (KB), Walter M. Guggenheimer (WG), Rüdiger Proske (RP), Frankfurt/Main.

FRANKFURTER HEFTE

Zeitschrift für Kultur und Politik

HERAUSGEGEBEN VON EUGEN KOGON UND WALTER DIRKS

AUS DEM INHALT

6. JAHRGANG HEFT 5 MAI 1951

INHALT

FH

Mai 1951. Die Frankfurter Hefte sind durch jede Buchhandlung, durch die Post und direkt vom Verlag zu beziehen. Einzelheft: DM 1.— zuzüglich Zustellgebühr, Inland DM 0.10, Ausland DM 0.20 pro Heft. Postscheckkonto Frankfurt a. M. 82491. Schriftleitung und Verlag: Frankfurt a. M., Schaumainkai 53, Tel. 64905 und 65110. / Druck: Fränkische Gesellschafts-Druckerei GmbH., Würzburg.

FRANKFURTER HEFTE

Zeitschrift für Kultur und Politik

Herausgegeben von Eugen Kogon und Walter Dirks

6. Jahrgang | Mai 1951 | Heft 5

Europa und die Neutralität

Frankfurt, 18. April 1951.

WD Wenn die Zustände ebenso flatterhaft wären wie unsere Empfindungen und unsere Propaganda, so wären wir aus der Gefahrenzone heraus: vor einigen Vierteljahren wurde uns gesagt, der Einbruch der Russen stehe so nahe bevor, daß Deutschland garnicht rasch genug bewaffnet werden könne; dann ergab es sich anders, und nun tritt man auf der Stelle, und diese bedenkliche Sache scheint das gemächliche Tempo angenommen zu haben, das wir sonst mehr von guten Sachen gewohnt sind, etwa von der europäischen Einigung. Die Tatsache der Pariser Verhandlungen, so wechselvoll und unbefriedigend sie auch waren, der Verlauf des Krieges in Korea, McArthurs Abberufung sind sichtbare Faktoren der Beruhigung; dahinter mögen Entschlüsse der Staatsmänner in Moskau und Washington stehen; die Berichte Eisenhowers und die Reisen britischer und französischer Staatsmänner haben ihre Wirkung getan. Auch von Europa wird nicht mehr so viel geredet wie vor einem Jahr, und von der Neutralisierung Frankreichs und Gesamt-Deutschlands nicht so laut wie vor einem Vierteljahr. In Wahrheit hat sich viel weniger geändert, als es den Anschein hat: die Russen waren auch in den Zeiten, da die Propaganda der drohenden Kriegsgefahr bei uns auf höchsten Touren lief, nicht mit der Vorbereitung zum Einmarsch beschäftigt; was vor einem Jahr die Bildung eines Kerns europäischer Souveränität notwendig erscheinen ließ, gilt in unverminderter Dringlichkeit auch heute noch; weder der modische Wechsel der Meinungen der Meinungslosen noch der Mißbrauch der europäischen Parole durch literarische Nationalisten („Nation und Europa") und Stahlhelmer kann daran etwas ändern; und wenn in Frankreich die amerikanische Reise des Präsidenten der Republik, die kommende Wahl, die Hoffnung auf de Gaulle oder die Furcht vor ihm, Sorgen um Marokko und andere Ereignisse die Diskussion um den Neutralismus zurückgedrängt haben, wenn in Deutschland wieder die Wirtschaftspolitik die ersten Seiten der Zeitungen beherrscht, so bleiben doch drüben wie hüben die in der Neutralitäts-Debatte aufgeworfenen Fragen erörternswert.

*

Von den drei Begriffen *„Neutralismus"* (einer Bewegung in Frankreich und Italien), *„Neutralisierung"* (einem Plan für Gesamt-Deutschland) und „Neutralität" (einem politischen oder völkerrechtlichen Zustand) ist nur der erste einigermaßen eindeutig, und zwar deshalb, weil er der Name einer bestimmt umrissenen politischen Bewegung ist, deren Sprecher sich eindeutig über ihre Absichten geäußert haben. Sie laufen darauf hinaus, Frankreich aus den atlantischen Bindungen herauszuführen und eine Politik der Neutralität zwischen den rivalisierenden Weltmächten einzuleiten. Eine *Politik* der Neutralität: es geht weder um eine Entwaffnung noch um einen völkerrechtlichen Status; das Ziel der Bewegung ist eine politische Entscheidung des souveränen bewaffneten französischen Staates. Die Bewegung hat innerfranzösische und weltpolitische Motive. Man denkt an eine militärische Neutralität im Falle eines Krieges, aber wie die atlantischen Gegenspieler das Argument ausspielen, ihre Rüstung sei primär nicht dazu da, den Krieg zu gewinnen, sondern ihn zu verhindern, so argumentieren auch die Neutralisten, daß die französische Neutralität, so sehr sie auch den Fall eines Krieges ins Auge fasse, doch vor allem geeignet sei, einen Zustand und eine Atmosphäre der Vermittlung zu schaffen und den Krieg zu verhindern.

Die französische Neutralität allein? Nein: die Neutralisten schauen nach Bundesgenossen in Westeuropa aus, vor allem, verständlicherweise, nach Deutschland und nach Italien. In der Tat hätte wohl nur ein neutrales Westeuropa ein genügendes Eigengewicht für eine Politik der Vermittlung. Das könnte nach Europa-Politik aussehen. Aber die Neutralisten meinen, die offizielle europäische Politik, Straßburg und die europäische Bewegung seien in den Atlantikpakt verstrickt, sie halten Straßburg für schwach und wenig aussichtsreich, und viele von ihnen, nichtstalinistische Linkssozialisten, trauen den gegenwärtigen Regierungen Kontinental-Europas und auch Großbritanniens keine neutralistische Politik zu: sie setzen daher ihre Hoffnungen weder auf Europa noch auf die Regierungen, sondern darauf, daß in den einzelnen Ländern neutralistische Bewegungen entstehen, die zuerst innenpolitisch neue Tatbestände zu schaffen hätten.

Die *europäische Bewegung* berührt sich in *einem* Punkt mit diesem Programm: indem sie ein unabhängiges Europa erstrebt und von diesem neuen und starken politischen Subjekt erhofft, daß es schon durch seine Existenz ein Element der Entspannung, gegebenenfalls auch der Vermittlung sein werde. Ein solches Europa wäre souverän; es würde nicht angreifen; es würde sich verteidigen, wenn es angegriffen würde; es könnte in irgendeinem Konflikt auch „neutral" bleiben, wenn es sich nicht um eine eindeutige Aggression handeln sollte. Ein solches Europa wäre gegebenenfalls imstande, den Atlantikpakt aufzugeben, da es selbst verteidigungsfähig wäre und in der UNO mit den USA ohnehin militärisch zusammenwirken würde, falls eine Aggression gegen atlantische Staaten erfolgen sollte. Die Frage einer Neutralität — nicht ohne weiteres die Neutralität — steht für die europäische Bewegung erst am Ende ihrer vorläufigen Aktion: diese selbst erstrebt die Bildung jenes Subjektes, das erst da sein muß, um sich für irgendetwas entscheiden zu können, also um jene Frage überhaupt stellen zu können.

Solange es nicht da ist, scheint uns das erreichbare Höchstmaß der Friedensaussicht in einem starken Amerika, in einem Westeuropa, das seine Streitkräfte koordiniert und zu einer beachtlichen Defensivkraft ergänzt, und in der Nichtbewaffnung Deutschlands zu liegen. Denn in dieser Verbindung ist wohl das Höchstmaß von Verteidigungsbereitschaft und Abschrekkung mit einem Mindestmaß von Provokation vereinigt.* Von diesem Zustand aus wird man sodann Zug um Zug mehr für den Frieden tun können, auch in der Weise, daß Europa, sobald das verantwortet werden kann, seine atlantischen Bindungen lockert und einen Status anstrebt, wie ihn etwa Indien und Australien einzunehmen im Begriff sind: loyale Glieder der UNO, des Imperialismus unverdächtig, zur Verteidigung gegen jede Aggression bereit, bereit auch zur Entwicklung neuer politischer Energien des Friedens. Je mehr Mächte außerhalb des äußersten Gegensatzes der Machtzentren eine Politik der Freiheit und des Friedens betreiben, umso größer werden die Aussichten des Friedens sein. Auch Amerika sollte daran interessiert sein, in Europa einen selbständigen befreundeten Partner zu haben statt eines fragwürdigen Werkzeugs.

*

Die Frage einer „Neutralisierung" *Deutschlands* kann nur in demselben Zusammenhang gewertet werden: ob dergleichen dem Frieden dienen würde oder nicht. Will man diese Frage beantworten, so muß man freilich zunächst einmal wissen, was eine „Neutralisierung" und was die „Neutralität", die sie herbeiführen soll, eigentlich ist. Vorläufig handelt es sich um einen *Wortfetisch,* um eine Worthülse ohne Inhalt. Man kann schon deshalb im gegenwärtigen Stand der Erörterung weder für noch gegen eine Neutralisierung Deutschlands sein, weil dieses Wort völlig verschiedene tatsächliche und völkerrechtliche Zustände meinen kann. Daß dabei Deutschland wiedervereinigt und außerhalb des Atlantikpaktes und außerhalb des militärischen Systems des Ostblocks gedacht wird, ist das einzige, was feststeht.

---

* Als ich in einem Osterartikel der „Frankfurter Neuen Presse" diese These vertrat, wurde von der Redaktion ohne mein Wissen das dritte Glied der Kombination: die Nichtbewaffnung Deutschlands, gestrichen; abgesehen davon, daß der Gedanke dadurch unvollständig wurde und nicht mehr mein Gedanke war, konnte der Eindruck entstehen, als sei mit der „Ergänzung" der westeuropäischen Streitkräfte gerade die Wiederbewaffnung Deutschlands geradezu gefordert.

Unter welchen Voraussetzungen und in welcher Form käme „dergleichen“ infrage?

Erstens setzt eine Lösung in dieser Richtung einen *stabilen Waffenstillstand der beiden Weltmächte* voraus. Die Lösung der deutschen Frage wäre gewiß ein wichtiger Bestandteil eines solchen Waffenstillstandes, aber weder der einzige noch der entscheidende. Es hieße Ursache und Wirkung verkehren, wenn man glauben wollte, durch eine solche Lösung zum Frieden zu kommen. In Wahrheit wird man die deutsche Frage erst lösen können, wenn man auch sonst zum Waffenstillstand bereit ist — und einander die nötigen Garantien anbieten kann.

Zweitens sollte eine deutsche Neutralität nur dann für uns annehmbar sein, wenn sie uns nicht nur das kostbare Geschenk der Waffenlosigkeit und seine internationale Garantie brächte, sondern auch die (nur durch einen solchen Vertrag eingeschränkte) politische Souveränität. Sie dürfte uns nicht hindern, unsere inneren politischen Auseinandersetzungen in Freiheit auszutragen; sie dürfte uns nicht hindern, Freunde zu wählen und mit ihnen Verträge zu schließen, Handelsverträge und politische Verträge, militärische ausgenommen. Wir würden in einem solchen Fall alles daransetzen, das deutsche Volk — und gegebenenfalls auch das polnische, das tschechische und andere — für die Vereinigten Staaten von Europa zu gewinnen, und der Neutralitätsvertrag dürfte einem solchen Entschluß, wenn die deutsche Demokratie ihn fassen sollte, nicht im Wege stehen, unter Vorbehalt der militärischen Klauseln des Neutralitätsvertrages.

Das etwa wäre eine diskutable Form einer Neutralität. Aber es gibt auch andere, die nicht diskutabel sind. Die Neutralität eines kleinen Pufferstaates, der einige Jahre eine künstliche Existenz führen und dann so oder so konsumiert werden würde. Die Isolierung des Narrenhauses oder der Seuchen-Station. Eine Schein-Neutralität, welche in Wahrheit die Auslieferung an den Osten oder an den Westen wäre, im Zusammenhang irgendeines ganz großen Geschäftes, in dem wir, das wiedervereinte Deutschland, ein Tauschobjekt wären, so herum oder so herum. Weder eine formale Neutralität noch auch die deutsche Einheit sind letzte Werte; es käme auf den Preis an, es käme auf den Gesamtzusammenhang an; es käme wesentlich darauf an, ob die unbekannte Lösung, die das Wort „Neutralisierung“ ansteuert, der Freiheit und dem Frieden dienen würde oder nicht.

Also sind heute nur vorklärende Erörterungen möglich. Für Parolen, für Verhandlungen fehlen alle Voraussetzungen. Wir können heute weder Ja noch Nein sagen. Ein Ja hieße, einen Blankoscheck unterschreiben; ein Nein hieße, Türen zur Zukunft zuschlagen, — die Geschichte ist nicht zuende.

*

Zwischen einer Tendenz zu einer deutschen Neutralisierung und der französisch-italienischen neutralistischen Bewegung gibt es keinen zwingenden Zusammenhang. Man darf sich durch den Wortfetisch nicht täuschen lassen. Es handelt sich um völlig verschiedene Voraussetzungen, — so sehr, daß eine deutsche Neutralisierung unter Umständen die endgültige Niederlage der französischen Bewegung bedeuten könnte: ein Westeuropa, von dem ein neutralisiertes Deutschland abgeschnitten wäre, könnte eben dadurch gezwungen werden, sich umso definitiver an die nordamerikanische Macht anzuschließen. Daß die inneren Auseinandersetzungen in dem großen Topf zwischen Köln und Dresden unter Umständen — unter eben den unbekannten Umständen des Neutralisierungsvertrages — zu einem neonazistischen oder nationalbolschewistischen System führen könnten, werden die Neutralisten in Paris und Rom nicht übersehen dürfen. Auch ein hochrestaurativer Maklerstaat, der das große Ost-West-Geschäft macht, gehört zu den (entfernteren) Möglichkeiten, die ein französischer neutralistischer Patriot und Sozialist ins Auge fassen sollte.

*

Es gibt dringendere Fragen. Zum Beispiel die, ob die französische neutralistische Linke das erste Werk der keimenden europäischen Souveränität, den Schuman-Plan, durch aktive (wenn auch kritische) Mitwirkung stützen will und mithelfen will, daß es ebendadurch nicht zu einer Angelegenheit des Comité des Forges wird, sondern zu einer Sache des arbeitenden Volkes, zu einer Zelle des europäischen Sozialismus und damit zu einem Friedenswerk. Oder ob die neutralistischen Sozialisten drüben es vorziehen, mit dem nationalistischen Sozialistenführer Schumacher hüben ein wahrlich nicht verabredetes Bündnis zur Verhinderung des Fortschritts zu schließen.

Denn auch Dr. Schumacher hat seine Konzeption, und er ist stärker als die Neutralisten. Wenn Europa durch solche unfreiwillige Kooperation verhindert wird, würde nicht der Neutralismus das Rennen machen, sondern er. Er hat die Stärke dessen, der nicht liebt. Er weiß nichts von Frankreich, nichts von Italien. Man hat von diesem Sozialistenführer noch niemals ein Wort vernommen, das dargetan hätte, der kleine Mann interessiere ihn auch, wenn er jenseits der Grenzen des Reichs lebt. Schumacher ist sicher einer der bedeutendsten deutschen Politiker, aber die Angst, um seine Lebensaufgabe betrogen zu werden, bedrängt seinen scharfen Geist, und seine politische Phantasie hört an den schwarzrotgoldenen Grenzpfählen auf. Weil Stresemann und Severing sich als schwächer erwiesen haben denn Hugenberg und Hitler, redet er vom Schumanplan wie Hugenberg vom Youngplan und merkt nicht, daß heute alles anders ist. Er ist als Sozialist platonisch (aber ohne Liebe) für Europa, praktisch dagegen, und er ist gegen die Neutralität. Er ist Nationalist, und es besteht die Aussicht, daß er eines Tages die Macht haben wird, die jetzt Adenauer hat, und er wird sie noch ganz anders gebrauchen, als dieser sie in den ersten Jahren seiner Bundeskanzlerschaft gebraucht hat. Es sei denn, daß auch seine Bäume nicht in den Himmel wachsen, in der SPD, in Deutschland und in Europa.

Ein Brief

Zwei junge Germanisten einer ostzonalen Universität, die daran waren, ihren Marxismus in ihre literaturwissenschaftliche Arbeit umzusetzen, entdeckten den inneren Widerspruch und die Unredlichkeit der gesteuerten Wissenschaft. Sie zogen die Konsequenz: sie gaben Stellung, Heimat und Karriere auf. Ihre Gründe legten sie in einem Brief an ihren bisherigen Lehrer nieder. Dieser Brief gibt einen gewissen Einblick in die literaturwissenschaftliche Diskussion des Bolschewismus, in ihre Terminologie, in ihre Sprache. Er demonstriert, wie am Gegenstand „Goethe" ein Ernst marxistischer Prägung die stalinistische Sterilität entlarvt. Er ist schließlich ein Dokument der Redlichkeit zweier junger Menschen, die ohne irgendeinen äußeren Grund oder Anstoß, und ebensowenig wegen einer Abwendung von ihrem marxistischen Glauben, sondern „nur" um der Wahrheit und Wahrhaftigkeit willen die Sicherheit preisgaben und ein ungewisses Schicksal auf sich nahmen. Wir veröffentlichen den Brief mit geringfügigen Kürzungen und, natürlich, unter Weglassung der Namen.

Lieber . . .!

Im Laufe unserer Zusammenarbeit mit Dir und dem . . . Kollektiv hat sich in uns der Stoff zu einer Auseinandersetzung angesammelt, die wir viel lieber mündlich mit Dir geführt hätten, wenn es die Verhältnisse erlaubten. Diese Auseinandersetzung betrifft die bei Dir ausgebildete wissenschaftliche Arbeitsmethodik und ihre Beziehung zur gesellschaftlich-politischen Praxis. Wir glauben feststellen zu müssen, daß unsere wissenschaftliche Arbeit mehr und mehr den Zusammenhang mit der Gesamtentwicklung der DDR verliert, daß die Wissenschaft bei uns überhaupt ihre im Marxismus konzipierte Kompaßrolle in der praktisch-politischen Entwicklung aufgibt, und daß damit einerseits die politische Praxis zur bloßen Taktik absinkt, anderseits die Wissenschaft nach Preisgabe ihrer Führerstellung eingeengt wird auf die Exemplifizierung politischer Tagesprogramme, deren Übereinstimmung mit der Grundkonzeption des Marxismus überhaupt nicht mehr überprüft wird. Wir sind bei uns zu einem Diktat der Praxis über die Theorie gekommen.

Vielleicht können wir Dir am Beispiel der Lukacs-Debatte genauer zeigen, wohin wir mit dieser Kritik zielen: Wir sind seinerzeit in unserer Diskussion zu der Anschauung gekommen, daß Lukacs, ausgehend von einer ungenügenden Analyse der sozialen und politischen Voraussetzungen, zwar dauernd abstrakt auf die politischen Grenzen der deutschen Klassik hinweist, daß er aber in der Theorie und Praxis ihrer Gestaltung diese Grenzen konkret nicht zu erkennen vermag. Deshalb kommt er in seiner Ästhetik auch nicht zu einer exakten historischen Analyse der literarischen Formen und zu einer scharfen Fassung des Realismus-Begriffes. Wir waren uns klar darüber, daß die Kritiken Rudaś', Harichs und anderer von einer entgegengesetzt fehlerhaften Position ausgingen, weil hier aus einer Überbewertung des Inhalts die Frage der Bedeutung der Entwicklung und Veränderung der Formen, die Lukacs wenigstens anschneidet, überhaupt beiseitegelassen wird. Neben der Kritik an Lukacs wurde von uns der Versuch unternommen, in einer Analyse der ästhetischen Theorien der Klassik eine Gegenthese zu Lukacs' Goethebild zu erarbeiten. Damit sollte ein Schwerpunkt für eine Theorie des sozialistischen Realismus geschaffen werden, an deren Erstellung ja Lukacs gescheitert ist. Hierbei aber war unsere Fragestellung ebenso fehlerhaft wie die von uns im Zusammenhang der Lukacs-Debatte kritisierte Rudaś' oder Harichs: Wir betonten nämlich völlig einseitig die Bedeutung der in der modernen sowjetischen Literatur auftauchenden neuen Inhalte, ohne sehen zu wollen, daß von der Entwicklung neuer literarischer Formen hier — außer vielleicht bei Scholochow — überhaupt nicht gesprochen werden kann, und wir fragten nicht nach den Gründen für den ästhetischen Tiefstand fast der gesamten aus der Sowjetunion kommenden und bei uns in der DDR produzierten literarischen Werke. Auf der Grundlage einer solchen ad hoc-Theorie sind wir zu einer völlig einseitigen Einschätzung der Ästhetik der Klassik gekommen. Weil wir nämlich nicht wagen durften, die Diskrepanz zwischen Inhalt und Form in der modernen sowjetischen Produktion aufzuzeigen, überbetonten wir einerseits die Rolle der sogenannten Naturtalente in der Klassik, indem wir gegenüber ihrer formalen Abhängigkeit von den Schablonen der großen Literatur die literarisch progressive Bedeutung ihrer Inhalte unverhältnismäßig hervorhoben; anderseits abstrahierten wir (— ebenso wie Lukacs, nur, im Gegensatz zu ihm, nicht von der Gestaltung, sondern von der Theorie ausgehend —) die in der Klassik entwickelten literarischen Großformen aus ihrem historischen Entstehungsprozeß. Bei allen unseren Untersuchungen über die Durchbrechung der Tugenddiskussion des moraldidaktischen Genres und die Säkularisierung der Inhalte in der Klassik übersahen wir, daß Goethe in diesen theoretischen Ansätzen, entsprechend der Misere der deutschen sozialen und politischen Verhältnisse, der Literatur die Chance einer unmittelbar aktivierenden Einwirkung in die Gesellschaft abspricht.

Wir stellen diese Fehleinschätzung eines einzelnen Problems deshalb so breit dar, weil sie uns ein Symptom für die Preisgabe der eigentlich wissenschaftlichen Fragestellung bei uns zu sein scheint. Wir sind in unserer Fakultät einer Wissenschaftshaltung verfallen, die nicht mehr auf Veränderung der Wirklichkeit ausgeht, sondern die nur noch das augenblicklich Bestehende — in diesem Falle die bestehende nur scheinbar sozialistische Literatur der Sowjetunion — zu rechtfertigen hat. Mehr und mehr ist die Veränderung der Bedeutung unserer Arbeit im Laufe der Zeit zutage getreten, mehr und mehr ist bei uns aus dem wissenschaftlichen Forschungsansatz ein vom Politbüro diktierter politischer Nahauftrag geworden. Wir haben im letzten Vierteljahr bei Dir mit erschreckender Deutlichkeit erkennen müssen, daß Deine Methode des „Pointillismus", des Punktierens der Entwicklung bestimmter Einzelprobleme ohne Breitendarstellung, gar keine Methode ist, sondern nur der Ausdruck für eine Unfähigkeit, nach Aufgabe der wissenschaftlichen Wahrheits- und Ganzheitsfrage noch ein geschlossenes System zu entwickeln: Die Literatur hat nur noch Exempel für Thesen zu liefern, die von außerwissenschaftlichen Instanzen diktiert werden. Der Verzicht auf systematische Verknüpfung schafft Euch die Möglichkeit, die literarischen Einzelerscheinungen auftragsgemäß und ganz nach Bedarf zu gruppieren.

Lieber ..., Du wirst uns vorwerfen, daß wir diese Diskussion nicht mit Dir in ... führten, sondern Dich vor vollendete Tatsachen stellen, und Du wirst mit Recht die Unvollständigkeit der Argumentation beanstanden, die durch den Brief bedingt ist. Darauf ist zu sagen, daß unsere Kritik in einem solchen Maße über die Beanstandung von Einzelerscheinungen hinaus das Ganze angreift, daß wir sie unmöglich in ... hätten führen können. Der wissenschaftliche Praktizismus, die völlige Unterordnung der Theorie unter die Praxis, führt ja eben nicht zu einer besonders hohen praktischen Wirkungschance für die Wissenschaft, zu einem besonders engen Zusammengehen zwischen Theorie und Praxis, sondern im Gegenteil zu einer völligen Isolierung der Theorie, zur Vernichtung jeder Möglichkeit echter Kritik. Ihr sitzt in ... wie Krauß in Leipzig auf einem Zauberberg. Man kann zwar das geistige Klima auf diesem Zauberberg analysieren, aber man kann ihn nicht zu einer Bastion grundsätzlicher Auseinandersetzungen machen; dazu scheint uns die Position der Wissenschaft bei Euch zu sehr geschwächt zu sein.

Aus den Dir hier mitgeteilten Erfahrungen und Erkenntnissen haben wir den Entschluß gezogen, nicht wieder nach ... zurückzukehren. Wir können unter den gegebenen Verhältnissen nicht Dozenten werden. Am Beginn unseres Weges zum Marxismus stand die Faszination durch die These der universellen Einheit von Theorie und Praxis. Wir sind mit dieser Fragestellung gescheitert, und wir glauben die Gründe dieses Scheiterns, soweit sie bei uns liegen, nennen zu können. Unsere Problemstellung kam aus der Isolation des Intellektuellen, der den Weg zur Gemeinschaft sucht und, unfähig zur Praxis, die Theorie unmittelbar zur Praxis machen will. An der Entwicklung in der DDR und innerhalb derer an Euch hätte es gelegen, diese unsere Frage weiter zu entwickeln zu der Frage nach der größtmöglichen Chance der Wahrheitserkenntnis mit den Methoden des Marxismus. (Daß wir mit dieser Forderung nach Wahrheit nicht einer sogenannten voraussetzungslosen Wissenschaft das Wort reden, ist wohl aus dem, was wir bisher gesagt haben, ersichtlich.) Eine solche Umakzentuierung unserer individuellen Probleme hat bei Euch nicht stattgefunden und kann bei Euch nicht stattfinden, weil in der augenblicklichen Entwicklung bei Euch Theorie und Praxis in ein Mißverhältnis geraten sind. Es gilt deshalb für uns, einen neuen Standort zu finden, an dem wir wieder zu Subjekten einer Auseinandersetzung werden können, deren Objekte wir bei Euch geworden sind.

Lieber ..., Du wirst nicht annehmen, daß wir jetzt das Gegenteil von dem tun wollen, was wir bisher getrieben haben. Unsere scharfe Kritik an der ideologischen und politischen Entwicklung in der DDR ist keineswegs ein Ausfall gegen politische Praxis überhaupt, — sie ist lediglich gegen eine politische Praxis gerichtet, die die vom Marxismus ursprünglich geforderte wissenschaftliche Grundhaltung Schritt für Schritt preisgibt und zu taktischen Mitteln greift, die uns ebensowenig notwendig auf dem Kurs einer marxistischen Strategie zu liegen scheinen, wie sie vereinbar sind mit unserem individuellen Gewissen. Wir werden nicht aus unserer politischen und wissenschaftlichen Enttäuschung einen Kopfsprung in den Faschismus und den Militarismus machen. Unsere Auseinandersetzung mit dem Marxismus muß auf einer neuen Ebene weitergehen. Wir würden uns freuen, wenn wir hier in Berlin Gelegenheit hätten, mit Dir weiterzudiskutieren. Eine Rechtfertigung vor dem Kollektiv halten wir allerdings für sinnlos und unersprießlich. Wenn wir Dich nicht hier wiedersehen sollten, möchten wir Dir jetzt für die Hilfe und Förderung, die wir von Dir erfahren haben, danken.

Es ist besser für die Wahrheit, die Gewalt zum Gegner als zum Kampfgenossen zu haben.
Konstantin Aksakow (1817—1860).

Jean-Paul Sartre

DIE VERTEIDIGUNG DER NATIONALEN KULTUR DURCH DIE EUROPÄISCHE KULTUR

Unsere Kultur sei in Gefahr, so heißt es allerorten. Überall stellt man fest, ihr Einfluß nehme ab. Anderseits beklagt man immer wieder den Import fremder Ideologien, die den traditionellen Rahmen unserer Kultur sprengen könnten.

Ist unsere Kultur bedroht? Kann man sie retten? Und wie? Und zunächst einmal: was ist Kultur ganz allgemein? Ich denke nicht daran, sie zu definieren, ich möchte nur einige nützliche Überlegungen zu dieser Frage anstellen.

Betrachten wir eine Gemeinschaft zu irgendeiner Epoche (beispielsweise um die Mitte des 18. Jahrhunderts oder in der Gegenwart), so bemerken wir, daß solche Epochen allzu oft wie eine Gegenwart oder allenfalls wie eine Vergangenheit angesehen werden. Man übersieht dabei, daß sie auch eine Zukunft sind, eine Zukunft mit zwei sehr verschiedenartigen Seiten.

So können wir sagen, daß es eine Zukunft unserer Gegenwart gibt, die sich aufbaut auf einer gewissen Anzahl von Möglichkeiten, von sich entwickelnden Problemen, von Forschungen, die auf unserem Boden oder in unserer Gemeinschaft von Gruppen oder Individuen unternommen werden. Dies oder jenes wissenschaftliche Problem steht vor seiner Lösung. Diese oder jene Reform, eine Reihe von Reformen wird durchgeführt, oder einer unserer Zyklen-Romane befindet sich auf dem Wege zur Vollendung. Wir haben also hier eine Art von Zukunft vor uns, die an unserer Gegenwart teilhat, auf die sie zurückgeht und ihr einen Sinn gibt. Zu gleicher Zeit ist die Gemeinschaft mit einer breiteren Zukunft verknüpft, die europäisch oder weltumfassend sein kann, und oftmals kommt die Zukunft zur Gemeinschaft, ohne daß sie es wollte oder es vermeiden könnte. So erweist sich die Wirksamkeit der Zukunft anderer Gemeinschaften auf uns; denn während jene Erfindungen, diese Werke oder jene Gemälde entstehen, besteht, beispielsweise, die Bedrohung durch einen Krieg, in den unsere Gemeinschaft hineingezogen werden kann.

Wir stehen also vor einer doppelten Zukunft: einer schicksalhaften Zukunft, an die wir mit mehr oder weniger Ausweichmöglichkeiten gebunden sind, und einer freien Zukunft, die das eigentliche Produkt unserer Gemeinschaft, ihr heutiger Sinn und die Aussage ihrer Gegenwart ist.

Was ist nun die Kultur einer Gemeinschaft im Hinblick auf jene beiden Zukunftsbegriffe? Wir stellen fest, daß man die Kultur einer gegebenen sozialen Gruppe seit Hegel mit vollem Recht den *objektiven Geist* dieser Gemeinschaft nennt, der durch das Zusammenwirken von Ideen, Werten und Empfindungen gebildet wird; zweifellos wurden sie von Anderen gewollt, gefühlt, geliebt und geschaffen, gerade deshalb aber sind sie für die lebende Generation Objekte. Bücher sind es, Bilder, Doktrinen, Gesichter von Städten, Formen der Empfindungsäußerung. Aber alle diese Objekte haben eine Bedeutung. Einerseits spiegeln sie tatsächlich eine Situation wider (so kann man zum Beispiel aus einem Essay-Werk die Erklärung des Werkes lesen, die Situation, aus der es konzipiert wurde; man kann Nietzsche, Racine interpretieren, indem man von einem sozialen, ökonomischen oder anderen Zusammenhang ausgeht). Anderseits stellt jedes dieser Objekte eine Überholung dieser Situation durch den Autor dar; das heißt: es gibt, über jede Erklärung hinaus, einen Rest, der die wesentliche Substanz des betreffenden Werkes ist und die Art wiedergibt, in der der Verfasser versucht hat, jene Situation zu überholen, zu begreifen und zu lösen, anstatt nur deren Produkt zu sein.

Es sind also die Werke Denkmäler der Vergangenheit und uns in diesem Sinne hermetisch verschlossen, denn es gab eine Situation, die von Nietzsche, Descartes und Racine gelebt wurde, in der wir aber niemals leben werden. Doch zu gleicher Zeit sind diese Werke Zukunft einer vergangenen Epoche gewesen, denn sie stellten eine Bemühung zur Lösung eines besonderen Konfliktes dar; etwa das Bemühen, für ein neues Deutschland einen Platz in Europa zu finden — wie Nietzsche es unternahm — oder gewissen ästhetischen Grundsätzen der Vergangenheit einen Sinn zu geben. Kurz, in jenem Augenblick stellt die andere Seite dieser Werke eine Zukunft dar und dies in solcher Weise, daß bei der Lektüre von Nietzsches Werken oder beim Anblick einer Tragödie von Racine diese Objekte, die zunächst wie ein aus der Vergangenheit geholtes, undurchdringliches Produkt vor uns standen, sich plötzlich öffnen, sich um uns wieder schließen und uns Zukunft aufzwingen. Diese Zukunft ist zwar nicht genau unsere Zukunft, aber die des Menschen und der Gruppe, die das betreffende Werk zu einer bestimmten Zeit geschaffen haben; und in diesem Augenblick, in dem wir uns einem Werke erschließen, ersteht uns diese Zukunft in der Form einer Forderung. Wir sind Gefangene des Werkes und seiner Forderung.

So erklären sich einerseits jene vieldeutigen Phänome, die wir kulturelle Fakten oder Objekte der Kultur nennen, zunächst aus einer geographischen, ökonomischen, sozialen, bevölkerungspolitischen, technischen, politischen, oder anderen Situation; anderseits sind sie nicht erklärbar, denn sie sind freie Schöpfungen innerhalb einer Situation. Jede Kulturtatsache ist gleichzeitig Faktum, wenn man sie von außen her betrachtet, und Anspruch, Forderung, wenn man in sie hineingleitet. Gerade aber, weil sie in gewissem Maße Faktum sein muß, um Forderung zu werden, sind es die Faktoren dieses Faktums, die eine Kultur beeinflussen, sie erhalten oder zerstören können.

Man hat im Einzelnen die Unterschiede der Aspekte europäischer Kultur durch Fakten genauer zu erklären versucht. So weist man darauf hin, daß die französische Literatur deshalb eine besondere Bedeutung hat, weil die ziemlich früh erreichte nationale Einheit eine entsprechende Einheit der Sitten nach sich zog. Sie erscheint dadurch, daß sie eine Einheit mit ihren Zeitgenossen erreicht, wie eine Reflexion ersten Grades des Lebens, eine Reflexion über Lebensweise, Sitten, Moral und Liebe. In dem zerrissenen Deutschland des 18. oder 19. Jahrhunderts dagegen verband die Schriftsteller mit den Mitgliedern der verschiedenen deutschen Gemeinwesen eine Gemeinsamkeit zweiten Grades. Dies führte zu dem Bedürfnis, eine höhere gemeinsame Ebene zu erreichen, etwa die Bedingungen für die Möglichkeit einer bestimmten Haltung zu prüfen. Kurz, es ist eine mehr philosophische

Reflexion, die zu einer Einheit und einer Übereinstimmung mit dem Gemeinsamen führt. Wenn auch die Gesamtheit der Probleme und Tatbestände, die diese Reflexion ins Leben riefen, Vergangenheit wird, muß die Zukunft an sich nicht notwendigerweise das Schicksal der Situation, aus der sie entstand, erleiden. Für Nietzsche und seine Bewunderer am Ende des 19. Jahrhunderts gab es eine Zukunft. Inzwischen hat sich die Situation verändert, das Problem ist nicht mehr das gleiche, doch wendet sich Nietzsches Werk immer noch an uns und bietet uns eine Zukunft an. Wir werden also schon mit einer vorskizzierten Zukunft in eine Gemeinschaft hineingeboren; diese Zukunft bietet sich uns an, und erst über sie hinaus gelangen wir zu unserer eigenen Zukunft. Diese Zukunft mit ihren Forderungen, ihren versuchten Lösungen und ihren Forschungen nennen wir Kultur. So wenig wir mit unserer Geburt dem Angebot einer unabwendbaren Zukunft ausweichen können, so notwendig müssen wir sie überschreiten, um sie ihrerseits zur Situation werden zu lassen. Damit aber eine Kultur lebendig bleibt, muß ihre Gemeinschaft so autonom und souverän sein, daß der Denker, der Künstler oder der Mann der Religion über die Probleme hinaus zu Lösungen schreiten kann.

Ist die Gemeinschaft verbraucht und schwach, so kann man keine Lösung entwerfen, denn dann sind diese Lösungsmöglichkeiten innerhalb der Gemeinschaft nicht mehr gegeben. In einem Volke, das völlig in die Sklaverei gesunken ist, erlischt die Kultur. Es gibt keine Lösungen mehr, für die sich Schriftsteller, Philosophen, Maler oder Musiker verantwortlich fühlen könnten. Ein Schriftsteller, der in einer freien Gemeinschaft lebt, — und darin besteht die Größe der Größten — wird sich verantwortlich für alles fühlen; denn er hat für alle Probleme Lösungen vorzuschlagen. Betrachten wir einen Tolstoi oder Dostojewski, so werden wir den berechtigten Stolz dieser großen Männer bemerken, einen Stolz, der übrigens die Quelle ihres Wertes ist.

Daß es keine wirklich großen weiblichen Schriftsteller gibt, daß man unter ihnen keine Erscheinungen findet, die einem Cervantes, einem Tolstoi oder Stendhal entspricht, obwohl es doch in allen Jahrhunderten Frauen gab, die geschrieben haben, hat seinen Grund nicht darin, daß ihr Gehirn anders als das der Männer beschaffen ist, sondern in der Tatsache, daß das männliche Universum ein Reich ist, in dem die Frau zwar lebt, für das sie aber nicht verantwortlich ist. Sie kann heute nicht Partei nehmen zu Krieg, Gerechtigkeit, Heroismus, Weisheit, weil es sich bei all diesen Begriffen tatsächlich um männliche Werte, um ein streng umgrenztes Reservat des Mannes handelt, auf das sie keinen Einfluß hat. Ihre gehört eine viel enger umschlossene Welt: die Welt der Leidenschaften, der Liebe, der Psychologie, der Natur. Man kann sich im 18. oder 19. Jahrhundert keine Frau vorstellen, die „Krieg und Frieden" schreibt, nicht weil sie dazu unfähig wäre, sondern weil ihr die Gesamtheit der Werte des Krieges und des Friedens verschlossen ist, (aus eigener Erfahrung kennt sie weder die Schrecken einer Schlacht, noch den militärischen Heroismus, noch das Zweifelhafte und Absurde eines sogenannten militärischen Planes; sie steht in keiner Beziehung zu einer Welt, in die sie nicht eindringen kann, und in der sie nicht handeln kann).

Wenn man in kleinen europäischen Ländern so viele Leute beobachten konnte, für die Nazi-Kultur und Nazi-Ideologie eine Versuchung waren, so deshalb, weil

Deutschland damals einen gefürchteten Imperialismus darstellte, der von einem Tag zum anderen diese kleinen Länder zerstören und erobern konnte. Stärke, Bedeutung und Wert erwuchsen der Ideologie — nicht aus ihren Eigenschaften —, sondern aus der Macht, die fähig war, ihre Ideen durchzusetzen. Gemeinschaften, die an Macht unterlegen sind, betrachten die Ideologie und die Kultur des stärkeren Landes gewissermaßen als ihr Schicksal. Luxemburger oder Holländer sahen die Nazi-Ideologie und sagten sich: vielleicht wird diese Ideologie zweihundert Jahre lang mein Land beherrschen, ein Beweis dafür, daß kulturelle Ideen ganz unabhängig von ihrem inneren Wert ein Vorbereitungs-Potential haben, das von der wirtschaftlichen oder militärischen Bedeutung des betreffenden Landes abhängig ist. In einer mächtigen Gemeinschaft, wie im Frankreich des 18. Jahrhunderts, erreicht der Schriftsteller das Universelle durch das Besondere. Die These: „Wer möglichst besonders, möglichst national ist, ist am universellsten", stimmt so lange vollkommen, als der menschliche Typus der Nation die Macht hat, andere Gemeinschaften zu beeinflussen.

Ist hingegen ein Land klein, bedroht, ohne reale Stärke, so stimmt unsere These nicht mehr. Wer so portugiesisch oder luxemburgisch wie möglich ist, ist keineswegs universell, denn stärkere Völker betrachten ein kleines Land als einen unglücklichen Zustand und seine typischen Vertreter als provinzielle Erscheinung und nicht als bedeutende Realität. Infolgedessen begibt sich der Schriftsteller eines kleinen Landes, der den Zusammenhang mit großen Gruppen sucht, unmittelbar auf die Ebene des Universellen, Allgemeingültigen. Er wird sich der Welt und den allgemeinen menschlichen Werten zuwenden, weil er sehr wohl fühlt, daß er ohnmächtig ist, eine abgesonderte Kultur wie die seines Landes durchzusetzen.

Nehmen wir an, wir hätten als Folge des politischen Lebens und der sozialen Kämpfe Elemente der amerikanischen Kultur und Ideologie entliehen; sie sind dann für uns unüberschreitbar, weil sie ihren Ursprung in einer bestimmten Reaktion auf die ökonomische und soziale Struktur der Vereinigten Staaten haben und wir diese Struktur nicht ändern können. Wenn dieselbe Gruppe, die sich kulturelle Werte vom Ausland holt, früher eine lebendige Kultur besaß, wird sie diese nicht wieder beleben können, denn es ist nicht mehr die eigene Kultur, die zu einer Zukunft entwickelt werden könnte. In einer solchen Gemeinschaft wird es zwei verschiedene, sich widersprechende Kulturen geben: die eine, aus dem Ausland gebrachte Kultur wird eine Träumerei über ein Schicksal sein; die andere, eigene Kultur, die schon halb erloschen, verdrängt und vergessen ist, wird zu einer Träumerei über die Vergangenheit. In gewissem Sinn also ist das Verhältnis der Kulturen ein Kräfte-Verhältnis.

Man nimmt häufig an, daß Bücher, Ideen sich wie Fabrikerzeugnisse oder Rohstoffe exportieren lassen. Gewiß, auch kleine Länder exportieren Uhren oder Getreide; aber was für materielle Güter gilt, stimmt nicht für die Werte der Kultur. Im kulturellen Bereich gibt es Export ohne Gegenleistung. Eine Idee steigt, selbst wenn sie schwach und unbedeutend ist, vom Stärkeren zum Schwächeren hinab, keineswegs aber steigt selbst eine ausgezeichnete Idee vom Schwächeren zum Stärkeren hinauf; sie erschöpft dabei ihre Energie und stellt für die neue Gemeinschaft keinen fördernden Wert mehr, sondern nur noch ein bloßes Faktum dar.

Niemals ist ein Amerikaner von einer europäischen Idee ergriffen. Wir sind deshalb oft geneigt, die Haltung der Amerikaner gegenüber unserer Literatur und unseren Gedanken als eine Art von nachsichtiger Überlegenheit anzusehen. Doch der Grund für die Gleichgültigkeit der Amerikaner ist nicht in Hochmut oder Einbildung zu suchen. Unsere holländischen Nachbarn sind von einem französischen Kunstwerk deshalb so ergriffen, erschüttert oder begeistert, weil sie in der gleichen Situation wie wir sind; die Amerikaner hingegen empfangen von uns halbtote Ideen, die sie nicht begeistern können. Nicht nur hat ihr Kontinent andere Probleme; entscheidend ist, daß sie diese Ideen nicht als ihre Zukunft betrachten können. Sie betrachten sie vielmehr im Hinblick auf sich selbst als Vergangenheit; in Bezug auf die anderen Länder, als deren Zukunft sie selbst sich fühlen, erscheinen ihnen diese Ideen als falsche Zukunft.

Ich habe in den Vereinigten Staaten nie jemanden gesehen, der über das schöne Stück von Anouilh, „Antigone", begeistert oder traurig gewesen wäre. Ich erinnere mich noch an jenen amerikanischen Kritiker, der dazu schrieb: „Wie ist der amerikanische Regisseur nur auf die Idee verfallen, uns für diese primitiven Sitten eines kleinen griechischen Volksstammes interessieren zu wollen?" Wenn man das Problem der Antigone so als ein veraltetes Problem auffaßt, ist es natürlich jeglichen Interesses entkleidet. Auch über die Gesamtheit der Theorien, die man existenzialistisch nennt, und die in England, Deutschland, Holland oder in Frankreich ihre Vertreter haben, habe ich oft in solcher Weise reden hören: „Ja, die armen Europäer haben viel gelitten, und, du liebe Güte, sie haben entweder eine Menge Schmerzen oder einen Schnupfen gehabt." Diese Haltung ist keineswegs die eines Europäers, der die existenzialistischen Ideen ablehnt. „Das ist idiotisch, abstoßend; es macht mich traurig", würde er vielleicht sagen, sicherlich aber nicht: „Armes Frankreich, es hat viel gelitten." Wenn Geistesprobleme oder die Kultur ihren Zusammenhang behalten haben, ist eine solche Haltung nicht möglich.

Wird jedoch einmal der Schriftsteller eines kleinen Landes gründendes Element der Kultur, und übt er einen zwingenden Einfluß aus, wie dies bei Kierkegaard und Kafka geschah, so greifen Länder mit umfassenderer Kultur und größerem Potential diesen Schriftsteller auf, annektieren ihn in irgendeiner Weise und reichen ihn später den kleinen Ländern wieder zurück in einer Form, wie sie sich der Schriftsteller selbst nicht vorgestellt hätte. Die politische, ökonomische, demographische und militärische Hegemonie eines Landes erzwingt kulturelle Beziehungen, für die es keine Gegenseitigkeit gibt. Es wäre mein Wunsch, zu untersuchen, wie sich heute die aus Amerika importierten kulturellen Elemente zur französischen Kultur verhalten. Wir werden sehen, daß Elemente, die in Amerika spontan vorhanden sind und dort einen Sinn haben, der französischen Kultur schädlich sind. Man wird fragen: warum gerade die amerikanische Kultur und nicht die russische? — Darauf muß ich antworten, daß, wenn wir es mit zwei großen Mächten und ihren Ideologien zu tun haben, die russische Kultur kompliziertere Problem stellt, da ihre Ideologie uns in Elementen unseres eigenen Landes entgegentritt.

Das Problem ist tiefernst. Ein amerikanischer Neger-Schriftsteller, der Frankreich sehr liebt, Richard Wright, sagte einmal traurig zu mir: „Im Grunde genommen liebe ich gerade das an euch, was euch vielleicht töten wird.“ In der Tat gibt es eine französische Kultur, die sich offensichtlich nur infolge eines Mißverständnisses aufrecht erhält. Wenn wir in Frankreich gewisse unwiederholbare Formen der Kultur, gewisse Entwürfe des Lebens und des intellektuellen Schaffens finden können, so sind sie doch verknüpft mit einer unzulänglichen industriellen Ausrüstung, mit einer Gesellschaft, die sich auf die Ungerechtigkeit stützt, und mit einer ungenügenden Geburtenziffer. Gewiß besitzen wir eine Kultur, die in einem bestimmten Sinne humane Werte, individuelle und persönliche Werte, Werte der wissenschaftlichen Erkenntnis, der Autonomie und Unabhängigkeit setzt, — Werte, die Menschen wie Wright verführen können; es rührt dies aber zu einem großen Teil daher, daß wir kein großes industrialisiertes Land sind, wie Amerika, wo jedermann Angestellter ist, oder wie in der Sowjetunion, wo jedermann Beamter ist. Gerade weil wir nicht diesen Grad der Industrialisierung oder des sozialen Wiederaufbaus oder Aufbaus erreicht haben, stellen wir noch Werte dar, die für uns Zukunft sind, die aber für viele Ausländer den Reiz des Vergangenen haben.

In der Tat hat es in jenem Jahre 1918 ein seltsames Mißverständnis gegeben. Wir hatten einen Krieg gewonnen, der uns bevölkerungspolitisch ruinierte und dazu beigetragen hat, unser Abgleiten im Kräfteverhältnis zu den neuen Mächten zu beschleunigen; aber gleichzeitig machte uns das Prestige dieses Sieges lange Zeit in der internationalen Meinung den anderen ebenbürtig. Die Kultur, die Ideen, die in Frankreich zwischen 1918 und 1939 entstanden, besaßen für andere Länder noch einen Zukunftswert. Die Art, wie man Proust in den Jahren 1925 oder 1930 in den Vereinigten Staaten aufnahm, setzte die ganze französische Armee hinter ihm und die Legende vom Franzosen als dem besten Soldaten voraus. Ohne diese Voraussetzung hätten sich nur einige Intellektuelle für Proust begeistert, etwa so, wie heute das „Journal“ von Gide in Amerika als Zeugnis einer köstlichen Vergangenheit seine Bewunderer findet.

Dieses Mißverständnis verlieh Frankreich noch für dreißig Jahre Stärke und Macht in den Augen anderer Länder. Erst während des Zweiten Weltkrieges schwand dieses Mißverständnis dahin, sodaß wir jetzt vor folgendem Problem stehen: wollen wir den Boden zurückgewinnen, auf dem unsere Ideen wieder zu ihrem Potential und ihrem Wert, nicht nur als Vergangenheit, sondern als Zukunft auch für die anderen Länder kommen können, so müssen wir unser Land neu ausrüsten und es in verstärktem Maße industrialisieren. Aber um diesen Platz wieder zu gewinnen, um Wiederaufbau und Industrialisierung durchführen zu können, wenden wir uns an Amerika; und im gleichen Augenblick kommt mit den Schrauben, den Fabrikerzeugnissen und den Konservendosen zwangsläufig auch die Ideologie und Kultur Amerikas zu uns. Da Amerika unsere Zukunft wird, werden die amerikanischen Ideen für uns Zukunft. In Frankreich also sind sie eine falsche Kultur, auch wenn sie dort eine wahre sein mögen.

Charakteristisch für die europäische Kultur ist ein durch die Jahrhunderte gehender Kampf gegen das Böse. Ich glaube, daß ein französischer Intellektueller, Schriftsteller oder Philosoph im Grunde nur einem Gefühl Ausdruck verleiht, das allen Gliedern der französischen Gemeinschaft zu eigen ist: um die menschliche Gesellschaft ist es schlecht bestellt. Nichts kann den unter besonders furchtbaren Umständen eingetretenen Tod eines jungen, zwanzigjährigen Mannes, dessen Leben sich noch nicht erfüllt hat, rechtfertigen und erklären; nichts kann gewisse Leiden, gewisse Ungerechtigkeiten rechtfertigen; selbst wenn sie wieder gutgemacht werden, bleibt die Tatsache bestehen, daß Tausende von Menschen darunter gelitten haben. Das Böse in der Welt ist unsühnbar, und die europäische Kultur ist letzten Endes eine Reflexion über das Problem des Bösen, über den Gedanken: Was kann ein Mensch tun und sein, was kann ihm gelingen, wenn es gestattet ist, daß das Böse in der Welt existiert?

Nun ist, im allgemeinen, das Böse kein ausgesprochen amerikanischer Begriff. In Amerika gibt es keinen Pessimismus, der die menschliche Natur und die Einrichtung der Gesellschaft infrage stellte. Wenn ich den französischen Rationalismus mit dem amerikanischen vergleiche, möchte ich sagen, daß der amerikanische Rationalismus weiß ist, im Sinne weißer Magie, während der unsrige ein schwarzer Rationalismus ist. Betrachten wir die Vernunft bei Descartes, eine Vernunft, die zugleich allmächtig und in gewissem Sinne völlig absurd ist, da sie nur Wahrheiten reflektiert, die es Gott zu schaffen gefällt; betrachten wir die Vernunft bei dem Weisen und Rationalisten Pascal, der nur an sie glaubt, um ihre Grenzen festzulegen; betrachten wir in unseren Tagen die Vernunft bei Valéry zum Beispiel, wo sie wirklich ein Licht ist, an das der Mensch sich in einer absurden Welt angstvoll klammert, — so werden wir feststellen müssen, daß das, was man den französischen Rationalismus nennt, im Grunde immer ein Pessimismus ist. So ist denn die französische Vernunft eine Konstruktion auf einer irrationalen Situation, die mit dem tiefen Gefühl verbunden ist — das auch bei den rationalistischesten Denkern existiert, sogar bei Voltaire, — daß letzten Endes das Universum der Vernunft entschlüpft. Vernunft ist Kampf gegen ein Universelles, das uns überall entgleitet, und das wir immer wieder einzufangen versuchen; sie ist eine Art von begrenztem Vertrauen in die menschliche Freiheit aus der Sicht einer nahezu verzweifelten Situation.

Im Gegensatz dazu ist die amerikanische Vernunft vor allem technisch, praktisch und wissenschaftlich. Sie ist unmittelbar bestimmt durch ihre Wirksamkeit; sie scheint zu beweisen, daß das Universum rationell ist, oder doch auf jeden Fall, daß wir dieses Universum rationalisieren können, wie dies auch die Pragmatisten oder Instrumentalisten erklären. Folglich ist dieser Rationalismus ein Optimismus. Dieser Optimismus hat einen tiefen Sinn, bei dem ich jedoch nicht verweilen will. Wir kennen die Geschichte Amerikas und begreifen, warum in Amerika Raum für Optimismus ist. Kommt und ergießt er sich jedoch über uns, mit mehr oder weniger vulgarisierten amerikanischen Werken, mit jener gewissen ideologischen Konzeption der Amerikaner, die damit unsere Zukunft wird, so werden wir geradewegs zum Positivismus geführt, so wie übrigens auch der konstruktive russische Rationalismus zu einem optimistischen Wissenschaftsglauben führt, der die Kultur zersetzt. Dann gibt es keine Probleme mehr. Ob wir den Scientismus der Amerikaner oder den aus einem vergröberten marxistischen Denken entstandenen Wissenschaftsglauben betrachten — in beiden Fällen werden wir erkennen, daß die Wahrheit hier ein Gegebenes ist; daß man der Wissenschaft nur zu folgen braucht wie eine Lokomotive den Schienen, und daß es folglich nichts mehr zu suchen gibt, kein Risiko, keinen Zweifel, kein Böses.

Aber ein französischer Schriftsteller, welcher Art auch immer, stand seit Jahrhunderten unter dem Eindruck, daß das Böse existiert. Dieses immer wieder angeklagte Böse konnte der Religionskrieg, das Bild der jesuitischen Kultur, wie es Pascal zeigt, oder für den Enzyklopädismus ein gewisser Konservativismus sein. Immer haben die Schriftsteller gegen mächtige Institutionen, gegen festgelegte Ideologien, für soziale Gerechtigkeit gekämpft; nicht etwa, weil französische Schriftsteller edelmütiger, intelligenter oder gerechter wären als die anderen, sondern weil die kulturelle Situation so beschaffen war, daß es nahezu unmöglich gewesen wäre, eine andere Partei zu ergreifen.

Der Intellektuelle und der Schriftsteller in Amerika gehören nicht zur gleichen Kategorie. Oft ist der Schriftsteller dort ein vitaler, energischer Mann, unbeholfen in der Technik des Schreibens. Aus dem Proletariat kommend, sagt er, was er zu sagen hat, und taucht dann häufig wieder unter. Er ist kein reflexives kulturelles Phänomen, eher eine Art lyrischer Explosion. Dies trifft für Faulkner, Caldwell und andere zu. Dagegen gehört der amerikanische Intellektuelle eher zum akademischen Typus. Er ist nicht schöpferisch, er schätzt auch die Schriftsteller seines Landes nicht und tadelt ihre brutale Kraft. Er blickt nach Europa — obwohl er es verachtet, — weil er mit einem bestimmten Typus der europäischen Zivilisation sympathisiert. Er sucht den Ästhetizismus, ein typisches Kennzeichen intellektueller Überlegenheit, zum großen Teil deshalb, weil ihm eine Rolle in der amerikanischen Zivilisation verweigert wird.

In Frankreich gibt es einen solchen Unterschied zwischen dem Intellektuellen und dem Schriftsteller nicht. Der Zufall und unser Glück haben es bewirkt, daß in Frankreich der Schriftsteller und sogar der Künstler gesellschaftlichen und politischen Einfluß besitzen. Sie haben ihn immer besessen, und wenn es uns gelingt, die Kultur Frankreichs zu erhalten, wird dies auch so bleiben. Wenn man in Amerika kein Spezialist ist, kann man keine Aussage machen, die auf politischem oder sozialem Gebiet einen präzisen Wert hätte. Mit einem wirtschaftspolitischen Werk oder einem wohldokumentierten Buch über das Sexualleben, wie etwa dem Kinsey-Report, kann man umwälzend wirken, aber ein Roman oder ein Theaterstück hat in Amerika noch nie eine wirklich erschütternde Wirkung gehabt.

Lassen wir uns also durch die amerikanische Kultur in ihrer Gesamtheit beeinflussen, so wird eine Situation, die bei ihnen dort lebendig ist und wirkt, bei uns alle kulturellen Traditionen zerreißen. Daß die amerikanischen Intellektuellen nicht schöpferisch sind, ist nicht von großer Bedeutung, da in Amerika die Schriftsteller wiederum aus anderen sozialen Schichten, insbesondere aus dem Proletariat, hervorgehen. Wenn aber bei uns, wo der Intellektuelle und der Schriftsteller eine Einheit bilden, der amerikanische Einfluß dem Schriftsteller das Gefühl der Begrenzung seines sozialen Einflusses überträgt und ihn zur Idee des Ästhetizismus führt, wird dies zur Folge haben, daß wir uns in eine Scholastik vergraben. Im Augenblick können wir nicht mit der Möglichkeit rechnen, daß Schriftsteller aus dem Proletariat frischen Wind in unser Kulturleben tragen könnten. Und es gibt einen amerikanischen Bazillus, der sich sehr schnell auf uns übertragen könnte: der besondere Pessimismus des Intellektuellen.

In seinem bemerkenswerten Bericht zur Neger-Frage weist Myrdal auf ein Faktum hin, das ihm allgemeingültig erschien, und das ich für einen der charakteristischesten Wesenszüge des amerikanischen Intellektuellen halte. Inmitten jenes Optimismus, den man Amerikanismus nennt, steht die Meinung einer gewissen Zahl von Intellektuellen, die glauben, daß durch sie keinerlei Veränderung bewirkt werden kann, und die sich als vollkommen machtlos empfinden. Es leuchtet ein, daß diese Mischung von Optimismus („sprechen wir nicht von Unterdrückung, denken wir nicht daran, dann wird sie verschwinden; auf dem Grund des menschlichen Herzens gibt es kein Böses") und Pessimismus („das Land ist zu groß, der intellektuelle Einfluß in jeder Hinsicht zu schwach, um irgendetwas ändern zu können") nur zu einem einzigen Resultat führen kann, falls wir sie in eine Kultur wie die französische einführen: sie wird die Kaders dieser Kultur zerbrechen.

Kann man die französische Kultur, so wie sie ist, verteidigen? Darauf antworte ich einfach: nein. Das Verhängnis erscheint unausweichlich! Frankreich, auf seine wirtschaftlichen Hilfsquellen angewiesen, hat, auf der bürgerlichen Ebene, keine andere Möglichkeit, als sich Amerika zuzuwenden; um seine Hilfe zu bitten und infolgedessen auch seine Ideologie anzunehmen. Vom Standpunkt des Klassenkampfes aus müßte Frankreich sich der Ideologie zuwenden, die aus den Ländern des Ostens kommt und dort gemeinsame, wenn auch gegensätzliche Elemente wiederfinden. Die Folge würde ebenfalls sein, daß es seine eigene Ideologie einbüßte. Mit anderen Worten: Wer die französische Kultur unversehrt in einem konservativen Rahmen erhalten wollte, indem er zwar keine wesentlichen Reformen der Struktur, aber einen leichten industriellen Aufschwung durch eine diskrete Hilfe Amerikas anstrebte, der würde durch eben diese Haltung mit Sicherheit unsere Kultur zerstören.

Gibt es denn eine andere Möglichkeit zur Rettung der wesentlichen Elemente dieser Kultur? — Ja. — Aber nur, wenn wir dieses Problem von einer ganz anderen Seite aus zu lösen versuchen, und sofern wir begreifen, daß in der gegenwärtigen Situation nicht mehr allein von einer französischen Kultur die Rede sein kann, so wenig wie von einer holländischen, schweizerischen oder deutschen Kultur. Wenn die französische Kultur erhalten werden soll, muß sie sich in den Rahmen einer großen europäischen Kultur einfügen. — Warum? — Wir haben festgestellt, daß die Kultur eine gemeinsame Situation widerspiegelt. Nun ist aber die Situation aller europäischen Länder zu einer gemeinsamen geworden. In Italien, Frankreich, den Beneluxländern, in Schweden, Norwegen, Deutschland, Griechenland und Österreich — überall entdecken wir die gleichen Probleme und die gleichen Gefahren.

Die Notwendigkeit eines wirtschaftlichen Wiederaufbaues, den praktisch nur amerikanische Hilfe ermöglicht, ist ein Problem der Norweger wie der Griechen. Aber die Katastrophe, die überall um uns herum eine ähnliche Landschaft entstehen ließ, hat uns auch in jener tragischen Idee vom Bösen und vom Kampf gegen das Böse bestärkt. Sie hat uns in dem Gedanken bestärkt, daß Optimismus unmöglich, oder besser gesagt, daß Optimismus nur innerhalb eines Rahmens möglich ist, in dem das Böse gegeben ist. Zugleich haben wir durch die Besatzungszeit, durch die erlittenen Qualen, durch alle Umstände, die vier Jahre lang geherrscht haben, erfahren, daß es für gewisse Menschen die Möglichkeit gibt, bis zur äußersten Grenze, bis zum Tode, Widerstand zu leisten; und wir haben zugleich auch erfahren, daß es Situationen gibt, deren einzige Lösung der Tod ist. Dabei meinen wir nicht einmal unbedingt den heroischen Tod, sondern ganz einfach den Tod.

Es steht fest, daß die meisten Europäer in den letzten Jahren — und in vielen Fällen heute noch — veranlaßt wurden, eine Moral der extremen Situation zu leben. Jene Moral, in der der Mensch vor die Frage gestellt wird, wie er sich unter Folter und Hunger, oder angesichts des Todes verhalten wird: in Situationen, die den Menschen noch vor dreißig Jahren wie abstrakte Probleme erschienen wären, die ein ahnungsloser Philosophie-Professor seinen Schülern stellt. „Würden Sie unter der Folter aussagen?" war damals eine absurde Frage. In der Moral der extremen Situationen wird der Mensch zum Maximum der menschlichen Widerstandsfähigkeit und der Freiheit geführt; hält er nicht stand, so fällt er plötzlich in die erniedrigendste Situation. Diese Moral erscheint mir nicht unbedingt die beste und einzige zu sein. Es gibt auch die Moral der mittleren Situationen: die Kasuistik. Wir haben auch heute noch „Jansenisten" und „Jesuiten". Jean Bloch-Michel schrieb, wir sollten uns vor dem Menschen hüten, der aus uns unter den „großen Umständen" wird. Es bleibt deshalb nicht weniger wahr, daß die Moral, die sich dem heutigen Europa aufdrängt, nicht die optimistische und „jesuitische" Moral der Amerikaner ist, sondern die „jansenistische" der „großen Umstände".

Im politischen, sozialen, wirtschaftlichen, ja selbst im metaphysischen Bereich besteht für den heutigen Europäer die gleiche Situation. Infolgedessen steht zum Beispiel ein französischer Student einem Berliner Studenten viel näher, als einem Studenten aus Boston oder Princeton.

Wir bemerken hier ein sehr ungewöhnliches Verstehen, das mir bei meinen Reisen, bei der Begegnung mit Menschen anderer Länder, durch zwei sehr verschiedenartige Eindrücke verdeutlicht wurde. Vor dem Kriege traf man im Ausland außerordentlich höfliche, liebenswürdige Leute, die sich bemühten, die Ansichten eines Fremden zu verstehen, aber meistens dabei doch unverbindlich blieben. Die nationalen Probleme waren zu verschiedenartig, die Anliegen, die Kulturen. Wenn man heute Schweden, Holländern oder Griechen begegnet, ist der Kontakt ganz selbstverständlich da. Ob man vom Krieg, von der amerikanischen Literatur, vom neuesten Buch spricht, — das Thema ist unmittelbar gegeben; man redet nicht in derselben Zunge und doch die gleiche Sprache. „Les jours de notre mort?" — auch für die Deutschen ist dieses Buch lesenswert, und das letzte und schönste Buch Erich Nossacks kann von allen verstanden werden; in den Büchern von Carlo Lévi findet man die gleichen Sorgen wie bei uns. So entdecken wir sehr deutlich die Elemente einer europäischen Kultur. Noch existiert sie nicht, aber wir besitzen ihre grundlegenden Elemente, weil eine gemeinsame Problemstellung existiert und weil, wie ich schon bemerkte, die Einheit der Kultur bedingt ist durch eine wirkliche soziale und ökonomische Einheit der Gesellschaft.

Natürlich kann sich diese kulturelle Einheit nicht von selbst bilden. Gewiß, man kann heute von den Regierungen, Vereinen und Parteien verlangen, daß eine bestimmte Kulturpolitik betrieben wird; man kann Beziehungen untereinander enger knüpfen, das Erscheinen fremder Literatur begünstigen, eine Politik des Buches treiben, internationale Zeitschriften herausgeben. All dies wurde auch vor dem letzten Krieg versucht. Heute wären solche an sich interessanten Unternehmungen unfruchtbar, weil wir in diesem Falle einen Überbau — die kulturelle Einheit — erhielten, die nicht von einem einheitlichen Unterbau getragen wäre. Es geht also darum, zu begreifen, daß nur eine kulturelle Einheit Europas fähig ist, in ihrem Schoß den Wert der einzelnen Kulturen europäischer Länder zu retten. Nur so retten wir auch die französische Kultur.

Aber die kulturelle Einheit hätte keinen Sinn und wäre nur Gerede, wenn sie sich nicht in den Rahmen einer viel bedeutenderen Anstrengung einfügte, die gemacht werden müßte, um eine wirtschaftliche und politische Einheit Europas zu verwirklichen. Eine solche Kulturpolitik hat nur dann Aussicht auf Erfolg, wenn sie Element einer Politik ist, die nicht nur Europas kulturelle Autonomie, sondern auch seine politische und wirtschaftliche Unabhängigkeit gegen Amerika und die UdSSR verteidigt. Ziel einer solchen Politik müßte es sein, aus Europa eine geeinte Kraft zwischen den beiden Blöcken zu formen; nicht als einen dritten Block, aber als autonome Kraft, die sich dagegen wehrt, zwischen amerikanischem Optimismus und russischem Scientismus zerrissen zu werden. Das kulturelle Problem ist heute nur einer der Aspekte eines viel bedeutenderen Problems, das das Gesamtschicksal Europas betrifft. Wenn man glaubt, daß zwischen den beiden Machtblöcken kein selbständiges Handeln mehr möglich ist, und daß ein in zwei Einflußzonen gespaltenes Europa zum Schlachtfeld werden muß, dann wird die europäische Kultur mit Sicherheit verloren sein.

Wer meint, daß sie durch eine Art Mönchstum der Schriftsteller bewahrt werden kann, die im Kloster über Blumen reden, während man draußen kämpft, kann versichert sein, daß die Kultur so auf jeden Fall und für immer verloren sein wird. Wenn wir jedoch daran glauben, daß es möglich sein wird, eine geeinte, sozialistische Gesellschaft Europas zu begründen, in der die wirtschaftlichen Probleme in europäischem Maßstab aufgeworfen werden; und wenn ein solches Europa versucht, eine Autonomie zu erreichen, indem es den Gegensatz zwischen den Vereinigten Staaten und der UdSSR ausnützt, anstatt sich von beiden Mächten hin und her schütteln zu lassen, — dann kann die Kultur gerettet werden.

Mit anderen Worten: Kultur ist nur ein Element des totalen Faktums, das Geschichte heißt. Wir haben es mit einem totalen Problem zu tun, das totale Lösungen fordert.

(Aus dem Französischen von Ruth Uecker-Lutz;
Copyright by Rowohlt Verlag GmbH Hamburg.)

21/51

Friedrich Baerwald

AMERIKA RÜSTET

PROBLEME DER WEHRWIRTSCHAFT IN DEN USA

Als im Winter des Mißvergnügens 1950 die Vereinigten Staaten zum zweiten Mal innerhalb eines Jahrzehnts sich auf eine Wehrwirtschaft umstellten, wurden vielerorts Vergleiche zwischen „vorigem Mal“ und „diesem Mal“ angestellt. Man weiß, daß „dieses Mal“ die Entwicklung anders verläuft, auch wenn aus der Wehrwirtschaft keine volle Kriegswirtschaft wird. Für diesen Bestfall wird angenommen, daß die Rüstungsausgaben, die in den nächsten 30 Monaten auf etwa 112 Milliarden Dollar veranschlagt sind, Jahre hindurch notwendig sein werden.

Eine Fülle damit zusammenhängender Probleme wird sichtbar. Sie müssen zumindest im Umriß erkannt werden, damit man abzuschätzen vermag, was diese Wendung praktisch bedeutet. Vor allem gilt es, das Ausmaß der Belastung abzuwägen, die das amerikanische Volk von jetzt an zu tragen hat. Ferner ist der neue Wehraufwand mit den bekanntgegebenen Zielen der Aufrüstung in Vergleich zu setzen. Erst dann wird es möglich sein, aus dieser Entwicklung einige Schlüsse zu ziehen, wie es um die Zukunft der „freien Wirtschaft“ bestellt sein wird.

„Voriges Mal“: Von der Wirtschaftskrise zur Wehrwirtschaft

Zwischen der jetzigen Lage und der im Jahre 1940 besteht folgender Hauptunterschied: Damals erfolgte der Übergang zur Wehrwirtschaft aus einer Depression, 1950 herrschte Hochkonjunktur. Diese Tatsache erschwert in vieler Hinsicht die neue Wehrwirtschaft.

Bei Ausbruch des Zweiten Weltkrieges befand sich die amerikanische Wirtschaft auf einem Tiefpunkt. Dem Niedergang, der 1929 begonnen hatte, war entgegen allen Voraussagen kein wirklicher Aufschwung gefolgt. Vielmehr stürzte die Wirtschaft nach kurzem Aufflackern 1937 erneut ab. 1939 zählte man mehr als 10 Millionen Arbeitslose. In vielen Zweigen der Industrie herrschte Kurzarbeit. Der Landwirtschaft konnte ein Mindesteinkommen nur durch umfangreiche Preisstützungen und Ankäufe gesichert werden. Die Kosten der Lebenshaltung waren zwar niedrig, doch änderte dies wenig an der schlechten Lage der Arbeitslosen und der Kurzarbeiter. Inzwischen waren ungefähr alle Rezepte der damals neueren Volkswirtschaftslehre ausprobiert worden, um die Gesundung der Wirtschaft zu beschleunigen. Jetzt begann man einzusehen, daß anscheinend alle bisherigen Heilmittel den toten Punkt nicht überwinden konnten. Schon wurden Stimmen laut, man müsse sich mit der Tatsache einer Dauerarbeitslosigkeit abfinden. Der Zweite Weltkrieg enthob die Amerikaner der unangenehmen Notwendigkeit, das Problem zu Ende zu denken.

Es kann nicht abgestritten werden, daß die Wirtschaft des Zweiten Weltkrieges für weite Kreise des Volkes eine erhebliche Verbesserung ihrer Lage gebracht hat, die sich auch noch in den fünf Nachkriegsjahren fortsetzte. Für Millionen in den

USA bedeutete der Zweite Weltkrieg das Ende der Arbeitslosigkeit. Sehr bald verwandelte sich die Kurzarbeit in Überstundenarbeit, wobei zu berücksichtigen ist, daß in den Vereinigten Staaten die 40-Stundenwoche als Norm gilt. Einige Zahlen mögen die Verbesserung zeigen. 1939 waren etwa 10 Millionen Arbeitnehmer mit einem durchschnittlichen Wochenverdienst von $ 23,58 in der verarbeitenden Industrie beschäftigt. Bis 1944 stieg die Zahl der Beschäftigten auf 17 Millionen, ihr durchschnittlicher Wochenlohn auf $ 38,29. Berücksichtigt man die gestiegenen Kosten der Lebenshaltung und die erhöhte Steuerlast, so ergibt sich für diese Kriegszeit dennoch eine Zunahme des Reallohnes um mindestens 7 Dollar in der Woche. Er kam einer über das Vorkriegsmaß erheblich vermehrten Arbeitnehmerschaft zugute. Diese erhöhte Kaufkraft der breiten Massen erklärt eine Tatsache, die von weitreichender psychologischer Bedeutung ist: im Vergleich zur Zeit vor dem Kriege stieg während des Zweiten Weltkrieges der Durchschnittsverbrauch an Fleisch, Geflügel, Molkereiprodukten und Eiern zum Teil beachtlich. Die Folge war ein relativer Mangel für die Angehörigen der höheren Einkommensstufen, die immer reichlich versorgt gewesen waren. So entstand auch in den Vereinigten Staaten ein Schwarzmarkt; er diente vor allem dazu, Luxusbedürfnisse zu befriedigen, die im Rahmen der äußerst reichlichen Rationen nicht erfüllt werden konnten.

Der Anstieg des Realeinkommens erfolgte in einer Zeit, in der beinahe die Hälfte der gesamten Produktion den Zwecken des Krieges diente. So ergab sich eine große Spanne zwischen der Kaufkraft der Bevölkerung und der Menge der Verbrauchsgüter, über die sie verfügen konnte. Da anderseits während des Krieges der Preisstop wirksam war, blieb den Amerikanern nichts anderes übrig, als einen erheblichen Teil ihres laufenden Einkommens nicht auszugeben, also zu sparen. 1944 machten die Ersparnisse 24,1% des nach Abzug der Einkommensteuer verfügbaren Einkommens der Amerikaner aus. Wie stark die flüssigen Mittel der Einzelpersonen während des Zweiten Weltkrieges anstiegen, ist aus der Tatsache ersichtlich, daß der Gesamtbetrag der Bundesanleihen im Besitz von Einzelpersonen zwischen 1939 und 1945 von 10,1 Milliarden auf 63,7 Milliarden anwuchs und im gleichen Zeitraum die Spareinlagen sich von 27 Milliarden auf 48 Milliarden Dollar vermehrten.

In diesem Zusammenhang muß auch der rasche Anstieg der Bevölkerung betrachtet werden. Im Krisenjahrzehnt vor dem Kriege hatte sich die Bevölkerungszunahme der USA bedenklich verlangsamt. Bevölkerungsstatistiker veröffentlichten Tabellen der voraussichtlichen Bevölkerungsbewegung, in denen sie zeigten, daß die Vereinigten Staaten ungefähr zur gleichen Zeit wie Deutschland mit einem Stillstand und kurz darauf mit einem tatsächlichen Absinken der Bevölkerungszahlen zu rechnen haben würden. Diese düsteren Voraussagen sind, soweit es sich um die USA handelt, durch die sehr rasche Bevölkerungszunahme in den vierziger Jahren widerlegt worden. In der ersten Hälfte dieses Zeitraumes allein wuchs die Bevölkerung um die gleiche Anzahl wie in der Zeit zwischen 1929 und 1939; das Wachstum verdoppelte sich sonach. In der zweiten Hälfte der vierziger Jahre setzte sich diese Entwicklung verstärkt fort. Dem wirtschaftlichen Aufstieg entsprach daher auch eine erhebliche Verbesserung des Bevölkerungsaufbaues. (Natürlich war die Wendung auch auf andere, tieferliegende Änderungen zurückzuführen.)

Wie sehr sich die Grundlagen der amerikanischen Wirtschaft im Zweiten Weltkrieg verstärkten, ist auch an der Ausweitung der Produktionskapazität der Industrie ersichtlich. Das jährliche Erzeugungsvermögen der Stahlindustrie wurde von etwa 82 Millionen Tonnen auf 95 Millionen Tonnen gesteigert. Etwa zwei Drittel dieser zusätzlichen Anlagen wurden aus Bundesmitteln finanziert; Privatunternehmen betrieben dann die Werke für die Regierung. Die Regelung sah ein Ankaufsrecht für die Firmen vor, das sie nach dem Kriege ausüben konnten. So ist das im Kriege geschaffene Fontana-Stahlwerk im Staate Utah von der United States Steal Corporation zu einem Bruchteil der Herstellungskosten übernommen worden. Hingegen verzichtete Ford auf das riesige Willow Run-Werk bei Detroit; die Regierung verkaufte es späterhin an den Industriellen Kaiser, der in ihm eine neue Automobilfabrik einrichtete. Die Zahl solcher Beispiele könnte vermehrt werden. Erwähnt sei, daß die Aluminiumproduktion verdreifacht, die Flugzeugfabrikation auf Massenbetrieb am Fließband umgestellt sowie die landwirtschaftliche Erzeugung um 25% gesteigert wurden.

Der Verstärkung der Wirtschaft standen auch erhebliche Belastungen gegenüber. Die öffentliche Verschuldung stieg von 47,6 Milliarden Dollar im Jahre 1939 auf 278,7 Millarden im Jahre 1945. Die Sätze der Einkommen- und Umsatzsteuer stiegen erheblich an, ohne jedoch, wie oben gezeigt, den Gewinn im Realeinkommen abzuschöpfen. Der Wohnungsbau, schon während der Krise stark vernachlässigt, erlag völlig. Die Automobilfabrikation wurde eingestellt. Benzin war scharf rationiert, eine Tatsache, die tief in die Lebensgewohnheiten dieses autofahrenden Volkes eingriff. Auch die Knappheit an Automobilreifen wurde sehr unliebsam empfunden. Die Qualität vieler Verbrauchsgüter ging zurück, die Riesenankäufe der Wehrmacht verursachten eine den Amerikanern sehr unangenehme Verknappung an Textilien und Zigaretten.

Trotz diesen Belastungen und Beschwerlichkeiten bleibt die Tatsache bestehen, daß die amerikanische Wirtschaft aus dem Zweiten Weltkrieg gestärkt hervorging. Sie war denn auch in der Lage, die großzügigen Hilfsaktionen, die im Marschall-Plan ihren Höhepunkt erreichten, zu tragen. Die Mittel, die dafür aufgewendet wurden, sollen zu einem erheblichen Teil die Empfangsländer instandsetzen, die landwirtschaftlichen und industriellen Erzeugnisse Amerikas zu bezahlen, die sie zu ihrem Wiederaufbau brauchen. Die Produktivität der amerikanischen Wirtschaft wurde folglich so groß, daß sie die riesigen Versorgungslücken vor allen Dingen in Westeuropa ausfüllen konnte. Die erforderlichen Geldmittel gingen zu Lasten des amerikanischen Steuerzahlers, da der Haushalt der Bundesregierung in den entscheidenden Jahren entweder ausgeglichen war oder nur einen geringen Fehlbetrag aufwies.

Eine soziale Zwischenbilanz

Wird Kriegswirtschaft erörtert, so taucht sofort die Frage auf: „Wo sind die Kriegsgewinnler?“ Es hat sie auch in den Vereinigten Staaten gegeben. Zahlreiche Leute verdienten Provisionen für die Vermittlung von Regierungsaufträgen;

andere spekulierten in Lebensmitteln und Rohstoffen. Aber angesichts der Riesenumsätze der Kriegswirtschaft sind die Summen, die dabei verdient wurden, gering. Hier wirkte sich die Tatsache aus, daß die amerikanische Wirtschaft im wesentlichen aus großen Aktiengesellschaften besteht, die mit wenigen Ausnahmen nicht mehr im Besitze einer Familie sind, sondern sich in mehr oder weniger bürokratische, von hochbezahlten Angestellten geleitete Betriebe verwandelt haben. Diese Wirtschaftsbürokratie ist stets bestrebt, den Reingewinn zu erhöhen, aber nicht so sehr, um dadurch persönlich größere Geldprofite zu erhalten, als vielmehr sich einen Anspruch darauf zu erwerben, zu den höchsten Posten befördert zu werden. Das Gewinnstreben erscheint demnach in der heutigen Großwirtschaft der Vereinigten Staaten in einer beinahe unpersönlichen Form. Ein erheblicher Teil der Reingewinne verbleibt im Betrieb. Er wird weder als Dividende an die Aktieninhaber ausgeschüttet noch als Gewinnanteil an die leitenden Angestellten ausgezahlt. So verblieben beispielsweise 1944 nach Zahlung der Körperschaftssteuern 10,8 Milliarden Dollar als Reingewinn der amerikanischen Aktiengesellschaften. Hiervon wurden 4,7 Milliarden in Dividenden ausgezahlt, sodaß 6,1 Milliarden als Betriebsersparnisse übrigblieben. Die notwendigen Abschreibungen und Rücklagen werden vor Errechnung des Reingewinnes berücksichtigt. Nach vorläufigen Angaben betragen die Betriebsersparnisse des Jahres 1950 etwa 13 Milliarden Dollar, eine Summe, die auch 1948 erreicht wurde.

Es ergibt sich also die Tatsache, daß in den Vereinigten Staaten ein großer Teil der Kriegs- und Nachkriegsgewinne in einer Weise „vergesellschaftet" wurde, die weder dem marxistischen noch dem liberalkapitalistischen Dogma entspricht. Es handelt sich um eine neue Form der Wirtschaft, die man vielleicht als Privatkollektivismus bezeichnen könnte. Der Betrieb wird wichtiger als die Personen, die ihn zeitweise leiten. Der persönliche Gewinn wird eingeschränkt, um den Bestand des Betriebes zu sichern.

Diese Erscheinungsform des Profis verhindert, daß ein psychologisches oder politisches Kriegsgewinnlerproblem auftritt. Dennoch waren bei Schluß des Zweiten Weltkrieges sehr starke soziale Spannungen vorhanden. Schon im Krisenjahrzehnt waren die amerikanischen Gewerkschaften erstarkt. 1935 war ein Gesetz erlassen worden, das es den Arbeitgebern unmöglich machte, durch bis dahin übliche Schikanen das Koalitionsrecht der Arbeiter zu vereiteln. Während des Krieges war als Folge der Vollbeschäftigung der Mitgliederbestand der Gewerkschaften rasch angestiegen, zumal viele Tarifverträge bestimmten, daß neueintretende Arbeiter der zuständigen Gewerkschaft beitreten mußten. So hatte sich in der Kriegszeit nicht nur die Lage der Arbeitgeber außerordentlich verstärkt, — auch die Verbände der Arbeitnehmer hatten ihre Organisation und ihre Finanzen erheblich verbessert. Unmittelbar nach Kriegsschluß traten die Gewerkschaften mit Lohnforderungen auf, durch die das Arbeitseinkommen der im Kriege üblichen 44 bis 48 Stunden-Woche auch bei der jetzt wieder eingeführten 40 Stunden-Woche erhalten bleiben sollte. Dem setzten viele Großbetriebe entschiedenen Widerstand entgegen. Es entwickelten sich langfristige Streiks in der Automobilindustrie, in der Eisen- und Stahlindustrie, sowie im Bergbau. Das Ergebnis war kurz vor Beginn der Korea-Aktion ein Tarifvertrag für fünf Jahre zwischen der

General Motors Company und der Gewerkschaft der Automobilarbeiter. Wesentliche Bestimmungen dieses Vertrages, die auch in andere Tarifabmachungen übernommen wurden, sind folgende: Den Grundlöhnen wird eine gleitende Skala angefügt, die den Arbeitgeber verpflichtet, den Stundenlohn zu erhöhen, wenn der Index der Lebenshaltung um einen bestimmten Betrag steigt. Die Skala kann auch in umgekehrter Richtung angewandt werden, jedoch nur bis zu einer festen Zahl. Sollten die Lebenshaltungskosten unter diese Zahl sinken — vor der Korea-Aktion lag dies im Bereich des Möglichen —, dann sinken die Stundenlöhne nicht weiter. Der Sinn dieser Bestimmung ist, den Reallohn bei steigenden Preisen durch die Skala aufrecht zu erhalten, während er anderseits steigen kann, wenn die Lebenshaltungskosten erheblich heruntergehen. Im ersten Fall bleibt die Kaufkraft des Lohnes gleich, im zweiten steigt sie an und kann dazu beitragen, die Wirtschaft bei einem Abflauen der Hochkonjunktur zu stützen.

Unabhängig von diesem beweglichen Lohnsystem hat sich die General Motors Company schon 1948 verpflichtet, selbst die Grundlöhne jedes Jahr zu erhöhen. Für die ersten zwei Jahre betrug die automatisch eintretende Aufbesserung 3 Cents die Stunde. 1950 wurde die jährlich zu gewährende Zulage auf 4 Cents erhöht. Es handelt sich hierbei keinesfalls um ein Akkordlohn-System. Die Aufbesserung steht der gesamten Belegschaft zu, ganz unabhängig von der Leistung der einzelnen Arbeitergruppen. Die grundlegende Neuerung ist eingeführt worden, um zu verhindern, daß die Produktivität der Arbeit, die sich durch immer neue Methoden und Maschinen stetig erhöht, rascher ansteigt als das Einkommen der Arbeiter. Man hat die Gefahr eines hochentwickelten Industriesystems erkannt, nämlich daß wachsende Produktivität Arbeitslosigkeit verursacht, wenn der Reallohn stehenbleibt. Diese jährliche Produktivitätszulage beansprucht nicht, der steigenden Produktivität mathematisch genau zu entsprechen. Es gibt sogar Gründe, anzunehmen, daß sie weit dahinter zurückbleibt. Dennoch ist es von größter Bedeutung, daß der Grundsatz, die Reallöhne in dieser Weise zu heben, praktisch anerkannt wurde. Dazu kommt noch, daß in den Schlüsselindustrien jetzt allgemein Altersrenten eingeführt sind, die vom Arbeitgeber bezahlt werden. Gleichzeitig wurden die Sätze der staatlichen Altersversicherung wesentlich erhöht, um sie dem Niveau der Nachkriegspreise anzugleichen. In den meisten Tarifverträgen ist vorgesehen, daß die Sätze der von den Arbeitgebern zu zahlenden Renten für Angestellte mit mehr als 25 Jahren Dienstzeit die staatlichen Renten übersteigen. Jedoch werden die staatlichen Renten angerechnet, sodaß, praktisch gesehen, die von den Arbeitgebern zu zahlenden Pensionen als Zuschläge zur staatlichen Altersversicherung auftreten.

Diese Neuerung ist besonders wichtig für das Verständnis der psychologischen Umschichtung, die sich im amerikanischen Wirtschaftsleben stärker und stärker bemerkbar macht. Trotz aller Rhetorik, die täglich das Gegenteil behauptet, ist der Amerikaner in seinem wirtschaftlichen Denken und Handeln nicht mehr der auf sich selbst gestellte, unabhängige Individualist, der nur aus eigener Kraft wirtschaftlich aufsteigt. Tatsächlich ist er in wachsendem Maße darauf bedacht, sich durch Verträge und Gesetzgebung Pensionen und Renten auszubedingen, um im Alter jene Sicherheit zu haben, die er im allgemeinen nicht mehr durch seine eigenen Bemühungen schaffen kann. In den Kämpfen um die Betriebspensionen für die Arbeiter konnten die Gewerkschaften darauf hinweisen, daß in vielen Fällen für die leitenden Angestellten schon seit längerer Zeit sehr reichliche Ruhegelder vertraglich festgelegt worden waren. Diese unbestreitbare Tatsache machte es den Arbeitgebern unmöglich, Altersrenten für die Arbeiter entschieden zu bekämpfen. Sie wußten, daß die öffentliche Meinung sich in dieser Frage bald ganz zugunsten der Gewerkschaften ausgesprochen hätte.

Das amerikanische Volk hat sich in den letzten Jahrzehnten ein wirtschaftliches Verbandswesen geschaffen, das in seinen vielfachen Bindungen und Abgrenzungen an die Zünfte erinnert. So ergab sich als Folge des Zweiten Weltkrieges eine sozialpsychologische Problematik, die hier wenigstens angedeutet werden soll. Mächtige Organisationen, die reichlich mit Mitgliedsbeiträgen versorgt sind, beeinflußten fühlbar die Gesamtstimmung der Öffentlichkeit und ließen sich in der Zeit unmittelbar nach dem Kriege in langwierige Arbeitskämpfe ein. Außerdem versuchen sie in vielfacher Weise zu dem beizutragen, was sie gerne als „Aufklärung“ des amerikanischen Volkes bezeichnen. So beanspruchen heute Großfirmen ganze Seiten der Tageszeitungen, um in schwungvollen Artikeln ihre Wirtschaftsphilosophie darzulegen. Eine merkwürdige Erscheinung auf diesem Gebiet sind ganzseitige Anzeigen mit Leitartikeln, die von einer Zeitung in die Seiten einer anderen eingedruckt werden. Fügt man hinzu, daß in den Vereinigten Staaten selten eine führende Persönlichkeit des Staates oder der Wirtschaft ihre Gedanken in freier Rede darstellt, und daß es begabten Intellektuellen oft mehr einbringt, Reden für andere abzufassen als ihre eigenen Gedanken zu veröffentlichen, so erkennt man, wie weit man sich selbst auf dem Gebiet der Ideen auf gewerbsmäßig hergestellte und verbandsmäßig verbreitete Äußerungen umgestellt hat. Da demnach in sehr vielen Fällen Verbände oder Gruppen nicht mehr durch den Austausch persönlicher Worte und Gedanken ihrer Vertreter zueinander sprechen, ist aus dem amerikanischen Leben zu einem Teil die Möglichkeit beweglicher Anpassungen und Ausgleiche geschwunden; damit auch die Fähigkeit, sich rasch auf veränderte Umstände einzurichten.

„Dieses Mal“: Von der Hochkonjunktur zur Wehrwirtschaft

Von der Hochkonjunktur zur Wehrwirtschaft im Jahre 1950 überzugehen, war in vieler Hinsicht schwieriger, als die Aufrüstung im Jahre 1940 anzukurbeln. Nur in der ersten Hälfte 1950 war die Vollbeschäftigung durch eine leicht ansteigende Arbeitslosigkeit in Frage gestellt. Schon im Mai 1950, also vor Ausbruch der Korea-Aktion, war jedoch die Arbeitslosigkeit auf etwa drei Millionen gesunken, das heißt auf weniger als 5% der erwerbstätigen Bevölkerung. Das Aufrüstungsprogramm braucht im Laufe des Jahres 1951 zusätzliche 4 Millionen Arbeiter. Gleichzeitig sollen jedoch die militärischen Streitkräfte um etwa eine Million verstärkt werden. Diese Schätzungen berücksichtigen bereits, daß viele Betriebe auf Kriegsproduktion umgestellt wurden. Der normale Arbeitsmarkt hat seine Reserven fast schon ausgeschöpft. Wenn die Zahl der Arbeitslosen in einem Land von der Größe der Vereinigten Staaten auf etwa 1½ Millionen herabsinkt, ist aus dem Arbeitsmarkt nicht mehr viel herauszuholen. Die vermehrte Beschäftigung der Frauen ist dieses Mal ebenfalls schwieriger, weil in den Kriegs- und Nachkriegsjahren die Geburten stark zugenommen haben und daher viele Frauen zu Hause bleiben müssen. Eine gewisse Reserve ist noch in den höheren Altersstufen vorhanden, aber jedenfalls hat die Wehrwirtschaft schon jetzt, noch ehe sie richtig angelaufen ist, zu einem Mangel an Arbeitskräften geführt.

Bis zu einem gewissen Grade kann der Verknappung abgeholfen werden, indem man die Arbeitszeit verlängert. Man ist jedoch schon Ende 1950 in den entscheidenden Industrien über die 40 Stunden-Woche wesentlich hinausgegangen. Sollte das Tempo der Rüstungsarbeit weiter steigen, so wird man Arbeiter aus anderen Industriezweigen einbeziehen müssen. Das würde bedeuten, daß die Erzeugung von Verbrauchsgütern weiter eingeschränkt werden muß.

Hier zeigt sich der große Unterschied zwischen der gegenwärtigen Lage und der Aufrüstung vor zehn Jahren am deutlichsten: dieses Mal kann nicht davon die Rede sein, daß die Lage der Arbeiter gebessert wird. Die Löhne werden etwa auf der gegenwärtigen Höhe gehalten werden, ebenso die Kosten der Lebenshaltung. Aber die Nettolöhne werden absinken, weil die Sätze der Einkommensteuer weiter erhöht werden müssen. Gerade wegen der Tatsache, daß vor Beginn der Wehrwirtschaft der Lebensstandard des amerikanischen Volkes so hoch war, kann er jetzt nicht weiter steigen. Das heißt: die jetzige Wehrwirtschaft ist auch psychologisch ganz anders zu bewerten als die des Zweiten Weltkrieges. Führt man sich das vor Augen, so wird erst in voller Tragweite erkennbar, was die Bereitschaft bedeutet, mit der die Belastungen übernommen werden.

Ein anderer, ebenfalls erschwerender Umstand ist der, daß es sich dieses Mal um ein langfristiges Programm handelt, dessen Ende nicht abzusehen ist. Während des Zweiten Weltkrieges wurden dem amerikanischen Volk durch vielversprechende Reklame die neuen und verbesserten Erzeugnisse der künftigen Nachkriegswirtschaft ständig vor Augen gehalten. Man konnte sich also angenehm mit Gedanken beschäftigen, wie man nach dem Krieg seine angesammelten Ersparnisse verwenden werde. Jetzt ist für solche Träumereien kein Raum mehr. Was diesmal nach der Wehrwirtschaft kommen soll, liegt völlig jenseits des Gesichtskreises.

Zunächst einmal müssen viele ihre Wünsche nach neuen Häusern, Fernsehapparaten und ähnlichen Dingen vertagen, denn außer der Einkommensteuer wird auch die auf vielen Waren liegende Umsatzsteuer scharf heraufgesetzt. Hier wird eine weitere Schwierigkeit der jetzigen amerikanischen Wehrwirtschaft sichtbar: die Hauptlast der zusätzlichen direkten und indirekten Steuern wird auf die mittleren und unteren Einkommenschichten abgewälzt. Dies beruht nicht etwa auf böser Absicht der einflußreichen Oberschichten der Wirtschaft. Es handelt sich vielmehr um eine Frage der Steuerarithmetik. Da man mindestens zehn Milliarden neue Steuern erheben will, muß auf die weitesten Schichten der Bevölkerung zurückgegriffen werden. Der Betrag könnte niemals einkommen, wenn man sich darauf beschränken wollte, die Steuerschraube nur in den höheren Einkommenstufen noch fester anzuziehen.

Trotzdem geben sich viele der Hoffnung hin, daß die jetzt auftretenden Härten im Laufe von etwa zwei Jahren abgemildert werden können, — vorausgesetzt, daß kein neuer Weltkrieg ausbricht. Dabei muß man bedenken, daß der hier geschilderte Zustand hinter einer vollen Kriegswirtschaft immerhin erheblich zurückbleibt. Da anderseits die Wehrwirtschaft auf lange Sicht geplant ist, handelt es sich nicht so sehr darum, die bisherige Friedenswirtschaft dauernd umzustellen, sondern die Wehrwirtschaft auf die Friedenswirtschaft gleichsam aufzustocken. Machen wir es an einem Beispiel klar. Vor dem Beginn der Wehrwirtschaft beanspruchte die amerikanische Rüstung nur etwa fünf Prozent der Stahlerzeugung, also rund fünf Millionen Tonnen jährlich. Jetzt sollen mindestens 25% für Wehrzwecke verfügbar gemacht werden. Den hierdurch eintretenden Mangel an Stahl will man im Laufe der nächsten Jahre durch eine Ausweitung der Produktionskapazität um weitere 25% beheben. Sollte dies gelingen, dann wäre etwa im Jahre 1953 bei voller Ausnutzung aller Anlagen genau so viel Stahl für Zivilzwecke vorhanden wie vor der Wehrwirtschaft. Gleichzeitig ständen für Wehrzwecke jährlich etwa 25 Millionen Tonnen Stahl zur Verfügung. Technisch stehen diesen Plänen keinerlei Hindernisse entgegen, vor allem da gegenwärtig neue große Vorkommen hochwertiger Eisenerze in Labrador und in Venezuela erschlossen werden. Ähnliche Ausweitungen der Produktionskapazität werden auch auf anderen Gebieten geplant. Man hofft also, daß die jetzt eintretende relative Verschlechterung der Lebenshaltung innerhalb weniger Jahre durch eine gewaltige Steigerung der Gesamtproduktion der Wirtschaft wieder ausgeglichen werden kann. Aber selbst die optimistischesten Schätzungen kommen höchstens zu dem Ergebnis, daß etwa Mitte der fünfziger Jahre der Zustand der Zivilversorgung des Jahres 1948 wieder erreicht sein könne. An sich wäre das eine ungeheure Leistung. Man muß aber verstehen, was es bedeutet, wenn einem Volke auferlegt wird, durch eine außerordentliche Anstrengung seine Produktion zu steigern, also mehr zu arbeiten, ohne daß seine Lebenshaltung sich bessert. Hier kündigt sich eine tiefgreifende Änderung der wirtschaftlichen Stimmung an. Die persönlichen Erwartungen werden zurückgeschraubt, und das freie Spiel der Kräfte hört gerade in den wichtigsten Zweigen der Wirtschaft auf.

Welches sind die Ergebnisse, die von dieser Umstellung zu erwarten sind?

Die unmittelbaren Aufrüstungsziele

Die geschilderten einschneidenden Änderungen, die die amerikanische Wirtschaft jetzt durchmacht, sollen in den nächsten zwei Jahren 12 Armee-Divisionen, 4 Marine-Divisionen und 12 gemischte Kampfgruppen ermöglichen. Die Armee wird dann insgesamt eine Stärke von 24 Divisionen erreicht haben. Die Luftwaffe soll auf 95 Kampfgruppen verstärkt werden, denen 25 Flugzeugmutterschiffe zur Verfügung stehen sollen. Die gesamte Wehrmacht wird dann etwa 3½ Millionen Mann stark sein, von ihnen beinahe eine Million in der Luftwaffe. Diese Ziffern, vor allem die der Luftstreitkräfte, mögen als bescheiden angesehen werden; man darf jedoch nicht übersehen, daß eine weitere Verstärkung, nachdem die Grundlage einmal geschaffen ist, verhältnismäßig leicht und rasch vor sich gehen kann. Aus den Plänen wird allerdings klar ersichtlich, welche Hoffnungen man in Amerika auf die entscheidende Wirkung des Luftkrieges und vor allem der neuen Waffen setzt. Sie sollen, so hofft man, den Krieg überhaupt verhindern, da die ungeheuere Zerstörung, die sie in dichtbesiedelten Industrie- und Wohngegenden anrichten können, ja allerorts bekannt ist. Klar ist aber auch, daß selbst unter Berücksichtigung des Verteidigungsplanes Westeuropas die jetzt vorgesehenen amerikanischen Landkräfte zu einer Offensive kaum ausreichen würden. Diese verhältnismäßig bescheidenen Streitkräfte zusammen mit den als Mittel zur Kriegsabschreckung angesehenen Atombomben erfordern also einen ungeheuren Aufwand —: eine Folge des technischen Fortschritts, der die Apparatur der Kriegführung so außerordentlich vermehrt und kompliziert hat, daß jede Aufrüstung an die industrielle Kapazität eines Landes große Anforderungen stellt, und zwar in um so rascher wachsendem Maße, je weiter die Wirtschaft bereits industrialisiert ist.

Wehrwirtschaft und die Zukunft des Kapitalismus

Der in Ungarn geborene, in der Sowjetunion wirkende Nationalökonom Varga ist vor einigen Jahren scharf zur Ordnung gerufen worden, weil er die Ansicht zu vertreten wagte, daß auch eine kapitalistische Wirtschaft erfolgreich eine Kriegswirtschaft organisieren und nachher ohne schwere krisenhafte Erschütterungen sich wieder umstellen könne. Die Ansicht, die Varga auf Befehl der Partei widerrufen mußte, weicht in der Tat vom orthodoxen Marxismus ab, der seit Jahrzehnten gelehrt hat, daß im Verlaufe der kapitalistischen Endkrise immer häufiger Kriege vom Zaun gebrochen werden, um den Untergang des Systems wenigstens zeitweise aufzuhalten, daß das System schließlich aber in den Erschütterungen, die es dabei hervorruft, untergeht. Jetzt ist es so, als wolle Stalin selbst um jeden Preis und möglichst rasch die Richtigkeit der ursprünglichen marxistischen These herbeiführen, indem er die Vereinigten Staaten zur Rüstung in größtem Stile zwingt. Die maßgebenden kapitalistischen Wirtschaftskreise wollen sie aber durchaus nicht, weil sie weitgehende staatliche Eingriffe in das Gefüge der Preise, Löhne und Profite mit sich bringt. Und von einer Krise war in den Vereinigten Staaten diesmal wahrlich keine Rede.

Tatsächlich wandelt sich das Wirtschaftssystem, — ohne Zusammenbruch. Es weicht heute schon entscheidend von den Idealen und Vorstellungen des alten Wirtschaftsliberalismus ab. Selbst in seinem Friedenszustand wurde es mehr und mehr eine verwaltete Wirtschaft. Der Unterschied zwischen diesem Zustand und dem staatssozialistischen ist in den Vereinigten Staaten der, daß die Verwaltung nicht einseitig nur vom Staate ausgeübt wird, sondern daß sie das Ergebnis vielfach einander überschneidender Maßnahmen der führenden Unternehmen, der Gewerkschaften und der Behörden ist. Dem einzelnen wirtschaftenden Menschen wird der Rahmen enger gesteckt, innerhalb dessen er entscheiden und sich bewegen kann. Die Wehrwirtschaft hat diesen Raum weiter eingeschränkt, und nichts weist darauf hin, daß es in irgendeiner Zeit, für die man Voraussagen machen kann, sich wieder ändern wird. Insofern es sich überhaupt um eine Krise handelt, ist es nicht eine Krise der Wirtschaft, sondern der Menschen.

DIE NEUEN REICHEN UND DIE NEUREICHEN IN DEUTSCHLAND

Vom Hauptbahnhof führt die breite Straße zwei Kilometer lang bis ins Zentrum der Großstadt. Tagsüber wimmelt es auf ihr von Menschen und Fahrzeugen, abends blinken im bunten Farbenspiel Leuchtreklamen, und helles Licht fällt aus den großen Schaufenstern, in denen sich in üppiger Fülle die Ware anbietet. Vom einfachen Email-Eimer (2,75 DM) bis zur raffinierten Musiktruhe (3200 DM) und vom billigen Hemd (9.20 DM) bis zur eleganten wildledernen Weste (240.— DM) kann das „Publikum" wählen, was immer das Herz begehrt und der Geldbeutel zuläßt. Je weiter man zum Kern der Stadt hin vordringt, desto mehr überwiegt der Luxus den praktischen und einfachen Bedarf. Man steht vor Auslagen mit märchenhaften Pelzen, blitzenden Diamanten, mondänen Garderoben, mit Teppichen, Gardinen, Möbeln, wie man sie nur aus dem Film zu kennen meint. Und im Vorübergehen hört man einen Seufzer: „Niemals werden wir uns das kaufen können"; oder mit grollendem Unterton: „Es muß doch Leute geben, die sich das leisten können".

Die Hauptstraße, von der hier die Rede ist, zählt auf 2000 Meter Länge 191 Geschäfte, von denen nicht weniger als 102 (also 53%) nach Angebot, Aufmachung und Preis sich an „den Kunden mit höheren Ansprüchen" richten. Am stärksten ist dabei die Gruppe von Geschäften vertreten, die Textilien und Bekleidung (Stoff, Anzüge, Kleider, Hüte, Pelze) feilhalten. Insgesamt 45 sind es, davon 28 für Leute, die sich „etwas leisten können". 20 Geschäfte „führen" Schuhe und Lederwaren, darunter 16 für zahlungskräftigere Kunden. 17 Geschäfte verkaufen, was im weitesten Sinne zur Einrichtung der Wohnung gehört; 12 von ihnen erwarten Leute, bei denen es auf zehn, hundert und mehr D-Mark weniger oder mehr nicht so genau ankommt. 10 Läden bieten Parfümerien und Kosmetika an, deutsche, französische, spanische, amerikanische, zu Preisen, die sich kaum aus der Westentasche bezahlen lassen. Von 11 Caféhäusern sind 6, von 9 Gasthäusern 4 für Leute, die den Aufwand an seidenen Tapeten, dicken Teppichen, betreßten Türhütern, Garderobieren, befrackten Kellnern undsoweiter lächelnd bezahlen und noch ein gutes Trinkgeld extra geben. Außerdem sind da noch 4 Bars (ein Dutzend anderer liegt in stilleren Straßen).

12 Geschäfte handeln mit Photoapparaten und Uhren in Preislagen bis zu 1200 beziehungsweise 700 DM. 6 Juweliere und Schmuckwarenläden, 3 Konfitürengeschäfte, 2 Spielwarengeschäfte, 5 Radiogeschäfte, 1 Blumenladen werben um die Gunst von Käufern mit reichlich versehenen Brieftaschen. Daneben Reisebüros, Lotterieagenturen, Schnellfotos, Verkaufskontore für Geldschränke, Kugellager, Registrierkassen (22 solcher Geschäfte im ganzen). Schließlich eine Apotheke, 4 Buchläden, 4 (teuere) Lebensmittelgeschäfte und 5 Stände und Buden mit Würstchen, Bier, Schokolade oder Nylons. Dann noch zwei Kaufhallen und ein Warenhaus mit billiger Ware für breite Käuferschichten.

Und sie leben alle, diese Luxusgeschäfte, sie werden nicht weniger, im Gegenteil, sie vermehren sich Woche für Woche; da zwei neue Schuhsalons, da ein Haus für (elegante) Kinderkleidung, da ein Modesalon, ein Caféhaus, eine Bar. Das alles spielt in einem Lande, das bettelarm und auf die Hilfe von außen angewiesen ist, kein Kapital bilden, die wichtigsten Investitionen für die dringliche Vergrößerung seines Produktionsapparates nicht aufbringen kann, Flüchtlinge, Arbeitslose, vagabundierende Jugendliche zu Millionen zählt und Millionen von Arbeitern und kleinen Angestellten hat, die kaum das Existenzminimum erreichen und mit ständiger Unruhe jede Preisbewegung beobachten.

Muß man bei so unvereinbaren Erscheinungen von Massennot und offenbar verbreitetem Luxusbedürfnis nicht fragen, wer die Leute sind, die so viel Geld haben, um es in teuren

Geschäften und Lokalen auszugeben? Und sollte man nicht meinen, daß unsere Wirtschafts- und Finanzpolitiker nicht längst dieser Frage ihre Aufmerksamkeit geschenkt haben, weil doch hier ohne jeden Zweifel ein Teil des Geldes sich finden ließe, der eben nutzlos verrinnt, während er, richtig geleitet, allerlei Gutes stiften könnte?

Einige Anhaltspunkte

Die Frage, wer in Deutschland die Leute mit Geld sind, und welchen Umfang diese Schicht hat, ist nicht ohne weiteres zu beantworten. Es gibt heute noch keine Statistik, aus der sich die Verteilung des Einkommens ablesen ließe. Sie würde unter den besonderen Verhältnissen unserer anomalen Situation auch nicht zureichen, um die gestellte Frage zu beantworten, weil in Deutschland sehr viele Leute Geld verdienen, ohne in angemessenem Verhältnis Steuern zu zahlen, viele sogar ohne überhaupt Steuern zu bezahlen.

Um dem Problem dennoch nahe zu kommen, erinnert man sich am besten einiger sicherer Tatsachen, um auf solche Weise eine Fährte zu gewinnen. Zunächst: die alte traditionelle Wohlstandsschicht hat im großen und ganzen ihre materielle Grundlage verloren. Eine so bedeutende Gruppe, wie sie der ostelbische Großgrundbesitz darstellte, hat völlig aufgehört zu existieren. Das Gleiche gilt für die Masse des besitzenden Bürgertums aus dem Osten. Der Besitzstand im Westen ist durch die Zerstörungen, die der Krieg verursachte, und durch die Währungsreform dezimiert worden und recht erheblich zusammengeschrumpft. Weitere Substanzverluste werden auftreten, wenn der Lastenausgleich zustandekommt. Zwar hat sich mancher über den Geldschnitt hinweggerettet, doch sind die Kunden des Luxus hier kaum zu finden.

Die Umstellung der Währung hat aber allen denen eine einmalige Gewinnmöglichkeit geboten, die während der R-Mark-Zeit vorsorglich Ware gehortet hatten und sie nach dem X-Tag einem Warenhunger ohne Grenzen zu hohen Preisen anbieten konnten. Da die gehorteten Warenlager in der Masse nicht zu Buche geschrieben waren, wurden sie auch steuerlich nicht erfaßt und konnten daher, wenn überhaupt, nur schwer und sehr allmählich von neuem angelegt werden. Es entstand das vagabundierende Geld einer illegalen Wohlstandsschicht von Neureichen. Aus ihren Kreisen vor allem rekrutierten sich später die Finanziers der großen Geschäfte um den geschmuggelten Kaffee, Tee, Tabak, die bis heute in voller Blüte stehen.

Erst im zweiten Abschnitt der Währungsreform kamen kleine und große Fabrikanten, Unternehmer und Manager in großer Zahl und sicher zum Zuge. Sie bedienten bei schnell wachsender Produktion die warenleeren Märkte und kalkulierten ihre Preise so, daß großzügige Gewinne zur Verfügung blieben. Sie wurden sofort wieder investiert, um die Produktion zu erweitern. Daneben beeilte man sich, nach den Maßstäben aus der Zeit vor dem Kriege einen Lebenszuschnitt wiederherzustellen, wie ihn sich die politischen Emporkömmlinge der Diktatur zugemessen hatten und wie er dann bei allen, die daran profitierten, gang und gäbe wurde.

Mit der Entwicklung des politischen Lebens in Deutschland trat schließlich eine dritte Gruppe in Erscheinung: die Politiker. Auch sie sind im verarmten Deutschland wenn auch in Grenzen teils neue Reiche, teils Neureiche. Ihre Funktionen werden gut bezahlt, sie sind von der Steuer privilegiert und bauen sich zugleich aus dem Steueraufkommen, das sie kontrollieren, jene prunkvollen Residenzen, vor denen die glänzenden Kolonnen von Wagen warten, die nur zum kleinsten Teil aus dem Volkswagenwerk stammen.

Damit sind einige erste Anhaltspunkte gewonnen, von denen aus man versuchen kann, das Bild genauer und in Einzelheiten nachzuzeichnen.

Man muß die Preise kennen, die in jenen anspruchsvollen Geschäften und Lokalen gefordert werden, um damit eine hinreichende Vorstellung vom Wohlstand der neuen Reichen und der Neureichen zu gewinnen. Was die Schaufenster mit Preisschildern ausweisen, gibt längst nicht das wirkliche Bild wieder. Man lockt auch den verwöhnten Käufer noch mit einem vergleichsweise billigen Angebot, um ihm erst im Laden die bessere und teurere Ware vorzulegen, wenn man nicht überhaupt darauf verzichtet, die ausgestellte Ware mit Angabe des Preises auszulegen. Wer als harmloser Bürger mit mittlerem Einkommen ahnungslos eines der Geschäfte für Herrenbekleidung betritt, stolpert zunächst über einen dicken Teppich, ehe er dazu kommt, nach einer langen Unterhose zu fragen. Man legt ihm eine gute Qualität vor, von der man erfahrungsweise annimmt, daß für sie bestenfalls 15.— DM zu zahlen sind. Hier werden 39.75 DM verlangt. Man zieht sich beschämt oder, wenn man den Mut aufbringt, hohnlachend zurück, nicht ohne vorher festzustellen, daß immerhin eine ganze Reihe von Kunden in diesem Geschäft kauft.

*

Der Direktor eines großen industriellen Unternehmens hält sich einen Tag und eine Nacht in einer westdeutschen Handelsstadt auf. Quartier ist für ihn in einem der erstklassigen Hotels bestellt, das in seiner Art allen nur erdenklichen Komfort bietet. Das Unternehmen hatte Weltruf, wurde während eines Luftangriffs fast völlig zerstört, ist aber inzwischen bis auf einen Flügel wiederaufgebaut, freilich mit unvergleichlich höherem Aufwand, als er früher betrieben wurde. Ein Zimmer muß man mehrere Tage vorher bestellen; das Haus ist stets bis auf das letzte Bett besetzt. Der Zimmerpreis schwankt zwischen 11.— und 30.— DM, von den besonderen „Luxus-Appartements“ abgesehen. Der Direktor zahlte für sein Zimmer 18.— DM und 2.70 für die Bedienung. Das Frühstück, das aus einer Portion Kaffee, Brötchen, Butter, Confitüre und zwei Eiern bestand, wurde mit 5.50 DM berechnet. Das Mittagessen, zu dem er einen Geschäftsfreund eingeladen hatte, kostete für Vorspeise, Suppe, Hauptgericht, Nachtisch, eine Flasche Mosel, Mocca, zwei Zigarren und zwei Cognacs 56.— DM.

Zum Abendessen hatte der Direktor drei Gäste zu bewirten. Er zahlte dafür bei drei Flaschen Pfalzwein, jede von hoher Qualität zum Preise von 19.— DM (ohne die 20prozentige Getränkesteuer) und zwei Flaschen Sekt insgesamt 310.— DM. Nachmittags war er in einem Café eingekehrt. Er zahlte für eine Tasse Kaffee und ein Stück Baumkuchen 3.10 DM. Er gab an diesem Tag als Spesen 395.30 DM aus, ungerechnet die Auslagen für Wagen und Fahrer.

Der Direktor, der von Natur aus Aufwand zu vermeiden sucht, erklärte dazu, daß seine Firma es übel vermerken würde, wenn er in einem einfacheren Hotel absteigen und mit Einladungen geizen würde.

*

Ein schweizerischer Verleger verabredete sich mit einem seiner deutschen Autoren auf der Terrasse eines bekannten Cafés. Er hatte folgende Rechnung zu zahlen: 2 Flaschen Coca-Cola 1.60 DM, 2 Kännchen Mocca 6.20 DM, 2 Stück Eistorte 3.60 DM, 2 Weinbrand 3.— DM. Zusammen mit dem Zuschlag für die Bedienung insgesamt 15.84 DM.

*

Ein Bauunternehmer, der sich um einen großen öffentlichen Auftrag bemüht, ladet einen höheren Beamten, von dessen gutem Willen möglicherweise allerlei abhängt, zu einem Bummel durch das Nachtleben ein, die Ehefrauen nehmen daran teil. Man nimmt das Abendessen im bekanntesten Weinhaus der Stadt. Es hat den Krieg zwar ohne Schaden überstanden, aber seine Ausstattung ist nach der Währungsreform bis zur Seidentapete und zu den Teppichen, in denen der Fuß angenehm versinkt, von Grund auf erneuert. Freitags, sonnabends und sonntags muß man Tische vorbestellen, mittwochs und donnerstags ist es durchschnittlich gut besucht, nur der Montag und Dienstag lassen, wie der mitteilsame Geschäftsführer verriet, zu wünschen übrig. (An diesen beiden Tagen werden die „Regiekosten" nicht gedeckt.) Die Rechnung des Architekten machte hier 186.20 DM aus.

Nach dem Abendessen — es ist ein Sonnabend — versucht man gegen 22 Uhr, nacheinander in zwei Bars einen Tisch zu bekommen; es gelingt erst in einer dritten. Die Gesellschaft verzehrt: 8 Cocktails, 2 Flaschen Sekt, 20 (unversteuerte) Zigaretten, 4 Zigarren. Die Rechnung lautet auf 112.— DM. Je drei Rosen für die Damen und zwei kleine Bonbonnieren kosten außerdem 28.— DM. Die Garderobiere nimmt 2.— DM. Ein zerbrochener Sektkelch wird vom Kellner nicht berechnet (solche kleinen Unfälle sind im Preis miteinbegriffen). Der Abend wird schließlich in einer anderen Bar beendet. Die Einladung kostete den Architekten insgesamt 433.20 DM. Er hielt sie für durchaus erträglich und in „üblichen" Grenzen.

*

Ein Steuerberater, dem diese Beispiele vorgelegt werden, lächelt und meint, alle Beispiele seien durchaus „kleine Fische". Er kennt eindrucksvollere Rechnungsbelege: Herrenzimmereinrichtungen zwischen zehn- und fünfzigtausend D-Mark, Teppiche bis zu 6000 D-Mark, Kuraufenthalte mit einem Aufwand zwischen 3000 und 7000 D-Mark. Mindestens dreißig andere konkrete Beträge konnte er herunterzählen: Rassehunde, Pelze, Kraftwagen, Schmucksachen, Antiquitäten, Blumenarrangements, Banquette, für die fast unvorstellbar hohe Preise hier in diesem Deutschland bezahlt werden. Setzen wir noch ein Beispiel zum Abschluß hinzu. Eine seriöse Zeitschrift berichtete, daß in einer Nacht an einem Tisch in einem der großen Spielkasinos 400 000 D-Mark eingesetzt werden.

Um diese Summen im richtigen Verhältnis zu sehen, ist es nötig, sich zu vergegenwärtigen, daß 63,9 % aller Lohn- und Gehaltsempfänger heute unter 250 DM, 22,2 % zwischen 250 und 400 DM und nur 6,4 % zwischen 400 und 550 DM verdienen: das bedeutet bei dem augenblicklichen Preisniveau, daß gut die Hälfte aller arbeitenden Menschen das Existenzminimum nicht erreicht.

Ein Blick auf die Tabelle zur Einkommensteuer

Befragt man die Inhaber oder Geschäftsführer der Luxusgeschäfte oder -gaststätten über die Entwicklung ihrer Umsätze, so klagen sie alle über hohe Einkaufspreise, hohe Regiekosten und geringe Neigung ihrer Kunden, zu kaufen oder zu verzehren. Beobachtet man aber ihren persönlichen Aufwand, so darf man mutmaßen, daß ihre Klagen und Besorgnisse aus Angst vor Schnüfflern der Finanzämter erhoben werden.

Der Besitzer eines Luxuscafés in einem internationalen Bad gab jedenfalls zu, daß sein Gewinn ihm vor allem deswegen Sorge mache, weil er nicht wisse, wie er ihn auf unverfängliche Weise vor der Steuer verkleinern könnte. Er investiert und schreibt ab, so tüchtig er kann. Zahlreiche „Geschäftsreisen", auf denen er sich leistet, was sich anbietet, vergrößern das Spesenkonto, das sich von der Steuer absetzen läßt. Auf solche Weise ermäßigt er seine Steuerzahlungen beträchtlich.

Die hohen Steuersätze sind aber zugleich einer der wichtigsten Gründe für die Höhe seiner Einkünfte. „An dem Tage, an dem die Steuer abgebaut oder sinnvoller gehandhabt wird, und es sich auf irgendeine Art lohnt, echte Gewinne zu erzielen, wird sich mein Geschäft nur noch halb so gut anlassen", erklärte er in aller Unbefangenheit.

Ein Blick in das Einkommensteuergesetz macht einige der Gründe sichtbar, die dafür mitverantwortlich sind, daß in Deutschland neben der schlimmsten Not üppige Verschwendung herrscht. Der Anreiz, Einkommen und Gewinn durch Ausgaben über Spesenkonten zu verringern, die als „Werbungskosten“ vom Einkommen abgezogen werden können, beginnt schon bei vergleichsweise geringen Erträgnissen. Bei einem zu versteuernden Einkommen von 6000 DM jährlich zahlt ein Verheirateter ohne Kinder (Steuerklasse II) rund 945.— DM Steuern, ein Sechstel des Arbeitsertrages also. An Spesenmachen kann man in dieser Einkommensstufe nicht denken. Außerdem wäre es ohne jeden Nutzen, weil sich auf solche Weise das Verhältnis von Einkommenshöhe und Steuerhöhe kaum zugunsten des Steuerzahlers verändern läßt. Anders schon bei einem Einkommen von 12000 DM jährlich: der Steuerabzug beträgt mehr als ein Drittel. Die Einkommenhöhe läßt bereits eine gewisse wenn auch immer noch begrenzte Großzügigkeit von Ausgaben zu, die nicht unmittelbar zur Lebenshaltung im engeren Sinne gehören. Ein Spesenkonto von 1000 DM im Jahr ermäßigt die Steuersumme von 3345 DM um 450 DM. Das heißt, die Hälfte des Aufwandes wird praktisch von der Steuer bezahlt. Die Versuchung, Aufwand zu Lasten der Steuer zu treiben, wächst mit steigender Einkommenhöhe. Bei einem Jahreseinkommen von 60000 DM sind in der Steuerklasse I 29785 DM zu zahlen; ermäßigt der Steuerzahler das zu versteuernde Einkommen durch Spesen um 6000 DM, so erzielt er eine Verringerung der Steuersumme um 3670 DM.

Das Einkommen durch Spesenausgaben zu senken, bedeutet daher tatsächlich Gewinn durch Annehmlichkeiten zum halben Preise, mögen sie auch recht nutzlos sein, sofern man sich auf solche Weise nicht seine Geschäftspartner verpflichtet und einen bedeutenden Teil gesellschaftlicher Verpflichtungen abdeckt.

Die neuen Reichen

Im Jahre 1937 erbrachte die Lohnsteuer einen Ertrag von 965 Millionen R-Mark, die Einkommensteuer einen Ertrag von 1.3 Milliarden RM. Im Jahre 1949/50 erbrachte die Lohnsteuer 2.1, die Einkommensteuer 2.4 Milliarden DM. Der Anteil der Einkommensteuer am ganzen Aufkommen von Lohn- und Einkommensteuer hat sich damit von 57,3 % im Jahre 1937 auf 53,3 % im Jahre 1949/50 verringert. Berücksichtigt man die außerordentliche Erhöhung der Steuersätze gerade in den höheren Einkommenschichten, so wird sichtbar, daß die Gruppe der Bezieher von großen Einkommen statistisch merklich zusammengeschrumpft ist. Daß sie dennoch um einige Grade deutlicher nach außen in Erscheinung tritt als früher, hat viele Gründe: Die Not ist größer geworden und der Abstand zwischen den Armen und den Leuten mit Geld macht sich stärker bemerkbar; ein falsch angelegtes Steuersystem verursacht unnötigen Aufwand auch schon bei Leuten mit Einkommen um die 1000 DM-Grenze, die früher bei günstigeren Steuersätzen und besserem Vertrauen auf wirtschaftliche Stabilität vernünftigere Anlagen für ihr Geld suchten; eine Schicht von suspekten Neureichen, welche die Währungsreform emporgespült hat und sich auf vielen Wegen der Besteuerung entzieht, beteiligt sich ausgiebig am Luxuskonsum.

Die neuen Reichen, viele von ihnen Wieder-Reiche, wird man in der Welt des Geschäftes zu suchen haben. Sie wollen schnell wiedergewinnen, was der Krieg genommen hat, und orientieren sich im übrigen im Lebenszuschnitt an Vorstellungen, die zu unserer Wirklichkeit nicht mehr passen. Es wird zwar behauptet, daß sich in der Geschäftswelt und vor allem in der Industrie eine Tendenz zur Nivellierung der Einkommen bemerkbar mache. Das mag hier und da tatsächlich der Fall sein. Vielfach aber haben geringere Einkommen nur nominellen Charakter und werden auf sehr verschiedenen Wegen reichlich kompensiert.

Einzelne Stichproben ergeben, daß auch heute noch enorme Gehälter gezahlt werden: so zahlt eine Gerbstoff-Fabrik mit 74 Arbeitern ihrem Direktor 67 300 DM und ihrem Prokuristen 25 600 DM jährlich; der Direktor einer Privatbank bezieht einen Jahresgehalt von 37 000 DM und der erste Direktor einer chemischen Fabrik mit 4000 Arbeitern 84 000 DM.

Die Neureichen

Für die Mehrzahl der neuen Reichen war die Währungsreform der Start für ihre Bemühungen, „wieder zu etwas zu kommen". Dabei haben natürlich nicht allein Tüchtigkeit und Initiative eine Rolle gespielt, bei vielen waren es dazu gehortete Waren und Rohstoffe und geschickte Spekulationen mit der Preisbewegung, die durch das neue Geld ausgelöst wurde. Das alles zusammen hat dieser Schicht den glücklichen Sprung in den nächsten Abschnitt der wirtschaftlichen Entwicklung nach dem Kriege erleichtert. Die Währungsreform hat aber außerdem einer ganzen Schicht abenteuerlicher Existenzen eine unvergleichliche Möglichkeit geboten, auf einen Schlag reich zu werden: den mittleren und großen Schwarzhändlern, die sich rechtzeitig auf den Tag X vorbereitet hatten und danach alle Register ihrer eingespielten Verschlagenheit nutzten, um erst den Rest der Kontingentierung weidlich auszuschlachten und dann noch die Preishausse des Jahres 1948 geschickt „mitzunehmen". Die Masse war danach saturiert und bedacht, die illegalen unversteuerten Gewinne auf vielerlei Weise „ehrlich" zu machen oder sie als Rente langsam aufzuzehren.

Ein typischer Fall macht den Vorgang am besten deutlich: Der Schwarzhändler G. hatte acht Monate vor der Währungsreform damit begonnen, sich aus den Erlösen seiner umfangreichen Geschäfte in Fett, Fleisch und Tabakwaren einen Vorrat von 6000 Päckchen amerikanischer Zigaretten beiseitezulegen. Er warf sie erst drei Wochen nach dem X-Tage auf den Markt, nachdem sich die Preise nach oben hin konsolidiert hatten. Er bekam für den ganzen Posten 36 000 DM. Zusammen mit anderen Geschäften, die er finanzierte, und bei denen es sich um Schokolade und Strümpfe handelte, verdoppelte er sein Barkapital sehr rasch auf 72 000 DM. Die Natur seiner Geschäfte ließ es nicht zu, die erzielten Gewinne zu versteuern, davon abgesehen, daß ihm diese Ehrlichkeit viel zu kostspielig gewesen wäre. Er hielt das Geld sorgfältig versteckt.

Im Herbst 1948 begann G. einen kleinen Handel auf der Straße, den er mit 2000 DM in Ware ausstattete. Die Summe wurde als ein Teil von Verdiensten in Höhe von 3000 DM dem Finanzamt gegenüber deklariert und abgerechnet. Mit Hilfe einiger umständlicher Manipulationen gelang es ihm im Laufe der Zeit rund 20 000 DM seines schwarzen Barbestandes auf unredliche Weise „ehrlich" zu machen und in sein Geschäft zu lenken. Die restlichen 50 000 DM, die er bis zur Wiederherstellung des Bankgeheimnisses nicht zu deponieren wagte, gab er bis auf einen stattlichen Rest als äußerste Reserve allmählich aus. Er etablierte seine Wohnung, kaufte allerlei Schmuck, einen Wagen aus zweiter Hand (aus Vorsicht vor Steuerprüfungen über den Autohandel), Kleidung und Wäsche. Es blieb dann noch reichlich übrig, um zusätzlich mit erheblichen Beträgen des Spesenkontos, die sein Geschäft „notwendig" machte, die Gesellschaft von Leuten seines Schlages in vollen Zügen zu genießen.

Die Zahl dieser Leute mit schwarzem Geld, das vor den Augen der Steuerbehörde verborgen gehalten wird, ist auch heute noch recht beträchtlich. Man kann sie nicht zählen, aber die Summe von 1.6 bis 2 Milliarden DM, die als Hortungsgewinne nach ernsthaften Schätzungen im Jahre 1948 im wesentlichen in ihre Hände gelangte, gibt eine ungefähre Vorstellung vom Gewicht dieser Gruppe. Diese Neureichen sind außerdem mit einem bedeutenden Prozentsatz auch heute noch am Schwarzhandel beteiligt. Es geht dabei immer noch um Zigaretten, Kaffee, Treibstoff, Nylons und Dollars, ebensosehr aber um illegale Geschäfte mit Rohstoffen und Maschinen über die grüne Grenze nach Osten. In jeder Nacht wechseln ganze Kolonnen von Lastkraftwagen nach dem Osten hinüber, beladen mit Werkzeugmaschinen, Spezialstahl, Hochfrequenzmotoren und Werkzeugen.

Das Finanzministerium in Bonn rechnet mit einem Umsatz der illegalen Ein- und Ausfuhr, welcher die Milliardengrenze wahrscheinlich nicht unerheblich überschreitet. 23 % des Verbrauchs an Zigaretten, 50 % des Kaffees, 60 % des Tees, dazu Rauschgifte, Schokolade, Kakao, Spirituosen, Weine, Strümpfe und Zigarettenpapier werden auf vielen Wegen über die Grenzen und bis an den letzten Verbraucher gebracht. Das ist zugleich ein gefährliches und ein einträgliches Geschäft; es „nährt seinen Mann" und erlaubt denen, die solche Geschäfte betreiben, ein Leben, das der dunklen Herkunft der Gewinne wegen und der Gefahr, die damit verbunden ist, notwendigerweise in Verschwendung ausartet.

Aufwand der Politik

Auch auf dem politischen Parkett wird heute Geld verdient. Nicht genug, um dabei reich zu werden, aber doch so viel, um einen Aufwand treiben zu können, der oft und an vielen Stellen ärgerlich sichtbar wird: Die hohen und höheren Funktionäre der Länder (mit Jahresgehältern für ihre Ministerpräsidenten zwischen 32 000 und 17 500 DM, Wohnungsgeldzuschüssen in Höhe von 2500 DM und beträchtlichen steuerfreien Aufwandsentschädigungen), die Abgeordneten des Bundestages, die ihre Diäten steuerfrei haben, die hohen und höheren Beamten des Bundes, alles in allem zwar eine kleine Gruppe von kaum mehr als 3000 Personen, die aber so stark im Mittelpunkt des öffentlichen Interesses steht, daß ihr Lebensstil scharf und kritisch beobachtet wird. Da es außerdem ziemlich leicht ist, den besonderen Typ des Politikers vom Industriellen, vom seriösen Kaufmann oder von dem Mann dunkler Geschäfte zu unterscheiden, fällt er als Teilnehmer am neuen Reichtum im armen Deutschland besonders auf.

Ihr Aufwand, der beträchtlich ist, nährt sich nur zu einem Teil aus ihren Einkünften. Sie haben dazu besondere Privilegien: die steuerfreien Diäten, die Aufwandsentschädigungen, den Dienstwagen, den glanzvollen Arbeitsraum, die (vergnügliche) Dienstreise. („Ich mache in der zweiten Monatshälfte die eine oder andere Dienstreise, wenn mein Taschengeld nicht zureicht", vertraute mir gelegentlich ein hoher Beamter in weinseliger Laune an.) Zum Bilde paßt, daß etwa beim Bundespresseamt 20 000 DM für einen Empfangsraum und über 11 000 DM für das Arbeitszimmer des Chefs aufgewandt wurden, daß das Arbeitszimmer des Innenministers 14 000 DM, das seines Staatsekretärs 12 000 DM und seine Vorzimmer 7000 DM kosteten. Aber es bedarf kaum der Interna, mit denen sich einige Seiten füllen ließen. Man braucht nur in Bonn und in den Landeshauptstädten sich die Gebäude von außen und innen ansehen, in denen die politische Bürokratie residiert. Selten nur wird sich jene saubere und nüchterne Einfachheit finden, die einem Lande angemessen wäre, das nach einem verlorenen Kriege alle seine Mühe darauf verwenden sollte, einer unübersehbaren Not zu steuern. Der Pfennig wird hier nicht in der Hand gewogen (wenn zum Beispiel für einen Empfang 16 245 DM verbraucht werden), ehe er mit aller Verantwortung ausgegeben wird, in diesem Lande, das die höchsten Steuern in der Welt von seinen Bürgern eintreibt.

*

Nimmt man das Bild als Ganzes (und berücksichtigt dabei, daß hier ein erster Versuch gemacht wurde, vielfältige Beobachtungen und Tatsachen zusammenzuordnen), so wird jedenfalls deutlich, wie unendlich weit die Deutschen davon entfernt sind, ihre Situation zu erkennen und sich richtig und vernünftig auf sie einzustellen. Nicht, daß es Reiche, ehrliche und unehrliche, und daß es Arme gibt, ist das Beunruhigende. Die soziale Ordnung bedarf ohne Zweifel der Differenzierung, die sich auch in der verschiedenen Höhe von Einkommen ausdrückt. Beunruhigend aber ist, daß es im Verhältnis zuviele Arme gibt, zuviele Menschen, die das Existenzminimum nicht erreichen, und daß es im Vergleich zu dieser Not zuviel Leute gibt, die über sehr viel Geld verfügen, das sie schlechter anwenden, als es die einfachste Gerechtigkeit erlaubt. Es wäre Aufgabe der Politik, der Gerechtigkeit zum Zuge zu verhelfen, „das Sozialprodukt besser und richtiger zu verteilen". Indes, sie hat sehr lange alles unterlassen, in dieser Richtung zu handeln. Statt produktive Anlagen und mit ihnen Arbeit und Lohn zu schaffen, hat sie es zugelassen, daß sich der unnütze Luxus breitgemacht hat, und dabei noch geholfen und ihn gefördert. Wer sich in Deutschland auskennt, weiß lange, daß hier nicht hilflose Ohnmacht vor dringenden Problemen herrscht, sondern der uneingestandene Wunsch und Wille zu restaurieren. Denn auch die Bars, die Luxushotels, die eleganten Restaurants, die feenhaften Spielkasinos sind ein Stück der Restauration samt denen, die sich in ihnen wohlfühlen. Sie sind auf die Vergangenheit hin zugeschnitten, ein böser Anachronismus, der fremd und beleidigend in einer Welt steht, die nicht mehr „in Ordnung" ist. Sieht man genauer zu und beobachtet die Leute mit Geld inmitten ihres Milieus, die „Schwerverdiener" aus der Welt des Geschäftes und der Unternehmungen, die „politischen Kontrolleure des Volksvermögens" im sicheren Besitz ihrer Privilegien und die geriebenen Nutznießer der großen illegalen Geschäfte, dann wird man das bange Gefühl nicht mehr los, daß diese Demokratie im Begriffe ist, sich bis auf den Grund zu korrumpieren.

Es ist eine Binsenwahrheit, daß hier in Europa (wie inzwischen überall in der Welt) der Friede und die Ordnung davon abhängen, ob es gelingt, das soziale Gefüge stabil zu machen. Diese Stabilität aber setzt ein gewisses Maß von Solidarität zwischen denen voraus, die in Weisheit und Demut Politik machen, die mit Initiative und Weitblick Wirtschaft treiben, und denen, die durch ihre Arbeit den guten Plänen der Politiker und den nützlichen Absichten der Wirtschafter Form und Gestalt verleihen. Davon sind wir weit entfernt.

Noch ist es nicht zu spät, und es gibt Zeichen, die darauf deuten, daß in der Politik und in der Wirtschaft die Stimmen der Vernunft zum Zuge kommen. Wenn diese Hoffnung trügen sollte, werden die recht behalten, welche meinen, daß unsere Gesellschaftsordnung ihrem Ende entgegengeht.

Jetzt wird alles auf Erden nur noch durch die gröbsten und bösesten Kräfte bestimmt: durch den Egoismus der Erwerbenden und durch die militärischen Gewaltherrscher.

Friedrich Nietzsche.

John Horne Burns:

PFARRER DONOVAN UND PASTOR BASCOM

Im August 1944 widerhallte die Galleria Umberto ununterbrochen von dem Rasseln der Lastautos, die in unendlichen Zügen nach Norden fuhren. Man glaubte sich in einer geschlossenen Kegelbahn zu befinden. Der katholische Priester Donovan und der protestantische Pfarrer Bascom hatten die Gewohnheit, nachmittags in dem Lärm und der Hitze spazierenzugehen. Manchmal nahmen sie, ins Betrachten der Schaufenster versunken, die Mützen ab und wischten sich die Stirnen. Pastor Bascom trug ein goldenes Eichenblatt, Pfarrer Donovan dagegen war noch immer der gleiche Leutnant, als der er seine Pfarrei im südlichen Viertel von Philadelphia verlassen hatte, auf militärischen Befehl und mit dem Segen seines Bischofs.

Die beiden Geistlichen stiegen die Stufen hinab, die von der Galleria auf die Via Verdi führen.

„Was für eine merkwürdige Gegend!", sagte Pastor Bascom. „Sie könnte das Milieu für einen großen Roman abgeben. Ich glaube, daß der Marktplatz von Jerusalem dieser Gasse ähnlich sieht. Der Unterschied ist nur der, daß es hier keinen Christus gibt."

„Oh, da bin ich nicht Ihrer Meinung", sagte Pfarrer Donovan. „Ich glaube, daß er hier ist ... ganz gewiß."

Sie warteten einen brummenden, buntscheckigen Zug Lastautos ab. Auf der anderen Seite der Via Verdi befand sich eine Messe für amerikanische Offiziere. Im August 1944 war der Betrieb in dieser Messe größer als in einem Volksrestaurant. Im Durchfahren und im Vorbeigehen aßen die Offiziere hier eine Suppe, eine gewärmte C-Ration und eine Schale Konservenbirnen. Es hieß, daß alle Offiziere außer den Fliegern hier ihre Mahlzeiten einnahmen. Der Eingang, eine Gittertür, war in ununterbrochener, knarrender Bewegung. Zwei Schilder waren an der Tür angebracht: „Geöffnet" und „Geschlossen". Gab es in der Messe keine C-Ration mehr, dann erschien als Sturmzeichen das Schild „Geschlossen". Gleich hinter der Tür begann man Schlange zu stehen: Offiziere, kleine Gruppen von Krankenschwestern, die ihre Verbandstaschen an sich preßten und Sekretäre des „State Department" oder der „War Shipping Administration" in Zivil. Die Offiziere zahlten zehn Lire pro Mahlzeit, die Zivilisten fünfunddreißig. Neben der Tür verkaufte eine alte Hexe in zerrissenem schwarzen Kleid „Stars and Stripes", „Yank" und „Time". Sie grüßte alle Offiziere, die ihr eine Zeitung abkauften und sandte ihnen ein strahlendes Lächeln ihres zahnlosen Mundes. Böse Zungen behaupteten, daß sie während des Vesuv-Ausbruchs im Jahre 79 vor Christus geboren sei, nach andern Quellen war sie eine Sibylle, die aus Cume gekommen war, denn in Neapel ging es aufwärts. Zuletzt wurde auch behauptet, sie sei Eleanor Roosevelt in einer Verkleidung und sammle Material für Leitartikel.

Pfarrer Donovan und Pastor Bascom stellten sich an und wischten sich Gesicht und Nacken. Gerade verließen vier Personen die Messe. Die Schlange rückte vier Plätze vor.

Die Tische in der Messe glichen Betten, in denen man nur vorübergehend schläft. Ein alter Neapolitaner wischte über den schmutzigen Tisch, stellte die Teller aufeinander und führte drohende Selbstgespräche. Der Pastor setzte sich und schlug jovial auf den Tisch, daß die Gläser hüpften.

„Mangiare, Joe. Und komm presto!"

Der alte Neapolitaner zog sich zurück und verschwand ganz. Pfarrer Donovan richtete sein schnelles, schüchternes Lächeln an einen jungen Neapolitaner mit fleckiger weißer Weste, der zwei Teller Suppe brachte.

„Buona sera, Joe. Wie gehts?"

„Wie?" fragte der junge Neapolitaner lächelnd. „Non c'é male. Ma c'é troppo lavoro ..."

„Sie haben die Italiener gern", sagte Pastor Bascom. „Diese Leute sind nur dazu gut, Opern zu singen und Barbiere abzugeben."

Pfarrer Donovan antwortete nicht. Er machte das Kreuzzeichen zu Beginn des Benedicite, das er vor der Mahlzeit sprach.

„Sie wissen, daß es mir peinlich ist, Sie das in aller Öffentlichkeit machen zu sehen", fuhr Pastor Bascom fort.

„Ich danke Gott, selbst für die C-Rationen", antwortete Pfarrer Donovan, als er sein kurzes Gebet beendet hatte.

Pastor Bascom löffelte seine Suppe und hörte nicht auf, die feinen braunen Hände argwöhnisch zu betrachten, die nun das zweite Kreuzeszeichen auf das Purple Heart machten, das der Priester auf seiner linken Brustseite trug. Nun begann auch Pfarrer Donovan seine Suppe zu essen, mit ernster Miene, ohne zu betrachten, was er zu sich nahm.

„Im Seminar war es üblich, daß man uns während der Mahlzeiten laut religiöse Texte vorlas", sagte er. „Ich erwarte mir natürlich auch von Ihnen bis zum Dessert nur erbauliche Gedanken."

Die Geistlichen sahen dem zweiten Gericht mißtrauisch entgegen. Es bestand aus einigen Bissen Schweinefleisch mit Bohnen, Trockenkartoffeln, Spinat und einem Blatt Salat.

„Ich muß immer an die gebackenen Hühnchen von Mistress Bascom denken."

„So lassen Sie sich doch diesen eiskalten Tee schmecken!", sagte Pfarrer Donovan bester Laune. „Die drei Wermut von heute mittag haben Sie schon trübsinnig gemacht. Sankt Thomas sagt, daß wir trinken sollen, bis wir heiter werden."

Sie standen auf, als sich zwei Krankenschwestern an ihren Tisch setzen wollten.

„Wir stören euch doch nicht, Jungen?"

„Aber garnicht, nicht im geringsten, Kinder!"

In Gegenwart der Frauen fühlte sich Pastor Bascom fast in gehobener Stimmung. In seinem leichten Wermut-Taumel ärgerte er sich noch immer, daß er Pfarrer Donovan an diesem Nachmittag nichts hatte anhaben können.

„Oh, Padres!", gluckste eine der Krankenschwestern. „Wir könnten auch eine kleine Abendandacht halten, nicht wahr, Tessi?"

Die zwei Krankenschwestern waren etwas älter als die meisten Frauen, die im Sanitätsdienst der Armee standen. Sie hatten jene in hohem Grade misanthropischen Mienen, die man bei Frauen, wenn sie lange von zuhause weg sind, finden kann. Dazu kam, daß sie auf ihren Hauptmannsrang überaus stolz waren; jede Krankenschwester, die über den Unterleutnant hinaus war, bildete sich ein, den Rubikon überschritten zu haben.

„Und woher sind Sie, meine Damen?“, fragte Pastor Bascom freundlich. Er war davon überzeugt, daß man sich mit einem Dutzend Phrasen, die immer dieselben sind, mit den Leuten gut stellen kann.

„Ach, woher wir sind?“, sagte die Schwester, die auf den Namen Elsie hörte. „Sprechen wir nicht davon. Das einzige, was wir bestimmt wissen, ist, daß wir uns in Neapel befinden, und daß wir gern zuhause wären, daß das aber leider nicht geht.“

„Sie haben doch eine wichtige, christliche Mission in diesem Krieg zu erfüllen, meine Damen“, sagte Pastor Bascom.

„Ach, das wissen wir!“, rief Tessie. „Aber seit Salerno ist der Dienst verdammt — oh, entschuldigen Sie — schrecklich aufreibend.“

Sie rauchten beim Essen und hielten die Zigaretten zwischen den Nägeln. Man sah trotz dem glänzenden Lack, daß sie die Hände oftmals in heißes Wasser getaucht hatten.

„Es ist freilich nicht angenehm, in die Fremde geschickt zu werden“, sagte Pfarrer Donovan und zerschnitt seine Konservenbirne.

„Das kann man wohl sagen, Hochwürden. Ich habe auf den ersten Blick gesehen, daß Sie ein Priester sind ... Denken Sie an mich in Ihren Gebeten, damit ich nicht in die Hölle komme.“

„Das verspreche ich Ihnen“, sagte Pfarrer Donovan.

Die Geistlichen beendeten ihr Mahl und sagten den Schwestern guten Abend.

„Wenn sie nicht wie die Schlote rauchen würden“, sagte Pastor Bascom im Hinausgehen, „wären sie nicht so nervös.“

„Meiner Treu. Ich glaube, daß sie sich sehr einsam und sehr müde fühlen.“

Auf dem Gehsteig angelangt, setzten sie ihre Mützen auf und sahen einander in den Strahlen der Sonne an, die durch das Glasdach der Galleria herniederbrannte. Pfarrer Donovan gähnte im warmen Licht.

„Gehen wir nachhause?“

„Sehen Sie!“, rief Pastor Bascom. „Was ist denn das?“

Zwischen den zwei Treppen, die zur Via Verdi hinunterführten, befand sich eine Tür, die sie bisher garnicht bemerkt hatten. Über dem Eingang hing ein Schild, das in roten und gelben Buchstaben die Aufschrift trug:

ARIZONA

Nur für alliierte Offiziere

Pfarrer Donovan konnte nicht verstehen, wieso Arizona nach Neapel kam. Aber da er Wildwestfilme gern hatte, dachte er, daß es vielleicht der Mühe wert sei, einen Blick hineinzuwerfen. Pastor Bascom erklärte:

„Da Sie mich mit Ihrem Wermut schon auf den Weg zur Verdammnis geführt haben, könnten wir eigentlich hineingehen. Vielleicht werden wir drinnen Kakteen und Pferde sehen."

Der Gang der „Arizona" war voll Rauch. In dem Vestibül, das so groß wie eine Telephonkabine war, saß ein junges Mädchen. Sie stand bei ihrem Eintritt auf und griff nach ihren Mützen.

„Aber nein, Kleine!", sagte Pastor Bascom. „Wir bleiben nicht lange." Er versuchte sich seine Kopfbedeckung wieder zu holen.

„Hundert Lire, bitte!", sagte das Mädchen und legte die beiden Mützen auf eine ganz unerreichbare Stellage.

„Das muß eine Spelunke sein", sagte Pfarrer Donovan, indem er sich eines Ausdrucks bediente, den er aus den Filmen kannte.

Das ganze „Arizona" bestand nur aus einem rauchigen Zimmer. Um einen kleinen freien Raum, der nicht viel größer war als ein Taschentuch, drängten sich Tische, an denen Offiziere lümmelten. Einige von ihnen waren Franzosen und Engländer, die meisten aber waren amerikanische Flieger, die ihre Füße auf die Tische gelegt hatten. Alle tranken schweigend. Nichtsdestoweniger hatten die beiden Geistlichen den Eindruck, daß der Betrieb noch nicht angefangen habe. Auf einem grünbespannten Podium spielte ein italienisches Orchester Tanzmusik. Die Musiker spielten in unnatürlicher Art, als wollten sie Schallplatten imitieren. Von Pastor Bascom geleitet, nahm Pfarrer Donovan ganz nahe der Tanzfläche Platz. Um sich in Stimmung zu bringen, schlug er den Takt mit dem Fuß.

„Sie sehen uns alle so komisch an", flüsterte Pastor Bascom. „Unsere Abzeichen müssen wie Neonlichter glänzen."

„Niemand sieht uns an."

Ein Kellner kam schleppenden Ganges auf sie zu und sah sie zugleich ängstlich und drohend an. In diesem „Arizona" mußten Dinge vorgehen, die das neapolitanische Personal veranlaßten, in den Aliierten eine richtige Eroberer-Armee zu sehen.

„Diesmal bin ich an der Reihe", sagte Pfarrer Donovan mit großartiger Gebärde und zog seine arabische Brieftasche. „Wollen Sie uns bitte ... Champagner bringen?"

„Guter Gott!", rief Pastor Bascom.

Als man ihm den Wein brachte, erschrak Pfarrer Donovan beim Anblick der Rechnung. Aber er zahlte, ohne zu murren. Ein Flieger mit geschwollenen Augen, der am Nachbartisch saß, beugte sich zu ihnen:

„Es ist nicht der Champagner, den Ihr hier zahlt, Jungen."

„Die Atmosphäre, denke ich", sagte Pfarrer Donovan, der sich ganz als Weltmann vorkam. Das Kino hatte ihn eine Menge Dinge gelehrt.

„Ja, so kann man das auch nennen", sagte der Flieger. Von seinem Tisch aus konnte er die Kreuze, welche die beiden Geistlichen um den Hals trugen, nicht erkennen. „Ich komme jeden Abend hierher. Ich gehe hier vor die Hunde, aber ich komme trotzdem ... Bruch."

„Wovon spricht er?", flüsterte Pastor Bascom. „Er ist betrunken. Kein Wunder, daß sie bei der Luftwaffe so viele Leute verlieren."

„Ich habe gehört, was er gesagt hat!“, schrie der Flieger. „Hör zu, Jack! Ich bin hierher gekommen, um meine Sorgen zu vergessen und nicht, um mich mit Idioten herumzuschlagen. Aber wenn du raufen willst, dann wart, bis mein Kollege zurückkommt, und dann werden wir die Bude von allen Stänkerern reinigen. Bruch.“

„Wir sind keine Sandhasen“, sagte Pfarrer Donovan und legte die Hand auf den Arm des Fliegers. „Wir arbeiten nur ein bißchen mit der Infanterie zusammen. Und da wir beide zur selben Armee gehören, wäre es doch dumm, wenn wir uns schlagen würden, nicht?“

„Bruch“, sagte der Flieger.

Er lehnte sich beruhigt zurück und betrachtete das Purple Heart des Pfarrers. Er zeigte auf sein eigenes, auf sein Fliegerabzeichen und auf das Abzeichen der zwölften Luftarmee, das er auf der linken Schulter trug. Irgendein Neapolitaner hatte es mit Glasperlen ausgelegt. Der Flieger blinzelte dem Pfarrer zu und streckte den Arm aus, um ihn zu umarmen.

„Sie sind in Ordnung, Leutnant. Aber wer ist dieser alte Spitzel, der Sie begleitet? Sie hätten ihn lieber zuhause lassen sollen.“

Mit warmer Herzlichkeit stellte Pfarrer Donovan beide Gläser mitten auf den Tisch und goß den Champagner ein. Er schäumte so frisch und golden, daß sich sogar Pastor Bascom angeregt fühlte. Sie stießen an. Zum erstenmal in seinem Leben hatte Pfarrer Donovan jemanden eingeladen. Die Tatsache, daß er in Philadelphia einem mürrischen, alten Pfarrer unterstanden hatte, hatte seine natürliche Gastfreundschaft etwas eingedämmt. Alles, was er jemals für andere hatte tun können, war, kleine Buben Baseball zu lehren. Nur während der Messe war er in der Lage, anderen Menschen Gutes zu tun.

„Das ist herrlich!“, sagte Pastor Bascom und schnalzte mit der Zunge. „Ich verstehe, warum Salomo vor dem Wein gewarnt hat.“

„Der Kerl spricht wie ein Geistlicher“, murmelte der Flieger, der aus seiner grämlichen Melancholie erwacht war.

„Ich bin ein Geistlicher“, sagte Pastor Bascom mit Würde.

„Was tun Sie dann da, Hochwürden?“

„Ich bin kein katholischer Priester.“

„Dann sollten Sie es sein.“

Pfarrer Donovan errötete. Er war so feinfühlig, daß er immer von Hautjucken befallen wurde, wenn ihm etwas gegen den Strich ging, und zu schwitzen begann.

„Ein bißchen Champagner?“, fragte er den Flieger.

Der Flieger betrachtete sie mit einer Mischung aus Sympathie und Feindseligkeit, wie ein Hund, der nicht weiß, wofür er sich entscheiden soll. Er kam schwankend zu ihrem Tisch und setzte sich mit Hilfe Pfarrer Donovans.

„Danke. Mein Freund muß draußen eingeschlafen sein. Wir haben alle Durchfall.“

Pastor Bascom zuckte zusammen.

„Und jetzt habe ich meinen Dienst abgeleistet. Bruch. Ich gehe in die Staaten zurück.“

„Dann rate ich Ihnen aber, Ihre Ausdrucksweise zu beachten, wenn Sie zurückkehren", sagte Pastor Bascom. „Es gibt auch Damen dort."

„Wenn Sie nicht Major wären, wäre ich versucht, Ihnen zu sagen, Sie sollen den Schnabel halten. Ich glaube aber, ich werde es Ihnen trotzdem sagen."

„Ich möchte nicht gezwungen sein, Sie an meinen Dienstgrad zu erinnern", sagte Pastor Bascom.

„Ihr könnt nichts anderes als an euren Dienstgrad erinnern, Ihr protestantischen Geistlichen. Ihr werdet Soldaten, nachdem Ihr eure Hinterwäldler-Kirchen in Georgia verlassen habt, wo Ihr jeden Sonntag fünf Dollar verdient habt."

„Hier sind wir alle Freunde", sagte Pfarrer Donovan.

Der Flieger stieß einen tiefen Seufzer aus, sagte „Bruch!" und schlief auf der Schulter des Pfarrers ein. Dieser schob ihn sanft zurück, um ihn an einem anderen Tisch niederzulassen.

In diesem Augenblick pfiffen einige Gläser und Flaschen durch den Raum und zerschellten auf dem Orchesterpodium. Drei Flieger und zwei Pioniere waren in einer Ecke aneinandergeraten. Der Lärm schwoll an, wie wenn jemand einen Radioknopf dreht. Der Rauch und die Menge hinderten die beiden Geistlichen, genau zu verfolgen, was sich abspielte. Der italienische Direktor bemächtigte sich der Störenfriede und beförderte sie zur Tür, in die Arme der Militärpolizei.

„Ein sehr angenehmer Ort", sagte Pastor Bascom und nippte an seinem Champagner.

Nun erschienen mehrere Mädchen, die sich an verschiedene Tische setzten, ob sie dazu aufgefordert wurden oder nicht. Der Lärm wurde größer. Das war es, worauf alle gewartet hatten.

„Ah", sagte Pastor Bascom. „Das ist ein Tanzlokal mit Taxi-girls."

Der Flieger richtete sich auf und sagte Pfarrer Donovan die Namen der einzelnen Mädchen.

„Diese da mit dem grünen Tuch ist Lola ... die mit den Ohrringen ist Gina ... und jene, die gerade den Kellner ruft, ist Bruna ... die Nummer da in Rot ist Bianca Stella. Die meisten sind mit italienischen Offizieren verheiratet, die jetzt in Gefangenschaft sind. Und alle haben bambini. Aber man muß leben ... Mamma mia, was für eine Bande von Kröten! ... Sie verlangen zweitausend Lire pro Nacht ... sagen Sie nur nicht, daß die Flieger die Preise in die Höhe treiben ... ah, Bruch! Bruch!"

Pfarrer Donovan und Pastor Bascom sahen einander an, als hätten sie sich eben erst kennengelernt, und maßen einander.

„Sehen Sie", sagte Pastor Bascom mit heiserer Stimme.

Ein Mädchen war vorgetreten und hatte sich vor das Orchester gestellt. Mit einer tiefen, gesprungenen Stimme sang sie: „I'll be seeing you in all the old familiar places!" Sie hatte ein rosa Band in den Haaren und trug ein Kleid, das aus Enden von Spitzen und seidenen Lappen gemacht zu sein schien.

„Das ist Lydia", sagte der Flieger mit blutunterlaufenen Augen. „Sie hat mir noch nicht eine Stunde gewährt."

„Es scheint", flüsterte Pfarrer Donovan und stand auf, „daß Lydia sich ausziehen will."

Die zwei Geistlichen wandten sich zum Rückzug, indem sie sich zwischen den Tischreihen durchstahlen. An den Tischen beugten sich die Offiziere vor, um Lydia durch den grauen Rauch zu sehen. Einige hatten auf den Knien Mädchen, denen sie immer wieder zu trinken einschenkten, damit sie alles vergäßen außer diesem Augenblick. Die Blicke durchdrangen die Rauchwolken und fixierten Lydia matt, voll Begierde und Fieber. Lydias Stimme, eine wahre Kreissäge, beherrschte die stumpfe und knabenhafte Roheit dieses Saales. Die Geistlichen nahmen ihre Mützen. Der Posten am Ausgang warf einen Blick auf ihre Abzeichen.

Draußen war es dunkel. Die Nacht war über Neapel hereingebrochen, aber die Hitze hielt noch immer an, so drückend und so weich wie ein Kissen am Gesicht eines Schlafenden. Vom Fuß der Treppe, die von der Galleria Umberto hinunterführte, war ein Brausen zu hören. Der Verkehr hielt trotz der Verdunklung an. Pastor Bascom holte tief Atem und setzte seine Mütze in einem Winkel von 45 Grad entschlossen auf. Pfarrer Donovan schwieg. Er beugte sich vor und richtete seine Hose in den Gamaschen. Dabei bemerkte er, daß ein kleines Mädchen an der Straßenecke saß. Es hatte blonde Haare, eine seltsame Erscheinung für ein Kind in Neapel. Sie schien so klein und so allein. Sie nahm ein Stück amerikanischen Kaugummi aus dem Papier und öffnete schon den Mund. Ihre Augen glänzten wie die einer kleinen Katze in der Dunkelheit. Pfarrer Donovan ging auf sie zu, um mit ihr zu sprechen. Er hatte selbst ein Stück Kaugummi in der Tasche und wollte es ihr geben. Aber sie fürchtete, daß man ihr den Schatz wegnehmen wollte und floh auf die Straße. Er begann zu lachen und lief ihr nach.

Ein englischer Lastwagen, der aus San Carlo kam, nahm gerade die Kurve. Er glitt mit abgeblendeten Scheinwerfern wie ein großer Sarg dahin. Ein winziger Lichtstrahl beleuchtete die kurzen Haare der Kleinen und dann die Beine des Pfarrers Donovan, die ihr nachliefen. Pastor Bascom begriff, was geschah. Er schrie auf und stürzte ihnen nach auf die Straße. Der Lastwagen fuhr auf ihn los. Seine Ohren gellten vom Kreischen der Bremsen und vom Krachen der Körper, das klang, als würde ein Hund unter schweren Rädern zermalmt.

Von der anderen Straßenseite sah die kleine Neapolitanerin den Lastwagen sich entfernen. Die zwei Körper lagen still ausgestreckt. Einer von ihnen hatte ein purpurrotes Seidenband über dem Herzen. Sie begann den Kaugummi zu lutschen. Americani —, nun ja, es war nicht das erstemal, daß sie Leichen auf der Straße von Neapel sah.

(Deutsch von Milo Dor und Reinhard Federmann)

Die Glosse:

Die Metamorphose des Prometheus

Prometheus, der wunderliche Sohn des Japet und der Klymene, hatte mit Wasser die noch von himmlischen Partikeln geschwängerte Erde befeuchtet und aus dem so geschaffenen Klumpen die Menschen geformt; er brachte ihnen das Feuer, er lehrte sie das, was er wußte, er störte die Pläne des Olympiers durch mancherlei Eigenwilligkeit, und Zeus ließ den Menschenmacher an den bekannten Felsen schmieden und gab ihm den Geier dazu, der ihm nun noch lange an der Leber nagen sollte. Soweit die Fabel.

Hier wird unsere Neugier wach. Wir sehen den Prometheus, nackt, angeschmiedet und mit verzerrtem, vom Flügelschlag des Geiers gelegentlich überschatteten Gesicht. Er denkt und er leidet, und er leidet, weil er denkt. Der Geier nagt an seiner Leber.

Wir müssen hier innehalten und uns wundern. Der Geier weiß nichts besseres, als an der Leber zu nagen. Zweifellos wird er davon nie satt werden, wenngleich diese Leber, wie die Fabel berichtet, ständig nachwächst. Es gibt für einen Geier noch andere gute Dinge an Prometheus. Warum ihn die Alten mit so wenig Phantasie ausgestattet haben, wissen wir nicht. Immerhin verblüfft das Eine: eben die Leber. Für die Alten ist die Leber der Sitz der Begierden. Ein weiser und für mutige Chirurgen tröstlicher Gedanke. Und so erklärt sich manches. Zum Beispiel, daß der beständige Genuß der Begierde keinen weiteren Gedanken mehr im Gehirn des Geiers aufkommen läßt. Der Vogel erscheint uns fast menschlich.

Prometheus duldet also, wehrlos, in seiner Person die Qualen des Menschengeschlechts: immerwährende Unruhe und rastlose Begierde. Hier stocken wir abermals und sind bestürzt. Durch die Größe seines Schmerzes nämlich wird Prometheus selber Mensch. Der göttliche Dulder wird gefolterte Kreatur. An seinen Felsen geschmiedet, erlebt er seinen Abstieg. Denn Unruhe und Begierde sind der Tod der Weisheit.

Prometheus steht auf der Höhe seiner Weisheit und somit seiner Tugend, als er, wissend, die Arme nach hinten streckt, um sich anschmieden zu lassen. Die Schläge der Hämmer überhört er durch Verachtung. Aus der tiefsten Tugend der Nichachtung gegenüber den Göttern hatte er die Menschen geschaffen. Prometheus ist der erste Bohemien. Nun begleitet ihn seine Verachtung auf eine Weile in seine Qual. Nur eine Weile, denn sie wird ihn bald verlassen. Sie schwindet in dem Maße, als er Kreatur wird, denn sie — Attribut seiner Höhe — läßt sich mit der Begierde nicht vereinen. Wohl kämpft sie, streitet, aber sie unterliegt. Der Geier nagt ewig.

Sie entschwindet ganz, als Prometheus auf der tiefsten Stufe angelangt ist. Hier, ganz unten, ist er ganz Kreatur, ganz seinen Geschöpfen gleich. Verlassen von seinem eigentlichen Selbst, zermartert und gequält, geschüttelt und aussichtslos, macht er das Zugeständnis.

Er offenbart Zeus eine lang verborgene Weissagung als Lösegeld für seine Befreiung. Die Weissagung besagt, daß Thetis, Tochter des Nereus und mütterlicherseits Enkelin des Oceanus, einen Sohn gebären wird, der mächtiger sein wird als sein Vater. Zeus, der schon ein lüsternes Auge auf Thetis geworfen hat, erschrickt und läßt von ihr ab. So wird Thetis nun dem mächtigen Peleus den mächtigeren Achill gebären.

Wir blicken wieder auf Prometheus. Er wußte von Zeus' Absicht. Wäre seine Verachtung noch da, er hätte hohnlachend die Vermählung der beiden mitangesehen, grimmig lächelnd auf den Sprößling gewartet, den Mächtigeren. Er tut es nicht. Warum? Weil die Belange der Götter ihm gleichgültig geworden sind. In seiner Qual ist er hinabgestiegen in den Menschen. Die Qual geht über seine Kraft. Sie ist größer geworden als seine Verachtung. Hier ist seine Metamorphose beendet, der Kompromiß geschlossen, die Verachtung besiegt, der Mensch geformt. Das weitere ist belanglos.

Später wird Herkules kommen, um den Geier zu erlegen. Der Geier wird getötet werden, und seine blutgeröteten Schwingen werden Prometheus' Füße netzen, einen Augenblick, bevor die Ketten fallen. Aber es interessiert uns nicht mehr. Das Wesentliche liegt im Kompromiß. Prometheus wurde ganz Mensch, ganz Wurm, ungeachtet seines göttlichen Ursprungs.

Wir sehen ihn stöhnend sich emporrichten, die Glieder strecken und zögernd davongehen, mit gesenktem Kopf und hängenden Schultern. Er hat für einen Augenblick versagt und wurde Mensch. Hier beginnen wir, ihn zu begreifen. Erst hier beginnen wir, ihn zu lieben.

Alexander Berka.

Meine Erlebnisse im Zeitalter der Ausrufe

Ich gehe hier von der Voraussetzung aus, daß der Leser mir glaubt, wenn ich sage: ich habe schon einmal — mindestens einmal — gelebt; ich entsinne mich einer dieser früheren Existenzen noch sehr deutlich. Aber auch wenn er mich für einen Scharlatan hält, ist mir das gleichgültig: mir genügt, daß ich weiß, wie wahrhaftig meine Erinnerung ist.

In diesem Leben (1809 — mein Todesjahr ist mir entfallen) war ich eine Art Chronist, als solcher jedoch recht unzuverlässig, und ich möchte dem Leser nicht raten, aufgrund meiner Aufzeichnungen — falls er sie jemals in die Hand bekommt — zu irgendwelchen kulturhistorischen Schlüssen zu gelangen. Sie sind nicht nur vage, sondern sie enthalten auch empfindliche Lücken; man kann die gesamte Seitenzahl meiner Berichte an Fingern und Fußzehen abzählen. Wie oft blieb mir das Wort in der Feder stekken! Deshalb kann ich mit einer gewissen Berechtigung als eine der unbedeutendsten Gestalten des vorigen Jahrhunderts angesprochen werden und wurde damals auch oft als solche angesprochen. Gewöhnlich jedoch wurde ich übergangen.

Die Ursache meines Schweigens war eine gewisse zeitfremde Nüchternheit, ein Mangel an Phantasie und an Begeisterungsfähigkeit. Es versteht sich, daß ich es mit einer solchen Veranlagung nicht weit bringen konnte, und daß ich bei den bedeutenden Persönlichkeiten, mit welchen der Zufall mich in Berührung brachte, einiges Befremden, oft sogar Unwillen auslöste, so zum Beispiel bei dem folgenden Ereignis:

Ich war zugegen, als Liszt zum erstenmal César Franck Orgel spielen hörte, bei welcher Gelegenheit er — wie man nachlesen kann, ausrief: „Jetzt habe ich Johann Sebastian Bach Orgel spielen gehört!" Dies schien mir in meinem nüchternen Sinn für Tatsachen eine groteske Verkennung des wahren Sachverhalts. Ich tippte Liszt an die Schulter und sagte: „Nein, Meister, nicht Johann Sebastian Bach, sondern César Franck." Liszt warf mir einen vernichtenden Blick zu und hat mich von diesem Moment an verleugnet.

Als ich in Dresden weilte, forderte mich Wagner eines Abends auf, mit ihm die Oper zu besuchen. Man gab den „Freischütz", welchen Wagner noch nicht kannte. Während der Vorstellung geriet er in Verzückung. Als der Vorhang fiel, rief er aus: „O Deutschland, wie liebe ich Dich, weil auf Deinem Boden Carl Maria von Weber geboren ist!" Nun gibt es zwar viele Gründe, Deutschland zu lieben, — wer liebt es nicht? —, aber von diesen schien mir — und scheint mir auch jetzt — der, daß auf seinem Boden Carl Maria von Weber geboren ist, einer der unwesentlichsten. Ich hielt die Sache für eine Übertreibung. Ich will übrigens keinem Leser, der darin wie Wagner empfindet, zu nahe treten, sondern spreche nur meine persönliche Meinung aus. Und dieser Meinung, nämlich, daß dieser Satz wohl lediglich aus spontaner Begeisterung zu verstehen sei, gab ich Wagner gegenüber Ausdruck, ohne Rücksicht auf die Umherstehenden, die einander zuraunten: „Goldene Worte!" Wagner war sprachlos — was sollte er allerdings wirklich darauf antworten? — und gab mir mit Blicken zu verstehen, daß unser Bekanntschaftsverhältnis als abgebrochen zu betrachten sei. Wir hatten übrigens niemals viel Gemeinsames gehabt.

So war ich. An mir sind die besten Ausrufe — Ausrufe feurigster Überzeugung — abgeglitten, als wären sie niemals getan, und es ist lediglich der Rührigkeit beflissener und vor allem verständnisvollerer Chronisten zu verdanken, daß uns jene Kostbarkeiten überliefert sind, die heute das Rankenwerk um die Säulen großer Meister bilden; hier gebührt auch den Biographen für die reifere Jugend unser Dank.

Dem Vorwurf, daß ich den Geist der Zeit nicht berücksichtigte, kann ich deshalb eine gewisse Berechtigung nicht absprechen. Ich war nicht zeitgemäß.

Niemals habe ich das Bedürfnis verspürt, mich am Busen eines Freundes auszuweinen, während an meinem Busen — um mich dieses Ausdrucks im übertragenen Sinne zu bedienen — sich mancher Trostbedürftige neuen Lebensmut gesucht hat. Diese Situationen waren mir stets ein wenig unangenehm: ich sah bei solcher Gelegenheit starr vor mich hin und versuchte meinem Zuspruch den nötigen Ausdruck der Überzeugung zu verleihen. Das war nicht immer ganz einfach.

Eines Abends befand ich mich bei George Sand. Ich hatte anfangs nicht hingehen wollen — ihre samtene Einrichtung hatte bei mir immer eine Art Unbehagen ausgelöst —, aber Rossini, bei dem ich diniert hatte, bestand darauf. Nach einem guten Essen war mein freier Wille stets etwas geschwächt, eine Reaktion übrigens, die ich in mein augenblickliches Leben übernommen zu haben scheine.

Chopin spielte ein neues Nocturne; ich weiß nicht mehr, welches; ich habe nie Schritt halten können. Es waren noch mehrere Gäste zugegen. Wir hörten mit Hingabe zu. George saß in einem tiefen Sessel. Ihr Zustand war, wie oft bei diesen Gelegenheiten, ekstatisch, aber sie war ruhig. Rossini lehnte genießerisch an einer Säule, auf welcher eine Zimmerpalme stand. Delacroix, ihm gegenüber, versuchte die überaus dramatische Atmosphäre in einer Skizze einzufangen.

Als die letzten Akkorde verklungen waren, herrschte zunächst sekundenlanges Schweigen. Dann brach der Damm der Gefühle.

„Welch poetisches Feuer!“, rief George Sand und blickte nach oben. „Und dennoch: welche Melancholie!“ Sie war eben enorm begeisterungsfähig. Den Umstand, daß sie gewissermaßen den weniger Beredten ihre eigene Nachempfindung aufzwang, hätte man ihr vielleicht dennoch verübeln mögen, aber ein derartiger Gedankengang war hier nicht am Platze. Denn ich schien ohnehin der einzige zu sein, der nicht mit der Formulierung seines eigenen Ausrufes beschäftigt war.

„Es ist“, rief Delacroix, der aufgehört hatte, zu zeichnen, „wie ein filigranartig silbernes Gewebe!“ Ich sah ihn an: es war ihm ernst.

Selbst Rossini sagte leise: „Quelle figuration! quelle sublimité!“ Der alte Filou! Seine Stimme klang ganz belegt vor lauter Unaufrichtigkeit.

Ich hatte ganz schlicht „wie schön“ sagen wollen: ja, dieser bescheidene Ausdruck meines Vergnügens hätte sicherlich eine gewisse Wirkung nicht verfehlt, aber nun blieb er mir doch in der Kehle stecken. Ich sagte nichts.

Bald darauf entschuldigte ich mich und verließ die Gesellschaft. Ich glaube nicht, daß mein Gehen irgendjemanden unangenehm berührte. In solchen Situationen kann die Gegenwart eines so stillen Teilnehmers nur als störend empfunden werden.

Auf der Treppe begegnete mir de Musset.

„Sie gehen schon?“, fragte er mich.

„Ich fühle mich nicht recht wohl“, sagte ich. Und damit hatte ich meinem Empfinden den zutreffendsten Ausdruck gegeben.

Wolfgang Hildesheimer.

Alte Kameraden

Als ich noch einen Stahlhelm trug, kommandierte mich ein Zugleutnant, der Volksschullehrer war. Mein Batteriechef war Prokurist eines mittelgroßen Unternehmens. Wir waren der zackigste Haufen im ganzen Regiment. Wenn wir zehn Kilometer hinter der Front laut Regimentsbefehl Ruhestellung bezogen, begann bei uns der Rekrutenausbildung zweiter Teil.

Die zackige Batterieatmosphäre war ein Ausfluß der beruflichen Stellung meiner Dienstvorgesetzten. Dem einen oder andern kaufmännischen Angestellten und Lehrer ist ein Hang zu peinlicher Genauigkeit eigen; sie sehnen sich im Grunde ihres Herzens nach dem Heroischen: der eine, weil er kaum Gelegenheit dazu hat, der andere, weil er zuviel von falschen Helden gelesen hat.

Bald sind wir wieder soweit. In Frankfurt stieg der „Stahlhelm“ wie ein Phönix aus der Asche. Er will „in kameradschaftlichem Geiste den Übelständen in Deutschland auf den Leib rücken“. (Gewisse Leute entdecken Übelstände in Deutschland nur dann, wenn Deutschland demokratisch regiert wird.)

Ihr neuer Bundesführer wohnt in Köln. Laut Adreßbuch ist er von Beruf kaufmännischer Angestellter. In dem Mittelfünfziger mit graumeliertem Haar erkennt man unschwer den Prokuristen. Ob er mich deshalb so stark an meinen Batteriechef erinnert, weiß ich nicht. Äußerlich hat er jedenfalls nichts Militaristisches an sich. Nazi war er nie, fünfmal verhafteten ihn die Braunhemden sogar, er gehörte dem Gördelerkreis an. Resistentialist ist heute jeder dritte von rechts. Man wundert sich nachgerade, wie Gördeler bei soviel Unterstützung am 20. Juli 1944 scheitern konnte.

Auch heute ist der Heldenmut groß. Das Programm ist noch nicht ganz fertig, die Tagung in Frankfurt beschränkte sich nur auf kameradschaftliche Tuchfühlung. Dreißig waren da, aber Tausende im Lande, sagte der Bundesführer, warten auf den kommenden Appell; die Kameraden wollen wieder marschieren, die grauen Kolonnen des Stahlhelm werden bald wieder . . ., aber lassen wir das.

Ich könnte mir meinen Zugleutnant und meinen Batteriechef sehr gut in diesem Verein vorstellen. Die große Desillusion von 1945 hat nicht ausgereicht, die größeren Ideale zu verdunkeln. Demokratie ist, im Vertrauen gesagt, eine ganz lahme Angelegenheit: wenn wir wirklich besseren Zeiten entgegengehen wollen, sollten wir uns auf die Zackigkeit unserer altvorderen Vordermänner rückbesinnen. Ohne „Stahlhelm", ohne alte Kameraden geht es nun mal nicht, ohne das ist es ja auch damals nicht gegangen. Als es von 1924 auf 1933 zuging. Und dann von 1933 auf 1939 zu. Undsofort. Bis zum Frühjahr 45. *Josef Deutz.*

Luise Rinser vorübergehend wichtig

In der Ostzone erscheint als Organ des „Kulturbundes zur demokratischen Erneuerung Deutschlands" ein Blättchen, das den beschaulichen Titel „Sonntag" trägt. Die durchgängig schlechte Schreibe dieser Erneuerer darf nur dort unser Interesse beanspruchen, wo sie sich in Einschüben eines wahrhaft charmanten Terrorismus äußert. Man lernt daraus. Auf der Titelseite der Ausgabe vom 4. März etwa polemisiert eine offiziöse, daher nicht mit Verfassernamen gezeichnete und in Fettdruck gehaltene „Glosse" gegen eine Versandbuchhandlung in Zella, die das Verbrechen begeht, „Novellen des Existenzialisten Malraux, eine Erzählung über den ‚Sternenglauben Schillers', Wildes ‚Dorian Gray' und einen Prospekt des Port-Verlages, Stuttgart" anzupreisen. „Der Stuttgarter Port-Verlag interessiert uns wenig", schreibt das Blatt des jovialen Herrn Becher und fährt fort: „Um so mehr die Versandbuchhandlung in Zella, die für ihn Reklame macht, indem sie solche Prospekte in der DDR verschickt. Bei ihrem Wirken handelt es sich angesichts unserer Bemühungen um die Schaffung einer neuen Kultur um sehr viel mehr als um kleine Schönheitsfehler."

Zugegeben, daß dieser Stil von Bemühungen um die Schaffung auch durch die Lektüre Oscar Wildes nicht mehr verbessert werden kann. Wer je das „Schwarze Corps" las, weiß, was diese Glosse für den armen Versandbuchhändler bedeutet. Für uns hingegen ist es immerhin interessant, so zu erfahren, was alles in der Ostzone nicht gelesen werden darf.

Auf der zweiten Seite der gleichen Ausgabe des genannten Blättchens findet sich unter der Überschrift „Gefährliche Charakteristik" die folgende Notiz: „In Nr. 3 des ‚Börsenblattes für den deutschen Buchhandel' (— gemeint ist natürlich das ostzonale Blatt —) finden wir in dem Artikel ‚Das Antiquariat — ein Hemmschuh?' unseres Mitarbeiters Alfred Antkowiak eine Charakterisierung der Schriftstellerin Luise Rinser, die bedauerlich ist. Die Redaktion des ‚Sonntag' möchte vor einer Methode fahrlässiger summarischer Verurteilung warnen, die nicht nur irreführend ist, sondern auch in einer Zeit schweren Schaden stiftet, in der versucht wird, das gesamtdeutsche Gespräch zwischen den Kulturschaffenden zu verstärken."

Leider ist uns das inkriminierte Börsenblatt mit dem Aufsatz des solcherweise gerügten Herrn Antkowiak nicht zugänglich. Aber man kann sich ungefähr vorstellen, warum das Antiquariat für die Bemühungen um die Schaffung ein Hemmschuh sein könnte (dort gibt's ja vielleicht doch noch in einer Ecke Malraux und Wilde zu kaufen), und man kann sich vorstellen, was dem eifrigen Herrn Antkowiak über die Schriftstellerin Luise Rinser, die in ihren Büchern einen so ärgerlichen Hang zur individuellen Freiheit äußert, entfahren sein mag. Es ist ihm zur Unzeit entfahren, nämlich im gleichen Augenblick, in dem Herr Becher sich zur Tafelrunde der „Kulturschaffenden" (o enthüllende Sprache!) begeben will.

Aber der Gestank, den er verbreitet, wird durch die Rüge nicht verbessert. Er „stiftet Schaden", sagt die Redaktion. Aber nur bedingungsweise. Nämlich „in einer Zeit, in der versucht wird, das gesamtdeutsche Gespräch zwischen den Kulturschaffenden zu verstärken". Nachher nicht mehr. Nachher ganz bestimmt nicht mehr. Wenn man die „Kulturschaffenden" erst einmal einkassiert hat, wird Herr Antkowiak schon die Antiquariate zu fassen kriegen, in denen sich etwa noch ein paar verlorene Exemplare der Bücher Luise Rinsers herumtreiben sollten. —

Sie werden kommen und uns Friedens-Resolutionen vorlegen. Wir werden sie nicht unterzeichnen. Aber wir werden die Werke von Anna Seghers, Stefan Hermlin und Heinrich Mann bei uns herausbringen, lesen und diskutieren, und wir werden Bert Brecht unsere Bühnen offenhalten. Wie es bei uns der gute Brauch einer noch so relativen Freiheit will. Mögen dann Pen-Club- und Akademie-Präsidenten mit ihnen über Frieden und deutsche Einheit viele Worte machen, — wir werden sie nur fragen, warum wir die Bücher des Ostens bekommen, sie aber die Literatur des Westens noch in den Antiquariaten heimsuchen.

Alfred Andersch.

Berichte:

DER STAAT ISRAEL UND DIE DEUTSCHEN

Die Beziehungen zwischen dem jungen Staat Israel und Deutschland sind in jüngster Zeit auf beiden Seiten erörtert worden.

Wenn man die Frage in ihrer Entwicklung und ihrem gegenwärtigen Stand verstehen will, ist es unerläßlich (und angesichts der kuriosen Vergeßlichkeit vieler Zeitgenossen sehr ratsam), zwei Grund-Tatsachen zu rekapitulieren: Während der Jahre 1933 bis 1945 wurden etwa 6 Millionen europäische Juden von deutschen Händen ermordet; Hunderttausende europäischer Juden, oft die einzigen Überlebenden ausgerotteter Familien, fanden in Israel ein neues Heim.

Wie steht Israel heute zu Deutschland und den Deutschen?

Der Schriftsteller Schalom Ben-Chorin hat dem Verfasser hierüber im Februar 1951 folgenden Tatsachenbericht überlassen:

„Die jüdische Bevölkerung Israels lehnt Deutschland und den Deutschen durchweg völlig ab. Man setzt Deutschland zumeist mit Amalek gleich, dessen Untaten nicht zu vergessen geradezu eine religiöse Pflicht ist. Immer wieder wird betont, daß Israel ein Volk des langen Gedächtnisses sei, das Pharao, Nebukadnezar, Haman, Titus, Torquemala und Chmelnitzki nicht vergessen hat und auch Hitler nicht vergessen wird. Die Vernichtung von sechs Millionen Juden ist sozusagen in die Substanz Israels eingegangen. Es gibt keine politische Partei, die für diplomatische Beziehungen mit Deutschland eintritt. In Fragen der Wiedergutmachung ist man geteilter Ansicht, wie man es 1933 bis 1939 in Fragen der Haawara (Transferabkommen mit dem Reich) gewesen war. Hauptwortführer für die Wiedergutmachung durch direkte Fühlungnahme mit deutschen Behörden sind *Dr. Georg Landauer* von der Jewish Agency und Justizminister *Pinchas Rosen.* Die radikalsten Verneiner dieser Auffassung im Parlament sind *Rabbi Nurok* (Misrachi) und der Dichter *U. Z. Grinberg* (Cherut). Sie lehnen das deutsche ‚Blutgeld' ab. Ihnen wurde mit dem biblischen Worte ‚Du hast gemordet und sollst nun noch erben?' geantwortet. Die Regierung Israels hat es daher für richtig befunden, die Wiedergutmachungsansprüche durch ihre Gesandten und Botschafter in Washington, Paris, London und Moskau anzumelden, nicht aber durch einen Sonderbeauftragten oder Geschäftsträger in Bonn und Berlin. Auch Staatspräsident Dr. Weizmann lehnte das Zusammentreffen mit Bundeskanzler Dr. Adenauer in der Schweiz offiziell ab. Die Jewish Agency steht auf dem Standpunkt, daß Juden in Deutschland nicht mehr zu verbleiben haben, und löste daher ihre Vertretungen in Deutschland im Dezember 1950 auf. Mittlerweile wurde im Parlament der Antrag gestellt, auch das israelische Konsulat in München zu schließen und eine befreundete Macht mit der Wahrung israelischer Interessen zu betrauen. Der Chefredakteur des ‚Haaretz', *G. Schocken,* geht so weit, daß er verlangt, den brieflichen Verkehr mit Deutschen einzustellen, und es jedem Israeli zur Pflicht machen will, daß er im Auslande nicht mit Deutschen spricht. Das israelische Ausreisevisum trägt den Vermerk: ‚In alle Länder außer Deutschland'. Man muß zwingende Gründe und eine Sondererlaubnis haben, wenn man dennoch Deutschland bereisen will. Die Beziehungen zu Österreich sind anderer Natur. In Tel-Aviv gibt es ein österreichisches Generalkonsulat, und der Anbahnung normaler diplomatischer Beziehungen stehen hier weit weniger Hemmnisse gegenüber.

Die Ablehnung alles Deutschen erstreckt sich auch auf die deutsche Kultur. Klassische deutsche Musik ist zwar verbreitet: Bach, Brahms, Beethoven dürfen gespielt werden, nicht aber Richard Wagner oder Richard Strauß. Die oberste Zensur-Behörde hat neuerdings den Gebrauch der deutschen Sprache bei Konzerten verboten; noch vor kurzem wurde Mahlers ‚Lied von der Erde' in Bethges Original-Fassung gesungen, ebenso Lieder von Schubert. Deutsche Bücher und Zeitungen werden nicht importiert. Auf Schweizer Presse- und Bucherzeugnisse in deutscher Sprache erstreckt sich dieser Boykott hingegen nicht. Im Lande erscheinen zwei deutschsprachige Tageszeitungen: ‚Neueste Nachrichten' und ‚Tagesnachrichten'. Ferner gibt der Irgun Olej Merkas Europa ein deutschsprachiges ‚Mitteilungsblatt' heraus, das wöchentlich erscheint. Folgende politische Parteien geben deutschsprachige Wochenschriften heraus: Progressive Partei ‚Hakidmah', Allgemeine Zionisten ‚Die Wahrheit', Cheruth ‚Die Freiheit', Mapai ‚Dapim'. Die Verlage Olympia in Tel-Aviv und Freund in Jerusalem lassen deutschsprachige Bücher erscheinen, ebenso neuerdings ‚Hozaa Ivrith' in Jerusalem. Die Synagogengemeinde Ichud-Schiwath Zion gibt monatlich ein deutsches Gemeindeblatt in Tel-Aviv heraus; die Landwirtschaftszeitschrift ‚Sadeh' hat ein deutsches Supplement. Fast alle politischen Parteien veranstalten Versammlungen in deutscher Sprache. Auf einem Symposion über die deutsche Sprache, veranstaltet vom Israel-Touring-Club, erklärten Freunde und Gegner der deutschen Sprache, daß diese Art Presse und Volksaufklärung unvermeidlich sei. Hingegen wandte sich Dr. Esriel Carlebach erst kürzlich in der Abendzeitung ‚Maariv' gegen die deutschsprachige Presse in schärfster Weise und auf einem Symposion des Journalistenverbandes in Tel-Aviv verlangte *B. Krupnik* (Haboker) die Hebraisierung der fremdsprachigen Presse bis auf einen Rest von 25 Prozent.

Mischehen mit deutschen Frauen werden zuweilen in der Presse angegriffen, jedoch ist man hierin tolerant, wenn die Frauen zum Judentum übertreten. Das deutsche Eigentum in Israel wird vom Staate verwaltet; es gibt ein eigenes Amt dafür. Das katholische Kircheneigentum des ‚Deutschen Vereins für das Heilige Land' ist auf den Besitztitel des erzbischöflichen Stuhls zu Köln eingetragen, der seine Rechte an den Vatikan übertragen hat. In dieser Angelegenheit besuchte als erster Deutscher *Prälat Meiners* aus Köln das Land, reiste aber mit einem vatikanischen Paß. Vom Religionsministerium wurde der Heidelberger Kreisdekan *Dr. Hermann Maas* zu einem Besuch in Israel eingeladen; er veröffentlichte eine Broschüre darüber. Als einziger deutscher Journalist erhielt *E. Küstermeier* von der Hamburger ‚Welt' Einreise-Erlaubnis; er berichtete in 17 Reportagen in seinem Blatte über seine Reiseeindrücke. Das angebliche Interview *Bubers* (‚Neue Zeitung') mit dem deutschen Journalisten *Schneider* wurde hier heftig kritisiert; es wurde inzwischen von Buber dementiert. Während *Elisabeth Bergner* noch deutsch rezitieren konnte (‚Fräulein Else' von Schnitzler), wurde dies nunmehr *Albert Bassermann*, der um die Einreise ins Land nachsuchte, untersagt. Übersetzungen klassischer deutscher Literatur sind hingegen durchaus zugelassen. So wurde die Faust-Übersetzung von *Jakob Cohen* mit dem Tschernichowski-Preis ausgezeichnet, und jüdische Autoren deutscher Zunge von *Heine* bis *Stefan Zweig* wurden und werden übersetzt. Die Jugend ist affektfreier, da sie keine traurigen Erlebnisse mit dem deutschen Volke hatte und seiner Sprache daher objektiver gegenübersteht. Jedoch wünscht auch die Jugend keinerlei Fühlungnahme mit der deutschen Jugend, während sie sonst internationale Jugendbeziehungen bereitwillig pflegt.

Die linksradikalen Kreise (Mapam und Kommunisten) haben es abgelehnt, zum Friedenskongreß nach Berlin eine offizielle Delegation zu entsenden, obwohl sie sonst jederzeit an diesen Friedenskongressen teilnehmen. Die Auffassungen von Victor Gollancz werden hier durchweg abgelehnt."

Israel, Regierung wie öffentliche Meinung, hält also Deutschland gegenüber an der Kollektivschuld-These fest. Man mag das für historisch ungerechtfertigt halten, weil nicht alle Deutschen an den Greueltaten der Nazi beteiligt waren und davon Kenntnis hatten oder sie jedenfalls hätten verhindern können; man kann es auch als widersinnig empfinden, daß gerade das jüdische Volk, das im Lauf seiner Geschichte immer wieder härter zu leiden hatte als andere, weil die Fehler einzelner seiner Glieder der Gesamtheit zur Last gelegt wurden, — daß gerade die Juden nun alle Deutschen über einen Kamm scheren. Die Tatsache bleibt jedoch bestehen, und es kann mit Tausenden (oft tragikomischen) Beispielen belegt werden, daß alles Deutsche — selbst die heute noch oder wieder in Deutschland lebenden Juden — mit einem Bann belegt ist.

Wenn man diese Tatsache verstehen will, muß man weit in die Zeit vor 1933 zurückgehen.

Die deutschen Juden (— und wir sind uns bewußt, daß auch dieser Begriff eine Verallgemeinerung ist —) unterschieden sich im neunzehnten und zwanzigsten Jahrhundert auf zweifache Weise von anderen Judenheiten:

1. Sie hatten es „herrlich weit gebracht". Nicht allein, daß es ihnen meist wirtschaftlich gut ging; sie waren zu einem festen Bestandteil des deutschen Volkes geworden und nahmen an seinem sozialen und kulturellen Leben vollen Anteil[1]). Die Juden anderer Länder blickten mit Stolz, Bewunderung und zuweilen nicht ohne Neid auf diese Errungenschaften.

2. Auf die Ostjuden blickten die meisten deutschen Juden selten mit Verständnis und häufig mit jenem unfreundlichen peinlichen Schamgefühl, mit dem man sich armer Verwandter zu entledigen versucht. Der verdienstvolle „Hilfsverein der deutschen Juden" sah zum Beispiel seine Hauptaufgabe darin, Juden, die den Verfolgungen in Polen und Rußland zu entfliehen suchten, — die Überfahrt nach den USA zu zahlen.

Der materielle Aufbau des jüdischen Palästina zwischen dem Ersten Weltkrieg und dem Anbruch des Hitler-Regimes lag fast ausschließlich in den Händen von Juden, die aus Osteuropa gekommen waren, und die aus den erwähnten Gründen für die deutschen Juden nicht allzuviel übrig hatten. Diese Ostjuden waren es, die in wahrlich heroischer Weise — durch Straßenbau, Entsumpfungen und Feldarbeit — das Land eroberten[2]).

Die Einwanderer, die 1933—1939 in reicher Zahl (weit mehr als 50 000) aus Deutschland nach Palästina strömten, wurden zwar mit Mitgefühl, aber auch mit Skepsis empfangen. („Kommen Sie aus Überzeugung oder aus Deutschland?", fragten die alten Zionisten nicht nur im Scherz.) Nicht ohne Schadenfreude wies man darauf hin, daß der Patriotismus, den sie unter Preisgabe fast aller jüdischen Bindungen gezeigt hatten, ihnen nichts „genutzt" habe.

Während dieser Konflikt bis 1939 sozusagen Familienplänkelei war — nicht viel ernster als ein Streit zwischen Bayern und „Preußen" —, wurde er nach Kriegsausbruch tragisch. Die Bewohner Palästinas mußten in den langen Jahren des Grauens erfahren, daß ihre Eltern, Brüder und Schwestern in Polen, Rußland, den Balkanstaaten, den Beneluxländern, Frankreich und Deutschland auf endlose Züge verladen und in Vernichtungslager gebracht, zur mörderischen Zwangsarbeit geführt, erschossen oder vergast wurden. Den palästinensischen Juden waren damals die Hände gelähmt. Sie konnten nur mit ohn-

[1]) Eugen Rosenstock-Huessy schrieb zutreffend in den ‚Frankfurter Heften' (VI/1, 9): „Es gibt die deutsche Nation nicht mehr, wie sie von 1795 bis 1933 bestanden hat. Denn diese bestand aus Christen und Juden, die sich zu einer nationalen Ordnung zusammenlebten."

[2]) Wir sprechen hier von der materiellen Pionierarbeit. Am Aufbau der zionistischen Bewegung haben deutsche Juden wie Bodenheimer, Hantke, Blumenfeld, Ruppin, Lichtheim, Rosenblüth, Gronemann, Simon sowie die ebenfalls dem deutschen Kulturkreis angehörenden Herzl, Nordau, Buber entscheidenden Anteil gehabt; der deutsche Jude Otto Warburg war der dritte Präsident der Zionistischen Weltorganisation.

mächtiger Wut und grenzenlosem Schmerz, oft in Haß und Rachedurst das Gemetzel mitansehen. (Die Jungen konnten sich wenigstens zur „Jüdischen Brigade“ des britischen Heeres melden, zu einer Truppe, die sich manchen Ruhm auf dem Schlachtfeld errang.)

Was geschah nach 1945? Als die Ghetto und KZ sich öffneten, als im Nürnberger Gerichtssaal ein Nazi-Dokument nach dem anderen belegte, wie planmäßig der Massenmord vorbereitet und ausgeführt worden war, erwartete die Welt irgendwie ein moralisches Schuldbekenntnis der Deutschen[3]).

Es blieb fast aus. (Ob es in jenen Jahren des Chaos in gültiger Form hätte abgegeben werden können, ist eine andere Frage, anderseits hätte zumindesten die neue Bundesregierung beim Amtsantritt 1949 ein stärkeres Wort des Mitgefühls sprechen können.) Fest steht, daß die überwältigende Mehrheit der Deutschen schwieg oder sich so von der eigenen Not überwältigen ließ, daß selbst der wohlwollendste Beobachter bestürzt bemerkte, daß „von Reue keine Spur“ zu vermerken sei[4]).

Geschäftig versuchte man die Irrlehre von der Kollektivschuld durch die noch irrigere der kollektiven Unschuld zu ersetzen, und während man schon 1945 stöhnte, daß die Greuelgeschichten aus den KZ ermüdend wirkten, liest man noch 1951 mit pathologischer Hingabe Geschichten „um Göring“ und Konsorten und petitioniert um Gnade für geständige Massenmörder.

Dies alles hat natürlich Einfluß auf die Haltung Israels, und doch reicht es nicht aus, sie zu erklären. Warum sind die Ressentiments gegen „die Deutschen“ so tief verwurzelt? Mit ihnen schienen doch die Juden zu einem solch guten Einvernehmen gelangt zu sein, daß sich daraus eine außerordentlich fruchtbare Symbiose entwickelte, wie sie ähnlich bestenfalls nur bei den Judenheiten der griechischen Welt und des Spaniens vor 1942 bestand. Wenn man frühere deutsche Juden trifft, die heute Gefühle gegen die Deutschen äußern, wird man immer feststellen können, daß sie umso heftiger ablehnen, je deutscher sie einst fühlten. Das gemahnt an die Haltung eines Liebhabers, der von seiner lang umworbenen Geliebten nicht nur abgewiesen, sondern menschlich schwer enttäuscht wurde.

Ein anderes Faktum, das mit der Jugend des israelischen Staates zu tun hat, sei nicht übersehen: eine Gemeinschaft wird umso enger, je mehr einigende Elemente sie zu Liebe und Haß zusammenschweißen. Die Tatsache, daß Israels Bevölkerung sich gegen eine Übermacht arabischer Nachbarstaaten behauptete, trug dazu bei, dem Staatsvolk, das sich aus einer bunten Fülle höchst verschiedenartiger Judenheiten, Ost- und West-Europäer, Afrikaner, Asiaten zusammensetzt — ein festes Gefüge zu geben. Die gemeinsame Abneigung gegen die Deutschen hat in diesem Prozeß der Verschmelzung mehr oder minder unbewußt eine Funktion.

Man könnte sich noch in manchen anderen zutreffenden psychologischen Erklärungen ergehen und würde damit doch nichts finden, was von gleichem Gewicht wäre wie die Tatsache, von der wir ausgingen: die Ausrottung von fünf oder sechs Millionen Juden. (Auch dieses „oder“ spricht eine schreckliche Sprache.)

Was also bleibt angesichts dieser Abneigung zu tun? Man wird von mir als Juden keine Antwort darauf erwarten.

[3]) Vergleiche hierzu Peter Halm (Pseudonym): „Jüdische Rückkehr — was dann?“, ‚Frankfurter Hefte‘ V/1, 16—19.

[4]) Walter Dirks („Als ob nichts geschehen wäre“ in ‚hier und heute‘ vom 26. Januar 1951) weist mit Recht darauf hin, daß man nach dem, was 1933 bis 1945 in Deutschland den Juden widerfuhr, Antisemitismus nicht mit jener Leidenschaftslosigkeit hin- und herdebattieren könne, wie eine akademische Frage. Als Symptom der „als ob nichts geschehen wäre“ -Haltung wäre auch die Unverfrorenheit anzuführen, mit denen Werke Stefan Zweigs, Franz Werfels, Jakob Wassermanns, Kurt Tucholskys und anderer Verbannter und Verbrannter neu verlegt wurden, ohne daß irgendjemand erwähnt, daß man sie zwang, an gebrochenem Herzen zu sterben.

Es gibt sicherlich viele Wege, welche die Deutschen einschlagen können. Sie können fortfahren, Auschwitz gegen Dresden aufzurechnen, die Verschleppung der Juden in die östlichen Vernichtungslager mit der (gewiß auch fürchterlichen und inhumanen) Vertreibung der Volksdeutschen gleichzusetzen und dann zu dem Schluß gelangen, daß ja alle „Dreck am Stecken" hätten, daß man endlich „vergessen und vergeben" solle. Dieses Lied wurde uns seit 1945 bis zum Überdruß gesungen, und die Welt, die es vernahm, hat die einzig richtige Antwort gegeben, indem sie sagte: „So geht es nicht".

Die Deutschen können jedoch auch, ohne sich in individuelle Selbstanklagen zu stürzen oder gar kriecherisch zu winseln, die bitteren Tatsachen in ihrem Ursprung, in ihrer Entstehung und in ihrer Wirkung erkennen. (Das geschieht freilich besser anhand der in Nürnberg veröffentlichten Dokumente als mittels der 7. Fortsetzung der spannenden Serie „Mit dem Reichsjägermeister über Stock und Stein".) Aus einer solchen Gewissenserforschung folgen dann von selbst gewisse Handlungen. Wer Reue empfindet und Versöhnung will, wird sich auch durch die derzeitige Unversöhnlichkeit des anderen nicht abschrecken lassen. Als die deutschen Juden aus der Volksgemeinschaft ausgegliedert wurden, pflegten sie das Goethe-Wort „Wenn ich dich liebe, was geht es dich an?" zu zitieren. Echte Reue und echte Liebe fragen nicht nach dem unmittelbaren „Erfolg"; sie sind elementare Gefühle, die durchbrechen, ohne ins Kalkül zu ziehen, wie „der andere" reagieren wird.

Max Stier

NORDAFRIKANISCHE HINTERGRÜNDE

Das Mittelmeer hat im Zweiten Weltkrieg nur eine untergeordnete Rolle gespielt, — heute ist um es ein geheimer Kampf entbrannt.

In den ersten Monaten dieses Jahres sind die Begegnungen diplomatischer und militärischer Strategen im Nahen Osten immer zahlreicher geworden. Das Mittelmeer wird in einem etwaigen Krieg Anmarschweg oder Stützpunkt sein, je nachdem, ob Kontinentaleuropa Widerstand leisten oder sich ergeben wird. Dieses Mittelmeer ist für die westliche Strategie eine tiefe Rinne, in der das freie Wasser des Atlantik fließt und bis auf einige hundert Kilometer an die sowjetrussischen und angelsächsischen Ölquellen vordringt. Es ist zugleich der Weg für einen möglichen Angriff auf das russische Gebiet und der Zugang zu dem genannten angelsächsischen Einflußbereich. Mit den Inseln Malta und Cypern, die in der Längsachse des Mittelmeeres liegen, sowie mit Gibraltar und Suez, die seine Zugänge absperren können, besitzen die Angelsachsen die Schlüssel zu diesem Binnenmeer, das durch das Flugzeug zu einem Binnensee geworden ist. Ein schneller Bomber fliegt in fünf Stunden vom westlichen zum östlichen Ende, und ein Düsenjäger braucht weniger als fünfzig Minuten von der Nord- zur Südküste. In diesem eng gewordenen Meer, mit seinen zahlreichen Inseln, kann man auf die kostspieligen und empfindlichen Flugzeugträger verzichten, weil Mallorca, Korsika, Sardinien, Kreta, Rhodos und Cypern ebensogut als Startplätze dienen können. Schließlich steht den Halbinseln, deren jede eine schmale Brücke zum breiten Kontinent bildet, im Süden die afrikanische Festung mit ihren strategischen Hilfsmitteln, gedeckt durch den Graben des Mittelmeers, gegenüber. Die diplomatischen und militärischen Gespräche haben zweifellos zum Ziel, das Becken im Osten abzuriegeln. Als Riegel soll die Türkei dienen, die seit den koreanischen Ereignissen in den Vereinigten Staaten sehr populär geworden ist. Im Westen soll zuerst Marokko diese Rolle übernehmen. Was Spanien anbetrifft, wird man dann später sehen ...

Aus allen diesen Gründen besitzt Französisch-Nordafrika eine entscheidende strategische Bedeutung im Mittelmeer für die Verteidigung Westeuropas. Damit rückt aber gleichzeitig auch die Marokkokrise in ein ganz anderes Licht. Aber es ist nicht Nordafrika allein, das heute aufwacht, sondern die ganze islamische Welt, von Indonesien bis zu der Küste des Atlantik. Man braucht nur ein paar Ereignisse aufzuzählen, von Indonesien angefangen über Pakistan, Iran und Syrien bis Ägypten und Marokko, um zu erkennen, wie es in diesen Völkern gärt, die überwiegend dem Islam anhängen. Allen diesen Vorkommnissen ist eines gemeinsam, nämlich, wie Henri de Gallard schreibt, „die wachsende Bedeutung, die der Westen dem Verhalten des Nahen Ostens und der islamischen Welt in einem etwaigen Weltkrieg beimißt".

Angesichts der Vorgänge in Marokko lautet die Frage: wird Frankreich auch aus dem westlichen Mittelmeer vertrieben werden, wie es schon aus dem östlichen vertrieben wurde, als es Syrien und den Libanon verlor? Frankreich ist, nachdem Pakistan seine Unabhängigkeit gegenüber England erobert hat, die größte islamische Macht Europas. Diese „Ehre" oder auch Last ist nicht ohne Gefahren, und in der gegenwärtigen Konstellation der Weltpolitik haben die Ereignisse in Marokko deutlich gemacht, daß die erbittertsten Gegner Frankreichs nicht unbedingt jene sind, von denen man glaubte, daß sie es wären.

Eine der Ursachen für die stets wachsende Spannung zwischen dem Sultan von Marokko und dem General Juin liegt in den engen Beziehungen, die der Ministerpräsident mit der nationalistischen Partei Istiqlal unterhält, deren Führer in Tanger und in Kairo leben. Der Istiqlal, der die Unabhängigkeit Marokkos fordert, ist nicht, wie man erwarten sollte, eine Volkspartei. Er zählt bei einer Bevölkerung von acht Millionen Eingeborenen nur etwa 40 000 Anhänger, und diese sind vor allem reiche Großhändler oder Grundbesitzer.

Die andere Tatsache ist ebenso kennzeichnend: viele Führer der nationalistischen Bewegungen (und das gilt gleicherweise für Tunesien und Algier) haben in Frankreich studiert, wo sie mit den linksradikalen Kreisen Verbindung aufnahmen. Dieser Punkt ist nicht ohne Bedeutung, besonders in Marokko, wo sich im Gefolge der ungeheuer raschen Industrialisierung ein Massenproletariat gebildet hat, das den Losungsworten der kommunistischen Partei bisher noch unzugänglich war. Die nationalistischen Führer fördern aber unter dieser Masse ganz bewußt „soziale Tendenzen", und sie sprechen eine Sprache, die kaum von der der Marxisten abweicht, wobei sie jedoch keineswegs verhehlen, daß sie, sobald sie an der Macht sein werden, den Kommunismus aus religiösen Gründen „liquidieren" werden.

Marokko ist ein französisches Protektorat. Seine Struktur ist noch ganz mittelalterlich. Dem Sultan unterstehen — wenigstens theoretisch — die Paschas, die noch ganz als Feudalherren leben. Die französische Verwaltung stützt sich auf diese feudalistischen Kreise, und auf ihnen beruht ihre Hauptstärke. Der Fellah, der marokkanische Bauer, arbeitet noch mit einem Pflug, der aus der Zeit Jesu Christi stammt, während an seinem Feld eine moderne Autostraße entlangführt. Auf ihr brausen die Paschas in ihren Cadillacs und anderen amerikanischen Luxuswagen vorbei. Marokko, als ein Land der erstaunlichsten Gegensätze, zeigt das doppelte Antlitz einer ungeheuer raschen Modernisierung und eines Mittelalters, in dem der größte Teil der ländlichen Bevölkerung verharrt.

Als Mitte Februar 1951 die französisch-marokkanische Spannung ihren Höhepunkt erreichte, setzten sich die Stämme des Südens, die dem Pascha von Marrakesch unterstehen, nach Norden in Marsch. Sie wußten, was sie taten, und ebenso die eingeborenen Bauern. Weil sie eifersüchtig auf ihre Unabhängigkeit achten, versuchen sie ständig, das Joch einer tyrannischen Zentralgewalt abzuschütteln, und wenn die bäuerlichen Massen Frankreich bis heute treu geblieben sind, so vor allem deshalb, weil sie sich von ihm geschützt sehen gegen die Umtriebe einer selbstherrlichen Bourgeosie, für die sie nur allzuoft eine ausbeutungsfähige und völlig untergeordnete Bevölkerungsschicht abgeben.

Der Sultan mußte nachgeben. Am 25. Februar unterschrieb er das Protokoll, das ihm von General Juin vorgelegt wurde, und er entließ jene Minister, die vom Istiqlal gestellt oder mit ihm befreundet waren. Als dieses Übereinkommen bekannt wurde, tobte die ägyptische Presse gegen Frankreich, und die Arabische Liga trat in Kairo zusammen. Damals befanden sich König Faruk und seine Regierung in einer schwierigen Lage. Die Wirtschaft Ägyptens liegt sehr darnieder; die Volksmassen werden systematisch von den Landbesitzern und den Baumwollexporteuren ausgebeutet. Die Unzufriedenheit ist sehr ernst. Die herrschenden Kreise, die sich an ihre Vorrechte klammern, sind von der Notwendigkeit eines Bündnisses mit England überzeugt. Auf diese Weise hoffen sie nämlich, den inneren und den äußeren Schwierigkeiten entgegentreten und gleichzeitig ihre eigenen Vorteile sichern zu können. So war ihnen eine Ablenkung sehr willkommen, eine Art künstlicher Nebelwand, hinter der unbemerkt ein neuer Vertrag unterzeichnet werden sollte, dem die Mehrheit der Ägypter ablehnend gegenübersteht.

Im Leitartikel vom 6. März schrieb „Le Monde": „Es ist wahrlich ein seltsames Zusammentreffen, daß die Pressekampagne gegen Frankreich ausgerechnet in jenem Augenblick ausgebrochen ist, in dem Amr Pascha, der ägyptische Gesandte in London, in Kairo ankam. Man vermutet allgemein, daß er Vorschläge des Foreign Office, wie das englisch-ägyptische Bündnis gestaltet werden könne, mitgebracht hat. Die Mehrzahl der Paschas, nämlich Grundbesitzer, Baumwollexporteure und Vertreter englischer Industrien, wünschen lebhaft, ein Bündnis mit London zu schließen. Ein solches Bündnis gäbe eine doppelte Garantie ab gegen die innere Unzufriedenheit und gegen äußere Bedrohungen, während gleichzeitig die sehr fruchtbaren wirtschaftlichen Beziehungen gefestigt würden. Aber die Volksmeinung ist noch längst nicht reif dafür. So darf man wohl mit Recht vermuten, daß manche Ägypter hoffen, die Unterzeichnung eines neuen Vertrages ließe sich durchbringen, wenn sie die marokkanische Frage als Ablenkungsmanöver benutzten".

Die Arabische Liga war ebenfalls nicht in der günstigsten Lage. Ihre Intervention erklärt sich aus vielerlei Gründen, die übrigens nichts mit dem marokkanischen Problem zu tun haben. Seit dem Palästinakrieg ist die Liga fast ganz in Mißkredit geraten. Anderseits ist sie durch innere Kämpfe schwer erschüttert. In der Marokko-Affaire hat sie eine günstige Gelegenheit zu finden geglaubt, ihre entgleitende Anhängerschaft wieder gewinnen zu können,wenn sie die Fremdenfeindlichkeit der Moslem ausnützte.

Aber Frankreich steht nicht nur Arabern gegenüber. Es gibt noch zwei andere Gegenspieler: die Vereinigten Staaten und England. Bei der Begegnung von Anfa im Jahre 1943 hatte Präsident Roosevelt dem Sultan die Unabhängigkeit Marokkos versprochen. Ohne Zweifel hat dieses Versprechen den Sultan damals gewaltig beeindruckt. Aber im Jahre 1951 läßt das amerikanische Außenministerium die französische Regierung und den Sultan wissen: „Bitte Ruhe. Wir wollen nicht die geringste Störung in Marokko haben." Seit 1942 haben nämlich die Amerikaner in Marokko festen Fuß gefaßt, zunächst durch ihre Handelsvertreter, dann durch ihre militärischen Techniker. Frankreich hat ihnen sechs alte Flugplätze abgetreten und den Bau eines neuen erlaubt. Amerikanische Techniker und Soldaten landen, in einigen Monaten werden sie eine Ist-Stärke von 24 000 Mann haben.

In den politischen Kreisen von Paris unterstreicht man einen anderen Gesichtspunkt des marokkanischen Problems, den die Presse sehr diskret behandelt: das Spiel Englands. Die

„entente cordiale“ ist für die französische Öffentlichkeit ein fester Begriff geworden. Aber diese entente cordiale wird in dem Augenblick wirkungslos, in dem Englands Politik gegenüber den Arabern ins Spiel kommt. Dieser Politik ist es gelungen, im Verlaufe des Zweiten Weltkrieges Frankreich aus dem Vorderen Orient auszuschalten. Heute richtet sich das Augenmerk gewisser englischer Kreise auf das französische Nordafrika, das von Moslems bewohnt wird.

Aus Paris erreicht uns folgende Mitteilung: „Es gibt eine Tätigkeit Englands oder genauer gesagt gewisser örtlicher Agenten, die mehr oder weniger mit London in Beziehung stehen, vor allem in jenem Büro in Tanger, in dem Falschmeldungen hergestellt und verbreitet werden, zum Teil in Zusammenarbeit mit einer Person, die zweifellos mit Unrecht als der geheime Vertreter einer wichtigen englischen Behörde gilt. In jedem Falle ist es nicht zweifelhaft, daß die Ausbreitung der Arabischen Liga in Nordafrika und die Einigung der arabischen Welt einer der großen Pläne ist, die seit langem in der Vorstellung gewisser Beamter des Colonial Office spuken. Es ist ebensowenig zweifelhaft, daß die Kundgebungen der Arabischen Liga seltsamerweise mit der Rückkehr des englischen Gesandten aus London nach Kairo zusammenfielen, der die letzten Vorschläge des Foreign Office hinsichtlich des englisch-ägyptischen Bündnisses mitbrachte. Dies alles gibt der Marokko-Affaire einen Hintergrund, den sie durch andere Umstände nicht gehabt hätte. Es ist interessant festzustellen, daß die Amerikaner plötzlich ihrem ‚Anti-Kolonialismus‘ einen Dämpfer aufgesetzt haben. Ohne Zweifel ist es zu einem großen Teil dem persönlichen Eingreifen des General Juin zu verdanken. Die moralisierende Leidenschaft ist den strategischen Interessen gewichen.“

Claude Stephan, einer der Experten der französischen Presse für Nordafrika-Fragen, schrieb Ende März: „Man sagt in Marokko, daß der Intelligence Service die anti-französische Kampagne verursacht hat, die eben die Spalten der arabischen Zeitungen füllt. Kennzeichnend ist die Errichtung eines Komitees für die Befreiung Marokkos in London. Seit einigen Wochen kommen aus der englischen Hauptstadt Solidaritätsbotschaften zu den marokkanischen Nationalisten. In einer dieser Botschaften, die in die Hände eines Abwehrdienstes fielen, den wir nicht nennen wollen, kann man einen regelrechten Aufruf zum Aufstand gegen Frankreich finden. Diese Botschaft stellt fest, daß in dem Augenblick, in dem tatsächliche Zwischenfälle in Marokko auftreten, Waffen und offizielle Unterstützung nicht versagt würden ... London scheint darauf auszugehen, ein unabhängiges Nordafrika zu schaffen, das sich in einen neutralen, aber unter englischem Einfluß stehenden arabisch-asiatischen Block einschalten könnte.“

Es handelt sich heute also nicht mehr darum, zu wissen, ob Frankreich Nordafrika verlieren wird oder nicht. Die Frage hat sich auf eine andere Ebene verschoben: es handelt sich darum, zu wissen, ob es noch möglich ist oder nicht, ob es noch Zeit ist oder nicht, Eurafrika zu verwirklichen, dieses Eurafrika, von dem man unglücklicherweise seit mehr als dreißig Jahren spricht, ohne daß auch nur eine einzige praktische und wirksame Maßnahme zustandegekommen ist. Wir wissen alle, daß der Wohlstand Europas durch diese afrikanische Verlängerung bedingt ist, und wir wissen ebenso gut, daß dieser europäische Wohlstand ein Friedensfaktor ist, den man nicht unterschätzen darf. Deshalb auch würden wir für den zukünftigen Frieden der Welt vorziehen, daß eher Eurafrika zustandekäme als Amafrika.

Antoine Wiss-Verdier.

Wort und Antwort:

„Kriegsverbrecher" oder Kriegsverbrecher?

Das hier gekürzt abgedruckte Wort ist nicht an uns gerichtet worden, sondern an eine Tageszeitung. Der Verfasser des Briefes hat keine Antwort bekommen. Wir geben ihm die Gelegenheit, seine Frage etwas lauter zu wiederholen, und wir fragen mit.

*

... In letzter Zeit beobachtete ich, daß das Wort Kriegsverbrecher in Ihrer Zeitung in Anführungsstrichen gesetzt wird. Damit soll doch wohl ausgedrückt werden, daß der Begriff Kriegsverbrecher entwertet oder überholt ist. Es ist gewiß zuzugeben, daß dieser Begriff nicht immer exakt angewendet wurde. Es ist höchstwahrscheinlich, daß bei der großen Anzahl der Prozesse, die gegen Kriegsverbrecher geführt wurden, nicht immer gerecht geurteilt wurde, namentlich dann, wenn es sich um Anklagen gegen ganze Gruppen von Menschen handelte. Das ändert nichts an der Tatsache, daß es in unserem Lande zahlreiche Kriegsverbrecher gab und gibt, die längst nicht alle zur Rechenschaft gezogen wurden.

Wir Deutsche haben das Gesetz, nach dem der Angriffskrieg als Verbrechen erklärt wurde, mit aufgestellt und feierlich unterschrieben (Pakt von Paris). Alle diejenigen, die unsere Angriffskriege (gegen Polen, Norwegen, Holland, Belgien, Jugoslawien) vorbereiten und durchführen halfen, mußten zur Rechenschaft gezogen werden. Es ist natürlich eine schwere Unterlassung, ein Verstoß gegen dieses Gesetz, wenn diejenigen, die den russischen Angriffskrieg gegen Finnland mit vorbereitet und durchgeführt haben, nicht auf die Anklagebank kamen. Aber das ändert nichts an der Notwendigkeit, daß einmal mit der Aburteilung von Kriegsverbrechern ein Anfang gemacht werden mußte, auch wenn er noch so unvollkommen war.

Das gilt natürlich in gleichem Maße für solche, die sich durch die Art ihrer Kriegsführung Grausamkeiten zuschulden kommen ließen. Wer bei der Massenfüsilierung von Frauen, Greisen und Kindern mitgewirkt hat, wer wehrlose Gefangene erschießen ließ, wer seinen Soldaten klarmachte, daß sie Verständnis haben müßten für die Art und Weise, in der man in Polen die Juden behandelte, mochte er nun Manstein heißen oder wie immer, den soll die ganze Schärfe des Gesetzes treffen. Wer dafür eintritt, daß der Begriff Kriegsverbrecher verharmlost wird, trägt dazu bei, die Gewissen von neuem zu verwirren, die vorhandenen Kriegsverbrecher in ihrer Mentalität zu bestärken und neuen den Weg zu ebnen. Er ist mit dafür verantwortlich, wenn sehr beachtliche Kreise im deutschen Volke nicht zu der notwendigen Besinnung und inneren Reinigung kommen.

Im Winter 1944/45 sagte mir ein hochangesehener deutscher Mann von überdurchschnittlichen Fähigkeiten: „In unserem Lande gibt es Millionen von Kriegsverbrechern." Ich fragte ihn: „Wollen Sie die Soldaten, die nach den Gesetzen des Landes in Ausübung ihres Wehrdienstes tödliche Waffen gegen andere anwenden, Kriegsverbrecher nennen?" Er antwortete: „Durchaus nicht! Aber ich sehe als Kriegsverbrecher nicht nur solche an, die im Gegensatz zum Kriegsrecht grausame Willkür begehen, sondern auch alle, die diese Art der Kriegsführung billigen. Ihrer haben wir in unserm Lande leider eine ungezählte Menge. Ich beurteile sie wie Jean Paul: ‚In der Gesinnung ist die Tat beschlossen wie im kleinen Funken die ganze Feuersbrunst'." Ich konnte nichts dagegen sagen. Heute aber füge ich hinzu: Es ist im Interesse der Zukunft des deutschen Volkes von allergrößter Bedeutung, daß dieser Zustand für immer überwunden wird.

Joseph Antz.

Vorbildlich

Die „Jung-Ermländer", die junge Generation der katholischen Ostpreußen, haben kürzlich auf einem Treffen versucht, ihre „Haltung in der augenblicklichen Auseinandersetzung um Krieg und Frieden" festzulegen. In der Entschließung, die sie erarbeitet haben, heißt es:

„Beweggrund unserer Gespräche war die Sorge, daß unser junges deutsches Volk sich urteils- und gedankenlos in eine seelische Haltung hineintreiben läßt, die den Krieg wieder einmal als den letzten Ausweg aus allen politischen und sozialen Verwicklungen erscheinen läßt.

Als maßgebend für unsere Haltung erkannten wir:

Wir wollen uns immer bewußt bleiben, daß eine neue kriegerische Auseinandersetzung unsägliches Leid über alle Völker, fortschreitende Auflösung der sittlichen Bindungen und eine Zerstörung materieller und seelischer Werte größten Ausmaßes bringen würde.

Anderseits aber erscheint uns ein Leben unter einem System geistiger Knechtung und gottloser Gewalt — gleich von welcher Seite sie kämen — noch leidvoller, auflösender und zerstörender.

Diesen beiden Möglichkeiten dürfen wir nicht teilnahmslos gegenüberstehen. Kämen sie ‚ohne uns', das heißt ohne unsere Entscheidung und unseren Einsatz, müßten wir sie doch um so mehr vor Gott und den Menschen verantworten.

Wir dürfen uns darum von keiner Propaganda und keinem Schlagwort — gleich von welcher Seite sie kämen — in einen neuen Rausch versetzen lassen. Wir müssen vielmehr versuchen, uns ein eigenes Urteil zu bilden in nüchternem Abwägen aller Tatsachen und Meinungen und im Vertrauen auf jene Menschen, die aufgrund ihrer größeren Einsicht und ihrer religiös-sittlichen Haltung dieses Vertrauens würdig sind.

Dann aber müssen wir die Entscheidung unseres eigenen Gewissens fällen, die uns niemand abnehmen kann. Für das, was wir als das Richtige erkannt haben, müssen wir uns ganz einsetzen. Müdigkeit und Feigheit dürfen uns nicht davor zurückhalten, auch das Letzte hinzugeben.

Wir wollen uns nicht von jener Haltung gefangennehmen lassen, die den Krieg als unvermeidlich ansieht und sich so von ihm in Bann schlagen läßt, daß für die Möglichkeit friedlicher Lösungen kein Raum mehr bleibt. Unser Beten und Sinnen, Planen und Handeln muß vielmehr darauf gerichtet sein, den Frieden zu erringen und zu bewahren. Als Voraussetzung für diesen äußeren Frieden wollen wir uns mühen um den Frieden in den Herzen und um den sozialen Frieden in Volk und Kirche ..."

*

Es ist nicht das erste Mal, daß Ostvertriebene eine so klare und kluge Sprache sprechen. (Wir haben seinerzeit auf die Eichstätter Erklärung der Sudetendeutschen hingewiesen.) Das besondere Schicksal stellt die Flüchtlinge schärfer als andere vor die Entscheidung, den Fluch des Bösen entweder weiterzutragen oder aber zu überwinden. Ihre Nationalisten pflegen nationalistischer zu sein als die Einheimischen, aber die unter ihnen Herr ihres Schicksals geworden sind, wirken an vielen Orten und in mancher Hinsicht vorbildlich. Die Entschließung der jungen Ermländer setzt den Geist des Glaubens und der Liebe, welche die vertriebene Diözese unter Bischof Kaller zusammenhielt und unter Kapitularvikar Kather zusammenhält, in einen politischen Entschluß um. *WD*

Verruchte Statistik

In FH VI, 3 ist ein Aufsatz von Rüdiger Proske veröffentlicht: „Die Familie 1951". Ein Abschnitt (Seite 183/185) ist überschrieben: „Treue vor der Ehe ...". Der Verfasser nimmt seine Zahlen zum Teil aus einer Statistik des Amerikaners Kinsey: „Sexual Behaviour of the Human Male". Der Verfasser bemerkt dazu, daß die Prozentsätze „von europäischen Forschern bestätigt wurden"; er deutet allerdings Zweifel an der Zuverlässigkeit der Ergebnisse sowohl der amerikanischen als auch der europäischen Erhebungen an.

Die erste Zahl, die genannt wird, ist erschütternd. Sie besagt nicht weniger, als daß „mit 15 Jahren 48 Prozent der Jungen mit Volksschulbildung ... Erfahrungen mit Frauen gesammelt hätten". Ein Bekannter meinte dazu, daß in diesem Falle wohl die Frauen Erfahrungen mit Fünfzehnjährigen gesammelt hätten. Das Thema ist für jeden Einzelnen von uns viel zu ernst, als daß man es mit einem sarkastischen oder zynischen Wort abtun könnte; die Bemerkung ist völlig ernst gemeint. Sie sagt sehr viel über die amerikanische Statistik aus.

Nach einer Umfrage der Zeitschrift „Wochenend" über die Meinung zur Frage der vorehelichen Keuschheit „enthielten sich 10 Prozent der Antwort, vom Rest bezeichneten 97,8 Prozent voreheliche Kontakte als notwendig oder zulässig". So wie das hier geschieht, darf man in einer so wichtigen Angelegenheit mit Zahlen und Begriffen nicht umgehen. Wozu werden die 10 Prozent gerechnet, die sich einer Antwort enthielten? Das war zweifellos nicht festzustellen. Dann aber darf der „Rest" nicht mit 100 Prozent angesetzt werden. Nicht 97,8, sondern 87,8 Prozent gaben also die Antwort, voreheliche Beziehungen seien notwendig oder zulässig. Die Begriffe „notwendig" und „zulässig“ werden in einer einzigen Prozentzahl ausgedrückt. Der Unterschied der Aussage ist aber so groß, daß das nicht statthaft ist. Leider stehen keine anderen Zahlen zur Verfügung, aber es ist sehr wohl denkbar, daß man, *wenn* sie zur Verfügung ständen, im Endergebnis sagen müßte: Von 87,8 Prozent erklären 50 Prozent, der voreheliche Verkehr sei notwendig, 37,8 Prozent, er sei zulässig. Das ist wahrlich ein anderes Bild! 97,8 Prozent — das erinnert sehr an Wahlergebnisse vergangener Zeit (und heutiger); der gleiche fatale Geruch haftet ihnen an.

„In den unteren Schichten dürften nach einigermaßen zuverlässigen Schätzungen etwa 75 Prozent der Mädchen vor der Eheschließung Kontakt mit Männern gehabt haben.“ *Mit Männern.* Das ist nicht wahr, kann nicht wahr sein: schon deshalb nicht, weil auch hier die unbedingt notwendige Unterscheidung fehlt. Es ist etwas anderes, ob der voreheliche Kontakt mit Männern oder mit *einem* Mann bestand, mit *dem* Mann, mit dem zukünftigen eigenen Mann.

Die genannten Zahlen und einige andere (etwa die Angabe, es sei „nicht selten“, daß ein junger Proletarier vor der Ehe mehrere hundert Freundinnen gehabt habe) wirken wie Peitschenschläge. Sie sollen sicher auch diese Wirkung haben. Sie sollen eine Aufgabe erfüllen. Können das *diese* Zahlen wirklich?

Niemand bezweifelt die Ernsthaftigkeit der Untersuchungen Kinseys, kaum jemand die saubere Absicht der Zeitschrift „Wochenend“. Angefochten werden muß aber die Art der Fragestellung und die grobe Zusammenfassung der Antworten. Ich höre: „Die Zahlenangaben sollten nicht kommentiert werden, um ihnen nicht die Brutalität, die hier einzig Wirkung haben kann, zu nehmen.“ Aber diese Zahlen *müssen* kommentiert werden; oder sie dürfen nicht gebracht werden. Man kann sich die unheilvolle Wirkung leicht ausmalen, welche die zitierten Zahlen (zum Beispiel, daß 97,8 Prozent den vorehelichen Verkehr bejahen) auf junge Menschen haben.

Wir können Peitschenhiebe durchaus ertragen, wir sind sie gewohnt. Wir können auch Statistiken ertragen, selbst über sexuelle Fragen, wir werden uns daran gewöhnen müssen. Was wir nicht ertragen können, ist, daß Fragen von solcher Wichtigkeit nicht mit der notwendigen Sorgfalt, Genauigkeit und Vorsicht behandelt werden.

Hubert Habicht.

*

Aber, aber! Zugegeben: das Thema ist in vieler Hinsicht heikel, und Statistiken auf diesem sonst sehr verschwiegenen Gebiet haben etwas an sich, das zum Widerspruch reizt. Und doch dürfen wir darum nicht die Augen vor den Tatsachen verschließen, — und d i e stimmen! Damit soll nicht der Kinsey-Bericht in seiner Gesamtheit verteidigt werden, und die beiden Aufsätze haben ihn ja auch nur stellenweise benutzt. Die Liebe kann nicht statistisch erfaßt werden, das ist richtig; wohl aber die Sexualität, um die es dort ging. Aus den Zahlen ist nicht herauszulesen, welche moralische Qualität in den Taten steckt. Ehebruch ist nicht gleich Ehebruch: es kommt auch noch darauf an, ob er als moralisch neutrale Tat oder als Schuld empfunden wird. Hier liegen gewiß Grenzen der zahlenmäßigen Erfassung; aber ich meine, es sei schon wichtig genug, wenn unsere Illusionen auf diesem Gebiet erst einmal ausgeräumt werden, ehe wir daran gehen, den Menschen zu helfen. Unsere ganzen gutgemeinten Rettungsaktionen könnten sonst unfruchtbar bleiben, — und sind sie das nicht in der Mehrzahl der Fälle? Wenn die Wirklichkeit Peitschenhiebe austeilt, — gut, dann bleibt uns nichts anderes übrig, als diese Peitschenhiebe auszuhalten oder aber die Wirklichkeit zu ändern, so gut wir's vermögen; sie nicht sehen zu wollen, würde die Dinge jedenfalls nur schlimmer machen. *RP*

Kritik:

Der Roman des Nebeneinander

John Horne Burns: „The Gallery". Roman. Verlag Harper and Brothers, New York, 1950.

John Horne Burns gehört zur jüngsten Generation amerikanischer Schriftsteller, die erst nach dem Krieg mit größeren Werken an die Öffentlichkeit getreten sind. Er stammt aus Massachusetts, besuchte 1936 und 1937 die Harvard-Universität und war nachher bis zum Kriegseintritt Amerikas Lehrer an einer Privatschule. Den Krieg machte er als Infanterist an der italienischen Front mit. Unter dem Einfluß seiner Erlebnisse schrieb er 1945 bis 1946 teils in Italien, teils in den USA den Roman „The Gallery", der in den Vereinigten Staaten ein Bestseller ist. Das ist um so bemerkenswerter, als Burns mit schonungsloser Wahrheitsliebe an Amerika und dem amerikanischen Menschen Kritik übt.

Das Buch „The Gallery", aus dem ein Kapitel auf den Seiten 339 bis 345 dieses Heftes abgedruckt ist, ist kein Roman im herkömmlichen Sinn. Auf den ersten Blick scheint es eine Novellensammlung zu sein. Bei näherem Hinsehen stellt sich aber heraus, daß der die Form sprengende Roman viel eher imstande ist, das Kollektivschicksal greifbar zu machen, als der Roman der alten Schule. In unserer kontrastreichen Übergangszeit erscheint es kaum mehr möglich, an einem Einzelschicksal die Vielfalt der Geschehnisse sichtbar zu machen. Die Geschlossenheit des neuen Romans wird nicht dadurch hergestellt, daß der Autor des Leben seines Helden (oder auch mehrerer Helden) verfolgt, sondern dadurch, daß er die Einheit des Gedankens, der Atmosphäre und vor allem der Situation herstellt, in der sich die Personen der Erzählung befinden.

John Horne Burns gewinnt die äußere Einheit seines Romans sehr geschickt, indem er jeden seiner Helden die „Galleria", den Korso von Neapel, im Sommer 1944 passieren läßt. Er fischt sozusagen im Vorbeigehen aus dem Gewühl einzelne Menschen heraus und beleuchtet ihr Schicksal vom entscheidenden Augenblick ihres Lebens her. Dadurch bekommt der Titel „Gallery" auch die Bedeutung einer Bildergalerie, in der die Porträts — im Großen einheitlich, im Kleinen unterschieden — nebeneinander hängen.

John Horne Burns steht in der jungen amerikanischen Literatur mit dieser Art Kriegsroman nicht allein. Auch seine Generationsgenossen Irving Shaw und Norman Mailer schreiben den Roman des Nebeneinander. Dessen Pionier ist zweifellos John Dos Passos, der in seinen Büchern „Drei Soldaten", „Manhattan Transfer" und „Der 42. Breitengrad" einen Querschnitt durch das Amerika des zwanzigsten Jahrhunderts gezogen hat. In der Technik unterscheiden sie sich dadurch, daß Dos Passos, der Überlieferung gemäß, seine Helden einander begegnen und aufeinander einwirken läßt, während Burns das Prinzip des Nebeneinander folgerichtig durchführt. Die Schicksale seiner Helden schneiden sich erst im Gedanklichen, das daher auch die innere Einheit des Romans herstellt. Der Grundgedanke des Romans ist der Protest gegen Krieg und eine Gesellschaftsordnung, die ihre Mitglieder ein sinnloses Leben verbringen läßt und sie in den Tod schickt, ohne ihnen den Sinn ihres Opfers zu erklären. Keinem seiner Helden bleibt eine Wahl: weder dem kleinen Soldaten mit den erfrorenen Füßen, noch der leicht überreifen Dame der Gesellschaft, die durch vermeintlichen persönlichen Einsatz als Rote-Kreuz-Schwester vergeblich hofft, ihrem Leben ein Ziel zu geben; weder dem wohlbehüteten jungen Mann, den die Erschütterung des Krieges in den Irrsinn treibt, noch den beiden Geistlichen, die kulant ihre wechselseitigen Dogmen gegeneinander abwägen und zuletzt von ihrer Menschenfreundlichkeit in einen Engpaß gelockt werden, in dem ein blindlings daherrasender Lastwagen sie überfährt; weder der selbstbewußten italienischen Kleinbürgerin, die ohne Interesse für das armselige Leben ihres Volkes nur um ihre Bar besorgt ist, aber doch nicht verhindern kann, daß ihr Lokal nach einer Rauferei für Soldaten gesperrt wird, noch dem Hauptmann in der Zensurabteilung, der davon träumt, nach dem Krieg die Briefzensur für ganz Amerika im Kongreß durchzusetzen und als ihr Chef zu wirken; weder der Tochter eines enttäuschten Faschisten und Schwester eines Schleichhändlers, die ihre Rettung aus dem Elend in der Ehe mit einem amerikanischen Soldaten sieht, noch dem Soldaten, der nach einer peinlichen Kur nichts Eiligeres zu tun hat, als das Mädchen, das ihn angesteckt hat, wieder aufzusuchen.

Zwischen diesen breiter ausgeführten Schicksalen wimmelt es von Dutzenden lebendigen

Randfiguren. In den zwischen die „Porträts" eingefügten „Spaziergängen" durch Algier, Casablanca und Neapel gibt der Autor, indem er seine persönlichen Erlebnisse schildert, den zeitgenössischen Hintergrund für seine Erzählung, so an die „Weltwochenschau" und das „Kameraauge" seines Lehrers Dos Passos anknüpfend. Im übrigen ist in der knappen Schilderung die Schule Hemingways und im Ausdruck der Gefühlsintensität das Vorbild Wolfes nicht zu verkennen. Das soll keineswegs heißen, daß Burns kein Eigener ist. Er ist ein Dichter. Der Vergleich mit dem Roman seines Kollegen Norman Mailer „Die Nackten und die Toten" fällt zu seinem Vorteil aus. Während Mailer in der Konstruktion des glänzenden Romans seine im Tiefsten menschenverächtliche Geisteshaltung nicht verleugnen kann, spricht aus jeder Zeile des Dichters John Horne Burns brüderliches Mitleid, auch mit dem letzten und verworfensten menschlichen Wesen.

Milo Dor, Reinhard Federmann.

Rufer in der Wüste

Eugen Rosenstock-Huessy: „Das Geheimnis der Universität". Eine Rede. Verlag Vandenhoeck & Ruprecht, Göttingen 1950, 17 Seiten, geheftet DM 1.—.

Daß etwas mit der deutschen Universität nicht in Ordnung ist, wird allerorts, wenn auch nicht eingesehen, so doch wenigstens gespürt. Aber in unserer an Widersprüchen reichen Zeit wundern wir uns nicht, wenn die Universitäten weiterleben, als spürten sie nichts und als sei alles in bester Ordnung. Denn wir haben schon längst die Hoffnung auf eine Selbstbesinnung der Universität begraben, nachdem die einmalige Chance der Nachkriegszeit teils fahrlässig, teils schuldhaft versäumt worden ist und alle Anstrengungen sich darauf beschränken, den Wissenschaftsbetrieb in der früheren Form wiederherzustellen.

So wird auch die Universität Göttingen (es könnte aber auch jede andere gewesen sein) nur wenig von der Rede verstanden haben, die im vorigen Sommer Professor Rosenstock-Huessy dort gehalten hat. Wie denn auch sollte es ein Geheimnis der Universität geben, wo doch alles so klar liegt mit Forschung und Lehre und akademischer Freiheit — umso mehr, als es sich doch in jedem Fall um die reine, exakte Wissenschaft handelt, die (so sollte man meinen) die geheimnisloseste aller Erscheinungsformen dieser Welt ist. Jedenfalls liegen diese Dinge für die meisten Professoren und Studenten sehr einfach.

Nun, in Wahrheit liegen sie weit schwieriger. Und daß sie schwieriger sind, daß sie anders liegen, ohne daß sie in ihrer Andersartigkeit erkannt und anerkannt werden, das eben macht die eigentliche Not unseres heutigen Geisteslebens aus. Eugen Rosenstock, der unermüdliche und unerschrockene Vorkämpfer für eine wahre Volksbildung, der eigenwillige, unbequeme und immer aufs neue beunruhigende Professor, der diesem Namen alle Ehre macht, hat das große Verdienst, diese Not in seiner Rede, wie in allen seinen Schriften überhaupt, schonungslos aufgedeckt zu haben. Kurz und bündig und ohne jede Beschönigung stellt er fest: „Wahrheit und Wissenschaft sind heute Feinde." Nicht nur: sie sind einander fremd, oder: sie wollen nichts miteinander zu tun haben, sondern: sie sind Feinde. Die Universität wird diesen Sachverhalt nicht wahrhaben wollen, und in den Rektoratsreden bei großen Gelegenheiten wird sie immer wieder kundtun, daß sie Wissenschaft betreibt um der Wahrheit willen. Aber Rosenstock beharrt auf seinem Satz: „Alles droht zu versinken, Bücher, Ostflüchtlinge, Gehälter, Wohnungen, Studenten, Examina, — wer hätte da Zeit, die Universität selber zu retten? Es gibt heute keine Universität." Und er hat recht damit. Es gibt ja nur noch höhere Fachschulen, in denen im Schnellverfahren Spezialisten herangezüchtet werden, die gar keine Zeit mehr haben, einen solchen Satz wie diesen zu überdenken: „Wenn die Universität nicht reformiert, kann sie nicht präformieren." Präformieren aber heißt: vorbilden. Und vorbilden heißt, daß der jeweiligen Gegenwart voraus die Zukunft im Menschen vorgebildet wird. Das ist der eigentliche Sinn des Wortes „Vorbildung", das wir so gerne nur als Berufsausbildung verstehen, während es doch eine Bildung bedeutet, die in die Zukunft hinein wirkt. Das Geheimnis der Universität aber besteht nach Rosenstock eben darin, daß die Universität diese „Vorbildung" nur leisten kann, wenn sie jahraus, jahrein reformiert. Wenigstens aber müßte jeder Krieg mit einer Reformation der Universität beantwortet werden, denn Kriege, und in einem ganz besonderen Maße die beiden Weltkriege unseres Jahrhunderts, sind äußerstes Zeichen dafür, daß unsere Welt (die materielle so gut wie die geistige) nicht „in Ordnung" ist. Das heißt aber zugleich: unsere „Bildung", die dieser Welt zugrunde liegt, ist nicht in Ordnung und mit ihr auch die „Vorbildung", die der Universität anvertraut ist. So ist das Mißverständnis, das Rosenstock mir berichtete, nur zu begreiflich: seine Vorlesung, die er unter dem Titel „Die Ordnung von 1100 bis 2000" zu halten gedachte, wurde im Vorlesungsverzeichnis angekündigt als „Die Ordnung von 1100 bis 1200". Der kleine „Druckfehler" spiegelt in einer geradezu lächerlich-unheimlichen Weise die Tragödie der deutschen Universität wider: sie vermag nicht mehr vorauszudenken und damit auch nicht mehr vorauszubilden, welches doch ihre eigentliche Aufgabe ist, sondern sie klebt an der Vergangenheit und verurteilt sich damit selbst zu dem Schicksal, unfruchtbar zu bleiben.

So wie wir die deutsche Universität kennen, müssen wir fürchten, daß, wenn schon der Zweite Weltkrieg sie nicht mehr zu wandeln vermochte, dies eine Rede erst recht nicht vermag. Doch wenn wir diese Aufgabe nicht einem dritten Weltkrieg überlassen wollen, sollten wir so schnell wie möglich die geistreichen Einsichten Rosenstocks in die Wirklichkeit umsetzen. Viel Zeit haben wir wahrlich nicht mehr zu verlieren. *HB*

Keine soziologische Theorie

Carl Brinkmann: „Soziologische Theorie der Revolution." Verlag Vandenhoeck & Ruprecht, Göttingen 1948, 117 Seiten, DM 7.50.

Wenn ein Buch den Titel „Soziologische Theorie der Revolution" führt, so darf man mit einer gewissen Berechtigung erwarten, daß es auch tatsächlich so etwas wie eine soziologische Theorie der Revolution enthalte. Das hieße also: eine mehr oder weniger systematisch geordnete Darstellung, die anhand der Kategorien der Gesellschaftswissenschaft sich des Wesens, der Gründe und Ursachen wie vielleicht auch der Folgen der Erscheinung ‚Revolution' zu bemächtigen suchte. Man ist einigermaßen betroffen und enttäuscht, wenn das nicht der Fall ist, möge ein solches Werk in anderer Hinsicht auch des Kennens- und Bedenkenswerten genug enthalten.

Was unter jenem Titel aber tatsächlich vorliegt, ist eine lockere Folge von Aufsätzen, die ohne ersichtlichen Mittelpunkt und in fliegendem Wechsel zwischen Beschreibung und Wertung, den vielfachen Erscheinungsformen der Revolution zu Leibe gehen möchten. Das „zu Leibe gehen" ist hier wörtlich zu nehmen: man verspürt überall die tiefe Abneigung gegenüber revolutionären Losungen, die, mindestens in Deutschland, einer echten Zeitstimmung entspricht. Die Position, von der aus Brinkmann zu urteilen versucht, ist die eines neu-alten Konservativismus, wie sie Ranke nach der Juli-Revolution mit seiner neugegründeten Historisch-Politischen Zeitschrift zu formulieren unternahm: „Ich hatte das kühne Unterfangen, zwischen den beiden einander in jeder öffentlichen und privaten Äußerung widerstrebenden Tendenzen eine dritte zu Worte bringen zu wollen, welche an das Bestehende anknüpfte, das, auf dem Vergangenen beruhend, eine Zukunft eröffnete, in der man auch den neuen Ideen, insofern sie Wahrheit enthielten, gerecht werden konnte." So Ranke 1831, von Brinkmann zitiert.

Es wäre zweifellos ein dankenswertes Unterfangen, mit heutigen Mitteln eine derartige Position zu errichten. Aber es dürfte nicht mehr so leicht sein wie damals, „an das Bestehende" einfach „anzuknüpfen", denn in den Stürmen unserer Zeit ist der Umfang des unangefochtenen Bestandes doch recht bescheiden geworden. Auf alle Fälle aber enthebt ein solches Unterfangen niemanden der Verpflichtung, das „Bestehende" wie auch die „neuen Ideen" mitsamt ihren materiellen Grundlagen genau zu untersuchen. Besonders notwendig wäre es, sich auf Begriff und Wesen der Revolution neu zu besinnen und sich mit jenen Vorarbeiten auseinanderzusetzen, etwa mit Eugen Rosenstocks „Europäischen Revolutionen" von 1931, in denen der Einbruch des Christentums im Abendland als Ursache des fortwirkenden revolutionären Prinzips gesehen wird. Es bleibt jedoch bei zwei oder drei unbestimmten Erwähnungen dieses Vorläufers und bei gelegentlichen Zitaten aus Sorokins „Soziology of Revolution". So kommt es denn, daß aus den wenigen Seiten von dessen "Contemporary Sociological Theories" immer noch mehr Wesentliches für die soziologische Theorie der Revolution abfällt als aus Brinkmanns mit allen Wassern geisteswissenschaftlicher Betrachtungsweise gewaschenen Abhandlungen.

Erstaunlicherweise ist es gerade seine vermeintliche christliche Haltung, die den Tübinger Soziologen daran hindert, die Revolution in ihrem Wesen zu erfassen — vielleicht ein Hinweis darauf, daß der Verfasser noch nicht sehr lange in dieser Haltung heimisch ist. So sind ihm denn Revolution und Religion noch Gegensätze: „Revolution die Sache der Hybris, der Technokraten und Eindimensionalen; Religion die Sache des Ausgleichs und Gleichgewichts menschlicher Maße und Möglichkeiten, mit dem ‚Übergreifenden', worauf sie rückbezogen, festgebunden, ‚religiert' sind." Offensichtlich fügt sich etwa die „Rückbezogenheit" der durch den Calvinismus ausgelösten angelsächsischen Revolutionen nur schlecht in dies Schema.

Es überrascht nicht, daß in dieser Atmosphäre auch der alte romantische Sophismus fröhliche Urständ feiert, das Geschichtliche ließe sich nicht durch positivistische Anstrengungen „machen", indem die skeptische Frage gestellt wird: „Was geschieht, wenn der Mensch selber diesen (historisch-politischen) Wandel gleichsam übernimmt, wenn er auch hier Vorsehung spielt?" Nun, seitdem das Abendland sich gegen den Cäsaropapismus entschieden hat, seitdem es eine päpstliche *und* eine kaiserliche Macht, seitdem es Staat *und* Kirche gibt, man möchte also sagen: fast von Beginn des Abendlandes an spielt „der Mensch" (nämlich ursprünglich der Kaiser) in seinem weltlichen Bereich eben „Vorsehung". Er entscheidet aus eigener Machtvollkommenheit (und übrigens in Anlehnung und Übereinstimmung mit den Lehren der Kirche) planend und vorhersehend über die Gestaltung irdischen Daseins. Die moderne Demokratie tut nicht viel anderes, als daß sie die ursprüngliche kaiserliche Souveränität durch die Souveränität der „volonté générale" ersetzt.

Wenn man genau zusieht, dann ist in Evolution und Revolution in gleicher Weise, wenn auch vielleicht nicht in gleichem Maße, die Entscheidungsfähigkeit des Menschen am Werke. Im Grunde besteht zwischen Evolution und Revolution nicht viel mehr als ein Gradunterschied: nämlich „Umwälzung" einerseits der Machtverhältnisse zwischen den Schichten eines Staates, anderseits der Machtverhältnisse des Gesamtstaates; hier, indem die jeweilige Rechtsgrundlage aufrechterhalten, dort, indem sie durchbrochen wird. So elementar diese Besinnung ist, so notwendig scheint sie zu sein.

Hochgradige Tüftelei bei gleichzeitiger (konstitutioneller?) Atrophie des bon sens ist ein altererbtes, chronisch gewordenes Leiden deutscher Geistigkeit. Es schmerzt, diesem alten Leiden gelegentlich auch in den klugen und anregenden Betrachtungen eines grundgelehrten Soziologen zu begegnen. In begreiflicher Befangenheit möchte man das Werk als „work in progress" nehmen, als Meilenstein zu einer zukünftigen soziologischen Theorie der Revolution aus konservativer Sicht.

Friedrich Minssen, Frankfurt.

Heinrich Heine

H. H. Houben: „Gespräche mit Heine". Verlag Rütten & Loening, Potsdam 1948, 1160 Seiten, Buntdruck in Ganzleinen DM 18,—.

Heinrich Heine „Briefe", zusammengestellt von *Friedrich Hirth, Band I. Verlag Florian Kupferberg,* Mainz 1949, Oktavformat, 52 Seiten Vorwort, 344 Seiten Text, kartoniert DM 14,—; Halbleinen DM 16,50.

„Heinrich Heine und seine französischen Freunde", zusammengestellt von *Friedrich Hirth, Verlag Florian Kupferberg,* Mainz 1949, 233 Seiten, Oktavformat, Halbleinen DM 10,20.

Zwei Werke sind kürzlich erschienen, die ganz Persönliches über den Dichter bringen: die von H. H. Houben gesammelten „Gespräche mit Heine" und die erste Gesamtausgabe der „Briefe" Heinrich Heines, von Friedrich Hirth nach den Handschriften besorgt. Beide Werke zeichnen sich dadurch aus, daß sie unzensierte und ungeschminkte Wiedergaben des Materials sind, die auch das anscheinend Nebensächliche und Triviale nicht weglassen. Denn gegen „Tendenz" schützt allein die Vollständigkeit, die Mitteilung alles Vorgefundenen, ohne Rücksicht darauf, ob es sich günstig oder ungünstig für den Helden ausnimmt. Hirth versichert uns, daß die Briefe unverderbt und unverstellt, ohne Verbesserungen und Auslassungen, vor uns ausgebreitet werden. Und Houben erwähnt aus den oft widerspruchsvollen Heine-Erinnerungen manchmal zwei oder drei Lesarten oder bringt die, mit den Briefen und Dokumenten abgestimmte, am meisten glaubwürdige Variante.

Den schönen Band mit den *Gesprächen* nimmt man am besten in Feierstunden in die Hand; was man darin auch aufschlägt, es ist geistvoll, tiefsinnig, oft übermütig und humorvoll bis boshaft. Die Wurzeln späterer Legenden werden hier bloßgelegt. Natürlich ist längst nicht alles „verbürgt". Doch alles, was wir über den deutschen Dichter mit französischem Esprit darin lesen, sieht ihm so ähnlich, daß man schwören möchte, es könnte von keinem anderen stammen, — wenn man nicht manchmal in einer Anmerkung des Herausgebers läse, daß die Geschichte sich aus zeitlichen oder örtlichen Unstimmigkeiten doch nicht ganz so zugetragen haben konnte, wie der Erzähler die Anekdote berichtet. Dieser hat sich durch angeblich eigenes Erleben im Glanz des berühmten Dichters nur allzu gern selber sonnen wollen. Der Witz des deutschen Aristophanes, wie Heine sich selber mit Vorliebe nannte, sprudelt so frisch, und seine Bonmots, seine neuesten Schlager machen überall die Runde.

Es muß eine unendlich liebe- und mühevolle Arbeit von Friedrich Hirth gewesen sein, an die in Bibliotheken und Privatbesitz verstreuten *Briefe* Heinrich Heines heranzukommen. Der erste Band umfaßt die Jünglingsjahre des Dichters, bis er aus der Traumhaftigkeit seiner Jugendzeit durch die französische Juli-Revolution 1830 aufgescheucht und nach Paris vertrieben wurde. Die meisten seiner lyrischen Dichtungen entstanden in jener Frühzeit, die unsterbliche Romanze „Die Grenadiere" dichtete er mit 16 Jahren. Heine war ein unermüdlicher Briefschreiber, der in ausführlichen Ergüssen sein Sehnen und Streben intimen Freunden anvertraute. So geben seine Briefe einen unmittelbaren Einblick in sein literarisches Schaffen und lassen manche seiner anspielungsreichen Dichtungen überhaupt erst richtig verstehen. Die Briefe können für seine unwiederbringlich verlorenen Memoiren entschädigen. Sie klären auch manche Anwürfe, Mißverständnisse und Nachreden und zeigen, was wahr daran ist. Nicht immer rücken sie Heine ins beste Licht, und manches in der Lektüre mag ermüden, befremden und verstimmen, wie seine kleinlichen Streitereien mit schlecht zahlenden Verlegern oder dem knickerigen reichen Onkel in Hamburg. Doch man kann Hirth zustimmen, daß „Heines Nachruhm nicht leidet unter der Veröffentlichung von Briefen, die auch Schwächen und kleinliche Züge seines Wesens, den Menschen mit seinen verwundbaren Stellen zeigen".

Aber nicht beipflichten können wir Hirths Ansicht, daß sich Heines Talente wohl noch besser entwickelt hätten, wenn er von den Sorgen und den damit verbundenen Leiden frei gewesen wären. Psycho-analytische Erkenntnisse weisen nach, daß nicht-erfüllte Sehnsucht eine entscheidende Rolle im Leben jedes Menschen spielt und daß ohne den größten Umfang an innerlich erlebter Qual auf keinem Gebiet jemals ein großer, die Welt erschütternder Künstler entsteht. Bei der Geburt des Schöpferischen ist der seelische Schmerz nicht weniger entscheidend als die künstlerische Begabung. Aus den privaten Briefen wird noch einmal besonders deutlich, daß Heine zum Dichter geboren war und daß er sein gerüttelt Maß an Leiden und Seelenkummer erfuhr.

Die noch nicht erschienenen Bände der Briefe aus Heines Pariser Zeit versprechen das Bild des Dichters noch nach mancher Seite hin zu ergänzen. Mehr als eine Andeutung davon erhalten wir schon in dem von dem verdienstvollen Heineforscher Friedrich Hirth veröffentlichten Buch *„Heinrich Heine und seine französischen Freunde"*, das gleichfalls bei Florian Kupferberg, Mainz, erschienen ist. Die engen Bande werden aufgezeigt, die Heine mit gleichgestimmten Geistern seiner Zeit geknüpft hat, mit Victor Hugo, Honoré de Balzac, Alfred de Musset, Théophile Gauthier, George Sand und anderen französischen Gesinnungsgenossen.

Alle die Briefe und Gespräche, die uns in diesen Sammelbänden zugänglich gemacht werden, sind nicht nur so überaus interessant für Literaturkenner und -Liebhaber. Sie sind bedeutsamer noch als der Nachweis dafür, welch großen Einfluß ein einzelner, genialer Mensch auf das kulturelle Leben seiner Zeit in seinem Lande, nein, in mehreren Ländern auszuüben und wieviel er zum gegenseitigen Verständnis beizutragen vermag. Es ist nicht zuviel behauptet, daß der bestbekannte Deutsche in Frankreich auch heute noch Heinrich Heine ist, dessen Büste von seinem Grabmal auf dem Friedhof von Montmartre symbolhaft herniederschaut.

Paul Stamford, Hamburg.

Klischee und Original

Werner von der Schulenburg: „Der König von Korfu". Roman. Georg Westermann Verlag, Braunschweig 1950, 876 Seiten, Leinen DM 18.50.

Gerd Gaiser: „Eine Stimme hebt an". Roman. Carl Hanser Verlag, München 1950, 452 Seiten, Leinen DM 10,80.

Zwei Romane, die durch die Gegensätzlichkeit ihres Stils wie ihres Bildes vom Menschen dazu beitragen können, Maßstäbe aufzurichten.

Schulenburg macht aus den letzten dreißig Jahren des sächsisch-venezianischen Generals

Graf Schulenburg (gestorben 1747) einen Roman. Ihn leitet wohl die Hauptabsicht, den Nachruhm des „Größten seiner Familie" (Seite 5) zu mehren, während der offiziellen Geschichtswissenschaft das Andenken Schulenburgs weniger bewahrenswert erscheint. Wir gehen auf die rhetorisch-großartige Durchführung seines Vorhabens nur kurz ein: Der Held, ruhmbegierig wie Caesar, gerecht wie Salomon, gütig wie Titus, klug wie ..., unbestechlich wie ..., zum Entzücken der ihn umschwebenden Damen ein weitläufiger Verwandter Don Juans, Grandseigneur comme il faut, — dieser sehr vollkommene Inhaber aller männlichen Tugenden verteidigt, als Prinz Eugen die Türken schlägt, die Insel Korfu gegen eine türkische Armee und rettet mit dieser Tat Europa und seine Kultur. Eine ihm später vom Sultan angebotene Königskrone von Korfu lehnt er ab; er begeht, nach eigenen Worten, nicht den „gigantischen Verrat an der christlich-westlichen Idee" (Seite 795). Und in ungekrönter Majestät stirbt er, uralt und in einsamer Größe verdämmernd, zu Verona. Um ihn herum ein vielfarbiges Aufgebot an Freunden, Gegnern, schönen Frauen, Künstlern, Dienern. Muß der geneigte Leser auch lächeln über die allzu unbekümmerten Zurüstungen des Verfassers für die Apotheose seines Helden, an dessen Purpurmantel selbst Leibniz nur als dekorativer Stern aufglitzert, er ist am Ende überlistet und stellt verblüfft fest: Der Held hat auch mich bezwungen, ein Teufelskerl, der alte Marschall, ein Dietrich von Bern des Barock!

Wenn der Held uns bezwingt, ist es auch ein Sieg des Autors. Die rein handwerkliche Virtuosität Schulenburgs ist nicht gering. Aus dem Arsenal der festgefügten Begriffe und feststehenden Bilder, das Sprache und Kulturgeschichte geschaffen, wählt er mit Könnerschaft das jeweils passende Muster aus. Vom „vergoldeten Barockschreibtisch", an welchem der General mit „schönen, festen Händen" seine Erinnerungen schreibt, am Anfang des Romans (Seite 9), bis zur „im Licht flüssiger Opale schimmernden Lagune" am Ende (Seite 865), tritt uns eine bekannte Welt entgegen. Eine geläufige, vordergründige Welt, in welcher der Mensch sich heimisch fühlen kann. Goethesches Persönlichkeitsstreben, die Scottsche Methode historischer Milieuschilderung, ein gewisser, aus dem impressionistischen Zeitalter stammender Lyrismus mögen einige der wichtigsten Eckpfeiler im geistigen Gebäude des Verfassers sein. Nichts, weder an Sprachlichem noch an Gedanklichem, kommt zu eigenem Ausdruck. Immer wird auf das erprobte Arsenal mit seinem Bestande von etwa 1900 zurückgegriffen. Das kann die Lesbarkeit von dergleichen Produkten beim Publikum nur erhöhen. So finden ja immer Alpenlandschaften im Stile der Düsseldorfer Schule ihre gut zahlenden Käufer. Mit Kunst hat das nichts mehr zu tun, desto mehr mit Kunstfertigkeit, die keineswegs zu verachten ist. Wenn die Kritik einen Roman wie den „König von Korfu" zur „Dichtung" erhebt, ihn einen „großen literarischen Wurf" nennt — irgendwo wurde ein kühner Vergleich mit Balzac nicht gescheut —, so sind wir unter der Bedingung einverstanden, daß Schreckenbach, Ganghofer und anderen liebenswürdigen Verklärern alter und neuer Zeiten diese Prädikate gleichfalls zugebilligt werden.

Wie anders ergreift es uns bei Gaiser! Ein Heimkehrer des letzten Krieges mit dem merkwürdigen Namen Oberstelehn, erlebt in seiner alten Heimat allerlei eigenes und fremdes Schicksal, kehrt dann, wissender und hoffender geworden, zu seiner Frau zurück. Gaiser ist Schwabe, Jahrgang 1908. Das erklärt manches, aber nicht alles. Er baut eine, soweit Originalität überhaupt möglich ist, eigene Welt vor uns hin. Sie ist ein wenig schattenhaft, seine Hände, meint man, sind etwas linkisch. Aber auch ein Faulkner hat eine ähnliche, eigene wie linkische Art; allerdings besitzt Gaiser nicht die Unerbittlichkeit Faulkners. Hat die Welt, die sich vor uns entwickelt, auch nur einen kleinen Umkreis (vergleicht man sie mit der „weltweiten" Atmosphäre des Schulenburgschen Romans), wie wimmelt es doch in ihr von vielfältigstem Leben, wie ist sie hintergründig, untergründig ausgeweitet! Dabei bleibt der Held Oberstelehn, ein Urenkel Wilhelm Meisters, blaß. Die Unentschiedenheit des deutschen Charakters ist sein Los. Ein schmerzhafter Humor sichert ihm eine bescheidene Überlegenheit über Schicksal und Umwelt. Bei Gaiser umfängt die Welt den Menschen nicht mit heimischer Gebärde. Seine Grundstimmung ist oft die einer heimatlosen Traurigkeit. Doch der Mensch richtet sich trotzdem auf der Welt ein.

Sehr deutsch mutet ein fast jeanpaulesker Hang zum Sonderlingtum an. In stilistischer Hinsicht verdiente die Frage, ob die vielen niegehörten Wörter Dialekt- oder eigene Bildungen seien, eine eigene Doktorarbeit, die nicht ausbleiben wird, wenn Gaiser auf dem Wege fortschreitet. Die Verwandtschaft mit seinem Landsmann Mörike, der altwüchsige und kaum gehörte schwäbische Ausdrücke verwandte (Stuttgarter Hutzelmännlein), ist offenkundig. Das Griechenerlebnis spukt bei Gaiser als einem echten Schwaben im Blut herum, ohne uns immer im Roman zu überzeugen. Und so sind noch manche Einflüsse, die nicht immer ein Ganzes ergeben, nachweisbar.

Ein großer Wurf? Der etwas übernervöse Beifall zahlreicher Rezensenten, dem kaum erschienenen Buch gezollt, läßt doch mehr einen Schluß auf die überwiegend provinzielle Situation der binnendeutschen Literatur zu, weniger auf den Autor. Für das Ausland wird dieser deutsche Roman nicht lesbar sein, er ist zu deutsch, zu eigenwüchsig-kantig, zu eng-versponnen, zu lyrisch-sentimental. Das soll seinen Wert nicht mindern, der in seiner Echtheit begründet liegt, in der Kunst, Natur und Menschen eigen zu sehen. Denn sicher ist: Die Vorstöße in sprachliches Neuland und die Versuche, unbekannte Bereiche der menschlichen Seele und des menschlichen Ausdrucks zu eröffnen, sichern Gaisers Roman den Rang eines Kunstwerks.

Ulrich Helmke, Kassel.

Kostbare Seltenheit

Edzard Schaper: „Die Freiheit des Gefangenen". Roman. Jakob Hegner Verlag, Köln 1950, Ganzleinen 285 Seiten, DM 9.80.

Viele unserer Schriftsteller sehen vor lauter Wald die Bäume nicht mehr. Der Dichter kann aber nicht „das Leben als solches" schildern oder er drückt philosophischen Dampf aus dem Füllfederhalter und beschreibt Nebelkreise. Wen interessiert das schon — als Kunstwerk. Was wir wollen, ist eine Geschichte vom Einzelnen, bezeichnend für mehrere, für viele, wenn es möglich ist; ein Stück von uns, wie wir leiben, leben und gerettet werden — oder zugrundegehen.

Solch ein Dichter ist Edzard Schaper. Er kann erzählen, — kostbare Seltenheit heutzutage in Deutschland. Was sich da zur napoleonischen Zeit zuträgt, ist unser eigenes Schicksal.

Eine einzige Figur im Urwalddickicht des Umbruchs von einer Epoche zur andern ist angesehen, aufgenommen und durch die Abenteuer begleitet, die vor Boulogne-sur-Mer nach England weisen, wohin die Große Armee jeden Augenblick eingeschifft werden soll; aber die Fügung in der Uniform der Feldgendarmerie, gelenkt vom Geheimen Kriegskommissariat (dem SD des Kaiser-Parvenus), führt den Leutnant du Molart, der sich in eine ebenso junge wie adlige Witwe, glühend konspirierende Anhängerin der Bourbonen, verliebt hat, rasch in das Massengefängnis einer Festung, von deren Turmgelaß aus, durch eine offene Scharte, er, der Harmlose, Frische, Unbedenkliche, sechsundzwanzig Jahre alter, ehrenhafter Soldat und sonst nichts, die 160 000 vor Boulogne über Nacht und Tag auf vielen, endlosen, herbstlichen Straßen abziehen sieht — ostwärts, in Richtung Rhein, den Österreicher, den „verräterischen Habsburger" in die Zange zu nehmen. Sich selbst überlassen, ohne Bewußtsein von irgendeiner Schuld, bleibt der Gefangene, nun selbst ein Opfer der anonymen Gewalt, verstrickt in unsichtbare Netze, die er geahnt, aber nicht zur Kenntnis genommen hatte, als andere sich in ihnen verfingen, zurück. Und die aufregende Stille wird zum dramatischen Erlebnis des Denkens und Fühlens, in welchem die Entscheidung reift, als die Freiheit durch Flucht nach England winkt: — die Entscheidung, zu bleiben, weil der Soldateneid die Ehre und die Ehre das Leben des Soldaten ist. Er ist eben ein unpolitischer Mensch, dieser gefangene Artillerieleutnant, und insofern er mit seiner Ehre einer Tyrannei dient, kein voller, sondern ein armseliger Mensch — wie die meisten von uns. Hart an den Folterbänken der Schinderknechte des Kommissariats vorbei, findet er seinen Weg in einen Bereich, wo auch der Egoismus dessen, was die Soldatenwelt mit Recht ihre Ehre nennt, überwunden wird.

In unseren Tagen ging und geht es noch härter zu. Aber müssen wir es jedes Mal in *aller* Schauerlichkeit nacherleben, genügt nicht wirklich dieser starke geringere Grad? Die Lösung, die Schaper aus natürlich mehreren möglichen auf den letzten zwei Seiten bietet, ist ein ganz klein wenig zu billig; den Tod hätten wir vielleicht als noch billiger empfinden müssen; der Abtransport des Degradierten nach Übersee — die Parallele zu Sibirien heute — wäre wohl das unerbittlich Gemäße gewesen. Der Verfasser des Buches „Die sterbende Kirche" hat diese Lösung, anscheinend aus Sorge vor der Vergleichbarkeit der beiden Romane, die dann in etwa nahegelegen hätte, bloß angedeutet und doch verworfen.

Der Schutzumschlag des Buches nennt Schaper einen begnadeten Erzähler. Mit Fug und Recht darf das gesagt werden. Daß allerdings seine Sprache immer einfach sei, wie es ebendort heißt, kann man schwerlich mit gleichem Recht behaupten. Sie ist äußerst kunstvoll, ihr Meister sozusagen stets unübersehbar anwesend. Der Roman beginnt mit folgendem Satz: „An einem Tag im August des Jahres 1805, der in seiner Dunkelheit und den mit Regen untermischten kalten Windstößen schon eine Vorahnung von dem kommenden Herbst in sich zu tragen schien, ritt der junge Leutnant Pierre du Molart nach beendetem Auftrag in dem kleinen Städtchen Dailly-le-Haut-Clocher nicht, wie er gekommen war, die geradewegs nach Boulogne-sur-Mer führende Hauptstraße ins Feldlager der England-Armee zurück, sondern lenkte sein Pferd, nachdem er das Städtchen verlassen, auf den, wie ihm schien, völlig einsamen, zwischen undichten Gehölzen und Feldern und entvölkerten Weiden führenden Nebenweg, auf dem er das Schloß Vanloue zu erreichen trachtete." Nach der ersten Seite, die alle Elemente der Exposition enthält, wird es einfacher. Und sehr anschaulich. Sowohl die Gedanken wie die Bilder sind oft überraschend, — eindringlich, original. Ein ganz klein wenig, wie gesagt, die letzten zwei Seiten ausgenommen, ist nichts in dem Buch Schablone. Es gehört zu den Werken, die man gelesen haben muß; gehört zum Bestand der vorzüglichen deutschen Literatur des Notwendigen und Schönen. *EK*

Leichte Kost und zu billige Ware

Elizabeth Thaylor: „Kleiner Wellenschlag". Roman. Claassen-Verlag, Hamburg 1950, 344 Seiten, Leinen DM 8.80.

Walter P. Schnabel: „Ich lebte in der Provinz". Roman. Hans Köhler Verlag, Hamburg 1950, 262 Seiten, Leinen DM 4.80.

Autoren, die als Ort der Handlung die Provinz wählen, vermeiden nur selten die Schablone „Provinz". Ein glücklicher und vielleicht auch schon nicht mehr gültiger Maßstab für die gelungene und gerechte Lösung ist die „Kleine Stadt" Thorton Wilders. Literarisch bewährte Maßstäbe für den Ausweg ins Sentimentale oder Satirische sind Flauberts „Madame Bovary" oder „Main Street" von Sinclair Lewis, und beide sind an der Schablonisierung des Begriffs „Provinz" nicht ganz unschuldig.

Elizabeth Taylor zeichnet in „Kleiner Wellenschlag" behutsam und mit zurückhaltender Ironie ein unbedeutendes englisches Hafenstädtchen. Auch der Zweite Weltkrieg hat die Zeitlosigkeit des Alltags dort nicht erschüttern können. Die ewigen menschlichen Sensationen bleiben Geburt und Tod, ein bißchen Beruf, ein wenig Liebe, etwas Klatsch. Wer es nicht aushält, glaubt in die große Stadt fliehen zu müssen. Aber Provinzialismus ist eine Lebenshaltung, hat mit dem Milieu nichts zu tun.

Die Einzelheiten fügen sich wie in einem anspruchslosen Puzzlespiel zusammen: „A View of the Harbour" (dies der Originaltitel). Die Schnappschüsse und Zeitaufnahmen der manchmal etwas forcierten Überblendungstechnik ergeben das übliche Familienalbum: keine Typen, keine Helden, sondern liebenswert unzulängliche Menschen.

„Kleiner Wellenschlag" ist eins der hübschen Bücher für ruhige Stunden, leichte Kost, bei der man sich von den best-sellers und Problemwälzern erholen kann. Elizabeth Taylor vermeidet geschickt und sicher die Schablone, sie schreibt solide Gebrauchsliteratur.

Zu den Lieferanten der Verbrauchsliteratur muß Walter P. Schnabel gerechnet werden. Sein Produkt „Ich lebte in der Provinz" tritt anspruchsvoll auf, wenn es sich hierbei auch nur um den Anspruch auf die spöttische Behandlung der Schablone „Provinz" handelt. Vermutlich hat der Verfasser einen heiteren Roman schreiben wollen, bekanntermaßen ein schwieriges Unterfangen. Trotz allen Hinweisen auf Daudet und Tillier, trotz allen Bemühungen um Lokalkolorit und komisch sein sollende Vergleiche fehlt gerade das, was von einem Roman über die französische Provinz zu erwarten wäre: Esprit und Grazie. (Beispiel: „Im Dschungel ihrer zigarettenrauch-behangenen Tränen drohte sie — letztes Mittel einer verletzten Gottheit — mit sofortigem Selbstmord.") Und die Erwähnung übermäßigen Genusses von teuren Delikatessen genügt auch noch nicht, um rabelaisische Daseinsfreude glaubhaft zu machen.

Spaß muß sein, — vielleicht, — Humor ist anders.

Peter Stadelmayer, München.

Wann fielen die Würfel?

Herbert A. Quint: „Der Wendepunkt des Krieges". Steingräben-Verlag, Stuttgart 1950, 260 Seiten, Leinen, DM 7.80.

Die deutsche Literatur über den Zweiten Weltkrieg hat das sonst übliche journalistische Niveau anscheinend endgültig überwunden. Eine Anzahl gute Memoirenwerke unterscheidet sich wohltuend von der saloppen Art, die wir an ähnlichen Veröffentlichungen aus den ehemaligen Gegnerstaaten zu bemängeln hatten, wenn sie auch noch nicht die Höhe gültiger Geschichtsschreibung erreichen.

So versucht Herbert A. Quint in seinem neuen Buch „Die Wendepunkte des Krieges" schon jetzt deutlich zu machen, wie es wirklich gewesen ist. Man muß ihm bestätigen, daß er ein gutes Stück vorangekommen ist. Quint schreibt für den kriegsgeschichtlich interessierten Laien und schildert in mitreißendem Stil sechs entscheidend wichtigen Phasen des großen Krieges in Europa mit größter Sachkenntnis und wohltuender Objektivität.

Quint lehnt es in seinem Nachwort ab, daß es im Zweiten Weltkrieg „Wendepunkte" gegeben habe. In dem Entschluß Deutschlands, den Krieg gegen Polen zu beginnen, sieht er schon jenen verhängnisvollen Irrtum, der den nicht mehr umkehrbaren Ablauf des Geschehens auslöste. Man könnte ihm allerdings entgegnen, daß dieser Wendepunkt nicht so deutlich war, wie er behauptet; zumindest war der Entschluß Englands, seiner Bündnispflicht gegenüber Polen zu genügen, heiß umstritten. Wenn Quint trotzdem von Wendepunkten spricht, so will er damit sagen, daß die von ihm herausgegriffenen Kampfabschnitte ausnahmslos weitreichende Folgen gehabt haben, daß sie „sozusagen die Etappenziele auf dem Wege zum Ende" gewesen sind. In diesem Sinne kann man die Bezeichnung „Wendepunkte" gelten lassen.

Eine wertende Betrachtung der einzelnen behandelten Episoden läßt aber ihr unterschiedliches inneres Gewicht deutlich werden. Die beiden ersten, die Landung in England und die Schlacht vor Moskau, sind vielleicht echte strategische Wendepunkte. In beiden Fällen wurde die deutsche Wehrmacht auf Grund politischer Fehlbeurteilungen vor unlösbare Aufgaben gestellt, überfordert und entscheidend geschwächt. Beide Fälle sind geradezu klassische Studienobjekte für das komplizierte Verhältnis von Politik und Strategie zueinander. Fehlentscheidungen auf der übergeordneten politischen Ebene können auf der unteren strategischen nur selten korrigiert werden. Ein unmittelbarer Eingriff aber der Politik in die Strategie führt fast immer zum sofortigen Mißerfolg.

El Alamein dagegen war nur ein äußerer Wendepunkt. Der Krieg in Afrika war schon vor der Schlacht durch die gewaltige Überlegenheit der Alliierten und durch die bereits anlaufende Landung in Westafrika entschieden. Der kühne Angriff Rommels war der letzte, verzweifelte Versuch, durch einen taktischen Erfolg noch einmal das Schicksal zu wenden. Die Invasion Italiens setzt folgerichtig den Afrikafeldzug fort. Von beiden Seiten wurde dieser Kriegsschauplatz als zweitrangig betrachtet. Bei Quint kommen die vielfältigen Behinderungen, die die deutsche Führung zu überwinden hatte, nicht genügend zum Ausdruck. Vor allem wird nicht recht deutlich, daß die deutschen Divisionen gegenüber dem Gegner sehr benachteiligt waren, weil der Nachschub die größten Schwierigkeiten bereitete und die Lufwaffe fast ganz fehlte.

Dagegen ist die Invasion in Frankreich schlechthin kriegsentscheidend. Hochinteressant sind die beiderseitigen Erwägungen, die sich jahrelang hinzogen und schließlich zu dem glänzenden „triphibischen" Landungsunternehmen führten. Diese Landung zeichnete sich dadurch aus, daß sie eine organisatorische Meisterleistung war, und daß alle technischen Mittel (wie die geniale Erfindung der schwimmenden Häfen) souverän eingesetzt wurden. Um so bitterer auch hier wieder, so möchten wir hinzufügen, der politische Fehlgriff. Die von Churchill vorgeschlagene Landung auf dem Balkan hätte zweifellos den politischen Verhältnissen, wie sie damals schon bestanden, besser entsprochen. Aber die amerikanische Auffassung setzte sich durch und führte dazu, daß Mitteleuropa von den Russen überflutet wurde. Drastisch sollte das später Churchill ausdrücken mit den Worten: „Wir haben das falsche Schwein geschlachtet."

Ganz aus dem Rahmen der übrigen Kapitel fällt die Abhandlung über die Funkmeßtechnik. Zweifellos hat die Kurzwellentechnik in diesem Krieg eine überragende Rolle gespielt. Entscheidend wurde sie aber erst durch die Überlegenheit der alliierten Luftwaffe, der unsere Industrie schon ihrer Kapazität nach nichts Gleichwertiges entgegenzustellen hatte. Die Geschichte der Fehlentscheidungen auf technischem Gebiet, die von deutscher Seite getroffen wurden, könnte ein eigenes Buch füllen. Ob der Vorwurf Quints, daß die deutsche Führung ganz allgemein der Wissenschaft und Technik kein Verständnis entgegengebracht habe, ganz berechtigt ist, mag offen bleiben. Jedenfalls zeigt die anfängliche Überlegenheit der deutschen Panzer, Flugzeuge und Geschütze, sowie später noch einmal der Vorsprung bei Düsenflugzeugen, U-Booten, Raketenwaffen und zielsuchenden Flakgranaten, daß der Vorwurf nicht in allem zutreffen kann.

Aber diese kleinen Unebenheiten können den Wert des Quintschen Buches nicht mindern. Jedes der sechs Kapitel ist ein Kabinettstück wahrhaft gestaltender Kriegsgeschichtsschreibung, straff in der Form, gründlich im Inhalt, beherrscht in der Sprache und somit beitragend zu echter Erhellung und Besinnung.

Heinz Trettner, Düsseldorf.

Zwiegespräche über Freiheit und Würde

Ernst Feder: „Begegnungen. Die Großen der Welt im Zwiegespräch". Bechtle-Verlag, Eßlingen 1950, 220 Seiten, Leinen DM 7.—.

In sechzehn Begegnungen sind Staatsmänner, Dichter, Philosophen, Entdecker, Soldaten einander gegenübergestellt. Feder war Stefan Zweigs Nachbar in Petropolis. Die den Band beschließende Begegnung schildert die letzten Tage des großen Essayisten und Stilisten. Große Vertrautheit mit dem Werk des verehrten Schriftstellers hat wohl den Anlaß zu einigen dieser historischen Miniaturen gegeben, etwa zu denen über Columbus, Montaigne, Balzac: Paraphrasen über Themen eines geliebten Freundes. Die Zeichnung des brasilianischen Delegierten auf der Haager Friedenskonferenz von 1907, Ruy Barbosa, mag eine ehrerbietige Verneigung vor der neuen Heimat sein.

Mit der Wahl der Dialogform verschreibt sich Feder einer anspruchsvollen Literaturgattung, die schon bei Plato jenen Höhepunkt erreichte, der den großen Nachfolgern in dieser Tradition stets verpflichtendes Vorbild gewesen sein muß. Feder erstrebt offensichtlich nicht literarische Lorbeeren; ihm geht es um einen erzieherischen Zweck, den er in seinem schlichten Vorwort nennt: die Ideen der Freiheit, der Würde und der Selbstverantwortung der Persönlichkeit sichtbar zu machen. Diese selbstsichere Bescheidung erläßt dem Besprecher die peinliche Aufgabe, eine vornehme Gesinnung und eine brave schriftstellerische Qualität aneinander zu messen, und bewahrt ihn vor dem Mißgriff, an eine weiße Weste die Elle des Rezensenten zu legen.

Peter Stadelmayer, München.

Talentprobe am unzureichenden Objekt

Heinrich von Tiedemann: „Die Haut der Maske". Roman. Hans von Hugo Verlag, Hamburg 1949, 234 Seiten, Leinen DM 6.80.

Große und kleine Dichter haben in jeder Epoche den Weg aus ihrer Umwelt heraus gesucht, eine Leiter ins Imaginäre gezimmert und sich eine eigene Welt erschaffen, in der sie dies oder jenes zu demonstrieren gedachten, was ihnen gerade am Herzen lag. Dabei sind dann und wann unsterbliche Schöpfungen entstanden, die meisten dieser Bücher sind aber lange vergessen. Eine imaginäre Welt hat nur dann Bestand, wenn ihr Schöpfer wirklich gewaltiger ist als die Gegebenheiten auf Gottes eigener Erde; und wenn er bei der Geburt seiner Imagination Gottes Gesetzen zu dienen gedenkt und nicht philosophisch-artistischen Spitzfindigkeiten. Unsere Zeit nun erlebt eine Hausse in solchen imaginären Bereichen, und das Ansinnen, sich schwitzend auch nur durch einen Teil von ihnen hindurchzuarbeiten, wird selbst den geduldigsten Leser ein wenig ermüden. Zukunftsstaaten, in denen sonderbare Diktatoren unter irgendwelchen Vorzeichen herrschen, entstehen am laufenden Band, manchmal sind es auch Städte oder Inseln, sie liegen im Totenreich oder überall, manchmal wird ihnen auch ganz real die Herrschaft über Europa und andere Erdteile zugeschrieben. Die Moral der Imaginationsautoren ist selbstverständlich durchaus beherzigenswert: „Bei uns darf nicht passieren, was hier passiert, das wäre nicht gut und wider alle Natur; es ist aber möglich, daß es passiert — seht daher die Warnung, die dieses Buch enthält, und beherzigt sie!"

Häufig sind solche Autoren sehr geschickte und begabte Erzähler, oft ist die Erschaffung ihrer Traum- oder Albdruckreiche der erste Roman. Ein wenig Philosophie und Hintergründigkeit ist ihnen allen beigemischt, und die Verlage geben ihren Segen mit Ausdrücken wie „dämonische Kraft", „bestürzende Vision", „erregendes Kunstwerk", „mythische Gewalt". Wenn der Leser schon den exzentrischen Wunsch unterdrückt, endlich einmal einen Imaginationsstaat in die Hände zu bekommen, in dem er sich ein bißchen amüsieren kann, so wird ihm doch sehr bald klar, daß diese Romane oft das Zeugnis einer — in diesem Fall tatsächlich — bestürzenden Maßstablosigkeit und Angst vor den Gegebenheiten der Wirklichkeit sind. Sie sind Ausweichquartiere für Begabungen, die sich nicht an die Gestaltung menschlicher und geistiger Probleme im schlichten Rahmen ihrer Umgebung heranwagen, und die vielleicht auch befürchten, daß ihnen bei solchem Tun unversehens einer der üblichen Heimkehrer- oder Trümmerromane unter den Händen entstehen könnte. Diese Hemmungen sind ohne Zweifel ehrenvoll, aber vielleicht sollte man's doch mal versuchen ...

Trotzdem fehlt meist nicht der Hinweis auf einen großen Dichter, an den dieses oder jenes Buch „in seiner aufrüttelnden Intensität erinnert".

Bei dem hier zu besprechenden Roman, dessen Titel, mit Verlaub gesagt, nicht eben Leser und Käufer anlocken wird, muß sogar Kafka zum Vergleich herhalten. Dabei ist der Autor ein sehr junger Mann, wie der Verlag betont, — dem Roman selbst hätte man's eigentlich nicht angemerkt. In seinem Fall ist es nicht ein Reich, nur eine Stadt, die erbaut wird, eine Stadt, in der die Augenlosen eine geheimnisvolle Rolle spielen. In der Nachforschung nach scheinbar längst historischen Ereignissen — ein Blinder soll einmal Präsident der Stadt gewesen sein — werden die Forscher in Gegenwartsgeschehen verwickelt, die sich als Verbrechen und geschickte Ausnutzung des Blindheitsphänomens entpuppen. Von diesem Phänomen her wird übrigens eine Art Philosophie entwickelt, und der bestechende Gedanke, daß Menschen, die nicht sehen können, zu ganz anderen, und zwar extremen Resultaten ihrer Weltbetrachtung kommen, wird nach verschiedenen Seiten hin abgewandelt. Der Roman, aufgelockert durch einige verzeihliche und eine ganze Anzahl von unverzeihlichen Snobismen, enthält eine Reihe guter Einfälle. Aber die Begabung des jungen Autors verführt ihn doch zu aphoristischen Eskapaden, die den Leser unbefriedigt lassen. Die Haut der Maske, eine durchaus unorganische Idee, wird zum Zentrum von geistigen und sensuellen Sensationen, die unwichtig erscheinen, weil sie am Ende keinen wesentlichen Gedanken enthüllen. Denn daß jene Haut unter besonderer Berührung ihre Starre verliert und das Geheimnis dessen preisgibt, den sie verhüllt, das ist eine Konstruktion, die weder den Denker noch den Fühlenden befriedigen wird. Auch der charmante Salto am Schluß, da in einem Brief alle Erlebnisse des Erzählers als Phantastereien bezeichnet werden, kann die Geschehnisse und Gedanken nicht auf die Ebene einer echten Vision erheben, und daß alle Dinge in diesem Buch schließlich als Gleichnisse gemeint sind, — diese Erkenntnis kommt dem Leser zwar schon früh, aber bis zum Ende vermag er nicht zu ermitteln, wofür diese Gleichnisse nun eigentlich stehen sollen.

Kunstwerke dieser Art können nur dann lebendig werden, wenn sie eine echte geistige Konzeption als Knochengerüst haben; da sie letzten Endes eine Welt zu bauen versuchen, sollte man annehmen, daß diese Konzeption ethisch, ja religiös bestimmt sein muß. Selbst ein handfester Atheismus wäre hier immer noch besser als die rein artistische Planung, wie sie bei diesem Buch (wie nahezu bei allen seinen Gefährten) vorliegt. Aber nochmals: der Autor ist ein begabter Erzähler. Vielleicht ist sein nächstes Buch ein Roman.

Christian Ferber, München.

Karl Valentins Lachkabinett

Karl Valentins Lachkabinett. Acht Stegreifkomödien. Herausgegeben von Gerhard Pallmann. R. Piper & Co. Verlag, München 1950, 202 Seiten, 15 Abbildungen, DM 7.80.

Das Buch müßte Wachsfigurenkabinett und nicht Lachkabinett heißen. Die Wirkung Karl Valentins in einem Buch galvanisieren zu wollen, ist ein vergebliches Bemühen. Man muß sich damit abfinden, daß er tot ist. So wie man sich damit abfinden muß, daß man den „Schwierigen" von Hoffmannsthal nicht mehr spielen kann, solange Leute leben, die Gustav Waldau in diesem Stück gesehen haben.

Unmittelbar und unnachahmlich wirkt Karl Valentin in den paar von ihm selbst stammenden Prosastücken, viel von ihm selbst steckt im Geleitwort seiner Tochter und in dem, was

Liesl Karlstadt beigesteuert hat. Die Texte seiner Stücke, Themen zu unendlichen Improvisationen, zu unendlich hartnäckigen Variationen, wirken wie Stramin, von dem man die Stickerei abgeschabt hat. Wer noch den Tonfall von Karl Valentin und von Liesl Karlstadt im Ohr hat, den überfällt allerdings bei der Lektüre die Erinnerung an Katarakte, an einen Malstrom von Gelächter, Gelächter mit leichter Rückenrieselschauerangst, Angst, beim Ententraum etwa und beim Zufall, man könnte sich wirklich nicht mehr verständlich machen können. Es hat Leute gegeben, die Karl Valentin nicht mögen haben (und den Weiß Ferdl vorgezogen haben), weil sie Angst vor dieser Angst gehabt haben, diesem bißchen Angst damals. Was die jetzt machen, wo wir uns einander wirklich nicht mehr verständlich machen können?

Komisch und hilflos ist der Versuch, über Karl Valentin etwas aussagen zu wollen, mit Sätzen wie diesem etwa, ein Stück „habe die besten Essayisten aller Zeitungen und Zeitschriften der Reichshauptstadt auf den Plan gerufen". Natürlich war er, das Original aus der Au, nicht aus Schwabing, für die ein gefundenes Fressen. Das Interesse dürfte aber kaum auf Gegenseitigkeit beruht haben. Karl Valentin war Volkssänger und kein Literat, auch kein literarischer Kabarettist (überhaupt kein Kabarettist). Er hat keine Pointen und keine Anspielungen, politische oder pikante, er hat das Menschliche wie Shakespeare oder Ferdinand Raimund.

Notabene: Liesl Karlstadt lebt noch, und von Karl Valentin gibt es Grammophonplatten und kinematographische Aufnahmen.

Adolf Roth, München.

Erinnerungen eines europäischen Gelehrten

Theodor Hetzer: „Erinnerungen an italienische Architektur". Verlag Helmut Küpper (vormals Bondi), Godesberg 1951, 98 Seiten, Leinen DM 5,90.

Über dem Buch, das ehemalige Schüler aus dem Nachlaß Theodor Hetzers herausgegeben haben, liegt — um ein von ihm in früherem Zusammenhang geprägtes Wort anzuwenden — das „Geheimnis des letzten Werks". Das vorliegende Fragment ist nur zur Hälfte sprachlich durchgeformt, richtiger gesagt: ausgeführt. Und eigentlich ist es nicht einmal die Hälfte, denn diesen vier einleitenden Kapiteln stehen fünfzehn weitere gegenüber, die Hetzer zu seiner persönlichen Orientierung stichwortartig niederschrieb. Sicher sind in ihnen viele Assoziationen versteckt, Gedankenverbindungen und Folgerungen, die nicht fixiert zu werden brauchten, weil sie für den Autor selbstverständlich waren, — wie sie es wohl auch für jene sind, die ihn kannten, nicht jedoch für den kritischen Fremden, der im einen oder andern Fall die Andeutung, die ja in Wahrheit ein ganzer Komplex von Gedanken ist, für den vollen Inhalt nehmen möchte. So besteht, da die Herausgeber mit liebenswerter Bescheidenheit auf ein kritisches Nachwort verzichtet haben, die Gefahr einer Verzerrung — eine zumindest mögliche Schwierigkeit, auf die dem großen Gelehrten zuliebe hingewiesen werden muß.

Freilich, was für Aphorismen sind es, aus denen sich diese fünfzehn Kapitel zusammensetzen! Wenn man der Beschreiber und Deuter der Gemälde Tizians — ja nichts weniger als der bedeutendste Bilderinterpret der zeitgenössischen Kunstwissenschaft — ist, dann verfügt man über einen Anschauungsschatz, der die sprachliche Abbreviatur mit Vorstellungen anreichert, der Kolorit und Leben verleiht, sodaß selbst die knappste Formulierung nie zur Formel erstarrt. Nur ist eben die Frage, ob die Bilder, die man in sich entwirft, in ihren Umrissen und mit ihren notwendigen Ergänzungen mit den nicht voll ausgeleuchteten Diapositiven übereinstimmen. Die Herausgeber wollten (etwa deshalb?) Abbildungsmaterial anfügen, ein Vorhaben, das, wie mir scheint zum Glück, gescheitert ist.

Was Hetzer sucht, ist, um es genauer zu sagen, Italien, wie es in seiner Architektur gegenwärtig ist. Um das Land ist es ihm zu tun, an das er zeitlebens seine Liebe und Arbeitskraft gewendet hat. Man spürt, die Tage sind kostbar. Im Wettlauf mit der schwindenden physischen Kraft versucht er, so viel wie möglich, ja alles noch mitzuteilen, dies alles noch hervorzuschleudern, das vielleicht ihm allein bewußt geworden ist, und wofür die Zeit nun nicht mehr reichen wird, — und so liest man zwischen den vielen brillianten, nie sich wiederholenden Wendungen in den ausgeführten Kapiteln wie einen Notruf immer wieder die stereotype Anmerkung: „Darüber muß ich noch ausführlicher schreiben", „darauf muß ich später zurückkommen", oder so ähnlich.

Ein trostloser Spezialist wäre, wer sich in Italien nicht *auch* mit Architektur beschäftigte, schreibt Hetzer. Sie ist wie nirgends sonst in Europa etwas Gewachsenes, hierin liegt ihr hoher ästhetischer Wert. Mit einer rein typengeschichtlichen oder formalistischen Betrachtungsweise, wie sie etwa bei der französischen Gotik wohlbegründet ist, kommt man hier nicht weiter. Man darf nicht nach der historischen Leistung im Sinn der Form-Erfindung fragen; die italienische Architektur hat auch hier konstruktive Beiträge aufzuweisen, in der Renaissance und im Barock zum Beispiel, aber sie geben nicht den Ausschlag. Darin liegt der Grund, warum die ältere Forschung die verschiedenen Epochen der italienischen Baukunst so ungleichwertig, ja ungerecht beurteilt hat. Man muß sehen, daß ein Baukörper in Italien vorab ein Kubus aus Steinen ist, immer und in jedem Falle, gleich ob es sich um eine Kirche, einen Palast oder ein Bauernhaus handelt, daß er stets auf diese Grundform reduzierbar ist, — weshalb es auch nicht, wie etwa im Norden, die spezialisierten Bautypen und die Mißverhältnisse zwischen den verschiedenen Stilen gibt.

Wenn man die Naturhaftigkeit als die vielleicht tiefste Wurzel des italienischen Bauens begriffen hat, erkannt hat, „wie stark die Verbindung mit allem Gelagerten, mit dem Boden ist, zum zweiten, welche Bedeutung den einfachsten Elementen des Bauens zukommt, auch im größten Kunstwerk, endlich, wie das Material, der Stein, in allem Gebauten urhaft wirksam ist“, — dann wird man auch finden können, „daß Chianti und Spaghetti und Orangen in einer natürlichen Verbindung mit der Peterskirche stehen, daß es vollkommen sinnvoll ist, vor den Peterskolonnaden seine colazione zu nehmen, wie man das früher so schön konnte, während man mit Verwunderung in Schinkels Tagebüchern liest, daß auf dem Straßburger Münsterturm ein gutes Bier ausgeschenkt wurde.“

Die Wurzeln dieses eigenartigen Phänomens, das Hetzer als vielleicht erster Kunstwissenschaftler so präzise, so nachdrücklich und doch so weitab von aller heuristischen Trockenheit herausgestellt hat, dürften in den sozialen Verhältnissen liegen. Es ist ja merkwürdig, daß es in Italien, ökonomisch gesehen, wohl „Klassen“, nämlich Reiche, Wohlhabende und Arme gibt, daß diese Klassen aber keine bestimmten und als solche bestimmbaren Menschentypen geprägt haben. Es gibt dort nicht, wie bei uns, „den“ Beamten, „den“ Arbeiter, „den“ Handlungsgehilfen, den man schon an der Art sich zu kleiden oder sich zu gebärden erkennt. Es ist ein großes Verdienst Hetzers, den sozialen Gesichtspunkt, der in der Kunstgeschichte im allgemeinen noch immer so wenig ernst genommen wird, in seine Betrachtung einbezogen und sogar in deren Fundament eingebaut zu haben. Hier allerdings scheinen auch die Grenzen des Buches zu sein, so weit man das bei seinem fragmentarischen Charakter feststellen kann. Der soziologische Sachverhalt wird zu einfach geschildert; er müßte tiefer ausgelotet werden. Man müßte zum Beispiel erfahren, daß es in Italien neben dem Proleten und dem Aristokraten, die beide von wunderbarer gewächshafter Natürlichkeit sind, doch auch den emporgekommenen Bourgeois gibt, der — ganz unitalienisch — ein bei den andern fehlendes Verhältnis zum Besitz entwickelt, und zu was für einem Besitz! Sehr bezeichnend geht in Italien überall da, wo dieses neue Verhältnis sich bildet, das angeborene ästhetische Empfinden — also das Natürliche — verloren, und es kommen dann Mißbildungen (etwa beim Mobiliar) zum Vorschein, wie man sie in Frankreich oder Deutschland im übelsten Parvenu-Haushalt nicht antrifft. Das gehört eben auch zum Thema Architektur, und in den Abschnitten über Städtebau, in dem das 19. und das 20. Jahrhundert eine so gewaltige Rolle spielen, dürfte es ganz und gar nicht fehlen. So bleiben hier Lücken, ja es mag der Eindruck entstehen, das Buch sei ein etwas parteiisches Bekenntnis zu dem Lande Mignons. Wie dem auch sei, er, Hetzer, hat für uns zum ersten Mal die italienische Architektur als menschliche und natürliche Hervorbringung und somit ihre Wesensart und Unvergleichlichkeit erschlossen, — und das, meine ich, ist noch mehr als eine bedeutende kunstwissenschaftliche Tat: Es ist ein Beitrag zu dem Kapitel „europäische Verständigung“.

Hans Maria Wingler, Frankfurt.

Mitteilungen

Petter Moens Tagebuch

Im Kritikteil unseres Februar-Heftes (VI/2, 136) wurde das Tagebuch von Petter Moen, eines norwegischen Widerstandskämpfers, besprochen. Die Besprechung stützte sich auf die norwegische Ausgabe des Tagebuches. Es war uns damals nicht bekannt, daß auch schon eine deutsche Ausgabe vorlag„ auf die wir hier ausdrücklich hinweisen möchten: „Der einsame Mensch", Petter Moens Tagebuch, herausgegeben von Edzard Schaper, Nymphenburger Verlagshandlung, München 1950, 152 Seiten, Ganzleinen DM 5.80.

„Economie et Humanisme"

Zu diesem Bericht im März-Heft (VI/3, 202) tragen wir nach, daß in Frankreich zwei Bücher erschienen sind, die wertvolles Material für die Debatte über die Erneuerung des Sozialismus bringen, nämlich: Pierre Haubtmann, Marx et Proudhon (Editions „Economie et Humanisme") sowie Henri de Lubac, Proudhon et le Christianisme (Editions Du Seuil).

Berichtigung

Professor Karl Thieme scheint in besonderem Maße das Mißfallen des Druckfehlerteufels erregt zu haben. Jedenfalls haben sich in seine Beiträge in den letzten Heften einige sinnstörende Druckfehler eingeschlichen, die wir hiermit berichtigen.

Der Titel der Buchbesprechung in VI/3, 287 muß mit einem Fragezeichen versehen werden, sodaß er genau lautet: *Die Vollendung des Protestantismus?* In der gleichen Besprechung ist auf Seite 290 im zweiten Absatz in der zweiten Zeile ein „keineswegs" ausgefallen. Die Stelle muß richtig lauten: ... *die von Balthasar keineswegs beschönigt werden.*

In VI/3, 196 im drittletzten Absatz handelt es sich um *Franz Rosenzweig*, nicht um *„Franz Rosenberg"*. Drei Seiten weiter in der zweiten Zeile von oben muß die Jahreszahl *„1933"* in *1923* geändert werden. Schließlich taucht in VI/2, 134 im dritten Absatz ein zweifaches *„Du"* auf, während es je ein *Du* und ein *Nu* sein muß, also richtig: ... *auf Gottes Du hin im ewigen Nu* ...

Es bleibt uns nichts anderes übrig, als den Verfasser wie auch unsere Leser um Nachsicht zu bitten.

Klassische Bildung

Ein Leser („zwar Studienrat, aber nicht Altphilologe") schreibt uns:

„Wenn wir zwanzig Jahre weiter sind, wird sich wohl keiner mehr daran stoßen, daß Eugen Kogon in VI/3, 157 ein kleiner Fehler unterlaufen ist. Wenn ich mich recht erinnere, geschah das mit dem Ohrenzustopfen nicht bei Scylla und Charybdis, sondern bei den Sirenen. Vor vierzig Jahren hätte sicher der Setzer schon darauf aufmerksam machen können."

Ja, es steht schlimm mit unserer klassischen Bildung. Jeder Leser möge schnell die Stelle nachlesen, um seine Bildungslücke zu schließen und, was heutzutage vielleicht noch wichtiger ist, die Gedanken des Leitartikels noch einmal zu überdenken. Erst *beides zusammen* ist heilsam.

Hinweis

Wir weisen unsere Leser darauf hin, daß diesem Heft ein Prospekt der Deutschen Verlags-Anstalt GmbH, Stuttgart, beiliegt über das Buch von Constantin Virgil Gheorghiu: „25 Uhr".

Mitglieder der Schriftleitung

Heinrich Bauer (HB), Karl Wilhelm Böttcher (KB), Walter M. Guggenheimer (WG), Rüdiger Proske (RP), Frankfurt/Main

FRANKFURTER HEFTE

Zeitschrift für Kultur und Politik

HERAUSGEGEBEN VON EUGEN KOGON UND WALTER DIRKS

AUS DEM INHALT

6. JAHRGANG HEFT 6 JUNI 1951

FH

INHALT

Juni 1951. Die Frankfurter Hefte sind durch jede Buchhandlung, durch die Post und direkt vom Verlag zu beziehen. Einzelheft: DM 1.— zuzüglich Zustellgebühr, Inland DM 0.10, Ausland DM 0.20 pro Heft. Postscheckkonto Frankfurt a. M. 824 91. Schriftleitung und Verlag: Frankfurt a. M., Schaumainkai 53, Tel. 649 05 und 651 10. / Druck: Fränkische Gesellschafts-Druckerei GmbH., Würzburg.

FRANKFURTER HEFTE

Zeitschrift für Kultur und Politik

Herausgegeben von Eugen Kogon und Walter Dirks

6. Jahrgang Juni 1951 Heft 6

Die Wiederkehr des Nationalsozialismus

Frankfurt, 21. Mai 1951

EK Die „Deutsche Reichspartei“ (DRP) des Herrn Hedler zählte im August 1949, knapp vor den Wahlen zum Deutschen Bundestag, rund 1000 Mitglieder. Sie gelangte am 14. August, zusammen mit der „Deutschen Konservativen Partei“ (DKP), zu 5 Abgeordnetensitzen im Bundestag.

Am 1. Oktober 1949 trennte sich von der DRP etwa ein Fünftel ihrer Kreis- und Ortsverbände: weil ihnen die eigenen Abgeordneten im Parlament zu kompromißlerisch waren, und weil Herr von Thadden eifrig Anhänger der antihitlerischen „Schwarzen Front“ Otto Strassers in die Partei eingeführt hatte. Die Unzufriedenen schlossen sich zur „Sozialistischen Reichspartei“ (SRP) zusammen. Die Bezeichnung „Deutsche Nationalsoziale Partei“, in der Gründungsversammlung vorgeschlagen, wurde von der Mehrheit der Anwesenden noch abgelehnt.

Dem Vorstand gehörten an: Herr Dr. Dorls, vormals Pg, von Anfang 1946 bis Ende 1947 Mitglied der CDU in Niedersachsen, Herr Falk-Göttingen, Herr Dr. Gericke-Hannover, Herr Dr. Krüger-Holzminden, seinerzeit NS-Studentenführer in Berlin, als „Entnazifizierter“ Gruppe III, Ritterkreuzträger Hillebrecht und zwei Wochen später Graf Wolf Westarp, sowie Generalmajor a. D. Remer, beide Schleswig-Holstein.

In die Statuten der Partei wurden unter anderm folgende Punkte aufgenommen: Wiederherstellung des Deutschen Reichs mit den von Hitler geschaffenen Grenzen; Überführung der Grundstoffindustrien in das „Eigentum des Volkes“; „echter Volkssozialismus“ unter Ausschaltung des proletarischen Klassenkampfgedankens; starke Reichsregierung „bei Wahrung der kommunalen und kulturellen Eigenständigkeit der Länder“.

Im Winter 1949/50 entfaltete die SRP ihre erste umfassende Versammlungstätigkeit: in den Bereichen Oldenburg, Bad Pyrmont, Göttingen, Schleswig-Holstein und Ostfriesland. Es kam zu heftigen Tumulten mit Gegnern. Im Februar/März 1950 verboten die Senate von Bremen und Hamburg, sowie die Regierung von Schleswig-Holstein Herrn Remer, öffentlich zu sprechen, weil gegen ihn ein neues Verfahren zur Entnazifizierung lief. Die Partei selbst, die in ihre Saalschlachten — und durch Dr. Dorls in den Bundestag — das Symbol „schwarzer Adler auf rotem Grund“ einführte, blieb gesetzlich unbehelligt. Die Regierung von Schleswig-Holstein hob das nur gegen die Person von Remer gerichtete Redeverbot am 11. April 1950 wieder auf. Im gleichen Monat schuf sich die Partei ihren eigenen „Saalschutz“, — ein Jahr später bereits „Reichsfront“ genannt. Sein Losungswort war: „Ich bin nichts, mein Volk ist alles“. Wer sich darum bewarb, diesem „Ordnerdienst“ oder gar dem „Sondereinsatz ZbV“ („Zur besonderen Verwendung“) angehören zu dürfen, mußte „körperlich, jahrgangs- und leistungsmäßig in der Lage sein, sich für die Ziele der SRP restlos einzusetzen“. Geist und Sprache der SA.

Anfang Januar 1950 wird Remer Landesvorsitzender der SRP in Schleswig-Holstein. Am 9. dieses Monats erklärte die Kammer Lüneburg des Verwaltungsgerichtes Braunschweig, daß der Verwaltungsausschuß des Rates der Stadt Lüneburg nicht zuständig dafür sei, ein Versammlungsverbot gegen die SRP auszusprechen. Die Herren Nazi haben freie Bahn. Dorls bezeichnete in Bonn vor der Presse den Nationalsozialismus als „Höhepunkt einer abendländischen Revolution, in deren Mittelpunkt Deutschland stand", die Konzentrationslager als „neue revolutionäre Methoden eines neuen deutschen Lebensstils". Er protestiert gleichzeitig dagegen, daß seine Partei bei den bevorstehenden Wahlen in Nordrhein-Westfalen behindert werde: der Innenminister hatte 200 Unterschriften für die Aufstellung jedes Kandidaten gefordert; das nannte Dorls „Verletzung des Wahlgeheimnisses", weil Ministerpräsident Arnold der SRP „keine Gewähr dafür biete, daß die Unterschriften nicht in die Hände eines Landesfeindes fallen". Als im Regierungsbezirk Köln der Landrat des oberbergischen Wahlkreises — der Heimat des seinerzeitigen NSDAP-Organisationsleiters Ley — einen Warnaufruf gegen die Methoden und die Parolen der SRP herausgibt, lehnen leitende Kreis- und Gemeindebeamte es ab, mit zu unterzeichnen, weil dies „mit ihrer Neutralität unvereinbar" wäre. Die SRP wird im Wahlkreis Oberberg-Süd mit 4075 und Oberberg-Nord mit 3259 Stimmen die viertstärkste Partei. Auf der Landesebene hatte sie keinen Erfolg.

Sie greift im Sommer 1950 mit ihrer Agitation auf Niedersachsen und Berlin (Wilmersdorf) über. Jüngere Polizeibeamte verhalten sich hier wie dort bei Zusammenstößen zwischen dem „Saalschutz" der SRP und gegnerischen Teilnehmern an den Versammlungen passiv oder sie sympathisieren mit den Rednern der SRP, die ihre Partei als „das letzte Aufgebot Deutschlands und das erste Europas", das „Bonner Denken" als „deutschfeindlich" bezeichnen und beständig von „Würde, „Ehre", „Freiheit", „Gerechtigkeit", Deutschland, Deutschland und noch einmal Deutschland reden.

Am 19. Oktober 1950 verkündete die Bundesregierung ihren Entschluß, die Angehörigen von elf kommunistischen und drei rechtsradikalen Gruppen als staatsfeindlich aus den Diensten der Bundesrepublik zu entlassen. Die drei rechtsradikalen Organisationen sind: die SRP, die „Nationale Front" und die „Schwarze Front" (Otto Strassers). Dr. Dorls nennt das einen „eklatanten Verfassungsbruch" und beschwert sich bei Bundespräsident Heuß. Er wird an das — noch nicht bestehende — Bundesverfassungsgericht verwiesen. Die Agitation wird fortgesetzt — trotz Artikel 18 des Grundgesetzes: „Wer die Freiheit der Meinungsäußerung, insbesondere die Presse-, die Lehr- und Versammlungsfreiheit ... zum Kampf gegen die freiheitliche demokratische Grundordnung mißbraucht, verwirkt diese Grundrechte. Die Verwirkung und ihr Ausmaß werden durch das Bundesverfassungsgericht ausgesprochen". Dieses oberste Gericht gibt es eben noch nicht, im Herbst 1950 nicht, im Winter 1950 nicht, im Frühjahr 1951 nicht ...

In diesem Frühjahr, während des Wahlkampfes in Niedersachsen, sagen dann die Redner der SRP bereits: „Wenn die jetzigen Repräsentanten des Staates die einfachste Not des menschlichen Daseins nicht beheben können, müssen Männer diese Frage genauso lösen, wie Adolf Hitler sie 1933 gelöst hat". Und die SRP fordert unentwegt, allerwegen: daß ehemalige Emigranten aus sämtlichen verantwortlichen Stellen entfernt werden; daß die „Nürnberger Schandurteile" für rechtsungültig zu erklären seien; daß die Männer und Frauen des 20. Juli 1944 Landesverräter waren; daß die Zeit kommen werde, wo jeder sich hüten werde, daran zu erinnern, daß er dem deutschen Widerstand angehört habe. Das Kabinett in Bonn beschließt am 25./26. April, den Herrn Innenminister Dr. Lehr nach Celle, Göttingen und Lüneburg zu schicken, damit er an Ort und Stelle ein Verbot der SRP prüfe, die am 19. Oktober 1950 als staatsfeindlich erklärt worden war ... Die Demokratie ist nicht allen gegenüber so hilflos wie gegenüber den Remer, Dorls und Konsorten, die der „Entnazifizierung" hohnlachen; sie ist zum Beispiel stark genug, mit Fahndungsdienst — highly efficient! — von München über Hamburg bis nach Brüssel und unter mächtigem Aufwand an Empörung Philipp Auerbach des Doktortitels zu entkleiden, — ha!, da hätten wir wieder einmal einen, der sich als Akademiker ausgegeben hat und „rechtens" gar keiner war, nun gnade ihm Gott vor Gericht, wenn es zur Verhandlung über die Ergebnisse der vorerst nur staatsanwaltlichen Untersuchung im Bayerischen Landesentschädigungsamt kommen wird!

Wie aber ist die SRP um „ihr Problem" in Niedersachsen herumgekommen: je Kandidat, der für die Landtagswahlen aufgestellt werden sollte, 100 Unterschriften vorweisen zu müssen? Man hätte ja aufgepaßt, daß s i e nicht gefälscht wurden (oder hätte die Berechtigung der Kandidaten später angefochten). Nach dem neuen Wahlgesetz von Niedersachsen brauchte eine Partei, die im Landtag bereits vertreten war, keine Unterschriften. Hatte die SRP bereits Abgeordnete im alten Landtag? Nein und ja. Zwei Abgeordnete der CDU waren zu ihr übergegangen, und ein parlamentarischer Untersuchungsausschuß hat festgestellt, es sei „nicht erwiesen, daß diese beiden früheren CDU-Abgeordneten der SRP unter Annahme wirtschaftlicher Gegenleistungen beigetreten“ seien. Herr Dorls hat aber immerhin, wie der gleiche Ausschuß es aktenkundig gemacht hat, am 22. Februar 1951 in Wanne-Eickel behauptet, die SRP habe Wechselverpflichtungen dieser „Abgeordneten mit wenig Geld“ aufgekauft, die Papierchen jedoch nicht präsentiert, wofür die beiden, einstmals doch wohl gewählt als „Vertreter christlicher Grundsätze im öffentlichen Leben“, sich verpflichtet hätten, zur SRP überzutreten. Tja, das kommt davon, wenn sich das Volk — das christliche imbesondern — mehr auf Prinzipien als auf Personen, mehr auf Listen als auf Kandidaten verläßt. Was ein echter Nazi ist, hat sich noch immer einen Loki-Deut darum gekümmert, pathetisch von Ehre, Würde und selbstverständlich Sauberkeit zu sprechen und in der Praxis Shylock zum Stümper zu machen.

Resultat: 16 Abgeordnete der SRP im Landtag, viertstärkste Partei in Niedersachsen.

*

Der Trick hätte natürlich ohne die Fehler der anderen Parteien insgesamt nicht zum Erfolg geführt. Das war von 1929 bis 1933 ganz genauso. Die SPD muß mit ihrer Selbstbehauptung von 1 123 068 Stimmen und 64 — statt bisher 66 — Landtagssitzen vorsichtig sein; sie war in den Jahren vor dem Untergang 1933 eine mächtige Partei, als die Nationalsozialisten zuerst schwach, dann plötzlich verstärkt in den Deutschen Reichstag einzogen!

Die Kommunisten in Niedersachsen hielten es — wie damals, in Preußen — mit den feindlichen Rechtsradikalen, nur daran interessiert, eine mittlere Stabilität zu verhindern: Mauerbrecher der Revolution, von der sie schon einmal gemeint haben, es werde die ihrige sein. Über 13 Jahre und 35 Millionen Blutopfer hinweg ist sie es allerdings gerade noch geworden. Sie spekulieren daher nun verstärkt, im unmittelbaren Vorfeld des Ostens, mitten im Herzen Kontinentaleuropas, da sie selbst sich als sonst untauglich erweisen, die Bevölkerung des deutschen Westens zu gewinnen, auf die Rechtsradikalen als Wegbereiter — gemäß dem Wort eines dieser wiedererstandenen Nazi: sie könnten, wenn es nottue, durchaus die Rolle übernehmen, Verkehrspolizisten der Sowjets zu sein. Aus den internen Streitigkeiten der mittlerweile gespaltenen „Bruderschaft“ im gleichen norddeutschen Gebiet wissen wir ja, wie stark solche Neigungen bei den nationalistischen Brüdern sind.

Den Ausschlag in Niedersachsen gab freilich die verfehlte Taktik der CDU und der FDP, die meinten, mit Rechts paktieren zu müssen. Alle Erfahrung lehrt, daß der Nationalismus sich nicht bändigen läßt, indem man ihm auf halbem Wege entgegenkommt. Man muß den neonazistischen Stier entweder mit der Waffe des Gesetzes erlegen; Artikel 91 des Bonner Grundgesetzes nennt die Mittel „zur Abwehr einer drohenden Gefahr für den Bestand oder die freiheitliche demokratische Grundordnung des Bundes oder eines Landes“; oder man muß sich ihm stellen, feindlich und nahe, bereit, ihn bei den Hörnern zu packen und ihm politisch das Genick zu brechen, falls man den demokratischen Willen und die demokratische Kraft dazu hat. *Wer* waren die Verräter an Deutschland und an der Menschlichkeit, die Mörder und die Helfer der Mörder, die Vernichter der Ehre, die Schuldigen für all das Elend und Leid, das über uns und die Welt gekommen ist! Wer? *Sie*, die heute abermals Unbelehrbaren. Anscheinend muß man das F und das D im Namen der FDP, vorerst wenigstens für jene Teile des Bundesgebietes, wieder entschlüsseln: sie bezeichnen Freiheit und Demokratie. Das U aber im Namen der Christlichen Demokraten war 1945 als Union katholischer und evangelischer Konfession im politischen Feld gemeint, nicht als deutschnationale Union, die geeignet ist, es über kurz oder lang in ein hakenkreuzlerisches X zu verwandeln. Und die SPD sät Wind, aus welchem Sturm werden kann, wenn sie fortfahren sollte, sich bei jeder konkreten Gelegenheit mehr national zu gebärden, als übernational zu verhalten, was doch ihrer wahren Tradition und Aufgabe entspräche. Sie müßte als Opposition jederzeit der Regierung darin voraus sein, jene übernationale Grundlage zu gewinnen, sie demokratisch und sozial zu sichern, ohne die heute auch der nationale Bestand ganz und gar fragwürdig geworden ist. Die hannoversche Taktik ist darauf gerichtet, die Basis der bonner Koalition von Land zu Land zu zerstören. Der Erfolg dieser Politik setzt aber das Ziel voraus, Neuwahlen im Bundesgebiet zu erreichen. Andernfalls wird dadurch wie in Niedersachsen Kräften die Bahn freigemacht, die für alle lebensgefährlich werden können. Die SPD ist der Meinung, ihnen gewachsen zu sein. Aller

Wahrscheinlichkeit nach vermöchte sie den Rechtsradikalismus in der Tat zu beseitigen, wenn sie in Neuwahlen zum Bundestag siegen und die Regierung bilden könnte. Das ist bis 1953 aber unmöglich, es wäre denn, Bundeskanzler Dr. Adenauer stürbe. Das Parteidirektorium in Hannover strebt die Generaländerung fortwährend an; es kann jedoch Neuwahlen verfassungsmäßig nicht erzwingen und die Regierung nicht stürzen, ohne sich für den Fall einer Niederlage der Regierung im Bundestag vorher mit anderen auf einen Kandidaten für die Kanzlerschaft geeinigt zu haben, der Aussicht auf eine wenigstens schwache parlamentarische Mehrheit hätte und dann bereit wäre, dem Wunsch nach Neuwahlen zuzustimmen. Genau diesen Weg lehnt die Führung der SPD aber ab. Mit ihrer Solo-Taktik hat sie bis 1953 keine Aussichten, welche immer sie *dann* haben mag. Die Jahre dazwischen sind die mögliche Inkubationszeit des Rechtsradikalismus. Er könnte, wenn er die Möglichkeit erhält, sich in Einzelgebieten festzusetzen und zu entwickeln, bis 1953 sämtliche Voraussetzungen so ändern, daß auch die SPD ihr Ziel auf der Bundesebene nicht mehr erreichen würde.

Von einem soziologischen Hinweis abgesehen, auf den wir noch zu sprechen kommen werden, und abgesehen von der Tatsache, daß wir uns trotz allem über den falschnationalen Hang der demokratischen Parteien durchaus noch wundern, stimmen wir dem Kommentar zu, den Walter von Cube zu dem Ereignis von Niedersachsen im Bayerischen Rundfunk gegeben hat: „Während bei uns mitten im Winter das demokratische Klima erhalten blieb, hat der norddeutsche Frühling auf weite Strecken die politischen Ländereien vernichtet. Gedüngt mit den Säften nationalsozialistischer Verwesung wuchsen an der Stelle von Früchten der Erkenntnis, seien sie nun bitter oder süß, anstelle einer Ernte des guten Willens von Regierungsparteien und Opposition, das schwarz-weiß-rote Unkraut des Hakenkreuzterrors, die Giftpflanzen des Fanatismus und der absoluten Negation. Das hat natürlich seine Gründe, — solche, die offen zutageliegen, und tiefere, die nicht leicht auszusprechen sind. Niedersachsen, immer schon ein günstiger Nährboden für nationale Demagogie, hat Millionen von Ostflüchtlingen aufnehmen müssen. Ihr verständlicher Hang zum Radikalismus verstärkte die landeseigenen Tendenzen einer Politik vaterländisch gemeinten Faustrechts, das nur der Anführer bedurfte, um sich durchzusetzen. Dabei spielt die geistige Qualität dieser Anführer ebensowenig eine Rolle, wie sie das im Dritten Reich getan hat. Wichtig allein ist ihr Wille zur Brutalität und ihre Fähigkeit, die patriotischen Instinkte der Masse zu mißbrauchen. Hierin haben sie es zu einer üblen Vollendung gebracht; was wunder, daß die übrigen Parteien in ihre Schule gingen und es sich schließlich nur noch darum gehandelt hat, welche von ihnen sich von den demokratischen Grundsätzen ihrer Programme am weitesten zu entfernen imstande war. So kam es, daß sich in der Niedersächsischen Union, zusammengeschlossen aus CDU und Deutscher Partei, von den politischen Ansichten Adenauers und in der FDP von dem Staatsideal des Bundespräsidenten Theodor Heuß kaum noch etwas vorfand. Die bestürzende Wahrheit ist, daß die rechtsradikalen Gegner Deutschlands im Landtag von Hannover nicht etwa nur mit 16 oder 20 Stimmen vertreten sind, sondern mit 40 bis 50. Der Einbruch der Parteigenossen in die Politik ist auf breiter Front gelungen. Der norddeutsche NS-Frühling marschiert. Und der Bundestag möchte das Land Baden abschaffen. So beginnt der Selbstmord der Demokratie."

*

Marschiert der Neonazismus in Deutschland wirklich, nachdem er in Teilen Nordwestdeutschlands während der letzten eineinhalb Jahre hochkommen und in Niedersachsen nun — mit sehr schwacher Hilfsstellung im Bundestag — parlamentarischen Stand gewinnen konnte? Verglichen mit der Weimarer Zeit scheint die Entwicklung heute der von damals verblüffend ähnlich zu sein. Die Frage führt zu einer kurzen Untersuchung der gesellschaftlichen Kräfte und der internationalen Situation.

Die Unterschiede in den Voraussetzungen, die der Nationalsozialismus in den Jahren zwischen den beiden Weltkriegen zu seiner Entfaltung hatte und die er jetzt hat, sind erheblich. Es gibt in Deutschland keine Klasse der Junker mehr. Die Schwerindustrie und die Hochfinanz sind in ihrem Gefüge weitreichend geändert, ihre alten personellen und juristischen Verflechtungen bestehen nur noch in spärlichen Bruchstücken, die wieder zusammenzufügen für die verbliebenen Interessenten äußerst schwierig ist; nicht nur sind einige neue, andersartige Kräfte an Hebelstellungen gelangt, auch die mittlerweile erreichte Mitbestimmung macht die alte individuelle oder konzernierte Gewaltfülle in der Wirtschaft fast unmöglich. Es gibt ferner keine Reichswehr und keine diensttuenden Generale mehr, von deren fragwürdiger „Neutralität in der Politik“ die Entscheidungen des Staates abhingen; wenn Generale bei uns demnächst wieder zu Einfluß kämen, wäre es in andersgewordenen Zusammenhängen: in internationalen, nicht mehr in rein nationalen; außerdem ohne jede eigene Rüstungsbasis, denn Deutschland ist besetzt — und bleibt es, wenn noch mehr alliierte Truppen „bundesgenossenschaftlich“ hier stationiert werden, was ja sogar der Führer der sozialdemokratischen Opposition wünscht; es wechseln dann nur die Bezeichnungen und sonst einiges mehr oder minder Wichtige, nicht jedoch die im Zusammenhang bedeutsame Situation der militärischen *Macht*, solange der gegenwärtige Spannungszustand in der Welt anhält, der ein Epochenzustand und nicht bloß eine flüchtige Konstellation ist.

Auch fehlt heute für einen Wiederaufstieg des Nationalsozialismus die damalige Funktion der Intellektuellen. Von einem Buch wie dem Ernst von Salomons „Der Fragebogen“ (Rowohlt!) konnten zwar jetzt, wie man hört, 10 000 Stück innerhalb weniger Tage verkauft werden; aber Moeller van den Brucks „Das Dritte Reich“, Beumelburgs „Sperrfeuer um Deutschland“, Ernst Jüngers „In Stahlgewittern“, Oswald Spenglers „Preußentum und Sozialismus“, die Jenaer „Tat“ und von Gleichens berliner „Ring“ waren die Bewußtwerdung eines revolutionär geneigten Konservativismus, den weder Ernst von Salomon, noch Hans Grimm, noch sonst einer der wenigen intellektuellen „Bannerträger“, die verblieben oder bei der Stange geblieben sind, heute vorfinden. Sie können einen geistigen Sumpf aufwühlen, sie können nicht in der gleichen Weise formieren wie vor 1933, weil in diesem Sinne gesellschaftlich nicht mehr annähernd vergleichbare Kräfte zu formieren da sind.

Ein weiterer für die Rechtsradikalen hinderlicher Umstand kommt hinzu: bis Sommer 1953 finden normalerweise in Westdeutschland keine Wahlen mehr statt. Die Agitation wird daher, wie gesagt, „Ausbrütungs“-Charakter und nicht die Bedeutung einer unmittelbaren politischen Entscheidung haben. Parlamentarisch bleibt die SRP vorerst auf das Einflußgebiet beschränkt, das sie hat; sie kann nur hetzend über Niedersachsen und über die Bereiche, von denen sie ausging: Schleswig-Holstein und Teile von Nordrhein-Westfalen, hinausdringen. Wohin? Wo fände sie günstige Voraussetzungen? In spärlichen Gebieten Westfalens und des Rheinlands, in Oberhessen. Im Süden Deutschlands kaum irgendwo, es sei denn durch allerlei Bündnisse, etwa mit Herrn Loritz, der bei den Wahlen zum Bayerischen Landtag immerhin eine vernichtende Niederlage erlitten hat, oder mit der „Deutschen Union“, die noch keine Partei ist. Die Flüchtlinge und Heimatvertriebenen haben überall bereits ausgedehnte Selbsthilfeorganisationen und den BHE, die teilweise sehr radikal sind, aber nicht im Sinne und in der Art der SRP. Deren Anhängerschaft besteht aus politischem Schwemmsand und aus Bauern.

*

Ist die niedersächsische Wiederkehr des Nationalsozialismus also ungefährlich? Durchaus nicht. Die Gefahr ist nur anders, als sie es in der weimarer Zeit war. Obgleich die Kreuz-und-Quer-Gefühle als eine seiner Voraussetzungen vielerorts in Deutschland anzutreffen sind und fast in jeder Schicht der Bevölkerung, ist der mögliche Bereich der direkten politischen Ausdehnung sowohl gesellschaftlich wie territorial enger begrenzt.

Aber die Gefahr liegt in der Verderbnis der demokratischen Parteien, die von diesem Neonazismus ausgeht, und sie infiziert das gesamte Vorfeld der Entscheidungen. In bestimmten „Grenzsituationen“ kann das unter Umständen den Ausschlag geben: für Verhandlungen mit dem Osten, bei vielfältigen Fragen des echten Fortschritts zur Europäisierung, in der Taktik der Stalinisten, im Verhalten westlicher Regierungen, wenn eine Zustimmung oder eine Ablehnung auf des Messers Schneide liegen. Man wird nun in der Welt geneigt sein, aufgrund erhöhter Unsicherheit darüber, wie Deutschland sich politisch entwickeln werde, sehr vorsichtig zu überlegen. Ein kleines erstes Beispiel dieser Art, das für viele Einzelschicksale bereits folgenreich ist, bot sofort nach den niedersächsischen Wahlen der australische Innenminister, als er sich scharf gegen eine vermehrte deutsche Einwanderung aussprach, weil man nicht mehr zu unterscheiden vermöge, welcher Deutsche ein Nazi sei und welcher nicht, da die Nationalsozialisten ja wieder voll ins Spiel gelangt seien.

Höchst bedenklich kann die Situation werden, wenn die de Gaulle-Partei aus den französischen Wahlen am 17. Juni als so stark hervorgehen sollte, daß sie imstande wäre, entweder sofort oder „in der zweiten Runde" die Regierung zu bilden. Dann brauchen im Herbst 1951 nur noch die Konservativen in Großbritannien über die Labour Party zu siegen. Noch bewegt sich Europa, in einem sonst restaurativen System, mühsam genug, nur zögernd-schrittweise über die nationalen Souveränitätseinbildungen hinweg auf Teil-, aber Realunionen hin; es fiele dann zurück in das katastrophenschwangere Stadium nationaler, militärischer Allianzen, diesmal unter amerikanischer Führung, falls sie in Europa dann noch eingriffsbereit bleibt und mit den europäischen Nationalismen fertig wird. Das wäre die Stunde der feindlichen Brüder diesseits und jenseits der wieder fest ins Auge gefaßten Grenzen, die Stunde der zwielichtigen Berechnungen hinter einem Vorhang phrasenreicher Beteuerungen von Ehre, großer Überlieferung und heroischer Bereitschaft, die Stunde der Reaktion und des jederzeit möglichen Verrats aneinander wie an der gemeinsamen Zukunft, die wahre Stunde des faschistischen Wiedererwachens in Deutschland und in Italien.

Noch weiß man nicht, für was und für wen die deutschen Heimkehrer aus dem Zweiten Weltkrieg und die jüngere Generation in Deutschland sich morgen entscheiden werden. Ihre Mehrheit ist heute noch zweifellos gegen neue Abenteuer. Ob sie indes die politischen Wege richtig und rechtzeitig erkennen wird, die dorthin führen können, wohin sie nicht will?

Aus sich selbst und rein im innerdeutschen Bereich hat der wiedergekehrte Nationalsozialismus wenig Aussichten, zu einer ernsthaften Gefahr zu erstarken. Die Frage, ob er eine peinliche Episode bleiben wird — „letztes Aufgebot" nicht Deutschlands, sondern der bereits Verurteilten, gespensterhafte Nachhut der geschichtlich schon Untergegangenen —, oder ob er noch einmal zu fataler Bedeutung gelangt, wird von den demokratischen Kräften in Deutschland, in Europa und in Amerika entschieden, nicht zuletzt von den demokratischen Sozialisten, innerhalb ihrer Reihen von der Politik der SPD als der stärksten sozialistischen Partei des Kontinents, ihrem Programm, dem Konzept ihrer hannoverschen Führung, ihrer übernationalen oder bloß nationalen Strategie, ihrer Taktik in der Opposition gegen Bonn, von der Lebendigkeit, Aufgeschlossenheit und dem Mut ihrer Mitglieder — wie von den gleichen Qualitäten der Mitglieder der anderen demokratischen Parteien Deutschlands. Sie *können* der Gefahr Herr werden, wenn sie *wollen.* Dann müssen sie allerdings handeln, gelegentlich sogar gemeinsam, und dürfen weder mit den Nationalisten liebäugeln, noch ihnen auf falscher Ebene und Bahn den Rang ablaufen wollen.

Lesefrucht:

Das ist schon eine sonderbare Demokratie, in der die Rechte eigentlich den Faschismus will, aber Angst hat, ihn zu machen, und die Linke eigentlich den Sozialismus will, aber in ihrer Mehrheit vorläufig nur die Demokratie, in der nur eine kleine Minderheit wirklich und endgültig die Demokratie will, in der aber dennoch die Demokratie weiterfunktioniert, und zwar unter starker Beteiligung derer, die eigentlich den Faschismus wollen, was wiederum von denen, die die Demokratie eigentlich und vorläufig wollen, deshalb geduldet wird, damit der Faschismus nicht wirklich kommt.

Walter Dierks, 1931.

Friedrich Heer

VON DER MACHT DES CHRISTEN

Babylon, id est confusio: die Macht des Teufels besteht in seiner Fähigkeit, die Dinge zu verwirren, — so könnte man Augustins und der Väter berühmtes Wort etwas frei übersetzen. Diabolos, der Durcheinanderwerfer, der Mischer und Menger des Werten mit dem Unwerten, des Wirklichen mit dem Phantasma, der Wahrheit mit der Lüge.

Die Verwirrung unserer Zeit wird durch nichts so sehr gefördert wie durch die Verworrenheit der Christen. Ihre confusio, ihre Konfusion, ihre Mengung von Göttlichem und Irdischem, Geistlichem und Weltlichem, narrt die Welt. Was soll diese von Menschen halten, die vorgeben, das Reich Gottes des Vaters zu suchen, der in den Himmeln ist, das Reich, das nicht Speise und Trank ist nach dem Wort des Herrn, — und die doch offensichtlich dem Reich dieser Welt leben? Eine Verwirrung, die noch weit übertroffen wird durch die *innere* Verwirrung der Christen, die nicht wissen, was sie tun, — was sie tun können, was sie tun sollen. Wir erleben täglich aufs kläglichste unsere Unkraft, die Unkraft des Christen, die wahre Grundlage unserer Ohnmacht: wir sind nicht imstande, in einem Haus, in einem Büro, in einem Betrieb, in einer Gemeinde, in einem Theater, in einem Ministerium, in einer Zeitung, in einem Volk, in einem Staat die christliche Wahrheit zu verwirklichen. Schauen wir unser Tagewerk an! Die Herrschaft dieser Welt, des Kreislaufs von Tat und Gegentat, Schuld und Widerschuld, das Gesetz des do ut des, — diese selbe Gesetzlichkeit beherrscht einen christlichen Verlag ebenso wie die Tätigkeit christlicher Minister, beherrscht das private Unternehmen eines christlichen Finanzmannes ebenso wie die Politik eines sogenannten christlichen Staates. Wo ist die Macht des Christen?

Im Angesicht des totalen Weltstaates und im Angesicht der Enthüllung der Atomkraft erhält diese Frage einen Ernst, der jede rhetorische Ausflucht verwehrt. Der moderne Mensch hat gewaltige Machtmittel aufgeboten, um diese Erde, diese irdische Wirklichkeit zu ändern; er trägt sich mit der Hoffnung, sie zum Besseren zu wandeln. Ein ungeheurer Einsatz von Kräften, der echte und unechte Rausch einer Anspannung aller verfügbaren Kräfte trug und trägt den Willen des Dritten Reiches, der USA, der UdSSR; das bedeutet einen Appell an alle Menschen, auch an uns Christen. Es ist erneut hohe Zeit, daß wir uns auf die spezifische Macht des Christen besinnen. Was dürfen, können, müssen wir als Christen leisten, worin besteht unsere Macht, die nur uns eigentümliche, uns allein gegebene Kraft, Macht, Potenz?

Der Christ wird in der Praxis seines Lebens durch die Tatsache verwirrt, daß er immer noch in drei „Reichen" lebt, in drei großen religiösen Koordinatensystemen, die drei Jahrtausende bestimmt haben. Instinktiv und oft weithin unbewußt rechnet der Christ immer noch mit drei Wirklichkeiten, lebt er in drei verschiedenen Kraftfeldern, — versucht er Macht in drei divergierenden Räumen auszuüben. Wie weit es ein Mensch der dreifachen Buchführung, der dreifachen Sehweise, der dreifachen Rechnung bringen kann, zeigt die Situation der Gegenwart. Diese drei Reiche sind: Israel, sodann Christenheit und Kirche als Machtstaat, als Kirchen-Staat und Staatskirche und drittens Kirche und Christenheit als Reich Christi des Gekreuzigten. Jedes dieser drei Reiche hat seine eigene Gottesvorstellung, ein tragendes Gotteserlebnis, welches seine politische, gesellschaftliche, wirtschaftliche und kulturelle Zuständlichkeit bestimmt. Jedes Reich hat seine vorzügliche Epiphanie, seine vorzügliche Manifestation Gottes; jedes Reich kennt deshalb Taten Gottes, die ihm vorzüglich zugeeignet sind, magnalia dei, „seine" Wunder. Wunder, die im Koordinatensystem eines anderen Reiches nicht vorkommen, weil sie dort nicht mehr gesehen werden.

*

Das Reich Israel war der religiös-politische Bund des Gott-Königs mit seinem Volke, und es bleibt das Modell zu jeder ähnlichen religiös-politischen Vorstellung. Der treue Gott, das treue Volk, das von ihm geführt wird durch Steppe, Wüste, Meer. Gott in der Feuersäule, Gott im Dornbusch, Gott im rauchenden Berge. Gott im Vulkan, im Beben der Erde, im Hüpfen der Hügel; Gott als mächtiger Kriegsherr, als König, der sein Volk in die Schlacht führt, ihm Sieg gibt — und Niederlage, wenn es treulos wird. Gott, der sein abgefallenes Volk züchtigt, mit der Rute, mit dem Zepter, dem eisernen Besen. Der Gott des Sieges, der Gott der Rache, der gerechten Vergeltung, des Gerichts. Das Reich Gottes ist die Königsherrschaft Gottes über sein Volk Israel; der Gott-König, der einzig echte König, verleiht Sieg über die Völker der Könige der Heiden, gibt deren Land in die Hand seines Volkes. Macht des Gläubigen heißt demnach: Sieg im Kriegszug gegen die Feinde, und rasch kehrt der Mensch das Gottesgesetz zur Menschensatzung um: „Mein Gesetz ist Gottes Gesetz, meine Feinde sind Gottes Feinde, mein Sieg ist Gottes Sieg —", und nicht immer ist der Prophet zur Stelle, der das richtigstellt und den Menschen in seine Schranken weist. Macht des Gläubigen in diesem Machtreich seines Gottes heißt also weiter: politischer Erfolg, gesellschaftlicher Erfolg, wirtschaftlicher Erfolg; Reichtum in Haus und Hof, viele Kinder und viele Herden. Rang, Ansehen, Reichtum, Geschlechtskraft der Patriarchen, der Könige, der Hohenpriester. Daß sich in Armut, Verfolgung und Tod der Propheten bereits ein anderes Reich ankündigt, hält der Erzmartyrer Stefanus, erster Blutzeuge dieses anderen Reiches, den Juden so augenfällig vor, daß es der Anlaß zu seiner Steinigung wird.

Dieser Machtglaube Israels übt eine gewaltige Wirkung auf nahezu zweitausend Jahre Christenheit aus —, vermittelt vordringlich durch die Psalmen und durch die Liturgie der Kirche. Der Adelsherr des Mittelalters, der Ritter und dann vor allem der Bauer glauben von Israel her: Gott ist im Sieg des sacrum imperium, im Sieg der Kreuzheere, Gott ist der Schirmvogt des bäuerlichen Hofes, des Viehes, der Felder, der bäuerlichen Familie.

Wenn Gott seine Machtzeichen nicht mehr setzt, wenn er die Burgen stürmen, die Reiche zerfallen läßt, wendet sich der Ritter dem neuen irdischen Gott, dem absoluten König zu, in der liturgischen Feier seines Vogtdienstes, seiner curia terrena; oder auch im inneren Reich: der Literatur des Romans, der Aufklärung. Höfische Adelige, die erkannt haben, daß es andere Reiche gibt als das alte religiös-politische Machtreich, und daß in diesen Reichen mit anderen Mitteln, Mächten, Kräften zu dienen ist, mit der Macht der Kultur, mit der „Waffe des Geistes", der Courtoisie, der Gentleman, der gentil homme, der cortigiano sind die Diener neuer Reiche.

Wenn Gott seine Machtzeichen nicht mehr setzt, wenn er nicht mehr das Wetter macht, wendet sich der Bauer dem Kunstdünger, dem Traktor, der Technik zu: biochemische Agrikultur an Stelle der cultura dei. Wenn Gott gar die Sippe, wenn er Haus und Hof nicht mehr schützt, wenn er es zuläßt, daß Bauern von Haus und Hof, von Land und Leuten vertrieben werden, daß die Flüchtlingsscharen über eine fremde, dürre Erde hingegossen werden, dann gibt es für den religiösen Menschen, der in diesem Reich befangen bleibt, nur zwei Reaktionen. Ein schwacher Gott ist kein Gott; ein Gott, der Haus und Hof, Land und Leute nicht zu schützen vermag, verdient keinen Dienst, — also wenden wir uns anderen Mitteln und Methoden zu: Atheismus und Materialismus gröbster Körnung tritt ans Tageslicht. Die zweite Möglichkeit: „Volkswallfahrten" der Landsmannschaften der Schlesier, Sudetendeutschen, Banater Schwaben, — im Rheinland, in Bayern, eine Inbrunst des Glaubens, ein Stürmen und Drängen, Gebetswellen, ekstatische Gottesdienste und Andachten im Stil und Brauchtum der alten Heimat: und dann ein Schrei der Sehnsucht, der Erwartung, der Hoffnung: „Gott wird uns zurückführen in das Land unserer Väter. Er muß uns zurückführen, er muß uns unser Land wiedergeben." Nur einem Teil dieser Christen gelingt eine „Revision des Heimatglaubens", wie sie Joseph Wittig im Jahrbuch der deutschen Caritas 1947/48 ergreifend gefordert hat.

In der Welt „Israels" gilt als wesenhafte Manifestation Gottes die Bezeugung seiner politischen, gesellschaftlichen, nationalen und personalen Macht zugunsten seiner treuen Gottesknechte, die von Ihm Haus und Hof, Land und Leute fordern, und auch Divisionen, Kanonen, Bomben und Ministerpräsidentenstühle. Dies darf keineswegs ironisch verstanden werden; es ist blutiger Ernst für diese Altgläubigen, — die in Reinkultur auch im spanischen Volk leben, in den requetes und Falanges, die sich die Stoßfahne des christo Rey auf den Stahlhelm binden und dann zum Flammenwerfer greifen: für ihr pais de dios, für ihr Land Gottes und seiner treuen Menschen.

*

Die Religiosität dieses ersten Reiches hat die des zweiten geradezu begründet. Als Kirchen-Staat und Staats-Kirche hat es von mindestens 800 bis 1800 in Europa geherrscht, und es bestimmt durch das Koordinatensystem seiner Wertungen auch heute noch und heute gerade wieder das Denken vieler Gläubigen. Es gibt einen Zusammenhang zwischen der Staatskirche Karls des Großen und dem Kirchenstaat Bonifaz VIII., und zwischen diesen beiden und dem Staatskirchentum Ludwigs XIV., Maria Theresias und Franz Josefs, aber auch der Staatskirche nationalsozialistischer und bolschewistischer Prägung. Die Grundvorstellung dieses Systems: Gott hat einem Menschen, dem gesalbten König, dem Papst, dem aufgeklärten Ministerpräsidenten, dem Führer des Staates das Recht und die Pflicht zu totaler Erziehung und Herrschaft, Lenkung und Leitung der Menschheit übergeben. Die überlieferte Gottesmacht muß und will sich in möglichst totaler Menschenmacht bezeugen. Das Reich Gottes ist die Einheit von Himmelsstaat und Erdenstaat. Im Himmel waltet auf himmlischem Thron die göttliche Majestät mit ihren Engelsheeren über die Stände der Heiligen, die höfisch und feudal gegliedert sind; Sünde ist Majestätsverbrechen, Staatsschuld wider die göttliche Majestät; sie muß in öffentlich-rechtlichen Bußhandlungen getilgt werden. — Daneben tritt seit dem ausgehenden zwölften Jahrhundert, vom dreizehnten bis achtzehnten Jahrhundert vorherrschend, eine andere Gottesschau auf: Gott als Jupiter, als Sommo Giove, wie ihn bereits Dante bezeichnet, dann die kurialen Hofdichter der Renaissance, wie ihn noch die Deckengemälde unserer Klöster und Kirchen des Barock feiern, oft in der Delegation dieses Amtes an den Kaiser. Jupiter ist Herr aller natürlichen Fähigkeiten des Menschen, Herrscher der Künste und Wissenschaften, Lenker und Führer. Treue Diener erwerben einen höheren Thronsitz im Himmelssaal. Einzig gültige Manifestation der himmlischen Macht ist die irdische legitime Macht des Kaisers, Königs, Ministers, die sich als rechtmäßig legitimieren muß durch die Setzung absoluter Machtzeichen: Gesetze über Leben und Tod, durch sakrale, sakralhaltige Bauwerke, Paläste, Dome, Kathedralen, durch ständige Manifestation der Macht Gottes im heiligen Krieg, der dreifaltig ist: Kreuzzug, Kampf gegen innere Rebellen, die zu Ungläubigen wider Gott gestempelt werden, und Missionsfeldzug. Mit den Domen schieben sich die Bischofsheere nach Osten vor, kolonisieren das slawische Land, — die pommerischen Heiden erschrecken vor dem „deutschen Gott“, vor den Machtzeichen seiner Kriegsheere, seiner Liturgie, seiner Kirche und nicht zuletzt seiner Glocken. Die sacra caesaria majestas Karls V. versucht zwischen 1521 und 1552 ein letztes Mal, die Delegation des göttlichen fides-Anspruchs auf den Kaiser festzuhalten, vergeblich. Im Zug der Säkularisation wird der Glaube an den Gott-Kaiser im Himmel und seinen Vertreter auf Erden innerweltlich: zuerst durch den katholischen und protestantischen Landesfürsten, die über ihn verfügen, die ihn reglementieren, lenken und leiten, ja dogmatisch bestimmen, dann durch die aufgeklärten Ministerpräsidenten des 19. Jahrhunderts, zuletzt durch die Führer der totalen Staaten im 20. Jahrhundert, die die Herrschaft über die fides von ihren christlichen Vorgängern im Amt des Menschenregiments übernehmen.

Die klerikale Ausfaltung des Phänomens Staatskirche — Kirchenstaat übernimmt zunächst einmal sämtliche Ausformungen der laikalen Seite: die Titulationen und Ränge, die Hofämter und Kanzleien, die Herrschaftszeichen der Krone, des Machtbaues und des Schwertes. Der Papst übernimmt Richtschwert und Feldheer, Hof, Kammer und Finanzverwaltung, nicht als Säkularisationserscheinung, sondern legitim aufgrund einer Gottesvorstellung, die Gott als majestas im Himmel, den Papst als majestas auf Erden sieht, der die Könige und Völker zu dienen haben. Die ausführlichen Erklärungen, Bestimmungen der Bulle Bonifaz VIII. „Unam sanctam“ und die feierliche Proklamation kurialer Programmatiker — der Papst als ein Gott auf Erden — werden bestätigt und erneuert auf dem lateranischen Konzil 1512—1517, während Luther an die Tore pocht, — unter dem Mediceerpapst Leo X. Und hier gewinnen wir leicht Anschluß und Einsicht in jene zweite Gottesvorstellung, welche die klerikale Ausprägung des Phänomens Staatskirche — Kirchenstaat vom 13. Jahrhundert an bestimmt: Gott als Jupiter und der Papst als irdischer Jupiter. Das ist nicht einfach eine „heidnische" Vorstellung, sondern Gewächs des christlichen Humanismus, der seit Hieronymus gefeierten Einheit antikisch-vorchristlicher, außerchristlicher und christlicher „antiquitas". Nicht erst die Renaissancedichter feiern Gott und Papst als Jupiter, nicht erst die Renaissancemaler malen die Päpste und Gott mit den Zügen Jupiters, — tiefreligiöse Geister wie Dante besingen die göttliche Majestät inmitten ihres Hofstaates als Sommo Giove, — Michelangelos Jüngstes Gericht, tief verwandt dem Geist sowohl Savonarolas wie dem der großen römischen Führer der beginnenden Gegenreformation, zeigt Christus in der Haltung des Jupiter tonans. So ungeheuerlich uns heute die Verbindung Christus-Jupiter erscheint, vom 13. Jahrhundert an hat sie in einer sehr bestimmten Ausformung Kurie und Päpste aufs stärkste beeinflußt. Jupiter-Gott ist der Schöpfer aller hohen Fähigkeiten, ist Herr des Olymps, des Geistes, der Schönheit, der Leidenschaft, ist Herr zumal der ratio und potestas. Das berühmt-berüchtigte Wort, das Leo X. in den Mund gelegt wurde: „Genießen wir das Papsttum", darf nicht einfach nur heidnisch-hybrid verstanden werden. Es liegt ihm der Glaube zugrunde, daß Christus-Jupiter jene Potenzen dem hohen reifen Menschen und zuvor dem Papste zu freier Machtwaltung zur Verfügung gestellt hat. Der Papst ist demnach geradezu verpflichtet, sich klug und stark aller irdischen Leidenschaften und Fähigkeiten zu bedienen, — vor allem der ratio. Daher der vielberufene „Vorrang der Politik" an der Kurie. Es gibt lange Zeit keine nennenswerte Volksseelsorge, weil der hohe, der vornehme Mensch, der Mann des weltlichen und geistlichen Adels, sich mit so geringen Dingen nicht beschäftigt, nicht weil er sie einfach verachtet, — im Reiche Jupiters sind aber andere Dinge wichtiger, entscheidender, mächtiger, größer, bei Gott und den Menschen angesehener und potenter: Kriegsheere, Kunst und Wissenschaft, ein vorbildlicher Hof, vor allem aber: die Diplomatie, die höchste und würdigste Kunst des Menschen. Der Glaube an den Vorrang des gottgeschaffenen, aber menschlichen Geistes der ratio, der Klugheit, der Rechenhaftigkeit, der Wissenschaft und Kunst, — dieser Glaube erklärt die Tatsache, daß die Kurie bei der Wahl zwischen christlich-religiösen und jupiter-religiösen weltlichen und geistlichen Herren mit instinkthafter Sicherheit den Jupitergläubigen den Vorzug gibt. Bereits Alexander III., „der erste bürgerliche Papst", neigt instinktiv Heinrich II. von England zu — gegen den heiligen Erzbischof Becket, und Heinrich VIII. findet vierhundert Jahre später ebenso das Gehör und die Zustimmung der Kurie wie jene hundert deutschen Machtkirchenherren, jene deutschen Bischöfe, von denen kein Einziger imstande ist, Luther religiös zu begegnen. Fast alle aber sind sie bereit, Luther diplomatisch zu gewinnen. Es ist falsch, hier einfach nur von Verfallserscheinungen zu sprechen. Der kuriale und kirchenfürstliche Glaube an Recht und Richtigkeit diplomatischer Rechnungen hat in der Gott-Jupitervorstellung sehr tiefe Wurzeln. Er nährt sich aus einem tausendjährigen christlichen Humanismus und aus dem Ratio-Glauben des Aristoteles, den ebenfalls Dante bereits besang, als den maestro di color che sanno, als den „Meister aller derer, die wissen".

Aus dieser dreifachen Wurzel wächst nicht nur Diplomatie und Staatskunst, kuriale Finanz- und Hofverwaltung, sondern auch die totale, rational durchformte Regie, Lenkung und Führung des Menschen, wie sie in den Frömmigkeitsübungen, in Kunst und Theater des Barock zum ersten Mal ganz verwirklicht wird, — Vorläufer jener totalen Propaganda, jener ganzheitlichen Erfassung, Registrierung und Durchformung des Menschen, wie sie die politischen Neukirchen des 20. Jahrhunderts in ihren Massenbekehrungen üben. Für alles das erstellen das erste Exempel die Reformation und die Gegenreformation: in der Vereinigung von Kriegsheer und Polizei, fürstlichem Kommissarius zur Durchführung der Reform oder Gegenreform und geistlichen Predigern und Schulen. Die Visitationen der protestantischen und katholischen Fürsten und Kirchenherren des 16. und 17. Jahrhunderts sind die Vorläufer jener Kommissionen unserer Zeit, welche die Umschulung auf den neuen Staatsglauben zu überwachen haben. In der Ausfaltung der Gegenreform vereinigen sich laikale und klerikale Gottesvorstellungen, einen sich Reich Israel und Staatskirche — Kirchenstaat. Unwiderlegbares Symbol ist wieder die hohe Machtkunst: im Patio de los reyes im Escorial, im Machtschloß Philipps II., das ein Kloster ist, stehen mächtig erhöht die Statuen der Könige Israels, — die erlauchten Ahnherren des gottgesalbten spanischen Königs.

Macht, Mächte, Lebenskunst und Lebensgenuß im Reich des höchsten Machtherrn. Die Wunder dieses Reiches? Die Bischöfe und Fürsten sammeln hunderttausend Reliquien, erwerben Ablässe für Millionen Jahre, wie etwa Friedrich der Weise. Höchstes Wunder sind Siege: Siege auf dem Schlachtfeld und „Offenbarungen“ menschlicher Schöpferkraft, — vor dem Ingenium Michelangelos verneigen sich die Päpste. Der Sieg der Spanier über die Franzosen bei St. Quentin am Tage des heiligen Laurentius führt zur Gründung von San Lorenzo del Escorial. Die Schlacht von Lepanto und die Siege über die Türken werden als „magnalia Dei“ gefeiert, — ebenso die Ausrottung der französischen Protestanten in der Bartholomäus-Nacht in Paris und Rom. Die Kehrseite der Medaille: die Vernichtung der Armada Philipps II. im Sturm vor Englands Küste, — worauf die Engländer prompt mit Gottesdienst und Dankmedaille reagieren: Deus flavit ...

*

Die enge Verbindung einer spezifischen Gottesschau mit einem spezifischen Reichsgedanken aufzuzeigen, erscheint als notwendig, da viele Christen immer noch in diesen Begriffen denken. Wenn wir nun die dritte Gottes- und Reichsvorstellung erhellen wollen, so können wir etwa vom Kirchengebet vom 10. Sonntag nach Pfingsten ausgehen: „O Gott, Du offenbarst Deine Allmacht vor allem durch Nachsicht und Erbarmen; so schenk uns denn Deine Barmherzigkeit in noch reicherem Maße und mache uns, die wir Deinen Verheißungen entgegeneilen, der himmlischen Güter teilhaftig“. Ein Gebet des neuen Reiches, des Reiches Christi. Gott offenbart seine Allmacht am meisten durch sein Schonen, sein Verzeihen, seine Barmherzigkeit: die „Wundertaten Gottes“ sind nicht mehr Schlachten, Kriegszüge, Siege, sie bringen dem Gläubigen nicht mehr Königskronen oder Ministerstühle und auch nicht hochgeistiges Ingenium ein, sondern sie sind Taten der Erbarmung. Der Herr dieses Reiches hat es klipp und klar ausgesprochen, was für eine Macht er seinen Gläubigen gibt: „In jener Zeit rief Jesus die zwölf Apostel zusammen und gab ihnen Macht und Gewalt über alle bösen Geister, und auch die Kraft, Krankheiten zu heilen." (Lukas 9, 1) „,Denen aber, die glauben, werden diese Wunderzeichen folgen: In meinem Namen werden sie Teufel austreiben, in neuen Sprachen reden, Schlangen aufheben, und wenn sie etwas Tödliches trinken, wird es ihnen nicht schaden; Kranken werden sie die Hände auflegen, und sie werden gesund werden.' Nachdem der Herr mit ihnen geredet hatte, wurde er in den Himmel aufgenommen und sitzt nun zur Rechten Gottes. Sie aber gingen hin und predigten überall. Und der Herr wirkte mit ihnen und bekräftigte ihr Wort durch Wunder." (Matthäus 16, 14 ff.) An ganz exponierter Stelle, in unlösbarem Zusammenhang mit Sendungsbefehl und Himmelfahrt des Herrn stehen also diese Worte, die die Macht des Christen bestimmen. Sie besteht in der Kraft, das Wort Gottes zu verkünden, Krankheiten zu heilen und das Böse zu überwinden, ja alle bösen Geister auszutreiben. Eine dreifaltige Macht, an der der Christ erkannt wird, an der die Christlichkeit der Christen erkannt wird. Die Macht des inneren Reiches, — die Macht zur Wandlung der Welt.

Heute steht die Menschheit wieder in einer großen Versuchung, wie im 16. und 17. Jahrhundert. Die Machtkirchen der Moderne verheißen eine Wandlung der Welt zum Besseren durch radikale äußere Änderung der Verhältnisse. Eine ungeheure Versuchung, der etwa in Deutschland vor kurzem Scharen von Technikern und Ingenieuren, Wissenschaftern und Künstlern, Gelehrten und Professoren, ja selbst Theologen erlagen: die Natur wird verwandelt durch Dämme, Straßen, Stauseen und technische Bauten, der Mensch wird durch Menschenzucht verwandelt; man erstrebt durch medizinische Eingriffe, durch systematische Terroraktionen, durch Überdruck- und Schocksysteme die Wandlung des menschlichen Atomkernes. Man will durch Furcht und Liebe das „tremendum", das „fascinosum" neuer Gottesmacht im Menschen erwecken. Hymne und KZ gehören im Kraftfeld dieses ungeheuren Experiments der modernen Machtkirchen eng zusammen. Anziehung (durch Prämien, durch Löhne, hohe Posten, Propaganda) und numinose Distanzierung durch nächtliche Verhaftung und Mordjustiz bilden ein untrennbares Ganzes. Macht ist: Macht der Divisionen und Polizeiregimenter, der Atomkraft und biologischer Vernichtungswaffen, Macht ist Propaganda, die tägliche Suggerierung, Gleichschaltung, Ausrichtung der Leiber und Gemüter durch Presse, Funk, Film, Alarmnachrichten und Staatsfeiern, — ein engmaschiges Netz, dessen vielfarbige elastische Maschen durchaus eine Einheit bilden. Eine Einheit bildet der neue Staatsgottesdienst, Rausch und Furcht der neuen Waffen, auch mit der fast unmerklichen inneren Gleichschaltung des Menschen im Tagesleben seines Büros, Betriebs, Arbeitskombinats. Die moderne Machtkirche, Perversion, aber auch Fortsetzung des Phänomens Staatskirche — Kirchenstaat, versucht den Traum zu verwirklichen, den das Barock an die Decken der Paläste, Kirchen und Klöster und Schlösser malte: totale Einung der Menschheit, aller Farben und Rassen im religiös-politischen Dienst eines Reiches. Da stürzen die „Türken", die „Protestanten" zerschmettert in die Tiefe, die Heillosen, Ungläubigen, dem irdischen und höllischen Scheiterhaufen überantwortet. (So Daniel Grans Deckengemälde in der Wiener National-Bibliothek.)

Was sagt Christus zu dieser ungeheuren und ungeheuerlichen Machtballung? Spottet der Herr unser? Angesichts unserer Zyklotrone, unserer Riesenkliniken, unserer politischen Lager, unserer künstlichen Befruchtungs- und Abtreibungsanstalten? Wie sollen wir die Riesenschlange des modernen Machtstaates aufheben, wie den giftigen Trank unserer Zeit trinken, ohne an ihm zu verenden, wie sollen wir das Wort Gottes künden, wenn es über die Kerkerzelle nicht hinausdringt? Spottet der Herr unser? Nein; er verkündet schlicht die Machtmittel, die er seinen Jüngern gibt, damit sie diese Welt überwinden, — er gibt sie jedem von uns, wenn wir bereit sind, sie anzunehmen. „Habt keine Angst, denn ich habe die Welt überwunden." Diese Worte Christi bedeuten, wenn und wo sie verwirklicht werden, die einzige echte Verwandlung der Welt. Sie bedeuten das, was alle neuen Kirchen, alle Gegenkirchen fruchtlos versprechen: die Verwandlung der Welt in eine bessere Welt, in einen neuen Äon. (Das, woran wir täglich gemahnt werden durch die Atomkraftenthüllung, dieses große Abbild der Transsubstanziation: von uns wird es abhängen, ob sie ein Sakrament des Teufels oder ein Sakrament Christi werden wird, — mit Augustin und der Schule der Viktoriner zu sprechen, jener Theologen, die sich am meisten um das Geheimnis bemühten, daß jedes irdische Ding heiliges Zeichen, Abzeichen Christi oder des Antichrists werden kann.)

Das Gotteswort gründet den neuen Raum des neuen Reiches, in dem das Gesetz der Sünde und ihres Kreislaufs nicht mehr gilt, den Raum, in dem nicht Stoß und Gegenstoß, Schlag und Gegenschlag, Position und Gegenposition das Kraftfeld bestimmen, sondern die Gnade und Liebe Gottes. Wo dieses Gottes-Wort in den Seelen gründet, bricht das Reich Gottes im Keim, in Zellen, hier und heute auf. Diese stiftende und gründende Macht stärkt Christus durch zwei gewaltige Begabungen: Krankenheilung und Teufelsaustreibung. Wir wissen, daß heute ein großer Teil unserer europäischen Menschheit, ja der Menschheit überhaupt seelisch krank, neurotisch, hysterisch ist. Die letzten Kriege, die Haßpsychosen, die Verfolgungen, die täglich neu ausbrechen, belegen das tausendfach. Ebenso belegen es die Rekordsüchte, die Verbrecherfilme, die Gerichtssaalnotizen. Ein reiches Arbeitsfeld für die Christen, für ihre Machtmittel, seelische Krankheiten zu heilen. Und die Teufelsaustreibungen? Sie müßten das Werk der Krankenheilung und der Verkündung des Gottes-Wortes vollenden. Wenn wir freilich selbst von allen möglichen Teufeln besessen sind, dann besitzen wir nicht einmal die Kraft, die wahren Teufel zu erkennen, dann ersticken wir in katholisierenden Proklamationen, in scheinchristlichen Kundgebungen, in halben Wahrheiten, in Phrasen und Formeln. Wir sind nicht imstande, die Macht zu wirken, die uns Christus verheißen und gegeben hat, weil wir sie nicht anwenden wollen: weil wir, befangen in den Ideologien Israels und jenes zweiten Reiches, zuerst rechnen, streiten, stoßen wollen, — rechnen in und mit Positionen, streiten mit Diplomatie, Staatsverträgen, Divisionen und Wissenschaften. Dann als Sukkurs möchten wir auch die Machtmittel Christi verfügbar haben. Als Zucker in unseren Tee, als Salz in unsere Suppe. Weil es sich so verhält, wird uns immer wieder hart und unerbittlich das Gericht gesprochen. Das Wort Gottes, durch uns verkündet, wird zur Phrase, zur billigen Münze, zum falschen Ton. Das Krankenheilen müssen wir den Psychotherapeuten, den Ärzten, den Politikern, dem Funk und Film, den

Dichtern und Musikern überlassen. Zuletzt: Dämonenaustreibung, Bannung der bösen Geister? Verhüllen wir unser Haupt.

Christus hat den Seinen die Machtmittel gegeben, diese Welt zu verwandeln. Diese wirken aber nur in der spezifischen Kraft seines Reiches, im Feld seiner Liebe, seines Opferlebens. Sie lassen sich nicht kombinieren. Zweitausendjährige Versuche, sie mit Israel und Machtkirche — Kirchenstaat kombiniert als geballte Ladung zur Wirkung zu bringen, sind gescheitert. Sie werden gemindert, depraviert, verbogen und pervertiert durch die Konfusion mit den Machtmitteln anderer Reiche. Evangelium mal Protestantenaustreibung und Ketzerverbrennung, Evangelium mal christliche Staatsparteien, Bergpredigt plus Atombombe mal Dollarmillion, — solche Rechnungen ergeben nicht eine Million Evangelien, ergeben nicht eine Bergpredigtsprengwirkung von der Kraft einiger Atombomben, sondern nur eins: einen zerfetzten Christus. Die Machtmittel Christi wirken nur rein, nur im Raum und Kraftfeld seines Reiches. Autochthon, aus der Fülle ihres Ursprungs angewandt, können sie jederzeit die Welt wandeln — und dies gerade auf dem Höhepunkt der Krise.

Daß ein Christ mit autochthonen christlichen Machtmitteln die kompakte Masse der großen Weltmächte aufbrechen und Raum schaffen kann für neue Stiftung des Reiches, möchte ich an einem Beispiel erläutern. Die Zeit Luthers und Leos X. ist ein Höhepunkt der seit Jahrhunderten schleichenden Krise in Christenheit und Kirche. Herrschaft des Jupiter, des Apolloglaubens in Rom, Herrschaft des massivsten Machtstrebens in Deutschland, in Europa. Luther erobert in zwei, drei Jahren ohne nennenswerten Widerstand fast ganz Deutschland. Die heiratslustigen und säkularisationslüsternen Bischöfe antichambrieren bei ihm, Mönche und Nonnen laufen ihm in Scharen zu. Die Abneigung gegen Rom ist selbst bei vielen guten Katholiken so groß, daß sie mit Freude Luthers Erfolge sehen. Da wird wider den Willen so gut wie sämtlicher Kardinäle ein Niederländer zum Papst gewählt, Adrian VI. Seine kurze, kaum zweijährige Regierung bedeutet machtpolitisch ein volles Debakel. Niemandem kann er's recht machen, auch dem Kaiser nicht, Karl V., dessen Erzieher er einmal gewesen war. Die Kardinäle machen sich offen lustig über ihn; als er stirbt, gerät Rom in einen Freudentaumel. Sein Arzt, von dem man glaubt, daß er ihn vergiftet habe, wird als Retter des Vaterlandes gefeiert; die Spottgedichte auf Adrian sammeln alle nur erdenklichen Schimpfworte auf das Haupt des Lebenden und dann des Toten. Dieser unfähige Papst, der heute noch von christlichen Historikern sehr von oben herab behandelt wird, wagte 1522 folgendes: Er ließ angesichts der Reichsstände, vor diesen geistlichen und weltlichen Fürsten, über deren „Indolenz, Habsucht, Trägheit, Borniertheit“ man bei Lortz nachlesen mag, auf dem deutschen Reichstag zu Nürnberg durch seinen Legaten Chieregati ein Schuldbekenntnis Roms ablegen, das einzigartig in der Weltgeschichte dasteht. Er ließ erklären, Gott habe die Verfolgungen Seiner Kirche zugelassen wegen der Sünden der Menschen, am meisten der Priester und Prälaten der Kirche; er ließ diese Sünden der Kurie und der Prälatie rückhaltlos im einzelnen benennen, und er versprach, alles, was er könne, zur Reform der Kurie zu tun, „damit zuerst diese Kurie erneuert werde, von der aus hauptsächlich all dieses Übel seinen Fortgang nahm, damit so, wie von hier die Verderbnis auf alle Niedrigeren überging, so auch von derselben Stelle die Gesundheit und die Erneuerung auf alle übergehe.“ (Adrian VI. macht sich übrigens keine Illusionen: die Reform der Kirche wird nicht schnell vonstatten gehen: „zu tief hat sich diese Krankheit eingefressen ...“) Der unmittelbare Erfolg dieser Konfessio: Spott und Gelächter bei den Protestanten, Gelächter, Spott und gereizte Wut bei den Katholiken. Warum schwächt der Papst unsere Stellung durch diese unkluge Beichte, warum stellt er uns im unpassendsten Moment so bloß? So sprechen die Prälaten, die auch hundert Jahre nach dem Tridentinum noch sich sträuben werden, bescheidene Reformen durchzuführen. Also: auch hier ein volles Debakel, aber zugleich etwas ganz anderes: die erste Manifestation wesenhaft christlicher Macht in Deutschland, die allein auch der Potenz Luthers gewachsen ist, eine erste neue Bezeugung der Kraft Christi im Kraftfeld dieser Welt. Der Wirkung dieser Konfessio ist es zuzuschreiben — Gottes Mühlen mahlen langsam —, daß in den nächsten Jahren und Jahrzehnten in Deutschland selbst der Boden wieder locker, wieder aufnahmefähig wird für die fides der katholischen Kirche. Josef Lortz konnte es deshalb wagen, dem Nürnberger Bekenntnis Adrians VI. seinen wahren Rang in der Geschichte zuzuweisen: „Das Schuldbekenntnis Adrians VI. ist der eigentliche Beginn der katholischen Reform in Deutschland." Die Heere der Fürsten, die gewalttätigen Aktionen der späteren Gegenreform sind nicht einen Schritt hinausgedrungen über den Raum, den Adrian VI. erobert hat.

Was können wir aus dieser Tatsache lernen? Gott offenbart heute, auf dem Höhepunkt einer geschichtlichen Krise, sein Reich sehr unmittelbar, im Reich Christi des Gekreuzigten. In der Stunde der Entscheidung tritt Gott ganz nackt dem Menschen gegenüber, dem er alle Kräfte und Mächte dieser Erde übergeben hat. Er ließ es zu, daß der Mensch die Kräfte der Natur und seiner eigenen schöpferischen Begabung wider Ihn rüstete, in einer Machtballung ohne Beispiel. Was setzt Gott dieser Übermacht des Menschen gegenüber? Seine Schwäche, seine Verborgenheit. Große Zeichen der Zeit: die alten Träger und Zeugen der Gottesmacht — Orkan und Vulkan, Krone und Prunkdom, Kriegsheer und Armada, sieghafte Ratio und apollinische Genialität haben ihre Leuchtkraft, haben ihre religiöse Symbolkraft verloren. Sie wirken nicht mehr, sie „ziehen" nicht mehr, sie sind nicht mehr transparent, erscheinen uns nicht mehr als durchsichtige Gefäße, randvoll geladen mit der Kraft Gottes. Als solche Gefäße erscheinen uns heute arme, armselige Menschen, ungebildete Klosterbrüder wie ein seliger Bruder Juniperus und Konrad von Parzham, und ein Priester, der wegen geistiger Schwerfälligkeit von den Seminaren abgewiesen wird, wahrhaftig kein Diener der Ratio, Jean Vianney, zieht als Pfarrer von Ars jährlich über hunderttausend Menschen an, — im Lande und im Jahrhundert Renans. Genau im Anbruch der großen Krise des Abendlandes, in der kritischen Stunde des 13. Jahrhunderts, beginnen mit Franz von Assisi die Stigmatisationen, sichtbare Male des Gekreuzigten, Zeichen menschgöttlicher Einung im Kreuztragen, — undenkbar in Israel, undenkbar im ersten Jahrtausend, undenkbar bei den großen Heiligen der Väterzeit und der Ostkirche, die dieses Zeichens nicht bedürfen, weil sie nicht dieser spezifischen Versuchung ausgesetzt sind, Träger der Macht Christi und der Macht des Weltreiches zugleich zu sein. Das Abendland aber hat seit seiner kritischen Wende dieses Wunder sehr nötig, und es wird ihm zuteil.

Das reine Gotteswort läßt sich nicht mehr einfassen und einrahmen in Gold, Silber, Marmor, es verträgt die Rückendeckung durch Schecks und Panzer, durch die Mächte dieser Welt nicht mehr: es ist zu schwach und zu stark dazu. Allein, nackt, getragen von der Armseligkeit menschlichen Zeugnisses, wirkt es Wunder noch in brüchigen Organen. Gekoppelt, stranguliert, versichert mit hundert weltklugen Rückversicherungen reicht es nur mehr zu einer Sonntagspredigt oder einem akademischen Vortrag. Dasselbe gilt für jene wesentlichen Bezeugungen der Macht des Christen, derer wir heute so sehr bedürftig sind: in neuen Sprachen zu sprechen, die Kranken zu heilen, böse Geister zu vertreiben, Schlangen aufzuheben, giftige Getränke zu trinken: Umgang also mit dem Bösen, ohne von ihm tödlich versehrt zu werden.

Es sind wichtigste Dinge, die heute zu tun sind. Das Reden in neuen Zungen, damit ist nicht Suaheli oder usbekisch gemeint, aber auch nicht amerikanisch und russisch, sondern die neue Verkündigung des Evangeliums und in ihr der Bergpredigt, jener großen Verlegenheit der Theologen, der Lehre von der neuen Gerechtigkeit. Sie ruft zur Feindesliebe auf, sie ermutigt, über die Masse der Rechnungen von Gabe und Gegengabe, der Positionen, Oppositionen und Proportionen hinauszuschreiten. Wenn wir wissen, daß die Geschichte der Christenheit seit Jahrhunderten weithin eine Geschichte der großen Rechner und der kleinen Rechnungen ist, dann ahnen wir etwas von dem Ort, an dem die neue Sprache geboren wird, die Sprache der Gerechtigkeit des Kindes und des himmlischen Vaters: an dem Ort, an dem das Wort Christi und seiner Predigt ernstgenommen wird. Dort quillt auch die Kraft auf, Kranke zu heilen und böse Geister zu bannen. Der große Exorzismus dieser Welt wird nicht in Kundgebungen und Proklamationen gewirkt. Sie haben ihre Kraft verloren, seit Bann und Reichsacht, seit die Exkommunikation Luthers sich als kraftlos erwies. Man verhandelte mit dem gebannten und exkommunizierten Luther, man wird auch mit anderen Exkommunizierten wieder verhandeln. Die Bannung des Bösen ist allein der Kraft des Christen gegeben, der sich auf Christi Macht verläßt. Das bedeutet, daß wir ganz nahe heran müssen an unsere Gegner, daß wir Leib und Leben, ja auch die Seele wagen müssen, wenn wir überhaupt mit ihnen in Berührung kommen wollen. Gertrud von Le Fort hat dieses wichtigste Problem unserer Zeit in ihrem „Kranz der Engel“ richtig gesehen, wenn ihr auch die Lösung nicht ganz geglückt ist.

Wie aber vermögen wir in dieser liebenden Umarmung mit unseren Feinden zu bestehen, — werden wir nicht verzehrt und versehrt wie etwa jene deutschen katholischen Jugendbewegten, die es mit dem Dritten Reich wagten, wie jene italienischen und französischen Intellektuellen, die es heute mit dem Kommunismus wagen? Das Wort der Schrift ist klar: „Denen aber, die glauben, werden diese Wunderzeichen folgen...“ Die engste äußere und innere Berührung mit dem Gift des Feindes steht in unmittelbarem Zusammenhang mit der Verkündung des Gotteswortes, mit dem Bannen des Bösen, mit dem Heilen der Kranken. Es geht nicht an, durch Richtstrahlen aus der Ferne, aus gesicherten Unterständen zu heilen und zu bannen. Wir können die gefährliche Begegnung mit dem Feind aber nur bestehen, wenn wir den Glauben haben. Den Glauben nicht an Israel, den Glauben nicht an Jupiter und Apollo, sondern einzig und allein den Glauben an den Gekreuzigten, an sein Reich und seine Reichsmacht.

Verwandlung der Welt. Durch die Schwäche der christlichen Machtmittel sind die Erscheinungen dieser Welt zu Sakramenten des Teufels geworden. Fast alle Erscheinungen unserer Welt sind so dicht gegen oben, so geschlossen, so undurchlässig für die Gnade geworden, daß sie ihre natürliche Transparenz für Gottes Licht und Kraft verloren haben: die Poren der Menschheit und der Welt sind verstopft. Die neue Transparenz aller Dinge, ersehnt von den Dichtern, geweissagt von den Propheten, von Paulus und den Sehern, dieses neue Zeugnis von Baum und Berg, Erde und Wasser, aber auch vom Menschenwerk aller Art, von technischem Gerät, Maschinen und Wert der Wissenschaft, — diese neue Transparenz wird erst da sein, wenn wir Menschen uns der Bezeugung von Christi Macht öffnen. Gnade ist, wie Urs von Balthasar des öfteren gezeigt hat, Strömen durch den Menschen, an andere hin. Was ist Maria, großes Mahnmal unserer Zeit, die apokalyptische Frau auf den Sternen, die den Drachen zertritt, anderes als der Mensch, der Gott ganz aufnahm, ihn hindurchgehen ließ, ohne sein Strömen zu beschweren, durch Rückfragen und Rückversicherungen zu stoppen, durch Stauwerke der Ratio und des Ingeniums, die Gottes Wasser auf unsere Mühlen lenken wollen?

*

Sie fragen mich: Was wird da das Schicksal der Kirche sein? Ich antworte Ihnen mit einem Wort Luthers, des rauschigen Mönchs, den der enge Schoß der Kirche seiner Zeit nicht auszutragen, nicht auszugebären verstand, sodaß er sich selbst durch Kaiserschnitt befreite, der Kirche den Leib aufstieß und eine Wunde beifügte, an der sie heute noch leidet, er der zerschnittene Leib Christi. „Wir sind es doch nicht“, sagt Martin Luther, „die da können die Kirche erhalten, unsere Vorfahren sind's nicht gewesen, unsere Nachkommen werden's auch nicht sein. Sondern der ist's gewesen, ist's noch, wird's sein, der da spricht: Ich bin bei Euch bis an der Welt Ende.“

Unter der Oberfläche läuft zu allen Zeiten, seit es eine Christenheit gibt, eine permanente Revolution, die Revolution des Heiligen Geistes i n der Kirche, im christlichen Herzen, die einzige, echte, ganz echte Revolution, die es überhaupt gibt: sie besteht einfach darin, daß die Christenheit von ihrem Herrn und Meister gezwungen wird, ihre äußeren Formen und Gestalten unter sein Gericht zu stellen.
Friedrich Heer: „Die Stunde des Christen“.

Werner Heisenberg

DIE QUANTENTHEORIE

EINE FORMEL, DIE DIE WELT VERÄNDERTE

Werner Heisenberg sprach im Dezember 1950 auf der Tagung der Naturforscher und Ärzte in München. Wir veröffentlichen den Vortrag, obgleich wir überzeugt sind, daß nicht fünf Prozent der Leser ihn verstehen werden. Auch wir haben ihn nicht verstanden und verstehen ihn nicht; denn wir sind keine Fachleute der Physik. Aber wir halten das Manuskript für ein klassisches Dokument, das zeigt, was in unserer Welt heute vorgeht, und wovon unser Schicksal abhängen kann; es auch noch auf eine beinahe dramatisch wirkende Weise zeigt, indem es den jüngsten Entwicklungsgang einer Wissenschaft, die uns alle zutiefst berührt, an den Beiträgen der einzelnen Forscher und an den damit verknüpften Erlebnissen einzelner von ihnen darstellt. An solche Grenzen sind wir gelangt, diese Grenzen haben wir überschritten! Wer den Inhalt nicht begreift — wie wir —, den ergreift eine wahrhaft respektvolle Ahnung. Die Schriftleitung.

Am 19. Oktober 1900, also vor fast genau fünfzig Jahren, trugen Kurlbaum und Rubens über neue und genaue Messungen zur Wärmestrahlung vor. In dem Bericht der Berliner Physikalischen Gesellschaft über diese Sitzung heißt es: Bei der an diesen Vortrag sich anschließenden Diskussion sprach Herr Planck über eine Verbesserung der Wien'schen „Spektralgleichung". Damit war das Samenkorn, wie Max Planck es später ausgedrückt hat, durch seine Hände geglitten, das fünfzig Jahre lang tausendfältige Frucht getragen hat.

Was war die Vorgeschichte zu dieser „Verbesserung der Wien'schen Spektralgleichung"? Planck hatte sich viele Jahre hindurch mit dem Problem der Wärmestrahlung beschäftigt, das heißt mit der Tatsache, daß heiße Körper glühen, Licht aussenden, und zwar um so helleres, weißeres Licht, je wärmer sie sind. Die Strahlung eines Körpers, der alles auf ihn treffende Licht absorbiert, eines sogenannten „schwarzen Körpers", sollte nach den Gesetzen der Wärmelehre ausschließlich von der Temperatur des Körpers abhängen. Die Farbverteilung dieser Strahlung, das sogenannte Spektrum der Wärmestrahlung, sollte aus Elektrizitätslehre und Wärmelehre theoretisch bestimmt werden können. Das war bis dahin aber nicht gelungen. Eine ältere Untersuchung von Lord Rayleigh hatte mit physikalisch scheinbar völlig konsequenten Methoden ein unsinniges Resultat ergeben, während ein halb empirische Formel von Wien theoretisch nicht gut verständlich war und außerdem nicht genau mit dem Experiment übereinstimmte. Planck hatte versucht, die Strahlung aus dem Wärmegleichgewicht zwischen dem elektromagnetischen Feld und einem als Oszillator idealisierten Atom zu berechnen. Dabei hatte er einfache Beziehungen zwischen der sogenannten Entropie des Oszillators und der Entropie der Strahlung gewonnen. Aber zu einer Lösung des Rätsels der Wärmestrahlung war er nicht vorgedrungen. Planck hatte lange Zeit geglaubt, daß die Wien'sche Spektralgleichung richtig sei. Aber als die neuen Messungen von Kurlbaum und Rubens vorlagen und bei langen Wellen mehr mit dem Rayleighschen Strahlungsgesetz übereinstimmten, versuchte er eine Interpolationsformel zwischen den beiden Gesetzen, die sich bei der physikalischen Formulierung, die Planck dem

Problem gegeben hatte, als besonders einfach herausstellte. Diese Formel, die wir heute in der Form schreiben:

$$E_\nu = \frac{\nu^2}{c^2} \frac{h\nu}{e^{\frac{h\nu}{kT}} - 1},$$

hat Planck damals am 19. Oktober 1900 Rubens mitgeteilt, der sie noch in der gleichen Nacht mit seinen Messungen verglich. Die Formel gab die Messungen innerhalb ihrer Genauigkeit vollkommen wieder, und damit war das Plancksche Strahlungsgesetz entdeckt.

Nun begann der entscheidende Abschnitt im Lebenswerk von Max Planck, nämlich der Versuch, diese Formel, die ja zunächst nichts war als eine zweckmäßige Darstellung der experimentellen Ergebnisse, physikalisch zu deuten und verständlich zu machen. Schon nach acht Wochen angestrengtester Arbeit konnte Planck das Ergebnis veröffentlichen. Er hatte gefunden, daß man über das physikalische Verhalten der schwingenden Ladung in einem Atom, das mit der Strahlung im Gleichgewicht steht, eine sehr merkwürdige, aber einfache Annahme machen muß. Sie lautet: Die Energie des Oszillators ist stets ein ganzzahliges Vielfaches eines kleinsten Energiequantums; für einen Oszillator der Frequenz ν hat dieses Energiequantum den Wert $h\nu$, wobei h eine neue Konstante von der Dimension einer „Wirkung" war. Wir nennen h heute das *Plancksche Wirkungsquantum*. Außerdem enthält die Plancksche Formel die Boltzmannsche Konstante k und ermöglichte dadurch zum ersten Mal eine genaue, wenn auch indirekte Bestimmung der Größe der Atome. Es war dieser letztere Erfolg, der die Physiker von der Richtigkeit der Planckschen Hypothese zuerst überzeugt hat.

Aus dem Samenkorn der Planckschen Formel war damit schon eine kleine Pflanze geworden, allerdings eine sehr merkwürdige und ungewöhnliche Pflanze, die in die Naturgeschichte der damaligen Physik in keiner Weise hineinpassen wollte. Die Annahme einer Unstetigkeit in der Energieverteilung eines mechanischen Systems, des Oszillators, war durchaus ein Fremdkörper im Bau der klassischen Physik; höchstens konnte man sich an die atomare, also auch unstetige Struktur der Materie erinnern, die ja auch noch unverstanden war. Planck versuchte, die Gegensätze zwischen seiner neuen Hypothese und der übrigen Physik durch Zusatzannahmen zu mildern, die aber keinen rechten Erfolg brachten. Es widerstrebte dem konservativen Geiste Plancks, die Mauern der klassischen Physik einzureißen, in denen er sich wissenschaftlich so wohl geborgen fühlte. So konnte man aber fast fünf Jahre lang nicht viel mit der Quantenhypothese anfangen.

Da nahm sich im Jahre 1905 ein anderer Großer dieses Problems an, ein junger und revolutionärer Geist, der bereit war, viel vom Altbewährten zu opfern, wenn damit der Durchbruch zu grundlegenden neuen Erkenntnissen gelang. Dieser junge Forscher war Albert Einstein. Er stellte das scheinbar Absurde und Unplausible in der Planckschen Theorie an die Spitze. Es gelang ihm mit der Annahme, daß die Lichtstrahlung selbst aus solchen Energiequanten bestünde, die Experimente Lenards über den lichtelektrischen Effekt zu verstehen. Das Licht war also, so schien es nach Einstein, gar keine Wellenstrahlung, was man doch fast zwei Jahrhunderte lang angenommen hatte, sondern Licht bestand aus kleinen, schnell fliegenden Körperchen, den Lichtquanten, die beim lichtelektrischen Effekt Elektronen aus einer Metallplatte herausschlagen können. Die Widersprüche zwischen der Quantentheorie und der klassischen Physik wurden damit zum Prinzip erhoben, ohne daß auch nur der Versuch einer Erklärung möglich gewesen wäre. Zwei Jahre später fand Einstein eine Erklärung der spezifischen Wärme fester Körper durch die Plancksche Hypothese, und noch einmal zwei Jahre später, nämlich 1909, zeigte er, daß die Schwankungen von Energie und Impuls in einem Strahlungsfeld wieder zwangsläufig zur Lichtquantenhypothese führen. Aber mit all dem paßte die Quantenhypothese doch um nichts besser in das Gebäude der übrigen Physik. Die allgemeine Stimmung der Physiker gegenüber der Quantentheorie war damals etwa, daß wohl „irgendetwas daran sein müsse", daß man aber einstweilen noch nicht allzuviel mit dieser Theorie anfangen könne. Nur einige Wenige erkannten sehr früh die ungeheuere Fruchtbarkeit der neuen Gedanken. Vor allem Sommerfeld, der schon im Jahre 1911 aussprach, daß bei allen großen Erfolgen, die die Relativitätstheorie damals schon errungen hatte, doch die eigentliche Zukunft der Physik in noch höherem Maße der Quantentheorie gehören würde. „Ganz anders aktuell", so sagte Sommerfeld, „und problematisch ist die Theorie der Energiequanten oder, wie ich lieber sage, die Theorie des Wirkungsquantums. Hier sind die Grundbegriffe noch im Fluß und die Probleme ungezählt: Planck, der Entdecker der Energieelemente, steht im Begriff, in seinen letzten Publikationen über die Emissionsquanten seine ursprünglichen Anschauungen wesentlich umzubilden. Einstein zog aus der Planckschen Entdeckung die weitestgehenden Folgen — übrigens schon in demselben denkwürdigen Jahre 1905, noch vor der Aufstellung des Relativitätsprinzips, — und übertrug das Quantenhafte von dem Emissions- und Absorptionsvorgang auf die Struktur der Lichtenergie im Raume, ohne, wie ich glaube, seinen damaligen Standpunkt heute noch in seiner ganzen Kühnheit aufrechtzuhalten. Nernst, der das Tatsachenmaterial zur Lehre der Energiequanten so erfolgreich erweitert hat, bildet die ursprünglichen Ideen Plancks weiter aus. Nichts könnte der modernen Physik förderlicher sein als eine Klärung der Ansichten über diese Fragen. Hier liegt der Schlüssel der Situation, der Schlüssel nicht nur zur Strahlungstheorie, sondern auch zur molekularen Konstitution der Materie, und zwar liegt er zur Zeit noch recht tief versteckt." Schon die folgenden Jahre zeigten, wie recht Sommerfeld mit dieser Prophezeiung gehabt hatte.

Der nächste entscheidende Schritt in der Entwicklung der Quantentheorie geschah im Jahre 1913. Schon zwei Jahre vorher hatte Lord Rutherford in England aus seinen Experimenten über den Durchgang von α-Teilchen durch Materie sein Atom-Modell entwickelt. Nach Rutherford besteht das Atom aus einem positiv geladenen Kern, der viel kleiner ist als das Atom und fast die ganze Masse des Atoms auf sich vereinigt. Um diesen Kern kreisen negative Elektronen, ähnlich wie die Planeten um die Sonne. Das einfachste Atom ist das Wasserstoffatom, bei dem der Kern aus einem positiv geladenen Elementarteilchen, dem sogenannten Proton, besteht und nur von einem Elektron umkreist wird. Auf dieses Modell des Wasserstoffatoms wandte Bohr die Plancksche Hypothese an, und es gelang ihm, durch eine kühne Übertragung der Planckschen Gedanken vom Oszillator auf das Kernmodell des Atoms die Strahlung des Wasserstoffatoms, insbesondere die berühmte Balmer-Serie im Wasserstoffspektrum, zu erklären. Nach Bohr gibt es diskrete stationäre Zustände des Atoms, in denen das Atom keine Strahlung aussendet, und die nach der klassischen Mechanik durch die Annahme zusätzlicher „Quantenbedingungen" ausgerechnet werden. Die Strahlung des Atoms kommt dadurch zustande, daß es gelegentlich von einem stationären Zustand in einen energetisch tiefer gelegenen übergeht und die Energiedifferenz als Lichtquant aussendet. Die Frequenz des ausgesandten Lichtes bestimmt sich also aus dieser Energiedifferenz. Die Existenz der stationären Zustände wurde kurze Zeit später durch Franck und Hertz experimentell nachgewiesen.

Damit wurde die Quantenhypothese zum Bindeglied zwischen drei riesigen Erfahrungsbereichen: der Atomphysik, der Spektroskopie und der Chemie. Die Bohrsche Arbeit machte es offenbar, daß die Quantentheorie der Schlüssel zum Verständnis der ganzen Atomphysik werden würde. Aber immer noch paßte diese Theorie so wenig in das Gebäude der übrigen Physik, daß an eine Überbrückung der Gegensätze nicht zu denken war. Bohr schloß seinen berühmten Vortrag über das Wasserstoffspektrum vor der Kopenhagener Akademie im Jahre 1913 mit den folgenden Worten: „Ehe ich schließe, möchte ich nur sagen, daß ich hoffe, mich so klar ausgedrückt zu haben, daß Sie erfaßt haben, in wie schroffem Gegensatz die dargelegten Betrachtungen zu dem bewunderungswürdig zusammengefügten Kreis von Vorstellungen stehen, die man mit Recht die klassische Elektrodynamik genannt hat. Anderseits habe ich mich bemüht, in Ihnen den Eindruck hervorzurufen, daß es gerade durch Hervorhebung dieses Gegensatzes vielleicht möglich ist, mit der Zeit einen gewissen Zusammenhang auch in die neuen Vorstellungen zu bringen."

Wie fruchtbar die neuen Vorstellungen waren, ergab sich schon zwei Jahre später, als es Sommerfeld gelang, durch eine konsequente Formulierung der Quantenbedingungen auch für Systeme von mehreren Freiheitsgraden und durch Berücksichtigung der Relativitätstheorie, die Feinstruktur im Wasserstoffspektrum und beim Röntgenspektrum der verschiedenen Elemente zu erklären. Der entscheidende Fortschritt der Sommerfeldschen Arbeiten bestand darin, daß die Quantentheorie getrennt auf die verschiedenen Freiheitsgrade des Systems angewendet wurde und dadurch mit den feinsten Details in der Bewegung der Elektronen in Verbindung gebracht werden konnte. Allerdings blieben bei dem Vergleich mit dem Experiment, so überzeugend die Bestätigung der Theorie im allgemeinen war, gewisse Reste, die nicht ganz verständlich waren, und die erst viel später durch die Theorie des Elektronenspins und zum Teil erst in den letzten Jahren durch die Quantenelektrodynamik ganz aufgeklärt werden konnten. Der Sommerfeldschen Arbeit folgten bald die wunderbare Deutung des Stark-Effektes durch Epstein und Schwarzschild und die Erklärung des normalen Zeemann-Effektes. Die sogenannte räumliche Quantelung, die in den Sommerfeldschen Untersuchungen eine große Rolle spielte, wurde übrigens erst einige Jahre später von Stern und Gerlach an Molekularstrahlen experimentell nachgewiesen. Sehr wichtig war auch der Versuch von Bohr, durch sein sogenanntes Korrespondenzprinzip wenigstens einen gewissen Zusammenhang zwischen der Quantentheorie und der klassischen Physik herzustellen. Das Korrespondenzprinzip war eine in der Physik sehr ungewöhnliche Formulierung eines Gesetzes, da es keine quantitativen Aussagen enthielt und zunächst nur eine Vorschrift darstellte, wie man durch einen ständigen Vergleich zwischen der Quantentheorie und der klassischen Theorie qualitative Aussagen über experimentelle Ergebnisse herleiten konnte. Trotzdem hat es mehr als die meisten Fortschritte der damaligen Zeit den Boden für ein wirkliches Verständnis der Quantentheorie vorbereitet, das ja bei allen äußeren Erfolgen immer noch fehlte.

Von 1918 bis 1922 wurde das chemische Verhalten der Atome von Bohr aufgrund der Quantentheorie im einzelnen gedeutet, der Bau der Atome beschrieben und die verschiedenen Elektronenbahnen mit Quantenzahlen bezeichnet. Die Bohrschen Arbeiten beruhten auf dem Korrespondenzprinzip, nicht auf einer exakten Durchrechnung der komplizierten Mehr-Körper-Probleme bei den schweren Atomen. Ein Beispiel für ein solches Atommodell gibt die folgende Abbildung, in der die Quantenbahnen der einzelnen Schalen gezeichnet und mit ihren Quantenzahlen versehen sind.

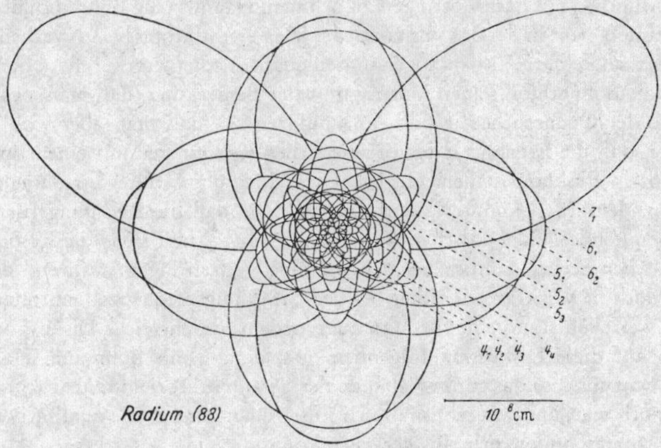

Quantenbahnen der einzelnen Schalen beim Element Radium (88) mit den zugehörigen Quantenzahlen.

In diese anschauliche Epoche der Quantentheorie bin ich selbst zuerst hineingeraten, als ich als junger Student im Jahre 1920 in das Sommerfeldsche Seminar kam. Damals haben wir die Bohrschen Arbeiten mit mindestens der gleichen Spannung erwartet und mit gleichem Eifer diskutiert, mit dem man etwa heute die letzten Nachrichten aus Korea bespricht. Wir haben wohl unbewußt als Studenten das Gefühl gehabt, daß auch hier in den Arbeiten Plancks, Einsteins und Bohrs sich ein Stück Weltgeschichte abspielt, allerdings nicht mit Schlagzeilen in der Zeitung oder Radiomeldungen, aber doch ein Stück Weltgeschichte, das noch nach Jahrhunderten seine Spuren hinterlassen würde.

Diese Arbeiten brachten aber auch den vorläufigen Charakter der damaligen Quantentheorie noch deutlich zum Vorschein. Denn einerseits konnte an der qualitativen Richtigkeit der Bohrschen Vorstellung kein Zweifel sein, anderseits entzogen die komplizierten Atome sich noch jeder quantitativen Berechnung. Man begann damals auch zu verstehen, warum die Theorie noch nicht ganz richtig sein *konnte*. Man berechnete ja bis dahin die Energien der stationären Zustände, indem man für sie die Gültigkeit der klassischen Mechanik postulierte und die Bohr-Sommerfeldschen Quantenbedingungen ergänzte. Für die Übergänge aber sollte die klassische Mechanik und Elektrodynamik außer Kraft gesetzt werden. Die Frequenzen der Strahlung berechnete man aus der Energiebedingung beim Übergang. Diese Frequenzen stimmten also garnicht überein mit den Eigenfrequenzen der Elektronenbewegung, — was doch offenbar physikalisch reichlich unplausibel aussah.

Ich erinnere mich hier besonders deutlich an eine Diskussion in Göttingen. Im Sommer 1921 war Bohr nach Göttingen zu einer Vortragswoche über seine Atomtheorie eingeladen worden. Es handelte sich um die „Bohr-Festspiele", wie wir damals als Studenten sagten. Mein Lehrer Sommerfeld war so freundlich gewesen, mich von München mit nach Göttingen zu nehmen. Damals trug Bohr auch über eine Arbeit Kramers' vor, in der das Verhalten des Wasserstoffatoms bei schwachen äußeren elektrischen Feldern, also im sogenannten quadratischen Stark-Effekt, berechnet worden war. Bohr schloß seinen Vortrag mit der Bemerkung, daß man zwar über viele Teile der Quantentheorie noch im unklaren sei, daß man aber wohl sicher sein könne, daß die Ergebnisse der Kramersschen Rechnungen mit einem späteren Experiment in Einklang stehen würden. Diese Meinung wollte mir damals nicht einleuchten, denn man konnte ja leicht nachweisen, daß die Rechnung für periodisch schwankende Felder falsch sein mußte, da für solche Felder die Resonanzen an der falschen Stelle, nämlich bei den Bahnfrequenzen lagen, während die Resonanzen doch in Wirklichkeit sicher bei den Strahlungsfrequenzen eintreten. Aus meinem Zweifel entstand eine für mich außerordentlich lehrreiche Diskussion, und auf einem auf diese Diskussion folgenden Spaziergang mit Bohr zum Hainberg lernte ich, wie unsicher das ganze Gebäude der Quantentheorie offenbar trotz allen Erfolgen noch war, und wie sehr man sich einstweilen nur auf die qualitativen Angaben des Korrespondenzprinzips verlassen konnte.

Zwei Arbeiten haben in jenen Jahren entscheidend zum Fortschritt der Quantentheorie beigetragen. Zunächst eine Untersuchung von Einstein aus dem Jahre 1918, in der er den Begriff der Übergangswahrscheinlichkeit schärfer präzisierte und eine Ableitung des Planckschen Strahlungsgesetzes gab, in der nur die Gültigkeit der Bohrschen Frequenzbedingung und der Begriff der Übergangswahrscheinlichkeit verwendet wurden. Ferner die Entdeckung des Compton-Effektes im Jahre 1923. Compton fand bei der Streuung von Röntgenstrahlen an Elektronen eine Farbverschiebung des gestreuten Lichts, die in der klassischen Wellentheorie des Lichts nicht verständlich gemacht werden konnte, wohl aber aus der Lichtquantentheorie zwanglos folgt.

Damit begann die eigentliche Krise der Quantentheorie. Man hatte um diese Zeit verstanden, daß eine strenge Berechnung der stationären Zustände von Atomen einstweilen unmöglich war, daß sie gewissermaßen nur Zufall gewesen war in den Fällen, in denen man tatsächlich das richtige Ergebnis erhalten hatte. Das Korrespondenzprinzip war ein verläßlicher, aber nur qualitativ brauchbarer Leitfaden durch das Gebiet der Atomphysik. An strengen Gesetzen kannte man die Bohrsche Frequenzbedingung und ganz allgemein die Energie- und Impulserhaltungssätze in der Anwendung auf die Lichtquantenvorstellung. Der von Einstein 1905 behauptete Dualismus in den Strahlungserscheinungen — daß nämlich Licht gleich Wellenbewegung und Teilchenbewegung sein sollte — trat in aller Schärfe zu Tage.

Vor der Lösung dieser Schwierigkeiten wurden aber in jenen Jahren noch zwei wichtige Erfolge erzielt, die ich vorher erwähnen muß. Goudsmit und Uhlenbeck entdeckten, daß man die Feinstruktur der Atomspektren verstehen kann, wenn man annimmt, daß das Elektron einen Drehimpuls, den sogenannten Spin, besitzt. Pauli konnte zeigen, daß die Reihenfolge der Elemente im Periodischen System erklärt werden kann, wenn man die einfache Annahme macht, daß jede Quantenbahn immer nur durch ein Elektron besetzt werden kann. Auch die Erfolge dieser Arbeiten ließen wieder ahnen, wie dicht man bereits an eine Lösung der Quantenprobleme herangekommen war.

Die Krise löste sich dann durch das Voranschreiten auf zwei ganz verschiedenen Wegen. Einmal versuchte der Göttinger Kreis — Born, Jordan und ich —, das Korrespondenzprinzip weiter zu verschärfen, indem er von den Überlegungen der Kramersschen Dispersionstheorie ausging. Im Verlauf dieser Überlegungen lag es schließlich nahe, den Begriff der Elektronenbahn völlig aufzugeben und dafür lieber von der Gesamtheit aller Strahlungsamplituden zu reden, die ja auch in der klassischen Theorie als ein Ersatz für die Elektronenbahn, nämlich ihre Fourier-Darstellung, betrachtet werden kann. Diese Gesamtheit hat mathematisch die Form einer „Matrix". Freilich waren mir der mathematische Begriff Matrix und die Regeln der Matrizenmathematik damals leider noch unbekannt, so daß ich sie erst gewissermaßen aus der Physik gewinnen mußte. Ich war damals zur Erholung von einer Erkrankung für zwei Wochen auf der Insel Helgoland und benützte die Zeit dazu, nachzusehen, wie weit man in den Gleichungen eines mechanischen Systems die Koordinaten und Geschwindigkeiten durch die zugehörigen Matrizen ersetzen kann. Zu meiner großen Überraschung gelang dies vollständig; an einem Beispiel, das ich damals genau nachrechnete, am anharmonischen Oszillator, ergab sich auch der Erhaltungssatz der Energie nach mühseligen Rechnungen ganz von selbst. Die Mathematik erwies sich plötzlich als klüger als die Physiker, und das ist ja in der theoretischen Physik immer wieder der Fall, wenn man sich mit einer solchen Mathematik auf der Spur neuer Zusammenhänge bewegt. Später gelang es dann Born, Jordan und Dirac, vollständig in die innere Struktur dieser Art von Mathematik einzudringen und damit ein mathematisch geschlossenes Schema zur Berechnung von Atomen anzugeben. Es liegt mir sehr daran zu betonen, wie groß das Verdienst von Born und Jordan, das in der Öffentlichkeit nicht immer genügend gewürdigt worden ist, um die mathematische Grundlegung der Quantentheorie gewesen ist. Erst durch die Arbeiten von Born und Jordan ist die Matrizenmechanik zu einem geschlossenen mathematischen Schema geworden.

Auf einem ganz anderen Wege erreichte Schrödinger einige Monate später das gleiche Ziel. Der Franzose De Broglie hatte 1924 den Einsteinschen Gedanken vom Dualismus von Korpuskularbild und Wellenbild wieder aufgegriffen und die kühne Hypothese aufgestellt, daß auch die Elektronenmaterie als Wellenbewegung auftreten könnte. Schrödinger untersuchte die Differentialgleichungen dieser Wellenbewegungen und betrachtete die stationären Zustände der Atome als stehende Wellen, als Eigenschwingungen des betreffenden Systems. Es gelang ihm auch auf diese Weise, ein mathematisches Schema zur Berechnung der Atome zu finden, und einige Monate später konnte er nachweisen, daß dieses Schema mit dem der Matrixenmechanik mathematisch äquivalent war. Damit war die Quanten- oder Wellenmechanik gefunden. Daß sie das Verhalten der Atome richtig darstellte, also wirklich als der mathematische Ausdruck der Quantenhypothese anzusehen war, hat sich dann durch die Erfolge der nächsten Jahre schnell gezeigt.

Nun mußte aber noch die physikalische Interpretation dieses Rechenverfahrens gegeben werden, denn die Begriffe, mit denen man damals über die Elektronen und die Atome sprach, enthielten noch viele Widersprüche. Gab es Elektronenbahnen oder nicht? Gab es Materiewellen oder handelte es sich nur um mathematische Hilfsmittel, aus denen man die Wahrscheinlichkeit für den Eintritt bestimmter Ereignisse berechnen konnte? Die philosophische Durchdringung der erkenntnistheoretischen Grundlagen der Theorie verdankt man in erster Linie Bohr. Seit dem Sommer 1926 arbeitete ich in Bohrs Institut in Kopenhagen und hatte daher fast täglich Gelegenheit, mit Bohr über diese Schwierigkeiten der Quantentheorie zu sprechen und seine Meinung zu hören, wie man die neu gewonnenen Rechenverfahren vernünftig physikalisch interpretieren sollte. Dabei bemühte ich mich, möglichst an den anschaulichen Begriffen der klassischen Physik, also am Teilchenbegriff für die Elektronen festzuhalten und die Begriffe, mit denen man über die Elektronen spricht, nur so weit zu lockern, wie die mathematischen Zusammenhänge dies nötig machen, während Bohr umgekehrt dazu neigte, den Dualismus zwischen Wellen- und Teilchenbegriff an die Spitze zu stellen. Wir besprachen dabei meistens irgendwelche Gedankenexperimente, an denen man die Tragfähigkeit der verwendeten Begriffe gut studieren konnte, und arbeiteten in dieser Weise Monate hindurch angespannt an unseren Problemen. Da wir aber unser Ziel auf verschiedenen Wegen zu erreichen suchten, war es nicht immer leicht, zu völliger Klarheit zu kommen, und dies war vielleicht mit ein Grund dafür, daß Bohr im Februar 1927 für einige Wochen allein zur Erholung nach Norwegen reiste. In dieser Zeit beschäftigte mich besonders ein Gedankenexperiment, das mir einige Jahre vorher durch einen Studienfreund aus Göttingen, den Sohn des bekannten Physikers Drude, aufgegeben worden war: Warum kann man die Bahn eines Elektrons im Atom nicht mit Hilfe eines Mikroskops hohen Auflösungsvermögens, also etwa eines γ-Strahlen-Mikroskops beobachten? Die Diskussion dieses Experiments führte mit anderen Überlegungen zusammen ziemlich rasch zu der sogenannten Unbestimmtheitsrelation. Als ich sie mit Bohr nach seiner Rückkehr besprach, konnten wir auch nicht sofort die gleiche Sprache für die Deutung der Theorie finden, denn Bohr hatte inzwischen den Begriff der „Komplementarität“ entwickelt, mit dem er das Verhältnis von Wellenbild und Korpuskularbild zu fassen suchte. Aber es wurde uns bald klar, daß wir uns imgrunde über die Deutung der Quantentheorie einig waren, und daß jetzt alle scheinbaren Widersprüche in der Theorie beseitigt waren. Freilich war diese Beseitigung durch den Verzicht auf einige der elementarsten Begriffe der klassischen Physik erkauft worden. Die neue Quantentheorie hatte, wenn ich es einfach ausdrücken soll, nicht mehr unmittelbar mit der Natur zu tun, sondern mit unseren Kenntnissen von der Natur. Da diese Kenntnisse sich als notwendig unvollständig herausgestellt hatten, konnte auch ein statistisches, zufälliges Element in der neuen Theorie nicht vermieden werden. Und diese Kenntnisse ließen sich nicht in einfacher Weise objektivieren.

Die neue Deutung der Quantentheorie wurde der entscheidenden Bewährungsprobe ausgesetzt, als im Herbst 1927 der Solvay-Kongreß in Brüssel eine über die ganze Tagung sich hinziehende Diskussion über die Grundlagen der Quantentheorie brachte. Diese Diskussion entwickelte sich zu einem wissenschaftlichen Duell zwischen Einstein und Bohr, in dem Einstein fast jeden Tag mit großem Scharfsinn ein neues Gedankenexperiment erfand, an dem er glaubte nachweisen zu können, daß die neue Deutung noch innere Widersprüche oder Widersprüche zu Erfahrungen enthielt. Bohr konnte aber immer im Laufe des Tages zeigen, daß auch bei dem neuen, von Einstein ersonnenen Experiment die Unbestimmtheitsrelation gewahrt und Widersprüche vermieden waren, und ich glaube, es gelang unserer Partei, „alle Angriffe siegreich abzuwehren“. Einen Nachklang jener Kämpfe kann man in dem schönen Aufsatz finden, den Niels Bohr zum Sammelband zu Ehren von Einsteins 70. Geburtstag beigesteuert hat. Planck, der große Schöpfer der Quantentheorie, nahm in jener Diskussion mehr eine abwartende Haltung ein. Daß seine Theorie dazu zwingen sollte, das wohlgefügte Begriffsgebäude der Physik zu verlassen, war ihm kein angenehmer Gedanke, und er war daher geneigt, das neue Begriffsgebäude der Quantentheorie als vorläufig anzusehen. Auch Schrödinger, der eine Zeitlang gehofft hatte, daß seine Wellenmechanik zu einer Atomtheorie führen könnte, die ähnlich anschaulich war wie die Maxwellsche Theorie des Lichts, stand der neuen Deutung zunächst skeptisch gegenüber. Nur die Jüngeren, Dirac und Pauli, setzten sich energisch für die neue Deutung ein. Es ging ja wirklich nicht nur um physikalische Experimente, sondern um echte philosophische Positionen. Hier stand die alte, seit Descartes eingewurzelte Vorstellung von der Teilung der Welt in eine objektive, in Raum und Zeit ablaufende Welt und eine von ihr getrennte Seele, in der sie sich spiegelt, im Kampf gegen neue Auffassungen, in deren Licht sich die Trennung nicht mehr in der früheren primitiven Weise durchführen ließ.

Nachdem das Fundament der Quantentheorie fest geworden war, entwickelte sich ihr Gebäude rasch in die Breite und in die Höhe. Die Theorie des Heliumspektrums zeigte schon 1926, daß die neue Mechanik den Mehrkörperproblemen der Atomphysik gewachsen war. Die Diracsche Theorie des Elektrons gab ferner eine befriedigende Erklärung des Elektronenspins, und die Verbindung dieser Gedankengänge mit dem Paulischen Ausschließungsprinzip führte zu einer völlig befriedigenden Deutung des Periodischen Systems der Elemente und der Atomspektren. An dieser Stelle zeigte sich, daß die Anwendung gruppentheoretischer Gesichtspunkte auf die neue Mechanik das Verständnis der komplizierten Atom- und Molekelspektren entscheidend erleichtert. Ich erwähne hier insbesondere die Arbeiten von Wigner und Hund und die tiefgehenden mathematischen Untersuchungen, die in den zusammenfassenden Darstellungen von Weyl und van der Waerden beschrieben sind. Für die praktische Berechnung der Atomspektren und mancher anderer Atomeigenschaften erwies sich eine statistische Methode von Thomas und Fermi als nützlich. Eine noch bessere numerische Annäherung erhält man aus den Verfahren von Hartee und Fock, die bis in die letzte Zeit mit großem Erfolg auch bei sehr komplizierten Atomen angewendet worden sind.

Die Theorie der Molekeln und der chemischen Bindungen wurde durch London und Heitler in Angriff genommen und durch Hund, Mullikan, Slater und Pauling weiter ausgeführt. Als ein besonders interessantes Anwendungsgebiet der neuen Quantentheorie erwies sich auch die Theorie der konjugierten Doppelbindungen von Hückel, die später besonders in England durch Lennard-Jones, Coulson und Rushbrooke weiter ausgebildet worden ist. Im gleichen Maß machte auch die Anwendung der Quantentheorie auf die Theorie der festen Körper und der Flüssigkeiten Fortschritte. Sommerfeld und seine Schule entwickelten die Elektronentheorie der Metalle. Die elektrische Leitfähigkeit wurde noch genauer durch Bloch und Peierls studiert, der Ferromagnetismus als eine Kopplung der Elektronenspins durch Austauschkräfte erklärt.

Daß die Quantentheorie eine entscheidende Rolle bei der Aufklärung der beiden Phänomene Supraleitung und Suprafluidität spielen wird, kann keinem Zweifel unterliegen, aber die mathematische Behandlung der Flüssigkeit ist so kompliziert, daß bis zu einer völlig befriedigenden Behandlung noch einige Zeit vergehen wird. Natürlich ist die Quantentheorie auch die Grundlage für die Theorie des Atomkerns; eine besonders lehrreiche Anwendung der älteren quantentheoretischen Gedankengänge hat sich in den letzten Jahren beim Schalenaufbau der Atomkerne ergeben.

So wurde in den letzten Jahrzehnten die Quantentheorie auf den verschiedensten Gebieten angewendet, in der Astrophysik, in der Chemie, in der Kernphysik und der Technik, besonders der Atomtechnik, und sie ist damit schließlich, wie jeder frühere gesunde Zweig der Physik, zu einem Werkzeug des menschlichen Wissens geworden, einem Werkzeug, das wie jedes andere zum Guten und zum Bösen verwendet werden kann.

An einer Stelle aber bedarf auch das Fundament der Quantentheorie noch der Erweiterung, und hier wird schon seit dem Beginn der dreißiger Jahre weiter in die Tiefe gebohrt. Es handelt sich um die sogenannte Quantentheorie der Wellenfelder. Imgrunde ging schon aus den älteren Untersuchungen von Einstein und De Broglie hervor, daß die Anwendung der Quantentheorie auf Wellenfelder zur Erklärung des Teilchenbegriffes, also zur Erklärung der atomaren Struktur der Materie führen würde; und damit wird auch die längst bekannte Unstetigkeit, die eben in der atomaren Struktur der Materie besteht, als eine Folge des Planckschen Wirkungsquantums erklärt. Dieser Gedanke wurde von Jordan, Pauli, Klein und

Wigner um 1930 sorgfältig ausgebaut. Dabei stieß man aber, trotz einigen bedeutenden Erfolgen, auf neue und tiefliegende Schwierigkeiten, die auch heute noch nicht vollständig gelöst sind. Die Teilchen, die man durch die Quantisierung einer Wellengleichung erhält, sind nämlich aus der inneren Struktur der betreffenden Mathematik heraus punktförmig, räumlich nicht ausgedehnt. Dies ist kein Unglück, solange es sich um freie Teilchen ohne Wechselwirkung mit anderen handelt. Wenn aber eine Wechselwirkung angenommen wird, so muß man Kräfte mit singulären Eigenschaften voraussetzen, wenn man die Forderungen des Kausalprinzips und der speziellen Relativitätstheorie mit der Existenz punktförmiger Teilchen vereinbaren will. Solche Kräfte führen aber nicht zu vernünftigen Ergebnissen und erzeugen Widersprüche im mathematischen Formalismus.

Einen klaren Einblick in die Probleme, die hier gelöst werden müssen, hat man erst in den letzten vier Jahren erhalten. Dabei hat sich herausgestellt, daß man zwar in der Quantenelektrodynamik die genannten Schwierigkeiten im allgemeinen umgehen kann. Tomonaga, Schwinger und Feynman haben sehr wirksame mathematische Methoden entwickelt und mit ihrer Hilfe gezeigt, daß die Singularitäten in der Quantenelektrodynamik durch die Renormalisierung von Masse und Ladung der Elektronen weitgehend vermieden werden können. In der allgemeineren Theorie der Elementarteilchen wird man aber wahrscheinlich noch einige Begriffe aufgeben müssen, die unsere bisherige Quantentheorie unbesehen von der klassischen Physik übernommen hatte. Es handelt sich um die Forderung der Kausalität in dem speziellen Sinne, daß ein Vorgang nur in seiner unmittelbaren räumlichen und zeitlichen Nachbarschaft direkte Wirkungen auslösen kann. Die gegenwärtige Situation in der Theorie der Elementarteilchen legt den Gedanken nahe, daß zum mindesten in Bereichen der räumlichen Ausdehnung von 10^{-13} cm oder der zeitlichen Ausdehnung von 10^{-23} sec dieser einfache Zusammenhang durch allgemeinere, eben über solche Bereiche hinwegreichende Zusammenhänge ersetzt werden kann. Wir müssen also mit Abweichungen vom Kausalgesetz rechnen auch an den Stellen, an denen die bisherige Quantentheorie noch kausal funktioniert; zum Beispiel könnte es Vorgänge geben, bei denen die zeitliche Reihenfolge dessen, was geschieht, gegenüber den üblichen Vorgängen verkehrt erscheint. Es ist nicht einmal sicher, daß Abweichungen nicht auch in größeren Bereichen auftreten können, sofern es sich dabei um Vorgänge handelt, bei denen am einzelnen Elementarteilchen sehr viel Energie umgesetzt wird. Denn solche Prozesse sind selten, und experimentell ist sie noch wenig bekannt.

An dieser Stelle liegt also heute die eigentliche Frontlinie der Quantentheorie. In den verschiedensten Ländern arbeiten Physiker gemeinsam an dieser Grenze. Auf dem Gebiet, das zuletzt erwähnt worden ist, haben zum Beispiel in München Bopp, in der Schweiz Pauli und Stueckelberg, in Japan Tomonaga und Yukawa, in Amerika Schwinger, Feynman und Dyson wichtige Arbeiten veröffentlicht. Das Ende dieser Entwicklung ist einstweilen noch nicht abzusehen, aber ihre Richtung ist erkennbar. Sicher wird die endgültige Theorie der Elementarteilchen einmal zeigen, daß auch die Existenz dieser Teilchen, ihre Eigenschaften und ihre Wechselwirkungen mit der Planckschen Quantentheorie faßbar sind. Die verschiedenen Elementarteilchen kommen in der gleichen Weise durch die Quantisierung des

Systems „Materie“ zustande, wie die stationären Zustände des Wasserstoffatoms durch die Quantisierung der Bewegungsgleichungen eines Elektrons erfolgen. Die Unstetigkeit, die man in der Natur ganz allgemein findet, wenn man in sehr kleine Bereiche vordringt, und die sich zum Beispiel in der atomaren Struktur der Materie ausdrückt, ist also ganz allgemein eine Folge der Quantentheorie. Sicher wird man auch bei dieser weiteren Entwicklung der Quantentheorie noch mehr über die Theorie der menschlichen Erkenntnis lernen können oder lernen müssen.

Das Samenkorn, das Max Planck gesät hat, ist also inzwischen zu einem riesigen Baum herangewachsen, der immer neue Früchte trägt und seine Wurzeln immer tiefer in die Erde der menschlichen Erkenntnis senkt. Man überdenke noch einmal die ganze Entwicklung, den Weg, der von der Planckschen Formel zu der Atomphysik und von dort in die Chemie, die Astronomie, die Mathematik und die Atomtechnik geführt hat. Es ist uns in den letzten Jahrzehnten doch so oft gesagt worden, daß Denken und Sinnen allein zu nichts nütze sei. Nur der, so wird gesagt, könne die Welt verändern und bereichern, der tätig mit Kampf oder Arbeit in sie eingreife; nicht aber der weltabgewandte Träumer, der abstrakten Gedanken nachhängt. Wenn dies in Zukunft wieder gesagt werden sollte, — und es gibt ja immer noch viele Menschen, die das wirklich glauben, — dann erinnere man sich an die eine Formel, die vor fünfzig Jahren zum ersten Mal angeschrieben worden ist, und denke an all das, was in der Welt aus ihr entstanden ist.

John Anthony Thwaites

ZEIT OHNE KUNST?

In Paris sprach ich vor einigen Wochen mit einem der führenden Bildhauer der jüngeren Generation. Ich hatte ihn angetroffen, wie er mit eigenen Händen (und geborgtem Gelde) sein eigenes Haus baute, da er die Miete für ein Atelier nicht bezahlen konnte. Er sagte mir: „Ich habe mein Handwerk gelernt wie irgendein Tischler, Schlosser, Maurer. Der Unterschied ist nur: er kann damit rechnen, daß seine Fertigkeit ihm den Lebensunterhalt sichern wird. Ich aber keineswegs. Da stimmt doch etwas nicht.“ In München schätzt der Berufsverband Bildender Künstler, daß mindestens achtzig Prozent seiner paar tausend Mitglieder sich heute in eben dieser Lage befinden. Es besteht allzusehr die Neigung, besonders in Deutschland, dies als eine Krise zu behandeln, die vorübergehen wird. So kam es, daß Dr. Herbert Read jedermann außer Fassung brachte, als er die Vermutung aussprach, die gesellschaftliche Funktion des Künstlers sei vielleicht überholt, und er tue besser daran, seinen Lebensunterhalt anders zu verdienen, so wie es ja Poeten tun, die nur für sich selbst und ihre Freunde dichten.

Immerhin, bevor wir entscheiden, daß wir nach Dr. Reads eigenen Worten „offenbar von einer Zeit ohne Geschmack in eine Zeit ohne Kunst übergehen“, wollen wir uns doch genau ansehen, was eigentlich geschehen ist. Die beste historische Analyse hat Madeleine Rousseau in ihrem Buch „Hans Hartung“ gegeben. Bis zum Ende des Mittelalters, so führt sie aus, waren die Künste jedem, der sie erlernen wollte, zugänglich. Damit hing ihre gesellschaftliche Funktion zusammen, und davon hing ihre Kundschaft ab. Mit der Renaissance aber werden sie allmählich zu Dienerinnen nurmehr einer sozialen Klasse. Die Welt ihrer Bilder ist nicht mehr allen zugänglich, sie ist ein Spiegelbild der Gewohnheiten, des Geschmacks und der Lebensauffassungen ihrer besonderen Kunden. Im späten 19. Jahrhundert aber übertreibt die Kundschaft ihre Forderungen. Mit dem Impressionismus revoltieren die besten Künstler. Freilich, nun blieb keine Schicht der Gesellschaft mehr übrig, auf die sie sich verlassen konnten. Die große Öffentlichkeit war ihnen vierhundert Jahre früher verlorengegangen. Unterdessen hatte die industrielle Revolution sogar die Volkskunst zertrümmert. Kurzum: der Künstler als Schöpfer einer Bildwelt hatte in der Gesellschaft keinen Platz mehr.

Dies geht nun schon beinahe ein Jahrhundert lang so. Jede Generation der Kunst ist seitdem auf den Abscheu ihres Publikums gestoßen. Es ist richtig, daß ihre Werke späterhin an Wert gewannen. Dies ist auch heute noch der Fall. Die Geschichte von dem privaten Käufer, mit dem der Krieg aufgeräumt habe, ist wenigstens für Deutschland völlig unwahr. Jeder Kunsthändler kann einem sagen, wie lebhaft der Markt heutzutage ist — aber nur in „anerkannten Werten", von den alten Meistern bis zu den klassischen Expressionisten. Die Auktionspreise für Klee waren sensationell. Aber diese Werte werden ja gehandelt wie Aktien oder Obligationen oder Diamanten, als Kapitalsanlage und als Mittel gesellschaftlichen Aufwands. Dies aber wird dem lebenden Künstler niemals eine gesellschaftliche Funktion und seinen Lebensunterhalt sichern.

Es ist nur natürlich, daß hier wie in anderen Ländern die Leute auf den Staat als ihren neuen Kunden blicken. Staatlichen Aufträgen verdankt in Mexiko seit dreißig Jahren die bedeutendste Schule der Wandmalerei in unseren Zeiten ihre Entstehung. Orozco, Rivera und Sequieros sind heute weltbekannte Namen. Die Voraussetzungen im Mexiko der Jahre nach 1917 aber waren denen im heutigen Europa genau entgegengesetzt. Dort gab es eine ungebrochene künstlerische Tradition, die ungehemmt durch die Bevölkerung lief. Die Kunst hatte niemals aufgehört, eine gesellschaftliche Sprache zu sein. Dann entsprangen der sozialrevolutionären Situation jene Themen, die den Künstlern und dem Arbeitervolk gemeinsam waren. Die Rolle des Malers als eines Bilderschöpfers für die Gesellschaft mag umstritten sein, aber sie war da. Seine Sorge war nur die Qualität.

Man vergleiche das einmal mit der Geschichte der staatlichen Aufträge in den Vereinigten Staaten. Die Public Works Art Projects unter Roosevelt sahen alles vor, was heute für Deutschland vorgeschlagen wird, und noch mehr. Leute wie Holgar Cahill mit durchaus fortschrittlicher Reputation saßen an den maßgebenden Stellen. Jeder Künstler, der wirklich Arbeit brauchte, war zugelassen; und die Projekte richteten sich nach ihren natürlichen Gaben. Ein ähnlicher Plan für das Theater brachte großen Erfolg. Was aber war in den bildenden Künsten das Resultat? Eine Unmenge von Kitsch. Unzulängliche Wandmalerei, die nichts als die Mexikaner imitierte; Zuckerwerk als Parkfiguren; ein fürchterlicher Sumpf von Staffelei-Gesudel. Die wenigen wirklichen Großtaten, so wie die Tafelbilder von Rudolf Weisenborn an der Lane Technical High School, Chicago, wurden alsbald in den Kellern verstaut. Sogar vom sozialen Standpunkt aus war der Erfolg negativ, denn er lockte Künstler vom gewerblichen Zeichnen weg und erhöhte die Anzahl der Unterstützungsbedürftigen.

Aus all dem zu schließen, Mexiko habe eben talentierte Leute und die Vereinigten Staaten keine, wäre ganz einfach unrichtig. Daß Kunst nicht aus Nächstenliebe hervorgezaubert werden kann, wäre der Wahrheit schon näher. Es gibt keinen gemeinsamen Nenner für Bedürftigkeit und künstlerische Bedeutung. Das Entscheidende aber ist, daß die Kunst selbst nicht aus einem Vakuum hervorgehen kann, und daß sie ihre gesellschaftliche Rolle der Bilderschöpfung nicht erneuern kann, wenn niemand daran glaubt. Nur im Plakat gibt es eine allen gemeinsame Sprache, wie Cassandre selbst im Ausstellungskatalog des Musée des Arts Décoratifs, Paris, November 1950, einmal bemerkte: „Werbung ist ein Mittel nicht etwa des Ausdrucks, sondern der Nachrichtengebung, wie der Telegraph."

Sind wir nun am Ende wieder bei Dr. Reads Schlußfolgerung? Geduld. Die Kunst läuft durch zweierlei Weise den Naturwissenschaften parallel. Zunächst in ihrer Bildersprache. (Es ist von Professor Siegfried Giedion in „Time, Space and Architecture", New York, nachgewiesen worden, daß die moderne Kunst ein Abbild des wissenschaftlichen Weltbildes ist, und daß sie es sogar oft um manche Jahre vorweg nimmt.) Dann aber: in ihrem Einfluß. Beide beginnen sie als etwas Zurückgezogenes und Unpraktisches. Beide breiten sie sich schrittweise aus und beeinflussen unser Leben. Wie kubistische Malerei die Formen moderner Architektur, moderner Möbel und des Stromlinienautomobils schuf, das ist hierfür nur das offenkundigste Beispiel.

Was bedeutet all dies? Ein originelles Werk schöpferischer Kunst ist wie ein Stein, den man in einen Weiher wirft. Ring um Ring erweitert langsam sich die Antwort in die Zeit hinein. Wie sollten wir erwarten können, daß der erste Ring schon weit sei? In der Wissenschaft erwarten wir nichts Ähnliches. Allerdings besteht hier ein Unterschied. Die Wissenschaft ist hauptsächlich eine Frage des Intellekts. Solange Erziehung vom wirtschaftlichen Niveau abhängt, wird jene Minderheit, die auf die reine Wissenschaft anspricht, immer eine Klassenminorität sein. Kunst hingegen hat es nicht mit dem Intellekt, sondern mit der Intuition zu tun, — und die ist kein Klassenerbe. Daher geht auch, was potentielle Aufnahmefähigkeit anbelangt, die Kunstminderheit quer durch alle Schichten der Bevölkerung.

Dies hat Madame Rousseau selbst am deutlichsten gezeigt. Seit dem Jahre 1937 hat sie Gruppen von französischen Industriearbeitern und von Studenten durch Ausstellungen zeitgenössischer Kunst und durch die Ateliers der Meister der Pariser Schule geführt. Ihre Organisation, die A.P.A.M., verteilt die Zeitschrift „Le Musée Vivant", die sie selbst herausgibt, und die die Arbeiter selbst schreiben. Das Niveau der Empfänglichkeit und wirklichen Erfahrung, das da bewiesen wird, ist weit höher als jenes irgendeiner der mir bekannten Kunstzeitschriften. Ist das auch nur überraschend? Madame Rousseau schließt selbst, daß hier endlich die Arbeiter eine Bildwelt finden, die frei von Klassenabhängigkeit ist, und die so dem Weltbild ihrer Zeit entspricht.

So beginnen wir denn einen Weg zu ahnen, der noch offensteht, einen wirklichen Schritt nach vorn, wenn wir nur fähig sind, das Problem als Ganzes zu sehen. Kulturell gesprochen handelt es sich darum, die ganze Minderheit zu mobilisieren, die quer durch alle sozialen Klassen hindurch fähig ist, Kunst zu empfangen, statt sie zur Minderheit innerhalb einer Minderheit zu reduzieren. Überdies geht es darum, dafür zu sorgen, daß der Kunst, während sie Industrie und alle Arten von Formgebung durchläuft, möglichst wenig Degeneration drohe. Wirtschaftlich gesprochen besteht das Problem darin, für zeitgenössische Kunst das Angebot zu verringern und die Nachfrage zu vergrößern, bis ein Gleichgewicht erreicht ist. Dabei muß die Nachfrage auf gute Formgebung hingelenkt werden, während unser augenblickliches Warensystem sie immer mehr zum Schlechteren stößt. Sozial gesprochen handelt es sich darum, die Künstler wieder in die Gesellschaft einzubauen. Das Los der ursprünglichen Schöpfer — sagen wir, es wären fünfzehn Prozent von allen — zu verbessern, nicht nur gegenüber ihrer heutigen Lage, sondern auch gegenüber jener, als Vincent an Theo seine qualvollen Briefe schrieb. Und die Zahl der Übrigen muß so weit wie möglich herabgesetzt werden; Gelegenheit zur Arbeit muß ihnen gegeben werden auf dem ungeheuren Gebiet der angewandten Künste.

Haben wir nun das allgemeine Problem auf seine Teilstücke zurückgeführt, wo liegen dann die konkreten Lösungen? Zunächst heißt es, mit den Fehlstarts und mit den Sackgassen aufzuräumen. Nichts Gutes kann von so wohlmeinenden Maßnahmen kommen wie etwa jener des Bayerischen Landtags, wonach 2½ Prozent aller Ausgaben für öffentliche Gebäude auf die Ausschmückung zu verwenden sind, um nur ja die Künstler zu beschäftigen. Der amtliche Geschmack ist immer und in jedem Lande schlecht — man denke nur an Frankreich —, und im heutigen Deutschland ist er am allerübelsten. Solche Verordnungen werden immer die schlimmsten Routiniers damit beschäftigen, öffentliche Gebäude mit Zuckerwerk zu bedecken; sie werden dazu beitragen, die Illusion einer nur vorübergehenden Krise wachzuhalten und (wie in Amerika) die gesellschaftlich problematische Klasse zu vergrößern. In einigen Ländern gibt es Anzeichen dafür, als ob öffentliche Körperschaften neuer Art ihre Auftragserteilung frei von plutokratischem und von bürokratischem Geschmack hielten. In London hat das Passenger Transport Board einige der allerbesten Maler für Plakate ans Werk gesetzt, auch gute Architekten und Zeichner; und Bildhauer wie Jacob Epstein und Henry Moore. Solche Körperschaften aber gibt es in Deutschland noch kaum.

So wie die Dinge hier liegen, scheint mir, gibt es zur Zeit zwei Wege, die Künstler wieder in die Gesellschaft einzubauen: einen intensiven und einen extensiven. Der erste besteht, wie wir gesehen haben, in der Produktion von kleinen, ursprünglichen, schöpferischen Werken, die im wesentlichen von Einzelkäufern abzunehmen wären. Der zweite liegt im Bereich der gewerblich angewandten Kunst. Auf beide Ziele hin können ganz konkrete Dinge getan werden. Zuallererst müßte einmal sichergestellt werden, daß die beste zeitgenössische Kunst regelmäßig von jedem gesehen werden kann. Dafür können Museen mit unklarem oder reaktionärem Geschmack nicht sorgen, die nur in ihren eigenen Räumen ausstellen, die schließen, noch ehe die meisten Leute ihre Arbeit verlassen können, und die (wie noch kürzlich in München das Haus der Kunst) eine Mark Eintrittsgeld verlangen und nicht einmal einen Tag für freien Besuch vorsehen. Auch die Händler können diese Aufgabe nicht erfüllen. Sie sind nötig, um Reputationen aufzubauen und dann „ihre“ Künstler an „ihr“ Publikum zu verkaufen — und dieses ist recht klein. Tun kann es nur ein wirklicher öffentlicher Dienst, der Wanderausstellungen bis tief in die Provinz sendet: in die Museen, zu den Universitäten, in die städtischen und dörflichen Gemeinderäume, in die Gewerkschaftshäuser; so könnte zeitgenössische schöpferische Kunst in einem Jahr oder in zweien vertraut werden.

Zur neuen Kunst, wie übrigens zu jeder Kunst, führt auch Gewohnheit. Niemand kann für Bilder empfänglich sein, so wenig wie für Musik oder für Ideen, die ihm völlig fremd sind. Bei häufigem Sehen schwindet die Fremdheit, und erst dann kann das ästhetische Empfinden unbehindert angesprochen werden. Aber selbst wenn es soweit ist, können die wenigsten Leute und ganz gewiß keine Arbeitsleute Geld genug für ein Gemälde oder eine Skulptur auf den Tisch des Hauses legen. Manch einem aber mag es auf Abzahlung gelingen. Auch sind Lithographien und andere Druckverfahren dazu da, um auf dem Weg über Subskriptionen große Auflagen zu einem Bruchteil der Händlerpreise zu ermöglichen. Mangelte es nicht an der Organisation, so gäbe es keinen Grund dafür, daß nicht Jeder innerhalb der künstlerisch interessierten Minderheit auf jedem möglichen wirtschaftlichen Niveau sich ein zeitgenössisches Kunstwerk der einen oder anderen Art für sein Heim sichere. Ein Strom von Auftragserteilungen würde so freigelegt, und der schöpferische Künstler hätte wieder seinen Platz in der Gesellschaft.

Freilich bliebe dann noch die große Mehrheit aller, die heute Maler und Bildhauer sind. Die meisten von ihnen meinen es durchaus ernst. Sie haben nur einfach nichts Eigenes und Schöpferisches zu sagen. Sie sind in der Berufsfalle ihrer „schönen Künste“ gefangen. Es muß gelingen, sie wieder da einzubauen, wo sie in den organischen Perioden der Vergangenheit gestanden hätten, in den äußeren Bezirken um die schöpferischen Künste herum. Architektonischer Schmuck spielt heute nicht die Rolle mehr wie für die mittelalterliche Kirche oder das Palais des Barock und der Renaissance. Was wir heute brauchen, sind Möbelzeichner, gewerbliche Zeichner, Werbeleute, Innenarchitekten: alle jene, die für die technische Revolution Formen finden können. Nur weil es an ihnen fehlt, droht sie zu einem mechanischen Greuel zu werden.

Dieser Bedarf an Kultur ist sehr gegenwärtig und dringend. Die Künstler aber sind ohne Beschäftigung. Wie bringt man sie zusammen? Statt Geld hinauszuwerfen, um eine unhaltbare Situation zu verewigen, täte der Wohlfahrtsstaat besser daran, mit den Gewerkschaften und mit der Industrie zusammenzuarbeiten und Umschulungszentren auf der Linie des Bauhauses zu schaffen. Dort könnten Künstler für industrielle Arbeit vorbereitet werden. Und um den jährlich neuen Zugang abzuwehren, müßten staatliche Subsidien sofort den Kunstakademien entzogen und den neuen Kunstschulen zugeleitet werden, die schon daran sind, Studenten auf praktische und gesellschaftliche Aufgaben vorzubereiten.

So ist denn die Angebotseite vergleichsweise einfach. Sie erfordert imgrunde nur Organisation und Tatkraft. Komplizierter ist der Aufbau von Nachfrage für gute Entwürfe. Wir stehen schon dreißig Jahre tief in einer neuen Stilepoche, die erste seit dem Barock und dem Rokoko. Wir hinken jedoch kulturell so furchtbar nach, daß wir sie heute noch nicht akzeptiert haben. Sollen aber Kunst und Gesellschaft wieder zu einer Einheit werden, so ist nichts Geringeres unsere Aufgabe, als den Produzenten und dem großen Publikum diese Tatsachen klarzumachen. Unmöglich ist es nicht. So war es ja in Norddeutschland auf gutem Wege, ehe die Nazi kamen, in der Architektur, im Musterzeichnen, vor allem durch den rasch sich ausbreitenden Einfluß des Bauhauses. Es war eine einzige Schule, und sie wirkte nur zehn Jahre lang. Die Nationalsozialisten setzten ihre ganze Macht ein, um jede Spur davon auszutilgen. Und doch konnte jeder Besucher in Deutschland noch knapp vor dem Kriege ihren Einfluß bis in die Dekorationen der Ladenfenster hinein verfolgen.

Es könnte erneut, man darf es hoffen, viel Einfluß ausgehen von Umschulungszentren, sobald sie nur ihr Werk beginnen. Er könnte erhofft werden durch Wanderausstellungen, so wie jene, auf die Amerikaner und Schweizer sich spezialisiert haben. Man sollte sich ein Beispiel nehmen an Englands Council of Art and Industry, einer Organisation, zu der Staat und Unternehmer gleicherweise beitragen, um eine Verbesserung der Werkformen zu erzielen. Selbst an Englands kriegsbedingtes Utility Scheme wäre zu denken, unter dem die Produzenten sich auf eine Reihe von Typen festlegten, die von den besten Zeichnern entworfen waren, und deren Massenproduktion gebundene, niedrige Preise ermöglichten. So können moderne Einrichtungen nach guten Entwürfen ebenso billig verfügbar werden wie der geläufige Kitsch.

Wir sind daran, eine Periode zu verlassen, die keinen Geschmack hatte. Soviel ist sicher. Wenn wir jetzt eingehen sollten in eine, die ohne Kunst wäre, so würde es weder daran liegen, daß Künstler und Zeichner fehlen, noch daß es kein Publikum gäbe, um ihre Dienste in Anspruch zu nehmen. Es würde ausschließlich daran liegen, daß wir weder den Mut noch die Fähigkeit besitzen, auf ein konstruktives Ziel hin — vielleicht auf Dauer gesehen das wichtigste von allen — so zu organisieren, wie wir es doch sehr gut auf gegenseitige Vernichtung hin zu tun wissen.

Federigo García Lorca

Klage um Ignacio Sánchez Mejías

I

Hornstoß und Tod

Am Nachmittage um fünf Uhr.
Am Nachmittag war es um fünf Uhr genau.
Ein Knabe brachte das weiße Leintuch
am Nachmittage um fünf Uhr.
Ein Korb mit Kalk stand längst bereit
am Nachmittage um fünf Uhr.
Alles andre war Tod und nur Tod
am Nachmittage um fünf Uhr.
Der Wind trug die Watte hinweg
am Nachmittage um fünf Uhr.
Der Sauerstoff säte Kristall und Nickel
am Nachmittage um fünf Uhr.
Schon kämpfen Taube und Pardel
am Nachmittage um fünf Uhr.
Und ein Schenkel mit trostlosem Horn
am Nachmittage um fünf Uhr.
Die dunkelen Töne erbrummten
am Nachmittage um fünf Uhr.
Die Glocken des Dunsts, des Arsens
am Nachmittage um fünf Uhr.
An den Ecken Gruppen aus Schweigen
am Nachmittage um fünf Uhr,
Und der Stier nur erhobenen Herzens!,
am Nachmittage um fünf Uhr.
Als dann der Schneeschweiß hervorbrach
am Nachmittage um fünf Uhr,
als mit Jod sich bezog die Arena
am Nachmittage um fünf Uhr,
legte Eier der Tod in die Wunde
am Nachmittage um fünf Uhr.
Am Nachmittage um fünf Uhr.
Am Nachmittage um fünf Uhr genau.
Ein Sarg ist, mit Rädern, das Bett
am Nachmittage um fünf Uhr.
Knochen und Flöten tönen im Ohr ihm
am Nachmittage um fünf Uhr.
Ihm brüllte der Stier vor der Stirn schon
am Nachmittage um fünf Uhr.
Das Zimmer erschillert' vor Todkampf
am Nachmittage um fünf Uhr.
Von weither kriecht schon der Wundbrand
am Nachmittage um fünf Uhr.
Lilienjagdhorn um grüne Weichen
am Nachmittage um fünf Uhr.

Die Wunden brannten wie Sonnen
am Nachmittage um fünf Uhr,
und die Leute zerbrachen die Fenster
am Nachmittage um fünf Uhr.
Am Nachmittage um fünf Uhr.
Ach welch gräßliche fünf Uhr nach Mittag!
Auf allen Uhren wars fünf Uhr.
In des Nachmittags Schatten wars fünf Uhr!

II

Das vergossene Blut

Nein, ich will es nicht sehn!

Sage dem Mond, er soll kommen,
denn ich will nicht, ich will nicht sehen
Ignacios Blut auf dem Sande.

Nein, ich will es nicht sehn!

Der Mond hat weit sich geöffnet.
Pferd stiller ruhiger Wolken,
und die graue Arena des Traums
mit Trauerweiden am Sperrsitz.
Nein, ich will es nicht sehen!
Denn mein Gedächtnis verbrennt.
Ruft die Jasmine herbei
mit ihrer winzigen Weiße!

Nein, ich will es nicht sehn!

Die Kuh dieser alten Welt
fuhr mit der traurigen Zunge
über ein Maul aus Blut und Blut,
aus Blut, vergossen im Sande,
und die Stiere Guisandos,
Tod fast und nahezu Stein,
brüllten wie zweihundert Jahre,
verdrossen, die Erde zu stampfen.
Nein.

Nein, ich will es nicht sehn!

Die Sitze hinan steigt Ignacio
mit all seinem Tod auf dem Rücken.
Er suchte das Dämmern des Morgens,
aber kein Morgen erdämmert.
Er sucht sein bestimmtes Profil,
aber der Traum verwirrt ihn.
Er sucht' seinen herrlichen Leib,
aber fand sein offenes Blut.
Heißt mich nicht es mir ansehn!

Ich will seinen Strahl nicht erfühlen,
der mit immer weniger Kraft springt;
den Strahl, der die Sitzreihn verklärt
und nieder auf Samt fällt und Leder
dürstender Massen von Leuten.
Wer schreit mir wohl zu, ich soll hinsehn!
Heißt mich nicht es mir ansehn!

Nicht schlossen sich seine Augen,
als er die Hörner schon nah sah,
aber die schrecklichen Mütter
reckten die Köpfe empor.
Die Stiergehege durchzog
ein Wind von heimlichen Stimmen,
die himmlischen Stieren riefen —
Stierknechte bleichen Genebels.
Kein Fürst war je in Sevilla,
den vergleichen man könnte mit ihm,
kein Degen je wie sein Degen,
kein Herz wie sein hochherzges Herz.
Wie ein Strom von Löwen, so war
seine Kraft, ein Wunder der Kraft,
und wie ein Torso aus Marmor
seine scharf gezeichnete Klugheit.
Luft andalusischen Roms
vergoldete ihm seinen Kopf,
wo sein Lachen war eine Narde
aus Scharfsinn und feinem Witz.
Im Kampfplatz — welch ein Torero!
Auf Bergen, welch guter Steiger!
Wie weich mit den Ähren!
Wie hart mit den Sporen!
Wie zart mit dem Tau!
Wie blendend am Festtag!
Wie furchtbar
mit den letzten Banderillas des Dunkels!
Aber schon schläft er endlos.
Schon öffnen mit sichren Fingern
des Schädels Blüte ihm Moose und Kraut.
Schon fängt sein Blut an zu singen:
es singt über Salzseen und Auen,
vergleitet an eisstarren Hörnern
und schwankt ohne Seele durch Nebel
und stößt auf vieltausend Klauen
wie eine lange dunkle traurige Zunge,
eine Lache aus Todkampf zu bilden
bei der Sterne Guadalquivir.
O weiße Mauer Spaniens!
O schwarzer Stier des Leides!
O starkes Blut Ignacios!
O Nachtigall seiner Venen!
Nein.

Nein, ich will es nicht sehen!

Es gibt keinen Kelch, der es faßte,
keine Schwalbe gibts, die es tränke,
keinen Lichtreif, der es gefröre,
keinen Sang, keine Sintflut von Lilien —
es mit Silber zu decken, kein Wasser.
Nein.

Nicht ich! Ich will es nicht sehn!

III

Anwesender Leib

Der Stein ist eine Stirn, darauf die Träume seufzen,
von Wasserbögen bar und bar gefrorener Zypressen.
Der Stein ist eine Schulter, die Zeit hinwegzutragen
mit Tränenbäumen und mit Bändern und Planeten.

Gesehen hab ich graue Regen, wellenwärts bewegt,
die ihre zarten und durchsiebten Arme hoben,
um nicht gejagt zu werden von dem Stein, der lauernd liegt
und ihre Glieder löst, doch nie in ihrem Blute sich erweicht,

Es nimmt der Stein wohl an Gesäm und auch Gewölke,
Gerippe wohl von Lerchen und Dämmerschattenwölfen,
doch gibt er keinen Klang, kein Feuer, kein Kristall —
Arenen gibt er nur, Arenen und Arenen, mauerlos.

Da liegt nun auf dem Stein Ignacio, wohlgeboren;
geendet nun; was ist? Betrachtet seinen Leib nur:
der Tod hat ihn bedeckt mit blassen Schwefelblüten
und einen dunklen Minotauruskopf ihm aufgesetzt.

Es ist zu Ende jetzt. Der Regen dringt durch seinen Mund.
Und wie im Wahnwitz läßt die Luft die Brust ihm eingesunken;
der Gott der Liebe, ganz durchtränkt mit Tränen, die aus Schnee
wärmt auf der Höhe sich der Stiergehege.

Was sagt man? Eine Stille ruhet mit Gestank sich aus.
Wir stehn in eines Leibes Gegenwart, der sich verflüchtigt,
bei einem rein Geformten, darin Nachtigallen waren,
und sehn, wie es mit Löchern ohne Grund sich füllt.

Wer fältelt hier das Schweißtuch? Lüge, was es sagt!
Denn hier singt niemand, niemand weint im Winkel,
klirrt mit den Sporen, schreckt die Schlange auf:
Nichts andres will ich hier als aufgerissne Augen,
um diesen Leib zu sehn im Unvermögen seiner Ruhe.

Hier will ich sehn die Männer mit der harten Stimme,
die Rosse bändigen und über Ströme herrschen,
die Männer, denen das Gerippe tönt, die singen
mit einem Mund voll Kieselsteinen und voll Sonne.

Die will ich sehen. Hier. Und vor dem Steine.
Vor diesem Leibe mit zerrissnen Zügeln.
Die sollen, will ich, zeigen mir den Weg hinaus
für diesen Kapitän, den Tod gebunden.

Die sollen, will ich, lehren eine Klage mich
wie einen Fluß mit sanften Nebeln, tiefen Ufern,
Ignacios Leib hinabzuflößen, unauffindbar,
wo er der Stiere zwiefach Schnauben nicht mehr hört.

Er soll verlieren sich in der Arena Rund des Monds,
der, wenn er klein noch, wie ein leidend unbeweglich Rind sich stellt;
verlieren soll er in der Nacht sich, da kein Fisch singt,
im weißen Dickicht sich verliern gefrornen Nebels.

Ich will nicht, daß in Tüchern man sein Antlitz birgt,
damit er sich gewöhne an den Tod, den er erträgt.
Geh, geh Ignacio: hör nicht das heiße Stiergebrüll.
Schlaf, flieg und ruhe: Einmal stirbt hin auch das Meer!

IV

Abwesende Seele

Nicht kennen dich Stier und nicht Feigbaum,
nicht Rose, nicht Emsen deines Hauses.
Nicht der Nachmittag kennt dich, das Kind nicht,
denn gestorben bist du für immer.

Nicht kennt dich der Rücken des Steines,
nicht der schwarze Atlas, darin du zerfällst.
Nicht kennt dich dein stummes Erinnern,
denn gestorben bist du für immer.

Der Herbst wird kommen mit Muscheln,
mit Nebeltraube, sich scharenden Bergen,
doch niemand will sehn deine Augen,
denn gestorben bist du für immer.

Denn gestorben bist du für immer,
wie alle Toten der Erde,
wie alle Toten — vergessen
in einem Haufen verendeter Hunde.

Dich kennt niemand. Nein. Doch ich sing dich.
Ich sing dein Profil, deine Anmut, für später.
Die bedeutende Reife deiner Erkenntnis.
Dein Sehnen nach Tod, dem Geschmack seines Mundes.
Die Melancholie deiner tapferen Freude.

Lang wird es währen bis zur Geburt, wird je er geboren,
eines Andalusiers, so lauter, an Wagnis so reich.
Seine Feinheit sing ich mit Worten, die seufzen,
und gedenk einer traurigen Brise in den Oliven.

Einzig autorisierte Übersetzung von Enrique Beck.
(F. G. Lorca: „Gedichte", Rowohlt-Verlag)

Das Porträt:

FEDERIGO GARCIA LORCA

Bleicher Morgen über Estremadura. Ein halb zerfallenes Schloß ehemaliger spanischer Granden. Auf den verwitterten Stufen, den Rücken an einen Säulenstumpf gelehnt, sitzt ein junger Mann und wartet auf den Tag. Von schlafloser Nacht erschöpft, überläßt er sich träumend dem Frieden der Stunde. Am Wiesenrand ihm gegenüber weidet, angepflockt, ein Hammel. Es riecht nach Moder und Tau. Getrappel, Grunzen, eine Wolke von Staub. Eine Herde wilder Schweine quillt aus den Ruinen, verhofft kurz, stürzt gierig über das wehrlose Weidetier her. In wenigen Augenblicken ist der Hammel eine zerfleischte, blutige Masse, um die sich die gierigen Bestien balgen. Den Mann auf den Stufen schüttelt ein Weinkrampf der Ohnmacht. Wie in einem Bann verharrt er, bis das qualvolle Schauspiel geendet. Tage darauf weiß er nicht mehr zu sagen, ob er einen Alb, ob Wirklichkeit erlebt hat. Ein Freund berichtet uns von des jungen Manns Erschütterung: Lorca glaubte, sein eigenes Schicksal gesehen zu haben.

Eine Anekdote? Ist sie erfunden, trifft sie des Dichters Wesen doch im Kern. Schönheitsdurst und Grauen, Furcht und Mitleid, die stete Fassungslosigkeit des Menschen, der nur ergriffen werden und nie begreifen kann, das sind die Räume der Seele Lorcas.

Er stammt aus Andalusien. Landschaft der Gärten und der Berge, Mischkrug für Blut aus allen Strömen unserer Ahnenwelt, ist es von Farben und von Mythen gesättigt und gedüngt. Hier gingen Orient und Okzident im Abendland glücklichste Ehe ein. Hier sind sie untrennbar verschmolzen. Im Munde der Gitanos und Duennas erhalten alle Gleichnisse die Bildniskraft und Formenfülle, wie sie den Liedern Salomos und des Koran zu eigen. Das Meer, der Wind, die von der Wüste und vom Schnee erzählen, sie sind Musik und Rhythmus allen Lebens, das dort gedeiht. Kälte und Glut, Stierkampf und Kirchenprunk, Grausamkeit und Frömmigkeit, Fanatismus und Fatalismus sind die Extreme südspanischer Daseinsäußerung.

Der Spanier Lorca schwankt zwischen Überschwang und Todesangst, — zur ruhigen Mitte, zur Zufriedenheit vermag er nie zu finden. Ein Sinnenmensch, ein heidnischer Katholik, lebt er in einer Welt voll Heiliger und Dämonen, die sich ihm in der Natur, in Träumen, in Bildern und Symbolen offenbart. Das Schicksal, das der Dichter glaubt, ist unentrinnbar und blind, es kennt Erlösung und Gnade nicht. Im Rausch allein vermag er seinem Fatum zu begegnen, sei es der Rausch des Erfolgs oder die Befriedigung des Traums. Die Menschen seiner Dichtung gleichen ihm, — Produkte, Äußerungen des Schicksalswillens, deren Gezeiten Wachsen, Zeugen und Vergehen sind. Sie leben animalisch, den Trieben und Instinkten anheimgegeben. Sie leiden, da sie nur ahnen, nie erkennen können. Aber die Ahnung ist an den Instinkten geschärft. Ahnend, nicht wissend, legt Lorca den Finger auf die Schwären der Menschheit und seines Volks. Und damit macht er sich die Schmarotzer, die an den Schwären saugen, zum Feind. Siebenunddreißigjährig, wird er im Juli 1936 von den Falangisten erschossen.

Am 5. Juni 1899 wird er in einem Dorf unweit Granadas als Sohn des Bauern García geboren. Des Vaters Hand ist streng. Der Knabe flüchtet, wann er kann, hin zu den Frauen, in eine Welt, in der die Bilder bunter und die Freuden reiner sind. Die Mutter, eine Lehrerin, versucht ihn an den Glauben zu binden. Die alte Kinderfrau Dolores lockt ihn zu Spiel, Tanz, Lachen und Verkleidung. Die Wirklichkeit ist ihm verhaßt. Tritt eine Pflicht an ihn heran, so rettet er sich zu Büchern, Masken und Guitarren, in eine Dämmerung, die ihm das Dasein schöner zeigen soll, als es das grelle Licht vermag.

Der Jüngling muß studieren, tut's mit Unlust und mit mäßigem Erfolg. Auf einer Exkursion, die ihn durch Kastilien zur Hauptstadt führt, lernt er die Boheme Madrids und damit einen Kreis von Freunden kennen, dessen ausschließlich dem Schönen zugewandtes Leben ihm behagt. Mit kleinen Reise-Impressionen, „Eindrücke und Landschaften", führt er sich ein. Unbekümmert folgt er jetzt seinen Neigungen. Er musiziert unter Anleitung Manuel de Fallas, zeichnet, von Salvador Dali ermuntert, was er an Hintergründigem mit Worten noch nicht auszudrücken weiß, spielt mit Puppen auf eigener kleiner Bühne, ästhetisiert in langen Nächten mit Jimenez, de Torre und Bergamin um die Wette. Und, gleichsam zur Übung, schreibt er Verse, wie sie ihm die Mode, Impressionismus und Symbolismus, in die Feder diktiert. Zwischendurch fährt er, wenn's gar nicht anders geht, zur Hochschule nach Granada zurück und absolviert mit Ach und Krach die Prüfungen. Der Zwanzigjährige ist Mittelpunkt der künstlerischen Klüngel Madrids. Federigo in allen Gassen produziert sich. Die „Hoffnung Spaniens" Lorca — er nennt sich jetzt, wer weiß warum, nach seiner Mutter, — schwimmt im Hochgefühl der Geltung. Nicht lange: sein erstes Bühnenstück fällt durch, das Bändchen mit eigenen Gedichten, das er 1921 veröffentlicht, begegnet Wohlwollen, nicht mehr. Die Kritiker weisen mit Nachsicht auf die Unreife und Ichbezogenheit des Autors hin.

Aus den Wolken gestoßen, sucht sich der junge Dichter wieder auf der Erde zurechtzufinden. Dem ersten Stadium, Enttäuschung und Verzweiflung, folgt ein zweites — Besinnung. Er holt sich seinen Titel „Lizenziat der Rechte", fährt nach Hause und gibt sich Rechenschaft über das Erworbene. Die Kindheit, seine Heimat, die madrider Thesen der Ästhetik, die Großen, an denen er seine Kunst gebildet (vor allem Gongora und Valéry), die Melodien de Fallas und Debussys passieren vor ihm Revue und verdichten sich zu lyrischen Bekenntnissen. Er sieht die Gefahren und Lockungen der künstlerischen Isolierung und glossiert sie in einem „Narziß" betitelten Gedicht:

Kind — du stürzest ja gleich in den Fluß!
    In der Tiefe, da ist eine Rose,
    In der Rose ein anderer Fluß.
Schau, dieser Vogel! Sieh doch
den gelben Vogel da, sieh!
    Meine Augen schon fielen ins Wasser.
Gott! Er gleitet ja aus! O Knabe!
    ... in der Rose bin ich jetzt selbst.
Als er im Wasser verschwand,
begriff ich. Doch ich erklär' nicht.

Keine dieser Schaffensproben wird in den nächsten Jahren veröffentlicht. Der Lorca jener Tage scheut die Hybris, da ihn der erste Sturz so tief verletzte. Erst 1927 erscheint ein neues Buch und macht ihn über Nacht berühmt: „Romancero Gitano" (Zigeuner-Romanzen). Die „Hoffnung Spaniens" hat sich erfüllt, ein Mund hat sich geöffnet, der alles, was die Herzen des Landes bewegt, zur Sprache bringt, in Worte, Rhythmen, künstlerische Offenbarungen faßt, wie sie die Dichtung der Romanen in solcher Fülle seit Jahrhunderten nicht mehr gekannt. Alle Klagen um Unrecht und Grausamkeit, um Lebensangst und Lebenstrug, die sonst so gern in stolzen Herzen begraben bleiben, quellen hier ungehemmt aus einer Brust, die alles Leid der Brüder zu umschließen scheint. Und Lust und Farbenfreude, barocker Überschwang der Formen und der Gefühle, die gleichermaßen vom Land genährt, sind die andere bezwingende Seite der Zigeunerliebe. Was sonst nur wenigen Kunstgedichten beschert ist, geschieht mit den Romanzen Lorcas: sie werden bis zum heutigen Tage von allen Schichten des spanischen Volkes gesungen und rezitiert, — wenn auch die meisten, die sich daran erfreuen, nicht wissen, von wem sie stammen.

Ein Jahr darauf erscheint sein nächstes Buch, der „Cante Jondo". Vorarbeiten, Späne der großen Arbeit an den Romanzen, Lieder um Landschaft und ihre Menschen. Zigeunerlager, Windmühlen, ein verlassenes Bergdorf, vermummtes Bauernantlitz auf beschneiten Wegen, Pferdegerippe, Altarkerzen, Orangenblüten, Messer, Flittergold und Seidenglanz, — am Schein der Dinge entzündet sich der Dichter und dringt mit kühnen Metaphern und Gleichnissen zu ihrem Wesen vor. Nicht zu den Gesetzen, nach denen sich das Wesen entfaltet. Mit Gott und Jenseits zu spekulieren ist Lorcas Sache nicht.

Nun lebt er den Erfolg. Und wieder reißt ihn der Strudel des Tages mit sich fort: Vorträge, Reisen, Akklamationen, Ausstellungen seiner Graphik. Doch findet er jetzt einen Halt in der freundschaftlichen Zuneigung der großen Schauspielerin Margarita Xirgu. Sie führt das Drama „Mariana Pineda" auf, das er ihr gewidmet hat, und das das Heldentum einer spanischen Freiheitskämpferin besingt, und sie gibt ihm Mut, sich weiter auf diesem dichterischen Feld zu versuchen. Sie setzt ihn in Marsch, damit er sich im Alltagsbetrieb des Theaters das nötige Handwerkszeug erwirbt. Er gründet eine Gruppe „La Barraca" und reist mit Stücken von Calderon, Lopé de Vega und Cervantes im Land umher. Ihn reizt das Metier, und er beweist sich in den folgenden Jahren ebenso als Schauspieler wie Dramaturg und Regisseur. Noch einen tiefen Gewinn trägt er aus der Bekanntschaft mit der Xirgu davon: die Entdeckung der Frau. Das Weibliche wird zum Mittelpunkt seiner Dramatik, und in ihm verschwistern sich symbolisch alle Themen der Konvention (Don Perlimplin), des Fatalismus (Bluthochzeit), der Grausamkeit (Bernardas Haus) und Unfruchtbarkeit (Yerma), die er bisher als Wurzeln des Leides seines Landes betrachtet hat. Die Frau heißt Spanien, und Spanien wird zu seiner Braut. Seine Verpflichtung ist ernst, und er vermag nur selten, allzu selten, zu lachen. Das ist die Tragik und die Grenze seiner Kunst. In ihm lebt die Ahnung vom harten Schicksal, das seinem Volke beschieden sein wird. Diese Ahnung verdüstert ihn mehr und mehr.

Doch immer noch fordert der Tag, das Leben seine Rechte. Er reist zweimal über die Meere. Die erste Fahrt geht nach New York und Cuba. Von ihr bringt er die Bekanntschaft mit den Dichtern und Dämonen der Neuen Welt nach Hause, die in der „Ode an Walt Whitman" und in dem Lyrikband „Dichter in New York" wesentlichsten Niederschlag findet.

> „Entfliehen muß man,
> muß entfliehen um die Ecken und ein sich schließen in den obersten Etagen,
> denn durch die Spalte dringt das Mark der Wälder,
> damit es laß von Schwinden eine leichte Spur in eurem Fleisch
> und eine falsche Trauer von entfärbtem Handschuh und von Rose aus Chemie."

Das ist die große Stadt New York, ist Nordamerika. Die nächste Reise, die fast ein Jahr währt, gilt Südamerika, wo Lorca als größter lebender Dichter der iberischen Stämme gefeiert und bejubelt wird. Sie hat kein Echo in seiner Dichtung. Es sei denn, daß er dank der Akklamationen nun seiner Wirkung ganz sicher ist, und daß man diese Sicherheit in seinen letzten Werken spürt. Die späten Jahre gehören dem Theater. Und dem Theater gehören auch die Werke an, die ihn in allen Sprachen berühmt gemacht: „Bluthochzeit", „Yerma", „Donna Rosita oder die Sprache der Blumen" und „Bernarda Albas Haus". Sie werden nur aus dem Spanier, aus dem Unerlösten, aus dem Lyriker verständlich. Hier ringt ein Mensch mit allen Mitteln der Symbolik um Verständnis für die Kreatur, die in einer Welt materialistischen Unverstands zugrundegehen, an einer Mauer aus Lüge, Aberglauben, Konservativismus und Grausamkeit zerschellen muß. Die Braut der „Bluthochzeit" flüchtet in der Nacht nach der Vermählungszeremonie mit ihrem Liebhaber Leonardo, der sie zugleich mit Abscheu und Begierde erfüllt. Ihr Tun wird beiden Männern, die sie lieben, das Leben kosten. Doch „ihr Blut ist stärker als sie": „Ich liebte meinen Verlobten und habe ihn nicht betrogen, doch der Arm des anderen hat mich wie eine Meereswoge davongetragen". Nicht der Mensch Leonardo, „die Erde, der Geruch seines Körpers und seiner Haare" trägt die Schuld.

„Er mußte dasselbe Schicksal wie sein Vater und seine Brüder erleiden." Düster beharrt Leonardos Mutter auf ihrem fatalistischen Glauben. Der Ehrenkodex des Spaniers, härteste Folgerung aus diesem Glauben, rechtfertigt jedes Opfer, jeden Mord, jede Vergewaltigung um der Sitte willen. Ein Aufstand gegen die Sitte, gegen die Gesetze, die sich der Mensch in Verkennung des Gotteswillens selbst gegeben, muß zum Verderben führen. „Yerma", unfruchtbar, da sie einem ungeliebten Manne angetraut ist, sieht nur noch einen Weg, zu ihrer weiblichen Bestimmung zu gelangen: Schande und Tod. „Auch wenn ich wüßte, daß mich mein Sohn dereinst zu Tode quälen, mich hassen und an den Haaren auf die Gasse schleifen würde, begrüßte ich doch seine Geburt mit Freuden — 's ist besser, ob eines Lebenden zu klagen, der uns einst töten wird, als ob des Nachtmahrs, der seit Jahren auf meinem Herzen kniet."

Eine „Tragödie in spanischen Dörfern" nennt Lorca sein letztes Stück „Bernarda Albas Haus". Bernarda hält die Frauen ihres Hauses streng von der Außenwelt, vom Manne abgeschlossen: „Die Frauen sollen nur den Priester anschauen und den nur, weil er Röcke trägt." Brunst, Wahnsinn und Hysterie sind Folgen dieser Tyrannei. Die überhitzten Triebe entladen sich, und wieder steht am Ende der Tod, von Unverstand und Grausamkeit beschworen.

Die Antithese des Dichters heißt: Mensch gegen Schicksal, und diese Antithese kennt nur eine Lösung: den Tod (suerte-muerte). Die Menschen Lorcas sind zu tief im Organismus der Natur verhaftet, als daß sie sich kraft ihres suchenden Geistes (der sie erst eigentlich zu Menschen machen würde) über ihr vegetatives Dasein erheben könnten. Sie alle gleichen Rosita, der „rosa mutabilis", die knospt, aufblüht, verwelkt und nicht zur Frucht gelangt, da ihr die Begegnung mit der erfüllenden Liebe versagt bleibt. Sie alle suchen Auswege aus der fatalistischen Verstrickung, sie alle gleichen ihrem Dichter, der um den Glauben an eine göttliche Gnade ringt — und ihn nicht findet. Seine Zerrissenheit, die aus dem inneren Zwiespalt zwischen Pflicht und Neigung und aus dem Umbruch der Zeiten erwuchs, gab ihm nur Kraft zum Aufschrei, zur Klage: Habt Mitleid und Erbarmen! Rettet den Menschen vor den Menschen!

Umbruch der Zeit. An allen Orten, wo die Kulturen aneinanderbranden, erstehen Dichter, die zu Rufern der Not werden und nach dem neuen Menschenbild zu tasten suchen: Alexander Blok im Osten, Faulkner im Westen, Lorca im Süden, um nur einige zu nennen. Sie kommen aus dem Schoß des Volks, sind von der unverbrauchten Kraft des Bauerntums gezeugt und rüsten sich mit allen modernen Waffen des Intellektes, um ihre Mission als Seher zu erfüllen. In Lorca ist das Erbe des Abendlandes noch am sichtbarsten vertreten, doch bleibt seine Wirkung nicht auf dieses beschränkt. In allen Sprachen liest man seine Verse, spielt man seine Stücke. Seit 1945 auch in Deutschland. Nach den Definitionen unserer Diktatur war er zu den „Entarteten" zu zählen. Gewisse Kreise, die nicht hören wollen, daß einer eine Sprache spricht, die jede geheime Schande aufdeckt, neigen auch heute wieder dazu, die Dichtung Lorcas zu verdammen. Sie sollten lauschen und erkennen: hier fangen schon die Steine zu reden an.

Paul Arndt; Übersetzung der zitierten Lyrik: Enrique Beck.

Die Glosse:

Das Frankfurter Goethehaus

Es ist inzwischen unwiderlegbar geworden, denn es steht da, dreidimensional, aus Stein, Eisen, Holz und mancherlei wirklichem Stoff, und unser Bundespräsident hat es in den Besitz der hohen Güter der Nation aufgenommen. Das sind Tatsachen, die man allenfalls durch eine Höllenmaschine widerlegen könnte, und *so* wichtig ist das restaurierte Goethehaus nun wieder nicht. Die recht behalten haben, neigen dazu, jene Tatsachen für Argumente zu halten und also zu meinen, sie hätten nicht nur recht behalten, sondern auch recht; das ist nun einmal die Gewohnheit der Sieger. Siegreiche Tatsachen muß man respektieren, vor allem wenn sie nicht nur im bildlichen Sinn, sondern wörtlich harte Mauern sind, an denen man sich doch nur die Köpfe einrennen würde. Deshalb dachte niemand daran, die Festesfreude zu stören; man hatte sich damit abgefunden, die Gegen-Argumente (niedergelegt in dem Aufsatz „Mut zum Abschied", FH II/8) dem Gedächtnis einiger und den Archiven überantwortet zu lassen.

Aber dann haben zwei sonst verehrungswürdige Männer, in der festlichen Laune des Siegers, wenn auch wenig ritterlich, den Streit um die Argumente neu begonnen. Es gab seinerzeit eine Reihe von ernsthaften Einwänden ernsthafter Leute. Jenen beiden Männern in Frankfurt aber erschien es tunlich, *ein* Argument herauszuziehen, das sich besonders dazu eignete, der Verachtung der braven und zahlungsfähigen Ausländer preisgegeben zu werden: das Argument, man müsse das Gelände des zerstörten Goethehauses wüst liegenlassen, damit es für immer an die Schmach der Terrorangriffe erinnere. Dies sei, so wurde man belehrt, das Argument „der Mehrzahl der Gegner" gewesen.

Der Streit um das Goethehaus war 1946 und 1947. Hat eigentlich damals irgendeiner so geredet? Vielleicht mancher Nazi-Spießer, im Kämmerlein, höchstens an seinem Stammtisch. Öffentlich so antiamerikanisch zu reden, ist erst viel später üblich geworden. Wie dem auch sei: in dem Bereich, in dem die Entscheidung vorbereitet wurde und fiel, in den Zeitschriften und Zeitungen, in den Sitzungen des Magistrats und des Freien Deutschen Hochstifts, ist dieses wahnsinnige Argument niemals ausgesprochen worden. (In meinem Aufsatz sogar das genaue Gegenteil: da war davon die Rede, die Zerstörung müsse hingenommen und angenommen werden, weil sie nicht zufällig sei, sondern eine Konsequenz deutscher geschichtlicher Schuld.)

Die Motive der Gegner schlechtzumachen, ist eher eine Versuchung schlechter Verlierer als der Sieger. In der Tat sind die Bauherren insofern nicht zu beneiden, als sie nun für hoffentlich recht lange Zeit — denn wir wünschen der Stadt Frankfurt eine katastrophenlose Zukunft — für das Modell des Goethehauses 1:1 einzustehen haben, und zwar nicht nur vor Festgästen und Schulkindern. Dieses ihr fragwürdiges Argument ist so dauerhaft, daß es sich niemals zurücknehmen läßt, aber es widerlegt das Gegen-Argument nicht. Sei dies noch einmal festgehalten, angesichts dieses dauerhaften Modells:

„Der Mensch zerstört, und der Mensch baut. Aufgetragen ist uns: zu bauen. Es gibt aber keine hartnäckigeren Bekenntnisse zum Gewesenen als die Restaurationen.

Freilich muß man eine Zukunft haben, um so zu empfinden. Man darf unter Geschichte nicht nur das verstehen, woraus wir kommen, sondern auch das, wohin wir gehen, in Zeit und Ewigkeit. Es ist zuzugeben, daß heute ein angestrengter und angespannter Glaube dazu gehört, seine Entscheidungen auf eine sinnvolle Zukunft dieser Menschheit abzustellen, echte Hoffnung zu haben. Man macht sich fast lächerlich damit, wenn man im Ernst aus dieser Hoffnung wirkt und arbeitet. Aber alle wahre Produktivität hängt daran. Auch unsere Vorstellung von einem wahrhaft neuen Frankfurt, von den menschlichen Städten unserer Kinder und Enkel hängt daran. Dem Mut zur Zukunft entspricht die Entschlossenheit, Abschied zu nehmen von dem, was unwiderruflich vorbei ist. Noch einmal: es kommt nicht auf die Motive der Handelnden an, die Sprache der Bauten ist beredter als die Denkschriften der Bauenden: es ist ein Versagen vor der Zukunft, was jenes Gespenst des Goethehauses in der Sprache des steinernen Symbols aussagen wird.

Der Stadt Frankfurt aber stehen Siedlungspläne besser an. Zu bedauern ist jener Entschluß auch um ihretwillen, die sich in ihm falsch entscheidet, indem sie eine ihrer bedeutungsvollsten Überlieferungen nicht im Geist und in der Wahrheit weiterführt — und was ließe sich nicht alles aus Goethes gewandeltem Geist in dieser Stadt für die Zukunft fruchtbar machen! —, sondern in einer schwächlichen und trügerischen Illusion." *WD*

1:0 für Niemöller

Also sprach Martin Niemöller: „Christliche Kirche, die sich nicht um die Politik kümmert, ist keine Kirche, sondern sie ist entweder zu einer Kultusgemeinschaft entartet oder zu einer Religionsgemeinschaft verblaßt."

Aha! Also unverändert der gleiche, dieser Pfarrer und hessische Kirchenpräsident: rebellisch, aggressiv, politisch und folglich — unchristlich. So raunten sich die meisten Zuhörer zu, die während der Hamburger Tagung der Gesamtdeutschen Synode der Evangelischen Kirche in Deutschland an einem Abend in die Hamburger Universität gekommen waren, um sich diesen „politisierenden Pastor" zum ersten Mal aus der Nähe anzusehen und anzuhören.

Niemöller sagte weiter: „Können wir Menschen überhaupt menschlich miteinander umgehen? Wir sind doch radikal unmenschlich geworden. Steht es dem Menschen zu, festzustellen, was und wer ‚gut', was und wer ‚böse' ist? Nein, diese Entscheidung zu treffen, steht nur Gott allein zu. Sechs Millionen ‚böse' Menschen und Juden wurden während der nationalsozialistischen Ära auf den Schrotthaufen geworfen. So geht es immer weiter, nach dem teuflischen Gesetz: Gut ist, was nützt, böse ist, was schadet. Es ist aber radikal böse, den Menschen nur als Mittel zum Zweck anzusehen, und zu gebrauchen, das heißt zu mißbrauchen. Um zu erklären, warum die Kirche in die Politik gehört: Indem die Christenheit Jesus von Nazareth verkündet, ist sie schon mittendrin in der Politik. Denn Christus gehört hinein in diese säkularisierte Welt; er allein ist der einzig wirkliche Mensch, dessen Stimme das menschliche Zusammenleben mit allen seinen unmenschlichen Spielregeln stört. Es muß in der Christenheit endlich Schluß gemacht werden mit der Trennung zwischen Glaube und Dienst am Nächsten. Weil es in der Politik aber doch um den Menschen geht (oder gehen soll) und in der Kirche auch, darum hat der Christ genau wie der Politiker dafür zu sorgen, daß die Politik sich wirklich und ernsthaft um das Schicksal des Menschen kümmert."

Das war alles ganz klar, und der Ernst und die Nüchternheit dieser thesenhaft vorgetragenen Feststellungen machte auf die Zuhörer spürbaren Eindruck. Die bestellten Zwischenrufer kamen nicht zum Zuge.

Aus dem Gleichnis vom Barmherzigen Samariter leitete Niemöller die unbedingte — und nicht nur bedingte — Pflicht jedes Christen ab, politische Appelle zu wagen und seine Stimme zu erheben, wenn „Gefahr in Verzug" ist.

Am Ende hatten es auch die Gegner dieses Mannes begriffen, daß sie ihn bis dato mißverstanden hatten. In Gesprächen wurde deutlich, daß Niemöller diesmal gelungen war, was ihm offenbar nicht immer gelungen ist: den Glaubensgrund bloßzulegen und sichtbar zu machen, auf dem seine oft aggressive Aktion steht. So nahm man auch jene Worte von der „verbrecherischen Propaganda der Gleichsetzung des Westens mit Christus und der östlichen Welt mit dem Antichrist" ohne Widerspruch ab, ebenso wie den Satz: „Die Politik des ‚Alles oder Nichts' ist keine Politik, — alles oder nichts gibt es nur bei Gott."

Das war deutlich, wohltuend deutlich und klar formuliert für alle diejenigen, die im politischen Bereich für radikale Lösungen schwärmen, in der Begegnung mit dem Menschen aber laue, bequeme Kompromisse bevorzugen.

Regina Bohne.

„Männer . . ., mal herhören!"

So beginnt, rot über schwarzen Panzern, ein Prospekt „An alle Büros". Aus dem Text — mit Zwischentiteln in fett und halbfett —:

„Erinnert Ihr Euch noch, wie es damals war? Wie man Euch — gleich welchen Dienstgrades und welcher Waffengattung — nach Jahren harter Pflichterfüllung durch den Schmutz zog? . . .

Besinnt Ihr Euch noch darauf . . ., wie man uns, die wir ohnehin die Schnauze voll hatten, auch noch mundtot machte, während jeder Etappenhengst mit neuentdeckter „demokratischer Gesinnung" über anständige Soldaten herzog?

Wißt Ihr noch, wie es Euch, uns alle vor Zorn fast umbrachte, als gewisse Herren . . . unter dem Beifallsgrinsen des Auslandes ihre Federn zückten auf Leute, vor denen sie jahrelang auf dem Bauch lagen? Wie sie sich — natürlich hinterher! — ihrer Taten rühmten, für die das Frontschwein an die Wand gestellt oder aufgehängt worden wäre?

Es war und es ist zum Kotzen, wie gewisse Leute gar nicht rasch genug ein „Persil-Buch" nach dem andern herausbringen konnten und sich ihres „Widerstandes" rühmten . . .

Jetzt hat es einer gewagt, . . . Einer, den Ihr alle kennt: . . . Unser „Panzer-General" Gude-

rian hat es für uns alle ausgesprochen, ungeschminkt, ohne Wenn und Aber ...

Jawohl, — so war es! ...

Scharf, aber ritterlich rechnet Guderian mit all den Knaben ab, die keine Ahnung von der Front hatten ...

Die „Scheißkerle" aller Grade waren und sind ihm nicht grün. Die Schmalspurigen von der Presse sagen: „Warum hat er, der den ganzen Murks sah, nicht einfach mitgeputscht?" Aber wir Soldaten verstehen ihn. Wir sind dankbar dafür, daß auch ein General mit drei Sternen genauso seine Pflicht tat wie der Mann am MG ...

Guderian: „Erinnerungen eines Soldaten", das ist das Buch, auf das Ihr gewartet habt. Lest es! Lest es gründlich! Und dann gebt es den Klugrednern, — sie werden viele Seiten finden, die ihnen partout nicht behagen. Euch wird es aber eine wahre Herzenserleichterung sein.

Das Buch, an dem sich die Geister scheiden ...

Jawohl, ein Buch, in dem es heißt: „Tragt den Kopf hoch, wie einst zur Parade! Ihr braucht Euch Eurer Taten wahrlich nicht zu schämen. Ihr wart die besten Soldaten ..."

„462 Seiten in Großformat, mit 37 Kartenskizzen und zahlreichen Abbildungen, in Leinen gebunden zum Preise von DM 18.-" — „in sechs kleinen Monatsraten", falls man sich in die „Werbe-Einzeichnungslisten" einträgt — heute der „Neuen Buchdienst GmbH". Morgen in die Werbe-Einzeichnungslisten wessen?, für sechs kurze Monate, für sechs lange Jahre, für immer?

... mal hinhören? So beginnt es, abermals.

EK

Was ist Journalismus?

Am 19. Februar 1951 ging ich in die Redaktion der Zeitung, an der ich gelegentlich mitarbeite. Ich brauchte Geld und hatte einen Artikel mitgebracht, um ihn zu verkaufen. Es war ein Montag. Mein Artikel war nicht aktuell, aber wenn ich Glück hatte, würde er am Sonntag erscheinen, sodaß ich schon in einer Woche mit der Bezahlung rechnen konnte. Ich hatte aber mehr Glück. Kaum hatte ich das Gebäude betreten, in dem es ständig zu fiebern schien, als sich der Portier auf mich stürzte.

„Der Kulturredakteur sucht Sie dringend", sagte er mit wichtiger Miene. „Ich wollte gerade zu Ihnen gehen, um Sie zu holen. Wieso haben Sie noch immer kein Telephon?", fragte er vorwurfsvoll.

„Weil man mich selten so dringend braucht", antwortete ich und lief zum Kulturredakteur. Ich war neugierig, was er von mir wollte, und konnte nicht glauben, daß er mich wirklich brauchte. Aber er erwartete mich tatsächlich.

„Sie sind ein Gide-Kenner, nicht?" fragte er unvermittelt und sah mich aus seinen ewig müden Augen an.

„Ja, natürlich", sagte ich. Es ist ein alter journalistischer Brauch, auf ähnliche Fragen immer mit Ja zu antworten. Diesmal stimmte aber meine Behauptung, denn ich kannte ein wenig Gides Werke; ich hatte sogar vor anderthalb Jahren einen Artikel über ihn geschrieben, anläßlich seines achtzigsten Geburtstages. Die Nummer der Zeitung, in der dieser Artikel erschienen war, lag auf dem Schreibtisch des Kulturredakteurs, aus dem Archiv heraufgeholt.

„Sehen Sie", sagte er, „deshalb brauche ich Sie ja. André Gide liegt im Sterben. Es ist zu erwarten, daß er im Laufe der heutigen Nacht sterben wird." Der Mann mit den müden Augen tippte mit dem gelben Finger auf eine Fernschreibmeldung. „Wir wollen die ersten sein, die eine Würdigung über den großen Toten bringen. Jetzt ist es fünf Uhr. Können Sie bis sieben den Artikel bringen?"

„Ja. Wie lang soll er sein?"

„Fünf Maschinenseiten."

„Gut."

Als ich bei der Tür war, drehte ich mich um und verlangte das Zeitungsexemplar mit meinem alten Artikel. Ich mußte ihn noch einmal lesen, um mich an meine Gide-Kenntnisse zu erinnern.

Um halb acht kam ich mit dem fertigen Artikel zurück. Während der Arbeit war ich nicht dazugekommen, über Gides Schicksal nachzudenken. Er lebte noch, aber in meinem Artikel war er schon tot. Jetzt erinnerte ich mich daran und erkundigt mich gleich, ob er schon tot sei. Aber er war noch immer nicht gestorben, und ich ärgerte mich darüber.

In der Nacht schlief ich schlecht, weil ich Angst hatte, daß Gide seine Agonie überstehen würde. In der Frühe erfuhr ich, daß er in der Nacht verschieden war. Ich hatte nicht umsonst gearbeitet und mußte nicht warten. Mein Artikel mußte schon in der Zeitung stehen. Ich konnte am selben Tag mein Honorar holen.

Das ist Journalismus. *Milo Dor.*

Bericht:

DER UNTERSUCHUNGSAUSSCHUSS FREIHEITLICHER JURISTEN DER SOWJETZONE

Beim Öffnen seiner morgendlichen Post überfiel kürzlich einen kommunistischen Volksrichter in der Sowjetzone ein heftiger Schreck. Er stellte fest, daß man ihn eines Verbrechens gegen die Menschlichkeit angeklagt hatte. Es wurde ihm vorgeworfen, eine Verfügung unterzeichnet zu haben, aufgrund deren ein deutscher Staatsbürger ohne Prozeß oder sonstiges ordentliches gerichtliches Verfahren in ein Konzentrationslager geschickt worden war. Die Anklage war in vorschriftsmäßigem gesetzlichem Wortlaut abgefaßt und zitierte den entsprechenden Paragraphen des deutschen Gesetzes, der durch die Handlungsweise verletzt worden war. Unterzeichnet war das Schriftstück vom Untersuchungsausschuß Freiheitlicher Juristen der Sowjetzone. Diese Unterschrift ist im kommunistischen Deutschland gefürchtet.

Der Richter sah sofort, daß diese Anklageschrift mit Hilfe eines Vertrauten aus seinem eigenen Mitarbeiterkreis, wahrscheinlich sogar mit Unterstützung von mehreren unter ihnen abgefaßt sein mußte. Es befand sich dabei sogar eine Photokopie der richterlichen Verfügung mit seiner eigenen Unterschrift. Desgleichen waren Photokopien des Briefwechsels beigelegt, den er mit seinem Vorgesetzten, dem sowjetzonalen Justizminister, geführt hatte. Man hatte die Originale mit dem Vermerk „Streng vertraulich" in einem Safe unter Verschluß gehalten.

Im Laufe des Vormittags stellte der Volksrichter weiterhin fest, daß, wie er erwartet hatte, Kopien der Anklageschrift in weiten Kreisen der Bevölkerung in Umlauf gebracht worden waren. Heimlich hatte man sie am Anschlagbrett im Rathaus und an sichtbaren Stellen auf allen öffentlichen Plätzen angeschlagen. Eine der Kopien war unmittelbar über dem Stalinbild angebracht, einem Plakat mit dem Text „Lang lebe Stalin, der Freund der Arbeiter der Welt", das in allen Städten der Ostzone an den Wänden prangt. Auch auf die Bänke in der Bahnhofshalle und in der Post waren Kopien gelegt worden. Alle diese Kopien wurden in höchster Eile von jungen Volkspolizisten mit eisernen Gesichtern eingesammelt. Desungeachtet wußte in Kürze jedermann von der Anklageschrift. Sie wurde am gleichen Abend vom RIAS über die gesamte Sowjetzone gesendet: „Achtung, Achtung! An die Bewohner Thüringens! Es ist Anklage erhoben worden gegen . . ."

Der Untersuchungsausschuß Freiheitlicher Juristen der Sowjetzone, der in dieser Weise seit zwei Jahren die kommunistischen Beamten nicht zur Ruhe kommen läßt, ist eine Gruppe deutscher Juristen aus der Sowjetzone, die sich der Aufgabe verschrieben haben, die Achtung vor dem Gesetz unter allen Umständen zu wahren. Ihre Arbeit, die sie freiwillig übernommen haben, zielt darauf ab, sämtliche Verstöße, die in der Sowjetzone gegen die geltenden Gesetze begangen worden sind, aufzuspüren. Der Sitz des Untersuchungsausschusses Freiheitlicher Juristen der Sowjetzone befindet sich in den Westsektoren von Berlin.

Von dort aus reichen seine Fäden in fast sämtliche Städte und Kleinstädte der Sowjetzone. Kein Beamter in der Sowjetzone kann mit Sicherheit sagen, ob sich nicht in seinem Amt und in seiner nächsten Umgebung jemand befindet, der seine Arbeit bewacht und darüber an den Untersuchungsausschuß Freiheitlicher Juristen berichtet. 900 Leute in Vertrauensstellen bei der Regierung sind Mitarbeiter des Untersuchungsausschusses Freiheitlicher Juristen. Acht Prozent der Volksrichter stehen auf seiner Seite. Einer der FJ-Leute soll sogar dauernd an den Kabinettssitzungen der Ostregierung teilnehmen, und eine zunächst noch kleine Anzahl von ihnen sitzt in Stellen des Staatssicherheitsdienstes.

Die Waffen, mit denen der Untersuchungsausschuß Freiheitlicher Juristen kämpft, sind durchaus legal. Gewissenhaft und sorgfältig werden wie in einer Justizbehörde die Tatbestände zusammengetragen, und nicht eher unternimmt der Untersuchungsausschuß Freiheitlicher Juristen einen Schritt, als bis er ganz sicher ist, daß es sich um einen Fall handelt, der in einem ordentlichen Gerichtsverfahren vertretbar ist.

Aber weswegen fühlen sich eigentlich SED-Beamte von einer Anklage betroffen, die zunächst nicht vor ein Gericht gebracht werden kann? Warum kümmern sie sich um Beschuldigungen, die ihnen von einer Gruppe von Menschen in Westberlin vorgehalten werden? Wenn man dies begreifen will, so muß man sich einen Augenblick vorstellen, wie die Verwaltung und die Justiz in der Sowjetzone aufgebaut sind. Die Verwaltung der Zone erfordert ein Heer von Beamten. Es gibt Tausende von Volksrichtern und Volksstaatsanwälten und Tausende und Abertausende von Bürgermeistern, Gemeinderäten, Justizbeamten, Polizeipräsidenten. Die Kommunisten verfügen aber nicht über eine genügende Anzahl von zuverlässigen Leuten, um auch nur ein Drittel der Stellungen zu besetzen. Sie müssen deswegen alle möglichen Leute einstellen. Da ist zum Beispiel der Typ des Postenjägers, eine Kategorie Menschen, die für Geld alles tun, solange es nicht gefährlich ist. Eine zweite Kategorie ist der verbliebene Stamm früherer Beamter, die keine überzeugten Kommunisten sind, aber nicht genügend Rückgrat besitzen, gegen die SED zu opponieren.

Beide Sorten leben in der ständigen Angst, daß sich das Regime doch schließlich ändern und ein geeintes Deutschland mit einer freien, auf rechtlicher Grundlage gewählten Regierung entstehen könnte. Sie haben noch die Erinnerung an Hitlers „Tausendjähriges Reich“, und sie können sich auch daran erinnern, daß es nur zwölf Jahre währte. Sie wissen, daß danach Nürnberg kam und die Serie von Verfahren, in denen die NS-Postenjäger bestraft wurden. Nun neigt aber gerade der Postenjäger zu der Annahme: Wenn je ein Regierungswechsel eintritt, kann ich einfach verschwinden und in Vergessenheit geraten. Der Untersuchungsausschuß Freiheitlicher Juristen aber sagt ihm: „Nein, mein Lieber, verschwinden kannst du nicht. Du wirst von Leuten aus deiner nächsten Umgebung überwacht. Jede deiner Amtshandlungen wird in einem Verzeichnis festgehalten, und das Beweismaterial gegen dich häuft sich. Mit dessen Hilfe wirst du angeklagt werden, und eines Tages wirst du dich verantworten müssen.“

In Wirklichkeit ist es so, daß sich der Postenjäger vielleicht schon verantworten muß, bevor das System wechselt. Eine häufige Erscheinung jeder kommunistischen Regierung ist die Säuberungsaktion, die sich im allgemeinen gegen Beamte vom Typ des Postenjägers richtet. Sobald die kommunistische Partei sich einen Mann für eine derartige Säuberung herausgreift, muß er fliehen, — sofern ihm dazu noch die Zeit bleibt. Er kann aber aus der Sowjetzone nirgendwohin fliehen außer in die Bundesrepublik, und dort erwartet ihn die Anklage. Wie stark sich dies bereits auswirkt, konnte man feststellen, als vor einigen Monaten ein Justizminister der Ostzone zu dem Entschluß kam, daß es für ihn besser sei, wenn er in den Westen ginge. Ehe er seine Flucht antrat, schickte er einen Vermittler zum Untersuchungsausschuß Freiheitlicher Juristen der Sowjetzone, um herauszubekommen, ob dort gegen ihn etwas vorliege.

Es besteht genügend Anlaß anzunehmen, daß diese gesetzlich einwandfreie Art einer dauernden Beunruhigung bei recht vielen Beamten der Sowjetzone die Moral untergräbt. Bis heute sind bei dem Untersuchungsausschuß Freiheitlicher Juristen mehr als 4700 Beschuldigungen und Anklagen eingegangen und haben zu 76 Verfahren geführt.

In einem Falle hat ein Verfahren des Untersuchungsausschusses Freiheitlicher Juristen sogar bewirkt, daß ein Kommunist in der Sowjetzone selber vor ein Gericht kam, das ihn verurteilte und ins Gefängnis steckte, — wenn man ihn auch späterhin auf Befehl von oben wieder freiließ.

Willy Koch, ein frischgebackener deutscher Kommunist, war Kinovorführer in einer Stadt in Thüringen. Eines Tages ging er zum NKWD und zur Polizei mit einer Anzahl handgeschriebener Flugblätter, die er in seinem Lichtspieltheater gefunden haben wollte. Sie enthielten eine Menge heftiger Angriffe gegen die Kommunisten, und Koch wurde darin mit dem Tode bedroht. Koch und seine Frau beschuldigten vierzehn junge Leute im Ort und sagten, sie hätten gesehen, wie diese die Flugblätter verteilt hätten. Daraufhin wurden die Jungen verhaftet und ins Gefängnis gesteckt; mehrere von ihnen starben im Konzentrationslager. Nach einigen Monaten kam der Untersuchungsausschuß Freiheitlicher Juristen in den Besitz einiger dieser Flugblätter und erhielt auch Schriftproben von Koch. Man beauftragte einen Graphologen mit der Prüfung, die nachwies, daß keinerlei Zweifel darüber bestand, daß Koch selber die Flugblätter geschrieben hatte. Beweggrund dazu war seine Sucht, sich bei seinen kommunistischen Vorgesetzten wichtig zu machen. Der Fall lag eindeutig klar, so daß das sowjetzonale Landgericht Koch mit Gefängnis bestrafte. Nach zwei Monaten war er wieder frei, die Jungen aber, soweit sie noch leben, sind immer noch im Konzentrationslager.

In einem andern Falle bereitete ein Verfahren des Untersuchungsausschusses Freiheitlicher Juristen einem Kommunisten in untergeordneter Stellung sofortige Schwierigkeiten. Es handelt sich hier um einen gewissen Jäger, einen Rechtsanwalt in Potsdam. Die SED pflegt bei ihren Gerichtsverfahren gelegentlich dafür zu sorgen, daß der Verteidiger in Wirklichkeit ein Spitzel ist, dessen ganze Aufgabe darin besteht, seinem Mandanten vertrauliche Mitteilungen zu entlocken und diese dann der Staatsanwaltschaft zuzuleiten. Zu dieser Sorte Menschen gehört Jäger. Ein Mandant, der in Untersuchungshaft saß, schrieb einen Brief an seine Frau und übergab ihn Jäger, damit er ihn seiner Frau überbringe. Jäger aber übergab den Brief dem Staatsanwalt, der ihn als belastendes Beweismittel benutzte. Der Untersuchungsausschuß Freiheitlicher Juristen bekam die Beweisunterlagen für diese Handlungsweise in die Hände und wies Jäger nach, daß er das Berufsgeheimnis verletzt habe. Es gibt immer noch viele ehrenhafte Anwälte, die vor Gericht in der Sowjetzone plädieren, und viele von Jägers Kollegen meiden nunmehr den Umgang mit ihm. Seine Praxis ist aufgrund der öffentlichen Warnung des Untersuchungsausschusses erheblich zurückgegangen.

Die Anklagen des Untersuchungsausschusses Freiheitlicher Juristen reichen von den höchsten bis zu den niedrigsten Beamtenstellen der kommunistischen Parteihierarchie. Eine Anklage zum Beispiel ist gegen den Finanzminister der Deutschen Demokratischen Republik, Hans Loch, erhoben worden. Eine andere richtet sich gegen den sächsischen Justizminister Dieckmann. Der Untersuchungsausschuß Freiheitlicher Juristen bereitet eine Anklage wegen Mordes gegen den ehemaligen Innenminister des Landes Sachsen-Anhalt, Siewert, vor. Aus Unterlagen, die aus seinem Safe stammen, geht hervor, daß er die Ermordung einer gewissen Frau Mader angeordnet hat, weil diese zuviel über seine Tätigkeit wußte. Diese Anklage wird Herrn Siewert einiges Kopfzerbrechen verursachen, so oft er darüber nachdenkt, was ihn im Falle eines Systemwechsels oder einer Säuberung erwartet.

Mehrere Verfahren richten sich gegen kleinere SED-Beamte, die öffentliche Gelder veruntreut haben. Als man den Bürgermeister einer Kleinstadt wegen eines derartigen Vergehens angeklagt hatte, erstattete der Bürgermeister einer benachbarten Stadt, der ebenfalls Gelder veruntreut hatte, heimlich die von ihm entwendeten Gelder in die Kasse zurück. In vielen bekannt gewordenen Fällen ist es möglich gewesen, der kommunistischen Ungesetzlichkeit in den Arm zu fallen. Politische Untersuchungsgefangene erhielten die

Möglichkeit, in die Westzone zu fliehen. Antikommunisten, die kurz vor ihrer Verhaftung stehen, werden gewarnt und bekommen Gelegenheit zu fliehen.

Manchmal gelingt es dem Untersuchungsausschuß Freiheitlicher Juristen durch die bloße Androhung eines Verfahrens, eine ungesetzliche Handlung der SED zu verhindern. Dies geschah zum Beispiel im Falle einer Volksrichterin. Hier handelte es sich um ein Verfahren gegen den Eigentümer einer Teppichfabrik, die die SED zu einem volkseigenen Betrieb machen wollte. Etwas derartiges geschieht mit Vorliebe auf indirektem Wege und nicht durch eine offene Enteignung. Man nahm bei ihm eine Scheinrevision seiner Geschäftsbücher vor, die darauf abzielte, ihm nachzuweisen, daß bestimmte Exportaufträge nicht verbucht worden waren. Falls sich dies beweisen ließ, hatte der Fabrikant mindestens mit einer einjährigen Zuchthausstrafe und der Enteignung seines Betriebes zu rechnen. Der Fabrikant floh in den Westsektor von Berlin. Dort erhielt er eine Benachrichtigung von der Volksrichterin mit der Mitteilung, daß sein Verfahren an dem und dem Tage stattfinden werde, und daß man gegen ihn in Abwesenheit verhandeln würde, falls er nicht erschiene. Der Fabrikant wandte sich an den Untersuchungsausschuß Freiheitlicher Juristen. Dieser richtete ein Schreiben an die Volksrichterin und wies sie daraufhin, daß ein Verfahren in Abwesenheit des Angeklagten einen klaren Verstoß gegen das deutsche Gesetz darstellen würde und strafbare Rechtsbeugung sei. Als der Tag des Verfahrens kam, wurde es von der Volksrichterin vertagt. Bis zum heutigen Tage ist es bereits dreimal vertagt worden. Wahrscheinlich werden die Vorgesetzten der Volksrichterin sie schließlich zwingen, das Verfahren durchzuführen. Der Fabrikant aber hat in der Zwischenzeit Mittel und Wege gefunden, aus seinem Betriebe alle Fertigfabrikate und sämtliches vorhandene Rohmaterial sowie den größten Teil der beweglichen Maschinenanlagen zu entfernen und nach Westberlin zu schaffen.

Der Mann, der den Untersuchungsausschuß Freiheitlicher Juristen der Sowjetzone gegründet hat, heißt Dr. Theo Friedenau und war ein eifriger, pflichtbewußt arbeitender Rechtsanwalt, der jetzt in einem Vorort von Berlin im amerikanischen Sektor wohnt. Seine Wohnung liegt in einem Garten, der von einer Mauer und einem verschlossenen Gitter umgeben ist. Die Polizisten des betreffenden Reviers achten auf dieses Haus ganz besonders. Bis heute haben die Kommunisten bereits zweimal versucht, ihn zu entführen. Beide Versuche wurden ihm im voraus von seinen Mitarbeitern in der Sowjetzone gemeldet. Man braucht einige Zeit, wenn man Herrn Friedenau sprechen will, — natürlich muß er sich erst über die Person vergewissern, die ihn sprechen will. Wenn man ihm schließlich in seinem Arbeitszimmer, das von juristischen Büchern eingerahmt ist, gegenübersitzt, so hat man ein schmales angespanntes Gesicht mit sehr lebhaften Augen vor sich. Er ist ein Mann, der viel mehr in einer juristischen Bibliothek zu Hause ist, als ein Mann, dem man aktives Handeln zutraut. Er bekämpft in erster Linie nicht den Kommunismus, sondern das Verbrechen. Als pflichtbewußter Jurist erhebt er Anklagen, nicht weil die betreffenden Personen einer politischen Partei angehören, sondern weil sie gegen das Gesetz verstoßen haben.

Herr Dr. Friedenau äußert sich dazu folgendermaßen: Die Deutschen sind trotz Hitler und trotz Kommunismus ein Volk geblieben, das Achtung vor dem Gesetz hat. Aus diesem Grunde wird der Kommunismus nicht über sie siegen. Friedenau, der jetzt 40 Jahre alt ist, stammt aus einer konservativen bürgerlichen Familie. Er hatte sich während der dreißiger Jahre in Ostdeutschland eine erfolgreiche Anwaltspraxis geschaffen, aber als Hitler an die Macht kam, wurde er allmählich in die Opposition zur Regierung des Dritten Reiches gedrängt, weil diese ungesetzliche Handlungen beging. Schließlich schloß er sich der Widerstandsbewegung an. Am Ende wurde die Gestapo doch noch auf ihn aufmerksam, und im Juli 1944 wurde er verhaftet und ins Gefängnis gebracht. Nach dem Kriege war er erfolgreich als Wirtschaftsjurist tätig. Aber wiederum geriet er mit dem herrschenden Regime in Konflikt. Infolge seines ausgezeichneten Rufes als Jurist forderte ihn die SED auf, in den Staatsdienst zu treten. Er lehnte ab. Er weigerte sich auch, in die SED einzutreten. Als es schließlich ganz offenkundig war, daß die Regierung in wachsendem Maße den Geist des Gesetzes verletzte, obwohl sie dessen äußere Form aufrechterhielt, ging Friedenau ein zweites Mal in die Widerstandsbewegung. Er organisierte eine Gruppe von vierzig Kollegen aus Juristenkreisen, gab seine Praxis auf und widmete sein Leben ausschließlich dem Kreuzzug für Recht und Gerechtigkeit. Es war von vornherein klar, daß seine Organisation nur dann wirksam arbeiten konnte, wenn sie ihre Operationsbasis außerhalb der Sowjetzone hatte. Im Jahre 1949 zog Friedenau nach Westberlin und gründete das Büro des Untersuchungsausschusses Freiheitlicher Juristen der Sowjetzone.

Westberlin ist eine ideale Basis für den Untersuchungsausschuß Freiheitlicher Juristen. Überall an den Grenzen des Eisernen Vorhangs können die Kommunisten das Kommen und Gehen der Bevölkerung kontrollieren, können sie ihre eigenen Leute wie Eingeschlossene behandeln und alle anderen ausschließen. Aber in Berlin ist die Grenze weit offen. Jedermann kann sie zu einer beliebigen Zeit überschreiten. Hunderte von Straßen führen vom Ostsektor in die Westsektoren, ohne daß irgendwelche Schlagbäume den Verkehr hindern.

Die Kommunisten sind über diese offene Tür äußerst erbittert, aber sie können daran nichts ändern, es sei denn, daß sie Krieg führen wollen. Es läßt sich eben ein Teil einer modernen Großstadt nicht von den übrigen Teilen isolieren, wenn der Betrieb der Stadt weiterhin funktionieren soll. Elektrisches Licht, Strom, Wasserversorgung, Kanalisation, Untergrundbahn und sämtliche anderen Verkehrsmittel müssen im gesamten Stadtbezirk funktionieren, oder sie funktionieren eben überhaupt nicht.

Diesen Vorteil machen sich die Mitarbeiter des Untersuchungsausschusses Freiheitlicher Juristen in der Sowjetzone zunutze, indem sie von Berlin aus an jeden beliebigen Ort der Zone reisen. Post und Telephonverbindungen können von der Zensur nur teilweise behindert werden. Der RIAS, der eine Insel in Westberlin darstellt, läßt sich von den Kommunisten nicht wirksam stören, solange sie nicht gleichzeitig ihre eigenen Rundfunkstationen stören wollen. Über RIAS aber können die Gegner des Kommunismus täglich viele tausend Hörer in der Sowjetzone erreichen.

Dr. Friedenau fing in Westberlin klein an, indem er die Geschäftsstelle des Untersuchungsausschusses Freiheitlicher Juristen in seine Wohnung in der Troppauer Straße verlegte. Er finanzierte das Unternehmen zum Teil aus eigenen Mitteln und teilweise durch Spenden. Er organisierte seine Gruppe in der Art eines kleinen Justizministeriums; sein Hauptmitarbeiter war lange Jahre als Staatsanwalt tätig, später als Senatspräsident bei einem Oberlandesgericht. Auch die anderen hauptamtlichen Mitarbeiter des Ausschusses waren in juristischen Berufen in der Sowjetzone tätig und kennen die dortigen Verhältnisse sehr genau.

Das erste Ziel des Ausschusses war, einen Stab von Beobachtern zu schaffen, die fähig waren, den Ausschuß mit Informationen aus allen Gebieten der Verwaltung und Justiz zu versehen. Friedenau ging dabei ganz offen zu Werke. Er schickte an jeden Beamten und jeden Rechtsanwalt in der Sowjetzone einen Brief. Darin setzte er den Zweck und das Ziel des Ausschusses auseinander. Dazu stellte er die Frage: „Wollen Sie dem Recht dienen oder einem Polizeistaat?" Gleichzeitig wurde die Aufforderung, dem Untersuchungsausschuß Freiheitlicher Juristen beizutreten, zu wiederholten Malen durch Sendungen des RIAS bekanntgegeben. Hierbei wurden die Anschrift und die Telephonnummer in der Troppauer Straße genannt. Anfänglich war das Echo hierauf nur schwach. Nur wenige

Mitglieder wurden nach und nach gewonnen. Dann wurde der Aufruf wiederholt mit der Frage: „Was wollen Sie persönlich für Recht und Gerechtigkeit tun?"

Allmählich fand dieser Appell bei vielen anständigen und mutigen Leuten Widerhall. Es meldeten sich Männer und Frauen, die das Gefühl hatten, sie müßten etwas tun, um das Böse und die Ungerechtigkeit ihrer Umgebung zu bekämpfen. Von Monat zu Monat wuchs der Zustrom in der Troppauer Straße, meldeten sich dort Menschen, die sich anboten, in ihren Gemeinden als Mitarbeiter für den Untersuchungsausschuß Freiheitlicher Juristen zu arbeiten. Sämtliche Bewerber wurden sorgfältig überprüft. Die Beziehungen, die Friedenau und seine Mitarbeiter aus früheren Zeiten hatten, reichten so weit, daß sie nahezu über die meisten Leute, die ihre Mitarbeit anboten, irgendetwas wußten. Und in dem Umfange, in dem die Organisation wuchs, wurde es immer leichter, neue Bewerber zu überprüfen. Die Mitarbeiter, die der Untersuchungsausschuß Freiheitlicher Juristen in der Sowjetzone hat, kennen einander nicht. Sie haben nur eine Verbindung zur Geschäftsstelle des Ausschusses in Westberlin. Wenn also jemand gefaßt werden sollte, so kann er die übrigen nicht gefährden.

Viele Besucher des Herrn Friedenau haben den Wunsch geäußert, die Sowjetzone zu verlassen und nach Westberlin zu kommen. Meistens redet er ihnen das aus, denn solange sie in der Ostzone bleiben und in steigendem Maß das Vertrauen der SED-Leitung gewinnen, können sie von weit größerem Nutzen sein. Es wurde zudem ein zuverlässiges Nachrichtensystem geschaffen, das bisher reibungslos funktioniert hat. Die gefährlichste Arbeit ist das Ankleben von Kopien der Anklagen an öffentlichen Stellen in der Sowjetzone. Bis heute ist noch kein einziger von ihnen dabei gefaßt worden. Die Arbeit des Untersuchungsausschusses nimmt ständig zu. Man hat die Geschäftsstelle aus der Troppauer Straße nach Berlin-Zehlendorf, Lindenthaler Allee 5, verlegt, denn die Räume waren zu klein geworden. An dem Tage, an dem wir dort einen Besuch machten, kamen ungefähr hundert Leute aus der Sowjetzone zu einer Besprechung. Während sie warteten, bis sie an der Reihe waren, sahen sie sich mißtrauisch um.

Niemand sprach mit seinem Nachbarn. Jeder, der irgendein Schriftstück mit sich führte, hielt es sorgfältig verdeckt. Sobald man sie hereinließ, um einen der Referenten zu sprechen, redeten sie nur im Flüsterton. Nicht viele von ihnen waren reguläre Mitarbeiter des Untersuchungsausschusses Freiheitlicher Juristen. Diese werden privat, oft auch von Friedenau persönlich in seiner Wohnung, empfangen. Einer der Mitarbeiter, den wir sprachen, war ein Richter aus der Sowjetzone, ein älterer, distinguiert aussehender Mann der alten Schule. Er schilderte den Druck, den die SED auf ihn ausübte, um eine ungesetzliche richterliche Entscheidung in einem Enteignungsfalle durchzusetzen. Ein anderer, der als Bücherrevisor bei der Steuerbehörde in der Sowjetzone arbeitete, war gekommen, um über die Steuerveranlagungen zu sprechen. Er wollte versuchen, sie sicherzustellen und zu photokopieren, um auf diese Weise dem Untersuchungsausschuß Freiheitlicher Juristen zu helfen, ein Verfahren gegen einen SED-Beamten einzuleiten, der öffentliche Gelder veruntreut hatte. Die meisten Besucher waren Leute, die aus der Sowjetzone gekommen waren, um Beschuldigungen vorzubringen, von denen sie hofften, daß der Untersuchungsausschuß sie bearbeiten würde. Der Leiter der Hauptabteilung Rechtsprechung wußte geschickt mit ihnen umzugehen, indem er schnell die Querulanten los wurde und ebenso alle diejenigen, die keine brauchbaren Angaben machen konnten. Er sagte dann nur: „Aber das sind ja nur Mutmaßungen! Was wir brauchen, sind Beweise!" Manchmal verlangte er Referenzen. Soweit es den Anschein hat, daß es sich um wirklich beweisbares Tatsachenmaterial handelt, geht der Untersuchungsausschuß Freiheitlicher Juristen der Sache nach, um festzustellen, was veranlaßt werden kann. Der Fall wird an die Mitarbeiter der betreffenden Stadt weitergeleitet, in der sich der Vorfall abgespielt hat. Sobald zum Beispiel in Magdeburg gegen irgendjemanden eine Beschuldigung erhoben wird, übergibt man sie zur Nachprüfung mehreren der dortigen Vertrauensleute, die sich gegenseitig nicht kennen und unabhängig voneinander arbeiten. Ihre Berichte werden dann miteinander verglichen.

Neben der Feststellung von Vergehen bemüht sich der Untersuchungsausschuß Freiheitlicher Juristen, die unschuldig Angeklagten in der Sowjetzone zu verteidigen. Die Politik, die die Sowjets gegenwärtig Deutschland gegenüber führen, macht es möglich, manchen Opfern kommunistischer Unterdrückung auf gesetzlichem Wege zu helfen. Die Russen würden ihre Zone in Deutschland im Notfalle durch Gewaltmaßnahmen regieren. Sie tun dies aber mit Vorliebe in der Weise, daß sie die deutsche Rechtsprechung der Form halber und dem Buchstaben nach aufrechterhalten, wenn auch nicht dem Sinne nach, um auf diese Weise wenigstens die Mitarbeit einer Minderheit unter den Deutschen zu gewinnen. Bisher haben die Kommunisten noch nicht mit brutaler Gewalt den deutschen Kleinbauern enteignet und auch sein Land noch nicht einer Dorfgenossenschaft übergeben. Sie enteignen auch nicht oft einen Industriebetrieb durch eine einfache Verfügung, sondern sie versuchen, dieses Ziel auf indirektem Wege zu erreichen.

So lag zum Beispiel der Fall eines Herrn X, der eine kleine Fabrik mit hundert Arbeitern besaß. Er hatte seinen Betrieb mit nichts angefangen und ihm durch seine ausgezeichnete Qualitätsarbeit einen Namen gemacht. Die meisten anderen Konkurrenzfabriken in seiner Gegend waren bei Kriegsende beschlagnahmt worden, weil ihre Besitzer als Parteigenossen verurteilt worden waren. Weil die Qualitätsherstellung eben dieser enteigneten Fabriken nachgelassen hatte, war die örtliche SED-Kontrollkommission von ihrem kommunistischen Vorgesetzten scharf getadelt worden. Aus diesem Grunde kam die Kommission auf den Gedanken, daß die ihr unterstellten Fabriken besser abschneiden würden, wenn ihnen noch der Betrieb von Herrn X angegliedert würde. Die Kommission schickte Prüfer in die Fabrik und behauptete anschließend, sie könne beweisen, daß der Betrieb nicht in voller Kapazität ausgenutzt werde. Unter der kommunistischen Herrschaft gilt dies als Wirtschaftssabotage. Als Strafe hierauf steht Zuchthaus und Enteignung des Betriebes. Der Fabrikbesitzer wandte sich an den Untersuchungsausschuß Freiheitlicher Juristen und bat um Unterstützung. Dem Ausschuß gelang es, die Mitarbeit von drei anerkannt guten Sachverständigen zu gewinnen. Diese besichtigten die Fabrik und berichteten, daß sie nicht nur in voller Kapazität ausgenutzt, sondern daß dort obendrein noch überdurchschnittliche Arbeit geleistet werde. Dieser Bericht wurde bei dem Verfahren vorgelegt. Die drei Volksrichter, die die Verhandlung führten, müssen wohl das Empfinden gehabt haben, daß der Untersuchungsausschuß Freiheitlicher Juristen sie überwachte. Sie sprachen Herrn X. frei. Und während dieser Bericht geschrieben wird, ist er immer noch im Besitze seiner Fabrik, die er weiterhin betreibt.

In einem anderen Falle wurde ein Häftling, der zu Unrecht verurteilt worden war, plötzlich mit allen notwendigen Formalitäten entlassen. Dies wurde möglich durch die Tätigkeit eines Angestellten im Amtsgericht, der ein Mitglied des Untersuchungsausschusses Freiheitlicher Juristen war. Er brachte es, ohne Aufsehen zu erregen, fertig, die Entlassung durch eine „zufällige“ Namensverwechslung herbeizuführen.

Beweismaterial, das unter großen Schwierigkeiten und Gefahren sichergestellt und von den Freiheitlichen Juristen veröffentlicht worden ist, zeigt, daß die Verhältnisse in den Ostzonen-Gefängnissen derart barbarisch sind, daß selbst die sowjetische Kontrollkommission aus Furcht vor den politischen Folgen, die sich selbst in der eigenen Zone einstellen könnten, die Freilassung einer Anzahl politischer Gefangener verlangte. Die Kampagne des Untersuchungsausschusses Freiheitlicher Juristen bewirkte sogar, daß sich der Ostzonenpräsident Pieck vor dem drohenden Sturm beugte und 600 Häftlinge freiließ.

In den letzten Monaten haben die Freiheitlichen Juristen ihr Tätigkeitsgebiet erweitert und beobachten nun auch andere Mißstände in der Ostzone. Fachleute des Untersuchungsausschusses durchforschen mit scharfen Augen die Verhältnisse auf dem Gebiete des Wirtschaftsrechts, der Steuern, des Versicherungswesens, der Erziehung und der Finanzen. Sie erspähen die verborgensten Handlungen der ostzonalen Beamten und warnen diese jedesmal, wenn sie sehen, daß das Parteiinteresse über das Volksinteresse gestellt wird. Dieser Stab von Beobachtern aus der Ferne warnt auch die Bevölkerung vor den Fallen in den Verordnungen der Ostzone und gibt furchtsamen, aber sonst wohlmeinenden subalternen Beamten Winke, wie sie die kommunistischen Anordnungen ohne Gefahr für ihre eigene Person abmildern oder umgehen können.

Ungerechte Steuern sind eines der beliebtesten Mittel, um einen Privatbetrieb zu erdrosseln und Gegner des kommunistischen Regimes zu bestrafen. Zu den Mitarbeitern des Untersuchungsausschusses Freiheitlicher Juristen gehört eine Anzahl von Finanzamtsangestellten und Steuerprüfern. Sie finden Mittel und Wege, um das Räderwerk der Ungesetzlichkeit zu blockieren. Der Untersuchungsausschuß Freiheitlicher Juristen gibt in einem gewöhnlichen Radioprogramm des RIAS Auskunft über Rechtsfragen: „Dies sind Eure Rechte nach Gesetz und Verfassung. Laßt Euch nicht auf diese oder jene Weise hereinlegen." Der Untersuchungsausschuß Freiheitlicher Juristen arbeitet auch in enger Verbindung mit den Dienststellen der Bundesrepublik. Es gehört zu den Problemen dieser Dienststellen, daß sie die vielen Anträge aus der Sowjetzone behandeln müssen, in denen um eine Aufenthaltserlaubnis in der Westzone nachgesucht wird. Der Untersuchungsausschuß Freiheitlicher Juristen unterstützt über seine Mitarbeiter diese Behörden, damit alle derartigen Antragsteller überprüft werden können, wodurch verhindert wird, daß Agenten und Spitzel einsickern, die die Kommunisten in der Westzone unterzubringen versuchen. Jedes Mal, wenn die sowjetisch kontrollierte Presse eine Kampagne startet, in der Westberliner Behörden beschuldigt werden, Kommunisten zu verfolgen, überprüft der Untersuchungsausschuß Freiheitlicher Juristen diese Fälle diesseits und jenseits des Eisernen Vorhangs. Unterlagen bei Westberliner Gerichten zeigten, daß Urteile in Höhe von insgesamt nur wenig mehr als 32 Jahre gefällt wurden, — alle diese Urteile ergingen für nachgewiesene Gesetzesübertretungen. Im gleichen Zeitraum hatten Gerichte in der Ostzone insgesamt Urteile von 6334 Jahren Zwangsarbeit wegen antibolschewistischer Betätigung verhängt, und darüber hinaus waren zusätzlich 17 900 Urteile gefällt worden, die insgesamt 7 604 Jahre Zwangsarbeit und 16 800 Jahre Gefängnis wegen Wirtschaftssabotage bedeuteten. Der Untersuchungsausschuß Freiheitlicher Juristen arbeitet auch mit der Polizei in Westberlin zusammen. Eine der Widersinnigkeiten der Berliner Lage bringt es mit sich, daß die Polizei im Westsektor gezwungen ist, bis zu einem bestimmten Grade mit der Polizei des Ostsektors zusammenzuarbeiten. Manchmal liefert sie Leute aus, die wegen eines Verbrechens angeklagt sind, denn sonst würden Mörder, Einbrecher und andere Kriminelle ungestraft ausgehen, indem sie einfach von einem Sektor in den anderen hinüberwechseln. Diese Zusammenarbeit wird von der Polizei des Sowjetsektors mißbraucht. Häufig verlangt sie die Verhaftung und Auslieferung eines Bewohners der Westsektoren mit der Behauptung, er sei im Sowjetsektor straffällig geworden. Der Polizei der Westsektoren gelingt es in Zusammenarbeit mit dem Untersuchungsausschuß oft nachzuweisen, daß der Betreffende sich nur gegen die Herrschaft der SED gewehrt hat.

Der Untersuchungsausschuß Freiheitlicher Juristen in der Sowjetzone ist ein Fenster, durch das Westdeutschland sehen kann, was hinter dem Eisernen Vorhang vor sich geht. Er gibt der unterdrückten Bevölkerung der Sowjetzone das sichere Gefühl, daß die Sache des Rechts und der Gerechtigkeit nicht endgültig verloren ist.

Karl-Heinz Hagen und Edwin Muller.

Wort und Antwort:

Politik im Protestantismus

Sie schreiben von dem überraschenden „Pazifismus" inmitten des kirchlichen Protestantismus und untersuchen seine Motive. Er ist schon ein erstaunliches Faktum, wenn man sich an die Situation nach dem Ersten Weltkrieg erinnert, wo nur die entfernteste Äußerung dieser Art einen Sturm der Entrüstung in der Öffentlichkeit und gegebenenfalls ein Disziplinarverfahren seitens der kirchlichen Behörde nach sich zog. Wesentlich scheint mir aber zu sein, daß dieser Pazifismus nicht grundsätzlich ist (und damit distanzieren sich die Vertreter der Kirche eindeutig von den Pazifisten humanitärer Richtung), sondern durch die *konkrete Situation* bedingt. In Karl Barths Brief an „Unterwegs" kommt das wohl am deutlichsten zum Ausdruck, schon dadurch, daß der Verfasser an seinen Brief an Professor Hromadka aus dem Jahre 1938 anknüpft und begründet, warum er damals für Krieg und Bewaffnung war und heute dagegen ist. Sowohl Heinemann als auch Niemöller müssen aufgrund ihrer theologischen Einsichten einen grundsätzlichen Pazifismus als ideologisch ablehnen. Sie handeln vielmehr als gläubige Realisten, so wie der Christ zu handeln hat, wenn er immer wieder neu ernstmacht mit der Weisung des Römerbriefs, zu prüfen, „welches da sei der gute, wohlgefällige und vollkommene Gotteswille". So können sie zu einer sachlichen Entscheidung kommen und müssen feststellen, daß es aus vielen ernsten Gründen für das deutsche Volk besser ist, sich an einer kommenden militärischen Auseinandersetzung nicht zu beteiligen.

Sicherlich vermischt sich dieses Grundmotiv auch mit anderen, denen allerdings keine entscheidende Bedeutung zukommt. Der „heimliche Nationalismus" (welch' ein Wandel!), wie er seinen Ausdruck findet in mancher Äußerung Niemöllers oder in dem Rundbrief der Bruderschaften „An die Gewehre — Nein!", wird von Ihnen durchaus richtig gesehen. Hier ist Niemöller mit Vorsicht zu begegnen, und mit Recht ist die Frage zu stellen, ob die Parole der Neutralisierung nicht eine gefährliche Illusion ist. Aber auf der anderen Seite darf man fragen, ob ein Mitmarschieren in der Front des vereinigten westlichen Europa nicht ebenso gefährlich ist: ob man, indem man dieser Idee anhängt, nicht auch in der Gefahr ist, aufzuhören, ein gläubiger Realist zu sein.

Die Radikalität Niemöllers, seine Äußerungen, die immer wieder die bekannten Stürme in der Öffentlichkeit entfesseln und die auch seinen Freunden zu schaffen machen, hat eines für sich: er wird gehört. Denn es ist nötig, daß man in Deutschland und in der Welt weiß, daß hier Männer der Kirche sind, die nicht noch einmal mitschuldig werden wollen, und sei es nur durch ihr Schweigen.

*

Neben dem „gläubigen Realismus" (aus dem freilich schon vor 1933 einige zum Nationalsozialismus, andere zum radikalen Sozialismus kamen, je nachdem ob ihnen die maßgebliche Realität „die Nation" oder „das Proletariat" war) haben wir freilich auch den Ton eines (nicht humanitären, sondern) christlich begründeten Pazifismus gehört: nicht umsonst wird in jenem Flugblatt des Bruderrats in einem absoluten Sinn das Wort zitiert „Wer zum Schwert greift, wird durch das Schwert umkommen". Dies nur zur Ergänzung Ihrer dankenswerten Übersicht. Was aber Europa angeht, so sind auch wir sowohl gegen das „Mitmarschieren" als auch dagegen, daß man „dieser Idee anhänge". Realistisch scheint uns zu sein: die politische Integration Europas, die Koordinierung der vorhandenen Streitkräfte zu einer Defensivmacht, die Nicht-Bewaffnung Deutschlands.

Aus Anlaß von „hier und heute"

Ein Mann hat die FH-Lampe angezündet und geht mit uns durch die Stadt. Es liegt kein bestimmter Zweck vor; keine planmäßige Handlung, sondern ein Bummel. Man beleuchtet das und jenes, was gerade wichtig erscheint: ein Kino, das Parlament, das Haus einer einfachen Familie. Die Lampe wird hochgehalten, und dann sehen wir: So also sieht das aus. So ist das, bei Licht betrachtet. Wie schön, daß man die Dinge so sehen kann, daß es Leute gibt, die ihre gesunden fünf Sinne beieinander haben. Das ist ermutigend, — aber ist es das, was wir eigentlich wollen? Wollen wir nur sehen, wie schlecht es ist, und wie es besser sein könnte, oder wollen wir nicht vielmehr das Notwendige tun, um eine Besserung Wirklichkeit werden zu lassen? „Dazu ist aber Erkenntnis und Aussprache Vorbedingung", werden Sie sagen. Das soll nicht bestritten werden. Wir alle wissen aber auch, daß es bei der Theorie allein nicht bleiben darf, so wenig wie wir die unkontrollierte „Tat-um-jeden-Preis" wünschen. Jeder fühlt, daß es auf das rechte Verhältnis von Denken und Tat ankommt. Und es ist klar, daß in unserem Fall das richtige Gleichgewicht von Theorie und Praxis fehlt. Daher kommt jenes Gefühl des Unbefriedigtseins, das Gefühl, etwas Uneigentliches zu tun und nicht das, auf was es eigentlich ankommt, — ein Gefühl, das mich immer wieder beim Lesen der FH überkommt, und sicher auch Sie bei Ihrer Arbeit.

Ich frage mich: Kann überhaupt heute eine Zeitschrift als Zeitschrift das erreichen, was Sie sich zum Ziel gesetzt haben? Besteht die einzige Möglichkeit nicht darin, Organ einer „neuen Bewegung" zu sein?

*

Ein anderer Leser zur gleichen Frage:

„Sagen, was ist, damit jedermann danach handeln kann", so formulieren Sie selbst die Maxime Ihrer publizistischen Tätigkeit. Wer den Gang der Dinge ändern will, der darf sich nicht auf Reden und Schreiben, aber auch nicht auf Hören und Lesen beschränken.

Mit anderen Worten: daß eine Zeitschrift herausgegeben wird, bedeutet noch garnichts, daß sie gelesen wird, nicht viel. Daß durch ihre Vermittlung Begriffe geklärt, Situationen erhellt, Wirkungsmöglichkeiten aufgezeigt, Vorschläge gemacht werden und zum Handeln aufgerufen wird, auch alles das sind nur Voraussetzungen, vorbereitende Stufen für etwas viel Wichtigeres: für die helfende, befreiende Tat.

Alle Ihre erklärten Freunde und auch Sie, die Herausgeber, sollten sich klar darüber sein, daß die eigentliche Aufgabe einer Zeitschrift vom Schlage der FH darin liegt, intellektuelle Energie in politisches Handeln zu verwandeln. Nur-Herausgeber und Nur-Abonnenten werden dieser Aufgabe jedenfalls nicht gerecht.

„... damit jedermann danach handeln kann": das soll doch wohl heißen, jedermann an dem Platz, an den ihn das Leben gestellt hat. Aber soll das auch heißen: jeder für sich allein, auf eigene Verantwortung, auf eigenes Risiko? Soll das auch heißen: ohne persönlichen Kontakt mit Gleichgesinnten und Gleichbemühten, ohne gegenseitige Hilfeleistung, ohne gemeinsame Beratung?

Sie machen sich über den realen Einfluß Ihrer Tätigkeit in dieser westdeutschen Bundesrepublik keine Illusionen. Die konkreten politischen Ziele Ihrer Zeitschrift sind zurzeit unpopulär. Die Hoffnung, daß sie es nicht immer sein werden, steht eigentlich ganz auf dem Verhalten einer immerhin nicht ganz bedeutungslosen Zahl von Menschen, die diese Ziele für wesentlich und notwendig halten. Diese Zahl dürfte größer sein als die Zahl Ihrer Abonnenten, und ich zähle mich zu ihr.

Auch wir sind mit Ihnen entschlossen, eine erlittene Schlappe nicht als endgültiges Scheitern aufzufassen, und werden — wie Sie — die Schlacht an anderer Stelle und mit anderen Mitteln fortsetzen. Aber ich fürchte, es wird uns nicht gelingen, unseren Einfluß in dieser Bundesrepublik und anderswo zu vergrößern, wenn wir nicht imstande sind, unsere zweifellos vorhandene geistige Solidarität durch die Solidarität des Handelns zu ergänzen und fruchtbar zu machen.

Wer sind die Leser Ihrer Zeitschrift? Kennen Sie sie? Ich kenne sie nicht. Aber ich weiß, daß es sie gibt, fünfzigtausend, vielleicht hunderttausend Menschen, die mit mir die gleiche Sorge um die Zukunft unserer Heimat und unserer Welt teilen. Ich möchte diese Menschen kennenlernen.

Ich habe nicht die Absicht, offene Türen einzurennen. Ich wollte Ihnen nur eine Sorge anvertrauen, die sich in unserer kritischen Lage in mir erhoben hat. Die Sünde des „Apolitischen" kann vielerlei Gestalt annehmen; ebenso mannigfaltig sind jedoch die Verpflichtungen der „Politischen".

*

Diese Frage ist uns nicht zum ersten Male vorgelegt worden. Am schwersten fiel uns die Antwort, wenn wir sie uns selbst stellten, als Frage des Gewissens. Wir wissen keine andere Antwort als die: wer so dringend die Notwendigkeit einer „Bewegung" erkennt, fange damit an, sie zu bilden, heute, auf der Stelle. Für uns wäre es, dessen sind wir ziemlich sicher, nicht eine Aufgabe, sondern eine Versuchung. Nur glauben Sie nicht, liebe Freunde, daß wir diese Antwort leichten und unbeirrten Herzens gäben: wir haben für unsere spezielle Aufgabe ebensowenig ein Rezept, wie für die Politik; Ihre Sorgen sind unsere Sorgen, und manchmal unsere Ratlosigkeiten. Aber lesen Sie auch einmal das Wort des Lesers, das diese Reihe beschließt!

Zum Fall Schumacher

... Kurz und gut: Ich bin vor drei Jahren aus der SPD ausgetreten und wurde Mitglied des Zentrums. Natürlich war ich mir schon damals bewußt, daß ich auch weiterhin mehr oder weniger ein „Hammel" bleiben werde. Aber der jetzige „Leithammel" ist mir doch lieber. (Obwohl ich durchaus kein Weiberknecht bin.) Wenn unsere tapfere und mutige Helene Wessel „Nie wieder Krieg!" sagt, dann meint sie *ehrlich „Nie wieder Krieg!"*, Schumacher dagegen wahrscheinlich: „... außer gegen Rußland!" Auch Haß macht blind.

Ob ich Dr. Schumacher auch schon geschrieben habe? Oh ja, — von 1945 bis 1948 mindestens 5—6 mal. Geantwortet haben aber nur H. oder K.; oder auch nicht. Ich nehme an, daß Sch. nicht einen meiner Briefe bekam. „Man" will wahrscheinlich den Boß nicht mit dem Geschreibsel einfältiger Genossen behelligen.

Warum ich so böse schreibe? Mein guter braver Vater war rund 50 Jahre Sozialdemokrat. *Gut* und *brav* und *treu* wie ein *Hund*. Und ich auch. Ich habe aber im Ersten Weltkrieg als Soldat den ganzen Dreck mitgemacht. Dann die Nachkriegsjahre. Hunger, Inflation, Erwerbslosigkeit (bis 1937) und dann die schrecklichen zwölf Jahre inklusive Volkssturm undsoweiter, undsoweiter. *Ich* will keinen Krieg. Auch gegen Rußland nicht. Ja, — ich habe Angst um meine hübschen gesunden Enkelkinder (7 an der Zahl). Und besonders um den Hansl, den 17jährigen, einen großen, stämmigen Jungen. Maurer lernt er. Hilft schon tüchtig mit beim Aufbau dessen, was die größenwahnsinnige Clique der Goebbels, Himmler und Hitler zertrümmern ließen. *Ich* werde wohl nie begreifen, warum man den „Juckernack" eine Komödie nennt ...

*

Sie erwarten keine Antwort. Nur ein Zeichen, daß wir Ihren energischen Stoßseufzer vernommen haben, mit Sympathie.

Ins Gespräch zu kommen

Mit Martin Buber bin ich seit drei Jahren in fruchtbarem Gespräch über diese Fragen dialogischen Lebens. Deshalb freut es mich, daß Sie in Ihrem Aufsatz auch das Gemeinsame jüdischer und christlicher Situationsethik herausgestellt, zugleich aber auch klar gekennzeichnet haben, worin sie sich unterscheiden und unterscheiden müssen. Beides muß man nennen, kann doch dialogisches Leben nur in der Liebe *und* in der Wahrheit geschehen. Daß in der Dialogik der Vollzug entscheidend ist, das ist mir im März in einer persönlichen Begegnung mit Buber von neuem offenbar geworden. Dieser Vollzug ist weitgehend (nicht nur!) unser Teil. Ob aber die Antwort auf den Anruf Gottes jeweils im Sinne des jüdischen oder christlichen Gottglaubens erfolgt, ist reine Gnade. Wesentlich und dringend ist in der gegenwärtigen Stunde, daß wir überhaupt wieder zu antworten willens werden. Anders können wir die Exile und das Monadische des Menschen und der Menschheit nicht überwinden. Es gilt ins Gespräch zu kommen und in ihm zu bleiben. Das unterscheidet die Dialogik von der Dialektik, die den Menschen nur noch tiefer in den Monolog verbannt und ihn gänzlich beziehungsunfähig macht.

Weshalb ich Ihnen das schreibe? Weil ich Ihnen sagen will, wie sehr ich Ihnen nahe bin im gleichen Kampf, den Sie als Publizist zu führen haben und ich als Benediktiner in dem mir von Gott zugereichten Bereich des monastischen Lebens. Wir werden nicht immer verstanden. Aber ohne dieses tägliche Sterben gibt es kein wahres Leben.

*

Die Antwort sei einem anderen Leser überlassen: „Von einer richtigen Sicht in diesem Bereich hängt sehr viel mehr ab, als die meisten ahnen. Es handelt sich um die Art, wie man der Wirklichkeit begegnet und ihr gerecht wird."

Begegnung

Ich muß heute eine lang versäumte Pflicht erfüllen, den Frankfurter Heften zu danken. Als ich nach dem Krieg nachhause kam, war mir der Blick in die Welt verstellt von dem furchtbaren Geschehen, das hinter uns lag. Durch Fügung erhielt ich die erste Nummer Ihrer Hefte. Es dauerte noch lange, bis Ihre und Ihrer Mitarbeiter unermüdliche Tätigkeit den Weg freigeräumt hatte. Der „Brief über die Kirche" und der Aufsatz vom „Elend der Menschen und der Vatergüte Gottes" lehrten mich sehen. Durch Sie lernte ich dann auch Romano Guardini kennen, — es war ein Aufsatz über die Vorsehung im Winter 1948. Jetzt bin ich seit zwei Jahren wieder im Studium. Ich danke Ihnen und bitte Sie, ein Jahresabonnement für einen unbemittelten Leser bestellen zu dürfen.

*

Wir denken nicht daran, eine Sammlung von Anerkennungsschreiben zu veröffentlichen. Sie aber wissen so tröstlich zu danken, daß wir unsere Leser ins Vertrauen ziehen.

Kritik:

Der Wächter

Max Frisch: „Tagebuch". Suhrkamp-Verlag, Frankfurt am Main 1950, 464 Seiten, DM 12.50.

Bevor ich von ihm eine Zeile gelesen hatte, hörte ich Urteile über ein Stück von ihm, das wohl zu den ersten dramatischen Werken gehört, die im Original deutsch und nach dem Erlebnis des Zweiten Weltkrieges, spätestens in seiner Endphase, entstanden sind. Es heißt „Nun singen sie wieder". In diesen Urteilen war Beunruhigung, zuweilen bis zum Haß sich steigernde innere Abwehr zu spüren. Ich sah mir die Leute an, die sie abgaben.

Sie gehörten zu jener Sorte von Demokraten, die in unserem Lande zu Ehren und Einfluß gekommen sind, weil man sicher sein durfte, daß sie keine umstürzenden Maßnahmen treffen und das ohnehin brüchige Selbstvertrauen der Deutschen nicht noch mehr strapazieren würden, indem sie auf Entscheidungen für die Zukunft bestanden. Man darf diese Leute nicht einfach Opportunisten nennen, denn sie haben sich während der Diktatur doch mehr oder weniger in Reserve gehalten. Aber ebensowenig sind sie Erneuerer. Zu ihrer Kennzeichnung diene eine Stelle in dem Tagebuch Max Frischs, welches kürzlich erschienen ist und mir Anlaß zu diesen Bemerkungen bietet. Sie lautet:

„Ein Freund, ein verehrter, schreibt: ‚Ich kann nicht verschweigen, daß ich dieses gewaltsame Offenhalten von Wunden, zu dem du dich wie so viele andere offenbar verpflichtet fühlst, für ein eigentliches Unglück halte.' Ich halte (schreibt Frisch weiter) für ein eigentliches Unglück das Verbinden von Wunden, die noch voll Eiter sind — und sie sind voll Eiter —, das Vergessen der Dinge, die nicht durchschaut, nicht begriffen, nicht überwunden und daher nicht vergangen sind.

Aber sind auf meiner Seite so viele?"

Der von Frisch zitierte „verehrte Freund" ist ohne Zweifel zu jenen Demokraten zu zählen, die ich meine. Sie leben in dem Irrtum, ihr Widerstand sei gewichtig genug, um den in Deutschland begonnenen Aufmarsch der Barbarei aufzuhalten. Sie wurden 1918 und 1945 von einer Niederlage nach oben getragen, empfinden diesen Start offenbar selbst als Makel und handeln, verletzt in ihrem Selbstgefühl, als seien sie nur mit der Geschäftsführung beauftragt, während der Chef in Urlaub ist. Im Bewußtsein ihrer politischen Kurzlebigkeit, des Aphoristischen ihres Wirkens müssen ihnen diejenigen ein Ärgernis sein, welche die rasche Wiederaufrichtung einer quasi-Ordnung für der Übel größtes halten und sie verzögern wollen. Um diese zu diskreditieren, nennen sie sie Nihilisten. In Wahrheit aber sind es die Wächter, und Frisch hat Grund zu der Frage: Sind auf meiner Seite so viele? Auf seiner Seite sind wenige.

Und wenige von den wenigen in allen Ländern dringen zur Aussage vor. Es sieht so aus, als stünden sie auf verlorenem Posten. Nicht nur, weil sie ihrer Zahl nach zu schwach sind, sondern weil sie selbst ihre Wirkung beschränken durch die Art, wie sie für ihr Anliegen einstehen, wie sie es vortragen. Max Frisch hat zu diesem Zweck Bühnenstücke geschrieben, die gut genug sind, um ein größeres Publikum ins Theater zu locken, aber er wird selbst genau wissen, daß auch diese Stücke nur eine Grundlage zur Diskussion, nicht ein Anlaß zur Einkehr und Umkehr für diejenigen sind, welche sie sehen. Sein Tagebuch ist, was das Anliegen betrifft, allgemeiner gefaßt und bedeutender als die Stücke, und, was den Vortrag betrifft, eindringlicher, weil durchaus bar des Polemischen. Aber um ein Beispiel aufzurichten, das aus der Sphäre des Literarischen ins Politische mittelbar hinüber wirkt, reicht es auch bei Frisch nicht. Der Rückhalt, den er als Schweizer an einem heilen Staatswesen, an einer erschreckten, aber zuversichtlichen bürgerlichen Gesellschaft hat (obwohl er ihr mißtraut, zuweilen sie sogar verabscheut), mag die Ursache sein, daß er in den wilden Nachkriegsjahren Prag, Wien, Berlin und andere gespenstische Orte besuchen und in ihrer geistigen Bedeutung erfassen, aber nicht den letzten Schritt in jene schöpferische Erschütterung tun kann, die sich fortpflanzt. Was er an solchen Schauplätzen aufschreibt, wirkt immer wie die Notizen eines Kritikers, der das Stück von einem Logenplatz aus mit ansieht.

Nun ist aber freilich zu fragen, ob diese Grenzen des Autors Frisch die seinen sind oder die Grenzen dessen, was in dieser Zeit überhaupt möglich ist. Es ist zu prüfen, ob bei solchen Erscheinungen nach ihrer Wirkung gefragt werden darf, oder ob sich nicht ihre Funktion in ihrer Existenz erschöpft. Bei der Lektüre von Frischs Tagebuch, das in hohem Grade der Allgemeinverständlichkeit entbehrt und eine gewisse Lust an der Chiffre, die auch Ernst Jünger besitzt, erkennen läßt, ist für mich von neuem eine Frage dringlich geworden; die Frage, ob in diesem offensichtlichen und freiwilligen Verzicht auf Wirkung, auf Therapie, bei gleichzeitiger unbarmherziger Diagnose, ein Mangel an Kraft gesehen werden muß, oder ob sich darin eine tiefe, nicht aussprechbare Einsicht verbirgt, daß die Epoche der Zerstörung und Auflösung noch nicht abgeschlossen ist, nicht abgeschlossen werden darf. Das ginge weit über das „Offenhalten von Wunden" hinaus; es läge darin eine ausgesprochene Einwilligung, den Patienten sterben zu lassen, damit er auferstehen kann.

Wenn dem so ist, wenn ein Mann wie Max Frisch nur Wächter und Bewahrer ist und eine Aufgabe in dieser Sintflut hat, die Noah und seine Tiere in der Arche für den biologischen Fortbestand gehabt haben, so sind die Geschäftsführer im Interregnum in der Tat die eigentlich zeitgemäßen Erscheinungen. Sie dürfen nicht bekämpft werden, weil es nicht Absicht und Aufgabe der Wächter ist, die Geschäfte zu übernehmen und zu führen.

Ich frage mich, ob ich mißverstanden werden kann dahin, Frisch sei einer der Bewohner des elfenbeinernen Turmes. Nichts ist er weniger als das. Er produziert Sympathie, und wer ihn nicht hassen muß aus Schwäche, der wird ihm grüßend zuwinken und einen Bruder in ihm erkennen. Die Güte dieses Mannes überwindet sogar seinen Ekel vor dieser Zeit, über deren Zustand er sich mit den Freunden durch Zurufe verständigt. Für sich allein besagen diese Zurufe gar nichts; aber dank dem Zusammenhang, in dem sie im Tagebuch stehen, sind sie durchdringend wie Roentgenstrahlen. Das sieht so aus:

„Westerland.

Wieder einmal Zeitungen gelesen:

‚Wiederbewaffnung Deutschlands —?'

(Durch Amerika.)"

Unsereiner hätte gewiß geschrieben: „Durch Amerika!" Das wäre ein Aufschrei, wild, nutzlos. Hingegen: „(Durch Amerika.)" —: die Notiz des beauftragten Wächters.

Wenn er wachfrei hat, erzählt er Ausgedachtes, Erlebtes, Beobachtetes und spinnt es zu Geschichten aus. Aus einigen der Geschichten werden später Stücke. Das alles betreibt er im Nebenberuf, und irgendwo steht auch, man dürfe dergleichen nur so betreiben, und es sei eine Wohltat für den schweizer Autor, daß er vom Verkauf seiner Bücher nicht leben könne, weil das Volk zu klein ist. Der Zwang, einen Hauptberuf zu haben, einen bürgerlichen, sei dem Schreiben zuträglich. Frisch ist Architekt; in der Zeit, in der er berichtet, baut er bei Zürich ein Volksbad. Man müßte es sich ansehen, gewiß ist es hell und freundlich und um die Menschen herumgebaut, die sich in ihm erholen. Auch das Buch kann man zur Erholung lesen, zur Erholung von den Menschen, denen die Wächter peinlich sind. *Erich Kuby.*

Musik und Katastrophe

Theodor W. Adorno: „Zur Philosophie der neuen Musik". Paul Siebeck J. C. B. Mohr Verlag, Tübingen 1949, 144 Seiten, DM 9.80.

Die Neue Musik ist nicht mehr Gegenstand erbitterter Diskussion und beteiligter Leidenschaft. Der Streit, der nach dem Kriege um sie entbrannte, scheint erstarrt zu sein; was eben noch bewegter Konflikt war, verhärtet sich zum Grabenkrieg der Sekten, wo die Gegner sich genausowenig ändern wie die Argumente; und zur Klärung, zum Sediment, ja selbst zur vagen communis opinio scheint es nicht mehr zu kommen. Immer noch singen Kirchenchöre Pepping und fühlen sich als Avantgarde; immer noch klatschen die Jungen über jeden konfusen Tumult, weil, was sich fürchterlich und chaotisch gebärdet, deshalb wahr und richtig sein müsse, da es sei „wie unsere Zeit"; immer noch nennt man die Komponisten „witzig", deren Stücke sich anhören wie schlecht gespielter Mozart, wo aber die unpassenden Töne nicht neu oder geistreich, sondern wirklich nur falsch klingen; immer noch führen Dirigenten Symphonien auf, die wie Krieg beginnen und wie Jahrmarkt enden und gar nichts weiter sind als schlechte Scherze über das uralte per aspera ...

Es gibt Gründe genug dafür, daß die Auseinandersetzung mit moderner Musik fast über Nacht zum unbeachteten Gemurmel einiger Fachleute abmagerte; man mag sie in der Sache selbst, im Soziologischen und im Wesen der Nachkriegsentwicklung suchen. Fast, so scheint es, ist das Stecken-Bleiben der Gespräche auch auf Theodor W. Adornos hochbedeutendes, stellenweise geradezu genial inspiriertes Buch zurückzuführen. Mit nahezu einschüchternder Sachkenntnis ist hier der ganze Problemkreis angegriffen und philosophisch spekulativ gedeutet, ist hier die Diskussion auf ein exklusiv hohes Niveau gehoben worden, welches der Kombattant erst einmal nachvollziehen muß, ehe er sich wieder zu Wort melden kann; das aber will geleistet sein da, wo Hegel-Zitate die leichtesten Stellen sind. Das Niveau, sagt Karl

Kraus, ist hoch, aber leider ist niemand drauf. Immerhin, ein solches Buch kann man nicht umgehen oder auf ein paar Überspitzungen festnageln und damit erledigt glauben. Als Kulturkritik hat es nicht seinesgleichen.

Wer nur einen Blick hineingeworfen hat, wird den Rezensenten um die Aufgabe, es wiederzugeben, nicht beneiden. Vereinfachungen und Verzeichnungen werden nicht zu vermeiden sein. Im Grunde gehört auch die „Philosophie der Neuen Musik" zu den seltenen Arbeiten, die, jahrzehntelang währendes Denken und Erfahren komprimierend, angemessen wohl nur der Verfasser selbst kritisieren könnte. Um was geht es?

Die „Philosophie der Neuen Musik" will genommen werden als Exkurs zur „Dialektik der Aufklärung", einer von Horkheimer und Adorno zusammen verfaßten Arbeit. „Die vollends aufgeklärte Erde strahlt im Zeichen triumphalen Unheils", heißt es dort. Wie geht das zu? Vollendete Aufklärung sucht, nach den Verfassern, Souveränität über das Dasein, über die Natur, die als dunkle Folie, als das Inkommensurable erscheint. Um diese Souveränität erlangen zu können, schneidet der Mensch sich das Bewußtsein seiner selbst als Natur ab, entzaubert er die Welt, unterwirft er alles der Zahl, dem gleichnamigmachenden Prinzip, um eben beherrschen zu können. Der Kernpunkt dieser Lehre besagt: Indem der Mensch versucht, alles totaler Neutralisierung zu unterwerfen, geht der wirkliche Kontakt zwischen Natur und Subjekt verloren, wird aus Erkenntnis bloßes Funktionieren-Lassen; der Mensch aber gerät in Wahrheit immer tiefer in den Naturzwang hinein. Denn wenn die Naturverschränkung unterbrochen ist, erstarrt das Ich; Natur ist dann nur noch Materie, Vernunft nur noch Funktion. Vernunft kann dann keine inhaltlichen Ziele mehr setzen, sie wird zur zwecklosen Zweckmäßigkeit, fällt mit Verrücktheit zusammen. Wo Denken so zur Funktion, zum bloßen Sektor innerhalb der Arbeitsteilung geworden ist, da entmachten die Führer und die Experten das Individuum, für das Anpassung an die Realität vernünftiger wird als Vernunft. Die Aufgabe der Kulturindustrie aber ist es, das Individuum vom Denken völlig zu befreien, es frisch und konzentriert nach vorn blicken zu lassen, ihm durch verordnete Kulturerzeugnisse die Reflektion seiner wirklichen Lage zu ersparen.

An dieser Stelle setzt die „Philosophie der Neuen Musik" ein. Wirklich fortgeschrittene Musik, so führt sie aus, reflektiert diesen Zustand nämlich doch, bringt alles das zum Bewußtsein, was man vergessen möchte. Aus dieser Bedeutung der fortgeschrittenen Musik konstruiert die Gesellschaft nun gerade ihre Bedeutungslosigkeit. Warum? Weil diese Musik nicht das gesellschaftlich standardisierte, unwahre Bild des Individuums entwirft, das man gern sehen möchte, sondern weil sie aus sich heraus Charaktere hervorbringt, die zwar wahr sind, von denen der durch die Kulturindustrie beruhigte, eingelullte Hörer aber eben deshalb — weil sie das grauenhaft Wahre ins Bewußtsein bringen — nichts wissen will. Man hilft sich, indem man diese Musik irrelevant nennt, sie belächelt, als sinnlosen Spezialistenluxus abtut und sie schließlich mit der Begründung verwirft, sie „gebe dem Hörer nichts". In Wirklichkeit nimmt Neue Musik alle Dunkelheit und Schuld der Welt auf sich. All ihr Glück hat sie daran, das Unglück zu erkennen; all ihre Schönheit daher, daß sie dem Schein des Schönen sich versagt.

Den Standort der Neuen Musik aber findet der Verfasser in den Extremen ausgeprägt. Nur in ihnen werde das Wesen der Sache selbst lesbar. Als diese beiden Extreme, zu denen alle Übergänge hinneigen, stellt Adorno die Komponisten Schönberg und Strawinsky vor. — Es ist bemerkenswert, daß auch der Kunsthistoriker H. Sedlmayr in seinem bekannten Buch „Verlust der Mitte" dies die Extreme befragende Erkenntnistheorem Walter Benjamins zu seinem heuristischen Prinzip macht. Auch er glaubt, „daß sich in solchen absonderlichen Formen Eigentümlichkeiten enthüllen, die in gemäßigter und deshalb weniger auffallender Weise auch sonst das Schaffen einer Zeit bestimmen, deren Eigenschaft in ihnen auf die Spitze getrieben wird". Der Grund für ein solches Prinzip mag darin zu suchen sein, daß diese Forscher nicht mehr glauben können, die Mitte sei Herz aller Dinge. Sie vermögen die „Ideen" nur noch im Außergewöhnlichen zu finden, für sie ist Mitte nicht mehr Zentrum, sondern nur noch Schnittpunkt von Extremen. —

Den wahren Fortschritt der Musik verkörpert, und damit treten wir nach der Darstellung in die Diskussion des Buches ein, allein Arnold Schönberg. Nur er überläßt sich den Forderungen der Sache, nur er folgt den Bewegungsgesetzen, denen der „objektive Geist des Materials" gehorcht. (Das musikalische Material, dem der Komponist gegenübersteht, ist als Produkt der Dialektik von Natur und Subjekt, als im Ganzen und in jeder Einzelheit historisch Gewordenes, Erscheinungsform der Bewegung des Geistes.) Sich diesen Gesetzen zu überlassen, darin besteht nach Adorno Schönbergs Größe und zugleich sein Verhängnis, denn heute führen sie auf manchen steilen Grat und in manche unheilbare Aporie. Was wird hier gesehen?

Die Kernthese der Adornoschen Arbeit besagt, daß „nicht zu allen Zeiten alles möglich sei", daß imgrunde die Redensart der Snobs: „... kann man heute nicht mehr machen" objektiv Wahres ausdrückt. „Es gibt keine Kunst, welche so bald und so viele Formen verbraucht wie die Musik. Modulationen, Cadenzen, Intervallfortschreitungen, Harmoniefolgen nutzen sich in fünfzig, ja dreißig Jahren dergestalt ab, daß der geistvolle Komponist sich deren nicht mehr bedienen kann und fortwährend zur Erfindung neuer, rein musikalischer Züge gedrängt wird", schrieb schon vor nahezu hundert Jahren der Musikästhet Hansblick (den Wagners genialer Spott bekanntlich zum Urbild des Beckmesser machte, so dem Kritiker unseriöse Unsterblichkeit verleihend). Adornos Verdienst ist nun, daß er seine Thesen von der „Tendenz des Materials" bezwingend in die Grundierung hineingebaut hat, welche die „Dialektik der Aufklärung" legte. Er schafft, und das ist eine bemerkenswerte intellektuelle Leistung, Kategorien für die begründete, verwerfende Negation einst gültiger Formen und Ausdrucksmittel und stellt Mittel bereit, den biederen Eklektiker ebenso wie den pfiffigen Konjunkturritter zu überführen. Es wird gezeigt, warum die Tendenz des Materials sich heute etwa der Idee des abgerundeten Werkes versagt. („Das höchste Wirkliche der Kunst ist isoliertes, abgeschlossenes Werk. Zu Zeiten aber bleibt das runde Werk allein dem Epigonen erreichbar", fand schon W. Benjamin.) Warum kann und darf es zum abgerundeten Werk heute nicht kommen? Nach Adorno bringt große Musik, auch wenn sie auf ihre Integrität bedacht ist, aus sich heraus Charaktere hervor, die stets dem Zustand der gesellschaftlichen Totalität entsprechen. Heute verbietet eben dieser Zustand das abgerundete Werk. Es komponieren, heißt, sich den Forderungen der Kulturindustrie unterwerfen. Statt geschlossen zu sein — „das geschlossene Werk erkannte nicht, sondern ließ Erkenntnis in sich verschwinden" — oder durch gerundete Form versöhnend, wirft die Neue Musik die Würde des Richters von sich und tritt in den Stand der Klage, wird sie zur reflektierenden, bewußtmachenden, leidenden Kritik, nicht aber zum runden Werk, als welches es heute eine allzu versöhnende Lüge wäre. Gegenwärtig ist es ebenso sinnleer, wie nach Adorno das System der Tonalität und eine Reihe anderer musikalischer Phänomene. Falsch sind diese heute auch deshalb, weil die Kulturindustrie sie zur Ware gemacht hat, indem sie Beethoven und Unterhaltungszeug gleichstellte als Stoff fürs Amüsement.

Man darf die Gewalt dieser Thesen nicht unterschätzen. Adorno versteht es, sie unvergleichlich suggestiv durchzuführen. Er selbst ist ihrer Faszination allerdings bisweilen erlegen, manchmal verlor er die Küste musikalischer Wirklichkeit aus der Sicht. Fraglos besteht so etwas wie musikalischer Weltgeist, jeder von uns kennt die Wendungen der Pseudo-Modernen, die schön, aber verdächtig klingen, doch so kompakt, wie Adorno verfährt, läßt sich das Phänomen gewiß nicht fassen. „Der technische Horizont, aus dem die tonalen Klänge abscheulich hervorstechen, begreift heute alle Musik in sich", schreibt Adorno, darauf richtet er in einem Satze Sibelius hin, der nur tonal komponiere, denselben Sibelius, gegen den er bereits 1938 eines der hinreißendsten Pamphlete deutscher Sprache schrieb, den — gewiß maßlos überschätzten — Finnen zermalmend und seine Asche in alle Winde zerstreuend. Eine solche Methode läßt sich nun gegen den weithin tonalen Bartok nicht anwenden. Hier kommt die Theorie ins Schwanken. Um sie zu retten, nimmt Adorno Bartok aus der Entwicklungstendenz der okzidentalen Musik heraus und siedelt ihn exterritorial in Südosteuropa an, wo man noch tonal schreiben darf, wenn nur ein „in sich geschlossener und selektiver technischer Kanon" ausgebildet wird. Doch die ersten beiden Sätze des Violinkonzertes etwa und manche Passagen noch aus Quartetten und Konzerten lassen sich gewiß nicht als Folklore entschuldigen; dennoch befleißigt Bartok sich an diesen Stellen klarer Tonalität, von ungewöhnlicher Konsequenz und Plausibilität. Man kann, wie ich, an den wahren Kern der Adornoschen These glauben und dennoch den „Rosenkavalier" hinreißend finden (Adorno spricht vom Saccharin des „Rosenkavaliers", hätte er wenigstens von Zucker oder besser noch von Honig geredet!) und R. Strauß' „Metamorphosen" von 1945 dazu; das ist freilich inkonsequent, und eine Synthese kann gewiß nicht so leicht jemand dafür bieten. Aber, ist es nicht doch besser, eine solche Verlegenheit auf sich zu nehmen, als im Ablehnen zu rasch zu sein? Wenn für Bartok Sonderregelungen gelten dürfen, müßten sie doch für Sibelius, oder für die junge englische Musik, oder eben für den ganz woanders als die „Modernen" wurzelnden Richard Strauß auch beansprucht werden können, und was bleibt dann noch vom technischen Horizont, „der heute alle Musik in sich begreift"?

Doch Adorno besteht darauf, daß einzig der Weg der Zwölfton-Musik heute gerechtfertigt ist im Sinne der „Tendenz des Materials". Er zeigt, wie der Repräsentationscharakter der Formen zerging, wie unter dem Zwang der totalen Aufklärung das Tonmaterial, ungeachtet seiner historischen und ästhetischen Herkunft, seiner „Verformungen" und traditionellen Funktionen, einer völligen Neutralisierung, „rationalen Durchorganisation" unterliegt. Beispielsweise war etwa die Chromatik einst ein Mittel zur immer größeren Subjektivierung der Musik (Chopin, Wagner), war sie einst Ausdruck, über den man verfügen konnte, hatte sie, als Gegengewicht zur Diatonik, ihren bestimmten Ausdruckswert. Infolge der Dialektik Komponist-Material vollzieht sich jetzt die ganze Organisation der Musik vom Chromatischen her (Zwölfton-Musik als letzte Stufe dieser Entwicklung!); dadurch wird Chromatik, früher expressiver Gegensatz zur Tonalität, in der totalen chromatischen Organisation zum Neutralisierten, ist sie völlig funktionalisiert und in einem System aufgehoben, durchrationalisiert. Die Regeln, welche einst zur Beherrschung des musikalischen Naturmaterials geprägt werden mußten, und aus denen sich Zwölfton-Technik entwickelte, alle diese einst nur abwehrenden Regeln, sind jetzt, da dank der Durchorganisation alle traditionellen Implikationen entfallen und nichts mehr abzuwehren ist, plötzlich positive Normen. Da aber, weil das organisierte Tonmaterial längst zum neutralen Substrat für den Komponisten wurde, nichts mehr zu regulieren ist, schlägt das ganze um in leere Organisation, in Widersinn. So wird aus scheinbarer Allmacht Ohnmacht. Sollte das dunkel klingen, dann dürfen wir hier an die Entsprechung aus der „Dialektik der Aufklärung" erinnern. Auch da schlug, wie gezeigt, die von der Natur (hier: „musikalischer Naturzwang", Vorformung des Materials) gelöste Vernunft um in Verrücktheit, wurde sie, weil es kein Gegengewicht gab, zur „zwecklosen Zweckmäßigkeit", während es hier analog heißt: Das vollendet funktionale Kunstwerk wird zum vollendet funktionslosen.

So geht der Verfasser die Antinomien der Zwölfton-Musik durch, und die Einsichten oder Entwicklungskategorien der „Dialektik der Aufklärung" begegnen auf Schritt und Tritt. Immer wieder wird nachgewiesen, wie das durchrationalisierte Tonmaterial dem Komponisten nicht die Freiheit schenkt, nach der er sich sehnt, sondern ihn gerade in absolute Unfreiheit verstrickt. Man sehnt sich manchmal nach der realen Bezugnahme auf das existente Werk bei so viel spekulativem Glanz. Man neigt zur Frage, wo denn die Liquidation des komponierenden Subjekts, welche nach Adorno die Zwölfton-Musik bewirkt, sich praktisch zeige, aus welchem Werk Schönbergs das Subjekt weniger, aus welchem es schließlich gar nicht mehr spreche. Auch da scheint der Autor einem Prinzip zu folgen, das er selbst in seinen „Minima Moralia" vertritt: „Einschränkung und Zurücknahme sind kein Mittel der Dialektik ... Die Besonnenheit, die es verbietet, in einem Satz zu weit sich vorzuwagen, ist meist nur Agent der gesellschaftlichen Kontrolle und damit der Verdummung."

Die Rolle des Subjekts in der modernen Musik ist imgrunde die Hauptfrage, die immer wieder überprüft wird. Das ist das Menschliche, das Großartige und die Grenze dieses Buches. Adorno macht Strawinsky den wohl stichhaltigen Vorwurf, er habe die Musik entmenschlicht, sich mit der Natur identifiziert und so Authentizität durch Verleugnung des subjektiven Pols erschlichen. „Die sado-masochistische Lust an der Selbstauslöschung ist durch die Dynamik des Trieblebens bestimmt." Das Seelische sei, als wäre es krank, verleugnet. Doch eine solche „verordnete Entmenschlichung" verschafft keine Authentizität der Sache; der strawinskysche Objektivismus ist nichts als „eitle Privatbeschäftigung des isolierten ästhetischen Subjekts, als Trick des Individuums, das sich aufspielt, als wäre es der objektive Geist." So weit Adorno.

Die Verteilung der Rollen ist klar. Schönberg ist das Individuum, das die Musik, das Vorgegebene, rationalisiert, nach vollendeter Rationalisierung als Subjekt ausgelöscht wird, „das Gericht des losgelassenen Subjektivismus an sich selber" vollstreckt und der Magie der Zahl, der sinnlosen Ordnung, rettungslos verfällt. Strawinsky tut, als ob sich das Subjekt durch erschlichene Selbstauslöschung behaupten könne, doch indem er so den Forderungen der Sache ausweicht, wird seine Musik zur unverbindlichen Privatbeschäftigung.

So wie nach dargestelltem Muster die Zwölfton-Technik sich von der Verschränkung mit dem Material löste, die Ratio zum Herrn übers Substrat einsetzte und doch nicht hindern konnte, daß diese schließlich in Irratio umschlug, so bleibt nach Adorno auch den Komponisten keine andere Möglichkeit, als entweder subjektlos im Vorgegebenen, Elementaren unterzutauchen (Strawinsky) oder die vorgegebene Musik durchzurationalisieren, Macht über sie zu gewinnen, aber auch Entfremdung, und schließlich an der mangelnden Verschränkung zu scheitern (Schönberg). Wie sehr Adorno hier die Kategorien der „Dialektik der Aufklärung" zutage fördert, ist evident. Die „Philosophie der Neuen Musik" ist nicht nur ein Exkurs über die Rolle der modernen Musik in der Kulturindustrie, sie arbeitet zugleich mit Erkenntnissen über Subjektverlust und Subjekterhaltung, über Durchrationalisierung und Selbstverleugnung, die anderswo, nämlich in der „Dialektik der Aufklärung" prägnanter treffen. Dort hieß es aber auch, daß die Gleichsetzung, das Komparabel-Machen des Ungleichnamigen, die nivellierende Herrschaft, die Liquidation des Eigentümlichen, daß alle diese einander im Kern ähnlichen Operationen den unheilvollen Prozeß der vollendeten Aufklärung ins Spiel setzten.

Um keinen Preis soll hier der Eindruck erweckt werden, die Aussagen dieses großartigen Buches seien daher alle falsch. Sie sind es wohl nur zu wenig. Gefährlich ist allein das Ausmaß der Fragestellungen und Spekulationen, welches in keinem Verhältnis steht zur Sicherheit oder Klarheit der Einzeleinsichten, die dadurch aber nicht unwahr werden, daß sie große Systeme nicht tragen können.

Man durchdenke den folgenden Satz: „Durch vollendete Aufklärung von der Idee gereinigt, die als bloße ideologische Zutat zu den musikalischen Tatsachen, als private Weltanschauung des Komponisten erscheint, wird das Werk gerade vermöge seiner absoluten Vergeistigung zu einem blind existierenden, in grellem Widerspruch zur unvermeidlichen Bestimmung eines jeglichen Kunstwerks als Geist." Da ist nun aber wirklich auch alles fraglich. Was heißt „Idee" beim Kunstwerk? Welches war ihre Funktion in der traditionellen Kunst? Weist nicht Schönbergs unvergleichlich mitleidvolles Melodram „Ein Überlebender von Warschau" weiter über sich hinaus als ein Nocturno Chopins? Oder: Adorno behauptet, die allgemeine Meinung, daß Schönberg unverständlich sei und Beethoven verständlich, sei „objektiv Trug". Denn Schönbergs Musik komme aus den anthropologischen Voraussetzungen seiner Hörer, die Beethovens dagegen kaum noch, so daß der musikalische Sinnzusammenhang einer frühen Beethovensonate dem durchs Radio dressierten Hörer verborgen bleiben müsse. Der Gedanke ist brilliant und zumindest halb richtig, gerade das macht ihn so gefährlich. Was heißt Sinnzusammenhang? Warum soll der Hörer nicht mit dem Largo aus der D-Dur-Sonate op. 10,3 kommunizieren können? Darüber hörte man gern Näheres. Meint Adorno, daß unter den herrschenden Bedingungen eine einigermaßen adäquate Kommunikation mit dem Kunstwerk unmöglich sei, weil es unter der Macht des Musikbetriebes stehe, dem sich nur die avancierte Musik entzieht? Oder meint er gar, daß historisch adäquate Kommunikation — wie sie bis zu einem gewissen Grade selbstverständlich noch geleistet werden kann und auch geleistet wird, — daß also eine solche Kommunikation nicht authentisch sein könne, weil dann das Bewußtsein für die gegenwärtige Situation abgeschnitten sei? Das hieße doch wohl, unangemessen verknüpfen. Warum sollte neben falscher und überflüssiger nicht auch noch eine sinnvolle Kommunikation möglich sein?

Wenn man zu fragen anfängt, gibt es kein Ende. Ein wesentlicher Zusammenhang allerdings hält wohl jeder Kritik stand. Es ist das Problem der Authentizität, das bereits gelegentlich gestreift wurde. Musik, die sich, wie die Schönbergs, von den Hörgewohnheiten des Publikums distanziert und sich den Forderungen der Sache überläßt, jede Einschmelzung in den Kulturbetrieb verschmähend, hat von der Sache her, weil sie deren Intentionen folgt — Tendenz des Materials! — Authentizität. Da sie sich aber dem Vernommen-Werden entzieht, entziehen muß, verliert sie die Authentizität, weil sie als ungehörte zur Fiktion wird (... denn „das Vernommen-Werden durch viele liegt auf dem Grunde der musikalischen Objektivation ..."). Indem diese Musik aber das bestehende Grauen reflektiert, den Haß und Vernichtungswillen der Gesellschaft erregt (entartete Kunst!), wird sie noch einmal legitimiert. So wird sie, als erkennende, endlich doch authentisch.

Man muß im Auge behalten, daß Adorno nicht über den Wert moderner Kompositionen schreiben will, sondern über ihren philosophischen Standort und darüber, wie weit ihnen ein

„reaktionäres Moment unter der herrschenden Unfreiheit" zukommt. Dennoch klingt seine Kritik oft total. So nennt er Strawinskys Konzert für Klavier und Bläser „wüst", als ob es nicht zu den bewältigtesten und unheimlichsten Dingen gehörte, die dieser Magier je geschrieben, und so findet er den Inhalt der „Psalmen-Symphonie" „verbissen-kümmerlich", obwohl Strawinsky gerade hier dunkel drückendes Leid, von dem das ganze Werk spricht, zu Elementen subjektiver Disposition und Formsprache macht, sodaß von dem ihm sonst vorgeworfenen subjektlosen „Mitmachen in Reflexen" schlechterdings keine Rede sein kann.

Wir schließen hier ab. Adorno unterlag keinem Systemzwang. Keinswegs bekam er immer nur die Groschen aus den Phänomenen heraus, die er von vornherein in sie hineinsteckte. Nur hat er seine richtigen Einsichten — besonders bei Strawinsky hat ihn eine evidente Abneigung überwältigend scharfsichtig gemacht — zuweilen überfordert. Vor seiner überhellen Intelligenz zerrinnen die Phänomene, auf die er sich einläßt, zu leicht zu Funktionen anderer Dimensionen, alle Naivität und Unbefangenheit verbietet sich dieser „unbarmherzige Samariter" angesichts des Grauens, das besteht. So groß ist seine Angst um den Menschen und seine Sorge, mit der „Schmach des Daseins" zu kooperieren, daß er, und vielleicht er allein, den bitteren Satz fertigbringen muß: „Noch der Baum, der blüht, lügt in dem Augenblick, in dem man sein Blühen ohne den Schatten des Entsetzens wahrnimmt"; die Katastrophe, das Leid, deren naive Zeugen wir alle sind, bewegen ihn so, daß er nur gelten läßt, was, dieses Leid erkennend, sich ihm zur Wehr setzt.

So hat er seine „Philosophie der Neuen Musik" geschrieben. Sie ist Philosophie der Musik, welche die Katastrophe nicht verschweigen darf. Adornos große, menschlich bewegende Arbeit türmt einen mächtigen Erkenntnisbau, sie schließt das allgemeine Gespräch ab, ist das äußerste, was die Gegenwart leisten kann. Das nächste Wort über Moderne Musik fällt jetzt der historisch betrachtenden Musikwissenschaft zu. Es auszusprechen ist noch nicht an der Zeit. Dennoch, an Adornos Buch, seinem Bekenntnis, führt kein Weg vorbei. Es ist nicht unwahrscheinlich, daß es, wenn vielleicht auch nicht als Symptomatik, so als Symptom unserer Gegenwart in die Geistesgeschichte eingehen wird.

Joachim Kaiser.

Salzburg an der Ruhr?

Gesprächsweise gibt der Recklinghauser Bürgermeister, Herr Dünnebacke, gern das Unbehagen zu, das ihm die Eröffnung der Ruhrfestspiele alljährlich bereitet. Das biedere Oberhaupt einer bürgerlichen Mittelstadt, die ihre Impulse mehr aus dem großbäuerlichen Landkreis als aus den links liegengelassenen Zechen und Arbeitervierteln am Stadtrand zieht, war bislang nur genötigt — und das empfand er als freundliche Nötigung —, westfälische Heimatpflegevereine zu ihren Tagungen zu begrüßen. Jetzt soll er sich verbindlich über den Kumpel und seine Beziehungen zur Kultur äußern. Als Kernwestfale ist er stur und entledigt sich seiner Pflicht mit denselben plattdeutschen, bodenverbundenen Anekdoten, die sein Renommee bei den Heimatpflegern begründen halfen. Er hat den Ruf der Ehrlichkeit dabei für sich und begibt sich nicht in ungewohntes Neuland. Er versucht außerdem noch, auf die behaglichen Unterkunftsmöglichkeiten des Städtchens sommerfrischlernd hinzuweisen.

Sie sind jedenfalls zweckgerechter als das provisorische Festspielhaus, zu dem der sonst nur Tanzabenden und standesgemäßen Hochzeiten dienende „Saalbau" umgebaut wurde, ohne dabei eine in der Julihitze besonders förderliche Entlüftungsanlage zu erhalten. Denn die Festspiele finden — voriges Jahr in edlem Wettstreit mit Oberammergau, dieses Jahr mit Bayreuth — im Juni und Juli statt.

Der Deutsche Gewerkschaftsbund will alljährlich Tausende von Kumpels und Angestellte in dieses Recklinghauser „Abseits" führen, um sie dort mit dem kulturellen Erbe und der Kunst der Gegenwart zu überraschen. Es wimmelt denn auch in den alljährlichen Begrüßungsreden der Kultursachwalter des DGB von Wendungen wie „Besinnung nach harter Arbeit", und auch die bewährte, durch den Pietismus keineswegs in dauernden Verruf gekommene „geistige Erbauung" stellt zur rechten Zeit sich ein. Die Wahl Recklinghausens zum Festspielort (während doch in Bochum, im Herzen des Reviers, der DGB vor Jahresfrist ein modernes Theater mit 2000 Plätzen und Entlüftung fertigstellte, um es als Kino zu verpachten) geht einem allmählich dabei auf.

Die zur Funktion gewordene Kultur, die im Gefolge der kapitalistischen Arbeitsteilung den Menschen „seelisch betreute", aber ihn nicht zu sich selbst aufrief, wird hier bei wahrlich ganz anderen, guten Absichten blindlings übernommen. Ginge man bei den Ruhrfestspielen von der idyllenfeindlichen Dynamik echter Ruhrgroßstädte aus — etwa indem man in Bochum für acht Wochen das laufende Kinoprogramm unterbräche —, dann würde allein der Spannungsraum, in dem man als Gewerkschaftsbund Kultur zu repräsentieren hätte, die direkte Auseinandersetzung mit den gegenwärtigen Aufgaben des Sozialismus erzwingen. Nicht nur bei Franz Kafkas „Prozeß", sondern auch bei Friedrich Schillers „Don Carlos".

Aber dann stünde der DGB unter ungleich schärferer kollegialer Beobachtung. Ob es dann auch noch möglich wäre, wie 1949 oder, ohne aus den Erfahrungen zu lernen, wie 1950, daß die Hälfte der an Arbeiter ausgegebenen Karten von diesen an kunstinteressierte Bürger zu Schwarzmarktpreisen verkauft würden? Ob dann auch noch bei den meisten Vorstellungen zu mehr als vier Fünfteln (statistisch festgestellte Prozentsätze) das großbürgerliche Theaterpublikum nicht nur den Saal füllte, sondern auch die Festspiele finanziell und „gesellschaftlich" retten müßte?

Der Spielplan war zudem 1949 und 1950 alles andere als ein Plan. So nahm man im Schauspiel einfach die Sensationen der Hamburger, Münchner, Düsseldorfer Bühnen als Gastspiele und wählte vielfach nur bedingt thematisch, mehr jedenfalls nach dem Gesichtspunkt aus, ob der Regisseur oder die Hauptdarsteller attraktiv waren. Es liegt auf der Hand: Diese Star-Attraktion konnte nur den Bürger anlocken, — den Arbeiter hingegen hätte in erster Linie das Thema interessiert. Die künstlerische Spannungsdichte der Aufführungen hätte genau abgewogen werden müssen, ist sie doch in besonderem Maße bedeutsam dort, wo eine erste Begegnung des Arbeiters mit einer bestimmten modernen Kunstaussage in die Wege geleitet werden sollte. Es ist aber unzulässig, solche Festspielaufführungen fast ausschließlich unter ästhetischen Gesichtspunkten zusammenzustellen. Daß das Thema aus der Wirklichkeit des Arbeiters (auch im historischen Kostüm) stammte und auf ihn revolutionierend wieder zurückspielte —, das hätte der allein zulässige Maßstab sein dürfen. Dabei müßten auch alle doktrinär sozialistischen und konfessionellen Bedenken zurücktreten. Es ist unverzeihlich, daß aus solchen Sentiments eine geplante Aufführung von Bert Brechts „Mutter Courage" im Vorjahre nicht zustande kam. Bei den Opern beschränkte man sich ganz auf das konventionell Gängige: Mozart und Webers „Freischütz", auch „Carmen" fehlte natürlich nicht. Dabei stand im benachbarten Essen eine von der Fachkritik sehr gut beurteilte Inszenierung von Kreneks „Karl V" auf dem Spielplan!

Einziger Lichtblick: Die vorzügliche Kunstausstellung 1950 „Deutsch-Französische Begegnung" im geschmackvoll zur Kunsthalle ausgebauten Bahnhofsbunker. Franz Große-Perdekamp, der Initiator der Industriemalergruppe „junger westen", scheint die einzige im ganzen Strudel auftauchende Persönlichkeit zu sein, die ahnen ließ, wie eine Verwirklichung des Ruhrfestspielgedankens aussehen könnte. Indem er durch die einfache und doch schwere Kunst, Bilder richtig aufzuhängen, diese einprägsam gegenüberstellte, zeigte er die gesellschaftliche Entwicklung Deutschlands und Frankreichs im 20. Jahrhundert. Unvergeßlich die Konfrontation Beckmann — Utrillo! Dazu war der Unermüdliche noch ein stets bereiter Erklärer und Deuter für Arbeitergruppen, die er zum größten Teil selbst und außerhalb der DGB-Planung zum Besuch seiner Ausstellung veranlaßte und aussuchte. Denn auch das ist nur allzu wahllos geschehen, was höchst individuell hätte angefaßt werden müssen: die richtigen, die reifsten und hungrigsten Leute auszusuchen und vorher ihnen Sinn und Zweck der Festspiele anschaulich zu machen. Ansätze, wenigstens für die Jugendarbeit Instruktionshefte über die Ruhrfestspiele herauszugeben, blieben über der vordringlicheren Drucklegung von Festgestaltungsvorschriften liegen. Einzig die „Europäischen Gespräche", eine Diskussion über Arbeiter und Kultur zwischen einigen fortschrittlichen Intellektuellen, erarbeiteten wesentliche Grundlagen sinnvoller Kulturbetätigung des DGB. Wir hoffen zuversichtlich, daß in nächster Zukunft auf diesen Grundlagen weitergebaut wird.

Die Ergebnisse von 1949 und 1950 sind wenig ermutigend. Die Einheit von Theorie und Praxis (Anliegen des Marxismus wie noch jeder guten Gewissens um die Wirklichkeit bemühten Weltsicht), in der die Kultur nicht mehr beschränkt bleibt auf die sogenannte Innerlichkeit, wurde selten erreicht. Die Dynamik des Ruhrherzraums fehlte sichtlich dabei. Der Kardinalfehler war die schöngeistige Perspektive, aus der heraus die Ruhrfestspiele nur ein Klein-Salzburg werden konnten, ohne den Genius Mozarts, ohne irgendeinen Genius, mit dem noch keinen Sinn ergebenden Zufall des Arrangements. Die Ruhrfestspiele 1951, die in der zweiten Junihälfte und wieder in Recklinghausen von Bürgermeister Dünnebacke eröffnet werden, zeigen ein wesentlich revolutionärer abgestimmtes Programm. Das Festspiel heißt diesmal „Don Carlos". Auch „Dantons Tod" und damit erstmals (!) ein sozialistisches Stück steht auf dem Spielplan in der Münchner Schweikart-Inszenierung. Franz Große-Perdekamp bereitet eine Kunstausstellung vor, die den Menschen des 20. Jahrhunderts auf der Suche nach neuen Gemeinschaftsbindungen ausweisen soll. Tanz und Konzerte sind in diesem Jahr zum ersten Mal ins Programm aufgenommen.

Nun ist nur noch notwendig, dafür zu sorgen, daß auch wirklich der Arbeiter zu den Festspielen kommt, und daß diese ihn auch wirklich als Arbeiter ansprechen.

Friedhelm Baukloh.

So viele Filme!

1300 Filme, kritisch betrachtet. Handbuch 1945—1951 der Katholischen Filmzentrale Deutschlands, Verlag Haus Altenberg, Altenberg bei Köln 1951, 170 Seiten, broschiert DM 3.60.

Wenn in einem nicht einmal zweihundert Seiten starken Band 1300 Filme „kritisch" besprochen werden sollen, so ist man vorweg zum Mißtrauen geneigt. Doch bei genauer Betrachtung erweist sich das Werkchen als wirklich beachtlich. Was hier geleistet wurde, ist eine Übersicht über all die Filme, die seit 1945 in Deutschland gezeigt wurden. Sie beruht auf den sehr viel ausführlicheren Kritiken des „Filmdienstes", der von der Katholischen Filmzentrale ebenfalls veröffentlicht wird (vier Nummern im Monat). Da das Buch zuerst (aber nicht ausschließlich) seelsorglichen Zwecken dienen soll, ist die Wertung durchgängig von der moralisch-religiösen Wirkung des Films bestimmt, einer Wirkung also, die er auf den „Normalkinobesucher" hat oder haben könnte. Künstlerische Gesichtspunkte werden erst in zweiter Linie berücksichtigt. Das ist insofern richtig, als der größte Teil der Filme heute (wie groß er ist, ergibt die Übersicht zum Erschrekken!) keinerlei Anspruch darauf erheben kann und darf, etwas mit Kunst zu tun zu haben. Wenn er aber Unterhaltung ist, und nichts als das, hat er kein Recht, Dinge darzustellen, die im Zusammenhang des legitimen Kunstwerks recht, vielleicht sogar nötig sind, hier aber nur Magazin-Sensationen darstellen. Anderseits heißt es den Sinn der Filmkunst verkennen, wenn man bedeutsame Filme wegen einiger Szenen, die für sich genommen vielleicht bedenklich sind, absolut verwirft, während religiöser Kitsch, weil moralisch unbedenklich und „erbauend", die Note 1 erhält. Hier zeigen sich die Grenzen des angewandten Verfahrens.

Doch diese Einwände werden sich die Herausgeber wohl selbst gemacht haben, zumal sie nur für vielleicht 30 Filme unter 1300 überhaupt zutreffen. Trotzdem müssen sie gemacht werden. Denn die Einstellung auf den Massenfilm und auf den Massenbesucher könnte sonst zu einer doppelten Blindheit führen: zur Blindheit gegenüber der künstlerischen Einheit und zur Blindheit gegenüber dem, was an Verlogenheit selbst im harmlosesten Hollywoodstreifen noch steckt. Dann aber würde die segensreiche Tätigkeit einer Filmkontrolle nur dazu führen, daß am Ende der gegängelte Kinobesucher sich jedes eigenen Urteils entschlägt. Das aber heißt für die heute so notwendige Arbeit der Filmzentrale: sie hat diese Arbeit am besten geleistet, wenn sie selbst eines Tages überflüssig geworden ist. Daß dieser Tag noch sehr fern ist, wissen wir; daß er einmal kommt, hoffen wir.

Roland H. Wiegenstein.

Der Tod des Soldaten

Ernest Hemingway: „Across the River and into the Trees". Charles Scribner's Sons, New York 1950.

Es hat einige Zeit gedauert, bis die in den zwanziger Jahren berühmt gewordenen jungen amerikanischen Dichter das einleuchtende, aber irreführende Umhängeschild von der „verlorenen Generation" wieder los wurden. Die von soviel Saufen, Fluchen und anderem unanständigem Benehmen zuerst so wohltuend schockierten Leser mußten miterleben, wie tatsächlich ein paar Generationen fast verlorengingen. Schließlich aber sahen sie ein, daß für die Cummings, Dos Passos, Faulkner, Hemingway die hektische Atmosphäre der ersten Nachkriegszeit nur ein Ausgangspunkt war, den jeder in seiner Art bald hinter sich ließ. Erst in den letzten Jahren wurde deutlich, daß der scheinbar ganz vom puren Lebensgenuß erfüllte Hemingway eigentlich in jene (den Europäer immer wieder befremdlich überraschende) Tradition der Hawthorne, Poe, Melville gehört, die sich den Schattenseiten des Lebens und den Mächten in der Natur und im Menschen selbst zuwenden, jenen Mächten, denen der einzelne von vornherein unterlegen ist.

Zu den Schattenseiten des Lebens gehört der Tod, der natürliche Tod als das absolute Ende; und dieser Tod gehört zu Hemingway, trotz dessen sehr lebendiger äußerlichen Brutalität. Er ist für ihn sogar von entscheidender Bedeutung. Alle seine Helden haben, wie die alte Zigeunerin in „Wem die Stunde schlägt" sagt, den „Geruch des Todes" in der Nase, und das ist es, was sie auf die Schattenseite treibt, was sie anders und damit zu Hemingwayschen Figuren macht. Der Tod hat sie berührt und gezeichnet, und für den Rest ihres Lebens müssen sie sich ihm stellen, sich ihm gegenüber halten. Wie sie das tun, ist Hemingways Vorwurf. Und weil er so den Tod ins Leben hereinnimmt, kann er — wie die griechischen Tragiker — in allen seinen großen Romanen und stories darauf verzichten, den eigentlichen Akt des Sterbens zu schildern. Das Warten auf den Tod ist das Entscheidende — die „Stunde der Wahrheit", wie die letzte Phase des Stierkampfs heißt.

Hemingways neuer Roman „Across the River and into the Trees" beschreibt in den letzten fünf Absätzen den Tod des Helden, des in Triest stationierten amerikanischen Infanterieobersten Richard Cantwell. Dieser Soldat macht einen schlechten Witz, steigt in den Rücksitz seiner Limousine und stirbt. Als Totenklage schickt ihm sein Fahrer einen zweiten schlechten Witz nach. Und dieser Witz von einer Sterbeszene geht auf Kosten Hemingways.

Wie das ganze Buch. Es bleibt beim besten Willen keine andere Charakterisierung: Der neue Roman ist eine unfreiwillige Selbstparodie Hemingways. Er ist, wie jede Selbstparodie, aufschlußreicher als die Persiflage eines anderen, — Hemingway spürt die eigenen Fehler und ihre Quellen am sichersten, — und weniger gelungen, — es fehlt die bewußte Boshaftigkeit, die jede Pointe ausschlachtet. Zuletzt weiß man nicht, ob man amüsiert oder traurig sein soll. Man schüttelt betroffen den Kopf.

Dabei ist an der äußerlichen Handlung nichts, was für Hemingway irgendwie neu wäre. Der Oberst ist einundfünfzig Jahre alt und weiß, daß er jeden Tag einem Herzschlag erliegen kann (er erhält sich mit Tabletten am Leben). Auf einem Wochenendausflug nach Venedig besucht er unterwegs die Schlachtfelder, auf denen er im Ersten Weltkrieg auf italienischer Seite als blutjunger Leutnant gekämpft hat. In Venedig verbringt er einige Zeit mit etlichen Kellnern, Mixern und Hotelportiers, etwas mehr Zeit mit der neunzehnjährigen Contessa Renata aus altem Dogengeschlecht, seiner „einen und einzigen und wahren Liebe", und die meiste Zeit mit seinen Erinnerungen. Am letzten Morgen jagt er Enten auf dem Gut eines befreundeten Barons, und auf der Heimfahrt stirbt er.

Die klassische Hemingway-Situation. Der Oberst weiß von seinem bevorstehenden Tod und muß damit fertig werden. Doch dieses Wissen ist eben eine Parodie des „Geruchs des Todes": der Oberst setzt sich nicht mit der Tatsache des unbedingten Endes auseinander, sondern er ist einfach auf seinen Herzmuskel wütend. Alle anderen Teile seines Körpers tragen die Spuren von Schüssen und Schlägen und funktionieren trotzdem weiter; dem Herzmuskel hat nie jemand etwas getan, und der läßt ihn jetzt im Stich. Der Tod wird zu einer nur physischen Äußerlichkeit und verliert dadurch jegliche außerphysische Bedeutung.

Der Oberst will dem Tod antworten, indem er in Taten und Gedanken sein ganzes Leben in seine letzten drei Tage konzentriert. Wie aber sein Wissen vom Tod eine sinnlose Selbsttäuschung ist, so ist es auch sein Wissen vom Leben: es ist ein nörgelndes Besserwissen in allen Dingen. Ja er weiß sogar besser, warum er im Leben immer wieder enttäuscht worden und warum er jetzt verbittert ist, — weil die anderen alle nie zugeben wollten, daß er es besser weiß.

Das könnte man die detaillierte Sinnlosigkeit nennen. Dazu kommen noch ein paar Paradestücke großzügiger Sinnlosigkeit. Das eine Mal, wenn es gilt, die Männlichkeit des Obersten zu beweisen: Er ermahnt sich immer wieder, nicht so brutal zu sein, wie er ist, und läßt es dabei bewenden. Das andere Mal steigert sich die Großzügigkeit zum Mystizismus: in der Liebesgeschichte. Es ist die große Liebe, — man weiß es, weil die Contessa und der Oberst es sich in regelmäßigen Abständen noch und noch vorsagen, und weil die Höhepunkte der Liebesgeschichte von reichlich extravaganter und kryptischer Symbolik begleitet sind. Man weiß es, aber man versteht's nicht.

Die Figuren, die aus all dem entstehen, sind bis ins kleinste beschrieben wie nie zuvor bei Hemingway, doch das macht sie nicht verständlicher. Sie sind sorgfältig geschnitzte und kostümierte und geführte Marionetten. Zuguterletzt erfahren wir noch, daß der Oberst in einer

Nacht zwei betrunkene Matrosen niedergeboxt und in einer anderen zwei Homosexuellen vor die Füße gespuckt hat. Und jetzt erkennen wir, was er wirklich ist: Mr. Hemingways Märchenprinz. Der Oberst ist ein Fabelwesen, die Summe aller Hemingway-Helden, und besteht aus Adjektiven. Einmal sagt er, er sei nie so alt gewesen wie mit Einundzwanzig, als er den großen Rückzug der Italiener in Venetien mitmachte. Man glaubt's ihm. An diesem Zwiespalt zwischen äußerlicher Erfahrenheit und innerlicher Unreife zerbricht die Hauptfigur und mit ihr der Roman. Zweifellos ließe sich zwar auch über einen Mann mit der verkümmerten Vorstellungswelt des Obersten ein Buch schreiben. Doch der dürfte uns dann nicht mit den Fanfarenstößen vorgestellt werden, die Hemingway auf seinen modernen Sagenhelden verschwendet.

Die Selbstparodie ist unbarmherzig. Sie kehrt sogar Hemingways unbedingte Aufrichtigkeit gegen ihn selbst. Er meint es auch hier so brutal ehrlich wie je zuvor. Aber er beschränkt sich fast ausschließlich auf irritierend naive Selbstoffenbarungen, die uns mit so ziemlich allen seinen belanglosen Urteilen und Vorurteilen ermüden und unangenehm an Wolfes penetrante Großmannssucht erinnert (die Hemingway nur dank seiner wie immer disziplinierten Syntax vermeidet). An diesen Nichtigkeiten wetzt er selbst seinen Dialog ab, bis dessen sonst so präzises ‚understatement' zur Blödelei ausartet. „Across the River and into the Trees" scheint für die unermüdlichen Literaturpsychologen geschrieben zu sein, die die Anweisungen, wie man venetianische Landweine aufbewahrt, und die summarische Verdammung aller Panzertruppen sicherlich hochinteressant finden, und der einundzwanzigjährige Oberst scheint denen recht zu geben, die immer noch behaupten, Hemingway sei nie über die „verlorene Generation" und geistig unterentwickelte Typen hinausgewachsen. Das stimmt natürlich nicht. Hemingway hat in „The Short, Happy Life of Francis Macomber", einer seiner besten stories, über Menschen geschrieben, die mit der „verlorenen Generation" auch äußerlich nicht das Geringste gemein haben. Er wollte das auch in diesem Buch wieder tun. Kurz vor dessen Erscheinen sagte er zu Freunden, es gehe ihm — im Gegensatz zu den anderen amerikanischen Nachkriegsromanen — um die „verdammt traurige Wissenschaft vom Krieg". Auf den ersten Blick scheint auch der Soldat mit seiner besonderen Problematik, ebenso wie die Stierkämpfer, Gangster, Boxer und die übrigen Hemingway-Figuren, auf die Schattenseite des Lebens zu gehören. Doch in dem neuen Buch steht nichts von der Wissenschaft des Krieges, — der ist nur eine Gelegenheit unter vielen, bei der sich der Oberst über seine Mitmenschen geärgert hat. Und der Oberst ist auch kein Soldat: er ist der ewige Kriegsfreiwillige, der schon in seinem ersten Gefecht den Krieg entscheidend anders erlebt hat als die Berufssoldaten und sich deswegen nie mit ihnen verstehen kann. Einmal spricht er davon, daß er unter einem Condottiere mehr Erfolg gehabt hätte. Über den könnte Hemingway schreiben, — über den glaubte er auch zu schreiben. Doch in einer modernen Armee kann es keine Condottieri geben, — höchstens Skorzenys (und auch die sind viel zu abgestumpft, als daß sie je den „Geruch des Todes" zu verspüren vermöchten). Mailer hat gezeigt, wie sehr die Armeen unserer Tage nur eine andere Form unseres Zivilistendaseins darstellen, mit besonderem Akzent auf dessen für gewöhnlich verborgenen Widerwärtigkeiten. Über Alltagsmenschen im Alltag hat Hemingway — in klarer Erkenntnis seiner Begrenzungen — mit Recht nie ein Wort verloren. Die Sinnlosigkeit begann, als er versuchte, über Alltagsmenschen in Uniform zu schreiben.

Man liest „Across the River and into the Trees" und bedauert es, daß es einer solchen Travestie bedurfte, um zu erfahren, was ein großer Dichter nicht kann. Doch man findet auch Trost: Gewisse Dinge bei Hemingway lassen sich nicht parodieren, nicht einmal von ihm selbst. Seine Fähigkeit, tote Gegenstände in den Bereich menschlicher Beziehungen hereinzunehmen und in ihnen eine bestimmte Situation gültig zu kennzeichnen, nimmt ihm keiner weg. In dem ersten Dialog über die Smaragde, die die Contessa dem Obersten schenken will, wird das Verhältnis der Liebenden für einen Augenblick so scharf erfaßt, daß man trotz dem folgenden, nimmerendenwollenden, brutal-neckischen Getändel eine Ahnung von der großen Liebesgeschichte erhält, die Hemingway schreiben könnte. Und dann ist da noch, in den ersten und den letzten Kapiteln, die story von der Entenjagd. Richard Cantwell, den Jäger, dem eine zugefrorene Lagune und ein eigensinniger Ruderer die letzte Jagd seines Lebens verpfuschen, verstehen wir sofort, — obwohl wir von dem Jäger viel weniger gesagt bekommen als von dem Obersten. Hemingway hat erzählt, daß er „Across the River and into the Trees" als short story angefangen und dann fast wider Willen weitergeschrieben habe. Über die Romane Hemingways läßt sich nach diesem Buch nicht viel Neues sagen. Aber daß er die besten short stories unserer Tage schreibt, ist nach wie vor unbestritten. Und für uns — wenn auch vielleicht nicht für Hemingway — ist das mehr als genug. *Engelbert Kirchner.*

Kriegserlebnis kompensiert

Hans Hellmut Kirst: „Wir nannten ihn Galgenstrick". Roman. Verlag Kurt Desch, München 1950, 398 Seiten, Leinen, DM 7.80.

Hans Jürgen Soehring: „Casaducale." Roman. S. Fischer Verlag, Frankfurt 1950, 177 Seiten, Leinen, DM 6.80.

Man weiß, daß die gültigen literarischen Zeugnisse des Zweiten Weltkrieges auf sich warten lassen. Der Zeitgenosse kann das ruhig abwarten, denn auch nach dem Ersten Weltkrieg, dem „Krieg der Freiwilligen", wie man gesagt hat, dauerte es lange. Warum also sollte es gerade nach dem „Krieg der Unfreiwilligen" schneller gehen? Es gibt aber eine Reihe von Autoren, die ihr Erlebnis sozusagen auf dem Kompensationswege loszuwerden trachten, und zwei nicht uninteressante Romane solcher Art sind letzthin erschienen.

Der eine stammt von Hans Hellmut Kirst, — sein Held ist ein gescheiter Landsknecht namens Strick; ein Oberleutnant, der sich im Jahre 1944 daran macht, die Offizierskloake eines Etappenstädtchens auszuschöpfen. Das Thema fasziniert: dieser Strick bekämpft die militaristische Maschinerie, die als Betriebsstoff Korruption und Schiebungen benötigt, mit den bewußt und überlegen eingesetzten Machtmitteln des ebenso verbrecherischen nazistischen Gewaltapparates. Der Roman kulminiert um den 20. Juli, ohne aber darum ein Roman der deutschen Widerstandsbewegung zu sein. Strick, den drei Jahre Rußland die Empörung über die Methoden der Achselstück-Molche zu Hause gelehrt haben, ist ein intelligenter Schelm. Er verbündet sich mit den Verbrechern der Gestapo, um Gutes zu tun. Die „Herren" werden von seinen Aktionen aufs tiefste gestört und verwirrt. In dem Augenblick aber, da Strick einen ehrlichen Bund mit den Verschwörern des 20. Juli eingeht und beim Zusammenbruch der Aktion mit ihnen scheitert, — in diesem Augenblick wird es klar, daß hier nicht mehr als nur Ansätze zum echten menschlichen und dichterischen Konflikt vorhanden waren. Der Autor hat seinen Helden nur mit der Substanz der Frontkämpferanständigkeit ausgestattet, und diese Substanz reicht nicht aus, um eine wirkliche Lösung herbeizuführen: weder im Zusammenbruch noch im Überleben. Alles erinnert ein wenig an die zwecklosen Flügelbewegungen eines eingesperrten Maikäfers. So etwas ist wohl typisch für die deutsche Situation in jenem Jahr der Nicht-Entscheidung, als künstlerische Aussage aber läßt es unbefriedigt.

Hans Jürgen Soehring, dessen vor geraumer Zeit erschienener Erzählungsband „Cordelia" ein wohl etwas übertriebenes Interesse fand, hat nun ein Buch vom Nachkrieg geschrieben. Seine Sprache ist eine Art von Heimkehrerdialekt, seine Form eine farbige Szenenfolge voll saftiger Männlichkeit und verhängnisvoller Liebe zum Preziösen. Ein abgehalfterter Fliegeroffizier mit dem allzu schönen Namen Oliver Thomas entwickelt sich in aller Eile zum bedeutenden Maler und zum männlichen Standbild im Schmutz der Gegenwart. Er bevorzugt auch in den trübsten Zeiten das internationale Parfum solcher Dinge, die nur für Auserwählte zu haben sind. Als ihm freilich die Entscheidung zwischen zwei Frauen, einer köstlichen italienischen Contessa und einem Naturmädchen gestellt wird, da entscheidet er sich am Ende für innerdeutsche Kargheit. All das ist sehr schön und doch sehr hoffnungslos, trotz dem fatalen bevölkerungspolitischen Optimismus, mit dem das Buch schließt. Soehrings Welt ist bei allen bestechenden Requisiten recht ärmlich, vordergründig und provinziell, sie erinnert an Filmplakate, die in einer einzigen Ebene blank und tadellos hingepinselt sind. Man könnte an ihr verzweifeln, wüßte man nicht, daß diese Welt eben nur Soehring gehört.

Zwei Romane der jüngeren Generation, in denen manches besticht und doch nichts zu Ende geführt wird. Immerhin, es sind Ansätze. Wir heißen uns weiter hoffen.

Christian Ferber.

Fragwürdiges Dokument

Gerhard Ludwig: „Massenmord im Weltgeschehen". Friedrich Vorwerk Verlag, Stuttgart 1951, 104 Seiten, broschiert DM 3.80.

Ein kleines Buch, dessen Kern eine tabellarische Übersicht über die Massenmorde ist, die in knapp zweitausend Jahren nachweisbar sind, 28 engbedruckte Seiten lang: zwischen dem

Jahre 6 („Dalmatinischer Einwohnermord an römischen Kolonisten; Zahl der Opfer: mehrere Tausend; Urheber: Aufständische unter den Fürsten Pinnes und Bato; Beweggründe: Kollektivvergeltung für römische Unterdrükkung, Furcht der ausgehobenen Jugend vor auswärtiger Kriegsverwendung") und dem Jahre 1950 („Gefangenenmorde in Korea; Zahl der Opfer: nicht abschätzbar; Urheber: nord- und südkoreanische Exekutionskommandos auf Grund höherer Befehle; Beweggründe: Wechselseitige Terrorverbreitung gegen Anhänger der Gegenpartei").

Drei Reaktionen auf die Lektüre dieses Büchleins:

Schrecken, Schauder, Trauer und Furcht ob dieser Menschheit.

Bedauern ob des geringen Tiefgangs des Buches: es begnügt sich mit einer moralischen Verurteilung und geht weder der Geschichte des menschlichen Bewußtseins nach, in dem dergleichen möglich war, noch sucht es das menschliche Wesen selbst zu ergründen, zu dessen Möglichkeit dieser Greuel gehört.

Drittens aber muß man gewisse politische Nüancen recht auffällig finden. Die Fememorde von 1920 bis 1924 sind reichlich glimpflich charakterisiert („Beseitigung von Spitzeln und Überläufern", Beweggründe: „Kollektivabschreckung zur Sicherung geheimer Waffenlager gegen weiteren Verrat an das Ausland"); der „Oberschlesische Blutterror" der gleichen Zeit dagegen wird aus „Nationalhaß, Chauvinismus, Raubgier" erklärt und bei den Morden zur Zeit des Kapp-Putsches ist von „fanatischem Haß gegen Kapp-Anhänger" (und keineswegs von Empörung gegen den reaktionären Umsturzversuch) die Rede; während der Verfasser sonst streng beim Thema bleibt, dem „Massenmord", treibt er 1945 die Ziffer der Rubrik „Zahl der Opfer" gewaltig in die Höhe, indem er plötzlich die Bezeichnung „Evakuierungs- und Mordgreuel" einführt und so auf 4,8 Millionen ostdeutsche Opfer kommt; Oradour wird nicht aufgeführt, weil „nicht gerichtlich geklärt"; beim „Bromberger Blutsonntag" dagegen wird die Zahl „60 000" angesetzt, die Ziffer der Goebbels-Propaganda. Vor allem ist auffällig, daß anderswo „polnische", „alliierte" Täter verantwortlich gemacht werden, auch „die englische Regierung" (KZ im Burenkrieg), „westalliierte Regierungen" (Nachkriegs-Hungerblockade: 1/4 Million Tote ...), daß aber auf unserer Seite nicht von „Deutschen", von „der deutschen Regierung", ja nicht einmal vom Nationalsozialismus gesprochen wird, sondern von „nationalsozialistischen Extremisten" (sogar beim 30. Juni 1934); im Text ist von „dem zum Nazismus entarteten Nationalsozialismus" die Rede.

So ist das zum Teil scheinbar dokumentarische Buch in Wahrheit ein Stück nationalistischer und nationalsozialistischer Propaganda. Es paßt ins neue Bild. *WD*

Geschichte von der Liebe in unserer Zeit

Luise Rinser: „Mitte des Lebens". Roman. S. Fischer Verlag, Frankfurt am Main 1950, 350 Seiten, Leinen DM 9.80.

Die Schriftstellerin — und, beeilen wir uns hinzuzufügen, die Literaturkritikerin — Luise Rinser, geboren 1911 in Oberbayern, wohnhaft in München, beweist mit jeder Veröffentlichung, daß sie für die Probleme ihrer Generation ein sicheres Gefühl besitzt, das rechte Gespür, wie man bei ihr zuhause sagt.

Schon ihr Erstling „Die gläsernen Ringe", der die Mode der damals so zahlreichen Kindheitserinnerungen überdauert hat, war mehr als eine Talentprobe. An ihm wurde deutlich, daß sie bereits ihre Sprache, beinahe ihren Stil gefunden hatte. Vielleicht, so ließe sich heute sagen, schrieb sie früher ein wenig zu gefühlig, aber nur: vielleicht. Dann erschien nach dem Krieg das erstaunlich nüchterne KZ-Tagebuch. Und in kurzem Abstand folgten drei Bücher, darunter „Jan Lobel aus Warschau", jene meisterliche, knappe Novelle, die wir dem Vorrat deutscher Prosa zuzählen möchten.

„Mitte des Lebens" ist ein Stück Literatur, wie sie unserer Zeit gemäß erscheint. (Gäbe es ein Publikum, das unserer Zeit gemäß wäre, dann könnte man einen Bucherfolg voraussagen.) Luise Rinser liefert das Beispiel einer Rechenschaft, nicht etwa eine Abrechnung. Auch die, verzeihliche, Assoziation täuscht: nicht das Überwältigtsein von der Schwermut wie in Hölderlins „Hälfte des Lebens", sondern die Bewältigung der Schwermut findet in dem Roman ihren Ausdruck.

Eine Liebesgeschichte, eine Geschichte von der Liebe in unserer Zeit wird hier erzählt. Es ist eine bittere, doch keine verbitterte Liebe. Zwei Schwestern begegnen sich, nach jahrelanger Entfremdung. „Schwestern wissen voneinander entweder alles oder garnichts", beginnt das Buch.

Und nun erfährt die als Erzählerin auftretende Schwester, was für ein Leben Nina geführt hat, was für eine Frau sie ist. Das geschieht auf eine sehr kunstreiche Art. Luise Rinser hat dem Briefroman eine neue Variation gegeben. Die Aufzeichnungen eines Toten, des Mannes, der Nina liebte, decken schonend und schonungslos die Vergangenheit auf. Nina kommentiert und ergänzt die Niederschrift, indem sie ihrer Schwester Bruchstücke einer Lebensbeichte ablegt. Diese Form der Darstellung wahrt den privaten Charakter des Inhalts, sie betont den Unterschied zur gängigen Exhibitionsliteratur.

Es gehört, immer noch, zu den Verhaltensweisen männlicher Leser (und Rezensenten), Liebesgedichte oder -romane weiblicher Autoren mit dankbarer Anerkennung zu quittieren: „So also seht ihr das". Aus dieser Haltung könnte das Fehlurteil entstehen, es handle sich in dem Roman um das Schicksal einer Emanzipierten. Die Zeichnung des zu schwachen, von des Gedankens Bläße angekränkelten Mannes wäre geeignet, den falschen Eindruck noch zu verstärken. Dem Irrtum sei vorgebeugt, die Haltung widerraten.

Rein artistisch ist der Roman ein geglückter Balanceakt mit Rahmenerzählung, Rahmenhandlung und Bericht. Die sparsame Anwendung der darstellenden Mittel ist konsequent bis zur Zeichensetzung durchgeführt. Daß überflüssige Anführungsstriche vermieden werden, sollte Schule machen. In den Roman hat die Literaturkritikerin Rinser ein sehr anregendes Privatissimum über das schriftstellerische Handwerk eingeflochten, eine Lektion in creative writing. Nina schreibt eine Kurzgeschichte, ein Stück Autobiographie, zu dem sie dann selbst kritische Anmerkungen gibt. Ein solcher Blick in die Werkstatt zeigt, wie bewußt der moderne Schriftsteller an seine Arbeit gehen muß. Er beweist, daß Somerset Maughams Satz, guter Stil sei eine Angelegenheit guter Manieren, ein understatement ist. Stil ist der Ausdruck einer klaren Haltung und, wie Langbehn sagte, gefestigte Eigenart. *Peter Stadelmayer.*

Tableau eines reichen Lebens

Urban Roedl: „Matthias Claudius. Sein Weg und seine Welt". Rowohlt-Verlag, Hamburg 1950, 454 Seiten, Leinen DM 14.50.

Man kennt ihn, und man kennt ihn doch nicht, — den Dichter des unsäglich schönen Abendliedes. Er ist ganz zurückgetreten hinter den wenigen Versen, die uns noch manchmal, in stillen Stunden, anrühren, und die Literaturwissenschaft kümmert sich ebenfalls herzlich wenig um ihn, weil er für sie nicht sehr ergiebig ist. Man muß einem solchen Buch wie diesem von Roedl begegnen, um die ganze Fülle eines reichen Lebens zu ermessen. Es mag nur eine Äußerlichkeit sein: aber acht Seiten eines Namensregisters zeigen an, wie weitverzweigt dieses Leben war, und wie vielfältig es verflochten war mit dem Leben einer ganzen Epoche. Roedl hat keine Biographie geschrieben, — er gibt das Tableau einer turbulenten Zeit, in welchem Claudius eine Hauptfigur darstellt. So ist der Untertitel vollauf berechtigt: Roedl zeigt uns den Lebensweg Claudius' und läßt zugleich die Welt sichtbar werden, durch die dieser Weg führt. Zahlreiche eingestreute Briefe helfen ihm dabei, Briefe von Claudius und seiner tapferen Frau Rebekka, Briefe seiner Kinder und Schwiegersöhne, Briefe seiner Freunde und Gegner, und alle lassen in vielfältiger Sicht das Bild dieses seltsamen, dieses seltenen Mannes erstehen.

Es steht mancherlei in diesem Band, das uns nachdenklich werden läßt. Wenn wir lesen (Seite 365), daß Wilhelm von Humboldt Claudius besucht hat, daß er darüber Schiller berichtet, und daß Schiller Humboldts Urteil weitergibt an Goethe mit den Worten: „Von Claudius weiß Humboldt nichts zu sagen; er sei eine völlige Null", — dann fragen wir uns bestürzt, wie es zu einem solchen Fehlurteil kommen kann. Denn hier liegt mehr vor als nur ein persönliches Mißverständnis; hier stehen sich zwei Welten gegenüber, deren eine in ihrem zurechtgezimmerten Traumreich von einer wiederbelebten Antike sich erhaben dünkt über die andere, die aus Glauben und Volkstümlichkeit die Fragen der Zeit (auch die politischen!) zu beantworten sucht. Und man gerät unversehens ins Spintisieren (und erlaubt es sich hier gerne einmal), was wohl geschehen wäre, wenn nicht der Griechenkult des weltläufigen, der philosophischen Muße ergebenen Humboldt, sondern der Geist des Wandsbecker Boten die Zukunft der deutschen Bildung bestimmt hätte.

Ein schönes Buch ist hier zu uns gekommen, ein Buch, dessen äußere Gestalt aufs glücklichste seinem Inhalt entspricht, ein Buch, so recht geeignet, uns ein Leben lang zu begleiten. Wir sollten es wirklich nicht nur als Feiertagslektüre benutzen. *HB*

Apokryphes

Außerbiblische Worte Jesu. Griechisch und deutsch mit Einleitung und Anmerkungen von E. L. Dietrich. Hermann Glock Verlag, Wiesbaden, 64 Seiten, DM 3.80.

Diese Sammlung bietet in ansprechender Form beinah sechzig von jenen Aussprüchen, die Jesus von Nazareth in außerbiblischem Schrifttum in den Mund gelegt werden. Zum Teil handelt es sich dabei höchstwahrscheinlich um echte Jesus-Worte, zum Teil freilich auch um gnostizistische Erdichtungen. Manches, was man auf den ersten Blick für echt halten möchte, etwa: „Die mit mir sind, haben mich nicht verstanden", enthüllt sich, wenn man auf die Tendenz des Textes achtet, innerhalb dessen das Wort überliefert ist (der apokryphen „Petrusakten"), als eine höchst durchsichtige Propagandabehauptung evangeliumsfeindlicher Sektierer. Dies schließt nicht aus, daß es nützlich ist, in diesen Worten zu lesen und über sie nachzudenken; was der Herausgeber dazu bemerkt, sind meistens brauchbare Erklärungen; auch die Übersetzung ist in der Regel annehmbar. Immerhin wird man vor einer Überschätzung dieses Materials gerade den Ungeschulten warnen müssen; vergleicht er alles, was diese Sammlung enthält, mit einem einzigen Kapitel des Evangeliums in einer seiner vier Fassungen, dann dankt er erst recht dafür, daß uns dieses viereinige Evangelium und nichts anderes als die zuverlässige gute Botschaft von Christus überliefert ist.

Karl Thieme.

Mitteilungen

Zu den Beiträgen dieses Heftes

Friedrich Heer ist ein jüngerer österreichischer Schriftsteller, Mitarbeiter der „Furche", den unsere Leser schon als den Autor des Aufsatzes „Der Aufstand des Papstes gegen das Heilige Reich" (FH V,4) kennen. An Buch-Publikationen liegen uns vor: „Aufgang Europas", Europa Verlag, Wien-Zürich, (eine glänzende umfangreiche historische Studie zum Problemkreis der beiden Aufsätze, die wir veröffentlicht haben), „Gespräch der Feinde", im gleichen Verlag, fünf Abhandlungen zum europäischen Problem, „Die Stunde des Christen", in der Schriftenreihe „Symposion" der Amandus-Edition, Wien, schließlich der unter dem Autoren-Namen Hermann Gohde veröffentlichte Roman „Der achte Tag", Tyrolia-Verlag, Innsbruck-Wien. Wir werden die beachtlichen Äußerungen dieses uns geistesverwandten Österreichers in einem der nächsten Hefte besprechen.

Wir hätten den Vortrag von Professor Dr. Werner Heisenberg „Die Quantentheorie — Eine Formel, die die Welt veränderte" gern schon im Januarheft gebracht; doch legte der Springer-Verlag, Göttingen, mit dessen (und des Verfassers) freundlicher Genehmigung wir diesen Vortrag bringen, Wert darauf, die Arbeit zunächst in der wissenschaftlichen Zeitschrift „Die Naturwissenschaften" zu veröffentlichen.

Mitglieder der Schriftleitung
Heinrich Bauer (HB), Karl Wilhelm Böttcher (KB), Walter M. Guggenheimer (WG), Rüdiger Proske (RP), Frankfurt/Main

FRANKFURTER HEFTE

Zeitschrift für Kultur und Politik

HERAUSGEGEBEN VON EUGEN KOGON UND WALTER DIRKS

AUS DEM INHALT

6. JAHRGANG HEFT 7 JULI 1951

F
H

INHALT

Juli 1951. Die Frankfurter Hefte sind durch jede Buchhandlung, durch die Post und direkt vom Verlag zu beziehen. Einzelheft: DM 1.— zuzüglich Zustellgebühr, Inland DM 0.10. Ausland DM 0.20 pro Heft. Postscheckkonto Frankfurt a. M. 82491. Schriftleitung und Verlag: Frankfurt a. M., Schaumainkai 53, Tel. 64905 und 651 10. / Druck: Fränkische Gesellschafts-Druckerei GmbH., Würzburg.

FRANKFURTER HEFTE

Zeitschrift für Kultur und Politik

Herausgegeben von Eugen Kogon und Walter Dirks

6. Jahrgang | Juli 1951 | Heft 7

Atempause

Stockholm, 20. Juni 1951.

EK Schweden: Sonne, Wälder, Seen, Meer und Weite; kurze Arbeitszeit, hohe Löhne, behäbiger Genuß, rationierter Bohnenkaffee; breiter Humanismus, viel Freundlichkeit, Religion wie Aquavit dosiert als Zutat, — von Schweden aus nach Kontinentaleuropa hineinzusehen und dies abschließend dann von einem Krankenzimmer aus: nach überraschend erforderlich gewordener Operation; immer Spritzen, Spritzen, damit ja nichts wehtut, damit man gut verdaut und besser schläft; junge Ärzte, Ärztinnen, Schwestern, durch deren sichere Hände der Körper Passage läuft wie vertrautes Metall vor geschickten Fließbandfacharbeitern, — das war nicht unnützlich, als Erfahrung, während Dr. Adenauer Staatsbesuch in Rom machte (in einer SAS-Maschine, um 20 000 D-Mark Kosten für ein Sonderflugzeug zu sparen; komplizierte Rechnung), während Frankreich wählte, Mr. McCloy in Washington Bericht erstattete, General Wedemeyer für „Heraus aus Korea!" eintrat oder, wenn nicht, strategische Bombardements in der Mandschurei („das begrenzte Risiko eines Weltkrieges muß dann getragen werden"), während der Deutsche Bundestag über den Fall Kemritz in Kampf gegen das Rechtsamt und den CIC der amerikanischen Besatzungsbehörden geraten, sich auf ein Gesetz gegen Menschenraub vorbereitete, die UNESCO ihre Jahresversammlung in Paris begann und in Frankfurt am Main ein Deutsches Sängerfest zelebriert wurde. Abstand ist zuweilen wichtig, damit die Proportionen im Panorama deutlicher werden.

*

Die Gefahr, sagten die FH in ihrer Juni-Ausgabe, liege darin, daß Europa vom Herbst dieses Jahres an, wenn die Konservativen in Großbritannien siegten und die Gaullisten, stark genug ins neue Parlament eingezogen, an die Regierung kämen, in nationale militärische Allianzen zurückfallen könne. Das wäre die beginnende Stunde der Rechtsradikalen in Deutschland und Italien. Der Schuman-Plan würde in solcher Konstellation Montan-Rückgrat einer kontinentalen Verteidigungsfront und somit Werkzeug der Reaktion statt Instrument des wirtschaftlichen und sozialen Fortschritts. Die demokratische Mitte, den notwendigen tiefgreifenden Reformen, die allein helfen könnten, ebenso abgeneigt, weil herz- und phantasielos, wie von hochmutüberdeckter Angst vor revolutionären Entwicklungen besessen, hat sich durch die Wahltechnik der Listengemeinschaften in Italien und Frankreich abermals eine Atempause auf der trägen Fahrt ins abenteuerliche Unbekannte (— Voraussehbare —) verschafft: schwächer geworden, ist sie nun parlamentarisch stärker vertreten und bleibt am Ruder, vorerst. Was wird sie *tun?*

Zweifellos einiges; darunter sogar Richtiges. In jedem Kabinett der europäischen Länder arbeiten einige aufgeschlossene Männer zäh gegen alle Widerstände der Zähen am Zusammenschluß der produktiven Kräfte. Dr. Konrad Adenauer, was immer seine persönlichen Beweggründe sein mögen, trägt als Regierungschef der Deutschen Bundesrepublik in seiner Weise deutlicher und deutlicher sein Teil bei, daß klar wird: Wir stehen nicht abseits in der Suche nach neuen politischen und ökonomischen Formen dieses Kontinents (inmitten fragwürdigeren Geschehens). Wie man hört, bereitet der Bundeskanzler ziemlich langfristig, im Hinblick auf die Wahlen von 1953, Umorientierungen vor, die eines Tages von beachtlicher Bedeutung sein können und die wir im Interesse eines, wenn vielleicht auch nur sehr relativen Fortschritts durchaus für wertvoll halten; eine geschickte, sogar raffinierte Taktik kann im übrigen Kräfte auslösen, die möglicherweise weit über ursprünglich gemeinte Ziele hinauswirken.

Aber insgesamt, gemessen an unserem Zustand, tragen die politischen Methoden der demokratischen Mitte in Europa den Stempel der Kraftlosigkeit. Verantwortung beweist der Könner in Situationen schleichender Lebensgefahr durch Kühnheit, nicht durch übermäßige Bedachtsamkeit; sie mag den Politikern der vergangenen Zeit stürmischen bürgerlichen Aufstiegs angemessen gewesen sein. Heute leben wir in der Krise, die einschneidende Reformen verlangt, damit neue Kräfte frei werden. Es bedarf ebenso gründlicher wie verhältnismäßig rascher Entschlüsse. Weder die Bürgerlichen noch die Sozialisten auf diesem Kontinent scheinen ihrer noch fähig zu sein. Stets sind sie froh um Atempausen, obgleich die ihnen den langen Atem nicht verschaffen. Und die junge Generation paßt sich überall gefährlich an.

So bleibt die Hoffnung also bei den kühnen, aktiven Minderheiten der Demokratie, die bisher nirgends durchzustoßen vermochten. Vielleicht wird es ihnen noch rechtzeitig und in eben genügendem Maß auf der sich bildenden Ebene der neuen europäischen Gemeinsamkeit, die vorerst schwankend und brüchig genug ist, gelingen. Es ist ein verzwickter, vielfältiger Wettbewerb, ohne Schwung, ohne Sturm und Drang, — bis der Ausweg an *einer* Stelle gefunden sein wird: dann mag es anders werden, denn die *Völker* wollen ja; ihre politische Repräsentanz in dieser Demokratie will nicht, kann nicht, die hoch verantwortungsbewußte, die überaus würdeheischende.

*

Während die Parlamente immer wieder verweilen, geht sonst alles seinen raschen — geregelten oder ungeregelten — Gang im nichtkontrollierten Ganzen. Um 8 Uhr 40 steigen wir vom Flugplatz der schwedischen Hauptstadt auf. „Guten Morgen, meine Damen und Herren! Sie befinden sich im Flaggschiff Viking der Scandinavian Airlines. Wir starten zum Flug von Stockholm nach Südamerika: über Kopenhagen, Frankfurt, Zürich, Lissabon, Dakar nach Pernambuco, Rio de Janeiro und Buenos Aires. Wir servieren jetzt das Frühstück. Fühlen Sie sich wohl bei uns an Bord!"

Ich lese das „Argentinische Tageblatt", das die gleiche Maschine gestern auf dem Rückflug mitgebracht hat. Es enthält, das wackere demokratische Blatt von großer freiheitlicher Tradition, so tröstliche Nachrichten über die Fortschritte in Europa und insbesondere in Deutschland.

Unter der dichten, gewaltigen Wolkendecke liegen sie, alle Probleme des Kontinents. Hier oben ist eitel Sonne und Atemfreiheit des Geistes. Man fühlt sich in der Tat wohl in dieser illusionären technischen Wirklichkeit. Bis zur Landung ...

Wann wird man in Europa erkennen, daß die Völker immer nur den Grad von Freiheit, in sich wie untereinander, haben, den ihr Mut ihrer Feigheit abringt? *Stendhal.*

Vom Gehorsam zur Verantwortung

Der deutsche Protestantismus und die aktuelle Politik

I

Vor dem Evangelischen Kirchentag

Der deutsche Protestantismus befindet sich seit mindestens fünf Jahren in einer offenen Krise; sie äußert sich darin, daß er offensichtlich seine geschichtlich gewordene und in der Geschichte wirksame Position verloren hat. Diese Krise trat in dem Moment in Erscheinung, als nach dem Zusammenbruch des Jahres 1945 eine „Aera christlicher Politik" zu beginnen schien.

Damals geschah etwas nicht ganz Unerwartetes: die große Stunde des Katholizismus war offensichtlich angebrochen, und was unter Bismarck gesät worden war, schien nun reiche Frucht zu tragen. In breitester Front besetzten katholische Politiker und Publizisten die Positionen im öffentlichen Leben. Auch wir evangelischen Christen müssen es ihnen mit ganzem Ernst zugutehalten, daß sie das nicht in geiziger Selbstherrlichkeit taten, sondern uns vom ersten Augenblick an als Partner einluden.

Es braucht heute nicht mehr ins Gedächtnis zurückgerufen werden, in welch peinliche Verlegenheit dieses Angebot den Protestantismus versetzte. Mit Beschämung mußte man feststellen, daß man vor einem politischen Trümmerfeld stand. Nur vereinzelte evangelische Politiker hatten sich unversehrt durch das Inferno des Dritten Reichs und das Labyrinth der Entnazifizierung hindurchgerettet, und von denen, die übrigblieben, hatte sich ein beträchtlicher Teil in die Resignation oder in den politischen Wartestand zurückgezogen. Umso nachhaltiger wurde nun landauf, landab die These von der „politischen Verantwortung des evangelischen Christen" proklamiert. Mit allem Nachdruck wurde ihm zum Bewußtsein gebracht, daß die Zeit seiner politischen Unmündigkeit und Instinktlosigkeit ihr Ende finden müsse, und daß nun die Lehren aus dem politischen Fiasko der Vergangenheit zu ziehen seien. Aber nun offenbarte sich erst recht die innere politische Krise des deutschen Protestantismus. Auch wenn darüber weithin Einigkeit bestand, daß ein politisches Ghetto im Zeichen der Demokratie nicht mehr aufrechtzuerhalten sei, und daß sich auch der evangelische Christ an der Verantwortung im öffentlichen Leben beteiligen müsse, so befand man sich zugleich in einer „Solidarität der Ratlosigkeit", sobald man vor der Frage stand, wie nun eine „evangelische Politik" in allem Ernst auszusehen habe. Die Lehre von den „zwei Reichen" und die Barmer Erklärung gaben zwar entscheidende Weisungen; und doch stellte es sich im Laufe der Zeit heraus, daß diese Thesen zu stark mit den Verhältnissen ihrer Zeit verknüpft waren, als daß sie alle Fragen der gegenwärtigen Situationen hätten beantworten können.

Auf der einen Seite war mit dem Typ des „pflichttreuen Untertanen" zu rechnen, der jahrhundertelang das Vorbild des protestantischen Bürgers, Beamten und Offiziers gewesen war. Im letzten Grunde setzte er eine christlich bestimmte Monarchie als Obrigkeit voraus, und es ist deshalb durchaus verständlich, daß die Ideenverbindung „Thron und Altar" eigentlich bis tief in die Zeit des Nationalsozialismus hinein das geheime politische Leitbild des konservativen Protestantismus blieb. Welche geschichtliche Bedeutung in dieser Hinsicht die Einsetzung der fürstlichen „Notbischöfe" hatte, ist inzwischen häufig genug dargelegt worden.

Auf der andern Seite aber regte sich wieder das Erbe des „kritisierenden Protestanten". Besonders die Zeit des Widerstandes im Dritten Reich hatte solche Kräfte wachgerufen. Diese neue eigenständige politische Verantwortung hatte sich aber zunächst auf die negative Tendenz beschränkt. Man vermochte sich darin zu einigen, was zu bekämpfen war, aber es fehlte in den meisten Fällen noch eine positive und konkrete Vorstellung dessen, was zu tun war, es fehlte eine neue evangelische Staatsidee. Wie sehr gerade die Bewegung des 20. Juli darunter litt, ist ebenfalls oft erörtert worden.

Das Jahr 1945 legte nun eine weitere Möglichkeit nahe: die Imitation des politischen Katholizismus. Weil diesen Kräften damals die führende Rolle zufiel, und weil sie zum gemeinsamen Vorgehen aufriefen, war man geneigt, der imponierenden Sogkraft dieses politisch-religiösen Weltbildes nachzugeben. Die Vorstellung vom Naturrecht, das katholische Moralprinzip und die Idee vom „christlichen Staat" boten sich als fruchtbare Ausgangspunkte an.

Gleichzeitig allerdings erwachte — teilweise nicht unbegründet — in weiten Kreisen der protestantische Urinstinkt oder gar ein antikatholisches Ressentiment. Jenes letzte Bindeglied der evangelischen Volkskirche, der Protest gegen Rom, erwies wieder in erstaunlichem Maße seine Beständigkeit. Es wurde auch in dem Bereich wirksam, in den seit langem eine breite Schicht des Protestantismus abgewandert war, — im politischen und weltanschaulichen Liberalismus. Ohne wirklich echte evangelische Gesichtspunkte geltend machen zu können, gelang es ihm doch, allein unter dieser Parole der „katholischen Gefahr" eine neue Anziehungskraft zu entfalten. Von einer ganz anderen Seite her wurde dieses Argument aufgegriffen: Dort, wo die theologische Widerstandslinie gegen das katholische Denken mit besonderem Nachdruck aufgebaut worden war, und wo die revolutionäre Haltung des „Bekennens" eine starke Tradition fand, bekämpfte man mit Leidenschaft den Einbruch des politischen Katholizismus und suchte man in schroffem Bruch mit der politischen Geschichte des Protestantismus vielfach die Annäherung an den Sozialismus.

*

Die Unsicherheit des heutigen Protestantismus in den aktuellen Fragen des öffentlichen Lebens hängt zweifellos damit zusammen, daß der gesellschaftliche Grund des Protestantismus der Auflösung ausgesetzt war: Die Zersetzung des Bürgertums, der Wandel der politischen Struktur, die Verschiebung der konfessionellen Gewichte, der Verlust der Ostgebiete haben seine Fundamente erschüttert. Noch gewichtiger aber sind die Wandlungen, welche die Kirche selbst betroffen haben. Im selben Maß, wie die „Volkskirche" problematisch wurde und die Kritik der dialektischen Theologie (ausgehend von Karl Barth) den „Kulturprotestantismus" in Frage stellte, bahnte sich ein neues Verständnis vom „evangelischen Menschen" an. Während der „Protestant" ein durchaus eigenwilliges (und damit meist fragwürdiges) Verhältnis zur christlichen Gemeinde zu haben pflegte und seine religiöse Bindung vielfach nur noch historisch begründet war, soll nun das „Christentum" nicht mehr nur als ein übergeschichtliches Ideengebäude verstanden, sondern in der Gemeinde gelebt und in der Welt bestätigt werden. Diese Entwicklung geht also in eine doppelte Richtung: Einerseits soll das „Gemeindeglied" zu seiner religiösen Mündigkeit erweckt und zur verantwortlichen Mitwirkung am öffentlichen Leben ermutigt werden. Und auf der anderen Seite sollen die fluktuierenden protestantischen Kräfte in der leibhaftigen Gemeinde wieder ihre Heimat finden. Es verbinden sich dabei seelsorgerliche und missionarische Tendenzen; insgesamt geht es um eine aktuell verstandene „Diakonie an der Welt".

*

Was hier angedeutet ist, beschreibt zugleich die Aufgabe des „Deutschen Evangelischen Kirchentags", der in diesem Monat in Berlin abgehalten werden soll. In dieser „Bewegung" — es handelt sich tatsächlich um mehr als nur eine jährlich wiederkehrende Massenveranstaltung — haben kirchliche Laien die Initiative und die Verantwortung übernommen. Präsident DDr. jur. von Thadden-Trieglaff, der in seiner Person eine reiche Überlieferung der deutschen Geschichte und der kirchlichen Erneuerung vereinigt, vermochte mit seinem Appell weite Kreise der evangelischen Laienbewegung zu erreichen und zugleich das Vertrauen der Kirchenleitungen zu gewinnen. Niemand wird zu sagen wagen, was wohl das Ergebnis dieser Arbeit sein wird, doch ist es durchaus denkbar, daß sich von diesem Ansatz her ein neues Bild des „evangelischen Menschen" herauskristallisieren könnte. Zunächst einmal wurden einige Signale gegeben. Gerade weil die Krise so offenbar geworden ist, scheinen die Kräfte der Erneuerung Raum zu gewinnen, — manchmal im Gegensatz zu den Bestrebungen kirchlicher Restauration und doch gerechtfertigt durch das Prinzip einer fortlaufenden Reformation der Kirche.

Eberhard Stammler.

II

Evangelische Europa-Politik?

Die evangelischen Laien — der Ausdruck mag anfechtbar sein, aber er ist unmißverständlich — haben den politischen Quietismus ihrer Kirche in den letzten Jahren besonders stark empfunden. Es gibt unter ihnen nicht wenige, die sich von der Kirche geradezu im Stich gelassen fühlen und schließlich dahin gelangt sind, einzeln und aus eigener Verantwortung zu handeln. Daß sie das gern täten oder daß sie sich in dieser Vereinzelung wohl fühlten, möchte wohl keiner von ihnen behaupten. Nirgends hat sich das deutlicher erwiesen als bei der Bemühung um die europäische Einigung. Der im Jahre 1949 gebildete „Ökumenische Ausschuß für europäische Zusammenarbeit", der fast ausschließlich aus Politikern und anderen Persönlichkeiten des öffentlichen Lebens bestand, hat gewiß nützliche Arbeit geleistet, aber er ist schließlich doch an einem Punkt angelangt, wo sich die Frage erhob, ob es eine *christliche* Verantwortung für die Einigung Europas gebe, und in ihr wieder eine besondere evangelische. Es hat sich gezeigt, daß die Kirchen als solche gefragt werden müssen, was sie zur Europafrage zu sagen haben.

Es muß nun sehr nüchtern gesagt werden, daß es eine einheitliche Antwort der evangelischen Kirchen nicht gibt, auf absehbare Zeit nicht geben wird und vielleicht überhaupt nicht geben kann. Ob die letzte Aussage richtig ist, können wir getrost Gott überlassen; daß es jedenfalls eine solche Antwort heute nicht gibt und morgen noch nicht geben wird, hängt ganz einfach damit zusammen, daß die Frage als Frage an die evangelischen Kirchen erst jetzt durchdacht zu werden beginnt.

Wenn die jüngst in Königswinter geführten Gespräche einen Hinweis auf die Richtung erlauben, so lassen sich zwei Dinge feststellen: einmal ist man wohl einmütig überzeugt, daß nur im ökumenischen Gespräch eine Antwort gefunden werden kann; dabei ist der Begriff ökumenisch so weit wie möglich verstanden. Nachdem die evangelischen Kirchen in den letzten Jahrzehnten den nationalen Bindungen immer stärker entwachsen sind, fühlt sich keine von ihnen mehr berechtigt, ohne Anhörung der Bruderkirchen zu entscheidenden Fragen des internationalen Zusammenlebens Stellung zu beziehen. So ist es gewiß kein Zufall, daß das Streben nach der politischen Einigung Europas zusammenfällt mit dem immer stärker empfundenen Schmerz über die Zerrissenheit der Kirche Christi. Zum andern macht sich die Bemühung um eine Geschichtstheologie geltend, welche die geistigen und geistlichen Voraussetzungen für eine Bewährung in der praktischen Politik schaffen soll. Das ist unzweifelhaft ein sehr heikles Unternehmen. Die mißverstandene deutschnationale Geschichtstheologie der Deutschen Christen hat abschreckende Spuren hinterlassen. Es kann nicht ausbleiben, daß alle derartigen Versuche auf Widerstand und warnenden Einspruch stoßen werden. Anderseits ist nicht zu übersehen, daß der gegenwärtige Zustand die evangelische Christenheit in Deutschland in eine wahrhaft heillose Verwirrung gestürzt hat, aus der herauszuführen die priesterliche Pflicht der Kirche ist.

Diese priesterliche Verantwortung hat nun *Hans Asmussen*, den früheren Präsidenten der Evangelischen Kirchenkanzlei und jetzigen Propst von Kiel zu dem Versuch bestimmt, auf der erwähnten Europa-Tagung in Königswinter den theologischen Standort genauer zu bestimmen; er hat eindrucksvoll die Frage gestellt: Haben die evangelischen Kirchen den Mut, Europas Geschichte als Tat Gottes zu bezeugen?

Für Asmussen hängt ein theologisch gerechtfertigtes Bekenntnis zu Europa unlöslich mit der Fleischwerdung Gottes zusammen, und er stellt die Frage, ob nicht die zögernde oder ablehnende Haltung vieler evangelischer Christen in dieser Sache mit ihrem Zögern gegenüber einem uneingeschränkten Bekenntnis zur Fleischwerdung Gottes zusammenhängt.

Er selbst jedenfalls folgert die Bedeutsamkeit alles historischen Geschehens daraus, daß Jesus Christus an einem bestimmten Tage, an einem bestimmten Ort und von einer bestimmten Mutter geboren worden ist, einen bestimmten Tod gestorben und schließlich als ein bestimmter Mensch aufgenommen worden ist zu Gott. Er kennt zwar das Geheimnis, daß jede geschichtliche Bewegung, die von dem fleischgewordenen Wort ihren Ausgang nimmt, zweigesichtig ist, weshalb Gottes Wirken nicht immer eindeutig zu erkennen ist; aber er zweifelt nicht daran, daß sich das auf Erden gekommene Wort Gottes umsetzt in politische Entscheidungen.

In diesem Sinne ist auch Asmussens Satz zu verstehen, die Antwort auf die Frage nach einem theologisch gerechtfertigten Bekenntnis zu Europa könne nicht von der Theologie gegeben werden, sondern von der Kirche; die Vielzahl und Verworrenheit der bisher vorliegenden evangelischen Antworten ergibt sich aus der Zerrissenheit der Kirche, und es ist daher ganz natürlich, daß auch Asmussen eine ökumenische Stellungnahme für notwendig hält. Immerhin weicht er der Antwort auf bestimmte dringende Einzelfragen keineswegs aus.

Asmussen erklärt, die Kirche könne nicht sagen, was geschehen müsse, aber sie könne bezeugen, daß der Herr Europa zum Schnittpunkt aller seiner Wege auf Erden gemacht hat. Es sei eben kein Zufall, daß das Evangelium vor neunzehnhundert Jahren seinen Weg nicht nach Südafrika, Amerika oder Australien, sondern nach Europa genommen habe; dort seien auch seit anderthalb Jahrtausenden alle kirchlichen Entscheidungen gefallen. Weil dem so sei, müsse Europa alle Kraft daran setzen, um zu verhindern, daß es zu einem weltgeschichtlichen Winkel werde. Was von Europa heute noch in Freiheit leben kann, müsse bewahrt werden, damit eines Tages wieder das ganze Europa seinen Auftrag erfüllen könne. Asmussen widersetzt sich entschieden der pietistischen Auffassung, daß man sich apokalyptischen Erscheinungen beugen müsse, und begründet das mit dem Satz, daß jedes Nicht-Tun auch ein politisches Handeln bedeute.

Schon diese viel zu stark verkürzte Darstellung des geschichtstheologischen Deutungsversuches von Asmussen zeigt, wieviel Sprengstoff, aber auch wieviele Bausteine für ein Fundament evangelischer Politik er enthält. Nichts wäre abwegiger, als in diesem Versuch etwas Endgültiges oder Abschließendes zu sehen.

Nun ist natürlich mit der theologischen Klärung, selbst wenn sie abgeschlossen wäre, die Frage nach einer evangelischen Stellung zum Europa-Problem noch längst nicht beantwortet. Es bleiben vor allem die Fragen nach der äußeren Gestalt Europas und nach seinem inneren Sinn. Hinsichtlich der Grenzen Europas könnte sich vielleicht am ehesten eine Verschiedenheit zwischen der katholischen und der evangelischen Auffassung ergeben. Zum mindesten weicht die Idee des christlichen Abendlandes, wie sie in den Nachkriegsjahren in einigen katholischen Kreisen entwickelt und verstanden worden ist, erheblich von dem evangelischen Europa-Bild ab. Auch die romantische Vorstellung von einer Erneuerung des Reiches Karls des Großen könnte niemals auf nennenswerte Unterstützung von evangelischer Seite rechnen. Die östlichen Grenzen Europas sind fließend, aber gegenüber dem russisch-asiatischen Raum und nicht irgendwo zwischen römischem Limes und Weichsel.

Es ist unvermeidlich, daß die Spaltung Europas und Deutschlands von der evangelischen Christenheit stärker empfunden wird als von den Katholiken. Es ist ebenso unvermeidlich, daß diese Spaltung von den deutschen Protestanten stärker empfunden wird als von ihren Glaubensgenossen in anderen Ländern Europas. Der universale Charakter der römischen Kirche gewährleistet ihre Einheit auch unter so schwerer Verfolgung, wie sie sie heute in Osteuropa zu erleiden hat. Die Evangelische Kirche in Deutschland hingegen droht ihre erst jüngst gewonnene Einheit unter dem Druck der politischen Spaltung zu verlieren.

Diese Tatsachen müssen erkannt werden, damit man begreift, wie unendlich schwierig den evangelischen Christen eine verbindliche Stellungnahme zum Europa-Problem gemacht wird. Das Bekenntnis zur Einigung Europas wird überall östlich des eisernen Vorhangs als staatsfeindliche Demonstration verfolgt und geahndet. Wenn nun die evangelische Kirche sich zu Europa bekennt, so bringt sie ihre Glieder in Ostdeutschland in ein Dilemma, aus welchem es vielleicht keinen andern Ausweg gibt als die organisatorische Trennung. Das Bekenntnis zur politischen Einheit müßte mit dem Opfer der kirchlichen Einheit erkauft werden.

Damit soll nicht gesagt sein, daß dieses Opfer nicht nötig, ja daß es überhaupt vermeidbar wäre; aber unsere katholischen Brüder sollten verstehen, warum so viele evangelische Christen und Kirchenführer eine Entscheidung scheuen, die in ihren Folgen weit über alles hinausführen kann, was gemeinhin mit politischen Entscheidungen verbunden ist.

An dieser Stelle erhebt sich nun freilich die Frage nach dem Wert der europäischen Einigung und Einheit, die ja keinesfalls ein Selbstzweck sein darf, sondern nur auf die geistige und politische Lage der ganzen Welt bezogen werden muß. Das ganze Gespräch über Europa ist nutzlos, wenn nicht eine eigenständige Aufgabe Europas vorhanden ist. Bei der Feststellung dieser Aufgabe kann den christlichen Kirchen eine entscheidende Rolle zufallen, weil nur sie etwas wissen von dem tiefsten Wesen des Menschen.

In einem Referat über die Stellung Europas in der gegenwärtigen weltpolitischen Spannung hat Präsident Theodor Stelzer auf der gleichen Tagung in Königswinter darauf hingewiesen, daß Rußland heute pervertiertes Europa in östlicher Prägung, der Westen hingegen (Amerika *und* Westeuropa!) pervertiertes Europa in westlicher Prägung darstellen. Dabei sieht er die pervertierende Kraft des Ostens in dessen Mangel an einem Verhältnis des Menschen zur Wirklichkeit, diejenige des Westens in der Überschätzung des Einzelnen und in dem Glauben, das Gute entstehe von selbst. Die Überwindung dieser Perversion und die geistige Mittlerschaft zwischen West und Ost betrachtet Steltzer als die eigentliche Aufgabe eines erneuerten Europa. Dabei beruft er sich nicht zuletzt auf ein Wort Romano Guardinis, daß die geistige Bewältigung der Macht unsere wichtigste Aufgabe sei. Allerdings spannt Steltzer den Bogen noch weiter und erhebt die Forderung nach einem „säkularen ökumenischen Gespräch in einem Vorfeld des Religiösen", damit, weit über Europa und die Christenheit hinaus, ein Punkt gefunden werde, an dem sich die Neuordnung der (auch außerchristlichen) Welt orientieren könne.

Die Sehnsucht nach einer neuen Ordnung des Lebens erfüllt heute die Herzen nicht nur der Europäer, nicht nur der Christenheit, sondern aller Menschen auf Erden. Die Gefahr, in der sich die Welt gegenwärtig befindet, ist vielleicht weniger das Andauern der heutigen Unordnung, als vielmehr deren Ablösung durch eine monotone Einförmigkeit, wie sie aus dem totalen Sieg einer der beiden Weltmächte wahrscheinlich, wenn nicht gar notwendig folgen müßte. Die christliche Vorstellung einer zukünftigen politischen Ordnung entspricht aber nicht dem monolithischen Leviathan-Weltstaat, sondern einer pluralistischen Ordnung, einer föderativ gegliederten „oikumene", in welcher der Mensch seiner göttlichen Bestimmung gemäß leben kann.

Es möchte nun die Aufgabe Europas sein, diese künftige Ordnung der Welt zunächst in seinem kleineren Rahmen vorzuleben, wozu es mehr und bessere Voraussetzungen besitzt als irgendein anderer Teil der Welt. Denn kein anderer Erdteil ist so ganz vom Christentum geprägt worden wie Europa. Nirgends anders ist über den Menschen, sein Wesen und seine Bestimmung so gründlich nachgedacht worden wie in Europa. Keine andere Gruppe von Menschen besitzt auf Grund ihrer Geschichte ein so richtiges Verhältnis zur Wirklichkeit wie die Europäer. Weil dem so ist, dürfen allerdings die Europäer nicht erwartungsvoll nach Osten oder Westen blicken, als könnte ihnen dorther die Lösung kommen oder als müßten sie sich für eines der beiden entscheiden. Sie müssen sich schon auf sich selbst besinnen.

Europa muß Europa sein, wenn wir in Europa wir selber sein wollen. Europa aber ist die Vielheit seiner Nationen, die Vielheit seiner Glaubensbekenntnisse, die Vielheit seiner Sprachen und die Vielheit seiner Kulturen, die dennoch zusammenströmen in der Einheit, wie sie im Laufe von zweitausend Jahren christlich geprägter Geschichte geworden ist. Der Beitrag der evangelischen Kirchen zur europäischen Frage ist trotz aller Bemühung noch ohne feste Konturen. Vielleicht liegt das nicht zuletzt an der allgemeinen Not unseres Erdteils, den die Angst und das böse Gewissen nicht zur Ruhe kommen lassen. Vielleicht gibt es darum keine andere Antwort als die Frage, die Hans Asmussen an das Ende seines Schlußwortes in Königswinter stellte: „Wagen Sie den Menschen heute zu sagen, daß durch dieses Europa ein Strom von Erlösung gegangen ist, oder wagen Sie das nicht?"

Helmut Lindemann.

III

Anmerkungen eines Katholiken

WD Europa, Schnittpunkt der Wege des Herrn, der providentielle Erdteil seiner Fleischwerdung, der Ort der Entscheidung der Kirche, zweitausend Jahre lang: Europa so zu sehen, es heilsgeschichtlich zu sehen, ist in der Tat eine christliche Art, Europa zu sehen, Und es ist bedeutsam, daß auf diese Weise die europäische politische Aufgabe in den Blick der evangelischen Kirche kommt, die gewohnt war, einerseits national, deutschnational, und anderseits ökumenisch, global zu denken.

Man muß den Faden weiterspinnen ...

In der leibhaftigen Geschichte des Heils geschah auch das große Schisma. Seitdem ging die Ostkirche einen anderen Weg als die Westkirche. Jene führte über eine hohe Spiritualität zum Moskauer Cäsaropapismus, dieser zur Zwei-Schwerter-Theorie, zur Autonomie von Staat und Kultur, zur bürgerlichen und zur marxistischen Aufklärung. Der Bolschewismus ist der Versuch des Erben der Zaren, das Schisma gewaltsam von Osten her mit den Mitteln der westlichen Aufklärung zu überwinden. Wenn man Europa heilsgeschichtlich sieht, muß man ihm die Aufgabe stellen, das Schisma auf andere Weise und wahrhaft zu überwinden, ökumenisch, im Gebet, in einer Politik, in der die Exzesse des westlichen Wesens überwunden sind, und in einem christlichen Leben, in dem die westkirchliche Einseitigkeit überwunden ist, die eine der Voraussetzungen jenes westlichen Wesens war. Wenn jener heilsgeschichtliche Blick auf Europa wahr ist, hat Europa eine spezifische Aufgabe am Bolschewismus: denn auch in der Ostkirche war und ist der Herr geschichtlich inkarniert.

Von Europa ging die Eroberung der Welt durch Wissenschaft, Technik, Kolonisation, Kapitalismus und Imperialismus aus, zugleich und untrennbar davon die Ausbreitung des Christentums. Daß Nordamerika, Südamerika, Australien und Südafrika abendländisch-christlich sind, daß in Afrika und Asien christliche Gemeinden leben, ist auch ein Weg Gottes. Reicht der Vorrang Europas in der „Inkarnation" aus, um daraus seine politische Integration abzuleiten? Nicht ohne weiteres. Der Gedankengang Asmussens führt zunächst nicht zu Europa, sondern zum Abendland, — denn warum soll man die Christlichkeit etwa Nordamerikas heilsgeschichtlich weniger ernstnehmen als die Christlichkeit Skandinaviens? Vom weiteren Abendland als dem Bereich des Westchristentums und der aus ihm herausgewachsenen Emanzipationen kann man das engere Europa unterscheiden als den Bereich der zuhause Gebliebenen, der Seßhaften. Unsere Mannigfaltigkeit, unser „Pluralismus", unsere zähe Beharrlichkeit, unsere Rückständigkeit hängt damit zusammen, aber auch der Ernst und die Schärfe, mit der wir den konfessionellen Gegensatz, den Gegensatz zwischen Christen und Säkularisierten, aber auch den Gegensatz der politischen Grundkonzeptionen austragen. Europa ist der Erdteil der seßhaften Katholiken und Protestanten, der seßhaften Christen und Nichtchristen, der seßhaften Sozialisten und Liberalen.

Reicht nun diese Bestimmung aus, um die besondere politische Integration Europas christlich zu begründen? Kaum. Zwar begründen die besonderen Gefahren und die besonderen Chancen jener Seßhaftigkeit eine starke Gemeinsamkeit aller Europäer: sie sind einander in der Art, wie sie einander befeinden, in der Tat außerordentlich verwandt. Das macht die Vereinigung der europäischen Nationen einerseits möglich und sinnvoll, anderseits besonders schwierig. Es läßt diese Vereinigung angemessen erscheinen, — aber ist das ein christliches Argument für die neue Grenzziehung, für die Abgrenzung Europas vom „Abendland" und von der One World? Mir scheint, daß man erst Überlegungen von der Art derer, die der Heide Sartre in seinem Aufsatz „Die Verteidigung der nationalen Kultur durch die europäische Kultur" (FH VI/5, 311) angestellt hat, hinzuziehen muß, um aus jenem Argument ein christliches Argument zu machen. Europa ist ganz gewiß angemessen, — aber nicht das Angemessene zu tun, ist unser christlicher Dienst, sondern zu helfen, vor allem: das Notwendige zu tun, wenn es hilft. Der Protestantismus könnte in dieser Hinsicht von der Nüchternheit Luthers lernen. Er würde sich heute kaum genieren, darzustellen, wie zweckmäßig die Integration Europas ökonomisch und politisch wäre, — so zweckmäßig, daß daraus Brot für die Hungernden und Sicherheit für die Ängstlichen zu erhoffen ist.

Freilich hat er seinerzeit die nüchternen Überlegungen solcher Art *den Obrigkeiten* ans Herz gelegt. Heute sind wir selbst der Kaiser: die kooperierenden Staats- und Weltbürger. Und unter ihnen wir Christen, die Kirche. Hier stoßen wir auf theologische Fragen, die den beiden unter I und II zusammengestellten Artikeln gemeinsam sind: die Frage Kirche und Politik und die Frage Kirche und Laien. Vor diesen Fragen sind Katholiken und Protestanten nicht ganz in derselben Lage, aber sie sind beide mit ihnen bisher noch nicht recht fertiggeworden. Die Katholiken sehen noch nicht recht, daß das geschichtliche Handeln Entscheidungen, Risiken und Kämpfe einschließt, von denen die Träger des dreifachen Amtes dispensiert sind; die Laien neigen dazu, dem Amt Aufgaben zuzuschieben, die es nicht hat; sie warten auf ein päpstliches Wort, wo sie selber zu sprechen aufgerufen sind und gerade der Papst nicht sprechen darf. Die Apostel haben nicht die Aufgabe, Geschichte zu machen, Amerika zu kolonisieren, Italien zu einigen, ein Tennessee-Valley-Projekt auszudenken, sondern die Aufgabe, das Heil anzubieten; um dieses besonderen Auftrags willen sind sie ausgesondert und von jener Pflicht zur Geschichte entlastet. Aber sie sind nicht „die Kirche", obwohl man sie fälschlich oft so nennt. „Die Kirche" ist vom Geschichtemachen ebensowenig dispensiert wie vom Heiraten und vom Arbeiten. Die Kirche lebte und wirkte in den Kaisern, sobald sie als Christen Politik machten, und die Kirche wirkt in uns, wenn wir als Christen versuchen, unsere Politik als helfende Tat und als Dienst an der helfenden Ordnung zu verstehen. In der evangelischen Kirche sind Amt und Priestertum nicht so abgehoben wie in der katholischen. Da ist die Grenze zwischen dem, was die Kirche als kirchliche Autorität tut, und dem, was die Kirche in geschichtlich wirkenden Christen tut, viel schwerer abzustecken. Diese Grenze geht oft mitten durch die Person des Bischofs, Präses, Kirchenrats hindurch, oder mitten durch die Kirchenleitungen.

„Gott will es", war einmal die Formel für einen Kreuzzug. Um die Frage, ob Gott es will, geht es auch in der europäischen Angelegenheit. Das Amt kann diese Frage nicht entscheiden. Der Papst hat als Mensch, als Europäer, als Christ, eine Meinung darüber, nicht aber als Petrus und Papst. Aber der Bochumer Katholikentag konnte eine Meinung darüber haben, und er hat sie ausgesprochen: er hat sich für Europa entschieden. Offenbar sind auch die evangelischen Kirchen dabei, in den Christen den Mut zur politischen Entscheidung freizumachen, ohne das Wort Gottes in den Streit zu verwickeln.

Joseph Rovan

HAT FRANKREICH EINE DEUTSCHLAND-POLITIK?

1

In einem nicht-totalitären Staat kann die Regierung nicht auf ungemessene Zeit eine Außenpolitik betreiben, die von einer wesentlichen Mehrheit der öffentlichen Meinung abgelehnt wird. Und die offizielle Propaganda kann nur da „greifen", wo die Neigungen der Bürger ihr von vornherein entgegenkommen. Während der ziemlich ausgedehnten geschichtlichen Periode vom Ende des Ersten Weltkrieges an bis zum Jahre 1951 war die französische Politik Deutschland gegenüber die Resultante aus allen Kräften, die auf diesem Gebiet wirksam zu werden versuchten, aus jenen der Regierung und jenen des Volkes. Wie auch die Bilanz sein mag, es ist die der Minister ebenso wie die der Nation.

2

Zwei Strömungen, zwei „Parteien" teilen sich seit der großen Revolution in ungefähr gleicher Stärke die französische Nation. Die Linke oder die Rechte, der Aufstand oder die Ordnung verdankten bei jeder der großen politischen Eruptionen dem Ekel, der Angst, dem Ansehen einer Führerpersönlichkeit, der Begeisterung über einen Sieg, dem Unwillen über eine Niederlage, dem Elend der Massen oder den Mißbräuchen der Besitzenden einen entscheidenden Sieg, nach jedem Ausbruch aber stellte sich binnen weniger Jahre das Gleichgewicht wieder her; Mittelmäßigkeit und Erstarrung nach innen und außen waren oft genug die Folge. Alle zwanzig oder fünfundzwanzig Jahre wird die französische Politik um einen Riesensprung nach vorn (oder nach rückwärts) getrieben. Zwischen diesen Krisen erschöpft sich die Weisheit von Regierten und Regierern darin, das Übermaß der Bewegung auszugleichen. Wechsel sind in Frankreich heftig aber selten.

3

Von 1918 bis 1933 blieb die französische Rechte ihren deutsch-feindlichen Ressentiments treu; jener Haltung, der sie seit dem Krieg von 1871, erst recht aber seit dem Sieg der radikalen Republik verfallen war. Der Pazifismus war sozusagen die offiziöse Doktrin des Staates geworden, so wie der Laizismus sein offizielles Dogma. Der Nationalismus, von den Erben der Jakobiner über Bord geworfen, wurde von den Verteidigern der gesellschaftlichen Ordnung und der Religion übernommen. Einen seltsamen Widerspruch allerdings enthielt dieser Deutschenhaß: blieb denn nicht das kaiserliche Deutschland vor allem andern die Heimat aller Tugenden und Grundsätze, die den konservativen Parteien teuer waren? So wurde denn der deutsch-französische Gegensatz beinahe zum Bruderkampf zwischen zwei Gruppen der europäischen Konservativen; statthaft imgrunde nur so lange, als er die Pforten des Kontinents nicht Gegnern öffnete, die noch erheblich verbissener und furchtbarer waren als die bürgerlichen Republikaner und die demokratischen Sozialisten. Bis ungefähr zum Jahre 1930 war die französische Rechte ihrer selbst und ihrer Welt sicher. Der bolschewistische

Umsturz war fern, seine Ausdehnung nach Westeuropa unwahrscheinlich. Die mehr oder weniger aufrichtigen Flirts gewisser konservativer Kreise in Deutschland mit der Sowjetunion waren nur geeignet, den französischen Traditionalisten ihre Gesinnungsfreunde jenseits des Rheins verdächtig zu machen; schon strebten diese einem neuen Typus einer totalitären Rechten zu. Während dieser ganzen Periode mißtraute die französische Rechte der deutschen Rechten und verdächtigte sie die Weimarer Linke; sie war ihr doppelt zuwider, da deutsch und da demokratisch.

4

Die französische Linke ihrerseits haßte die deutsche Rechte und mißtraute oft der Weimarer Linken. Die nationalen Kriege zu Beginn des 20. Jahrhunderts waren nur der Rechten und dem Bolschewismus zugute gekommen. Umso stärker stieg der Einfluß der „Nationalen" auf unsere Deutschland-Politik. Von den Kommunisten abgesehen konnte keine Linkspartei sich dem Verdacht deutsch-freundlicher Gesinnung aussetzen, mit dem die Rechtspresse ihre innenpolitischen Feinde überschüttete. Die Linksregierungen, an sich eher geneigt, die Stellung der Weimarer Republik zu stärken, standen immer unter diesem Druck. Die Jakobinischen Radikalen, die sie unter Ausschluß der Sozialisten führten, waren gegen die nationalistische Erpressung besonders schutzlos. Briand, dieser wirkliche Staatsmann, hatte verstanden, daß ein neuer Krieg die Demokratie nicht nur in Deutschland, sondern auch in Frankreich zerstören würde, und daß nur eine Versöhnung mit der Weimarer Republik ihn verhindern könne. Aber unsere Provinz-Notare, im Gefühl ihrer Schwäche unter dem Anschein der Stärke, und jene abgedankten Obersten, aus denen der Krieg Marschälle gemacht hatte, ohne freilich ihnen den Geist eines Turenne einzuflößen, sie wußten die Politik der Versöhnung zu verhindern. Fanden Poincaré und die von ihm inspirierten Regierungen sich einmal zu Konzessionen bereit, so waren diese durch die Ereignisse und durch die Forderungen der deutschen Nationalisten jeweils überholt. „Nur nie nachgeben, ehe es zu spät ist", das hätte die Losung dieser Politik sein können. Und sie hat die Weimarer Republik zertrümmert und dann die französische Demokratie.

5

Seit der großen Wirtschaftskrise und Hitlers Machtantritt bereitete sich in Frankreich ein völliger Wechsel der Haltungen gegenüber Deutschlands vor. Erst mit München, 1938, und besonders während der Invasion im Mai und Juni 1940 wurde das ganz offenbar. Zwar verzichtete die französische Rechte keineswegs auf ihren Nationalismus, ihre Fremden-Feindlichkeit, ihren Rassenstolz, aber aus Haß gegen den Bolschewismus und gegen die Demokratie begann sie es Hitler zu verzeihen, daß er ein Deutscher war. Die Linke aber entzog Hitlers Deutschland die Sympathien, die sie der Weimarer Republik entgegengebracht hatte. So wechselte denn der Patriotismus wieder einmal das Lager. Auch begann die hochmütige Kraftentfaltung Hitler-Deutschlands manche Franzosen zu faszinieren. Seine barbarischen und wirksamen Mythen, das Geschick seiner Führer, die kein moralisches Tabu an Treu und Glauben band, die Erfolge seiner Wirtschaftsleute, dies alles zog eine „deutsche Partei" groß, deren Anhänger von allen politischen Horizonten kamen. Und die unbeschränkten finanziellen Möglichkeiten eines Diktatur-Regimes halfen nach.

6

So hatte denn Frankreich weder mit Weimar Frieden schaffen noch den Kampf mit Hitler vorbereiten können. Innerlich zerrissen und mit einer zaudernden Führung glitt es in den Zweiten Weltkrieg. Eine Rechtsregierung führte den Krieg der Linken, führte ihn schlecht und lauerte nur auf die erste Gelegenheit, ihn zum antikommunistischen Kreuzzug zu verfälschen. Frankreichs Deutschland-Politik hatte aus Hitler-Deutschland die stärkste Macht der Welt gemacht. Diese Politik war es nun, die das besiegte Frankreich von einem Tag auf den andern seiner neuen Lage anzupassen hatte. Die verantwortlichen Militärs machten aus ihrer Niederlage jene der Republik, die parlamentarische Rechte verband sich mit jener außer-parlamentarischen, die seit Jahrzehnten in einer Art innerer Emigration gelebt hatte. So vereinte man sich denn, um jene Restaurationen zu versuchen, die 1877 (als Präsident Mac Mahon den „Ordre Moral" wiederherstellen wollte), zur Zeit der Dreyfus-Affaire und zuletzt am historischen 6. Februar* gescheitert war. Unter dem Druck des Siegers mußten die Traditionalisten sich einige französische Faschisten zugesellen, oder doch politische Abenteurer, die zum Faschismus neigten. Immer aber standen sie unter der Drohung der „Nationalen Revolution", mit der die unmittelbaren Helfershelfer der nationalsozialistischen Besatzungsmacht, fanatisch oder besoldet, alles überboten. Während die Würdenträger von Vichy am modernen dynamischen und antitraditionalistischen Charakter des Faschismus blind vorübergingen, bekannte sich die „Pariser Schule" zum Bündnis mit dem Großdeutschen Reich; Hitler, das bedeutete doch wenigstens eine Zukunft (selbst wenn es nur eine Satelliten-Zukunft war), Vichy war nichts als aufgewärmte Vergangenheit.

7

Die Résistance bot die andere Möglichkeit einer Deutschland-Politik für das besetzte Frankreich. Eine Minderheit von Männern der Rechten fand sich in ihren Reihen vom ersten Augenblick an neben christlich-demokratisch eingestellten Elementen, bürgerlichen Radikalen und revolutionären Marxisten. In ihren Kriegszielen haben diese verschiedenen Gruppen niemals übereingestimmt. Die einen lehnten es ab, weiter zu denken als bis zur Befreiung des heimatlichen Bodens, die anderen träumten von einer neuen Republik, an der die Lehren des Faschismus nicht verloren gegangen wären. Die einen bekriegten das ewige Deutschland, die anderen den internationalen Faschismus, der in Hitlers Armee verkörpert war. Weder dem einen noch dem andern ließ die Aktion viel Möglichkeit, die Nachkriegszeit vorzubereiten, oder doch höchstens auf dem Gebiet der Innenpolitik. Übrigens erschien es als erste Aufgabe der aus der Résistance neu entstandenen Autoritäten, den freien Gebrauch der nationalen Souveränität

* Am 6. Februar 1934 unternahmen die rechtsradikalen Verbände einen Umsturzversuch gegen die Regierung Daladier; aus der Gegenbewegung entstand ein Jahr später die Volksfront.

wiederherzustellen, notfalls sogar gegen den übellaunigen Widerstand der Verbündeten.

8

Zwei Millionen französischer Kriegsgefangener waren zu einem Aufenthalt von einem bis zu fünf Jahren in Deutschland gezwungen worden. Die Ausdehnung der Besetzung auf die südliche Zone brachte allen Franzosen ununterbrochen Gelegenheiten zum Kontakt mit der deutschen Truppe. Hunderttausende von Widerstandskämpfern machten mit der Gestapo und den Konzentrations-Lagern Bekanntschaft. Beinahe eine Million Jugendlicher und Arbeiter wurden gezwungen, in deutschen Fabriken der nationalsozialistischen Kriegsmaschine zu dienen. Niemals seit der Völkerwanderung waren die beiden Völker so durcheinandergeworfen worden, niemals war ihre Begegnung so eng gewesen. (Auch die Nachkriegszeit — über eine Million deutscher Gefangener in Frankreich, französische Besatzung in Deutschland, die Organisierung immer häufigerer Begegnungen und Austausche, — dies alles war geeignet, in die gleiche Richtung zu arbeiten.) Während des ersten großen Krieges war der Deutsche für alle, die nicht in vorderster Linie standen, ein Mythos geblieben. Seit 1940 haben die Arbeit, das Bett, der Schwarze Markt, die Folterkammern den Männern und Frauen der beiden Völker Gelegenheit gegeben, sich ein lebendiges Bild ihres „Gegners" zu machen, ein nuancierteres, das selbst dem Haß noch eine neue, realistischere Note gibt. (Frankreich hat seit 1945 nicht den scharfen und abstrakten Chauvinismus erlebt, der die Jahre nach dem Ersten Weltkrieg entstellt hat, und vielleicht ist die Vielfalt der so geschaffenen persönlichen Beziehungen mit daran schuld; gleicherweise, natürlich, die veränderte Weltlage, die sowohl in Frankreich als in Deutschland ein Gefühl der Gleichgültigkeit und der Mutlosigkeit schaffen muß. Auch darf man eines nicht vergessen: wer am alleranfälligsten war für deutsch-feindlichen Chauvinismus, der hat zur Zeit im Kommunismus jenen überindividuellen, furchtbaren und allen Haß auf sich lenkenden Gegner gefunden, nach dem sein Gefühl ruft.)

Trotz alldem fand das Kriegsende unsere Regierung nicht besser vorbereitet als die Briten und die Amerikaner. Nur die Sowjetunion hatte zweifellos von vornherein eine sichere Linie gegenüber Deutschland vorbereitet, aber im Zuge der Eroberung des deutschen Ostens haben ihre Truppen in diese wohlausgedachten Pläne Elemente der Unsicherheit und des Mißerfolges getragen. Da Frankreich auf der Potsdamer Konferenz nicht vertreten war, hieß es zunächst, überhaupt unsere Zulassung als Besatzungsmacht durchzusetzen. Manche französischen Politiker und Diplomaten meinten, wir sollten uns davon ganz fernhalten. Aber mit einer solchen Politik konnte sich de Gaulle, der Präsident der Provisorischen Regierung, nicht abfinden. Sie schien ihm der abwartenden Politik Vichys zu nahe verwandt. Jedenfalls aber mußte sich seine Regierung mit einer verhältnismäßig kleinen und in zwei Teile zerrissenen Zone begnügen, in der keine bedeutenden Städte lagen. Aber Frankreich hielt als Pfand ein Stück Deutschlands in seinen Händen, ein Sitz im Kontrollrat war ihm sicher, ein neues Kapitel in der Geschichte der deutsch-französischen Beziehungen war begonnen, und die Gelegenheit schien gegeben, die Fehler von 1918 nicht wieder zu begehen.

9

Die deutsch-feindlichen Gefühle erreichten in Frankreich ihren Höhepunkt, als die siegreichen Truppen die Konzentrationslager, die Verbrennungsöfen, die Gaskammern, die Leichenhäuser entdeckten. Auch rief das verwüstete und ausgeplünderte Land nach Reparationen, so wie die Sowjetunion und die anderen von Hitlers Armeen besetzten Länder. Da ja unser Einfluß auf das ganze Deutschland durch die Anwesenheit der anderen Besatzungsmächte beschränkt schien, was war natürlicher als der Versuch, unsere kleine Zone zur Linderung der Not der Franzosen heranzuziehen? Viele Franzosen zweifelten sehr an einer wirklichen demokratischen Richtung unter den Deutschen. Die Geschichte des inneren deutschen Widerstandes und seiner Hunderttausende von Opfern war bei uns so gut wie unbekannt. In der Vorkriegszeit waren die anti-faschistischen deutschen Emigranten nicht immer mit ebenso viel Vertrauen wie in den angelsächsischen Ländern empfangen worden, und die Niederlage von 1940 hatte die meisten davon aus Paris und aus der Provinz vertrieben. In den amerikanischen Heeresverbänden und Dienststellen gab es dagegen eine große Anzahl dieser früheren Deutschen. Bei vielen von ihnen war das Ressentiment stark; immerhin hatten sie den Vorsprung, das Land und demokratische Entwicklungskerne in ihm zu kennen. Allein die Vorstellung einer Rückerziehung einer ganzen Nation beweist ja einen Erziehungs-Optimismus, der bei angelsächsischen Völkern verbreiteter ist als bei französischen Militärs und Verwaltungsbeamten. Der Glaube an die Wirksamkeit einer „Erwachsenen-Erziehung“ war in Frankreich wenig verbreitet. Der Satz „Der Deutsche wird immer der Deutsche bleiben“ drückte zweifellos eine bequeme Weigerung aus, ungewohnten und schwierigen Fragen auf den Leib zu rücken. Er gab jedoch die allgemeine Haltung der Nation und der Behörden wieder, die Feindseligkeit gegen den geschlagenen Gegner und jenes Mißtrauen gegen jede Systematik, das selbst zum System wird. Es gab dennoch zahlreiche Besatzungsbeamte, denen klar war, oder klar wurde, daß der Wiederaufbau eines deutschen demokratischen Staates eine bessere Sicherheitsgarantie für Frankreich darstellt als Ausbeutung von besetzten Gebieten oder polizeiliche Kontrollen. Ihr Einfluß war nicht unbeachtlich; aber der Skeptizismus der öffentlichen Meinung und der der pariser Ministerien hielt ihn in Grenzen. Am stärksten litt er unter der Unfähigkeit der Drei-Parteien-Regierungen (Kommunisten, Sozialisten, MRP), sich auf eine Deutschlandpolitik zu einigen und den Vertretern Frankreichs klare Richtlinien zu geben. Die größte der damaligen Regierungsparteien, die kommunistische, spielte in den ersten Nachkriegsjahren die Karte des deutschfeindlichen Ressentiments, der es an Popularität nicht fehlte. Die anderen Parteien konnten sich, selbst wenn sie es gewollt hätten, nicht dem Vorwurf aussetzen, ein schlechteres Gedächtnis zu haben. Die Kommunisten wollten ihrerseits eine totale Veränderung der sozialen und politischen Strukturen des besiegten Deutschland, mit der Sozialisten und MRP nur sehr beschränkt einverstanden waren. Die Einrichtung der französischen Besatzung ging deshalb so gut wie ohne Kontrolle durch die Regierung oder das Parlament vor sich. Es wäre wohl möglich gewesen, das Reparations-Problem und die Demokratisierung Deutschlands mit den Struktur-Reformen und den Modernisierungs-Plänen für Frankreich zu verbinden, indem man die Wirtschaft unserer Besatzungszone an die französische Wirtschaft anschloß und durch einen Appell an die alten deutschen republikanischen Kaders wie an den Willen der Jugend das Wiedererstehen demokratischer Bewegungen beschleunigte. Allerdings hätte man diesen deutschen Kräften dann rückhaltloses Vertrauen schenken und unsere ganze Politik auf ihre Unterstützung ausrichten müssen. Solche Pläne hätten Begeisterung und Kühnheit erfordert, Eigenschaften, die Frankreich während der Widerstandskämpfe in hohem Maße bewiesen hatte. Aber die uneinigen Regierungen haben unter dem Druck der verneinenden Kräfte der Restauration im Innern und der schwierigen internationalen Lage niemals verstanden, diese revolutionären Tugenden auszuwerten. Die „Befreiung" hätte, nach innen und nach außen, eine Revolution werden müssen. Die Revolution blieb stecken und machte Reformen Platz. Gegen die Mitte des Jahres 1947 war auch die Zeit der Reformen zu Ende, und die Restauration begann die gewonnenen Teilresultate zu untergraben. Wie sollte der Nation, da sie sich unfähig erwies, im Innern den Aufbau einer neuen Republik zu vollenden, wie sollte es ihr gelingen, ihre Außenpolitik einer in den Geleisen der Skepsis festgefahrenen Diplomatie zu entreißen, sich über eine neue Deutschlandpolitik klar zu werden und sie durchzusetzen?

10

Die Kaders der französischen Besatzung sollten anfänglich durch Lehrgänge der Militärmission in Deutschland und Österreich gebildet werden. Tatsächlich aber verdankt ein großer Teil der Beamten, die unsere Zone zu verwalten hatten, ihre Ernennung dem Zufall und der Gunst persönlicher Beziehungen. Jene Offiziere, die im Augenblick der Bildung der Militärregierung gerade zur Stelle waren, bildeten dafür ein bedeutendes Kontingent. Da gab es manche Beamte der Verwaltung im Mutterland, die den Wunsch hatten, ihre allzugroße Nachgiebigkeit gegenüber der nazistischen Besatzung oder der vichystischen Usurpation in Vergessenheit zu bringen, neben Widerstandskämpfern, die gekommen waren, um bei der Vernichtung des Nationalsozialismus mitzuhelfen. Schwarzmarkthändler, Abenteurer, Polizisten im Amt oder solche, die von anderen Polizisten gesucht wurden, Leiter bedeutender Unternehmen, junge Generale, Schwindler mit Pfründen und solche ohne, sachkundige Beamte und idealistische Professoren, das alles gab der Vertretung Frankreichs ein buntes und widerspruchsvolles Aussehen vor unseren Verbündeten wie vor den Besetzten. Ein Mann, der unter Vichy Polizeipräsident gewesen war, hatte kaum die Haft wegen Mitschuld an Folterungen und Denunziationen verlassen und war schon Kollege eines Obersten aus den Forces Françaises de l'Interieur, eines Gewerkschaftskämpfers. Ein dreißigjähriger General, der von den Commandos d'Afrique gekommen war, hatte als Kabinettschef einen kommunistischen Studenten, der kaum jünger war als er selbst. Ein Betrüger leitete eine Zeitlang wichtige Sicherheitsabteilungen, während in der Stadt daneben die französische Kulturverwaltung der besiegten Nation eine neue Universität ausstattete. Uneinheitliche Kaders also, die oft von Deutschland nichts wußten und manchmal auch nicht viel von dem ihnen anvertrauten Verwaltungszweig. Pflichttreue und Sachkunde waren oft dazu verurteilt, jede Gesundungs-Maßnahme, jede konstruktive politische Geste gegen den passiven oder offenen Widerstand der Trägheit, Genußsucht, der Unwissenheit und des bösen Willens durchzusetzen. Eine besiegte Nation, die soeben fünfzehn Jahre der Diktatur über sich hatte ergehen lassen, Demokratie zu lehren, war eine erschreckende Aufgabe, ohne Vorbild in der Geschichte, und sie konnte nur gelingen, wenn Frankreich die überzeugtesten und fähigsten seiner Beamten abordnete, jene, die der Republik und der Demokratie am ergebensten waren. Ohne die Kaders, die tatsächlich nach Deutschland geschickt wurden oder die sich selbst dorthin schickten, beleidigen zu wollen, wird man doch behaupten können, daß ein beachtlicher Teil dieser Vertreter des befreiten Frankreich nicht an die Demokratie glaubte. Man wird sich dann nicht wundern, daß die Verwaltung der besetzten Gegenden sich unter solchen Umständen als unfähig erwies, die Nichtexistenz einer Deutschland-Politik der Regierung wettzumachen.

11

Die Zwietracht der französischen Parteien, die unsaubere Mischung von Reform und Restauration, die für unsere Nachkriegszeit kennzeichnend waren, boten den Deutschen ein widerspruchsvolles Schauspiel; hinter all dem Zögern und der Unordnung fand ihr altes Mißtrauen bald genug wieder den Machiavellismus von Richelieus Erben, nur darauf aus, Deutschland zu schaden und die Grenzen seines kulturellen und staatlichen Einflusses nach Möglichkeit zurückzudrängen. So konnte denn nur in eng begrenzten Bezirken der französische Einfluß in die Tiefe gehen: auf Gebieten, wo in Frankreich selbst neue Erfahrungen, den Erfolgen der Restauration zum Trotz, Wurzel hatten schlagen können. Die Reformbewegung innerhalb des französischen Katholizismus hinterließ bei einem Teil der deutschen Kleriker und der deutschen Laien einen dauernden Eindruck, da sie selbst sich wenig wohl fühlten in den erstarrten Formen eines kirchlichen Lebens, dessen Grundlagen seit der Gegenreformation kaum mehr Veränderungen erfahren hatten. Der Aufschwung der Jugendgruppen; die Bestrebungen zu einer Volkskultur, die in Frankreich neue Methoden hatte entwickeln können, näher den sozialen Problemen als die alte Romantik des Wandervogels oder das starre Bildungsideal der deutschen Bourgeoisie; dies alles interessierte jenseits des Rheins die Führungsschichten, die es unternommen hatten, die Jugendverbände neu zu organisieren und Einrichtungen für die Bildung der Erwachsenen zu schaffen. Literatur, Theater und Film aus Frankreich wurden vom deutschen Publikum mit Leidenschaft aufgenommen, da es in den Werken unserer Schriftsteller und Regisseure in vollendeter Form seine eigenen Probleme ausgedrückt fand. Im ganzen aber blieb diesen Einflüssen die Breitenwirkung versagt. Die Verantwortlichen der französischen kulturellen Aktion in Deutschland unterstützten sie, die Irrtümer und Widersprüche der „großen“ Politik standen ihnen immer wieder im Wege.

12

Die Armut des zerstörten und ausgeplünderten Frankreich zwang die französischen Dienststellen, militärische wie zivile, mehrere Jahre hindurch auf Kosten des besetzten Landes zu leben. Fern von aller heimischen Kontrolle ging die Besatzung besonders anfangs nicht ohne Verschwendung ab, was die ausgehungerte Bevölkerung erbittern mußte. Die höchsten Würdenträger gaben oft das Beispiel einer Lebensführung, deren Laxheit unter der Dritten Republik undenkbar gewesen wäre. In jeder Hinsicht noch ernster war der Mißerfolg der Reparationen. Der Schacher von Mann zu Mann trat in hohem Maße an die Stelle des geschuldeten Schadenersatzes an die Öffentliche Hand. Gerade die Armut der deutschen Bevölkerung hätte es zu Beginn der Besatzungszeit erlaubt, auf die Dauer eine Zusammenarbeit der beiden Volkswirtschaften zu entwickeln. Bedingung dafür wäre freilich die Bereitschaft der Franzosen gewesen, die deutsche Wirtschaft zu versorgen, die mit der französischen Wirtschaft verbunden werden sollte. Sofern es jedoch jemals eine überlegte Wirtschaftspolitik unserer Besatzungsmacht gab, so fehlte die nötige Autorität, um sie durchzusetzen. Die deutsche Bevölkerung jedenfalls sah in der Handlungsweise unserer Vertreter und Staatsangehörigen oft nichts als Ausbeutung und Plünderung. (Wobei natürlich ihrerseits die Entrüstung über einen Schieber lauter zum Ausdruck kam als die Anerkennung für zehn ehrliche Beamte.) Was sollte da noch das Argument, die Deutschen hätten nicht anders gehandelt, solange Frankreich ihnen ausgeliefert war? Hatten wir die Hitlerleute bekämpft, um ihnen am Ende ähnlich zu werden?

13

Bis ins Jahr 1948 hinein hatte man am Zwang zu Paß und Visum für die Deutschen festgehalten, die sich von der einen Zone in die andere begaben. Die französischen Behörden pflegten besonderen Wert darauf zu legen, die Autonomie jenes Stückes aus dem deutschen Kuchen zu verteidigen, das ihnen zugeteilt worden war. Zum Teil sollte die Fusion der Zonen wohl den Angelsachsen gegenüber als Austauschobjekt seinen Wert behalten, um Konzessionen auf dem Gebiet der Reparationen und der Demontagen zu erkaufen. Darüber hinaus aber waren das Oberkommando und gewisse Dienststellen in Paris von der Existenz von föderalistischen oder gar separatistischen Strömungen in gewissen deutschen Ländern überzeugt. Man lehnte es ab, die Veränderungen zu sehen, denen das deutsche Denken unter Hitler unterlegen war. Oft genug nahmen manche unserer Vertreter ihre Wünsche für Wirklichkeit, und sie glaubten, daß das Interesse Frankreichs und seine Sicherheit eine möglichst weitgehende Dezentralisierung des politischen Lebens in Deutschland erfordere. Für sie war das Bestehen eines so gut wie unabhängigen Bayern und die Schaffung mehrerer kleiner deutscher Staaten der französischen Grenze entlang durchaus vereinbar mit den Erfordernissen des modernen Wirtschaftslebens. Sie entsprachen auch nach den Informationen, die sie durchaus ernst nehmen wollten, den Wünschen der Bevölkerung. Noch sind übrigens die letzten Spuren solcher Illusionen nicht verschwunden. So auf die Spitze getrieben, wird aber der Föderalismus, wie ihn unsere Repräsentanten predigten, von der jungen Generation in Deutschland als ein Anachronismus empfunden. Die alten Herren freilich, die zu Beginn der Besatzungszeit in deutsche Regierungsstellen einrückten, waren für den Reiz der alten föderalistischen Vergangenheit empfänglicher als die Jungen, die durch zwei Kriege zur Einigkeit zusammengeschweißt waren. Auch hier wieder schien Frankreich entschlossen, eine traditionalistische Politik fortzuführen, Deutschland zu spalten, um es zu schwächen. Es dauerte mehrere Jahre, bis unsere Diplomaten sich davon überzeugen ließen, daß es nicht in Frankreichs Interesse liegt, die Chancen einer wünschbaren Dezentralisation der Verwaltung in Deutschland durch eine anachronistische Föderativpolitik zu vermindern und sich ausschließlich auf Leute und Vorstellungen vergangener Zeiten zu stützen.

14

Kein Problem hat schwerer auf der Entwicklung der deutsch-französischen Beziehungen seit 1945 gelastet als die Saar-Frage. Die deutsche öffentliche Meinung hat in der Schaffung eines Saar-Staates den Beweis dafür gesehen, daß die Leute an den Befehlsstellen der französischen Außenpolitik nach wie vor von nationalistischen Vorstellungen beherrscht waren. Die Sozialdemokratische Partei, die, von den Kommunisten abgesehen, die Männer und die Einrichtungen des alten aggressiven Deutschland am entschlossensten ablehnte, hat aus dem Saar-Problem den Eckstein ihrer Außenpolitik gemacht. Die Führung Dr. Schumachers war dabei oft ungeschickt, aber fast immer von hoher demagogischer Wirksamkeit. Man vermutet hinter der Saar-Frage den Einfluß des kapitalistischen Frankreich, das die französischen Sozialisten hinter sich her schleppt und die deutsch-französischen Beziehungen nur unter dem Gesichtspunkt industrieller Konkurrenz zu sehen vermag. Auch die Parteien der gemäßigten und äußersten Rechten hören nicht auf, M. Granval, den Hochkommissar an der Saar, zu beschuldigen, er strebe in der Nachfolge Richelieus und Ludwigs XIV. nur danach, die politischen Grenzen Frankreichs nach Osten zu verschieben. Durch seine Haltung an der Saar beweise Frankreich, daß es selbst nicht an das schöne europäische Programm glaubt, das seine Minister den Deutschen unterbreiten.

Ohne Zweifel fühlt und wünscht sich die Bevölkerung der Saar deutsch. Die Wahlen und die Volksabstimmung der Nachkriegszeit gingen unter politischen und wirtschaftlichen Bedingungen vor sich, die ihren bleibenden Wert außerordentlich infrage stellten. Jeder Versuch zu einem politischen Separatismus (ganz zu schweigen von der absurden Hypothese eines Anschlusses an Frankreich) ist zum Scheitern verurteilt. Daß das Frankreich der Befreiung für das Saar-Problem keine andere Lösung gefunden hat als den wiederaufgewärmten Separatismus, das ist ein neuer Beweis dafür, wie sehr jede wirklich neue und konstruktive Idee unseren Diplomaten und unseren Politikern fehlte. Unsere Regierungen sahen zu Recht in der Saar ein greifbares Pfand, das der französischen Volkswirtschaft ernsthafte Vorteile bringen konnte, da andere Reparationen bei dem Widerstand der Alliierten ja im wesentlichen nicht zu erhalten waren. Nachdem die Moskauer Konferenz gescheitert war — im Frühjahr 1947 —, erkaufte Bidault die Zustimmung oder eher die Duldung der Angelsachsen für diese Pfandnahme, indem er jene vermittelnde Stellung aufgab, die Frankreich bis dahin zwischen Ost und West einzunehmen versucht hatte. Die saarländische Wirtschaft tat gute Dienste beim Wiederaufbau der französischen Industrie (und zog ihrerseits daraus großen Nutzen), und als Schuman daran ging, die deutsch-französische Wirtschaftseinheit vorzubereiten, schien der Beitrag der Saar immer nötiger, wollte man am Anfang Frankreichs und Deutschlands Wirschaftsleistungen in einem gewissen Gleichgewicht halten. Aber die Verfügungsgewalt Frankreichs über die wirtschaftlichen Hilfsquellen der Saar kann ja nur eine provisorische Maßnahme sein; ihre Notwendigkeit hört nach der Schaffung eines einheitlichen europäischen Wirtschaftsraumes allmählich auf; sie abhängig zu machen von der dauernden und endgültigen politischen Trennung des Saar-Staates von der Bundesrepublik, hieß sich von vornherein schnödem Kuhhandel und langsamem aber sicherem Zurückweichen aussetzen. Die alte Losung der französischen Regierungen zwischen 1918 und 1939 scheint immer noch in Kraft zu sein: „Nur nie nachgeben, ehe es zu spät ist."

15

Wahrscheinlich ging die Entnazifizierung in der französischen Zone etwas weniger schematisch vor sich als bei unseren amerikanischen Verbündeten. Aber hier wie dort traf sie eine Menge kleiner Leute, die niemals große Verantwortlichkeit getragen hatten, während wirkliche Verbrecher verschont blieben. So schuf die Entnazifizierung eine Solidarität von beinahe fünfzehn Millionen Deutschen, die sich als unterdrückte Opfer vorkamen, und von denen ein hoher Prozentsatz zur ohnehin schwer mitgenommenen jungen Generation gehörte. Die alte wirtschaftliche und soziale Struktur der Gesellschaft aber blieb unangetastet, obzwar sie es doch war, die den Nationalsozialismus hervorgerufen und immer wieder an der Macht gehalten hatte. Man begnügte sich in Westdeutschland damit, ein vornazistisches Deutschland zu restaurieren, das den unbekehrten Faschisten erlaubte, den Kopf wieder recht hoch zu tragen, sobald nur die Bundesrepublik ein gewisses Maß von innerer Selbständigkeit errungen hatte. Das Publikum in einem großen frankfurter Kino konnte 1951 in aller Offenheit und grinsend der Vernichtung einer Gruppe von jüdischen Flüchtlingen durch Beduinen seinen Beifall spenden (die Episode kommt nebenbei im französischen Film „Manon" vor). Die Illustrierten, journalistische Hauptlektüre der Bevölkerung in den großen Städten, haben in schöner Einheitlichkeit viele Monate lang über das öffentliche und private Leben von nazistischen Häuptlingen berichtet und oft genug im Sinne einer offenen Ehrenrettung. Das Parlament in Bonn hat erst kürzlich feierlich den Gedenktag der Verfassung des Bismarck-Reiches begangen, das vor achtzig Jahren gegründet wurde — in Versailles. Wenige Wochen später erkennt das gleiche Parlament den Berufsoffizieren ihre Pensionen, Titel und militärischen Ränge zu; eine ungeheure Mehrheit — mit Einschluß der Sozialisten — stellt dabei fest, daß die Ehre des deutschen Soldaten unangetastet aus Hitlers Krieg hervorgeht. Ein Pressefeldzug organisiert sich, um die Begnadigung der letzten Kriegsverbrecher zu erwirken, besonders jene des berüchtigten SS-Generals Ohlendorf, der selbst während des Nürnberger Prozesses bekannte, die Vernichtung von beinahe einhunderttausend Juden geleitet zu haben, und die Bundesregierung stellt den Verteidigern dieser Verbrecher viele Tausende von Dollars aus den Mitteln der Steuerzahler zur Verfügung. Ein neues Gesetz hält die öffentlichen Verwaltungsstellen dazu an, einen großen Teil der demokratischen Beamten, die seit 1945 eingestellt wurden, durch alte Beamte zu ersetzen, die aus den Ostprovinzen ausgewiesen oder zeitweilig als Nazi ihres Amtes enthoben worden waren. Die Krupp-Werke, denen so lange eine totale und symbolische Demontage zugedacht worden war, nehmen nicht weniger symbolisch ihre seit dem Kriege unterbrochene Produktion wieder auf; im gleichen Augenblick, in dem der Älteste der Erben Gustav Krupps von Bohlen, vom amerikanischen Hochkommissar begnadigt, die Festung Landsberg verläßt.

Der Mißerfolg der Entnazifizierung erscheint demnach als unbezweifelbar. Dieser Ersatz für eine Revolution, die die Alliierten zu vermeiden wünschten, hat in den drei Westzonen nicht die erwünschten Resultate gebracht. Die demokratische Gesinnung, wie Bonn sie zur Schau trägt, maskiert weithin das Festhalten an autoritären und patriarchalischen Praktiken, an nationalistischen und rassischen Vorurteilen und die Entwicklung managerialer Bestrebungen auf allen Gebieten des öffentlichen Lebens. Die französische Regierung hätte ohne Zweifel durch eine zielbewußte politische Aktion und mit jener geschickten Hartnäckigkeit, die niemand unseren Diplomaten absprechen wird, sie hätte auch unsere Verbündeten dazu veranlassen können, ihre Entnazifizierungs-Politik in manchen Punkten vorsichtiger, in anderen kraftvoller zu gestalten; ganz besonders hätte sie es verhindern können, daß all dies überlegen über Bord geworfen wurde, als es manchen nötig schien, aus Westdeutschland einen Verbündeten der atlantischen Koalition zu machen. Es ist im Augenblick etwa unmöglich, von unseren amerikanischen Freunden die Verfolgung eines Wochenblattes zu erreichen, das in mehreren hunderttausend Exemplaren eine falsche, für die Widerstandsbewegung empörende Darstellung der Ereignisse von Oradour gibt. Aber immer wieder: es war die Unfähigkeit Frankreichs, sich selbst ein Regime zu geben, das den technischen und sozialen Fortschritt mit der Freiheit des einzelnen Bürgers zu verbinden wußte, es war die gleiche Unfähigkeit, die unsere Regierungen daran gehindert hat, in Deutschland eine konsequente und klare Politik zu betreiben, die das deutsche Volk hätte gewinnen können: eine revolutionäre Politik.

16

Von 1944 bis 1947 hatte Frankreich zwischen dem Weg der Erneuerung und jenem der Restauration gezögert, und eben dieses Zögern hatte seiner Außenpolitik alle Kraft genommen. Seit dem Frühjahr 1947 glitten die einander folgenden Regierungen immer mehr auf den Weg einer westlichen Koalition und gleichzeitig der liberalen Wirtschaft und einer konservativen Sozialpolitik. Seit jener großen Zäsur von 1947 wurde die Sorge vor einem neuen deutschen Angriff verdrängt durch die Suche nach Mitteln, die Expansion des Kommunismus aufzuhalten und gegen die Sowjet-Union eine Liga der Uferstaaten des Atlantik zu bilden. Deutschland war, so hieß es, von nun an nurmehr eine Nation zweiten Ranges. Ein Angriff konnte, wenn überhaupt, so nurmehr vom kommunistischen Block ausgehen. Und Deutschland bildete dabei eine Hilfskraft, die man nicht den Sowjets überlassen dürfe. Zunächst hörte man diese Überlegungen in den Vereinigten Staaten und in konservativen Kreisen Großbritanniens. Je unverkennbarer aber der Sieg der restaurativen Kräfte in Frankreich wurde, desto häufiger wurden ähnliche Äußerungen auch auf französischen Tribünen. Von der Fusion der drei Zonen über den Atlantik-Pakt kam man zur prinzipiellen Annahme einer gewissen Beteiligung Deutschlands bei den Defensiv-Maßnahmen der Koalition. Jede dieser Etappen führte übrigens zu meisterhaft durchgeführten Rückzugsgefechten der französischen Diplomatie. Die Beteiligung Deutschlands an der europäischen Aufrüstung ist auch zur Stunde noch Gegenstand häufiger Kontroversen, umsomehr als in diesem Punkt die Weigerung der deutschen öffentlichen Meinung den Widerstand unserer Repräsentanten stärker stützt, als es mancher unter diesen wünschen möchte.

17

Der „europäische“ Aspekt der französischen Politik seit 1947 ergänzt ihren „atlantischen“ Aspekt. Französischer Initiative verdanken die Institutionen von Straßburg ihre Entstehung. Der Mann aber, der seit nunmehr vier Jahren ohne Unterbrechung unsere Außenpolitik leitet, wußte dem Europa-Plan und selbst der Atlantik-Politik eine ganz besondere Richtung deutsch-französischer Versöhnung zu geben, die die große Einheit in der Politik dieser letzten Zeit darstellt. An die Stelle all der chaotischen Entschlußlosigkeit, die wir zu schildern hatten, trat mit Robert Schuman eine Spur von festem Willen: Frankreich und Deutschland gemeinsam zu einem stabilen Angelpunkt für ein Europa zu machen, das sich der Ausbreitung des Kommunismus und Rußlands entgegenstellen sollte, gleichzeitig aber doch nach Maßgabe des irgend Möglichen eine gewisse Selbständigkeit innerhalb der atlantischen Koalition bewahren sollte. Die Festigkeit des deutsch-französischen Komplexes konnte von innen her gesichert werden durch die Regierungstätigkeit der christlich-demokratischen Parteien; durch Parteien des sozialen Kompromisses also, die sich dem Chauvinismus entgegenstellten, ohne darum auf brutale Weise mit den nationalen Traditionen brechen zu wollen, so wie die bürgerliche Gesellschaft sie kodifiziert hat. Das Deutschland des Kanzlers Adenauer, so sagen etwa die Verteidiger einer solchen Politik, ist immerhin weder nazistisch noch kommunistisch. Es ist zweifellos mit viel Mängeln behaftet; viel Unangenehmes überlebt sich da, viel Gefährliches kann entstehen. Es ist trotz allem die wenigst schlimme Art von Deutschland, an die heute zu denken ist, und sofern man sich mit ihm verständigt, kann man ihm ja auch nach der guten Richtung hin helfen. So gelang es dem Außenminister, die öffentliche Meinung und das Parlament hintereinander zur Annahme einer ganzen Reihe von Entscheidungen zu veranlassen. Sie gingen von der Konstituierung der Bundesrepublik bis zur Unterschrift unter den Stahl- und Kohlepakt. (Diesen hat das Parlament noch nicht bestätigt, aber es ist schwer vorstellbar, daß es die feierlichen Verpflichtungen der Regierung nicht anerkennen sollte.)

Die nächsten Etappen dieser Politik sind heute schon festgehalten: Eintritt Westdeutschlands in die UNESCO und all ihre nicht-politischen internationalen Organismen (die Zulassung zu den Vereinten Nationen selbst ist ja durch das sowjetische Veto blockiert), Aufhebung der Hohen Kommission und Rückkehr zu normalen diplomatischen Beziehungen zwischen Besetzenden und besetzter Nation (was die Besatzungsmacht zur Schutzmacht machen würde), Abschluß eines Garantievertrages mit der bonner Regierung. Der wirtschaftliche Zusammenschluß (Landwirtschafts-Pool) und die militärische Zusammenarbeit werden neue Fortschritte machen. Um den deutsch-französischen Kern wird sich allmählich ein westeuropäischer Bundesstaat formieren können.

18

Einer solchen Politik fehlt es weder an Größe noch an Realismus. Innere Logik; die Hartnäckigkeit der Vorkämpfer; der Wille, auf Jahrzehnte hinaus die Zukunft der europäischen Nationen festzulegen; der Mut, der zweifellos in Frankreich dazu gehört, die beiden großen Gegner von ehedem eng zusammenschließen zu wollen, — das alles sticht ab von der allgemeinen Mittelmäßigkeit, in der unser öffentliches Leben seit vier Jahren versandet. Nach dem Ersten Weltkrieg hätte diese Konzeption ohne Zweifel die begeisterte Mitarbeit der ganzen französischen Linken gefunden. In ihr ersteht, etwas realistischer vielleicht, die alte Gedankenwelt Briands wieder. Heute aber ist diese europäische Politik in gewissem Maße entstellt durch die Spannung, die über die ganze Welt geht, und die in Europa nur eines ihrer Felder findet. Es ist ganz klar, daß diese Politik heute in immer stärkerem Maße dazu dient, die Mobilisierung aller wirtschaftlichen und militärischen Kräfte des Westens für einen offenen Konflikt mit dem kommunistischen Block vorzubereiten. Es handelt sich nun darum, zu wissen, ob sie nicht auch zu anderem dienen kann.

19

Die Deutschland-Politik, so wie Frankreich sie augenblicklich durchführt, ist natürlich abhängig davon, wie zutreffend unsere Führungsschichten die Weltlage analysieren.

Immerhin trennen uns erst sechs Jahre vom Zusammenbruch des Nationalsozialismus, und noch heute trägt der deutsche Partner die Bazillen dieser Infektion in sich herum; man kann keineswegs mit Sicherheit behaupten, daß unsere Führung dieser Tatsache genügend Rechnung trage. Es bestehen rechts des Rheins politische, wirtschaftliche und soziale Strukturen weiter, die nichts gemeinsam haben mit der Vorstellung von einem anti-faschistischen Deutschland, so wie sie während des Krieges bei den französischen Widerstandskämpfern bestehen konnten. Es ist keineswegs sicher, daß das entmutigte und erschlaffte Frankreich der Restauration erfolgreichen Widerstand leisten könnte gegen solche Kräfte, die morgen schon ihren Einfluß auf die sich bildende europäische Union ausüben werden.

Die Remilitarisierung Westdeutschlands führt der atlantischen Koalition im Augenblick keine nennenswerten Kräfte zu; es besteht umgekehrt die furchtbare Gefahr, daß sie die in der Welt lauernden Konflikte zum Ausbruch bringt. Man kann sich unter solchen Umständen fragen, ob die deutsch-französische Zusammenarbeit, ob die europäische Union, ob die atlantische Koalition in dem Maße, in dem sie einen militärischen Beitrag Westdeutschlands voraussetzen, nicht die Drohung eines allgemeinen Krieges verschärfen statt sie herabzusetzen. Es ist durchaus möglich, daß die Wirksamkeit einer politischen und wirtschaftlichen Verständigung mit Westdeutschland eben von einem Verzicht auf den Plan einer Remilitarisierung abhängt. Es ist durchaus möglich, daß die europäische Union nur insoweit ein Gewicht für den Frieden darstellt, als sie zunächst einmal eine gewisse Autonomie der europäischen Nationen sichert, statt sie einem atlantischen Automatismus auszuliefern. Es ist durchaus möglich, daß der Kohle- und Stahlpakt nur dann die Besorgnisse Lügen straft, die die Opponenten gegen die Restauration der kapitalistischen „Ordnung" mit ihm verknüpfen, wenn er ergänzt wird durch eine feierliche Bestätigung aller jener Verbote, die sich dem Wiederaufbau einer Kriegsindustrie an der Ruhr entgegenstellen. So bescheiden solche Bedingungen klingen mögen, heute erscheinen sie bereits als anachronistisch und utopisch. Sie stellen, wenn man so will, wirklich eine Utopie dar, die Utopie des Friedens; vielleicht ist es immer noch nicht ganz zu spät, sie jener Illusion entgegenzustellen, die zum Kriege führt, der Illusion einer deutschen Wiederaufrüstung.

20

Schumans Deutschland-Politik kann nur einen Rahmen schaffen, und dieser kann nur so viel wert sein wie der Wille, der in ihm schalten wird. Es kann sich herausstellen, daß die neu aufgebauten Formen gefährlicher sind als die alten, wenn sie erfüllt werden vom Geiste eines anti-kommunistischen Kreuzzuges; wenn sie nur den Wunschvorstellungen industrieller und finanzieller Technokraten dienen sollen; wenn sie aufgebaut werden hinter dem Schutzwall einer Polizeiherrschaft, die nur immer mächtiger wird im Verlaufe des Kampfes gegen ein „Polizei-Regime".

Und doch verdienten es die alten Formen der Herrschaft über Menschen und der Verwaltung von Dingen, sie verdienten es unterzugehen, und wer an ihnen festhält, vergiftet das Dasein der Nationen. In mancher Hinsicht mögen ja Schumans Politik und die in ihrem Gefolge zu bewältigenden Maßnahmen von einiger Kühnheit sein; im Grunde aber stellen sie doch nur einen ganz oberflächlichen Ersatz dar für jene neue Französische Revolution, zu der die Befreiung von 1944 hätte werden sollen, für jene Erneuerung, die wieder einmal von Frankreich auf Europa hätte übergreifen sollen. So kann man denn Zweifel hegen an der Wirksamkeit dieser Maßnahmen; gewiß sind sie Ausdruck dafür, daß die Verfechter der kapitalistischen Ordnung selbst mit Hilfe von Struktur-Reformen versuchen, die Widersprüche in ihrem schwankenden System zu überwinden; sicherlich aber überheben sie uns nicht der Pflicht zu grundsätzlicheren Überlegungen und Anstrengungen.

21

In den deutsch-französischen Beziehungen ist die Zeit der Besetzung nunmehr zu Ende, und jene der Zusammenarbeit hat begonnen. Es wird die Sache jener Kräfte sein, die es in beiden Ländern ablehnen, die Idee der Freiheit von der des sozialen Fortschritts zu trennen, es wird ihre Sache sein, sich so zu vereinigen, wie es die Regierungen der Restauration getan haben. Es gibt keinen anderen „dritten Weg" zwischen den beiden Gefahren: dem Weltkrieg auf der einen Seite und, nicht minder furchtbar, auf der andern die Polizeiregime der Manager, die sich einzurichten beginnen, überall auf dieser Welt.

Walter Dirks

WIDERSTAND, HOCHVERRAT, LANDESVERRAT

Der kurze Kampf, den die Verschwörer und die Verteidiger des Regimes am 20. Juli 1944 in einigen Straßen, Kasernen und Ministerien Berlins gegeneinander führten, ist weder an jenem Tage noch am 8. Mai 1945 zu Ende gekämpft worden. Er geht weiter, und er beginnt sich auszubreiten.

Es geht um die alten Positionen, Ideale und Überzeugungen; es geht um die zukünftige deutsche Politik; es geht um mancherlei materielle Dinge, um Ansprüche und Renten, um Prozesse; es geht vor allem um die Rechtfertigung des eigenen Verhaltens; es geht um die Ehre und um „die Ehre". Wären nur die wiedergekommenen Nationalsozialisten an diesem Kampf beteiligt, so wäre seine Bedeutung begrenzt. Aber sie, die Angreifer, werben Bundesgenossen: sie sprechen die Nationalisten an; die Nationalen; die Leute, die etwas von anständiger Pflichterfüllung halten; die Leute, für die Gesetz, Gehorsam, Loyalität keine leeren Worte sind; nicht zuletzt alle „Mitläufer" und alle, die irgendwie ihren Frieden mit dem Regime geschlossen hatten: sie alle werden mitgerechtfertigt, wenn die Remer und die Roeder gerechtfertigt werden. Der Ruf jener Herren kann auf Resonanz rechnen: die meisten von uns sind mehr oder weniger, wenn auch keineswegs mit dem besten Teil ihres Wesens daran interessiert, daß der Nationalsozialismus und sein Krieg als „normal" angesehen werden.

Die Angreifer argumentieren neuerdings: die eidbrecherischen Attentäter sind der kämpfenden Nation in den Rücken gefallen, und wenn schon ihr Hochverrat vielleicht als Kavaliervergehen gelten könnte, — waren aber nicht komplette Landesverräter unter ihnen? Diese Unterscheidung ist geschickt, sie treibt einen Keil in die Front der Gegner Adolf Hitlers, und manchmal sieht es so aus, als ob sogar Männer des Widerstandes sich auf diese Unterscheidung einließen: sie sind bereits in die Verteidigung gedrängt.

Eine Klärung des ganzen Komplexes Widerstand, Hochverrat, Landesverrat tut dringend not, nicht zuletzt aus den beiden folgenden Erwägungen:

1. Man ist in aller Nüchternheit an der Anerkennung der Legalität der nationalsozialistischen Regierung interessiert: weil sie von 1933 bis 1945 die einzige Regierung des Deutschen Reiches war und also die Rechtskontinuität des Staates an der Anerkennung ihrer Legalität hängt; weil unzählige Maßnahmen jener Regierung Geltung behalten müssen, wenn nicht chaotische Rechtszustände entstehen sollen; weil zum Beispiel die Pensionen der Beamten und insbesondere auch des Wehrmachtspersonals diese Legalität voraussetzen; weil es eine neue und katastrophale Erschütterung des Rechtsgefühls und des berechtigten Selbstgefühls von Millionen wäre, wenn man ihnen sagen müßte, daß alle ihre staatsbürgerlichen Akte zwischen 1933 und 1945 ohne Geltung gewesen seien. Diese notwendige Anerkennung der Legalität der Regierung Adolf Hitler liefert aber anderseits den heutigen Nationalsozialisten den Vorwand, die mutigsten Frauen und Männer der Nation, viele tote und einige lebende, als Hoch- oder Landes-

verräter zu verleumden; sie hat ihnen bereits hin und wieder erlaubt, anständige Männer, die sich im Frühjahr 1945 von dem Wahnsinn „absetzten" oder gar durch ihren Mut und ihre Geistesgegenwart ganze Dörfer und Städte vor sinnloser Zerstörung bewahrten, wegen Fahnenflucht und Ungehorsam zu belangen; dieselbe Anerkennung der Legalität macht gewissen Leuten Mut, Blutrichter und Denunzianten zu verteidigen, die in jenen Jahren die Legalität als Mordinstrument benutzt haben. Diese Verkehrung der Gerechtigkeit war bisher eine mehr oder weniger theoretische Gefahr, — obwohl wahrhaftig schon genug dergleichen passiert ist; wenn aber die reaktionäre Flut steigt, so werden sich bald mehr Richter finden, die auf der Linie dieser tödlichen Logik operieren werden. Hier scheint ein echtes Dilemma vorzuliegen: wir sind an der Anerkennung der Legalität einer Regierung interessiert, die durch Täuschung und Erpressung an die Macht gekommen ist und sich mit Lüge und Gewalt behauptet hat, bis ihr Zusammenbruch zur Katastrophe des ganzen Volkes wurde, — und wir sind an der Legalität eines Krieges interessiert, der ein Verbrechen war. Und doch hängt unsere Zukunft davon ab, daß dieses Verbrechen als Verbrechen erkannt und durch Einsicht überwunden wird. Dieses Dilemma muß beseitigt werden.

2. Wir sind nicht an erneuter Zwietracht, sondern an der Versöhnung interessiert. Nicht an der Versöhnung mit den Verbrechern, nicht an Kompromissen mit Nationalsozialisten und Nationalisten, wohl aber an der Versöhnung vieler anständiger Menschen, die damals gegen einander standen, weil sie eine verschiedene Vorstellung von ihren Pflichten hatten. Wir sind an der Versöhnung derer interessiert, die damals zweifelnd und oft mit tragischem Bewußtsein ihre Pflicht in der Legalität und Loyalität sahen, manchmal bis zum 8. Mai 1945, und derer, die im Widerstand eine höhere Pflicht erkannt hatten, teils mit gläubiger Sicherheit, teils im tragischen Konflikt der Pflichten. Wer in diesem Bereich nicht zu handeln hatte, kennt den Zwiespalt von damals zum mindesten als Verwirrung der Gefühle: wenn wir den Sieg der Alliierten herbeisehnten, weil er als ein Sieg des Rechtes und als Niederwerfung des Verbrechens erschien, — und wenn wir doch dem deutschen Volk und seinem Staat diese Niederlage nicht zuwünschen konnten. Als dann das rettende Verhängnis eingetreten war, schien die Frage erledigt zu sein: die Tatsachen hatten entschieden. Aber seit einiger Zeit ist diese Frage wieder wach und damit der Zwiespalt und der Zweifel und der Streit. Das ist gefährlich. Deutschland täte gut daran, die Unanständigen und Unbelehrbaren beider Seiten zu isolieren. Aber es braucht die anständigen Leute aus *beiden* Lagern. Darum muß der damals tragische Konflikt heute aufgelöst werden. Wir haben uns der ersten Pflicht der gelebten Geschichte zu erinnern: wenigstens hinterher klüger zu sein als im Augenblick des Geschehens.

*

Welchen Krieg haben wir geführt?

Die Nationalsozialisten haben ihn als *ihren* Krieg geführt, als die höchste Steigerung ihrer Ideen und ihres Willens, als den Weg ihrer Herrschaft. Da gab es keine Problematik und keine Tragik, sondern nur den Glauben bis zum Zusammenbruch oder sogar über ihn hinaus.

Es gab zweitens „Nationalisten", die diesen Krieg begeistert mitkämpften, indem sie die ungeheure Dynamik Adolf Hitlers für die Dynamik der Nation nutzbar machen wollten. Sie nahmen an der „verschworenen Gemeinschaft" nicht teil, sie zeigten sich gleichgültig gegenüber vielen Zielen des Nationalsozialismus oder sie mißbilligten sie sogar (sie halfen Juden ...), aber sie sagten Ja zu diesem Krieg: denn sein Sinn war der Sieg, die Macht und die Glorie der deutschen Nation. Auch hier war nicht viel Raum für den Zweifel, soweit er aus dem Gewissen hätte kommen können. Da ihr Glaube absolut war, nahmen sie in Kauf, was ihnen an Adolf Hitler und seinen Methoden nicht gefiel. Wohl aber wurden sie des Zweifels fähig, sobald sich die Mittel „Adolf Hitler" und „Nationalsozialismus" als unzureichend erwiesen. Wenn sie die Nation zu zerstören drohten, wenn sie das Volk in die Niederlage führten, so mußte man sich von ihnen trennen, um der Nation willen, ja man mußte sie — in den letzten Stadien des Krieges und der Erkenntnis — geradezu bekämpfen.

Unterscheiden wir von den „Nationalisten" die „Nationalen". War für sie die Nation nicht Religionsersatz, Glaubensobjekt, einziger oder höchster Sinn des Lebens, so hielten sie doch den Nationalstaat für die höchsterreichbare politische Form, die dem Menschen zugänglich ist, und das deutsche Reich für die absolute Form der Deutschen. Diese Leute konnten den Krieg auf vielerlei Weise bejahen oder verneinen. Da die Nationalen im übrigen Christen oder Humanisten oder Sozialisten oder Liberale, Kultur-Optimisten oder Kultur-Pessimisten sein konnten, waren ihre Meinungen über den Nationalsozialismus und seine nationale Eignung sehr verschieden. Die meisten nicht-nationalistischen Nationalen betrachteten den Krieg 1939 als ein Verbrechen, 1940 bis 1942 als die große Chance der Nation, 1943 als ein fahrlässiges Unternehmen Adolf Hitlers, 1944 und 1945 als eine Katastrophe. Doch haben sehr viele von ihnen ihren nationalen Protest gegen die leichtfertige und verbrecherische Staats- und Kriegsführung des Usurpators in allen Stadien durchgehalten. Hier berühren sich die Gegensätze am nächsten. Nationale konnten, das Herz voller Bitterkeit gegen die Verderber der Nation, gleichwohl sagen: „Aber der Krieg muß gewonnen werden!" (und noch aus dem ersten Nachkriegshirtenbrief eines deutschen Bischofs konnte man das Bedauern darüber herauslesen, daß der nationale Krieg verloren worden war, — *wegen* der Verbrechen der Nazi), andere Nationale aber wurden zu Attentätern, zu jenen „Landesverrätern": sie verhandelten um der geliebten Nation willen mit dem Kriegsgegner.

(Die Offiziere? Reine Berufsfunktionäre hat es unter ihnen kaum gegeben. Zwar betrieben viele von ihnen ihr Geschäft „unpolitisch" nach den ehrwürdigen und bewährten Regeln und nach dem Sitten- und Ehrenkodex der Zunft, gleichwohl aber hatte das alles ein Fundament von politischen Überzeugungen. Sie waren nicht bei allen dieselben. Die Offiziere verteilten sich auf die genannten drei Gruppen.)

Daneben gab es einige völlig andere Aspekte des Krieges. Es gab Menschen, die diesen Krieg überhaupt nicht mehr als einen Krieg zwischen Nationalstaaten anerkannten.

Für einige von ihnen war er eine Aktion zur Niederwerfung der Aggression und des Verbrechens, eine internationale Polizeiaktion (oder eine Aktion Gottes, der sich des Feindes bedient, um sein Volk zu züchtigen), der Kampf des Gesetzes und der Ordnung (und der Christian soldiers) gegen die Gesetzlosigkeit, — der Kampf des Lichtes gegen die Finsternis.

Für andere war er ein Klassenkampf: ein Kampf der Arbeiterklasse und der mit ihr verbündeten fortschrittlichen Teile der anderen Klassen gegen die faschistische Form und Phase der Klassenherrschaft der Bourgeoisie.

Für wieder andere war er ein Kampf der modernen politischen Integrationen: der faschistischen auf der einen Seite gegen das Bündnis der bolschewistischen und der demokratischen Integrationen.

Diesen drei Auffassungen des Krieges war und ist eines gemeinsam: die wahren Fronten waren für sie nicht gleich mit den Fronten der kriegführenden Staaten. Es gab rechtliche Menschen, Arbeiter, Demokraten und Kommunisten auch in Deutschland. Der Krieg war so oder so ein Bürgerkrieg. Der kriegführende deutsche Staat verpflichtete also diese seine Kritiker nicht: er war nichts als ein Instrument der Friedensbrecher, der Unterdrücker, der Faschisten. (Vereinzelt fand sich bei gleicher Sicht auch die entgegengesetzte Entscheidung: man stand auf der deutschen Seite, nicht weil sie die deutsche Seite war, sondern weil sie die faschistische Seite war. Das galt nicht nur für eine französische, spanische, norwegische, ukrainische Minderheit, sondern wahrscheinlich auch für einige Deutsche.)

Schließlich könnte man noch eine Reihe von Auffassungen zusammenstellen, die sich gleichfalls zu den kriegführenden Staaten kritisch verhielten, ohne aber in jenem Bürgerkrieg Partei zu ergreifen. Etwa: Der Krieg ist ein Bürgerkrieg der europäischen Nationen, ein Paroxismus, der entweder die Folge haben kann, daß alle daran sterben, oder aber den Sinn, daß daraus Europa entsteht. Oder: Der Krieg ist der Todeskrampf der abendländischen Zivilisation (oder: der Welt-Gottlosigkeit). Und vergessen wir den kleinen Mann nicht, für den der Krieg eine sinnlose Katastrophe war und sonst nichts. (Er *war* eine sinnlose Katastrophe; der kleine Mann hat nur dann Unrecht, wenn er auf den Versuch verzichtet, die Qualität dieser Sinnlosigkeit zu bestimmen.)

*

Wer hatte recht? Wer hat recht?

Ebendarum geht imgrunde der Streit, auch heute noch. Man kann ihn durchfechten, Meinung gegen Meinung. Wichtig wäre aber auch, den Bereich derjenigen Meinungen abzugrenzen, die wir insgesamt teils als gemeinsam, teils als diskutabel ansehen können, — „wir“, die Deutschen nämlich, die wir uns entschlossen haben, mit einander in Frieden einen gemeinsamen Weg zu suchen, und die wir uns zu diesem Zweck auf die Bundesrepublik eingelassen haben und im Begriffe sind, uns auf Europa einzulassen. Denn unter den aufgezählten Auffassungen gibt es einige, die wir *nicht* gelten lassen können, mögen wir sie auch als private Meinungen (zähneknirschend oder geduldig) tolerieren. Es wäre nützlich, eine Gruppe von Sätzen aufzustellen, in denen „wir“ uns einig sein könnten, und eine zweite Gruppe von Sätzen, die wir als produktive Teile der deutschen öffentlichen Meinung wechselseitig anerkennen könnten. Aus beidem müßte sich sodann eine praktische Folgerung ziehen lassen.

Zuvor noch einige Klärungen.

Es wird nützlich sein, zwischen Legalität und Legitimität zu unterscheiden*, und zwar bedarf es in unserem Falle einer politisch-geschichtlichen (nicht einer rein staatsrechtlichen) Fassung mindestens des zweiten Begriffs. Unter „Legalität" können wir einen Zustand verstehen, in dem das Gesetz und die Macht zusammenfallen und „anerkannt" sind, sich allgemeine Geltung verschafft haben. Wer die Frage nach der „Legitimität" eines solchen legalen Zustandes stellt, mißt ihn an einer Forderung höheren Ranges, — etwa an Grundrechten des Menschen oder an göttlichen Geboten oder an einer bestimmten Deutung des Sinnes der Geschichte oder einer Geschichtsepoche. Von einer solchen Forderung aus kann ein Zustand der Legalität als „illegitim" erscheinen oder anderseits ein Anspruch oder Zustand, der außerhalb der Legalität steht, als legitim.

Wenden wir die Unterscheidung im Sinne unserer Überlegungen an!

Ob der Nationalsozialismus und der Krieg „legal" waren oder nicht, — „legitim" waren sie jedenfalls nicht. Wer sich nicht dazu verstehen kann, den Nationalsozialismus, aber auch den Krieg, den er entfesselt hat, als illegitim zu verwerfen, kann mit „uns" nichts zu schaffen haben. Das ist keine moralische Proklamation, sondern geltendes Recht: diese Verwerfung läßt sich aus dem Grundgesetz ableiten. Und sie *gehört* ins Grundgesetz, sie ist eine der geschichtlichen Voraussetzungen unseres Staates.

Aus der Illegitimität des Regimes ergab sich wenn nicht die Pflicht, so doch zum mindesten das Recht auf das, was wir „Widerstand" nennen. Wenn wir der Illegitimität, selbst falls sie legal sein sollte, nicht widerstehen dürften, so wäre es mit der Verantwortung in der Geschichte zu Ende; denn dann würden die verantwortlichen Menschen in die Rolle gedrängt, passive Opfer oder Nutznießer der Kämpfe zweier fragwürdiger Gewalten zu sein: der illegitimen Legalität und der illegitimen Revolution.

Die Illegitimität des Regimes und seines Krieges war nicht zu jeder Zeit in gleicher Weise und für jeden Menschen erkennbar. Viele sind erst „hinterher" klug geworden, durch eine persönliche Erfahrung oder viele Erfahrungen, durch Ereignisse wie den 30. Juni 1934 oder die Judenverfolgung oder den Überfall auf Prag oder Polen oder durch die Massentötungen im Osten oder schließlich auch erst durch Stalingrad und was ihm folgte, durch die Katastrophe selbst. Das ist heute ohne Belang: für *unser* Bewußtsein fängt der Weg in die Zukunft an mit der Absage an das Regime und seinen Krieg. Das können wir nicht klar genug sagen und nicht energisch genug feststellen.

Eine andere Frage ist die nach der Legalität. Hier haben auch besonnene und kluge Deutsche, einschließlich derer, die wenigstens hinterher klug geworden sind, mehrere Auffassungen vertreten.

Viele von ihnen waren sofort der Meinung (oder wurden später der Meinung), daß die „Machtergreifung" durch ihren Zusammenhang mit dem Staatsstreich Hindenburgs und Papens vom 20. Juli 1932 (dessen Illegalität der Staatsgerichtshof am 25. Oktober 1932 festgestellt hat), sowie durch die terroristische Nötigung

* Mir liegt ein Artikel unseres Mitarbeiters und Freundes Professor Dr. Walter Rest vor, der diese Unterscheidung und ihre praktische Bedeutung ins rechte Licht rückt. Ein Zitat daraus finden unsere Leser im Glossenteil.

zum Ermächtigungsgesetz illegal gewesen sei, oder daß das Regime durch den Bruch der im Ermächtigungsgesetz selbst festgesetzten Bedingungen in die Illegalität geraten sei. Diese Leute haben zum Teil die inneren und äußeren Konsequenzen daraus gezogen: sie erkannten die Regierung Hitler auch im formellen Sinn nicht an. Das muß man als eine ehrenhafte Möglichkeit gelten lassen.

Das Ausland und die meisten Deutschen haben sich dieser Auffassung nicht angeschlossen. Auch die meisten Gegner des Nationalsozialismus hielten das Regime für legal, sei es, daß sie die Machtergreifung für legal hielten, sei es, daß sie die vollendete Tatsache der „nationalen Revolution“ anerkannten. Der Vorgang wiederholte sich beim Kriegsbeginn: sowohl das Ausland als auch die meisten dieser Deutschen betrachteten trotz ihrer Einsicht in den verbrecherischen (und also illegitimen) Charakter dieses Krieges das Deutsche Reich als eine kriegführende Macht im Sinne des Völkerrechts. Mir scheint, auch diese Auffassung müsse man zunächst einmal mindestens gelten lassen. Gewichtige Gründe, die eingangs angedeutet wurden, sprechen sogar dafür, sie ausdrücklich anzunehmen. Unter dieser Voraussetzung müssen die Rechte, muß aber auch die Ehre derjenigen Staatsbürger, Soldaten und Offiziere geschützt werden, die damals in den normalen Fällen gehorchten, ihre Pflicht taten, Steuern zahlten, Einberufungen folgten, im Kriege kämpften, tapfer kämpften. Ob sie nun die Illegitimität des Regimes nicht erkennen konnten oder jedenfalls nicht erkannt haben, oder ob sie in einem tragischen Zwiespalt meinten, sich für die Legalität entscheiden zu müssen, obwohl sie sie als illegitim durchschauten: ihr Gehorsam muß als mögliche Haltung anerkannt werden. Nur kann ein solcher anständiger Gehorsam vor dem Gesetz oder vor einem gesetzmäßigen Befehl nicht einen gesetzwidrigen oder gar verbrecherischen Gehorsam decken.

So wird man also die Legalität des Regimes und *zugleich* den „Hochverrat“ anerkennen müssen: die Legalität des Regimes als eine gegebene Tatsache, den Hochverrat als den illegalen, aber legitimen Versuch, jene Tatsache durch eine legitime, durch die richtige Ordnung zu ersetzen. Jede siegreiche Revolution legalisiert nachträglich ihre illegalen Vorstöße: so haben auch wir (recht fragwürdige Mitsieger in der siegreichen Revolution, welche die Macht des Usurpators zerbrach) jenen Hochverrat zu legalisieren: er muß ausdrücklich Rechts- und Ehrenschutz erhalten. Wer die Männer des 20. Juli oder andere Märtyrer und Opfer des Widerstandes beschimpft, greift die Grundlage unseres Gemeinwesens an.

Wir dürfen keine Angst vor dem Widerspruch haben, der sich hier zu enthüllen scheint. Daß damals anständige Gehorsame und anständige Ungehorsame einander gegenüberstanden (— alle anderen lassen wir hier aus dem Spiel —), war kein Widerspruch, sondern ein Gegensatz und als solcher ein Stück Geschichte. So etwas kommt vor. Dieses Stück Geschichte ist vorbei; wenn wir heute die beiden damals unvereinbaren, weil im Kampf gegeneinander stehenden Seiten dieses Gegensatzes gelten lassen und legalisieren, so erzeugen wir damit nicht einen logischen Widerspruch; wir schließen damit vielmehr ein Kapitel der Geschichte ab, damit wir gemeinsam ein neues beginnen können. Es ist steril, die Fronten von 1944 fixieren zu wollen. Wir können das neue Kapitel nur dann gemeinsam beginnen, wenn wir den erledigten Kampf nicht neubeleben, sondern „hinterher“, also klug geworden, einander anerkennen, soweit wir das heute und angesichts der Zukunft verantworten können. Genau das wollten die Unbelehrbaren hintertreiben.

*

Gilt das auch für die „Landesverräter“?

So wie es neben den unzähligen anständigen Gehorsamen unzählige unanständige, ja verbrecherische Gehorsame gab, so mag es unter den ohnehin wenig zahlreichen Ungehorsamen auch einige wenige Skrupellose, Gewinnsüchtige oder Abenteurer gegeben haben, die aus fragwürdigen Gründen mit dem Kriegsgegner des Deutschen Reiches Kontakt suchten. Mit der Frage, die uns hier bewegt, hat weder der berufsmäßige landesverräterische Spion etwas zu tun, noch der Mann, der einem amerikanischen oder russischen Kommando verriet, wo sich deutsche Soldaten versteckt hatten, die der Kriegsgefangenschaft entgehen wollten. Wir haben es hier vielmehr mit Leuten zu tun, welche in Adolf Hitler den Feind schlechthin erkannten, den Feind sei es der deutschen Nation, sei es übernationaler höherer Wirklichkeiten. Diese Kämpfer *waren* die Verbündeten der Alliierten. Sie mußten es sein, sie durften es sein. Wenn sie Nationalisten oder Nationale waren oder als Offiziere den Ehrenkodex ihres Standes und ihren Eid ernstnahmen, so brachte sie ihr Entschluß, mit dem „Landesfeind“ zusammenzuarbeiten, in eine tragische Lage; wenn sie den übernationalen Charakter dieses Krieges erkannt hatten, so verstand sich die Bundesgenossenschaft von selbst. Viele von uns stehen zu jenem Verhalten, andere lehnen es ab; auch ist der moralische Kodex für diese neue und sehr schwierige Situation nicht so eindeutig entwickelt wie der moralische Kodex der eindeutigen Kriege im Zeitalter der souveränen Fürsten, Staaten und Nationen; man kann über die Grenzen des Gebotenen oft verschiedener Meinung sein; das Mindeste aber, was die Volksgemeinschaft diesen Männern schuldet, ist die Anerkennung der Ehrenhaftigkeit ihrer Motive.

Wir sind hier an dem entscheidenden Punkt. Die Herren, die das Wort „Landesverrat“ im Munde führen, wollen uns und dem ganzen deutschen Volk suggerieren, der letzte Krieg sei ein Krieg wie jeder andere gewesen, ein honetter Krieg zwischen teils honetten und teils weniger honetten Nationen; ihre offenherzigsten Sprecher sind bereits soweit, die Alliierten als die weniger honetten hinzustellen und im übrigen höchstens zu bedauern, daß Adolf Hitler die Judenfrage auf eine so plumpe Weise gelöst habe, — aber viel mehr Eindruck auf unser Publikum machen die Nachgiebigeren unter jenen Herren: sie geben gerne zu, daß die deutsche Sache durch mancherlei Greuel sehr befleckt worden ist, — aber war sie nicht doch die deutsche Sache? Und muß man nicht, so meinen sie, laut oder leise so lange darauf bestehen, den „Landesverrat“ Landesverrat zu nennen, bis es sich durchgesetzt hat, daß jener Krieg die deutsche Sache war? Und *weil* er unser Krieg war, so denken sie weiter, muß er wie jeder honette Krieg fortgesetzt werden: denn wenn für die Nationalen des vorigen Jahrhunderts „der Krieg die Fortsetzung der Politik mit anderen Mitteln“ war, so ist für die aufgeklärten Nationalisten von heute Politik die Fortsetzung des Krieges mit anderen Mitteln, und fortsetzen wollen ihn *die* Menschen, *die* Schichten, *die* Kliquen, *die* Geister, die immer und damals das, was sie die deutsche Sache nannten, geführt haben, und die man ein paar Jahre lang daran hat hindern können. Sie sind maßvoll: den Hochverrat stellen sie noch eine Weile in die Ecke, der Landesverrat tut's viel wirksamer, der Geruch der Schande klebt an ihm, und schon wirkt das Wort, schon rücken selbst die Hochverräter von den Landesverrätern ab.

Dieser Krieg war die deutsche Sache nicht. Wer in klarer Erkenntnis des wahren Sachverhalts und der sicheren Katastrophe versuchte, diesen Krieg mit Hilfe der Kriegsgegner zu stoppen, tat seine Pflicht und mehr als seine Pflicht, auch wenn er damit gegen den Landesverratsparagraphen verstieß. Wer aber hier nicht folgen kann und die Taten jener Männer verwirft, muß um der Zukunft der wahren deutschen Sache willen zum mindesten ihren noblen Willen respektieren und sich gegen ihre Verleumder zu ihnen stellen; denn selbst wenn sie Unrecht gehabt haben sollten gegen die, die damals, weil Krieg war, ganz einfach kämpften, so haben sie doch Recht gegen ihre Verleumder. Diese können sich jetzt nicht mehr auf den Krieg berufen: die tragische Stunde ist vorbei, nun hindert uns nichts mehr, ganz geradlinig das wahre Wohl unseres Volkes zu betreiben. Das aber liegt im Frieden; und um ihn zu erreichen und zu sichern, bedarf es der Versöhnung der anständigen Legalen und der anständigen Illegalen und ihres gemeinsamen Kampfes gegen die nationalistischen Abenteurer.

Und die Ehre? So einfach war die Lage nicht, daß man im Kodex der Überlieferung nachschlagen konnte, welche Taten ehrenhaft waren und welche nicht. Wer treu gedient hat, dem soll niemand die Ehrenhaftigkeit bestreiten können. Aber wenn es einen Ruhm dieser Jahre gibt, dann umschwebt seine Aura die Häupter derer, die widerstanden haben, die um ihres Widerstandes willen gelitten haben, der Geköpften und Gehenkten, auch der „Landesverräter".

*

Es wäre gut, wenn der Bundestag ein Gesetz beschlösse. Ich versuche es mir vorzustellen: Ein Gesetz, das einige Feststellungen zur Geschichte macht, — ein Gesetz von dem Typus, den wir als Positivisten und Rationalisten vergessen haben, den die Römer kannten, wenn sie etwa beschlossen: NN de re publica bene meruit. Das Gesetz stellt jenen objektiven Gegensatz fest: die geschichtliche Tatsache, daß in der Frage der Legalität des Regimes und seines Krieges Meinung gegen Meinung und Tat gegen Tat stand. Es stellt fest, inwiefern und inwieweit das deutsche Volk heute die formale Legalität des Regimes anerkennt und welche Akte, Maßnahmen, Gesetze, Praktiken und Gesinnungen es aus dieser Legalität ausschließt. Es stellt fest, daß das Regime ein Regime des Unrechts war und sein Krieg ein Verbrechen; es erkennt die Akte des Widerstands und des Umsturzes, die sich gegen das Regime und seinen Krieg richteten, als ehrenhaft an und legalisiert sie ausdrücklich.

Es ist Zeit, den anständigen Gehorsamen *und* den anständigen Ungehorsamen Rechts- und Ehrenschutz zu sichern.

Hans P. Bahrdt

HONORATIOREN VON MORGEN

ZUR LAGE DER NACHKRIEGS-STUDENTENSCHAFT

Vor einiger Zeit wies in einem Kreis von Göttinger Studenten einer der Anwesenden auf die wachsende Bedeutung der restaurativen Tendenzen im Bürgertum und insbesondere auch an der Universität hin. Er faßte seine Darstellung, verweisend auf den Artikel der Frankfurter Hefte, unter dem Begriff des „Hindenburg-Deutschen" zusammen. Darauf erfolgte die ebenso erstaunte wie pikierte Frage: „Wenn ich Sie recht verstehe, haben Sie das in einem abträglichen Sinn gemeint?" Diese Antwort ist bezeichnend für die Atmosphäre, die sich immer mehr an den Universitäten Westdeutschlands auszubreiten beginnt.

Will man die politische Haltung der Studenten, und damit der kommenden Akademikerschicht, richtig beurteilen, so darf man die gesellschaftlichen Veränderungen der letzten Jahre nicht überschätzen. Die Studentenschaft ist hinsichtlich ihrer sozialen Herkunft nicht viel anders zusammengesetzt als in den letzten Jahrzehnten. Und dort, wo die soziale Schichtung in Bewegung geraten ist, hat sich die ideologische Schichtung gleichwohl erhalten oder sogar verhärtet.

Die knappe Hälfte der Studentenschaft besteht aus Akademikerkindern. Die Bildungstradition, in der sie aufgewachsen sind, war aber nur selten noch wirklich lebendig. Die andern Studierenden kommen wie früher aus dem alten und neuen kleinbürgerlichen Mittelstand. Arbeiterkinder sind nach wie vor eine Seltenheit auf der Universität.

Die neuentstandene Flüchtlingsschicht bildet nur eine Einkommens-, keine soziale Klasse mit eigener Mentalität und politischer Klassenideologie. Die Gesellschaftspyramide ist nur ein Stück in sich zusammengesackt. Man ist ärmer geworden, deshalb im Ganzen gesehen kleinbürgerlicher, fleißiger, ehrgeiziger, und deshalb weniger als je geneigt, sich das Risiko einer neuartigen politischen Ideologie zu leisten. Das gilt auch für den akademischen Bereich. Es ist falsch, die Gruppe der völlig verarmten, mittellosen Studenten und Jungakademiker als „geistiges Proletariat" zu bezeichnen, wenn das Wort „Proletariat" einen präzisen Sinn behalten soll. Mag der Lebenszuschnitt dieser Menschen proletarisch oder unproletarisch sein, — sie gehören nicht zu einem Menschenschlag, der „nichts zu verlieren hat als seine Ketten". Sie könnten nämlich immer noch ihr „akademisches Prestige" verlieren, und das würde ihnen geschehen, wenn sie einen Klassenkampf nach oben führten. Wenigstens in Deutschland ginge es ihnen so, wo eine so enge Verfilzung von Bourgeoisie und Akademikertum durch commercium, connubium oder auch nur durch eine pseudokonservative Ideologie stattgefunden hat, die ursprünglich beiden Schichten fremd war.

Es ist möglich, eine richtige soziologische Analyse der Nachkriegsstudentenschaft zu geben, ohne den Krieg und die Zeit des Dritten Reiches zu berücksichtigen. Nur daß die Merkmale noch schärfer hervortreten als etwa 1928. Die Reichen sind vielleicht nicht reicher, aber die Armen ärmer, die Werkstudenten zahlreicher, die Korporationer beschränkter, die Intelligenten resignierter und die Spezialisten spezialistischer geworden. Die allgemeine Scheu vor politischer Aktivität ist größer als damals, was nicht daran hindert, daß viele ihren Nationalismus mit der Ängstlichkeit des schlechten Gewissens und mit übersteigerndem Ressentiment hüten.

Will man die heranwachsende Akademikerschicht begreifen, so lautet die Frage nicht: Was ist inzwischen geschehen? sondern: Was ist nicht geschehen? Was wurde versäumt? Dies ist natürlich überspitzt formuliert. Es hat 1945 schon etwas stattgefunden und viele haben es für einen neuen Anfang gehalten. Es war aber nur eine Restauration.

Seit 1945 strömten die Kriegsteilnehmer auf die deutschen Hochschulen. Diese Studentengeneration soll nicht idealisiert werden. Aber immerhin: In diesem Augenblick stellte es schon eine besondere Chance dar, wenn die Studenten durchschnittlich um fünf Jahre älter waren als sonst und über intensive, wenn auch meist einseitige Lebenserfahrung verfügten. Es schien, als ob die Chance genutzt würde. Das Kriegsende hatte Ernüchterung gebracht. Über die nationalsozialistischen Verbrechen, deren wahren Umfang die meisten jetzt erst erfuhren, konnte man nicht zur Tagesordnung übergehen. Die wirtschaftliche Not wirkte sich keineswegs nur negativ aus, da sie den für Nachkriegszeiten typischen Vergnügungstaumel abbremste. Die Selbstbesinnung in der Diskussion war fast die einzige Form der Geselligkeit, die möglich war. Die Luft an der Universität war damals erfüllt von einer hektischen, leicht dilettantischen, aber energischen Geistigkeit. Man organisierte sich in Diskussionsgruppen, soweit man es überhaupt tat. Intensiveren Gruppenbildungen stand die materielle Not, die Überalterung der auf ein Berufsziel hinarbeitenden Studenten und schließlich der fast hysterische Individualismus einer Generation entgegen, die den Nationalsozialismus bis zur Neige ausgekostet hatte.

Die zahlreichen Diskussionszirkel waren nicht nur Stätten der politischen, sondern auch der kulturellen Selbstbesinnung. Sie übermittelten zahlreiche neue, oder bisher unbekannte Kulturgüter. Ausländische und ehemals verbotene deutsche Dichtung, amerikanische Soziologie, Psychoanalyse und moderne Malerei verschmolzen zu einem funkelnden Gebilde, einer neuen Welt der Bildung, von der man glaubte, sie wäre eine neue Zeit.

Man möchte fragen, ob diese merkwürdige „Moderne", die sich von Tucholsky bis Bernanos erstreckte, Gestaltungsmöglichkeiten für das persönliche und private Leben enthielt. Leider ist aber die entscheidende Frage eine andere, eine soziologische. Sie lautet: Wer war dieses „Man", das damals das bestimmende Bildungserlebnis hatte? Was bedeutet hier das Wort „Generation"? Es handelt sich nämlich in Wirklichkeit um eine schmale, uneinheitliche Schicht mehr oder weniger intellektueller Typen. Diese bestimmten in der Tat eine Zeitlang die Fassade des studentischen Lebens. Ihnen gelang es aber nicht, die Masse der Studenten mitzureißen. Für einen solchen Einfluß fehlte der Ansatzpunkt. Die Mehrzahl der Studenten war nicht von der Art, daß ein Bildungserlebnis der Startplatz fürs Leben hätte werden können. Das Kriegsende mochte viele erschüttert und ihnen die Sprache verschlagen haben. Aber mit einer Erschütterung allein kann man nicht leben, und als sie die Sprache wieder fanden, war es die alte wohlbekannte, nicht gerade nazistische, aber doch die des deutschen Bildungsphilisters der vergangenen Jahrzehnte. Fanatische Faschisten waren sie meist nie gewesen. Der Nationalsozialismus war für sie keine Idee, sondern eine alltägliche Lebensform. Sie waren gewohnt, über den „Stürmer" und Robert Ley zu lächeln, aber ein dumpfer Nationalismus saß im Blut, und an der Militarisierung des Lebens hatten sie durchaus Geschmack gefunden. Die Schulbildung im Dritten Reich war schlecht gewesen, die Bildung der Elternhäuser epigonal im Sinne des ausgehenden 19. Jahrhunderts, nur viel rudimentärer, deutlicher sich kristallisierend nur um Vorurteile, wie etwa das gegen die Politik. Die wichtigeren Steckenpferde waren Sport, Technik, bestenfalls Musik, die unverbindlichste unter den Künsten.

Der Krieg war ihr größtes Erlebnis gewesen, eine Chance für männliche Bewährung, Übernahme von Verantwortung und sozialen Aufstieg. Es hätte schon einer besonderen geistigen Leidenschaft bedurft, wenn das Hungerstudium der Nachkriegszeit die alten Maßstäbe verdrängen sollte. So zeitigte die Enttäuschung und Ernüchterung von 1945 vielfach nur Verbitterung, Zynismus und läppisches Kleben an Erinnerungen. Da man sich als Opfer der Politik fühlte, glaubte man ihr hinfort gänzlich fernbleiben zu dürfen. Das Einzige, was standzuhalten schien, war das oft mehr oder weniger zufällig erwählte Fachstudium. Hier gab es zwar keine Antwort auf allgemeine Fragen, aber ein Wissen von Bestand und eine Arbeit, die die Zeit vergessen ließ. Hier winkte ein Beruf.

Diese Studenten waren alles andere eher als träge. Es hat, wie Professoren immer wieder bestätigten, selten so fleißige Studenten gegeben, wie in der Zeit seit 1945. Nur muß man wissen, daß die Wissenschaft, die den studentischen Fleiß fraß, keine „neue" Wissenschaft war. Die groben NS-Verirrungen waren zwar abgebaut, aber es blieb vieles, was seinerzeit den Nationalsozialismus erst möglich gemacht hatte. Der Kontakt zur ausländischen Wissenschaft und zu der Zeit vor 1933 gelang nur ganz allmählich. Im großen und ganzen blieb der Student auf die Bücher angewiesen, die der Bombenkrieg nicht vernichtet hatte, und auf eine Professorenschaft, die kaum in der Lage war, die Lücken der Emigranten zu füllen. Nur wer besondere Initiative hatte, kam aus dieser Begrenztheit heraus.

So geschah es, daß die schmale Gruppe der zur Intellektualität erwachten Studenten und die andern, die die Mehrheit der Kriegsteilnehmer-Generation darstellten, beziehungslos nebeneinander her lebten. Daher erklären sich auch die widersprechenden Urteile der Ausländer. Je nachdem, an welche Gruppe sie gerieten, verallgemeinerten sie den gewonnenen Eindruck, aus der verständlichen Vermutung heraus, daß eine Universitätsjugend doch so etwas wie eine geistige Einheit bilden müsse.

Seit der Währungsreform setzte nun eine rasche Wandlung ein. Die Normalisierung des wirtschaftlichen Lebens war in Wahrheit die Wiederherstellung der bürgerlichen Klassengesellschaft. Vor der Währungsreform konnte man auf den Gedanken kommen, die Zeiten dieser Ordnung seien vorbei. In Wirklichkeit war diese nur suspendiert. Der Lebenszuschnitt war zwar sehr verschieden, der Lebensstil aber einheitlicher als heute. Auch wer sich satt essen konnte, lebte recht bescheiden. Eine gewisse Unbürgerlichkeit vereinigte alle, gleichgültig ob diese mehr auf dem Hunger oder auf der Unerlaubtheit der Lebensmittel- und Tabakbeschaffung beruhte.

Jetzt beginnt auch die Höhe des Monatswechsels eine Rolle zu spielen, der nun auch ein Spiegel der sozialen Herkunft ist. Armut gilt zwar nicht als Makel, aber der Lebensstil differenziert sich, und man fängt an, sich auseinanderzuleben, zumal das geistige Band fehlt.

Dies ist die erste Voraussetzung für das Wiederaufleben der Korporationen, deren „plutokratische" Tendenz allerdings auch nicht übertrieben werden darf. Sie mußten ihre Tätigkeit bescheidener aufziehen, als es die alten Herren einst getan hatten. Manche Verbindungen nahmen auch mittellose, ja Werkstudenten auf (freilich nicht alle). Aber dann handelte es sich nicht um Arbeiterkinder, sondern um Grundbesitzerssöhne aus dem Osten oder um Sprößlinge von Beamten, die das Entnazifizierungsgesetz nicht überstanden hatten, also um Angehörige einer Schicht, die sich leider in der Mehrzahl ihrer Mitglieder durch krampfhaft übersteigerten Standesdünkel über ihre Deklassierung betrog.

Die zweite Voraussetzung war die altersmäßige Umschichtung, die nun eintrat. Die Kriegsteilnehmergeneration begann abzubröckeln. 19- und 20jährige rückten nach, die sich als gemeinschaftsfreudiger erwiesen, aus dem natürlichen Trieb ihres Alters heraus und aus dem richtigen Empfinden, daß sich bisher noch niemand so recht um sie gekümmert hatte. Der nüchterne Wunsch nach nützlichen Beziehungen, häufig vom ehemals korporierten Vater in ihnen eingepflanzt, spielte mit, wie überhaupt bei dieser merkwürdig unjugendlichen Jugend der Einfluß der Eltern recht groß zu sein scheint, zweifellos größer als bei den ergrauten Heimkehrern.

Die dritte Voraussetzung war, daß der politische Druck durch die Besatzungsmächte nachließ. Diese hatten eine halblegale Neubildung einiger Korporationen nicht verhindern können. Aber ein regelrechtes Korporationsleben mit Kommers und Mensuren war ausgeschlossen. Die Lizenzierung ging aber dann auf deutsche Stellen über, und die Meinung setzte sich durch, man dürfe die Korporationen nicht in die Illegalität drängen. Viele Professoren begrüßten die Entwicklung. Darüber, daß heute trotz Verbot Mensuren gefochten werden, beginnt man die Augen zuzudrücken. Man hört von Ehrengerichten wegen Satisfaktionsverweigerung, und allabendlich dringen aus Kneipen und Verbindungshäusern Kommerslieder und zackige Trinkkommandos, die darauf hinweisen, daß die Chargierten offenbar noch militärische Ausbildung genossen haben.

Die Entwicklung vollzog sich verschieden rasch. Kleinstadtuniversitäten wie Marburg gingen voran. An der Freien Universität Berlin dürften die Verbindungen noch kaum eine Rolle spielen. Göttingen, seit dem Krieg fast zur Großstadt angewachsen, beschreibt eine mittlere Linie. Die Korporierten betragen dort etwa 20 Prozent. Nur ein Teil der Nichtkorporierten sind wirkliche Gegner. Außerdem sind sie ziemlich unorganisiert, während die Verbindungen bereits über kräftige Dachorganisationen verfügen. Deshalb ist ihr Einfluß stärker, als es der Zahl ihrer Mitglieder entspricht. Es gelingt ihnen nicht selten, die Mehrheit in den Studentenparlamenten zu gewinnen und mit Fraktionszwang Entschlüsse durchzusetzen, mit denen der größere Teil der Studenten nicht einverstanden sein dürfte. Diese Aktivität in der studentischen Selbstverwaltung entspricht nicht dem Drang nach politischer Verantwortung, sondern dem Wunsch, die Studentenschaft vor einer Politisierung zu bewahren. Hier zeigt sich nun die politische Seite des Problems, und diese ist die ernsteste. Der politische Radikalismus beherrscht in den Korporationen noch nicht das Bild, wohl aber seine typische Vorstufe: die Verachtung der Politik, die „den Charakter verdirbt", die Verachtung insbesondere des „Parteiengezänks", das „für die parlamentarische Demokratie bezeichnend" ist. Gleichzeitig ein trüber Nationalismus, verbunden mit einem Haß gegen Politiker, die dem deutschen Volk die Wahrheit sagen und unter nachteiligen Bedingungen mit dem Ausland verhandeln müssen. Hier und da zeigen sich auch antisemitische Tendenzen. Regelrechte Nationalsozialisten sind selten, häufiger jener Typ, der die Nationalsozialisten nur deshalb ablehnt, weil sie ihm nicht fein genug waren. Militärische Ränge haben noch Realitätswert. Und der Standesdünkel pocht auf eine Bildung, die man nur selten besitzt. Alles dies wird mit einer moralischen Brühe übergossen, die in Begriffen wie „Nationale Ehre" oder „Standesehre" gipfelt.

Sicherlich sind diese Behauptungen zu allgemein, als daß sie absolute Gültigkeit hätten. Die konfessionellen Verbindungen sind weniger unerfreulich in dieser Hinsicht. Hier und da versuchen auch sonst einzelne Verbindungsstudenten, „neue Wege" zu gehen, scheitern aber dann oft in einem Konflikt, der zu ihrem Austritt oder Ausschluß führt. Manche Familien, die über eine lebendige Bildungstradition verfügen, und in denen das Verbindungsstudententum üblich war, haben dazugelernt und verschließen sich, die alten Herren so gut wie die Söhne. Es gibt auch Söhne in der jungen Generation, die eigene Wege gehen.

Anderseits: Die bewußt gepflegte politische Verdummung, die moralisch getarnte Verächtlichmachung der demokratischen Formen herrscht ebenso vor wie ein hinterwäldlerischer Nationalismus und Standesdünkel. All das schlägt dem ins Gesicht, was man nach 1945 als Ziel einer Studentenerziehung erhoffen konnte und angestrebt hat.

Die Universität wird in den nächsten Jahren Scharen von Jungakademikern auf die Gesellschaft loslassen, die einen wohlbekannten, festgeprägten Typus verkörpern: forsch, energisch, vielleicht mit leidlichen aber starren Manieren, voreingenommen gegen jede politische, soziale oder kulturelle Neuigkeit und bereit, jeden Staat zu unterstützen, der die noch geltenden Klassenvorrechte verteidigt, gleichgültig, wie er sonst aussieht.

Wirksame Gegenmittel gegen diese Entwicklung gibt es nur spärlich. Die alten Diskussionsgruppen, auch die politischen, sind in einer schweren Nachwuchskrise, weil sie den Studenten nur vom Intellekt her anfassen. Nur vereinzelt haben sie die Gestalt von Clubs oder Aktionsgruppen angenommen. Dann haben sie sich allerdings behauptet. Größere Erfolge verzeichnen einige neugegründete Studentenwohnheime (beispielsweise das Leibnizianum in Tübingen, die Akademische Burse in Göttingen), wenn es ihnen gelungen ist, einige Formen des englischen College-Systems mit dem freien Studierstil der deutschen Tradition zu verbinden. Nur sind es zu wenig, und ihre Einrichtung kostet viel. Es gibt auch immer noch den jungen Studenten, der ehrlich um eine Erneuerung studentischen und akademischen Lebens sich bemüht. Aber er fängt an zu resignieren, weil er so wenig Erfolg sieht und ihm die Hilfe der älteren Generation und der offiziellen Stellen versagt bleibt.

Wer den Traum von einer avantgardistischen, politisch verantwortungsbewußten Akademikerschicht noch nicht aufgegeben hat, könnte hier ein Betätigungsfeld finden. Andernfalls muß er sich damit abfinden, daß das Bewußtsein der Nation von morgen wieder bestimmt sein wird durch eine neue Generation deutschnationaler Bildungsphilister und militanter Stammtischhonoratioren.

Franz Kafka

AUS DEN TAGEBÜCHERN

15. November. Gestern abend schon mit einem Vorgefühl die Decke vom Bett gezogen, mich gelegt und wieder aller meiner Fähigkeiten bewußt geworden, als hielte ich sie in der Hand; sie spannten mir die Brust, sie entflammten mir den Kopf, ein Weilchen wiederholte ich, um mich darüber zu trösten, daß ich nicht aufstand, um zu arbeiten: „Das kann nicht gesund sein, das kann nicht gesund sein", und wollte den Schlaf mit fast sichtbarer Absicht mir über den Kopf ziehn. Immer dachte ich an eine Mütze mit Schirm, die ich, um mich zu schützen, mit starker Hand mir in die Stirne drücke. Wieviel habe ich gestern verloren, wie drückte sich das Blut im engen Kopf, fähig zu allem, und nur gehalten von Kräften, die für mein bloßes Leben unentbehrlich sind und hier verschwendet werden.

Sicher ist, daß alles, was ich im voraus selbst im guten Gefühl Wort für Wort oder sogar nur beiläufig, aber in ausdrücklichen Worten, erfunden habe, auf dem Schreibtisch beim Versuch des Niederschreibens trocken, verkehrt, unbeweglich, der ganzen Umgebung hinderlich, ängstlich, vor allem aber lückenhaft erscheint, trotzdem von der ursprünglichen Erfindung nichts vergessen worden ist. Es liegt natürlich zum großen Teil daran, daß ich frei vom Papier nur in der Zeit der Erhebung, die ich mehr fürchte als ersehne, wie sehr ich sie auch ersehne, Gutes erfinde, daß dann aber die Fülle so groß ist, daß ich verzichten muß, blindlings also nehme, nur dem Zufall nach, aus der Strömung heraus, griffweise, so daß diese Erwerbung beim überlegten Niederschreiben nichts ist im Vergleich zur Fülle, in der sie lebte, unfähig, diese Fülle herbeizubringen, und daher schlecht und störend ist, weil sie nutzlos lockt.

16. November. Heute mittag vor dem Einschlafen, ich schlief aber gar nicht ein, lag auf mir der Oberkörper einer Frau aus Wachs. Ihr Gesicht war über dem meinen zurückgebogen, ihr linker Unterarm drückte meine Brust.

Drei Nächte nicht geschlafen, bei dem kleinsten Versuche, etwas zu machen, gleich auf dem Grunde meiner Kraft.

Aus einem alten Notizbuch: „Jetzt abend, nachdem ich von 6 Uhr früh an gelernt habe, bemerkte ich, wie meine linke Hand die rechte schon ein Weilchen lang aus Mitleid bei den Fingern umfaßt hielt."

18. November. Gestern in der Fabrik. Mit der Elektrischen zurückgefahren, in einem Winkel mit ausgestreckten Beinen gesessen, Menschen draußen gesehn, angezündete Geschäftslampen, Mauern durchfahrener Viadukte, immer wieder Rücken und Gesichter, aus der Geschäftsstraße der Vorstadt hinausführend eine Landstraße mit nichts Menschlichem als nach Hause gehenden Menschen, die schneidenden, in das Dunkel eingebrannten elektrischen Lichter des Bahnhofsgeländes, niedrige, stark sich verjüngende Kamine eines Gaswerks, ein Plakat über das Gastspiel einer Sängerin de Treville, das sich an den Wänden hintastet bis in eine Gasse in der Nähe der Friedhöfe, von wo es dann wieder mit mir aus der Kälte der Felder in die wohnungsmäßige Wärme der Stadt zurückgekehrt ist. Fremde Städte nimmt man als Tatsache hin, die Bewohner dort leben, ohne unsere Lebensweise zu durchdringen, so wie wir ihre nicht durchdringen können, vergleichen muß man, man kann sich nicht wehren, aber man weiß gut, daß das keinen moralischen und nicht einmal psychologischen Wert hat, schließlich kann man oft auch auf das Vergleichen verzichten, da die allzu große Verschiedenheit der Lebensbedingungen uns dessen enthebt.

Die Vorstädte unserer Vaterstadt aber sind uns zwar auch fremd, doch hier haben Vergleiche Wert, ein halbstündiger Spaziergang kann es uns immer wieder beweisen, hier leben Menschen teils im Innern unserer Stadt, teils am ärmlichen dunklen, wie ein großer Hohlweg zerfurchten Rande, trotzdem sie alle einen so großen Kreis gemeinsamer Interessen haben wie keine Menschengruppe sonst außerhalb der Stadt. Darum betrete ich die Vorstadt stets mit einem gemischten Gefühl von Angst, von Verlassensein, von Mitleid, von Neugier, von Hochmut, von Reisefreude, von Männlichkeit, und komme mit Behagen, Ernst und Ruhe zurück, besonders von Zizkov.

Sicher ist, daß ein Haupthindernis meines Fortschritts mein körperlicher Zustand bildet. Mit einem solchen Körper läßt sich nichts erreichen. Ich werde mich an sein fortwährendes Versagen gewöhnen müssen. Von den letzten wilddurchträumten, aber kaum weilchenweise durchschlafenen Nächten bin ich heute früh so ohne Zusammenhang gewesen, fühlte nichts anderes als meine Stirn, sah einen halbwegs erträglichen Zustand erst weit über dem gegenwärtigen und hätte mich einmal gerne vor lauter Todesbereitschaft mit den Akten in der Hand auf den Zementplatten des Korridors zusammengerollt. Mein Körper ist zu lang für seine Schwäche, er hat nicht das geringste Fett zur Erzeugung einer segensreichen Wärme, zur Bewahrung inneren Feuers, kein Fett, von dem sich einmal der Geist über seine Tagesnotdurft hinaus ohne Schädigung des Ganzen nähren könnte. Wie soll das schwache Herz, das mich in der letzten Zeit öfters gestochen hat, das Blut über die ganze Länge dieser Beine hin stoßen können? Bis zum Knie wäre genug Arbeit, dann aber wird es nur noch mit Greisenkraft in die kalten Unterschenkel gespült. Nun ist es aber schon wieder oben nötig, man wartet darauf, während es sich unten verzettelt. Durch die Länge des Körpers ist alles auseinandergezogen. Was kann er da leisten, da er doch vielleicht, selbst wenn er zusammengedrängt wäre, zu wenig Kraft hätte für das, was ich erreichen will?

Aus einem Brief Löwys an seinen Vater: Wenn ich nach Warschau komme, werde ich in meinen europäischen Kleidern zwischen euch herumgehn wie „eine Spinne vor den Augen, wie ein Trauernder unter Brautleuten".

23. November. Am 21., dem hundertsten Todestag Kleists, ließ die Familie Kleist einen Kranz auf sein Grab legen mit der Aufschrift: „Dem Besten ihres Geschlechts."

Von was für Zuständen ich durch meine Lebensweise abhängig werde! Heute nacht habe ich etwas besser als in der letzten Woche geschlafen, heute nachmittag sogar ziemlich gut, ich habe sogar jene Verschlafenheit, die auf mittelguten Schlaf folgt, infolgedessen befürchte ich, weniger gut schreiben zu können, fühle, wie sich einzelne Fähigkeiten tiefer ins Innere schlagen, und bin auf alle Überraschungen vorbereitet, d. h. sehe sie schon.

Ehrenhaftigkeit schlechter Gedanken. Gestern abend fühlte ich mich besonders elend. Mein Magen war wieder verdorben, ich hatte mit Mühe geschrieben, der Vorlesung Löwys im Kaffeehaus (das zuerst still war und von uns geschont werden mußte, das sich dann aber belebte und uns nicht in Ruhe ließ) hatte ich mit Anstrengung zugehört, meine traurige nächste Zukunft erschien mir nicht wert, in sie einzutreten, verlassen ging ich durch die Ferdinandstraße. Da kamen mir an der Mündung des Bergsteins wieder die Gedanken an die spätere Zukunft. Wie wollte ich sie mit diesem aus einer Rumpelkammer gezogenen Körper ertragen? Auch im Talmud heißt es: Ein Mann ohne Weib ist kein Mensch. Gegenüber solchen Gedanken blieb mir an diesem Abend keine andere Hilfe, als daß ich mir sagte: „Jetzt kommt ihr, schlechte Gedanken, jetzt, weil ich schwach bin und verdorbenen Magen habe. Gerade jetzt wollt ihr euch durchdenken lassen. Nur darauf, was euch wohltut, habt ihr es abgesehn. Schämt euch. Kommt ein anderesmal, wenn ich kräftiger bin. Nützt meinen Zustand nicht so aus." Und tatsächlich, ohne andere Beweise auch nur abzuwarten, wichen sie zurück, zerstreuten sich langsam und störten mich nicht mehr auf meinem weitern, natürlich nicht übermäßig glücklichen Spaziergang. Sie vergaßen aber offenbar, daß sie, wenn sie alle meine schlechten Zustände respektieren wollen, selten an die Reihe kommen werden.

Durch den Benzingeruch eines vom Theater her fahrenden Automobils wurde ich darauf aufmerksam, wie sichtbar auf die mir entgegenkommenden Theaterbesucher, die mit letzten Griffen ihre Mäntel und hängenden Gucker in Ordnung bringen, eine schöne Häuslichkeit wartet (und sei sie auch nur von einer Kerze beleuchtet, so ist es ja vor dem Schlafengehn recht), wie sie aber auch aus dem Theater nach Hause geschickt erscheinen, als untergeordnete Personen, vor denen der Vorhang zum letztenmal niedergegangen ist, und hinter denen sich die Türen geöffnet haben, durch die sie vor Anfang oder während des ersten Aktes hochmütig wegen irgendeiner lächerlichen Sorge eingetreten sind.

25. November. Den ganzen Nachmittag im Café City M. überredet, eine Erklärung zu unterschreiben, daß er nur Kommis bei uns war, also nicht versicherungspflichtig, und der Vater nicht verpflichtet wäre, die große Nachtragszahlung für seine Versicherung zu leisten. Er verspricht es mir, ich rede ein flüssiges Tschechisch, besonders meine Irrtümer entschuldige ich elegant, er verspricht, die Erklärung Montag ins Geschäft zu schicken, ich fühle mich von ihm, wenn nicht geliebt, so doch respektiert, aber am Montag schickt er nichts, ist auch nicht mehr in Prag, sondern weggefahren.

Abend matt bei Baum, ohne Max. Vorlesung der „Häßlichen", einer noch zu ungeordneten Geschichte, das erste Kapitel ist mehr der Lagerplatz einer Geschichte.

Ein Vorteil des Tagebuchführens besteht darin, daß man sich mit beruhigender Klarheit der Wandlungen bewußt wird, denen man unaufhörlich unterliegt, die man auch im allgemeinen natürlich glaubt, ahnt und zugesteht, die man aber unbewußt immer dann leugnet, wenn es darauf ankommt, sich aus einem solchen Zugeständnis Hoffnung oder Ruhe zu holen. Im Tagebuch findet man Beweise dafür, daß man selbst in Zuständen, die heute unerträglich scheinen, gelebt, herumgeschaut und Beobachtungen aufgeschrieben hat, daß also diese Rechte sich bewegt hat wie heute, wo wir zwar durch die Möglichkeit des Überblickes über den damaligen Zustand klüger sind, darum aber desto mehr die Unerschrockenheit unseres damaligen, in lauter Unwissenheit sich dennoch erhaltenden Strebens anerkennen müssen.

Durch Werfels Gedichte hatte ich den ganzen gestrigen Vormittag den Kopf wie von Dampf erfüllt. Einen Augenblick fürchtete ich, die Begeisterung werde mich ohne Aufenthalt bis in den Unsinn mit fortreißen.

Quälendes Gespräch vorgestern abend mit Weltsch. Meine Blicke liefen aufgescheucht eine Stunde lang auf seinem Gesicht und Hals hin und her. Einmal wußte ich mitten in einer durch Aufregung, Schwäche und Gedankenlosigkeit hervorgerufenen Gesichtsverzerrung nicht bestimmt, ob ich ohne dauernde Verletzung unseres Verhältnisses aus dem Zimmer herauskommen werde. Draußen in dem regnerischen, für schweigendes Gehn bestimmten Wetter atmete ich auf und wartete dann zufrieden eine Stunde lang vor dem „Orient" auf M. Solches Warten mit langsamen Blicken auf die Uhr und gleichgültigem Hin- und Hergehn ist mir fast ebenso angenehm wie das Liegen auf dem Kanapee mit gestreckten Beinen und den Händen in den Hosentaschen. (Im Halbschlaf glaubt man dann, die Hände gar nicht mehr in den Hosentaschen zu haben, sondern sie scheinen als Fäuste oben auf den Schenkeln zu liegen.)

28. November. Drei Tage lang nichts geschrieben.

24. Dezember. Sonntag. Gestern war es lustig bei Baum. Ich war dort mit Weltsch. Max ist in Breslau. Ich fühlte mich frei, konnte jede Bewegung bis zu ihrem Ende ausführen, ich antwortete und hörte zu, wie es sich gehörte, machte am meisten Lärm, und sagte ich einmal eine Dummheit, so wurde sie nicht Hauptsache, sondern war gleich fortgeschwemmt. Ebenso war der Nachhauseweg mit Weltsch im Regen; trotz Pfützen, Wind und Kälte verging er uns so rasch, als wären wir gefahren. Und beiden tat es leid, Abschied zu nehmen.

Als Kind hatte ich Angst, und wenn nicht Angst, so Unbehagen, wenn mein Vater, wie er als Geschäftsmann öfters tat, vom Letzten oder vom Ultimo sprach. Da ich nicht neugierig war, und wenn ich auch einmal fragte, infolge langsamen Denkens die Antwort nicht rasch genug verarbeiten konnte, und weil oft eine einmal aufgetauchte schwache tätige Neugierde schon durch Frage und Antwort befriedigt war, ohne auch noch einen Sinn zu verlangen, so blieb mir der Ausdruck „der Letzte" ein peinliches Geheimnis, dem infolge bessern Aufhorchens der Ausdruck „Ultimo" zur Seite trat, wenn auch nie in so starker Bedeutung. Schlimm war es auch, daß der so lange befürchtete Letzte niemals rein überwunden werden konnte, denn war er einmal ohne besondere Anzeichen, ja ohne besondere Aufmerksamkeit vorübergegangen, denn daß er immer nach beiläufig dreißig Tagen kam, merkte ich erst viel später, und war der Erste also glücklich angekommen, fing man, allerdings nicht mit besonderem Entsetzen, was aber ohne Überprüfung zu dem andern Unverständlichen gelegt wurde, wieder vom Letzten zu reden an.

Als ich gestern mittag zu W. kam, hörte ich die Stimme seiner Schwester, die mich begrüßte, sie selbst aber sah ich nicht, erst bis sich ihre schwache Gestalt vom Schaukelstuhl ablöste, der vor mir stand.

Heute vormittag Beschneidung meines Neffen. Ein kleiner krummbeiniger Mann, Austerlitz, der schon zweitausendundachthundert Beschneidungen hinter sich hat, führte die Sache sehr geschickt aus. Es ist eine dadurch erschwerte Operation, daß der Junge, statt auf dem Tisch, auf dem Schoß seines Großvaters liegt, und daß der Operateur, statt genau aufzupassen, Gebete murmeln muß. Zuerst wird der Junge durch Umbinden, das nur das Glied frei läßt, unbeweglich gemacht, dann wird durch Auflegen einer durchlochten Metallscheibe die Schnittfläche präzisiert, dann erfolgt mit einem fast gewöhnlichen Messer, einer Art Fischmesser, der Schnitt. Jetzt sieht man Blut und rohes Fleisch, der Moule hantiert darin kurz mit seinen langnägeligen zittrigen Fingern und zieht irgendwo gewonnene Haut wie einen Handschuhfinger über die Wunde. Gleich ist alles gut, das Kind hat kaum geweint. Jetzt kommt nur noch ein kleines Gebet, während dessen der Moule Wein trinkt und mit seinen noch nicht ganz blutfreien Fingern etwas Wein an die Lippen des Kindes bringt. Die Anwesenden beten: „Wie er nun gelangt ist in den Bund, so soll er gelangen zur Kenntnis der Thora, zum glücklichen Ehebund und zur Ausübung guter Werke."

Karl Vollmoeller

DER TRAUM

Du weißt, als Kind träumte mir immer schon, ich sei ein Tier. Damals war ich meist ein graublauer großer sanfter Wasservogel. Und ich schwamm im Schloßgraben. Unter den Erlen.

Ich wußte, daß ich einen schönen schlanken Hals hatte und ein kleines Krönlein auf dem Kopf und drei rötliche Federn. Ich wußte das, denn ich spiegelte mich im Wasser.

Letzthin aber, letzthin in der Nacht der Nächte, träumte mir, ich sei ein Umanagua. Hast du je vom Umanagua gehört? Nein? Ich auch nie. — Aber mir träumte, ich sei ein Umanagua.

Ich war sehr traurig, denn ich wußte nicht, wie ich aussah. Und hätte es doch so gerne gewußt. Ich wußte nur, ich war ein Tier, genannt Umanagua.

Ich kroch durch die endlosen gepflasterten Straßen einer endlosen Vorstadt. Auf allen Vieren mußte ich kriechen. Und die Menschen, die vorübergingen, sagten: „Schau, ein Umanagua." Aber wie verschieden sie es sagten und mit was für einem wechselnden Ausdruck, das war merkwürdig.

Viele sagten es gleichgültig. Sie konstatierten einfach: ‚Ein Umanagua', und gingen ihres Wegs ihren Geschäften nach. Andere blieben stehen, schlugen ihre Hände über dem Kopf zusammen und konnten sich vor Staunen und Entzücken nicht fassen, liefen begeistert davon und erzählten freudestrahlend: „Ein Umanagua." — Andere gingen nur leicht neugierig um mich herum, betrachteten mich kritisch und fanden mich zum Schluß in Ordnung. — Wieder andere taten vom ersten Augenblick an feindlich und verächtlich, spuckten aus und rümpften die Nase. Oder sie schrien entsetzt auf und deuteten mit Fingern auf mich. Das waren meist Geistliche oder Frauen.

Ich wußte nicht, wie ich aussah. Aber ich fühlte, ich trug einen schweren Panzer. Einen Panzer, der mich drückte und beschützte. Er mußte sehr fest sein, denn eine feine Dame mit einem kleinen Mädchen an der Hand, die mir begegnete, wurde totenblaß vor Wut und Feindseligkeit, stellte sich schützend vor das Kind und stach mit einem spitzen Sonnenschirm nach mir. Ich fühlte überhaupt nichts und sah nur zum Schluß, wie sie ihren Schirm ganz zerbrochen in der Hand hielt. Da mußte ich lachen.

Andere traten schüchtern und mit schmachtenden Augen auf mich zu. Sie standen vor mir und priesen mich als das Schönste auf der Erde, das Seltenste und Höchste. — Ein alter Herr in einer schönen Uniform bat um die Erlaubnis, mich streicheln zu dürfen. Er fuhr mit zärtlichem Ausdruck über meinen Rücken, ganz zart und verliebt. Aber auch davon verspürte ich nicht das geringste, denn ich war ja gepanzert. — Er muß ein hoher General gewesen sein oder ein Fürst, so viele goldene Litzen hatte er auf seinem roten Rock.

Viele sahen mich überhaupt nicht.

Manchmal versuchte ich zu sprechen. Mir kam es auch so vor, als spräche ich ganz deutlich und vernehmlich. Aber niemand schien mich zu verstehen. Dann versuchte ich Zeichen zu machen, mit meinem Kopf und mit den Augen, oder ich wedelte ein wenig mit meinem schuppigen Schwanz, — das einzige an mir, was ich je zu sehen bekam. Aber niemand beachtete meine Zeichen. Ich hätte so gerne etwas über mich erfahren. Ich hätte so gerne Auskunft darüber erhalten, was ein Umanagua eigentlich ist. Aber niemand gab mir Auskunft.

Da kroch ich traurig ganz aus der Stadt. Und siehe da, vor mir lag eine Landschaft mit schwarzen Vulkanen und goldenen Gletschern. Alles in Schwarz und Gold, wie auf einem chinesischen Wandschirm. — Und schon war ich auf jene hohen Berge entrückt, auf die schwarzgoldenen riesigen Berge, und sie hießen die „drei Churfirsten". — Es waren nicht die drei Churfirsten, unter denen wir jetzt vorbeifahren. Sie waren ganz anders. Aber im Traum hießen sie die drei Churfirsten.

Und mit einem Mal erschien eine Hand am Himmel, der schwarzgeädert wie dunkler Achat war, eine große Hand. Und die Hand schrieb in großen phosphoreszierenden Lettern:

„Am siebenten Tag aber schuf Gott das Umanagua. Am siebenten Tage schuf er es. Und er verlieh ihm, auf den Wolkenbergen zu leben und an Abgründen und Bergklüften zu wandeln, stolz wie das Einhorn, stark wie der Drache und furchtlos wie die Gemse. Und schuf ihm Stimme und Macht des Gesangs, hoch über der Erde zu singen, einsam mit den Chimären und Sirenen."

Und schon fühlte ich, wie mein Leib von wilden Kräften schwoll und wie meine Glieder sich reckten und dehnten. Und ich bäumte mich hoch auf und schlug in den Fels mit mächtigen Pranken, die aussahen wie die Krallen des Wolkendrachen. Ich schlug mit meinem geringelten Schweif nach den großen Granitblöcken, daß sie zerstäubten. Alles tat ich sinnlos und übermütig aus lauter Stolz und Freude, ein Umanagua zu sein.

Dann erhob ich meine Stimme und schleuderte sie spielend und voll Übermut wie ein feines goldenes Seil über Täler und Klüfte nach dem nächsten Berg. Und stieß mich selber mit voller Kraft ab und schwang mich meiner Stimme nach ins Leere. Übersprang mit einem einzigen großen Satz den Abgrund und war schon drüben, sicher und bebend vor Kraft und Wollust.

Und schon warf ich meine Stimme zum nächsten Berg und wieder zum nächsten und setzte ihr jauchzend in großen Sprüngen nach. Vor Stolz und Kühnheit aufbrüllend überschlug ich mich wie an unsichtbaren Trapezen in der dünnen leichten eisigen Luft, bis ich wieder auf einem neuen Gipfel stand. Immer höher und höher.

Die ersten Sprünge tat ich noch gerade, einfach von Berg zu Berg. Dann begann das Spiel mich zu reizen und, auf meine unsagbare Gewandheit vertrauend, sprang ich dann in vielen gefährlichen kleinen Absätzen. Ich tauchte kopfüber in eine Schlucht, ließ mich an einer Felswand anprallen, schwang mich von da wieder schräg empor zur nächsten Klippe, dann weiter von Schroffe zu Schroffe, jauchzte und sang.

Ich fand bald heraus: Schöner, als sich einfach emporzuschwingen, war es, sich zuerst fallen zu lassen, tief sich in den gefährlichen Abgrund zu schleudern und dann im letzten Augenblick mit einem kühnen Schwung wieder hoch über die Gipfel zu steigen — wie ein feuriger Ball, wie ein rasender Stern.

Der höchste Berg schien mir endlich hoch genug, um den tiefsten Absturz zu gewinnen. — Wieder warf ich zuerst meine Stimme voraus in den unendlich blauenden Abgrund. Dann stürzte ich ihr trunken vor Lust und Gefahr nach. Ich stürzte und stürzte. Aber die Klippen, an denen ich mich wieder hochstoßen wollte, wichen mir aus. Die Felsen, an die ich mich anprallen ließ, öffneten sich bei der Berührung wie Wasser. Und ich versank. Fiel und versank.

Und im Versinken hörte ich Einen, der sprach:

„Und Gott schuf das Umanagua, um unter der Erde zu leben, sieben Jahre oder siebenzehn Jahre, wie die ägyptische Heuschrecke, und Gänge in der Erde zu graben und Erde zu fressen und in den Gängen unter der Erde zu kriechen in Finsternis."

Und ich kroch unter der Erde und grub Gänge und lebte in Finsternis. Meine Krallen waren eingeschrumpft. Mein starker Schweif, mit dem ich die Felsen zerschmettert, war verschwunden. Mein Körper war schwach und platt gedrückt. Nur meinen Panzer hatte ich noch. Wenn ich mich mühsam durch die Erdgänge schob, raschelte er.

Und ich kroch unter der Erde und grub, sieben Jahre oder siebenzehn Jahre. Ich war nicht traurig. Es war eine ruhige, unverrückbare Bestimmung in mir. Und siehe da, eines Tages, nach sieben Jahren oder siebenzehn Jahren, stieß ich wieder hervor aus der finstern Erde und kam ans Licht. Ich ahnte nur, daß ich ans Licht kam, denn inzwischen hatte sich der Panzer auch über meine Augen gelegt. Aber ich fühlte Licht und Wärme auf meinem Rücken. Erschöpft und beglückt lag ich da.

Ich wußte, die Stunde ist gekommen.

Ich wußte, nichts endet, alles beginnt.

Ich war ein Umanagua, als ich demütig durch die Vorstadt von St. Antoine kroch. Ich war ein Umanagua, als ich wild über den schwarzgoldnen Gipfeln tobte, ich war ein Umanagua, als ich blind in der Erde kroch und Erde fraß. Was würde ich jetzt sein?

Ein fremder, unwiderstehlicher Wille wuchs schon in mir, der nicht *mein* Wille war. Süße Wärme war in mich geströmt und erfüllte mich mit einem ahnenden Glücksgefühl. Ich merkte, wie ich anfing, fremde und mir selbst unverständliche Bewegungen auszuführen.

Warum stützte ich mich plötzlich so fest auf meine armen kurzen Krallen? Warum hob ich jetzt meinen steifen gepanzerten Rücken hoch und bog ihn mit aller Macht nach oben? Warum empfand ich Freude bei dem unbeschreiblichen wilden Schmerz, der jetzt meinen ganzen Leib zerriß? Warum fühlte ich mich glücklich bei dem ungeheuren Aufruhr in meinem gequälten Körper? Und jubilierte, während doch der Todesschweiß aus mir brach? Warum sang ich in mich hinein, während unerträgliche Wehen mich überfielen und eine Stimme neben mir aufschrie, die vielleicht die meine war?

Gebar ich? Oder wurde ich geboren?

War ich der Sarg? Oder das Neue, das dem Sarg entstieg?

Denn jetzt brach der Panzer auf: zuerst nur an einer Stelle. Ein kleiner Riß. Dann noch ein großer Ruck, und er zersprang ganz.

Vorsichtig und mit genau berechneten Bewegungen lockerte ich meine Glieder in den starren Fesseln, zog zuerst die Arme hervor und stemmte sie mit aller Kraft gegen die Schale, die meinen Kopf noch umgab, bis sie zerbröckelnd abfiel. Dann stieg ich, noch mit geschlossenen Augen, aber schon wohlig erbebend von der Wohltat des Lichts auf meinem neuen Körper und meiner neuen Haut, vollends aus meinem Gefängnis.

Aber wo war ich? War ich in dem, was zerbrochen dalag?

Oder war ich in der neuen Kreatur, die aus meiner Schale stieg?

Ich war die neue Kreatur. Aber ich sah mich selbst, deutlich, als stünde ich außerhalb.

Sah mich selbst, die neue Kreatur. Sie hatte Menschengestalt und begann, noch ganz farblos weiß, jetzt vorsichtig ihre Glieder zu prüfen. Sonne durchstrahlte grell und warm den ganzen Raum. Ich konnte sehen, wie die lichtlose weiße Haut sich langsam im Licht rosig verfärbte und die zarten Tönungen des Lebens annahm. Ich sah, wie mir zwei dünne blattartige Gebilde an den Schultern der neuen Kreatur entsprangen. Erst hingen sie matt und kraftlos nieder und bewegten sich kaum. Dann hoben sie sich mit kleinen leichten Zuckungen langsam mehr und mehr ins Licht und entfalteten sich wie ein zusammengepreßter Schleier, dessen tausend feine Fältchen langsam aufgehen, Ruck um Ruck zu hauchdünnen großen Schwingen.

Und auf diesen Schwingen entflog ich, die neue Kreatur, hoch ins Licht.

Zugleich aber erklang die Stimme des Unsichtbaren und sprach:

„Und am siebenten Tag schuf Gott das Umanagua. Und verlieh ihm Flügel wie Engelsflügel und gab ihm ein Gesicht, wie eines Engels Angesicht.“

Und dann erwachte ich am ersten leisen Wimmern eines Kindes neben mir.

So endete der Traum vom Umanagua.

NACHRUF KARL VOLLMOELLER

Wer den verlornen ausgeht ihn zu suchen
der trifft sehr viel an alt vertrauten orten
menschen und dinge träume die mit worten
nicht leicht zu sammeln sind nicht zu verbuchen

Denn nicht von dieser welt ist der verlorne
versteckt in toten menschen träumen dingen
lang schon verstummt um nicht mehr zu erklingen
auch nicht im himmel auch nicht der erkorne

Entrückt von dieser welt ist der erbleichte
nicht mehr mit unsern dingen menschen träumen
versteint wie zwischen tausendjähr'gen bäumen
steht er und fremd der nie von hier erreichte

Er nimmt nichts mehr hat nichts mehr zu vergeben
wir bleiben hinter ihm wir sind am leben

Ruth Landshoff Yorck.

Die Glosse:

„Rotation des Herzens"

Jetzt, vor wenigen Tagen, Anno 1951, ist in Europa Unheimliches geschehen: ein Schriftsteller guten Namens, Autor eines vielgelesenen Romans, wurde ins Irrenhaus verbracht. Die Begründung ging kommentarlos durch die Presse; sie hat folgenden genauen Wortlaut: „Er war unruhig, und auch über den vor einem Monat eingetretenen Tod des Vaters betrübt. Kaum sah er in der letzten Zeit ein Kind weinen, fing er zu schluchzen an. Unter diesen Umständen war es notwendig ..." und so weiter.

Da werde ich, da werden manche andere, die ebenfalls beunruhigt sind und manchmal traurig, sogar ohne daß der Vater starb, auch nicht mehr lange frei herumlaufen. Erinnert ihr euch, — vor nicht langer Zeit machte sich verdächtig, wer lachte, oder nur leise lächelte. Nun müssen wir um unsere Freiheit zittern, wenn die Augen feucht werden. Wahrlich, es ist nicht leicht in diesem Jahrhundert heterogener Staatsverfassungen, sich in die jeweils passende Verfassung zu bringen.

Wenn Teilnahme und Empfindung zu offenbaren und unbestrittenen Symptomen des Wahnsinns wurden, so laßt uns die Abgeschiedenen beneiden, die die Freiheit wählten. Als die Nachricht im Elysium eintraf, verstummten unsere Großen, bestürzt blickten sie einander an und verhüllten ihre Häupter, die Häupter der Humanität.

Einen Besucher, der Pariser Gesellschaftsklatsch erzählte, unterbrach Balzac in höchster Aufregung: „Wissen Sie denn das Neueste nicht? Eugénie Grandet wird heiraten!" Und Flaubert, nach Beendigung des Vergiftungskapitels in „Madame Bovary", berichtete Taine: „Ich spürte den Geschmack des Arseniks so deutlich im Munde, ich selbst war dermaßen vergiftet, daß ich hintereinander zweimal Magenkrämpfe bekam, mit regelrechtem Erbrechen". Dem Dichter sind seine Gestalten väterlich geliebte Lebewesen. Eugénie war Balzacs Kind, seine Tochter im Geist, die nun den schicksalsschweren Schritt tun, ein Unternehmen wagen sollte, das freilich heute getätigt oder rückgängig gemacht wird wie ein Einkauf im Putzgeschäft. Flaubert erlitt den schrecklichen Tod seiner armen Bovary am eigenen Leibe, in dem Sinne, wie der Mystiker Jacob Böhme das Wesen des Christen begriff: Wer nicht stirbet, eh er stirbet, der verdirbet, wenn er stirbet.

Eine derart sinnlich-sittliche Vertiefung in die Schicksale fiktiver Personen, — ist sie nicht Schauspielerei? Mag sein. Aber seit die Neuberin den Hanswurst von der Bühne wies, vor zweihundert Jahren, ist Menschendarstellung ein ernsthaftes Ding. Alle Künstlerschaft stellt sich zur Schau, und alle Kunst ist wesensgleich. Eduard v. Winterstein, der etwas verstand vom Handwerk des Mimen, stellt in seinen Erinnerungen fest: es ist das Menschliche, was den wirklichen Künstler macht; das, was man das Natürliche nennt, ist eben das Menschliche. „How devil you made it?" telegraphierte Erika Mann dem Vater, als sie im „Doktor Faustus"-Manuskript die Schilderung vom Tod des engelhaften Kindes gelesen hatte. Die Antwort war längst von Corot gegeben worden; befragt, wie er ein Bild so hinreißend habe malen können, erklärte er das Phänomen in drei Worten: „Ich war bewegt".

Wenn große Menschlichkeit, mächtige Ergriffenheit, innige Teilnahme an den Freuden und Schrecken der Welt die Kunst heraufbeschwört, so kann die Träne im Auge eines Künstlermenschen nicht Kriterium eines gestörten Verstandes sein. Oder wie ist dieses Atlantien gedacht mit seiner Freiheit, die zu verteidigen wir aufgerufen werden? Welchen Unterschied kann es machen, ob bei dem Begriff Kultur die Revolver entsichert oder die Zwangsjacken übergestülpt werden?

„Das Leben ist viel leichter zu meistern, als man immer glaubt", höhnt Kathleen Norris. „Man braucht nur das Unmögliche gelten zu lassen, auf das Unentbehrliche zu verzichten und das Unerträgliche zu dulden." Seit es Menschen gibt, ist die Welt einzig von denen vorangebracht worden, die des Leidens fähig waren, den Schmerz des Nächsten mit erlitten, Unrecht nicht ertrugen. Brüder und Schwestern in Apoll, warum schweigt ihr? Ein weinender Schriftsteller ist in ein Irrenhaus geschafft worden. Fühlt ihr es nicht, daß dieser Vorgang alle anderen widrigen Ereignisse unserer Tage an Bedeutung weit hinter sich läßt? Wenn dieser Fall Schule macht, ist die Frage von Sein oder Nichtsein des Abendlandes keine Frage mehr. Wollen wir immer noch weiter nach innen emigrieren? Dann kann da innen nicht viel sein. „Ich bin vielleicht ein allzu sozialer Mensch für einen deutschen Dichter", schrieb Hofmannsthal an Moritz Heimann. „Ich nehme das Zusammenleben der Menschen ernst."

Chledowsky meinte von den Menschen im Jahrhundert Rabelais', sie seien so an Kriege, Raub und Mord gewöhnt gewesen, daß man sie wie mit einem Stock auf den Kopf habe schlagen müssen, um in ihnen ein Interesse wachzurufen. Im Atomzeitalter sehen die Stöcke wie dieser aus: Boxkampfbericht: „Mit wundervoll geschlagenen Doubletten segelte er in den Gegner hinein, kam zum Kopf und Körper durch und riß mit einem rechten Kopfhaken dem Titelverteidiger die Beine weg." Der Berichterstatter hat sein gutes Auskommen, ist ein geachteter Mann, und niemandem würde es beifallen, ihn in die nächste Heilanstalt einzuliefern. Wenn aber für ihn die Narrenfreiheit gilt, warum nicht für den andern, der ein verantwortungswilliger, ein bewährter Mensch ist?

Wie wir zum Überfluß täglich sehen und erfahren, haben Angst und Not eine pestilenzartige Ausbreitung genommen; die Weltpolitik sieht sich genötigt, die Bekämpfung dieser beiden Grundübel zur Basis aller Erwägungen zu machen. Wie, und dem Schriftsteller, dieser natürlichen Antenne für alle kurzen und langen Wellen menschlicher Bedrängnis, soll es verwehrt sein, seine nobelste Funktion zu erfüllen und teilzunehmen? Es soll ihm fürder nicht verstattet werden, was Thornton Wilder als den eigentlichen Sinn der Literatur bezeichnete: die Rotation des Herzens? „Mitgefühl, sehen Sie, das ist der Untergrund des Genies", sagte Anatole France in einem echten Gespräch. Können wir uns leisten, den letzten spärlichen Rest von fühlendem Geist, der sich etwa da oder dort noch zu regen versucht, mit Kaltwasserkuren wegzuspülen? Ist es nicht ohnehin schon zuviel, daß der Schriftsteller das Kreuz auf sich nehmen mußte, seitdem die Religiosität schwand, seit der Durchschnitt der Geistlichkeit in der Nachfolge praktisch versagt und l'art pour l'art betreibt? Sind wir, immer noch oder schon wieder, so militant, daß eine Mannesträne als perverse Dekadenzerscheinung gilt?

Gestern schickte mir die Freundin eine schöne Aufnahme von Barlachs „Singendem Mann", und ich betrachtete sie innig. Doch bald, im Anblick so gültig gestalteter Mannes-Einsamkeit, verschwamm mir das Bild. Hastig wischte ich über die Augen und sah verstört um mich, — kamen sie nicht schon mich holen?

Harold Theile.

Die geringsten Brüder

Kürzlich kam unerwartet mein Freund Karl zu mir. Er wollte mit mir „einen Schnaps" trinken. Gut. Vor der Tür parkte ein enormer Ford. Bisher fuhr Karl einen BMW, Vorkriegsmodell. „Den habe ich für 3,8 verkauft und dafür diesen Ford direkt vom amerikanischen Konsulat für nur 3,2 erworben." Ich staunte.

Wir fuhren in eine seriöse Weinstube, bestellten eine Flasche Bordeaux (— „Schnaps" ist immer nur Karls Vorwand, es klingt billiger —) und aßen dazu Tartar mit Ei. Handfeste Sache. Wir ließen es uns ausgezeichnet schmecken und plauderten über die schlechten Zeiten.

Eine Rote-Kreuz-Schwester, gut in den Sechzigern, bot Postkarten an. Karl — er nennt sich „Sozialist", denn er ist Mitglied der SPD, — winkte dankend ab. Ich zog das Portemonnaie. Karl warf mir einen feindseligen Blick zu, sagte: „Ach erlaube bitte", rollte mit lässiger Gebärde zwei Zehn-Pfennig-Stücke über den Tisch und schob mir die Postkarte zu. Ich setzte zu einer harten Rede an. Aber Karl unterbrach mich und sagte: „Wer gibt *mir* einen Groschen dazu? Wenn du wüßtest, was ich für Steuern zahlen muß, — und überhaupt, diese Bettelei in den Lokalen nimmt in einer Weise überhand ..." „Tut sie", sagte ich, „nur: diese zwei Groschen machen weder Dich noch mich ärmer, dem Roten Kreuz helfen sie aber ein bißchen weiter. So sieht die Rechnung aus. Alles andere hat uns nicht zu interessieren."

Der Abend verlief entsprechend heiter. Nach eineinhalb müde dahingeschlichenen Stunden gingen wir. (Kostenpunkt: 21.45 plus 20 Pfennig fürs DRK.)

Karl setzte mich vor meiner Behausung ab. In der Haustür stand eine Frau. Sie sprach einen harten, unverkennbar ostdeutschen Dialekt. Ob ich sie für eine Nacht aufnehmen könne? Sie wolle morgen weiter, nach Lübeck.

„Moment", sagte ich, lief Karl ein paar Schritte nach. Der schlug eben die Wagentür zu. Ich sagte ihm, was die Frau wollte. Karl kennt meine beengte Räumlichkeit und machte mir sofort klar, daß das doch unmöglich gehe. „Eben, deswegen komme ich ja", sagte ich. „Wir fahren die Frau schnell in ein Hotel am Bahnhof und mieten ihr ein Zimmer." Karl, der Sozialist, sah mich entgeistert an.

„Du bist wohl ...?"

„Nein, ich bin nicht!"

„Und wer bezahlt den Kram?"

„Du oder ich oder wir beide!"

Ich winkte der Frau. Wir fuhren zum Bahnhof, bestellten und bezahlten das Zimmer. Die Frau knickste. Es war peinlich und beschämend.

„Nun ist's aber gut", sagte Karl — wieder im Wagen — mit trockener Kehle. „Nun fängt es eigentlich erst an, Du Sozialist", sagte ich und gar nicht mehr mit Humor. „Das hat doch nichts mit Sozialismus zu tun", sagte Karl empört.

Er setzte mich zum zweiten Mal vor meinem Hause ab und fragte bissig: „Und wenn sie nun eine Schwindlerin ist und sich ins Fäustchen lacht über unsere Gutmütigkeit und Dummheit?"

„Soll sie, meinetwegen; aber sie ist keine Schwindlerin, Karl ..."

Sie war doch eine. Das stellte sich zwei Tage später heraus, als ich im Hotel nachfragte. (Warum eigentlich?) Die Polizei hatte sie schon abgeholt. Hochstaplerin mittleren Formats.

Ich rief Karl an und erzählte es ihm. „Siehst Du! Also doch! Nun ein- für allemal: keinen Groschen mehr fürs DRK oder sonstwelche Bettler und Strolche!"

Fürs DRK oder sonstwelche Bettler und Strolche ... „Was ihr getan habt einem unter diesen meinen geringsten Brüdern, das habt ihr mir getan", — gelten Jesu Worte heute nicht mehr, nur weil diese „geringsten Brüder" gelegentlich Schwindler sind? Ob es zu Jesu Lebzeiten keine Schwindler und Strolche gab?

Jeanne.

Der Trick der Legalität

Das war ein eigentümlicher Vorgang, der viele gute und tüchtige Leute einfach überrumpelte: Da kam ein Mann an die Macht, ohne daß ein bestehendes Gesetz von ihm so übertreten wurde, daß man aufgrund dieser Gesetze gegen ihn polizeilich vorgehen konnte. Jedenfalls fehlten dazu die Buchstaben des Gesetzes. Da er sich an den Wortlaut des Gesetzes hielt, glaubte man machtlos zu sein. Als er dann die Macht in den Händen hatte, ließ er sich einen Blankoscheck ausstellen, und damit war alles, was er hernach tat und forderte: legal. Sehr vielen Leuten war es nicht recht wohl dabei: denn hier mußte ja irgendetwas nicht stimmen. Aber dem Buchstaben nach stimmte eben alles; denn alles wurde legalisiert, was dem Machtwillen dieses Mannes dienen konnte. Wer das nicht einsehen oder gar anerkennen wollte, den zwang man schnell durch Eide und Schwüre oder ließ ihn spüren, daß er sich ‚außerhalb des Gesetzes' befand. Und dann meinten selbst untadelige und an Recht und Treue gewohnte Leute, denen selber nicht wohl dabei zumute war, daß man eben nicht mit der legalen Macht in Konflikt kommen dürfe. Sogar die Bibel mußte herhalten: denn dort steht ja die Geschichte mit dem Bilde des Kaisers auf dem Denar und der Satz, daß alle Gewalt von Gott sei. Etwas säkularisiert hieß es dann so: Gesetz ist Gesetz und Befehl ist Befehl. Der Landser sagte später einfach: Dienst ist Dienst und Schnaps ist Schnaps, das Denken muß man den Pferden überlassen. Als dann die Karre im Dreck festsaß und die Pferde nicht mehr zogen, da dämmerte es langsam, wenigstens bei einigen; andere hielten sich bis auf den heutigen Tag mit der Heiligkeit der Eide auf und beruhigten sich damit, noch einmal davongekommen zu sein ...

Beunruhigend blieb nur, daß es Leute gab, die nicht mitgemacht hatten und dabei oft nicht die schlechtesten waren. Es hatte Widerstandskämpfer gegeben, Leute der Untergrundbewegung, Partisanen, kurz: Illegale. Sie hatten für ein anderes Recht gekämpft, für die Menschenrechte, für die Freiheit der Person, für natürliche und göttliche Rechte, für das Wohl der Allgemeinheit, und es gab solche, die für ein politisches Zielbild gekämpft hatten. Sie wußten, daß es von jeher in der Menschheit galt, der unmenschlichen Gewalt widerstehen zu dürfen, dem Verbrechen und der Teufelei entgegenzuarbeiten und der Obrigkeit den Gehorsam zu verweigern, wenn sie ihre Macht mißbrauchte.

Wir dürfen die Erinnerung nicht verlieren, daß einmal sowohl die ethisch-religiöse wie auch die echt politische Legitimation zertreten wurde, und da man im Augenblick noch bei uns in Westdeutschland mit relativem Anstand auf den Zusammenhang von Legalität und Legitimität verweisen kann, obwohl sich auch hier schon bedenkliche Versteifungen ankündigen, so muß es immer wieder konkret und deutlich geschehen.

Walter Rest.

Die heillose Unschuld

Nur eine kleine Familie ließ es sich nicht nehmen, uns so dringend einzuladen, daß wir keine Gründe finden konnten, abzulehnen. Es war ein kleiner Beamter aus Köln, mit Frau und Nichte, die wir von früher her kannten, und die sich freuten, ein Stück ihrer Heimat in uns wiederzufinden.

Hätten sie gewußt, daß die kleine Dame, die sie so verehrten, und mit deren möbliertem Pensionsdasein sie so viel Mitleid hatten, eine Jüdin war, — ich weiß nicht, was sie getan hätten. Aber es ist möglich, daß ihre warme Menschlichkeit gesiegt hätte und sie mir trotzdem weichgekochte Kartoffeln mitgegeben hätten, damit ich zuhause in unserm Zimmer ein heimliches Gericht daraus bereiten konnte.

Denn es war in Deutschland in jenen saubergeputzten Stuben voll selbstgehäkelter Deckchen, voll Plüsch und gestärkten Gardinen (die sehnsüchtige Iphigenie an der Wand und die Geranien am Fenster) viel Rechtschaffenheit und unwissende Unschuld, auch in jenen Jahren. Sie waren zum größten Teil keine Unmenschen, diese kleinen Beamten und Angestellten, die im Krieg unter oft unmenschlichen Umständen ihre Pflicht taten und sich in Großdeutschland einen unschuldigen Lebensabend nach vieler Jahre Arbeit sichern wollten. Sie träumten von einer ungestörten Beschäftigung mit ihrer Briefmarkensammlung, deren bunte Farben einst alle zum Bereich des eigenen Vaterlandes gehören würden. Und die Frauen würden ihre vom vielen Scheuern abgeschliffenen roten Hände täglich eine Stunde in den Schoß legen dürfen.

Aber um dies zu erreichen, mußte gesiegt werden. Und für den Sieg mußte gekämpft werden. Und man hörte es aus dem Radioapparat, auf dem die Photographien des Sohnes standen, daß die andern uns keine Ruhe gönnen wollten. Und es wurde einem gesagt, daß hinter all dem Juda stand, der Inbegriff alles Bösen auf der Welt, der Feind, der einem Friede und Wohlstand mißgönnte, der all das Geld hatte, das 1923 verlorengegangen war. Und um der eigenen Ruhe willen mußte man heraus aus der Stube voll Spitzendeckchen und Bildern und mußte ein Held werden.

Und wenn einen der Führer auch oft zu seltsamen Dingen rief, wenn er einen beispielsweise in den Osten schickte, Ghettos zu bewachen oder Abtransporte zu beaufsichtigen, so waren das Dinge, die man eigentlich zu tun nicht vorgehabt hatte. Aber Gott und der Führer gehen oft seltsame Wege, und Heldentum hat seine eigenen Gesetze. Und es konnte sogar sein, daß man in diesem großen, fremden Leben weit im Osten ein ganz anderer wurde: ganz fremde Handlungen konnte man begehen, man konnte töten und vernichten um Gottes und des Führers willen mit einer Kraft zur Tat, die man selbst nicht in sich kannte, die eine fremde Lust in einem erzeugte und wohl das Zeichen wahrer Größe war. Sie wuchsen aus einem heraus, diese Taten, wie selbständige Geschöpfe, und später, am Feierabend des Lebens, würde man dieser großen Gelegenheiten des Daseins gedenken.

Einem einzelnen, wirklichen Juden, der auf ihrem Sofa saß, mochten sie mitleidig Kartoffeln schenken, — und Tausende von ihnen, deren Gesichter sie nie gesehen hatten, würden sie erschießen helfen.

Dies war die heillose Unschuld der Deutschen jener Tage. *Lotte Paepcke.*

Stimme der Unschuld und Gelehrigkeit

„Lieber Onkel!

Ich bin Dir sehr viel Dank für die Glückwünsche, vor allem für den Atlas schuldig. Leider ist er noch nicht eingetroffen, aber er wird noch kommen.

Am Weißen Sonntag war ich morgens sehr aufgeregt, aber es war nicht schlimm, dagegen schön. Ich bekam sehr viele Glückwünsche und Geschenke. Ich bekam soviel Glückwünsche, daß ich sie nicht aufzählen kann, und soviel Geschenke, daß ich nicht weiß, wieviel, kurz, Glückwünsche und Geschenke waren sehr zahlreich.

Unterdessen bin ich gefirmt worden, und zwar am Sonntag nach Ostern. Ich bekam von meinem Paten einen Fußball.

Am 1. Mai waren wir auf der Saalburg. Wir fuhren bis Friedrichsdorf. Von dort liefen wir zur Lochmühle, einem Gasthaus am Waldesrand, von dort aus ging's zur Saalburg. Im Museum waren Werkzeuge, Waffen, Schuhe, Geräte, Töpfe und Pfannen, von den alten Römern. Man fand diese Sachen am Limes. Nach der Besichtigung traten wir den Rückzug nach Homburg an, von wo es mit der Straßenbahn heimging.

Ich bin nun auch im Gymnasium. Besonders viel Spaß macht mir das Latein. Am Freitag schrieben wir eine Arbeit. Jedenfalls habe ich einen Fehler.

Mehr habe ich Dir nicht mehr zu erzählen. Viele Grüße von uns allen

Euer Th."

Berichte:

DIE LIST DER DEMOKRATIE

I

Verbündete in Frankreich: Die Ungeduldigen und die Vormaligen

Vierundzwanzig Millionen französischer Bürger und Bürgerinnen — um eine Million weniger als 1946 — waren am 17. Juni 1951 im französischen Mutterland, in den überseeischen Departements (Guadeloupe, Martinique, Réunion, Guayana), in Algerien, Französisch-Ostafrika, Äquatorialafrika und Madagaskar aufgerufen, eine neue Nationalversammlung zu wählen. Mehr als 80 Prozent der Wahlberechtigten haben ihre Stimme für folgende Parteien oder Parteigruppierungen abgegeben: das „Rassemblement du Peuple Français" General de Gaulles (RPF); die „Modérés", bestehend aus 5 Parteien: „Parti Républicain de la Liberté" (PRL), „Action Professionelle et Paysanne" (APP), „Union des Indépendants, Paysans et Républicains Nationaux" (IPRN), „Groupement National des Républicains Démocrates" (GNRD), „Groupement National de Défense des Libertés Professionelles et des Contribuables" (GNDLPC); das „Rassemblement des Gauches Républicains" (RGR), bestehend aus 5 Parteien: „Rassemblement des Gauches" (RG), „Rassemblement des Gauches Républicains Indépendantes" (RGR Ind), „Républicains Radicaux et Radicaux-Socialistes" (RRS), „Union Démocratique et Socialiste de la Résistance" (UDSR), „Socialistes Indépendants" (SI); das „Mouvement Républicain Populaire" (MRP); „Parti Socialiste Section Française de l'Internationale Ouvrière" (SFIO); die „Union Républicaine Résistante et Antifasciste" der Kommunisten und Kommunistenanhänger (URR), bestehend aus 3 Parteien: „Progressistes Chrétiens", „Progressistes" und „Parti Communiste Français" (PCF); schließlich Verschiedene, nämlich 3 Parteien: die „Communistes Indépendants" (CI), die „Union Nationale des Indépendants Républicains" der Petainisten (UNIR), die „Républicains Indépendants Français" (RIF); insgesamt 19 Parteien.

Die im November 1946 gewählte Nationalversammlung war nach dem Proporzverfahren zustandegekommen, jedoch ohne die Möglichkeit, die in den Wahlkreisen verbliebenen Reststimmen auf einer Landesliste zu verwerten. Von 621 Abgeordneten vertraten damals 167 Kommunisten 5,1 Millionen Wähler, 155 Parlamentarier der katholischen Republikanischen Volksbewegung (MRP) 4,75 Millionen Stimmen, 99 Sozialdemokraten 3,3 Millionen; die früher einmal linksbürgerlich gewesene Radikalsozialistische Partei, die zwischen 1900 und 1940 eine ausschlaggebende Rolle gespielt hatte, der aber die Massen die Mitverantwortung am Zusammenbruch von 1940 vorwarfen, erreichte, zusammen mit ihr nahestehenden kleinen Gruppen, etwa 2,2 Millionen Stimmen und rund 80 Mandate. Eine Anzahl von Rechtsparteien, von denen einige den Namen de Gaulle zu gebrauchen versuchten, hatten es mit annähernd 2,3 Millionen Stimmen auf knapp 100 Mandate gebracht.

In der neuen Nationalversammlung, die 627 Sitze zählt, haben die Kommunisten nur mehr 100 Abgeordnete, die Sozialdemokraten 104. Das MRP hingegen ist von 155 auf 81 zurückgegangen; den Volksrepublikanern war 1946 ein großer Teil der damals „heimatlosen" Rechtsstimmen zugeflossen, die jetzt wieder eine „Heimat" haben. Die Radikalen und ihre Verbündeten, die heute in vieler Hinsicht der FDP/LDP entsprechen, brachten es auf 95 Sitze, die verschiedenen Gruppen der gemäßigten Rechten und sogenannten Unabhängigen zusammen auf 99 Sitze. Es folgen 11 Mandate von Splittergruppen. (9 Wahlergebnisse stehen zur Zeit der Niederschrift dieses Berichtes noch aus.) Das große

Novum sind die 114 Abgeordneten der von General de Gaulle 1947 gegründeten Sammlungsbewegung des Französischen Volkes (RPF).

Obgleich die Wahlbeteiligung höher war als 1946, haben alle Parteien mit Ausnahme der Gaullisten Stimmen eingebüßt. Die Sozialdemokraten sind um 18 % zurückgegangen, das MRP um 49 %, die Radikalen um 14 %, die gemäßigten Rechtsgruppen um 11 %, die Kommunisten um ungefähr 10 %. Dagegen erzielten die Gaullisten 3,8 Millionen Stimmen.

Die Zahlen zeigen, daß sich die Verteilung der Stimmen im Lande und die der Sitze im Parlament nicht gleichmäßig entwickelt haben. Wäre es nach dem alten Proporzverfahren gegangen, dann wären in der neuen Nationalversammlung noch immer etwa 150 kommunistische Abgeordnete und neuerdings etwa 130 Gaullisten. Die zur Negation vereinigten Oppositionellen von Rechts und Links hätten verhältnismäßig leicht die absolute Mehrheit im Parlament erlangen können (314 Stimmen), da ein beträchtlicher Teil der „alten", nichtgaullistischen Rechten den von der neuen starken Rechtspartei de Gaulles ausgehenden Anziehungen keinen scharfen Widerstand entgegenzusetzen gehabt hätte. Diese Überlegung brachte die Parteien, die sich seit 1947, als die Kommunisten aus der Regierungskoalition ausschieden, in die Verantwortung teilen: die Sozialisten, die Radikalen, die Volksrepublikaner und die gemäßigte Rechte dazu, sich auf eine Wahlreform zu einigen, deren Ergebnisse die Machtstellung der Kommunisten und der antiparlamentarischen Gaullisten schwächen sollten. Das neue System erlaubte es zwei oder mehreren Parteien, Listenverbindungen einzugehen; wenn eine Liste in einem Wahlkreis mehr als 51 % der abgegebenen Stimmen erhielt, fielen ihr alle Sitze des Wahlkreises zu; sie waren sodann nach dem Verhältnissystem unter die Parteien der Listenverbindung aufzuteilen. Auch wenn eine Listenverbindung die absolute Mehrheit nicht erreichte, galt sie dann bei der Anwendung des einfachen Proporzes als eine einzige Liste. Auf diese Weise ist es den verbündeten Mittelparteien am 17. Juni 1951 in vielen französischen Wahlkreisen gelungen, die kommunistische Vertretung auszuschalten, obgleich diese verhältnismäßig am meisten Stimmen erhalten hatte.

Die Verbindungen wurden fast ausschließlich von den Mittelparteien eingegangen: von den Sozialisten bis zur unabhängigen Rechten. De Gaulle verbot seinen Anhängern die Allianz mit den bisherigen Regierungsparteien. Ohne diese Hartnäckigkeit wäre die kommunistische Vertretung in der neuen Nationalversammlung auf 20 bis 30 Mandate zurückgegangen. De Gaulle braucht aber den Kommunismus als Schreckgespenst, um die Mittelparteien weiterhin unter Druck zu halten. Den großen Nutzen zogen aus den Verbindungen die Sozialdemokraten, die trotz Stimmenrückgang ihre Stellung verbessern konnten, die Radikalen und die gemäßigte Rechte.

Der kommunistische Mandatsverlust ist größer, als man vielfach angenommen hatte. In vier Fünfteln der Departements kam es zu Listenverbindungen gegen den linken Außenseiter. An Stimmen hat er nicht viel verloren, nur da und dort in ländlichen Gegenden, trotz den konzentrischen Angriffen aller anderen Parteien: es verblieben ihm 26 %. Daß ihre parlamentarische Vertretung eingeschränkt wurde, wird die Haltung der kommunistischen Arbeitermassen Frankreichs zweifellos versteifen, vor allem wenn sich die wirtschaftliche Lage für sie immer bedrohlicher entwickelt.

Den parlamentarischen Aufstieg des Gaullismus hatte man wie eine Springflut erwartet. Sie ist ausgeblieben. (Eine gewisse Rolle hat dabei auch eine ziemlich offene antigaullistische Stellungnahme des „Osservatore Romano" gespielt.) Bei den Kommunalwahlen im Jahre 1947 hatte das neugegründete RPF fast 40 % aller Stimmen hinter sich; diesmal sind es knapp 20 %, und die parlamentarische Stärke ist noch geringer. Gewichtige gaullistische

Persönlichkeiten wie die ehemaligen Minister Capitaut und Michelet sind auf der Strecke geblieben. Allerdings ist das Verhältnis der ungefähr 100 unabhängigen Rechtsabgeordneten, sowie des rechten Flügels der Radikalen und des MRP zu de Gaulle sehr undurchsichtig. Der wirkliche Einflußbereich des Generals kann sich beträchtlich über die Reihen der ihm festverschriebenen Abgeordneten hinaus erstrecken. Die Gaullisten haben ihre wesentlichsten Fortschritte auf Kosten des MRP erzielt.

Unter den Leuten der Unabhängigen Rechten und der Radikalen befindet sich eine Anzahl von Abgeordneten, die sich mehr oder weniger offen dem Vichy-Regime verschrieben hatten und die antiparlamentarischen, nationalistischen, antisemitischen, ultrakapitalistischen Prinzipien der „alten" Rechten von vor 1940 wiederaufleben lassen wollten. Der Verteidiger Pétains, Isorni, wurde in Paris, sein ehemaliger Kabinettschef de Jaivre in Oran, sein Landwirtschaftsminister Leroy-Ladurie in der Normandie gewählt. Die Begnadigung Pétains zu überwachtem Aufenthalt in einer Klinik, am 19. Juni bekanntgegeben, berücksichtigt den verstärkten Einfluß der „alten" Rechten, die auch de Gaulle vor seinen Wagen zu spannen versucht hat.

Der doppelte Sieg der Mittelgruppen über Kommunisten und Gaullisten scheint die Regierungsbildung nicht schwer zu machen. Die alten Herren der Dritten Republik, die der Ministerpräsident Queuille (Radikal) tatkräftig vertritt, haben mit den „verderblichen Neuerungen von 1944/45" weitestgehend aufgeräumt. Der Anschein ist jedoch trügerisch. Zwar verfügen Sozialisten, Radikale, MRP und unabhängige Rechte zusammen über fast 400 Sitze von 627, aber die Teilnahme der unabhängigen Rechten an einer solchen Koalition der Mitte ist bisher stets unvollständig und unaufrichtig gewesen. Anderseits hatten im alten Parlament Sozialisten und MRP, die trotz Unstimmigkeiten in der Schulfrage, in wirtschaftlichen und allgemein politischen Dingen eine gemeinsame gemäßigte Linkslinie einzuschlagen pflegten, noch 250 Abgeordnete gegenüber 80 Radikalen und Unabhängigen. In der neuen Kammer machen Sozialisten und MRP noch nicht 200 Abgeordnete aus; sie brauchen also die Unterstützung eines beträchtlich größeren Teils der nichtgaullistischen Rechten. Diese wird ihre Teilnahme an der Regierung teuer verkaufen, da sie ja jederzeit ins gaullistische Lager abschwenken kann, und es ist möglich, daß sie ihre Mitgliedschaft an einer Koalition der Mitte an Bedingungen knüpft, die für die Sozialdemokraten unannehmbar sind. Wenn aber die 104 sozialdemokratischen Stimmen ausfallen, müssen MRP, Radikale und Unabhängige Rechte an de Gaulle herantreten. In der alten Kammer war eine Volksfrontmehrheit Kommunisten — Sozialdemokraten — linker Flügel des MRP arithmetisch möglich (und sie hatte auch bis Mai 1947 bestanden). Von internationalen Gesichtspunkten ganz abgesehen, ist diese Linksmehrheit im neuen Parlament auch theoretisch nicht mehr gegeben.

So bleiben nur zwei Möglichkeiten (wenn wir von einer baldigen Auflösung und von Neuwahlen absehen wollen) zur Regierungsbildung: die nach der unabhängigen Rechten erweiterte Koalition der Mitte oder die Allianz mit de Gaulle. Die ultrakonservativen, zumeist aus den entlegensten Bergprovinzen oder dem klerikalen und feudalen Westen stammenden Abgeordneten der unabhängigen Rechten sind das Zünglein an der Waage.

Der seit 1947 eingeschlagene Weg der Restauration wird von dem neuen Parlament folgerichtig weitergeführt. Versunken sind die großen Erneuerungshoffnungen der Widerstandszeit. Die alten Herren der Dritten Republik, die Freunde Pétains und die „Compagnons" de Gaulles behaupten das Feld. Zwar ist die Verschiebung der Stimmenzahlen gering und noch immer würden 4,5 Millionen Kommunisten, 2,7 Millionen Sozialisten und 2,4 Millionen MRP eine deutliche Mehrheit für sozialen Fortschritt, für Wirtschaftslenkung und nationale Selbstbehauptung ergeben. Der Riß zwischen dem kommunistischen, dem sozialdemokratisch-katholisch-bürgerlichen und dem nationalistisch-autoritären gaullistischen Flügel der Widerstandsbewegung öffnete der Restauration das Tor und hält sie noch weiter in Fahrt. Das französische Volk, die Juniwahlen beweisen es auf neue, wünscht gemäßigten Fortschritt, gemäßigte Ordnung, gemäßigte Freiheit; trotz der scheinbaren Niederlage des Gaullismus ist es nicht sicher, daß dieses Maßhalten unter der neuen Nationalversammlung gewährleistet ist. Große Veränderungen in Innen- und Außenpolitik sind am Anfang wohl nicht zu erwarten. Europapolitik, Schumanplan, Atlantikpakt, Wiederbewaffnung werden fortgesetzt werden. Die großen ungelösten Fragen: Indochina, Nordafrika, Schulreform, Industriereform, Landwirtschaftsreform werden auch weiterhin nicht angepackt werden. „L'alliance des impatients et des revenants", die Verbindung der ungeduldigen Gaullisten und der Spukgeister der „alten" Rechten wird die Handlungsweise der ersten Regierungen, die aus dem neuen Parlament hervorgehen werden, schwer belasten. Alle Versuche, eine neue unabhängige, nichtkommunistische Linksbewegung zu gründen, sind kläglich gescheitert.

Es mag noch Jahre dauern, bis Frankreich, und mit ihm Europa, aus diesem Wellental der Geschichte wiederauftauchen kann. *Joseph Rovan.*

II

Die Linke in Italien:
Die entmachteten Starken und die geprellten Zauderer

Vor fünf Jahren wählten die Italiener zum ersten Mal, seitdem der Faschismus in den zwanziger Jahren die örtlichen Selbstverwaltungen zerstört hatte, freie Gemeindevertretungen. In jenen Tagen schien es, als ob die alte Sozialistische Partei (Partito Socialista Italiano = P.S.I.) unter der Führung Pietro Nennis wieder zu ähnlicher Geltung kommen sollte wie zur Zeit Turatis. Zwar erhielt sie weniger Stimmen als die große und formlose Christlich-Demokratische Partei um De Gasperi, aber sie fand mehr Anklang als die Kommunistische Partei. Damals allerdings galten die Komunisten manchen Italienern als durchaus annehmbare Verbündete für energische Reformen. Falls sie zusammenstanden, konnten Sozialisten und Kommunisten die Christlichen Demokraten überstimmen, und so hofften sie die gesellschaftliche Struktur des Landes zu erneuern. Es schien dies umso eher möglich, als in allen großen Städten des Landes, Mailand, Turin, Genua, Venedig, Florenz, Bologna, sozialistische oder kommunistische Bürgermeister gewählt worden waren, die sich auf eine sozialistisch-Kommunistische Mehrheit im Gemeinderat stützen konnten. Nur im Süden trug das Land ein anderes politisches Gesicht.

Schon im folgenden Jahr aber zerbröckelten die Hoffnungen der Linken zu nichts. Das ernsteste, bis zum heutigen Tag nicht wieder gut gemachte Unglück war die Spaltung in der Sozialistischen Partei, als Saragat mit seinem Partito Socialista Lavoratori Italiani (P.S.L.I.) sich absplitterte und eine wenig überzeugende Sondergruppe gründete. Aber er blieb ohne Unterstützung bei den Gewerkschaften, und es war ihm trotzdem nicht möglich, die Mittelklassen an sich zu ziehen. Es erfolgten späterhin eine Reihe von Kabinetts-Umbildungen, De Gasperi manövrierte die Kommunisten und die Nenni-Sozialisten aus der Regierung hinaus und zog die Anhänger Saragats hinzu, die damit in die schiefe Position von Anti-Klerikalen innerhalb eines immer offenkundiger erklärt klerikalen Regimes kamen. Währenddessen zwang der Kreml seit den Zeiten von Marshalls Hilfsangebot die Kommunisten zu immer starrerer Unversöhnlichkeit.

So kam es, daß der Kampf um die allgemeinen Wahlen vom 18. April 1948 nach innen und nach außen einzig um die Frage des Kommunismus geführt werden konnte; und so kam es auch, daß der Ausgang als Bestätigung einer allzu einfach gesehenen Lage aufgefaßt wurde. Einerseits hatte die Christlich-Demokratische Partei (trotz Verhältniswahlrecht) eine absolute Mehrheit errungen, da die meisten Kommunistengegner nur den Wunsch hatten, für die größte kommunisten-feindliche Partei zu stimmen. Seitdem hat De Gasperi sich immer darum bemüht, die Regierungs-Koalition so weit wie möglich zu halten, aber ein Teil der Christlich-Demokratischen Partei hat ohne Unterlaß darauf gedrängt, die kleineren Parteien von der Geschäftsführung fernzuhalten. Während all dieser Zeit haben die Christlichen Demokraten allen denkbaren Vorteil aus der Protektions-Wirtschaft gezogen, wie sie in einem armen Land mit Italiens Traditionen einer Regierung zur Verfügung steht. Man kann sich im heutigen Italien keine halbe Stunde unterhalten — es wäre denn mit fanatischen Anhänger des Regimes —, ohne endlose Klagen zu hören über den Druck, den die Regierung auf allen Lebensgebieten ausübt. Ein jeder, ob zur Arbeiterklasse oder zum Mittelstand gehörend, sieht sich nach Arbeit um oder fürchtet, seine Arbeit zu verlieren. Die Regierung anderseits stützt sich auf eine weit verzweigte, aber schlecht bezahlte Bürokratie (die, wie auch die Lehrerschaft, während des größten Teils des Monats Mai knapp daran war, in den Streik zu treten); es ist klar, daß unter solchen Umständen die Partei, die an der Macht ist, unbegrenzte Möglichkeiten hat, ihren Einfluß auszudehnen. Es kommt hinzu die moralische Unterstützung der Partei durch die Kirche mit ihren unermeßlichen Möglichkeiten. Es gibt Anzeichen dafür, daß große wirtschaftliche Interessenkomplexe völlig aufgekauft werden, wie etwa jene der italienischen Hotelindustrie. Auch im Pressewesen gibt es aufschlußreiche Beispiele. Zu Kriegsende tauchten Zeitungen auf, die alle Spielarten der öffentlichen Meinung wiedergaben; heute gibt es eigentlich nur eine einzige ernstzunehmende Tageszeitung von wirklich hervorragendem Rang, die unabhängig genannt werden könnte, die Stampa in Turin. Allerdings hängt auch dieses Blatt finanziell von der Fiat ab, aber die Geldgeber sind klug genug, wahrheitsgetreue Nachrichtengebung und unabhängige Meinungen zu ermutigen. Die anderen Tageszeitungen sind in aller Regel entweder erklärte Parteiorgane oder der Regierung dienstbar oder offenkundig von reichen Geschäftsleuten finanziert: es ist bemerkenswert, über wieviel Geld verschiedene pseudo-faschistische und monarchistische illustrierte Blätter verfügen. Ein kluges und aufgeklärtes Heft aber wie Il Mondo ist in dauernder Gefahr, von den Freunden der Regierung aufgekauft zu werden.

Hindernisse für eine Ausweitung des Regierungseinflusses waren praktisch einerseits noch die Gewerkschaften und anderseits die Gemeinden im Norden des Landes, die von den marxistischen Parteien beherrscht wurden. Die Confederazione Generale Italiana di Lavoro (C.G.I.L.), der Gewerkschaftsbund, war in solchem Maße von Kommunisten kontrolliert, daß nicht-kommunistische Arbeiter völlig darüber verzweifelten, wie sehr sie für das Spiel der Kommunisten mißbraucht wurden. Nach ein oder zwei mißglückten Versuchen trennten sich die katholischen und sozialdemokratischen Führer von der C.G.I.L. und gründeten vor einem Jahr die C.S.I.L. (Confederazione di Sindacati Italiani Liberi). Diese Organisation hat erhebliche Fortschritte gemacht. Ihr katholischer Charakter ärgerte aber die sozialistischen Mitglieder, von denen einige sich absplitterten, um ihre U.I.L. (Unione Italiano di Lavoro) zu bilden.

Der Fall der Kommunen im Norden des Landes ist ganz besonders interessant. Es schien eine der außerordentlicheren Ironien der Geschichte, daß kommunistische Stadtoberhäupter sich in den alten Stadthäusern von Florenz, Siena und Bologna einrichteten. Und doch hat einiges von den alten Traditionen die neuen, so gern revolutionären Herrn berührt. Man ist sich allgemein darüber einig, daß sie in den großen Städten mit Erfolg und ehrenhaft gearbeitet haben. Gewiß blieb ihnen wohl nichts anderes übrig, als sich so gut wie möglich zu benehmen, besonders da die Wahlen von 1948 ihre Position ziemlich schwierig gestaltet hatten.

Ohne Zweifel haben sie viele Möglichkeiten, politischen Druck auszuüben, so etwa besonders in der schon immer „roten“ Emilia; es war aber unvermeidlich, daß sie finanziell vom Staat abhängig wurden. Keine örtliche Autorität in einem Land mit so sehr geschwächter Währung kann für mehr als nur einen Teil der Kosten des Wiederaufbaus aufkommen, um von nichts anderem zu reden. Seinerseits warf der christlich-demokratische Innenminister Scelba den bis dahin mit Begeisterung gepredigten Regionalismus über Bord; er setzte christlich-demokratische oder ganz einfach militärische Präfekten ein, die keine Gelegenheit versäumten, ihren Vorteil zu wahren; so zog er die Zügel straffer nach alter zentralistischer Tradition des Hauses von Savoyen und in Frontstellung gegen die Links-Extremisten, die in den Stadthäusern herrschten.

Nach Verzögerungen, wie sie für ein italienisches Regime bezeichnend sind, wurde beschlossen, neue örtliche Wahlen abzuhalten. Gegen Anfang dieses Jahres waren einige Faktoren recht wichtig geworden, die vor drei Jahren keine große Rolle spielten. Dazu gehörte das Wiederaufleben des Faschismus, dessen Aufwand ein klares Eingeständnis der Unterstützung durch reiche Landbesitzer und Industrielle darstellte. Der Druck durch die Gewerkschaften aller Richtungen und die skandalösen Zustände im agrarischen Süditalien hatten De Gasperi immer mehr dazu veranlaßt, den Befürwortern von sozialen Reformen in seiner eigenen Partei und bei den anti-kommunistischen Sozialisten mehr Spielraum zu geben. Dies hatte anderseits die starrköpfigsten unter den Industriellen und agrarischen Großbesitzern verärgert. Unbekümmert und unverantwortlich wie je, wendeten sie sich dem faschistischen Movimento Sociale Italiano zu. Bis 1950 hatte es den Anschein, als genieße das M.S.I. bis zu einem gewissen Maße unterirdische Unterstützung durch die Regierung gegen die Kommunisten. Seit einiger Zeit aber hat es eine gewisse Interessengemeinschaft mit den Kommunisten bewiesen, so im Zusammenhang mit der Regierungs-Vorlage für zivile Verteidigung, die ja gegen diese gerichtet war.

Die weit verbreitete Erregung über ein Regime, das für impotent, korrupt und klerikal gehalten wurde, veranlaßte die Regierung zu einer Wahlreform. Es schien durchaus möglich, daß viele anti-kommunistische Stimmen diesmal nicht zur Christlich-Demokratischen Partei gehen würden. Blieb das bisherige strikte Verhältniswahlrecht bestehen, so konnte sich eine deutlich anti-kommunistische Wahl derart auf viele Parteien verteilen, daß sie am Ende verloren ging. Das neue Wahlgesetz sah demgemäß folgendes vor: in jeder Gemeinde mit mehr als 10000 Einwohnern konnten die verschiedenen Parteien Listenverbindungen eingehen, und jene Listenverbindung, die die meisten Stimmen auf sich vereinigen würde, sollte zwei Drittel aller Sitze im Stadtrat erhalten; innerhalb dieser zwei Drittel würden die Sitze zwischen den Parteien im Verhältnis zu den erhaltenen Stimmen verteilt. Innerhalb des verbliebenen oppositionellen Drittels soll nach der gleichen Regel verfahren werden. So würden die Kommunisten nicht aus der Zersplitterung ihrer Gegner Vorteile ziehen, und jeder neue Bürgermeister würde eine solide Mehrheit hinter sich haben.

In den meisten Gemeinden war es den Christlichen Demokraten gelungen, die Liberalen, Republikaner und anti-kommunistischen Sozialisten für eine Vier-Parteien-Liste zu gewinnen, während die kommunistischen Listen in der Regel mit denen Nennis verbunden waren und gewisse angeblich Unabhängige, tatsächlich krypto-kommunistische Gruppen danach trachteten, die Mittelklassen anzusprechen. Die Neo-Faschisten hielten sich beinahe überall allein und gingen nur mit den Kommunisten in der Verurteilung der Wahlreform einig.

Die erste Runde von örtlichen Wahlen ging in vielen hochberühmten italienischen Städten am Sonntag, dem 27. Mai, vor sich. Damals wählten beispielsweise die Kommunen und die Provinzen von Mailand, Genua, Venedig, Bologna und Mantua. Die zweite Runde folgte am Sonntag, dem 10. Juni, in Turin, Florenz, Siena und der Emilia. Am dazwischenliegenden Sonntag, dem 3. Juni, wählte das autonome Gebiet Sizilien seine Vertreter. Bevor daran gegangen wird, in irgendeiner Weise die Wahlresultate zu analysieren, muß erwähnt werden, daß dort seit 1948 die Zahl der Wähler bedeutend zugenommen hat, und daß ein hoher Prozentsatz, um 87 %, zu den Wahlurnen ging. In Italien neigt man der Ansicht zu, daß eine hohe Wahlbeteiligung den Kommunisten nachteilig ist, da sie am besten organisiert sind und daher von Wahlenthaltungen am wenigsten zu befürchten haben.

Gewiß hat das neue Wahlgesetz den Parteienblock, zu dem die Kommunisten gehörten, in den meisten großen italienischen Städten in die Minderheit versetzt. So wurden in den Städten der Emilia — mit so bedeutsamen Ausnahmen wie Bologna, Mantua, Modena und Reggio — die kommunistischen Bürgermeister durch regierungsfreundliche, hauptsächlich christlich-demokratische ersetzt. Ein scharfer Streit erhob sich um Mailand, wie übrigens auch anderswo, weil die anti-kommunistischen Sozialisten darauf bestanden, ihre Liste an jene der Christlichen Demokraten nur unter der Bedingung angeschlossen zu haben, daß im Falle des Sieges die Bürgermeister Sozialisten sein sollten. Die Christlichen Demokraten bestritten die Berechtigung dieser Behauptung. Wie auch immer dieser Streit geregelt werden mag, auf alle Fälle hatte ein bedeutsamer Wandel stattgefunden. Gleichzeitig muß aber festgestellt werden, daß die Christlich-Demokratische Partei recht viele Wähler verloren hat. Diese scheinen in einem gewissen Ausmaß zu der alten anti-klerikalen und konservativen Liberalen Partei gegangen zu sein, die ihren Reichtum durch einen Überfluß an Wahlplakaten bewies; öfter freilich noch gingen sie zur M.S.I. Tatsächlich ist trotz dem vorläufigen Mangel an hervorragenden Führern die M.S.I. nunmehr die stärkste Partei rechts von De Gasperis Christlichen Demokraten geworden.

Auf der anderen Seite hat die italienische Kommunistische Partei keineswegs an Stimmen verloren. Dies ist verwirrend und außerordentlich überraschend. So viel war freilich klar, daß die Arbeitslosigkeit in Italien durch die europäische Aufrüstung so gut wie unberührt blieb, und daß sie daher die Kommunisten mit gängigen Argumenten versorgte. Es war auch klar, daß die Partei zusammen mit den von ihr beherrschten Gewerkschaften und Genossenschaften über genügend Gelder verfügte. Trotz alledem gab es Anzeichen dafür, daß die Kommunisten erhebliche Verluste erleiden würden. Bei fast jeder Wahl innerhalb von Fabriken, den inneren Ausschuß- oder Betriebsratswahlen waren die kommunistischen Stimmen zurückgegangen. Es gab Beispiele dafür aus „roten" Städten wie selbst Bologna. Die kommunistische Wahlpropaganda hatte durchsichtig und unüberzeugend geschienen. Man konnte auch erwarten, daß die offene Einmischung des Klerus in den Wahlkampf sicherlich viele Stimmen, besonders jene der Frauen, von den Kommunisten ablenken würde. Schon vor zwei Jahren verurteilte der Papst erklärte Kommunisten zur Exkommunikation, und zu Pfingsten hatte der Erzbischof von Florenz erklärt, schon Wahlenthaltung oder Stimmabgabe für Gegner des Glaubens sei viel schlimmer als das Versäumnis religiöser Pflichten am Sonntag oder zu Ostern. Der niedere Klerus schwelgte in Verurteilungen eigener Art. So erklärte ein Priester in der Romagna, wer für die Kommunisten stimme, bringe Verdammnis nicht nur über sich, sondern über weitere sieben Generationen. Die Bürgerausschüsse der Katholischen Aktion hatten kräftig in den Wahlkampf eingegriffen, und sie brachten wieder ihr Lieblingsplakat mit dem Bild eines Wählers in der Abstimmungszelle und den Worten darüber: Gott sieht Dich, Stalin aber nicht. All dies, so hatte man geglaubt, würde seine Wirkung nicht verfehlen.

Die Propheten hatten sich auch einiges erhofft von dem, was sie das intellektuelle Unbehagen innerhalb der italienischen Kommunistischen Partei angesichts der starren Haltung Moskaus nannten. Die italienischen Kommunisten sind niemals besonders orthodox gewesen, und die nationale Neigung zu einem ausgeklügelten Gedankenreichtum in der politischen Diskussion schien immer die Strenge des Chefs der Parteiorganisation, Secchia, zu überspielen. Es ist allerdings wahr, daß der Abfall von zwei Partisanenführern aus der Emilia, Cucchi und Magnani, zu Beginn dieses Jahres in Italien weniger Eindruck gemacht hat als im Ausland. Es muß betont werden, daß Magnani und Cucchi und ihre Freunde sich bewußt zurückhalten wollten, bis die Wahlen vorüber wären. Ihre Hoffnung geht darauf, eine neue sozialdemokratische Bewegung aufzubauen, die nicht von den kleinen Launen und Rivalitäten gewisser Intellektueller abhängen soll, sondern eine solide Basis in den arbeitenden Klassen haben soll. Sie glauben allerdings, daß dies lange Jahre der Vorbereitung erfordere. Sie beginnen nun bescheiden mit einer Wochenschrift, die Risorgimento Socialista heißt, aber sie halten es kaum für möglich, Entscheidendes zu erreichen selbst in den zwei Jahren, die sie noch von den allgemeinen Wahlen trennen. Immerhin konnte man annehmen, daß eine Spaltung solcher Art in der kommunistischen Hochburg, in der Emilia, notwendigerweise gewisse Konsequenzen haben müsse. Schließlich war es bekannt, wie nahe Magnani bei Togliatti gestanden hatte, dessen eigene Zurückhaltung bei Wahlreden als Schwäche gedeutet worden war. Andere Leute hatten beobachtet, daß im Gegensatz zu 1948 keinerlei kommunistische Propaganda sich gegen die neo-faschistische Partei wandte, und man sagte fälschlich voraus, daß dieser Taktikwechsel Demoralisierung mit sich bringen würde.

Zu einem bestimmten Zeitpunkt hatte man angenommen, daß die Nenni-Sozialisten von ihren kommunistischen Freunden geschluckt würden, gleicherweise wie die nachgiebigen Sozialisten Osteuropas. Der leichte Anstieg kommunistischer Stimmen war jedoch begleitet von einer verhältnismäßig noch größeren Zunahme der Anhängerschaft des Partito Socialista Italiano. Es sieht so aus, als hätten jene, die der kommunistische Fanatismus und der Abfall von Cucchi und Magnani erschüttert hatte, sich nunmehr für Nenni und den marxistischen Block entschieden, um, wie sie es ausdrückten, die Arbeiterklasse nicht zu verraten.

Vielleicht bedeuten die Stimmen für die Kommunisten plus Nenni mehr als alles andere einen Protest gegen Krieg und Wiederaufrüstung. Bei Wahlversammlungen der äußersten Linken hatte man den Eindruck, daß die Betonung des Friedens den Rednern am meisten Erfolg brachte. Aber Nennis Gewinne sind auch das Ergebnis des bisher bestürzend erfolglosen Versuchs, eine sozialistische Partei unabhängig von Moskau wieder aufzubauen. Wir haben schon gesehen, daß Saragats Partei, die P.S.L.I., sich in einer ganz falschen Position innerhalb von De Gasperis Regierung befand. Dies führte dazu, daß die Partei Saragats sich weiter auflöste und neue Gruppen durch Romita und Silone gegründet wurden. Während der ersten Monate des Jahres 1951 bemühte man sich eifrig darum, die Anhänger Saragats mit jenen der beiden Anderen wieder zusammenzuführen. Es geschah auf der Basis, daß die sozialistischen Minister die Regierung verlassen sollten, die wiedervereinigte Partei aber für Wiederaufrüstung und für die Politik des Atlantik-Paktes eintreten sollte. Darüber hinaus wurde verabredet, daß die neu geeinten Sozialisten bei den Gemeinde- und Provinzialwahlen dem regierungsfreundlichen Parteienblock beitreten sollten. Von dieser Entscheidung wurden große Dinge erhofft.

Da und dort, und besonders in Mailand, wo die große reformistische Tradition es erwarten ließ, fielen die Stimmen der anti-kommunistischen Sozialisten durchaus ins Gewicht. Im ganzen aber haben sie sich bei diesen örtlichen Wahlen nicht gut gehalten; und imgrunde konnte dies auch nicht überraschen. Man mochte die Frühlingseinigung noch so sehr austrompeten, — die P.S.U. oder Silone-Romita Gruppe, die selbst in Gefahr ist, in zwei Teile auseinanderzubrechen, weigerte sich an vielen Orten, bei anti-kommunistischen Listenverbindungen mitzumachen; dies etwa in Florenz und Verona. Der Mangel an Geldmitteln ist geradezu tragisch und führt dazu, daß es so gut wie keine sozialistische Presse gibt, wenn man von der regierungsfreundlichen Giustizia und einer dahinsterbenden Tageszeitung in Neapel auf dem rechten Flügel absieht. Es gibt dann noch ein vereinzeltes Wochenblatt auf dem linken Flügel, La Voce Socialista, das sich in bitteren Angriffen gegen die Regierung ergeht. (Die alte Critica Sociale wird fortgeführt, aber sie macht gar keinen Versuch, über einen engen Kreis von Freunden hinauszudringen.) Was soll der einfache Wähler denken, wenn ihm aufgegeben wird herauszufinden, welche Unterschiede zwischen der P.S.L.I., der P.S.U. und der S.I.I.S. bestehen? Vielleicht war der Stimmenzuwachs für Nenni nicht zuletzt der Vorliebe des einfachen Arbeiters für den vertrauten Parteinamen des Partito Socialista Italiano zu danken — und für die Abzeichen (Hammer und Sichel mit einem offenen Buch); im Gegensatz jedenfalls zu all den Verwicklungen in der S.I.I.S. und ihrem Abzeichen mit einer aufgehenden Sonne über, wie man fürchten muß, nichts als Wasser. Man wird abwarten müssen, ob es Cucchi und Magnani gelingt, eine überzeugende sozialistische Bewegung in Schwung zu bringen.

Wenn es den Sozialisten nicht gelingt, den Abgrund zu überbrücken, der in Italien zwischen Rechts und Links klafft, wie steht es dann um den Anspruch, den manche Christlichen Demokraten darauf erheben? Ihre Partei stellte, was den Sozialisten fehlte: einen geschickten Strategen in der Person Alcide De Gasperis. Sein Geschick allerdings erschöpft sich am Problem der Stabilisierung seines Regimes. In fünfeinhalb Jahren ist es zu keiner konstruktiven Gesetzgebung gekommen, wenn man von den vorbereitenden Stadien zur Agrarreform absieht. Es hat sich herausgestellt, daß die äußerste Linke unversöhnlich bleibt, und daß die extreme Rechte neu gestärkt ist. Im Herbst wird der letzte örtliche Wahlgang in Rom und im Süden stattfinden, und die Stärke der beiden extremen Flügel wird sich dabei wahrscheinlich bestätigen. Innerhalb der Christlich-Demokratischen Partei gibt es eine ganze Anzahl von Gruppen, die untereinander nicht zu versöhnen sind; an die drei allein auf dem linken Flügel. Eine davon wird vertreten durch Gronchi; er wäre ohne weiteres bereit zu einem Kompromiß mit den Sozialisten, aber er steht im Ruf eines altmodischen Parlamentariers vom Kuhhandels-Typ. Eine andere Tendenz verfolgen Katholiken, die gleichzeitig in sozialer Hinsicht fortschrittlich sind und ihrem Glauben treu ergeben, die jedoch befürchten, die Kirche beschmutze sich bei dem aktiven Interesse, das sie an der Politik nimmt. Eine dritte Gruppe, die sich — in diesem Zusammenhang — klar abhebt, ist jene, die von Dossetti geführt wird. Man kann diesen Mann ebenso zur Rechten wie zur Linken rechnen. Er strebt einen katholischen Konservativ-Staat an, eine autoritäre Theokratie von egalitärem Typ. Er findet im Dominikaner-Orden Unterstützung. Am rechten Flügel der Christlich-Demokratischen Partei steht die Azione Cattolica. Sie ist großartig in den comitati civici (Bürgerkomitees) organisiert und daher viel mächtiger als die kleinen Gruppen oder Cliquen auf dem linken Flügel. Eines freilich ist bemerkenswert: als eine Abnahme der Christlich-Demokratischen Wähler zu erwarten war, ließen die Führer der Azione Cattolica in Privatgesprächen keinen Zweifel daran, daß sie und die Kirche von der Christlich-Demokratischen Partei unabhängig seien. Man sagt oft, daß sie jeden Augenblick eine neue katholische Rechtspartei gründen könnten.

Elizabeth Wiskemann.

Baukunst und Werkform

Ich merke soeben, daß Sie neuerdings die Zeitschrift „Baukunst und Werkform" herausgeben. Kann es einen Sinn haben, daß gerade Sie sich dafür hergeben, eine ästhetische Spezialzeitschrift zu fördern, statt die politische Aktion voranzutreiben? Ich stimme jenem Leser zu, der im Juniheft schrieb: „Wer den Gang der Dinge ändern will, der darf sich nicht auf Reden und Schreiben beschränken."

*

An sehr vielen Orten und in sehr vielen Köpfen und Herzen muß in vielerlei Hinsicht sich wirklich etwas ändern, wenn wir „den Gang der Dinge ändern" wollen. Da ist zum Beispiel der Werkbund: er beschäftigt sich mit der Form von Tellern, Telefonapparaten, Vasen, Lampen, Häusern, Straßen, Schreibtischen, Zangen, Grünanlagen, — aber indem er das tut, führt er nicht nur die Sache des guten Geschmacks gegen den schlechten, sondern auch die Sache der Wahrheit und Redlichkeit gegen die Lüge und den Selbstbetrug. Ist das nicht ein Eingriff in den Gang der Dinge? Moralische und politische Arbeit? Er tut es durch das Beispiel, das Werk, — aber er könnte damit nicht durchdringen, wenn er es nicht zugleich durch das Wort täte, das seine Absichten verständlich macht. Werk und Wort helfen ein gereinigtes, klares und wahres Bewußtsein schaffen. Mancher, dem über seinen schlechten und guten Möbeln der Unterschied zwischen der dekorativen Phrase und dem guten Dienst klargeworden ist, wird auch in der politischen Versammlung hellhörig für diesen Unterschied. Oder in der Kirche unter der Kanzel. Und nun gar die Architekten und die Stadtplaner! Sie legen Bahnen, in denen sich unser Leben abspielen wird; sie nehmen ein Stück unserer Zukunft vorweg, sie entscheiden mit über Stil und Tempo unserer Arbeit und unserer Freiheit, über unser Selbstgefühl, über die Art, wie wir zusammenleben. Ist es nicht „Aktion", ist es nicht „Engagement", wenn man sich — beispielsweise — in diesem Bereich um ein wahres Bewußtsein und um ein gutes Ziel kümmert? Der Kampf gegen die Restauration wird auch auf diesem Feld geführt. Schließlich werden wir im nächsten Jahrzehnt darüber entscheiden, ob wir auf dem Trümmergelände, das der Krieg hinterließ, die Wohnungen und Fabriken und Städte unserer Kinder errichten oder ob wir diesen Kindern die unserer Großväter zumuten. Wir haben uns entschlossen, eine Zeitschrift in unsern Verlag zu übernehmen, die in einem Klima restaurativer Geschäftigkeit avantgardistisch kämpft, nämlich für d i e Baukunst und d i e Werkform, die unseren wahren Möglichkeiten und Aufgaben gemäß sind. Das ist nicht Beihilfe zum Ästhetentum, sondern Bundesgenossenschaft in gemeinsamer Sache, und wir denken uns, daß mancher Leser der Frankfurter Hefte die Zeitschrift „Baukunst und Werkform" abonnieren wird.

Mal herhören?

Ich lese soeben Ihre Glosse „Männer, mal herhören". Vor einigen Tagen hatte ich schon folgendes Schreiben an den Neuen Buchdienst geschickt: „Ich habe Ihre aufschlußreiche Zuschrift ‚Männer, mal herhören' erhalten. Die wird auch in meinem Büro zirkulieren, jedoch das genaue Gegenteil von dem erreichen, was Sie sich wünschen. Ich hoffe meine Mitarbeiter so weit zu kennen. (Warum haben Sie sich übrigens nur an Büros und nicht an die breite Schicht der Arbeiter gewandt?) Ihr Tonfall entspricht dem Kasernenhof. Es ist ein Spießjargon mit den dazugehörigen Kraftwörtern. Ich bin nur sechs Jahre Soldat gewesen und habe diesen Tonfall gründlich satt. Ich werde mich trotzdem verteidigen, wenn es Not tut; dann wahrscheinlich jedoch gegen den jovialen Offizierstypus Ihres Schlages. Es kann sein, daß er diesmal im Osten ausgebrütet wird. Von dem Soldaten her gesehen, der wirklich im Dreck gelegen hat, ist der Unterschied nicht allzu groß, denn er verkörpert die Gewalt, mit gelegentlichen Verbrüderungsallüren. Ich möchte frei sein, mindestens frei vom Kasernenhofzwang. Soviel mir bekannt ist, hat Herr Guderian uns davon damals nicht befreit."

*

Die Antwort überlassen wir diesmal einem anderen Leser:

Im Winter 1941/42 stieß ich zu einem Nachrichten-Regiment am Mittelabschnitt der Ostfront. Fernsprecher und Fernschreiber flüsterten sich die Katastrophen-Nachrichten zu. Damals sprachen das Führerhauptquartier und die Befehlshaber ohne Verzerrer über unsere Leitungen. Das war meist so, wenn es drunter und drüber ging. Ein Kamerad erzählte mir: „Hitler und Guderian haben gesprochen: Guderian hat gesagt: ‚Und wenn wir die Panzer auf unseren Schultern hineintragen werden; ich sage Ihnen, wir kommen hinein!'" Wir schüttelten die Köpfe. Einige Zeit später kam der bekannte „Führerbefehl" gegen die Schönfärberei.

Februar 1945 in Ostpreußen. Jeder Soldat konnte sehen, daß es endgültig aus war. Da lese ich in Zinthen an den Hauswänden große Aufrufe an die Soldaten: „In vier Wochen ist der Russenspuk vorbei!" Und darunter steht: Guderian.

Mai 1945 in Flensburg. Sie haben es selbst in den Zeitungen gelesen, wie leichtfertig Guderian gegenüber Engländern das Kriegsende quittierte: „Es ist wie auf dem Sportfeld. Das Spiel ist aus, und Sieger und Verlierer reichen sich die Hände."

I c h höre nicht hin, wenn Guderian „mal herhören" sagt, auch nicht, wenn „christliche Zeitungen" mit dem Hinweis auf die laufenden Veröffentlichungen aus den „Erinnerungen eines Soldaten" ihre Wochenillustrierte anpreisen.

H. J.

Es bleibt uns nichts erspart

Mit wachsendem Unbehagen beobachte ich auf dem westdeutschen Filmmarkt eine Filmgattung, die bereits einmal nach glaubwürdigen Berichten eine unliebsame Rolle gespielt hat: die Militärgroteske. Der erste Film dieser Serie „Reserve hat Ruh', das Ganze halt" hatte einen beispiellosen Erfolg (34.000 Besucher in unserer Stadt von 110.000 Einwohnern). Es sind weiter angekündigt: für den Sommer „Schrecken der Garnison", für den Herbst „3 Tage Mittelarrest". Im nächsten Jahr dürften die ersten historischen Großfilme aus Deutschlands glorreichen Tagen folgen, von Fridericus Rex bis zu den Helden jüngster Geschichte. Krönung und Abschluß: Galapremiere von Harlans „Kolberg" im Metropol-Palast Bonn.

In den Satzungen der Selbstkontrolle sind Filme militaristischen Inhalts geächtet. Ist „Reserve hat Ruh'" militaristisch? Jeder lacht sich doch tot über den Ulk! Aber das Endergebnis lautet: Es ist doch alles halb so schlimm gewesen, es war halt doch eine schöne Zeit, bei der großdeutschen Wehrmacht, und man befindet sich in bester Gesellschaft: Die Filme „Vier Federn" (englisch) und „Der Verrat des Surath Khan" (amerikanisch) wären vor einem Jahr in Wiesbaden nicht durchgerutscht. Aber man geht halt mit der Zeit ... Es dürfte in Wahrheit an der Zeit sein, hier einmal nachdrücklich die Begriffe zu klären und auf die Folgen falscher Großzügigkeit hinzuweisen.

*

Was hiermit geschehen ist.

*

Aber ein anderer Leser, der in seiner Zuschrift Paul Hörbiger „fast eine Chaplinfigur" nennt, hat noch etwas dazu zu sagen. „Auch Chaplin", meint er, „ist der ungeschickte ‚kleine Mann', dem alles schief geht. Nur: Chaplin hat recht; die Gesellschaft, an der er sich zu versündigen scheint, indem er ihren Gesetzen zuwiderhandelt, versündigt sich in Wahrheit an ihm. Daß er diesen Widerspruch unverzagt auf sich nimmt und dennoch sein gutmütiges Kinderherz zu behalten versteht, das bezeichnet Chaplins einzige Größe und Meisterschaft. Nun, auch Chaplin hat zum Schluß Glück und wird mit der Gesellschaft versöhnt (‚Goldrausch', ‚Lichter der Großstadt'). Aber dieses Glück ist dann reines Märchen und unterstreicht imgrunde nur die Hoffnungslosigkeit. Denn, wahr real erscheint in Chaplins Filmen nur das Pech, die ewige Misere. Daran, daß jedes ‚Glück', jede Versöhnung so unreal, märchenhaft, fabulös sich ausnimmt, gerade daran muß auch der Stumpfeste erkennen, wie weit es noch fort, wie wenig es als reales zu verstehen ist. Der Film ‚Reserve hat Ruh' praktiziert nun das genaue Gegenteil. Ein liebenswürdig unbeholfener Gelehrtentyp geht mit fliegenden Fahnen in die unmenschliche Ordnung ein, wird zum mutigen Liebhaber, zum flotten Soldaten, der nicht mehr freundlich ‚danke schön' zum Vorgesetzten sagt, sondern sich militärisch aufführt und schließlich ein — geistreich karikiertes — Manöver gewinnen und seinem Hauptmann zum Majorsrang hilft, was ihm selbst den Gefreiten einbringt."

Wir wollen aber die Nachschrift nicht unterschlagen, die derselbe Leser — Joachim Kaiser — an seinen Brief hängt:

„P.S. Diese Mentalität hat bisher schon einige Tränen gekostet. Vielleicht kommen sehr bald noch unendlich viele hinzu. Die ersten müßten eigentlich darob fließen, daß solche Filme gezeigt werden können, und daß sie nur Lachen hervorrufen, keine Gänsehaut."

Kritik:

Zynischer Landsknecht zwischen den Stühlen

Ernst von Salomon: „Der Fragebogen". Rowohlt-Verlag, Hamburg 1951, 808 Seiten, DM 19.80.

Aus Kay Lorentz' Kabarett-Manuskripten stammt das reizvolle Wort, man brauche hierzulande „eine kraftvolle Anarchie mit einem begnadeten Anarchen an der Spitze". Solch ein Herrscher täte gut daran, sich als Großwesir und Hofnarren in einer Person den Ernst von *Salomon* zu sichern, jenen Mann, der jetzt, von Rowohlt mit schwarz-weiß-rotem Schutzumschlag-Augenzwinkern unterstützt, sein Buch „Der Fragebogen" vorlegt. Salomon wurde bereits mehrmals dem einen oder anderen Kreis von Zeitgenossen bekannt: zunächst, als ihn das Reichsgericht für die Beteiligung an der Ermordung des Ministers Rathenau zu 5 Jahren Zuchthaus verurteilte; später den Lesern seiner Bücher „Die Geächteten", „Die Stadt", „Kadetten"; schließlich den Kinobesuchern als Autor zahlreicher Filme. Diese Karriere würde auch ohne die Lektüre seines neuen Buchs die Vermutung nahelegen, daß bei Salomon das Fingerspitzengefühl für Massenwirkung ein wenig überzüchtet ist. „Der Fragebogen" bestätigt diese Annahme mit einer Kette von Großaufnahmen, zusammengeklammert durch eine Rahmenidee, die auch dann Publikumswirksamkeit gehabt hätte, wäre sie von einem schlechteren Techniker als Ernst von Salomon ausgeführt worden. Er unternahm es, die 131 Fragen des bekannten Fragebogens der amerikanischen Militärregierung auf seine Weise sehr ausführlich zu beantworten. Mit jeder Antwort, ausgenommen dort, wo er „nein" oder „nicht betreffend" einzusetzen hatte, fächert er vor- und rückwärtsgreifend ein Stückchen seines Lebens nebst Umwelt und eigener Meinung dazu auseinander. Er hat es dabei verschiedenen Leuten „ordentlich gegeben", nämlich, um hier bei der historischen Reihenfolge zu bleiben, zunächst den Herren der Republik, sodann den Nazis und schließlich den Amerikanern. Wie er es fertigbrachte, sich mit jeder dieser doch immerhin recht verschiedenen Gruppen anzulegen, bleibt nicht sein Geheimnis; es wäre verfehlt, aus diesem Geschick auf eine deutsche oder gar auf eine geistige Tragödie zu schließen. Folgerichtig entwickelte sich aus dem Kadetten der Landsknecht, aus dem Fanatiker der Zyniker — und die Gabe einer subjektiv gut entwickelten, wenn auch stets nur in einer Oberflächenspannung wirksamen Intelligenz bewahrte ihn davor, in irgendeinem Strome zu schwimmen.

Diese Intelligenz, gepaart mit einer im Lauf der Jahre flott gewordenen Erzählergabe, befähigten Salomon denn auch, seinen „Fragebogen" zu einem höchst interessanten, dicken Buch zu machen. Es wäre falsch zu leugnen, daß diese Konsumreportage spannend, bunt und für mancherlei Leute bestechend ist. Ihr Autor hat gefährlich viel gelernt. Die Ära der Katzengoldgloriolen um die Häupter der Verfluchten, die Ära des hymnischen Ufa-Stils ist für ihn vorüber. An ihre Stelle trat die Periode der süffigen Geschichten — der Story-Behälter, die im Stakkato kultivierter Schnoddrigkeit angezapft werden: und ihr Inhalt ist ein wenig Vitriol, ein wenig Lethe und Brackwasser, aber das merkt man frühestens beim Trinken. Salomon überprüft erzählend seine Vergangenheit, und der Verlag sagt dazu, er habe „eine Gewissens- und Wahrheitsforschung für unser Halbjahrhundert angestellt". Das ist denn doch, Väterchen Rowohlt mit dem Januskopf, ein wenig dick aufgetragen. Denn der Begriff „Gewissen" existiert für Salomon nur als ein feuilletonistisches Epitheton; er versieht das sanfte und interessante Randalieren des zynischen Landsknechts zwischen den Stühlen der Zeiten und der Geister mit hübschen moralistischen Glanzlichtern im Stahlhelmgeist. Der Mann, der in behaglicher Breite ausführt, er habe „kein Organ für Religion" und der mit dem Stolz der Bescheidenen hinzufügt, solcher Mangel bedrücke ihn noch am wenigsten unter seinen Mängeln — dieser Mann ist im Grunde der Dynamitero aus der Lichterfelder Kadettenanstalt geblieben, dessen Intelligenz seinen primitiven Kampfgenossen ebenso unangenehm und unheimlich war wie den Handlangern und Oberen der Hitlerschen Norm. Darum ist seine Fragebogenselbstprüfung pakkend im Stoff, plakat-wirksam in der Anordnung — und flach in ihren Folgerungen. Das Amüsement, das sie erzeugt und das den Erfolg des Werkes garantiert, es ist die flüchtige Verhexung all jener Magier, die gleichmäßig auf Schmutz und Marmor den Regen ihrer zynischen Rede niederplätschern lassen: wer vorgibt, daß ihm nichts imponiert, der imponiert — wenigstens für kurze Frist.

Wer das weiß, der wird sich in Ruhe einer ganzen Reihe unterhaltsamer Bilder und Geschichten im „Fragebogen" erfreuen können. Da ist das Berlin der letzten zwanziger Jahre mit einer Fülle von erfreulichen und unsympathischen Miniaturen, da ist die Saga vom alten Rowohlt-Verlag, da spricht sich die Putzfrau Immig über die Nazis aus, da lebt Salomon sein gutes, turbulentes Leben mit seiner Gefährtin Ille — Ille, deren Bekanntschaft schon ein Stück Lektüre lohnt. Da wird die Geschichte der baskischen Erlebnisse erzählt, die Geschichte von der süßen Majie und wie sie lieben konnte: und wenn hier auch die Schuhe des Gripsholm- und Rheinberg-Tucholsky dem Salomon ein wenig zu groß sind, so ist das doch eine hübschgeformte Figurine der Liebe. — Andere Partien sind weniger angenehm: so die Abschnitte über den 30. Juni 1934 und die Kristallwoche; ihr Autor spürt nicht, daß es hier mit dem sachlich formulierten Abscheu für ihn nicht getan wäre, daß auch von diesen Dingen Fäden dorthin laufen, wo er selber verstrickt ist — in die Zeit der seelenruhigen Ministermörder, deren Motive er noch einmal in unklarem Knäuel vorlegt. Auch hier bewahrt ihn sein Zynismus vor dem peinlichen Gefühl, ein Beteiligter gewesen zu sein; sorgsam zieht er sich die Robe des Zeitenrichters um die Schultern zurecht und spricht wohlwollend über den jungen Fanatiker namens Salomon; denn jener hat ja gesühnt, und es gibt ihn nicht mehr. Es gibt nur noch einen dicken, grauhaarigen Mann, der bei Hans Grimm zu Tisch saß und sich dort angenehm mokierte — der in Hans Zehrers Studierzimmer mit wenig Erfolg im Zeitgeist zu schürfen versuchte —, dem es gegeben war, die Apokalypse der letzten Kriegstage in Oberbayern als seltsame Burleske zu erleben. Dann aber traf ihn der Bumerang seines Lebens gegen die Stirn. Die amerikanischen Besatzungsbehörden internierten ihn für längere Zeit ohne Angabe von Gründen. Es ist ihm nicht gut gegangen in diesen Monaten, und er gibt einen genauen und stark kolorierten Bericht davon. Er nennt mit Namen, wer ihm Unrecht tat. Er kann es ruhig tun, er kann sich über die Mühle dieser ersten, von subalternen Militärs betriebenen Bereinigung aussprechen, denn die gleiche Macht, gegen die er sich wendet, gibt ihm das Recht und brachte ihm die Freiheit dazu. Das Urteil über die Internierungslager wurde jenseits des Ozeans längst gesprochen. Das Verdammungsurteil Salomons hält sich in Grenzen, auch das über seine Haftgenossen. Aber es ist doch ein wenig eigentümlich, Sätze wie diesen zu lesen: „Die SS-Führer diskutierten nie. Sie überraschten in mancherlei Gesprächen durch ein ungewöhnliches Maß von geistiger Toleranz, waren bedeutend eher dafür zu haben, gemachte Fehler der deutschen Führung zuzugeben, als alle anderen, und schienen eigentlich in Fragen der ‚Schuld' eher gelangweilt, als unmittelbar angesprochen ..." Und Salomon ist erfreut über dieses ungewöhnliche Maß von geistiger Toleranz.

Es mag ein gleichnishafter Zufall sein, daß seine Glanzrolle auf den Lagerbühnen der Mephisto gewesen ist. Aber doch wohl ein unvollständiges Gleichnis, denn auch zum „Teil der Finsternis, die sich das Licht gebar" fehlt Salomon noch ein gutes Teil. Immerhin — auch der Zyniker hat seine Aufgabe, und sei es nur die, seine Hervorbringungen als eine Ortungsziffer zu benutzen. Eine von vielen: denn die Wahrheit ist stets dreidimensional und hier muß sich der Betrachter mit zwei Dimensionen begnügen. Ein bestechender Anblick, ein notwendiger Eindruck. Mehr jedoch nicht.

Christian Ferber.

Der Untergang eines Volkes

Bernard Goldstein: „Die Sterne sind Zeugen". Europäische Verlagsanstalt, Hamburg 1950, 308 Seiten, DM 7.50.

John Hersey: „The Wall". Alfred A. Knopf Verlag, New York 1950, 632 Seiten, $ 4.—.

I

Bevor Hitler am 1. September 1939 in Polen einfiel, gab es in diesem Lande 3,5 Millionen Juden. Heute leben dort noch etwa 100 000, also weniger als 3 v. H. der jüdischen Vorkriegsbevölkerung. Von den verschwundenen 97 v. H. ist nur ein kleiner Teil in andere Länder entkommen; fast alle sind in den fünf Jahren der deutschen Besetzung von 1939 bis 1944 umgekommen. Warschau, Polens Hauptstadt, war der zentrale „Umschlagsplatz" vom Leben zum Tode. Massenweise wurden Juden aus den westeuropäischen Ländern in die östlichen Vernichtungslager gebracht. Die Gesamtzahl der durch die Nazis ausgerotteten Juden wird in den statistischen Büchern einigermaßen zuverlässig mit 5,7 Millionen angegeben. Das sind nahezu zwei Drittel aller europäischen Juden.

Diese paar Zeilen umreißen den Umfang des fürchterlichen Geschehens jüngster Vergangenheit.

Dem mit übermächtiger Gewalt über sie hereinbrechenden Schicksal ergaben sich die Massen der Verfolgten gebeugten Hauptes. Doch es gab auch entschlossene Männer und Frauen, organisierte Gruppen, die mit dem Mut der Verzweiflung Widerstand leisteten, die aussichtslos mit primitiven Handwaffen, ja mit den bloßen Händen gegen den Angreifer ankämpften und heldenhaft zu sterben wußten. Damit wird die Geschichte des Untergangs der Ostjuden und im besonderen die des Widerstandskampfes im Warschauer Ghetto zu einem wahren Heldenepos.

Es sind jetzt darüber zwei hervorragende Bücher erschienen. Unter dem Titel „Die Sterne sind Zeugen" gibt Bernard Goldstein, einer der niedergerungenen, aber innerlich unbesiegbaren Kämpfer, einen schlichten und darum um so eindrucksvolleren Augenzeugenbericht, den er aus seiner unmittelbaren Kenntnis zu einer geschichtlichen Darstellung des Geschehens erweitert hat. Das andere ist ein in freier Form geschriebenes Werk, „The Wall", des bekannten amerikanischen Schriftstellers John Hersey. Er nennt es einen Roman; doch trifft das nur insofern zu, als die Namen der handelnden Personen erfunden sind, ihre Taten aber und die Ereignisse sind Vorgänge der grausigen Wirklichkeit. Das Buch besteht aus „Archivblättern", und der Chronist, der herumgeht und seine Beobachtungen, Gespräche, die anscheinend unbedeutenden wie bedeutsamen Vorkommnisse aufschreibt, ist ebenfalls eine — glänzend erfundene — Romanfigur. Und doch ist alles wahr: der Stoff stammt aus unzähligen authentischen Briefen, Notizblättern, Tagebüchern, Dokumenten, Berichten und Erzählungen. Durch dieses nachgestaltende Werk von John Hersey gewinnen selbst so historisch einwandfreie Darstellungen wie die von Bernard Goldstein noch an innerer Wahrheit, und es macht vor allem dem Leser das Unvorstellbare anschaulich.

„Die Sterne sind Zeugen" ist eine Zeile aus der Hymne des „Allgemeinen Jüdischen Arbeiter-Bundes", und der Verfasser des Buches mit diesem Titel ist einer der Führer dieser Organisation, die nicht nur in den Widerstandskämpfen eine rühmliche Rolle spielte, sondern auch in den Jahrzehnten, die dem Untergang vorausgingen, in harter Arbeit für die nationale und soziale Gleichberechtigung der Juden und die Emanzipation der jüdischen Arbeitermassen in Polen gewirkt hat. In unendlich mühseligem Ringen hatte das seit Generationen verfolgte, eingeschüchterte Volk der Ostjuden die Bürgerrechte sich erkämpft und erst in jüngster Zeit die Vorstufe — die letzte Stufe wäre zuviel gesagt — der Gleichberechtigung unter seinen Wirtsvölkern erklommen. Auf der Höhe dieser Entwicklung wurde es von Hitler niedergeschlagen.

Der Umstand, daß die jüdische Bevölkerung in Polen in großer Geschlossenheit lebte, ihre eigene Sprache, das Jiddisch, sprach und es Dörfer und Städte gab, in denen Juden die Mehrheit bildeten, — das alles schien es zu erleichtern, sie zu dem für die Vernichtung auserwählten Volk zu machen. Unmittelbar nach der Besetzung Polens wurden sie von der übrigen polnischen Bevölkerung abgesondert, aus gewissen Gebieten des Landes vertrieben und aus den besseren Wohnbezirken der Städte verdrängt. Ein Strom der Vertriebenen ergoß sich in die Hauptstadt und verwandelte die „Judenviertel" in schrecklich überfüllte Elendsquartiere. Die Zahl der jüdischen Einwohner Warschaus stieg innerhalb weniger Monate von 350 000 auf über eine halbe Million an. Schnell waren sie überall aus dem Wirtschafts- und Erwerbsleben ausgeschaltet und auf Hungerrationen gesetzt. Die Verelendung und das große Sterben begannen.

Eine der ersten „organisatorischen" Maßnahmen der Deutschen in Warschau war, die jüdische Kultusgemeinde in den „Judenrat" umzutaufen und die religiöse in eine rassenmäßige Institution umzuwandeln. Entgegen seinen eigenen besseren Absichten wurde der Judenrat zum Büttel für die Besatzungsmacht. Die altbewährte Methode wurde angewendet, die Opfer selber zu Helfers- und Henkerknechten zu machen. Zu einem unmittelbaren, und nicht einmal ganz unfreiwilligen, Instrument der Unterdrückung wurde die „Jüdische Polizei", die anfangs Ordnungshüter hieß und nachher durch die SS gefügig gemacht wurde, ihre eigenen Brüder und Schwestern zum Vernichtungsplatz zu schleppen.

Schon von den ersten Schreckenstagen an wurden vom Judenrat Selbsthilfeorganisationen errichtet, die die ungeheure Not der Gemeinde lindern sollten. Neben den erlaubten Einrichtungen tauchten gleichzeitig die illegalen Organisationen auf — oder besser: unter. Die zionistischen und nicht-zionistischen Parteien bildeten ihre Untergrundkader, die eine rege Aktivität entfalteten. Auch der Schulunterricht der Kinder mußte heimlich betrieben werden.

Mit der klassisch gewordenen Begründung, daß die „dreckigen" Juden eine Seuchengefahr darstellten und es im Interesse der übrigen Bevölkerung läge, sie zu isolieren, wurde im Oktober 1940 das Ghetto errichtet. Der Judenrat mußte die Mittel dazu selber beschaffen, und die Juden mußten ihre eigenen Kerkermauern bauen. Fortan spielte sich das Leben einer halben Million Menschen hinter diesen Ghettomauern ab, bis nach drei qualvollen Jahren nur noch diese Mauern selber übrigblieben, die nur noch eine Wüstenei umschlossen. Epidemien verringerten bald die Zahl der Ghettobewohner um monatlich sechstausend, siebentausend und mehr. Jeden Morgen waren die Gassen mit nackten Leichnamen angefüllt, deren Gesichter mit schmutzigen Zeitungen zugedeckt waren. Doch dieses Sterben eines „natürlichen Todes" ging dem Satan noch nicht schnell genug. Im Sommer 1942 begannen die Massendeportierungen. Zuvor waren Juden und Zigeuner aus den westeuropäischen Ländern ins Warschauer Ghetto gebracht worden, das anscheinend ein Sammelbecken für „niedere" Rassen werden sollte. Die „Aussiedlungsbrigaden" der SS erschienen, um die Ghettobevölkerung von „unproduktiven" Elementen zu „befreien". Nachdem man bei dieser „Aussiedlungsaktion" erst die Gefängnisse und Krankenhäuser geleert hatte und dann die Greise und Kinder gewaltsam abführte, konnte niemand mehr an dem wahren Zweck der „Aussiedlung" zweifeln. Sehr bald sickerte die grausame Gewißheit durch, daß alle Wagenladungen voll Juden vom Warschauer Umschlagplatz nach Treblinka zur unmittelbaren Vergasung fuhren. In den folgenden Monaten veranstaltete die SS ein wahres Kesseltreiben im Ghetto, immer weitere „Auslesen" folgten mit Szenen, deren Beschreibung einem das Blut in den Adern erstarren läßt.

Im September 1942 war die Zahl der im Warschauer Ghetto noch lebenden Juden auf 120 000 gesunken.

Bei der Massenausrottung, die nun ganz offen vor sich ging, konnte sich jeder Gefangene des Ghetto selber ausrechnen, wann die Reihe an ihn kommen würde. Die Erkenntnis, daß es kein Entrinnen mehr gab, bewirkte unter der Ghettobevölkerung einen Umschwung: da sie schon sterben mußten, wollten sie kämpfend untergehen. Die Organe der Untergrundbewegung bereiteten fieberhaft den unvermeidlichen Endkampf vor. Die zionistischen, sozialistischen und anderen Gruppen schlossen sich zusammen, ihre Milizkader bildeten eine einheitliche „Jüdische Kampforganisation". Unter größtem Risiko wurden von der „arischen Seite", wie das Warschau jenseits der Ghettomauern genannt wurde, Waffen hereingeschmuggelt. Jeder nur einigermaßen kräftige Jude wurde Widerstandskämpfer.

Am 19. April 1943, in der Frühe des Osterfestes, marschierten die schwarzen Todesbataillone der SS in voller Marschordnung in das umzingelte Ghetto ein. Die Truppe wurde mit Handgranaten und Feuerbomben von der Jüdischen Kampforganisation empfangen. Ein solch starker Widerstand kam den Angreifern unerwartet. Sie zogen sich zurück. Am nächsten Morgen kamen die SS-Bataillone wieder. Doch paradierten sie jetzt nicht mehr mitten auf der Straße, sondern drangen in kleinen Gruppen und mit Panzerwagen und Flammenwerfern vor. Block um Block, Haus um Haus wurde erbittert umkämpft. Bald umbrandete ein Flammenmeer das zentrale Ghetto und trieb die eingeschlossenen Menschen aus Kellern und Böden. Von den 40 000 Juden, die zu Beginn des Aufstandes noch im Ghetto waren, überlebten nur wenige das Ende, meist solche, die in kleinen Gruppen durch die Abwässerkanäle nach der „arischen" Seite entkamen.

Damit schließen die Aufzeichnungen des „Chronisten" in Herseys Buch. Bernard Goldsteins Bericht bringt noch den Schlußakt, der das Schicksal der Juden in Polen besiegelt. Eine Anzahl Juden hatte schon seit einiger Zeit illegal auf der „arischen" Seite Warschaus gelebt, — so auch Goldstein selber. Obdachlos in Wäldern und offenen Feldern fristeten viele ein unstetes, gefährliches Dasein, andere wurden von Polen verborgen gehalten. In ihren Verstecken warteten sie auf den Rückzug der Deutschen und damit auf das befreiende Ende. Am 1. August 1944 brach der Aufstand in der polnischen Hauptstadt aus, als die Sowjetarmee schon vor den Toren stand, — aber nicht hereinkam. Nach dem heroischen Kampf der Aufständischen und ihrer schließlichen Kapitulation mußten alle Einwohner die Stadt verlassen. Aber manche Juden wagten nicht, sich dem Strom der Evakuierten anzuschließen. Noch ein letztes Mal verkrochen sie sich in Bunker und Keller. Warschau war nun eine völlig verlassene Stadt, bis auf jene Handvoll Juden gab es darin keine Einwohner. Erst am 15. Januar 1945 „entsetzten" die Russen Warschau. Von den etwa fünfhundert Juden, die in der Stadt geblieben waren, hatten nur zweihundert die drei Monate Wartezeit überlebt.

Mit der zurückkehrenden polnischen Bevölkerung kamen auch nach und nach die Juden aus Verstecken, Arbeitslägern und aus dem russischen Gebiet zurück. Der Versuch, von neuem ein jüdisches Gemeinwesen aufzubauen, gelang ihnen nicht. Die Befreiung durch die Russen wurde in Wahrheit für die Reste der Ostjuden in Polen zu einer neuen Unterdrückung, wovon der Verfasser selber einiges Bittere erfahren mußte, bevor ihm die Flucht aus der Heimat gelang.

„Wenn unser Überdauern einen Sinn haben soll", so schließt er seinen erschütternden Bericht, „dann liegt er vielleicht darin, Zeugnis abzulegen. Es ist eine Schuld, die wir nicht nur den Millionen gegenüber zu erfüllen haben, die zu ihrem Tod in die Gaskammern und Krematorien geschleppt worden sind, sondern auch allen gegenüber, die Menschenantlitz tragen und die brüderlich zusammen auf der Welt leben wollen, — und die einen Weg dazu finden müssen."

Paul Stamford.

II

John Hersey ist kein Greuelpropagandist. Er hat es fertig gebracht, in „A Bell for Adano" ein liebenswürdiges, humorvolles und doch realistisches Kriegsbuch zu schreiben. Auch seine Reportage über Hiroshima, in der er eine Reihe von beliebig herausgegriffenen Überlebenden sprechen ließ, war sachlich zurückhaltend.

In der Geschichte des Warschauer Ghettos konnte er keine Überlebenden sprechen lassen, der unermüdliche Chronist Noach Levinson, dessen Aufzeichnungen den Inhalt von „The Wall" bilden, ist eine Fiktion. Selbstverständlich! Welcher Jude hätte es unter den damaligen Umständen gewagt, so offenherzige Tagebuchblätter zu führen? Als John Hersey gleich nach der Befreiung Warschaus dorthin kam, fand er innerhalb der Ghettomauer ein einziges Trümmerfeld. Nur aus diesen Ruinen und den Berichten von Polen konnte er die Geschichte rekonstruieren. Aber die Steine sprachen. Die Steine schrien.

Die Menschen des Ghettos werden geprüft „wie durch Feuer". Sie bewähren sich unterschiedlich. John Hersey ist ein großartiger Erzähler. In die apokalyptischen Ereignisse herein stellt er lebendige Menschen, Mutige und Feige, Ernste und Leichtfertige, Zuverlässige und Verräter. Die Gruppe um Noach Levinson, ihre verschiedenen persönlichen Schicksale und ihre innere Entwicklung fesseln mehr und mehr unser Interesse. Endlich ist auch dieses friedliche und ängstliche Volk reif zur Tat: die Tragödie wandelt sich in ein Heldenepos. Aber wozu überhaupt ein Kampf, wenn das tragische Ende gewiß ist? Wäre es nicht sinnvoller, den Revolver gegen sich selbst zu richten, um dem Feinde nicht lebend in die Hände zu fallen? Diese Frage wird einmal in einer verzweifelten Situation erörtert. Aber diese Handvoll Juden, die nichts weiter erhoffen können, als ihr Leben möglichst teuer zu verkaufen, verteidigen mehr als ihr Leben. Sie verteidigen den letzten Rest von Menschenwürde. Selbst die Peiniger werden durch diesen Kampf erhöht. Von machttrunkenen feigen Sadisten werden sie wieder zu Soldaten, die ihr eigenes Leben einsetzen.

Das Buch hat in Amerika ungeheures Aufsehen erregt und wirkt dort nicht gerade völkerversöhnend. Und bei uns? Hoffentlich wird es bald deutsch vorliegen, hoffentlich wird es viel gelesen und viel diskutiert. Natürlich werden wir nicht gern an die Verbrechen jener Jahre erinnert. Wir schweigen am liebsten darüber, teils aus bösem Willen, teils aber auch aus Scham. Doch sogar die Scham kann vergiften, wenn sie nicht durch das Gewissen aufgehellt wird. Welche Höllenmächte brachen damals aus unserem Volk hervor? Waren es Vorboten des Antichrist? Mit großen Worten soll man vorsichtig sein. Zum mindesten aber war das, was hier sichtbar wurde, der Anti-Mensch. „Die Menschheit muß die Anti-Menschheit vernichten, um nicht selbst ausgelöscht zu werden", sagt einer in dem Buch. Der Anti-Mensch geht in unserer Zeit um. Nicht nur bei uns. Überall. Der Mensch ist sein Opfer. Und der Jude das erste und nächste Opfer. Nicht wegen gewisser psychologischer Eigenschaften, die sich durch die Verfolgungen erst entwickelt haben, sondern weil er ausgesondert ist von Anbeginn. Man kann es in jeder Schulklasse beobachten: Wenn einer „anders" ist als die anderen, hat er alle gegen sich. Der Jude ist immer „der Andere". Ummauert. Die Mauer des Warschauer Ghettos, die die Juden unter ihren Zwingherren selber errichten mußten, ist symbolisch. Sie ist überall. „Die Juden", sagt bei John Hersey einer dieser Bauarbeiter, eines reichen Mannes Sohn, „mischen den Mörtel und legen die Steine und beklagen sich über die Mauer. Aber manchmal sind sie froh, sie zu haben. Anderseits sind es die Goyim, die die Juden zwingen, die Mauer zu bauen, und die das meiste Material dazu liefern." Und dann: „Es ist schwerer, die Mauer abzutragen als sie zu errichten. Wenn du die Mauer baust, ist der Mörtel weich. Wenn du sie einreißen willst, ist er hart und spröde geworden und hält zusammen." Wahrscheinlich wird es nie ganz gelingen, die Mauer abzutragen. Allen humanen Bestrebungen zum Trotz, die selbstverständlich notwendig sind. Merkwürdig ist nur, daß sogar die meisten Christen den Grund der Aussonderung vergessen: „Ich will dein Gott sein und du sollst mein Volk sein." Nur in Zeiten der Verfolgung wird sichtbar, daß auch der Christ ausgesondert ist. Unter der gleichen Forderung und Verheißung.

Annemarie von Puttkamer.

Zwischen Hölle und Erde

Anmerkungen zu Cocteaus Film „Orphée"

Eigentlich wird die innere Unsicherheit des Films durch nichts anschaulicher als gerade dadurch, daß seine Freunde bei jedem netten Streifen jubeln, nun endlich sei bewiesen, wie sehr auch der Film geeignet und berufen sei, das autonome, „zeitlose" Kunstwerk hervorzubringen. Ganz im Banne des Gedankens an Emanzipation leugnen die Verteidiger des Films seine Abhängigkeit von der Literatur; die Pflege des vielberufenen „spezifisch Filmischen" allein verbürge, daß der Film endlich zur Kunstform werde; und keinen Kummer macht man sich darum, ob die Filmtechnik und unsere Gegenwart überhaupt das Werden einer neuen, legitimen Spezies zulassen.

Der Film soll hier nicht gerade zum Aschenbrödel der Literatur gestempelt werden, wenn es auch nicht eben seine schlechtesten Produkte sind, die wir der Umschmelzung und Weiterführung literarischer Motive verdanken („Der blaue Engel", „Reigen", „Der dritte Mann"). Aber versteift man sich auf die „filmische Eigenart", so führt das offensichtlich zu einer gewissen Leere, zu nichts; wie uns die Reißer lehren, die gut gemacht, aber nicht gut sind. Ihnen fehlt jene Höhe der Einsicht und Aussage, ohne die Kunst nun einmal nicht ist, und vom „Panzerkreuzer Potemkin" bis zu den „Kindern des Paradieses" müssen sich diesem Gesetz auch die ernsthaftesten Versuche beugen.

Nur einmal hat sich das reine Medium Film zur großen Kunst überreden lassen, ja sie überhaupt ermöglicht: bei Chaplin, dem Einzigen. Er gab dem Kaiser, was Gottes ist; und besser als durch jeden von außen herangetragenen Maßstab merkt man angesichts seiner Wunder, wie die gegenwärtigen Erzeugnisse doch fast ausnahmslos das sind, was kein An- und Zuspruch verdecken kann: Pappmachée mit Lichteffekten.

Ob Chaplins Synthese des Geistes mit dieser Materie nur eine Stummfilm-bedingte Ausnahme war oder doch ein Ansatz, darauf haben wir imgrunde noch immer keine Antwort, trotz René Clairs charmanten Etüden poetischer Kameraführung, trotz Carol Reed auch und ganz gewiß trotz der immer denselben Brei zum Konsum präparierenden Filmindustrie, unserer geistigen Volksküche.

Man muß sich diese Dinge vor Augen halten, um Cocteaus Meisterleisung gerecht würdigen zu können. Von Tod, Liebe und Kunst angemessen zu reden, war bisher Privileg der Dichter, Philosophen und Theologen. Cocteau hat nun diese anspruchsvollsten aller Akteure vor seine Kamera geholt und sie — obwohl auch dieser Streifen wesentlich von Cocteaus gleichnamigem Theaterstück aus den zwanziger Jahren abhängt, — zum filmgewordenen bruchlosen Ganzen geeint.

Wenn die These vom Außerordentlichen dieser Konzeption und ihres filmischen Gelingens deutlich werden soll, dann muß man den gutgemeinten Ratschlag der „Erfahrenen" verwerfen, der lautet, man möge doch das Ganze nicht zu ernst und tiefsinnig verstehen, da es sich, erstens, nur um einen Film handele, der, zweitens, aus Frankreich kommt und nicht aus dem problemfreudigen Deutschland. Vielleicht aber gehört es gerade zum wesentlich Neuen dieses Films, daß er solcher Routine widerspricht, also eben nicht nur charmantes Bilderbuch extravaganter Figuren und Geschehnisse ist, sondern wirklich ein filmisches opus metaphysicum.

Davon ist freilich anfangs nicht viel zu merken; zunächst scheint es nur um künstlerisch-ästhetische Fragen zu gehen. Es wird deutlich, daß Orphée, der junge Schriftsteller, abzusacken droht in populäres Mittelmaß, kultivierte Edelnormalität. Zu genau weiß er, „wie weit er gehen kann" in seinen Produktionen, obwohl doch in der Kunst „kein Übermaß lächerlich" ist. Dieser Stagnation in billiger, erfolgbringender Volkstümlichkeit, die ihm denn auch die Verachtung seiner Kollegen einbringt, vermag den Dichter nur eines zu entreißen: die Berührung des Todes.

Ein scheinbar nur ästhetisches Problem wird von Cocteau jetzt um eine mächtige Stufe erweitert. Denn die Liebe der Todesbotin, die der Dichter erfährt, bedeutet hier nicht nur eine ungewöhnliche Liebesgeschichte schlechthin, sondern diese Begegnung öffnet Orphée die Augen für die bitter-tiefen Beziehungen zwischen Tod, Kunst und Leben. Jetzt begreift er, in welch einer Sackgasse er sich mit seinen bisherigen Werken befand. Seine Leidenschaft für die streng bizarren, scheinbar so sinnlosen, „unnützen" Radiomeldungen aus dem Totenreich ist Anzeichen dafür, daß er eingesehen hat, wie wenig die Prinzipien von Kunst und Form der Sphäre des Lebens entstammen, wie wenig sie mit Nützlichkeit und Lebensdienst zu tun haben. Das ist nicht ganz so absurd, wie es vielleicht scheint. Thomas Mann, der sagte, „daß der Pfeil des Schönen der des Todes und ewigen Sehnsuchtsschmerzes ist", und der von einer Seelenwelt der stolzesten Form und Todesstrenge sprach, die mit dem Leben nichts zu tun habe, oder Gottfried Benn, der die ästhetische, formale Sphäre und ihr Ethos preist und von dem „undurchdringlichen Modder der Zivilisationsgesinnung" redet, die „Ethos nur als Regelung sozialer Bindungen" sehen könne, — schon diese herausgegriffenen Beiden allein bestätigen deutlich die Echtheit des von Cocteau berührten Problems.

Aber das Leben? Orphée vergißt es über seiner Künstlerleidenschaft zum Tode. Er verliert die Beziehung zu seiner Eurydike, die das Leben symbolisiert, besonders, da sie etwas Lebendiges erwartet. Doch alles das ist nur Ausgangspunkt. Um Orphée ganz zu haben, läßt die Todesbotin Eurydike sterben; ohne Auftrag und wider das Gesetz. Cegeste, einer ihrer Begleiter auf diesem verbotenen Wege, muß dabei die offenbar notwendigen Radiomeldungen aussenden; in seiner Not wählt er Verse, die er noch zu Lebzeiten gedichtet. Aus dem Totenreich erlauscht sie Orphée, als eigene veröffentlicht er sie dann. So gerät er natürlich bei den Freunden des vermißten Cegeste in den schließlich todbringenden Verdacht, er habe mit dessen Verschwinden etwas zu tun, da er doch seine Verse stehle und veröffentliche. Diese komplizierte Fabel ist nur Unterlage für die entscheidendere Auseinandersetzung zwischen Tod, Leben und Kunst.

Eurydike hat also sterben müssen. Heurtebise, ein Helfer der Todesbotin, der in Eurydike das Leben so liebt wie Orphée in seiner Herrin den Tod, gibt Orphée die Möglichkeit, Eurydike zurückzuholen. Denn Orphée hat plötzlich begriffen, *was* er mit Eurydike verlor, so wenig er seine Liebe zur Todesbotin auch aufgeben kann. Ein Gerichtsurteil entläßt dann Orphée und Eurydike wieder zur Erde, wenn auch unter jener bekannten Bedingung, daß Orphée Eurydike nicht anblicken darf, — eine Strafe, die symbolisieren soll, daß er, weil er das Leben einst vergaß, nun es darum nicht ansehen darf. Doch das Unglück des verhängnisvollen Blickes geschieht, wie es geschehen mußte; Eurydike stirbt sogleich, auch Orphée wird getötet. Aber ein zweites Mal überschreitet die Todesbotin ihre Befugnisse, indem sie beiden das Leben noch einmal gibt.

Man hat gerade diesem Schluß eine unstatthafte Tendenz zu bequemer Beschwichtigung vorgeworfen, ihn damit aber gründlich mißverstanden. Imgrunde ist er die eigentlich grandiose Aussage des ganzen Films. Wäre viel gewonnen, wenn Orphée, dessen anfänglich rein ästhetisches Dilemma durch die Begegnung mit dem Tode zum wesentlicheren wurde, wenn dieser Orphée nun von seiner romantischen Todessehnsucht wieder zum lieben Leben zurückgeführt worden wäre durch die hochherzige, wenn auch ein wenig unmotivierte Freigabe der Todesgöttin? Was aber hat sie dazu bewogen, sich für den Dichter zu opfern?

Es ist das Verhältnis zwischen dem Menschen und dem Jenseits. Cocteau hat das von Orphée ersehnte Jenseits unvergleichlich gestaltet, den Eindruck der Strenge, des Verlassenseins nachdrücklich geprägt. Es ist ein Jenseits ohne Gnade. Kein phantastisch spukhaftes Nirwana, sondern ein Ort, der gerade deshalb so namenlos erschreckt und bestürzt, weil er, wenn auch aus den gängigen Vokabeln irdischer Außenwelt zusammengesetzt, „unheimlich" und fremd dasteht. Nicht rauschhaft majestätisch, sondern schmucklos, präzise, dennoch schattenhaft, so wie die Gerichtsverhandlung an Holztischen und das verfallene Gebäude. Der Dichter hat den Tod wohl ersehnen können, ihn auszuhalten hätte er nicht vermocht. Er ist nur ein Mensch. Hat er doch geantwortet, daß er seine Frau *und* die Todesbotin gleichermaßen begehre. Nein, als Mensch muß er wohl zu zwiespältig und schwach sein, um ein Jenseits auf sich nehmen zu können, wo in uneinsehbarer Hierarchie ein gnadenloser Mechanismus die Geschicke bestimmt, und wo es keine Wunder gibt („die geschehen nur bei euch"). Eine karge, vom strengen Reich umdunkelte Liebesszene, dann endet die Todesbotin ihren Traum, dann weiß sie, daß er unmöglich ist in solchem Jenseits, dann nimmt sie alles auf sich. Nun opfert sie sich und schickt gegen das Gesetz und zu ihrem und des Heurtebise grauenhaften, nur geahnten Verderben Orphée und Eurydike wieder zur Erde. Der Tod ist schwer. „Sie mußten wieder in ihren Schlamm zurück."

An diesem Schluß ist wahrhaft keine falsche Versöhnlichkeit zu tadeln. Denn die Rückkehr des Orphée zur Welt bedeutet ja gar keine Verherrlichung des Lebens, sie entspringt nur tiefem Grauen vor diesem — Kafkaschen — Totenreich. „Es ist nirgends angenehm, dort aber am wenigsten." Das ist ein Jenseits, welches vielleicht gerecht ist, aber anonym, mechanisch. Ein Jenseits, welches das Schuldbewußtsein und den verzweifelten Angst-Traum des gegenwärtigen Menschen widerspiegelt, ein Jenseits ohne Gnade, ein Jenseits ohne Golgatha.

Gerade aus diesem Punkte wird die vielberedete Annäherung der modernen Kunst an die Archaik denn wirklich einmal deutlich und greifbar, sie vollzieht sich am Menschen, der zwischen Erde und gnadenlosem Jenseits, also, das lehrt der Film eindrucksvoll genug, zwischen Hölle und Erde steht. Nicht mehr gibt es den persönlichen Gott hier, ein höheres, unerkennbares Wesen ist geblieben, das den Menschen vielleicht nur denkt, träumt, „als seinen bösen Traum".

Die Welt aber hat ihren Dichter wieder. Erst jetzt ihren wirklichen Dichter, nicht den, der seine vernünftige Gebrauchsprosa verfertigt, auch den nicht, den Todessehnsucht der Welt entfremdete, sondern den, der zum Leben den „schlimmen Weg" hat finden müssen. „Der Tod eines Dichters muß sich opfern, um den Dichter unsterblich zu machen."

Man ginge gewiß weit übers Ziel hinaus, wenn man diesen Film auch noch psychologisch interpretieren wollte, wenn man das Totenreich, das Orphée erlebt, nur als wahres Gesicht unserer Welt versteht, wie es eben nur die Dichter haben. Allerhöchstens wird man es, da es gleichsam aus den Trümmern unserer Welt erbaut ist, als Utopie jener letzten und furchtbarsten Konsequenz verstehen können, der wir vielleicht zusteuern.

Es ist keine Selbstironie, wenn ganz zum Schluß noch vor übertriebener Spekulation und Tiftelei gewarnt wird. Denn nicht seine wie immer wichtigen Tendenzen, sondern die Wahrheit und Eindringlichkeit des Ganzen machen den Wert eines Kunstwerkes aus und seine Unangreifbarkeit. Das Schaudern ist, wenn vielleicht auch nicht der Menschheit bestes, so doch ein gutes Teil, besonders dann, wenn hohe Schauspielkunst mit unübertrefflicher Regie und Kameraführung zusammenklingen zu einem Klange exquisiter Vollendung, wie wir ihn von der deutschen Filmindustrie allerfrühestens in zehn Jahren werden hören können.

Wer nicht so lange warten will und zudem lieber sicher geht, der muß sich schon Cocteaus „Orphée" ansehen. *Joachim Kaiser.*

Literatur über Literatur

Heinrich Spiero: „Geschichte des deutschen Romans". Verlag Walter de Gruyter, Berlin 1950, 590 Seiten, Leinen DM 24.—.

Georg Misch: „Geschichte der Autobiographie". Band I, 1; I, 2. Verlag Schulte-Bulmke, Frankfut/Main 1950, 712 Seiten, Halbleinen DM 39.—.

Paul Böckmann: „Formgeschichte der deutschen Dichtung". Band I. Hoffmann und Campe Verlag, Hamburg 1950, 700 Seiten, Leinen DM 32.—.

Emil Staiger: „Grundbegriffe der Poetik". Atlantis-Verlag, Zürich und Freiburg 1946, 190 Seiten, Leinen DM 11.50.

Emil Staiger: „Meisterwerke des 19. Jahrhunderts". Atlantis-Verlag, Zürich und Freiburg 1949, 246 Seiten DM 8.50.

Wolfgang Kayser: „Das sprachliche Kunstwerk". Einführung in die Literaturgeschichte. Verlag Francke (Leo Lehnen), Bern 1948, 438 Seiten, Ganzleinen DM 23.50.

Walter Porzig: „Das Wunder der Sprache". Sammlung Dalp. Verlag Francke, Bern 1950, 415 Seiten, Leinen DM 9.80.

Martin Heidegger: „Erläuterungen zu Hölderlins Dichtung". Verlag Vittorio Klostermann, Frankfurt/Main 1950, 144 Seiten, Leinen DM 8.50.

Marianne Schultes: „Hölderlin, Christus, Welt". Verlag Wewel, Krailling bei München 1950, 272 Seiten, Leinen DM 8.60.

Erich Przywara: „Hölderlin". Verlag Glock und Lutz, Nürnberg 1949, 180 Seiten, Pappband DM 4.80.

Heinrich Heine: „Mein wertvollstes Vermächtnis", herausgegeben von *Felix Stössinger. Manesse Bibliothek,* Zürich 1950, 630 Seiten, Leinen sfr. 12.20.

Gerhard Nebel: „Ernst Jünger, Abenteuer des Geistes". Marées Verlag, Wuppertal 1949, 378 Seiten, Leinen DM 9.80.

In den Bemühungen, die Werke der Dichtung literargeschichtlich zu deuten, spiegelt sich sehr klar die gegenwärtige Krise der Literaturwissenschaft wider. Eine Einigkeit über den Begriff des Kunstwerks besteht nirgendwo mehr. Infolgedessen bleibt jeder Begriff, dessen Bedeutung nicht vorher verabredet wird, eigentümlich verschwommen. Man muß die Dogmen der jeweiligen literarwissenschaftlichen Schulen schon im voraus kennen, will man ihre Werke verstehen. Eine Entscheidung, ob das Werk „gut" oder „schlecht" sei, darf man schon gar nicht erwarten. Nun könnte jemand behaupten, man brauche nur die Methoden der verschiedenen Richtungen zusammenzunehmen, um ein Urteil über ein Kunstwerk selbst zu bilden oder zu beurteilen. Aber weit gefehlt. Denn was so oft mit Nachdruck abgewiesen wird, nämlich das Urteil, das nicht vom Kunstwerk her begründet wird, ist doch in jedem der hier zu besprechenden Bücher von vornherein enthalten. Die jeweilige Methode scheint dem jeweiligen Verfasser schon eine besondere Nähe zum Sinn des Kunstwerks zu besitzen. Sobald man aber näher mit der Literatur über Literatur umgeht, zeigt sich, daß jede aesthetische Ordnung fehlt, die es erlaubte, die Werke in einen verbindlichen Zusammenhang einzugliedern; mit anderen Worten: die Wertunsicherheit unserer Zeit äußert sich folgerichtig auch in der Interpretation von Dichtung. Der Zug so vieler Literaturwissenschafter, jede philosophische Interpretation von Kunstwerken zu verwerfen, ja als Vergewaltigung abzustempeln, bestätigt nur diesen Sachverhalt.

Und doch führt jede immanente Bildung von Kategorien letztlich zum aesthetischen, also philosophischen Begriff. Wo dieser Schritt nicht vollzogen wird, da wirklich nur aus einer elementaren Unsicherheit, die sich selbst als eine Art von guter Askese auslegt, ohne ihren Mangel an Folgerichtigkeit verbergen zu können. Wie sehr solche Folgerichtigkeit aber gefordert wäre, das zeigt allein die Wirkungsgeschichte von Dichtung. Denn als wirkende muß sich Dichtung in ihrem Rang und Auftrag immer neu bewähren. Man mißverstehe mich nicht dahin, als ob ich ein *System* der Aesthetik fordern oder gar grundlegen möchte, von dem aus dann die Erscheinungen beurteilt werden; das wäre sowohl unsachgemäß als auch unsinnig. Nein, die Erforschung der Literatur selbst, ihre Deutung und Wertung führt in ein Gewirk philosophisch sich ausweisender Zusammenhänge, die alles vorgängig Gefundene als ein Ganzes erhellen und ihm damit seine eigentliche Würde verleihen. Wenn Kunst (wie wir glauben) mit dem Schönen zu tun hat, das „Abglanz des Wahren ist", heißt das aber, daß sie nicht abzulösen ist von der Wahrheit, die in ihr in die Form eingeht und selbst Form wird. Und diese Wahrheit ist nicht zu trennen von der Gesellschaft, in deren Ordnung Literatur ihren Platz hat, und diese Wahrheit ist als fortschreitend wirkende im Gang der Geschichte existent. So ist jede Dichtung verknüpft mit ihrer Vergangenheit, Gegenwart und Zukunft. Das führt zu einem weiteren Gesichtspunkt der literarwissenschaftlichen Arbeit, der hier gestreift werden muß, damit die später dargestellten Bezüge zwischen den besprochenen Büchern klar werden: daß nämlich Bücher zu „Kulturgütern" werden, daß sie neutralisiert werden (diesen Begriff hat Th. W. Adorno eingeführt). Kunstwerke teilen das Schicksal des selbstentfremdeten Menschen, sie sind nicht mehr zu deuten, sowie man versucht, sie um ihren Anspruch zu betrügen, daß sie die Wahrheit sagen. Wenn man sich der Forderung entzieht, das Leben zu ändern und die gesellschaftlichen Verhältnisse zu formen (die immer, und sei es noch so mittelbar, in ihnen angelegt ist), verliert man den Zugang zu ihnen, sie werden Objekte musealer Pflege und sind entmächtigt. Ihre Rache ist ihre Unbegreiflichkeit, die in den krampfigen Beschwörungsversuchen der Literaturverwalter nur umso offenbarer wird.

Ich will mit einem typischen Beispiel beginnen, mit der „Geschichte des deutschen Romans" von Heinrich Spiero. Dies Werk ist von geradezu verblüffender „Wertfreiheit". Die Solidität und der Fleiß, mit der das Buch gearbeitet ist, sind zwar ungeheuer. Ja zur Zeit Wilhelm Scherers und seiner positivistischen Schule wäre es eine respektable Leistung gewesen, — heute ist es ein Anachronismus. Denn wir erfahren weder, was nun eigentlich Roman, Erzählung und Novelle sind, noch, wie sich ihre Formen entwickelten und wie sich ihre gesellschaftlichen Voraussetzungen und Wirkungen darbieten. Vielmehr begegnen wir einer Fülle von Namen und Titeln, die den Leser erschlägt. Dort, wo Spiero schüchterne Ansätze machte, den Stoff anders als im bloßen zeitlichen Ablauf zu ordnen, wird das Ergebnis unzulänglich. Es ist ja schon grotesk, wenn Gutzkow, dem Haupt der „jungdeutschen Bewegung", etwa zehn Seiten gewidmet werden, während der vielleicht bedeutsamste Prosaist seit Goethes Tod, Adalbert Stifter, auf anderthalb Seiten abgehandelt wird. Man erfährt zwar, was Jakob Philipp Fallmerayer, Ludovica Hesekiel und viele andere „Kleinmeister“ und Schreiber verfaßten, sucht aber vergebens Auskunft darüber, wie sich, um nur ein Beispiel zu nehmen, die Lehr- und Wanderjahre im „Wilhelm Meister“ scheiden und wie sie dennoch zusammengehören. Die große Bedeutung, die Kleists Erzählungen zukommt, (und der Sinn dieser Bedeutung) wird schamhaft verschwiegen. Spiero stellt lediglich fest, wo romantische Züge vorliegen, und wo es beim Dichter Humor gibt. Spieros Werk mag ob seiner Inhaltsangaben für Examenskandidaten nützlich sein, für eine intensive Beschäftigung mit der Literatur ist es untauglich.

Ähnlich wie Spiero untersucht auch Georg Misch eine bestimmte Form der literarischen Aussage: die Autobiographie. In den ersten beiden Bänden seiner „Geschichte der Autobiographie“, die er jetzt in dritter, vermehrter Auflage vorlegt, steckt ein großer Teil der Lebensarbeit des Forschers. Aber wie anders sieht hier das Ergebnis aus. Misch, Schüler Diltheys und Anhänger dessen geisteswissenschaftlicher Methodik, klärt zuerst den Begriff der Autobiographie, den er verwendet, er zeigt die Wandlungen auf, die dieser Begriff seit seiner Formulierung in der Aufklärung mitmachte, und kommt zu einer ebenso genauen wie diffenzierten Aussage über das, was Selbstbiographie im Sinn seines Werks ist: literarische Selbstaussage von Menschen, ermöglicht durch menschliches Selbstbewußtsein, und Zeugnis für die Entwicklung dieses Bewußtseins in der Geschichte. Das ist eine weite Definition und eine übersichtliche zugleich, der Stoff aber, der ihr zu Grunde liegt ist fast unübersehbar. So ist es nicht verwunderlich, wenn Misch am Ende seiner beiden Bände gerade zu Boethius gelangt ist (angefangen vom Alten Orient über Griechenland, Israel bis zum Untergang des römischen Reichs). Aber sein Werk gehört, zumal in der jetzigen, sehr erweiterten Fassung, zum Rüstzeug wissenschaftlicher Auseinandersetzung mit Problemen und Geschichte menschlicher Selbstauslegung im literarischen Zeugnis, und es geht darüber hinaus jeden geistig Interessierten an.

Einer ganz anders gearteten literargeschichtlichen Arbeit begegnen wir in Paul Böckmanns „Formgeschichte der deutschen Dichtung“, deren erster Band 1950 erschien. Böckmann unternimmt es, an Hand der Formkonstanten und Formwandlungen die Strukturen der Literatur als menschliche Strukturen aufzuzeigen. Es geht also darum, einen innerliterarischen Standort festzulegen. Das Ziel dieser Betrachtungsweise ist, dichterische Werke der Vergangenheit aus ihrer Formanalyse verständlich zu machen, also der Neutralisation zu begegnen. Und hier beginnt die Tragik von Böckmanns Arbeit. Gerade in dem Bemühen, dichterische Form zu erhellen, wird das Problem noch schärfer. Nicht nur, daß Böckmanns schwieriger und oft weitausholender Stil es erschwert, in den Stoff einzudringen, die analysierten Dichtungen selbst öffnen sich nicht völlig in einer Betrachtung der Form. Nur wo Böckmann (wie allerdings oft) die gesellschaftlichen Bedingtheiten einbezieht und auch die Wirkungsgeschichte einer Dichtung untersucht, wird der Blick frei auf diese selbst. Auch ist eine These „Von der Sinnbildsprache zur Ausdruckssprache“, die er freilich mit guten Gründen vertritt, belastet durch ein bei jedem Leser verschiedenes Vorverständnis von „Sinnbild“ und „Ausdruck“. Ohne Zweifel ist es richtig, Symbol und Sinnbild als imgrunde nur der sakralen Sphäre angemessen und dann allerdings literarisch umgeprägt zu behandeln. Was aber die Kategorie des Ausdrucks wirklich zur Aufklärung der verwickelten und vielfach bedingten Formstrukturen leistet, wird erst der zweite Band, der das 19. und 20. Jahrhundert behandeln soll, ausweisen müssen. Aber auch jetzt schon bleibt ein beachtlicher Beitrag zur Erkenntnis literarischer Formverflechtung. Zudem sind viele Einzelanalysen so gut und treffend, daß sie den Wissenschafter wie den Freund der Dichtung zum vertieften Verständnis führen.

Emil Staiger geht wieder andere Wege. In seinen „Grundbegriffen der Poetik“ wird der Versuch gemacht, die Gattungsbegriffe, uraltes Erbgut jeder Beschäftigung mit Dichtung, neu zu begründen. Und, um es vorwegzunehmen, dieser Versuch ist gelungen. Staiger prüft die Formen des Lyrischen, Epischen, Dramatischen als die Grundformen des Dichtens im Abendland, die letzten Endes auf menschlichen Daseinsmöglichkeiten schlechthin aufgebaut sind. Zuerst sucht Staiger die Arten dort auf, wo sie am reinsten sich äußern: im Lied (nicht umsonst kommen die Beispiele immer wieder aus der Romantik), in den Epen Homers, in der theoretischen Erörterung des Dramas (vornehmlich bei Goethe und Schiller) und den Schauspielen Kleists. Die dort gefundenen Typen werden in den Kategorien der Philosophie Heideggers tiefer begründet. Der straffe Gedankengang und die dichte Darstellung lassen ein ganzes Gebäude ohne

Mauerfugen erstehen. Wie hier dem lyrischen Stil das Erinnern zugewiesen wird (das sich in eins setzt mit dem, was erinnert wird), dem epischen die Vor-stellung (das Beschauen und Beschreiben aller Weltdinge, die Gegenstand sind) und dem dramatischen die Spannung (die alles hinzielen macht auf das Ende, welches im Anfang angelegt ist und sich im Verlauf entfaltet), das ist ebenso erstaunlich wie einsichtig. Das Buch gibt keine unmittelbaren Merkmale an die Hand, um über den Wert einer Dichtung zu entscheiden, aber es vermittelt anderes: es leitet an zum Strukturverständnis von Dichtung, es schärft den Blick für das Dichterische eines literarischen Produkts und schafft so erst die Voraussetzung dafür, Urteile im Überdenken zu formen. Das Buch zeigt den Weg in einen Bereich, in dem Dichtung als lebendiger und fordernder Ausdruck menschlicher Gemeinsamkeit (oder Entzweiung) wirkt. Wie tragfähig die Erkenntnisse des schweizer Interpreten sind, erweist sein anderes Werk „Meisterwerke des 19. Jahrhunderts", in welchem er nun selbst deutet. Diese Darstellungen gehören zum Besten, was an Interpretation in den letzten zehn Jahren veröffentlicht wurde. Staiger hält sich eng an die Texte, und solche Stücke wie jene über Goethes „Novelle" oder Hofmannsthals „Der Schwierige" sind an redlicher Behutsamkeit und eindringlicher Erhellung kaum zu überbieten.

Und doch enthüllen gerade diese Arbeiten auch Staigers Grenze. Er verbietet sich selbst, Folgerungen zu ziehen aus seinen Erkenntnissen, Folgerungen im Sinne des „Du mußt dein Leben ändern", welches der Anblick eines archaischen Torso Rilke eingab. Dies Verfahren ist bei Staiger wohl gerechtfertigt, denn er interpretiert so klar, daß die Folgerungen vom Leser selbst gezogen werden können. Aber diese Art zu schreiben ist an den Autor gebunden. Jede weniger konzentrierte und mit weniger Sinn für Hintergründe begabte Intelligenz, die einfach die Art übernähme, geriete fast notwendig in einen unverbindlichen Impressionismus. Staigers Bücher sind Einzelleistungen, sie begründen keine Methodik.

In Wolfgang Kaysers Buch „Das sprachliche Kunstwerk" begegnet uns die ganze Problematik des Sprechens über Literatur in konzentrierter Form. Kayser nennt sein Werk „Einführung in die Literaturwissenschaft", und das ist es auch. Von den einfachsten Elementen, analytischen Grundbegriffen des Inhalts, des Verses, der sprachlichen Formung, des Aufbaus über die Formen der Darbietung bis zu den synthetischen Begriffen des Gehalts, des Rhythmus, des Stils und der Gattung wird nichts versäumt, was zur Klärung literarischer Forschung gehört. In einer gleichzeitig gelassenen und sehr genauen Weise wird das alles vorgeführt, an Beispielen aus den verschiedenen europäischen Literaturen erläutert und eingebaut in eine Zusammenarbeit der Forschung, die das Ganze der Dichtung öffnen soll. So stellt sich der erste Teil als ein Versuch dar, die Poetik, die Lehre von den Formen dichterischen Sprechens, auszubreiten, ja die Elemente der alten normativen Poetik aufzufangen und zu retten in ein Gefüge, das, weiter als sie, dem Alten ein Recht läßt. Im zweiten Teil geht der Verfasser (und zwar vom sicheren Boden des vorher Gewonnenen) die Fragen der Interpretation an und sucht sie in genauen Unterscheidungen und Hinweisen zu lösen. Was dabei über den Begriff des Stils gefunden wird, ist sehr wesentlich. Und doch bleibt am Ende eine Unsicherheit bestehen: daß eine Aesthetik fehlt, ist auch in diesem methodisch glänzenden Werk nicht einzuholen. Allerdings, wenn irgendwo, dann wurde hier ein Stück Vorbereitung geleistet. Und so schließt Kayser sein Buch mit dem in berechtigtem Stolz vorgetragenen Gedanken, daß nach allem, was bei ihm gesagt wurde, auch die philosophische und soziologische Deutung feste Fundamente fände. Insofern ist Kaysers Arbeit wirklich wegweisend, und mit seinem und Staigers Namen verbinden sich viele große Leistungen auf dem Gebiet der Literaturwissenschaft in den letzten zehn Jahren. Aber mit ihnen ist auch gleichzeitig ausgesprochen, wo die Forschung steht: selbst der glänzendste Versuch einer Methodik scheitert, und die Deutungen der Verfasser sind allemal beweiskräftiger als ihre Theorien.

Wer aber, gleichsam als Ergänzung zu den hier besprochenen Büchern über die sprachliche Forschung sich unterrichten will, der soll zu Walter Porzigs „Das Wunder der Sprache" greifen. In diesem Bändchen der ausgezeichneten Sammlung Dalp des schweizer Verlags Francke wird übersichtlich alles dargeboten, was in den Bereich der Wissenschaft von der Sprache fällt. Porzig gibt ohne falsche Ansprüche auf „neue" Erkenntnisse einfach über Stand und Probleme der Wissenschaft Auskunft in verläßlicher Form und erfüllt damit eine Aufgabe.

Immer wieder wird die literargeschichtliche Problematik in Einzeluntersuchungen über bestimmte Dichter sichtbar. Dabei ist es nicht zufällig, daß gerade Hölderlin eine besondere Stellung einnimmt. Immer wieder seit seiner Neuentdeckung reizt er die Interpreten zur Auslegung, und das Gespräch über das Wesen seiner Dichtung fordert von Jahr zu Jahr neue Opfer. Umso notwendiger ist, genau zu scheiden. Von Martin Heidegger liegen jetzt seine „Erläuterungen zu Hölderlins Dichtung" gesammelt vor. Jeder Kenner dieses Philosophen weiß, wie sehr sich Heideggers Seinsverständnis in diesen Erläuterungen niedergeschlagen hat. Für ihn ist Hölderlin der „Dichter des Dichters" als solcher besonders geeignet, befragt zu werden nach dem, was Dichtung für den Menschen ist. Sie ist Andenken. „Das stiftende Wohnen des Dichters weist und weiht dem dichterischen Wohnen der Erdensöhne den Grund". Das Zitat weist deutlich genug auf den Ort hin, von dem aus Heideggers Bemühungen, Hölderlin zu begreifen, gerechtfertigt sind: auf seine Philosophie nämlich, auf die einzugehen hier nicht der Platz ist. Jede Beschäftigung mit Heideggers Hölderlin-Interpretationen aber wird die Bedeutung Hölderlins klarer werden lassen. (Vielleicht wird seine Art zu deuten sogar zu einer neuen Methode führen, die Kunst Staigers und einiger anderer scheint das jedenfalls nahezulegen.) Hölderlin ist es auch, der Marianne Schultes („Hölderlin, Christus, Welt") und Erich Przywara („Hölderlin") beschäftigt. Schultes geht das religiöse Problem an, das in Hölderlins Dichtung beschlossen ist. Es wird als tragend erkannt und als wegweisend angesehen im Hinblick auf eine fällige „Rettung des Abendlandes". Bei aller Richtigkeit im Detail erweckt doch die ganze bemühte Arbeit den ein wenig peinlichen Eindruck, als solle Hölderlin nun unbedingt zum Katholiken erklärt werden, was er, bei aller Nähe der Ausdrucksform, gewiß nicht war. Das Buch gehört zu den heftigen Apologien, deren Gefahr immer darin besteht, daß all ihre guten Züge untergehen, weil sie allzusehr an das Stoffliche einer Dichtung gebunden sind. Jedenfalls sind die Äußerungen der Autoren über das, was katholisch ist, stichhaltiger als über das, was Hölderlin ist.

Przywaras Deutung, in lauter kleine, fast aphoristische Kapitel aufgeteilt, ist dagegen gewichtiger. Seine Hinweise, und darum handelt es sich, sind alle wert, ernstgenommen und durchdacht zu werden. Hier wird auch das Christentum Hölderlins (das sicherlich niemand als wesentliche Komponente bestreiten kann) ins rechte Licht gerückt. Besonders die Rolle, die dem Evangelisten und Apokalyptiker Johannes im Werk des Dichters zukommt, ist gut herausgestellt. Allerdings erweist der Verlag dem Verfasser keinen Dienst, wenn er verkündet, Przywaras kleine Essays seien „die Hölderlin-Deutung schlechthin". Hier sei nochmals auf Staigers „Meisterwerke" hingewiesen, in deren Hölderlin-Aufsätzen die Seite der Form, die in den drei andern Versuchen fast fehlt, eingehend behandelt wird. Gerade die Hölderlin-Deutung zeigt die Schwierigkeit angemessenen Verstehens besonders klar. Keine der besprochenen Interpretationen ist erschöpfend, aber auch ihre Summe sagt nichts Endgültiges aus. (Am ehesten noch sagt Heidegger, was Hölderlin für *unsere* Zeit sein kann.)

Felix Stössinger hat in seiner Manesse-Bibliothek eine sehr eigenwillige Auswahl von Heines Gedichten und Schriften veröffentlicht, die sich erst in ihrer ausgezeichneten Planmäßigkeit ganz öffnet, wenn man den einleitenden Essay des Herausgebers gelesen hat. Dann allerdings begreift man, wie notwendig eine solche thematisch geordnete Auswahl gerade bei Heine ist. Vielen Deutschen, die von diesem Dichter nur einige Gedichte kennen, ist es schleierhaft, wieso er im Ausland so hohen Ruhm ernten konnte. Nun, einer der Gründe für dies Staunen, nämlich die Unkenntnis, wird hier aufgedeckt. Außerdem ist Stössingers Essay seit langer Zeit die erste erwähnenswerte Arbeit über Heine. Systematisch geht er der geistigen und formalen Struktur von Heines Werk nach. Er zeigt vor allem auch das philosophische Element und den moralischen Antrieb seines Dichtens. Dies Buch sollte dazu beitragen, verständliche, aber haltlose Vorurteile zu beseitigen und den Blick freizumachen auf den leidenden und leidenschaftlich um den Menschen besorgten Dichter, den die Maske des Spötters nur schlecht verdeckte.

Den Beschluß möge ein Hinweis bilden auf ein Buch des zornmütigen Gerhard Nebel über seinen Meister Ernst Jünger. Nebel spricht aus einer gründlichen Kenntnis des Menschen und seines Werks. Gerade das sollte ihn zur Sachlichkeit veranlassen. Aber — das Buch ist sehr unterschiedlich. Stellen von erstaunlicher Klarheit und Einsicht wachsen mit solchen, die im Metaphernschwulst untergehen. Dadurch verraten sie die Faszination durch einen überlegenen Geist, dem eine Metaphysik angedichtet wird, die in dieser begrifflichen und gedanklichen Wirre Jünger nie eignete. Vor jedes Kapitel stellte Nebel eine Anzahl Auszüge aus Jüngers Werk, meist kurze Zitate, die erst im Gang der Darlegungen Beweiskraft gewinnen sollen. Die Heftigkeit der Attacken gegen Andersdenkende bringt Nebel um die Wirkung, die weiten Teilen des Buches sonst zukämen. Obwohl Nebels Buch keine erfreuliche Lektüre ist, so bleibt es doch vorläufig noch für jede eingehende Beschäftigung mit Jünger unumgänglich.

Dieser Gang durch die Literatur über Literatur ließe sich noch sehr verlängern, das Ergebnis bliebe doch das gleiche. Es zeigt sich, daß die Problematik der Interpretation, von der wir eingangs sprachen, und die uns im Verlauf dieses Berichts immer wieder begegnete, nur ein Teil ist von jener großen Problematik, in der die Selbstentfremdung des Menschen sich darstellt. Die Bemühung um Dichtung kann sich nicht aus der Gesamtsituation des Geistes herauslösen, wo doch die Entzweiung und das Bestehen eben dieser Entzweiung die einzige Gemeinsamkeit ist, die noch besteht — wenn wir von der im Glauben absehen.

So ist das Bild zuletzt das der Anstrengungen von Menschen, die in der Dichtung etwas von der Versöhnung wahrnehmen. Das aber verschwindet und wird verfehlt, wo Deutung vereinfacht, verfälscht oder inkonsequent wird: dann schließen sich die Kunstwerke zu und werden zu starren Fetischen.

Roland H. Wiegenstein.

Ziemlich wahllos herausgegriffen

Rex Warner: „Der Flugplatz". Roman. Universitas-Verlag, Berlin 1950, 288 Seiten, Leinen DM 9.80.

Howard Clewes: „Das Kind des Diktators". Roman. J. G. Cotta'sche Buchhandlung Nachfolger, Stuttgart 1950, 392 Seiten, Leinen DM 9.50.

John P. Marquand: „Das Leben ist zu kurz". Roman. Rascher-Verlag, Zürich 1947, 546 Seiten, Leinen DM 15.80.

Wallace Stegner: „Keiner bleibt allein". Roman. C. Bertelsmann Verlag, Gütersloh 1950, 241 Seiten, Leinen DM 3.85.

Filip de Pillecyn: „Leda, Liebe eines Sommers". Karl Glöckner Verlag, Bonn 1950, 214 Seiten, Leinen DM 6.80.

Allerorts wird bejammert, daß eine breite, gediegene deutsche Unterhaltungsliteratur fehlt. Automatische Folge dessen ist das große Angebot von Übersetzungen. Die Vermutung läge nahe, daß der Vorteil der Nachlese (durch den zweiten Verleger) aus der Not der leeren Schubladen eine Tugend der angebotenen Importe macht. Dazu reichen aber anscheinend die Kräfte der Übersetzer und Lektoren nicht immer im wünschenswerten Umfange aus. (Diese Feststellung beschränkt sich keineswegs auf die deutsche Buchproduktion.) Aus dem breiten Strom der Übersetzungen sind hier fünf Romane recht zufällig zu Nachbarn geworden. Vier davon haben außer dem Umstand, daß sie Übersetzungen sind, den Platz im Bereich der ernsten Unterhaltungsliteratur gemeinsam, der fünfte erfüllt lediglich die erste Voraussetzung.

Der Engländer Rex Warner ist seit der Veröffentlichung von „Wenn keine andre Stimme spricht" bei uns nicht mehr unbekannt. Sein neuer Roman „Der Flugplatz" hat schon einige sehr zustimmende Kritiken erhalten. Man hat ihn neben die Werke Kafkas und Jüngers gestellt. Das dürfte nun doch ein wenig übertrieben sein. Denn wo zeigt er etwa die Unerbittlichkeit von Kafkas Gedankenführung? Während Kafka, exakt abzirkelnd, die anonymen Mächte ausspart und abgrenzt, gibt Warner unscharfe oder wenig überzeugende Gegenüberstellungen. Und vergleicht man die Figur des Vizemarschalls mit dem Oberförster aus den „Marmorklippen", so verblaßt jener revolutionäre Militär zu einem gestaltlosen Schemen. Die Symbolkraft des mit mythischen Eigenschaften ausgestatteten, nur aus der Distanz zum Unheimlichen gezeichneten Oberförsters wirkt weitaus eindringlicher als diejenige des so ausführlich geschilderten modernen Terroristen.

Warner erzählt in der Ich-Form die Geschichte eines harmlosen Landjungen, der durch die Enthüllung seiner schuldverquickten Abkunft und durch sein eigenes Verschulden aus seinem naturverhafteten Lebenskreis in das feindliche Lager des „Flugplatzes" gerät, dort in jeder Hinsicht Karriere macht, aber wieder zur alten Heimat zurückfindet. Hier erwartet ihn eine morsche Welt und die sehr zerbrechliche Neigung eines gebrechlichen Mädchens. Bücher dieser Art pflegen unbefriedigend zu enden. In dieser Hinsicht hat der Autor keinen Vergleich zu fürchten.

Warners Landsmann Howard Clewes wählt auch eine absichtlich im Ungewissen belassene Szenerie. Können wir bei Warner einen der englischen Landschaft vergleichbaren Schauplatz annehmen, so haben wir bei Clewes ein aus mittelmeerischen und alpenländischen Elementen gemischtes Utopia vor uns. Der Autor verdichtet mit Hilfe einer brillanten Fabel seine Eindrücke aus der Besatzungszeit. Im Gegensatz zu Malaparte, der in „Die Haut", nicht zuletzt durch das Schema des Erlebnisberichts, über das Ziel hinausschießt, versucht Clewes, die Zustände unter und innerhalb der Besatzungskommission, nur leicht ironisierend, vom Standpunkt des leidenschaftlosen Erzählers aus zu treffen. Daß in der besetzten Stadt ein kleiner Junge auftaucht, der das Kind des ehemaligen Diktators und der nunmehrigen Protokollsekretärin der Kommission ist, steigert die allgemeine Kopflosigkeit zu großer Verwirrung. Ein gescheiter Modellfall, an dem Clewes fast alle Erscheinungen einer Massenpsychose zu demonstrieren versteht. Man nimmt dafür manche Schwäche des Buches in Kauf. Einige Rück- und Einblendungen überschreiten den notwendigen Umfang des retardierenden Moments und spannen so den vorzüglichen Novellenstoff in das Prokrustesbett des Romans. Wie konnte aber der Autor den Fehler begehen, die dämonische Realität zu durchbrechen, indem er den Knaben Wunder vollbringen läßt, indem er also eine pseudoreligiöse Irrealität einführt? Dieser Stilbruch nimmt dem Buch viel von seiner Bedeutung. Er ist ein Musterbeispiel dafür, wie ein falsches Mittel um die richtige Wirkung bringen kann. — Der Verlag schickt dem Roman ein „Wort über Howard Clewes" von Ernst Glaeser voraus. Es ist nicht einzusehen, weshalb Klappentexte, und seien sie noch so treffend, nun auch in den Büchern zu finden sein sollen. Hiergegen seien Bedenken angemeldet, bevor derartige gutgemeinte Leseanweisungen durch Gewohnheitsrecht aus einer Unsitte zum Brauch sich entwickeln.

John P. Marquand bedarf wohl keiner Empfehlung mehr. Wie hübsch ausgestattet und köstlich übersetzt war „Der selige Mr. Apply", die gültigste und liebenswerteste Darstellung des Lebens im konservativen Boston. Die Vorzüge jener Übertragung werden einem wehmütig bewußt, wenn man die Übersetzung von „So little Time", einem bestseller von Rang, in die Hand nimmt. Aber ein paar Schönheitsfehler können dem Buch nicht viel antun. Marquand ist ein gescheiter Beobachter und ausgezeichneter Erzähler, dem man auch durch 550 große Seiten gern folgt. Er besitzt das Geheimnis einer, man könnte sagen, herzlichen Spannung. Seine Pointen setzt er ganz sacht, er wird nie reißerisch, verschmäht aber auch den Kunstgriff des Unterspielens. Es fällt schwer, seine Stilmittel aufzuzeigen, da er sie überlegen beherrscht. Die Ironie gehört dazu, aber sie wird so wohldosiert verwendet, daß sie niemanden verletzt. Die Geschichte des Jeffrey Wilson ist für den europäischen Leser von besonderem Interesse, weil sie eine kluge Darstellung der Zeit kurz vor dem Eintritt Amerikas in den Zweiten Weltkrieg gibt. Jeffrey, Journalist und dann Theatermann, der Manuskripte und Drehbücher zurechtstutzt, hat die Chance, selbst ein erfolgreicher Stückeschreiber zu werden, verpaßt. Er war im ersten Krieg mit dabei und sieht nun seinen Sohn in den zweiten ziehen. Den Pessimismus, der Bücher mit ähnlicher Thematik oft durchzieht, reduziert Marquand auf die Resignation des „so little time". Sicher gezeichnete Randfiguren und Nebenepisoden geben dem Roman die unterhaltende Fülle. Der Aufgabe des Dichters, ein Stück Welt widerzuspiegeln, entledigt sich Marquand auf elegante Weise.

Bereits in Deutschland durchgesetzt hat sich Wallace Stegners „Keiner bleibt allein". Es war ein guter Griff des Verlages, dieses klare, saubere, menschliche Buch in einer tüchtigen Übersetzung vorzulegen. Die zünftig-allzuzünftige Literaturkritik vernachlässigt zu Unrecht manchmal ein wenig die Verlage, die seit Jahrzehnten für gediegene Gebrauchsliteratur sorgen. Diese Verlage arbeiten jedoch auch in erster Linie für ein Publikum, dem es nicht vorwiegend um das Neueste vom Büchertisch zu tun ist. Stegners Roman spielt zur Zeit des Ersten Weltkriegs. Der junge Dichter Vickers, gasvergiftet vom europäischen Kriegsschauplatz nach Kanada heimgekehrt, macht sich, ein kleiner Robinson, an eine Art privater Landnahme im dünnbesiedelten Saskatchewan. Die Gefahr der Romantisierung des Pionierlebens wird geschickt vermieden, die Geschichte der Genesung und Bewährung des fast Verzweifelten sehr sorgsam mit einer traurig-zarten Romanze verknüpft.

Für den Roman „Leda, Liebe eines Sommers" von Filip de Pillecyn ist schon der Klappentext aufschlußreich: „Das ewige Verhältnis des Mannes zwischen zwei Frauen wird hier auf eine seltsam schöne Weise angerührt ... Alle Menschen, die in dieser Geschichte spielen, sind Menschen von einer geradezu königlichen

Haltung dem Leben gegenüber. Sie haben die Haltung, die dem spätgeborenen Menschen des Abendlandes angemessen ist.“ Mit diesem Zungenschlag angepriesen, wär's also das ideale Lesefutter für schwärmerische höhere Töchter, jene angeblich ausgestorbene Spezies. Kritisch betrachtet, ließe sich's so analysieren: ein Absud aus den sentimentalen Kräutlein, die bisweilen beim großen Waldgeist Hamsun wucherten, versetzt mit parfümierten Teeblättern, die der Herrenreiter Binding gelegentlich verwendete. Ort der Handlung: eine keimfreie Jacobsen-Landschaft. Zeit: musealer Spätfeudalismus. In summa: gemütvoller Edelkitsch. Derlei mag seine Berechtigung haben. Aber müssen wir's auch noch importieren?

Peter Stadelmayer.

Mitteilungen

Zu den Beiträgen dieses Heftes

Die Monatszeitschrift „La Nef“ erscheint in Paris seit Kriegsende unter der Leitung des Essayisten Robert Aron und von Lucie Faure, der Frau des gegenwärtigen Budgetministers. „La Nef“ heißt zu deutsch „Das Schiff“; N. E. F. ist aber auch die Zusammenfassung der Anfangsbuchstaben von „Nouvelle Equipe Française“.

Während die Zeitschrift in den ersten Nachkriegsjahren vor allem literarische Beiträge veröffentlichte, ist sie in den letzten Monaten mit großen, je einem Gesamtthema gewidmeten Sondernummern hervorgetreten: „Almanach surréaliste du demi-siècle“ (Surrealistischer Almanach des Halbjahrhunderts), „La Radio, cette inconnue“ (das unbekannte Radio), „L'Humour Poétique“ (Dichtung und Humor), „Tableau Politique de la France“ (Politische Übersicht über Frankreich). Aus der zuletzt erwähnten Nummer, an der Politiker, Journalisten, Historiker und Beamte aller Schattierungen mitwirkten (Gaullisten, Kommunisten, Sozialisten, Linkskatholiken, Konservative, Trotzkisten, Liberale, Parteilose —), ist der Beitrag von Joseph Rovan entnommen, den wir in diesem Heft bringen. Die allgemeine Haltung der Zeitschrift könnte mit einigem Recht als ein linksgerichteter freier Humanismus gekennzeichnet werden.

Der Beitrag von Helmut Lindemann *„Evangelische Europa-Politik?“* ist durch die Europa-Tagung angeregt, die im Juni auf Initiative der „Evangelischen Forschungsakademie Christophorus-Stift“ in Hemer i. W. und der Ökumenischen Zentrale Frankfurt in Königswinter stattgefunden hat. Die Zusammenkunft sollte klären, ob und wie die evangelische Kirche zur europäischen Einigung Stellung zu nehmen hätte. Es war eine deutsche Konferenz auf ökumenischer Grundlage, die von evangelischen Christen aus vielen Ländern besucht wurde. Die Teilnehmer waren nicht als Vertreter bestimmter Kirchen oder Institutionen eingeladen, sondern hatten allein für ihre Person zu sprechen.

Die Tagebücher von Franz Kafka, aus denen wir, mit freundlicher Genehmigung des Verlages, einen Auszug veröffentlichen, erscheinen demnächst im S. Fischer Verlag, Frankfurt am Main.

Geschichtsklitterung

Mancher Leser wird sich wundern, wenn er (VI, 5/353) von der „fruchtbaren Symbiose“ zwischen dem Aufenthaltsland und „der Judenheit des Spaniens vor 1942“ liest. Es wird sich vergeblich zu erinnern versuchen, ob etwa Franco — ähnlich wie Mussolini — sich in den Sog des Hitlerschen Rassenwahns hineinziehen ließ. Mitnichten: Das Jahr *1492* war nicht nur das der Entdeckung Amerikas durch Kolumbus, sondern auch das der Austreibung aller Juden aus Spanien (man liest von 300 000). Zuvor schon hatte die Inquisition unter *Torquemada* (er wurde auf Seite 350 in „Torquemala“ verstümmelt) die Juden grausam verfolgt. (Klagt der Verfasser Max Stier: „Oh, wenn doch die Setzer nur nicht immer versuchten, klüger zu sein als die Autoren . . .!“)

Mitglieder der Schriftleitung
Heinrich Bauer (HB), Karl Wilhelm Böttcher (KB), Walter M. Guggenheimer (WG), Rüdiger Proske (RP), Frankfurt/Main

FRANKFURTER HEFTE

Zeitschrift für Kultur und Politik

HERAUSGEGEBEN VON EUGEN KOGON UND WALTER DIRKS

AUS DEM INHALT

Walter Dirks

Man braucht deutsche Soldaten

Nikolai Berdjajew

Das Leiden, das Böse und der Krieg

Norman Cousins

Gespräche mit Nehru

6. JAHRGANG HEFT 8 AUGUST 1951

FH

INHALT

August 1951. Die Frankfurter Hefte sind durch jede Buchhandlung, durch die Post und direkt vom Verlag zu beziehen. Einzelheft: DM 1,— zuzüglich Zustellgebühr, Inland DM 0,10, Ausland DM 0,20 je Heft. Postscheckkonto Frankfurt a. M. 824 91. Schriftleitung und Verlag: Frankfurt a. M., Schaumainkai 53, Tel. 6 49 05 und 6 51 10. / Druck: Fränkische Gesellschafts-Druckerei GmbH., Würzburg.

FRANKFURTER HEFTE
Zeitschrift für Kultur und Politik
Herausgegeben von Eugen Kogon und Walter Dirks

6. Jahrgang August 1951 Heft 8

Man braucht deutsche Soldaten

Frankfurt, 20. Juli 1951.

WD „Man braucht Deutschland, — auch deutsche Soldaten?" Die Tatsachen und Überlegungen, die seinerzeit zu dieser anstößigen Frage führten, liegen drei Jahre zurück. Inzwischen ist viel passiert, und die Frage ist heute alles andere als anstößig. Ein Leitartikel kann heutzutage in aller Seelenruhe untersuchen, ob wir besser daran täten, eine Berufsarmee aufzustellen oder die Allgemeine Wehrpflicht einzuführen. (Unter dem geradezu biedermeierischen Stichwort „Wieder eine staatsbürgerliche Pflicht" erklärt er sich für — beides.) Eisenhowers Bericht über seine Europa-Reise und die Beruhigung in Korea hatten eine Aufschiebung des Problems bewirkt, und der Pleven-Plan hatte es in einer weit erträglicheren Form aufgegriffen (— man braucht nicht deutsche Soldaten, sondern europäische, und unter ihnen auch deutsche—), aber nun sieht es auf einmal so aus, als ob gerade das fehlte, was dieser Plan braucht: Zeit. Zeit, um die bekannten Hemmungen zu überwinden, welche die Bildung jeder europäischen Autorität verzögern. Die Amerikaner beginnen energisch zu drängen. Zwar ist die Panikstimmung des Jahres 1950 überwunden, und die westliche Welt ist sich heute darin einig, daß ein baldiger Angriff des Ostens nicht wahrscheinlich ist; trotzdem ist unsere Schonfrist offenbar abgelaufen. Seitdem wir von der Nachricht überrascht wurden, daß eine Dreier-Konferenz die Modalitäten des „deutschen Beitrags" klären werde, vermögen wir auch in dem unerwarteten Vorstoß des Engländers Phillips, der in Frankfurt vom internationalen Sozialismus ein Bekenntnis zur militärischen Bereitschaft und „gleiche Opfer", also die Bewaffnung Deutschlands verlangte, nicht mehr bloß die Initiative eines Parteimannes zu sehen. Es wird ernst. Man braucht deutsche Soldaten.

Das ist verhängnisvoll. Dabei denken wir noch nicht einmal daran, daß in dieser Wendung ein Verzicht auf den großen und wahren eigentlichen Frieden beschlossen ist, zu dessen Verwirklichung der gegenwärtigen westlichen und östlichen Welt die seelischen und geistigen Kräfte ohnehin nicht ohne weiteres zur Verfügung stehen; wir bleiben vielmehr im Bereich dieser gegenwärtigen Welt und ihrer Gesetze. Deutschland ist nicht ein Land wie jedes andere. Es ist gespalten; es bildet in seinen beiden Hälften eine Kampfzone und eine Krisenzone; es hat eine militärische Vergangenheit, die nicht überwunden ist. Wenn man die Defensivkraft des Westens nicht nur nach Divisionen berechnet, sondern alle seelischen und politischen Umstände mit in die Rechnung bringt, so wird man ihr Höchstmaß und zugleich „das erreichbare Höchstmaß der Friedensaussicht in einem starken Amerika, in einem Westeuropa, das seine Streitkräfte koordiniert und zu einer beachtlichen Defensivkraft ergänzt, und in der Nichtbewaffnung Deutschlands" sehen (FH VI/5, 306). Wer in dieser Sache „gleiche Rechte und gleiche Opfer" für Deutschland verlangt, handelt wie einer, der in einer Munitionsfabrik das Schmiedefeuer und das Zigarettenrauchen einführen will, weil die Arbeiter anderer Fabriken auch die Pflicht zu schmieden und das Recht zu rauchen haben. Deutschland aufrüsten, heißt, unser Land mit Gewalt zu einem zweiten Korea machen, heißt, die Kriegsgefahr erhöhen, heißt, unser Volk alten Versuchungen und neuen aussetzen, heißt, den Rest der Hoffnung auf unsere Einheit zerstören. Es geht nicht „ohne uns", und wir am allerwenigsten haben das Recht, Privilegien zu verlangen. Aber wir könnten unseren Beitrag auch in anderer Form leisten als durch eine Remilitarisierung, die vielleicht den Krieg herbeiziehen, bestimmt aber unsere Seele verderben wird. (Doch mit der Seele rechnen die Strategen nicht.)

Die Entwicklung verläuft also verhängnisvoll. Wir sagen es noch einmal sehr deutlich, damit nicht mißverstanden wird, was wir hinzufügen: *sie ist nicht mehr aufzuhalten.* Wir wissen keinen Weg, wie die Wiederbewaffnung Deutschlands verhindert werden könnte. Das Unheil nimmt seinen Lauf.

*

Aber wir haben weder die Pflicht noch das Recht, auszusteigen. Durch eine falsche und verhängnisvolle Entscheidung wird die Gemeinschaft des Schicksals nicht zerstört, in der wir miteinander existieren. Wir haben weiter zu handeln und weiter zu fragen.

Zunächst, ob nicht wenigstens *der Pleven-Plan* gerettet werden kann. Er ist gegenüber der Aufstellung einer deutschen Nationalarmee das kleinere Übel. Ein deutsches Kontingent in einer europäischen Armee hätte dem größeren Übel gegenüber mehrere Vorteile. Eine Nationalarmee würde die Integration Europas wahrscheinlich verhindern, mit Sicherheit wenigstens verzögern, eine europäische Armee würde ihr (wenn auch auf fragwürdigste Weise) förderlich sein; deutsche Soldaten in der Europa-Armee wären bei gleicher Zahl und Bewaffnung viel weniger provozierend als eine neue deutsche Wehrmacht; die militaristische, die nationalistische und die sozialreaktionäre Versuchung ließen sich in einem europäischen Offizierskorps leichter überwinden als im Klima einer einigermaßen in sich geschlossenen deutschen Armee. Das und vieles spricht für den Pleven-Plan. Die französischen und die wahren deutschen Interessen fallen zusammen, und sie wiegen schwerer als ein chauvinistischer Mißbrauch dieses Plans im „Figaro". Daß die Pleven-Armee ein Bestandteil des atlantischen Macht-Bündnisses sein würde, verstünde sich von selbst, die Interessen der westlichen Welt wären gewahrt.

Nur: die Pleven-Lösung ist schwieriger, weil sie wahrer ist: weil sie die politischen Notwendigkeiten auf weite Sicht einbezieht. Die unmittelbare Atlantisierung einer neuen deutschen Wehrmacht ist viel einfacher und rascher zu verwirklichen. Es bedürfte dazu einiger Entschlüsse (in Washington, London und Paris, in Bonn und Hannover ...), alles andere könnte man den Fachleuten überlassen. Die deutsche Nationalarmee im Atlantikpakt ist der Weg des geringsten Widerstands, der Weg des Pleven-Plans wäre dornenvoll und mühsam. Zwar wäre es höchst nützlich, die Widerstände zu überwinden, die sich ihm entgegenstellen, aber es kostet nun einmal Mühe und Zeit, und es ist nicht so disponibel wie das andere Verfahren. Wer aus dem deutschen Volk rasch eine schlagkräftige militärische Macht entwickeln will, der muß die deutsche Remilitarisierung vorziehen. Oder sich mit einer nachträglichen und nicht sehr entscheidenden Ergänzung des atlantischen Systems durch einen verkümmerten Pleven-Plan begnügen.

Wir hätten die Zeit, — nein: wir *haben* die Zeit, den deutschen Beitrag langsam und dafür weniger verhängnisvoll zu entwickeln. Trotzdem sind die Aussichten des Pleven-Plans nicht günstig. Frankreich ist kaum stark genug, ihn durchzusetzen. Adenauer würde ihn wohl der anderen Lösung vorziehen, aber auch er ist nicht stark. Er hätte zu verhindern, daß wir einen Weg gehen, den die beiden angelsächsischen Mächte *und* Dr. Schumacher für den richtigen Weg halten. Die Wünsche der Angelsachsen und Dr. Schumachers sind ja nicht so weit voneinander entfernt, wie es den Anschein hat. Je mehr sich die atlantische Aufrüstung ihrem Ziel nähern wird, umso erfüllbarer wird die Bedingung sein, die Dr. Schumacher für den deutschen Beitrag stellen will: eine atlantische, das heißt amerikanische Macht zwischen Rhein und Elbe, die stark genug ist, um im Falle eines sowjetischen Angriffs die Russen schon in der „ersten Schlacht" hinter die Weichsel zurückzuwerfen. Es ist nicht mehr weit zu der Gegenthese: *Wenn* ihr Deutschen energisch mitmacht, können wir diese eure Bedingung erfüllen. Noch stehen wir nicht bei diesem Gespräch. Dr. Schumacher isoliert diese militärische Frage nicht. Er sieht die neue deutsche Militärmacht in seiner eigenen Hand, und er traut sich zu, ebensosehr mit der reaktionären Tradition der militärischen Kreise wie mit einem Widerstand in der Jugend und unter den Wehrpflichtigen fertigzuwerden. Er wird in der Wehrfrage bremsen, solange Dr. Adenauer in der Bundesrepublik regiert. Für Dr. Schumacher fällt die Wiederbewaffnung in die *zweiten* „vier Jahre" der deutschen Politik, jenseits der Neuwahlen, von denen er den Sieg für sich selbst erhofft. Er will die nationale Sache endlich der Rechten entreißen und zur Sache des Volkes, zur Sache seiner großen Volks- und Staatspartei machen; er will auf dieser Basis die Frage der deutschen Einheit lösen und die kommunistisch-russische Gefahr beseitigen. (Er will ... Er will nichts Böses. Aber er will zu viel, und zu wenig.) Wenn das geschehen ist, so wird er sich einer maßvollen „Integration Europas“ nicht entziehen. Solange es nicht geschehen ist, wird er sich dem Pleven-Plan widersetzen. Er traut den Franzosen nicht. Er traut der Macht Amerikas, und er traut der eigenen und der deutschen Energie. Er ist ein ostpreußischer Realist. Aber er ist nicht Bundeskanzler, und er hat im Bundestag keine Mehrheit. Trotzdem hat sein Wille ein großes Gewicht, und wenn ihm die Partei weiter folgt, wenn sich in ihr kein anderer Wille gegen ihn erhebt und durchsetzt, so kann es sein, daß auch *vor* den Neuwahlen nach manchem Hin und Her die Entscheidung für den Weg des geringsten Widerstandes fallen wird. Immerhin: der Pleven-Plan ist noch nicht so endgültig erledigt wie die Idee der deutschen Nichtbewaffnung. Es lohnt sich, für ihn zu kämpfen. Nur: so oder so wird es in Kürze deutsche Soldaten geben.

*

So wird es denn Zeit, einige naheliegende Folgen und Notwendigkeiten zu überdenken.

1. Wenn Deutsche wieder Soldaten sein werden, sei es in deutschen Brigaden, sei es in deutschen Divisionen einer Europa-Armee oder einer atlantischen Koalitionsarmee, sei es in einer neuen deutschen Wehrmacht, so darf es *nicht aufgrund einer Allgemeinen Wehrpflicht* geschehen. Es ist nicht nötig, das, was 1948 im Grundgesetz verneint wurde, wieder zur „staatsbürgerlichen Pflicht“ zu machen; es ist nicht nötig, die Berufspläne so vieler junger Deutscher zu stören; es ist nicht nötig, so viele Gewissen zu vergewaltigen oder zu beunruhigen; es ist nicht nötig, so tief in das Volksleben einzugreifen und eine so allgemeine Verwirrung anzustiften. Man wird die Menschen finden, die man braucht.*

2. Wenn man keine Allgemeine Wehrpflicht einführt, ist der „Kriegsdienstverweigerer“ kein praktisches Problem, wohl aber auch in diesem Fall ein moralisches. Der Bundeskanzler hat laut einem Bericht der „Associated Press“ in seiner Reichenhaller Rede von den Dissidenten (nämlich von den Anhängern einer deutschen unbewaffneten Neutralität) öffentlich erklärt, wer so denke, sei „entweder ein Dummkopf allerersten Ranges oder ein Verräter“. Auch wir halten eine Politik der unbewaffneten Neutralität für utopisch und gefährlich; aber so einfach ist die verzweifelte Lage nicht, in der wir stekken, daß es nicht verständlich wäre, wenn manche Menschen aus *ihren* Erfahrungen und aus *ihrem* persönlichen Weltbild eine solche oder eine ähnliche Politik vertreten. Und so gleichgeschaltet sind wir nicht, daß wir es wieder für angemessen hielten, jede nonkonformistische Meinung als dumm oder schlecht anzusehen. Reinhold Schneider ist weder ein Dummkopf noch ein Verräter. Wir müssen Respekt haben vor jedem ernsthaften Versuch, diese unsere schwierige und heikle Lage zu durchdenken und einen Ausweg zu bezeichnen. England hat selbst in Situationen, die viel einfacher waren als die unsere, seine Kriegsdienstverweigerer nicht als Dummköpfe oder Verräter behandelt, sondern als Gewissens-Täter. Wir haben ernstlich damit zu rechnen, daß eine Wiederbewaffnung auf einen vielfältigen moralischen Widerstand stoßen wird. Das kann nicht anders sein, angesichts unserer Spaltung, nach der Vorgeschichte, die wir hinter uns haben, und angesichts der Risiken, die mit *jeder* Entscheidung verbunden sind, auch mit der offiziellen. Die deutsche Regierung wird zu wählen haben, ob sie einen solchen moralischen Widerstand respektieren will und versuchen will, so anständig wie möglich mit ihm fertig zu werden, oder ob sie ihn nach der Methode jenes Mannes niederknüppeln will, mit dessen Sprechweise der Ausdruck von Reichenhall eine so verdächtige Ähnlichkeit hat, ohne daß dies dem Sprecher bewußt geworden ist. Die Frage ist wichtig genug. Da das Unheil der technischen Militarisierung kommen wird, so erhebt sich vor uns unverzüglich die schwierige Aufgabe, die geistige Militarisierung und den moralischen Terror zu verhindern.

3. *Kontrolle*, gründliche, dauernde, differenzierte Kontrolle. So gefährlich Dr. Schumachers Wehrpolitik ist, — wenn er gegen eine verschleierte und getarnte Militarisierung polemisiert, so hat er völlig recht. Die sogenannte

* Dazu schreibt der eingangs erwähnte Leitartikler (Erich Dombrowski in der „Frankfurter Allgemeinen Zeitung“): „Wozu aber, wird man einwenden, eine allgemeine Wehrpflicht, wenn wir im ganzen nur, im Rahmen der künftigen europäischen Armee, eine viertel Million Mann zur Verfügung stellen sollen? Anfallen wird jährlich, je nach den Jahrgängen, die in Betracht kommen, ja mindestens über eine Million Menschen. Das läßt sich leicht regeln ... Dann kann man ... eben eine straffe Auslese treffen und so von vornherein ein wirklich taugliches Menschenmaterial aufbringen.“ Wir machen das „taugliche Menschenmaterial“ auf diese Bemerkung aufmerksam. Jeder Vierte, der Gesündeste unter den Gesunden, wird von den Ärzten (oder von wem sonst?) für seine Bestimmung ausgesondert werden. Wenn die Betroffenen anders denken sollten, — auch „das läßt sich leicht regeln“. So unmenschlich beginnen auch Demokraten zu reden, wenn sie dem Krieg auf den Geschmack kommen.

Grenzschutzpolizei Dr. Lehrs gibt manchen Anlaß zur Wachsamkeit. Ihre Stationierung, die Titel der neuen „Grenzschutz-Befehlshaber Ost und West“, das Heiratsverbot und manche anderen Dinge erwecken Vorstellungen, die nicht leicht durch die wiederholte Versicherung zu beseitigen sind, es handle sich um Polizei und um nichts anderes. Die Opposition wird ein gutes Werk tun, wenn sie durch ihre Kontrolle erzwingt, daß diese Polizei eine Polizei bleibt oder wird.

Kontrolle in politischer *und* in technischer Form wird erst recht nötig sein, wenn militärische Einheiten beschlossen und aufgestellt sein werden. Daß bei dieser Kontrolle „der Feind mithören“ könnte, ist kein Argument dagegen; was ein Mitglied einer kontrollierenden Instanz ausplaudern könnte, oder was im Bundestag darüber gesagt werden könnte, wüßten die Russen ohnehin schon lange. Hinter dem Schirm der „Geheimhaltung militärischer Geheimnisse“ darf nicht abermals eine autonome militärische Welt entstehen. Diesmal wollen wir wissen, *was* da geschieht, und *wer* da etwas geschehen läßt.

Jede demokratische Kraft muß sich an dieser Kontrolle beteiligen, die Presse, die Gewerkschaft, die Parteien. Es ist nicht nötig, daß die Parteien der Regierung diese notwendige Pflicht der Organisation allein überlassen.

*

Der Gründungskongreß der *Sozialistischen Internationale* hat nicht nur durch den erwähnten Vorstoß und die Entschließung, die er zur Folge hatte, etwas mit den Fragen zu tun, die uns hier beschäftigen. Es ist von hoher Bedeutung, daß sich die Parteien des freien Sozialismus offiziell und wirksam zu der Internationale bekennen, von der sich einige von ihnen seit einem Vierteljahrhundert sehr entfernt hatten. Es kann diesen garzu nationalstaatlich begrenzten Parteien nicht schaden, wenn sie nun endlich wieder zum dauernden Austausch mit den Bruderparteien gezwungen werden. Es lag in der Natur der Sache, daß sich diese neue Internationalität sogleich mit der Frage der militärischen Verteidigung der Freiheit und des Friedens beschäftigt hat. Noch ist wohl nicht entschieden, ob diese Frage im neu zusammengeschlossenen Sozialismus die Frage Nummer Eins sein wird, oder ob sie als wichtige, aber eben doch nur zweitwichtigste Frage hinter der wahrhaft ersten zurücktreten wird: was der Sozialismus für die Freiheit und den Frieden *selbst* tun kann, für eine Ordnung, die den Bolschewismus nicht nur militärisch, sondern geschichtlich widerlegt und ungefährlich macht.

Der Frankfurter Kongreß ließ erkennen, daß der Sozialismus vor einer Wegkreuzung steht. Wird er „die europäische Form der sozialen Emanzipation“ werden können, wie ihn seinerzeit Ignazio Silone definiert hat, mehr: eine europäische Form der Befreiung des Menschen? Oder wird er in panischer Angst vor dem bolschewistischen Konkurrenten nur noch strategisch denken und keine Zeit und keine Kraft mehr haben für das, um dessentwillen sogar ein strategisches Denken erlaubt ist? Die Freiheit, deren wir uns schon jetzt in der westlichen Welt erfreuen, auch der Schwache und der Arme, ist ein kostbares Gut; das wissen wir, seitdem uns Hitler und Stalin gezeigt haben, daß man auch ohne diese Freiheiten moderne Staaten organisieren kann. Diese Freiheit zu erhalten, genügt vielen als Motiv der Verteidigung. Sozialisten aber, die nur sie zu verteidigen beabsichtigen und nicht eine menschlichere Form der modernen Gesellschaft (die nicht unser Besitz, sondern unsere Aufgabe ist), haben sich selbst aufgegeben. Dabei ist es heute schwer, sich nicht selbst aufzugeben. Die Pflicht zur Verteidigung verengt den Raum für das politische Handeln noch mehr, als es manche andere echte oder scheinbare Pflichten und Rücksichten tun. So wird die gute Stunde, in der sich der europäische Sozialismus der internationalen Gemeinsamkeit wieder zuwendet, zugleich eine gefährliche Stunde.

Es gibt im europäischen Sozialismus vielerlei Kräfte und Persönlichkeiten. Es wird sich in seinen eigenen Reihen entscheiden, ob die Strategen sich durchsetzen werden oder die Sozialisten. Irgendwann einmal wird man genau wissen, ob der Frankfurter Kongreß mitgeholfen hat, ein freies und friedliches Europa zu sichern oder aber es aus irregeleitetem Sicherheitsbedürfnis zu zerstören.

Das wird sich vielleicht schon bald erweisen. Wir werden die Wegrichtung daran erkennen können, ob man die sozialistische Wehrpolitik in eine konstruktive europäische Politik eingliedern oder aber als eine isolierte Militärpolitik betreiben wird. *Diese Alternative teilt der Sozialismus mit jeder anderen politischen Kraft in Europa.*

Nikolai Berdjajew

DAS LEIDEN, DAS BÖSE UND DER KRIEG

I

Das Leiden ist die Grundtatsache des menschlichen Lebens. Alles Leben, das sich in dieser Welt individualisiert hat, ist dem Leiden geweiht. Der Mensch wird unter Leiden geboren, und er stirbt unter Leiden; das Leiden begleitet die zwei wichtigsten Ereignisse des menschlichen Lebens. Die Krankheit, vielleicht das größte der Übel, bedroht unaufhörlich den Menschen. Nicht ohne Grund sprechen die Psychoanalytiker vom „Wundfieber" der Geburt, von der Furcht und der Angst, die sich des Menschen bemächtigen, sobald er zur Welt kommt. Buddha lehrte, daß jeder Wunsch das Leiden erzeugt. Das Leben aber besteht nur aus Wünschen, also aus Leiden. Woraus sich ergibt, daß das Leben übernehmen so viel heißt wie das Leiden übernehmen. Die Gefühle der Trauer und das Mitleid, die von den Leiden, welche das Leben begleiten, in uns geweckt werden, dürfen sich nicht nur auf die Welt des Menschen beschränken. Die Tiere werden von entsetzlicher Furcht geplagt, und sie sind wehrloser als die Menschen.

Warum leidet der Mensch so viel in dieser Welt? Und kann man angesichts dieser ganzen Summe von Leid Gott anerkennen? Dies ist die Frage, die Dostojewskij so sehr gequält hat. Das Mitleid mit denen, die leiden, mit den unschuldigen Opfern, führt zunächst zum Bruch mit Gott und sodann zum Aufstand gegen Gott. Worum es hier hauptsächlich geht, ist das unverdiente Leiden, das Leiden der Unschuldigen. Dieses Thema ist im Buch Hiob gestellt. Und möge uns Gott davor bewahren, denen zu gleichen, die Hiob trösten. Es gibt in der Welt Leiden, die keine Sühne für begangene Sünden darstellen. Die offenkundigsten Leiden sind die des Leibes, des Leibes, der dem unendlichen Streben des Menschen Grenzen setzt, der eine Beute der Krankheiten ist, der altert und stirbt, und der in den beschwerlichen Kampf ums Dasein verstrickt ist. Der Mensch trägt in sich den Fluch des Leibes, der nach flüchtigem und trügerischem Genuß verlangt und viel Leid erfährt. Die Sexualität ist die Ursache der Geburt des Menschen, aber sein Tod hängt ebenfalls damit zusammen. Es gibt Augenblicke der Freude, die normale Lebensatmosphäre aber besteht aus Leiden und Sorgen.

*

Der betrübliche und schmerzliche Widerspruch im Menschen liegt darin, daß er in seinen verborgenen, nicht enthüllten Tiefen ein unendliches Wesen ist, das nach dem Unendlichen strebt, ein Wesen, das nach Ewigkeit dürstet, und das für die Ewigkeit geschaffen ist, das sich aber darauf beschränkt sieht, ein unendliches und begrenztes, ein zeitliches und sterbliches Dasein zu führen. Der Mensch sieht sich von einer unübersteigbaren Mauer aufgehalten, einer Mauer, die allen seinen Angriffen widersteht. Tiefer gesehen beruht das menschliche Leiden auf dem Unüberwindbaren, dem Unvermeidlichen, dem Unabänderlichen, dem Unwiderruflichen. Gerade der Dualismus des menschlichen Lebens in dieser Welt ist der

Quell von Leiden ohne Zahl. Die Erfahrung des Leidens ist der der Integrität entgegengesetzt. Dadurch, daß die Integrität und die harmonischen Beziehungen zur Welt gestört sind, entsteht das Leiden. Und all das geschieht, weil der Mensch in eine Welt der Objekte geworfen ist und nur selten mit der Welt der Existenzen in Verbindung steht. Ich selbst trage Elemente in mir, die mir fremd sind, die ich als nicht zu mir gehörend betrachte (das Es bei Freud). Der Kampf um die Verwirklichung der Person ist der Kampf gegen das, was in meinem Ich mir fremd ist, und dessen Sklave ich bin. Ich sollte in mir die ganze göttliche Welt tragen, und statt dessen trage ich in mir ein Nicht-Ich, eine tötende Objektivität. Die menschlichen Leiden haben eine doppelte Quelle; der Mensch lebt gleichsam zwischen zwei unangreifbaren Mauern, einer Mauer außerhalb seiner und einer Mauer in ihm selbst; zwischen dem demütigenden Zustand der Versklavung angesichts einer Welt, die ihm fremd ist, und der noch demütigenderen Knechtschaft im Verhältnis zu sich selbst; er leidet darunter, daß es ein „Nicht-Ich" gibt, das aber dem „Ich" anzugehören scheint.

Nicht die schlechtesten Menschen sind es, die am meisten leiden, sondern die besten. Die Intensität, mit der das Leid empfunden wird, kann als ein Zeichen für die Tiefe des Menschen angesehen werden. Je mehr der Intellekt entwickelt, je verfeinerter die Seele und je größer die Intensität ist, mit der Leid empfunden wird, um so empfindlicher ist der Mensch nicht nur für den psychischen, sondern auch für den physischen Schmerz. Wenn Unglück, Leid und das Böse auch nicht unmittelbar die Ursache für das Erwachen der Kräfte im Menschen und für seine geistige Wiedergeburt sind, so können sie doch wenigstens zum Erwachen dieser inneren Kräfte und zu dieser Wiedergeburt beitragen. Ohne die Schmerzen und die Leiden, die in dieser Welt regieren, wäre der Mensch auf das Niveau des Tieres herabgesunken, hätte seine animalische Natur die Oberhand gewonnen. Das berechtigt uns zu denken, daß das Leiden in dieser Welt nicht bloß etwas Böses oder die Folge oder der Ausdruck irgendeines Bösen ist. Trotz allen Predigten, die darüber gehalten worden sind, ist es ein Irrtum zu glauben, daß die Leiden des Menschen in einem Verhältnis zu seinen Fehlern und Sünden stünden. Das hieße, auf uns bezogen, die Argumente wiederholen, deren sich die Tröster Hiobs bedient haben. Dabei hat Gott Hiob recht gegeben und nicht seinen Tröstern. Das Buch Hiob ist ein großes Zeugnis für die Möglichkeit unverdienter Leiden, für die Existenz unschuldiger Märtyrer. Derartige Zeugnisse finden wir ebenfalls in der griechischen Tragödie. Ödipus war nicht schuldig, er war das Opfer des Schicksals. Aber das am wenigsten verdiente Leiden war das des Gottessohnes, Jesu des Gerechten. Es gibt ein göttliches Leiden, das aus der Unstimmigkeit zwischen Gott und dem Zustand der Welt sowie des Menschen entspringt. Es gibt ein düsteres Leiden, das in den Abgrund führt, und ein lichtvolles Leiden, an dessen Ende das Heil steht. Das Christentum macht aus dem Leiden einen Weg des Heils. Das zugleich göttliche und menschliche Leiden gibt eine Antwort auf die angsterfüllte Frage der Theodizee. Das menschliche Leben wird von der existentiellen Dialektik des Leidens und der Freude, des Unglücks und des Glücks beherrscht.

Der Mensch ist ein listiges Tier, das sich seiner List nicht bewußt ist; man begreift ihn schlecht, und er begreift sich selber schlecht. Der Mensch ist imstande, sein Leiden zu vermehren, um weniger zu leiden. Das ist ein psychologisches Paradox, das aber mit der Dialektik des Leidens zusammenhängt. Indem der Mensch einer Sache wegen leidet, findet er Trost durch ein anderes Leiden. Um weniger zu leiden, ist der Mensch fähig, eine Heldentat zu begehen. Er zieht in den Krieg, in dem er wahre Wunder an Mut vollbringt, er wird Mönch und vollbringt Wunder der Askese, und sehr oft tut er das, um sich von einem Leiden zu befreien, das auf einer unglücklichen Liebe oder auf dem Verlust eines nahestehenden Wesens beruht. Es kommt vor, daß der Mensch die kranke Stelle reizt, in der Hoffnung, den Schmerz zu vermindern dadurch, daß er ihn vergrößert. Statt dem zu entfliehen, was ihm Schmerzen bereitet, läßt er sich von dieser Ursache anziehen und wendet ihr seine ganze Aufmerksamkeit zu. Der Mensch neigt zum Masochismus wie zum Sadismus; das eine wie das andere sind Entartungen, die vom Leiden herrühren, und die durch geheimnisvolle Bande an die Sexualität, an die menschliche Verwundbarkeit geknüpft sind. Der Mensch ist ein krankes Wesen, und das erklärt, warum die größten Entdeckungen auf dem Gebiet der Psychologie die der Psychopathologie sind. Häufig wird er entweder vom Verfolgungswahn oder vom Größenwahn befallen. Zwischen diesen beiden Formen des Irreseins bestehen so enge Bande, daß der vom Verfolgungswahn Besessene leicht selbst zum Verfolger wird. Der Kampf des Menschen gegen das Leiden hat immer pathologischen Charakter.

*

Es gibt zwei Arten von Leiden. Es gibt solche, die durch eine Änderung der Gesellschaftsordnung und die Entwicklung der wissenschaftlichen Erkenntnis beseitigt und überwunden werden können. Es ist erforderlich, gegen die sozialen Ursachen der Leiden und gegen die Leiden, die von der Unwissenheit herrühren, zu kämpfen. Die Überwindung der sozialen Knechtschaft, zu der die Knechtschaft gehört, wie sie im kapitalistischen Regime besteht, die Sicherung des Rechts auf Arbeit und eines würdigen Daseins, die Verbreitung des Wissens, der technischen und medizinischen Einsichten, der Sieg über die elementaren Gewalten der Natur: all das ist dazu angetan, die Leiden zu verringern. Aber das Glück und die Wahrheit entziehen sich jeder Organisation. Das Glück ist uns nur geschenkt als ein flüchtiger Augenblick der Gnade; die Wahrheit kann nur von denen erlangt werden, die sie suchen, und die nach dem Unendlichen streben, sie wird nur durch den Weg und durch das Leben gegeben, und sie ist stets bestreitbar.

Es gibt kein Regime, das ein für allemal allen Leiden ein Ende setzen könnte, die auf die Liebe zurückzuführen sind, auf die Konflikte zwischen Liebe und politischer wie religiöser Überzeugung, auf das rätselhafte und geheimnisvolle Wesen des Lebens, auf die fehlende Einsicht in das eigene Schicksal, auf die böswillige Macht und Gewalt, auf die Enttäuschungen, die der Mensch bei der Feststellung erfährt, daß er im Leben nicht die Rolle spielt, die er spielen möchte, oder daß er in der Gesellschaft einen untergeordneten Platz einnimmt, oder auf die Furcht vor Leben und Tod, auf die widersinnigen Zwischenfälle, denen die Menschen ausgesetzt sind, auf die Enttäuschungen durch Menschen, auf den Verrat durch Freunde, auf ein trübsinniges Gemüt. Erst dann, wenn die soziale Frage gelöst sein wird und allen Menschen Bedingungen gegeben sind, die sich mit einer würdigen Existenz vereinbaren lassen, wenn man nicht mehr unter einem Zustand voller Ungewißheit leidet und alle Qualen verschwunden sind, deren Ursache Hunger, Kälte, Ungewißheit, Krankheiten, Ungerechtigkeiten sind, dann erst, so sagen wir, werden die Menschen ein stärkeres Gefühl besitzen und wird ihnen die nicht zu überwindende Tragik des Lebens deutlicher bewußt werden; und die tiefe Traurigkeit wird nicht nur einige Auserwählte, sondern die große Mehrheit befallen. Der soziale Kampf gegen die Leiden ist ein Kampf gegen die Leiden konkreter Wesen. Die Gesetze, die von der Gesellschaft erlassen sind, können eine Gewähr gegen die sozialen Auswirkungen der Grausamkeit darstellen, aber kein Gesetz wird jemals die Grausamkeit unterdrücken können, die das menschliche Herz in sich birgt, und die stets das Mittel finden wird, sich in sozial feindseliger Weise zu äußern. Ebensowenig wird ein soziales Regime, das die Freiheit des Menschen und des Staatsbürgers garantiert, jemals ausreichen, um die Menschen vor jeder möglichen Knechtschaft zu schützen. Man würde sich sicher täuschen, wollte man aus dem, was wir sagen, auf die Nutzlosigkeit sozialer Reformen mit dem Ziel einer Verminderung menschlicher Leiden und menschlicher Knechtschaft schließen. Diese Reformen sind notwendig und müssen sogar so radikal wie möglich sein. Die alte Vorstellung vom Fortschritt wurde unhaltbar. Aber sie birgt auch eine christliche Wahrheit in sich, sie wird, ohne sich Rechenschaft darüber zu geben, von der Sehnsucht nach dem Reich Gottes belebt.

*

Man sollte jeden Menschen wie einen Sterbenden behandeln.

*

Kann das Gute vor Leid bewahren? Nun, durch das Gute zum Heil zu gelangen, ist unmöglich, man kann es nur von einer Erlösung und einem Erlöser erwarten, es kann nur das Werk einer göttlichen, nicht einer menschlichen Liebe sein. Der Mensch ist machtlos gegenüber dem Bösen und dem Leiden; aber Gott, als Schöpfer, ist gleichermaßen machtlos. Nur der Mensch gewordene Gott, der alle Leiden der Menschen und jeder Kreatur auf sich genommen hat, vermag das Böse zu vernichten und das Leid zu besiegen.

II

Das Leiden und das Böse sind miteinander verbunden, ohne daß eines mit dem anderen identisch wäre. Das Leiden braucht nichts Böses zu sein, es kann sogar etwas Gutes bedeuten. Die Existenz des Bösen bildet das größte Geheimnis des Lebens dieser Welt und bereitet der offiziellen Theologie und aller monistischen Philosophie unermeßliche Schwierigkeiten. Die rationalistische Lösung des Problems des Bösen ist genauso schwierig wie die rationalistische Lösung des Problems der Freiheit. Mit gutem Grund kann man zugeben, daß das Böse an sich kein positives Sein besitzt, seine verführende Wirkung besteht nur in dem, was es dem Guten nimmt. Trotzdem gilt, daß das Böse in der Welt nicht nur existiert, sondern eine vorherrschende Stellung in ihr einnimmt. Was man als Nicht-Sein bezeichnet, kann oft eine existentielle Bedeutung besitzen. Das Nichts hat große existentielle Bedeutung, obwohl man nicht sagen kann, daß es existiert.

Um sich dem schmerzlichen Problem des Bösen zu entziehen, möchte sich der Mensch in die neutrale Sphäre flüchten, in der Hoffnung, auf diese Weise seinen Verrat an Gott zu verbergen. Aber die Neutralität ist ohne Tiefe, sie bleibt ganz an der Oberfläche. Man könnte sogar sagen, daß der Teufel neutral ist, denn es ist ein Irrtum zu glauben, daß der Teufel das Gegenteil von Gott ist. Der Gott entgegengesetzte Pol ist Gott selbst, seine andere Erscheinungsform: die Extreme berühren sich. Der Teufel, der Fürst dieser Welt, flüchtet sich in die Neutralität.

Der Kampf gegen das Böse wird gleichsam durch Ansteckung leicht selbst ein Böses. Wir kennen die düstere moralische Dialektik des manichäischen Dualismus. Die größten Feinde des Bösen unterliegen ihm selbst und werden zu Übeltätern. Darin liegt das Paradoxe des Kampfes gegen das Böse und die Bösen. Um das Böse zu besiegen, werden die Guten selbst böse und glauben an keine anderen Kampfmittel gegen das Böse als an das Böse selbst. Man begegnet dann dem Guten mit Verachtung und findet es uninteressant und fade, während die Boshaftigkeit imponiert, interessanter und anziehender wirkt. Die Menschen, die in den Kampf verstrickt sind, meinen, daß Boshaftigkeit von höherer Intelligenz zeuge als die Güte. Das Problem liegt im Vermögen, die Ziele des Guten, die guten Absichten zu verwirklichen. Allzu leicht führt das zum Bösen, zu bösartigen Mitteln. Man muß im Guten existieren, man muß es beschwören. Nur das Evangelium überwindet diese Entartung des Kampfes gegen das Böse in ein neues Böses, nur es erblickt in der Verdammung der Sünder eine neue Sünde. Man muß dem Teufel menschlich mit Güte begegnen.

*

Die Menschen empfinden das unwiderstehliche Bedürfnis nach einem Sündenbock, einem Feind, den man als Ursache allen Unglücks hinstellen kann, und den man hassen darf, ja sogar muß: Juden, Bourgeois, Jesuiten, Jakobiner, Freimaurer, Häretiker, Bolschewisten, geheime internationale Gesellschaften. Die Revolution braucht immer einen Gegner, denn der Feindeshaß nährt sie, und wenn kein Feind existiert, erfindet sie sich einen. Nicht anders verhält sich übrigens die Gegenrevolution. Ist der Sündenbock erst gefunden, fühlt sich der Mensch erleichtert. Das ist nichts anderes als die Objektivierung des Bösen, seine Projektion nach außen.

*

Das Böse wirft das eschatologische Problem auf und kann nur eschatologisch überwunden werden. Der Kampf gegen das Böse ist eine Notwendigkeit, es muß endgültig besiegt werden. Zugleich ist die Erfahrung des Bösen nicht nur ein Weg des Abstiegs, sondern auch des Aufstiegs gewesen, zwar nicht direkt und durch das Böse an sich, sondern dank der geistigen Kraft, die der ausgelöste Widerstand geweckt hat, und dank der Einsicht, für die das Böse Anlaß und Quell gewesen ist. Das Böse ist ohne jeden Sinn und besitzt dennoch einen höheren Sinn, wie auch die Freiheit — obwohl sie der Notwendigkeit und der Knechtschaft entgegengesetzt ist, — in Notwendigkeit und Knechtschaft entarten und sich in ihr Gegenteil verkehren kann. Der Mensch muß durch die Prüfung aller Möglichkeiten hindurch und aus der Erfahrung die Erkenntnis des Guten und des Bösen schöpfen.

So kann selbst der Atheismus dialektisch einer der Faktoren werden, die zur Erkenntnis Gottes führen.

Der Mensch muß dem Bösen ins Antlitz schauen, ohne sich irgendeiner Illusion hinzugeben, aber er darf sich niemals durch das Böse zugrunderichten lassen. Die Wahrheit liegt jenseits von Pessimismus und Optimismus. Die Absurdität der Welt bedeutet nicht, daß sie ohne Sinn ist, denn sie aussprechen, heißt schon anerkennen, daß der Sinn existiert. Das Böse in der Welt schließt die Existenz Gottes ein, denn ohne das Böse könnte die Existenz Gottes nicht anerkannt werden.

Der Mensch gewöhnt sich nur schwer an die Vorstellung, daß er in dieser Welt ein sterbliches Wesen ist, und daß alles, was ihm begegnet, gleichfalls sterblich ist. Daher ist das Problem des Bösen vor allem das Problem des Todes. Der Triumph über das Böse ist der Sieg über den Tod. Das Böse ist der Tod, der Sieg über das Böse ist die Auferstehung des Lebens, ist die Geburt zu einem neuen Leben. Mord, Rache, Haß, Verrat, Ausschweifung und Knechtschaft: alles das ist der Tod. Der Sieg des Gott-Menschen über den letzten Feind, den Tod, ist ein Sieg über das Böse. Es ist der Sieg von Liebe, Freiheit und schöpferischer Macht über Haß, Knechtschaft und Trägheit, der Sieg der Person über das Unpersönliche.

*

Weder der Tod noch die Geburt sind die Träger des Sieges über das Böse dieses Lebens und dieser Welt: dies ist vielmehr die Wiederauferstehung. Die Erfahrung des in der Welt herrschenden Bösen ist eine zum Scheitern führende Erfahrung, aber die schöpferischen Kräfte der Auferstehung triumphieren über das Böse und den Tod.

III

Der Krieg ist ein Grundphänomen unseres Äons. Er ist nicht nur eine Offenbarung des menschlichen, sozialen und historischen, sondern auch des kosmischen Lebens. Die Geschichte der Welt läßt sich zum großen Teil als Krieg erfassen; sie ist die Geschichte der Kriege. Die kurzen Friedensintervalle, wie das letzte Viertel des 19. Jahrhunderts, haben die Vorstellung aufkommen lassen, als sei der Frieden und nicht der Krieg der Normalzustand der Geschichte. Aber diese Vorstellung, die den Humanisten des vergangenen Jahrhunderts teuer war, ist falsch.

Wenn es Kriege gibt, so deswegen, weil es „dieses" und das „andere" gibt, weil jede Betätigung auf Widerstand stößt, und weil der Widerspruch das Wesen des Lebens dieser Welt selbst ausmacht. Zwei Freunde, zwei Liebende, Eltern und Kinder, zwei Männer, die sich zur gleichen Religion und Ideologie bekennen, können leicht in Fehde miteinander geraten. Egoismus, Anmaßung, Neid, Eifersucht, Eigenliebe, Eigennutz und Fanatismus sind ebensoviele Ursachen, die Kriege auslösen können. Es gibt eine existentielle Dialektik der Vereinigung und der Trennung. Man predigt die Freiheit; aber um die Gegner der Freiheit zu überwinden, muß man zur Gewalt greifen und seinen Feinden die Freiheit versagen. Man kämpft gegen das Böse im Namen des Guten, aber man beginnt damit, sich dem Bösen im Hinblick auf seine Verteidiger und Anhänger auszuliefern. Die Menschen und Völker, die von der pazifistischen Idee der Abschaffung der Kriege durchdrungen sind, sehen sich gezwungen, den Anhängern des Krieges Feindschaft anzusagen. Daraus entsteht ein circulus vitiosus. Die Psychologie des Fanatismus — des ausschließlichen und fanatischen Einsatzes für eine Idee, sei sie nun religiös, national, politisch oder sozial, — führt wie ein Verhängnis unvermeidlich zum Kriege. Handeln heißt, auf Widerstand stoßen, heißt, um etwas ringen, und schließlich: dafür kämpfen. Die Menschen verspüren ein tiefes Bedürfnis, sich zu schlagen, sie sind von unaustilgbaren kriegerischen Instinkten erfüllt.

*

„Wer zum Schwert greift, wird durch das Schwert umkommen."

*

Der Krieg stellt die äußerste Form der Macht des Kollektivs über das Individuum dar. Man kann diese Gedanken auch anders ausdrücken, indem man sagt, daß der Krieg eine Äußerung der hypnotischen Macht ist, die das Kollektiv über die Person ausübt. Die Menschen können nur kämpfen insoweit, als ihr persönliches Gewissen zugunsten des Kollektiv- oder Gruppengewissens geschwächt ist. Die Entwicklung und Vervollkommnung der Mittel zur Kriegführung haben die Objektivierung des Krieges zur Folge. Dank der technischen Vervollkommnung entfernt er sich immer weiter von dem, was er in der Ritterzeit war, wo persönlicher Mut und Adel eine ausschlaggebende Rolle spielten. Die Erfindung der Feuerwaffen kennzeichnet das Ende der Ritterkriege. Die früheren, von Berufsheeren geführten Kriege waren örtlich begrenzt und erstreckten sich nicht auf ganze Völker und Länder. Aber der vervollkommnete und objektivierte Krieg ist zum totalen Krieg geworden, dem man sich unmöglich entziehen kann, um sich in irgendeinen Schlupfwinkel zu flüchten.

Die völlige Abkehr vom Kriege kann nur die Folge eines Wandels im geistigen Zustand der menschlichen Gesellschaft und einer Änderung der sozialen Ordnung sein. Das kapitalistische Regime erzeugt in verhängnisvoller Weise Kriege. Der Sieg über den Krieg bedeutet den Sieg über die Souveränität des Staates und über die ausschließliche Herrschaft des Nationalismus. Aber es ist unmöglich, den Kriegen und Revolutionen ohne eine radikale Wandlung des sozialen Lebens der Menschen ein Ende zu setzen. Den Kriegen begeistert zustimmen, aber gleichzeitig die Revolutionen verdammen und für unzulässig erklären, heißt, sich der Scheinheiligkeit und Lüge schuldig machen. In Revolutionen fließt viel Blut, noch viel mehr aber in Kriegen. Eine Revolution, in deren Verlauf sich stets Greueltaten abspielen, kann dennoch ein geringeres Übel bedeuten als die geduldige Unterwerfung unter die Knechtschaft, als die unbegrenzte Annahme der Sklaverei.

Nichts bezeugt mehr den Verfall des Menschen als der Umstand, daß er schwer die Prüfung des Sieges erträgt. Während er heroische Kräfte aufgebracht hat, um Verfolgungen zu ertragen, hat der Sieg immer nur dazu gedient, seine niedrigen Instinkte zu wecken und ihn Grausamkeiten und Quälereien begehen zu lassen. Die Christen waren Helden in der Zeit der Verfolgungen, aber sobald sie erst einmal gesiegt hatten, sind sie selbst zu Verfolgern geworden. Es gibt keine größere Prüfung als den Sieg, was fast rechtfertigt zu sagen: Wehe denen, die in dieser Welt siegen! Das ist das Paradoxe in der Dialektik der Kraft und des Sieges. Der Sieg setzt eine Kraft, eine moralische Kraft voraus. Aber schnell hat er es dahin gebracht, die Kraft in Gewalt zu verwandeln und den moralischen Charakter der Kraft zu zerstören.

Ein Prophet, ein Philosoph, ein Dichter sind schwächer als ein Polizist oder ein Soldat. Die Macht des Geldes und die der Kanonen sind von allen Mächten die größten, die unsere entartete, empirische Welt kennt. Mit Kanonen kann man die höchsten geistigen Werte zerstören. Der römische Krieger war stärker als der Sohn Gottes. Deswegen ist der Kult der Macht als solcher anti-göttlich und unmenschlich. Dieser Kult ist stets der einer niederen materiellen Macht und bezeugt bei denen, die sich zu ihm bekennen, einen Mangel an Glauben in die Macht des Geistes und der Freiheit. Dem falschen Kult der Macht soll man in der Tat nicht die Verteidigung der Schwäche und Ohnmacht entgegensetzen, sondern den Geist und die Freiheit und im sozialen Leben das Recht und die Gerechtigkeit. Das Gesetz dieser natürlichen und phänomenalen Welt ist das des Kampfes zwischen Individuen, Völkern, Familien, Stämmen, Nationen, Staaten, Reichen um die Existenz und die Herrschaft. Das ist das Gesetz des Krieges. Der Dämon des Willens und der Macht quält und zermürbt Menschen und Völker. Aber in diese schreckliche Welt kann ein Hauch des Geistes, ein Prinzip der Freiheit, Menschlichkeit und Barmherzigkeit eindringen. Christus ist gegen die „Oberen", das heißt gegen die Starken gewesen. Das Christentum steht im schroffen Gegensatz zum Kult der Macht, zur natürlichen Auslese.

*

Der Krieg wirft aber ein noch brennenderes Problem auf, nämlich das des Verhaltens zum Feind. Die Dialektik des Krieges wird dazu führen, daß man aufhören wird, im Feind einen Menschen zu erblicken, dem gegenüber alles erlaubt wäre. Im totalen Krieg ist Grausamkeit dem Feind gegenüber eine zulässige und sogar erwünschte Handlungsweise. Es genügt, sich selbst dem Nächsten gegenüber grausam zu zeigen, um ihn zum Feind werden zu lassen. Die Dialektik des Krieges knüpft, soweit sie diesen völlig wandelt und ihm einen unmenschlichen Charakter verleiht, eng an die außergewöhnliche Entwicklung der Kriegstechnik an. Das ist eine der Phasen der Dialektik des Krieges, aber die entsetzlichen Zerstörungen und die zahllosen Opfer an Menschenleben, die diese Phase einschließt, müssen schließlich zur Verneinung des Krieges führen. Die neuen Waffen, die Giftgase und die Atombombe haben das Gesicht des Krieges völlig gewandelt und ein neues Phänomen aus ihm gemacht, für das man noch keinen Namen gefunden hat. Die Zerstörungsmittel sind so furchtbar, daß dort, wo sie bösen Menschen in die Hände fallen, sich die Frage nach dem geistigen Zustand der menschlichen Gesellschaft mit besonderer Eindringlichkeit erhebt. Die romantische Idealisierung des Krieges steht in Zusammenhang mit dem Kult des Heroismus und des Heros, sie entspricht einer tiefen Neigung der menschlichen Natur. Aber der Heldenkult ist ein antiker, griechisch-römischer Kult. In der christlichen Welt ist das Rittertum an seine Stelle getreten. Obwohl das Rittertum im Zeitalter bürgerlicher Zivilisation verschwunden ist, verbindet man mit dem Krieg noch immer den Begriff der Größe. Es ist wahr, daß der letzte Weltkrieg überragende Heldentaten ausgelöst hat — neben Handlungen außerordentlicher Grausamkeit. Jedenfalls aber sind die aus der Ritterzeit stammenden Regeln über die Haltung gegenüber dem Feind verletzt worden. Der gewandelte christliche Heroismus hat kaum Gelegenheit gefunden, sich zu offenbaren.

*

Der Krieg als kosmisches Phänomen verdankt sein Dasein der Unzulänglichkeit der geistigen Kräfte. Statt an die Kraft des Geistes zu glauben, glaubt man an den Geist der Kraft. Statt sich die Bereicherung des geistigen Lebens und der geistigen Kultur zum Ziel zu setzen, sucht man nur die Vergrößerung des Staates und die Zunahme seiner Macht zu verwirklichen. An die Stelle der Ziele des Lebens setzt man die Mittel des Lebens. Die Vertauschung der Ziele mit den Mitteln, die Verwandlung der Mittel in sich selbst genügende Ziele stellt einen historischen Vorgang dar, der ernsteste Folgen hat. Er bedeutet immer eine Verfinsterung des Geistes. Sich der Macht beugen, heißt, einem falschen Optimismus und einem falschen Monismus huldigen. Die in der Welt widerhallenden Jubelrufe der Sieger haben nur zu oft gezeigt, daß die Welt im Bösen versinkt. Gott ermächtigt die Starken nicht, Blut zu vergießen, und dadurch, daß sie es tun, brechen sie mit Gott. Diese Welt sieht allzu gleichgültig der Kreuzigung der Wahrheit zu. Die Herrschaft, die der Krieg und die militärische Macht über die Welt ausüben, zeugt davon, daß der Glaube an die Macht der Wahrheit selbst, an die des Geistes und an die Gottes fehlt. Wenn der Geist eine Kraft ist, und zwar die größte von allen Kräften, dann nicht in dem Sinn, den die Welt darunter versteht; es handelt sich um eine Kraft, die nichts gemein hat mit der, vor der die Welt sich neigt. Es ist eine Kraft, die fähig ist, Berge zu versetzen. In dieser Welt sind Offenbarungen des Geistes möglich, und ihnen ist es zu verdanken, daß der Mensch sich am Leben erhalten hat, daß die Geschichte ihren Weg nach dem übergeschichtlichen Ziel verfolgt hat, das kein anderes als das Reich Gottes ist. Ist der Sieg des Menschlichen möglich in den Verhältnissen unserer Welt? Die Menschheit muß ihre Rechte hüten, selbst unter den furchtbaren Bedingungen des Krieges, aber ihr endgültiger Sieg wird sich erst jenseits der Grenzen dieser Welt verwirklichen lassen.

Wer im Kampfe gesiegt hat, der soll wie bei einer Trauerfeier weilen. *Lao-tse.*

Karl Thieme

MÖGLICHKEITEN UND GRENZEN DER GESCHICHTSREVISION

1

Der Mensch ist das Lebewesen, das Geschichte hat. So lautet eine der möglichen Begriffsbestimmungen. Man könnte sie auch anders ausdrücken: Der Mensch ist das Wesen, das fähig ist, seine eigene Vergangenheit zu kennen, sie zu bejahen und sie zu verneinen. Geschichte haben heißt sonach auch: Geschichte revidieren können. Jeder Mensch weiß das aus der Geschichte seines eigenen Lebens. Oft genug sehen wir uns genötigt, Berufsentscheidungen, Freundschaften, Liebe im Fortgang unserer Entwicklung zu revidieren. Das gilt nicht nur sozusagen für den einzelnen kleinen Menschen, es gilt auch und gerade für die berühmten und „großen" Männer. In ihrer Biographie kann man die Möglichkeiten, die der Geschichtsrevision innewohnen, die Grenzen, die ihr gesetzt sind, beobachten. Vielleicht ist ein besonders treffendes Beispiel für eine mißglückte Revision der Geschichte die Bemerkung, die Dünzer über eine Äußerung Goethes gemacht hat, niemanden habe er so geliebt wie Lili Schönemann: — „Hier irrte Goethe", bemerkt jener. „Es war dies bei ihm mit Friederike der Fall". Die schulmeisterliche Revision, wie sie im Buche steht. In Wahrheit gehört es zur tragischen Geschichte des Goetheschen Lebens, daß der erste ernste, aber gescheiterte Versuch, eine Ehe zu schließen, eben zu jener Zeit mit seiner leidenschaftlichsten Liebe zusammentraf.

Trotz den Grenzen, die der Geschichtsrevision gesetzt sind, und die immer wieder ein anderes Goethe-Wort ins Gedächtnis rufen: „Du gleichst dem Geist, den du begreifst", gibt es sie auch da, wo der Geschichtsschreiber nicht selber den Akt der Reue vollzieht. Es gibt auch ein Umschreiben des einen für den anderen, ein Umschreiben der Geschichte der Gemeinschaft und der Geschichte, die sich als öffentliche Erscheinung vollzieht. Mit solchem Umschreiben ändern sich keineswegs die Tatsachen, das Unauslöschliche in der Geschichte, wohl aber ändert sich die Zuordnung dieser Tatsachen. Es geschieht beispielsweise so, wie sich die Konstellation einer Gruppe von Bäumen durch den einfachen Umstand ändert, daß man durch sie hindurchschreitet und nun rückblickend anderer Baumgruppen mit ihr zusammen gewahr wird. In der Revision verschieben sich die Akzente und Schwerpunkte, und zwar ändern sie sich im Verlauf dessen, was wir die Weltgeschichte, die Heilsgeschichte bis ans Jüngste Gericht nennen. Insofern das Jüngste Gericht das allgemeine Gericht über das Ganze der Geschichte ist, wird mit ihm jener Endpunkt erreicht sein, wo die große Schluß-Geschichtsrevision von oben stattfinden wird, und von wo an auch der einzelne Mensch die Geschichte endgültig revidiert sehen wird. Er wird sie dann so beurteilen, wie Gott in der Ewigkeit sie schon jetzt schaut. Bis es so weit ist, haben wir die Aufgabe, die Geschichte der Gemeinschaften, in denen wir leben, der kleinen und der großen, der engeren und der weiteren, genauso zu revidieren, wie wir die jeweilige Geschichte unseres eigenen Lebens in der Erforschung unseres Gewissens prüfen und allenfalls bereuen.

Die Geschichte der öffentlichen, der politischen Gemeinschaftsgebilde kennt Revision in drei Graden des Umfangs, der Fülle und der Eindringlichkeit oder auch in drei Zeitabgrenzungen: die Revision der selbsterlebten Geschichte, die innerepochale Revision der Geschichte und die transepochale Revision der Geschichte.

2

Die erste Art der Revision findet in einer Welt wie der unsrigen sozusagen bei jedem Regierungswechsel statt, allgemein bei jedem halbwegs erheblichen Umbruch. Sehr deutlich wird sie, wenn wir die Spätantike betrachten. Beim Wechsel der verschiedenen Imperatoren galt es gleichsam als Parole für die jeweils neue Regierungszeit, andere Münzen zu prägen; das war meist als Revision der Geschichte des verflossenen Regimes aufzufassen. Auch in den parlamentarischen Staaten wird in der Regel bei einem Wechsel der Regierung die Geschichte der Vorgängerin revidiert. Erst recht trifft dies auf die totalitären Staaten zu. Ändern sich die Träger der Geschichte, dann ist damit überall eine betonte Revision des Geschichtsbildes verbunden. Außer solchen mehr oder weniger amtlichen Revisionen, die einen gefährlichen propagandistischen Charakter haben können, gibt es jene, die im Gewissen der Menschen vorsichgehen. So wurde vielfach während des Dritten Reiches die Beurteilung seiner Außenschicksale revidiert: Anfang des Jahres 1934 trösteten außenpolitische Mißerfolge einen gut „nationalen" Mann wie Hickmann, der sehr gegen die Regierung war, über die innenpolitischen Erfolge Hitlers hinweg. Später tröstete man sich umgekehrt über die innenpolitischen Ungeheuerlichkeiten, die geschahen, mit den „außenpolitischen Erfolgen" hinweg, wie das noch kurz vor seinem Tode Walter Simons tat. Im Frühjahr 1940 sagte ein in die Schweiz emigrierter deutschnationaler Jude zu mir, schließlich sei Hitler doch der größte Germane. Er glaubte, in besonderer Weise völlige Objektivität zu bekunden, indem er als Verfolgter ein solches Urteil abgab. Welch ein Wechsel von Geschichtsbetrachtung in sehr kurzer Abfolge! Wenn wir von der erlebten Gegenwart auch nur ein wenig zurückgehen, können wir die Jahre nach 1870 als weiteres Beispiel raschen Wechsels angeben: schon kurz nach dem Ablauf des Jahrfünfts bis 1875 nannte man diese Zeit abschätzig „die Gründerjahre".

Angesichts der Flüssigkeit, sozusagen der formbaren Schmelzflüssigkeit des Teils der Geschichte, den die Menschen jeweils miterleben, sind die kleinen Revisionen *prinzipiell* minder wichtig. Sie lassen sich verhältnismäßig leicht vollziehen, sie sind wenig fruchtbar, und sie hängen mit der Flüchtigkeit von Tagesmeinungen zusammen. Das will nicht besagen, daß sie nicht von sehr großer *politischer* Wichtigkeit sein können. In der Zeit zwischen 1925 und 1930 hat es zum Beispiel eine Geschichtsauffassung gegeben, die die Locarno-Politik Stresemanns für die große Aussicht Deutschlands hielt; diese Politik wurde aber aus innenpolitischen Gründen als falsch und irrtümlich bekämpft (Volksbegehren gegen den sogenannten Young-Plan). Damit begann der Kampf der Deutsch-Nationalen gegen die Wiederaufnahme Deutschlands in die Völkerfamilie, wobei das gesamte Geschichtsbild, das der Politik Stresemanns zugrundelag, durch die phantastische Legende, die deutsche Volkswirtschaft werde durch den Young-Plan übermäßig belastet,

„revidiert“ wurde. Einer raffinierten Propaganda gelang es, die Meinung von der aussichtsreichen Wiederaufnahme Deutschlands in den Kreis der anderen Völker so zu ändern, daß sich mit der Wirtschaftskrise jene Stimmung der Verzweiflung festsetzte, die eine der wichtigsten Voraussetzungen für den Erfolg Hitlers wurde. Selbst ein Mann wie der württembergische Landesbischof Wurm vertrat die falsche Geschichtsrevision noch nachträglich und trug dazu bei, die wirkliche Geschichte zu vernebeln. Wahrscheinlich hat jene Zeit eine der größten Chancen geboten — eine leider verscherzte Chance —, auf friedlichem Wege eine starke Stellung Deutschlands in Ost- und Mitteleuropa zu erlangen; diese aussichtsreiche Möglichkeit wurde ein Opfer falscher Geschichtsrevision.

Welche Bedeutung Revisionen des Urteils über den Wert oder den Unwert geschichtlicher Vorgänge in der praktischen Politik haben können, zeigt noch ein anderes Beispiel: Nach der Revolution 1917 in Rußland führten die Bolschewisten so schnell wie möglich den Sozialismus ein. Als Lenin 1921 merkte, daß damit die russische Volkswirtschaft ruiniert zu werden drohte, revidierte er den Plan, indem er vorläufig den bäuerlichen Besitz schonte. Plötzlich wurde damit die Sozialisierung nachträglich bloß zum „Kriegskommunismus“. Geschickt vernebelten so die Bolschewisten einen Mißerfolg der ersten überstürzten Versuche, die Wirtschaft Rußlands zu sozialisieren. Revision selbsterlebter Geschichte kann folglich ein Schachzug des Politikers sein. Im allgemeinen sind die Gefahren der Revision selbsterlebter Geschichte größer als ihre positiven Möglichkeiten. Sie wird in der Regel da vollzogen, wo Politiker, die die Verantwortung für Gemeinschaften tragen, aufgrund ihres Gewissens genötigt sind, das Steuer herumzuwerfen. Der jeweils vergangene Abschnitt erscheint dann in einem anderen Licht als zur Zeit seines Ablaufs.

3

Als innerepochale Geschichtsrevision möchten wir jene bezeichnen, bei der das revidierte Geschichtsbild der gleichen „Welt“, derselben geschichtlichen Reifestufe angehört wie das für revisionsbedürftig erklärte. Unsere Zeit bietet von einer solchen Art der Revision Beispiele sowohl im positiven wie im negativen Sinn.

Als Beispiele innerepochaler Revision im positiven Sinn können unter anderen genannt werden: Georges Bernanos „Wider die Roboter“ (Köln 1950, Verlag Kiepenheuer) und Guglielmo Ferrero „Macht“ (Bern 1945, Verlag Francke; das Werk müßte in der deutschen Übersetzung eigentlich „Die Staatsgewalt“ heißen, weil „pouvoir“ für „potestas“ steht, nicht für „potentia“). Das Werk von Bernanos ist ein klassisches Dokument innerepochaler Revision, denn es revidiert das ausschließlich negative Bild, das die französischen Katholiken von der Französischen Revolution hatten. Die jüngere Generation, aus ihren Reihen sogar ein für seine Person so monarchistischer Mann wie Bernanos, entwarf eine Revision der „ersten Phase“ der Französischen Revolution (1789—1791); sie wird nun als ein Aufschrei des französischen Volkes nach einer sozialen Monarchie beurteilt. Ganz ähnlich unterscheidet Ferrero zwei Entwicklungsabschnitte der Französischen Revolution: den ersten, freiheitlichen, bewertet er positiv, den zweiten, in welchem es zu einem egalitären Totalitarismus der Jakobiner gekommen ist, negativ. Diese heutige Geschichtsrevision durch die Elite der französischen Katholiken halte ich zwar für den Ausdruck einer sehr sympathischen Gesinnung, die den Aufbruch einer überaus edlen jungen Generation aus den bequemen Vorurteilen einer älteren verkalkten Generation darstellt, historisch aber leider für falsch; der Wunsch ist der Vater des Gedankens geworden. Aus Gründen, die erfreulich sind, wird indes ohne eine genügende Grundlage in den Tatsachen der geschichtliche Ablauf von damals in falsch vereinfachter Abstraktion seiner wirklichen Formen künstlich umgedeutet*.

Es gibt also Revisionen, denen gegenüber man sich veranlaßt sieht, die Gesinnung, aus der sie stammen, zu billigen, das Resultat hingegen abzulehnen. Günstiger verhält es sich mit der Revision, die in den letzten Jahren die katholische Kirchengeschichtsschreibung Deutschlands im Verhältnis zur Gestalt Luthers vollzogen hat, etwa in dem Werk von Joseph Lortz „Die Reformation Deutschlands". Der Versuch erschien hoch an der Zeit, bloße Vorurteile beiseitezuschaffen und einmal wirklich zu sehen, welche religiöse Stärke und Eindringlichkeit in dieser Bewegung lag. Hubert Jedin überwindet in dem ausgezeichneten Werk, das er über die Vorgeschichte des Tridentiner Konzils verfaßte („Geschichte des Konzils von Trient", I. Band), nun auch schon wieder den Pendelüberschlag bei Lortz. Hingegen wird man den Versuch, den Eduard Eyck mit seiner Arbeit über Bismarck zur neueren deutschen Geschichte unternommen hat, im ganzen als Beispiel einer mißglückten Revision im negativen Sinn zu bewerten haben; es faßt lediglich die Urteile der liberalen Kritiker und der erfolglosen Gegner Bismarcks neu zusammen.

Für innerepochale Revisionen ist es kennzeichnend, daß bei dem, der das erste Bild schuf, und dem, der das revidierte Bild bewirkt, der Maßstab, der Reifezustand des Geistes jedes Mal im großen und ganzen derselbe ist. Bernanos bringt fast die gleichen Voraussetzungen an die Geschichte seines Landes heran wie die frühere Kritik; er verschiebt die Akzente, aber er sieht nicht mit völlig anderen Augen. Ähnliches gilt für die Revision der Reformationsgeschichte und für die Art, wie Eyck in seinem dreibändigen Werk das Bild von Bismarck zu revidieren versucht hat. Die Autoren treten nicht eigentlich aus den bisherigen Voraussetzungen und Grundkategorien heraus, die für die Entscheidung und die Auswahl der Tatsachen maßgebend waren; hierin liegen die Grenzen jeder innerepochalen Revision. Bei Eyck ist das besonders deutlich: Was er bietet, ist eine Wiederholung der Kritik, die die Gegner Bismarcks geäußert haben, ohne ein anderes Ziel als das von Bismarck erreichte oder einen besseren Weg anzugeben, der zu diesem Ziel geführt hätte.

4

Wichtiger scheint die dritte Art von Revisionen zu sein: die transepochale. Sie findet sich überall da, wo das revidierte Geschichtsbild nicht mehr unter den gleichen Voraussetzungen, unter denselben Vorzeichen der Werte und Reifung steht. Erst sie hat Aussicht, von einem gleichsam neuen Standort aus, Neues zu sehen.

---

* Näheres hierzu in meiner Studie: „Eine neue Geschichtsphilosophie der Legitimität — Zum Vermächtnis G. Ferreros", die im nächsten Jahrbuch der Görres-Gesellschaft erscheint.

Ich komme noch einmal auf den Vergleich mit der Baumgruppe zurück. Durchschreitet man sie, bleibt man beim letzten Baum diskutierend stehen und blickt sich um, dann sehen alle Beschauer dasselbe, und dennoch besteht je nach subjektiver Vorliebe etwa für Buchen oder für Eichen ein Unterschied in den Einzelheiten; die Beurteilung ist letztlich bloß Geschmacksache. Geht man dann aber weiter, so ergibt sich für jeden, der wirklich mitgegangen ist, ein revidiertes, ein neues Bild der durchwanderten Landschaft. Ähnliches geschieht den Historikern, wenn sie aus einer Epoche heraustreten. Erst Abstand und Überblick bieten die Möglichkeit transepochaler Revision, sie schaffen die Voraussetzung für die erkenntnismäßig wichtigste Art, Geschichte anders zu sehen als vorher. So — überaus glücklich — verfuhr Franz Schnabel, als er es unternahm das Bismarck-Bild zu revidieren (vergleiche seinen Aufsatz „Das Problem Bismarck", Hochland, Oktober 1949). Er ordnet den deutschen Staatsmann als einen letzten Nachzügler der machiavellistischen Kabinettspolitik ein, der in einer Zeit lebte, in der diese Politik nicht mehr genügte, sondern in der eine Politik sozialer und anderer Wirklichkeiten der Massengesellschaft stärker und stärker in den Vordergrund zu dringen begann.

Ähnliche Ansätze zu transepochaler Revision finden sich bei Eugen Rosenstock in seinem Buch über die europäischen Revolutionen, in dem Werk von Herbert Schöffler über die Reformation, für die ganze Zeit der römischen Cäsaren bei Ferrero und Eduard Meyer. Die genannten Beispiele machen nun wohl allgemein sichtbar, daß schon Julius Caesar zur Preisgabe des republikanischen Gedankens und in der Folge zum byzantinisch-orientalischen Kaiserkult neigte; jedoch wurde seine Konstruktion des Staates erst zwei- bis dreihundert Jahre später, vor allem unter Diokletian, Wirklichkeit. Während der Zeit der republikanisch gemeinten Prinzipatsverfassung des römischen Staates — unter den Kaisern Augustus, Tiberius, Vespasian, Titus und dem als Regent kurzlebigen, aber hochbedeutenden Kaiser Nerva — glückte es noch, den Staat vor dem rechtlosen Soldatenkaisertum zu bewahren. Für die Christen waren diese zwei Jahrhunderte die entscheidende Zeit, in der die Kirche sich entfalten und erstarken konnte, weil Gott sich zu ihrem Schutze der schon Paulus zugutegekommenen rechtsstaatlichen Einrichtungen Roms bedient, die von den cäsaristischen Neuerungen noch nicht ganz überwuchert waren.

Eine weitere, ähnliche transepochale Geschichtsrevision bahnt sich in dem Buch des reformierten Holländers Hendrik Berkhof an: „Kirche und Kaiser — Eine Untersuchung des Entstehens der byzantinischen und theokratischen Staatsauffassung im 4. Jahrhundert." Hier wird endlich, und zwar von nicht-katholischer Seite, mit manchen Legenden aufgeräumt, die sich die Kritik an Konstantin und der damaligen Kirche zu leicht machten; die Revision verfällt anderseits nun nicht in eine Verherrlichung. Selbst „Das Zeitalter Konstantins" von Jakob Burckhardt ist ja in jener Hinsicht der Revision dringend bedürftig; ein so nüchterner Historiker wie Eduard Schwartz hat sie schon vor Jahrzehnten behutsam eingeleitet.

Die transepochale Revision ist für die Erkenntnis und die Betrachtung der Geschichte von höchster Bedeutung, und sie ist existentiell wichtig für das Dasein und für die Entscheidungen des Menschen. Das wird ohne weiteres klar, wenn wir an die größte Revision überhaupt denken, — an diejenige, die Jesus Christus dem Geschichtsbild seiner jüdischen Zeitgenossen zuteil werden ließ. Das Gleichnis von den Arbeitern im Weinberg (Matthäus 20, 1—16) gibt das jüdische Geschichtsbild wieder: Die zuerstgekommenen Arbeiter entsprachen dem auserwählten Volk, die spätergekommenen den Heiden. Die konkrete Geschichte der Erfahrung der Juden mit Samaritern und Galiläern und die prophetische Schau lehnten es selbstverständlich ab, daß die Zuletztgekommenen den Ersten gleichgeordnet wurden. In der revolutionierenden Revision Christi erhalten sie beide den gleichen Lohn; die Vorzeichen für die Vergangenheit des Volkes, zu dem die Worte gesprochen waren, wurden umgekehrt, — wie vielleicht auch für die Christen aus den Heiden die Vorzeichen am Ende noch einmal vertauscht werden.

5

Wenn wir uns mit der vorliegenden Untersuchung in einem platonischen Ideenhimmel bewegten, dann könnten wir es bei der Betrachtung dieser drei Arten von Geschichtsrevision bewenden lassen. Wir befinden uns aber in einem bestimmten geschichtlichen Raum und in einer bestimmten geschichtlichen Zeit. Das nötigt uns, die Frage zu stellen: Wie steht es hier und heute mit der Revision? Ist das in Gang, was in Gang sein sollte, oder nicht?

Angesichts gegenwärtiger Erscheinungen sind diese Fragen mit großem Ernst zu stellen. So schreibt zum Beispiel Gerhard Ritter in seinem Buch „Geschichte als Bildungsmacht" (2. Auflage 1947, Seite 30 und folgende): „Viel dringlicher für die politische Erziehung unseres Volkes scheint mir jetzt die Einordnung des Geschehens in den Gesamtzusammenhang deutscher und europäischer universaler Geschichte. Hier liegen die eigentlich entscheidenden Probleme; hier muß der Historiker zeigen, ob er selber etwas aus der Geschichte zu lernen versteht, und ob er klare Begriffe, feste Maßstäbe des politischen und sittlichen Urteils besitzt, um Größe und Verfall der Staaten, Wert oder Unwert politischer Erscheinungen daran zu messen." — Weiter ist bei Ritter aber zu lesen: „Was uns anzieht, ist ein anderer Bismarck als der des Klischeebildes: es ist nicht der Mann des brutalen Willens, der eisernen Faust, sondern der staatsmännischen Weisheit, der eiskalten überlegenen politischen Intelligenz; nicht der rücksichtslos wilde Kämpfer, sondern der nüchtern besonnene Staatslenker, Meister der europäischen Diplomatie, Schöpfer dauerhafter Ordnungen."

Es fragt sich, ob mit dem Hitler-Goebbels-Wort „eiskalt" nicht fast dasselbe gesagt ist, wie wenn sonst etwa vom „Kanzler mit der eisernen Faust" gesprochen wird. Außerdem kann von „dauerhaften Ordnungen" wohl keine Rede sein, denn sie haben nicht länger als fünfzig Jahre gedauert.

Weiter schreibt Gerhard Ritter: „Er ist der Diplomat voll unvergleichlicher Weltkenntnis, der um seine europäische Verantwortung weiß, der zwar den Krieg nicht unbedingt scheut, aber nur als die ultimo ratio regum zu entfesseln wagt, d. h. nur dann, wenn er einen Konflikt echter Lebensinteressen vor sich zu haben glaubt, der durch kein Mittel friedlichen Ausgleichs mehr aus der Welt geschafft werden kann, und der ihn vor allem zu bändigen weiß im Stil der alten Kabinettspolitiker, weil er schon mitten im Kampf an die Notwendigkeit denkt, nachher eine friedliche Dauerordnung neu aufzurichten" (Seite 65).

Ritter bringt mit dieser Darstellung keine wirkliche Geschichtsrevision, sondern er hat im Rahmen des alten Bildes nur andere Ausdrücke verwendet. Die von ihm 1946 geforderte Revision scheint er also selbst später in seinen Werken nicht verwirklichen zu wollen*.

Aber vielleicht ist der Geschichtsunterricht auf besseren Wegen? In der Zeitschrift „Geschichte in Wissenschaft und Unterricht" (Juli 1950) wurden „Richtlinien für den Geschichtsunterricht an den Höheren Schulen in dem Land Nordrhein-Westfalen" veröffentlicht. In der Publikation heißt es: „Der Geschichtsunterricht hat in strenger Bindung an die von der kritischen Forschung erarbeiteten Tatsachen der Wahrheit zu dienen. Daher darf die geschichtliche Wirklichkeit weder durch Legendenbildung und Mythisierung verzerrt werden noch durch Maßstäbe und Normen, die ihrem Wesen fremd sind. Die ausgebreitete Kenntnis von Tatsachen, nicht Gefühle und Meinungen, sind Voraussetzung geschichtlicher Bildung."

Dazu ist zu bemerken, daß es zweierlei Legenden gibt: die erfundene und die wahre Legende. Außerdem haben wahre Legenden ihren Wert als Vorbild; Judas ist als negatives Vorbild eine ebenso wichtige Figur der „Legende", wie etwa Petrus und Paulus positive Vorbilder sind. Man fragt sich auch, was für „geschichtsfremde" Maßstäbe und Normen gemeint sein können. Offensichtlich hat der Verfasser geglaubt, daß naturrechtliche Maßstäbe unter die Kategorie „Gefühle" und „Meinungen" fallen, denn in dem folgenden Zitat heißt es: „Friedrich der Große und seine Politik können nur mißverstanden werden, wenn man sie aus dem Zusammenhang ihrer Zeit herauslöst und in unhistorischer Weise mit naturrechtlichen oder nationalen Maßstäben mißt." Merkwürdig ist aber doch, daß die naturrechtlichen Maßstäbe gerade im 18. Jahrhundert selbst so lebendig waren, daß ein großer französischer Bischof, Fénelon, an Ludwig XIV. gewissermaßen ein prophetisches Amt ausübte, als er ihn warnte, auf dem Weg ungerechter Kriege immer weiterzugehen, und vielleicht gerade dadurch die Franzosen diesem König gegenüber davon abhielt, ihn „der Große" zu nennen. Das prophetische Amt ist zu verschiedenen Zeit immer verschiedenen Menschen ge-

* Zu solcher Feststellung, wie wir sie samt den Zitaten einer Denkschrift des — inzwischen umbesetzten — „Instituts zur Erforschung der nationalsozialistischen Zeit" entnehmen (sie erschien 1950 unter dem Titel „Zur Erneuerung des deutschen Geschichtsbildes"), bemerkte die Wochenzeitung „Michael" treffend, daß leider „eine führende westdeutsche Zeitung den Bemühungen dieses Instituts wie anscheinend den Bemühungen um eine kritische Geschichtsbetrachtung überhaupt mit dem Argument entgegentritt, mit solchen ‚Forschungsmethoden' würde kein einziger verrannter Nazi-Nachläufer von seinem Holzweg abgebracht werden. Wollte man diese Begründung annehmen, dann müßte man allerdings auf die Erforschung der Wahrheit und auf die Vermittlung von Wissen und Bildung in Zukunft überhaupt verzichten, denn es wird immer Unbelehrbare geben. Aber es kann doch wohl kein Zweifel bestehen, daß für die überwiegende Mehrzahl der Menschen in einem Volk und für ihre führenden Persönlichkeiten die Vorstellungen, die sie sich von der politischen Gegenwart und Zukunft machen, zum mindesten unbewußt weitgehend davon abhängen, was sie sich aus der Vergangenheit als ihre Vorbilder erwählt haben. Danach werden sie ihr eigenes Urteilen und Handeln ausrichten."

geben, die in die Geschichte eingreifen. Ähnlich hat auch Johann Georg Hamann an Friedrich II. ein prophetisches Amt ausgeübt (vergleiche „Magus gegen Antichrist“, zur Hamann-Biographie von Josef Nadler, FH VI/1, 61).

6

Welches sind denn die Ziele und Aufgaben, die man einer richtig orientierten Revision unseres Geschichtsbildes und unseres Geschichtsunterrichts setzen soll? Aus ehrlich reformwilligen Kreisen hat man in den letzten Jahren gegen die politische Geschichte für die „Kulturgeschichte“ gesprochen. Aber ein solches Tun geht am Wissen der Geschichte vorbei. Geschichte redet vom Geschehen. Da handeln und entscheiden sich Menschen; der Geschichtsschreiber erzählt also vom Geschehen unter handelnden Menschen. Weil das heute nicht mehr in rechter Weise geschieht, darum haben unsere Kinder kein Geschichtsbild. Die konkreten Tatsachen verdünnen sich immer mehr. Auf der Mittelstufe — psychologisch auf der Stufe des Robinson-Alters —, gerade da müßte versucht werden, das Bild des großen Dramas in der Geschichte tief in die Jugend einzuprägen, da müßten vor allem Tatsachen gelernt werden. Selbstverständlich darf es sich aber bei politischer Geschichte nicht bloß um Kriegsgeschichte handeln, vielmehr müssen die großen Entscheidungen, in denen Menschen um die rechte Art ihres Miteinanderlebens und darum auch um die das Recht und die Freiheit schützenden Einrichtungen gerungen haben, herausgehoben werden. Eine Staatsbürgerkunde ist Unfug, die bei den Einrichtungen nicht jeweils zeigt, wie sie von Menschen erkämpft und verwirklicht wurden. Auswendiggelernte bloße Verfassungsparagraphen verschwinden aus den Köpfen. Man muß, was heute als gewordene Einrichtung Gestalt hat, in seinem Werden aufsuchen und dartun, wie es geschaffen wurde, dann wissen die Menschen fürs ganze Leben, daß hier etwas errungen, daß eine „Errungenschaft“ gemacht worden ist.

Des weiteren soll davon die Rede sein, daß es einen Mißbrauch der „philosophischen“ Kategorien „notwendig“ und „zufällig“ zum Ersatz für das gesunde „Hausbrot“ von Gut und Böse gibt (um Jakob Burckhardt zu zitieren). In jeder Geschichtsdarstellung ist es vonnöten, die lebendigen Farben der sittlichen Wertung nicht verblassen zu lassen.

Wenn eine Forderung gestellt werden darf, dann am ersten diese: Die revidierte Geschichte, die im Wissen *und* im Gewissen vollzogene transepochale Geschichtsrevision ist hindurchzuführen bis in die Literatur der Schulen. Es soll nicht heißen: statt politischer Geschichte Kulturgeschichte, sondern Geschichte der Humanität, die den Menschen ungeschminkt schildert, wie er in seinem Kampf zwischen Gut und Böse, zwischen Gott und Satan ist.

Die Wirkung, die die Beschäftigung mit der Geschichte hervorbringt, läßt sich in vieler Beziehung mit der von Reisen ins Ausland vergleichen. Aber mancher kann weit reisen und mit so engem Geist zurückkommen, als hätte er sich nie aus der eigenen Kleinstadt entfernt. Macaulay.

Norman Cousins

GESPRÄCHE MIT NEHRU

Anfang dieses Jahres besuchte Norman Cousins, der Schriftleiter der „Saturday Review of Literature“ (New York), des öfteren Pandit Nehru, den Chef der indischen Regierung. Die Gespräche mit dem Staatsmann wurden von Mr. Cousins in seiner Zeitschrift veröffentlicht und in Buchform durch die John-Day-Company in New York herausgebracht.

Nach dem dritten Zusammensein mit Jawaharlal Nehru hatte Mr. Cousins vorgeschlagen, die weiteren Unterhaltungen durch ein Aufnahmegerät festzuhalten. Nehru zögerte zunächst etwas, weil er glaubte, vor einem Mikrophon nicht so frei sprechen zu können wie in einem privaten Gespräch. Jedoch der Versuch wurde unternommen. Bemerkenswert ist, daß Nehru nicht im voraus wußte, welche Fragen gestellt oder auch nur welche Gebiete berührt werden würden. Der veröffentlichte Text der Antworten entspricht genau Nehrus Worten, denn obwohl Mr. Cousins dem Premierminister das Protokoll vorlegte und ihm anheimstellte, Verbesserungen daran vorzunehmen, wurde es von ihm ohne jegliche Änderung gutgeheißen.

Die Redaktion.

COUSINS: Wie würden Sie, Herr Premierminister, den Begriff Demokratie definieren, um ihm eine allgemeingültige Bedeutung zu verleihen, welche die Menschen überall verstünden und bejahten?

NEHRU: Demokratie bedeutet nicht nur das Recht der freien Entfaltung auf politischem und wirtschaftlichem Gebiet, sondern auch eine gewisse Duldsamkeit gegenüber anderen, selbst wenn deren Ansichten unseren eigenen entgegenstehen. Demokratie bedeutet aber auch ein ernstliches Suchen nach Wahrheit und dem rechten Weg. Das heißt, daß die Demokratie ein dynamischer und kein statischer Begriff ist.

COUSINS: Stimmen Sie mit mir darin überein, daß politische Gleichheit das Mittel ist, mit dem wir auch die anderen Freiheiten erringen können?

NEHRU: Ja, politische Freiheit und Gleichberechtigung bilden das Fundament, auf dem die anderen gemeinsamen Rechte aufzubauen sind. Anderseits wird die politische Gleichberechtigung bedeutungslos werden, wenn allzu große wirtschaftliche Unterschiede bestehen. Wo Menschen Hunger leiden, bedeutet ihnen das Wahlrecht nichts.

COUSINS: Was dürfen Ihrer Meinung nach die Einzelnen vom Staat erwarten, nicht inbezug auf Schutz vor fremden Mächten, sondern in ihren direkten persönlichen Beziehungen zum Staate?

NEHRU: Der Staat hat die Pflicht, die Möglichkeiten zu bieten, daß seine Bürger am allgemeinen Fortschritt teilnehmen, daß ihre Erziehung und Gesundheit gesichert werden, kurz: daß ihnen die Chance gegeben wird, ihre natürlichen Fähigkeiten voll zu entfalten. Nun ist das Kernproblem des Tages etwa das folgende: Man kann einer zentralisierten Autorität nicht entkommen, sei es nun dem Staat, einem Industriekonzern, der Gewerkschaft oder sonst einer Gruppe. All diese Zentralisierungen beschränken notwendigerweise die Freiheit des Einzelnen auf irgendeine Weise. Obwohl wir unsere persönliche Freiheit eifersüchtig hüten, vermögen wir uns dennoch nicht ganz der Zentralisierung der modernen Gesellschaft zu entziehen.

COUSINS: Sie stellten fest, Herr Premierminister: Je mehr ein Staat die Zentralisierung auf gewissen Gebieten der nationalen Wirtschaft steigert, desto wichtiger wird es, die Rechte des Einzelnen zu garantieren und zu stärken. Was tut Indien heute, um die Rechte seiner Bevölkerung zu schützen und zu erweitern, angesichts der Tatsache, daß es notwendig wurde, gewisse Projekte zu entwickeln, deren Durchführung eine Zentralisierung gebieterisch erfordern?

NEHRU: Was die politischen Rechte anlangt, glaube ich, daß unsere Verfassung so weit gegangen ist, wie eine Verfassung nur überhaupt gehen kann, um die politischen Rechte des Staatsbürgers zu schützen. Was die wirtschaftlichen Fragen anlangt, ist es die Pflicht des Staates, nicht abseits zu stehen, sondern schützend einzugreifen, weil in einer ziemlich unentwickelten Wirtschaft die Neigung gewisser Machtgruppen besteht, die Interessen der Allgemeinheit unter Anwendung aller möglichen Methoden zu mißachten. Wir sind im großen und ganzen ein Agrarstaat, und deswegen ist einer unserer vordringlichsten Programmpunkte, die Landreform durchzuführen; wir müssen das alte, noch halbfeudale System ändern, und zwar zugunsten von Gemeinschaftsreformen, deren Aufbau wir fördern. Dadurch wird ein überlebtes System — der Großgrundbesitz —, das unserer Entwicklung im Wege stand, beseitigt. Der Wandel war schwierig, weil wir Entschädigungen gewährten, die eine ernste Belastung darstellten. Immerhin wird dadurch der Weg für andere Reformen frei, für Pläne der industriellen und landwirtschaftlichen Entwicklung, an deren Verwirklichung Industrie und Landwirtschaft gemeinsam arbeiten, wodurch schließlich ein Gleichgewicht zwischen beiden hergestellt wird. Bei uns leben viel zu viel Menschen auf dem Land, wir müssen sie der Industrie zuführen, der Großindustrie und dem Kleingewerbe.

COUSINS: Im Laufe der letzten Wochen hat mich in steigendem Maße das, was wie ein zunehmendes Mißverstehen zwischen Indien und Amerika aussieht, beunruhigt. Wie erklären Sie sich das Anwachsen dieser Mißverständnisse, die zuweilen an Feindseligkeit heranzukommen scheinen?

NEHRU: Ich glaube nicht, daß hier in Indien eine grundlegende Feindseligkeit gegen Amerika oder gegen irgendein anderes Land besteht. Gewisse Dinge, gewisse politischen Haltungen, welche nicht klar erscheinen oder nicht in unser politisches Konzept passen, mögen Kritik hervorrufen, — das ist aber eine ganz andere Sache. Unsere gegenwärtige Weltpolitik ergibt sich zwangsläufig aus dem Ideengut der letzten dreißig oder mehr Jahre.

Die erste Sorge eines jungen Landes, das eben seine Freiheit errungen hat, ist, in keine Konflikte verwickelt zu werden, auf eigenen Füßen zu stehen und seine eigenen Interessen im Sinne einer allumfassenden Freundschaft zur ganzen Welt zu entwickeln. Das heißt nicht, daß wir den realen Verhältnissen auf der Welt blind gegenüberstehen, wir unterziehen sie vielmehr einer aufgeschlossenen Betrachtung. Dazu kommt noch folgendes: Wenn man irgendetwas nicht leiden kann, oder es gar ablehnt, wie soll man sich damit konstruktiv auseinandersetzen? Wir haben stets gedacht, daß die richtige Haltung die der Freundlichkeit ist, selbst dem anderen, dem Feind gegenüber. Wir sprechen keiner Beschwichtigungs-Politik das Wort. Man muß klar zwischen beiden unterscheiden. Man darf das Böse nicht beschwichtigen. Wenn man diese Feststellung trifft, ergibt sich allerdings die Frage, wie man mit dem Bösen sich auseinandersetzen soll.

Wenige Dinge sind hundertprozentig böse, genauso wie nur wenige hundertprozentig gut sind. Wenn man nun etwas verdammt, was teilweise böse und teilweise gut ist, dann verwirft man das Ganze und gerät möglicherweise in Komplikationen, wenn man dadurch gleichzeitig das Gute verdammt.

COUSINS: Aber was ist zu tun, wenn man von dem Ganzen bedroht wird?

NEHRU: Wenn man vom Ganzen bedroht wird, dann leistet man dieser Drohung Widerstand, bemüht sich aber dennoch weiter zu unterscheiden, weil man ansonsten das Denken des Volkes verwirrt und es glauben macht, daß man auch gegen das Gute sei.

COUSINS: Tatsächlich unterscheiden wir in Amerika etwa zwischen dem russischen Volk und seiner Regierung. Wir betrachten das russische Volk als Menschen, die gleichen Anspruch auf einen gerechten Anteil an den guten Dingen des Lebens haben wie wir selbst. Aber es gibt heute in der Welt Völker, die von ihrer Regierung für Zwecke eingespannt werden, die den Frieden bedrohen.

NEHRU: Ich möchte behaupten, daß die grundlegende Bedrohung unserer heutigen Welt der Furcht entspringt. Die Furcht umnebelt den Verstand und führt oft zu leidenschaftlichen, unbeherrschten Handlungen. Sie haben ja bereits betont, daß wir uns nicht dem Bösen unterwerfen sollen, aber wir dürfen auch nicht vergessen, daß das Übel nicht durch falsche Methoden, welche selbst noch mehr Böses erzeugen, überwunden werden kann. Ich bin nun mehr und mehr zu der Überzeugung gelangt, daß die Grundlehre Gandhis die richtige war, nämlich die, daß nie der Zweck die Mittel heiligen kann. Ich bin mir wohl bewußt, daß solche Lehren nicht einfach in die Praxis übertragen werden können. Kein Politiker oder Staatsmann kann die Rolle eines Propheten spielen, weder in einer Demokratie noch in einem anderen Regierungssystem. Er muß Rücksicht nehmen auf die geistige Aufnahmefähigkeit seines Volkes und dessen Einschätzung des Wertes seiner Ideen, — sonst vermag er überhaupt nicht zu wirken. Der Grundgedanke bleibt jedoch wichtig: daß die richtigen Mittel anzuwenden sind, und daß stets Festigkeit mit dem Geist der Freundschaft und Versöhnlichkeit gepaart wird, — nicht mit „appeasement“. Diese Unterscheidung betone ich.

COUSINS: Wenn Sie die Entwicklung der Vereinten Nationen betrachten, Herr Premierminister, glauben Sie, daß diese Einrichtung eine Atmosphäre der Vernunft zu schaffen vermag und die Verbreitung derartiger Irrlehren in der Welt verhindern kann, insbesondere jener, daß der Zweck die Mittel heilige? Wenn ich diese Frage stelle, verbinde ich damit eine zweite: Wie können wir dem aggressiven Totalitarismus Einhalt gebieten und ihn bekämpfen? Ist das nicht die Hauptaufgabe der Vereinten Nationen?

NEHRU: Die Idee der Vereinten Nationen, wie sie den Gedankengängen Präsident Roosevelts und anderer entsprang, war, daß die Völker mit verschiedenen Lebensgewohnheiten am Konferenztisch zusammenkommen sollten, und zwar jedes Land der Erde, um dort abseits von den Schlachtfeldern nach Lösungen zu suchen. Wenn nun das ganze Gebäude geändert wird und ein großer Teil der Welt dort nicht vertreten ist, dann wird eine ganz andere Lage geschaffen.

Im gegenwärtigen Augenblick sind die Vereinten Nationen die einzige Institution, die sich mit internationalen politischen Problemen befassen kann. Es scheint jedoch, daß sich ihr Einfluß allmählich verringert. Die grundlegende, sozusagen geistige Wirkungskraft nimmt ab, weil sich die Vereinten Nationen auf einem Gebiet betätigen, welches dem ursprünglichen Aufgabenkreis ziemlich fremd ist.

COUSINS: Aber liegt es nicht vielleicht daran, daß die gegenwärtige Struktur der Vereinten Nationen es schwierig macht, sämtliche Völker der Erde an einen Konferenztisch zu bringen? Wenn es einer Nation möglich ist, die Verwirklichung des Willens aller anderen durch ihr Veto zu verhindern, dann gibt es doch nicht mehr viel, was die Völker veranlassen könnte, sich am Runden Tisch zu versammeln. Solange es noch keine bindenden und zwingenden Verpflichtungen gibt, welche es den Vereinten Nationen erlauben, ihre Entscheidungen wirklich durchzusetzen, besteht bei allen sich bedroht fühlenden Völkern die Neigung, sich durch Rüstung und militärische Allianzen zu schützen. Das aber macht es für einen Block schwierig, zuschauen zu müssen, wie der andere seine Position festigt. Man hat viel Aufhebens davon gemacht, daß der Westen sich weigert, China in die Vereinten Nationen aufzunehmen. Anderseits hat jedoch Rußland ununterbrochen der Zulassung von Ceylon — einem wirklich demokratischen Staatswesen — widersprochen. Rußland ist zweifellos der Ansicht, daß die Zulassung Ceylons die Gegenseite stärken würde. Wahrscheinlich aus diesem Grund glaubt der Westen, der Zulassung Chinas Widerstand leisten zu sollen. Wäre es nicht möglich, dieses Problem dadurch zu lösen, daß man die Gesamtheit der Vereinten Nationen stärker macht als jede in ihr mögliche Kräftekombination?

NEHRU: Würde das nicht eine Veränderung der Grundidee und Struktur der Vereinten Nationen bedeuten und zu Vereinten Nationen führen, welche im großen und ganzen nur Länder einer Denkweise zusammenfassen?

COUSINS: Der ursprüngliche Plan bleibt natürlich noch das Ideal, eine Organisation also, die fähig ist, die Sicherheit der Welt unter Anerkennung bestehender Unterschiede zu garantieren.

NEHRU: Eines ist mir klar, nämlich, daß die Vereinten Nationen nicht gleichzeitig ein Land, das in seinen Körperschaften nicht vertreten ist, ignorieren und dennoch diesem Land den Willen der UN aufzwingen können. Diese beiden Dinge widersprechen sich. Dadurch, daß die Vereinten Nationen einige Länder nicht aufgenommen haben, sei es nun China oder Ceylon, haben sie sich, wie ich glaube, falsch verhalten, beraubten sie sich selbst des Rechtes, sich mit jenen Ländern zu befassen. Wenn man aber unfähig ist, sich mit einer Nation innerhalb der Vereinten Nationen auseinanderzusetzen, dann bleibt als letzte Alternative nur die Auseinandersetzung mit Waffengewalt.

Diese Probleme müssen durch eine allgemeine Verbesserung der Weltlage behoben werden, weil sich vieles nur aus der Furcht ergibt, — sei dies nun Furcht vor dem Angriff, sei es Furcht vor der Ausbreitung anderer Länder und dem Angriff auf die Interessen und Vorrechte ihrer Nachbarn. Die Grundforderung ist, Bedingungen zu schaffen, die die Furcht vermindern.

COUSINS: Herr Premierminister, welch besseren Weg gäbe es dafür, als im Rahmen der Vereinten Nationen selbst mitzuarbeiten, um ihnen im Laufe der Zeit die erforderliche innere Stärke zu verleihen?

NEHRU: Wenn die Vereinten Nationen nicht mehr die Welt als Ganzes repräsentieren, dann werden sie selbst zu einem Teil, und der andere Teil bleibt außerhalb. Der außenstehende Teil würde dann nicht mehr der Jurisdiktion der Vereinten Nationen unterliegen, und die UN könnten ihn nur durch Polizeimethoden zur Mitarbeit oder Einfügung bewegen, — etwas, was Länder und Völker sehr übelnehmen. Anstatt den Frieden zu sichern, würde man damit in wachsendem Maße nur größere Konflikte heraufbeschwören.

COUSINS: Was hat nach Ihrer Meinung zu einer Fehlentwicklung der Vereinten Nationen geführt?

NEHRU: Der Erste Weltkrieg wurde für die Demokratie geführt und um der Aggression ein Ende zu setzen. Ein vollkommener Sieg war das Endergebnis, und trotzdem war der Zeitraum zwischen den zwei Kriegen durch große Konflikte und Umwälzungen auf wirtschaftlichem und sozialem Gebiete gekennzeichnet. Eine alte Welt hatte ihr Ende gefunden, und eine neue versuchte, sich ihren Weg zu bahnen und ins Lot zu kommen. Dann kam der Zweite Weltkrieg. Auch er endete mit einem überwältigenden Sieg, und doch sahen wir uns bald einer Fülle von Konflikten und Schwierigkeiten gegenüber.

Als logische Folge ergibt sich, daß Probleme durch Kriege nicht tatsächlich gelöst werden; oder: wenn wir versuchen, solche Lösungen zu erreichen, so führt dies nur zu anderen Problemen, die tatsächlich noch gewaltiger sind.

Nun taucht heute ein neues Problem auf. Asien hat die Bühne der Weltgeschichte betreten. Asien wird industrialisiert, und ein andersgearteter Konflikt spielt sich auf einer anderen Ebene ab.

Die Welt, in der wir heute leben, ist unglaublich vielfältig; ihre einzelnen Bestandteile sehen sich verschiedenartigen Problemen gegenüber. In Asien ist das Hauptproblem, Nahrungsmittel zu beschaffen und den schrecklich niedrigen Lebensstandard zu heben. Es ist verständlich, daß die Gedanken des Volkes hauptsächlich um diesen Punkt kreisen.

Anderseits verfügt die Bevölkerung, die eben erst das Kolonialstadium verlassen hat, über eine bestimmte Vitalität. Mag das Volk auch im Positiven noch nicht stark genug sein, so reicht die Kraft doch aus, jedem Versuch zur Fremdherrschaft erfolgreich zu begegnen. Kein Politiker kann heute daran denken, den Asiaten irgendetwas aufzuzwingen.

COUSINS: Ist es in diesem Zusammenhang nicht denkbar, Herr Premierminister, daß die Ausbreitung des Kommunismus eine neue Form von Fremdherrschaft mit sich bringen könnte? An die Stelle kolonialer Ausdehnung kann doch die ideologische Expansion treten?

NEHRU: Darüber kann kein Zweifel sein. Wenn, wie es sich in unserer jüngsten Vergangenheit ereignet hat, der Kommunismus nicht nur als eine Wirtschaftslehre kommt, sondern eher als expansiver Imperialismus, dann vermag er vielleicht vorübergehend das Interesse des Volkes zu wecken, — weil es im Kommunismus zunächst eine befreiende Kraft erblickt, — aber zwangsläufig wird er wachsendem Widerstand begegnen. Das Problem liegt darin, daß heute in Asien jedes Land, jede Gruppe oder jede Idee, die irgendwie die Freiheit vertritt, das Volk anspricht. Im politischen Bereich kann als diese befreiende Kraft der Nationalismus genannt werden. Im Bereich der Wirtschaft kann sich diese Kraft etwa im Zusammenhang mit der Bodenreform oder anderen Problemen entfalten, die das Volk bewegen. Deswegen sollte jeder Appell an das Volk von der Idee der politischen und wirtschaftlichen Befreiung erfüllt sein.

COUSINS: Wie sollen wir dann den Kommunismus auf jenen zwei Wegen aufhalten, auf denen er zur Zeit vorgeht? Erstens auf dem nationalistischen, auf dem Rußland augenscheinlich versucht, jenen Plan zu verwirklichen, der bereits lange vor 1917 gefaßt wurde. So wissen wir, daß die russische Expansion im Fernen Osten auf die Jahre 1896, 1900 und 1904 zurückgeht. Der zweite Weg ist der weltanschauliche: Jeder der beiden wird dazu benutzt, auf dem anderen Fortschritte zu machen. Ist es nicht durchaus denkbar, daß Rußland seine Ideologie heute als Instrument benutzt, um seine nationalistischen Ziele zu verwirklichen, die vielleicht weit über die weltanschaulichen hinausgehen?

NEHRU: Sie sprachen von dem lange zurückliegenden Vorgehen Rußlands in den neunziger Jahren. Dies war eine rein imperialistische Epoche. Diese Aktionen wurden von keiner Weltanschauung getragen; sie dienten nur dazu, den Machtbereich eines gewaltigen Weltstaates auszudehnen, und die Länder reagierten darauf ablehnend. Dann kam die kommunistische Phase in der Entwicklung Rußlands, in der es die imperialistische Tradition aufzugeben schien und vielen Ländern Asiens die Befreiung versprach. Rußlands Nachbarn verstanden zwar nicht viel davon, aber die kommunistischen Ideen sprachen sie an, und man darf als sicher annehmen, daß die große Zuneigung, welche Rußland sich vor einem Vierteljahrhundert in Asien erwarb — und es waren wirklich starke Sympathien —, darauf zurückzuführen ist, daß Rußland sich damals zum Hüter der nationalen Interessen der asiatischen Völker machte.

In unserer jüngsten Vergangenheit ist in dieser Beziehung ein entschiedener Wandel eingetreten; die kommunistischen Tendenzen sind in vielen Ländern wie Indien, Indonesien, Burma und einigen anderen auf den Widerstand der nationalen Kräfte gestoßen. Wo immer dies der Fall war, hat sich die nationalistische Tendenz als die stärkere erwiesen, freilich nur dann, wenn sie nicht sozial rückschrittliche Ziele unterstützte.

In Indien war der Kommunismus bis zum Beginn des Zweiten Weltkrieges recht unbedeutend. Es war deshalb nur eine kleine, bedeutungslose Gruppe der nationalen Bewegung, die kommunistischen Ideen Sympathien entgegenbrachte. Unter den Industriearbeitern fanden sie damals einigen Anklang, aber im großen und ganzen war ihr Einfluß gering. Tatsächlich gewann der Kommunismus erst in der Endphase des Krieges an Bedeutung. Er vervollkommnete seine Organisation. Anderseits verlor er durch seinen Bruch mit der nationalen Bewegung. Heute ist der Kommunismus in Indien ein ausgesprochener Gegner des Nationalismus. Er vermag in einigen industriellen und landwirtschaftlichen Gegenden manche Schwierigkeiten zu erzeugen, aber doch nur in beschränktem Umfange. Die Kernfrage des Tages ist: Wieweit kann die nationale Bewegung einige der drängenden

Probleme lösen? Sollte sie scheitern, dann erhält der Kommunismus natürlich wieder Auftrieb. Siegt dagegen die nationale Bewegung, dann wird er abnehmen.

COUSINS: Wenn der Kommunismus durch Terror oder andere Mittel in Indien nicht weltanschaulich Fuß faßt, ist es dann überhaupt möglich, daß er den Versuch macht, durch offene Aktion oder Aggression sein Ziel zu erreichen? Wie betrachten Sie die Invasion Tibets, — würden Sie sagen, daß dies eine direkte Bedrohung Indiens darstellt, gleichgültig, in welchem Umfange die Kommunisten im Innern des Landes weltanschaulichen Fortschritt machen oder nicht?

NEHRU: Nein, irgendeine äußere Bedrohung Indiens dieser Art schreckt mich nicht, und ganz bestimmt befürchte ich keine Bedrohung von der tibetanischen Seite, und zwar aus vielerlei Gründen, welche hier nicht zur Debatte stehen; selbst ganz einfache militärische Erwägungen sprechen dagegen. Aber der wahre und der entscheidende Grund ist, daß ich nicht glaube, daß Indien und China in dieser Weise in Konflikt geraten.

COUSINS: Halten Sie es für möglich, daß China wegen seiner Beziehungen zu Rußland davon überzeugt werden könne, daß seine Interessen mehr in der Erfüllung der russischen ideologischen und nationalen Ziele liegen als in der Richtung auf ein einiges Asien?

NEHRU: Das glaube ich nicht. China denkt zuerst an sich selbst. China ist in mancher Hinsicht sehr eng an Rußland gebunden, aber letzten Endes wird es seine Marschroute doch selbst entscheiden. Ich kann mir nicht vorstellen, was China — oder ich gehe sogar so weit, zu sagen, selbst Rußland — mit einer Einverleibung Indiens gewinnen könnten. Wenn ein Weltkrieg ausbrechen sollte, dann wird sein Ausgang nicht auf dem Kriegsschauplatz Indien entschieden werden.

COUSINS: Wenn es nun tatsächlich zum Krieg käme, welche Rolle würde Indien in ihm spielen?

NEHRU: Augenblicklich setzt Indien alles daran, einen derartigen Ausbruch zu vermeiden. Tatsächlich könnte es sein, daß in einem Kriege gerade die Dinge, welche man bekämpft — obschon sie auf dem Schlachtfeld niedergerungen werden mögen —, faktisch und endlich den Endsieg davontragen werden, und zwar wegen der allgemeinen Zerstörung, der die Welt anheimfallen würde. Aus diesem Grunde ist es von entscheidender Wichtigkeit, diesen Krieg zu vermeiden und eine Periode des Friedens zu schaffen, welche uns erlaubt, eine Art Gleichgewicht auf der Welt herzustellen. Indien würde im Kriegsfall versuchen, alles Mögliche zu tun, um die Ausweitung eines solchen Konfliktes zu verhindern, genauso wie es alles Menschenmögliche tat, um den Koreakrieg zu begrenzen. Wenn ein großes Gebiet der Erde aus dem Krieg herausgehalten werden kann, dann wird es vielleicht möglich sein, wieder rascher den Frieden herzustellen.

COUSINS: Glauben Sie, daß die Chancen für die Vereinten Nationen, Frieden in Korea herzustellen, größer sind als im Dezember, als man unsere Truppen an die Küste zurücktrieb?

NEHRU: Von diesem Gesichtspunkt aus betrachtet ist die Lage günstiger. Die grundlegende Tatsache jedoch bleibt bestehen, daß eine Lösung des koreanischen Problems oder jedes anderen Problems im Fernen Osten die Zustimmung der geographisch in Mitleidenschaft gezogenen Nationen haben muß. Jede andere Lösung, sei sie auch auf militärische Macht gestützt, ist keine wahre Lösung, weil man das militärische Problem, von dem man unbedingt freikommen muß, weiterzuschleppen hätte.

COUSINS: Wir wissen, was ein neuer Weltkrieg bedeuten würde, wir wissen aber auch, daß wir den Krieg nicht einfach deshalb ausschalten können, weil wir seine Schrecken erkennen.

NEHRU: Ich darf dazu sagen, daß ich mit Ihnen einer Meinung bin: Ein Friede, der auf der Zerstörung moralischer Werte begründet ist, ist nicht der Mühe wert. Er wäre überhaupt kein Friede, sondern nur eine allmähliche Degradierung des Menschen. Tatsächlich ist eine der schmerzlichsten Erfahrungen, die wir in den letzten dreißig oder vierzig Jahren, teilweise als Resultat großer Kriege, gesammelt haben, daß die moralischen Werte in der Welt zu sehr in Mißachtung geraten sind.

Mir scheint es klar zu sein, daß die einzig mögliche Lösung in Korea vom koreanischen Volk schließlich selbst abhängt. Jede Lösung, die ihm aufgedrängt wird, sei es nun durch China oder die Vereinten Nationen, wird keinen Bestand haben, wenn sie dem Willen des koreanischen Volkes widerspricht.

COUSINS: Glauben Sie, wenn wir uns nun von Korea nach Südostasien wenden, daß sich die weltanschauliche und militärische Situation heute dort zu stabilisieren beginnt? Oder glauben Sie, daß Südostasien derselben Gefahr ausgesetzt ist, wie wir sie eben in Korea erlebten?

NEHRU: Die einzige Gegend, die in Südostasien einem Konflikt ausgesetzt ist, ist Indochina. Alle anderen Gebiete bieten schlimmstenfalls Möglichkeiten für den Ausbruch solcher Konflikte. Ich bin davon überzeugt, daß, wenn der Krieg in Korea beendet werden kann oder auch nur begrenzt bleibt, es zu keinem Angriff in Südostasien kommen wird. Freilich, wenn der Krieg sich ausweiten sollte, dann ist alles möglich.

COUSINS: Es ist in den USA behauptet worden, daß Indien nicht wirklich neutral sei, sondern sich tatsächlich Rußland und China zuneige. Möchten Sie sich bitte dazu äußern?

NEHRU: Das Wort Neutralität beschreibt unsere Politik natürlich nur unzutreffend. Unter normalen Umständen kann der Begriff Neutralität nur im Gegensatz zum Kriegszustand angewandt werden. In Friedenszeiten ergibt sich diese Fragestellung gar nicht, es sei denn, man denke stets in kriegerischen Begriffen. Unsere Politik ist einfach folgende: Wir möchten jede Streitfrage aufgrund der ihr innewohnenden besonderen Momente beurteilt wissen, und wir möchten dann unter Berücksichtigung der jeweils herrschenden Umstände entscheiden, was wir im Interesse des Weltfriedens und unserer anderen Ziele für das beste halten. Gar oft haben wir in den Vereinten Nationen oder anderswo eine Richtung vertreten oder eine Politik ermutigt, die einige Nationen liebten, andere wieder nicht, und umgekehrt. Was China anbelangt, so entwickelt sich dieses Land in einer ganz anderen Richtung als wir. Wir haben keinen Wunsch, uns in China einzumischen, und möchten nicht, daß sich China in unsere Angelegenheiten einmischt. Wir finden, daß das chinesische Volk dem indischen, ganz abgesehen von der jüngsten Entwicklung, eine lange Zeit in herzlicher Freundschaft verbunden war. Trotz allen Wandlungen bin ich der Meinung, daß wir diese Politik fortführen sollen und keinerlei Schritte unternehmen dürfen, welche Feindseligkeiten zwischen den beiden Ländern, die eine unendlich lange gemeinsame Grenze haben und mindestens zweitausend Jahre miteinander Beziehungen pflegten, hervorrufen könnten.

COUSINS: Wie steht es mit der Möglichkeit, Herr Premierminister, im Laufe der nächsten Jahre festzustellen, ob die chinesische Regierung die Unterstützung des chinesischen Volkes genießt?

NEHRU: Sie sprechen von den nächsten Jahren. Darüber weiß ich leider nicht Bescheid; aber ich glaube, die jüngst vergangenen Jahre haben überzeugend bebewiesen, daß die gegenwärtige chinesische Regierung mit der weitesten Unterstützung des chinesischen Volkes an die Macht kam. Dieser Zustand hat sich kaum geändert. Tatsächlich kam die Regierung ohne jegliche Schwierigkeiten an die Macht und zwar nur, weil sie von den breiten Massen getragen war. Unter anderen Umständen wäre es für sie ganz unmöglich gewesen, ihr Ziel zu erreichen.

COUSINS: Könnten Sie Ihre eigene Stellungnahme äußern für den Fall, daß China infolge inneren Druckes oder anderer Gründe sich für eine dynamische oder aggressive Außenpolitik entscheiden würde?

NEHRU: Darf ich Sie in dieser Hinsicht an die jüngste Phase der Geschichte erinnern? Nach der Sowjetrevolution sah sich Rußland ungeheuren Problemen und Schwierigkeiten gegenüber. Es war erstaunlich, daß es diese überhaupt überleben konnte. Nun war es meines Erachtens ein grundfalscher Schritt, daß man damals versuchte, die Sowjetunion zu unterdrücken, daß man sie abriegelte und isolierte und einen sogenannten „Cordon Sanitaire" um sie errichtete. Dieser Versuch war erfolglos, er zeitigte nur das Ergebnis, die Sowjetunion zu einem erbitterten Feind der westlichen Welt zu machen; und die Erinnerung an diese Isolierung ist in Rußland heute noch lebendig. Es wäre eine äußerst gefährliche Sache, dieses Experiment in China wiederholen zu wollen; es wäre heute noch weit gefährlicher als damals, weil die Verhältnisse sich inzwischen grundlegend geändert haben. Wenn wir China mit dem Bann belegen und von der übrigen Welt abschneiden, so hätte das keine guten Folgen für den Rest der Welt. Natürlich würde China darunter leiden, aber die Welt ist heute so beschaffen, daß auch die übrigen Länder in Mitleidenschaft gezogen würden.

Nun, um Ihre Frage zu beantworten: soweit Indien betroffen ist, habe ich nicht den Schatten eines Zweifels daran, daß jeder Angriff durch China auf Widerstand stoßen würde. Ich erwarte keinen Angriff, aber ich habe es ganz klar gemacht, daß wir auch keinen dulden werden.

COUSINS: Werden Sie bereit sein, wenn ein solcher Angriff kommt?

NEHRU: Absolut und jederzeit, von welcher Richtung er auch käme.

COUSINS: Ich möchte nun auf Ihre Bemerkung über Sowjetrußland zurückkommen, nach der die Politik des Westens gegen jenes Land tatsächlich große Bitterkeit in Rußland erzeugte. Ist es nicht Tatsache, Herr Premierminister, daß bei Kriegsende im Jahre 1945 die Sowjets als vollkommen gleichwertige Partner von allen Nationen des Westens anerkannt wurden? Zu dieser Zeit war doch die alte Mißstimmung, die während der zwanziger Jahre erzeugt worden war, erloschen. Trotzdem entschloß sich Rußland, sowohl gegen den Osten als auch gegen den Westen vorzugehen. Was sollen etwa die Leute in der Tschechoslowakei von Rußland denken? Ich glaube, daß wenige Völker mehr getan haben, um den Wünschen Sowjetrußlands gerecht zu werden, als die der Tschechoslowakei. Was können Sie auf diese Feststellung entgegnen?

NEHRU: Ich bin über viele Dinge, die sich in Osteuropa seit dem Ende des letzten Weltkrieges zugetragen haben, sehr traurig, insbesondere über die Vorgänge in der Tschechoslowakei. Ich war im Jahre 1938 in der Tschechoslowakei, zur Zeit der Sudetenkrise, und all meine Sympathien gehörten dem tschechischen Volk. Ich war zutiefst darüber betrübt, daß diese tapferen, disziplinierten, demokratischen Menschen über Bord geworfen werden sollten und in die Hände Hitlers fielen, und auch heute tut es mir leid, daß dieses Volk jetzt wieder mit ernsten Schwierigkeiten zu kämpfen hat. Nun, ich habe für diese Dinge keine Lösungen, denn es gibt dafür keine Patentlösung. Man muß tiefer graben, um die Wurzeln des Übels zu finden. Es ist offensichtlich, daß heute einige der großen Nationen so von der Furcht vor kommenden Entwicklungen besessen sind — vor Angriffen und dergleichen —, daß sie sich darauf vorbereiten, was wiederum Vorbereitungen bei anderen auslöst, und auf diese Weise kommt ein uferloses Wettrüsten für den Kriegsfall zustande. Es ist durchaus möglich, daß selbst manche Aggressionshandlungen aus der Furcht entspringen, der Gegner könnte in dem betreffenden Gebiet die Oberhand gewinnen. Eine solche Entwicklung kann zu keiner friedlichen Lösung, sondern nur an den Rand des Krieges führen.

COUSINS: Würden Sie, Herr Premierminister, im Zusammenhang mit Ihrer letzten Feststellung mir dahin recht geben, daß sich die letzte große Hoffnung der Menschheit auf Frieden auf die Vereinten Nationen stützt?

NEHRU: Wenn Sie von den Vereinten Nationen sprechen, tritt eine Anzahl von Bildern vor mein geistiges Auge. Eines ist das große Ideal, welches die Menschen dazu führte, die Vereinten Nationen zu schaffen. Ein anderes ist die Charta der Vereinten Nationen, ein weiteres der Aufbau der Vereinten Nationen. Ich glaube sehr ernsthaft, daß alle diese Dinge nicht nur wichtig, sondern entscheidend sind, aber das heißt nicht, daß ich alles gut heiße, was die Vereinten Nationen tun, nur deswegen, weil es von den Vereinten Nationen getan wird. Wenn man den Vereinten Nationen wirkliche Größe zuschreiben soll — nicht nur als einer Macht in materieller, sondern auch in geistiger und seelischer Hinsicht —, dann müssen sie dahin wirken, die Herzen und Sinne der Menschen zu erobern. Wenn die Vereinten Nationen ohne Einfluß über eine Hälfte der Welt sind, dann sind sie einfach nicht mehr die Vereinten Nationen und sollten es unterlassen, ein Viertel oder auch die halbe Welt mit militärischen Mitteln beherrschen zu wollen. Selbst wenn dies gelänge, dann wäre es kein demokratisches Ideal, sondern eine militärische Diktatur über die ganze Welt.

Die Welt ist heute eine seltsame Mischung von Gleichförmigkeit und einer großen Verschiedenartigkeit der kulturellen Methoden, der Wirtschaftsverhältnisse und der Lebensweisen. Wie sollen wir uns mit dieser Vielfalt auseinandersetzen? Es hat keinen Zweck, sie auf einen gemeinsamen Nenner zu bringen oder sie zu reglementieren, und ich glaube, es wäre nicht einmal gut, einen solchen Versuch zu unternehmen.

COUSINS: Darf ich Sie, Herr Premierminister, fragen, ob Indien gewillt wäre, sich mit den Vereinigten Staaten und anderen Völkern der Erde zu einem moralischen Kreuzzug zusammenzufinden, der darauf hinzielen würde, die Vereinten Nationen zu entwickeln — im Sinne des Grundsatzes, daß der wichtigste Punkt in der Entwicklung des Menschen sein Recht auf sich selbst ist, auf seine freie Meinung und seine Forderungen an den Staat?

NEHRU: Ich hoffe, daß ich ein Gefühl für höhere Werte besitze. Ich kann in der Tat so weit gehen zu sagen, daß ich glaube, das Leben sei nicht wert, gelebt zu werden ohne solche moralische und geistige Normen im weitesten Sinne des Wortes. Aber ich fürchte mich gar sehr vor den Leuten, die über Moralität und über Kreuzzüge sprechen. Die Haltung Indiens ist — wenn Sie seine Geschichte daraufhin betrachten, — darauf aufgebaut, keine Proselyten zu machen. Wir bemühen uns nicht, jemanden zu bewegen, seine Religion aufzugeben, um unsere anzunehmen. Dabei sind wir ganz glücklich. Jeder ist zu seinem Glauben und zu seinen eigenen Grundsätzen berechtigt. Wenn ihm irgendetwas an unseren Einrichtungen gefällt, sind wir bereit, uns mit ihm darüber zu unterhalten. Das ist eine Frage, die der Einzelne entscheiden muß. Warum sollte ich meinen Glauben, meine geistige Haltung oder irgendetwas anderes dem Nächsten oder einem anderen Volk aufdrängen, über das hinaus, was wir in gemeinsamer Aussprache, Beratung und Mitarbeit voneinander annehmen?

Deswegen unterscheidet sich meine ganze Art, zu sehen und zu handeln, durchaus von dem, was Sie moralischen Kreuzzug genannt haben; vor allem, weil es nicht ganz so einfach ist, zu bestimmen, was an einem gegebenen Zeitpunkt als die richtige Moral angesehen werden muß. Heute spricht jeder in hochtrabenden Phrasen, besonders während des Wahlkampfes in einem demokratischen Staat, aber die Tatsache bleibt bestehen, daß diese Redner nicht notwendigerweise nach ihren Worten handeln. Darf ich noch auf etwas anderes hinweisen? Ich beginne mehr und mehr eine Abneigung gegen Schlagworte zu hegen. Natürlich kommen Schlagworte in großer Menge aus Rußland; die Kommunisten leben tatsächlich von Schlagworten. Manches dieser Schlagworte ist garnicht so schlecht, aber trotzdem lehne ich die meisten von ihnen ab. Sie hindern die Menschen am eigenen Denken. Alle Schlagworte sind, glaube ich, ziemlich verwirrend, selbst wenn sie einen gewissen Wahrheitsgehalt besitzen mögen. So lassen Sie uns die Probleme meistern, in einer moralischen Weise, in einer geistigen Weise, ja mit Ehrfurcht und dem steten Bewußtsein, daß man selbst vielleicht nicht ganz recht hat. Vielleicht gibt es neben den eigenen noch andere Methoden, die helfen.

(Autorisierte Übertragung aus dem Amerikanischen von Hans Lamm)

Heinrich Böll

DURCHBRUCH BEI ROSSAPFEL

Zuerst ging ein großes, gelbes, tragisches Gesicht an ihnen vorbei, das war der General. Der General sah müde aus. Hastig trug er seinen Kopf mit den bläulichen Tränensäcken, den gelben Malariaaugen und dem schlaffen dünnlippigen Mund eines Mannes, der Pech hat, an den tausend Männern vorbei. Er fing an der rechten Ecke des staubigen Karrees an, blickte jedem traurig ins Gesicht, nahm die Kurven schlapp, ohne Schwung und Zackigkeit, und sie sahen es alle: auf der Brust hatte er Orden genug, es blitzte von Silber und Gold, aber sein Hals war leer, ohne Orden, und obwohl sie wußten, daß das Kreuz am Halse eines Generals nicht viel bedeutete, so lähmte es sie doch, daß er nicht einmal das hatte. Dieser magere, gelbe Generalshals ohne Schmuck ließ an verlorene Schlachten denken, an mißlungene Rückzüge, an Rüffel, peinliche, bissige Rüffel, wie sie hohe Offiziere untereinander austauschen, an ironische Telephongespräche, versetzte Stabschefs — und an einen müden, alten Mann, der hoffnungslos aussah, wenn er abends seinen Rock auszog und sich mit den dünnen Beinen, dem ausgemergelten Malariakörper auf den Rand seines Bettes setzte, um Schnaps zu trinken. Alle die dreihundertdreiunddreißig mal drei Mann, denen er ins Gesicht blickte, fühlten etwas Seltsames: Trauer, Mitleid, Angst und eine geheime Wut, die sich an keine Persönlichkeit heftete, sondern an den Krieg, diesen Krieg, der schon viel zu lange dauerte, viel zu lange, als daß der Hals eines Generals noch ohne den gehörigen Schmuck hätte sein dürfen.

Der General hielt seine Hand an der verschlissenen Mütze, die Hand wenigstens hielt er gerade, und als er an der linken Ecke des Karrees angekommen war, machte er eine etwas schärfere Wendung, ging in die Mitte der offenen Seite, blieb dort stehen, und der Schwarm von Offizieren gruppierte sich um ihn, locker und doch planmäßig, und es war peinlich, ihn dort zu sehen ohne Halsschmuck, während andere, rangniedere das Kreuz in der Sonne blitzen lassen konnten.

Es schien erst, als wollte er etwas sagen, aber er nahm nur noch einmal sehr plötzlich die Hand an die Mütze und machte so unerwartet kehrt, daß der Schwarm von Offizieren sich erschreckt verteilte, um ihm Platz zu machen, und sie sahen alle, wie das kleine schmale Männchen in seinen Wagen stieg, die Offiziere ihre Hände noch einmal an die Mütze nahmen, und dann zeigte eine aufwirbelnde, weiße Staubwolke an, daß der General nach Westen fuhr, dorthin, wo die Sonne schon niedrig stand, nicht mehr sehr weit entfernt von den flachen, weißen Dächern, dorthin, wo keine Front war.

Dann marschierten sie zu einhundertundelf mal drei Mann in einen anderen Stadtteil, südlich, an Cafés von schmutziger Eleganz vorbei, Kinos und Kirchen, durch Armenviertel, wo Hunde und Hühner faul vor Türen lagen, schmutzige, hübsche Frauen mit weißen Brüsten in den Fenstern, wo aus dreckigen Kneipen der eintönige, seltsam erregende Gesang trinkender Männer kam. Straßenbahnen kreischten mit abenteuerlicher Schnelligkeit vorbei, und dann kamen sie in ein Viertel, wo es still war. Villen lagen in grünen Gärten, Militärautos standen vor steinernen Portalen, und sie marschierten in eines dieser steinernen Portale hinein, kamen in einen sehr gepflegten Park und stellten sich wieder im Karree auf, in einem kleineren Karree, einhundertelf mal drei Mann.

Das Gepäck wurde nach hinten herausgelegt, ausgerichtet, die Gewehre zusammengesetzt, und als sie wieder still standen, müde und hungrig, durstig, durstig wütend und überdrüssig dieses verfluchten Krieges; als sie wieder still standen, ging ein schmales, rassiges

Gesicht an ihnen vorbei, ein Windhundgesicht, das war der Oberst: blaß, mit harten Augen, einer langen Nase und fest zusammengekniffenen Lippen. Es erschien ihnen allen selbstverständlich, daß dieser Kragen unter diesem Gesicht mit dem Kreuz geschmückt war. Aber auch dieses Gesicht gefiel ihnen nicht. Der Oberst nahm die Ecken gerade, ging langsam und fest, ließ kein Augenpaar aus, und als er zuletzt in die offene Flanke schwenkte, mit einem kleinen Schwanz von Offizieren, da wußten sie alle, daß er etwas sagen würde, und sie dachten alle, daß sie gerne etwas trinken würden, trinken, auch essen und eine Zigarette rauchen, oder schlafen, schlafen.

„Kammraden", sagte die Stimme hell und klar, „Kammraden, ich begrüße euch. Es gibt nicht viel zu sagen, nur eins: wir müssen sie jagen, diese Schlappohren, jagen in ihre Steppe zurück. Versteht ihr?"

Die Stimme machte eine Pause, und das Schweigen in dieser Pause war peinlich, fast tödlich, und sie sahen alle, daß die Sonne schon ganz rot war, dunkelrot, und der tödliche rote Glanz schien sich in dem Kreuz am Halse des Obersten zu fangen, ganz allein in diesen vier glänzenden Balken, und sie sahen jetzt erst, daß das Kreuz noch verziert war mit irgendetwas, wahrscheinlich Eichenlaub, das sie Gemüse nannten. Der Oberst hatte Gemüse am Hals.

„Ob ihr versteht?", schrie die Stimme, und sie überschlug sich jezt.

„Jawohl", riefen ein paar mehr, aber nicht viele, und auch die, die schrien, waren müde,

„Ob ihr versteht, frage ich?", schrie die Stimme wieder, und sie überschlug sich so sehr, daß sie in den Himmel zu steigen schien, schnell, allzuschnell wie eine verrücktgewordene Lerche, die sich einen Stern zum Futter pflücken will.

„Jawohl", riefen ein paar mehr, aber nicht viele, und auch die, die schrien, waren müde, heiser, gleichgültig, und nichts an der Stimme dieses Mannes konnte ihnen ihren Durst stillen, ihren Hunger nehmen und die Lust auf eine Zigarette.

Der Oberst schlug wütend mit seiner Gerte in die Luft, und sie hörten etwas, das wie „Mistbande" klang, und er ging mit sehr schnellen, wütenden Schritten nach hinten weg, gefolgt von seinem Adjutanten, einem langen, jungen Oberleutnant, der viel zu lang war, viel zu jung, um ihnen nicht leid zu tun.

Immer noch stand die Sonne am Himmel, genau über den Dächern, ein glühendes Eisenei, das über die flachen, weißen Dächer zu rollen schien, und der Himmel war graugebrannt, fast weiß; schlapp hing das magere Laub von den Bäumen, als sie weitermarschierten, nun endlich östlich, durch Vorstadt, an Hütten vorbei, über Kopfsteinpflaster, an den Baracken von Lumpenhändlern, vorbei an einem völlig deplazierten Block moderner, dreckiger Mietskasernen, Abfallgruben, durch Gärten, in denen Melonen faul am Boden lagen und pralle Tomaten an großen Stauden hingen, staubbedeckt, an viel zu großen Stauden, die ihnen fremd vorkamen, sehr fremd wie diese Maisfelder mit ihren prallen Kolben, an denen Scharen schwarzer Vögel herumpickten, die sich träge davonmachten, als ihr müder Tritt sich näherte, Wolken von Vögeln, die zögernd in der Luft schwebten und sich dann wieder niederließen, weiterpickend.

Nun waren sie nur noch fünfunddreißig mal drei Mann, ein müder Zug, staubbedeckt, mit wunden Füßen, schwitzenden Gesichtern, an der Spitze ein Oberleutnant, dem der Überdruß auf dem Gesicht stand. Schon als er das Kommando übernahm, hatten sie gewußt, was für einer er war. Er hatte sie nur angeblickt, und in seinen Augen lasen sie es, obwohl sie müde waren, durstig, durstig, hungrig, sie lasen es: „Scheiße" sagte sein Blick. „Nichts als Scheiße, aber wir können nichts machen." Und dann sagte seine Stimme, mit betonter Gleichgültigkeit, alle üblichen Kommandos verachtend: „Los."

Sie hielten jetzt an einer schmutzigen Schule, die zwischen halbverwelkten Bäumen lag.

Schwarze, stinkende Pfützen, über denen sich brummende Fliegen tummelten, schienen schon seit Monaten dort zu stehen, zwischen grobem Pflaster und einer mit Kreide bekritzelten Pißbude, aus der es abscheulich stank: scharf und deutlich.

„Halt“, sagte der Oberleutnant, dann ging er ins Haus, und er hatte den eleganten und zugleich schlappen Gang eines Mannes, der von oben bis unten mit Überdruß angefüllt ist.

Jetzt brauchten sie kein Karree mehr zu bilden, und der Hauptmann, der an ihnen vorbeiging, nahm nicht einmal die Hand an die Mütze; er hatte kein Koppel um, einen Strohhalm zwischen den Zähnen, und sein dickes Gesicht mit den schwarzen Brauen sah fast gemütlich aus.

Er nickte nur, machte „hm“, stellte sich vor sie und sagte: „Wir haben nicht viel Zeit, Jungens. Ich werde den Spieß schicken und euch gleich zu den Kompanien verteilen lassen.“ Aber sie hatten an seinem gesunden Gesicht vorbei schon lange gesehen, daß die Gefechtswagen fertiggepackt dort standen und auf den Fensterbänken in den offenen, schmutzigen Fenstern die Sturmgepäcke gepackt lagen, grünliche, korrekte Pakete, die Koppel daneben mit allem, was dazu gehörte: Brotbeutel, Patronentaschen, Spaten und Gasmaske.

Als sie weitergingen, waren sie nur noch zu acht mal drei Mann, und sie gingen durch die Maisfelder zurück bis zu den häßlichen, modernen Mietskasernen, bogen dann wieder östlich zurück und kamen an ein paar Häuser in dürftigem Wald, die fast wie eine kleine Künstlerkolonie aussahen: einstöckige, flachdachige Dinger mit großen Glasfenstern.

Sommerstühle standen in Gärten, und als sie hielten und kehrt machten, sahen sie, daß die Sonne nun schon hinter den Häusern stand, daß ihr unendlich roter Schein die ganze Kuppel des Himmels füllte mit etwas zu hellem Rot, kitschig gemaltem Blut, und hinter ihnen, im Osten, war es schon dunkel, dämmerig und warm.

Vor den kleinen Häuschen hockten Landser im Schatten, irgendwo standen Gewehrpyramiden, zehn ungefähr schienen es zu sein, und sie sahen, daß die Landser die Koppel schon umgeschnallt hatten: die Stahlhelme an den Karabinerhaken glänzten rötlich.

Der Oberleutnant, der aus einem Häuschen kam, ging gar nicht an ihnen vorbei. Er blieb gleich in der Mitte stehen, und sie sahen, daß er nur einen Orden hatte, einen kleinen, schwarzen Orden, der eigentlich gar kein Orden war, eine nichtssagende Medaille, aus schwarzem Blech gestanzt, die besagte, daß er drei Tropfen bis einen Eimer Blut fürs Vaterland vergossen hatte. Das Gesicht des Oberleutnant war müde und traurig, und als er sie jetzt anblickte, blickte er erst auf ihre Orden und dann in ihre Gesichter, und er sagte: „Schön“, und nach einer kleinen Pause mit einem Blick auf seine Uhr: „Ihr seid müde, ich weiß, aber ich kann nichts machen, wir müssen in einer Viertelstunde weg.“ Dann blickte er den Unteroffizier an, der neben ihm stand, und sagte: „Personalien aufnehmen lassen hat keinen Zweck mehr. Soldbücher einsammeln, zum Troß mitgeben. Schnell einteilen, damit die Leute noch trinken können. Macht euch auch die Feldflaschen voll!“, rief er den acht mal drei Mann zu.

Der Unteroffizier neben ihm sah gereizt und eingebildet aus. Er hatte viermal soviel Orden wie der Oberleutnant, und er nickte jetzt und sagte mit lauter Stimme: „Los, Soldbücher raus!“

Er legte den Packen auf einen wackeligen Gartentisch und fing an, sie einzuteilen, und während sie abgezählt und zugewiesen wurden, dachten sie alle das gleiche: Die Fahrt war ermüdend gewesen, langweilig, zum Kotzen, aber es war nicht ernst gewesen; auch der General, der Oberst, der Hauptmann, die waren weit weg, die konnten ihnen nichts wollen. Aber die hier, denen gehörten sie, diesem schlaksigen Unteroffizier, der die Hand an die Mütze nahm, die Hacken zusammenknallte, wie man es vor vier Jahren einmal getan hatte, oder diesem büffeligen Feldwebel, der nun von hinten herantrat, die Zigarette weg schmiß und sein Koppel zurechtrückte, denen gehörten sie, bis sie wieder irgendwo lagen, verwundet oder tot.

Von den tausend Mann war nun einer allein übriggeblieben, der vor dem Unteroffizier stand und sich hilflos umblickte, weil niemand mehr neben, hinter und vor ihm war; und als er den Unteroffizier wieder ansah, fiel ihm ein, daß er durstig war, sehr durstig, und daß von der Viertelstunde schon mindestens acht Minuten vergangen waren. Der Unteroffizier hatte ein Soldbuch vom Tisch genommen, es aufgeschlagen, blickte nun rein, sah dann ihn an und sagte: „Sie heißen Feinhals?"

„Jawohl."

„Sind Zeichner?"

„Jawohl."

„Kompanietrupp, können wir gebrauchen, Herr Oberleutnant."

„Schön", sagte der Oberleutnant und blickte zur Stadt hin, und der, der allein übriggeblieben war, blickte auch dorthin, wo der Oberleutnant hinsah, und er sah jetzt, was diesen so zu fesseln schien: da hinten lag die Sonne jetzt in einer Straßenzeile zwischen zwei Häusern auf dem Boden, merkwürdig, wie ein glänzender, sehr entarteter Apfel lag sie da einfach zwischen zwei schmutzigen rumänischen Vorstadthäusern im Dreck: ein Apfel, der schon abgeflacht war, zusehends an Glanz verlor und fast in seinem eigenen Schatten zu liegen schien.

„Schön", sagte der Oberleutnant noch einmal, dann wandte er sich ab.

„Gehen Sie trinken", sagte der Unteroffizier zu Feinhals.

Feinhals lief dorthin, wo die anderen hingelaufen waren, und er fand die Wasserstelle sofort: der Kranen war ein rostiges Eisenrohr mit einem ausgeleierten Gartenhahn, zwischen mageren Kiefernstämmen, und der Strahl, der herauskam, war halb so dick wie ein kleiner Finger, aber schlimmer war noch, daß fast zehn Mann dort standen, drängend, schimpfend, die gegenseitig ihre Kochgeschirre wegstießen. Der Anblick des rinnenden Wassers machte ihn fast besinnungslos: in seinem Gehirn gab es nur noch ein Wort, einen Begriff, eine Vorstellung: Wasser. Er riß das Kochgeschirr vom Brotbeutel, zwängte sich zwischen die anderen und spürte plötzlich, daß er unendlich viel Kraft hatte. Er quetschte sein Kochgeschirr zwischen die anderen hinein in diese stets sich verschiebende Vielzahl blecherner Öffnungen, und er wußte nicht mehr, welches sein eigenes war; er verfolgte seinen Arm, wußte jetzt, daß das dunkler emaillierte seins war, schob es mit kräftigem Ruck durch und fühlte etwas, das ihn zittern ließ: es wurde schwer. Er wußte nicht mehr, was schöner war, wirklich zu trinken, oder zu spüren, wie das Kochgeschirr immer schwerer wurde; dann zog er es zurück, weil seine Hände kraftlos wurden, es zitterte in seinen Adern wie eine köstliche Schwäche, und während hinter ihnen die Stimmen riefen: „Antreten, los, voran!", setzte er sich, nahm das Kochgeschirr zwischen die Knie, weil er keine Kraft mehr hatte, es hochzuheben, und beugte sich darüber wie ein Hund über seinen Napf, drückte mit bebenden Fingern sanft nach, so daß der untere Rand sich senkte und der Wasserspiegel seine Lippen berührte, und als die Oberlippe nun wirklich naß wurde und er anfing zu schlürfen, tanzte es vor seinen Augen in allen Farben, sich verschiebend: „Wasser, Sserwa, Asserw", er sah es mit einer irren Deutlichkeit an eine imaginäre Wand geschrieben: Wasser. Seine Hände wurden wieder stark, er konnte den Napf heben und trinken, trinken . . .

Irgendjemand riß ihn hoch, stieß ihn vor sich her, und er sah die Kompanie dort stehen, den Oberleutnant vorne, der rief „voran, voran", und er nahm sein Gewehr auf die Schulter und reihte sich vorne ein, wohin ihn der winkende Unteroffizier befohlen hatte.

Dann marschierten sie vorwärts, ins Dunkel hinein; er wollte sich eigentlich hinfallen lassen, aber er ging vorwärts, ohne es zu wollen: sein eigenes Schwergewicht veranlaßte ihn, die Knie einzudrücken, und wenn er die Knie eindrückte, schoben sich die wunden Füße vorwärts, die große Placken von Schmerz mitzuschleppen hatten, viel zu große Placken, die größer waren als seine Füße: seine Füße waren zu klein für diesen Schmerz; und wenn er die Füße vorwärtsschob, kam die Masse von Hintern, Schultern, Armen, Kopf wieder in Bewegung und veranlaßte ihn, die Knie einzudrücken, und wenn er die Knie eindrückte, schoben die wunden Füße sich vorwärts ...

Drei Stunden später lag er müde irgendwo auf magerem Steppengras und sah einer Gestalt nach, die im grauen Dunkel davonkroch; diese Gestalt hatte ihm zwei fettige Papiere, ein Stück Brot, eine Rolle Drops und sechs Zigaretten gebracht, und sie hatte zu ihm gesagt: „Kennst du die Parole?"

„Nein."

„Sieg, Parole Sieg."

Und er hatte leise wiederholt: „Sieg, Parole Sieg", und das Wort schmeckte ihm wie lauwarmes Wasser auf der Zunge.

Dann löste er das Papier von den Drops, steckte eins in den Mund, und als er den dünnen, säuerlichen, synthetischen Geschmack im Munde verspürte, der den Speichel aus den Drüsen trieb, spülte er den ersten Schwall dieser seltsam süßvermischten Bitternis hinunter, und er hörte plötzlich die Granaten, die stundenlang vorne auf einer entfernten Linie herumgebummelt hatten, über sie hinwegfliegen, flatternd, rauschend, wackelnd wie schlecht vernagelte Kisten, und es krachte hinter ihnen ein. Die zweite Ladung lag vor ihnen, nicht allzu weit, Sandfontänen zeichneten sich wie zerfließende Pilze auf dem hellen Dunkel des östlichen Himmels ab, und ihm fiel auf, daß es jetzt hinter ihnen dunkel war, und vor ihnen etwas heller. Die dritte Ladung hörten sie nicht kommen: zwischen ihnen schien man mit Zuschlaghämmern Sperrholzplatten zu zerschlagen, krachend, splitternd, nah, gefährlich: Dreck und Pulverdampf trieben nahe der Erde hin, und als er sich herumgeworfen hatte, an die Erde gepreßt, den Kopf vorne in der Mulde der kleinen Böschung, die er aufgeworfen hatte, hörte er, daß der Befehl durchgegeben wurde: „Fertigmachen zum Sprung"; es wisperte von rechts kommend, zischte an ihnen vorbei wie eine Zündschnur, die nach links abzubrennen schien, still und gefährlich; und als er sein Sturmgepäck zurechtschieben und festhaken wollte, krachte es neben ihm, und jemand schien ihm die Hand wegzuschlagen und ihn heftig am Oberarm zu zerren. Sein ganzer linker Arm schien in feuchte Wärme getaucht, und er hob sein Gesicht aus dem Dreck und rief: „Ich bin verwundet", aber er selbst hörte nicht, was er rief, er hörte nur eine leise Stimme sagen: „Roßapfel." Sehr entfernt, wie durch dicke Glaswände von ihm getrennt, sehr nah und doch entfernt. „Roßapfel" sagte die Stimme: leise, vornehm, entfernt, gedämpft. „Roßapfel, Hauptmann Billig, jawohl", dann war es ganz still, und die Stimme sagte: „Ich höre Herrn Oberstleutnant." Pause, ganz still war es, nur ferne brodelte etwas, zischte und puffte sehr leise, sehr entfernt, als koche etwas über. Dann fiel ihm ein, daß er die Augen geschlossen hatte, und er schlug sie auf: er sah den Kopf des Hauptmanns, hörte nun auch die Stimme lauter: der Kopf stand in einem dunklen, schmutzig umrahmten Fensterausschnitt, und das Gesicht des Hauptmanns war müde, unrasiert und übellaunig; er hatte die Augen zugekniffen und sagte jetzt dreimal hintereinander, mit winzigen Pausen dazwischen „Jawohl, Herr Oberstleutnant", „Jawohl, Herr Oberstleutnant", „Jawohl, Herr Oberstleutnant". Dann setzte der Hauptmann den Stahlhelm auf, und sein breiter, gutmütiger, schwarzer Kopf sah nun sehr lächerlich aus, als er zu irgendjemandem neben sich sagte: „Mist, Durchbruch bei Roßapfel 3 Freischütz 4, ich muß nach vorne." Eine andere Stimme rief ins Haus: „Kradmelder zu Herrn Hauptmann", und es pflanzte sich fort wie ein Echo, murmelte im Haus herum, immer leiser werdend, entfernt: „Kradmelder zu Herrn Hauptmann, Kradmelder zu Herrn Hauptmann."

Dann hörte er die Maschine knattern, verfolgte ihr trockenes Geräusch, das näherkam, und sah sie um eine Ecke biegen, langsam, das Tempo verringernd, bis sie vor ihm stehen blieb, brummend, staubbedeckt, und der Fahrer mit seinem müden, gleichgültigen Gesicht, der auf dem hopsenden Ding sitzenblieb, rief ins Fenster: „Krad für Herrn Hauptmann zur Stelle." Und breitbeinig und langsam, die Zigarre im Mund, trat der Hauptmann aus der Tür, ein finsterer, dicker Pilz mit seinem Stahlhelm; er kletterte lustlos in den Beiwagen, sagte „los", und die Maschine hopste und rappelte davon, hastig, in Staub gehüllt, dem brummelnden Durcheinander da vorne entgegen.

Er wußte nicht, ob er sich jemals so glücklich gefühlt hatte: er spürte kaum Schmerz, in seinem linken Arm, der ganz dick verpackt neben ihm lag, steif und blutig, feucht und fremd, spürte er ein leises Unbehagen, sonst nichts; sonst war alles heil: er konnte die Beine einzeln hochheben, die Füße in den Stiefeln kreisen lassen, den Kopf hochheben, und er konnte liegend rauchen, vor sich die Sonne, die eine Handbreit über der grauen Staubwolke im Osten stand. Aller Lärm war irgendwie entfernt und gedämpft, es schien, als sei sein Kopf mit einer Watteschicht umgeben, und es fiel ihm ein, daß er fast vierundzwanzig Stunden nichts gegessen hatte als ein säuerliches, synthetisches Bonbon, nichts getrunken als ein wenig Wasser, rostig und lauwarm mit dem Geschmack von Sand.

Als er spürte, daß er aufgehoben und weggetragen wurde, schloß er die Augen wieder, aber er sah alles, es war so bekannt, war irgendwann schon einmal mit ihm geschehen: an den Auspuffgasen eines brummenden Autos vorbei wurde er in das heiße, nach Benzin stinkende Innere getragen, die Bahre kreischte in den Schienen, dann sprang der Motor an, und der Lärm draußen entfernte sich immer mehr, unmerklich fast, so wie er sich am Abend unmerklich genähert hatte: nur einzelne Granaten schlugen in die Vorstädte, regelmäßig, ruhig, und während er merkte, daß er einschlafen würde, dachte er: „Es ist gut, es ist schnell gegangen dieses Mal, sehr schnell, nur ein wenig Durst habe ich gehabt, Schmerzen an den Füßen und Angst wie immer, Angst ..."

Als der Wagen mit einem Ruck hielt, erwachte er aus seinem Dösen, Türen wurden aufgerissen, wieder knirschten die Tragbahren in den Schienen, und er wurde in einen kühlen, weißen Flur hineingetragen, in dem es ganz still war: hintereinander standen die Bahren wie Liegestühle auf einem schmalen Deck, und er sah vor sich einen dichtbehaarten, schwarzen Kopf, der ruhig lag; davor auf der nächsten Bahre eine Glatze, die sich heftig hin und her bewegte, und ganz vorne, auf der ersten Bahre, einen weißen Kopf, der dicht verbunden war, vollkommen umwickelt, einen häßlichen, viel zu schmalen Kopf, und aus diesem Mullpacken kam eine Stimme, schneidend, hell, klar, hart gegen die Decke steigend, hilflos und frech zugleich, die Stimme des Obersten, und die Stimme schrie: „Sekt!"

„Schiffe", sagte der Glatzkopf vorne ruhig, „auf deine Schiffe."

Hinten wurde gelacht, leise, vorsichtig.

„Sekt", schrie die Stimme wütend, „kühlen Sekt."

„Fresse", sagte der Glatzkopf, „halt endlich die Fresse."

„Sekt", rief die Stimme weinerlich, „ich will Sekt", und der weiße Kopf sank nach hinten, lag jetzt flach da, und zwischen dichten Mullbahnen stieg eine dünne Nasenspitze heraus, und die Stimme stieg wieder höher und rief: „Und eine Frau — eine kleine Frau ..."

„Schlaf mit dir selbst", gab der Glatzkopf zurück.

Dann wurde endlich der weiße Kopf in eine Tür hineingetragen, und es war still.

In der Stille hörten sie nur die einzelnen Granaten einschlagen, die in entfernte Stadtteile pufften, dunkle, ferne Explosionen, die am Rande des Krieges leise dahinzuorgeln schienen. Und als der weiße Kopf des Obersten, nun stumm auf der Seite liegend, herausgetragen und der Glatzkopf hineingeschoben wurde, näherte sich das Geräusch eines Autos draußen: ein sanft heulender Motor kam näher, näher, schnell und fast drohend, schien gegen das kühle, weiße Haus rammen zu wollen, so nah war er schon, dann schwieg er plötzlich, draußen rief eine Stimme, und als sie sich umwandten, aufgeschreckt aus ihrer dösenden, friedlichen Müdigkeit, sahen sie den General, der langsam an den Bahren vorbeiging und wortlos Zigarettenschachteln in die Schöße der Männer legte. Die Stille wurde drückend, immer drückender, je näher die leisen Schritte des kleinen Mannes von hinten kamen; dann sah er das Gesicht des Generals ganz nah: gelb, groß und traurig mit schneeweißen Brauen, eine schwärzliche Spur von Staub um den dünnen Mund, und in diesem Gesicht war zu lesen, daß die Schlacht verloren war.

KOREA

Zeichnen ist Weglassen
Keiner
Ißt mehr die Teeblume

Durch das rollende Auge
Glitt der Schatten

Cho-sen, MacArthur!

Die Farbe der Trauer ist weiß
Trugen die Hüte
Sie schwarz nicht?

Ein neuer Gedanke:
Wir müssen die Mandschurei bombardieren
Sagt Konfutse-e

Die Dörfer des Hidufung
Glichen Schildkröten
Mit Beinen aus Porzellan

Was
Habt ihr sie auf den Rücken gedreht?
Nun bluten die Bäuche

315 000 Einwohner hatte Seoul
Und Seidenkokons

Cho-sen, MacArthur!

Sprache ist Erde in Händen aus Glas
Keiner
Netzt mehr den Pinsel der Kirschenblüte
Die Schnecke hat ihr Haus aufgegeben
Der Schnee taute rot.

Lou Papin.

Die Glosse:

Die Existenz des Herrn A. S.

Daß jemand, der nicht schwimmen kann, es nach Möglichkeit vermeiden wird, ins Wasser zu fallen, daran ist gewiß nichts Sonderbares. Ein solches Verhalten darf man solide, vernünftige Vorsicht nennen; sie zu versäumen, wäre nicht mutig, sondern dumm. Merkwürdiger und bedenklicher, zugleich auch heilloser und bezeichnender aber ist es, wenn ein Nichtschwimmer folgendermaßen denkt: Ich gehe um keinen Preis in die Nähe irgendeines Badestrandes; es könnte ja zufällig jemand anders in Gefahr kommen, dann spränge ich ihm nach, und wir ertränken beide. Ist das nicht eine geradezu bodenlose Furcht, um Welten getrennt von der biederen, gutbürgerlichen Vorsicht dessen, der sich begreiflicherweise hütet, ins Wasser zu fallen? Es ist die Furcht des Herrn A. S. Sie ist exemplarisch. Wenn jemand zu ertrinken droht, dann wagt er es nicht, sich zurückzuhalten, sondern er springt nach, als ob das hülfe. So wenig Sicherheit des Selbst bringt Herr A. S. auf, sein Verhältnis zur Realität ist so instinktlos, so getrübt, daß er nicht einmal den Mut besitzt, solide, vernünftige Furcht zu haben. Imgrunde flieht er nach vorn. Herr A. S., dessen typische, erregende Verhaltensweise wir zur Erkenntnis der Furcht ein wenig betrachten wollen, ist offensichtlich ein Mitbewohner des heute so populären „Zeitalters der Angst“. Herr A. S. — um ihn weiter kennenzulernen, — konnte als Kind nicht in der Kirche sitzen, ohne von dem widersinnigen Gedanken überfallen zu werden, er müsse aufstehen und schreien: Ich bin auch da, Herr Pfarrer! Diese Vorstellung erschreckte das Kind dann so, daß es verwirrt aus der Kirche hinausstürzte.

Herr A. S., das wird deutlich, ist eine Seele ohne Kompaß. Und wenn er nicht einmal mit sich selbst fertig wird, wenn er seine eigenen Reaktionen kaum übersehen und zügeln kann, dann wird von seinen Beziehungen und von seinem Vertrauen zur fremden Umwelt auch nicht gerade viel zu hoffen sein. Herr A. S. sieht einen Hund ohne Schwanz und findet das entsetzlich. Warum? Weil man nur dem steil aufgerichteten Schweife ansehen könne, ob das Vieh die Tollwut habe oder nicht; jetzt, da der Schweif als Alarmsirene fehle, sei das gänzlich unerkennbar und auch die leiseste Sicherheit dahin. Sicherheit, — Herr A. S. wird sich ihrer nie erfreuen. Wer sein Zentrum eingebüßt hat, so daß er ohne Instinkt und ordnende Beziehung zur Umwelt sich verhalten muß, der erfährt sich in unserer Welt freilich nur noch als Objekt von Bedrohungen, Ängsten und Nöten. Daß das Zutrauen des Herrn A. S. zu den Menschen unter solchen Umständen am allergeringsten ist, wird kaum noch verwundern. Er schaut beispielsweise ungern an Gefängnisfenstern hoch, weil er davon zweierlei Komplikationen erwartet. Einmal könnte aus bloßer Bosheit ein Gefangener herunterschreien: Ah, da steht mein Spießgeselle, der A. S. (— unser Freund ist so besessen von seiner Angst, daß er gar nicht bedenkt, woher in aller Welt der Gefangene seinen Namen wissen sollte —), zum andern aber könnte ein Wachpolizist auf die Idee kommen, der an den Fenstern Hochschauende plane, einen Gefangenen zu entsetzen. Beides brächte schlimme Komplikationen mit sich, die Herr A. S. fürchtet und darum nach Kräften zu meiden sucht. Er allein verfügt über soviel Vorsicht und Mißtrauen, daß er vielleicht sogar in Diktaturen keinen Anstoß erregen würde. (Fürs erste.)

Natürlich setzt jemand, der sich so beziehungs- und einsichtslos zu seiner Umwelt verhält, einen circulus vitiosus in Gang. Denn ein Mensch ohne Kompaß vermag die Gefahren, die an ihn herantreten — oder vermeintlich herantreten —, nicht nur nicht zu meistern, sondern er wird sie verschlimmern. Eben das bewirken denn die spontanen Reaktionen unseres fürchtenden Freundes auch offensichtlich. Herr A. S. bleibt etwa bei einem Spaziergang ein wenig hinter seiner Frau zurück, um einem menschlichen Bedürfnisse — wenigstens das klappt noch — zu folgen. Aber selbst damit hat er kein Glück. Der Besitzer jener Bude, in deren Schatten sich der Bedrängte zurückzog, glaubt, unser Freund mache sich heimlich heran, um etwas zu stehlen, obwohl dieser doch nichts weniger tut als — nehmen. Wie reagiert A. S. auf diesen Verdacht? Er stellt sich, als sei er betrunken und nur aus Versehen in jene Ecke getorkelt, läuft im Zickzack hin und her, stößt mit seinem Kopf — um die Benommenheit glaubhafter zu machen, — an einen Laternenpfahl und tut in dieser Rolle sein Bestes. Doch da der Budenbesitzer sie ihm dennoch nicht glaubt, wird der falsche Entlastungsversuch zur bloßen Verschlimmerung. Und wenn nicht seine Frau wäre, die mit ein paar energischen Worten das Ganze erklärt, dann hätte diese Affäre für unseren ängstlichen Helden ein schlimmes Ende genommen.

In einem Punkte können wir der Angst des Herrn A. S. allerdings mühelos folgen. Es ist dies seine Furcht vor einer schlimmen Erfindung, die eventuell einmal jemandem gelingen könnte, vor einer Erfindung, die nicht einen bestimmten Gegenstand, sondern die ganze Erde selbst durch eine Kettenreaktion in einen Galgen verwandeln würde, durch eine Kettenreaktion, die unaufhaltbar wäre. Herr A. S. glaubt, dieser Erfinder lebe in Amerika oder Europa, er meint überdies, daß ein solches Unglück auch zufällig eintreten könne. Zur Stunde kann man noch nicht beurteilen, ob Herr A. S. mit dieser Prophezeiung die gleiche Instinktlosigkeit an den Tag legt wie mit seinem sonstigen sonderbaren, kuriosen, aber doch nicht unverständlichen Verhalten, das dem unsrigen manchmal recht nahe verwandt ist, es nur bis in seine äußersten Konsequenzen der Angst und Ungeborgenheit zuende führt.

Wer ist Herr A. S.? Wer hat ihn, seine Ängste, seine Maßregeln, die Albe, die ihn bedrücken, und die Abwehrmaßnahmen, die er — ewig hoffnungslos — versucht, so eingehend und eindringend beschrieben?

Die Avantgarde jammert, daß die wirklich modernen Bücher von niemandem zur Hand genommen werden. Sie hat recht. Wer liest schon Jean Paul? Und gar dann, wenn seine Sachen so überaus langweilige Titel tragen wie „Des Feldpredigers (Attila) Schmelzle Reise nach Flätz".

Joachim Kaiser.

„I was a little Nazi"

Die rettende Idee, die dem angestrengt im Klubsessel brütenden Verleger schon seit Monaten nicht hatte kommen wollen, — sein schmächtiger Volontär schlenkerte sie ihm gleichsam auf den Schreibtisch:

„Eine neue NS-Biographie, Herr Doktor. Aber jetzt mal 'ne richtige.

Bisher war das ja meistens so: Diejenigen, die sie schrieben, wollten meist allerhand gehört, gesehen und gewußt haben, — mit zweckdienlichen Einschränkungen natürlich. Böses getan haben sie allesamt nicht. Sie haben früher mal einen Pazifisten zum Freund gehabt und heute wieder eine Jüdin in der Familie. Mit einem Bein standen sie immer im KZ, und mit dem anderen Bein marschierten sie. Alles kalter Kaffee.

Aber ich wüßte endlich mal was:

Wilhelm Adolf Mensching aus der Max-Liebermann-Straße wird just an dem Tage, als man seine Straße in Julius-Streicher-Promenade umtauft, Pg. Man darf den Anschluß nicht verpassen, er ist Beamter. Wilhelm Adolf zieht eine Uniform an, drückt sich den Bauch mit dem braunen Koppel ein und — beschönigt heute nicht, wie groß er damals geredet hat. Einige Kollegen stießen ihn in jenen Jahren sogar einmal an: Mach's halblang, Willem Adi. Das konnte er als Hoheitsträger seinerzeit garnicht verstehen.

Schlimmer war der Kreisleiter. Er haute den Göhren hinter die Löffel, damit sie stramm Heil Hitler sagen lernten. 1943 haute er noch, 1944 hörte er damit auf. März 45 drückte er, mittelschwer alkoholisiert, seinen Menschings die Hand und sagte: Haltet aus! Er selbst brachte einen Transport westwärts.

Mit Erfolg, wie Mensching sich später durch Augenschein überzeugen konnte. Mensching dagegen lief von Tür zu Tür, schippte und spielte Nachtwächter, ehe er wieder beamten durfte. Einmal traf er einen Bekannten, Vorgesetzter früher, Vorgestellter auch heute. Der wußte sich überhaupt nicht an Mensching zu erinnern, — nein, keine Ahnung, nie gehört, muß eine Verwechslung sein! Solange auf seinem Büro Zeugen zugegen waren. Aber dann verschaffte er Mensching das Reisegeld, damit er recht bald fortziehen könne.

Mensching, Wilhelm Adolf Theodor Mensching, beschönigt nichts; er war „Nazi", das ist heraus. Er hat freilich abgesperrt, wenn Robert Ley kam, und hat sich mit seinem Ortsgruppenleiter zerzankt, der über ihm wohnte und eines Tages die Badewanne überlaufen ließ, sich aber mit Schleim und Schwindel drückte, den durch ihn entstandenen Schaden zu bezahlen . . ." —

„Sachte, sachte, Sie Leichtgewicht! Da müßte man doch erst jemanden finden, der sowas schreiben kann. Woher wollen Sie den überhaupt nehmen? Wenn einer schon zugibt, Nazi gewesen zu sein, dann doch wenigstens gleich ein großer, das bringt dann schon was ein. Die Millionen kleinen Pgs aber . . ."

„Seh'n Sie, für die *Millionen,* die das mitexerziert haben . . . Vielleicht überlegen Sie sich's doch noch einmal, Herr Doktor."

Ja freilich, die Zahl — nur die Zahl — machte den Mann im Klubsessel nun doch nachdenken. Olalà, Übersetzungsrechte, „I was a little Nazi" und so, dreispaltig . . . Der Mann kam ins Rechnen, wurde ernst, sehr ernst. Na, und jetzt ganz im Ernst: heißt nicht ein Hauptteil der deutschen Verleger Ernst mit Vornamen?

Günter Werner.

Das allzu gute Gewissen

Man sollte es nicht vergessen, daß in jenen Jahren, in denen auch die Literatur gelenkt wurde, eine kleine Zahl von deutschen Verlegern sich und ihrer Produktion einen Rest von Unabhängigkeit gewahrt hat. Oft genug mußten sie diese Unabhängigkeit teuer erkaufen, aber sie blieben der Aufgabe treu, die sie sich gesetzt hatten. Mitunter freilich mußten auch sie Zugeständnisse machen. Ein Vorwort, geschrieben von einem „Garanten des Volkstums" etwa, das vor einem wirklich guten Buch stand, konnte nicht weiter schaden; es wurde ja doch nicht gelesen. Oder ein paar Fußnoten, die nicht zu umgehen waren, wenn man überhaupt Gelegenheit haben wollte, einige rassisch oder politisch nicht erwünschte Autoren zu zitieren. In den Herzen der geistig freien Leser konnten sie keinen Schaden anrichten, die übrigen lasen jene Bücher sowieso nicht. Das muß vorausgesagt werden.

Ich kaufte kürzlich in einer Buchhandlung zwei Bücher, die ich mir schon längst gewünscht hatte: Ludwig Reiners' „Fontane-Brevier" und die von Werner Langer herausgegebenen „Briefe aus dem alten Frankreich". Beide sind in der ausgezeichneten Sammlung Dieterich erschienen. Als erstes las ich das Fontane-Brevier, eine wirklich umfassende Sammlung von Briefen, Tagebuchnotizen, Gedichten und Romankapiteln des Dichters. Ich las auch die Fußnoten. Da — auf Seite 198 — fand ich zu dem Namen Paul Lindau die Bemerkung: „Damals beliebter Schriftsteller, Halbjude". Und als ich, ein wenig erbost, weiterlas, fand ich wenige Seiten weiter, wo Otto Brahm genannt wird, der unvergeßliche Vater des modernen berliner Theaters, die dringend notwendige Erläuterung: „Theaterdirektor und Schriftsteller jüdischer Herkunft". Nun, dachte ich, vielleicht hast du eine Ausgabe gekauft, die noch „von damals" stammt. Ich schlug das Impressum auf und las: Wiesbaden, April 1949.

Als ich, vorsichtig geworden, die „Briefe aus dem alten Frankreich" zur Hand nahm, stellte ich fest, daß dieser zweite Band den Druckvermerk 1941 trug. Nunmehr auf manches gefaßt, las ich das Vorwort, für das kein Name verantwortlich zeichnete. Siehe da, — ich fand höchst Unergötzliches. Etwa diesen Satz: „Die Grenze (zwischen altem und modernem Frankreich) ist bezeichnet durch das Jahr 1789, durch die französische Revolution, die für hundertfünfzig Jahre dem modernen Staate sein unheilvolles Gepräge geben sollte." Oder, gleich weiter: „Jenseits dieses Schnittes liegt das Frankreich der absolutistischen Könige, getragen von dem im wesentlichen nordisch bestimmten Adel, der eine mit ihm unwiederbringlich verlorengegangene geistige Welt schuf, die das neue bürgerliche Frankreich bis auf den Tod gehaßt hatte." Ja, so schrieb man 1941. Und ich weiß, das ist nur ein Vorwort, das man nicht mehr zu lesen braucht. Ich weiß: was danach kommt, diese bezaubernden Briefe aus einer versunkenen Welt, haben mit diesem geharnischten Blödsinn nichts zu tun. Aber ich ärgere mich. Ich habe dieses Buch 1951 gekauft, im Vertrauen darauf, daß mir dieses Träufelgift nicht mehr geboten wird. Der Buchhändler, ein Mann meiner politischen Überzeugung und von gleicher Gesittung wie ich, hat das Buch 1950 vom Verlag geliefert bekommen. Ich weiß auch, daß jener Verleger seine Weste so rein gehalten hat, wie es eben ging, und reiner noch als viele andere. Aber diese Sätze und Bemerkungen stehen nun in zwei Büchern, die ich sonst liebe.

Wahrscheinlich hat der Verleger, der seine Weste reingehalten und deshalb seine Lizenz als einer der ersten wiederbekommen hatte, sich gesagt: Mein Gewissen ist rein. Und er hatte vergessen, daß auf seinen sonst so sorgfältig überwachten Druckplatten noch jene Sätze standen, die heute böser sind als damals. Es ist bei uns allen mit dem Gewissen noch nicht ganz in Ordung. Wer überlebte, hat Schuld.

Hans H. Hermann.

Die Wahrheit wird richtiggestellt

„Richtigstellung. In unserem gestrigen Kommentar über die außerordentliche Landeskonferenz Thüringens der Nationalen Front des Demokratischen Deutschland in Eisenach heißt es sinnentstellend: ... jagen den deutschen Lakaien, den Hauptfeinden unseres Vaterlandes, Furcht und Schrecken ein. Es muß selbstverständlich richtig heißen: ... jagen den deutschen Lakaien des Hauptfeindes unseres Vaterlandes Furcht und Schrecken ein." (Aus einer thüringischen Zeitung.)

Der Gedanke stirbt, wenn man ihm nur ein Wort, nur einen Buchstaben, nur einen Punkt zu nehmen versucht. Eben deshalb ist ein Satz, in dem ein Druckfehler stehengeblieben ist, und der doch einen Sinn ergibt, kein Gedanke. Der „entstellte" Sinn aber kann einer werden. Er hat hinreichende Tiefe, um die Wahrheit selbst aus solchen Abgründen heraufzuholen. Denn wer wollte bezweifeln, daß die „Lakaien" aller Schattierungen die Hauptfeinde unseres Vaterlandes sind?

Ein Leser in Thüringen.

Vermächtnisse

Eine Zeitung berichtete vor kurzem von einem Arbeitslosen in West-Berlin, der sich bereiterklärte, eines seiner beiden gesunden Augen an einen erblindeten amerikanischen Soldaten abzugeben. Offenbar soll es sich hierbei nicht um eine der bereits seit längerem üblichen operativen Übertragungen unmittelbar nach Ableben des Spenders handeln, sondern buchstäblich um eine Teilung des Augenlichtes bei Lebzeiten mit einem Nächsten, der das seine verloren hat. Mit einem Nächsten? Nun, da ist freilich noch eine Bedingung laut geworden, die das Bild im Handumdrehen wieder verändern könnte. Jener Arbeitslose fordert nämlich seinerseits die Gewähr, daß sein eines Auge nur einem Soldaten zugutekommt, der im Kampf gegen Kommunisten erblindet ist. Das wird sich selbstverständlich machen lassen, wie denn nicht? Und vielleicht wird die Einschränkung der Opferbereitschaft sogar Beifall finden. Das Ganze mutet an, wie wenn Jesus Christus die Römer oder die Germanen oder auch nur seine Widersacher innerhalb der Judenheit von der Erlösung ausgeschlossen und gleichwohl auch nicht darauf verzichtet hätte, sich als Gottes Sohn zu bezeichnen. Eines ist nur möglich: das beispiellose Opfer steht entweder auf der Höhe von Golgatha, wo es allen gilt, oder aber es entwertet sich, indem es in die Niederungen der Parteilichkeit absinkt. Die Intention des Berliner Arbeitslosen ist, so wie sie gemeldet wird, nur eine Variante von „Aug' um Auge, Zahn um Zahn".

*

Wie eine andere Zeitung mitteilt, brachte dieser Tage ein erwachsener Mann, der sich das Leben nehmen wollte (und dann auch wirklich nahm), als letzte Willensbekundung an die Adresse seiner Ehefrau das Folgende zu Papier: „Verzeih! Ich kann nicht mehr. Grüß' mir meine Mutter, meinen geliebten Radio und meine Freunde!"

Motiv des Selbstmordes war hier nicht so sehr wirtschaftliche Bedrängnis als vielmehr das Unvermögen dieses Mitbürgers, sich bürokratischer Zudringlichkeit zu erwehren. Es handelte sich um eine Zwangsevakuierung, die eben nicht verhindert werden konnte, so sehr man sich auch darum bemüht hatte. Nun kommt es ja wohl öfters vor, daß die Ursache einer solchen entscheidenden Wesensverdüsterung in keinem faßbaren Verhältnis zu ihrer Wirkung steht. Neu ist jedoch, daß ein Mensch, dessen Herz von Natur an diesem oder jenem hängen mag, dieses Herz außerdem bewußt und aus freier Wertung an einen Radioempfänger zu hängen imstande ist, und daß ein Industrieprodukt, ein Machwerk aus Holz, Metall und Glas, wie man es in jedem Fachgeschäft käuflich erwerben kann, einer Seele in hora mortis doch tatsächlich als das Teuerste vorkommt.

Man wird vielleicht einwenden, daß diese Formulierung kaum ernstgenommen zu werden braucht. Aber ernstzunehmen ist doch unstreitig der Anlaß, aus dem so formuliert worden ist, und auch der Umstand, daß offenbar der Ewige Lärm das Ewige Licht jetzt vollgültig ersetzt, verdient unsere gespannteste Aufmerksamkeit. So dürfte denn das Ganze eine Dokumentation des Nihilismus in nicht geringerem Grade sein als etwa die Ausmordung ganzer Bevölkerungsgruppen „auf dem Verwaltungswege". Dieses arme Einzeldasein hatte eben nichts anderes herzugeben als Begeisterung für einen populären Zeitvertreib zwischen Feierabend und Schlafengehen; das Leben ganzer Nationen wirft immerhin Weltanschauungen wie etwa die Hitlers und Rosenbergs ab und versteht seinen Selbstmord dann auch entsprechend imposanter zu inszenieren.

Friedrich M. Reifferscheidt.

Zu guter Letzt

Traurigkeit, sagte Doktor Martin Luther, Anno 1541, ist ein Werkzeug und Instrument des Teufels, dadurch er viele Dinge ausrichtet. Denn je tiefer einer in Traurigkeit steckt und seinen Gedanken nachhängt, je mehr der Teufel ihm zu schicken und zu schaffen gewinnt. Gedanken sind des Teufels Instrument, dadurch er einen Zutritt zu uns hat. Denn wo es zuvor naß ist, da mag man leichtlich gießen, daß es gar schlüpfrig, glatt und naß werde; und wo der Zaun niedrig und schlecht ist, da kann man bald hinüber steigen. Also, wo Traurigkeit ist, da hat der Teufel gute Sache wider uns. Darum so betet fleißig, und wenn ihr Traurigkeit habt, so geht mit gottseligen Leuten um, und tröstet euch mit Gottes Wort.

Aus Martin Luthers „Tischreden".

JAPANS WIEDERBEWAFFNUNG

In der sozialdemokratischen Wochenschrift „Janata" vom 15. April 1951 veröffentlichte der Vorsitzende der Sozialdemokratischen Partei Japans, Mosaburo Suzuki, unter dem Titel: „Die Wiederbewaffnung Japans bedeutet eine Senkung des Lebensstandards und das Ende des wirtschaftlichen Wiederaufbaus" einen Beitrag, dem wir folgende Abschnitte entnehmen.

Die Machtpolitik der früheren militaristischen Klassen stürzte Japan in Krieg, Niederlage und Elend. Die Sozialdemokratische Partei Japans widersetzt sich deshalb jeder Politik, die diese Gefahren erneut mit sich bringen kann, und weist alle Vorschläge zurück, die besagen, daß Japan einem Militärbündnis beitreten solle. Sie hofft, daß friedliche Beziehungen zwischen allen Völkern geschaffen werden, die in der Fern-Ost-Kommission vertreten sind. Die Sozialdemokratische Partei Japans ist so, wie sie sich dem Kommunismus widersetzt, entschlossen, jeder Wiederbelebung des Faschismus in Japan Widerstand entgegenzusetzen. Sie weiß sich dabei der Unterstützung durch den Japanischen Gewerkschaftsbund sicher, der 24 Einzelgewerkschaften umfaßt und insgesamt 3.500.000 Mitglieder zählt, sowie durch zahlreiche demokratische Verbände der Bauern und kleiner Unternehmer.

Das japanische Volk sehnt sich nach einer friedlichen Regelung, die es ihm ermöglichen würde, an der internationalen Zusammenarbeit teilzunehmen. Aber der wirkliche Friede hängt vom Abschluß eines Friedensvertrages mit allen 13 Nationen ab, die zur Fern-Ost-Kommission gehören (also einschließlich der Sowjetunion und Rot-Chinas).

Wenn Japan als freie und unabhängige Nation erstehen soll, so müssen gewisse Voraussetzungen erfüllt sein. Infolge des Krieges hat Japan 44 v. H. seines Gebietes verloren und ist nicht mehr imstande, seine Bevölkerung aus eigener landwirtschaftlicher Erzeugung zu ernähren. Die Einfuhr von 3 Millionen Tonnen Lebensmitteln im Jahr ist notwendig, um die Mindestrationssätze aufrechterhalten zu können. Mehr als 80 v. H. der japanischen Vorkriegserzeugung von Zucker ist verloren gegangen, die Eigenerzeugung von Ölen und Fetten wie auch anderer wichtiger Lebensmittel und Rohstoffe reicht bei weitem nicht aus. Die Kriegsverluste beliefen sich auf insgesamt 2.350.000 Menschen und auf Hunderte von Milliarden Dollar an Volksvermögen. Amerikanische Hilfsleistungen in Höhe von 2 Milliarden Dollar haben es Japan ermöglicht, sich aus seinen Trümmern zu erheben, aber der Lebensstandard des japanischen Volkes hat heute noch nicht 73 v. H von dem der Jahre 1934/36 erreicht. Eine halbe Million Arbeiter ist arbeitslos, 4 Millionen sind Kurzarbeiter, — und dies bei einer Bevölkerung, die sich Jahr für Jahr um eine Million vermehrt. In erster Linie sind die Japaner selbst dafür verantwortlich, durch eigene Anstrengungen die Probleme zu lösen, die sich hieraus ergeben. Jeder Versuch, sich wieder der imperialistischen Expansion und des Kolonialismus zu bedienen, muß von vornherein unmöglich gemacht werden.

Wir Sozialdemokraten glauben, daß die demokratische Rehabilitierung unseres Landes nur erreicht werden kann, wenn eine sozialistische Politik eingeschlagen wird. Wir haben deshalb Pläne für die Genesung unseres verarmten und übervölkerten Landes ausgearbeitet. Für die 500.000 Arbeitslosen und die 4 Millionen Kurzarbeiter muß Beschäftigung gefunden werden; der Bevölkerungszuwachs muß absorbiert und der Lebensstandard auf den Stand der Jahre 1934/36 gehoben werden.

Dies erfordert eine Erhöhung der Produktion im Bergbau und in zahlreichen anderen

Industriezweigen auf 160 v. H., bei der agrarischen Produktion auf 120 v. H. des jeweiligen Vorkriegsstandes und einen aktiven Außenhandel in Höhe von 2 Milliarden Dollar. Um diese Ausweitung zu erreichen, muß die Kapitalbildung gesichert und die Investition kontrolliert werden. Denn es muß verhindert werden, daß Unternehmungen sich ausdehnen, die für die Gesamtwirtschaft unwesentlich sind. Darüber hinaus müssen Schritte unternommen werden, um die Arbeiter für die aktive Mitarbeit zu gewinnen.

Die Politik der Konservativen kann diese Aufgaben nicht lösen, denn sie läuft nur darauf hinaus, die Profite für einen kleinen Bruchteil der Bevölkerung zu erhöhen. Die meisten Japaner sind nicht so sehr darüber erbittert, daß die Verbrauchsgüter verknappt sind, als vielmehr darüber, daß sie ungerecht verteilt werden. Nur wenn diese Umstände radikal geändert werden, kann Japan vor der inneren Drohung einer kommunistischen Aggression gesichert werden. Zehntausende von Polizisten oder Soldaten sind kein Ersatz für dringend notwendige soziale Reformen.

Auch wenn das japanische Volk die größten Anstrengungen macht, brauchen wir dringend die internationale Hilfe. Japan gehört heute zu den unterentwickelten Ländern Asiens. Wie groß auch unsere Erfolge darin sein mögen, die industrielle Entwicklung zu beschleunigen oder die Kontrolle über unsere Bevölkerungszunahme zu gewinnen, — wir bleiben auf die Auswanderung angewiesen, und wir hoffen in dieser Angelegenheit auf Unterstützung durch andere Länder, besonders der Vereinigten Staaten, Englands und Hollands.

Wir streben danach, Japan zur Entwicklung der rückständigen Nationen Asiens beitragen zu lassen. Japan könnte nämlich diesen Völkern durch seine technische und industrielle Kapazität helfen und selbst wieder einen Nutzen davon haben, weil es jene Rohstoffe erhielte, die seine Wirtschaft braucht.

Den Handel mit China wiederzubeleben, stellt für uns ein besonders dringliches Problem dar. Die von uns bei der Weiterverarbeitung von Stahl, Eisenerz, Rohöl, Fetten und Salzen verwendete Kohle kam bisher in der Hauptsache aus China, und die Chinesen erhielten dafür Baumwollprodukte aller Art, die den größten Posten unserer Exportwirtschaft darstellen. Wir wären vielleicht imstande, den chinesischen Markt durch den amerikanischen und die südostasiatischen Märkte zu ersetzen, aber wir können nicht daran glauben, daß dies eine dauerhafte Lösung ist.

Die Frage, wie unsere nationale Sicherheit gefestigt werden kann, ist nicht leicht zu beantworten. Es bestehen darüber zwei Auffassungen. Nach der einen sollte Japan ein militärisches Bündnis mit einer oder mehreren Großmächten abschließen oder einem regionalen Pakt der kollektiven Sicherheit beitreten, in dem eine Großmacht eine führende Rolle spielt. Nach der anderen sollte Japan sich für absolut neutral erklären und dafür eine Garantie der Vereinten Nationen fordern. Die japanischen Sozialisten haben sich für diese zweite Auffassung entschieden. Dafür gibt es mehrere Gründe.

Die asiatischen Völker gliedern sich heute in drei verschiedene Gruppen, von deren Zusammenarbeit der Frieden in Asien und Japans Unabhängigkeit abhängt. Diese drei Gruppen sind einmal die Verbündeten Rußlands, dann jene Staaten, die sich um die Vereinigten Staaten scharen, und schließlich die zwölf arabisch-asiatischen Völker mit Nehru als ihrem Führer. Wir stehen der dritten Gruppe am nächsten und glauben, daß deren Politik die beste Gewähr für den Frieden darstellt, während die der beiden anderen Gruppen die Weltkrise zu verschärfen und die Vereinten Nationen zu schwächen drohen.

Ein Militärbündnis mit einer oder mehreren Großmächten würde es Japan sicherlich unmöglich machen, einen umfassenden Friedensvertrag zu erhalten, wie es ihn wünscht. Außerdem hätte die Wiederbewaffnung Japans, die jetzt in gewissen Kreisen so eifrig betrieben wird, derart ernste Folgen, daß die Sozialisten sich entschlossen haben, alles, was in ihrer Macht steht, zu tun, um sich ihr zu widersetzen.

Unsere Gründe, weshalb wir die Wiederaufrüstung ablehnen, sind ausführlich in einer Resolution niedergelegt, die unser Parteitag im Januar 1951 angenommen hat. Deren Hauptpunkte sind kurz folgende:

1. Die Wiederaufrüstung Japans verletzt die Artikel der japanischen Verfassung über die Entwaffnung und gefährdet den Weltfrieden.

2. Sie führt dazu, daß Gewaltmaßnahmen gegen die Arbeiter ergriffen werden und eine faschistische Entwicklung in Japan gefördert wird.

3. Viele der 13 Mitglieder der Fern-Ost-Kommission widersetzen sich der japanischen Wiederaufrüstung.

4. Das japanische Volk ist mit überwältigender Mehrheit gegen eine Remilitarisierung und würde, wenn sie ihm von der Regierung aufgezwungen würde, keine guten Soldaten abgeben.

5. Eine Wiederaufrüstung Japans bedeutet, daß der bereits unerträglich niedrige Lebensstandard noch weiter absinkt und der wirtschaftliche Wiederaufbau aufhört.

6. Es besteht gegenwärtig keine Gefahr einer Invasion Japans.

Es erhebt sich die Frage, was Japan zum Frieden beitragen könne. Seine Hauptleistung sollte vor allem darin bestehen, die wirtschaftliche und politische Demokratie zu festigen. Kurz nach dem Kriege wurden in dieser Hinsicht große Fortschritte erzielt. Aber in jüngster Zeit hat die Haltung der japanischen Regierung den demokratischen Fortschritt eher behindert als gefördert. Ich will zum Beweis einige Beispiele anführen:

Die Bodenreform ist durch Sabotage zum Stillstand gekommen, und ihre anfänglichen ermutigenden Ergebnisse sind gefährdet. Im Gegensatz zum ersten Gewerkschaftsgesetz, das bald nach Ende des Krieges in Kraft trat, hat die Regierung jetzt Gesetze veröffentlicht, die den Arbeitern zahlreiche Beschränkungen auferlegen. Obwohl gesunde und demokratische Gewerkschaften entstanden sind, werden deren Organe und gesetzlichen Forderungen übergangen. Der schärfste Angriff auf die Arbeiterschaft wurde unternommen, als kürzlich das Gesetz über das Verbot der Monopole und das Gesetz über die Handelsgesellschaften aufgehoben wurden, die beide wesentlich sind für die Sicherung der Wirtschaftsdemokratie. Dadurch wurde die Macht der japanischen Monopolisten in alarmierendem Ausmaß vergrößert.

Gegenwärtig sind die Zustände in Japan so, daß es nicht imstande wäre, sich wieder zu erheben, wenn es noch einmal in einen Krieg verwickelt oder in ein Schlachtfeld verwandelt werden sollte. Das japanische Volk empfindet sehr deutlich, daß es seine wichtigste Aufgabe ist, einen neuen Krieg zu verhindern, und daß Japan auf keinen Fall Öl in die schwelenden Feuer des internationalen Konfliktes gießen darf. Es lehnt den Krieg und seine Folgen grundsätzlich ab und ist überzeugt, daß der Prozeß der Umwandlung Japans in ein friedliches und demokratisches Land nicht aufs Spiel gesetzt werden darf.

Obgleich sich die Sozialdemokraten Japans dessen bewußt sind, daß die Vereinten Nationen viele Schwächen und Mängel aufweisen, betrachten sie diese doch als das beste Werkzeug, das bis jetzt verfügbar ist, um den Frieden und die internationale Zusammenarbeit zu erhalten. Sie sind deshalb entschlossen, jeder Politik Widerstand entgegenzusetzen, die möglicherweise die Vereinten Nationen als weltumfassende Organisation auseinanderbrechen läßt. Sie hoffen, daß Japans Sicherheit, sobald ein Friedensvertrag abgeschlossen ist, durch die Vereinten Nationen garantiert wird.

Mosaburo Suzuki.

DIE ZEICHEN DER ZEIT ERKENNEN

Daß es um die Finanzen des Bundes schlecht bestellt ist, weiß jedermann. *Wie* bedrohlich Westdeutschlands Lage ist, erfuhr man aber erst durch die dankenswerte Offenheit des sozialdemokratischen Finanzsenators Dr. Dudek, als er den Abgeordneten der hamburger Bürgerschaft anläßlich der ersten allgemeinen Debatte über den hamburger Etat für 1951/52 die enge Verbundenheit zwischen Bundes- und Länderfinanzen erläuterte. Dabei scheute sich Dr. Dudek auch nicht, jenes düstere Wort auszusprechen, das bei dem „kleinen Mann auf der Straße" ein lähmendes Gruseln auslöst, gewiegten Geschäftemachern und Spekulanten hingegen seit eh und je als *die* Chance ihres Lebens erscheint: Inflation.

Halten wir uns an Dr. Dudeks Feststellungen und Äußerungen. Der Bundeshaushalt für 1951/52 weist einen Fehlbetrag von 4,71 Milliarden DM auf. Eine Deckung durch Erhöhung der Umsatzsteuer oder durch eine Sonderumsatzsteuer sei völlig ausgeschlossen. Auch eine weitere Inanspruchnahme der Einkommen- und Körperschaftssteuer der Länder bezeichnete Dr. Dudek als „völlig utopisch". „Die gesamte öffentliche Finanz- und Steuerpolitik Westdeutschlands geht einer ernsten Krise entgegen. Alle verantwortlichen Stellen werden auf das ernsthafteste prüfen müssen, welche Ausgaben in Bund und Ländern künftig nicht mehr geleistet werden können. Dabei wird man vor rücksichtslosen und schmerzlichen, selbstverständlich sehr unpopulären Maßnahmen nicht zurückschrecken dürfen ... Man muß tief bedauern, daß die verantwortlichen Männer in Bonn nicht zu rechter Zeit in die Entwicklung der Preise eingegriffen haben, als die Weltmarktpreise infolge der Koreakrise zu steigen begannen. Sicherlich wäre es vor einem guten halben Jahr noch möglich gewesen, durch eine energische und durch keinerlei theoretische Betrachtungen gelähmte umsichtige Wirtschaftspolitik einen erheblichen Teil der innerdeutschen Preissteigerungen abzufangen. Man hätte Vorkehrungen treffen müssen, um den inländischen Preisspiegel nur in dem Umfange, wie er durch die langsam teurer werdenden internationalen Rohstoffe beeinflußt wurde, sich korrigieren zu lassen. Die Handelsspannen im Inland hätten durch rücksichtsloses Eingreifen in ihrer Entwicklung gedrosselt werden müssen. All dies ist unterblieben, so daß wir vor einer vorläufig nicht übersehbaren Spirale der Lohn-Preis-Bewegung stehen. Mit gut gemeinten Deklamationen, daß der Lebensstandard des deutschen Volkes gebremst, ja vermindert werden soll, ist nichts getan."

Und weiter: „Wenn die ganze Welt seit langem ihre Wirtschaft im einzelnen wie über die Länder hinweg planmäßig ordnet, kann Deutschland allein nicht eine Insel darstellen, auf der die klassischen Gesetze der Marktwirtschaft ungehemmt herrschen ... Wenn nicht im letzten Augenblick mit Energie und Rücksichtslosigkeit seitens des Bundes eingegriffen wird, werden wir zum dritten Mal in den Strudel einer Inflation hineingerissen werden. Eine Inflation hat bekanntlich niemals und zu keiner Zeit eine gerechte Lösung der Staatsaufgaben gebracht, sondern sie ist und bleibt immer und überall der gemeinste Betrug am kleinen Mann. Ich weiß sehr wohl, daß man mit Recht von einer gewissen Weltinflation sprechen kann. Wir alle wissen, daß die Vereinigten Staaten infolge ihres ungewöhnlichen Aufwandes für die Rüstung sich mit großem Erfolg bemühen, der Gefahr einer Inflation zu entgehen, einer Gefahr, die bei der ungeheuren wirtschaftlichen Leistungsfähigkeit dieses Riesenlandes gewiß viel leichter zu bannen ist als in einem wirtschaftlich in seinem Kern so außerordentlichen labilen Gesamtkörper wie der deutschen Bundesrepublik. Man soll uns Fachleuten nicht vorwerfen, daß wir nicht zu gegebener Zeit gewarnt hätten. Mögen alle verantwortungsbewußten Männer im Bund und in den Ländern die Zeichen der Zeit erkennen und danach handeln."

Regina Bohne.

DER RAT DER DEFA-GÖTTER

Das abgehackte Klatschen ebbte langsam ab. In der Loge der neuen ostberliner Staatsoper — des alten Admiralspalastes — ließ der schwere, behäbige Mann mit dem weißen Haarschopf seine Hände wieder sinken, mit denen er gleichsam den Beifall nach oben, zum „Bannerträger des Sozialismus und des Friedens", irgendwo hinter den Mauern des Kreml, weitergeleitet hatte. Wilhelm Pieck setzte sich. Die siebente Stalin-Ovation während des Festaktes zum fünfjährigen Jubiläum der Defa war vorüber. Man folgte dem präsidentialen Beispiel und ließ sich wieder in die Parkettsessel zurücksinken. Bis zur achten Ovation.

Vorn, auf der Bühne, wo neben den Defa-Chefs die Delegierten des Ostblocks placiert waren, bewegte ein großer Mann in einem eigentümlichen ausdauernden Rhythmus wie ein Beckenschläger bei einem malayischen Tempelfest die Hände. Später entpuppte er sich als ein russischer Farbfilmregisseur mit profundem Wissen über die kniffligsten filmtheoretischen Fragen. Der Ritus, das Zeremoniell, alles war schrecklich ungewohnt. In einer chinesischen Mandarinenversammlung hätte ich mich kaum verlorener fühlen können. Fünfhundert Meter von der Staatsoper beginnt der französische Sektor Berlins, beginnt der Westen.

„Diffamierung" der Defa?

Vielleicht hatten unsere Gastgeber das gleiche Gefühl der Fremdheit gegenüber ihren Besuchern aus dem Westen. Die beiderseitigen Diskussionsradare tasteten aneinander vorbei. Erst nachdem man uns eine halbe Nacht lang einige Defa-Filme gezeigt hatte, waren Ansatzpunkte zum Gespräch vorhanden. Wir diskutierten darüber, warum zum Beispiel Wolfgang Staudtes „Rotation" nicht in Westdeutschland gezeigt wird, diese menschlich-unmittelbare, allgemeinverständliche und allgemeingültige filmische Antwort auf das große Rätsel, wie es überhaupt zu 1933 und zu 1945 kommen konnte.

Ja, warum eigentlich nicht? Dieser Film, der kurze Zeit in der britischen Zone lief, aber schnell verschwand, und Dr. Falk Harnacks „Beil von Wandsbeck" scheinen mir durchaus wirksame Instrumente im Kampf gegen Remer, Dorls und Genossen zu sein. Die Tatsache, daß ihre Regisseure kommunistisch orientiert sind, sollte uns nicht mehr stören als den amerikanischen RKO-Konzern, der des Kommunisten Vittorio de Sica „Fahrraddiebe" in den USA und jetzt gerade in Deutschland herausbringt. In der freien Welt muß man sich's immer noch gestatten können, einen Film nach seinem Wert und nicht nach dem Parteibuch seines Regisseurs zu beurteilen.

Weitere Frage der Ostzonalen: Warum bemüht sich ein englischer Verleih, der zum Rank-Konzern gehört, den von dem erklärten Nicht-Kommunisten Paul Verhoeven inszenierten Defa-Farbfilm „Das kalte Herz" nach Wilhelm Hauffs Märchen für den westdeutschen Vertrieb freizubekommen, während man auf westdeutscher Filmseite in einer unfruchtbaren Polemik darüber erstarrt? Dieser Film hat so wenig mit der politischen Defa-Konzeption zu tun wie Wilhelm Hauff mit Karl Marx.

Warum schließlich wurde bisher von keiner Seite die Behauptung des Defa-Chefs Schwab dementiert, daß die amerikanischen Geldgeber dem Berliner Film-Festival ihre Unterstützung entziehen würden, wenn dort Defa-Filme vorgeführt werden sollten? Es wurden jedenfalls keine vorgeführt. In Cannes aber liefen russische Filme. Was für Cannes recht ist, sollte für Berlin billig sein. Niemand braucht davon eine Beeinträchtigung der westberliner Moral zu befürchten. Warum also diese von der Defa behauptete „Diskriminierung"?

Dies etwa sind die Punkte, über die die Defa-Leute sich in erster Linie mit uns, einer Gruppe westdeutscher Filmjournalisten, um eine Verständigung bemühten.

Lenin in der Filmpraxis

Daß wir mit dem offiziellen Defa-Kurs übereinstimmten, wurde garnicht erwartet. Man spielt ganz offen ein doppeltes Spiel. Einmal Annäherung, Zusammenarbeit mit dem westdeutschen Film, dessen drüben in allen peinlichen Details bekannte schwierige Situation nicht etwa zum Triumph der Schadenfreude, sondern zu sehr überlegten Mitleids- und Sympathie-Kundgebungen Anlaß gab. Daher die Angebote an die — nicht anwesenden — westdeutschen Filmproduzenten, unpolitische, möglichst „klassische" Stoffe gemeinsam, mit gemischter Besetzung und finanzieller Ost-West-Beteiligung herzustellen.

Zum anderen, sozusagen für den Hausgebrauch in der Deutschen Demokratischen Republik: totale Ausrichtung nach Moskau, das bedeutet Anerkennung des „sozialistischen Realismus", von dem der stellvertretende Minister der russischen Filmindustrie mit unmißverständlicher Klarheit auf dem Kongreß feststellte: „Er ist die einzig richtige Methode in der Filmkunst." Weiter: Ausschaltung aller „formalistischen, symbolistischen und mystizistischen" Tendenzen. Anstelle von Depression und Pessimismus soll der neue deutsche Film à la Defa immer mehr „Lebensfreude und Positivismus" ausstrahlen. Und schließlich muß der Film nach Ansicht des Defa-Vorstandes, nach dem Willen der SED und in bester marxistischer Tradition „auf die Veränderungen der gesellschaftlichen Zustände für ein rascheres Fortschreiten der gesellschaftlichen Entwicklung einwirken und die in der Veränderung der gesellschaftlichen Zustände erzielten Erfolge im Bild sichtbar werden lassen".

Diese Doppelgleisigkeit wurde offenkundig in dem Kommentar, den uns Regisseur und Nationalpreisträger Dr. Kurt Maetzig, dessen „Ehe im Schatten" übrigens mit mehr als zehn Millionen Besuchern noch Harald Brauns „Nachtwache" aussticht, zu seinem Anti-Trustfilm „Der Rat der Götter" gab. Milde dozierte er seinen auf die Filmpraxis übertragenen Lenin: „Wir wissen natürlich, daß wir mit einem solchen Film im Westen überhaupt keine Resonanz finden werden, einfach weil dort die Aufkärungsarbeit noch nicht begonnen hat und die Bevölkerung noch nicht jene Bewußtseinsstufe erreichte, wie sie die gesellschaftliche Umwandlung in unserer Republik mit sich gebracht hat. Deshalb versuchen wir garnicht erst, den Film drüben zu starten."

Hollywood-Haß

Die Klammer, die nun die beiden Defa-Versionen, die unpolitisch-rückschauende mit Blickrichtung auf Westdeutschland und die zielstrebig-politische für interne Benutzung, zusammenhält, ist der hochgezüchtete und für einen Außenstehenden nur als Hysterie verständliche Hollywood-Haß. Tatsächlich aber sind die Männer des Defa-Vorstands, wie etwa Sepp Schwab, alles andere als Hysteriker. Während sie selber in jedem zweiten Satz ihr Bemühen um den Anschluß an das „große sowjetische Vorbild" betonen, ziehen sie auf der anderen Seite erbarmungslos gegen den US-Einfluß im westdeutschen Film her. Diesen uns grotesk erscheinenden Widerspruch erklären sie in längeren Abhandlungen über den Unterschied von Internationalismus und Kosmopolitismus. So bietet man „jedem einzelnen deutschen Filmkünstler, der in Auseinandersetzungen mit den amerikanischen Filmtrusts kommt", materielle Hilfe bei „Boykott, Verfolgung und Ächtung". Die Tore der Defa seien für alle westdeutschen Filmleute dauernd geöffnet, — „im besonderen für jene, die sich weigern, dem amerikanischen Kulturbarbarismus zu dienen".

Monopol für gute Filme?

Vor einiger Zeit untersuchte ich in den „Frankfurter Heften" die Leistungen der ost- und westdeutschen Filmproduktion und kam dabei zu der beängstigenden Schlußfrage: „Ist es ein Defa-Monopol, gute deutsche Filme herzustellen?" Defa-Vorstandsvorsitzender Sepp Schwab griff in seinem Jahresbericht den Artikel und die Schlußfrage auf und beantwortete sie: „Natürlich ist es kein Defa-Monopol, aber an der Spitze unserer Regierung stehen auch keine Adenauers und Schäffers, die sich nur für den amerikanischen Film interessieren."

Herr Schwab weiß natürlich, daß dies zwar eine im Osten erfolgversprechende Sprache, aber keine Antwort ist. Wenn er diese Frage nicht vor den Mikrophonen der ostdeutschen Sender und vor Wilhelm Pieck, sondern in einem privaten Kreis von Experten beantworten müßte, und sie sachlich beantwortete, würde er vermutlich sagen:

Unsere Filme sind besser, weil:

wir unseren Regisseuren mehr Zeit und mehr Geld lassen können als die westdeutschen Produzenten;

wir uns nicht ständig mit der Wechsel-für-Wechsel-Finanzierung eines einzelnen Films beschäftigen müssen, sondern das Gesamtbudget unseres Programms (für 1951: 18 Spiel-, 12 Dokumentar-, 50 Kurz-Filme, dazu die Wochenschau „Der Augenzeuge") vorbereiten können, das sich schätzungsweise auf 50 bis 100 Millionen DM belaufen dürfte;

wir unsere Stoffe durch unsere Dramaturgie sorgfältig und in Ruhe vorbereiten lassen;

wir nicht auf prompte Kassenerfolge angewiesen sind. Unser Progreßverleih zieht unsere Filme, die ziemlich ohne Konkurrenz sind, durch die 3300 meist volkseigenen Kinos der DDR. Festverträge mit der Sowjet-Union und den Volksdemokratien sichern uns den Absatz von Hunderten von Kopien im Ausland.

Politisch eingefärbt

Es gibt aber außer diesen technischen und künstlerischen Ursachen noch andere. Die Stoßkraft des politischen Wollens hat allen Defa-Filmen von Staudtes „Die Mörder sind unter uns" und Erich Engels „Affaire Blum" bis zu Maetzigs „Der Rat der Götter", Staudtes schon erwähnter „Rotation" und Harnacks „Das Beil von Wandsbeck" ein Schwergewicht auch über filmkünstlerisch und filmtechnisch ebenso gelungene westdeutsche Filme verliehen. Schwabs stolzer Feststellung: „Der Defa-Film ist heute fast überall in der Welt, in New York wie in Kapstadt, in Moskau wie in Peking, in Prag wie in Stockholm, zum Begriff des neuen deutschen Films geworden" kann jedenfalls kaum etwas entgegengesetzt werden. Mit ihren propagandistisch stark eingefärbten Dokumentarfilmen ist die Defa ohne Zweifel den schüchternen westdeutschen Versuchen um viele Längen voraus. Allein die FDJ wirft allmonatlich 30 000 DM für einen Kurzfilm über ihre Jugendarbeit aus, der von einer 22jährigen Regisseurin gedreht wird — mit viel Linientreue, aber auch mit Talent. „Ich kann Millionen für eine Sache ausgeben, für die in Westdeutschland kein Pfennig vorhanden ist." Die Genugtuung in der Stimme von Dr. Brandes, dem Kurzfilm-Produktionschef, verrät mehr als alle Parolen über die begreifliche Anziehungskraft, die von der Defa auf alle Filmbesessenen ausgeht.

Meint Sepp Schwab: „Wir werden jederzeit gern ‚Das doppelte Lottchen' oder ‚Es kommt ein Tag' gegen unsere Filme austauschen. Wir wollen aber keine Hollywood-Imitationen wie die ‚Dritte von Rechts' oder die ‚Verschleierte Maja'. Der Film ist uns ein zu wesentliches kulturpolitisches Instrument, als daß wir seinen Mißbrauch durch merkantile Interessengruppen zulassen würden."

Das ist eine klare Entscheidung und der Beweis, daß die führenden Defa-Leute als kluge Realisten sich auf die Verwirklichung des Möglichen beschränken wollen. Ihre Nahziele sind: keine Diffamierung gegenüber Künstlern, die sowohl in „östlichen“ wie in „westlichen“ Ateliers arbeiten; Austausch von Qualitätsfilmen, die kein politisches Dynamit enthalten; Versuch einer Zusammenarbeit, um solche Filme zu produzieren.

Warum sollte man nicht wirklich darüber sprechen? Solange allerdings als „Sprecher“ des westdeutschen Films ein biederer und ehrlich besorgter Filmtechniker aus Geiselgasteig und ein wegen nachlassender Leistungen in Schwierigkeiten geratener Schauspieler aus Mainz auftreten —. Jedenfalls: die Verantwortlichen kamen nicht. Obwohl es hier um einige der verantwortungsvollsten Fragen ging, die es in der Entwicklung des Films heute gibt.

*

Trotz den chinesischen Mauern des Ritus und der Plakatsprache, trotz der unleugbaren, traurigen Tatsache, daß es auch im Film bereits zwei voneinander verschiedene Teile Deutschlands gibt, — man sollte die Brücken nicht abbrechen und im Westen ebenso nüchtern errechnen, was eine klug bedachte Zusammenarbeit an Vorteilen bringt, wie es im Osten geschieht.

A propos chinesisch: Der eigentümlichste und auf seine Art stärkste Film, den wir sahen, kam aus dem China Mao's, ein Revolutions- und Partisanen-Film, in dem bei aller technischen Unbeholfenheit die Menschen, die Lebenden und die Toten, mit der Natur zu einem erregenden, erschreckenden Gobelin des Leidens verwebt waren.

Claus Hardt.

DIE KLEINSTADT

Die Kleinstadt als eigenes soziologisches Gebilde wurde in Deutschland noch wenig beachtet. Daß sie als ein derartiges Gebilde bestand, wurde nicht bezweifelt. Doch in den Gesichtskreis der Soziologen rückte sie erst, als sie begann, ihre Eigenart zu verlieren, und als die Nachkriegszeit, der Zustrom der Flüchtlinge und die damit verbundene soziale Umschichtung ihre Struktur beschleunigt auflöste. Wenn es also fraglich ist, ob „die Kleinstadt“ heute noch besteht, sei doch einmal der Versuch unternommen, sie zu beschreiben.

Die entscheidende Schwierigkeit für die Untersuchung liegt darin, daß es eine typische Kleinstadt nicht gibt. So gelten die folgenden Untersuchungen hauptsächlich für die Kleinstädte Süddeutschlands; für Westdeutschland sind sie nur bedingt anzuwenden. Folgende Überlegungen führten zur Auswahl der untersuchten Kleinstadt:

1. sie mußte so weit wie möglich repräsentativ für die soziologisch-kulturelle Struktur der heutigen Kleinstädte sein;
2. sie mußte eine kleine Industrie besitzen;
3. sie durfte keine beherrschende Industrie haben, also keine „Ein-Industriestadt“ sein;
4. sie mußte eine bestimmte Zahl Flüchtlinge aufgenommen haben;
5. sie mußte eine enge Verbindung zu dem sie umgebenden Land haben, über einen Bahnanschluß verfügen; ihre Entfernung von der nächsten Großstadt durfte zwei Bahnstunden nicht überschreiten;
6. sie mußte historisch gewachsen sein.

Die Gesamtzahl der Kleinstädte zwischen 10- und 20000 Einwohnern im Bundesgebiet beträgt nach der letzten Volkszählung 227. In diesen 227 Kleinstädten leben 3,2 Millionen Menschen, somit 6,7 v.H. aller Einwohner der Bundesrepublik. Seit 1945 ist eine starke Zunahme der Bevölkerung in der Kleinstadt zu verzeichnen; die Schwankungsbreite dieser Zunahme liegt zwischen 5 v.H. und 136 v.H. Der mittlere Durchschnitt der Bevölkerungszunahme beträgt 37 v.H. Nur bei 4 der 227 Kleinstädte nahm die Bevölkerung ab.

Die Bevölkerungsdichte in der Kleinstadt beträgt durchschnittlich 795 Einwohner auf 1 qkm.

So groß für die einzelne Kleinstadt ihr Kriegsschaden auch gewesen sein mag, so ist die Zerstörung im allgemeinen doch um 2/3 geringer als die der westdeutschen Großstädte. So entfallen im Durchschnitt 15 bis 19 cbm Trümmermenge in einer Großstadt auf einen Einwohner, in der Kleinstadt hingegen nur 5 cbm.

*

Die Kleinstadt, die wir zur Untersuchung auswählten, zählt etwas über 10000 Einwohner; davon sind 43 v.H. Männer, 57 v.H. Frauen. Die Einwohnerzahl ist seit 1939 um 37 v. H. gestiegen. Diese 37 v. H. setzen sich zusammen aus Flüchtlingen und Evakuierten; 59 v.H. der Zugezogenen sind Flüchtlinge, sie machen 21 v.H. der Gesamtbevölkerung der Kleinstadt aus. (Flüchtlinge wohnen meist auf dem Lande; hier machen sie 30 bis 50 v.H. der Gesamtbevölkerung aus. Ebenso haben auch Mittelstädte größere Flüchtlingsziffern.)

Die Stadtverwaltung errechnet eine Belegungsstärke von 2,8 Personen je Wohnraum. Dies ergibt ein falsches Bild. Die Einheimischen der Kleinstadt wohnen weitgehend „normal", verfügen also über mehr Wohnraum, als die errechnete Zahl angibt. Unter „Normalwohnung" wird verstanden, daß die Eltern ein eigenes Schlafzimmer haben, die Kinder von der Pubertät an getrennt schlafen und die Familie ein eigenes Wohnzimmer und eine Küche benützt. Berechnet man die Belegungsstärke getrennt nach Einheimischen und Neubürgern, so entfallen auf einen Raum bei den Einheimischen 1,9 Personen, bei den Neubürgern hingegen 3,7 Personen. Hierbei wurden die in Lagern wohnenden Flüchtlinge nicht mitgezählt.

Einen vorherrschenden Beruf kennt die Kleinstadt nicht, doch sind gegenüber der Großstadt diejenigen Berufe stärker vertreten, die eine enge Beziehung zum bäuerlichen Hinterland haben. Kennzeichnend ist die hohe Zahl der Rentner. Ein genauer Durchschnitt ließ sich hier nicht ermitteln, doch dürften auf 1000 Kleinstädter 30 Rentner kommen.

Seit 1939 hat sich die Zahl der Behörden-Angestellten in der Kleinstadt um 71 v. H. erhöht, in der Großstadt dagegen um 17 v. H. (nach dem Statistischen Jahrbuch Deutscher Gemeinden 1949). Auf 10000 Einwohner entfallen 16,2 Beamte (in der Großstadt 110,1); 73,1 Angestellte (159,5); 70,9 Arbeiter im städtischen Dienst (92,2); zusammen 161,5 (368,7).

Die Zahl der Behörden-Angestellten nahm deshalb zu, weil seit 1945 der Aufgabenbereich der Gemeinden ständig größer wurde (die neuen Gemeindeordnungen gaben den Kleinstädten alle Verwaltungsaufgaben zurück, die während der Zeit zwischen 1933 und 1945 der Regierung übertragen worden waren), und weil die Bevölkerung beträchtlich anwuchs.

*

Im Jahre 1950 wurden in der Kleinstadt 137 Ehen geschlossen (dies ist auch die mittlere Häufigkeit der Eheschließungen in allen 227 Kleinstädten). Bei 81 Ehen waren beide Ehepartner Einheimische, bei 33 Flüchtlinge. Die restlichen 23 Ehen waren „gemischt": in 16 Ehen war der Mann Einheimischer, in 7 die Frau.

Die Frage, wer nach der Eheschließung bei wem wohnt, läßt sich nicht statistisch gesichert beantworten; doch hat es aufgrund vieler Befragungen den Anschein, daß der Mann weit häufiger bei der Frau oder bei den Eltern der Frau wohnt als umgekehrt.

Von 110 Geburten waren 15 unehelich, das sind 13,6 v. H. (Diese Zahl entspricht dem Durchschnitt der Kleinstädte. Bei den Mittel- und Großstädten liegt sie entsprechend höher. Für alle bayrischen Klein- und Mittelstädte beispielsweise beträgt sie 22,4 v. H.)

Auf 1000 Einwohner entfallen 11,7 Amtsmündel, davon sind 99,2 v. H. uneheliche Kinder. (In der Großstadt ist die Zahl der Amtsmündel mit 14,6 zwar höher, davon sind aber nur 95,2 v. H. uneheliche Kinder.)

Ehescheidungen haben in der Kleinstadt nach 1945 nur begrenzt zugenommen. Während in Großstädten die Häufigkeit der Ehescheidungen um 100 v. H. und mehr zunahm, ist in der Kleinstadt im Höchstfalle eine Steigerung um 60 v. H. zu verzeichnen. (Die genauen Zahlen hierfür zu erhalten, ist sehr schwer, da die Kleinstadt kein Landgericht hat und die Statistik der Ehescheidungen an Landgerichten nicht nach Wohnorten aufgeschlüsselt ist.)

*

Das kulturelle Leben der Kleinstadt hat zwei Mittelpunkte: die Schule und die Kirche. Neben der Volksschule besteht eine Oberschule und seit 1947 auch wieder ein Gymnasium. Die Kleinstadt glaubt, es sei dies die der historischen Entwicklung der Stadt gemäße Schule. Durch die Bevölkerungszunahme sind die Schulen zu klein geworden; in der Volksschule sind Klassen mit 60 Schülern das übliche. 20 v. H. der Volksschüler und 15 v. H. der Lehrer sind Flüchtlinge. Die Flüchtlingsschüler scheinen sich reibungslos einzufügen. Ein Unterschied in den Begabungen zwischen Einheimischen und Flüchtlingen ist nicht festzustellen. Jedoch sprechen alle befragten Lehrer von einem allgemeinen Begabungsrückgang.

Oberschule und Gymnasium haben zusammen 460 Schüler, das heißt: fast 35 v. H. aller Schulpflichtigen erstreben die höhere Schulbildung. Die soziale Schicht, aus der die Schüler kommen, ist für Oberschule und Gymnasium dieselbe: Bürgersöhne, die Kinder der Ärzte, Beamten, Juristen und Kaufleute. Die Söhne und Töchter alteingesessener Bürger machen wenig mehr als die Hälfte aus. Allein 150 Schüler sind Flüchtlinge, also 32 v. H. (somit 12 v. H. mehr als in der Volksschule); von 4 Lehrern ist einer Flüchtling (also 10 v. H. mehr als in der Volksschule). Diese Zahlen lassen auf die häufig beobachtete Tatsache schließen, daß die Flüchtlinge einen starken Einfluß auf das kulturelle Leben der Kleinstadt ausüben.

Bauernsöhne, die vor einem Jahrzehnt noch einen guten Teil der Schüler ausmachten, gehen kaum mehr in die höhere Schule. Die Dienstbotennot zwingt den Bauern, alle Familienmitglieder auf dem Hofe mitarbeiten zu lassen.

Volksbildner und Soziologen sprechen davon, daß in den letzten fünfzig Jahren die Kleinstadt geistig „ausgelaugt“ worden und die Intelligenz in die Großstadt abgewandert sei. Diese Ansicht wird dadurch bestätigt, daß die eigentliche kulturelle Arbeit heute in der Kleinstadt meist von Flüchtlingen und Evakuierten geleistet wird. Die in fast allen Kleinstädten sich bildenden Volkshochschulen sind ohne Flüchtlinge undenkbar. Der Anteil der Heimatvertriebenen an den Dozenten der Volkshochschule beträgt 43 v. H., bei den Hörern 30 v. H. Gliedert man die Hörer der Volkshochschule nach dem Alter auf, dann zeigt sich, daß die Zwanzig- bis Dreißigjährigen völlig fehlen.

*

Alois Dempf, der münchener Philosoph, erklärt die Areligiosität als ein Zeichen der Halbbildung und des absterbenden Bürgertums. „Der intellektuelle Geist ist religiös“.

Die Pfarrer beider Kirchen der Kleinstadt bestätigen diese These nachdrücklich: in der Kleinstadt sei nur der wirklich Gebildete und der Bauer christlich; der eine aus seinem Wissen heraus, der andere aus einer jahrhundertealten Naivität. Der Bürger sei im religiösen Leben steril. Die religiöse Leere des Bürgers erscheine am deutlichsten bei Hochzeiten, denen es an kirchlichem Gehalt mangele.

Hochzeit ohne kirchliche Trauung ist in der Kleinstadt unmöglich. Nur die Paare, deren

Ehe ein kirchliches Ehehindernis entgegensteht, begnügen sich mit einer standesamtlichen Trauung. Das sind in der Kleinstadt 0,7 v. H. aller Paare, in einer westdeutschen Großstadt dagegen über 20 v. H. aller geschlossenen Ehen.

Die Frage, wer bei konfessionellen Mischehen seine Konfession aufgibt, läßt sich nur mit Vorsicht beantworten, da die gefundenen Zahlen klein sind. Es ergab sich, daß Mann und Frau gleich oft die Konfession wechseln, dagegen Heimatvertriebene eher die Konfession des einheimischen Ehepartners annehmen als umgekehrt.

Die sehr lebendige kulturelle Arbeit der Kirchen wird von einem kleinen, aber beständigen Kreis getragen. In religiösen Männerabenden wird ein Stamm von vierzig Männern gezählt: Mediziner, Juristen, Lehrer (Oberschullehrer, der Volksschullehrer fehlt), einige Geschäftsleute, der Rest Beamte und Bauern. Der Bürger fehlt.

*

Ein offiziell gelenktes oder gefördertes Kulturleben gibt es in der Kleinstadt nicht. Die Aufgliederung der Behörden ergab, daß sich 0,34 v. H. aller in der Kleinstadt-Verwaltung tätigen Beamten und Angestellten mit der Kulturpflege zu beschäftigen haben. Diese Kulturpflege beschränkt sich darauf, die historischen Bauwerke der Stadt zu erhalten.

Die Musik wird in der Kleinstadt sehr gepflegt. Die in der Großstadt schon längst nicht mehr bekannten Liedertafeln und Männerchöre singen wie eh und je ihren Silcher. Daneben stehen die Kirchenchöre, sich bemühend, Bach, Mozart und Bruckner bekanntzumachen. Die reine a-capella-Musik wird wenig gepflegt.

Ohne Klavier ist der bürgerliche Haushalt unvollständig. Die Kleinstadt legt Wert auf Vollständigkeit. So ist das Klavier das beliebteste Instrument, während die Geige, wie alle Streichinstrumente, wenig Anklang findet.

Die Kleinstadt ist nicht der geeignete Ort für einen Maler. Es fehlt die Anregung der Großstadt, es fehlen aber auch Ruhe und Abgeschiedenheit des Landes. Der Kleinstädter hat wenig Verständnis für Bilder, er wird auch kaum dazu erzogen. Eine Ausstellung kommt nie in eine Kleinstadt. Nur einmal, kurz nach der Währungsreform, versuchten einige in die Kleinstadt verschlagene Maler dort auszustellen. Der Nachromantiker und Naturalist wurde bewundert, die Modernen standen Ängste aus, daß ihre Bilder nicht beschmiert und zerrissen würden. Unter den Hunderten von Einträgen im Gästebuch der Ausstellung fand sich keine einzige verständige Kritik.

Der Film bestimmt in der Kleinstadt weit mehr das kulturelle Gesicht als in der Großstadt. In den Film gehen alle, die weder die Volkshochschule noch Konzerte, Vorträge und Ausstellungen besuchen; das heißt also: die Bürger, die Jugend und die Generation zwischen 25 und 35 Jahren. Die gezeigten Filme sind mittelmäßig, das Geschäft ist gut.

Die Kleinstadt hat zwei Tageszeitungen: ein Kopfblatt der Tageszeitung der nächsten Mittel- oder Großstadt mit ausgedehntem Lokalteil; dann die eigene Heimatzeitung, die seit dem Ende der Lizenzierung vergeblich versucht, den von der Lizenzpresse gewonnenen Vorsprung einzuholen. So wenig sich der Kleinstädter auch in den letzten Jahrzehnten verändert hat, so ist doch eine Tatsache nicht zu übersehen: durch den Krieg ist er aus seiner Kleinstadt herausgeführt worden. Er hat den Anschluß an die (für ihn) „große Welt“ gefunden; jetzt will er ihn unter allen Umstäden bewahren. Er will nicht mehr als Kleinstädter gelten. Mag sein, daß deswegen das Bild der Kleinstadt so trüb ist. Auf jeden Fall: die tragfähige kulturelle Schicht des einheimischen Bürgers fehlt. Das kulturelle Gesicht der Kleinstadt heute wird geprägt von dem intellektuellen Teil der Einheimischen, der Evakuierten und der Heimatvertriebenen. Ob diese sich zu einer echten Gruppe im soziologischen Sinn zusammenfinden werden, läßt sich heute noch nicht übersehen.

Reinhold Kreile.

Wort und Antwort:

Die deutsche Sozialdemokratie

In Heft 6 vom Juni 1951 Ihrer Zeitschrift drucken Sie auf Seite 433 einen Brief ab, den ein ungenannter früherer Sozialdemokrat und jetziges Zentrumsmitglied Ihnen geschickt hat. Was der Briefschreiber früher glaubte, und was er jetzt glaubt, ist selbstverständlich seine Sache. Nicht seine Sache aber ist es, ebensowenig wie die Ihre, Männer und Institutionen zu verleumden, ohne auch nur den Schein einer Andeutung zu machen, worauf sich solche Behauptungen stützen. Wenn Helene Wessel „Nie wieder Krieg" sagt, so meint Ihr Briefschreiber, meine sie ehrlich nie wieder Krieg; Schumacher dagegen „wahrscheinlich außer gegen Rußland". Dieses „Wahrscheinlich" ist besonders giftig. Schumacher ist ebensowenig für einen Krieg wie irgendein andrer vernünftiger Mensch. Er ist auch nicht für einen Krieg gegen Rußland. Er weiß allerdings, und die meisten Sozialdemokraten wissen das mit ihm, daß die Parole „Nie wieder Krieg" zunächst ein frommer Wunsch bleibt, und daß man sich Gedanken machen muß darüber, wie hinter diesen Wunsch der organisierte Wille gestärkt werden kann, ihn zu erfüllen. Und man wird unter Deutschen wenige Politiker finden, die sich so viele klare Gedanken darüber gemacht haben, wie der Frieden verteidigt werden kann, — Gedanken, die im übrigen beginnen, auch denen plausibel zu erscheinen, die über das Problem des Krieges bisher weniger nachgedacht haben.

Ihr Briefschreiber „nimmt an", daß Schumacher nicht einen seiner Briefe bekam. Das nimmt er an, weil sie ihm von Mitarbeitern Schumachers beantwortet wurden. Dabei wird es kaum einen Politiker von der Beanspruchung Schumachers geben, der alle Briefe persönlich beantworten kann. Ich weiß aus eigener Erfahrung, daß er eine solche Beantwortung dem übergibt, der mit einer bestimmten Sache besonders vertraut ist, oder der für ein bestimmtes geographisches Gebiet, in dem der betreffende Briefschreiber wohnt, eine besondere Verantwortung hat. Aus dieser selbstverständlichen Geschäftsführung heraus eine Partei zu verunglimpfen, sollten Sie am allerwenigsten für Ihre Aufgabe halten.

Willi Eichler.

*

Es mag sein, Willi Eichler, daß der Arbeiter, dessen Brief wir veröffentlicht haben, der Arbeitsüberlastung Dr. Schumachers nicht gerecht wird. Es mag sogar sein, daß er der politischen Konzeption Dr. Schumachers in Sachen Krieg und Frieden nicht gerecht wird, — obwohl er in dieser Angelegenheit immerhin tiefer sieht als etwa diejenigen unter den hessischen Wählern, die sozialdemokratisch gewählt haben in der irrigen Annahme, die SPD sei gegen die Remilitarisierung der Bundesrepublik. Wir haben den Brief abgedruckt, nicht weil wir der Meinung waren, der Briefschreiber habe mit seinen beiden Vorwürfen im wörtlichen Sinne recht, sondern weil wir darin ein Grundgefühl ausgedrückt sahen, von dem wir allerdings meinen, daß es tief und berechtigt ist, und daß viele es teilen, auch solche, die zu resigniert sind, um es auszudrücken. Dieses Gefühl ist der Schmerz und die Enttäuschung darüber, daß die große deutsche Sozialdemokratie, die einmal eine Partei der internationalen Solidarität mit allen Geplagten und Geschundenen der Erde war, ihr Herz verloren hat und zur deutschen Staatspartei geworden ist. Sie ist freilich gewiß nicht aggressiv, das ist gut und dankenswert, aber sie ist schon einmal, im August 1914, mangels dessen, was gerade auch Dr. Schumacher in Frankfurt entbehrt hat, mangels nämlich einer wahren Theorie und jener Glaubenskraft, die eine Theorie lebendig und wirksam macht, auf einen sinnlosen Krieg hereingefallen, und sie hat diese verhängnisvolle Fehlentscheidung, von der viele verhängnisvolle Fehlentwicklungen ausgingen, bis zum heutigen Tag noch nicht selbstkritisch analysiert, aufgearbeitet, bereut, für ihre Theorie und Praxis fruchtbar gemacht. Es könnte sein — darin teilen wir die Sorgen jenes ehemaligen Sozialdemokraten —, daß sie ein zweites Mal, wenn auch unter völlig anderen Umständen, bei einer katastrophalen „Lösung" einer Schwierigkeit mitwirken wird, die ohne Katastrophe zu lösen ihre (wie unser aller) Aufgabe ist. Es mag sein, daß Dr. Schumacher sich viele klare Gedanken darüber gemacht hat, „wie der Friede verteidigt werden kann", und wir haben es sehr dankbar empfunden, daß er einige von diesen Gedanken auf dem Gründungskongreß der Internationale ausgesprochen hat, — aber diese Gedanken sind in den beiden letzten Jahren von ihm nicht alle in gleicher Intensität und Werbekraft in der Öffentlichkeit ausgesprochen worden; vielleicht hat der wirksame Redner, w e i l er ein wirksamer Redner ist, gerade seine tiefsten Empfindungen verschwiegen und diejenigen um so kräftiger ausgesprochen, von denen er sich in Deutschland eine Wirkung versprach. Er hat dauernd mit der ultima ratio des Verteidigungskrieges gerechnet und dafür um der Unversehrtheit unseres Landes willen eine aggressive Strategie gefordert, aber er hat lange nicht genug von der Frage gesprochen, was wir zu tun haben, um überhaupt nicht in die Lage zu kommen, jene ultima ratio anzuwenden. Er hat keine Theorie und keine Praxis des konstruktiven Friedens entwickelt. Man spürt aus seinen Worten die Leidenschaft des Deutschen, der sein Vaterland verteidigen will, man vermißt die Leidenschaft des Menschen, der den Frieden (nicht nur „verteidigen", sondern) bauen will, für alle, selbst für das russische Volk. Seine Sprache erreicht das Ohr vieler Menschen nicht mehr, die der Kern seiner Wählerschaft sein könnten. Wem nicht nur die Volksgenossen am Herzen liegen, sondern auch die Arbeiter von Lyon, die sizilischen Landarbeiter, die Neger im Kongo-Gebiet, die russischen Muschiks, der wird zu den Plänen Schumachers, soweit sie öffentlich ausgesprochen worden sind, nicht viel Zutrauen haben: sie sind ihm zu begrenzt, zu kurzsichtig, zu panisch. Wir beklagen das bitter, denn wir sind von der Bedeutung Ihrer Partei und ihrer geschichtlichen Aufgabe überzeugt. Wir sagen es eindringlich, weil wir die Hoffnung nicht aufgegeben haben, die Sozialdemokratie könne sich eine größere und wahrere Konzeption ihrer internationalen Aufgabe erarbeiten.

Fassen Sie also den Abdruck jenes Briefes und die Zeile, mit der wir dem Briefschreiber unsere Sympathie erklärten (und heute erneut erklären), nicht als einen feindseligen Vorstoß auf, sondern als einen Alarmruf, der aus der Sorge um die eigentliche Sendung der Sozialdemokratie kommt. Und überhören Sie auch in dem von Ihnen gerügten Brief Ihres ehemaligen Parteifreundes diese Untertöne des Schmerzes und der Sorge nicht. *WD*

„Luxus und Elend"

Die katholische polnische Zeitung Tygodnik Powszechny aus Krakau hat am 17. Juni 1951 unter der Überschrift „Luxus und Elend" in großen Auszügen den in der Mai-Nummer der „Frankfurter Hefte" erschienenen Aufsatz „Die neuen Reichen und die Neureichen in Deutschland" abgedruckt, der ihrer Meinung nach „ein interessantes Licht auf die in Westdeutschland herrschenden sozial-ökonomischen Verhältnisse wirft". Michael Strehejko führt diese Zitate mit folgenden Worten ein: „Das Bild Westdeutschlands ist dem polnischen Leser im allgemeinen nicht näher bekannt. Wir hören oft, daß dort die militaristischen und Revanche-Tendenzen im Wachsen begriffen sind. Hingegen wissen wir wenig vom kulturellen Leben und den sozialen und wirtschaftlichen Verhältnissen, die in der Trizone herrschen. Die Aussagen der marxistischen Presse über dieses Thema könnten der Parteilichkeit verdächtigt werden. Umso größeres Interesse müßte die Aussage eines Organs erwecken, welches in dieser Angelegenheit zweifellos vollkommen objektiv und sicherlich auch ausgezeichnet informiert ist."

*

Widerlegt eine solche Zitierung den guten Sinn solcher selbstkritischer Bemühungen des Westens? Selbst wenn die polnische Zeitung — was wir nicht wissen — in unsachlicher Auswahl zitieren oder unsachliche Folgerungen aus unserem Aufsatz ziehen sollte, widerlegt ihn dieses Verfahren nicht. Nicht nur die Unwahrheit, auch die Wahrheit wird mißbraucht auf dieser Erde, trotzdem muß man sie oft riskieren. Wenn und soweit der Aufsatz Wahrheit enthält, und sei es auch anstößige Wahrheit, wird er selbst in Krakau mehr Nutzen stiften als Schaden.

Mit anderen Augen

Ein Abonnent sagte den „Frankfurter Heften" dieser Tage mit folgender Begründung ab: „Ich darf Ihnen versichern, daß ich Ihre Hefte seit dem dritten Heft des ersten Jahrgangs regelmäßig gelesen habe. Das Niveau war hervorragend. Die Haßgesänge aber des letzten Jahres gegen alle, die vor 1945 nicht im KZ gesessen haben, und Ihr Eintreten für Leute wie Auerbach haben nichts zu geben."

*

Was hat sich da vor Jahresfrist zwischen dem „hervorragenden Niveau" und den „Haßgesängen" geändert? Wir jedenfalls nicht.

Kritik:

Dantons unrühmlicher Tod

Man jubiliert in München. Das Schauspielhaus in der Maximilianstraße ist 50 Jahre alt, die Kammerspiele sind seit 25 Jahren darin beheimatet. Ein halbes Saeculum lang ist hier interessantes, avantgardistisches Theater gemacht worden. Die Ahnenreihe der Bühnenleiter spricht für sich: Georg Stollberg, Hermine Körner, Otto Falckenberg, Erich Engel. Seit Falckenberg sind die Kammerspiele ein Begriff. Die wesentlichen Stilmerkmale der Bühne: Reizvollintime Ensemblekunst, Experimentierfreudigkeit, Individualismus in Spielplan und Gestaltung, fesselnde Schauspieler-Persönlichkeiten und ein hellhöriges Publikum.

Heute regiert Hans Schweickart. Zum Jubiläum hat er „Dantons Tod" inszeniert. Ein Akt der Pietät: Mit dem gleichen Stück hat Falckenberg 1926 sein neues Haus eröffnet. Außerdem ein Akt der Berechnung: Der „Danton" des sozialistischen Klassikers Büchner schien wie geschaffen zu sein für die Arbeiter-Festspiele in Recklinghausen. Dort wird — das ist schon seit langem abgesprochen — die Jubiläumsvorstellung der Kammerspiele über die Bretter gehen. Kein Zweifel, daß sie zu den besten Schauspiel-Aufführungen des Jahres gehören wird.

Man kann nicht vorsichtig genug mit Blankovollmachten sein. Schweickart gab sich anscheinend mit dem Vorschußlorbeer, den er bekommen hatte, zufrieden. Für seine Regie-Arbeit wird er kaum Lorbeer ernten.

Der junge Büchner war ein politischer Mensch. Er agitierte gegen die absolutistische Unterdrückung seines hessischen Landesherren und begeisterte sich derart an den Grundsätzen der Französischen Revolution, daß er sich entschloß, ihre großen Männer dramatisch zu verarbeiten. Er wühlte sich durch Archive und Chroniken hindurch. Was er an Tatsachen bei seiner Quellenarbeit zutage förderte, raubte ihm alle Illusionen über die großen Männer: „Es fällt mir nicht mehr ein, vor den Paradegäulen und Eckstehern der Geschichte mich zu bücken." Sie alle sind ihm ichsüchtige Ausgeburten aus Blut und Kot, denen das, was den Menschen erst zum Menschen macht, die innere Harmonie, versagt bleibt. Danton glaubt, Geschichte zu machen, — die Geschichte geht über ihn hinweg. Robespierre fühlt sich als Handlanger der ewigen Gerechtigkeit, — er wird dieser Gerechtigkeit zum Opfer fallen. „Der Einzelne nur Schaum auf der Welle, die Größe ein bloßer Zufall, die Herrschaft des Genies ein Puppenspiel, ein lächerliches Ringen gegen ein ehernes Gesetz, es zu erkennen das Höchste, es zu beherrschen unmöglich." Die Hybris des Individuums führt in jedem Falle zum Verderben. „Der Aristokratismus ist die schändlichste Verachtung des Heiligen Geistes im Menschen."

Dieser ideelle Gehalt der Dichtung müßte in einer Aufführung sichtbar werden. Schweickart fälscht. Er besetzt den Danton mit Horst Caspar, das heißt: er idealisiert ihn. Caspar kann nicht aus der Haut des Schiller'schen Jünglings heraus. Mit offenem Hemd, wehendem Haarschopf, blitzenden Augen und glühender Pathetik wettert er gegen das Chaos der Schöpfung, das ihn, den Edlen unter den Edlen, der immer nur das Beste gewollt, verschlingt. Er ist nie erbärmlich, er ist immer nur schön. Er ist so sehr dominierender Held des Geschehens, daß seine Anklage: „Gott ist das Nichts" zur — ach so aktuellen — existentialistischen Bekenntnisfanfare wird. Philippeau's entscheidendes Wort: „Die Ruhe ist in Gott" geht ob der Unpersönlichkeit des Darstellers und der Ekstatik des szenischen Geschehens unter.

Das Drama hat auch einen politischen Gehalt. Eine sozialistisch-revolutionäre Bewegung spaltet sich in eine liberale und eine intransigent-doktrinäre Partei. Die Intransigenten wissen sich die blutigen Wirren der Zeit zunutze zu machen, stellen die Liberalen unter Anklage und richten sie hin. Büchner zeigt uns den traurigen Untergang der Liberalen, aber er beschönigt nicht dessen tiefere Rechtfertigung. Sie haben mit ihrem Hochmut, ihrem Laster und ihrer Blutschuld die Daseinsberechtigung verwirkt. Der Bezug dieses Stoffs auf Vorgänge jüngster russischer (oder, wenn man an 1934 denkt, auch deutscher) Vergangenheit muß nicht erst betont werden. Schweickart übersah diesen Bezug. Er fälschte wiederum. Seine Girondisten sind freiheitliche Individualisten. Wir erleben also das erschütternde Schauspiel einer Gruppe hochsinniger Menschen, die vom demagogisch geführten Pöbel der Revolution zu Tode gehetzt werden. Warum wohl diese Verschiebung der Thematik? Vielleicht wollte der Regisseur beweisen, daß er up to date ist, — Trotzkismus ist ebenso in Mode wie der Existentialismus.

Nun, Büchners Stück ist, selbst wenn man seine Thesen verwässert, im rasanten, farbigen Ablauf seiner Handlung, in seiner Überfülle an scharf profilierten Charakteren, im großartigen Aufbau seiner Massenszenen stark genug, um wenigstens Material für eine theatralisch überzeugende Aufführung zu bieten. Man muß die Atmosphäre nicht erst hinzudichten. Die Vorstellung in den Kammerspielen stand aber nicht im Schatten der Guillotine. Es roch nicht nach Blut, Schweiß, Moder und Staub, es roch nur nach Leim und Schminke. Nur ganz selten stockte dem Publikum der Atem: bei der eiskalten, an Goebbels erinnernden Dialektik von St. Just (Wilfried Seyferth), im Anblick des schreckstarren Antlitzes von Herrault (Charles Regnier), den die rasenden Weiber auf dem Weg zur Guillotine mit der Perücke auch seiner Menschenwürde berauben, beim dumpfen Dröhnen der Jakobinerstiefel, die im Takt der Marseillaise über die Rampe hinweg auf die Zuschauer zuzukommen scheinen. Ansonsten blieb die Aufführung provinziell wie die Darstellerinnen der Frauenrollen, grau und einfallslos wie das Bühnenbild Znamenaceks. Weder Lautsprecher noch Komparsengebrüll, weder Lichteffekte noch die zaghafte Bühnenmusik vermochten darüber hinwegzutäuschen, daß hier eines unserer lebensvollsten deutschen Bühnenstücke grausam entmannt worden ist. Sollten sich in Recklinghausen auch Arbeiter im Publikum befinden, — keine Angst, die Kammerspiele in München bringen sie nicht aus der Ruhe. Das Theater, das sie hier zustandegebracht haben, ist ganz und gar nicht revolutionär.

Paul Arndt.

Charakteristik einer Sphinx

Moderne Musik — beim Wort genommen

Als Mensch und Musik einander noch offener und gütiger gegenüberstanden, geduldiger und weniger verstört, da hieß Musik „Frau Musica". Und die Sprache war weise gewesen. Aber als „Frau Musica" lebte die Musik vielleicht nur bis zu den Tagen Mozarts. Dann, zwischen Beethoven und Reger, gab es Zeiten großen Aufschwungs und Triumphs, gewaltiger und diskreter Kühnheiten und Erfolge, während derer die Musik weite Welten des Ausdrucks, der Tiefen und der Höhen gewann, aber doch Schaden nahm an ihrer Seele. Und wer jetzt die Augen öffnet, um zu sehen, was aus „Frau Musica" geworden ist nach diesem Abenteuer, der findet sie zur Sphinx erstarrt, grausam und unnahbar, keinem naiv vertrauenden Denken und Sehnen mehr erreichbar. Dies hat wohl so kommen müssen, und die zornig anklagende Frage nach dem Schuldigen („seit Wagner gibt es leider . . .") führt da nicht weiter als die treuherzig allzu späte Suche nach dem verlorenen Glück. Nun ist es eine Sache, die Notwendigkeit solcher Entwicklungen einzusehen, und eine andere, die so herbeigeführte Situation, nur weil sie zwangsläufig sich ergab, gut und befriedigend zu finden. Dem Laien, der verwirft, was er noch garnicht verstand, steht der Fachmann gegenüber, der unter dem Druck der Fortschrittslogik alle Entwicklung mechanisch bejaht, der darum auch viel lieber in Spezialdiskussionen argumentiert, als daß er sich den einfachen, grundsätzlichen Fragen des von aller Theorie unverdorbenen Laien stellt, die er nur zu gern als „unangemessen" abweist.

Was aber blieb der Musik noch von „Frau Musica"? Kann sie noch wahr sein, klagen oder trösten? Das jüngst in Frankfurt ausgetragene 25. Fest der Internationalen Gesellschaft für Neue Musik als bedeutsamstes Musikfest des Jahres und der gleichzeitige Internationale Ferienkurs in Darmstadt-Kranichstein gibt Gelegenheit zur Prüfung und Revision. Wir wollen, naiv und hybrid zugleich, absehen von der Kluft, die zwischen dem „fortgeschrittenen" Werk und dem Hörer liegt; absehen davon, daß diese Musik sich nur durch den Leser ihrer Partituren beurteilt wissen will. Denn nicht so sehr um die mannigfachen Kompositions-Techniken oder um „historische Stellung" soll es uns zu tun sein; wir wollen vielmehr die erklungene, moderne Musik beim Wort nehmen, wollen zu charakterisieren versuchen, wie diese Sphinx tönend sich gibt.

Eines kann sie unwiderstehlich: klagen. Dallapiccolas „Il Prigionero" — der Höhepunkt des Festes überhaupt — war dafür bezeichnend. Soli, Chor und Orchester stellen das elende Schicksal eines Gefangenen dar, dem sein Kerkermeister die scheinbare Gelegenheit zur Flucht gab. Nach grausiger Höllenwanderung muß der Gefangene erfahren, daß er getäuscht wurde. Sein Kerkermeister tritt ihm als Großinquisitor wieder gegenüber, nichts bleibt als Wahnsinn, Tod und ein zuletzt gestammeltes „La Liberté?" Dallapiccola hat sein Werk nach den Grundsätzen der Reihentechnik geschrieben, herausgekommen ist glühende, katastrophen-erfahrene Musik, in der gleichwohl die alte italienische Brio-Tradition des neunzehnten Jahrhunderts nachklingt. Kein Epilog versöhnt, keine Apotheose verklärt, kein milder Seufzer beschwichtigt: wahre und gültige Aussage.

Auch der deutsche Komponist Karl Amadeus Hartmann wagt es, der Welt rückhaltlos zu sagen, was er leidet. Und darum läßt sich auch an seiner Komposition ein wesentliches Merkmal moderner Musik ablesen. Neue Musik ist wohl äußerst bedenkenlos, wenn sie sich chaotisch-extensiv gibt, aber sie ist auch viel ausdrucksvoller als die traditionelle Musik. Das schrankenlose Gefühl wird zum sentimentalen Wehleiden und das wilde Allegro zur stampfenden Brutalität, und beides steht, sich hemmungslos ausströmend, kaum noch faßbar nebeneinander. Vom Leid sprechen auch die Arbeiten zweier junger deutscher Komponisten, die sich verheißungsvoll vorstellten. Das hochkomplizierte Violinkonzert des längst nicht mehr unbekannten H. W. Henze und viel mehr noch das Streichquartett Giselher Klebes sind prägnante, der Zwölfton-Technik verpflichtete Werke. Sie fügen sich asketisch diesem Prinzip, das der Welt gleichsam durch Hungerstreik beweisen will, wie schlecht sie sei. Immerhin hat Henzes Violinkonzert die daraus notwendig folgende Starre schon ziemlich überwunden, mag es auch dem kritischen Hörer noch etwas ungeschlossen erscheinen.

Heutzutage ist in der Musik nicht mehr die Klage rührend, sondern das Lob. Ernst Tochs Symphonie wagt es trotz allem. Und wenn seine Musik auch den Teufel besiegt, der im Scherzo recht mächtig donnert, so steckt in diesem Mut zur Positivität doch keine schwächliche Schönfärberei, sondern ein schwer erkaufter Humanismus, der es besser mit dem Menschen meint als die zufriedene Verzweiflung derer, die es sich in ihrem Nihilismus bequem gemacht haben. Mag auch der Eindruck bleiben, daß Toch, wie die meisten Humanisten unserer Zeit, noch nicht dort gestanden hat, wo die bittersten Schläge fielen.

Kann unsere Sphinx nun auch heiter sein? Es ist ein trübseliges Geschäft, sie da zu beschreiben, wo sie sich hat lustig benehmen wollen. Charmant und witzig kann sie freilich auftreten, wie bei Jean Françaix, augenzwinkernd höchste Kultur vorzeigen und zugleich parodieren. Solcher Spott aufs Gefühl kann sich auch virtuos kaltschnäuzig stellen: Das geschieht in Blachers Paganini-Variationen, in denen nur gelegentlich die typisch baltische, elegant elegische Bonhommie durchbricht. Aber zu oft klingt es dann doch nach Tschaikowskij, nur daß die dort sentimentalen Perioden hier, dem Zug der Zeit folgend, einfach zum snobistischen Witz umgebogen wurden.

Kaum besser als Heiterkeit gelingt moderner Musik der Trost. Geistliche Texte wurden zwar auffallend häufig vertont, dennoch kam es auch hier nicht zu grundsätzlich neuen Einfällen. Leo Pregers „Geistliche Chöre" vermitteln die Tonsprache Strawinskijs für eine ehrliche, kirchliche Gebrauchsmusik, deren kunstlos sauberes Gelingen ansprach. Bedeutender schienen die Psalmvertonungen des Dänen Hermann D. Koppel zu sein, am besten vielleicht Petrassis „Coro di Morti", ein Werk, in dem eine immer noch lebendige Gregorianik mit dem modern sprechenden Orchester zu reizvoll magischer Einheit verschmilzt. Interessante Möglichkeiten eröffnete die Vertonung eines Absatzes aus dem „Ulysses" von Joyce von Matyas Seiber, mag die eindringliche, am Text ein wenig vorbeiinterpretierende oratorische Komposition auch in spürbarer Nachbarschaft zum „Unaufhörlichen" von Hindemith stehen.

Die Bestandsaufnahme in Frankfurt und Darmstadt lehrte deutlich und deprimierend, in welch einer Krise die Neue Musik steckt. Die Komponisten lassen sich entweder von den großen Wortführern der Moderne faszinieren, ahmen ihre Ausdrucksweise nach und merken garnicht, daß sie damit nicht nur sich betrügen, sondern auch den komponierten Stil selbst fragwürdig machen. Das kann man besonders gut bei Strawinskij und seinen Epigonen beobachten. Meist bleiben die Abschreiber weit hinter ihren Vorbildern zurück. So gibt es keine Fortentwicklung mehr, und die Großen, anstatt als lebendige Glieder einer vorwärtsdrängenden Bewegung wirken zu können, werden von ihren Epigonen mumifiziert. Gerade dadurch aber müssen sie im allgemeinen Bewußtsein zurückfallen. Es kommt hinzu, daß viele der jungen Komponisten sich der Autorität einer nun einmal gewählten Kompositionstechnik frag- und klaglos unterwerfen. Man trägt dann die Verantwortung fürs Komponierte nicht mehr selber, sondern überläßt sie ruhig der Technik; was dabei entsteht, klingt entsprechend. Es ist denn auch kein Wunder, daß gerade die älteren Komponisten vor dieser maßlosen Überschätzung der Kompositionsweise warnen, wenn man auch nicht gleich so weit zu gehen braucht wie Ernst Toch, der beklagte, daß die Zwölfton-Technik den musikalischen Schwindlern Tür und Tor öffne. Denn mit zwölf Tönen sei schon immer komponiert worden, und es sei überspitzt, daraus ein Dogma zu machen, zumal die Musik kein Stottern, sondern eine Sprache sei. Auch Hartmann wünschte sich endlich wieder Melodien, die etwas besagen. Die Musik sei am Ende, wenn weiterhin unentwegt nur fetzenhafte Septimen komponiert würden.

Ist sie es wirklich? Wir meinen ja, denn die gelegentlich großartigen Erzeugnisse, die manchmal noch entstehen, dürfen nicht darüber hinwegtäuschen, daß sie etwas Maskenhaftes angenommen hat. Immer noch beherrscht ein alter Gegensatz, aus dem neunzehnten Jahrhundert stammend, das Bild: Die einen, die dem Subjekt, dem Gefühl, dem Ausdruck nachgehen, und die anderen, die Musik als Tönendes mehr oder weniger vom Menschen trennen wollen, die im Gerundeten, Spielerischen, Motorischen, klar oder funkelnd Geordneten ihr Heil sehen. So wie nun aber die erste Gruppe (Schönberg und sein Kreis bis zum späten Krenek, Hartmann und jetzt wohl auch Honegger) natürlich keineswegs reine Subjektivisten sind, die formverachtend den immanenten Gesetzen der Musik selbst auf den Leib rücken, so wäre es auch Unrecht, der zweiten Gruppe (Strawinskij, Egk, Blacher, Hauer und manche kirchenmusikalische Kreise) vorzuwerfen, sie schreibe subjektfeindlich einfach aus Unmenschlichkeit. Oft genug wird Musik hier einfach deshalb vom Subjekt getrennt, weil sie andere Dinge sagen könne und etwa den Begriff einer Ordnung prägen oder einen immanent musikalischen Kosmos bilden solle. Ähnliche Gruppen würden sich bilden, trennte man die Komponisten danach, ob sie wesentlich chromatisch oder diatonisch komponieren. So deutlich solche Gruppen sich auch unterscheiden mögen —, überschätzen darf man derlei (mehr oder weniger theoretische) Ordnungsgrundsätze keineswegs. Ein Komponist wie Bartok etwa wird immer gerade zwischen ihnen stehen.

Nur zwei Komponisten sind gleichsam aus diesem Ring ausgebrochen und haben es (dennoch oder deswegen?) in ihren Ländern zu hoher Wertschätzung gebracht: Oliver Messiaen und Karl Orff. Wahrscheinlich kann sich ihr kompositorisches Niveau mit dem der alten Garde nicht messen. Auch untereinander besteht beträchtlicher Unterschied, denn während Orff seinen ohnehin einseitigen Kompositionsstil bis zu scheinbar ausweglosem Manierismus hin verengte („Bernauerin"), verfügt Messiaen über eine außerordentliche Breite der Mittel. Einander gleich aber sind beide in einem Punkte: sie fassen die Vitalität, die ihnen noch verblieb, als einzigen Ausweg auf, der dem musizierenden Subjekt und damit der Musik noch möglich ist. Sowohl Messiaens „Cinq Rechants", fünf Chöre rauschhaft sinnlicher, hochkompliziert geschriebener Vitalität, als auch die mit primitiveren Mitteln ihre Wirkung erzielenden „Catulli Carmina" sind tatsächlich dadurch gekennzeichnet, daß sie keine Abwehrstellung mehr einnehmen gegen die musikalische Tradition des neunzehnten Jahrhunderts. Weder machen sie den Versuch, es zu übersteigern (Schönberg), noch den gleich verzweifelten, es kraft bitterer Ironie zu verwerfen (Strawinskij); sie schreiben nicht einmal Spielmusik, die nach Brahms klingt (Hindemith). Sie blicken nach vorn und verlassen sich auf ihr vitales Temperament, stehen sie doch damit auf zwar eng begrenztem, aber ihnen gehörendem Boden, der vielleicht zur Landschaft ausgeweitet werden kann. Natürlich muß man beklagen, daß von einer reichen und reifen Vergangenheit nur dieses übriggeblieben sein soll; aber es ist dennoch mehr als nur das graue Nichts. Auch Dallapiccolas „Gefangener" weist deutlich in diese Richtung. Denn die Zwölfton-Technik, der das Stück unterworfen wurde, ist imgrunde gleichgültig, fast zufällig. Wesentlich ist allein der flammend verzweifelte Elan, die Kraft und der Antrieb auch dort, wo es um Leid und Grauen geht und nicht, wie Messiaen übrigens vielsagend hervorhebt, um Lobpreis der sinnlichen Liebe. Als Erbe überwältigend subtiler, hocherfahrener abendländischer Musik läßt man sich nicht gern einreden, daß die Musik sich vielleicht anschickt, auf diesem Wege weiterzuwachsen. Dennoch: die kärglichste, unliebenswürdigste Hoffnung ist immer noch erfreulicher als eine noch so schöne und formvollendete Totenklage.

Die hier wiedergegebenen Eindrücke kennzeichnen unsere Sphinx mangelhaft und widersprüchlich genug. Aber an die moderne Musik kommt man nicht mit Thesen heran, kaum durch helfende Beschreibung, eher schon durch Aufgeschlossenheit, und manches bleibt eben dennoch dunkel. Wäre Oscar Wilde mit der Frau Musica unseres Jahrhunderts zusammengekommen, so hätte er seinen reizvollen Aphorismus vielleicht doch verleugnet, der voreilig genug besagt, daß die Frauen Sphinxe ohne Geheimnisse seien.

Joachim Kaiser.

Es geht doch

Georg Muche: „Bilder, Fresken, Zeichnungen". Verlag Ernst Wasmuth, Tübingen 1950, 15 Textseiten, 34 Autotypien, 8 Farbtafeln, 8 Lichtdrucke. Halbleinen DM 16.—.

Gotthard Jedlicka: „Pierre Bonnard". Ein Besuch. Eugen Rentsch Verlag, Erlenbach-Zürich 1949, 247 Seiten Text und 16 Tafeln, Halbleinen DM 15.80.

Bruno Grimschitz: „Wilhelm Thöny". Verlag der Galerie Welz, Salzburg, Auslieferung für Deutschland: Prestel-Verlag, München 1950, 70 Seiten Text, 18 Textabbildungen, 25 Tafeln in Schwarzweiß und 12 Tafeln in Farben. Halbleinen DM 20.—

Werner Haftmann: „Paul Klee, Wege bildnerischen Denkens". Prestel-Verlag, München 1950, 176 Seiten, 3 Farbtafeln, 13 Tafeln in Schwarzweiß und 21 Textabbildungen, Leinen DM 15.50.

Günter Busch: „Paula Modersohn-Becker, Handzeichnungen". Angelsachsen-Verlag, Bremen 1950, 23 Seiten, 40 Tafeln, Halbleinen DM 10.—.

Man spricht von einer Krise in Kunstkritik und Kunstpublizistik und führt dafür Beweisgründe an, die nicht einfach von der Hand zu weisen sind. Da sind erhebliche wirtschaftliche Schwierigkeiten mit einem kaum entwirrbaren Geflecht von Ursache und Wirkung. Die Lage ist, von hier gesehen, hoffnungslos verfahren. Das Angebot auf dem Kunstbuchmarkt hat in den Nachkriegsjahren Ausmaße angenommen, die man früher für unmöglich gehalten hätte; während der Interessent nach dringend benötigten Werken in den Läden noch immer vergeblich sucht, stapelt sich auf den Regalen Überflüssiges in Menge: Vier oder sechs verschiedene sehr mittelmäßige Monographien sind manchen Meistern fast gleichzeitig gewidmet worden, indes andere den Autoren nicht bekannt zu sein scheinen. Und dazu viel erbärmliche Ware mit Abbildungen, die nur ein dürftiger Vorwand zusammenhält. Es scheint, daß die meisten (vor allem die neuen) Kunstverleger leichtfertig hier eine Ausweichposition suchen, — das heißt das minimale Risiko, das sie bei der (zeitkritischen) Problemliteratur vermissen. Man baut offenbar auf den Irrtum, daß der elfenbeinerne Turm der Kunst von den Stürmen dieser Zeit verschont bleiben werde. Kunstbücher produzieren ist in diesem sehr häufigen Fall das Zeichen der Angst vor der Entscheidung.

Das mußte sich notwendig rächen. Die kritische Situation, die ja nicht auf sich warten ließ, wird der ernsthafte Kunstfreund nicht einmal bedauern. Es heißt, den Verlegern fehle es jetzt an Geld, ergo könnten sie auch keine guten Bücher herausgeben. Daß wirtschaftliche Notzeiten die Chance geben, durch strengere Auswahl das Niveau zu heben (für welches das Publikum mehr Instinkt zu besitzen scheint, als mancher Verleger meint), wird übersehen. Tatsache ist, daß die ausgesprochen „schwierigen" und methodisch damals neuartigen Bücher von Worringer oder Wölfflin vor rund dreißig Jahren — ebenfalls in einer Nachkriegszeit — ihr Publikum gefunden und mehrfach Neuauflagen erlebt haben. Es ist auch nicht zu übersehen, daß sich das Publikum der kunstgeschichtlichen Problemliteratur unserer Tage gegenüber gleich offen gezeigt hat, — man denke nur (womit keine Wertung ausgesprochen werden soll) an Sedlmayr, Malraux oder sogar Baumeister. So verschieden die Bücher in Ziel und philosophischer Haltung auch sind, — man hatte Ohr für den neuen Klang, Empfindung für den durchaus originalen Charakter der Publikationen.

Nun sind gute kunstgeschichtliche Problembücher freilich immer und stets Ausnahmen von einer Norm, die vor allem in der Masse der monographischen Würdigungen besteht. Das liegt in der Natur der Sache, dafür können die Autoren so wenig wie die Verleger noch sonstwer. Sich mit dieser methodisch so spröden Materie mit dem Anspruch neuer publizistischer Formfindung zu befassen, ist für den Mittelmäßigen ein fatales Geschäft, das umso unangenehmer ist, weil es sofort den Wertbegriff relativiert: Es gibt hier unmittelbare Zusammenhänge mit der Überzeugungskraft der Darstellung. Zu überzeugen aber ist das Kernproblem der Verfasser. Immerhin hat zum Beispiel Waetzold mit seinem berühmten Dürer-Buch es verstanden, Unzählige für die Kunst zu gewinnen dadurch, daß er sowohl ein persönliches wie auch ein allgemein-kulturgeschichtliches Interesse erweckte. Warum sollte dies nicht auch heute noch der Fall sein?

Tatsächlich weist auch die jüngste Kunstliteratur einige Arbeiten auf, die in ihrer Art gültig sind und den Wissenschafter wie den Laien zu fesseln vermögen. Den fünf Arbeiten, die wir hier vorstellen, ist gemeinsam, daß sie die Individualität des schöpferischen Menschen in den Mittelpunkt stellen. Von diesem Mittelpunkt her wird deutlich, wie im Kunstwerk das mählich sich entfaltende bildnerische Denken Gestalt gewinnt, und daß dieses Kunstwerk nicht etwa ein Abstraktum ist, das fern ein perfektioniertes Dasein führt, sondern daß es als Rune des Lebens verstanden werden kann: es bleibt im menschlichen Bezirk.

So ist es sinnvoll, wenn als erstes in dieser Reihe Georg Muches Buch „Bilder, Fresken, Zeichnungen" steht. Hier wird für die eigene Sache plädiert, da der Künstler — der einst zu den führenden Meistern am „Bauhaus" gehörte, — und der Verfasser eine und dieselbe Person sind. Den größeren Teil des Buches nehmen die Abbildungen ein, die technisch den höchsten Anforderungen gerecht werden. Entscheidende Gemälde sind, sofern das bei der Verkleinerung ohne erhebliche Vergröberung möglich war, farbig wiedergegeben, die übrigen in ausgezeichnetem Schwarzweißdruck reproduziert worden. Für die diffizilen Zeichnungen hat man trotz den beträchtlichen Kosten als hierfür vollkommenstes Reproduktionsverfahren den Lichtdruck gewählt. Die Auswahl umspannt das Werk in der Weise, daß die Entwicklung sich darstellt, wie Muche sie vom gegenwärtigen Standpunkt her sieht, — ein ausnehmend erfreulicher Subjektivismus von dokumentarischem Wert, in dem Schicksal und Bekenntnis beschlossen liegen. Als Freskomaler, als Maler der großen Form, als der er schon früher (im gleichen Verlag) eine spezielle Arbeit veröffentlicht hat, ist Muche von der Abstraktion, die in ihm einen ihrer frühesten und stärksten Vertreter hatte, zur Welt der sichtbaren Gegenstände zurückgekehrt, die er mit einem an ostasiatische Formsensibilität gemahnenden Empfinden für das Melodische der Linie und der an Grau aufgehellten Farbe beschreibt. Und das ist jedesmal ein symbolischer Akt, man spürt es, — nicht Annäherung an zufälliges Material, sondern ein Herüberretten von Gesichten aus der verbrauchten Luft der Zimmer auf die Bildfläche, in die künstlerische Wirklichkeit, in der die Dinge tektonisch sich ordnen und so etwas von der Weihe des Bleibenden, des sicher Gefügten empfangen.

Um das Erleben des Künstlerischen und der künstlerischen Konzeption durch die Künstlerindividualität, durch das einmalige und einzigartige Fluidum, das einen großen Meister umgibt, ist es Gotthard Jedlicka in seinem Buch „Pierre Bonnard — Ein Besuch" zu tun. Der feinsinnige Kenner und Deuter abendländischer Malerei erzählt darin von seiner Begegnung mit dem neunundsiebzigjährigen Meister. Von dieser Begegnung an der Riviera, die neun Stunden dauerte, von der Erinnerung an diesen einen Nachmittag handeln die 250 Seiten des bis zum Schluß fesselnden Berichts. Dabei wird nichts von dem mitgeteilt, was simple Neugier wissen möchte, kein Werkstattgeheimnis enthüllt sich, kein einziges Bild wird vor unseren Augen produziert. Und doch entsteht ein lebendiges Bild des gesamten Werkes, indem in einer pointillistischen Art der Darstellung tausenderlei Impressionen, Beobachtungen und Gedanken eingefangen und zu einem Ganzen vereinigt werden. Das Buch ist aus der Perspektive des Verehrenden geschrieben. Gelegentlich bricht bei Jedlicka der Wissenschafter durch, etwa wenn er nach irgendwelchen zünftigen Dingen fragt, sei es auch bloß, um dem Gespräch eine neue Wendung zu geben, die er sogleich bereut. Dieser Erfahrene gerät in Situationen, in denen er an seinem Verstand verzweifeln möchte, — wie soll man ein Gespräch führen, wenn man einem Mann gegenübersitzt, der bei jedem Satz der Gebende ist? So schwimmen dem Autor die wichtigen Themen, die er hatte ausforschen wollen, einfach weg; übrig bleiben Lektionen, die zu empfangen für einen Kunstgeschichtsprofessor fast etwas peinlich ist. Das wird charakteristischerweise stets eine Minute zu spät registriert. Das Gedächtnis arbeitet fieberhaft, jede Nebensächlichkeit wird mit aufs höchste gereizter Sensualität hingeschrieben. Wahrscheinlich wird derjenige, der nie selbst mit einem Genie Berührung gehabt hat, das Ganze für maßlos übertrieben halten, und doch ist es eine atmosphärisch glänzende Schilderung, die geradezu vibriert von Gespanntheit, Kunstleidenschaft und subtiler Genußfreude. Die unzähligen kleinen Milieubeobachtungen stecken den Kreis um den greisen Meister ab, so daß er am Ende wirklich „drin" ist, — daß man mit ihm den Schauer vor dem kommenden Winter verspürt, Grün und zartes Mauve als die königlichen Farben anerkennt und ihn ins Herz schließt, wenn er mit ungeschickter Bewegung das Kinderhütchen zurechtrückt, das er als Sonnenschutz trägt.

In einem der schönsten Kunstbücher der letzten Jahre folgt Bruno Grimschitz, der bedeutende österreichische Museumsmann und Kenner, der Lebenskurve des 1949 in New York gestorbenen Grazer Malers Wilhelm Thöny. Dieser Maler war von der Literatur bislang zugunsten seiner Heimat- und Generationsgenossen Schiele, Wiegele und Faistauer ungerechterweise meist zurückgesetzt worden. Grimschitz entreißt ihn in seinem Buch, dem Verleger und Drucker bei der Ausstattung eine nicht mehr zu übertreffende Sorgfalt haben angedeihen lassen, seinem Schattendasein; er zeigt, Biographie und Werkdeutung ineinander verwebend, wie dieser geniale Illustrator heimatgebundene Tradition auf europäische Ebene gehoben hat, wie er, während er dem mitteleuropäischen Gesichtskreis entschwand, seit 1931 in Paris zu einem der Maler-Repräsentanten selbst dieser Stadt geworden ist, deren Atmosphäre er mit zärtlicher Verliebtheit immer wieder in seinen Bildern verklärte. Und wie nun, durch solches Verliebtsein in eine Stadt, andere und neue Möglichkeiten des Verwirklichens in Thöny erwachen, wie neben den Illustrator der kongeniale Maler tritt: das ist so schmiegsam wie eindringlich beschrieben. Persönliches klingt an, vermittelt durch den Autor, vermittelt durch die erstklassigen Reproduktionen, die bei einem Buchformat von 23 auf 31 cm sehr viel vom Originaleindruck retten, unmittelbar sodann mitgeteilt durch einige bekenntnishafte Essays des Künstlers, — alles in allem ein bewegendes Diagramm eines bewegten, an die Kunst verschenkten und durch die Kunst reich gewordenen Lebens.

Die von Grimschitz gewählte, Leben und Werk als Einheit behandelnde Form der Darstellung ist und wird die klassische Form bleiben. Sie hat den Vorteil, demjenigen den Zugang zur bildnerischen Problematik zu ebnen, der ohne fachliche Vorkenntnisse sich ihr nähern will, ohne deshalb den Eingeweihten zu ermüden. Es ist jedoch gut, einige Kenntnisse von den großen Kräftegruppen in der modernen Kunst mitzubringen, wenn man Werner Haftmanns Paul-Klee-Buch lesen will, in dem in einer Analyse von hohem Rang Absicht und Leistung des Künstlers gedeutet werden. Der Verfasser, der unter den jüngeren deutschen Kunstkritikern heute an vorderster Stelle steht, erläutert Klees Denken in einem so mitreißenden Text, daß der Leser „Die Geburt des Bildes“ (eine Kapitelüberschrift) miterlebt. Durch einige sparsam und sicher verteilte Akzente werden die Freunde und geistigen Nachbarn Klees gekennzeichnet, ihre Individualität und die ihnen eigene bildnerische Denkweise wird zum klärenden Vergleichsmaßstab, so etwa, wenn an dem Gegensatzpaar Klee—Marc deutlich wird, daß eine im allgemeinen übersehene „Nüance“, wie die Trennung zwischen Ich und Wirklichkeit aufgehoben wird, für das gesamte Verhalten zur Kunst grundsätzlich wichtig sein kann. So bringt Haftmanns Buch auch fruchtbaren kunsttheoretischen Gewinn.

Merkwürdig ist, wie gerade bei der „objektivierenden“ Würdigung der Autor unversehens zum Paladin, der Künstler zum Helden der Geschichte wird. Dabei kann es allerdings auch geschehen, daß der Held zu einem Ausbund von Superlativen wird. Das von Günter Busch eingeleitete Bändchen mit Zeichnungen von Paula Modersohn-Becker ist nicht ganz frei von dieser konventionellen Art, die so wenig geeignet ist, ein geistiges Klima zu schaffen. Trotzdem muß das Bändchen als ein höchst wertvoller Beitrag zur neuen Kunstliteratur auch in diesem Zusammenhang genannt werden, weil es beweist, daß die von den Historikern so oft bezweifelte Möglichkeit echter wissenschaftlicher Leistung im Feld der modernen Kunst durchaus gegeben ist, und weil die trefflichen Lichtdrucke, die Einführung und der sauber gearbeitete Katalog eine Fülle kaum bekannten Materials und menschlicher Beziehungen erschließen.

Kann dieser Sachverhalt nicht zu denken geben? Kann man angesichts dieser echt konstruktiven Beiträge sich immer noch auf das Zuviel an Strandgut berufen (das es doch stets gegeben hat!) und noch immer von einer Krise sprechen, die angeblich bis in die Spitzen der Kunstpublizistik reichen soll?

Hans Maria Wingler.

„Wie ich einen Elefanten schoß . . .“

Der Tod des Satirikers und Polemikers George Orwell — er starb vor einem Jahr an der Schwindsucht im Alter von sechsundvierzig Jahren — hat in der modernen englischen Literatur eine sehr fühlbare Lücke hinterlassen. Wohl hat England in Evelyn Waugh, Aldous Huxley, Christopher Isherwood und einigen anderen Satiriker von Rang, Satiriker, deren Weltbild vielleicht weiter ist als das des verstorbenen Dichters, — aber was Orwell so einzigartig machte, war die elementare, fast private Menschlichkeit, die aus seinen Satiren sprach. Ihm war, bei aller Verstandesschärfe, eine Naivität verliehen, die einem oft das Empfinden gab: das hat mit Literatur im üblichen Sinn nichts mehr zu tun, das ist eine bezaubernde Mischung aus Volksmärchen und privatem Fabulieren. Deshalb ist auch jenes kleine Buch, das Orwell selbst als ein Märchen bezeichnete, „Der Hofstaat der Tiere“

(Animal Farm) seine bedeutendste Schöpfung geworden.

Nun sind unter dem Titel „Wie ich einen Elefanten schoß“ (Shooting an elephant) Orwells nachgelassene Essays erschienen, und sie spiegeln noch einmal die reinen und grimmigen Züge dieses polemischen Einzelgängers wider. Die Essays gliedern sich in drei Gruppen: dichterische Reportagen aus dem bewegten Leben Orwells, politische Aufsätze und eine Sammlung kleiner Betrachtungen zum literarischen Denken Englands mit dem bezeichnenden Sammeltitel: „Ich schreibe, was mir paßt“.

Die ersten zwei Essays sind Erinnerungen an die Jugendzeit des Autors in Burma, wo er als Polizeibeamter tätig war. Und es sind keine sehr lieblichen Erinnerungen: Orwell schildert zum Beispiel die Hinrichtung eines jungen Burmesen und das zynische Unbeteiligtsein seiner Richter. Nicht ein Wort der Sentimentalität, nicht einmal ein Wort des Bedauerns entströmt seiner Feder, aber hinter den Zeilen ist ein Unmut, ein menschliches Entsetzen von solcher Kraft zu spüren, daß dieses Gefühl den nüchternen Bericht zu sprengen scheint. Ähnlich in dem Essay „Wie ich einen Elefanten schoß“, der fast komisch beginnt. In einer kleinen Stadt Burmas hat sich ein zahmer Elefant von der Kette befreit, und die ganze Bevölkerung des Ortes erwartet von Orwell, dem „Sahib“, daß er den Elefanten töten werde. Orwell zieht auch richtig mit seinem unansehnlichen Gewehr los, aber er hat keineswegs das Verlangen, den Elefanten zu erlegen. Und nun beschreibt er, wie er, der weiße Herrscher, zum geistigen Gefangenen des unterdrückten Volkswillens wird, wie er den Elefanten einfach erschießen muß, wenn er nicht der Herrschaft Englands einen empfindlichen Prestige-Verlust bereiten will. Und so schießt er denn schließlich auf das harmlose Tier.

Der bedeutendste und erschütterndste Essay in dieser ersten Gruppe der eigenen Erlebnisse ist der Abschnitt „Wie die armen Leute sterben“ (How the poor die). Orwell kämpfte im Spanischen Bürgerkrieg, und dieser Essay ist eine Erinnerung an seinen Aufenthalt in einem pariser Krankenhaus: das Gemälde eines Höllenbreughel könnte nicht entsetzlicher (und dabei menschlicher) sein als diese Darstellung, wie die Kranken des Hospitals, unbemerkt, unbedauert, ja fast ungepflegt hinsterben. Hier wird zum ersten Mal ein Charakterzug des Dichters sichtbar, den er sonst fast immer verbirgt: seine Liebe zu England. Da heißt es an einer Stelle: „Englische Krankenschwestern sind sicher keine großen Geisteslichter, sie sagen die Zukunft aus Teeblättern voraus, tragen patriotische Fähnchen an der Uniform und haben auf ihrer Kommode Photographien der Königin stehen, — aber sicher lassen sie die Kranken nicht, aus purer Faulheit, ungewaschen in ungemachten Betten liegen, wie das in dem pariser Krankenhaus geschah“.

Dieser Wesenszug — das Englische in Orwell — kommt ganz klar in seinen politischen Essays zum Ausdruck. Was immer er gegen England auf dem Herzen hat — und es ist nicht wenig —, verschwindet vor dem unbändigen Zorn, der ihn ergreift, wenn er an totalitäre Länder denkt. Er wendet sich nicht nur gegen totalitäre Staatsformen, sondern gegen jeden Krankheitskeim eines totalitären Denkens. „Es ist unausweichlich, daß eine Literatur zum Tod verurteilt ist, wenn die Gedankenfreiheit verloren geht. Sie ist nicht nur in dem totalitären Lande selbst verurteilt, — nein, jeder Schriftsteller, auch in freien Ländern, der sich diese totalitäre Anschauung zu eigen macht, der nach Entschuldigungen sucht für die Begehung von Gewaltakten und die Verfälschung tatsächlicher Wahrheit, begeht als Schriftsteller Selbstmord.“

Unter den literarischen Essays ist eine Untersuchung von Swifts „Gullivers Reisen“ am interessantesten, obwohl gerade sie die Grenzen Orwells am klarsten zeigt. Man sollte annehmen, daß der Autor des „Hofstaats der Tiere“ — ein Buch, das zweifellos von „Gullivers Reisen“ beeinflußt ist, — Swifts Genius außerordentlich hoch einschätzen würde, und er spricht dies auch tatsächlich aus. Und doch ist Orwells Haupteinwand gegen Swift, daß dieser ihm zu negativ, zu menschenfeindlich, zu pessimistisch ist. Es ist seltsam, einen solchen Einwand vom Autor des „Hofstaats der Tiere“ und der Utopie „1984“ zu hören — zwei der pessimistischesten Bücher unserer Zeit. Gerade hier wird jedoch klar, wie positiv Orwell denkt. Nach ihm muß der Satiriker daran glauben, daß die Menschen besser werden können, und diesen Glauben muß er klar aussprechen. In der Tat: steht nicht hinter dem verzweifelten Pessimismus von „Gullivers Reisen“ oder von Karl Kraus' „Letzten Tagen der Menschheit“ auch unausgesprochen das Idealbild einer besseren Menschheit, die der Satiriker herbeisehnt?

Die letzte Essaygruppe des Buches umfaßt kleine literarische Betrachtungen sehr charmanter Art: da liest man eine bezaubernde Polemik gegen die Auffassung, daß der Sport die Völker verbinde; ein anderer satirischer Essay heißt „Niedergang des englischen Mordes"; wieder einer behandelt sehr amüsant die englische Unsinns-Dichtung, die „Nonsense-Poetry". Manches Mal wird auch in dieser Gruppe von Betrachtungen die Plauderei zum sozialen Streiflicht, zum Beispiel wenn er einen modernen Buchrezensenten in seinem Heim folgendermaßen beschreibt: „Er ist fünfunddreißig Jahre alt, sieht aber aus wie fünfzig. Er hat eine Glatze, Krampfadern und trägt eine Brille, das heißt, er würde sie tragen, wenn er sie nicht ständig verlegt hätte. Normalerweise leidet er an Unterernährung, aber vor kurzem hat er finanziell ein bißchen Glück gehabt, und so leidet er jetzt an einem Katzenjammer. Es ist halb elf Uhr vormittags, und nach seinem Stundenplan hätte er vor zwei Stunden anfangen müssen zu arbeiten, aber selbst wenn er sich ernstlich darum bemüht hätte, wäre es nicht möglich gewesen: das ständige Läuten der Telephonklingel, das Weinen des Babys, der Lärm des elektrischen Drillbohrers auf der Straße und die schweren Schritte seiner Gläubiger auf der Treppe hätten ihn daran gehindert ..."

Selbst in einer so nebensächlichen Episode wird deutlich, daß Orwell nichts so sehr gehaßt hat wie die Unfreiheit des Schriftstellers, die Unfreiheit eines jeden Menschen. Und diese Indignation, von der er tiefer bewegt war als irgendein Polemiker der letzten Jahre, hat dem Todkranken eine Vitalität geschenkt, wie sie nur selten anzutreffen ist.

Heinrich Fischer.

Kleiner Autor, großer Autor, – alles vertauscht

Hans Fallada: „Der Trinker". Rowohlt-Verlag, Hamburg 1950, 312 Seiten, DM 9.—.

Wie bei den meisten sehr produktiven Autoren weist das nun erst vollständig übersichtliche Werk Hans Falladas nicht geringe qualitative Schwankungen auf. Gewichtiges steht neben Leichtem, und zuweilen rutschte er nahezu ins Seichte ab. Bezeichnenderweise geschah das in der NS-Zeit. Als andere sich hinter einer Chiffresprache verschanzten oder in die Vergangenheit griffen, wich er in die unverbindliche Unterhaltung aus. Sein bedeutendstes Buch jener Jahre aber hatte er im September 1944 im Gefängnis von Alt-Strelitz niedergeschrieben. Es erscheint erst jetzt, fast vier Jahre nach Rudolf Ditzens Tod (dieser Name verbarg sich hinter dem fröhlichen Pseudonym), weil es in einer Geheimschrift verfaßt war, die erst unlängst entschlüsselt werden konnte. Wahrscheinlich wollte Fallada es garnicht, jedenfalls nicht zu seinen Lebzeiten veröffentlichen.

Denn es sind nicht, wie zu erwarten war, die damalige Gesellschaft und ihre erzwungenen Ordnungen, über die Fallada in diesem Roman zu Gericht sitzt. (Wo er — im zweiten Teil — staatliche Mißstände bloßstellt, haften sie nicht nur dieser Zeit an. Freilich, seine Einblicke in die Welt der „Asozialen", in das „Totenhaus" der Ausgestoßenen wären trotzdem nicht geduldet worden.) Nein, Hans Fallada hielt Gerichtstag mit sich selbst. Als ein zerschlagener Mensch, den der Alkohol bis an den Rand des Verbrechens (und in Untersuchungshaft) gebracht hatte, schrieb er sich, man ist versucht zu sagen, von einem neuen selig-nüchternen Rausch besessen, in sechzehn Tagen diese erschütternden Bekenntnisse von der Seele. Natürlich ist das Buch kein streng autobiographisches, sind die äußeren Lebensumstände dieses „Trinkers" nicht die seinen. Es ist wieder ein kleiner Mann, ein Kleinbürger, ein Lebensmittelhändler, der es zu gutem Auskommen und Ansehen gebracht hat. Ein Kleinbürger, der so gerne aus seiner Haut möchte und es nicht kann. Deshalb fängt er, der lange Zeit ein Alkoholverächter war, zu trinken an. Ein glücklicher, aber kinderloser Ehemann, der der Tüchtigkeit seiner Frau das meiste verdankt. Als sie beide keine Sorgen mehr haben, reibt er sich an ihr und denkt zum ersten Mal über sich selber nach. Deshalb fängt er zu trinken an. Erst wenig, maßvoll. Geschäftliche Rückschläge kommen dazu, neue Minderwertigkeits-Komplexe gegenüber der Frau. Und bald verfällt er immer mehr dem Schnaps, der „mit einer samtenen Schwinge" seine Sorgen und Kümmernisse bedeckt und in ihm „etwas von einer Helle und Leichtigkeit zu hinterlassen" scheint, die vorher nicht in ihm gewesen war.

Nie war Falladas einfache Sprache von einer so zarten, volksliedhaften Schönheit, so lyrisch wie in den Partien dieses Buches, in denen er Lockung, Genuß und Wirkung des Alkohols beschreibt. Dazwischen stehen dramatische Szenen, balladenhaft und voll dunklen Humors, wie etwa das Kapitel, in dem er das Schankmädchen, das ihm jüngst den ersten Schnaps kredenzt hatte — ein berechnendes Luder —, anhimmelnd Elsabe tauft, nach Paris entführen will und zur „reine d'alcool" krönt. Und der

Leser wird in alle Rauschhimmel und Katerhöllen mitgerissen.

Psychologisch meisterhaft ist geschildert, wie nun der Alkohol langsam den Dämon auslöst, bisher ungeahnte Abgründe in der Seele dieses braven Bürgers aufreißt, und wie der allmählich widerstandslos wird, haltlos, seine Würde und die Scham vor sich selber verliert. „Es ist vielleicht das Schönste, sich fallen zu lassen, mit geschlossenen Augen ins Nichts zu stürzen." Wenn er angegriffen wird, zur Rede gestellt, blitzt eine listige Verschlagenheit in ihm auf. Immer größer wird sein Mißtrauen gegen alle, die es gut mit ihm meinen, immer verhängnisvoller sein Vertrauen zu allen, die seine Schwäche ausbeuten. Da sind die Rückfälle in Scham und Reue, immer wieder die inneren Monologe an seine Frau. Aber er trinkt weiter, die Träume, das Vergessen zu rufen, trinkt, um zu vergessen, daß er ein Trinker ist. Er bleibt der gute, der weiche, der sentimentale Mensch dabei, ein Kleinbürger auch im Bösen, ein Schwächling auch im Laster. „Auch unten empfindet man Lust und Leid, Magda, es ist genau wie oben, es ist gleich, ob man oben oder unten lebt." Eine bequeme Beute von Verbrechern, strandet er schließlich selbst im Gefängnis.

Wir folgen Fallada noch einmal in die „Blechnapf"-Atmosphäre und dann in eine Welt, die seinem Trinker zur Hölle wird, in der er seine Sünden tausendfach abbüßt, in die Heilanstalt. Diese preußische Schlangengrube (die Bezeichnung „Heilanstalt" klingt einem nach der Lektüre wie Hohn in den Ohren) ist in einem ehemaligen Zuchthaus etabliert. Ihre Insassen sind sonst nur Verbrecher und Asoziale, nach Paragraph 51 entschuldigte zwar, die meisten aber ohne Aussicht auf Entlassung und doch nie ihres Schicksals gewiß. Hier weiten sich die Probleme des Buches ins Sozialkritische, von der Selbstanklage in die Anklage gegen die Gesellschaft. Fallada schildert haarsträubende Zustände, Nachlässigkeiten und Gleichgültigkeit des Aufsichts- und Verwaltungspersonals, den Sadismus der Kalfaktoren. Und er gibt psychoanalytische Einblicke in die „Opfer", Einblicke, wie sie sich sonst nur einem Berufspsychiater erschließen, Einblicke in Labyrinthe von Bosheit, Gier, Grausamkeit, Irrsinn und — Hilflosigkeit, Urangst und Verzweiflung, durch die der Trinker wie ein verlorener, zuerst staunender, abwehrender, dann resignierender, zuletzt geduckter Engel irrt. Es sind die Hungerrationen (und die Sonderstellung derer, die von draußen noch Pakete bekamen), die diese Menschen zu Tieren machten, soweit sie es noch nicht waren. Was wir in der Freiheit noch relativ in Maßen erlebten, den Kampf ums Brot, den Schwarzhandel, Tausch, die Korruption, die Macht der Verteiler, hier wird die Diktatur des Hungers in einer Art Miniaturstaat höllisch übersteigert bis zur letzten anarchischen Konsequenz vorgeführt. In Dostojewskijs sibirischem „Totenhaus", an das man sich erinnert fühlt, gab es noch Gläubige, gab es noch Hoffnung, zurückgewonnene Unschuld und Erlösungsgewißheit. Diese Ausgestoßenen des zwanzigsten Jahrhunderts vergöttern nur noch einen schalen Götzen, der ihnen allen Glanz des Diesseits ins „Totenhaus" (auch sie nennen es so) zu bringen scheint, einen verkommenen Tangojüngling und Charmeur. Als „Totenkönig" beherrscht er sie allmählich ganz, bis er in eine andere Abteilung überwiesen wird. Dieses Kapitel ist ein Meisterstück für sich.

Langsam ersticken die inneren Monologe des Trinkers in diesem Inferno, die Reuemonologe und Abbitten an seine Frau, die erinnerungs- und hoffnungsverklärten Elegien, die Wachträume von einem besseren neuen Leben in der Freiheit. Der Entlassung nahe, gibt er sich auf, als ihn seine Frau von der eingereichten Scheidung verständigt.

Mit dieser düsteren Ballade ist Fallada sein dichterisch stärkstes und psychologisch reifstes Werk gelungen.

Wolfgang Bächler.

Reise durch verbotenes Land

Graham Greene: „Gesetzlose Straßen". Herder Verlag, Wien 1949, 345 Seiten, Halbleinen DM 9.80.

Seit Graham Greenes große Romane „Die Kraft und die Herrlichkeit" und „Das Herz aller Dinge" in Deutschland so etwas wie eine literarische Mode, eine Art literarischen „Das-müssen-Sie-lesen"-Spiels zwischen Christen und Nichtchristen hervorriefen (und doch zugleich ernster und ernstgenommener Anruf wurden für viele), seitdem sind die Verleger auf den Geschmack gekommen: Es gibt Greenes in Mengen, gute und weniger gute, thriller mit sozialkritischem Hintergrund und Romane mit outlook ins Religiöse. Die Zahl der Bücher nimmt noch zu, die Vergleichsmöglichkeiten wachsen, die ernsthafte Diskussion aber verstummte, kaum daß sie recht begonnen hatte. Dafür gibt es manche

Gründe, von den allzubereiten und verstimmenden Jubelrufen katholischer Literatur-Apologeten bis zur Enttäuschung jener, die ob der Menge kaum noch die besten Werke gelten lassen wollten („Es ist halt doch immer dasselbe!"). Es wäre deshalb an der Zeit, die Werke sachlich zu interpretieren und zu beurteilen, ihre Wahrheit und ihre Grenze aufzufinden und so Greene zu retten vor der Überforderung und vor der leichten Handbewegung der literarischen Snobs. Das erscheint umso notwendiger, als das Werk beinah exemplarisch ist für die Anstrengung und Gefährdung verantwortlichen Schreibens in diesen Tagen.

Zu solchen Unterscheidungen bietet ein Tagebuch Greenes guten Stoff. Es ist schon 1949 in Wien erschienen und blieb, an den Romanen gemessen, fast unbeachtet. Zu Unrecht. Allein die Reise, von der berichtet wird, ist ungewöhnlich. Der Schriftsteller fährt 1938/39 für lange Monate nach Mexiko. Dabei treibt ihn nicht das Interesse des Archäologen an Aztekentempeln oder die Reiselust des gebildeten Europäers: Mexiko ist für Greene ein Land der Christenverfolgung; hier will er studieren, wie sich die heruntergekommenen Doktrinen von Pseudomarxisten, ihr Religionshaß, ihre sozialen Anschauungen und ihre totalitären Tendenzen auswirken, er will gleichsam an einem peripheren Beispiel etwas über den „Ernstfall" ausmachen. So wird sein Werk, das anhand von Reisenotizen im London der ersten Kriegsjahre geschrieben wurde, zu einem Logbuch durch die Welt des Zwangs. Ein Prolog in zwei Kapiteln „Die Anarchisten" und „Der Glaube" macht die Absicht deutlich. Das erste verbindet ein Kindheitserlebnis, merkwürdige Zeitungsmeldungen und Beobachtungen in Nebenstraßen Londons zu einem Bild des Abfalls vom Glauben, der Verzweiflung und Not inmitten der Sicherheit des „merry old England". Das zweite erzählt die Geschichte des mexikanischen Martyrers Pater Pro. Dieser Prolog ist für Greene so etwas wie eine Mahnung, sich nicht täuschen zu lassen durch voreilige Schlüsse.

Und das ist wahrlich nötig. Schon zu Anfang der Reise empfindet der Schriftsteller eine Art Widerwillen gegen die Primitivität, den Schmutz, die Langeweile und Unaufgeklärtheit der Menschen, die er besucht. Es fallen harte Worte gegen die amerikanischen Touristenhotels und ihre belanglosen Bewohner, bösere jedoch gegen die dumpfen Mexikaner. Alle Vorurteile des in langer Kolonialtradition erzogenen Engländers schwingen darin mit. Aber Greene ruft sich selbst zur Ordnung, und sein scharfer Blick errät noch in der Verzerrung einen Kern von Menschlichkeit, die im zivilisierten Europa abhandengekommen zu sein scheint.

Er registriert die Unsinnigkeit des totalitären Versuchs Mexikos, der uns trotz aller Grausamkeit ein wenig dilettantisch vorkommt, gegenüber dem soviel raffinierteren Zwang, den wir kennen. Er sieht auch, daß das bloße Verbot neben dem Abfall auch Kräfte freisetzt, die im durchkalkulierten Terror rascher und gründlicher erliegen. Er wagt sich immer tiefer in verbotenes Land, bis in die Staaten Tabasco und Chiapas, wo die Verfolgung noch anhält. Mit dem geistigen und geistlichen Geruchssinn des Gläubigen spürt er die Brüder auf, und der anfängliche Ekel weicht bald einem manchmal fassungslosen Staunen vor soviel Intensität der Zeugenschaft.

Mit Eisenbahn, Auto und Flugzeug, auf Mauleseln und Pferden reist Greene von Provinz zu Provinz, stöhnend und verbissen erträgt er jede Gefahr und Unbequemlichkeit um des Vorsatzes willen. Die Landschaft wird meist in wenigen dichten Sätzen abgetan; nur wo sie Aufschlüsse gibt über den Menschen, beschreibt er sie ausführlich, so in der großartigen Schilderung der Indianerkreuze auf der Hochebene von Chiapas. Die Menschen erstehen in schmerzlicher Eindringlichkeit, der Dentist aus „Die Kraft und die Herrlichkeit" ist hier womöglich noch schärfer beschrieben, der Schnapspriester selbst erscheint gegen Ende eines Berichts über eine verborgene Gemeinde, die sich seiner zwischen Abscheu und Mitleid erinnert.

Alles, was in diesem Werk beschrieben wird, bleibt haften, die soziologischen und religiösen Reflexionen dagegen wirken seltener nach.

In diesen Überlegungen, oft verblüffend scharfsinnig, oft geradezu banal, treffen die Monomanien des reisenden Engländers mit den Glaubensgewißheiten des Christen merkwürdig zusammen. Greene ärgert sich an biederen Touristen, revolverschleppenden Revoluzzern und schmierigen Tagedieben und liest kurz darauf mit stiller Begeisterung in einem Roman aus dem viktorianischen Zeitalter. Er liebt das verlassene Volk und haßt es zugleich, er sehnt sich nach einem Zimmer mit Bad und verachtet doch die Hotels, in denen es geboten wird, und so fort.

Das Tagebuch macht ganz deutlich, wie sehr Greenes Stärke im Darstellen liegt; Zustände,

Personen werden bei ihm durchsichtig, erklärlich, Landschaften einprägsam. Zur genauen Analyse, wieso das alles so ist, kommt es allerdings kaum, der Hinweis auf schlechte soziale Verhältnisse genügt in seiner unvermittelten Art wohl kaum. Das Theoretische überzeugt nur dort, wo es sozusagen unter der Hand sich einschleicht, am Einzelbeispiel aufleuchtet. Das Buch ist also weder eine Erklärung des Totalitarismus noch des Christentums unter der Drohung des Martyriums. Dafür aber gibt es eine Bestandsaufnahme sozialer und religiöser, ethnologischer und geographischer Gegebenheiten, die aus sich heraus zu reden beginnen. So erscheint der Satz „Die Gewalt kam näher — Mexiko ist ein Geisteszustand" einleuchtend allein durch die Kraft der Schilderung, nicht als Ergebnis intellektueller Unterscheidung, bei aller Genauigkeit einzelner Einsichten. Wenn trotzdem das Buch eines der besten ist, das wir von Greene kennen, so eben wegen der kompromißlosen Redlichkeit des Beobachters, wegen der Dichte der sprachlichen Fassung.

Die angestrengte Aufmerksamkeit des stellvertretend auch für uns Reisenden wurde zur Tugend: Es werden Warntafeln aufgestellt: „Death is so permanent", und am Beispiel Mexiko blitzt die Erkenntnis der Gottlosigkeit und Beliebigkeit unseres Erdteils auf, die dann durch das Schlußkapitel ausdrücklich gespenstert in dem Bericht über eine Gemeindesitzung während eines Fliegeralarms in London.

Greene ist kein Prophet, aber noch die Attitude des Predigers erweist einen Ernst, der Respekt verdient. Er ist wohl auch kein Dichter (jedenfalls nicht in dem Sinn, den wir genauen Deutschen diesem Wort beilegen), aber er ist etwas ebenso Wichtiges: ein Schriftsteller, der es sich bitter schwer macht mit seiner Sorge um den Menschen und mit seinem Schreiben über ihn.

Roland H. Wiegenstein.

Kommen die schwarzen Vögel?

Jean Paul Sartre: „Der Pfahl im Fleische". Roman. Rowohlt Verlag, Hamburg 1951, 324 Seiten, DM 11.80.

Wir mögen Sartre und seine Ideologie ablehnen, aber wir dürfen dabei nicht vergessen, daß seine Gedanken und Perspektiven das Ergebnis der abendländischen Entwicklung seit einem Jahrhundert sind. Sie wären ohne das geistige Erbe von Kierkegaard über Nietzsche bis Freud nicht denkbar. Der Existentialismus auf religiös-ethischer Basis kann, als Gegenstrom zum Existentialismus Sartres, dann einen bestimmenden Einfluß gewinnen, wenn man diese Tatsachen anerkennt. Denn heute gibt es den religiösen Menschen im eigentlichen Sinne nicht mehr, kann es ihn nicht mehr geben, insofern Religiosität die Anerkennung einer überindividuellen und letztlich von Gott kommenden Ordnung bedeutet. Dieser nicht-mehr-religiöse Mensch aber sieht in jedem anderen Menschen seinen Gegner, mit dem sich zu verständigen schlechthin unmöglich ist. Nur wenn man diesen Zustand des westlichen Menschen gebührend berücksichtigt, wird man dem Roman Sartres „Der Pfahl im Fleische" gerecht werden können.

Der Roman spielt zur Zeit der Niederlage Frankreichs 1940 und übernimmt zum Teil die Personen der vorangegangenen zwei Bände der Tetralogie „Les Chemins de la Liberté". Die Bilder sind aneinandergereiht und geben teilweise ein zeitliches Nebeneinander, so das Kollektivschicksal des Menschen zeichnend, in dem jeder allein bleibt. Sartre zeigt sich in diesem Roman nicht als systematischer Vertreter einer starren Ideologie, er greift nicht an, er stellt einfach dar, ohne Teilnahme und ohne Ablehnung. Die Szenen sind Variationen des gleichen Themas: Der Sinn des Lebens ist nicht von sich aus gegeben, jeder schiebt ihm den Sinn unter, der ihm gerade paßt. Es geht allen in irgendeiner Form so, wie dem Amerikaner, den der nach Amerika emigrierte General Gomez in einer Bar trifft. Auf die Frage: „Hat er sich wirklich besoffen, weil Paris gefallen ist?" antwortet der Mixer: „Wenn er es sagt, muß es wohl stimmen. Nur tat er's letzte Woche wegen der Vorgänge in Argentinien und vorletzte Woche wegen der Katastrophe in Salt Lake City. Er besäuft sich jeden Samstag, aber nie ohne Grund." Jedes Handeln des Menschen ist nur Vorwand, es geht ihm nur darum, ein Motiv für seine eigene Ausweglosigkeit zu finden. Mathieu Delarue, dem es nicht gelungen ist, seinem Leben einen Sinn zu unterschieben, stirbt, weil er „beschlossen" hat, daß „der Tod der heimliche Sinn seines Lebens" war. Aus diesem Grunde, nicht weil er es für sinnvoll oder notwendig hält, beschließt er zu kämpfen, als die Lage schon aussichtslos ist. Mathieu tötet, um sein Ressentiment gegen das Leben abzureagieren. Mit jedem Schuß, den er auf einen Menschen abgibt, befreit er sich, „jeder Schuß rächt ihn für einen alten Zweifel". Es ist eine Rache für die Versäumnisse seines Lebens. Seine Befreiung ist die Rache: „Er schoß ... auf alle Schönheit der Erde, auf alles, was er geliebt hatte." Was er hinterläßt, ist Vernichtung, er stirbt, „um zu zeigen, daß es unmöglich ist, zu leben".

„Doch jeder tötet, was er liebt, der Feigling mit einem Kuß, der Tapfere mit dem Schwert", — das war schon der Leitgedanke Wildes in seiner „Ballad of the Reading Goal", aber dort war noch der Ausblick auf die Erlösung gegeben, während Sartre mit dem Satz endet: „Morgen werden die schwarzen Vögel kommen." Es bleibt dem Menschen zwar die Möglichkeit, sich zu entscheiden, aber es ist die Wahl „zwischen dem Konzentrationslager und dem Scheiterhaufen". Sartre, der es für sich ablehnt, als Pessimist oder Nihilist gewertet zu werden, sondern sich als einen „Optimisten der Härte" bezeichnet, teilt die Menschen in Tapfere und Feige ein, ohne damit jedoch positiv oder negativ werten zu wollen. Die Freiheit des Menschen liegt darin, daß der Feige noch immer die Möglichkeit hat, tapfer zu handeln und umgekehrt. Der Tod Mathieus ist als ein Beweis für die Konsequenz des Menschen hingestellt, der sich selbst zu Ende lebt. Das ist auch durchaus folgerichtig, wenn der Mensch den Sinn des Lebens nicht über das Individuum hinausverlegt. Sartre kann daher im Glauben nur einen Ausdruck für die Schwäche des Menschen sehen, der in jedem Falle das Leid in das Böse verwandelt, weil sein Handeln ich-bezogen ist und sich darauf richtet, die eigenen Unlustgefühle abzureagieren, wohingegen der Glaubende zum Opfer und zur Güte aufgerufen ist, die einen Sinn voraussetzen und letztlich auf Gott bezogen sind. Sartres Menschen sind nicht aus dem Paradies vertrieben worden, — sie haben es nie besessen, und es fehlt ihnen daher die Erkenntnis von Gut und Böse.

Sartre versteht dabei außerordentlich plastisch und farbig darzustellen. Kriegsbeschreibungen von der Vitalität Hemingways stehen neben Bildern, die die morbide Schönheit der „Fleurs du Mal" oder Rimbauds besitzen. Selbst in den langatmigen Beschreibungen im Gefangenenlager bleibt doch die Spannung, die weiterleitet. Die zahlreichen sexuellen Detailbeschreibungen lassen immer wieder die Abhängigkeit von der Psychoanalyse erkennen, und vom Begriff der „Hemmung" bis zum „Ödipuskomplex" ist die Terminologie Freuds eingewebt. Zwar ist die Psychoanalyse in ihrem Einfluß auf die künstlerische Gestaltung sehr umstritten, aber man muß doch zugestehen, daß man die Ergebnisse einer Entwicklung, die das Zeitbild entscheidend geformt hat, nicht einfach unbeachtet lassen kann.

Das eigentlich Gefährliche aber an diesem Roman ist die Objektivität der Darstellung ohne jeden Angriff und ohne jede Rechtfertigung. Die schonungslose Realistik besticht in ihrer Ehrlichkeit und macht es weitgehend unmöglich, das Buch begründet abzulehnen. Es wäre unsinnig, zu behaupten, daß die Menschen anders sind, als Sartre sie sieht. Aber man kann die Frage aufwerfen, wer ein Recht hat, die Menschen in solcher Nähe und Nacktheit zu zeigen. Der Roman hinterläßt das Gefühl dumpfer Benommenheit und Verlorenheit, und er wirkt stellenweise schamlos, weil der Autor niemals die Rolle des Beobachters vergißt, sondern stets, ohne Mitgefühl zu zeigen, in einer knappen, genau bemessenen Distanz bleibt. Und doch sollte nur der, der den Menschen liebt — und sei es in einer noch so schmerzlichen, verletzenden Liebe —, ihm einen solchen Spiegel vorhalten dürfen.

Roswitha Güttler.

Die Verwirrungen eines kleinen Mädchens

Carson McCullers: „Das Mädchen Frankie". Roman. Parnaß Verlag Scherz und Goverts, Stuttgart 1951, 209 Seiten, Leinen DM 9.80.

Wieder einmal hat Richard Moering ein gutes Buch vorbildlich übersetzt. Es ist die Geschichte der zwölfjährigen Frankie, die fast daran zerbricht, daß der Ernst ihrer kindlichen Spiele ein anderer ist als der Ernst im Leben der Erwachsenen. In dem kleinen Gehirn rumoren so große und schwierige Fragen, auf welche Berenice, die gutmütige Negerköchin, keine Antworten geben kann. Und der einzige Spielgefährte, der sechsjährige John Henry, erst recht nicht. Dabei wird sie sich ihrer Verlassenheit und Einsamkeit garnicht deutlich bewußt, sie fühlt sie nur wie einen dumpfen Schmerz, der sich nicht lokalisieren läßt. Und sie reagiert darauf dickköpfig, trotzig, eben „unverständig".

Für das kleine Mädchen aus kleinen Verhältnissen in einer kleinen amerikanischen Stadt stellt sich das Leben der „Großen" in reklameartigen Illusionen dar. In der Zeit ihrer quälenden Zerrissenheit beschäftigt sie der Gedanke an die bevorstehende Hochzeit des fernen großen Bruders, an seine Frau und an das Glück, das die beiden nun immer genießen. („Ich wette, sie amüsieren sich den ganzen Tag.") Grund genug also für den Wunsch, auf ewig zu ihnen zu gehen. Sie weiß es selbst nicht — und auch ihre Umgebung weiß es nicht —, daß allein die Sehnsucht nach Verständnis, nach Zärtlichkeit und Wärme ihr den Wunsch eingibt. Und so baut sie, nur von Berenice ungeschickt geneckt, an ihrem Luftschloß und berauscht sich daran, vor wildfremden Menschen diesen berückenden Plan fürs Leben auszubreiten. So gerät sie, im schlafwandlerischen Zustand der Pubertät, in unschuldig heraufbeschworene gefährliche Situationen, aus denen sie imgrunde ebenso unschuldig wieder entkommt. Nur sehr unklar fühlt sie sich in die Nähe des Unrechts gedrängt, deutlich genug aber, um darunter zu leiden. Als das Luftschloß dann sang- und klanglos entschwebt, stürzt sie sich in die Kurzschluß-Lösung der Flucht ins Ungewisse, die jedoch über den Versuch nicht hinausgelangt. Von einer freundlich-indolenten Umgebung auf sich selbst zurückgeworfen, kann Frankie die große Spannung des kleinen Lebens nicht nutzen. Die löst sich über eine Backfisch-Überspanntheit ins Triviale. Frankie versagt, weil die Gemeinschaft versagt, deren Katastrophen nun auch für sie nur Unglücksfälle sind, die sie nicht weiter berühren.

Das Buch ist, verglichen mit anderen Kindheitsgeschichten, erstaunlich unsentimental, geradezu nüchtern registrierend geschrieben. Selbst aus der amerikanischen Literatur bieten sich meines Wissens keine Vergleiche an. Christopher Morley hat vor mehr als zwanzig Jahren in einer bezaubernden künstlerischen Leistung („Kinder im Traum") ähnliche Seinslagen, doch viel versöhnlicher, geschildert. Und Maxwells „Junges Blatt am Baum" ist um vieles lyrischer gestimmt. Carson McCullers wird, wie man erfährt, mit Faulkner verglichen. Doch ihrem Roman fehlt das Bohrende, Quälende der faulknerschen Prosa. Offenbar will sie weder versöhnlich noch anklagend schreiben. Aber auch Edel-Reportage, jener häßliche Terminus, der für Hemingways Stil und seine Nachahmer gefunden wurde, scheint hier nicht die angebrachte Bezeichnung. Die vierunddreißigjährige Südstaatlerin hat für ihre subtilen Beobachtungen und zarten Empfindungen im schmucklos-kunstvollen dichterischen Bericht einen eigenen Stil gefunden.

Peter Stadelmayer.

Roman, mit viel Herzblut geschrieben

„Olivia" von Olivia. Zsolnay Verlag, Wien 1950, 205 Seiten, öS 29.60.

Liest man den Klappentext dieses Buches — er wurde einer Besprechung der züricher „Weltwoche" entnommen —, so erfährt man: Olivia, die Verfasserin, ist die heute achtzigjährige Engländerin Dorothy Simon Bussy, das Buch, ein Stück Selbstbiographie, wurde vor über dreißig Jahren geschrieben, von Roger Martin du Gard, dem Nobelpreisträger von 1937, ins Französische übertragen und von „der französischen Presse" als „klassisch" bezeichnet. Desmond Mac Carthy, „Sunday Times", nannte es „einen der wenigen Liebesromane, die es verdienen, zu den Schätzen der Weltliteratur gezählt zu werden". Die „Weltwoche" selber beschließt ihre Besprechung mit dem fragenden Ausruf, ob nicht „die Wahrhaftigkeit des Erlebens, das Glück einer so reinen Flamme Äquivalente des Genies" seien. — „Klassisch", „Weltliteratur", „Genie", — so geht man denn mit einigen Erwartungen an die Lektüre des kleinen (und reizend gebundenen) Buches.

Die Hürde der Einleitung ist rasch genommen und rasch vergessen. Ein Satz indessen bleibt haften: Die Verfasserin spricht von ihrem Instinkt, der sie Zeit ihres Lebens von jeglicher Selbstenthüllung ferngehalten und ihr damit viele sportliche Freuden und jede literarische Betätigung untersagt habe. „Denn", so fährt sie fort, „wie könnte man schwimmen, ohne sich auszuziehen, oder schreiben, ohne seine Seele zu entblößen?" (Nebenbei: man kann. Und warum, was das Schwimmen betrifft, sollte man nicht? Es gibt Badeanzüge.)

Es handelt sich also, wie man sieht, um die Konfession einer ungemein schamhaften Dame. Was nun dabei zutage tritt, ist, um es kurz und weniger schamhaft zu sagen, ein homo-erotisches Pubertäts-Erlebnis. Olivia, sechzehnjährig, puritanisch erzogen, unschuldig und unwissend, kommt in ein französisches Mädchen-Pensionat, eine Brutstätte lesbischer Neigungen, und verliebt sich in Mademoiselle Julie, eine ihrer Lehrerinnen, die ihrerseits versponnen ist in die unglückliche Beziehung zu einer Kollegin. Man macht sich erst halbe und später ganze Geständnisse, und schließlich fühlt Olivia, so formuliert sie es, „ihren heißen Atem auf den Wangen". „Fast", so heißt es weiter, „berührten mich ihre Lippen, als sie mir ins Ohr flüsterte: ‚Heute abend komm ich zu dir'." Und: „Ich wußte nur, daß hier, bald, in unmittelbarer Zukunft, mir etwas bevorstand, — eine wilde Freude, ein beklemmendes Wunder, nach dem mein ganzes Wesen schrie." Das Wunder indessen, nach dem ihr Wesen schreit, beziehungsweise Julie, bleibt aus. Dank tieferer Einsicht der Lehrerin in offenbar letzter Minute. Dahin ist ihr heißer Atem, wilde Freude und Wunderbeklemmung, und das Buch klingt aus in bittersüßen Abschiedsschmerz, seufzende Überwindung und blaßblaue Innerlichkeit. Die Nebenhandlungen, in tragischen Posen, schmücken Olivia mit dem Glanz der Auserwählten: Wie dringt sie, ach, in innerste Seelengeheimnisse ein, und wie leuchtet sie in wenn auch düsterer Gloriole, sie, Olivia, die Gute, unschuldiger Anlaß von schrecklichen Eifersuchtstragödien, die zu Mord und beinahe Selbstmord führen.

Daß sie so permanent mit Herzblut schreibt, ehrt ihre Gefühlskraft und wird ihr literarisch zum Verhängnis; denn über dem Ringen um den Ausdruck schwärmerischer Jungmädchen-Gefühle (mit einer Überfülle von Ausrufungszeichen und Gedankenstrichen) gerät sie mitunter ins Stammeln. Doch seltsam: die erotisch überhitzte Pensionats-Atmosphäre, aus der allein sich die dramatischen Begebenheiten begreifen ließen, bleibt trocken und schwingungslos, der Hintergrund blaß und die Galerie der Nebenfiguren schemenhaft. Und wenn sie sich dem Gegenstand ihrer Anbetung, ihrem „Liebling", nähert, wird der ansonst unprätentiöse Stil blumig und sentiment-geschwängert. Da „erbebt die Stimme in Zärtlichkeit" oder „bricht ab in Eifersucht und Herzenspein", da sprudelt der „wonnige Born des Lebens", „in Olivias Herz singt ein Festlied", und „Jubel fließt durch ihre Adern." Es ist nicht anzunehmen, daß derlei einzig Schuld des Übersetzers ist.

So bleibt von dem „klassischen Liebesroman", außer einer Art neckischer Hilflosigkeit, kaschiert durch emphatische Epitheta, und außer der immerhin effektvoll arrangierten Story, nichts als das Bild einer sympathischen alten Dame, das beharrlich, trotz allem, durch so viel rosafarbenen Nebel hindurchschimmert: Wieviel angenehmer muß sie jetzt sein als damals, da sie, von Gefühlswallungen geschüttelt, die Angebetete des Pensionats war.

Franziska Violet.

Fürchtet euch nicht

Werner Bergengruen: „Am Himmel wie auf Erden". Roman. Nymphenburger Verlagshandlung, München 1950, 698 Seiten, Leinen DM 14.-.

Die Furcht vor Weltkatastrophen zieht sich durch die Menschheitsgeschichte wie ein Fluß, der sich seinen Weg immer wieder unterirdisch durch Sandgeschiebe bahnen muß. Wo er aber zutage tritt, da schwemmt er reißend alles daher, was an seinen Ufern wächst oder gebaut ist. Auch über seinem unterirdischen Lauf ahnen ihn die scheinbar Gesicherten. Nur wenige Felseninseln halten ihm stand, und Staumauern, die seinem Druck nicht nachgeben, gibt es auf jeder Strecke kaum mehr, als man an den Fingern herzählen kann. Es ist eines der Wunder in der Kunst, daß solche Staumauern immer dann errichtet werden, wenn der Strom am reißendsten, wenn die Furcht am größten ist. Und seit der Verkündigung der christlichen Heilsbotschaft ist es immer wieder die von dieser Heilsbotschaft durchblutete Dichtung gewesen, die das urzeitliche Grauen zu bändigen vermochte, die dem rasenden Strom Einhalt gebot oder ihn wenigstens eindämmte.

Das epische Hauptwerk von Werner Bergengruen „Am Himmel wie auf Erden" wurde in den Dreißigerjahren geschrieben und 1940 vollendet. Es hatte seine rechte Stunde, und wir müssen dankbar sein, daß es heute wieder in Deutschland vorliegt. „Am Himmel wie auf Erden" ist die Geschichte einer Weltstunde. Es spielt im Berlin der heraufdämmernden Neuzeit. Das Schreckbild einer alles verschlingenden Flut ängstigt die Menschen: Die Astrologen haben es in den Sternen gelesen, im wendischen und auch im preußischen Volk verkünden es Propheten, der Kurfürst von Brandenburg bangt um sein Land und sein Volk, die ausgestoßene Horde der Leprakranken hegt wilde Hoffnungen eines Umsturzes. Heimlich treffen verwirrte Bürger fieberhafte Vorbereitungen. Der Weltuntergang scheint nahe.

Mit rühmenswerter Kunst hat Bergengruen dieses große Thema der Lebensangst schlechthin in hundert Gestalten abgewandelt. Es gibt kaum ein dichterisches Gleichnis, das so sehr von farbigen Ereignissen, gegenständlichen Überlegungen und packenden Situationen belebt ist. Man könnte sehr wohl dieses Werk einen historischen Roman nennen, denn die Zeit und ihre Gegebenheiten werden lebendiger und dramatischer dargestellt, als es irgendeine Chronik vermöchte.

Aber damit wäre noch wenig gesagt. Denn wesentlich ist die Zeitlosigkeit der Menschen und der Konflikte. Auch in unseren Tagen des Schreckens gibt es so schwermütige und skeptische Herrscher wie den brandenburgischen Kurfürsten, so gläubige Adepten wie seinen Berater Doktor Carion, so katastrophale und vom Teufel besessene Unheilsprophetinnen wie die alte Wendin Worschula, — auch in unseren Tagen greift der unmenschliche Konflikt zwischen Staatsraison und natürlichem Empfinden in Leben und Liebe ein, und die Angst schwingt ihre Geißel nicht anders als an der Schwelle der sogenannten Neuzeit.

Als aber die Not am größten und die Angst am furchtbarsten geworden ist, da formt sich in jedem der Geschlagenen und Ängstlichen das „Fürchtet euch nicht", die Überzeugung, daß kein Lebender von Leid und Tod verschont werden kann, daß niemand der Gefahr auszuweichen vermag, — aber daß alle Schrecken zu überwinden sind, weil in der unwandelbaren Ordnung Gottes sie ebenso ihren Platz haben wie alle Dinge. Daß am Ende nichts ist als Gott und sein Wille allein.

Wohl wäre es in einer Zeit, der das Denken zuweilen ebenso fremd geworden ist wie die Demut, übertrieben, in einem solchen Werk ein unbedingt wirksames Heilmittel für jedermann zu erblicken. Heilmittel ist es nur für die, die zu glauben vermögen, wie der Autor zu glauben vermag. Aber ist es nicht schon viel, sagen zu können: Hier ist eines der wenigen Kunstwerke, welche Zeugnis davon ablegen, daß alle Menschenfurcht klein wird vor dem Auge des Allmächtigen, — ein Kunstwerk, vor dem die Hervorbringungen des Nihilismus aller Benennungen blaß erscheinen und bei aller Schlagwort-Geschmeidigkeit nicht zu bestehen vermögen?

Christian Ferber.

Mitteilungen

Zu den Beiträgen dieses Heftes

Der Beitrag von Nikolai Berdjajew „Das Leiden, das Böse und der Krieg" ist von uns aus mehreren Kapiteln seines Buches „Existentielle Dialektik des Göttlichen und Menschlichen" zusammengestellt worden, das noch in diesem Monat in der C. H. Beck'schen Verlagsbuchhandlung, München, erscheint.

Der Aufsatz von Professor Karl Thieme „Möglichkeiten und Grenzen der Geschichts-Revision" beruht auf der Nachschrift eines Vortrages, der zuerst im Jahre 1949 in Kleinheubach und noch einmal im Jahre 1950 in Münster gehalten wurde.

Heinrich Bölls Erzählung „Durchbruch bei Roßapfel" haben wir mit freundlicher Genehmigung des Verlages Middelhauve, Opladen, einem Roman entnommen, der im Herbst 1951 erscheinen wird.

Hinweis

Diesem Heft liegt ein bebilderter Prospekt der Zeitschrift „Baukunst und Werkform" bei. Wir empfehlen ihn der Aufmerksamkeit unserer Leser und bitten, ihn auch an interessierte Freunde weiterzugeben.

Mitglieder der Schriftleitung

Heinrich Bauer (HB), Karl Wilhelm Böttcher (KB), Walter M. Guggenheimer (WG), Rüdiger Proske (RP), Frankfurt/Main

FRANKFURTER HEFTE

Zeitschrift für Kultur und Politik

HERAUSGEGEBEN VON EUGEN KOGON UND WALTER DIRKS

AUS DEM INHALT

Martin Buber

Die Opferung Isaaks

Walter Dirks

Die Christenheit und Europa

Eugen Kogon

„Hitlers Tischgespräche"

Clemens Münster

Warum eigentlich Kohlenmangel?

6. JAHRGANG HEFT 9 SEPTEMBER 1951

INHALT

September 1951. Die Frankfurter Hefte sind durch jede Buchhandlung, durch die Post und direkt vom Verlag zu beziehen. Einzelheft: DM 1,— zuzüglich Zustellgebühr, Inland DM 0,10, Ausland DM 0,20 je Heft. Postscheckkonto Frankfurt a. M. 82491. Schriftleitung und Verlag: Frankfurt a. M., Schaumainkai 53, Tel. 64905 und 65110. Druck: Fränkische Gesellschafts-Druckerei GmbH., Würzburg.

FRANKFURTER HEFTE

Zeitschrift für Kultur und Politik

Herausgegeben von Eugen Kogon und Walter Dirks

6. Jahrgang | September 1951 | Heft 9

Die Stunde der Gewerkschaften?

Frankfurt, 21. August 1951.

WD Was haben die Gewerkschaften mit dem Theater und der bildenden Kunst zu tun, warum veranstalten sie Ruhrfestspiele und Ausstellungen moderner Kunst? Wie kommen sie dazu, ein Gespräch über den Film und ein „Europäisches Gespräch" mit allen möglichen Leuten zu führen, die nicht ihre Mitglieder sind, — ist der DGB ein Kulturinstitut? Wieso setzen sie mit ihren Streik- und Austritts-Drohungen die Regierung und den Bundestag unter Druck, — heißt das nicht eine Nebenregierung etablieren? Ist nicht der Streik seinem Wesen nach eine ultima ratio im Lohnkampf, ist also nicht jeder politische Streik eine Erpressung und wiederum eine Überschreitung von Grenzen, die dem Sozialpartner DGB gesetzt sind? Was mischen sie sich — mit Hilfe der Mitbestimmung — in die Betriebe ein? Wieso beanspruchen sie für die Arbeitnehmer in wirtschaftlichen Fragen Rechte, die gemäß der Vernunft der Sache den Unternehmern vorbehalten sind?

In solchen Fragen, welche die Gewerkschaft auf eine bestimmte und begrenzte Aufgabe festlegen wollen, äußert sich das Unbehagen, das der DGB durch seinen neuen Eifer in weiten Kreisen erregt hat. Sein politischer Gegenspieler, der am lautesten so fragt, ist übrigens weniger eine entsprechende Organisation des „Sozialpartners" von drüben, als vielmehr eine politische Partei: die FDP. Sie spricht dabei nicht nur für sich, sondern für den ganzen rechten Flügel der Koalition, dessen Grenze gegen links quer durch die CDU hindurchgeht. Ein Teil jener besorgten Fragen wird aber auch in christlichen, vor allem in katholischen Kreisen geäußert. Es scheint diesen Kritikern, daß einige der neuen Forderungen der Gewerkschaft einem Ordnungsbild widersprechen, gemäß dem im Betrieb und in der Gesellschaft die Funktionen zwischen „den beiden Sozialpartnern" aufzuteilen sind. Hier wird vielfach durchaus ohne reaktionäre Absicht und nicht aus Interessenten-Egoismus, sondern im Namen jener als wesensgemäß empfundenen Verteilung der Zuständigkeiten der Betrieb gegen die Gewerkschaft ausgespielt, vor allem gegen ihre zentrale Bürokratie, und die Gewinn-Beteiligung oder die Kleinaktie gegen die Mitbestimmung. Auch die FDP paßt sich solchen Versuchen an, das Wasser des unvermeidlichen sozialen Fortschritts von den Mühlen des DGB wegzulenken: die Partei hat in Nordrhein-Westfalen für die Arbeitnehmer eine „echte Leistungsbeteiligung am Produktionsertrag" und — gegebenenfalls — eine Gewinnbeteiligung nicht etwa nur zugestanden, sondern in einem Reformprogramm geradezu gefordert; in dem gleichen Programm befürwortet die rheinisch-westfälische FDP „grundsätzlich die volle Mitbestimmung der betriebsangehörigen Arbeitnehmer in sozialen Fragen und die Mitberatung in personellen und wirtschaftlichen Angelegenheiten." Das klingt für eine Arbeitgeberpartei erstaunlich: es ist, bei Licht besehen, ein Programm zwar für den Arbeitnehmer (dessen Inhalt, beim selben Licht besehen, bescheiden und wenig verpflichtend ist), aber gegen seine Organisation.

In jenen teils erregten, teils besorgten Fragen nach den Grenzen der Gewerkschaft spiegelt sich aber auch die große politische Stellung wider, welche sie durch ihre Aktivität (und einige günstige Umstände) seit einiger Zeit in der Bundesrepublik einzunehmen begonnen hat. Sie steht ohne Frage im Vordergrund der deutschen Innenpolitik, und ihre Entscheidungen haben auch in der Außenpolitik mehr Gewicht, als es den Anschein hat. Das ist in diesen ersten Tagen und Wochen nach dem Sommerurlaub des Bundeskanzlers mit Händen zu greifen.

*

Jede Organisation in der Gesellschaft hat ein natürliches Bedürfnis, ihren Einfluß zu steigern; so auch der DGB. Aber er kann geltend machen, daß er teilweise zu seinen neuen, größeren Ansprüchen gerade dann gezwungen wird, wenn er im Sinne des Allgemeinwohls verantwortlich handeln will. Es wäre ja sehr viel einfacher, den Leuten, die ihn auf den Bereich der Tarifverhandlungen beschränken wollen, zu antworten: Ausgezeichnet, machen wir, — die Lohnseite ist also unsere Sache, die Preisseite eure, und dafür, daß keine Spirale sich bildet und keine Inflation passiert, seid weder ihr verantwortlich, noch sind wir es, sondern „die Gesetze der Wirtschaft“ oder allenfalls die Regierung: wir nehmen die Begrenzung unserer Rechte an, die ihr uns zuweist, und wir werden sie ausnützen. Aber so antworten sie nicht. Gerade weil die Gewerkschaften *gegen* eine „natürliche“ Lohnbewegung sind (denn sie wollen die Lohn-Preis-Spirale nicht verantworten), gerade deshalb fordern sie für sich statt der schmalen Nominallohn-Straße den breiteren Raum für ihre Arbeit am angemessenen und verantwortbaren Reallohn. Und gerade weil sie den Optimismus des Wirtschaftsministers *nicht* teilen, sondern die deutsche Enge sehen, also auch die Enge des Gürtels, den wir uns um den Leib zu schnallen haben, gerade deshalb fordern sie nicht in erster Linie Lohnsteigerungen, sondern Einfluß auf die Wirtschaftspolitik. Sie wissen, daß sie in unserer bewegten Wirtschaft sogar ihre alte begrenzte Aufgabe, die Sicherung des Reallohns, heute nur dann erreichen und zugleich verständig begrenzen können, wenn sie auch auf der Preisseite mitreden, auch in der Investitionspolitik, in der Steuerpolitik, in der Außenhandelspolitik: wenn sie *dort* mitinformiert werden und mitreden können, wo die Entscheidungen über den Reallohn fallen. Gerade wenn sie nicht zerstören wollen, sondern aufbauen, gerade wenn sie auf Sondervorteile im Klassenkampf verzichten wollen, müssen sie „aufs Ganze“ gehen.

Verwunderlich ist nur, daß viele das verwunderlich finden. Alle Forderungen, die der DGB heute vorbringt, sind seit langem angekündigt. Zum Beispiel in der Denkschrift zum Mitbestimmungsrecht, die jetzt schon über zwei Jahre alt ist. Es gibt in einem Teil der deutschen Öffentlichkeit eine Art, von der Gewerkschaft zu sprechen, die etwas Komisches hat. Immer wenn sie sich still mit ihrer Innenarbeit beschäftigt, hat sie eine ausgezeichnete Presse: man klopft ihr auf die Schulter und bescheinigt ihr ein hohes Verantwortungsbewußtsein. Wenn sie dann aus gegebenem Anlaß oder in günstiger Stunde ihr Programm aus der Schublade zieht — das kein Geheimnis ist, — und eines ihrer erklärten Ziele tatsächlich durchzusetzen versucht, so ist man äußerst überrascht und schreit Zeter und Mordio. Weiß man nicht, daß die Gewerkschaften die soziale Welt *verändern* wollen? Daß sie sich für eine Strukturreform der Wirtschaft, der Gesellschaft und also auch des Staates erklärt haben? Daß sie für eine Wirtschaftsdemokratie, eine Wirtschaftsverfassung kämpfen? Nun, sie melden sich wieder einmal in diesem Sinn zu Wort, aus gegebenem Anlaß und in günstiger Stunde.

*

Der Anlässe sind viele. Sie häufen sich in den letzten Wochen. Sie scheinen alle Beteiligten geradezu zu zwingen, die bloß taktische Routine- und Gelegenheitspolitik aufzugeben und Entscheidungen auf weite Sicht zu fällen.

Einige dieser Anlässe haben die Gewerkschaften selbst geschaffen: die Lohnbewegungen. Sie waren dazu genötigt, weil es Arbeiterkategorien gibt, deren Löhne auch bei Berücksichtigung des eng geschnallten Gürtels der Nation zu niedrig waren; man muß solche rückständigen Löhne gerade dann zunächst einmal erhöhen, wenn für die Zukunft eine absolute und durchschnittliche Verminderung desjenigen Anteils am Sozialprodukt zu erwarten ist, das uns für den Konsum zur Verfügung steht, also ein Engerschnallen des Gürtels, — sei es, daß es durch Steuern, sei es, daß es durch steigende Preise geschehen wird. Das galt unter anderem für die Bergarbeiter, die von Rechts wegen und mit Rücksicht auf die Kohlenförderung wieder an die Spitze der Lohnpyramide gehörten; das galt für die Landarbeiter, die unwürdig bezahlt wurden und davonliefen; es wird noch für manche andere Gruppe gelten, die im Rückstand ist: man kann ja nicht riskieren, daß an dem Tage, da wir den Kanonen werden zukommen lassen, was wir bisher der Butter zubilligten, die Schichten an der Grenze des Existenzminimums ins nackte Elend geraten. Der zweite Anlaß ist der bereits steigende Weltpreis; sodann die Inflationsgefahr, die vor der Türe steht. Da sind ferner die Besatzungskosten und das Defizit des Herrn Schäffer, das immer neue, fragwürdigere Steuerprojekte hervorbringt.

Weitere Gründe liefert die Entwicklung im Industriegebiet. Da ist vieles in Gang: die Verschiebungen in den Einfluß- und Besitzverhältnissen in einem großen Teil der kontrollierten und treuhänderisch verwalteten Betriebe, Konflikte mit der Ruhrbehörde um den Kohlenpreis und den Kohlenexport, mit den Amerikanern um den Kohlenimport, und am Ende dieser Übergangszeit soll der Schuman-Plan stehen, der sozusagen endgültige Verhältnisse schaffen soll. Was Dr. Schumacher als ein bereits geschehenes Übel hinstellt, wollen die Gewerkschaften verhindern: daß dieser Plan einen schlechten Zustand fixiert; also müssen sie *jetzt* kämpfen. Sie müssen zum Beispiel jetzt dafür kämpfen, daß die Treuhand-Verwaltung als natürliche Vorstufe gemeinwirtschaftlicher Verwaltung und nicht als vorübergehende Behinderung der Vorbesitzer angesehen wird: sie müssen jetzt verhindern, daß Besitzverhältnisse restauriert werden, die ihren wohlüberlegten Absichten morgen im Wege stehen werden.

Dann wird die Rüstung der westlichen Welt allerlei Pläne zur Folge haben, sowohl den militärischen Pleven-Plan oder seinen atlantischen Ersatz als auch internationale Produktionspläne, angesichts derer der Traum Erhards von der Marktwirtschaft immer fiktiver wird.

Da ist endlich der Lastenausgleich, der eine schwere Erschütterung der Wirtschaft mit sich bringen wird, wenn er nicht sehr elastisch auf einen produktiven Gesamtplan abgestimmt wird. Der DGB wird also vermutlich und hoffentlich auch den Sonne-Plan studieren und ihn oder einen besseren Plan zur produktiven Lösung der Flüchtlingsfrage in sein nationales Programm einbauen. Denn für ein solches ist angesichts aller dieser Umstände die Stunde reif.

Der Sonne-Plan wird freilich zu den Dingen gehören, die der DGB Dr. Schumacher abzuzwingen haben wird. Dessen parteitaktisches Abkommen mit dem BHE-Vorsitzenden wird jeden Versuch, die Flüchtlingsfrage durch planmäßige agrarische und industrielle Investitionen und einen damit gekoppelten sozialen Wohnungsbau zu lösen, sehr erschweren, und zwar deshalb, weil der Chef der Sozialdemokratie entgegen der bisherigen Politik seiner Fraktion Herrn Kraft die „quotale" Entschädigung zugestanden hat. Wenn die einzelnen Geschädigten „quotal", das heißt nicht in erster Linie nach sozialen *und* produktiven Gesichtspunkten, sondern im genauen Verhältnis zur Höhe ihrer Verluste entschädigt werden, so wird das aufgebrachte Kapital unkontrolliert in Millionen Händen verschwinden, in denen es durchaus nicht volkswirtschaftlich optimal verwendet werden wird. Dieses Kapital wird nur durch einen schwierigen und nicht ungefährlichen Aderlaß aufgebracht werden können. Umso schlimmer, wenn die Chance vertan wird, es in großem Stil produktiv anzulegen, zum unmittelbaren Vorteil der Bedürftigsten unter den Heimatvertriebenen, zum mittelbaren Vorteil der Volkswirtschaft und aller, auch der Westdeutschen, die jenes Kapital aufbringen müssen. Damit ginge auch die einzigartige Gelegenheit verloren, ein so großes Kapital in die Gesamt-Neuordnung einzubringen.

*

Der letzte Anlaß zu dem neuen Vorstoß — zugleich Ursache und Folge — ist die schleichende Krise in Bonn. Der Bestand der Koalition wird von allen möglichen Vorgängen beunruhigt, vor allem von der Unsicherheit der deutschen Wirtschafts- und Finanzpolitik und von den neuen Schwierigkeiten der Außenpolitik (Besatzungskosten, Ruhrkohle, Saarfrage), die lange Zeit so eindrucksvoll erfolgreich war. Aber diese Krise spitzt sich seit langem auf den Gegensatz zwischen der FDP und dem DGB zu. Der DGB vertritt zugleich mit seinen originalen Angelegenheiten einen Teil der Koalition — nämlich den linken CDU-Flügel, der parteitaktisch viel weniger handlungsfähig ist als der DGB, — *und* einen Teil der Opposition — vor allem die SPD, die es unter Schumacher vorzieht, ihre Oppositionschance radikal auszunützen, und die sich so leidenschaftlich für die nationale Außenpolitik und die Innenpolitik der Länder interessiert, daß offenbar nicht viel Zeit, Phantasie und Energie für eine konstruktive Wirtschafts- und Sozialpolitik übrigbleibt: sie scheint diese ihre frühere Domäne dem DGB zu überlassen, der sie sozusagen *innerhalb* der Koalition vertritt.

Diese Stellung innerhalb und zugleich außerhalb der Koalition ist an sich schon verwirrend genug, und sie gibt einem klug operierenden Bundesvorstand manchen Vorteil. Nun erfreut sich dieser Bundesvorstand obendrein seit längerer Zeit der Sympathie des Bundeskanzlers, der sich sehr klar darüber ist, daß er bei den nächsten Wahlen die Stimmen der kleinen Leute viel dringender braucht als das Geld der Industrie; denn die Zeiten haben sich geändert. Eine technische Umorientierung der deutschen Wirtschaftspolitik wird von den aufgezählten Vorgängen in der Welt und an der Ruhr erzwungen werden, — das wäre an sich die Stunde, da die soziale und politische Richtung dieser Veränderungen von der CDU, dem Zentrum, der SPD und dem BHE in einem neuen Anfang gemeinsam bestimmt werden müßte. Dr. Schumacher will nicht; er wiederholt von Zeit zu Zeit seine Forderung nach Neuwahlen: er will die Macht nicht teilen. Deshalb wird der Bundeskanzler versuchen müssen, die ersten Schritte jener neuen Wirtschaftspolitik auf dem Seil balancierend hinter sich zu bringen: indem er die FDP-DP einigermaßen bei der Stange hält und zugleich ziemlich gründlich mit dem DGB zusammenarbeitet. Ob das gelingen wird, ist ungewiß. Jedenfalls schiebt diese Konstellation der Umstände den Gewerkschaften eine erhebliche Macht zu, — und eine große Verantwortung.

Diese Verantwortung wird sich auch in der Außenpolitik zu bewähren haben. Der DGB vertritt bekanntlich Schumachers Bedenken gegen den Schuman-Plan, nur ohne seine Ressentiments und ohne seine Neigungen, alle Welt vor den Kopf zu stoßen. Er wird im Sinne dieser Bedenken an der endgültigen Gestalt des Schuman-Plans mitarbeiten müssen (und hat dafür einen Rückhalt bei der Sozialistischen Internationale), *ohne* den Plan selbst zu zerstören.

Der DGB wird es also, alles in allem, fertigbringen müssen, *die außenpolitische Vernunft der SPD und zugleich die soziale Vernunft der CDU zu sein.*

*

Die Gewerkschaft geht in diese schweren Aufgaben mit einem erheblichen moralischen Kredit hinein, den sie in fünf Jahren angesammelt hat. Die einzigartige Sonderstellung zwischen Koalition und Opposition gibt ihr jetzt Gelegenheit, diesen Kredit politisch auszunützen. Von den eigentlichen politischen Kräften in Deutschland ist sie die einzige konservative Kraft, wenn man das Wort von seinen alten Inhalten löst: es gibt keine, die legitimerweise soviel zu bewahren hat wie sie. Und sie ist bisher weit und breit die einzige politische Kraft, der man eine revolutionäre, das heißt: die Struktur wirklich ändernde Politik — mit Maßen — zutrauen kann. Sie hätte diese Stellung nicht, wenn die Gruppe, die sie vertritt, mit dem Begriff erschöpft wäre, „der eine der beiden Sozialpartner" zu sein. Man will sie immer in diese Position hineindrängen. Aber das Gleichgewicht dieser Sozialpartner ist eine ziemlich willkürliche Fiktion, — schon deshalb, weil man der Einfachheit halber den Kapitalbesitz und die Unternehmerfunktion zusammenwirft und jonglierend den Anspruch des einen Faktors mit der Leistung des anderen begründet und umgekehrt, wie es gerade kommt. Die Arbeitnehmerschaft, für deren größten Teil die Gewerkschaft spricht und wirkt, ist mehr als der eine Pol in einem zweipoligen Spannungsfeld. Sie ist mehr als nur eine Gruppe unter anderen; sie ist die wichtigste Gruppe der Nation schlechthin, sie ist *fast* das Volk, sie ist *fast* unsere Zukunft. Man darf dabei nicht nur an die absolute und relative Größe dieser Gruppe denken, die erheblich genug ist. Sie ist die einzige Gruppe der Gesellschaft, die zugleich die Konsumenten-Interessen und insofern die Interessen aller vertritt; sie ist im Verhältnis zu anderen Gruppen über ihre statistische Bedeutung hinaus aktiv und wird es immer mehr sein. Sie ist *fast* das Volk, sie ist *fast* unsere Zukunft.

Aus dieser Tatsache wächst der Gewerkschaft die Autorität zu, die sie hat. Wir hoffen, daß sich ihr Vorstand und ihre Mitglieder der Aufgabe gewachsen zeigen werden, die ihr zufällt. Ihre Politik wird umso schwieriger sein, als ihre Fern- und Nahziele von einflußreichen Kräften bekämpft werden. Da der Charakter unserer Koalition und unserer Opposition eindeutige Klärungen und gerade Wege nicht zuläßt, wird es von der Zähigkeit und Klugheit einiger führender Männer abhängen, ob der Versuch gelingen wird. Vieles ist wider sie, und sie können nicht zaubern. Werden sie auf dem Seil die Balance halten können?

Es handelt sich um die Männer, die sich auf dem Bürgenstock getroffen haben.

Das Erwachen und Erwachsen zur Mündigkeit der Selbstverantwortung liegt im Wesen des Menschen begründet. Durch die Selbstbestimmung steht der geschaffene Geist der Daseinsmächtigkeit und absoluten Selbstbestimmtheit auch Gottes am nächsten. Darum geht die Entwicklung des Einzelnen wie der Menschheit darauf hinaus, diese Selbstbestimmung immer weiter zu entfalten und auch im gesellschaftlichen Raum zu entwickeln. *P. David S.J.*

Sozialistische Internationale

I

Die Wiedergeburt eines Namens

Die „Ziele und Aufgaben des demokratischen Sozialismus", wie sie vom Frankfurter Kongreß beschlossen wurden, besagen, daß Sozialisten „ihre Überzeugung aus den Ergebnissen marxistischer oder anders begründeter sozialer Analysen oder aus religiösen oder humanitären Grundsätzen ableiten" können; sie besagen ferner, daß sozialistische Planung „vereinbar ist mit der Existenz von Privateigentum in der Landwirtschaft, im Handwerk, im Kleinhandel und in der Klein- und Mittelindustrie"; daß „der internationale Kommunismus das Instrument eines neuen Imperialismus ist".

„Eine deutliche Absage an den Marxismus", so deuteten viele Zeitungen diese Sätze. Die meisten Kommentatoren hielten Frankfurt in diesem Sinne für einen Markstein oder gar Wendepunkt in der sozialdemokratischen Bewegung. Aber es ist ein Gemeinplatz, daß sich die Politik der nationalen sozialdemokratischen Parteien längst gewandelt hat, und daß diese Parteien in den meisten Ländern von Arbeiterparteien zu Parteien der Arbeiter und des Mittelstandes geworden sind. Der Frankfurter Kongreß hat diese Entwicklung nicht mehr beeinflussen können, er konnte nur noch darauf reagieren. Ebenso ist bekannt, daß in vielen europäischen Ländern die Sozialdemokraten die Regierung allein oder mitverantwortlich übernommen haben, und daß sich daraus eine Verfilzung ihrer Politik mit der Politik der einzelnen Nationen ergeben hat wie nie zuvor. Drittens wurde in den letzten Jahren der Marxismus nicht nur von den Bürgerlichen, sondern auch von den Rechtssozialisten als ein überholtes Dogma verstanden; wegen der Parteitradition war es zwar schwierig, davon loszukommen, aber es mußte sein, um sich vom Stalinismus abzugrenzen und jede Verwechslung auszuschließen. So wie der Kommunismus nach Meinung der Frankfurter Versammlung „zum Dogmatismus erstarrte und in unvereinbaren Gegensatz zum kritischen Geist des Marxismus" sich brachte, so hat auch die Mehrheit sozialdemokratischer Funktionäre statt des kritischen Geistes ein taktisches Verhalten für notwendig befunden und dem Marxismus allenfalls museale Verehrung angedeihen lassen.

Beim Frankfurter Kongreß war also nicht die Absage an den Marxismus bemerkenswert, sondern die Tatsache, daß überhaupt wieder positiv von ihm gesprochen wurde. Der SPD-Vorsitzende Dr. Kurt Schumacher hat in einer programmatischen Rede zur Eröffnung der Tagung (allerdings so farblos, daß der Verdacht aufkam, er verlese das Manuskript eines Anderen) sich gegen die „schwachsinnige Formel des Antimarxismus" gewandt. Gewiß, auch das war Taktik und nicht Auseinandersetzung mit der Sache, denn Schumacher hielt den Antimarxismus nur deshalb für verwerflich, weil er „Millionen von unentbehrlichen Kämpfern gegen den Kommunismus zurückzustoßen droht". Aber in derselben Rede gab er eine Analyse der sozialdemokratischen Situation in Europa, die man als exakt marxistisch bezeichnen muß. Er sagte: „Die Arbeiterbewegung ist auf eine erkenntnisstarke und leistungsfähige Theorie angewiesen. Die Kräfte dagegen, deren oberstes Prinzip die Verteidigung des Eigentums unter allen Umständen und ohne Rücksichten auf die Konsequenzen ist, haben eine geschlossene Theorie nicht nötig. Sie werden vom Klasseninteresse der jeweiligen Situation in ihren Handlungen bestimmt und greifen darum ohne Rücksicht zu jeder Waffe und zu jeder Möglichkeit, die sich ihnen bietet." Und weiter: „Eine veränderte Welt nach dem Ersten Weltkrieg hat keine ausreichende Analyse und keinen gelungenen Versuch eines neuen Standorts in der sozialistischen Theorie gefunden. Die zweite Veränderung der Welt nach der Periode der faschistischen Diktaturen und der Diktaturkriege hat noch weniger an neuer Analyse und dementsprechend an Findung von Ausgangspunkten durch eine Theorie des demokratischen Sozialismus hervorgebracht."

Das sind harte Worte, und sie könnten den Anschein erwecken, daß eine Art Selbstreinigung sich in Frankfurt anbahnen sollte. Wenn nämlich die Notwendigkeit einer Theorie für die Arbeiterbewegung anzuerkennen ist, dürfen die bisherigen theoretischen Arbeiten, landläufig als Marxismus verdammt, nicht zur Seite geschoben und also das Kind nicht mit dem Bade ausgeschüttet werden. Die Notwendigkeit einer Theorie wirft überdies die Frage nach der sozialistischen Internationalität auf, denn die Theorie hat nur Sinn, wenn sie für alle sozialistischen Parteien verbindlich ist und ihnen Richtlinien für koordinierte Aktionen an die Hand zu geben vermag. Hierzu Schumacher: „Der grundsätzlichen Internationalität in der Zielsetzung entspricht zur Zeit nicht dieselbe Internationalität in den angewandten Methoden und in den konkreten Interessen und Bedürfnissen. Nach dem Zweiten Weltkrieg ist die Internationalität das eigentliche Problem der sozialistischen Politik geworden."

Diese Gedanken sind zu Beginn des Gründungskongresses der neuen Internationalen ausgesprochen worden. Ihr kritischer Inhalt läßt den Schluß zu, daß zwei besondere Aufgaben dem Kongreß sich stellten: die internationale sozialistische Theorie neu zu fixieren und die internationale sozialistische Bewegung wieder sichtbar in Aktion zu setzen. Beide Aufgaben stehen miteinander in unmittelbarem Zusammenhang. Die Delegierten berieten vier Tage lang, die vorbereitenden Ausschüsse ebenso lange. Ist es gelungen, das eine oder das andere Problem zu lösen oder seiner Lösung näher zu bringen?

Sicherlich wäre es übereilt, dem Kongreß einen Vorwurf zu machen, weil er mit den „Zielen und Aufgaben" nur Floskeln zur Welt gebracht hat, die niemandem wehtun. Die Hamburger Delegierten von 1923 haben zwar einer deutlicheren Sprache sich bedient, aber einmal entbehrten schon damals die marxistischen Kraftworte einer einleuchtenden Beziehung auf die nach dem Ersten Weltkrieg veränderte Wirklichkeit, zum anderen lehrt die Geschichte der Parteien, daß sie, die sich damals noch als gemäßigte Revolutionäre gebärdeten, in Wahrheit schon zu braven Sozialreformern geworden waren. So muß man denn den „Frankfurtern" größere Ehrlichkeit zusprechen als den „Hamburgern". Und schließlich ist in Frankfurt gesagt worden, daß man sich nicht auf den Lorbeeren der „Ziele und Aufgaben" ausruhen, sondern weiterhin um die „Prinzipien" ringen wolle. Theorien zu entwickeln, ist nicht Angelegenheit von Tagungen. Sie sind das Produkt der geistigen Anstrengung Einzelner, und ihre demokratische Legitimation leitet sich aus ihrer Überzeugungskraft ab. Vielleicht gehen einige sozialdemokratische Experten ins Konklave, und vielleicht ist jener darunter, der die Rede verfaßt hat, die Dr. Schumacher verlas. Vielleicht kommt sogar etwas dabei heraus. Aber sicher ist eins: zur Theorie gehört Mut. In der Theorie können nicht Thesen aufgestellt und dann die Schlußfolgerungen übersehen werden. Wenn es richtig ist, daß „der Sozialismus die Befreiung der Völker aus ihrer Abhängigkeit von einer Minderheit erstrebt, die die Produktionsmittel besitzt oder beherrscht", wenn es sein Ziel ist, „dem ganzen Volk das Bestimmungsrecht über die Wirtschaft zu sichern" und ein Gemeinwesen zu errichten, „in dem freie Menschen als Gleiche zusammenwirken" — und das ist in Frankfurt einstimmig beschlossen worden —, dann ist damit den Theoretikern ein Ausgangspunkt gegeben worden, über dessen Tragweite man sich klar werden sollte. Wenn das ernstgemeint ist, so bedeutet es nichts anderes, als daß die sozialdemokratische Politik wieder auf ihre spezifisch wirtschaftspolitische und sozialpolitische Grundposition zurückgeführt werden muß, denn es ist nicht denkbar, daß andere Aufgaben gleichwertig neben diesen bestehen und unabhängig von ihnen bewältigt werden könnten. Viele haben sich angewöhnt, die großen allgemeinen Ziele als äußeren Zubehör sozialdemokratischen Auftretens zu werten, der wenig mit der Taktik des Tages zu tun habe. Die Theoretiker aber werden nicht darum herum kommen, die These von der Befreiung der Völker mit dem allgemeinpolitischen Verhalten der Sozialdemokratien zu konfrontieren, sie werden nicht umhin können, das allgemeinpolitische Verhalten an dieser These zu orientieren und damit zu revidieren, — in der Theorie. Es ist keineswegs ausgeschlossen, daß die Ergebnisse ihrer Überlegungen eine Politik aufzeigen, die in Einklang zu bringen ist mit der Situation. Sie würde die Grundlage einer neuen Internationalität sein und den Parteien auf lange Sicht größere Stabilität und größere Erfolge sichern als bisher, weil sie nicht nur das Vertrauen der Anhänger und Wähler verstärken, sondern diese überhaupt wieder zu bewußter Aktion befähigen würde.

Von den Verantwortlichen freilich würde sie fordern, umzudenken, die hintergrundlose Taktik der Routine an den Nagel zu hängen, ein Risiko einzugehen und eine Anzahl persönlicher Ambitionen zu opfern. Für die deutsche Sozialdemokratie käme in Betracht, den widernatürlichen Nationalismus aufzugeben. Für alle Sozialdemokratien käme in Betracht, ihre Stellung zum Ost-West-Problem zu überprüfen, denn dieses Problem enthält heute die akute Frage nach Wiederaufrüstung und Remilitarisierung. Es ist nämlich keineswegs ohne weiteres so, wie der Generalsekretär der Labour-Party, Morgan Phillips, meinte, daß „eine realistische Haltung zu den Problemen der militärischen Verteidigung mit großen Reformen im eigenen Land oder mit einer links gerichteten Haltung in der Politik überhaupt vereinbar ist". Es ist am Beispiel Englands und Frankreichs leicht nachzuweisen, welch schwerwiegende Auswirkungen auf die Lebenshaltung der arbeitenden Menschen die Rüstungspolitik in diesen Ländern bisher schon zur Folge hatte, und daß diese Auswirkungen die arbeitenden Menschen schwerer trafen als die Minderheit derer, die zu einem erheblichen Teil noch die Produktionsmittel in diesen Ländern beherrschen. Der Versuch, die Verteidigungsaufgaben zusätzlich zur Friedensproduktion und ohne Einschränkung der Lebenshaltung zu bewältigen, ist wegen Investitions- und Materialmangel selbst der britischen Planung bisher nicht gelungen. Darüber hinaus bringt die Rüstungspolitik der westlichen Welt den politischen Rechtskräften neuen Auftrieb, was an der bevorstehenden Einbeziehung Spaniens in das Verteidigungssystem am deutlichsten, aber auch an dem Aufkommen de Gaulles in Frankreich und an der immer kritischeren Position der Labour-Party gegenüber den Konservativen in England zu ersehen ist. Mithin dürfte die Frankfurter These von dem Bestimmungsrecht des Volkes über die Wirtschaft schlechthin im Widerspruch stehen zu einer vorbehaltlosen Rüstungspolitik, und die Frage wird zwingend, ob nicht andere Möglichkeiten des Verhaltens der Sozialisten im Weltkonflikt sich anbieten. Die Erwägung, daß eine entschiedene Sozialpolitik und sozialistische Wirtschaftsplanung in sich schon eine ungleich stärkere Konsolidierung der Demokratien gegenüber dem Stalinismus garantieren könnten als alle Waffen, ist jedenfalls auch im eigenen Lager bisher nur sehr unzureichend diskutiert worden.

Das alles sind Hypothesen, solange nicht wirkliche Bereitschaft unter den Parteipolitikern besteht, in ihrer Haltung auf die Ausbeutung des nationalen Ressentiments zu verzichten und stattdessen einen klaren Kurs zu steuern, der die Wähler überzeugt, anstatt sie zu hofieren. Nicht den Wählern, sondern ihren politischen Führern ist vorzuwerfen, daß aus Mangel an Konzeption die sozialistische Internationalität immer wieder an Gruppen-Bedürfnissen und Gruppen-Interessen zersplittert. Die Delegierten von Frankfurt haben hierfür sprechende Beispiele geliefert: die Zusammenstöße zwischen Zinn und Ciolkosz über die Oder-Neiße-Linie, zwischen Morgan Phillips und Topalovich über Jugoslawien, zwischen Finn Moe und Denis Healey über die europäische Zusammenarbeit, die Gespräche der deutschen und französischen Sozialisten über den Schuman-Plan.

Es wäre billig, aufgrund dieser negativen Ereignisse über die sozialistische Internationale den Stab zu brechen. Man hat über einige der Dinge diskutiert, die der sozialistischen Internationalität im Wege stehen, und man hat vielleicht die Beweggründe für die Meinungsverschiedenheiten in politischen Tagesfragen erkannt. Wichtig wird sein, ob man nun die Beweggründe prüfen und korrigieren will, um wieder Bewegungsfähigkeit zu erlangen, oder es bei freundschaftlichem Händeschütteln bewenden lassen will. Vorläufig ist die sozialistische Internationale nur die Wiedergeburt eines Namens, dem der Inhalt noch fehlt. Das muß man erkennen, und man muß sich davor hüten, mehr als das in den Frankfurter Gründungskongreß hineinzugeheimnissen.

Hans-Henning Zencke.

II.

Nun sag, wie hast du's mit der Religion?

Mit der vielbeachteten Formel über die verschiedenen Wurzeln einer sozialistischen Überzeugung („Analysen" oder „Grundsätze" und „marxistisch oder anders begründete Analysen" und „religiöse oder humanitäre Grundsätze") hat der Frankfurter Kongreß zunächst nur eine bestehende und bekannte Tatsache festgestellt: in England zum Beispiel ist der Sozialismus tatsächlich mehr aus christlichen als aus marxistischen Wurzeln erwachsen; in Deutschland ist die marxistische Wurzel im Lauf der Zeit und nach der Trennung der Kommunisten lebensschwächer, die religiöse etwas stärker geworden, die humanitäre ist am wirksamsten.

Trotzdem ist es angebracht, von christlicher Seite aus etwas dazu zu sagen.

In dem Satz der Frankfurter Erklärung ist das Christentum nur unter einem bestimmten Gesichtswinkel gesehen: insofern nämlich „religiöse Grundsätze" zu sozialistischen Überzeugungen führen können. Natürlich können religiöse Grundsätze zu sozialistischen Überzeugungen führen, aber das Christentum erschöpft sich darin keineswegs; es ist, abgesehen von seiner Eignung, sozialistische oder andere Überzeugungen hervorbringen zu können, viel mehr. Deuten wir es an: es ist gläubige Existenz. Die Erklärung hatte keinen zwingenden Anlaß, zu betonen, daß sie Menschen, die sich für diese Existenz entschieden haben, respektiert, — das versteht sich ja in England und anderswo von selbst. In Deutschland wird der Christ in der Theorie gleichfalls, in der Praxis sehr oft respektiert, aber durchaus nicht immer. Vor allem in den örtlichen Gruppen stoßen Christen immer wieder auf die festeingewurzelte Meinung, ein Christ sei eine rückständige, von den sozialistischen Erkenntnissen grundsätzlich widerlegte Figur, die man toleranterweise dulden müsse, bis sie von selbst absterbe.

Deshalb sollte die spätere Prinzipien-Erklärung ausdrücklich feststellen, daß die Internationale nicht nur alle möglichen Begründungen des Sozialismus gelten läßt, sondern im Glauben an Christus und an seine Kirche keinerlei Gegensatz zu ihren Zielen sieht, mögen diese „aus den Ergebnissen marxistischer oder anders begründeter Analysen" oder wie immer abgeleitet sein.

Bei Licht besehen sind übrigens alle „oder" jenes Satzes mißverständlich, — weil sie (zu Unrecht) alternativ verstanden werden können. Ein geschlossener „Marxismus" ließe sich einem System „religiöser oder humanitärer Grundsätze" freilich in dieser Weise gegenüberstellen, von „marxistischen Analysen" aber ist nicht einzusehen, warum sie sich nicht mit „religiösen oder humanitären Grundsätzen" vereinbaren lassen sollen. Der Marxismus von Karl Marx selbst ist ja ein System „humanitärer Grundsätze" und „marxistischer Analysen". *WD*

Jenseits von Ost und West

Zum Evangelischen Kirchentag in Berlin

Beginnen wir — nach mehreren Wochen zurückblickend und in der sicheren Voraussetzung, daß jene, die dies lesen, entweder dabei waren oder Verlauf und Geschehen jener Tage aus Presse und Funk ablasen oder abhörten (mithin also „im Bilde" sind), — beginnen wir damit, was auch der Berliner Kirchentag *nicht* zustande brachte: daß Kirchenfremdlinge und Gott Entfremdete, Intellektuelle und sonstige Bürgerliche, Arbeiter und Gewerbetreibende, Stenotypistinnen und Jugendliche überall in Stadt und Land (vor allem in Westdeutschland), von dem kräftigen und kräftigenden, heilsamen und heilenden Luftzug jener Berliner Tage berührt wurden. Nichtgestellte Fragen, Achselzucken oder halbes, gelangweiltes Anhören der zurückgekehrten Berlin-Fahrer haben es bewiesen. Da wurde dann wieder erschreckend deutlich, wie tief die Kluft zwischen Betenden und Nichtbetenden ist.

Aber sind es nicht auch (und gerade) die *Nicht*betenden, die religiös „Immunen", die von den dem „christlichen Abendland" drohenden Gefahren sprechen, die sich in Angst schütteln vor möglichem Kommunismus auch in Westdeutschland und „bolschewistischer Gefahr für Europa" überhaupt? Und am liebsten einen kleinen, ansehnlichen „Kreuzzug" gegen den Osten, einen Dritten Weltkrieg als das geringste der diese Welt bedrohenden Übel arrangiert sähen . . . ?

Mögen ihre Argumente gut oder schlecht (sie sind meist schlecht), mögen ihre Ängste begründet oder unbegründet sein (sie sind gewiß nicht *ganz* unbegründet), — warum nur tun sie dann immer noch so, als ginge Gott (und „die Kirche") sie nichts an? Warum fuhren sie nicht auch nach Berlin und überwanden ihre ebenso tatenlose wie redebedürftige Trägheit dadurch, daß sie sich, *ihr* Leben, *ihr* „Gewissen" („christlich-abendländisches" Gewissen versteht sich) einmal mit Gott und Christus konfrontierten? Fürchteten sie sich, vielleicht ein Ahnen dessen zu empfangen, das ihnen so fremd ist, daß sie es nur mit Schweigen, Gleichgültigkeit oder Achselzucken meinen beantworten zu können, diese christlichen Abendländer?

Denn auch für sie ist — ebenso wie für die Kapitalisten und die Kommunisten — allein Gott der Herr der Welt und nicht Mr. Truman oder Herr Stalin, auch wenn sie es *beide* nicht wahrhaben wollen, nicht „glauben".

Was es aber heißt, das zu glauben und in diesem Glauben getröstet zu sein, offenbarte der Berliner Kirchentag mehr als die Kirchentage in Essen und Hannover. Er zeigte, was es bedeutet, Brüder unter dem Kreuz zu sein in eben dem Maße, wie die SED-Propaganda diese Bruderschaft in die ihr genehme „Brüderlichkeit" umzuwandeln suchte, indem sie christliche Worte mit unchristlichem Inhalt füllte und auf diese patente Weise die aus dem Osten gekommenen Gläubigen und die Ostzonenbewohner überhaupt zu verwirren suchte. Die ließen sich aber nicht verwirren. Sie nahmen vielmehr die Gelegenheit wahr, zu sprechen; laut und vernehmlich in den Arbeitsgemeinschaften und während der Diskussionen in den Messehallen und Stadien vor Zehntausenden von Menschen; rückhaltlos und gedämpfter in den abendlichen Gesprächen irgendwo in Westberliner Lokalen (mit hin und wieder „deutschem Blick" nach rechts und links) oder an Familientischen.

Unorganisiert und ohne befohlene Massenagitation, in dem Bewußtsein einer lebendigen Bindung jenseits aller Schlagworte und Programme kamen mehr als 100 000 Menschen aus ganz Deutschland zum ersten Mal seit sechs und mehr Jahren zu unbehinderten Begegnungen und teils kontrollierten (in den offiziellen Veranstaltungen), mehr aber unkontrollierten Privatgesprächen zusammen, so auf ihre, nämlich christliche Weise ein „Gesamtdeutsches Gespräch" größten Ausmaßes führend. (Und jeder, der daran aus Desinteresse teilzunehmen versäumte, mag darüber nachdenken, wie er damit fertig wird.)

Was sich da an Bekennermut zeigte, bei jenem Schüler aus der Lausitz, der vom Rednerpult aus sagte: „Ich bin Schüler, und ich muß viel lügen; aber ich glaube daran, daß Gott mir das nachsehen wird"; oder aus dem Munde des Kottbuser Generalsuperintendenten Jakob, der vor Zehntausenden im Walter-Ulbricht-Stadion von „Christus als dem König aller Könige" sprach, „vor dem alle Mächtigen dieser Erde verworfen sind, die sich selbst zu Göttern erheben lassen und im Rausch ihrer eigenen Machtfülle fanatische Anbetung ihrer Ziele erzwingen und sich mit rasender Glut des Hasses auf alle stürzen, die ihnen widerstehen"; oder in den Worten des Ost-Berliner Missionsdirektors Lokies, als er während der Diskussionen über das Thema „Wem gehören unsere Kinder?" sich gegen den Mißbrauch der ostzonalen Schulen als „Übungsplatz für ein politisches System" und als „Bekenntnisschule des dialektischen Materialismus" wandte; oder in den Ausführungen des Präses der sächsischen Landessynode, Mager, der sich mit den im sowjetisch besetzten Deutschland eingeführten Arbeitsmethoden auseinandersetzte und feststellte, daß die Bereitschaft der Christen zur Mitarbeit bei der Lösung sozialer Probleme „dort ihre Grenzen hat, wo dem Christen die Freiheit des Glaubens bestritten" wird; — dieser Bekennermut erschreckte nicht nur die anonym anwesenden SED- und russischen Beobachter. Er erschreckte und beschämte die sich Christen nennenden Menschen selbst, denen Oberkonsistorialrat Dr. Ehlers auf der großen Schlußkundgebung im Olympia-Stadion zurief: "Wie können wir von einem Staat fordern, daß er in seiner Schule Gottes Wort wirksam werden läßt, wenn wir selbst uns in Ehe und Beruf von den Geboten Gottes dispensieren! Wie können wir einem Staat vorwerfen, daß er den Kindern den Glauben aus dem Herzen reißt, wenn die Kinder zuhause nicht spüren, daß ihre Eltern lebendige Glieder der christlichen Kirche sind ...? Nur wenn wir das innere Leben unserer Burg in Ordnung halten, können wir dem Angriff von draußen widerstehen ... Wir wollen doch nicht so tun, als ob es irgendwo in der Welt ungebrochen ‚christliches Abendland' gäbe ..."

*

Weil die Kirchentage eine Angelegenheit der Laien sein sollen (und auch weitgehend sind), weht auf ihnen ein so frischer Wind, der freilich noch nicht — nach erst drei Jahren — im Gefüge der zur Restauration neigenden Evangelischen Kirche als „Kirche" spürbar ist, mindestens aber schon durch manche Gemeinde (und das ist ja gerade Kirche) weht. Im Osten mehr als im Westen. Das ist ja auch das Anliegen jedes Kirchentages und des durch ihn entfachten Laiendienstes. Thadden-Trieglaff, der Kirchentagspräsident, schreibt (und sagt) es immer wieder sehr deutlich: Nicht „fromme Spezialisten allein, die innerhalb der Kirche zu besonders qualifizierten Aufgaben abgestellt sind, sind von den Worten Jesu gerufen: ‚Gleich wie mich der Vater gesandt hat, so sende ich euch'; sondern dieser Ruf geht an die Pioniere der christlichen Botschaft, an die jungen Menschen im Arbeitskittel, die für ihren höchst modernen missionarischen Laiendienst ausgerüstet werden müssen ... Wer aber weist sie an? Finden sie Rückhalt in den Gemeinden? Hier tritt ein beunruhigender Tatbestand zutage, und die Kirche muß alles tun, um einen spürbaren Wandel, eine radikale Revision und völlige Umstellung ihrer Aufgaben zu schaffen ..." Wahrhaftig, Thadden-Trieglaff gebricht es nicht an Mut. Und eine besondere Art von Mut gehört gewiß dazu, sich dem Kirchenregiment zu stellen (von dem man nie recht weiß, ob es von Gott oder vom Teufel ist), bei ihm Forderungen anzumelden und dennoch seiner Loyalität, ja seiner Unterstützung sicher zu sein und zu bleiben.

Wir wissen nicht, welche Bedenken der Kirchentagspräsident bei der Leitung der EKD zu zerstreuen und aufzulösen hatte, als er und seine engsten Mitarbeiter in diesem Jahre Berlin wählten, damit dem Ruf vieler Christen im Osten folgend. Es konnte, durch die Verhandlungen mit der Regierung der Deutschen Demokratischen Republik und durch die von ihr gewährte Unterstützung, nur allzu leicht geschehen, daß Kirchentagspräsidium und Evangelische Kirche in Gegensätze gerieten, die die Krisenerscheinungen innnerhalb der EKD nicht nur nicht mildern, sondern ihre Konturen noch sichtbarer machen würden. Daß das geschehen wäre, läßt sich nicht erkennen.

Tatsache ist, daß die Verantwortlichen des Kirchentages in Wort und Schrift jede Tonart vermieden, die dem unbefangenen, aber wachsamen Beobachter auch nur den leisesten Grund zu der Annahme geben konnten, irgendetwas sei in eine offene Unordnung geraten, auf der statt Segen Unsegen ruht. Ebenso wie die offizielle Kirchentagszeitung außerhalb der berichterstattenden Referate und Diskussionswiedergaben sich jedes Angriffs oder Vorwurfs gegen die Regierung der DDR enthielt. Das war für manche, besonders die aus dem Osten gekommen waren, in etwa enttäuschend; denn sie meinten, der Kirchentag werde „tabula rasa" machen, zum Beispiel eindeutig Stellung beziehen gegenüber den ostzonalen Konzentrationslagern und der Verfolgung und Terrorisierung aller „konterrevolutionären" Elemente. Man tat beides nicht und wird sich wohl nach Ost und West gegen den Vorwurf eines billigen Konformismus zu verteidigen haben. Für die Initiatoren des Kirchentages galt streng das Gebot: Wir beabsichtigen keine politischen Demonstrationen. Nichtsdestoweniger war und ist man sich darüber im klaren, daß der Berliner Kirchentag ein Politikum ersten Ranges war, „wenn man ‚politisch' nur recht versteht", wie Bischof Lilje erklärte.

Die Bundesregierung wollte es in diesem Sinne überhaupt nicht, die Ostzonen-Regierung nur in einem anderen Sinne verstanden haben. Darum hatte die Bundesregierung zur Eröffnungsfeier in der ostsektoralen Marienkirche niemanden, die SED aber Wilhelm Pieck entsandt; darum wurde die Kirchentagsleitung von Ministerpräsident Grotewohl empfangen („Wir haben es gelernt", sagte er, „gemäß Ihrer Losung ‚Wir sind doch Brüder' Besprechungen und Auseinandersetzungen über gegensätzliche Dinge so zu führen, daß die Menschen immer wieder den Menschen im anderen gesehen haben. Das ist eine Lehre, die das Verhältnis zwischen Staat und Kirche bereits erheblich gebessert hat ..."); darum ließ weiter die FDJ Tausende junger Christen in ihrem Lager Wendenschloß wohnen; deswegen war jede antikirchliche Propaganda untersagt (und beschränkte sich die FDJ auf die diskrete Verteilung verschiedener „friedlicher" Schriften, wie die auszugsweise Wiedergabe der Briefe von Martin Niemöller an Bundespräsident Heuß und Bundesminister Kaiser zur „Volksbefragung" und zur Remilitarisierung Westdeutschlands, Briefe, die man auf diese passende Weise wenigstens zu sehen bekam).

Erst zwei Wochen später startete die SED den ersten (erwarteten) Angriff, und zwar gegen Männer wie Jacob, Lokies, Mager, wegen ihrer oben zitierten Reden. In der Sowjetzone, so schrieb das „Neue Deutschland" am 24. Juli, „gibt es nur *eine* Macht, nämlich die Macht des Volkes". Man werde die Glieder der Kirche in weit stärkerem Maße als bisher für die „Nationale Front" zu gewinnen trachten.

Welch ein Optimismus! Nach dem Berliner Kirchentag wird kommunistisches Liebeswerben um gläubige Christenmenschen — Laien wie Pastoren — vergeblicher sein denn je. Das Predigtwort, von allen Berliner Kanzeln am Morgen des 15. Juli verkündet: „Denn ich bin gewiß, daß weder Tod noch Leben, weder Engel noch Fürstentümer noch Gewalten, weder Gegenwärtiges noch Zukünftiges, weder Hohes noch Tiefes noch keine andere Kreatur uns scheiden mag von der Liebe Gottes, die in Christo Jesu ist, unserem Herren", — dieses Wort von Paulus an die bedrängten Christen Roms haben vor allem die Christen Ost-Deutschlands neu erfahren. Mögen sie darüber hinaus sicher sein, daß die Christen im Westen treuer als bisher für sie beten. Denn — so heißt eines der kurzen offiziellen Kirchentagsworte —: „Wir haben erkannt: Gott will uns in der Kirche zu Brüdern und Schwestern machen, die ihre Last gemeinsam tragen und ihren Herrn gemeinsam loben. Denn Christus ist der Herr und unser Bruder. Er ist unter uns und trägt uns auch. Er will nicht, daß wir uns auseinandertreiben lassen und anderen Herren hörig werden. Drum bleibt bei der Gemeinde seines Wortes und werdet seine Zeugen."

Und werdet seine Zeugen ...

Regina Bohne.

Martin Buber

DIE OPFERUNG ISAAKS

Das erste Buch Kierkegaards, des großen Erzprüfers der Christenheit im neunzehnten Jahrhundert, das ich als junger Mensch gelesen habe, war „Furcht und Zittern", das sich ganz auf der biblischen Erzählung von der Opferung Isaaks aufbaut. Ich denke noch heute an jene Stunde zurück, weil ich damals den Anstoß erhielt, über das Verhältnis des Ethischen zum Religiösen nachzudenken.

In diesem Buch wird an dem Beispiel der Versuchung Abrahams dargelegt, es gebe eine „teleologische Suspension des Ethischen", das heißt, die Gültigkeit der ethischen Verpflichtung könne jeweils durch ein Höheres, durch das Höchste dessen Absichten gemäß suspendiert werden. Wenn Gott einem gebietet, seinen Sohn zu morden, so ist für die Dauer dieser Situation die Unsittlichkeit des Unsittlichen aufgehoben, mehr noch: das sonst schlechthin Böse ist für die Dauer dieser Situation das schlechthin Gute, weil Gottgefällige geworden. An die Stelle des Allgemeinen und Allgemeingültigen tritt etwas, was ausschließlich in dem persönlichen Verhältnis zwischen Gott und dem Einzelnen gegründet ist. Eben damit aber wird das Allgemeine und Allgemeingültige, das Ethische relativiert; seine Werte und Gesetze werden aus dem Unbedingten in die Bedingtheit verwiesen; denn dem, was im Bereich des Ethischen Pflicht ist, kommt keine Absolutheit mehr zu, sowie es mit der absoluten Pflicht gegen Gott konfrontiert wird. „Aber was ist denn", fragt Kierkegaard, „die Pflicht? Die Pflicht ist ja eben der Ausdruck für Gottes Willen!" Mit anderen Worten: Gott setzt die Ordnung von Gut und Böse — und durchbricht sie, wo er will, und zwar von Person zu Person.

Auf den tödlichen Ernst dieses „Von Person zu Person" hat Kierkegaard zwar mit dem äußersten Nachdruck hingewiesen. Aufs deutlichste erklärt er, nur einem, der würdig sei, Gottes Auserwählter genannt zu werden, werde solch eine Probe auferlegt; „wer aber", fragt er, „ist ein solcher?" Insbesondere versichert er uns Mal um Mal, er selber habe diesen Mut des Glaubens nicht, der erforderlich sei, um sich mit geschlossenen Augen vertrauensvoll in das Absurde zu stürzen; es sei ihm unmöglich, die paradoxale Bewegung des Glaubens zu vollziehen, die Abraham vollzieht. Man muß jedoch daran denken, daß Kierkegaard auch erklärt, er habe darum gekämpft, im strengen Sinn „der Einzelne" zu werden, habe es aber nicht ergriffen, und daß er dennoch einmal im Sinne hatte, auf sein Grab die Worte „Jener Einzelne" setzen zu lassen. Es ist aus verschiedenen Zeichen zu entnehmen, daß ihm, als er beschrieb, wie Abraham seinen Sohn hergab und doch daran glaubte, er werde ihn nicht verlieren (so versteht Kierkegaard den Vorgang), die Erinnerung an den Tag in der Seele stand, da er selber, wenig mehr als ein Jahr vorher, den Bund mit der geliebten Braut löste und doch meinte, ihn in einer unfaßbaren Dimension bewahren zu können. Gegen diesen Bund, so deutete er es einmal, „lag ein göttlicher Protest vor"*, dessen er freilich nicht dauernd sicher war,

* Auch sie selber äußerte einmal, viel später, er habe sie Gott geopfert.

so wenig, daß er im Jahr der Veröffentlichung von „Furcht und Zittern" den Satz niederzuschreiben vermochte: „Hätte ich den Glauben gehabt, so wäre ich bei ihr geblieben." Aus der Situation zwischen Abraham und Gott, der die von ihm selber gesetzte ethische Ordnung durchbricht, ist der Vorgang hier in eine Sphäre gerückt, in der es weit weniger eindeutig als in der biblischen Erzählung zugeht. „Was er unter Isaak zu verstehen hat", sagt Kierkegaard, „kann der Einzelne nur mit sich selbst für sich selbst ausmachen". Das bedeutet klar und präzis, daß er es von Gott nicht, jedenfalls nicht unmißverständlich, erfährt. Gott fordert das Opfer von ihm, aber welches Opfer, das bleibt offenbar dem Einzelnen zur Interpretation überlassen, die immerhin durch seine Lebensumstände in dieser Stunde bestimmt wird. Wie anders redet hier die biblische Stimme: „Deinen Sohn, deinen Einzigen, den du liebst, den Isaak." Da ist nichts zu interpretieren, der hörende Mensch erfährt restlos, was von ihm gefordert wird; der Gott, der hier redet, gibt keine Rätsel auf.

Aber noch sind wir nicht bei der entscheidenden Problematik angelangt. Diese tut sich uns erst dann auf, als Kierkegaard seinen Abraham mit Agamemnon vergleicht, der sich anschickt, Iphigenie zu opfern. Agamemnon ist der tragische Held, der vom „Allgemeinen", von dem Vorhaben seines Volkes angefordert wird, also „in den Grenzen der Ethik bleibt", die Abraham, „der Ritter des Glaubens", überschreitet. Alles kommt darauf an, daß er sie mit der paradoxalen Bewegung des Glaubens überschreitet; denn sonst ist alles eine „Anfechtung" gewesen, die Opferbereitschaft eine Mordbereitschaft, „Abraham ist verloren". Auch das entscheidet sich in der „absoluten Isolation". „Der Ritter des Glaubens", sagt Kierkegaard, „ist einzig und allein auf sich selbst angewiesen, und darin liegt das Entsetzliche." Das ist insofern richtig, als es niemanden auf Erden gibt, der ihm helfen könnte, die Entscheidung zu treffen und „die Bewegung der Unendlichkeit" zu vollziehen. Aber Kierkegaard setzt hier etwas voraus, was nicht einmal in der Welt Abrahams, geschweige denn in unserer Welt vorausgesetzt werden darf. Er beachtet nicht, daß der Problematik der Glaubensentscheidung eine Problematik des Hörens selber vorausgeht: Wer ist es, dessen Stimme man vernimmt? Für Kierkegaard ist es von der christlichen Tradition aus, in der er aufgewachsen ist, selbstverständlich, daß der das Opfer Fordernde kein anderer als Gott ist. Für die Bibel, jedenfalls für das Alte Testament, ist das nicht ohne weiteres selbstverständlich; wird hier doch sogar eine bestimmte „Anstiftung" zu einer verbotenen Handlung an einer Stelle (II Samuel 24) Gott zugeschrieben und an einer anderen (I Chronik 21) dem Satan. Wohl hat Abraham die Stimme, die ihn einst aus der Heimat gehen hieß, und die er damals, ohne daß der Redende ihm sagte, wer er sei, als die Stimme Gottes erkannte, nie mehr mit einer andern zu verwechseln vermocht. Und wohl „versucht" Gott ihn nur, das heißt, er holt durch die äußerste Forderung die innerste Hingabe-Bereitschaft aus den Tiefen des Menschenwesens hervor und ermöglicht diesem, sie zur vollen Tat-Intention erwachsen zu lassen und sein Verhältnis zu ihm, Gott, ganz wirklich zu machen; dann jedoch, wenn nichts mehr hemmend zwischen der Intention und der Tat steht, läßt er sich an der so erfüllten Bereitschaft genügen und verhindert die Handlung. Aber es kann doch geschehen, daß ein sündiger Mensch ungewiß ist, ob er nicht zur Sühne Gott den, vielleicht auch sehr geliebten, Sohn zu opfern habe (Micha 5): der Moloch ahmt die Stimme Gottes nach, wogegen Gott selber (ebenda) von diesem Menschen — nicht von Abraham, seinem Auserwählten, wohl aber von dir und mir nichts weiter fordert als Gerechtigkeit und Liebe, und daß dieser Mensch mit ihm, mit Gott, „bescheiden umgehe", mit anderen Worten, nicht viel mehr als das fundamental Ethische.

Wo es um die „Suspension" des Ethischen geht, ist also die Frage der Fragen, die den Vortritt vor jeder anderen hat: ob du wirklich vom Absoluten angesprochen wirst oder von einem seiner Affen. Wobei zu beachten ist, daß, wie die Bibel zu berichten weiß, die göttliche Stimme, die zum Einzelnen spricht, die Stimme eines „verschwebenden Schweigens" ist (I Könige 19), die Stimmen der Moloche hingegen zumeist ein großmächtiges Gebrüll vorziehen. Dennoch scheint es, insbesondere in unserem Zeitalter, schwer zu sein, sie von jeher zu unterscheiden.

Es ist ein Zeitalter, in dem die Suspension des Ethischen in einer karikaturhaften Gestalt die Menschenwelt erfüllt. Wohl haben sich immer schon die Affen des Absoluten auf Erden getummelt, immer und immer wieder sind Menschen aus dem Dunkel angeheischt worden, ihren Isaak herzugeben, und *hier* gilt es: „Was er unter Isaak zu verstehen hat, kann der Einzelne nur mit sich selbst für sich selbst ausmachen." Aber in all jenen Zeiten gab es auch, den Herzkammern der Menschen eingetan, Bilder des Absoluten, teils blasse, teils krasse, allesamt untreu und doch richtig, vergänglich wie ein Traumbild und doch in der Ewigkeit beglaubigt. Wie unzulänglich auch diese Präsenz war, dennoch brauchte einer, sofern er sie konkret im Sinne trug, nur an sie zu appellieren, um dem Trug der Stimmen nicht erliegen zu müssen. Das ist anders geworden, seit, nach Nietzsches Wort, „Gott tot ist", das heißt, realistisch gesprochen, seit die Bildkraft des menschlichen Herzens im Absterben ist, — seit die geistige Pupille die Erscheinung des Absoluten nicht mehr auffängt. Die falschen Absoluta gebieten über die Seele, die nicht mehr fähig ist, sie durch das Bild des wahren Absoluten in die Flucht zu schlagen. Überall, über die ganze Fläche der Menschenwelt hin, im Osten und im Westen, von Links und von Rechts, durchstoßen sie unbehindert die Schicht des Ethischen und fordern von dir „das Opfer". Immer wieder, wenn ich wohlbeschaffene junge Seelen befrage: „Warum gibst du dein Teuerstes, die Echtheit der Person hin?", wird mir erwidert: „Dies eben, dieses schwerste Opfer ist es, das gebracht werden muß, damit . . ." — gleichviel, „damit die Gleichheit komme" oder „damit die Freiheit komme" oder wie immer. Und sie bringen das Opfer zuverlässig: im Bereich des Moloch lügen die Aufrichtigen und foltern die Barmherzigen. Und meinen wirklich und wahrhaftig, der Brudermord werde der Brüderlichkeit den Weg bereiten! Es scheint vor dem übelsten aller Götzendienste kein Entrinnen zu geben.

Es gibt vor ihm kein Entrinnen, bis das neue Gewissen des Menschen erstanden ist, das ihn aufruft, sich mit der Urgewalt seiner Seele der Verwechslung von Bedingtem mit dem Unbedingten zu erwehren, den Schein zu durchstoßen und zu überführen. Je und je mit dem unbestechlich prüfenden Blick in das falsche Absolute eindringen, bis man dessen Grenzhaftigkeit entdeckt hat, — vielleicht gibt es heute keinen anderen Weg mehr, um jene Kräfte der Pupille wiederzuerwecken, die die nie verschwindende Erscheinung des Absoluten auffängt.

Walter Dirks

DIE CHRISTENHEIT UND EUROPA

Die Vision des Novalis

„Es waren schöne, glänzende Zeiten, wo Europa ein christliches Land war, wo *eine* Christenheit diesen menschlich gestalteten Erdteil bewohnte.“ So beginnt Novalis' berühmtes Manifest „Die Christenheit oder Europa“. Mein Exemplar (Nr. 21 der Insel-Bücherei) trägt das Datum „20. Hartung 1920“, — Hartung nannten wir damals den Januar. Wir standen mitten in den grauen Hungerjahren der grauen Ruhrgroßstädte, die Brüder saßen noch hinterm Stacheldraht in Frankreich; unser häuslicher Katholizismus, im Religionsunterricht apologetisch unterbaut, empfand sich als eine sonderbare Wahrheit in einer völlig anderen Welt, die ungeheuer wirklich war: die Industrie, die Wissenschaft, der Streik, die Bildung — und das nahende Abitur, in dem merkwürdigerweise nichts von Kirche, Mittelalter, Christenheit und Europa vorkommen würde. Aber wir waren an die Hochland-Bände im väterlichen Bücherschrank geraten, wir hatten im Herbst vorher in Rothenfels das doppelte Wunder der Blauen Blume und des blühenden Glaubens erlebt, und wir kannten und liebten wenn auch lange noch nicht Augustin, Dante, Calderon, Pascal, Möhler und Scheeben, so doch Stifter, Eichendorff und die Handel-Mazetti: sie genügten uns vorläufig als Garanten eines nichtbanausischen Christentum. Und nun entdeckten wir Novalis:

„An seinem Hofe“ (— des „weisen Oberhaupts der Kirche“ —) „versammelten sich alle klugen und ehrwürdigen Menschen aus Europa. Alle Schätze flossen dahin, das zerstörte Jerusalem hatte sich gerächt, und Rom selbst war Jerusalem, die heilige Residenz der göttlichen Regierung auf Erden geworden. Fürsten legten ihre Streitigkeiten dem Vater der Christenheit vor, willig ihm ihre Kronen und ihre Herrlichkeit zu Füßen, ja sie achteten es sich zum Ruhm, als Mitglieder dieser hohen Zunft den Abend ihres Lebens in göttlichen Betrachtungen zwischen einsamen Klostermauern zu beschließen. Wie wohltätig, wie angemessen der innern Natur der Menschen diese Regierung, diese Einrichtung war, zeigte das gewaltige Emporstreben aller andern menschlichen Kräfte, die harmonische Entwicklung aller Anlagen; die ungeheure Höhe, die einzelne Menschen in allen Fächern der Wissenschaften des Lebens und der Künste erreichten, und der überall blühende Handelsverkehr mit geistigen und irdischen Waren, in dem Umkreis von Europa und bis in das fernste Indien hinaus.“ Ja, „das waren die schönen wesentlichen Züge der echtkatholischen oder echtchristlichen Zeiten.“

So mußte es sein, wir fühlten es: Die Welt war einmal reich und tief und glücklich und wahr gewesen, und sie hatte mit der Kraft und Einheit des Glaubens ihren Glanz verloren. Sie würde nur wieder in ihre Ordnung kommen und ihre Schönheit zurückgewinnen, wenn sie wieder christlich, wenn sie wieder katholisch würde. „Europa wird christlich sein oder es wird nicht sein“, — so hätten wir damals ausrufen können; nur hätten wir unter „Europa“ nicht wie heute seine politische Einigung verstanden, sondern sehr viel einfacher den Bestand der allein in Betracht kommenden Welt schlechthin, — so fern war uns damals einerseits die Idee der politischen Einigung und anderseits Afrika, Asien und selbst Amerika.

So empfanden wir es 1920. Wir merkten nicht, wie falsch das historische Bild war, das der Schwärmer vom Mittelalter entwarf. Wir merkten vor allem leider nicht, daß die Wahrheit des Christentums in dieser poetischen Schrift bis zur drittletzten Seite überhaupt nicht vorkommt, Christus selbst nämlich, und daß der Dichter den Glauben an Christus auch auf dieser drittletzten Seite nur als *eine* der drei Gestalten des „Christentums" gelten läßt neben den beiden anderen Gestalten, die er „Freude an aller Religion" nennt und „Glaube an die Allfähigkeit alles Irdischen, Wein und Brot des ewigen Lebens zu sein". Wir lasen über die fatale Weisung hinweg, die uns Novalis angesichts dieser drei Gestalten gibt: „Wählt, welche ihr wollt." Aber wir nahmen klopfenden Herzens die große Prophetie auf:

„Die Christenheit muß wieder lebendig und wirksam werden und sich wieder eine sichtbare Kirche ohne Rücksicht auf Landesgrenzen bilden, die alle nach dem Überirdischen durstige Seelen in ihren Schoß aufnimmt und gern Vermittlerin der alten und neuen Welt wird. — Sie muß das alte Füllhorn des Segens wieder über die Völker augießen. Aus dem heiligen Schoße eines ehrwürdigen europäischen Konziliums wird die Christenheit aufstehn, und das Geschäft der Religionserweckung nach einem allumfassenden, göttlichen Plane betrieben werden. Keiner wird dann mehr protestieren gegen christlichen und weltlichen Zwang, denn das Wesen der Kirche wird echte Freiheit sein, und alle nötigen Reformen werden unter der Leitung derselben als friedliche und förmliche Staatsprozesse betrieben werden."

„Europa wird christlich sein oder es wird nicht sein."

Wie steht es nun in Wahrheit mit diesem Satz „Europa wird christlich sein oder es wird *nicht* sein"? 1799, als Novalis schrieb, 1920, als wir lasen, 1945, als jene Parole erneut ausgesprochen wurde, — das war dreimal eine Stunde des Erwachens nach Revolutionen und Revolutionskriegen, und dreimal die Stunde der Besinnung nach den Räuschen der Aufklärung. Auch nach den Revolutionen des 19. Jahrhunderts hatte man dieses Wort gehört. Donoso Cortes hätte es abgewandelt: „Europa wird nicht mehr christlich sein, also wird es nicht mehr sein." Man hört es auch heute wieder, teils mit dem apokalyptischen Unterton des Spaniers (oder in der Färbung des Kierkegaardschen Satzes: „Die Christenheit ist eine Sinnestäuschung"), teils als die besinnliche Überlegung von der Fruchtbarkeit der Wahrheit und der Tödlichkeit des Irrtums, teils als handfestes politisches Aktionsprogramm für ein „Christliches Europa". Aber will man die Wahrheit ermitteln, die in diesem allzu schlagfertigen Wort steckt, wird man genauer zusehen müssen.

Von *einer* Gruppe dieser Bekenner eines christlichen Europas ist hier vor kurzem (im Juli-Heft) schon die Rede gewesen. Evangelische Theologen und Laien haben eine heilsgeschichtliche Begründung der Europa-Politik versucht. Asmussens Wort von Europa als dem „Schnittpunkt aller Wege des Herrn auf Erden" deutet die Richtung dieser Überlegungen an; es sind heilsgeschichtliche Überlegungen, aus denen sodann eine konkrete politische Folgerung gezogen wird: „Weil dem so sei, müsse Europa alle Kraft daransetzen, um zu verhindern, daß es zu einem weltgeschichtlichen Winkel werde." Hier wird also ein christliches Motiv für ein politisches Europa vorgebracht.

Fast gleichzeitig mit Asmussen hat der Jesuit P. von Galli einen Satz ausgesprochen, der einen ganz ähnlichen Klang hat: Europas Sendung liege darin, daß Gott das Christentum mit diesem Kontinent geschichtlich und geographisch verbunden hat. Europas politische Sendung? Doch wohl eher Europas religiöse Sendung, für die von Galli ein „Fernziel“ aufstellt: ein „christliches Europa“, und ein Nahziel: die Bekehrung der Christen selbst. Imgrunde verhält es sich hier ganz ähnlich wie bei Asmussen: Es wird ein christliches Motiv für die politische Integration Europas vorgebracht: Die heilsgeschichtliche Vergangenheit Europas verpflichtet die Christen, Europa weiterhin als Ort der christlichen Verkündigung existent, lebendig, tätig und frei zu erhalten oder zu machen.

Reicht dieses Argument aus, um die Notwendigkeit jener schwierigen und mit großen Risiken belasteten politischen Integration zu begründen? Schon deshalb nicht, weil wir Christen für diese Integration auch auf Nichtchristen angewiesen sind, für die jenes Argument nichts bedeutet. Es reicht für sich allein nicht aus, aber es ist unter Christen ein zusätzliches Motiv, sozusagen ein defensives Kreuzzugs-Motiv: verhindern, daß Rom, Köln, Chartres, Avila in die Hände der Ungläubigen fallen. Wenn diese Überlegung freilich überspitzt oder überschätzt würde, so würde sie so fragwürdig wie alle jene Unternehmungen, welche politische Mittel in den Dienst der Heilsaufgabe stellen wollen. Der Geist Gottes bedarf eines intakten Europa nicht, um die Geschichte ins Heil zu führen. Mit Recht hat man oft darauf hingewiesen, daß es nicht das Ende der Kirche bedeutet hat, wenn eine ihrer Provinzen den Glauben verlor oder, wie Nordafrika, von außen her zerstört wurde. So wahr es ist, daß Europa nicht eine Provinz wie jede andere ist, sondern der Kontinent des christlichen Frühlings, Roms, des Mittelalters (Asmussen wird hinzufügen: Wittenbergs und Genfs), so wahr ist es doch auch, daß wir Gottes Absichten nicht kennen und aus dem bisherigen Vorzug Europas nicht im geringsten einen Anspruch und eine Gewißheit ableiten können, sondern einzig und allein eine Forderung an uns selbst und eine Hoffnung. Auch der Sache nach darf dieser Gedanke nicht überspitzt werden. Heilsgeschichtlich von providentieller Bedeutung sind auch Jerusalem, sodann das griechische Kleinasien, Nordafrika, die Länder der weißen Wanderungen (die beiden Amerika, Südafrika, Australien hier, Sibirien dort), schließlich die One World als das neue Feld der Weltmission.

Wenn von Galli ein „christliches Europa“ als ein religiöses Fernziel und keineswegs als ein politisches Nahziel aufstellt, so steht es schon anders mit einer Haltung, die nach einem Bericht des „Neuen Abendlandes“ auf einer Europa-Tagung katholischer Publizisten P. Lutterbeck S. J. als die Haltung *der Portugiesen* interpretierte: „Für den Portugiesen sei Europa die Heimat der Reformation, der Freimaurerei, der Französischen Revolution, des Liberalismus, Marxismus und Kommunismus.“ „Wenn wir“, so zog P. Lutterbeck die Folgerung, „den Portugiesen zeigen, daß Europa nicht gottlos ist, dann werden sie sich auch wieder eines Tages als zu Europa gehörig betrachten“.

Hier nimmt jener Satz von dem Europa, das nicht sein wird, wenn es nicht christlich sein wird, offenbar eine neue Färbung an: „Solange Europa nicht christlich ist, können Christen nicht europäisch sein.“ Wir hören solche Sätze nicht nur in Portugal. Und wir haben ähnliche Parolen im Ohr: „Solange Europa nicht sozialistisch ist, können Sozialisten nicht europäisch sein.“ Für wieder einen anderen ist Europa geradezu definiert durch den Geist der Großen Französischen Revolution oder durch den Geist des Liberalismus, für den Vierten ist Europa das Land des in der Reformation erneuerten Christentums, und für diesen ist Portugal noch nicht völlig zur Höhe Europas gelangt. Das ist eine tragikomische Versammlung, die Versammlung derer, die jeder für sich das wahre Europa besitzen. Die Parallelen wecken den Verdacht, daß hier am Ende eine Stimmung vorliegen könnte, die imgrunde garnicht wesentlich christlich (oder sozialistisch, liberal, protestantisch undsoweiter) ist, sondern sehr einfach nur beschränkt, eigensinnig und undemokratisch. „Was nützt uns das ganze Europa, wenn es nicht esperantistisch ist?" Diese Art zu sprechen, kann einen geradezu neurotischen Ton annehmen: Man verhält sich passiv abwartend und zugleich erpresserisch. Es gab eine Zeit, da Portugal *nicht* wartete, bis seine Partner katholisch waren, da es sich aufmachte, sie katholisch zu *machen*.

Wenn ein solcher Partikularismus vorliegt, so ist nicht viel zu raten. Es ist sehr unwahrscheinlich, daß Europa in der Zeit, die uns wahrscheinlicherweise für seine Vereinigung zur Verfügung steht, christlich werden wird. Europa mag in zweihundert Jahren aus lauter frommen Katholiken bestehen, — innerhalb der nächsten zwanzig Jahre besteht es höchstwahrscheinlicherweise aus (guten und schlechten) Christen, Agnostikern, Ungläubigen, Liberalen, Sozialisten, Kommunisten undsoweiter. Man kann das Haus nicht aus anderen Bausteinen aufbauen, als vorhanden sind. Den einen oder anderen kann man als ungeeignet ausschließen, der eine oder andere schließt sich ohnehin selber aus, aber je mehr man ausschließt, umso geringer wird die Aussicht, das Haus fertigzubringen, und wenn Herr Schumacher das Haus ohne „Klerikale" bauen will, dann kann er ebensolange warten wie die Portugiesen, die es ohne Freimaurer, Liberale und Marxisten bauen wollen.

Nun, obendrein steht jene Kollektion verschiedener Bausteine keineswegs zufällig zur Verfügung. Wenn Europa schon definiert werden soll, so kann es nur als der Gegensatz der Christen und Nichtchristen, der Reformation und der Gegenreformation, des Liberalismus und Sozialismus, definiert werden. In diese (und andere) Gegensätze und nicht nur in die Nationen und Staaten ist der erste, mittelalterliche Bauversuch auseinandergebrochen. Diese Gegensätze sind das Ergebnis der wahren und eigentlichen Geschichte Europas; sie sind nicht Privatmarotten irgendwelcher Ideologen. Und wenn es das „Fernziel" ist (um jetzt P. von Gallis Formel ganz allgemein anzuwenden), diese Gegensätze auszutragen, im Ernste ganz Europa auf *die* Entscheidung zu einigen, die wir als die wahre und richtige Entscheidung vertreten, wir Engagierten alle, und jeder die seine, so kann doch „das Nahziel" nur sein, miteinander zu existieren, *obwohl* diese Gegensätze, ja *weil* diese Gegensätze in allem Ernst da sind. Das muß sich jeder Streiter sagen lassen, — den tiefsten Eindruck aber müßte es auf diejenigen machen, welche die große christliche Geschichte der ersten anderthalb Tausend Jahre als Begründung eines christlichen Europa betrachten: Dieselbe Geschichte hat im Ernst die Emanzipation und leider den Abfall, hat im Ernst den freien Unternehmer nebst Liberalismus und den unfreien Arbeiter nebst Sozialismus hervorgebracht. Daß ihre Prinzipien einander ausschließen, ändert nichts daran, daß sie miteinander existieren, und keiner von ihnen existiert ärgerlicherweise „nur so" und unnötigerweise zufällig, sondern es ist so, daß sie alle miteinander und gegeneinander dieses

Europa wahrhaft *sind*. Wer das nicht annehmen will, nimmt Europa nicht an, nimmt seine Geschichte und seine Wirklichkeit nicht an. Er sabotiert Europa.

Ein Teil dieser Gegensätze ist regional fixiert. So der Katholizismus in Spanien und Portugal, der Protestantismus in Skandinavien, ein Sozialismus ebendort, der Liberalismus in der Schweiz. Andere Länder sind durch bestimmte Beziehungen zwischen den Gegensätzen charakterisiert. Die Karte der regionalen Gliederung Europas und die Karte der geschichtlichen Glaubens- und Überzeugungs-Gegensätze überlagern einander. Das macht die Bildung Europas nicht leichter. Aber auch das gehört zum Wesen Europas. Schumachers Meinung, ein Europa ohne England und Skandinavien sei ein klerikales Europa, ist überspitzt formuliert, aber doch wenigstens so weit wahr, daß ein solches Europa ein Europa mit katholischem Schwergewicht wäre; nur die Konsequenz, die Schumacher daraus zieht, ist fragwürdig: sich selbst zu distanzieren. Sie ist so fragwürdig wie jene portugiesische Bedingung.

Das bedeutet nicht, daß wir nicht Bedingungen stellen dürften und müßten. „Europa um jeden Preis" ist eine stupide Formel. Die Franzosen, die sich weigerten, sich auf Hitlers Europa einzulassen, taten recht daran, und wenn uns andere Leute derart uneuropäische Europen vorschlagen, sei es Stalin, sei es de Gaulle, sei es irgendein anderer, so werden auch wir gut daran tun, Nein zu sagen. Wir haben das Recht, Bedingungen zu stellen. Aber es wäre ein Widerspruch in sich, wollte man *solche* Bedingungen stellen, die der Sache nach antieuropäisch sind. Europa *ist* zum Teil gottlos; man kann es nicht anders haben, als wenn man diese partielle Gottlosigkeit auf sich nimmt, — äußerlich: indem man mit Gottlosen an einem Tisch sitzt, ihnen die Hände schüttelt und mit ihnen Verträge schließt, und innerlich: indem man um ihren Unglauben Schmerz hat, indem man den Heiligen Geist bittet, ihre Herzen umzustimmen, indem man ihm mit seinem geringen Glaubenszeugnis hilft.

Aber, wie gesagt, diese Art von Unart und Ungeduld zeigen nicht nur gegenreformatorische Katholiken, sondern auch unartige und ungeduldige Sozialisten; sie ist christlich (nämlich unchristlich) nicht in einem spezifischen Sinn. Sie hat daher mit der eigentlichen Frage nach der Christlichkeit Europas manchmal nicht viel zu tun. Es gibt ernstere Arten, sie zu stellen, in Portugal und anderswo.

Ein „Christliches Europa" als Drittes Reich

Die ernsteste Art, in der ein Christ die Frage nach der Zukunft stellen kann, ist die eschatologische Art.

Aber gerade so gestellt, führt die Frage in alles andere hinein als in ein „Christliches Europa". Die Eschatologie des Novalis verkündete das Anbrechen eines neuen Zeitalters, in dem der verlorene Glanz der „echtchristlichen oder echtkatholischen Zeiten" und die bisher zerstörerische Freiheit miteinander großartig verbunden sein werden, — aber das und alles Ähnliche ist eine häretische Eschatologie. Es ist uns keine Glorie und keine Harmonie und kein Reich der Freiheit und kein christliches Europa vorausgesagt worden, sondern die Herrschaft des Herrn dieser Welt, und die Christenheit wird darin eine kleine Herde sein. Die uralte

Häresie des Dritten Reiches spricht sich in jenen Vorstellungen aus. Sie ist die Verklärung eines sehr menschlichen Schemas, das der Mensch als ein Wesen, das der Erinnerung und der Hoffnung fähig ist, gerne entwirft: Er träumt in der unleidlichen Gegenwart von den beiden fernen Vollkommenheiten, vom Goldenen Zeitalter, das einmal war, und von dem Goldenen Zeitalter, das einmal kommen wird. Das ist die Perversion der geoffenbarten Wahrheit über die Existenz des Menschen; die ist freilich leidvoll und sündig, aber nicht nur in der Gegenwart, sondern auch in der Vergangenheit und in der Zukunft, und sie ist als solche und im ganzen Verlauf ihrer Geschichte in die ganz andere Wirklichkeit der Ewigkeit eingebettet. Es liegt in jenen falschen Eschatologien also eine Verwechslung der Vergangenheit und der Zukunft mit der Ewigkeit vor. Aber wie es innerhalb dieser geschichtlichen Existenz, also nach dem Sündenfall, kein Paradies gegeben hat, so gibt es innerhalb dieser Existenz, also vor der Wiederkehr des Herrn, auch kein Drittes Reich der vollendeten Synthese, sondern nur eben diese unleidliche geschichtliche Existenz, aus der man nur nach *einer* Richtung herausspringen kann: in die Arme des barmherzigen Gottes. In dieser Existenz geschieht freilich seit Mariens Ja der Anfang des Reiches Gottes; aber noch schrecklicher als die mörderischen Träume von der irdischen Vollkommenheit (die Träume Robespierres, Hitlers und Lenins) wäre die Verwechslung dieses Reiches, dem die Armen im Geiste am nächsten sind, und seiner sozialen Folgen mit einer „christlichen Kultur" oder ihrem Sonderfall, dem „Christlichen Europa". Es war des Romantikers Sache, die Aufklärung zu überwinden: Wir werden ihm beides nachsehen, die schwärmerische Verklärung des Mittelalters und die schwärmerische Erwartung der „heiligen Zeit des ewigen Friedens, wo das neue Jerusalem die Hauptstadt der Welt sein wird". Uns selbst können wir solche falschen Eschatologien nicht gestatten. Dazu sind wir in diesen hundertfünfzig und vor allem in den letzten 37 Jahren zu gründlich „aufgeklärt" worden: aufgeklärt über den Mythos der bürgerlichen und den Mythos der marxistischen Aufklärung ebenso wie über die Träume und Räusche der Gegen-Aufklärung. Die Rute Gottes hat uns gezüchtigt. Auch unser entwickelteres geschichtliches Bewußtsein verpflichtet uns wie jede menschliche Wahrheit; deshalb ist es uns leichter geworden, zur Nüchternheit zurückzufinden und zur wahren Eschatologie. Es wird uns leichter, die „heilige Zeit des ewigen Friedens" dort zu suchen, wo sie zu finden ist: im ewigen Reich Gottes, das die Geschichte transzendiert. Wir können besser als unsere Vorfahren wissen, daß es innerhalb der Geschichte nicht in den Kulturepochen und politischen Integrationen da war oder da sein wird, sondern dort, wo aus dem Heiligen Geist der Wille des Vaters geschieht. Im übrigen wird es in seiner Fülle nach dem Ende der Geschichte zu uns kommen, das in Furcht und Zittern zu ersehnen und zu erbitten uns der wahre Eschatologe Johannes ermutigt hat.

In der historischen Besinnung, die uns in dieser Stunde unserer Geschichte möglich und also zur Pflicht wird, fällt ein bedenkliches Licht auf jeden Versuch einer solchen christlichen Verklärung einer Epoche oder politischen Gestalt, sei es der Vergangenheit, sei es der Zukunft: eine Mitverantwortung für die Perversionen des politischen Puritanismus und Totalitarismus. Das Christentum ist eine folgenreiche Angelegenheit gewesen, nicht nur im Guten, sondern dort, wo es sich selber mißverstand oder mißverstanden wurde, auch im Bösen. Mit Christus trat der absolute Gott in die Menschheit und in die Geschichte ein, im Christentum wurde ein Glaube an den absoluten Gott geschichtlich wirksam. Damit wurde eine ungeheure Vertiefung jeder menschlichen Beziehung möglich, konnte sie doch im Angesichte des absoluten Gottes gelebt werden und im Glauben und in der Kirche Anteil an seiner absoluten Wesenheit nehmen, — nicht nur die Politik, nicht nur die Kunst, nicht nur die Wissenschaft, sogar die Erotik hat bekanntlich davon profitiert. Aber wie die Verinnerlichung des Eros (und die Erhöhung der Ehe zum Sakrament), welche die christlichen Zeiten von den antiken unterscheiden, die Liebe der Geschlechter nicht nur im Guten vertieft hat, sondern auch im Bedenklichen und Bösen, wie sie nicht nur Dante und Beatrice und die Ehe des christlichen Hausvaters Matthias Claudius, sondern auch den Tristan möglich machte und die „Blumen des Bösen", so ist es auch mit der politischen Beziehung. Weder Christus noch das Christentum ist schuld daran, aber das Christentum hat die Voraussetzung dafür geschaffen, daß die Menschen, darunter auch Christen, die Vorstellung des Absoluten isolieren und in ihre menschlichen Geschäfte mischen konnten. Auch in ihre guten Geschäfte und gerade in sie, denn mit ihnen hat ja der lebendige Gott zu tun; wir sind dadurch in der Tat genötigt, die Vorstellung dieser lebendigen absoluten Instanz in unsere Geschäfte zu mischen; das ist in Ordnung (und mehr als bloß „in Ordnung"), wenn diese Vorstellung immer wieder im Glauben, im Gebet, im Sakrament, in der Kirche an die richtige Stelle gerückt wird: wenn dem wirkenden lebendigen Gott die Ehre gegeben wird. Aber es gibt da eine Versuchung: den Versuch, das Absolute als einen fixen Wert in unsere Rechnungen einzusetzen, über den Heiligen Geist zu verfügen. Das kann auch in der Idee einer „christlichen Kultur", eines „christlichen Staates", eines „Christlichen Europa" geschehen. Das junge Germanentum hatte für die christliche Weltdistanz nicht dieselbe Empfänglichkeit wie die hellenistische Spätantike; unter seinem Einfluß ist das Mittelalter dieser Versuchung nicht immer entgangen: der Meinung, man habe ein „Reich" nach dem Willen Christi errichtet.

Reichs-Theologie heute

Alle Reichs-Theologie steht in dieser Versuchung. Die politische Idee des Reiches ist an sich in vielem der nüchterneren und begrenzteren des Staates überlegen; die Idee „Reich" isoliert die politische Funktion nicht so von der Gesellschaft und von der Geschichte, wie das beim Begriff „Staat" naheliegt; die Idee „Reich" verkündet den Anspruch auf Sinn und Wert lauter als der positivistischer aufgefaßte Begriff „Staat", und sie deutet — nach Christus — auf den absoluten König und Richter und sein wahres Reich hin; auch bringt die Idee „Reich" aus der Geschichte die Vorzüge des Universalen mit, das die Enge eines begrenzten Territoriums und etwa des Nationalstaates überschreitet. Aber von der Übereignung einer solchermaßen reich aufgefaßten Staatenwelt an den göttlichen König und Richter bis zur Verfügung über den Heiligen Geist ist nur ein Schritt. Sobald die Menschen, seien sie Handelnde, seien sie theoretisierende Reichs-Theologen, die unerhörten Ansprüche, die Gott an das Reich stellt, im Namen des Reiches an die

Partner stellen, ist jener Schritt getan. Er ist im Mittelalter oft getan worden, wo man mit dem „Gott will es“ und der theologischen Verklärung von fragwürdigen Machtfakten reichlich schnell bei der Hand war.

Nun kann man von einer solchen hybriden Reichs-Theologie eine nicht über Gott verfügende, sondern gläubige Reichs-Theologie unterscheiden. Aber sie ist heute in einer anderen Lage als im Mittelalter. Damals konnte man bei allen politischen Partnern immerhin den Glauben voraussetzen, sei es in Wahrheit die „göttliche Tugend“ des lebendigen Glaubens, sei es wenigstens das öffentlich verpflichtende, ja einklagbare Bekenntnis zum Glauben der Kirche. Heute kann eine gläubige Reichs-Theologie ihre Lehre vom Reich als der angemessenen Gestalt der Gesellschaft und des Staates zwar bekennen, aber nicht im politischen Gespräch mit den Partnern verwenden. Die Theologie des Reiches setzt den Glauben voraus; sie kann nicht als eine vom Glauben unabhängige Sach-Theorie, als ein politisches Programm vertreten und eingeklagt werden.

Es ist so, wie wenn ein Christ mit einem Ungläubigen über die Ehe spricht; zwar wird in diesem Gespräch immer wieder der Augenblick kommen, wo er seinen Glauben an dieses Geheimnis bekennt, das groß ist, aber in Christus und der Kirche; aber er kann nicht darauf bestehen, daß diese Vorstellung zur Voraussetzung der Erkenntnisse und Maßnahmen wird, die gemeinsam ermittelt und beschlossen werden sollen. In gewisser Hinsicht müssen wir Christen immer wieder in zwei Sprachen sprechen, nicht doppelzüngig, aber in zwei Dimensionen. Der Begriff „Natur“ zum Beispiel, mit dem wir täglich in der Welt umgehen, ist keine Verfälschung, sondern nur eine Verengung des Begriffs „Schöpfung“, mit dem wir in der Kirche umgehen. Die zweite Sprache wird uns nicht etwa nur vom Partner abgezwungen, der uns die gläubige einfach nicht abnimmt, sondern wir schulden sie ihm geradezu christlich; denn wir schulden ihm den wahren Dialog, das Wort, das er versteht, und wir schulden ihm die Anerkennung seiner wirklichen Existenz, also seines Unglaubens. Ich kann dem Ungläubigen meinen Glauben an die Schöpfung bekennen, wann immer die Stunde dafür kommt, aber außerhalb dieses Bekenntnisses und in der Solidarität unseres Miteinander kann ich mich mit ihm nicht „schöpfungswissenschaftlich“, sondern nur „naturwissenschaftlich“ unterhalten. (Und die Ergebnisse zeigen, daß das geht.) Also ist die Anwendung auch einer guten Reichs-Theologie, die nicht über den Heiligen Geist verfügen will, heute beschränkt.

Jene Verklärung irdischer Gesellschafts- und Staatsordnungen, die erst durch das Christentum, das heißt als ein Mißverständnis des Christentums möglich wurde, hat die schrecklichsten Folgen freilich erst gehabt, als sich diese Denkungsart in den Köpfen Ungläubiger festsetzte. Sie konnten zum Zuge kommen, als der Staat, die Nation und die Kultur die Erben nicht nur des Reiches, sondern auch seines absoluten Anspruchs geworden waren. Robespierre tötete im Namen der absoluten Vernunft, des absoluten Volkes und der absoluten Gerechtigkeit. Der Bolschewismus besteht darauf, „das Reich“ nun endlich zu verwirklichen: als die Ordnung, in welcher der absolute Wille nun nicht mehr Gottes, sondern „der Geschichte“ geschieht — und derer, die beanspruchen, diesen Willen erkannt zu haben und vollstrecken zu dürfen. Der Totalitarismus wäre nicht ohne das Christentum, und er gründet sich geschichtlich leider auch auf Mißverständnisse der Christen selbst. Die Reinigung vom Geist des Totalitarismus beginnt damit, daß wir den totalitären Kurzschluß im christlichen Bewußtsein selbst beseitigen.

Wir haben also Anlaß, mißtrauisch zu sein gegen die Parole „Christliches Europa", sobald diese Parole sich nicht geistlich, sondern kulturell oder politisch versteht. Ganz anders verhält es sich, wenn sie sehr schlicht das bedeutet, was sie im Glauben allein bedeuten kann: die Hoffnung, alle Europäer möchten Christen werden. Dann bedeutet sie die Hoffnung, der Heilige Geist, der dem Abraham aus Steinen Kinder erwecken kann, werde aus den Agnostikern, Gnostikern und Ungläubigen Europas Christen machen. Diese Hoffnung erwächst aus jedem lebendigen Glauben, als eine Parteinahme für den Heiligen Geist, und sie ist mehr als bloß ein „Für-möglich-halten", sie ist eine Kraft, die wirkt. In diesem Sinne *soll* Europa christlich werden, und damit Europa christlich wird, bedarf es unter anderem der Hoffnung, *daß* es christlich wird. Es fehlt nur sehr an dieser Kraft. Die apokalyptische Prophetie von der kleinen Herde widerspricht *dieser* Hoffnung nicht: es wäre eine Parteinahme *gegen* den Heiligen Geist, wenn man irgendeinen bestimmten Menschen oder eine bestimmte Menschengruppe verloren geben und verfrüht dem Jüngsten Gericht anheimgeben wollte. Die apokalyptische Prophetie widerspricht der Vorstellung eines vollendeten Reiches, in dem alles in Ordnung ist, nicht aber der Hoffnung auf die Bekehrung vieler bestimmter Ungläubiger, so auch der Europäer. Zur Sünde wird dieselbe Parole eines „Christlichen Europa" erst dann, wenn man für bestimmte politische Konzeptionen mit der Christlichkeit Europas rechnet. Es ist die Sünde des Anspruchs, über den Heiligen Geist zu verfügen, den man in der theologischen Tugend erhoffen, aber nicht als Größe in ein politisches Kalkül einsetzen kann; und es ist die Sünde wider die dialogische Liebe: Wir haben den Ungläubigen weder zu liquidieren noch auszuschalten, sondern in die politische Konzeption aufzunehmen. Der Respekt vor dem Heiligen Geist und die christliche Beziehung zum Nichtchristen erfordern christlich die Parole eines nichtchristlichen, eines profanen politischen Europa.

Der politische Nutzen des Glaubens

Natürlich ist es erlaubt, Überlegungen darüber anzustellen, wieviel leichter alles ginge, wenn die Menschen loyal, einsichtig und friedlich wären, und wieviel größer die Aussicht wäre, daß sie loyal, einsichtig und friedlich sind, wenn sie wieder christlich wären. Auch solche Überlegungen führen zu der Vorstellung eines christlichen Europa. Solche Überlegungen haben ihren Wert und ihren Haken. In einer mittelmäßigen (auch mittelmäßig geordneten und funktionierenden) Welt sind die gläubigsten Christen eher ein Element der Unruhe als ein Element der Ordnung. Auch ist es recht fragwürdig, den Glauben an Christus, der Mensch wurde, am Kreuze starb und auferstand, nicht allein um seiner Wahrheit willen zu proklamieren, sondern auch deshalb, weil die Gläubigen dieser Wahrheit gute Staatsbürger und Kulturträger zu sein pflegen. Dabei ist es noch nicht einmal sicher, ob die bisherige Geschichte der christlichen Perioden der europäischen Völker dieser Erwartung recht gibt. Gott hat nicht hindern wollen, daß sich in solchen Epochen und Völkern schlimme Greuel breitgemacht haben, und er hat unchristlichen Zeiten und Völkern einen relativen Wohlstand und Frieden vergönnt. Die Taufe sichert uns weder vor dem politischen Irrtum noch vor dem politischen Verbrechen. Die Heiligkeit aber, die uns wenigstens vor diesem, wenn auch nicht vor jenem sichern würde, ist noch viel weniger verfügbar als Glaube und Taufe. Anderseits heißt es dem Geiste Schranken auferlegen, wenn man ihm verbieten will, unter Nichtgetauften Klugheit und guten Willen zu verbreiten. Jene Überlegung hat ihren Nutzen und ihren Ort, aber sie gehört kaum in die politische Theorie.

Abendland oder Europa?

Statt „Christliches Europa" sagt man oft „Christliches Abendland" oder aber nur „Abendland", — indem man durch die Wahl eben dieses Wortes einen christlichen Charakter Europas festhalten will. Dieser Sprachgebrauch ist in mehrfacher Hinsicht bedenklich. Einmal wird er den Ausgewanderten unter den Abendländern nicht gerecht, die in jedem verständigen Sinn des Wortes Abendländer geblieben sind, als sie aufhörten, Europäer zu sein.* Zum anderen schließt er die Morgenländer aus, die Griechen, die Russen. Zwar schließen diese sich im Augenblick selber aus, und die europäische Integration kann zurzeit nur als „abendländische", als westeuropäische Integration ins Auge gefaßt werden, als der politische Zusammenschluß der „zuhausegebliebenen" Abendländer. Aber die Parole Europa hält doch wenigstens den Anspruch und die Hoffnung auf das morgenländische Europa, auf das jetzt bolschewistisch geführte „griechische" Europa aufrecht. Die Parole „Abendland" dagegen findet sich mit dem Schisma ab.

Es wäre nicht gut, sich mit dem Schisma abzufinden, weder mit dem kirchlichen noch mit dem politischen. Wir lateinischen Christen sind jahrhundertelang an diesem Schisma mitschuldig gewesen, als wir den Ostchristen den Rücken zukehrten und unbekümmert um sie das „heilige Imperium" bauten und sodann zerstörten. Wir dürfen uns nicht wundern, wenn zu der Stunde, da es fällig ist, die andere Hälfte Europas wider uns aufsteht: mit einem größeren Willen zur Einheit, aber ausgerüstet mit Waffen, die *wir* geschmiedet haben: mit der Aufklärung, dem Marxismus und der Atombombe. In dieser Drohung steht unser Schisma, unsere Partikularität, unsere Reichs-Theologie und unsere Aufklärung wider uns auf. Wir sind mit dieser drohenden Macht hundertfältig verbunden, — sie ist weiß Gott nicht etwas Fremdes wie die Hunnen oder Ungarn oder Türken, sie ist Fleisch von unserm Fleisch und Geist von unserm Geist, entartetes Christentum und Europäertum, entstanden in anderhalbtausendjährigem Konnex mit unseren eigenen Taten und Unterlassungen. Dieser drohenden Macht gegenüber ist das Wort „Europa" immerhin ein Ruf, ein Appell, ein Tor, das offengehalten wird, das Wort „Abendland" aber ein Tor, das geschlossen ist. (Nach der anderen Richtung hin können wir das abgrenzende „Europa", das den Willen zur Unabhängigkeit von Amerika und von dem atlantischen Bündnis ausspricht, durch das Wort „Abendland" ergänzen: weil dieses Wort die Zusammengehörigkeit der ausgewanderten und der zuhausegebliebenen Abendländer ausspricht.)

Die christlichen Gründe für ein weltliches Europa

Unter den vielen Gründen, die für die Vereinigung Europas sprechen, scheint es zwei von besonderem Gewicht zu geben. Der eine ist der wirtschaftliche und soziale Vorteil der Vereinigung, oder, um ihn schärfer zu fassen, die Überlegung,

---

* Ich habe das in einem Aufsatz "Das Abendland und Europa" im Septemberheft der „Aussprache" zu begründen gesucht.

daß die getrennten und konkurrierenden National-Gesellschaften in Armut, Not, Schwäche und Chaos versinken werden, daß sie dagegen bei einer Vereinigung die Aussicht haben, nicht nur zu überleben, sondern frei und angemessen zu leben. Allerdings würde diese Überlegung nicht ausschließlich eine Integration Europas begründen, sondern die Wahl zwischen ihr und größeren Zusammenschlüssen, etwa der atlantischen, übriglassen. Der zweite Grund dagegen schränkt diese Wahl auf Europa ein: der europäische Zusammenschluß ist die einzige Aussicht, die europäische Lebensform zu erhalten, die Lebensform der Abendländer, die zuhausegeblieben sind, der seßhaften, konservativen, mannigfaltigen, ortstreuen, eigenwilligen, gegensätzlichen und „nonkonformistischen" Abendländer: Diese Spezies Mensch kann diese Eigenschaften nur dann einigermaßen aufrechterhalten, wenn sie sich auf ihrem eigenen Boden in der Form der Föderation zusammenschließt, nicht nach dem Schmelztiegel-Modell der USA und nicht nach dem Block-Modell des Bolschewismus, sondern, wenn schon überhaupt nach einem Modell, dann nach dem föderativen Modell der Schweiz. Ein dritter Grund schließt sich diesen beiden ersten an: die Existenz eines solchen befriedeten und föderativen Kontinents enthält die sicherste Aussicht, den Weltfrieden zu erhalten.

Haben diese drei Gründe etwas mit dem Christentum zu tun? Am wenigsten der zweite, obwohl gerade er von den Christen oft bevorzugt wird. Denn die geliebte Freiheit, zwischen einer blauen und einer grünen Krawatte wählen zu können, und sehr viele ähnliche Freiheiten, die wir unserer Geschichte und unserer Mannigfaltigkeit verdanken, ist ja nicht mit der christlichen Freiheit zu verwechseln; sollten die Mongolen oder andere Leute keinen Wert auf diese Art von Freiheit legen, sondern die Einheitskrawatte für erträglich oder sogar für bequem halten, so hat das Christentum nichts dagegen einzuwenden. Es ist der Europäer in uns, der Grieche, der Germane, der Mensch der Renaissance, der Bürger, dem die Einheitskrawatte nicht gefällt, und der das Bedürfnis nach derartigen Freiheiten hat. Wir vertreten diese Freiheiten nicht als Christen, sondern weil wir als Europäer so geartet sind und keinen Grund sehen, nicht so zu bleiben. Als Christen könnten wir allenfalls *diese* Freiheit verteidigen: die Freiheit, selbst darüber zu entscheiden, ob wir die Wahl der Krawatten oder den Verzicht auf diese Wahl wählen. Der Mönch verzichtet ja auch auf die Wahl, und das Christentum billigt diesen Verzicht: Es schätzt nicht die Möglichkeit der Wahl, wohl aber die Freiheit, zwischen dieser Möglichkeit und dem Verzicht zu wählen. Unter der Voraussetzung, daß die Europäer in Freiheit ihre freiere Lebensform gewählt haben, ist es daher wohl auch ein christliches Motiv, diese Lebensform zu verteidigen. Dagegen ruft der erste und auch der dritte Grund in uns den Christen unmittelbar auf. Wenn wir gerufen sind, den Hungernden, der uns braucht, mit Brot zu sättigen und, wenn dieses Brot fehlt, es zu backen und den Backofen zu bauen, wenn es daran mangelt, und die Mühle undsoweiter, dann bin ich auch zu einer bestimmten politischen Ordnung gerufen, wenn es eine bestimmte politische Unordnung ist, die zwischen dem Hunger und der Sättigung steht. Wenn es meine Christenpflicht ist, die Nächsten, meine Frau, meine Kinder, die Armen zu sättigen, dann ist es meine Christenpflicht, Europa zu bauen, sobald von ihm erwartet werden kann, daß es Nahrung, Kleidung, Sicherheit und Frieden bringt.

Wahrscheinlich ist Jeanne d'Arc in genau dieser Weise die Heilige Frankreichs geworden. Sie sah den Hunger, die Angst, die Gewalttat in den Dörfern und Städten Lothringens und Frankreichs. Sie sah, wie diese Not abzustellen war: durch eine Zentralgewalt; sie sah, wer den Anspruch auf diese Gewalt hatte: der König; sie sah, welche Mächte diese Ordnung störten und hinderten: die Adeligen und die Engländer. Deshalb ging es darum, den König stark zu machen, ihn in seinen Dienst einzuweisen und die Engländer nachhause zu schicken. Jeanne erkannte im Nationalstaat Frankreich die Ordnungsform, die damals, in der Schwäche der Reichs-Pyramide, die Not der Bauern und Bürger wenden konnte. Sie sah richtig, und sie sah so viel, wie sie übersehen konnte.

Wir sind in einer ähnlichen Lage. Wir übersehen freilich mehr: die One World; und wir können nicht mehr den christlichen Glauben der Partner voraussetzen. Diese beiden Umstände verändern viel. Aber imgrunde ist es dieselbe Aufgabe geblieben: sehr scharf ins Auge zu fassen, welche Ordnung Hilfe schaffen kann, und dann christlich daran mitzuwirken, daß diese Ordnung entsteht, damit geholfen wird. Johannas Belagerungen und Schlachten waren so weltliche Dinge wie unsere ökonomischen und politischen Untersuchungen und Beschlüsse, auch und gerade die sehr speziellen. Sehr erfreulich und beachtenswert ist es daher, daß die Ökumenische Kommission für Europäische Zusammenarbeit den christlichen Ernst dieser weltlichen Überlegungen erkennt. Sachlich falsche Überlegungen, falsche Ziffern, Verstöße gegen die Grenzen des psychologisch und politisch Möglichen, wie sie gerade dem Idealisten naheliegen, verhindern den Erfolg, also die Hilfe, — sie liegen nicht im Sinne Christi, so wie es nicht in der Richtung der realen Bruderschaft gelegen hätte, wenn der Samariter dem Juden fahrlässig Essig statt Wein und Öl in die Wunden gegossen oder dem Wirt statt der zwei Denare, die ausreichten, nur einen halben Denar gegeben hätte. Die christliche Energie, der christliche Liebeswille müßte hier ansetzen, an der Richtigkeit der Erkenntnisse und an der Gangbarkeit der Wege: Er müßte sich im politischen Realismus bewähren. Die Hoffnungen und Aussichten, die sich dann eröffnen, haben nichts mit der kompletten Vollkommenheit aller Dritten Reiche zu tun und wenig mit der platonisch erklügelten Idee des christlichen Reiches, noch weniger mit den ästhetisch-diätischen Träumen des Herrn von Hardenberg. Diese Hoffnungen und Aussichten widersprechen der apokalyptischen Prophetie der Schrift nicht; sie sprengen den Rahmen der Geschichte nicht; sie gehen auf ein Flickwerk, ein helfendes Flickwerk, ein möglichst solides und konstruktives Flickwerk. Das ist, wenn man will, wenig. Das ist, in dieser Welt, recht viel, und wir können, wenn es gelingen sollte, zufrieden und dankbar sein.

So schulden die europäischen Christen heute einander, den anderen Europäern und der Welt ein weltliches, ein politisches Europa. Ein „Christliches Europa" als politische Konzeption ist die Verkennung des wirklichen und die Sabotage des möglichen Europa. Auf ein christliches Europa als ein Land, dessen Bürger Christen sind, hoffen wir so lange, bis unsere Hoffnung durch die Geschichte oder durch die Posaunen des Gerichts widerlegt wird.

DER SKORPION

Tief mündete des Traumes Schacht.
Ich sah hinab wie durch ein Rohr:
Feuchtes Gewölb — wußt ich es schon?
Auf grauem Grund ein Schatten fror,
Quer durch ihn zog der Skorpion.

Und als er meines Blickes Schritt,
Mit mir im gleichen Traum, vernahm:
Im Schattenbalken regungslos
Verweilte er und pflanzte Gram
Auf meines Wesens tiefstem Schoß.

Und sah — das giftige Gewächs,
Wie's langsam seinen Stachel hob,
Mir drohte aus dem Schattennest,
Das meine Angst ihm selber wob.
Des Traumes Schacht war tief und fest.

Nun weiß ich nicht, ob er mich stach . . .
Doch weiß ich: eine Stimme rief
Von drüben: tritt mit dem Verstand
Ins Nichts der Hölle Hieroglyph',
Die aus dem Nichts dein Wahn erfand.

Erprob das Sinnbild mit dem Fuß —
Und sieh: die Hülle aus Chitin
Ist keine Maske; jedes Ding
Ist voll Verstand — doch ohne Sinn,
Kein Abgrund, der dem Lot entging.

O Hohlheit, die uns noch verhöhnt
In Traumesnot! Mein Herz erschrak
Bei solchem Rat und weckte laut
An des Vergessens Sarkophag
Die hellen Bilder, sinnbetaut.

Jäh wußt' ich, daß der Sirius selbst
Sein Grün mir gäb als Himmelslohn,
Daß Lilien schmückten sich für mich —
Wenn ich beließ den Skorpion
Als wirklich dort im Schattenstrich.

Da schritt ich aus: ich zahl den Zoll
Dem Finstern für der Sterne Schein!
Stich Skorpion, glüh Amethyst,
Dem Ungeteilten mich zu weihn,
Das sich in euch und mir ermißt.

Stefan Andres.

Michael Benzler

MISTRAL

Er kannte diese Stelle seit langem. Der Felsen fiel hier gute hundert Meter fast senkrecht ins Meer. Bei seinem Sturz würde er an einigen Vorsprüngen aufschlagen und bewußtlos im Wasser versinken, das schon am Ufer etliche Meter tief war.

Er hatte in der Dunkelheit ohne Schwierigkeit hergefunden und sich auf seinen Steinblock gesetzt. Bei Tag war er hier oft gewesen. Da schaukelten drunten auf leichten, blauen Wellen ein paar Fischerboote und bewegten sich kaum von der Stelle. Die Männer legten die Netze aus und holten sie schwer und glitzernd wieder ein. Die Sonne brannte auf der roten Felsenküste. In dunklem Grün standen Kakteen, heller schimmerten Agaven, auf der Höhe schwankten die schwarzen Spitzen der Zypressen leicht im Wind. Rotbraune Pinienstämme neigten sich mit dunklen Kappen über das Wasser, unter dessen klarem Spiegel sich blaugrüner Tang leise bewegte.

Jetzt war es Nacht. Der Sturm brach in Stößen von den Bergen herab und stürzte haltlos auf die finstere See hinaus. Drüben flackerten ein paar Lichter von Villefranche. Er spürte die niederen Wolken auf seine Schultern drücken.

Wenn das Heulen etwas verebbte, war es manchmal fast still. Er lauschte dann, als erwartete er etwas. Warum eigentlich? Er wußte doch ganz bestimmt, daß er genug hatte. Genügte das nicht? Aber da entdeckte er plötzlich etwas, das ihm hier völlig fremd war: eine Quelle rauschte. Er dachte nach. Sollte sie plötzlich irgendwo aus dem Felsen gebrochen sein? Er horchte. Schwer zu sagen, wo das war. Aber das Wasser rauschte stetig, ohne Hast, manchmal klang das Geräusch mehr plätschernd, manchmal schien es innezuhalten, ganz kurz, doch ein fließender Unterton blieb immer bestehen. Es rauschte.

Ohne es zu bemerken, wurde er vom Denken ins Fühlen hinübergetragen, in traumhaftes Wachen, ein Mitgezogenwerden. Er spürte seinen Körper nach rückwärts in die Höhe getragen, ohne daß er sich dagegen wehren konnte noch wollte. Ein seltsames Gefühl des Schwebens überkam ihn. Er verlor die Berührung mit der Erde und fühlte sich fast ohne Schwere.

Da sah er den Brunnen. Es rauschte damals immer so seltsam, wenn sie nach Mitternacht durch die Stadt gingen. Es gab dort zahllose Brunnen.

— Ich habe Angst vor diesem Rauschen, sagte er. Da ist etwas, das mich fürchten macht. Hörst du? Dieser Unterton, der immer so traurig tief mit dabei ist. Jetzt schwillt er an wie der Wind, immer näher, braust, tost. Du bist so sicher?

— Du mußt nur immer weitergehen, das ist der Brunnen Sant' Antonio, erwiderte sie.

— Wie du das so einfach dahinsagst, immer weitergehen. Woher weiß ich denn, daß es immer wieder ein Brunnen ist, daß nicht das Meer kommt und der graue Sturm?

— Hier kommen die Brunnen immer wieder.

— Wer sagt dir denn das?

Er blieb stehen und zog sie an sich. Sie drehte widerstrebend den Kopf zur Seite und schwieg. Im Turm von Saint-Sauveur begann es zu rattern und zu klappern. Es schlug einmal. Der Ton verlor sich schnell und klirrend. Ein unsichtbarer Wind trug ihn davon. Die Laternen schwankten freilich ein wenig, aber nur ganz schwach, fast wie im Schlaf.

— Nein, sagte er, das ist nicht der Stundenschlag von St. Bénigne. Aber den kennst du ja nicht. Doch er klingt mir immer in den Ohren. Wenn ich zuhause bin, schaue ich dann auf die Straße und sehe den schwarzen Mann am Portal, der wartet. Ich frage mich schon seit Jahren, auf was. Aber ich hatte nie den Mut gehabt, hinabzugehen und zu fragen. Ich höre die scheppernden Schläge immer, auch wenn es nicht an der Zeit ist. Es muß nur nacht sein. Aber steht St. Bénigne nicht immer in der Finsternis? Natürlich verstehst du das nicht. Du kennst nur die Glocken von St. Sauveur.

Sie schwieg. Jetzt traten sie in den Häuserschatten.

— Fürchtest du dich nicht im schwarzen Schatten?

— Im Süden sind die Schatten immer hell.

— Hast du alles vergessen?

— Ich habe es nicht nur vergessen, ich weiß es nicht mehr. Ich lebe in einer anderen Welt und sehne mich nach nichts zurück.

Jetzt traten sie auf den kleinen Platz der Kathedrale. Das Frühlingsgrün der Platanen leuchtete. In der Mitte stand der Brunnen der Heiligen Jungfrau und rauschte. Der gelbe Campanile stieg zwischen den Sternen in den dunkelblauen Himmel. Sie setzten sich auf eine Bank und schwiegen. Manchmal rüttelte der Wind in den Wipfeln. Das Wasser plätscherte in leisen Wogen. Die Nacht ging mit sanften Schritten durch die Gassen. Die Häuser lagen in einem traumlosen Schlaf.

— Jetzt möchte ich in die Kirche gehen. Warum liest man jetzt keine Messe? Aber der Priester schläft. Auch Gott hat seinen Fahrplan, nicht? Abfahrt im Sündenpfuhl oder so ähnlich.

— Du sollst nicht lästern, wenn du ungläubig bist.

— Du ratest mir von einem sicheren Hafen, gemächlich. Wie stolz du auf deinen Besitz bist, auf deine Sicherheit, auf deine Geborgenheit. Ich habe nicht das Glück gehabt, daß man mich schon mit der Wiege in den rechten Zug gesetzt hat. Ihr wart nie mit dem Herrn im Garten Gethsemane. Da saß der Teufel im Ölbaum und schrie: Gott ist tot! Petrus hatte Glück. Er schlief so fest, daß er es nicht hörte. Die Jünger stolperten am Morgen schlaftrunken über den blutigen Schweiß. Es konnte ihnen freilich nichts passieren, sie waren auserwählt zum Glauben. Warum bin ich nicht außerwählt? Heute sitzen tausend Teufel in den Olivenbäumen und schreien: Gott ist tot! Was sagt dir dein Gott?

— Du weißt nichts von meinem Gott.

— Ja? Wirklich? Er war aufgesprungen und hatte geschrieen. Sie zog ihn auf die Bank zurück. Der Ruf hallte noch zwischen den Mauern und verlor sich.

— Ach, fuhr er leise fort, du warst nie in diesem Garten. Du kennst den Schmerz nicht, wenn die Dornen stechen.

Dann war es wieder still, nur die Brunnen rauschten. Die Nacht zog ihre Bahn.

Jetzt begannen die Kronen der Platanen zu schwanken. Noch fast lautlos. Aber die Erde zitterte schon. Dann brach es herein. Mit einem Schlag stürzte der Sturm heulend und schwer von Norden herab. Die Mauern bebten in ihren Fundamenten. Der Sturm tobte ohne Gnade. Er riß die Glockenschläge vom Turm und warf sie auf die Dächer, daß die Ziegel zersplitterten. Die beiden schlugen die Mantelkragen über die Ohren, faßten sich am Arm und schlossen sich enger zusammen. Sie spürte seine nassen Wangen.

— Warum weinst du?

Er antwortete nicht und schluchzte.

— Komm, sagte sie mit ihrer alten Stimme und zog ihn noch näher zu sich heran. Jetzt spürte er ihre Wärme und nahm sie in sich auf.

Er atmete den Geruch ihrer Haut tief ein, wie damals am See. Um sie lagen die Dörfer im Mittagslicht und schlummerten. Die Äpfel glänzten in der Sonne und reiften. Dort hatten sie zusammen geschlafen und geträumt.

Fast widerstrebend war er damals mit ihr gegangen. Aber als er sie in jenem Sommer wiedersah, erkannte er gleich die Stunde. Sie trug ein Sommerkleid in matten, zerfließenden Pastellfarben. Er ahnte den Frieden und öffnete ihm seine Arme. Er fühlte sich gleich zuhause, geborgen. Ihre Stimmen begannen zu harmonieren. Aber überkam ihn nicht immer schon eine seltsame Angst, wenn er ihren Namen sagte? Irene. Aber das verlor sich bald. Oder doch nicht? Unbewußt wählte er meist andere Namen der Liebe.

— Ist das für immer vorübergegangen? fragte er plötzlich laut.

— Was träumst du denn?, erwiderte sie mit besänftigender Stimme.

— Ach, weißt du, damals. Ich dachte gerade, wie wir zusammen in Lindenberg waren. War das nicht anders als heute, Irene? Er hatte ihren Namen mit beschwörender Betonung ausgesprochen.

— Ja, es war anders. Aber sollte es nicht heute besser sein?

Sie standen auf, küßten sich lange und gingen zu ihrem Hotel am Boulevard Rimbaldi hinüber. Manchmal griff ein Windstoß so hart nach ihnen, daß sie sich aneinander festhalten mußten. Als der Nachtportier öffnete, schob er ihm hundert Francs zu. Der Kerl grinste schmierig und machte Bücklinge. Eine steile Treppe ging zum ersten Stock. Die dunkelroten Kacheln der Stufen waren ausgetreten. Ein Nachtlicht funzelte trübe. Es roch nach Desinfektionsmittel, Eau de Javel und nach schlechten Parfums.

Sie machten kein Licht im Zimmer und zogen sich stumm aus. Ein paar Lichtstreifen der Straßenlaterne schwankten an der Wand. Im Hof kreischten Katzen. Der Wind rüttelte an den Läden.

Er fühlte sich doch etwas erleichtert und hatte wieder genügend Kraft, um zu warten. Da spürte er die Wärme ihres Körpers und ihren Mund wie damals. Sie küßte seine Augen, und ihre Tränen fielen auf seine Stirn. Sie trank seinen Schmerz in sich hinein, und die alte Harmonie kehrte wieder. Beide hatten nur ein Gefühl: daß sie hinweggetragen wurden.

Wie helle, blaue Luft war es ihm vor den Augen. Er sah lange einen matten Glanz, bis er langsam verblaßte, verschattete, immer dunkler wurde, bis zu einem tiefen Schwarz.

Jetzt war es wieder Nacht. Das Rauschen hatte aufgehört. Er schaute um sich, als fürchtete er, daß jemand in seiner Nähe wäre. Hinter sich erkannte er ganz schwach ein paar Felsblöcke. Sie murrten im Wind.

Drüben bewegten sich langsam zwei Lichter aus dem Hafen, die immer deutlicher zu schwanken begannen. Das Nachtschiff nach Korsika.

Damals war ein klarer Morgen, als sie aus dem Hafen fuhr. Er stand matt winkend am Kai und spürte, daß er sie für immer verlor. Er fühlte es, aber war sich dessen noch nicht bewußt. Der Tag war übernatürlich klar. Das Meer roch kalt und rein. So hatte sie es sich gewünscht. Das war ihr entscheidender Schritt.

Er schloß sich den ganzen Tag in sein Zimmer ein und zog Läden und Vorhänge zu. Am Abend ging er wie gewohnt die Avenue Cézanne hinauf und bog dann links ab, den Hang entlang. Er kannte den Weg in jedem Licht und in jeder Nacht. Er setzte sich unter seine Pinie. Nächtlich starr und fremd standen vor ihm die verwilderten Oliven. Dahinter fiel es steil ab zur Stadt. Ein paar Lichter blinkten herauf, gleichgültig und fremd. Die Sterne am schwarzen Himmel schienen kalt und klar. Langsam zog sich von Westen ein düsterer Teppich über den Himmel und deckte die Sterne zu. Drunten verlöschten die Lichter. Es war Nacht, ganz einfach Nacht. Sonst nichts, garnichts. Er horchte. Es war lange still, ganz still.

Da raschelte es ein wenig im Gras bei den Ölbäumen. Er sah etwas Graues auf sich zukommen. Treibt sich doch da so spät noch jemand herum, dachte er. Jetzt sah er einen eleganten Sommeranzug. Das Gesicht war kaum zu erkennen, nur die Zähne und die Brille glänzten ein wenig. Anscheinend ein Neger.

— Pardon, ich störe?

— Eigentlich bin ich spazieren gegangen, um allein zu sein.

— Ich auch, wissen Sie. Aber das ist doch Quatsch, ganz einfach doof. Man langweilt sich ja nur noch mehr.

— Sofern man keine eigenen Gedanken hat.

— Ach! Entre nous, daran habe ich auch mal geglaubt. Aber das ist ein Irrtum. Wenn sie scharf aufpassen, bemerken Sie, daß das alles schon andere gedacht haben, und was besonders deprimierend ist, weit besser gedacht haben. Es gibt nichts Neues unter der Sonne, L'Ecclésiaste Kapitel I, Vers 9.

— Gewisse Ideen kehren natürlich immer wieder, aber sie werden nicht alt.

— Offen gestanden, mir kommen sie verdammt alt vor, um nicht zu sagen altmodisch, so alt, daß man sie längst auf den Schutthaufen werfen sollte. Besonders einen Gedanken finde ich rettungslos veraltet: Gott. Nein, damit locken Sie nicht mal mehr einen Wilden aus dem Urwald.

— Er ist ja auch nicht für Wilde.

— Na, packen Sie mal die Chose höchst kulturell an. Was bleibt denn da übrig? Es ist immer die Geschichte vom Wasserschöpfen mit dem Sieb. Der Gedanke selbst ist an sich nicht mal schlecht konstruiert. Aber es ist doch nur eine Verlegenheitslösung.

— Haben Sie denn die richtige Lösung?

— Höchst einfach: nichts, rien, nada, nihil. Jede Sprache hat ein höchst prägnantes Wörtchen dafür. Warum denn alles unnötig verkomplizieren?

— Unter den Ölbäumen stand schon mal einer. Was halten Sie denn von dem?

— Ach, Sie meinen den Erlöser, wie man so nett sagt. Wissen Sie, das ist nämlich gerade der wunde Punkt der sogenannten Heilsbotschaft. Wir wissen nämlich garnicht, was er da allein gemacht hat. Sie kennen ja die Geschichte. Die Jünger haben geschlafen. Mein Gott — entschuldigen Sie die Redewendung, es ist eben eine alte Gewohnheit —, man treibt sich ja auch nicht die ganze Nacht in einem Olivenhain rum. Aber, sans blague, wissen Sie, was er gesehen hat, als er allein war? Höchst einfach: nichts, rien, nada, nihil. Er hat es nachher natürlich nicht gesagt. Zum Sterben hatte er ja schließlich noch Grund genug. Übrigens an sich ein sympathischer Zug, daß er geschwiegen hat. Er meinte es gut. Aber es war natürlich grundverkehrt.

— Wenn ich aber trotzdem glaube, daß er Gott gesehen hat?

— Ach, so wollen Sie's versuchen. Das können Sie natürlich. Gegen den Glauben ist kein Kraut gewachsen. Aber ich gebe Ihnen einen guten Rat: geben Sie es auf! Sie werden sich dabei noch furchtbar langweilen.

— Wenn ich ihn aber liebe, meinen Gott?

— Oh je, das hätten Sie nicht sagen dürfen. Na, wenn Sie mit der Liebe noch keine schlechten Erfahrungen gemacht haben, dann wird es aber höchste Zeit dazu, mon cher.

Er kicherte und machte eine hilflose und bemitleidende Armbewegung.

— Bonne chance, viel Glück!

Er ging tänzelnd den Weg nach rechts hinunter. Die Kiesel klapperten unter seinen Schritten. Als er hinter den Büschen war, kicherte es nochmal quietschend. Dann wurde es bald wieder ganz still.

Hinter ihm raschelte etwas. Er drehte sich mechanisch um, konnte aber nichts erkennen. Jetzt begann das aufgewühlte Meer unten an die Felsen zu schlagen, unruhig und klatschend. Dann fegte ein neuer Windstoß den Berg herab und verlor sich klagend. Alle Lichter waren ausgegangen.

Er blickte trotzdem hinüber, ganz fest auf einen bestimmten Punkt. Er sah alles wieder, das Haus und das Zimmer. Sie lagen schweigend nebeneinander und sahen beide das gleiche: ein trostloser Lichtschimmer, der durch die geschlossenen Läden auf die weißgraue Decke fiel. Unten in der Bar kreischte und johlte es manchmal.

Plötzlich stürzte er sich mit einem Ruck auf sie und umklammerte fest ihren Leib. Sie warf ihren Kopf ruckartig nach links und rechts. Er konnte den Mund nicht finden und biß verzweifelt in die Haare. Dann preßte er sich mit ganzer Kraft auf sie. Ihr Körper konnte sich ihm nicht entziehen. Aber das Fleisch zuckte nicht mehr wie sonst, es blieb kalt. Er fühlte auch gar nichts in sich überströmen. Langsam ließ sein Druck nach. Sie hielten sich aber noch lange umfaßt und tauschten nur ein Gefühl: Kälte.

— Wo bist du denn, schrie er ihr plötzlich ins Ohr.

— Ich bade im kalten Meer.

— Ist das dein neuer Gott?

— Was weißt du denn von meinem Gott!

— Was! Du willst deinen eigenen Gott haben, etwas Besseres vielleicht?

Er riß sich los und warf sich in sein Bett zurück. Dann blieb es wieder lange still. Sie wandte sich ab. Er hörte sie atmen, fast regelmäßig.

Er spürte, wie sich das Blut in seinem Kopf staute und brauste. Seine Gedanken rasten mit schwindelnder Schnelligkeit. Dann brüllte er:

— Das würde dir so passen. So ein höchst persönlicher Privatgott, auf Eiskälte temperiert. Du Narr! Es gibt *doch* nur *einen* Gott!

Er lachte irrsinnig. Dann sagte er noch ganz schwach:

— Du hast kein Glück. Es ist immer der Gott der Liebe.

Er wandte sich ab und begann zu weinen.

Vom Zimmer nebenan klopfte jemand schimpfend an die Wand. Sie antwortete gleichgültig, es werde jetzt ruhig sein. Die Uhr schlug zwölf. Die Töne blieben wie zerfetzte Vorhänge an den Fenstern hängen. Er schaute an die Decke und sah den geschmacklosen Trauerschmuck, der bei Sterbefällen an den Haustüren hängt. Jetzt trugen sie einen schwarzen Sarg heraus. Dahinter ging eine vermummte Gestalt mit einer trüben Kerze, die beim Heraustreten im Luftzug erlöschte. Dann war alles nur noch schwarz.

Er versuchte, sich dem Trauerzug anzuschließen. Er sah nichts und tastete mit beiden Händen noch vorwärts. Da spürte er das rauhe Tannenholz und umkrampfte es, daß die Hände bluteten. Sie wurden so glühend heiß, daß er loslassen mußte. Er tastete weiter und spürte rauhe Pilgerhemden wie grobe Säcke.

— Nehmt mich mit! Nehmt mich mit!

Der Sturm riß ihm die Rufe vom Mund.

— He da, Heiliger Johannes, sind wir schon bei der Apokalypse? Wo sind deine sieben Leuchter?

Niemand gab Antwort. Er stolperte weiter. Da hatte er einen beim Schopf.

— Red doch, Kerl, schrie er ihn an, aber er konnte sein Gesicht nicht sehen. Er zerrte wütend an den Haaren hin und her.

— Aha, ihr wißt auch nichts mehr, stolpert nur noch eben so fort in eurer falschen Keuschheit. Seht ihr endlich ein, daß ihr die da vorne totgeschlagen habt, ganz unblutig natürlich, aber ganz tot. Ihr Leichenpriester!

Der Sturm brach sich an den Felsen.

— Was, ihr murrt? Ich weiß gut, wie ihr das macht. Einfach so ein kleines Würmchen in der Liebe genügt, es macht schon seine Arbeit, weil es Keuschheit heißt. Jetzt tragt ihr sie feierlich zu Grabe, da vorne, im schwarzen Sarg.

Der Wind ebbte klagend ab. Irgendwo rauschte es wieder.

— Ach, ihr wißt ja auch nicht, daß ihr heute euren Gott begrabt. Beim Heiligen Antonius fing es schon an! Wußte er es? Wußten wir es? Es ist schon lange zu spät, seitdem die Engel nur noch im Himmel singen.

Da sah er ein Licht zitternd blinken.

— Bruder Anton! Schnell! Werft den Sarg weg! Sie ist schon drüben. Hinüber! Hinüber! Kommt alle mit! Johannes, dein Licht!

Er stürzte.

— Weiter! Nicht müde werden, meine Brüder! Schnell! Noch leuchtet unser Stern flackernd. Ich will euch führen. Ha, wie die Kutten fliegen! Wir kommen schon näher. Was stockt ihr? Weg jetzt, ich gehe voraus. Was umklammert ihr euer Brevier? Schnell nach, die andern sind alle schon drüben!

Er griff nach dem Licht und stürzte ins Leere. Schwebte er nicht? War er nicht allen voraus? Er hatte noch das Gefühl des unendlichen Falls.

Hermann Krings

THEATER IN UNSERER ZEIT

Ist das Theater, das wir heute zu sehen bekommen, wahres Theater, oder ist es nicht viel mehr nur eine künstlerische Technik, die die Unwahrheit ebenso brillant vorstellt wie die Wahrheit? Oder ist es nicht gar Lüge, — nicht die boshafte, bewußte Lüge des Verführers, sondern die gutgemeinte, unbewußte Lüge dessen, der zu schwach ist für die Wahrheit?

Diese Fragen sind nur zu berechtigt, und sie sind nicht leicht zu beantworten. Aber viele meinen nun, sie könnten unbekümmert ihre Antwort geben. Dabei richtet sich ihr Urteil unbewußt nach dem, was sie in ihrer Schulzeit über das Drama hörten. Maßstab für das heutige Theater ist dann das klassische Drama Goethes oder Schillers, das bürgerliche Drama, allenfalls noch das naturalistische Drama. Das Ergebnis: sie lehnen die moderne Dramatik entschieden ab. Andere entnehmen ihre Antwort ihrer religiösen Unterweisung: kommen in dem Stück Glaubenswahrheiten vor, oder entspricht die Handlung der kirchlichen Morallehre, dann ist es gut; kommt solches nicht vor, oder wird eine Problematik oder gar ein Widerspruch laut, dann ist es bedenklich oder schlecht. Wieder andere versuchen, die Frage von der Form oder von ihrem politischen Standort her anzugehen. Aber all diese Versuche führen zu keinem befriedigenden Ergebnis.

Versuchen wir einmal, den Maßstab für eine gültige Antwort dort zu finden, wo alle Welt ihn sucht, sofern sie nicht viel Umstände macht, — nämlich in der Wirkung des Theaters auf den Zuschauer. Was soll das Theater beim Zuschauer erreichen? Und wenn es wirklich erreicht, was es erreichen soll, erfüllt es dann nicht seinen Sinn, und genügt das dann nicht, um es als wahres Theater zu beurteilen?

Der Mensch, der ins Theater geht, will erschüttert und doch froh nachhause gehen. Beides ist wichtig: das Erschüttertsein und das Frohsein. Die Erschütterung muß darum anderer Art sein als die, die er im Leben draußen erfährt, wenn er etwa den Streit zweier Menschen anhören muß, oder wenn die Zerstörungen des Krieges über ihn hereinbrechen. Solche Erschütterung kommt aus der erfahrenen Vernichtung, aus dem Schrecken und der Angst; sie läßt den Menschen in einer tiefen Beklemmung zurück. Diese Beklemmung ist aber gerade das Gegenteil des Gelöstseins, das als Wirkung der Erschütterung durch das Theater erwartet wird, und das der Mensch als Freude erfährt. Die Erschütterung durch das Theater kann durchaus ernst sein; daß der Mensch dabei gleichwohl froh wird, heißt, daß er ein inneres Gelöstsein spürt. Verworrene Gedanken sind wieder geordnet. Was vorher verstummt war oder durcheinander klang, klingt nun wieder zusammen. Die Mächte, die das Dasein durchwalten und wohl auch stören, haben wieder ihren Ort. Das eigene Dasein ist wie zurechtgerückt.

Diese Wiederherstellung des Daseins heißt seit den Tagen der Griechen Katharsis, Reinigung. Dieser Ausdruck ist heute mißverständlich, weil er den Anschein eines moralischen Vorgangs erweckt. Was aber geschieht, ist ein wesentlicher Vorgang: das verworrene Leben wird zurechtgerückt und der innerlich festgefahrene Mensch gelöst. Das Wort hatte ursprünglich einen religiösen Sinn und bezeichnete die kultische Reinigung der befleckten Seele. Es ist wichtig, die Einengung auf die moralische Kategorie zu vermeiden und den menschlichen und religiösen Sinn des Wortes zu bewahren.

Vielleicht läßt sich schon von hier aus eine Antwort geben auf die Frage, warum die Menschen in den ersten Jahren nach dem Krieg so ungewöhnlich zum Theater drängten, warum auch heute noch mit einem tiefen und leidenschaftlichen Interesse um das Theater gerungen wird. Das Volk — in unserem Themenkreis müssen wir genauer sagen: das Bürgertum — sucht das, was zutiefst verwirrt oder zerstört wurde, wiederherzustellen. Es sucht vielleicht gar eine Art Erlösung, und es sucht Weg und Hilfe dafür leidenschaftlich auch im Theater. Dieser Forderung gegenüber hat das Theater es sich zu leicht gemacht. Es hat sie wohl gespürt; aber es war kein „unabhängiges“ Theater mehr, es orientierte sich, wie alles andere auch, nach rückwärts und versuchte, wieder an 1933 anzuknüpfen. Doch das konnte nicht mehr genügen; denn die Verwirrung der Jahre 1925 bis 1933 war eine andere als die der Jahre 1947 bis 1951. Soll aber einer tieferen Verwirrung begegnet werden, so muß in neuer Weise Theater gespielt werden. Das Theater aber spielte so wie früher, versuchte es wenigstens ohne rechten Erfolg und versucht es weithin auch heute noch. Es bedachte und bedenkt nicht, daß neue Tiefen in der Seele aufgerissen sind, furchtbare Erfahrungen die Menschen erschüttert haben, gesellschaftliche Umwälzungen sich bemerkt oder unbemerkt vollzogen haben und tiefe Verzweiflung und Glaubenslosigkeit offenbar geworden sind. Dem allem aber kann man nicht mit der Restauration eines Spielstils der zwanziger Jahre begegnen. Das heutige Theater ist wie ein Arzt, der Herzmittel gibt, anstatt den eitrigen Zahn zu ziehen, der die Ursache der Herzbeschwerden ist.

Dem neuen, anderen Ruf des Menschen zu antworten, hat das Theater bislang nicht vermocht. Es beherrschte die literarischen, die psychischen, die moralischen und die artistischen Bereiche, aber ihm entging jener Bereich, in dem die Katastrophe der Gesellschaft sich vollzog. So fordert es immer wieder die Kritik heraus.

Die Wiederherstellung, die der Mensch durch das wahre Theater anstrebt, ist also eine Wiederherstellung in der Tiefe. Sie ist religiöser, nicht bloß moralischer, soziologischer oder psychologischer Natur. Der Ernst der Erschütterung muß ihn in seinem Wesen treffen; in diesem seinem Wesen will er gelöst, will er frei werden. Was aber heißt das? Wann wird der Mensch in Wahrheit innerlich frei? Wann ist die Lösung und Befreiung der Seele wahr, und wann ist sie bloße Täuschung? Der eine meint, ein Schwank oder ein Kabarett sei das einzige Wahre. Ein anderer hält die hohe Menschlichkeit des klassischen Dramas, ein dritter die Wiederbelebung der alten Mythen und des Ursprünglichen überhaupt für das Wahre. Ein vierter glaubt, allein die Darstellung der christlichen Glaubensinhalte, ein fünfter, allein die thematische Behandlung der gesellschaftlichen und sozialen Problematik könne in Wahrheit dem Menschen helfen. Schließlich glaubt selbst Sartre den Menschen zu erlösen, wenn er ihn in die absolute Isolation hinausstellt. So treten alle Spielarten des Humanismus vom klassischen bis zum nihilistischen, vom strengsten bis zum oberflächlichsten in Konkurrenz.

Aber selbst wenn man als Kennzeichen des wahren Theaters jenes Erschüttert- und Frohsein des Zuschauers anerkennen würde, hätten wir noch kein Ergebnis. Zwar scheiden damit schon einmal die Stücke aus, die sich von dünnem Witz, krampfhafter Konstruktion oder bloßer Wiedergabe der Zeitzustände nähren. Es scheidet auch jene Spielweise aus, die die Realität eines Stückes oder einer Rolle nicht bewältigt, sei diese Spielweise auch routiniert oder gar virtuos. Welche Befreiung ist aber echt? Und welches Theaterspiel bewirkt die wahre Katharsis?

Jeder Mensch, der ein Kunstwerk in sich aufnimmt, bemerkt zweierlei: zunächst trifft er auf Bekanntes, das ihm aus dem alltäglichen Leben her vertraut ist; dann aber stellt er eigentümliche Abweichungen vom Bekannten fest, die ihm so fremdartig vorkommen können, daß er vielleicht garnichts mehr erkennt und die Kunst ihm sinnlos erscheint. Ein anderer erkennt die neue Gestalt, aber der Sinn dieser Scheinwelt ist fragwürdig und suspekt. Einen dritten überkommt ein Rausch, eben weil er fortgenommen ist aus dem Alltäglichen. Halten wir fest: Da ist zunächst ein Bekanntes, das Unsrige, die sichtbare Schöpfung, also der Mensch, die Tiere, die Pflanzen, die Erde und der Himmel, die Städte und die Zimmer, das Schicksal der Menschen und die Geschichte der Völker. Dann aber ist da die Abweichung, die Veränderung, die Umgestaltung.

Warum diese Abweichung? Ist sie bloßes Unvermögen gegenüber der „Lehrmeisterin Natur"? Besteht die Wahrheit der Kunst etwa darin, die Abweichung möglichst zu vermeiden und alles möglichst lebenstreu oder schöpfungstreu zu machen? Der Naturalismus glaubte die Wahrheitsfrage in der Kunst eindeutig so beantworten zu können; daß dies ein künstlerischer Irrtum war, ist eine allgemeine Erkenntnis, die hier nicht eigens begründet zu werden braucht. Warum aber die Abweichung, warum das Spiel, warum das Bild? Warum die Dinge anders und schließlich alles neu machen wollen? Warum dies Umformen seit Menschengedenken? Warum kann die Welt nicht bleiben, wie sie ist? Warum müht sich der Mensch mit etwas ab, was doch offenbar ganz zwecklos und ohne praktischen Erfolg ist? Warum — so ist auch christlich zu fragen — die Welt anders machen wollen, als Gott sie geschaffen und zugelassen hat?

Die christliche Offenbarung gibt auf diese Frage eine eindeutige Antwort. Sie sagt nämlich, daß die natürlichen Dinge und alle Kreatur nicht in Ordnung sind; daß sie gebrechlich, vergänglich und verweslich sind, und zwar um der Sünde willen. Sie sagt aber zugleich, daß die Kreatur in der Verwesung nicht zu nichts wird, sondern verwandelt wird. Sie spricht von der Neuschöpfung von Himmel und Erde am Ende der Zeiten und von der Neuschöpfung unseres Leibes. Am Jüngsten Tag werden Himmel und Erde, die leibhaftigen Menschen und die ganze Schöpfung neugestaltet werden. Diese Neugestaltung hat aber schon begonnen, seit Christus von den Toten auferstanden ist. Das Neuwerden der alten Schöpfung ist also in Gang; sie geschieht.

Das Bewußtsein von den Ereignissen am Ende der Zeiten lebt nicht mehr im allgemeinen Bewußtsein der europäischen Völker; es ist unter dem Einfluß des neuzeitlichen Moralismus auch weithin aus der Verkündung in unsern Kirchen geschwunden. Trotzdem aber lebt es unter der Oberfläche in den Herzen der Menschen; denn die mächtige Bewegung, mit der die Welt dem Ende der Zeiten entgegeneilt, ist unaufhaltsam; wir aber machen diese Bewegung mit. Sie wird sichtbar in den erregenden geschichtlichen Ereignissen. Sie zielt auf ein Neuwerden. Die Menschen spüren das und treiben mit Leidenschaft diese Bewegung vorwärts, vielfach ohne sich dessen klar bewußt zu sein, was sie tun. Selbst in der banalen Sucht nach dem jeweils „Neuen", selbst im flachsten Fortschrittsglauben, selbst in der utopischen Hoffnung auf ein Paradies auf Erden lebt noch die Ahnung von der angebrochenen Neugestaltung der Welt.

Die Kunst ist die wahre, die vornehmste und würdigste Weise, dieser letzten Dinge auf menschliche Weise inne zu werden, sich nach dieser Neugestaltung der Welt auszustrecken, ja sie herbeizuziehen und sie anbrechen zu lassen. In der Kunst bewegt der Mensch die Welt auf ihre Verwandlung zu und verwandelt sie schon anfangshaft. „Alle Gestaltung ist Bewegung", sagt Paul Klee; die Begründung dieses Wortes ist eigenartig: „Weil sie irgendwo beginnt und irgendwo endet." Letztlich beginnt die Gestaltung bei der Verweslichkeit und endet bei der Unverweslichkeit. Man sagt, die Kunst schaffe etwas für die Ewigkeit. Das kann nicht heißen, daß das Kunstwerk nicht vergeht; und wir haben zur Genüge erlebt, daß Kunstwerke vergänglich sind. Das Wort „unvergänglich" ist oft leeres Pathos, aber es hat einen wahren Sinn: Im Kunstwerk haben wir eine Vorahnung, ein erstes Aufscheinen dessen, was in der Ewigkeit sein wird. Im Kunstwerk übt die Schöpfung ihre Verwandlung ein zu einer neuen „Klarheit". Die Vorahnung dieser „Verklärung", die Bewegung hin auf diese Verwandlung offenbart sich in der Kunst. Ein inneres Kennzeichen wahrer Kunst ist also, daß im Kunstwerk eine Verwandlung der Schöpfung *geschieht* als Anbruch der endzeitlichen Neuschöpfung. Diese Verwandlung ist es auch, die den Menschen erschüttert und froh macht.

Was aber heißt dies auf das Theater, auf das Drama angewandt? Der Kern des Dramas ist eine Handlung, ja ein Streit. Eine „Veränderung" des Streites aber ist nicht möglich. Wird also das Theater nicht unter eine ganz wesensfremde Sinndeutung gestellt, wenn die „Verklärung" als sein Wesensmerkmal gesehen wird? Es heißt zwar allenthalben, daß die Engel im Himmel musizieren und singen, und die neue Schöpfung, wie Johannes sie in der Apokalypse schaut, ist voll von mächtigen Bildern und Architekturen; aber daß im Himmel Theater gespielt würde, davon steht nichts geschrieben.

Drama und Theater haben schlechthin eine besondere Stellung unter den Künsten; das zeigt sich auch bei ihrer theologischen Begründung. A. Kutscher sagt einmal: „Der geborene Dramatiker sieht einen Bruch zwischen Gott und Welt." Das ist richtig; und damit ist zugleich gesagt, daß der Christ „von Natur aus" Dramatiker ist; denn keiner begreift so den Bruch zwischen der Welt und Gott wie der Christ. Jenes eine große Drama, das den Bruch zwischen der Welt und Gott zum Gegenstand hat, nennen wir die Geschichte. Der Inhalt der Geschichte besteht am Ende darin, diesen Bruch zu heilen. Geschichtlich ausgetragen aber wird er im Streit der Geschöpfe. Die Geschöpfe handeln im Drama.

Es gibt also ein Erz-Drama, aus dem alle Dramatik in der Geschichte, in der Natur und in der Kunst entspringt, das aber zugleich in der geschichtlichen, natürlichen und künstlerischen Dramatik zum Austrag kommt. In diesem Erz-Drama durchkämpfen die Geschöpfe den Weltstreit für oder wider Gott. Erster Schauplatz des Erz-Dramas ist der Himmel. Und die Apokalypse schildert diese Urform des Dramas: den Kampf des Engels mit dem Drachen. Die Erde ist der andere Schauplatz des Erz-Dramas, und der irdische Teil dieses Dramas wird gedrängt und schnell ablaufen; denn der Teufel weiß, daß er wenig Zeit hat. Soweit es sich im Leben der Völker abspielt, nennen wir es Weltgeschichte; soweit es sich im einzelnen Leben abspielt, nennen wir es Schicksal.

Darum wird das echte Drama aus der *geschichtlichen Stunde* geboren, die eine ganz bestimmte Situation des Weltkampfes zeitigt. Darum kann nicht eine einmal geschaffene klassische Form, noch auch das subjektive Sendungsbewußtsein des Dichters, auch nicht die soziale Situation oder eine literarische Mode der zureichende Ausweis für ein Drama sein. Das Drama zeigt die Stunde der Weltgeschichte an, die Stunde des Kampfes zwischen Engel und Drache. Das ist der letzte Sinn von Shakespeares Wort, daß das Theater der Natur gleichsam den Spiegel vorhalten und den Abdruck der Zeit geben solle. Dies Wort kann nicht heißen, daß es uns naturalistisch noch einmal zeigt, was wir ohnehin alle Tage sehen, oder daß es uns die Verworrenheiten des Daseins ein zweites Mal und noch krasser vorführt. Spiegel der Zeit heißt vielmehr: Anzeige der Stunde und Spiegel des Kampfes der Mächte, wie er zur Zeit steht. Darum ist das echte Drama in gewissem Sinn immer „Zeitstück".

Sein Inhalt aber ist und bleibt das *Schicksal* des Helden; denn das Schicksal ist die Weise, wie der Mensch seinen Teil des Kampfes zwischen Engel und Drache, seinen Teil des Weltstreites in seinem Leben absolviert. Das Schicksal ist der kleine Schauplatz, aber es ist der nächste und der zentrale Schauplatz dieses Weltdramas. Allerdings muß hinzugefügt werden, daß mit dem „Helden" keine Idealfigur bezeichnet ist. Das war er auch nie; von Ödipus und Richard III. bis zu Faust, Peer Gynt oder einem Helden des modernen Dramas war er es nicht. Held heißt er deswegen, weil er in seinem einzelnen Schicksal das große und unfaßbare Drama zwichen Mensch und Gott austrägt, weil sein einzelnes Schicksal der Schauplatz dieses kosmischen Kampfes ist, — ohne daß er ein Heiliger ist.

Das Schicksal des Heiligen ist ein anderes. Sein Kampf ist sein Leiden, ist Passion, nicht Drama. Der Held aber handelt in diesem Streit, und dadurch erleidet er ein Schicksal; ein vielleicht garnicht besonders begnadetes, vielleicht ein ungetauftes oder gar ein verfluchtes Schicksal. Der Held siegt immer: der Untergang des Helden; indes der Heilige immer unterliegt: der Sieg des Heiligen.

Damit ist Wichtiges über das Drama gesagt. Zuerst dies: Gäbe es nicht den Bruch zwischen der Welt und Gott, gäbe es nicht den Streit im Himmel zwischen Engel und Drache, so gäbe es auch kein Drama. Die *Voraussetzung* des Dramas ist der Abfall von Gott, die Sünde. Zweitens ist damit gesagt, daß das Drama selbst nicht Sünde ist, sondern es ist mitangelegt zur *Überwindung* der Sünde. Es macht den Bruch zwischen Welt und Gott, also die Sünde offenbar (darin ist es dem alttestamentlichen Gesetz verwandt), es macht aber zugleich den Kampf der Weltmächte offenbar, ja in ihm *vollzieht* sich ein Stück dieses Streites zwischen Engel und Drache. Schließlich ist damit gesagt, daß das Drama hinzielt auf das Ende der Zeit, darauf, daß der Widersacher überwunden, der Streit beendet und Himmel und Erde verwandelt werden. Dann hat das, was wir Drama nennen, ein Ende.

In jedem echten Drama vollzieht sich ein Stück des großen kosmischen Kampfes. Wenn aber jedes Drama ein Stück des Weltstreites austrägt, dann bringt es auch jeweils das Ende der Zeiten näher. In gewissem Sinn arbeitet es daran, sich selbst aufzuheben, das Pensum der Welt- und Heilsgeschichte zu Ende zu bringen.

Der geborene Dramatiker sieht darum nicht nur den Bruch zwischen Welt und Gott, wenn er ihn auch zuerst sieht. Denn ihn zu sehen, ist die Voraussetzung, ohne die er kein Drama schaffen könnte. Er sieht auch den Streit zwischen Engel und Drache, den Streit der Weltmächte im Großen und im Kleinen. Und er sieht das Ende. Erst durch den Blick aufs Ende erkennt er in Wahrheit die Stunde des Weltmächtekampfes. Was keine Analyse schafft, das wird licht im Blick auf das Ende. So erst — in der Darstellung des dem geschichtlichen Augenblick zugrundeliegenden Dramas — gelingt es, ein Theater zu machen, das in Wahrheit „dem Jahrhundert und Körper der Zeit den Abdruck seiner Gestalt zu zeigen" vermag.

Damit ist ein Merkmal des Theaters gegeben. Sofern in seinem Spiel ein Stück des Urdramas zwischen Welt und Gott zum Austrag kommt, ist es stichhaltig, erfüllt es seine Aufgabe und ist — unterhaltend. Denn was ist in Wirklichkeit unterhaltender, erregender, was erschüttert mehr und stimmt froher, als ein Stück jener Geschichte sich vollenden zu sehen, die unsere eigene Geschichte ist, und in der es ebenso um das eigene Heil oder Unheil wie um das Heil oder Unheil der ganzen Welt geht? Ein Theater, das dieser tieferen Aktualität aus dem Weg geht und den eigentlichen Kampf scheut, das sich am Sensationellen oder „Interessanten", am Altbewährten oder Zeitgemäßen genug sein läßt, ist imgrunde und auf die Dauer langweilig. Weder stärkste Spannung noch lautes Lachen, weder geistreicher Dialog noch klassische Schönheit oder verzweifelte Tragik unterdrücken eine metaphysische Langweile des Zuschauers, der sich wohl oder übel so lange scheinbar unterhalten läßt, als ihm wirkliche Unterhaltung mangelt.

Wenn dies der theologische Sinn und das echte Kennzeichen des wahren Dramas ist, so ist es doch in keiner Weise Aufgabe des Theaters, diesen theologischen Hintergrund selbst zu dozieren. Damit machte sich das Theater nur zum miserablen Konkurrenten des Theologen; es brächte kein Drama, sondern eine verunglückte Lektion. Der Dramatiker braucht nicht einmal von diesen Hintergründen zu wissen, wenn er sich nur nicht aus ihnen abgelöst hat. Wohl schadete es dem heutigen Dramatiker und Regisseur nichts, (der so vieles weiß — von seinem Handwerk, von Literatur und Soziologie, von Psychologie und Moral, von Mode und Wissenschaft —), wenn er auch von den letzten Dingen wüßte; ein paar ordentliche theologische Fundamente kämen seinem übrigen Wissen sicherlich zugute. Wenn er aber darum im Theater seine Theologie unmittelbar an den Mann bringen wollte, so wäre sein Drama und seine Inszenierung genau so schlecht wie jedes andere Machwerk auch. Der dozierende Dramatiker entmächtigt sich selbst; denn das Grundgeschehen ist kein Disput und keine Belehrung, sondern ein Kampf. Und dieser Kampf wird nicht durch Wort und Rede, sondern mit Leib und Leben, mit einem ganzen Schicksal ausgetragen.

Das heutige Theater verfügt nicht mehr über die not-wendigen Fundamente, um seine Krise überwinden zu können; es bemüht sich auch garnicht um sie. Es will zu oft nur auf läppische Weise unterhalten, oder es führt wesentliche menschliche oder religiöse Inhalte in einer solchen literarischen Verdünnung vor, die anzeigt, daß es mit diesen Inhalten in Wirklichkeit garnichts anzufangen weiß. Das Theater ist säkularisiert, — das ist die entscheidende Kritik, die zu üben ist (denn profan zu sein, widerspricht seinem Charakter als Theater). Damit hat es sich seines Eigensten, nämlich der zugrundeliegenden Dramatik, beraubt. Ein profaniertes Theater ist nichts anderes als die übrigen Geschäfte in der Straße; so hat es auch nur, wie diese, Gassenhorizont, nicht aber Welthorizont. Ein innerer Widerspruch zehrt an ihm und läßt es verfallen, so daß von ihm nicht einmal der alltägliche Geruch der Straße und des Marktes, sondern ein Fäulnisgeruch ausgeht.

Diese Kritik wäre aber einseitig, wenn sie nicht beachtete, daß zu jedem Theater sein Publikum gehört. Erst Bühne und Publikum zusammen machen das Theater. Der Partner der Bühne ist die Gesellschaft. Sie ist ursprünglich das „theatron"; das griechische Wort bezeichnete den Schauplatz der Handlung und das Theaterpublikum zugleich. Ohne die Gesellschaft hat das Spiel keinen Schauplatz. Ohne das Spiel wird das Geschehen in der Gesellschaft nicht sichtbar und ausdrücklich; erst die Bühne bringt es zu öffentlich faßbarer Darstellung. Im Theater muß die Gesellschaft als das tragende Element und die Bühne als das aktive Element zusammengesehen werden.

Zu einer gültigen Kritik am heutigen Theater gehört also auch die Frage, ob nicht auch beim Publikum etwas nicht in Ordnung sei. Dieser Frage nachzugehen, bedeutete aber nichts anderes, als die moderne Gesellschaft zu analysieren, — eine Aufgabe, die auch nur halbwegs plausibel zu lösen uns an dieser Stelle jede Möglichkeit fehlt. Immerhin wissen wir alle, daß unsere Gesellschaft nicht in Ordnung ist. Mit zur Ordnung dieser Gesellschaft beizutragen, ist der Bühne aber ganz unmöglich, wenn sie nicht über ein Fundament verfügt, das sie unabhängig und überlegen macht, und das nicht selbst von der Krankheit befallen ist, an der die Gesellschaft leidet. Denn nur unter dieser Voraussetzung hat der Ruf nach dem „unabhängigen Theater" einen Sinn. Nur dann kann die Bühne die tiefen Ursachen der Krise ans Licht bringen, nur dann kann sie den eigentlichen Kampf offenbar machen und austragen. Die einzelnen Dramatiker, Regisseure und Schauspieler für sich sind Glieder der Gesellschaft, und sie leiden an den Übeln unserer Gesellschaft wie alle andern auch. Ihre Subjektivismen helfen daher nicht weiter. Sie zeigen der Gesellschaft nur, was sie ohnehin schon weiß, weil sie es von sich selbst her nur zu gut kennt; der Zuschauer ist wie ein Kranker, der zweimal dieselben Schmerzen spürt, ohne Diagnose und Heilung zu erfahren.

Die Bühne ist nicht eine bloße Funktion der Gesellschaft. Ihre Aufgabe ist nicht, mechanisch und detailliert den Zustand der Gesellschaft abzubilden und zu kopieren. Sie soll nicht kopieren, sondern integrieren; das heißt aber: das Zerrissene ganz machen. Sie ist kein mechanischer Spiegel, der die gesellschaftlichen Zustände unverändert widerspiegelt. Sondern sie ist ein magischer Spiegel, der durch Kraft und Geist das wahre Gesicht der Zeit und die hinter dem Gesicht verborgen kämpfenden Mächte zeigt und, indem er dies tut, zugleich dieses Gesicht aufzuhellen und zu wandeln vermag.

Die Glosse:

Das Maß dieser Welt

In der evangelischen Gemeinde ist eine der christlichen Tugenden immer zuhause gewesen; Luther hat sie so genannt: „Das Wort sie sollen lassen stahn." Das „Wort", das in diesen Wochen umging, hieß: „Wir sind doch Brüder!"

„Wissense", sagte Presbyter W., als ich ihn neulich in einem Beethoven-Konzert traf — er ist Vorsitzender der örtlichen „Musikfreunde" —, „wissense, der Kirchentag, gut und schön. Aber daß er solche Anarchisten wie H. nach oben spielt! Gut, er hat drei Omnibusse zusätzlich zu denen vom Reisebüro für die Fahrt nach Berlin organisiert, und der Fahrpreis war um zehn Mark billiger, und das bei R., dem filzigsten Unternehmer von Gesellschaftsfahrten, den ich kenne. Schön und gut. Aber schließlich, ist Ihnen etwa nicht bekannt, daß H. den Stockholmer Friedensappell unterschrieben hat, und wissense denn nicht, daß er die halbe FDJ von V. mitdurchgeschmuggelt hat? Und Frau Melzer hat meiner Frau ganz offen gesagt, Melzers führen nur mit, um Herrn Melzers Bruder zu besuchen, der Kirchentag sei ihnen schnuppe, hat Frau Melzer *wörtlich* gesagt. *So* stehn die Dinge, mein Lieber!"

W. hat recht, aber er ist im Unrecht. Ich bin mit H. zur Schule gegangen. Bin mit ihm Luftwaffenhelfer gewesen, als die Bombenangriffe aufs Ruhrgebiet uns vorzeitig zu alten Landsern machten. Ich kenne H. ein wenig. Jetzt lebt er, Student der Sozialakademie, von seinen Einnahmen als linker Läufer einer westdeutschen Oberliga-Fußballmannschaft. Den Stockholmer Friedensappell unterschrieb er, nachdem er in einer christlichen Zeitung gelesen hatte, der Vorsprung in der Atombomben-Produktion sichere die Freiheit der westlichen Welt. „Ich hab' es im Affekt getan, wie man so sagt, aber ich steh' dazu", erklärte er uns hinterher. „Wenn diese Freiheit der westlichen Welt nur durch Atombomben gesichert werden kann, dann bin ich dafür, daß man die Atombomben ächtet, laut und deutlich ächtet. Denn solche Freiheit ist ohne Demut, ist konstruiert und ist des Teufels!" Ich habe den Stockholmer Friedensappell nicht unterschrieben und weiß, warum nicht, aber ich kann H. verstehen.

Und daß er die halbe FDJ unserer Stadt mitnahm, haben auch einige seiner Freunde nicht verstanden, vor allem als Karten aus Ostberlin herumgezeigt wurden, auf denen diese Kerle sich brüsteten, H. hereingelegt zu haben „mit frommem Augenaufschlag". Aber H. regte das nicht auf. Er meinte, die Leute müßten ja was zum Klatschen haben, und die Niedertracht der FDJ-Leute, und daß sie sich nicht aus dem Gefängnis ihrer Verhetzung heraus ins Gotteshaus gewagt hätten, sei deren Sache. Er habe keine Ausnahme machen wollen, niemanden zurückschicken können, der sich zur Fahrt nach Berlin zum Kirchentag angemeldet hätte. „Wir sind doch Brüder!", das sei ein Wort jenseits der Furcht und Berechnung, nur daran habe er sich gehalten. Er sei kein Kirchenkommissar, der in Gerechte und Ungerechte scheide, er habe bewußt das FDJ-Kollektiv ignoriert und jeden einzelnen FDJ-Mann, der sich bei ihm angemeldet hätte, für die Fahrt nach Berlin als Einzelnen begrüßt und willkommen geheißen. Jedes andere Verhalten sei ihm unmöglich gewesen, es wäre ihm pharisäisch vorgekommen.

Es ist was dran. Ich frage Sie: Ist es christlich, H. einen Vorwurf aus der Sache mit den FDJ-Leuten zu machen? Und hat Presbyter W. recht, wenn er es als „einen besonnenen Entschluß" bezeichnete, daß christliche Bonner Minister die Einladung der gesamtdeutschen evangelischen Gemeinden ausschlugen und keinen Vertreter zum Gottesdienst in die ostberliner Marienkirche sandten, weil dort Staatspräsident Wilhelm Pieck auch zugegen war? Auf dem politischen Feld mag Kompromißlosigkeit manchmal unumgänglich sein. Aber welcher christliche Politiker vergibt sich etwas, wenn er als ein Ungerechter mit dem Ungerechten zusammen vor Gott tritt, an einer Stätte, wo alle Macht dieser Welt nichtig geworden ist? Hätte es der Bundesrepublik geschadet, wenn sie da, die Herren aus Pankow und Bonn, zusammen vernommen und am Ende gesprochen hätten: „Vergib uns unsere Schuld, wie auch wir vergeben unsern Schuldigern"?

Friedhelm Baukloh.

Vier Worte

Death is so permanent, drive carefully. Wir kennen die Warnung, der GI hat sie mitgebracht. „Fahre vorsichtig, der Tod dauert so lange", — das ist gut: der Ernst wirkt, und der Witz wirkt, und sie vertragen sich in ihrem gemeinsamen Element, in der Nüchternheit. Die guten Deutschen, wenn sie diese kleine Blüte am „amerikanischen Weg des Lebens" schon kopieren mußten, hätten sie sie nicht wenigstens kapieren können? „Der Tod währt ewig!" Wo haben sie die Pointe gelassen, die Spitze, das kleine Wörtchen „so"? Dabei hätten sie es nicht einmal zu übersetzen brauchen, sie hätten es einfach stehenlassen können. Er „währt", der Tod: mit diesem Wort, das es nicht mehr gibt, entrückt man den Dichter und Denker vom Steuer in das poetisch-literarische Gefilde, und dabei käme es doch gerade darauf an, ihn auf den wirklichen Tod aufmerksam zu machen, der da soeben mit 80 Sachen heranrollt. Und er währt „ewig", der Tod. Das ist auf amtlichen Schildern neu; bisher waren die Behörden gehalten, wenn schon nicht den Glauben an die Auferstehung der Toten, so doch wenigstens den an die Unsterblichkeit der Seele als landesüblich zu respektieren. Ein atheistisches Glaubensbekenntnis auf dem Verkehrsschild? In Wahrheit ist zu fürchten, daß es sich nicht einmal um diejenige Form des Atheismus handelt, die bekennen und überzeugen will, sondern um eine ganz andere Form der Gottlosigkeit und Gottverlassenheit. Um etwas nämlich, was in der Polemik zu nennen ganz und gar unschicklich ist, seitdem es sich herumgesprochen hat, daß selbst die Götter vergeblich dagegen ankämpfen. Dieses Etwas wird nicht ewig währen, aber ich fürchte, es wird außerordentlich lange dauern. *WD*

Ein Dichter fand den Soldatentod

Nein: nicht nur von Theodor Körner sei hier die Rede. Sondern auch von Hermann Broch, von dem Frank Thiess zuverlässig auszusagen weiß, mit ihm habe „Österreich seinen größten Dichter dieses Jahrhunderts verloren". Über Theodor Körner erfuhr man in der Quarta: Er war der Freiheitsdichter schlechthin. Er schrieb kriegerische Verse, die heute, nach fast anderthalb Jahrhunderten, im häuslichen Bücherschrank dicht bei den Klassikern aufgehoben werden, in dem Band „Leier und Schwert". Auch von Hermann Broch kann man behaupten, daß er die Knechtschaft nicht gerade geliebt hat. Vor Hitler, dem Tyrannen, emigrierte er nach Amerika und dichtete dort zwar keine Kriegslieder, jedoch — nach den „Schlafwandlern" — die humanitären Romane „Der Tod des Vergil" und „Die Schuldlosen". Theodor Körner war, folgerecht, ein Kriegsfreiwilliger in Lützows wilder verwegener Jagd. Auf einem echten Schlachtfeld wurde er verwundet, und er starb den echten Soldatentod. Hermann Broch, den man sich auch im amerikanischen Exil kaum in einer Uniform vorstellen möchte, erlag kürzlich — eigentlich ebenfalls recht folgerichtig — als friedlicher Zivilist seiner alten Herzkrankheit.

Im übrigen ruft längst nicht mehr die Trommel zum Streite, sondern der Stellungsbefehl. Man eilt nicht zu den Fahnen, sondern eingezogen wird man noch immer früh genug. Man sucht nicht unbedingt den Heldentod, sondern man muß halt mit. Nicht eine Kugel kommt heutzutage geflogen; weder hätte man die Zeit noch auch nur die Möglichkeit zur Frage: „Gilt sie mir oder gilt sie dir?" Wen's trifft, den eben „trefft's": das Trommelfeuer der getarnten Artillerie; aus den Wolken das Bombengewitter; der Phosphorregen aus eingenebelten Geschwadern. Ins Massengrab aber werden zerfetzte Glieder eingebuddelt und verbrannte menschliche Gebeine. Vom Helden-Epos und von seinen gloriosen Ingredienzien — von Schwertgeklirr und Schlachtgetümmel, von der Walstatt im leuchtenden Morgenrot, von der heroischen Schildwach' am Grabe ist nichts anderes geblieben als die Metapher. Auf Deutschlands Trümmerhaufen bezeugen es die Inschriften auf ungezählten Kreuzen über unbekannten Leichen. Jedoch auch in Deutschlands unversehrter Literatur und geradezu im „Literarischen Deutschland" liest man solche Marterln. Etwa dieses:

„Und so fand er wie Schiller, wie Balzac, wie Dostojewski, wie Werfel den Soldatentod des Schriftstellers auf dem Schlachtfelde des Geistes."

Im Nekrolog steht's just auf Hermann Broch, verfaßt von Frank Thiess. Wie kommt das zu dem? Gewiß, der Weltbürger Schiller, der Romancier der „Comédie humaine", der Dichter der „Brüder Karamasow", der pazifistisch, ja defaitistisch gesinnte Franz Werfel, der Kosmopolit Hermann Broch: illustre Kämpfer waren sie allesamt. Aber beim Militär haben sie's weiß Gott nicht weit gebracht. Schiller ist schon auf der Stuttgarter Karlsschule ein ausgemachter Drückeberger gewesen, der viel weniger von Parademarsch und Gloria träumte als vom Karl Moor und von den böhmischen Wäldern. Werfel bewährte sich — im Ersten Weltkrieg — auf seinem Posten im k. k. Pressequartier gleichfalls mehr musisch als militaristisch. Und Balzac, und Dostojewski, und Hermann Broch: in welchem Dienstgrad wären sie wohl einzustellen? Nur die Metapher vermag sie auf ein „Schlachtfeld" zu schaffen und ihr Sterben in einen „Soldatentod" zu verwandeln. Aber es ist nicht geziemend, das Leben der Meister und just ihren Tod mit metaphorischen Gebilden zu illustrieren. Ist abermals — und noch immer — hier jener Atavismus im Spiel, den es aus dem Teutoburger Wald geradewegs oder auf allerhand Umwegen von allerhand Sentiments und Ressentiments gen Walhall zog? Vom „Stahlbad" zum „Soldatentod" war es unter Kaisern und unter anderen Führern stets der nämliche ideologische Katzensprung. Jenes „Buch, ein Schwert des Geistes", die Parole des Josef Goebbels, und dieses „Schlachtfeld des Geistes", wo weder Schiller noch Balzac noch Dostojewski noch Werfel noch Hermann Broch den Soldatentod „fand" — auch deshalb nicht, weil keiner ihn suchte —: sind es nicht haargenau die selben, die selben robusten, die selben gefährlichen Ideenverbindungen? Ist es nicht die alte Leier (nebst Schwert) vom Beginn des neunzehnten Jahrhunderts, aus dessen Romantik allzu ahnungslos ins Zeitalter der Atombomben und der Raketengeschosse übertragen?

Moritz Lederer.

Die Wunder und das Wunder des Jonas

... Die Evangelisten erzählen alle diese Wunder zum Zeugnis, daß Jesus der Christus und der Sohn Gottes ist, doch war das keineswegs das eigentliche Motiv, das Christus veranlaßte, sie zu bewirken. Im Gegenteil, die Evangelien stellen ihn dar, wie er sich weigerte, von seinem Messiastum „ein Zeichen zu geben", so oft er aufgefordert wurde, dies zu tun. Es war der Teufel, der ihn versuchte, sich von der Zinne des Tempels herabzuwerfen, um zu beweisen, daß die Engel ihn emportragen würden, damit sein Fuß nicht an einen Stein stoße. Er selbst will kein anderes Zeichen geben als das Zeichen des Jonas, das heißt, er will sich darein fügen, sich vom Hasse und der Nichtachtung der Welt verschlingen zu lassen; nicht in der Welt möchte er triumphieren, sondern über die Welt. Wenn er allein und unbeobachtet ist, mag er seiner Allmacht gestatten, sich kundzutun, gleichsam unwillkürlich, so wenn er in der Nacht auf dem Meere wandelt; doch falls ihm in der Öffentlichkeit ein Wunder abgerungen wird, geschieht das fast immer auf Grund seiner heimlichen Mitleidigkeit und Güte, der zu widerstehen er nicht ertragen kann. Doch die Anstrengung ermüdet ihn und vielleicht auch das Gefühl der Vergeblichkeit, wenn er diese kleinen Wohltaten erweist, wenn er ein Scheit aus dem allgemeinen Weltenbrand herauszieht und ein Kind wieder zum Leben erweckt, während tausend Kinder sterben und keines am Ende dem Tode entrinnen kann. Er heilt, die sich ihm nähern, er speist die Menge, die ihm in die Wüste folgt; und so bald wie möglich entweicht er wieder, weit hinweg von all diesem Flehen und jämmerlichen Dankgeschrei, all diesen verwirrten, falschen Hoffnungen. Er selbst verkleinert seine Wunder. „Dein Glaube", sagt er, „hat dich gesund gemacht"; das tote Kind oder Lazarus, der schon fünf Tage im Grabe gelegen hat, sind nicht tot, sondern schlafen nur. Oft befiehlt er denen, die er geheilt hat, keinem Menschen davon zu erzählen. Schließlich hefteten sich Wunder und Berichte von Wundern nicht an ihn allein; es gab viele Magier und Wundertäter; es schien ihm eher unwürdig als ehrenvoll oder vorteilhaft, zu ihnen gerechnet zu werden. Aber auch dem mußte er sich vorläufig fügen. Das wahrhaft glückliche Ereignis, das *eine* glorreiche Mirakel bestand in jenem Zeichen des Jonas, von dem er verheißen hatte, daß es bald kommen würde, wenn er erst wieder von den Toten auferstünde, oder vielmehr, wie er selbst es vielleicht empfunden haben mag, wenn er wieder von den Lebenden auferstünde.

George Santayana.

Bemerkungen zum Fortschritt

Wes der Mund voll ist, des geht das Herz unter.

Neue Thesen lehren gut.

Fortschritt vom Kapitalismus zum Kollektivismus: von der Ausbeutung des Menschen durch den Menschen zur Ausbeutung des Robot durch den Unmenschen.

Revolutionen und Zeitungen haben miteinander das gemeinsam, daß bei ihnen sofort nach dem Umbruch der Druck beginnt.

Wesen und Geheimnis gar mancher Bewegung: hinter reinen Toren schmierige Minnehöfe.

Der Wahn ist lang, die Reu' ist kurz.

O. F.-B.

Berichte:

WARUM EIGENTLICH KOHLENMANGEL?

Probleme des Steinkohlen-Bergbaues

Man ist versucht, zu fragen: inwiefern eigentlich Kohlenmangel? Denn die arbeitstägliche Förderung von Steinkohle hat im Bundesgebiet im Jahre 1950 um 26 000 Tonnen und im ersten Halbjahr 1951 um weitere 34 000 Tonnen zugenommen. Die Schichtleistung pro Mann unter Tage stieg von 1948 bis heute von 1,27 auf 1,44 Tonnen; sie hat damit genau die Durchschnittsleistung Englands, Frankreichs und des Saargebietes erreicht. Als ich im Spätherbst 1948 das Ruhrgebiet besuchte (vergleiche FH IV/1, 34), war man sehr stolz darauf, gerade 300 000 Tagestonnen erreicht zu haben; im März dieses Jahres waren es bereits über 400 000.

Wieso also Kohlenmangel? Nun, das Bedenkliche des augenblicklichen Zustandes liegt im folgenden. Die Schichtleistung ist seit Februar nicht mehr gestiegen, die Förderung ist im Sommer dieses Jahres noch stärker rückläufig geworden als im vorigen; sie blieb erheblich hinter den keineswegs aus der Luft gegriffenen Erwartungen und hinter dem immer noch steigenden Bedarf zurück. Die industrielle Produktion des Bundes hat im Jahre 1950 um 30 v. H. zugenommen, die Steinkohlenförderung nur um knappe 10 v. H. Wir müssen also genauer fragen: Woher kommt es, daß sowohl die arbeitstägliche Förderung wie die Schichtleistung zu langsam oder gar nicht zunehmen? Was kann geschehen, um beide zu steigern, und wie sind die Aussichten für den Erfolg solcher Bemühungen?

Die Antwort holt man sich am besten im Ruhrkohlengebiet selbst, in Gesprächen mit Bergleuten, Managern und Gewerkschaftern, aus Verhandlungsniederschriften, Produktionstabellen und Berichten. Was sich ergibt, ist leider eine etwas verwickelte Geschichte. Wir wollen sie in vier Kapitel einteilen: die Menschen, die Natur, die Maschinen, die Kohlenpolitik.

Das erste und wichtigste Kapitel: die Menschen

Die tägliche Förderung steigt und fällt mit der Zahl der angelegten Bergleute. Zu geringe Förderung heißt also zunächst und in der Hauptsache: zu wenig Arbeiter. Zu wenig Arbeiter trotz Arbeitslosigkeit. Aber es sieht noch schlimmer aus. Im Mai 1951 arbeiteten unter Tage 310 000 Bergleute; 4400 wurden neu angelegt, 5500 kehrten ab, von diesen 3200 unter Kontraktbruch. Fast drei Viertel der Abgekehrten waren weniger als ein Jahr auf der Zeche beschäftigt; außer ihnen selbst war auch die ganze auf sie verwendete Ausbildung verloren. Denn der Hauer hat eine Lehrzeit von drei Jahren, und gerade an Hauern fehlt es. Der Bergbau ist also kaum in der Lage, die Abgänge zu ersetzen; dabei müßte er, um das Soll zu erfüllen, die Belegschaft jährlich um etwa 20 000 Bergleute verstärken. Erreicht wurde diese Zahl nur 1949; 1950 betrug die Zunahme 5000, im ersten Halbjahr 1951 rund 4000 Mann.

Zwei Gründe sind es vor allem, welche die Arbeiter nicht zum Bergbau kommen lassen oder ihn wieder daraus vertreiben. Der eine ist die Wohnungsnot, der andere die Schwere des Berufs, von der sich niemand eine Vorstellung machen kann, der nicht wenigstens einmal eingefahren ist. Um seine alten und neuen Familienväter befriedigend unterzubringen, braucht der Ruhrbergbau bis 1953 etwa 100 000 neue Wohnungseinheiten. Sie zu bauen ist lediglich eine Finanzierungsfrage; aber gerade da hapert es. Für jede Wohnungseinheit sind 12 000 D-Mark erforderlich. Man hat für 1951 zunächst ein erstes Teilprogramm von 16 000 Wohnungen gestartet, zu denen das Land Nordrhein-Westfalen und der Bund 35 Millionen D-Mark geben; aus Marshallplan-Mitteln kommen 45 Millionen. Der beträchtliche Rest müßte aus ersten Hypotheken, werkseigenen Mitteln, Arbeitgeberdarlehen, nachrangigen Mitteln der öffentlichen Hand und aus eigenen Mitteln der gemeinnützigen Wohnungsunternehmer und privaten Bauträger genommen werden. Ein zweites Teilprogramm stützt sich auf die Erträge aus der Wohnungsabgabe von einer D-Mark pro Tonne Kohle, weitere Marshallplan-Gelder und das Flüchtlingsprogramm. Alles in allem wird man sehr froh sein müssen, wenn es gelingt, jährlich 25 000 Wohnungseinheiten bauen zu können. In diesem Jahr allerdings waren es bisher kaum 5000. Selbst bei 25 000 würde der Aufbau der Belegschaften erst Ende 1954 abgeschlossen sein. Bei der zentralen Bedeutung, welche die Kohlenförderung für die gesamte Wirtschaft im Bundesgebiet hat (der Bundeswirtschaftsminister sagte, die Vollbeschäftigung sei eine Frage der Kohlenlieferungen), müßte vom Bund und von den Ländern wesentlich mehr und wesentlich schneller gegeben werden, als es bis jetzt geschah. Hier liegen noch weite Möglichkeiten, die Lösung der Arbeitslosen- und der Flüchtlingsfrage auf produktive Weise zu fördern.

Aber mit Wohnungsbau allein ist es auch nicht getan. Schließlich werden Lehrlinge und Ledige, die zum guten Teil noch gar nicht ans Heiraten denken, in Heimen gut und immer besser untergebracht. Die Vielseitigkeit des Bergmannsberufes, die Anforderungen, die dieser Kampf mit der Natur stellt, die neuartigen Maschinen ziehen den jungen Menschen an. Trotzdem mangelt es auch an jungem Nachwuchs. Das ist wohl nur zu einem geringen Teil eine Folge der beiden Tatsachen, daß die Unfallberichte sensationell aufgemacht werden, und daß man schon wieder nach der bereits winkenden schönen, neuen Uniform schielt.

Viel schwerer wiegt die Angst vor der Silikose, jener durch mechanische und chemische Wirkung feinster Quarzteilchen sehr langsam entstehenden krankhaften Veränderung der Lunge. Es ist noch nicht hinreichend bekannt geworden, daß die Staublunge heute auf verschiedenen Wegen, vorbeugend und heilend, erfolgreich bekämpft wird. Große Mittel werden aufgewendet, mehrere Forschungsstellen sind tätig, um immer bessere Ergebnisse in diesem Kampf zu erreichen. Alles das ist jedoch noch kein hinreichender Anreiz für den Bergmannsberuf. Früher wies er in sozialer Hinsicht einen großen Vorsprung vor allen anderen auf, so durch den Lohn, die Invaliden- und Pensionsversorgung der Knappschaft, die achtstündige Arbeitszeit; dieser Vorsprung ist von den anderen Berufen fast eingeholt worden. Nach den Erfahrungen im In- und Ausland muß aber auch heute noch der Bergarbeiter-Lohn an der Spitze der Lohnskala liegen. In den Vereinigten Staaten, wo der Bergmann im allgemeinen auch bequemere Abbaubedingungen vorfindet, verdient er genug, um im Buick zur Zeche zu fahren. Der Bergmann braucht aber schon für seine Nahrung erheblich mehr als Angehörige anderer Berufe.

Hier liegt die eigentliche Bedeutung der letzten und überhaupt aller Auseinandersetzungen um den Lohn im Bergbau. Ihre Schwierigkeit ist zwiefach: es geht um den Reallohn, und diesen einwandfrei zu ermitteln, ist heute noch unmöglich; es geht weiterhin um die Höhe des Reallohnes, und diese ist durch die festen Kohlenpreise, vor allem durch die viel zu niedrigen Exportpreise, und durch die knappe Ertragslage im Bergbau begrenzt. Preis- und Lebenshaltungsindex haben nur einen Sinn, wenn sie jeweils für ein bestimmtes Gebiet und für einen bestimmten Beruf ermittelt werden. Dazu fehlen heute noch die Unterlagen, obschon Methoden dazu bereits vor dreißig Jahren angegeben wurden. Erst jetzt gehen Statistisches Bundesamt und Wirtschaftswissenschaftliches Institut der Gewerkschaften daran, neue Verfahren anzuwenden. So wird es verständlich, daß bei den Lohnverhandlungen im Frühsommer 1951 Kohlenbergbauleitung und Gewerkschaft zu ganz verschiedenen Ergebnissen über die Änderung des Reallohnes seit November 1950 kommen und sich mangels brauchbarer Unterlagen auch nicht darüber einigen konnten, obschon im schwarzen Revier alles andere denn Klassenkampfstimmung herrscht. So wird es auch verständlich, daß niemand des erreichten Kompromisses froh wird. Er wird von vielen Bergleuten und Funktionären gegen den eigenen Gewerkschaftsvorstand als nicht ausreichend empfunden, belastet aber zugleich bereits die Zechen derart, daß sie trotz dem Erhartschen „gespaltenen Markt" nicht wissen, wie sie diese Löhne ohne Exporterhöhung werden aufbringen können. Immerhin beträgt heute das mittlere Barverdienst je Mann und Schicht unter Tage DM 17.50, je Hauer DM 20.—. Damit liegt der Bergmann tatsächlich wieder an der Spitze der Lohnskala.

Soviel zu der Frage, warum es nicht mehr Bergleute gibt. Sofort taucht die nächste Frage auf: warum die Schichtleistung immer noch nur etwa 76 v. H. derjenigen von 1938 beträgt? Die Antwort kann vollständig nur gegeben werden, wenn man die Änderung der natürlichen Abbauverhältnisse mit berücksichtigt; wir kommen noch darauf zurück. Was den Menschen im Bergwerk betrifft, so wiegt wohl am schwersten die Änderung der Altersgliederung unter Tage. 1939 bildete die besonders leistungsfähige Altersgruppe zwischen 20 und 40 Jahren 60 v. H. der Belegschaft; 1950 machte sie im Mittel nur 47 v. H. aus. Im übrigen hat sich offenbar ein gewisses, nicht ungesundes Arbeitstempo eingespielt. Ich erwähnte bereits, daß die Schichtleistung genau dem europäischen Mittel entpricht. Das heißt aber, daß der Kumpel das Seine tut.

Wie überall, ist auch im Bergbau die Sozialordnung in einer tiefgreifenden Wandlung begriffen. Bei Arbeitgebern und Arbeitnehmern sehen die besten Leute hier den Kern aller Fragen, auch des Leistungsproblems. Das Mitbestimmungsrecht ist nur ein Schritt auf dem Wege. Einer der erfolgreichsten jüngeren Bergwerksdirektoren meint, daß ein wiederhergestelltes Standesbewußtsein der Bergleute und eine damit Hand in Hand gehende Verbesserung der Qualität der Belegschaft ebenso notwendig sei wie die Bildung kleiner, nur sechs bis acht Mann umfassenden Arbeitsgruppen. Das ist allerdings erst mit fortschreitender Mechanisierung möglich. Verschiedene Arbeitskreise haben beachtliche Pläne über das Personalwesen im Betrieb ausgearbeitet. Die heute schon erzielten Fortschritte sind größer als die bereits im Gesetz festgelegten. Aber es bleibt noch viel zu tun.

Das zweite, sehr kurze Kapitel: die Natur

Ein Bergwerk ist keine Maschinenfabrik, es ist auch kein Stahlwerk. Hier wie dort wird der zu verarbeitende Stoff dem Betrieb angepaßt; im Pütt müssen sich Menschen wie Maschinen den wechselnden Abbaubedingungen anpassen: mächtigen und dünnen Flözen, harten und weichen, reinen und verunreinigten, steilen und flachen Flözen und den verschiedenen Störungen ihres Verlaufs. Der Mensch kämpft unter Tage mit vielfältigen Gefahren wie Wasser, Staub und schlagenden Wettern, er kämpft mit der Enge, dem Platzmangel. Vor allem muß man an die Kohle herankommen; von Jahr zu Jahr werden die kilometerlangen Untertagestrecken noch länger, nimmt die durchschnittliche Fördertiefe um sechs bis acht Meter zu. Das vergrößert die Kosten für Bewetterung, Entwässerung, Transport, Hebung des Förderguts. Mit zunehmender Teufe nimmt auch die Temperatur zu; bei 800 Meter überschreitet sie trotz Bewetterung 28 Grad. An dieser Grenze muß nach den bestehenden Vorschriften die Arbeitszeit verkürzt, die Schichtleistung weiter verringert werden. Heute wird bereits ein knappes Fünftel der Förderung aus heißen Betriebspunkten gewonnen, die tiefsten Sohlen liegen 1200 Meter tief. Mit der Teufe nimmt auch der Gebirgsdruck zu und damit der Aufwand für den Ausbau zu Lasten des Abbaus.

Die gegenwärtige Bedrängnis ist nicht zuletzt dadurch entstanden, daß anderthalb

Jahrzehnte der Vortrieb neuer Strecken und die Vorbereitung neuer Abbaustellen, Ausrichtung und Vorrichtung also, wie der Bergmann sagt, zugunsten des Abbaus von Kohle vernachlässigt werden mußten. Weiterhin hat man in den Krisenjahren um der Kostensenkung, in den Rüstungs- und Kriegsjahren um der schnelleren Förderung willen vorzugsweise die bequemsten Flöze abgebaut. Die Engländer und die Combined Coal Control Group auf Villa Hügel setzten diese Praxis fort; sie erreichten so neben einer relativ hohen Förderung auch eine zunehmende Unfähigkeit der deutschen Zechen, in absehbarer Zeit als Konkurrenz auf dem Weltmarkt gefährlich zu werden. Zu demselben Zweck behielt sie sich die Genehmigung aller Investitionen von über 10 000 D-Mark vor.

Die Verschiedenartigkeit der geologischen Verhältnisse wirkt sich nicht zuletzt in den Unterschieden aus, die zwischen Ertragslage und Schichtleistung der einzelnen Zechen bestehen. Aus ihnen und der Verkehrslage folgt die Notwendigkeit regionaler Zusammenschlüsse, um Erträge auszugleichen, sich in den Sorten zu ergänzen und insgesamt rentabler und krisenfester zu arbeiten. Unter ähnlichen Gesichtspunkten wären auch die Eisenhütten in eine Neuordnung einzubeziehen.

Die wechselnden geologischen Abbaubedingungen sind in Deutschland schwieriger als in anderen Ländern; mit denen in den Vereinigten Staaten sind sie überhaupt nicht vergleichbar. Sie bilden das größte Hemmnis für die Mechanisierung des Abbaubetriebes.

Das dritte und interessanteste Kapitel: die Maschinen

Die Mehrzahl der Experten des Ruhrgebietes ist der Ansicht, daß die Produktion nur erhöht werden kann, wenn der Kohlenbergbau weiterhin mechanisiert, modernisiert und rationalisiert wird. Es handelt sich dabei um die Fortsetzung eines Prozesses, der bereits vor Jahrzehnten begann. Die zwanziger Jahre brachten den Druckluft-Abbauhammer, die Schüttelrutsche und das Förderband. Die neuesten Hilfsmittel sollen die Vollmechanisierung von Abbau und Transport bringen. Bereits im Betrieb erprobt und an einzelnen Punkten in Gebrauch sind die Maschinen für schneidende und schälende Gewinnung, die Schrämmaschine für harte Kohle, der Kohlenhobel für weichere; der Zweikettenförderer, auch Panzerförderer genannt; Stahlstempel mit verlängerbaren Kappen für stempelfreie Abbaufront. Diese bildet die Voraussetzung einer rationellen Anwendung von Kohlenhobel und Zweikettenförderer; sie bringt auch für den Abbau mit Drucklufthammer erhebliche Vorteile. Weiter gibt es die Gefäßförderung, bei der nicht mehr wie bisher die Förderwagen zu Tage gebracht, sondern die Kohlen unmittelbar in den Förderkorb abgefüllt werden; Vorrichtungen, den Versatz in die ausgekohlten Hohlräume durch Druckluft oder schleudernd einzubringen, sofern man das Hangende nicht einfach zu Bruch gehen läßt; schließlich Mehrloch-Bohr- und Lademaschinen für den Streckenvortrieb. Mit ihrer Hilfe und einer auf genauen Arbeitsstudien beruhenden Abstimmung der verschiedenen Arbeitsvorgänge ist es gelungen, die Geschwindigkeit des Streckenvortriebs zu verdoppeln. Noch in der ersten Entwicklung dagegen sind die Verfahren zu mechanisiertem Ausbau der Streben hinter der vorrückenden Abbaufront. Es wird noch einige Jahre dauern, bis hier die neuen Verfahren betriebssicher sind.

Die Abbauleistung an teil- oder vollmechanisierten Arbeitspunkten liegt um 45 v. H. höher als die an handbetriebenen unter sonst gleichen Bedingungen. Heute werden dort rund 18 v. H. der geförderten Kohlen gewonnen. Abgesehen von der Mehrförderung selbst fällt vor allem die Ersparnis an Hauern, die Gleichmäßigkeit des von der Maschine vorgeschriebenen Arbeitstempos, die Erleichterung der Arbeit und auch die Freude ins Gewicht, die der Bergmann überall an diesen neuen Maschinen zeigt. Aber heute ist erst ein Viertel der mechanisierbaren Abbaupunkte mechanisiert; der maschinell gewonnene Anteil an der Förderung aus flacher Lagerung soll zwar noch im laufenden Jahr verdoppelt werden; das ist aber ein ungemein langsamer Fortschritt, gemessen am Bedarf.

Zwei Hemmungen sind es, die abgesehen von einigen Vorurteilen einer weiteren Mechanisierung vor allem im Wege stehen: der Mangel an Mitteln und die Schwierigkeit, mit Ausbau, Abtransport und Versatz nachzukommen. Was die Finanzierung betrifft, genüge der Hinweis, daß die dem englischen Bergbau zur Verfügung gestellten Mittel etwa den fünfzigfachen Betrag der für den deutschen Bergbau vorgesehenen Investitionshilfe erreichen. Es ist nachgewiesen worden, daß die Leistungszunahme im Ruhrbergbau bis zu 2,2 Tonnen je Schicht im Jahre 1936 in erster Linie darauf zurückzuführen ist, daß die benachbarten Untertagebetriebe zusammengefaßt wurden. Sie würde heute eine neue Felderbereinigung erfordern. Und die ist nicht nur ungemein schwierig, sie ist zugleich ein Bestandteil der noch ganz in der Schwebe befindlichen vielberufenen Neuordnung des Bergbaus. Das Ziel der Rationalisierung ist der ununterbrochene Abbau während des größten Teiles des Arbeitstages, also mindestens in zwei, möglichst in allen drei Schichten. Ein über 18 Stunden gehender Abbau gilt bereits heute bei stempelfreier Abbaufront mit modernen Fördermitteln, aber lediglich mit dem Abbauhammer als durchaus erreichbar. Das wird sich noch wesentlich verbessern, sobald der schnelle und gleichmäßige mechanisierte Ausbau einführungsreif ist. Ohne Arbeitsstudien, ohne Rationalisierung bleibt die Mechanisierung unfruchtbar.

Zum rationalisierten Kohlenbergbau gehört auch, daß minderwertige und nicht absetzbare Kohle verwendet wird, um elektrische Energie in zecheneigenen Kraftwerken über den Eigenbedarf der Zechen hinaus zu erzeugen. In der Form von elektrischem Strom wäre auch solche Kohle absetzbar und würde die Kohlenbilanz, die ja imgrunde eine Energiebilanz ist, spürbar entlasten. Leider ist die gleich nach der Währungsreform geplante Ruhrsammelschiene an der mangelnden Initiative einiger Stellen und am Widerstand der rheinisch-westfälischen Elektrizitätswerke gescheitert. Inzwischen ist ein Übereinkommen erreicht worden; es durchzuführen fehlen allerdings noch die Mittel.

In noch weiterer Ferne winken aus den Vereinigten Staaten neue Verfahren, die Kohle auf physikalisch-chemischem Wege zu veredeln. Man hat drüben von Fischer-Tropsch und aus deutschen Versuchsanlagen viel gelernt. Auch die Unter-Tage-Verschwelung wird immer wieder diskutiert. Den wahren Wert der Kohle und die beste Form ihrer Verwendung haben wir trotz der fast unübersehbaren Fülle der aus ihr gewonnenen Stoffe vielleicht noch garnicht erkannt. Das gilt aber nicht nur im technischen Bereich.

Das vierte und letzte Kapitel: die Kohlenpolitik

Ihre Hauptprobleme sind Löhne, Preise, Investitionen, die Verbindung von Zechen untereinander und von Zechen mit Stahlwerken, die Neuordnung der Eigentumsverhältnisse und die Verteilung der Kohle. Ich will nur einige wenige Punkte herausgreifen. Die Deutsche Kohlenbergbauleitung hat im September 1950 gemeinsam mit der Industriegewerkschaft Bergbau den Plan vorgelegt, die Zechen nach bergbaulichen Gesichtspunkten zusammenzufassen. Dieser gerade für die Steigerung der Produktion so wichtige Plan muß heute als gescheitert gelten. Zugleich droht die alte Vorherrschaft des Stahls über die Kohle wieder zu erstehen, indem eine größere Zahl von Zechen einigen Hüttengesellschaften zugeschlagen werden. Unter solchen Umständen neigt die Gewerkschaft dazu, die Nationalisierung des Bergbaus nach englischem Vorbild zu betreiben und damit einer großzügigen wirtschaftlichen und technischen Reform den Weg zu bereiten.

Von besonderem Interesse ist die Verteilung; denn von ihr hängt es schließlich ab, wieviel Kohle der einzelne Verbraucher erhält. Im Stil des kurzschlüssigen Nationalismus wird immer wieder auf den Kohlenexport als die Ursache des Mangels hingewiesen. Dabei liegt die Exportquote mit rund 22 v. H. des Absatzes seit Jahren unverändert fest; sie ist in unsere Handelsverträge eingegangen und stellt mit einem Wert von fast 1,3 Milliarden D-Mark pro Jahr unseren wichtigsten Devisenbringer dar, ohne den es unmöglich wäre, die notwendigsten Rohstoffe einzuführen. Dem steht eine überwiegend zweckgebundene Kohleneinfuhr von nur 175 Millionen D-Mark, also etwa dem achten Teil des Wertes der Ausfuhr, gegenüber.

Da ist weiterhin der DKV, der Deutsche Kohlenverkauf. Er ist die zentrale Verteilungs- und Verkaufsorganisation der deutschen Zechen und Gruben und soll nach Gesetz 27 noch in diesem Jahr im Zug der Neuordnung des Bergbaus aufgelöst werden. Es geht um die Frage der Nachfolge. Ohne eine solche mit erfahrenen Fachleuten besetzte Verteilungszentrale kann der deutsche Bergbau nicht bestehen; dazu ist die Zahl der geförderten und verlangten Sorten zu groß, die Rentabilität der Zechen zu verschieden, die Nachfrage zu wechselnd und zu zersplittert. Wenn der zentrale Verkauf aufhörte, müßten die schwachen Zechen erliegen, und dadurch wiederum würde die Gesamtförderung gedrosselt werden. Außerdem wäre es unmöglich gemacht, die Mengen, Arten und Sorten auszugleichen sowie die Transportmittel elastisch einzusetzen, daß jeweils alle Möglichkeiten ausgenützt und alle Notlagen berücksichtigt werden. Die Folge davon wäre, daß die Kohlenmenge, die tatsächlich für die Wirtschaft verfügbar ist, weiterhin abnähme. Die jeweils richtige Kohle dorthin zu bringen, wo sie gerade gebraucht wird, ist nur möglich, wenn die vergebenen Aufträge noch zwischen Auftragserteilung und Lieferung gekürzt, gestrichen oder umdisponiert werden können, sobald im Bereich der Produktion, des Transportes oder des Verbrauches eine Störung eintritt. Schließlich muß angesichts der Unmöglichkeit, immer die gewünschten Sorten zu liefern, der Verbraucher auch beraten werden, um die für ihn neuen Sorten wirtschaftlich verfeuern zu können. Das wird besonders wichtig werden, wenn im Zeichen des Schuman-Planes auf die einzelnen Länder neue Quoten für die verschiedenen Sorten entfallen.

Solche Aufgaben können nur von einer zentralen Verkaufsorganisation, wie Deutschland sie seit fünfzig Jahren besitzt (früher hieß sie Deutsches Kohlensyndikat), gelöst werden. Hier sind sich Kohlenbergbauleitung und Industriegewerkschaft Bergbau durchaus einig. Aber einige nicht einflußlose und etwas fanatische amerikanische Entflechtungstheoretiker möchten in Deutschland ausprobieren, was sich drüben nicht durchführen läßt; auch die Franzosen sind gegen den zentralen Verkauf, und die Unterhändler der Bundesregierung — so meinen jedenfalls die Leute an der Ruhr — sind von jener forschen Ahnungslosigkeit, mit der heute auf Kosten des Patienten, nämlich des deutschen Volkes, so gern operiert wird. Anderseits sind die deutschen Kommentatoren des Schuman-Planes der Meinung, daß er eine Nationale Verkaufsorganisation für Kohle nicht ausschließe. Es besteht eine gewisse Aussicht, die Zeit bis zum Inkrafttreten des Schuman-Planes so zu überbrücken, daß die deutsche Kohlenwirtschaft nicht in Unordnung gerät.

Ein anderer wunder Punkt der Verteilung muß noch erwähnt werden. Scharfe Beobachter meinen, daß der angemeldete Industriebedarf nicht überall dem wirklichen entspricht. Wir haben uns in Deutschland unter unserem temperamentvollen Wirtschaftsdirigenten angewöhnt, presto aus dem nicht vorhandenen Vollen zu schöpfen. Dagegen ließen sich vermutlich schon durch kleine Einsparungen hier und dort Mengen herausholen, die den Schwerpunktbedarf decken könnten. Das Rationalisierungskuratorium der deutschen Wirtschaft versucht hier neue Wege. Um ein Bild aus der Praxis des Kraftfahrers zu gebrauchen: es handelt sich nicht darum, neue Motoren zu konstruieren, — das ist Sache der technischen Entwicklung; auch nicht darum, die alten Treibstoff-Fresser abzustoßen, — das ist eine Finanzierungsfrage; es geht darum, so zu *fahren*, daß man am wenigsten verbraucht. Ein solcher Versuch kann nur gelingen, wenn der Unternehmer ebenso daran interessiert ist — zum Beispiel weil dadurch seine Kosten sinken, — wie der Arbeiter, der etwa an dem Gewinn, der durch die Rationalisierung entsteht, beteiligt wird, — und wenn bei beiden eine Art von sportlichem Ehrgeiz geweckt wird.

Fassen wir das Ergebnis unserer Untersuchung zusammen: Um das Fördersoll zu erreichen, brauchen wir in erster Linie mehr Bergleute. Diese kommen und bleiben nur dann, wenn sie einen ausreichenden Reallohn erhalten und auf eine Wohnung rechnen können. Der Lohn hängt heute vor allem von den Erlösen ab, der Wohnungsbau von der Finanzierung. Um die Schichtleistung zu steigern, bedarf es weiterer Mechanisierung und Rationalisierung, vor allem im Untertagebetrieb. Das ist eine Frage von organisatorischen Maßnahmen und von Kapitalinvestitionen. Beides hängt von der gesellschaftsrechtlichen, von der betriebswirtschaftlichen und von der sozialen Neuordnung des Bergbaus ab. Um das Fördersoll zu halten und die geförderte Kohle aufs beste zu verteilen, bedarf der Kohlenbergbau einer zentralen Verkaufsorganisation; sie zu erhalten, ist Aufgabe der Politiker. Um schließlich die verteilte Kohle besser auszunutzen, kann und muß in der gewerblichen Wirtschaft gespart werden.

Der Leser wird nun zum Schluß etwas ungeduldig fragen, wie man an der Ruhr über die Aussichten denkt, aus der gegenwärtigen Klemme herauszukommen. Nun, man ist dort der Meinung, daß wir in ein bis zwei Jahren die ärgste Kohlenknappheit überwunden haben werden, wenn eine einigermaßen stetige Entwicklung so weitergeht, wie sie sich jetzt mit allen Antrieben und mit allen Hemmungen eingespielt hat. Die Voraussetzungen dafür liegen in einem weiteren Feld. *Clemens Münster.*

ZWEIMAL FILME IN BERLIN

Im Westen: Geschäft und Mord am Menschen

Man kann sich nur immer wieder wundern. Da hat ihnen Satan, sub oculis Dei, eine der faszinierendsten Kunstgattungen serviert, die sich nur denken läßt — ein Blendwerk, wie es im Buch steht, — und sie, die sich dieses göttlich-teuflischen Zaubers bedienen dürfen, was machen sie draus? — Ein Geschäft.

Halten wir uns nicht lange bei der Forderung auf, Film müsse Kunst sein. Das führt nur zu Mißverständnissen. Formulieren wir so: Der Film muß ein wahrheitsgetreues Spiegelbild des Menschen sein. Der Stummfilm hat diese Forderung mit einer Konsequenz ohnegleichen erfüllt. Deshalb war er ein Kunstwerk. Der Tonfilm hat auf diese Forderung gepfiffen. Deshalb ist er ein Teufelswerk.

Nicht eine dieser leeren keep-smiling-Fassaden hätte entstehen können, wäre der Film stumm geblieben. Das Wort: hier im Film ist es, satanisch mißbraucht, zum blutgierigen Vampir, zum Vampir am Menschen geworden. Es hängt sich an seinen Mund, es saugt sein Gesicht leer, es löscht seinen Blick, es lähmt seine Gesten, — es macht einen stammelnden Klotz, einen brabbelnden Kasten aus ihm.

Man sehe sich unter dem Wust heutiger Filme doch einmal nach einer Szene um, die auch nur entfernt mit jener aus dem „*Potemkin*" zu vergleichen wäre, in welcher der herrenlose Kinderwagen die Kaitreppe hinunterrollt. Man nenne aus dem Heer heutiger Tonfilmstars auch nur einen, dessen Leistung an die von Emil Jannings im „*Letzten Mann*" heranreichte.

Welches Tonfilmgesicht brächte wohl heute noch ein Chaplinsches Stummfilmlächeln zustande? Was sind alle Rita-Hayworth-Allüren, gemessen an einem einzigen Blick aus Asta Nielsens Verzicht-Augen? — Nein. Die Blütezeit des Films ist vorüber. Der Dialog hat ihm die Luft abgeschnürt. Und Agfa-Color und Technicolor stehen bereit, ihm den Todesstoß zu versetzen.

Wenn man nur an jedem Ersten ins Kino geht, kann einem das natürlich nicht so auffallen. Hat man jedoch, wie kürzlich in Berlin, Gelegenheit, innerhalb von drei Wochen einmal rund vierzig Spielfilme aus etwa fünfzehn Ländern zu sehen, und vergleicht man die dabei gesammelten Beobachtungen und Befürchtungen mit bereits früher gemachten, dann wird einem das alles schon wesentlich klarer. Nicht nur nämlich, daß der Mensch in den meisten dieser Filme immer mehr von einem Wesen verdrängt wird, dessen Hauptfunktion es zu sein scheint, gut geschneiderte Kleider und Anzüge zu tragen; nicht nur, daß der Film hier zu einem bloßen Zerstreuungsobjekt, dort zu einem fotografierten Spruchband auszuarten droht, — auch technisch ist nicht mehr viel mit ihm los. Man hat über dem Reden die Optik vergessen. Man fotografiert, aber man zaubert nicht mehr. Die Kamera ist satt und behäbig geworden. Längst ist die Symbolsprache des Stummfilms vergessen; längst ist die Dingwelt wieder in ihren Dornröschenschlaf zurückgesunken. Und das eben erst vom Stummfilm erweckte Menschenantlitz mit ihr.

Hierfür das deprimierendste Beispiel: wir selber. Auf den „Internationalen Filmfestspielen" in Berlin wurden vier deutsche Filme gezeigt: *„Talent zum Glück"*, *„Das gestohlene Jahr"*, *„Das seltsame Leben des Herrn Bruggs"* und *„Dr. Holl"*. So beschämend es ist: es waren die unkünstlerischesten und verlogensten Streifen, die überhaupt zu sehen waren; nach dem Schema aus der UFA-Retorte: „Heidemarie oder Der Hausfreund im Seidenschal", „Diethelms Glück oder Als die Sonne hinter Ottiliens Rosen versank". Existenzbedrohung? Soziale Umschichtung? Kriminalität? Jugendverwahrlosung? Daseinsangst? — Kleine Fische; das „bringt" nichts. „Schwarzwaldmädel", „Die Dritte von rechts", „Der Theodor im Fußballtor", *so* heißen heute die Kassenfüller. Das sind die Streifen, die Bonn finanziert.

Ja, und dann kommt aus der Schweiz ein Mann wie Charles Lindberg und zeigt in seinen *„Vier im Jeep"* (Schauplatz: das heutige Wien) auf etwa 500 Metern die erschütterndsten Heimkehrerszenen, die vielleicht jemals auf der Leinwand zu sehen waren. Oder er grenzt die Mentalität eines russischen Besatzungssoldaten mit einer Prägnanz gegen die des amerikanischen ab, daß man glaubt, hier das Ergebnis jahrelanger Studien und nicht einer einmaligen Stippvisite vorgesetzt zu bekommen. Und wie hießen die Filme, die Österreich schickte? *„Wien tanzt"*, *„Der Wallnerbub"*. Wahrhaftig, da hätten nur noch Hans Moser und das „Mariandel" gefehlt. Man sieht, Deutschland steht keineswegs allein da.

Hollywood leistet sich zwar hin und wieder mit Filmen wie *„Die besten Jahre unseres Lebens"*, *„Boulevard der Dämmerung"* oder der *„Schlangengrube"* gewisse Extravaganzen, aber für gewöhnlich hat in amerikanischen Filmen die Schablonisierung des Menschen eine Perfektion erreicht, wie sie kaum noch zu steigern sein dürfte. Parallel dazu macht sich in diesen Filmen dann auch immer häufiger eine panische Angst vor der Wirklichkeit, vor jeder echten Milieuschilderung bemerkbar, die (denkt man nur an so eine optische Fundgrube wie New York) geradezu lächerlich wirkte, wenn sie nicht so verräterisch wäre. Man ist das Land des Fortschritts; also hat die Kamera die Slums von Manhattan zu übersehen. Man ist das Land des Erfolgs; also wirken die Arbeitslosen, die sich auf der New York Herald Tribune schlafenlegen, nur störend. Diese Angst ist nicht neu; Rußland macht es in seinen Filmen ganz ähnlich. Auch hier wird immer nur das gezeigt, was erstrebt wird, und nicht das, was ist. Und wie in Rußland noch nie ein Kriminalfilm hergestellt worden ist („Es gibt keine kriminellen Genossen"), so lassen die amerikanischen Filmproduzenten die Hände weg von den Erfolgslosen („Amerika ist ein reiches Land").

Umso notwendiger, die wenigen Ausnahmen festzuhalten. Eine war während der berliner Festwochen zu sehen: *„Bright Victory"* ist die story eines Kriegsblinden, der versucht, sich wieder im Leben zurechtzufinden. Ein sauberer und ehrlicher Film. Etwas allerdings konnte er einem nicht nehmen: das Unbehagen nämlich, das einen befiel, dachte man daran, wie schnell so ein Augenlicht ausgelöscht ist, und wie elend lange es dauert, bis im Innern des Betroffenen eine dürftige Notlampe brennt.

Am klarsten hat heute wohl Italien erkannt, worauf es ankommt, will man die Sterbestunde des Films noch etwas hinauszögern. *„Paisa"*, *„Rom — offene Stadt"*, *„Fahrraddiebe"*, *„In Frieden leben"*, — das sind Filme von einer optischen Ehrlichkeit, einer schauspielerischen Unaffektiertheit und einer konzessionslosen Milieudichte, wie sie selbst den Franzosen so nicht häufig gelingen. Allerdings hat dieser Wahrheitsfanatismus auch eine Kehrseite. Und das ist seine augenfällige Lust am Brutalen.

Aber die italienischen Filmleute sind viel zu lebendig, als daß die Gefahr bestünde, dieses Extrem könne sich zu einer Art Dauersport auswachsen. Und während man sich noch abmühte, ihrem neuen Stil einen Namen zu geben und sich endlich auf „Neoverismus" einigte, hatte De Sicca, der Schöpfer der „Fahrraddiebe", schon sein *„Wunder von Mailand"* fertig, in dem gegen Schluß die Armen aus dem Elendsviertel auf Besenstielen in den Himmel einreiten.

Einer der besten Filme auf den Festspielen war ebenfalls ein italienischer. Er hatte den doppelsinnig gemeinten Titel *„Weg der Hoffnung"* und schildert das Schicksal einer Gruppe arbeitsloser sizilianischer Schwefelarbeiter, die, vom Schulterzucken der Grenzposten begleitet, illegal nach Frankreich einwandern, in dem naiv-verzeihlichen Irrtum befangen, dort Arbeit zu finden. In Filmen wie diesem ist die oft schon fast schmerzhafte Objektivität der ersten Filme dieser Richtung ganz einer echten und unpathetischen Anteilnahme gewichen. Diese resigniert letzten Endes zwar auch, aber sie bleibt auf Tuchfühlung mit den Figuren, sie läßt sie nicht im Stich, wie das noch Rossellini in seinen ersten drei Filmen getan hat. Von dieser resignierenden Anteilnahme zur bejahenden ist — der Glaube vorausgesetzt — nur ein Schritt. In *„Prima Communione"* etwa (deutscher Titel: „Der Göttergatte") ist dieser Schritt getan. Und geglückt. Äußerlich betrachtet dreht es sich hier um nichts weiter als um das Pech eines Schokoladenfabrikanten, dem am Ostertag das Kommunionkleid seiner Tochter abhanden kommt. Doch welch ein Abgrund an Sünde, welch ein Berg an Verzeihen, schaut man dahinter!

Bezeichnend, daß dieser Film mit seiner selbstverständlichen Verquickung von schuldhaftem Alltag und echter, wenn auch häufig allzu menschlicher Gläubigkeit weit mehr überzeugte als Malapartes *„Christo proibito"* („Verbotener Christus"). Hier hat sich der Autor (vom Regisseur ganz zu schweigen) zweifellos übernommen. Ein Mann — eine Art italienischer Rußlandheimkehrer — kommt in eine obrigkeitslose Dorfgemeinschaft zurück und sucht den Mörder des Bruders. Ein anderer, der an der Schuldlast der Welt leidet, versucht ihn von seinen Rachegedanken abzubringen. Als er das Gefühl hat, es gelingt ihm nicht, beschließt er, den Rächer durch seinen eigenen Tod umzustimmen: Er gibt vor, *er* habe den Bruder getötet, und der Rächer ersticht ihn. Bald darauf entdeckt dieser den wahren Mörder, treibt ihn erst, indem er ihn in dem Glauben läßt, er habe tatsächlich vor, ihn zu töten, vor sich her, backpfeift ihn schließlich und — verzeiht ihm. Vom Himmel hernieder jedoch fährt eine Lautsprecherstimme und schilt und ruft, nun müsse es aber endlich genug sein des ewigen Totschlags. Zweifellos, der Stimme ist beizupflichten, Malapartes hüpfender Dialektik jedoch keineswegs. Und seiner subjektiv-sektiererischen Auslegung des Erlösungstodes schon garnicht. Ist das nicht ein Hohn: um einen vom Wahnwitz des Tötens zu überzeugen, mache ich einen Mörder aus ihm? Wozu denn dann erst den ganzen Aufwand? Denn ob ich jemanden erschieße, oder ob ich ihn „nur" zu der Annahme zwinge, ich täte es, — vor Gott ist das gleich. Nicht vor Malaparte. Der möchte hier handeln. Aber es ist ein trüber Handel: Ein Mörderleben liegt in der Waagschale und wird aufgewogen mit Mord. Was ist das für eine Rechnung? Eine christliche jedenfalls nicht.

Ganz anders da Jean Delannoy mit seinem Film *„Dieu a besoin des hommes"*, den Frankreich auf die Festspiele schickte. Dieser Film — mag man als Katholik gegen ihn eingestellt sein, mag man ihn lediglich von der packenden Handlung her nehmen, — überzeugt menschlich-künstlerisch in jeder Phase. Die Bewohner einer winzigen, der Bretagne vorgelagerten Insel haben sich derart in Sünde verstrickt, daß ihnen, nach Meinung des Priesters, nicht mehr zu helfen ist: Er verläßt sie. Doch die Fischer brauchen Gott. Da sie ohne Priester aber nicht zu ihm gelangen können, drängen sie den Küster, Fischer wie sie, diese Mittlerstelle zu übernehmen. Anfangs weigert er sich noch, doch dann predigt er, und schließlich preßt ihn eine Geburt und ein Tod endgültig zur Zusage: Er vollzieht die Handlungen des Priesters. Eben will er auch die Messe feiern, da betritt ein neuer Priester die Insel. Er kommt, eskortiert von Soldaten. Einer der Fischer, ein Muttermörder, nimmt sich daraufhin das Leben, und da der Priester ihm die Sakramente verweigern muß, erteilt der „sündige" Küster sie ihm und setzt den Toten im Meer bei. Dann erst beugen er und die Gemeinde sich wieder dem Priester.

Es gibt, zumal vom katholischen Standpunkt aus, berechtigte Einwände gegen diesen Film, und dennoch wiegt er Dutzende von technikolorierten Jungfrauen von Orleans auf. Und die „Jungfrau" der Bergmann war doch gewiß linientreu.

Frankreich schickte noch einen weiteren wichtigen Film: André Cayettes *„Justice est faite"*. Eine Frau ist angeklagt, ihren krebskranken Freund auf dessen Wunsch und mit Wissen ihres Geliebten getötet zu haben. Das ist der Rahmen. Hineingefügt in ihn die Mosaiksteine der Geschworenenschicksale. Jeder dieser sieben grundverschiedenen Menschen nämlich urteilt lediglich gemäß seiner augenblicklichen Lebensumstände. Ein Bauer hat Hörner aufgesetzt bekommen. Seine Folgerung: „Alle Weiber sind falsch." Ergibt im Prozeß: Schuldig. Ein Kellner ist glücklich verlobt. Seine Folgerung: „Ich trenne kein Liebespaar." Ergibt im Prozeß: Unschuldig. Und so fort, bis schließlich (auf ähnlich beunruhigende Weise zusammengekommen) 4 Schuldig gegen 3 Unschuldig stehen. Und das vierte Schuldig wäre auch noch ein Unschuldig geworden, hätte der Betreffende vor der Urteilsfindung erfahren, was er jetzt nach ihr erfährt: daß seine Geliebte, die er verließ, sich erschossen hat.

Auch hier wurde wieder der Beweis erbracht, daß die echten, wirklich packenden Schicksale nicht in den Atelierschlössern, sondern auf der Straße zu finden sind. Nicht zufällig ist ja „Der kleine Mann" nun schon seit über zwanzig Jahren Hauptheld fast aller französischen Filme. Und? Haben wir sie uns etwa übergesehen, die Konflikte unserer Brüder, der Taxichauffeure, der Bankangestellten und Handwerker? Keineswegs. Denn wie könnte man an sich selber das Interesse verlieren? Das Interesse an uns verlieren nur immer die Filmproduzenten. Wie merkwürdig; und dabei drehen sie ihre Filme doch für uns.

Die englischen Filmleute zeigen da mehr Courage als unsere und die Hollywoods. Obwohl der englische Film-Alltag, wenn nicht gerade ein verregneter Mord geschieht, optisch meist sehr unergiebig ist. Das liegt hauptsächlich wohl daran, daß die Engländer (im Film jedenfalls) wesentlich unkomplizierter und unneurotischer sind als die Franzosen; schon aus ihren Wohnungen ist, kameratechnisch gesehen, nichts Rechtes herauszuholen: Kein Staub, kein schimmliges Brot, keine ungemachten Betten, sogar die Kaffeetassen sind immer gespült. Und wie das Milieu, so die Akteure. Man glaubt ihnen den Durchschnittsengländer ohne weiteres. Aber wo, um alles in der Welt, soll bei so viel rechtwinkliger Biederkeit der Konflikt herkommen? Zahlreiche Filmfans ziehen da lieber den original James-Mason-Sadismus, jene zweite, und auch nicht zu unterschätzende, englische Filmeigenschaft vor.

Doch auch die Anhänger der erstgenannten Richtung sind kürzlich belohnt worden. Auf den Filmfestspielen war *„Browning Version"* zu sehen, die Geschichte eines Lehrers, der erkennt, daß er sein Leben lang menschlich und beruflich versagt hat. Eine große Leistung Michael Redgraves. Aber auch eine große Ausnahme.

Das enfant terrible der Festspiele war Mexiko. Hier ist ein Filmland im Kommen, dessen künstlerische Besessenheit, wenn sie sich die wirtschaftliche Unabhängigkeit wahren kann, in Kürze schon zu einem ernstzunehmenden Konkurrenten Hollywoods herangewachsen sein dürfte. Lebensnähe, soziales Verantwortungsbewußtsein, echte, lebenszugewandte Religiosität, schauspielerischer Ernst, unverkitschte Sentimentalität, — Begriffe, die in den Alphabeten jener kalifornischen Traumfabrikanten längst zu undeutbaren Hieroglyphen erstarrt sind: hier im mexikanischen Film haben sie ihren alten und ursprünglichen Glanz zurückerhalten.

„Enamorada" (deutsch: „Die Verliebte") ist die Romanze von einem Bürgergeneral aus den Befreiungskriegen, der die Tochter eines seiner Erzfeinde, eines mexikanischen Großgrundbesitzers, liebt. Sie mag ihn erst nicht, so hartnäckig er ihr auch nachstellt. Doch dann erfährt sie von dem Priester, der mit dem General zusammen studiert hat, wie dieser ein Bild in der Kirche, die Anbetung der Könige, deutet, und das und die Art, wie der General im Gespräch mit ihr (es findet auf der Kirchentreppe statt und endet mit einem würzigen Maulschellenaustausch) die Ehre der Frauen seiner Soldaten verteidigt, stimmt sie um. Und als der General gar — ihr zu Liebe, versteht sich, — die Stadt räumt, um sich draußen den Regierungstruppen zu stellen, verläßt sie fluchtartig ihre Hochzeit und, die Hand an seinem Steigbügel, folgt sie ihm in die Schlacht.

Trocken erzählt klingt das kitschig. Der Film ist jedoch alles andere eher. Er wurde vielmehr von einer derart selbstverständlichen Gläubigkeit, von so grundanständigen sozialen Thesen, einem so unverdorbenen Pathos und einem derart sachlichen Humor getragen, daß hier tatsächlich ein Werk entstanden ist, dem diesseits wie jenseits des Atlantik nur schwer etwas gleich Gutes an die Seite zu stellen sein dürfte.

Der Vollständigkeit halber noch ein Seitenblick auf die übrigen an den Festspielen beteiligten Länder. Schweden schickte mit *„Fräulein Julie"* (nach Strindberg) den bestfotografierten Film seit Jahren. Aus Spanien kam *„Mal Aire"*, eine dramaturgisch stark versalzene Mischung aus Blubo und Ganghofer. Dänemark sandte ein Lustspiel. Auch die Türkei wartet mit etwas sehr Drolligem auf, es nannte sich *„Die Eroberung von Byzanz"*. Eigentlich hätte man ernst bleiben sollen bei diesem Film. Da den Akteuren während ihrer endlosen Palaver jedoch dauernd die Klebebärte abgingen, war das unmöglich. Schließlich hatte sich noch Jugoslavien mit einem technisch recht ordentlich gemachten Märchenfilm beteiligt. Er hieß *„Das Zauberschwert"* und handelt von einem Schäfer, der sich gegen einen Tyrannen erhebt. Wer mit diesem gemeint war, war nicht ersichtlich. Wohl aber hatte der Regisseur, besonders, was die erfrischend realistischen Kampfphasen anging, eine Menge bei seinen östlichen Kollegen gelernt. *So* präzise werden sonst nur noch in russischen Filmschlachten Recken halbiert —. *Wolfdietrich Schnurre.*

Im Osten: Greisengesicht der Revolution

Politik ganz und gar, diese „Festwoche des volksdemokratischen Films“ im Berliner Ostsektor, ein Abschnitt der Kampagne, die unter dem Motto vom Frieden von Osten her über die Weltkugel läuft, keine Veranstaltung, sondern ein Bekenntnis.

Nationalhymnen vorweg, Ansprachen, — ihr Vokabular: Atlantikpakt, Vorkonferenz in Paris, Korea, Friedensgrenze, Adenauer, Westdeutschlands Remilitarisierung, Freundschaft, endlich und immer, mit der Sowjetunion, „dem Bollwerk des Weltfriedens“ (Kultusminister Wandel). „Es lebe“-Rufe auf alle Präsidenten der Volksdemokratien, aber die meisten auf Stalin, im Stehen applaudiert und nach genauen Riten, im Rhythmus mit sich steigernder Geschwindigkeit, der Redner klatscht mit. Der autoritäre Staat holt sich noch allemal das Bekenntnis seiner Bürger: auch der Applaus ist geregelt. Gerhart Eisler, vom Informationsamt der Regierung, spezifiziert „zum Geleit“ die Verwandtschaft dieses Unternehmens mit dem Frieden, zeichnet den Stammbaum sorgsam von der Wurzel bis zum Wipfel: „Im Vordergrund aller Aufgaben steht die Aufgabe, den Frieden zu erhalten. Die Kraft des Weltfriedenslagers, an der Spitze die Sowjetunion, wird den von den angloamerikanischen Imperialisten gewünschten dritten furchtbaren Weltkrieg verhindern. Ein großer Faktor in diesem Kampf um den Frieden sind die volksdemokratischen Staaten, mit denen uns eine feste und unverbrüchliche Freundschaft verbindet. Die Gemeinsamkeit unserer Interessen im Kampf um den Frieden findet ihren Ausdruck auf allen Gebieten des gesellschaftlichen Lebens. Auf kulturellem und kulturpolitischem Gebiet werden daher die Beziehungen zwischen der Deutschen Demokratischen Republik und den volksdemokratischen Staaten immer enger und fruchtbarer. Der Film als wichtigste aller (!) Kunstgattungen nimmt dabei eine sehr bedeutende Stellung ein . . .“

Er hat also in dieser Gegend seine feste Funktion, der Film, und es ist schwer, mit den Maßstäben und Urteilen der Kritik an das heranzukommen, was als Proben volksdemokratischer Filmkunst in dieser Festwoche vorgewiesen wurde. Filme entziehen sich oft, erst recht im Westen der Welt, der Rezension, die auf den Kunstgenuß aus ist, sie entziehen sich immer dann, wenn sie dem schlichten (und guten) Geschäft dienen. Hier aber, im Osten, scheinen sie dafür hergestellt zu sein, eine ganz bestimmte Geschichtsauffassung, nämlich den Klassenkampf, nachträglich zu bestätigen und endlich Vorbildlichkeit und Pionierleistung der Sowjetunion auf jedem Gebiet zu konstatieren. Das ungefähr ist ihre Aufgabe, und es bleibt demnach nur zu untersuchen, mit welchen Mitteln, ja vielleicht auch, mit welchem Erfolg sie diese Aufgabe lösen. Das Thema jedenfalls, der Kampf der Armen gegen die Reichen, und das heißt hier noch jedesmal auch: der Kampf der Guten gegen die Bösen, bekommt schnell eine bedrückende Monotonie: es gab fünfen der gebotenen sechs Spielfilme die Handlung. Nur für die Volksrepublik China hat der Kommunismus ein spezielles Gesicht, aber deswegen keine kompliziertere Geschichtsdeutung vorbereitet. Der mächtige und gefährliche Klassenfeind, der Ausbeuter, das ist hier einfach der Japaner; der gute, tapfere Mann, die tapfere Frau, das ist China. Ein guter Chinese sein, darf man ablesen, bedeutet sogleich auch, ein guter Kommunist sein. So einfach und dreist ist diese Gleichung, daß der Film *„Die Töchter Chinas“* im Jahre 1931 spielen kann, im japanisch-chinesischen Krieg, nicht im Krieg der Kommunisten gegen Tschiang Kai-schek, und daß doch alle Tapferkeit der Chinesinnen nur auf ihren Glauben an die Partei und deren gute Sache gegründet ist. Sie alle fallen, aber solange noch ein Funken Leben in ihnen ist, erinnern sie sich der politischen Instruktion und schießen sie sterbend auf die Japaner, die übrigens jeden, dessen sie habhaft werden können, bei lebendigem Leibe verbrennen.

Die übrigen fünf Spielfilme stammten aus Polen, der Tschechoslowakei, aus Bulgarien, Rumänien und Ungarn, aus Ländern also, die eben erst angefangen haben, Filme zu produzieren. *„Das Tal erschallt"* war der erste Film überhaupt, der in Rumänien hergestellt worden ist, und Julius Hay, der ungarische Dramatiker, bekannte, die Hauptdarsteller des Films *„Ludas Matyi"* seien noch vor wenigen Jahren barfuß über das Stoppelfeld gelaufen oder hätten als Hausmädchen bei „sogenannten besseren Leuten" gearbeitet. So ist die Primitivität der Technik bei diesen Filmen erklärbar und verzeihlich, und eben sie ist der geringste Nachteil. Die Gesichter, die es da zu sehen gibt, sind noch nie mit der Glasur aus den Ateliers übergossen worden, sind noch nicht in der Routine, in der tausendfachen Gewöhnung an einen ihnen immer wieder abverlangten Typ erstarrt, sie sind häßlich mitunter, und das heißt: sie sind natürlich. Die Kameraleute suchen sich naiv die Positionen und Einstellungen, von denen aus sie den Ereignissen der Handlung beikommen wollen, sie haben keine besondere Erfahrung, — es ist, vorerst wenigstens, ohne Zweifel ein Vorteil.

Ihr zweites Gesicht, ein greisenhaftes, beziehen diese Filme von der Handlung, von dem simplen und krassen Schema der Weltanschauung, die sie propagieren sollen, und die in ihren niemals variierten Wiederholungen schon jede Natürlichkeit, jede Ähnlichkeit mit der doch so beflissen für die Kunst beanspruchten Realität verloren hat. Ludas Matyi, der ungarische Bauernjunge, wird auf Befehl des reichen Gutsbesitzers geschlagen und schwört, den fetten Widerling zur Revanche dreimal zu verprügeln. Wie er das mit List anstellt — während der reiche Mann vor Wut die Häuser der armen Leute anstecken läßt —, und, vor allem, wie das ausgewählte Publikum im Ostsektor auf seine Streiche reagiert, ist nichts anderes mehr als schieres Kasperletheater, ist Spekulation auf infantiles Behagen, auf jenes Kinderglück, das aufwallt, wenn der Kasper den Teufel auf den Kopf schlägt. Überhaupt geht es fast immer ähnlich zu wie auf jenen von den Politikern ohne Ermüdung bevorzugten Plakaten: von dem Stiefel des marschierenden, ungemein stattlichen Werktätigen wird im nächsten Augenblick das Gewürm der Feinde zertreten werden, das da unter der Sohle winzig herumwimmelt. Die Feinde des Systems sind gemeine, aber lächerliche und durchaus unverkennbare Bösewichter, es sind in dem aufbaufreudigen rumänischen Film *„Das Tal erschallt"* wahre Schreckenskammergestalten, Panoptikumsgrimassen, diese Spione und Saboteure, und es sind zierige und alberne Feiglinge, diese polnischen Adligen der *„Warschauer Premiere"*. Für Monate kennen sie alle, Mitglieder der oberen Gesellschaft, nur dieses Ziel: zu verhindern, daß „Halka" aufgeführt werde, die dann aber doch zur polnischen Nationaloper geworden ist. (Die zynischesten, bösesten Dinge, übrigens, sagt in diesem Film ein aristokratischer Bischof.) Das System ist so billig wie ungenau, ein Bumerang eigentlich. Denn was sind das für Märtyrer, was sind das für Vorkämpfer des Fortschritts, die für ihr Gefecht mit Karikaturen so lange Zeit gebraucht haben? Was bringt dieser Sieg für Ruhm, dieser Sieg über Trottel?

Er hat aber seine Zeit gebraucht, dieser Sieg, zuviel Zeit noch für den Geschmack des Publikums. Der tschechische Film *„Die Sirene"* beschreibt den Streik und einen Aufstand von Arbeitern im Jahre 1889. Scheußlich, roh und gierig, wie gewohnt, die reichen (deutschen) Ausbeuter; aber auch, was die Armen einander antun, wird hier nicht verschwiegen, Unrast und Zänkerei, die das Elend anrichtet. Der Arbeiter, der trinkt und seine Frau schlägt, die Frau, die den Rock hebt und junge Leute in die dunkleren Winkel der Werkschuppen lockt, Uneinigkeiten im Lager der Streikenden, der spärliche, bösartige Rausch am Zahltag in der Kneipe, alles das wird nicht vertuscht. Dann bricht der Streik zusammen, der Aufstand endet — 1889 — in den Gefängnissen. „Zu negativ gestaltet", sagte ein junger Mann in der blauen Uniform der FDJ beim Hinausgehen zu seinem Kameraden. Ja, auch dieses Publikum fordert sein happy-end, will den Siegesmarsch der Fahnen und Transparente am Schluß, will den Sieg seiner Helden, sogar in der Tragödie.

Walter Busse.

Wort und Antwort:

Reinhold Schneider

Auch Ihnen ist zweifellos die Nummer der „Frankfurter Allgemeinen" bekannt, in der wir zu unserer tiefsten Erschütterung lesen, daß Reinhold Schneider sich zum Despotismus des Ostens bekennt und in einer grauenhaften Blindheit behauptet, von dort komme nunmehr der Frieden. Zweifellos ist es richtig, daß der wahrlich geliebte und tief verehrte Dichter und Historiker hiermit den unbestreitbaren Führungsanspruch bei uns Katholiken verwirkt hat. Es würde nicht nur für die Kirche selber einen nicht wieder gut zu machenden Verlust bedeuten. Und dies nach den Tragödien Mindszenty und Grösz! — Nehmen Sie es nicht als eine aufdringliche Unbescheidenheit, wenn ich Sie im Namen vieler bitte, in den FH für uns alle diese Frage aufzuwerfen und zu beurteilen. Wäre es denkbar, daß der schwer leidende Dichter geistig gelitten hat? Beinahe möchte man es wünschen und hoffen, so furchtbar es klingt.

*

Sie sind nicht richtig unterrichtet. Reinhold Schneider hat erstens niemals einen „Führungsanspruch" bei uns Katholiken erhoben; er hat sich zweitens niemals zum Despotismus des Ostens bekannt. Sie brauchen auch nicht zu fürchten (oder zu hoffen), daß sein Geisteszustand nicht in Ordnung ist. Reinhold Schneider hat in einem Brief an Karl Färber im „Christlichen Sonntag" die Schritte aufgezählt und begründet, in denen er gegen den herrschenden Codex im Verhalten West-Ost verstoßen hat. Was uns betrifft, so billigen wir diese Schritte nicht ganz; wir sind uns mit Reinhold Schneider in seinem eigentlichen christlichen Anliegen, nicht aber in der Frage der politischen Pflichten einig, die sich daraus ergeben. Aber warum wollen wir es nicht endlich lernen, ernsthafte Nonkonformisten ernstzunehmen, schon gar, wenn sie sich so legitimiert haben wie dieser Dichter? Selbst wenn er Unrecht haben sollte, so wäre ein schlimmeres Übel als die Duldung eines respektablen (und in diesem Falle sogar: eines großartigen und großherzigen) Irrtums die verfluchte Gleichschalterei. Wir müssen gegen sie Front machen.

Sie haben Reinhold Schneider sehr hoch erhoben, mit Ihrem Wort vom „Führungsanspruch". Sollte es nicht damit zusammenhängen, daß Sie ihn nun so tief hinunterstürzen? Entschließen Sie sich doch, in ihm einen Menschen unter Menschen zu sehen, einen bedeutenden Menschen neben anderen, aber einen Menschen mit seinem Widerspruch. Vielleicht verstehen Sie sein Wort besser, wenn es nicht aus so schwindelnder Höhe zu Ihnen dringt, sondern als ein brüderliches Wort.

Alois Stiefvater

Wann werden die FH endlich zur elendigsten Schandschrift des kirchenpolitischen Remilitaristentums, der Schrift von Dr. Stiefvater „Volk ans Gewehr?" ein Wort sagen? Es werden ja Glossen genug gemacht in den FH, oft übergeistreiche, die nur noch Gehirnakrobaten verstehen, — es wäre aber zu wünschen, daß nicht die wichtigsten und verderblichsten Produkte des katholischen Schrifttums unbeachtet blieben. Die Stiefvaterschrift ist zu Zehntausenden in die Organisationen hineingepumpt worden. Sie wirkt da nun als Schund- und Schmutzprodukt schlimmer als jedes Magazin. Also sage man endlich ein Wort dazu!

*

Warum nicht? Wir kennen die Flugschrift, und wir haben uns auch gewundert, wenn auch nicht so hitzig wie Sie. Die Schrift legt einen sehr einfachen Gedanken dar: Da ein Angriff der Bolschewisten bevorsteht, heißt es alles andere zurückstellen und zunächst einmal aufrüsten, „so schnell, so gründlich und so kräftig, daß es keine halbe Sache bleibt, sondern tatsächlich wirkt; keine Spielerei, sondern blutiger Ernst." Die Deutschen natürlich mit. Bürgerkrieg? Der ist sowieso unvermeidlich, solange es deutsche Bolschewisten gibt, so oder so. Die soziale Frage, der Wohnungsbau, die Mitbestimmung, die Flüchtlinge? „Wenn's pressiert, dann ist es ein Unsinn, von der Innendekoration zu reden." Militarismus? Das natürlich nicht, sondern ein Volk, das „mit der einen Hand das Schwert nimmt und in die andere den Spaten". So etwa, acht Seiten lang. Die Meinung, für die da geworben wird, ist schon deshalb falsch, weil sie verwickelte Fragen grob vereinfacht; diese Flugschrift ist besonders schädlich, weil sie dieses allzu simple politische Weltbild, in dem die Gegenstände der Sozial-Enzykliken und die Verzweiflung der Lager-Familien zu Mängeln der „Innendekoration" zusammenschrumpfen, mit einer verführerischen Sicherheit vertritt, die für die einfachsten Gegenfragen gar keinen Raum läßt; sie ist gefährlich ferner, weil doch vielleicht mancher Mann auf den kernigen, biederen, mannhaften Ton hereinfällt. (Nicht alle jungen Männer freilich schätzen es, daß man ihnen so munter auf die Schultern klopft.) Nun, das alles ist nicht verwunderlich, die politische Meinung, die da vertreten wird, ist bekannt und weitverbreitet, und alles andere erklärt sich aus der Absicht, eine handfeste und unbedenkliche Propagandaschrift zu schreiben. Verwunderlich ist aber, daß es ein Priester ist, der so kräftig ins Horn bläst, und ferner, daß ihm und dem Winfried-Werk und der Monatszeitung „Der Mann in der Zeit", die dem katholischen Volk diese kräftige Spritze verpassen, nichts, aber auch garnichts von dem eingefallen ist, was beispielsweise Papst Pius niemals zu sagen vergißt, wenn er diese Frage streift: kein Wort des Friedens, keine Aufmunterung zum Dienst am Frieden, zum Geist des Friedens, kein Hinweis auf Pax Christi, kein Wort der Gewissenserforschung, kein Wort, aber auch kein einziges Wort, das zum Gebet auffordert, kein Wort, aber auch kein einziges Wort des Vertrauens auf Gott. Es sieht so aus, als wollte man sich in der Geschichte doch lieber allein auf die deutsche, die europäische und die amerikanische Wehrmacht verlassen. Das finden wir ziemlich leichtfertig, — viel leichtfertiger jedenfalls als das Gegenteil, das uns Christus gestern im Evangelium (vom 14. Sonntag nach Pfingsten) nahelegt. Als ergänzende Lektüre zu heidnischen Flugblättern sind dieses Evangelium und die dazugehörige Epistel dringend zu empfehlen. WD

Friedrich Wilhelm Foerster

Die Friedrich Wilhelm Foerster-Gesellschaft schreibt in einem Aufruf unter anderem:

Wir wollen in aller Öffentlichkeit bekunden, daß wir in Friedrich Wilhelm Foerster einen Mann sehen, dessen Streben und Wirken von reinen Motiven getragen war. Wenn er seinen Kampf gegen Nationalismus und Militarismus mit so ungewöhnlicher Schärfe geführt hat, so geschah das aus einer geradezu prophetischen Einsicht in die verhängnisvolle Lage, die durch verblendete und verbrecherische Elemente für Deutschland und die ganze Welt heraufbeschworen wurde. — Wir sehen in unserem öffentlichen Eintreten für Foerster den Anfang einer Wiedergutmachung, die das deutsche Volk dem hochverdienten Manne schuldig ist, dessen Absichten und Taten in einer wahrhaft tragischen Weise mißverstanden wurden. — Wir begrüßen es, daß namhafte internationale Persönlichkeiten wie Einstein, Graf Sforza, Herriot und Huber, der Völkerrechtslehrer und Ehrenpräsident des Internationalen Roten Kreuzes, Foerster zum Friedens-Nobelpreis vorgeschlagen haben. — Wer es mit uns für nützlich und notwendig hält, daß Foerster alsbald in die Lage versetzt wird, ohne äußere Hemmungen sein literarisches Lebenswerk weiterzuführen und zu vollenden, der möge uns das mitteilen und uns erlauben, daß wir auch ihn als Mitglied unserer Gesellschaft der Öffentlichkeit bekanntgeben.

*

Auch wir, die wir uns in den FH VI/1 zu dem großen Unbekannten bekannt haben, schwimmen wider den Strom. Wir teilen unseren Lesern diesen Aufruf mit und geben ihnen die Anschrift der neuen Gesellschaft an: Recklinghausen, Wildermannstraße 9.

War das Regime „illegal"

Zu Ihrem Artikel „Widerstand, Hochverrat, Landesverrat" hätte ich Folgendes festzustellen:

Das Ermächtigungsgesetz des Kabinetts Hitler vom 24. März 1933 ist ein ausgesprochenes Ausnahmegesetz. Auch die Reichsverfassung sah in Artikel 48 bei Notständen einen Ausnahmezustand vor; in diesem Artikel war erwähnt, welche Grundrechte des zweiten Teils der Reichsverfassung ganz oder zum Teil zur Durchführung des Ausnahmezustandes außer Kraft gesetzt werden durften. Aus der Erwähnung dieser Grundrechte muß man schließen, daß andere Verfassungsrechte durch den Ausnahmezustand nicht außer Kraft gesetzt werden durften. Insbesondere hatte das zu gelten für die Organe der Reichsverfassung, zum Beispiel den Reichstag, den Reichspräsidenten, den Reichsrat. Im Ermächtigungsgesetz, das die Gesetzgebung vom Reichstag auf die Reichsregierung übertrug, ist daher, offenbar auf den Einfluß des Reichspräsidenten und weil sonst die Zweidrittel-Mehrheit für dieses Gesetz nicht zu erreichen gewesen wäre, ausdrücklich folgende Einschränkung hervorgehoben worden:

1. Die Einrichtung des Reichstags als solche darf nicht zum Gegenstand der Gesetzgebung durch die Reichsregierung gemacht werden. 2. Die Einrichtung des Reichsrats ist unter den gleichen Voraussetzungen wie die des Reichstags der Gesetzgebung der Reichsregierung entzogen. 3. Die Rechte des Reichspräsidenten bleiben unberührt. Die Ziffer 1 sollte die parlamentarische Verfassung, Ziffer 2 den Fortbestand und die parlamentarische Vertretung der Länder sichern.

Die Kommunisten, die zu der Reichstagswahl

im März 1933 81 Mandate erhalten hatten, wurden zur Reichstagssitzung am 24. März 1933 nicht zugelassen. Durch Gesetz vom 26. Mai 1933 wurde die KPD, durch Verordnung vom 14. Juli 1933 die SPD verboten. Am gleichen Tag erging das Gesetz gegen die Neubildung der Parteien.

Damit war die *Einrichtung* des Reichstags — parlamentarische Demokratie — aus der Reichsverfassung ausgeschaltet und die Verfassung entgegen Ziffer 1 des Ermächtigungsgesetzes gebrochen. In konsequenter Fortsetzung dieses Verfassungsbruches wurde dann auch am 14. Oktober 1933 der Reichstag aufgelöst. In den neuen „Reichstag" konnten tatsächlich bis auf 20 Abgeordnete nur Mitglieder der NSDAP gewählt werden. Diesem „Reichstag" (der nicht als der im Sinne des Ermächtigungsgesetzes zu wahrende Reichstag angesehen werden kann und denn auch vom Volk allgemein als „Gesangverein" und nicht als Reichstag angesehen wurde) legte Hitler dann das Gesetz über den Neuaufbau des Reiches vom 30. Januar 1934 zur Beschlußfassung vor. Die Volksvertretungen der Länder wurden aufgehoben, ihre Hoheitsrechte gingen auf das Reich über, die Landesverwaltung wurde der des Reiches unterstellt, die Reichsregierung wurde zur Reichsreform ermächtigt. In Durchführung dieses Gesetzes wurde dann auch der Reichsrat aufgelöst und damit gegen Ziffer 2 des Ermächtigungsgesetzes verstoßen. Nachdem die Laufzeit dieses Gesetzes zweimal durch den „Reichstag" verlängert wurde, hielt Hitler sogar seinen Beschluß nicht mehr für notwendig und verlängerte sich diese Ermächtigung am 15. Mai 1943 (RGBl. S. 295) selbst.

Daraus ergibt sich klar, daß die Regierung Hitlers die Verfassung gebrochen hat und nicht legal war. Im übrigen kann es kein staatlich legalisiertes Verbrechertum geben.

Dr. Machens.

*

Ich stimme Ihrer D a r s t e l l u n g völlig zu, nicht aber der Konsequenz, daß sich daraus die „Illegalität" des Regimes zwingend erweisen lasse. Fast alle Staatsrechtler sind sich darin einig, und ich meine, daß sie darin nicht nur im positivistischen Sinne recht haben, sondern weise sind: daß es eine nachträgliche Legalisierung eines durch Rechtsbruch, also illegal zur Macht gekommenen Regimes gibt. Sonst könnte es niemals die Legalisierung einer Revolution geben, auch nicht „guter", geschichtlich fälliger, „legitimer" Revolutionen. Man müßte die Geschichte, die mit „guten" und „bösen", nachträglich legalisierten Umstürzen gespickt ist, rückwärts revidieren bis in Adams Zeiten. Adolf Hitler hat illegal eine böse Revolution gemacht, dadurch die Macht erlangt, tatsächlich viele Jahre regiert und dafür zwar nicht den Beifall, aber doch die formale Anerkennung der allermeisten Staatsbürger (zum Beispiel durch Steuerzahlung) u n d aller Staaten der Welt erreicht. Dadurch wurde sein verbrecherischer („illegitimer") und zunächst illegaler Staat leider legalisiert. Er war so legal wie Neros Regiment. Mindestens läßt sich diese Auffassung ernstlich vertreten. Anderseits wären die Konsequenzen Ihrer Auffassung erheblich und schwer erträglich. Man müßte Sie, falls Sie den von der Hitler-Regierung erlassenen Steuergesetzen gefolgt sind, wegen Mittäterschaft belangen: Sie hätten die Verbrecher und ihre Verbrechen mitfinanziert! Aber ich folge Ihnen gern, wenn Sie darauf bedacht sind, dem deutschen Untertanen, der sich beim Ermächtigungsgesetz beruhigt, die wahren Tatsachen, die Sie in Ihrer Zuschrift festhalten, unter die Nase zu reiben. WD

Zu ungeduldig und zu geduldig

... kam ich mit dem hiesigen Vorsitzenden der Europa-Union ins Gespräch. Er bedauerte es, daß der Gedanke eines geeinten Europa bei der arbeitenden Bevölkerung so wenig Zugang finde. Dazu meine ich Folgendes: Wenn ein neuer Gedanke dem Volk gegeben werden soll, so kann heute nicht mehr beim Arbeiter angefangen werden. Ich bin erst zwanzig Jahre und habe nur während meiner Ferien in Fabriken gearbeitet, also ist meine Erfahrung nicht gerade sehr groß; aber das Ziel des Arbeiters, ich muß es sagen, ist der nächste Freitag (Zahltag!), und sein Ideal ist es, einen Zwölfer im Toto zu tippen. Dort muß man beginnen, wo junge Menschen zusammenkommen, sei es bei den Lehrlingen in der Gewerbeschule, sei es in den Oberklassen des Gymnasiums. Ich bin in der Oberprima. Wir *warten* darauf, daß einer kommt und uns aus der Ruhe reißt. (Was natürlich nicht heißt: „Führer befiehl, wir folgen dir".)

*

Warten Sie nicht, bis einer kommt. Fangen Sie an. Und ergänzen Sie gelegentlich die Erfahrungen, die Sie mit Arbeiter-Spießern gemacht haben, durch Erfahrungen mit Akademiker-Spießern, Kaufleute-Spießern, Bauern-Spießern, Lehrling-Spießern und Gymnasiasten-Spießern. Und mit Arbeitern, die keine Spießer sind.

Kritik:

Der Roman einer Zeit

Lion Feuchtwanger: „Goya — Oder der arge Weg der Erkenntnis". Roman. Frankfurter Verlagsanstalt 1951, 684 Seiten, Ganzleinen, DM 19.80.

„Gegen Ende des achtzehnten Jahrhunderts war fast überall in Westeuropa das Mittelalter ausgetilgt. Auf der Iberischen Halbinsel, die von drei Seiten vom Meer, auf der vierten von Bergen abgeschlossen ist, dauerte es fort.

Um die Araber von der Halbinsel zu verdrängen, hatten vor Jahrhunderten Königtum und Kirche ein unlösliches Bündnis eingehen müssen. Der Sieg war möglich nur, wenn es den Königen und Priestern gelang, die Völker Spaniens durch strengste Disziplin zusammenzuschweißen. Es war ihnen gelungen. Sie hatten sie vereinigt in einem inbrünstig wilden Glauben an Thron und Altar. Und diese Härte, diese Einheit war geblieben."

Mit diesen einfachen Sätzen beginnt Lion Feuchtwanger seinen jüngsten Roman. Zwei knappe Abschnitte, und eine Welt ersteht vor unserem Blick, eine Welt mit ihren Kräften, die bereits den Hintergrund ahnen lassen, vor dem, in dem sich das Leben Francisco de Goyas abspielen wird.

Empfang bei der jungen, durch ihre Schönheit wie ihren Geist bestechenden, maßlos arroganten, erschreckend das Leben, ihre Liebhaber und sich verschlingenden Herzogin von Alba. „Auffiel ein Mann, der sich inmitten dieser gepflegten Herrn und Damen trotz seiner sorgfältigen, ja kostbaren Kleidung ein wenig ungelenk ausnahm. Er war nicht groß, unter schweren Lidern lagen tief die Augen, die Unterlippe war voll und gewalttätig vorgeschoben, die Nase kam gerade, fleischig und flach aus der Stirn heraus, der Kopf hatte etwas Löwenhaftes. Er schlenderte durch den Saal, fast alle kannten ihn und erwiderten seinen Gruß mit Achtung. ‚Es ist angenehm, Sie zu sehen, Don Francisco,' hörte er wieder und wieder.

Don Francisco de Goya freute sich, daß ihn die Herzogin von Alba zu diesen erlesenen Gästen eingeladen hatte, er freute sich der Achtung, derer man ihn würdigte. Es war ein langer Weg gewesen aus dem Bauerndorfe Fuendetodos hierher in das Palais Alba, es war kein leichter Weg gewesen, aber hier war er, der kleine Francho, Maler des Königs jetzt, Pintor de Cámara, und wenn er diese großen Damen und Herrn porträtierte, war es unentschieden, wer wem eine Gunst erwies."

Und das Drama hebt an, mit ihm der arge Weg der Erkenntnis.

*

Das Bemerkenswerte dieses Romans scheint mir weniger die bewundernswerte — und sonst ach so selten gewordene — Kunst zu sein, mit der hier das Geschehen in eine den Miterlebenden wahrhaft bannende Form gebracht wird. Lion Feuchtwanger ist einer der wenigen Meister des großen deutschen Romans, die noch leben, und seine Kraft, eines gewaltigen Themas Herr zu werden, ist mit dem Alter nicht geringer geworden, sondern eher noch eindringlicher: was er mit seinem „Goya" schuf, ist Goya vergleichbar: dieser sah, (nach den Worten eines amerikanischen Kritikers) seinen Gestalten auf den Grund ihrer Seele, dann begann er sie zu malen, und die Bilder wurden die Geschichte der Zeit in ihren tiefsten Gründen.

Das vor allem Bemerkenswerte liegt, so groß die Meisterschaft ohnehin schon sein mag, wenn ich es recht sehe, in der besonderen Art, wie der Untertitel des Romans Wirklichkeit wird. Eigentlich ist es ein zweiter Titel, mit seinem „Oder" dem Mann, um den es geht, nebengeordnet: der arge Weg der Erkenntnis. Philosophie wird nicht vorgetragen, Feuchtwanger selbst tritt niemals auch nur mit einer kleinen Bemerkung als urteilfällender, wertesetzender Autor vor. Gestalten, Meinungen, Handlungsweisen, Weltanschauungen, Religionen, — sie gehören ihm zu dem, was ist oder was geschieht, und es ist ihm nicht seine Sache, des Romanschriftstellers Sache, öffentlich zuzustimmen oder abzulehnen; fast könnte der Eindruck entstehen, als erkenne der Meister, ohne zu hören (wie Goya vom Tag seiner Taubheit an), als halte er sein Herz ganz zurück, nachdem es so oft, in früheren Tagen, leidenschaftlich dabeigewesen (wie Goyas Wildheit in seinem Verhältnis zur Herzogin von Alba). Aber die Entscheidung ist im einen wie im anderen Fall vollzogen worden: der Roman greift ein.

*

Francisco de Goya will keine Politik. Er versteht nichts von ihr, er verabscheut sie, der Teufel soll sie holen. Er will Hofmaler werden, Maler des Königs, man muß Rücksichten nehmen, um vorwärtszukommen. Er ist aus dem Volk, Sohn eines Bauern ist er, er weiß, was er kann, aber man kann nicht immer, wie man will. Das Leben will er. Was geht ihn dieser Armleuchter von König an, der Vierte Carlos, vom Armleuchter geht das höchste Licht der Anerkennung und des Ruhmes aus. Was schert ihn die Hurerei der Königin, Doña Maria Luisa, mit dem „Fürsten des Friedens", Don Manuel, von dem zwei der Kinder der königlichen Familie stammen, aber die Frau und der Mann sind Saft und Kraft wie er selbst, nur oben sind sie, malen will er sie — samt dem gutmütigen Trottel von König, samt seinen richtigen und seinen falschen Kindern. Die Freunde unterstützen, die Liberalen, mit ihren Forderungen nach Freiheiten, und sich mit der allmächtigen Inquisition einlassen, das fehlte ihm gerade noch, als ob er ihr nicht ohnehin verdächtig genug wäre. Laßt mich in Ruhe, ich bin ein Maler — und zwar ein Genie, das weiß ich! — inmitten eurer Händel und Gegensätze, sie interessieren mich nicht — außer auf euren Gesichtern —, und ich will nicht Partei ergreifen!

Disput zwischen seinem getreuen Gehilfen Agustín und ihm, nachdem die liberalen Freunde gegangen sind, darunter der Gelehrte Don Gaspar Jovellanos, die Tugendbolde der Revolution, die Schulmeister der Freiheit („die Palette trocknet einem ein, wenn er daraufschaut"):

„Dieses Mal schwieg Agustín nicht. ‚Reden Sie nicht so daher', erwiderte er, mürrisch und herausfordernd. ‚Natürlich ist es schief, was Don Gaspar über Sie und Jacques-Louis David sagt. Aber daß er die Kunst politisch machen will, jetzt, heute, in Spanien, damit hat er recht. Und das sollten Sie sich aufschreiben.' Er erwartete, Goya werde schreien. Der tat es nicht. Die Stimme gemäßigt, doch voll giftigsten Hohnes, antwortete er: ‚Und das predigt einer, der, wenn er eine gute Stunde hat, einen Pferdearsch zustande bringt. Haben deine Pferdeärsche Politik? Der David Spaniens. Was für ein hanebüchener Blödsinn. Der David Spaniens, der kannst du werden, Don Agustín Esteve. Dazu reicht dein Talent.'

Agustín indes, den hageren, großen Schädel vorgestoßen, sagte finster und hartnäckig: ‚Ich sag Ihnen was, Don Francisco, ich sag dir was, Francho, ich sag dir was, Herr Hofmaler und Mitglied der Akademie. Er hat tausend Mal recht, Don Gaspar, und wenn du dich noch so sehr krümmst und noch so viel Gift von dir gibst. Deine Bilder sind Schinken, Don Francisco Goya, bei all deiner Begabung, und in meinen Pferdeärschen ist mehr Sinn und Politik als in dem geilen Gefrieß deiner großen Damen. Und solange du so feig neutral bleibst und solange du keine Meinung hast und keine zeigst, solange bleibt deine ganze Malerei Dreck und Gelump.' Er wies auf das Bild Don Manuels. ‚Traust du dir hinzuschauen? Eine Schande, es ist eine Schande. Qué verguenza. Da schmierst du herum seit einer Woche, und es wird nichts, und du weißt es. Da machst du in wunderbaren Farben eine wunderbare Uniform und wunderbare Orden, und das Gesicht ist leer und das Ganze ist leer. Geschissen, nicht gemalt. Und warum? Weil du deinem Don Manuel schön tun willst. Dein Manuel, der ist nämlich aus dem gleichen Holz wie du, hochmütig und eitel und kläglich besorgt um sein bißchen Reputation. Darum traust du dir nicht, ihn zu malen, wie er ist. Angst hast du vor der Wahrheit, vor seiner Wahrheit und vor deiner Wahrheit. Ein Schisser bist du.'

Jetzt aber war es genug. Den runden, bäuerlichen, löwenhaften Kopf vorgestoßen, ging Goya auf ihn los; die kräftigen Hände geballt, stand er vor ihm, ganz nahe. ‚Halt's Maul, du trauriger Hanswurst!' befahl er, gefährlich leise.

‚Ich denk nicht daran', antwortete Agustín. ‚Da kleckst und schmierst du deine zehn Stunden am Tag und bist stolz auf deinen Fleiß und deine vielen hundert Bilder. Ich sage dir, du bist faul, leichtsinnig, lasterhaft, schlampig. Du weichst aus, du bist feig, du verdienst deine Begabung nicht. Da hast du diese Doña Lucia gemacht und dein neues Licht gefunden und deine neue Luft. Und was fängst du damit an? Statt dich zu konzentrieren, statt dich mit dem Neuen herumzuschlagen, bis du es für immer hast, verläßt du dich auf deine Hand und schmierst drauf los, brutal, mit dem alten Schlendrian.'

‚Wirst du jetzt das Maul halten, du Hund!' sagte Goya so bedrohlich, daß ein jeder zurückgewichen wäre. Nicht so Agustín. Er sah Goya schwer atmen, er wußte, daß der Freundfeind in seiner Wut sogleich in Taubheit fallen werde, und er hob die Stimme. ‚Dein Manuel', schrie er, ‚wird vielleicht zufrieden sein mit deinem Dreck. Aber es ist Dreck, effektvoller Dreck und also doppelter Dreck. Und du weißt es. Und warum versagst du so jämmerlich? Weil du stinkend faul bist. Weil du dich nicht konzentrieren willst. Weil du zu geil bist, um dich zu konzentrieren. Eine Schande. Qué verguenza. Weil du auf eine Frau wartest, die dir nicht gleich Ja sagt, und die es wahrscheinlich nicht wert ist, daß du wartest.'

Das letzte, was Goya gehört hatte, war: ‚Qué verguenza.‘ Dann hatte ihn eine dunkelrote Wolke von Wut eingehüllt und war ihm in die Ohren geschlagen und ins Hirn, daß er nicht mehr hörte. ‚Hinaus!‘ brüllte er. ‚Geh zu deinem Jovellanos. Mal ihn. Mal ihn, wie dein David den Marat gemalt hat, im Bad, totgeschlagen. Hinaus, sag ich! Hinaus! Und für immer!‘

Was Agustín erwiderte, hörte Francisco nicht, er sah ihn nur die Lippen bewegen. Er wollte sich auf ihn stürzen. Aber da ging Agustín wirklich. Eilig, ungelenk, stakigen Schrittes ging er hinaus.

Töricht stand Francisco Goya
Und allein mit dem halbfertigen
Manuel. ‚Qué verguenza‘, sprach er
Vor sich hin und noch und nochmals:
‚Qué verguenza, qué verguenza.‘
Lief dann fort, geschäftig, lief dem
Andern nach, laut rufend, schreiend;
Denn er konnte seiner Stimme
Schall nicht schätzen, ihm versagte
noch das Ohr. ‚So bleib doch‘, rief er,
‚Bleib, du Esel, laß mich doch zu
Ende reden. Ja, so bist du.
Die gemeinsten Dinge sagst du
Mir, und wenn ich was erwidre,
Dann bist du gekränkt wie eine
Ältliche Infantin-Tante.‘ “

(Jedes Kapitel schließt in dieser eigenartigen, das Spanische plötzlich ohne jeden Übergang einfangenden Form, die entweder die Beweggründe oder die Vorgänge zusammenfaßt und zum nächsten Kapitel überleitet. Man wird das niemals aus diesem Roman nachahmen können; es bleibt mit ihm allein literarisch verbunden, und es paßt zu ihm, angemessen.)

*

Was ist aus Goya in der Geschichte des Geistes und der Malerei geworden? Mehr als der größte Porträtist vieler Jahrhunderte: auch der Zeichner der „Caprichos“! Er *hat* Stellung bezogen, — indem er aufzeigte, wie es um den Charakter seiner Zeit bestellt war. Was er tat, er tat es als Maler, nicht als Politiker. Die Folgen waren politisch. Der arge Weg der Erkenntnis war nicht rational, er war arg, weil es das wilde, gefahrenvolle Leben selbst war, das zur Erkenntnis führte, nicht eine Doktrin, nicht ein Programm, nicht eine Partei. Die Idee, die Goya besessen hielt, war sein eigenes Wesen: das Licht, die Luft, die Farben, die Gesichter, die Leiber, die Seelen. Und so wirkte er, eines Tages, als es so weit war und als er selbst so weit war, in der Gesellschaft und im Fortgang des Geistes revolutionierend, ohne jemals etwas anderes zu sein als ein souveräner Sklave der Kunst.

*

Dem Kritiker, weit unter, nicht über dem Meister stehend, ist es erlaubt, die Nutzanwendung auszusprechen, die jener verschwiegen hat, weil sie in der geschaffenen Figur lebt: Die Freiheit sollte es, auch wenn die Zeit heftig und wirr ist, nicht nötig haben, den Künstler in noch so richtig erscheinende und für andere Zwecke im gesamten Ringen notwendige Schablonen zu zwängen, ihn dauernd zu Bekenntnissen und Treueschwüren zu veranlassen, ihn schlecht zu machen und zu verfluchen, wenn er dem Augenblick nicht willig ist. Wenn er *wirklich* Künstler ist, dann führt ihn „der arge Weg“ im Zusammenprall mit den Umständen der Zeit zu dem, was er für die Freiheit zu leisten vermag — auf *seine* Weise.

*

Die größten Romane sind doch wohl die, deren Meister, getragen von einer Idee, aus der Maxime schaffen: So ist das ... Macht daraus, was Ihr wollt, und nennt es, wie es Euch gefällt. Immer wird *Euer* Leben gespielt, und um den Sinn des Lebens. Wenn der Kern des Menschlichen getroffen wird, bedarf es keiner greifbaren Aktualität; sie ist jederzeit zum Greifen nahe. Der Autor des „Jud Süß“, der „Häßlichen Herzogin“, der „Josephus“- und der „Wartesaal“-Trilogien, so lange nun schon in Kalifornien lebend, so sehr aus der deutschen Sprache lebend, hat es uns mit diesem „Goya“-Roman von neuem, noch einmal, erst recht bewiesen.

EK

Bayreuther Tagebuch

Ankunft. Was ist ein Theatraliker? Kurz gesagt, ein Mann, der unfehlbaren Sinn für Wirkung hat. Wer zu Wagner geht, begibt sich in die Hände des größten Theatralikers der Musikgeschichte, und wenn er sich nicht mit sehr viel Vorsicht und Zurückhaltung wappnet, dann ist er bereits bezaubert; Opfer, ehe noch der erste Ton erklingt. Denn nicht nur das Musik-Drama des „Meisters“, auch seine Konzeption der Bayreuther Festspiele ist ausgesprochen theatralisch, das heißt: unfehlbar wirkend, indem sie den Gast vorbereitet, einstimmt, hebt. Schon die Wahl des Festspielortes sorgt für strenge Konzentration. Wer nach Bayreuth will, kann schwerlich ablenkende Nebenabsichten haben. Auch die mehr oder weniger weite Anreise bleibt nicht ohne Rückwirkung; wenn man sie unternimmt, mit festem, spirituellem Ziel, dann ist man eigentlich schon nicht mehr Reisender, sondern Pilger. Und das ist ein bedeutsamer Gegensatz zum gewohnten en passant des großstädtischen Theaterbesuchs, wo ein zwanzig Minuten vor Beginn improvisierter Entschluß und ein hastig gewechselter Schlips für einen Platz im Parkett, aber kaum für die rechte Stimmung genügen. Nein, das Wallfahrts-Pneuma Bayreuths schließt solche profanen Erwägungen und Methoden völlig aus.

*

Sonntag. Am Tage des „festlichen Auftaktes" regiert Beethoven, noch nicht der Meister. Furtwängler dirigierte die IX. Symphonie, ich bin froh, daß ich nicht nur im Konzert selbst, sondern auch in der unvergeßlichen Generalprobe am Vormittag war. Über sie darf nicht geschrieben werden, Wolfgang Wagner — der organisierende Enkel — hat es den Journalisten, „die sich, wie ich höre, eingeschlichen haben", temperamentvoll, aber streng verboten. Nun, der Abend hat das wahrhaft überwältigende Erlebnis — freilich ohne die intimen Intermezzi der Probe — wiederholt und verdichtet.

Bereits das Vorspiel war legendär. Der Mythos Wagner und die erlauchten Preise machten Bayreuth zum Mittelpunkt des glanzvollsten gesellschaftlichen Ereignisses, das Deutschland nach dem Kriege sah; es war, als ob eine Autoausstellung und eine Christian-Dior-Mammutschau zu Füßen des Festspielhauses zusammenfielen. (Jetzt glaube ich, daß es in Deutschland schon wieder über 200 Nachkriegsmillionäre gibt).

Die „Neunte", das hat mich der doppelte Eindruck jetzt nachdrücklich und endgültig gelehrt, ist wahrlich das opus summum summi viri. Nie wieder in der Geschichte der Musik hat Subjektivität sich zu einem solchen Kosmos der Gesichte ausweiten können, die alle Äußerstes besagen, rätselhaft miteinander verbunden sind und sich doch nicht gegenseitig zurücknehmen oder relativieren. Es gibt Leute, Thomas Mann gehört zu ihnen, die mit dem letzten Satz dieser Symphonie nichts anfangen können. Der Ausdrucksallmacht des ersten, seinem geisterhaft aus leerer Quinte hervorspringenden Hauptmotiv, den zärtlichen Seitenepisoden, der ungeheuren Entsagung, die in den häufigen, unterbrechenden Ritardandi zum Ausdruck kommt und dem abgründigen, unheilbaren Todesrhythmus der Coda kann sich freilich niemand entziehen. Der letzte Satz aber zerfalle, sagt man, sein Schiller-Optimismus sei nahezu unglaubwürdig. Jedoch die Herrlichkeit, ja auch nur die Menschen-Möglichkeit der Idee einer solchen Freude ist bewundernswert groß — kein Leverkühn kann sie zurücknehmen.

Nun habe ich begriffen, was die aristotelische Katharsis bedeutet. Unsere vielberedete Furcht aber, daß die erschütternde Macht vergangener Kunst für uns verblasse, ist gegenstandslos, genauso wie die andere, einen jeden wohl gelegentlich packende Angst, man hätte die Begeisterungsfähigkeit älterer Zeiten verloren und müsse dem Kunstwerk entweder hilflos genußsüchtig oder platt intellektuell gegenüberstehen. Im Gegenteil, angesichts der großen Dinge, die zu wahren sind, schlampt man immer noch viel zu unkritisch und widerspruchslos mit. Beethovens IX. und ihre vollendete Aufführung gaben allen Hörern ein allerhöchstes Maß in die Hand; gefährden sie nicht die Wirkung des Wagner-Werkes mehr als jede noch so ausgefallene Inszenierung? Die Woche muß zeigen, ob die Opern des Bayreuther Meisters dem Schatten des Riesen, der auf sie gefallen ist, standhalten werden.

*

Montag. Jetzt gibt es nur noch Wagner. Schon der Vormittag läßt keinen Zweifel mehr daran. Man besucht die Ausstellung „Wagner in der Welt", der ich nicht viel abgewinnen konnte außer der Einsicht, daß selbst die „Tristan"-Ouvertüre wie Kaffeehausmusik klingt, wenn sie als Geräuschkulisse aus irgend einem Grammophon leise irgendwoher ertönt, als sei sie zur Untermalung diskreter Gespräche geschaffen. Oder man wohnt einer Sitzung der „Gesellschaft der Freunde (lies: Geldgeber) von Bayreuth e.V." bei, gegebenenfalls auch einer durch kaltes Büfett schmackhaft gemachten Pressekonferenz, wo jeweils alle erdenklichen Informationen gegeben werden. Ungeheures sei bereits getan, aber womöglich noch Größeres bliebe zu leisten; außerdem erfuhr man, daß Wagners Enkel Wieland und Wolfgang die Gesamtleitung übernommen hätten, da Frau Winifred während der Hitlerzeit die Schirmherrschaft innegehabt habe und jetzt, um keine Verwicklungen herbeizuführen, zurückgetreten sei. Meine Frage, auf wen sich eigentlich die Karten (deren billigster Platz pro Abend 30 DM kostete) verteilten, beantwortete Wolfgang, indem er charmant und ausführlich darlegte, warum eine genaue Auskunft nicht möglich sei...

Das Ereignis des Tages aber ist die Aufführung des „Parsifal", Bayreuths eigentlicher Festspieloper. Sie wurde hier bisher 231 mal aufgeführt, während das nächst häufig gespielte Werk, die „Meistersinger", es nur zu 82 Abenden brachten. So begann denn mit Wagners letztem Werk der erste Zyklus der Bayreuther Festspiele.

Seit Nietzsche sind sich ja die meisten Musik-Intellektuellen darüber einig, daß Wagner den „Parsifal" doch wohl besser nicht geschrieben hätte. Den Tristanstoff oder auch die Holländerlegende billigt man seiner theatralischen Sinnlichkeit noch zu, wenn diese aber auf dem religiösen Sektor sich betätige, dann werde das Ergebnis schwülstig, kitschig, nachgerade peinlich. Nur wenige wagen die Ansicht, daß Wagner nichts Tieferes hinterlassen habe als sein Alterswerk, den „Parsifal". Und man muß sich der Gewalt der Konzeption doch beugen; Amfortas, der „gefallene Geist", der „liebesieche Oberpriester"; Kundry, eine Verführerin und Büßende zugleich, die gerade der erlöst, an dem ihre Kunst abprallt; der „reine Tor", der erst die Sünde kennen lernen muß, bevor er heilen kann; diese Gestalten geben schon Kunde von der magischen Einheit von Sünde und Heiligkeit; denen gegenüber muten die Einsichten eines Bernanos oder Graham Greene keinswegs so sehr kühn und modern an.

Eine 17 Seiten lange tiefenpsychologische Analyse im üppigen Programmheft — „verdrängte Mutterbindung mit unerfüllter Vatersehnsucht gekoppelt" — führt überzeugend und unsympathisch in seelische Irrgärten ein. Ich war froh, sie gelesen zu haben, da ich in der Pause zwei reizenden Amerikanerinnen den Inhalt der Oper klar zu machen hatte.

Es gelang, Einigkeit darüber herbeizuführen, daß Parsifal „jener boy in der Mitte" gewesen sei. Weniger befriedigend schien mir die Kennzeichnung der Kundry als „nurse", aber Übersetzungen für die Wagnerworte „Urteufelin" und „Höllenrose" wollten erst gefunden sein. Meine Tischdamen waren jedoch schon für schlichte Hinweise dankbar. Ihnen zerfiel dann alles reibungslos in Grund und Folge; was etwa übrig blieb, nannten sie „mystisch" und sagten, daß sie es sehr liebten...

Die Aufführung dieser Oper, deren Musik die Weihe Bruckners mit expressiver, in der Thematik um Amfortas den früheren Schönberg vorwegnehmender Kühnheit verbindet, war musikalisch unantastbar. Die Inszenierung jedoch, die dem, der gekommen war, ein Gesamtkunstwerk zu erleben, drei Akte lang stockdunkle Bühne mit gelegentlichen Lichteffekten zumutete, bestürzte. Sie verriet zwar Methode, aber eine heillos falsche. Man wird die nächsten Inszenierungen Wieland Wagners abwarten müssen, bevor eine definitive Stellungnahme statthaft ist.

*

Dienstag. Die „Rheingold"-Aufführung war trübseliger Tiefpunkt. Man hat sich jetzt an die in der ganzen Welt wohl einmalig vollkommene Akustik im Festspielhaus gewöhnt, die mit der spartanischen Härte und Nüchternheit des Raumes und seiner Bestuhlung versöhnt. Man weiß jetzt auch, daß nirgendwo sonst ein so wunderbar abgedämpfter, gleichwohl mächtig voller Orchesterklang, der mit den auch im pianissimo deutlich hörbaren Stimmen zu idealer Einheit verschmilzt, zu hören ist. Man wendet sein Interesse den Vorgängen auf der Bühne zu und sieht — nachgerade nichts. Gewiß, das „Rheingold" ist wohl die schwächste aller Wagnerschen Opern, trotz mancher genialen Einzelheit (etwa Loges Erzählung von „Weibes Wonne und Wert", die heute nicht besonders gut herauskam). Das Werk ist auffallend arm an menschlichen und musikalischen Höhepunkten, es exponiert zur Hauptsache Handlungsfäden und Leitmotive, so daß Wagner es mit Bedacht nur „Vorspiel" genannt hat. Dennoch ist der matte Eindruck vorwiegend auf Wieland Wagners Regie zurückzuführen; jetzt fiel auf seine Inszenierungsabsichten klares Licht, wenn sonst auch alles dunkel blieb.

Wieland Wagner hat offenbar die Absicht, Wagners Opern zu entstauben, den musikalisch-dramatischen Kern herauszuarbeiten und eingefahrene Regietraditionen nur nach unerbittlicher Prüfung zu übernehmen. Er fand — mit Recht —, daß ein überladenes Bühnenbild oder ein Zaubergarten mit kitschigen Papierrosen nicht mehr zu unserem Wagnerbild paßt. Wenn Wagner noch lebte, würde er auch manches anders machen, wähnt Wieland weise. Warum wüten wir? Nun, neue Formen sind niemals nur Negationen der alten. Statt eines Bühnenbildes, das nach Gründerzeit schmeckt, lieber keines? Das ist doch absurd. Wagners Opern sind Gesamtkunstwerke, keine Objekte für Abstraktion und Sparsamkeit; auch die Aufnahme der Musik leidet, wenn der Hörer nicht von der Bühne her im Banne des Karfreitagszaubers, in der Atmosphäre des Zaubergartens, auf dem durchwogten Grunde des Rheines ist, sondern wie am Radioapparat apathisch in dunkle Kärglichkeit starrt. Richard Wagner selbst machte sich über die Bühnen lustig, in denen Opern *„nur notdürftig bis zur künstlerischen Unanständigkeit szenisch dargestellt"* werden könnten. Danach hätte ihm seines Enkels fatale Lust an der Askese genausowenig behagt wie uns. Ganz abgesehen von vermeidbaren Ungeschicklichkeiten und Steifheiten wirkt jetzt ohnehin jeder drastisch reale Vorgang wie ein Stilbruch (etwa der niedergeschossene Schwan). Vollends unmöglich aber sind die geradezu den Buntfilm herbei-assoziierenden Beleuchtungseffekte, die schon im „Parsifal" befremdeten, als Regenbogenbrücke im „Rheingold" nun gar die Grenze zum Kitsch nicht nur streiften. Das sind noch keine Lösungen; eine Dunkelkammer mit Technicolor-Effekten schafft keine Festspielstimmung!

*

Mittwoch. In einem Dörfchen, 6 km von Bayreuth entfernt, habe ich ein nettes Zimmer gefunden, mit Bedienung DM 1.50 pro Nacht. Wie hier durchweg üblich, ist der Gasthof mit einer Metzgerei verbunden. Die Umgebung Bayreuths, und auch die Stadt selbst, scheinen nicht gerade Brennpunkt des Fremdenverkehrs zu sein. Jeder Einwohner Bayreuths aber ist davon durchdrungen, daß die Wagnerstadt die deutsche Gralsburg sei, darum fällt es niemandem hier ein, den Gast zu schädigen, zu „neppen", selbst das hochelegante Festspielrestaurant nutzt seine günstige Lage nur gemessen aus. Die Musiker aber treffen sich Abend für Abend in der traditionsbeladenen „Eule". Da sind alle Wände mit Bildern und Autogrammen alter und junger, berühmter und vergessener Künstler bedeckt, es wimmelt von „Wanderern" in Schlapphüten, stimm- und staturgewaltigen Isolden, feisten Siegfrieden. Aus einer Ecke schaut gar der Meister selbst über die Seinen.

Ein Cellist bewies mir eben, warum die Kunst nichts mit dem Intellekt zu schaffen habe, als lauter Lärm unsern Disput unterbrach. Der Graf G. — aus der weiteren oder engeren Verwandtschaft des Meisters — hatte es sich einfallen lassen, einer Dame sein Autogramm auf den nackten Rücken zu schreiben. Hoffentlich nur mit Lippenstift. Die so ehrenvoll Mißhandelte jedenfalls lief nicht fort, sondern sie schrie und zwar aus anscheinend geübter Kehle. Die übrigen Damen fielen ein, daß die Fensterscheiben klirrten. Gewiß war der Trubel bis zum Festspielhaus hin hörbar. Dort hatte es am Abend die „Walküre" gegeben. Günter Treptow, der Darsteller des Siegmund, gehört zu den besten Heldentenören der Welt. Auch die Sieglinde der Leonie Ryansek und Astrid Varnays Brünhilde waren gesangliche Leistungen ganz großen Formats. Die glutheiße Atmosphäre des wunderbaren ersten Aktes, in dem Wotan, unsichtbar anwesend, das Schicksal der armen, seligen Geschwister lenkt, erschütterte, wie nur selten ein Theatererlebnis. Wielands Inszenierung war wesentlich traditionsgebundener als die beiden vorangegangenen, wenn es auf der Bühne auch noch immer nicht so recht hell werden wollte. Knappertsbusch aber, der die lyrischen Partien des „Parsifal" mit so strenger Hingabe ausgekostet hatte, gelang der jagende Schwung des Walkürenritts ebensowenig wie das Sengen und Brennen des „Feuerzauber". Natürlich war beides nicht gerade „schwach", aber doch ein wenig lahm, wenn man sich auf Äußerstes bereitet hatte.

*

Donnerstag. Allmählich werden die Festspielgäste eine große Familie. Dazu tragen vor allem die langen Pausen bei; sie werden von den Journalisten geschätzt, die an Gartentischen ihre Kritiken vorbereiten können. Der widerwärtige Druck, unter allen Umständen aktuell zu sein, in den der Konkurrenzbetrieb unsere Redaktionen hineingesteigert hat, zwingt sie, von ihren Korrespondenten oft schon eine halbe Stunde nach dem Ende einer sich von 16 bis 22.30 Uhr hinziehenden Oper einen Bericht zu verlangen. Die unbeschwerteren Gäste aber erholen sich, bis die Fanfaren das Ende der Pause mit einem jeweils passenden Wagnerthema ankündigen. Man kennt sich jetzt, und der blendende Glanz nackter Schultern und kostbarer Stoffe fängt an, selbstverständlich zu werden. Die Damen haben herausgebracht, daß die Trägerin einer unvergleichlichen Perlenkette indische Prinzessin ist, und nun wird auch dies Kleinod neidlos bewundert, denn mit einem indischen Fürsten kann und soll nicht einmal der industrielle Ehemann konkurrieren. Langsam haben sich Gruppen gebildet.

Ich sitze mit einem Musiker aus USA zusammen, der häufig interessante Parallelen zu dortigen Aufführungs-Gewohnheiten zieht. Leider muß ich die Überzeugung gewinnen, für ihn nur Mittel zum Zweck zu sein. Immer, wenn eine ältere, unaustilgbar lebendige Sängerin mit lederartiger Haut und erschreckendem Ausschnitt sich unserem Tisch nähert, um meinen Bekannten als ihren Freund zu begrüßen, dann bittet der mich, ich möchte doch sagen, alle Plätze seien belegt. Ich habe daher den Satz „I'm sorry, but I am expecting friends" lieber gleich auswendig gelernt, weil man in einer fremden Sprache nicht so flüssig schwindelt wie in der eigenen. Gelegentlich fragt mich mein Nachbar, ob es den Deutschen denn schon wieder so gut ginge, wie dieses Eldorado des Luxus glauben mache. Ich höre den leisen Vorwurf wohl und zeige auf die Anfahrtsstraßen. Dort stehen seit dem ersten Tag in jeder Pause und während der An- und Abfahrt in dichten langen Reihen die Bayreuther und schauen sich die elegante Welt an. Manche haben ihre Kinder auf die Schultern genommen, damit sie nur alles Wunderbare erhaschen können; wochenlang braucht man nicht mehr ins Kino zu gehen, wer diese Pracht gesehen hat.

Seit dem „Siegfried" kann ich mir über Wieland Wagners Inszenierungs-Absichten nun wieder gar kein Bild mehr machen. Der erste Akt war überladen mit grobkörnigstem Realismus; Mime, der scheußliche Zwerg, heulte und jaulte und tat des Guten nachgerade zu viel. Wie ein Affe mußte er sich mit ganzem Gewicht an den Blasebalg klammern, den Siegfried nachlässig mit einer Hand betrieben hatte. Waldesduft kam im poetischen zweiten Akt leider trotz allem nicht auf, und die Erweckung der schlafenden Brünhilde, vor der Siegfried unendlich lang mit ausgebreiteten Armen steht, war von unüberwindlicher, einer besonnenen Regie gewiß vermeidbarer Komik. Allein die Größe der magischen Wanderer-Akkorde Wotans, die nie vergißt, wer sie einmal begriff, blieb haften.

*

Freitag. Der Freitag ist spielfrei. Vor den letzten Abend des Ring-Zyklus und die dann abschließenden „Meistersinger" hat man eine Pause gelegt. Jedermann kann sich jetzt erholen und versuchen, Ordnung in die Flut der Eindrücke einer übervollen Woche zu bringen.

Bayreuth 1951, das war ein nachdrücklicher Triumph der Tradition. Eine deutliche Lehre für alle, die am geistigen Leben teilnehmen und vielleicht gar glauben, es beeinflussen zu können. Es wurde nur zu klar, wie wenig sie in Wahrheit vermögen, wie nahezu ausgeschlossen es ist, einen noch so geringen Umschwung bestimmter Strukturen des allgemeinen Bewußtseins herbeizuführen. Man bedenke: Seit Jahren nehmen die Wortführer der kulturellen Öffentlichkeit, nimmt vor allem die Jugend beinahe geschlossen gegen Wagner Partei. Nun, nach längerer Pause kommt es wieder zu den Bayreuther Festspielen, und was geschieht? Die Öffentlichkeit ist geschlossen da, die Plätze sind ausverkauft, die Begeisterung ist groß wie eh und je.

Ist diese Wagner-Renaissance nicht vielleicht nur ein Symptom mehr für unsere jetzt nahezu vollendete Restauration? Wer ging denn nach Bayreuth? Fast alle deutschen Besucher, die ich kennenlernte, waren Industrielle, von denen ein nicht unbedeutender Teil aus dem Ruhrgebiet kam. Dennoch ist die Atmosphäre keineswegs deutsch-national. Sie läßt sich in politischen Kategorien eigentlich gar nicht fassen, viel eher in geist-soziologischen. *In Bayreuth feierte 1951 der Romantizismus des wohlhabenden deutschen Bürgertums* zusammen mit Wagner seine öffentliche Wiederaufstehung. Die Festspiele waren, vielleicht unbewußte, aber gerade deshalb desto nachhaltigere Demonstration gegen das Neue; gegen alles Unsentimentale, Bewußte, Verantwortliche, Klärende, zu Bewältigende. Schade, daß Wieland Wagners im Kern richtiger Versuch mißlang, die Wagner-Oper anti-reaktionär umzuinszenieren. Jetzt nämlich haben die verstockten Wagnerianer sogar das Recht, unzufrieden, ja zornig zu sein.

*

Sonnabend. Unter den Klängen des düstersten aller Trauermärsche wurde Siegfrieds Leiche hinweggetragen. Danach schlugen die Flammen hoch und Walhall verbrannte zu Asche. Die „Götterdämmerung" hat sich, allen unaufhaltsam, vollzogen; die Götter, die Helden, die Liebenden, die Leitmotive, die Zwerge und die Riesen sind nicht mehr...

Die Welt des „Ringes" kann keineswegs, wie es oft und vorwurfsvoll geschieht, eine germanisch-deutschnationale genannt werden. Wagner hat ganz offensichtlich die Urmythen und Urtypen des Menschlichen auf eine höchst kunstvolle, psychologische Art zum „Ringe" verschmelzen wollen. Mit einer Beweihräucherung altdeutscher Historie hat das nichts zu tun. Im Gegenteil, der Entwurf zu einem historischen Drama „Friedrich Rotbart" wurde sehr rasch fallen gelassen; wie auch die Skizzen zum "Jesus von Nazareth" übrigens. Von historischen Versuchen löste sich Wagner leicht, ihn zog es zum „Mythischen", zum „Reinmenschlichen".

Mich läßt das Geschehen, das Gegen- und Miteinander der Götter und Menschen ziemlich kühl. Für den Hörer ist heute — ganz gegen Wagners Willen — alle Aktion nur Vorwand für die Musik. Das heißt dennoch nicht, die Handlung müsse zurücktreten. Gerade umgekehrt. Die Vertonung ist auf sie angewiesen, je lebendiger sie sich abspielt, desto größer wird der musikalische Eindruck sein.

Die Wirkung der Musik bleibt natürlich nicht unberührt davon, daß man der Aussage des Gesamten, seinem Mythenrausch und seinem Schopenhauer-Pessimismus, so gleichgültig gegenübersteht. Ihr hochkomplizierter, dramatischer Ablauf löst sich auf in eine Reihe von Einzelepisoden, und wenn die musikalische Atmosphäre nicht so lastend und stark ist, wie in der „Götterdämmerung", dann geht es oft genug nicht ohne Langeweile ab. Von der viel gerügten Dicke des Wagnerschen Orchestersatzes habe ich dagegen nichts gemerkt. In Bayreuth klingt alles ausgeglichen, durchsichtig und klar.

*

Sonntag. Während der ganzen Woche hatte Wieland Wagner die Regie geführt und Knappertsbusch den Dirigentenstab, heute, für die Meistersinger, hat erstmalig R. O. Hartmann die Inszenierung besorgt, und Karajan dirigierte. Die Aufführung war mit Abstand die beste des ganzen Zyklus, wenn sie auch das Erlebnis der „Neunten" nicht zu überdecken vermochte. Imgrunde enthielt sie implicite eine scharfe Zurechtweisung aller zuvor gemachten Fehler. So war das Bühnenbild so konstruiert, daß es zwanglos dem Spiele diente und doch von überall einsichtig blieb, während Wieland Wagner oft einem schönen Bildeindruck zuliebe gar nicht bedacht hatte, daß auch die nicht in der Mitte sitzenden Leute etwas von den Aktionen sehen wollen. Man stellt ein Stilleben nun einmal nach anderen Gesichtspunkten zusammen als ein Frühstück.

Noch nie habe ich einer Oper mit mehr Enthusiasmus zugehört als diesen „Meistersingern" in Bayreuth. Man sollte von den Solisten eigentlich keinen hervorheben, weil alle Sänger hervorragend waren. Nur den Beckmesser will ich besonders loben. So wie der Jago, oder der Mephisto, ist auch hier der Übeltäter eigentlich die interessanteste Figur. Erich Kunz war unvergeßlich; der Typ des rosigen Strebers, des leisetretenden gehässigen Angsthasen und des lächerlichen Liebhabers kann nicht besser getroffen werden. Das Publikum lachte wiederholt herzlich vor offener Szene. Dabei bekomme ich allerdings immer ein wenig Angst, denn es gibt kaum einen Komödianten, der dann nicht zu übertreiben anfängt; jedoch Kunz beherrschte sich leidlich und blieb beinahe so leise, servil und frech wie zuvor. Der dritte Akt war großes Theater, mit prächtiger Ausstattung. Mächtiger Beifall brachte dann sogar den bayreuther Vorhang zum Hochgehen. Es hatte eine Spur von nationaler Kundgebung, galt im wesentlichsten jedoch wohl einer exemplarischen künstlerischen Leistung. Ich klatschte, so lange es nur ging; denn es war mein letzter Abend im Festspielhaus für dieses Jahr.

Joachim Kaiser.

Avantgardisten oder Dilettanten?

Marginalien zur „III. internationalen theaterwoche der studentenbühnen" in Erlangen

Da ist diese Stadt, in der man, machte nicht langsam am Rande verlagerte Industrie von sich reden, manchesmal meinen könnte, die Zeit halte gerade hier mit Anstrengung den Atem an. Man stolpert wie im Traum aus dem betont vornehmen Café Mengin, ganz verwirrt von Farben und Mützen derer vom Corps, einen schwachen Geschmack von Übelkeit nach diesem Anblick bandagierter Köpfe und leukoplast-verunzierter Knabengesichter auf der Zunge. Soll man noch an etwas glauben in dieser Zeit, in der junge Menschen zu Schildträgern der Restauration gemacht werden und sich machen lassen?

Aber im markgräflichen Park mit seiner barocken Kulisse tönen ein paar fremde Stimmen durch die Stille des Abends. Weiche Laute aus dem Süden: Italien. Der Albdruck schwindet, man begreift wieder, warum man hier ist, man begreift, daß es noch eine andere Jugend gibt.

Wie ein frischer Wind fegt es durch die Straßen dieser traditionssüchtigen Stadt, in dieser „dritten internationalen theaterwoche der studentenbühnen". Man lacht in allen Sprachen gleich: gut europäisch. Nur die Erregung fällt verschieden aus: italienisch, französisch, belgisch, englisch, deutsch und schwedisch. Man kennt nur ein Thema: Theater. Und ist wie von selbst vereint, ohne erst Europa proklamieren zu müssen; ist doch dieses Problem im Bereich der Kultur längst gelöst.

Das äußere Bild ist bunt und bewegt. Junge Damen mit dreiviertel langen Hosen, gelben Pullovern und farbig betupften Schals, Herren in Cord und mit überdimensionalen Sonnenbrillen auf der Nase, als Spaziergänger im Park, als Publikum und Spieler im denkmalgeschützten Holztheater der Markgrafen, wo die Ränge manchmal fast hinunterzubrechen drohen vor Beifall und Pfeifen, als Kritiker im Wassersaal der Orangerie: enthusiastisch, vernichtend, sehr jung.

*

Das Programm ist eine einzige Anstrengung, die gerne hingenommen wird: Zweimal am Tag Theater, nachmittags und abends, die Vormittage ausgefüllt mit dem Rundgespräch der Woche „Das Theater der Gegenwart im Spiegel der Studentenbühnen". Hier ist die Tribüne der Autoren, Theaterwissenschafter, Regisseure und Intendanten mit Prominenz noch immer spärlich besetzt.

Das Rundgespräch der Autoren Günther Weisenborn, Arthur Adamov und Ernst Penzoldt ist das geistige Ereignis der Woche. Bestechend die Aussage des an französischer Geistigkeit geschulten Russen Adamov, dessen Stern am Theaterhimmel der Seine-Metropole soeben aufzugehen beginnt. Hier wird scharf abgerechnet mit dem Berufstheater von heute und seinen Dramatikern, nicht ohne den Schimmer einer neuen Morgenröte sichtbar zu machen. Tod dem Theater der Wort-Demonstrationen, das sich von seiner eigentlichen Aufgabe, den Menschen und seine Nöte in mitreißender Handlung, Gestik und Mimik zu gestalten, so weit entfernt hat, — das ist der Schlachtruf des russischen Parisers. Er bekennt sich zu Büchner und Kleist als den größten deutschen Dramatikern. „Weg von der Stagnation in der Rhetorik", sagt er, und genauer noch: „Weil das Theater kein Ort der Handlungen mehr ist, sondern Tribüne weltanschaulicher, psychologischer und politisch-sozialer Monologe, ist es gerade in Frankreich ein Stiefkind der Literatur geworden. Man zeigt keinen Konflikt mehr, sondern man erläutert ihn. Die Sprache muß aufhören, das Theater zu verschlingen."

Weisenborn vertauscht das Florett des Franzosen mit dem deutschen Säbel, wenn er vom vorkulturellen Zustand des Theaters heute spricht, das schwerbeladen mit Subventionen und Apparatismus eine einzige Flucht vor der Gegenwart sei. Gerade deshalb setze er seine ganze Hoffnung auf die jungen studentischen Kräfte, wie sie sich hier versammelt hätten.

*

Dieser Hoffnung liegt eine Forderung zugrunde, die sich die deutschen Studentenbühnen einmal selbst gestellt hatten: avantgardistisch in der Suche nach neuen Gehalten und Autoren, modern und wagemutig in der Interpretation zu sein, wobei man sich völlig im Klaren darüber ist, daß man technisch mit dem professionellen Theater nicht konkurrieren kann und will. Dieses Programm berechtigt allerdings zu Hoffnungen. Das zunehmende Interesse des Berufstheater spricht mit dafür.

Leider sind Studenten in der Regel bessere Theoretiker als Praktiker. Da, wo es die Idee in die Tat umzusetzen gilt, scheiden sich die Geister. Schon in der glanzvollen Eröffnungsvorstellung der bisher besten deutschen Studentenbühne Erlangen wird dies klar. Sicherlich gibt es nur wenige Berufsbühnen, die diese Aufführung von Christopher Fry's vielschichtiger, glitzernder aber eben doch morbider „Venus im Licht" übertroffen hätten. Aber das ist es, was bedenklich stimmt, dieses gefährliche, schon im vorigen Jahr geäußerte Bestreben der Erlanger, es im Technischen dem Berufstheater gleich zu tun. Das Ergebnis liegt auf der Hand. Man entfernt sich von der eigentlichen Aufgabe der Studentenbühne. Was will man dann überhaupt noch: eine Berufsbühne mehr schaffen mit Zugeständnissen nach allen Richtungen? Man ist weder avantgardistisch in der Suche nach neuen Gehalten (auch wenn man Christopher Fry aufführt, der gerade in diesem Stück die übliche abendländische Resignation und Selbstaufgabe vertritt) noch in irgendeiner Weise wagemutig in der Regie.

Was aber das Bedauerlichste ist und im Verlaufe der Tagung in zunehmendem Maße deutlich wurde: dieses Beispiel der von einem Berufsregisseur ins Leben gerufenen Erlanger Studentenbühne hat inzwischen Schule gemacht. Was hier immerhin noch erträglich blieb, weil diese junge Bühne über ausgezeichnete schauspielerische Kräfte verfügt, mußte bei weniger gut fundierten Studentenbühnen technisch wie geistig sich katastrophal auswirken. Das Niveau der Aufführungen ist seit dem Vorjahr merklich gesunken und zwar gerade bei den Bühnen, die diese Linie verfolgen: München (Neveux „Klage gegen Unbekannt"), Frankfurt (Hasenclever „Jenseits"), Darmstadt (Rostand „Der Mann, den sein Gewissen trieb"), Marburg (Holberg „Hexerei oder blinder Lärm"). Wobei zu der Frankfurter Inszenierung zu sagen ist, daß es sich hier allerdings um ein echtes Anliegen der Studentenbühne handelte, nämlich um ein wagemutiges Experiment, sich mit der Vergangenheit auseinanderzusetzen, — daß aber dieses Anliegen leider vom Berufsregisseur und von den mitwirkenden Berufsschauspielern völlig übersehen wurde.

*

Herzerfrischend überraschten dagegen einige bisher kaum bekannte Studios, die entgegen der allgemeinen Entwicklung ihrer eigentlichen Aufgabe gerecht wurden und dadurch wertvolle Anregungen für die anwesenden Theaterhasen und Theaterwissenschafter lieferten. Es waren dies die Studentenbühnen der Arbeitsgemeinschaft für Bühne und Publizistik im Studentenwerk Kiel mit einer beklemmenden Aufführung der „Rechenmaschine" von Elmer Rice und mit der liebenswerten, lyrisch-dramatischen Ballade „Lilofee" von Manfred Hausmann; der Theaterkreis der Universität Münster mit seiner reizvollen Ausgrabung der urkomödiantischen Einakter „Die Aussteuer" und „Das Väterchen" von Plautus in der Bearbeitung des Stürmers und Drängers J. M. R. Lenz; das Studio der Technischen Hochschule Karlsruhe mit Steinbecks Lied der Einsamkeit des Menschen „Von Menschen und Mäusen". In diese Reihe gehört auch die (bezeichnenderweise) einzige, sehr beachtenswerte Uraufführung der Tagung, „Der Sprung im Spiegel" von Walter Jens, einem bisher unbekannten jungen Autor, der den modernen Menschen aus seiner Erbschuld zu neuer Begegnung mit dem Metaphysischen führen will. Dies war das Verdienst der Studiobühne der Universität Tübingen.

Außer Konkurrenz spielten die ausländischen Gäste aus Belgien, Frankreich, Italien mit brillanter Eleganz, hohem schauspielerischen Können und ausgefeilter Regie. Ihrer längeren Tradition wegen, die die technische Sauberkeit und den gedanklichen Elan zu einem bestechenden Ganzen vereinigte, darf man sie nicht mit den deutschen Studentenbühnen vergleichen. Lediglich die englische Gruppe enttäuschte diesmal mit einer antiquiert anmutenden Inszenierung der Tragödie „Oedipus Rex" von Sophokles. Besonders hervorragend war die Aufführung des „Jeune Théâtre de l'Université Libre de Bruxelles" mit Proben mittelalterlicher Dramatik. Auch die Vergangenheit — das wurde hier bewiesen — kann der Gegenwart fruchtbar begegnen. Die Italiener der Universität Padua spielten diesmal ein modernes sizilianisch-folkloristisches Schauspiel „L'Acqua" von Turi Vasile.

*

Abschließend Bilanz ziehen, heißt hier, darauf hinzuweisen, daß die deutschen Studentenbühnen in diesem Jahre am Scheidewege stehen. Entweder werden sie ihrer eigentlichen Aufgabe gerecht und entwickeln sich damit zu einem wertvollen Faktor, der aus dem deutschen Theaterleben nicht mehr wegzudenken ist, oder sie rücken — unaufhaltsame Konsequenz des Erlanger Weges — in kurzer Zeit in die Reihe der Dilettantenbühnen ein, die niemand ernstnimmt und ernstnehmen kann, geduldet, belächelt und irgendwie sinnlos. Es wäre schade um soviel Idealismus, um soviel vergeudete Studienzeit in den fruchtbarsten Jahren junger Menschen.

Theo Siebert.

Menschlich wohnen können . . .

„Baukunst und Werkform". Eine Monatsschrift, herausgegeben von Alfons Leitl, Schriftleitung: Franz Meunier. Verlag der Frankfurter Hefte. Umfang jedes Heftes 56 Seiten, Preis des Einzelheftes DM 3.—, vierteljährlich DM 7.80.

Die fünf Hefte des neuen Jahrgangs von April bis August sind regelrecht herausgekommen: das ist die erste gute Wahrheit, die man über diese Zeitschrift sagen muß. Denn sie hatte früher schwer zu kämpfen (— sie kämpft natürlich auch heute noch —), und sie mußte die Geduld ihrer Abonnenten manchmal auf harte Proben stellen. Aber nun ist sie da, eine regelmäßige Leistung, mit der man rechnen kann. Warum wurde das möglich? Nicht weil diese Zeitschrift profitabel wäre, sondern weil sie notwendig ist. Daher die Zähigkeit ihres Abonnentenstammes, daher der Entschluß des Verlages, sie zu übernehmen. Das Notwendige geschieht nicht immer, aber zuweilen geschieht es.

Warum ist diese Zeitschrift notwendig? Auch hier ist die erste Antwort simpel: weil sie berichtet, weil sie informiert, weil sie im Wort und vor allem auch im Lichtbild zeigt, was viele von uns unbedingt kennen und wissen wollen. Gewiß ist das Promontory-Apartment-Haus, das Mies van der Rohe in Chicago gebaut hat, zunächst einmal für die Leute, die darin wohnen, und dieses Haus wäre gut und schön, auch wenn niemand außerhalb Chicagos etwas davon erführe. (Die lebenden Altvordern pflegen den aufregenden Bauten der wahren Architekten dieser Zeit vorzuwerfen, sie seien um der Aufregung willen gebaut; in Wahrheit beginnt ein Architekt in dem Augenblick Architekt zu werden, da er sich entschließt, gemäß dem Bedürfnis der Stoffe für das Bedürfnis des Menschen zu bauen.) Aber auch wir brauchen dieses und viele andere in Deutschland und in der Welt: als Vorbilder, Muster, Beispiele — und als unverwechselbare Äußerungen der schöpferischen Phantasie zugleich; in jeder der beiden Hinsichten brauchen wir sie als Ermutigungen. Die Redaktion ist hoffentlich jeden Monat einmal verzweifelt, wenn ihr klar wird, daß sie auf den 56 Seiten nicht alles zeigen kann, was wir unbedingt kennen müßten, nach dieser zwölfjährigen, dieser achtzehnjährigen Absperrung. Allein Egon Eiermann vorzustellen, sein Werk einigermaßen rund und vollständig zu skizzieren, verschlang 22 Seiten, ein Bericht über vier neue Arbeiten von Mies van der Rohe 12 Seiten. Aber es sind nicht nur die alten oder neuen Prominenten, von denen wir hören wollen. In jeder Nummer tauchen neue Namen auf, Männer, die irgendwo dabei sind, redlich zu bauen, richtig zu bauen, kühn zu bauen, schön zu bauen.

Warum wollen wir das eigentlich wissen, wir, die wir keine Architekten sind und allerhöchstens einmal im Leben „Bauherren"? Nun, wir sind immerhin häufiger schon Mieter, Möbelkäufer, wir lesen diese Zeitschrift auch um unserer unmittelbaren Bedürfnisse willen. Da ist ja auch von Tapeten, von Tassen und Tellern die Rede, wenn auch das Bauen — mit Recht — im Mittelpunkt steht. Aber aufregend und ermutigend sind jene Vorbilder in einem viel allgemeineren Sinn. Weil wir hier das Herzklopfen hören, das Herz des Menschen in dieser Stunde seiner Geschichte; weil es hier um unser Bewußtsein geht, unsere Selbstbestimmung, um unsere „Moral", um unsere Zukunft. Auf keinem Gebiet spielt sich die Auseinandersetzung des lebenden Menschen mit sich selbst, mit seiner Geschichte, mit seinesgleichen, mit seiner Zukunft so sichtbar ab, so deutlich chiffriert, wie im sogenannten „Neuen Bauen", auf einem Feld, auf dem wir gezwungen sind, uns den unmittelbarsten Bedürfnissen, der strengen Forderung des Materials und seiner Gesetze, der strengen Begrenzung auch des Ökonomischen, des Geldes, zu stellen. Häuser zu bauen, in denen wir in Zukunft menschlich wohnen können, das ist vielleicht die sinnfälligste unter den Erprobungen und Prüfungen, denen wir uns unterziehen können.

Damit ist — sehr allgemein — auch der Standort bezeichnet, von dem aus die Redaktion nicht nur berichtet, informiert und aufzeigt, sondern auch wertet. Und sie wertet entschieden, sie unterscheidet zwischen gut und schlecht, zwischen richtig und falsch, zwischen den gangbaren Wegen und den Irr- und Abwegen. Die Tonart dieser Wertung ist von dem Temperament des Herausgebers und Schriftleiters bestimmt: sie haben die avantgardistische Lust an der Polemik, der sie vor allem in den geschliffenen kulturpolitischen „Anmerkungen zur Zeit" oft nützlich und oft vergnüglich nachgeben; aber sie führen sich nicht als Eiferer, Prinzipienreiter und Puritaner auf, sondern erweisen dem Befremdenden den Dienst einer besonnenen, um Gerechtigkeit und sogar Wohlwollen bemühten Kritik. Nur den Leuten vom „Altstadt-Rummel" gegenüber werden sie gelegentlich bitter, aber da hilft ja nun wirklich kein Wohlwollen mehr, sondern nur eine klare Scheidung der Geister. Was diese in den zerstörten Städten so wichtige Sache selbst betrifft, so erweist sich „Baukunst und Werkform" auch in dieser Streitfrage freilich als besonnen, realistisch und elastisch.

Das Mischungsverhältnis von Information, Grundsätzlichem und Kulturpolitik erscheint mir als plausibel. Vielleicht könnten die gesellschaftlichen und wirtschaftlichen Voraussetzungen des Bauens, die Ergebnisse soziographischer Untersuchungen, die politischen Gehalte des Bauens und Planens noch stärker zur Geltung kommen. Anderseits gehört es zu den Vorzügen der Zeitschrift, daß sie der funktionalen Bestimmung nicht den Anspruch der schöpferischen Phantasie opfert, des höheren Spielens mit Form und Material, — dessen, was wir „Kunst" nennen. Der Titel „Baukunst und Werkform", der ja zunächst an die beiden begrifflich schwer zu trennenden Gebiete denken läßt, denen die Zeitschrift praktisch dient, kann auch als Einheit aufgefaßt werden: der künstlerische Akt, die künstlerische Leistung geschieht als Arbeit an der „Werkform", und die reife Werkform selbst ist in vielen Fällen „Baukunst", ein Kunstwerk, ohne dadurch weniger funktional „richtig" zu sein. Dieser Titel trifft also ins Schwarze.

WD

Habent sua fata libelli

Dr. Henry Picker: „Hitlers Tischgespräche im Führerhauptquartier 1941/42". Mit einem Vorwort von Gerhard Ritter, *Athenaeum-Verlag*, Bonn 1951, 463 Seiten, DM 19.80.

1

1941 begab sich Adolf Hitler in die ostpreußische Gegend von Rastenburg und vergrub sich dort in das für ihn gebaute, durch viel Wald geschützte Bunker-Hauptquartier, das er „Wolfsschanze" nannte. Im Sommer 1942 siedelte er in die Ukraine über; „Werwolf" hieß er den Platz bei Wyniza, von wo aus er die Verhältnisse in den eroberten Teilen der Welt zu reglementieren und die deutschen Armeen als größter Feldherr aller Zeiten zu dirigieren versuchte.

Seinem Mittag- und Abendessen durften jeweils zwei Dutzend höhere Partei- und Armeelakaien beiwohnen. Vor ihnen entwickelte er seine Ansichten über die Vorsehung, das Auswärtige Amt, den technischen Fortschritt, die italienischen Bundesgenossen, die Rolle der Maitressen in der Weltpolitik, die Verderblichkeit des Christentums, die Glanzleistungen der SS, die mögliche Gewinnung des Zehnfachen an Bienenhonig in Deutschland, die Großartigkeit Stalins — den er sehr bewunderte —, seine Meinungen über das, was er als Kunst verstand, die Transportraumverschwendung bei der Kartoffelversorgung Deutschlands, die Mönche vom Berge Athos, die Zukunft der Slawen (wie er sie ihnen zudachte), das Germanische Großreich Deutscher Nation und tausend andere Themen.

Martin Bormann hielt das alles rechtzeitig für so geschichtswichtig, daß er im Einvernehmen mit seinem Führer zwei Ministerialstenographen beorderte, die, jeder eine gewisse Zeit hindurch, mitzuschreiben hatten, damit es als weltanschaulich-politisches Testament der anders gedachten Nachwelt erhalten bliebe.

2

Die Stenographen waren: Herr Ministerialrat Heim und Herr Oberregierungsrat Picker.

Über Herrn Heim erfahren wir aus dem vorliegenden Buch nahezu nichts. Erwähnt wird sein Familienname, sein Beamtenrang, die Tatsache, daß er vom 21. Juli 1941 bis zum 11. März 1942 die Darlegungen Hitlers in direkter Rede mitstenographiert habe, schließlich daß er von Herrn Picker ab 21. März 1942 vertreten — besser gesagt, anscheinend ersetzt — worden sei; von „Hitlers Sekretär" seien die heim'schen Aufzeichnungen Herrn Picker übergeben worden, der sie „zur Abrundung seiner Beobachtungen" verwenden und später vor der Vernichtung bewahren konnte.

Herr Dr. Henry Picker wird von Professor Gerhard Ritter als einer der beiden „Verbindungsleute zur inneren Reichsverwaltung" bezeichnet (der andere war Herr Heim), und er sagt, heute in Norddeutschland lebend, von sich selbst, er habe, „als kaum dreißigjähriger Oberregierungsrat der Verwaltung des bäuerlichkonservativen Ländchens Oldenburg" lediglich den Auftrag gehabt, „die Angelegenheiten der zivilen Verwaltung im FHQ zu bearbeiten" und in diesem Zusammenhang „die politisch oder für die Verwaltung besonders wichtigen Äußerungen Hitlers festzuhalten". Er habe jedoch alles mitgeschrieben, auf die Wiedergabe in direkter Rede verzichtet „und dafür aus der Fülle von Material alles Wesentliche in indirekter Rede" gebracht. „Hitler hat bei gelegentlicher Vorlage meiner Vermerke mehrfach die prägnante Wiedergabe seiner Gedankengänge anerkannt. Daß ich alles mir interessant Erscheinende notierte, hat er natürlich nicht gewußt."

3

Das Buch ist eine Fundgrube (a) pathetisch vorgetragenen Blödsinns, (b) wildester Barbareien, (c) neronischen Wahnsinns in unserer Zeit, (d) skurriler Nebeneinfälle eines so hochmütig wie menschenverachtend gewordenen Hirns, (e) als überlegene staatsmännische Weisheiten hingeredeter Banalitäten, und schließlich (f) beliebter geistfeindlicher sogenannter „gesunder Volksansichten". Da dies alles vom Führer einer weltgeschichtlichen Liquidationsrevolution und vom Beinahe-Sieger des Zweiten Weltkrieges stammt, ist es historisch bedeutsam und geschichtswissenschaftlich wertvoll. Insofern ist es schon richtig, wenn Picker wie Ritter hervorheben, daß es sich um einzigartige Dokumente handle.

Die Zuhörer in diesem FHQ waren starr vor Bewunderung. Es verschlug ihnen, nach dem jeweils kärglichen Mahl, allemal die Rede. „Wenn Hitler sprach, schwieg alles," sagt Henry Picker; „nur hin und wieder" sei er „von einem Mitarbeiter oder Gast mit Beispielen bestätigt oder mit Spezialerfahrungen ergänzt" worden. Hierbei müßte sich dann das ereignet haben, was Gerhard Ritter im Vorwort trotzdem feststellen zu können meint: „Es fehlte auch nicht an munteren Scherzen im Tischgespräch, an denen sich Hitler selbst gelegentlich beteiligte". Der „geradezu hypnotische Bann", „jenes merkwürdige Fluidum, das Hitler so beherrschend ausstrahlte" (Picker), durften selbstverständlich nicht fehlen, da man sonst ja zugeben müßte, wie es um einen selber bestellt war.

4

Wie werden nun die „Tischgespräche" auf die Leserschaft in Deutschland wirken? Man möchte meinen, daß jedermann bald in helles Gelächter ausbräche, und keineswegs über den Humor dieses „Führers" („er weiß oft witzig zu formulieren," meint Gerhard Ritter; dann weiß ich nicht mehr, was ein Witz ist), sondern im Gelächter über die wuchernde Phantasie dieses Tausendsassa, der Eisenbahnen von 4 m Spurweite für FD-Lokomotiven mit 200 Stundenkilometern Geschwindigkeit bis zum Ural bauen wollte und seine Diplomaten anklagt, daß sie nicht rechtzeitig mit Churchills Tochter eine Liebschaft begonnen hätten, damit aus den Geheimsitzungen des englischen Unterhauses etwas ins NS-FHQ gedrungen wäre; daß jedermann aber öfter noch vor Grauen und Grausen die Haare zu Berge stünden, möchte man meinen. Da empfiehlt Herr Himmler, von Zeit zu Zeit „einen blutsmäßigen Fischzug" nach Frankreich zu unternehmen, und Herr Hitler verfügt, daß die Slawen keine Hygiene erhalten dürfen, aber systematisch empfängnisverhütende und abtreibungsfördernde Mittel bekommen sollen („wenn tatsächlich irgendein Idiot versuchen sollte, ein derartiges Verbot" — solcher Mittel — „in den besetzten Ostgebieten in die Praxis umzusetzen, würde er ihn persönlich zusammenschießen"). Schweigen wir von so vielem anderen, was er „mit geradezu hypnotischem Bann" und „jenem merkwürdigen Fluidum" sonst noch ausstrahlte.

„Das Verführerische", schreibt Gerhard Ritter von einer geheimgehaltenen Rede, die Adolf Hitler am 23. November 1937 „vor dem politischen Führernachwuchs" auf der Ordensburg Sonthofen gehalten hat und die im Anhang des Buches abgedruckt ist, „liegt zunächst in der verblüffenden Einfachheit und Geschlossenheit ihres Gedankenganges. Irgendwelche Zweifelsfragen läßt sie gar nicht aufkommen." Das könnte für den und jenen (wieviele im Lande?) auch von den „Tischreden" gelten; denn herausgehoben wirken absurde Einzelheiten natürlich anders als im Zusammenhang. Gewisse Typen sehe ich bei der Lektüre förmlich mit den Köpfen nicken: Nicht so übel, was er da sagt ..., eigentlich hat er ganz recht ..., war es denn nicht so? — Und sie erfassen nicht einmal die vernichtende Bedeutung einer ungewollten Selbsterkenntnis wie dieser: „Mache man eine Republik, in der das ganze Volk den Staatschef wähle, so sei es mit Geld, Reklame usw. möglich, einen absoluten Hanswursten an die Spitze zu bringen" (21. III. 1942, abends).

Nun wird niemand behaupten wollen, diese Stenogramme hätten wegen der Gefahr, in gewissen Teilen eine Art Bibel zurückgebliebener und wieder vorwärtsdrängender Nationalsozialisten zu werden, nicht veröffentlicht werden sollen. Davon kann keine Rede sein. Es ist lediglich eine Frage, wie der Stoff dargeboten wird.

5

Mit einer Einführung von Gerhard Ritter, Professor der Geschichte an der Universität Freiburg; mit einem Vorwort von Dr. Henry Picker selbst.

Professor Ritter rückt die Dinge schon zurecht, aber zu schwach, wie mir scheint. Sexualpathologie ist ganz gewiß eine Wissenschaft, und es ist ihre Pflicht, die Dinge, die sie untersucht, wohl unterscheidend beim richtigen Namen zu nennen, allenfalls mit einem Fremdwort oder in bestimmten Abschnitten des Textes lateinisch. Im vorliegenden Fall besteht die pädagogische Rücksicht des Wissenschafters gerade darin, rücksichtslos zu sein. Was heißt denn das: „Jenseits von Anklage und Verteidigung, von Verdammnis und Verherrlichung gibt es die nüchterne Pflicht des Erkennens"? Dieser Grundsatz ist unbestritten, aber hier gibt es ja nichts zu verteidigen und nichts zu verherrlichen, und verdammen läßt sich durch nüchterne, wissenschaftliche Feststellung von Fehlern, Anomalitäten und Absurditäten durchaus in einem und demselben Buch nebeneinander, Seite an Seite mit der Erkenntnis. Henry Picker meint gar im ersten Satz seines Vorwortes: „Nicht zu rechtfertigen oder zu verurteilen, ist der Sinn meiner Dokumenten-Zusammenstellung". (Er hat das hier zu seinen Gunsten eingefügte Komma vergessen! Sehr wohl läßt sich sonst der Sinn der Zusammenstellung rechtfertigen oder verurteilen.) „Um die Revolutionäre der Weltgeschichte in ihren letzten Auswirkungen beurteilen zu können, braucht es Zeit und Abstand." Oh! Als ob es uns auf die „letzten Auswirkungen" ankäme und die damaligen, die gegenwärtigen, die noch immer folgenden uns nicht genügten, um urteilen zu können. Der Versuch, objektiv zu sein, ist in diesem Buch *nicht weit genug* getrieben — aus Angst, die wahre Objektivität des nüchternen harten Urteils, das uns mit den Maßstäben objektiven Wissens und gültiger Normen der Menschlichkeit durchaus und längst schon möglich ist, könnte als Polemik erscheinen. Gegen eine Figur wie die hitlersche, ihr Auftreten, ihr Handeln und ihr Reden, gibt es aber, gerade solange sie in der Politik der gleichen Zeit nachwirkt, nur die ruhige, scharf zielende Polemik der unbestechlichen Wahrheit und der unerschütterten sittlichen Norm.

6

Es seien noch einige Anmerkungen zur Wissenschaftlichkeit des Buches erlaubt.

Die Dokumente sind echt, darüber kann kein Zweifel bestehen. Die verratene Sprache allein verrät Adolf Hitler; überzeugender als alles andere bezeugt *sie* die Herkunft des Ungeistes. Wir hätten aber gern einiges dazugewußt: Welche Stücke haben dem „Chef" „zur Bestätigung (durch sein Handzeichen) vorgelegen?" Wie ist erkenntlich, wann der Stenograph „das Wichtigste, Grundsätzliche Wort für Wort" aufgezeichnet hat? Welche „lebenden Teilnehmer jener Tafelrunden, denen wir Stichproben vorlegen konnten", haben die Zuverlässigkeit „grundsätzlich bestätigt"? Wie war das Schicksal der Aufzeichnungen im einzelnen, von Wyniza an bis in die Hand Professor Ritters? Was ist aus Herrn Heim geworden; warum wurde er „abgelöst"; seine Skripten „in direkter Rede", sind sie von genau dem gleichen Charakter wie die „in indirekter Rede" des zweiten Stenographen, der ihn „vertreten" hat? Es ist nicht leicht, im Text des Buches, der die Dokumente ja aufteilt, jeweils immer, 400 Seiten und die einzelnen Zusammenstellungen hindurch, klar zu erkennen, wann Herr Heim am Zuge ist und wann Herr Picker. (Unter Nr. 103 zum Beispiel beginnt der Text von Seite 206 an in direkter Rede, er geht aber auf Seite 209, dritter Abschnitt, in die indirekte Rede über, und dies am 24. März 1942, obwohl doch, laut Vorwort Pickers, Herr Heim bereits am 11. März 1942 seine Wiedergabe der Tischgespräche — in direkter Rede — beendet hatte!) Welche „nur ganz wenigen Stellen völlig belanglosen Inhalts" sind weggelassen worden? Gibt es bei historischen Quellen etwas völlig Belangloses?

Zur Aufteilung und Zusammenstellung selbst: sie ist den Vorschlägen Professor Ritters entsprechend in neun Gruppen erfolgt, und zwar thematisch (Staat, Partei, Diplomatie, Krieg etc.). Jeder Teilabschnitt trägt einen Sachtitel. Dadurch gewinnt das Ganze einen höchst seriösen Anstrich, — von einigen ungewollten Ausnahmen abgesehen, etwa auf Seite 113 unter der Nummer 43: „Stalin hatte recht mit der Umbringung Marschall Tuchatschewskis". (Pickers Deutsch trägt auch sonst noch gelegentlich die anrüchigen Eierschalen der Sprache des Unmenschen, die er so lange mitanzuhören und mitzuschreiben hatte.) Solcher Sachernst ist in dieser Form dem Inhalt aber nicht angemessen. Wenn schon aufgeteilt und neu zusammengestellt werden mußte, dann darf man fragen, warum nicht vielleicht so: Die Urteile und Phantasien Adolf Hitlers über . . . (mit Untertiteln: über sein eigenes Volk, seine eigenen Juristen, Beamten, Diplomaten, Generale!). Der Wahrheit wäre genau so und der Besinnung besser gedient gewesen.

Im übrigen *mußte* in häufigen Stichproben der krasseste, von Hitler aber selbstsicher vorgetragene — und verderbliche — Unsinn durch einfache wissenschaftliche Feststellungen widerlegt werden. Gerhard Ritter meint in einem Nachwort „Zur Einrichtung der Ausgabe": „8. Eine fortlaufende Kommentierung des Textes hätte zur Richtigstellung so zahlreicher Irrtümer, Übertreibungen oder Verfälschungen der geschichtlichen Wahrheit genötigt, daß die Ausgabe den Charakter einer fortgesetzten Polemik hätte erhalten müssen." Wieso denn? Es war eine Frage des Maßes und der Treffsicherheit der Anwendung. Seit wann ist es aber „Polemik", wenn die Wissenschaft einer kritiklosen Gläubigkeit zuvorkommt und aus einer Masse von „Irrtümern, Übertreibungen oder Verfälschungen" typische widerlegt? Die 17 Kleinstdruck-Zeilen auf Seite 454 ganz am Ende genügen keineswegs; sie hätten nicht einmal genügt, wenn sie als vorabschreckendes Beispiel am Beginn des Buches stünden.

„Unvermeidlich war dagegen", schreibt Ritter, „die Richtigstellung in solchen Fällen, wo noch lebende Personen durch Verleumdungen Hitlers bedroht erschienen." Die Wohltat einer gewährten Erwiderung wurde indes nur Herrn Hjalmar Schacht zuteil! „Die karikierende Schilderung des Empfanges evangelischer Kirchenfürsten (Nr. 180) mit ihren grotesken Übertreibungen richtet sich selbst," heißt es in jener Kleinstdruck-Fußnote Seite 454. Nun, ich möchte nicht wissen, wieviele Leute im Lande, die auf Seite 357 in Großdruck von einem „Telephonat eines bekannten Pfarrers“ vernehmen, der „im Hinblick auf eine Besprechung bei Hindenburg“ gesagt habe: „Dem Alten haben wir die letzte Ölung gegeben. Wir haben ihn so eingeschmiert, daß er den Hurenbock jetzt endgültig raussetzt“, erstens gewaltig um Namen herumrätseln, zweitens den einen oder anderen Namen erfahren werden, darunter auch den richtigen, das heißt den gemeinten, und die glauben und es *weiterverbreiten* werden, was Hitler da gesagt hat! Unsere Restaurationsdemokratie lebt ja mit Lust und Liebe von Diffamierung.

7

Auf dem inneren Titelblatt des Buches heißt es: „Im Auftrage des Deutschen Institutes für Geschichte der nationalsozialistischen Zeit geordnet, eingeleitet und veröffentlicht von Gerhard Ritter, Professor der Geschichte an der Universität Freiburg“. Dies wird als die erste Publikation des Instituts bezeichnet. Und flugs hat die münchener Illustrierte „Quick“ sensationelle Vorabdrucke gebracht — in abermals neuer Zusammenstellung.

Weder Professor Ritter noch das Institut haben vor dem Erscheinen dieser Serie davon gewußt. An der Wirklichkeit gemessen, sagt aber auch der obige Text zuviel: „Im Auftrage des Deutschen Instituts ... geordnet, eingeleitet und ...“ Denn lediglich zwei Monate vor der Ausgabe des Buches, als es bereits ausgedruckt war, machte Gerhard Ritter dem Wissenschaftlichen Beirat des Instituts, dem er als Mitglied angehört, den Vorschlag, die Reihe der Forschungsschriften, die es herauszugeben beabsichtigt, mit dieser Sammlung von Hitler-Dokumenten zu beginnen. Weder Manuskript noch Korrekturfahnen noch Umbruch haben das Normalverfahren des Institutes durchlaufen: daß nämlich der Text von zwei Referenten vorher geprüft und begutachtet, dann vom gesamten Wissenschaftlichen Beirat angenommen wird; hier ist nur angenommen worden, und zwar summarisch auf Professor Ritters Autorität hin. Als er vom Inhalt einige bezeichnende Stücke hervorhob (ich bin selbst Mitglied des Beirates), hielt beinahe niemand es für möglich, daß sich in der Öffentlichkeit Mißverständnisse ergeben könnten, so grotesk waren die dargebotenen Proben.

Nun, es gibt, wie mir scheint, an der Publikation einiges auszusetzen. Das ändert aber freilich nichts daran, daß sie für jeden, der wenigstens heute gegen den bewußten „magischen Bann“ gefeit ist und sich von der „verblüffenden Einfachheit und Geschlossenheit“ hitlerscher „Gedankengänge“ nicht bluffen läßt, im Sinne einer immer von neuem überraschenden Bestätigung höchst aufschlußreich ist. Ferner nichts daran, daß das Deutsche Institut für Geschichte der nationalsozialistischen Zeit nicht nach dieser ersten von ihm als wichtig gebilligten Veröffentlichung allein beurteilt werden darf, sondern nach seinem gesamten langfristigen Programm beurteilt werden muß. Es umfaßt die sehr schwierige Quellenkunde (das meiste Material liegt im Ausland und vor allem in den USA), die Indizierung der umfangreichen und vielfältigen Materialien, die deutsche und internationale Bibliographie zur Hitler-Zeit, die Publizierung von Akten, geistesgeschichtliche und politische Darstellungen, sowie eine Reihe unmittelbar aktueller Schriften, von denen gewiß nicht jede jedermanns uneingeschränkten Beifall finden kann. *EK*

Blick nach draußen

Sidney Lens: „Die amerikanischen Gewerkschaften. Die Geschichte ihrer Kämpfe und Erfolge“. Verlag der Frankfurter Hefte, Frankfurt am Main 1951, 420 Seiten, DM 16.80.

Unser Wissen über Amerika hat sich in den wenigen Jahren nach dem Krieg gewaltig erweitert. Zahlreiche amtliche und private Besucher und nicht minder zahlreiche Zeitschriften und Bücher unterrichten uns über das, was „drüben“ vorgeht, und seit einiger Zeit verstärkt sich auch der Strom der Deutschen, die für drei oder sechs Monate hinüberfahren, um sich in ihren Fachgebieten umzusehen und Anregung für ihre Arbeit daheim zu holen. So vielfältig und so fruchtbar diese persönlichen Kontakte auch sind, so ist es doch seltsam, daß über manche Gebiete nach wie vor eine verblüffende Unkenntnis besteht. Eines dieser Gebiete, das zudem beileibe keins der unwichtigen ist, ist die amerikanische Arbeiterbewegung. Man kennt zur Not die Abkürzungen CIO und AFL der beiden großen Gewerkschaftsverbände; man kennt vielleicht auch noch die Namen der Vorsitzenden; aber über die Probleme, über die Geschichte, über die politische Haltung der amerikanischen Arbeiterschaft ist man nach wie vor gänzlich unzureichend unterrichtet.

Sidney Lens unternimmt es, uns zureichend zu unterrichten. Er steht selbst mitten in der amerikanischen Arbeiterbewegung und ist also imstande, aus eigener Erfahrung und Sachkenntnis zu schildern. Dadurch wird seine Darstellung so lebhaft und bewegt, daß der Leser sich in der unmittelbarsten Weise in den ganzen Fragenkreis hineinversetzt sieht. Er erlebt mit, wie das imposante Gebäude der amerikanischen Wirtschaft entsteht, mit ihm der Kapitalismus und mit ihm die Organisationen der Arbeiter, die sich mit primitiven Mitteln gegen die Ausbeutung zu schützen versuchen. Er erlebt weiter mit, wie diese einfachen Gewerkschaften selber vom kapitalistischen Ungeist befallen werden, indem ihre Manager ihre Tätigkeit als Geschäft betreiben und zu allen erlaubten und unerlaubten Mitteln greifen, um sich zu bereichern. Bestechungen und Erpressungen sind an der Tagesordnung, Gesinnungsterror setzt ein und wandelt sich schließlich in bewaffneten Terror, der alle unliebsamen Gegner innerhalb der Gewerkschaft außer Gefecht setzt. Aber auf die Dauer lassen sich, wie Lens mit Recht bemerkt, die Probleme des zwanzigsten Jahrhunderts nicht mit den primitiven Methoden des neunzehnten Jahrhunderts lösen. Die Wirtschaftskrise von 1929 und der New Deal Roosevelts erschüttern das gesamte Gefüge der amerikanischen Wirtschaft und damit auch der Gewerkschaften. Deren Kämpfe, die sie untereinander um die Führung und nach draußen gegen den Hochkapitalismus unter turbulenten Umständen zu führen haben, sind noch keineswegs entschieden, als der Zweite Weltkrieg ausbricht und eine Art von Burgfrieden hergestellt wird. Nach dem Ende des Krieges geht der Kampf weiter, da der durch die Kriegsindustrie erstarkte Kapitalismus seine verlorenen Positionen wieder erobern will, während die Gewerkschaften durch die lange Pause an Schlagkraft verloren haben. Die steigenden Preise (bedingt durch den Korea-Krieg und die beschleunigte Aufrüstung), denen die Löhne nicht in gleichem Maße folgen, sind Ursachen weiterer Auseinandersetzungen.

Mitten in all diesen Interessenkämpfen zeigte der Ausgang des Wahlkampfes zwischen Dewey und Truman, den die Stimmen der Arbeiter entschieden, daß die Gewerkschaften auch eine politische Macht darstellen. Nun gibt es in Amerika keine sozialistische Tradition, die, wie in den europäischen Ländern, tragfähig genug wäre, dieser politischen Macht in einer Arbeiterpartei Gestalt zu geben. Wenn es dennoch im Laufe der Zeit zu einer solchen Partei kommt, dann wird diese ein anderes Gesicht haben als die entsprechenden Parteien in Europa. Und sie wird, so wenig günstig auch gegenwärtig noch die Bedingungen sind, kommen müssen, wenn Amerika in seinem Kampf gegen den linken und den rechten Totalitarismus nicht in die Lage kommen will, im Innern das preiszugeben, wofür es nach außen kämpft: Freiheit von Furcht und von Not.

Das farbenprächtige Panorama einer weithin unbekannten Landschaft ist es, das sich in dem Buch von Lens entfaltet. Gewiß, manche Amerikanismen haben sich eingeschlichen: europäische Entwicklungen sind in einem verkürzenden Blickwinkel gesehen, philosophische und religiöse Probleme sind stark vereinfacht, und die Ansichten etwa vom Marxismus und Stalinismus entlocken uns ein nachsichtiges Lächeln. Aber dürfen wir wegen dieser nebensächlichen Schwächen hochmütig ablehnen, die Art und Weise kennenzulernen, in der die Amerikaner diese Dinge nun einmal sehen? Wir sollten die Darstellungen von Lens auf jeden Fall zur Kenntnis nehmen, werfen sie doch auch gleichzeitig ein Licht auf unsere Verhältnisse: auf unsere Sozialpolitik, auf unsere Gewerkschaften, auf unsere Arbeiterparteien (die keine mehr sind). Vielleicht, daß sie auch unseren Politikern und Gewerkschaftsleuten den Blick öffnen für die Wandlungen, die sich bei uns abzuzeichnen beginnen, und die die wachsende politische Macht der Gewerkschaften immer deutlicher hervortreten lassen. *HB*

Ein Brief

Hermann Gmelin: „Der französische Zyklenroman 1900—1945". Quelle & Meyer G.m.b.H., Heidelberg 1950, 194 Seiten, Leinen DM 9.20.

Einliegend sende ich Ihnen das mir zugesandte Besprechungsexemplar mit bestem Dank zurück. Da ich schon nicht einsehe, mit welchem Recht Bücher wie das vorliegende einen Platz auf dem Büchermarkt beanspruchen, sehe ich erst recht nicht ein, warum wir ihnen noch die Beachtung einer Besprechung — und noch dazu in Ihrer Zeitschrift — zukommen lassen sollen. Auch ein „Verriß" oder eine gescheite Analyse über die Tatsache, daß Gmelin seinerseits auf jede Analyse des „roman fleuve" verzichtet und stattdessen nur dem faulen modernen Leser durch eine brave und fleißige Inhaltsangabe von neunzig Bänden französischer Romanliteratur entgegenkam, wäre schon zu viel der Ehre. Vielleicht findet sich aber trotzdem noch jemand, dem sein Name für eine Würdigung dieses schön eingebundenen Werkes von Gmelin nicht zu schade ist. *Katharina Fuchs.*

Mitteilungen

An unsere Leser

Seit Januar dieses Jahres sind allein die Papierpreise um 100 v.H. gestiegen. Die erhöhten Kosten für die Herstellung der „Frankfurter Hefte“ zwingen nunmehr auch uns zu einem Teuerungszuschlag, den wir gesondert, zu dem gleichbleibenden Normalpreis von DM 1.— hinzu, erheben. Er beträgt vom 1. Oktober an dreißig Pfennig je Heft. Wir bitten um Verständnis und Treue unserer Leser.

Frankfurter Verlagsanstalt, — dies ist die Bezeichnung für „Neuer Verlag“, seitdem er — vor wenigen Wochen — von Stockholm nach Frankfurt übertragen wurde. Er hat dabei nicht bloß den Namen, sondern auch die Besitzer gewechselt: der „Verlag der Frankfurter Hefte“ steht ihm jetzt so nahe, daß wir sein Programm bestimmen. Es ist ein literarisches Programm. Auf dem Fundament des wertvollen Gegebenen (an erster Stelle Romane von Alfred Neumann, Lion Feuchtwanger, Wilhelm Speyer, Albrecht Schaeffer) wollen wir in der „Frankfurter Verlagsanstalt“ der großen Erzählerkunst dienen. Der „Verlag der Frankfurter Hefte“ wird die historischen, politischen, soziologischen Werke veröffentlichen (und die von ihm bisher gebrachten Romane im Laufe der Zeit in die „Frankfurter Verlagsanstalt“ einbringen, — sofern sie bei den Lesern solchen Anklang finden, daß sie weitere Auflagen erleben!). Über den kulturpolitischen Sinn des Vorganges wollen wir uns, was unsere eigenen Absichten anlangt, demnächst an anderer Stelle der FH und ausführlicher erklären.

Zu den Beiträgen dieses Heftes

Den Beitrag „Die Opferung Isaaks“ schrieb Professor Martin Buber ursprünglich für den Band 6 („Oral Prinziples of action“) der Science of Culture Series, herausgegeben von Ruth Nanda Anshen bei Harper and Brothers, New York.

Die Glosse „Die Wunder und das Wunder des Jonas“ ist ein Auszug aus dem Kapitel „Die Wunder“ des Buches „Die Christusidee in den Evangelien“ von George Santayana, das in der C. H. Beck'schen Verlagsbuchhandlung, München, in diesem Herbst erscheinen wird.

Hinweis

Dieser Ausgabe liegt ein Prospekt der Hannoverschen Lebensversicherung A.G., vormals Preußischer Beamten-Verein, Hannover, Raschplatz 13, bei, den wir der Aufmerksamkeit unserer Leser empfehlen.

Mitglieder der Schriftleitung
Heinrich Bauer (HB), Karl Wilhelm Böttcher (KB), Walter M. Guggenheimer (WG), Rüdiger Proske (RP), Frankfurt/Main

FRANKFURTER HEFTE

Zeitschrift für Kultur und Politik

HERAUSGEGEBEN VON EUGEN KOGON UND WALTER DIRKS

AUS DEM INHALT

6. JAHRGANG HEFT 10 OKTOBER 1951

FH

INHALT

Oktober 1951. Die Frankfurter Hefte sind durch jede Buchhandlung, durch die Post und direkt vom Verlag zu beziehen. Einzelheft: DM 1.— zuzüglich DM —.30 Teuerungszuschlag. Zustellgebühr im Inland DM 0.10, im Ausland DM 0.20 je Heft. Postscheckkonto Frankfurt a. M. 824 91. Schriftleitung und Verlag: Frankfurt a. M., Schaumainkai 53, Tel. 6 49 05 und 6 51 10. Für die Schriftleitung verantwortlich: Dr. Heinrich Bauer. Druck: Fränkische Gesellschafts-Druckerei GmbH., Würzburg.

FRANKFURTER HEFTE

Zeitschrift für Kultur und Politik

Herausgegeben von Eugen Kogon und Walter Dirks

6. Jahrgang | Oktober 1951 | Heft 10

Widerspruchsvolle Politik der Einigung

Frankfurt, 25. September 1951.

EK „Was wir in Europa vor allem brauchen, ist industrieller und sozialer Wohlstand: Fabriken und Wohnungen." So André Philip bei einer Großkundgebung der hamburger „Europa-Union", am Vorabend der internationalen Konferenz „Deutschland in Europa", die vom 21. bis zum 23. September auf Veranlassung der Europäischen Bewegung stattfand.

„Es kann unter Umständen möglich werden, daß wir vorübergehend der Verteidigungsbereitschaft einen gewissen Vorrang gegenüber dem Wohnungsbau geben müssen." So Bundeskanzler Dr. Adenauer vor dem Zentralkomitee des Deutschen Katholikentages am 23. September in Bonn.

„Die Umstände", die Dr. Adenauer veranlassen könnten, das Ziel für „vorübergehend" nicht erreichbar zu erklären, welches André Philip unter gewaltiger Zustimmung von mehr als zehntausend Menschen als unser Hauptziel bezeichnet hat, genau diese Umstände sind es, die uns hier interessieren. Denn ob sie eintreten, das hängt mit von unseren eigenen Entscheidungen ab.

*

Worum geht es? Um die Antwort auf eine Reihe von Fragen, die zusammen die Probleme von heute, je nach ihrer Lösung die mehr oder minder zwingenden „Umstände" von morgen bilden.

Erstens. Soll die Bundesrepublik Deutschland zusammen mit den übrigen Ländern des Kontinents oder des ganzen freien Europa eine möglichst enge Gemeinschaft bilden, indem sie den internationalen und den supranationalen Einrichtungen beitritt, die bereits geschaffen sind oder die geschaffen werden?

Zweitens. Unter welchen rechtlichen und tatsächlichen Bedingungen müßte dies geschehen?

Drittens. Ermöglicht, beschleunigt, verlangsamt oder verhindert der Vorgang — oder gar schon der Entschluß — die Wiedervereinigung Deutschlands?

Viertens. Soll und darf die Bundesrepublik eine gebotene Möglichkeit ausschlagen, auf der Grundlage der Menschenrechte ein vereinigtes, demokratisches Deutschland zustandezubringen, wenn damit ein Verzicht auf militärische Rüstung verbunden wäre?

Fünftens. Wie kann festgestellt werden, daß eine solche Möglichkeit tatsächlich und mit hoher Wahrscheinlichkeit des Erfolges gegeben ist?

Sechstens. Was dient, in der Gesamtkonstellation der Kräfte innerhalb und außerhalb Europas, dem „Frieden in Freiheit für alle" mehr: die Entwicklung einer deutschen militärischen Macht und ihre Eingliederung in die europäisch-atlantische Gemeinschaft oder die politisch-wirtschaftliche Eingliederung eines geeinten demokratischen Deutschland in ein geeintes freies Europa ohne deutschen militärischen Beitrag?

Siebtens. Wie steht es um die Aussichten, daß der zweite Weg überhaupt noch beschritten werden könnte, da sich die westlichen Mächte und die Regierung der Bundesrepublik auf den anderen Weg in etwa bereits eingelassen haben?

Achtens. Wäre es für Parlament, Regierung und Volk Westdeutschlands vielleicht ratsam, in einer derart schwierigen Lage abzuwarten, bis sie, durch wen immer, klarer, das heißt eindeutiger geworden ist? Wenn ja, — ohne Grenze in naher Zeit?

*

Die hamburger Konferenz der Europäischen Bewegung hat zu den Fragen Eins bis Drei Stellung genommen und mögliche Antworten auf die übrigen Fragen dabei berührt. Hier der Text:

„Die Europäische Gemeinschaft muß energisch bestrebt sein, das ganze Europa zu umgreifen, eingeschlossen die Länder hinter dem Eisernen Vorhang, die derzeit unfrei sind. Die Konferenz stellt die Legitimität des Willens aller Deutschen fest, sich niemals mit einer Teilung ihres Landes abzufinden. Sie erklärt sich mit diesem Wollen solidarisch. Der Zusammenbau Europas und die Einheit Deutschlands dürfen nur in Freiheit und mit friedlichen Mitteln verwirklicht werden.

Eine Neutralisierung Deutschlands würde in keinem Falle ein den Frieden fördernder Faktor sein. Sie würde Deutschland vielmehr zum dauernden Spielball internationaler Konflikte machen. Die Einfügung eines freien Deutschland in ein freies Europa kann die Einheit Deutschlands weder in Frage stellen noch verhindern; sie erscheint vielmehr als der angemessenste Weg zu ihr. Innerhalb einer Europäischen Gemeinschaft muß Deutschland ein Partner sein, der die gleichen Rechte genießt wie die anderen Partner. In dem Ausmaß, wie sie ihre Souveränität aufrechterhalten, wird auch Deutschland Souveränität bekommen müssen.

Dieser Grundsatz, unter den bestehenden Verhältnissen nicht in Geltung, muß rückhaltlos und vorbehaltlos in allen Einrichtungen angewendet werden, aus denen sich die Europäische Gemeinschaft bildet. Unter diesem Gesetz muß auch die Umwandlung des Besatzungsregimes stehen, die unverzüglich zu erfolgen hat. Auf dem Wege zur Europäischen Gemeinschaft darf nichts getan werden, was das Endziel in Frage stellen oder den Grundsätzen widersprechen könnte, die eben ihre Erfüllung in der Europäischen Gemeinschaft finden, und nichts darf unterlassen werden, dieses Ziel zu fördern.

Deutschland wird damit die gleichen Pflichten wie die anderen Partner haben und nach Billigkeit an der Verantwortung bei der Bewältigung aller Aufgaben beteiligt sein, vor denen die Gemeinschaft stehen wird. Dazu gehört auch die gemeinsame Verteidigung Europas, deren Wirksamkeit im Verhältnis steht zu dem Ausmaß, in dem die Lebensbedingungen verbessert und die soziale Gerechtigkeit verwirklicht werden.

Zu einer Europäischen Gemeinschaft gehört zumindest:

daß die hauptsächlichsten Produktionsmittel dem gemeinsamen Interesse nutzbar gemacht werden, und zwar so, daß keiner der Partner die Möglichkeit erhält, im Hinblick auf die anderen Partner eine bevorzugte oder beherrschende Stellung aufrechtzuerhalten oder sich zu schaffen;

daß die Partner auf dem Gebiete der Außenpolitik eine enge Verbindung eingehen;

daß sie ihre Verteidigungsmittel zusammenlegen, wobei die zur Verteidigung der Freiheit notwendigen Lasten gemeinschaftlich zu tragen und auf die verschiedenen Nationen nach ihrer Leistungsfähigkeit im Ganzen aufzuteilen sind;

die Anstrengungen auf diesem Gebiet müssen von dem Willen getragen sein, den Krieg zu verhindern, von dem Willen aber auch, mit allen Mitteln und mit voller Wirksamkeit das gesamte Gebiet dieser Gemeinschaft zu verteidigen.

Dies alles kann offenbar nur verwirklicht werden, wenn Behörden mit besonderer Zuständigkeit und andere übernationale Organe geschaffen werden, denen jedes der beteiligten Länder in gleichem Ausmaß einen bestimmten Teil seiner nationalen Souveränität überträgt.

Die Delegierten der hamburger Konferenz erklären, daß allein die rasche Verwirklichung einer derartigen Politik die Deutschland betreffenden Fragen lösen, Europa wieder aufrichten und den Frieden bewahren kann."

*

Dieser Text fordert Deutschland als gleichberechtigten und gleichverpflichteten Partner, und zwar alsbald. Folglich wen? Die Bundesrepublik Deutschland. Folglich konkret worin? Vor allem in der Montan- und in der Militärunion. Dies, so sagt die Entschließung, ist der angemessenste Weg (le meilleur chemin, im französischen Text, der beste Weg), das getrennte Deutschland in Freiheit und ohne Krieg wieder zu vereinigen. Je mehr von der Europäischen Gemeinschaft und je schneller sie entsteht, umso leichter wird die deutsche Einheit zu erreichen, umso eher werden die russisch besezten oder beherrschten Länder auf gleiche Weise zu befreien sein. Wort und Inhalt der Europäischen Föderation (Verfassung, Parlament, Regierung, Oberster Gerichtshof) sind in der Entschließung allerdings geflissentlich vermieden — aus Rücksichtnahme auf Großbritannien. Die Mitte September abgegebene washingtoner Erklärung der drei Außenminister spricht zwar bereits von der „Kontinentaleuropäischen Gemeinschaft", zu der Großbritannien enge Beziehungen unterhalten wolle. Aber unsere kontinentalen Perfektionisten, päpstlicher als der Papst, auf die man in Hamburg wieder übermäßig Rücksicht genommen hat, wollen den entscheidenden Schritt durchaus nicht tun, der, um jetzt wieder nur von Deutschland zu sprechen, doch zu dem angemessensten und sogar dem besten Weg führen würde, das ganze Land in Freiheit und Frieden zu vereinigen, das heißt, achtzehn Millionen Europäern deutscher Nation die Menschenrechte zu bringen und darüber hinaus vierundachtzig Millionen Osteuropäern Hoffnung und Aussicht — immer nach dem Text. Es bliebe also, vorerst, bei der Bundesrepublik Deutschland, beim Schuman-Plan und beim Aufbau der gemeinsamen Militärmacht. Bedeutet dies in der Tat: nichts tun, was das Endziel in Frage stellt, und nichts unterlassen, was es fördert? Der Widerspruch ist offensichtlich, und die sofortige Wiedervereinigung Deutschlands stünde im Gegensatz zur Vereinigung Europas oder umgekehrt. Der Satz, den Bundeskanzler Dr. Adenauer in Bonn gesprochen hat, hätte unter *solchen* Umständen alle Wahrscheinlichkeit für sich (er war ohnehin nicht eine bloß theoretische Erörterung), keineswegs aber der Satz von André Philip. Dies ganz besonders dann, wenn die an Zahl garnicht geringfügigen politischen und sozialen Perfektionisten den jetzt zu erwartenden konservativen Sieg in Großbritannien als eine Bestätigung dafür ansehen werden, daß sie etwa recht hätten, zwischen Wolf und Schäferhund die glorreiche Rolle der unzufriedenen, aber zusehends abmagernden Schafe auf dürren nationalen Weidegründen zu spielen.

*

Es scheint also eine Weggabel zu sein, an der wir uns befinden, und die Russen sind es, die genau da, wo sie beginnt, die Wiedervereinigung Deutschlands anbieten, wenn dafür auf die Einheit Europas, vor allem militärisch, verzichtet wird. Ohne diese größere Einheit hoffen sie, die zugebilligte kleinere — die Deutschlands — über kurz oder lang in ihre Hand zu bekommen und dadurch wieder, anschließend, unter Umständen sogar den Rest. Also wäre das Angebot abzulehnen?

Um des verhängnisvollen Gegensatzes Herr zu werden, bedarf es in den wesentlichen Punkten voller Klarheit der Sicht. Diese Punkte — Beitrag zur Antwort auf die obengestellten Fragen — sind:

Erstens. Sowohl das stalinistische System der totalitären Kollektiv„freiheit" wie das westliche System der demokratischen Freiheit nehmen politisch und wirtschaftlich ganz Deutschland und mehr für sich in Anspruch. Ihrem Wesen nach können sie beide nicht anders; ihre Propaganda verkündet es laut, und soweit sie dazu in der Lage sind, handeln ihre Verantwortlichen danach.

Zweitens. Das deutsche Volk ohne Macht kann nicht dazwischen neutral sein. Es will den Frieden, und es will Freiheit — kollektiv und individuell —, es will seine Einheit, und es will Wohlstand.

Drittens. *Freiheit* und verhältnismäßig auch *Wohlstand* sind auf der Seite des Westens. Folglich ist die überwältigende Mehrheit des deutschen Volkes in diesem Punkte offensichtlich für den Westen. Der Friede und die Einheit Deutschlands hingegen sind unter seinen gegnerischen Inhabern der Macht geteilt. Was den *Frieden* anlangt, so rüsten sie beide unentwegt. Sowjetrußland hat längst schon begonnen, das militärische Potential des von ihm besetztgehaltenen Teiles von Deutschland einzugliedern: die wirtschaftliche Kraft und Soldaten. Das Gleiche wünscht seit einiger Zeit der Westen mit der Bundesrepublik zu tun; im Augenblick geht es vor allem um die Soldaten. Die *Einheit* Deutschlands wird dem deutschen Volk als künftiges Ergebnis einer kollektiven Politik der Stärke des Westens in Aussicht gestellt. Die sowjetrussische Politik, ebenfalls von dem Bestreben erfüllt, daß nichts geschehen dürfe, was das Endziel des Kreml in Frage stellen würde, und alles geschehen müsse, was dieses Ziel fördern kann, bietet die Einheit Deutschlands *jetzt.*

Viertens. Mit Recht mißtraut der Westen dem Kreml und der Kreml, gemäß seinen Interessen und seiner Denkweise, dem Westen. Macht mißtraut der Macht. Sie mißtrauen aber auch fünfundsechzig Millionen Deutschen, wenn sie wiedervereinigt wären, — der Kreml weniger, weil er auf die eigene Gewalt gegenüber Schwächeren baut, auf Schlauheit, Tücke, Kraft der Propaganda und die Fehler des anderen Gesellschaftssystems; der Westen, besonders Europas, mehr, weil seine Politik nicht so kühn in die

Zukunft gerichtet ist, daß die vergangenen Erfahrungen für ihn kein Gewicht mehr hätten, ferner weil er die Souveränität — weitgehend eine Einbildung — bei jedem anderen fürchtet, ganz besonders bei den Deutschen, aber auch nicht entschlossen ist, sie zugunsten einer echten und sofortigen Föderation Europas preiszugeben, die doch allein imstande wäre, nicht nur das deutsche Übergewicht der Zahl zu mindern, sondern auch das psychologische Problem der deutschen „Unberechenbarkeit“ allmählich aufzulösen. Die Folge ist, daß der Kreml die Einheit Deutschlands hier und heute anzubieten wagt, der Westen aber, sie wohl verkündend, nur schrittweise vorzugehen wünscht.

Fünftens. Die Russen sind also bereit, mit der Einheit Deutschlands der demokratischen Freiheit eine Konzession auf Zeit zu machen, um zu verhindern, daß die militärische Macht des Westens und seine politisch-wirtschaftliche Stärke durch die Eingliederung der Bundesrepublik in ein auch nur loses, aber sich festigendes Gefüge zunimmt. Der Westen seinerseits garantiert die Freiheit, verlangt jetzt den militärischen Beitrag zu ihrer Verteidigung, bietet einen durch Rüstung eingeschränkten Wohlstand, will in der Frage der Föderation, die die „Souveränitäten“ weitgehend aufheben würde, schrittweise vorgehen und verspricht die deutsche Einheit — mit friedlichen Mitteln — in der Zukunft, ohne daß er, wegen der politischen Widersprüche, die seine Politik der militärischen Stärkung begleiten, vorerst sagen könnte, wie.

*

Der Wunsch des deutschen Volkes nach Einheit und Freiheit, seine Abneigung gegen die Gefahr einer militärischen Automatik sind so groß, daß die Bonner Regierung gegenüber dem ostzonalen Angebot, kontrolliert freie Wahlen in ganz Deutschland abzuhalten, nicht beliebig verfahren kann. Selbst wenn sie es ablehnt, wird sie schwer mit den Folgen zu tun bekommen.

Sie hat es doppelt schwer, gerade weil der Westen den Grundsatz „gleiche Rechte — gleiche Pflichten“ nun verkündet, in der politischen Praxis jedoch zögert, vor allem die Föderation Europas nicht wagt, die wenigstens Klarheit im eigenen Bereich schaffen würde, den militärischen Beitrag jetzt aber und sofort energisch „als gleiche Pflicht“ der Bundesrepublik verlangt.

Der Oppositionsführer hat den auf solche Weise fast unvermeidlich reaktionären Charakter des „Schritt für Schritt“-Zusammenschlusses Europas erkannt, sieht aber die Möglichkeit nicht, gerade durch eine mutig in Angriff genommene Föderation wie überall am Kontinent so auch in Deutschland zu Neuwahlen auf breitester internationaler Grundlage zu kommen (das heißt, die gesamte Politik Europas in Bewegung zu bringen); hält sich und seine Partei von der Mitentscheidung fern, und zwar durch ein „Nein!“, das der sowjetischen „Njet“-Wiederholung allmählich sehr ähnlich wird; vertritt eine nationale Machtpolitik, die vor Mißtrauen schon beinahe krankhaft wirkt, und die nur noch durch die Nabelschnur der Losung „Alles oder nichts“ mit dem sozialistischen Internationalismus verbunden ist; und birst immer wieder von Angriffen gegen die Westmächte und gegen die Russen, will aber die deutsche Einheit, Frieden, Freiheit und Wohlstand — ohne Neutralität Deutschlands!

*

In dieser wahrhaft verwickelten Situation, in der die Entscheidung über unsere ganze Zukunft beschlossen liegt, empfiehlt es sich vielleicht, nach der alten scholastischen Weisheit des „distinguo“ nicht nur die Elemente zu unterscheiden, die ineinanderwirken, sondern auch die Lösungsvorschläge; möglicherweise lassen sich Teile des einen und des anderen verbinden.

Dem politischen, wirtschaftlichen, sozialen und kulturellen System des Westens anzugehören, entspricht dem Verlangen des deutschen Volkes nach Freiheit und Wohlstand. Das von den Sowjetrussen veranlaßte Angebot kontrolliert freier gesamtdeutscher Wahlen entspricht dem Wunsch des deutschen Volkes, ganz Deutschland wieder vereinigt zu sehen. Der geforderte Preis dafür ist in erster Linie der Verzicht auf eine Wiederbewaffnung Deutschlands. Wo könnte das taugliche, das tragbare, zumutbare Kompromiß liegen?

Es ließe sich, nur damit es in seinen Voraussetzungen und in seinen Folgen überlegt werden kann, etwa in die Formel kleiden: ein *unbewaffnetes*, innerhalb seiner Grenzen garantiert *entmilitarisiertes* Deutschland, dem System des Westens *politisch* eingegliedert.

Bedenken wir einen Augenblick die Folgen. Die Hauptsorge der Russen: daß die Landmacht des westlichen Militärpotentials durch einige hunderttausend westdeutsche Soldaten entscheidend verstärkt würde, wäre beseitigt. Selbst würde Sowjetrußland seine militärische Ostbastion in Deutschland verlieren; dies wäre der Preis, den es zu bezahlen bereit ist (wenn der gemachte Vorschlag als absolut ernst erwiesen werden kann). Die fremden Truppen müßten sich samt und sonders aus Deutschland zurückziehen. Plötzlich würde die Demokratie bis an die Oder-Neiße und nach Westpreußen vordringen — mit freier Entfaltungsmöglichkeit für die Kommunisten wie überall im Bereich der Demokratie. Achtzehn Millionen Deutsche wären befreit, die gefährliche Insellage Berlins beseitigt. Die Wahrscheinlichkeit eines Krieges würde ein wenig verringert, der Friede — der wahrlich nicht bloß von militärischer Sicherheit abhängt — erhielte eine neue und keine geringe Aussicht. Deutschland würde in die Lage versetzt, Milliarden von Mark statt für Rüstung für eine wirksame Eingliederung der Millionen Heimatvertriebener und Flüchtlinge innerhalb seines ganzen Gebietes aufzuwenden und damit eine schwere mittelbare Gefahr für ganz Europa zu beseitigen, die in der westlichen Welt noch immer nicht erkannt wird. Wirtschaftlich könnte es außerordentlich dazu beitragen, den Kontinent zu festigen. Vielleicht ließe sich vereinbaren, daß es jedem Deutschen überlassen bliebe, im Osten oder in der Europa-Armee als Freiwilliger zu dienen, wenn er dies will.

Daß es den Russen mit ihrer Sorge vor einem deutschen Militärbeitrag zum westlichen Potential sehr ernst ist, darf als sicher angesehen werden. Rein der Gesinnung nach ist es zweifellos ebenso sicher, daß der Westen von jeder vernünftigen Möglichkeit Gebrauch machen möchte, die demokratischen Freiheiten friedlich auszubreiten. Ob er, vor die konkrete Wahl gestellt, es sich zutraut, und ob er bereit ist, den dafür notwendigen Schritt zu tun: die Föderation Kontinentaleuropas im Bündnisverhältnis zu Großbritannien und im Rahmenwerk des Atlantikpaktes entschlossen sofort in die Wege zu leiten, das ist die Frage. Würde dieser Schritt getan — etwa durch eine Initiative des französischen Außenministers im Einverständnis mit den kontinentalen Regierungen und im Einvernehmen mit Großbritannien —, dann wäre eine der zeitlich befristeten Bedingungen für die Annahme des östlichen Angebots, in ganz Deutschland frei wählen zu lassen, die bindende Erklärung der Mächte, die Deutschland heute getrennt halten, daß sie sowohl der Entmilitarisierung Deutschlands wie seinem Beitritt zur Europäischen Föderation zustimmen.

*

Es besteht nicht viel Wahrscheinlichkeit, daß es zu einer solchen Kompromißlösung mit den erforderlichen Vorentschlüssen, die dazugehören, kommen könnte. Man wird es kaum wagen, sich die Sorge des Kreml zunutze zu machen und seinen Spekulationen mit der Entschlußkraft der Berliner — die in ihrem Maße sofort geantwortet haben — zu begegnen. Nicht weil der Westen den Krieg möchte; keineswegs. Sondern weil er kein rechtes Vertrauen in den Frieden und in die eigene Kraft der politischen Freiheit hat. Allzusehr herrscht bereits das aus Angst und Schwäche geborene Denken vor, die Sicherheit des Friedens sei in *erster Linie* eine Sache der *Menge* der Waffen und der *Zahl* der Soldaten, die sie tragen. In Wahrheit lebt der Friede *zuerst* aus dem Mut, seine Werke zu tun.

Würden die Werke des Friedens mit aller Entschlossenheit getan, dann wäre auch eine um das westdeutsche Potential nicht vergrößerte Europa-Armee mit Großbritannien zusammen als verlängerter Infanteriearm der amerikanischen Überlegenheit genügend stark, dem Gegner in Distanz militärisch die Waage zu halten — in einer Welt, die ja nicht bloß aus Europa besteht, sondern aus einem Dutzend möglicher und sofort zusammenhängender Fronten, die jede der beiden Weltmächte jederzeit im Auge behalten muß. Und *diese* Tatsache ist doch der Grund, warum es seit Korea — trotz Korea — bisher nicht zu einem neuen kriegerischen Weltkonflikt gekommen ist. Es wäre gar kein so tolles Wagnis, an *einem* Punkt zu entmilitarisieren und dafür *politisch* vorzudringen, — zumindest den Gegner offensiv vor eine solche friedliche Wahl zu stellen, da *er* es ist, der ein Angebot gemacht hat.

Aber, wie gesagt, man müßte erkennen, daß der Friede mehr ist als Militär überall, und man müßte Vertrauen in die Kraft der Freiheit besitzen, die man predigt.

Der Streik in Hessen

Die Arbeiter in den Großbetrieben der hessischen Metallindustrie haben vier Wochen lang gestreikt. Mit rund 70 000 Beschäftigten, die für kürzere oder längere Zeit die Arbeit niederlegten, war es der umfassendste und bedeutendste Streik, den die westdeutsche Wirtschaft seit 1945 erlebt hat. Er verdient beachtet und gedeutet zu werden.

*

Als am 16. Juli 1951 die Lohnverhandlungen der Industriegewerkschaft Metall mit dem Arbeitgeberverband der hessischen Metallindustrie scheiterten, und als daraufhin die Gewerkschaft die Urabstimmung ihrer Mitglieder vorbereitete, war das Interesse der Öffentlichkeit auf andere wirtschafts- und sozialpolitische Vorgänge gerichtet. Der Deutsche Gewerkschaftsbund hatte angekündigt, seine Beauftragten aus allen Wirtschaftsgremien des Bundes zurückzuziehen, weil das Mitbestimmungsrecht der Arbeitnehmer in den Grundstoffindustrien nicht so verwirklicht zu werden schien, wie es das Bundesgesetz vorsah; weil anstelle einer Neuordnung der Eigentumsverhältnisse bei Kohle und Eisen die Treuhandverwaltungen dieser Wirtschaftsgruppen von einer mittelbaren Restaurierung der alten Konzerne abgelöst zu werden drohten; und weil die gewerkschaftliche Mitarbeit im Lohn- und Preisausschuß der Bundesregierung von den Gesprächspartnern fälschlich so ausgelegt worden war, als habe die Gewerkschaft damit automatisch auf Lohnkämpfe verzichtet. Es folgten die Gespräche auf dem Bürgenstock und die Limburger Unterredung zwischen Christian Fette und dem Vorsitzenden der Bundesvereinigung der Arbeitgeberverbände, Dr. Raymond.

Den aktuellen Hintergrund gab die Frage, ob es der Gewerkschaftsbewegung gelingen werde, durch *rechtzeitige* Mitbestimmung neue Praktiken im Wirtschaftsprozeß zu verwirklichen, mit denen allein Inflationsgefahr und Massenverelendung abgewendet werden könnten. Den „Eingriff in ‚die Profitrate“ hat das der Bezirksleiter der IG-Metall in Hessen, Hans Eick, genannt und damit den Zusammenhang zwischen dem hessischen Streik und den Diskussionen auf höherer Ebene angedeutet.

*

Es ist klar, daß unsere Wirtschaft nicht mehr stabilisiert werden kann, wenn dem „freien Spiel der Kräfte“ weiterhin untätig zugesehen wird. Schon heute eröffnen das Kohleproblem und die indirekten Rüstungslasten des Bundeshaushaltes derart erschreckende Perspektiven, daß die Bereitwilligkeit des Bundeskanzlers und des Bundesfinanzministers, mit den Gewerkschaften und notfalls gegen den rechten Flügel der Koalition eine Austerity großen Stils und zwangswirtschaftlicher Prägung zu verwirklichen, nicht mehr verwundern kann. Diese Art, die Spannungen zwischen den politischen Lasten und den sozialen Pflichten der Regierung administrativ zu überwinden, kann freilich für die Gewerkschaften nicht annehmbar sein. Schließlich sind nicht sie es, die den Wunsch der westlichen Partner nach deutscher Beteiligung am europäischen Wehrbeitrag zu vertreten haben. Ihnen ist aufgetragen, die Interessen der Arbeitnehmer zu wahren, sie gegenüber den von außen herangetragenen Anforderungen zu verteidigen und finanzielle und wirtschaftliche Ansinnen, die offensichtlich die Existenzen bedrohen, zu bekämpfen. Sie müssen auch nur zu gut aus der Zeit vor der Währungsreform wissen, daß administrative Maßnahmen bei unangetasteter Wirtschaftsstruktur vom Unternehmertum doch weitgehend umgangen und auf die Masse der Bevölkerung abgewälzt werden können. Das politisch Bedeutsame des Augenblicks liegt jedoch darin, daß die Gewerkschaften trotz diesen Vorbehalten und trotz diesem Wissen mit Partnern wie Adenauer oder Raymond, die mit anderen Voraussetzungen und Absichten als sie in die Konferenzen gehen, für eine kurze Zeit und mit gebotener Vorsicht sehr wohl taktieren können. Bundesregierung und Arbeitgeber können nicht riskieren, dem FDP-Standpunkt folgend den „Versorgungsstaat“ abzuschaffen und damit die monetären Probleme zwar schlecht und recht zu lösen, dafür aber die mit Verdienstkreuzen und Soldatenbünden umworbenen Staatsbürger in die soziale Auflehnung zu treiben. Sie sind und werden deshalb bereit sein, in den Fragen der Mitbestimmung, der Sozialisierung der Grundstoffindustrien und der Bekämpfung der Inflation Zugeständnisse zu machen. Wichtig bleibt nur, daß die Gewerkschaften die Mittel nicht mit dem Zweck verwechseln und weder den Gesprächspartnern mehr als taktisches Entgegenkommen zutrauen noch selbst sich auf dem Wege über die Mitbestimmung für Ziele, die sie nach Tradition und Auftrag niemals gutheißen können, einfangen lassen. Sie dürfen auch nicht anstelle eines Nationalplanes, der die Bedürfnisse des Volkes und nur die Bedürfnisse des Volkes unter den gegebenen Umständen befriedigen helfen soll, sich mit einer direktorialen Gleichmacherei einverstanden erklären, die dann zu Recht als kapitalistische Zwangswirtschaft bezeichnet würde.

Der „Einbruch in die Profitrate" — weniger doktrinär ausgedrückt: ein Strukturwandel der Wirtschaft, der Vorteile und Nachteile der Entwicklung gerechter als bisher verteilt, setzt Phantasie und Klarheit im wirtschaftspolitischen Denken und Handeln voraus, wie sie den Akteuren einer modernen Revolution zukommen. Es wäre irrig anzunehmen, daß dabei der einmütige und konzentrierte Widerstand aller politischen und wirtschaftlichen Rechtskräfte vermieden werden könnte. Auch eine Revolution der Vernunft bleibt Revolution, und so wie die Gewerkschaften auf die entschlossene Gefolgschaft der Arbeitnehmer nicht werden verzichten können, so werden auch die vorübergehend verständigungsbereiten Exponenten der Gegenseite sich auf das besinnen, was sie zu verlieren haben.

*

Das hat der Streik in Hessen bewiesen. Die Arbeitgeber wollten über die Voraussetzungen für Lohnerhöhungen, nicht aber über Lohnerhöhungen verhandeln. Sie verwiesen auf die schwierige Rohstoff- und Kohlenlage, die bei Opel in Rüsselsheim und bei Buderus in Wetzlar schon zu Kurzarbeit zwang, und sie erklärten, daß jede generelle Lohnerhöhung eine große Zahl von Betrieben unrentabel machen und in den Konkurs treiben würde. Richtig ist, daß die Rücksicht auf Randbetriebe hier wie überall die Haltung der Verbände beeinflußte, und dieses Problem zu lösen, wird ebenso wie in den Grundstoffindustrien auch in der vornehmlich verarbeitenden hessischen Metallindustrie nur durch überbetriebliche Mitbestimmung und Planung möglich sein. Allgemein gesehen läßt sich jedoch nicht abstreiten, daß den Kalamitäten auf der Materialseite sehr gute Absatzmöglichkeiten zu freien Preisen gegenüberstehen, und daß folglich die Geschäftsdispositionen bei höheren Lohnkosten vorläufig noch reibungslos abgewickelt werden können. Auch die Kurzarbeit bei den Opel-Werken tut nicht dem Unternehmen, sondern den Arbeitern weh, die nicht deshalb feiern, weil kein Geld da ist, sondern weil ihre Arbeitskraft nicht ausgelastet werden kann. (Das Buderus-Hüttenwerk ist als Grundstoffbetrieb ein Sonderfall.) Gewerkschafter wollen wissen, daß ein Vertreter des hessischen Verbandes in Verhandlungen mit der Landesregierung selbst zugegeben habe, die Mehrzahl der Firmen könne „an sich" höhere Löhne verkraften.

Populärer, aber nur unter der gegebenen Wirtschaftspolitik berechtigter war das Argument der Unternehmer, daß, wenn man in Hessen nachgeben würde, eine dritte Lohnwelle ausgelöst und neue Preissteigerungen einsetzen würden. Tatsächlich wartete man in Nordrhein-Westfalen darauf, daß Hessen vorangehe, um dann auch dort die Löhne zu korrigieren. Aber es ist unsinnig, die Ursache des Preisauftriebs heute den Löhnen zuschieben zu wollen. Sie ist vielmehr darin zu suchen, daß es an Kohle und Rohstoffen mangelt, und daß daraus die Versuchung entsteht, nach dem unseligen Prinzip zu wirtschaften, es lasse sich ebenso gut wie vorher leben, wenn man weniger produziere und teurer verkaufe. Die Gespräche der Spitzenorganisationen werden außer dem Bemühen, die Produktion der eigenen Grundstoffe zu steigern und dem Mangel an Einfuhrrohstoffen durch Exportsteigerung zu begegnen, auch die Fragen der Verteilung und eines wirksamen Kampfes gegen die Preiswillkür zum Gegenstand haben müssen. Solange es aber die Bundesregierung versäumt, den inflationistischen Trend auf der Preisseite rigoros zu unterbinden, und solange der DGB seine Politik der Preissenkung nicht durchzusetzen vermag, kann niemand den Industriegewerkschaften verdenken, wenn sie darauf achten, daß das Niveau der Reallöhne ihrer Mitglieder nicht abfällt.

*

Bis zu diesem Punkt wäre die IG-Metall mit ihrem Sozialpartner in langwierigen Verhandlungen vielleicht noch einig geworden. Womit sie ursprünglich nicht gerechnet hatte, das war die politische Kampffront, mit der der Gemeinschaftsausschuß der deutschen Wirtschaft, der Bundesverband der deutschen Industrie und die Bundesvereinigung der deutschen Arbeitgeberverbände den hessischen Metallindustriellen den

Rücken stärkten. Es liegen Anzeichen dafür vor, daß die hessischen Arbeitgeber bereit waren einzulenken, daß ihnen aber von den übergeordneten Verbänden zu verstehen gegeben wurde, ihr Einlenken werde nicht ohne Einfluß auf die Rohstoff- und Kohlezuteilung bleiben. Natürlich war auch die Gewerkschaft darauf bedacht zu zeigen, daß sie von den Lohnstop-Argumenten der Arbeitgeber sich nicht einfach überfahren lassen wollte, aber dieses Verhalten war nicht nur taktisch bedingt, sondern es hatte seinen Grund in der eindeutigen Lohnsituation der hessischen Metallindustrie. Wenn der DGB betonte, das Limburger Gespräch könne erst nach Abschluß des Lohnkampfes in Hessen fortgesetzt werden, so sagte er damit nichts anderes, als daß unabhängig von solchen Gesprächen die Löhne noch korrekturbedürftig sind, und daß alle Verhandlungen keinen Sinn haben, wenn auf der Gegenseite ein derart bedingungsloser Widerstand festzustellen ist, sobald es um die Lohnkorrektur — also um etwas Konkretes — geht. Daß nach nächtelangen Verhandlungen des neutralen Vermittlungsausschusses das „Unternehmerdiktat", aus Prinzip keine generellen Lohnerhöhungen zulassen zu wollen, im Prinzip durchbrochen wurde, ist der Erfolg, den die Gewerkschaftsleitung herausstreicht. Der Stundenlohn des Facharbeiters erhöht sich nach der Vereinbarung um 3 Pfennig im Durchschnitt. Dazu kommt noch die Sozialzulage (1 Pfennig je Hausstand und 2 Pfennig je Kind) sowie die einmalige Wirtschaftsbeihilfe (30.— DM für Verheiratete, 20.— DM für Ledige). Damit ist eine Lohnstaffelung zugunsten der Verheirateten und Kinderreichen eingetreten, während die Ledigen benachteiligt sind, die also kaum von dem Kompromiß begeistert sein werden. Die Kehrseite der Medaille aber ist, daß bei einer etwaigen, im Winter einsetzenden Wirtschaftsdepression natürlich die höher entlohnten Familienväter als erste von der Entlassung bedroht sein werden, wohingegen die billigeren Ledigen eher Chancen haben werden, ihren Arbeitsplatz zu behalten. Auf den Durchschnitt berechnet ergibt sich ein Lohnanstieg um 6½ Pfennige. Das ist, verglichen mit der Gewerkschaftsforderung von 12 Pfennigen, nicht viel. Aber die Gewerkschaft hat einleuchtende Gründe, gegen die Front sämtlicher Unternehmer des Bundesgebietes in dieser Frage nicht eine gleich starke und zentral einsetzende Gegenkraft aufgeboten zu haben. Es ist die Überlegung, daß man sein Pulver nicht zu früh und mit zu geringer Wirkung verschießen soll. Die Auseinandersetzung mit den Arbeitgebern, wie sie in voller Härte von diesen anläßlich des hessischen Metallarbeiterstreiks provoziert werden sollte, kann von der Gewerkschaft nicht ausschließlich wegen einer Lohnerhöhung für die hessischen Metallarbeiter geführt werden. Ein zentraler Einsatz verlangt auch zentrale Forderungen. Die Haltung der Arbeitgeber beim Streik ließ aber erkennen, daß die große Auseinandersetzung mit ihnen nicht zu umgehen sein wird. Die Öffentlichkeit, die heute das Verantwortungsbewußtsein der Gewerkschaft loben mag, wird gleichzeitig einsehen, daß deren vielgerühmte Geduld früher oder später zu Ende gehen muß, wenn die Unnachgiebigkeit der Partner sie dazu zwingt. Sie wird wissen, daß es stellvertretend die Geduld der Arbeitnehmer schlechthin ist, die über Gebühr auf die Probe gestellt wird.

*

Im Einzelnen ist vieles am Streikverlauf auszusetzen. Zum Beispiel die Haltung der sozialdemokratischen Landesregierung. Daß sie die Lohnforderung der Gewerkschaft öffentlich als berechtigt bezeichnete, ist gerade so viel, wie man von einem Wohltäter mit gebundenen Händen erwarten kann. Schließlich gab es für die SPD-Regierung, die nach ihren eigenen Worten in Hessen keine sozialdemokratische Enklave errichten, sondern die Grenzen ihres Einflusses im Rahmen einer anders orientierten Bundespolitik erkennen will, bei diesem Streik einiges — und nicht nur Umsatzsteuern — zu verlieren. Aber daß der Wirtschaftsminister Fischer den Ausstand der Arbeiter einmal ein „gefährliches Experiment" nannte, und daß der Innenminister Zinnkann es duldete, daß die Frankfurter Polizei an einem sehr kalten Septembertag gegen Streikposten mit Wasserwerfern vorging, zeugt doch davon, wie häßlich sich eine falsch verstandene Staatsraison, von Sozialdemokraten repräsentiert, ausnehmen muß, — ganz zu schweigen davon, daß Ministerpräsident Zinn vorübergehend es für nötig hielt, den Sozialpartnern eine Zwangsschlichtung nach dem Muster der Weimarer Zeit anzudrohen. Es darf auch nicht verschwiegen werden, daß die Gewerkschaftsleitung bei den Urabstimmungen, ob der Streik ausgerufen und fortgesetzt werden solle, mit zweierlei Maß gemessen hat. Sie errechnete im einen Fall den

Anteil der Streikstimmen an den abgegebenen Stimmen, im anderen Fall jedoch an der Gesamtzahl aller Stimmberechtigten, und sie hielt somit das eine Mal die Dreiviertel-Mehrheit für gegeben, das andere Mal für nicht gegeben. Es wäre übertrieben, darin eine ernsthafte Gefährdung der demokratischen Struktur der Gewerkschaft sehen zu wollen. Die wäre erst dann gegeben, wenn die Gewerkschaftsleitung den' grundsätzlichen Auftrag, jetzt und entschieden ihre Waffen auf höherer Ebene ins Feld zu führen, übersehen würde. Aber man kann nur wünschen, daß ein Lapsus, wie er sich bei den Abstimmungen in Hessen ergab, sich nicht wiederholen möge.

Ein bedeutsames Ergebnis des Streiks war, daß die Arbeiter nach vier Wochen noch mit rund 81 Prozent der abgegebenen Stimmen dafür stimmten, den Ausstand fortzusetzen. Das widerlegt alle Behauptungen, die Gewerkschaft treibe Politik im luftleeren Raum, sie zwinge ihre Mitglieder zu Maßnahmen, für die diese imgrunde kein Verständnis hätten, und sie verkörpere deshalb nichts anders als den Machtwillen eines bürokratischen Apparates. Das beweist auch, daß die Arbeiter nicht eine willfährige Masse sind, sondern jener Teil des Volkskörpers, der heute wieder trotz der demoralisierenden Wirkung des nationalsozialistischen Regimes zu einem Bewußtsein seiner Situation gelangt ist, das ihn zum aktivsten politischen Faktor unseres Gesellschaftslebens erhebt. Es ist abwegig, den Streikwillen der Arbeiter auf stalinistische Einflüsse zurückzuführen. Die Streikposten haben sich zu keinen ernsthaften Ausschreitungen gegen Arbeitswillige hinreißen lassen. Wilde Streiks, zu denen die KPD, nachdem der Ausstand beendet wurde, aufrief, sind unterblieben. Von dieser Seite ist alles versucht worden, aus der Einheitsfront im Arbeitskampf, die natürlich und selbstverständlich war, eine Einheitsfront im politisch destruktiven Sinn zu konstruieren. Das alles ist fehlgeschlagen. Der Streik in Hessen belegte eindeutig, daß Lohnbewegungen von den Stalinisten nicht verzerrt werden können, wenn Gewerkschaft und Arbeiter wissen, was sie wollen. Wenn die Mehrheit der Arbeiter entgegen der Empfehlung ihrer Gewerkschaft zunächst weiter streiken wollte, so erklärt sich dies aus der vierten Preiswelle, die gerade während des Streiks einsetzte. Der Arbeiter las in der Zeitung, daß ab 1. Oktober neue Zolltarife mit preissteigernder Wirkung in Kraft treten, daß die Tarife der Bundesbahn und der anderen Verkehrsmittel sich verteuern, daß der Zuckerpreis und gegebenenfalls der Kohlepreis sich erhöhen sollen. Er rechnete sich mit dem Stimmzettel in der Hand aus, daß er frühestens in einem dreiviertel Jahr mit Lohnforderungen wieder „dran" sein könne, denn das neue Abkommen läuft bis zum 31. Mai, wenn keine „wesentlichen Änderungen" seiner Grundlagen, etwa eine Erhöhung des Lebenshaltungsindex um zehn Punkte, eintreten. Sollte man ihm Vertrauen in die wirtschaftspolitische Entwicklung zumuten?

*

Der Streik ist beendet. Dr. Agartz vom Wirtschaftswissenschaftlichen Institut der Gewerkschaften hat erklärt, die Limburger Gespräche sollten fortgesetzt werden. Zu den aktuellen Anliegen des DGB gehörten neben der Mitbestimmung auch die Aufgaben, die Investitionen sinnvoll zu lenken, die Einkommensaufteilung zu entzerren, bei einem Verteidigungsbeitrag die Lasten gerecht zu verteilen und den Finanzföderalismus zu beseitigen. Der DGB hat für die neuen Verhandlungen eine sehr gute Ausgangsposition, wenn er von Anfang an klar zu machen versteht, daß die Nachgiebigkeit der Gewerkschaft in Hessen nichts gemein hat mit einer Angst vor der eigenen Courage. Der Bundesregierung hat der Streik in den Ohren geklungen, und so wird man für die nächste Zeit mit ihrer Vermittlung rechnen können. Trotzdem müssen Fette und seine Leute sich auf den großen Sturm vorbereiten, in dem sie nur bestehen können, wenn sie eindeutig auf ihren wirtschafts- und sozialpolitischen Forderungen beharren. Wenn es nicht gelingt, die Inflation zu bremsen, wenn eine Neuverteilung der Einkommen und Lasten nicht vereinbart werden kann — und alle Erfahrungen sprechen dafür, daß dies gütlich nicht geschehen wird —, dann müssen auf Bundesebene unmißverständliche Maßnahmen angewendet werden. Die Arbeiter warten darauf.

Hans-Henning Zencke.

Ernst Karl Winter

DAS GROSSE GEHEIMNIS

Ehe und Familie in der christlichen Zivilisation

In keinem Bereiche des Lebens erweist sich das Christentum größer als in der Ordnung der christlichen Ehe, die das Gesetz der Natur einbezieht in das Geheimnis der Gnade. In nichts freilich lassen sich auch Reformation und Protestantismus in ihren geschichtlichen Folgen so deutlich als Abfall vom Christentum erkennen wie in der Verweltlichung der Ehe. Indem allein aus der christlichen Ehe auf organischen Wegen die christliche Familie entspringt, wird die Gemeinschaft von Vater, Mutter und Kindern, die auf der Ehe beruht und in der Familie gipfelt, zur Urzelle und Grundfigur der christlichen Gesellschaft.

In diesem Lehrstück, das die überlieferte christliche Gesellschaftslehre mit Recht betont, liegt freilich erst die Präambel. Ehe und Familie innerhalb der Kirche bilden zwar die Grundlage der christlichen Gesellschaft, wie sie jeweils in einem Zeitalter besteht (einschließlich des natürlichen Bestandteiles der Kirche, der immer so sein wird, wie Ehe und Familie jeweils sind); beide bedeuten jedoch keineswegs auch schon die christliche Zivilisation, welche als die das Antlitz der Erde beherrschende christliche Gesellschaft bestimmt werden kann. Ehe und Familie sind wohl die Baustoffe, aber noch nicht das Bauprinzip, aus dem allein die christliche Zivilisation entspringt. Doch ist dieses Bauprinzip zweifellos, wenn auch verborgen, in ihnen vorhanden und kann dort jederzeit geweckt werden, ja muß es gerade in ihnen in erster Linie, soll überhaupt eine christliche Zivilisation in Erscheinung treten, die mehr ist als die bloße äußere Taufe der bereits vorher existierenden heidnischen Zivilisation.

Ehe und Familie unter Christen sollen und können christlich sein auch in der nicht-christlichen Zivilisation. Es muß also zu ihnen offenbar noch etwas Entscheidendes hinzutreten, vielleicht aus ihnen herauswachsend, jedenfalls über ihr durchschnittliches hiesiges Dasein hinausgreifend, wenn aus christlicher Ehe und Familie die christliche Zivilisation werden soll. Umgekehrt muß allerdings auch in ihnen etwas durchaus Triebkräftiges und Entwicklungsfähiges auf künstlichem Wege unterbunden werden, wenn dieses an sich organische Ziel gerade im Falle des Christentums nicht erreicht werden soll. Diesen entscheidenden Punkt der Verwandlung von Ehe und Familie in Zivilisation aufzufinden, ist aller Anstrengung wert, weil darin das eigentliche Geheimnis liegt, wie auch heute noch mitten unter uns aus dem Religiösen das Kulturelle wird. Denn nichts ist wichtiger für das „Christentum in der Welt“, als mit aller Deutlichkeit zu erkennen, wie auch in der christlichen Weltzeit wieder aus der organischen Vermehrung der Menschheit (durch die Ehe) und aus der quantitativen Ausbreitung über die Erde (durch die Familie) die Beherrschung der äußeren Dinge (durch die Zivilisation) hervorgeht, die den paradiesischen Kulturauftrag an das erste Menschenpaar (und damit an jedes neue Stammelternpaar nach jeder neuen Wende der Zeiten) ausmacht.

Diese Aufgabe, „das Paradies auf Erden wiederzugewinnen" — das Hauptthema innerweltlicher Religiosität —, tritt logisch gleichwertig neben die engeren Ziele überweltlicher Religiosität: den Einzelmenschen zu erlösen, die Seele zu retten, das ewige Erbe zu gewinnen, die, wenn sie auch über Leben und Tod der einzelnen Seele entscheiden, so doch nicht das kulturelle Gesamtschicksal des Menschengeschlechtes betreffen. Was ausschließlich in der Sphäre des Individuums liegt, auch wenn es sein ewiges Leben, aber eben sein individuelles ewiges Leben allein zum Ziele hat, wirkt nur mittelbar auf die Geschicke der Zivilisation ein, ja bedeutet ohne die Ergänzung und Überholung, die der Dienst am Nächsten darstellt, eine Flucht aus der Welt und einen Verzicht auf das Paradies auf Erden und nicht deren kühne Wiedereroberung, die in den geistigen Bahnen des Christentums nicht minder vorgezeichnet ist.

Darin freilich bleibt der Vorrang des „heilsökonomischen Individualismus" im Christentum auf alle Fälle bestehen, daß für den christlichen Einzelmenschen die überweltliche Zielsetzung des ewigen Heiles durch keine andere verdrängt werden darf, vielmehr alle innerweltliche Hingabe ausschließlich in ihrem Rahmen entfaltet werden muß, damit dieser dann alle Zivilisation dreingegeben werden kann. Ein machiavellistisches Spielen mit der eigenen Verdammnis um des angestrebten Heiles irgendeiner sozialen Ganzheit willen ist Antichristentum. Die christliche Aufgabe in der Welt ist nicht so zu verstehen, daß sie von dem ewigen Ziel absehen lassen dürfe, sondern so, daß sie eine standesgemäße Sonderung schafft, durch die zur unveräußerlichen Aufgabe, die eigene Seele zu retten, für die Berufenen noch jene besondere Hingabe aus religiösen Motiven hinzukommt, die auch das Weltganze heiligen will.

Christliche Ehe und Familie, wenn sie nichts anderes tun, als den biologischen Tatsachen die religiöse Weihe geben, begnügen sich ganz wie die mönchische Gemeinschaft damit, das ewige Heil ihres eigenen kleinen Kreises zu wirken; aber gleichzeitig liegen in ihnen beiden immanente Antriebe, die darüber hinausgehend auch die Gestaltung der Erde um des Heiles der gesamten Menschheit willen bezwecken. Um diese zusätzliche Aufgabe des christlichen Weltmenschen handelt es sich hier. So wie es dem Ordensmanne, um rascher und sicherer das Heil seiner individuellen Seele zu verwirklichen, erlaubt ist, einen strengeren Orden zu wählen, in dem das kontemplative Leben überwiegt, so muß es wohl auch dem christlichen Weltmenschen in Ehe und Familie erlaubt sein, seiner inneren Berufung folgend (auf dem Boden der normalen christlichen Ehe- und Familiengemeinschaft, die auf kollektivem Wege das Heil der Einzelseele sucht) diejenige geistige Gemeinschaft aufzubauen, die dazu auch noch das Heil der Erde will. Gewiß gibt es Fehlgebilde auf diesem Wege, über welche die Zeit hinwegschreitet. Das darf aber nicht hindern, auch weiterhin nach derjenigen Gestalt von Ehe und Familie auszuschauen, die den Paradiesauftrag „Machet euch die Erde untertan" verwirklicht. Im Gegensatz zur kollektivistischen Auffassung, daß allein die Ganzheit der Gesellschaft dazu berufen sei, die Erde zu gestalten, und im Gegensatz zur totalitären Auffassung, daß es vor allem der Staat sei, dem diese Aufgabe obliege, muß eine christliche Gesellschaftslehre daran festhalten, daß es ausschließlich Ehe und Familie sind, aus denen Gesellschaft und Staat erwachsen.

Das Herzstück der christlichen Ehelehre ist der *Epheser-Brief*. Bestimmt durch die Darstellung der Uranfänge im Pentateuch, deren christliche Wiedergeburt das Evanglium lehrt, mitbestimmt aber auch durch die geistige Atmosphäre der griechischen, platonischen Philosophie, hat Paulus das „große Geheimnis" der Ehe von Mann und Weib als Abbild und Widerspiel der ewigen Verbundenheit des Christos und der Ekklesia erkannt und dargestellt. Diese tiefe paulinische Weisheit ist von der christlichen Kirche und Theologie treulich bewahrt, aber noch längst nicht ausgeschöpft worden. In der herkömmlichen Sicht der romanistisch-germanistischen Organismustheorie sind es der mystische Christus und die organisierte kirchliche Gemeinschaft, die das Urbild abgeben, nach dem die sakramentale Ehe geformt ist. Daß dabei das Männliche sich etwas unproportional über das Weibliche erhebt, hat man in der christlich-germanischen Weltzeit kaum jemals allzu störend empfunden. Auch ist in der angegebenen herkömmlichen Sicht wohl Christus personal und mystisch, die Kirche als soziale Gemeinschaft und Veranstaltung aber ganzheitlich und allegorisch gesehen.

Von dieser nach außen gewendeten Organismustheorie hebt sich allerdings deutlich eine nach innen gerichtete Lesart ab. Für das rabbinische Denken des Paulus war der Mann im striktesten Sinne der „Erlöser" seines „Gefäßes", des Weibes, dieses aber wurde „erlöst durch das Kindergebären". Daher trage es auch das Haupt bedeckt und schweige in der Kirche. Urzeitliche Weisheit hat sich in diesen paulinischen Sätzen mit zeitbedingten Überlieferungen vermengt. Wer durch die zeitbedingten Überlieferungen zur vollen Reinheit der urzeitlichen Weisheit durchstoßen wollte, konnte es menschlicherweise niemals ohne die geistige Hilfe der griechischen Philosophie tun, die ja auch schon vorher in den alttestamentlichen Weisheitsschriften sich ganz in derselben Linie bemerkbar gemacht hatte. In dieser den beiden Testamenten und dem Platonismus gemeinsamen Sicht aber bedeutet die Ekklesia des Epheserbriefes offenbar viel mehr als bloß die organisierte kirchliche Gemeinschaft. Sie ist der „Leib" und die „Braut" nicht im allegorischen, sondern im mystischen Sinne, das göttliche Lebensprinzip innerhalb der menschlichen Gemeinschaft, das allein das „wahre Israel" oder das „neue Jerusalem" zur metaphysischen Person macht. Die apokalyptische Hochzeit des Lammes zeigt die neutestamentliche Vollendung dieses zuerst paulinischen Gedankenganges an.

Damit bilden erst das Männliche und das Weibliche wirklich die beiden Hälften des Lebens, die beide menschlich, beide aber auch göttlich sind. Das aber kann Paulus (geistesgeschichtlich gesehen) nicht gewußt und zu einem Wesensstück christlichen Denkens gemacht haben, ohne von Platon berührt worden zu sein, für den das Männliche und das Weibliche die beiden Hälften des Staates waren.

Neben dieser Verankerung der sakramentalen Ehe in einem christlichen „hieros gamos"[1], den Paulus in den Mittelpunkt seiner Ehemystik stellt, wird aus seinen Episteln meistens herausgelesen, daß er der Urheber der überlieferten einseitigen

[1] Der Begriff „hieros gamos" (wörtlich: „heilige Ehe") stammt aus den griechischen, wahrscheinlich schon aus den ägyptischen Mysterien. Dort bedeutet er die geschlechtlich verstandene Vermählung der Gottheit mit den Menschen. Hier wird er in christlichem Sinne auf die sakramentale Ehe angewendet, die von Christus durchgnadet und durchlebt ist.

Wertschätzung von Jungfräulichkeit und Zölibat, des oft behaupteten unbedingten Vorranges der priesterlich-mönchischen Ehelosigkeit vor der sakramentalen Ehe gewesen sei. Eine solche Urheberschaft wäre an sich schon für den Apostel, der das Lebensgesetz der empirischen christlichen Ehe im trinitarischen Lebensgesetz der Gottheit verankerte, überaus unwahrscheinlich. Es ist auch in der Tat weniger oft bemerkt worden, daß Paulus einen ganz charakteristischen Unterschied macht, indem er zwar die Ordnung der christlichen Ehe ausdrücklich auf Christus zurückführt, hingegen seinen eigenen Rat der Ehelosigkeit allein auf seine apostolische Autorität stützt. Insoweit sich dieser Rat aus der frühchristlichen Erwartung einer unmittelbaren Wiederkunft des Herrn erklärt, gehört er zweifellos zu den geschichtlich bedingten paulinischen Thesen (ebenso wie die Bejahung der Sklaverei und der absoluten Legitimität der Obrigkeit).

Indem Paulus ein historisches Ereignis aus dem Leben Jesu, den Gegensatz zwischen Maria Magdalena zu Füßen des Meisters und ihrer geschäftigen, verstimmten Schwester Martha, auf die beiden Berufungen und Stände übertrug, hat er gewiß die überlieferte Einschätzung des kontemplativen und des aktiven Lebens grundgelegt, aus der nicht zuletzt von den artechtesten Trägern aktiver Kontemplation, Augustinus oder Theresia, ein Ausweg gesucht worden ist. Den damit ausgedrückten Vorrang der Ehelosigkeit formulierte Paulus im eigenen Namen als einer, der das Ende der Welt zu Lebzeiten seiner Generation erwartete. Wo er aber darüber hinausgehend von der Gleichwertigkeit der beiden Berufungen und der daraus folgenden Stände handelt, in denen man verharren und die man nicht vertauschen soll, wenn er weiter vor der enkratitischen Ehe[2] ausdrücklich warnt und an ein Charisma auch der Ehe als Geschlechtsgemeinschaft glaubt, so zieht er aus dem Auftrag Christi die logischen Folgerungen. Sein letztes Wort findet sich in den beiden Timotheus-Briefen, in denen das Bischofsamt (durchaus mosaisch) auf Ehe und Familie bezogen wird, und zwar auf die strengste Einehe, die auch der Tod nicht scheidet (ebenso historisch bedingt wie der absolute Preis der Jungfräulichkeit), und in denen ferner auch das enkratitische Verbot der Ehe (ebenso wie die versuchte enkratitische Gestaltung der Ehe selbst) als ein Zeichen des Abfalles und der Verkehrung „in den letzten Zeiten" angesehen wird. Paulus war seiner intellektuellen Struktur nach das Gegenteil eines Ekstatikers und Gnostikers, wenn er auch für seine Person ein Asket war. Er gehörte zu den ersten Christen, die wußten, daß, was für die einen nur in Askese erreicht werden kann, für die anderen nur durch die Ehe erreicht wird: die Verwirklichung des Reiches Gottes. Darin ist Paulus der eigentliche Urheber der christlichen Zweiständelehre.

Die christliche Ehe ist eine im Religiösen verankerte Geschlechtsgemeinschaft. Die enkratitische Ehe ist kein christliches Ideal, wie bereits Paulus warnend betont hat. Auch sie setzt übrigens nach alter theologisch-kanonischer Lehre zumindest die ideelle wechselseitige Übergabe der Leiber voraus. Nach der Auffassung, die sich gerade in unserem Jahrhundert immer mehr durchgesetzt hat, gehört das Geschlechtliche wesentlich zum Aktionsbereiche innerweltlicher Religiosität. Da-

---

[2] Die Enkratiten waren Mitglieder einer urchristlichen Bewegung, die den Wein- und Fleischgenuß sowie die Ehe verwarf oder wenigstens die strengste Enthaltsamkeit in der Ehe forderte.

mit trägt der moderne Mensch etwas durchaus Artechtes und Wertvolles zum überlieferten Christentum bei, dessen er sich keinesfalls zu schämen braucht.

Die geschichtlich bedingte Überschätzung von Jungfräulichkeit und Zölibat in der christlichen Kirche hat zwangsläufig bewirkt, daß das Geschlechtliche (als ein unreiner, verbotener Bereich) unterschätzt und minderbewertet wurde. Diese Fehleinstellung ist zeitweise verblüffend weit gegangen. Der aus der absterbenden Antike übernommene idealisierte Kynismus[3], aufgepfropft auf den spezifisch „germanischen Eros", hat das mittelalterliche Denken aufs tiefste bestimmt. Das Geschlechtliche in der sakramentalen Ehe, als wechselseitige Heiligung, Gnadenspendung und Ausrüstung für die Beherrschung der Erde, kam dabei völlig zu kurz. Es ist eine durchaus moderne Erkenntnis, welche die geregelte Geschlechtsbetätigung des vollreifen normalen Menschen in der unauflöslichen Einehe, die auf bedingungsloser wechselseitiger Hingabe beruht, als kulturschöpferische Kraft auffaßt. Daneben ist das persönliche Opfer des Geschlechtlichen (sei es, zeitlich begrenzt, in der Ehe, sei es die Ehe selbst durch priesterlich-mönchische Ehelosigkeit), so große Heilsbedeutung es auch für den Einzelnen haben mag, im Bereich der Zivilisation selbst nur als ein mittelbarer Kulturbeitrag anzusehen.

In verfeinerter Weise offenbart sich die traditionelle Verneinung des Geschlechtlichen auch in der bekannten scholastischen Theorie vom *„Kind als Zweck der Ehe"*, die ebenso etwas selbstverständlich Richtiges wie auch etwas durchaus Falsches bedeuten kann. In offenbarem Widerspruch zur ehelichen Wirklichkeit aller Zeiten und Zonen wird der Selbstzweck der Ehe, der gerade im Christentum als ein sakramentaler und mystischer fest begründet ist, umgebogen in ein „Mittel zum Zweck". In der Sprache der paulinischen Analogie heißt das nichts anderes, als den Schöpfer zum Zweck seiner Schöpfungen machen, die doch der Ausdruck seiner überquellenden Liebe, nicht aber irgendeiner logischen Ergänzungsbedürftigkeit ist. Die scholastische Lehre bezweckt, den Willen zur Nachkommenschaft unter christlichen Ehegatten wachzuhalten. In Wahrheit jedoch kann die schöpferische Liebe, welche die Bereitschaft zum Elternberuf erheischt, niemals dadurch hervorgelockt werden, daß sie als zwangsläufige Notwendigkeit erklärt wird. In der Tat hat die erwähnte Lehre auch immer nur dort einigen Erfolg, wo der natürliche Geschlechtstrieb noch ungebrochen vorhanden ist; sie hat daher auch den Geburtenschwund unter den Katholiken der zivilisierten Völker ernsthaft nicht aufzuhalten vermocht. Ja der Verdacht ist nicht von der Hand zu weisen, daß tragischerweise gerade diese Theorie, die der Zeugung von ausreichender Nachkommenschaft dienlich sein will, weil sie ein echtes „Gesetz" ganz im paulinischen Sinne ausspricht, in ihrer Kausalität gerade das Gegenteil von dem erreicht hat, worauf sie ausgeht. Denn weil sie auf kulturschöpferische Geschlechtlichkeit verzichtet, ist sie letzten Endes weitaus eher bereit, die Übermacht der in der modernen technischen Zivilisation liegenden Hemmungen anzuerkennen, als daß sie dagegen zum totalen Kampfe aufrufen würde.

Schon immer ist es wahr gewesen, daß die Ehe als Geschlechtsgemeinschaft be-

[3] Kynismus ist die zuerst in spöttischem Sinn („Hundephilosophie") gemeinte Bezeichnung einer vorchristlichen Tugendlehre, die eine übertriebene Selbstgenügsamkeit forderte und jede Kultur und Lebensordnung geringschätzte.

stand, bevor noch die Nachkommenschaft gezeugt und nachdem sie flügge geworden und ausgeschwärmt war (von der unfruchtbaren Ehe garnicht zu reden). Daher stellt sie ihrer Idee nach einen Selbstzweck dar. Die gynäkologischen Erkenntnisse der letzten Jahrzehnte, die mit den überlieferten Ansichten gründlich aufgeräumt haben, zeigen, daß der früher als selbstverständlich vorausgesetzte Ursachenzusammenhang von Geschlechtsverkehr und Fortpflanzung illusorisch ist. Damit wurde aber auch der erwähnten scholastischen Theorie biologisch der Hauptboden entzogen. Nicht einmal der Zweck des Geschlechtslebens, das doch nur eine Phase der Ehe darstellt, ist das Kind. Daß eine natürliche, strukturelle, zeitlich wiederkehrende Unfruchtbarkeit des Weibes vorhanden ist, gibt der Ehe selbst physiologisch einen andern, tieferen Sinn als das Kind. In der Tat ist das Geschlechtsleben in jeder gesunden, normalen Ehe auf weitaus mehr als auf das Kind bezogen; das Kind aber steht in einer geistigen Weise, die den Geschlechtsakt überschreitet und auf das Gesamtschicksal der kommenden Generation abstellt, wirklich im Mittelpunkt der Ehe.

Wenn gesagt wird, daß die sakramentale Ehe darüber hinaus Christus und die Kirche in das eheliche Leben einbezieht, so ist das mehr als ein abstrakter Gemeinplatz oder eine poetische Allegorie. Diese Abbildlichkeit und Stellvertretung, die Christus und die Kirche mit der sakramentalen Ehe in Beziehung setzt, umfaßt vielmehr eine zusätzliche schöpferische und zeugerische Funktion, die auf die Gesamttatsache der Gesellschaft als organisierter Herrschaft des religiösen Menschen über die Erde Gottes, das heißt auf die christliche Zivilisation ausgerichtet ist. Im Wesen der christlichen Ehe liegt demnach als ihr wahrer Zweck die Verantwortung für die christliche Zivilisation, in die freilich die Substanz der kommenden Generation wesentlich eingeschlossen ist. Innerhalb dieser konkreten Beziehung der Ehe auf die Zivilisation allein ist auch das Kind in der Tat der Zweck der Ehe. Nur wenn die Idee des Kindes einbezogen ist in die Idee der Herrschaft des Menschen über die Erde, also der Zivilisation, steht die Forderung nach der naturgetreuen, kinderreichen Familie nicht mehr im luftleeren Raum.

Wenn vom Kinderreichtum die Rede ist, muß man aufs genaueste die mittelbare und durchschnittliche Wirkung der kirchlichen Praxis im Raume des noch ungebrochenen Naturtriebes von der unmittelbaren und genauen Wirkung der scholastischen Lehre unterscheiden. Leitgedanke der scholastischen Lehre, die den strikten kirchlichen Auftrag ausführt, ist nicht das Kind, sondern das Bestreben, geschlechtliche Sünden zu vermeiden. Nur wo der natürliche Geschlechtstrieb noch ungehemmt und unangekränkelt herrscht, werden Kirche und Scholastik ihn wenigstens teilweise regulieren können. Wo er jedoch aufgehört hat, in ursprünglicher Naturhaftigkeit zu funktionieren, steht auch die herkömmliche kirchlich-scholastische Methode am Ende ihres Latein. Eine Ehe, die das Ideal der Geschlechtslosigkeit grundsätzlich über das Geschlechtsleben stellt und daher ihren Lebenszweck darin sieht, geschlechtliche Sünden zu vermeiden, kann zwar (entweder als dauernde „Engelsehe“ oder aber, indem sie die natürliche zeitweilige Unfruchtbarkeit ausnützt) die „schwere Sünde“ vermeiden, um höchstens „läßliche Sünden“ der Lebensangst, der Bequemlichkeit, der Skrupulosität zu begehen; dennoch kann sie durch ihre (moraltheologisch einwandfreie) Kinderverhütung die eigentliche Kulturfunktion der christlichen Ehe, Nachkommenschaft zu zeugen für die Aufgabe der christlichen Zivilisation, aufs gröblichste vernachlässigen. Das mag unter bestimmten geschichtlichen Voraussetzungen nur ein Grenzfall sein, es kann aber unter anderen Voraussetzungen ebenso auch zur Regel werden. Eine solche Ehe ist tatsächlich die folgerichtige Frucht der scholastischen Ausgangstheorie, wenn diese die Ergänzungen durch eine echte Philosophie der christlichen Ehe verwirft, dann aber, auf sich allein gestellt, in allzu ängstlicher Hut vor den innerehelichen Geschlechtssünden die eigentliche Idee der Ehe verfehlt. In der Regel wird freilich die scholastische Doktrin nicht einmal so viel leisten (nämlich in der Kinderverhütung ohne „schwere Sünde" erfolgreich sein), sondern sie wird höchstens dafür sorgen, daß die Sünde, wenn sie begangen wurde, auch regelmäßig gebeichtet wird. Die Dauerabhängigkeit der Ehegatten vom Beichtstuhl, die sich daraus ergibt, ist das Gegenteil jener „Freiheit der Kinder Gottes", welche die Voraussetzung schöpferischer Kulturleistungen bildet.

Bleibt noch die Masse derer übrig, die durch die physiologische Unmöglichkeit, das Gesetz, das ihnen als Last aufgebürdet ist, zu erfüllen, und durch die moralische Unmöglichkeit, die gewohnheitsmäßigen Übertretungen regelmäßig zu bekennen, von den Sakramenten überhaupt vertrieben werden, — von jenen Sakramenten die doch allein ihnen die Kraft schöpferischer Lebensgestaltung vermitteln könnten. Das ist die Folge des „Gesetzes", für dessen christliches Verständnis noch immer die klassische paulinische Analyse ausreicht.

*

Man muß das Geschlechtsproblem von einem ganz anderen Gesichtspunkt aus stellen als von dem negativen, geschlechtliche Sünden zu vermeiden. Seine positive Idee geht bis auf die Uranfänge zurück. Der Kulturauftrag, der immanent in der christlichen Ehe lebt, wurzelt im Paradies, wo die drei Phasen der „Vermehrung", der „Ausbreitung" und der „Beherrschung", also Ehe, Familie und Zivilisation, im Geschlechtlichen ihren Ausgangspunkt besitzen. Die christliche Ehe ist zwar nicht in sich selbst bereits das wiedergefundene Paradies, aber sie trägt die Idee seiner Wiedergeburt unabweisbar in ihrem Schoße. Dabei kann nur sie selbst auch diese Idee entfalten und im Zusammenhang der Generationen entwickeln. In dieser Sicht ist die Geschlechtlichkeit die Grundlage innerweltlicher Religiosität, indem allein durch das Geschlechtsleben der paradiesische Kulturauftrag erfüllt werden kann. Ausgerichtet ist die Idee der Geschlechtlichkeit jedoch auf die Idee der Zivilisation.

Nicht „das" Kind ist daher der Zweck der christlichen Ehe; vielmehr wird von ihr gefordert, *die Höchstzahl physisch und psychisch wertvoller Nachkommen* zu zeugen in Hinblick auf die Aufgaben der christlichen Zivilisation in derjenigen gegebenen geschichtlichen Lage, in die das Elternpaar sich versetzt findet. Das Kind ist daher nicht der „Zweck" der Ehe, sondern eher das „Mittel zum Zweck". Der eigentliche Sinn der Ehe aber ist noch immer wie schon im Paradies die Idee der „Vermehrung", der „Ausbreitung" und der „Beherrschung", die das Ganze der christlichen Zivilisation ausmacht. An diesem Punkt zeigt sich der tiefgreifende Unterschied zwischen der christlichen Ehe in *defensiver* Sicht, deren Zweck es ist, geschlechtliche Sünden zu vermeiden (worin allein in der Tat Kirche und Scholastik ein gewichtiges Wort zu sagen haben), und der christlichen Ehe in *offensiver* Sicht, die sich darüber hinaus auch noch die Höchstzahl von Kindern als ein positives Kulturziel setzt, wozu es zwar keine moraltheologische, wohl aber unter Umständen eine sehr klare ethische Verpflichtung gibt.

Was frühere Zeiten einfach dem Geschlechtstrieb überlassen haben, muß „in diesen letzten Zeiten“ immer deutlicher ein schöpferischer Akt des religiösen und kulturellen Bewußtseins werden, der in Freiheit, nicht in Notwendigkeit gesetzt wird. Dazu kann der „Zaun des Gesetzes“ wenig beitragen. Vielmehr muß gerade hier die „Freiheit der Kinder Gottes“ zu vollem Leben erwachen. Es gibt kaum ein anderes Gebiet, in das die kirchliche Moraltheologie mit entsprechender inhaltlicher Normierung eingreift (Enzyklika „Casti Connubii, 1930). Das kirchliche Verbot der technischen Geburtenregelung steht dabei geistesgeschichtlich dem kanonischen Zinsverbot des Mittelalters überaus nahe: es handelt sich in beiden Fällen wahrhaftig um eine platonische Idee, die, selbst aus der tiefsten Lebenserfahrung geschöpft, ihrerseits wieder zur reinsten Verwirklichung drängt. Die zinslose Wirtschaft und die naturgetreue Ehe sind Ideale, und es ist ruhmvoll für die katholische Kirche, an ihnen (wenn auch in gesetzhafter Form) festgehalten zu haben, wie es für andere Kirchen ruhmlos ist, sie preisgegeben zu haben. Die große Masse der Menschen (in der wir alle die Körnlein sind) hätte ohne diese gesetzhaften Normen der kirchlichen Autorität längst die zugrundeliegenden Kulturideen vergessen. In beiden Fällen steht die Idee hinter den Normen jenseits aller geschichtlicher Kritik. Es ist nichtdestoweniger in beiden Fällen ebenso offenbar, daß die Kirche den Zoll des Gesetzes zahlt. Denn der Begriff dieser idealen Normen und ihre gesetzhafte Formulierung durch die kirchliche Autorität schaden (nach der allem Gesetzhaften innewohnenden Gesetzlichkeit, die Paulus unübertrefflich klar gekennzeichnet hat) der Idee selbst auf weite Sicht mehr, als sie nützen. Das begrifflich und gesetzhaft aufgefaßte kirchliche Verbot der Geburtenkontrolle hat nicht erreicht, was es erreichen wollte. Es hat weder die Verhütungstechnik auch nur bei den Katholiken ausgerottet, noch hat es im katholischen Volk einen wirklich ausreichenden Grundstock von Ehegatten geschaffen, die sich zur kinderreichen Familie als eines Werkzeuges und einer Waffe im Aufbau der christlichen Zivilisation bekennen. Weit eher hat das erwähnte Verbot von der Notwendigkeit, einen solchen Grundstock zu sammeln, abgelenkt und die Blicke auf Nebensächlichkeiten fixiert, auf etwas Negatives, anstatt dem katholischen Menschen ein positives Ziel zu geben oder wenigstens nicht zu verhindern, daß er sich selbst aus seinem eigenen katholischen Instinkt heraus sich ein solches setze.

Das kirchliche Verbot hat in Wahrheit nichts anderes bewirkt, als eine kleine Schar enkratitischer Heiliger zu schaffen, die freilich, wenn sie die paulinische Weisheit mißachten, oft in Gefahr sind, auch Neurotiker zu werden. Diese kleine Schar lebt inmitten einer weitaus größeren Masse braver Gewohnheitssünder, die tapfer weitersündigen, weil sie die Gelegenheit zur Sünde nicht meiden können, und die daher im besten Falle der dauernden Selbstanklage im Beichtstuhl und der automatischen Sündenvergebung nicht entrinnen können. Der Rest des Volkes aber schwimmt den Strom der Welt talabwärts. Diesem muß sich das Christentum entgegenwerfen. Noch fehlt dafür der Grundstock christlicher Ehegatten, die bis ins letzte wissen, daß sie einander selbst die Ehe gespendet haben und fortfahren, einander Gnaden zu spenden, wenn sie dem ureigentlichsten Auftrag der Ehe obliegen, und daß es für sie nur *eine* Sünde wider den Geist der Ehe gibt, die sie nicht selbst einander vergeben können: die Preisgabe der Idee der christlichen Zivilisation, in welche die Idee der Höchstzahl physisch und psychisch wertvoller Nachkommen eingeschlossen ist.

*

Nach der katholischen Lehre von den Sakramenten kommt der Ehe eine einzigartige Stellung zu, insofern nicht der Priester sie spendet, sondern die Gatten selbst es tun (in Stellvertretung von Christus und der Kirche). Dadurch vollzieht sich die immer wieder neue, spontane Wiedergeburt eines Organismus der Gnade, einer „Hauskirche", die jedes christliche „matrimonium" in seinem Schoße trägt. In dieser sakramentalen Ursprünglichkeit der Ehe liegt es beschlossen, daß der Konsens der Ehegatten ihr Lebens- und Gestaltungsprinzip ist, wogegen die kirchliche Ehegesetzgebung nur die äußeren Umstände festlegt, unter denen die Tatsache des Konsenses als rechtsgültig angesehen werden muß. Es gibt daher auch Grenzfälle, in denen auch nach kirchlichem Recht die bloß passive Anwesenheit des zuständigen Pfarrers zur Rechtsgültigkeit des Konsenses ausreicht.

Während eines christlichen Jahrtausends und länger, in dem eine christliche Zivilisation existierte, war die christliche Ehe mehr oder weniger dem persönlichen Gewissen, der Familie und der Gemeinde überlassen. Wenn das Konzil von Trient das katholische Eherecht straffer gestaltete, so nicht zuletzt, weil es absichtlich dem Staat entgegenkommen wollte. Da die Kirche niemals geleugnet hat, daß der Staat ein durchaus lebensnotwendiges Interesse an der Rechtsgestaltung der Ehe besitzt, so hat freilich das, was sie selbst als Entgegenkommen ansah, in Wahrheit die Spannung verschärft, und alle Auseinandersetzungen zwischen Kirche und Staat in den Jahrhunderten seit der Reformation haben die Ehe betroffen.

Die moderne Kirchenpolitik hat der Auffassung Vorschub geleistet, als ob alles in Ordnung und der größte Fortschritt zu erwarten wäre, bliebe die Ehe, von der kirchlichen Gesetzgebung geregelt, nur „frei" von staatlicher Einmischung. Diesem Optimismus kann eine kulturgeschichtliche Betrachtung kaum beistimmen. Wenn sich nicht der Staat mit seiner Autorität hinter die kirchliche Ehegesetzgebung stellt, kann die Ehe selbst niemals auch nur ihren kirchlichen Zweck erreichen. Aus dieser Verflochtenheit allein folgt schon das Recht des christlichen Staates, ebenfalls die seinen Zwecken entsprechende Ehegesetzgebung nicht bloß um seiner selbst, sondern geradezu um der Ideale der Christen willen zu veranlassen. Und es ist eine Tatsache, daß die Kirche immer noch dem christlichen Staat, der die Sakramentalität der christlichen Ehe anerkennt, alle jene Zugeständnisse gemacht hat, die im Bereiche der sich überschneidenden Zuständigkeit liegen.

Das staatliche Eherecht, die positive Geschlechtsmoral und die Geburtenziffer hängen aufs engste zusammen. Es ist bemerkenswert, daß Rußland nach seiner revolutionären Maienblüte aufs neue zu konservativen Normen in der Ehe- und

Sexualgesetzgebung zurückgekehrt ist. Der europäische Sozialismus, in dem die Tradition des anti-klerikalen Liberalismus weiterlebt, hat diesen kommunistischen „Verrat an der Arbeiterklasse" seinerzeit nicht genügend zu geißeln gewußt. Hier liegt ein zusätzlicher, wenig beachteter Gegensatz von West und Ost. Während die USA ein klassisch liberales, das heißt anarchisches und chaotisches Eherecht besitzen, das zum Ideal des „Progressivismus" in allen Ländern der westlichen Zivilisation geworden ist, hat die UdSSR längst die historische Wendung zu einer sozialkonservativen Ehe- und Sexualgesetzgebung vollzogen, die nunmehr auch die osteuropäischen Satellitenstaaten nachahmen. Der russische Staat besitzt heutzutage allein die ausreichende politische Macht, auch bis zur letzten Konsequenz zu gehen, wenn das Schicksal der Rasse oder der Gesellschaft es erheischen sollte, also praktisch die Unauflöslichkeit der Ehe und das totale Verbot jedweder Propaganda für technische Geburtenkontrolle wiederherzustellen. Daraus allein folgt, wie grotesk es ist, wenn gerade amerikanische Katholiken in Rußland den Antichrist sehen wollen, in Amerika aber das gelobte Land der christlichen Zivilisation. In Wahrheit besitzt Rußland auf dem lebenswichtigen Gebiete der Ehe- und Sexualgesetzgebung eine Reihe von aktuellen Normen (mit noch viel mehr in seinem Schoße), wie sie allein die moderne Zivilisation noch retten können. Dagegen zeigt Amerika auf der ganzen Linie die entgegengesetzte Tendenz, die zugrunderichten muß, was von der Zivilisation noch übrig ist, ohne daß das Häuflein derer, die privat eine christliche Ehe leben, daran etwas ändern könnte. Rußland allein besitzt dazu ein politisches System, in dem die radikale Wendung von der liberalen Anarchie zum Konservativismus bereits möglich war und noch immer weitere Schritte in derselben Richtung denkbar sind, wogegen auch die kühnste Phantasie für Amerika keine Gesetzgebung voraussehen könnte, die anstelle von Anarchie und Chaos in Eheangelegenheiten auch nur ein für alle 48 Staaten einheitliches, liberales Eherecht setzen würde.

Der unter russischer Hegemonie stehende Osten verfügt über jene Stärke der Geburtenziffer, aus der allein die Millionenmassen der Zukunft kommen können. Im Gegensatz dazu verurteilt der Westen unter englisch-amerikanischer Führung in diesem Punkte sich selbst zum Aussterben. Angesichts dessen muß man sich nur wundern, wie auch solche Staatsmänner, die mehr als bloße Sicherheit und Ruhe für ihre eigene Lebenszeit erstreben, den unwiderstehlichen Triumph des Ostens auf lange Sicht, was Menschenmassen betrifft, ernsthaft bezweifeln können. Nur wenn es gelingt, aus letztlich religiöser Orientierung (jedoch solcher aus dem Geiste und nicht seiner Verneinung) ein neues Menschentum zu formen, eine neue Ehe, eine neue Familie, *einen bewußten, schöpferischen, offensiven Kinderreichtum* auch auf spärlicher Scholle, die trotzdem festgehalten wird, — nur dann kann den östlichen Menschenmassen ein Gegengewicht entgegengesetzt werden. Darin liegt die überaus aktuelle Bedeutung eines geistigen Christentums gerade für die moderne Zivilisation und ihre Nöte.

Solche geistige Wiedergeburt aus dem Christentum ist gewiß in erster Linie im Rahmen der westlichen Zivilisation zu erwarten, da in ihr allein die dazu nötige Opposition gegen die bestehenden politischen und wirtschaftlichen Verhältnisse denkbar ist. Aber die Kräfte einer solchen geistigen Wiedergeburt im Westen werden bereits einen großen Schritt auf ihrer reformatorischen Bahn getan haben, wenn sie es einmal zu einer solchen totalen Wendung in der westlichen Ehe- und Familiengesetzgebung bringen werden, die jener, wie sie im Osten bereits seit langem vollzogen ist, in der geschichtlichen Tendenz ebenbürtig ist. Erst wenn es eine solche Wendung zu einer konservativen Ehe- und Familiengesetzgebung geben wird (die dann inhaltlich über das östliche Vorbild weit hinausgehen müßte), kann auch die Geschlechtsmoral, wieder ausschließlich auf die Dauerehe bezogen, ernsthaft die Idee des Höchstmaßes physisch und psychisch wertvoller Nachkommen über den bescheidenen privaten Rahmen von heute hinaus ins Auge fassen. Und erst wenn eine solche positive und offensive Geschlechtsmoral, die an die Zukunft glaubt, einen entsprechenden Grundstock innerhalb der westlichen Völker erobert haben wird, kann überhaupt von einer neuen Phase der westlichen Zivilisation die Rede sein, die mehr ist als ein Aufbrauchen der Substanzen der Vergangenheit. Aber auch in diesem positivsten Falle wird der Osten, falls er die derzeitige Tendenz in den Fragen der Ehe und Familie beibehält, noch immer einen großen zeitlichen Vorsprung besitzen, und daher wird der Westen auch dann noch immer gut tun, die geistige Verständigung mit dieser fruchtbareren Welt zu suchen, auch wenn sie die primitivere wäre.

*

Der „Aufstand der Söhne gegen die Väter" ist ein Urtatbestand der Geschichte, aus dem Revolutionen und Religionen, Untergang und Wiedergeburt von politischen Kulturen in bunter Folge sich ergeben haben. Allein die Überwindung der Natur durch die Übernatur im Christentum ist es, durch die dieser natürliche Kampf umgewandelt wird in Zusammenarbeit, Fortschritt und Zusammenhalt, kurz in jene *Kontinuität der Generationen,* die das Wesen der Zivilisation ausmacht. An diesem Punkte wird die christliche Ehe, in der die Idee der Unauflöslichkeit über den bloßen Naturtrieb triumphiert hat, zur christlichen Familie, in der die beiden Generationen in den entscheidenden beiderseitigen Lebensaltern in fester Über- und Unterordnung miteinander verbunden sind. Wächst auch die Familie natürlicherweise aus der Ehe hervor, so kann sie doch geistigerweise nur bestehen bleiben, wo sie aus der Kontinuität der Generationen begriffen wird.

Sowohl die Ehe als auch die Familie können nicht bestehen ohne die *Autorität* des Gatten über die Gattin und des Vaters, der sie auch der Mutter mitteilt, über die Kinder. Nichts ist heute eine fremdere, ja lächerlichere Vorstellung als diese Autorität. Wenn Paulus die Über- und Unterordnung von Gatte und Gattin mit dem Verhältnis von Christus und der Kirche vergleicht, woraus in der kirchlichen Überlieferung auf eine sehr hohe Stellung des Mannes gegenüber seinem Weibe geschlossen wurde, so ist davon unter dem Drucke der vaterfeindlichen modernen Zivilisation kaum ein Schatten übrig geblieben. Das Frauenrecht unseres Zeitalters, aus den maternalen Tendenzen der Kirche mächtig gespeist, hat in säkularisierter Form wieder von der Zivilisation auf die Kirche zurückgewirkt. Diesen tödlichen Kreislauf der Kulturgeschichte sprengt allein der erhabene Reichtum der religiösen Ideen, in denen der „Vater", der „Sohn" und der „Geist" des Trostes, der Liebe und der Treue keineswegs bloß leere Bilder sind. Aus dem innersten Grunde dieser Idee vom ewigen Vater aber stammt jene Zweieinheit des Christos und der Ekklesia, in der die göttliche Gleichrangigkeit beider Personen nicht minder sicher steht als die Tatsache, daß sie dennoch innerhalb des trinitarischen Lebensgesetzes der Gottheit die „zweite“ und die „dritte“ Person bedeuten. Ganz ähnlich ist es in der menschlichen Ehe. Zwei Hälften bilden ein Ganzes, in dem jedoch die erste Hälfte die Verantwortung der Führung, der Entscheidung und der „Kompetenz-Kompetenz“ trägt, wogegen der zweiten Hälfte die Verantwortung der Mithilfe, der Besiegelung und der Bewahrung zukommt.

Um vieles straffer in ihrem Ursprung und um vieles lockerer in ihrer letzten Auswirkung muß die elterliche Autorität über die Kinder sein, in die Vater und Mutter nach ihrem eigenen Verhältnis zueinander sich teilen. Es sind zwar auch zwei Teile, die ein Ganzes bilden, aber einer ist zuerst um vieles größer, der andere um vieles kleiner. Der größere Teil aber wird langsam kleiner und der kleinere Teil nach demselben Rhythmus größer. Im Verlaufe dieses Prozesses wird ein natürliches Gleichgewicht erreicht, auf dessen Stufe die Erziehung zur Freiheit beendet ist und die Kinder mündig geworden sind. In dieser Stunde ist die Funktion der christlichen Familie in dem engeren Sinne einer Verbindung von Eltern und unmündigen Kindern beendet. Die Familie als noch vorwiegend leibliche Einheit hört auf, um als geistige Einheit in veränderter Form weiterzubestehen, wobei die einen abnehmen, die anderen aber zunehmen. Nach wie vor besteht aber auch die Ehe weiter, indem gerade sie der Kern der geistigen Familie bleibt. Die Ehe ist ein Sakrament, das eine ewige Verbundenheit abbildet, — die Familie hingegen ist kein Sakrament, wohl aber der allein durch das Sakrament der Ehe bereitete Boden, aus dem neues sakramentales Leben in beiden Berufungen und Ständen hervorgehen soll.

Während die Ehe bleibt (als das „Ewige“, dessen Bund im Himmel geschlossen wurde), liegt es in der Natur der Familie, sich auf organischen Wegen durch Wachstum und Zeitablauf aufzulösen. Es ist immer ungesund und krankhaft, wenn die Familie künstlich zusammengehalten und trotz dem natürlichen Altern der Menschen die Zeit sozusagen gezwungen wird, stehen zu bleiben. Auch wenn ein solches Unterfangen von den idealsten Motiven getragen wird, auch wenn von einer „Mission der Familie“ die Rede ist, so sind die Mittel, die angewendet werden, um diesen natürlichen Entwicklungsprozeß aufzuhalten, immer falsch. Der Familien-Fetisch, der dabei herauskommt, ist immer auch ein Moloch, der die individuellen Leben verschlingt, angeblich im Interesse der Ganzheit, in Wahrheit immer im versteckten, vielfach unbewußten Interesse einzelner Individuen, die davon profitieren. Der klassische Fall ist die monarchisch-dynastisch-aristokratische Familie in der Vergangenheit, was vielleicht ihre Endergebnisse in unserem Zeitalter noch deutlicher zeigen als ihre Hochblüte, die immerhin einem Höhepunkt der christlichen Zivilisation den geschichtlichen Sinn gegeben hat. Der Irrtum dieser Lebensform ist, daß sie die individuellen Lebenszwecke, auf die es letztlich ankommt, auch in allerwesentlichsten Stücken (etwa dem Recht der freien Ehewahl) der Familien-Ganzheit aufopfert, die doch nur zwar uneingestandene, aber dennoch sehr massive individuelle Zwecke, nämlich die Familienglieder zu beherrschen und auszubeuten, tarnen soll.

Nichtsdestoweniger liegt in Ehe und Familie ein echter Bezug auf die Gesellschaft, den Staat, die Zivilisation, der von der Zukunft nicht ohne die Lehren der Vergangenheit gefunden werden kann, wenn er auch von dieser karikiert worden ist. Der Unterschied ist freilich höchst wesentlich. Daß die Ehe bis zum Tode bewahrt wird und die Familie durch die Begründung neuer Ehen sich organisch auflöst, kann nicht die eigentliche Lösung des Problems sein. Wohl steckt in der Ehe, die das Höchstmaß an Nachkommenschaft will, und in der daraus erwachsenden naturgetreuen, kinderreichen Familie ein Element, das die bestehenden Formen einer verfehlten Zivilisation gefährdet, und das darin auf die anzustrebenden Formen einer echten Zivilisation verweist. Der bloße Kinderreichtum aber ist noch nicht die Zivilisation. Er kann vielmehr, wenn er nicht mit intellektuellen und moralischen Kräften verbunden ist, das Proletariat vermehren und gerade dadurch erst recht wieder zur Voraussetzung für die bloß technische Zivilisation unserer Tage werden und ihre Tendenzen, den Menschen auszubeuten, bestätigen, anstatt sie zu überwinden.

Die großen Zivilisationen der Vergangenheit haben in der Tat aus Ehe und Familie ein Prinzip abgeleitet, das über diese hinausreicht. In der Zivilisation der Urmenschheit, von der die Genesis berichtet, und nach deren (romantischem) Bilde Moses das auserwählte Volk reorganisierte, waren die Geschlechtsregister auf den Messias hin das Rückgrat der biblischen Kontinuität. In diese Geschlechtsregister waren die Stammväter Christi, die Matthaeus und Lukas nennt, eingetragen, und in sie trug auch Joseph seinen gesetzlichen Sohn, Jesus, ein, weshalb auch dieser mit Vorliebe, aber auch mit der ganzen Zärtlichkeit, die im jüdischen Denken den Vätern gilt, sich selbst „Menschensohn", Sohn dieser Väter (und Mütter) seines menschlichen Stammbaumes, nannte. Als das Christentum in Verbindung mit der konstantinischen Antike und mit dem nordisch-dynastischen Mittelalter eine tausendjährige Zivilisation hervorbrachte, geschah das auf derselben Grundlage der Geschlechterfolge. In beiden Fällen haben die natürlichen Traditionen und Tendenzen der semitischen und arischen Großfamilie, vor allem ihr Patriarchalismus, entscheidend zu dem Endergebnis beigetragen.

Trotzdem handelt es sich um ein Prinzip, das auch nach dem Ende des „germanischen Jahrtausends" in seinem über die Geschichte hinaus weisenden Kern noch immer besteht und in der Tat die Brücke darstellt, die von Ehe und Familie zur Zivilisation hinüberführt. Es ist dies die *Vater-Sohn-Folge*, auf der aller Fortschritt und alle Zivilisation beruht. Wie auf der Ehe die Gesellschaft schlechthin und auf der sakramentalen Ehe die christliche Gesellschaft in allen Zivilisationen beruht, so auf der Vater-Sohn-Folge die Idee der zusammenhängenden Gesellschaft oder der Zivilisation, auf dem christlichen Vater-Sohn-Bewußtsein aber die christliche Zivilisation. Nicht zufällig haben Moses, David und die Propheten das menschliche Bild vom Vater und Sohn auf das Verhältnis des Messias zu Gott übertragen und hat Christus in seinem metaphysischen Bewußtsein als „der" Sohn „des" Vaters es erfüllt.

Das Lebenslos des einzelnen Menschen ist Opfer, Krankheit und Tod. Die Ganzheit, die Gruppe, die Menschheit, die aus Einzelnen besteht, macht davon keine Ausnahme. Die Überwindung dieser Beschaffenheit alles Lebens, das im

Tode endet, liegt allein in der Idee der Abfolge der Generationen, welche die Zivilisation ist. Dem augenscheinlichen technischen Fortschritt der menschheitlichen Zivilisation als ein Ganzes ist ein verborgenes Wachstum im Geistigen zugeordnet, wonach jede neue menschliche Generation geistigerweise auf den Schultern der vorangegangenen steht, auch wenn nicht immer dieselbe Zahl von einzelnen Menschen von dieser Möglichkeit vollen Gebrauch macht. Dieser geistige Zusammenhang der Generationen könnte niemals durch die Mutter-Tochter-Folge ausgedrückt werden, die zweifellos der Natur besonders nahe ist, und die allein die natürlichen Zusammenhänge vollgültig unter Beweis stellt, niemals auch durch die charakterologisch überaus bedeutsame Vater-Tochter- und Mutter-Sohn-Folge. Sondern sie kann eben nur durch die *Vater-Sohn-Folge* ausgedrückt werden, in deren Denk- und Sprachform sich das stärkste menschliche Gefühl und das klarste menschliche Bewußtsein der Weltgeschichte ausgedrückt hat: nämlich die Verbundenheit Christi mit seinem Vater. Die Einheit der beiden ersten Personen der Gottheit, „Vater und Sohn", spiegelt das Urgesetz der Zivilisation wider: den Zusammenhang der Generationen, von denen der herrschenden „alles unterworfen" ist, solange sie „dem Vater untergeordnet" bleibt (die Idee „der Väter" in ihr lebendig ist). Das kann sowohl gradlinigen Weiterbau als auch Sühne bedeuten, sowohl Fortsetzung als auch Überwindung der Väter, niemals aber nur Affekt oder Indifferenz, niemals Haß oder Gleichgültigkeit. Zu dieser Einheit der beiden ersten Personen der Gottheit kommt freilich dann noch der „Dritte", im Abschied des Herrn von den Seinen verheißen im Bilde des mütterlichen Trösters und Stellvertreters, damit von dieser Stunde angefangen die „Zweieinheit in der Dreieinigkeit" die christliche Weltgeschichte bestimme. Dieses zusätzliche Geheimnis weist soziologisch aufs lebendigste darauf hin, daß immer und überall in der Zivilisation die Vater-Sohn-Folge der Verankerung in der verborgenen Braut und Mutter bedarf, um den Kuß der Mithilfe und der Versiegelung zu empfangen, der natürlicherweise aus den Zweien das Dritte werden läßt.

Die Vater-Sohn-Verbindung, auf der allein die Zivilisation beruht, ist *die* Aufgabe, die uns gegeben ist. Der Kampf der Geschlechter kann und wird durch die sakramentale Ehe immer wieder geschlichtet und auf die Idee der Familie hingeordnet. Der Kampf der Generationen aber ist nicht nur das natürlichste von allem, sondern überdies mit den Mitteln eines kirchlichen Sakramentes nicht zu schlichten. Das Mittelalter hat dafür die Sakramentalien der Kaiser- und Königskrönung eingeschaltet, ohne damit die Entartung verhindern zu können, die in der zeitgeschichtlichen Verbindung der Vater-Sohn-Folge mit dem monarchisch-dynastisch-nordischen Gedanken gelegen war. Die Vater-Sohn-Idee ist in jeder neuen Generation, so gesichert sie sein mag, neu auf sich selbst gestellt. In der Antwort auf dieses Urproblem allein kann bewiesen werden, ob eine lebende, reife Generation wert ist, in den nach ihr selbst wieder Kommenden weiterzuleben. Die Söhne, die den gradlinigen Weiterbau mit Recht oder Unrecht ablehnen, können letztlich zwischen der Sühne für die Sünden der Väter oder dem „Non serviam" wählen. Sie können die Väter abschütteln, oder sie können bewußt auf ihrer besseren Idee weiterbauen auch in ihrer Überwindung, wo eine solche die Erkenntnis einer neuen Generation für notwendig erachtet.

FÜNF GEDICHTE

Der Blick

Das Augenpaar, das dich ansieht,
erkennst du es wieder?
Fürchte dich.
Unentwegt glüht es,
überall liegt es auf dir
tönernem Topf,
fest wie ein Deckel.
Lasse die Hände
herabhängen,
sie zu heben ist sinnlos:
Du bist geschlossen,
man will, daß du leer seist,
man will, du sollst tönen;
leer, leer, soll es rufen,
bei jedem Schritt
sollst du hallen,
verlassener Tunnel.
Kein Lokomotivlicht
wird kommen,
nur Wind und das
Scheinwerferpaar jenes Blicks;
es hockt im Rangierhaus,
lidlos bewacht es
die rostenden Geleise.

*

Lied

Als der Falke der Taube
die Fänge ins Fleisch schlug,
sank eine Feder
der Welt auf den Mund;
reglos hing sie
an den dörrenden Lippen
und harrte des Atems;
er kam nicht.
Es war der Abendwind,
der sie fortnahm.

Spruch

Was auch du hingibst,
die Rolle Geldes ist abgezählt.
Wie Blut leuchten die Pfennige.
Geh hin, erwirb das Gewünschte;
es wird verstaubt sein
noch ehe der Kupfergeruch
deiner Fingerkuppen verflog.
Was auch du hingibst,
der Käufer ist sparsam.

*

Gehe nicht weg von dir,
bleibe mit dir zusammen.
Wer soll dir Mut machen
am Abend?
Wer soll die Läden herablassen?
Gehe nicht weg von dir:
die Welt steht auf Vogelkrallen,
ihr Gesang lügt:
Gehe nicht weg von dir.

*

Gürte immer das Tuch:
deine Schwäre verrät dich.
Gehe bei Nacht:
dein Blick wird dich preisgeben.
Wie tief du den Hut auch
in die Stirne herabziehst:
dein Mal wird brennen.
Warum stellst du dich nicht?
Sage, ich war ohne Liebe,
und die Strafe wird gnädiger sein
als jetzt deine Angst,
als die Angst vor den Sbirren.

Wolfdietrich Schnurre.

Erik von Kuehnelt-Leddihn

BRIEF AN EINEN AGNOSTISCHEN AMERIKANER

Motto: Ein Aphorismus braucht nicht wahr zu sein, aber er soll die Wahrheit überflügeln. Er muß gleichsam mit einem Satz über sie hinauskommen. (Karl Kraus.) — Ist dies nicht der Schlüssel zur Wahrheit des vorliegenden Aufsatzes? Wir werden wohl noch einmal, ganz anders, darauf zurückkommen.

Die Schriftleitung.

Verehrter Freund!

Sie schreiben mir etwas verwundert, ob es denn wirklich möglich sei, daß es in Deutschland Menschen gebe, die dem Nationalsozialismus sentimental nachtrauern, nachdem doch der Schrecken dieser Bewegung in seinem ganzen Ausmaß der Welt enthüllt worden ist. Nun ist die Begeisterung für einen Gedanken entweder etwas „Außergewöhnliches", oder wir haben es mit einer „normalen" Erscheinung zu tun. Nur dürfen Sie da nicht vergessen, daß die Greuel des braunen Regimes, die „Schinderhütten" und Vernichtungslager nicht zum nationalsozialistischen Durchschnittserlebnis gehört haben. Wenige nur wußten im einzelnen um dieses Grauen. Dennoch bleibt viel Häßliches und Gemeines im nationalsozialistischen Alltag, — *und um dieses handelt es sich hier*. Die Frage, die uns da bewegt, ist also die: „Inwiefern sind die ‚Existenzformen' dieser und aller ihr verwandten Bewegungen mit dem menschlichen Charakter schlechthin zu vereinbaren, und sind sie nicht die Ausgeburt einer krankhaften Gesinnung?"

Hier muß gleich die darunterliegende Frage aufgeworfen werden, ob *der* Mensch gut oder böse sei. Luther und Calvin nahmen einen pessimistischen, Rousseau einen sträflich optimistischen Standpunkt ein. Nun ist aber der Mensch ein verwickeltes Wesen mit Erkenntnissen, die zu seinen Gefühlen im Widerstreit stehen können, ein Wesen mit Bewußtsein und Unterbewußtsein, mit Vernunft und Leidenschaft. Zudem sind die Menschen verschieden. Die Antwort auf unsere Frage muß also lauten: daß der einzelne Mensch gewaltige Möglichkeiten in sich birgt, die aber selten erschöpft werden, die Massen hingegen versuchen zumeist, zwischen Gut und Böse zu lavieren; daß wahrscheinlich nicht nur die Gnade manchmal auf steinigen Boden fällt, sondern daß auch dem Teufel seine Beute oft durch die Finger schlüpft. Rousseau irrt in seinem Köhlerglauben an die Güte des „natürlichen" Menschen; doch irrt auch Luther, wenn er die Gegenwärtigkeit der Heiligen leugnet, die nicht nur „unter uns", sondern sogar mit uns sind. Rousseau und Luther sind zwei Gleichmacher mit verschiedenen Nennern. Da wir jedoch unser Hauptaugenmerk einer Massenerscheinung zuwenden, sind nicht die Einzelnen, sondern die Vielen der Gegenstand unserer Untersuchung, die Vielen, die über die These *Aut Deus aut nihil*, Entweder Gott oder nichts, höchlichst erschreckt wären und bewußt-unbewußt nach „Goldenen Mittelwegen" fahnden. Man darf aber auch sie nicht verachten. Die Heilandsworte über die Massen — *misereor super turbam* — muß man in Demut nachsprechen, da jeder selbst tief in der Masse steht, wenn er auch von ihr wegstrebt.

Nun ist aber diese schreckhaft breite Mitte nicht nur im Bereich von Gut und Böse, sondern auch in der Welt des Geistigen da. Der Idiot und das Genie, nicht weniger als der Verbrecher und der Heilige, rufen bei den Massen ein Gefühl des Unbehagens hervor. Das Reiseziel der Massen, wo immer sie auch schließlich landen, ist und bleibt das *juste milieu*. Auch bei Ihnen drüben herrscht der Magnetismus der *Middle of the Road*, und Roosevelt nannte seine Richtung verschämt-verschmitzt: „*Left of Center* — gerade nur ein wenig links von der Mitte".

In der gewollten Entpersönlichung steckt eine ganz bestimmte psychologische Taktik. Wir leben nicht nur im Zeitalter der Gleichheit, sondern in jenem der Nämlichkeit, *sameness*[1]. Es gilt heute weder das *Ich*, noch das *Du*, sondern das *Wir*, das nur zu oft einem feindlichen *Sie* gegenübergestellt und an ihm ausgerichtet wird. „Wir" ist noch immer anonym; es fordert den Nostrismus[2], der den Altruismus ersetzt und damit die christliche Grundforderung verneint. Doch das Ich, das kleine schwache, hypokritische Ich sitzt im Wir drinnen und berauscht sich an seiner Vervielfältigung. Daher wirkt auch im Nationalsozialismus das ganze Gerede von einer „rassischen Elite" falsch, denn nur kleinste biologische Minderheiten innerhalb der Staatsgrenzen wurden in Acht und Bann getan. So haben denn die Altdemokratie und die plebiszitäre Neudemokratie des totalitären Europa immer wieder die „größtmöglichen Mehrheiten" angesprochen, die *turba*, nicht die *e-gregii*, die „aus der Herde heraus" sind. Dabei wurden immer, man vergesse dies nie, nicht nur die Besten, sondern auch die Schlechtesten öffentlich verdammt. Auf den Guillotinen verblutete die Elite und der Abschaum Frankreichs, und in den Schinderhütten der Konzentrationslager starb der chassidische Mystiker neben dem Kriminellen von Beruf. Aber gerade durch diese Gleichsetzung der Besten mit den Schlechtesten wurden die Extreme nihilistisch zusammengeworfen und die goldene, nein die „graue", die „braune" Mitte gewählt. Sie dürfen da nicht vergessen, daß der Nationalsozialismus aus der „Demokratie" herausgewachsen ist, dieser Begriff nicht in seiner heutigen journalistischen Normierung verstanden und auch nicht in jener klug abwägenden und vernünftigen Art, wie sie in der schweizerischen Bundesverfassung verankert ist, sondern *in seinem streng klassischen Sinn*, wie er auch von Plato, Aristoteles und dem Aquinaten verwendet wurde, — aus der Demokratie, die diesen Philosophen gemäß „Herrschaft der *vielen* Minderwertigen" ist, und die nicht nur von den großen Schweizern, einem Burckhardt, einem Bachofen, einem Vinet oder Segesser, sondern auch von John Adams, James Madison, Alexander Hamilton oder Fisher Ames abgelehnt wurde. Sie bedingt den Aufruf an die größtmögliche Zahl, denn die „Demokratie", wie wir sie oben ganz unhelvetisch definierten, ist *régime du nombre*, Herrschaft der Zahl, Herrschaft der Vielen, der „Durchschnittlichen". Hierin lag dann auch bei Ihnen drüben der Magnetismus der Wallaceschen Verheißung des *Century of the Common Man*. Daher auch die Versuchung bei Ihnen drüben, den Nationalsozialismus in eine Verschwörung adelig-plutokratisch-

---

[1] Über den Begriff des Identitären vergleiche Francis S. Campbell (E. v. Kuehnelt-Leddihn), *The Menace of the Herd*, Milwaukee 1943, 15—30.

[2] Dieser Ausdruck stammt vom österreichischen Nationalsozialisten Dr. Walther Pembaur („Nationalismus und Ethik", Wien 1935, 97—116).

klerikaler Oligarchen umzufälschen, da Sie offensichtlich fürchten, die Wahrheit über den Nationalsozialismus würde dem primitiven Mehrheitsprinzip, dem auch Sie huldigen, ja den sittlichen Boden entziehen. Was der Nationalsozialismus aber wirklich sein wollte, war genau die Erfüllung der Benthamschen Formel: *the greatest happiness for the greatest number.* Ganz direkt, brutal und gradlinig auf dieses „größte Glück der größten Zahl" lossteuernd, hat er nicht nur die Minderheiten viehischem Leiden ausgeliefert, sondern auch die Massen nach vorübergehenden Glücksräuschen dem bittersten Elend anheimfallen lassen. Beide, der ehrgeizige Volksschullehrer aus der Romagna und der manische Ansichtskartenmaler aus der Grenzstadt, haben ihre Völker in das grausigste Unglück gestürzt. Die Ablösung der Vernunft durch das (animalische) Gefühl ist bezeichnend für die Massenherrschaft. Auch Ihre Führer drüben haben das Sesam moderner Machtergreifung heraus: an die untere, weil größere und zahlreichere „Hälfte" der gesellschaftlichen Pyramide zu appellieren, in der schon wegen der Schwerpunktnähe auch unfehlbar die „Mittleren" sich befinden. Die gemeinsame Wurzel des Übels liegt zu großem Teil in der Massenselbstvergottung, wobei die Führervergötzung nur wieder Selbstberäucherung ist, denn „Führer" *(Duce, Woshdj)* und „Vorsitzender" (Präsident), das „sind *wir*": *the people's choice.* Die „Gewählten" richten sich dann an die Massen als „Auserwählte", und somit wird ein ganzer *circulus vitiosus* an Messianismen hergestellt, der uns in den Abgrund gestürzt hat, in dem wir uns jetzt befinden.

Bernard Wall, der katholische Denker, hat schon vor vielen Jahren darauf hingewiesen, daß die modernen totalitären Bewegungen mit einer „Reaktion" nichts zu tun haben, wenn man unter „Reaktion" die Wiederbelebung vordemokratischer oder vorsozialistischer Formen versteht. Sie beziehen ihre Stärke vielmehr von ihrer Geschicklichkeit, die mächtigsten Strömungen und „Errungenschaften" seit der französischen Revolution in eine gewaltige Synthese zu bringen: den Nationalismus, die Vulgärdemokratie, die Technik, den Sozialismus[3]. Nun *scheint* aber der Nationalsozialismus in seinem Inhalt und in seinen Zielsetzungen zu eng gesteckt gewesen zu sein; der Kommunismus, der einen Weltuniformismus predigt, macht den *Eindruck,* universalere Züge zu tragen. In der Tat ist es aber keineswegs der garnicht existierende Allerweltskommunismus, den Tito im Namen des jugoslawischen Nationalsozialismus beantwortet, sondern der russische National-Sozialismus. Seitdem als erste die tschechischen Nationalsozialisten anno 1897 von den Sozialdemokraten sich absplitterten, gibt es *de facto* nichts mehr als Nationalsozialismen. Sind dann nicht die *guerres zoologiques,* die Renan albdruckhaft vorausgeahnt hatte, das natürliche Ergebnis dieser schönen Entwicklung, wo wutschnaubende, uniformierte Millionen sich gegenseitig die Kathedralen einreißen, einander in Gaskammern pressen und in Luftschutzkellern rösten? Mit den „Gleichschaltungen" auf der ganzen Linie, mit der Entpersönlichung wie ein Zyklon durch die Lande rasend, kommt das Zeitalter der Termiten, von H. G. Wells prophezeit. Und erzählen Sie mir ja nicht, daß da Amerika mit seinem „Individualismus" wie ein unüberwindlicher Fels in der Brandung steht, denn die

[3] *European Notebook,* London 1939, Seite 107.

völlig wirkungslose, aber dennoch aufs Programm gesetzte Leugnung von Stand und Geschlecht wird durch das Konzept des *Melting Pot,* des Schmelztiegels, ergänzt, in dem die Gleichartigkeit in der Siedehitze der Angleichung gekocht werden soll. *Unius linguae uniusque moris regnum fragile et imbecille est;* ein Reich, das nur auf *einer* Sprache ruht und auf *einer* Art zu leben, steht auf schwachen Füßen und hat keinen Verstand. Dieser schöne Grundsatz des heiligen Stephan von Ungarn wird heute von fast aller Welt bekriegt. Und bitte, versuchen Sie mir auch nicht weiszumachen, daß das amerikanische System des Wettbewerbs diesen Wahnvorstellungen von Einheitsklassen-, -rassen und -sprachen diametral entgegengesetzt sei. Der Unterschied zwischen dem Kommunismus und dem schrankenlosen Kapitalismus ist lediglich *graduell,* denn jener will ja *nichts als* Trusts, Kartelle und Monopole. Selbst die Aktiengesellschaft, die *Société Anonyme* geht ihm nicht weit genug, es muß „alles allen" gehören, wobei dann schließlich „nichts niemandem" gehört und an die Stelle der *„Zweihundert Familien"* ein einsamer Despot tritt.

Wir leben bereits, wie der gute Willkie schon sagte, in der *einen* Welt, *One World,* und die Moderne ist ein großes, innerlich logisch zusammenhängendes Phänomen, das sich in den verschiedenen Ländern nur durch das Lokalkolorit unterscheidet. Der deutsche Nationalsozialismus war da lediglich die „komplettteste" Synthese. Besiegt wurde er nur militärisch, das heißt rein äußerlich, durch Zahl und Material erdrückt. Die Russen, die auf der „Leiter des Fortschritts" viel „weiter" sind als Ihr Amerikaner, wissen auch ganz genau, daß man mit dem Nationalsozialismus noch weiter zu rechnen hat. In ihrem Bereich sind die Bezeichnungen „Nazi" oder „nationalsozialistisch" in Verbindung mit der Bewegung weiland Adolf Hitlers strengstens untersagt.

Aus diesen und noch vielen anderen Gründen herrscht heute unter jenen, die klug und wohlgesinnt sind, ein fürchterlicher, auf die unmittelbare Zukunft bezogener Pessimismus. Diese Haltung trifft jedoch für die Massen nicht zu. Der Idealtypus, der ihnen vorschwebt, ist Ihr amerikanischer *regular guy,* den man in England als *ordinary, decent chap* ansprechen würde, und der das Gegenstück zu Görings „rechtem Kerl" darstellt. Das Zeitideal ist also eine Durchschnittkreatur, ein Individuum — keine *Persona,* die *per se*[4] ist —, der bescheidene „Repräsentant" eines Kollektivs, moralisch *ni ange ni bête,* weder Engel noch Vieh, den man auch geistig weder unter die Genies noch unter die Dummköpfe zählen kann.

Nun ist aber die Ratio nicht aktiver Gemeinbesitz der Vielen, — und besonders dann nicht, wenn man mit Verstand die Möglichkeit des Eingehens in letzte, allerletzte Schlußfolgerungen einer These bezeichnet. Die Vielen haben nicht die Ratio, die „hohe Vernunft", sondern lediglich das, was man in der Konversation den „gesunden Menschenverstand" nennt. Und der „gesunde Menschenverstand" ist die geeignetste Aufnahmestation für jede leicht eingehende, aber kurz- und trugschlüssige Idee *(fausse idée claire),* von der Vulgärdemokratie angefangen bis zum Sozialismus, vom Mohammedanismus bis zum Vulgärprotestantismus, Ideen, die

[4] Der Ursprung von *Persona* ist das etruskische Phersú, von dem *Persona* im Sinne einer „Maske", einer *dramatis persona* abgeleitet wird. Doch auch Maritain *(„Trois Réformateurs")* kann ebenfalls dem Wortspiel *persona: per se* nicht widerstehen.

wie Wildfeuer ungeheure Massen erfaßten. Der Antike fehlte diese Riesenklasse von Halbgebildeten, deren Sinne von einem berauschenden Cocktail aus Gemeinplätzen und gefährlichen Sentimentalitäten — und *das* ist der „gesunde Menschenverstand"! — umnebelt werden. Nicht Analphabeten und souveräne Denker bilden unsere Massen, sondern der *Common Man*, der mit dem *Common Sense* die *Common Places* wiederholt. Ja, nicht umsonst besteht in allen unseren Sprachen diese Zweideutigkeit im Sinne des Wortes „gemein". Das Gute, Edle, Hervorragende ist eben das Persönlich-Besondere, wie doch alle Beziehung des Menschen zu Gott eine „sonderliche" ist. Aus der „Gewöhnlichkeit", der „natürlichen Mittelmäßigkeit" schöpfen der Nationalsozialismus und der Kommunismus ihre eigentliche Kraft, und darin liegt auch das eigentlich Satanische dieser Bewegungen. Wiewohl Sie dank Ihrer Aufgeklärtheit über meine Nennung des Höllenfürsten lächeln müssen, kann ich dennoch nicht umhin, Mereshkowskij zu zitieren, der vom Teufel schrieb, er sei „... die durchschnittliche Mitte, die Verneinung aller Tiefen und Höhen, eine ewige Flachheit, eine ewige Gemeinheit und Plattheit. ... Gogol war der erste, der den maskenlosen Teufel sah und sein wahres Gesicht erkannte, das nicht ungewöhnlich, sondern völlig normal und alltäglich und deswegen so schrecklich ist; er verstand, daß dieses Gesicht weder fremd, noch selten oder phantastisch, sondern allen bekannt, ‚menschlich-allzumenschlich' ist; es ist das Gesicht des Pöbels, es ist aber auch unser aller Gesicht in jenen Augenblicken, in denen wir uns nicht trauen, unsere wahre Gestalt zu zeigen ‚und ‚wie alle' erscheinen wollen."[5]

Es ist darum vergebliche Liebesmühe, mit großer und größter Gelehrsamkeit die deutsche, germanische oder ostslavische Vergangenheit zu durchwühlen, um dort den Schlüssel zum Auftreten des braunen und des roten Wahnes zu finden. Der Nationalsozialismus wie auch der Kommunismus sind keine wilden Phantasiegebilde, sondern *konkrete politische Ausgeburten des „gesunden Menschenverstandes"*, des rein „natürlichen" Menschen der Jetztzeit. Deshalb waren auch die deutschen Massen, solange man nicht an der Front oder im Luftschutzkeller starb, die glücklichsten, und die Eliten im Dritten Reich die unglücklichsten auf der Welt. Nennen Sie mir doch nur ein einziges Dogma des Nationalsozialismus, das nicht in fast allen „fortschrittlichen" Ländern, besonders aber in den Vereinigten Staaten, zumindestens *im Kern* von den Massen vertreten wird. Sie werden dann sehen, daß es lediglich deutsche Gründlichkeit war, die sich im Nationalsozialismus sehr allgemein verbreiteter Forderungen bemächtigte.

Nehmen wir einmal die verschiedenen braunen Glaubensartikel unter die Lupe, und prüfen wir sie auf ihre psychologische Allgemeingültigkeit. Die Mehrzahl von ihnen fußt auf einem Haß gegen Menschen, deren Verbrechen darin besteht, *anders* zu sein, anders zu sprechen, anders sich zu kleiden, anders auszusehen. Auch bei Ihnen drüben in Amerika gibt es eine Unzahl von verächtlichen Ausdrücken für Nicht-Angelsachsen und „Nichtarier", eine Abneigung gegen die *dirty white immigration*, einen gewissen *Numerus clausus* an den Universitäten und die erstaunlichsten *restrictions* rassischer Natur in den eleganten Villenvororten.

---

[5] Siehe D. Mereshkowskij, „Gogol, twortschestwo, shisnj i religija" in *Polnoje sobranije sotschinjenii*, St. Petersburg 1911, X, 165—166.

Der Nationalsozialist — wie der Kommunist — richtet sein Ressentiment auch gegen die Intellektuellen. Der Durchschnittsmensch mit seiner spießbürgerlichen Beschränktheit macht grundsätzlich Front gegen jede Auserlesenheit, jedes geistige oder künstlerische Schaffen, das nicht in seiner Reichweite ist. „Entartete Kunst" wird nicht nur vom Kongreßmann Dondero, sondern auch von der *Literaturnaja Gazeta* (und früher vom *Völkischen Beobachter)* verfolgt. Dem *homme médiocre* ist jede höhere theologische Auseinandersetzung „Theologengezänk", jedes Philosophieren „steriles Professorengeschwätz". Der *Common Man* verlangt Aktion, nicht akademische Erwägungen und juridische Bedenken; er ist nichts als Empiriker. Schließlich ist auch bei Ihnen drüben der Schrei nach dem „Tatmenschen" nicht verstummt, der Schrei nach dem *doer* im Gegensatz zum *thinker* oder zum *talker*. Der echte *go-getter*, der HJ-Führer und der rote Kommissar haben da durchaus etwas Gemeinsames.

Mit dieser „Tat"-Gesinnung hängt zum Teil auch die offen zur Schau getragene Abneigung gegen die konstitutionell Schwachen, die dauernd Hilflosen, die unheilbar Kranken, gegen die Verkrüppelten und verunstaltet Geborenen, die erblich Belasteten, die im Gefühlsleben Verschrobenen, zusammen, zutiefst unchristliche Tendenzen, die sich in Massenvernichtungen, Massensterilisierungen, Massenkastrationen geäußert haben, — „Zernichtung" des Individuums und der Art. Freilich, einen unförmigen Kretin jahrelang aufzufüttern, ist zwar ein Gebot christlicher Nächstenliebe, aber es ist sicherlich gegen den „gesunden Menschenverstand", wie dies auch Luther sehr deutlich empfand[6]. Hat nicht der anglikanische Bischof von Birmingham angedeutet, daß die Vertilgung anomaler Säuglinge ernsthaft ins Auge gefaßt werden sollte? Und die Propaganda für die „Euthanasie" und die Sterilisierung wird bei Ihnen in Amerika von äußerst „fortschrittlichen" Vereinen betrieben, die zahlreiche Pastoren zu ihren Mitgliedern zählen. Der gute Durchschnittsmensch hat eben vielleicht *naturaliter* denselben „praktischen" *Common Sense* wie der kanadische Eskimo, der seine bejahrten Eltern in die Todeskälte der arktischen Nacht hinausstößt. Gewiß, wir sind nicht so weit, Gott sei Dank, aber...

Und ich frage Sie, ob manche Ideologen bei Ihnen, die alles *bigger and better* haben wollen, immer *noch* größer und *noch* besser, wirklich eine *wesentlich* andere Sprache sprechen, als einige ihrer gemäßigten Kollegen beim „Aufbruch" des Dritten Reiches sie gesprochen haben, und ob vielleicht gar der typische SA-Mann aus Salzwedel oder Nordhausen über den katholischen Klerus andere Ansichten hegt als der clean-cut Baptistenpastor in Little Rock? Nehmen Sie einmal deren *gemeinsame* Stellung zum monastischen Ideal! Dazu kommt noch eine „gesunde" Verachtung für die obersten und untersten Klassen, die privileged classes und auf der anderen Seite die Proleten, the poor white trash. Dennoch heißt es: One man is as good as any other man if not just a little bit better. Jeder Mensch ist so gut wie jeder andere, wenn nicht sogar ein bißchen besser, — das Gegenstück zu dem Satz: „Ein Deutscher ist so gut wie jeder andere Deutsche". Zum *„America First!"* gesellt sich *„Deutschland über Alles!"* zu *„Right or wrong, my country!"* der schreckliche Grundsatz *„Recht ist, was dem Volke nützt"*.

[6] Siehe Martin Luther, *Werke: Tischreden*, Weimar 1919, V, 8—9.

Was wir da sehen, ist ein wütender Haß gegen jedes Anderssein, jedes Abseitsstehen, und er ist selbst auf den Mystiker gerichtet. *Sola beatitudo, o beata solitudo?* Aha, wir sind dir nicht gut genug! Dazu kommt ein ganzer Kreuzzug gegen den „Müßiggang", die „Faulheit", die „Nigger" und die „Zigeuner", denn in der Muße liegt im Zeitalter kollektiver Arbeit die Möglichkeit zum Persönlichen und zum Anderssein. Dabei darf nicht „gemeckert" werden, und grenzenloser Optimismus wird zur Vorschrift. Der Kritiker wird mundtot gemacht, abgeführt, ausgepfiffen, niedergebrüllt, angezeigt. Sagt einem nicht schon der „gesunde Menschenverstand", daß mit den Störenfrieden „kurzer Prozeß" gemacht werden muß? Sie gehören gelyncht oder, was imgrunde dasselbe ist, vor ein „Volksgericht" gebracht, das den Volkswillen, das „gesunde Volksempfinden" ahnungsvoll zu erfassen hat.

Wie bereits angedeutet, ist aber die Massenherrschaft nicht nur negativ auf Haß aufgebaut, wie ja auch der *Common Man* kein Monstrum, kein Peter Kürten ist. Der durchschnittliche Mensch steht für die „Uniform", (die nicht unbedingt militärisch zu sein braucht), er ist für den Kolossalismus und das materiell Gehäufte, für die Fixierung der Zukunft im Sinne eines Schemas, da ihm die Sicherheit höher steht als die Freiheit. Das erschütternde Zukunftsgemälde A. de Tocquevilles am Ende seiner *Démocratie en Amérique* lechzt nach seiner Erfüllung ...

Gefordert wird also der animalische Trost des körperlichen Beisammenseins, das den Enthusiasmus wellenförmig weiterpflanzt, gefordert die gesteigerte kulturelle, sprachliche, geschmackliche und schließlich physische Nämlichkeit, gestattet vielleicht eine maßvolle Religion. Nur ja keine heilige Torheit des Kreuzes! Der *homme médiocre*, wie ihn Ernest Hello in seinem so benannten Essay genial geschildert hat[7], kann das Absolute überhaupt nicht vertragen, und da das Absolute in der Metaphysik zentral ist, lehnt sich der mediokre Mensch leidenschaftlich gegen sie auf. Jede dogmatische Feststellung wird von ihm mit dem Wutgeheul quittiert: „Vous éxagérez! Sie übertreiben!" Und *das* war auch die Naziwirklichkeit Mitteleuropas, denn die Schinderhütten blühten im Verborgenen, die Filme mit den erdrosselten Generälen bekamen nur der Inkarnierte und seine Freunde zu sehen, die „Greuelmärchen" lehnte der „gesunde Menschenverstand" ab. Nur in den seltensten Fällen zeigte der Teufel seinen Pferdefuß. Die durchschnittlichen Nationalsozialisten waren die leiblichen Erben der Nationalliberalen, Exekutoren einer deutschen Version der Französischen Revolution. Ein *milde* dramatisiertes Leben — beileibe kein Zweiter Weltkrieg! — war ihr Wunschtraum. So wie die amerikanischen Massen wollten sie *clean fun*, saubere Unterhaltung: Volkswagen, Volksempfänger, KdF-Fahrten, Kameradschaft zwischen „strammen Jungs" und „richtigen Mädels", Erntedankfeste, imposante öffentliche Bauten und Weltrekorde technischer oder sportlicher Art.

Freilich ist der *Common Man* nicht zart besaitet, und es fehlt ihm das Einfühlungsvermögen für das Leiden anderer, *besonders wenn er es nicht sieht.* Allerdings hat er zumindest im Unterbewußtsein auch eine kleine Dose Sadismus, die, wie Hermann Borchardt sagt, den Schrei des Gefolterten zum Paradies

[7] Siehe Ernest Hello, „L'homme médiocre" in *L'homme,* Montréal, o. J., 58—66.

des Quälers macht und diesem in den Augen der Massen göttliche Statur verleiht[8]. Ist dies irgendwo in der Welt der Massen anders?

Jetzt sehe ich aber Ihren Unmut wachsen. „Ihre Verallgemeinerungen bestehen vielleicht zurecht“, sagen Sie. „Wer kennt nicht die Schrecken der Französischen Revolution. Doch das zwanzigste Jahrhundert müßte bedeutend fortschrittlicher sein als das achtzehnte. Ich gebe auch zu, daß im amerikanischen Volk Ansichten und Neigungen vorhanden sind, die dem Nazismus und seinen Bruderbewegungen verwandt sein können. Doch werden bei uns diese Dinge zumeist in Schundromanen und auf der Leinwand ‚abregiert'. Laßt dem Publikum seine Freude daran, wenn es im Kino beim Durchwichsen eines monokelbewehrten Nazibarons durch einen stämmigen Eisendreher johlt! Laßt ihm die Freude, wenn im Leitartikel der *Daily News* gegen die langhaarigen Professoren geschimpft wird! Ereifert euch nicht, wenn ein Demagoge gewählt wird, denn wenn er zu dreist gelogen hat, wird er nicht wiedergewählt. Gewiß, es gibt Sommerfrischenhotels bei uns *For Gentiles Only*, ich möchte selbst kein amerikanischer Neger sein, und wir haben Pastoren, die für die Euthanasie eintreten, — zugegeben. Aber wir haben noch lange nicht Millionen von Juden vergast und in einem Wahnsinnsanfall die ganze Welt erobern und knechten wollen. Die Deutschen aber, und nach ihnen die Russen, haben die harmlosesten und unschuldigsten Redewendungen und Ansichten ins Absurde gesteigert. Welch' gefährliche Völker!“

Ja, gefährlich. Weil sie nämlich *das* wirklich durchgeführt und konkretisiert haben, was vielfach überall untergründig erträumt und gewünscht wird. Vielleicht antworten Sie mir darauf, daß das Welt-Publikum dies alles „nicht so realisiert hätte“, aber vergessen wir da nicht die Worte des Freiherrn von der Tann: „Le public, le public! Combien faut-il de sots pour faire un public?“ In der Tat, wie vieler Dummköpfe bedarf es, bis eine Öffentlichkeit beisammen ist? Das Spirituelle und das Intellektuelle haben eine untrennbare Wechselbeziehung. Mit dem sittlichen Niedergang kommen auch die Kolossalsiege der Vernunft- und Denkfeindlichkeit im Namen des „gesunden Menschenverstandes“. Ich frage Sie aufrichtig, wieviele Amerikaner die „wissenschaftlich“ aufgezäumte Bormann-Rede gegen das Christentum — Sie können sie im *Tablet* vom 28. Februar 1942 nachlesen — wirklich ablehnen würden? Glauben Sie tatsächlich, daß Amerika ewig wie der Sarg Mohammeds zwischen Himmel und Erde schweben könnte? Wo steht Ihre amerikanische Führerschaft geistig? Hat nicht Oliver W. Holmes Jr. über sein Grab hinaus den größten Einfluß auf das juridische Denken Amerikas, er, der gesagt hat, daß die Gewalt die *ultima ratio* bleibt, und daß ein Mensch keine größere Bedeutung hat als ein Babun oder ein Sandkorn? Moralisch sind fast alle unsere Länder (nicht nur Amerika!) im Leerlauf, denn der christliche Jargon wird zwar oft noch nachgeplappert, aber tatsächlich leben wir vom Geruch einer leeren Flasche, — *the whiff from an empty bottle.* Wir sind ungefähr dort wieder angelangt, wo wir in der Mitte des achtzehnten Jahrhunderts oder im letzten fin de siècle waren, als die verantwortlichen Klassen und

[8] Vergleiche H. Borchardt, *The Conspiracy of the Carpenters,* New York 1943, 354. Dieses große und bedeutende Werk von Borchardt, noch vor seiner Konversion geschrieben, ist noch immer nicht in seiner deutschen Ursprache geschrieben.

Männer ihre Entscheidungen und Programme noch im Sinne christlicher Ethik machten, ihre eigene Haltung aber im besten Falle, gefühlsmäßig verstanden und für ihr Tun keinen metaphysisch zwingenden Grund mehr angeben konnten. Nur kann man heute in den meisten Ländern nicht mehr von verantwortlichen Klassen reden, denn alles ist, wie Burckhardt düster vorausahnte, lediglich auf die „Gärungsprozesse der Völker" ausgerichtet.

Um die Notwendigkeit wirklicher Eliten kommen wir eben nicht herum, wobei bemerkt werden muß, daß ideale Eliten nicht Kasten und auch nicht Klassen sind, sondern elastisch und aufnahmebereit; sie können sich aber nicht aufgrund einer *Vox Populi* allein bilden. Sie müssen *geistig und charakterlich* hervorragend sein, denn nur dann können sie weltliche Klugheit, Wissen und Erfahrungen mit sittlicher Größe in Einklang bringen, die wiederum der *anima naturaliter christiana*, deren Existenz selbst im Massenmenschen gar nicht abgeleugnet werden soll, den gewünschten Widerhall entlockt. Der Irrtum so mancher katholischer Denker liegt in der schiefen Schau dieser *anima*, die einer liebevollen Pflege bedarf, um nicht von negativen Trieben überwuchert zu werden, denn diese *anima* ist „auch-christlich", sie ist aber nicht ausschließlich christlich; wäre sie es, dann hätten wir nicht des Kreuzestodes Christi bedurft.

Bei uns in Europa sind die Dinge klarer erkenntlich, denn es scheint manchmal, daß die Fischteiche, in die man die Sklaven hineinwarf, garnicht so ausgetrocknet sind, wie manche es voreilig annahmen. Auch die „Gleichheit" gehört in diese Kategorie, denn abgesehen von den offenkundigen geistigen und seelischen Unterschieden kommt vor allem eine spirituelle Unterschiedlichkeit hinzu, die beim neugeborenen Kind nicht da ist, wohl aber bei den Menschen, die moralischer Handlungen fähig sind. Als Johannes auf Patmos seine Seele aufgab, war er in den Augen Gottes nicht dem Judas gleich, als dieser in der Schlinge erstickte. Die Philosophie der Identität im Zeichen des Kollektiven und Kolossalen hat diese Herden von „auswechselbaren" und „leicht ersetzlichen" Homunkuliden erschaffen — *nobody is indispensable*, jedermann ist ersetzbar —, die dann im Namen ebenfalls äußerst ähnlicher Weltanschauungen einander den Garaus machen wollten; Demokratien nannten sie sich ja alle von Mussolinis *democrazia organizzata* und Hitlers „*deutscher Demokratie*" bis zu Stalins *proletarskaja demokrazija*. Ideologisch war der Zweite Weltenbrand ein Bruderkrieg *par excellence*.

Freilich gibt es Eliten und „Eliten". Der heutige Sowjetismus ist streng oligarchisch aufgebaut und beweist, daß auch in der Elitenbildung die Gefahr des „negativen Vorzeichens" besteht. *Corruptio optimi pessima*. Die größte direkte Gefahr, wie Thomas von Aquin es andeutete, liegt in der Pervertierung guter Staats- und Gesellschaftsformen; in den Reihen der gekrönten Herrscher Europas stehen Heilige Verbrechern gegenüber. Ähnliches läßt sich von den Eliten sagen. Dem Problem kann man aber nicht ausweichen, indem man auf den billigen Nenner der Massen zurückgreift, denn gerade sie gebären die Tyrannis in Polygenese. Die Französische Revolution, die Ereignisse von 1917/18 in Mittel- und Osteuropa, die Katastrophen von 1933 und 1945/48 sind Meilensteine in der Geschichte der Vermassung, der Verweltlichung, der Verknechtung und Entsittlichung. Sie zeigen jede für sich „Riesensiege" des „Volkes" und der „Demokratie“ an. Gerade der Umstand, daß in Ihrer Generation Amerika zwei große Siege für die „Demokratie“ errungen hat, die zu zwei gigantischen Niederlagen für die Freiheit führten, sollte Ihnen, der die Tragödie der *Defeat in Victory* miterlebt hat, zu denken geben. Der *Common Man*[9] ist eben nicht der Anwalt der Freiheit, als der er oft dargestellt wird, auch nicht der „edle Wilde“ oder der Ebenbürtige der Besten und Klügsten, die mit christlicher Liebe und Demut sich für ihn zu verwenden haben. Vielmehr gilt für ihn das Wort Goethes:

> Frankreichs traurig' Geschick, die Großen mögen's bedenken,
> Aber bedenken, fürwahr, sollen es Kleine noch mehr.
> Große gingen zu Grunde; doch wer beschützt die Menge
> Wider die Menge? Da war Menge der Menge Tyrann.

Hans Joachim Sell

WATERLOO FAND NUR EINMAL STATT

Vor einem Jahr stand ich im Parlamentsgebäude zu London vor dem großen Gemälde, das Wellington und Blücher darstellt, wie sie sich nach der Schlacht die Hand reichen. Ein Engländer, neben mir, sagte: „Das hätte es öfters geben sollen!“ Wäre dies möglich gewesen?

Der Engländer Ian Colvin hat eine Studie geschrieben, die er „Die pommersche Sage“ nennt. Er berichtet darin von den Warnungen, die der britischen Regierung 1938 und 1939 von einzelnen deutschen Persönlichkeiten zugingen, die damals in der Lage waren, ein Bild von Hitlers Absichten zu gewinnen. Die zentrale Gestalt der Darstellung ist Ewald von Kleist-Schmenzin, der, eines der Häupter der Konservativen, 1938 auf geheimen Wegen von Pommern nach England reiste, um die britische Regierung zum Einschreiten gegen Hitler zu bewegen. Colvin ist befugt, über diese Episode zu schreiben. Churchill sagt von ihm in „The gathering storm“: „Er verschaffte sich einen tiefen Einblick in die deutschen Angelegenheiten und unterhielt geheime Kontakte zu den deutschen Generalen.“ Auf seiner Studie fußt die folgende Darstellung; sie gilt einem Versuch, abermals ein Bündnis Preußens mit England zu erreichen, und wiederum gegen einen Emporkömmling.

Der Preuße und sein Widerpart

Mehrere Stadien lassen sich voneinander unterscheiden auf jenem Weg des Widerstandes, den Ewald von Kleist gegangen ist. Das erste ist durch Verhandlungen mit Parteien in Deutschland, mit ihren Exponenten und Gremien und mit

[9] Vergleiche dazu die Studien von Helmuth Kuhn, „The Common Man on Trial“, *The Review of Politics,* VI, 1. Januar 1944; Aurel Kolnai, „Le culte de *l'homme commun* et la gloire des humbles“, *Laval Théologique et Philosophique,* II, 1, 1946. Dazu ist auch die Behauptung de Greeffs zu erwägen, daß 75 bis 80 Prozent aller Intelligenz trotz größter Anstrengung ein Mittelmaß nicht überschreiten kann. (E. Mounier, *Traité du caractère,* Paris 1947, 640.)

dem Staatsoberhaupt Paul von Hindenburg gekennzeichnet; auch Brüskierungen, wohlberechnet und unnachsichtig gesucht, wurden von ihm schon in diesem ersten Stadium als Mittel im Kampf gewählt. Die zweite Stufe war die der offenen Auflehnung gegen ein Regime, dem Kleist niemals die Legalität zuerkannt hat. Die Form seines Widerstandes war mitbestimmt durch Herkunft, Erbe, Überlieferung und Umwelt: es war eine feudale Form. Schmenzin, der Sitz seines Geschlechtes bei Belgard in Pommern, wurde zu einem festen Platz für Gleichgesonnene. Die dritte Stufe war die der Aktion innerhalb der Fronde; in ihr verselbständigte sich ein bestimmtes konservatives Element, verhandelte mit ausländischen Mächten, lange vor Ausbruch des Zweiten Weltkrieges, um eben diesen Krieg, den Hitler Kleist gegenüber deutlich als sein Ziel hingestellt hatte, zu verhindern: vor allem England sollte mit einer ultimativen und schwankungslosen Politik Hitler die Vorstellung von einem nachgiebigen Europa nehmen.

Ende des Jahres 1932 sprach Kleist Hitler im Hause Hermann Görings. Keitel öffnete ihm die Tür des Raumes, in dem Hitler ihn erwartete, und trat sogleich ab. In dem Raum befanden sich nur zwei Sitzgelegenheiten, ein Armsessel und ein niedriger Stuhl. Kleist und Hitler bewegten sich auf den Armsessel zu; Kleist war der erste, und Hitler setzte sich notgedrungen zu Füßen seines Reaktionärs. Kleist rauchte, obwohl er die Abneigung seines Partners kannte, und erwartete seine Ausführungen. Hitler sprach von dem zukünftigen neuen, größeren Deutschland. Er wolle Deutschland wieder stark machen und dabei Feldzüge in Europa nicht scheuen. Er wolle Rußland bis nach Sibirien zurückdrängen. Während dieser Worte fixierte er Kleist beständig; Kleist faßte später seinen Eindruck in die Worte zusammen: „Ich fühlte, daß der Mann mich zu hypnotisieren versuchte, aber alle seine Versprechen, die Welt zu erneuern, besagten sehr wenig für einen preußischen Junker. Als ich mich erhob, um zu gehen, sah er mich an, als könnte er mich umbringen, weil ich seinem Einfluß widerstanden hatte." Colvin glaubt, daß in die gleiche Zeit ein Gespräch Kleists mit Hindenburg fiel. Nachdem der Reichspräsident sich die Argumente angehört hatte, die vor allem gegen Hitlers Charakter sprachen, soll er gesagt haben: „Sie haben recht. Hitler mag ein guter Patriot sein, aber er ist bestimmt kein guter Staatsmann. Ich werde ihn niemals zum Kanzler nehmen." (Er machte eine Pause und fügte sarkastisch hinzu: „Vielleicht würde er einen guten Generalpostmeister abgeben.")

Als sich die Meinungsverschiedenheiten zwischen Graf Westarp und Hugenberg verschärften, trat Kleist auf die Seite Westarps und sprach entschieden gegen jede Koalition mit den Nationalsozialisten. Die Unversöhnlichkeit nahm bei ihm in dem Maße zu, wie sich in weiten Kreisen das Gefühl verbreitete, es lasse sich mit Hitler, den man ja gleichsam überwachen könne, ein Geschäft zum Wohle der Nation machen. Zu dieser Zeit stellte Kleist den deutschnationalen Chef: „Herr Hugenberg, wenn Sie eine Koalition mit den Nationalsozialisten eingehen, werden Sie Ihre Ehre verlieren. Sie werden damit Ihr Vaterland verraten haben."

Am 30. Januar 1933 sagte Kleist zu seinem Freunde Fabian von Schlabrendorff: „Wir haben unser Vaterland verloren." Es waren die Tage, an denen einige der Hohenzollernprinzen den Orden Pour le mérite über dem Braunhemd trugen. Ein janusköpfiges Preußen ...

Im Frühling 1933 äußerte Kleist zu einem Besucher, der von der pommerschen Landschaft entzückt war: „Ein Mensch hat nur das Recht auf diesen Besitz, wenn er dazu bereit ist, ihn jederzeit aufzugeben.“ Vierhundert Seelen zählte die Ortschaft, in der sich nie die kleinste Einheit der SA hat bilden wollen. Auf dem Schloß wurde die Hakenkreuzfahne ein einziges Mal gehißt, in Abwesenheit Kleists, Jahre später. Der Griff nach seiner Person ließ nicht lange auf sich warten. Im Mai 1933 wurde er zum ersten Mal verhaftet. Wenig später war er drei Wochen in Haft. Seine Aussage gipfelte in dem Satz: „Schießen Sie mich über den Haufen, wenn Sie wollen; so wie ich bin, hat man mich geboren, und Sie können mich nicht ändern.“ Am 30. Juni 1934 erhielt Kleist die entscheidende Warnung von einem jungen Kommunisten aus Belgard. Sie rettete ihm das Leben. In Berlin, bei Ernst Niekisch, fand Kleist einen Unterschlupf.

Im fünfundfünfzigsten Jahr stand Kleist damals. Wer war dieser Mann? Welch ein Charakter bot hier die Stirn? War er ein Magnet für fast schon verschollene Empfindungen? War seine Haltung ganz und gar inspiriert von der in ihm lebendigen Vergangenheit, kam es ihm auf etwas an, was es auf jeden Fall zu bewahren galt? Läßt sich sein Motiv negativ ausdrücken: daß im Staatsleben Dinge vorkamen, die einfach nicht sein durften? Hebt sich diese Form der Ablehnung von konstruktiven Vorschlägen anderer Gegner Hitlers ab?

Die Verhandlungen in London

Als Kleist mit Colvin zum ersten Mal zusammenkam, arbeitete dieser als Central European Correspondent für den News Chronicle in Deutschland.

Kleist stand damals in Kontakt vor allem mit führenden deutschen Generalen, außerdem mit Gördeler, Herbert von Bismarck und Ernst von Weizsäcker. Zu dieser Zeit war Ernst Niekisch schon verhaftet. Fabian von Schlabrendorff, „dessen Schweigsamkeit, Diskretion und meisterhafte Verstellung mit Kleists Charakter scharf kontrastierte“, vermittelte ihm wichtige Verbindungen.

Colvin berichtet uns fair und ohne seine Landsleute zu schonen von den Vorbereitungen zu dem „Bündnisangebot“. Kleist sagte ihm damals zum Thema Tschechoslowakei: „Eines weiß ich ganz sicher: Wenn England ‚Nein‘ sagt, und sei es nur durch diplomatische Kanäle, dann muß das Abenteuer aufgegeben werden. Hitler hat das zugegeben, und was er wie die Pest fürchtet, ist, daß England ihn warnen könnte. Denn er muß nachgeben, und das wäre ein schwerer Schlag für sein Prestige in Deutschland. Wenn das Pendel aufgehalten wird, schwingt es nach der anderen Seite. Das ist es, was in Deutschland geschehen würde... Sagen Sie Ihren Freunden, daß wir noch keinen Krieg beginnen können. Die Armee hat wenig Reservisten und praktisch keine Materialreserve. Das Volk ist gegen den Krieg, die Befestigungen im Westen sind noch nicht fertig. Die Nazi bluffen, und ihr Bluff kann sie weit bringen, aber am Ende gibt es nur eine Möglichkeit, die Niederlage... Der deutsche Generalstab weiß das, aber der Generalstab hat keinen Notanker (sheet anchor). Veröffentlichen Sie nichts von dem, was ich Ihnen sage, aber sagen Sie Ihren Freunden in England, daß die britische Regierung ihm diesen Anker geben kann durch ein festes Wort.“

Am 22. Juli 1938 speiste der General von Brauchitsch mit einigen seiner engsten Freunde und teilte ihnen bei dieser Gelegenheit mit, daß der 28. September als X-Tag für die Operationen gegen die Tschechoslowakei festgesetzt worden sei. Am 23. Juli erfuhr Colvin von dieser Mitteilung. Kleist sprach nacheinander mit General Oster, General Beck und Admiral Canaris. Canaris fragte ihn, ob er bereit sei, in geheimer Mission nach England zu reisen. Kleist bejahte diese Frage. In einer zweiten Unterhaltung mit General Beck wurde folgende Linie festgelegt: Wenn es sicher sei, daß England den Einfall Hitlers in die Tschechoslowakei als Kriegsgrund ansehe, wolle Beck, bevor ein solcher gegeben sein könne, durch Einheiten des Heeres die führenden Nationalsozialisten verhaften lassen und für die Zeit des Überganges eine Militärregierung bilden. Colvin fand sich sogleich zu jeder Hilfe bereit und beseitigte zunächst technische Schwierigkeiten. Kleist war in Frankreich, Italien und der Schweiz gereist, kannte aber England nicht; er hatte keine Beziehungen dort, und er war der Sprache nicht mächtig. Alle Unterredungen wurden deshalb später auf Französisch geführt. Auch war es nicht leicht für einen pommerschen Junker, ohne eine den deutschen wie den englischen Büros bekannte Mission nach London zu reisen. Kleists Name durfte an der Grenze nicht fallen, seine Geldmittel durften zwanzig Mark nicht überschreiten. Colvin sorgte dafür, daß Kleist bei seiner Ankunft in London nicht behelligt wurde, und bereitete die englischen Politiker auf sein Kommen vor. Admiral Canaris entnahm seiner Kollektion einen falschen Paß, und der General von Kleist begleitete seinen Verwandten auf den Flughafen Tempelhof zu dem Lufthansa-Flugzeug, das diesen nach Croydon flog.

In London fand Kleist im Park Lane Hotel eine Nachricht von Lord Lloyd vor. Noch auf den gleichen Tag fiel die erste Unterredung, bei deren Wiedergabe wir sowohl den Wortlaut als auch den Kommentar Colvins zugrundelegen. Kleist sagte: „Es ist alles entschieden, Lord Lloyd, die Mobilmachung wird in weniger als sechs Wochen vollendet sein, die Anordnungen sind gegeben worden, und nichts wird sie ändern." Dann entwickelte er dem Privy Councillor, wie das Kräfteverhältnis im Reich beschaffen sei; wie die kommandierenden Generale gegen einen Krieg seien, der, wie sie fürchteten, zugleich ein Zweifrontenkrieg sein werde; wie eine feste und kategorische Ablehnung der Erlaubnis, die Tschechoslowakei zu zerstückeln, offen von Großbritannien ausgesprochen, einen Zusammenprall der Meinungen zwischen Hitler und dem Generalstab zur Folge haben werde, und wie, wenn er, Kleist, in der Lage wäre, den Generalen von der festen Haltung der Engländer Beweise zu bringen, gute und vernünftige Hoffnung bestünde, daß Hitler und seine Partei mit Waffengewalt von der Macht abgelöst würden. Lloyd war skeptisch, inwieweit Hitlers Absichten feststünden, aber der kleine Baron bestand darauf, daß Hitlers Meinung unveränderlich sei.

Lloyd nahm den Vorschlag als gewichtig entgegen, und an den folgenden Tagen wurden Besprechungen arrangiert mit Robert Vansittart, der Lord Halifax berichten würde, und mit Winston Churchill, den Kleist in Chartwell Manor besuchte. Er führte Sir Robert Vansittart nachdrücklich die dringende Notwendigkeit einer festen britischen Erklärung vor die Augen und fragte, welchen Beweis der britischen Haltung er mit nach Berlin nehmen könne, und andernfalls, ob er eine offene Erklärung für die nahe Zukunft voraussagen dürfe. Er wiederholte seine Versicherung, es bestehe die berechtigte Hoffnung, daß das Dritte Reich gestürzt werde, falls Großbritannien eindeutig zur Tschechoslowakei stehe.

Sir Robert Vansittart berichtet über sein Gespräch an Lord Halifax, und sie erwogen, welche Versicherung man Kleist geben könne und in welcher Form, um seine Hand in Berlin zu stärken. Man hielt es für unfair, ihn mit irgendeinem Brief von einem Mitglied der britischen Regierung auszustatten, die unbedingt korrekte diplomatische Beziehungen mit dem Mann aufrechterhalten wollte, den er zu stürzen versuchte. Aber man trat an Winston Churchill heran und fragte ihn, ob er das Gewicht seines Namens und seiner Ansichten für einen Brief hergeben wolle, der die britische Haltung zu den Gefahren herausstellen sollte, die unmittelbar bevorstanden.

In Chartwell Manor aß Kleist zu Mittag mit der Familie Churchills, und er sah dieses große politische Haus in den Tagen, als Churchill mit sicherem Gefühl immer wieder die Fehler in der Konzeption der Regierung Chamberlain aufdeckte. Er wurde warm, aber geheimnistuerisch empfangen, man sprach ihn nicht mit Namen an, sondern als „Unser Freund", und nach dem Essen nahm man ihn zu Besprechungen beiseite.

Kleist hatte auch andere Besprechungen. Das Vorhaben Chamberlains, nach Berchtesgaden zu gehen, wurde nicht ein einziges Mal erwähnt. Er traf auf das entschiedene Verlangen, die Gefahr eines Krieges zu vermeiden. „Keiner von allen, mit denen ich gesprochen habe, hatte wirklich die Absicht, es in der Frage auf eine Probe ankommen zu lassen," so faßte er nachher seinen Eindruck zusammen. Von Churchill sagte er: „Das ist der große Mann."

Lakonisch vermerkt Colvin: „Kleist sagte mir, daß er einen Fürsprecher in London entbehrte; er hätte wünschen können, daß ich ihn begleitete. Aber es ist schwer, Menschen sehend zu machen für etwas, was sie nicht glauben wollen. Selbst wenn General Beck als Chef des deutschen Generalstabes ihm einen Brief anvertraut hätte, in dem er seine Absicht offen darlegte, hätte es die britische Regierung immer noch schwierig gefunden, sich zu einer Politik der Festigkeit zu entschließen. Dies waren nicht die Männer, die fähig waren, den Frieden zu retten oder den Krieg zu wagen... Zurückblickend auf diese erstaunliche Zeit der Intrigen, fragt Leon Blum, ob irgendwer außerhalb des deutschen Zirkels, der ihn betrieb, von dem Plan wußte, Hitler im September 1938 zu stürzen. Er führte Lord Halifax an, den er in Washington 1948 getroffen hatte, und den er noch nicht ganz im Klaren darüber fand und im Reinen mit seinem Gewissen, ob man Hitler 1938 nicht doch hätte beseitigen können. Das stimmt nicht völlig. Es würde wahrer sein, zu sagen, daß es deutlich mitgeteilt worden war, aber daß niemand daran geglaubt hatte."

Am 14. September wurde der Rücktritt General Becks bekannt, und mit Beck waren Halder, Witzleben, Thomas, Helldorff, Höpner, Canaris und Brauchitsch zum Staatsstreich entschlossen; aus ihrem Kreis kamen nun keine Informationen mehr. „Diesmal bewahrten die Verschwörer eisernes Schweigen über ihre unmittelbaren Absichten. Sie hatten damals die Stärke, diese durchzuführen; daran habe ich nie gezweifelt," schreibt Colvin.

Dann flog Chamberlain zu Hitler. Das änderte alles, auch im Lager der Generale. Typisch ist die Bemerkung des Generals von Kleist über Hitler: „Ein Schwein mag er sein, aber das Schwein hat Glück."

Das Ende

Ewald von Kleist sah die Einmütigkeit zerfallen, er selbst war isoliert. Er hatte die Soldaten bis an den Rand der Rebellion beraten. Ein Teil der Generale verweigerte ‚weitere Verschwörergespräche und nahm Abstand von dem Mann, der keinen Erfolg hatte und womöglich den leisen verführerischen Schritt der Göttin Geschichte überhörte bei dem Lärm völkischer Aufmärsche. Hitler wußte eines wohl sehr genau: Kriege oder Besetzungen sind das sicherste Mittel, die junge Mannschaft eines Volkes in die Hand zu bekommen. Kleists Spiel war verloren.

Während der Krisenzeit von 1939 sagte Kleist zu Colvin: „Sagen Sie Ihren Freunden, daß es keinen Sinn für mich hat, mit leeren Händen nach London zu gehen. Im August 1938 hatte ich entschieden etwas zu bieten; das ist nicht länger der Fall." Colvin flog nach London und sprach mit Reginald Leeper, Sir John Simon, Sir Alexander Cadogan, Lord Halifax und Chamberlain. Man erinnerte sich noch an Kleist. Colvin hat damals mit seiner Meinung nicht hinter dem Berge gehalten.

Kleist sparte selbst nach Kriegsbeginn nicht mit offenen Affronts. Er blieb unversöhnlich. Einmal charakterisierte er im Wortgefecht das Verhalten der Generale gegenüber Hitler mit den Worten: „Feige wie ein General, — ehrlos wie ein Offizier." Zwei seiner Söhne dienten in der Wehrmacht; ein Kleist war Feldmarschall. Im Club, in dem er neben Freunden auch Gegner treffen konnte, nannte er die Partei korrupt und zwang ein Clubmitglied, indem er es einen Denunzianten nannte, zum Verlassen der Räume. Schmenzin sah damals nur wenige Gäste, unter ihnen Pater Delp und die Pfarrer Bonhoeffer. Als man das Sprengstoffattentat auf Hitler vorbereitete, bei dem die Täter mit großer Wahrscheinlichkeit selbst das Leben verloren hätten, wurde Kleists Sohn Ewald Heinrich von Stauffenberg zum Mittäter ausersehen. Der Sohn fragte den Vater und erhielt von ihm zur Antwort: „Ja, Du mußt es tun. Jeder, der eine Gelegenheit vorübergehen läßt wie diese, wird in seinem Leben nie mehr glücklich sein können."

Kleist wurde am 21. Juli 1944 verhaftet und am 14. März 1945 zum Tode verurteilt; Churchills Brief hatte man bei ihm gefunden. Von seiner Todesstunde weiß man nichts Genaues.

Fragen wir aber nach der Ursache für das Verhalten der englischen Politiker, so antwortet uns ein Mann des britischen Außenamtes nach dem 20. Juli 1944: „Es ist erstaunlich, wieviele von den Leuten, die die Gewohnheit hatten, uns vor Hitler zu warnen, nun verhaftet worden sind. Sie waren so freimütig, wenn sie (in den dreißiger Jahren) zur Botschaft kamen, daß wir immer glaubten, sie seien von den Nazi geschickt worden." Diese Antwort kann nicht befriedigen. Hitler stand in der kritischen Zeit nicht kämpfend in Feindesland, er besaß keine Erfahrung in der Kriegsführung, und Deutschland wie auch sein Heer wollte keinen Krieg; die obersten Heerführer beabsichtigten die Verhaftung des Staatsoberhauptes, sobald England entschlossen wäre, seinen kriegerischen Absichten entgegenzutreten. Aber Waterloo fand nur einmal statt.

Alfred Andersch

EIN AUFTRAG FÜR LORD GLOUSTER

Im Mittelpunkt Frankfurts, Ecke Hauptwache und Biebergasse, befindet sich eine Würstchenbude. Man kann dort Bratwürste, Rindswürstchen oder die langen Frankfurter kaufen und, im Stehen essend, an die Theke gelehnt, das Leben und Treiben betrachten.

Am 13. Juni, mittags um zwölf Uhr, stand Nicolas an der Bude, hatte eine Bratwurst vor sich auf einem kleinen Pappteller und beschmierte sie sich erst einmal mit Senf, weil sie zum Anfassen noch zu heiß war.

„Gut, nichtwahr?", sagte ein Mann, der von seiner Wurst schon abgebissen hatte, zu Nicolas. „Aber Sie hätten eine schärfer gebratene nehmen sollen."

„Egal", antwortete Nicolas, faltete die Papierserviette und faßte damit die Wurst an. „Solche Würste wie zu meiner Zeit gibt's heute sowieso nicht mehr. Die hier sind ja nur so'n Klacks. Aber damals, in Burgund, das hätten Sie erleben sollen, was das für Würste waren!"

„Ja, damals", sagte der Mann. „Das kommt nicht wieder." Dann setzte er wißbegierig hinzu: „Burgund? Hab' ich noch nie gehört. Wo liegt'n das?"

„Das gibt's anscheinend schon lange nicht mehr", antwortete Nicolas, etwas kurz angebunden, und sah bewundernd einem langen, crèmefarbenen Buick-Cabriolet nach, das die Biebergasse entlang fuhr. „Bin neulich mal dort gewesen. Aber das heißt jetzt alles ganz anders: Luxemburg, Belgien, Frankreich."

Der Mann wurde plötzlich mißtrauisch. „Wann sind Sie denn in ... in ..."

„Burgund", ergänzte Nicolas höflich.

„mhm, ... also in diesem Burgund gewesen?", fragte er.

„Zuletzt 1445", sagte Nicolas. „Möchte furchtbar gerne wissen, was aus Burgund geworden ist. Wissen Sie's zufällig?"

Der Mann starrte ihn sprachlos an. „Na", sagte er dann, „jeder hat so seinen Vogel. Aber Sie haben schon 'nen besonders komischen." Er schob das letzte Stück seiner Bratwurst in den Mund und zerknüllte dabei wütend die Serviette. „Mich auf den Arm nehmen wollen! Am hellichten Mittag!"

Nicolas sah ihm traurig nach, wie er davon ging. Dann befühlte er, während er seine Wurst aß, sanft den Stoff der Riffelsamt-Weste, die er sich in einem Geschäft in der Goethestraße gekauft hatte. Er hatte sie sich angeschafft, weil sie ärmellos war. Das erinnerte ihn an die Weste aus fein geschmiedeten Stahlketten, die er bei Azincourt getragen hatte. Nicolas war ein ausgezeichneter Degenfechter und stets lieber mit ärmellosen Stahlwesten ins Gefecht gegangen, weil sie Beweglichkeit verliehen. Er lächelte, während er daran dachte, wie er den Lancaster herausgehauen hatte, der, von Kopf bis Fuß gepanzert, von den Franzosen fürchterlich verdroschen wurde, als ihm der Biedhänder entglitten war. Nicolas' Abneigung gegen schwere Deckung hatte ihn auch veranlaßt, sich einen der kleinen roten MG-Wagen anzuschaffen, den er jetzt vor dem Café Kranzler geparkt hatte. Er war stolz darauf, daß die MG's von der Industrie seines Heimatlandes hergestellt wurden. In die angenehmsten Gedanken versunken, merkte er erst garnicht, daß ein Herr ihn ansprach.

„Verzeihung“, sagte der Herr, „gestatten Sie mir, daß ich mich bekannt mache. Bernheimer. Doktor Bernheimer.“

Nicolas erwachte. „Glouster“, stellte er sich mit einer leichten Verbeugung vor.

„Oh, ein bekannter Name, mein Lord“, sagte Doktor Bernheimer. „Dann sind Sie sicherlich jener siebente Graf Glouster, der im französischen Feldzug Heinrichs V., so um 1430 herum, spurlos verschwand und niemals mehr auf die Insel zurückkehrte?“

„Allerdings“, bemerkte Nicolas kühl. „Aber woher wissen Sie . . .?“

„Ich konnte vorhin nicht umhin, Ihrem Gespräch mit jenem Manne zu folgen, der so böse wurde“, erklärte Doktor Bernheimer, verlegen lächelnd. „Deshalb erlaubte ich mir, Sie anzusprechen. Und als Sie dann Ihren Namen nannten, war es leicht, zu kombinieren. — Ich habe mich ein bißchen mit englischer Familiengeschichte beschäftigt, müssen Sie wissen“, fügte er bescheiden hinzu.

„Ach so“, sagte Nicolas voller Neugier. Er betrachtete den Doktor, der einen grauen, zweireihigen Anzug trug und zwei dick mit Akten und Schriften gefüllte Mappen neben sich auf den Boden gestellt hatte. Erinnert mich irgendwie an den Cusanus, den ich 1440 in Trier traf, nachdem ich „De Docta Ignorantia“ gelesen hatte, dachte Nicolas. Gefiel mir sehr, die Lehre von den Gegensätzen in des Menschen Brust, — aber der hier bringt sie auch nicht in sich zur Deckung, mit seinem Aszeten-Gesicht und den Musiker-Augen darin.

Doktor Bernheimer trank indessen eine Flasche Coca-Cola. „Verdammt heiß heute in der Stadt“, sagte er und schob sich den Strohhut ins Genick.

„Wir können ja irgendwohin rausfahren, zum Baden, wenn Sie Zeit haben“, schlug Nicolas vor.

„Am Besten ins Sportfeld-Stadion“, stimmte Bernheimer zu. Sie verstauten sich und die Mappen in dem kleinen Wägelchen und Nicolas gab Gas, als er in die Kaiserstraße einbog.

„Wissen Sie, mit Burgund kann ich Ihnen helfen“, sagte Bernheimer, als sie über die Mainbrücke fuhren. „Mit Burgund war praktisch schon 1477 Schluß, als Karl der Kühne bei der Belagerung von Nancy fiel.“

„Wer war denn Karl der Kühne?“, fragte Nicolas.

„Ach, haben Sie ihn nicht mehr erlebt?“, erwiderte Bernheimer verwundert. „Das war der bedeutendste Mann, den Burgund je hatte. Aber militärisch hatte er immer Pech.“

„Interessant“, sagte Nicolas. „Ich bin leider schon 1445 gestorben.“

„Schade“, sagte Bernheimer mit taktvollem Bedauern in der Stimme, „da haben Sie viel versäumt.“ Er besah sich den schmalen, blonden, typisch englischen Nicolas und meinte: „Sehr alt können Sie nicht geworden sein.“

„Immerhin fünfzig“, meinte Nicolas. „Wurde am 13. Juni 1395 geboren. Ich habe heute Geburtstag.“

„Oh, gratuliere! Sie sehen aber jünger aus.“

„Habe mich auf dreißig zurückdatieren lassen, für diesen Besuch."

Nicolas mußte zurückschalten, weil auf der Sachsenhäuser Seite zwei Lastzüge die Fahrbahn kreuzten. „Sie fahren ausgezeichnet", sagte Dr. Bernheimer, als der MG den Mainkai entlangschoß.

„Das ist doch keine Kunst", antwortete Nicolas. „Omar zu führen war weit schwieriger."

„Wer war Omar?", fragte Bernheimer.

„Der Hengst, mit dem ich 1412 zur Armee nach Frankreich ging. Abkömmling eines Arabers, den mein Vater auf einer Reise in Trapezunt gekauft und mit einer friesischen Stute gekreuzt hatte. Bei Orleans hat er mir das Leben gerettet. Wir mußten", fügte er verlegen hinzu, „die Stadt sehr schnell räumen, wie Sie wissen."

„Orleans!", rief der Doktor aus. „Sagen Sie, haben Sie die Jungfrau gesehen?"

„Jeanne?" Nicolas warf Bernheimer einen schnellen, düsteren Seitenblick zu. „Allerdings." Um das Gespräch in eine andere Richtung zu lenken, tippte er auf die ‚New York Times', die er in die Jackentasche gesteckt hatte, und fragte: „Was wird in Korea?"

„Was wird schon werden!", sagte Doktor Bernheimer ungeduldig. „Die Amerikaner werden Korea halten, wie ihr damals Calais gehalten habt, um euch dann anderen Zielen zuzuwenden. Korea ist unwichtig. Erzählen Sie mir lieber von der Jungfrau!"

Nicolas gab ihm keine Antwort, sondern bog an der Forsthausstraße in eine Tankstelle ein und stoppte den Wagen. „Zwanzig Liter", sagte er zu dem Tankwart. Während das Benzin nachgefüllt wurde und der Mann Wasser und Öl prüfte, saß Nicolas ganz still am Steuer. Er hatte den Benzingeruch gerne, so gerne wie den Geruch des Fettes, mit dem sie in den Feldlagern in der Pikardie die Rüstungen geschmiert hatten. Aber als sie dann wieder fuhren, war der Fahrtwind, der ihm in den Haaren spielte, mit dem Siegeswind von Azincourt und dem Fluchtwind von Orleans nicht zu vergleichen.

„Jeanne aber hätte Korea sehr ernst genommen", sagte er nach einer Weile zu seinem Begleiter. „Ich sah sie zuletzt in Rouen, als sie zur Verbrennung geführt wurde. — Darnach ritt ich davon", setzte er sehr leise hinzu.

„Deswegen also sind Sie nicht mehr nach England zurückgekehrt?", fragte der Doktor.

Nicolas schwieg. „Es war mein Auftrag", sagte er endlich.

„Die Jungfrau hat Sie beauftragt? Haben Sie mit ihr gesprochen?"

„Nein, nie. Das erste Mal sah ich sie in Orleans, als Siegerin. Ihr Gesicht war ganz hell und wie eine Erscheinung. Es flog an mir vorüber. Darnach habe ich sie in Rouen gesehen, bei den Verhandlungen. Man brauchte nicht mit ihr zu sprechen, um von ihr einen Auftrag zu erhalten."

„Ah, ich verstehe. Und wie lautete der Auftrag?"

„Geh' aus allem heraus, sagte sie, bleib ganz für dich und bereite alles vor!"

„Was sollten Sie denn vorbereiten?", fragte Doktor Bernheimer verwundert.

„Jeannes Wiederkehr natürlich", sagte Nicolas.

„Sie meinen, sie kommt zurück?"

„Noch ist es nicht ganz an der Zeit", antwortete Nicolas. „Aber sie wird kommen."

„Und haben Sie den Auftrag ausgeführt?"

„Ich bin damals nach Osten geritten", berichtete Nicolas. „In Frankreich konnte ich mich ja nicht niederlassen. Aber im Luxemburgischen, das damals zu Burgund gehörte, fand ich ein kleines Kloster, in dem ich unterkam. Dort las ich die Schriften des Duns Scotus und des Wilhelm von Occam, und später die des Nicolaus von Cues. — Deswegen erstaunt mich das hier nicht allzusehr", fügte er hinzu und deutete auf die Landschaft aus Alleebäumen, Tankstellen, Hochspannungsmasten und Eisenbahnschienen. „Universalia sunt nomina", grinste er plötzlich. „Die Ideen sind nichts als Worte, verstehen Sie, wenn man damit mal anfängt, dann kann man mit den Realien machen, was man will, — dann ergibt sich alles andere von selbst.

„Dann kann man die Welt verändern", bestätigte der Doktor.

„Aber mit der Realität, die Jeanne heißt, haben die Herren nicht gerechnet", sagte Nicolas mit grimmiger Genugtuung. „Jeanne stand nicht in ihren Plänen, nirgends, und weil ich das entdeckte, während ich über den Büchern langsam an der Schwindsucht starb, in einem kleinen Kloster im gottverlassenen, weltbegrabenen Ardennerwald, war ich in der Lage, an Jeannes Wiederkehr zu glauben."

„So haben Sie also den Auftrag erfüllt." Bernheimer nickte, indes der Wagen vor dem Eingang zum Sportfeld-Bad hielt.

„Ja", sagte Nicolas. Als das letzte Motorgeräusch erstorben war, sagte er: „Und außerdem habe ich Jeanne geliebt."

Der Doktor sah Nicolas an. Nicolas war wirklich typisch englisch. Er erinnerte den Doktor an Aufnahmen, die man von dem Obersten Lawrence gemacht hatte.

„Ich hole schon die Tickets", sagte Doktor Bernheimer. „Parken Sie inzwischen das Auto!"

Während er zur Kasse ging, fühlte er, daß sich alles verändert hatte. Es lag etwas Neues in der Luft. Gar kein Zweifel — in irgendeinem Domrémy bereitete sich die Jungfrau vor. Ihre jungen Paladine, Leute wie dieser Glouster, hatten sich bereits um sie geschart. Ihre Degen schrieben das Wort ‚Orleans' unsichtbar an den Himmel Europas.

„Zwei Eintrittskarten", sagte er.

„Weshalb denn zwei?" fragte das Fräulein an der Kasse. „Erwarten Sie noch wen?"

Doktor Bernheimer sah das Fräulein an und wandte sich um. Der große betonierte Parkplatz vor dem Stadion war vollständig leer, leer unter der glühenden, weißen Mittagshitze.

Richtig, dachte der Doktor, es war ja noch nicht ganz an der Zeit, hatte Glouster gesagt. Und mit einem freundlichen und eigensinnigen Lächeln sagte Bernheimer zu dem Kassenfräulein: „Geben sie mir trotzdem zwei!"

Das Porträt:

BOLESLAW BIERUT

Staatspräsident der „Volksrepublik Polen"

Seitdem ein zumindest in der Theorie wieder selbständiges Polen besteht, in wenigen Jahren also sind viele Ministerpräsidenten und ihre Stellvertreter über die Bühne des Landes gegangen: Osóbka-Morawski, Gomułka, Mikołajczyk, und nicht sie allein verschwanden im Schatten, mußten fliehen, wurden verfemt. Der westliche Zeitungsleser weiß wenig oder nichts von den Hochfeld, Drobner, Szwalbe, Spychalski, sozialistischen und kommunistischen Führern, die längere Zeit versucht hatten, ihre Heimat zur parlamentarischen Demokratie westlichen Stils zurückzuführen, oder die, Titos Beispiel folgend, „nationalistischen Abweichungen" huldigten, — dem kundigen Beobachter polnischen Geschehens vielsagend, dem Kreml alle ein Greuel. Sie sind beseitigt, ihrer Machtstellungen beraubt. Geblieben ist im Vordergrund der Wirtschaftsdiktator Minc und im Hintergrund, unentwegt, die graue Eminenz des roten Regimes, Berman. Und geblieben ist der heutige Staatspräsident Polens: Bolesław Bierut. Er ist *der* Mann, in den Moskau von Anfang an das besondere Vertrauen gesetzt hatte, der es nie enttäuschte, und dem bis heute sowohl der äußerlich wichtigste Platz als auch die letzte Entscheidung über Polens Politik zufällt.

Über die Ursprünge des Präsidenten waltete im Augenblick, da er ins Rampenlicht der europäischen Öffentlichkeit trat, ein Dunkel, das von seinen Gegnern absichtlich verbreitet und von seinen Anhängern, im Einklang mit der sowjetischen Gewohnheit, nie über Familienverhältnisse der Staatslenker zu berichten, nicht aufgehellt wurde. Man bezweifelte das Polentum, die proletarische Herkunft, ja den Namen Bieruts, erklärte, er sei Sproß einer adeligen Familie Krasnodębski, ein Jude, ein Russe. In Wahrheit heißt er Bolesław Bierut seit dem Tag, da er, am 18. April 1892 in Lublin geboren, durch die Taufe in die katholische Kirche seiner bäuerlichen Vorfahren aufgenommen wurde. Seine Mutter, die heute noch hochbetagt lebt, ist wie die Stalins eine fromme, gläubige Frau. Sein Vater befaßte sich, wie uns Jugendgefährten des Präsidenten erzählten, zeitweilig mit Gärtnerei; er hing dem Sozialismus an. Bolesław Bierut erlernte das Setzerhandwerk, arbeitete in Druckereien von Zeitungen und Verlagen, widmete sich aber zugleich eifrigem Selbststudium, das ihn zum Marxismus führte. Schon vor dem Ersten Weltkrieg erfreute er sich beim linken Flügel der sozialistischen Partei großen Ansehens. Er trat an die Spitze einer Geheimgesellschaft „Przyszłość" (Zukunft), die kulturpolitische und soziale Umsturztendenzen verfocht. Von der Polizei gesucht, mußte er sich während der ersten Monate des Krieges verbergen. Nach der Besetzung Lublins durch die Mittelmächte nahm Bierut seine Tätigkeit wieder auf. Er spielte insbesondere nach der Russischen Oktoberrevolution eine wichtige Rolle in der meist unterirdisch wirkenden polnischen Kommunistenpartei. Deshalb zog er die Aufmerksamkeit des scharf antisowjetischen Regimes Piłsudskis auf sich. Lange vermochte er zwischen den Maschen eines Netzes zu entschlüpfen, das sich um ihn schlang. Endlich, da er fühlte, es werde bald zugezogen werden, entrann er ins Ausland.

Bierut verbrachte nun vier Jahre in München und in Wien, wo er in Verbindung mit Parteifreunden, unter drückenden Bedingungen, volkswirtschaftliche und geschichtliche Studien betrieb. Von jener Zeit her rühren die ausgezeichneten Deutschkenntnisse des Präsidenten, der sonst an fremden Sprachen einzig Russisch gut beherrscht, vom Französischen und vom Englischen aber nur Bruchteile sich aneignete. 1932 kehrte er, in einem Augenblick der Entspannung zwischen Moskau und Warschau, nach Polen zurück. Zwei Jahre später, als es im Zeichen des Paktes zwischen Hitler und Piłsudski damit vorbei war, wurde Bierut, der die kommunistische Propaganda mitgeleitet hatte, verhaftet und zu sieben Jahren Gefängnis verurteilt. Er saß davon kaum die Hälfte ab, entkam dann, tauchte unter und begab sich schließlich nach der Sowjetunion.

Im Zweiten Weltkrieg wurde er nach dem deutschbesetzten Polen zurückgesandt, wo er als Konkurrenz gegen die von London aus gelenkte Widerstandsbewegung der Bürgerlichen und der Rechtssozialisten einen Landesnationalrat (Krajowa Rada Narodowa) ins Leben rief, der nach dem Ausbruch der Feindseligkeiten zwischen dem Dritten Reich und der Sowjetunion bewaffnete Aktionen gegen die Besatzungsmacht unternahm. In der Neujahrsnacht 1943/44 konstituierte sich in Warschau, unter den mit Blindheit geschlagenen Augen der sonst so aufmerksamen Besatzungskommandantur und der Gestapo, jene revolutionäre Behörde. Aus Delegierten der kommunistischen und der linkssozialistischen Geheimorganisationen gebildet, durch einige radikale bürgerliche Mitläufer ergänzt, nahm der Landesnationalrat für sich die Befugnisse des in alle Winde zerstreuten Sejm (Parlaments) in Anspruch, für Bierut, seinen Präsidenten, die eines provisorischen Staatsoberhauptes. Die mit Moskau ständig Verbindung haltenden Linkselemente leugneten die Rechtmäßigkeit der Londoner Exilregierung, des dortigen Staatspräsidenten Raczkiewicz und des als Rumpfparlament fungierenden, aus drei bürgerlichen Parlamenten der Rechten und der Mitte, dann aus den gemäßigten Sozialisten zusammengesetzten Nationalrats unter Paderewskis Vorsitz. Man bereitete den politischen und sozialen Umsturz zugleich mit der Wiedererrichtung des durch das Dritte Reich ausgelöschten polnischen Staates für den Augenblick vor, da die Rote Armee die deutschen Okkupanten vertrieben haben würde. Bierut, der zur führenden Rolle ausersehen war, kam Anfang Juli 1944 durch die Frontlinie nach der Sowjetunion, empfing in Moskau von Stalin persönlich die letzten Weisungen und die Investitur als „Kommunist Nummer Eins" Polens, kehrte nach dem inzwischen von den Deutschen verlassenen Lublin zurück und amtete fortan als Präsident der KRN und Staatsoberhaupt in aller Öffentlichkeit. Am 22. Juli jenes Jahres bildete sich ein Nationalkomitee als provisorische Regierung. Mit diesem, von dem Sozialisten Osóbka-Morawski präsidierten Kabinett zog Bierut im Januar 1945 in das zurückeroberte Warschau ein. Er blieb, im doppelten Sinne, „der ruhende Pol in der Erscheinungen Flucht": unangefochten in seiner Stellung als Staatsoberhaupt, vom ersten Nachkriegs-Sejm gemäß der Verfassung von 1921 am 5. Februar 1947 formell zum endgültigen Präsidenten erkoren und im Dezember 1947 zum Vorsitzenden der aus Kommunisten und Sozialisten verschmolzenen, allmächtigen Arbeiterpartei (PZPR) gewählt.

Bieruts Hand ist bei jedem wichtigen Entscheid zu spüren, der in Polen getroffen wird. In Moskau genießt er hohes Ansehen. Bei den breiten Massen der städtischen Arbeiterschaft und bei einem Teil der Intelligenz ist er recht beliebt. Auch politische Gegner rühmen seine Klugheit, sein schlichtes, durch den steilen Aufstieg nicht verdorbenes Wesen, den beschwichtigenden Einfluß, den er oft hinter den Kulissen ausgeübt hat, um stürmische Entwicklungen abzubremsen und Härten zu mildern, von denen Einzelschicksale getroffen wurden. Anderseits ist es Bierut, der die wachsende Radikalisierung der polnischen Volksdemokratie geleitet hat. *Er* hat seine Partei und damit das Land den Weg zum Stalinismus geführt, wiederholte „Reinigungen" verfügt und in zahlreichen Reden den Klassenkampf gepredigt. *Er* hat mit der Vorstellung von einem über den Parteien stehenden Staatsoberhaupt gebrochen und sich als der treueste Hüter der marxistischen Rechtgläubigkeit bewährt. *Er* verkörpert den aufs strengste nach Moskau ausgerichteten Kurs der inneren und der äußeren Politik. Fremde Beobachter haben darin unlösbare Widersprüche gefunden; sie begreifen vor allem nicht Bieruts Verhalten in der Kirchenfrage, gegenüber den früheren Oberklassen und den Angehörigen nichtmarxistischer Parteien.

Es ist eine Tatsache, daß sich der Präsident lange eifrig um ein gutes Verständnis mit der Hierarchie und mit der Kirche bemüht hat, daß er mit hervorragenden Mitgliedern des Episkopats persönlich verhandelte, und daß er anfangs regelmäßig kirchlichen Feiern beiwohnte, daß es zum Beispiel auf seine Initiative zurückging, wenn er beim Amtsantritt im Eid die Schwurformel auf Gott beibehielt, ja daß er mehrmals Sonderbeauftragte nach dem Vatikan entsandte und einmal eine — beiderseits heute mit Schweigen bedeckte — Art Ehrenerklärung zugunsten des Papstes abgab. Nicht minder aber ist es Tatsache, daß Bierut die Politik unablässiger Nadelstiche gegenüber der Kurie und dem Episkopat billigte, daß er seit mehreren Jahren sich von jeder religiösen Zeremonie fernhält, und daß er in seinen Reden kämpferischer Verfechter des Materialismus ist. Des weiteren stehen folgende Tatsachen nebeneinander: Bierut hat viele Mitglieder der einstigen herrschenden Klassen an wichtige Posten gebracht, so vor allem in der Diplomatie — zum Beispiel war der tragisch verunglückte Graf Pruszyński sein besonderer Günstling —, ebenso in der Armee. Er hat die Eingliederung von Generalen und hohen Offizieren des alten Heeres in die neue Streitkraft gefördert, die Repatriierung dieser Militärs aus dem Westen erleichtert. Er bezeichnete wiederholt die Mitarbeit Parteiloser, früher auch ehemaliger Anhänger nichtmarxistischer, ja antimarxistischer Gruppen als erwünscht; er sprach oft, und er spricht verklausiert noch jetzt, von einer nationalen Einheitsfront. Demgegenüber erklingt Bieruts Aufruf zum Klassenkampf, zur Ausschaltung aller klassenfremden Elemente, zur revolutionären Wachsamkeit.

Es gibt mehrere mögliche Erklärungen dieser kapitalen Widersprüche: Der Präsident habe anfangs milder gedacht und er sei durch Erfahrung belehrt worden, daß man im sozialistisch-kommunistischen Polen weder mit der Kirche, noch mit den ci-devants zusammenarbeiten könne; Bierut habe von Anfang an so feindselig und so unduldsam gegenüber allen Nichtmarxisten empfunden wie jetzt und nur aus taktischen Erwägungen diese Meinung verhehlt, die Widersacher sogar in Illusionen gehüllt, die nun zerplatzen; schließlich, Bierut denke nachwievor nicht anders als in den Jahren, da er um Kirche und Nichtmarxisten warb, vor 1948, er müsse dies aber, ebenfalls aus taktischen Gründen und im nationalen Interesse, verhehlen, besonders weil in dieser Hinsicht von Moskau her der schärfste Druck ausgeübt wird. Sollte diese dritte Annahme zutreffen, dann würde sie natürlich nie bestätigt werden können, ehe nicht Ereignisse ähnlich denen in Jugoslawien einträten; dazu aber kann es in Polen, angesichts der derzeitigen Situation, nicht kommen. Denn die Sowjetunion hält das Land fest in ihren waffenstarrenden Pranken; Rokossowski sorgt dafür, daß jeder offene und besonders jeder heimliche Widerspruch erstickt wird.

Und so wird wohl die einzige Lesart gelten bleiben, die mit der offiziellen Doktrin übereinstimmt, — nämlich die vierte, die psychologisch nicht leicht faßbare: Bierut sei stets der unerbittliche klassenkämpferische Marxist gewesen, er habe die reaktionären und klerikalen Feinde der Menschheit stets durchschaut; das Liebäugeln mit ihnen — zur Zeit „des Schurken Gomułka", vor 1949, — war dessen Werk, durch Bierut rechtzeitig gestört und vernichtet. Zu dieser primitiven Bilderbuchfigur allein paßt die bei allen Anlässen wiederholte Schilderung des Präsidenten als eines Stalin in kleinerem Format, der die Kinder und die Greise liebt, sich um die Leiden des kleinen Mannes bekümmert, von allem weiß und nie irrt; der übrigens geschlechtlos und ohne Familie, ohne Privatleben ist, denn von derlei darf kein Sterbenswörtlein gemeldet werden.

Unverbesserliche Bourgeois, die trotzdem in Bolesław Bierut ein Geschöpf aus Fleisch und Blut erblicken wollen, für dessen Gehaben, Gewohnheiten und Umwelt sie sich, im Hinblick auf seine geschichtliche Bedeutung, interessieren, werden im polnischen Präsidenten das Urbild des Proletariers sehen, der durch Selbststudium über seine Klasse bildungsmäßig emporgehoben wurde, ein Gewerkschafter radikalerer Art als etwa die August Bebel und Franz Schuhmayer, die Duclos und Bevin, denen er sonst seinen Schicksalen nach sehr gliche. Schon die äußere Erscheinung des im Sonntagsstaat stets etwas unbeholfen einherstolzierenden Arbeitmannes, mit den leicht gekrümmten Beinen, dem wohlgekämmten Haar und dem sorglich gepflegten Schnurrbart sondert ihn, den Sproß bodenständiger Kleinbauern, scharf von den Intellektuellen, die zumeist in Zwischeneuropa die äußerste Linke lenkten, schon gar von den in diese Kreise verirrten verlorenen Söhnen des Grundherrenadels. Über die plumpe, unansehnliche Gestalt triumphiert aber ein bohrendes, grundgescheites und grausames Augenpaar, das die Legende vom guten Papa Bierut und dem Spott über den feiertäglich geputzten Viertelintellektuellen bald verstummen läßt. Ein gefährlicher Feind und ein geborener politischer Führer, dieser einstige Zeitungssetzer. Und welch ein Redner! *Was* er sagt, sprengt nie den Rahmen der eng abgehegten Bezirke kommunistischer Phraseologie und marxistisch-leninistisch-stalinistischer Dogmatik; auch der Stil dieser stundenlangen Ergüsse huldigt dem Parteischema. Doch *wie* vermag Bierut diese Themen, endlos variiert, vorzutragen: mit warmer, überzeugender Stimme, schmeichelnd, drohend, beschwörend. Nicht minder gewandt ist er im persönlichen Verkehr. Die ärgsten Gegner des Regimes sind von Unterredungen mit dem Präsidenten entzückt heimgekehrt. Und sie rühmten dann alle, daß im einstigen Königspalast keine galonierten Diener, sondern adrett gekleidete Dienstmädchen den Tee servierten; daß Bierut hier einen Pfarrer um die Schicksale des Glockenturms seiner Kirche befragte, dort eine Vorarbeiterin unter den Arm nahm und sich mit ihr photographieren ließ, hier einem verschüchterten Kind Zuckerwerk persönlich in die Taschen stopfte und dort einem westlichen Botschafter mit einstudierter Arroganz gegenübertrat, jeder Zoll ein ungekrönter König; daß der Präsident wohlgeratene bescheidene Kinder hat, einen der Technik sich widmenden Sohn, von dem die Zeitungen niemals berichten, und eine bebrillte, schüchterne, freundliche Tochter, die noch weniger den Chronisten Stoff bietet; daß Bierut öfters den Besuch seiner ersten, von ihm geschiedenen Gattin empfängt, die einen wenig glänzenden Posten in der Sozialverwaltung bekleidet, und daß er, Witwer nach einer zweiten Frau, von keiner Pompadour oder Dubarry beeinflußt wird, die ja auch in Volksdemokratien gelegentlich auftreten. Nein, Bolesław Bierut liefert der „petite histoire“ wenig Stoff. In der „großen Geschichte“ des heutigen Polens verkörpert er hingegen die stärkste Kraft.

M. T. K. P.

Einen Heiligen zu treffen, erwarte ich nicht. Träfe ich nur einen weisen und gütigen Menschen —, ich wäre es schon zufrieden!

Konfuzius.

Die Glosse:

Soldatenbündelei

Dies hat Walter von Cube für die „Münchener Illustrierte“ geschrieben. Es scheint uns gültig zu sein. *FH*

Als wir vor zwölf Jahren auf den Kasernenhöfen lernten, daß Geist und Menschenwürde nichts, Disziplin und willenloser Gehorsam alles bedeuten..., als wir vor zehn Jahren in den Wolchow-Sümpfen den russischen Winter und die Post von zuhause erwarteten..., als wir vor acht Jahren die gefallenen Freunde zählten und im Lazarett den Lautsprecher vom Endsieg dröhnen hörten..., als wir vor sechs Jahren in der Gefangenschaft nach der Heimat hungerten — —, beschlossen wir da, sobald alles vorbei sein würde, Soldatenbünde zu gründen, Traditionsverbänden beizutreten, Wehrmachtsvereine zu finanzieren? Nein, dreimal nein. Wir hatten genug von der Uniform, wir hatten genug von allem Zwang, von allem Elend, von allem Heldentum und aller Angst. Wir wollten unseren Regimentskommandeur wieder als den Herrn Studienrat und unseren Kompanie-Feldwebel wieder als den Herrn Oberinspektor grüßen oder, Tollkühnheit, *nicht* grüßen, wenn es uns nicht darnach ums Herz war. Wir wollten wieder frei und Zivilist sein. Jawohl, Herr General, das wollten wir. Das wollten wir, und das wollen wir noch. Wir, die Handwerker, die Arbeiter, die Bauern, die Schriftsteller, die Ärzte. Wir sind in der überwältigenden Mehrheit; aber leider, wir überwältigen sie nicht, unsere Widersacher. Sie haben den Terror der Organisation an die Stelle des Terrors der Uniform gesetzt; sie scharen zweihundert Ortsgruppenangehörige um sich und sprechen im Namen von zwölf Millionen, — von zwölf Millionen, die ihnen dazu keinerlei Auftrag gegeben haben.

Die Soldatenbündelei wird zur ernsten Gefahr; nicht so sehr ihrer forschen Phraseologie wegen, sondern weil ihre Urheber teils idealistisch-naiv, teils dreist genug sind, glauben zu machen, sie hätten das Recht, schlechthin für alle zu reden und zu handeln, die einmal die Kommißstiefel getragen haben. Hat sich denn so wenig geändert? Damals mußten wir schweigen, — sollen es heute *wieder* die anderen sein, die den Mund aufreißen und darüber bestimmen, was „der deutsche Soldat“ zu denken hat und was nicht?

Im Zusammenhang mit der Frage der Remilitarisierung und ihrer Methode gewinnt unsere Kritik eine besondere Bedeutung; es darf nämlich keinesfalls der Eindruck entstehen, als sei der deutsche Verteidigungsbeitrag abhängig von dem Votum einiger Generäle und ihrer Organisationen. Bis gestern waren sie die Ohne-Uns-Strategen aus Gründen, die mit ihrem Ehren-Kodex zusammenhingen; ab morgen werden sie, wenn nicht alles täuscht, die Mit- Uns-Generäle sein. Ohne uns? Mit uns? Wir sind von ihnen in keinem Fall gefragt worden, — wir, die zwölf Millionen. Sie haben sich mit ihren Adjutanten und Bezirksvorgesetzten begnügt, — die allerorts nach Untergebenen fahnden; nun wohl, wir sind willens und entschlossen, uns mit unserem Adenauer oder unserem Schumacher zu begnügen. Diese beiden sind immerhin von zwei Drittel aller Deutschen gewählt worden; *sie* haben das Recht, das die Soldatenbünde nicht haben: das Recht, für das Volk zu reden und zu handeln.

Noch ein Wort zur Haltung der Parteien gegenüber den Verbänden. Nach der Manier alter Tanten belehren sie die Unbelehrbaren: „Ihre vornehmste Aufgabe sollte es sein, sich nicht als Vorspann benützen zu lassen.“ Als ob es eine Aufgabe sein könnte, etwas *nicht* zu tun. Die Aufgabe, nicht zu handeln, ist ein Merkmal für die Hilflosigkeit derer, die sie stellen. Und diese demokratische Hilflosigkeit wiederum ist einer der Gründe, weshalb in Deutschland immer wieder der „Soldatengeist“ beschworen wird. Ihm kann man nur mit Zivilcourage zu Leibe rücken. Zivilcourage ersetzt Kommißpolitik. Es ist nun freilich nicht an dem, daß Kommißpolitik und Verteidigungsbeitrag das gleiche wären. Nur: sie werden es, wenn wir die Augen nicht offenhalten: Wir, die zwölf Millionen.

Walter von Cube.

Aphorismen von Karl Kraus

(1874—1936)

Weil ich den Gedanken beim Wort nehme, kommt er.

Bildung ist das, was die meisten empfangen, viele weitergeben und wenige haben.

Die Phrase ist das gestärkte Vorhemd vor einer Normalgesinnung, die nie gewechselt wird.

Umgangssprache entsteht, wenn sie mit der Sprache nur so umgehen; wenn sie sie wie das

Gesetz umgehen; wie den Feind umgehen; wenn sie umgehend antworten, ohne gefragt zu sein. Ich möchte mit ihr nicht Umgang haben, die mir tags wie ein Rad im Kopf umgeht, die nachts als Gespenst umgeht.

Kriege und Geschäftsbücher werden mit Gott geführt.

Krieg ist zuerst die Hoffnung, daß es einem besser gehen wird, hierauf die Erwartung, daß es den andern schlechter gehen wird, dann die Genugtuung, daß es den andern auch nicht besser geht, und hernach die Überraschung, daß es beiden schlecht geht.

Viele, die am 1. August 1914 begeistert waren und Butter hatten, haben gehofft, daß am 1. August 1917 noch mehr Butter sein werde. An die Begeisterung können sie sich noch erinnern.

Der Klügere gibt nach, aber nur einer von denen, die durch Schaden klug geworden sind.

Vor jedem Kunstgenuß stehe die Warnung: Das Publikum wird gebeten, die ausgestellten Gegenstände nur anzusehen, nicht zu begreifen.

Es gibt zweierlei Kunstgenießer. Die einen loben das Gute, weil es gut, und tadeln das Schlechte, weil es schlecht ist. Die andern tadeln das Gute, weil es gut, und loben das Schlechte, weil es schlecht ist. Die Unterscheidung dieser Arten ist umso einfacher, als die erste nicht vorkommt. Man könnte sich also leicht auskennen, wenn nicht eine dritte Kategorie hinzuträte. Es sind solche, die das Gute loben, obgleich es gut, und das Schlechte tadeln, wiewohl es schlecht ist. Diese gefährliche Art hat die ganze Unordnung in künstlerischen Dingen verschuldet ...

Aufgeweckte Jungen sind oft unausgeschlafene Männer.

Bestimmung führt die Frau dem ersten zu, Zufall dem besten, Wahl dem ersten besten.

Wir sagen „Geliebte" und sehen die Höhe des Pathos nicht mehr, aus der dieses Wort in die Niederungen der Ironie gelangt ist. Der Sprachgeist will, daß die Geliebte eine Gefallene sei. Aber wenn Frauen, die geliebt wurden, „Gestiegene" hießen, unsere Kultur würde bald auch diesen Namen mit der Klammer des Hohnes umfangen.

Lieben, betrogen werden, eifersüchtig sein, das trifft bald einer. Unbequem ist der andere Weg: Eifersüchtig sein, betrogen werden und lieben!

Wer offene Türen einrennt, braucht nicht zu fürchten, daß ihm die Fenster eingeschlagen werden.

Wenn einer sich wie ein Vieh benommen hat, sagt er: „Man ist doch auch nur ein Mensch!" Wenn er aber wie ein Vieh behandelt wird, sagt er: „Man ist doch auch ein Mensch!".

Man verachte die Leute, die keine Zeit haben. Man beklage die Menschen, die keine Arbeit haben. Aber Männer, die keine Zeit zur Arbeit haben, die beneide man!

*

Epilog: Der Verständige findet fast alles lächerlich, der Vernünftige fast nichts. (Goethe.)

(Zusammengestellt von H. Ostertag.)

Ist das der Teufel?

Der Rundfunk überträgt eine Kundgebung. Es spricht ein prominenter, gleichwohl ein fortschrittlicher, im gewissen Sinne ein christlicher Politiker über ein sehr wichtiges, eigentlich ausgleichend-versöhnliches Thema. Die Stimme klingt scharf, aggressiv, steigert sich zu beträchtlicher Lautstärke. Das vierjährige Töchterchen, das eine Wiedergabe von Hans Memlings Jüngstem Gericht heimlich aus der Bibliothek des Vaters zu entführen pflegt, kommt gelaufen und fragt: „Ist das der Teufel?"

Kinder und Narren sagen die Wahrheit. Jeder also Angesprochene müßte sich geohrfeigt fühlen. Aber um Ansprache handelt es sich hier nicht mehr. Der Demagoge lauert auf den Beifall der Masse. Auf diesen Ton reagiert die Masse Mensch, auch ohne zu verstehen. Man lese Kapitel 19, 23—40 der Apostelgeschichte. Facit: Befürchten manche Politiker, daß man sie versteht? *Erich Lampey.*

Aufgelesen

„Maurische und christliche Kultur schufen im Zusammenprall Bauten, zwischen denen die Jahrhunderte schwermütig hängen."

Im Greco-Museum „... hängen mit geheimnisvollem, fahlgrauem Glanze viele seiner Werke ..."

„Zur Architektur aus der Zeit des Maurensturmes gesellten sich romanische Bauelemente und die Ziegel moderner Restaurationsarbeiten."

Aus einer Reportage.

Berichte:

DER WEG DER SOWJETZONE

Angesichts der Deutschen Demokratischen Republik fragt man sich, warum Menschen, denen die Diktatur des Dritten Reiches ein Greuel gewesen ist, dabei geholfen haben, einen neuen Zwangsstaat zu errichten. Auf dem Weg zur DDR stehen viele, zum Teil im Widerstand bewährte Namen — verschiedene davon wurden inzwischen wieder ausradiert —, deren Trägern man glauben darf, daß sie dieses Ziel nicht ansteuern wollten. Um sie doch dahin zu bringen, bedurfte es anderer Voraussetzungen und feinerer Methoden als der hitlerschen Gleichschaltung.

Bis den Bewohnern der Sowjetzone klar wurde, daß bei der Auseinandersetzung über ihr künftiges Schicksal sie allein, ohne Rückhalt bei den Westzonen, und nur den Russen, und nicht den vier Besatzungsmächten gemeinsam, gegenüberstehen würden, war vieles geschehen, was sich nicht mehr rückgängig machen ließ. Über den Ausgang einer solchen Auseinandersetzung allerdings konnten nie Zweifel bestehen. Deshalb wehrte sich Mitteldeutschland vielleicht länger, als gut war, gegen die Erkenntnis, vorerst allein bleiben zu müssen. Deshalb erschien dort auch die deutsche Einheit wichtiger als die Form, in der sie sich verwirklichen sollte. Und wenn die Parteien der Sowjetzone im Januar 1946 in Berlin den föderalistischen Aufbau einer neuen, deutschen Republik ablehnten, so war das vielleicht mehr ein Notschrei als zentralistische Kampffanfare. Um diese Zeit stand die SPD jener Zone schon unter dem Druck von KPD und Besatzungsmacht, und ihre Funktionäre waren einem Terror ausgeliefert, der vor Mord nicht zurückschreckte.

Mit der Roten Armee kamen etwa dreihundert kommunistische Emigranten, an der Spitze Pieck und Ulbricht. Deren erste Aufgabe war es, Zusammenschlüsse deutscher Kommunisten aufzulösen, die sich noch während des Zusammenbruches gebildet hatten. Die im Lande gebliebenen Kommunisten waren nach den gemeinsam mit Anhängern anderer Parteien erlittenen Verfolgungen vielfach bereit gewesen, auch gemeinsam mit ihnen aufzubauen. Daß diese anfängliche Solidarität der Verfolgten dem Neubau in Freiheit dienen sollte, war für die andere Seite so selbstverständlich, daß Max Fechner schon am 28. April 1945 in einem Brief an Ulbricht vorschlug, die Spaltung der Arbeiterparteien rückgängig zu machen. Ulbricht antwortete nicht. Auch der Versuch von Vertretern des illegalen SPD-Ausschusses in Berlin, Mitglieder des Zentralkomitees der KPD zu einer Konferenz zu bewegen, scheiterte.

Ein hoher Beamter in einem erst später von den Sowjets übernommenen Landesteil schildert, daß ihn die Russen nach den kühlen Angelsachsen und deren Fraternisierungsverbot angenehm enttäuscht hatten. Ein russischer Oberst, der ihn oft freundschaftlicher Ansprache würdigte, hatte nach einem Gespräch über Bismarck gesagt: „Wir wollen euch den Kommunismus nicht aufzwingen. Ihr sollt eure Demokratie haben." Bismarck-Mythos, Tauroggen-Komplex und die Phrase „So lange Rußland und Deutschland zusammenstanden, ist es beiden gut gegangen" hatten einen Ehrenplatz im Sprachführer für die rote Besatzungsarmee. „Über Polen haben Deutsche und Russen sich noch immer verständigt", sagte ein russischer Offizier zu Dr. Külz, dem inzwischen verstorbenen Vorsitzenden der LDP. Und der Hindenburg-Deutsche war befriedigt, daß die Russen es übereifrigen KPD-Leuten verwehrten, Bismarck-Straßen umzubenennen.

Außerhalb der Büros und Konferenzzimmer sah es weniger schön aus. In den Gemeinde- und Kreisverwaltungen hatten sich sofort Kommunisten festgesetzt. Auf den Straßen und in den Häusern tobte sich die Rote Armee aus. Immerhin: Wenn die Russen das

Verwaltungssystem nach heimischem Muster aufbauten, handelten sie nicht anders als andere Besatzungsmächte. In der Zulassung von Parteien auf Zonenbasis waren sie ihnen sogar voraus. Sozialdemokraten und Bürgerliche wurden Präsidenten und Vizepräsidenten der Länder. Nur der erste der drei Vizepräsidenten war immer Kommunist. Er bekam das Polizeiressort und die Boden- und Industriereform.

Zwei Tage nach Shukows Parteienbefehl vom 10. Juni 1945 hatte die KPD in einem Aufruf an das deutsche Volk erklärt, das Sowjetsystem dürfe dem deutschen Volk nicht aufgezwungen werden. Am 15. Juni erschien der Aufruf des Zentralausschusses der SPD: „Wir wollen vor allem den Kampf um die Neugestaltung auf dem Boden der organisatorischen Einheit der Arbeiterklasse führen." Bei den ersten Besprechungen zwischen Zentralkomitee der KPD und Zentralausschuß der SPD lehnte Ulbricht den Vorschlag ab, eine einheitliche Organisation zu bilden. Zunächst müßten während längerer Zusammenarbeit ideologische Fragen geklärt werden. Die Kommunisten brauchten Zeit, um mit Hilfe der Besatzungsmacht eine Organisation aufzubauen, die sich zahlenmäßig mit der Anhängerschaft ihres gefährlichsten Gegners messen konnte. Innerhalb der kommunistischen Kaders wurde fieberhaft gesiebt und geschult. Nach Jahresfrist hatte sich die mit der Roten Armee gekommene Avantgarde der Stalinisten, die auf die „Generallinie" eingeschworen waren, von dreihundert auf etwa tausend vermehrt.

Der aufgeblähte Parteiapparat jedoch unternahm alles, um sich unbeliebt zu machen. Es gab Anzeichen dafür, daß die Besatzungsmacht jene politischen Kräfte stärker einschalten würde, die das Vertrauen der Bevölkerung hatten. Wahrscheinlich hat Otto Grotewohl solche Anzeichen mißverstanden oder die Bedeutung einer Ortsgruppe der KPSU unterschätzt, die als Parteiaktiv in Karlshorst mit direktem Draht zum Politbüro eingerichtet wurde, als er bei der Revolutionsfeier der SPD am 11. November 1945 vor fünftausend Funktionären seiner schon mächtig gewachsenen Partei sprach. Es war sein erster Ausflug in die Außenpolitik: Wenn man darauf bestehe, Deutschlands Kornkammern wegzunehmen, müsse man ihm ein Industriepotential lassen, das ausreiche, um die ausfallenden Nahrungsmittel durch Exporterlöse im Ausland zu kaufen.

Die Gäste vom Zentralkomitee der KPD verfärbten sich. Das ging auf die Oder-Neiße-Linie, unter den Rußlandheimkehrern der KPD ein Tabu. Verbreitung der Rede über Funk und Presse wurde verboten. Pieck verlangte sofort eine gemeinsame Sitzung. Dabei versuchten die Vertreter der KPD-Leitung vergeblich, Grotewohl zu isolieren. Auch die Bemühungen des Leiters des Parteiaktivs in Karlshorst, Tulpanow, der Fechner und Erich Gniffke unter vier Augen bearbeitete, blieben erfolglos.

Nach den ersten für die KPD alarmierenden Wahlergebnissen in Ungarn, in Österreich und in der US-Zone war nun sie es, die eine gemeinsame Konferenz forderte. Diesmal zögerte die SPD. Unter dem Eindruck ständig wachsender Bedrängnis ihrer Organisation in Ländern und Provinzen gab sie schließlich nach. Vorher, am 16. Dezember, suchten Gniffke und Grotewohl vom damaligen berliner Zentralausschuß der SPD Entlastung im Westen für die kommende Auseinandersetzung. Schon am 6. Oktober hatten Vertreter dieses Zentralausschusses in Wennigsen (Deister) mit Vertretern der westlichen Sozialdemokratie den dort erst regional zugelassenen Aufbau der Parteiorganisation besprochen. Ein Rundschreiben des Büros Dr. Schumacher nach dieser Konferenz bezeichnete die Berliner als Agenten der Sowjets. Obwohl der Zentralausschuß daraufhin die Beziehungen abgebrochen hatte, sollte nun versucht werden, mit dem Westen einen gesamtdeutschen Parteitag abzuhalten. Dieser Parteitag allein, so war in Berlin beschlossen worden, sei berechtigt, über die Vereinigung von SPD und KPD zu befinden. Das im Zonenbereich bedrohte Kräfteverhältnis sollte auf gesamtdeutscher Ebene wieder hergestellt werden. Grotewohl und Gniffke kamen unverrichteter Dinge zurück.

Am Vorabend der Sechziger-Konferenz beider Parteien forderte die KPD Verschmelzung auf Orts-, Kreis-, Provinz- und Landesebene sowie paritätische Besetzung der neuen Parteileitungen. Auf der Konferenz, zu der die SMAD zwei Vertreter in Zivil und einen Stenographen geschickt hatte, kündigte Grotewohl an, alle Parteimitglieder aus verantwortlichen Stellen zurückzuziehen, wenn nicht die Vorzugsstellung der KPD beseitigt und die Beeinflussung von Partei und einzelnen Mitgliedern unterlassen würde. Das war eine vorsichtige Umschreibung der Lage. Die Bezirksvertreter der SPD wagten in der Diskussion kein Wort, so sehr waren sie schon eingeschüchtert. Um so stärker wirkte der erregte Kurzbericht Gustav Klingelhöfers: in den Kreisen herrsche Terror mit dem Genickschuß als letztem Argument. „Also machen wir die Einheitspartei!", höhnte ein Zwischenrufer.

Grotewohl wollte wissen, ob sich die KPD als deutsche sozialistische Arbeiterpartei betrachte. Dahrendorf fragte in der Diskussion nach dem Grund für das überraschende Einigungsfieber der KPD. Beide bekamen keine Antwort. Die entscheidende Forderung der SPD: „Die Herstellung der organisatorischen Einheit kann nur durch den Beschluß eines Reichsparteitages erfolgen" wurde jedoch von der KPD unterzeichnet. Nach der Konferenz ließ die SMAD allein auf Thüringen sechzig Propagandaoffiziere los. Kommandanten versuchten, die Einheit an Wodka-Abenden mit den Funktionären der KPD und SPD zu schmieden. Durch Verhaftungen oder Berufung in höhere Verwaltungspositionen, Redeverbot und Befehl zu unwichtigen Besprechungen wurden SPD-Funktionäre bearbeitet und für entscheidende Verhandlungen ausgeschaltet.

Am 6. Februar 1946 trafen sich Grotewohl und Dahrendorf in Helmstedt mit Dr. Schumacher und Kriedemann. Diese lehnten es ab, mit dem Zentralausschuß einen gesamtdeutschen Parteitag einzuberufen. Am 10. Februar beantragte Grotewohl vor dem Zentralausschuß und Vertretern der Landesorganisationen den Zusammenschluß unter der Parole: „Ich bleibe bei meinen Genossen im Osten, komme was da wolle!" Sein Antrag fiel durch. Dahrendorf beantragte Auflösung der SPD im sowjetischen Besatzungsbereich. Das gab Tumult unter den Vertretern der Länder. Viele waren der Meinung: So geht es nicht weiter. Fechner annullierte die Abstimmung, und am 11. Februar stimmte die Mehrheit für Grotewohl. Der fuhr sofort zum Zonenkongreß der Gewerkschaften und verkündete dort mit Ulbricht: Ostern 1946 — Zusammenschluß!

Damit war das Schicksal der Zone besiegelt, wenn nicht von außen her etwas geschah. Immerhin setzte der scharfe Druck auf die aus der SPD gekommenen SED-Mitglieder erst nach dem Parteitag 1947 ein, und die bürgerlichen Parteien gingen noch mit intaktem Parteiapparat in die Wahlen jenes Jahres. Am 12. August 1946 verhandelte in Weimar die britische Militärregierung mit der Landesverwaltung Thüringens, wie der Warenverkehr mit der britischen Zone ausgeweitet werden könne. Eine gemeinsame Erklärung der Ministerpräsidenten Geiler-Hessen und Paul-Thüringen sah darin den Beginn der deutschen Wirtschaftseinheit, anstelle nur der beiden angelsächsischen müßten alle vier Zonen vereinigt werden. Geiler lud Kolesnitschenko und Paul ein und plante ein Treffen aller deutschen Länderchefs in Hessen für Mitte September. Oberst Newman kehrte nach Wiesbaden „mit dem Gefühl zurück, daß der sowjetische General großes Verständnis für die deutschen Probleme hat, besonders, was die deutsche Wirtschaftseinheit angeht".

So erwarteten achtzehn Millionen Deutsche mit banger Hoffnung das Ergebnis der Moskauer Konferenz vom Frühjahr 1947. Molotow schlug vor, die Verfassung von

Weimar als Arbeitsgrundlage für eine zu bildende deutsche Regierung zu betrachten. Am 3. April machte Robertson den Gegenvorschlag: Selbständige deutsche Staaten mit eigener Außenpolitik. Am 7. April forderte Molotow Volksabstimmung über „starke oder schwache Zentralregierung". Marshall lehnte ab. Nach der Konferenz prophezeite Kolesnitschenko: „Künftig werden alle Konferenzen scheitern!"

In der Spekulation auf eine gesamtdeutsche Blockpolitik förderten die Russen Westreisen der Politiker. Dagegen versuchte Tulpanow, die Fahrt der Ministerpräsidenten nach München zu torpedieren. Eine erdrückende Mehrheit im Zentralsekretariat der SED stimmte bei der ersten Beratung in Schierke dafür. Die unter Mitwirkung der Länderpräsidenten abgefaßte Antwort wird zurückgehalten. Nach Tagen liegt bei Dr. Friedrichs in Halle eine Antwort vor, die in München als Provokation wirken müßte. Anstatt sie abzuschicken, wird vom Büro Dr. Pauls in Weimar aus telefonisch eine Vorbesprechung zwischen Dr. Friedrichs und Dr. Ehard in Hof verabredet. Nach Dr. Friedrichs Bericht vor dem SED-Zentralsekretariat und den anderen Ministerpräsidenten veranlaßt Karlshorst ein Telegramm mit Gegenvorschlägen an München, die für den Westen unannehmbar sind. Dr. Ehard pariert geschickt unter Hinweis auf die Verantwortung der Ostpräsidenten vor dem deutschen Volk. Das gibt dem gemäßigten Flügel der SED eine Chance, die Fahrt durchzusetzen. Gniffke will aus dem Zentralsekretariat ausscheiden, wenn die Präsidenten nicht fahren dürfen. Dr. Paul deutet Rückwirkungen auf die westdeutsche KP an. Ulbricht sagt empört: „Sind wir Führer oder Geführte?" Aber die Mehrheit entscheidet für München. Die Auflage an die Ministerpräsidenten, als Punkt 1 der Tagesordnung die Behandlung der Frage deutscher Einheit zu verlangen, wird am Nachmittag beschlossen, als einige ehemalige SPD-Mitglieder fehlen.

In München wußte man nicht viel von diesen Hintergründen der Fahrt, zu der die Russen erst am Vorabend, dem brandenburger Ministerpräsidenten sogar am späten Nachmittag des 5. Juni, Pässe gegeben hatten. Man wußte nicht, daß Sachsens Vertreter Fischer Vertrauensmann des NKWD war, und daß sein Ministerpräsident, der im Schreibtisch Unterlagen über schwere Verfehlungen Fischers aufbewahrte, wochenlang sein Leben bedroht fühlte, bevor er — gerade rechtzeitig für eine Karlshorst genehmere Zusammensetzung der Delegation — plötzlich starb. Die Vertreter Mitteldeutschlands finden in München eine in allen Einzelheiten fertige Tagesordnung vor. Daß ihr Auflageantrag, von Mecklenburgs Vertreter im Kasernenhofton heruntergeschnarrt, durchfällt, wundert sie nicht. Sie wissen, daß die Vertreter der französischen Zone gehen müssen, wenn von deutscher Einheit die Rede ist. Gegen ihre Instruktion bleiben die ostzonalen Ministerpräsidenten und versuchen, wenigstens mit einer Redezeit von zehn Minuten, dann mit einer schriftlichen Stellungnahme auf die Tagesordnung zu kommen. Als auch das abgelehnt wird, fahren der Mecklenburger und der Sachse noch in der Nacht zurück. Die anderen warten am Vormittag des 6. Juni auf das Ergebnis von Bemühungen Dr. Friedensburgs und des Senatspräsidenten Kaisen, die vermitteln wollen. Dr. Paul sagt schließlich zu einem Dena-Vertreter in München: „Ich habe den Eindruck, daß man hier ganz froh ist, daß wir wieder fahren."

Innerhalb der SED hatte Gniffke noch am 7. November 1947 sagen können: „Wir sind keine kommunistische Partei. Das Kominform geht uns deshalb nichts an", und bei der Hundert-Jahr-Feier des Kommunistischen Manifestes nach einer Rede Tulpanows gegen die Reformisten: „Man darf nicht übersehen, daß die Wiege des Sozialismus in Deutschland gestanden hat. Lenin sagte, es gibt nur eine vorbildliche Arbeiterpartei: die SPD." Der Putsch in der Tschechoslowakei im Februar und März 1948 aber zerstörte die letzten Illusionen über das Ausmaß der Isolierung. In dieser Zeit fiel in einer kommunalpolitischen Tagung die Entscheidung über den künftigen Kurs, in einer Auseinandersetzung zwischen Fechner und Ulbricht. Gegen Fechners „Demokratie von unten nach oben" setzte Ulbricht sich durch: „Demokratie von oben nach unten!"

Das Führungspersonal aller Parteien war in täglicher Kleinarbeit von politischen Offizieren geprüft, umgeschult oder ausgewechselt worden. Die Blockpolitik sorgte dafür, daß Parteiprogramme aus noch demokratischer Vergangenheit nur Fassade waren, hinter der SED-Politik getrieben wurde. Die großen Massenorganisationen wie FDGB, FDJ, Demokratischer Frauenbund, Bauernhilfe, Gesellschaft für Freundschaft mit der Sowjetunion und Neugründungen wie Nationaldemokratische Partei und Bauernpartei schoben sich wie Krakenarme über die Zone, in alle größeren Betriebe, in die Verwaltungen. Und jede dieser Organisationen hat als Kern Ableger jener dreihundert Avantgardisten, die im Gefolge der Roten Armee nach Deutschland gekommen waren.

Die Hoffnung Vieler in Mitteldeutschland, daß eine Einigung in Paris, Moskau oder London den Druck lockern würde, dem sie nach jeder gescheiterten Konferenz stärker ausgesetzt waren, diese Hoffnung auf Entlastung von außen her war vergeblich gewesen. Noch gaben geflüchtete Politiker und Beamte vom Westen her ihren im Amt gebliebenen Parteifreunden und Kollegen in der Sowjetzone den Rat, um der drangsalierten Bevölkerung willen auszuhalten. Aber auch diese Periode ging zu Ende. *Peter Beckert.*

„ALS ICH IHNEN UNUMWUNDEN SAGTE, ICH SEI KOMMUNIST GEWORDEN ..."

„... ich hatte nicht telegrafiert, ich wollte die Eltern überraschen. Als ich zu Hause ankam, waren beide gerade in Italien. Erst nach vierzehn Tagen telegrafierte ich ihnen; 36 Stunden später war meine Mutter da. Wir weinten beide, natürlich, und dann sprachen wir miteinander, zwei Tage und Nächte, ununterbrochen, denn wir hatten uns volle sieben Jahre nicht gesehen. Mit eben 18 Jahren war ich direkt von der Schulbank weg Soldat geworden, mit gut 25 kehrte ich zurück ..."

So erzählt ein Rußland-Heimkehrer. Ein Bericht wie ungezählte andere, bis dahin wenigstens. Sein Bericht fährt fort:

„Und dann kam das Schreckliche, als alles offenbar wurde. Da fing die Tragödie an ..." Offenbar wurde, daß der Junge als — wie er sagt — „überzeugter, kompromißloser Kommunist" aus Rußland zurückgekehrt ist. Und die Tragödie begann, als sich auf einmal unübersteigbare Mauern zwischen ihm und den Eltern und allem, was ihm früher vertraut war, aufrichteten.

Der Vater sagt: „Besser, eine Überzeugung zu haben, als keine zu haben. Dann mußt du auch entsprechend handeln". Das hat der Heimgekehrte getan. Er ist aktives Mitglied in der Kommunistischen Partei geworden. Die Mutter beschwört ihn, davon abzulassen, sich zu besinnen; sie weint viel. Der Junge wurde in Hamburg nicht zum Studium zugelassen, als seine Mitgliedschaft bei der KP bekannt wurde. „Konntest du das nicht verheimlichen?", fragte die Mutter verzweifelt. „Nein, auf gar keinen Fall. Warum auch?", antwortete der Junge verständnislos. Welten trennen sie. „Geh in die Ostzone", rät der Vater. „In Ost-Berlin wirst du studieren können. Geld bekommst du von mir. Man muß tun, wozu Überzeugung und Gewissen drängen."

„Er wird uns noch einmal und sicherlich für immer verlorengehen", sagt die Mutter, „er darf nicht nach Berlin.“ Es hilft nichts. Der Junge wird nach Ost-Berlin gehen; er will Jura studieren. „Das kann ich drüben auch viel besser; die westliche Auffassung von Recht und Freiheit würde sich ständig mit meiner marxistischen Auffassung reiben und das Studium unerträglich und unfruchtbar machen“, erklärt er.

Ein Ausnahmefall? Nein. Hier ein anderer:

Auch dieser Ende 1949 Heimgekehrte war sechseinhalb Jahre in der Sowjetunion, zuerst als Soldat, ab Mai 1945 als Gefangener nahe bei Moskau. Jetzt ist er 27, ein großer, stattlicher Mann mit hellem Gesicht, heiteren klaren Augen. „Alles traf genau so ein, wie ich es in Rußland befürchtete“, erzählt er. „Die Eltern und ich verstanden uns von Anfang an nicht mehr, als ich ihnen drei Tage nach meiner Rückkehr unumwunden sagte, ich sei Kommunist geworden. Sie erstarrten, sahen mich entsetzt an. Hätte ich gesagt: ich habe die Pest mitgebracht, — ihr Entsetzen hätte kaum größer sein können. Und dann sprachen wir miteinander, besonders Vater und ich, viele Wochen. Vater ist Funktionär in einer bürgerlichen Partei. In Hamburg. Er sagt, es werde ihn sein Amt, sein ganzes Ansehen kosten, wenn man dort erfahre, daß ich überzeugter Kommunist sei. Niemand dürfe es erfahren, auch an der Universität nicht. Gut, zuerst schwieg ich, wochenlang. Unsere Auseinandersetzungen wurden immer heftiger. Dann setzte mein Vater mir das entscheidungsvolle „Ultimatum“: entweder zu Hause bleiben und — auf seine Kosten — weiterstudieren und von meiner Anschauung lassen oder: völlige Trennung von zu Hause. Ich schwankte einige Tage. Sie setzten mir furchtbar zu. Aber wie konnte ich unter solchem Druck meine Überzeugung aufgeben? Es ging und geht nicht. Und eines Abends fand ich meine Koffer gepackt. Man hatte mich kurzerhand auf die Straße gesetzt . . . Jetzt habe ich gute Arbeit im Rahmen einer kommunistischen Organisation gefunden, die mich ausfüllt und vollkommen beansprucht. Mein Studium habe ich vorerst an den Nagel gehängt . . . Mit den Eltern habe ich seit jenem bösen Abend kein Wort mehr gewechselt.“

Und ein Dritter: auch er Mitte zwanzig, sieben Jahre Krieg und Gefangenschaft in Rußland, im August 1949 zurückgekehrt, krank und kraftlos, dennoch Kommunist. Der Vater ist pensionierter Beamter, die Mutter tot, die Schwester höhere Angestellte bei einer westdeutschen Behörde. Zuerst überstrahlte die Wiedersehensfreude alles andere. Dieses „andere“ konnte nicht lange verborgen bleiben. Seitdem gibt es harte Wortgefechte, die oft mit Türenzuschlagen und grußlosem Fortgehen auf beiden Seiten enden. Vater und Schwester sind fassungslos. Was soll der Junge anfangen? Bei solcher politischen Einstellung? Man dachte daran, ihn in einem Exportgeschäft, mit der Familie seit Jahrzehnten befreundet, volontieren zu lassen. Aber wenn offenbar wird, daß der junge Volontär Kommunist ist? Eine Kompromittierung für die alte, angesehene Firma und für die Familie des Jungen. Also unmöglich. Was aber sonst? Ratlosigkeit auf beiden Seiten, beschwörende Worte des Vaters, wortgewandte Reden und verbissener Trotz des Jungen.

Wie konnte es geschehen, daß diese jungen Menschen, Söhne bürgerlicher Familien, in der Gefangenschaft Kommunisten wurden? Hunderttausend andere wurden es doch auch nicht?

Es kam so: Die „Antifa-“-Schulen wurden vornehmlich von bewußten Gegnern des Nationalsozialismus besucht, die aber politisch durchaus verschiedene Meinungen hatten. Die Teilnahme an den Lehrgängen, die drei bis sechs Monate dauerten, war freiwillig. Gelehrt wurde Marxismus, Leninismus als ein geschlossenes System von Denken und Handeln, mit seiner philosophischen und ökonomischen Grundlage. Von der Schulbank weg waren viele der Teilnehmer Soldat geworden. Nun begann zum ersten Mal intensive Lern- und Denkarbeit. Vergleichsmöglichkeiten mit westlicher Auffassung von Demokratie, Recht und Freiheit fehlten; Kritik und Urteilsfähigkeit waren kaum entwickelt. Aus diesen jungen Menschen hätte man in Texas genauso gut begeisterte Anhänger des Amerikanismus

„machen" können. Darüber besteht bei manchen von ihnen selbst kaum ein Zweifel. Aber sie waren eben in der Sowjetunion, und man „machte" aus ihnen Kommunisten.

Die Antifa-Schüler genossen gewisse Erleichterungen; sie bekamen neben der Offiziersverpflegung bessere Kleidung und monatlich 50 Rubel Taschengeld. Schüler, die sich durch besondere Aktivität und Aufnahmefähigkeit auszeichneten, konnten selbst Lehrer werden. Nach und nach waren alle Antifa-Schulen völlig in die Hände von Kriegsgefangenen übergegangen. Die Lehrer bekamen 100 Rubel im Monat und konnten sich verhältnismäßig frei auch außerhalb des Lagers bewegen. So lernten sie die Erscheinungsformen des sowjetischen Lebens nicht nur aus der trüben und verengenden Perspektive des Stacheldrahts kennen, sondern betrachteten sie mit den Augen des wissenden Marxisten, frei von „westlichen" Vorurteilen und „billigen" Vergleichen. Es wurde ihnen vor allem eingeprägt, daß man die Entwicklung des jungen Sowjetstaates nicht vor dem Hintergrund der Vereinigten Staaten oder Großbritanniens, sondern nur vor dem des Zarismus beurteilen müsse.

Nicht alle derart geschulten Gefangenen verließen die UdSSR als überzeugte Kommunisten; viele hatten sich lediglich aus materiellen Erwägungen gemeldet. Andere Heimkehrer aber, wirklich vom Kommunismus überzeugt, blieben, als sie bei Friedland die Grenze überschritten, völlig unbeeindruckt von dem, was man ihnen bot, „angefangen beim Händedruck der katholischen Schwester bis zur amerikanischen Kreppsohle ..." In jeder ihnen zuteil gewordenen Hilfe sahen sie „Köder des kapitalistischen Systems". Die vollen Schaufenster, die Tatsache, daß es in Westdeutschland alle Nahrungsmittel markenfrei zu kaufen gibt, nehmen sie mit skeptisch-überlegenem Lächeln zur Kenntnis und verweisen auf Demontage, Arbeitslosigkeit, Flüchtlingselend. Überall suchen (und — wahrhaftig! — entdecken) sie die „Widersprüche innerhalb der kapitalistischen Gesellschaft" und prophezeien ihr baldiges Ende. Weil sie marxistisch-dialektisch denken lernten, sind sie imstande, alle — meist mehr oder minder verschwommenen, unklaren, ungenau formulierten — Gegenargumente zu „schlagen". Darin liegt ihre Stärke. Es ist jene gleiche Stärke, die heute noch alte marxistisch geschulte Gewerkschafter gegenüber der jungen ungeschulten Arbeiterschaft auszeichnet.

Am Beispiel dieser als Kommunisten heimgekehrten jungen Menschen bricht — wieder einmal — in aller Deutlichkeit die entscheidungsvolle Frage auf: Was hat der Westen dem Kommunismus nach zwei imperialistischen Kriegen entgegenzustellen? Natürlich kann er auf die Schwierigkeiten des kommunistischen Rußland hinweisen und auf dessen üblen Praktiken. Aber das überzeugt niemanden, der an die Zukunft einer erneuernden Idee glaubt; er wird immer antworten: Übergangsschwierigkeiten, und Ihr habt schon zweihundert Jahre Zeit gehabt! Mit Parolen vom „Abendland", vom „christlichen Weltbild" und dergleichen ist da ebenfalls nichts auszurichten. Es geht um mehr: um die Erneuerung der Welt und der Menschen, um eine tiefgreifende Wandlung der Gesinnungen und der Gesellschaft; um radikale Reform.

Wo wäre sie, auch nur in verheißungsvollen Ansätzen, zu sehen — inmitten einer Epoche christlich-traditionell verbrämter Restauration? So wird die aktive Jugend der Christen, der Sozialisten, der Humanisten die Dinge also selbst austragen müssen gegen die jungen Kommunisten, — beide unterhalb der herrschenden Systeme, auf die Hoffnung hin, noch genügend Zeit zu haben und genügend Möglichkeit sich erkämpfen zu können, sie zu verwandeln und notfalls zu sprengen. Die Aussichten sind allerdings auf der Seite einer solchen aktiven Jugend des Westens größer, wenn sie von der Freiheit Gebrauch macht; denn die stalinistische Gewaltherrschaft innerhalb des Kommunismus zerbricht die Kraft des Idealismus viel schneller und gründlicher, als die westliche Restauration es vermag.

Aber unsere Jugend darf keinen Tag und keine Gelegenheit versäumen. *Regina Bohne.*

OSTKIRCHE IM AUFBRUCH

Seit dem Ende des Ersten Weltkrieges und seit den Versuchen der Stockholmer Weltkonferenz von 1925, die östlich-orthodoxe Kirche für den Anschluß an die ökumenische Bewegung zu gewinnen, vor allem aber seit der Weltkirchenkonferenz von Amsterdam 1948, zeichnet sich in der östlich-orthodoxen Kirche immer deutlicher die Tendenz ab, sich zwischen Rom und Amsterdam als dritte Macht zu konstituieren. Die treibende Kraft innerhalb dieser Bestrebung ist ohne Zweifel die griechische Kirche, auf deren Anregung hin bereits im Jahre 1934 ein erster panorthodoxer Theologen-Kongreß stattfand. Das theologische Anliegen dieses Kongresses war, in betonter Weise zu der Theologie der alten Kirche und der byzantinischen Väter zurückzukehren, und das heißt gleichzeitig, sich von den sogenannten Bekenntnisschriften der östlich-orthodoxen Kirche abzuwenden. Diese waren in der Auseinandersetzung mit der Reformation und Gegenreformation im siebzehnten bis achtzehnten Jahrhundert entstanden, und sie stellen daher nach der Meinung der heutigen orthodoxen Theologie nicht den richtigen und angemessenen Ausdruck der Glaubenshaltung der griechischen Kirche dar.

Auf dieser Linie der geistigen Sammlung und der Besinnung auf die echten Quellen der kirchlichen Tradition lag auch die bedeutsame Feier, die die griechische Kirche in diesem Sommer anläßlich der 1900jährigen Wiederkehr der Ankunft des Apostels Paulus in Griechenland veranstaltete. Diese Jubiläumsfeier hatte gleichzeitig eine ökumenische und eine innerorthodoxe Bedeutung. Vor der Öffentlichkeit der christlichen Weltkirchen sollte die Bedeutung der orthodoxen Kirche als der Trägerin der ältesten apostolischen Tradition deutlich werden. Gleichzeitig sollte die Feier des Apostels den Anlaß geben, die mannigfaltigen östlich-orthodoxen Kirchen zu sammeln, die unter sich durch viele nationale und historische Gegensätze zerklüftet sind. Wie weit haben sich diese beiden Wünsche der griechischen Kirche erfüllt?

Die griechische Kirche hatte für die Paulus-Pilger aus aller Welt ein Schiff bereitgestellt, das in vierzehn Tagen die historische Route des Apostels Paulus im Bereich der Aegaeis abfuhr und an allen Orten anlegte, an denen der Apostel Gemeinden gegründet hatte. An Bord dieses Schiffes lebten in engster Gemeinschaft von früh bis spät zusammen Metropoliten, Bischöfe und Äbte der griechischen Kirche, die zahlreichen Vertreter der alten Patriarchate von Konstantinopel, Alexandrien, Antiochien und Jerusalem, Archimandriten griechischer, kleinasiatischer und ägyptischer Klöster, Geistliche aus Syrien und dem Libanon, die der Abuna von Tanta in Oberägypten sowie die koptischen Metropoliten von Unterägypten und Abessinien, anglikanische Bischöfe und Geistliche aus England, Irland, Gibraltar, Südafrika, Australien und Neuseeland, lutherische Bischöfe und Pfarrer aus Finnland, Schweden und Norwegen, Kirchenführer und Prediger der reformierten Kirchen Europas und Amerikas, solche der amerikanischen Freikirchen und Theologie-Professoren der Universitäten aller europäischen Länder. Auch die katholische Kirche, die die offizielle Entsendung einer Delegation im Hinblick auf die gescheiterten Konkordatsverhandlungen zwischen Griechenland und dem Vatikan abgelehnt hatte, war durch Ordensleute vertreten, die sich besonders mit dem Studium der östlich-orthodoxen Kirche beschäftigten.

Durch das gemeinschaftliche Leben, wie es sich notwendigerweise auf einer längeren Schiffsreise einstellt, war eine Fülle von Möglichkeiten ökumenischer Begegnungen und Gespräche gegeben. In gemeinsamen Gottesdiensten an Bord, in theologischen Vorlesungen über die Person und Theologie des Apostels, in Vorführungen der Jugendgruppe, deren

Delegierte gleichfalls von Island bis Japan und Uruguay aus aller Welt zusammengeströmt waren, gab es immer neue Möglichkeiten, einander zu begegnen, miteinander ins Gespräch zu kommen und die historischen Vorurteile zu überwinden. Dazu kam, daß dieses ökumenische Fest in einer einzigartigen Weise den Charakter eines echten, kirchlichen Volksfestes annahm. Überall, wo die Pilgergemeinde sich zu Gedächtnisgottesdiensten versammelte, in Kavala (Neapolis), in Philippi, Saloniki, Berrhoea, Prevesa (Nikopolis), Kreta, Rhodos, Korinth, Kenchreae und zuletzt Athen, strömte das Volk zusammen und nahm begeistert und ergriffen an den Gottesdiensten teil. Diese Volkstümlichkeit der ökumenischen Pilgerfahrt wurde wohl das stärkste Erlebnis für alle Teilnehmer und versetzte selbst die kühlen Nordländer in Begeisterung.

Noch bedeutsamer war die innerorthodoxe Bedeutung des Paulus-Jubiläums. Sind doch die orthodoxen Kirchen aufgrund der verschiedenartigen nationalen Prägung und aufgrund der verschiedenen Entwicklung, die sie auf europäischem Boden unter türkischer Herrschaft und in den früheren Mandatsgebieten des Vorderen Orient genommen haben, außerordentlich verschieden. Wohl zum ersten Mal seit vielen Jahrhunderten fanden sich hier die führenden Persönlichkeiten der verschiedenen orthodoxen Kirchen des Balkan, des Vorderen Orient, Europas und Amerikas in der unbefangenen, freien und gleichzeitig intimen Atmosphäre eines Pilgerschiffs zusammen und konnten ihre gemeinsamen Angelegenheiten in aller Ruhe besprechen. Sicher ist hier der Anfang einer fruchtbaren Entwicklung geschaffen worden, durch die die Orthodoxie geistig gestärkt werden kann. Es ist begreiflich, daß dabei die griechische Kirche sich bemühte, die theologischen Fakultäten von Athen und Saloniki zu Zentren der Ausbildung für den theologischen Nachwuchs der gesamten Orthodoxie auszubauen.

Obwohl alle Teilnehmer sich bewußt waren, daß einem ökumenischen „Ausflug" nicht der Charakter einer offiziellen Konferenz zukomme, waren sie doch von der Überzeugung erfüllt, daß diese Jubiläumsfeierlichkeiten viel dazu beigetragen haben, eine ökumenische Gesinnung zu verbreiten. Es ist bedeutungsvoll, daß diese Begegnung im Zeichen einer Besinnung auf die Botschaft des Apostels Paulus, des Schöpfers der ersten Ökumene, stattgefunden hat. So war es mehr als ein Symbol, daß den Abschluß des Jubiläums der Gottesdienst auf dem Areopag bildete: zu Füßen der Akropolis verlas der Erzbischof von Athen am Tage der Apostel Petrus und Paulus die Areopag-Rede des Apostels, wie sie in der Apostelgeschichte verzeichnet ist. Das ganze Volk von Athen hatte sich vor den Propyläen versammelt. In dem Zusammenklang von griechischer Architektur und christlicher Verkündigung, von hellenischer Landschaft und byzantinischer Liturgie erhielten die Worte des Apostels eine ungewöhnliche und aktuelle Kraft, deren Wirkung sich keiner der Anwesenden entziehen konnte.

Obwohl die griechische Kirche, die diese Feierlichkeiten veranstaltete, vor der bedrängenden Aufgabe steht, ein unbeschreibliches Flüchtlingselend zu mildern, die Gemeinden und Kirchen in den verwüsteten Grenzgebieten wieder aufzubauen und Zehntausende von Waisen zu versorgen, hat sie die Kraft und organisatorische Fähigkeit aufgebracht, ein derart wohlgelungenes apostolisches Jubiläum zu feiern. Es ist dies ein Zeichen für die innere Kraft dieser Kirche selbst, die in den Notzeiten der Besatzung und des Bürgerkrieges zu einem neuen Leben erwacht ist, und die sich nicht nur auf ihre geistlichen, sondern auch auf ihre sozialen Anliegen in einer Weise besonnen hat, daß sie heute eines der wichtigsten Elemente des geistigen, kulturellen und sozialen Lebens in Griechenland ist.

Ernst Benz.

Kritik:

Ostslavische Kirchengeschichte

A. M. Ammann S.J.: „Abriß der ostslavischen Kirchengeschichte". Thomas-Morus Presse im Verlag Herder, Wien 1950, 748 Seiten, Leinen DM 29.—.

Die östlich-orthodoxe Kirche ist seit dem Ersten Weltkrieg immer stärker in das abendländische Bewußtsein eingedrungen. Beide Weltkriege haben zahlreiche Christen Westeuropas in unmittelbare Berührung mit dem Kultus, den Festen und Sitten der östlich-orthodoxen Kirche gebracht. Anderseits hat auch die Verfolgung der östlich-orthodoxen Kirche durch den Bolschewismus die führende Schicht ihrer Geistlichen und Theologen über den Westen verstreut und dort Zentren ostkirchlichen Lebens entstehen lassen, von denen eine starke geistige und religiöse Wirkung ausging.

Gleichzeitig hat diese Begegnung aber auch das christliche Leben in Westeuropa bereichert. Viele Orden der römisch-katholischen Kirche beschäftigen sich eingehend mit der ostkirchlichen Liturgie, und katholische Ordensleute haben Hymnen und Gebete der Ostkirche übersetzt und damit zu einer vertieften Kenntnis beigetragen. Ähnliches gilt für die protestantische Welt, um so mehr, als die östlich-orthodoxe Kirche sich auch offiziell an der ökumenischen Bewegung beteiligte und deren verschiedene vorbereitende und Hauptversammlungen, vor allem die Weltkirchenkonferenzen in Stockholm 1925 und in Amsterdam 1948, durch offizielle Delegierte beschickte.

*

Diesem neuerwachten allgemeinen Interesse an der östlich-orthodoxen Kirche war bedauerlicherweise die kirchengeschichtliche Forschung lange Zeit nicht gefolgt. Sie blieb weithin die Domäne des religiösen Kitsches und ungeprüft übernommener Schlagworte. Um so bedeutsamer ist die Arbeit des Jesuitenpaters Albert M. Ammann, die in einer umfassenden Weise die Kirchengeschichte der Ostslaven von den Anfängen der Christianisierung des Kiewer Rus-Reiches bis zu den jüngsten kirchengeschichtlichen Ereignissen der Sowjetunion darstellt.

Der Verfasser stellt mit Recht fest, daß er seine Darstellung hauptsächlich auf Quellen aufgebaut hat: „Fast jeder Satz könnte dokumentarisch nachgewiesen werden." Nur der Fachmann kann ermessen, welch ungeheure Arbeitsleistung hinter diesem Wort steckt, denn ein auf Quellen aufgebauter Tatsachenbericht setzt ein Doppeltes voraus: erstens einmal, daß dem Verfasser das zuständige Quellenmaterial zur Verfügung steht, und zweitens, daß er sprachlich imstande ist, dieses Quellenmaterial, das in lateinischer, griechischer, russischer, serbischer, tschechischer, polnischer, ukrainischer, rumänischer und ungarischer Sprache vorliegt, kritisch zu lesen und auszuwerten. Allein schon die Zusammenstellung der umfangreichen wissenschaftlichen Bibliographie ist eine außerordentliche Leistung und vermittelt dem Leser einen Eindruck von der bisher kaum geahnten Reichhaltigkeit der Quellen zur Kirchengeschichte der Ostslaven.

Geographisch umfaßt das Werk Ammanns alle ostslavischen Stämme und deren Kolonisationsgebiete, ebenso jene Gebiete, die nicht in dem herkömmlichen geopolitischen Begriff „Rußland" enthalten sind, also von Podkarpathien und Galizien bis nach Kamtschatka und Alaska. Dabei sind auch die Missionsgebiete der russisch-orthodoxen Kirche und die Diaspora der Ostslaven auf der ganzen Welt mit umfaßt. Politisch umfaßt die Darstellung Ammanns die gesamte Geschichtsentwicklung der Ostslaven. Der Keim all dieser Länder war ja einmal in einem einzigen Reiche zusammengeschlossen, in dem Kiewer Rus-Reich, mit dessen Christianisierung und kirchlicher Entwicklung sich der erste Teil des Werkes befaßt. Die Gebiete des Rus-Reiches fielen dann im Laufe der Jahrhunderte auseinander. Ein Teil geriet unter die Herrschaft des während der Tartarenzeit sich zur Großmacht entwickelnden Großfürstentums Moskau, ein Teil geriet in die politische Abhängigkeit des polnisch-litauischen Großreiches. So behandelt der zweite Teil die kirchenpolitisch getrennten Stämme der ostslavischen Stämme unter der Herrschaft Rußlands, Polens und der polnischen Nachfolgestaaten.

Erst nach fast eintausend Jahren haben dann die ostslavischen Stämme in der Sowjetunion sich unter einer einzigen Herrschaft zusammengefunden. Dementsprechend behandelt der dritte Teil unter dem Titel „Allrußland" die Entwicklung bis zum Ende des polnisch-litauischen Staates und bis zum Ende des Zweiten Weltkrieges, wobei auch noch die jüngsten kirchengeschichtlichen Ereignisse in der Sowjetunion, die Wiederherstellung des Patriarchates und die Wiederaufnahme einer aktiven, antirömischen und antiwestlichen Kirchenpolitik im Zuge der allgemeinen sowjetischen Außenpolitik berücksichtigt werden.

Daß Ammann die politische Gesamtgeschichte der ostslavischen Stämme beobachtet, stellt das besondere Verdienst seiner Kirchengeschichte dar. Hier wird zum ersten Mal eine Gesamtgeschichte der Ostslaven gegeben, die sowohl die Geschichte der von Rom getrennten russischen Orthodoxen als auch eine Geschichte des römisch-lateinischen Ritus und des unierten orthodoxen Ritus unter den Ostslaven bietet. Dabei wird auch die gesamte Frömmigkeitsgeschichte, die Geschichte des Ritus und der Liturgie, der Theologie und der geistlichen Erziehung einbezogen und zugleich auf die Entwicklung der religiösen Kunst, der Ikonenmalerei und des Kirchenbaues hingewiesen.

*

Für Ammann ist, wie er selbst betont, in der Beurteilung der gesamten geschichtlichen Entwicklung der römische Standpunkt maßgeblich. Dies ist bei einem Gelehrten in verantwortlicher Stellung an dem zentralen päpstlichen Institut des Vatikans selbstverständlich. Trotzdem ist gerade diese offizielle, dogmatische Beurteilung der gesamten Entwicklung der ostslavischen Kirchengeschichte insofern besonders auffällig, als sich in der Schärfe des Tones und in der unerbittlichen Konsequenz, die sich aus der Anwendung des offiziellen Dogmas auf die Geschichtsentwicklung ergibt, ein bedeutsamer Unterschied gegenüber anderen Darstellungen der Ostkirche aus römisch-katholischer Feder bemerkbar macht. Wenn, wie hier, die offizielle dogmatische Geschichtsauffassung auf die dargestellte Epoche angewandt wird, so führt das zu einer ganz bestimmten Sicht der Gesamtentwicklung, die mit einer Reihe von Werturteilen verknüpft ist, und gerade das fordert an mehreren Punkten die historische Kritik heraus.

Nach der These Ammanns hat Wladimir in dem Reich des Kiewer Rus „das byzantinische slavische Christentum in seiner Vereinigung mit Rom eingeführt" (Seite 21). Diese Formel ist sehr vorsichtig, erweckt aber doch bei jedem Leser den Eindruck, als wäre sich die Kirche des Kiewer Reiches schon von ihrer Gründung an ihrer Vereinigung mit Rom bewußt gewesen, ja als hätten irgendwelche Formen rechtlicher Abhängigkeit der Kiewer Kirche von Rom bestanden. Der weitere Verlauf der Kirchengeschichte der Ostslaven wird dann so dargestellt, daß derjenige Teil dieser Kirche, der politisch unter der Herrschaft des Großfürstentums Moskau stand, sich später in Verbindung mit der Kirche von Byzanz von Rom trennte und damit durch eigene Schuld die ursprüngliche Vereinigung mit Rom zerriß. Dementsprechend wird auch durch das gesamte Werk hindurch jeweils die nicht mit Rom unierte Orthodoxie ständig und in jedem einzelnen Fall als „schismatisch" bezeichnet. Unter Orthodoxen versteht der Verfasser dagegen nur die orthodoxen Unierten. Daraus resultiert als dritter Punkt dieser Geschichtskonstruktion, daß lediglich die späteren Unierten die echte Tradition des Kiewer Rus bewahrt haben: als echte Orthodoxe erscheinen in jeder Epoche nur die, die sich Rom unterstellt haben und den päpstlichen Primat bedingungslos anerkennen.

Diese dogmatische Konstruktion führt nun notwendigerweise auch zu bestimmten politischen Konsequenzen. Am deutlichsten treten diese hervor, wenn die eigentliche russische Geschichte beurteilt wird. Nach der Auffassung Ammanns hat sich nämlich Rußland durch seine von ihm behauptete Loslösung von Rom gleichzeitig auch von Europa gelöst. Der Schnitt zwischen Europa und Asien geht mitten durch die Ostslaven hindurch. Europa ist dort, wo Rom herrscht. So gehören die unierten Ostslaven zu Europa, während sich die „schismatischen Orthodoxen" durch die Ablösung von Rom auch von der europäischen kulturellen und geistigen Gesamtentwicklung abgeschnitten haben.

Ammann weist in diesem Zusammenhang auf den Ausfall des Kreuzzugserlebnisses hin. Dieses Kreuzzugserlebnis ist eine der stärksten religiösen Grundlagen der abendländischen christlichen Solidarität. Der „schismatische" Teil der Ostslaven hat an diesem gemeineuropäischen Erlebnis keinen Anteil genommen. Ebenso sei charakteristisch für den russischen „schismatischen" Teil dieser Kirche der Ausfall der Renaissance und des Humanismus. Im Endeffekt läuft also dieses Geschichtsbild darauf hinaus, eine strenge Grenze zwischen dem durch seine schismatischen Traditionen bestimmten Allrußland und dem von Rom geformten Europa zu ziehen. Die Härte und Konsequenz, mit der diese Geschichtskonstruktion durchgeführt ist, macht es notwendig, hier einige kritische Revisionen anzubringen.

Schon die erste These von der Verbindung des Kiewer Reiches mit Rom ist historisch keineswegs nachweisbar, sicher ist nur eines: In der Zeit der Taufe Rußlands war das Bewußtsein eines grundsätzlichen Gegensatzes zwischen der Kirche von Rom und der Kirche von Byzanz in den slavischen Ländern nicht verbreitet. Darauf weisen ja auch die engen Beziehungen zwischen der Kirche des Großmährischen Reiches, die Rom unterstellt war, und der des Kiewer Reiches hin. Dagegen kann von irgendwelchen Unterstellungen oder von dem Bewußtsein einer rechtlichen Abhängigkeit der Kiewer Kirche von Rom schon deswegen keine Rede sein, weil diese Kirche sich selbstverständlich dogmatisch und kirchenrechtlich von Byzanz abhängig wußte und weil anderseits der römische Primatanspruch gegenüber der Ostkirche noch gar nicht in der exklusiven Form vorgetragen wurde, die später unter Photius das Schisma hervorgerufen hat. Von einer Einheit mit der römischen Kirche und mit Rom in dieser Zeit kann geschichtlich nur gesprochen werden in demselben Sinn, in dem von der Einheit mit jeder anderen Kirche, wie etwa der von Alexandrien, Jerusalem oder Antiochien, die Rede war. Niemals aber kann aufgrund der allgemeinen geschichtlichen Lage die Tatsache, daß es keine antirömische Polemik gab, als Beweis für eine kirchenrechtliche Unterstellung unter Rom benutzt werden.

Besonders auffällig erscheint, daß Ammann feststellt, die „schismatische" Kirche habe sich nicht an den Kreuzzügen beteiligt. Gerade die Kreuzzüge haben ja doch am allermeisten dazu beigetragen, die historischen Spannungen zwischen Byzanz und Rom zu verschärfen. Die Päpste haben die Kreuzfahrerheere in zunehmendem Maße benutzt, um den Primatgedanken, der sich immer stärker entwickelte, der Byzantinischen Kirche gegenüber mit Waffengewalt durchzusetzen. Überall, wo die Kreuzfahrer Erfolg hatten, wurde eine römisch-lateinische Hierarchie und Liturgie eingeführt und die östlich-orthodoxe Kirche nach Möglichkeit in ihren Rechten und Lebensäußerungen beschnitten. Der Dritte Kreuzzug richtete sich gegen Byzanz selbst und führte dazu, daß der Byzantinische Kaiser und der Patriarch von Konstantinopel vertrieben und ein lateinisches Kaisertum errichtet wurde. Die östlich-orthodoxe Kirche konnte die Kreuzzüge nur als ein militärisches Unternehmen des römischen Abendlandes verstehen, das gegen sie selbst gerichtet war, und so ist es denn kein Wunder, daß sie diesen Feldzügen keine Sympathie entgegenbrachte.

Es kann auch gar kein Zweifel darüber bestehen, daß das Zentrum der Ostkirche, Byzanz, erst dann sturmreif war für die Türken, nachdem seine geistige, religiöse und militärische Macht durch die Kreuzfahrer erschüttert worden war. Die Mitschuld Roms am Untergang von Byzanz zu leugnen oder dogmatisch zu beschönigen, ist daher abwegig. (Dagegen hatte Rußland durch die Tatarenbesetzung Gelegenheit genug zu Kreuzzugserlebnissen im eigenen Lande: die Feldzüge gegen die Tataren sind vor allem von Iwan dem Schrecklichen ganz als orthodoxe Kreuzzüge geführt worden, wie nicht nur seine Proklamationen, sondern auch seine Kirchen- und Bistumsgründungen in den von den Tataren befreiten Städten und Gegenden eindeutig bekunden, und gerade dieses orthodoxe Kreuzzugserlebnis hat in hohem Maße dazu beigetragen, das Moskauer Reich zu festigen und das christliche Sendungsbewußtsein zu stärken, das nach dem Fall von Byzanz in der Idee von Moskau als dem Dritten Rom seinen Ausdruck fand.)

Dementsprechend erscheint auch die andere These als historisch fragwürdig, daß die Kontinuität der Kiewer Kirche nicht bei der Moskauer Orthodoxie, sondern bei den Unierten liege. Überblickt man die ganze Geschichte der Union mit Rom, wie Ammann sie aufzeigt, so wird doch deutlich, daß diese Union eine politische Tat ist, die jeweils nur unter der Initiative politisch interessierter Kirchenführer zustande kam, die aber nur dort vom Kirchenvolk anerkannt wurde, wo eine römisch-katholische politische Macht mit ihren staatlichen Machtmitteln die Union verwirklichte. Damit soll nicht die Tatsache beschönigt werden, daß die Unierten ebenfalls wieder mit staatlichen Druckmitteln rückgeführt wurden, wenn sie von neuem an die nichtunierten orthodoxen Herrschaftsgebiete fielen. Trotzdem ist es außerordentlich fragwürdig, in diesen verhältnismäßig kleinen Gebilden, die auf so zerbrechlichen politischen Stelzen stehen, die Kontinuität der alten orthodoxen Kirche aufzubauen, um so mehr, als sich in keinem einzigen Fall der Union die slavisch-orthodoxe Tradition rein erhalten hat, sondern sofort in der Praxis und teilweise auch in der Theorie latinisierenden Einflüssen ausgesetzt wurde.

Auch der Hinweis auf die Tatsache, daß auf dem Boden der russischen Kirche weder eine Renaissance noch ein Humanismus aufgeblüht sei, verdient eine Revision: Selbstverständlich ist aufgrund der eigentümlichen Sonderentwicklung des russischen Christentums und der russischen Kultur eine Renaissance in dem spezifisch abendländischen Sinne gar nicht zu erwarten, da ja das Erbe der lateinischen Antike Rußland niemals unmittelbar beeinflußt hat. Die russische Kultur ist nun einmal byzantinisches Erbe, dementsprechend konnte sich eine Renaissance auch nur vollziehen in der Rückwendung zu dem alten, durch Byzanz vermittelten Geistes- und Kulturerbe. Gerade dies ist aber in vollem Maße im Rußland des siebzehnten Jahrhunderts geschehen. Es ist erstaunlich, wie stark die Urteile über die Nikonschen Reformen in der modernen Geschichtsschreibung voneinander abweichen. Während auf der einen Seite Nikons Reformen als ausgesprochenes Westlertum beurteilt werden, wirft Ammann dieser Periode gerade vor, daß eine westliche Renaissance fehlt. In Wirklichkeit entspricht die Nikonsche Reform, indem sie auf die echten griechischen und byzantinischen Quellen zurückgeht, unmittelbar den früheren, westlich-europäischen Bewegungen der Renaissance und des Humanismus. Die Renaissance ist also der russischen Geistesgeschichte nicht fremd, sondern hat sich zwar später als in Westeuropa, aber doch in einer entsprechenden und gemäßen Form auch auf ostkirchlichem Boden vollzogen.

Besonders bedauerlich ist, wie die Reformation behandelt wird. Die Protestanten werden von Ammann durchweg als „Neugläubige" bezeichnet. Dieses Wort aber (das ja die alte Kampflosung der Gegenreformation ist) ist in einem Werk über die Ostkirche um so ominöser, als es in der polemischen Literatur der Ostkirche gegen Rom gerade auf die Mitglieder der römisch-katholischen Kirche angewandt wird, mit der Begründung, daß deren Lehre eine Neuerung gegenüber den sieben altkirchlichen Symbolen sei! Angesichts dieser Tatsache scheint eine so doppelsinnige und durch eine jahrhundertelange Polemik belastete Bezeichnung wenig am Platz zu sein. Die geschichtliche Bedeutung der Reformation selbst im Bereich der ostslavischen Kirchengeschichte wird mit keinem Wort erwähnt. Nur in ganz flüchtigen Hinweisen erscheint gelegentlich eine Erwähnung der Tatsache, daß zu den andern Leiden der Zeit im sechzehnten Jahrhundert im polnisch-litauischen Reich auch noch die Krankheit der neugläubigen Häresie hinzugekommen sei. Nun ist aber gerade die Geschichte des polnisch-litauischen Reiches gar nicht zu verstehen, wenn man nicht die tiefgreifende Umgestaltung des religiösen Bewußtseins, des Bildungswesens und der gesamten geistigen Kultur kennt, wie sie von der Reformation ausging. Es bleibt auch unerwähnt, daß in der Geschichte der Gegenreformation im polnisch-litauischen Reiche die gemeinsame Verfolgung von Protestanten und Östlich-Orthodoxen durch die römischen Katholiken diese beiden Konfessionen immer wieder zusammengeführt hat. Ein so wichtiges ökumenisches Ereignis, wie der Konsensus von Sandomierz, auf dem sich Lutheraner, Calvinisten, Böhmische Brüder und Östlich-Orthodoxe zu einer Konvention zusammenschlossen, wird nicht genannt. Hier wird deutlich, daß über die ostslavische Kirchengeschichte Urteile gefällt werden, die in einem auffallenden Gegensatz zu der Revision der früheren gegenreformatorischen Haltung stehen, wie sie inzwischen auf dem Gebiet der katholischen Reformationsforschung eingesetzt hat.

*

Es wäre der Sache des Christentums dienlicher, wenn eine solch umfassende Quellenkenntnis, wie Ammann sie besitzt, in jener Gesinnung angewendet worden wäre, die Konrad Algermissen in seiner gleichzeitig erschienenen Konfessionskunde folgendermaßen kennzeichnet: „Weder unreife romantische Schwärmerei für die östliche Kirche, wie sie, wohl als Reaktion gegen früheres Unverständnis, gewisse Kreise des Westens auch innerhalb der katholischen Kirche erfaßt hat, noch weniger eine kühle und kritische Zurückhaltung, auch nicht die stetig wiederholte, aber letztlich doch rein abwartende Einladung, zur Einheit der Kirche Christi zurückzukehren, werden uns der tatsächlichen Einigung mit dem getrennten Osten näher bringen. Helfen kann hier nur ein ernstes, liebevolles und ehrliches Bemühen und wirkliches Verstehen. Am wenigsten wird selbstsicherer, selbstbewußter, von der eigenen Unerreichbarkeit überzeugter Hochmut zum Ziele führen, sondern nur die wahre Demut und die hingebende Liebe Christi."

Ernst Benz.

Amerikanische Anarchisten

Thornton Wilder, Dem Himmel bin ich auserkoren. S. Fischer Verlag, Frankfurt am Main 1951, 271 Seiten DM 12.—.

Ernest Hemingway, Haben und Nichthaben. Rowohlt Verlag, Hamburg 1951, 272 Seiten DM 8.—.

Diese beiden Bücher müssen zusammen gesehen werden. Sie bieten eine Reihe überraschender Parallelen und einander entsprechender Abweichungen.

Wilder und Hemingway sind Altersgefährten. Beide stammen aus dem Herzen Amerikas. Wilder wurde 1897 in Wisconsin, Hemingway 1898 in Illinois geboren. „Dem Himmel bin ich auserkoren" erschien 1935, „Haben und Nichthaben" 1937. Wilder hatte vorher die „Cabala", die „Brücke von San Luis Rey" und die „Frau von Andros" geschrieben, Hemingway „Fiesta" und „In einem anderen Land". „Dem Himmel bin ich auserkoren" und „Haben und Nichthaben" waren die ersten und (bis heute noch) einzigen Romane der beiden Verfasser, die in den Vereinigten Staaten spielen. Beide Bücher sind Werke heimkehrender Emigranten, und der Hintergrund beider Romane ist die amerikanische Wirtschaftskrise in der ersten Hälfte der dreißiger Jahre. Wilder wie Hemingway haben ungefähr fünf Jahre gebraucht, bis sich das Erlebnis des in die Krise gestürzten Amerika in ihnen zur künstlerischen Arbeit verdichtete, denn Wilders Roman spielt im Beginn der Krise, derjenige Hemingways an ihrem Ende.

Der 29. Oktober 1929, an dem die Aktienkurse an der newyorker Börse um 40 Prozent fielen, ist der Angelpunkt der neueren amerikanischen Geschichte. Der „schwarze Freitag" traf die USA völlig unvorbereitet, mitten im Prosperitätsglauben der Ära Herbert Hoovers. In den ersten drei Jahren der Depression liquidierten 5000 Banken, und im Jahre 1933 hatten die USA 15 Millionen Arbeitslose. Die Auswirkungen dieser Katastrophe auf die Weltwirtschaft haben wir am eigenen Leibe erfahren. Was wir — leider — noch nicht erfahren haben, ist der Impuls, der von diesem Ereignis aus in die Blutbahnen des amerikanischen Denkens einströmte. Sein Initiator war Franklin Delano Roosevelt. Der „schwarze Freitag" löst einen revolutionären Prozeß aus, dessen Konsequenzen jenen der russischen Revolution vergleichbar sind — sozusagen Amerikas „roten Oktober". Der „Umbau des Westens", der von ihm ausgeht, wird sich noch über viele Jahrzehnte hin erstrecken, und er wird uns aufregende Schauspiele liefern. Übrigens kann er noch immer mißglücken. —

Niemand hat den Zusammenbruch der „prosperity" und mit ihr der amerikanischen Sicherheit in Isolation besser dargestellt als Thomas Wolfe im Gleichnis jenes Hotelbrandes, den er in seinem nachgelassenen Werk „Es führt kein Weg zurück" (Rowohlt) schildert. Die Verfahrensweise Wilders und Hemingways ist eine andere. Sie sind nicht, wie Wolfe, gehetzte Reporter ihres eigenen Lebens, nicht vom Gefühl eines kurzen Lebens Gejagte, die das, was sie erfahren, unmittelbar, im Katarakt von hunderttausend Worten, verströmen lassen müssen. Sie brauchen, wie gesagt, fünf Jahre, und dann stellen sie Figuren aus sich heraus. Bei Wolfe hat man es immer mit Wolfe selbst zu tun, bei Wilder und Hemingway mit ihren Helden, die vor die Kulissen der Krise treten. Aber die Kunst hat viele Möglichkeiten, und die direkte Konfession ist in ihr so erlaubt wie die Objektivation in die Figur.

George Brush, Reisender in Schulbüchern, ist Wilders dem Himmel Erkorener. Eine exemplarischere Komödienfigur ist nicht leicht denkbar. Die Gestalt des George Brush scheint dem Leser aus den Seiten des Buches förmlich entgegenzuspringen. Das hat nicht mit „Lebensnähe" zu tun, mit naturalistischen Qualitäten. Dieser Pazifist, Prinzipienreiter und Gottverkünder, mag er aus noch so vielen naturalistisch beobachteten Details zusammengesetzt sein, ist dennoch eine freie Erfindung seines Schöpfers — und nur deshalb so lebendig. Er ist kein Modell, keine Type und kein psychologisch umgrenztes Individuum, — er ist Kunst, also ein Golem, der seinen Rabbi Löw ben Bezalel fand, den, der ihm Leben einhauchen konnte.

Als solcher hat ihm Wilder Züge eines amerikanischen Eulenspiegel verliehen, freilich eines Eulenspiegel wider Willen. Rings um ihn wird die Absurdität des in die Krise geschleuderten Amerika sichtbar, im Bilde der vor dem Konkurs stehenden Bank, der forcierten Fröhlichkeit des Sommer-Camps, der korrupten Justiz, des Gangster-Wesens, der im Film zugrundegehenden Literatur und der entgleisten Erotik. Und wo Brush hinkommt, enthüllt er die Brüchigkeit der Fassaden. Aber er enthüllt auch sich selbst. Denn er, der von sich Überzeugte und Sektenheilige, hat alle moralischen Qualitäten, die eine moralische Aufgabe erfordert, nur die eine, entscheidende nicht: die Liebe. Oder darf er sie nur nicht zeigen? Wilder stellt es meisterhaft dar, wie sich die Menschen von George Brush abwenden, wie die Gespräche aufhören und an ihre Stelle eine ratlose Bewegung tritt, — weil beim Anderen ein Mangel vorzuliegen scheint, ein nicht ausgefüllter Raum, in den das durch Leid und Erfahrung bewirkte menschliche Gefühl erst eintreten muß. Daran scheitert Brush. Doch im Augenblick seines völligen Zusammenbruchs, in dem er, überwältigt von Einsamkeit, Gott aufgegeben hat, erreicht ihn eine Botschaft. Aus dem Nachlaß eines katholischen Priesters, den Brush ein einzigesmal in seinem Leben gesehen hat, erhält er einen silbernen Löffel. Und „von diesem Tage an begann Brush gesund zu werden."

Thornton Wilder ist ein viel zu großer Künstler, als daß er seine Absichten klar erkennen lassen würde. Wollte er nur die Krise darstellen? Wollte er in der Kritik an George Brush die religiöse Sterilität des Puritanismus treffen? Lag ihm daran, die Dummheit des eifernden, von den anderen nur fordernden Fanatikers bloßzustellen? (Aber dazu gewinnt man Wilders Helden viel zu lieb.) In der „satirischen Spiegelung des öffentlichen Lebens Amerikas" und der „scharfsinnigen Demaskierung des naiven Idealismus" erblickt der Waschzettel des Verlages den Hauptinhalt des Buches.

Aber damit ist der Sinn des Werkes nicht erschöpft. Die Dialektik des Buches spielt sich vielmehr auf der höchsten Ebene religiöser Problematik ab. Brush stößt die Menschen ab, ja er verläßt sie bewußt. Liebt er sie nicht genug? Oder muß er sie verlassen in der Nachfolge Christi? Zweifellos leidet er darunter, daß er keine Freunde gewinnen kann, daß er unfähig ist, eine Ehe zu führen. Sein weltliches Ideal, der Wunschtraum seines Lebens ist, ein „amerikanisches Heim" zu haben. Je weiter man liest, umso ergriffener wird man von der Tiefe des Konflikts, in den Wilder seinen Helden treibt. Das ist kein Lustspiel mehr, zu erleben, wie Brush wählen muß: zwischen der Liebe zu den Menschen, die Toleranz verlangen, und dem Ruf Gottes, der die unbedingte Nachfolge fordert: das Kreuz. So zerbricht denn das „amerikanische Heim", die letzte Bastion der Sicherheit, und George verschwindet in den Städten des Mittelwestens, im dunklen Gefahrenreich Gottes.

Daß Wilder aus der Krise eine religiöse Gestalt heraustreten läßt, macht die eigentliche Bedeutung des Romans aus. Denn Brush *ist* ein Werkzeug Gottes, trotz den Mängeln oder wegen der Mängel, die ihm anhaften. Er ist ein typisch angelsächsisches Werkzeug Gottes, denn er ist — als die lächerliche Figur, die er darstellt — ein fast schon übertriebenes Beispiel von religiösem „understatement". Tatsächlich gibt Wilder mit George Brush eine Antwort auf die Krise — und nicht nur auf die amerikanische Wirtschaftskrise. Am Ende ist man tief überzeugt, daß diesem grotesken Handlungsreisenden, was immer ihm zustoßen wird, nichts geschehen kann.

Finsterer, tragischer, gefährdeter erscheint der Held Hemingways, Harry Morgan, Motorbootführer, Fischer, Schmuggler zwischen der Küste von Florida und Kuba, Mörder. Vom ersten Satz an holt uns Hemingway in das reißende Staccato seiner Sprache herein. „Sie wissen ja, wie es früh am Morgen dort in Havana ist" — und siehe da, wir wissen es. (Besonders bei einer Übersetzerin wie Annemarie Horschitz.) Diese Sprache, von der Evelyn Waugh sagt, Hemingway hätte sie sich patentieren lassen sollen, um sie vor Nachahmungen zu schützen! Aber man kann nur ihre Härte nachahmen, nicht ihre Empfindlichkeit, nur ihre Manier, nicht ihr Niveau. Denn ihre dünne Haut und ihre einsame Qualität kommen aus dem Zentrum der Substanz Hemingways, dorther, wo sich in ihm Kunst ereignet.

Aber bleiben wir bei Harry Morgan. Der hat sein Motorboot und sein wundervolles Gerät für die Jagd großer Raubfische, aber ein Jagdgast, dem er das Boot verchartert hat, vernichtet ihm das Gerät und betrügt ihn. In der Schilderung der Jagd taucht ein ständiges Hemingway-Motiv auf: der wilde Haß Hemingway-Morgans gegen Leute, die eine Sache, die sie angefangen haben, nicht gut machen, und das heißt: mit dem vollen Einsatz ihrer Person.

Von so einem dilettierenden Schlappkerl wird Harry in eine schwere finanzielle Krise geworfen. Um sich da herauszureißen, gibt es nur einen Weg: die Kriminalität. Er braucht schnell Geld, er muß einen Coup landen, und der heißt in Kuba: Menschenschmuggel. Aber im Verlauf der Aktion wird er zum Mörder, und die Schraube beginnt sich zu drehen. Schmuggel, Kampf mit der Polizei, die Beschlagnahme des Bootes, Gewaltversuche, es von der amerikanischen Polizei-Bürokratie wiederzubekommen, und der Tod in einem letzten Kampf gegen die Gangsterwelt, die ihn in ihre Fänge genommen hat.

Also ein sozialer Roman? Da wird also einer durch die gesellschaftlichen Verhältnisse in die Welt der Besitzlosen gestoßen, wird, weil er sich nicht zurechtfindet, zum Kriminellen und geht darüber zugrunde? Aber so einfach macht es sich Hemingway nicht. Dann wäre der Titel „Haben und Nichthaben" ja eine Trivialität. Hemingway kontrastiert die beiden Schichten scharf, die Leute, die mit ihren Luxusjachten im Hafen von Key West liegen, Literatur-Snobs, reiche Steuerbetrüger, mondäne, unbefriedigte Frauen, und auf der anderen Seite die armen Fischer, die Gelegenheitsarbeiter, die plebs miserrima Kubas (und es gibt keinen Zweifel, daß Hemingway auf der Seite der kleinen Leute ist). Aber was ihn wirklich interessiert, das ist der Raum, der *zwischen* dem Haben und dem Nichthaben liegt, die Frage, ob man in der dünnen Luft dieses Hohlraums leben kann.

Denn Harry Morgan haßt die reichen Nichtstuer, aber er verachtet die armen Leute, die keinen Schwung zu eigener Aktion haben. An ihrer Solidarität will er keinen Anteil haben, — bis zuletzt ist er fest davon überzeugt, daß es ihm gelingen muß, sein Heim, seine Frau, seine Kinder, sein Boot, seine ganze selbstherrliche und urtümliche Jäger- und Fischerwelt zu behaupten.

Man kann historisch nachweisen, welche politische Stellung Hemingway bezieht. „Haben und Nichthaben" spielt, wie schon gesagt, am Ende der Krise. 1932 war Roosevelt gewählt worden. Binnen einem Jahr lief der New Deal an, — der große Hilfsplan für die von der Krise Geschlagenen. Der National Recovery Act vom Juni 1933 brachte ein umfassendes Programm öffentlicher Notstandsarbeiten, der Staat sprang in das Chaos, das die „freie" Wirtschaft hinterlassen hatte. Aber Harry Morgan höhnt den NRA: „Eins sage ich Dir, meine Jören werden keinen Kohldampf schieben, und ich werd' keine Abzugskanäle für die Regierung graben." Die Federal Emergency Relief Administration (F.E.R.A.) setzt alle Hebel in Bewegung, um die Krise zu überwinden. Aber Hemingway charakterisiert eine unsympathische Figur seines Buches mit dem verächtlichen Satz: „Man mußte schon ein Schriftsteller oder ein Beamter bei der F.E.R.A. sein, um eine Frau zu haben, die so aussieht." Ein tiefsitzender Groll wird sichtbar, — der Groll des Individualisten, die Trauer um die dahinschwindende Welt des guten alten amerikanischen „free enterprise", das Ressentiment des Jägers und Fischers Hemingway gegen die verplante Welt.

In „Haben und Nichthaben" enthüllt sich Hemingway als der, der er mit einem Teil seines Wesens ist: als Romantiker und konservativer Anarchist. (Man wird sehen, daß ihn in seinem neuesten Buch „Across the river and into the trees" diese Stimmung gänzlich überwältigt hat.) Mit den Mitteln des härtesten Realismus vollzieht er fortgesetzt den Aufstand gegen die gesellschaftliche Realität seiner Zeit. Sie treibt seinen Helden in die Anarchie. Vor einiger Zeit brachte die Zeitschrift „The New Yorker" eine Karikatur: Zwei Geschäftsleute stehen vor einer Bank und beobachten, wie Bankräuber mit gezückten Pistolen das Gebäude verlassen. Und mit grimmiger Befriedigung bemerkt der eine Geschäftsmann zum anderen: „Wenigstens warten sie nicht auf irgendeine staatliche Unterstützung." Auch Hemingways Herz gehört den letzten Jägern und Tieren der freien Wildbahn. Der dramatischeste Epiker unserer Zeit sucht den tragischen Helden, den, der mit absoluter Folgerichtigkeit zugrundegehen muß. Er findet ihn in Harry Morgan, der mit dem Satz auf den Lippen stirbt: „Ganz egal wie, ein Mann allein hat keine verfluchte Chance nicht." —

Ich habe versucht, ein Buch politisch-zeitlich zu deuten, dessen Sinn die historische Situation, in der wir uns befinden, weit übergreift. Die Einsamkeit Harry Morgans ist nicht nur die Einsamkeit des Anarchisten in der vergesellschafteten Welt von heute. Aber wichtig ist es doch, zu sehen, wie ein großer Schriftsteller eine menschliche Grundsituation auf unsere Zeit projiziert. Daß ein George Brush von Gott gerufen wird und ein Harry Morgan untergeht, weil er nicht mehr er selbst sein kann, — das mag sich in jedem Zeitalter ereignen; daß und wie es in unserem geschieht, ist für uns von unvergleichlicher Bedeutung.

Beide geben uns Rätsel auf und lassen verschiedene Ausdeutungen zu. Es sind sehr verschlüsselte Schlüsselfiguren unserer Zeit, und wenn nicht alles trügt, werden sie in die Überzeitlichkeit der Dichtung eingehen. Wilder stellt natürlich mehr auf den kultivierten Kammer-Ton ab, während Hemingway ein Heldengedicht in Slang schreibt, aber die formale Ähnlichkeit beider Werke ist dennoch überraschend: man bewegt sich in der Lektüre durch ein scheinbar ganz loses Konvolut von Notizen, etwas Skizzenhaftes eignet beiden Büchern, scheinbar nirgends wollen Wilder und Hemingway epische Zusammenhänge herstellen, die Schauplätze wechseln beinahe willkürlich (und bei Hemingway wechselt sogar die Person, in der erzählt wird), — es handelt sich um den souveränen Stil zweier Meister, die äußerste Konzentration hinter Nonchalance verbergen.

Zwei ganz und gar aufregende und ergreifende Bücher. Sie beweisen wieder einmal, daß die neue amerikanische Epik vorläufig die letzte wirklich erregende Literatur unserer Epoche ist.

Alfred Andersch.

„Fahrraddiebe"

Rom, mit den Augen des Proletariers gesehen: Stein und Staub, Mietskasernen, Arbeitslosigkeit, Straßengewühl, Betrüger, Hitzeglut und Regen, gewerbsmäßige Nächstenliebe, Hunger, Armut. Dazwischen ein paar Menschengesichter. Ihre Augen sind voll Not oder wissen um die Not.

Dem Arbeitslosen Antonio winkt das Glück: Er bekommt eine Stellung angeboten, eine herrliche Stellung als Plakatankleber. Bedingung: Fahrrad mitbringen. Antonios Rad wird also aus dem Versatzamt ausgelöst und dafür die Bettwäsche der Familie verpfändet, — die ist entbehrlicher. Ein paar Stunden dauert die Seligkeit, arbeiten zu dürfen. Dann wird das Rad gestohlen. Unter Antonios Augen. Nachfragen bei der Polizei, Suche auf den Märkten, Verfolgung eines der Hehlerei Verdächtigen: erfolglose Mühen. Einmal steht Antonio dem Dieb gegenüber, hat ihn beim Kragen: zu früh die Freude, er kann ihm die Tat nicht nachweisen. Jetzt packt ihn die Verzweiflung. Er muß ein Rad haben, er muß seine Stellung behalten! Beim Versuch, selbst ein Rad zu stehlen, wird er im Handumdrehen gefaßt. Weil Sonntag ist, weil er abgerissen und abgezehrt aussieht, weil er seinen weinenden Jungen an der Hand hält, läßt man ihn laufen. Laufen in die Arbeitslosigkeit, in den Hunger, in die Armut, in seinen Alltag.

Das ist der Inhalt des Films. Eine alltägliche Begebenheit. Ähnliches spielt sich immer wieder unter unseren Augen ab, ohne daß wir uns sonderlich darüber erregen, — es sei denn, wir selbst sind die Betroffenen. Vor der Darstellung dieser Begebenheit auf der Leinwand vermögen wir nicht gleichgültig zu bleiben. Sie erregt uns tief, weil nichts an ihr „gemacht" ist. Keine Atelieraufnahmen, keine Filmgesichter, keine großen Gesten, keine Unwahrscheinlichkeit. Die Kamera begleitet Antonio (er heißt im Leben Lamberto Maggiorani und ist Metallarbeiter) drei Tage lang auf seiner Passion. Sie sucht nicht nach Beziehungen, nach Gleichnissen oder schönen Motiven, — sie sieht schlicht und einfach zu, was der Mann tut. Und er tut nichts, was nicht ein anderer in seiner Situation auch täte. Die Menschen um ihn, Frau, Kind, Freunde, Passanten: Leute wie du und ich. Leute, die man bei näherer Betrachtung lieben oder hassen lernt, Leute, die man auf der Straße übersieht. Da sie nicht schauspielern, vielleicht nicht schauspielern können, bestaunen wir sie auf der Leinwand wie Wunder. Wie bisher noch kein anderer, ist der Film „Fahrraddiebe" lebensnah. Wie bisher noch kein anderer, spiegelt er ungeschminkt und untendenziös die soziale Not unserer Zeitläufte. Darum wurde er überall, wo er in den beiden vergangenen Jahren zu sehen war, zu Recht mit den höchsten Auszeichnungen bedacht.

Nur sollte man ihn nicht ein Kunstwerk nennen. Kunst hat nicht Wirklichkeit zu spiegeln, sondern sie derart zu überhöhen, daß hinter ihr die Gesetzlichkeit der Welt erkenntlich wird. Wie sähe das Weltgesetz aus, versuchte man den Fall des Arbeitslosen Antonio zum Symbol auszuweiten? Das Unrecht, die Hoffnungslosigkeit triumphieren ... Der vom Pech Verfolgte gerät unrettbar in den Sog der mißlichen Umstände. Wodurch hat er sich schuldig gemacht? Wem gegenüber? Der Film zeigt doch nicht die Folgen seiner letzten Verzweiflungstat, sondern die Folgen des Umstands, daß er ein armer Teufel, daß er als Mensch in diese Welt hineingeboren ist! Du bist Mensch, also bist du allein und verlassen, — das ist die Quintessenz der Geschichte. Und diese Quintessenz schmeckt so bitter, daß sie manchem Betrachter den Genuß am Schauspiel vergällt und dieses nebenbei auch noch um ein beträchtliches Stück seiner moralischen Wirkung bringt. Jean Paul Sartre weiß recht gut, in welcher Garnierung ein existentialistisches Gericht appetitanregend ist; darum versetzt er seine Lehrstücke und Filme in hypothetische Räume, spielt mit mehreren Möglichkeiten, fasziniert durch Tricks und läßt gerne noch Hintertürchen für Andersgläubige offen (so das „Vielleicht habt Ihr mehr Glück" der gescheiterten Liebesleute in „Les jeux sont faits").

Der Autor und Regisseur der „Fahrraddiebe", Vittorio de Sica, kennt kein „Spiel", keine Tricks, keine Hintertürchen. Er tritt keinen

Schritt über den Rahmen der alltäglichen Wirklichkeit hinaus. Setzt er ironische Akzente (das wohlorganisierte Mitleid der Quäker, der vornehme Knabe beim Mittagstisch), deutet er auf die komisch wirkenden kleinen Schwächen der menschlichen Natur hin (die Regenscheu der Priesterseminaristen, die Gefräßigkeit des Bettlers, das kindische Gekränktsein des kleinen Bruno), so hütet er sich peinlich vor grotesken Übertreibungen. So und nicht anders ist das Leben, — das ist de Sicas These, und damit auf keinen Fall Zweifel an ihrer Richtigkeit aufkommen, treibt er die Nüchternheit der Schilderung oft bis zur Askese. Aufkommendes Lachen über spaßige Details erstickt vor der grausam objektiv entwickelten Konsequenz des Handlungsablaufs. Die serenitas, die ruhige Gelassenheit, mit der das Auge der Kamera dem Sterben menschlicher Hoffnungen, menschlicher Selbstachtung zusieht, verstärkt den Würgegriff der Miterlebensangst um den Hals der Zuschauer. Es gelingt ihnen, wenn sie das Theater verlassen haben, nur schwer, sich von dem Albdruck zu befreien.

Hier hat wohl Kritik einzusetzen. Strenge Wirklichkeitsnähe, Nüchternheit und Objektivität vermögen zweifellos hervorragende didaktische Wirkungen zu erzielen, als künstlerische Mittel sind sie fragwürdig. Wenn auch in keiner anderen Beziehung, so verrät sich doch in dieser didaktischen Unerbittlichkeit die ideologische Herkunft de Sicas vom orthodoxen Kommunismus.

Die „Fahrraddiebe" sind ein „document humain" ersten Ranges, das tief beeindruckt und die Gewissen aufzurütteln versteht, lassen aber künstlerisch noch Wünsche offen. Kein Zweifel: de Sica hat die Fähigkeit, auch diese zu erfüllen. Ein neuer Film von ihm, „Wunder in Mailand", ist angekündigt. Er soll es darin mit der Wirklichkeit nicht mehr so genau nehmen ...

Paul Arndt.

Gesellschaftskritik als gesellschaftliches Ereignis

Es gibt Werke, die alle zwanzig Jahre von neuem uraufgeführt werden müssen. Nicht, weil sie in der Zwischenzeit vergessen wurden, nicht, um sie gewaltsam wiederzuerwecken, sondern weil sie immer wieder ganz neu sind, ganz ungewohnt, weil immer wieder den Hörer jene Erwartung ankommt, jene den letzten Fibern sich mitteilende Spannung, die der Uraufführung eines großen Werkes vorausgeht.

Alban Bergs „Wozzeck" wurde bei den Salzburger Festspielen von neuem uraufgeführt. Die Aufführung war eine Sensation, in dem ursprünglichen Sinn eines geistig-sinnlichen Ereignisses.

Es scheint sich eine musikalische Büchner-Renaissance in Salzburg anzubahnen. Vor einigen Jahren „Dantons Tod" von Gottfried von Einem, im Sommer 1951 der „Wozzeck". Es gehörte Mut dazu, den Sozialrevolutionär Büchner mit dem konventionellen salzburger Festspielpublikum — Sommerfrische mit musikalischer Abendunterhaltung — zu konfrontieren. Mehr Mut aber noch, Alban Bergs Musik in die heitere Unverbindlichkeit der salzburger Divertimenti-Atmosphäre hineinzustellen. Denn sein „Wozzeck" ist alles andere als unverbindlich. Er ist das Grauen ohne Hoffnung, die Angst ohne Ende. Schon in der Büchnerschen Prosa; ausweglos, beklemmend wird er aber erst durch die Musik. Die Prosa Büchners ist nicht mehr von der Musik Bergs zu trennen.

Einmal schon gab es Ähnliches: die „Salome" von Oscar Wilde wurde in keinem Theater mehr aufgeführt, seitdem Richard Strauß mit der Prosa Wildes *die* Salome geschaffen hatte. Es ist kein Platz mehr für das Schauspiel, wenn die Oper an seine Stelle tritt. Die entscheidenden Fragen der Schauspiel-Inszenierung, ob die Personen richtig erfaßt, aus dem Wort heraus gültig gedeutet wurden, werden gegenstandslos. Die Musik inszeniert selbst. Auch wenn der Sänger gegen die Musik, gegen ihren Sinn spielt, letztlich ist doch die Musik stärker als er. Der Hauptmann, der Wozzeck das Denken verbietet, der behauptet, durch das Denken sähe Wozzeck „immer so verhetzt" aus, wird durch Bergs Musik von selbst zur Verkörperung jenes süddeutschen Militarismus, der, wie der norddeutsche Militarismus durch seinen tierischen Ernst, durch seine „tierische Heiterkeit" so gefährlich ist. Die heitere Gefühlskälte des Hauptmanns treibt Wozzeck zum Irrsinn, den Hörer aber zu einem Maß des Mitleidens, für das die Geschichte der Oper keine Vergleiche bietet.

Was bei der frankfurter Aufführung des Schauspiels störte, ein Wozzeck, der niedergedrückt seine Reden mit dem Hauptmann führte, dumpf und trottelig bis zur Hintersinnigkeit, erwies sich, gemessen an der Musik Bergs, als endgültig verfehlt. Trotz all ihrer Nervosität vermeidet die Musik Bergs den Anschein, Wozzeck sei Neurotiker. Jeder psychologische Maßstab, den anzulegen im Schauspiel man allzuleicht verführt ist, verliert bei der Musik Bergs seine Gültigkeit. Hier sieht man nur noch den Ausbruch Wozzecks aus einer quälenden Gesellschaft, den verzweifelten Menschen, nicht aber die Frage, in welche Kategorie diese Verzweiflung gehört.

Wenn es ein Werk gibt, in welchem der Hörer die Angst und Not auf der Bühne als seine eigene empfindet, dann ist es der „Wozzeck". „Der Mensch ist ein Abgrund", — die Musik Bergs reißt ihn auf, vor dem Hörer, in dem Hörer. Jene fürchterlichen fünf Takte nach dem Mord — das ganze Orchester auf einem Ton vom fiebrigen Pianissimo bis zum wütenden Fortissimo — machen jeden Hörer zum Mörder, machen jeden Hörer zum Ermordeten. Wenn Berg schreibt, daß „von dem Augenblick an, wo sich der Vorhang öffnet, bis zu dem, wo er sich zum letzten Male schließt", es keinen im Publikum geben dürfe, „der von etwas anderem erfüllt ist als von der weit über das Einzelschicksal Wozzecks hinausgehenden Idee dieser Oper", — und wenn er glaubt, dies sei ihm gelungen, — nun, es ist ihm gelungen. *Reinhold Kreile.*

Musik unter südlichem Himmel

Zwei Beine hängen aus einem Fenster. Das dazugehörige Mädchen indes bleibt — leider — verborgen im Dunkel des Zimmers. Die Beine aber, beleuchtet vom Kerzenschimmer des festlichen Platzes, baumeln unbekümmert im Takt zu Mozarts Musik, die auf den Stufen einer heiteren Barockkirche gespielt wird. Drei breite, steinerne Treppen gehören noch zu der Szene. Die eine führt zu einer etwas höher gelegenen Terrasse vor einer zweiten, kleineren Kirche, die andere mündet unter einem zierlichen Torbogen in das Dunkel der Gassen, und die dritte fällt steil ab in mächtigen Windungen zum Hafen. Sie reißt eine Bresche in das winklige Gewirr steinerner Häuschen und Türme, die sich im Halbrund um die beiden Kirchplätze ziehen und an den hochaufsteigenden Berg anschmiegen, sie gibt den Blick frei auf das Meer. Tausend Lichter flimmern vom jenseitigen Ufer der Bucht durch die Nacht herüber. Das Rauschen der Brandung aber klingt herauf und vermischt sich mit der Musik. Über allem der hell angestrahlte Kirchturm, er ragt wie ein leuchtendes Ausrufezeichen in den Sternenhimmel. Fledermäuse huschen von Gesims zu Gesims, und unten im Schatten der Mauern die Katzen. Einmal streicht eine verstört mitten durch das Gewirr von Notenständern, Hosenröhren und Instrumentenleibern des Orchesters hindurch. Und bisweilen hört man den Schrei einer aufgeschreckten Schwalbe oder irgendwelche ferne Menschenstimmen vom Hafen her, die sich wie Nebelfetzen im Gemäuer fangen und seltsam, wie Flüstern, klingen.

Zehn Abende war es so. Zehnmal wurde auf dem Platz von Saint-Michel in Menton von deutschen, französischen und italienischen Orchestern Musik gemacht, und Menschen aus allen Ländern Europas waren gekommen, um dies zu erleben: Kammermusik unter dem Himmel der Riviera.

Ein ungarischer Emigrant hatte vor drei Jahren in diesem französischen Grenzstädtchen die Möglichkeiten des Platzes vor der Kirche entdeckt und hatte mit einem deutschen Orchester und Besuchern aus England, Skandinavien, Dänemark, Österreich, der Schweiz und den Beneluxländern das erste Musik-Festival organisiert. Und es war ein voller Erfolg: Nur noch an einem Ort in Griechenland habe er ähnliche akustische Verhältnisse angetroffen, sonst nirgends auf der Welt, meinte der Pfarrer von Menton, ein weitgereister Mann, kritisch und sehr musikalisch.

Groß war das Aufgebot an Musikern dieses Jahr: Karl Münchinger mit seinem Stuttgarter Kammerorchester, das Collegium pro Arte mit Winschermann, Lechner, Redel und Bochmann, das französische Rampal-Quintett, Charlotte Taffanel mit ihrem Pariser Damenorchester, die Mailänder „Pomeriggi Musicali" unter Ettore Gracis, Jacques Thibaud und Robert Casadesus. Gespielt wurden Mozart, Bach, Haydn, Honegger, Hindemith, Debussy, Rossini, Rameau, Beethoven, Chopin, Bartok, Strawinsky, Britten, moderne italienische und französische Nachwuchskomponisten. Eine wahrhaft europäische Auswahl. Unbestritten den größten Erfolg hatte Karl Münchinger. Seine klaren Interpretationen gefielen besonders den zur Analyse neigenden Franzosen. Und es war ihm auch tatsächlich dank seiner großen Begabung für die Moderne gelungen, den aktuellen Gehalt der Klassiker zu offenbaren. Alle, die dort waren, wissen es ihm zu danken.

Im Schein der Kerzen und Sterne verlief dieses Festival. Die einzigen offiziellen Worte, die gesprochen wurden, lauteten: „Mesdames et Messieurs, quinze minutes d'entr'acte. Le buffetbar est installé sur la place en haut des marches à gauche!" Jeden Abend. Und das letzte „à gauche" wurde schließlich von allen im Chor mitgesprochen, daraufhin Lachen und Applaus für den Sprecher, einen silbergrauen Herrn, der früher einmal auf den Brettern gestanden hatte, und jedesmal seinem Sprüchlein eine neue Nuance gab. Auch an Sensatiönchen mangelte es nicht: Während des Klavierkonzertes mit Robert Casadesus fing es an zu regnen, mitten in Beethovens Appassionata hinein. (Es war dies der einzige Regen innerhalb eines Vierteljahres und ein Ereignis!) Casadesus spielte zunächst ruhig weiter, und das Publikum ignorierte den Fingerzeig des Himmels. Da aber rutschte ihm ein Ton auf der feuchten Taste aus, — der Künstler setzte ab, lächelte, fuhr sich mit der Hand über die wie nasser Asphalt blinkende Glatze, zeigte entschuldigend nach oben und stand auf. Als das Konzert nach fröhlichem Umzug in das Gotteshaus fortgesetzt wurde, blickte ein sternenklarer Himmel voller Unschuld auf den Platz, wo die leeren Stühle standen . . .

Auch Jacques Thibaud ist durch das Festival zu seiner Anekdote gekommen: Er hatte einige Male ganz ungeniert danebenkratzt. „Oh," — erklärte nachher einer der Begeisterten, „Jacques Thibaud spielt gewiß besser Golf als Violine. Aber er ist der geistreichste und charmanteste Causeur, den man sich denken kann. Er ist eben Frankreich. Und wir kommen, um — Frankreich zu sehen, voilà!"

Und auch noch dies gehört dazu: Der Beifall, den der Italiener Ettore Gracis mit seinem Mailänder Kammerorchester von den Franzosen bekam, war kühl, obwohl er nicht schlechter gespielt hatte, als Münchinger. „Wissen Sie", — flüsterte mir ein Franzose während der ersten Takte der Sinfonietta Brittens zu, — „der da (Ettore Gracis) ist nicht so sympathisch wie Münchinger. Er ist eben Italiener, — immer nur Ich, Ich, Ich . . ."

Südländer unter sich . . .

Gisbert v. Wersebe.

Clemens August Preising

Clemens August Preising: „Carl Thiel". Ein Leben für die Musikkultur des deutschen Volkes. Verlag Josef Habbel, Regensburg 1951, 240 Seiten, DM 7.80.

Der Name des Autors und nicht der Titel seines Buches steht über diesen Zeilen, weil Clemens August Preising in diesen Tagen, am 22. September, seinen 85. Geburtstag gefeiert hat. Das ist ein guter Anlaß für einen seiner unzähligen ehemaligen Schüler, ein Wort des Dankes und des Zeugnisses zu sagen. Er war mein Schuldirektor von der Sexta bis zu den Wochen oder Monaten, da er uns die Römer-Oden des Horaz interpretierte, aber sein eigentlicher Dienst an uns geschah auf dem Feld, auf dem als späte Frucht reicher Erfahrungen auch sein Buch gewachsen ist: in der Musik. Sein humanistisches Gymnasium war für jeden, der eine Stimme und ein Herz für die Musik mitbrachte, so etwas wie ein vorweggenommenes „Musisches Gymnasium". Der Direktor sorgte für gute Gesanglehrer, dirigierte den Schulchor selbst und ließ ihn am Musikleben der Stadt Dortmund gründlich teilnehmen. Einige Auserwählte durften jahrelang seine musikgeschichtlichen Übungen im Konservatorium besuchen: wir haben damals jeden Samstag zwei Stunden lang von der ersten pythischen Ode Pindars an bis ins 19. Jahrhundert hinein so ziemlich alles vom Blatt gesungen, was sich singen ließ. Nicht in der Jugendmusikbewegung, sondern durch die Schule haben wir damals die Literatur kennengelernt, die später die Substanz der Singkreise und Jugendchöre ausmachte. Preising stand aktiv in der Reform der Musikerziehung, und ich erinnere mich daran, wie wir einmal auf einem Kongreß für Schulmusik den Herren vom Kultusministerium die neuesten Methoden der Singschulung vordemonstrieren mußten. Vor allem: er steckte uns mit seiner Liebe zur Musik an. Ich weiß noch genau, wie in den Proben zur „Schöpfung" der zündende Funke fiel. Joseph Haydn war dabei mit im Spiel, aber ich weiß nicht, ob ich schon damals als Sextaner ohne die Hilfe unseres „Chefs" für ihn offen gewesen wäre.

Preisings Buch über Carl Thiel, 1946 abgeschlossen, 1951 erschienen, hängt mit alledem zusammen. Carl Thiel (1862—1939) ist einer der Erneuerer der Schul- und Kirchenmusik in den Jahrzehnten vor und nach dem Ersten Weltkrieg gewesen; er war als Organist, Dirigent und Komponist vielfältig tätig und trat mit Kretzschmar zusammen für die Reform erzieherisch und musikpolitisch ein. Am Ende seines Lebens leitete er die bekannte Kirchenmusikschule in Regensburg. Dem Lebensweg dieses Mannes geht Preising in seiner Biographie aus naher Kenntnis der Person und der Sache liebevoll nach.

WD

Das Hebbeljahrbuch

„Friedrich Hebbel — Entscheidung des Geistes". Otto Meissner-Verlag, Schloß Bleckede an der Elbe 1950, 120 Seiten, DM 3,50.

In Franz Kafkas Briefen steht über die Lektüre der Tagebücher Hebbels: „Ich konnte keine Feder in die Hand nehmen während dieser Tage, denn wenn man so ein Leben überblickt, das sich ohne Lücke höher und höher türmt, so hoch, daß man es kaum mit seinem Fernrohr erreicht, da kann das Gewissen nicht zur Ruhe kommen..." Diese Sätze geben zu denken. Denn die Bedeutung Hebbels ist doch offenbar in den letzten Jahren ein wenig in den Hintergrund getreten. Die Liebhaber seiner Dichtungen sind seltener geworden, und vom Theater sind seine Werke oft für mehrere Spielzeiten verschwunden. Zu Recht?

Das vorliegende Jahrbuch der Hebbel-Gesellschaft versucht diese Frage zu beantworten. Dr. Klaus Ziegler stellt in seinem Aufsatz „Friedrich Hebbel und die Krise des deutschen Geistes" diesen in die Reihe jener Dichter, die stellvertretend die Krise einer ganzen Zeit in sich bewußt erleben und in ihrem Werk um eine Lösung ringen. Indem er der Verstehensweise der Existenzphilosophie verpflichtet ist, ordnet er den Dichter in seine Zeit ein und hebt ihn damit gleichzeitig am stärksten von ihr ab. Die Grenze dieser Untersuchungsweise liegt darin, daß die zugespitzte Fragwürdigkeit unserer Situation in den Früheren hineingetragen wird, ein Unternehmen, zu dem der am Existenzproblem und dem Nihilismus geschulte Denker nur allzu leicht neigt. Doch anderseits werden dadurch auch Dinge erkannt, die das Bild Hebbels vertiefen. Zudem gleicht der folgende Aufsatz von Professor Kurt May die Verzeichnung in behutsamer und einfühlender Deutung von „Herodes und Mariamne" völlig aus. Bei May sind Wirkungsgeschichte und Deutung in glücklicher Weise verbunden. Seine Arbeit ist wohl die stärkste des Jahrbuchs. Der Band enthält außerdem noch eine Untersuchung des französischen Germanisten Roland Edighoffer über Hebbel und Grillparzer und Aufsätze biographischer Natur, so einen vom Herausgeber Detlev Cölln über des Dichters Beziehungen zu seiner Heimat. In diesen Arbeiten wird allerdings die wägende und sauber scheidende Art der ersten Arbeiten verlassen, und so entsteht ein provinzieller Eindruck, wie überall dort, wo ein allverehrter Heros beschworen wird. Diese Atmosphäre des Provinziellen haftet leider auch der Ausstattung des schmalen Bändchens an. Für folgende Jahrbücher wäre sie sicher leicht zu ändern. Ebenso dürfte in einer so ernst zu nehmenden Publikation über Hebbel auf die Dauer auch die stilistische Untersuchung nicht fehlen, die erst die philosophisch gewonnenen Erlebnisse festigt. Alles in allem aber ist es ein guter und verheißender Anfang.

Roland H. Wiegenstein.

Allerlei Literaturgeschichten

Helmut de Boor: „Die deutsche Literatur von Karl dem Großen bis zum Beginn der höfischen Dichtung". C. H. Beck'sche Verlagsbuchhandlung, München und Berlin 1949, 265 Seiten, geheftet DM 9.—, Ganzleinen DM 12.—.

Gerhard Fricke: „Geschichte der deutschen Dichtung". Verlag Dr. M. Matthiesen & Co., Tübingen 1949, 388 Seiten, Ganzln. DM 7.—.

Hans Böhm: „Walter von der Vogelweide". Verlag Koehler, Stuttgart, 2. Aufl. 1949, 191 Seiten.

„Deutsche Lyrik." Herausgegeben von Dr. Paul Altenberg. Pädagogischer Verlag Berthold Schulz, Berlin und Hannover 1950, 197 Seiten, DM 4.—.

Helmut de Boors Buch ist der erste Band einer auf acht bis neun Bände berechneten „Geschichte der deutschen Literatur". Er umfaßt die Zeit von 770 bis 1170; er beginnt also mit jenem Jahr, mit dem die deutschsprachigen Schriftdenkmäler einsetzen, und reicht bis in die Zeit der vorhöfischen Romane, die Zeugen einer „neuen Weltergreifung" sind, aber noch nicht, wie die hochhöfischen Romane, einer „Weltgestaltung". Bewußt unberücksichtigt bleiben sowohl die altgermanische Literatur, die allen germanischen Völkern gemeinsam ist, und die in ihrer Darstellung daher eigene Methoden erfordert, als auch die lateinische Dichtung zur Zeit der sächsischen und salischen Kaiser, die als künstlerische Leistung der mittellateinischen Literatur zugehört.

Keines der literarischen Zeugnisse, die aus diesem Zeitraum, wenn auch nur spärlich und bruchstückhaft, noch vorhanden sind, bleibt in diesem ersten Band unberücksichtigt. Trotz dieser Buntheit des Überlieferten wird deutlich: alle Sprachdenkmäler der karolingischen Epoche bezwecken in erster Linie „Einordnung des Laien in die Kirche und ihre christlich-antike

Bildung". Die cluniazensische Zeit dagegen erfüllt den Menschen mit der Gedankenwelt der kirchlichen Lehre; sie zwingt ihn, wie die Dichtungen bezeugen, sich mit dem „unbarmherzigen Dualismus von Diesseits und Jenseits, Welt und Gott" auseinanderzusetzen.

Das Lehr- und Handbuch wendet sich ausschließlich an den Studierenden; es will ihm vor allem zeigen, „daß Wissenschaft bedeutet: Probleme zu sehen und ihre Lösung zu versuchen".

Frickes „Geschichte der deutschen Dichtung" ist dagegen „allen denen zugedacht, die der deutschen Dichtung und ihrer Geschichte Neigung und Interesse entgegenbringen". Der Verfasser stellt die deutsche Dichtung von den Anfängen bis etwa zum Ausbruch des Ersten Weltkrieges dar (ein zweiter Band soll der Gegenwart von der Jahrhundertwende an gelten). Dabei setzt er es sich zum Ziel, nicht nur Dichter wie Werke darzubieten, sondern sie in einen geistesgeschichtlichen Gesamtüberblick einzuordnen und alle überdauernden Gestalten und Leistungen deutend zu erschließen. Das kann, wie er selbst empfindet, auf so schmalem Raum nicht ganz ohne Kompromiß vor sich gehen. (So kommt beispielsweise die Germanische Frühzeit und die Frühmittelhochdeutsche Dichtung hier zu kurz.) Aber das bedeutet wenig gegenüber den Tatsachen, daß bei jeder noch so flüchtigen Information der Blick des Lesers sofort auf das gelenkt wird, was für Dichter, Werk und Epoche kennzeichnend ist, und daß gepflegte Sprache, gründliches Wissen und sowohl sichere wie behutsame Deutung sich hier verbinden, um das Buch zu einem Mittler werden zu lassen zwischen Leser und Dichtung.

Literaturgeschichte und zugleich Geistesgeschichte ist auch Hans Böhms „Walter von der Vogelweide". Walter ist hier keineswegs nur als der „Minnesänger" gesehen, der Form und Stilisierung der wenigen Motive des Minnesangs meisterlich handhabte und der „hohen minne" einen zeitlos gültigen Gehalt gab, indem er sie durch die „ebene minne", die „herzeliebe" teils ersetzte, teils erweiterte. „Seele, Geist und Wille" Walters, so erkennt Böhm, „waren größer als dieser Themenkreis". Böhm unternimmt es, Walter in seiner Ganzheit und Weite zu deuten, ihn als den vor uns hinzustellen, „der am vollsten und tiefsten Seele, Geist und Gewissen der Stauferzeit ins Wort gerettet hat". Nicht, indem er nun Walter überhöht, ihm übermenschliche Dimensionen gibt, sondern ihn „in dem echt menschlichen Reichtum seiner Widersprüche" zeigt. Wir erleben Walter als einen Menschen, in dem sich Gefühl und Verstand, Ichbezogenheit und Sachlichkeit paaren, der sich selbst als Außenseiter empfindet, dem aber anderseits gerade dieses Abstandsgefühl die Fähigkeit vermittelt, alles Unvollkommene zu sehen und abzuwerten. Was in seiner Zeit an Fragen und Zweifeln wach ist, was in ihr gedacht und geglaubt wird, das spiegeln seine Sprüche wider: das Nationalgefühl, aber auch den Weltblick der Stauferzeit, der fremde Verdienste bereitwillig anerkennt; ihr höfisches und ihr religiös-sittliches Denken; die Auffassung von Staat und Kirche; den Wunsch, den Kaiser als den defensor fidei zu sehen; ihre Klagen über das Auseinanderfallen von Christentum und Christenheit und über den Widerspruch zwischen Lehre und Leben der Geistlichkeit. Besonders wertvoll ist in diesem Zusammenhang Böhms zusammenfassende Betrachtung der kirchenpolitischen Anschauungen Walters, so vor allem seiner Forderung, Kirche und Staat zu trennen und zum Stande der Urkirche zurückzukehren.

Der Band „Deutsche Lyrik", der für die Oberschulen vom neunten Schuljahr ab bestimmt ist, enthält außer einer brauchbaren Zusammenstellung lyrischer Gedichte von der Zeit des Barock bis zur Gegenwart einen Anhang über „Die Entwicklungsstufen der deutschen Lyrik". Es ist allerdings sehr fraglich, ob man sich mit Altenbergs Stil, mit seinen durch Bilder und Vergleiche überladenen Sätzen und mit den häufig unrichtig angewandten Vergleichen befreunden kann. Jedenfalls, soweit der Deutschunterricht zugleich Erziehung zu echtem Sprachgefühl sein soll, ist diese Darstellung fehl am Platz. Oder glaubt der Verfasser, daß Sätze wie diese: „Hölderlins große Hymnen klären das wogende Bewußtsein erst durch den Gesang zu reiner Gestalt"; „Der klassische Künstler erobert den Gegenstand, den er mit Ehrfurcht und Aufopferung seines Ichs als eine Gestaltung des Gesetzmäßigen und Ewigen anerkennt und durch Hingabe erwirbt"; „Jener (Novalis) ist der erste Sänger der Nacht, in Fragmenten und Romanen in tiefsinnig ahnungsvolle Welterlebnisse versinkend"; „Das Bürgerliche erstarrt bald im Konventionell-Gesellschaftlichen, im Schein, der an die Stelle des lebendigen Seins sich drängt .." — daß solche Sätze „das wogende Bewußtsein" unserer fünfzehn- bis achtzehnjährigen Schüler zu klären vermögen?

Hanna Weber.

FRANKFURTER HEFTE

Zeitschrift für Kultur und Politik

HERAUSGEGEBEN VON EUGEN KOGON UND WALTER DIRKS

AUS DEM INHALT

6. JAHRGANG HEFT 11 NOVEMBER 1951

INHALT

FH

November 1951. Die Frankfurter Hefte sind durch jede Buchhandlung, durch die Post und direkt vom Verlag zu beziehen. Einzelheft: DM 1.— zuzüglich DM 0.30 Teuerungszuschlag. Zustellgebühr im Inland DM 0.10, im Ausland DM 0.20 je Heft. Postscheckkonto Frankfurt a. M. 824 91. Schriftleitung und Verlag: Frankfurt a. M., Schaumainkai 53, Tel. 6 49 05 und 6 51 10. Für die Schriftleitung verantwortlich: Dr. Heinrich Bauer. Druck: Fränkische Gesellschafts-Druckerei GmbH., Würzburg.

FRANKFURTER HEFTE

Zeitschrift für Kultur und Politik

Herausgegeben von Eugen Kogon und Walter Dirks

6. Jahrgang | November 1951 | Heft 11

Die deutsche Einheit – Fetisch und Programm

Frankfurt, 25. Oktober 1951

WD Die Initiative der Russen, die sich hinter dem Vorstoß Grotewohls verbirgt, hat in Deutschland zunächst eine Welle der Hoffnung ausgelöst: der Hoffnung auf den Frieden, an dem fast alle interessiert sind, der Hoffnung auf eine deutsche Einheit, an der alle interessiert zu sein wenigstens vorgeben, der Hoffnung schließlich, die in vieler Hinsicht verhängnisvolle Remilitarisierung Deutschlands könne doch noch in Ehren vermieden werden, — woran die Mehrheit des unbekannten Volkes und eine Minderheit der führenden Schichten interessiert sind. Obwohl jener Vorstoß inzwischen eine Reihe von mehr oder weniger förderlichen Erklärungen und Maßnahmen zur Folge gehabt hat, ist die Hoffnung bereits wieder schwächer geworden, — wie es immer geschieht, wenn nach der Veröffentlichung eines großzügigen Planes die Wenn und Aber und die Widerstände und die Schwierigkeiten zu Tage treten. Die Bedingungen einer guten, allen Partnern zuzumutenden Lösung sind in der Tat so schwer zu erfüllen, daß es unwahrscheinlich ist, diese Geschichte werde zum guten Ende kommen. Aber man muß sich die Alternativen vor Augen führen. Es gibt ihrer nicht viele. Die erste: die Russen machen Ernst mit ihrer bei uns erheblich unterschätzten Drohung, die westdeutsche Aufrüstung als casus belli zu betrachten; dann gibt es bald einen Krieg, den der Westen entweder gewinnen oder verlieren wird, — verlieren werden ihn aber in jedem Fall die Deutschen: ihre eine Hälfte wird auf der besiegten Seite, ihre andere Hälfte auf der siegreichen Seite vernichtet werden. Die zweite Alternative: die Russen finden sich mit der Aufrüstung im Augenblick zähneknirschend ab, und der Krieg kommt mit einiger Sicherheit um ein paar Jahre später. Angesichts dieser Alternativen haben wir allen Grund, die äußerste Sorgfalt und Geduld an jenen Versuch zu setzen; man versucht in solchen Lagen nicht nur das Wahrscheinliche, sondern auch das Unwahrscheinliche, wenn es nur nicht ganz unmöglich erscheint. Das ist so elementar, daß man sich beinahe schämen muß, es niederzuschreiben. (Dasselbe gilt für einen guten Teil dessen, was hier zu sagen ist.) Aber es wäre nicht das erste Mal, daß eine Katastrophe hereinbräche, weil man das Selbstverständliche nicht gesehen und getan hat. Darum hat man den Mut zur Banalität aufzubringen, wenn die Wahrheit banal ist.

Die Verwirrung ist groß. Das Volk wird von den gegensätzlichsten Empfindungen zerrissen, von dem Hunger nach Frieden und Sicherheit, von dem Bedürfnis nach Rehabilitierung, von dem Traum neuer Macht und Geltung, von der Angst vor den Russen, von Mißtrauen in die Amerikaner; es weiß nicht und es kann wohl kaum wissen, ob Adenauer recht hat oder Schumacher — oder die radikalen Aufrüstungsgegner oder die radikalen Aufrüster. Aber beschränkt sich die Verwirrung auf das Publikum? Wenn es wahr ist, was UP meldet: daß Präsident Truman in seiner Pressekonferenz am 18. Oktober erklärt hat, er stehe nach wie vor zu seiner früheren Erklärung, Verträge mit der Sowjetunion seien nicht das Papier wert, auf das sie geschrieben sind, dann ist nicht nur schwer zu begreifen, daß die Regierung der USA in Sachen Korea und in Sachen Atombombe gelegentlich Initiativen aufgreift oder selber macht, die auf Verträge mit den Russen hinauslaufen, sondern dann ist auch schwer zu begreifen, daß sie auch nur einen Gedanken an die gesamtdeutschen Wahlen setzt, die schließlich nur nach einem Vertrag mit der Sowjetunion stattfinden können. Wenn es wahr ist, was dpa meldet: daß Bundeskanzler Dr. Adenauer am Tage nach jener Truman-Äußerung in Karlsruhe erklärt hat, „Sowjetrußland wolle den Frieden nicht", so ist schwer zu begreifen, wenn er trotzdem Schritte in dieser Sache tut, die doch auf der Annahme beruht, auch die Sowjetunion sei (aus welchen Gründen auch immer) am Frieden interessiert. Wenn man diese schwierige Angelegenheit zum unwahrscheinlichen guten Ende bringen will, wird man halbwegs Klarheit über die Bedingungen schaffen müssen, unter denen gesamtdeutsche Wahlen möglich wären.

Die Grund-Bedingung

Eine dieser Bedingungen ist eben der „gute Wille" der Sowjetunion, — nicht ein Idealismus, nicht ein Pazifismus, nicht ein absolut guter Wille, nicht eine „Bekehrung" der Russen, sondern ein reales Interesse an der Verhinderung des Krieges. Wir wissen nicht, ob diese Bedingung gegeben ist. Aber alle Schritte in dieser Sache, der Bundestagsbeschluß, die Verhandlungen mit den Alliierten und der UNO, die Erklärungen der Alliierten und der UNO, haben nur dann einen Sinn, wenn sie die Möglichkeit einkalkulieren, die Russen hätten Gründe, wenn nicht für den „Frieden", so doch für die Aufrechterhaltung des Nichtkrieges, und sie seien bereit, dafür einen angemessenen Preis zu zahlen. Die erwähnten Äußerungen Trumans und Adenauers sind umso schwerer verständlich, als ein anderes Moment der Verwirrung, das von der Ostzonen-Regierung geflissentlich gefördert wird, sehr bald allgemein durchschaut worden ist: der Irrtum, unser Partner in dieser Sache sei eben diese Regierung in Pankow. Von den vier Partnern in diesem Spiel, den beiden ausländischen und den beiden deutschen, hat dieser ostdeutsche die geringste Bedeutung. Man darf sogar annehmen, daß dieser Partner an den gesamtdeutschen Wahlen nicht das geringste Interesse hat und im Rahmen dessen, was ihm vorgeschrieben worden ist, die Einigung eher sabotieren als fördern wird; wenn überhaupt irgendetwas bei der Sache herauskommt, wird ja die SED mit Sicherheit das Opfer sein, nämlich der Preis, den die Russen würden zahlen müssen. Weil es, soweit der Osten zur Debatte steht, auf die Russen allein ankommt, bedeutet es von vornherein eine Sabotage des ohnehin heiklen Versuchs, wenn man gleich zu Beginn die Russen disqualifiziert.

Verwirrungen

Weil es die Russen sind, mit denen wir zu tun haben, gehört es zu den Momenten der Verwirrung, das mögliche Objekt des möglichen Handels falsch zu bestimmen, nämlich zu groß zu bestimmen. Es geht (noch) nicht um Ostpreußen und Schlesien, es geht um das östliche Mitteldeutschland, um die sowjetisch besetzte Zone. Vielleicht kann es eines Tages auch einmal um Ostpreußen und Schlesien gehen; vielleicht wird man in dem Fall, daß die russische Absicht und die amerikanische Bereitschaft sich als ernsthaft erweisen und daß die Dinge vorangehen, auch von Grenzkorrekturen reden können, — wer aber an dem Anfang der Verhandlungen die Oder-Neiße-Linie in die Debatte wirft und also den Russen zumutet, daß sie neben der SED auch Polen opfern, überschreitet von vornherein die Grenzen der gegenwärtigen Möglichkeiten, weil er sie verkennt oder bewußt zu viel fordert, um das Ganze zum Scheitern zu bringen.

Verwirrung schafft ferner die Unterstellung, Nichtbewaffnung (des geeinten Deutschland) bedeute ohne weiteres „Neutralisierung". Auf die Nichtbewaffnung freilich kommt es an, den Russen nämlich. Das ist offenbar das Nahziel, das sie erreichen wollen. Wer sich von vornherein darauf nicht einlassen will, wer diese Möglichkeit überhaupt und absolut ausschließt und so tut, als handle es sich nur um die ideale Sache der deutschen Einheit, braucht keine Zeit mit dieser ganzen Sache zu verschwenden. Wenn dieses Geschäft für die Einheit und für den Frieden zustandekommen soll, so ist *dies* der Preis, auf den es den Russen ankommt. Ob sie vor der durch die Deutschen verstärkten Militärmacht Angst haben, oder ob sie das Wiederauftauchen der Macht, die vor wenigen Jahren vor Moskau und im Kaukasus stand, als unerträgliche Provokation empfinden: jedenfalls ist es die deutsche Aufrüstung, die sie verhindern wollen. (Ich gestehe, daß ich viel Verständnis habe für die Gefühle eines Russen, der sich die Herren Guderian oder Frießner als Befehlshaber in Lübeck, Braunschweig oder Kassel stationiert und später unter Umständen in Warschau und Kiew tätig vorstellt.) Wenn man nun die Nichtbewaffnung Deutschlands mit der Neutralisierung gleichsetzt, so ist das Geschäft von vornherein nicht zu machen; ein neutralisiertes Deutschland wäre eine gefährliche Scheinlösung. Deutschland ist nicht groß, reich und stark genug, um zwischen Blöcken existieren zu können;

es wäre ein Spielball zwischen ihnen und ein Feld permanenter innerer Krisen. Auch würde eine solche ausgesonderte Existenz das westliche Europa tödlich schwächen und es umso sicherer zwingen, eine vorgeschobene Bastion Amerikas zu werden — oder zu bleiben. Deutschland kann weder bewaffnet noch unbewaffnet neutral existieren. Wenn Rußland den Preis einer Neutralisierung Gesamtdeutschlands verlangen sollte, so könnten wir uns auf dieses Geschäft nicht einlassen. Umso wichtiger ist es, zwischen Neutralisierung und Nichtbewaffnung zu unterscheiden. Den Preis der Nichtbewaffnung können wir nur zahlen, wenn uns im übrigen die freie Verfügung über unser politisches Schicksal bleibt — oder vielmehr gegeben wird. Wir müßten die Verpflichtung auf uns nehmen, unbewaffnet zu bleiben, und diese Verpflichtung müßte durch einen internationalen Vertrag garantiert werden, aber wir müßten im übrigen politische Verträge schließen dürfen, Bündnisse eingehen dürfen; wir müßten uns beispielsweise — darum ginge es ja in Wahrheit — einer europäischen Föderation anschließen dürfen, falls die Mehrheit des gesamtdeutschen Parlamentes diesen Weg zu gehen wünscht; wir wären in diesem Fall in der Lage, für den ausfallenden militärischen Beitrag dieser Föderation wirtschaftliche Ersatzleistungen zur Verfügung zu stellen. Es ist nicht einzusehen, warum ein solcher Status einer Souveränität, die durch einen internationalen Vertrag eingeschränkt ist, der die Bewaffnung ausschließt, völkerrechtlich nicht möglich sein soll.

Wenn man diese und nur diese Lösung ins Auge faßt, so schränkt das freilich das Feld der möglichen Verhandlungen erheblich ein. Es ist ja durchaus denkbar, daß die Russen den Preis (ihrer Zone) zwar für ein neutralisiertes Deutschland zu zahlen bereit wären, nicht aber für ein Deutschland, das zwar unbewaffnet wäre, aber politisch frei und gar dem europäischen System eingegliedert. Auf der andern Seite werden die Amerikaner höchst ungern auf den deutschen Wehrbeitrag verzichten. Die Möglichkeit, auf diese Weise zu einer Einigung zu kommen, ist also sehr gering. Aber wer diese Möglichkeit ausschließt, verstrickt sich in die schlechte Alternative eines neutralisierten Deutschland, an dem weder der Westen noch der realistisch denkende Deutsche ein Interesse hat, und eines bis an die Oder-Neiße-Linie vorgeschobenen aufgerüsteten Westdeutschland, an dem die Russen kein Interesse haben.

Der Fetisch „Einheit“

Ein letztes Moment der Verwirrung ist — die Idee der deutschen Einheit. Weder die Amerikaner noch die Russen haben an ihr ein vitales Interesse, sie ist ihnen Hekuba. Für uns aber, östlich und westlich der Elbe, ist sie sakrosankt. Sie ist geradezu ein Tabu; sie gehört zu den Ideen, zu denen man sich unter allen Umständen mit Pathos bekennen muß, wenn man nicht das Gesicht verlieren will. Nun ist die deutsche Einheit zweifellos ein höchst wünschenswertes politisches Ziel; tausend Gründe des Gefühls, der Überlieferung, der Wirtschaft sprechen dafür; die Trennungslinie ist künstlich. Doch gibt es sehr vereinzelt Leute, vor allem in Süddeutschland, aber auch in Westdeutschland, die nicht allzuviel von der alldeutschen Einheit oder von der Verbundenheit derer, die einmal im Deutschen Reich verbunden waren, halten, die sich weigern, sich dem Dogma des Nationalstaats zu unterwerfen. Wenn einer von diesen Antinationalisten oder Universalisten oder Nichts-als-Europäern sich aus irgendwelchen kulturellen oder historischen Gründen dem Pariser oder Brüsseler oder Amsterdamer näher und verwandter fühlen sollte als dem Erfurter oder Zwickauer oder Rostocker, so wäre ihm zu sagen, daß es nicht nur um der Idee des Nationalstaats willen oder um des Bestandes von Altdeutschland willen höchst wünschenswert wäre, diese Städte friedlich und in Ehren aus dem totalitären Block herauszulösen, sondern auch um Europas *und* um der menschlichen Freiheit willen. Wir würden das ja auch den Tschechen und Polen und Letten gönnen und am liebsten die Idee der deutschen Einheit zu der der europäischen Einheit erweitern. Es ist gewiß nicht so, daß der Sinn der Weltgeschichte und das Glück der Menschheit vom kompletten Nationalstaat im allgemeinen und von der deutschen Einheit im besonderen abhinge; wir haben uns auch mit dem Abwandern der Deutsch-Schweizer, der Niederländer und der Österreicher abfinden müssen, und es spricht viel dafür, daß man zwischen Staat und Volk unterscheidet und es vermeidet, die irrationalen Wallungen des Volkes in den Dienst des Staates zu stellen, — das Vorbild der österreichischen Monarchie und der schweizer Republik. Aber es ist höchst angemessen, daß jene Einheit mindestens im Bereich der vier Zonen und der vier Sektoren Berlins wiederhergestellt wird: wünschbar ist die deutsche Einheit auch dann, wenn man in ihr nicht das Kernstück einer politischen Theologie sieht und einen ewigen und absoluten Wert gläubig verehrt, sondern wenn man nüchterner von ihr denkt.

Nüchtern von ihr denken heißt: die Bedingungen ins Auge fassen, unter denen sie zu haben ist, und den Preis abschätzen, für den sie zu haben ist. Verwirrung aber entsteht, wenn das Wort Einheit als ein Fetisch wirkt. Als solchen werfen ihn die ostdeutschen Drahtzieher ins westliche Deutschland hinein, und es gibt im Westen immer wieder Leute, die darauf hereinfallen und in eine nervöse Aufregung verfallen, wenn man ihnen die Einheit anbietet. Sie betrachten die Einheit als eine Sache, die man um keinen Preis ablehnen darf. Das ist freilich, schonungslos nüchtern gesprochen, eine Minderheit. Im allgemeinen ist in Deutschland keine politische Gruppe so sehr von der Einheit berauscht, daß sie sie um jeden Preis haben will; jede stellt im Ernstfall ihre Bedingungen; das gilt für Adenauer und Schumacher und die braunen und die schwarzweißroten Nationalisten ebenso wie für Grotewohl. Wohl aber kann der Tabu-Charakter der Einheit sehr dazu dienen, das wahre politische Problem im Dämmerlicht zu lassen: wir sind alle so selbstverständlich und so leidenschaftlich für die Einheit und reagieren mit soviel Pathos auf jede Anwendung dieses Zaubermittels, — daß wir uns präzise Untersuchungen und Aussagen über die möglichen Bedingungen ihrer Verwirklichung ersparen können. Das Pathos der Einheit eignet sich vorzüglich dazu, zu verdecken, daß man die Einheit in Wahrheit nicht will. Man sagt so stürmisch Ja, daß niemand merkt, daß man faktisch Nein sagt. Es ist grotesk, daß gerade Leute, die *nicht* Nationalisten sind, und die von der deutschen Einheit nüchterner (aber positiv) denken, die russische Anregung am sorgfältigsten prüfen.

Der schmale Weg zum Erfolg

Worin bestehen diese Bedingungen einer realisierbaren Lösung? Sie wurden zum Teil schon erwähnt, aber es schadet nichts, sich in dieser Angelegenheit zu wiederholen. Rußland muß ernstlich wollen. (Es muß also ausprobiert werden, ob Rußland will; es muß von der Hypothese ausgegangen werden, Rußland wolle ernstlich.) Der Westen muß ernstlich wollen, und das heißt, so wie die Dinge liegen: die USA müssen ernstlich wollen, und Frankreich muß ernstlich wollen, — als die beiden Mächte des atlantischen Blocks, die hier ernstlich etwas Verschiedenes wollen könnten. England ist in diesem Falle weniger wichtig; es wird mitmachen, so oder so. Schließlich: es ist fast notwendig, daß auch die Westdeutschen ernstlich wollen, vor allem die von Adenauer und Schumacher geführten. Auf den Willen der ostzonalen Deutschen dagegen kommt es weniger an: sie werden erst gefragt werden, wenn die eigentliche Frage bereits positiv entschieden sein sollte, nämlich in der Entscheidung über die Wahlen selbst.

Wenn diese Mächte und diese Kräfte ernstlich wollen, so geht es um die Ermittlung des Preises. Den Preis der Neutralisierung wird Amerika niemals zahlen wollen; Frankreich wird schwanken zwischen dem Wunsch, die unheimlichen Deutschen neutralisiert zu wissen, und dem entgegengesetzten Wunsch, sie als Bollwerk zwischen Frankreich und den Russen zu sehen; Adenauer hat sich gegen die Neutralisierung festgelegt, Schumacher wäre höchstens für eine bewaffnete, nicht aber für eine unbewaffnete Neutralität zu haben. Das Ergebnis: die Russen, die deutschen Neutralisten und vielleicht die Franzosen haben keine Aussicht, diesen Weg gegen die USA und die deutsche Mehrheit durchzusetzen. An der anderen Lösung, an einem politisch freien, aber durch internationalen Vertrag abgerüsteten Gesamtdeutschland sind die Franzosen außerordentlich interessiert, ferner die unbekannte Zahl von Deutschen, welche sich von der Remilitarisierung eine Vergrößerung der Kriegsgefahr und innenpolitische und soziale Gefährdungen erwarten; sodann die Russen, — falls sie nicht von vornherein auf mehr bestehen, nämlich auf der kompletten Neutralisierung. Hier stecken die beiden entscheidenden Fragen: wird den Russen die Nichtbewaffnung Westdeutschlands allein den Preis wert sein, den sie zahlen müssen? Auf der anderen Seite: werden die Amerikaner für die Loslösung der Ostzone aus dem totalitären Block und für die Beruhigung der Gesamtlage bereit sein, auf die deutsche Wehrmacht zu verzichten?

Die Fragezeichen müssen stehenbleiben. Wir können weder die an die Russen gerichtete noch die an die Amerikaner gerichtete Frage beantworten. Wir kennen die Absichten der Russen zu wenig, und was die Amerikaner betrifft, so wissen wir nicht einmal, ob sie überhaupt noch die Freiheit der Wahl haben: ob sie den Ablauf ihres Programms, das die deutsche Wiederbewaffnung enthält, noch stoppen können.

Die Gründe

Die Aussichten für jene einzige schmale Möglichkeit, alle Interessen einigermaßen auf einen Nenner zu bringen, sind gering, aber sie sind wohl nicht oder noch nicht gleich null.

So weit die Analyse. Wir haben keine Illusionen über die Aussichten eines Appells, der über die Analyse hinausführt. Die Russen hören ihn ohnehin nicht, und es ist sehr unsicher, ob die Amerikaner — und ob Adenauer und Schumacher ihn zu hören bereit sind. Am ehesten werden die Franzosen ihn ernstlich anzunehmen bereit sein — und die Europäische Bewegung. Sie hat sich zwar in Hamburg auf einen deutschen militärischen Beitrag zur europäischen Verteidigung festgelegt, aber sie hat diesen Beschluß gewiß nicht als Alternative zu einem möglichen besseren konstruktiven Plan gefaßt, sondern als Alternative zu zwei schlechteren Möglichkeiten: zur deutschen Nationalarmee und zum Ohne-uns-Neutralismus, also zu zwei Formen des Verrates und Verzichtes an Europa. Vielleicht hat es noch einen Sinn, zu appellieren.

Ein geeintes, durch internationalen Vertrag zur Nichtbewaffnung verpflichtetes, im übrigen politisch freies Deutschland, das wäre die Lösung. Wenn die Russen dafür zu haben sein sollten, so ist es nicht zu verantworten, nicht zuzugreifen. Um der Einheit willen, gewiß, aber noch mehr um des Friedens willen. Erstens wäre jene Bereitschaft der Russen — wenn sie nicht besteht, ist ohnehin die ganze Sache vorbei — eine ernsthafte Probe ihres Willens zum Nichtkrieg, ein wirklicher und ernstlicher Schritt zur Normalisierung der Verhältnisse an der russisch-westlichen Konfliktslinie in Europa. Es wäre ein Verbrechen und eine Dummheit, wollte man diesen Schritt durch überspitzte Forderungen unmöglich machen. Zweitens wäre jene zusätzliche Konfliktsgefahr beseitigt, die in der Teilung des deutschen Volkes besteht, die Bürgerkriegs-Komponente in der Kriegsgefahr, die koreanische Komponente. Drittens wäre eine entmilitarisierte Pufferzone geschaffen. Es ist ein kompletter Unsinn, anzunehmen, eine solche entmilitarisierte Zone würde die Russen zur Aggression verlocken. Gesetzt den Fall, die Russen würden gerne angreifen, so würde ihre Entscheidung, ob sie den Angriff riskieren können, nicht im geringsten von dem militärischen Verteidigungszustand einer bestimmten Stelle, an der Elbe oder an der Oder, abhängen, sondern einzig und allein von der Stärke der atlantischen Macht und, was Deutschland betrifft, von dem Ernst der atlantischen Garantie für seine Unverletzbarkeit. Man wird die Russen nicht für so naiv halten dürfen, daß sie in ein leeres Gebiet einrücken, nur weil es leer ist, wenn sie den Dritten Weltkrieg nicht wollen und wenn sie mit Sicherheit wissen, daß dieser Einfall ihn auslöst. Die entscheidende Frage für sie wäre, ob sie den Dritten Weltkrieg riskieren wollen, nicht aber, ob sie in den ersten Tagen einige hundert Kilometer kampflos durchziehen könnten. Wenn das wahr ist, so ist eine entmilitarisierte Pufferzone vom Standpunkt der Defensivstrategie des Westens aus unbedenklich. Ihre politischen Vorteile können also ausgenützt werden. Zu den unmittelbaren Vorteilen — Entspannung, Verminderung der Kriegsgefahr, deutsche Einheit, Demokratisierung der Ostzone, ihre mögliche Eingliederung in die europäische Wirtschaft — kämen die innerpolitischen und psychologischen: die Beruhigung des aufgeregten Volkskörpers. Wir kämen um die Gefahren der Militarisierung herum, um Generäle, Unteroffiziere, Rekruten, Kasernen und um das, was in diesen Kasernen an deutschem Unwesen wiedererstehen würde, unvermeidlich und gegen alle Bemühungen anständiger und demokratischer Wehrminister, Generäle, Unteroffiziere und Soldaten, kraft des Schwergewichts der Dinge und der Überlieferung. (Schließlich könnten wir nicht pazifistische Friseure zu Unteroffizieren und Generälen machen, sondern wären angewiesen auf das, was da ist und sich anbietet.) Was wir durch den Verzicht auf einen militärischen Beitrag an Energieaufwand einsparen würden, ließe sich in eine wirtschaftliche Hypothek umwandeln: in zusätzliche Arbeit unmittelbar für Europa.

Die Gegen-Interessenten und die Interessenten

Wer könnte dagegen sein?

Die Russen, weil ihnen der Preis zu hoch und das Ergebnis zu ungenügend wäre. Gut, wenn wir das herausgebracht haben, wäre es eben zu Ende mit dieser Geschichte. Die Amerikaner, weil ihnen der deutsche militärische Beitrag mehr wert sein könnte als das Bündel Vorteile, die hier aufgezählt wurden; oder weil sie nicht mehr zurückkönnen; oder falls sie etwa — wir haben keinen Grund, das anzunehmen — die kriegerische Lösung des Weltkonfliktes als unvermeidlich betrachten sollten und sich unwiderruflich dafür entschieden hätten. Unter den

Deutschen die praktischen und theoretischen Militaristen, vor allem auch die unmittelbaren Interessenten der Rüstung. Wie weit reicht ihr Einfluß? Wir haben keine Ahnung, wie weit in der Regierungskoalition und in der Opposition der Wille oder doch der Wunsch verbreitet ist, wieder deutsche Soldaten zu haben. Schließlich: die Kräfte, die an der Aufrechterhaltung der Spaltung interessiert sind.

Wer ist an der Aufrechterhaltung der Spaltung interessiert?

Zunächst die SED. Vielleicht nicht so sehr ihre obersten Funktionäre: für sie würden sich im Bereich der sowjetischen Macht schon Gelegenheiten für die Fortsetzung ihrer Karriere finden. Vermutlich denken sie nicht national, sondern in größeren Beziehungen. Aber der Apparat ist am status quo interessiert; denn er ist nicht transportierbar. Die deutsche Einheit herbeiführen, bedeutet für diesen Apparat den Selbstmord. Auszunehmen wären wahrscheinlich diejenigen unter den revolutionären Marxisten, die den Mut zur Geschichte noch nicht verloren haben und ihre Hoffnung auf die Revolution nicht an den Bestand der SED knüpfen: sie könnten in dem Ende dieser durch Kollaboration kompromittierten und korrumpierten Partei den Beginn einer mühsamereren, aber echteren revolutionären Aktion sehen, — die Wiedergeburt des revolutionären Kommunismus.

In Westdeutschland, seien wir ganz offen, ist die CDU und sind alle Föderalisten zunächst einmal von der Einheit bedroht: gesamtdeutsche Wahlen würden wahrscheinlich zu einem Sieg der SPD und zu einer wesentlich zentralistischeren Verfassung führen.

Die Parallele zwischen CDU und SED ist allerdings keineswegs total. Die CDU würde nicht Selbsmord verüben, sondern als starke, vielleicht als zweitstärkste Partei eine große Rolle spielen, sei es als unentbehrliches Element einer Koalition, sei es als Führerin der Opposition. Trotzdem ist die deutsche Einheit für die CDU, für Länder wie Bayern und Baden und Rheinland-Westfalen, für das aktive Christentum, vor allem für den Katholizismus ein Problem; wenn sich diese Gruppen und Menschen sei es um der nationalen Idee der Einheit willen, sei es um der Volksgenossen der Ostzone willen, sei es um des Friedens willen auf gesamtdeutsche Wahlen einlassen, so haben sie dabei in ihrem Herzen einen Kampf zwischen partikulären Interessen (die keineswegs ohne weiteres egoistische Interessen zu sein brauchen, sondern ihr eigenes moralisches Gewicht haben können) und jenen höheren Interessen auszufechten. So schmählich es ist, diesen Kreisen ohne weiteres Partikularismus und Heuchelei zu unterstellen, so dumm wäre es, diese Schwierigkeit nicht zu sehen. Man sollte sie nicht durch jenes Einheitspathos verdecken. Die äußerst schmale gute Lösung verlangt einen Beitrag und ein Risiko nicht nur von den Russen und den Amerikanern, sondern auch von diesen Kräften, Schichten und Politikern in Deutschland.

Die mittelbaren und eigentlichen Gewinner wären wir alle, denn wir alle sind am Frieden interessiert. Unmittelbare Gewinner aber wären die Sozialdemokraten und die Franzosen. Es ist recht witzig, daß sich hier eine unterirdische Interessengemeinschaft ausgerechnet zwischen diesen beiden Faktoren herausstellt, die einander nicht gerade lieben, und es wäre verständlich, wenn diese beiden Faktoren ein wenig zögerten, einander die Vorteile des Geschäfts zu gönnen. Was Kurt Schumacher betrifft, so ist außerdem zu fragen, ob sich mit seiner Vorstellung eines souveränen Deutschland der Verzicht auf die Bewaffnung verträgt.

Adenauer? Er ist dabei, den Wahlkampf von 1953 vorzubereiten. Er arbeitet an dem Programm, mit dem er trotz der Schrumpfung der Wählerzahlen, die in den letzten Landtagswahlen sichtbar geworden ist, zu siegen gedenkt, und er wird den Versuch machen, durch ein neues Wahlgesetz seine Aussichten zu verbessern. Gesamtdeutsche Wahlen würden ihm das Konzept noch empfindlicher stören als vorzeitige Bundestagswahlen. Es liegt nahe genug, anzunehmen, daß er das, was die Idee der Einheit von ihm verlangt, auf die korrekteste Art erledigen wird, — in der sicheren Erwartung, daß auch das formal vortrefflichste Verfahren einer gesamtdeutschen Wahl an den politischen Schwierigkeiten scheitern wird. Es ist aber auch möglich, daß er sich über die partikulären Interessen erhebt und wenn schon nicht um der Einheit, so doch um des Friedens willen nicht Nein sagt, wenn ein konstruktiver Plan zur Entscheidung stehen sollte, auch dann, wenn es zu dessen Konsequenzen gehören würde, daß seine führende Regierungspartei an die zweite Stelle rücken müßte. Vielleicht würde es ihm in einem solchen Falle leichter, sich mit diesem Funktionswechsel abzufinden, wenn er sich klar machte, daß auch im Bundesgebiet spätestens 1953 diese Ablösung fällig sein wird; denn es gibt nach der

Erholung des säkularisierten und des nationalistischen Bürgertums und Bauerntums einfach nicht genügend viele Menschen in Deutschland, die für die Parole der christlichen Vermittlung empfänglich sind, — eine unbequeme, aber wahre Erkenntnis.

Den Anspruch der Föderalisten hat Ministerpräsident Ehard bereits angemeldet. Sollten die gesamtdeutschen Wahlen ernstlich infrage kommen, so zieht hier ein Sturm herauf. Denn die Entscheidung über den föderativen oder zentralistischen Charakter Gesamtdeutschlands werden die Föderalisten nicht der Nationalversammlung überlassen wollen, die zweifellos eine zentralistische Mehrheit haben würde, sondern sie werden auf einer Vorentscheidung bestehen: daß die wohlerworbenen, im Grundgesetz der Bundesrepublik festgelegten Rechte der Länder entweder von vornherein und endgültig oder doch mindestens zunächst einmal gesichert bleiben, bis sie von der Nationalversammlung selbst gegebenenfalls geändert werden. Die Zentralisten dagegen — Kurt Schumacher hat das bereits ausgesprochen — werden darauf bestehen, daß die Nationalversammlung als einzige Inhaberin der demokratischen Legitimation in völliger Freiheit darüber mit Mehrheit entscheiden wird, was aus den Verfassungen von Bonn und Pankow werden soll. Sie werden höchstens eine befristete Geltung dieser Verfassungen zur Vermeidung eines Rechts-Vakuums zugestehen. Wenn es allein auf die Westdeutschen ankäme, würde die ganze Sache vermutlich an dieser Klippe schon in unserem eigenen Bereich scheitern.

Die einzige Aussicht auf einen Kompromiß zwischen Föderalisten und Zentralisten liegt in der sehr wichtigen Erwägung, daß schon die Verschiedenheit der Entwicklung in den beiden Zonen zu einer föderativen Lösung zwingt, die auch den Zentralisten plausibel sein könnte. Es kann weder förderlich sein, die Errungenschaften des Ostens, zum mindesten die radikale Bodenreform, auf den Westen zu übertragen, noch die restaurativen Formen des Westens auf den Osten. Für längere Zeit liegt zweifellos ein wechselseitig toleranter Föderalismus im Interesse des inneren Friedens und der Sache. Es könnte allerdings sein, daß ein solcher Föderalismus nur für die drei Glieder Bundesrepublik, Deutsche Demokratische Republik und Berlin anerkannt würde, allenfalls noch für Bayern, — als föderatives Minimalprogramm. Auf den Rattenschwanz von inhaltlichen Schwierigkeiten wirtschaftlicher und juristischer Art einzugehen, die aus der Verschiedenheit der Struktur in Ost und West hervorgehen würden, würde an dieser Stelle zu weit führen. Daß sie auch nur hypothetisch in der deutschen Presse kaum zur Sprache gekommen sind, spricht gegen den Ernst der Einheitsbeteuerungen.

Vermutlich würde man sich unter dem Druck der Alliierten auch nur innerhalb der Bundesrepublik einigen können. Umsomehr hängt alles von Sowjetrußland und den USA ab. Wen wird das wundern? Sie sind die Mächte, und sie sind das Problem. Die Frage, die gestellt wird, ich wiederhole es, ist simpel. Meinen es die Russen ernst mit dem Frieden? Sind die Amerikaner bereit, auf deutsche Soldaten zu verzichten?

Wahrscheinlich hängt das Schicksal unserer Kinder von den Antworten ab, welche die beiden Mächte auf diese Fragen geben.

Wir verbrennen zwar keine Hexen mehr, aber dafür jeden Brief, worin eine derbe Wahrheit gesagt ist.
Georg Christoph Lichtenberg.

Eugen Rosenstock-Huessy

DER DRITTE WELTKRIEG

Die mächtigen Vereinigten Staaten von Nordamerika und die mächtige Sowjetunion sind beide zu schwach, um einen dritten Weltkrieg zu führen. Sie haben beide zuviel zu verlieren. Das ist das Ergebnis des Zweiten Weltkrieges. Im Zweiten Weltkrieg sind die drei Gebilde entmächtigt worden, die am wenigsten zu verlieren hatten, die am meisten unter Bevölkerungsdruck standen, die am ehesten einen Platz an der Sonne zu brauchen schienen: Deutschland, Italien, Japan. Die Erdballstaaten Amerika und Rußland und das British Commonwealth mit ihrer dünnen Bevölkerung sind Sieger geblieben. Aber sie haben nicht Frieden schließen können. Deshalb redet die aufgeregte öffentliche Meinung viel von einem dritten Weltkrieg. Sie projiziert den fehlenden Friedensschluß in die Vision eines dritten Weltkrieges hinein. 123 Millionen Unterschriften wurden in Sowjetrußland unter die Stockholmer Friedenspropaganda gesetzt; Stalin, der 370 Divisionen unterhält, will beweisen, daß er den Frieden sucht. 1000 Atombomben wurden in USA fabriziert. Die Amerikaner, die sich dem Traum der United Nations hingeben, wollen beweisen, daß sie den Krieg nicht fürchten. Die Maßnahmen auf beiden Seiten sehen recht entgegengesetzt aus. Sie bedeuten aber dasselbe. Sie bedeuten, daß der Zweite Weltkrieg zu Ende ist und trotzdem noch in uns rumort. Woran liegt das? Weil noch niemand sagen will, daß er sich fürchtet.

Der Erste und der Zweite Weltkrieg sind technisch schneller zu Ende gespielt worden, als die Herzen der Spieler mitschlagen konnten. Amerika war seelisch noch nicht in den Ersten Weltkrieg eingetreten, da war es auch schon vorüber. Die russischen Bolschewiki schlossen den Frieden von Brest-Litowsk, bevor sie in die außenpolitische Verantwortung eingetreten waren. Der Erste Weltkrieg war erst 1923 mit dem Ruhrwiderstand und der Aufwertung in Europa zu Ende. Das heißt, das Schießen hörte in der Mitte der neun Jahre Kriegszustand 1914—1923 auf. 1939—1951 ist es ebenso gegangen. Der totale Krieg reichte bis 1945. Aber deshalb wurde nicht Frieden. Wer fliegt, Tanks fährt und die Infanterie auf Motorwagen lädt, der erhebt sich über die Zeitmaße menschlicher Erfahrung. Hundert Jahre dauerte einstmalen der englisch-französische Krieg. Der Dreißigjährige Krieg heißt danach, daß er eine Generation verbraucht hat. Nun sind auch im Ersten Weltkrieg dreißig Jahrgänge in Deutschland mobilisiert worden. Vielleicht hat er deshalb dreißig Jahre dauern müssen und nur scheinbar nur derer vier. Reicht er nicht, trotz allem Schein, von 1914 bis 1945?

Es erhebt sich die elementare Frage: Welcher Beschleunigung ist denn das menschliche Erlebnissystem fähig? Es hat seine Zeitmaße. Der amerikanische Historiker Henry Adams hat 1917 als das Jahr prophezeit, in dem die Beschleunigung der Technik unsere Erlebnisfähigkeit überrennen werde. Er starb pathetischerweise im Jahre 1917. Ich bin überzeugt, daß er an diesem Jahre starb, genau wie Oswald Spengler nicht zufällig, sondern an dem Jahre, in dem seine Prophezeiung eintrat, also im Jahre 1934 an Hitler gestorben ist. Beide Männer, Adams und Spengler haben ihre Einsichten besiegelt. Adams hatte gerufen: Unser Geist wird 1917 nicht mehr zeitlich Schritt halten können. Spengler hatte geschrieben: Das Abendland wird untergehen. Es gehört zu dem Glauben dieses Buches, daß jeder die Zeit hat, in die er sich glaubt.

Henry Adams und Spengler sind ernstzunehmen. Die Technik ist schneller als ihre Händler und Handhaber geworden. Das Abendland ist untergegangen. Gewiß hat Adams nicht geahnt, daß ihn selber der Blitz seiner Einsicht erschlagen müsse. Gewiß hat Spengler den Untergang auf 2300 nach Christi Geburt angesetzt. Aber das sind nur die Wandschirme, die wir Sterblichen vor unsere furchtbarsten Einsichten stellen müssen, um es bei ihnen auszuhalten. Vom Untergang des Abendlandes gilt das geflügelte Wort, das nach der Eroberung Korinths bei den Griechen 146 v. Chr. umlief: „Wären wir nicht so schnell untergegangen, hätten wir nicht gerettet werden können." Die Voreiligkeit der Technik kann zu unserer Rettung dienen. Es ist bewunderungswert, daß Franklin D. Roosevelt aus der Erfahrung von 1919 schloß, diesmal sollte erst 1950 Friede gemacht werden. Erst von 1945 an konnten die neuen Namen „atlantisch" und „planetarisch" in Wettbewerb treten.

Bevor aus den beiden letzten Kriegen Weltkriege wurden, von 1914 bis 1917 und von 1939 bis 1941, hat sich Europa in sein eigenes Schwert gestürzt. Es hat Selbstmord begangen. Man kann auch sagen, es habe sich von seinem Bunde mit den Geistern des Friedens 1914 und 1939 losgerissen. „Die Lichter gehen aus in Europa", hat Edward Grey 1914 gesagt. „C'est le suicide de l'Europe", schrieb der deutsche Botschafter v. Schoen auf seine Visitenkarte, mit der er am 2. August 1914 in Paris Abschied nahm.

Erst recht gilt das vom Zweiten Weltkrieg. Japaner und Nazi haben weder Abendländer noch Europäer sein wollen. Europa und das Abendland sind also ausgemerzt. Kann die blutbeladene und doch ruhmvolle, unvergessene Epoche des Abendlandes oder Europas Frieden finden? Wenn es tatsächlich geschehen könnte, dann hätte sich allerdings eine Weltrevolution im Marxschen Sinne vollzogen, nämlich eine Umwälzung über die Köpfe und gegen die Gehirne der Beteiligten. Das Proletariat wird von Nationen, ja von Erdteilen agiert, nicht von den Industriearbeitern. Marxens Vision war viel umfassender, als sie sich in einer nationalistischen Beschränkung auf Rußland oder Frankreich oder Spanien oder China ausnimmt. Sie war auch viel materialistischer als die kommunistischen Parteien und ihre Ideologie. Die Ereignisse, nicht Lenin oder Stalin, vollziehen das Gericht am 19. Jahrhundert: Die Nationen und ihre Staatsmänner haben es blind herbeigeführt.

Die ökonomische Geschichtsauffassung und nicht die kommunistische Partei ist der Sieger. Aber die Ökonomie, die in dieser Geschichte sich durchsetzt, hat alle revolutionierten Geschichtsträger des letzten Jahrtausends als Posten in ihrer Rechnung.

Aus dieser Sicht begreift sich vielleicht, weshalb die Zeit formeller Friedensschlüsse vorbei ist.

Bis 1815 haben Nationen Krieg erklärt und Frieden geschlossen. Sie haben das getan, weil sie sich alle auf ihren Glauben an die unteilbare Dreieinigkeit, die Individua Trinitas beriefen. Jeder Vertrag trug am Kopf diese Berufung auf den Namen der Individua Trinitas. Mit anderen Worten, die Völker hatten Hoffnungen und einen Glauben, der ihnen die Aufspaltung des Gottesatoms auf Feind und Freund verbot. Die göttliche Freiheit galt allen. Da jede Nation innerhalb eines Sprachstroms sprach, ließ sich Friede ausdrücklich in Worte gießen.

Diese Berufung auf die Individua Trinitas würde heute niemand verstehen. Und verstünden wir sie, wieviele unter uns würden von ihr bezwungen? Wir haben keine bestimmten Vorstellungen vom Frieden. Dennoch können du und ich nur im Namen eines Geistes uns auf die kleinste Kleinigkeit einigen. In der Wissenschaft zanken sich die Schulen und einigen sich im Namen der Wissenschaft. Im Sport bekämpfen sich die Mannschaften und einigen sich im Namen des Spiels. Diese beiden Namen lassen sich nicht auf den Ernst des Krieges übertragen. Krieg ist mehr als gelernte Theorie oder Sport. Wie wird also Frieden, wenn er weder wissenschaftlich noch sportlich begründbar ist? Da kann man weder wie die Gelehrten experimentieren noch als bloßer Taktiker verfahren. Dies sind noch spielerische Verhaltensweisen, die den Amerikanern und den Russen sehr naheliegen. Zum Experimentieren neigen die Amerikaner, zur bloßen Taktik die Russen. Beides entspricht nicht dem blutigen Ernst des Krieges. Friede wird nur werden, falls Amerikaner zu mehr als Experimentieren, Bolschewisten zu mehr als Taktik bereit werden. Denn erst dann wird der Frieden nicht aus den Köpfen stammen, sondern aus der Erfahrung. Die Erfahrung der letzten vierzig Jahre ist für alle Beteiligten eine strenge Vorschrift, und sie nimmt auf ihre vorgefaßten Überzeugungen keine Rücksicht. Ebenso steht freilich fest, daß die großen Mächte diese Erfahrungen nicht unter Anrufung des dreieinigen Gottes bewältigen werden, denn sie können sich ja gerade in Gottes Namen nicht einigen. Ein anderes Vereinigungsmittel hält aber bisher die Sprache für den Ernstfall zwischen revolutionären Gruppen nicht bereit. Denn jede revolutionäre Gruppe ist begeistert von dem besonderen Geist, der sie ins Leben gerufen hat. Der Name, in dem Friede werden könnte, müßte uns also noch höher begeistern als der Geist unserer eigenen Revolution. Wie soll das geschehen?

Vielsprachig ist der Geist. Es fragt sich also, ob in die revolutionären Gruppen, in die begeisterten Nationen eine Kraft einströmt, diese Vielstimmigkeit des Menschengeschlechts anzuerkennen. Die Formel „Im Namen der unteilbaren Dreieinigkeit" im Wiener Frieden von 1815 hat das ja sagen sollen. Über den Stimmen der Völker sollte die Stimme Gottes aufsteigen und hörbar werden. Vielleicht führt uns die Analyse der alten Formel auf unsere Lösung. Der Glaube an Gott übertönte jedesmal die Kriegsursachen, die Kriegsziele und die Kriegsfolgen, also die vergangenen, gegenwärtigen und zukünftigen Mächte der Verzweiflung. Denn das meinten sie doch mit dem Glauben an die Dreieinigkeit, daß alle drei Zeiten den Frieden nicht verhindern sollten, weder die gestrigen Dämonen der Verursachung, noch die tragische Feindschaft heute, noch die verhängnisvollen Folgen morgen. „Der Vater" hat unsere Freiheit von der Rache schon am Anfang entschuldigt, als er frei zu schaffen begann; „der Sohn" verbürgt den gegenwärtigen Opfern der Rache in der Mitte der Zeitgeister ihre Freiheit als Söhne Gottes. Die dritte Person der Dreifaltigkeit schließlich, der Geist, verheißt auch unsern Enkeln bis ans Ende ihre dereinstige Freiheit von unserer Schuld. So wird Freiheit dem Anfang, der Mitte und dem Ende zugesprochen. Alle drei Zeiten sind frei, wenn Vater, Sohn und Geist walten.

Also nur wenn die Individua Trinitas unsere Wahrheit ausspricht, können wir Menschen überhaupt den Ursachen, Tragödien, Verhängnissen entrinnen und Frieden schließen. Die Formel scheint vernünftig. Obwohl diese Formel von unsrer dreifachen Freiheit wahr ist, kann sie heute nicht über uns ausgerufen werden. Die Massen sprechen eine andere Sprache. Die heutigen Massen sind der Kirchensprache entfremdet. Zwischen die Massen und den Klerus sind nämlich seit 1750 die Intellektuellen getreten und haben die Völker statt mit dem Öl des heiligen Geistes „mit einem Tropfen demokratischen Öls gesalbt" (Uhland). Die nationalen Ersatzpriester, die Mazzinis, Disraelis, Fichtes, Voltaires, haben heute zwar ihrerseits die beiden Weltkriege verloren: die Journalisten, Abgeordneten, Professoren sind in den Staub geworfen und sind einflußlos. Aber den krassen Laien, den Massen, droht nun ohne diese Schriftsteller, deren Klischees sie nachsprachen, selber Sprachlosigkeit. Wir werden aber durch eine Analogie über unsere heutige Lage aufgeklärt. Wie 1650 das puritanische „Wir" der Gemeinschaft auf Luthers Einzel-Ich, so folgt heute auf das intellektuelle Ich des Freigeistes das Wir der solidarischen Masse. Bei ihr aber regiert die Furcht statt des Witzes. Und die Furcht spricht nicht nur eine andere Sprache als Liebe oder Verstand, einstweilen spricht sie überhaupt nicht. In diesem Zustand der Sprache hat man keine positiven Ziele. Diese Sprache begeistert nicht. Man verwahrt sich in ihr. Denn man hat sich nichts zu sagen. Daraus folgt, daß der Friede diesmal aus Furcht voreinander zustande kommen müßte. Alles, was die Sieger werden fragen können, ist, ob sie sich einen Krieg untereinander ersparen können. Das wird nicht im Namen der dreifachen Freiheit untersucht, sondern aus der namenlosen Angst der Massen steigen diese Fragen auf. Auf erste Sicht scheint der Fragen kein Ende. Wären sie zahllos, so könnte nie Friede werden. Zum Glück ist aber die Zahl der entscheidenden Fragen nicht willkürlich. Mögen auch die Schlagworte der ökonomischen, militärischen, politischen, sozialen, religiösen, moralischen, geistigen Sorgen auf den ersten Blick beliebiger Vermehrung fähig scheinen, so ist dem doch nicht so. Das Kriegsende ist eine Gefahr für Leib und Seele in dreifacher Hinsicht. Nach einem Kriege muß keine Niederlage drohen. Im Frieden muß man nicht verhungern. Weder im Krieg noch Frieden muß sich jemand in unsere Angelegenheiten einmischen durch Intervention. Daher muß bei jedem Kriegsende eben dieses dreifache Ungeheuer gefesselt werden: Niederlage, Hunger, Einmischung.

Nun werden nach den beiden Weltkriegen diese drei Gefahren von den drei Siegern mit verschiedener Betonung empfunden. Unter den Siegerstaaten bedroht die Briten der Hunger, die Amerikaner die geistige Einmischung des Kommunismus, die Russen die militärische Niederlage. Aus dreifacher Angst könnte heute Frieden werden, sobald diese dreifache Angst endlich ihre Namen bekäme.

Dabei ist es ein Witz der Geschichte, daß die Russen nur auf militärische Motive ansprechen. Nicht etwa die Russen, sondern die Briten denken ökonomisch, die Amerikaner haben geistige Sorgen. Das ist nicht marxistisch, aber es ist die Wahrheit. Offiziell soll doch Rußland ökonomisch bestimmt sein. Karl Marx hat aber seine Theorie in England ausgearbeitet. Und auf England paßt sie noch heute, wo die Insel nach Gold hungert, um Brot und Fleisch zu kaufen. Denn für die Beendigung des großen Kladderadatsches müssen die Engländer wirtschaftlich denken, die Russen militärisch, die Amerikaner geistig. Die Russen haben ja keine gesicherten Grenzen, die Engländer keine eigenen Lebensmittel, die Amerikaner keinen eigenen Geist. Wir denken aber notgedrungen immer an das am meisten, was uns fehlt, und von dem wir daher abhängig sind. Das Denken repräsentiert die Dinge, die fehlen, damit es uns unabhängig mache. Stalin denkt an Macht, an Kanonen und Divisionen, und so hat er gedacht, seit er herrscht, und die Massen haben den Hunger hingenommen, weil er sie die Invasionen zu fürchten gelehrt hat. Die englische Masse braucht Sterling, die russische Masse Grenzen, die amerikanische Masse Ideenschutz. Das sind merkwürdigerweise die drei untrennbaren Elemente jedes Friedens. Wird also die dreifache Gestalt der Furcht gemeistert, dann wird der Dritte Weltkrieg zu vermeiden sein. Auch wenn er nur negativ beschworen werden kann.

Georg Picht

ZWISCHEN WISSENSCHAFT UND BILDUNG

Das Experiment „studium generale"

Wir alle spüren nur zu deutlich, daß die bisherigen Formen des Lehrens und Lernens an Höherer Schule und Universität unzureichend geworden sind. Schule und Universität vermitteln zwar auch heute noch ein beträchtliches Maß an Kenntnissen, aber eine Summe von Kenntnissen ist etwas anderes als das, was wir Bildung nennen, und die bildende Kraft unserer Lehranstalten ist in den letzten Jahrzehnten immer geringer geworden. Dieser inneren Schwächung von Universität und Höherer Schule entspricht ein ständiger Rückgang ihrer Autorität und ihres öffentlichen Ansehens. Der Bestand selbst ist bedroht, und bedeutende Vertreter der Idee der Universität beginnen an ihrer Zukunft zu verzweifeln. Wir befinden uns in einem offenkundigen Notstand, und die Mittel, ihn zu überwinden, werden sich nur finden lassen, wenn wir entschieden genug sind, diesen Notstand bis in seine letzten Ursprünge zu verfolgen. Zugleich aber sollten wir nicht beim Klagen stehen bleiben, sondern etwas tun und etwas wagen. Denn der heute so bequem gewordene Kulturpessimismus mit seiner spezifischen Form der Eitelkeit erweist sich oft genug als eine noble Geste, durch die man sich aus der Verantwortung herauszieht. Erziehung wird nicht am Maßstab der Vergangenheit, sondern am Maß der durch sie ermöglichten Zukunft gemessen, und den Weg in die Zukunft findet man nicht durch Prognosen, sondern allein dadurch, daß man ihn wirklich geht.

Wer in die Zukunft gehen will, wird die Auseinandersetzung mit der Vergangenheit nicht vermeiden können. So scheint mir denn unverkennbar zu sein, daß sich hinter der Forderung nach einem studium generale eine vernichtende Kritik an den Leistungen unserer heutigen Lehranstalten verbirgt. Bisher war es die Aufgabe der Höheren Schule, auf das Studium einer Wissenschaft vorzubereiten. Wer ein studium generale fordert, geht von der unleugbaren Erfahrung aus, daß die Höhere Schule heute dieser Aufgabe im allgemeinen nicht gewachsen ist, und damit wird ganz unmittelbar die Existenzberechtigung der Höheren Schule in ihrer heutigen Form in Frage gestellt. Nun sind ja aber die Lehrer, die Direktoren und die Ministerialbeamten, die das Gesicht der Höheren Schule bestimmen, ausnahmslos aus der Universität hervorgegangen, und es wird an der Höheren Schule nichts anderes gelehrt, als was ihre Lehrer selbst an der Universität gelernt haben. Die innere Verfassung der Höheren Schulen ist also immer ein Abbild der inneren Verfassung der Universität, und was in der Schule versäumt wird, ist immer die Folge eines vorgängigen Versäumnisses an der Universität selbst. Zugleich ist die Universität so unmittelbar auf die Höhere Schule angewiesen, daß sie ihre eigenen Fundamente zerstört, wenn sie ihren theoretischen Raum als Zufluchtsort benutzt, um sich dieser echten Verantwortung zu entziehen. Höhere Schule und Universität sind auch dann eine Einheit, wenn die Zusammengehörigkeit von beiden Seiten verleugnet wird.

Die Kritik, die der Forderung nach einem studium generale zugrunde liegt, richtet sich also, wenn man sie ernsthaft betrachtet, nicht gegen ein Versagen dieser oder jener Institution, sondern gegen unser heutiges Bildungssystem im ganzen. Dies kann aber nur bedeuten, daß von dem gegenwärtigen Standort aus nicht nur die Formen und Einrichtungen, sondern die geistigen Fundamente unserer bisherigen Bildung als fragwürdig erscheinen. Das studium generale durchführen, heißt, in eine Auseinandersetzung mit den Grundlagen unseres Bildungssystems eintreten. Darum ist das Problem der Durchführung des studium generale identisch mit dem Problem des studium generale selbst. Es gilt zu bestimmen, auf welchen Voraussetzungen das gemeinsame Versäumnis von Universität und Schule beruht, und einen Weg zu suchen, der unter veränderten Voraussetzungen eine neue Orientierung des Studiums ermöglicht.

Der Unterricht an der heutigen Universität und Schule entspricht einer Form der Wissenschaft, die ich in Analogie zur „klassischen Physik" das klassische System der Wissenschaft nennen möchte. Diese Wissenschaft ist durchgängig bestimmt durch die Vorherrschaft der sogenannten aristotelischen, besser der klassischen Logik. Vor allem bestimmt die Logik den geltenden Begriff des Wissens. Der eigentliche Ort des Wissens ist in der klassischen Wissenschaft das objektive Urteil, ein Satz also, von dem sich eindeutig angeben läßt, ob er wahr oder falsch ist. Mit der Kenntnis eines solchen Satzes und der Beweise, aus denen seine Richtigkeit hervorgeht, ist der Besitz der darin ausgesagten Wahrheit gegeben. Wissen ist Besitzen, und Lernen ist Erwerben von Kenntnissen, die selbst in ihrer Objektivität gleichgültig dagegen sind, von wem sie gewußt oder ob sie überhaupt gewußt und erlernt werden. Denn die logische Wahrheit ist die geschichtslose Wahrheit an sich, die stets sich selbst gleich bleibt, gleichgültig dagegen, wer je an ihr teilhaben mag. Um ein Wissen von solchen zeitlosen Wahrheiten zu vermitteln oder zu erwerben, muß man selbst in die Gleichgültigkeit ihres geschichtslosen Raumes eintreten und die Eigenart des Denkens oder des Standortes als das bloß Subjektive ausschalten. Erst dann lassen sich die Gegenstände in jene Sichtlinie bringen, die es erlaubt, objektive Urteile über sie zu fällen: es entsteht jene Wissenschaft, die ihre klassische Darstellungsform in unseren Lehrbüchern gefunden hat. Weil das Wissen als der Besitz von nachprüfbaren Wahrheiten verstanden wird, geschieht das Lehren in einer autoritativen Form vom Katheder herab. Das Lernen umgekehrt ist ein Gehorchen: es besteht — wenn ich es etwas bösartig kennzeichnen darf — in dem Bemühen, den Geist zum Spiegel des Kollegheftes zu machen. Zu allen Zeiten ist über diese schulmäßigen Lehr- und Lernformen geklagt worden, — umso bedeutsamer ist es, daß sie sich unentwegt in ihrer Herrschaft behaupten konnten, indem sie sich in dem gewaltigen System der Wissenschaft und ihrer Institutionen verfestigten.

In einer so verstandenen Wissenschaft gehört der Horizont eines Sachgebietes nicht mehr zum Thema. Denn zum Gegenstand einer eindeutigen Aussage läßt sich nur das machen, was innerhalb eines vorgegebenen Horizontes isoliert betrachtet werden kann. Daraus ergibt sich etwa für die Medizin, daß sie anstelle der Krankheit nur die Funktionsstörung kennt; das Leiden ist für die objektive Wissenschaft eine sekundäre Begleiterscheinung, die höchstens noch das subjektive und daher für die Wissenschaft gleichgültige Mitgefühl des Arztes angehen kann. Fragt man gar nach der Krankheit als menschlichem Schicksal oder sozialem Problem, so stellt sich heraus, daß das Fachgebiet, unter welches die Krankheit als medizinischer Fall gehört, für diese Frage nicht zuständig ist; man wird an andere Wissenschaften verwiesen, die wiederum von der medizinischen Seite der Krankheit nichts wissen. Ursache dafür ist aber in erster Linie nicht die Spezialisierung, sondern die ihrem Wesen nach isolierende Sicht der Objektivität, die den Gegenstand (der doch das Thema bildet, nämlich die Krankheit) aus methodischen Gründen in seiner umfassenden Gegenständlichkeit nicht sehen kann. Daraus ergibt sich aber ein Widerspruch zwischen der Struktur der medizinischen Wissenschaft und dem Ethos des Arztes: die Universität als solche bringt wohl kenntnisreiche Mediziner hervor, aber sie bildet keine Ärzte, und entsprechend werden immer wieder Klagen laut über Historiker, die kein Verhältnis zur Politik haben, über Juristen, denen das verantwortliche Rechtsbewußtsein fehlt, über Naturwissenschafter, die keine Ehrfurcht vor Natur und Leben kennen. Der Grund ist immer der gleiche: das Wissen ist eine Summe objektiver Kenntnisse, aber es fehlt die Vertrautheit mit dem Sachgebiet, in der sich das Ethos und die Verwurzelung des Wissens ausbildet. Und so gleichen denn die durchschnittlichen Akademiker in ihrer Orientierungslosigkeit den Leuten aus dem Sprichwort, die vor lauter Bäumen den Wald nicht sehen.

In der klassischen Wissenschaft wird die Summe der objektiven Wahrheiten durch die Einheit eines Systems zusammengehalten, in dem die speziellen Urteile dem allgemeineren Urteil, die Spezialwissenschaften der jeweils zugehörigen allgemeineren Wissenschaft untergeordnet sind. Dieses System ist nach dem Modell einer Pyramide entworfen: die Spitze der Pyramide bildet die Wissenschaft vom Absoluten, die sich über der Grundlage der Einzelwissenschaften erhebt. Für unser Thema ist dieses Modell von großer Bedeutung, denn im „Gutachten zur

Hochschulreform" wird das studium generale ausdrücklich unter den Gesichtspunkt der Einheit der Wissenschaft gestellt, und der Begriff des studium generale wird so gedeutet, daß die Beziehung auf das Allgemeine im Sinne der Wissenschaftspyramide unverkennbar ist. Betrachten wird die einzelnen wissenschaftlichen Wahrheiten als Glieder des Systems, so verstehen wir leicht, warum die Wissenschaft ihren Erkenntnissen eine zeitlose Gestalt geben will. Nur wenn die Wahrheit völlig unabhängig ist von dem Zusammenhang, in dem sie erkannt wurde, und von dem Standort des Menschen, der sie erkennt, kann sie in eine systematische Beziehung zum Absoluten gesetzt werden. Die Objektivität des allgemeingültigen wissenschaftlichen Urteils trägt selbst noch den Stempel des Absoluten, und weil dies so ist, ist jede wissenschaftliche Erkenntnis zugleich ein Schritt in der Erkenntnis des Absoluten. Durch diese Beziehung auf das Absolute gewinnt die einzelne wissenschaftliche Wahrheit jene Verbindlichkeit für den Menschen im ganzen, die ihr verloren geht, wenn man sie aus dem System herauslöst. Im Hintergrund unseres Systems der Wissenschaft steht also eine ganz bestimmte Metaphysik, und da diese Metaphysik auch die Bildung im Hinblick auf das Absolute versteht, decken sich hier Wissenschaft und Bildung wirklich. Es wäre förderlich, wenn allgemeiner bekannt wäre, daß die übliche Gleichsetzung von Wissen und Bildung diese unausgesprochene Metaphysik in sich verbirgt.

Unsere heutige Situation ist nun aber dadurch gekennzeichnet, daß diese Pyramide ihre Spitze verloren hat. Der Studienplan eines Kollegs, das dem studium generale dient, ist nach dem Aufriß: „Natur — Gesellschaft — Person" gegliedert. Der klassische Aufriß hieß: „Gott — Natur — Mensch", und man braucht nur die beiden Aufrisse miteinander zu vergleichen, um zu sehen, warum das klassische System der Wissenschaft unwiederholbar ist. Von Gott können wir in einem Sinne, der für die positiven Wissenschaften als solche verbindlich wäre, nicht mehr reden. Dies gilt auch für den christlichen Wissenschafter, denn auch er ist, sofern er Wissenschaft treibt, verpflichtet, sich in Sätzen zu äußern, die sich unabhängig von seiner religiösen Überzeugung beweisen und nachprüfen lassen. Die heutige Wissenschaft hat eine Denkform, die, im wörtlichen und ohne jedes Werturteil zu verstehenden Sinne, gott-los ist. Dieser Denkform sind auch die Christen unterworfen, sei es, daß sie selbst Wissenschaft treiben, sei es, daß sie von den Errungenschaften dieser Wissenschaft Gebrauch machen. Wer in der heutigen Welt verantwortlich nach Möglichkeiten der Bildung sucht, muß mit diesem Tatbestand ernstmachen und ihn als Wirklichkeit anerkennen.

Mit dem Verlust des Absoluten ist aber auch die Einheit von Wissen und Bildung auseinandergebrochen. Da das Allgemeine von der modernen Wissenschaft nicht mehr als Absolutes gedacht wird, ist ihm nur noch der formal-logische Charakter der Abstraktion verblieben. Soweit sich der Mensch der wissenschaftlichen Gewalt der Wahrheit unterwirft, wird er zum unpersönlichen Funktionär des Fortschritts der Wissenschaft, die sich, durch nichts mehr gebunden, mit der gestaltlosen Vermehrung objektiver Forschungsergebnisse ins Uferlose und Unübersehbare ausbreitet. Das Ethos dieser Wissenschaft kennt nur noch die Tugenden der Aufopferung der Person, des Fleißes und der Exaktheit, — es sind die Grundtugenden des anonymen Arbeitsmenschen. Das Gesicht der vom Gesetz der

Abstraktion beherrschten Wissenschaft gleicht dem Gesicht der von ihr geschaffenen abstrakten Welt; die Idee der Bildung ist von der Idee der Anonymität (als dem Negativ des Absoluten) überwältigt worden. Soweit es überhaupt noch Bildung gibt, ist sie zur Privatangelegenheit geworden, genau wie der Glaube. Die Wissenschaft selbst ist durch ihre Abstraktion gegen jegliche Verantwortung geschützt. Sie ist gleichgültig gegen ihre Folgen und verhält sich gleichgültig zu den Grundentscheidungen des menschlichen Daseins. Weil die Wissenschaft diese Gestalt angenommen hat, besitzen wir keine verbindliche Instanz des Denkens, des Wissens und der Weisheit.

Die bildungsfeindliche Macht des Anonymen hat sich auch in der Organisation unserer Lehranstalten allbeherrschend durchgesetzt. Dies konnte geschehen, weil diese Lehranstalten ihrem Wesen nach dem Normalzustand der Wissenschaft entsprechen müssen, und weil sie auf die Bedürfnisse eines Staatswesens zugeschnitten sind, das durch und durch von der bisherigen wissenschaftlichen Denkweise geprägt wurde und bis in die letzten Einzelheiten der Verwaltungstechnik ein Spiegelbild der eben skizzierten Wissenschaft ist. Die Schulen sind so eingerichtet, daß im ganzen Staat von gleich ausgebildeten Lehrkräften nach den gleichen Lehrplänen, den gleichen Lehrbüchern, den gleichen Stundentafeln, den gleichen didaktischen Methoden und dem gleichen Bewertungsmaßstab die gleichen Zeugnisse erworben werden. Von den Universitäten gilt Ähnliches mindestens insoweit, als sie auf die Staatsexamina vorbereiten. Der Staat braucht Funktionäre, die sich untereinander auswechseln lassen. Das einheitliche Lehr- und Prüfungssystem ist darauf eingerichtet, daß dieser alles beherrschende Zweck erreicht wird, und deshalb muß durch staatliche Vorschriften alles unterbunden werden, was durch zu große Eigenwüchsigkeit vom genormten Typ abweichen könnte. Da die Standardisierung des Wissens, Lehrens und Lernens, wie sie vor allem an den Schulen mit der äußersten Folgerichtigkeit durchgeführt wird, im Widerspruch zu den fundamentalsten Gesetzen der Bildung steht, sollte man sich nicht darüber wundern, daß unsere Abiturienten trotz allen Kenntnissen keine gebildeten Menschen sind.

Wie aber soll nun ein studium generale aussehen, das diesen Rahmen durchbrechen und neue Möglichkeiten der Bildung erschließen will?

Vor allem sollte man alles vermeiden, was einen restaurativen Charakter hat. Die Idee der Einheit der Wissenschaft im Sinne des klassischen Systems konnte nie verwirklicht werden und war nur solange glaubwürdig, als die Wissenschaft im zeitlosen Licht des Absoluten stand. Auch heute fühlt der an seiner Zersplitterung verzweifelnde Geist unserer Wissenschaft den Drang, sich in dieses Traumbild zu flüchten. Ich halte dies für eine gefährliche Versuchung, denn wenn wir redlich sind, müssen wir zugeben, daß niemand von uns weiß, was die Einheit der Wissenschaft ist. Was die Wissenschaft selbst nicht weiß, kann man nicht zum Lehrgegenstand für Studenten des ersten Semesters machen. Die Pädagogik ist reich an Versuchen, die Jugend in ein Paradies zu führen, aus dem wir selbst uns ausgestoßen wissen. Aber die Universität sollte durch den Geist der Nüchternheit, der das Fundament aller ihrer Bildungsmöglichkeiten ist, gegen solche Verführungen gefeit sein.

Aus demselben Grunde scheinen mir auch die Vorschläge des „Gutachtens zur Hochschulreform" das gestellte Problem nicht zu lösen. Dort wird an Stelle der klassischen Grundwissenschaften im Hinblick auf unsere technische Zivilisation ein neuer Kanon von Grundwissenschaften vorgeschlagen, nämlich: Philosophie, Soziologie, Geschichte, Volkswirtschaft und Psychologie. Ein Studienprogramm, das aus diesen Wissenschaften zusammengestellt ist, soll, nach der Meinung des Gutachtens, den Erfolg haben, „aus den jungen Akademikern wahrhaft gebildete, sozial und staatsbürgerlich denkende Menschen zu machen". Ich gestehe, daß ich mir den Weg zu einem solchen Ziel schwerer vorstelle. Aus dieser Aufzählung von Grundwissenschaften wird erschreckend deutlich, daß eine einheitliche Bildungsidee in unserer Wissenschaft fehlt. Zwar steht es heute in unserem Belieben, alles, was ist, nach freier Wahl in geschichtlicher, soziologischer, psychologischer oder sonst einer Sicht zu betrachten; aber alle diese Sehweisen stehen zusammenhanglos nebeneinander, und schon beim bloßen Verlesen der Titel wird der Geist so ziellos hin- und hergedreht, daß man von einem Schwindel überfallen wird. Das studium generale hat nur dann einen Sinn, wenn es für den Studenten ein klarer Wegweiser ist und ihn davor bewahrt, wie ein Spielball im Wirbel unseres wissenschaftlichen Betriebes umhergeworfen zu werden. Darum ist eine oberflächliche Vielfältigkeit das Gegenteil von dem, was man erstreben sollte.

In wirksamer Weise kann das spezialistische Denken nur durch ein Denken überwunden werden, das ihm an Klarheit, Gründlichkeit und Strenge überlegen ist. Unsere Wissenschaft ist zur Spezialwissenschaft geworden, weil sie sich der Wahrheit nur noch in der Exaktheit der einzelnen Aussage verpflichtet fühlt. Dieser rein logische Begriff der Wahrheit entspricht aber einer Stufe des Denkens, die unser methodisches Verständnis überwunden hat. Es ist heute möglich, am einzelnen Gegenstand streng zu entwickeln, welche Voraussetzungen hergestellt sein müssen, um ein exaktes Urteil zu ermöglichen, und von da aus zu zeigen, daß die Urteilswahrheit immer nur eine sekundäre Form der Wahrheit ist. Es ist möglich, auch einem Anfänger an Beispielen deutlich zu machen, daß Wissen etwas anderes ist als eine Summe von Spezialkenntnissen, und ihm aus der Erfahrung echten Wissens die Verantwortung des Wissens zu erschließen. Im klassischen System fing man damit an, durch die Logik zu lernen, was Wissen sei. Ich schlage vor, in einem anderen Sinn auch das studium generale zu einer Lehre vom Wissen werden zu lassen, und will versuchen, durch ein Beispiel aus meiner eigenen Wissenschaft anzudeuten, was ich damit meine.

Unsere geistesgeschichtliche Forschung schafft sich die Möglichkeiten zur nachprüfbaren Objektivität durch eine historisch-philologische Methode, die darauf eingestellt ist, die Gegenstände durchgängig aus den Gegebenheiten ihrer Zeit herzuleiten. Dies bedeutet einen folgerichtigen Abbau der Vorstellungen, die wir aus unsrer eigenen Denkweise heraus unbewußt einem Denker oder Dichter der Vergangenheit unterschieben. Bei diesem Weg der historischen Forschung, der sich aus rein methodischen Gesichtspunkten ergibt, vollzieht sich nun aber das bestürzende Geschehnis, daß die unbewußten Voraussetzungen unseres eigenen Denkens und Daseins unvermittelt als fragwürdig erscheinen; wir sehen, daß man auch auf andere Weise die Welt erfahren und denken kann. Die rein historische Forschung pflegt an dieser Stelle haltzumachen, weil sie auf Erscheinungen stößt, die sich der historischen Betrachtungsweise entziehen und sich nicht objektiv bestimmen lassen. In dem Menschen, der so vor den sich aufdrängenden Fragen zurückweicht, entsteht das Gefühl, daß alle Standorte relativ seien. Und weil er unsicher wird, zieht er sich wieder auf das feste Ufer der objektiven Methode zurück. Wie aber, wenn er nun weiter ginge? Wie, wenn er den Mut aufbrächte, von dem fragwürdig gewordenen eigenen Standort aus in der Gegenüberstellung zum fremden geschichtlichen Standort zu fragen: „Was ist wahr?" Dann würde sich alsbald herausstellen, daß die Abblendung des Geschichtlichen ins rein Vergangene dem Geschichtlichen selbst nicht gerecht wird. Denn es gehört unmittelbar zu seinem Wesen, daß es die Möglichkeit hat, uns anzureden und zum Gespräch zu nötigen. Je straffer man die historisch-philologische Methode durchführt, je radikaler das Geschichtliche in der unerhörten Fremdheit einer anderen Welt erfaßt wird, desto mächtiger wird die Anrede, desto brennender wird die Frage, vor die wir gestellt sind.

Es gibt nun Gegenstände, bei denen die Wissenschaft selbst von dieser Frage in einer Form betroffen wird, die sie zur Antwort zwingt. Ich meine die Werke der Denker, in deren Philosophie das Wissen selbst zum Thema wird. Bemüht man sich etwa um das Verständnis Platons, so verlangt der Grundsatz der historisch-philologischen Forschung, daß die platonische Lehre vom Wissen so ausgelegt wird, wie sie von Platon selbst gedacht worden ist. Die Auslegung ist also genötigt, Schritt für Schritt die Begriffe, die sie voraussetzt, daraufhin zu prüfen, ob sie den platonischen Begriffen angemessen sind. Damit gerät die historische Forschung in eine Lage, in der sie durch das Geschäft, das sie betreibt, unmittelbar zur Selbstkritik genötigt wird. Nun vollzieht sich in der platonischen Philosophie die Grundlegung dessen, was wir auch heute noch Wissenschaft nennen, — ist doch auch die Forderung nach einem studium generale außerhalb des Wirkungsbereiches der platonischen Philosophie ganz undenkbar. Wenn die historische Forschung diese Fundamente unserer eigenen Wissenschaft aufdeckt, wird sie zu der Erkenntnis genötigt, daß unsere Wissenschaft ihre eigenen Voraussetzungen nicht mehr versteht. Platons Denken steht im Zusammenhang einer Welt, die von uns durch einen Abgrund getrennt ist; aber unser Begriff des Wissens und der Wahrheit erreicht nicht die Tiefe des platonischen Fragens. Die Auslegung dieses Denkens wird also, ob sie es will oder nicht, zur Grundlagenforschung. Die historische Forschung stellt uns durch ihre eigene Gesetzlichkeit vor Fragen, welche die engen Grenzen des Historismus sprengen. Der geschichtliche Tatbestand behauptet sein Recht und zwingt uns, in der Auseinandersetzung mit ihm den eigenen Standort klar zu bestimmen. Ist dieser Standort neu, so sind wir genötigt, uns vor unserer eigenen Herkunft zu verantworten. Lassen wir uns aber von der Geschichte bestimmen, so sind wir für sie verantwortlich wie für ein Stück von uns selbst. Erst in dieser doppelten Form der Verantwortung: der Verantwortung *vor* der Geschichte und der Verantwortung *für* die Geschichte, wird das Verständnis der Geschichte zu einem solchen Wissen, das dem geschichtlichen Ereignis gemäß ist.

Nimmt das Wissen aber eine solche Gestalt an, so ist die Unverbindlichkeit der bloßen Objektivität durchbrochen, ohne daß die eigentliche Leistung des objektiven Denkens an irgendeinem Punkte preisgegeben wäre. Das objektive Denken selbst gelangt, wie es die Naturwissenschaft heute so großartig zeigt, durch seine radikalen Methoden an eine Stelle, an der sich die Erscheinungen selbst mit unwiderstehlicher Gewalt zu Wort melden. In dem Maße, in dem die Wissenschaft lernt, dieses Wort der Erscheinungen rein auszulegen, wird auch das Wissen wieder unmittelbar zur Bildung führen. Denn die Begegnung mit der Geschichte, die Begegnung mit der Natur und überhaupt jede unmittelbare Begegnung mit einer unzerstückelten und echten Erscheinung des Wirklichen redet den ganzen Menschen an und nötigt ihn, sich angesichts des Wirklichen darüber Rechenschaft abzulegen, wie er dem Wirklichen begegnet, und wer er selbst im Horizont der Wahrheit ist. Diese Erfahrungen an wenigen, gut ausgewählten Beispielen den Studenten zu vermitteln: das scheint mir die eigentliche Möglichkeit des studium generale zu sein. Sie sollten zu Beginn ihres Studiums eine Vorstellung davon gewinnen, in welche Bereiche und in welche Verpflichtungen der Mensch eintritt, wenn er ein Wissender wird. Der Wendepunkt des wissenschaftlichen Denkens, an dem wir stehen, macht dies möglich. Aber eine Lehre, die nicht nur die intellektuelle Aufnahme von Kenntnissen, sondern eine echte Erfahrung des Wissens fordert, läßt sich nur in Beispielen geben. Jede bedeutende Erscheinung steht symbolisch für ihre Welt, und die Entdeckung der Welt durch das Symbol ist selbst ein Weg der Bildung. Ich empfehle, das studium generale nach dem alten Grundsatz einzurichten, daß Bildung nur am Beispiel möglich ist.

Eine solche Erfahrung des Wissens braucht ihren eigenen Raum und ihre eigenen Formen. Der Lernende muß vom Lehrenden zum Begleiter auf einem Weg des Entdeckens gemacht werden, und dies erfordert eine Form der Gemeinschaft, die im Rahmen unseres anonymen Lehrbetriebs nicht verwirklicht werden kann. Ein studium generale in der heutigen Bedeutung dieses Wortes ist nur möglich, wenn die ursprüngliche Bedeutung von „studium generale" erneuert wird und eine neue Gemeinschaft von Lehrenden und Lernenden entsteht: ohne College-Erziehung wird jedes studium generale bruchstückhaft bleiben.

Die Frage, wie sich gemeinschaftliches Leben, gemeinschaftliches Lernen und gemeinschaftliches Leben-lernen ermöglichen lassen, kann nicht schematisch gelöst werden. Es gibt heute nur wenige Stellen, an denen ein solches Wagnis unternommen werden kann, und es werden viele Erfahrungen gesammelt werden müssen, bevor an eine organisatorische Planung größeren Stils gedacht werden kann. Wir befinden uns im Stadium der Versuche, und diese Versuche beschränken sich nicht auf die Universität. Ich möchte darum im Interesse des studium generale dringend davor warnen, das studium generale schon jetzt als einen festen Bestandteil des offiziellen akademischen Lehrplanes einzuführen. Zunächst kommt es darauf an, daß wir unsere Bemühungen vereinigen, um dem, was wachsen *will*, den Raum zu schaffen, daß es wachsen *kann*. Es gilt, überall dort Hilfe und Förderung zu bringen, wo schon ein Ansatz vorliegt, der Erfolg verspricht. Mit der Vielfalt der eingeschlagenen Richtungen wird der Reichtum an Erfahrungen wachsen; alles wird darauf ankommen, daß wir eine Denkweise überwinden, die nur zulassen will, was „zentral geplant" und „einheitlich ausgerichtet" ist. Das studium generale fordert seinem innersten Sinn nach das Wagnis der Freiheit. Sorgen wir dafür, daß wir dieses Wagnis unternehmen, bevor es zu spät ist!

Erich Kuby

MICH WUNDERT'S, DASS SIE ALLE SO GUT GEDEIHEN

Wer jemals dort unten am Golf von Mexiko gewesen ist, der kennt diese Art von Haus. Ein weißer Holzbau, das Leuchtende daran längst dahin, einstöckig, große Veranda an der Vorderseite mit spindeldürren Pfosten, die das Wetterdach darüber stützen. Ein Blechdach mit schwachen Roststreifen, die in den Dachrinnenfugen rötlich sind. Das ganze Ding auf Ziegelpfeiler gestellt, um darunter einen kühlen, spinnweb-drapierten Hohlraum zu schaffen, der an der Vorderseite verhängt ist von Ligusterhecken und Cannabeeten, in dem sich die Hennen versammeln und sich im Staub die Federn schütteln, und vor dem ein alter Schäferhund hockt und an heißen Tagen nach Luft schnappt. Es liegt ziemlich weit ab von der Straße auf einem Rasen, der in der späten Jahreszeit dünn und rostfarben geworden ist. Zu beiden Seiten des anachronistischen Stückchens Betonweg, das sich am Tor in nichts verliert, sind zwei runde Blumenbeete, die so entstehen, daß man einen alten Autoreifen auf den Boden legt und ihn mit Walderde füllt. Ein paar Zinnien gibt es darin, haarig wie Tiere und leuchtend in der strahlenden Sonne. An jedem Ende des Hauses steht eine immergrüne Eiche, keine sehr große.

Und so weiter. Das ganze liegt in den Vereinigten Staaten von Amerika. Aus diesem Haus oder einem ganz ähnlichen war der junge Jack Irving so um 1914 ausgezogen, um zu studieren, aber es wurde nichts Rechtes daraus, denn es kam der Krieg, und er zog hinüber in das gute alte Europa, saß in einem der Tanks, mit denen es damals gerade losging, und half, die Deutschen in die Pfanne zu hauen. Er war ein guter Offizier gewesen und ein tapferer Mann. Zum Beweis dafür hatte er eine Medaille.

Jack war auch noch jung, als er aus dem Krieg zurückkam, und er erbte ein wenig Geld, mit dem er in die Stadt ging und seine Finger in die Politik steckte, nicht ganz ohne Erfolg. Er wurde die linke Hand des Gouverneurs eines der Südstaaten, eben desselben, in dem sein Elternhaus mit den Blumenbeeten aus Autoreifen liegt. Eine ganze Menge von jungen Damen in der Stadt versuchten, ihn zu heiraten, und eine Menge von älteren, ihn zu verheiraten, und als seine Widerstandskraft am Ende war, aus keinem anderen Grund, heiratete er schließlich das Mädchen Alice Dumonde, das man auf eine Party, von der man wußte, daß er ebenfalls an ihr teilnehmen würde, eingeladen hatte,

ihn zu entzücken. Sie war ein hübsches dunkelhaariges Mädchen, gut gewachsen, aber irgendetwas fehlte, zu spröde und munter, mit einem Trick, die gierigen braunen Blicke wie einen Lasso auszuwerfen, mit den Lidern zu flackern, wenn sie das Seil zuzog, und dann das zu sagen, was ihr die Mutter schon vor zehn Jahren zu sagen beigebracht hatte. „Oh, Mr. Irving, man erzählt sich, Sie seien Politiker, oh, das muß doch faszinierend sein!“ Zweifellos hatte ihr das auch die Mutter gesagt.

Nun, sie ging auf die dreißig zu, und es hatte bis jetzt noch nichts genützt. Aber die Augenlider waren immer noch in Tätigkeit,

und sie heiratete Jack Irving, als er wirklich große Aussichten hatte, gewählt zu werden.

Er wurde nicht gewählt, sein Gouverneur wurde ermordet, und beim Nachfolger war Jack politisch auch ein toter Mann. Er ging mit seiner Frau auf die Farm zurück, wo die Eltern kurz nacheinander gestorben waren, und bewirtschaftete sie schlecht und recht. Alice langweilte sich und ihn entsetzlich, und es war ein wirkliches Gottesgeschenk für die beiden, als wieder Krieg war und Jack ins gute alte Europa hinüberfuhr, um die Deutschen zum zweiten Mal in die Pfanne zu hauen. Er hatte nun schon graue Haare, aber er war immer noch ein ausgezeichneter Offizier, und 1945 war er Oberst und allerbester Laune. Er hatte eine wundervolle Zeit in England verbracht, und er dachte garnicht daran zurückzugehen. Sie fanden heraus, was er für eine prächtige Vergangenheit hatte mit Studium und Politik, und machten ihn zum Gouverneur in einem der besetzten deutschen Länder. Er richtete sich seinen Stab und sein Haus ein, das man ihm zugewiesen hatte, und als er sich sattelfest fühlte in der neuen Stellung, ließ er einige zwanzig Meilen vor der Stadt, an einem See, noch ein Schloß für sich beschlagnahmen. Alice auf der Farm bekam trotz der beträchtlichen Entfernung Wind von Jacks glücklichen Umständen, und er konnte nicht verhindern, daß sie ihm ins gute alte Europa nachfolgte. Sie fing dort an, ein Haus zu machen, sozial für die Urbevölkerung tätig zu sein und Reden zu halten gegen den Krieg und die Verwerflichkeit des militärischen Geistes. Außerdem oblag sie der Tierliebe, und Jack, der ein eifriger Jäger geworden war, brachte ihr eines Tages ein junges Reh mit nach Hause, das sich in einer Schlinge gefangen hatte, ohne sich den Hals zu brechen. In solchen Schlingen fingen die Ureinwohner verbotenerweise das Wild, weil ihnen zwecks Ausrottung des militärischen Geistes der Gebrauch von Jagdflinten untersagt worden war.

„Oh, Jack, wie süß", rief Alice, als sie das Rehlein sah, „sieh', diese Augen, wie sanft! Und wie es zittert. Robert soll ihm eine Hütte bauen!" Robert war einer der deutschen Diener im Hause von Gouverneur Irving; er war sehr froh, daß er trotz seiner Beinprothese genommen worden war. Als man ihn Alice auf einer Party des amerikanisch-deutschen Verständigungsclubs empfohlen hatte, hätte sie gern Nein gesagt, denn sie wollte keinen Krüppel im Hause haben, aber es ging nicht recht, sie hatte gerade eine Rede über das Mitleid gehalten, und eine deutsche Stadträtin empfahl Robert warm, er sei ehrlich und als Heizer sicher zu gebrauchen. Robert hatte dann die Aufforderung, sich im Hause des Gouverneurs zu melden, gefunden, gerade als er wieder einmal vom Arbeitsamt zurückgekommen war. Sie hatten ihm eine Chance geben wollen. Ich war damals auch im Haushalt des Gouverneurs beschäftigt, als Empfangsdiener, denn ich hatte ein paar Manieren durch den Krieg hindurchgerettet, und es muß an einem der ersten Abende nach Roberts Eintritt als Heizer gewesen sein, daß er von diesem Besuch auf dem Arbeitsamt erzählte. „Sie haben mir", berichtete er, *eine Karte geschrieben, ich soll zum Amt kommen, und ich bin zum Amt gegangen. Auf dem Amt waren sie sehr nett. Sie nahmen meine Karteikarte und sagten: „Hm."*

Ich sagte auch: „Hm."

„Welches Bein?" fragte der Beamte.

„Rechts."

„Ganz?"

„Ganz."

„Hm", machte er wieder. Dann durchsuchte er verschiedene Zettel. Ich durfte mich setzen.

Endlich fand der Mann einen Zettel, der ihm der richtige zu sein schien. Er sagte: „Ich denke, hier ist etwas für Sie. Eine nette Sache. Sie können dabei sitzen. Schuhputzer in einer Bedürfnisanstalt auf dem Platz der Demokratie. Wie wäre das?"

„Ich kann nicht Schuhe putzen; ich bin immer schon aufgefallen wegen schlechten Schuhputzens."

„Das können Sie lernen", sagte er. „Man kann alles lernen. Ein Deutscher kann alles. Sie können, wenn Sie wollen, einen kostenlosen Kursus mitmachen."

„Hm", machte ich.

„Also gut?"

„Nein", sagte ich, „ich will nicht. Ich will eine höhere Rente haben".

„Sie sind verrückt", erwiderte er sehr freundlich und milde.

„Ich bin nicht verrückt, kein Mensch kann mir mein Bein ersetzen, ich darf nicht einmal mehr Zigaretten verkaufen, sie machen jetzt schon Schwierigkeiten."

Aus diesen und anderen Schwierigkeiten war also Robert herausgekommen, als er im Hause des Gouverneurs Heizer werden durfte. Er hatte es gut da, wir alle hatten es gut; die Irvings waren nicht kleinlich mit den Abfällen, und was sie Abfälle nannten, damit konnten wir ganz gut leben und noch ein paar von unseren Freunden, die wir unterstützten. Aber das durfte Mrs. Irving nicht wissen. Sie erfuhr es auch nicht, wir hielten eine Zeitlang zusammen: Josefine, die Köchin, Klara, das Stubenmädchen, Franz, der Chauffeur für den Privat-Buick des Gouverneurs, Robert, der Heizer, und ich, der Älteste. Ich war nur sieben Jahre jünger als der Gouverneur. Als Robert von der gnädigen Frau den Auftrag bekam, Gehege und Hütte für das Reh im Garten zu bauen, bat er mich, ihm beim Setzen der Pfähle zu helfen. Ich tat es gern, aber wahrscheinlich war ich ihm keine große Hilfe, denn ich bin sehr ungeschickt. Umso geschickter war er.

„Wie du das alles kannst", sagte ich.

„Mensch", antwortete er, „nach sieben Jahren Krieg und so. Wo warst denn du im Krieg?"

„Das ist eine lange Geschichte", entgegnete ich und ließ es dabei bewenden, denn ich wollte ihm nicht erzählen, daß ich nur ein Halb-Arier war und deshalb viele Scherereien gehabt hatte, bis mich eine Tante im Irrenhaus versteckte, in dem ihr Mann Chefarzt war; er wußte nichts von mir bis zuletzt, aber dann erfuhr er es, und das hat ihm sehr geholfen bei der Spruchkammer. Ich habe diese feine Stellung zur Belohnung für die Scherereien bekommen, wenn ich wollte, könnte ich sagen, ich bin Butler beim Gouverneur, aber vielleicht würde es die anderen ärgern, und so sagte ich zu Oberst Irving, als er mich einstellte auf Empfehlung der Gesellschaft für christlich-jüdische Verständigung: „Nehmen Sie mich als Empfangsdiener, ich bin keine Führernatur." Er schaute mich einen Augenblick lang an, schüttelte den Kopf und sagte lachend: „Okay, alter Benjamin." So heiße ich nämlich, Walter Benjamin, und ich lachte auch. Der Oberst hatte Humor, viel Humor sogar.

Robert war auf meine Kriegsgeschichte garnicht gespannt, als wir das Geheg für das Reh zusammenbauten. Er hatte nur so hingefragt. Er gehört zu den Menschen, die selber gern erzählen, er brauchte nicht unterhalten zu werden. „Mensch", sagte er, „so ein Ding habe ich schon einmal gemacht, ganz zuletzt, als wir eingeschlossen waren, in Brest, weißt du, da in Frankreich, für den Wolfshund von unserem Oberst. ‚Robert', sagte der Oberst zu mir, er kannte mich, wir waren schon in Rußland zusammengewesen, ‚der Hasso kann hier im Bunker nicht so frei herumlaufen, er scheißt überall in die Gänge, und der General hat schon gesagt, es stinkt. Da ist doch dieser verlassene Haubitzturm, dort wär' Platz für den Hund.' — ‚Herr Oberst', habe ich gesagt, ‚da hat es aber durch das Loch von dem Volltreffer hereingeregnet, und der Boden steht ganz voll Wasser, das ist schlecht für den Hund.' ‚Dann schöpf' aus oder mach' einen zweiten Boden', hat der Oberst gesagt. Ausschöpfen ging nicht, weißt du, wir hatten da doch eine ganze unterirdische Stadt in Brest gebaut, und ich hätte das Wasser fast einen Kilometer weit tragen müssen, bis zum Offiziersabort. Also habe ich einen zweiten Boden über das Wasser gemacht, und das war nicht leicht, ringsherum alles Eisenbeton. Die Bretter habe ich aus dem U-Boot-Bunker holen müssen, der hat keine unterirdische Verbindung gehabt mit der Stellung vom Regiment, und mit jedem Brett habe ich fünfzig Meter durchs Gelände laufen müssen. Über uns waren die Amis Tag und Nacht. Und da hat es mich dann erwischt, drei Tage, bevor die Festung übergeben worden ist."

„Was?", rief ich, „dabei hast du dein Bein ...?"

„Jawohl", sagte Robert, „ich hab ihn nicht kommen sehen, den Jäger, und rumms! war er schon über mir, und die Fetzen sind geflogen. Die haben auf jeden einzelnen geschossen. Das Lazarett war gleich im Felsen, sonst wär' ich hin gewesen. Und mit dem letzten Regimentsbefehl habe ich noch das EK I bekommen. Der Oberst hat es mir persönlich ans Bett gebracht."

Der Bau des Rehgeheges für Oberst Irving wurde nicht durch eine totale Kapitulation unterbrochen, denn eine solche hatte erst drei Jahre zuvor stattgefunden. Es wurde eine Musteranlage mit elektrischem Licht in der Hütte, aber das Tier gedieh nicht. Die gnädige Frau brachte persönlich Zucker ans Gitter und streichelte es und sagte: Mein süßer Liebling! zu ihm und lauter solche Worte, die der Oberst schon lange nicht mehr gehört hatte mit der richtigen Betonung, jedenfalls nicht von seiner Frau. Das Reh trank sogar die Milch nicht, die ihm von Josefine gebracht wurde in einer Porzellanschüssel, und wurde immer magerer. Mrs. Irving ging ganz traurig um das Gitter herum und plötzlich rief sie: „Robert, Robert!" so laut, daß wir dachten, eine Biene hätte sie gestochen, aber es war ihr nur eingefallen, warum das junge Reh hinkümmerte. „Robert", rief sie, „das kleine Reh hat Langeweile, wo es doch so allein ist. Was könnten wir denn nur zu seiner Unterhaltung tun?" —

„Vielleicht legen wir einen Lautsprecher in seine Hütte?", schlug Robert vorsichtig vor.

„Bei Gott", sagte sie, „das ist es. Und Walter soll den Apparat für unseren süßen Liebling einstellen, er wird sicher das Richtige treffen. Vielleicht nur nicht zuviel Jazz."

Robert war ein ausgezeichneter Handwerker, aber mit Radioanlagen kannte er sich weniger aus; deshalb ließ er sich von Franz, dem Chauffeur, dabei helfen, und schon am selben Abend hing der Lautsprecher, mit dem ich das Reh unterhalten sollte. Da AFN nur wenig anderes als Jazz und Nachrichten gab, zog ich für das Reh den deutschen Landessender vor, der damals noch sehr demokratisch und besinnlich war und vor allem Volksmusik verbreitete, von der ich mir eine gute Wirkung auf das Tier versprach. Gegen acht Uhr abends stellte ich ab, denn das Reh war noch sehr jung, und ich dachte, es sollte zeitig schlafen. Wir in der Küche gingen, wenn keine Gesellschaft war, gegen elf Uhr zu Bett, und an jenem Abend erzählte uns Franz von seinen Erlebnissen in Petsamo und wie er für die Hühner seines Leutnants auch Radio und Licht hatte anlegen müssen, samt einer elektrischen Heizungsanlage, als die Sonne am Eismeer im Winter fast überhaupt nicht mehr über den Horizont kam und die Tiere ganz schwermütig geworden waren und nicht daran dachten, zu legen. „Ihr müßt wissen", sagte Franz, „ich war bei einer Funkkompanie, und wir hatten die neuesten Geräte. Der Hühnerstall war zweihundert Meter vom Quartier des Leutnants entfernt, und ich baute ihm auf ein Brett über sein Bett eine Anlage, mit der konnte er drahtlos das Licht und das Radio im Stall an- und ausmachen; und dazu noch ein Mikrophon, damit konnte er das Gackern der Hühner hören. Der Leutnant war ganz verrückt mit seinen Hühnern, zu Hause hatte er nämlich eine Zucht, und wie ich fertig war, bekam ich vierzehn Tage Sonderurlaub wegen Gefährdung der bürgerlichen Existenz."

Wenn Franz das letzte nicht gesagt hätte, wäre ich vielleicht heute noch in der guten Stellung beim Gouverneur. Jetzt ist er allerdings nicht mehr Gouverneur, sondern Chef des stellvertretenden Generalkommandos in Fulda und zweiter Vorsitzender der Remilitarisierungskommission für das Bundesgebiet. Aber das nur nebenbei. Ich wollte sagen, dieser Ausdruck „Sonderurlaub wegen Gefährdung der bürgerlichen Existenz" hat mich zu einer Unbesonnenheit hingerissen. Es war schon immer mein Fehler, daß ich Wortspielen nicht widerstehen kann. „Kinder", rief ich, „das ist wie bei mir. Ich bekam Sonderurlaub zur Gefährdung der bürgerlichen Existenz; nicht nur vierzehn Tage, sondern gleich vierzehn Monate." Die anderen sagten eine Weile garnichts, sie waren es nicht gewöhnt, daß ich mich an ihren Erinnerungsfeiern für die schöne Vergangenheit beteiligte, und sie verstanden nicht gleich, was meine Bemerkung bedeuten sollte. Bei Franz, dem hellsten von ihnen, schloß es zuerst kurz. „Du hast gesessen?", fragte er. Ich nickte.

„Warum?“, fragte er weiter. Mir fiel nichts ein als die Wahrheit, und verdammt nochmal, warum sollte ich sie nicht sagen? Doch war mir nicht wohl, als ich antwortete: „Ich hätte die Wehrmacht zersetzt, haben sie behauptet.“ — „So?“, sagte Franz, die anderen hörten unserem Gespräch nur zu, „und wo hast du gesessen?“ — „In Pleskau“, gab ich Auskunft. Ich kam mir vor wie verhört, und das Verhör ging weiter. „Die ganzen vierzehn Monate?“ — „Nein“, sagte ich, „ich bin nach sechs Monaten schon entlassen worden, wegen guter Führung. Ich kann ein bißchen malen, und ich habe für den Hauptmann der Wachmannschaft, der aus dem Gefängnis in Pleskau das schönste deutsche Militärgefängnis machen wollte, Landschaften an die Wände gemalt.“ — „Vielleicht malst du für das Reh eine Waldlandschaft“, sagte Robert.

Dazu kam es nicht mehr. Ich weiß nicht, wer dem Gouverneur von meiner schimpflichen Vergangenheit erzählt hat, ich vermute, es ist die Köchin gewesen, sie hatte mich gleich nicht leiden können. Es war nur zwei Tage nach meinen unzeitgemäßen Bekenntnis in der Küche, als er mich in sein Zimmer rief. „Zigarette?“, sagte er. Ich nahm und dankte. „Setz dich“, sagte er. Ich setzte mich, er blieb zuerst stehen, dann ließ er sich so halb auf der Schreibtischkante nieder. „Warst du Soldat?“, fragte er nach einer kleinen Weile. „Ja,“ sagte ich. „Offizier?“ — „Es steht alles in meinem Fragebogen, Oberst,“ antwortete ich. „Da lass’ es stehen“, sagte er, „ich bin nicht vom CIC, ich frage dich nicht aus, ich will mich mit dir unterhalten, verstehst du?“ — „Ich war nicht Offizier, Oberst“, erwiderte ich. „Wolltest du nicht?“, fuhr er fort zu fragen. „Ich wollte nicht und konnte nicht“, sagte ich, drückte meine Zigarette aus und erhob mich. „Haben Sie etwas, das meinen Dienst betrifft, Oberst?“, fragte ich und wendete mich zur Tür.

Er tat, als hätte er meine Frage nicht vernommen. „Sie lebten früher in Berlin, Mr. Benjamin?“, sagte er. Noch nie hatte er mich so angesprochen. Ich hätte es bei weitem vorgezogen, wenn er bei „Walter“ geblieben wäre. Das verpflichtete mich zu nichts als zu meinen Dienstleistungen. Immerhin erreichte er, daß ich stehenblieb und sagte: „Ich habe mein Leben dort verbracht, soweit es ein Leben in Freiheit und als Bürger war.“ — „Erzählen Sie mir davon“, bat er, „nehmen Sie noch eine Zigarette, setzen Sie sich wieder hin und erzählen Sie.“

Ich setzte mich wieder hin und, noch überlegend, was ihn wohl interessieren könnte, hob ich beinahe wie unter einem Zwang an, ihm die Siegessäule zu schildern, so wie ich sie als Bub gesehen habe, wenn wir durch den Tiergarten gingen, an dem die Wohnung meines Vaters lag.

Sie stand auf dem weiten Platz wie das rote Datum auf dem Abreißkalender. Mit dem letzten Sedantag hätte man sie abreißen sollen. Als ich klein war, konnte man aber ein Jahr ohne Sedantag sich nicht vorstellen. Nach Sedan blieben nur Paraden übrig. Als darum neunzehnhundertzwei Ohm Krüger nach dem verlorenen Burenkrieg die Tauentzienstraße entlanggefahren kam, da stand auch ich mit meiner Gouvernante in der Reihe. Denn unausdenkbar, einen Herrn nicht zu bestaunen, der im Zylinder in den Polstern lehnte und einen Krieg geführt hatte. So sagt man. Mir aber schien das prächtig und zugleich nicht ganz manierlich; so wie wenn der Mann ein Nashorn oder Dromedar „geführt“ hätte und damit so berühmt geworden wäre. Was könnte denn nach Sedan kommen? Mit der Niederlage der Franzosen schien die Weltgeschichte in ihr glorreiches Grab gesunken, über dem diese Säule die Stele war und auf das die Siegesallee mündete. Als Quartaner beschritt ich die breiten Stufen, die zu ihren marmornen Herrschern führten, nicht ohne dunkel vorher zu fühlen, wie mancher privilegierte Aufgang sich später mir gleich diesen Freitreppchen erschließen werde, und dann wandte ich mich zu den beiden Vasallen, die zur Rechten und Linken die Rückwand krönten, teils weil sie niedriger als ihre Herrscher und bequem in Augenschein zu nehmen waren, teils weil die Gewißheit mich erfüllte, meine Eltern von den gegenwärtigen Machthabern nicht so viel weiter entfernt zu wissen als diese Würdenträger von den ehemaligen. Ich liebte aber unter ihnen am meisten den, der die unermeßliche Kluft zwischen Schüler und Staatsperson auf seine eigene Weise überbrückte. Das war ein Bischof, welcher in der Hand den Dom hielt, der ihm unterstellt und hier so klein war, daß ich ihn mit dem Ankersteinbaukasten hätte bauen können. Seitdem bin ich auf keine heilige Katharina gestoßen, ohne nach ihrem Rad, auf keine heilige Barbara, ohne nach ihrem Turm mich umzusehen. Man hatte nicht versäumt, mir zu erklären, woher der Schmuck der Siegessäule stammt. Ich hatte aber nicht genau erfaßt, was es mit den Kanonenrohren, die ihn bilden, auf sich hatte: ob die Franzosen mit goldenen in den Krieg gezogen waren oder ob das Gold, welches wir ihnen abgenommen hatten, von uns erst zu Kanonen war gegossen worden. Es ging mir damit wie mit meinem Prachtwerk, der illustrierten Chronik dieses Krieges, die so schwer auf mir lag, weil ich sie hier beendete. Sie interessierte mich; ich kannte mich gut auf den Plänen der Schlachten aus; und dennoch wuchs die Unlust, die für mich von ihrem goldgepreßten Deckel ausging. Noch weniger glimpflich aber dämmerte das Gold vom Freskenzyklus des Umgangs, der den unteren Teil der Siegessäule verkleidete. Ich habe diesen Raum, den ein gedämpftes, von seiner Rückwand reflektiertes Licht erfüllte, nie betreten; ich fürchtete, dort Schilderungen in der Art derjenigen zu finden, die ich nie ohne Entsetzen in den Stahlstichen Dorés zu Dantes „Hölle" aufgeschlagen hatte. Es schienen mir die Helden, deren Taten dort in der Säulenhalle dämmerten, im stillen ebenso verrufen wie die Scharen, die von Wirbelwinden gepeitscht, in blutende Baumstümpfe eingefleischt, in Gletscherblöcken vereist im finsteren Trichter schmachteten. So war denn dieser Umgang das Inferno, das rechte Widerspiel des Gnadenkreises, der oben um die strahlende Viktoria lief. An manchen Tagen standen Leute droben. Vorm Himmel schienen sie mir schwarz umrandet wie die Figurinen der Klebebilderbogen. Nahm ich nicht Schere oder Leimtopf nur zur Hand, um, nach getaner Arbeit, solche Püppchen vor den Portalen, hinter Büschen, zwischen Pfeilern, und wo es sonst mich lockte, zu verteilen? Geschöpfe solcher seligen Willkür waren droben im Licht die Leute. Ewiger Sonntag war um sie. Oder war es nicht ein ewiger Sedantag?

Dem Gouverneur war meine Erzählung lang geworden, und ich sah, daß er nicht verstanden hatte, was mich bewegte. Indem ich aber so tief eingetaucht war in mein früheres Sein, bemerkte ich plötzlich, wie sehr ich es im Stich gelassen hatte in all den Jahren der Erniedrigung. Es war plötzlich, als hätte ich mich am eigenen

Schopf aus dem Sumpf gezogen, und ich sagte: „Es wäre mir lieb, Oberst, wenn Sie mich entließen." Er schaute erstaunt auf und antwortete: „Das war es, um was ich Sie bitten wollte". — „Und warum wollten Sie es?", erkundigte ich mich, aber eigentlich interessierte es mich garnicht, meine Gründe waren mir Grund genug, um darauf zu stehen. Ich war so lange geschwommen, ich hatte dem Gesindel sogar Bilder an die Wände gemalt, schlechte Bilder, aber immerhin, ich hatte es getan, es war ein herrliches Gefühl, plötzlich wieder Grund unter den Füßen zu haben. Der Oberst, statt meine Frage zu beantworten, sagte: „Sie steht noch, ich habe sie gesehen."

„Wer?", fragte ich verwirrt.

„Die Säule", sagte er.

Und dann erzählte er mir sein Leben, so viel davon und ein bißchen mehr, als ich am Anfang berichtet habe. Er konnte recht gut erzählen, und ich begriff, wie fremd die Welt für ihn sein mußte, in der er es zu einer Dienerschaft und zu einem Schloß gebracht hatte, — wie fremd und wie angenehm. Damals sah es so aus, als würde er im guten alten Europa bald überflüssig werden. Aber diese Gefahr ist abgewendet. In seine neue Stellung ist er als General eingerückt, Mrs. Irving ist glücklich. Sie leitet ein Soldatenheim als Ehrenpräsidentin. Franz ist wieder Oberfeldwebel in einer Funkschule und Robert ist trotz seiner Prothese Fahrer bei seinem alten Oberst, für den er in Brest den Hundezwinger bauen sollte. Mrs. Irving hat große Schwierigkeiten, ihre Dienerschaft in der einheimischen Bevölkerung zu finden, alle werden sie wieder gebraucht, und ich habe große Schwierigkeiten, mein Leben zu fristen. Die Tante, die mich damals ohne Wissen ihres Mannes in seinem Irrenhaus versteckt hatte, ist gestorben. Ich würde gern auswandern als Butler, aber so alte Leute sind nicht gefragt. Ich sehe ziemlich schwarz in die Zukunft, im Krieg gedeihe ich offenbar als einziger nicht. Und mich wundert's, wie sie alle so gut gedeihen...

*

Die freundlichen Leser werden bemerkt haben, daß einige Absätze des Vorstehenden in einer anderen Schrift gedruckt sind als das übrige. Diese Abschnitte sind wörtlich aus drei Büchern übernommen, die ich mir als Ferienlektüre mitgenommen und in der letzten Woche gelesen habe. Die amerikanischen Stücke stammen aus „Der Gouverneur" von Robert Penn Warren (deutsch von Ilse Krämer im Wolfgang Krüger-Verlag, Hamburg), die Arbeitsamt-Episode aus „Wanderer, kommst Du nach Spa..." von Heinrich Böll (Verlag Friedrich Middelhauwe, Opladen) und das Portrait der Siegessäule aus „Berliner Kindheit um Neunzehnhundert" von Walter Benjamin (Suhrkamp-Verlag Frankfurt/Main). Was dazwischen steht, habe ich dazugeschrieben, gewissermaßen an Stelle von drei Besprechungen dieser Bücher. Ganz ohne einige kritische Bemerkungen zu ihnen geht es nun aber doch nicht ab.

„Der Gouverneur" ist eine pompöse Schwarte, so wie „Der große Regen" und „Antonio Adverso" pompöse Schwarten sind, hochüberlegen dem Edelschund wie „Vom Winde verweht" und in alle Ewigkeit nicht eingehend in den kleinen Bücherhimmel, in dem die Weltliteratur versammelt ist. Das Buch hat seinerzeit den Pulitzer-Preis bekommen (es ist nicht von gestern), wurde in alle „Weltsprachen" übersetzt, und „das nach ihm gedrehte Filmepos ‚All the King's Men' wurde als der beste Film des Jahres mit drei ‚Oskars' ausgezeichnet". Solche Ehren werden Büchern zuteil, die einer großen Leserschaft sicher sein dürfen. Das Buch ist verfilmt worden, aber das ist ziemlich überflüssig gewesen, denn es ist selber Film von A bis Z, und wenn ich jung genug wäre für eine Doktorarbeit, würde ich den „Gouverneur" mit einem Roman von Thomas Wolfe vergleichen, zum Beispiel mit „Schau heimwärts, Engel" — unter besonderer Berücksichtigung des Wortreichtums beider Autoren —, und ich hoffte, es würde mir gelingen, nachzuweisen, warum Robert Penn Warren ein blendender Schwätzer und Thomas Wolfe ein großer Schriftsteller und zuweilen ein Dichter ist.

Bei Heinrich Böll geht es entschieden wortärmer zu, und nicht der kleinste Pulitzerl wird ihn erreichen. Seine schöne Sparsamkeit und Präzision der Mittel reicht aber doch nicht aus, diesen Momentaufnahmen aus Krieg und Nachkrieg Bedeutung zu geben. Der Autor kommt nicht weit genug her, er kommt verletzt und scharfäugig aus dem Erlebnis auf dem zu kurzen Weg der dichterisch „gehobenen" Reportage. Er gehört, obwohl er sagt: Schaut hin, eine Welt voll Grauen! zu den Leuten, die in des Gouverneurs Küche sitzen und Erinnerungsfeiern an die Vergangenheit abhalten.

Zu diesen gehört Walter Benjamin nicht. Er kann nicht gedeihen in dieser Zeit, und wir brauchten nicht zu wissen, was der von seinem Autor tief betroffene und ergriffene Verleger Peter Suhrkamp in einem „Begleitbrief" mitteilt: „In einem Anfall von Verzweiflung nahm er Gift", um sicher zu sein, daß es keinen Pakt zwischen Benjamin und dem Pack gibt, auch nicht den, daß er seine Erbärmlichkeit darstellt. „Das an Umfang kleine Buch ist vielleicht eines der größten, sicher aber eines der kostbarsten in unserer Sprache in unserer Zeit." Auch das steht im Suhrkamp-Brief, und wieviele Momente hier zusammenkommen mögen, unser Mißtrauen in Suhrkamps Urteil zu steigern, Mißtrauen deshalb, weil dieser Verleger aus einer Bildungs- und Bürgerwelt kommt, die nicht einmal in ihrer großen Epoche so empfehlenswert war, wie sie Suhrkamp noch heute erscheint, und weil auch Benjamin aus ihr kommt, — trotz alledem, hier hat der Verleger recht. Das Büchlein „Berliner Kindheit" ist ein großes Buch, und es wird vollkommen wirkungslos bleiben, und nur wenige werden es lesen. Für metaphysische Bestandsaufnahmen, aus denen man nur aus dem Widerspruch zwischen der bodenlosen Traurigkeit des Registrators und seinem unglaublichen Mut zur heilen, heilenden, (heiligen?) Aussage erspüren kann, wie und wo es weitergehen wird — nämlich genau dort, wo Benjamin schließlich doch der Verzweiflung erlag, weil er schon einen zu weiten Weg bis zu jenem Punkt hinter sich hatte, — für solche Bestandsaufnahmen bedarf es, will man sie in die Eröffnungsbilanz übernehmen, des bedingungslosen Abscheues, der Benjamin gegenüber allen erfüllte, die jetzt gedeihen.

In diesen drei Büchern trafen sich, als sie in einem Lesergehirn zusammenkamen, drei grundverschiedene Welten; aber wie merkwürdig fügten sie sich zum einen großen Ganzen, zu unserer Gegenwart, gespannt zwischen den beiden Polen, die viele Namen haben können: Trauer und Kraft, Zukunft und Verderben, Frömmigkeit und Optimismus.

Milo Dor

ENDE UND BEGINN

Er lag sanft ausgestreckt, als ruhe er. Man konnte keine Wunde sehen. Die Blutlache neben seiner rechten Hüfte schien deshalb nicht von seinem Körper zu stammen, sondern neben ihm ausgeschüttet worden zu sein. Es war aber sein Blut. Über die gekrümmte Hand kroch eine Fliege. Dann flog sie auf die Mauer, die mit vielen Ritzen und Löchern, in denen noch die Kugeln steckten, übersät war. Der Strauch davor war zerrissen. Und unten lagen er und noch vier andere in einer seltsamen Einheit mit der Mauer, als ob sie seit immer zueinander gehört hätten: die zerschossene Mauer als grauer Hintergrund und die fünf Toten als zerbrochene Puppen, denen kein Kinderspiel mehr Leben einhauchen konnte. Der zerrissene Strauch war schon gelblich braun. Es war Herbst; der 25. September 1942.

Vor nicht ganz zehn Minuten hatten noch Schüsse gehallt. Jetzt aber herrschte die vollkommenste Stille aller Stillen, die einem die Ohren zu zerreißen drohte. Nicht einmal das Echo der Stiefelschritte, die sich auf dem Weg, der aus dem Dorf führte, entfernten. Nicht einmal das Motorensummen der Autos, in denen die ihren Soldaten vorausfahrenden Offiziere saßen. Nichts. Die Einwohner trauten sich noch nicht, ihre Häuser zu verlassen, und die Häuser standen da, verzweifelt und verloren, wie auf der Straßenkreuzung plötzlich verlassene Blinde.

Auf einmal waren es mehrere Fliegen, die über die Leichen zu spazieren begannen, unhörbar. Eine von ihnen sprang auf das Lid von Jankos linkem, halb offenem Auge, wie um hineinzuschauen. Die Landschaft, die sich darin spiegelte, war starr und unbeweglich und schien auch tot zu sein.

Der junge Konzipient Sava Markovic, der zukünftige Vater Jankos, schaute verlegen auf die altmodische Taschenuhr, die er von seinem Vater als Maturageschenk bekommen hatte, als wolle er sich von dem Zifferblatt Rat holen.

„Warum sagst du nichts?", fragte die Frau. — „Was soll ich denn sagen?" — „Freust du dich nicht?" — „Ich weiß nicht."

Die Frau schwieg. Vor wenigen Minuten, gerade nach dem Abendessen, hatte sie ihm angedeutet, daß sie ein Kind erwarte.

„Bist du sicher, daß es ein Kind ist?",fragte der Mann plötzlich nach einer kurzen Pause.

„Was kann es anderes sein? Ich wollte dich nicht damit beunruhigen, ehe ich nicht ganz sicher war. Jetzt sollst du entscheiden."

„Was soll ich entscheiden?"

Die Frau begann zu weinen. Er trat zu ihr, umarmte sie zärtlich mit der Rechten und rieb mit der linken Handfläche ihr Kinn.

„Entschuldige bitte, daß ich so grob zu dir war."

Sie begann noch heftiger zu schluchzen.

„Geh, du mußt nicht gleich weinen ..."

Sie schluchzte weiter.

„Na, sag: möchtest du es haben?"

Sie nickte, fügte aber gleich hinzu: „Ich möchte dich aber nicht beeinflussen, du mußt selbst entscheiden."

Er ließ sie los und setzte sich schwer auf den Stuhl.

Entscheiden ... wenn das so leicht wäre. Ich habe es nicht so schnell erwartet. Wenn sie nur nicht so auf Heirat gedrängt hätte. Heiraten, gut. Aber nicht gleich ein Kind.

Die Frau wischte sich die Tränen ab und ging schweigend in die Küche.

— Das hat uns gerade noch gefehlt, dachte der Mann. Ein Kind muß man ernähren, gut ernähren natürlich. Das ist nicht so leicht, wie es sich eine junge Frau vorstellt. Die Frauen denken nicht daran. Was soll ich tun? Sie ist auch zu schwach. Ein Kind ist nichts für sie. Voriges Jahr wäre sie beinahe an Grippe gestorben. — Und jetzt soll sie ein Kind gebären, bei dieser Ernährungslage. Ja. Es gibt Leute, zugegeben, die nichts von all dem spüren, sie haben genügend Geld, sie können sich alles kaufen, eine Villa, ein Auto und selbst die Gesundheit. Man kann alles kaufen. Nur Geld muß man haben. Schön. Woher soll ich das Geld nehmen? — Der Alte? (Er dachte dabei an den alten Rechtsanwalt, in dessen Kanzlei er beschäftigt war.) Der Alte ist hart. Was geht ihn mein Kind an? Keinen Groschen Zulage wird er mir geben, nicht einen Pfifferling ... und ich muß noch ein Jahr bei ihm bleiben, ehe ich das Recht bekomme, eine eigene Kanzlei aufzumachen. Und wer wird mir dafür Kredit geben? Gut, mein Alter (jetzt meinte er den Vater) wird mir schon unter die Arme greifen, aber bis das Geschäft ins Laufen kommt, wird noch viel Wasser die Donau hinunterfließen, noch sehr viel Wasser. Was soll ich tun? Wie kann ich entscheiden? Abortus? Das wird sie mir nicht verzeihen. Es kostet auch sehr viel Geld. Was soll ich tun? Akten abschreiben, den Alten vertreten, bei harmlosen Fällen, die sich von selbst lösen, ohne unser Zutun, — und die Leute zahlen schweres Geld dafür, schweres Geld. Dem Alten natürlich. Ich bekomme nichts, außer meinem Hungergehalt ... Zum Kuckuck mit dem Gehalt und mit dem Alten! Und mit allem — zum Kuckuck mit dem Geld, wir werden es schon beschaffen, wenn es sein muß, wir werden es aus dem Pflaster herauskratzen, wenn es sein muß. Was sitze ich da wie ein altes Weib und jammere? Zum Kuckuck mit dem Jammern, den blöden Gedanken, mit Bedenken und Erwägungen. Es gibt nichts zu bedenken und nichts zu erwägen. Sie soll es haben, wenn sie es will, das Kind. —

„Gordana!", rief er in die Küche.

Sie kam herein und blieb zögernd an der Schwelle stehen. Er ging zu ihr und berührte behutsam ihre Hand, als wäre sie aus Porzellan.

„Möchtest du es haben?" Sie nickte. „Dann sollst du es ..." Sie hob den Blick und schaute ihn groß an. „Dann sollen wir es haben, in Gottes Namen."

Diese Szene spielte sich an einem Maiabend des Jahres 1921 ab. Janko wurde am 16. Jänner 1922 geboren. Das Ja seines Vaters war ein Ja zum Leben. Es war ein Ja zum Leben und ein Ja zum Tod.

Eigentlich wurde das Ja zum Tod erst zwanzig Jahre später ausgesprochen. Von dem Obersten von Meyendorff.

*

Oberst von Meyendorff litt in letzter Zeit unter Schlaflosigkeit. Die Nerven, hatte sein Freund, der Stabsarzt, festgestellt. Um sie ein bißchen zu beruhigen oder zu betäuben, hatte sich der Oberst daran gewöhnt, den scharfen serbischen Schnaps in großen Mengen zu trinken, aus Weingläsern. Schlafmittel mochte er nicht. So war er fast immer betrunken, besonders nachts, wenn er zum qualvollen Wachsein verurteilt war. Man konnte es ihm aber kaum anmerken, daß er betrunken war, weil er stets Haltung zu bewahren wußte.

In dieser Nacht saß er wie gewöhnlich bei offenem Fenster und trank. Er war vier Uhr morgens. Der Himmel begann sich schon ganz sacht zu lichten. Aber im Augenblick zeigte der Oberst wenig Interesse für alles, was draußen vorging. Er las schon zum drittenmal den „blöden" Brief seiner Frau, den er mit der letzten Post erhalten hatte. Sie schrieb ihm in einem Atem, daß sie in Wien bei der Tante zu Besuch gewesen und mit ihr in die Oper gegangen war, um eine herrliche Neuinszenierung von Wagners „Tristan“ zu „sehen“. Die Frauen müssen alles sehen, dachte der Oberst. Er mochte übrigens Wagner nicht, er war ihm zu überschwänglich, wie seine Frau. Sie schrieb auch, daß sie dann am nächsten Tag in der Kärntnerstraße ein Paar entzückende Schuhe gekauft hatte, die ihm sicher gefallen würden.

Einen Dreck interessiert mich das, dachte der Oberst und starrte in das leere Glas, auf dessen Grund ein paar bunte Schnapskugeln glänzten. Elisabeth ist eine Kuh, sehr richtig, sie war immer eine Kuh. Nichts anderes als eine blöde Kuh. Er ließ den Brief in den Papierkorb fallen, füllte das Glas von neuem, leerte es in einem Zug und wandte sich dem blassen Himmel zu, das leere Glas zwischen zwei Fingern.

Oberst von Meyendorff stammte aus einem alten deutschen Geschlecht, das in der letzten Zeit der Weimarer Republik während der großen Wirtschaftskrise von 1929 finanziell zugrundegegangen war. Der Oberst, damals das Oberhaupt der Familie, hatte seinen Teil dazu beigetragen, daß die letzten Reste eines äußeren Glanzes in den Staub fielen. Er hatte sich nie viel um geschäftliche Angelegenheiten gekümmert. Das überließ er seinem Sekretär, einem — wovon er bis dahin tief überzeugt gewesen war — sehr gewandten, tüchtigen Rechtsanwalt, der sich wieder mit dem ganzen Besitz der Familie Meyendorff, der seinem Gutdünken anvertraut war, an einem „sicheren“ Unternehmen beteiligte. Der Oberst selbst interessierte sich hauptsächlich für schöne Pferde und schöne Frauen. So geschah es, daß er nicht einmal mit vollem Bewußtsein die Nachricht vom Konkurs jenes „sicheren“ Geschäfts aufnehmen konnte. Und als sein ganzer Besitz bald darauf als Konkursmasse unter den Hammer kam, irritierte ihn nur das unmögliche Benehmen seiner Frau Elisabeth, die sich weinend und schreiend drei Tage lang weigerte, das verkaufte Haus zu verlassen. Daß sie ihm bei dieser Gelegenheit auch mit der Scheidung drohte, war ihm vollkommen gleichgültig. Sie war eine schöne aber dumme Frau, und die zwei Söhne, die sie ihm geschenkt hatte, konnte er nicht leiden, da sie ihr zu sehr glichen. Sie ließ sich natürlich nicht scheiden. Sie blieb weiterhin seine Frau, um ihn während der Feldzüge in Polen, in Frankreich und jetzt in dieser gottverlassenen Gegend Serbiens, wohin er vom Oberbefehlshaber Südost aus Ranküne versetzt worden war, um ihn überallhin, wo immer er war, mit ihren nichtssagenden geschwätzigen Briefen zu verfolgen.

Das Schicksal seiner Söhne interessierte ihn nicht. Sie waren beide ehrgeizig wie ihre Mutter, und da sie gegenwärtig in der Wehrmacht dienten, bemühten sie sich aus allen Kräften, eine militärische Karriere zu machen, was dem Obersten besonders widerlich war. Ein Kommandoposten in der Hitlerarmee war seiner Ansicht nach nicht erstrebenswert. Er liebte diese Armee nicht, weil sie ihm mit zu viel Lärm erfüllt war; er haßte ihre typisch „weibische“ Aufdringlichkeit, die ihn so sehr an seine Frau erinnerte. Er liebte also weder die Armee noch seine Frau noch seine Söhne. Seine Jugendliebe zu schönen Pferden und schönen Frauen war schon vergessen, ad acta gelegt, verstaubt. Er liebte jetzt nichts mehr. Nicht einmal das Leben.

„Elisabeth ist eine Kuh“, wiederholte er, betrunken auf den blassen Himmel starrend, als eben sein Adjutant, der Hauptmann Schuster, hereintrat und, ihn stramm grüßend, vor seinem Schreibtisch stehenblieb.

„Herr Oberst …“

„Nehmen Sie Platz.“

„Danke.“ Hauptmann Schuster blieb stehen. „Herr Oberst, wir müssen gehen, wenn Sie gestatten.“

„Wohin schon wieder?“

„In ein Dorf, dreißig Kilometer von hier.“

„Warum?“
„Eine Exekution.“
„Was ist denn schon wieder passiert?“
„Die Banditen haben zwei Mann von unserer Patrouille erschossen.“
„Wo?“
„Bei der Bahnbrücke.“
„So?“
„Die Banditen sind entkommen. Sie haben sicher die Brücke sprengen wollen. Wir müssen Geiseln aus dem nächsten Dorf nehmen.“
„So.“
„Jawohl. Wie immer. Um sie zu erschießen.“
„Und ich muß auch dabei sein?“
„Sie sind doch der Kreiskommandant, Herr Oberst.“
„Und wenn schon.“
„Ich verstehe nicht, Herr Oberst, was Sie meinen, wenn Sie gestatten.“
„Na schön. Wenn es sein muß.“
Der Oberst stand mühsam auf.
„Melde“, begann Hauptmann Schuster wieder, „daß die Aktion zur Bestrafung der aufständischen Bevölkerung in vollem Gange ist. Fünfzig Geiseln sind bereits verhaftet und warten auf ihre Aburteilung. Die notwendigen dokumentarischen Unterlagen liegen bereit.“
„Sagen Sie mal, Herr Schuster, was waren Sie eigentlich in Zivil?“
„Buchhalter, Herr Oberst.“
„So, so.“
„Jawohl, Herr Oberst!“
„Und dort haben Sie gelernt, ähnliche Fälle so schnell und genau zu erledigen.“
„Ich verstehe nicht, Herr Oberst, wenn Sie erlauben, was Sie meinen.
„Wann war der besagte Zwischenfall?“
„Etwas vor Mitternacht, Herr Oberst!“
„Und wann haben Sie die Geiseln verhaften lassen?“
„Um drei Uhr früh, Herr Oberst!“
„Das habe ich gemeint mit der Schnelligkeit. Haben Sie es jetzt verstanden?“
„Jawohl, Herr Oberst!“
„Bitte, schreien Sie nicht so.“
„Jawohl, Herr Oberst!“
Der Oberst winkte müde mit der Hand und begann seine Bluse zuzuknöpfen.
„Wollen Herr Oberst nicht das Todesurteil unterschreiben?“
„Für fünfzig Leute?“
„Jawohl, Herr Oberst — es hätten eigentlich hundert sein sollen — aber es waren in dem Dorf nicht mehr zu finden. Das Dorf ist zu klein.“
„Warum sollten es hundert sein?“
Der Oberst begann zu schwitzen, weil ihm das Zuknöpfen viel Mühe bereitete.
„Für jeden Deutschen müssen fünfzig Banditen erschossen werden. Es waren zwei Deutsche.“
„Müssen?“
„Herr Oberst haben mir selbst den Befehl weitergegeben.“
„Ja. Unbarmherzig.“ Der Oberst wußte nicht mehr, was er sprach.
„Jawohl, Herr Oberst!“

„Gehen wir."

„Ihre Unterschrift, Herr Oberst, wenn Sie gestatten."

Oberst von Meyendorff schob verächtlich die Hand beiseite, die ihm die lange Liste hinstreckte.

„Später. Gehen wir."

„Jawohl, Herr Oberst."

Hauptmann Schuster faltete das Papier zusammen, steckte es in die Tasche und eilte dem Obersten voraus, um ihm die Tür aufzumachen. Der Oberst konnte ihn nicht leiden. Er haßte den blinden Gehorsam und die untertänigen Bewegungen seines Untergebenen. Schon allein der triviale Name des Hauptmanns — Schuster, und dazu noch Willy! — erfüllte den Obersten mit Ekel.

*

Die fünfzig Geiseln waren in einem kleinen Saal der Dorfschule zusammengedrängt. Oberst von Meyendorff konnte ihre Gesichter nur schwer unterscheiden, obwohl sie von einem starken Scheinwerfer, den man aus seinem Auto geholt hatte, beleuchtet waren. Es konnte ihm gleichgültig sein, ob sie sterben sollten oder nicht, alle diese unausgeschlafenen, unrasierten Gesichter serbischer Bauern.

„Das ist zuviel", sagte der Oberst zu seinem Adjutanten, ohne sich der Beweggründe für seine Worte bewußt zu sein. „Wir können doch nicht das ganze Dorf einfach ausrotten."

Hauptmann Schuster schwieg.

„Eine kleinere exemplarische Strafe würde vollkommen genügen."

Oberst von Meyendorff drehte sich um und ging in den Hof. Hauptmann Schuster war ihm dicht auf den Fersen.

„Man wird die Bauern noch brauchen, für die Landarbeit. Wir brauchen den serbischen Weizen."

Der Oberst suchte offensichtlich nach einer Begründung für eine Änderung des Befehls. Der serbische Weizen war ihm ansonsten vollkommen gleichgültig.

„Gestatten, Herr Oberst, daß ich Sie an den Befehl erinnere, den Sie mir weitergegeben haben. Wenn wir so weitermachen, werden die Banditen . . ."

„Wer erteilt hier die Befehle: Sie oder ich?"

„Sie, Herr Oberst, wenn Sie gestatten."

„Ich gestatte nichts!"

„Jawohl, Herr Oberst!"

„Na also."

„Jawohl, Herr Oberst!"

Sie einigten sich am Ende, daß nur fünf Leute erschossen werden sollten. Hauptmann Schuster wählte diese fünf aus und entließ die übrigen sofort nach Hause, so wie es ihm der Oberst befohlen hatte. Die meisten von den Leuten flohen ängstlich aus dem Dorf, da sie die Art, auf die sie dem sicheren Tod entkommen waren, eine Falle wittern ließ, und versteckten sich in dem Wald, der den Hügel oberhalb des Dorfes spärlich bedeckte.

Janko befand sich unter den fünf, die sterben sollten. Hauptmann Schuster hielt ihn für den Lehrer und stellte ihn an die Spitze der Liste, als eine besondere Abschreckungsmaßnahme und aus einem besonderen Haß, den er den slawischen Intellektuellen gegenüber hegte.

Oberst von Meyendorff unterschrieb das Urteil, ohne die Namen zu lesen. Als die Schüsse fielen, schaute er auf den Mauerrand hinauf, der unter den ersten Sonnenstrahlen rötlich zu schimmern begann. Dann kehrte er dem aufblühenden Morgen den Rücken und stieg in sein Auto.

Statt eines Porträts:

KOMÖDIE UM EINEN MAGIER

Max Reinhardt ist nie auf mich geflogen. Ich nahm das nicht tragisch weil ich ja nicht blond bin, also nicht sein Typ.

Ich sah ihn zum ersten Mal richtig, und allein, als ich zu ihm geschickt wurde, um für seine Schauspielschule geprüft zu werden. Natürlich wurde ich aufgenommen. Ich sagte ein Gedicht von Rilke auf, so erschüttert, daß kaum ein Wort verständlich war, und etwas aus Romeo und Julia, mit verzerrter Stimme, und aus der Jungfrau von Orleans einige Verse in denen ich, ein junger Mann, behauptete, sechzehn Fähnlein lothringisch Volk aufgebracht zu haben.

Ich muß schauerlich gewesen sein. Es hat sich später herausgestellt daß ich zur Schauspielerei aber auch nicht das geringste Talent hatte. Immerhin, Fräulein Clara hatte schon vorher gesagt: „Durchfallen ist unmöglich kann er Sie nicht lassen Fräulein Ruth, wo er doch mit Ihrem Onkel Lutz in der Massenstraße unter dem Flügel gelegen hatte". Frl. Clara war bei unserem Großvater Stubenmädchen gewesen, und die einzige die aus der Zeit erzählte. Wie von unserem heißgeliebten Onkel Lutz, der seine Freunde, den jungen Reinhardt, und den jungen Morgenstern, mit aus dem Keller geklautem Roten bewirtete. Wenn dann der strenge Großvater unverhofft heimkam, flüchtete man mit Gläsern und Flaschen unter den Flügel, der nach damaliger Sitte mit einer schweren bestickten Samtdecke behängt war.

Zum Vorsprechen hatte ich mein dunkelrotes Kleid an mit viereckigem Ausschnitt. Den Samt hatte Muck aus Brüssel mitgebracht, wo sie unter Niekisch gesungen hatte, und Frl. Clara hatte den Ausschnitt sorgfältig mit Zobelstreifen benäht, Resten eines einst köstlichen Capes von Muck. Damals gab es nämlich in Berlin von Natur aus nichts anzuziehen, man mußte schon Mütter haben die auf Tournee gingen oder sonst Beziehungen.

Unten im Hof des Deutschen Theaters wartete Francesco.

„Wie war es?"

„Ich weiß nicht. Ich war sehr aufgeregt."

„Was hat er denn gesagt?"

„Erst hat er nach Muck gefragt."

„Allerdings", sagte Francesco mit Kennermiene.

„Dann hab ich meins aufgesagt und mir dabei in die Hosen gemacht."

„Du bist wirklich zu blöd."

„Schließlich kann ja nicht jeder wie Eleonora Patenkind der Duse sein, und infolgedessen ganz von selber Schauspielerin."

„Wir wußten von vornherein daß du aufgenommen wirst."

„Muck war gar nicht so sicher, Sie sagte, ER wäre unbestechlich, und Freundschaft hätte nichts mit Theater zu tun. Nur Frl. Clara hat es vorher gewußt."

Francesco war unmäßig aufgeregt und fand irgend etwas besonders himmlisch, sagte aber nicht was.

„Hattest du ihn besonders gern?"

„Du weißt ja selbst wie wir ihn finden. Einen Magier."

„Das meine ich nicht", sagte Francesco sehr ernst, „sondern war es besonders? Ich meine, was hast du gefühlt?"

„Angst", sagte ich. „Ich genierte mich. Und es war mir heiß. Und der Louis-Quinze-Schreibtisch ist prima."

Wir gingen zu Stöckler essen. Da gingen wir immer hin wenn was besonderes zu feiern war. Vielleicht weil es da Muscheln gab. Eleonora war schon da, verschleiert wie immer, ungeheuer schön und sanft und engelhaft wie immer, und wie immer hatte sie es vor Heißhunger nicht ausgehalten und aß schon ein belegtes Brot. Sie blickte mich beim Küssen aufmerksam an aus ihren hellen grüngraublauen Augen. Kurz darauf weinte sie.

„Was ist denn los", sagte ich und las die Speisekarte. Wir bestellten. Wie immer bestellten Francesco und ich Dessert zum anfangen. Warum soll man denn immer aufs beste warten. Beim zweiten Gang wurden beide plötzlich feierlich.

„Wir sagen es ihr doch", sagte Cesco.

„Wir haben nämlich herausgefunden daß du Reinhardts Kind bist", sagte Eleonora ganz überwältigt.

„Quatsch", sagte ich.

„Warum hätten wir dich sonst gleich so irrsinnig geliebt?"

„Weil ich nett bin", sagte ich.

Eleonora starrte wieder. „Du siehst ihm auch ähnlich", sagte sie starrköpfig.

„Es ist natürlich ein Geheimnis und du mußt schwören es niemandem zu sagen."

Ich schwor. Ich hab den Schwur auch gehalten. Ich sag es niemandem.

„Er hat eine gerade Nase", sagte ich, „und ich hab eh keine runde Stirn."

Um von Eleonora und Francesco schön gefunden zu werden mußte man eine bombée Stirn haben. Ausnahmen wurden für berühmte Angebetete gemacht. Und mich fanden sie wahrscheinlich nur aus Versehen schön. Das machte ja nichts.

*

Ich fragte garnicht wie sie denn auf das große Geheimnis gekommen seien. Sie fanden immer irgend etwas heraus. Als sie noch in der Schule waren fanden sie zum Beispiel heraus wer Maria Carmi anzog. Ein Schneider namens Tänzer.

„Konzentrier dich mal", befahl Eleonora. „Muck. Wo war Muck hingeschickt worden, als junges Mädchen?"

„Nach St. Petersburg."

Die beiden sahen sich bedeutsam an und nickten.

„Stimmt", sagten sie. „Zu jemandem der Rembrandts hat."

„Ja. Zu Onkel Eduard. Um einen zu vergessen in den sie verliebt war. Ihr Vater wollt den nicht als Schwiegersohn."

„Weil er ein Künstler war, nicht wahr?"

Das mußte ich zugeben.

„Hat sie ihn vergessen?"

„Klar, sie ging auf Bälle. Und er schickte Gedichte. Es war übrigens keineswegs Reinhardt. Wir wissen wer es war, leider. Alfred Kerr."

„Quatsch", sagte Francesco. „Das hat man euch eingeredet. Sie hat dich da gekriegt. Heimlich."

„Geht nicht", sagte ich. „Dann wär ich ja älter als Dick und Werner." Das waren meine großen Brüder. „Dann wär ich doch schon entwickelt. Ich fang doch grad an einen Busen zu kriegen."

Das traf.

„Ach das heißt noch garnichts", sagte Francesco entschlossen. „Dafür finden wir schon eine Erklärung. Wir haben lange und sorgfältig recherchiert und alles stimmt. Erst wollten wir es dir nicht sagen wegen Ede."

„Was hat denn Ede damit zu tun?"

„Na wir dachten wenn du ihn liebst. Er war doch schließlich bis jetzt dein Vater."

„Ich hab seine Hände", sagte ich. „Sonst wär's mir gleich. Aber Hände sind doch ein Beweis."

„Purer Zufall", sagte Eleonora, „Muck war eben noch mal in Rußland. Später. Ich weiß genau es ist wahr. Er hat es selbst jemandem erzählt. Heute spräch ihm seine Tochter vor. Wozu soll er das lügen?"

„Vielleicht hat wer außer mir vorgesprochen?"

„Nein. Wir hatten Spione."

Sie hatten immer Spione — Garderobenfrauen Stubenmädchen Logenschließer. Sie wußten alles über Leute die sie adorierten.

*

Mir war es wirklich gleich wessen Kind ich war. Es würde ja doch nichts ändern. Aber Ele schickte sofort zwei riesige grüne alte chinesische Vasen von Worch, und eine blaugoldene Fortuny-Decke. Die Vasen paßten garnicht in mein Zimmer, das wir und unsere Bauhausfreunde wild ausgemalt hatten. Eleonora ließ die Sachen auch bald wieder abholen, weil sie für Farbenmuster irgendwo gebraucht wurden. Aber sie glaubte trotzdem weiter daß ich Reinhardts Kind sei. Die Decke fand ich viele Jahre später in einem der Fremdenzimmer ihres Schlosses ‚Kammer' wieder.

Daß ich das ungeheuerliche Geheimnis erfahren hatte störte mich nicht einmal als ich Reinhardt wiedersah. Und auch nie nachher. Ich sah ihn häufig an vielen verschiedenen Orten, in Salzburg Dortmund Venedig Wien. Privat und während er arbeitete. Ich hatte nämlich Erlaubnis, in alle seine Proben überall zu gehen; warum ist mir völlig schleierhaft, denn für gewöhnlich ließ er niemanden herein, nur in Ausnahmefällen. Ich ging dann später eigentlich nur noch hin weil ich durfte und das mußte ausgenutzt werden. Natürlich war es immer fesselnd dem Magier zuzusehen, während er Menschen schuf oder Orte verzauberte, aber mit meinem Beruf hatte das nichts mehr zu tun. Ich wußte schon daß ich die schlechteste Schauspielerin Europas war und nicht mehr lange bleiben würde.

Da Reinhardt nie auf mich flog, ich aber in gewisser Weise sein Kind war, eignete ich mich großartig für die Rolle die ich jeden Spätherbst spielte, am Lido. Eine winzige Rolle, eine Charge, den postillon d'amour. Wir hatten ein Haus in Venedig, und Reinhardt kam immer nach den Salzburger Festspielen dahin. Er hatte die letzte Cabanna am Strand, und etwas weiter noch, fast schon am Nebenstrand, traf ich ihn heimlich. Und wurde befragt.

„Wie geht es ihr denn?"

„Sie ist sehr schön. Und sehr blaß."

Die Blasse war Eleonora, die geschworen hatte, Reinhardt sieben Jahre lang nicht zu sehn, ein schrecklicher Schwur und schwer zu halten. Denn sie liebte ihn mit allen ihren Eigenschaften, und auch von Herzen.

„Warum, ist sie krank?"

„Sie heult sehr viel", berichtete ich.

„Warum weint sie?"

„Aus Liebe."

„So, sie weint also. Und aus Liebe." Er tat seine Zunge wie suchend hinter die Backenzähne, eine kleine nachdenkliche Eigenheit die seine Imitatoren fein nachzumachen wußten. „Wen, ich meine, wen liebt sie denn?"

Ich schonte ihn nicht. „Immer noch Sie, Herr Professor, leider. Und Sie wissen das ebenso gut wie wir alle."

Reinhardt lächelte. „Sie ist ja zauberhaft wenn sie weint. Also diese großen hellen Augen und dieses ausgelieferte Gesicht... Wird sie hier herkommen?"

Sie war gerad dabei Kammer einzurichten, das Schloß das sie gekauft hatte. Gerade weit genug von Leopoldskron, um den Schwur zu halten, und nah genug, um durch Spione alles zu erfahren was beim Magier vorging. Wer eingeladen war, was für amerikanische Filmmenschen mit Kontrakten winkten, wie es den Flamingos ging, und wie das Rosé-Quartett im Garten geklungen hatte...

*

Ich glaube ich habe mit Reinhardt allein nie über etwas anderes gesprochen als Eleonoras Liebe. Zu ihm. Und später auch zu anderen. Die anderen Gespräche, bei ihm oder bei uns, wenn Leute dabei waren, gingen immer um: Theater, schöne merkwürdige Häuser, und ebensolche Frauen. In der Reihenfolge. Oh ja und einmal sprachen wir von etwas anderem. Flüchtig. Wir gingen alle miteinander, Vollmoeller, Reinhardt und sein jüngster Sohn und ich durch die Calle della Mandorla. Ich sagte zu Vollmoeller: „Francesco sagt hier an der Ecke sei ein Bordell. Man geht einfach daran vorbei. Sowas. Kann das wahr sein?" Reinhardt kniff mich. „Scht", zischte er „wegen Gottfried. Sagen Sie doch nicht so ein Wort."

Er hatte einen behutsamen Respekt vor Kindern, auch seinen eigenen. Gottfried war zwölf Jahre alt. Mit schwarzen Rippensocken an den Beinen hüpfte er in einem Anfall von Idiotie, wie ihn auch kluge Kinder manchmal haben, auf und ab sang: „Calle della Mandorla, Torta della Mandorla." Für ihn hatte die Straße auch eine wesentliche assoziative Bedeutung.

Wolfgang, der ältere Sohn, war übrigens eine Zeitlang so schön, daß die Leute, die mit ihm am Tisch saßen, sorgfältig darauf achteten was sie sagten. Er leuchtete nicht er schimmerte. Das ging dann bald vorüber. Er begann anderen Leuten zu ähneln. Und Schönheit wie man weiß ist einzig und unvergleichbar.

Im August jedes Jahr gingen wir natürlich nach Salzburg zu den Festspielen, und machten mit oder schauten zu. Die schönsten Theatervorstellungen, die vollkommensten, fanden in Schloß Leopoldskron statt. Da war jede Rolle ideal besetzt, und die Kulisse war realistisch bis zur Glaubwürdigkeit. Und festlich bis zur Feierlichkeit war es. Gekrönte Häupter hörte man dort eingeschüchtert murmeln daß man bei ihnen daheim keineswegs wüßte, was ein Schloß eigentlich sei, und wie es eingerichtet sein müsse, und geführt, und überhaupt. Ein wohlhabender Graf, zum Beispiel, war so tief beeindruckt, daß er seine Klitsche in Ostpreußen völlig umbaute und neu einrichtete, und die Russen leben da jetzt in einem stark von Reinhardt beeinflußten barocken Dekor.

Beeindruckt von seinem Schaffen waren die Männer, von seiner Persönlichkeit, die Frauen. Sie zitterten ganz ungescheut in seiner Gegenwart, als seien Zittern und Gespanntsein von den Gesetzen der Sittlichkeit vorgeschrieben, für junge Damen um Reinhardt. Tilly Losch zitterte beim Tanzen und mußte zu Halb-Spitze wechseln, und erbleichte unter dem Wangenrot, wenn sie aus dem Publikum des Meisters Stimme vernahm, die hingerissen von ihr und von seiner eignen Regie, hörbar, „zauberhaft" murmelte. Und Rosamond Pinchot, meine geliebte, die erste amerikanische Freundin, zitterte sogar beim Radeln, wenn sie ihn traf. Nur Lady Diana, die die Madonna in Vollmoellers Mirakel spielte, zitterte nicht. Sie war aber auch Engländerin.

Übrigens, nachdem sie von Kammer und anderen Orten aus die Spuren ihres Idols von fern verfolgt hatte, entließ mich Eleonora vom Amt des Zwischenträgers. Weil sie nämlich mit Reinhardt auf Tournee ging, und unter ihm und für ihn Maria Stuart spielte, und ihn mehr als Leicester oder das Königreich England liebte, und auch Minna von Barnhelm und ihn mehr als den Officier.

Mittlerweile war ich ohne Sang und Klang schon lange nicht mehr Reinhardts Kind. Francesco hatte sich wohl entschlossen mich so-wie-so zu lieben, und Eleonora hatte es vermutlich vergessen. Nur manchmal, bei weitgehendem „Weisstu noch" wurde es erwähnt, und ich schaute überlegen auf meine Hände. Ede's Hände.

*

Das Dasein in Europa wurde unterbrochen und verpflanzt, aber als ich in New York ankam, ging ich doch gleich zu den Proben. Reinhardt studierte das Werfel-Stück The Eternal Road ein. Rosamond spielte langbeinig schwermütig langsam die Frau jenes Feldherrn, den König David ihretwegen an die Front schickt. Francesco war Regie-Assistent. Er trank Bier mit dem Orchester und machte Notizen. Eleonora war noch in Europa und folgte den komplizierten Spuren eines neuen Idols. Atemlos und gespannt wie immer. Das heißt aber nicht daß Reinhardt nun ungeliebt durchs Leben ging. Außer einigen neuen schönen zarten, liebten ihn ältere und nützliche, und dann hörten die anderen früheren nie richtig auf. Sie hörten eines Tages auf zu zittern, aber lächeln taten sie immer noch wenn sie ihn sahen. Ich hab nur eine gesehen bei der sich Liebe zu Reinhardt in Haß verwandelt hatte. Und das war ein häßliches Schauspiel. Er führte ja da auch nicht Regie. Es hätte Größe haben können, war aber nur klein und häßlich.

*

In Hollywood kam ich gerad für die Proben zum Faust im Freilicht-Theater an. Das war recht merkwürdig weil das Englisch in den Ohren der die Ursprache gewöhnten sich nicht in Deutsch, wohl aber in Zitat verwandelte. Reinhardt hatte eine Menge Englisch gelernt seit der Zeit, als er in New York das Mirakel einrichtete. Dort sagte man, er bediene sich ausschließlich zweier Worte die er in der neuen Sprache wüßte: Blue Light.

In Hollywood fand eine Metamorphose der magischen Atmosphäre statt. Reinhardts Frau, die unnahbare keusche edle plauderte unbefangen, ihrer geheimnisvollen Sendung uneingedenk, mit anderen Weiblichkeiten darauf los. Und der Magier hatte einen schottischen Terrier, den er fürsorglich auf dem Hügel spazieren führte. Es war als habe man, im Olymp angelangt, Hera beim Geschirr-Waschen und Apollo beim Pferde-Striegeln angetroffen. Es war ein im Reinhardtschen Sinne entzaubertes Theater.

Aber das Ende bot wieder ein grandioses Schauspiel. Für dieses letzte Auftreten verließ Eleonora das Idol des Jahres, und spielte ihre Rolle, als sei Liebe für den Magier, und ihm zu dienen, noch das wichtigste auf der Welt. Sie nahm den vorher vollendeten Traum wieder auf und verlieh ihm ein neues Ende.

Der Anlaß war die letzte Krankheit Reinhardts. Und die Tragödie fand statt wo Tragödien immer statt finden, in den Herzen der Beteiligten, und derer die darum wußten. Eleonora hielt das Wesen der Krankheit des Umzitterten geheim, nach seinem Wunsche. Als Vollmoeller, der ein ganzes Leben lang Reinhardt in bewundernder Treue und irritierter Freundschaft verbunden war, ihn zu besuchen kam, stauten sich unüberbrückbar zwischen ihm und dem Krankenbett Eleonoras Tränenströme.

*

Eleonora Mendelssohn starb an einem Unglücksfall, drei Tage nachdem diese Erinnerung an sie beendigt war. *Ruth Landshoff-York.*

Die Glosse:

Geburt einer Rede

Ich erklärte mich bereit, eine Rede zu halten, nur werde sie sehr kurz sein, und man müsse sie mir phonetisch in lateinischen Buchstaben aufschreiben. Eine der Lehrerinnen, Genia und ich zogen uns zurück, um die Rede aufzusetzen.

Die Lehrerin legte mir einen ersten Entwurf vor: „Genossen", so lautete er, „zu dieser Gelegenheit des 16. Jahrestages der großen Oktober-Revolution bringe ich Euch die flammenden Grüße aller fortschrittlichen Lehrer und Studenten in Amerika. Ein Hoch auf die Weltrevolution!"

Ich las es und zuckte ein wenig zusammen. Um einen Anfang zu machen, sagte ich, es sei zu lang. „Lassen wir einen Satz weg, — am besten den zweiten Satz."

Sie gaben nicht ganz gern nach. Dann erklärte ich, ich hätte ja gar keinen formellen Auftrag und folglich kein Recht, für irgendeine besondere Gruppe in Amerika zu sprechen. „Sagen wir einfach ‚Grüße aus Amerika' — und lassen wir die ganze Sache mit den Flammen weg, es ist nicht typisch amerikanisch", erklärte ich. Es kostete ziemlich viel Diskussion, bis wir uns aus sozusagen parlamentarischen Gründen darauf einigten.

„Und nun noch dieses Wort ‚Genossen'", sagte ich. „Schließlich bin ich kein Mitglied der Kommunistischen Partei, und es wäre höchst vermessen von mir, einen Ausdruck zu gebrauchen, der mindestens in Amerika ausschließlich Parteimitgliedern vorbehalten ist."

Bei Genia und der Lehrerin versteifte sich nun der Widerstand.

„Aber Sie können unmöglich eine Rede ohne ‚Genossen' beginnen", sagten sie. „Nicht in der Sowjetunion!"

Ich blieb fest und verlangte, es müsse wegbleiben. Die anderen blieben fest und bestanden darauf, es müsse bleiben. Wir kamen nicht weiter und schickten nach dem Komsomolzen-Führer. Er brachte Gründe vor. Ich brachte Gründe vor.

„In der Sowjetunion ist eine Rede ohne ‚Genossen' keine Rede", sagte er.

„In Amerika ist das nicht so", antwortete ich.

„Ihr habt uns aber anerkannt", sagte er, „und jedenfalls, wenn Ihr in Rom seid, tut Ihr wie die Römer."

„Präsident Roosevelt hat an Kalinin ‚mein Freund' geschrieben", antwortete ich, „und Präsident Roosevelt sagte immer ‚Freunde', wenn er eine Rede hielt."

Der Name Roosevelt machte offenkundig auf den Komsomolzen Eindruck. Und am Ende erklärte er sich damit einverstanden, die „Genossen" durch „Freunde" zu ersetzen.

Unterdessen hatte der Direktor der Schule seine einstündige Ansprache beendet, und es war die Reihe an mir.

In allen Gelenken zitternd erreichte ich das Rednerpult und umklammerte es fest mit beiden Händen. Ich starrte auf all die Striche in dem verkrüppelten Stück Papier in meinen Händen und begann: „Genossen ..."

Die tausend Kinder mir gegenüber heulten auf vor Vergnügen über meinen fremdartigen Akzent. Der Komsomolzenführer lachte vergnügt, daß ich nach so viel Aufregung am Ende das Wort doch gebraucht hatte. Ich wurde dunkelrot.

„Freunde", setzte ich erneut an, „zu dieser Gelegenheit des 16. ..." ich suchte unter den Hieroglyphen auf dem Papier in meiner Hand nach dem nächsten Wort (es war ein ganz schlimmes: Godowschtschina). Bevor ich es herausbringen konnte, riefen tausend Vorsager im Chor:

„Godowschtschina."

„Godowschtschina", wiederholte ich und fuhr fort: „der großen Oktober-Revolution überbringe ich Euch Grüße aus Amerika." Ich setzte mich.

Der Lärm war ohrenbetäubend. Die Kinder riefen nach mehr. Der Direktor schüttelte mir die Hand, als hätte ich ihm einen neuen Weltrekord im Stabhochsprung aufgestellt.

Aus „Bears in the Caviar" von Charles W. Thayer (Verlag Lippincott) in „Saturday Review", No. 15 vom 14. April 1951.

Die uralten Germanen

Ein jahrzehntelanger Makel soll endlich von den Doggen abgewaschen werden, die Schmach der falschen Nationalität. Diese Schmach, so kann man in der letzten Nummer der „Hundewelt" lesen, hat uns und ihnen ein gewisser Monsieur Buffon, ein Franzose also, vor langer Zeit angetan. „Er konnte es", schreibt das Blatt, „als Franzose wohl nicht über sich bringen, diese gewaltigen und schönen Tiere deutsch zu nennen." Mit Buffon also fing es damals an. Er hat die Doggen in seinem blinden Haß „Dänische Doggen" genannt, obwohl sie mit dem Lande Dänemark nicht das geringste zu tun haben, und diese Schande ist seitdem an den „Grands Danois" oder „Great Danes" hängengeblieben. Aber „die deutsche Dogge ist schon in deutschen Landen heimisch gewesen", zitiert das Blatt triumphierend, „noch ehe das Pulver Verwendung fand." Und es fordert energisch: „Gebt uns Deutschen für unseren Nationalhund den richtigen Namen ‚German Dogge', denn ein uralter Germane ist dieser Hund ganz ohne Zweifel ... Wir dürfen stolz darauf sein, daß er auf deutschem Boden entstanden ist."

Wir wollen uns da nicht einmischen, man soll mit den heiligsten Gefühlen seinen Spott nicht treiben, denn „... Kraft und Größe, Mut und Ausdauer, diese Symbole deutscher Art, bilden die Grundelemente dieser Rasse, in der vollendetes Ebenmaß, ungehemmter Linienfluß, stolze Haltung, strahlender Adel so künstlerisch ineinander aufgehen."

Nein, man soll mit den heiligsten Gefühlen anderer seinen Spott nicht treiben. Frau Weinzierl, eine gute Bekannte von mir, die einen pfiffigen Dackel besitzt, und der ich gern glauben würde, daß ihr Zamperl der schönste, intelligenteste, treueste und liebenswerteste aller Hunde ist, wenn ich nicht zufällig selbst einen kleinen schwarz-braunen Terrier namens Pelle besäße, der viel schöner, intelligenter, treuer und liebenswerter ist, — diese Frau Weinzierl bildet sich übrigens, ich habe sie gefragt, auf die Nationalität ihres Dackels garnichts ein, obwohl er garantiert und durch ungezählte Generationen hindurch mit seiner Heimat verwachsen ist. Vielleicht ist er sogar ein noch uralterer Germane als die Dogge, aber sie liebt ihn nur so. Um aber auf meinen Hund Pelle zurückzukommen (mit dessen Qualitäten sich Frau Weinzierls Dackel nicht im entferntesten messen kann): Pelle stammt ursprünglich von den Orkney-Inseln. Ich hoffe aber, daß er sein Vaterland vergessen hat. Sollte irgendein neuer Monsieur Buffon kommen und in seinem blinden Haß behaupten, er stamme eigentlich aus Sachsen oder Afghanistan, so soll auch das mir recht sein.

Walter Kolbenhoff.

Armer Leser! Armer Autor!

Wie Nachrichtenagenturen berichten, hat sich ein jugoslavischer Schriftsteller, oder richtiger wohl: ein offizieller Kultur-Manager dieses Landes, der eben in Bonn eingetroffen ist, um auf diesem Gebiete Beziehungen anzuknüpfen, über seine Aufgabe ungefähr folgendermaßen geäußert. In Jugoslawien dürste man nach deutscher Literatur. Um diesem Durste vorläufig Rechnung zu tragen, seien kürzlich Übersetzungen der Werke Gottfried Kellers erstellt worden. Und nun also war der „Grüne Heinrich" mit einer Auflage von 6000 Exemplaren innerhalb von fünf Tagen radikal ausverkauft.

Gewiß, so macht man das heute. So kommt heute der Leser zu dem ihm zustehenden Quantum Unterhaltung und Erbauung. Ausgerechnet der „Grüne Heinrich" hatte den rosaroten Jugoslaven im Sinn gelegen, und schwuppdich war er auch schon vergriffen. Was einmal mit den Nahrungsmitteln so verheißungsvoll anfing, nämlich die Gepflogenheit des „Zuweisens" hier, des „Fassens" dort, hat sich jetzt auch der Kultur gegenüber bewährt: man faßt Bücher, wie sie einem eben von oben her zugeteilt werden. Anderswo überläßt man es gern dem Buchhändler, die Regale, die man erwerben will, mit Leseware zu füllen, und in Ländern wie Jugoslavien ist's wahrscheinlich irgendein Staatsverlag, der die Auswahl trifft und die Zuweisung organisiert. Der Leser nimmt widerspruchslos entgegen, was sich ihm bietet. Nicht daß der „Grüne Heinrich" nicht etwa ein außerordentliches Romanwerk wäre; aber der „Simplizissimus" von Grimmelshausen oder der „Amadis" ist auch eins und hat dazu den Vorzug, noch wesentlich älter und verschollener zu sein. Und jetzt, mit Verlaub, noch ein Wörtchen über die Freiheit und über die erstaunliche Karriere, die sie unter uns Menschen gemacht hat.

Die Völker strebten aus Gebundenheit machtvoll zur Freiheit; das ist ein Satz, der sich doch wohl hören lassen kann. Sie strebten also und strebten, aber sie kamen nicht an. Eines schönen Tages war ihnen unterwegs von Dämonenhand die Tendenz ihres Strebens umgekehrt, und sie merkten es nicht. Indes sie sich immer nur größerer Freiheit zu nähern wähnten, näherten sie sich neuer Knechtschaft. Die Politik, Instrument ihres Freiheitsstrebens, erwies sich nämlich als ein Allzweckegerät: sie konnte sehr wohl auch als Fessel dienen. So sind wir jetzt gewissermaßen an den Anfang zurückgelangt. Ist daran überhaupt etwas auszusetzen, dann eben, daß wir wahrscheinlich nicht immer mit der nötigen Intelligenz nach Freiheit gestrebt haben. Aber wer konnte denn schon im voraus wissen, daß zur Selbstbefreiung Intelligenz gehört?

Das Weitere ist Selbstgespräch. Armer Autor, was wirst du jetzt tun? Laß dir raten: Sieh zu, daß du in irgendeines der Verteilungssysteme hineingelangst, und sie sind ja bestimmt nicht alle so sehr darauf aus, die Honorare zu sparen, die lebende oder vor kurzem erst gestorbene Verfasser zu bekommen haben. Gelingt dir das, dann bist du gerettet. Du holst dir nun von Zeit zu Zeit bei der dafür zuständigen Behörde eine Bestellung und arbeitest dann wie ein Schneider nach Maß. Der Schneider kann ja auch nicht erklären: ich schneidere nur für dicke Personen oder nur für Herren mit Schnurrbart. So wirst nun auch du es als gleichgiltig ansehen, wer dich beschäftigt, wenn er nur zahlt. Und er zahlt, da kannst du ganz sicher sein; er zahlt desto besser, je fauler die Firma ist, die er vertritt. An dir aber liegt es, diesen merkwürdigen Vögeln, die unbedingt auch Kultur haben wollen, deine Kuckuckseier ins Nest zu legen.

Doch auch du, verehrter Leser, brauchst nicht zu verzagen. Versuch' jetzt nur aus dem Lesestoff, den dir dein Konsumverein liefert, all das herauszuholen, was da an edlen Substanzen drin ist. Der „Grüne Heinrich" hat schon einmal seinen Dienst an der Menschheit getan, er wird ihn auch ein zweites Mal nicht ganz verweigern.

F. M. Reifferscheidt.

Zwei Antworten

Die französische literarische Zeitung „Les Nouvelles Littéraires" hatte an eine Reihe von Prominenten die Frage gestellt, ob eine geistige Verständigung, eine Verständigung zwischen den Intellektuellen Frankreichs und Deutschlands möglich sei.

Wollen Sie eine redliche, wenn auch etwas umständliche Antwort hören?: „Täuschen wir uns nicht über die Schwierigkeiten ... Zwischen den Arbeitern des Geistes läßt sich die Brücke viel schwieriger schlagen als zwischen denen des Ackers oder der Fabrik. Das Gefühl für die Berufssolidarität ist beim Handarbeiter viel stärker als beim Intellektuellen. Dieser vertritt seine Positionen zu oft mit Härte und mit Hochmut, und noch öfter sind sie starr. Das größte Übel ist die Verallgemeinerung, die glänzende, oft gehässige Verallgemeinerung. Es fällt dem Schriftsteller schwer, einer Formulierung, die ihn befriedigt, zu widerstehen. Ich erinnere mich an ein Wort von René Benjamin zwischen den beiden Kriegen: ‚Ich kann keinem Deutschen ins Antlitz schauen, ohne in seinen Augen die Dörfer Frankreichs brennen zu sehen.' Wenn man die Atmosphäre entgiften will, wird man vor allem die Verallgemeinerung und das Klischee beseitigen müssen. Sich vom Klischee befreien, das geradezu mörderisch ist, die eigenen Augen benutzen, die Tatsachen erkennen, anständig, gewissenhaft; die Anstrengung nicht scheuen, sich an die Stelle des anderen zu setzen, um seine Reaktionen gerecht einschätzen zu können, — eine große Aufgabe, die nicht die Aufgabe eines Tages ist."

Das war Robert d'Harcourt. Unmittelbar hinter ihm in der französischen Zeitung steht gedruckt, was ein scharfer Geist aus Deutschland auf dieselbe Frage zu antworten wußte. Er hat einmal „In Stahlgewittern" geschrieben, und viele Jahre später einen berühmten Traktat über „den Frieden". Ernst Jünger sagt:

„Die Intellektuellen sind sich immer einig."

Und nun raten Sie, wie er es gemeint hat: ob er verächtlich von den vielen Kleinen oder anmaßend von den wenigen Seinesgleichen sprechen wollte.

Wahrscheinlich hat er sogar recht mit diesen beiden Kategorien. Nur: muß gerade *er* so etwas sagen? War er sich immer einig mit Bernanos, Barbusse und André Gide?

Im Zweifelsfalle aber steht ein Satz seines Vorredners zur Verfügung: „Es fällt dem Schriftsteller schwer, einer Formulierung zu widerstehen, die ihn befriedigt." *WD*

Die richtige Stelle

Wenn man zu jung ist, urteilt man nicht richtig; ist man zu alt, desgleichen. Wenn man nicht genug an eine Sache denkt, wenn man zu viel an sie denkt, versteift man sich darauf und vernarrt sich in sie. Wenn man sein Werk unmittelbar, nachdem man es fertiggestellt hat, betrachtet, ist man noch ganz davon eingenommen. Betrachtet man es aber zu lange danach, hat man keinen Zugang mehr dazu. So verhält es sich mit Gemälden, wenn man sie aus zu großer Entfernung oder zu sehr aus der Nähe betrachtet. Nur ein unendlich kleiner Punkt ist die richtige Stelle, die andern sind zu nahe, zu weit, zu hoch, zu niedrig. In der Malkunst gibt ihn die Perspektive an. Aber in der Wahrheitslehre und Moral, — wer will ihn da angeben? *Blaise Pascal.*

Berichte:

TOUR DE FRANCE

1

„Der ist der gleiche Boche geblieben, der er von jeher war", sagte die Förstersfrau; sie meinte den Rivalen, der ihren Mann beim Einmarsch der Deutschen aus dem Amt verdrängt hatte, und der bei der Rückkehr der Franzosen nach dem Elsaß seinerseits aus dem Amt geflogen war. Ich erschrak über die laute Bemerkung, meines Chauffeurs wegen; der Chauffeur war jung, weiblichen Geschlechts und voller Ideale und sollte nicht glauben, die Franzosen seien Chauvinisten. Es war übrigens das erste und blieb das letzte Mal während dieser vierzehntägigen Eilfahrt rund um Frankreich, daß wir jenes ominöse Schimpfwort hörten. Freilich fiel unser verchromtes D nicht weiter auf, und es wurde meist für Danemark gelesen. Später, in Paris, hatten wir vor einem Garten-Restaurant eine überraschende Reifenpanne, auf die übrigens, in der Nacht zum Sonntag, die Weltstadt organisatorisch nicht vorbereitet zu sein schien. Als sich herausstellte, es habe an einem glaubhaft zufälligen Nagel gelegen, sagte ich erleichtert, so sei es mir lieber, und der Garagist nickte verständnisvoll. „Ja, es gäbe schon solche Idioten, denen ein bißchen Sabotage zuzutrauen wäre. Notez bien", sagte er, „sie beweisen damit ebensowenig Patriotismus wie Verstand." In Paris freilich auch sagte mir am Wechsel-Schalter der Beamte, als er einen Fehler auf dem Traveller-Chèque entdeckte: „In Deutschland nix gut Arbeit. Ist Scheiße-Arbeit." Da hatte offenbar ein Kultur-Austausch stattgefunden.

Der Versuch, die Stimmung der Franzosen gegenüber den Deutschen zu ergründen, erwies sich im allgemeinen aber als unergiebig, und der besondere Auftrag, die Stimmung des französischen Volkes zur deutschen Wiederaufrüstung festzustellen, erwies sich als undurchführbar. Soweit das Tempo des pflichteifrig den Tageszielen und badelüstern dem Mittelmeer zujagenden Chauffeurs es erlaubte, befragte ich darüber Automechaniker, Zimmermädchen, Lehrer, Kaffeehaus-Besitzer, Kaffeehaus-Sitzer, Zeitungsfrauen, Eierverkäufer — mit durchweg dem gleichen Ergebnis: sie hatten andere Sorgen. Tut, was ihr wollt, wenn's nur keinen Krieg gibt, sagte jeder. Denn, sagte einer, wir haben nun schon zwei verloren. Verloren? fragte ich, aber ich verstummte vor seinem Blick.

2

Unsere Route führte, grob gesagt, über den Osten nach dem Süden Frankreichs und über den Westen und Paris zurück. Die gleichen Gegenden hatte ich 44 und 45 als Soldat in De Gaulles Erster Division durchzogen; ich war müde gewesen und ziemlich hoffnungslos, und viele Leute hatten mich aufgenommen und ermutigt. Die wollte ich wiedersehen. Ein sinnloses und sicherlich enttäuschendes Unternehmen. Welch verwegene Vorstellung, ausgerechnet meine Freunde hätten der tiefen Ernüchterung entgehen sollen, die über dieses ganze Land nach dem kurzen Aufschwung der Libération wie ein Rauhreif fiel. Die strahlende Juliette, das stolze elsässische Bauernmädchen, hat den Sergeant-Chef nicht geheiratet, den sie mir damals vorzog, sondern einen „Dütschen", einen deutschen Kriegsgefangenen, „der besser schaffen kann". Die einsame junge Studienrätin wirft ihrem Vater einen verzweifelt strafenden Blick zu, weil der, der greise Kapellmeister, mir verrät, das beliebteste Instrument in Frankreich sei jetzt le piston, — das bedeutet Trompete und auch so etwas wie Ämterschiebung. Nördlich von Bordeaux, den kommunistischen Stadtverordneten, der damals Frankreich, wie vor 150 Jahren, die Völker Europas in eine unerbittlich große Zukunft führen sah, traf ich dieses Mal nicht an. Seine Tochter erkannte mich erst garnicht, — ihretwegen hatte der Vater damals unseren verlotterten Leutnant kurzerhand aus dem Haus geworfen; was plante er nicht alles für sie: Jugendaustausch nach England, Studienaufenthalt in der Sowjetunion. Jetzt sitzt sie, die langen Märchenwimpern aufs vergröberte Gesicht gesenkt, im elterlichen Lebensmittel-Laden, und sie errötet jäh bei der Erinnerung an jene Tage des Umbruchs und der Hoffnung. Der Vater aber, sagt sie, kümmert sich nicht mehr um Politik; nur noch um Gemüse-Preise; und die machen ihm Sorgen, das will ich glauben. Weite violett-wogende Felder von hoch aufgeschossenen Artischocken hatten wir gesehen. Man ließ sie stehen, sie rentierten das Ernten nicht. Im gleichen Ort, wo wir ein letztes eisiges Kriegs-Weihnachten mit Sekt aus Blechkantinen und mit einer weihrauchschweren Dorfkirchen-Mette gefeiert hatten, besuchte ich noch die Alten im Château, im verfallenen Schlößchen. Die waren damals in Schwierigkeiten gewesen, gute Pétainisten, die De Gaulle für einen gottlosen Kommunisten-Knecht hielten und die Amerikaner für ärgere Barbaren als die Deutschen. Jetzt waren sie eben dabei, das von ihnen betreute Ferienheim einer antiklerikalen Jugendbewegung abzutreten, und ihre hochfahrende Tochter ist Dolmetscherin für amerikanische Touristen in einem Provinz-Hotel geworden. Man hat sich allerhand abkaufen lassen in diesem Land und hoffte, seine Ruhe dafür einzuhandeln. Was allerdings passiert, wenn man entdecken sollte, daß man auch um die Ruhe kommen könnte, das ist schwer auszudenken.

3

Aber ich sollte nicht immer vorgreifen. Schon am ersten Abend gab es einen schönen Schrecken. Wir waren südlich bis Colmar vorgestoßen, um einen Grünewald zu sehen, der aber eigentlich ein Schongauer war, und übrigens geschlossen, — weil man solche dreiteilige Altar-Bilder ja auch schließen kann. Ein überfülltes Hotel schickte uns aufs Land zu den „Trois Épis". Drei Ähren heißt das, klang so schön ländlich. Es war aber wie im Parsifal; durch den Nebel wand sich eine Straße hinauf zu einem schimmernden Palast. Einem Hotel-Palace, hoch über den regennassen Vogesen. Am modernsten war er von innen, holzgetäfelt, man konnte sich in einer riesigen Zigarrenkiste glauben. Schaudernd vor Kälte und vor der — zu Unrecht — gefürchteten Rechnung ging der Chauffeur schlafen, ließ mich allein von einem der riesigen Säle in den andern irren. Irgendwo saßen drei Männer und stritten laut. Ein quasselnder Industrieller versuchte einem erbitterten marokkanischen Magnaten auseinanderzusetzen, so wie bisher gehe es in Afrika nun doch nicht weiter, man könne ihretwegen nicht den Kommunismus dort riskieren. Ein Holländer saß dabei und hielt zu dem Magnaten: man sehe ja, wohin Nachgiebigkeit in Indonesien geführt habe. Er hatte es schwer, mußte alles in mühsamem Deutsch dem Araber sagen, der es dann in ein wirkungsvoll orientalisiertes Französisch setzte.

4

Am zweiten Tage war es dann nicht mehr möglich, eines der schwersten Probleme zu ignorieren, das uns auf unserer ganzen Fahrt beschäftigen sollte. Zunächst allerdings fuhren wir noch harmlos durch herrlich waldreiche Berge, stießen fast bis Burgund vor, jagten nach dem Ballon d'Alsace und Belfort zurück, begegneten zahllosen wandernden Jugendgruppen, überholten motorisierte Klosterfrauen mit weithinwehenden Schleiern; allmählich kamen wir richtig in Fahrt. Am Ende aber wurde ich hungrig, der Chauffeur jedoch verweigerte die Nahrungsaufnahme, und so blieb es im wesentlichen 14 Tage lang. Ich hatte mir das so schön vorgestellt, eine Art von kulinarischer Geographie unseres Nachbarlandes zu etablieren. Es hatte freilich gleich anfangs ein Malheur gegeben. Ein schurkischer Wirt in Barr hatte uns arg überfordert und überdies von seiner Dienstzeit bei der pariser Gestapo geschwärmt, — es seien so gute Menschen gewesen. In diesem Punkt verstand der Chauffeur keinen Spaß. In puncto französische Küche allerdings auch nicht, wie sich herausstellen sollte. Vor gemischten Fleischfüllen, schweren Saucen, vor Knoblauchdüften und heißen Weindünsten schüttelte das arme Mädchen der Ekel, daß es einen anstecken konnte. Tagelang lebte sie nur von frischen Pfirsichen, denen ja selbst eine jahrtausendealte Kochkunst nichts anhaben konnte. Als ich in der Gegend von Marseille einmal aus purem Pflichtgefühl eine penetrant duftende Bouillabaisse mit glänzenden stacheligen glotzenden Fischköpfen bestellte, bildete für Stunden eigentlich nur das gemeinsame Vehikel noch ein einigendes Band zwischen uns beiden.

5

Dijon, die glanzvolle Stadt, erwartete den Tour de France — den richtigen — und bot uns keinen Platz. Welterfahrene Freunde hatten uns den „Club des sans-Club“ empfohlen, den Club der Clublosen, einen über ganz Frankreich sich erstreckenden Bund von garnicht teueren Hotels, die so weit wie möglich den hygienischen und innenarchitekturalen Vorurteilen germanischer und angelsächsischer Stämme entgegenzukommen versuchen. Absichtsvollem Suchen schienen sie sich jedoch, wie das Glück oder die Liebe, zu entziehen. Es wurde dunkel, Tankstellen waren geschlossen, lastend zog die Migräne auf, die mich überfällt, wenn die Arbeit aussetzt. Unverdrossen aber sauste der Chauffeur nach Süden, hielt mit einem Male nach Mitternacht vor einer weißen Wand, behauptete, es sei ein Hotel. Eine dicke Frau im Nachthemd öffnete ohne Murren, hinter ihr leuchtete ein Schild auf: „Club des sans-Club“. Viel Autorität blieb mir als Reisemarschall hiernach nicht mehr. Aber auch solche Glücksfälle vermochten den anglo-skandinavo-amerikanisch verseuchten Chauffeur nicht mit französischer Wohnkultur zu versöhnen. Tief beschämt begann ich in den vertrauten Städte-Gesichtern die Spalten und Flecken zu sehen, so wie man Falten im Gesicht der alternden Geliebten entdecken mag, wenn man sie jungen Freunden vorstellt. Wie nur ein Amerikaner rief meine deutsche Begleiterin nach amerikanischen Wohnungsbau-Kommissionen (denn der Deutsche selbst ist ja meist weise, müde und duldsam geworden). Nun, über den amerikanischen und über den französischen way of life läßt sich nicht streiten. Über einige ökonomische Gesichtspunkte schon eher. Mit Wein, Beefsteaks und Frühgemüse können die Franzosen ganz gut leben, aber keineswegs bauen oder sonstwie investieren. Dazu müßten sie das Zeug erst kaufen, für gute Devisen, und für die guten Devisen gute industrielle Rohstoffe bekommen, und dann erst die Rohstoffe nicht in Kanonen und Bomben stecken müssen. Mit Baukommissionen ist da wenig geholfen, auch wenn sie amerikanisch wären, mitten in Frankreich.

6

In Cluny kauften wir süße Töpfchen; sie werden fabriziert in einer Siedlung von eingewanderten Ketzern, einer Spezialsekte, die sich ohne böse Absicht in der Nähe jener riesigen Abtei niedergelassen hat, von der die Reform zur Bekämpfung aller Ketzer ausgegangen war. Die Klosterruinen selbst zu besuchen gelang uns nicht. Sie waren von mittags bis in eine schwer kontrollierbare Abendstunde hinein geschlossen. An diese verlängerte Siesta gewöhnten wir uns allmählich. Wir produzierten uns kühlen Fahrwind und rasten durchs hitzeflimmernde Land, erklommen unter Gefahr für Leib und Kasko die Burg der Grafen von Provence und blickten auf das untertänige Dorf, das mit winzigen mauerumrandeten Höfchen wie eine seit Jahren ausgestorbene Bienenwabe unter uns lag. Tage später, in der südlichen Camargue irgendwo, geleitete mich einmal unser Restaurateur zum Friseur, auf daß dieser mich noch rasiere, obzwar ernstlich zu befürchten stand, daß er damit bis zum Schlage zwölf nicht ganz fertig würde. Der junge Mann erklärte sich dann auch bereit. Während ich unter dem Messer saß, beschwerte er sich, wie alle Franzosen, über die Steuern. Aber von ihm bekomme der Staat keine, sagte er. Wie er das anfange, fragte ich, nunmehr doch sehr interessiert. „Ich arbeite nur das halbe Jahr über", antwortete er, „die übrige Zeit ruhe ich mich aus, haha!" Möglicherweise log er. Die Franzosen fürchten die Arbeit nicht, sie hassen sie nur. Warum schrieen die Postbeamtinnen in Sèvres geradezu auf, als ich fragte, ob sonntags ein paar Stunden geöffnet sei? Warum ließ mich der Mechaniker erst recht im Stich, als ich sagte, auf den Preis käme es jetzt nicht mehr so an? Ist es ein Rest von Auflehnung und Stolz, der dem Hochmut einer unvorstellbar volksfernen herrschenden Schicht nur diese Weigerung entgegenzusetzen hat, die Weigerung, selbst unter ärgstem Druck das Tempo zu beschleunigen?

7

Ich darf unseren Abstecher nach Grenoble nicht vergessen. Schon hatte ich begonnen, an unserer Karte zu zweifeln, die doch Berge in Aussicht stellte; dann fuhren wir so lange bergab, bis den Alpen nichts anderes übrig blieb, als sich erdrückend vor uns aufzutürmen. Das mondäne Grenoble selbst könnte ein überdimensionales Innsbruck sein, wäre es nicht mit glatten Hochhäusern so häßlich, daß jeder Vergleich sich verbietet. Wir suchten nach der berühmten modernen Universität, hielten uns aber, nachdem der fünfte Eingeborene sie nicht kannte, für entschuldigt und siedelten uns zwanzig Kilometer weiter in dem entzückendsten aller Gebirgsorte an, in Voiron, dem nicht einmal eine neue Kathedrale von unsagbarer Geschmacklosigkeit etwas hatte anhaben können. Abends, während der Chauffeur in dem kühlen Bergwind träumte, ging ich meinen Pflichten nach und interviewte die Beschließerin des Gemeindehauses. Aus dem Vortragssaal klangen die Beschwörungen eines Zeugen Jehovas, aber die Hausmeisterin erklärte, sie glaube an nichts mehr. Dazu höre sie zuviel. Gewerkschafter, Kommunisten, Quäker, je nach dem Wochentag. Auch habe ihr Mann sich fünf Monate nach seiner Rückkehr aus deutscher Kriegsgefangenschaft erhängt; vorher hätte sich über eine solche Handlungsweise vielleicht reden lassen, aber im Nachhinein ... Nein, sie könne nichts mehr glauben. Dennoch solle ich die Kathedrale ansehen, sie sei der Stolz des Ortes.

*

Am Tage zuvor hatte ich im großartig geschäftigen Lyon, der Stadt Herriots, der Seide und der zahllosen Brücken, ein katholisches Diözesan-Bureau besucht. Sie erstickten da in sozialer Arbeit, heroisch durchgehaltener; die Politik macht ihnen Sorgen, die Unentschlossenheit des katholischen „Mouvement Républicain Populaire". Ich fragte, woher es komme, daß man im ganzen Land nur von Kommunisten und Gaullisten spreche, obwohl sie doch nicht einmal die Hälfte der Bevölkerung ausmachten. Was wollen Sie, war die Antwort, es sind die einzigen, für die man leben kann; die anderen sind halt „Politiker".

8

Nun kam der Süden, ja der Orient, — wenn man von der Riviera absieht, wo Angelsachsen die phönizischen Ansiedler verdrängt haben. Aus dem feinen Staub ragten die mächtigen, wild prunkenden Festungen der avignonesischen Päpste, die Stammburgen der Oranier, unerschütterliche romanische Dome und die antiken Theater, auf deren Steinstufen Reihen komischer Holzstühlchen gepflanzt sind, und in denen man abwechselnd den Prinzen von Homburg auf Französisch, Corneille und Stierkämpfe darbietet. Diese gelegentlich auch für Amateure, wobei den Stieren, die offenbar immer als Profis gelten, die Hörner verbunden werden. Spät nachmittags kamen wir durch die tiefen Schattenalleen von Aix-en-Provence. Plakate versprachen für den Abend Strawinskys „Sacre" unter Ansermet im Hofe der erzbischöflichen Residenz. Jugend, die nirgends, möchte ich glauben, so jung sein kann wie in Frankreich, schlug sich um die Plätze, aber es gab nur ein paar gute. Jedoch das Mädchen am Steuer witterte Seeluft und war nicht mehr zu halten. Ich wurde ihr sehr böse und habe ihr bis heute nicht verraten, daß sie, ohne es zu ahnen, mir dennoch einen recht interessanten Abend verschaffte.

9

Das war in Fréjus, am Mittelmeer. Unser Hotelchen lag an der großen Straße, inmitten eines Lärms, der ohrenbetäubend aus anspringenden Motoren, kreischenden Bremsen, spanischen Kegelspielen, elektrischen Klavieren, arabischen Rufen, französischen Kommandos zusammengesetzt, nur mehr mit überwältigter Heiterkeit zu quittieren war. Es stellte sich heraus, daß hier jene Soldaten aus nahen Lagern ihre letzten Urlaube verbrachten, denen die Einschiffung nach Indochina bevorstand. Ehe ich mich dessen versah, erfuhr ich von Kellnern, Mädchen und Sergeanten mehr Namen, Ziffern und Daten, als zu verantworten war, und ich wagte nicht mehr, mich als Ausländer zu erkennen zu geben. Aber auch ein überstürzter Rückzug konnte auffallen, als Flucht zur Sowjetbotschaft, zu einem vietminhesischen Agenten oder doch zum nächsten Büro der kommunistischen Partei gedeutet werden, die freilich alle ihre viel direkteren und zuverlässigeren Quellen haben mochten ... Da geschah eine erfreuliche Diversion. Ein paar blutjunge Fallschirmjäger hatten wohl in irgendeinem Lokal randaliert und wurden von einer der sechsköpfigen Patrouillen der Militärpolizei abgeführt. Ich sah noch, wie der eine Delinquent, kindlich gangsterhaft daherschlenkernd, einen Kameraden freundschaftlich in den Hintern kniff, und schon rückten sie beide ohne übertriebene Hast, sozusagen anstandshalber, seitwärts aus; erst nach einer kleinen Überraschungspause liefen ihnen ein paar Neger aus der Patrouille nach, und alle verschwanden, nunmehr laut rufend, in ein dunkles Seitengäßchen, das eben noch Schauplatz eines unheimlich lautlosen, gnadenlosen, blitzschnellen Kampfes fanatischer Katzen gewesen war. Was stellen sich die angehenden Helden des indochinesischen Kolonialkrieges vor? Daß man sie am Vorabend ihrer Einschiffung neid- und konsequenzenlos verschwinden lassen würde? Ich glaube, kaum einem amerikanischen, englischen, russischen, deutschen Soldaten wäre eine derartig unvernünftige Reaktion zuzutrauen; hier, bei diesen Kriegern mit der Psychologie der Ritter von Azincourt (oder ihrer Knappen und Knechte) ist sie an der Tagesordnung. Nach zehn Minuten tauchten sie dann wieder auf, in leidlicher Haltung, und eskortiert von den arg zugerichteten Schwarzen, die in allen Tönen des Urwaldes, aber mit allen Ausdrücken des Kasernenhofes über die erlittene Unbill Beschwerde übten. Verlegen hörten sich auf dem Hauptplatz die beurlaubten Unteroffiziere diese Klagen an; ob ihnen die groteske Situation bewußt wurde; diese ahnungslosen Träger abendländischer Kultur von afrikanischen Eingeborenen zum Krieg gegen asiatische Kulturvölker wieder eingefangen? Es wird ihnen nicht allzu viel an Bewußtsein gelegen sein, es gibt Situationen, in denen man lieber darauf verzichtet.

10

Nun war das Meer erreicht, am nächsten Tag verschwand bei Beaulieu mein Chauffeur im Wasser. Wenige Minuten später wurde mir klar, daß ich den Namen des Strandbades nicht festgehalten hatte. Es erhob sich die Frage, wie lange ein Mädchen in Badeanzug, ohne Geld, Papiere und Kleidchen an der Riviera sittlich ungefährdet aushalten könne. Irgendwie fanden wir aber, wie immer, doch noch zueinander, und es folgte die tollste Kletterei, die das Olympia-Cabriolettchen bisher zu leisten hatte. Ganz oben in den Alpes Maritimes suchte ich an der italienischen Grenze die Orte, wo noch im April und Mai 45, in Schnee und Kälte, der sinnlose Kampf weitergegangen war. Die Mädchen in den Dörfern hatten damals alle keine Haare mehr; ließen die Faschisten eine ungeschoren, so besorgten es ihr die Résistance-Leute. Ich fand die Orte aber nicht mehr, so wie ich einige Tage später auch unseren Landungsplatz auf der Halbinsel von St. Tropèz nicht fand. Damals schon, im August 44, als ein Zufall es fügte, daß ich allein, nur dann und wann überholt von lautlosen Amphibien-Wagen, nach Frankreich einmarschierte, damals schon knisterten weithin die gewaltig in der Nacht brennenden Wälder; unterdessen scheint die Gegend sich völlig umgestaltet zu haben. Auch weigerte sich die sonst so volksnahe Fahrerin, die Straßenarbeiter um Orientierung zu bitten; der eine hatte Blatternarben, der andere eine ungenügend zugeknöpfte Hose. „Bei solchen Maßstäben werden wir völlig vereinsamen", konnte ich nur, erfolglos, protestieren.

11

Tags zuvor hatte ich noch versucht, von der Riviera aus zwei emigrierte deutsche Schriftsteller im See-Alpen-Département zu besuchen. Der eine, recht berühmt, bewohnt in einem mondänen Städtchen die Villa einer womöglich noch berühmteren Dichterswitwe, und ich glaubte sie leicht zu finden. Aber berühmt ist dortzulande beinahe ein jeder, und Rückfragen bei der Polizei blieben sehr ergebnislos. „Wenn die Leute mit uns in Konflikt gekommen sind", sagte man mir dort, „dann kennen wir sie natürlich. Sonst allerdings nicht. So oder so aber können wir Ihnen keine Adressen geben." Diese Franzosen, sagte ich mir, werden so eine richtige totale Ordnung auch nie lernen.

Umso leichter übrigens fand ich den unberühmten, oder sagen wir halt, den weniger berühmten Kollegen. Ich brauchte nur einen Gebirgsfluß bis ungefähr zur Quelle entlangzufahren, den Wagen stehen zu lassen und einen steinigen Feldweg hinaufzuklettern. Am Ende stand ich vor einem Weinbau-Gerätehäuschen, daneben ein Soldatenzelt. Auf einem Gartenstuhl las eine Dame mit klarem, jugendlichem Gesicht einen recht exclusiven Roman; aus dem Gerätehäuschen kletterten, kühlen Tee bringend, zwei baumlange Kinder, Junge und Mädchen, mit den blondesten Schöpfen und dem echtesten marseiller Dialekt, die ich je erlebt hatte. Im Zelt haust, mit einem gezähmten Riesenkäfer, der Dichter; mächtige Stirn, eisblaue Augen, herrischer Mund. Neben dem Feldbett türmen sich Akten und Manuskripte, nicht alle verfügbar, da Schlupfwespen in ihnen nisten. Vielleicht publiziert unser Verlag aber doch einmal etwas davon. Unterdessen lebt die Familie von Blumenzucht und Obstbau. Der französische Staat hat ihnen à-conte deutscher Wiedergutmachung einen Brunnen graben helfen. Freilich fehlen jetzt die Röhren. Während in Avignon das fröhliche Hummel-Hummel hamburger Studenten ungeniert und unbeanstandet über die Straßen schallte und in Paris die Süddeutsche Zeitung an Kiosken verkauft wird, baten mich meine Gastgeber in ihrer Bergeinsamkeit, nur leise deutsch zu sprechen, um die Bevölkerung nicht zu reizen; die Bevölkerung, der ich im Dorfcafé soeben einen kleinen Vortrag über Deutschland hatte halten müssen. Die politische Aktualität verfolgen meine Dichter anhand der ihnen gratis zugehenden jüdischen Zeitung „Aufbau" aus New York; als sie mich fragten, ob denn die Allierten nichts gegen die deutsche Remilitarisierung täten, riet ich ihnen doch, die kleine zusätzliche Ausgabe zu riskieren und die Neue Zeitung zu abonnieren.

12

Welch ein Land, immerhin. Hinter jeder Straßenkurve eine neue Welt. Aus den strengen Vogesen nach dem reichtum-berstenden Burgund, aus den Hochalpen in die blendende flirrende einsame Hitze der Provence, von den Pinien am Mittelmeerstrand in die petroleumhaltigen Steinwüsten westlich von Marseille, und schon ging es verwirrend weiter: das liebliche und lustige Perpignan, Schauplatz so vieler französischer Operettchen; Casals' Prades, mediterrane Wallfahrt aller nordischen Bachjünger; die hochgetürmten Pyrenäen mit ihrer fremdartigen Flora; das romantische Foix, und gegen Abend Toulouse, die rosafarbene Stadt, raffiniert und ein wenig träge, wie ihre dunkeläugigen Frauen. Adressen von Korrespondenten erwiesen sich, der vielen politischen Änderungen an Straßennamen wegen, als unauffindbar, trotz allen bereitwilligen Auskünften. Toulouse machte uns den Eindruck der höflichsten Stadt Frankreichs, bis zum Augenblick jedenfalls, als wir, Abschied nehmend, einer Zeitungsfrau den halben Kiosk mitnahmen.

Im nahen Montauban wollten wir abends noch ins Kino gehen; aber das verträumte Städtchen, das bei uns, der Größe nach, kaum mit weniger als drei Filmtheatern auskäme, hält sein einziges nur die halbe Woche offen. Im altmodisch-provinziell eleganten Hotelchen servierten ältliche Mädchen leise und besorgt wie Krankenschwestern ein wahrhaft lukullisches Mal. Am nächsten Morgen fuhren wir ab, entschlossen, über Nacht etwa zugewachsene Dornröschen-Hecken mit letzter Energie zu durchbrechen; die Läden waren, gegen zehn Uhr, noch geschlossen; des Regenwetters wegen, wurde uns gesagt.

*

Durch die Landes, wo Mauriacs quälende Romane ihre Atmosphäre finden, fuhren wir den schmutzigen aufgeregten Atlantik entlang bis nach La Rochelle; hier schlug einst Cardinal Richelieus Titanenwille die Calvinisten mit schreckenerregender Härte. Heute ist es das pittoreskeste aller Hafenstädtchen, ein einziges Museum, durch das zahllose amerikanische Soldaten relativ respektvoll schlendern. Im Patio des kleinen, orientalisch gebauten Hotels, einem schachtartigen Innenhof, umsäumt von Zimmertüren und Korridoren, sprach ich mit Einheimischen, deren Gesichtskreis durch Schmuggel und Seefahrt erweitert zu sein schien; wir kamen auf die Überflutung mancher Landesteile durch amerikanisches Militär zu sprechen, und ich erwähnte, das Verhältnis zur Bevölkerung erscheine mir besser als vor etwa vier fünf Jahren. „Gewiß", gab einer unbegeistert zu, „es ist nicht mehr so schlimm wie damals, die Besatzung, nach der Befreiung ..." „Mais toutes ces armées nous écrasent", sagte er. Alle diese Armeen erdrücken uns.

13

Zum ersten Mal sollte ich die Schlösser an der Loire sehen; die Werkstatt, wo Frankreichs große, verschlagene, sparsame, prachtliebende, immer scharf profilierte Könige mit Blut, Gold und Tücke die Einheit des Landes konstruierten. Aus Chinon eine Karte an Alfred Neumann, ohne daß wir den Käfig gesehen hätten, in dem — nach ihm — Ludwig XI. seinen Staatskanzler verwahrte. In Amboise zähle ich die Mauerzinnen, an denen Ludwigs XIII. SS die ahnungslos eintrudelnden verschwörerischen SA-Adeligen aufhängen ließ. In Poitiers ist von Diane, in Orleans von Jeanne nichts zu sehen; was hatten wir erhofft? Aber Fontainebleau, intim, tragisches Herz der Macht, ist, als wäre es gestern verlassen, als ginge morgen alles wieder an: hier wurde die neue Sachlichkeit geboren, als Napoleon aus dem Schlafzimmer Ludwigs XVI. seinen Thronsaal machte; seine Bienen klettern vertraut über die bourbonischen Lilien und über das Eichenlaub des Heinrich von Navarra; Marie-Louise übernimmt Marie-Antoinettes Lager, nur kein Zaudern, die Historie kennt keine Pausen; hier dankt Bonaparte ab, hier wird eine Armee geplant, die europäisch sein könnte, wenn sie nicht atlantisch wäre.

Wir biegen nach Norden ab, stehen sprachlos, atemlos vor dem Wunderdom in Chartres. Ganz düster glühen die Fenster, in überirdischer Anmut steigen Pfeiler auf, hintergründig und rätselhaft blicken die zahllosen Statuen. Mit einem Mal wird fraglich, ob noch viel Interessantes geschehen sein mag, seitdem diese Kirche erbaut wurde.

14

Ein Wochenende in Paris genügt gewiß nicht, so tiefe Zweifel zu zerstreuen. Überdies hatte selbst spartanische Sparsamkeit nur zwei, wenn auch entzückende Blüschen — aus der Rue de la Paix, schien mir gar — erbringen können. Auch erwies ich mich als schlechter Führer. Land und Leute lernt man als Soldat noch ganz gut kennen, aber Stadt und Städter? Während dieses Dorf, jenes Tal im Krieg eigentlich viel schöner waren, dem zeltschlagenden, keine Kleidung schonenden, aller Zukunftsplanung entgangenen Militär durchaus nah und zugänglich, ist der Uniformierte in Bibliotheken, Theatern und Museen eigentlich immer ein Fremdkörper, ja selbst im Cabaret ein unzuverlässiger Gast und Kunde. Ganz ohne Zweifel gehört die Zivilisation den Zivilisten, und sie wird mit ihnen untergehen.

Und dann der Sommer! Die Musik war auf zahllosen Festspielreisen. Das Theater beschränkte sich auf einige amerikanisch betitelte Super-Nacktrevuen. Ich wollte feststellen, auf welche Teile des Kompositums sich das „Super“ bezöge, aber meine Begleiterin erklärte, nie würde sie sich so etwas ansehen. Jedenfalls nicht mit mir. So gingen wir ins Kino, sahen „Justice est faite“. Der Film kommt unter dem bescheideneren Titel „Schwurgericht“ jetzt nach Deutschland. Daß er mit seiner liebevollen Ironie und seiner furchtlosen Menschlichkeit wie ein Gipfelpunkt der Filmkunst wirkt, liegt freilich auch ein wenig an deren sonstigem bestürzenden Niedergang. Am Abend erzwang ich noch einen Besuch der „Matrosen von Kronstadt“. Wie war dieser sowjetische Film vor zehn Jahren noch begeisternd, besonders in russischer Sprache, die man nicht verstand. Wie hohl klangen jetzt auf französisch die großen Worte, wie primitiv und aufdringlich schien die Dramaturgie. Die gute Demokratin neben mir schnob vor Verachtung, und doch war es weniger aus Rücksicht auf ihren Geschmack als auf ihre Nerven, daß ich rasch aus dem Saale drängte. Ich sah jene Szene nahen, in der die kommunistischen Matrosen von den Weißgardisten einzeln übers Kliff ins Meer geworfen werden; die Szene war vielleicht auch heute noch nicht tot.

*

Wir landeten dann in einem der bekannten Jazz-Keller. Was da Mädchen aus der Nachbarschaft in Rock und Bluse und mit wehender Hunnen-Frisur mit ihren Partnern, meist Schwarzen, Martiniquaisen oder Indochinesen, an Tanzspaß und Präzision bieten, schlägt jedes uns hier bekannte Großstadt-Ballett. Dabei sieht alles hundertmal absichtsloser und lockerer aus als die mühseligen Turnübungen, die man hierzulande als moderne Tänze vorgesetzt oder gar aufgegeben bekommt. Wir gingen jedoch früh, noch vor zwei Uhr, und ein Kontakt zwischen den Parisern und den Auswärtigen war um diese Zeit noch nicht geschaffen. Unterdessen ließ sich das schwedische Mädchen aus guter Familie, das am Tisch neben uns saß, gelegentlich von ihrem korrekten Begleiter ein paar hinten drauf geben, was sie sicher das ganze übrige Jahr nicht tun darf.

*

Am Sonntag nachmittag fuhren wir nach Versailles. Vor dem unübersehbaren Schloß-Komplex stauten sich Menschenmassen, als gelte es noch einmal eine Königsfamilie triumphierend nach Paris zu schleppen. Polizei versperrte uns den Weg, behauptete, der Park werde bereits für ein nächtliches Sommerfest geräumt. Erbittert über meinen Untertanen-Gehorsam erzwang sich die Fahrerin jedoch über das entzückende Trianon die Einfahrt, und siehe da, völlig unbehelligt, heiter und sorglos lagerten da zahllose Franzosen auf jenen Rasenflächen, die zu erkämpfen zwei königliche Häupter gelegentlich viel Blut und ohne Unterlaß eine unerbittliche Wachsamkeit gekostet hatte.

15

Mit Eindrücken sind wir nun eingedeckt. In Reims versuche ich noch in der Kathedrale den Platz zu finden, auf dem laut RKO's Ingrid Bergman seinerzeit die eigentliche Jungfrau stand. In Nancy, der lothringischen Habsburgerstadt, lassen wir bereits in gemeinsamem Einvernehmen die Frage unentschieden, welche von zwei renaissanceartigen Kirchen die Kathedrale ist.

*

Am Tag darauf fahren wir durch strömenden Regen in den Schwarzwald. „Da", sag' ich zum Mädchen am Steuer, „das romanische Kircherl!" Und dann sehen wir uns glücklich an: wir brauchen's garnicht anzuschauen, wir sind ja zuhaus . . .

Walter Maria Guggenheimer.

PORTRÄT EINES PARTEITAGES

Im Vorjahr wurde er in Goslar gehalten; im Oktober dieses Jahres fand er in Karlsruhe statt. Die Wahl dieser Plätze war offenbar nicht zufällig; sie hatte sicher nicht nur damit zu tun, daß hier die „räumlichen und technischen" Voraussetzungen so besonders günstig sich anboten. Nein, mehr oder minder bewußt hat das Milieu dieser Städte auf die Entscheidungen der Parteiführung der CDU gewirkt. Da und dort leben noch Leute, die man mit hinreichenden Gründen als „Bürger" bezeichnen kann. Das Element der Arbeit spielt eigentlich keine Rolle, keine, die man besonders zu respektieren hätte. Man ist hier noch unter sich, man wird nicht vom Lärm und Ruß der großen Industrien gestört und nicht von den Kräften so unmittelbar behelligt, welche da mit dem Leben, das hart und schwer ist, fertig zu werden versuchen; nicht von jenen Menschen, welche meinen, daß auch sie zum gleichen Recht in einer Gesellschaft geboren sind, die immer mehr von ihrer Leistung getragen wird: von den Arbeitern.

Goslar und Karlsruhe sind daher durchaus als Kennzeichen für den vorherrschenden Charakter dieser Partei zu nehmen. Sie ist vor allem und noch eine politische Organisation der Bürger, solcher Bürger, die es wirklich oder mehr aus Tradition oder mehr aus Gründen der gesellschaftlichen Form mit dem Christentum haben; die eine christliche Politik machen wollen. Für manche von ihnen ist der Arbeiter, für viele von ihnen sind seine politischen Organisationen, in denen sich seine Solidarität verwirklicht, höchst verdächtig, anrüchig, ungehörig. Sie gelten nicht als legitim, weil sie nicht in das Bild der Bürgerwelt passen, das sie in ihrem Herzen tragen, wenn es auch längst nicht mehr die Wirklichkeit unseres gesellschaftlichen Zustandes widerspiegelt. Man versucht daher vor den Entscheidungen auszuweichen, man zieht sich auf Positionen zurück, die es schon nicht mehr gibt, und man geht daher nach Goslar, man geht nach Karlsruhe, um unter sich zu bleiben.

Aber selbst in diesem Bezirk wirkt heilvolle Unruhe, sie läßt sich nicht unterdrücken, weil die Geschichte sich nicht betrügen läßt.

Für die Leute von der Presse begann der Parteitag der CDU mit einem Vorspiel. Professor Erhardt, der Wirtschaftsminister des Bundes, lud sie zu einer Konferenz, um „programmatische wirtschaftspolitische Erklärungen zum Parteitag der CDU" abzugeben.

Er strahlte vor Optimismus, als er davon sprach, wie stolz die CDU auf ihre Wirtschaftspolitik sei. „Noch nie", so rief er „noch nie in der deutschen Wirtschaftsgeschichte wurde mit wirtschaftspolitischen Mitteln ein so bedeutender Erfolg erzielt, noch hat in den zurückliegenden Jahren eine europäische Volkswirtschaft eine gleiche Leistung aufzuweisen." Daran hing er den langen Katalog von Erfolgen, die er allein und ausschließlich seiner Theorie von der sozialen Marktwirtschaft zuschreibt: der Erhöhung der Produktionsleistung, die zwischen 1948 und 1951 von 58 auf 127 Prozent stieg; der Steigerung der Bruttoverdienste der gewerblichen Arbeiter, deren Realeinkommen die Vorkriegshöhe überschritten hat; der Senkung der Arbeitslosenziffern; der enormen Entwicklung des deutschen Außenhandels, der jetzt monatlich 1,3 Milliarden D-Mark gegen 200 Millionen D-Mark im Durchschnitt der Monate des Jahres 1948 erbringt.

Er sprach von den Mängeln in der Wirtschaft: von den Engpässen bei Kohle, Eisen und Stahl, die nicht auf das Konto seiner Marktwirtschaft, wohl aber auf das von Demontagen, Produktionsverboten, fehlenden deutschen Zuständigkeiten, ungekärten Rechtsverhältnissen und unklaren Verantwortungen gingen. Er sprach auch von der Bildung von Sachkapital, von den Schwierigkeiten, die sich da ergeben, aber wieder vor allem von den Leistungen in dieser Richtung, die sich etwa im deutschen Wohnungsbau darstellen. Er entwickelt mit seiner glänzenden Beredsamkeit ein ganzes Repertoire von Beweismaterial für die Richtigkeit seiner Theorie und seiner Politik, deren Ausgangspunkt die Freiheit der unternehmerischen Initiative ist, der Glaube daran, daß der Egoismus des Einzelnen, möglichst sparsam gebändigt, das Beste für das gemeinsame Wohl und eine gerechte und richtig differenzierte Sozialordnung schaffe.

Und die Skepsis, die Kritik, die Unzufriedenheit des kleinen Mannes, — sie wundert, sie ärgert ihn; er hält sie für Böswilligkeit, für den Effekt politischer Beeinflussungen oder für das Ergebnis von Versäumnissen richtiger Information, die er nun ändern will. Da schlägt er gleich wieder einen neuen optimistischen Haken. Als genüge die Erfolgszahl, um einer Million von Arbeitslosen, mehreren Millionen, die weniger als das Existenzminimum verdienen, vielen Millionen, die von Zusagen enttäuscht wurden, die er ihnen gegeben hat, den Zustand schmackhaft zu machen, den er wiederherzustellen sucht —: den Zustand des Unternehmervorrechtes, das die Demokratie in der Wirtschaft noch um einige Grade weniger zuläßt als in der Politik.

Der Optimismus ist das Zündende an diesem Manne; er ist aber zugleich sein größtes „handicap". Dieser Mann ist in seine Theorie, welche eine Theorie für den Besitzstand des Bürgers ist, zu verliebt, als daß er noch ihre Schwächen sehen könnte, ihre Gefahren. Er baut auf sie und vergißt darüber, daß sie auf die gesellschaftliche Wirklichkeit nicht recht passen will. Wenn sie trotzdem funktioniert, so deswegen, weil er es mit tüchtigen unternehmerischen Kräften zu tun hat, die vom Unternehmer bis zum Arbeiter reichen, und die die Hände nicht in den Schoß legen, sondern mit ihrer Situation fertig werden wollen. Doch zu solcher Klarheit darf er nicht kommen, selbst wenn er es aus Demut, aus Bescheidenheit, aus christlicher Einsicht in die Menschenwelt könnte. Denn das würde ihn zwingen, unruhig zu werden vor der Verantwortung, mit der er es zu tun hat.

Der Parteitag begann mit dem Rechenschaftsbericht des „Kanzlers", einem Rechenschaftsbericht vor allem über seine außenpolitischen Ziele. Wahrscheinlich sprach er tatsächlich als der Kanzler, aber auch später wurde immer nur von dieser seiner Eigenschaft gesprochen. Als brauche man diesen hohen Rang, sich selbst gerechtfertigt zu sehen, als fiele etwas vom Glanz noch auf den letzten Delegierten, der befugt ist, im Namen seiner Parteifreunde die Stimme zu erheben. Dabei könnte die Trennung der Funktionen ein Politikum von Bedeutung sein; denn nicht alles, was der Kanzler in Rücksicht auf die Koalition tun muß, brauchte er als der Vorsitzende der Partei ohne Vorbehalt gutzuheißen. Doch solche feinen und für die Psychologie wichtigen Unterscheidungen will man hier nicht treffen. Man ist Regierungspartei, man ist Macht, man repräsentiert anders als die Opposition den Staat, und der wieder repräsentiert sich in der Person des Kanzlers, dieses Kanzlers, der, was ihm niemand bestreiten kann, ein starker und ein eigenwilliger Mann ist.

Niemand kann eigentlich sagen, wie es dazu gekommen ist, daß gerade er an die Spitze der CDU und also an die Spitze des Staates kam. Daß es keine Frage des Zufalls war, konnte man auch auf diesem Parteitag wieder sehr eindringlich beobachten. Schon seine gemessene Erscheinung, seine Beherrschtheit, seine gefährliche Ruhe markieren ihn; dahinter spürt man etwas von der Härte, der Unbarmherzigkeit, mit welcher der große Taktiker seine Fäden zieht und seine Figuren stellt. Das geschieht ohne Raffinesse, ohne die spielerischen Winkelzüge des hinterlistigen Intriganten. Gewiß, er kann listenreich sein, aber seine eigentliche Macht liegt darin, daß er die Gefährlichen durch seine Verachtung tödlich verletzen kann und die Ungefährlichen unter seiner Kontrolle zu Instrumenten seiner Politik macht.

Davon war in Karlsruhe für den aufmerksamen Beobachter manches zu spüren. Wie er diese Versammlung in der Hand hatte, deren eigentliche Aufgabe es gewesen wäre, die Richtung der Parteipolitik nach der schweren Niederlage in Bremen zu überprüfen, zu kritisieren, — wie er diesem Gremium von Delegierten aus allen Landesverbänden jede Möglichkeit nahm, zu Wort zu kommen, wie er den Versuch vereitelte, seine autonome Macht in der Parteiführung dadurch zu brechen, daß die Aufgabe des Generalsekretärs auf drei Parteifunktionäre von gefährlicher Qualität verteilt wird; wie er es fertig brachte, fast keine Frage von Entscheidung dem Parteitag zur Abstimmung vorzulegen, das war in der Tat aller Bewunderung würdig. Dabei geschah imgrunde nichts weiter, als daß er alle wirklichen Entscheidungen in der Schwebe hielt, damit dem Kongreß entzog und sich so die Möglichkeit gewann, später und im kontrollierbaren Kreis seine Absichten durchzusetzen.

So ist dieser Mann die Stärke und die Schwäche seiner Partei. Sie hat imgrunde keine politische Tradition, wenn auch viele Traditionen in ihr wirken; ihr organisatorisches Gefüge ist auch nicht annähernd so fest wie etwa das der SPD; außer der Tatsache, daß sie sich „christlich" nennt (was längst nicht alle ihre Mitglieder, wahrscheinlich nicht einmal die Mehrheit wirklich verpflichtet), fehlt ihr noch die theoretische Grundlage einer zuständigen Politik. Ihre letzten Mißerfolge in Bremen deuten an, daß offenbar viele ihrer Wähler aus dem Sommer 1949 ihre Stimme anderen Leuten geben werden. Und doch verfügt sie noch über enorme Kraft und über viele Kräfte, die, wenn der Schein nicht trügt, eben dabei sind, durch die Oberfläche zu brechen. Die Kraft aber, die sie eben trägt und bindet, ist ohne Zweifel Dr. Konrad Adenauer. Die Partei wird *ihm* nicht unter der Hand zerfallen.

Daß die Parteiführung nach Goslar für ihren Parteitag Karlsruhe wählte, ein bürgerliches Milieu also, verhinderte freilich nicht, daß die Atmosphäre hier anders war als in jenem Harzstädtchen, dessen Name mit einigen bitteren Ereignissen unserer jüngsten Geschichte verbunden ist. Anders als vor Jahresfrist rührten sich hier die Kräfte jener heilvollen Unruhe, von der schon gesprochen wurde. Die andere, die fortschrittliche Seite dieser christlichen Partei kam zu Wort, und man darf annehmen, daß sie nun stärker in den Vordergrund rücken wird. Der Führer der Bundestagsfraktion, Dr. Heinrich von Brentano, deutete das in sehr vorsichtiger Form an, als er davon sprach, daß die Partei sich, nach Rückschlägen, die sich in den letzten Wahlergebnissen anzeigen, wieder auf sich selbst besinnen müsse. Karl Arnold, der Ministerpräsident von Nordrhein-Westfalen, dessen freundschaftliche Kontakte zu den Gewerkschaften ihm manche Schwierigkeiten mit seinem Parteivorsitzenden gemacht haben, griff diesen Satz auf. Sein Referat war eine zwar verbindliche, aber doch auch sehr nachdrückliche Warnung, sich allzusehr auf Erfolge zu stützen, welche die eigentlichen und in die Tiefe reichenden Probleme nur oberflächlich berühren, ohne sie wirklich zu lösen.

Gegen den blühenden Optimismus seines Parteifreundes Erhardt hätten die Worte gerichtet sein können: „Die Massen haben kein Zutrauen dazu, daß mit den in der Wirtschaft überkommenen Methoden die Gegenwartsprobleme noch gemeistert werden können." Das war an dieser Stelle ein kühnes Wort. Von der Gefahr wurde da gesprochen, daß eine erfolgreiche Partei leicht die Ideale vergesse, denen sie ihre Kraft ursprünglich verdanke, und wie sehr es ihm scheine, daß man eine gewisse Scheu habe, sich auf das große soziale und wirtschaftliche Programm zu besinnen, das vor vier Jahren in Ahlen erarbeitet worden sei. Einige dieser Sätze seines Referates vor dem Parteitag muß man kennen, um eine Vorstellung vom Profil dieser Veranstaltung im ganzen zu gewinnen:

„Wir wollten den geistig gefestigten und freien Menschen über die Wirtschaft stellen. Es ist damals ausgesprochen worden, daß darin gleichermaßen eine Absage an die Anonymität und Verschleierung der wirklichen Verantwortung beim Großkapital, wie auch eine Absage an einen verbürokratisierten Staatskapitalismus zu sehen sei."

„Es ist unbillig, dem Privatbesitzer die Verantwortung auferlegen zu wollen, wenn die Initiative nicht bei ihm, sondern bei einem von ihm so gut wie unabhängigen Manager liegt."

„In der Unübersehbarkeit des Großbetriebes liegt eine entscheidende Gefahrenquelle, und es fruchtet wenig, wenn man sich gegenüber diesen Gefahren mit dem Hinweis auf die fundamentale Bedeutung des privaten Eigentumsrechtes beruhigt."

„Es gibt gewiß kein Dogma, das zur Verstaatlichung auffordert, aber auch keines, das eine vernünftige Vergesellschaftung von Industrien, bei denen das Privateigentum nur noch nominelle Bedeutung für Initiative und Verantwortung hat, in Acht und Bann setzen würde."

Nicht weniger mutig erinnerte er daran, daß die CDU sich in Ahlen zum Mitbestimmungsrecht bekannt habe, gegen dessen Gedanken man neuerdings mit Unrecht Sturm laufe, obgleich gerade in seiner Verwirklichung jene soziale Partnerschaft sich entwickeln könne, die von enormer Bedeutung für die Bindung in einer neuen Gesellschaftsordnung sein würde.

Es hatte allerlei Mühe gemacht, diese Stimme zu Wort kommen zu lassen, und ohne den Schock von Bremen hätte das mehr restaurative, das prononziert bürgerliche Element der Partei zweifellos das Podium nicht frei gemacht, um solch unbequemer und doch so nötiger Opposition gegen eine Politik der Beharrung in alten Bildern und Vorstellungen Widerhall zu verschaffen.

Wäre Karl Arnold mit seiner Warnung und mit seiner Meinung über die verderbliche Abweichung vom ursprünglichen Programm der Partei allein geblieben, man hätte sagen können, es wäre ein Zug von Parteitoleranz ohne tiefere Bedeutung. Aber der Berliner Tillmanns nahm den Faden auf. Über „Standort und Aufgaben der CDU" sprach er und faßte um einige Grade prinzipieller, was Ministerpräsident Arnold vorgebracht hatte. Mit ihm wurde deutlich, wie unruhig es in dieser Partei zu werden beginnt, und wie sehr sie dabei ist, ihren guten Kräften Raum und Bewegung zu geben. Von dem Ziel der Partei war da die Rede, einen neuen geistigen Untergrund unseres gesellschaftlichen Lebens und seiner Ordnung zu finden, die Interessen der einzelnen Gruppen und Stände durch die

Kraft der christlichen Solidarität aus der Sphäre des nackten Egoismus zu lösen und sie in einer gesellschaftlichen Ordnung, in welcher die Elemente der Freiheit und der Bindung wirken, bei aller nötigen Differenzierung auf das übergeordnete Gemeinsame zu verpflichten. „Der autonome Mensch", so hieß es da, „ist nicht frei. Er unterliegt immer irgendwelchen Bindungen des Eigeninteresses, der Klasse, der Triebe oder doktrinärer Vorstellungen. Der Widerstreit der Interessen und Doktrinen führt aber nicht zum Staat, sondern zum Auseinanderfallen. Das Chaos gebiert die Diktatur. Nach christlicher Auffassung ist der Mensch weder an sich frei noch das ausschließliche Produkt seiner materiellen Umwelt. Der Mensch ist als Geschöpf Gottes zur Freiheit, zur Personhaftigkeit berufen ... Wir christlichen Demokraten stehen gegen die freie Demokratie, die versagt hat; wir fordern die verantwortliche Demokratie, die Gemeinschaft der Menschen, die sich Gott und dem Nächsten verantwortlich wissen ... Diese Aufgabe kann nur gelingen, wenn wir eine Sozial- und Wirtschaftsordnung entwickeln, in der personhaftes und verantwortliches Leben möglich ist."

Wieder tauchte laut die Forderung nach der verantwortlichen Partnerschaft zwischen Arbeitgebern und Arbeitnehmern auf; denn der Arbeiter solle ein mitverantwortlicher, in seiner wirtschaftlichen Existenz geschützter Bürger werden.

War das Plenum des Parteitages eigentlich nur bestellt, zuzuhören und zu akklamieren, jedenfalls aber nichts wirklich zu behandeln und zu diskutieren, was an drängenden Problemen sich beunruhigend bemerkbar macht, so wurde in den Ausschüssen viel nützliche Arbeit geleistet. In den wichtigsten, nämlich in dem für die Wirtschaftspolitik und in dem für die Sozialpolitik, war die Rede von der Erfüllung dessen, was das Ahlener Programm für die Neuordnung der Grundstoffindustrien forderte, und von der Notwendigkeit, ein Betriebsverfassungrecht zu schaffen, um das Mitbestimmungsrecht zu regeln. So oft und so ausgiebig ist Ahlen schon lange nicht mehr in der Partei genannt worden.

Man wird gut tun, die Hoffnungen in aller Skepsis zu dämpfen, daß nun gleich und ernstlich daran gegangen werde, die alten und die neuen Einsichten in praktische Politik umzuwandeln. Der Parteitag ist vorbei; eigentlich hat nun wieder die engere Parteiführung das Wort, und das Gewicht ihres ersten Mannes kommt zu voller Geltung. Welche Wirkungen werden die mutigen Leute des fortschrittlichen Flügels seiner Partei bei ihm ausgelöst haben? In seinem Gesicht ist davon nicht die mindeste Spur zu lesen. Auf ihm liegt, wie immer, jene gefährliche Ruhe; denn die Neuerer widersprechen nicht nur der Richtung, sondern wohl auch ihrer prinzipiellen Haltung nach dem Stil von Politik, wie er sie zu treiben gewohnt ist. Immerhin, er wird mit ihnen wohl nun stärker zu rechnen haben als bisher.

Karl W. Boettcher

Das Wohl des Volkes soll uns das höchste Gesetz sein. *Cicero.*

Wort und Antwort:

Das Ärgernis der Ehe

Die christliche Ehe steht im Zeichen des Ärgernisses. Alle Versuche, sie auf die Ebene einer bloß natürlichen Ordnung herunterzunivellieren oder von innerweltlichen Zusammenhängen her erklären zu wollen, führt radikal an ihrem Wesen vorbei. Der paradoxale Charakter der christlichen Ehe wird allzu leichtfertig beiseite geschoben, der ihr eigene Gegenstand des *Glaubens* viel zu wenig gesehen. Aber es gibt keine sakramentale Wirklichkeit, die nicht zugleich auf entscheidenden Akten des Glaubens beruht. Solange die Ehe nur als natürliche Ordnung mit ihrem Sinn- und Zweckgefüge aufgezeigt wird, bleibt sie „ein weltlich Ding", und sie bleibt es auch dann, wenn man ihr statt einer heilsgeschichtlichen Aufgabe eine innerweltliche Mission zuordnen möchte.

Das ist in dem Aufsatz von E. K. Winter *„Das große Geheimnis"* (Frankfurter Hefte VI/10, 716) geschehen: „Der eigentliche Sinn der Ehe", heißt es dort (Seite 716), „ist noch immer wie schon im Paradiese die Idee der ‚Vermehrung', der ‚Ausbreitung' und der ‚Beherrschung', die das Ganze der christlichen Zivilisation ausmacht."

Ohne viele bedeutende Gedanken dieses Artikels bestreiten oder schlechtmachen zu wollen, kann ich dennoch nicht umhin, mich gegen eine Verfälschung des Sinnes der Ehe mit einiger Leidenschaft und allem Nachdruck zu wehren. Der Leser möge mir harte Formulierungen verzeihen, aber ich bin es satt, im „Blätterwald" der Äußerungen über die Ehe immer wieder denselben Unsinn vom hochgeistigen Essay bis zum bausbackenen Traktat vorgesetzt zu bekommen: Ehe und Familie müssen den Staat retten, müssen des Volk retten, müssen die Kultur retten, müssen die Zivilisation retten, müssen die abendländisch-westliche Welt gegen die sich rasant vermehrenden Asiaten retten, müssen ad majorem Dei gloriam auch noch die Kirche retten. Der hl. Thomas hat's ja gesagt: (Summa c. gent. IV, 78): „Die Werte der Ehe sind die Nachkommenschaft, der Glaube und das Sakrament." Thomas nennt es an erster Stelle: die Kinder, ja, die Kinder! Aber, ich meine, man muß auch einmal etwas dagegen sagen können, auf alle damit verbundenen Gefahren hin, auf die Gefahr hin, mißverstanden zu werden, auf die Gefahr hin, ein Ärgernis zu geben. Unsere Kinder, auch meine Kinder, werden sich nicht daran ärgern. Sie werden begreifen, daß wir mit ihnen keinen zweiten und dritten Zweck verbanden, sie werden dankbar erkennen, daß sie ihr Leben Gott verdanken, daß wir sie als Sein Lehen erhielten, und daß wir ihretwegen da zu sein haben, nicht aber sie unsertwegen. Sie werden dankbar verstehen, daß wir *ihr* Leben umsorgen und umhüten, und nicht unser Leben. Denn, wer sein Leben behalten will, der wird es verlieren.

Das Sakrament der Ehe ist eine von Christus gestiftete Wirklichkeit und keine Idee, vor allem nicht eine Idee zur Vermehrung, Ausbreitung und Beherrschung mit dem Zwecke der Errichtung einer christlichen Zivilisation. Christus hat nicht gesagt: „Gehet hin in alle Welt und heiratet, damit ihr euch durch den Austausch der Geschlechtseigenschaften (Kant) vermehrt und dann durch biologische Unterwanderung das Heidentum an die Wand drücken könnt und so die Herrschaft in dieser Welt anzutreten vermögt, um die christliche Zivilisation zu begründen." Ich höre das berühmte Beispiel von Holland, wo eine katholische Minderheit heute auf dem Wege des Geburtenüberschusses den protestantisch-liberalen Volksteil überrundet hat, und in sattsam bekannten Standespredigten und den Unterweisungen des Brautunterrichtes wird es erneut eingeschärft werden: „die Höchstzahl physisch und psychisch wertvoller Nachkommen zu zeugen."

Das ist nicht der Sinn des „großen Geheimnisses", denn das Kinderzeugen ist überhaupt kein Geheimnis, weil es ebenso außerhalb wie in der Ehe gelingt. Wohl aber ist es ein Geheimnis, den Segen des Sakramentes der Ehe zu erfahren, und zwar *auch* durch das Kind. Aber wie alle Frucht des Glaubens auch Prüfung, Opfer, Leid und Freude gleichermaßen sein kann, so auch das Geschenk des einen Vaters, „nicht aus dem Blute, nicht aus dem Verlangen des Fleisches, noch aus dem Wollen des Mannes, sondern aus Gott geboren!" Es ist ein weltlicher Maßstab, dieses Geschenk nach Zahl und Gewicht bewerten zu wollen. Die Brautmesse beginnt mit dem Lobpreis Gottes, der sich der beiden *einzigen* Kinder (duobus unicis) erbarmte (Tob. 7, 15), zu seinem vollen Lobpreis. Gottes Wille ist nicht an den Willen des Mannes oder Weibes gebunden, ist nicht von den Gegebenheiten oder Mängeln der Natur abhängig. Gott ist der Herr. Die Erde ist übervölkert; sie ist in einem gefährlichen Maße angefüllt mit Menschen, die von einer Hungersnot in die andere getrieben werden, von Kriegen und Katastrophen (frei nach Malthus) dann wieder dezimiert, um leben zu können. Man rettet die Herrschaft des Menschen nicht dadurch, daß man diese Gefahr vergrößert, sondern indem man den Missionsauftrag erfüllt und die Losung jeder Messe: ite, missa est. Christen sind gesendet; sie sind das Salz der Erde, nicht aber der Kultur- und Zivilisationsdünger. Nichts soll hierbei abgestrichen werden von der „Idee" einer gesunden, sogenannten „naturgetreuen" Ehe. Ihr Sinn verfälscht sich nicht durch Kinderreichtum noch durch Kinderarmut oder gar Kinderlosigkeit. Ihr Sinn kann sehr wohl durch das eine wie durch das andere verfälscht werden. Es gibt einen Materialismus des Kinderreichtums, der barbarischer und heidnischer zugleich ist als Kinderarmut und Kinderlosigkeit. Sicherlich sind die modernen Mittel (Materialien!) zur Verhütung des Kindes, zur Tötung des ungeborenen Kindes Sünde und Verbrechen. Aber es herrscht auch in der „Kalenderei" eine Mystifikation des Naturerlaubten, die mit christlicher Ehe nichts mehr gemeinsam hat. Wer sich hier von der Natur her legitimiert meint, überspringt das Geheimnis. Dieser Naturalismus ist eine Ideologie, genau so, wie der Enkratismus eine Ideologie war. Es bedeutet eben, ideologisch werden, wenn man das Reich Gottes nicht mehr vom Wirken des Heiligen Geistes, sondern von der Zeugungskraft des Mannes und seines „Gefäßes" erwartet oder aber es Gott überlassen will, wenn die Natur dazu eine Erlaubnis erteilt.

Es ist theologisch ebensowenig zu halten, Transfusionen vorzunehmen, die inadäquat sind: etwa soziologische Kategorien und Theorien auf die Trinität zu übertragen. Es gibt in Gott keine „Vater-Sohn-Folge" und das schließliche Erscheinen des „Dritten". Ein Blick in die Trinitätspräfation müßte da genügen. Der Dreieinige Gott ist tota simul. Es gibt daher auch für den Christen keine „Abfolge der Generationen". Denn das Leben wird uns nicht genommen, sondern verwandelt. Und es ist ein gefährlicher Historismus, Paulus in einem Mißverständnis seiner heilgeschichtlichen Situation befangen zu sehen, weil er das Ende der Zeiten unmittelbar bevorstehend erwartete. Das Eschaton ist da. Es war zu seiner Zeit da, wie es heute da ist. Es war immer gleich nah und gleich fern. Der Christ lebt den „Jüngsten Tag", dessen Abend unmittelbar bevorsteht, wie für Paulus, so auch für uns. Wir haben zu wirken, solange es Tag ist, nicht länger. Und über die Dauer geben uns unsere Chronometer keine Auskunft. Das Maß der adverbialen Bestimmung der Zeit lautet: „Eine kleine Weile, und ihr werdet mich nicht mehr sehen; und wiederum eine kleine Weile, und ihr werdet mich sehen" (Joh. 16, 16). Dieser Jüngste Tag, unser Tag, der Tag der Christen, hat nichts mit „christlichen Völkern", „christlichen Staaten", „christlichen Parteien", „christlichen Kulturen", und nicht einmal mit „christlichen Zivilisationen" zu tun. Der Unterschied zwischen Christen und anderen Menschen ist weder ein Unterschied des Landes, noch der Sprache, noch der Sitten, doch bekunden sie gleichzeitig den wundervollen und ausgesprochen fremdartigen Charakter ihrer eigenen Bürgerschaft. Wir Christen stehen im Dazwischen, im Advent des abwesenden und in der Präsenz des anwesenden Gottes. Und in diese Situation hinein ist auch die sakramentale Wirklichkeit der Ehe zu integrieren.

Das Sakrament der Ehe besiegelt den Glauben, daß nur der Mann und nur *dieser* Mann mit nur der Frau und nur *dieser* Frau zu dieser einmaligen Einheit des Menschseins berufen sind: „Gebein von meinem Gebein und Fleisch von meinem Fleische". Mann und Frau erfahren also durch das Sakrament die Glaubensgewißheit, daß sie vorweg und auf ewig, das heißt von Gott her bis in ihre leibliche Natur hinein einander zugeordnet sind, daß sie ein Fleisch werden. Nur diese (im Leben gewiß vielfach gebrochene, versuchte und bedrohte) Glaubensgewißheit gibt ihnen die Kraft, das *Risiko* des Sakramentes einzugehen und auszutragen. Was auch immer an Spannungen und Paradoxien im ehelichen Leben auftreten mag, wird erhellt durch diesen Glauben an eine gemeinsame Heilung, Heiligung und Erlösung in einem ewigen Leben dieser Zuordnung von „Natur" und „Übernatur" mit aller ihr verheißenen Glückseligkeit. Die Kraft und die Forderung des Sakramentes — die besondere Gnade — läßt den Christen alle irdischen und menschlichen Unzulänglichkeiten, bis in die trostlosesten Widerwärtigkeiten hinein, übernehmen, tragen, ertragen, um selbst einen unerträglichen Gatten in diesem Glauben und in dieser Hoffnung auf solche Verwandlung des Seins — zu *lieben*. So, wie Christus noch seine Kirche liebt, da sie verraten, zerstückelt, verlassen wird und sich selber verrät, zerstückelt und verläßt, so liebt der Christ seinen Gatten im Sakrament der Ehe in Unauflösbarkeit. Es ist völlig untheologisch, diese Unauflösbarkeit in Hinblick auf ein juridisches Band oder auf eine naturhafte Beziehung zu verengen. Unauflösbar ist die Ehe in ihrer sakramentalen Wirklichkeit, in ihrem übernatürlichen Sein, das vorweg gegeben ist, *da* ist, wenn das freie „Ja" das Geheimnis in die Sichtbarkeit hebt. Darum werden auch im Himmel keine Ehen mehr geschlossen: sie sind beschlossen in Gott von Ewigkeit her. Das Sakrament der Ehe verlangt daher einen großen, starken und weit über die bloß natürlichen Kräfte des Menschen hinausgehenden Glauben. Es verlangt ebenso starke und große Akte der Hoffnung, und erst über diesen theologischen Tugenden schlingt sich zusammenfassend als die eigentliche Größe dieses ehelichen Seins: die Liebe.

Ehe ist darüber hinaus in einem ausgezeichneten Sinne: imago trinitatis, Abbild des Dreieinigen Gottes. Es lag ganz in der Trift eines zeitgebundenen Verständnisses, wenn ältere Dogmatiken in der Zusammenstellung von Vater-Mutter-Kind eine Analogie zur Trinität erblikken wollten. Dem schließt sich die Spekulation über die Abfolge der Generationen an. Aber Ehe ist sacramentum auch ohne das Kind. Nie ist Ehe so ungewöhnlich wie in den ersten Tagen der liebenden Einung, wo weder die Erwartung noch die Anwesenheit des Kindes die heilige Innigkeit dieses Geheimnisses zu brechen vermag. Außerdem ist aber das Kind in seiner personhaften Eigenständigkeit notwendig und geschichtlich auf eine Trennung und Lösung aus dem durch die Ehe gestifteten Familienverband schon früh verwiesen. Die Ehe und nicht die Familie ist unauflöslich. Ehe heißt Ewe und ist Wirklichkeit auf Ewigkeit und damit auf Unauflöslichkeit hin. Im Bruch mit allen biologisch oder psychologisch begründeten Analogien führt allein die personhafte Bestimmtheit der Ehe zu einer gültigen Analogie: Beide Gatten sind jeweils Person, und keine auch noch so intime Beziehung hebt diese Personhaftigkeit auf. Die Gatten stehen immer in ihrer eigentümlichen, personhaften Verantwortung: „in personis proprietas". Aber das Geheimnis der Ehe liegt in dem Erscheinen einer dritten personhaften Wirklichkeit, die aus dem Ja von Mann und Frau hervorgeht: die einmalige, einzigartige, unwiederholbare Spiritualität jeder Ehe. Sie ist mindestens ebenso konkret, so geschichtlich, so naturhaft und seelisch, also so gesamtmenschlich bedeutsam, wie das Mann- und Frau-Sein. Die *eine* Wesenheit („in essentia unitas") ist die durch das Sakrament gegebene übernatürliche Wirklichkeit. Und so, wie niemals ohne schwere Schuld die Ehegatten über die ihnen eigene Würde und Integrität hinweggehen dürfen („in majestate aequalitas"), so auch niemals über die Wirklichkeit hinweg, in der ihre Personhaftigkeit ihren Mittelpunkt hat und sich die dritte Personalität begründet: das „Mann-dieser-Frau-Sein" und das „Frau-dieses-Mannes-Sein", — der eheliche Mensch. Erst innerhalb dieser Erlösungsordnung begreifen wir die Ehe in ihrer vollen Gestalt, und auch erst von hier aus begründet sich die Unlösbarkeit, die aus biologischen, psychologischen, ethischen, juridischen und pastoralen Argumenten immer nur sehr bedingt begründet werden kann. Ehe ist also deshalb unauflöslich, weil durch das Sakrament eine dritte Wirklichkeit gesetzt wird, welche die personhafte Freiheit der beiden Ehegatten erfüllt, welche durch das freie Ja aus der bloßen Ich-Du-Beziehung eine Wir- und Uns-Beziehung hervorgehen läßt, und auch sie hat eine ihr eigene Freiheit und ihre eigene personhafte Würde.

Diese Freiheit der ehelichen Wirklichkeit bedeutet geschichtliche, heilsgeschichtliche Einmaligkeit, Unwiederholbarkeit und Unvertauschbarkeit. Darauf mag sich eine hohe Zivilisation, und ich weiß nicht was alles, errichten lassen. Aber sie folgen alle im nur akzidentellen Sinne. Weiterhin ist Ehe damit nicht mehr nur naturhafte Ordnung, sondern Auftrag, Leistung und Bewältigung in Anruf und Antwort vor Gott. Die Rede von der naturgetreuen Ehe trifft nur die halbe Wahrheit. Auch hier gilt, daß die Gnade, das Sakrament nicht nur die Natur voraussetzt, sondern auch die Geschichte. Die personale Bestimmung des Menschseins hebt alle Determinanten in den Bereich der Freiheit; die sakramentale Bestimmung steigert diese Freiheit, indem die ganze Menschlichkeit hier und jetzt auf das Ewige bezogen wird. In der christlichen Existenz — und die Ehe ist eine der gültigsten Existenzformen des Christen — hören alle Ordnungen, alle biologischen und psychologischen Bezüge, auf: sie hören auf Gott, ihm sind sie in Gehorsam unterstellt. Darum muß auch das Kind geschichtlich verantwortet sein. Es ist nicht das Produkt einer naturhaften Ordnung, die für den Christen in sich selber ihre Gültigkeit besäße. Auch die Frau muß vom

Manne geschichtlich verantwortet sein, und wehe ihm, wenn er aus rein „naturhafter Ordentlichlichkeit“ ihre personhafte Freiheit und Würde übergehen konnte. Und wehe dem Weibe, das sich im Kinde ihren Spiegel suchte, um dem Manne aus den Augen zu kommen. Wer es fassen kann, der fasse es. Denn dieses Geheimnis ist groß; nicht minder groß ist das in ihm verborgene Ärgernis. Es muß das Kinder-haben und das Kinderlos-sein, es muß jedes Kind und damit auch die Zahl der Kinder geschichtlich, heilsgeschichtlich verantwortet werden; denn der eheliche Akt ist ein personaler Akt. Kinder von Christen werden gezeugt, sie sind kein Produkt der Natur, sie werden erzogen und nicht gezüchtet. Sie sind weder Würfe, noch Setzlinge, noch Ableger. Eheliche Hingabe ist freies Sichschenken und nicht triebhafte Brunst. Sie gelingt nur in Keuschheit und Scham, in einem christlichen Grundverhalten, das nicht einzelnen Ständen reserviert ist, sondern allen abverlangt wird. Eheliche Liebe ist Nächstenliebe, ist Liebe in Geschwisterschaft, ist Liebe in Christo. Sie müht sich um die Reinigung und ist sakramental gereinigt von Selbstsucht und Selbstbefriedigung. Sie sucht und sieht im Gatten den Dritten: in *einem* Fleische die Wir-heit des erlösten, auf den Dreieinigen Gott bezogenen heiligen Menschen.

Die Krise der christlichen Ehe ist eine Glaubenskrise; in sie hinein ist auch die Krise der Familie einbezogen. Man heilt nicht, wenn man nicht am Wurzelgrund heilt. Mit Kinderscharen ist es nicht getan, mit naturgetreuen Winkelzügen auch nicht. Damit soll kein Jota von der Dringlichkeit sozialer Hilfsmaßnahmen für die kinderreiche Familie angetastet werden. Und dann mag auch Zivilisation, Kultur, Volk und Staat und was immer mitgerettet werden. Es wird vieles mitgerettet im Christentum, wenn sein heidnischer Anspruch zunächst einmal gebrochen wird. Aber der Wandel muß aus dem Glauben kommen, aus der gelebten christlichen Existenz. Erst wenn die Heiden die christliche Ehe von den ihnen geläufigen Formen dadurch zu unterscheiden vermögen, daß ihnen staunend aufgeht: „Seht, *wie* sie einander lieben,“ — erst dann wird christliche Ehe ein Faktor im soziologischen Bereich der Menschheit und Menschlichkeit sein. Aber sie wird auch sogleich ein großes Ärgernis sein. Denn *so* lieben kann man nur aus dem Glauben und in der Hoffnung, gerade aus den Kräften, die den Heiden fehlen, aus den Kräften des Sakramentes.

Walter Rest.

Auf diese Eruption, vulkanisch und zuchtvoll zugleich, wollen wir nicht antworten, auch nicht im Namen Ernst Karl Winters. Ob Walter Rest dessen Aufsatz trifft oder das eigentlich Gemeinte verfehlt, ist völlig nebensächlich angesichts der Intensität und Glaubwürdigkeit seiner Aussage. Sie soll für sich selber sprechen, und unsere lebhafte Sympathie ist mit ihr.

WD

Das Ende des soldatischen Gehorsams

Ein Soldat ist kein Zivilist; Militär ist wesentlich ein Gegensatz zur Zivilisation.

Der Widerstand gegen Hitler hat die Möglichkeit „der deutsche Soldat“ scharf und schmerzlich in das Licht der Selbsterkenntnis gerückt. Als Kern dieser Problematik hat sich der Gehorsam erwiesen. Der Gehorsam ist es, der den scharfen Schnitt zwischen der Welt des Soldaten und der des Zivilisten ausführt.

Ich bin ein unsoldatischer Mensch, unzeitgemäß als notorischer Pazifist, der mit Sorge eine Menschheit beobachtet, die den Krieg fürchtet und ihn provoziert; also sehe ich mit ebensolcher Sorge die Wiederkehr deutscher Divisionen, unter welchem Hoheitszeichen auch immer. Aber man kann den Tatsachen nicht aus dem Wege gehen; man muß sich mit ihnen auseinandersetzen.

Erinnern wir uns, daß die Freiheit die vorzügliche Eigenschaft des Zivilisten ist. Kritisches Urteil — ohne Freiheit nicht denkbar — und Schutz der persönlichen Freiheit durch Verfassung und Gesetz sind die Grundlagen der modernen Zivilisation. Das Sittengesetz, das die Person des andern zu achten fordert, ist ihr Ruhm. Zwang zum Gehorsam bringt den Zivilisten zur Rebellion.

Das aber sind die Eigenschaften, die den Zivilisten in den Augen des Soldaten verächtlich machen. Der Soldat verachtet das freie Benehmen, die breite Behaglichkeit, den diskursiven Widerspruchsgeist des Zivilisten; er verachtet den Zivilisten, weil dieser nicht gehorchen kann; wer nicht gehorchen kann, dem mangelt es an Selbstbeherrschung, an Selbstdisziplin: der Zivilist kann sich nicht „zusammenreißen“.

Der Soldat ist immer gehorsam, dem Höheren, dem Befehlsmächtigeren gegenüber und seinem eigenen Willen, der den Befehlsmächtigeren je und je vertritt. Hier öffnet sich die eigentliche Problematik. Kein Mensch steht außerhalb einer Ordnung und somit außerhalb einer Verpflichtung zu einem Gehorsam, wenn auch diese Verpflichtung in manchem Verhältnis nur freiwillig sein mag. Es fragt sich immer, *wem* man gehorsam zu sein hat.

Wenn ich mich so frage, dann weiß ich: unmittelbar und in letzter Instanz keinem Menschen, auch keiner Satzung, sondern einzig und allein Gott.

Und dies ist genau die Haltung des Zivilisten, der seine Freiheit hat, weil er sich Gott und Gottes Weisung unterwirft, nicht aber einem Menschen. Erst dadurch gewinnt er die Freiheit: wer sich einem Menschen unterwirft, ist Sklave, und das Merkmal des Sklaven ist, daß er keine Freiheit hat.

In diesem Umstand liegt der Unterschied beispielsweise zwischen einem Mitglied der Gesellschaft Jesu, der man nachsagt, sie sei militant, und einem Soldaten.

Der Aufstand des Soldaten gegen Hitler hat seinen Antrieb in dieser Erkenntnis gehabt. Darum waren es die besten der deutschen Soldaten, die sich zum Widerstand entschlossen. Von ihnen habe ich gelernt, daß auch der Soldat seinen Gehorsam auf Gott bezieht. Wie ist das möglich?

Es war gut möglich, solange der Soldat Gott selber durch einen Stellvertreter an der Spitze seines Ordens — und nichts anderes als ein Orden ist in diesem Sinne die Armee — mächtig und tätig sah. Die Person Gottes war ihm sichtbar in der charismatischen Majestät des Kaisers und Königs, dem Leib, Seele und Waffenkleid gehörten, und dem die Untertänigkeit zu bekennen der Eid höchster und schönster Ausdruck war. Durch dieses Verhältnis, das eine persönliche Beziehung zum Allerhöchsten Herrn gewesen ist — zum Kaiser und zum Stellvertreter Gottes —, wurde der Soldat selber ein „höheres Wesen". Sein Gehorsam galt daher nicht einem Menschen und auch nicht einem Gesetz, sondern dem Allerhöchsten Herrn, dem charismatischen Stellvertreter. Eine andere Welt, ein anderes Wesen als das des Zivilisten und der Zivilisation.

In der Reichswehr der ersten Republik wurde dieses Verhältnis zum ersten Mal gestört. An die Stelle der Majestät trat die Verfassung von Weimar, — doch ein Gesetz kann Gott nur höchst indirekt und durch fragwürdige Vermittlungen vertreten. Der Soldat half sich: er betrachtete die Republik nur als vorläufig und blieb seinem Kaiser und König treu; und er schloß sich enger an das Christentum an.

Hitler bot sich dem Soldaten zwar als neuer charismatischer Führer an, und diejenigen, die nicht mehr in der Bindung des alten Soldtentums standen, fielen auch darauf herein; aber den im Christentum einerseits, den in der Treue zu ihrer Monarchie festen Soldaten war Hitler der Antichrist, der den Orden zerbrechen und in seine Partei überführen wollte. Die Armee zerbrach. Der Bund der Gott gehorsamen Soldaten wurde ausgerottet. Der Soldat wurde zum gehorsamen Werkzeug verbrecherischer Befehle. Der Sinn des Gehorsams war dialektisch umgeschlagen, — unbegreifliches Rätsel dem Tribunal.

Und nun? Wenn sich irgendwo und irgendwie wieder deutsche Soldaten formieren, so werden sie sich ihrer wesentlichen Tugend wieder erinnern, und der Gehorsam wird wieder eine Wirklichkeit sein, eine Wirklichkeit, deren Problematik sofort über sein wesentliches Verhalten entscheidet. Wem wird er gehorsam sein?

Wir haben eine Probe auf diese Frage bereits erfahren, als ein Polizeioffizier sich weigerte, eine Gruppe von Helgolandfahrern zu arretieren, weil ein solcher Befehl gegen sein Gewissen verstoße und er es doch in Nürnberg gelernt habe, daß man Befehle, die dem Gewissen widersprechen, nicht ausführen dürfe. Hier zeigt sich, daß das Gefühl für Gehorsam bereits doppelt gebrochen ist.

Wie denkt man sich da einen deutschen Wehrbeitrag, sei es in eigener, sei es in alliierter Hoheit? Das Kernstück, der Gehorsam einem Allerhöchsten Herrn als Stellvertreter Gottes gegenüber, existiert nicht mehr. Was wird aber ein deutscher Soldat ohne dieses Kernstück tun? Er wird sich einen Ersatz schaffen. Und durch den Ersatz wird sein „Bund" entarten, das heißt: in das Widermenschliche umschlagen.

Das aber zeigt, daß die Zeit gegen eine deutsche Armee ist. Der deutsche Soldat ist ein Anachronismus; er ist heute nicht mehr möglich, vorausgesetzt, daß man ihn in seinem besten Sinne begreift. Eine demokratisierte oder zivilisierte oder in einem europäischen Verband operierende deutsche Armee ist ein Unding. Ich kann mir einen deutschen Wehrbeitrag, der nicht bedenklich wäre, nicht vorstellen. Oder will man nur — in Nachahmung des Abschreckenden — befehlsausführende Feindumbringer haben? Dann um so weniger! *Guntram Prüfer.*

Kritik:

Was ist uns Hekuba?

Als der Krieg gerade zu Ende war, als noch gehungert und gewartet wurde, als es noch Tränen gab und böse Träume (wie rasch wir das vergaßen!), da führten die hamburger Kammerspiele die „Troerinnen" des Euripides in Werfels grandioser Bearbeitung auf. In diesem Stück wird nicht gehandelt, nur gelitten. Denn Troja fiel, und es ist furchtbar, besiegt zu sein. Nacheinander erfahren die gefangenen Troerinnen ihr Los: Sklaverei und Schlimmeres sollen sie erdulden; Hektors Söhnchen, einziger Trost und leise letzte Hoffnung, wird ermordet; und selbst die Königin Hekuba, stolz und alt, muß Sklavin des Odysseus werden und an dessen Hof Frondienste leisten. Was Menschen einander antun können, auf welche Weisen Leid ertragen wird, oder auch nicht mehr ertragen, das ist Inhalt dieser Tragödie. Eindringlicher wurde nie begriffen und gesagt, was Krieg ist, grimmiger und unwiderruflicher wurde er nie verworfen. „Töricht der Mensch, der Städte niederbrennt, / der Götter Tempel und der Ahnen Gräber / verwüstet und dann selbst zu Grunde geht". Unbegreiflich fast, wie es trotz solcher Warnung nach der Uraufführung dieses Euripides-Dramas — seit 415 v. Chr. also — überhaupt noch Kriege hat geben können, wenn sie nicht Frucht unmäßiger Torheit, Blindheit und Vergeßlichkeit sind oder heillosen Verhängnisses.

Den Zuschauern bebte denn auch das Herz, als Ulrich Erfurths an jäher Bewegung und drohend geschlossener Dramatik in Deutschland seitdem wohl unübertroffener Chor Anwalt wurde für Mitleid und Gerechtigkeit zugleich. So, fühlten sie, ging es ihnen allen. Alle sahen sie sich als Opfer, Schuldige, Gequälte, Suchende, Erniedrigte, die aber dennoch überstehen mußten, ohne zu wissen, wie und wodurch.

1951 begegnen die „Troerinnen" in Hilperts „Deutschem Theater" wieder, Regie führt Helmuth Henrichs. Der bezwingende Eindruck von einst wiederholte sich nicht, konnte sich nicht wiederholen. Denn allzuviel hat sich seither geändert. Schon die Resonanz mußte fehlen in einer Öffentlichkeit, die in gepflegten Lokalen Stärke und Ausrüstung der neuen Deutschen Wehrmacht diskutiert, die zum Zünglein an der Waage avancierte, und die nicht nur ziemlich restlos vergaß, was es hieß, einen Krieg zu verlieren, sondern vielleicht sogar, wen denn eigentlich beim letzten Mal dieses Pech traf.

Trotzdem: die Aufführung war gut und sehenswert. Bewegte Expression — hier vielleicht am Platze — wurde gemieden, ebenso aber auch jeder falsche Ton; das ist Zeichen seltenen künstlerischen Taktes und hochintelligenter Bescheidung vor nahezu objektiver Notwendigkeit, denn die große Leidensgeste muß falsch und unpassend wirken im restaurativen Deutschland unserer Tage. Was gesagt wurde, war ehrlich, sonst schwieg man lieber. Das Dumpf-Verhängnisvolle war immer noch stark genug, um jenen kümmerlichen Quintaner-Aberglauben vom Apollinisch-Hellen, das aller griechischen Kunst anhafte, seiner ganzen, grotesken Instinktlosigkeit zu überführen.

Unvergeßlich und tief beunruhigend jedoch war Hekuba (Mila Kopp). Denn nicht nur die erhaben duldende Königin ergriff, sondern die ganze Hekuba, die eifernde, prahlende, rechthaberische Kreatur. Hekuba denkt nicht daran, die Größe ihres Schmerzes diskret zu verbergen, im Gegenteil, sie rühmt sich allzu stolz ihrer unheimlich vielen Söhne und Töchter, und ohnmächtig wütend, keifend fast beschimpft sie Helena, die alles Unglück verschuldet habe. Den Tod wünscht sie der Verhaßten.

Ist es nicht fast beängstigend weise, daß Euripides auch solche Züge an der Königin sichtbar werden läßt? Nicht etwa, daß Hekuba jetzt klein und fehlbar erschiene oder nun in ihrer ganzen Schwäche vor uns stünde. Davon kann keine Rede sein. Keineswegs geht es um die „Entlarvung" der einst so vornehmen Königin oder um irgendeine kümmerlich psychologisierende Enthüllung. Damit haben sich erst die Späteren befaßt.

Was aber ist uns Hekuba?

Sollte sie nicht vielleicht Bild dafür sein, daß Leid nicht notwendig — wie es doch seit je die starre Meinung will — der große Erzieher des Menschen ist? Davon hatten die in ihrem Jammer befangenen hamburger Zuschauer freilich nichts spüren können, sie sahen ja ihr eigenes Schicksal auf der Bühne und litten mit, um danach das Theater bestürzt, aber auch bestätigt, bestärkt und rätselhaft getröstet zu verlassen. In Göttingen jedoch wurden mehr die Wirkungen deutlich, weil jetzt — 1951 — die Gründe für den Jammer der Troerinnen und ihrer Königin nicht mehr genügend Widerhall im eigenen Erleben fanden; jene Wirkungen des Leides, die eben auch schlimm und entstellend sein können. Denn auch der Charakter eines Menschen kann durch Entbehrung oder Qual entstellt werden. So schwer es dem Gefühl vielleicht auch werden mag, den Menschen nicht auf seinen Charakter zu reduzieren, — wir dürfen es auf keinen Fall tun. Der Flüchtling, den das, was er durchlitt, arrogant machte, der wehleidig und vielleicht auch unwahr von dem erzählt, was er bessesen und gewesen; der Mann aus dem Kriegsgefangenenlager oder KZ, der sich gemein, habgierig, unverläßlich oder brutal zeigt, sie alle haben gerade so viel Anspruch auf Liebe wie jener freundliche, dankbare und bescheidene Patient, der nur physisch krank ist.

Es stimmt einfach nicht, daß Leiden nur veredelnd oder abklärend wirken. Solche Thesen sind naiv und grausam zugleich. Sie schätzen den Menschen zu hoch ein, weil sie seine Unbeständigkeit nicht einsehen, und zu tief, weil sie nicht wahrhaben, daß jenseits von Körper und Charakter jedem von uns etwas Wesentliches eigentümlich ist, das ihn wirklich zum Menschen macht: seine Seele.

Das lehrt uns Hekuba.

Joachim Kaiser.

Spiel im Niemandsland

Die absurde Position der zeitgenössischen deutschen Theaterkritik erweist sich bei jedem unfertigen Zeitstück aufs neue. Mit unduldsamer Nervosität wird den jungen Autoren angekreidet, daß sie nicht gleich als perfekte Kleiste oder zumindest Anouilhs sich in die geschmeidigen Hände unserer zahlreichen hochgebildeten Regie-Routiniers geben. So war Herrn J. W. Klefisch aus Aachen unschwer zu prophezein, daß seine Tragikomödie aus dem griechischen Bürgerkrieg, „Wer zuletzt lacht", einen Sturm im Wasserglas entfesseln würde, als er sie durch die dortmunder Bühne zur Diskussion stellte.

Es sei vorweg betont, worauf wir noch zurückkommen, daß der Schluß des Stückes absolut unbefriedigend ist, logisch, moralisch, dramaturgisch, ästhetisch. Anderseits hatten die Intendanten von Nordrhein-Westfalen nur allzu recht, als sie auf einer Tagung des deutschen Bühnenvereins ihrem bochumer Kollegen Hans Schalla beistimmten, der sehr deutlich zu verstehen gab: eine Presse, die, eine silbenzählende Gouvernante, Entwicklungsansätze, Unausgegorenes nicht mehr diskutieren wolle, sei ein langweiliger Club geworden.

Der Schriftsteller Klefisch, ein jüngerer Mann der Frontkämpfer-Generation des Zweiten Weltkriegs, heute Manager der „Brücke" in Aachen, Pazifist, macht den Versuch, dramaturgisch die spanische Herren-Diener-Komödie, wie sie etwa Lope de Vega formte, als Ausdrucksmittel seines modernen Anliegens zu verwenden. Die Herren sind für ihn heute die westlichen Offiziere und die östlichen Kommissare. Die mit List und Tücke einen gewissen freien Spielraum erkämpfende Volksmenge stellt die gegenüber Lopes Zeiten gewaltig angewachsene „Dienerwelt". Leider fehlt dem Autor das Talent, dem Volk aufs Maul zu schauen, leider fehlt ihm die leichte Hand zum raschen, knappen, improvisierten Skizzieren. So gelingt es ihm nicht, gleichzeitig einen Kalauer belachen zu lassen und darin eine ganze Zeit ironisch zu durchleuchten. Und so fällt sein Lustspiel auseinander in ernste und heitere Passagen, es ist ein Stück in Stücken, und nur in der ideellen Konzeption ist es heil und ganz, bis im Schlußakt auch das geistige Anliegen des Autors happy-end-selig verzerrt wird.

Immerhin: mutig und nonkonformistisch wird die Zeit bei den Hörnern gepackt. Klefisch ging weder zu Weiß noch zu Rot, sondern er ging ins Niemandsland, er ging nicht zu den Verteidigern von Leningrad noch zu denen von El Alamein, er ging zu den Verteidigern der Zivilkluft. Das kleine Dorf im Epirus sieht im Hin- und Herwogen der Kämpfe (es könnte auch ein Dorf in Korea sein) mal die „volksrepublikanischen" und mal die „königstreuen" Befreier nahen. Nun spielt es, in doppelseitiger Kollaboration dialektisch versiert, den Popen aus, wenn es gilt die Monarchisten zu gewinnen, und den Bürgermeister, wenn man bei den Roten um gut Wetter anhalten muß. Beide Seiten werden als feindliche Herren empfunden, als unduldsame, inquisitorische Manager der modernen Staatsbürokratien; zwischen ihnen perfektioniert sich das Dorf in der Kunst, Diener zweier Herren zu sein.

Kommen die Regierungstruppen, meldet der Späher am Dorfrand „Macht". Rasch wird einem Gehängten, der kurz vor Ausbruch des Bürgerkriegs an den Dorfgalgen kam, das Gewand des Bürgermeisters angezogen. Unter frommen Gesängen, Jubel und Tränen der Frauen ziehen die Royalisten ein und bringen auf einem Maultier den Popen zurück. Der Bürgermeister verbirgt sich bis zum politischen Szenenwechsel in einer Heringstonne. Dann läuft die Sache wieder links herum. Die „Volksarmee" kehrt zurück. In der Heringstonne löst der Pope den Bürgermeister ab, und die allmählich etwas riechende Leiche des Galgenstricks erscheint den roten Befreiern im Schmuck des priesterlichen Talars. Der Dorfpolizist verschachert seine amerikanische MP, die er angeblich als „Partisan" erbeutet hat, an die Republikaner und bekommt dafür einen russischen Karabiner.

Des Bürgermeister schmuckes Töchterlein aber ist als „Spionin" beider Seiten über den Wechsel des Kriegsglücks immer auf dem Laufenden und, vom Popen wie vom Bürgermeister dazu angeregt, lockt sie Kommissar und Regierungsoffizier in eine Falle. Beide werden von den Bauern überwältigt und ins Spritzenhaus gesperrt. Dort nimmt man ihnen die Fesseln ab in der Annahme, sie würden sich jetzt gegenseitig erwürgen.

Aber es kommt anders. Beide erkennen die Gleichartigkeit ihrer Funktionen, und beide sind gleich unglücklich darüber, ihr geliebtes Kriegsspiel nicht fortsetzen zu können. Vor allem aber empfinden sie die Respektlosigkeit der Dörfler gegenüber ideologischen Dogmen als skandalös; sie schließen einen Waffenstillstand, sind sich gegenseitig bei der Flucht behilflich und vereinen ihre Truppen zu einer gemeinsamen Strafaktion gegen das Dorf.

Die Dialoge zeigen klar, wie sehr ein den Kriegshandwerkern zum Austrag überlassener ideologischer Gegensatz verblaßt, wie sehr die Mechanik und Apparatur des modernen Krieges auf beiden Seiten aus sich selbst zu totalitären Praktiken führt, bis schließlich Freund und Feind, ineinander verbissen, zu Brüdern in Mars werden. Je mehr sie des Krieges sind, desto mehr wächst der Abstand zwischen ihnen und den „Zivilisten", um deren Befreiung es ja hüben wie drüben eigentlich gehen soll. Schließlich ist, wie bei jedem Spiel um hohen Einsatz, der Punkt erreicht, wo es kein Zurück vom Spieltisch mehr gibt, wo der wahre Feind der Spielverderber ist, also jeder, der den Frieden ernstlich will. Das ist jedenfalls die Perspektive der Strategen, wohl kaum ihrer Mannschaften. „Unser Ziel muß sein", äußert sich der königliche Offizier im Spritzenhaus, „sobald wie möglich die normale Gefechtstätigkeit wieder herzustellen."

Schade, daß der Autor durch den Schluß, den ein einsichtiger Regisseur hätte streichen müssen, seine saubere Handschrift verwischt. Er wollte das Stück nicht in sarkastischem Pessimismus enden lassen. Wäre mit der Zerstörung des Dorfes der Vorhang gefallen, so hätte sich trotz den Mängeln des Stückes (und der dortmunder Aufführung) niemand der brennenden Frage entziehen können, die hier deutlich aufgeworfen war: Gibt es zwischen den sich befehdenden totalitären Blocks noch einen Platz für den Menschen, für seine Freiheit, für sein Haus und seine Familie, für seine freie Glaubens-Entscheidung, — oder gibt es nur noch Besatzungstruppen, weiße und rote? Aber Klefisch wollte noch unterstreichen, was ihm (und uns) das Herz beschwert. So endet das Ganze denn mit einer Art Rütlischwur. Die Dorfbewohner wollen fortan „auf den Klippen" und in ihren Fischerbooten leben, sich vom Fischfang nähren und nicht wieder aufs Festland zurück, allwo es keine Freiheit gibt. Und es gibt keinen Jabo und keinen Zerstörer im Aegäischen Meer, die sie zum Beidrehen zwingen könnten.

Es ist sehr rührend, den Autor, die Logik und die Fischer so davonschwimmen zu sehen. Diese versäumen nicht, die Verwirrung noch durch ein mehrmals kräftig gebrülltes: Ohne uns! zu vergrößern.

Noch lange kein Grund, zu verkennen, daß in oft sehr gepflegten Dialogen, die von unzweifelhaftem Sprachgefühl zeugen, das Thema des Non-Konformismus erstmals, von unserer deutschen Situation her gesehen, auf die Bühne gebracht worden ist. Endlich ist, jenseits der offiziellen Presse- und Propaganda-Klischees unseres bundesrepublikanischen oder ostzonalen Alltags, der Ort der Handlung jenes Niemandsland, aus dem vielleicht doch noch Deutsche, Christen, Kriegsgegner einen Weg in eine deutsche und europäische Freiheit finden, die sie von der tragikomischen Rolle entbindet, in Versicherung und Rückversicherung Diener zweier gar anmaßender Herren zu sein

Friedhelm Baukloh.

Ein politischer Film

Der amerikanische Regisseur Robert Rossen hat nach Robert Penn Warrens Roman „All The King's Men" einen Film gedreht. Der Wahrscheinlichkeitsrechnung nach hätte das ein Fiasko geben müssen. Einmal, weil versucht wird, aus einem ganz guten Buch einen Film zu machen; aus einem Buch noch dazu, das recht schwierig geschrieben ist, das sich inhaltlich zu mehreren großen scheinbaren Abschweifungen Zeit nimmt, das im Aufbau verschachtelt ist wie eine Periode des Tacitus. Und zweitens, weil es sich um ein hochpolitisches und also heikles Thema handelt: den Aufstieg und Fall eines Diktators; und das in einem Land, das unübertroffen ist in der Fließbandherstellung von Euphemismen. „All The King's Men" wurde ein hervorragend guter Film, — einer der besten Filme überhaupt, wenn ich mich nicht sehr täusche. Und er wurde das, nicht obgleich, sondern weil er ein politischer Film ist.

Das soll hier natürlich viel mehr als die bloße Thematik bedeuten. Unter „politisch" möchte ich vor allem jene anscheinend spezifisch angelsächsische, vor allem im Gemeinschaftsleben demonstrierte Begabung verstehen: den Verstand und Spürsinn für das Gegebene — oder besser, das Aufgegebene — und das Mögliche; die Fähigkeit, einem Problemkomplex gleichzeitig ein wesentliches und notwendiges Anliegen und die durch die Umstände gesetzten Grenzen seiner Lösung anzusehen. In diesem Fall ist das Aufgegebene das Problem der Entstehung der Diktatur, das aus der fast verwirrenden Fülle von Warrens Roman herausgeschält werden muß, und das Mögliche ist der Rahmen eines amerikanischen Spielfilms. Diese zwei Blickpunkte verliert Rossen nie aus den Augen. Sie befähigen ihn nicht nur zu den unvermeidlichen formalen Retuschen (die vielen Nebenhandlungen des Romans zu streichen und doch in Andeutungen wieder in die Filmhandlung hineinspielen zu lassen; die erotische Spannung um des moralischen Gleichgewichts der Filmzensoren willen äußerlich abzuschwächen und in Gestik und Dialog als atmosphärischen Unterton zu bewahren), sie befähigen ihn vor allem zu dem entscheidenden Erfolg, für die literarische Methode Warrens — der sich an sein Problem „heran-analysiert", der jede neue Spiegelung seines Konflikts durch eine neue Nebenfigur mit eigener Entwicklung, eigenem Schicksal darstellen kann, — eine ebenso gute filmische Methode zu finden: die unmittelbare Intensität des Bildes. Für die Ausdruckskraft von Dialogen, Überlegungen, Erinnerungen setzt er die Ausdruckskraft von Massenszenen, Landschaftsbildern, Milieuschilderungen. Dabei verliert er sich jedoch keinen Augenblick an die reine Kamera-Virtuosität: Ebenso wie Warren die Ausdrucksmittel des Romans der Geschichte unterordnet, die er erzählt, ordnet Rossen die Ausdrucksmittel des Films derselben Geschichte unter.

Warren sieht die Wirklichkeit der gesellschaftlichen Ordnung wie wenige amerikanische Schriftsteller; in immer eindringlicheren Erinnerungen und Auseinandersetzungen macht er uns die Kluft deutlich zwischen der alten Aristokratie der Südstaaten und der neuen Zeit, aus der der Gouverneur geboren ist. Rossen tut das auch, auf seine Art: auf der Fähre, die zu der Insel fährt, auf die sich die alten Geschlechter in einer letzten Distanzierung zurückgezogen haben, steht, unbeweglich, hilflos und gebannt, ein modernes Auto, auf Hochglanz poliert, auf Angabe und Hast. Es steht, wie vor Jahrzehnten die Postkutsche stand. Die Kluft ist da. Warren ist ein Moralist; in langen Überlegungen sucht er das Gute und das Böse seiner Geschichte zu finden und in die richtige Entgegensetzung zu bringen. Rossen übersieht das scheinbar. Er scheint sich damit zu begnügen, das Tempo, die beklemmende Intensität seines Films immer weiter zu steigern, die Diktatur rein als Erscheinung anhand der Veränderungen zu studieren, die sie dem Leben der Menschen in immer schnellerer Folge aufdrückt. Er *scheint* sich zu begnügen: denn diese reine Sachlichkeit ist nur der großartige Hintergrund, vor dem sich die Lösung, oder vielmehr die Darstellung der Lösung, umso prägnanter in zweimal ein paar Metern Film abhebt. Das eine Mal schaut ein scheinbar in sein Klavierspiel vertiefter junger Mann, dem seine Schwester und sein bester Freund zureden, sich dem neuen Regime anzuschließen, dem sie vorstellen, wie viel Gutes der neue Mann schon getan habe, wie viel er noch tun könne, plötzlich auf und sagt: „But is it true?" — „Aber es ist wahr?" Diese vier Worte, in denen ja auch alles gesagt ist, genügen und erfüllen, weil sie die einzigen Worte des Widerspruchs im ganzen Film sind. Und die Schlußszene: Der Gouverneur ist unter den Schüssen seines Mörders zusammengebrochen. Sein Leibwächter, ein „kleiner Mann aus dem Volk", herausgehoben nur durch seine ergreifende, erschreckende Abhängigkeit von seinem Herrn, schießt auf den Attentäter. Nicht einmal, nicht zweimal. Er schießt die Kammer seines Revolvers leer, in den längst hingesunkenen toten Körper vor sich. Und dabei verzerrt sich sein Gesicht, dabei tanzt er von einem Bein aufs andere wie ein Medizinmann im tiefsten Dschungel. Das ist nicht mehr Notwehr, nicht mehr Vergeltung, — es ist Exorzismus. Das ist kein Mensch mehr, — es ist die Verlängerung eines selbständig gewordenen Revolvers. Es ist die

Apotheose der Macht. Und es ist eine der erregendsten Filmszenen, die ich je gesehen habe.

Hollywood liegt in unserer Einschätzung irgendwo hinter Kötzschenbroda. Wir sollten uns das manchmal überlegen. Denn Hollywood ist der amerikanische Film. Und „All The King's Men" ist ein amerikanischer Film. Wir hätten das nicht fertiggebracht. Wir hätten bestenfalls eine Satire daraus gemacht, eine Persiflage. Sehr gekonnt, sehr gerissen, sehr für die „happy few". Es wäre recht „unpolitische" Politik geworden, aber dafür sehr „filmisch". Doch das Politische dieses amerikanischen Films ist ja natürlich auch gleichzeitig das vollendet Künstlerische und auch „Filmische". Vollendet, weil in seiner allerschlichtesten, seiner allerzweckmäßigsten Form. Das ist sehr viel, auch wenn es aus Hollywood kommt. *Engelbert Kirchner.*

Zwei Gouverneure

Howard Fast: „Der Amerikaner". Eine Legende aus dem Mittelwesten. Dietz Verlag, Berlin 1950, 368 Seiten, Halbleinen DM 6.—.

Robert Penn Warren: „Der Gouverneur". Wolfgang Krüger Verlag, Hamburg 1951, 656 Seiten, Leinen DM 16.80.

Hand in Hand mit der begeisterten Entdekkung der eigenen Geschichte und ihrer leidenschaftlichen Verehrung in marmornen Pantheons, Memorials und „shrines" ging die Konjuktur der Biographien und historischen Romane in der amerikanischen Literatur. Auch die beiden hier anzuzeigenden Bücher sind noch aus dieser Quelle nationalen Selbstbewußtwerdens und -seins gespeist. Daß sie kritische Züge aufweisen, widerspricht nur scheinbar der Behauptung. Es beweist, daß sie auch in der Tradition der sozialen Anklageliteratur („Der Amerikaner") und der „Amerikanischen Tragödie" („Der Gouverneur") stehen. Aber die Unterschiede zwischen den beiden Büchern sind so groß, daß man fast vergißt, was sie gemeinsam haben: den Versuch nämlich, Leben und Wirken eines bedeutenden amerikanischen Politikers darzustellen.

Der poesievolle Untertitel von Howard Fasts Buch kommt einer Irreführung gleich. Verpackt in einige handfeste Sentimentalitäten wird der Lebenslauf eines großen demokratischen Gouverneurs von Illinois, John Peter Altgeld, zum Anlaß genommen, die sozialistische Bewegung der Achtzigerjahre zu verherrlichen, den amerikanischen Imperialismus anzuprangern und die Schwächen der Demokratie bloßzulegen. Derlei ist nicht neu und bietet keine besondere Überraschung. Weil das Buch aber einen literarischen Anspruch erhebt, wirkt das Handwerkszeug des Leitartiklers Fast wie eine Krücke des Schriftstellers Fast. Da wird eine sozialistische Masche von anno dunnemals zum Strumpf gestrickt und viel Biographisches hineingestopft. Das Ergebnis ist bestenfalls als epische Wurst zu definieren. Man fragt sich, warum — beim seligen Gutenberg — dieses Buch im Jahre 1950, zu einer Zeit also, da wir den Nachhilfeunterricht in amerikanischer Literatur recht gründlich absolviert haben, gleich in 20 000 Exemplaren aufgelegt wird. Die Antwort ist einfach, fast zu einfach: der deutsche Verleger sitzt im berliner Ostsektor. Und das ist es, was verstimmt: nicht um die verehrungswürdige Gestalt Altgelds also scheint es zu gehen, vielleicht nicht einmal so sehr um die Sozialisten-Hysterie der damaligen Zeit und die chicagoer Todesurteile, zu denen sich schon Tolstoi eindringlich äußerte, sondern um die Tendenzen des Leitartiklers Fast.

Um ähnlich verstimmende Parallelen aufzuzeigen, brauchen wir gar nicht bis zu der durch Goebbels befohlenen deutschen Ausgabe der „Früchte des Zorns" von Steinbeck zurückzugehen (dessen andere Werke uns damals „wohlweislich" vorenthalten wurden). Die einseitige Auswahl russischer Literatur, wie sie in jüngster Zeit bei uns gang und gäbe geworden ist, etwa die Bevorzugung Sostschenkos, die durchaus in den Rahmen politisch gelenkter Kultur und einer sehr seltsamen Völker-„Verständigung" paßt, gehört ebenfalls hierher. Der Rezensent glaubt, die ihm für eine Buchbesprechung gesetzten Grenzen nicht zu überschreiten, wenn er erklärt, daß er dieser Methoden nachgerade leid ist.

Robert Penn Warren hat seinem Gouverneur ein Pseudonym gegeben und die Wirklichkeit in legitimer dichterischer Freiheit abgewandelt. Der Willie Stark dieses Buches trägt die Züge von Huey Long, jenes Politikers der zwanziger und dreißiger Jahre, der als Gouverneur von Louisiana zu einer enormen Gefahr für Amerika wurde. John Gunther meint in „Inside USA", Long hätte, wäre er am Leben geblieben, sehr wohl den Faschismus nach Amerika bringen können. Er vergleicht ihn mit den europäischen Diktatoren und Tyrannen, und das Bild, das sich ergibt, zeigt uns ein imponierendes Monstrum, dessen Popularität gewiß nicht nur durch das Arbeitbeschaffungsprogramm während der Depression und die Parole „Teilt den Reichtum" so außergewöhnlich war. Long, der den Spitznamen „Kingfish" hatte, wurde gegen Ende der ersten Präsidentschafts-Periode Roosevelts von einem jungen Mann aus persönlichen Motiven erschossen.

Bei Warren erzählt der Privatsekretär des Gouverneurs seine und seines Herren Geschichte. Es ist ein Roman, eine epische Leistung von hohen Graden, psychologisierend, doch immer innerhalb des Erzählerischen, der Handlung. Warren nimmt nicht ausdrücklich Stellung für oder gegen den Gouverneur. Er bleibt letzten Endes beschreibend. Der Privatsekretär steht vor Willie Stark, obwohl teils kritisch, teils auch fasziniert, wie vor einem Naturereignis. Er vertritt jenen Typ des modernen Intellektuellen, der im passiven Nihilismus verharrt. Machtlos, ja fast gelähmt treibt er in zwielichtige und beschämende Situationen. Erst der Tod des Gouverneurs löst die verschlungenen Bande der Abhängigkeit und gibt den Weg frei zu einem Leben nach eigener Bestimmung. Scharf, doch ohne Verzerrung sind auch die Nebenfiguren gezeichnet: der korrupte Politiker, der hörige Chauffeur, die ehrgeizige Sekretärin, der verkommene Prediger, der ehrbesessene Arzt, die unschuldig schuldig werdende junge Frau. Warrens Palette hat kräftige Farben, und er malt pastos. Louisiana ist heißer Süden, es liegt auf der Höhe von Marokko.

Noch einmal: der Roman ist weit entfernt vom Dokument. Daß er streckenweise als erregendes politisches Lehrbuch gelesen werden kann, unterstreicht nur das bemerkenswert glückliche Zusammenfallen von littérature pure und littérature engagée.

Peter Stadelmayer.

Hingegen . . .

Anbei drei Bücher zurück.

Otto Heuschele: „Ins neue Leben". J. F. Steinkopf Verlag, Stuttgart 1949, 160 Seiten, Halbleinen DM 3.80.

. . . weil der schwäbische Erzähler immer noch an dem hausgemachten Wollstrumpf strickt, der schon längst nach den ungewaschenen Füßen der teutschen Literatur riecht; weil wir das nur noch übersehen können; weil jede Polemik dagegen uninteressant wäre, und weil er wohl sein Publikum hat und auch kein neues mehr finden wird. Anima candida mit der Ahnenreihe „der Schiller und der Hegel, der Schelling und der Hauff, das ist bei uns die Regel, das hört gar nimmer auf". Kannst nix machen!

Wilhelm Spengler: „Karfreitag — ohne Ostern?". Selbstverlag Dr. Spengler, Bad Wörishofen 1951, 536 Seiten, Leinen DM 15.—.

. . . weil diesem Amateurschreiber und -verleger mit seinem eitlen und völlig uninteressanten Wälzer nicht einmal durch eine offizielle Schlachtung zu falschem und unberechtigtem Aufheben verholfen werden sollte. Von mir aus können die Wörishofener Kneippgäste derlei aufs Nachtkastel legen und damit den Erfolg ihrer Kur gefährden. Aber lesen werden's vielleicht nicht mal die.

Horst Wolfram Geißler: „Begegnung in Venedig". Verlag der Arche, Zürich 1949, 62 Seiten, Pappband.

. . . weil der verdiente Autor des garnicht so gering einzuschätzenden „Lieben Augustin" hier lediglich eine sehr gewandte Griffelübung vorlegt, die wohl auch garnicht mehr sein soll als eine gehobene Illustrierten-Novelle.

Alle schönen Grüße und Wünsche Ihres sehr ergebenen

Peter Stadelmayer.

Apologia

Freyberger Laurentius: „Baiwarisches und Barockes". Eine Plauderei. Dritte (bedeutend) erweiterte Auflage. Verlag Kösel, München und Kempten 1949, 297 Seiten, Ganzleinen DM 14.50.

Es muß mit der Angst der Baiern, nicht nur im deutschen Konzert, sondern auch bei der eigenen Hausmusik überschrieen und überschrieben zu werden, weit gekommen sein, wenn sie, ihrer Natur zuwider, anfangen, selber zu schreiben und mit der Waffe ihrer Gegner sich zu verteidigen, nämlich mit der Reflexion, mit der Umsetzung ihres dreidimensionalen Lebensgefühls ins eindimensionale Wort. Freyberger hat versucht, das bairische Lebensgefühl den übrigen, ach so fremden Deutschen begreiflich zu machen an den Grundlagen: der Landschaft und dem Menschenschlag, und an deren Äußerungen: der Geschichte und den Kunstwerken. Er erläutert, nicht als erster, die enge Verwandtschaft zwischen dem Bairischen und dem Barocken. Wo anderwärts ein eleganter Essay am Platz gewesen wäre, ist ihm etwas ganz anderes, etwas sehr barockes gelungen, dem der Name Plauderei nur unzureichend gerecht wird. Die Fülle dessen, was zur Aussage drängt, erscheint dem an klassisches Maß Gewöhnten auf den ersten

Blick formlos, eher verhüllend als aussagend (wie auch ein barocker Raum seine Idee nicht — wohl aber seine Wirkung — mit dem ersten Eindruck preisgibt). Zur letzten Vollkommenheit aber fehlt die barocke Sprachfülle. Mit ihr allerdings, deren wir durch Klassiker und Pseudoklassiker seit langem entwöhnt sind, hätte das Buch wohl noch weniger auf Beachtung und Verständnis bei denen rechnen dürfen, denen es im deutschen und im bairischen Interesse so not täte, sich von diesem Volksschlag ein zutreffenderes Bild zu machen, als es etwa in ein paar oberbaierischen Ferienwochen möglich ist.

Adolf Roth.

Sozialkritik und Märchenton

Martin Andersen Nexö: „Die Passagiere der leeren Plätze", Skizzen und Novellen. Dietz Verlag, Berlin 1951, 314 Seiten, Leinen DM 5.40.

Der Dietz Verlag gibt nach und nach in Einzelausgaben die gesammelten Werke des dänischen Dichters heraus. Seinen bekanntesten Büchern „Pelle der Eroberer" und „Ditte Menschenkind" und den beiden Erinnerungsromanen „Morton der Rote" und „Die verlorene Generation" ließ er nun einen Sammelband in Deutschland zum Teil noch unveröffentlichter kleinerer Arbeiten folgen. Viele der Stücke geben Kindheitserinnerungen des Dichters wieder, der die soziale Not der Zeit um die Jahrhundertwende am eigenen Leibe hart genug erfahren hat. Schicksale und Lebensmilieu vaterloser Kinder und mißbrauchter Dienstmädchen, verarmter Handwerker, Invaliden und Bettelmusikanten, von Hafen-, Fabrik- und Landarbeitern, ihr Fühlen und Denken, ihr Kämpfen, Leiden und Resignieren und ihre kärglichen Freuden sind in farbiger, kräftiger Sprache geschildert. Andersen Nexö liebt diese Menschen, ohne sie deshalb zu heroisieren, wie es gelegentlich andere kommunistische Autoren tun. Er zeichnet sie echt und humorvoll mit allen ihren Fehlern und Schwächen, liebenswerten Torheiten und dem Bösen, das bei manchen das Elend und der Branntwein zu entfesseln vermögen.

Literarisch weniger geglückt und nicht frei von Leitartikeltönen sind einige Skizzen, in denen er marxistische Theorien durch Gleichnisse zu veranschaulichen sucht. Zum Schönsten gehören hingegen die Kindergeschichten, in denen die unerbittliche Sozialkritik unversehens vom märchenhaften Fabulieren überspielt wird. Auch sonst versteht der Dichter krasse Realistik und träumerisch verhaltene, volkslied- und volksmärchenhafte Elemente in seinem Stil auf eine nur ihm eigene Weise zu verschmelzen.

Wolfgang Bächler.

Vom Elend historischer Romane

Fritz Habek: „Der Tanz der sieben Teufel". Roman. Paul Zsolnay Verlag, Wien 1950, 593 Seiten, Ganzleinen DM 14.80.

Während des Hundertjährigen Krieges zwischen England und Frankreich wird ein junger Franzose, Robert, der Arzt zu werden gesonnen ist, in seiner Abwesenheit vom väterlichen Schloß von bösen Tanten um sein Erbe und um seinen adligen Namen gebracht. So muß er, als Namenloser, auch sein Studium aufgeben. Er versucht zuerst das Entwendete wiederzuerhalten, aber in den wirren Zeitläuften ist das ein aussichtsloses Unterfangen. Also zieht er als Bader durchs Land, macht Ausflüge in die Branche der Sozialreformer und wird zum mächtigen Ratgeber eines der vielen Fürsten, die abwechselnd mit ihrem Herren, dem französischen König, und dem Landesfeind paktieren. Es gibt glänzende Waffentaten, kluge Reden, ab und zu Erotik und (am Anfang und am Schluß) die große Liebe. Nachdem der Held viele Gefahren bestanden hat, erhält er auch sein Erbe zurück und ist seinen Untergebenen ein guter Herr. Das ist in kurzen Zügen der Inhalt des Buchs von Fritz Habek.

Es handelt sich also um einen der üblichen und gängigen historischen Romane. (Verfilmung in Technicolor ist zu empfehlen.) Es geht auch farbig und wild genug zu. Leider geraten dem Verfasser die Tatsachen durcheinander, sobald er seine Figuren geistreich werden läßt. Dann wird die analytische Geometrie schon im 14. Jahrhundert erfunden und ist St. Augustin der Urheber jener Zweifelsbetrachtungen, die ich bisher immer als von Descartes stammend annahm. Diese Unterstellungen des Autors (deren Reihe sich verlängern ließe) haben nun weder etwas mit Geschichte zu tun noch mit dichterischer Freiheit; zur Dichtung oder auch nur bescheidener zu einem guten Roman fehlen hier der anständige Stil, die sichere Handlungsführung, die klare Personenzeichnung, kurz alles, was solche Freiheiten begründen könnte. Daß die Stadt Wien Habek für seine Bücher den „Goethepreis" verlieh, kann zwar Goethe nicht viel anhaben, spricht aber gegen die künstlerische und geschichtliche Sachkenntnis derer, die an dieser

Profanierung schuld sind. Wir wissen, daß es in dem Österreich, aus dem noch vor nicht langer Zeit Altenberg, Hofmannsthal und Musil zu uns sprachen, auch heute noch würdige Männer schreiben.

Man könnte die Besprechung hier schließen, wenn es sich nicht um ein typisches Zeugnis jener Massenkultur handelte, der alles darauf ankommt, gesellschaftliche Strömungen dadurch unschädlich zu machen, daß man sie in ferne Zeiten verlegt und schon da zum Scheitern verurteilt. Indem man sehr ernste Dinge, wie die Verwirklichung sozialer Gerechtigkeit, verschwommenen Idealisten in den Mund legt, werden sie neutralisiert. Sie bekommen den Schein des im schlechten Sinn Utopischen, und dadurch wird gleichsam gerechtfertigt, daß auch heute noch nichts sich geändert hat. Zudem sind die theologischen Aussagen des Werks von der etwas ärgerlichen Unverbindlichkeit gegenüber Gott, wie sie jenen zupaß kommt, denen der Herr der Geschichte nur so lange wert ist, als er ihre (meist geschäftlichen) Kreise nicht stört. Für den billigen Affekt eines „aufregenden" Buchs wird die Dringlichkeit der Anliegen unserer und aller Zeit rücksichtslos verbraucht und aufgezehrt. In Habeks Werk zeigt sich mit aller Schärfe die Verlogenheit der meisten historischen Erzählungen. Unter dem Deckmantel der Geschichte werden notwendige Forderungen zu Modetorheiten gestempelt. Die Geschichte verliert ihren Ernst sowohl als verpflichtende Tradition wie als Anspruch, es besser zu machen, — sie wird harmlos. Naive Heldenverehrung, merkwürdiger Fortschrittsglaube und Sensationsgier verbinden sich gegen die Wahrheit der geschichtlichen Entscheidung. Zugleich aber verbirgt die breite Ausmalung der Schrecken jener Zeit den Blick auf die Wahnwitzigkeiten der unseren. Dem Leser wird ein Doppeltes mitzunehmen zugemutet: das Gefühl, wie weit wir uns inzwischen aus dem „finsteren Mittelalter" mit seinen Greueln aufgeschwungen haben, und zugleich die Resignation, die es sich beim Lesen von Büchern wohl sein läßt, in denen nicht Ansprüche an das Tun des Lesenden erhoben werden. Das alles ist natürlich recht geschickt gemixt, und schon das happy end sorgt dafür, daß sich niemand daran einen Albdruck oder eine Traurigkeit zuzieht, — es sei denn, er nähme es mit dem Wort und der Wahrheit ernst und genau.

Roland H. Wiegenstein.

Kleiner Bildungsroman

Hans Jaray: „Es fehlt eine Seite". Roman. Paul Zsolnay Verlag, Wien 1949, 347 Seiten. Leinen DM 12.50.

Hans Jaray hat sich als Autor freundlicher und erfreulicher Bühnenwerke einen Namen gemacht. Er legt hier einen Roman vor, der ihn auch als einen echten Epiker ausweist, — als einen Erzähler, der von der guten österreichischen Tradition eines Joseph Roth, eines Franz Werfel zehrt (und nicht allein zehrt). Der kleine Bildungsroman eines Knaben und Jünglings zwischen strenger Großmutter, leichtlebiger Mama und dümmlichem Offiziers-Vater auf der einen, einem verständnisvollen, gütigen Lehrer auf der anderen Seite, — dieser Roman kreist um die Achse einer selten angewendeten pädagogischen Lehre: der Lehre vom ungestörten Wachsen-Lassen junger Menschen, — dort, wo die überkommene erzieherische Lenkung nichts anderes als einen Keulenschlag gegen empfindliche Substanz bedeuten würde. „Es fehlt eine Seite", — nämlich eine Seite in der Heiligen Schrift, wo die Geschichte stehen soll, in der der Erlöser einen jungen und sehr störrischen Esel dazu bestimmt, „in Frieden zu grasen". An solcher Lehre zerbricht das erzwungene Priestergelübde des Helden, aus dieser Lehre wird er zum Menschen, nicht zu einem besonderen, aber zum Menschen.

Wenn man sich auch nicht unbedingt den Superlativen anschließen möchte, die beispielsweise Upton Sinclair diesem Roman bei seinem Erscheinen in englischer Sprache mit auf den Weg gegeben hat, so ist der Leser doch recht dankbar für dieses Zeugnis unprätentiöser Erzählkunst, die zweifellos autobiographische Elemente mit einer allgemeingültigen Analyse der mitteleuropäischen Situation in der Zeit um den Ersten Weltkrieg verschmolzen hat. Die Gestalten, mögen sie auch zuweilen entfernt an Figuren aus einem guten Operetten-Libretto erinnern, sind überzeugende Schlüsselfiguren ihrer Epoche. Die Atmosphäre jener Zeit wird gegenwärtig, die Entwicklung des Helden aus dem Traum des Kindes zum Bewußtsein des jungen Mannes entrollt sich wie eine Folge guter Graphiken. Vor allem aber: hier wird erzählt, hier ist der Zeigefinger verborgen, obwohl das ohne Zweifel ein Bildungsroman ist. Vielleicht hatte Jaray wirklich keinen Zeigefinger-Ehrgeiz, — jedenfalls wirkt sein Buch so. Und das ist mehr, als sich von den meisten Hervorbringungen dieser Art behaupten läßt. *Christian Ferber.*

Verstehen, Helfen, Führen

Alfons Simon: „Verstehen und Helfen". *R. Oldenburg Verlag,* München 1950, 199 Seiten, broschiert DM 3.80.

Hans Heinrich Muchow: „Flegeljahre". Beiträge zur Psychologie und Pädagogik der Vorpubertät. Otto Maier Verlag, Ravensburg 1950, 167 Seiten, broschiert DM 5.80.

Erich Hylla: „Vergleichende Leistungsmessung im 4. und 5. Schuljahr". R. Oldenburg Verlag, München 1949, 79 Seiten, 21 Tafeln und 25 Figuren, broschiert DM 4.80.

„Eine Schule soll mir übergeben werden? Das ist ein schwer und verdrießlich Ding. Eine Schule gleicht einem Gefängnis, wo Schläge, Tränen, Geheul ohne Ende." Wenn der bayerische Lehrerbildner Alfons Simon, der Präsident der „deutschen Gesellschaft für Erziehung", in seiner Schrift „Verstehen und Helfen" an diese Sätze erinnert, die der Humanist Agricola 1482 geschrieben hat, so kennzeichnet er damit den größten Gegensatz zu dem, wie er heute Erziehung in Schule und Haus sich denkt. Dem Erzieher geht es heute nicht mehr darum, das Kind durch Angst und Furcht nach dem Willen der Erwachsenen zu biegen. Er will zunächst das Kind in seinem Eigenwesen verstehen, auf die eigene Melodie jedes kindlichen Geschöpfes lauschen. Aus solchem Verstehen heraus sollen erst die Hilfen und Mittel der Erziehung angewandt werden.

Das zeigt nun Simon nicht lehrhaft oder mit wissenschaftlichem Getue auf, sondern — darin selbst ein guter Lehrmeister — vor allem in vier Erziehungsbildern, die wie Erzählungen anschaulich und geradezu spannend vor dem Leser ausgebreitet werden. Da ist Max, der Störenfried, der „frechste Kerl der Klasse", Hans, der aus Ängstlichkeit zum Musterknaben geworden ist, Karl, der durch Verkennung und Vernachlässigung zum Hilfsschüler absank, Markus, der so den wilden und wütenden Mann spielt, daß jedem Angst werden könnte. Und alle werden zu brauchbaren Menschen. Wie ist das möglich? Simon zeichnet getreulich den jeweils zurückgelegten Weg: unermüdliche Geduld und Hingabe des Erziehers, eingehende Vertiefung vor allem in die frühe Kindheitsgeschichte jedes einzelnen, Ermutigen und wieder Ermutigen aus einem unzerstörbaren Vertrauen in die guten Kräfte des Menschen.

So kann das Buch nicht nur für „alle jungen Lehrer", denen es gewidmet ist, sondern erst recht auch für ältere (und vielleicht doch etwas verhärtete) eine wirkliche Mahnung bedeuten. Dabei darf es aber nicht mißverstanden werden, weil in ihm verschiedene tiefenpsychologische Einsichten anklingen. Wege, wie sie Simon aufzeigt, kann ein gütiger, verstehender Erzieher aus sich selbst heraus gehen. Wo aber in schwierigen Fällen wirklich das Rüstzeug der Tiefenpsychologie notwendig wird, da sind ein gründliches Studium und die Zusammenarbeit mit einem Arzt notwendig. Jeder Dilettantismus ist mehr Gefahr als Hilfe! Auch ist die Erziehung damit nicht am Ende, daß sie das Kind versteht und ihm hilft, sich von Hemmungen und Fehlentwicklungen zu befreien. Der verantwortliche Erzieher wird darüber hinaus das seelisch gesundete Kind zur Begegnung mit ewigen Werten — wenn auch immer in zeitgebundenen Gestalten — führen. Verstehen und Helfen *und* Führen, — das erst ist die ganze Erziehung.

Nicht zum Verständnis einzelner „schwieriger" Kinder, sondern einer ganzen schwierigen Altersstufe will Muchow anleiten. Alle Erzieher und Eltern kennen jene schwierige Zeit der Vorpubertät, die als Flegeljahre bezeichnet wird; jene Jungen, die voll Kraft und Lebendigkeit immer bereit sind, irgendeinen Unfug anzuzetteln oder sich in ein lockendes Abenteuer zu stürzen, die immer wieder jeder führenden Hand entgleiten, die, gerade weil sie von den Erwachsenen nicht voll genommen werden, unter ihresgleichen das Unerreichbare anstreben und dann plötzlich vor der Härte der Realitäten in eine magische Innen- und Traumwelt ausweichen. Muchow hat aus großer Erfahrung viele Beobachtungen und Ratschläge zu einem geschlossenen und überzeugenden Bild gestaltet. Dabei verliert er sich nie in Einzelheiten. Alle pädagogischen Folgerungen sind von *einem* Gedanken getragen: „Wenn wir er-ziehen, also hinaufziehen wollen, müssen wir das Wesen des Jungen achten. Zugleich dürfen wir uns ihm nur in Ehrfurcht nähern ... Diese Ehrfurcht betätigen wir am besten, wenn wir den Jungen so behandeln, daß wir immer eine ein wenig reifere, höhere Gestalt in ihm ansprechen, als die ist, die er zur Zeit schon erreicht hat." (Im übrigen ein weiser Rat nicht nur für die Flegeljahre, eigentlich sogar ein sehr christlicher Rat überhaupt, weil wir in jedem Menschen nicht nur das tatsächlich Seiende, sondern auch das sehen sollen, zu dem er durch die Erlösung aufgerufen ist!)

Wenn Muchow die Flegeljahre aus der historisch-soziologischen Konfliktslage der Jungen heraus verstehen will, so mag diese Behauptung zunächst überraschen. Wahrscheinlich ist sie in dieser Form einseitig; aber sie bekundet doch eine sehr erfreuliche Entwicklung der Jugendpsychologie: der Blick richtet sich nicht mehr auf den isolierten Jugendlichen oder eine losgelöste Entwicklungsstufe, sondern immer auch auf die Jugend in ihrer Bindung an die Umwelt und die geschichtliche Situation.

In einem ganz anderen Sinn will dem Verständnis der Jugend der bekannte Pädagoge und Psychologe Erich Hylla dienen, vor 1933 Ministerialrat im preußischen Unterrichtsministerium, jetzt maßgeblicher Fachberater beim amerikanischen Hohen Kommissar für Deutschland und Mitherausgeber der pädagogischen Monatsschrift „Bildung und Erziehung". Hylla ließ durch eine genaue vergleichende Leistungsmessung mit Tests den Leistungstand an Volks-, Mittel- und Oberschulen erforschen und stellt Methode und Ergebnisse übersichtlich dar. Die gewonnenen Einsichten sind weniger dadurch wertvoll, daß sie besonders neu sind, sondern dadurch, daß ihre pädagogischen und schulpolitischen Inhalte einwandfrei belegt sind. Eine ganze Reihe dieser Ergebnisse müßte unsere Pädagogen und Schulpolitiker immer von neuem beschäftigen, so etwa jenes: „Die Zahl der wenig leistungsfähigen Schüler, die in die Oberschule gelangen, vor allem aber die Zahl der sehr leistungsfähigen, die *nicht* hineingelangen, ist sehr groß" (Seite 59).

Bezweifelt muß werden, ob es in absehbarer Zeit möglich (oder auch nur erwünscht und notwendig) ist, solche Untersuchungen allgemein durchzuführen. Denn sie beanspruchen nicht nur in ihrem Verlauf, sondern auch in ihrer Auswertung sehr viel mehr Zeit, als ein normaler Schulbetrieb ermöglichen kann. Bedauern wird der Leser, daß er durch die Schrift Hyllas nicht unmittelbarere Einsichten in die Prüfungsunterlagen erhält, nachdem sonst über die Art und Weise der Durchführung sehr viel gesagt wird.

Ferdinand Kopp.

Die Christenheit als Gottesvolk

Albrecht Oepke: „Das neue Gottesvolk in Schrifttum, Schauspiel, bildender Kunst und Weltgestaltung". C. Bertelsmann-Verlag, Gütersloh 1950, 523 Seiten, Leinen DM 28.—.

Die Aufspaltung der Welt in ideologische Fronten pseudoreligiösen Charakters hat — seltsam genug — dem alten Gedanken des Gottesvolkes eine merkwürdige, neue Aktualität gegeben. Das Gottesvolk ist bis zu einem gewissen Grade zu einem Politikum geworden, das die Sonderart der Christen jenseits aller Fronten der Welt besser als irgendein anderer Name kennzeichnet.

Der Name ist gut biblisch, sowohl im Alten Testament als auch im Neuen vielfältig bezeugt. Die Christen haben sich von Anfang an als Gottesvolk, als das neue Israel verstanden, und so hat der Gedanke eine lange überaus wechselreiche Geschichte. Er geht aber keineswegs immer nur mit der Kirchengeschichte zusammen, sondern greift auch tief in die politische Geschichte der christlichen Völker hinein. Der leipziger Theologe Albrecht Oepke hat das vielschichtige Thema aufs gründlichste behandelt. Obwohl das Buch vor allem eine Gelehrtenarbeit ist, in der manche Kapitel ausschließlich den theologischen Fachmann angehen und interessieren, kommt ihm auch über das Fachwissenschaftliche hinaus erhebliche geistesgeschichtliche Bedeutung zu. Denn es ist die erste umfassende Darstellung dieses bedeutenden Themas und schon dadurch geeignet, auf manches weniger beachtete Kapitel in der Gesamtgeschichte der Christenheit ein neues Licht zu werfen.

Oepke geht von den grundlegenden Texten aus und weist nach, daß die Bezeichnung der Christen als Volk Gottes bis in die Zeit der urchristlichen Gemeinden zurückgeht. Im Hebräerbrief ist nicht weniger als dreizehnmal vom Gottesvolk die Rede, das Oepke mit Recht als das Grundmotiv dieses Briefes bezeichnet. Besonders interessant ist es, anhand der Quellen zu verfolgen, wie sich dieser Gedanke gegen den des alten Gottesvolkes durchsetzt. Das neue und das alte Israel, Ecclesia und Synagoge, kämpften jahrhundertelang um das Recht dieses Namens, was sie imgrunde selbst heute noch tun.

Der Gedanke des Gottesvolkes ist auch unabhängig vom Namen lebendig. Oepke deutet das mittelalterliche Reich als eine Verleiblichung des Gottesvolksgedankens und stellt die These auf, bei den Kämpfen zwischen Kaisertum und Papsttum sei es darum gegangen, ob die Kirche oder das Reich die Gottesvolk-Idee vertreten dürfe. Dadurch sei in diesem Kampfe jene Tiefenschicht angerührt worden, der das Zeitalter seinen besonderen geschichtlichen Rang verdanke. Auch das abendländische Rittertum verdanke seine geschichtliche Würde der Verbindung mit diesem Gedanken, wie sie besonders eng im Ordensrittertum vollzogen wurde. Aber im Kampf zwischen Imperium und Sacerdotium habe schließlich das Papsttum als der entschiedenere Verfechter des Gottesvolk-Gedankens den Sieg davongetragen — für eine kurze Spanne Zeit, um alsbald am Fehlen eines Gegenüber selber zu erlahmen und zu erliegen, weil ein echter und geistlich ebenbürtiger Gegner gefehlt habe.

Im Zuge dieser Entwicklung wird der Gottesvolk-Gedanke, dessen letzter mittelalterlicher Verfechter Dante war, nach der Formulierung Oepkes durch die verselbständigte Idee der Kirche verdrängt. In den Schriften Luthers kommen Name und Gedanke des Volkes Gottes noch einmal zu einer breiten Entfaltung. Luther hat die Christen gelegentlich „als neue Jüden, aus Christo, dem edelsten Jüden, geboren", bezeichnet, und „Haufe Gottes" oder „Gottes Volk" ist eine bei ihm ständig wiederkehrende Bezeichnung für die Christenheit. Seitdem aber sind Name und Begriff des Gottesvolkes fast verschollen, um erst in unseren Tagen neu entdeckt zu werden. Oepkes Buch liegt im Zuge dieser Neuentdeckung. Fast möchte man ihm wünschen, daß es geringere wissenschaftliche Qualitäten hätte, um eine umso breitere Wirkung in die Öffentlichkeit zu finden.

Erich Müller-Gangloff.

Der Fall Josef Weinheber

Nun sind es schon über sechs Jahre, seit Josef Weinheber freiwillig aus dem Leben schied. Angst vor nahender Vergeltung dafür anzunehmen, wäre oberflächlich und seiner Erscheinung unwürdig; es lag viel tiefer. Er selbst deutet es in einem seiner nachgelassenen Gedichte an mit der erschütternden Zeile:

„. . . und wie ich den geheimen Kranz vertan."

Das Problem seines Falles läßt sich in eine Frage kleiden: Wie konnte ein Dichter, der sich als solcher erwiesen hatte, die Grundelemente allen Schaffens, die Untrennbarkeit des Sittlichen im absoluten Sinn und die verpflichtende Verbundenheit mit dem Leid der Welt, so sehr vergessen, daß er sich die Schilderhebung durch eine düstere und grausame Doktrin gefallen ließ, die Sittlichkeit und Mitleid ihrem esoterischen Mythos opferte?

Den Menschen Josef Weinheber kannte und liebte ich einst herzlich in seiner kraftstrotzenden saftigen Daseinslust, hinter der niemand irgendwelche Minderwertigkeitsgefühle wittern konnte; ich schätzte und bewunderte die virtuose Intensität, mit der er das Wort im Verse meisterte. Ihm wurde alles zur Dichtung, selbst die Entspannung aus seiner strengen lyrischen Zucht, der wir eines seiner köstlichsten Bücher verdanken: „Wien wörtlich", Dialektpoesie, die diese bisweilen schon in Verruf geratene Gattung neu geadelt hat.

Durch ein langes Gespräch, darin er mir einst seine harte elternlose Jugend schilderte, erkannte ich, was ihn zur Dichtung getrieben hatte, und heute, fast zwei Jahrzehnte später, weiß ich auch, daß dort der Urgrund seines menschlichen Versagens lag, als mit Hitlers Einmarsch in unsere Welt die große Zerreißprobe auf den Werkstoff des sittlichen Verantwortungsgefühles in den Schaffenden begann.

Josef Weinheber glaubte an nichts als an seine Kunst. An ihr hat er sich berauscht wie an dem Wein, der in sein Blut gedrungen war; ja er floh geradezu hinein in sie, um sich zu verbergen vor der Welt, die seinen bitteren Anfang kannte. Denn die Furcht vor dem Ursprung hatte ihn ergriffen, und daß er ihm wieder anheimfallen könne in einem Leben, darin es für ihn nur Herren und Knechte gab. In der uniformierten Masse des Hyrtlschen Waisenhauses der Stadt Mödling erzogen, lieblos geblieben in der Zeit, in der das junge Herz nach Liebe schrie — spät erst fand er die prachtvolle Gefährtin, der er eines seiner wunderbarsten Gedichte widmete, doch das Kind ihrer Verbindung starb, — diente er dann als kleiner Postbeamter, in einer grauen vorstädtischen Mietskaserne voll Geschrei und Gestank hausend: so war sein Dasein, ehe man ihn entdeckte. An jenem Abend des Bekenntnisses hatte er mir gegenüber seinen älteren, damals erst kurz verstorbenen Kollegen Anton Wildgans heftig abgelehnt. Nun, man mag jeden von uns ablehnen; strittig bleibt nur, worin es geschieht. Wildgans war in den besten Versen seiner Lyrik ein bürgerlicher Nachbar des Proletariats, der an der Enterbung der Anderen mehr als an dem eigenen Mangel litt, ohne dabei für ihre Schwächen blind zu sein, und jene seiner Gedichte, die außer dem großen Epos „*Kirbisch*" Bestand haben werden, sind eben die, die er ihnen widmete, den Dienstmädchen, den Arbeitern, den Bettlern, den Gescheiterten vor Gericht, den Häftlingen. Er war ein Herr, dem Wesen nach, doch ein Herr, der es nicht ertrug, daß es Knechte geben solle.

Weinheber huldigte dem aristokratischen Menschen, aber von dem, was erst den wahrhaft Adeligen ausmacht, Haltung und Verzicht, gewahrte er nur das erste, die Haltung. Und so gewann er lediglich ein äußeres Bild der Welt, zu der er über die Treppe des klassischen Verses aufsteigen wollte.

Der ihn zuerst entdeckte und förderte, war seinem Innersten nach ein echter Aristokrat, *Ernst Peter Tal*, ein junger jüdischer Lyriker, der, als er die eigene Kunst nicht ausreichend fand nach dem Anspruch, den er an sich stellte, als Verleger anderen Künstlern zu dienen suchte. Er entdeckte für Österreich Thornton Wilder, und er druckte Weinhebers erste Verse. Ein früher Tod ersparte ihm ein grausiges Ende, das seinen Kollegen Richard Lanyi traf, den Verleger von Karl Kraus und Peter Altenberg: er wurde im Konzentrationslager zu Tode geprügelt.

Hitlers Kommen trug Weinheber so hoch, wie er es nie erträumte. Aber zur selben Zeit verübten die Hände, die Weinheber krönten, unausdenkbare Greuel. Weinheber verschloß sich davor im Gehäuse seines Werkes, flüchtete in den Rausch. Auch dorthin drang der Schrei von außen, verstörte seine Tage, zerriß seine Nächte. Die Angst, zurückzusinken in die Entbehrung seiner Frühzeit, machte ihm den einzigen Ausweg ungangbar, die Emigration. Und sein Credo an das Wort half ihm so wenig, wie es — an einer ganz anderen Front — dem von ihm hochverehrten Karl Kraus geholfen hatte, der kurz vor seinem Tode gestand: „Mir fällt zu Hitler nichts ein." Kraus starb, ehe der Maniker aus Braunau nach Wien kam. Weinheber, dem zu Hitler leider zuviel eingefallen war, nämlich eine formvollendete Hymne an den „Führer", mußte leben und erleben. Bald und dennoch zu spät kam die Einkehr. Aber man kann nicht mit seinem Werk außerhalb der Zeit bleiben, wie er es wünschte, man kann sich nicht ins Niemandsland privater Leidenschaften und Süchte zurückziehen, die man mit der eigenen Seele verwechselt, — selbst wenn man nichts verübte, wird man allein durch Schweigen schon mitschuldig dort, wo alle Begriffe von Anstand, Menschenwürde und Nächstenliebe besudelt und geschändet werden. Es war also nicht nur die bereits in Sicht gekommene Niederlage der „Erzgestalt" (so hatte Josef Weinheber „mit dem Worte aus Erz" Hitler gepriesen), die den Dichter im Februar 1945 in den Tod trieb. Es war die bittere Erkenntnis, sich und sein Werk verraten zu haben, „um des Reiches Macht und Herrlichkeit willen", das er, wie viele Kleinere als er, mit dem deutschen Volk verwechselt hatte.

Franz Theodor Csokor.

Das Wunder Toulouse-Lautrec

Man hatte geplant, die Eröffnung der Toulouse-Lautrec-Ausstellung im münchner Haus der Kunst stilgerecht aufzuziehen, sogar Champagner sollte geboten werden. Als es soweit war, an einem Freitag abends um sechs Uhr, wurde gar nichts geboten — außer Toulouse-Lautrec —, wahrscheinlich, weil die Veranstalter selbst erst, als sie alles an den Wänden hängen hatten, begriffen haben, daß hier keine Zusätze schmückender Art möglich sind. Was von den ursprünglichen Absichten doch übrig geblieben war, ein bißchen französische Schallplattenmusik, störte ebensowenig, wie sie ermunterte. Die Bilderwände waren zugestellt von Prominenz, aber sie hielt keine Reden und war deshalb erträglich. Aus ihren Steckrahmen heraus fischten sich die einfarbigen und farbigen Litographien, gleichsam lächelnd und winkend, ihre richtigen Betrachter, während die übrigen der feinen Leute herumstanden und in städtischer Personal- oder anderer Politik Abschlüsse tätigten, wozu solche Zusammenkünfte vortrefflich geeignet sind. Einerseits erfüllt der Prominente dabei sein Kunst-Soll, anderseits verliert er keine Zeit.

Ich ging nach einer Stunde weg und hatte einen Rausch. Es ist ein Jammer, daß unsere Sprache nur ein häßliches, discreditiertes Wort für einen herrlichen Zustand hat. Ein berauschtes Telegramm an die Frankfurter Hefte: „würde gerne grandiose lautrec-ausstellung besprechen" hatte den Auftrag zur Folge. Zum Besprechen gehören doch mindestens Worte, aber was soll ich tun, sie laufen mir nicht zu, jedenfalls nicht die richtigen, je größer die Kunst, umso mühsamer das Kunstgeschwätz. So geht es, wenn ein durch und durch ungebildeter Mensch plötzlich zwischen 360 graphischen Blättern steht, von denen die meisten große, größte Kunst sind und der Rest, zu dem ich das Napoleon-Blatt an erster Stelle zählen würde, an letzter also, immer noch von einer Qualität ist, die sonst kaum vorkommt. Ludwig Grote, dem München nun auch diese Ausstellung verdankt und nicht dankt, — merkwürdig, wie ein Mann, der eigentlich garnicht scharf zugespitzt ist im Gehirn, Unglaubliches vollbringen kann, nur so aus sicherem Instinkt: Blauer Reiter, Bauhaus, Kokoschka, Beckmann hat er einem faulen, widerwilligen München aufgedrängt zusammen mit dem Nachkriegs-Prestige, doch eine Kunststadt zu sein, — Ludwig Grote sagte zu mir: Was wollen Sie denn noch schreiben über Lautrec, es ist so unendlich viel über ihn geschrieben worden. Das aber ist nun wirklich nicht der Grund meines Stotterns, ich kenne nichts von dem unendlich Vielen, und so kann ich nicht einmal den Holzweg der Gebildeten gehen, wenn ihnen sonst garnichts einfällt: in die Bildung.

Im Treppenhaus vor den dichtbehängten Sälen haben die Veranstalter den Versuch gemacht, mittels zeitgenössischer Fotos von Lautrec und seiner Welt jenen Besuchern, die gleich mir mit ungenügenden Voraussetzungen kommen, das Klima begreiflich zu machen, in dem diese Kunst entstanden ist. Ich glaube jedoch nicht, daß es irgendeinen Nutzen hat, sich mit der Soziologie von Paris zwischen 1891 und 1901 vertraut zu machen — dies die Zeitspanne, in der alles entstanden ist —, ich meine, einen Nutzen für den Moment, in dem man dann vor einem der Blätter steht. Die, wie man bemerkt, wahrhaft unbeschreibliche optische Sensation der Lautrec'schen Kunst hat mit seinen Themen gar nichts zu tun. Aber manche Leute glauben es. Er hat Frauen, die Halbwelt, die Finanziers und Genießer der Halbwelt, Pferde und Hunde gezeichnet, andeutungsweise auch Betten, Bettzeug, Kommoden, Spiegel, Logenbrüstungen, Bühnenrampen, und ein kleines gelbes, zweiräderiges Wägelchen, mit dem ein Herr und eine Dame am Sonntag aufs Land hinausfahren. Das Land sind drei Striche. Von dem Pferd, das das Wägelchen im Trab zieht, sieht man den Kopf und das ausgreifende linke Vorderbein, indes sich hinter dem Wägelchen ein Hund bemüht, Schritt zu halten. Dieses ganze In-Szenarium ist von Lautrec aus der Modeflüchtigkeit herausgerissen worden, und nicht einmal von Pompeji wissen wir so genau, wie es zur Zeit seiner Verschüttung dort zugegangen ist (obwohl der Aschenregen sogar die Eiterpustel auf dem Kinn eines jungen Mädchens plastisch und in „Natürlichkeit" erhalten hat, derart, daß die Ausgraber sie mit Gips nachgießen konnten), wie wir das von den Menschen, Sachen, Leidenschaften, Bewegungen und Gewohnheiten jener Welt wissen, von der nichts übrig geblieben ist als diese paar hundert Zeichnungen auf Steinplatten.

Natürlich war der Graf Henri-Marie-Raymond de Toulouse-Monfa (ich schreibe den Namen aus dem vorzüglich und vergnüglich gemachten Katalog ab) prädestiniert, sich in dem Milieu, das er unvergänglich gemacht hat, zu bewegen. Das war für solche Herren damals die halbe Welt. Aber wenn Lautrec, ausgestattet mit derselben Genialität, vielleicht als Sohn eines Schlossers auf die Welt gekommen wäre, so hätte er die Welt von Schlossersöhnen unvergänglich gemacht, und es wird mich niemand davon überzeugen, daß er dort weniger Pointen entdeckt hätte als auf dem Montmartre, und daß er sie mit weniger Sicherheit und göttlicher Selbstbeherrschung gesetzt hätte als die Pointen des Montmartre. Mit anderen Worten, es liegt mir daran festzustellen, daß man sich allzu sehr an eine laszive Vision gewöhnt hat, wenn man den Namen Toulouse-Lautrec hört. Die aparten Themen dieses Zeichners leisten einer Betrachtungsweise seiner Werke Vorschub, die verhindert, jene Ehrfurcht zu empfinden, welche dem werten Publikum vor der Kuppel des Michelangelo als obligatorische Reaktion empfohlen wird. Was es doch für Irrtümer in dieser Welt gibt!

Dieser kleine komische Mann war, abgesehen von der Tatsache, daß seine Beine durch Unglücksfälle und mangels einer auf Röntgenaufnahmen sich stützenden Chirurgie verkrüppelt waren, ein normal gebildeter Mensch. Er hatte Augen, um damit zu sehen, und eine Hand, die den Stift oder die Feder führte. Das Wunderbare bei ihm liegt darin, daß das Auge mit der Geschwindigkeit einer Kontax optische Eindrücke aufnahm (das Blatt „Der Jokei") und nicht mehr vergaß, und daß der aufgespeicherte fehlerlose Eindruck bis in die aktive Spitze des Zeichenwerkzeuges vordrang, ohne daß ihm auf diesem Wege, der auch bei hochbegabten Malern und Zeichnern noch immer große Ähnlichkeit mit einer Hindernisrennbahn hat, der leiseste psychische oder physische Widerstand entgegengesetzt worden wäre. Niemand wird, wie ich hoffe, auf den Gedanken kommen, das Ergebnis dieses wunderbaren und absolut unerklärlichen Übertragungsvorganges sei der vollkommene Naturalismus. So gering sollte man von der Funktion des Menschen in dieser Welt nicht denken. Das Ergebnis ist vollkommener Geist! Und es ist kaum ein Blatt dieser Sammlung, die einem Mann namens Ludwig Charell gehört (der solchermaßen einer der größten Schatzhüter dieser Erde ist, der Hüter eines europäischen Schatzes, was hier auch gesagt werden muß), dessen künstlerischer Inhalt in Worte zu übersetzen wäre — oder richtiger ausgedrückt, von dem man sich vorstellen könnte, daß dasselbe mit irgendeinem anderen Kunstmittel mitzuteilen wäre. (Daher auch das Stottern! Vom d-moll Klavierkonzert Mozarts kann man nicht mehr sagen als: geht hin und hört! Von Lautrec: Geht hin und schaut!) Das aber ist, wenn ich nicht irre, eine zwar negativ angelegte, aber unmißverständliche Definition dessen, was Große Kunst ist. *Erich Kuby.*

Mitteilungen

Zu den Beiträgen dieses Heftes

Der Aufsatz „Zwischen Wissenschaft und Bildung — Das Experiment ‚studium generale'" ist im wesentlichen identisch mit einem Referat, das Dr. Georg Picht im vorigen Herbst auf dem Kongreß für Fragen des studentischen Gemeinschaftslebens und des „studium generale" im Leibniz-Kolleg der Universität Tübingen gehalten hat.

Die Erzählung „Ende und Beginn" von Milo Dor stammt aus dem Roman „Tote auf Urlaub", der im Frühjahr 1952 in der „Deutschen Verlags-Anstalt Stuttgart" erscheinen wird.

Glossierte Glosse

Nicht immer ist eine Glosse, die im ganzen recht hat, im einzelnen richtig. Aber wenn diese Einzelheit, wie im Falle Franz Werfel, bedeutsam genug ist, soll die Berichtigung der unrichtigen Einzelheit unseren Lesern nicht vorenthalten bleiben. Annemarie v. Puttkamer schreibt uns:

„In Ihrer Glosse ‚Ein Dichter fand den Soldatentod' (FH VI/9, 653) heißt es: ‚Werfel bewährte sich im Ersten Weltkrieg auf seinem Posten im k. k. Pressequartier gleichfalls mehr musisch als militaristisch.' Dazu möchte ich bemerken: Werfel hat zwei Jahre an der russischen Front gestanden und ist erst im Jahre 1917 ins Kriegspressequartier abkommandiert worden. Mit dieser Feststellung soll seine ‚pazifistische, ja defaitistische Gesinnung' nicht bestritten werden. Im Gegenteil, daß er den Krieg zwei Jahre lang am eigenen Leibe erlebte, dürfte seinen Pazifismus nur gefördert haben. Zum mindesten kannte er, was er bekämpfte, und ein ‚Drückeberger' war er jedenfalls nicht."

Briefe, die uns doch erreichten

Der Evangelische Pressedienst schreibt uns:

„Mit großem Interesse haben wir den in Ihrer Septembernummer (FH VI/9, 620) enthaltenen Aufsatz ‚Jenseits von Ost und West — Zum Evangelischen Kirchentag in Berlin' von Regina Bohne gelesen. Dürfen wir Ihnen einen, wenn auch vielleicht nebensächlichen ergänzenden Hinweis dazu geben? Die Verfasserin nimmt darin Bezug auf die Verteilung der Briefe von Martin Niemöller an Bundespräsident Heuss und Bundesminister Kaiser zur Volksbefragung und zur Remilitarisierung Westdeutschlands, ‚die man auf diese passende Weise wenigstens zu sehen bekam'. Vielleicht interessiert es Sie zu erfahren, daß beide Briefe im vollen Wortlaut bereits am 11. 6. vom Evangelischen Pressedienst, Landesdienst Hessen, sowie in der Zentralausgabe des epd Nr. 132 verbreitet wurden."

Natürlich interessiert es uns, und da wir annehmen, daß es auch unsere Leser interessiert, geben wir ihnen gerne diese Mitteilung weiter.

Berichtigung

Im Aufsatz von Professor Martin Buber „Die Opferung Isaaks" (FH VI/9, 623) ist ein sinnstörender Druckfehler unterlaufen. Auf Seite 625 in Zeile 12 von oben muß es statt „jeher" *jener* heißen. Wir bitten Autor und Leser um Nachsicht —.

Hinweis

Diesem Heft liegt ein Gesamtverzeichnis der „Frankfurter Verlagsanstalt" bei, den wir der Aufmerksamkeit unserer Leser empfehlen.

DAS INTERNATIONALE FLÜCHTLINGSPROBLEM

Das arabische Flüchtlingsproblem

Das arabische Flüchtlingsproblem wurde durch den jüdisch-arabischen Krieg hervorgerufen. Während der Friedensverhandlungen in Lausanne im April 1949 erklärten sich die Vertreter des Staates Israel bereit, von den etwa 760 000 vertriebenen Arabern 100 000 wieder im Lande aufzunehmen. Jedoch bestanden die arabischen Vertreter darauf, daß einer sehr viel größeren Zahl von Flüchtlingen die Möglichkeit zur Rückkehr gegeben werden sollte. Eine entsprechende Forderung wurde auch in Punkt 11 der Palästina-Resolution der Vollversammlung der Vereinten Nationen niedergelegt: „Daß den Flüchtlingen, die in ihre Heimat zurückkehren und in Frieden mit ihren Nachbarn leben wollen, dies baldmöglichst gestattet und all denen, die nicht zurückzukehren wünschen, eine angemessene Entschädigung gezahlt werde".

Eine genaue statistische Übersicht über das arabische Flüchtlingsproblem nach dem Stande vom Oktober 1949 läßt sich aus der arabischen Flüchtlingskarte entnehmen. Man findet auf ihr nicht nur die Zahl der arabischen Flüchtlinge in den arabischen Nachbarstaaten, sondern auch eine Übersicht über die Arbeitsfähigen sowie über die Arbeitsmöglichkeiten und die Gesamtzahl der Einwohner der Länder, die Flüchtlinge aufgenommen haben. Auf dieser Karte sind auch die konfessionelle Zusammensetzung der Flüchtlinge, die Zahl der von der UNO betreuten Araber sowie der Aktionsbereich der Hilfsorgane und deren finanzielle Aufwendungen vermerkt. 147 000 Araber wurden nicht als Flüchtlinge gezählt, da sie bereits wirtschaftlich und sozial in ihren Gastländern eine neue Lebensgrundlage gefunden hatten.

Die jüdische Regierung hat mehrfach zu verstehen gegeben, daß sie sich an Artikel 11 der Palästina-Resolution der UNO nicht gebunden fühle. Um der Notlage der Flüchtlinge sofort entgegenzutreten, hat der Wirtschafts- und Sozialrat der Vereinten Nationen beschlossen, eine Wirtschaftskommission in die arabischen Länder zu entsenden; sie sollte verschiedene wirtschaftliche Projekte prüfen, um die Voraussetzung zu schaffen, die arabischen Flüchtlinge seßhaft zu machen.

Die UNES (United Nations Economic Survey) sollte neben dem kurzfristigen Hilfsprogramm der UNRPR (United Nations Relief for Palestine Refugees) einen Wirtschaftsplan mit dem Ziel aufstellen, durch Arbeitsbeschaffung und Hilfe bei der Gründung neuer Existenzen für die Flüchtlinge die Lösung des arabischen Vertriebenenproblems zu ermöglichen. Auf den Bericht des Leiters der Misson hin wurden für die Zeit vom 1. Januar 1950 bis zum 30. Juni 1951 von der Generalversammlung der Vereinten Nationen 53 Millionen Dollar beantragt. Hiermit sollen — einschließlich der vielseitigen Hilfstätigkeit der UNRPR — folgende Projekte eingeleitet werden: Bewässerungsanlagen im Jordan- und Euphrattal, Dammbau in Jordanien, Erhöhung der landwirtschaftlichen Produktion, Aufforstung, Straßenverbesserung, Kraftstromgewinnung, Urbarmachung von Sumpfgelände in Westsyrien und Industrialisierung des Gebietes am Toten Meer.

Durch dieses großzügige Arbeitsprogramm sollen die Flüchtlinge weitgehend wieder in den normalen Wirtschaftsprozeß eingegliedert werden. Die Kontrolle über die Wasserquellen in den vier Flußtälern des Nahen Ostens soll dazu führen, die wirtschaftliche Zusammenarbeit der arabischen Länder zu intensivieren und Erfahrungen für die Planung und Durchführung ähnlicher Projekte, die später in Angriff genommen werden sollen, zu sammeln.

Im einzelnen sind Projekte in fünf Gebieten vorgesehen:

1. Jordanien: Das Gebiet der Wasserscheide des Wadi Jerka soll vollständig und als Einheit entwickelt und durch Wege aufgeschlossen werden. Ein Staudamm soll Überschwemmungen verhindern und überschüssiges Wasser aufspeichern (Sechs-Millionen-Dollar-Projekt).
2. Arabisches Palästina (Transjordanien): Ein Damm, der am Wadi Kelt gebaut werden soll, würde als ein Bauprogramm Flüchtlinge beschäftigen, denen dadurch später Gelegenheit geboten wird, sich auf Staatsländereien anzusiedeln.
3. Libanon: Erforschung des Litani-Flusses und der Litani-Wasserscheide. Es sollen Staudämme für Elektrizitätswerke gebaut werden, die jährlich 750 Millionen Kilowattstunden liefern könnten.
4. Syrien: Ein umfassender technischer, landwirtschaftlicher und ökonomischer Plan soll für das Ghab-Tal aufgestellt werden, der die Produktion von elektrischem Strom und Maßnahmen gegen Hochwassergefahren und für die Bewässerung landwirtschaftlicher Nutzflächen umfaßt.
5. Ägypten: Der Küstenstrich bei Gaza im ägyptisch besetzten Teil Palästinas soll durch den Bau von Bewässerungsanlagen den Flüchtlingen, die unter sehr harten Bedingungen leben, neue Arbeits- und Ansiedlungsmöglichkeiten schaffen.

Elfan Rees, einer der besten Kenner des Flüchtlingsproblems im europäischen Raum, von dem die Initiative zu vielen Hilfsaktionen der Evangelischen Kirchen in Deutschland, Österreich und Italien ausgegangen ist, besuchte im Oktober und November 1949 den Nahen Osten. Er gab einen umfassenden Überblick über die heutige Situation der Flüchtlinge im arabischen Gebiet. Er hatte Gelegenheit, mit den meisten Missionschefs der staatlichen und nichtstaatlichen sowie kirchlichen Hilfswerke zu sprechen. Nach seinen Erfahrungen ließ sich die psychologische Grundeinstellung der Flüchtlinge dahin zusammenfassen, „daß allein die Rückführung in ihre alten Gebiete das Problem löse und ein großer Teil demzufolge alle Anstrengungen zur Neuansiedlung ablehne."

Unterernährung von Flüchtlingen stellte Rees sehr selten fest. Die Lager waren nach seiner Ansicht in vielen Fällen besser ausgerüstet als die der deutschen Heimatvertriebenen in Bayern und Nordschleswig, die nur ganz geringe internationale Unterstützung erhalten. Daß kaum 50 Prozent der arabischen Flüchtlingskinder Schulunterricht erhalten, sah er als einen Notstand an, der noch behoben werden müßte. Die Lager bilden Zentren radikaler, zum Teil terroristischer Organisationen. Der Antisemitismus breite sich weniger unter den Arabern aus, dafür um so mehr unter vielen der Mitarbeiter internationaler Hilfswerke in Palästina.

Offizielle Arbeitsgenehmigungen würden den arabischen Flüchtlingen besonders im Libanon und in Ägypten verweigert. Das Solidaritätsgefühl der Araber untereinander sei erstaunlich gering; es fehle fast vollständig die arabische Hilfsarbeit.

In seinen Empfehlungen führte Rees aus:

1. Die Weiterführung der Hilfe besonders durch Übersendung von Bekleidung und Decken sei dringend notwendig, Hilfsfonds zur Durchführung von Elementarunterricht und für die Produktionsverbesserung seien vordringlich.
2. In erster Linie bedürften die Flüchtlinge im Gebiet von Gaza der Betreuung, danach erst die in Transjordanien und arabisch Palästina. (Heute gleichfalls Transjordanien.)
3. Es sollte ein Schlüssel gefunden werden, der die Nah-Ost- und die Europahilfe für Flüchtlinge nach der Dringlichkeit in das richtige Verhältnis bringe.

4. Die Zusammenarbeit und Koordinierung der staatlichen und nichtstaatlichen Organisationen müsse noch weiter verbessert werden.

Die arabischen Flüchtlinge erhielten seit 1948 durch die verschiedenen Regierungen, durch die privaten Hilfsorganisationen und durch die UNO vergleichsweise wesentlich umfangreichere Unterstützungen, als andere Flüchtlingsgruppen sie durch Organe des Völkerbundes oder die Vereinten Nationen je erhalten haben.

Man kann daraus erkennen, daß wirtschaftspolitische und strategische Interessen (Erdöl, Nah-Ost-Verkehr) die Großmächte weit eher zu Hilfsmaßnahmen veranlassen können als sozialpolitische und humanitäre Gesichtspunkte.

Diese Einstellung ist jedoch kurzsichtig, da die Gefahren, die aus ungelösten sozialpolitischen Problemen entstehen, sich weit stärker auswirken können, als der zeitweilige Verlust materieller und politischer Einflußmöglichkeiten.

Die Lösung des arabischen Flüchtlingsproblems ist nur ausschließlich im arabischen Raum selbst möglich und wird von der Durchführung der wirtschaftlichen Ansiedlungsprojekte der UNES in Verbindung mit den Unterstützungen aus dem Punkt-Vier-Plan abhängig sein.

Die arabische Flüchtlingssituation in Zahlen:

1. Aufgliederung der arabischen Flüchtlinge:

Ägypten	= 200 000	Syrien	= 75 000
Transjordanien	= 350 000	Irak	= 4 000
Libanon	= 97 000	Israel	= 31 000

2. Hilfsbedürftige Flüchtlinge, von UNRPR betreut:

Herbst 1948	= 500 000	1. 4. 1949	= 940 000
1. 1. 1949	= 750 000	1. 1. 1950	= 625 000

3. Religionszugehörigkeit:

Moslems	= 647 000	Orthodoxe	= 35 000
Katholiken	= 70 000	Protestanten	= 5 000

4. Hilfsarbeit der Vereinten Nationen im arabischen Raum:
UNRPR-Programm = 32 Mill. Dollar, 19. 11. 1949 bis 1. 3. 1950.
Durchgeführt durch:

a) Liga der Rotkreuz-Gesellschaften
Libanon
Syrien
Transjordanien
Irak
} 250 000 Flüchtlinge

b) Internationales Komitee vom Roten Kreuz (ICRC)
Kriegsgebiet Palästina = 280 000 bis 350 000 Flüchtlinge

c) Amerikanische Quäker (AFSC)
Ägypten = 200 000 Flüchtlinge

FRANKFURTER HEFTE

Zeitschrift für Kultur und Politik

HERAUSGEGEBEN VON EUGEN KOGON UND WALTER DIRKS

AUS DEM INHALT

6. JAHRGANG HEFT 12 DEZEMBER 1951

FH

INHALT

Dezember 1951. Die Frankfurter Hefte sind durch jede Buchhandlung, durch die Post und direkt vom Verlag zu beziehen. Einzelheft: DM 1.— zuzüglich DM 0.30 Teuerungszuschlag. Zustellgebühr im Inland DM 0.10, im Ausland DM 0.20 je Heft. Postscheckkonto Frankfurt a. M. 82491. Schriftleitung und Verlag: Frankfurt a. M., Schaumainkai 53, Tel. 6 49 05 und 6 51 10. Für die Schriftleitung verantwortlich: Dr. Heinrich Bauer. Druck: Fränkische Gesellschafts-Druckerei GmbH., Würzburg.

FRANKFURTER HEFTE

Zeitschrift für Kultur und Politik

Herausgegeben von Eugen Kogon und Walter Dirks

6. Jahrgang Dezember 1951 Heft 12

Am Rubikon angelangt

Frankfurt, 24. November 1951.

EK Die Entscheidung, daß Westdeutschlands politischer Weg nach Westen führt, ist gefallen. Ob dieser Weg eines Tages ohne militärischen Konflikt an die Oder-Neiße führt, weiß niemand. Daß er friedlich direkt dorthin hätte führen können, also zu freien gesamtdeutschen Wahlen, zu einer gesamtdeutschen Demokratie mit wirklicher Entschlußfreiheit auch *nach* solchen Wahlen, folglich zur Befreiung von achtzehn Millionen Deutschen (und zur gesamtdeutschen Wirkungsfreiheit jener unbekannten Zahl von stalinistischen Agenten, die zu den achtzehn Millionen gehören), ist nicht erhärtet worden. Der Vorschlag Grotewohls und Genossen blieb im kalten Propagandakampf beider Seiten stecken. Er ist von nun an *nur* noch ein Bestandteil der Propaganda.

Niemand kann sagen, welche Folgerungen die sowjetrussische Politik aus der neuen Sachlage ziehen wird. Die Wahrscheinlichkeit, daß es die äußerste Folgerung sein könnte, ist vorerst gering; die amerikanische Überlegenheit ist noch zu groß, als daß der Kreml das Risiko eines Dritten Weltkrieges auf sich nähme. Paradoxerweise dürfte uns im Augenblick die Gefahr eines *Welt*krieges schützen.

Vor der Entscheidung, die am 22. November in Paris fiel, als die Grundsätze für einen „Generalvertrag“ mit der Bundesrepublik Deutschland festgelegt wurden, gab es auch für den Weg Westdeutschlands nach Westen eine Alternative: entweder direkte Eingliederung in die NATO-Verteidigungsfront (North Atlantic Treaty Organisation) oder den Verbindungsweg über ein Europa, das wirtschaftlich, politisch und militärisch erst entstehen soll.

Die erste Möglichkeit, zu der unter dem Druck vordringlich erscheinender militärischer Erfordernisse einige beachtliche Kräfte neigten, hätte zur Folge gehabt: Wiederherstellung unserer vollen (sogenannten) Souveränität im alten (und geschichtlich überholten) Sinn, eine nationale Wehrmacht, die rasche Aushöhlung unserer jungen (und wahrlich nicht fraglosen) Demokratie, das Ende der Verständigung mit Frankreich, vollendete Aussichtslosigkeit einer europäischen Einigung, den Riß in der westlichen noch freien Welt, während die militärische Macht scheinbar zugenommen und gleichzeitig die Wahrscheinlichkeit sich vergrößert hätte, daß ein dritter Weltkrieg heranrückte. Die Gefahr wurde von Robert Schuman und seinen Mitarbeitern, von Bundeskanzler Adenauer mit Staatssekretär Hallstein, von Mr. McCloy und seinen Beratern, von maßgebenden Männern in Washington — und von General Eisenhower gesehen, einem politisch erstaunlich klarsichtigen Militär. Man hat den Weg über Europa beschritten, den Weg auf Europa hin, mehr ist es noch nicht. Denn Europa, dies muß wiederholt werden, besteht wirtschaftlich, politisch und militärisch noch nicht.

Nun kann es zwar, wie schon so üblich, wenn es um die Verwirklichung des Richtigen geht, noch vielerlei Zögern, aber es kann keinen Zweifel mehr geben: dieses Europa muß geschaffen werden. Die Voraussetzungen dafür sind durch negative Erfahrungen gewissermaßen besser geworden, weil man angefangen hat einzusehen, daß man bisher von Sackgasse zu Sackgasse gegangen ist.

Am 14. September haben die Außenminister der USA, Großbritanniens und Frankreichs in Washington erklärt, daß die drei Mächte „für eine *kontinental*europäische Gemeinschaft“ sind.

56/51

Das Wort „Gemeinschaft" in dieser Erklärung war nachwievor nicht eindeutig, aber eindeutig war endlich das Wort „kontinentaleuropäisch" statt bloß „europäisch". Damit wurde im Grundsatz die Haltung Großbritanniens festgelegt — vom Außenminister der Labourregierung, die stets offen betont hatte, daß sie sich außerstande sehe, die britischen Interessen mit denen des Kontinents in einer Föderation zusammenzulegen. Für die konservative Nachfolgeregierung unter Winston Churchill, einem der Begründer der Europäischen Bewegung, war es schwer, hinter die Erklärung von Washington zurückzugehen, wenn eine konkrete Initiative auf dem Kontinent erfolgte und ein brauchbarer Vorschlag gemacht wurde, wie das Verhältnis zu Großbritannien — und zu den einer Föderation sich noch nicht anschließenden anderen Staaten Europas, besonders den skandinavischen — aussehen solle. Daß die USA diesmal nicht auf der Seite des Foreign Office stehen würden, wenn dieses sich widersetzt hätte oder widersetzen würde, sondern auf der Seite des Kontinents, lag nahe, obgleich es in den entscheidungsreichen Wochen, ehe Außenminister Eden am 19. November eine entsprechende Feststellung im Unterhaus traf, nicht völlig sicher war, da Traditionen des Denkens und Handelns in Staatskanzleien ein ungeheueres Gewicht besitzen können. Es lag jedoch nahe, weil General Eisenhower nicht müde wurde, seit dem 4. Juli mit erfrischender Klarheit darauf hinzuweisen, daß er ohne eine *politische* Autorität der Kontinentalstaaten seine militärische Aufgabe nicht erfüllen könne; weil der Schritt zum Beginn der kontinentaleuropäischen Föderation für die Demokraten im amerikanischen Kongreß eine Teilkrönung ihrer jahrelangen außenpolitischen Bemühungen und für die Republikaner im Kongreß die Aussicht auf die längst erwünschte Herabminderung der USA-Hilfe für Europa bedeutete; weil das niederländische Parlament als erstes und einziges gerade noch rechtzeitig den Schuman-Plan ratifiziert und die niederländische Regierung sich entschlossen hatte, an den Pariser Verhandlungen um die künftige Europa-Armee teilzunehmen, sodaß wenigstens *ein* Beneluxstaat ernstlich begann, sich kontinentaleuropäisch zu verpflichten; schließlich weil eben diese Armeeverhandlungen vollständig zu scheitern drohten, solange die Frage des gemeinsamen Verteidigungsbudgets, die unmittelbar in die Politik und in die (sogenannte) Souveränität der Nationalstaaten führte, ohne übernationale Autorität nicht gelöst werden konnte.

In dieser Situation gab die deutsche Frage, katastrophenreich, wenn falsch entschieden, durch das ostzonale Offensivangebot schärfstens zugespitzt, den Ausschlag.

Einsicht und die aktuellen Gründe waren es, die Robert Schuman veranlaßten, die weitere Ratifizierung seines Wirtschaftsplanes, die durch die allgemeinen zutagegetretenen Zusammenhänge ebenfalls fragwürdig geworden war, nicht mehr abzuwarten, sondern am 23. Oktober die politische Autorität für Kontinentaleuropa anzuregen. Das italienische Parlament hatte bereits am 11. Oktober mit großer Mehrheit sich für eine Europäische Verfassunggebende Versammlung ausgesprochen. Der italienische Delegationsführer bei den Pariser Armeeverhandlungen, Ivan Matteo Lombardo, schlug ein bestimmtes Verfahren dafür vor. Der französische Delegationsführer Hervé Alphand vertrat im Prinzip die gleiche Auffassung. Am 22. November schloß sich der Deutsche Bundestag in seiner Mehrheit mit den Stimmen der Regierungsparteien — bei Stimmenthaltung des Zentrums und der Bayernpartei, gegen die Stimmen der SPD und der KPD — dieser Initiative an, indem er seine Delegation im Europa-Rat ermächtigte, über die Einberufung einer Verfassunggebenden Versammlung mit ebenso bevollmächtigten Delegierten anderer Länder zu verhandeln.

Als die straßburger Delegation amerikanischer Kongreßmitglieder am 21. November im Europa-Haus mit zwanzig Mitgliedern europäischer Parlamente unter anderm darüber debattierte, wie Großbritannien sich zu einer kontinentaleuropäischen Föderation verhalten würde, blieb dem konservativen Abgeordneten Boothby, nach der Erklärung von Washington und der Feststellung Edens im Unterhaus, nichts übrig als zu antworten, „es wäre denkbar, daß Großbritannien sich als assoziiertes Mitglied anschließen werde", und der schwedische Delegierte Ohlin war der Meinung, daß eine europäische Kernföderation „die Kluft zwischen dem Kontinent und Großbritannien sowie Skandinavien nicht notwendig vertiefen müsse". Selbstverständlich hoben die Amerikaner hervor, daß man auch bei ihnen seinerzeit nicht gewartet habe, bis sich alle Staaten der Föderation im voraus angeschlossen hatten, sondern man habe zunächst mit dem Zusammenschluß nur einiger begonnen. Im übrigen seien sie der Auffassung, man solle sich in Europa weniger bei dem aufhalten, was die einzelnen Länder trenne, sondern mehr auf das achten, was sich ereignen würde, wenn es zu keiner europäischen Einigung komme. (So schrecklich einfach können die primitiven Amerikaner gelegentlich die Wahrheit sagen, nicht wahr?)

Es hat sich niemals darum gehandelt, den Kontinent ohne oder gar gegen Großbritannien zu einigen, sondern immer nur darum, auf dem Kontinent zu beginnen und zu Großbritannien sowie den skandinavischen Ländern das richtige Assoziationsverhältnis zu finden. Zwei Jahre lang hat man gemeint, das Statut des straßburger Europa-Rates, der nur das Recht zu einer gewissen, sehr begrenzten Beratung, aber keine, wenn auch noch so eingeschränkte Macht hat, weiterentwickeln zu können. Es ist — Großbritanniens und seiner Gefolgsleute am Kontinent wegen — weder den Föderalisten gelungen, die es bald als hoffnungslos aufgaben, noch den sogenannten Funktionalisten, die es erst seit kurzem eingesehen haben. Eben deshalb wurden der Schuman-Plan und der Pleven-Plan außerhalb des Europa-Rates entwickelt. Jetzt ist es unzweifelhaft geworden, daß ein Staatsvertrag geschlossen werden muß, um die so dringend erforderliche übernationale politische Autorität am Kontinent zu schaffen, damit der Schuman-Plan zu einem europäischen Wirtschafts- und Finanzministerium, der Pleven-Plan zu einem Verteidigungsministerium werden, damit ein europäisches Außenministerium geschaffen und der Oberste Gerichtshof, den die Europäische Konvention der Menschenrechte empfiehlt, errichtet werden kann. Die straßburger Einrichtung als Beratende Körperschaft braucht nicht mehr geändert zu werden: sie ist die gegebene Assoziationsform zwischen den Ländern, die sich der künftigen Föderation anschließen, und den übrigen Staaten des freien Europa, die alle in ihm bereits Mitglieder sind — einschließlich Großbritanniens.

Der Rubikon, vor dem wir stehen, muß nun überschritten werden. Mehrere Regierungschefs und einige Parlamentsmehrheiten sind dazu bereit. Man ist sich nur über die Methode des Brückenschlages noch nicht im klaren. An der öffentlichen Meinung von 150 Millionen Europäern in Frankreich, Italien, Deutschland, Holland, Belgien und Luxemburg liegt es, zu zeigen, daß darüber nicht mehr viel Zeit verloren werden darf.

*

Was aber den „Generalvertrag" mit der Bundesrepublik Deutschland anlangt, so sollte man sich von ihm, obgleich er die Entscheidung darüber gebracht hat, welcher Weg eingeschlagen wird, weder optimistisch noch polemisch übertreibend etwas Falsches erwarten. Erstens ist er noch nicht abgeschlossen, sondern nur in seinen Grundlinien festgelegt worden. Zweitens sind die Bedingungen, an die er geknüpft ist, noch nicht erfüllt: nämlich die ausstehenden Verträge über die Stationierung der alliierten Truppen in Deutschland, über ein Schiedsgericht in allen Streitfällen und insbesondere über den deutschen Verteidigungsbeitrag, — Abmachungen, die samt und sonders mit der weiteren Entwicklung auf die politische und wirtschaftliche Einigung des Kontinents hin engstens zusammenhängen. Drittens wird die Frage der Wiederherstellung der damit verknüpften (sogenannten) Souveränität nicht mehr gar so schwierig sein, wenn erst die anderen Staaten, die sich an dem beginnenden föderativen Zusammenschluß beteiligen, auf wichtige Stücke der ihrigen verzichtet haben werden, wie es jetzt geschehen muß, wenn nicht alles auseinanderfallen und zugrundegehen soll, —

— wovor uns Gott, die Einsicht von Staatsmännern und Politikern und die Kraft des Willens der Völker bewahren möge. Die Sowjetrussen hätten den „Bund" der dann Unterdrückten *sehr* rasch beisammen!

Andreas von Lusian

PERSPEKTIVEN EINER DEUTSCHEN AGRARPOLITIK

Die Frage nach der Zukunft der deutschen Landwirtschaft gehört zu den nicht wenigen Schicksalsfragen unseres Volkes, für die sich die meisten von uns nicht interessieren. Bei Gelegenheit der Rhöndorfer Besprechungen, bei denen es um die (schon von der Sache her fragwürdige) sogenannte „Preisparität" der agrarischen und industriellen Erzeugnisse ging, wurde festgestellt, die öffentliche Meinung Westdeutschlands wisse weder über die wirtschaftliche Lage noch erst recht über die soziale Problematik unserer Landwirtschaft Bescheid. Der Durchschnittsdeutsche ist im allgemeinen nicht nur verständnislos und ohne Interesse, sondern vielfach sogar voller Vorurteile.

Der Stand der Dinge

Haben die beiden jüngsten Willensäußerungen der westdeutschen Agrarpolitik dazu beigetragen, diesem Übelstand abzuhelfen? Gemeint sind die Proklamierung des *„Mittelstandsblocks"* auf dem Rendsburger Bauerntag und die Zustimmung zur *Europäischen Agrar-Union* des französischen Ministers Pflimlin.

Mittelständischen Parolen stehen sowohl die breite Masse als auch die kritischen Köpfe einigermaßen ablehnend gegenüber. Nach den Erfahrungen der letzten dreißig Jahre neigt man zu der Vermutung, diese Parole solle nur dem Zweck dienen, die kleinen Besitzlinge enger an die großen anzuschließen. Ist damit auf der Seite der Konsumenten der Masse der real immer schlechter gestellten Arbeiter, Angestellten und Kleinrentner, auf der Seite der Produzenten der Masse der immer härter arbeitenden und kaum mehr verdienenden Klein- und kleineren Mittelbauern, ihrer häuslichen Familienangehörigen und der Landarbeiter gedient? Ein Bündnis von Heimatvertriebenen, Bauern, Handwerkern und „junger Generation" hätte jenen Verdacht gewiß zerstreuen können, — eine Vereinigung von Bauern, städtischen Grundbesitzern, Handwerkern und Händlern kann es kaum.

Mit der europäischen Agrarinitiative steht es natürlich besser. Es leuchtet ein, daß die deutsche Landwirtschaft in einem solchen Plan auf mittelbare Weise ihren Absatz-Spielraum wesentlich erweitern und verbessern könnte, dann nämlich, wenn es gelänge, die Industrie und den Handel aus der Rüstungs- in eine Friedenskonjunktur zu führen, die den Konsum beleben würde. Die deutschen Bauern würden dann sehr rasch sehen, daß sie bei einer landwirtschaftlichen Arbeitsteilung in Europa keineswegs schlecht zu fahren bräuchten; denn sie hätten dem Ausland genügend Spitzen- und Spezialprodukte anzubieten (Zuchtvieh, Saatgut, Qualitätsfleisch, -käse und -weine) und im übrigen den gesteigerten Bedarf des Industriegebietes an Grund- und Frischnahrung zu decken (Kartoffeln, Zucker, Fleisch, Milch und Milchprodukte, zum Teil auch Getreide sowie Gemüse und Obst während des größten Teils des Jahres). Aber für die meisten von ihnen ist dieses durchaus vorteilhafte Europaprojekt noch ziemlich unklar, und schon gar nicht legen sie sich die kritische Frage vor, wann und in welchem Umfang unsere Landwirtschaft auf diese Weise konsolidiert werden kann.

Angesichts schon derart schwieriger „Vordergrundsfragen“ dürfen wir die unbestreitbaren Tageserfolge der gegenwärtigen westdeutschen Agrarpolitik, der „Ära Niklas-Sonnemann“, nicht überschätzen. Sie sollten uns nicht dazu verleiten, das deutsche Agrarproblem als gelöst oder auch nur als normalisiert anzusehen. Es ist gelungen, die Landwirtschaft in einer Art Kleinteilhaberschaft an den größeren Geschäften einer Industrie- und Handels-Wirtschaft zu beteiligen, die sich wieder festigt und sich auch international wieder ins Spiel bringt. Da die deutsche Exportwirtschaft in der gegenwärtigen ersten Phase des Schuman-Planes auch nur als Juniorpartner figuriert, so hat es unsere Landwirtschaft also bisher zum Juniorpartner eines Juniorpartners gebracht ...

Immerhin werden zur Zeit die Marktverhältnisse unserer westdeutschen Landwirtschaft recht geschickt so gesteuert, daß alle diejenigen landwirtschaftlichen Betriebsleiter, wie man so sagt, „zurechtkommen können“, die erstens „auf dem qui vive sind“, und die zweitens „leistungsstark“ sind. „Auf dem qui vive“ sind in der liberalen Wirtschaft alle landwirtschaftlichen Betriebsleiter, die es verstehen, die landwirtschaftliche Produktionsrichtung in ihrer großen Linie wie in ihren immer wieder auftretenden kleineren und größeren „Abweichungen“ zu erkennen, sie ständig zu beobachten und sie vor allem auch im eigenen Betrieb auszunützen. Als „leistungsstark“ können gelten die Inhaber von Höfen und Stellen grundsätzlich aller Größen und Arten, deren Betriebe an sich gesund angelegt und in Form sind, und die außerdem über die erforderlichen Mittel (Reserven oder Kredite) verfügen, um einen Umsatz zu erzielen, der in einem ordentlichen Verhältnis zum Kapitalaufwand (an Boden, Gebäuden, agrotechnischen Anlagen und Agrikulturanlagen) steht. Dabei kann der gute Umsatz natürlich ebenso von der Quantität („die Masse muß es bringen“) wie von der Qualität („lohnende Geschäfte gibt es nur mit wertvollen Produkten“) abhängen.

Es ist an sich heute richtig, die Agrarpolitik auf diese beiden Typen zuzuschneiden. Aber jeder, der unsere Bauern kennt, kann abschätzen, wie sehr dadurch tatsächlich die größeren gegenüber den kleineren begünstigt werden. Auch eine einfache Produktionsrichtung kann man nur dann verstehen und ständig beobachten, wenn man dazu ausgebildet ist, und wenn man genügend Zeit dafür hat. Unser Beratungswesen ist aber noch keineswegs so breit entwickelt, daß es auch den Kleinen wirklich zur Hand wäre; es ist überhaupt unserem Bauerntum nicht gerade auf den Leib zugeschnitten, weil es zwar methodisch, jedoch nicht inhaltlich die hier so wichtigen individuellen Situationen berücksichtigt. Ein „gesunder Umsatz“ läßt sich nur in solchen landwirtschaftlichen Betrieben erzielen, deren quantitative und vor allem qualitative Produktionsmöglichkeiten voll ausgeschöpft werden. Auch hier sind die Kleinen den Großen gegenüber in der Regel im Rückstand aus Mangel an Kapital und an Kenntnissen. Unter Umständen sind hier natürlich auch extensive Lösungen möglich, so daß man bei geringem Aufwand auch mit geringen Erträgen auskommen kann. Aber wovon soll *der* Kleine dann leben, der ohnehin schon an der Grenze des Existenzminimums lebt?

Allerdings sind diese Sorgen und Nöte der meisten Kleinen in der westdeutschen Landwirtschaft — und das sind sehr viele, nämlich drei Fünftel, — verdeckt, weil die Betroffenen andere Aussichten und Hilfen haben. Ihre Kinder und ihre anderen arbeitsfähigen Angehörigen suchen mehr und mehr in der gewerblichen Wirtschaft, im Verkehr, in der Verwaltung Arbeit, aber auch sie selbst finden oft durchaus lohnende Nebenbeschäftigungen. Das *Klein*-Bauerntum entwickelt sich also weniger zu einem *Kümmer*-Bauerntum als zu einem *Schein*-Bauerntum.

Das leistungsstarke Bauerntum — die Größeren und die Großen und von den Kleineren und Kleinen die fähigen und die „intensiven" — scheint sich gleichzeitig gut zu entfalten. Das sei anerkannt. Doch bleibt der jüngste Ausspruch eines unserer maßgeblichen Agrarpolitiker: „Wir brauchen unsere Agrarpolitik jetzt nicht mehr als Sozialpolitik aufzufassen", schwer verständlich. Gewiß hat er dabei an die Ausmerzung nicht der „Kleinen", sondern der „Schlechten" gedacht, aber er hätte die kritische Situation der Kleinen nicht vergessen sollen. Es gibt gegen eine Million Klein- und kleinere Mittelbauern in entlegenen Gegenden und ausgesprochenen Notstandsgebieten, die das industrielle Sicherheitsventil nicht ziehen können. Es gibt nach wie vor eine Viertelmillion Flüchtlingsbauern, also über eine Million Menschen, die immer noch im Nichts stehen. Es gibt schließlich eine Million Landarbeiter und Landarbeiterinnen, mit ihren Kindern und alten Leuten, von denen höchstens ein Drittel eine wirkliche Existenz gefunden haben. Ein Politiker sollte sich auch vor dem Mißverständnis hüten, es liege ihm daran, solche Tatsachen zu übersehen oder zu verkleinern.

Konstruktionsfehler

Indessen wollen wir uns keineswegs an diesem Argument festbeißen, das der Mann der „reinen Wirtschaft" als ein „nur" sozialpolitisches Argument betrachtet. Wenn die Produktivität und die Rentabilität unserer Landwirtschaft schon in genügender Breite und Tiefe gesichert wären, wenn sich ferner genügend zahlreiche landwirtschaftliche Betriebsleiter gegenüber neuen Formen und Stufen der ländlichen Wirtschafts- und Arbeitsgesellschaft genügend positiv verhielten, dann könnte auch eine harte Konkurrenz und ein Vorsprung der Großen gegenüber den Kleinen nicht viel schaden. Dabei dürfte aber nie die soziale Substanz der Kleinen geschädigt werden: denn da erweisen sich soziale Fehler auch als wirtschaftliche Fehler. Prüfen wir also unsere Agrarpolitik auch unter diesen allgemeinen Perspektiven.

Ihre Fehler hängen mit zwei Umständen zusammen. Einmal geht sie mit zu viel Vorurteilen an die marktwirtschaftlichen Aussichten unserer Landwirtschaft heran. Zu unbedenklich setzt sie auf die Karte einer zunächst weitgehend rüstungsbedingten Konjunktur der westlichen Welt in ihrer gegenwärtigen Kräfteverteilung und Verfassung. Zu wenig aktiv bemüht sie sich um eine solide Entfaltung der Märkte. Auch die Europa-Aussicht nimmt sie nicht eigentlich gediegen wahr; sie beäugt sie mehr „wie ein gutes Frühstück", oberflächlich interessiert. Zweitens geht sie von einer falschen Meinung über die gesellschaftliche Dynamik unserer Landwirtschaft aus. Zu unbedenklich setzt sie Leistungsstärke mit Entwicklungsfähigkeit gleich, statt rechtzeitig Vorbereitungen zum Aufbau eines breiten Leistungspotentials zu treffen. Je „freier", das bedenkt sie nicht, der Konkurrenz die Zügel gegeben werden, umso mehr „Kultur" und „Disziplin", das heißt Ordnung und Förderung, ist auf die Nachzucht der Kräfte zu verwenden.

Noch zweierlei muß geschehen, — an sich und um auch das Europaprojekt nicht von vornherein zu überfordern. Beide Male handelt es sich allerdings um heiße Eisen. Wie es in der Welt wirtschaftliche Notstände gibt, die nur durch eine west-östliche Zusammenarbeit überwunden werden können — so die Ernährung des durch Hungersnöte gequälten Indien —, so gibt es auch in der kleinen Welt des alten Europa solche Nöte. Wenn wir uns nicht künstlich oder krankhaft in die Kriegspsychose hineinsteigern, müssen unsere Klugheit und unser guter Wille ausreichen, ein Verfahren zumindest für einen voll wirksamen west-ostdeutschen Handelsaustausch zu finden, damit das gestörte Gleichgewicht der industriell-agrarischen deutschen Wirtschaft wiederhergestellt werden kann. Nicht eingebildeter, sondern nur „vollzogener" Mißbrauch einer solchen „mittelbaren" Zusammenarbeit — etwa zu Rüstungszwecken — dürfte uns jeweils zu Gegenmaßnahmen führen, aber auch diese dürften nur „steuernd", nicht „sabotierend" sein.

Nicht unwichtiger ist das zweite heiße Eisen: die Innenhandelspolitik. Von allen Zweigen der Wirtschaftspolitik muß die Agrarpolitik am meisten eine aktive Innenhandelspolitik sein, wenn die Außenhandelspolitik nicht zu sehr strapaziert werden soll. Oder mit anderen Worten: über dem Ziel, den Weltmarkt wiederzugewinnen und auszuweiten, darf man nicht vergessen, auch den Binnenmarkt systematisch auszubauen. Dazu aber kann gerade die Landwirtschaft viel beitragen, indem sie folgende Aufgaben bewältigt:

ihre eigenen kleinen und kleinsten Einheiten zu sichern, soweit sie durch Spitzen- und Spezialproduktionen in einem modernen Sinn entwickelt sind;

genossenschaftliche und andere gesellschaftliche Einrichtungen für diese Betriebsgruppen zu schaffen;

die landwirtschaftlichen Verarbeitungs- und Versorgungsindustrien zu entfalten;

das Heimstättenwesen für alle Arbeitskräfte in der Landwirtschaft und der landwirtschaftlichen Industrie zu pflegen;

alle Heimstättenvorhaben auch der angrenzenden Industrien zu fördern.

Wenn man von einigen wenigen und zudem kleinen Ansätzen absieht, gähnt hier in der Agrarpolitik der Bundesrepublik ein schwarzes Loch.

Gesellschaftspolitik!

Es steht, wie wir gesehen haben, schlecht mit der Handelspolitik der Landwirtschaft; noch schlechter aber steht es mit ihrer Gesellschaftspolitik. Immerhin sind wir heute schon so weit, daß auch erklärte Gegner der „Planwirtschaft" keineswegs mehr eine „planende Wirtschaft" ablehnen. Zu einer solchen planenden Wirtschaft aber gehört auch, daß man die gesellschaftliche Entwicklung nicht mehr sich selbst überläßt, da ja allein schon durch die Art und Weise, wie gesellschaftliche Kräfte geweckt und gelenkt werden, die Erzeugung wirtschaftlicher Werte *unmittelbar* beeinflußt wird. Gemeinhin wird man sogar noch weiter gehen und vom wirtschaftlichen Standpunkt aus auch solches gesellschaftliches Planen gutheißen, das *mittelbar* wirtschaftliche Wirkungen hervorruft. Auf agrarpolitischem Gebiet versagen wir aber gegenwärtig in dieser Hinsicht vollständig! Wir verweisen auf zweifellos umfassende Vorhaben und Erfolge der „Gesellschaftsförderung" durch Agrar*pädagogik* im ländlichen Ausbildungs- und Beratungswesen, und wir glauben damit genügend bewiesen zu haben, wie überflüssig es sei, die gesellschaftliche Dynamik durch Agrar*politik* beeinflussen zu wollen. Damit verkennen wir die Kategorien des gesellschaftlichen Lebens. Wir gehen an seiner Wirklichkeit vorbei, die wir zu allen Zeiten gleichermaßen pädagogisch und, wenn auch verschieden intensiv, politisch beeinflussen müssen. „Freie Konkurrenz" bedingt Pflege der gesellschaftlichen Kräfte. Nicht nur geeignete Rechtsformen, auch organisatorische Anstöße und sogar wirtschaftliche Hilfen werden erforderlich sein, wenn wir die schon erheblich geschwächte und noch immer schwächer werdende deutsche Landwirtschaft wieder einigermaßen lebensfähig machen wollen.

Nur durch einige Beispiele, nicht also durch eine systematische Übersicht, kann hier erläutert werden, um welche Erfordernisse es sich handelt. Wir brauchen:

einen „Landarbeiter-Hilfsfonds": er wird durch Landwirtschaft und Staat gespeist, solange die landwirtschaftliche Arbeit weder in der allgemeinen Höhe noch in den einzelnen Abstufungen voll nach Leistungen bezahlt wird, und dient der Kinderausbildung und -ausstattung, Sonderausbildungen und Erholungen, dem Ausbau neuer Heimstätten und ähnlichem mehr;

eine „Hilfs- und Versicherungskasse für Familienarbeitskräfte" in der Landwirtschaft: sie baut auf elterlichen Pflichtbeiträgen auf, wird zusätzlich durch öffentliche Zuschüsse gefördert und wirft im Falle von Eheschließungen, fachlichen Ausbildungen, Heimstätten-Ansiedlungen und — vor allem — von Existenz-Neugründungen lohnende Prämien aus;

einen besonderen „Familienbauern-Kapitalstock": er wird aus öffentlichen und privaten (auch ausländischen) Mitteln gebildet und dient dazu, sowohl einzelne besonders fortschrittliche mittel- und kleinbäuerliche Betriebe zu intensivieren (sie also auf Spitzen- und Spezialkulturen umzustellen, technisch auszustatten und baulich auszugestalten), als auch das Genossenschaftswesen (insbesondere für das Familienbauerntum) zu entfalten mit allen zugehörigen organisatorischen und technischen Einrichtungen;

eine große Kapitalgesellschaft für den Aufbau von Zentralen für landwirtschaftliche Maschinen: diese Zentralen werden und sollen wiederum aus Mitteln der Privat- und der Staatswirtschaft gebildet werden, im Gegensatz zu den „Maschinen-Ausleihstationen" der Sowjetzone; sie sollen nicht die Gesamtheit der bäuerlichen Betriebe von sich abhängig zu machen suchen, sondern jeweils für einen größeren Bezirk arbeiten und den selbständigen bäuerlichen Betrieben wie den selbständigen kleinbäuerlichen Genossenschaften mit Großmaschinen und Fahrzeugen sowie mit der Entwicklung von technischen Gesamtanlagen zur Verfügung zu stehen;

ein „Landjugendwerk" in landwirtschaftlicher Selbstverwaltung: es wird von Genossenschaften, Verbänden, Kommunen und Staat getragen und soll den heranwachsenden Kräften den Start ins Leben erleichtern, indem es dem Einzelnen bei der Berufsausbildung und Existenzgründung hilft und die Gesamtheit durch Jugendheime, Gemeinschaftskurse und dergleichen fördert.

Erfreulicherweise gibt es einwandfreie Ansätze in dieser Richtung, vor allem in der jungen Generation. So besteht bereits ein ständig anwachsender Austausch von Landjugend, und manche ländlichen Gemeinden bemühen sich, Jugend-Wohnheime und Arbeitsheime einzurichten sowie ländliche Volkshochschulen und Dorfwirtschaftshäuser einzurichten, die vor allem die Frauenarbeit erleichtern sollen. Alle diese Beispiele liegen jedoch, wie unschwer zu erkennen ist, sehr am Rande der eigentlichen Aufgabe. Die aber besteht darin, unseren bäuerlichen Volksteil wirtschaftlich so zu festigen, daß er den großen Wettstreit, dem er sich nicht mehr länger entziehen kann, zu bestehen vermag.

Andere europäische Länder sind uns in dieser Hinsicht ein gutes Stück voraus. Ein Beispiel dafür ist der kürzlich verkündete Fünfjahresplan der französischen Landwirtschaft, der eine regelrechte „Aufrüstung des Dorfes" vorsieht: alle notwendigen wirtschaftlich-technischen und organisatorischen Dorfanlagen sollen errichtet und alle nicht mehr ausreichenden oder überalterten Wohn- und Wirtschaftsgebäude erneuert werden. In der Schweiz wurden Hilfskassen für die Landarbeiter und Kleinbauern eingerichtet, ähnlich in Österreich, wo auch Erholungsstätten für die Werktätigen in der Landwirtschaft geschaffen wurden. In England wird besonders die Jugend des ländlichen Bereichs gefördert. Italien zieht vor allem die ärmsten Gruppen der ländlichen Bevölkerung heran für Arbeiten der Landeskultur, der Kolonisation und der ländlichen Verkehrserschließung und Energieversorgung. Auch in der großen internationalen Diskussion werden solche Fragen allmählich gestellt und beantwortet. Auf der „Internationalen Agrarkonferenz" von Wisconsin, die von den zuständigen amerikanischen Ministerien und den Vereinten Nationen veranstaltet wurde, ist ganz offen die Frage diskutiert worden, ob man nicht wie in der ganzen Welt so ganz besonders in Europa bestimmte Voraussetzungen schaffen müsse, um dem Familienbauerntum in der Konkurrenz der großen Freiheit ein angemessenes Gewicht geben zu können. Was für die Asiaten heute die Boden- und besonders die Pachtreform ist, das ist für Europa die Wirtschaftsorganisation. So wurde auch erörtert, daß und wie das Genossenschaftswesen für die meist kleinen europäischen Familienbauern gewisse Anstöße durch die großen öffentlichen und privaten Kapitalträger erfahren müsse, und welche freien wirtschaftlichen Formen (etwa in Gestalt von Kapitalgesellschaften) es für den bäuerlichen Maschineneinsatz gebe.

Der Westen und der Osten

Dennoch läßt sich eines nicht verschweigen: wir mögen alle Vorschläge verwirklichen, die wir oben aufgeführt haben, und wir mögen, so gut wir es nur können, den Vorbildern des Auslandes nachstreben, — unsere Landwirtschaft wird sich nicht voll entfalten können, wenn sie nicht von vornherein auf einem gewissen innerdeutschen Handelsaustausch aufbaut. Das Ziel muß also eine zwar nicht unmittelbare, so doch wenigstens mittelbare wirtschaftliche Zusammenarbeit „Gesamtdeutschlands" sein, so fragwürdig dieser Begriff auch durch die Propaganda auf beiden Seiten geworden ist. Eine solche mittelbare Zusammenarbeit auf den Gebieten des Handels und Verkehrs kann, auf die Dauer gesehen, ebenso folgenreich sein wie eine unmittelbare Zusammenarbeit in Form gemeinsamer Planungen oder Beteiligungen. Wenn eine solche mittelbare Zusammenarbeit überhaupt Erfolg haben soll, dann wird man allerdings eins voraussetzen müssen: daß über kurz oder lang beide Seiten ehrlich wünschen, die Vorteile dieser Zusammenarbeit wirklich vollkommen zu nutzen, also beiderseitig nicht nur den Handel, sondern über den Handel auch die Produktion aufeinander abzustimmen. Das ist, auch in der gegebenen Wirklichkeit der Spaltung Deutschlands, durchaus möglich, sobald die internationale Kriegspsychose auch nur halbwegs überwunden ist.

Trotzdem wäre auch damit noch keineswegs die beste deutsche Agrarpolitik gesichert. Wir sollten die Frage nicht beiseite schieben, ob und unter welchen Voraussetzungen es außer der mittelbaren materiellen Zusammenarbeit zwischen der west- und ostdeutschen Landwirtschaft nicht auch eine ideelle Zusammenarbeit geben könnte, etwa in Form eines agrarpolitischen Gedankenaustauschs.

Aber außer der unmittelbaren und der mittelbaren Zusammenarbeit gibt es noch etwas anderes, — und wir müssen in dieser Zeit der verschütteten Erkenntnisse und des unausgereiften und durch Propaganda verwirrten Urteils solche Wege gehen: so etwas wie den *„latenten Kontakt"*. Darunter ist nicht irgendeine Tätigkeit zu verstehen, die das Licht der Öffentlichkeit zu scheuen hätte, sondern eine völlig offene, ehrliche und anständige Bemühung: der Versuch, wechselseitig den Weg der andern Seite im Geist zu verfolgen, ohne die eigene Kritik zu unterdrücken oder auch nur zu vernachlässigen. Dieses Bemühen sind wir uns und der Zukunft schuldig. Ist dieser „latente Kontakt" da, dann werden die deutschen Agrarpolitiker von hüben und drüben am Bild ihres Partner an das erinnert werden, was sie selbst teils unbewußt versäumen, teils bewußt ablehnen.

Wir im Westen sehen, wie hinter dem Eisernen Vorhang die marxistische Lehre durchexerziert wird, nach der in Zukunft alle gesellschaftlichen Positionen unmittelbar und vollständig von den Arbeitsfunktionen abhängen. Damit auch die letzten Widerstände — gegen einen Prozeß, der angeblich automatisch vor sich geht, — ausgeräumt werden können, spielt sich alles unter einem harten Klassen- und Partei-Kommando ab. Dieser Vorgang vollzieht sich natürlich auch in der Landwirtschaft. Das bedeutet einerseits, daß „die werktätigen Bauern" (also die Familienbauern) vor den Großbauern (den „Kulaken") bevorzugt und gleichzeitig in „Hilfs"- oder „Ober"-Betriebe der öffentlichen Hand eingespannt werden; anderseits, daß vor allem die Größt- und Großbetriebe der öffentlichen Hand am stärksten gefördert werden. Beides geschieht unter dem Druck eines allmächtigen Staates, der sich in der Hand der Massenorganisationen und ihrer Partei befindet, und der schließlich alle entscheidenden wirtschaftlichen Werte zu übernehmen sucht.

Umgekehrt könnten die östlichen Partner des „latenten Kontaktes" im Westen beobachten, wie nach dem Grundsatz der freien Marktwirtschaft die leistungsstarken landwirtschaftlichen Betriebe in freier Konkurrenz die Vorhand gewinnen, vor allem die Landstarken, die Umsatzstarken, die Kapitalstarken, die Kreditstarken und — nicht zu vergessen — die Bildungsstarken. Diese Betriebe werden durch die Großunternehmungen des landwirtschaftlichen Handels und Kapitals und auch durch die landwirtschaftliche Verarbeitungs- und Versorgungsindustrie gleichzeitig gefördert und ausgenützt. Dies alles aber vollzieht sich unter dem Schutz eines Staates, der sich nicht für befugt hält, in das Spiel solcher „normalen" Interessen einzugreifen.

Im ersten, dem östlichen Fall leidet der menschliche Unternehmungs- und Gestaltungsgeist, soweit er nicht (was aber gerade in der Wirtschaft schwierig ist) in die Kanäle des kollektiven Staates einmündet. Im zweiten, unserem westlichen Fall werden soziale Grundkräfte unterdrückt, die auf die Dauer die allgemeine Produktion tragen, und wahrscheinlich werden ihrer bedeutend mehr aufgezehrt, als sich (aus den im Konkurrenzkampf unterlegenen und zur Konkurrenz garnicht erst zugelassenen) neu bilden können.

An diesem Punkt wird immerhin ein wesentlicher Unterschied erkennbar. Im Westen kann sich die soziale Grundsubstanz gegen alle wirtschaftliche Initiative, die fehlgeht oder über ihren Bereich hinauswuchert, wehren, und sie tut es auch, — sei es in „wirtschaftlichen Kämpfen", sei es in passiver „Zurückhaltung". Im Osten aber kann sich der freie Unternehmungs- und Erfindungsgeist gegen die allmächtigen Organe des Staates nicht wehren. Ob sich die völlig abhängig gewordene Intelligenz und Gestaltungskraft, die sich in „abseitigen Stellungen" anstaut, irgendwann einmal entladen und damit zu einem neuen Gesellschaftssystem führen könnte, ist eine Frage, die zu beantworten heute wohl niemand wagen wird.

Das aber erteilt uns eine wichtige Lehre. Die Völker des Ostens leben besonders im Bauerntum aus so elementaren Kräften, daß es vorstellbar ist, sie könnten über eine so spannungsreiche und gefährliche Entwicklung zu einer höheren Ordnung aufsteigen. Für die Völker des Westens trifft das mit Sicherheit nicht zu. Sie sind wohl nicht schwächer, aber bereits entwickelter und differenzierter, jenen Konvulsionen und Entladungen gegenüber also ungleich verletzbarer. Für sie wird es also besser und gesünder sein, wenn sie auf anderen Wegen zu einer gesellschaftlichen Ordnung gelangen, die sich wieder auf Leistungen und Vertrauen aufbaut.

Die westlichen Völker und namentlich die Nationen Europas werden darum die gesellschaftliche Grundsubstanz bewahren müssen, indem sie das Familienbauerntum besonders schützen und die gesamte Landwirtschaft vor dem unternehmerischen Ehrgeiz abschirmen; dabei müssen sie es zugleich fertigbringen, den Spielraum der freischaffenden und gestaltenden Kräfte nicht übermäßig einzuengen.

Der „latente Kontakt" zwischen Ost- und Westdeutschland auf agrarpolitischem Gebiet könnte uns allmählich einen Maßstab dafür gewinnen lassen, wie weit wir in dieser Politik des Ausgleichs gehen müssen und gehen dürfen. Auch den werktätigen Kräften, den Familienbauern, ihren Angehörigen und den Landarbeitern, darf es in der Freiheit nie schlechter gehen als in jener Gewaltform der Solidarität. Nur dann wirken wir mit daran, die angedeutete positive Wendung des Systems auszulösen. Dazu aber sind wir gehalten, ganz gleich, ob Ostdeutschland den harten und schweren Weg jener Welt von Anfang bis zum Ende mitgehen muß, oder ob ihm auf irgendeiner Etappe dieses Weges die Freiheit verschafft werden kann, sich mit dem anderen Deutschland wieder zu vereinigen.

Walter Dirks

DIE FLUCHT IN DEN RAUSCH

Es ist immer mißlich, wenn die Leser schon vom Titel her wissen, was der Autor sagen wird. Wenn einer sich über „die Flucht in den Rausch“ äußern will, was wird er anderes sagen, als daß er *dagegen* ist? Gegen den Rausch und gegen die Flucht. Wie jener Pfarrer, der über die Sünde predigte, „dagegen“ war.

Aber ich meine, man kann nicht ganz und gar gegen den Rausch sein, und nicht einmal immer gegen die Flucht. Wenn einer über die Nüchternheit zu sprechen hat, so wird er im Vorbeigehen wohl auch sagen müssen, daß es einen heiligen Enthusiasmus gibt. Es gibt ihn in der Jugend; denn die ist, wie jeder Gebildete in Deutschland weiß, „Trunkenheit ohne Wein“. Aber es gibt ihn auch in der Welt der reifen Menschen. Ein Mensch *ist* nicht reif, wenn er sich nicht die Fähigkeit bewahrt, zur rechten Stunde und aus rechtem Grunde „außer sich zu geraten“, „begeistert“ zu sein, vom Geist erfaßt zu sein, und „in dem Gotte zu sein“, — um das Wort „enthusiastisch“ ins Deutsche zu übersetzen. Das wäre der heilige Rausch, — ein Zustand nicht ohne Gefahr, aber ein hoher Zustand. Es gibt ihn in mancherlei Art und aus mancherlei Anlaß. Thomas von Aquin hat einmal die sehr weise und tiefe Bemerkung gemacht, es gehöre zur Vernunft der ehelichen Liebes-Umarmung, darin für einige Zeit in einen Zustand ausgeschalteter Vernünftigkeit zu geraten. Es gibt einen Fanatismus der Enthaltung, der selber ein Rausch ist, und zwar ein sehr gefährlicher, und es gehört zu der Nüchternheit, für die hier zu werben ist, daß wir den Menschen nicht in ihrem Namen überfordern. Er lebt in einer Welt, die nicht nur im Großen sehr schwierig, sondern auch im Kleinen voller Widerhaken ist. Selbst wenn einer mit dem Wesentlichen fertig wird, wenn er festen Stand hat, wenn er mit sich und seiner Frau und seinen Freunden im Einklang lebt, wenn er Frucht getragen hat, wenn er in seinem Beruf einen guten Dienst tut und dem allgemeinen Wohl seinen Beitrag gibt, wenn er den Frieden seines Herzens bewahrt hat, — selbst dann sammelt sich allerlei Staub an in seiner Seele, Widrigkeit, Verdruß, Gewohnheit und Gewöhnlichkeit, und dann kommt eines Tages „das Fest“, das eingesetzte zu seiner Zeit und das gelegentliche zur guten Stunde, — und das ist von jeher unter anderem dazu da, daß er diese kleinen Belastungen abwirft, in einer Gemeinschaft, die ihn aus seiner Höhle herauszieht, und in einer Freude, die etwas vom Rausch an sich hat. Seit etwa dreitausend Jahren regt die abendländische Menschheit diesen Zustand durch den Wein an. Viele Weise haben ihn gegen die Eiferer gerechtfertigt, und wer jeden richtigen Rausch dieser Art um der Mündigkeit des Menschen willen verwerfen will, auch den entlastenden und befreienden, auch Pallieters und seiner Brüder vitalen Ausbruch aus dem Werktag, der wird doch die leichte künstliche Erhebung und Lockerung, die Wärme und den heiteren Schwung, die er dem Mäßigen schenken kann, mit vielen nüchternen Weisen dankbar annehmen dürfen. Wenn der Wein in der Wurzel unwürdig und gefährlich wäre, dann würde Christus dieses Tischgetränk seines

Landes nicht erwählt haben, um sein Gedächtnis und seine Gegenwart daran zu binden.

*

Das muß einer, der etwas gegen den Rausch sagen will, vorausschicken, wenn er nicht mißverstanden werden will. Ganz anders wird man vom Rausch und von der Flucht vor der Wirklichkeit zu sprechen haben, wenn einer mit ihnen sein Leben zu bewältigen versucht; wenn er abhängig von der Berauschung geworden ist; wenn er in der Nüchternheit nicht mehr leben kann oder will. Und wieder anders wird man vom Rausche reden müssen, wenn er zu einem Element des sozialen Lebens geworden ist, wenn er zu einem Kennzeichen der Epoche geworden ist. Niemand kann leugnen, daß es heute dahin gekommen ist. Rausch, Sucht, Süchtigkeit vieler Art *ist* ein Kennzeichen unserer Epoche, zum mindesten in der abendländischen Welt beider Hemisphären und in Teilen des fernen Ostens, zum mindesten in den Großstädten und Städten, aber schon lange nicht mehr in den Städten allein. Immer gab es Rauschgift und Sucht, — ein Mann macht Bankrott und gerät an den Schnaps, eine Frau wird verlassen und tröstet sich, ein junger Mensch wird verführt, ein Kranker gewöhnt sich ans Morphium. Aber der Umfang der Süchtigkeit ist heute so groß und ihre Formen sind heute so mannigfaltig, daß es nicht mehr ausreicht, die Ursachen im Individuellen zu sehen. Man muß im Zustand unseres gesellschaftlichen Lebens nach allgemeinen Ursachen suchen.

Aber vielleicht muß noch eine Unterscheidung gemacht werden. Gäbe es nur die krassen Formen, das, was wir Trunksucht nennen bis hin zur dementia, Morphinismus, Kokainsucht und was sonst der lange Katalog der krankhaften Süchtigkeiten alles aufzählt, so ließen sich die Krankheitsherde vielleicht isolieren und als ein medizinisches, erzieherisches und soziales Sonderproblem auffassen. Das würde uns aber, so wichtig es ist, in unserm allgemeinen Zusammenhang nicht so sehr interessieren. Es ist freilich alarmierend genug, daß die Zahl dieser krassen Fälle erheblich zunimmt, aber es wird nützlicher sein, uns mit *der* Seite der Sache zu beschäftigen, die uns selbst angeht, — nein, man muß es genauer und rücksichtsloser sagen (denn selbstverständlich gehen uns auch jene krassen Erscheinungen an, viel mehr, als wir es uns in unserer Bequemlichkeit zugestehen möchten): es wird nützlicher sein, uns mit uns selbst zu befassen.

*

Das Klima, in dem wir leben, ist mit Rausch und Sucht durchsetzt. Es ist nicht nur der Alkohol, es ist auch das Coffein, um nicht das harte Wort Bohnenkaffee zu gebrauchen. Und es ist die Tablette, die wir schlucken, und, da wir feinere Leute sind, die Spritze, die wir uns in den Arm geben lassen. Die klügeren Ärzte wissen genau, daß das nur in einem kleinen Teil der Fälle, von denen unsere blühende Medikamenten-Industrie lebt, die richtige Medizin ist, die im richtigen Maß an den Mann kommt. Sehr viel öfter schlucken wir Tabletten, um der Unbequemlichkeit zu entgehen, unser Leben zu ändern. Wir nehmen sie als bequeme Zaubermittel; wir sind Gläubige der Magie der Wissenschaft und nehmen sie wie der Buschmann den Saft, den ihm der Medizinmann gebraut hat, und wenn das Mittel X versagt, dann erzählt uns der Freund, wir müßten unbedingt das Mittel Y nehmen. Wir nehmen es auch, wenn wir überhaupt nicht krank sind, sondern an unserem Leibe etwas erfahren, was gut aber unbequem ist, zum Beispiel die Müdigkeit. Wenn wir uns dann aufgepeitscht haben, brauchen wir ein Schlafmittel, um schlafen zu können, und wenn wir dann halbbetäubt erwachen, muß uns die Tasse scharfen Bohnenkaffees frisch machen, und wenn dann das Herz klopft, muß wieder eine Beruhigung her. Das stellt einer fest, der aus Erfahrung spricht, und der nicht anderen predigen will, sondern zunächst einmal sich selber. (Das vergessen die Leser überhaupt zu leicht: daß viel publizistische Kritik Selbstkritik ist, daß oft eine Gewissenserforschung der Anlaß und Anfang eines Artikels ist. Max Scheler, so berichten uns seine Schüler, hat einmal besonders tief und gründlich und glaubwürdig über das Heilige und über den Heiligen gesprochen, als er aus einer wüsten Nacht ins Kolleg kam. Das war nicht illegitim, es hatte seine eigene menschliche Wahrheit.) Aber auch die Leute, die klug genug sind, jenem bösen Zirkel zu entgehen, indem sie die Gifte vermeiden und sich an die Methoden der Naturheilkunde halten, an gute Säfte, milde Tees und was es da immer gibt, erlangen keineswegs immer die Freiheit zurück: man kann unter innerem Zwang und mit jenen falschen Erwartungen, die für alle diese Methoden des Lebens-Ersatzes bezeichnend sind, auch die harmlosesten Mittel zu Werkzeugen der Sucht machen. Nicht nur *die* Leute sind süchtig, die nicht ohne einen Kriminalroman einschlafen können, sondern auch die, die dazu ein sogenanntes „gutes" Buch benützen. Daß sie nicht ohne ein Buch in der Hand schlaffähig werden, das Vertrauen zum Schlaf gewinnen, — darin steckt der Fehler. Er liegt nicht nur am Narkotikum selbst. Die Zigarre unserer Väter und die lange Pfeife unserer Großväter enthielten nicht wenig Nikotin, aber zu einem der sichtbarsten Symptome unserer Lebensflucht konnte erst die Zigarette werden, durch die Art und Weise nämlich, wie wir uns von ihr abhängig gemacht haben. Ich müßte das Radio nennen; das ist eine großartige Erfindung, aber viele von uns mißbrauchen sie, weil sie die Stille nicht mehr vertragen. Oder die Illustrierten und Magazine, mit deren Konsum wir die Zeit totschlagen. Und wenn wir in den Wartesaal eines ländlichen Bahnhofs verschlagen sind, der keinen Zeitungsstand hat, dann lesen wir die Reklamen, die bahnamtlichen Bekanntmachungen über die Entladezeiten der Güterwagen und den Fahrplan; wir können es offenbar nicht mehr in unserer eigenen Gesellschaft aushalten.

Wir können es nicht mehr in unserer eigenen Gesellschaft aushalten. Das ist eine Grundtatsache, aus der sich die tausend Formen der modernen Süchtigkeit erklären lassen. Immerfort fliehen wir von uns selbst weg, immerfort füllen wir eine Leere künstlich aus, immerfort *suchen* wir; wir suchen so konsequent, daß wir „süchtig" werden, in schweren pathologischen oder kriminellen Formen, in Zwangsneurosen, in Perversionen, oder aber in den leichteren Formen, an denen wir alle mehr oder weniger Anteil haben. Alle mehr oder weniger, und jeder in seiner Art. Was bei dem einen das schlechte oder gute Buch ist, ist für die anderen der Fußball, für den dritten die Wissenschaft. Das sagt nichts gegen das Buch, nichts gegen den Fußball, nichts gegen die Wissenschaft. Sie können Elemente der Wahrheit, der Mitmenschlichkeit, des Spiels sein, und sie können Rauschmittel sein; sie können uns helfen, zu uns selbst und zum anderen zu kommen, und sie können Mittel zur Selbstentfremdung sein. Manche eignen sich weniger, manche mehr dazu. Im „Kitsch", diesem rätselhaften Gebilde menschlicher Seelenhaftigkeit und Geschäftstüchtigkeit, haben wir eine ganze Welt des schlechten Scheins ausgebildet, und wir sind so weit gekommen, daß wir sogar das Kunstwerk selbst, das zu ganz anderem Dienste geschaffen wurde, dazu mißbrauchen können, unsere Leere künstlich auszufüllen.

*

Wo liegt der Grund? Es wäre nicht recht, vorschnell zu sagen: weil ihr nicht an der richtigen Stelle sucht, an *der* Stelle, da ihr finden werdet, an der Stelle, da das Heil auf euch wartet; weil ihr den Glauben an den verlernt habt, in dem nach dem Worte des Augustinus unser unruhig suchendes Herz seine Ruhe findet. So einfach ist es nicht; auch unter den Gläubigen sind Süchtigkeiten verbreitet, ja die Religion selbst oder ein Stück der Religion kann als Fluchtsystem oder Opiat gebraucht werden. Das ist nicht eine Verleumdung von Materialisten, sondern eine Erfahrung, die jeder an sich selbst machen kann, wenn er nur die Augen aufmacht. Gott ist kein Rauschmittel, die Religion aber kann eins sein; wenn sie im heiligen Geiste geschieht, so macht sie den Menschen wach und wahr, aber sie geschieht nicht immer im heiligen Geiste. Das Opium Religion wird zwar seltener verordnet und verabreicht, als die Religionsfeinde annehmen, aber häufiger gewünscht und genommen, als die Religionsfreunde meinen. Es ist manchmal nicht ganz leicht zu erkennen, wo das wahre Heil als wahrer Trost in der eigentlichen Not aufhört und der falsche Trost beginnt: ideologische Sicherung, schöner Traum, Einschläferung. Der wirkliche Glaube freilich bewahrt vor dem faulen Zauber, vor dem Opiat der Religion ebenso wie vor jedem anderen schlechten Rausch. Aber so etwas darf man heutzutage nur behutsam sagen, nicht, weil es nicht wahr wäre, sondern weil es garkeinen Sinn hätte und vielleicht sogar viel Schaden stiftete, wollte man dergleichen Wahrheit dann und dort so vorbringen, daß sie eine abstrakte Behauptung bleibt und also nicht ankommt, beim Leser und Hörer nämlich, beim Partner. Wahrscheinlich reden die Frommen viel zu viel von ihren Wahrheiten, so oft und so unnötig, daß sie nicht mehr vernommen werden. Es gibt eine Diskretion auch im Religiösen, und ein ungenötigtes und unnötiges Bekenntnis kann in Wirklichkeit eine Taktlosigkeit, ja eine Ohrfeige sein. Wer sich dieser Sünde gegen die Liebe schuldig macht, darf sich nicht auf das „opportune, importune" des Apostels berufen. Es gibt die Zeit des Bekenntnisses, und es gibt die Zeit der Kooperation, beide können Zeugnisse des Glaubens sein, und heutzutage bedarf es gründlicher Bewährung in der Kooperation, um im Bekenntnis glaubwürdig zu sein. Es ist also nicht leicht, jene augustinische Wahrheit vom einzigen Ziel unseres Suchens, vom einzigen wahren Trost richtig zu sagen, nämlich glaubwürdig. Deshalb sollten wir unsere Aufmerksamkeit zunächst lieber auf zwei andere Ursachen der modernen Flucht in den Rausch richten.

Die eine nennen, bedeutet eine Art Entschuldigung nennen, und ich möchte denn auch sozusagen auf mildernde Umstände plädieren, für uns alle. Ich denke an die schon eingangs bemerkte ganz banale Tatsache, daß das Leben für uns sehr unübersichtlich, verwickelt, rätselhaft und katastrophal geworden ist; die festen sozialen

Ordnungen, die einmal auch den schwachen Menschen und jeden in seinen schwachen Stunden trugen, sind dahin. Man sollte nicht darüber klagen, — die Menschheit ist wohl einen Gang gegangen, der ihr nicht erspart werden konnte; der eigentliche Sinn der Aufklärungen, der Enttäuschungen, der Erweiterungen des Lebens nach außen und nach innen, der Zerstörungen älterer Ordnungen, der Umwälzungen, die wir in den letzten Jahrhunderten erfahren haben, ist ganz gewiß positiv, — das Mittelalter war weder das letzte Wort des Menschen, noch das letzte Wort Gottes an den Menschen. Alle jene feudalen und bäuerlich-bürgerlichen Volks- und Dorf- und Stadt- und Lebens-Ordnungen waren Gehäuse, viel zu eng für den Menschen, den Gott gedacht hat, und es war gut, daß er weiterging und forschte und grübelte und handelte. Es fragt sich nur, ob wir den eigentlichen Sinn dieses Weges erfaßt und verwirklicht haben und erfassen und verwirklichen werden. Wie aber auch immer: es ist viel schwieriger geworden, das Leben zu bestehen. Das heißt aber: es ist viel schwerer geworden, nüchtern zu bleiben. Es täte dringender not als je, mündig zu sein, aber es ist schwerer geworden, mündig zu werden. Es gibt die großen Starken der gefährlichsten Sorte, die daraus die Folgerung des dostojewskischen Großinquisitors ziehen, es genüge, daß *einer* nüchtern bleibe und die Last der Geschichte trage; für die Masse sei es besser, die Wahrheit nicht zu wissen, für sie sei es besser, sich schöne Illusionen zu machen, und dazu gehört auch: die Mißlichkeiten in geregelten Räuschen zu vergessen. Die Diktatoren unserer Tage haben denn ihre Herrschaft in der Tat auf der Rauschsucht der Masse begründet. Sie boten ihnen berauschende Ideen an, üppige Wunschträume, heiße Empfindungen, falschen Enthusiasmus, sie boten ihnen den Haßrausch des Antisemitismus an, sie boten bunte Fahnen und Versprechungen glorreicher Siege an, und sie haben oft nicht falsch spekuliert. Wenn sie nicht abermals das Spiel gewinnen sollen, dann müssen genügend viele Menschen in allen Schichten und Funktionen nüchtern bleiben oder nüchtern werden, und das heißt eben auch: stark genug werden, um das heutige Leben und den Blick in die Zukunft auszuhalten, um mit ihren Partnern daran zu arbeiten, daß wir *alle* das Abenteuer des zwanzigsten Jahrhunderts redlich bestehen. Wir *müssen* also stark werden, um mit diesem Jahrhundert fertigzuwerden, aber die meisten von uns sind es noch nicht; sie versagen und sie suchen billigen Trost. Das *erklärt* zum Teil das erschreckende Ausmaß jener großen und kleinen Süchte.

Unversehens sind wir in die zweite Ursache hineingeraten, die zu nennen wäre: in der Flüchtigkeit und Süchtigkeit unserer Zeit drückt sich die Tatsache aus, daß wir unsere politische Aufgabe, unsere geschichtliche Aufgabe noch nicht klar erkannt haben, und daß wir uns noch nicht zu ihr entschlossen haben. Es ist ja auch keine Kleinigkeit, sozusagen die Erdkugel in Ordnung zu bringen. Denn darauf läuft es ja hinaus: aus dem Kampffeld der Interessen und dem Chaos der Kulturen, dem Ergebnis der äußeren und inneren Expansion der weißen Völker, ein Minimum von äußerer und innerer Ordnung zu gewinnen, damit wir alle rund um die Erde herum überhaupt leben und einigermaßen menschlich leben können. Dazu bedarf es der Politik, und ebendarum ist „die Politik unser Schicksal“ geworden. Politik selbst kann freilich wiederum ein Rauschmittel und ein Fluchtsystem sein, nicht nur in den Diktaturen, *auch* in den Demokratien. Man erhitzt sich oft nicht so sehr um der Ideale willen, für die man eifert, oder um der Ziele willen, die man erstrebt, sondern um des Zustandes der Erhitzung willen, und wenn man es genau nimmt, sind sogar „die Ideale" selbst und gerade sie oft genug Rauschmittel: alle die Ismen der politischen Propaganda. Das Ziel einer guten Politik ist kaum noch ein Ideal zu nennen, so nüchtern kann man es benennen: die Gesellschaft, wie sie wirklich *ist,* in einen Zustand relativer Ordnung zu bringen, den alle ihre Glieder sich selbst zumuten können und den anderen zumuten können. Dieses in sich nüchterne Ziel verlangt aber so viel Einsicht und so viele Opfer, daß es nur erreichbar sein wird, wenn viele Menschen, wenn die besten Menschen das Beste daransetzen, was sie haben, und so werden wir auch hier wieder einmal auf den „Enthusiasmus" zurückverwiesen, von dem wir ausgingen. Eine Politik, in der das Element des heiligen Rausches, in der die Begeisterung ganz fehlte, wäre wohl kaum die Politik, die Aussicht hätte, jenes nüchterne Ziel zu erreichen: eine Welt, in der Menschen menschlich mit einander leben können. Im übrigen ist gerade jene Begeisterung (in Verbindung mit dieser Nüchternheit) ein Schutz gegen gefährliche Rauschsucht. Wer in diesem Sinne gleichsam Fuß gefaßt hat in der politischen Welt, wer sich über seine Lage und über sein Ziel klargeworden ist, sich Gleichgesinnten angeschlossen hat und wirklich *unterwegs* ist, in einer Bewegung, die er verantworten kann, und wer in dieser Bewegung seinen Preis bezahlt an Kraft und Zeit und Opfer, der wird nicht sehr versucht sein, seine Leere auszufüllen und vor sich selbst davonzulaufen. Er wird weder Zeit noch Lust haben, in eine Filmwelt zu flüchten, die ihn mit Wunschträumen berauscht.

Auch ein guter und gut bewältigter Beruf kann den Menschen vor den Giften schützen. Für sehr viele Menschen ist aber gerade ihr Beruf in die Störungen des sozialen Gleichgewichts verstrickt, oder sagen wir es weniger höflich: in das Unrecht unseres Gesellschaft-Gefüges verwickelt. Man nimmt handelnd oder leidend, als Täter oder Opfer oder als beides, an diesem Unrecht teil und kann deshalb nicht ohne weiteres in aller Nüchternheit Ja zu ihm sagen. Man ist dann versucht, gerade aus dem leeren Beruf in irgendeinen Rausch zu flüchten. Auch hier ist die richtige Politisierung oft der richtige Weg aus der Leere heraus: die Arbeit an derjenigen Änderung der Gesellschaft, durch die diese Berufsarbeit sinnvoll werden würde. Diese Anstrengung vermag dann zu leisten, was sonst der Beruf selbst leistet: uns „auszufüllen", zu verhindern, daß sich jene Leere bildet, die uns zum Rausch verleitet. Mancher, der als verantwortungsbewußter Volksbildner den Kitsch bekämpft oder als eifervoller Volkserzieher den Rausch, täte besser daran, den Objekten seiner Tätigkeit zu einem Bewußtsein zu verhelfen, das die Ursache des Übels erkennt, jene Leere nämlich; und er täte besser daran, statt dem Übel zu Leibe zu gehen, mit ihnen die ersten Schritte eines Weges zu gehen, der aus der Leere herausführt. Wir haben kein Recht, dem Dienstmädchen seinen Roman- oder Filmtraum oder dem Arbeitslosen sein Glas Schnaps zu nehmen, wenn wir ihnen nicht zugleich einen beruflichen oder politischen (oder religiösen) Weg eröffnen, auf dem wir die Voraussetzungen jener gefährlichen Bedürfnisse zu beseitigen hoffen dürfen. Daß da nicht mit Rezepten, sondern nur dann geholfen ist, wenn wir selbst jenen Weg mitzugehen bereit sind, macht es so schwer, den Süchtigen zu helfen: wir helfen ihnen nicht, wenn wir uns nicht auf sie einlassen.

Erheblich unabhängiger vom Zustand der Gesellschaft ist die Ehe, die hohe Schule der heiligen Nüchternheit, wenn sie gerät. Ich spreche nicht von „Ehen“, die im Rausch und in blinder Verliebtheit zustande kamen und in Verbitterung oder Gleichgültigkeit enden, sondern von Ehen, die in bewährter Zuneigung und in einem Akt großherzigen Vertrauens geschlossen werden oder sich zu dieser Zuneigung und zu diesem Vertrauen geläutert haben. Von ihnen hängt in unserer Sache vieles ab. Ich habe bisher nichts von dem Rauschmittel Sexualität gesagt. Unsere Vorväter, die kein Blatt vor den Mund nahmen, haben zum „Fressen und Saufen“ auch das „Huren“ gestellt. Huren kann man auch innerhalb einer sogenannten Ehe. Auch in der Maßlosigkeit des Fleisches verrät man die Nüchternheit des Lebenskampfes. Das normale Heilmittel dagegen ist gerade hier nicht die Enthaltsamkeit oder ein Puritanismus. Die geschlechtliche Verbindung enthält ja in sich ein rauschhaftes Element; es hat schon manchen Menschen, der sonst zum Spießer oder Pharisäer oder zur Null entartet wäre, aus sich heraus über sich hinaus gerissen und zum Menschen gemacht. Die Jungfräulichkeit, wie sie, nach Regel und Gelübde gelebt, in der katholischen Kirche hochgeehrt wird, ist nicht gegen die Entartungen des Sexualismus gerichtet; sie hat vielmehr als geistige Lebensform ihren eigenen Enthusiasmus und ihre eigene Nüchternheit. Das normale Heilmittel gegen den Erotismus und gegen den Sexualismus aber ist die heilig-nüchterne Ehe; sie wahrt und hütet das Geheimnis jenes Rausches, in ihr machen die beiden Partner aus ihrer Liebe keine „Freizeitgestaltung“, sondern verbinden sie mit ihrem ganzen Leben; in ihr darf die Liebe Frucht tragen. Sind unsere lieben Kinder nicht die Früchte des Enthusiasmus *und* der Nüchternheit? Und von den Kindern kann man denn auch in unserer Sache viel lernen.

*

Die Wurzel des Rausches ist die Angst. Die Angst vor dem Leben. Die Angst vor dem Tod. Die Angst vor der Sinnlosigkeit, der horror vacui. Die Angst vor sich selbst: die Angst davor, die Schmerzen der zweiten Geburt erleiden zu müssen, die den Schein-Erwachsenen zum reifen Menschen macht, zu dem Menschen nämlich, der sich nicht zerstreut, sondern der Wirklichkeit standhält. Angst wird durch den Rausch nicht überwunden, sondern nur für kurze Zeit betäubt. Dem Rausch folgt der Katzenjammer, der die Angst bestätigt. Darum der neue Rausch. Darum wächst aus der Wurzel der Angst nicht nur der neue Rausch, sondern die Gewohnheit des Rausches, die Süchtigkeit. Da sie ihr Ziel nie findet, endet sie im Leeren, im Nichts, im Tod. Nur *eine* Kraft kann die Angst überwinden: das Vertrauen. Die Christen pflegen zu sagen, daß uns nur das Vertrauen auf Gott diesen Dienst leisten könne. Aber das ist nicht wahr oder nur halbwahr. Auch wer einem Menschen wahrhaft traut und vertraut, gewinnt Stand, und wenn dieser Grund nicht „absolut“ ist, so kann er doch fest genug sein, um ein Menschenleben zu tragen. Wenn es nicht so wäre, müßten alle „Neuheiden“ bald wahnsinnig werden. Wie Gott einem Einsamen den Menschen ersetzen, nein, vertreten kann, so kann ein Mensch Gott vertreten. Das ist kein erbaulicher Gedanke, das ist wirklich so: wer einem Menschen traut, traut Gottes Geist in ihm, auch wenn er nichts von diesem Geiste weiß; er traut dem Schöpfer, dem Erlöser und dem heiligen Geiste. Das wissen auch die Gläubigen zu wenig. Viel mehr als es ihnen meist bewußt ist, haben wir auf diese besondere Weise mit Gott zu tun: daß wir mit Menschen zu tun haben. Der Ruf zur Gottesliebe und der Ruf zur Nächstenliebe sind nicht nur gleichgewertet, sie sind *ein* Ruf. Darum kann der liebende Gott nicht nur unmittelbar als Grund und Ziel des Vertrauens unsere Angst von uns nehmen. Darum können wir auch einander helfen, unsere Ängste abzubauen: dann nämlich, wenn wir einander vertrauenswürdig werden. Wenn wir einander so begegnen, daß der andere auf einmal tief aufatmet und seine Hand in deine legt, weil er dir vertraut. Ein einzelner Mensch kann nicht die ganze Welt tragen. Aber einander vermögen wir uns ein Stückchen weiterzuhelfen.

Erst recht ist der Glaube an den Gott, der sich geoffenbart hat, Vertrauen. Wer an diesen Gott glaubt, klammert sich nicht an eine Idee, an eine Weltanschauung, an eine Religion, sondern er baut auf das Wort des Gottes, der seine Hand ausgestreckt hat. Es gibt sehr rauschhafte Religionen. Der Glaube an den Gott der Offenbarung ist ein Glaube, der den Rausch überwindet, weil er die Angst überwindet. So zu glauben, ist sehr leicht: jedes Kind vermag es, und die kindlichsten Erwachsenen vermögen es am leichtesten, — sie wenden ihr Haupt Gott zu, und schon ist es geschehen, das Heilende. Und es ist sehr schwer, das braucht man heute nicht lange zu demonstrieren. Das heißt: gerade manchen Christen muß man vielleicht doch sagen, daß der Sprung ins Dunkel, der ein Sprung ins Licht ist, nicht immer so einfach ist wie das Lichtanknipsen. Ein Sprung aus der Angst in Gottes Arme vernichtet das Bedrohende nicht ganz und gar: dieser Gott ist ein furchtbarer Gott, und Furcht vor ihm, Gottesfurcht, ist ein Element des Vertrauens. Die Überwindung der Angst ist nicht ohne Furcht Gottes zu haben. Zum Vertrauen in das Heil gehört die Sorge um das Heil. Ähnlich geht es in der Welt zu: die Angst vor der Gefahr, vor dem Krieg, vor der Seuche sind nicht im Leichtsinn, sondern nur in der Furcht vor der Gefahr, vor dem Krieg, vor der Seuche überwunden: angesichts einer wirklichen Bedrohung ist die Furcht ein Element der Nüchternheit, und nur die, die sich fürchten gemäß der Größe der Gefahr, haben die Aussicht, ihrer Herr zu werden. Wo an der Stelle des Nichts, das uns ängstet, der lebendige Gott erkannt wird, tritt an die Stelle der Angst ein Vertrauen, das mit heiliger Furcht verbunden ist.

Auch ist es nicht so, daß man über den Glauben verfügen kann wie über ein Ding. Gott verbirgt sich zuweilen, und dann kann es geschehen, daß wir die Angst auszuhalten haben. Dann kann einer dem Rausch und der Sucht nur entgehen, wenn er die Angst aushält, wartend, hoffend. Ein Kind vermag mit einer leichten Bewegung seines Herzens die Welt in Ordnung zu bringen, jeder von uns kann es, wenn es dem Geist gefällt. Aber wir verfügen nicht über den Geist. Er weht, wo und wann er will. Die Lehre vom Vertrauen ist nicht das Vertrauen selbst. Wie alles, so kann auch „die heilige Nüchternheit des Glaubens" zur Ideologie gemacht werden: selbst daran mag sich einer berauschen, selbst dahin kann sich einer flüchten. Besser als ein solcher theologischer Existenzialismus ist die Redlichkeit dessen, der die Angst aushält, und der in den Gaben der Schöpfung oder im geschaffenen Nebenmenschen, in Weib und Kind, im Freund und Kameraden Halt und Stand gewinnt. Gott wird ihn nicht verlassen.

Oskar Maria Graf

ÜBER RAINER MARIA RILKE

Für Marc Ginzberg

„Rilke . . .!" Alle Studentinnen und Kunstgewerblerinnen, die blonden baltischen Baronessen und die angealterten, meist sehr reichen Literaturdamen im München von 1917 bis 1920 hauchten diesen Namen jedesmal schwärmerisch aus sich heraus, so, als handle es sich dabei um etwas Kultisches. Nur im Stefan George-Kreis durfte er nie genannt werden. Auf den wilden schwabinger Atelierfesten aber, wenn die tanzerschöpften Liebespaare sich in dunkle Ecken zurückzogen, fing oft plötzlich ein stehengelassener Jüngling an, den „Cornet" zu zitieren, und wenn er zu der Stelle „der Brief und das Rosenblatt einer fremden Frau" kam, dann seufzte es von irgendwoher, und es kam sonderbarerweise über die ganze alkoholisierte, lebenstolle Gesellschaft etwas wie eine ernüchternde Empfindsamkeit, eine undefinierbare Mischung von Sentimentalität und wirrer Sehnsucht nach Loslösung von allem, nach Hingabe an wer weiß was. In meiner Erinnerung will eine wüste Trinkernacht mit sehr heftigen Diskussionen nicht verblassen. Ein blonder, eckiger, junger Mensch sprach ganz unvermittelt, laut und fast wie betend in die langsam sich ausbreitende Stille hinein:

„Was wirst du tun, Gott, wenn ich sterbe?
Ich bin dein Krug (wenn ich zerscherbe?)
Ich bin dein Trank (wenn ich verderbe?)
Bin dein Gewand und dein Gewerbe,
mit mir verlierst du deinen Sinn."

Eines von jenen überheblichen revolutionären Mädchen jedoch, die man damals überall antraf, rief aufreizend-schnippisch dazwischen: „P—ha, was wird schon sein, wenn Herr Rilke stirbt? Fades Gottgewinsel!" Das Wort brach jäh ab, denn schon war der junge Mann aufgeschnellt. Wutblaß, brüllend warf er den runden flaschen- und gläserbestandenen Tisch um. „Das ist Hurerei!", schrie er, „ein Sakrileg ist das!" Blind schlug er um sich und wollte auf das Mädchen los, das entsetzt mit den anderen Frauen die Flucht ergriff. Erst nach einem wilden Geraufe konnte der Tobende überwältigt werden. Erschöpft und demoliert lag er in gestreckter Länge auf dem besudelten Atelierboden. Auf einmal sprang er auf und lief heulend davon. Wir sahen ihn in unseren Kreisen nicht mehr.

So tief und hinreißend wirkte Rilkes gedankengeladene Wortkunst, so verzaubernd der Klang seiner Verse, die nichts von Innigkeit, aber alles von einem melancholischen Monolog oder einem „großen Gesang" haben wie etwa die von Novalis, viele von Hölderlin und manche von Nietzsche. Innig, um es flüchtig zu kennzeichnen, ist Claudius, oft auch Goethe, innig sind Eichendorff und Mörike, Storm und Liliencron, sogar manchmal noch Dehmel, aber niemals Rilke.

Gerade jene Jahre von 1917 bis 1920, als ich Rilke kennenlernte, waren ihm und seiner Dichtung ganz und gar entgegengesetzt. Europa, und mit ihm Deutschland, war bis in die Grundfesten erschüttert. Nur ganz Wenige erkannten die entscheidende Wirkung der russischen Revolution Lenins in ihrem weltweiten Umfang. Durch sie drang aber zum ersten Mal seit der schon antiquiert gewordenen, historisch vernebelten Erinnerung an die große französische Revolution das ganz bestimmte Gefühl ins Bewußtsein des einzelnen Massenmenschen, daß auch die scheinbar für alle Zeiten festgefügten Monarchien gestürzt, daß auch kaum mehr umdenkbare Staatssysteme gewaltsam geändert werden können. Auch der deutsche Untertan wurde auf einmal rebellisch. Eine gefährliche Aufsässigkeit gegen das wilhelminisch-ludendorffsche Regime griff immer mehr um sich. In München wie in allen anderen großen deutschen Städten demonstrierten bereits täglich die ausgehungerten, kriegsmüden Massen und trugen Transparente mit den lapidar drohenden Worten: „Friede und Brot". Zwar konnte die Polizei sie noch auseinandertreiben, aber sie fanden sich abends noch viel zahlreicher in den riesigen Bräuhallen ein, wo Kurt Eisner mit kategorischer Bissigkeit die Abdankung des Kaisers verlangte. Noch einmal riefen einige Nationale — darunter so ein seltsames Dreigespann wie Ludwig Thoma, Großadmiral Tirpitz und Walter Rathenau — zur nationalen Verteidigung bis zum letzten Mann auf. Schließlich die Flucht des Kaisers und Ludendorffs, Revolution in München und Berlin, Desorganisation, Hunger, Straßenkämpfe, Putsche und endlich Wahlen zu den Landtagen und zu einer Nationalversammlung. Nach der Ermordung Liebknechts und Rosa Luxemburgs die Ermordung Eisners; Ausrufung der „Bayrischen Räterepublik" und wochenlange, erbitterte Spartakuskämpfe in Berlin. Noske machte mit den kaiserlichen Generalen und den berüchtigten „Weißen Garden" blutig Ordnung, die blindwütige Reaktion begann von neuem und — das Ende wissen wir alle.

Und die deutschen Geistigen damals? 1914 hatten sich fast alle kriegsfreiwillig gemeldet, jetzt waren sie revolutionär, politisiert, pazifistisch und demokratisch, zugleich aber — Wirrnis über Wirrnis! — geradezu lüstern nach einer rücksichtslosen leninschen Diktatur. Sie verachteten mit einem Male die Kunst, die Dichtung und Geistiges und — verhalfen dem Expressionismus zum Durchbruch. Sie gaben sich betont „proletarisch", wurden frömmelnde Anbeter des Arbeiters, — und jede Nacht feierten sie mit den Schiebern orgiastische Atelierfeste. Sie zogen mit den Demonstrationen und hielten aufreizende Versammlungsreden, aber in den Nächten ereiferten sie sich sehr abseits von dem, was sie augenblicklich als ihre Wirklichkeit ansahen, mit blitzend spielerischer Intelligenz über die Bilder von Klee, Kandinsky, Nolde und Kokoschka. Die Dramen von Fritz von Unruh, Reinhard Göring, Walter Hasenclever, Ernst Toller und Georg Kaiser beklatschten sie heftig, aber sie vermißten darin doch die „letzte Aussage unserer geistigen Situation", sozusagen die „kämpferische Zukunft der Massen" oder etwas ähnlich Unklares. Genauso wirr stand es mit ihrem Haß gegen Thomas Manns „Betrachtungen eines Unpolitischen" und ihrer Begeisterung für Heinrich Manns „neuer Demokratie". Die tief konservative, ernsthaft besorgte Gescheitheit des einen und die vernunftbestimmte Moralität des anderen machten sie unsicher, und das einzige, was sie zu tun wußten, war, die beiden Brüder gegeneinander auszuspielen. Dieser substanzlosen Spielerei gaben sie sich mit viel hämischer Schadenfreude hin. Ganz aus den Fugen waren sie geraten und fühlten dunkel, daß die Zeit ihnen den Halt genommen hatte, doch sie kokettierten mit dieser Haltlosigkeit. Ihr unausgeglichener Irrationalismus träumte verschwommen vom Elementaren, doch sie landeten nur bei einer manirierten Verherrlichung des Vitalen schlechthin, des Vitalen bis hinab zum vulgären Zuhälter. „Diese Vitalität! Gottvoll! ... Das reine Fleisch schreit aus ihm!", flötete einmal eine hingerissene Dame im Theater, weil ein schnell bekannt gewordener Schauspieler so grobschlächtiges Mannstum besonders geschickt darstellte. Im Handumdrehen wurde der Ausspruch zum Musterschlagwort in diesen Kreisen.

Aber da war Rilke, und — merkwürdig! — der war für alle tabu. Ein Einsamer von Natur aus, aber kein verstiegener Abseitiger. Ein Einsamer ist sich selbst genug, die Sicherheit seines innersten Wesens ist unzerstörbar. Den Abseitigen bestimmen viele Gründe, und der gewisseste davon ist die eigene Unsicherheit. Nie, in keinem Augenblick hat Rilke an seiner hohen dichterischen Sendung und Leistung gezweifelt. Deswegen ließen ihn auch öffentliches Lob oder Kritik so gleichgültig. Es ist bekannt, daß er nie eine Rezension, nie ein auch noch so bedeutendes Buch über seine Persönlichkeit und sein Schaffen las. Er schrieb dies auch manchmal den jeweiligen Verfassern solcher Arbeiten und verstimmte sie nicht wenig. Er strebte auch nie danach, seine Dichtung persönlich oder durch eine geschickte Reklame seines Verlegers populär zu machen. Dennoch drang sie in verhältnismäßig kurzer Zeit in weite, sehr ernst zu nehmende geistige Kreise und wurde zum unwegdenkbaren Teil der großen Literatur. Das Erstaunliche dabei aber war, daß gleichzeitig bei allen, die seine Verse aufnahmen, ein geradezu hektisches Interesse, eine ganz persönliche Hinneigung für den Menschen Rilke einsetzte. Zu ihm fanden, ohne daß er etwas dazutat, sehr verschiedenartige Menschen. In seine Atelierwohnung in der Ainmillerstraße kamen aktive Revolutionäre wie Toller oder der Kommunist Kurella mit seinem jungen Kreis, kamen Schriftsteller und bürgerliche Männer, die es aufrichtig mit der Revolution meinten. Sie wußten, daß Rilke über den Krieg, den er tief verabscheute, der ihn schöpferisch völlig lahmgelegt und fast zermalmt hatte, nie ein Wort in der Öffentlichkeit hatte verlauten lassen. Die Ursachen des deutschen Zusamenbruchs, unser Anteil an der Kriegsschuld und die deutschen Zukunftsmöglichkeiten waren der Inhalt ihrer Sorgen und ihres Denkens, und wahrscheinlich erhofften sie eine brauchbare Stellungnahme Rilkes zu alledem. Die Gespräche aber verliefen ergebnislos und befriedigten sie nicht. Keiner dieser Besucher hatte eine Vorstellung von der Wortverantwortlichkeit des Dichters, keiner ahnte, wie schrecklich es damals um sein Inneres bestellt war, wie unbeschreiblich es ihn drängte, mit seiner Einsamkeit alleingelassen zu werden. Erst 1920, von der Schweiz aus, hat er im siebenten Brief an „eine junge Frau" seine langsam errungene Stellungnahme so präzisiert: „Für mich, so wie ich alles sehe und es, meiner Art und Anlage nach, erleben muß, besteht kein Zweifel, daß es Deutschland ist, das, indem es sich nicht erkennt, die Welt aufhält. Die vielfältige Zusammensetzung und weite Erziehung meines Blutes gewährt mir eine eigentümliche Distanz, dies einzusehen." Diese „eigentümliche Distanz" zeigte sich an den damaligen Gesprächen. Er hörte seinen Besuchern unvoreingenommen zu, aber das, was er mitunter darauf sagte, blieb diesen Menschen grundfremd. Sie hielten es, wenngleich sie es nicht sagten, für naiv, politisch ahnungslos oder idealistisch verstiegen. Noch dazu, da Rilke es etwas einfach vorbrachte. Eigentümlicherweise aber hemmte sie etwas, zu widersprechen. Es fiel mir überhaupt auf, daß die meisten Menschen Rilke mehr zuhörten, als sie mit ihm redeten, obgleich er doch alles andere als redselig war. Er hatte eine sehr gut temperierte Stimme, einen sachten, angenehmen Tonfall, und er sprach genauso wie der Stil seiner Briefe: mit einer tief verborgenen Schüchternheit, einer ungemein nervösen Scheu vor jeder Banalität und mit der Behutsamkeit eines Menschen, der keinem anderen wehtun will. „Ihre Prosa gibt sich nur ungern", schrieb er mir einmal nach einem völlig mißglückten Vorleseabend, wobei ihn der Kohlendunst meines Ofens in die Flucht getrieben hatte. Einige Tage später wiederholte er genau denselben Satz im Gespräch, und als ich ihn darauf aufmerksam machte, war er weder erstaunt noch verlegen und meinte nur, er wüßte es nicht anders zu sagen.

Denk' ich an die Besuche der münchner Revolutionäre bei ihm, so rückt jedesmal etwas gleicherzeit Frappierendes und Komisches in meine Erinnerung. Schlicht, mit einer fast zärtlichen Interessiertheit bot er sich jedem. Diese scheinbar so rauh-realistischen Männer aber verwandelten sich in seiner Gegenwart im Nu. Unwillkürlich nahmen sie Rilkes Art an, ja sie redeten sogar mit einem Male so wie er, was mitunter besonders lächerlich wirkte. Irgendwo bei Thomas Mann — ich glaube im Zusammenhang mit Nietzsche und dem „Faustus" — habe ich einmal die gefährlich gescheite Behauptung gelesen, daß jeder Versuch eines Menschen, rein ästhetisch zu leben, zu einem endgültigen seelischen Zusammenbruch führen muß. Rilkes Erscheinung aber ist ein sehr aufschlußreicher und ermutigender Beweis dagegen. Für ihn war ein solches Leben gleichsam aufgezwungenes Schicksal, aber ein Schicksal, das ihn nicht zerbrach, ja sogar eines, das ihn gegen einen solchen Zusammenbruch gefeit machte. Er hatte viele schwere Krisen zu überstehen. Diejenige nach der Beendigung des „Malte Laurids Brigge" brachte ihn bis an den Rand der Verzweiflung. Er weiß kaum noch einen Ausweg, und es ist schon so weit mit ihm, daß er auf Anraten seiner Frau und eines befreundeten Arztes ernsthaft erwägt, sich psychoanalytisch behandeln zu lassen. Die langen, sehr aufschlußreichen Briefe, die er mit seiner intimsten Freundin Lou Andreas-Salomé darüber wechselt, legen die Wurzeln seiner Persönlichkeit frei, und es ist charakteristisch für ihn, wie er über eine solche innere Gefährdung hinwegkommt. Nach einem schmerzlichen Ringen um die Selbstklärung kommt er zu dem Ergebnis, daß „seine Arbeit eigentlich nichts anderes ist als eine derartige Selbstbehandlung". Die Einsicht, die ihm die tiefe Formulierung abzwingt: „Nur auf einem großen Umweg kann wahrscheinlich Kunst aus der Natur hervorgehen — nicht ohne Verzweiflung, nicht ohne Sündenfall", stärkt ihn, und er stellt sein Schöpfertum der Psychoanalyse entgegen, indem er schreibt: „Gerade meine Frömmigkeit hält mich von einem solchen Eingriff ab ... von dieser Korrektur, die ich mir dann so rot durchverbessert denke wie in einem Schulheft." Das, meint er weiter, „wäre eine zu gründliche Hilfe für mich, sie (die Psychoanalyse) hilft ein für allemal, sie räumt auf, und mich aufgeräumt zu finden eines Tages, das wäre vielleicht aussichtsloser als diese Unordnung", denn „es scheint mir sicher, daß, wenn man mir meine Teufel austriebe, auch meinen Engeln einer kleiner ... Schrecken geschähe, und gerade darauf darf ich es auf keinen Preis ankommen lassen."

Soll man da von einem übersteigerten künstlerischen Selbstbewußtsein sprechen, von einer fast manischen Ichbesessenheit? Das Urtümliche an Rilke war, daß all sein Schöpfertum und seine Künstlerschaft von einer ganz anderen Quelle gespeist wurde. Das Einzigartige an ihm war, daß in ihm zeitlebens eine seine ganze Persönlichkeit beherrschende „metaphysische Sicherheit" konstant blieb. Er hatte dasjenige mitbekommen, was wir im Elend unseres Verstandes seit langer, langer Zeit verloren haben, nämlich Gott in seiner ganzen Unfaßbarkeit und unschuldigen Schlichtheit. Denken wir dabei nur an Tolstoi! Durch welche Höllen des Zweifels mußte dieser unbarmherzige Skeptiker hindurch, welchen furchtbaren Kampf mit sich und seinem Genie mußte er durchfechten, um endlich zu einem solchen Glauben zu kommen, und wie tragisch zerbrach er schließlich an diesem Ringen um Gott, den Rilke von kindauf in sich trug! Einer, der ein solches, nie zu gefährdendes Gottesbewußtsein in sich hat, von dem geht auf irgendeine Weise etwas Göttliches aus, und alles Göttliche ist wahrhaft schön.

Es gehört eigentlich gar nicht hierher und soll nur zur Verdeutlichung des eben Gesagten dienen: In meiner Kindheit und zu jeder Zeit, wenn ich meiner hart geplagten, schwer geprüften und unendlich geduldigen alten Mutter und den Bäuerinnen ihresgleichen zusah, wie sie beteten, wie sie die verarbeiteten Hände gewohnheitsmäßig ineinanderfalteten, wie sie voll rätselhafter Einfalt die hundertmal gesagten Worte hersagten und dabei oft plötzlich einen unbeschreiblich hilflosen, bittenden Blick in die Höhe warfen, als seien sie zuinnerst sicher, daß da oben irgendwo ein allerlösendes Wunder ihrer warte, das war von jener rührenden, zwingenden, naturhaften Schönheit, die man im Umgang mit Rilke geradezu körperlich spürte. Es war eine äußerste Frommheit dabei, die sich nicht definieren läßt.

Möglicherweise findet das alles einige Begründung in Rilkes Herkunft und in seinem langsamen Werden. Von Geburt an war er zart und gebrechlich, kränklich, sehr häßlich und lebensuntauglich. Die deutsch-böhmische Familie, der er entstammte, hat — das ist nicht unwesentlich für seine Lebensform und Lebenshaltung — einmal in Kärnten den Uradel besessen. Merkwürdig blaß, schattenhaft und beziehungslos bleibt in diesem Dichterleben die Mutter. Noch 1920 schreibt er ihr aus der Schweiz einen kindlich-zärtlichen Weihnachtsbrief, bei dem man unschwer errät, wie er sich abmüht, um den rechten Ton zu treffen. Das stimmt etwas nachdenklich, denn er hat in vielen seiner Gedichte sehr leuchtkräftige Bilder und Worte über Mütter und Mutterschaft gefunden. Seine eigene Mutter dagegen nennt er „eine vage Gestalt“, für die sich „keinerlei wirkliches Gefühl ausbilden läßt“. Mehr Zusammenhang besteht mit dem Vater, der 1906 stirbt, und dem er das schöne „Jugendbildnis“ als Porträt zudichtet. Dabei scheint auch dieser Vater nur wenig Verständnis für den Knaben gehabt zu haben. Er ist pensionierter österreichischer Offizier und handelt auch danach. Er steckt den Sohn einfach in die Kadettenanstalt St. Pölten.

Man muß diese Art barbarischer Erziehung kennen, um ganz zu verstehen, was sie für den völlig unsoldatischen, allem Militärischen abgeneigten, unkriegerischen jungen Menschen für ein Martyrium gewesen ist, wo er — wie es in einem Brief an seine erste Geliebte heißt — „mit jener feigen, unverhüllten Herzlosigkeit sehr wohl bekannt wird, welche selbst vor Mißhandlungen aus reinem bestialischen Mordtrieb (der Ausdruck ist nicht zu stark) nicht zurückschreckt.“ Der lange, eindringliche Brief an seinen ehemaligen Lehrer, an den Generalmajor von Sedlakowitz vom 9. Dezember 1920 aus der Schweiz — also über dreißig Jahre später! — ist, trotz der mühsam erzwungenen Zurückhaltung, eine einzige zitternde, nochmalige Heraufbeschwörung dieser Höllenpein. In dieser Ausgeliefertheit erfahren wir zum ersten Mal etwas von Rilkes unfaßbarer Demut. Nämlich, wenn er in der Kadettenanstalt geschlagen wird, weiß er nichts anderes zu tun als zu beten, und er gesteht in einem Brief aus der damaligen Zeit: „Ich leide es, weil Christus es gelitten hat, still und ohne Klage.“ So beklemmend, so lebensgefährlich muß diese furchtbare Zeit gewesen sein, daß sich sogar der winzige Selbsterhaltungstrieb dieses passiven Menschen in ein entscheidendes Wagnis einläßt. Er entläuft der Kadettenanstalt und weiß überhaupt nicht mehr weiter. Endlich, endlich kommt Hilfe: der Bruder des Vaters gibt Geld. Rilke darf in Prag sein Abitur machen, geht nach München auf die Universität, ohne eigentlich etwas Bestimmtes zu studieren, und fängt an zu dichten. Zu dichten und — zu reisen, denn Reisen, weite Reisen braucht er, um dichten zu können. Ein dunkler, unsteter Drang, eine sonderbare Ruhelosigkeit, eine immerwährende Flucht in unbekannte, unausschöpfliche Fernen treibt durch sein Blut. Sucht er Menschen, hungert er nach Freunden, und was glaubt er in ihnen zu finden? „Was ich an Heimat habe, liegt da und dort verteilt, im Bewußtsein der Freunde“, so faßt er es später zusammen. Zuinnerst fühlt er sich entwurzelt in jenen Jahren und meint: „Für mich war die offene Welt die einzig mögliche, ich kannte keine andere.“ Dennoch aber beneidet er, wie im „Malte Laurids Brigge“ zu lesen ist, jenen stillen, seßhaften Dichter, von dem er meint, „der hätte er werden wollen ... Einer, der ein stilles Haus hat im Gebirge... Ein glücklicher Dichter, der von seinem Fenster erzählt und von den Glastüren seines Bücherschrankes, die eine liebe, einsame Weite nachdenklich spiegeln.“ Er scheint durchwühlt von einem schrankenlosen Gehenlassen, offenbar will er das Enge, Schmerzliche, das hinter ihm liegt, in diesem dauernden Reisen und Fliehen ertränken, und vielleicht wittert er ein Ziel, den klaren schöpferischen Anfang seiner selbst. Doch lange, lange noch bleibt er immer und überall „der Fremde“, von dem er singt:

„Denn er hing an solchen Reisenächten
anders als an jeder Liebesnacht.“

Großartig hat er dieses ihm so eigentümliche Reisegefühl, das Im-Zug-sitzen und Vorüberschweben der Landschaften, Dörfer und Adelssitze im gleichnamigen Gedicht erläutert:

„Und dies alles immer unbegehrend
hinzulassen, schien ihm mehr als seines
Lebens Lust, Besitz und Ruhm ...“

Nur in Paris, wo er anfänglich viel trübe Not durchlitt, ehe diese Stadt sein ganzes Herz gewann, in Paris, wo er Rodin erlebte und sein wichtigstes Prosabuch „Malte Laurids Brigge“ entstanden ist, in München und auf italienischen und schweizer Schlössern ist er längere Zeit seßhaft gewesen, um die Eindrücke seiner Wanderschaften zu gestalten. Rußland und die skandinavischen Länder, Algier, Tunis, Ägypten, Spanien, Italien, Belgien und Frankreich lieferten ihm die Motive zu seinen Versen, und nicht wenige hat er erstmalig in vollendetem Französisch niedergeschrieben. „Die offene Welt, die einzig mögliche“ hinterließ unverwischbare Spuren in ihm. Die Sprachen der Länder, die er durchreiste, lernte er meist sehr rasch oder beherrschte sie bereits. Manchen russischen Dichter hat er ebenso meisterhaft wie viele französische übersetzt. Lou Andreas-Salomé, die Russin, stand ihm geistig am nächsten und hat ihn tief beeinflußt. Ellen Key und Georg Brandes führten ihn ein in die skandinavische Welt. Er empfand eine geradezu bestürzende Gefühls- und Denkverwandtschaft mit Jens Peter Jacobsen und las seine Werke im Original, ebenso die Kierkegaards, lange bevor dieser unergründlich erregende Denker bei unseren Modephilosophen bekannt geworden war. Italienisch konnte er, und das Französische war ihm so geläufig wie das Deutsche. Vergessen wir nicht: Nicht Rilkes „Duineser Elegien“, sondern jene Werke, die die Titel „Les roses“, „Les Fenêtres“ und „Carnet de Poche“ tragen und von französischen Sprachmeistern stammen könnten, waren seine letzten Bücher. Französisch also schrieb der Dichter, dessen Werk zweifellos zu den größten Sprachschöpfungen unserer deutschen Literatur gerechnet werden kann, zu allerletzt! Was nur hat man aus dieser Tatsache und überhaupt aus der sogenannten „Zweisprachigkeit“ Rilkes nicht alles an Spitzfindigem herausgeheimnist! Eins scheint man dabei völlig übersehen zu haben, nämlich, daß Deutsches in seiner Dichtung überhaupt nicht ist. Von jenem, nun schon fast anrüchig gewordenen „deutschen Wesen“, das unseren kleineren Geistern so heilig ist, von jener kindlich-ahnungslosen, mystisch durchwobenen Gemütstiefe, die man jedesmal als entschuldigende Ausrede hernimmt, wenn Deutschland sich wieder einmal in der Welt unmöglich gemacht hat, — davon war Rilke gänzlich unbelastet. Aus seinen Briefen aller Jahre kann man leicht feststellen, daß er ebenso wie sein Freund Hofmannsthal — dessen „Briefe eines Zurückgekehrten“ bereits um 1901 vernichtend darüber aussagen, — allem spezifisch Deutschen stets fremd gegenübersteht, ja daß es ihn meistenteils genauso abstieß wie das sich kulanter gebende Österreichertum.

„Wenn ich an eine Rückkehr nach Deutschland denke“, sagt beispielsweise eine Briefstelle aus der Schweiz vom Jahre 1919, „so wäre es erleichternd, anderswohin zurückzukehren.“ Oder: „Es ist kaum zu sagen, wie sehr mir alles Österreichische zuwider ist!“ Und wie bitter klingt das Geständnis an den Prinzen Schönburg vom Januar 1920: „In Deutschland wird unsereiner sich erst recht in der Fremde fühlen ...“

Ganz und gar anational war Rilke im Leben und Empfinden. Allem Nationalen gegenüber blieb er stets völlig indifferent. Von Anbeginn war ihm die „offene Welt“ zur inneren Welt geworden, zur Grundlage seines Sinnens und Schauens. Eine solche Haltung hatte nichts mit oberflächlichem Internationalismus zu tun. Die „vielfältige Zusammensetzung und weite Erziehung seines Blutes“ machte Rilke gleichsam zu einem naturgewachsenen Kosmopoliten, aber — merkwürdig! — nie hat er eine Heimat gehabt außer einer geistigen, zu der er sich bis ans Ende seines Lebens sehr eindeutig und entschieden bekannt hat.

„Daß Rußland meine Heimat ist“, stellte er schon 1899 in Moskau fest, „gehört zu den großen, geheimnisvollen Sicherheiten, aus denen ich lebe.“ Als er zu Ostern die Kreml-

Glocken läuten hörte, steigerte sich dieses Bekenntnis der Zugehörigkeit noch, indem er schrieb: „Das war mein Ostern, und ich glaube, es reicht für mein ganzes Leben aus; die Botschaft ist mir in jener moskauer Nacht seltsam groß gegeben worden, ist mir ins Blut gegeben worden!“ Und erst Rußland — zweimal bereiste er es monatelang — wurde für ihn „die Wirklichkeit und zugleich die tiefe, tägliche Einsicht, daß die Wirklichkeit etwas Fernes ist, etwas, das unendlich langsam zu jenen kommt, die Geduld haben. Es ist das Land, wo die Menschen einsame Menschen sind, jeder eine Welt in sich, jeder voll Dunkelheit wie ein Berg; jeder tief in seiner Demut, ohne Furcht, sich zu erniedrigen, und deshalb fromm.“ Während der ersten Unglücksjahre in Paris schreibt er an Arthur Holitscher, wie zermürbend seine Sehnsucht nach Rußland ist, ja so slawophil empfindet er, daß er auch Gorki als einen reinen „Westler“ ablehnt. Und noch ein Vierteljahrhundert später, nur einige Jahre vor seinem Tode, wiederholt er: „Was verdankt' ich Rußland —, es hat mich zu dem gemacht, was ich bin. Von dort ging ich innerlich aus, alle Heimat meines Instinkts, all mein innerer Ursprung ist dort!“ Das ist nicht der einsichtsvolle, höfliche Dank, den Thomas Mann der russischen Literatur, die soviel zu seiner Meisterschaft beigetragen hat, abstattet, — die Verbundenheit Rilkes mit Rußland und allem Russischen ist wesensmäßig.

Von düsteren Zaren und von Karl XII. in der Ukraine handelt ein Gedichtkreis, und ist nicht die zugleich singende und grübelnde fromme Inbrunst des „Stundenbuches“ ur-russisch, slawisch? Zweimal hat Rilke Tolstoi besucht, und dessen Lehre vom „Nicht dem Übel widerstehen“ war nur eine letzte, aufrichtende Bekräftigung seiner eigenen, inneren Haltung. „Daß wir doch lernten, vor allem auszuhalten und nicht zu urteilen!“, — dieser Satz in den „Briefen an eine junge Frau“ ist gleichsam eine Lebensregel für ihn. Und die Gleichgestimmtheit mit Tolstoi in Wort, Anschauung und Gedanke, — wo finden wir sie deutlicher ausgedrückt als in den ersten drei Legenden in dem „Buch vom lieben Gott“?

Es sind nun auch in meinem Leben schon siebzehn bewegte Jahre darüber hinweggegangen, aber ich sehe heute noch den hochgewachsenen, schlanken, dunkelhaarigen Boris Pasternak vor mir. Es war in einer hohen, lauen, ganz ausgesternten moskauer Julinacht. Man gab für uns ausländische Schriftsteller im Freien, vor dem Lustschloß der großen Katharina, eine bunte Theatervorstellung. Aus irgendeinem übermütigen Justament trug ich während meines ganzen Rußland-Aufenthaltes meine kurze, bayrische Lederhose, den karierten Janker und Flaumfederhut dazu, was mir von Anfang an eine ungeahnte Popularität verschafft hatte. Pasternak saß neben mir. Ich wußte nichts von ihm Er wandte mir lächelnd sein schönes, braungebranntes, scharfgeschnittenes Gesicht mit den dunklen, lebhaften Augen zu und sagte inbezug auf meine Aufmachung: „Bavarsky?“

„Ja! München!“, nickte ich breit lachend.

„Miunchen“, wiederholte er russisch akzentuiert, und seine Augen strahlten seltsam glücklich: „Da war lange Rilke ...“ Jemand flüsterte mir von hinten ins Ohr, Pasternak sei Poet und habe viel von Rilke übersetzt.

„Rilke ...?“, rief ich und sah dem Dichter in die Augen.

„Sie haben ihn gekannt?“, fragte er.

„Ja, eine Zeit lang“, gab ich zurück. „Sie auch?“

„Leider ich nicht, mein Vater“, nickte er wiederum so rührend beglückt und setzte dazu: „Rilke ist ganz russisch ... Wie Gogol ... Wie Tolstoi!“ Er sagte es fast verlegen leise, ungewöhnlich innig. Da aber — ich weiß nicht, ob man so eine jähe innere Überwältigung versteht? — brach's auf einmal aus mir heraus, und ich umschlang diesen Mann fest, ohne mich um das heitere Aufsehen, das es machte, zu kümmern. Ich küßte ihn wie einen Bruder einer Seligkeit und fing strömend zu reden an:

„Da neigt sich die Stunde und rührt mich an
mit klarem, metallenem Schlag.
Mir zittern die Sinne, ich fühle, ich kann,
und ich fasse den plastischen Tag ...“

Ich schäme mich nicht, einzugestehen, daß mir auf einmal das Wort abbrach, weil mir vor Freude und Glück das Weinen in die Augen stieg.

So, meine ich immer, kommt das Werk eines Dichters über uns.

*

Wegen seiner Bekanntschaft mit Toller und anderen Revolutionsmännern fing die münchner Polizei an, den Dichter zu beschnüffeln. Daß er nebenbei noch „Landfremder“, tschechischer Staatsbürger war, schien besonders verdächtig. Niemand erhob Einspruch. Das verekelte Rilke die Stadt völlig, von der er einmal bezeugte, er habe sich „nie gut aufgehoben“ in ihr gefühlt. Ohne Wort und Klage reiste er 1919 in die Schweiz, und es wurde fast so etwas wie eine freiwillige Emigration, denn er betrat — soviel mir bekannt ist — nie wieder deutschen Boden. München nahm keine Notiz davon. Das damalige Deutschland vermißte ihn nicht. Das verschweigt man gern. Sinn für das geistige Kapital einer Nation ist bei uns nie vorhanden gewesen. Oder doch? Im Zweiten Weltkrieg, als der Dichter längst in der schweizer Erde begraben lag, da wurden Hunderttausende von Tornisterausgaben Rilkescher Gedichte für die Frontsoldaten hergestellt, — eine jener glücklichen Inkonsequenzen, wie sie auch im totalen, durch deutschen Zuständigkeitsgeist gemilderten Regime manchmal vorkamen. Nationalistisch befeuernd, kampfbegeisternd werden sie gewiß nicht gewirkt haben.

Und heute? Im jetzigen zweigeteilten Deutschland widerfährt der Rilkeschen Dichtung das: In der kommunistisch beherrschten Ostzone ist sie als „reaktionär und lebensfremd“ verfemt und verboten, wenigstens zunächst. Die Opportunitäten ändern sich oft über Nacht. In Westdeutschland begeistert sich besonders die Jugend — so wenigstens habe ich mir sagen lassen — für die dunklen „Sonette an Orpheus“ und die „Duineser Elegien“, und natürlich huldigt man dem Dichter bei jeder Gelegenheit in geistigen und amtlichen Kreisen, als habe zwischen ihm und Deutschland stets das beste Einvernehmen bestanden. Man ist versucht, über die Wandelbarkeit der menschlichen Gefühle zu lächeln, aber man tut's in heutigen Zeiten nur noch sehr resigniert ... In jenen bewegten Wochen der münchner Eisner-Revolution ging Rilke oft in laute, turbulente Volksversammlungen. Niemand kannte ihn, und das war ihm am liebsten. Er drängte sich nie nach vorne, an die Rednertribüne; er blieb unauffällig inmitten der staunenden Menge und verschwand ebenso unauffällig wieder. Einmal stieß ich unverhofft beim nächtlichen Heimgang aus einer solchen Versammlung auf ihn und begleitete ihn bis vor seine Haustüre.

„Ich weiß nicht“, sagte ich während des Gesprächs einmal, „durch diese Revolution geht ein Riß. Gemacht wird sie eigentlich nur von den Arbeitern und den meuternden Soldaten. Das Volk auf dem Land bleibt gleichgültig und macht nicht mit ... Die Bauern draußen sind sogar ausgesprochen revolutionsfeindlich. Sie halten alles nur für einen unsinnigen Spektakel. ‚Den machen bloß die Leute, die nicht arbeiten wollen‘, sagen sie. Das ist gefährlich. Solange nicht alle mitmachen, die vom Land und die in der Stadt, das ganze Volk, solang wird nichts richtiges draus.“

„Ja“, stimmte er nachdenklich zu, „das möchte jeder Gutwillige hoffen. Etwas Neues sieht und fühlt noch niemand, aber man muß Geduld haben. Dem Volk als Ganzem zählt sich unsereins doch zu, dem Volk ohne Einschränkung und Zutat. Das ist uns aufgegeben.“

Dieses Gefühl, meinte ich, hätte ich schon seit dem „Stundenbuch“ gehabt. „Das macht mich dankbar“, sagte er in seiner typischen Art, fast wie für sich, sehr verhalten und so, als finge er an, von hier aus weiterzudenken. Ich sagte eine Weile nichts. In mir rumorten die Geschehnisse der Revolution, jede Einzelheit an ihr erhitzte mich, und Rilkes scheinbare Abgeklärtheit störte mich irgendwie.

„Ich kann nicht zusammenfassen. Ich sehe das alles anders", fing ich wieder zu reden an und wurde eigentümlich belebt: „Wenn Sie im ‚Stundenbuch' für die Namenlosen reden, da kommt es mir immer vor, als sei das Volk für Sie eine amorphe Masse. Sonderbar! Wenn ich's genau überlege, ich glaube auch Lenin denkt so. Nur ist's bei ihm so: Er will diese amorphe Masse nach seinem Willen zurechtkneten und sie für seine Zwecke nutzbar machen ... Eigentlich verachtet er sie. Das ist fast aristokratisch. Er erkennt nur seine Partei-Elite an, merkwürdig!" Ich wußte auf einmal nicht mehr weiter und schaute Rilke fast geniert von der Seite an. Auch er wandte mir sein Gesicht zu, und es hatte einen unbeschreiblich rührenden Ausdruck. Ich bekam einen heißen Kopf, denn unerklärlicherweise machte mich sein kurzes, stummes Anschauen verlegen und, gleichsam wie entschuldigend, sagte ich schnell: „Nein, nein! Ich hab' mich vielleicht falsch ausgedrückt. Sie verachten die Masse, das Volk nicht, ganz bestimmt nicht. Für Sie haben diese Namenlosen ein unabänderliches Schicksal. Im Stundenbuch heißt's ja auch:

> ‚Denn sieh: sie werden leben und sich mehren
> und nicht bezwungen werden von der Zeit.'

Das ist ganz anders als bei Lenin. Sie glauben, daß diese Masse der Namenlosen unzerstörbar ist, sowas wie ein Element, das die Welt erhält." Ich war aufgewühlt bis ins Innerste. Jedes Wort dieses Gesprächs ist mir unvergeßlich in meiner Erinnerung.

„Element, ja, ja", sagte Rilke und setzte mit leiser Zärtlichkeit dazu: „Sie denken viel und geduldig über alles nach." Er sagte es ohne die geringste Herablassung einem Jüngeren gegenüber, ich aber — weiß Gott, warum — empfand es wie eine Art Belobigung. Vielleicht witterte ich auch eine jähe Übereinstimmung. Jedenfalls war im Nu alle Befangenheit in mir verflogen, und viel ungehemmter redete ich weiter: „Für mich ist das Volk immer wie meine Mutter. Die hat uns Kinder auf die Welt gebracht, sie glaubt an ihren Gott, arbeitet, bis sie stirbt, und fragt nicht und klagt nicht... Sie nimmt einfach alles, wie es ist." Und unwillkürlich fiel mir Rilkes Vers ein:

> „Sie werden dauern über jedes Ende
> und über Reiche, deren Sinn verrinnt,
> und werden sich wie ausgeruhte Hände
> erheben, wenn die Hände aller Stände
> und aller Völker müde sind ..."

„Etwas wie Mutter und Volk, das ist nicht umzubringen. Das ist ewig", meinte ich eigentlich mehr für mich: „Ich bin mir nicht klar darüber, ob man es je ändern kann ... Vielleicht meinen Sie dieses Ewige, dem Sie sich zuzählen, oder?"

Offenbar rührte das an etwas in ihm, denn sehr aufgeweckt, ungewohnt lebhaft und freudig gab er zu: „Das Ewige, richtig. Gut gesagt ist das: Fragt nicht und klagt nicht. Es ist wie der Berg, die Luft oder der Himmel." Von ungefähr fiel mir Tolstoi ein. So einer, dachte ich, ist weder volksfremd noch volksfeindlich, und mit „reaktionär" oder „revolutionär" kann man ihm nicht beikommen. Er hat nicht die Absicht, das Volk zu ändern, es irrezuführen oder zu beherrschen, — es ist in ihm, er liebt es, ohne Zutat.

Dennoch hat dieser scheinbar ganz unpolitische, abseits stehende Mensch von der Revolution in Deutschland sehr viel erhofft. Er schätzte, was wenig bekannt ist, Kurt Eisner sehr und leitete manche Anregung, manchen besänftigten Rat durch Mittelsleute an ihn und Toller. Und wer wissen will, wie klar er alles vorausgesehen hat, wie schwer ihn gerade Deutschland entmutigt hat, der braucht nur im siebenten Brief an „eine junge Frau“, den er 1920 aus der Schweiz geschrieben hat, dieses Urteil zu lesen.

„Deutschland“, heißt es da, „hätte 1918, im Moment des Zusammenbruchs, alle, die Welt beschämen und erschüttern können durch einen Akt tiefer Wahrhaftigkeit und Umkehr. Damals hoffte ich einen Augenblick ... Vielleicht waren ein paar Menschen da, die das fühlten, deren Wünsche, deren Zuversicht nach einer solchen Korrektur gerichtet waren —, jetzt beginnt es sich zu zeigen und schon zu rächen, das dies *nicht* geschehen ist. Etwas ist ausgeblieben, was alles ins Maß gerückt hätte; Deutschland ... war nur auf Rettung bedacht in einem oberflächlichen, raschen, mißtrauischen und gewinnsüchtigen Sinn, es wollte leisten und hoch- und davonkommen, statt, seiner heimlichsten Natur nach, zu ertragen, zu überstehen und für sein Wunder bereit zu sein. Und so fühlt man: es ist etwas ausgeblieben. Ein Datum fehlt, an dem Anhalt gewesen wäre. Eine Sprosse in der Leiter; daher die unbeschreibliche Besorgnis, die Angst, das ‚Vorgefühl eines jähen und gewaltigen Sturmes‘...“

Solche Besorgnisse vertraute er nur seinen Briefen an. Es widerstand ihm überhaupt, dasjenige, das ihn bedrückte und schmerzte, mitleidheischend oder predigerhaft laut werden zu lassen. Das Unauffällige gehörte zu seiner Lebensform. Sogar von der schrecklichen Krankheit, einer qualvollen Leukämie, an der er seit Jahren litt, erfuhren die meisten erst nach seinem Tode. „... ich rede ungern von alledem“, schreibt er nach einem längeren Anfall von Kränklichkeit, „ich würde es kaum ertragen, als Kranker jemanden um mich zu haben; ein ganz animalischer Wunsch des Sichverkriechen- und Versteckenwollens bestimmt dann alle meine Bewegungen.“ Dieser Kranke hatte gar nichts Krankhaftes an sich, nicht einmal Überreiztes wie etwa Strindberg, der in solchen Spannungen einen giftigen Ekel vor essenden Menschen empfand, und dem seine Frau die Zündholzschächtelchen bemalen mußte, weil ihn sonst deren Anblick störte. Äußerlich blieb Rilke stets ausgeglichen. Auch scheute er vor jeder Auffälligkeit in der Kleidung zurück. Nie kam ihm auch nur in den Sinn, die Öffentlichkeit damit herauszufordern, wie beispielsweise Stefan George, der in hohem Zylinder, mit enganliegendem grauem Mantel und roten Aufschlägen majestätisch daherging und ein exzentrisch lächerliches Bild machte, das zu vielen Witzblatt-Karikaturen Anlaß gab. An warmen Tagen ging Rilke meist in feinstem Grau, weltmännisch-lässig und natürlich-geschmackvoll. Winterkleidung machte ihn sehr plump und unbeholfen. Auffällig waren seine kleinen Füße und die frauenhaft kurzen Schritte. Wenn ich mit ihm ging, kam ich stets in Verlegenheit dadurch. Ich machte meine gewohnten großen Schritte und geriet ungewollt stets etwas voraus, trotz meinen Bemühungen, mit ihm Schritt zu halten. Schließlich blieb ich stehen und stotterte irgendeine Entschuldigung heraus. „Es liegt an mir“, sagte Rilke ebenso hilflos und lächelte. Es war ein absonderliches, maskenhaftes Lächeln, scheu, fremd, ja fast genant, denn es paßte absolut nicht in dieses immer abwesende, scheinbar teilnahmslose Gesicht, an das man sich gleichsam jedesmal von neuem gewöhnen mußte.

Rilke ging meistens in die Staatsbibliothek oder in die Buchhandlung von Schmidt-Bertsch in der Ludwigstraße, wo man ihn — um lästige Autogrammjäger und Enthusiasten abzuhalten, — diskret grüßte und sogleich in einen separaten Raum führte, damit er in Ruhe die guten Drucke und Neuerscheinungen ansehen konnte. Er hatte die Gewohnheit, jedes aufgerollte Eckchen eines Blattes stets pedantisch glatt zu streichen. Wie alles, tat er auch dies mit einer betulichen Geduld und Sorgfalt, und dabei konnte man seine schmalen, schönen Hände bewundern. Es waren keine Beterhände Dürers, es waren zartbehaarte, feminine Hände mit langen Fingern, und der große Siegelring unterstrich diese einzige körperliche Schönheit Rilkes. Alles andere an ihm aber war irgendwie zu kurz gekommen: Seine kleine, mager gebrechliche Figur und vor allem sein Gesicht! Dieses Gesicht!

Nur die Malerin Albert-Lazard hat es einigermaßen ähnlich getroffen. Die Wirklichkeit aber war viel unbarmherziger. Die Form des Kopfes war lang, schmal und erinnerte an ein Schaf. Die Ohren standen etwas weg. Die blonden, schon etwas schütteren, langen Haare waren flach zurückgekämmt, dann kam die schmale, sehr nackte Stirn, begrenzt von dünnen, langen Brauen. Die krankhaft herausgedrückten, großen, kugeligen, sehr hellblauen Augen wirkten erschreckend: leicht glotzend, abwesend und unwirklich verschleiert. Unmittelbar unter der langen Nase, so, als wachse er direkt aus ihren Löchern, ein langhaariger, blonder, wiederum sehr dünner Seehundsbart, der sich wie ein ganz feiner Halbmond um die aufgeworfenen Wulstlippen des breiten Mundes zog und mit den Spitzen bis über die beiden Seiten des kleinen, unentwickelten Kinns reichte. Dazu noch die durch das Licht verstärkte Blässe, die haltlose Schlaffheit der Züge. Ein boshafter Bekannter von mir fand dafür die grobe Bezeichnung „Der Kirgise mit den Glotzaugen". Es war ein unentzifferbar slawisches, ja eher schon ein asiatisches Gesicht, lethargisch in seine Häßlichkeit ergeben und mönchisch geduldig, wie ich keines mehr zu sehen bekam.

Von Rodin, der das größte Kunsterlebnis Rilkes war, wird erzählt, daß er, obwohl er darauf vorbereitet war, erschrak, als er den Dichter zum ersten Mal sah, und es ging nicht wenigen Menschen so. Ich darf wohl annehmen, daß man mich nicht mißversteht. Jede Herabsetzung liegt mir fern. Seit ich überhaupt denken kann, beunruhigt mich nichts mehr als die Undurchdringlichkeit des Menscheninneren. Dies leitet mich auch hier. Dankbar gedenke ich Rilkes, der — ohne daß er mich damals kannte, — mir durch einige lobende Worte über meine ersten Versuche zu einem auskömmlichen Monatsstipendium auf etliche Jahre verhalf. Er hat zudem den Anfänger viel ermuntert. Und welch eine unverminderte Beglückung sind viele seiner Dichtungen und Briefe für mich! Ganz groß und traurig aber wird mein Dank, wenn ich mir diesen Menschen wieder vergegenwärtige, der mir so entgegengesetzt und fremd blieb und mich doch stets geradezu magisch anzog. Seither ließ mich eine unbezwingbare Neugier nicht mehr los, sein Wesen zu ergründen und dem nachzuspüren, was seine erstaunliche persönliche Wirkung auf Menschen und vor allem auf die Frauen ausmachte.

Rilke litt schwer an seiner körperlichen Unschönheit. „Mein Körperliches", heißt es in einem Brief vom Jahre 1912 an Lou Andreas-Salomé, „läuft Gefahr, die Karikatur meiner Geistigkeit zu werden". Immer wieder begegnen wir der Klage „von jenem Ausgeschlossensein, das ihm das Leben immer wieder zu fühlen gibt, so oft er sich ihm nähern will."

Wenn es aber wahr ist, daß unsere körperliche Beschaffenheit unsere äußere und innere Haltung bestimmt, dann hellt sich Vieles an der merkwürdigen Persönlichkeit Rilkes auf. Sein ganzes, oft so gesucht und maniriert erscheinendes Gehaben bekommt in diesem Zusammenhang etwas von einer Ab- und Gegenwehr und wird nun erst völlig glaubhaft. Stand denn dieser Mensch, wenn er am Morgen in den Spiegel sah, untertags eine neue Bekanntschaft machte, eine Frau anlächelte oder ihr die Hand küßte, nicht jedesmal vor der schrecklichen Gefahr, zwar unausgesprochen, aber umso brutaler abgewiesen, ja plötzlich ausgelacht zu werden? *Mußte* er sich nicht jede Minute streng in Zucht nehmen, um solche Beschämungen und Prüfungen zu bestehen? Dieser beständige Druck erklärt — so will mir scheinen — seine unausrottbare Melancholie, seinen fortwährenden Drang nach immer größerer Einsamkeit, sein immer schmerzlicheres In-sich-Versenken, das nicht das geringste mit snobistischer Ichbezogenheit gemein hat. Daher auch sein demütiges „Aushalten und Nicht-urteilen" und sein Sich-zuzählen zu den Leidenden, den Ausgeschlossenen und Verlorenen, das sein soziales Empfinden bestimmt; daher seine Vertrautheit mit Sterben und

Tod und seine uns so unfaßbare Gottesgläubigkeit, die gleicherzeit Zuflucht und bohrendes Ergründen ist. Der sichere Kunstverstand und seine seismographisch feine Witterung für die Wortbedeutung, die ungeheure Bildkraft und bis ins höchste entwickelte Musikalität seiner Sprache leiten sich davon ab. *Das* aber ist es vor allem, was auch dem Nebensächlichsten, das er tut, spricht und denkt, die dem gemäße Form aufzwingt, und eben *dadurch* wird einleuchtend, daß sein Leben Dichtung und Dichtung sein Leben ist. In des Wortes unverrückbarer Bedeutung ist es ganz wirklich ein Leben in Schönheit und *muß* es sein! Denn wer sagt uns, ob nicht von Anbeginn im verstecktesten Winkel der Seele dieses Menschen die tägliche Forderung glüht: „Du kannst, da Gott dich körperlich so unvollendet gelassen hat, nur bestehen, wenn du im Leben ganz aus dem Gewöhnlichen brichst, wenn du völlig anders, wenn du in jeder Weise größer und beispielhafter wirst als jeder sonstige Mensch!" Wie lächerlich wäre es, dies als verzehrenden Ehrgeiz zu bezeichnen. Es war vielmehr ein beständiges Sich-Zurechtrücken und Korrigieren, ein geradezu tragischer innerer Zwang zur Besonderheit.

Fällt es nicht auf, welche ungewöhnliche Bedeutung Rilke in all seinen Dichtungen der Gebärde zumißt?

„Ich bete nachts oft: Sei der Stumme,
der wachsend in Gebärden bleibt."

Oder wenn von Gott gesagt wird:

„Alle, welche dich suchen, versuchen dich.
Und die, so dich finden, binden sich
an Bild und Gebärde".

Oder in den „Sonetten an Orpheus":

„Jener entwerfende Geist, welcher das Irdische meistert,
liebt im Schwung der Figur nichts wie den wendenden Punkt."

Die Gebärde schlechthin beherrscht ihn dichterisch und menschlich. Psychoanalytiker und neuerdings auch die spürsinnigen Symboldeuter, die sich insbesondere über die geheimnisvoll-geladenen „Duineser Elegien" hergemacht haben, haben hier viel Spielraum für ihre Konstruktionen.

Wie Rilke sich abends hinsetzt, um einem Besuch etwas Neuentstandenes vorzulesen, und dabei zwei Kerzen anzündet, während der ganze Raum im Dunkel bleibt, wie er in der kupfernen, langröhrigen türkischen Mühle Kaffee mahlt und ihn zubereitet, wie er einem halb zögernd und tief verhalten die Hand drückt und auf einmal einen zärtlichen Blick bekommt, — es bleibt ebenso gebärdenhaft, als wenn er ein Gedicht, ein Prosastück oder einen Brief abfaßt. Er benützt übrigens dabei stets ein altmodisches Stehpult. (Darum seine wiederholte Bemerkung in den Briefen, es fehle ihm das Gerät zum Schreiben.) Lange stand er oft vor diesem Pult, stand und stand da und schrieb das endlich gefundene Wort, den geformten Satz aufs Papier, wie etwa die Mönche, von denen er im „Stundenbuch" berichtet. Das schöne blaue Papier, das er meistens verwendete, die zierliche, noch in den wie gestanzt wirkenden Schnörkeln deutlich bleibende Schrift, das Fehlen fast jeder Korrektur, — all das verrät etwas wie eine sakrale Ehrfurcht vor dem Schreiben. Es ist bekannt, wie wichtig ihm das Satzbild war, wie besorgt er um Druck und Ausstattung seiner Bücher war.

„Nichts ist mir zu klein, und ich lieb es trotzdem
und mal es auf Goldgrund und groß ...",

singt er. Einer münchner Freundin hinterläßt er einen Zettel, in welchem er sie bittet, zu kommen, er habe eine Überraschung für sie. Sie kommt, und er stellt ihr behutsam auf einem kleinen Teller zwei frische Erdbeeren auf das Tischchen, zwei winzige Erdbeeren! Unbefangen und glücklich erzählt er — es ist noch kalter Winter —, daß er ein kleines Körbchen Erdbeeren bekommen habe und dabei sogleich an sie gedacht habe. „Ich war perplex", berichtete sie und wiederholte es noch nach Jahren, „aber ich konnte einfach nichts darauf sagen! Und er redete vom frischen Rot der Beeren. Geiz oder Egoismus, nein, das war's bestimmt nicht. Es war eben Rilke, ganz Rilke." Und sie ist glücklich. Die Kleinigkeit ist schön, schön in einer so besonderen Art, die sich nicht definieren läßt, schön in der unvergleichlichen Gebärde. Es war die Rilkesche Lebensgebärde, und die hatte eine höchst intensive Ausstrahlung auf Frauen. Nicht nur blindverliebte, entflammte Backfische, die ihn wegen seiner Gedichte vergötterten, nein, durchaus natürlich-sinnliche Frauen fanden diesen — wenn ich so sagen darf — mißlungenen Mann körperlich anziehend. Das kam auch nicht davon, daß er sie alle ungemein ernst nahm, daß er jede einzelne, so, als habe sie etwas ganz Besonderes in ihm ausgelöst, oft für eine lange Zeitspanne in sein Leben, in sein ganz privates Leben miteinbezog. Dieser ganz ins Schöne verlagerte, eigentlich im groben Sinne unmännliche Mann war einer seines Geschlechtes, den diese Frauen noch nie erlebt hatten. Er war unentdeckt und geheimnisvoll wie keiner. Das reizte ihre Neugier und ihr Begehren. Dadurch aber, daß er immer gleicherweise zurückhaltend und verschlossen blieb, jeden Augenblick unabänderlich er selbst, dadurch übte er einen so nachhaltigen Zwang auf sie aus, über den sie sich nicht klar werden konnten, dem sie einfach unterlagen. Das steigerte sich manchmal bis in eine sublimierte Hörigkeit. Es war, als ob diese Frauen sich selber auslöschten, als seien sie nur noch ein willenloses Medium desjenigen, der doch garnichts dazutat. Der Stil ihrer Gespräche und Briefe war sein Stil. Alles bekam einen Hauch von ihm.

Im beginnenden Sommer geht er einmal mit der bereits erwähnten münchner Freundin nachts an blühenden Linden entlang. „Wie sie duften", sagte er. „Ich rieche nichts", erwiderte sie nüchtern. „Du hast eine Pause im Geruch", meint er, und sie wird auf einmal tief betroffen. Nachdem er sie verlassen hat, wartet sie lange an der Haustüre. Dann schleicht sie sich zu den Linden, steigt mit aller Mühe und trotz strengem Polizeiverbot auf so einen Baum, reißt blühende Zweige ab. Am andern Morgen findet er ein sorgfältig gebundes Büschel vor seiner Tür. Er weiß, ohne daß ein Zettel dabei liegt, wer ihn gebracht hat. Er trifft sie, küßt sie auf die Stirne und gibt ihr einen Lindenzweig. „Es ist also doch Duft in ihnen?", sagt er, und sie nickt wortlos.

Ist das nun bei einem Menschen wie Rilke, der sich so genau kontrolliert und bis in die letzte innerste Regung sein Wesen erkennt, ist das nun knabenhafte Sentimentalität oder verstiegene Empfindsamkeit? Es ist nichts anderes als die unwandelbare Lebensgebärde. Vielleicht fühlt er dies manchmal, aber er ist kein Machtmensch, nichts reift bei ihm zur Absicht, er bleibt gewissermaßen schwebend in dieser eigentümlichen Wirkungs-Sphäre.

Bei einer reichen Dame, deren Gäste wir öfter waren, kam einmal die Rede auf Picasso, dessen Bilder Rilke sehr schätzte. Nach einigen Wochen hingen die berühmten „Drei Harlekins" und „Der Blinde" dieses Malers an den Wänden. Sichtlich erfreut betrachtete Rilke sie und erging sich darüber, was für ein seltsamer Vorgang das sei, daß die Erleuchtung des einen durch ein Kunstwerk oft unmittelbar in den anderen überginge.

„Das ist sehr schmeichelhaft für mich", sagte die Dame leicht lächelnd, aber sogleich wurde ihr Gesichtsausdruck ängstlich, fast furchtsam beschämt, weil sie bemerkt zu haben glaubte, daß er nicht verstand oder nicht verstehen wollte, und sie war den ganzen Abend fahrig und unsicher. Ähnlich aufschlußreiche Beispiele erlebte ich vielerlei. Rilke lebte äußerst bescheiden und zurückgezogen. Er äußerte anderen gegenüber nie einen Wunsch, aber die Frauen witterten seine Wünsche instinktiv. Eine nebensächliche Regung, eine Geste, ein lobendes Wort über einen Gegenstand oder auch nur ein interessierter Blick von ihm verriet ihnen alles. Ihr eingeborener Opfertrieb trat sofort in Funktion. In vielen Spiegelungen, von der Bemutterung bis zur berückten Verliebtheit, äußerte sich dieser Trieb. Rosensträuße mit irgendeiner Zeile seiner Gedichte auf einem Kärtchen und meist ohne Namensunterschrift lagen vor Rilkes Wohnungstüre; Kaffee, den er sehr liebte, und der zu jener Zeit schwer zu bekommen war, frische Butter, Früchte im Winter, rare Wachskerzen, seltene Drucke, schöne Schalen und gesuchte Vasen, alles bekam er unverlangt und ungefragt, und größter Dank war, wenn er hilflos freudig alles hinnahm. Wohnungen nach seinem Geschmack wurden ihm eingerichtet, zu großen Reisen wurde er eingeladen, auf Schlössern konnte er leben und dichten, solang's ihm gefiel. (Auf Schloß Duino entstanden 1912 das „Marienleben" und später viele von den „Duineser Elegien".)

Und es war keineswegs so, daß dieses überströmende, sehr dezente Sorgen und Schenken von irgendwelchen eitlen, reichen Originalitätshascherinnen kam, gegen deren Zudringlichkeit sich der Dichter mit feiner Ablehnung zu wehren wußte. Im Gegenteil: das alles kam von höchst ernsthaften, großartigen Frauen aus jeder Gesellschaftsschicht! Da ist die unvergessliche Duse, für die er noch einmal den mißglückten Versuch macht, ein Drama zu schreiben; der weltberühmten Ellen Key widmet er die „Geschichte vom lieben Gott", und der ungewöhnlich begabten, noch mit Nietzsche befreundeten Lou Andreas-Salomé, die das erste wesentliche Buch über ihn und seine Dichtung schreibt und ihn so nachhaltig beeinflußt, legt er für alle Zeit sein „Stundenbuch" in die Hände. Ganz dem Hergebrachten entrückt ist das schöne Verhältnis zu seiner Frau, der Bildhauerin Klara Westhoff, einer Schülerin Rodins. Sie schenkt ihm eine Tochter, und ihr verdankt er die große Freundschaft mit dem großen Bildhauer, die seine Kunstauffassung entscheidend prägt. Sehr unbürgerlich ist diese Ehe. In echter Freiheit gesellen sich zwei Menschen zueinander, trennen sich oft monate- und jahrelang und treffen sich nur sporadisch; jeder geht unbehindert seinen eigenen Weg, aber der geistige und menschliche Zusammenhang bleibt ungetrübt. Wie bereichern sie sich gegenseitig künstlerisch, wie verstehen sie sich, wenn sie in Briefen über Rodin oder Cézanne diskutieren! Und welche nahe, oft und oft sich wandelnde, erregende Freundschaft bestand zwischen dem Dichter und der genialen, so früh verstorbenen Malerin Paula Becker-Modersohn! Mehr als die Briefe bezeugt das die schwermütige Totenklage, die er ihr gedichtet hat, und ein „Grab-Mal" nennt er seine „Sonette an Orpheus", die er der jungen Russin Wera Oakama Knoop zueignete. Der Briefwechsel mit Erika Mitterer aus den Jahren 1924 bis 1926 besteht nur aus Gedichten. Aristokratinnen, Künstlerinnen, einfache Mädchen und Frauen umschloß dieser Kreis gegenseitiger Sympathie, aber ich weiß nicht einmal, ob Sympathie der richtige Ausdruck ist. Auf der Seite der Frauen dünken solche Entflammtheiten unwahrscheinlich, unwirklich, wie aus der Zeit hinausgehoben. Und für wen entflammten ihre Herzen? Für einen blind angebeteten Geliebten, für einen Dichter, der sie verzauberte, für einen nie erlebten Sonderling? Oder war ihrer Vorstellung das, was Rilke hieß, zu einem Fluidum geworden, das sie berauschte, zu einem Wesen gleichsam, dem hypnotische Kräfte innewohnten? Unvergessen sei jene arme Studentin, die ihren kargen Monatswechsel opferte, sich durchhungerte und durchborgte, nur um eine teure Vase zu erstehen, die sie mit dem Dichter in der Auslage eines Antiquitätenladens gesehen hatte. Ahnungslos hatte er die Vase bewundert, und ahnungslos freute er sich über das Geschenk. In hundert Himmeln der liebenden Verzückung lebte die rührende Spenderin wochenlang.

Und doch bekamen gerade durch Rilke solche Frauenfreundschaften manchmal etwas leicht Komisches, etwas knabenhaft Verwirrtes. Einer münchner Freundin, die er sehr gerne hat, läuft er plötzlich und völlig unmotiviert eines Tages auf der Straße davon. Er erklärt dies in keinem Brief, antwortet auf keinen mehr, er meidet die Unglückliche grundlos, und sie verwindet den unverdienten Schlag lange, lange nicht. Dennoch findet sie die gescheite Tröstung: „Für einen solchen Mann ist jede Frau nur eine Durchgangsstation", und sie hält seinem Werk die Treue.

Schlimmer endigt ein viel engeres Verhältnis des Dichters während des Ersten Weltkrieges. „Ich Unverbesserlicher", bekennt er darüber seiner mütterlich überlegenen Freundin, der Fürstin Maria von Thurn und Taxis, „hab's noch einmal mit dem Nicht-alleinbleiben versucht", und er fährt jämmerlich fort: „... Das unter dem Gewicht eines anderen Lebens stehen, das sich doch wieder als fremdes erweist ... das mir nur noch wieder zum Beispiel wird für des Lebens Fast-unmöglichkeit ..."

Nichts anderes ist das als ein beständiges Wiedererkennen seiner Einsamkeit, die niemand in ihrer ganzen Tiefe erspüren kann. Diese Einsamkeit ist unteilbar.

„... wie beschränk ich, wie, den gerufenen Ruf?",

heißt es in der siebenten Duineser Elegie. Dieser Ruf, seine schicksalhafte, eisige Einsamkeit macht jedes Zusammenleben mit einer Frau zu einer empfindlich störenden, fast erdrückenden Zweisamkeit. Denn nie wird er eins mit dem geliebten Wesen. Er *kann* es nicht werden, denn das Sich-aufgeben, das beseligende Versinken und Erneuern im geliebten Wesen bleibt für ihn nur sagbar, nicht leb-bar. Wie schrecklich begreiflich wird uns mit einem Male sein früher Satz, daß „die Wirklichkeit etwas Fernes ist"! Dem *Wort* ist er wahrhaft und einzig und allein gegeben, dem Wort und sonst nichts anderem! Darum ist soviel berückende Sehnsucht, soviel Lockung in seinen Versen. Darum aber sind nur jene Frauenfreundschaften — und er braucht sie wie die Luft zum Atmen! — bedeutend für ihn, die sich auf ein gelegentliches Zusammensein, vor allem aber auf einen ausgedehnten Briefwechsel beschränken. Diese Korrespondenz steigert sich von Anfang an sogleich ins Befruchtende, und beide Teile gewinnen davon: die Frauen eine tief bereichernde Beseligung und der Dichter sein Gedicht.

Wie weit muß man sich zurückversetzen, um auf Ähnliches zu stoßen? Vielleicht bis zu den Minnesängern ...

Nicht wie einer liebt, sondern wie er geliebt wird, gibt uns den Schlüssel zu seinem Charakter. Geliebt wurde Rilke wie kaum ein anderer. Vielleicht weil er ein Mensch mit einem ganzen Inhalt war. Mir nämlich will es scheinen, als seien in den meisten von uns nur noch Teile eines solchen Inhalts notdürftig erhalten geblieben. Diejenigen aber, die Rilke liebten, mißkannten seine innerste Natur und erwarteten Unmögliches von ihm, wie in dem Jammerbrief an die Fürstin Maria zu lesen ist: „Das ist der unausschöpfliche Irrtum, daß die Menschen mich für einen Helfer halten, während ich sie doch geradezu in die Falle meiner Scheinhülfe hereinlocke, um dabei Abhilfe für mich herauszuschlagen ..." In ihrer Antwort schimpft ihn die resolute Fürstin aus und nennt ihn „ein Baby", und wie richtig ist das! Ein hilfloses Weltkind ist er inmitten der Liebe.

Nirgends wird das so offenbar wie in seinen Briefen, und er war einer der gewaltigsten und besten Briefschreiber der neueren Literatur, einer der größten Briefdichter! Gedankenmeisterung, Bildkraft und die Lust des Wortverliebten vereinen sich in seinen Briefen und machen sie gleichsam schon zeitlos bei der Niederschrift. Daß Rilke sie ebenso hoch wie seine Dichtungen einschätzte, geht schon daraus hervor, daß er peinlich genau darüber Buch führte und viele davon bei Lebzeiten veröffentlichte. Ausdrückliche Anordnungen gab er, wie sie nach seinem Tode publiziert werden sollten. Von einer unerreichten Erkenntnis des Dichterischen sind seine „Zehn Briefe an einen jungen Dichter", die er von 1902 bis 1908 an den österreichischen Offizier Franz Xaver Kappus schrieb, und wie ergriffen lasen wir seine „Briefe an eine junge Frau"! Ergreifen diese beiden Bändchen heute weniger? Liest man sie nicht immer und immer wieder mit dem Gefühl von etwas Unausschöpflichem?

Die schönsten und aufschlußreichsten Briefe aber hat der Dichter unzweifelhaft an befreundete Frauen geschrieben. Wer sie zu lesen versteht, wird sehr bald daraufkommen, daß sie — wenn man das Private wegnimmt — eigentlich nur gewissenhafte Auseinandersetzungen des Schreibers mit sich selbst sind. Eins fällt an diesen eigentümlichen Monologen sofort auf: Die Impulsivität fehlt vollkommen, es lebt keine Intimität in ihnen, und innig sind sie so wenig wie seine Gedichte. Die teilnehmende Interessiertheit für den jeweiligen Empfänger steigert sich höchstenfalls zu einer zuredenden, kultivierten Zärtlichkeit, mehr wird nie draus. Das Erregende dieser Briefe liegt ganz woanders. Bei all ihrer „eigentümlichen Distanz" sind sie voll von Undefinierbarem und Zwielichtigem, voll — ich möchte fast sagen — von einer gespannt unruhigen und rätselhaft melancholischen Entscheidungslosigkeit, die man verfolgt und verfolgt, ohne je auf etwas anderes zu stoßen als auf sie und immer nur sie!

„Meine Stimme", gesteht der Dichter einmal, „steht sanft zwischen Kehle und Herz."

Unwillkürlich drängt sich uns die Frage auf: Wo steht sie denn dann? Im Hirn allein doch ganz gewiß nicht. Sie kommt aus der schmerzlichen Ungewißheit, aus der panischen Angst, sich je einer Leidenschaft außer einer geistigen voll hinzugeben, denn *das*, so fühlt er dunkel sein Leben lang, wäre der Absturz in etwas, vor dem ihm graut: *Es würde die Ganzheit seines Inhalts sprengen und für immer zerteilen.* Diese Ganzheit umschloß das Wissen um seine dichterische Größe und seine unverletzliche Gottesgläubigkeit. Er schrak schon damals, als er sich psychoanalysieren lassen sollte, davor zurück, sie zu gefährden. Was blieb, war Angst und ein äußerstes Bei-sich-bleiben. Das legten die einen als innere menschliche Hilflosigkeit, ja sogar als den Narzissmus eines Degenerierten aus, die anderen sahen darin eine höchste Zucht. Auf die Frauen aber wirkte dies wie ein zwingender Anruf, der alles in ihnen auslöste: Mütterliche Besorgtheit, Hingabe bis zur Selbstvergessenheit und grenzenlose Sehnsucht darnach, verstanden und erhört zu werden.

So haben sie ihn geliebt.

Dichter jedoch sind sich selbst stets am gefährlichsten. Kraft ihrer Sendung, die nichts anderes ist als der uneindämmbare Urtrieb, auch die letzte, qualvollste Wahrheit ihres Menschlichen zu bekennen, bricht irgendwann das Behütetste und Verborgenste der Seele aus ihnen. Einmal, als kaum Dreißigjähriger, hat Rilke sein eigenes, sonderbares Schicksal, das er nicht ändern konnte und *wollte,* traurig und unerbittlich aufgehellt. In den Betrachtungen über den Verlorenen Sohn läßt er den schwermütigen, kranken Malte Laurids Brigge schreiben: „Viel später wird ihm klar werden, wie sehr er sich damals vornahm, niemals zu lieben, um keinen in die entsetzliche Lage zu bringen, geliebt zu sein. Jahre hernach fällt es ihm ein, und, wie andere Vorsätze, so ist auch dieser unmöglich gewesen. Er hat geliebt und wieder geliebt in seiner Einsamkeit; jedesmal mit Verschwendung seiner ganzen Natur und unter unsäglicher Angst um die Freiheit des andern... Wie gedachte er dann des Troubadours, der nichts mehr fürchtet als erhört zu werden!"

Ruth Landshoff-Yorck

JOE... WIE HIESS ER DOCH GLEICH?

Sie gehen geradeaus und bewegen ihre Füße nicht. Das ist es, was sie von anderen unterscheidet, und daran erkennt man sie ... Diese unbewegten Füße. Es ist auch nicht wahr, daß sie schweben, und wolkig sind sie auch nicht. Sie halten sich sehr gerade, nicht aus Stolz, sie sind nur etwas steif.

In Gruppen sieht man sie fast nie. Gelegentlich erscheinen sie, einer hinter dem anderen, in einer langen Reihe, die auch ganz ohne Ende sein kann. Aber meistens sind sie allein, verlassen und einsam. Ihre Gesichter sind sonderbar, mit diesen Augen, die immer suchen und nichts als Leere sehen. Nur dann natürlich, wenn sie darauf aus sind, sich an einen Lebendigen heranzumachen, werden sie überhaupt sichtbar.

Dieser Joe... wie hieß er doch gleich... war mit einer gewissen Jane verlobt gewesen und hatte sie durch einen Ski-Unfall verloren. Sie konnte nicht gefunden werden, unmöglich. Sie blieb einfach da, ohne Spur, ohne Hausnummer auf der weiten Schneehalde, für niemanden erreichbar, weg für immer.

Joe war nicht zu trösten. Nie. Sie hatte ihn im ganzen nur zweimal geküßt, eh sie ihm in der Lawine verlorenging. Aber von da an gab jede einzelne Schneeflocke im Winter ihm einen feuchten kleinen Kuß auf seine Stirn, auf seine Hände, auf seine Nase, auf seine Kleider, auf seine Hände, auf seine Wimpern, aber am meisten auf seine Hände.

Es kam so mit ihm, daß er den Winter verfolgte, Schnee und Eis nachlief bis er schließlich in Alaska ankam, dem nördlichen Teil von Alaska, so daß er immer erreichbar war für Schnee und Eis und kleine Küsse.

Als er sie wieder traf, dachte er erst, sie käme auf lautlosen Skiern daher. Und dann, daß ihre Füße zusammengefroren seien. Das waren sie natürlich nicht, sie mußte sie nur so halten. Sie summte schmerzlich und stöhnte wie der Wind, aber nur wenn der Wind wehte. Wenn der Wind sich zur Ruhe legte, dann war sie auch ruhig.

Im Anfang war sie immer voraus, aber später kam sie an seine Seite und blieb da solang er allein war. Joe's Hund lief ihr höflich aus dem Weg. Er ging auf Joe's rechte Seite, wenn sie links war und umgekehrt. Wenn sie jemanden trafen, war sie nicht mehr da.

Es war garnicht gut für einen einsamen traurigen Mann, mit einer Verblichenen zusammen zu sein, das wußte er. Aber was sollte er tun? Er konnte sie doch nicht fortschicken. Sie ging nicht weg, wenn er sie darum bat. Sie wolle bei ihm bleiben, sagte sie, eiskalt und entschlossen. Er spielte mit dem Gedanken, in den Süden zu gehen, um einen Frühling zu treffen, oder einen Sommer. Aber dann fiel ihm wieder ein, daß er sie doch liebte, und vor der Liebsten davonzulaufen, wär doch dumm. Sie störte ihn auch eigentlich garnicht. Er fand es nur so übertrieben. Wahrscheinlich kommt es doch nicht oft vor, daß eine tote Braut einem Manne nachläuft. Allmählich gewöhnte er sich allerdings daran.

Sie unterhielten sich nicht miteinander wie andere Leute. Das heißt, sie redete schon, und seufzte auch und stöhnte. Aber auf Fragen antwortete sie nicht, und wollte auch nicht, daß man antwortete, wenn sie etwas fragte. Sonst war alles so wie gewöhnlich bei Menschen. Die Schneeflocken waren nun überflüssig. Er küßte statt dessen ihren atemlosen eisigen Mund.

Sie war nicht blaß. Sie sah aus wie das Nordlicht, wenn es rosig den verschwindenden Tag küßt. Und ihre Augen, die waren ja schon licht gewesen ehe sie starb, lichtblau und kalt.

Eigentlich kam nicht viel dabei heraus. Sie waren ja garnicht richtig verheiratet, und ein Kind bekamen sie auch nicht, weil kein Segen darauf ruhte. Aber der Bibel folgten sie schon, sie liebten sich und teilten miteinander, da oben in der nördlichen Kälte und dem verwehten Schnee.

„Ich bin nur bei dir, damit ich wieder fort kann," sagte sie zum Beispiel.

„Aber warum denn, mein Liebes, mein Herz?" Und sie schwieg.

„Ich bleib bei dir," sagte sie, „gerad so lang wie du mich wirklich haben möchtest." Etwas gereizt und kühl. Nicht mit ihm ging sie, neben ihm. Ihre Füße machten kein Geräusch.

„Wie bist du eigentlich hergekommen?" fragte er oft. Aber sie gab ihm nie Auskunft.

Er verdiente sich seinen Lebensunterhalt, verschaffte sich Arbeit wo er konnte. Gelernt hatte er nichts besonderes, aber das machte nichts. Und ganz zu ihr wollte er niemals, es kam ihm einfach nicht in den Sinn zu sterben, da auf der toten Erde des Nordlandes.

Während der kurzen Sommer-Monate treckte er noch weiter hinauf, und jagte Renntiere, mit ein paar Eskimos, die er kannte. Die waren rücksichtsvoll und freundlich. Sie verstanden ihn ja nicht.

Kam er zurück diente er bei Männern die allein waren wie er. Er trug Lasten, reinigte Schlafsäcke, kochte Mahlzeiten und schüttelte die Wolldecken aus, er unterhielt das Feuer und fegte die Hütten sauber. Bald hatte er genug verdient um nachhaus fahren zu können, aber er traute sich nicht, aus Angst sie zu verlieren.

Erst versorgte er einen Trapper der Fallen stellte für Füchse und für Winterwiesel, die Hermelin heißen wenn ihnen das Fell abgezogen ist. Und danach einen Geographen. Aber er machte einen Fehler, als er sich mit Peetor Lauffert zusammentat. Der war von seiner Firma in Fairbanks heraufgeschickt worden um an verschiedenen Stellen die Dicke der Eisschicht zu messen. Eine hoch wichtige Aufgabe. Dabei konnte er Joe gebrauchen und stellte ihn an.

Dieser Peetor war ein heiterer Mann. Er aß und trank gern und lachte wenn es stürmte. Er fror nicht, auch wenn es bitter kalt war, so wie er angezogen war in einer leichten Jacke mit Schwanendaunen gefüttert. Sein Gesicht und seine Füße schmierte er immer mit Salbe ein, so wie es ihm seine Regierung angeraten hatte, gegen Frostbeulen, und er gab Joe von allem ab, sogar von den kleinen rosa Pillen, die man einnahm um nicht unter Kälte zu leiden.

Joe fand Peetor großartig, und Peetor hatte Joe gern. Es gab keine Reibungen zwischen den beiden, nie sagten sie unfreundliche Worte. Peetor war sehr beschäftigt mit seinen Tiefen, er vermaß und Joe schrieb auf: so und so viel Faden, und diese und jene Berechnung, und ob das Eis grünlich war oder grau, oder klar und durchsichtig bis hinunter wo die schwere See im Winter ruhte. Alles wurde notiert. Und nachher aßen sie zusammen, und Peetor war gastfreundlich mit den Vorräten und sagte fortwährend: „Iß doch noch etwas, Joe, nimm noch."

Sie gingen zusammen fischen, hackten ein Loch ins Eis für ihre Angelschnur und zogen Lachse heraus und runde dickbäuchige Glitzerfische. Die hatten schon den Haken im erstaunten Maul eh sie vom Winterschlaf aufwachten.

Gegen Abend entfernte sich Joe immer vom Lager und traf sich mit seiner Geliebten.

„Ich möchte wissen wie die Sonne aussah," sagte sie zum Beispiel, „über den Bäumen mit ihren stolzen Kronen und Blättern."

„Gold und glänzend, mein Herz," sagte Joe, und sie seufzte und sagte, sie wolle gern wissen wie die Sonne aussah, und er sagte: „Warm und licht, mein Herz."

Und er versuchte ihr genau zu erklären was sie wissen wollte und sie sagte: „Warum sagt mir denn niemand wie die Sonne aussah, da unten im Süden in Oregon, wo ich gelebt hab."

Das erschütterte Joe, seine Antwort erreichte sie nicht. Aber er konnte doch nicht mit ihr nach Oregon reisen damit sie es selbst anschauen konnte. Er hatte Angst.

Angezogen war sie so als hätte man sie damals gefunden und wie es sich gehört in einen Sarg gelegt. Sie trug ihr jungfräuliches Brautkleid. Es sah aus wie schmelzendes Silber erstarrt, und die Falten im Rock bewegten sich nie.

Oder: „Hörst du die Melodie," sagte sie zum Beispiel und er hörte keine, und sagte, er höre nichts, und sie sagte: „Hörst du die Melodie?"

Oder sie zeigte ihm etwas das garnicht da war und sagte: „Schau dir das doch an, Liebster, schau doch," und da war überhaupt nichts zu sehen.

Und dann eines Tages, mitten im Winter, saß sie plötzlich auf dem Schlitten. Joe war entsetzt.

„Was tust du denn da?" fragte er, und der Schreck saß ihm im Herzen. „Wir sind doch nicht allein. Siehst du das nicht? Das da auf dem Schlitten, dieser Mann, das ist Herr Lauffert, für den ich arbeite."

Und Peetor Lauffert sagte: „Was, du traust dich, mit ihr zu reden? Ich hab mich nie getraut mit ihr zu reden." Also Peetor hatte nie mit ihr geredet, sagte er.

Unter der Schwanendaunen-Jacke rann heiße nasse Wut über Joe's ganzen Körper. Er stand keuchend auf den Kufen, und da saß sie, neben Peetor Lauffert, ganz vertraut dicht neben ihm. Und Peetor stieß seinen Atem wie eine Wolke aus seinem fetten glänzenden Mund, und sein Bart und seine Augenbrauen bedeckten sich mit Rauhreif, nachdem sie ihn geküßt hatte.

Joe wollte gern etwas sagen, aber er brachte seine Lippen nicht auf.

In dieser Nacht wurde es überhaupt nicht dunkel. Es war wärmer geworden, und ein paar Schneeflocken tanzten. Sie war nicht mehr da.

Nach dem Abendbrot sang Peetor Lauffert und pfiff, und tat so als hörte er die Stille seines Partners nicht. Er wußte sicher nicht wie mit den schwindenden Stunden des Tages Joe's Haß wuchs.

Joe konnte an nichts anderes denken als an das Geheimnis zwischen Jane und Peetor, und was sie wohl zu ihm gesagt habe, so daß er nicht gewagt hatte ihr zu antworten. Hatte sie ihn gefragt wie die Sonne aussähe über den Bäumen, und ob sie bei ihm bleiben solle? War sie ihm wohl nachgelaufen, obwohl sie doch den Boden nicht berührte, und ihre Füße nicht bewegte, auch nicht für ihn?

Spät in derselben Nacht tötete dieser Joe, wie hieß er doch gleich, den Peetor Lauffert.

Er hatte eine Axt gefunden, mächtig, flach und scharf von einer Eisscholle abgelöst, aus blauem hartem tödlich kaltem Eis. Und damit schlug er Peetor auf den Kopf. Es klang, als ob Eis aufbrach, als ob Eis auseinander barst, und dabei war es doch der Kopf des Mannes der zersplitterte, der Kopf des Eisvermessers der zerbrach.

Die Eis-Waffe war ganz geblieben. Die würde erst mit dem Frühlingswind schmelzen.

Danach sind dann dieser Joe und seine Jane davon, in der Richtung auf das Nordlicht zu, der Aurea Boralis. Und man hat nie wieder etwas von ihnen gehört.

Vielleicht sind sie noch beisammen.

Sie sah durch die Finsternis Georg, Herbert und Ruth auf dem Drittel einer Matratze hocken, von Läusen und Angst gequält und gedemütigt, aber still, mit verschränkten Armen, und sie hörte in dem Raunen des Regens Bibis Antwort auf die Frage des Scharführers: „Letzte Beschäftigung?" — „Spielen." *Aus: „Die größere Hoffnung" von Ilse Aichinger*

WANN

Wann wirst du in mir wohnen, wie die Dichtung in den großen Dichtern,
Wie die Einfalt in der Seele der Heiligen,
Wie die Vögel in den Kirchtürmen,
Wann wird deine Liebe in meiner Liebe ruhen,
Wann wird dein Licht in meine leeren Augen dringen,
Wie die Sonne in den Sand,
Wie das Lächeln in die Traurigen,
Wie Christus in die Welt der Sünde?

Augusto Frederico Schmidt (Brasilien).

AUS „MOND-VERSE"

Es scheint mir nicht recht, lieber Mond,
daß du mit mir schlafen kamst,
und durchs Fenster ins Zimmer dich wagtest.
Wußtest du nicht, daß wir alle
in diesem Haus den Fahrstuhl benützen?
Dichter-Mond, einen glücklichen Vers
Hast du mir geflüstert:
„Der Mond ist schön, weil in ihm
So viel Mond ist!"

Homero Icaza Sanchez (Panama).

BROT DES VERGESSENS

So wie das Brot sein Korn vergißt,
Hast du mich vergessen,
Genau so vergißt der Hafen
Sein erstes Boot
Und die Frucht den Karren.
Der Tod ist nicht Vergessen. Nur Ferne.
In eurem Brot sind wir;
Wir sind in eurem Hafen,
Und in der Frucht sind wir,
Zurück zum Samen kehrend,
Der die Weltkunde im Baume
Von neuem lernen wird.

Antonio Morales Nadler (Guatemala).

SCHWARZE ENGLEIN

In meiner Heimat geborener Maler
Mit dem fremden Pinsel,
Maler, der dem Glanz
So vieler alten Maler folgt.
Wenn auch die Heilige Maria weiß ist,
So male ihr doch schwarze Englein,
Die ebenfalls zum Himmel steigen,
Alle schwarzen Englein.
Maler, wenn du mit Liebe malst,
Weshalb verachtest du ihre Farbe,
Wenn du weißt, daß im Himmel
Gott auch sie liebt?
Maler der geheimen Heiligen,
Wenn du Seele im Leibe hast,
Warum vergißt du die Schwarzen,
Wenn du deine Bilder malst?
Immer wenn du Kirchen malst,
Male schöne Englein,
Aber vergiß nie,
Einen schwarzen Engel zu malen.

Andres Eloy Blanco (Venezuela).

INVENTAR MEINER EINZIGEN GÜTER

Die Wolke, in der die pflanzenhafte Zukunft zittert,
Die weißen Telegramme, die das Taubenhaus verteilt,
Die Sonne, die meine Haut mit Goldameisen bedeckt,
Die Inschrift eines von Negern bemalten Kürbisses,
Die wilden Tiere der vom Wind unerforschten Wälder,
Die Austern mit ihrer an den Gaumen geklebten Zunge,
Das Flugzeug, das seine Pilze in den Himmel fallen läßt,
Die Käfer, wie kleine, fliegende Guitarren,
Die von nahe gesehene Frau, gleich einer vom Blitz erleuchteten Landschaft,
Das Privatleben der grünen Hummer,
Der Frosch, die Trommel und der Krug des Bauches,
Das Dorf, von den losen Stricken des Regens bewegt,
Die verirrte Patrouille der Vögel,
— Dieser gelenkte Schaum, der durch den Himmel segelt, —
Die Schneidermotte, die sich ein Kleid erzeugt,
Das Fenster, mein bedeutendstes Eigentum,
Die Sträucher, die sich wie Hühner aufblähen,
Die prismatische Freude der Luft,
Die Kälte, die mit ihrem nassen Mantel in die Häuser dringt,
Die Meereswoge, die wächst und sich biegt, wie die Laune eines Fenstermachers,
Und dieser Mais der Sterne,
Den die Hähne des Morgenrotes
Bis zum letzten Korn aufpicken.

Jorge Carrera Andrade (Ecuador).

Aus dem Spanischen übertragen von Stefan Baciu.

Statt einer Glosse:

DIE POPANZE AN DER WAND

oder

ÜBER DIE MORALISCHE GESUNDHEIT DER WELT

An Beispielen dargestellt und zum Lesen oder zum Hören geschrieben von

Erich Kuby

Der Erzähler:

Wir befinden uns, meine Damen und Herren, auf dem politischen Jahrmarkt, der in unserer Stadt seit Jahrhunderten abgehalten wird. Ein flüchtiger Überblick zeigt, daß er in diesem Jahr keine neuen Attraktionen bietet. Die psychologischen und technischen Apparaturen, mit denen sich das Publikum auf den Krieg vorbereitet, sind noch zahlreicher geworden, aber zwischen den Ausstellern scheint eine stillschweigende Vereinbarung zu bestehen, die letzten Modelle noch nicht zu zeigen. Wahrscheinlich deshalb, damit die Besucher nicht plötzlich glauben, der Ernstfall sei schon eingetreten, wodurch doch die Gefahr bestünde, daß der Betrieb durch eine Panik gestört würde. Ein besonderes Interesse verdient vielleicht nur das neue Programm des Marionettentheaters, vor dem sich die Einlaßsuchenden stauen. Der Erfolg ist wahrscheinlich darauf zurückzuführen, daß in den Stücken, mit denen irgendetwas bewiesen oder widerlegt werden soll, was ein gewisser Mr. Toynbee behauptet hat, einige weltbekannte politische Persönlichkeiten von täuschend ähnlichen Puppen dargestellt werden. Die Leute tun immer gern Blicke in das wirkliche Leben ihrer Oberen, auch wenn dieses wirkliche Leben eine Erfindung auf dem Theater ist. Vielleicht reizt es die Leute auch, ihre Oberen, die sie sonst nur im Glanz ihrer Macht sehen, als Marionetten kennen zu lernen, die von Fäden bewegt werden. Aber deshalb wissen sie noch lange nicht, wer die Fäden bewegt, denn das Theater ist so gebaut, daß das Publikum nur den Bühnenausschnitt übersieht. Dabei fällt mir gerade ein, daß alle Theater so gebaut sind, aber ein Marionettentheater ist natürlich für einen politischen Jahrmarkt ganz besonders geeignet. Ich habe den Eindruck, daß die nächste Vorstellung gleich beginnen wird. Hören wir, was der Ausrufer zu sagen hat.

Der Ausrufer:

Treten Sie näher, Bürger, Volksgenossen und andere, treten Sie ein, wir fangen an. Die Stücke, die wir Ihnen zeigen werden, sind erfunden, aber es wird Ihnen ein leichtes sein, aus diesen Stücken die Welt zusammenzusetzen. Wenn Sie das getan haben, werden Sie sehen, daß die Welt noch rund ist, und das wird Sie beruhigen. Die Idee zu diesen Stücken stammt von unserem wissenschaftlichen Berater, Mr. Toynbee. Sie wissen, daß Mr. Toynbee der größte lebende Illusionist ist, er hat über die demokratische Illusion das berühmte Werk „Wie werde ich frei und glücklich?“ geschrieben, das erst kürzlich von der Akademie der Wissenschaften in Moskau mit dem ersten Preis ausgezeichnet worden ist. Mr. Toynbee ist die fundamentale Entdeckung gelungen, daß die moralische Gesundheit der Welt auf ihrer Spaltung beruht, und wie es damit im einzelnen steht, das, meine Damen und Herren, werden Sie jetzt vorgeführt bekommen. Aber zunächst können wir Ihnen eine besondere Sensation bieten, die im Gegensatz zu dem, was Sie dann auf unserer kleinen aber weltweiten Bühne sehen werden, den Anspruch historischer Echtheit erhebt. Sie werden in Mr. Toynbees eigenen Worten hören, was er über die Popanze gesagt hat. Ruhe bitte, Mr. Toynbee spricht!

Toynbee:

Um seine sittlichen Kräfte lebendig zu halten, braucht der Mensch in der einen oder anderen Form einen Teufel, der ihn anstachelt, und an dem er sich erproben kann. Es ist Rußland, das der westlichen Welt heute diesen unschönen, aber unerläßlichen Dienst leistet. Wenn wir uns — so schwer das auch fallen mag — auf den russischen Standpunkt stellen, so kann ich mir sehr wohl denken, die kapitalistische Welt ist der Satan mit Hörnern, Pferdefuß, Teufelsschwanz und anderen wohlbekannten Attributen und stellt für das kommunistische Rußland den Popanz dar, den es braucht, wie der demokratische Westen den Popanz des totalitären Rußland nötig hat, um nicht zu selbstgefällig zu werden. Ja man kann wohl sagen, für keinen der beiden wesensverschiedenen Nachbarn wäre es leicht, sich moralisch gesund zu erhalten, wenn der andere ganz von der Bildfläche verschwände.

Der Ausrufer:

Die Gefahr, verehrtes Publikum, daß einer der Popanze so bald verschwinden wird, ist glücklicherweise nur gering. Die Vorstellung beginnt infolgedessen, und es werden Ihnen zunächst zwei Hohepriester aus dem Tempel des Popanzes Nr. 1 im Gespräch gezeigt. Dieses Gespräch würde im Weißen Hause zu Washington stattfinden, wenn dasselbe nicht derzeit gerade im Umbau begriffen wäre, wobei im Inneren alles verändert wird, während im Äußeren, versteht sich, alles beim alten bleibt. Aber da dieses Gespräch sowieso nirgends stattgefunden hat außer auf unserer Bühne, so verdient dieser Umstand vielleicht keine besondere Beachtung. Überall und nirgends, so steht es der wahren Theaterkunst zu. Dieser kleine Herr hier im blauen Anzug und mit Brille ist Mr. President, und dieser große Herr mit etwas zu stark wattierten Schultern und mit einem Bärtchen auf der Oberlippe ist der Außenminister, vom Präsidenten Lieber Dean oder auch nur kurz Dean genannt.

Der Präsident:

Lieber Dean, das gefällt mir garnicht.

Der Außenminister:

Mir auch nicht, Mr. President.

Der Präsident:

Dean, wieviel haben wir dem Burschen angeboten?

Der Außenminister:

21 Millionen als Staatsanleihe und 5 Millionen für Privatzwecke.

Der Präsident:

Was denkst Du, sollen wir noch mehr bieten?

Der Außenminister:

Ich glaube, es hat keinen Zweck, Mr. President. 21 Millionen sind mehr, als die Perser von den Engländern für das Öl bekommen haben, und wenn vier Perser nicht für 5 Millionen zu kaufen sind, dann sind sie überhaupt nicht zu kaufen.

Der Präsident:

Übertreib' nicht!

Der Außenminister:

Die können nicht mehr zurück, die haben sich in Teheran das Volk zu nahe auf den Leib rücken lassen. Das weiß Mossadegh sogar in New York noch, wie die da unten schreien. Wenn der Ministerpräsident bis zu dem Punkt nachgibt, auf den wir die Engländer vielleicht zurückschrauben können, dann ist er verloren. Das weiß er ganz genau.

Der Präsident:

Und er will nicht verloren sein, meinst Du? Niemand will verloren sein, klar, Dean, niemand will verloren sein, Du auch nicht. Aber verdammt, wenn wir nicht verloren sein wollen, müssen wir gewinnen. Ist es nicht so?

Der Außenminister:

Es ist so, Mr. President, aber in Persien ist wenig zu gewinnen. Außerdem sind es die Engländer, die verloren haben, nicht wir.

Der Präsident:

Wir auch, Dean, wir auch. Wozu, denkst du, habe ich den Harriman damals hingeschickt und Mossadegh eingeladen? Damit sie in television kommen? Nee, das gefällt mir alles garnicht.

Der Außenminister:

Sie sagten es schon, Mr. President.

Der Präsident:

Da muß es doch jemanden geben, den man kaufen kann.

Der Außenminister:

Da gibt es auch jemanden. Die Russen.

Der Präsident:

Das wäre zum ersten Mal.

Der Außenminister:

Ich glaube aber doch. Nördlich von Teheran, sehen Sie bitte hier auf der Karte, Mr. President, ist ein Gebirge, ein sehr hohes Gebirge, das ist wie gemacht für eine Grenze. Im Kriege, Sie werden sich erinnern, waren die Russen nördlich von dem Gebirge und wir und die anderen südlich davon. Wir hatten Abadan, und oben gibt es auch Öl, das wird nur noch nicht ausgenützt.

Der Präsident:

Wenn ich mich recht erinnere, hat es eine verdammte Mühe gekostet, die Russen da oben wieder hinauszubekommen.

Der Außenminister:

So war es, aber jetzt läge der Fall anders. Wenn sie jetzt hereinkommen mit unserer Zustimmung, damit die Engländer Abadan besetzen können, dann werden sie überhaupt nicht mehr hinausgehen. Das würde die Sache eben kosten.

Der Präsident:

Ganz schön und gut, aber was ist dann mit der Türkei?

Der Außenminister:

Die Türken müssen wir dann stark machen, denn die Russen kommen ihnen hier in Nordpersien in die Flanke.

Der Präsident:

Und wenn wir sie stark gemacht haben, dann gefällt es vielleicht den Griechen nicht, von den Russen ganz zu schweigen, und überhaupt, Dean, weißt Du so genau, was das alles für Folgen haben kann? Anfangen die Welt zu ändern, das geht vielleicht. Aber wohin kommen wir, wenn wir den Russen eine Chance geben? Dean, es ist zu teuer. Für das bißchen Öl von den Engländern?

Der Außenminister:

Es ist nicht nur das Öl, Mr. President. Auch die Preisgabe von Abadan kann Folgen haben, die wir nicht übersehen dürfen, obwohl die Russen nicht die unmittelbaren Nutznießer sind. Trotzdem, ich bin auch nicht dafür, daß wir uns mit den Russen über Persien einigen.

Der Präsident:

Du bist auch nicht dafür? Warum, zum Teufel, erzählst Du mir dann von dem Gebirge bei Teheran?

Der Außenminister:
Weil ich dachte, Sie sollen wissen, was Mr. Churchill meint.
Der Präsident:
Ach so.
Der Außenminister:
Für die Engländer ist es hart. Und jetzt noch Ägypten.
Der Präsident:
Bist Du sicher, daß wir bei Mossadegh nichts ausrichten?
Der Außenminister:
Ziemlich sicher, Mr. President. Jedenfalls nicht genug, als daß wir es für einen Erfolg halten könnten.
Der Präsident:
Dann werden wir auch das vertagen müssen. Besser die Perser haben einen Vorteil als die Russen. Aber schreib es den Russen auf, schreib's ihnen auf, Dean, bei Gott, schreib's auf die Rechnung. Und ich sage Dir, Dean, sie werden bezahlen, sie werden alles bezahlen, bis auf den letzten Cent.
Der Ausrufer:
Sie, meine Damen und Herren, haben Ihr Eintrittsgeld bereits bezahlt, nicht für eines dieser lebenden Bilder, nicht für zwei, nein, auch nicht für drei, sondern für fünf. Und jetzt sehen Sie das zweite. Die Szene wechselt, statt der Kuppel des Weißen Hauses vor den Fenstern des Beratungszimmers haben Sie jetzt die Kuppeln der Basileus-Kathedrale auf dem Roten Platz in Moskau im Hintergrund, und Sie bemerken, daß wir uns im Tempel des Popanzes Nr. 2 befinden. Sein Hoherpriester Stalin, Josef Wissarionowitsch mit Vor- und Vatersnamen, und Wjatscheslaw Michailowitsch, genannt Molotow, sitzen beieinander. Der Vorhang geht wieder auf und Stalin sagt:
Stalin:
Wjatscheslaw Michailowitsch, das gefällt mir garnicht.
Der Außenminister:
Mir auch nicht, Genosse Stalin.
Stalin:
Wieviel chinesische Divisionen haben wir für Korea bis jetzt ausgerüstet, alles in allem?
Der Außenminister:
4 Panzerdivisionen und 13 Infanteriedivisionen.
Stalin:
Was denken Sie, sollen wir noch mehr ausrüsten?
Der Außenminister:
Ich glaube, wir müssen, Genosse Stalin. Wenn wir es nicht tun, dann . . .
Der Erzähler:
An dieser Stelle, meine verehrten Damen und Herren, wollen wir unter Außerachtlassung jeglicher Höflichkeit dem Herrn Außenminister einfach ins Wort fallen. Es interessiert uns nicht mehr, was er zu sagen hat, denn wir haben dieses ganze Gespräch bereits gehört, und Sie dürfen sicher sein, daß es genau so ausgeht. Auch Stalin sagt zu Molotow:
Stalin:
Dann werden wir's vertagen müssen. Besser der Krieg geht weiter als die Amerikaner haben einen Vorteil. Aber schreiben Sie es auf, die Opfer, Wjatscheslaw Michailowitsch, schreiben Sie sie auf, Mann für Mann, Granate für Granate, schreiben Sie sie auf die Rechnung, und ich sage Ihnen, sie werden alles bezahlen, alles, bis auf den letzten Rubel.
Der Erzähler:
Sie sehen bereits an diesen ersten Beispielen aus der Weltgeschichte, wie gut es ist, daß

jeder von den beiden Popanzen den anderen für einen Popanz hält, da hält sich jeder hübsch in seinen Grenzen, und alles bleibt ganz harmlos. Ich muß Ihnen sagen, ich habe das Programm des Marionetten-Theaters schon gestern gesehen, es ist stellenweise ein bißchen zu ausführlich. Vielleicht ist das auf einem Jahrmarkt ganz gut, da kommen viele einfache Leute hin, die nicht so rasch verstehen, denen muß man es deutlich sagen. Aber Sie sind ja eine geistige Elite, und ich glaube, daß ich die Geschichten ein wenig abkürzen darf, indem ich Ihnen nur den Inhalt erzähle. Später können wir vielleicht noch einmal ins Theater zurückkehren, um die eine oder andere Szene zu hören. Im Augenblick wird die Szene gezeigt, wie der westdeutsche Regierungschef beinahe die Verhandlungen mit den Alliierten abgebrochen hätte, und warum er es dann doch nicht getan hat.

Der Kanzler ist ganz böse geworden, und seine Hand, die man im Parlament nie hat zittern sehen, zittert ein wenig, als er seine Papiere zusammenrafft und sie in eine dünne Ledermappe steckt. Während er das Schiffchen des Reißverschlusses um die offenen Seiten der Mappe gleiten läßt, gewinnt er seine Selbstbeherrschung zurück. Der Kanzler sagt:

Der Kanzler:

Ich werde mich nun an die Öffentlichkeit wenden!

Der Erzähler:

und erhebt sich. Die übrigen, die am Tisch sitzen, einige tragen Uniform, sagen garnichts und schauen ihn nur an. Sie sind ihrer Sache sicher. Und des Kanzlers.

Niemand erleichtert ihm den Abgang. Zwischen Tisch und Tür steht er, mit dem Rücken jenem bereits zugewendet, das Schweigen kriecht ihm nach, er ist nahe daran, mit einer Geste des Trotzes aufzutrumpfen. Das aber ist nicht seine Art, in dieser Lage hätte ihm ein bitterfreundliches

Der Kanzler:

Na — tjüs dann!

Der Erzähler:

besser angestanden. Indes, er verbietet sich jede äußere Regung, er steht und denkt nach.

Wohin soll ich gehen, denkt er, ist die Welt hinter der Tür für mich eine andere Welt als diese hier? Ich habe zu ihnen geredet, aber wenn es nichts nützt, und es hat nichts genützt, was kann ich noch tun? Habe ich die Möglichkeit, zu sagen: wenn ihr nicht wollt, dann ...? Er weiß genau, denn er hat es sich tausendmal überlegt, daß er diese Möglichkeit nicht hat. Wie hat der Hohe Kommissar gesagt? Wir sitzen alle in einem Boot. Damit wollte er sagen: wir haben dieselben Interessen. Als ob ich dieselben Interessen hätte wie die Herren dort am Tisch! Aber das Bild mit dem Boot kann auch so gedeutet werden, daß es einen guten Sinn bekommt. Dann bedeutet es: ein Boot auf dem Wasser kann man nicht verlassen.

Niemand hat mich gelehrt, denkt der Kanzler, auf dem Wasser zu gehen. Er ist der einzige Mann im ganzen Lande, der für einen Politiker von Rang gilt, aber vielleicht haben ihn die Verhältnisse nur deshalb an die Spitze der Regierung getragen, weil für echte Politik kein Spielraum ist?

In dem Stückchen für Marionetten, von dem ich Ihnen erzähle, spielen sich diese Überlegungen als Dialog zwischen dem Kanzler und seinem Begleiter ab. Und in diesem Augenblick sagt der Begleiter:

Eine Stimme:

Die Politik der Machtlosen ist die Machtlosigkeit.

Der Erzähler:

Aber der Kanzler antwortet:

Der Kanzler:

Ich bin ein Soldat an der Front, an einer Entscheidungsfront des Kalten Krieges, und ich kann nicht zurücktreten. Ich weiß wohl, wenn ich gehe, weil ich die Bedingungen, unter denen sie verhandeln wollen, nicht annehmen kann, so werde ich kein Held, denn jeder kleinste Nationalist im Lande ist mir in dieser Sorte Heldentum über. Und wenn ich bleibe, werde ich nicht einmal ein Verräter, denn dies ist eine Welt, in der es nur einen Verrat gibt: nicht zu einer Hälfte zu gehören.

Der Erzähler:

Der Kanzler macht eine beinahe militärisch kurze Kehrtwendung, geht zum Tisch zurück und läßt sich auf dem vor Sekunden verlassenen Stuhl wieder nieder. Seine Rechte öffnet automatisch die Mappe, und mit geübter Bewegung läßt er die Papiere herausgleiten. Das Schweigen der anderen, das eben noch etwas Beängstigendes, fast Drohendes für ihn gehabt hat, es ehrt ihn jetzt. Und der Kanzler sagt:

Der Kanzler:

Ich warte darauf, was Sie mir zu sagen haben.

Der Erzähler:

Das, meine Damen und Herren, war die Parabel von der großen Verlassenheit in einer von Popanzen beherrschten Welt. Entweder ist man Teil eines Teiles, oder man ist nichts, aber man ist niemals ein Ganzes für sich selbst. Infolgedessen haben die Menschen in dieser Zeit nicht die persönliche Freiheit zum Inhalt des Grundgesetzes für ihr Verhalten gemacht, sondern die persönliche Gebundenheit, und wenn sie sich einmal so verhalten, als ob sie frei wären, weil sie vorübergehend vergessen haben, in welcher Welt sie leben, dann geben sie sich preis. So trug es sich in einer kleinen Stadt zu, in einer kleinen Stadt in Westdeutschland an einem Dienstag im Herbst des Jahres. Da bekamen 197 Männer mit der Morgenpost Briefe zugestellt, die sich von außen nicht von gewöhnlichen Behörden- oder Geschäftsbriefen unterschieden. Von den 197 waren etwa die Hälfte zu Hause, als der Briefträger kam, und als sie die Umschläge öffneten, fanden sie darin ihre Einberufung zum Wehrdienst. Name, Adresse und der im letzten Krieg erreichte höchste Dienstgrad stimmten genau, die Formulare waren jenen nachgeahmt, die bei der Wehrmacht Hitlers in Gebrauch gewesen waren. Die übrigen Empfänger erhielten die Mitteilung erst abends, als sie von der Arbeit nach Hause kamen, und da hatte sich in der Stadt schon herumgesprochen, daß es sich um eine Fälschung handelte. Gleichwohl erschraken auch von diesen viele bis ins Herz, als sie den Umschlag öffneten. Entgegen den Einflüsterungen ihrer Vernunft, die ihnen sagte, das Ganze sei nur eine Finte, erregte der Anblick des berüchtigten Formulars in Verbindung mit ihrem Namen Furcht und Entsetzen.

Von denen, welche die Benachrichtigung schon am Morgen erreicht hatte, begaben sich dreiundzwanzig spornstreichs zur Polizei, knallten dort den Brief auf den Tisch und schrieen:

Die Stimmen der Entrüsteten:

Wir denken nicht daran, nein, nein, wir denken nicht daran, wir wollen nicht, es steht in der Verfassung, daß wir nicht wollen müssen, und der Teufel hole euch alle!

Der Erzähler:

Im Spiel kommt diese Stelle sehr gut heraus, denn die Leute singen diese Worte wie in einem Hörspiel. Die Polizei, als sie solcherart von dem Unfug, wenn es nichts anderes war, erfuhr, der in der Stadt vor sich ging, schrieb voll des Eifers zunächst einmal die Namen der Protestierenden auf und zog ihre falschen Gestellungsbefehle ein. Erst als die Namen auf einer Liste standen, bemerkten die Betroffenen zu spät, daß sie im ersten Schrecken ihre grundsätzliche Vorsicht außer Acht gelassen hatten, und sie wurden ganz sanft und sagten zu dem Polizeihauptmann:

Die Stimmen der Bittenden:

Das Ganze ist doch nur ein Spaß, warum schreiben Sie uns auf? Es ist ein Spaß, und wir haben auch nur Spaß gemacht, geben Sie uns die Liste wieder heraus und die falschen Gestellungsbefehle zum Spielen!

Der Erzähler:

Aber der Tag war noch nicht verstrichen, da befand sich eine Abschrift dieser Liste bereits bei der Besatzungspolizei und eine zweite bei der Ortsgruppe der KPD. Acht andere aber, die auch den Gestellungsbefehl bekommen hatten, packten ihre Koffer und verreisten, nicht ohne zuvor mit der Familie, der Braut oder einem Freund eine Deckadresse verabredet zu haben. Denn, sagten sie:

Die Stimmen der Flüchtenden:

Wir bekommen doch kein Recht, und deshalb gehen wir untergrund. Wir wollen nicht, daß sie uns fangen.

Der Erzähler:

Erst als die Flüchtlinge nach Stunden irgendwo den Zug oder den Autobus verließen und bemerkten, daß das Leben überall seinen normalen Gang hatte, löste sich die Panik in ihnen, und sie fingen an, vorsichtig Erkundigungen einzuziehen. Sie kehrten nach Hause zurück und entschuldigten sich bei ihrer Arbeitsstelle mit Krankheit. Die bereits gewitzte Polizei, rasch verstärkt durch Kriminaler aus der Hauptstadt, hatte zu diesem Zeitpunkt bereits sämtliche Adressen der gefälschten Musterungsbefehle ausfindig gemacht, und sie stellte auch eine Liste der kurzfristig Erkrankten auf.

Unter den Empfängern war ein Mann, der hatte im letzten Winter des vorigen Krieges einen das Herz bedrohenden Steckschuß erhalten und sich seitdem in der Sicherheit gewiegt, als achtzigprozentiger Invalide vor den Nachstellungen des Militärs sicher zu sein. Auch er ging zur Polizei und sagte:

Die Stimme des Invaliden:

Was glauben Sie eigentlich? Ich bin ein achtzigprozentiger Invalide, und ich habe das Recht, daß ich zuletzt einberufen werde. Warum bin ich unter den ersten? Das ist eine Ungerechtigkeit!

Der Erzähler:

Dieser Mann regte sich so auf, daß er einen Herzschlag bekam und tot umfiel. Irrtümlicherweise rechnete man später in der polizeilichen Statistik den Invaliden zu den Kriegsdienstgegnern, aber er hatte nur zum gerechten Termin eingezogen werden wollen.

Zwölf aber, die im vorigen Krieg Unteroffiziers- und Offiziersränge erreicht hatten, packten mit großer Umsicht alles Notwendige ein, vor allem alle Dokumente aus der glücklichsten Zeit ihres Lebens, gingen frohgemut zum angegebenen Musterungslokal, wo die Polizei inzwischen bereits einen Posten eingerichtet hatte, und sagten:

Die Stimmen der Kriegsanwärter:

Gestatten, Müller, gestatten, Rotz! Haben Befehl, uns einzufinden, Hals ist gewaschen und Wäsche ist frisch, wie es befohlen ist, und hier sind unsere Dokumente. Ich war Hauptmann, ich war Leutnant, ich war Stabsgefreiter, ich habe das Ritterkreuz und die Sonderausbildung am Panzerradar, und bitte gehorsamst, möchte wieder auf Panzer!

Der Erzähler:

Die Polizei registrierte sie, und auch diese Liste fand weite, geheime Verbreitung bei allen Interessierten. Andere verrieten sich auf andere Weise, und nur wenigen gelang es, teils dank glücklicher Umstände, teils dank einer geradezu übermenschlichen Selbstbeherrschung, sich den Popanzen nicht zu verraten. Wie sehr bedürfen wir doch alle der Gnade! Wie wenig ist mit unserer Macht getan, und des zum Beweise wollen wir zum Schluß das Spiel vom Elend des Buchhalters Bruno Tröndlein ansehen, das auch auf dem politischen Jahrmarkt gezeigt wird. Im Programm des Marionettentheaters steht es unter dem Titel: Winterschuhe für Sieglinde.

Seine sanfte Stunde hat der Buchhalter Bruno Tröndlein, angestellt bei der Maschinenfabrik Witzner und Co., nach dem Abendessen. Frau Emma Tröndlein verdirbt sie ihm ungern, aber wenn sie Wünsche vorzubringen hat, benützt sie diese Zeit, in der ihr Mann am Tisch die Zeitung liest, indes sie das Geschirr abspült. Die zehnjährige Tochter ist bereits an diesem Tage zu Bett, an dem Frau Tröndlein sagt:

Frau Tröndlein:

Bruno, die Sieglinde hat keine Schuhe für den Winter.

Der Erzähler:

Ha?, sagt der Buchhalter. Im Verlauf eines längeren Gespräches beschließt das Ehepaar unter beiderseitiger Mißbilligung, den Butterverbrauch des Haushaltes um 100 % zu reduzieren, Brunos Zigarettenverbrauch um 50 % und ein Geschäft ausfindig zu machen, in dem es Schuhe auf Teilzahlung gibt. Wie jeden Morgen, bezieht Herr Tröndlein auch am nächsten um acht Uhr seinen Posten am Auszahlungsschalter der Personalhauptkasse. Es ist kurz nach Ultimo und ein Donnerstag, infolgedessen ist vor dem Messinggitter, hinter dem man Tröndlein sitzen sehen kann, nur wenig los. Erst nach zehn Uhr wird es lebhafter, und es trifft sich zufällig, daß zwei Abteilungschefs der Hauptabteilung „Verkauf" und der Leiter des Werbebüros gleichzeitig ihre Sekretärinnen schicken, die sich erkundigen:

Die Stimmen der feinen Sekretärinnen:

Liegen die Spesenabrechnungen für Herrn Müller, für Herrn Maier, für Herrn Dr. Zoch zur Auszahlung bereit?

Der Erzähler:

Sie liegen bereit, und nach Gewohnheitsrecht quittieren die Mädchen für ihre Herren und tragen das Geld fort. Es fehlt schon hier an der rechten menschlichen Berührung.

Sieht Tröndlein die Herren selbst nicht, so sieht er an diesem Vormittag wegen des ruhigen Geschäftsganges und wegen seiner Verärgerung vom Abend zuvor sich doch die Spesenabrechnungen genauer an, als es seine Pflicht oder vielleicht auch sein Recht wäre. An diesen Ziffern wird ihm eine Lebensführung deutlich, die mit seiner eigenen in einem so erheblichen Widerspruch steht, daß das soziale Gerechtigkeitsgefühl, das in jedes Menschen Brust wohnt, auch in Tröndleins Brust Aufruhr entfacht. In solchen Fällen eilt der unterdrückte Arbeitnehmer zu seinem Betriebsrat, dessen Vorsitzender bei Witzner und Co. der ehrengeachtete Genosse Kreitmaier ist.

Mit Tröndlein steht er aus alter Kameraderie auf Du und Du, sie haben ihre Schrebergärten nebeneinander, und Kreitmaier versteht den Zorn seines Freundes über ein Mittagessen zum Preise von 14.20 DM, eingenommen vom Werbeleiter Dr. Zoch im „Königsbacher Hof" zu Düsseldorf, gar wohl. Aber er ist ein im Sozialstreit ergrauter Taktiker und pflegt bei heißen Kriegsausbrüchen für das Vaterland, bei kalten nicht gegen den eigenen Popanz zu stimmen. Er sagt zu seinem Freund:

Die Stimme Kreitmaiers:

Bruno, da kannst du nichts machen, wir sind doch keine Kommunisten!

Die Stimme Tröndleins:

Du Rindvieh, meinst Du, ich bin einer?

Der Erzähler:

antwortet der Buchhalter, und im Verlauf der Unterhaltung wird das Band der Freundschaft zwischen ihm und Kreitmaier zerschnitten. Der Buchhalter denkt, geht es vorne herum nicht, dann geht es hinten herum, und auf dem nicht mehr ungewöhnlichen Wege des Stichelns gelingt es ihm in kürzester Zeit, das menschliche Klima in der Personalabteilung von Witzner und Co. sehr zu verschlechtern. Entgegen den Gesetzen der Physik sickern derartige Vorgänge schneller nach oben als nach unten durch, und die Generaldirektion, mit Grund der Ansicht, der Sozialefrieden sei für ein Unternehmen nicht weniger wichtig als das finanzielle Fundament, geht alsbald der Sache nach und trifft dabei auf das Mittagessen des Werbeleiters Dr. Zoch, der nur aus Tröndleins Perspektive ein großer, von oben gesehen aber ein sehr kleiner Mann ist. Er wird zitiert und rechtfertigt sich spielend, hat er doch das fragliche Essen mit einem Großkunden der Firma eingenommen, von dem er es sich nicht — nach den strengen Bräuchen bei Witzner u. Co. — bezahlen lassen durfte, für den aber ein solches Essen nicht weiter bemerkenswert war, denn er kannte es nicht anders. Es kommt zur Sprache, daß der Werbechef mit DM 14.20 die unterste Grenze der Billigkeit an dem gegebenen Ort erreicht und mit seiner bescheidenen Zeche das unverkennbare Mißfallen des Kellners geerntet hatte, dessen Tochter Adolphine, mit Sieglinde etwa gleichaltrig, auch auf ihre Winterschuhe wartet. Gleichwohl wird der Werbechef barsch angewiesen, um des teuren Sozialefriedens willen künftig billiger zu essen, aber wie Tröndlein vermag der gekränkte Mann, der in tiefen Geldsorgen steckt, weil seine 23-jährige Tochter Manuela heiraten will, die Zurechtweisung nicht zu schlucken, und er sagt zu seinem obersten Chef:

Die Stimme des empörten Werbeleiters:

Sie haben es gerade nötig!

Der Erzähler:

Damit spielt er auf die firmenbekannte Tatsache an, daß der Generaldirektor einen Lebensstil bevorzugt, bei dem ein- oder zweistellige Ziffern überhaupt nicht vorkommen. Als Dr. Zoch das Zimmer verlassen hat, sagt der Personalchef zum Generaldirektor:

Die Stimme des Personalchefs:

Dumme Geschichte!

Die Stimme des Generaldirektors:

Wieso?

Die Stimme des Personalchefs:

Ärger breitet sich leicht aus, hast du solche Leut' im Haus.

Der Erzähler:

Darauf antwortet der Generaldirektor, schlagfertig und witzig wie immer:

Die Stimme des Generaldirektors:

Aber solche Leut' sind Mist, weil doch nah ein Stalin ist.

Der Erzähler:

In glänzender Laune beschließen die beiden Herren, fürs erste den Werbeleiter zu entlassen, für den sich der Betriebsrat nicht interessieren würde, weil er im sozialen Niemandsland der Intellektuellen wohnt. Nach einiger Zeit werden sie dann auch unter schicklichem Anlaß dem Buchhalter Tröndlein kündigen, und wieder nach einiger Zeit wird sich der Generaldirektor des Kleinmuts seines Personalchefs in schwieriger Lage erinnern und ihn gleichfalls entlassen. Alle ihre Nachfolger zittern noch mehr um ihre Stellungen, und der Sozialefriede erfüllt Witzner und Co. wieder von oben bis unten. Vor allen Dingen bis unten. Beim großen Appell des Popanzes führt der Generaldirektor seinen Betrieb geschlossen in die Freiheitsfront, wodurch die These Mr. Toynbees bewiesen ist, daß die moralische Gesundheit einer von Popanzen beherrschten Welt ganz ausgezeichnet ist. Und nicht nur die Gesundheit, sondern auch die Hygiene. Der Generaldirektor nämlich, so schließt das Programm unseres kleinen Theaters, besteigt, als ein Knallfrosch abgebrannt wird und die Kulissen umfallen, ein Flugzeug und fliegt davon. Der aufs Positive gerichteten Phantasie des werten Publikums ist es vorbehalten, sich auszumalen, wie der Herr Generaldirektor alles übersteht und wieder zur Stelle ist, als Witzner und Co. neu gegründet wird. Das geschieht dann, wenn ein Popanz endlich von der Wand gefallen ist, und der andere... ja was tut der andere? Er hängt dann immer noch an der Wand und fühlt sich einsam. Sie dürfen gewiß sein, daß er wieder Gesellschaft finden wird.

Bericht:

DER STAAT ISRAEL IM WERDEN

Der Staat Israel verdankt, so seltsam dies auch erscheinen mag, seine Errichtung den Ereignissen, die sich während der zwölf Jahre des „Tausendjährigen Reiches“ zugetragen haben. Ob die Vereinten Nationen diesen Judenstaat, den Theodor Herzl und seine Anhänger ersehnten, auch ohne jene Ereignisse wahrgemacht hätten, ist sehr fraglich. So aber wollte und mußte man eine Zufluchtsstätte für die zahlreichen Opfer des Nazismus schaffen und schließlich auch für jene Menschen, denen vielleicht ein gleiches Schicksal bevorgestanden hätte. Und der Erfolg hat diesen Überlegungen Recht gegeben: bis Ende 1950 hat dieser neue Staat mehr als eine halbe Million Opfer der Vergangenheit und Gefährdete aus aller Welt aufgenommen. Mittelbar haben auch die Länder, in denen sich jene Opfer vorher befanden, insofern einen Nutzen durch diesen Staat gehabt, als sie von Lasten befreit wurden, die zu tragen ihnen bei der Nachkriegslage besonders schwer geworden wäre. Der Beschluß der Vereinten Nationen vom November 1947 mag aber auch von moralischen Erwägungen diktiert gewesen sein, von jenen Erwägungen, die in Deutschland bis dahin — immerhin zweieinhalb Jahre nach dem Zusammenbruch des Naziregimes — noch kaum angestellt, geschweige denn ausgesprochen worden waren, und zu denen sich erst die Erklärung des Bundeskanzlers Dr. Adenauer vom 27. September 1951 bekannte. Ungefähr gleichzeitig unternahm Senatsdirektor Erich Lueth in Hamburg eine Aktion, die den Staat Israel zum Friedensschluß mit Deutschland bewegen sollte.

Dieser Staat Israel gibt vom ersten Tage seiner Geburt an eine Gelegenheit zum Studium soziologischer Probleme, wie sie bisher wohl noch nie geboten worden ist. Läßt sich doch hier, als handelte es sich um ein großangelegtes Experiment, beobachten, wie aus Menschen, die aus den verschiedensten Gegenden der Erde zusammenströmen, und die aus den verschiedensten sozialen und beruflichen Schichten stammen, ein einheitlicher Staat entsteht.

*

Am 8. November 1948 fand die erste Volkszählung statt, die vor allem die Grundlage für die erste Parlamentswahl abgeben sollte. Danach lebten damals in Israel 713 000 Juden, zu denen 69 000 Araber und andere Einwohner kamen, so daß die Gesamteinwohnerschaft 782 000 betrug. Am Ende des Jahres waren die Juden bereits auf 759 000 und die übrigen Einwohner auf 108 000, insgesamt auf 867 000 angewachsen; für die spätere Zeit wurden die Zahlen geschätzt:

	31. Dezember 1949	30. Juni 1950	Februar 1951
Juden	1 014 000	1 094 000	1 236 000
Araber und andere	150 000	153 000	168 000
zusammen	1 164 000	1 247 000	1 404 000

Diese Ziffern zeigen, wie rasch die Bevölkerung des neuen Staates zunahm: nämlich in 33 Monaten um nahezu 80 v. H. Davon entfällt der weitaus größte Teil, nämlich 91 v. H., auf die Einwanderung und der Rest auf die natürliche Zunahme.

Die natürliche Bevölkerungsbewegung spiegelt sich in folgenden Zahlen:

	Geburten	Todesfälle	Zunahme
1948	17 231	4 313	12 918
1949	26 743	6 276	20 467
1950	36 004	7 149	28 855

Auf je 1000 Einwohner bezogen, betrugen die Geburten und Todesfälle und damit der Zunahmequotient:

	Geburten	Todesfälle	Zunahmequotient
1948	25,58	6,40	19,18
1949	29,94	6,84	23,11
1950	32,64	6,48	26,16

Diese Zahlen zeigen bis jetzt eine ständige Zunahme der Geburten und entsprechend des Zunahmequotienten, da die Sterbeziffern ungefähr gleich geblieben sind. Die bevölkerungspolitischen Verhältnisse sind also in Israel schon jetzt erheblich günstiger, als sie es für die Juden in Europa waren. Man kann damit rechnen, daß in Zukunft eine gesunde natürliche Vermehrung der Bevölkerung erfolgt, zumal wenn sich die Verhältnisse gefestigt haben und die Neueinwohner in der Gemeinschaft der schon länger ansässigen Juden aufgegangen sein werden.

In Europa war in vielen Ländern die Geburtenzahl der Juden schon lange vor der Nazizeit außerordentlich niedrig. In Preußen betrug sie beispielsweise im Jahre 1924 nur 13,8, war also noch nicht einmal halb so groß wie in Israel im Jahre 1949, und sie sank bis 1933 auf 5,7. Die Sterbeziffer hingegen betrug im Jahre 1924 14,1 und änderte sich auch später nicht wesentlich, so daß schon seit Jahren von einer natürlichen Zunahme nicht mehr die Rede sein konnte; vielmehr wurde die Zahl der Juden immer geringer, weil die Geburtenzahl zurückging. Im Gegensatz dazu sind die israelitischen Geburtenzahlen zur Zeit höher als in den meisten anderen Ländern, sogar höher als die Zahl in New York, die mit 22 vom Tausend als besonders hoch gilt.

Die hohen Geburtenzahlen in Israel beweisen, daß die umgekehrte Erscheinung in Mitteleuropa ihre Ursache nicht etwa in einer gegenüber der übrigen Bevölkerung geringeren Fortpflanzungsfähigkeit hatte, sondern auf sozialen Gründen beruhte, im wesentlichen auf einer gewollten Geburtenbeschränkung. Während die Ziffern für Israel den starken Lebenswillen des dort befindlichen Teiles des jüdischen Volkes zeigen, hatten die in Europa unter den anderen Völkern zerstreut lebenden Juden kein Interesse daran, zur Stärkung ihrer Gemeinschaft beizutragen.

*

Daß die Einwanderung die natürliche Zunahme der jüdischen Bevölkerung Israels bei weitem überstiegen hat, ist bereits hervorgehoben worden. Im Jahr 1950 hatte sich das Verhältnis gegenüber der Durchschnittsziffer jedoch schon ein wenig geändert; die Einwanderung machte nur noch 85 v. H. der gesamten Vermehrung der Bevölkerung aus. Insgesamt betrug die Einwanderung bis Ende 1950 527 289. Diese Zahl spiegelt die echte Einwanderung wider, also jener Personen, die zum ersten Mal in das Land kamen, um sich dort dauernd niederzulassen. Am stärksten war die Einwanderung im Jahre 1949 (238 981), nahm aber 1950 ab (169 405). Die Ursache hierfür war, wie die spätere Zusammenstellung zeigt, daß die Einwanderung aus Polen, Ungarn, der Türkei und Nordafrika zurückging.

Nach den Herkunftsländern gliedern sich die Einwanderer wie folgt:

	1948	1949	1950
Libanon	3	251	178
Syrien	2	1319	829
Irak	15	1709	32453
Türkei	4388	26295	2439
Iran	44	1778	10519

Yemen	298	35138	8650
Andere Länder im Mittleren Osten	60	2759	574
Afghanistan	25	446	365
Andere Länder in Asien, außer USSR	31	1651	1390
Algerien, Tunis, Marokko	7074	17924	9567
Andere Länder in Nordafrika	1194	21211	9304
Südafrikanische Union	180	217	163
Andere Länder in Afrika	7	90	9766
Rußland	767	2570	2410
Estland, Lettland, Litauen	592	658	332
Polen	32245	47343	26499
Rumänien	24780	13596	46178
Bulgarien	15676	20008	960
Jugoslavien	4136	2470	419
Griechenland	191	1364	437
Deutschland	1185	5333	972
Österreich	446	1620	420
Tschechoslowakei	2558	15689	632
Ungarn	4266	6844	2721
Großbritannien	505	758	345
Niederlande	203	367	218
Belgien	162	465	141
Skandinavische Länder	54	120	40
Frankreich	678	1654	445
Italien	671	501	156
Andere Länder in Europa	83	420	176
USA	305	538	407
Kanada	37	64	85
Süd- und Mittelamerika	138	711	475
Ozeanien	11	45	40
Ohne Angabe	15582	5205	1482

Im Jahre 1948 kam die Mehrheit der Einwanderer aus Polen, Rumänien und Bulgarien; ihre Gesamtzahl machte 72 701 und somit mehr als 60 v. H. aller Einwanderer aus. Im Jahr 1949 kamen die meisten Einwanderer aus Polen, Yemen, Türkei, Bulgarien, Nordafrika und Rumänien; im Jahr 1950 aus Rumänien, Irak, Polen und Iran. Die Gesamtzahl der Einwanderer aus Polen betrug 106 087 und machte 20 v. H. aller Einwanderer aus; sie war aber, wie schon hervorgehoben wurde, im Jahr 1950 niedriger als in den beiden vorhergehenden Jahren.

Während der drei Jahre sind im ganzen nur 7490 in Deutschland geborene Juden nach Israel eingewandert, also 1,4 v. H. aller Einwohner. Demgegenüber betrug die Zahl der während der Jahre 1933 bis 1944 nach dem damaligen Palästina eingewanderten deutschbürtigen Juden 50 109.

*

In der Saison 1949 erzeugte Israel 1 900 659 kg Olivenöl und insgesamt 6 250 000 Kisten Citrusfrüchte (Zitronen, Grapefruits und Orangen). Davon wurden 4 222 000 Kisten exportiert, von denen mehr als die Hälfte nach Großbritannien gingen.

In welchem Maße die Erzeugung auf den jüdischen Farmen zunahm, zeigen folgende Ziffern (in tons):

	1936/37	1943/44	1946/47	1948/49
Kartoffeln	2 040	35 000	37 500	25 400
Gemüse	9 430	22 500	37 500	71 100
Bananen	900	3 700	6 500	3 500
Tafeltrauben	2 200	3 300	4 100	9 000
Weintrauben	4 100	10 000	8 550	7 200
Fallobst	400	3 600	4 350	4 700

Der Anbau von Kartoffeln ist in den letzten Jahren zugunsten von Gemüse verringert worden, übersteigt aber den der Jahre 1936/37 noch erheblich, nämlich um das Zwölffache.

Die Erzeugung von Früchten ist von 1936/37 von 7 600 tons auf 24 400 tons im Jahre 1948/49 gestiegen, hat sich also verdreifacht. Bei den Bananen und Weintrauben ist sie allerdings eingeschränkt, bei den Tafeltrauben aber erhöht worden. Der Ertrag an Eiern nahm von 75 660 000 im Jahre 1948 auf 273 639 000 im Jahre 1949 zu, derjenige an Milch sank von 88 908 000 Litern auf 76 862 000 Liter. Der Viehbestand betrug im April 1950 an Kühen, Kälbern und Bullen insgesamt 41 961, an Legehühnern 1 654 037. Die Fischerei erzeugte 1948 2,7, 1949 4,2 und 1950 6,4 Tausend Tonnen, nahm also sowohl mengen- wie übrigens auch wertmäßig beträchtlich zu.

Der Verbrauch an elektrischer Kraft betrug im Jahr 1949: 329 205 Kwh, ging aber im Vorjahr auf nur 260 568 Kwh zurück. An wichtigen Industrieprodukten wurden im Jahr 1949 erzeugt (in tausend tons): Zement 241,4; Öl 10,6; Margarine 7,3; Seife 5,4; Mehl 96, 8; Konserven jeder Art 14,3. Die Erzeugung von Bier betrug 8,9, von Wein 6,5 und von Spirituosen 1,5 Millionen Liter. An Tabakwaren wurden 1043 Tonnen hergestellt. Inzwischen wurde die Produktion zahlreicher anderer Wirtschaftsgüter aufgenommen; indessen liegen darüber noch keine Angaben in der amtlichen Statistik vor.

*

Die veröffentlichten Zahlen über den Verkehr betreffen ebenfalls erst das Jahr 1949. Damals wurden mit der Eisenbahn 829 615 Passagiere befördert und 390 111 tons Fracht versandt. Die Einnahmen der Eisenbahn betrugen 488 648 Pfund, wovon 329 374 allein auf den Frachtverkehr entfielen. Dem stehen 598 774 Pfund Ausgaben gegenüber, so daß die Eisenbahn eine Unterbilanz von 110 126 Pfund hatte.

Flugzeuge sind im Jahr 1949 auf dem Flugplatz Lydda 1725, auf dem Flugplatz Haifa 624 angekommen. Sie hatten 70 706 Passagiere befördert, davon den weitaus größten Teil, nämlich 69 661, aus dem Auslande. Abgeflogen sind 23 215 Passagiere, davon 22 210 nach dem Auslande. Die im Flugverkehr eingehende Fracht machte 305 Tonnen, die ausgehende 165 Tonnen aus. An Post gingen 71 Tonnen ein und 59 Tonnen aus. Im Durchgangsverkehr wurden 2486 Passagiere, 22 675 kg Fracht und 1 872 kg Post befördert.

Im Straßenverkehr wurden 1949 190 345 135 Personen mit Omnibussen und 736 001 mit Taxis befördert. Von den Omnibuspassagieren entfielen 119 942 252 auf den Stadtverkehr und 70 402 823 auf den Verkehr von Stadt zu Stadt.

Im Gegensatz zur Eisenbahn brachte der Postverkehr einen Überschuß von 409 418 Pfund; durch den Verkauf von Briefmarken wurden 902 653 Pfund erlöst, während die Einnahmen aus dem Telefonverkehr 979 424 Pfund und diejenigen aus dem Telegrammverkehr 168 213 Pfund betrugen. Die Post beförderte 4,9 Millionen Briefe und 354 000 Pakete, davon 17 000 nach dem Ausland und 223 000 aus dem Ausland. An Luftpost wurden insgesamt 244 Tonnen befördert, davon 188 Tonnen nach dem Ausland. Die Zahl der Telegramme betrug 1,1 Millionen (davon 0,4 Millionen nach und 0,3 aus dem Ausland), die der Radiotelegramme 0,3 Millionen.

Die Bedeutung der drei Häfen im Schiffsfrachtverkehr zeigt folgende Zusammenstellung:

Hafen	Zahl der Schiffe	Registertonnen
Haifa	1 409	1 876 867
Tel Aviv	228	458 571
Jaffa	157	196 898
zusammen	1 794	2 532 336
davon aus dem Ausland	1 506	2 051 122

Der Warenverkehr mit dem Ausland brachte in den Jahren 1949 und 1950 einen beträchtlichen Einfuhrüberschuß (in Pfund):

	Einfuhr	Ausfuhr	Einfuhrüberschuß
1949	87 712 333	10 599 543	77 112 790
1950	102 604 000	12 534 000	90 070 000

Die Handelsbilanz ist also, wie es nach Lage der Dinge bisher nicht anders zu erwarten ist, stark passiv. Israel bemüht sich aber, die Einfuhr zu drosseln, soweit dies für den Aufbau des Staates und seiner Wirtschaft zu verantworten ist, und bei manchen Waren sich von der Einfuhr ganz unabhängig zu machen. Bis das erreicht ist, wird der junge Staat allerdings noch schwer zu kämpfen haben. Aber bei der großen Opferbereitschaft und der idealen Gesinnung der alten und neuen Bürger wird auch dieser Kampf ebenso gewonnen werden wie der militärische Kampf in der Vergangenheit.

An wichtigen Waren wurden eingeführt:

	1949		1950	
	in 1000 Pfund	in v. H.	in 1000 Pfund	in v. H.
Lebensmittel, Getränke, Tabak	22 626	25,8	23 504	22,9
Rohmaterialien, unfertige Waren	12 808	14,6	17 137	16,7
Fertige oder halbfertige Waren	51 395	58,6	60 701	59,2
Lebende Tiere	114	0,1	1 027	1,0
Verschiedene Waren	773	0,9	235	0,2

Ausgeführt wurden vor allem:

	1949		1950	
	in 1000 Pfund	in v. H.	in 1000 Pfund	in v. H.
Lebensmittel, Getränke, Tabak	7 462	73,3	6 991	55,7
Rohmaterialien und unfertige Waren	93	1,0	91	0,7
Fertige oder halbfertige Waren	2 608	25,6	5 452	43,6

Mehr als die Hälfte der eingeführten Waren waren Fertigfabrikate, während der größte Teil der Ausfuhr aus Lebensmitteln, Getränken und Tabak bestand. Die Einfuhr an Lebensmitteln umfaßte hauptsächlich Getreide, Mehl, Fleisch und Molkereiprodukte, die eingeführten Rohstoffe in erster Linie Samen, Bohnen und Nüsse für die Herstellung von Fetten und Ölen, sowie Gummi und Textilien. An Fertigwaren wurden hauptsächlich eingeführt: Maschinen, Flugzeuge, Schiffe, Kraftfahrzeuge, Eisen- und Stahlwaren, Baumwolle, Drogen, Farben, Öle, Fette, Wachs, Messer, Haushaltungswaren, photographische Filme, Nichteisen-Metalle und daraus hergestellte Gegenstände.

Am Außenhandel Israels waren fast alle Länder der Welt beteiligt. Wichtigste Einfuhrländer waren vor allem:

	1949		1950	
	in Mill. Pfund	in v. H.	in Mill. Pfund	in v. H.
USA	27,4	31,2	37,7	36,8
Großbritannien	8,2	9,3	9,1	8,8
Italien	4,1	4,6	5,6	5,6
Südafrikanische Union	3,9	4,4	4,1	4,0
Canada	3,4	3,8	4,3	4,2
Deutschland	3,0	3,4	1,4	1,4
Tschechoslowakei	2,6	3,0	0,9	0,9
Türkei	2,6	3,0	1,1	1,0

Die größten Abnehmer der Ausfuhr waren:

	1949		1950	
	in Mill. Pfund	in v. H.	in Mill. Pfund	in v. H.
Großbritannien	5,5	51,7	3,9	31,1
USA	1,6	15,5	3,0	23,7
Niederlande	0,7	6,7	0,5	3,7
Schweden	0,6	6,2	0,6	4,6
Polen	0,2	2,2	0,5	3,7
Schweiz	0,2	2,1	0,4	3,1
Dänemark	0,1	1,1	1,0	8,2
Finnland	0,1	0,9	0,4	3,5

Der Banknotenumlauf hat sich von 29,3 Millionen Pfund am 1. Dezember 1948 auf 75,3 Millionen Pfund am 31. Januar 1951 erhöht. Die Einlagen bei den Banken und Kreditgenossenschaften beliefen sich im November 1949 auf 109,2 Millionen Pfund, im November 1950 auf 154,8 Millionen Pfund.

*

Die Übersicht, die hier in aller Kürze geboten werden konnte, gibt bei aller Unvollständigkeit ein deutliches Bild vom Leben des jungen Staates Israel. Sie zeigt auch, daß im Laufe von drei Jahren Leistungen vollbracht wurden, die vorher niemand geahnt hat und ahnen konnte. Der bisherige Aufbau in Israel und die rasche Entwicklung des Landes und seiner Wirtschaft widerlegt auch jene Volkswirtschafter, die für eine derartige Umwälzung, wie sie sich bereits vollzogen hat, Jahrzehnte für notwendig gehalten haben.

Die meisten Einwanderer, die nach Israel kamen, haben in Beruf und sozialer Stellung eine vollständige Wandlung erfahren: Menschen, die einer untergehenden Bevölkerungsklasse angehörten, haben jetzt eine natürliche Vermehrung, die größer ist als die der meisten Völker; eine Gemeinschaft, deren körperliche Untüchtigkeit fast sprichwörtlich war, hat Heldentaten vollbracht, wie sie in der Geschichte der Menschheit nur selten zu verzeichnen sind; der neue Staat hat schon heute ein Heer, das neben dem der Türkei als das modernste des Nahen Osten gilt. Israel ist bereit, jedem neuen Angriff der umliegenden Staaten zu begegnen.

Gewiß, es ist noch nicht alles erreicht; auch Rom wurde nicht an einem Tage erbaut. Aber das Land und seine Bewohner haben den Willen, auch weiter die notwendigen Opfer zu bringen, um allen Juden, die es wünschen, die Einwanderung zu ermöglichen, ihnen die Heimat zu geben, die sie seit Jahrhunderten ersehnen, und sie vor den Gewalttaten anderer Völker zu schützen, die allein in den letzten zehn Jahren mindestens fünf Millionen ihrer Brüder und Schwestern vernichtet haben. *Bruno Blau.*

Kritik:

Die guten und die bösen Träume

E. W. Eschmann: „Alkestis"
Günter Eich: „Träume"

1

Tod, wo ist dein Stachel?

„‚Aber warum sprichst du immer in Rätseln?', sagte der kleine Prinz. ‚Ich löse sie alle', sagte die Schlange." Rätsel und die große Lösung aller Dinge, das ist der Tod für Antoine de Saint-Exupéry. Jean Anouilh fügt Einzelheiten hinzu: „Der Tod ist gütig ... er entwirrt, löst, entspannt, während das Leben sich einkrallt ... Mit einer leisen Berührung gibt er dem größten Ungeheuer sein ursprüngliches Antlitz zurück, beruhigt den Verdammten, erlöst ihn." Noch eindringlicher beschwor Cocteau den Tod im unvergeßlichen „Orphée".

Endlich — hofften wir noch? — mischt sich nun auch eine deutsche Stimme in dies hohe Gespräch. Ernst Wilhelm Eschmann braucht die erlauchte Partnerschaft nicht zu scheuen, seine „Alkestis" ist, von Brechts großen Dramen abgesehen, das vielleicht bedeutendste dramatische Werk, mit dem ein deutscher Autor seit 1945 vor die Öffentlichkeit trat. Und es ist eine grandiose Pointe des Zeitgeistes, daß als Antwort auf die französischen Beschwörungen des Todes — gerade ein Deutscher dem Tod die Treue kündigt. Der „Dichter" drückt in Eschmanns Schauspiel diesen Widerspruch aus: „Ich spiele dem Tod nicht mehr auf. ... Was fällt uns denn ein, den Tod zu preisen, als lauerte er nicht auf uns ... Ich will an der Oberfläche des Lebens kreuzen und berichten, was sie spiegelt: die Bäume und das Paar am Ufer und die wechselnden Stimmungen des Himmels ... mag man mich fade und schwach und einen bloßen Idylliker nennen."

So undramatisch und „literarisch" diese nebeneinandergestellten Zitate klingen: Die „Alkestis" ist mehr als nur ein Lesedrama oder Thesenstück. Unter den Händen des Regisseurs Sellner in Darmstadt sah man erregendes Theater; und so bühnengerecht Eschmann auch zu schreiben versteht, Spannung erschleicht er nicht durch aufgesetzte dramaturgische Tricks, sondern sie entspringt der klug entwickelten inneren Fülle des Vorwurfs selbst.

Wie die Alkestis-Sage beginnt es. Der König Admet muß sterben, wenn sich nicht — so gewährte Apoll — jemand für ihn opfert. Wer nimmt es auf sich? Gescheit und (fast) unwiderleglich weigern sich alle, die Eltern, die Freunde, die Untergebenen. Der Vater argumentiert: „Die Beschwerden des Alters und meine Liebe zu Admet könnten mich wohl verlocken, das Nächstliegende zu tun und für meinen Sohn zu sterben. Aber Mannesart ist es, den schwereren Weg zu wählen, den Weg der Pflicht ... Admet wird eine lange Zeit der Erholung brauchen ... Glaubt mir, ich sehe große Schwierigkeiten voraus. Um seine Regierung zu euer aller Wohl aufrechtzuerhalten, braucht er einen uneigennützigen Beistand, jemanden, der nichts von ihm will, weil er alles schon gehabt hat. Das kann nach den ganzen Umständen nur ich sein." Alle weigern sich so, bis endlich die Königin Alkestis souverän — aber ohne Pathos — den Tod auf sich nimmt und sich für ihren Mann opfert, „nicht aus Sehnsucht und ohne Enttäuschung und nicht, um ihn zu beschämen oder für immer festzuhalten — nein, mitten aus der Fülle des Glückes und der Dankbarkeit."

Während sie stirbt, erscheint Herakles. Er ist prachtvoll gezeichnet als ein unangenehm lauter und dennoch imposanter Kerl; gewiß „nicht als Denker geplant", wie ihn wenig später der Tod elegant charakterisieren wird. Den berühmten Gast will man mit der Trauer des Hauses nicht behelligen, aber Herakles erfährt dennoch die Zusammenhänge, und plötzlich ist sein Format zu spüren. „Ich kann dich nicht entschuldigen, Admet. Dies ist nicht Gastfreundschaft, wenn du den, den du aufzunehmen vorgibst, hungern läßt, ihn hinter Speisen und Weinkrügen einschließt, aber ihm die Nahrung deines Vertrauens vorenthältst." Von Alkestis' Opfer erschüttert, eilt Herakles dann ins Totenreich, um sie zurückzuholen. Der Tod ließe Alkestis auch gehen, wäre da nicht „der Wille der Zurückbleibenden, daß Alkestis nicht wiederkehren soll." Denn die Menschen haben sich dem Tod unterworfen, sie nehmen ihn „als Vorwand für ihr Neinsagen", verehren seine „denkerische Schönheit" und bauen ihr Leben darauf, daß andere sterben. Sie kalkulieren den Tod als Mittelpunkt ein und kämen ohne ihn garnicht aus; imgrunde wollen sie nicht, daß jemand zurückkehrt.

Nur der „Dichter" sieht ein, daß man den Tod auch leugnen kann, daß er nicht Mitte des Daseins sein muß. Auch Admet begreift es, die

Bedingung, daß ein Mensch Alkestis zurückruft, wird erfüllt, und so kann sie zurückkehren zu den Menschen.

Doch alle Kühnheit der Konzeption könnte dies Schauspiel nicht zur Dichtung heben. Dazu wird es, weil es *genau* ist, in einem tiefen, fast emphatischen Sinne *genau,* — schon das Wort Präzision würde zuviel Glanz und selbstgefällige Schärfe herbei-assoziieren. Eschmanns Realismus ist verhalten, er läßt keinen Rausch zu, weder den der bestechenden Formulierung noch den des Todes, der Ironie, des Intellekts. Die Bilder, mögen sie noch so gewagt zu sein scheinen, stimmen fast immer, es fehlt ihnen ganz alles Brilliant-Bizarre, das den charmanten Vergleichen des modernen französischen Dramas eigen ist. Dieser überlegen durch-schauende Realismus wird manchmal gleichsam von selbst zur Ironie, zur Bloßstellung, aber er führt dennoch nicht zur schönen Verzweiflung, sondern zum Widerstand gegen den Tod.

Eschmanns Stärke ist sein künstlerischer Takt. Er behängt die vorgegebenen Gestalten der Sage nicht mit individuellen Einzelheiten, die doch zur Komik führen, sondern er verleiht ihnen eine ebenso dringliche wie dezente Subjektivität, die das Exemplarische nicht zerstört. Vor allem ist Eschmann, wie jeder wahre Dramatiker, gerecht. Es wäre undenkbar, daß ein Dialogpartner Torheiten sagen muß, nur damit sein Gegner ihn elegant widerlegen könnte. Im Gegenteil, der Kampf wird mit gefährlich gleichen Waffen geführt. Solange der „Dichter" noch den Tod besingt, tut er das so gut und tiefsinnig wie nur einer. „Dieser Dunkle (ergänze: der Tod) ist der Hintergrund zu allem was ich hervorbringe, meine Kunst ist, so dicht zu weben, daß ihr es niemals erblickt ..." Eine solche Stelle macht mißtrauisch. Man braucht nur den Akkord „Tod" zu spielen, und gleich klingt es nach Dichtung. Wenn jedoch Alkestis die vorzüglich geordneten Argumente jener sechs Personen, die sich weigern, für Admet zu sterben, überwindet mit den Worten: „Was kommt euch an? ... Niemand lege die Hand an das Rad, das zwischen mir und Admet schwingt. Der Gott hat mich gehört", dann *ist* Dichtung.

Eine zugleich lockere und erlauchte Sprache behandelt Äußerstes in scheinbar unverbindlichem non-legato. Diese Leichtigkeit hat manche getäuscht. Sie dachten nur an Ironie und nicht an Mozart ...

Über die Schwächen des Schauspiels können diese Vorzüge nicht hinwegtäuschen. Die so klug gemeisterte Sprache selbst ist es, welche die Bruchstellen der Konzeption verrät. Eschmann kann dem Leben gegenüber objektiv und unnachsichtig bleiben, bis er den Tod verworfen hat. Doch nachdem der Tod „überwunden" ist, zwingt die Logik der eigenen Konzeption den Dichter dazu, das Leben zu preisen. Die Schärfe des Blicks und die Genauigkeit des Wortes gehen im letzten Bild verloren, und die Mythen von Natur, Mutter und Kind triumphieren. Die Sprache scheint plötzlich von Max Jungnickel inspiriert, sie mißrät zu manch peinlichem Lyrismus, etwa zum „Spiel der Fische im grünlich klaren Wasser unter dem Fels."

Das war vielleicht unvermeidlich, denn es gibt kein Gleichgewicht mehr, wenn ein Dichter den Tod negiert und zum bloßen Dekorateur der Immanenz wird. Man kann die Unzucht mit dem Tode widerlegen, aber nicht ihn selbst.

G. R. Sellners Inszenierung war exemplarisch. Es gab keine Fehlbesetzungen und kaum schwache Stellen, Zusammenspiel und Massenszenen gelangen vollkommen exakt. Kaum läßt sich entscheiden, ob der Regiseur Sellner oder der Autor Eschmann den Hauptanteil daran trägt, daß die Uraufführung der „Alkestis" zum Erlebnis wurde. Nun ist es freilich für jede Theaterstadt ein Glück, in der Nähe Frankfurts zu liegen, denn bisher unverwöhntere Zuschauer als die in der Goethestadt lebenden sind nirgendwoher zu erhoffen. Aber das ist gewiß nicht der Hauptgrund für Sellners sensationellen Erfolg. Schwerer fällt ins Gewicht, daß diesem Regisseur nicht einmal sehr gute, sondern nur ordentliche, anständige Schauspieler zur Verfügung standen. Sellners mustergültige Inszenierung beendet die Diskussion darüber, ob künstlerisch verantwortbares Theaterspiel in einer Mittelstadt überhaupt möglich sei. Es ist möglich. Sogar der große Monolog Admets (Karl Streck), der sich an die neue Wirklichkeit herantastet, gelang unübertrefflich. Man begriff, wie unendlich schwer es ist, gegen den Tod zu glauben. Immer wieder ertappt Admet sich dabei, den Tod versteckt doch in sein Denken einzubeziehen, bis er sich endlich freimachen kann. Erst dann — nach diesem Höhepunkt — ist die wiederkehrende Alkestis seine Belohnung.

2

Hölle, das ist dein Sieg.

„Wer sind die Dämonen?“ „Ich weiß nicht, aber ich fürchte sie“, heißt es in Günter Eichs Hörspiel „Träume“. Eichs Szene diktierte eine universale Angst ... Angst vor dem Unbekannten und dem Bekannten, dem scheinbar Nahen und dem unendlich Fernen. Von Eschmann, der es mit dem Tode aufnahm, führt kein Weg zu Eichs Apokalypse. Beide Werke wurden fast gleichzeitig uraufgeführt. Sie repräsentieren die Spannweite unserer Literatur.

Günter Eich nennt sein Hörspiel „Träume“, aber das ist eigentlich eine Untertreibung. Denn es kommen Wirklichkeiten zur Sprache, Wirklichkeiten von morgen freilich, die aber schon im Heute schlummern und jederzeit erwachen können. Vier Utopien des Grauens ziehen, als Träume verkleidet, am Hörer vorüber. Eine Familie wird im fensterlosen Viehwagen des dahinrollenden Zuges gefangen gehalten. Nur noch die Alten wissen, daß es einmal eine andere Umwelt gab, die Jungen hassen ein solches Erinnern an Dinge, die sie nie sahen. Es erschwere nur die Anpassung an die Gegenwart. Der Zug aber rast immer schneller ins Unbekannte.

Die anderen Träume sind nicht weniger eindringlich. Im einen verlieren Menschen ihr Gedächtnis und wissen nicht mehr, was sie eigentlich erstreben. Oder: Ein unbekannter Feind rückt an, es gibt keinen Widerstand, man muß fliehen und all seine Habe im Haus lassen, um nur den Gegner nicht zu reizen. Der jedoch wütet weiter, denn ... die Tochter hat ihre Puppe mitgenommen. Selbst das ist Verbrechen. In der letzten Traumszene begreift eine junge Frau, daß alles von Termiten zerfressen ist, Häuser, Bäume, die Erde, der eigene Mann. Alles ist ausgehöhlt, und beim nächsten Gewitter wird es zusammenstürzen. Rettung gibt es nicht, denn das Nagen der Termiten verschonte nichts. „Wenn du es erst einmal gehört hast, dann hörst du es überall“. Ein Gewitter aber rückt näher.

Ob es gut war, diese Vision durch Tagesnachrichten kommentieren zu lassen, wie wenn die Angst nur Folge unserer politischen Situation wäre, sei dahingestellt. Auch die Ironisierung dieser Vision — von einem Traum hieß es, er sei wohl nur Folge einer schweren Mahlzeit, — schien überflüssig, zumindest unglaubwürdig. Das aber ist sicher: Großartigere Symbole für das umfassende Grauen, für Unmenschlichkeit, Verdinglichung und den totalen Bankrott des homo sapiens gibt es in Deutschland heute kaum. Eichs Visionen sind schlagend, ihrem Bann entgeht kein Hörer, und schwerlich dürfte die Angst in einprägsamere Bilder zu fassen sein. Doch diese Bilder — als Visionen, Einfälle gewiß einzigartig — müssen auch zum Leben erwachen, sie dürfen im Einzelnen, Sprachlichen nicht totbleiben in blaß routiniertem Klischee. Dann läßt die Anteilnahme des anfangs faszinierten Hörers rasch nach, er wird nur immer begreifen, um was es geht, nie es empfinden.

Eich hat die technischen Möglichkeiten des Funks geradezu unheimlich geschickt genutzt. Jagend hetzt der Zug über Schienen und Schwellen, fremdartig tappend nähert sich der Feind, leise scharrend nagen die Termiten. Nicht oft bot uns der Rundfunk so sorgfältig durchgearbeitete Hörspielsendungen, wie Radio Frankfurt es mit dieser Aufführung tat. Aber blieb man dem Stück nicht das Wichtigste schuldig: das Tempo? Opferte man nicht dem Verstehen jedes einzelnen Wortes das Verständnis des Ganzen?

Günter Eich dichtet aus Verzweiflung, Eschmann aus Mut. Wäre es fair, ein Hörspiel mit einer Theateraufführung zu vergleichen, dann würde sich — wie mir scheint — die Waage zugunsten von Eschmann neigen. Daß ein solches Ergebnis überhaupt möglich ist, zeigt vielleicht einen kleinen Wandel des allgemeinen Bewußtseins an. Es wäre gleichwohl naiv, diesen Eindruck zu überschätzen. Er gibt den Sachverhalt gewiß nicht exakt wieder. Wir sind der Hölle immer noch näher als dem Leben.

Joachim Kaiser.

Politisches Theater und Theaterpolitik

Regie: Fritz Kortner. Die Premièrentiger lesen's und wittern Sensation. Sie proben vor dem Spiegel Entrüstung und kramen nach hohlen Schlüsseln. Unter den „Eingeweihten“ kursiert ein geflüsterter Steckbrief: Kortner, der Schreihals aus Jeßners verderblicher Schule, der Emigrant, der Jude, der Schauspielerschinder, der Zyniker, der verhinderte praeceptor Germaniae, — ein politischer Mensch, ein garstiger Mensch! Hat er nicht in seinem Film „Der Ruf“ die Kollektivschuld gepredigt? Ist nicht sein aggressiver „Don Carlos“ selbst den abgebrühten Berlinern auf die Nerven gegangen? Wochen vor der Première prophezeit eine Illustrierte in ihren „Nachrichten von morgen“: „Kortner-Inszenierung von ‚Minna von Barnhelm‘ in München mit politischen Akzenten.“ Information oder Stimmungsmache? Der Lästerbetrieb läuft jedenfalls auf vollen Touren.

Die Wahrheit ist, daß Kortner ein Wahrheitsfanatiker ist. Weil er die Realität zu ergründen versucht, reibt er sich nicht selten an den Realitäten. Weil er von seiner Mission durchdrungen ist, verwünschen ihn bekehrungsunlustige Zeitgenossen. Um Arzt der Zeit zu sein, dazu fehlt ihm weder Können noch Erfahrung, zuweilen allerdings die behutsame Hand. Nicht jeder verträgt eine Schocktherapie.

Die Wahrheit ist, daß er einer unserer wenigen großen Theaterkünstler ist. Schon die Regie-Arbeit an seinem eigenen Stück „Donauwellen“ in München strafte jene Lügen, die ihn der tendenziösen Einseitigkeit bezichtigen. Er rückte die bissige Zeitsatire ins Licht des versöhnlichen Humors. Auch als er später am selben Ort Strindbergs „Vater“ auf die Bühne brachte, ging es ihm ausschließlich um die Erfüllung der ästhetisch-künstlerischen Aufgabe. Und die ist ihm beispiellos gelungen.

Die Wahrheit ist, daß die politischen Akzente in der Kammerspiel-Aufführung der „Minna von Barnhelm“ nicht Kortner, sondern Lessing gesetzt hat. Der ließ im Jahre 1765 seinen Major Tellheim sagen: „Man muß Soldat sein für sein Land oder aus der Liebe zur Sache, für die gefochten wird; ohne Absicht heute hier, morgen da dienen, heißt, wie ein Fleischerknecht reisen, weiter nichts.“ — „Die Dienste der Großen sind gefährlich und lohnen der Mühe, des Zwanges, der Erniedrigung nicht, die sie kosten. Ich ward Soldat aus Parteilichkeit, ich weiß nicht für welche politischen Grundsätze, und aus der Grille, daß es für jeden ehrlichen Mann gut sei, sich in diesem Stande eine Zeitlang zu versuchen, um sich mit allem, was Gefahr heißt, vertraulich zu machen und Kälte und Entschlossenheit zu lernen. Nur die äußerste Not hätte mich zwingen können, aus dieser gelegentlichen Beschäftigung ein Handwerk zu machen.“ Ein aktuelles Bekenntnis, so aktuell, daß es niemand wundernähme, machte es ein Regisseur zur Fanfare seiner Inszenierung. Kortner blies keine Fanfaren. Seine Aufführung war heiter, schwerelos, verspielt, beseligend, — ein Lust-Spiel, in dem der Scherz als freundlicher Gefährte einer besinnlichen Stimmung wahrhaft von Herzen kam. Nicht eine politische Tendenz, der Geschichte vom abgedankten und diffamierten Offizier abgerungen, sondern das Wirken der alle menschlichen Konflikte lösenden Liebe stand im Mittelpunkt des Bühnengeschehens. Und weil der Interpret Kortner damit der dichterischen Absicht auf lauterste Art Rechnung trug, trübte kein Mißklang das Entzücken des Publikums.

Selbstverständlich stellt man ein Stück, welches beweisen will, daß auch der Soldat nur im Frieden sein wahres Glück zu finden vermag, nicht grundlos gerade heute zur Diskussion. Dahinter steht die unzweifelhaft „politische“ Absicht: der polis, aus eines Dichters, eines Sehers Mund, Antwort auf ein aktuelles Anliegen zu geben. Derart absichtsvoll zu handeln, ist nicht nur das Recht, sondern die Pflicht eines Theaters, das seine Unentbehrlichkeit im Leben der Gesellschaft behaupten will. Ein in diesem Sinne nicht politisches Theater wäre steril, hätte keine Daseinsberechtigung, es sei denn als Amüsierinstitut.

Dies an die Adresse des bayerischen Staatsintendanten Alois Johannes Lippl. Seine Persönlichkeit, seine umstrittene Berufung an das Bayerische Staatsschauspiel, seine noch heftiger umstrittene Tätigkeit als dessen Leiter ausführlich zu diskutieren, ist hier nicht der Ort. Es sei nur festgestellt: Die Leistungen des Staatsschauspiels unter der Ägide Lippl genügen mit wenigen Ausnahmen nicht dem Anspruch, der mit Fug und Recht an die höchstsubventionierte bayerische Bühne gestellt wird.

Die münchner Kritik sah sich von Fall zu Fall gezwungen, diesen Mißstand mit Bedauern festzustellen. Wer konnte ihr diese Ausübung ihrer Pflicht versagen?

Intendant Lippl konnte. Zuerst antwortete er in der Presse. Damit erntete er keinen Lorbeer, lenkte aber dafür die Aufmerksamkeit der breiten Öffentlichkeit auf sich. Und zwar nicht nur auf seine künstlerischen Praktiken. Das schien ihm peinlich. Darum polemisiert er seit jüngster Zeit im Programmheft seines Theaters, „Blätter des Bayerischen Staatsschauspiels“, das der Besucher vermeintlich zur Bereicherung seines Wissens erwirbt. Die meisten der darin enthaltenen Anwürfe sind allerdings nicht mit dem Namen ihres Verfassers gezeichnet. Aber auch der Spielplan des Hauses verrät ja nicht viel Wagemut.

In Jahrgang 3, Heft 11/12 der erwähnten „Blätter“ ließ Lippl einen Schauspieler aus seiner Spielschar (Ensemble zu sagen, wäre ungerecht) mit Aphorismen zu Wort kommen. Unter dem Titel „Kulturtheater" erfuhr man recht Aufschlußreiches: „‚Die Kunst dem Volke' war und ist eine schlechte Parole... Profanierung der Göttlichkeit der Kunst."

Ein Anonymus behauptete dagegen im gleichen Blatt vom Bayerischen Staatsschauspiel: „Wir betrachten als Kulturtheater es als Selbstverständlichkeit und als ein Verdienst, ein Theater des Volkes zu sein." Eine kleine Panne. Aber die Aphorismen bieten uns noch mehr:

„Kunst thront auf steilem Gipfel... Tausende von Menschen bleiben im Anstieg stehen, weil ihre Kräfte versagen. Es gibt auch in den Tälern Lustbarkeiten, das sei ihr Trost. Hinter die Wolken des Himmels aber zu schauen, mühen sich die Andächtigen, Himmelwärtsgewendeten. — Theaterskandale als Ausdruck besonders kämpferischer Gesinnung und avantgardistischer Haltung einer Bühne? Die Zeit, in der wir leben, ist Skandal genug. ... dem Überschreiten des Maßes den Sieg einer göttlichen Ordnung entgegenzusetzen, muß im Chaos des Nachkriegs wesentlichster Beruhigungsbeitrag des Theaters sein."

Undsoweiter. Drei Seiten lang. Hinter der Fassade erhabener Begriffe wuchert der blühende Blödsinn. Wozu das Geschwätz? Die Erklärung liegt auf der Hand. Ein Intendant, der in Bedrängnis geriet, weil er zeitfremdes und schlechtes Theater gemacht hat, ließ sich durch einen beim Publikum angesehenen Vertreter hochtrabend rechtfertigen. Dem fiel nichts Besseres ein, als Gott in die Debatte zu ziehen. Dr. Hohenemser, der Kunstreferent der münchner Volksbühne, gab darauf im Leitartikel des „Münchner Merkur" vom 13./14. Oktober 1951 die gebührende Antwort. Ein Auszug: „Es gibt gutes und schlechtes Theater, aber kein ‚Kulturtheater'. Nicht das schlechte Theater ist eine Profanierung, sondern der Satz von der ‚Göttlichkeit der Kunst'. Die Begegnung mit dem Göttlichen vollzieht sich in den Kirchen oder in der Einsamkeit des menschlichen Herzens. Was das Theater zu bieten hat, ist Menschenwerk; ein vom Menschen erdachtes Stück wird vom Menschen dargestellt und zielt mit seiner Wirkung auf eine Vielzahl von Menschen. Schuld und kultureller Abstieg der letzten hundert Jahre resultieren nicht zum wenigsten aus dem übermütigen und maßlosen Anspruch, im innermenschlichen Verkehr sei das Göttliche anzutreffen; wo die Glaubenstärke abnahm, da hoffte man einen Ersatz für echte Religiosität in der Vergottung menschlicher Einrichtungen zu finden. Gott im Theater zu suchen, zog der Mensch des neunzehnten Jahrhunderts aus, und heute steht er erschüttert vor den Trümmern seines Aberglaubens. — Was uns fehlt, sind die elementaren Maßstäbe, die uns wieder zur Besinnung führen können. Solange unsere verantwortlichen Theaterleiter zu diesen Maßstäben nicht zurückgefunden haben, werden sie keine fruchtbaren Programme für unsere Bühnen aufzustellen vermögen."

Darauf: „Blätter des Bayerischen Staatsschauspiels", Jahrgang 4, Heft 1, unter „Mitteilungen des Theaters": „Wir glauben nicht fehlzugehen, daß Dr. Hohenemser im gegenwärtigen Zeitpunkt das politische Theater als vordringlich erachtet, wobei die Auffassung von Dr. Hohenemser über das ‚politische Theater' noch einer sehr genauen Untersuchung bedürfte... Auf diesem Wege folgen wir dem ‚Münchner Merkur' (unter dem Strich) nicht, wahrscheinlich auch nicht ein großer Teil der Leser dieses Blattes. Es widerstrebt dem ‚Kulturtheater', Tendenzkunst zu bieten. Vielleicht mag Dr. Hohenemser das Agittheater östlicher Prägung im gegenwärtigen Zeitpunkt aktuell finden, — ein anderes politisches Theater gibt es zur Zeit nicht, das heißt, wir wüßten keines, auf das sich diese präzise Formulierung anwenden ließe..."

Der Leitartikel Dr. Hohenemsers hatte das Thema „politisches Theater" noch nicht einmal angeschnitten. Es handelt sich also einwandfrei um den Versuch, einen sachlichen Gegner durch eine unsachliche Verdächtigung zu diffamieren. Solcher Methoden bedient sich ein Mann, der nicht oft genug die sittlichen und religiösen Grundsätze seiner Theaterpolitik zu rühmen weiß. Seine vorgesetzte Behörde, das Kultusministerium, schweigt dazu.

Wenn er in Westdeutschland „politisches Theater, auf das sich diese präzise Formulierung anwenden ließe", erleben will, so braucht der Intendant des Bayerischen Staatsschauspiels sich nur in das von ihm geleitete Residenztheater in München zu bemühen. Dessen letzte Tat ist der „Fiesco". Aus Schillers republikanischem Trauerspiel hat eine tendenziös arbeitende Regie durch plumpe Szenenumstellungen und Striche eine Apotheose des Royalismus gemacht. So beantwortet sein „Kulturtheater" das Anliegen der Zeit. *Paul Arndt.*

„Der Teufel und der liebe Gott"

Zur deutschen Erstaufführung des neuen Sartre-Dramas in Hamburg

Warum manche Leute — Kritiker, Theaterleute und noch ein paar Intellektuelle mehr — der deutschen Erstaufführung von Sartres „Der Teufel und der liebe Gott" in Hamburg einen offenen Skandal voraussagten, ist mir unverständlich. Als ob hierzulande die Frage nach Gottes Existenz oder Nicht-Existenz überhaupt eine Frage wäre, als ob über „Gut" oder „Böse", wenn überhaupt, dann nach anderen als Zweckmäßigkeits-Gesichtspunkten gedacht und gehandelt würde. Nein, für einen richtigen (und wichtigen) Skandal über Gott und den Teufel fehlt hier — und hier oben besonders — ganz und gar das geistige Klima. Schade.

„Man" (das übliche Abonnementspublikum und die geübten Theatergänger) hörte sich geduldig, wie es ziemt, und verständnislos, wie kaum anders zu erwarten, runde vier Stunden lang die kompliziertesten theologischen Dispute zwischen dem trotzig-bösen und ungebärdig-guten Götz und seinen Widersachern an, fand die Inszenierung von Karl-Heinz Stroux (mit vollem Recht) glänzend und war (ebenfalls mit Recht) des Lobes voll über die außerordentlichen Leistungen aller Akteure. Was sollte „man" sonst noch zu einem Stück sagen, dessen ketzerische Thesen und Antithesen einem doch nicht die Haut ankratzten, geschweige denn bis unter die Haut drangen? Außerdem ist es ja nicht neu, daß für Sartre „Gott tot" ist und er die Menschen allein auf sich, auf ihr „existentielles" Elend, stellt.

Daß er, um dies wieder zu demonstrieren, die protestantische Theologie in Bewegung und sich selbst gleichsam auf Martin Luthers Stuhl setzt, ist unerhört neu und erregend. Es fragt sich, wie er, der existentielle Marxist Jean Paul Sartre, sich wohl zur Zeit der Bauernkriege verhalten haben würde? Hätte er — wie Luther — sich gegen die „räuberischen und mörderischen Rotten der Bauern" erklärt und die Partei der Reichen und der Obrigkeit gestützt, oder umgekehrt? Sein Götz (der von Goethes Götz nicht mehr als den Namen hat) hält es schließlich mit den Geknechteten. Damit hat er seine endgültige soziale Position bezogen: Die Menschen können nur gut werden, wenn es ihnen gut geht; also müssen die Reichen, die dem Wohlstand der Armen im Wege stehen, ausgerottet werden — gegen Gott, ohne Gott.

Der Weg dahin ist zweigeteilt und mühsam.

Zuerst versucht Götz (der großartige Walter Franck) es mit Gott im Bösen: er will ihn dafür zur Rechenschaft ziehen, daß er selbst böse ist. Darum tut er Greuel über Greuel, um Gottes Aufmerksamkeit auf sich zu ziehen. Seine Gebete sind zynische Herausforderungen. Aber Gott schweigt und läßt ihn ungehindert das Böse tun. („Das Dumme am Bösen ist, man gewöhnt sich daran ...") Gott nimmt ihm auch nicht die Entscheidung über Leben oder Massaker von 20 000 Menschen im belagerten Worms ab. Stattdessen schickt er ihm den aus der Stadt entkommenen Priester Heinrich (Werner Dahms) mit dem Schlüssel zur Krypta; dadurch könnte Götz nächtens in die Stadt eindringen und sie ohne Blutbad einnehmen. Aber das ist nicht sein Fall. „Ich bin Soldat, und darum töte ich sie ..."

Geringschätzig sagt der sich selbst aufdrängende Verräter-Priester Heinrich: das Böse könne jeder tun; schwerer und von Gott offenbar nicht erlaubt sei es dagegen, das Gute zu tun.

Da passiert in Götz der erste Kurzschluß — wiederum aus Trotz, und er wettet mit dem Priester und mit seiner Dirnendame Katharina (Edda Seippel) darum, daß es ihm gelingen werde, fortan nur Gutes zu tun.

Er verschenkt seine Besitzungen, die er, der Bastard, unrechtmäßig von seinem gefallenen Bruder erbte; er nennt die Beschenkten „Brüder" (obgleich die in ihm immer noch den „gnädigen Herrn" sehen); er proklamiert als oberstes Gesetz die Liebe, unter deren Gebot es weder Arme noch Reiche gäbe; er empfindet tatsächlich, daß „das Gute mühseliger ist als das Böse", aber er will es zwingen, Gott abzwingen. Seine „Brüder" begreifen ihn nicht und verehren ihn nicht; Heinrich, der Priester, glaubt ihm nicht, und der Bauernprophet Nasty (Robert Meyn) begegnet ihm mit Argwohn und Mißtrauen. Es ist offenkundig: Gott versagt Götzens guten Taten und wild-fordernden Gebeten den Segen. Und Götz spürt es. Da Gott ihm keine Extra-Offenbarung gewährt, ist Gott also doch tot, ist der Mensch also doch allein auf seine freie Entscheidung gestellt, das Gute oder das Böse zu wollen. Folglich lohnt sich auch kein mühevolles Sonder-Dasein. „Es gibt nichts außer unser Leben. Das Reich des Menschen ist angebrochen; ich werde allein sein", läßt Sartre ihn sagen.

Das Untertauchen in die Masse, die Flucht in die Askese verwehrt ihm der Bauernprophet

Nasty, als ein neuer Aufstand droht. Götz soll führen, es ist sein Handwerk. Zögernd erst, dann endgültig gibt Götz nach: Er hat erkannt, daß er die Wette verloren hat. Dafür sticht er noch schnell Heinrich nieder und übernimmt — aller quälenden, suchenden Gedanken und nutzlosen Gebete ledig — die Führung der Bauernarmee. Der Krieg für die Unterdrückten, gegen die Unterdrücker kann beginnen. Das Stück ist aus.

Wäre dieses gewaltige und gewalttätige Drama nicht von Sartre, so hätte Götz nach seiner ersten „Bekehrung" außer der mit umgekehrtem Vorzeichen geübten Aufsässigkeit, außer einem furchterregenden Gutseinwollen vielleicht noch anderes erfahren und begriffen: die Demut und die Gnade. Aber beide gibt es in Sartres Vokabular wohl nicht, — also auch nicht in Götzens. Und obgleich er zum Gekreuzigten betet und sich selbst Wundmale zufügt, um seinen neuen Brüdern glaubwürdiger zu erscheinen, läßt Sartre ihn nichts vom Kreuz ahnen. Wie könnte er auch! Gnade und Kreuz sind es ja, die seine Kurzschlüsse unmöglich machen, seine Dialektik aufheben würden.

Ob Sartre das weiß? Mir kommt es nicht ganz verwegen vor, ihm dieses Wissen zu unterstellen. Verdächtig blitzt hinter diesem schlüssigen Thesenstück so etwas wie ein verschämt verkappter Christ auf. Das muß sehr tief und sehr verborgen und sehr gut maskiert sitzen. Daß es nur ja keiner merke . . .!

Nun, keine Sorge: kaum einer hat es gemerkt. Außer jenem Hamburger Kritiker, der von Sartres „religiösen Unpäßlichkeiten" schrieb. Das trifft's wohl. Dennoch — Luthers Theologie hatte, scheint mir, mehr für sich als dieses Götzens religiöse Wirrnis und Verzweiflung.

Regina Bohne.

Christus gibt keinen Urlaub

Heinrich Böll: „Wo warst du Adam?" Roman. Verlag Friedrich Middelhauve, Opladen 1951, 200 Seiten, Halbleinen DM 8.—.

Heinrich Böll stellt seinem Buche ein Motto von Theodor Haecker voran: „Eine Weltkatastrophe kann zu manchem dienen. Auch dazu, ein Alibi zu finden vor Gott. Wo warst du, Adam? ‚Ich war im Weltkrieg.'" Im Kriege wird der Mensch nicht beurlaubt. Ganz im Gegenteil. Der Krieg ist nur eine andere Daseinsform des Menschlichen, und er legt ihn nicht einmal stärker zur Sünde an als der Friede, als mancher Friede.

*

Die meisten von Bölls „Helden" bestehen jedenfalls die Bewährungsprobe, die der Krieg ihnen auferlegt. Daß sie dabei nicht zu Heroen werden, liegt in der Natur der Sache. Es geschieht nicht mehr, als daß ein Arzt bei seinen Verwundeten bleibt, statt sich nach hinten abzusetzen, oder ein Soldat an die Front geschickt wird, weil er einer Jüdin helfen wollte. „Wo warst du, Adam?" Und einer von Bölls Helden könnte antworten: „Ich war General, aber ich habe nicht einmal das Ritterkreuz bekommen, weil ich meine Soldaten nicht so sinnlos opfern wollte, wie es befohlen war." Bölls Thema: In einem Ozean von Sünde schwimmen kleine Inseln von Anständigkeit. Böll ist sich der ungeheuren Realität des Ozeans viel zu bewußt, um beim Anblick so schmaler Gestade verzückt aufzuschreien: Der Mensch ist gut. Daher die tiefe Traurigkeit seines Buches. Und der Inseln sind es wenige, — deshalb erlaubt er sich nicht den schlechten Optimismus des Moralisierens. Auch verfügt die menschliche Seele bei ihren Navigationen über kein Radargerät, — das Gewissen funktioniert nicht so präzis, wie flache Theologen meinen. Bewegt von widrigen oder günstigen Winden (der Zufall spielt in Bölls Geschichten eine große Rolle), verfehlt oder findet das uralte, niemals sich verändernde Segelschiff, „Natura humana" genannt, das Tahiti seiner Seele. Man sieht, die menschliche Freiheit steht auf solcher Fahrt nicht sehr hoch im Kurs, — sie vermag nicht, über Untergang oder glückliche Ankunft zu entscheiden. Doch entscheidet sie darüber, in welchem Geist sich das Geschick vollendet. Im Schluß auf einen solchen Befund der Welt wird Böll das, was er sein will: ein christlicher Autor. (An Böll erweist sich wieder einmal, daß Nietzsches Stoß ins Leere ging, als er die Lehre Christi mit Moralismus gleichsetzen wollte.)

*

Steuermann Böll unternimmt seinen Peilversuch nach der Position Adams mit Hilfe der Kunst. Er kann das, weil er als Künstler eben ein Steuermann ist, kein einfacher Matrose. Doch verlassen wir die nautischen Bilder, die uns hier nicht mehr weiterhelfen! Versuchen wir, die Position Bölls in der heutigen deutschen Literatur auszumachen. In der Gruppe der „Neuen", also der etwa Vierzigjährigen, die erst seit Ende des Krieges mit Arbeiten hervorgetreten sind, ist er der Mann mit der originalsten Sprachkraft als Prosaist (vom Sonderfall Arno Schmidt abgesehen, der eine sehr subtile Behandlung erfordert). Die Qualität einer Sprache setzt sich zusammen aus: Frische, Fülle, Härte, Rhythmus, Präzision und Stimmung. Lesen Sie daraufhin bitte den ersten Satz aus Bölls Buch, aber mehrere Male und laut: „Zuerst ging ein großes, gelbes, tragisches Gesicht an ihnen vorbei, das war der General." Diese Qualität wird durchgehalten, und es erfolgt in ihr außerdem, wie in einem Verbrennungsmotor die Umwandlung von Stoff in Energie, der Umschlag von der reinen Sprachkraft in Stil. Im Vorgang der Stilbildung verbindet sich der Autor mit der Zeit, er schafft ebensosehr seinen eigenen wie den Stil der Zeit, in der er lebt. Das tut er zwar unbewußt, bildet aber gerade mit den Äußerungen seines Unbewußten das zeitliche Bewußtsein. Ein Autor, der zur Stilbildung fähig ist, träumt intelligent. Das Vorhandensein von Sprachkraft zeigt Böll als einen vitalen, die Fähigkeit zur Stilbildung weist ihn als einen intelligenten Autor aus.

Soll von Stil im engeren Sinne geredet werden, so weist das traditionale Element in Bölls Schreibweise auf Stifter zurück; eine klare Transposition der Stifterschen Arbeitsweise ist etwa die in Bölls Buch enthaltene Geschichte einer Brücke, die zerstört, aufgebaut und wieder zerstört wird: in der Langsamkeit ihrer Exposition entdeckt man spät, aber nicht zu spät, daß man vom ersten Wort an „mitten drin" war, ihre Ausgeruhtheit ist in Wirklichkeit die Stille der Faszination, ihre Entspanntheit das Sich-Lösen einer Löwenpranke, die ihr Opfer geschlagen hat. Hier handelt es sich aber um echte Transposition aus innerer Verwandtschaft, nicht um Epigonie aus Bewunderung.

Die Integration des Spracherbes geschieht ebenso lautlos wie die Entfaltung des spezifisch modernen Kerns in dieser Prosa. Böll arbeitet weder mit dem Hemingwayschen Verzicht auf Reflexionen noch mit der Assoziationstechnik Joyces, der Eliotschen Metaphorik oder dos Passos' „camera — auge". Er hat nicht den Ehrgeiz, „die Sprache zu skelettieren" (jene sonderbare Bemühung mißverstehender Kafka-Schüler), schreibt aber auch nicht epische Füllsel. Die Modernität Bölls steckt in der Stimmung des Todes und der Trostlosigkeit, die er vermittelt (dieser christliche Realist zeichnet eine Welt, in der Gott vergessen ist), wobei die Monotonie der Wiederholung im Wechsel kurzer und langer Sätze und der sehr weit getriebene Verzicht auf Metaphern eine Rolle spielen. Die Nähe zur Tonart Graham Greenes ist evident, jedoch kann von Abhängigkeit nicht die Rede sein. Ähnlich wie bei Greene wohnt auch bei Böll das modern Anmutende dem Stil inne, ohne sich von ihm in der Weise des Experiments zu emanzipieren.

*

Bezeichnend, daß eine so ausgebreitete Kritik sich durch ein Werk veranlaßt fühlt, welches höchstens als Anfang gelten kann. Zunächst ist Bölls Roman als Roman verfehlt, — er fällt in ein loses Bündel von stories auseinander, wenn man seine „Bindung" prüft. Offensichtlich glaubte der Autor, seinen Lesern (und dem Verlag) nach zwei Erzählungsbänden etwas Zusammenhängenderes bieten zu müssen. Derartige Versuche mißglücken immer. Im allerbesten Falle liegt hier eine Rahmenerzählung vor, doch ist der Rahmen nicht sehr haltbar. Die Figur des Soldaten Feinhals, die als Klammer gedacht ist, überzeugt zwar als Figur, nicht jedoch als Klammer. Feinhals' Tod auf der Schwelle des Vaterhauses, am Ende des Krieges und des Buches, wirkt nicht als notwendige Kadenz auf die Fermate des Werks, sondern als aufgesetzter Effekt. Die Stärke Bölls liegt in den langsamen Sätzen und im Piano (eine außerordentliche Stärke, wenn man bedenkt, daß die gesamte moderne Literatur sozusagen als Allegro con brio und Fortissimo komponiert ist) — bei dramatischen Steigerungen ist dem Autor äußerste Vorsicht anzuraten. Bei der um den Tod der weiblichen Hauptfigur herum unerhört groß angelegten Szene wird sehr augenfällig, daß ein so reiner Prosaist wie Böll sich immer erst einen Ruck geben muß, um sich zum Drama zu entschließen. Und das Zwanghafte ist der Szene dann anzumerken.

Hie und da treten in der sehr homogenen Struktur der Schilderung feine Brüche auf. Im Allgemeinen entwickelt Böll seine Figuren aus ihrem subjektivsten Sein heraus, aus einer hamsunischen Verkapselung ins Ich, in der Methode der Identifikation des Dichters mit der Figur. Da stört es dann sehr, wenn sich völlig objektivierte Personen-Schilderungen dazwischen schieben, Figurenentwürfe ganz von außen her, selbst wenn diese Entwürfe an sich brillant sind.

Die Stimmung des Buches ist damit unterbrochen, und seine innere Absicht wird verwischt.

*

Die Absicht nämlich zielt darauf, die menschliche Person im christlichen Sinne sichtbar zu machen. Weil das gelungen ist, ist das Buch mehr als eine Sammlung psychologischer Skizzen, obgleich die Methode Bölls darin besteht, das Phänomen des Krieges sich in den Scherben psychischer Individualität spiegeln zu lassen. Aber unsichtbar läßt Böll in jedem Splitter das Ganze des Glases aufleuchten, — im psychischen Bruchstück faßt er, kraft dichterischer Substanz, zusammen: Individualität und Person = Mensch, Zeit (den Krieg) und die Aufhebung der Zeit durch Gott (in gewissen äußersten und sehr sparsam gegebenen Resten von personaler Glaubenserfahrung). Das Buch ist kein Kriegsbuch, insoferne der Krieg hier nur Anlaß zur Prüfung des Menschen ist, wenngleich die Sinnlosigkeit des Krieges in wirksamen Parabeln als Nebenprodukt abfällt.

Bölls Werk ist auf den Tod gestimmt, und es hätte gewonnen, wenn er die Gestalt des Todes noch mehr verhüllt hätte. Der Tod ist für den Christen keine dramatische Person, und Böll ist Christ, also kein Dramatiker im eigentlichen Sinne. (Der Rezensent bekennt sich zu der nun schon abgedroschenen These Claudels und anderer, daß es ein christliches Drama nicht geben kann, denn das Drama setzt den Tod als letzte Instanz. Das soll nicht heißen, daß es nicht auch im Leben des Christen dramatische Konflikte gibt, oder daß der Tod für ihn unbedingt ein Fest sein müsse, wie neuerdings Ernst Jünger meint. Dennoch kommt es wohl nicht von ungefähr, daß im christlichen Theater der Tod eine allegorische Figur ist: „Jedermann", und daß der Held nicht unter-, sondern zu Gott eingeht: „Der seidene Schuh"). Böll ist Erzähler und kennt die Möglichkeit christlicher Prosa — den Roman des Menschen, der auf die Erfahrbarkeit der Offenbarung hin angelegt ist, die Möglichkeit seines Untergangs oder seiner Heimkehr, die Odyssee nach dem Tahiti seiner Seele, eine durchaus epische Angelegenheit.

Und es ist schon ein ungewöhnlicher Glücksfall, daß ein sich unterwegs befindender Christ den Versuch macht, seinen jeweiligen Standort im Kunstwerk anzuzeigen. Ein Unternehmen solcher Art kann dramatsich und aufregend genug werden.

Alfred Andersch.

„Das Feuer hat Hunger"

Ilse Aichinger: „Die größere Hoffnung". Roman. Bermann-Fischer Verlag, Amsterdam (jetzt: S. Fischer Verlag, Frankfurt) 1948, Halbleinen, 400 Seiten, DM 9.50.

„So wahr ich lebe."
„Wie wahr leben Sie?"

Es stehen schwer erträgliche Sätze in diesem Buch. Sätze wie: „Denn die Küsten Gottes sind Flammen über dem finsteren Ozean, und wer landet, verbrennt." „Aber niemals kann das Wort den Mund vergessen, der es gesprochen hat." „Und wie schrecklich wäre es, wenn sich nicht alles drehen würde! Man könnte den Pol nicht mehr finden!"

Das sei doch alles sehr schön? Sogar richtig? Gewiß gewiß. Aber wo ist es hingeraten, all dies Schöne und Richtige? In Ellens, des oft zornigen und immer höflichen Kindes Geschichte; in die Geschichte der jüdischen Kinder mit den falschen Großeltern, mit vieren oder auch, um wieviel quälender, mit nur zweien. Doch schon verwandelt sich ihnen die idiotische Realität der Erwachsenen in die sinnvolle qualvolle Wirklichkeit des Lebendig-Seins überhaupt. Immer wieder setzt diese Geschichte an in einer Wiener Welt, die Abschied nehmend (Abschied nach Auschwitz) „Servus" sagt, und wo Torten gekauft und von den Verfemten nicht gekauft werden dürfen. Und immer entgleitet sie in einen Traum, düster trostvollen Traum, gleitet auf zauberischen Rhythmen wie diesen: „Und darüber schwebte die Mondsichel in der Hand eines fremden Schnitters, der sie nicht fallen ließ." „Nichts anderes blieb als das fliehende Knistern der Seide, die Furcht aller Schleier, zerrissen zu werden." „Und der Regen rauschte wie ein Vorbeter, den niemand versteht."

Das sind keine Metaphern, „jedes Wort ist ein Einfallstor". Der nächtliche Besuch beim Konsul, der den „großen Nachweis" nicht geben kann; das verbotene Ringelspiel; die vorgeblich vergebliche Flucht zur Grenze in der schwarzen Kutsche mit Columbus und dem kleinen König David; das gespenstische Krippenspiel der Judenkinder mit dem Agenten der Geheimpolizei in ihrer Mitte, — durch all diese fieberhaft erregenden Szenen redet Ellen ihre kühle, oder erzürnte, oder verzweifelte Kindersprache, ruft der entschwundenen Mutter ihr „es gilt nichts" nach, und von dem alten Schrank sagt sie zum stummen Käufer, stoßweise und mißtrauisch: „Im Herbst kracht er, als ob er ein Herz hätte."

Zwei Stil-Ebenen liegen derart schräg übereinander, möchte man sagen (und manchmal, manches Mal rutscht die Autorin auch zwischendurch): in die Lyrik der vertrauten Dinge tönt überdies unablässig der schwere Gong, der Weihrauchduft der zauberischen Inkantation, der Litanei, der Wortklanghexerei. Und klingt zurück in einen Singsang, zu dem ihrerseits jäh die rechthaberische, die ungeduldige, die unduldsame Kindersprache werden kann. Gehört jedoch nicht die dritte Sprache ebenfalls zu diesem unsteten Schattenspiel, eben jene der schwer erträglichen, der schönen und richtigen Sätze? Heinrich Böll, ein Bewunderer der Aichinger, hat immerhin vermerkt, es sprächen bei ihr die Erwachsenen alle in Sprichwörtern, in Deutlichkeiten: „Der haßt, ist fremder, als der gehaßt wird." „Wo es gefährlich wird, tut es nicht mehr weh." „Du selbst bist der Vorsprung; der Vorsprung vor dem Nichts." So grübelt sich die Aichinger in ihre Zitate; imgrunde dankt man es dem Verlag, daß er der Versuchung, der höchst naheliegenden, widerstand, hier in einem Erstlingsbuch routiniert zu streichen, — dem Verlag, der der Perfektion des Vererbten verschworen schien, und der mit diesem einen einzigartigen Buch den mutigen und folgeschweren Schritt in unsere dunkle faszinierende Zukunft getan hat.

Ilse Aichinger hat unterdessen ein paar kleine Etuden geschrieben, gradus ad Parnassum virtuositatis. Ein Einleitungssatz wie dieser aus der „Größeren Hoffnung" sollte freilich an Kunstverstand nicht mehr zu übertreffen sein: „Drei Minuten vor Abfahrt des Zuges vergaß der Zugführer das Ziel der Fahrt." Und an verführerischer Grausamkeit und Kraft nicht zu überbieten ein Kapitel wie jenes vom Tod der Großmutter: es fällt der von den Henkern Gejagten inmitten dieses überdimensionalen Märchens kein Märchen mehr ein, mit dem sie sich das Gift, das vor Gewalt und Erniedrigung rettende Gift, von der unerbittlichen Enkelin erkaufen könnte; und als die, von irrem Mitleid zerrissen, es ihr gereicht hat, bleiben die Schergen aus.

Ja, natürlich, das ist es, ein grandioses klingendes Märchen, dieses Buch; Märchen des Weges von der jüdischen Geduld und ihrer Schwermut zur christlichen Tapferkeit; einer fanatischen, frenetischen, gefährlichen Tapferkeit, die nur in letzter Preisgabe Genüge findet — „mag es immerhin den Kopf kosten, wenn es nur nicht das Herz kostet." Die verlangend nach dem jüdischen Stern greift, „der geheimnisvollsten Idee der geheimen Polizei." Die Tapferkeit sagt: „Du mußt allein gehen" sogar zur blutig geschlagenen tanzträumenden Bibi; und „Alles, sagte Ellen und ließ sich ohne Widerstand auf die Wachstube zerren", „durch Gänge, wie durch Leiber gedunsener Schlangen".

Zur Qual der Intensität, die, um Aufschub bittend, aus dieser Lektüre flüchtet wie aus einem schicksalhaften Tag, gesellt sich „die entsetzte Verwirrung des vernünftigen Menschen durch den Funken fremder Gnade", dies Entsetzen vor einem Taumel jubelnder Selbstzerstörung. Unverzerrt aber beharrt, beide, Furcht und Mißtrauen beschämend, die Kinderstimme der Zuversicht, der je größeren Hoffnung:

„Aber Sie radieren zu viel! hätte die alte Lehrerin den lieben Gott gewarnt. Zuletzt bleibt ein Loch!"

„Aber meine Liebe, hätte da der liebe Gott gesagt, gerade das habe ich gewünscht! Schauen Sie durch, bitte!"

„Entschuldigen Sie, jetzt verstehe ich alles!"

WG

Zuwachs im Raritätenkabinett

Heimito von Doderer: „Die Strudlhofstiege oder Melzer und die Tiefe der Jahre". Roman. Biederstein-Verlag, München 1951, 909 Seiten, Leinen DM 22.50.

„Die erleuchteten Fenster oder Die Menschwerdung des Amtsrates Julius Zihal". Roman. Biederstein-Verlag, München 1950, 192 Seiten, Leinen DM 7.50.

Dem wohlausgestatteten, sorgfältig gedruckten Buch hat der Verlag eine sehr eingehende Vorbemerkung mitgegeben. Darin weist er Analyse und Wertung ausdrücklich dem Berufskritiker zu. Innerhalb dieser Einschränkung sei versucht, vom Standpunkt des interessierten Laien aus einige Notizen zu machen. „Jeder tue das Seine, der Leser also das meiste", sagt Kierkegaard.

Und dem Leser wird es nicht gerade leicht gemacht. Es braucht geraume Zeit, bis er die paar Dutzend Gestalten und Figuren nur kennenlernt, denen die Strudlhofstiege, eine Treppenanlage in Wien, als Schauplatz für wesentliche Begegnungen und Vorfälle ihres kleinen Welttheaterspiels dient. Schon die umständlich-beiläufige Art, mit welcher der Autor-Regisseur seine Personen einführt, enthält jedoch Kabinettstücke konzis hingetuschter Charakterisierung. Wie überhaupt dieser Roman als eine Art impressionistischer Chronik bezeichnet werden könnte. Zwischen strenger Chronographie und amüsanter chronique scandaleuse wechseln Ton und Inhalt des Berichts.

Heimito von Doderer ist ein Sprachvirtuose, dem ein beinahe thomas-mannsches Vokabularium und eine erstaunliche Vielfalt der Stilmittel zu Gebote stehen. Wer nicht eine Abneigung gegen preziös-spielerische, barock gedrechselte und üppig wuchernde Prosa hegt, wird mit Vergnügen den Um- und Abwegen der geradezu ausschweifenden Erzählfreude und Formulierbesessenheit folgen. Der Autor weiß schließlich auch die vielen Fäden seines fast überdimensionalen Bildteppichs geschickt zu führen und zu knüpfen. Und daß er sozusagen nicht nur die Vorder-, sondern auch die Rückseite seiner Tapisserie zeigt, werden ihm solche Leser nicht verübeln. Der vom Verlag mit Vorbehalt angebotene Vergleich mit Laurence Sterne und Jean Paul ist nicht allzu weit hergeholt. Als Ahnherren stehen sie am Beginn der literarischen Genealogie der Strudlhofstiege, in welcher der lübecker Musterknabe so wenig fehlt wie das wiener enfant terrible Anton Kuh. Die Herren Berufskritiker werden vermutlich, je nach Vorliebe und Geschmack, von begeisterter Akklamation bis zu vernichtender Aburteilung schwanken. Zwischen den vorstellbaren Extremen (etwa „Hohlspiegel der aufklärerischen europäischen Gesellschaftsliteratur" — denn das christliche Abendland findet keine Berücksichtigung in dem Wien dieses Wieners — und „Monstrum der bourgeoisen Kalligraphie") wird sich endlich der Leser der Buchseiten den ihm zusagenden Spruch herauszusuchen haben. Der ästhetische Genießer mit dem langen Lese-Atem, der auch einen gelegentlichen Gang zu den besagten Urahnen nicht scheut, mag manchen Reiz in diesem voluminösen Band entdecken, der oft wie ein gigantischer Brocken auf dem Schlacht- und Trümmerfeld des psychologischen Romans anmutet.

Die Form (oder auch: die mit glitzernder Ironie organisierte Unförmigkeit) überwuchert fast allenthalben den Inhalt. Doderer bündelt um die Geschichte des spät zu Reife und Einsicht kommenden Majors Melzer mit viel Geschick und mehr oder weniger Liebe eine erkleckliche Reihe von Schicksalen der Vor- und der Zwischengeneration. Überraschen könnte, daß der historisch geschulte Autor sich fast völlig der Gesellschaftskritik und sogar einer naheliegenden Hintergrundzeichnung der geschichtlichen Wende enthält zugunsten des Persönlich-Atmosphärischen und einer gewissen kammermusikalischen Grundstimmung. So entsteht eine Art von Kolossalgemälde, nicht etwa als Historien-Malerei in Öl und mit viel Firnis, sondern als Gruppenbild in Aquarellmanier und mit dem Silberstift.

Doderer hat sich offensichtlich bei der Arbeit in seine Figuren verliebt. Und so hat er sich aus den Spänen, die Melzern zuliebe flogen, noch ein Standbild des Amtsrats Zihal geschnitzelt. Aber der ist bei seinen Auftritten in der „Strudlhofstiege" unendlich viel sympathischer als (warum übrigens dieses konstante „wie" nach dem Komparativ?) in dem kurzen und doch so langen Bruchstück seiner Biographie. Das Reifwerden des Infanteriemajors und Tabakregiebeamten Melzer erscheint nunmehr wie die idealische Vorderseite der Medaille, auf deren Rückseite die sogenannte Menschwerdung des Amtsrats Zihal als doch recht trauriges Satyrspiel zu finden ist. Zihal geht früh in Pension, wechselt darob in eine billigere Wohnung und verbringt die Zeit bis zu einer späten Heirat mit der systematischen Erforschung der nächtlich erleuchteten Fenster in der Nachbarschaft mittels Fernrohr und Feldstecher. In die reichlich weitschweifige Schilderung dieser trübseligen Fenstergudkerei sind, quasi als belastende Relikte aus der k. k. Zentral-Tax- und Gebührenbemessungsamts-Zeit Zihals, ausführlich zitierte Paragraphen der Dienstpragmatik eingelassen. Trotz dieser Amtsdeutsch-, nein, Amtsösterreichisch-Kontrapunktik bleibt das Zihalbuch nur eine spießbürgerliche Variante, ein philiströser Seiten- und Johannistrieb der Urbanität, die zu den Vorzügen und Reizen der „Strudlhofstiege" gehören.

Mit Nachdruck sei angemerkt, daß nur ein passionierter Verleger, dem es mit der schönen Pflicht des Mäzenatentums ernst ist, solche Bücher herausbringt. Mäzenaten aber haben das Recht der freien Wahl. Auf die wohl nicht ganz unberechtigte zweifelnde Frage, ob die beiden Bücher mehr sind als Neuerwerbungen im Raritätenkabinett der Literatur, läßt sich leicht und beschwichtigend antworten. Durch die Hege auch des Abseitigen die vorhandene Buntheit und Fülle sichtbar zu machen, ist gerade in unserer kahlschlagwütigen Zeit eine wichtige Aufgabe.

Peter Stadelmayer.

Apokalypse unserer Zeit

Theodor W. Adorno: „Minima moralia“. Reflexionen aus dem beschädigten Leben. Suhrkamp Verlag, Berlin und Frankfurt am Main 1951, 481 Seiten, Leinen DM 15.—.

Eine Apokalypse ist ein Buch, das den Lauf der Geschichte zu ihrem letzten Ziel enthüllt, wie es zuerst das Buch Daniels tat, später das des Sehers von Patmos, dazu noch manches andre. Die *Propheten* von Früh- und Hoch-Zeiten warnen ein Volk oder dessen Führer: Es droht Unheil, wenn ihr nicht recht tut! Die — spätzeitlichen — *Apokalyptiker* ermuntern eine Gemeinde: Es kommt Unheil; aber ihr steht es durch, wenn wenigstens ihr recht tut! In Übergangszeiten treten nicht selten Prophet und Apokalyptiker in einer Person auf; urbildlich Jesus, der in seinem Wehe-Wort über die ‚Frommen‘ und Gelehrten ganz als Prophet spricht (Matth. 23), in seinem Ausblick auf die letzten Dinge ganz als Apokalyptiker (Matth. 24, die „kleine Apokalypse“); säkularisiert etwa Karl Marx, von dessen Geschichtskonzeption der „fatalistische“ deutsche wissenschaftliche Marxismus das apokalyptische, der aktivistische russische das prophetische Moment einseitig betont.

Drei Männer haben im letzten halben Menschenalter jenseits des Krisengezeters fragwürdiger Tugendhüter und Geldsackapologeten auf sehr verschiedene Weise zur Ent-hüllung des tiefsten Mysteriums unserer Zeit führend beigetragen: Theodor Haecker, Georges Bernanos — und nun Theodor Adorno, wo er unser „beschädigtes Leben“ als hoffnungs-los und Hoffnungs-Los schildert, — so, wie es „einmal als bedürftig und entstellt im Messianischen Lichte daliegen wird“: als menschlich gesehen irreparabel, aber gerade darum hingewiesen und angewiesen auf Erlösung; angewiesen, „seine eigene *Unmöglichkeit*“ entschlossen zu „begreifen um der *Möglichkeit willen*“, auf die es angelegt ist (Seite 481).

Die *gedanklich verarbeitete* (statt — wie sonst meist — unbewältigte) *Aktualität* ist das Erregende, dessentwegen uns dieses Buch als eine bedeutende Leistung der praktischen Philosophie („Lehre vom richtigen Leben“, Seite 7) erscheint. Unternahm es Joseph Pieper in seinen Tugend-Traktaten, das ewig Gültige (als was der Mensch *geschaffen* ist) endlich wieder in einer Sprache unserer Zeit zu Worte kommen zu lassen, so versteht vollends Adorno, eben diese Zeit in ihren Tendenzen (was der Mensch *heute* ist) so darzustellen, wie sie sich ausnimmt im durchdringenden „Messianischen Licht“ der Ewigkeit, vielmehr hier besser: des Jüngsten Gerichts, mit dem die Ewigkeit hereinbricht.

Das heißt nun allerdings gerade nicht, hier werde ständig auf abstrakt-„ewige“ Normen Bezug genommen und mit „apokalyptischen“ Worten herumgeworfen; Stellen wie die oben zitierte, wo verhalten genug einmal ein biblischer Ausdruck vorkommt, sind vielmehr beinahe an den Fingern einer Hand abzuzählen, und die über-geschichtliche Bedeutung der Aussagen Adornos beruht auf ihrer zu Ende geführten Geschichtlichkeit. Er geht immer wieder von der Analyse des schlechthin Alltäglichen (als *des* Ungeheuerlichen) aus. Etwa so: „In der fanatischen *Liebe zu den Autos* schwingt das Gefühl physischer Obdachlosigkeit mit ... Die Langeweile, vor der die Menschen davonlaufen, spiegelt bloß den Prozeß des Davonlaufens zurück, in dem sie längst begriffen sind. Darum allein erhält der monströse Vergnügungsapparat sich am Leben und schwillt immer mehr auf, ohne daß ein einziger Vergnügen davon hätte ... Am nächsten verwandt sind sie den Süchtigen. Ihr Impuls reagiert exakt auf die Dislokation der Menschheit, wie sie von der trüben Verwischung des Unterschieds von Stadt und Land, der Abschaffung des Hauses, über die Züge von Millionen Erwerbsloser, bis zu den Deportationen und Völkerverschiebungen im verwüsteten europäischen Kontinent führt. Das Nichtige, Inhaltlose aller kollektiven Rituale seit der Jugendbewegung stellt nachträglich als tastende Vorwegnahme übermächtiger historischer Schläge sich dar. Die Unzähligen, die plötzlich ... dem von der Stelle Kommen in Schwärmen wie einem Rauschgift verfallen, sind Rekruten der Völkerwanderung, in deren verwilderten Räumen die bürgerliche Gesellschaft zu verenden sich anschickt“ (Seite 261).

Diese „bürgerliche Gesellschaft“ aber wird nun nicht etwa restaurativ glorifiziert, sondern — vom Gesichtspunkt des Offenbarungsglaubens aus durchaus treffend — als diejenige Defektiv-Form wahrhaft mit menschlicher Gesellschaft gekennzeichnet, die wenigstens noch individuellen Protest gegen sich weckte. Heute stirbt auch er aus: „Mit Schrecken muß man einsehen, daß man oft früher schon, wenn man den Eltern opponierte, weil sie ‚die Welt‘ vertraten, insgeheim das Sprachrohr der schlechteren Welt gegen die schlechte war.“ (Der des schamlosen Cynismus etwa gegen die der wenigstens noch schamhaft ihre Schmach verbergenden Heuchelei.) „... manchmal will es scheinen, als wäre die unselige ‚Keimzelle *der* Gesellschaft', die *Familie,* zugleich auch die hegende Keimzelle des kompromißlosen Willens zur anderen. Mit der Familie zerging, während das ‚System' fortbesteht, nicht nur die wirksamste Agentur des Bürgertums, sondern der Widerstand, der das Individuum zwar unterdrückte, aber auch stärkte, wenn nicht gar hervorbrachte. Das Ende der Familie lähmt die Gegenkräfte. Die heraufziehende kollektivistische Ordnung ist der Hohn auf die ohne Klasse: im Bürger ‚liquidiert' sie zugleich die Utopie, die einmal von der Liebe zur Mutter zehrte" (Seite 23). Oder aber die „Revolution der Manager" ersetzt die echte Utopie jener Ordnung ohne Klasse durch die verlogene Utopie der „gleichen Verdienst-Chance für jedermann" unter Wegnivellierung aller Güter, die man nicht kaufen kann:

„In Europa hatte die vorbürgerliche Vergangenheit überlebt in der Scham, für persönliche Leistungen oder Gefälligkeiten sich bezahlen zu lassen. Davon weiß der neue Kontinent nichts mehr. Auch auf dem alten tat keiner etwas umsonst, aber das gerade ward als Wunde gespürt ... Jedes Kind der europäischen Oberschicht errötete über das Geldgeschenk, das ihm von Verwandten gemacht ward ... In Amerika dagegen hat kein Kind selbst gutsituierter Eltern Hemmungen, durch Zeitungsaustragen ein paar Cents zu verdienen, und solche Bedenkenlosigkeit hat sich niedergeschlagen im Habitus der Erwachsenen ... Keinem fällt es ein, daß es irgend Leistungen geben könnte, die nicht im Tauschwert ausdrückbar wären. Das ist die reale Voraussetzung für den Triumph jener subjektiven Vernunft, die ein an sich verpflichtend Wahres nicht einmal zu denken vermag und es einzig als für andere Seiendes, Austauschbares wahrnimmt ... Noch die mit größtem Aufwand in die Welt gesetzten und verteilten ‚Kulturerzeugnisse' wiederholen ... die Gesten des Wirtshausmusikanten, der nach dem Teller auf dem Klavier schielt, während er seinen Gönnern ihre Lieblingsmelodie einpaukt. Die Budgets der Kulturindustrie gehen in die Millionen, aber das Formgesetz ihrer Leistungen ist das Trinkgeld" (Seite 370). Eben damit verliert das nicht mehr vor allem andern aus Freude an der Schönheit, Liebe zur Wahrheit „Geleistete" seinen eigentlichen Wert: „... das, worin nicht mehr das Licht der eigenen Bestimmung als ‚Lust an der Sache' leuchtet, verblaßt dem Auge ... Erst die von Aneignung gereinigten Dinge wären bunt *und* nützlich zugleich ..." (Seite 438). In solchen Sätzen schimmert die „Lehre vom *richtigen* Leben" durch die Kritik des verkehrten hindurch, dessen „bestimmte Negation" als solche des jeweils gerade jetzt und hier Negierenswerten Adorno gemeinsam mit Horkheimer in beider „Dialektik der Aufklärung" in der Konsequenz des jüdischen Nein zur Vergötzung irgendeines Nicht-Göttlichen zum Prinzip erhoben hat.* Ganz selten kommt es auch zum „positiven" Rat: „Die Kunst bestünde darin, in Evidenz zu halten, daß das Privateigentum einem nicht mehr gehört" („die besitzen, als besäßen sie nicht", 1. Kor. 7, 30), „daß man aber dennoch Eigentum haben muß, wenn man nicht in jene Abhängigkeit und Not geraten will, die dem blinden Fortbestand des Besitzverhältnisses zugute kommt" (Seite 58).

Aber auch dieser Rat ist sofort verbunden mit der Warnung: das erste führte leicht „zur Destruktion, einer lieblosen Nichtachtung für die Dinge, die notwendig auch gegen die Menschen sich kehrt"; das „Eigentum haben müssen" aber sei „Ideologie für die, welche mit schlechtem Gewissen das Ihre behalten wollen. Es gibt kein richtiges Leben im falschen." Die Wahrheit, die hier gemeint ist, und der sich auch der Christ mutig stellen soll, scheint uns zu sein, daß wir uns den Geburtswehen der Schöpfung, die auf das endliche Offenbarwerden des noch in ihrem Schoß verborgenen Gotteskönigtums harrt (Röm. 8, 19. 22), in keiner Weise entziehen können und dürfen, daß wir sie vielmehr redlich mitzuleiden haben auch in der Form von „falschen" Situationen, wie etwa Krieg oder Terror, aber auch das Leben in der Gesellschaft überhaupt sie uns allen auferlegt. Um sie zu ertragen, sich weder in Rausch noch in Abstumpfung vor ihnen flüchten zu „müssen", ist dem Gläubigen sein Glaube gegeben, keineswegs wie eine die Schmerzempfindlichkeit ausschaltende oder herabsetzende Tablette. Gerade wer mehr zu tragen vermag, soll auch mehr leiden als die andern: Christus litt am meisten. Golgatha bestätigt ja: „Die Kraft zur Angst und die zum Glück sind das gleiche, das schrankenlose, bis zur Selbstpreisgabe gesteigerte Aufgeschlossensein für Erfahrung ... Was wäre Glück, das sich nicht mäße an der unmeßbaren Trauer dessen was ist?" (Seite 382; aber auch: „Was sind die Leiden dieser Zeit gegenüber der künftigen Herrlichkeit?" Röm. 8, 18; daß er geradezu das Gegen-

* Vergleiche unsere Besprechung FH IV/8, 716.

teil einer leidensberauschten Opferromantik bejaht, hat Adorno deutlich genug in seiner — weithin treffenden — kritischen Analyse „Kierkegaard" gezeigt).

Vielleicht ahnt man hier, bis in welche Tiefen diese Lehre vom heutigen Menschen hinabreicht, die zwar nicht unmittelbar aus der Offenbarungswahrheit abgeleitet, aber für sie offen, gewissermaßen auf sie hin transparent ist; fast so etwas wie ein Appell an uns zur „Heimholung" — um das wenig schöne und treffende Wort zu gebrauchen — selbst und gerade der beiden scheinbar offenbarungsfeindlichsten ernsthaften Tendenzen des letzten Jahrhunderts: des dialektischen Materialismus Marx' und der Psychoanalyse Freuds.

Sagt von dieser Adorno so treffend wie paradox: „An der Psychoanalyse ist nichts wahr als ihre Übertreibungen", das heißt: sie verfehlt den „Normal-Menschen", trifft aber den in der extremen Grenz-Situation, und daß solche vorkommt, ist für „den" Menschen typisch, — so wird der Leser oft geneigt sein, ganz dasselbe von Adornos dialektischer Anthropologie zu behaupten. Wie hier hintereinanderweg angeprangert wird „die Schmach des Geldverdienens", die Verrohung des Lebens, die Unmöglichkeit des Wohnens, der echten Unabhängigkeit, einer nicht im Leerlauf des Schulbetriebs aufgehenden Philosophie, ja noch in „Rilkes Gebet um den eignen Tod" „der klägliche Betrug darüber, daß die Menschen nur noch krepieren" (Seite 450), — das mag in jedem einzelnen Falle mehr oder minder übertrieben sein — und ist gerade darin so unheimlich wahr wie das Werk der eingangs genannten beiden christlichen Apokalyptiker unserer Zeit, die auch (mit anderen Worten) hätten sagen können, heute sei „keine Schönheit und kein Trost mehr außer in dem Blick, der aufs Grauen geht, ihm standhält und im ungemilderten Bewußtsein der Negativität die Möglichkeit des Besseren festhält" (Seite 28).

Karl Thieme.

Bedeutung und Deutung

Elisabeth Langgässer: „Geist in den Sinnen behaust". Matthias Grünewald-Verlag, Mainz 1951, 199 Seiten, Leinen DM 9.90.

Eineinhalb Jahre nach Elisabeth Langgässers Tod erscheint ihr Nachlaß: zwei Erzählungen, zwanzig Gedichte, eine Szene und vier Aufsätze, dies alles eingeleitet von einem Vorwort, das wichtige Hinweise auf die geistige Absicht der Dichterin gibt, und abgeschlossen von einem Nachwort des Philosophen Wilhelm Hoffmann, des Mannes der Dichterin, der in aller Kürze ihr Weltbild zeichnet.

Lesern, die das Gesamtwerk der Langgässer nicht oder kaum kennen, muß das Buch befremdlich erscheinen: die Teile sind von allzu verschiedener Qualität. Die Erzählung „Mithras", 1932 entstanden, ist bis über die Grenze des Erträglichen hinaus beladen mit sprachlichem Pathos und mystischer Ideenfracht. Die zweite Erzählung, „Wiedergeburt", nach 1945 geschrieben, ist zwar in Stoff und Sprache „zeitgemäß", doch nicht so gut wie etwa die Kurzgeschichten in „Torso". Diesen beiden Erzählungen folgen, zusammengefaßt unter dem programmatischen Titel „Metamorphosen", späte Gedichte, reife Gedichte von großer geistiger und sprachlicher Kraft, in denen fast überall wunderbar geglückt ist, was künstlerisches und geistiges Anliegen der Langgässer ist: die Verbindung von Bildern und Ideen der antik-heidnischen und der christlichen Welt.

Den Gedichten folgen vier bedeutende Aufsätze, die Zeugnis ablegen für die große Bewußtheit, mit der Elisabeth Langgässer sich ihrer Aufgabe stellte.

So betrachtet muß das Buch als Notbehelf erscheinen. Man wird gut daran tun, bei einer Herausgabe des Gesamtwerks die Erzählungen dem „Torso" oder besser dem „Labyrinth" einzufügen und die Gedichte entweder als eigenen Band oder als Teil von „Laubmann und Rose" erscheinen zu lassen, wohin sie durchaus gehören. Die Aufsätze sind wichtig genug, sie als eigene Schrift herauszugeben.

Für den Kenner des Werkes der Langgässer ist dieser Nachlaßband sehr interessant. Wir sehen in ihm zusammengerafft ihre pfeilgerade Entwicklung, eine Entwicklung, die weniger eine künstlerische als eine geistige ist.

Im „Mithras" erkennen wir ganz die frühe Langgässer mit ihrem hexisch-leidenschaftlichen Verhältnis zur Natur, zu Pan, Blut und keineswegs nur „weißer" Magie. Von den beiden Freunden in der Geschichte, die eine überschwängliche erotisch-geistige Liebe verbindet, und die bei einer gefährlichen Gebirgswanderung in eine Situation äußerster Hoffnungslosigkeit geraten, wird nur einer gerettet, jener, der an „die Mutter" glaubt. „Die Mutter", das ist die heidnische Luna-Diana und ist doch schon mehr als ahnungsweise Maria, die christliche Madonna, wie überhaupt das sehr dunkle Gestein des Panisch-Heidnischen dieser Geschichte überall durchzogen ist von starken Silberadern christlicher Lehre und christlichen Lebensgefühls. Diese Geschichte, die, mit dem Maßstab strenger sachlicher Literaturkritik und am Gesamtwerk der Langgässer gemessen, nicht gut ist, beweist, daß alles, was ein bedeutender Mensch sagt, Bedeutendes enthält. Über diese Erzählung allein wären einige Abhandlungen zu schreiben, so über die Bemerkung, daß jeder der beiden Freunde „in der frühesten Jugend an dem Bildnis der Mutter erkrankt war" (hier berühren sich tiefenpsychologische Aspekte — von der Langgässer so schroff abgelehnt! — mit theologisch-religiösen). Es wäre auch anzuknüpfen an die ungewußte Vorwegnahme existenzphilosophischer Fragen (das Ausgesetztsein der Freunde in der Steinwüste, aus der kein Pfad mehr führt); es wäre auch zu sprechen über die Symbolik der von ihr mit Intensität beschriebenen Dorfkirche, die über einer uralten Mithras-Grotte, der „Unterkirche des Teufels", errichtet worden war; ferner wäre zu untersuchen die Herkunft ihrer Neigung, homoerotische Verhältnisse darzustellen. Kurzum: diese garnicht besonders gute Geschichte ist, weil die Langgässer sie geschrieben hat, bemerkenswert.

Die späte Erzählung „Wiedergeburt" ist im Stoff aktuell: eine ostpreußische Gutsbesitzerin (wieder verwendet die Langgässer den Namen Diana!) rettet einen polnischen Widerstandskämpfer aus den Händen eines KZ-Aufsehers. Nur scheinbar eine politische Geschichte, in Wahrheit eine Liebesgeschichte, in tiefster Wahrheit die Geschichte einer subtilen Schuld vor Gott. Diese Schuld ist vom Leser schwer zu begreifen und schwer zu akzeptieren. Auch scheint es mir gewaltsam, daß Diana den Polen genau an dem Tage trifft, an dem sie ihren Stiefsohn erwartet, — eine Konstellation, welche die Flucht des Häftlings überhaupt erst möglich macht, was aber Diana im Augenblick ihrer impulsiven Bereitschaft, den Polen zu retten, nicht bedacht haben kann; es ist konstruiert.

Die Szene „Herberge" ist eine moderne Version der evangelischen Herbergsuche. Die Wirtin (die „Frau Welt" der Mysterienspiele) läßt die beiden Wanderer nicht ein, da sie, dem „Schwarzen" hörig, taube Ohren hat für die Botschaft des Sterns. Der „Humanist", für den der Schwarze nur eine Allegorie ist, spielt dabei eine klägliche Rolle, — ein Satz aus dem Credo der Langgässer: der Humanismus hat ausgespielt, wenn er nicht die christliche Heilswahrheit, also auch den Satan, als Wirklichkeit betrachten lernt.

Wichtig wird der Nachlaßband vor allem durch die zwei großen Essays über „Grenzen und Möglichkeiten christlicher Dichtung" und „Die christliche Wirklichkeit und ihre dichterische Darstellung". Der Inhalt dieser Aufsätze läßt sich, da er zwar anfechtbar aber klar ist, in einigen Sätzen wiedergeben. Sie sind Thesen und der Schlüssel zum gesamten Werk der Langgässer:

Das mathematisch-naturwissenschaftliche Zeitalter ist vorüber, aber auch das humanistische, an ihre Stelle tritt das religiöse.

Das christliche Lebensgefühl ist zur Dekkung gekommen mit dem Weltgefühl des modernen Menschen, daher die große Chance der christlichen Dichtung heute.

Die moderne Literatur hat das Ästhetische als Selbstzweck zu überwinden; erst im Überschreiten ihrer selbst gewinnt sie ihre Berechtigung zurück.

Der moderne christliche Dichter hat eine doppelte Aufgabe; er hat wie alle Dichter den künstlerischen Ausdruck des Gegenwartsbewußtseins zu finden und zudem einen eigenen wesenhaft christlichen Stil.

Dieser Stil drückt sich aus im Verhältnis zu Raum, Zeit und Kausalität. Der christliche Roman ist akausal (wie das Christentum der Vernunft zuwiderlaufend im Glauben an Wunder und Gnade); er hebt auch die Kontinuität der Zeit wie die Gebundenheit an Räume auf. (Alles ist gleichzeitig und am gleichen Ort für und in Gott.)

Die Fabel stammt nicht aus der Welt der bürgerlichen Moral und Ethik, sondern aus der Heilsgeschichte; sie wird von „bestürzender Monotonie sein": der Kampf zwischen Gott und Satan um die menschliche Seele.

Die Personen sind nicht Individuen (die Subjektivität wird annulliert), sondern vertauschbare Träger der christlichen Wahrheiten. (Es geht also nicht mehr um künstlerische Abrundung der Personen, sondern um Darstellung von Heilswahrheiten mit Hilfe der Menschen.)

Damit ist aber die Fülle der in großartiger Einspurigkeit laufenden Aufsätze keineswegs erschöpft. Sie bedürfen der genauen Lektüre.

Luise Rinser.

Der „Michael"

„Michael. Katholische Wochenzeitung". Verlag Michael G.m.b.H., Düsseldorf.

Ich habe eine Nummer herausgegriffen, Nr. 47 vom 25. November. Prälat Wolker, dem wir bei dieser Gelegenheit verehrungsvoll und kameradschaftlich gratulieren, stand in diesen Tagen gerade fünfundzwanzig Jahre an der Spitze der katholischen Jugend Deutschlands, — das ist für eine Wochenzeitung, die einmal offiziell das Blatt dieser Jugend war und ihrem Bund auch heute noch nahesteht, ein Anlaß, des Jubilars zu gedenken, aber auch sich des gemeinsamen Aufbruchs zu erinnern und kritisch zu fragen, was daraus geworden ist. Der Leitartikel, mit dem Motto Péguys „Wer die Höhe erklimmt, um die Welt hinter sich zu lassen, indem er die Welt herabsetzt, wird sich niemals darüber erheben", heißt „Die Welt erobern"; er zitiert Wolkers Bekenntnis: „Wir haben 1933 schmählich versagt" — und das Wort Joseph Folliets vom „wahren Fortschritt", zu dem es „der Intelligenz und der Heiligkeit" bedürfe, beider... „Einer, der dazu gehört und nach Gründen sucht", stellt die kritische Frage an die Katholische Jugend von 1939: „Haben wir die Gelegenheit verpaßt?", und er beantwortet sie schonungslos und tapfer.

In der Überlieferung des „Michael", der einmal als „Junge Front" und dann unter seinem neuen Namen mit seiner außerordentlichen Auflage den Nazis zu schaffen machte, liegt ein Element der Stabilität (auf der Seite der Leser *und* auf der Seite der Schriftleitung), zugleich aber auch eine Schwierigkeit. Die Redaktion nimmt Stellung, offen und tapfer, sie beschränkt sich weder auf „Bildung" noch auf „Religion", sie besteht auf Politik, und sie hat geradezu eine Vorliebe für heiße Eisen; sie kämpft eindeutig gegen den restaurativen Geist und die restaurative Praxis der deutschen Welt von 1951, — so etwa in ihrem Spitzenartikel „Von Bonn bis Pankow", der ohne Illusionen oder fragwürdige Sympathien den Zugeständnissen der Regierung Grotewohl gerecht wird und an Bonn die Forderung stellt, „alle Verständigungsmöglichkeiten auszuschöpfen". Oder in seinem Aufsatz von Emil Martin, der klug und mutig gleichfalls ein heißes Eisen anfaßt: er wirbt dafür, daß die Katholiken sich an dem neuen „Deutschen Familienverband" beteiligen, damit seine sozialpolitische Stoßkraft groß wird und damit sie in ihm Einfluß gewinnen; zwar ist die Sache noch nicht entschieden — wer *hat* in einer solchen Frage eigentlich von Gott das Recht zu kollektiv bindenden Entscheidungen erhalten? —, aber die katholischen Organisationen neigen ein wenig dazu, wieder unter sich zu bleiben. Das sind zwei Beispiele für jenes Handeln, von dem Leute, welche das Leben offenbar für einen Kollektiv-Tanz halten, mit einem ebenso dummen wie infamen Wort zu sagen pflegen, da „tanze einer wieder einmal aus der Reihe". Die Schwierigkeit für eine Wochenzeitung von der Überlieferung des „Michael" liegt nun darin, daß sie für eine so entscheidende Stellungnahme im engeren Bereich der ehemaligen katholischen Jugend und ihrer heutigen älteren Jahrgänge nur einen *Teil* gewinnen kann, daß aber diese Bindung es ihr anderseits schwer macht, weit ins Volk vorzustoßen. Vielen jungen „bündischen" Katholiken ist sie zu politisch und zu „links", viele andere Menschen, die eben deshalb als Leser infrage kämen, fühlen sich wiederum durch die bündische Überlieferung nicht angesprochen.

Eine Zeitung lebt von ihren Abonnenten (wenn sie sich nicht verkaufen will). Deshalb stand „Michael" gelegentlich in der Versuchung, entweder ein konformistisches katholisches Blatt für rechts und Mitte und links zu werden oder aber durch reißerische journalistische Mittel, die ihm nicht stehen, Erfolge zu erzwingen. Zum Glück sind die beiden Versuchungen überwunden worden oder besser: zum Glück sind die beiden Versuche, nach einem kurzen Schwanken, das sofort den Kern der Leserschaft sichtlich beunruhigte, eher zum Guten ausgeschlagen: sie haben einen intellektuellen Radikalismus ein bißchen zurechtgerückt und das Blatt äußerlich lebendiger gemacht, die Substanz und Richtung aber nicht auf die Dauer geschwächt. Die Treue zur Aufgabe aber muß damit erkauft werden, daß die Abonnentenzahl offenbar noch nicht genügend gewachsen ist.

Zwischen Zeitschriften verwandter Richtung gibt es Konkurrenz, denn es geht um die *eine* D-Mark, die dieser und jener für eine Zeitschrift auszugeben bereit ist, und die er entweder nur der einen oder der anderen geben kann; zwischen Zeitschriften verwandter Richtung kann es aber auch Kooperation geben. Wir bekennen uns zum Vorrang der Zusammenarbeit und machen alle unsere Leser darauf aufmerksam, daß sie sich selber nützen und dem „Michael" helfen, seinen guten Weg tapfer weiterzugehen, wenn sie ihn abonnieren. Ohne die FH abzubestellen...

WD

Mitteilungen

An unsere Leser

Den Buchhandlungen und jenen Abonnenten, die die „Frankfurter Hefte" in ihrer Buchhandlung abzuholen pflegen, möchten wir sagen, daß wir die Absicht haben, das Januar-Heft 1952 noch vor den Weihnachtstagen herauszubringen.

Zu den Beiträgen dieses Heftes

Dem Aufsatz „Die Flucht in den Rausch" von Walter Dirks liegt eine Rede zugrunde, die am 14. März 1951 in der Paulskirche in Frankfurt gehalten worden ist. Sie bildete mit einer Rede des Landesrabbiners Dr. Weinberg über „Heilige Nüchternheit" und einer Rede des evangelischen Studentenseelsorgers Wolfgang Böhme „Der Andere ist schuld" ein Dreiergespräch, in dem zutage trat, daß katholische und evangelische Christen und Juden trotz allem Trennenden gegen das „Neuheidentum" im Offenbarungsglauben verbunden sind. Die Rede wurde für die Veröffentlichung in den „Frankfurter Heften" erweitert.

Eine notwendige Klarstellung

In meinem Aufsatz „Widerstand, Hochverrat, Landesverrat (FH VI/7, 475) kam der Satz vor: „Sie alle werden mitgerechtfertigt, wenn die Remer und die Roeder gerechtfertigt werden." Wie aus einem Zeitungsartikel hervorgeht, hat Dr. Egenolf von Roeder, Walberberg, dessen Familie in der alten Armee, in der Reichswehr und in der Wehrmacht vertreten gewesen ist, und der sich selbst zu Fragen des Widerstandes öffentlich geäußert hat, die Anspielung auf seine Familie bezogen. In Wahrheit hatte ich den ehemaligen Generalrichter der Luftwaffe *Manfred* von Roeder gemeint; sein scharfer Angriff gegen die Männer des deutschen Widerstandes, insbesondere gegen die sogenannte „Rote Kolonne", hatte den unmittelbaren Anstoß zu meinem Aufsatz gegeben. Ich habe den Namen Roeder ebenso wie den Namen Remer ohne Vornamen gelassen, weil die literarische Form „die Remer und die Roeder" das nahelegte; ich meinte mich dazu berechtigt, weil jene Polemik Manfred von Roeders (die eine Reihe von Gegenerklärungen hervorrief) damals in aller Munde war, und weil ich anderseits Dr. Egenolf von Roeder und seine Stellung nicht kannte. Dr. Egenolf von Roeder teilt mir mit, daß die Bemerkung auch von anderen falsch gedeutet worden ist; deshalb sei sie an dieser Stelle ausdrücklich klargestellt. *WD*

Berichtigte Tour de France

Mit Vergnügen und Gewinn (zwei Dinge, die selten vereint vorkommen) werden unsere Leser an der Tour de France in Heft 11 teilgenommen haben. So mag es selbst den Zuverlässigsten unter ihnen, die auf Druckfehler Jagd machen, entgangen sein, daß (auf Seite 832) die Franzosen „das Zeug" (nämlich Wein, Beefsteaks und Frühgemüse) erst einmal *ver*kaufen (und nicht „kaufen") müssen, ehe sie für die guten Devisen Rohstoffe bekommen. Es sei hier also, wiederum zu Vergnügen und Gewinn, zur Kenntnis gebracht.

Im gleichen Bericht ist hinter den Worten „zwei königliche Häupter" auf Seite 838 erste Zeile ein Aufzählungskomma nachzutragen. Der Satz könnte sonst allzu dunkel bleiben.

Hinweise

Im Kritikteil des Juli-Heftes ist das Buch von John Hersey „The Wall" ausführlich von zwei Autoren besprochen worden. Inzwischen ist das Buch auch in deutscher Sprache erschienen, und zwar unter dem Titel „Der Wall" im Diana-Verlag, Stuttgart, den wir um diese Gelegenheit zu einer so mutigen Initiative nur beneiden können.

Wir weisen unsere Leser nachdrücklich auf vier Prospekte hin, die diesem Dezember-Heft beigefügt sind: ein Prospekt „Neue Autoren" des Verlages Friedrich Middelhauve, Opladen; eine Doppelpostkarte mit einem Geschenkgutschein für ein Abonnement auf die „Frankfurter Hefte"; ein Prospekt „Alexander Weißberg-Cybulski: Hexensabbat" des Verlages der Frankfurter Hefte sowie ein Prospekt „Lion Feuchtwanger: Goya" der Frankfurter Verlagsanstalt.

HEXENSABBAT

Als Achtzehnjähriger hatte Kuschnarenko während der Revolution von 1905 sozialrevolutionäre Flugblätter in die Kasernen geschmuggelt und war dabei gefaßt worden. Er wurde zu lebenslänglicher Verbannung nach Sibirien verurteilt. In seinem Verbannungsort angekommen, brachte er sich anfangs als Lehrer und Photograph fort. Er war ein leidenschaftlicher Jäger und Fischer. An den großen Strömen Sibiriens traf er hie und da nomadisierende Jakutenstämme. Einem solchen schloß er sich an und durchzog mit den Eingeborenen die Taiga. Sie kamen weit nach Norden in Gegenden, die keines Europäers Fuß vorher betreten hatte. Kuschnarenko verliebte sich in die Landschaft des Nordens und in ein schönes Mongolenmädchen. Sie heirateten. Kuschnarenko wurde feierlich in den Stamm aufgenommen. Die Ehe war gut. Die Jakutin gebar ihm vier Söhne.

Da kam im Februar 1917 die Revolution. Das war ein zu starker Magnet. Generationen russischer Freiheitskämpfer hatten auf diesen Tag gewartet. Kuschnarenko nahm seine Frau und seine vier Kinder. Schweren Herzens trennte er sich von den Mongolen, die er liebgewonnen hatte. Aber seiner harrten große Dinge.

Nach Europa zurückgekehrt, trat Kuschnarenko sofort in die Bolschewistische Partei ein. Einige Zeit kämpfte er in einer Gruppe roter Partisanen.. Dann wurde er Kommandeur eines Regiments der Roten Armee. Er schlug sich mit Mut und Umsicht an allen Fronten des Bürgerkrieges und wurde dekoriert. Im Jahre 1922 verließ er die Armee. Die Partei stellte ihn an die Spitze einer großen Fabrik in Charkow. Auch dort bewährte er sich und wurde für seine wirtschaftliche Arbeit ausgezeichnet. Seine vier Söhne waren Kapitäne der Luftflotte geworden und genossen den Ruf ausgezeichneter Offiziere.

Die Biographie Wladimir Iwanowitsch Kuschnarenkos als Mensch und als Revolutionär wies keinen dunklen Fleck auf. Aber im Spätsommer 1937 kamen sie und verhafteten ihn mitten in der großen Werkhalle seiner Fabrik. Er hatte vor 32 Jahren unter den Soldaten des Zaren sozialrevolutionäre Flugblätter verteilt. Er war also ein alter Sozialrevolutionär.

Er klagte: „Alexander Semjonowitsch, glauben Sie mir, ich war nie Mitglied der sozialrevolutionären Partei. Ich war damals ein Gymnasiast, 18 Jahre alt. Es war Revolution im Land. Es kamen aufregende Nachrichten aus Petersburg. Dort gab es schon Arbeiterräte. Auch wir Jungen in der Provinz wollten etwas für die Revolution tun. Ein Kamerad brachte Flugblätter in die Schule. In der Nacht gingen wir hin und warfen einen Stoß Flugblätter durch das Fenster in die Kaserne. Die Wache entdeckte uns und schoß. Mein Kamerad entkam. Mich fingen sie. Das war alles. Wie konnte ich damals wissen, daß es keine guten Flugblätter waren? Wir hatten bei uns in der Provinz keinen Begriff davon, daß man eigentlich Bolschewist sein soll und nicht Sozialrevolutionär. Aber ich war nie Sozialrevolutionär gewesen, glauben Sie mir."

„Und wenn Sie einer gewesen wären, Genosse Kuschnarenko, was dann?"

„Dann dürfte ich jetzt nicht klagen. Dann hätte ich mein Schicksal selber gewählt."

„Wladimir Iwanowitsch, ich verstehe Sie nicht. Warum verleugnen Sie Ihre Vergangenheit? Haben Sie im Jahre 1905 für die Unterdrückung gekämpft oder für die Freiheit? Für das Volk oder für den Zaren? Sind Sie schon so weit gekommen, die Ansichten des NKWD zu teilen? Das heißt also: ein Spießbürger, der 1905 zu Hause blieb und keine Lust hatte, seine Haut zu Markte zu tragen, ist für das NKWD jetzt ein guter Mann, den man nicht anrührt. Ein Sozialrevolutionär aber, der Leben und Freiheit im Kampf gegen die Gewaltherrschaft einsetzte, ist ein Konterrevolutionär. Nehmen Sie doch Vernunft an, Genosse Kuschnarenko. Wenn wir selber hier die richtigen Begriffe verlieren, dann nimmt der Wahnsinn nie ein Ende."

Er antwortete resigniert: „Sie haben Recht. Aber ich bin schon zu müde, um noch für die Wahrheit zu kämpfen. Wenn sie mich nach Sibirien zurückließen, auf freie Aussiedlung, wäre ich glücklich. Nie hätte ich von dort weggehen dürfen."

Er war angeklagt nach Paragraph 54, 2. Dieser Paragraph betraf den bewaffneten Aufstand. Natürlich gab es keine Aufstände im Land. Die Anklage zielte anfangs, wie immer, nur auf Gespräche, die zum Aufstand hätten führen sollen. Aber die Untersuchung der Gruppe Kuschnarenkos war in die Hand eines jungen, unerfahrenen Untersuchungsrichters geraten, der diesen Fall von einem andern, der verhaftet worden war, übernommen hatte. Dieser Untersuchungsrichter mußte vergessen haben, daß er sich im Reiche der Fiktionen befand. Vielleicht hatte er es nie erkannt. Er nahm die Anklage ernst. Sie lautete auf bewaffneten Aufstand. Zum bewaffneten Aufstand gehörten Waffen. Wo waren die geblieben? Der Ahnherr dieser Organisation war ein alter Sozialrevolutionär namens Semjonow. Der widerstand nicht der Folter und nannte einige andere. Der Untersuchungsrichter verlangte die Waffen. In die Enge getrieben, erfand Semjonow ein geheimes Waffenlager, das sein Gehilfe Lebedew verwaltet hatte. Man verhaftete Lebedew.

„Gib die Waffen heraus, du konterrevolutionärer Hund!"

Lebedew war in einer Zwangslage. Waffen waren reelle Dinge. Waffen waren keine Gespräche. Ein konterrevolutionäres Gespräch konnte man erfinden. Der Gesprächspartner wurde verhaftet, bestätigte nach einem kurzen Konveyer das Gespräch, das nie stattgefunden hatte, und damit war die Sache abgeschlossen. Ein geheimes Waffenlager mußte der Untersuchungsrichter aufdecken und beschlagnahmen. Die Untersuchungsrichter hüteten sich deshalb, Geständnisse zu erzwingen, die konkrete Corpora delicti einschlossen. Dieser Untersuchungsrichter war hineingefallen. Seine Kollegen und Vorgesetzten durften ihn nicht aufklären. Sie alle lebten im Reiche der Fiktionen, aber sie mußten — wie die Leute in Andersens Märchen von des Kaisers neuen Kleidern — die Fiktionen ernstnehmen. Einem Kollegen andeuten — „das alles ist doch Schwindel, treiben Sie die Sache nicht zu weit, sonst können Sie nicht zurück" — konnte zur sofortigen Verhaftung des Wohlmeinenden führen. Erst im Laufe der Arbeit erkannte der ahnungslose Untersuchungsrichter, in welche Lage ihn sein Übereifer gebracht hatte.

Lebedew besaß keine Waffen und konnte daher keine herausgeben. Er konnte auch nicht erfinden, er hätte die Waffen besessen und irgendwo vergraben. Der Untersuchungsrichter wäre verpflichtet gewesen, sie ausgraben zu lassen. Lebedew leugnete anfangs, je von Semjonow Waffen erhalten zu haben. Nach einigen Tagen „Untersuchungsdruck" brach er zusammen. Er nahm die verbotenen Waffen an und erklärte, er hätte sie Smirnow, einem anderen Mitglied der Organisation geschickt. Man verhaftete Smirnow. Das Spiel begann von neuem. Smirnow gab die Waffen seinem Kameraden Lysenko. Die nicht existierenden Waffen gingen so von einem zum andern. Als Kuschnarenko sie erhielt, waren sie bereits durch elf Hände gegangen. Ihm wurden sie von einem gewissen Gurewitsch geschickt, einem leitenden Beamten des Trusts, der Kuschnarenkos Fabrik mit Rohstoffen versorgte.

Kuschnarenko hatte dem Druck der Untersuchung nachgegeben und sich schuldig bekannt. Er gab zu, für eine konterrevolutionäre Organisation angeworben worden zu sein. Er weigerte sich aber standhaft, andere zu werben. Einige Wochen schon schlugen sie ihn. Er war am Rande seiner Kräfte. Und doch konnte er sich nicht entschließen, seine Freunde mit in sein Unglück zu reißen. — Sie holten ihn täglich um Mitternacht und fragten ihn zehn Stunden lang nach den Waffen. Wir waren Zeugen seiner Tragödie. Er konnte die

Waffen von Gurewitsch nicht „annehmen", sonst hätte er jemanden nennen müssen, dem er sie weitergegeben habe. Und gerade das wollte er vermeiden. Erschöpft und verzweifelt kam er jeden Morgen zurück.

Wir hielten Kriegsrat. Ich fragte Kuschnarenko: „Was für ein Mensch ist Gurewitsch?"

„Warum fragst du?"

„Wenn er ein Bandit ist, kannst du ihm die Waffen einfach zurückschicken."

„Was fällt dir ein, Alexander Semjonowitsch. Gurewitsch ist mein naher Freund und ist ein herrlicher Mensch. Wenn *er* mich geworben hat, dann müssen sie ihn schon total fertiggemacht haben."

„Ja, aber was machen wir dann mit den Waffen?"

In der Nacht kam mir ein Gedanke. Als Kuschnarenko am Morgen zurückkam, fragte ich ihn: „Sag, Wolodja, wann hat man dir die Waffen geschickt?"

„Im August 1936. Gurewitsch sagt, er hätte in meine Fabrik aus Moskau Kisten mit falscher Deklaration geschickt, in denen sich Maschinengewehre befanden."

„Jetzt weiß ich einen Ausweg. Hast du einen Freund, der seither gestorben ist?"

„Nein."

„Denk scharf nach. Es kann auch ein entfernter Bekannter sein. Nur mußt du seine Personalien genau kennen."

„Was willst du damit?"

„Das ist doch klar. Wir können dem Toten die Waffen schicken."

Nach einer Weile sagte Kuschnarenko: „Da ist Petrowskij, Alexander Iljitsch. Der ist etwa vor einem Jahr in Sumy gestorben. Aber der kommt nicht in Frage."

„Warum nicht?"

„Das war ein alter Mann von 70 Jahren. Mein Gymnasiallehrer in Geographie. Ein Parteiloser. Ein ganz unpolitischer Mensch. Aus dem kann man keinen Aufständischen machen. Sie werden ihn nicht nehmen."

„Mach dich nicht lächerlich, Kuschnarenko. Der Untersuchungsrichter wird froh sein, diesen Fall abschließen zu können. Er wird nehmen, was er bekommt."

Kuschnarenko wollte nicht. Die Idee, aus einem alten Professor einen Insurgenten zu machen, erschien ihm absurd: „Wenn ich zugebe, die Waffen bekommen zu haben, dann werden sie das protokollieren, und ich kann nicht mehr zurück. Den Petrowskij werden sie aber ablehnen und werden irgendeinen meiner nahen Genossen verlangen."

„Kuschnarenko, ich habe mehr Erfahrung in diesen Dingen als du. Der Richter sucht einen Abschluß dieser Geschichte. Ein Lebender ist kein Abschluß. Er braucht einen Toten."

Mischa schloß sich meiner Meinung an. Wir drängten in Kuschnarenko. Er konnte sich nicht entschließen. Noch drei Tage quälte er sich. Jede Nacht beim Verhör. Wir konnten es nicht länger mit ansehen. Endlich nahm sich Mischa ein Herz:

„Wladimir Iwanowitsch, wenn du heute Nacht wieder gehst, dann gib mit geschlossenen Augen den Petrowskij. Wenn du zurückkommst und du hast wieder nichts gemacht, redet hier kein Mensch mehr mit dir ein Wort. Wir haben genug von deiner Geschichte. Einmal muß Schluß gemacht werden."

Kuschnarenko wehrte sich nicht mehr. Er versprach, es zu tun.

Um Mitternacht holten sie ihn. Kaum zwei Stunden später war er zurück und weckte uns alle. Er war beladen mit Zigaretten und Tabak. Er strahlte übers ganze Gesicht: „Alexander Semjonowitsch, du hast Recht gehabt. Der Richter hat mich beinahe umarmt, als ich ihm sagte, daß Petrowskij die Waffen genommen hat und gestorben ist. In zehn Minuten war mein Protokoll zu Ende. Ich habe ein gutes Nachtmahl bekommen und soviel Tabak."

Wir umarmten Kuschnarenko. Ein Stein war uns vom Herzen gefallen.

INHALTS-VERZEICHNIS

VI. Jahrgang: Heft 1–6 (Januar/Juni 1951)

Erläuterungen: Die römischen Ziffern am Rande links bedeuten:
I Hauptaufsätze, II Kurzartikel, III Berichte, IV Glossen, V Kritik, VI Wort und Antwort.

Religion und Kirche

Geschichte, Politik, Wirtschaft, Gesellschaft

Philosophie, Wissenschaft, Schule, Erziehung

Kunst, Literatur, Publizistik

Zeitbetrachtungen

Erzählungen

Porträts

Gedichte

Besprochene Bücher

Autorenverzeichnis

INHALTS-VERZEICHNIS

VI. Jahrgang: Heft 7–12 (Juli/Dezember 1951)

Erläuterungen: Die römischen Ziffern am Rande links bedeuten:
I Hauptaufsätze, II Kurzartikel, III Berichte, IV Glossen, V Kritik, VI Wort und Antwort.

Religion und Kirche

Geschichte, Politik, Wirtschaft, Gesellschaft

	Titel	Verfasser	Nummer und Seitenzahl
	Sozialistische Internationale	Hans-Henning Zencke / Walter Dirks	9/617
	Widerspruchsvolle Politik der Einigung . . .	Eugen Kogon	10/701
	Der Streik in Hessen	Hans-Henning Zenke	10/706
	Die deutsche Einheit — Fetisch und Programm	Walter Dirks	11/789
	Am Rubikon angelangt	Eugen Kogon	12/877
III	Verbündete in Frankreich	Joseph Rovan	7/499
	Die Linke in Italien	Elizabeth Wiskemann	7/502
	Japans Wiederbewaffnung	Mosaburo Suzuki	8/576
	Die Zeichen der Zeit erkennen	Regina Bohne	8/579
	Warum eigentlich Kohlenmangel?	Clemens Münster	9/655
	Der Weg der Sowjetzone	Peter Beckert	10/751
	„Als ich Ihnen unumwunden sagte, ich sei Kommunist geworden . . ."	Regina Bohne	10/755
	Porträt eines Parteitages	Karl Wilhelm Böttcher	11/838
	Der Staat Israel im Werden	Bruno Blau	12/927
IV	Der Trick der Legalität	Walter Rest	7/497
	Die heillose Unschuld	Lotte Paepcke	7/497
	„I was a little Nazi"	Günter Werner	8/573
	Die Wahrheit wird richtiggestellt	— — —	8/574
	Soldatenbündelei	Walter von Cube	10/749
	Geburt einer Rede	Charles W. Thayer	11/827
	Armer Leser, armer Autor	Friedrich M. Reifferscheidt	11/828
	Zwei Antworten	Walter Dirks	11/829
V	Zynischer Landsknecht zwischen den Stühlen . .	Christian Ferber	7/510
	Der Untergang eines Volkes	Paul Stanford / Annemarie von Puttkamer	7/511
	Habent sua fata libelli	Eugen Kogon	9/682
	Blick nach draußen	Heinrich Bauer	9/685
VI	Mal herhören?	— — —	7/508
	Die deutsche Sozialdemokratie	Willi Eichler	8/587
	Reinhold Schneider	— — —	9/668
	Alois Stiefvater	— — —	9/668
	Friedrich Wilhelm Foerster	— — —	9/669
	War das Regime „illegal"	B. Machens	9/669
	Das Ärgernis der Ehe	Walter Rest	11/843
	Das Ende des soldatischen Gehorsams	Guntram Prüfer	11/846

Philosophie, Wissenschaft, Schule, Erziehung

	Titel	Verfasser	Nummer und Seitenzahl
I	Honoratioren von morgen	Hans Paul Bahrdt	7/483
	Zwischen Wissenschaft und Bildung	Georg Picht	11/800
II	— — —		
III	— — —		
IV	Die richtige Stelle	Blaise Pascal	11/829
V	Verstehen, Helfen, Führen	Ferdinand Kopp	11/856
	Apokalypse unserer Zeit	Karl Thieme	12/944

Kunst, Literatur, Publizistik

Zeitbetrachtungen

Erzählungen

Porträts

Gedichte

Besprochene Bücher

Autorenverzeichnis